简明汉字源流字典

JIANMING HANZI YUANLIU ZIDIAN

谷衍奎 编著

華夏出版社
HUAXIA PUBLISHING HOUSE

图书在版编目（CIP）数据

简明汉字源流字典/谷衍奎编著. --北京：华夏出版社有限公司，2022.3（2024.8重印）

ISBN 978-7-5222-0015-6

Ⅰ.① 简… Ⅱ.① 谷… Ⅲ.① 汉字－字源－字典 Ⅳ.① H12-61

中国版本图书馆 CIP 数据核字(2020)第 206029 号

简明汉字源流字典

编　　著　谷衍奎
责任编辑　王霄翎
封面设计　殷丽云
责任印制　刘　洋

出版发行　华夏出版社有限公司
经　　销　新华书店
印　　刷　北京汇林印务有限公司
装　　订　北京汇林印务有限公司
版　　次　2022 年 3 月北京第 2 版
　　　　　2024 年 8 月北京第 2 次印刷
开　　本　880×1230　1/32 开
印　　张　33
字　　数　1700 千字
定　　价　168.00 元

华夏出版社有限公司　地址：北京市东直门外香河园北里 4 号
邮编：100028　电话：（010）64663331（转）　网址：www.hxph.com.cn
若发现本版图书有印装质量问题，请与我社营销中心联系调换。

出版说明

《汉字源流字典》于2003年在华夏出版社初版，后因变更出版社，自2006年起未再重印。应读者的需要，经过反复修订，现更名为《简明汉字源流字典》，仍由华夏出版社出版。

这次再版，做了以下一些修订：

一、为满足文字爱好者的需求，在字形一项下，除照列原有的甲、金、篆文外，对《说文解字》失收的和后起的没有篆文的汉字，类推补出了今篆，以飨读者。

二、为适应当前书法教学的需要，字形一项下另增加了隶书、草书和楷书字形（楷书字形由字头承当，不单列）。草书字形各书家多有不同，一般选取易认者录入；繁简体差别较大的或简体是由不同的字简化来的，则适当将繁简体和异体一并录入。一个汉字，一般说有六种不同字体，各有特色：甲廉而劄、金重而华、篆圆而雅、隶庄而夸、草乱而法、楷正而葩，行如流水，无不俱佳。一个汉字能有如此多样的写法，或形象鲜明，或古拙生动，或圆转秀丽，或端庄雅致，或龙飞凤舞，无不给人以美的享受，这是何等精妙的文字！世界上也只有以象形为基础的汉字才具有如此丰富的特点。所以，书法在中国源远流长，是我国特有的文化艺术，是中国的国粹。

三、为帮助读者准确深入地理解把握汉字构造的本义，对部分象形字、指事字和会意字补出了图示。这种图示是从汉字的构造角度着眼的，不是一般的图画，故不拘泥于形似，而着意于体现汉字构造的神韵，展示汉字构造的意义。

四、本字典着眼于帮助读者准确深入地理解和把握汉字构造的初意，因此对字形构造也作了较详细的解说。尤其对形声字的声旁的表意作用作了深入的探讨。语言的声音是与意义同时产生的，它们互相依存、不可分离，故汉字的声旁应是参与表意的。古人发现了这一现象，故远自先秦就有了以声音解释字义的"声训"（多出现在诸子的著作中）。汉代的《尔雅》《说文解字》《释名》则大量运用了声训。宋代的“右文说”更明确了声符有表意功能。汉字的同音字很多，一个形声字选用甲字作声旁而不用同音的乙字，一定有其道理，那就是看哪个能兼起表意作用，因此汉字里的会意兼形声字很多，尤其是基础常用字，差不多都是。

五、本字典重在帮助读者厘清同源字、义近字、音近字、古今字、异体字、通假字等相关字之间的关系，不着眼于为读者提供阅读时查找一个字的全部义项，故在演变一项里只列出了本义、基本义及常用义，但增加了对相关字的解说。把相关字放在一起集中解说，有利于通过对比，把握相关字之间的关系。

这些修订，可以帮助读者生动活泼地认识汉字、正确深入地学习汉字、兴趣盎然地掌握汉字，扎实过好文字关。

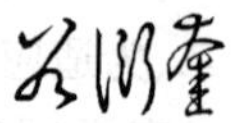

2019 年 3 月

总　目

前　　言

汉字是记录汉语的符号，是世界上惟一从古至今一直使用的最古老的文字。汉字是中华民族五千年文明的载体，是传承中华文化的纽带，是展示中华文化的媒介，也是我们祖先生活的真实写照。从汉字的构造中，我们可以了解先民的生活习俗、思想观念、道德品格，以及先民对自然、人生、社会的认识等。汉字鲜明地展示着中华民族的聪明才智。从根本上说，汉字是中华文明的源头，是中华文化的结晶，是中华文明的基石；汉字寄托着中华民族的精魂，蕴含着东方文明的基因。

汉字是以象形为基础的表意文字，是植根于源远流长的民族性基础之上的，早在五千年前就已经是一个成熟的科学体系，有着一套完整的造字理论。

《说文解字·叙》曰："古者庖牺氏之王天下也，仰则观象于天，俯则观法于地，视鸟兽之文与地之宜，近取诸身，远取诸物，于是始作《易》八卦，以垂宪象。"这句话不仅道出了伏羲作八卦的要义，也道出了汉字造字的要义。先民造字，或反映天文气象，或描绘地貌地理，或展示人们自身，或记录世间万物。比如，甲骨文的云（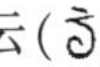）、雨（），山（）、川（），手（）、足（），牛（）、羊（），车（）、马（），耤（）、田（），岁（）、月（）等，视之其象可见，察之其事可明，思之其意可会。这不就是仰观于天，俯观于地，近取诸身，远取诸物么！

"自古辞章，导源小学。"阅读写作能力的大小，文章诗词写的好坏，从根本上说，都是由掌握汉字的情况决定的。所以，掌握好汉字，是学好语文的基础，是语文素质好的基本体现。我们不仅要准确明晰地了解汉字，正确熟练地使用汉字，还要深入透彻地研究汉字。为此我们编纂了这部《简明汉字源流字典》，希望能帮助读者走进汉字辉煌的殿堂，去感悟中华民族的灵性，去体认中华文化的灵魂。

本字典意在帮助读者了解汉字构造的初意和本义,了解字与字在形音义方面的关联,了解一个字的义项是怎样由本义演变来的,了解一个字的组合构字情况,着眼于厘清一个字的同源字、古今字、通假字、音近字、形近字、义近字,以及相关字之间的关系。因此,本书收录了构成汉字基础的所有偏旁部首及有构字能力的汉字,并对其从源至流进行了简单解说,以便读者了解每个汉字的来龙去脉以及与哪些字有关联。对2500个常用字,无论有无构字能力,都全部选入作了解说。对部分非常用字,如其自身是象形字、指事字、会意字,或者是字形古今变化较大已不好由偏旁部首推知其含义的形声字,如“兕”“迪”等,虽无构字能力,也选一些作了解说。

本字典列为字头的字约有3000多个,加上在【演变】一项中专门讲解到的各种相关的字2000多个,再加上分析中涉及的一些异体字,总数约6000多个,如果算上繁体字,总数有7200多个。受篇幅所限,本字典虽没有对更多的汉字作直接而详细的解说,但对所有能构成汉字的偏旁部首及有构字能力的汉字都作了详细的解析。因此,只要查知一个字的偏旁,就可以从【组字】一项里推知其构造,从而把握其基本含义。比如,要知道“罾”的含义,只要查到“罒”原来是“网”的变体,再查到“曾”,就可以知道“罾”是从网、曾声的形声字了。

综合来看,本字典有以下一些明显的特色:

一、就内容说,多为前人所未发。

编者对汉字构造的解说,除了吸取前人研究的成果外,大多是编者自己多年研究汉字的结晶。编者在深入把握汉字构造规律的基础上,以甲骨文、金文、古文和篆文为依据,考之以汉字现状,参之以文化传统,验之以民间习俗,不囿于前人的见解,通过对含有共同偏旁汉字的梳理和对同源字内部联系的分析,对许多字的本义提出了更合乎实际和情理的全新解释。

二、就体例说,多为其他字典所未有。

编者把每个偏旁及能充当偏旁的汉字作为字头,从字形、构造、本义、演变、组字等五个方面进行解说,这有助于读者对汉字的全面认知和深入理解;而其字头后所附列的繁体或简体、古体或今体、正体或异体、借字或本字,以及相关的同源字或解说中涉及的字,也给读者提示了文字间的联系。

【字形】下所列的甲、金、古、篆、隶、草等字体，展示了字形的历史演变。

【构造】部分对字形的分析，揭示了最初造字的着眼点和方法，以及相关字间的关系。

【本义】部分列出了历代主要字典的解说，并辨析了《说文解字》的正误。

【演变】部分概括解说了常用义的来历和变化轨迹，并把一些相关字放在一起解说，有利于辨析和纠正错别字。

【组字】部分既可展示该字组字能力的大小，也有利于辨析形近、音近、义近的相关字。

三、就使用说，贯通古今义项，方便日常使用。

这是一部普及汉字知识的、适合所有人使用的实用性新型字典，有对汉字构造的分析，有对汉字本义的探寻，有对汉字间关系的考察，有对汉字古今义项演变轨迹的梳理，有对汉字构字能力的展示。

这些特点，将使这部字典成为人们趣味识字的好工具，各级学生自我学习的好老师，教师从事教学的好帮手，汉字研究工作者的好参考，书法爱好者的好朋友。

历史上对汉字的解说浩如烟海，众说纷纭，有的至今仍存争论。因此，本字典中的解说除了吸取前人的研究成果外，编者主要是根据自己的多年研究，进行认真比较和慎重取舍，力争做到解说有理有据、科学准确。希望这部字典能将读者带进汉字辉煌而神秘的殿堂，让读者对汉字的源头和流变有深入的了解，对汉字的全貌有大体的认识；希望它能激发读者学习汉字的兴趣，成为读者学习、运用、研究汉字的得心应手的工具。

编者不揣浅陋、勉力抛砖，限于见闻，或有解说不妥之处，还请识家不吝赐教。

参加本字典辅助编写工作的还有郑嘉茹、谷澄寰、王刚、谷道昭、张帆、李继尊、谷衍舟、魏薇、王天佐、张秋兰等同志。

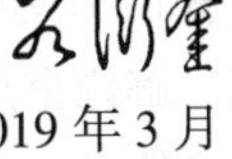

2019 年 3 月

凡　例

一、本书在编排上按照以下体例进行：

1. 确立字头。字头的确立以有构字能力为准，构字时能以简体或既能以简体又能以繁体出现的，则以简体为字头；现在已不单独使用的，或只以繁体出现的，则以繁体为字头。在字头后列出常用拼音，括号中列出该字的繁体或简体、古体或今体、正体或异体、借字或本字，以及相关的同源字、义近形近易混的字或解说中涉及的字。

2. 列出字形。选取该字的甲骨文、金文和《说文》中的古文、篆文以及其后的隶书、草书（楷书用字头展示）字形依次列出，并用甲、金、古、篆、隶、草标识。“古文”一项下也包含那些不宜归入甲、金、篆的其他字形。一个字的甲骨文、金文的字形一般会有多个，不可能都列出，只选其中构造显豁而又典型的列为代表。

3. 分析构造。运用传统“六书”理论，分析字头的甲、金、古、篆字形，指出其造字方法，探求其字体演变过程，提示其最初含义，不再细分。对字形结构的分析一律用繁体。其他行文中的字，凡符合类推简化条件的一律类推简化，即用简化字。对于声旁明显参与表意的，用“形声兼会意”来表述。不明显的则略而不论。

对于声旁的表音，一定要明确，指的是造字时声旁与字音是相同或相近的；而随着社会的发展，语音逐渐演变，如今除了一部分形声字的声旁还能表音之外，有相当多的形声字，其声旁与该字的读音已不完全相同，或声母不同，或韵母不同，或声调不同，或声韵调都不同，不能完全起表音作用了。为节省篇幅，解说中不再说明。

4. 探求本义。先引《说文》对本义的分析，如《说文》的解说与甲骨文显示的本义一致，即以《说文》为准加以解说。如《说文》的解说不妥，则据对甲骨文的最新研究重新定其本义。

5. 概说演变。在“演变”一项里，就该字的字义是如何演变的，它是怎样由本义引申出多个含义的，以及它与哪些字有关联等，进行了梳理。解说重点落实在该字现在常用义的来历上，也兼及古代的常用义和通假义。不同的义项用❶❷❸来表示。每个义项后都举有例证，一般先举古例,后举今例。为节省篇幅,例句可能有所压缩,亦不注明出处,且以便于理解为主,不按时代先后排列。

6. 列出组字。即将以该字作为义符、声符或作声兼义符的汉字分别列出。构字太多的列出主要常用字,构字少的全部列出。有的字虽也能作偏旁构成个别的字,但所组出的字太偏僻,在现实生活中用不到,就不再列出。本部分所列出的字,现在简化后字形变化大的先列繁体,再于其后用括号列出简体,变化不大还能看出关系的,则一般直接列出简体。文中所说的某字"现今归入某部",指的是《汉语大字典》的归部,因为一般字典是没有收入全部偏旁部首的。

二、引用古代文献,除《说文》中的关键字外,一般使用现在相应的简化字。有特殊需要的字,为保留原貌一般不再简化。

三、目录中"某见某",如"份见斌",是指"份"不是字头,其解释在"斌"字中。

四、由于现在字典的归部,有的不是按义符而是为便于查检归类的,不利于对字义的理解,所以,本字典一般遵循《说文》的归部原则。如"出、岁、岂"现今归入"山"部,本字典则按其取义的不同,分别归入不同的部。但有的字在《说文》里是独立的部而如今不再独立了,或隶变后楷书已看不出原来的构造了,则只能按照现在的字形适当归入某部。如久、爻、乂等。

五、书中所说的"段注",指清人段玉裁所著《说文解字注》。

六、由于相当多的偏旁部首或单字,人们不会读或不知其归入何部,所以本书采用笔画排列。书前照样列一笔画检字表而不列部首检字表。为适应当前字典多以音序排列的趋势,书后附有音序检字表,以方便使用。

新旧字形对照表

（字形后圆圈内的数字表示字形的笔画数）

旧字形	新字形	新字举例	旧字形	新字形	新字举例
卄④	艹③	花草	直⑧	直⑧	值植
辶④	辶③	连速	黽⑧	黾⑧	绳鼋
幵⑥	开④	型形	咼⑨	呙⑧	過蝸
丯④	丰④	艳沣	垂⑨	垂⑧	睡郵
巨⑤	巨④	苣渠	飠⑨	飠⑧	飲飽
屯④	屯④	纯顿	郎⑨	郎⑧	廊螂
瓦⑤	瓦④	瓶瓷	彔⑧	录⑧	渌箓
反④	反④	板饭	𥁕⑩	昷⑨	温瘟
丑④	丑④	纽杻	骨⑩	骨⑨	滑骼
犮⑤	犮⑤	拔茇	鬼⑩	鬼⑨	槐嵬
印⑥	印⑤	茚	俞⑨	俞⑨	偷渝
耒⑥	耒⑥	耕耘	旣⑪	既⑨	溉厩
呂⑦	吕⑥	侣营	蚤⑩	蚤⑩	搔骚
攸⑦	攸⑥	修倏	敖⑪	敖⑩	傲遨
爭⑧	争⑥	净静	莽⑫	莽⑩	漭蟒
产⑥	产⑥	产産	眞⑩	真⑩	慎填
𦍌⑦	𦍌⑥	差养	䍃⑩	䍃⑩	摇遥
幷⑧	并⑥	屏拼	殺⑪	殺⑩	摋鎩
吳⑦	吴⑦	蜈虞	黃⑫	黄⑪	廣横
角⑦	角⑦	解确	虛⑫	虚⑪	墟歔
奐⑨	奂⑦	换痪	異⑫	異⑪	冀戴
㡀⑧	㡀⑦	敝弊	象⑫	象⑪	像橡
耳⑧	耳⑦	敢嚴	奧⑬	奥⑫	澳襖
者⑨	者⑧	都著	普⑬	普⑫	谱氆

笔画检字表说明

一、本表收入《简明汉字源流字典》全部作为字头的和解说中涉及的汉字。凡解说中涉及的字,皆用“×见×”表示。

二、单字按笔画数分别排列。同画数内的单字按一丨丿丶乛五种笔形的顺序排列。第一笔相同的按第二笔排列,然后按结构相类同排列,目的是方便寻检。

三、起笔的部位遵从一般习惯。五种基本笔形以外的其他不规则笔形按以下标准归类:提(㇀)归入横(一);三点水(氵)算作(丶丶一);两点水(冫)算作(丶一);捺(㇏)算作(丶);凡笔形带钩或曲折的一律都算作(乛),如(扌)算作(一、乛、一)。

笔画检字表

（右边括号中的数字指字典正文的页码）

十画

【一】

十七画

【一】

一画

一 yī
（弌、壹）

【字形】甲 金 篆 今篆

隶 草

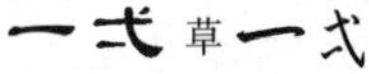

【构造】指事字。甲骨文、金文和篆文中都是画的一横，是古人的记数符号，可能是画的一道，也可能是一个筹码。隶变后楷书写作一。为了汉字的书写匀称，后来另加声符“弋”写作“弌”。现在“一”作为部首不是从意义的角度设立的，而是作为一部分字的共有标志，为便于查检而定的，故在不同的字里标志的东西是不同的。

【本义】《说文·一部》：“一，惟初太始，道立于一，造分天地，化成万物。弌，古文一。”这是根据当时的社会思想所作的解说，是引申义。本义当为数字一，即最小的正整数。

【演变】一，数词，本义为❶数字。指最小的整数，第一：~加~等于二｜~鼓作气。古人认为“一”是数之始，故用作名词，又指❷万物的起始，本源，原始的混沌之气：~也者，万物之本也｜道生~，~生二，二生三，三生万物。又指❸整体：合从缔交，相与为~｜先是，庭中通南北为~｜~生~世。一为最小数，故又指❹少许，部分：且吾不以~眚掩大德。又指❺一面，一点：~则以喜，~则以惧｜只知其~，未知其二。“一”是单纯唯一的，故用作形容词，又指❻满，全，完全：尝一脔肉，而知~镬之味｜~市人皆笑信｜惊起~滩鸥鹭｜~望空阔｜~身是胆｜济济~堂｜奋斗~生｜耳目~新｜~同｜~概。单一则不分，故又指❼同一，相同，同样：古今~也｜宫中府中，俱为~体｜四弦~声如裂帛｜~丘之貉｜每韵为~帖｜~视同仁｜千篇~律｜长短不~｜万众~心｜统~｜~样｜~致。又指❽专一，精专，不杂：下饮黄泉，用心~也｜~心~意｜~意孤行｜清~色。用作动词，又指❾统一，齐一：同好恶，~风俗｜六王毕，四海~｜同心~意，共治曹操。用作副词，表示❿确实，一朝，一概：子之哭也，~似重有忧者｜~鸣惊人｜~如既往｜~定。又表⓫竟然，偶然：寡人之过，~至于此乎？｜匹夫~为不信，犹不可。又表⓬稍微，刚刚，一下子：目所~见，辄诵于口｜初~交战，操军不利｜~失足成千古恨｜~闪而过。又表⓭或，逐一：~张~弛，文武之道也｜不知彼而知己，~胜~负｜此人~~为具言所闻。此类义项也作“壹”。用作“一何”，表⓮加强语气，程度深：使君~何愚？｜吏呼~何怒，妇啼~何苦！

注意：“一”的字头后只标了阴平（一声），但在具体语流中“一”是有变调的。单用或在一词一句末尾时念阴平，如唯一、三减二得一；在去声字前念阳平（二声），如一半、一共、一定；在阴平、阳平、上声字前念去声（四声），如一天、一年、一点。

【组字】一，如今既可单用，也可作偏旁。现今仍设一部。凡从一取义的字皆与数目等义有关。

以一作义符的字有：二、三、弌、百。

丨 gǔn
（棍、混）

【字形】篆 今篆 隶

草

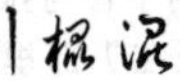

【构造】象形字。篆文象一根竖棍形。隶变后楷书写作丨。

【本义】《说文·丨部》：“丨，上下通也。”本义为棍棒。当是“棍”的初文。

【演变】丨，本义为棍子。在字中用以表示棍形符号。由于“丨”专用作表示棍形的符号，棍子的意思便借用“棍”字来表示。

○棍，从木从昆（混同）会意，昆也兼表声。读 hùn，本义为❶一种树名。借作“丨”，读 gùn，中古后遂用来表示❷棍子：那一个实丕丕将着粗~敲，打的来痛杀杀精皮掉｜木~｜铁~。由棍棒的上下不分，故又比喻❸浑不讲理的无赖，坏人：知县大怒，说他是个刁健讼~｜恶~｜赌~。又指❹混同：形之美者，不可~于世俗之目。此义后用“混”来表示。

○混，从水从昆（混同）会意，昆也兼表声。读 hùn，本义为❶水势盛大：汩乎~流，顺阿而下。由水大则不分，故引申指❷混一，无分别：内外~通，男女无别｜~沌相连，视之不见，听之不闻，然后剖判。又指❸混合在一起：此

三者不可致结，故～而为一|～为一谈。又指❹苟且过活：吃饱了～天黑。又读 hún，由混同引申指❺混浊：敦兮若朴，～兮若浊，旷兮若谷。又指❻不明事理：你净瞎～闹|～蛋一个。

【组字】丨，如今不单用，只作偏旁。现今仍设丨部。凡从丨取义的字皆与棍棒等义有关。

以丨作义符的字有：十、七、中、毌、串、弇、𨐂（chǎn，烤肉铁钎）。

丿 piě；yì

【字形】篆　隶　草

【构造】象形字。篆文象汉字向左拉的一撇。在汉字构造中常用以表示拉引器物或符号。隶变后楷书写作丿。

【本义】《说文·丿部》："丿，左戾也。象左引之形。"本义为汉字的一撇。

【演变】丿，㊀piě　名词，本义为❶汉字的一撇：八字没一～|十字头上添一～（千）。

㊁yì　动词，由拉引引申指❷至。

【组字】丿，如今既可单用，也可作偏旁。现今仍设丿部。凡从丿取义的字皆与拉引器物或符号等义有关。注意：现在丿部里有些含丿的字，并不从丿取义，而是便于查检归入的，如久、尹等。

以丿作义符的字有：乀、乂（刈）、八、爻、弗。

以丿作声符的字有：氕。

丶 zhǔ

【字形】篆　隶　草

【构造】象形字。篆文象灯头火焰形，当是"主"的省文。后来用为古人读书时断句的标识符号，成为如今作为顿号的一个点。隶变后楷书写作丶。参见主。

【本义】《说文·丶部》："丶，有所绝止，丶而识之也。"所释非本义。本义当为灯头火焰，是"主（灯）"的省文，后用作标识符号。

【演变】丶，名词，本义为❶灯头火焰。是"主"的省文。后用作❷标识符号。古人读书，该停顿处加丶标识，便成了句读停顿的标志，发展为如今的顿号。

动词，指❸停顿。

如今丶作为部首，并无固定的含义，故丶部的字并没有意义上的共通性，只是为便于查检而放到一起的。

【组字】丶，如今用作标点中的顿号，也可作偏旁。现今仍设丶部。凡从丶取义的字皆与停顿等义有关。

以丶作义符的字有：主、音、ᅟ⺌。

乀 fú

【字形】篆　隶　草

【构造】象形字。篆文象汉字从左向右下方斜拉的一画。隶变后楷书写作乀。

【本义】《说文·丿部》："乀，右戾也。从反丿。"本义为汉字从左向右下方斜拉的一画，即捺。

【演变】乀，名词，本义为❶汉字的笔画捺。在汉字构造中常用以表示❷一种不顺的器物或符号。

【组字】乀，如今不单用，只作偏旁。现今归入丶部。凡从乀取义的字皆与拉引不顺器物等义有关。

以乀作义符的字有：乂（刈）、八、爻。

乙 yǐ （鳦）

【字形】甲　金　篆　隶　草

【构造】象形字。甲骨文象植物破土而出时的萌芽形（或说象一弯流水）。金文粗体化。篆文整齐化。隶变后楷书写作乙。由于"乙（鳦）"与"乙"形近，俗也写作乙。注意：现在的字典里，把乛、𠃌、乀也归入乙部，只是为了查检方便，并没有意义上的关系。

【本义】《说文·乙部》："乙，象春草木冤曲而出，阴气尚强，其出乙乙也。与丨同意，乙承甲，象人颈。"本义为植物屈曲萌芽。

【演变】乙，动词，本义为❶植物屈曲萌芽，表示难出的样子：～者，物蕃屈有节欲出|理翳翳而愈伏，思～～其若抽。物受压则屈曲生长，故又指❷轧绝，压抑：西太守，～卯金|张孺子，将相器也，宜老其才，即见其名，姑～之。古又用作"乚"（jué），指旧时在书上文字旁边画"乙"字

形符号,打钩,表❸行文的停顿、阅读中止处,标志出着重处、章节段落处,或计数:人主从上方读之,止,辄~其处|〔陆〕游宦剑南,作为歌诗,皆寄意恢复,书肆流传,或得以御孝宗,上~其处而韪之|句梳字栉,书眉~尾|人一钱,~诸简,将毋纳贿。今用作校勘术语,表❹勾转倒误,删削,增补,或泛指校勘:文字脱谬为之正三十有五字,~者三|今又颇~去佛赞,此经之文,佛言益简|唐试士式,涂几字,~几字|其讹谬处,乃至不可胜~|涂~。

名词,借指❺天干的第二位,与地支相配,用以纪年月日:顺治二年~酉四月,江都围急|~丑年。又借指❻序数第二,次一等:同考以波澜简质,度其人已老,请置于~|列为~等。古又指❼我国民族音乐中传统的记音符号,表示音阶的一级,相当于简谱的“7”:向一根小铜丝上轻轻的拉了一下,果然呜呜的放出一下微声,就像箫上的~音。今又指❽某一方面或不必确指的人:~方|某甲某~。东海容鱼有骨,名乙,在目旁,状如篆乙,故又特指❾鱼的颊骨,一说指鱼肠:鱼去~,鳖去丑|食鱼去~,食李去核。虎两胁和尾端有骨,形如“乙”字,叫虎威,故又喻❿虎威:得如虎挟~,失若龟藏六。又作⓫姓。

用作“乚(yà)”,指⓬燕子:道佛两殊,非凫则~。此义后另加义符鳥写作“鳦(yǐ)”来表示。参见乚。

【组字】乙,如今既可单用,也可作偏旁。现今仍设乙部。凡从乙取义的字皆与抽芽屈曲而出等义有关。

以乙作义符的字有:乾、亂(乱)、𠃓(会)。

以乙作声兼义符的字有:艺、忆。

以乙作声符的字有:亿、钇。

𠃊 yǐn (矩)

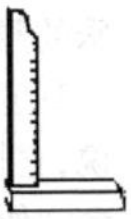

【字形】篆 隶 草

【构造】象形字。篆文象木工用的弯曲的矩尺形,大概是量垂直的工具。隶变后楷书写作𠃊。

【本义】《说文·𠃊部》:“𠃊,匿也。象迟曲隐蔽形。”所释为引申义。据部中所从“直”字分析,本义当为测量垂直的曲尺,是“矩”的象形字。

【演变】𠃊,名词,本义为测量垂直的曲尺。

由于𠃊作了偏旁,其义便又借“矩”来表示。参见矩。

【组字】𠃊,如今不单用,只作偏旁。现今归入乙部。凡从𠃊取义的字皆与垂直等义有关。

以𠃊作义符的字有:直(直)。

亅 jué

【字形】篆 隶 草

【构造】象形字。篆文象钩子形。隶变后楷书写作亅。

【本义】《说文·亅部》:“亅,钩逆者谓之亅。象形。”本义为倒须钩。

【演变】亅,名词,本义为❶倒须钩。当是“钩”的初文。今用作❷汉字笔画之一,称“竖钩”。

【组字】亅,如今不单用,只作构成汉字的一种笔形。现今归入丨部。凡从亅取义的字皆与钩识等义有关。

以亅作义符的字有:𠄌、𠄍。

乚 yà (乙、乙、鳦)

【字形】篆 隶 草

【构造】象形字。从甲骨文和金文的“乳”(,给子喂奶)与“孔”(,子吃奶)来分析,篆文可能是这两个字的简省,只留下奶头的轮廓,表示奶头,是“乃”的同源字。如今有的地方还把吃奶叫吃咂。隶变后楷书演变为乃与乚两个形体。乚只作偏旁。后来乙(乙)作偏旁时,有的也写作乚,二字遂相混。

【本义】《说文·乚部》:“乙,玄鸟也。齐鲁谓之乙,取其鸣自呼,象形。乙或从鸟。”解释为燕子,即“鳦”的初文,非本义。本义当为奶头。

【演变】乚,名词,本义为❶奶头。又借指❷燕子。由于乙后来合于乙,故乙也就又表示燕子。为表义清晰,燕子之义后又另加义符鳥写作“鳦”来表示。参见乙。

【组字】乚(乙),如今不单用,只作偏旁。现今归入乙部。凡从乚取义的字皆与奶或燕子等义有关。

以乚作义符的字有:孔、乳。

以乚作声兼义符的字有:鳦。

以乚作声符的字有：轧、钇、乩、礼、乞、扎。

く quǎn
（甽、畎）

【字形】古 篆

隶 く畎甽 草

【构造】象形字。篆文象一弯曲的小水流形，表示田间小的排水沟。隶变后楷书写作く。由于く只用作偏旁，其义便另造了“甽”与“畎”来表示。甽，古文く，从田从川会意。畎，篆文く，从田，犬声。隶变后楷书分别写作甽与畎。是“く”的会意和形声字。如今规范化用畎。

【本义】《说文・く部》：“く，水小流也。《周礼》：‘匠人为沟洫，耜广五寸，二耜为耦，一耦之伐，广尺深尺谓之く。’倍く谓之遂，倍遂曰沟，倍沟曰洫，倍洫曰巜。甽，古文く，从田从川；畎，篆文く，从田，犬声。六畎为一亩。”本义为田间小的排水沟。

【演变】く，名词，本义为水小流。今不单用，只作偏旁。

〇畎，本义为❶田间的小水沟：别派从江垠，邀流入农～｜～渎。又泛指❷沟渠，河流：开筑水～一百三十余丈。用作“畎亩”，泛指❸田间，田亩，田野：舜发于～亩之中，傅说举于版筑之间。用作“畎夷”，指❹古族名：四年伐～夷（即犬戎、混夷、昆夷）。

【组字】く，如今不单用，只作偏旁。现今归入乙部。凡从く取义的字皆与水流等义有关。

以く作义符的字有：巜、巛（川）。

以畎作声符的字有：㽌、甽。

二画

二 èr
（弍）

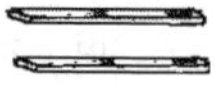

【字形】甲 二 金 二 篆 二 今篆 弍

隶 二 弍 草 二 弍

【构造】指事字。甲骨文、金文和篆文都是两个筹码或画的两道，指明是数目二。隶变后楷书写作二。为了汉字的书写匀称，也照“弌”类化，另加声符“弋”写作“弍”。注意：“二”本是等长的两画，与一短一长的古文“𠄞”（上）或一长一短的古文“𠄟”（下）不同。但实际运用中上画一般写得稍短。

【本义】《说文・二部》：“二，地之数也。从偶一。弍，古文二。”这是作者根据《易经》“天一地二”的观点所作的解说。本义为数字二。

【演变】二，数词，本义指❶一加一的和：分而为～以象两。也指序数❷第二，次等的：～月｜～年级｜评为～等。用作名词，指❸可比肩的：独一无～。又指❹二心：若纵怀～，奸乱必渐。用作形容词，指❺不专一，不忠诚：臣无～心｜忠贞不～｜三心～意。此义后作“贰”。用作动词，指❻有二次，分两样：盖一岁之犯死者～焉｜不过十之一～｜言不～价。又指❼怀疑，不确定，不明确：任贤而～，五尧不治。引申指❽分两样：言不～价。

【组字】二，如今既可单用，也可作偏旁。现今归入一部。凡从二取义的字皆与数字二等义有关。注意：现在汉字里的“二”作为偏旁不都是数目字“二”，而是由不同的东西变来的，如干、于、元、云等。

以二作义符的字有：仁、式、竺、些。

以二（弍）作声兼义符的字有：次、贰。

十 shí
（丨、什、拾）

【字形】甲 丨 金 十 篆 十 什 隶 十 什

草 十 什

【构造】指事字。甲骨文与“丨”（gǔn）为同一个字，是一根竖棍形。这是一根有刻度的特殊的竖棍。就物体说，它指出这是一根木棍；就刻度说，它指出其上有十个刻度；就长度说，它指出这是一丈。为了区分这三个含义，金文便在木棍的中间加上一点，着重指出这上边有十个刻度，来表示数目十，这大概是十进位的最初含义，如今十进位习惯上仍用一点来表示。篆文将点演变为一短横。隶变后楷书写作十，表示数目十。其余木棍的意思则用“丨”来表示，一丈长的意思另加一只手，写作“丈”来表示。参见“丨”和“丈”。

【本义】《说文·十部》："十，数之具也。一为东西，丨为南北，则四方中央备矣。"释义显然是根据当时的思想认识所作的解说。就甲骨文看，本义当为数目十。

【演变】十，数词，本义指❶九加一的数目，也用作序数：八月剥枣，～月获稻。古代又特指❷十倍：故用兵之法，～则围之。十是数目之极，够十就从一开始，用作形容词，又指❸完备，达到极顶：～全～美丨～分感谢。用作名词，又特指❹十户：十家为～，五家为伍。此义后写作"什"。

〇什，从亻从十会意，十也兼表声。读 shí，本义指❶户籍或人员以十为一个单位：十家为～，五家为伍，～伍皆有长焉丨军旅～伍。《诗经》中的"雅、颂"以十篇为一卷，也称为❷"什"：《诗·大雅·文王之～》。"什"也用作❸十：～一，去关税之征。以十为单位的内部是多样的，故又指❹多种的，杂样的：～锦丨～物丨家～。

又读 shén，用于疑问代词"什么"中，表示❺疑问，任指，或不确定的事物：这是～么？丨他～么也不懂丨有～么活来找我。

【组字】十，如今既可单用，也可作偏旁。现今仍设十部。凡从十取义的字皆与棍棒、多数、完备等义有关。

以十作义符的字有：千、廿、卅、叶、古、卌、直、协。

以十作声兼义符的字有：什。

以十作声符的字有：汁、计。

厂 hǎn；chǎng（厈、厓、厰、廠）

【字形】甲 金 篆 今篆 隶 厂 厈 厰 廠 草

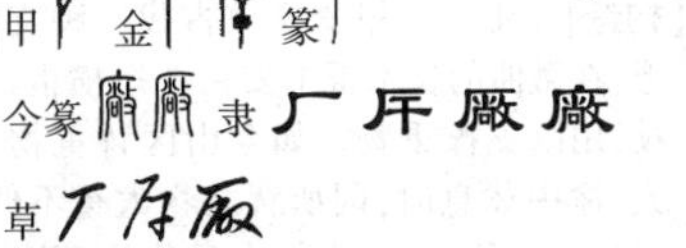

【构造】象形字。甲骨文象向外突的山崖形。金文大同略简，或另加义符"干"（表防护），以突出山崖的遮蔽作用。干也兼表声。篆文承接甲骨文并简化。隶变后楷书写作厂。如今又作了"廠"的简化字。

【本义】《说文·厂部》："厂，山石之厓巖（岩），人可居。象形。"本义为山崖。

【演变】厂，读 hǎn，本义指山崖：又东，石～相通，最深敞。由于"厂"作了偏旁，其义便另加声兼义符"干"写作"厈"，或另加声符"圭"写作"厓"来表示。参见厈、厓。

〇厂，作为"廠"的简化字，本从广（敞屋）从敞会意，敞也兼表声。异体作"厰"，改为从厂。如今皆简作厂。读 chǎng，本义指❶没有墙壁或只有一面墙的房屋：架北墙为～丨散发乘夕凉，开轩卧闲～。由于厂房多无完整墙壁，故引申指❷工厂：正德十四年，广州置铁～。又指❸宽敞堆物的厂子：广南商贩到，盐～雪盈堆丨煤～。

【组字】厂，如今作为山崖之义已不单用，只作偏旁。单用的是"廠""厰"的简化字。现今仍设厂部。凡从厂取义的字皆与山石或像山崖的高敞棚屋等义有关。

以厂作义符的字有：厅、仄、产、厄、石、厈、厉、厇（宅）、压、厌、厓、厕、厚、厝、原、厢、厩、厨、厦、厤、厥、厮、厰（厂）、厖（庞）。

以厂作声符的字有：历、灰、彦、雁。

ナ zuǒ

【字形】甲 金 篆 隶 草

【构造】象形字。甲骨文象手指朝右的左手形。金文大同。篆文整齐化。隶变后楷书写作ナ。

【本义】《说文·ナ部》："ナ，ナ手也。象形。"本义为左手。

【演变】ナ，本义指❶左手。左手与右手相反，故引申指❷违背。由于"ナ"作了偏旁，其义便由当佐助讲的"左"字来表示。参见左。

【组字】ナ，如今不单用，只作偏旁。现今归入一部。凡从ナ取义的字皆与手的含义有关。注意：在甲骨文中，由于字的左右向尚未固定，"ナ"在单用时也可表示右，在左右对举中才只表示"左"义。因此，作偏旁时在有些字里"ナ"也表示右手，如有、友、右、灰等字，所从之"ナ"即"又（右手）"。

以ナ作义符的字有：左、卑。

丁 dīng；zhēng（釘、钉、盯）

【字形】甲　金　古　篆　
今篆　隶丁 钉 釘 盯
草

【构造】象形字。甲骨文和金文皆象俯视的钉头形。古文则象侧视的钉体形。篆文承古文并整齐化。隶变后楷书写作丁。是"钉"的初文。

【本义】《说文·丁部》:"丁,夏时万物皆丁实。象形。丁承丙,象人心。"这是根据当时的社会思想所作的附会。本义当为钉子。

【演变】丁,读 dīng,本义指❶钉子,或像钉子的:斩砍了韩康眼内~。钉子坚挺,故由此引申指❷强壮:~年奉使,皓首而归。又引申指❸能担任赋役的成年人:~壮在南冈。又泛指❹从事某种劳动的人:庖~|园~。又指❺人,人口:去岁生儿名添~|人~兴旺。又比喻❻小块:肉~|鸡~。钉子能钉住东西,故作动词,又指❼遭逢:~忧|~兹盛世。又借为❽天干的第四位,和地支相配,用来纪年月日:~丑年|夏,四月,~未。又用作序数,指❾第四:~等。

又读 zhēng,由楔钉子引申,用作象声词,形容❿击打声:伐木~~,鸟鸣嘤嘤。

"丁"为引申义和借义所专用,钉子的意思便另加义符金写作"釘"(如今简作钉)来表示。

○钉,从钅从丁会意,丁也兼表声。读 dīng,本义指❶钉子:及桓温伐蜀,以所贮竹头作~装船|螺丝~|铁~。由钉紧用作动词,引申指❷紧跟:新嫂嫂派了一个小大姐到栈里~住他。此义后另作"盯"。

又读 dìng,作动词,指❸用钉子钉住东西:把画~在墙上。

○盯,从目从丁会意,丁也兼表声。读 dīng,本义指❶注视:你老~住我干什么?由注视引申指❷紧跟:~紧他,看到哪里去。

【组字】丁,如今既可单用,也可作偏旁。现今归入一部。凡从丁取义的字皆与钉子的特点和作用等义有关。

以丁作声兼义符的字有:订、仃、打、饤、叮、盯、钉、疔、顶、耵、靪。

以丁作声符的字有:厅、汀、玎、灯、町、酊。

七 qī
（切、柒）

【字形】甲　金　篆　
隶七 草

【构造】指事字。甲骨文和金文皆是在一根棍棒"丨"(gǔn)中间加上一长横,表示从这里将棍棒切断之意。为了与十相区分,甲骨文、金文都写成横画长竖画短。篆文则进一步将竖画下边弯曲,以加大区别。隶变后楷书写作七。作偏旁时有的也写作"⺦"。

【本义】《说文·七部》:"七,阳之正也。从一,微阴从中斜出也。"释义显然是根据作者当时的思想认识所作的曲解。就甲骨文看,本义为切断,是"切"的本字。

【演变】七,本义为切断,后借为数目之用,遂成为数之专名。表示❶六加一:摽有梅,其实~兮。又表示❷序数第七:~月流火。又特指❸古代的一种辞赋文体:枚乘《~发》。大写用柒。参见柒。

"七"为借义所专用,切断之义便另加义符"刀",写作"切"来表示。参见切。

【组字】七,如今既可单用,也可作偏旁。现今归入一部。凡从七取义的字皆与切断之义有关。

以七作声兼义符的字有:切。

以七作声符的字有:叱、柒。

丂 kǎo

【字形】甲　金　篆　隶丂 草

【构造】象形字。甲骨文象古代一种支撑工具形,在微曲的长木棍上安一个短横棍,类似拐杖,用以支撑重物。如今山区背重物上山的人,途中休息时,因所背之物太重不便放下,就是用这种工具,支撑在重物之下来作短暂休息的。金文大同。篆文变曲。隶变后楷书写作丂。

【本义】《说文·丂部》:"丂,气欲舒出,勹上碍于一也。"此是就篆文所作的解说,非本义。本义当为支撑重物的工具。

【演变】丂,本义指支撑重物的工具。这一工具可用来支撑背篓,如"粤";也可给老年人作拐杖,如“考”;又可用以击节歌唱,如“可”,在不同的字里起不同的作用。

【组字】丂,如今不单用,只作偏旁。现今归入一部。凡从丂取义的字皆与支撑、敲击、协助等义有关。

以丂作义符的字有:宁、甹。

以丂作声兼义符的字有:考、攷、可、号。

以丂作声符的字有:巧、朽。

匚 fāng

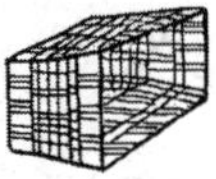

【字形】甲 金 篆 隶 草

【构造】象形字。甲骨文象一个侧放着的方形受物器形。用以放神主或东西。当是“筐”的初文。金文还画出了编织的纹路。篆文线条化。隶变后楷书写作匚。

【本义】《说文·匚部》:“匚,受物之器。象形。”本义为方形受物器。

【演变】匚,本义为古代的一种方形受物器。

由于“匚”作了偏旁,其义便另加声兼义符“㞷”写作“匩(匡)”来表示。“匡”也为引申义所专用,于是又另加义符“竹”写作“筐”来表示。参见匡。

【组字】匚,如今不单用,只作偏旁。现今仍设匚部。凡从匚取义的字皆与受物器等义有关。

以匚作义符的字有:汇(滙)、匛、匜、𠤭、𠤵、𠤷、𠥂、匠、匡(匩)、匢、匣、匤、匥、匭、匧、𠥎、匪、匫、匬、匮、匾、匰、𠥫、匳、匴、匵、匶、匷。

匸 xì

【字形】甲 金 篆

隶 草

【构造】象形字。从甲骨文医、区所从的偏旁看,象用布、席等物遮掩的样子;或为简易的棚屋,旧时农村场院旁多有,用以盛放农具等杂物。金旁大同。篆文字形稍讹。隶变后楷书写作匸,上横左出头,与匚稍异。

【本义】《说文·匸部》:“匸,衺(邪)徯,有所侠(夹)藏也。从乚,上有一覆之。”本义为掩藏。

【演变】匸,本义指掩藏。有人认为“衺徯”是古语,其急读合音即为“匸”。

【组字】匸,如今不单用,作为偏旁也已合并为匚。现今归入匚部。凡从匸取义的字皆与掩藏等义有关。

以匸作义符的字有:区(區)、匹、医(醫)、匽、匿、匽、匿。

卜 bǔ; · bo (蔔)

【字形】甲 金 篆 今篆

隶 卜 蔔 草 卜 蔔

【构造】象形字。甲骨文象龟甲灼烧后出现的纵横裂纹形,是兆象的简形,古人观此以判断吉凶祸福。金文大同。篆文整齐化。隶变后楷书写作卜。如今又作了“蔔”的简化字。

【本义】《说文·卜部》:“卜,灼剥龟也。象灸龟之形。一曰象龟兆之从(纵)横也。”本义为灼甲骨取兆以占吉凶。

【演变】卜,读 bǔ,本义指❶灼甲骨取兆以占吉凶:稽疑,择建立~筮人。引申泛指❷用以预测吉凶的各种迷信活动:决疑之~,或以金石,或以草木。又指❸推测,预料:吉凶未~。又引申指❹选择:非宅是~,唯邻是~。

又读 · bo,卜,借作“蔔(从艹匐声)”的简化字,表示❺萝卜。参见萝。

【组字】卜,如今既可单用,也可作偏旁。现今仍设卜部。凡从卜取义的字皆与占卜活动等义有关。

以卜作义符的字有:占、外、贞、卦。

以卜作声符的字有:补、赴、讣、钋、仆、扑。

冂 jiōng (同、坰、垧)

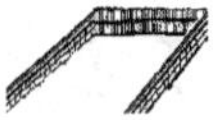

【字形】甲 金 古 篆

今篆 隶 冂 同 坰 垧

草 冂 同 坰 垧

【构造】象形字。甲骨文象画出的一个范围,犹如现在临时划定的一个集市交易场所(一说象门框)。金文另加口(表示国邑),以突出在国邑之外之意。古文大同。篆文承接甲骨文,异体承接金文和古文,或再加义符土并整齐化。隶变后楷书分别写作冂、同与坰三体。坰,俗又写作垧。如今冂、同只作偏旁,坰、垧表义有明确分工。

【本义】《说文·冂部》:"冂,邑外谓之郊,郊外谓之野,野外谓之林,林外谓之冂,象远界也。同,古文冂。从口,象国邑。坰,同或从土。"本义为在郊野划出的一个范围。

【演变】冂(同、坰),本义指❶在郊野划出的一个范围。引申泛指❷都邑的远郊。

由于"冂"作了偏旁,便又另加义符"口"写作同。"同"也作了偏旁,便再加义符"土"写作"坰"来表示。

○坰,从土从同会意,同也兼表声。读jiōng,本义指都邑的远郊:駉駉(马肥壮貌)牡马,在~之野。

○垧,从土从晌(省)会意,晌(省)也兼表声。读jiōng,本义为❶都邑远郊。此义后由"坰"来表示。

又shǎng,作量词,指❷土地面积单位:家里种着两~地。垧的计算,原由"晌"来。据清杨宾《柳边纪略》卷三:"宁古塔地,不计亩而计晌,晌者,尽一日所种之谓也。"意思是一天所耕种的土地为一垧。

【组字】冂(同),如今不单用,只作偏旁。现今仍设冂部。凡从冂取义的字皆与一定的范围、遥远等义有关。

以冂作义符的字有:冘、央、市、隺。

以同作声兼义符的字有:坰、迥、泂、絅、扃。

以同作声符的字有:诇、苘、駉、炯。

以垧作声符的字有:鋆。

厂 yì

【字形】甲  金  篆  隶  草 

【构造】象形字。甲骨文象旗游(卜)飘动形。金文大同。篆文象将一曲物拉直之形,在汉字的结构中,多用来表示一种拉引的符号,其作用与丿大体相同。隶变后楷书写作厂。注意:厂与丿与厂的写法都不同。

【本义】《说文·厂部》:"厂,抴(曳)也。象抴引之形。"本义为牵引。

【演变】厂,本义指牵引。在汉字的结构中,是一种表示拉引的符号,有的也省同丿,故如今作为汉字笔形之一,也称"撇"。但在不同的字里表示的意义并不完全相同。参见撇。

【组字】厂,如今不单用,只作偏旁。现今归入厂部。凡从厂取义的字皆与牵引等义有关。

以厂作义符的字有:弋。

以厂作声兼义符的字有:延、曳、系、虒。

人 rén

【字形】甲  金  篆  隶  草 

【构造】象形字。甲骨文象侧立的人形。金文大同。篆文整齐化。隶变后楷书写作人。与正立的"大"、屈曲的"儿"这两个人形不同。

【本义】《说文·人部》:"人,天地之性最贵者也。象臂胫之形。"本义为能制造并使用工具进行劳动的高等动物。

【演变】人,本义指❶能制造并使用工具进行劳动的高等动物:有七尺之骸,手足之异,戴发含齿,倚(立)而趣者谓之~。又指❷人类:惟~万物之灵。又指❸别人:不患~之不己知,患不知~也。又指❹民众:夫君者,舟也;~者,水也。又指❺成年人,某人,某种人,某些人:成王冠,成~|北京猿~。又引申指❻人的品质,性情:颂其诗,读其书,不知其~,可乎?又指❼体面,面子:真丢~。

【组字】人,如今既可单用,也可作偏旁。作左旁时写作亻。现今仍设人部。凡从人取义的字皆与人等义有关。

以人作义符的字有:亿、仄、介、从、仑、仁、仃、什、仆、仇、化、仅、仍、仕、付、仗、代、仙、们、仟、仪、伫、仔、他、仞、企、众、伟、传、休、伍、伎、伏、伛、优、伐、仲、件、任、伤、价、伥、仰、仿、伙、伪、伊、似、佞、估、体、何、佐、佑、攸、但、伸、佃、作、伯、伶、佣、低、你、佝、住、位、伴、伺、佛、佳、侍、供、使、侪、例、侄、侥、侣、侦、侨、侏、侩、佻、佩、侈、依、佯、俦、俨、便、俩、俪、侠、修、俏、俚、保、促、俄、侮、俭、俗、俘、信、侵、俣、俑、俟、俊、俸、倩、借、值、倆、倚、俺、倒、俳、倏、倘、俱、倡、候、倭、倪、俾、倜、俯、倍、倦、倥、健、倨、倔、做、偃、偕、侧、偶、偈、假、傀、偷、停、偿、偻、偏、假、傲、傅、傧、傥、傍、债、催、傻、倾、像、儆、僚、僭、僧、僵、僻、儒、傴、储。

以人作声符的字有：认。

入 rù

【字形】甲　金　篆　隶 入　草 入

【构造】象形字。甲骨文象地穴的入口形，表示可进入。金文稍讹。篆文整齐化。隶变后楷书写作入。

【本义】《说文·入部》："入，内也。象从上俱下也。"析形不确，所释为引申义。本义当为进入。

【演变】入，本义指❶进入：三过其门而不～|徐福将童男童女数千人～海|～境问俗|～场。引申指❷采纳：谏而不～，则莫之继也。又指❸收入：制国用，量～以为出|～不敷出。又指❹交纳：边食可以支五岁，可令～粟郡县矣。又指❺参加，加入，干预：今吾为子外之，令毋敢～子之事|～伙|～会|～学|～党。由加入又引申指❻合乎：妆罢低声问夫婿，画眉深浅～时无？|～情～理。又特指❼入声：平上去～。

【组字】入，如今既可单用，也可作偏旁。现今归入人部。凡从入取义的字皆与进入等义有关。

以入作义符的字有：亼、亾、从（liǎng）、内、仝、全、籴、兩、俞（俞）。

乂 yì；ài（艾、刈）

【字形】甲　篆　隶 乂 刈

草 乂 刈

【构造】象形字。甲骨文象原始的剪除杂草的剪刀形。篆文整齐化。隶变后楷书写作乂。

【本义】《说文·丿部》："乂，芟（剪除）艸（草）也。刈，乂或从刀。"本义为割草。

【演变】乂，读 yì，由本义割草，引申泛指❶整治，治理：保国～民，可不敬与！又引申指❷安定：天下～安。能治国安民是有本领的表示，又引申指❸才德过人的人：俊～在官。

又读 ài，由割草引申为❹惩创，惩戒：太宗即位，疾贪吏，欲痛惩～之。此义又写作"艾"，参见艾。

乂为引申义所专用，割草之义便另加义符"刂"写作"刈"来表示。

○刈，从刂从乂会意，乂也兼表声。读 yì，本义指❶割取：冀枝叶之峻（高）茂兮，愿俟时乎吾将～。引申指❷砍，杀：斩将～旗。

【组字】乂，如今不单用，只作偏旁。现今仍归入丿部。凡从乂取义的字皆与割治等义有关。

以乂作声兼义符的字有：刈、艾。

八 bā（扒、捌、分、掰）

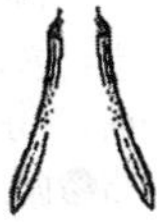

【字形】甲　金　篆

今篆　隶 八 扒 捌 掰

草 八 扒 捌 掰

【构造】指事字。甲骨文用两画分背来指明将一物分剖开之意。是"扒、捌、分、掰"等字的先行字。金文和篆文大同。隶变后楷书写作八。

【本义】《说文·八部》："八，别也。象分别相背之形。"本义为将物分开。

【演变】八，本义指❶分开：把囤里的小麦～一部分给他。后借为数词，表示❷七加一的和：七上～下。

"八"为借义所专用，分开之义遂另加义符"扌"写作"扒"来表示。"扒"后侧重于表示将物掏出之义，于是又造了从手从别的会意字"捌"来表示。"捌"又借为"八"的大写字，便又以"八"为基础，另加义符"刀"写作"分"来表示。"分"后来泛指一切分开，用手分开之义便又造了会意字"掰"来表示。参见分。

○扒，从手从八会意，八也兼表声。读 bài，本义为❶拔掉：勿翦勿～。此义今已不用。

又读 bā，近代又指❷刨开，挖开：～了好半天，才～出来这个大洞子。又指❸拨开，分开：把钟摆～拉一下|从缸里～点米给他。又指❹强行脱掉，剥下：～掉伪装|～皮抽筋。又指❺用手抓住，攀援：～着墙头上去|～车。又指❻拆除：～房子。

又读 pá，引申指❼用手或耙子将东西聚拢

或散开,划进,划动,抓挠:~拉几口饭就走了|~草|~土|~痒。又特指❽从人身上偷窃:~窃|~手。又指❾一种煨烂食物的方法:~羊肉。

〇捌,从手从别(分)会意,别也兼表声。读 bā,本义为❶无齿耙:据获秉把插~杷,桐梓枞松榆椿楞。此义如今用"耙"表示。用作数词,借作❷"八"的大写:况其军一月之费,计实钱贰拾柒~万贯。

〇掰,从双手从分,会用两手把东西分开之意。读 bāi,本义为❶用双手把东西分开或折断:一分钱~成两半花|~玉米|~开|~断。又指❷扳:~着指头数|~腕子。方言又指❸(友谊、感情)破裂:两人的交情这就算~了。

【组字】八,如今既可单用,也可作偏旁。现今仍设八部。凡从八取义的字皆与分开等义有关。

以八作义符的字有:分、公、介、半、必、尚、余、豕、曾、詹。

以八作声兼义符的字有:扒、趴。

以八作声符的字有:叭。

勹 bāo

【字形】甲 金 篆 隶 草

【构造】象形字。勹有两个来源:一个是甲骨文,象回环形,盖为人的手臂弯曲有所环围之意。金文大同。皆为"匀"字所从。二是篆文,象人曲身伸臂有所包裹形。隶变后楷书都写作了勹。

【本义】《说文·勹部》:"勹,裹也。象人曲形,有所包裹。"本义为环包。是"包"的初文。

【演变】勹,本义指环包。由于"勹"只作偏旁,其义后由"包"来表示。参见包。

【组字】勹,如今不单用,只作偏旁。现今仍设勹部。凡从勹取义的字皆与人身、环围、包聚等义有关。

以勹作义符的字有:匀、匇(鸠)、勼(抱)、匀、包、匆、匈、匊、匋、匌、匍、匐、匔(军)、匑、匓、匔。

九 jiǔ (尻)

【字形】甲 金 篆 隶 草

【构造】指事字。甲骨文是在兽类的尾巴根处加一丿,表示尾巴根处,指出屁股的所在,当是"尻"的本字。金文稍变。篆文就变得不像了。隶变后楷书写作九。

【本义】《说文·九部》:"九,阳之变也。象其屈曲究尽之形。"解说不明确,但"屈曲究尽"已暗含尻尾之意。本义当为尻尾。

【演变】九,本义指尻尾。借为数词,表示❶八加一的和:三三得~|~州。九为数之极,引申泛指❷多数:为山~仞,功亏一篑|~死一生|~牛一毛。又用作❸时令名:数~寒天。

"九"为借义所专用,尻尾之义便另加义符"尸"写作"尻"来表示。

〇尻,从尸从九会意,九也兼表声。读 kāo,本义指屁股:兔去~,狐去首。

【组字】九,如今既可单用,也可作偏旁。现今归入乙部。尻尾处在身体的尽处,故凡从九取义的字皆与极尽、弯曲、多数等义有关。

以九作义符的字有:尥、馗。

以九作声兼义符的字有:尻、究。

以九作声符的字有:鸠、艽、仇、宄、轨、犰、訄、鼽、虓、旭。

匕 bǐ (比、妣、妣、匙、柶)

【字形】甲 金 古

篆 隶 匕 妣 妣

匙 柶 草

【构造】象形字。甲骨文象一个跪拜的人形,是柔顺妇女的形象,当是比与妣的初文。金文和篆文大同,只是方向相反,以便与侧立的人形(𠤎)相区别。隶变后楷书写作匕。注意:匕与七(huà)不同。

【本义】《说文·匕部》:"匕,相与比叙也。从反人。匕,亦所以用比取饭。一名柶。"所列二义皆为引申义。本义当为匹偶之妇女。

【演变】匕,原读 pìn,本义指❶匹偶之妇女。遂成为雌性的标志。如“牝”，指母牛，古也作匕。

又读为 bǐ，女与男相匹偶，故引申为❷并列，比较：~例|~次。

由于“匕”作了偏旁，专用作雌性的标志，匹偶妇女之义便另加义符女写作“妣”来表示，后又繁化为“妣”。并列之义则再加一“匕”，写作“比”来表示。

《说文》所列“匕匙”一义，实则是由金文形简化而来。古文承金文简形并左右调向，隶变后遂混同于“匕”，本义是古代从鼎中取出大块煮肉的叉子，后成为❸匕匙一类食器的泛称：先主方食，失~箸。

又由于匕匙之头扁平而薄锐，古代有种短剑与之相似，故又借指❹匕首：使引~刺狼|图穷~见。

由于《说文》将匹偶之“匕”与匕匙之“匕”混而为一，所以匹偶之“匕”遂用“妣”来表示；匕匙之义则另加声符“是”写作“匙”来表示；“匕”则成了“匕首”的专用字。参见比。

○妣，原从女从匕会意，匕也兼表声。后又繁化为妣，从女从比会意，比也兼表声。读 bǐ，由女匹偶专用以指先祖的匹偶，后又专指❶已去世的母亲：生曰父曰母曰妻，死曰考曰~曰嫔。也泛指❷母亲：百姓如丧考~。

○匙，从匕，是声。读 chí，本义指❶小勺：汤~|茶~。

又读 shi，大概因钥匙与匕匙有相近处，故又用于❷“钥匙”一词中。

○柶，从木从四（鼻头似匙）会意，四也兼表声。读 sì，本义为古代礼器。形状和功用如匙，长六寸，两头屈曲。用以舀取食物：~，状如匕，以角为之者，欲滑也|小臣楔（插入）齿用角~。

【组字】匕，如今既可单用，也可作偏旁。现今仍设匕部。由于匕有三个不同的来源，故凡从匕取义的字皆与人、雌性、比并、食器等义有关。

以匕作义符的字有：比、𠂔、北、印、妣、尼、牝、皀（艮）、顷、卓、𠤕、匘（脑）。

以匕作声兼义符的字有：旨、匙。

𠤎 huà（化）

【字形】甲 篆 隶 草

【构造】象形兼会意字。甲骨文象倒人之形，倒人不正常，故用以会变化之意。篆文整齐化。隶变后楷书写作𠤎。注意：𠤎与匕不同。

【本义】《说文·𠤎部》：“𠤎，变也。从到（倒）人。”本义为变化。

【演变】𠤎，本义指变化。由于“𠤎”作了偏旁，其义便由“化”来表示。参见化。

【组字】𠤎，如今不单用，只作偏旁。现今归入匕部。凡从𠤎取义的字皆与人、改变等义有关。

以𠤎作义符的字有：𠤕（疑）、眞（真）。

以𠤎作声兼义符的字有：化。

儿 rén；ér（兒）

【字形】甲 金 篆 隶 草

【构造】象形字。“儿”不见于甲骨文、金文。然从甲、金文所从的偏旁看，也是个“人”形，与“人”实为一字。篆文分为二体。在字下者，篆文将其诘屈，隶变后楷书写作儿；在字左者，隶变后楷书写作亻；单用及在其他部位写作人。

【本义】《说文·儿部》：“儿，仁人也。古文奇字人也。象形。孔子曰：在人下，故诘屈。”本义实同“人”。

【演变】儿，读 rén，本义指人。只作偏旁，不单用。

又读 ér，如今又借作“兒”的简化字。本义指❶小孩子。引申指❷儿子、男青年、雄性的、父母对儿女的统称或儿女对父母的自称等义。唐代起虚化用作词尾，表示❸小或使形容词、动词名物化。参见兒。

【组字】儿，作为“兒”的简化字，如今既可单用，也可作偏旁（“组字”见“兒”下）。作为“人”的意思，如今已不单用，只作偏旁。现今仍设儿部。凡从儿取义的字皆与人等义有关。

以儿作义符的字有：兀、元、兂、允、兄、光、先、兆、兇、充、尧、兊、克、免、兑、兟、兒、兖、党、竞、竟、兜、兓、兢。

几 jī;jǐ (幾)

【字形】篆 隶 几 幾 草

【构造】象形字。篆文象古人席地而坐时供老年人倚靠的器具,似今之茶几。隶变后楷书写作几。如今“几”又作了“幾”的简化字,承担了“幾”的部分含义。参见幾。

【本义】《说文·几部》:“几,踞几也。象形。”本义为古人席地而坐时供老年人倚靠的器具。

【演变】几,读 jī,本义指❶古人席地而坐时供老年人倚靠的器具:被冕服,凭玉~|大夫七十而致事,若不得谢,则必赐之~杖。引申指❷搁置物件的小桌子:文书盈于~阁,典者不能遍睹|~案|茶~。

○几,作为“幾”的简化字,承担了“幾”的一些含义,读 jī,表示❶相差不远,几乎,将近:汉之为汉,~四十年矣|~为所害。

又读 jǐ,用作数词,表示❷数量甚少:故园定是花无~。又表示❸数量不少:叫他好~次都不来。又用作代词,表示❹疑问:对酒当歌,人生~何?|还有~里地?

【组字】几,如今既可单用,也可作偏旁。现今仍设几部。凡从几取义的字皆与凭靠器具等义有关。

以几作义符的字有:凭、凥(居)、処(处)。

以几作声符的字有:肌、麂、凯。

九 shū

【字形】甲 金 篆 隶 九 草

【构造】象形字。甲骨文象一个匍匐的人形,表示匍匐之义。金文大同,方向相反。篆文整齐化。隶变后楷书写作九 。作偏旁时,俗与“几”相混。

【本义】《说文·九部》:“九,鸟之短羽飞九九也。象形。”释义是就篆文所作的解说,非本义。本义当为匍匐。

【演变】九,本义指❶匍匐。引申指❷羽毛未丰的小鸟伸颈学飞的样子。又泛指❸伸颈的样子。

【组字】九,如今不单用,只作偏旁。现今归入几部。凡从九取义的字皆与匍匐、伸颈等义有关。

以九作义符的字有:夙。

以九作声兼义符的字有:凫。

冫 bīng (仌、冰、凝)

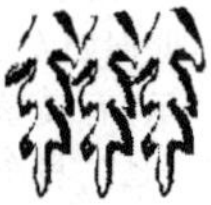

【字形】甲 金 篆 隶 冫 冰 凝 草

【构造】象形字。甲骨文、金文皆象初凝的冰花形。篆文整齐化。隶变后楷书写作冫。是冰的初文。

【本义】《说文·冫部》:“冫,冻也。象水凝之形。”本义为水凝成的冰。

【演变】冫,本义为水凝成的冰。由于冫作了偏旁,其义借“冰”来表示。

○冰,从冫从水会意,本读 níng,本义指❶水凝成冰。是“凝”的本字。被借用以表示冰块之后,便又另造了形声字“凝”。

又读 bīng ,冰,作为“冫”的借字,又表示❷水凝成的冰:~,水为之,而寒于水|结~。作动词,由冰块引申表示❸使人感到寒冷:~手。又指❹用冰贴近东西使变凉:~镇。又特指❺冰人,即媒人:孝廉令狐策梦立冰上,与冰下人语。统曰:“冰上为阳,冰下为阴,阴阳事也。士如归妻,迨~未泮,婚姻事也。君在冰上与冰下人语,为阳语阴,媒介事也。君当为人作媒,~泮而婚成。”|闻知冯女貌娉婷,特遣~人系赤绳|某甲将娶而妇忽卒,亦遣~来。

○凝,从冫疑声。读 níng,本义指❶结冰:履霜坚冰,阴始~也|~固。引申指❷集中:此时~睇,谁会凭栏意?|~望|~神|~思。

【组字】冫,如今已不单用,只作偏旁。现今仍设冫部。凡从冫取义的字皆与寒冷等义有关。

以冫作义符的字有:冬、冻、冷、冶、冽、凌、凋、凛、凝。

以冫作声符的字有:冯。

冖 mì (幎、冪、幂)

【字形】甲　金　篆　今篆

隶　幂幎　草

【构造】象形字。甲骨文象布巾蒙覆形，当是最原始的帽子，以布包头而已，借以表示蒙覆。金文大同。篆文整齐化。隶变后楷书写作冖。

【本义】《说文·冖部》："冖，覆也。从一下垂也。"本义为蒙覆。

【演变】冖，本义指蒙覆。由于"冖"只作偏旁，其义便另造了"幎"来表示。异体也作幂。

○幂，繁体冪，从冖从幕会意，幕也兼表声。异体作幎，从巾从冥会意，冥也兼表声。如今规范化皆用简体幂。读 mì，本义指❶覆盖东西的巾：簠有盖～。作动词，表示❷覆盖：以疏布巾～八尊。又用作数学名词，今指❸乘方形式：乘～。

【组字】冖，如今不单用，只作偏旁。现今仍设冖部。凡从冖取义的字皆与蒙覆等义有关。

以冖作义符的字有：冃、冠、冤、冣（最）。

以冖作声兼义符的字有：冥、幂。

刁 diāo （鐎）

【字形】甲　金　篆　鐎

隶　刁　鐎　草

【构造】象形字。刁与刀本是一个字。甲骨文象砍削用的武器刀兵形。金文稍讹。篆文整齐化。隶变后楷书写作刀。用作姓，俗变写作刁，以与刀相区别。

【本义】《说文·刀部》："刀，兵也。象形。"本义为一种武器。又《玉篇·刀部》："刀，亦姓。俗作刁。"

【演变】刁，作为"刀"的变体，主要用作❶姓。又借作"鐎"，表示❷刁斗：不击～斗以自卫。引申指❸狡猾，奸诈：这小贱人倒会放～|但此～风也不可长|他若是将咱～蹬（即刁难），休道我不敢掀腾。又引申指❹刻薄：你的嘴怎么学得这么～？

○鐎，从金焦声。读 jiāo，本义指古代军中使用的一种带把的炊具，白天供一人做饭，夜间敲击以巡更，称为"鐎斗"。后简作"刁斗"。

【组字】刁，如今既可单用，也可作偏旁。现今仍归入刀部。凡从刁取义的字皆与刀等义有关。

以刁作声符的字有：叼、汈。

丩 jiū （糾、纠）

【字形】甲　金　篆

隶　丩　纠　草

【构造】象形字。甲骨文象藤蔓纠结之形。金文大同。篆文整齐化。隶变后楷书写作丩。

【本义】《说文·丩部》："丩，相纠缭也。一曰瓜瓠结丩起。象形。"本义为相纠缠。

【演变】丩，本义指相纠缠。由于"丩"作了偏旁，其义便借"纠"来表示。

○纠，繁体糾，金文和篆文皆从糸从丩会意，丩也兼表声。如今简化作纠。读 jiū，本义指❶三合绳：夫祸之与福兮，何异～纆（绳）。由绳子引申为❷依照一定的准绳去衡量、矫正：绳愆～谬|政宽则民慢，慢则～之以猛|～偏|～正。由合绳又引申指❸聚合，集结：收离～散|～合|～集。又表示❹像丝一样缠绕纠结：解杂乱纷～者不控卷（拉缠在一起的乱丝）|～缠|～纷。

【组字】丩，如今不单用，只作偏旁。现今归入乙部。凡从丩取义的字皆与屈曲纠结等义有关。

以丩作声兼义符的字有：勾、句、纠、虬。

以丩作声符的字有：叫、收、赳。

凵 kǎn；qiǎn

【字形】甲　金　篆　隶　草

【构造】象形字。甲、金、篆文皆象地上挖的坑坎形。隶变后楷书写作凵。当是"坎"的本字。参见坎。

【本义】《说文·凵部》："凵，张口也。象形。"解说不确。本义当为坑坎。

【演变】凵，读 kǎn，本义指❶坑坎。

又读 qiǎn，由于坑坎像张着的嘴，故引申为❷张口：五品以上官乃许其廷争。若轻肆～语，潜行诽谤，委御史大夫已下严加察访。

【组字】凵,如今不单用,只作偏旁。现今仍设凵部。凡从凵取义的字皆与坑坎、开口等义有关。注意:现在归入凵部的字,如函(函)、凿等,本不从凵。

以凵作义符的字有:凶、去、凷、出、臼、凹、凸、凼。

凵 qū

(笶、筥)

【字形】金 篆 隶凵筥笶 草

【构造】象形字。凵,篆文本象圆筐筲箕形,是"曲"的简形,是"器"的本字。由于凵与凵形近容易相混,遂废而不用,只作偏旁。上列金文已改为从竹,膚声,写作籚。篆文进而改为从竹,去声或吕声。隶变后楷书分别写作凵、笶、筥。如今规范化用筥,凵只作偏旁,笶废而不用。参见筥、曲、器。

【本义】《说文·凵部》:"凵,饭器。以柳为之,象形。笶,凵或从竹、去声。"本义为竹木编的盛饭器。

【演变】凵,是"笶"的初文,名词,本义为竹木编的盛饭器。不单用,过去单用用"笶"。如今规范化用"筥"。

○筥,从竹从吕(似一节脊柱)会意,吕也兼表声。读jǔ,本义为❶盛饭的圆形竹器,即圆筲箕:于以盛之,维筐及~|方曰筐,圆曰~|~筐。引申指❷箱:盛杯器笼曰~。又指❸装在筥筐里:采菽采菽,筐之~之。

【组字】凡从凵取义的字皆与筐器等义有关。

以凵作声符的字有:去。

卩 jié

(㔾、㔾、㔾、厀、膝)

【字形】甲 金 篆 今篆 隶卩膝厀 草

【构造】象形字。甲骨文象一个跪坐的人形。金文大同。篆文整齐化。隶变后楷书写作㔾,省作卩。作偏旁时,有的写作㔾、㔾、巴、尸等形。

【本义】《说文·卩部》:"卩,瑞信也。守国者用玉卩,守都鄙者用角卩,使山邦者用虎卩,土邦者用人卩,泽邦者用龙卩,门关者用符卩,货贿用玺卩,道路用旌卩。象相合之形。"析形不确,释义是就后来的借义所作的解说。本义当为跪坐之人。

【演变】卩,本义指跪坐之人。人跪坐必用膝,故当是"膝"的初文。由于"卩"作了偏旁,便另加声符"桼"写作"厀"来表示。如今以异体"膝"为正体。

○膝,本作厀,从卩桼声。俗改从肉月作"膝"。读xī,本义指❶膝盖:左手据~,右手持颐(下巴)以听|护~。儿女幼时依偎于父母膝旁,故用于"膝下",表示❷幼年:故亲生之~下。又用于书信的开头,表示❸对父母尊称:父母大人~下。

【组字】卩,如今不单用,只作偏旁。现今仍设卩部。凡从卩取义的字皆与人的腿部动作等义有关。

以卩作义符的字有:印、卬、卯、卲、色、卮、叩、令、卵、印、危、却、卲(邵)、即、却、匊、卹(恤)、邑、巷、卷、卸、卺、巺、巽、卻、卿、卺、厀、辟。

以卩作声符的字有:节、疖。

力 lì

【字形】甲 金 篆 隶力 草力

【构造】象形字。甲骨文象犁地的耒形。金文更显示出起土之状。篆文整齐化。隶变后楷书写作力。

【本义】《说文·力部》:"力,筋也。象人筋之形。治功曰力,能圉大灾。"所释为引申义。本义当为耒。

【演变】力,本义指耒。犁地要用力,故引申指❶体力,力气:吾~足以举百钧,而不足以举一羽|四肢无~|身强~壮。又泛指❷能力,力量:度德而处之,量~而行之|日夜思竭其不肖之才~|~不从心|生命~|战斗~|理解~|说服~|物~|财~|视~。又引申指❸权势:以~服人者,非心服也。又引申指❹劳动,劳作:不事~而养足|自食其~。又引申指❺功劳:待圣人之出而投缳道路,不可谓非五人之~也。

又引申指❻尽力去做：古训是式（效法），威仪是~｜古人~文学，所务安疲氓；今人~文学，所务惟公卿。用作副词，表示❼竭力地：军大捷，皆诸校尉~战之功也｜~争上游｜~求达到。

【组字】力，如今既可单用，也可作偏旁。现今仍设力部。凡从力取义的字皆与力量、功效等义有关。

以力作义符的字有：办、劝、功、夯、加、务、动、劣、劦、劫、劳、励、助、劬、努、劭、劲、势、劾、勃、勋、勉、勇、勐、勘、勒、勖、募。

以力作声兼义符的字有：肋。

以力作声符的字有：历、仂、防、叻、艻、玏。

乃 nǎi
（奶、嬭、妳、仍、迺、廼、卤）

【字形】甲  金  篆 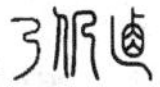
今篆  隶 乃仍奶迺
草 乃仍奶迺

【构造】象形字。乃是由甲骨文（象妇人双手抱子于胸前喂奶形）简化来的。将子省去，只留下人身和突出的奶头，就成了甲骨文了，正象妇女奶头的侧视形。金文大同。篆文整齐化。隶变后楷书写作乃。

【本义】《说文·乃部》："乃，曳词之难也。象气之出难。"所释为假借义。本义当为喂奶。是奶的本字。

【演变】乃，本义指❶喂奶。生育喂奶是人类代代相传、子孙相因的基本条件，故"乃"有相因之义。后来"乃"借为代词"尔"，表示❷你，你的：家祭无忘告~翁｜~兄。参见尔、你。又借为副词"迺"，表示❸于是，就：度我至军中，公~入。又表示❹才：大寒~知松柏之后凋。又表示❺竟然：~不知有汉，无论魏晋。又表示判断，相当❻是，为：失败~成功之母。

"乃"为借义所专用，喂奶之义便又另加义符"女"写作"奶"来表示。相因之义则另加义符"亻"写作"仍"来表示。

○奶，从女从乃会意，乃也兼表声。异体作嬭（妳）。如今规范化用奶，读 nǎi，本义指❶喂奶：小张是他婶子~大的。引申指❷乳房：小娘子，没有~儿。又指❸乳汁：吃~｜~粉｜牛~。又引申指❹老年妇女或祖母：~娘｜~~。

○仍，从人从乃（相因）会意，乃也兼表声。读 réng，由相因之义引申来，本义指❶依照，沿袭：夏殷之政，九州贡金，以定五品，周~其旧｜一~旧贯。引申指❷重复，连续不断：百姓~遭凶厄，无以相振（同赈）｜战争频~。用作副词，又表示❸已然：今年大旱千里赤，州县~催给河役｜~不见效。

○迺，《说文·乃部》本作卤，认为是从乃省，西声。其实"西"为草木枝条编织的器具，常用以漉酒淋盐，此字正是将西置于架子之上，进行漉酒或淋盐之义。当是会意字。隶变后写作迺，异体作廼。读 nǎi，《说文》解释为惊声，又说表示往。"往"义实际是滴淋意义的引申。古书多用作语助词、代词或副词。后俗借用"乃"来表示。

【组字】乃，如今既可单用，也可作偏旁。现今归入丿部。凡从乃取义的字皆与喂奶、相因等义有关。

以乃作义符的字有：孕。

以乃作声兼义符的字有：奶、仍。

以乃作声符的字有：艿、氖、鼐、扔。

刀 dāo
（刂）

【字形】甲  金  篆  隶 刀 草 刀

【构造】象形字。甲骨文象砍削用的武器刀兵形。金旁繁化。篆文整齐化。隶变后楷书写作刀。作偏旁时写作刂。

【本义】《说文·刀部》："刀，兵也。象形。"本义为一种武器。

【演变】刀，由一种武器，引申泛指❶用于切割砍削的有锋刃的工具：良庖岁更~，割也｜磨~霍霍向猪羊｜菜~｜镰~｜刺~｜铡~｜车~。又引申指❷像刀的东西：冰~｜渔~（小船，后作舠）。又特指❸古代一种刀形的钱币：厚~布（布币）之敛以夺农之财。又用作纸张的计量单位，指❹纸一百张：包裹纸十~。

【组字】刀，如今既可单用，也可作偏旁。现今仍设刀部。凡从刀取义的字皆与刀具等义有关。

以刀作义符的字有：刁、刃、切、分、刅、刈、刊、㓞、刑、列、划、则、刚、创、刖、刎、刘、初、别、利、到、删、刨、判、券、刺、剀、刿、制、刮、刽、刹、剂、刻、刷、剁、荆、剌、削、剑、剃、剞、剔、剐、剖、剡、剜、剥、剧、剪、副、剩、割、剿、蒯、剽、劂、罚、劈、劁、劓。

以刀作声符的字有：到、叨、召、忉、氘、魛。

厶 sī (私、台)

【字形】甲　金　篆

隶厶私　草厶私

【构造】象形字。厶与以同源，在甲骨文里都是巳(胎儿)的倒形，即头朝下的胎儿形，表示胎儿已经长成，将要降生。金文和篆文大同。隶变后楷书写作厶。

【本义】《说文·厶部》："厶，奸邪也。韩非曰：'苍颉作字，自营为厶。'"此为引申义，是当时社会思想的反映。本义当为已经成熟的胎儿。

【演变】厶，由胎儿引申为男女阴部、小便、隐私、自私等义。由于"厶"作了偏旁，其义便借"私"来表示。

〇私，从禾厶声。读 sī，本义为❶一种禾名。借为"厶"，遂用以表示❷男女阴部：言其~处，有两赘疣。引申泛指❸暗地里：项伯乃夜驰之沛公军，~见张良｜~语。又指❹秘密不公开，不合法：~货。又引申指❺个人的：以公灭~｜~信｜~事｜~心｜自~｜大公无~。这样，其本义胎儿则另加义符口(衣胞)，写作"台"来表示。参见台。

【组字】厶，如今不单用，只作偏旁。现今仍设厶部。凡从厶取义的字皆与胎儿、隐秘等义有关。

以厶作义符的字有：篡、羗。

以厶作声兼义符的字有：私、台、矣。

以厶作声符的字有：私。

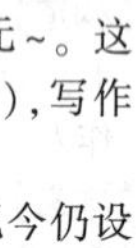

又 yòu (彐)

【字形】甲　金　篆　隶又　草又

【构造】象形字。甲骨文象右手形。金文稍繁。篆文整齐化。隶变后楷书写作又。作偏旁时有𠂇、彐等多种变体。如今在有些简体字里，"又"又作了一些笔画较多的偏旁的代替符号，如欢(歡)、鸡(鷄)、权(權)。

【本义】《说文·又部》："又，手也。象形。三指者，手之列多略不过三也。"本义为右手。

【演变】又，本义指❶右手。后借作虚词，表示❷同一动作行为的重复，连续：野火烧不尽，春风吹~生｜他~上书店了｜~刮风了。又表示❸几项平列：故吏不敢以非法遇民，民~不敢犯法｜~惊~喜。又表示❹递进：固天纵之将圣，~多能也｜他肯干，~有能力。又表示❺再加上：他六十~三｜一~二分之一。又表示❻补充：毛衣外~加了件背心。又表示❼轻微转折：他本想做件好事，不想~受了批评。又表示❽强调：这点小事~算什么？

"又"后来专用作虚词，右手之义便借"右"(佑助)来表示。参见右。

【组字】又，如今既可单用，也可作偏旁。现今仍设又部。凡从又取义的字皆与手的动作行为等义有关。

以又作义符的字有：叉、友、反、殳、丑、尤、及、父、尹、攴、支、双、艮、叏、収(廾)、劝、厷、戏、叏、叓(夬)、叐、圣、叓(史)、聿、聿、吏、叒、叒、叟(叜)、叓(事)、奴、皮、取、叔、受、变、隶、秉、度、叔(刷)、叕、叚、叟、叙、叜(叟)、叔、叓、叓、段、兼、彗、曼、叓、叡、叡、燮、叡、叠。

以又作声兼义符的字有：右、有、灰、友。

廴 yǐn

【字形】篆　隶廴　草廴

【构造】象形字。篆文从彳(半条街)，将其下拉长，表示漫漫长路。隶变后楷书写作廴。注意：廴与辶不同。

【本义】《说文·廴部》："廴，长行也。从彳引之。"本义为长行。

【演变】廴，本义指长行。引申泛指拉引、延伸。当与"廸"、"延"为一字。参见延。

【组字】廴，如今不单用，只作偏旁。现今仍设廴部。凡从廴取义的字皆与进行等义有关。

以廴作义符的字有：廸、延、廷、建。

了 liǎo;le
（瞭）

【字形】篆 今篆 隶 了瞭

草

【构造】象形兼会意字。篆文象子无臂之形。用小儿两臂及两足皆捆缚于襁褓之中会收束之意。隶变后楷书写作了。

【本义】《说文·了部》："了，尥也。从子无臂，象形。"释义不清，本义当为收束。

【演变】了，读 liǎo，本义指❶收束，了结，完毕：晨起早扫，食～洗涤|乡村四月闲人少，才～蚕桑又插田|不～～之|没完没～。引申指❷决断，决定：然则是非，随众贾而为正，非己所独～|～决此事。由决断又引申指❸聪慧：小时～～，大未必佳。又指❹明白，清楚：其所易～，阙而不论|不甚～～|～然于心|～如指掌。注意："了"的明白等义，过去用"瞭"来表示，如今规范化用"了"；瞭望义仍用"瞭"。由完毕又引申指❺动作完成或形状改变：林花谢～春红，太匆匆|遥想公瑾当年，小乔初嫁～，雄姿英发|莫等闲白～少年头，空悲切。此类含义虚化为后来的助词。由了结虚化，又引申指❻完全：把吴钩看～，阑干拍遍|觅故宫遗址，～不可识。又放在动词后，与"不"、"得"连用，表示❼可能性：放心，忘不～|他办得～。

又读 le，虚化为助词，用作词尾，表示❽动作的完成或事情的变化：学～很多知识|写～不少东西|头发白～不少|屋里亮～许多。

〇瞭，从目从尞（燎柴明亮）会意，尞也兼表声。读 liǎo，本义指❶目明：胸中正，则眸子～焉。又引申指❷明白，聪明晓事：言～于耳，则事昧于心。此义今用"了"。

又读 liào，引申指❸远望：～望。

【组字】了，如今既可单用，也可作偏旁。现今归入乙部。凡从了取义的字皆与幼小等义有关。

以了作义符的字有：孑、孓、孖。

以了作声符的字有：辽、钌、疗。

巜 kuài
（澮、浍、甽）

【字形】篆 隶 巜 甽 浍 澮

草

【构造】象形字。篆文象两道流水形。表示田间大的排水沟，比川小，比く大。隶变后楷书写作巜。

【本义】《说文·巜部》："巜，水流浍浍也。方百里为巜，广二寻，深二仞。"本义为田间大的排水沟。

【演变】巜，本义指田间大的排水沟。由于"巜"主要用作偏旁，其义便另加义符"田"写作"甽"来表示。经典则多借"浍"来表示。

〇浍，从水从会会意，会也兼表声。读 huì，本义指❶水名（一在山西，一在河南）：不如新田，土后水深，居之不疢，有汾、～以流其恶。

又读 kuài，借作"巜"，表示❷田间的排水沟：以～写（泻，排泄）水。

【组字】巜，如今不单用，只作偏旁。现今归入乙部。凡从巜取义的字皆与水流等义有关。

以巜作义符的字有：甽、俞（俞）、粼。

马 hàn
（㔾、菡、萏）

【字形】篆 今篆 隶 马 菡 萏

草 马菡萏

【构造】象形字。篆文象花含苞未放的样子。隶变后楷书写作马。作偏旁时有的写作㔾。

【本义】《说文·马部》："马，嘾（深含）也。草木之花未发函然，象形。"本义为花含苞未放的样子。

【演变】马，本义指花含苞未放的样子。是"菡萏"的合音。"菡萏"急读则为"马"，而"马"慢声则为"菡萏"。由于"马"只作偏旁，其义遂由"菡萏"来表示。

〇菡萏，形声字，皆从艹取义，从函与臽声，函与臽也兼表含有之意。读 hàndàn，本义指荷花：彼泽之陂，有蒲～～|～～溢金塘。

【组字】马（㔾），如今不单用，只作偏旁。现今归入乙部。凡从马取义的字皆与花苞、包束等义有关。

以马作义符的字有：甬、甹。

以马作声兼义符的字有：函。

以马（㔾）作声符的字有：犯、氾（泛）。

三画

三 sān

(弎、曑、叁、叄)

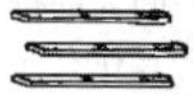

【字形】

【构造】指事字。甲骨文用三画来表示。金文大同。篆文整齐化。古文受“弋”字影响，遂类化另加偏旁弋写作弎。隶变后楷书写作三。弎用作大写。另外还有一个“叁”字，也用作三的大写。

【本义】《说文·三部》：“三，天地人之道也。从三数。”本义为二加一。

【演变】三，数词，本义指❶二加一，或第三：~人行，必有我师焉|一鼓作气，再而衰，~而竭。又泛指❷多数，多次：~岁贯汝，莫我肯顾|季文子~思而后行|~番五次|举一反~。

○曑，是参的分化字。金文上从三星，下为人，彡表示星光闪耀。篆文整齐化，讹为从晶(星)，㐱声。隶变后楷书写作曑。俗作參。如今简化作参。是象形兼会意兼形声字。名词，本义指❶商星。因其为明亮的三颗星，遂借用为数词，表示❷三。为了相区别，俗改写作叄。如今简化作叁，用作“三”的大写：先王之制，大都不过~国之一|何不~分天下而王之？|壹、贰、~、肆、伍、陆、柒、捌、玖、拾，字书皆有之。参见参。

【组字】三，如今既可单用，也可作偏旁。现今归入一部。凡从三取义的字皆与数目三等义有关。

以三作声兼义符的字有：仨、叁。

干 gān；gàn

(榦、幹、乾、扞)

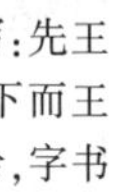

【字形】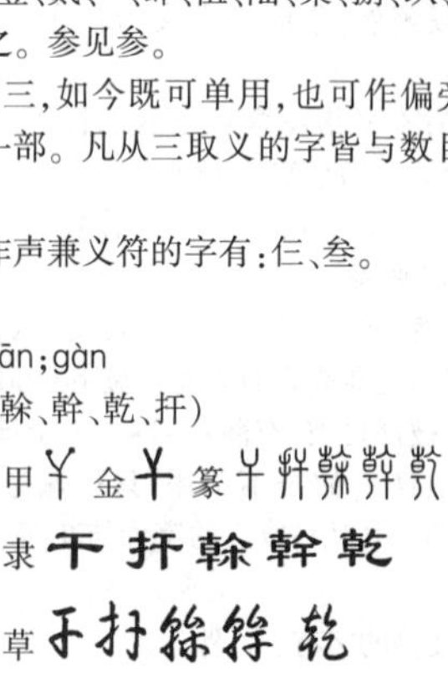

【构造】象形字。干与單(单)同源。甲骨文象带杈的木棍形，在丫杈两端和分叉处捆上石头，以增加投击力，是原始的狩猎工具。金文大同，分杈处的石头点变为一横(这是甲骨文常见的演变现象)，篆文整齐化。隶变后楷书写作干。如今又作了榦、幹、乾的简化字。

【本义】《说文·干部》：“干，犯也。从反入，从一。”析形不确，所释为引申义。本义当为原始狩猎工具。

【演变】干，读 gān，本义为原始狩猎工具，用以攻取野兽，故用作动词，引申为❶触犯，冒犯：~国之纪|~犯。又引申指❷冲：哭声直上~云霄。又指❸追求，求取：皆~赏蹈利之兵也|子张学~禄。由干犯又指❹强行过问或制止不该管的事：王事唯农是务，无有求利于其官以~农功|~涉|~扰|~预。又指❺牵连，发生关系：吹皱一池春水，~卿何事？|毫不相~。干，进可攻，退可守，故又作名词，指❻盾牌：勾践入宦于吴，身执~戈为吴王洗马|凤凰秋秋，其翼若~，其声若箫。又通“岸”，指❼河岸：坎坎伐檀兮，置之河之~兮。

又借用以表示“乾”的部分含义，形容词，指❽干燥：涂~则轻，椽燥则直。进而引申指❾不用水的：~洗。又指❿枯竭，空虚的：外强中~。又指⓫徒具形式的：~亲。参见乾。

又读 gàn，由盾牌，又作动词，引申指⓬防卫，捍卫(此义后由“扞”表示)：赳赳武夫，公侯~城(喻捍卫者)|汝多修，~我于艰。

又用作“榦”“幹”的简化字。名词，表示⓭主干、才干、干办等义。参见榦、幹。

○扞，从手从干会意，干也兼表声。读 hàn，动词，本义为❶遮蔽，遮挡：匍匐柩上，以身~火，火为之灭。又引申指❷保护，保卫：汝多修，~我于艰|筑堤~江。又指❸抵御，抵抗：~吴兵于东界。作名词，又特指❹臂衣。古代射箭时用的皮制臂套：羿执鞅持~。

○榦，从木从倝(日照旗杆)会意，倝也兼表声。读 gàn，名词，本义为❶木名，即柘树：厥贡羽毛齿革，惟金三品，杶~栝柏。又指❷古代筑墙时，竖在夹板两边起固定作用的木柱：鲁人三郊三遂，峙乃桢~。又指❸主干：故枝不得大于~，末不得强于本。又特指❹井栏：吾乐与！出跳梁乎井~之上，入休乎缺甃之崖。以上含义如今皆由“干”来表示。

○幹，从干从倝(旗杆)会意，倝也兼表声。

读 gàn，名词，本义为❶事物的主干，主要部分：贞者，事之～也。又引申指❷才干：理民之～，优于将略。地支配天干，犹如树枝配树干，故又借指❸天干。此义古代已借用"干"（gān）来表示。作动词，又指❹从事某种活动：到了临安府，～事已毕。以上含义如今皆由"干"来表示。

【组字】干，如今既可单用，也可作偏旁。现今仍设干部。凡从干取义的字皆与棍棒、干犯、捍卫、干燥等义有关。

以干作义符的字有：rK、幵、榦。

以干作声兼义符的字有：讦、扞、奸、旱、罕、杆、轩、岸、秆、竿、骭。

以干作声符的字有：刊、邗、犴、汗、旴、肝、玕、矸、顸、赶、酐、鼾。

于 yú
（竽、亏、虧、於、吁、籲、迂）

【字形】甲  金  篆 

隶 于 竽 吁 籲 迂 亏 虧

草 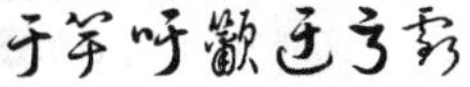

【构造】象形兼指事字。甲骨文左边象一种吹奏乐器，或许是最早的简单竽形，右边象征着乐声的婉转悠扬，与"兮""乎"造意相同，皆与吹奏乐器有关。金文省去标志乐声的符号。篆文是甲骨文的讹变，上边断开，下边大概取婉转乐声的弯曲。隶变后楷书承金文和篆文分别写作于和亏，后来成为两个字。当是"竽"的初文。

【本义】《说文·于部》："于，於也。象气之舒亏。从丂，从一。一者，其气平之也。"析形不确，解释的也是引申义。本义当为吹竽时乐声婉转悠扬。

【演变】于，由竽声舒徐婉转悠扬飘去，作形容词，引申泛指❶声气舒徐。又引申指❷悠然自得、舒徐的样子：神农之世，卧则居居，起则～～｜～～焉而来矣｜视其体腴然，其度～～然。又指❸屈曲的样子：白舌，～～屈于根。又指❹悠然地，徐徐地：燕燕～（此"于"或误视为虚词，恐失古人精妙之处）飞，颉之颃之。吹奏乐器则气损，故又指❺气损。

古代较多的是借用作"乎"，作语气词，表示❻疑问语气：然则先生圣～？又用作叹词，表示❼感叹：～嗟麟兮！

更多的则是借作"於"，作介词，介绍出所在、对象等，相当❽在、对、当、从、到、替、跟、给、由于、用、比、被等多种含义：慎终～始｜且庸人尚羞之，况～将相乎？｜～时风波未静，心惮远役｜青，取之～蓝而青于蓝｜箕畚运～渤海之尾｜唯兹臣庶，汝其～予治｜燕王欲结～君｜天将降大任～斯人也｜生～忧患，死～安乐｜此织生自蚕茧，成～机杼｜师不必贤～弟子｜吾常见笑～大方之家。

由于后来"于"主要用作介词。这样，乐器的意思便另加义符"竹"写作"竽"来表示。叹词便另加义符"口"写作"吁"来表示。舒徐曲折之义便另加义符"辶"写作"迂"来表示。亏损之义则以"亏"为基础，另加声符"雐"写作"虧"来表示。

○竽，从竹从于会意，于也兼表声。读 yú，本义指古代的一种竹制簧管乐器，与笙相似而略大：故～先则钟磬皆随，～唱则诸乐皆合｜滥～充数。

○吁，从口从于会意，于也兼表声。读 xū，叹词，表示❶惊叹，叹气：～！君何见之晚也｜怀宝空长～｜长～短叹。

又读 yù，如今用作"籲"（从頁从籥会意，籥也兼表声）的简化字，动词，表示❷呼告：以哀～天。

○迂，从辶从于会意，于也兼表声。读 yū，本义为❶曲折，僻远：军争之难者，以～为直，以患为利｜惩北山之塞，出入之～也｜～回。引申指❷脱离实际，不合时宜：有是哉，子之～也｜～腐｜～阔。

○虧，篆文同"于"，本是吹竽时声气上扬，用声气吹出会气损之意；由于亏作了偏旁，后遂另加雐声。隶变后楷书写作虧。如今简化仍作亏。读 kuī，作动词，本义指❶气损。引申泛指❷亏损：八柱何当？东南何～？｜～本｜盈～。又指❸差欠，短少：为山九仞，功～一篑｜理～。又指❹毁坏：不～不崩，不震不腾。又指❺亏负，对不起：朝廷须不曾～负了你。又指❻幸而：～你来帮忙，不然完不成。又表示❼反语讽刺：这话～你说得出口！

【组字】于，如今既可单用，也可作偏旁。现今归入一部。凡从于取义的字皆与奏乐声舒徐婉转等义有关。凡从亏(虧)取义的字皆与亏缺等义有关。

以于作义符的字有:平、粤、虧(亏)。

以于作声兼义符的字有:迂、吁、纡、竽、夸。

以于作声符的字有:芋、宇、盂、圩、盱。

以亏(虧)作声兼义符的字有:夹。

以亏作声符的字有:圬、污、杇。

亍 chù (亍、彳亍)

【字形】甲 金 篆 隶 草

【构造】象形字。亍当是行的省写,甲骨文象十字路口形。金文大同。篆文讹变得不像了。隶变后楷书写作亍。《说文》将行分为"彳""亍"二字,本义实仍为行道之义。

【本义】《说文·彳部》:"亍,步止也。从反彳。"解说不确。本义亦当为十字路,表示行道。

【演变】亍,本义为❶行道。又特指❷右步:左步为彳,右步为~,合则为行。又作❸姓:楚有大夫~衡。据《说文》的解释,又作动词,表示❹小步行走:裔云翔龙,泽马~阜|纤骊接趾,秀骐齐~。

【组字】亍,如今既可单用,也可作偏旁。现今归入一部。凡从亍取义的字皆与行道等义有关。

以亍作义符的字有:行。

士 shì (勢、势)

【字形】甲 金 篆 隶 草

【构造】象形字。士,与且同源。甲骨文象雄性生殖器形。金文填实,上边类化为十(甲骨文中的圆点后来往往演变为横)。篆文整齐化。隶变后楷书写作士。

【本义】《说文·士部》:"士,事也。数始于一,终于十。从一,从十。孔子曰:'推十合一为士。'"这是作者根据当时的社会思想所作的解说。本义当为雄性生殖器。

【演变】士,名词,本义指雄性生殖器,引申指❶未婚青年男子:于嗟女兮,无与~耽|~如归妻,迨冰未泮。又泛指❷男子:~不可以不弘毅,任重而道远|男~。又特指❸士兵,或兵车上的甲士:善为~者不武|~气高昂。今又指❹军人的一级:上~|下~。古代又指❺贵族的最低一个等级,介于卿大夫和庶民之间的一个阶层:天子七庙,诸侯五,大夫三,~一。古代又指❻学艺习武的人:古者有四民:有~民,有商民,有农民,有工民|学~|~农工商。又用以通称❼知识分子:故智能之~,不学不成,不问不知。如今用作对人的美称,指❽具有某种技术学识或品德的人:志~仁人|医~|护~|硕~|烈~|博~|勇~。

"士"为引申义所专用,雄性生殖器之义便借"势"来表示。

○势,繁体勢,从力埶(种树)会意,埶也兼表声,如今简作势。读 shì,名词,本义指❶强力:今夫飞蓬遇飘风而行千里,乘风之~也。引申指❷权力:天子者~位至尊|仗~欺人|权~|~力。又指❸发展的势头,趋势:虽有智慧,不如乘~。又指❹形势:起兵不知其~|局~|时~|山~。又引申指❺样子:装腔作~|架~|姿~|手~。又借为"士",表示❻雄性生殖器官:淫者割其~|牛马去~。

【组字】士,如今既可单用,也可作偏旁。现今归入士部。凡从士取义的字皆与雄性等义有关。

以士作义符的字有:圭、吉、壮、牡、壻(婿)、毐。

以士作声兼义符的字有:仕。

工 gōng

【字形】甲 金 篆 隶 草

【构造】象形字。甲骨文、金文皆象古人筑墙用的石杵形。上边是木质带横握的把手,下为石质杵头。金文填实更形象,篆文线条化就看不出了。隶变后楷书写作工。

【本义】《说文·工部》:"工,巧饰也,象人有规矩也。"释义显然是根据引申义所作的解说。就甲骨文看,本义实为筑杵。如今有些偏僻农村还用这种干打垒的办法筑墙。

【演变】工,名词,本义指❶建筑用的筑杵,工具。引申指❷建筑工程:以连遭大忧,百姓苦役，殇帝康陵方中（陵中）秘藏，及诸～作，事事减约｜土木～程｜大楼按期完～。后来扩大泛指❸一切工程：水利～程。又指❹各种生产劳动，工作：闺阁操女～｜做～。又指❺使用筑杵干活的建筑工人及有技术的其他工匠：～欲善其事，必先利其器｜瓦～｜电～｜乐～。古又指❻管理工程的官员，百官：～命采斫。古代官职有司空、工部，最初当是管理建筑工程的。建筑是种艺术，故又用作形容词，引申指❼精巧：此非兵之精，非计之～也｜何其～也｜～笔画。又指❽擅长：～文学者非所用，用之则乱法｜～书善画。作名词，又指❾技巧，工夫：唱～｜武～天下第一。

【组字】工，如今既可单用，也可作偏旁。现今仍设工部。凡从工取义的字皆与捣击、事功、法规、技巧等义有关。

以工作义符的字有：巧、巨、式、珏。

以工作声兼义符的字有：功、红、巩、攻。

以工作声符的字有：汞、贡、空、虹、讧、扛、缸、肛、杠、江、豇、项、邛。

土 tǔ（袿、社、地）

【字形】甲 金 篆 隶 草

【构造】象形字。甲骨文象地上有土块形，当是最原始的祭社形象，是社（土地神）的本字。如今农村匆促结拜仍撮土为堆进行祭拜。金文填实或另加义符示与木，古时祭祀多于林野进行。篆文线条化将金文点演变为横。隶变后楷书写作土。

【本义】《说文·土部》："土，地之吐生万物者也。二象地之下、地之中物出形也。"析形不确。本义当为聚土为社祭地神。

【演变】土，名词，本义指❶筑土祭社：诸侯祭～。也泛指❷泥土：王者封五色～为社｜～壤。又指❸土地：疆～｜领～｜国～｜寸～不让。又引申指❹家乡：君子怀德，小人怀～｜故～｜乡～。又进而指❺本地的：乐操～风，不忘旧也｜～产｜～语。又指❻出自民间的：～布｜～专家。由地方的又指❼不开通的，不时兴的：～头～脑。又特指❽烟土（熬制前像土）。

"土"后来专用以表示泥土等义，土地神之义便另加义符"礻"和"木"写作"袿"来表示。原始祭社多在旷野草木丛生处进行，后代建社则集五色土为封，各树其所宜之木，北京的社稷坛即其遗迹。简体作"社"。土地之义则另加声兼义符"也（蛇）"写作"地"来表示。

○社，从礻从土会意。读 shè，名词，本义指❶土地神或土地神主：殷人之礼，其～用石｜～稷。作动词，指❷祭祀土地神：择元日，命人～｜一片神鸦～鼓。作名词，指❸祭祀土神的地方或日子：伐鼓于～｜春～｜秋～。又指❹古代的行政单位：周代二十五家为一～。后又指❺从事某种共同工作或生活的集体组织机构：集会结～｜旅行～｜合作～｜～团。

○地，从土从也会意，也也兼表声。读 dì，名词，本义指❶大地：共工氏与颛顼争为帝，怒而触不周之山，折天柱，绝～维｜天～。又指❷田地：自留～｜下～干活｜～租。又引申指❸领域，地区，地点：今齐～方千里｜下无立锥之～｜根据～。用于抽象意义，指❹地位，地步：久处卑贱之位，困苦之～｜置之死～而后生｜设身处～｜留有余～。

又读 de，虚化为助词，用作❺状语的标志：迅速～办理｜历史～研究。

【组字】土，如今既可单用，也可作偏旁。现今仍设土部。凡从土取义的字皆与土地等义有关。

以土作义符的字有：王、甴、圣、圩、圬、在、尘、压、圪、圬、圳、圾、圮、圯、地、场、坏、坒、坴、址、坐、坌、坎、坍、均、坟、坑、坊、块、坝、垃、呈、坂、坣、社、坠、垅、坷、坯、坪、坦、坤、垂、坼、垄、里、坡、坚、坳、型、垚、垣、垔、垮、城、垢、垛、垠、垩、垦、垒、封、埂、埋、埃、堵、基、堇、埴、域、堑、堂、堆、培、堯（尧）、堪、塔、堰、堤、重、堡、墓、填、塌、塘、塞、垫、墙、墟、塾、境、堕、墨、增、壅、壁、壑、壤、墅。

以土作声符的字有：吐、徒、堍、钍、杜、肚。

艹 cǎo（艸）

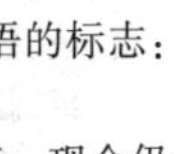

【字形】古 篆 隶 草

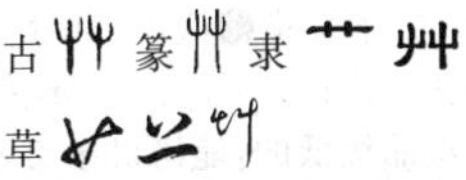

【构造】象形字。古陶文象两棵小草形，表示众

草。篆文整齐化。隶变后楷书写作艸。作偏旁时写作艹。

【本义】《说文·艸部》:"艸,百卉也。从二屮。"本义为草。

【演变】艸,本义指草,草本植物的总称。

由于"艸"作了偏旁,后来便借"草"(栎实)字来表示。而栎实之义则另写作"皂"来表示。参见草、皂。

【组字】艹,如今不单用,只作偏旁。现今仍设艹部。凡从艹取义的字皆与植物等义有关。

以艹作义符的字有:艺、艾、卉、芋、芊、芍、芨、芒、芝、芎、芙、芫、芜、苇、芸、苣、芽、芷、花、芻(刍)、折、芹、芬、苍、芳、芯、芭、苏、茉、苦、苛、茂、茏、苹、苫、苜、苗、英、苻、苓、苟、苑、苞、范、茁、茎、苔、茅、莓、茸、荠、茜、茬、荐、荛、药、草、莒、茵、茴、荞、茯、荟、茶、荀、茗、荒、荡、荦、荫、茹、荔、莆、荚、莲、茎、莉、莠、莓、荷、莅、荼、荻、莘、莎、莞、菁、著、菱、萁、莱、萋、菲、菽、萌、菌、萬、菜、菔、菟、萄、萏、菊、萃、菩、菠、菅、菰、萧、萨、菡、菇、葚、葳、葛、葸、葶、董、葆、葩、葡、葱、蒉、蒋、蒂、蒌、落、萱、葭、葵、蓁、蒜、蓝、蓍、蓐、蓓、蓬、蓑、蒿、蒺、蓄、蒹、蒲、营、蓉、蒙、蒸、蓳、蔷、蔽、蔓、蔡、蔗、蔟、蔺、蔚、蓿、蔼、蕈、蕨、蕤、蕉、蕃、蕊、蔬、蕻、蔷、薯、薛、薮、薇、薪、蕾、薄、薅、藉、藏、薰、藐、藓、藕、藜、藤、藩、蕴、蘅、蘑、藻、蘖、蘸。

下 xià
(二、丅)

【字形】甲  金  古 

篆  隶  草 

【构造】指事字。甲骨文是在一长横(象征物体)下边加一短横,意在表明所指是物体的底部。金文大同。古文短横变成竖,以免与二相混。篆文进一步繁化装饰,使字体匀称。隶变后楷书写作下。异体作二、丅。

【本义】《说文·丄(上)部》:"丅,底也。指事。下,篆文丅。"本义为位置在低处的。

【演变】下,名词,本义指❶底部,低处:桃李不言,~自成蹊|君子上交不谄,~交不渎|~游。引申指❷等次品级低的:能谤讥于市朝,闻寡人之耳者,受~赏|~级。又指❸时间或次序在后的:初七及~九,嬉戏莫相忘|~不为例。又指❹处于某一范围、方面、处所、时间、条件、情况等:部~人手多|两~里都不让步|卧榻之~岂容他人安睡|年~正是用钱的时候|轰炸之~决不谈和。作动词,又引申指❺低于,少于:不~万人|不~三次。又指❻走下,落下,颁发,生下:~车|洞庭波兮木叶~|和戎诏~十五年,将军不战空临边|~蛋。又引申指❼去,到,投入,放进,使用:五月南风兴,思君~巴陵|~了血本|食日万钱,犹曰无~箸处|读书破万卷,~笔如有神|对症~药。又指❽离开,退出,退让,除下,攻陷,结束,做出(决断):没你的事了,~去吧|众应科,抬尸~|相持不~|~了敌人的枪|连~五城|~课|~结论。作量词,表示❾动作次数:打三~。又用在动词后,表示❿动作的趋向、结果或完成:快躺~|容不~你|用具都准备~了。

【组字】下,如今既可单用,也可作偏旁。现今归入一部。凡从下取义的字皆与位置在下部等义有关。

以下(二)作义符的字有:雨。

以下作声符的字有:吓、虾。

丌 qí;jī
(亓)

【字形】金  古  篆  隶 

草 

【构造】象形兼指事字。金文象垫在器物下的底座形。古文在其上加一短横,表示上边可放东西。篆文承接金文并整齐化。隶变后楷书分别写作丌与亓。如今丌只作偏旁;亓则可用作姓,也可作偏旁。

【本义】《说文·丌部》:"丌,下基也,荐物之丌。象形。"本义为垫物的底座。

【演变】丌,读jī,名词,本义指❶垫物的底座。

又读qí,古又用作代词,相当❷其:身死国亡,为天下笑,子~慎之|于~时雍,抚兹岱方。此义今已不用。

○亓,用作姓。(孔子)娶于宋之~官氏|汉代有~辉,明代有~诗教。

【组字】丌,如今不单用,只作偏旁,现今归入一部。凡从丌、亓取义的字皆与放物底座等义有关。
以丌作义符的字有:迈、畀、典、畀、奠、顨。
以丌(亓)作声符的字有:丣、忈、其。

廾 gǒng
(共、供、𠔏、𠬞)

【字形】甲　金　篆　隶 廾 草 廾

【构造】会意字。甲骨文是两手相对拱举的样子,会两手捧物之意。是共、供的初文。金文大同。篆文整齐化。隶变后楷书写作廾。作偏旁时还有𠔏、𠬞、大等多种变化形式。

【本义】《说文·廾部》:"廾,竦手也。从𠂇,从又。"本义为两手捧物。

【演变】廾,动词,本义为❶两手捧物。又特指❷供献、奉献(祭品):克~百豕羊。

由于廾作了偏旁,其义遂另造了"共""供"二字来表示。参见共、供。

【组字】廾,如今不单用,只作偏旁。现今仍设廾部。凡从廾取义的字皆与两手的动作行为等义有关。
以廾作义符的字有:弁、丞、异、共、兵、弄、戒、弃、弅(关)、奉、具、承、弇、奂、弈、关、弆、弊、算、奥、尊(尊)、秦、泰、春、粪。

大 dà;dài;tài
(大、太)

【字形】甲　金　篆　隶 大 草 大

【构造】象形字。甲骨文象正面站立的大人形。抽象的"大"的概念不好表示,成年人俗称大人,故借助成年人的形象来表示"大"的意思。金文和篆文基本相同。隶变后楷书写作大。作偏旁时有的写作亣,如"亦"。

【本义】《说文·大部》:"大,天大、地大、人亦大,故大象人形。"本义为"大小"的"大"。与"小"相对。

【演变】大,读dà,形容词,本义指❶容量、体积、强度、面积、数量、力量、年龄或重要性等方面超过一般或超过所比的对象:酌以~斗,以祈黄耇|日初出时~,日中时小也|~风起兮云飞扬,威加海内兮归故乡|~漠孤烟直,长河落日圆|需要的资金可是个~数目|~力士|年龄有些~了|这可是件~事|篮球比排球~|~哥。又指❷程度深:~智若愚,~勇若怯|~破梁军|人民~翻身|~热天。又用作❸敬辞,加在与对方有关的名物上:~侯既抗,弓矢斯张|尊姓~名|~人见谅|出于先生~笔|~夫|~王|~作。

又读tài,用如❹太:~极|~子|~誓|~王王季|~上皇|~后。后来为分化字义,此义便都另写为"太"来表示。

又读dài,现在用于以下❺专称:~夫(医生)|~王(首领)|~黄(草药)|~城(地名)。

【组字】大,如今既可单用,也可作偏旁。现今仍设大部。凡从大取义的字皆与大人、长大等义有关。
以大作义符的字有:夫、天、夭、太、夨、亢、央、夰、亦、夯、夶、夸、夷、夵、夽、夹、夾、奔、奇、奄、奋、奎、契、奓、奙、奔、奝、奖、奕、套、奚、奘、奢、奞、奣、奤、爽、奡、奭、奰、奱。
以大作声兼义符的字有:夺、奆。
以大作声符的字有:达、驮、羍。

丈 zhàng
(仗、杖)

【字形】古　篆　今篆
隶 丈 仗 杖 草 丈 仗 杖

【构造】会意字。古文是一只手拿着一根带刻度的棍棒形,表示拿持,也表示一丈长。篆文依照"十"字的变化规律将点变成一横,并整齐化。隶变后楷书写作丈。

【本义】《说文·十部》:"丈,十尺也。从又持十。"此为引申义。本义当为拿持。是"仗"的本字。

【演变】丈,动词,本义为❶拿持,扶倚:坐而织蒉,立则~插。用作名词,引申指❷手中所拿的棍杖。将这个棍棒上刻上十个刻度,就表示一丈长(参见"十"字),故引申指❸长度单位:累寸不已,遂成~匹|十尺而为~|~二和尚——摸不着头脑|路宽十~。古尺较短(约当如今的6或8寸),一般成年人身高近丈,故成年人称为"大丈夫",于是遂用"丈夫"指❹成年人:男子二十而冠,冠而列~夫。男子成年而婚,故又引申指❺妇之夫:~夫,你如何今日这般鬼脸?|姐~。老年人需持杖而行,故

又引申指❻对长辈男子的尊称：子路从而后，遇~人|名男子为~夫，尊公妪为~人|家~人召使前击筑|我~时英特，宗枝神尧后|老~|岳~。用作动词，则表示❼丈量：巡~城|~地。

为了分化字义，后来"拿持"之义另加义符"人"写作"仗"来表示，"棍棒"之义则另加义符"木"写作"杖"来表示。

○仗，从亻从丈会意，表示人持杖，丈也兼表声。读 zhàng，动词，泛指❶执持：项梁渡淮，(韩)信~剑从之。又引申指❷主持：顾行而忘利，守节而~义。又进而指❸凭借，依靠：~势欺人|倚~|~恃。用作名词，指❹所执持的器杖：是吾昔时放弓~处|明火执~|仪~。又指❺仪卫：凡朝会之~三卫番上，分为五~，号衙内五卫|王敦在武昌，铃下(门卫、侍从)仪~生华如莲华，五六日而萎落。如今又指❻战争或战斗：打~|胜~。

○杖，从木从丈会意，丈也兼表声。读 zhàng，名词，表示❶棍棒：太祖姊面如铁色，方在厨，引面~逐太祖击之。又特指❷拐杖：大夫七十而致事，若不得谢，则必赐之几~。又特指❸耘田杖、耘田耙(pá)，南方水田用的一种长柄耘田器，类似旱田用的长锄，耘头铁制；如是直接用脚耘田时，则无耘头，只是一根长木棍，持拄着，以保持身体平衡，好用套着草编的耘圈(即脚蹬)的一只脚踩踏刮草，并对禾苗进行培土：子路从而后，遇丈人，以~荷蓧|(丈人)植(竖起)其~而芸(耘)|怀良辰以孤往，或植~而耘耔|万卷有时用，植~且耘耔。作动词，又指❹拄杖而行：五十~于家，六十~于乡，七十~于国，八十~于朝。又泛指❺拿持：(陈)平身间行~剑亡。又指❻用杖打：包日夜号泣，不能去，至被殴~。由扶杖而行，又引申指❼依靠：近人已不足~矣。

【组字】丈，如今既可单用，也可作偏旁。现今归人一部。凡从丈取义的字皆与棍棒、拿持等义有关。

以丈作声兼义符的字有：仗、杖。

兀 wù

【字形】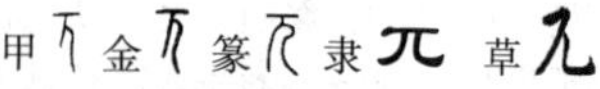

【构造】指事字。兀与元同源，甲骨文从人，在其头顶加一短横，意在指明已削去了头发，表示上边光秃之意。金文大同。篆文整齐化。隶变后楷书写作兀。

【本义】《说文·儿部》："兀，高而上平也。从一在人上。"这是就篆文所作的解说。本义当为光秃。

【演变】兀，形容词，本义指❶光秃：蜀山~，阿房出|~鹫。头在人的高处，故引申泛指❷特出，高耸：宛然~立，高可百尺|突~。由光头之人仍然立在那里，又引申指❸浑然无知：醉后失天地，~然就孤枕。用作副词，又表示❹还，仍然：~自唱个不停。元曲中又用作❺发语词：你七老八老，怕~谁？

【组字】兀，如今既可单用，也可作偏旁。现今仍归人儿部。凡从兀取义的字皆与光头、高平等义有关。

以兀作义符的字有：元。

以兀作声兼义符的字有：阢、杌、髡。

以兀作声符的字有：虺、扤、軏。

尢 wāng
(尢、允、尪、尩)

【字形】

【构造】象形字。金文象人瘸一腿之形。篆文整齐化。隶变后楷书写作尢。异体作允。如今规范化作尢。

【本义】《说文·尢部》："尢，尳（跛），曲胫也。从大(人)，象偏曲之形。"本义为人一腿瘸。

【演变】尢，形容词，本义指❶人一腿瘸。引申也指❷曲背。又引申指❸短小。

由于"尢"作了偏旁，其义便另加声符"王(㞷)"写作"尪"来表示。

○尪，从尢从王(㞷，前往)会意，王(㞷)也兼表声。异体作尩。读 wāng，本义指❶腿弯曲：苦水所多~与伛人。又引申指❷瘦弱。

【组字】尢，如今不单用，只作偏旁。现今仍设尢部。凡从尢取义的字皆与腿蜷曲有毛病等义有关。

以尢作义符的字有：尥、尪、尬、尳、尴、尷、尯(踣)、尰、尲、尵、尶、尷 。

与 yǔ;yù (與)

【字形】金 古 篆

隶 與 与 草

【构造】会意兼形声字。金文从舁(众人四手共举)从口(表结好)从牙(表交互)会意,用手拉口说以强调握手结交之意,牙也兼表声。古文省去上边两手和下边一口,牙声讹变为与。篆文只省去一口,或只保留讹变的牙声与。隶变后楷书分别写作與、与。如今规范化用与。与,《说文》视为另一个字,解释为"从一勺"。其实就是金文"與"中牙声的讹误,是"与"的最初写法。这由古文可以证明。

【本义】《说文·舁部》:"與,党與也。从舁,从与。"又《勺部》:"与,赐予也。一勺为与。此与與同。"如前分析,两字实为一字。本义为党与。

【演变】与,读 yǔ,名词,本义指❶党与:~众则兵强。用作动词,引申指❷交往:此人易~|~国。又指❸给予:~人方便。又指❹赞助:天道无亲,常~善人。虚化为连词和介词,表示❺和,同,向,替等:你~他们不同|~虎谋皮。由于"与"从"舁"取义,故又借用作"举",作形容词,表示❻全,都:~前世其皆然兮,又何怨乎今之人。

又读 yù,作动词,表示❼参加,干预,相关:参~|~会|~政|何~。

【组字】与(與),如今既可单用,也可作偏旁。现今繁体归入八部,简体归入一部。凡从与(與)取义的字皆与举起、结交等义有关。

以与(與)作声兼义符的字有:舉(举)、譽(誉)。

以与(與)作声符的字有:屿、欤。

才 cái (材、纔)

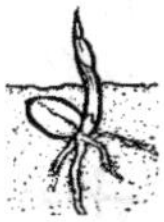

【字形】甲 金 篆

隶 才 材 纔 草

【构造】象形字。甲骨文象草木种子初生,穿一(地)而上的样子,表示植物破土而出。金文填实。篆文始将种子演变成丿。隶变后楷书写作才。

【本义】《说文·才部》:"才,草木之初也。从丨上贯一,将生枝叶。一,地也。"本义为初生的草木。

【演变】才,名词,本义为❶初生的草木。引申指❷木料或木料的质性:凡木阴阳、刚柔、长短、大小、曲直,其~不同而用各有宜谓之~,其不中用者谓之不~。此义今用"材"。又引申指❸人的质性:富岁子弟多赖,凶岁子弟多暴,非天之降~尔殊也|天~|~性。又指❹能力,才干:日夜思竭其不肖之~力|德~兼备|多~多艺|~华|~能|~气|~子|口~。又指❺有才能的人,某类人:夫管子,天下之~也|将~|全~|奇~|蠢~。旧也借用作"纔",作副词,表示❻刚刚,方始,仅仅,才是等等:刚~还在|~来两天|很晚~睡|照这样~好|他不生气~怪呢。此义今用才。

○材,从木从才(草木芽)会意,才也兼表声。读 cái,名词,本义指❶木材:斧斤以时入山林,~木不可胜用也。又泛指❷其他材料:~不良,则速坏|钢~|药~。又指❸资料:题~|教~。又特指❹棺材:寿~。"材"也用作"才",表示❺才能:任官惟贤~,左右惟其人|因~施教。又指❻有才能的人:~既难得而又难知|他是个人~。以上二义是比喻用法,从资质的角度说的。

"才"用于人,"材"用于物,是二字的基本差别。"人才"今一般用"才"。

○纔,从糸,毚声。读 cái,本义指❶黑里带微红的颜色。借为"才",作副词,表示❷时间短或程度轻:夜来皓月~当午,重门悄悄无人语|麦~半收,秋稼几无。如今规范化,"纔"仍用"才"来表示。

【组字】才,如今既可单用,也可作偏旁。现今归入手部。凡从才取义的字皆与物初始存在等义有关。

以才作声兼义符的字有:材、财、在、存。

以才作声符的字有:豺、鼒。

万 wàn (萬、蠆、蠤、虿)

【字形】甲 金 古 万 篆

今篆 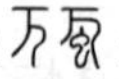 隶 万 萬 虿 蠆

草 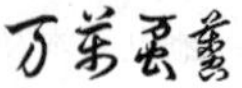

【构造】象形字。甲骨文象蝎子形。金文繁化，另加义符手，表示捉蝎子。古文是个简形。篆文承金文并整齐化。隶变后楷书承古文和篆文分别写作万和萬。如今规范化用万。

【本义】《说文·内部》："萬，虫也。从内，象形。"本义为蝎子。

【演变】万，名词，本义指❶蝎子。蝎子是非常毒的虫子，故恶毒之极称为"万恶"。由此引申指❷极甚：~不得已。由极甚，用作数词，遂借以表示数之极，即❸十千：~乘之国｜吾不能举全吴之地，十~之众受制于人｜人口十~。又表示❹极言其多：太行、王屋二山，方七百里，高~仞｜气象~千。

后来"万(萬)"为引申义所专用，蝎子之义古文便另加义符"蚰"写作蠆，或省作蠆。如今皆简化作虿。

○虿，从虫从万会意，万也兼表声。读 chài，本义指蝎子一类的爬虫：彼君子女，卷发如~｜蜂~有毒。

【组字】万(萬)，如今既可单用，也可作偏旁。现今繁体归入"艹"部，简体归入一部。凡从万(萬)取义的字皆与蝎子有关。

以万(萬)作义符的字有：虿(蠆、蠆)。

以万作声符的字有：厉、迈。

𠫓 tū;yù (㐬、育、毓)

【字形】甲  金  篆 

隶 𠫓 毓 育 㐬

草 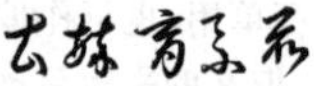

【构造】会意字。毓、育、㐬、𠫓四字同源。甲骨文从每(戴头饰的妇女，妇女娩后要包头以免受风)，从倒子，会妇女生孩子之意。金文从母，并在子下加出水滴，突出孩子出生时血水淋漓下滴之状。篆文承接甲骨文和金文，分化为繁简不同的四个字。隶变后楷书分别写作毓、育、㐬、𠫓。毓、育，一繁一简，都可单用；㐬、𠫓，是从"毓"中独立出来的，一繁一简，只作偏旁。

【本义】《说文·𠫓部》："𠫓，不顺忽出也。从到(倒)子。《易》曰：'突如其来如(然)。'不孝子突出，不容于内也。㐬，或从古文到(倒)子，即《易》突字。"本义为孩子忽地一下生了出来。又："育，养子使作善也。从𠫓，肉声。《虞书》曰：'教育子。'毓，育或从每。"所释为引申义。本义也当为生子。

【演变】𠫓，读 tū，是将"毓"中的倒子形独立出来专作偏旁用的，并由本义孩子忽地一下生了出来，引申泛指忽然出现。此义后借"突"来表示。参见突。

○毓，读 yù，是妇女生子的完整繁体，动词，本义指❶妇女生子。引申泛指❷生养，养育：以~草木。又指❸孕育，产生：黩则生怨，怨乱~灾。今则多用作❹人名。

○育，是"毓"的简体，省去"每"，保留倒子，另加义符肉月，表示孩子是娘身上掉下来的一块肉，肉也兼表声。读 yù，用作动词，表示❶生育：夫征不复，妇孕不~｜化~万物｜节~。又引申指❷养育，培植：养桑麻，~六畜也｜朕下不能理~群生｜~婴｜~苗。又指❸教育，培养：尊贤~下，以彰有德｜德~｜智~｜体~｜美~。

○㐬，读 liú，是带血水的倒子，是"𠫓"的繁体，专用以表示顺畅、疏通之意，因其只作偏旁用，其义后便用"流"来表示。

【组字】𠫓、㐬，如今不单用，只作偏旁。单用用毓、育。现今𠫓归厶部，㐬归亠部。凡从𠫓、育取义的字皆与生育等义有关。凡从㐬取义的字皆与流动、流通等义有关。

以𠫓作义符的字有：育。

以㐬作义符的字有：疏、毓。

以㐬作声兼义符的字有：流、琉、硫、锍、旒、旈、梳。

以育作声符的字有：唷、淯。

寸 cùn

【字形】金  篆  隶 寸 草 

【构造】指事字。金文和篆文皆从又(手)，一横指明寸口所在之处，意思为寸口。隶变后楷书写作寸。

【本义】《说文·寸部》："寸，十分也。人手却(退)一寸动脉，谓之寸口。从又，从一。"本义为寸脉，亦叫寸口。

【演变】寸，名词，本义指❶寸口：左~沉数，右~细而无力。寸脉至手恰为一寸，故又指❷一寸：四~之管无当(底)，必不满也|十分为一~。又比喻❸极小或极短：圣人不贵尺之璧而重~之阴，时难得而易失也|手无~铁|鼠目~光。

【组字】寸，如今既可单用，也可作偏旁。现今仍设寸部。凡从寸取义的字皆与手的动作或尺寸标准等义有关。

以寸作义符的字有：付、对、守、寺、寻、导、寿、尃、封、将、尃、射、得、專(专)、尉、尌、尊、爵。

以寸作声兼义符的字有：忖、吋、肘。

以寸作声符的字有：村、衬。

弋 yì (杙、隿、缴、繳)

【字形】甲 金 篆 

隶 

草 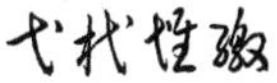

【构造】象形字。甲骨文象揳入地中的尖木橛形，用以拴系牲畜等，上为歧头，以免滑脱。金文大同。篆文整齐化。隶变后楷书写作弋。

【本义】《说文·厂部》："弋，橜也。象析木衺锐者形。从厂，象物挂之也。"析形不明，本义为木橛。

【演变】弋，名词，本义指❶木橛：以钩~压下枝，令着地。系牲畜的木橛很像系有绳子的短箭，故后借以表示❷系有绳子的短箭：鸟高飞以避矰~之害。作动词，又表示❸用带绳子的箭射猎，即缴射：强弩~高鸟，走犬逐狡兔。又泛指❹猎取，获得：你当我是~取功名来的么？

"弋"后来作了偏旁，木橛之义便借"杙"来表示；缴射之义便另加义符"隹"写作"隿"来表示，或用形声字"缴"来表示。

〇杙，从木从弋会意，弋也兼表声。读 yì，名词，本义指❶木名，即刘杙。借为"弋"，又表示❷木橛：以~抉其伤而死。作动词，指❸系于木桩上：杨柳中间~小舟。又指❹戳，刺：~其胸，不死。

〇隿，从隹(鸟)从弋会意，弋也兼表声。读 yì，名词，本义指用带绳子的箭射猎：外迫胁于机臂兮，上牵联于矰~。此义如今仍用弋表示。

〇缴，从糸从敫(光流动)会意，敫也兼表声。读 zhuó，名词，本义指❶系在箭上的生丝绳，用来射鸟：一心以为有鸿鹄将至，思援弓~而射之。

又读 jiǎo，借作"交"，动词，表示❷缴纳：~款|~费|上~。用作使动，指❸迫使交出：~了敌人的枪。

【组字】弋，如今既可单用，也可作偏旁。现今设有弋部。凡从弋取义的字皆与木橛、弋射等义有关。

以弋作声兼义符的字有：必、杙、隿。

以弋作声符的字有：代、式、忒、鸢。

上 shàng (二、丄)

【字形】甲 金 古 篆 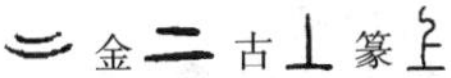

隶 草 

【构造】指事字。甲骨文是在一长横(象征物体)上边加一短横，意在表明所指的是物体的上部。金文大同。古文短横变成竖，以免与二相混。篆文进一步繁化装饰，使字体匀称。隶变后楷书写作上。异体作二、丄。

【本义】《说文·丄部》："丄，高也。此古文上，指事也。上，篆文丄。"本义为上边、高处。

【演变】上，名词，本义指❶上边，高处：高高在~|河面~。引申指❷高位，君主，尊长：使贤者居~，不肖者居下|~问左右，左右争欲击之|尊君亲~。又指❸上面的一方，上座：~乏国家之用，下夺农桑之业|席南乡(向)北乡，以西方为~；东乡西乡，以南方为~|~首。又指❹事物的表面、侧畔或某一范围、方面：子在川~曰："逝者如斯夫！"|人生世~，不能白活|书~也不多见|脸~。又指❺时间、次序在前或等级、质量高的：~月|~古|~言加餐饭，下言长相忆|凡用兵之法，全(不战使降)国为~，破国次之|~品。用作动词，指❻向上走，前往：更~一层楼|见困难就~|~学|~街|~进。又指❼按规定时间参加：~班|~操。又指❽

进献,缴纳:~酒|~税。又指❾添加,安装:~门窗|~螺丝|~煤|~货|~油。又指❿登记,涂上:~了黑名单|~色|~漆。又指⓫达到:成百~千|~了岁数。用在动词后,又表示⓬动作的趋向或结果:爬~了树|考~了大学。

【组字】上,如今既可单用,也可作偏旁。现今归入一部。凡从上取义的字皆与在上边等义有关。《说文》上部所列的字,实际上并不都从上,如帝、旁。

以上作义符的字有:卡、卯。

以上作声符的字有:让。

口 kǒu

【字形】甲 金 篆 隶 草

【构造】象形字。甲骨文、金文、篆文大同,皆象张着的人嘴形。隶变后楷书写作口。

【本义】《说文·口部》:"口,人所以言食也。象形。"本义为人嘴。

【演变】口,名词,本义指❶人嘴,口味:勺饮不入~七日,秦哀公为之赋《无衣》|张~结舌|可~。也指❷动物的嘴或像口的东西:宁为鸡~,不为牛后|瓶~。每人有一张口,故又指❸人,人口:三~之家。又引申指❹通道的进出口:山有小~,仿佛若有光;便舍船,从~入|门~|洞~|港~|关~。又指❺破裂的地方:(周瑜)疮~迸裂,昏绝于地|裂~|伤~|决~。牲畜的年龄可由口中牙齿的情况看出,故又指❻牲口的年龄:这马八岁~。又引申指❼锋刃:砍铜剁铁,刀~不卷|刃~。又引申指❽行业:农林~|教育~。又用作❾量词:四~人|两~猪|一~剑。

【组字】口,如今既可单用,也可作偏旁。现今仍设口部。凡从口取义的字皆与口及跟口相关的器官、像口的东西等义有关。

以口作义符的字有:可、叮、叶、古、叭、叴、叵、叶、右、号、台、只、叱、司、叫、叼、叨、召、台、叹、加、吗、叽、吁、吐、吉、问、吓、吅、同、吃、向、后、合、名、各、吆、吒、吕、吞、呆、吾、吱、否、局、呋、吠、吃、呔、呕、呖、呃、呀、吨、吵、谷、呐、冏、呗、呈、告、听、吟、含、昏、吻、吹、呜、鸣、吸、吝、吭、启、君、吴、吧、吼、吮、味、哎、咕、呵、咙、咂、呸、咀、呷、呻、咒、咋、和、咐、呱、命、呼、咆、音、咏、呢、咄、呶、哇、哉、哄、咠、哑、哂、咧、咦、哔、咢、吅、品、咼、咽、哕、咱、响、哈、哀、咬、咨、咳、咩、咪、咤、哝、哪、哗、哞、哥、哲、哮、唠、哺、哽、唇、哨、唢、哭、哩、哦、唏、唤、唁、哼、唐、啊、唉、唆、啧、啪、啦、喏、喵、啄、啭、啃、啮、唱、商、唾、唯、售、啤、啥、啁、啐、啖、啖、喉、啸、唰、啜、喜、噬、嗳、嗤、嚎、嚏、噜、喷、喋、嗒、喪(丧)、喃、喳、喇、喊、喋、喁、喝、喂、喟、喦、喘、啾、喉、喻、喑、喷、嘻、噎、嘲、嘹、嘬、噍、噙、啼、啻、嗟、喧、喌、喙、嗷、嘟、嗜、嗑、嗔、嗝、嗣、喿、嗐、嗒、嗖、嗗、嗛、嗞、嗦、嗫、嗲、嘀、嘁、嘛、嗅、嗥、嗌、嗤、嗓、嘈、嗽、嘤、嘎、嘘、嗾、噤、嘱、嘴、噱、器、噪、噫、噬、嗷、嚄、嚚、嚣、嚥、嚯、嚼、嚷。

以口作声符的字有:句、扣、叩、周。

囗 wéi (围)

【字形】篆 隶 草

【构造】象形字。篆文象环围之形。隶变后楷书写作囗。注意:不同于门口的"口"。

【本义】《说文·囗部》:"囗,回也。象回帀(匝)之形。"本义为围绕。是"围"的初文。

【演变】囗,动词,本义指❶围绕:晋侯伐秦,~邧。用作名词,❷古同"国"字:民弱~强,~强民弱,有道之~,务在弱民。

由于"囗"作了偏旁,围绕之义便用"围"来表示。参见围。

【组字】囗,如今不单用,只作偏旁。现今仍设囗部。凡从囗取义的字皆与围绕、环形、界限、约束等义有关。

以囗作义符的字有:囚、回、团、因、囝、囡、园、围、困、囤、囥、囦、囪、囱、囹、囮、囧(冏)、囫、国、固、囷、囵、图、囿、圃、圄、圂、圆、圉、圈、圊、圌、圐、圍、圜、圞。

以囗作声兼义符的字有:员。

冃 mǎo

【字形】甲 金 篆 隶 草

【构造】象形字。冃与冖、冂同源。上古人们

“穴居而野处,衣毛而帽皮”,甲、金文皆象原始的简易皮帽形。篆文从布巾下覆之状,一横象征缝合的边缘。隶变后楷书写作冃。

【本义】《说文·冃部》:“冃,重覆也。从冖、一。”析形不确。本义当为原始的帽子。

【演变】冃,本义指帽子。是“冖”的繁化。作为帽子,进行了初步的缝制。帽子是蒙覆在头上的,故引申指蒙覆。

【组字】冃,如今不单用,只作偏旁。现今归入冂部。凡从冃取义的字皆与蒙覆等义有关。

以冃作义符的字有:冐、冢。

巾 jīn

【字形】甲 金 篆 隶 草

【构造】象形字。甲骨文象一幅下垂的佩巾。金文和篆文大同。隶变后楷书写作巾。

【本义】《说文·巾部》:“巾,佩巾也。从冂,丨象系也。”本义为佩巾。

【演变】巾,名词,本义指❶佩巾:缟衣綦(淡绿色)~,聊乐我员(语助词)。引申泛指❷用以擦抹的织物:沐,~一;浴,~二|手~|浴~。又指❸用以覆盖或缠束的织物:吾闻楚有神龟,已死三千岁矣,王~笥(用巾笥包装)而藏之|(诸葛)亮数挑战,帝不出,因遗帝~帼妇人之饰|头~|围~|领~|丝~。

【组字】巾,如今既可单用,也可作偏旁。现今仍设巾部。凡从巾取义的字皆与布帛、佩巾等义有关。

以巾作义符的字有:市、帀、币(幣)、布、帄、帅、帆、帉、帊、帋、帏、帐、希、帖、帜、帙、帛、帘、帑、帒、帓、帔、帗、佩、饰、帕、帚、帡、帢、帣、帤、帮、带、帧、帨、帩、帪、帬、席、帱、帴、帵、常、帼、帷、幅、帺、帾、帽、幄、幕、幌、帻、帿、幔、幂、帏、幆、幉、幋、幍、幎、幐、徽、幒、幓、幖、幜、幛、幞、幠、幡、幢、幥、幦、幧、幨、幪、幫、幭、幮、幝、幩、幯、幰、幱。

山 shān

【字形】甲 金 篆 隶 草

【构造】象形字。甲骨文象山峰连绵形。金文填实。篆文线条化。隶变后楷书写作山。

【本义】《说文·山部》:“山,有石而高。象形。”本义为山峰。

【演变】山,名词,本义指❶山峰:太行、王屋二~,方七百里,高万仞|积土成~,风雨兴焉。又特指❷帝王陵墓:秦名天子冢曰~,汉曰陵,故通名~陵矣。用作“山陵”,又喻❸帝王:一旦~陵崩,长安君将何以自托于赵?又喻❹像山一样的(东西):其长子也,~首燕颔垂頣|天子~冕|~墙|蚕上~了。用作形容词,又喻❺声音大:~呼万岁|奉玉瓯,进御酒,一齐~寿|碰得头~响。

【组字】山,如今既可单用,也可作偏旁。现今仍设山部。凡从山取义的字皆与山石、高大等义有关。

以山作义符的字有:屵、屿、屹、屺、岃、屼、屽、屾、岐、岖、岗、岘、岙、岑、岔、岚、岈、岛、岌、岜、岪、岵、岢、岩、岧、岬、岫、岳、岱、岭、峁、岡、岥、岦、岩、岨、岰、岴、岵、岷、岸、峄、峊、峙、峡、峤、峒、岍、峋、崀、峚、峤、峱、峹、峖、峦、峥、崂、崃、峭、峨、峪、峰、峻、崖、崎、崐、崗、崘、崟、崮、崔、崤、崩、崇、崆、崛、崦、嵌、崽、嵬、崴、嵘、巍、巅、嵯、嵝、嵋、嵚、嵞、嵩、崭、嶒、嶂、嶙、嶷、巘。

以山作声兼义符的字有:仙。

以山作声符的字有:讪、汕、灿、氙、疝、舢、籼。

千 qiān
(仟、韆)

【字形】甲 金 篆 今篆 隶 草

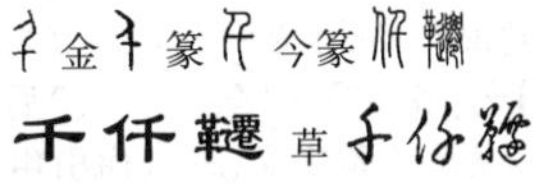

【构造】会意字。甲骨文从十,从人。金文稍讹,篆文进一步讹变并线条化,就看不出原意了。隶变后楷书写作千。大写作“仟”,表示千人为仟。如今又作了“韆”(从革从遷会意,遷也兼表声)的简化字。

【本义】《说文·十部》:“千,十百也。从十,从人。”未作进一步解说。其实很清楚,人寿百年,视为极点,从人,表示百数。一人为百,十人当然为千了。所以,千的本义为十百。

【演变】千,数词,本义指❶数目十百:数者,一、

十、百、~、万也。引申泛指❷极多：~言万语|~方百计。

又借作“韆”，用作“鞦韆”，如今简化作“秋千”，名词，指❸一种运动和游戏用具，在高架上拴两根长绳，绳的下端分别固定在蹬板的两端，人握长绳踩或坐在蹬板上借助惯性在空中来回摆动：打秋~。

〇仟，从人从千会意。读 qiān，名词，本义指❶千人之长：蹑足行伍之间，俛仰~佰之中。数词又用作❷“千”的大写：（商贾）亡农夫之苦，有~伯之得。

【组字】千，如今既可单用，也可作偏旁。现今仍归入十部。凡从千取义的字皆与数目众多之义有关。

以千作声兼义符的字有：秊（年）。

以千作声符的字有：迁、仟、阡、忏、扦、芊、歼、纤、钎。

乞 qì；qǐ

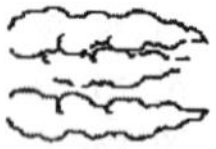

【字形】甲 三 金 三 篆 气 今篆 乀 隶 乞 草 乞

【构造】象形字。甲骨文、金文及篆文皆同“气”，都象云气形，与“气”实为一个字。隶变后楷书仍写作气。为了分化字义，俗省去一笔，简化作乞，借用以表示“饩”的给予或乞求义。参见气。

【本义】《说文》中尚无“乞”字，还未从“气”中分化出来。后来的《广韵》收有“乞”字：“乞，求也。”解说的实际上是引申义，本义当为给予。

【演变】乞，最初写作“气”。“气”后来借用作“饩”，表示馈赠之义，并进而引申出给予之义。为了分化字义，俗便将“气”省去一笔写作“乞”，专用来表示“饩”的“给予”义。所以，“乞”，用作动词，读 qì，借以表示❶给予：妻自经死，买臣~其夫钱，令葬|好鞍好马~予人。

又读 qǐ，“乞”从授予一方说是给予，从接受一方说则是要求，所以又表示❷乞求，请求：~食于野人|~援|~讨|~灵|~丐|~怜。

【组字】乞，如今既可单用，也可作偏旁。现今归入乙部。凡从乞取义的字皆与授受等义有关。

以乞作声符的字有：吃、迄、讫、屹、疙、仡、圪、仡、纥。

乇 zhé；tuō（託、托）

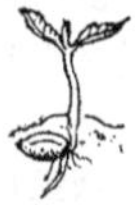

【字形】甲 乇 金 乇 篆 乇 託 今篆 托 隶 乇 托 託 草 乇 托 託

【构造】象形字。甲骨文象初生植物破土而出始长根茎叶芽形。表示草托地而生。金文偏旁稍讹。篆文整齐化。隶变后楷书写作乇。由于“乇”作了偏旁，寄托之义遂用“託”（从言从乇会意，乇也兼表声）来表示。如今简化，借用“托”来表示。

【本义】《说文·乇部》：“乇，草叶也。从垂穗，上贯一，下有根，象形。”本义为草托地而生。

【演变】乇，读 tuō，动词，本义为❶草托地而生。由生长于地引申指❷寄托。

又读 zhé，名词，指❸草叶。

〇托，从手从乇，乇也兼表声。读 tuō，动词，本义指❶用手推物，是“拓”的异体。参见拓。引申为❷托起：用手~着盘子。又指❸陪衬：烘云~月。又指❹推托：因~妻疾，数期不反（返）|~词。又指❺依赖：~福|~庇。“托”如今又用作“託（讬）”的简化字，表示❻寄托：可以~六尺之孤，可以寄百里之命|~付|~儿所。作名词，又指❼承受物体的东西：枪~。

【组字】乇，如今不单用，只作偏旁。现今归入丿部。凡从乇取义的字皆与寄托等义有关。

以乇作声兼义符的字有：任、宅、庑、托、奼（姹）、託。

以乇作声符的字有：饦、吒、亳。

川 chuān（巛）

【字形】甲 巛 金 巛 篆 巛 隶 川 草 川

【构造】象形字。甲骨文象大河流水形，两边为岸。金文与篆文线条化，并使大水中连。隶变后楷书写作川与巛。巛只作偏旁用。

【本义】《说文·川部》：“川，贯穿通流水也。

《虞书》曰'浚〈(畎)巜(浍)距川',言深〈巜之水汇为川也。"本义为小水流汇成的大水流,即河流。

【演变】川,名词,本义指❶河流,水道:奠高山大~|百~归海。山间或高原间夹着的平地,因地势低,像河水夹在两岸间一样,故引申也指❷山原间平坦的陆地:~平牛背稳,如驾百斛舟|一马平~。

【组字】川,如今既可单用,也可作偏旁。现今归入丿部。凡从川取义的字皆与河流、随顺、通畅等义有关。注意:楷书里有些从巛的字是由其他形体变来的,如巢、甾。

以川(巛)作义符的字有:巛(災)、州、巟、巠、邕、侃。

以川(巛)作声兼义符的字有:圳、训、巡、驯、顺。

以川作声符的字有:氚、钏。

亿 yì (億、億、意)

【字形】金　籀　篆　今篆

隶　草

【构造】形声兼会意字。金文从中从言,表示心中所思言必中之。籀文省去中,下加义符心,言为心声,表示考察人的言语就能断其心意。篆文承籀文,中不省,成为从心从啻会意,啻也兼表声。本义为心意决断,引申为心安、快意。为了分化字义,二形又另加义符人,成为从人,意声,意也兼表心满之意。隶变后楷书分别写作意与億。億,俗作億。如今规范化,億简化作亿,改为乙声,为正体。意只作偏旁,是意的本字。

【本义】《说文·人部》:"億,安也。从人,意声。"本义为安。

【演变】亿,形容词,本义指❶安:故和声入于耳而藏于心,心~则乐|~宁百神而柔和万民|郪城~城寺。由安乐又引申指❷满,满足:我仓既盈,我庾(露仓)维~。借作数词,古指❸十万:不稼不穑,胡取禾三百~兮|说多则子孙千~,称少则民靡孑遗。如今称万万为亿:六~神州尽舜尧。

【组字】亿,如今既可单用,也可作偏旁。现今仍归入亻部。凡从意取义的字皆与安、满等义有关。

以意作声符的字有:檍。

彳 chì

【字形】甲　金　篆　隶　草

【构造】象形字。从甲骨文和金文"行"字的偏旁看,篆文的"彳"当是由半条街省减来的,是"行"的一半。隶变后楷书写作彳。

【本义】《说文·彳部》:"彳,小步也。象人胫三属相连也。"解说有误。本义当为半条街。

【演变】彳,名词,本义指❶半条街。由于《说文》解说成"小步也",故又指❷迈半步,用于"彳亍"一词里。

【组字】彳,如今不单用,只作偏旁。现今仍设彳部。凡从彳取义的字皆与道路、行动等义有关。

以彳作义符的字有:役、彷、彻、征、徂、往、彼、待、徇、徉、律、很、徊、後(后)、徒、径、徐、徕、徘、徜、徙、得、從(从)、徨、御、循、微、德、復(复)、徭、徵、徼、徽。

彡 shān (肜)

【字形】甲　金　篆　今篆

隶　草

【构造】象形字。甲骨文或象五撇,或象四撇,或象三撇,用为"肜"字,表示击鼓而祭,据此"彡"当为鼓声之象征符号。金文大同。篆文整齐化。隶变后楷书写作彡。彡作了偏旁,后遂另加义符"月(肉)"写作"肜"。

【本义】《说文·彡部》:"彡,毛饰画文也。象形。"所释为引申义。本义当为鼓声的象征符号。

【演变】彡,名词,本义为❶鼓声的象征符号。后字义扩大,泛指❷毛发、画纹、雕刻、彩饰、垂穗、飘带、声响、光影、气味等各种各样条状细软、晃动之物的象征符号:(髟)谓颊旁毛也,~,毛发貌也。又指❸纹理,文采:炁宀宀,~龜龜。用作形容词,又指❹草盛的样子:向晚泉声偏聒耳,乱云层石草~~。古又借作"肜",表示❺击鼓而祭。

○肜,从月(肉)从彡会意。读 róng,动词,本义为商代的祭祀名称,即祭祀后第二天又进行祭祀:二十九年,~祭太庙,有雉来。

【组字】彡,如今不单用,只作偏旁。现今仍设彡部。凡从彡取义的字皆与鼓声、毛饰画文等义有关。

以彡作义符的字有:㐱、形、彤、彣、參(参)、修、弱、须、髟、彧、彪、彬、㣎、[illegible]、彫(雕)、彩、彭、彰、彯、影、彨、鬱(郁)。

以彡作声兼义符的字有:肜。

以彡作声符的字有:杉、钐、衫。

个 gè (箇、個)

【字形】甲 金 古 篆 今篆
隶 个 箇 個 草

【构造】象形字。甲、金、古文皆象"竹"字的一半形。用以指称竹子的数量。为了突出其义,篆文另造了从竹固声的"箇"字,表示"竹一枚"。由于使用范围扩大,俗又另造了从亻固声的"個"字。如今简化仍皆用个。王引之认为应是"介"字的省形,可备一说。

【本义】《说文·竹部》:"箇,竹枚也。从竹,固声。"《集韵·箇韵》:"箇,或作个,通作個。"本义为竹一枚。

【演变】个,名量词,本义指❶竹一枚:木千章,竹竿万~。引申也用于❷其他条状物:负服(盛箭器)五十~。后扩大范围,泛用以❸计算其他物数:三~人|一~(头)猪|逐~点数。又作形容词,指❹单独的:~别|~体。唐以后借作指示代词,指代❺这,那:白发三千丈,缘愁似~长|~中滋味。又虚化为助词,相当于❻地、的,或填补音节:老翁真~似童儿|打明儿~起|好些~钱。如今作名词,也指❼身材或物体的高低大小的形状:高~儿。

【组字】个,如今既可单用,也可作偏旁。现今归入人部。凡从个取义的字皆与条状物等义有关。

以个作义符的字有:仐。

亼 jí

【字形】甲 金 篆 隶 草

【构造】象形字。上列甲骨文和金文的偏旁及篆文皆象覆罩着的器盖形。隶变后楷书写作亼。古今皆不单用,只作偏旁。

【本义】《说文·亼部》:"亼,三合也。从入、一,象三合之形。"本义为扣合的器盖。

【演变】亼,名词,本义指❶器盖。由器盖扣合,作动词,引申为❷聚合,聚集。

【组字】亼,如今不单用,只作偏旁。现今归入人部。凡从亼取义的字皆与集合、覆盖等义有关。

以亼作义符的字有:今、合、舍、侖(仑)、僉(佥)。

勺 sháo;zhuó (酌、杓)

【字形】甲 金 古 篆
隶 勺 酌 杓 草

【构造】象形字。甲骨文和金文偏旁皆象用勺舀物形。古文和篆文形稍讹,上边是勺头,哆(张开)口,下为把,中有物。隶变后楷书写作勺。

【本义】《说文·勺部》:"勺,挹取也。象形。中有实。"本义为用勺子舀取。

【演变】勺,读 zhuó,作动词,本义指❶用勺子舀取:百君礼,六龙位,~椒浆,灵已醉。此义后另加义符"酉"写作"酌"来表示。

又读 sháo,作名词,指❷舀东西的用具:灌尊……夏后氏以龙~,殷以疏~,周以蒲~。此义后另加义符"木"写作"杓"来表示。引申泛指❸像勺的东西:后脑~。又用作❹容量单位,相当于现在的百分之一升:量之所起,起于粟。六粟为一圭,十圭为一撮,十撮为一抄,十抄为一~,十~为一合。

○酌,金文和篆文皆从酉从勺会意,勺也兼表声。读 zhuó,动词,本义指❶斟酒于杯中劝人饮:君子有酒,~言(动词词头)尝之。又泛指❷斟酒喝:引壶觞以自~|自斟自~。由斟酒,又泛指❸舀取:以我~油知之。斟酒喝要酌量而取,故又引申指❹经过衡量决定取舍:上~民言,则下天上施|斟~。作名词,也

指❺酒或酒席：酒曰清~|怎生不做大筵席，会亲戚朋友，安排小~为何？

○杓，从木从勺会意，勺也兼表声。读 sháo，名词，本义指❶有柄可以舀取的器具：若臣之事仲尼，譬犹渴操壶~，就江海而饮之，满腹而去，又安知江海之深乎？

又读 biāo，名词，古代特指❷北斗柄部的三颗星。

【组字】勺，如今既可单用，也可作偏旁。现今归入勹部。凡从勺取义的字皆与用勺子舀起等义有关。《说文》认为“与”以勺作义符，实为牙声讹误。参见与。

以勺作声兼义符的字有：杓、钓、酌。

以勺作声符的字有：芍、妁、尥、约、灼、的、豹、趵。

凡 fán （槃、盤、盘）

【字形】甲 金 篆 隶 凡 草

【构造】象形字。甲骨文象古托盘形，正方或长方。金文大同。篆文讹误。隶变后楷书写作凡。是“盘”的初文。参见盘。

【本义】《说文·二部》：“凡，最括也。从二；二，偶也。从乃；乃，古文及。”析形不确，所释为引申义。本义当为托盘。

【演变】凡，名词，本义为托盘。盘子是用来收盛东西的，故引申指概括之辞，表示❶大概，要略：仆尝倦谈，不能一二其详，请略举~|其发~以言例。托盘是用来盛纳东西的，含有统括之义，故用作形容词，又指❷所有对象无一例外，一切所有的：~先王之法，有要于时也|~永嘉山水，游历殆遍|~事预则立。所有的就是普遍的，故又指❸平常，普通，平庸：巨是~人，偏在远郡|自命不~|不同~响|~人小事|~庸|平~|非~。由平凡，作名词，又指❹尘世，人世间：~骨~胎|天仙下~|~尘|~世。作副词，又指❺概括数量的全部，总共：陈胜王~六月|轩~四遭火|~攻守八十一日。又指❻凡是，大凡：~可以得生者何不用也|~举事必循法以动。又指❼皆，都：佗之绝技，~此类也。

“凡”为引申义所专用，盘子之义便另造了形声字“槃”“盤”来表示。槃、盤，如今皆简作“盘”。由于在甲骨文中“凡”形与“舟”形相近，故“凡”误作了“舟”。

【组字】凡，如今既可单用，也可作偏旁。现今归入几部。凡从凡取义的字皆与盘等义有关。

以凡作义符的字有：般。

以凡作声符的字有：帆、汎（泛）、矾、钒、佩、梵、風（风）、鳳（凤）。

么 mó；ma；me （幺、麼、麽）

【字形】甲 金 篆 隶 么 麼 麽 草

【构造】象形字。在甲骨文和金文中“么”与“幺”本是一个字。象一把细丝形。由于“幺”作了偏旁，篆文才又另加了义符“麻”，麻也兼表声。隶变后楷书写作麽，俗讹作麼。如今除用在“幺麽”一词中不简化外，在其他场合皆简化为“么”。

【本义】《说文·幺部》：“幺，小也。象子初生之形。”析形有误。《说文·幺部》新附：“麽，细也。从幺，麻声。”本义为细小。

【演变】么，读 yāo，是幺的讹体，在表示本义细小时仍用“幺”。如“幺麽（mó）小丑”。

又读 ma，借作语气词，“么”是“麽”的简化。表疑问或用在句中表提顿，用同❶吗：你去~？|好处~，多得很。又表道理显而易见，用同❷嘛：有话就说~，不必顾虑。

又读 me，用作❸词尾：什~|这~。又表❹含蓄语气：不让你来~，你偏来。又用作❺歌词中的衬字。

作为语气词和词缀的“么”，最初也有写作“摩”“们”“每”的。如“不是风动，不是幡动，是什摩物动？”“这们时不碍事，容易医他。”“这每便好也。”作为词缀，有人认为是由“物”“没”演变来的。

【组字】么，如今既可单用，也可作偏旁。现今归入丿部。凡从么取义的字皆与细小等义有关。

以么作声符的字有：仫。

久 jiǔ（灸）

【字形】金　古　篆
隶　草

【构造】象形字。金文、古文和篆文皆从人从乀，象用艾卷在人后熏灸之形。是中医的一种古老的治病方法。隶变后楷书写作久。

【本义】《说文・久部》："久，从后灸之，象人两胫后有距也。"本义为灸灼治病。

【演变】久，动词，本义指❶灸灼治病：其腹有～故瘢二所。灸灼治病要有耐性，直到灸处出汗为止，故又用作形容词，引申指❷时间长：天长地～有时尽，此恨绵绵无绝期。

"久"后来专用以表示长久，灸灼之义便另加义符"火"写作"灸"来表示。

○灸，从火从久会意，久也兼表声。读 jiǔ，动词，本义指用艾条熏灼治病：形乐志苦，病生于脉，治之以～刺｜～草。

【组字】久，如今既可单用，也可作偏旁。现今归入丿部。凡从久取义的字皆与长久等义有关。
以久作声兼义符的字有：灸、疚、畝（亩）。
以久作声符的字有：医（柩）、羑。

及 jí

【字形】甲　金　篆　隶　草

【构造】会意字。甲骨文像一手从后面抓住一个人的样子。金文大同。篆文整齐化。隶变后楷书写作及。

【本义】《说文・又部》："及，逮也。从又，从人。"本义为赶上、抓住。

【演变】及，动词，本义指❶赶上，抓住：为金人所～｜见善如不～。引申指❷达到，到达：若阙（掘）地～泉，隧而相见，其谁曰不然？｜相携～田家。又指❸到那个时候：病未～死，吾子勉之。又指❹连累，涉及：城门失火，殃～池鱼｜言不～义。又指❺比得上：你怎能～得上他。用作虚词，表示❻趁着：～其未既济也，请击之｜～时｜～早。用作连词，表并列，相当❼和，跟：绍～操闻岐至，皆自将兵数百里奉迎｜烟～酒都对儿童有害。

【组字】及，如今既可单用，也可作偏旁。现今归入丿部。凡从及取义的字皆与及到、连及等义有关。
以及作声兼义符的字有：吸、岌、汲、极、急。
以及作声符的字有：圾、芨、级、笈、趿、靸。

丸 wán

【字形】篆　隶　草

【构造】象形兼会意字。丸不见于甲骨文和金文。从篆文字形分析，当是用手抟揉一物形，表示抟揉之义。《说文》以为"从反仄"，即倾侧圜转之意，变成了会意字。隶变后楷书写作丸。

【本义】《说文・丸部》："丸，圜，倾侧而转者。从反仄。"本义当为抟揉。

【演变】丸，动词，本义指❶抟揉：有疾使婢子～药。作名词，又指❷丸药：～散膏丹。引申泛指❸小而圆形的物体：弹～｜炸～子｜药～。又用作量词，用于❹圆形小物：一～药。

【组字】丸，如今既可单用，也可作偏旁。现今归入丶部。凡从丸取义的字皆与抟揉等义有关。注意：楷书里含"丸"的字并非都是"丸"，有的是由"丮"简化来的，例如"执"。
以丸作义符的字有：凯、粡、媧。
以丸作声符的字有：汍、芄、纨。

夕 xī

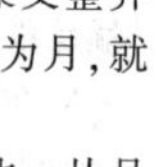

【字形】甲　金　篆　隶　草

【构造】象形字。甲骨文夕与月同形，皆象初月之状，中为月里黑影。金文稍简。篆文整齐化。隶变后楷书写作夕。就其形说为月，就其时说为夕。故夕表示傍晚之义。

【本义】《说文・夕部》："夕，莫（暮）也。从月半见。"本义为傍晚。

【演变】夕，本义指❶傍晚：日之～矣，牛羊下来｜～阳｜～照｜朝～。由日偏西，又引申指❷侧，倾斜：是正坐于～室也。由傍晚，引申指❸夜晚：今～何～？见此良人｜除～｜前～。

【组字】夕，如今既可单用，也可作偏旁。现今仍设夕部。凡从夕取义的字皆与月亮、夜晚等义有关。
以夕作义符的字有：外、夗、夙、多、名、梦、飧、夤。
以夕作声兼义符的字有：汐、穸。
以夕作声符的字有：矽。

夊 suī （绥、綏）

【字形】甲　金　古　篆
隶 夊绥　草

【构造】象形字。甲骨文象朝下的一只左脚，表示迟疑退回之义。金文、古文和篆文稍讹。隶变后楷书写作夊。

【本义】《说文·夊部》："夊，行迟曳夊夊。象人两胫有所躧也。"所释为引申义。本义为迟疑退回。

【演变】夊，动词，本义指❶迟疑退回。引申指❷慢行：雄狐～～。此义后用"绥"来表示。

○绥，从糸从妥会意，妥也兼表声。读 suí，名词，本义指❶上车时用以挽手的绳索：升车，必正立执～。执绥则安稳，故用作动词，引申指❷使平安，安好：君子万年，福禄～之。又表示❸使安定，安抚：惠此中国，以～四方｜～靖。又指❹临阵退却：臣闻将军死～，咫步无却。旧时又用于书信结尾，表示❺祝颂安好：台～｜近～。因被借作"夊"，故用作形容词，又指❻舒缓：悲怆怳以恻惐兮，时恬淡以～肆。

【组字】夊，如今不单用，只作偏旁。现今归入夂部。凡从夊取义的字皆与迟疑退回等脚的动作行为等义有关。
以夊作义符的字有：夋、夌、畟、致、复、夏、夐、愛(爱)、夓、夒、夎、憂(忧)、夔、夓、夓、夔。

夂 zhǐ

【字形】甲　金　篆　隶 夂　草

【构造】象形字。甲骨文偏旁象一只朝下的右脚形，表示到来。金文大同。篆文稍讹。隶变后楷书写作夂。

【本义】《说文·夂部》："夂，从后至也。象人两胫后有致之者。"析形不确。本义为到来。

【演变】夂，本义为倒"止"，作动词，表示到来。

注意：如今字典里"夂"部的字并不都是由倒"止"变来的。原本夊（suī）部的字如今也归入夂部。

【组字】夂，如今不单用，只作偏旁。现今仍设夂部。凡从夂取义的字皆与脚的行动等义有关。
以夂作义符的字有：干、夃、各、夆、夅、夆、舜。

广 yǎn；ān；guǎng （廣、庵、菴）

【字形】甲　金　篆　今篆
隶 广廣庵菴　草

【构造】象形字。甲骨文象厂（山崖）下有屋形。金文大同。篆文整齐化。隶变后楷书写作广，屋顶拉平，屋脊演化为一点。如今又作了"廣"的简化字。参见廣。

【本义】《说文·广部》："广，因厂为屋，象对刺高屋之形。"本义为就着山崖建造的敞屋。犹如现在的牲口棚，如今的廊庑、厅堂即其遗制。

【演变】广，读 yǎn，名词，本义指❶就着山崖建造的敞屋：剖竹走泉源，开廊架崖～。也指❷屋脊：栋头曰～。

又读 ān，名词，引申指❸简陋的草房：土屋危可缘，草～突如峙。此义后另加声符"奄"写作"庵"来表示。

又读 guǎng，如今专借用作"廣"的简化字，表示"廣"的各种含义。参见廣。

○庵，从广从奄会意，奄也兼表声。异体作菴，从艹。如今规范化用庵，读 ān，名词，本义指❶小草舍：结草为～。引申又特指❷佛寺：往各处寺观～堂，烧香许愿。

【组字】广，作为本字本义，如今已不单用，只作偏旁。现今仍设广部。凡从广取义的字皆与宽大敞屋等义有关。由于"广"从"厂"（山崖）取义，故这两个偏旁常可通用。
以广作义符的字有：庄、庑、库、庇、床、庋、庌、庎、庍、庐、序、店、庙、府、底、庞、庖、废、庤、庡、座、庛、庭、庥、庠、座、庨、庩、庪、庶、庵、庾、庳、庼、廌、廊、廄(厩)、廂(厢)、廁(厕)、廅、廈(厦)、廋、廒、廓、廉、廕、廑、廙、廔、廘、廩、廣(广)、廖、廠(厂)、廚(厨)、廛、廝、廥、廨、廪、廧、廮、廯、廱、廲、廳(厅)。

亡 wáng;wú (盲)

【字形】甲 金 篆 隶 亡盲 草

【构造】象形字。甲骨文与“臣”同为侧目之形，只是“亡”为无眼珠的臣。当是“盲”的本字。甲骨文(臣)省简眼珠则成，再省简则成甲骨文亡。金文大同。篆文整齐化。隶变后楷书写作亡。

【本义】《说文·亡部》:“亡，逃也。从入，从乚。”析形是就篆文所作的解说，所释为引申义。本义当为盲，即瞎子。

【演变】亡，动词，本义为❶盲，即瞎：~人为匄(丐)。由挖去眼珠的瞎子，引申泛指❷失去：射雉一矢~|一日去良弼，如~左右手|~羊补牢。又引申指❸外出，不在：孔子时其~也，而往拜之。进而引申指❹逃亡：徒多道~|~不越境，反不讨贼，非子而谁？又引申指❺死亡：今刘表新~，二子不协。再引申指❻灭亡，消亡：秦、晋围郑，郑既知~矣|天行有常，不为尧存，不为桀~。由消亡又引申指❼过去：追~事，今不见，但山川满目泪沾衣。

又读 wú，由没眼珠引申为没有，动词，用同“无”，指❽没有：人皆有兄弟，我独~|生之有时而用之~度，则物力必屈。

“亡”为引申义所专用，瞎子之义便另加义符“目”写作“盲”来表示。

○盲，从目从亡会意，亡也兼表声。读 máng，形容词，本义指❶眼睛失明，看不见东西：五色令人目~，五音令人耳聋|~人|夜~。由目不明又比喻❷对某种事物不能辨别或分辨不清：夫知今不知古，谓之~瞽|文~|法~|色~。用作动词，指❸使失明：乃~其左目以为奴征。作名词，又指❹眼睛失明的人，或文盲：观读之者，晓然若~之开目|问道于~|~文|扫~。作副词，指❺盲目地：~动|~从。

【组字】亡，如今既可单用，也可作偏旁。现今归入亠部。亠部是现在字典为了便于查检所设的部。凡从亡取义的字皆与眼睛、没有等义有关。

以亡作义符的字有：匄(丐、匃)、𣞤(無、无)。

以亡作声兼义符的字有：忘、芒、盲、罔、氓。

以亡作声符的字有：邙、妄、忙、牤、杧、宊、肓、虻、望。

门 mén (門)

【字形】甲 金 篆 隶 门門 草

【构造】象形字。甲骨文象简易的双扉柴门形，上边是门楣，两边是门框，里边是门扇。金文稍简，省去门楣。篆文整齐化。隶变后楷书写作門。如今简化作门。

【本义】《说文·門部》:“門，闻(声训)也。从二户，象形。”本义为双扉门。

【演变】门，名词，本义指❶房舍宅院的双扉门：妇人哭于~内|闭~不出|~口。引申指❷门外：有荷蒉而过孔氏之~者|~可罗雀。又引申指❸像门的东西：闸~|电~|柜~。门是出入口，故又引申指❹途径，关塞：不得其~而入，不见宗庙之美，百官(房舍)之富|事君而不二兮，迷不知宠之~|刚入~|不二法~|窍~|玉~关。由家门又引申指❺家族，门第，家：是以上品无寒~，下品无势族|且持盈畏满，自是家~旧风|~当户对|双喜临~。由门户的不同又引申指❻类别：涂分流别，专~并兴|分~别类|脊椎动物~|五花八~|部~。又指❼派别：中世儒~，贾、郑名学|~户之见|会道~。古代私家讲学授徒，故又特指❽师门：昔我同~友，高举振六翮|~人。又用作❾量词：语文是~主课|学一~手艺|一~大炮|说一~亲事。

【组字】门，如今既可单用，也可作偏旁。现今仍设门部。凡从门取义的字皆与门户等义有关。

以门作义符的字有：闩、閅、閅、闫、闬、闭、闯、闰、閙、闲、闳、间、闵、闶、闸、闹、闺、闼、闿、间、阀、阁、阂、阃、阄、阅、阆、阇、阈、阉、阊、阋、阍、阎、阏、阐、阑、阒、阓、阔、阕、阖、阗、阘、阙、阚、阛、開(开)、闆(板)、關(关)、阚、闢(辟)。

以门作声兼义符的字有：闻、阐。

以门作声符的字有：们、问、扪、闷、焖、钔、闽、阌。

丫 yā
（杈、桠、椏）

【字形】甲 金 篆 今篆

隶 丫 杈 桠 椏 草

【构造】象形字。甲、金文皆象草木分叉的样子。篆文有杈，今篆有丫与椏，皆简作桠。如今规范化皆用丫表示。简化字“桠”，只用于姓氏人名、地名或科学技术术语，如“五桠果科”；其他意义用丫。

【本义】《集韵·麻韵》：“丫，物之歧头者。”本义指物体上端分叉的部分。

【演变】丫，名词，本义指❶物体上端分叉的部分：摘得蘼芜又一～。由于女孩头上梳两髻，故用作“丫头”，也叫“丫鬟”，指❷女孩：花面～头十三四，春来绰约向人时。后转指❸婢女：小～头打起猩红毡帘。又指❹对小辈女子的昵称：当日我像凤～头这么大年纪，比他（她）还来得呢！

【组字】丫，如今既可单用，也可作偏旁。现今归入丨部。凡从丫取义的字皆与杈乱等义有关。以丫作声兼义符的字有：吖。

义 yì
（義、羲、犠、牺、儀、仪）

【字形】甲 金 篆 今篆

隶 义 義 仪 儀

草

【构造】会意字。甲骨文上边从羊，下边从我（古刀锯形），会用刀锯屠宰牛羊以祭祀之意。金文大同。篆文整齐化。隶变后楷书写作義。如今简作义。是羲、犠（牺）的初文。

【本义】《说文·我部》：“義，己之威仪也。从我羊。”所释为引申义。就甲骨文分析，本义当为屠宰牛羊以祭祀。

【演变】义，由屠宰牛羊以祭祀，用作名词，也指祭牲。杀牲以祭祀，是古代理当办理的不可废弃的大事，由此引申为❶正当公正合宜的道理或举动：闻～不能徙，不善不能改，是吾忧也｜～不容辞｜见～勇为｜正～。又指❷合乎正义或公益的：～学｜～举｜～卖。又指❸道理：申之以孝悌之～｜深明大～。又指❹意义，意思：明了者察文以～可晓｜疑～｜字～｜定～。由合宜合理又引申指❺情义：乘人车者载人之患，衣人衣者怀人之忧，食人食者死人之事，吾岂可以向利倍（通背）～乎？又引申指❻名义上的：～父。又指❼人工制造的：～齿。祭祀有一定的容仪态式，故又用作“仪”，表示❽容貌，礼节，法度：～态｜～式。

“义”为引申义所专用，祭祀用牲之义，便用又宰羊又杀猪的“羲”来表示。“羲”作了偏旁，便又另加义符“牛”，写作“犠”来表示，字里羊猪牛三牲都有了，即所谓太牢。如今简化作“牺”。“容貌”等义，则另加义符“亻”，写作“儀”来表示，如今简化作仪。参见羲、犠（牺）。

〇仪（儀），从亻从義会意，義也兼表声。读 yí，名词，本义指❶人的外表（姿容、举止、风度）：令～令色，小心翼翼｜～表堂堂｜威～。引申泛指❷礼节形式：亲接其缡（女子系的蔽膝），九十其～｜礼～｜～式｜～仗｜司～。又指❸行礼用的礼物：贺～。又引申指❹法度，标准：普施明法，经纬天下，永为～则。又引申指❺仪器：乃立～表以校日景（影）｜地球～。

【组字】义（義），如今既可单用，也可作偏旁。现今义归人丶部，義则归入羊部。凡从义取义的字皆与合宜等义有关。

以义（義）作声兼义符的字有：仪。

以义（義）作声符的字有：议、蚁、舣、巇、嬑、檥、礒、艤、鱶。

宀 mián

【字形】甲 金 篆 隶 草

【构造】象形字。甲骨文和金文皆象茅草覆顶的半地下棚屋形。篆文整齐化。隶变后楷书写作宀。

【本义】《说文·宀部》：“宀，交覆深屋也。象形。”本义为古代的一种简易房屋。

【演变】宀，名词，本义为❶古代的一种简易房屋。据半坡遗址复原，先在圆形基址上筑墙，墙上覆以圆锥形屋顶，顶上开窗，下有门，半在地下：～遇班输，磨切神工。用作动词，引申指❷覆盖：乾，颠～勹盈，介焘斡萦。

【组字】宀，如今不单用，只作偏旁。现今仍设宀部。凡从宀取义的字皆与房屋、覆盖等义有关。以宀作义符的字有：宁、宄、宂(冗)、宇、守、宅、安、完、宋、𡧍(宾)、宏、宝、宗、定、宕、宠、审、宙、官、宛、实、宓、宣、宦、宥、宬、宰、窔、室、宫、宪、客、害、𡨦、宽、宧、宷、寀、宸、家、宵、宴、宾、容、宰、寇、寄、寂、宿、寒、富、寓、寍、寎、寏、甯、寐、寞、寑、寗、寡、寠、察、寤、寣、寥、寮、寫(写)、寰、寠、寱。

之 zhī
(㞢、適、适、逶)

【字形】

【构造】指事字。甲骨文从止(脚),从一(表示此地),指出人足从这里前往。金文脚形稍讹。篆文整齐化。隶变后楷书写作㞢。俗作之,为正体。是“适(適)”的本字。

適,甲骨文从止(脚)从商省(“帝”之讹,二者形近),会送神升天之意,帝也兼表声。故金文从帝从口,表示口念念有词送神升天。异体另加义符辵(辶,走路),强调送走之意。篆文综合甲、金文,遂成为从辵从啇(即商),会高声送神升天之意,啇(商)也兼表声,表示前往。隶变后楷书写作適。古碑作“適”,可为啇、商形近相混之证。適,如今简化借适来表示。适,篆文本作逶,从辵(辶)从昏(矢栝)会意,昏也兼表声,读kuò,本义为迅疾。隶变后楷书俗作适。因不常用,如今被借用为“適”的简化字,遂相混。适(適)当是“之(前往)”的分化字。

【本义】《说文·之部》:“之,出也。象草过屮,茎叶益大有所之。一者,地也。”解说不确。本义当为前往。

【演变】之,动词,本义为❶前往,去到:辍耕~垄上|走马~任。后借为代词,代替人或事物,作宾语,相当❷他,她,它(们):凡民有丧,匍匐救~|取~不尽,用~不竭。又表指示,相当于❸这,这个:~二虫又何知?又虚指❹某种情况(起调整音节的作用):怅恨久~|久而久~。又虚化为助词,放在偏正结构中,相当于❺的:夫三子者~言何如?|光荣~家。又❻用在主谓结构之间取消其独立性,使其变成偏正结构:若火~燎于原,不可向迩。

“之”为借义所专用,到、往等义便又另造了形声字“適”来表示。

○適,从辶,啇声。如今简化借“适”来表示。读shì,动词,本义指❶到,往:~子之馆兮|无所~从。引申特指❷女子出嫁:少丧父母,~人而所天又殒。又引申指❸切合,符合:邂逅相遇,~我愿兮|~合|~意|~当。又指❹适合,适应,相合:少无~俗韵|(芙蕖)无一时一刻不~耳目之观|削足~履|~龄|~时|~当|~用。又指❺取悦,按照。旧读dí:岂无膏沐?谁~为容!|处分~兄意,那得自任专?形容词,又指❻安逸,快乐,舒畅:向晚意不~,驱车登古原|稍感不~|舒~|安~|闲~。虚化为副词,指❼恰巧:从上观之,~与地平|~得其反|~逢其会|~可而止。又表❽才刚:~得府君书,明日来迎汝|~才。

○逶,从辶,昏声。隶变后写作“适”。因“适”如今用作了“適”的简化字,所以如今以“逶”为正体。读kuò,本义为❶迅疾。后多用作❷人名。如:南宫~|洪~。

【组字】之,如今既可单用,也可作偏旁,作偏旁时有的写作“㞢”或“土”。现今归入丶部。凡从之取义的字皆与到、往等义有关。
以之作义符的字有:㞷(往)。
以之作声兼义符的字有:恙(志)。
以之作声符的字有:芝、寺(寺)、蚩。

尸 shī
(屍)

【字形】

【构造】象形字。甲骨文象个屈膝而坐的人形,是古时坐在那里代死者接受祭祀、象征死者神灵的人,多为死者下属或晚辈,并非死尸。后来用神主牌位或画像代替,不再用人作尸。金文大同。篆文整齐化。隶变后楷书写作尸。

【本义】《说文·尸部》:“尸,陈也。象卧(闭目坐)之形。”本义为代死者受祭之人。

【演变】尸,名词,本义指❶代死者受祭之人:主人再拜,~答拜。引申指❷神主,木制神主牌位:庖人虽不治庖,~祝不越樽俎而代之|武王继之,载~以行,破商擒纣,遂成王业。“尸”代死者受祭,是祭祀活动的主体,故又引申指❸主体:宁为鸡~,不为牛从。由代死者受祭,后又引申指❹死尸:横~荒野。此义后另加义符“死”写作“屍”来表示,如今简化仍作尸。由祭祀活动的主体,用作动词,又引申指❺掌管,主持:~中原之魁柄。由代死者受祭之人,又比喻❻不做事而坐享禄位:~位素餐。又指❼陈尸以示众:曹人~诸城上。

【组字】尸,如今既可单用,也可作偏旁。现今仍设尸部。凡从尸取义的字皆与人之躯体等义有关。注意:现在有些从尸的字本不从尸,而是由房屋等形变来的,如层、屋、扇、屡。

以尸作义符的字有:尺、尼、尻、屁、尿、尾、屄、居、屃、届、屉、屌、屏、屍、屎、展、屑、孱、屙、屦、屠、履。

己 jǐ (纪、记)

【字形】甲 金 篆 隶 草

【构造】象形字。甲骨文象来回交错穿插把丝缕分别编结在一起以防其散乱所用的丝绳之形,用以表示编结、系联、约束、识别之意。如今编织篱笆、竹帘及捆扎毛线仍用这种办法。金文大同。篆文则多一次弯转。隶变后楷书写作己。是“纪”的本字。

【本义】《说文·己部》:“己,中宫也。象万物辟藏诎形也。己承戊,象人腹。”解说是作者就当时的社会思想所作的附会,不确。又《糸部》:“纪,别丝也。从糸,己声。”本义为编结、系联、约束丝缕的绳。

【演变】己,名词,本义指❶编结、系联、约束丝缕的绳。又借作❷天干的第六位,与地支相配,用以纪年月日:冬十月~未,共仲使圉人荦(人名)贼子般于党氏。最能约束个人的当然是自己,故遂借用作一人称代词,表示❸自己,本身:稽于众,舍~从人|不患人不知~,患不知人也。

后“己”为借义所专用,其本义便另加义符“糸”写作“纪”来表示。

○纪,从糸从己会意,己也兼表声。读 jì,名词,本义指❶编结、系联、约束丝缕的绳:譬若丝缕之有~,网罟之有纲。引申指❷纲领,规律,法度,纪律:义也者,万事之~也|稽其成败兴坏之~|礼仪以为~|~律严明,所向克捷|违法乱~。用作动词,指❸治理,经营:勉勉我王,纲~四方|衣食当须~,力耕不吾欺。用作“纪纲”,作名词,后转指❹仆人:~纲之仆。古又用作❺纪年的单位。岁星(木星)十二年绕天一周,故十二年为一纪:既历三~,世变风移。进而引申指❻世代,年岁:世~|年~。又借作“记”,动词,表示❼识记,记载:又~平日与宾客言者为《笔谈》。

注意:记,从讠己声,己也兼表意。本义指记录,引申指记住、记忆。用作名词,也指记录下的文字、标志。除“记录、记要”可写作“纪”外,在其他意义上不能通用。参见记。

【组字】己,如今既可单用,也可作偏旁。现今仍设己部。凡从己取义的字皆与约束、识别等义有关。

以己作义符的字有:巽。

以己作声兼义符的字有:记、纪。

以己作声符的字有:岂、屺、圮、芑、杞、忌。

已 yǐ

【字形】甲 金 篆 隶 草

【构造】象形字。已本作巳,后为了相区别,遂留下缺口作“已”。故已与巳、以同源,在甲骨文、金文和篆文中是同一个形象,都是巳(像一个未成形的胎儿)的倒形,即头朝下的胎儿形,表示胎儿已经成熟,将要降生,怀胎截止。隶变后楷书写作已,与“以”的演变法不同。“已”是从“巳”与“以”分化出来的一个字。

【本义】已,《说文》失收。《广韵·止韵》:“已,止也。”本义当为怀孕截止。

【演变】已,由怀孕截止,作动词,引申泛指❶停止,罢了:死而后~|如此而~。又引申指❷治愈:可以~大风。又引申指❸已经,已然:后悔

~迟。又指❹过了一些时候:~而繁星满天。由过时又引申指❺太,过分:不为~甚。“已”与“以”同源,故古又借作❻以:~后典籍,皆为板本。

【组字】已,如今既可单用,也可作偏旁。现今归入己部。凡从已取义的字皆与终止等义有关。

以已作声符的字有:异。

巳 sì (祀、禩)

【字形】甲 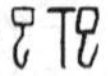 金 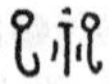 篆 

隶 巳祀禩 草 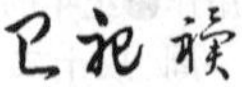

【构造】象形字。巳与已、以同源。甲骨文象未成形的胎儿形。金文和篆文大同。隶变后楷书写作巳。

【本义】《说文・巳部》:“巳,已也。四月阳气已出,阴气已藏,万物见,成文章,故巳为蛇。象形。”解说是当时社会思想的反映,非本义。但由“巳为蛇”,也隐约透露出本义当为胎儿之意,因为胎儿初始似蛇。

【演变】巳,名词,本义指❶胎儿:未生在腹为~。引申指❷后嗣。甲骨文中用作“祀”,指❸求子之祭。此义后用“祀”来表示。后来借为❹地支的第六位,与天干配合用以纪年日时:~时(指上午九点到十一点)。胎儿初始似蛇,十二生肖以巳为蛇,故又代表❺十二生肖中的蛇:辰龙~蛇。

“巳”为借义所专用,本义便不为人所知。

○祀,从礻从巳会意,巳也兼表声。异体作禩,改为異声。读 sì,本义指求子之祭,用作动词,引申泛指❶祭祀:夫~,国之大节也|~祖。各种祭祀活动多以一年为一个周期,故又用作名词,引申指❷年:隹(唯)王八~|十有二~。

【组字】巳,如今既可单用,也可作偏旁。现今归入己部。凡从巳取义的字皆与胎儿等义有关。

以巳作义符的字有:已、以(目)、包。

以巳作声兼义符的字有:祀、妃、起。

以巳作声符的字有:圯、汜。

弓 gōng

【字形】甲  金  篆  隶 弓 草 

【构造】象形字。甲骨文象一张上了弦的弓形。金文省去弦,是弓松弛时的样子。篆文整齐化。隶变后楷书写作弓。

【本义】《说文・弓部》:“弓,以近穷远。象形。”本义为射箭或发弹丸的工具。

【演变】弓,名词,本义指❶射箭或发弹丸的工具:既张我~,既挟我矢|一心以为有鸿鹄将至,思援~缴(zhuó,系着丝绳的箭)而射之。引申指❷像弓的器物:琴~|弹花~。用作动词,又引申指❸弯曲,使弯曲:汝不见我作~腰乎?|~背。

【组字】弓,如今既可单用,也可作偏旁。现今仍设弓部。凡从弓取义的字皆与弓形、弯曲等义有关。

以弓作义符的字有:引、弘、玡、弜、弛、张、弝、弞、弡、弧、弥、弦、弢、弣、弤、弨、弩、弪、弫、弬、弮、弰、弲、弭、弯、弴、弶、弹、弻、强、弸、弽、弿、彀、彁、彃、彄、彅、彆、彇、彉、彋、彍、彏、發(发)、彊。

以弓作声兼义符的字有:穹、躬。

以弓作声符的字有:芎。

卂 xùn (迅)

【字形】金  篆  隶 卂迅

草 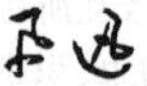

【构造】象形字。金文象飞动中的鸟的轮廓形,是“飛”(飞)字的简略,表示鸟飞得很快,故不见双翅,只留下轮廓。篆文整齐化。隶变后楷书写作卂。是“迅”的初文。

【本义】《说文・卂部》:“卂,疾飞也。从飛而羽不见。”本义为疾飞。

【演变】卂,形容词,本义指鸟飞得快。引申泛指疾速。由于“卂”作了偏旁,其义便另加义符“辶”写作“迅”来表示。

○迅,从辶从卂会意,卂也兼表声。读 xùn,形容词,本义指疾速:~雷风烈,必变|弓马~捷,膂力过人|~速。

【组字】卂,如今不单用,只作偏旁。现今归入乙部。凡从卂取义的字皆与迅速等义有关。
以卂作义符的字有：茕。
以卂作声兼义符的字有：迅。
以卂作声符的字有：讯、汛、籸（糁）、蝨（虱）。

屮 chè；cǎo

【字形】甲 金 篆 隶 屮 草

【构造】象形字。甲骨文象初生的小草形，一个主茎，两个叶片。金文大同。篆文整齐化。隶变后楷书写作屮。

【本义】《说文·屮部》："屮，草木初生也。象丨出形，有枝茎也。古文或以为艸字。读若彻。"本义为初生的小草。

【演变】屮，读chè，名词，本义指❶初生的小草。

又读cǎo，名词，泛指❷草：刺～殖谷，多粪肥田，是农夫众庶之事也｜～木摇落。

屮作了偏旁，后由屮滋乳出艸（艹）、卉、茻等字。参见各字。

【组字】屮，如今不单用，只作偏旁。现今仍设屮部。凡从屮取义的字皆与花草、上出等义有关。
以屮作义符的字有：屯、岦、芬（芬）、芻（刍）。

也 yě
（虵、蛇、地、迤）

【字形】甲 金 古 篆 今篆
隶 也 迤 地 草

【构造】象形字。在甲骨文中也与它为同一个字，是一条蛇形。金文仍像突出了头部的拖着尾巴游动的蛇。古文改为从㐌（"它"的变体）。篆文整齐化，还有点蛇的影子。隶变后楷书写作也，就看不出原形了。

【本义】《说文·乁部》："也，女阴也。象形。"解说不当。本义当为蛇。

【演变】也，名词，本义指蛇。由于蛇是拖着尾巴曲折行进的，故又用作动词，引申指曲折延伸。或许因为人们说话语气的延续犹如蛇的拖尾巴，后被借为语助词。用于句中，表示❶停顿：其乐～融融。用于句末，表示❷加强疑问或感叹：寡人之民不加多，何～？｜何其智之明～！又表示❸加强判断或肯定：秦、晋，匹～｜非不能～，是（此）不为～。后又用作副词，表示❹同样：不能片时藏匣里，暂出园中～自随。又表示❺两事并举：他既能挑水，～会劈柴。用于否定句，表示❻强调：他瞒得连我～不知道。

"也"为借义所专用，蛇之义便另加义符"虫"写作"虵"来表示，如今规范化用"蛇"。像蛇拖着尾巴曲折行进一样曲折延伸之义，则另加义符"辶"写作"迆"来表示，如今规范化用"迤"。参见蛇。

○迤，古文从辶从㐌（"它"的变体，亦是蛇）会意。异体作迆，从辶从也会意，㐌、也亦兼表声。读yǐ，动词，本义指❶像蛇一样弯曲斜行。引申指❷往某方向延伸：于是燕、云～北暂食沧盐。用作"迤逦"，形容词，表示❸曲曲折折（地）：雪地里踏着碎琼乱玉，～逦背着北风而行。又形容❹曲折连绵不断：瞿塘～逦尽，巫峡峥嵘起。

又读yí，用作"逶迤"，形容词，表示❺曲折延续不断：路逶～而修迥兮｜五岭逶～腾细浪。

【组字】也，如今既可单用，也可作偏旁。现今归入乙部。凡从也取义的字皆与蛇拖尾曲折游动等义有关。
以也作声兼义符的字有：迆（迤）、驰、弛、施、虵、髢。
以也作声符的字有：匜、地、絁、池、灺（炧）、箷（篪）。

女 nǚ；rǔ

【字形】甲 金 篆 隶 女 草

【构造】象形字。甲骨文象女子柔顺交臂跪坐之形。当为未嫁之女，是上古虏婚习俗的遗迹，至今京剧里的年轻女子扮相仍然如此。金文大同。篆文整齐化。隶变后楷书写作女。

【本义】《说文·女部》："女，妇人也。象形。"本义为未嫁的女子。

【演变】女，名词，本义指❶未嫁的女子：静（青春明丽）～其姝（美好）。又泛指❷妇女：有男～，然后有夫妇｜男～老幼。引申指❸女性的，雌性的：乃生～子，载寝之地｜畜一～猫，常往来绍家捕鼠。又特指❹女儿：不闻爷娘唤～声

|长～。又引申指❺幼小，柔嫩：猗彼～桑。又用作❻星名，"牛女"连用时则特指织女星：牛～年年渡，何曾风浪生。

又读 rǔ，借作第二人称代词，❼同"汝"，相当于尔：逝将去～，适彼乐土。

【组字】女，如今既可单用，也可作偏旁。现今仍设女部。凡从女取义的字皆与妇女或美好等义有关。

以女作义符的字有：奶、奴、奸、如、妁、妆、妄、妇、妃、好、她、妈、妍、妩、妓、妪、妣、妙、妟、妊、妖、妥、妗、姊、妨、妫、妒、妞、姒、妤、妹、姑、妻、妲、姐、妯、姗、姓、委、妾、妮、始、姆、娃、姥、娅、姨、娆、姻、姝、娇、姚、威、要、娈、姣、姿、姘、姜、娄、姹、娜、姬、娠、娌、娱、娉、娟、娲、娥、娩、娴、娣、娑、娘、娓、婀、婧、婊、娶、婪、婕、娼、婴、婢、婚、婆、婶、婉、媒、媪、嫂、媛、婿、媚、媾、媳、媲、嫒、嫉、嫌、嫁、嫔、嫱、嫠、嫩、嫖、嫦、嫡、嫣、嬉、婵、嫱、嬗、嬖、嬲、嬷、嬴。

以女作声符的字有：汝、钕。

昜 yáng
（昜、旸、阳）

【字形】甲  金  篆 

隶 昜 旸 暘 阳 陽

草 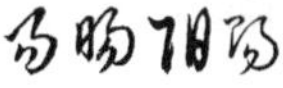

【构造】会意字。甲骨文从日，从乁（甲骨文的简化，即勿，为阳光从云层射出形），会云开日出之意。金文不简，又加上了几道太阳射出的光芒。篆文整齐化；或另加义符日，成为从日从昜会意，昜也兼表声。隶变后楷书分别写作昜与暘。如今分别简化作昜与旸。是太阳的"阳"的本字。俗后借用陰陽（阴阳）的陽（阳）来表示，甲骨文、金文和篆文二形即陽，从阝（阜）从昜会意，昜也兼表声。今简作阳，为正体，旸则另表他义。昜（昜）则只作偏旁。参见旸、阳。

【本义】《说文·勿部》："昜，开也。从日一勿。一曰飞扬。"又《日部》："暘，日出也。从日，昜声。"本义皆为日出。又《阜（阝）部》："陽，高明也。从阝，昜声。"本义指山南向阳处。

【演变】昜（昜），本义指日出。由于"昜（昜）"作了偏旁，于是另加义符"日"写作"暘"，今简作"旸"，读 yáng，名词，本义为❶日出：分命羲仲（太阳神），宅隅夷，曰～谷，寅宾出日（恭敬地迎接日出），平秩东作（辨别测定太阳东升的时刻）。引申指❷雨霁天晴：曰雨曰～。作名词，又表示❸太阳：薄吹消春冻，新～破晓晴。

后来太阳之义俗借用"阳"来表示。

〇阳，读 yáng，名词，本义指❶向阳的山南面或水北面：殷其雷，在南山之～|我送舅氏，至汉之～。引申泛指❷向阳的部分：凡栽一切树木，欲记其阴～。阳与阴是相对的两面，后成为❸中国古代哲学的一对基本概念：一阴一～之谓道|乃深观阴～消息（消长），而作怪迂之变。借用为"暘"，故又表示❹太阳：湛湛露斯，非～不晞。用作形容词，又指❺明亮：神光离合，乍阴乍～。又指❻温暖：春日载～，有鸣仓庚。向阳则明显，故又引申指❼外露，突出，表面的：则～收其身，而实疏之|～奉阴违|～沟|～文。

【组字】昜（昜），如今不单用，只作偏旁。昜现今归入日部。凡从昜（昜）取义的字皆与太阳、高起等义有关。

以昜（昜）作声兼义符的字有：陽（阳）、扬、汤、暘（旸）、杨、炀、飏。

以昜（昜）作声符的字有：场、饧、肠、玚、畅、钖、砀、疡。

小 xiǎo
（少、沙）

【字形】甲  金  篆  隶 小 草 

【构造】象形字。甲骨文象细碎的尘沙微粒形。金文微粒变长。篆文整齐化。隶变后楷书写作小。

【本义】《说文·小部》："小，物之微也。从八，丨见而分之。"析形不确。本义为细碎的尘沙微粒。

【演变】小，本义指细碎的尘沙微粒。这一形象，含有三种意思：就形体说，表示细微；就数量说，表示不多；就质地说，表示沙粒。为了分化字义，遂用"小"，作形容词，专用以表示

❶细微：怨不在大，亦不在～｜世俗之君子，皆知～物而不知大物。引申泛指❷程度、数量不及一般或不及比较对象：好问则裕，自用则～（狭隘）｜赤也为之～（职位低下），孰能为之大｜～（寿命短）年不及大年｜～（年幼）时了了，大未必佳｜～树｜力气～｜个子～｜比他～一岁。用作意动，表示❸认为小：孔子登东山而～鲁，登太山而～天下。用作副词，表示❹稍微：其为人也～有才｜～不如意，即求休罢。

这样，数量不多之义则稍变其形用"少"来表示。沙粒之义另加义符"氵"写作"沙"来表示。参见少、沙。

【组字】小，如今既可单用，也可作偏旁。现今仍设小部。凡从小取义的字皆与细微等义有关。注意：现在字典里从小的字，有些本不从小，如尔、光、当、尚等。

以小作义符的字有：少、尕、尖、尘、尛、尜。

以小作声兼义符的字有：肖。

飞 fēi（飛）

【字形】甲 金 古 篆 隶 草

【构造】象形字。甲骨文象鸟飞动之简形。金文和古文繁化，更象鸟头颈两翅展开飞动之形。篆文整齐化。隶变后楷书写作飛。如今留下一翅，简化作飞。

【本义】《说文·飛部》："飛，鸟翥（zhù）也。象形。"本义为鸟飞翔。

【演变】飞，动词，本义指❶鸟在空中展翅飞行：燕燕于～，差池其羽｜鸟～鱼跃。引申泛指❷物体在空中飘浮，飞行：秋风起兮白云～｜～沙走石｜～机｜～船｜～龙。由飞行用作形容词，又引申指❸迅速：浪遏～舟｜～奔。又引申指❹高扬：一桥～架南北｜～檐。又引申指❺意外的：若卒遇～祸，无得殡殓｜～灾。

【组字】飞，如今既可单用，也可作偏旁。现今仍设飛部。凡从飞（飛）取义的字皆与飞动等义有关。

以飞（飛）作义符的字有：翥（翥）、䬠（䨱）、翰（翰）、翼（翼）、翻（翻）、飝、飞、飝。

刃 rèn（仞）

【字形】甲 金 古 篆 隶 草

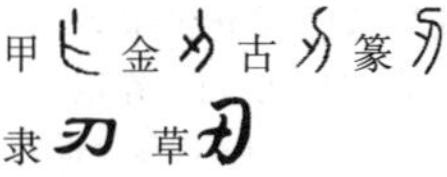

【构造】指事字。甲骨文从刀，在刀口处加一点，指出刀口之所在。金文和古文大同。篆文整齐化。隶变后楷书写作刃。

【本义】《说文·刀部》："刃，刀坚也。象刀有刃之形。"本义为刀剑的锋利部分，即最坚韧的钢口刀口。

【演变】刃，名词，本义指❶刀口：今臣之刀十九年矣，所解数千牛矣，而刀～若新发于硎｜迎～而解。引申泛指❷刀剑等有锋刃的兵器：杀人以梃与～，有以异乎？又专指❸刀：因取～杀之｜利～｜白～战。用作动词，指❹用刀杀：左右欲～相如｜手～一人。又借作"仞"，作量词，指❺古代的长度单位（约当八尺）：天子之旗九～。

【组字】刃，如今既可单用，也可作偏旁。现今仍归入刀部。凡从刃取义的字皆与刀剑等义有关。

以刃作义符的字有：劒（剑）。

以刃作声符的字有：仞、纫、忍、韧、轫、牣。

叉 chā；chá；chǎ（扠）

【字形】甲 金 古 篆 隶 草

【构造】指事字。甲、金、古、篆文皆从又（右手），在手指缝中加一点，指明手指分张相交错之处，表示手指互相交错。隶变后楷书写作叉。

【本义】《说文·又部》："叉，手指相错也。从又，象叉之形。"本义为手指互相交错。

【演变】叉，读 chā，动词，本义为❶手指互相交错：入郡腰恒折，逢人手尽～｜～手。引申泛指❷交叉：交～路口｜三～神经。用作名词，又指❸有歧头的器具：鱼～｜粪～｜钢～。用作动词，表示❹用叉子扎取：～鱼。

又读 chá，引申指❺互相卡住，堵塞：刮倒的树把路口～住了。

又读 chǎ，引申指❻分张开：~开两腿。

为了分化字义，❶❹二义后也另加义符“扌”写作“扠”。如今简化仍作叉。

【组字】叉，如今既可单用，也可作偏旁。现今仍归入又部。凡从叉取义的字皆与分张等义有关。以叉作声兼义符的字有：扠、汊、杈、衩、钗。

彑 jì（彖、彐）

【字形】甲　金　篆　隶 彑 彐 象

草

【构造】象形字。彑是彘与彖的省略。在甲骨文中彘与彖都象宰杀后悬挂的牲体形。金文将头扭转，以突出宰杀后的情状。篆文讹变为二体，将其上部彑独立出来作为部首，以便将带彑头的字统括在一起。其实彑并不是独立的字。隶变后楷书写作彑。如今规范化，写作彐。

【本义】《说文·彑部》：“彑，豕之头，象其锐而上见也。”这正说明彑是彘与彖的省略，其本义也应指宰杀后悬挂的牲体。

【演变】彑，本义指❶宰杀后悬挂的牲体。又表示❷猪头。又借指❸刺猬。

【组字】彑，如今不单用，只作偏旁。现今仍设彑（彐）部。凡从彑取义的字皆与猪类动物等义有关。注意：实际上现代汉字里带彑（彐）头的字，并不都从彑取义，有的是由其他字形变来的，如归、寻、灵、彝。

以彑作义符的字有：彘、彖、彘。

子 zǐ；zi（籽）

【字形】甲　金　古　篆

今篆　隶 子 籽 草

【构造】象形字。甲骨文象有头发、囟门和身子的初生婴儿形，或简化。金文稍繁。古文加出两个上举胳膊，身子变为一竖，正像个襁褓中的婴儿。传统初生儿都用包被裹起来，故身子变为一竖。篆文承接古文并省去头发。隶变后楷书写作子，更近古意。

【本义】《说文·子部》：“子，十一月阳气动，万物滋，人以为称。象形。”析形是根据当时的社会思想所作的解说，“人以为称”有点意思，未明确。本义为婴儿。

【演变】子，名词，本义指❶婴儿（包括男女）：夷、貉之~，生而同声，长而异俗。引申泛指❷儿女或后辈：丈夫亦爱怜其少~（儿子）乎？|鬼侯有~（女儿）好|生以乡人~谒余。由儿女引申泛指❸人：然陈涉瓮牖绳枢之~|女~|舟~。又用为❹对男子的美称与尊称：墨~|其曰~，尊之也。又特指❺有道德的老师，孔丘：~曰：“学而时习之。”由此用为❻对第二人称的尊称：吾知~之所以距我，吾不言。由对诸子的尊称，又引申指❼诸子百家的著作：经史~集|~书。又指❽封爵的第四等：楚~使屈完如师。由儿女又引申指❾种子，果实，卵：菜~儿|开花结~儿|鸡~儿。此义后也作“籽”。再引申指❿颗粒状的小物件：~弹|棋~儿|算盘~儿。又借为⓫地支的第一位，用于纪年，用于月表示阴历十一月，用于时表示夜里十一点至一点，用于方向表示北方（子午线），用于属相表示鼠。由婴儿又形容⓬幼小，细嫩：老姜蒸牛，~姜炒鸭。用作量词，指⓭细长成束的东西：又拿起一~儿藏香。

又读 zi，虚化为⓮词缀：桌~|胖~|房~。凡加“子”者皆为名词。

○籽，从米从子会意，子也兼表声。读 zǐ，名词，本义为某些植物的颗粒状的种子：纳有~粒草莱|~棉|菜~|莲~|棉~。

【组字】子，如今既可单用，也可作偏旁。现今仍设子部。凡从子取义的字皆与孩子等义有关。以子作义符的字有：了、孑、孓、孓、孔、孕、存、好、孙、孝、李、孚、忎、孟、孪、孡、季、孤、孢、学、孥、孧、孛、孩、孨、孭、孮、孯、孲、孳、孱、孴、孷、孹、孺、孻、疑、孼、孽、孾。

以子作声兼义符的字有：仔、字、孜、籽、耔。

孑 jié（孓）

【字形】篆　隶 孑 孓 草

【构造】象形兼会意字。篆文从子无右臂之形，会孤单之意。隶变后楷书写作孑。与之相配的字是孓,从子无左臂之形,读 jué,表示短。

【本义】《说文·了部》:"孑,无右臂也。从了、乚。象形。"本义为子无右臂。又"孓,无左臂也。从了、乀。象形。"本义为子无左臂。

【演变】孑,本义指❶无右臂。引申指❷独,孤单:茕茕~立,形影相吊|~然一身。又引申指❸残存,剩余:周余黎民,靡有~遗。

〇孓,读 jué,本义指❶无左臂。引申指❷短小。用为"孑孓",表示❸蚊子的幼虫。

马 mǎ (馬)

【字形】甲 金 篆 隶 马 馬 草

【构造】象形字。甲骨文象竖起的马形,大头、鬃毛、尾巴明显。金文稍变。篆文整齐化。隶变后楷书写作馬。如今简化作马。

【本义】《说文·马部》:"馬,怒也,武也。象马头髦尾四足之形。"本义为强武有力的大型家畜马。

【演变】马,名词,本义指❶强武有力的大型哺乳动物马,是重要的家畜。上古主要用来拉车,后也用以骑乘:历险致远,~力尽矣|射人先射~,擒贼先擒王|司~|~政。又引申指代❷骑兵,马战,或与马有关的:二日发~往探,始知在象州歇~|~戏|~褂|~快|~表。又借喻❸大:~勺|~蜂。

【组字】马,如今既可单用,也可作偏旁。现今仍设马部。凡从马取义的字皆与强武有力的大型动物马、军事等义有关。

以马作义符的字有:冯、驭、驮、驯、驰、驱、驲、驳、驴、驵、驶、驷、驸、驹、驺、驻、驼、驽、驾、驿、骀、骁、骃、骂、骄、骅、骆、骇、骈、骉、骊、骋、验、骍、骎、骏、骐、骑、骒、骓、骔、骕、骖、骗、骘、骙、骚、骛、骜、蓦、腾、骝、骞、骟、骠、骡、骢、骣、驚(惊)、骤、骥、骦、骧。

以马作声兼义符的字有:祃。

以马作声符的字有:吗、犸、妈、玛、杩、码、骂、蚂。

乡 xiāng;xiǎng;xiàng (鄉、饗、飨、卿、嚮、向、響、响、曏)

【字形】甲 金 篆 今篆 隶 乡 鄉 卿 飨 饗 向 嚮 响 響 草

【构造】会意字。乡(鄉)与卿同源。甲骨文从二人张口相对,从皀(盛满食物的食器),会二人相向对食之意。是"饗"(飨)的本字。金文大同。篆文承接甲骨文,张口的人形讹误为"䢅",成了二邑相对。隶变后楷书承金文作卿,承篆文作鄉。鄉,如今简化作乡。参见卯(卿)。

【本义】《说文·䢅部》:"鄉,国离邑,民所封乡也。从䢅,皀声。"析形与释义都是根据后来的引申义所作的解说。本义当为二人相向对食。

【演变】乡,读 xiǎng,动词,本义为❶二人相向对食。引申指❷用酒食款待人,或享用:专~独美其福。此义后另加义符"食"写作"饗(飨)",或借"享"表示。参见享。两人相对共食则必酬答相应,故用作名词,又指❸回声:犹景(影)之象形,~之应声。此义后另加义符"音"写作"響"(响)。参见响。

又读 xiāng,远古能够对食的当然是共同生活的氏族部落,故用作名词,又指❹基层行政区划单位:知效一官,行比一~|三里不同~|~党|~里|~试。今指❺县、区以下的农村基层行政单位:~公所|~镇|~长。又指❻城市以外的地区,即农村:穷~僻壤|鱼米之~|山~|~野|~下|~绅|。又特指❼自己家庭世代居住和本人生长的地方:仆少负不羁之行,长无~曲之誉|日暮~关何处是?|背井离~|家~|回~|故~|同~|~愁|~音。又泛指❽处所,某种境界或状态:鸿雁出塞北,乃在无人~|同人醉~游|温柔~|梦~。

又读 xiàng,由相对饮食,又指❾方向,方位:师牧野,纣卒易~,启乃下(降)|夫矢来有~。用于向前的时间,又指❿从前,往日:非及~时之士也。此义后另加义符"日"写作"曏",如今简化作向。用作动词,指⓫朝向:秦伯素服郊次,~师而哭。又指⓬景仰:虽不能至,然心~往之。此二义后另加义符"向"写

作“嚮”，如今简作向。参见向。副词，由趋向，指⓭将要：夜如何其？夜～晨。介词。表动作的方向、对象等，指⓮对着，朝向：侯生果北～自刭。连词，表假设，相当⓯如果：～亡桓公，星遂至地，中国其良绝矣。

〇饗，从食从鄉会意，鄉也兼表声。如今简作飨，读 xiǎng，动词，本义指❶乡人共聚饮酒：朋友斯～，曰杀羔羊。引申泛指❷以酒食款待人：夫人姜氏～齐侯于祝丘。又泛指❸请人享用：以～读者。

〇響，从音从鄉会意，鄉也兼表声。如今简作响，读 xiǎng，名词，本义指❶回声：吉凶之报，若影之随形，～之应声｜天下云集～（像回声样）应，赢粮而影从。引申泛指❷声音：寂无斧斤～。用作动词，指❸发出声音：高柳早莺啼，长廊春雨～。

〇嚮，从向从鄉会意，鄉也兼表声。如今简化借“向”来表示，读 xiàng，动词，本义指❶向着：西门豹簪笔磬折，～河立待良久。用作名词，指❷方向：进不知～，退不知守。用作副词，指❸将近：君子以～晦人宴息。参见向。

【组字】乡，如今既可单用，也可作偏旁。现今归入乙部。鄉，如今不单用，只作偏旁，现今仍归入邑部。凡从乡取义的字皆与对食等义有关。

以乡（鄉）作声兼义符的字有：曏（向）、嚮（向）、響（响）、饗（飨）。

以乡（鄉）作声符的字有：薌（芗）、鄉。

幺 yāo

【字形】甲　金　篆　隶　草

【构造】象形字。甲骨文象一小把细丝形。当是丝的初文。金文和篆文整齐化。隶变后楷书写作幺。如今除用在“幺麽”一词中不简化外，在其他场合皆简化为“么”。

【本义】《说文·幺部》：“幺，小也。象子初生之形。”析形不确。本义当为一小把细丝。

【演变】幺，由本义细丝，用作形容词，引申泛指❶细，细小：弦～而徽急｜～麽（mó）小丑。方言又指❷幼小，排行最末的：～妹。又用为❸数词“一”的俗称：呼～喝六。

【组字】幺，如今既可单用，也可作偏旁。现今仍设幺部。凡从幺取义的字皆与细小等义有关。

以幺作义符的字有：幼、玄、丝、麽（麼）。

以幺作声符的字有：吆。

四画

丰 fēng（豐）

【字形】甲　金　篆

隶　草

【构造】象形字。丰与封同源，甲、金文皆象一棵生长茂盛的树栽植于土堆之上形。后来发展为两类意思：就其树来说，表示茂盛之义，此义用“丰”来表示；就其植树的目的来说是为了分界，此义后另加义符“手”写作“封”来表示。金文大同。篆文整齐化。隶变后楷书写作丰。如今又作了“豐”（象礼器豆中盛满玉串形，表示祭祀礼仪）的简化字。上列甲、金、篆文的第二形即豐。注意：丰与丯不同。

【本义】《说文·生部》：“丰，草盛丰丰也。从生，上下达也。”本义为草木茂盛。

【演变】丰，形容词，本义指❶草木茂盛：罗～茸之游树兮，离楼梧而相撑。引申泛指❷丰满：子之～兮，俟我乎巷兮。特指❸人的仪态举止美好，今也作“风”：～姿秀丽｜～采超群。作为“豐”的简化字，又表示❹盛多：～满｜～盛｜～富｜～厚｜～年｜～衣足食。又表示❺盛大：～功伟绩。参见封、豐。

【组字】丰，如今既可单用，也可作偏旁。现今归入丨部。凡从丰取义的字皆与植树茂盛等义有关。

以丰作声兼义符的字有：邦、封、夆、肨。

以丰作声符的字有：沣、奉、蚌。

王 wáng；wàng

【字形】甲　金　篆　隶　草

【构造】象形字。甲骨文象一把下砍的大斧形,上横是斧柄,下边是斧头。金文填实。篆文线条化,上边两横距离近,与王(玉)不同。隶变后楷书本应写作𤣩,上两横近,但这在现实生活中很难做到。俗便将“𤣩”写成“王”,三横等同;而将原本三横等同的“王”(玉),多加一点写作“玉”以相区别。

【本义】《说文·王部》:“王,天下所归往也。董仲舒曰:‘古之造文者,三画而连其中谓之王。三者,天、地、人也;而参通之者,王也。’孔子曰:‘一贯三为王。’”这是根据作者当时的社会思想所作的解说。本义当为大斧。

【演变】王,读 wáng,本义指大斧钺,是刑杀的武器,象征权威,故用作名词,引申为❶最高统治者的称号:天子作民父母,以为天下~|高筑墙,广积粮,缓称~。又泛指❷首领:江海之所以能为百谷~者,以其善下之|蜂~|花~。又用为❸对祖父母辈的尊称:~父(祖父)。

又读 wàng,用作动词,表示❹称王,统治:大楚兴,陈胜~。

【组字】王,如今既可单用,也可作偏旁。现今归入王(玉)部。凡从王取义的字皆与君王等义有关。

以王作义符的字有:闰。

以王作声符的字有:𡉚(往)。

注意:楷书中左边所从的“𤣩”不是王,而是玉;其他部位所从的“王”不是王,而是𡉚(往)。

井 jǐng

【字形】甲井 金井 篆井 隶井 草井

【构造】象形字。甲骨文象用木交叉构成的井口形,用以表示水井。金文中加一点表示水。篆文整齐化。隶变后楷书写作井,省去一点。

【本义】《说文·井部》:“井,八家一井。象构韩(交木构成井口)形。”本义为水井。

【演变】井,名词,本义指❶水井:短绠不可以汲深~之泉。引申指❷形状像水井的:擅盐~之利|矿~|天~|油~|藻~。古代奴隶社会把方一里的土地按照井字的形状分为九区,八家各分一区耕作,中央为公田。故又指❸井田:方里而~,~九百亩,其中为公田。古代因井设市,有人口居住,又引申指❹人口聚居之地或乡里:处商必就市~|臣乃市~鼓刀屠者|离乡背~|~里。由“井”形的整齐有条理,用作形容词,又引申指❺整齐有条理:~~兮其有理也|秩序~然|~~有条。

【组字】井,如今既可单用,也可作偏旁。现今归入一部。凡从井取义的字皆与水井、井田等义有关。

以井作声兼义符的字有:阱、刑、邢、穽、耕。

以井作声符的字有:讲、进、肼。

开 kāi (開、闭)

【字形】金開 古開 篆開 今篆开 隶开開 草开开

【构造】会意字。金文本是双手拿门闩形,只是门闩的一横断开,下边双手简讹为两个十。古文未讹,明确为从門(门),从収(廾,双手),从一(门闩),会双手拿掉门闩开门之意。篆文承接金文将门闩断开与双手合为开。隶变后楷书写作開。如今简化省作开。作偏旁时有的简作闬。

【本义】《说文·門部》:“開,张也。从門(门),从开。”析形是就篆文所作的解说。本义为开门。

【演变】开,动词,本义指❶开门:是犹~门而揖盗,未可以为仁也。引申泛指❷打开,张开:公子诚一~口请如姬,如姬必许诺|网~一面|~卷有益|~棺验尸|~锁|~弓。又引申指❸开放,舒张:千树万树梨花~|眉~眼笑|皮~肉绽|笑逐颜~。又指❹开辟,扩展:节其流,~其源|~地数千里,此其大功也|~天辟地|~山鼻祖|~采|~荒|~拓|~展。又指❺打通,开通:天门中断楚江~|~路先锋。用于抽象意义,指❻开导,启发,解说:移风易俗之本,乃在~其心而正其精(精神)|~启智慧|~诚布公|~说。由开辟又引申指❼开始,开创,建立:~岁发春兮,百卉含英|~国元勋|别~生面|~学。由打开又引申指❽设置,建造:添酒回灯重~宴|~工厂|~店铺|~一口井。又引申指❾分开,融化:混沌初~|精诚所至,金石为~|七九河~,八九雁来。又引申指❿发动,操

纵，举行：~车|~炮|~机器|~会。又引申指⓫分列，分配，支付：~个书单|收入三七~|~工资。又引申为⓬释放，解除：~释|~禁。形容词，指⓭明达事理：小吏~敏而有材|心~目明|思想~通。由扩展，又指⓮开阔：复行数十步，豁然~朗|异想天~。又指⓯性情、意识开豁、爽朗、了然：（胡）奋性~朗|心~意豁。又用在动词后，表示⓰结果或趋向：他想得~|屋里坐不~|快躲~|传扬~去不好|还没听完，浑身就哆嗦~了。

【组字】开，如今既可单用，也可作偏旁。作偏旁时有的简作闬。现今开归入廾部，閅仍归入门部。凡从开（開、閅）取义的字皆与开门等义有关。

以开（開、閅）作声符的字有：钘、锎。

夫 fū；fú

【字形】甲　金　篆　隶 夫　草

【构造】象形字。甲骨文象一个头上插簪子的大人形。古代男子二十行加冠礼，将头发束起来别上簪子，表示已经成人。金文和篆文大同。隶变后楷书写作夫。

【本义】《说文·夫部》："夫，丈夫也。从大，一以象簪也。周制以八寸为尺，十尺为丈，人长八尺，故曰丈夫。"本义为成年男子。

【演变】夫，读 fū，名词，本义指❶成年男子，对男子的美称：内无怨女，外无旷~|古时丈~不耕，草木之实足食也|闻强敌而退，非~也|大丈~|农~|渔~|役~。又特指❷女子的配偶：于是~负妻戴|~妻反目|丈~，你如何今日这般嘴脸？

又读 fú，借作代词，表❸指示：~人不言，言必有中|~二人者，鲁国社稷之臣也。又用作❹发语词：~战，勇气也。又用作❺语气词：逝者如斯~，不舍昼夜。

【组字】夫，如今既可单用，也可作偏旁。现今归入大部。凡从夫取义的字皆与成人等义有关。

以夫作义符的字有：妋、规。

以夫作声符的字有：伕、扶、芙、呋、肤、鈇、蚨、趺、麸。

天 tiān

【字形】甲　金　篆　隶 天

草

【构造】象形字。甲骨文象突出了头部的正面人形，意在表示人的头顶，是"颠"的象形字。金文将头简化成一横。篆文整齐化。隶变后楷书写作天。

【本义】《说文·一部》："天，颠也。至高无上，从一、大。"本义为头顶。

【演变】天，名词，本义指❶头，头顶：刑~与帝争神，帝断其首。"刑天"之名即由"砍断头"而来。又指❷古代一种在额头上刺字的刑罚：见舆曳，其牛掣，其人~且劓（割鼻）。人头在上，故引申指❸位置在上的：~窗|~线|~桥。天空在人头之上，又引申指❹天空：三星在~|满~星斗。气候反映在天上，又引申指❺天气：（季春之月）行秋令，则~多阴沉。时节据天气分，故又指❻季节：秋~|春~。又引申指❼不以人的意志为转移的自然：~灾流行，国家代有|~性。又引申指❽天空下的某一空间：~各一方|别有洞~。日月在天空运行形成有规律的昼夜，故又指❾一昼夜，也单指白昼：今~|三~打鱼，两~晒网。古人缺乏科学知识，认为自然界有某种神灵在主宰，故又引申指❿天神，主宰者：~佑下民，作之君。又比喻⓫依靠的事物：民以食为~|王者以百姓为~。用作形容词，又指⓬天生的，自来就有的：依乎~理|剑阁~险|~府之国|物华~宝|巧夺~工|~质|~年|~资|~敌|~然。由如天之大，引申指⓭极，很，高，大：画得~好，当不了饭吃啊！|~大笑话|~价。

【组字】天，如今既可单用，也可作偏旁。现今归入大部。凡从天取义的字皆与人、头等义有关。

以天作声符的字有：吞、祆、忝、蚕。

无 wú（無、舞、翌）

【字形】甲　金　篆

隶 无 無 舞　草

【构造】象形字。在甲骨文中無、舞、无为同一字，象一人手持舞具举手投足舞蹈之形。金文舞具繁化并另加义符⼢,以强调舞动之意。篆文分为四形:一形以金文一形为声符,另加义符“亡”,成了形声字,用以表示没有之义;二形另加义符“舛”(双足),专用以表示舞蹈之义;三形简化,只留下一个舞人形;四形异体从羽,亡声,表示执羽而舞。隶变后楷书分别写作無、舞、无。如今规范化,“無”简化用“无”表示,舞蹈之义仍用“舞”,“無”只作偏旁。参见舞。

【本义】《说文·亡部》:“無,亡也。从亡,無声。”本义为没有。

【演变】无,本义为舞蹈。作为“無”的简化字,动词,表示❶没有:人谁~过?过而能改,善莫大焉|有则改之,~则加勉|~的放矢|~懈可击|~功受禄。用作副词,相当一般的❷不:民以此为教,则粟焉得~少|~须讨论|~论如何|~非。又通“毋”,表示❸不要:鸡豚狗彘之畜,~失其时。

由于“无”“無”借为没有等义,舞蹈之义便另加义符“舛”写作“舞”来表示。参见舞。

【组字】无,如今既可单用,也可作偏旁。现今归入一部。“無”如今不单用,只作偏旁,现今归入火部。凡从无(無)取义的字皆与舞蹈、柔美等义有关。

以无(無)作声兼义符的字有:妩、舞。

以无(無)作声符的字有:芜、抚、呒、庑、怃、墲、幠、潕、璑、甒、瞴、膴、蟱、譕、鷡。

以舞作声兼义符的字有:儛、蹫。

元 yuán

【字形】甲  金  篆  隶 元 草 

【构造】指事字。元与兀同源。甲骨文从兀(削去头发的人),又用短横指明头的部位,以表示人头之意。金文大同。篆文整齐化。隶变后楷书写作元。

【本义】《说文·一部》:“元,始也。从一,从兀。”所释为引申义。本义当为人头。

【演变】元,名词,本义指❶人头:勇士不忘丧其~。又引申指❷开始,第一:~旦|~年|~月。由人头又引申指❸民众:黎~。又特指❹构成一个整体的:单~|~件。又指❺元朝:唐宋~明清。因避康熙玄烨的讳,又借作❻玄:~色|~妙。

形容词,指❼为首的,居第一位的,大的:~恶大憝|作三军,谋~帅|~戎|~后|~首|~妃|~勋|~凶|状~。又指❽主要的,基本的:~素|~音。又指❾善,吉:天下~~之民|择~日。又借作❿玄:~色|~妙|~孙|郑~(玄)。用作副词,指⓫本来:死去~知万事空|此酒~是药酒。

【组字】元,如今既可单用,也可作偏旁。现今归入儿部。凡从元取义的字皆与人头等义有关。

以元作声兼义符的字有:冠、寇。

以元作声符的字有:远、阮、完、园、沅、芫、玩、朊、顽、鼋。

韦 wéi

(韋、违、違、围、圍、卫、衛、衞)

【字形】甲 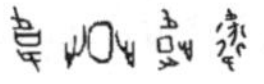 金 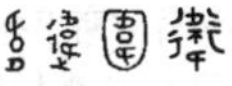

篆  隶 韦 韋 违

違 围 圍 卫 衛 衞

草 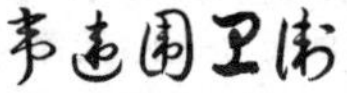

【构造】会意兼形声字。甲骨文从口(城)从两足,也有从三足或四足的,会众兵士环卫城池之意。金文大同。篆文整齐化。隶变后楷书写作韋。如今简化作韦。是围、卫、违的本字。本义指环卫城池。这一形象有三种含义:就众足在城外说,表示包围;就围绕的目的说,又表示保卫;就两足在城两边说,又表示背离。为了分化字义,后来包围之义便另加义符“口”写作“圍”来表示,如今简化作围;保卫之义则另加义符“行”写作“衛”来表示,或综合甲骨文和金文四形加以整齐化写作衞来表示,如今皆简化作卫;背离之义便另加义符“辶”写作“違”来表示,如今简作违。都成了会意兼形声字。

【本义】《说文·韋部》:“韋,相背也。从舛,口声。”本义当为环绕。又《辵部》:“違,离也。从辵,韋声。”本义为背离。又《口部》:“圍,守也。从口,韋(韦)声。”本义为包围。又《行部》:“衛,宿卫也。从韋、帀(匝),从行。行,列卫也。”本义为保卫。

【演变】韦，动词，本义指环绕城池。引申泛指❶包围。又引申指❷保卫。又引申指❸背离。皮革柔韧可来回环绕，故用作名词，后来专借用“韦”表示❹熟皮革：读《易》，~编三绝|西门豹之性急，故佩~以自缓；董安于之性缓，故佩弦以自急|君使卿~弁。

后来，前三义分别由围、卫、违来表示。

〇围，读 wéi，动词，本义为❶包围，被包围：秦晋~郑|用兵之法，十则~之|~魏救赵|~攻|~困|~剿|~猎|~棋。又指❷环绕；包，裹：山~故国周遭在|~绕|~墙|~栏|~观|~巾。作名词，又指❸包围圈，圈子，圆圈：重~|突~|解~|青石板上坐成~。又指❹一定的界限：范~|入~|氛~。又指❺用土石荆棘等环绕起来用作防御、拦挡的围子、垣墙等东西：坐桂公塘土~中|土~子|堤~|墙~|床~。又指❻周长：梨大~三寸|鸣大钲，~四尺许|腰~|胸~。作量词，指❼两臂或两手拇指与食指合拢的长度：霜皮溜雨四十~|腰大十~。

〇卫，读 wèi，动词，本义为❶保卫，保护：愿令得补黑衣之数，以~王宫|~国战争|~戍区|~生。用作名词，明代又用作❷军队的一种编制，五千六百人为一卫：天津~|建州~。后沿用为地名。

〇违，读 wéi，动词，本义指❶背离：又怕~了老人家。引申指❷避开：有淖（泥）于前，乃皆左右相~于淖。又引申指❸离别：东游久与故人~|久~。又引申指❹违反，违背，不依从：不~农时，谷不可胜食也|阳奉阴~。

【组字】韦（韋），如今既可单用，也可作偏旁。现今仍设韦（韋）部。凡从韦（韋）取义的字皆与环绕、皮革等义有关。

以韦（韋）作义符的字有：韧、韨、韩、韫、韬、韎（袜）、韐、鞘（鞘）、韔、韖、韠、韡（靴）、韝、韛、韓、韗、韘、韣、韤（袜）、韥。

以韦（韋）作声兼义符的字有：违、围、帏、衞（卫）。

以韦作声符的字有：伟、讳、苇、纬、炜、祎、玮、韪。

专 zhuān
（專、磚、塼、甎、砖、转）

【字形】甲  金  篆  今篆 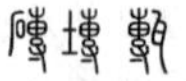

隶 专 專 砖 磚 塼 甎

草 专 砖 塼 甎

【构造】会意字。甲骨文从叀（纺锤），从又（手），会用手转动纺锤纺线之意。金文改手为寸（有分寸的手），其义不变。篆文承接金文并整齐化。隶变后楷书写作專。如今简化作专。

【本义】《说文·寸部》：“專，六寸簿也。从寸，叀声。一曰專，纺專。”本义为转动纺砖（纺锤）。

【演变】专，名词，指❶纺砖：乃生女子，载弄之瓦（毛传：瓦，纺~也）。用作动词，由转动纺砖，引申泛指❷转动。由围绕一个圆心转，又指❸专攻，专门从事，集中，专一，单纯：不肯~儒|其静也~|~心致志|潜心~力|~家|~业。又指❹独自享有或使用，独占，专断：衣食所安，弗敢~也|奉事循公姥，进止敢自~|那得自任~|~利|~车|~机|~擅|~权|~横|~断|~卖|~政。用作形容词，由物体围绕一个固定轴旋转，又指❺集中在某一件事或某一方面的，单纯不杂乱的：心不若余之~耳|叹借者之用心之~|~场演出|~业|~科|~题|~职|~注|~一|~门。又指❻精通某种学术、技能的：臣艺不博古，学谢~家。又指❼笃厚，纯笃：盖其俗朴而~，和而靖。用作名词，又指❽专长，专门研究的：术业有~攻|一~多能。又指❾专科学校的简称：大~|中~|师~|医~。用作副词，表范围，相当于❿只，独，特：向察众人之意，~欲误将军|理无~在，而学无止境|不敢~决|~治失眠|~喜钻牛角尖。

“专”为引申义所用，纺砖之义便另加义符“石”或“土”或“瓦”，写作“磚”“塼”“甎”来表示，如今皆简化作“砖”。转动之义则另加义符“車”写作“轉”来表示，如今简化作“转”。参见转。

〇塼，从土从專会意，專也兼表声。读 zhuān，名词，泛指❶用黏土烧制的建筑材料：蒙诏赐银百两，已于扬州小郊北地烧~|~瓦。又引申指❷像砖的东西：金~|茶~。

【组字】专，如今既可单用，也可作偏旁。现今专归入一部。凡从专取义的字皆与纺砖、圆转等义有关。

以专(專)作声兼义符的字有:传、團(团)、抟、膞、转、砖。

云 yún (雲)

【字形】甲 金 古 籀

篆 隶 草

【构造】象形字。甲骨文象天空中舒卷的云层形。金文大同,方向相反。古文整齐化。籀文为卷舒之状,更形象。篆文承接古文并整齐化。由于云被借用作“曰”,便另加义符雨,表示云与雨相关联。隶变后楷书承接古文和篆文分别写作云和雲,成为两个字。如今规范化用古文云。雲只作偏旁。

【本义】《说文·雲部》:“雲,山川气也。从雨、云。云,象云回转之形。云,古文省雨。”本义为云气。

【演变】云,名词,本义为❶云彩:英英白~,露彼菅茅|广开兮天门,纷吾乘兮玄~|乌~|~雾。引申指❷形状像云的:~锦。由云在天,用作形容词,又比喻❸高:~梯。又形容❹多:旌蔽日兮敌若~|万物~~,各复其根。又借为“曰”,作动词,表示❺说:诗~:“如切如磋,如琢如磨。”|人~亦~。后用作“云云”,表示省略,犹言❻“如此如此”:天下方招文学儒者,上曰吾欲~~。又借为❼文言助词,用在句首、句中或句末:~谁之思?西方美人|岁~暮矣|盖记时也~。

【组字】云,如今既可单用,也可作偏旁。现今归入厶部。凡从云取义的字皆与云雨等义有关。

以云作义符的字有:雲(云)、衾。

以云(雲)作声兼义符的字有:黔(陰、阴)。

以云作声符的字有:运、芸、耘、芸、酝、纭、魂。

丐 gài (匄、匃、给)

【字形】甲 金 篆 今篆

隶 草

【构造】会意字。甲骨文从人,从亡(盲,目无眼珠形),旧时盲人多乞求为生,故会乞求之意。金文大同。篆文将人变为勹(也是人形),其义不变。隶变后楷书写作匄与匃。俗作丐。如今规范化用丐。作偏旁时有的写作匃,匄则废而不用。注意:丐与丏(miǎn)不同。

【本义】《说文·亡部》:“匄,气(乞)也。亡人为匄。”本义为乞求。

【演变】丐(匄、匃),动词,本义指❶乞求:家贫~贷无节,不为州里所称。有求则有予,故可反训为❷给予:悉散与太学诸生及~施贫民,由是众誉归之。此义后用“给”来表示。参见给。用作名词,又指❸乞求的人,即乞丐:饰为流~,沿途乞食以蹑之。

【组字】丐(匃),如今既可单用,也可作偏旁。现今归入一部。匃则只作偏旁,现今归入勹部。凡从丐(匃)取义的字皆与乞求等义有关。

以丐(匃)作声符的字有:曷、钙。

丏 miǎn

【字形】甲 金 古 篆

隶 草

【构造】象形字。甲骨文从人,象头前面有遮蔽物形。金文大同。古文稍繁,前面又多一层遮蔽。篆文承古文,象孩子捉迷藏时一人蒙住脸面之形,表示看不见。篆文整齐化。隶变后楷书写作丏。大概是“迷”的象形字。

【本义】《说文·丏部》:“丏,不见也。象壅蔽之形。”本义为遮蔽不见。

【演变】丏,动词,本义指❶遮蔽不见。由遮蔽,用作名词,又引申指❷避箭的短墙。

【组字】丏,如今单用作人名,一般只作偏旁。现今归入一部。凡从丏取义的字皆与眼睛、遮蔽不见等义有关。

以丏作声兼义符的字有:眄。

以丏作声符的字有:沔。

木 mù (樹、树)

【字形】甲 金 篆

隶 草

【构造】象形字。甲骨文象有枝叶、茎干和根的一棵树形。金文大同。篆文整齐化。隶变后楷书写作木。

【本义】《说文·木部》："木，冒也，冒地而生。从屮，下象其根。"本义为树。

【演变】木，名词，本义指❶树：大～斯拔，邦人震恐|洞庭波兮～叶下|伐～。引申指❷木材，木头：朽～不可雕也|～直中绳。又引申指❸木制的器物：为外刑者，金与～（木制刑具）|金石丝竹匏土革～（木制乐器）八者，物之善鸣者也。又特指❹棺材：我二十五年矣，又如是而嫁，则就～焉|寿～。又用作❺五行之一：五行：一曰水，二曰火，三曰～，四曰金，五曰土。由木质素淡无华，用作形容词，又引申指❻质朴，淳厚：刚毅～讷近仁。木质实在，敲起来声音迟钝，故又引申指❼头脑发死，呆愣不灵便：生睹之，神情摇动，～坐凝思|～头～脑。又进而引申指❽麻木：手脚都冻～了。

"木"为引申义所专用，树木之义便另加声兼义符"尌"写作"樹"来表示。如今简化作"树"。

○树，读 shù，动词，本义指❶种树，种植，培植：～橘柚者，食之则甘，嗅之则香；～枳棘者，成而刺人；故君子善所～|十年～木，百年～人。用作抽象意义，指❷建立：～德务滋，除恶务本。用作名词，由种植又引申指❸树木：后皇嘉～，橘徕服兮|千～万～梨花开|枣～。

【组字】木，如今既可单用，也可作偏旁。现今仍设木部。凡从木取义的字皆与树木等义有关。

以木作义符的字有：未、末、本、札、朿、朽、朴、朱、机、朵、杂、杈、杆、杠、杜、材、村、束、杖、杌、杏、杉、条、杓、极、杞、李、杨、杈、枉、林、东、枝、杯、枢、枥、柜、枇、杪、果、杳、杲、枘、杵、枚、析、板、枞、松、枪、枫、枭、柳、构、杭、枋、杰、枕、杷、杼、标、柰、栈、柑、某、枼、荣、枯、栉、柯、柄、柬、柘、栊、柩、枰、栋、栌、查、枵、柙、柚、栅、枳、柞、柏、柝、栀、柢、栎、枸、柱、柿、栏、柒、染、柁、架、枷、柽、树、柔、框、梆、桂、栽、桔、栲、栳、桓、桠、栗、栖、桡、桎、柴、桌、桢、档、桐、株、梃、栝、桥、桕、桦、桁、栓、桧、桃、桅、桀、格、栾、桨、桩、校、核、样、案、桉、根、栩、桑、乘、械、梗、梧、梢、梏、梨、梅、检、桼、桴、梓、亲（亲）、梳、梯、梁、桹、桶、梭、棒、楮、棱、棋、椰、植、森、椟、椅、椠、椒、棹、棠、棍、棥、棰、椎、棉、棚、椁、棕、棺、榔、棣、椭、楔、椿、椹、楠、楚、楝、楷、榄、業（业）、楫、楸、椴、槐、槌、榆、榇、榈、槎、楼、楦、概、楣、楹、楙、榛、榛、榧、模、槛、榻、榫、槔、榭、榴、槁、榜、槊、寨、榨、槟、榕、榷、槿、横、樯、槽、樗、樂（乐）、樊、橡、槲、樱、樟、橄、檠、橐、橱、橛、橇、樵、橹、樽、樨、橙、橘、檄、檐、檀、檩、檗、蘖。

以木作声符的字有：沐。

朩 pìn （𣏟）

【字形】金  古  篆  隶 朩 草 

【构造】会意字。金、古、篆文皆从屮，象麻茎叶，从八，象分劈麻皮，会剥取麻茎之皮之意。隶变后楷书写作朩。注意：与"木"不同。

【本义】《说文·朩部》："朩，分枲（麻）茎皮也。从屮，八象枲之皮茎也。"本义为剥取麻茎之皮。

【演变】朩，动词，本义指❶剥取麻茎之皮。用作名词，又指❷剥取下来的麻茎之皮。又指❸麻这种植物。

由于"朩"作了偏旁，其义便由"𣏟"来表示。参见𣏟。

【组字】朩，如今不单用，只作偏旁。现今归入木部。凡从朩取义的字皆与麻等义有关。

以朩作义符的字有：𣏟、枲。

支 zhī （枝、肢）

【字形】古  篆 

隶 支枝肢 草 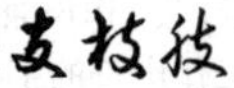

【构造】会意字。古文从又（手）持半竹形，表示劈下的一个竹枝。篆文省简。隶变后楷书写作支。

【本义】《说文·支部》："支，去竹之枝也。从手持半竹。"本义为劈下的一个竹枝。是"枝"的本字。

【演变】支，名词，本义为劈下的一个竹枝，引申泛指❶枝条：中（草）木蒙茏，～叶茂接。此义后作“枝”。又引申指❷肢体:能全～体以守宗庙,可谓孝矣。此义后作“肢”。用作量词,多指❸条状或分支的事物:一～笔｜一～军队｜一～乐曲。枝条可支起东西,用作动词,又引申为❹支撑,支持:薄晚～颐坐｜皆知其资财不足以～长久也。又进而引申为❺调配,指使:～配｜～个孩子出来应付。枝条是分开的,又引申为❻分散,分离:夫～离其形者犹足以养其身｜～离破碎。由分离,又引申指❼支付或领取:收～平衡｜～取银两。用作名词,又指❽分出的一部分:率其～属徙居野王。由枝条,又用以表示❾地支:天干地～。

○枝,从木从支会意,支也兼表声。读 zhī,名词,本义指❶树木旁生的枝条:维柞之～,其叶蓬蓬｜柳～。用作动词,指❷生出枝条:中通外直,不蔓不～。用作量词,指❸带枝的花朵或条状物:竹外桃花三两～｜三～笔。

○肢,从肉月从支会意,支也兼表声。读 zhī,名词,本义指身体四肢:四～六道,身之体也｜～解。

【组字】支,如今既可单用,也可作偏旁。现今仍设支部。凡从支取义的字皆与枝条、分支等义有关。

以支作义符的字有:翅。

以支作声兼义符的字有:枝、肢、翅。

以支作声符的字有:伎、妓、芰、技、吱、忮、岐、庋、歧、屐、豉、跂。

五 wǔ
(午)

【字形】甲 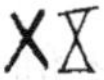 金  篆  隶  草 

【构造】象形字。甲骨文象两物交叉形,或在上下各加一平横,以突出纵横交错之意,又避免与“乂”(yì)字相混。金文大同。篆文整齐化。隶变后楷书写作五。与互造意相近。参见互。

【本义】《说文・五部》:“五,五行也。从二。阴阳在天地间交午也。”这是就当时的社会思想所作的附会,远古造字时未必有此后来的认识。本义当为纵横交错。

【演变】五,动词,本义指❶纵横交错:头上金钗十二行,足下丝履～文章。后借为数词,表示❷四加一的和:～载一巡守｜陨石于宋～｜～十步笑百步。

“五”为借义所专用,纵横交错之义则另借“午”来表示。参见午。

【组字】五,如今既可单用,也可作偏旁。现今归入一部。凡从五取义的字皆与交错或四加一的和等义有关。

以五作声兼义符的字有:伍。

以五作声符的字有:吾。

市 fú
(芾、紱、绂、韍、韨、黻)

【字形】金  篆 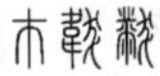 今篆 

隶 

草 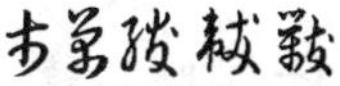

【构造】象形字。金文象古代系在腰间仅能遮蔽前面的原始服饰,犹今之围裙。篆文整齐化。隶变后楷书写作市。注意:篆文“巿”的楷书作“市”,而篆文“㳊(bèi)”的楷书除了写作“朩、㐆”外,有时也写作“市”(如“沛”的偏旁),这样二者就相混了,但与“市”不同。

【本义】《说文・市部》:“市,韠也。上古衣蔽前而已,市以象之。从巾,象连带之形。”本义为古代遮蔽前面的原始服饰。

【演变】市,本义为古代遮蔽前面的原始服饰。后成为古代朝觐或祭祀时遮蔽在衣裳前面的一种礼服,以存古意。天子朱市,诸侯赤市。由于市作了偏旁,其义后来便另借紱、韍、黻、芾几个形声字来表示。紱、韍如今简作绂、韨。

○韨,从韦从犮会意,犮也兼表声,表示兽皮所做。读 fú,本义指古代祭服的蔽膝:受绿～衮冕衣裳。

○绂,从糸犮声,表示丝织物所做。读 fú,本义指❶系印章的丝绳:授单于印～。也用以表示❷蔽膝。

○黻,从黹犮声,表示进一步进行了刺绣美化。读 fú,本义指❶古代礼服上绣的半青半黑花纹:君子至止,～衣绣裳。也指❷蔽膝:以～冕命士会(人名)将中军。

○芾,读 fú,从艸(艹)从市会意,市也兼表声。形容词,本义为❶草木茂盛:中有萱兮～

～。又同“韨”“黻”，名词，指❷古代礼服上的蔽膝：赤～在股，邪幅在下。

又读 fèi，从艸(艹)从市(bèi，草木茂盛披垂)会意，市也兼表声。用作“蔽芾”，形容❸草木初生幼小的样子：蔽～甘棠，勿翦勿伐｜乃知蔽～初，甚要封植勤。相传西周的召伯曾在棠树下听讼断狱，办理政事，公正无私，后人因作《甘棠》诗歌颂其政绩，故后用“蔽芾甘棠”，颂扬❹有政绩的官吏或其政绩：庭顾婆娑老，邦传蔽～新。

【组字】市，如今不单用，只作偏旁。现今归人巾部。凡从市取义的字皆与服饰等义有关。以市作义符的字有：韐。

厅 tīng (廳)

【字形】甲　金　古　篆　今篆　

隶 厅 廳　草

【构造】形声兼会意字。厅，甲、金、古、篆文皆用聽，表示古代官员听事办公的处所之意。听政之处多是高大敞亮的房子，遂另加义符广，楷书繁体于是写作廳，从广(敞屋)，聽声，聽也兼表听事之义。如今简化，改为从厂(也表敞屋)，丁声。

【本义】《集韵・青韵》：“廳，古者治官处谓之聽(听)事，后语省直曰聽(听)，故加广。”本义为官府办公的地方。当初直作“听”。

【演变】厅，名词，本义指❶官府办公的地方：听事前除(台阶)雪后犹湿｜送诣某书记～。后由处所引申指❷办事机构：办公～｜公安～｜教育～。又引申指❸聚会或接待客人的房间：客～｜餐～｜舞～｜大～。

卅 sà (卋)

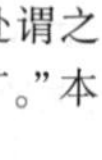

【字形】甲　金　篆　隶 卅　草

【构造】会意字。甲骨文是三个十(甲骨文中“十”为棍形“丨”)相并联，表示三十。与“十”的演变一样，金文在三竖中各加上一点，篆文则演变为一短横(十)。隶变后楷书写作卋。俗写作卅。今以卅为正体。

【本义】《说文・卋部》：“卋，三十并也。”本义为三十。

【演变】卅，数词，本义指❶三十：以～万之众，守七仞之城，臣以为汤武复生，弗易攻也｜五～运动。又用作量词，指❷贝八十枚：滇人谓贝八十枚为一～。

【组字】卅，如今既可单用，也可作偏旁。现今归入十部。凡从卅取义的字皆与三十之义有关。以卅作义符的字有：世。

不 bù；fǒu (柎)

【字形】甲　金　篆　

隶 不 柎　草

【构造】象形字。甲骨文象倒置的花萼之柎(萼托)形。金文和篆文大同并整齐化。隶变后楷书写作不。

【本义】《说文・不部》：“不，鸟飞上翔不下来也。从一，一犹天也。象形。”这是就篆文所作的附会。本义当为倒着的花萼之柎。是“柎”的本字。

【演变】不，读 bù，名词，本义指❶花萼之柎：棠棣之花，鄂～韡韡(wěi)。大概是花骨朵还未开，故借用作否定副词，表示❷否定：故～积跬步，无以至千里｜～走｜～说｜～冷｜～好。单用，又表示❸否定性回答：你去吗？～，我不去。有的也兼表❹假设：～达目的，誓不罢休｜～到黄河心不死。

又读 fǒu，古借作❺否：秦王以十五城请易寡人之璧，可予～？

“不”为借义所专用，花萼之柎的意思便又借“柎”来表示。

○柎，从木从付会意，付也兼表声。读 fū，名词，本义指❶钟鼓架的足。借为“不”，又表示❷花托：(崇吾之山)有木焉，员(圆)叶而白～，赤花而黑理。

【组字】不，如今既可单用，也可作偏旁。现今归入一部。凡从不取义的字皆与花朵或否定等义有关。

以不作义符的字有：丕、否。

以不作声符的字有：呸、抔、芣、杯、钚、罘。

仄 zè

【字形】甲　金　籀　篆　隶 仄 草 仄

【构造】会意字。甲骨文和金文皆是厂(山崖)下侧立一人形。籀文改为从大(正面立人)歪头在厂(山崖)下,会倾侧不能伸直之意。篆文改为侧面立人。隶变后楷书写作仄。

【本义】《说文·厂部》:"仄,侧倾也。从人在厂下。"本义为倾斜。

【演变】仄,形容词,本义指❶倾斜:日极(至中天)则~,月满则亏。引申指❷汉语声调中不平的上、去、入三声的合称:通篇平声,贵飞扬;通篇~韵,贵矫健。又引申指❸狭窄:山谷~隘,林薄蓊翳。又引申指❹内心不安:每进一说,愧~愈增。

【组字】仄,如今既可单用,也可作偏旁。现今归入人部。凡从仄取义的字皆与倾斜等义有关。

以仄作声兼义符的字有:汄、昃。

犬 quǎn (狗、犭)

【字形】甲　金　篆　隶 犬狗 草 犬狗

【构造】象形字。甲骨文象一条大狗形。金文简化。篆文整齐化。隶变后楷书写作犬。作左旁时写作犭。

【本义】《说文·犬部》:"犬,狗之有悬蹄者也。象形。孔子曰:'视犬之字如画狗也。'"本义为大狗。

【演变】犬,名词,本义为大狗,引申泛指❶狗:鸡~之声相闻,民至老死不相往来|蜀~吠日|牧羊~|警~。又引申比喻❷供役使的人,帮凶:效~马之劳|甘为鹰~。旧又用作❸对自己儿子的谦称,或对人的蔑称:吾虎女安肯嫁~子乎!|此乃~子。古代细分之,大者为犬,小者为狗。

○狗,从犬从句(表勾曲)会意,句也兼表声。读 gǒu,名词,本义特指❶还未长长毛的小狗崽:犬未成豪,~。又指❷熊、虎的幼子:捕虎一,购钱五千,其~半之。后用作泛称,义同❸犬:~尾续貂|飞鸟尽,良弓藏;狡兔死,走~(猎犬)烹。用作"走狗"本指猎犬,后引申用作贬义,指❹为人豢养驱使的爪牙:正排着低品走~奴才队,都做了高节清风大英雄。

【组字】犬,如今既可单用,也可作偏旁。现今仍设犬部。凡从犬取义的字皆与狗、动物等义有关。

以犬作义符的字有:伏、犮(犮)、犰、犯、状、犴、犷、犸、犾、龙、狂、犹、狈、犷、肰、犺、狄、狃、狁、臭、狙、狎、狐、犹、狗、狍、狞、狖、突、狒、狘、狭、狮、独、获、狯、狰、狡、狩、狱、狠、狲、狴、狸、狷、猁、狳、狯、狺、狼、狻、猌、猋、猒、猜、猪、猎、猫、猗、猓、猖、猡、猊、猞、猝、猕、猛、献、猷、猢、猹、猩、猥、猾、猴、猱、猿、獄、獒、獐、獗、獠、獬、獿、獸(兽)、獭、獶、獵、玃、獼。

以犬作声符的字有:畎。

历 lì (歷、曆、厤、暦)

【字形】甲　金　篆　隶 历歷曆 草 历歷曆

【构造】会意兼形声字。甲骨文从止(脚),从秝(种植整齐的禾苗),会踏田巡视禾苗之意,秝也兼表声。金文改为从厤,其义不变。篆文整齐化。隶变后楷书写作歷。异体作歴,下讹为心。如今简化作历。

【本义】《说文·止部》:"歷,过也。从止,厤声。"本义为巡视田禾。

【演变】历,动词,由巡视田禾,引申泛指❶经过,经历:既~三世,世变风移|~时四千年|~程|履~。又指❷已经过了的:故谓七十子~世希有|~次|~代|~史|~来。又引申指❸逐一无例外,普遍,完全:~记成败存亡祸福古今之道|~访|~览。又用作秝,形容词,引申指❹一个一个很清晰:晴川~~汉阳树|~~在目。农业生产与天象有密切的关系,所以用作名词,"历"又引申指❺历法,即推算日月星辰运行及季节时令的方法:君子以治~明时|阴~|阳~。又指❻记录日月、天气、节气变化的书、表、册、页:日~|黄~。这类含义后来又另加义符"日"写作"曆"(从日从厤会意,厤也兼表声)来表示,如今简化也作"历"。

【组字】历,如今既可单用,也可作偏旁。现今归入厂部。凡从历取义的字皆与经过、连续等义有关。
以历作声兼义符的字有：沥、呖。
以历作声符的字有：坜、苈、疬、雳、枥。

厄 è
（戹、軛、軶、轭、扼、阨）

【字形】金 篆

隶 厄戹轭軛軶扼阨

草 厄軛扼阨

【构造】象形兼形声字。金文象车辕前边套在牲口脖子上的曲木形，即车轭。篆文一形整齐化。篆文还有个戹字，从户，乙声，表示狭隘。隶变后楷书分别写作厄与戹。厄是“轭”的本字，戹是“阨”的本字。如今规范化，轭、阨有分工。

【本义】《说文·卩部》：“厄，科厄，木节也。从卪，厂声。”析形与释义皆不确。本义为车厄。《说文·户部》：“戹，隘也。从户，乙声。”本义为狭隘。

【演变】厄，名词，本义指❶车厄：郑县人得车～也。车厄是卡在牲口脖子上的，故引申为❷困苦，灾难：君子不推人危，不攻人～。用作“戹”，又指❸险要的地方：料敌制胜，计险～远近，上将之道也。用作动词，又指❹受困：仲尼～而作《春秋》|～运。又指❺限止，控制，阻挠：禁溢羡，～利涂，然后百姓可家给人足也|絮重～飞扬，花蔫堆紫茜|西而出波罗的海，则德国之海军～之。

“厄”后来专用以表示困苦、灾难，为了分化字义，车厄之义便另加义符“车”写作“軛（軶）”来表示，如今简化皆作轭。控制之义便另加义符“扌”写作“扼”来表示。险要之地之义则另加义符“阝”写作“阨”来表示，此义如今简化仍作厄。“戹”则废而不用。

○轭，从车从厄会意，厄也兼表声。异体从戹。如今简化皆作轭。读 è，名词，本义指❶车辕前边套在牲口脖子上的曲木：三公奉～持纳|执组（缰绳）者不能制兮，必折～而摧辕。用作动词，引申泛指❷控制，束缚：意大利之大部被～于奥国。为了分化字义，此义后另用“扼”来表示。

○扼，从扌从厄会意，厄也兼表声。读 è，动词，本义指❶用力握持：樊於期偏袒～腕而进曰。引申为❷把守，控制：边备之要，不～险以制敌之冲，未易胜也|～要。

○阨，从阝从厄会意，厄也兼表声。读 è，动词，本义指❶困厄，困窘：是时孔子当～。又指❷控制，扼守，使困厄：一旦有警，无寸险可～|不鼓不成列，不～人。

又读 ài，通“隘”，形容词，指❸狭窄，狭小；险要：彼徒我车，所遇又～|生平游屐，斯为最～矣。名词，又指❹险阻之处，险要之地：避之于易，邀之于～。

【组字】厄，如今既可单用，也可作偏旁。现今归入厂部。凡从厄取义的字皆与卡住、控制等义有关。
以厄作声兼义符的字有：阨、扼、呃、轭。
以厄作声符的字有：苊。

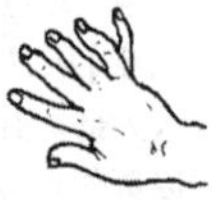

尤 yóu
（肬、疣）

【字形】甲 金 篆 隶 尤疣肬

草 尤疣肬

【构造】象形兼形声字。甲骨文从又（手），一斜画象手上有赘疣形。金文大同。篆文讹为从乙又声，成了形声字。隶变后楷书写作尤。

【本义】《说文·乙部》：“尤，异也。从乙，又声。”析形不确，所释为引申义。本义当为赘疣。

【演变】尤，名词，本义指❶赘疣。赘疣是身上多余的瘤子，是种乱常的特异现象，故引申指❷特异的，突出的：夫子，物之～也|～物|无耻之～。又引申指❸过失，罪过：言寡～，行寡悔|莫知其～|切勿效～。用作动词，指❹责怪，怨恨：不怨天，不～人|君无～焉！虚化为程度副词，表示❺更加：其西南诸峰，林壑～美|农家～苦辛|～其。

“尤”为引申义所专用，赘疣之义便另造“疣”“肬”来表示。如今规范化用疣。

○疣，从疒从尤会意，尤也兼表声；异体作肬，从月（肉）从尤会意，尤也兼表声。读 yóu，本义指皮肤上长出的一种黄褐色的小疙瘩，即瘊子：彼以生为附赘县（悬）～|赘～。

【组字】尤，如今既可单用，也可作偏旁。现今归入尢部。凡从尢取义的字皆与赘余、突出等义有关。
以尢作义符的字有：尪。
以尢作声兼义符的字有：扰、肬、疣、就。
以尢作声符的字有：优、犹、忧、鱿。

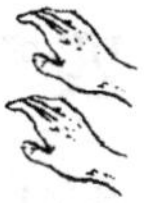

友 yǒu

【字形】甲 金 篆 隶 友 草

【构造】会意字。甲骨文是方向相同的两只右手握在一起，会志同道合的朋友之义。古代同志曰友，同门曰朋。金文大同。篆文整齐化，异体另加义符曰，强调握手言欢。隶变后楷书写作友。上边成了左手，便于书写。如今规范化用友。

【本义】《说文·又部》："友，同志为友。从二又，相交友也。"本义为朋友。

【演变】友，名词，本义指❶朋友：与朋～交而不信乎？|亲～|战～|～邦|～军|～谊。用作动词，指❷结交为友：无～不如己者。由交友又引申指❸相好，相亲近：～于兄弟|瓒深与先主相～。后来"友于"遂成为兄弟的代称。如：再喜见～于。由两手相并，又表示❹互助合作：乡田同井，出入相～，守望相助。

【组字】友，如今既可单用，也可作偏旁。现今仍归入又部。凡从友取义的字皆与志同道合等义有关。
以友作声符的字有：芨。

歹 è;dǎi
(歺、歺、𣦵、歺)

【字形】甲 金 古 篆 隶 歹 歺
草

【构造】象形字。甲骨文象剔去筋肉后的残骨形，小点为碎屑。金文大同。古文稍讹。篆文省去碎屑并整齐化。隶变后楷书写作歺。俗借用"歹"表示。如今规范化用歹。作偏旁时有的写作歺或𣦵。歹，本作歺，源自藏文歺，俗讹作歹，表示坏、恶。

【本义】《说文·歺部》："歺，列（裂）骨之残也。从半冎（骨）。"本义为剔去筋肉后的残骨。《字汇·歹部》："歺，好之反也，悖德逆行曰歺。俗作歹，误。"本义为坏、恶。是古代少数民族语，唐、五代之际用于汉语北方口语，后传入南方，元代已普遍使用。

【演变】歹，读 è，作为"歺"的借字，名词，本义为❶剔去筋肉后的残骨。

又读 dǎi，大概残骨总给人不好的印象，俗又用作"歹"，形容❷坏，恶：兀的不是～人来了！|不分好～|心生～意|～毒|～徒|～话。作名词，又指❸恶行：为非作～。

【组字】歹，如今既可单用，也可作偏旁。作偏旁时有的写作歺或𣦵。现今仍设有歹部。凡从歹（歺、𣦵）取义的字皆与死伤、祸殃等义有关。
以歹（歺、𣦵）作义符的字有：歽（朽）、叔（𣦼）、死、歽、歼、殁、殁、殀、残、殂、殃、殄、殅、殆、殇、殈、殉、殊、殌、睿、殍、殎、殏、殐、殑、殒、殓、殔、殕、殖、殗、殙、殚、殛、殜、殝、殟、殠、殡、殢、殣、殥、殦、殧、殨、殩、殪、殬、殭（僵）、殓。

厷 gōng
（𠃋、肱、肘）

【字形】甲 金 古 篆
隶 厷 肱 肘 草

【构造】指事字。甲骨文在臂肘上加指事符号以表示臂肘之义。金文反向大同。古文则省去手，直像肘弯以上的大臂形。篆文综合甲骨文和古文，成了象形兼会意字，用以表示从胳膊肘到肩的大臂部分。隶变后楷书承接古文和篆文写作𠃋与厷。是"肱"与"肘"的本字。

【本义】《说文·又部》："厷，臂上也。肱，厷或从肉。"本义指由胳膊肘到肩的大臂。

【演变】厷，名词，本义指❶由胳膊肘到肩的大臂：汉哀帝爱贤（董贤），与之日卧于殿上，以手～枕贤头。又指❷胳膊肘。

由于厷作了偏旁，大臂之义便另加义符肉"月"写作"肱"来表示，胳膊肘的意思则另造了形声字"肘"来表示。

○肱，从月（肉）从厷会意，厷也兼表声。读 gōng，名词，本义指❶由胳膊肘到肩的大臂：曲～而枕之。引申泛指❷胳膊：蛇出于其下，以～击之|臣作朕股～耳目。

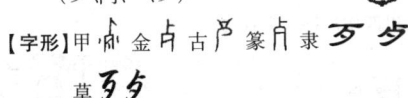

〇肘，从月（肉）从寸（手）会意。读 zhǒu，名词，本义为❶人的上下臂交接可以弯曲的部位：袂之长短，反诎之及～｜矢贯余手及～｜捉襟见～｜胳膊～儿｜～（用肘）行膝步｜～生柳（喻意外）｜掣～｜～部。又指❷用作食物的猪腿的最上部分：猪～子。用作动词，指❸用肘触人：魏桓子～韩康子，康子履魏桓子。

【组字】厷（厶），如今不单用，只作偏旁。现今归入厶部。凡从厷取义的字皆与大臂或大等义有关。

以厷（厶）作声兼义符的字有：肱、宏、弘、竑、雄。

区 ōu；qū
（區、甌、瓯）

【字形】甲　金　古　篆

隶 区 區 瓯 甌 草

【构造】会意字。甲骨文从乚（匚简，表示奴隶住的简易棚子，遮藏处），从品（表储藏的物品或百姓），会家奴逃亡藏匿之意。金文从匸（xì）不简，结构稍讹。古文大同。篆文整齐化。隶变后楷书写作區。如今简化作区，以乂代品。

【本义】《说文·匸部》："區，踦區，藏匿也。从品在匸中。品，众也。"本义为藏匿。

【演变】区，读 ōu，动词，本指❶藏匿：吾先君文王，作《仆～》之法（隐匿亡人之法）。名词，又指❷古代一种容器：齐旧四量：豆、～、釜、钟。此义后另加义符"瓦"写作"甌"来表示，如今简化作瓯。又用作❸姓。

又读 qū，由藏匿处，用作名词，引申指❹一定的地域范围：用肇造我～夏（中原地区）｜凡中国产金之～，大约百余处。今多用为❺行政区划：自治～。由区域之不同，用作动词，引申指❻区分，区别：物性之～，嗜恶从形。藏匿处必隐而小，故用为"区区"，又形容❼小，少，诚挚或作谦辞：秦以～～之地，致万乘之势｜不胜～～向往之至。

〇瓯，从瓦从区会意，区也兼表声。读 ōu，名词，本义指❶盆、盂一类的瓦器。方言又指❷杯子：酒～｜茶～｜金～（喻疆土完固）。又指❸瓯江。

【组字】区，如今既可单用，也可作偏旁。现今归入匸部。凡从区取义的字皆与深藏等义有关。

以区作声兼义符的字有：沤、抠、瓯、枢、眍、躯。

以区作声符的字有：讴、伛、怄、妪、岖、呕、驱、欧、殴、鸥。

匹 pǐ

【字形】金　篆　隶 匹 草

【构造】象形字。金文象折叠保存的一匹布形。篆文整齐化，形稍讹。隶变后楷书写作匹。或讹作"疋"。"疋"本是"足"的异体字。

【本义】《说文·匸部》："四丈也，从八、匸，八揲一匹，八亦声。"析形不确。本义为布帛一匹，长四丈。

【演变】匹，名词，本义指❶古代布帛长度单位：布帛广二尺二寸为幅，长四丈为～｜三日断五疋（～），大人故嫌迟。用作量词，又指❷骡马一头：卢（黑）矢百，马四～｜车六百乘，骑五千～。古代布帛自两头卷之，一匹两卷，故古代又称为"两"，汉代称为匹。由此用作动词，引申为❸两相对等，相当：秦晋～也，何以卑我？用作名词，又引申指❹同类，朋辈：无怨无恶，率由群～。又特指❺配偶：中有孤鸳鸯，哀鸣求～俦（伴侣）｜～偶。用作动词，又指❻匹配，配合：百物皆有合偶，偶之合之，仇之～之，善矣｜～敌。由"一匹"，又形容❼单一，单独：晋人与姜戎要之殽而击之，～马只轮无反（返）者｜单枪～马。

【组字】匹，如今既可单用，也可作偏旁。现今归入匸部。凡从匹取义的字皆与两两相当等义有关。

以匹作声符的字有：苉。

巨 jù
（矩、榘、鉅、钜）

【字形】金　篆

隶 巨 钜 鉅 草

【构造】会意字。金文是一个成年人手持筑杵形，表示力气大，正在用力夯筑。后来向两个方向发展：一个只留下杵和手握之状，另一个人与手、杵分离。篆文承接金文，也发展为两个字，一个手成半握，另一个人讹为矢，又加义符“木”，表示筑墙要用木板。隶变后楷书分别写作巨和榘。榘，俗省作矩。如今规范化用巨和矩，二字表义有分工。参见矩。

【本义】《说文·工部》：“巨，规巨也。从工，象手持之。榘，巨或从木、矢，矢者，其中正也。”对“巨”的解说，字形分析是正确的，解释的则是“矩”的含义，是巨的引申义。对榘的解说则是不对的，“矢”是讹断的大人形之误。就金文看，本义实为一个成年人一手持筑杵用力夯筑之意。

【演变】巨，是一个成年人一手持筑杵用力夯筑之意。成年人力气大，举得动杵，故“巨”引申为大义。建筑有一定的法规，故又引申为法则、规则。为了表义清晰，于是进行了分工：

〇巨，形容词，专用以表示大：今谷有～瓠，坚如石|事无～细|万吨～轮|～匠|～擘|～头|～大|～人。此义过去也借“鉅”表示，如今简化作钜。

〇矩，名词，专用以表示法则、规则。

〇钜，从钅从巨会意，巨也兼表声。读 jù，名词，本义指❶大刚，即钢：宛之～铁施，钻如蜂虿。借作“巨”，又形容❷巨大：山高风～，雾气来去无定|～野。

【组字】巨，如今既可单用，也可作偏旁。现今归入匚部。凡从巨取义的字皆与筑捣、巨大、矩形等义有关。

以巨作声兼义符的字有：矩、拒、钜、距、渠。

以巨作声符的字有：苣、讵、柜、炬。

车 chē；jū（車）

【字形】甲 金 籀 篆 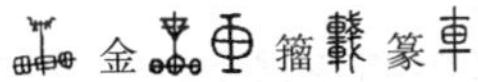

隶 车 車 草 车

【构造】象形字。甲骨文象车厢、车轮、辕轭俱全的一驾车形。金文承接甲骨文大同，二形简化，只留下车厢和两轮的俯视形。籀文繁化，双车并联另加戈，表示是战车。篆文承接金文简形，又画出了轴端。隶变后楷书写作車。如今简化作车。

【本义】《说文·车部》：“車，舆轮之总名也。夏后时奚仲所造。象形。”本义为车子。

【演变】车，读 chē，名词，本义指❶车子：轿～|马～|汽～。引申泛指❷借助轮轴旋转的工具：纺～|水～|滑～。又指❸机器：试～|～床。古又特指❹牙床骨：辅～相依。用作动词，指❺用车床切削东西：～光|～根丝杠。又指❻用水车戽水：把湖水～干。

又读 jū，名词，特指❼象棋棋子之一。

【组字】车，如今既可单用，也可作偏旁。现今仍设车部。凡从车取义的字皆与车辆等义有关。

以车作义符的字有：轧、轨、军、軎、轩、轫、轮、转、轭、软、轰、轱、轻、轲、轴、轶、轸、轺、轳、轼、载、轾、辂、轿、较、辄、辅、辇、辆、辈、辊、辍、辎、辏、辐、辑、输、辔、辕、舆、辖、辗、辙、辚。

以车作声兼义符的字有：库。

以车作声符的字有：厍、砗、摮。

扎 zhá；zhā；zā；yà（札、揠、劄、剳、紮、紥）

【字形】金 篆 今篆 

隶 扎 劄 紮 紥 揠

草 扎 劄 紮 紥 揠

【构造】形声兼会意字。金文本从手，匽声，匽为倒伏，也兼表拔掉之意。篆文整齐化。隶变后楷书写作揠。俗作扎，改为从手，乚（乙）声，乚（乙）为幼苗，也兼表间苗拔除之意。此义如今仍用揠。又用作“札”的俗字，表示书札。此义如今仍用“札”。又借作“劄”“剳”（从刀，荅声和荅声），表示刺。如今又作了“紮”“紥”（从糸从扎、札会意，扎、札也兼表声）的简化字，表示驻扎。

【本义】《说文·手部》：“揠，拔也。从手，匽声。”本义为拔起。《广韵·黠韵》：“扎，拔也。出《家语》。”《集韵·黠韵》：“揠，或作扎。”《玉篇·手部》：“扎，俗札字。”又表示书札。《玉篇·刀部》：“劄，以针刺也。”又指用针等尖锐物刺。

【演变】扎，作为“揠”的俗字，读 yà，动词，本义为❶拔：豪末不札（通～），将寻斧柯。

作为“札”的俗字，读 zhá，名词，指古时书写用的小木片。古代把文字写在木片上，并像栉齿一样排列编扎起来。故可表示❷书札，书写：许诺，即～书付之。

作为"劄"的借字,读 zhā,动词,表示❸刺:不问个是和非,觑僧人便~。由扎在某处,又引申为❹驻扎:(张)飞就在山前~住大寨。又引申指❺停止:贾珍急命前面执事~住。又引申指❻钻进,插入:一头~进水里|~根。

用作紮、紥的简化字,又读 zā,动词,表示❼捆束:~辫子|包~。

现在规范化,书札之义只用"札"表示,不用"扎";拔起之义仍用"揠"表示;其余各义都用"扎"来表示。劄、剳、紮、紥则废而不用。参见札。

○揠,读 yà,动词,本义指❶拔起:宋人有闵其苗之不长而~之者|~苗则害稼|~苗助长。引申指❷提拔:故阴阳不和,~士为相。

【组字】扎,如今既可单用,也可作偏旁。现今归入手部。凡从扎取义的字皆与捆扎等义有关。
以扎作声兼义符的字有:紮。

屯 tún;zhūn (迍、邨、村)

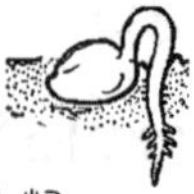

【字形】甲  金  篆  今篆 
隶 屯 迍 邨 村
草 屯 迍 邨 村

【构造】象形字。甲骨文象豆类植物发芽时艰难屈曲地拱出地面之形。金文叶瓣变成小点。篆文小点变成一横,并将下边弯曲。隶变后楷书写作屯。

【本义】《说文·屮部》:"屯,难也。象艸木之初生,屯然而难。从屮贯一,一,地也。尾曲。《易》曰:'屯,刚柔始交而难生。'"本义为植物艰难拱出地面。

【演变】屯,读 zhūn,形容词,本义指植物艰难拱出地面,引申泛指❶艰难,危难:~如(然)邅如。此义后来写作"迍"。

又读 tún,艰难拱出,则迟留不进,故用作动词,引申指❷聚集,积蓄:~余车以千乘兮|丝絮似云~|~粮。又引申指❸驻守:使鲁肃以万人~巴丘以御关羽|~兵。用作名词,又引申指❹聚集的村落:皇姑~。此义后来另加义符"阝"写作"邨"来表示,如今规范化用村。

○迍,从辵(辶)屯声,屯也兼表艰难之意。读 zhūn,形容词,本义指❶路难行的样子:途~邅其蹇连,潦汙滞而为灾。又泛指❷艰难,困顿:运~则蝎国,世平则蠹民|英雄有~邅,由来自古昔。用作名词,又指❸灾难,祸殃:今且如何免祸~|朕遭家不造,内外多~。

○村,从木从寸会意,寸也兼表声。异体作邨,从阝(邑)从屯会意,屯也兼表声。读 cūn,名词,本义指❶村庄:~中闻有此人,咸来问讯|新~|荒~。用作形容词,引申指❷粗鄙,土气:~俗|~气。

【组字】屯,如今既可单用,也可作偏旁。现今归入一部。凡从屯取义的字皆与艰难、积聚等义有关。
以屯作声兼义符的字有:邨、囤、饨、炖、顿、砘、迍、萅(春)、肫、窀。
以屯作声符的字有:扽、吨、沌、纯、钝、鲀。

戈 gē

【字形】甲  金 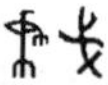 篆  隶 戈 草 戈

【构造】象形字。甲骨文象古代的一种兵器形,长柄,横刃,上有饰物。金文一形饰物繁化,二形简化成线条。篆文承接金文二形整齐化。隶变后楷书写作戈。

【本义】《说文·戈部》:"戈,平头戟也。从弋,一横之,象形。"本义为一种长柄横刃的兵器。

【演变】戈,名词,本义指❶一种长柄横刃的兵器:醒,以~逐子犯。引申泛指❷兵器:枕~待旦。又借指❸战乱,战争:偃武息~,卑辞事汉|干~未息。

【组字】戈,如今既可单用,也可作偏旁。现今仍设戈部。凡从戈取义的字皆与兵器、杀伤等义有关。
以戈作义符的字有:戋、戊、戌、伐、戉、戎、戍、戌、成、戏、戒、找、我、或、戕、战、威、咸、武、戛、臧、戟、戡、戢、戥、戤、戳、截、戮、戳。
以戈作声符的字有:划。

旡 zān (簪)

【字形】甲  篆 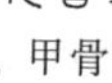 隶 旡 簪 草 旡 簪

【构造】象形字。甲骨文象一妇女头上对插二簪形,表示簪子。篆文将女省为儿(人),二簪

讹为匕。隶变后楷书写作先。当是簪的本字。注意:与“旡”不同。

【本义】《说文·先部》:“先,首笄也。从人、匕。象簪形。簪,俗先,从竹从朁。”本义为簪子。

【演变】先,本义指簪子。也表示尖锐和插入。由于“先”作了偏旁,其义便用“簪”来表示。

○簪,从竹从朁会意,朁也兼表声。读zān,名词,本义指❶簪子:前有堕珥,后有遗~。用作动词,表示❷插戴在头上:西门豹~笔磬折,向河立待良久。

【组字】先,如今不单用,只作偏旁。现今归入儿部。凡从先取义的字皆与簪子等义有关。

以先作义符的字有:兓(俗讹作兟)、朁。

旡 jì (嗝)

【字形】

【构造】象形字。甲骨文象一人吃饱饭扭头张口打嗝形(参见“既”)。金文大同稍简。古文稍讹。篆文讹为三绺气,就不像了。隶变后楷书写作旡。

【本义】《说文·旡部》:“旡,饮食气逆不得息曰旡。从反欠。”本义为吃饱打嗝。

【演变】旡,本义指吃饱了打嗝。由于“旡”作了偏旁,其义便借“嗝”字来表示。

○嗝,从口,鬲声,鬲也兼表锅开声之意。读gé,名词,本义指❶禽鸟鸣声:夫穷泽之民,据犁~报(鸡鸣报晓)之士,或怀不羁之才。今又借作“旡”,作动词,表示❷打嗝:吃了十二两肉饼,一边打着响~,一边慢慢往家走。

【组字】旡,如今不单用,只作偏旁。现今归入无部。凡从旡取义的字皆与出气打嗝等义有关。

以旡作义符的字有:既、琼、旣。

以旡作声兼义符的字有:炁(爱)。

比 bǐ

【字形】

【构造】会意字。甲骨文从二匕(妇女跪拜形)相并,会夫妇比肩亲近之意。金文大同。篆文整齐化,讹为立人。隶变后楷书写作比。

【本义】《说文·比部》:“比,密也。二人为从,反从为比。”析形不确。“比”与“从”虽然都从二人,但取义角度不同。“从”为二立人,意在表示相跟随;“比”为二跪拜之人,盖为夫妇比肩之象,意在表示匹合之义。本义当为比并匹合。

【演变】比,动词,由本义夫妇比并匹合,引申泛指❶并列,排列:称而戈,~而干。又引申指❷相连接,靠近:天涯若~邻|~肩接踵|~~皆是。又指❸近密,亲和:其~如栉|行~一乡,德合一君。又指❹勾结:朋~为奸。由比并又引申为❺近来:~岁|~来。又指❻较量:~权量力|~赛。由比并又引申指❼两相对照:与天地兮~寿,与日月兮齐光|~较|~例|~重。又指❽比方,摹拟,做譬:每自~于管仲、乐毅|讽君子小人则以香草恶鸟为~|~画|~拟|~照。

比为引申义所专用,夫妇比并匹合之义,遂由“妣”来表示。参见匕。

【组字】比,如今既可单用,也可作偏旁。现今仍设比部。凡从比取义的字皆与并列、接近等义有关。

以比作义符的字有:皆。

以比作声兼义符的字有:妣、坒、批、毗、昆。

以比作声符的字有:仳、毕、吡、庇、毙、秕、舭、芘、砒、琵、屁、芘、纰、枇、毖、蚍。

牙 yá (衙、芽、伢)

【字形】

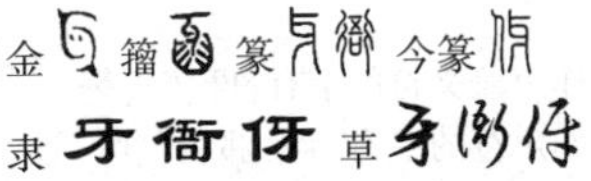

【构造】象形字。金文象凹凸不平上下相错的大牙(臼齿)形,与指门牙的“齿”不同。籀文另加义符臼,以强调其为臼齿。篆文承接金文并整齐化。隶变后楷书写作牙。

【本义】《说文·牙部》:“牙,牡(壮)齿也。象上下相错之形。”本义为大牙。

【演变】牙,名词,本义指❶大牙,臼齿:皮革、齿~、骨角、毛羽,不登于器|左车(牙床)第二~,

无故动摇脱去。引申泛指❷牙齿:磨~吮血,杀人如麻|青面獠~。又特指❸象牙:在晋陵,唯作~管笔一双,犹以为贵|~箸。又引申指❹形状像牙的东西:其~机巧制,皆隐在尊(樽)中|廊腰缦回,檐~高啄。牙是动物的利器,故又比喻❺帮手:爪~。司马掌武备,像猛兽,以爪牙为卫,将军为国之爪牙,故军前大旗饰有象牙,谓之牙旗,又引申指❻将军之旗或将军所在:又作黄龙大~,常在中军|乃帅左右登~城(内衙的卫城)拒战|~帐。古公府门两旁树立以象牙装饰的牙旗,故又指❼古代官署:北门、南~,同心协力,以诛凶竖。此义后作“衙”。牙上下互动,故又用如“互”,指❽沟通买卖双方的经纪人:~行|互市~郎|~商|~侩|~人。牙短小,故用作动词,又比喻❾初生,发生:祸隙已~,败不旋踵矣。此义后作“芽”,参见芽。又比喻❿幼小,小孩:甘罗童~而报赵|我们细毛~子在你们学堂里还听话不?此义后作“伢”。

○衙,从行从吾会意,吾也兼表声。读 yǔ,形容词,本义指❶行走的样子:道(导)飞廉之~~。

又读 yá,后俗将“牙门”讹为“衙门”,所以“衙”也就用作名词,表示❷官署:~门口|县~|府~。

○伢,从人从牙会意,牙也兼表声。读 yá,名词,本义指❶小孩子:~们还在家等着。又特指❷男孩:三小子叫满~子。

【组字】牙,如今既可单用,也可作偏旁。现今仍设牙部。凡从牙取义的字皆与牙齿等义有关。

以牙作义符的字有:琅(龈)、猗、掌(撑)、犄(龋)。

以牙作声兼义符的字有:伢、犽、芽。

以牙作声符的字有:讶、邪、岈、呀、迓、玡、枒、砑、鸦、蚜、铔、雅。

互 hù (笠、枑)

【字形】金互 古互 篆互笠枑

隶互笠枑 草互笠枑

【构造】象形字。金、古、篆文皆象古代收丝或绳的器具形。为防止脱散,两横棍并不平行,而是成十字向,故收起的丝或绳成交错状。如今农村收丝或绳还用,俗称拐子。隶变后楷书写作互。

【本义】《说文·竹部》:“笠,可(所)以收绳也。从竹,象形,中象人手所推握也。互,笠或省。”本义为收绳器。“互”当为本字,“笠”为加旁字。

【演变】互,由本义收绳器,引申指❶像“互”样的挂肉的架子:凡祭祀共(供)其牛牲之~。又指❷用来拦阻人马通行的木架,即行马。此义后另加义符“木”写作“枑”来表示。用作动词,引申泛指❸交错:百官盘~,亲疏相错|其岸势犬牙差~。用作副词,表示❹动作交相进行,互相,彼此:浮光耀金,静影沉璧,渔歌~答,此乐何极|~敬~爱|~助。

由于“互”为引申义所专用,收绳器之义便又另加义符“竹”写作“笠”来表示。

○枑,从木从互会意,互也兼表声。读 hù,本义指古代官员门前用来拦阻人马通行的障碍物,用木头交叉制成,即行马:设梐~再重|掌舍设~。

【组字】互,如今既可单用,也可作偏旁。现今归入一部。凡从互取义的字皆与收绳器、交错等义有关。

以互作声兼义符的字有:枑、笠。

以互作声符的字有:沍。

瓦 wǎ;wà

【字形】古瓦 篆瓦 隶瓦 草瓦

【构造】象形字。古文和篆文象房上屋瓦相扣之形。表示瓦片。一说象纺锤形。隶变后楷书写作瓦。

【本义】《说文·瓦部》:“瓦,土器已烧之总名也。象形。”所释为引申义。本义当为屋瓦。

【演变】瓦,名词,本义指❶屋上覆盖的瓦片:有人于此,毁~画墁(在墙上乱画),其志将以求食也,则子食之乎|~合之卒|土崩~解。又泛指❷用土烧制的陶器:有~器而不漏,可以盛酒乎?|黄钟毁弃,~釜雷鸣|~罐|~盆。又特指❸纺锤:乃生女子,载寝之地,载衣之裼,载

弄之～|弄～之喜。又指❹像瓦的东西：车～|～盖|轴～。

又读 wà，用作动词，指❺把瓦覆盖在房顶上：祖父尝～此殿矣。

【组字】瓦，如今既可单用，也可作偏旁。现今仍设瓦部。凡从瓦取义的字皆与土烧的瓦器等义有关。

以瓦作义符的字有：瓧、瓨、瓯、瓮、瓫（盆）、瓬、瓪、瓰、瓱、瓲、瓳、㼜（盎）、瓴、瓵、瓸、瓷、瓶、瓿、瓹、瓺、瓻、㼹、㼦、甁、甀、甂、甄、甃、甅、甆、甎、甊、甇、甑、甋、甗、甍、甏、甐、甑、甓、甔、甖（罌）、甗。

以瓦作声符的字有：佤、瓩。

切 qiē；qiè

【字形】古  篆  今篆  隶  草 

【构造】形声兼会意字。古文和篆文从刀，从七（截断一棍形），会用刀砍断之意，七也兼表声。隶变后楷书写作切。是“七”的加旁字。

【本义】《说文・刀部》：“切，刌也。从刀，七声。”本义为截断。

【演变】切，读 qiē，动词，本义为❶截断，切割：～葱若（与）薤|～片。引申指❷加工珠宝珍器：治骨曰～|～磋。又引申指❸直线与弧线或两弧线相接于一点：～线|～点。

又读 qiè，动词，引申指❹贴近，密合，磨礳：《诗》《书》故（只讲前代）而不～|冠～云而崔嵬|～近实际|咬牙～齿|～当|～身|～题|～要。又特指❺古代的一种标音方法：反～（取上个字的声母与下个字的韵母和声调拼成一个音）。由切近，用作形容词，引申指❻诚恳，直率，实在，深深：直言～谏|词极激～|其～如是|～～故乡情|～实|殷～|心～|恳～|深～。又指❼苛刻，严酷，严厉：诏书～峻，责臣逋慢。又指❽急迫，紧急：饥冻虽～，违己交病|追诉频～，又得罪舅姑|故园日夜归心～|急～|迫～|心～。又指❾忧伤，悲凄：更哪堪鹧鸪声住，杜鹃声～|寒蝉凄～|悲～呜咽|哭泣甚～。用作副词，表强调，相当❿千万，一定，务必：～宜小心在意|～～不可掉以轻心|～记|～忌。又表⓫勉励，告诫：各宜禀遵毋违，～～！|勿得轻听谣言，自相惊扰，～～此布！用作“切切”，象声词，指⓬声音轻细，或细语亲密：小弦～～如私语|低低～～，何事不语？

【组字】切，如今既可单用，也可作偏旁。现今仍归入刀部。凡从切取义的字皆与切割、密合等义有关。

以切作声兼义符的字有：砌。

以切作声符的字有：沏、窃、彻。

𡿧 zāi

（巛、災、災、灾、甾、甾、𢦏、烖）

【字形】甲 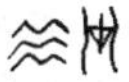 金  古  篆 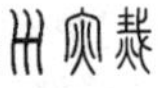

隶  草 

【构造】象形字。甲骨文象洪水泛滥横流成灾之形。后来将洪水竖起，并于当中另加声符“才”（），成了象形兼形声字。金文和古文将“才”讹为一横，《说文》遂解释为“从一壅川”。篆文整齐化。隶变后楷书写作𡿧。作偏旁时省作巛。

【本义】《说文・川部》：“𡿧，害也。从一壅川。《春秋传》曰：‘川壅为泽凶。’”本义为远古时代的水灾。又《火部》：“烖，天火曰烖。从火，𢦏声。灾，或从宀、火。𤆍，古文，从才。災，籀文，从𡿧。”本义为各种天灾。

【演变】𡿧（巛），原指水灾。后来作了偏旁，便又另加义符“火”写作災，省作災，也就成了水火之灾。大概后来火灾渐多，便又另造了从宀（房屋）从火的“灾”字，成了烧房子的火灾。田地荒芜也能成灾，于是另加义符“田”写作“甾”来表示，就是荒灾，俗省作“甾”，遂与当“缶”讲的“甾”相混。古代战争频繁，也是一种灾难，所以也造了一个“𢦏”字，从戈，才（）声，指的是兵灾。战火相连，遂又进一步增加义符“火”写作“烖”，成了兵火之灾。如今规范化，用“灾”表示一切灾害。其余废除或只作偏旁使用。参见甾、甾、𢦏。

〇灾，名词，本义指❶火灾。引申泛指❷水、火、兵、荒、虫、旱等造成的各种祸害：蝗～|水～|救～。又引申指❸个人的不幸遭遇：招～惹祸。

○烖，本义指各种天灾：以吊礼哀祸～｜眚～过赦。

【组字】巛（巜），如今不单用，只作偏旁。作偏旁时省作巜。现今仍归入川（巜）部。凡从巛（巜）取义的字皆与灾害等义有关。

以巛（巜）作声兼义符的字有：災（災）、甾。

止 zhǐ（趾）

【字形】甲 金 篆 今篆 

隶 **止 趾** 草 

【构造】象形字。甲骨文象一只左脚的轮廓形。金文稍讹。篆文整齐化，就看不出原形了。隶变后楷书写作止。

【本义】《说文·止部》："止，下基也。象草木出有址，故以止为足。"析形不确，释义差可。本义当指人脚，是趾的本字。

【演变】止，名词，本义为❶脚：当斩左～，笞五百。止是站立的器官，由此用作动词，引申为❷停止，停息：官知～而神欲行｜交交黄鸟，～于桑｜～步｜树欲静而风不～。又特指❸居住：邦畿千里，维民所～｜～宿。用作使动，又表示❹阻止，禁止：～诈伪，莫如刑｜臣舍人相如～臣曰｜制～｜～血｜～痛。足趾用以行动，故又引申为❺举止有礼貌：人而无～，不死何俟。又表示❻到达：方叔涖～，其车三千。又引申指❼截止：理无专在，而学无～境也｜会期至九月一日～。又虚化为副词，表示❽仅，只：～可以一宿，而不可以久处｜～此一家。

"止"为引申义所专用，脚之义便另加义符"足"写作"趾"来表示。

○趾，从足从止会意，止也兼表声。读 zhǐ，名词，表示❶脚：四之日举～。又指❷脚指头：～骨｜鸭子～间有蹼。

【组字】止，如今既可单用，也可作偏旁。现今仍设止部。凡从止取义的字皆与脚及其动作行为有关。

以止作义符的字有：正、企、此、步、武、歧、些、徙、歬（前）、歲（岁）、歷（历）、澀、歸（归）。

以止作声兼义符的字有：址、趾。

以止作声符的字有：芷、祉、耻、齿、扯。

攴 pū（攵、扑、扑、撲）

【字形】甲 金 篆 

今篆  隶 **攴 攵 扑 扑 撲**

草 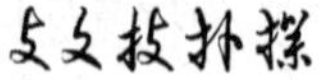

【构造】会意兼形声字。甲骨文从又（右手），象手持刑杖棍棒形，会击打之意。金文一形承接甲骨文大同，只是棍棒带杈。篆文一形承接金文一形并整齐化，上边讹为卜声。隶变后楷书写作攴。作偏旁时，有的写作攵。是"扑"的初文。

【本义】《说文·攴部》："攴，小击也。从又，卜声。"本义为击打。

【演变】攴，动词，本义指击打：～更瞭望，以防我兵火攻。由于"攴"作了偏旁，其义便又另加义符"扌"写作"扑"来表示。后又另造了形声字"扑"。

○扑，从扌从攴会意，攴也兼表声。今简作扑，省作卜声。读 pū，名词，本义指❶用荆条等制成的一种刑具，用来责打犯人：鞭作官刑，～作教刑｜薄刑用鞭～。用作动词，又指❷用刑杖击打：大刑～罚｜敲～喧嚣犯其虑。引申泛指❸打击：杨布怒，将～之。

○扑，如今又用作"撲"（从扌从菐或从戈从菐会意，菐也兼表声）的简化字。读 pū，动词，表示❹猛击：菌不祥之木，为雷电所～｜～灭。进而引申指❺覆压过去，猛冲：轻罗小扇～流萤｜春风不解禁杨花，濛濛乱～行人面｜孩子一下～进怀里｜反～。又指❻直冲：香气～鼻。又指❼轻轻拍打：～去满身的雪花｜～粉。

【组字】攴（攵），如今不单用，只作偏旁。现今仍设攴部。凡从攴（攵）取义的字皆与扑打、操作等义有关。

以攴（攵）作义符的字有：攷、收、攻、改、孜、攸、攺、攼、攽、放、牧、败、更、政、故、战、敏、敃、故、敄、敆、敌、敖、敚、效、敉、敊、敋、敍、敐、叙、赦、教、救、敔、敒、敓、敔、敨、敕、敕、敝、寇、敏、敛、啟（启）、敜、敷、敠、敡、敢、散、敤、敥、敬、敞、敦、敧、敨、敩、数、敫、敭、敮、敯、数、敱、敲、敳、整、敶、敷、敹、敺、敻、敼、敽、斁、斀、斁、變（变）。

丯 jiè
（轫、栔、契）

【字形】甲 金 篆 隶 草

【构造】象形字。甲骨文、金文皆象古代刻有齿牙的契券形。篆文整齐化，凸显了斜齿。隶变后楷书写作丯。注意：丯与丰不同。

【本义】《说文 · 丯部》："丯，草蔡也。象草生之散乱也。"解说不确。本义当为契券。

【演变】丯，名词，本义为❶契券。据《说文》解释，又指❷草芥。此义后作"芥"。参见介。

由于"丯"作了偏旁，其义便另加义符"刀"写作"轫"来表示。"轫"也作了偏旁，后又另加义符"木"或"大"写作"栔"或"契"来表示。参见栔、契。

【组字】丯，如今不单用，只作偏旁。现今归入丨部。凡从丯取义的字皆与刻契等义有关。

以丯作义符的字有：挌（格）。

以丯作声兼义符的字有：轫、夆、砉、害。

少 shǎo；shào

【字形】甲 金 篆 隶 草

【构造】象形字。少是小的分化字，在甲骨文中都象细小的沙粒形，故古时少、小通用。为分化字义，金文稍变其形，以相区别。篆文承金文并整齐化。隶变后楷书写作少。参见小。

【本义】《说文 · 小部》："少，不多也。从小，丿声。"析形不确。所释为引申义。本义当为细小沙粒。

【演变】少，读 shǎo，本义指细小沙粒，从"小"分化出来，用作形容词，专用以表示❶数量小：邻国之民不加～，寡人之民不加多，何也？|～见多怪|～许|～数|多～。引申指❷时间短，不久：始舍之，圉圉焉，～则洋洋焉|～时|～刻|～候。用作动词，又指❸缺少，短欠：周勃重厚～文|～一人|每斤～一两。又引申指❹丢失：～了一本书。用作意动，表示❺以为少，轻视，贬低：且夫我尝闻～仲尼之闻而轻伯夷之义者，始吾弗信|（陆深）颇倨傲，人以此～之。用作副词，又表示❻稍微：今予病～痊|东道～回远。

又读 shào，由时间短，用作形容词，引申指❼年轻，年轻人，少爷：陈涉～时，尝与人佣耕|王氏诸～并佳|～年|～壮|恶～|阔～。又引申指❽在同类中等级较低的：吾闻二世～子也，不当立|～师、～傅、～保曰三孤，贰（辅佐）公弘化|～牢|～司命|～将|～尉。

【组字】少，如今既可单用，也可作偏旁。现今仍归入小部。凡从少取义的字皆与细小、不多等义有关。

以少作声兼义符的字有：沙、砂、纱、妙、杪、眇、秒。

以少作声符的字有：抄、吵、炒、钞、秒。

冃 mào

【字形】甲 金 篆 隶 草

【构造】象形字。冃与冖、冂同源。上古人们"穴居而野处，衣毛而帽皮"，甲骨文象原始的简易皮帽（⌓）形，上有饰物。金文帽形简化，或另加义符目，以强调是戴在头上的帽子。篆文承金文简化为布巾下覆，二横为缝合的边饰；或另加义符目。隶变后楷书写作冃、冒。参见冒。

【本义】《说文 · 冃部》："冃，小儿、蛮夷头衣也。从冖，二其饰也。"本义为原始的便帽。

【演变】冃，本义指原始的便帽。由于"冃"只作偏旁，后便另加声符"目"写作"冒"来表示。"冒"为引申义所专用，遂又另加义符"巾"写作"帽"来表示。参见冒、帽。

【组字】冃，如今不单用，只作偏旁。现今归入冂部。凡从冃取义的字皆与帽子、蒙覆等义有关。

以冃作义符的字有：冒、胄、最、冕。

日 rì

【字形】甲 金 篆 隶 草

【构造】象形字。甲骨文象太阳形（甲骨文用刀不易刻圆）。金文大同。篆文整齐化。隶变后楷书写作日。

【本义】《说文 · 日部》："日，实也。太阳之精不亏。从口、一,象形。”本义为太阳。

【演变】日,名词,本义指❶太阳:其雨其雨,杲杲~出|~光。引申指❷白天:仰而思之,夜以继~|~班。又指❸一昼夜:十有五~而后返。用作状语,指❹每天:吾~三省吾身。又泛指❺时间,光阴,日子:旷~经年,靡有毫厘之验|司马懿引兵径到卤城下,~已昏黑|春秋多佳~。又特指❻吉凶禁忌时辰:永有某氏者,畏~,拘忌异甚。

【组字】日,如今既可单用,也可作偏旁。现今仍设日部。凡从日取义的字皆与太阳、光阴、时日等义有关。

以日作义符的字有:旦、早、旬、旭、旮、旯、旰、旱、时、旷、旺、杲、杳、昙、昊、昔、昃、昆、昇、昌、昕、明、昏、昂、旻、春、昧、是、昳、昜、昽、显、映、星、昨、昫、昬、昰、昴、昝、昱、昶、昵、昼、昭、晒、晟、晓、晋、晃、晅、晌、晁、晏、晔、晕、晖、晗、晫、晡、晤、晨、晞、晦、晚、晠、晡、晥、晨、晬、晴、暑、晰、暂、晶、晷、晾、景、普、暄、暖、暗、暇、暌、暮、曆(历)、暧、暝、暴、暵、暹、暾、曈、曙、曛、曜、曏、曒、曚、曝、曡、曤、曦、曩。

以日作声符的字有:陧、涅、捏。

曰 yuē
(说)

【字形】甲  金  篆  隶 

草 

【构造】指事字。甲骨文从口,一短横指明张口出气说话。金文大同。篆文整齐化,将舌上翘,以强调在说话。隶变后楷书写作曰。注意:与“日”不同。

【本义】《说文·曰部》:“曰,词也。从口,乙声,乙象口气出也。”本义为说。

【演变】曰,动词,本义指❶说:子~:“同声相应,同气相求。”|其谁~不然?引申指❷叫作:国无九年之蓄~不足,无六年之蓄~急|以故其后名之~“褒禅”。古代又用作❸语助词,无义:我送舅氏,~至渭阳。

“曰”为引申义所专用,说话之义便借本当喜悦讲的“说”字来表示。参见兑、说。

【组字】曰,如今既可单用,也可作偏旁。现今归入日部。凡从曰取义的字皆与口、说话等义有关。

以曰作义符的字有:沓、曶、曷、朁、曹。

以曰作声符的字有:汩。

中 zhōng;zhòng
(仲)

【字形】甲  金  籀  古 

篆  隶 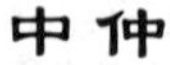 草 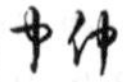

【构造】象形字。甲骨文象旗帜形,上下为斿,方框为立悬之处。本是氏族社会的一种徽帜。金文大同。籀文上下斿变成反向,立处方框讹为口。古文省去上下斿,下边弯曲,盖为下斿的痕迹。篆文承古文,旗杆变直。隶变后楷书写作中。

【本义】《说文·丨部》:“中,内也。从口,上下通。”析形是就篆文所作的解说,所释为引申义。本义当为氏族社会的徽帜。

【演变】中,读 zhōng,本义为氏族社会的徽帜。古代有大事,先在旷地立中,群众望见则从四方会聚于中,故用作名词,引申指❶中央:宛在水~央|王者必居天下之~|~心|华~。又引申指❷内部,里面:田~有株,兔走触株|家~|城~|心~|车~。又引申指❸两端之间的位置:有蛇于此,击其尾,其首救;击其首,其尾救;击其~身,首尾皆救|~年|~指|~锋|~秋|途~。又引申指❹中人:士不~而见,女无媒而嫁|作~。又指代❺里面的人:宫~府~俱为一体|村~闻有此人,咸来问讯。上古我国华夏族生活于黄河中下游一带,以为居天下之中,故遂专指❻中原,中国,中华:八国迭起天下~|古今~外|~医|洋为~用。用作形容词,又引申指❼等级在中间的:上士闻道,勤而行之;~士闻道,若存若亡|~等|~学|~级|~型。又指❽不偏不倚:楚将伐齐,鲁亲之,齐王患之。张丐曰:“臣请令鲁~立。”|适~|~庸。又指❾半,一半:若~途而归,何异断斯织乎?|谢家事夫婿,~道还家门|先帝创业未半,而~道崩殂|家道~落。用作动词,又指❿居于其中,至于中间:~天下而立|而日~时远也|日出而言之,日~不决|~江举帆。又引申为⓫合适,适中:吾前收天下书,不~用者尽去之|~看|~听。又引申指⓬成,行:这样做~不

~？~。

又读 zhòng，由适合，用为动词，表示⓭正对上，正好合上：百发百~|选~|猜~|~意|~肯。又表示⓮遭受：饮酒~风|~伤。又表示⓯科举及第：~状元。用作形容词，又指⓰得当，恰当：刑罚不~，则民无所措手足|举措不~|谋国无不~。又通“仲”，指⓱农历每季的第二个月，排行中的第二位：时在~春|文王之母，挚任氏~女也|~父。此义后作“仲”。

○仲，是由“中”衍生出的，甲骨文中用“中”来表示居中，篆文另加义符“亻”写作“仲”，从人从中会意，中也兼表声。读 zhòng，名词，本义指❶排行居中的人：伯氏吹壎，~氏吹篪|难分伯~。引申泛指❷居中的：方~春而东迁|~裁|~夏。

【组字】中，如今既可单用，也可作偏旁。现今仍归入丨部。凡从中取义的字皆与中央等义有关。

以中作声兼义符的字有：仲、盅、衷。

以中作声符的字有：冲、忡、肿、忠、种、钟、舯。

冈 gǎng
（岡、崗、岗）

【字形】金　古　篆　今篆

隶 冈 岡 岗 崗　草

【构造】形声兼会意字。金文和古文皆从山，从网。山有脊犹网有纲，会山脊之意，网也兼表声。篆文整齐化。隶变后楷书写作岡。如今简化作冈。俗讹作罡。现在二字表义有分工。参见罡。

【本义】《说文·山部》：“岡，山骨也。从山，网声。”本义为山脊。

【演变】冈，名词，本义指❶山脊：陟彼高~，我马玄黄。引申泛指❷山岭或山梁：十八道~|景阳~。

由于“冈”作了偏旁，其义便另加义符“山”写作“崗”来表示。如今简化作岗。

○岗，读 gāng，名词，本义指❸山脊：小园背高~。引申指❹土坡：黄土~。

又读 gǎng，防守警卫一般在较高的地方，故用作名词，引申为❺岗哨：站~。又引申指❻职位：工作~位。

“岗”为引申义所专用，山脊之义便仍用“冈”来表示。二字表义有了分工。

【组字】冈（岡），如今既可单用，也可作偏旁。现今归入门部。凡从冈取义的字皆与山脊主干等义有关。

以冈（岡）作声兼义符的字有：刚、岗、纲、钢。

以冈（岡）作声符的字有：掆、棡。

内 nà；nèi
（納、纳、衲）

【字形】甲　金　篆

今篆　隶 内 纳 納 衲

草

【构造】会意字。甲骨文从冂（地穴之门），从入，会进入房门之意。金文则明确表示进入房内。篆文承金文并整齐化。隶变后楷书写作内。是“纳”的初文。

【本义】《说文·入部》：“内，入也。从冂，自外而入也。”本义为进入。是“纳”的初文。

【演变】内，读 nà，动词，由本义进入，引申泛指❶纳入，交入：百姓~粟千石，拜爵一级。

又读 nèi，名词，引申指❷在范围里面：兵作于~为乱|四海之~皆兄弟|~衣|国~|~情。又引申指❸内室：家有一堂二~。又特指❹皇宫：大~|~宫|~臣。又指❺内心，内脏：~疚|五~俱焚。又特指❻妻子，妻妾：齐侯好~，多~宠|~人|~兄|~弟|惧~。

“内”为引申义所专用，纳入、交入之义便借“纳”来表示。

○纳，从糸从内会意，内也兼表声。读 nà，动词，本义指❶丝吸水而湿：衣~~而掩露。借作“内”，又表示❷收纳，交入：夙夜出~王命|十月~禾稼|吐故~新。又引申指❸收容：诸侯谁~我？又引申指❹采纳：权深~其策|~降。又引申指❺献出：~玉于王与晋侯|交~|~税。又引申指❻密针缝纫：~鞋底。此义又写作“衲”。

○衲，从衣从内会意，内也兼表声。读 nà，动词，本义指❶补缀：朝冠挂了方无事，却爱山僧百~衣|百~本（用不同的版本辑补成的书）。用作名词，又引申指❷僧衣，僧人：~子|老~。

【组字】内，如今既可单用，也可作偏旁。现今归入门部。凡从内取义的字皆与纳入等义有关。

以内作声兼义符的字有：讷、纳、商（冏）、呐、汭、枘、衲、蚋。

以内作声符的字有：芮、肭、钠。

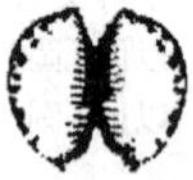

贝 bèi（貝）

【字形】甲　金　篆

隶 贝 貝　草

【构造】象形字。甲骨文象张开的蛤贝形。金文大同稍讹。篆文整齐化就不像了。隶变后楷书写作貝。如今简化作贝。注意：由于古文字中的贝与鼎形近，楷书里有些从贝的字实际是由鼎演变来的，如则、贞、员、贼。

【本义】《说文·贝部》："貝，海介虫也。象形。古者货贝而宝龟，周而有泉，至秦废贝行钱。"本义为蛤螺等软体动物的统称。

【演变】贝，名词本义为❶蛤螺等软体动物的统称：罔玳瑁，钓紫～。又指❷贝壳：玉～曰啥｜腰如束素，齿如含～。又指❸贝形花纹：萋兮斐兮，成是～锦。古代货币用贝，故又指❹古代货币：龟～行于上古，泉刀兴自有周，皆所以阜财通利，实国富民者也。

【组字】贝（貝），如今既可单用，也可作偏旁。现今仍设贝部。凡从贝取义的字皆与钱财、宝货等义有关。

以贝（貝）作义符的字有：负、贡、财、贠、责、贤、账、货、质、贩、贪、贫、贬、购、贮、贯、贰、贱、贲、貰、贴、贵、贶、買（买）、贷、贸、费、贺、贻、贼、贽、贾、贿、赀、赁、赂、赃、资、赅、赆、赇、赈、赉、賏、赊、賓（宾）、赋、賣（卖）、赌、赍、赎、赏、赑、赐、赒、赓、赔、赕、赖、赗、赘、赙、赚、赛、赝、赞、赟、赠、寶（宝）、赡、赢、赣。

以贝（貝）作声兼义符的字有：败。

以贝（貝）作声符的字有：狈、呗、坝、钡。

见 jiàn；xiàn（見、現、现）

【字形】甲　金　篆　今篆

隶 见 見 现 現　草

【构造】会意字。甲骨文从儿（人），从目，象人目平视有所见之状，用人突出眼睛会看到之意。金文大同。篆文整齐化。隶变后楷书写作見。如今简化作见。

【本义】《说文·見部》："見，视也。从儿，从目。"本义为看到。

【演变】见，读 jiàn，动词，本义为❶看到：～贤思齐焉，～不贤而内自省也｜喜闻乐～｜所～所闻。引申指❷会见：子～南子，子路不说（悦）｜接～｜进～｜遇～。又引申指❸接触：～火就着｜～水就粉。由看到又引申指❹了解，知道：他日吾见蔑之面而已，今吾～其心矣｜他～事迟。又引申指❺主张，看法：敢以浅～，陈写愚情｜固执己～｜高～｜愚～。又特指❻预见：～胜而战，弗～而诤，此王者之将也。又引申指❼听到：君不～黄河之水天上来。由看出结果，又引申指❽比试：与金人六次～阵｜一～高低。用作助词，放在动词前表示❾被动：吾常～笑于大方之家。又用作特指代词，用在动词前，称代❿自己：乃近日～教，谨受命矣｜～告｜～谅。

又读 xiàn，动词，表示⓫被看见，显现，推荐：天下有道则～，无道则隐｜图穷匕首～｜胡不～我于王？｜风吹草低～牛羊。用作名词，又引申指⓬现在：伍奢乃有二子，～事于君。用作形容词，又引申指⓭现成的：今岁饥（灾荒）民贫，士卒食芋菽，军无～粮。此类含义后借"现"来表示。

○现，从玉，见声。读 xiàn，名词，本义指❶玉光。由玉光的外射，用作动词，引申指❷显露：东坡～右足，鲁直～左足｜～身说法｜实～｜～出。由显现在眼前，用作名词，又引申指❸此刻，今时：～状｜～行｜～役｜～任。又引申指❹当时，当场：～报、生报、后报，此三感业之所｜～场指挥｜～编～唱。用作形容词，又引申指❺现有的：～金｜～存｜～货。又特指❻现款：兑～｜贴～。

【组字】见（見），如今既可单用，也可作偏旁。现今仍设见部。凡从见（見）取义的字皆与看到等义有关。

以见（見）作义符的字有：觀（观）、规、觅、视、觇、览、觉、觊、觋、觌、觍、觎、觏、觐、觑、覍、覎、覑、覒、覔、覕、覗、覘、覛、覝、覞、覟、覠、覡、覩（睹）、覥、覦、覧、親（亲）、覬、覯、覰、覲、覷、覸、覹、覺、覽、覿、觀、覼、觃、覾、矙。

覩、覼。
以见作声符的字有：苋、岘、觃、现、枧、砚、舰、筧、蚬。

内 róu (蹂)

【字形】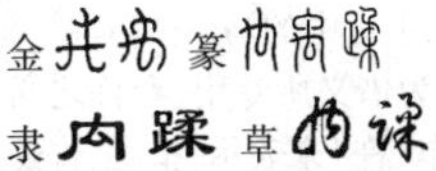

【构造】象形字。禹与内同源。金文象叉住一条头、身、尾俱全的爬虫鳄鱼形，二形突出了头部。篆文承金文分为繁简二体，并强化了身尾不住地在地上翻动，以突出足尾蹂地之义。隶变后楷书分别写作内与禹。内，后成了一部分表示动物的字的标志，只作偏旁，作偏旁时在“禺”“禹”等字中写作内。禹则成了大禹的专名。参见禹、禺。

【本义】《说文・内部》：“内，兽足蹂地也。象形，九声。”由鳄鱼被捉住时的折腾，表示反复践踏。当是蹂的本字。

【演变】内，本义指兽足反复践踏地。后来成了一部分表示动物的字的标志，一般不单用。反复践踏之义则另造了形声字“蹂”来表示。

○蹂，从足从柔会意，柔也兼表声。读róu，动词，本义指❶践踏：王翳取其头，余骑~践争项王，相杀者数十人|京师民无故相惊，言大水至，百姓奔走相~躏。后“蹂躏”遂用以比喻❷用暴力欺压，侮辱：家无成人，遂任人~躏至此。

【组字】内，如今不单用，只作偏旁。现今归入冂部。凡含内旁的字皆与动物有关。
以内作义符的字有：禹、禺、离、禽、禼、萬(万)。

壬 tǐng (侹、挺)

【字形】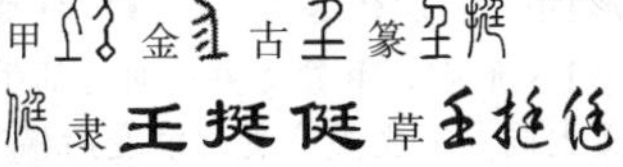

【构造】象形兼会意字。甲骨文象人挺立在地上或土堆之上形。金文则是古朝臣挺立于殿阶之前形，表示准备朝见。古文线条化。篆文承古文并整齐化。隶变后楷书写作壬。注意：壬与壬(rén，中间一画长)不同。

【本义】《说文・壬部》：“壬，善也。从人、士；士，事也。一曰象物出地挺生也。”两个解释都不确切。本义为人挺立在土堆上。

【演变】壬，本义指人挺立在土堆上，引申泛指挺立。由于壬作了偏旁，挺立之义便用“廷”来表示。“廷”又引申为朝廷等义，挺立之义就又以“廷”为基础，再加义符“亻”写作“侹”来表示。“侹”又引申为平直而长之义，如今则借用“挺”来表示。

○侹，从亻从廷会意，廷也兼表声。读tǐng，本义为动词，❶挺直，挺直地躺着：吾乡谓倒地卧为~|~尸。又引申指❷代替，顶替：~，代也，江淮陈楚之间曰~。又形容❸平直而长的样子：石梁平~~，沙水光泠泠。

○挺，从手从廷会意，廷也兼表声。读tǐng，动词，本义为❶拔：~剑而起。又引申为❷伸直：木直中绳，輮以为轮……不复~者，輮使之然也|~胸。又引申指❸智力特出：今诸葛丞相英才~出。又指❹支撑：坚持一下就~过去了。又形容❺笔直：周道~~|~立|笔~|~拔。口语中又表示❻很：水~凉的。用作量词，表示❼挺直的东西：墨两~|一~机枪。

【组字】壬，如今不单用，只作偏旁。现今归入士部。凡从壬取义的字皆与挺起等义有关。
以壬作义符的字有：垩、重、朢、望、徵。
以壬作声兼义符的字有：廷、呈、聽(听)。

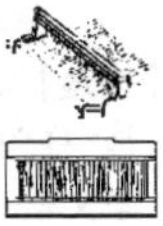

壬 rén (紝、纴、絍、任)

【字形】

【构造】象形兼指事字。甲骨文像古代织布机上承持经线的机件，即筘。由它决定经线的位置、密度并勒紧纬线。金文中加一点，指出经线的所在。篆文将一点变为一横。隶变后楷书写作壬，中间一横长。注意：壬与壬(tǐng)不同。

【本义】《说文・壬部》：“壬，位北方也。阴极阳生，故《易》曰：‘龙战于野。’战者，接也。象人裹妊之形。承亥壬以子，生之叙也。与巫同意。壬承辛，象人胫。胫，任体也。”这完全是根据作者当时的社会思想所作的附会。本义为持经之筘。

【演变】壬,名词,本义指❶持经之筘。引申泛指❷有关纺织的。用作动词,又引申指❸承受。因筘变动无常,故又形容❹奸佞:难~人。后来借为❺天干的第九位,与地支相配用以纪年纪日:夏四月~戌。

壬为借义所专用,有关纺织之义便另加义符“糹”写作“紝”来表示,异体作“絍”,从任。如今皆简化作纴。承受之义则另加义符“亻”写作“任”来表示。参见任。

〇纴,从纟从壬会意,壬也兼表声。读rèn,名词,本义指❶织布帛的丝缕:治蚕丝,织~组(宽带)纠(细带),学女事,以共(供)衣服。引申泛指❷纺织:妇人力于织~。

【组字】壬,如今既可单用,也可作偏旁。现今归入土部。凡从壬取义的字皆与纺织、承受等义有关。

以壬作声兼义符的字有:任、妊、纴、饪、衽。

午 wǔ

(杵、啎、牾、忤、迕)

【字形】

【构造】象形字。甲骨文象舂米的细腰木杵形,是“杵”的初文。古代断木为杵。金文稍讹。篆文整齐化。隶变后楷书写作午。

【本义】《说文·午部》:“午,啎也。五月阴气午逆阳,冒地而出。”解说是就当时的社会思想所作的附会,所释为引申义。本义当为舂杵。

【演变】午,名词,本义为❶舂杵。杵用以舂捣,由此用作动词,引申指❷抵触,违逆:~其众以伐有道,求得当欲,不以其所|朝臣舛~,胶戾乖剌。又借作“五”,表示❸纵横相交:受玺以来二十七日,使者旁~(纵横交错的样子)。由于五月五日为两“五”相逢交错,故用作名词,又称❹五月五日为午日、重午、端午:高咏楚词酬~日,天涯节序匆匆。又借为❺地支的第七位,与天干相配,用以纪年月日时:甲~战争|农历五月曰~|庚~之日|自非亭~夜分,不见曦月|~时|~夜。由纪时又引申表示❻方位,“子”指夜里十一点至一点,代表正北,“午”指白天十一点至一点,代表正南:子~线|子~道(指从关中到汉中的南北通道)。又借以表示❼十二生肖中的马。

由于“午”为借义所专用,舂杵之义便另加义符“木”写作“杵”来表示;抵触、忤逆之义古文则另加义符“牛”或“辶”,篆文则另加“吾”声。隶变后楷书写作忤、迕、啎、牾。如今规范化用忤与迕,啎、牾废而不用。

〇杵,从木从午会意,午也兼表声。读chǔ,名词,本义指❶舂米的工具:断木为~,掘地为臼。引申泛指❷捣物的棒槌一类工具:筑城处,千人万人齐把~。用作动词,指❸用细长的东西戳或捅:~马蜂窝|用指头~他一下。

〇迕,从辶(表行动)从午会意,午也兼表声。读wǔ,动词,本义指❶违逆:宫人畏之,莫敢复~|违~。又指❷相遇:王甫时出,与蕃相~。

〇忤,从忄从午会意,午也兼表声。异体作啎,从午吾声,后讹作牾,从牛(牛性倔强)。如今规范化用忤。读wǔ,动词,本义指抵触,不顺从:且至言~于耳而倒于心|凡~意者皆中伤之|~逆。

【组字】午,如今既可单用,也可作偏旁。现今归入干部。凡从午取义的字皆与舂杵、抵触等义有关。

以午作义符的字有:啎。

以午作声兼义符的字有:仵、许、忤、迕、杵、卸。

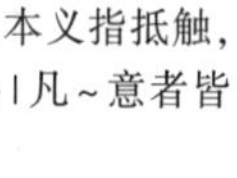

牛 niú

(牜、⺧)

【字形】

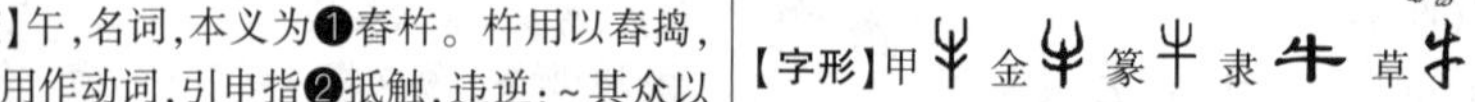

【构造】象形字。甲骨文象正面看的牛头形。金文大同。篆文整齐化。隶变后楷书写作牛。作偏旁时在左写作牜,在上写作⺧。

【本义】《说文·牛部》:“牛,大牲也。牛,件也。件,事理也。象角头三、封尾之形。”析形不确。本义为大型哺乳动物家畜之一的牛。

【演变】牛,名词,本义指❶大型哺乳动物牛:日之夕矣,羊~下来|诸侯盟,谁执~耳|庖丁为文惠君解~。又借指❷二十八宿中的牛宿:斗(星名)~之间常有紫气。又指❸牵牛星:~女年年渡,何曾风浪生。又用为❹十二生肖之一:子鼠丑~。又用牛的执拗脾性,形容❺性格固执,倔强,高傲:你又犯了~脾气|这人真~气。

【组字】牛,如今既可单用,也可作偏旁。现今仍设牛部。凡从牛(牜、⺧)取义的字皆与牛或动物等义有关。

以牛(牜、⺧)作义符的字有:半、牝、牞、牟、牠、告、牡、牤、牥、牢、牣、牦、牧、牨、物、牪、牫、𬌗、牭、荦、牯、牵、牲、牮、轴、牱、牳、牴、拳、牷、特、牺、牸、牻、牼、牿、牾、犃、犅、犆、犇、犈、犉、犊、犄、犋、犌、犁、犍、犀、犎、犏、犐、犑、犒、犓、犔、犕、犗、犘、犙、犚、犛、犜、犝、犞、犟、犡、犣、犤、犥、犦、犨、犩、犪、犫。

手 shǒu

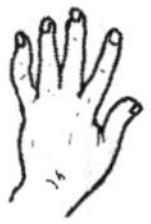

【字形】金 篆 隶手 草

【构造】象形字。金文象五指伸开的手掌形。篆文整齐化。隶变后楷书写作手。作偏旁在左时写作扌。

【本义】《说文·手部》:"手,拳也。象形。"本义为腕以下的指掌部分。

【演变】手,名词,本义指❶手掌,手臂:执子之~,与子偕老|~舞足蹈|握~。人做事用手,故引申指❷擅长某种技能或做某种事的人:更锐意研精,遂成名~|拖拉机~|神枪~|高~|能~。又指❸某些类似人手作用的器件:机械~|扳~|触~。人的技能表现在手上,故又引申指❹技艺,手法,手段:眼高~低|心狠~辣。用作动词,表示❺手拿:武王乃~太白(旗)以麾诸侯。引申为❻亲自,亲手:帝报以~书|~抄。由能拿在手中,又形容❼小巧便于携带的:出袖中~册以进|~折。又用作❽量词:露一~绝招给他们看。

【组字】手,如今既可单用,也可作偏旁。现今仍设手部。凡从手取义的字皆与手臂、操作、技能等义有关。

以手作义符的字有:扎、打、扑、扒、扔、托、扙、扚、扛、扦、扠、扣、扞、执、扩、扪、扫、扬、扭、扯、扰、扱、扳、扶、批、扺、扼、扽、找、承、技、抂、抃、抄、抅、抆、抉、把、抌、抑、抒、抓、抔、投、抖、抗、折、抚、抛、抜、抝、抟、抠、抡、抢、护、抦、抨、看、披、抬、抱、抵、抶、抷、抹、抻、押、抽、抿、拂、拃、拄、担、拆、拇、拈、拉、拊、拋、拌、拍、拎、拏、拐、拑、拒、拓、拔、拕、拗、拘、拙、拚、招、拜、拟、拢、拣、拥、拦、拧、拨、择、括、拭、拮、拯、拱、拳、拴、拶、拷、拽、拾、拿、持、挂、挃、指、挈、按、挎、挑、挖、挚、挛、挝、挞、挟、挠、挡、挣、挤、挥、挪、挫、振、挲、挹、挺、挽、挼、捂、捅、捆、捉、捋、捌、捍、捎、捏、捐、捕、捜、捞、损、捡、换、捣、捧、捨、捩、捭、据、捷、捺、捻、捽、掯、掀、掂、掇、授、掉、掊、掌、掎、掏、掐、排、掖、掘、掠、探、掣、接、控、推、掩、措、掬、掭、掮、掰、揭、掳、掴、掷、掸、掺、掼、揀、揉、揍、揎、描、提、揑、插、揖、揠、握、揣、揩、揪、援、摇、揽、搵、搀、搁、搂、搅、搓、搔、搜、搞、搠、搡、搦、搪、搬、搭、搴、携、搽、摁、摄、摅、摆、摈、摊、摒、摔、摘、摛、摧、摩、摭、摸、摹、摺、摽、撇、撂、撒、撕、撞、撤、撩、撬、播、撮、撰、撴、撷、撺、撼、擀、擂、擅、操、擎、擒、擘、擢、擤、擦、攒、攘、攥、攫。

毛 máo

【字形】金 篆 隶毛 草

【构造】象形字。金文象一撮毛茸茸丝状兽毛形。篆文整齐化。隶变后楷书写作毛。

【本义】《说文·毛部》:"毛,眉发之属及兽毛也。象形。"本义为兽毛。

【演变】毛,名词,本义指❶兽毛:皮之不存,~将安傅(附)。引申泛指❷禽兽的毛及植物皮上像毛的丝状物:一地鸡~|~桃。又引申指❸兽类,兽皮:总司天下~属|上古衣~而冒皮。又指❹人的须发:嘴上没~,办事不牢。又引申指❺地上生长的植物或像毛的东西:不~之地|饭长~了。用作形容词,又引申指❻细小:~~雨|~细管。又引申指❼粗糙,粗略:~糙|~布|~坯|~计。又引申指❽粗心,慌忙,急躁:~手~脚|脾气~|心里发~。又引申指❾

不纯净：~利｜~重。又指❿货币贬值：钱有点~。

【组字】毛，如今既可单用，也可作偏旁。现今仍设毛部。凡从毛取义的字皆与毛发等义有关。

以毛作义符的字有：尾、毡、毫、毳、毯、毽、毹、氅、氍。

以毛作声兼义符的字有：牦、旄、耗、毫、髦。

以毛作声符的字有：蚝、眊、酕。

气 qì

（乞、氣、餼、饩、槩）

【字形】甲 金 篆 

隶 气氣饩餼槩

草 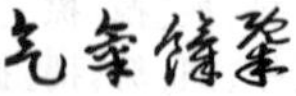

【构造】象形字。气与云同源，甲骨文象云层形。因与数字“三”形近易混，金文与篆文稍加弯曲，以象云气升腾流动之状。隶变后楷书写作气。

【本义】《说文·气部》：“气，云气也。象形。”本义为云气。又《米部》：“氣，馈客刍米也。从米，气声。”本义为馈送人的粮草。

【演变】气，名词，本义指❶云气：绝云~，负青天｜天高~爽。引申泛指❷气体：御六~（阴阳风雨晦明）之辩（同变）｜毒~｜煤~。又引申指❸天气，节气：~节易过，和泽难久｜~象｜~候。又引申指❹气味：~若幽兰｜香~。又特指❺气息：屏~似不息者｜扬眉吐~｜喘~。气是构成人的精神的基本因素，故又引申指❻精神状态，气概，气质：吾善养吾浩然之~｜荆轲饮燕市，酒酣~益震｜~壮山河｜豪~｜~魄｜~度｜勇~｜朝~｜志~。又进而引申指❼作风，习气，情绪：太后盛~而揖之｜平心静~｜洋~｜书生~｜娇~｜喜~。用作动词，又引申指❽发怒，使生气：~坏了｜真~人。进而引申指❾欺压：受~。用作中医名词，指❿身体的原动力或病象：元~大伤｜~虚｜痰~｜湿~。

气，后来作了偏旁，“云气”之义便借用“氣”来表示。本义是馈送人的粮草，读 xì。“氣”被借用来表示“云气”以后，“馈送人的粮草”之义便又另加义符“食”写作“餼”来表示，或另造了从米既声的“槩”，并由“馈送”义，引申为给予，又引申为乞求。为分化字义，“给予、乞求”这两个意思便用“气”来表示，为避免与云气相混，后来省去一笔，写作“乞”。如今规范化，“云气”仍用“气”来表示，“乞求”义用“乞”来表示，“餼”则简化为“饩”，表示馈送人的粮草。“氣”“槩”就废弃不用了。参见乞。

○饩，读 xì，动词，本义指❶送人食物或饲料：齐人来~诸侯｜是岁晋又饥，秦伯又~之粟。用作名词，又指❷粮食或饲料：廪人献~｜马~不过稂莠。又引申指❸送人的活牲口：介皆有~｜~牵。

【组字】气（乞），如今既可单用，也可作偏旁。现今仍设气部。凡从气取义的字皆与云气之义有关。

以气作义符的字有：氕、氘、氚、氙、氛、氟、氢、氩、氲、氧、氦、氮、氯。

以气作声兼义符的字有：氖、汽、饩、忾、芞

升 shēng

（昇、陞）

【字形】甲 金 篆 

隶 升昇陞 草 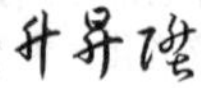

【构造】象形字。甲骨文从斗，小点象征用斗挹起了酒浆，表示举觞进献之意。金文大同，省去些小点。篆文讹变得看不出原意了。隶变后楷书写作升。

【本义】《说文·斗部》：“升，十龠（合）也。从斗，亦象形。”所释为引申义。本义当为进献。

【演变】升，动词，本义指❶进献：农乃~谷，天子尝新｜~觞举燧。引申指❷上升：如月之恒，如日之~｜~旗。又引申指❸登上：由也，~堂矣，未入室也。又引申指❹地位提高：~迁｜~级。由献新谷又引申指❺成熟：新谷未~。用作名词，指❻量粮食的器具：借邻家的~来量一量。又指❼容量单位：一斗为十~。

“升”后专用作量具和容量单位，上升、升迁等义便另加义符造了“昇”与“陞”来表示。

○昇，从日从升会意，升也兼表声。读 shēng，本义指日东升：日照水而东~。

○陞，从陛（台阶）省从升会意，升也兼表

声。读 shēng,本义指升迁:劝课农桑,克勤奉职者,以次~奖。

如今简化,昇、陞这两个字仍然用“升”来表示。

【组字】升,如今既可单用,也可作偏旁。现今归入丿部。凡从升取义的字皆与上升等义有关。

以升作声兼义符的字有:昇、陞。

夭 yāo
(妖、袄、殀、窈)

【字形】甲 金 篆 

今篆 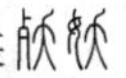 隶 夭 妖 袄 殀 窈

草 夭 妖 袄 殀 窈

【构造】象形字。甲骨文象一人两臂低昂起舞的样子。金文大同,方向相反。篆文又令其屈首,以突出婀娜起舞之姿。隶变后楷书写作夭。

【本义】《说文·夭部》:“夭,屈也。从大,象形。”所释为引申义。本义当为摆袖屈首婀娜起舞。

【演变】夭,本义指摆袖屈首婀娜起舞。用作形容词,引申指❶姿态轻盈娇媚:佼人燎兮,舒~绍兮。此义后另加义符“女”写作“妖”,或借用“窈”表示。又引申指❷草木幼嫩茂盛而艳丽:桃之~~,灼灼其华|逃之~~(是“桃之~~”的同音借用,“桃”与“逃”谐音,“夭夭”与“遥遥”音近,用作“逃跑”的诙谐说法)。又泛指❸屈曲:船头龙~矫。物屈则折,用作动词,又引申指❹早死,夭殇:少壮而死曰~|忧险者常~折。此义后另加义符“歹”写作“殀”,以强调死之义。如今仍用夭。由夭艳,又用作名词,引申指❺怪异,灾祸:~魔。此义后亦写作“妖”。

○窈,从穴,幼声。读 yǎo,形容词,本义指❶深远:~兮冥兮,其中有精。用作“窈窕”,形容❷曲折幽深:既~窕以寻壑,亦崎岖而经丘。又形容❸女子文静而美好:~窕淑女,君子好逑。

○妖,本从女从芺会意,芺也兼表声,俗省作从夭。读 yāo,形容词,本义指❶容貌艳丽:美女~且闲,采桑歧路间。引申用作贬义,又同“袄”(本从礻从芺会意,芺也兼表声,俗省作从夭),表示❷怪异:~怪|~魔。进而引申指❸邪恶而迷惑人:~言惑众|~道。又引申指❹装束奇特,作风不正派:~媚|~艳。

【组字】夭,如今既可单用,也可作偏旁。现今归入大部。凡从夭取义的字皆与婀娜、屈曲等义有关。

以夭作义符的字有:乔、奔(幸)、奔、走。

以夭作声兼义符的字有:妖、笑。

以夭作声符的字有:袄、吞、饫、跃、沃。

长 cháng;zhǎng
(長、镸)

【字形】甲 金 篆 

隶 长 長 草 长

【构造】象形字。甲骨文一形象一老人长发飘飘形,二形加出了拄杖的手。金文突出了长发。篆文整齐化。隶变后楷书写作長。如今简化作长。作偏旁时有的写作镸。

【本义】《说文·長部》:“長,久远也。从兀,从匕。兀者,高远也。久则变化。亾声。𠂆者,倒亾也。”析形是就篆文所作的附会。所释为引申义,本义当为年高发长。古人不理发。

【演变】长,读 cháng,由本义年高发长,形容❶空间、时间距离大:道阻且~|带~剑兮挟秦弓|汝不谋~|耿耿夜何~|天~地久。用作名词,又指❷长度:必有寝衣,~一身有半。又指❸人品才能方面的长处、优点:任人之~,不强其短|一技之~。用作动词,又指❹擅长:故善战者,见敌之所~,则知其所短。

又读 zhǎng,形容❺岁数大,年高:以吾一日~乎尔,毋吾以也。引申指❻排行第一:尧杀~子,舜流母弟。又指❼辈分大:不挟~,不挟贵。用作名词,又指❽长官,首领:君行仁政,则民亲其上,死其~矣|推为~。年高发长是生长的结果,故用作动词,又指❾生长,成长,变长:宋人有闵其苗不~而揠之者。进而引申指❿增加,增进:君子道~,小人道消也。

旧又读 zhàng(今读 cháng),增加则多,故又形容⓫多余,剩余:文体省净,殆无~语|身无~物。

【组字】长,如今既可单用,也可作偏旁。现今仍设长部。凡从长取义的字皆与头发长、增大等义有关。

以长(镸)作义符的字有:髟、套、镹、跃、跌、镼、镽、肆、镾。
以长作声兼义符的字有:张、帐、胀。
以长作声符的字有:伥、苌、怅、账、枨。

仁 rén

【字形】甲　金　古　籀　篆
　　隶　草

【构造】会意兼形声字。甲骨文、金文、古文皆从人,从二(重复符号),用人与人会亲近、以人道待人之意,即对人亲善、同情、友爱,人也兼表声。籀文改为从千从心,会仁多怀爱心之意。篆文承甲骨文并整齐化。隶变后楷书写作仁。"仁"当是"尼"(二人相亲爱)的变体。甲骨文"迟"作遲,从"尼"声。《说文》变体作迟,从"尸"声,再变则为"仁"字。参见尼。

【本义】《说文・人部》:"仁,亲也。从人,从二。"本义为以人道待人,即讲仁爱。

【演变】仁,形容词,本义指❶以人道待人,讲仁爱:爱人利物谓之~|~至义尽。引申泛指❷慈爱惠育:孙讨虏聪明~惠,敬贤礼士。用作名词,又指❸仁人:殷有三~焉。用作动词,又指❹行仁政:如有王者,必世而后~。又引申指❺有人的感觉:头发无黑,两手不~,耳目不聪明,扶杖乃能行|麻木不~。作名词,又借指❻果核等物的最内部分:杏~|虾~。

【组字】仁,如今既可单用,也可作偏旁。现今仍归入人部。凡从仁取义的字皆与仁爱等义有关。
以仁作声兼义符的字有:佞。

片 piàn; piān
(爿、版、板)

【字形】甲　金　古　篆
　　隶　草

【构造】象形字。片与爿是同一个字,在甲骨文里,字的正反向是不固定的,同一个字可以左向也可以右向。甲骨文象从一头观看的古代版筑土墙时所用的版和立柱的横断面形:一长竖是挡版用的立柱,二短竖是看到的上下排列的版头,二短横是拴紧对立版和立柱间的拉绳。墙壁不好表现,故用一套筑墙用的设备来体现。金文和古文大同。篆文分化为两个字,"爿"专用来作"墙""床"的义符,而"片"则专用来表示筑墙用的版。隶变后楷书分别写作爿与片。参见爿。

【本义】《说文・片部》:"片,判木也。从半木。"这是就篆文所作的解说。本义当为筑墙用的版。

【演变】片,读 piàn,由筑墙用的版,用作名词,引申泛指❶平而薄的东西:少时又无棋局,乃破荻为~,纵横以为棋局,指点行势,遂至名品|纸~|明信~|玉兰~|竹~|瓦~|雪~。用作动词指❷把东西剖分或削成薄片:瓠匏可盛粟二十斛,~之,可为舟航|两只山鸡已经都~出来了,又~了些羊肉片子。由剖分成片,用作名词,又引申指❸划分成小的区域:分~包干|分~进行。用作形容词,进而引申指❹很少,部分,零星,简短:立~言而居要,乃一篇之警策|枕上~时春梦中,行尽江南数千里|~断|~面。用作名词,又引申指❺铺开连成的大片:千寻铁锁沉江底,一~降幡出石头(石头城)|一~欢腾|一~迷蒙。进而引申指❻全部,没有例外:洛阳亲友如相问,一~冰心在玉壶|一~好心|一~胡言。物剖分则成两半,故又引申指❼两方中的一方或半边:~言(一方的言词)可以折狱者,其由(仲由)也与?|南湖~月斜。又用作量词,指❽片状物:燕山雪花大如席,~~吹落轩辕台|上无~瓦|吃一~药。

又读 piān,特指❾某些有图像或录音的薄而平的东西:画~儿|相~儿|幻灯~|唱~|电影~。

"片"为引申义所专用,筑版之义便又另加声符"反"写作"版"来表示。后又改换义符"片"为"木"写作"板"来表示。参见版、板。

【组字】片,如今既可单用,也可作偏旁。现今仍设片部。凡从片取义的字皆与版状物或一半等义有关。
以片作义符的字有:版、牉、牊、牋(笺)、牌、牍、牎、牏、牐、牑、牒、牓(榜)、牔、牕、牗、牖。

化 huà

【字形】甲 金 篆 隶 草

【构造】会意字。甲骨文从亻(正人),从七(倒人),会变化之意。金文大同稍讹。篆文承金文并整齐化。隶变后楷书写作化。

【本义】《说文·七部》:"化,教行也。从七,从人,七亦声。"解释为教化人,是引申义。本义当为变化。

【演变】化,动词,本义指❶变化,形质改变:北冥有鱼,其名为鲲……~而为鸟,其名为鹏|四时变~|~整为零。大自然能化生万物,故用作名词,又引申指❷自然界生成万物的功能,造化:流池自~造,山关固神营|人有五藏(脏),~五气|生~。又引申指❸达到高超的境界:此乃出神入~之笔。通过教育使人、风俗改变也是一种化,故又引申指❹教化:夫治定之~,以礼为首。又引申指❺风俗:败俗伤~|有伤风~。万物变化由生而死,用作动词,又引申指 ❻死:吾今斯~,可以无恨。变化的结果是消失,故又引申指❼熔解,溶解:银铜相杂,亦易熔~|融~|溶~。又引申指❽求人布施:~缘|募~|~斋。现代又用作❾词缀,放在名词或形容词后,表示转变成某种性质或状态:绿~|简~|电器~|尖锐~|机械~。

【组字】化,如今既可单用,也可作偏旁。现今归入人部。凡从化取义的字皆与变化等义有关。

以化作声兼义符的字有:讹、囮。

以化作声符的字有:华、花、货、靴。

仇 chóu;qiú

【字形】古 篆 隶 草

【构造】形声兼会意字。古文和篆文从亻,九声,九为尾连于体,故九也兼表相连相配之意。隶变后楷书写作仇。

【本义】《说文·人部》:"仇,雠也。从人,九声。"本义为配偶。

【演变】仇,本读 qiú,名词,本义指❶配偶,伴侣,同类:我~有疾,不我能即|赳赳武夫,公侯好~|芳词寡~。匹偶有爱有怨之分,后偏指❷怨偶:佳偶曰妃,怨偶曰~。又用作❸姓。

又读 chóu,由怨偶进而引申,用作"雠",指❹对头,仇敌:由是杨氏与郭氏为~|同~敌忾|疾恶如~|~家。又引申指❺仇恨:报~雪恨|血海深~|~怨。用作动词,又指❻报仇雪恨:洛阳人有相~者。

注意:仇与雠的异同。用于仇恨、仇敌之义,二字是异体,意思相同。"仇"不用于"雠"的校对等义,"雠"不用于"仇"的其他含义。参见雠。

【组字】仇,如今既可单用,也可作偏旁。现今仍归入亻部。凡从仇取义的字皆与配偶等义有关。以仇作声符的字有:鈂。

币 bì (幣)

【字形】篆 今篆 隶 草

【构造】会意兼形声字。篆文从巾从敝,敝亦从巾取义,故用以会布帛等丝织品之意,敝也兼表声。隶变后楷书写作幣。如今简化作币,改为从巾,丿声。

【本义】《说文·巾部》:"幣,帛也。从巾,敝声。"本义为作为礼物的丝织品。

【演变】币,名词,本义指❶作为礼物的丝织品:请具车马皮~。引申泛指❷礼物,包括玉、马、皮、圭、璧、帛,称为六币:合六~|使者致~。又引申指❸货币:以珠玉为上~,以黄金为中~,以刀布为下~|于是乎量资~,权轻重,以救民|人民~。

仉 zhǎng (爫)

【字形】篆 今篆 隶 草

【构造】会意字。篆文从反爪。覆手为爪,反爪则为掌。隶变后楷书写作爫。俗讹作仉。是掌的古字。如今爫废而不用。

【本义】《说文·爪部》:"爫,亦丮(抓取)也。从反爪。"本义为手掌。

【演变】仉,本义指❶手掌。用作动词,指❷用爪掌攫据:河灵矍踢,~华蹈衰。如今只用作❸姓。

仅 jǐn;jìn (僅)

【字形】篆 今篆 隶 仅 僅 草

【构造】会意兼形声字。篆文从人从堇,堇为焚人牲祭天求雨,用以会勉强之意,堇也兼表声。隶变后楷书写作僅。如今简化作仅,用符号“又”代替偏旁“堇”。

【本义】《说文·人部》:“僅,材(同才)能也。从人,堇声。”本义为刚能够,勉强。

【演变】仅,副词,读 jǐn,本义指❶刚能够,勉强,才:游吉率车骑与战,一日一夜,~能克之。后一般用以表示一定范围,相当于❷只:借使(假使)子婴有庸主之才,~得中佐,山东虽乱,秦之地可全而有|绝无~有|~用半月。

又读 jìn,用于数量前,又表示❸接近(某一数量或范围,言其多):后居南海,~四十年|战所杀害~十万人。

【组字】仅(僅),如今既可单用,也可作偏旁。现今仍归入人部。凡从仅取义的字皆与勉强等义有关。

以仅作声符的字有:𩦠。

斤 jīn (斧、錛、锛、昕)

【字形】甲 金 篆 今篆

隶 斤 锛 錛 昕 草

【构造】象形字。甲骨文象一把横刃锛斧形。金文和篆文都变得不像了。隶变后楷书写作斤。

【本义】《说文·斤部》:“斤,斫木斧也。象形。”本义为砍木头的横刃锛斧。

【演变】斤,名词,本义指❶砍木头的横刃锛斧:斧~以时入山林,材木不可胜用也|运~如风。用作动词,引申指❷对文字的删改:望大人略加~正咱(助词)。古代以斤断金为钎,即一砍为一斤,后遂借为量词,成为❸重量单位:赐金五千~|夫今樊将军,秦王购之,金千~,邑万家。“斤”又借为“昕”,连用为“斤斤”,用作形容词,表示❹明察:奄有四方,~~其明。进而引申为❺过分:及在朝廷,~~谨质,形于体貌|~~计较。

由于“斤”为借义所专用,斧子之义便另造了形声字“斧”和“錛”(如今简作锛)来表示。参见父、斧。

○锛,从钅从奔会意,奔也兼表声。读 bēn,名词,本义指❶砍木头的横刃锛斧:从此他继承了父亲的锯、刨、~、凿、斧子、墨斗,做起了木匠。用作动词,指❷撬:一镐刨进缝里,从旁边一~,可以~下一大块土。

○昕,从日,斤声,斤也兼表闪光之意。读 xīn,本义为❶黎明,即天明日将出:日殄没而归馆,晨未~而即野。所以用作“昕昕”有明察之义。作名词,又指❷天亮之时:凡行事,必用昏~|少读书,自~至夕,不能成诵|~夕与共。用作形容词,指❸鲜明,明亮:檀车孔夏,四骥孔~。

【组字】斤,如今既可单用,也可作偏旁。现今仍设斤部。凡从斤取义的字皆与斧子等义有关。

以斤作义符的字有:折、斩、析、所、斧、斯、所、釿、斫、断、斯、新、斲。

以斤作声符的字有:沂、听、圻、近、芹、忻、欣、昕、祈、颀、旂(旗)、訢、靳、蕲。

爪 zhǎo;zhuǎ (抓)

【字形】甲 金 篆

今篆 隶 爪 抓 草

【构造】象形字。甲骨文象覆手有所抓挠形。是抓的本字。金文画出了指甲,以突出抓挠之义。篆文整齐化。隶变后楷书写作爪。

【本义】《说文·爪部》:“爪,丮也。覆手曰爪,象形。”本义为以爪抓挠。

【演变】爪,读 zhǎo,动词,本义指❶抓挠:熊人立而~樵者。由抓挠又引申为❷寻找:因此~寻至此。此义后来借“找”来表示。用作名词,引申指❸人的指甲:手~|通眉长~。又指❹鸟兽的脚趾:鹰~|~牙。

又读 zhuǎ,口语里表示❺鸟兽的脚爪:鸡~子。

“爪”为引申义所专用,抓挠之义便另加义

符“扌”写作“抓”来表示。

○抓，从手从爪会意，爪也兼表声。读zhuā，动词，本义指❶用手抓挠：杜诗韩集愁来读，似倩麻姑痒处～|～耳挠腮|～痒痒。引申指❷抓取，抓住：夫十围之木，始生而蘖，足可搔而绝，手可擢而～|～辫子。又引申指❸捉拿，逮捕：～俘虏|～小偷。由紧紧抓住，又引申指❹着力进行：大～工业|狠～基础。又指❺把握住，不放过：你～工夫办好了。又指❻吸引人：戏一开场就～住了观众。

【组字】爪，如今既可单用，也可作偏旁。现今仍设爪部。凡从爪取义的字皆与用爪抓取等义有关。

以爪作义符的字有：孚、叉、寽、妥、采、觅、爬、受、爭(争)、乎、爰、爬、舀、爯、𤔔、𤔿、𤕄、爲(为)、爱、爵。

以爪作声兼义符的字有：抓、笊。

反 fǎn (返)

【字形】甲 金 篆 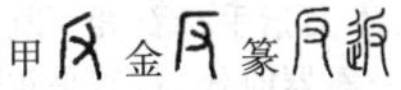

隶 草 

【构造】会意字。甲骨文从又，从厂(山崖)，会以手推转山石之意。金文大同。篆文整齐化。隶变后楷书写作反。

【本义】《说文·又部》：“反，覆也。从又、厂。”本义为翻转。

【演变】反，动词，本义指❶翻转：以齐王，由(犹)～掌也|～败为胜。引申指❷相反，对立，反面：害者，利之～也|衣服穿～了。又引申指❸返回：寒暑易节，始一～焉|拨乱世，～诸正。此义后作“返”。又引申指❹倒转：～攻|～省|～还|～复。又指❺违背，反抗：成王立，殷民～|～常|～叛。又指❻反对：与己同则应，不与己同则～|～浪费。又指❼类推：举一～三。又指❽纠正：平～。用作副词，表示❾反而：画虎不成～类犬。又特指❿反切，即用两个字来拼注一个字的音。

○返，从辶从反会意，反也兼表声。读fǎn，动词，本义指❶返回：出不入兮往不～|一去不复～|往～。引申指❷归还：俟汝至石头城，～汝簪。

【组字】反，如今既可单用，也可作偏旁。现今仍归入又部。凡从反取义的字皆与翻转等义有关。

以反作声兼义符的字有：返、贩、扳。

以反作声符的字有：饭、畈、阪、坂、板、版、钣、舨。

兮 xī

【字形】甲 金 篆 隶 草 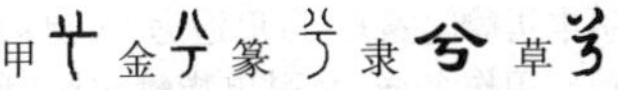

【构造】指事字。甲骨文下边是一种乐器形，上边两点象征吹奏时上扬的声气。金文将声气变为八。篆文将乐器进一步弯曲。隶变后楷书写作兮。

【本义】《说文·兮部》：“兮，语所稽也。从丂、八，象气越亏(扬)也。”所释非本义。本义当为吹奏的乐声上扬。

【演变】兮，本义为❶乐声上扬。借作语气词，一般用在诗赋的句中或句末，用以抒发感情、舒缓语气，表感叹，相当于❷啊，呀：砍砍伐檀～，置之河之干～|彼君子～，不素餐～|风萧萧～易水寒，壮士一去不复还|归去来～，请息交以绝游。用作“兮兮”，作后缀，附着在某些形状义成分的后面，形容❸某种情态：可怜～～|神经～～|脏～～。

【组字】兮，如今既可单用，也可作偏旁。现今归入八部。凡从兮取义的字皆与声气舒扬等义有关。

以兮作义符的字有：乎、羲。

以兮作声符的字有：盻。

介 jiè (價、价、界、芥)

【字形】甲 金 篆 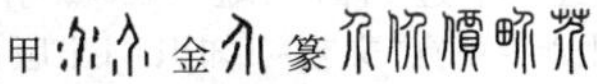

隶 

草 

【构造】象形兼会意字。甲骨文从人，四短画象征由片片皮革联成的甲衣形，会人披甲衣之意；二形或省为两片。金文稍变，将四短画连成两短画。篆文整齐化。隶变后楷书写作介。

【本义】《说文·八部》：“介，画也。从八，从人。人各有介。”所释为引申义。本义当为人披甲衣。

【演变】介,动词,本义指❶人披甲衣:~者不拜。用作名词,又指❷甲衣:跨马披~胄。又指❸披甲之人:既而与为公~。此义后写作“价”,如今又作了“價”的简化字。披甲则人在其中,故用作动词,引申为❹夹在中间:~居二大国之间|~入。又引申指❺居中传言:~绍而传命。由居中引申为❻停留,放在:~意。又引申指❼间隔开:道里遥远,人物~绝|后~大河。用作名词,又引申指❽边际,界限:悲江~之遗风。此义后作“界”。甲衣起保护作用,又引申为❾辅助,副手:诸侯相见,卿为~。又引申指❿居中传言的人:士无~不见,女无媒不嫁|媒~。由甲衣又引申指⓫甲壳动物:~虫之动以固。人披甲则不易屈身,用作形容词,又引申为⓬特立,突出:又有孤石,~立大湖中。又引申为⓭品行卓越,有操守:不养耿~之士。又引申为⓮大:报以~福,万寿无疆。由一个披甲之人,引申为⓯独一个:一~武夫。由片片连成的甲衣,又引申指⓰一点点:无纤~之祸。此义后写作“芥”。

○价,从亻从介会意,介也兼表声。读 jiè,名词,本义指❶披甲之人。旧时又指❷供役使的人。作动词,又指❸介绍。

又读 jià,如今作了“價”的简化字。價,从人从贾会意,贾也兼表声,本义指价值。故用作名词,“价”又表示❹价值:也知~重连城璧,一纸万金犹不惜。

又读jie,近代用作结构助词,表示❺像……似的:只听得梁山泊顶上,号炮连珠~响。

○界,从田从介会意,介也兼表声。读 jiè,名词,本义指❶不同地域交接的地方:夫仁政必自经~始|边~|国~|疆~|田~。引申指❷范围:眼~不宽|文艺~|知识~|出版~|各~来宾。

○芥,从艹,介声,介也兼表带壳之义。读 jiè,名词,本义指❶芥菜:~末|~子。用作“芥蒂”,表示❷梗塞的东西,比喻心里的嫌隙或不快:恨无乖崖老,一洗~蒂胸。古又特指❸芥末:脍,春用葱,秋用~。又指❹小草:覆杯水于坳堂之上,则~为之舟。又比喻❺细小的事物:子孙视之不甚惜,举以予人,如弃草~。

又读 gài,特指❻盖菜。

【组字】介,如今既可单用,也可作偏旁。现今归入人部。凡从介取义的字皆与人披甲等义有关。

以介作声兼义符的字有:芥、价、疥、界、蚧。

以介作声符的字有:阶、尬。

父 fù;fǔ
(斧、爸、爺、爷、把)

【字形】甲  金  篆 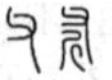 今篆 

隶 父爸爷爺斧

草 父爸爷斧

【构造】象形兼指事字。甲骨文象手持原始石斧形,表示这是石斧。金文画出石斧之形,更形象。篆文整齐化。隶变后楷书写作父。当是“斧”和“把”的初文。

【本义】《说文·又部》:“父,矩也,家长率教者。从又举杖。”析形是就篆文所作的解说,所释为引申义。本义当为斧子。

【演变】父,读 fù,本义指手持石斧。既表示斧子,也表示把持。石器时代,石斧是重要的生产工具,也是兵器,是权力的象征,自然由生活中主事的长者执掌,故用作名词,遂引申为❶对男性长辈的通称:既有肥羜,以速诸~|楚左尹项伯者,项羽季~也|祖~|伯~|叔~|舅~|姨~|岳~。后专指❷父亲:有夫妇,然后有~子|~之爱不足以教子|~母。又引申指❸禽兽中的雄性:牡,畜~也|猿~哀吟。

又读 fǔ,名词,表示❹对老人的尊称:~老何自为郎?又通“甫”,指❺对男子的美称:显~饯之,清酒百壶|余弟安国平~,安上纯~|尼~|尚~。又通称❻从事某种行业的人:有渔~者,下船而来|田~|樵~。

由于“父”字后来语音变化,父亲的意思便又另加声符“巴”“多”“耶”写作“爸”“爹”“爺”来表示。又由于“父”为引申义所专用,斧子之义便又另加义符“斤”写作“斧”来表示。而把持的意思则另造了“把”字来表示。参见把。

○爸,从父,巴声。读 bà,名词,本义指❶父亲:~~上班去了。方言中又指❷叔父:三~早就知道了。

〇爺,从父,耶声。如今简作爷,读 yé,名词,本义指❶父亲:从此替~征。引申泛指❷对长辈、神灵、尊贵者之称:威声日著,北方常尊惮之,必曰宗~|大~|少~|军~|佛~|王~。后特称❸祖父:~~奶奶。

〇斧,从斤从父会意,父也兼表声。读 fǔ,名词,本义指❶斧子:林木茂而~斤至焉|~正。又指❷古代一种兵器:偃也以~钺从于张孟。又转指❸一种刑具:孰与身伏~质(铁砧),妻子为戮乎?

【组字】父,如今既可单用,也可作偏旁。现今设有父部。凡从父取义的字皆与斧子或长辈男子等义有关。

以父作义符的字有:爷(爺)、爸、爹。

以父作声兼义符的字有:斧。

以父作声符的字有:釜。

从 cóng;zòng (從、縱、纵)

【字形】甲 金 篆 今篆 隶 从 從 纵 縱 草

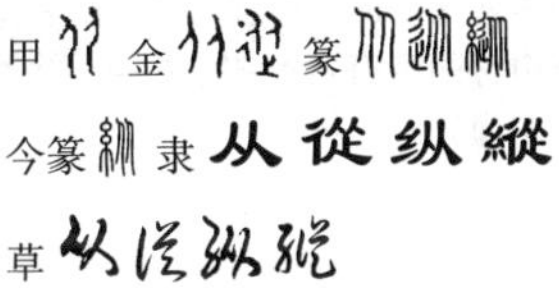

【构造】会意字。甲骨文从前后二人,会相跟随之意;也有作三人相随者。金文一形大同。篆文一形整齐化。隶变后楷书写作从。由于字形含义不够明显,金文二形遂另加义符辵(辶,走路),以突出跟随之义;篆文承之;隶变后楷书写作從。如今简化"從"仍用"从"表示。

【本义】《说文·从部》:"从,相听也。从二人。"所释为引申义。本义当为二人相随而行。

【演变】从,读 cóng,动词,本义为❶相跟随:子路~而后|张良是时~沛公。引申指❷追逐,追随:夏师败绩,汤遂~之|溯洄~之,道阻且长。又引申指❸顺从,听从:不~令者斩|~道不~君,~义不~父。又引申指❹参与,从事:古之~仕者养人,今之~仕者养己。又引申指❺采取:~速办理|~长计议。由跟从又引申指❻次要的,从属的:~犯|主~|~兄|~父。用作名词,指❼跟随的人:仆~|侍~。虚化为介词,表示❽由,自:~此道至吾军,不过二十里耳。用作副词,表示❾从来,向来:~无此理。

又读 zòng,前后相随形成纵行,故用作动词,表示❿纵向:衡~其亩|谋诈用,而~衡短长之说起。为了分化字义,此义后借用"縱"来表示,如今简作"纵"。

〇纵,从纟从从会意,从也兼表声。读 zòng,动词,本义为❶松开织机的杼听从其退去。引申指❷放走,释放:吾闻一日~敌,数世之患也|~虎归山。又引申指❸放任,不加拘束:意奋而笔~|~目远望|放~。又引申指❹猛然向前或向上跃起:~身跳下悬崖。由杼沿着经线前后来回动,又引申指❺纵向,直的,竖的:不别横之与~|~队。又虚化为连词,表示假设,相当❻即使:~江东父兄怜而王我,我何面目见之。

【组字】从,如今既可单用,也可作偏旁。现今归入人部。凡从从取义的字皆与跟随等义有关。

以从作义符的字有:并、從(从)。

以从作声兼义符的字有:丛、纵、怂、耸。

以从作声符的字有:苁、枞、疭。

爻 yáo

【字形】甲 金 篆 隶 草

【构造】象形字。甲骨文象算筹相交之形,表示交叉之义。金文多了两个筹码,其义不变。篆文承接甲骨文并整齐化。隶变后楷书写作爻。

【本义】《说文·爻部》:"爻,交也。象《易》六爻头(相)交也。"本义为算筹交叉。

【演变】爻,本义指❶算筹交叉。算筹是古人学习计算的工具,运用算筹交叉,可以产生出许多变化,是智慧明达的表现。所以遂借以表示❷构成《易》卦的长短不同的基本符号:~者,言乎变者也。后代算卦用的竹签就由此而来。《易》卦运用长短横道的不同错杂交叉来仿效天地的变化之象,故又引申为❸仿效:~也者,效此者也。又引申为❹错杂,淆(读 xiáo)乱。

爻,除了用以指"《易》卦的长短不同的基本符号"外,一般不单用。

【组字】爻，如今一般不单用，基本是作偏旁。现今归入丿部。凡从爻取义的字皆与交叉、明达、仿效、淆乱等义有关。
以爻作义符的字有：爻爻、楙、畟。
以爻作声兼义符的字有：教、學(学)、肴、驳。

仑 lún
(侖、倫、伦、崙、崘)

【字形】甲 金 籀 篆 隶 仑 侖 伦 倫 崘 草

【构造】会意字。甲骨文从亼(表聚集)，从册(编竹简)，会集合简牍编排次序之意。金文大同。籀文加了义符"竹"。篆文整齐化。隶变后楷书写作侖。如今简化作仑。注意：仑(侖)与仓(倉)不同。

【本义】《说文·亼部》："侖，思也。从亼，从册。"所释为引申义。本义当为编排完整，有次序条理。

【演变】仑，本义指❶编排完整，有次序条理。引申指❷伦理，思绪。由于"仑"作了偏旁，此二义后另加义符"亻"写作"倫"来表示，如今简作"伦"。由完整义，又用作"昆仑"，表示❸山名，含浑仑广大之义：黄帝游乎赤水之北，登乎昆~之丘。此义也写作"崐崘""崑崙"，如今简化仍作昆仑。

○伦，从亻从仑会意，仑也兼表声。读lún，本义指❶人际关系有次序条理：教以人~：父子有亲，君臣有义，夫妇有别，长幼有序，朋友有信|天~之乐。又泛指❷次序，条理：众异(事物间的差异)不得相蔽以乱其~也|语无~次。又引申指❸分类，类别：绝~超奇者为右|不~不类|无与~比。

【组字】仑，如今既可单用，也可作偏旁。现今归入人部。凡从仑取义的字皆与编排完整、有次序条理等义有关。
以仑作声兼义符的字有：论、伦、抡、沦、纶、囵、轮。

今 jīn
(歙、饮)

【字形】甲 金 篆 隶 今 草

【构造】象形字。甲骨文象口朝下伸舌的口形，当是甲骨文"歙"(像一人张口伸舌就坛子饮酒形，后简作饮)的省文。省去人和酉(坛子)，将口和舌简化，就成了甲骨文"今"。金文舌下垂，更像。篆文整齐化。隶变后楷书写作今。参见歙、饮。

【本义】《说文·亼部》："今，是时也。从亼，从乛。乛，古文及。"析形是就篆文所作的附会，所释也是引申义。本义当为饮。

【演变】今，本义指❶饮。由此时正喝，引申为❷现在：沛公~事有急|从古至~。又指❸现代：以古非~者族。又引申指❹即将，不久：吾属~为之虏矣。用作连词，表示❺假如：~王与百姓同乐，则王矣。

【组字】今，如今既可单用，也可作偏旁。现今归入人部。凡从今取义的字皆与口的行为等义有关。
以今作声兼义符的字有：吟、贪、念、歙(饮)。
以今作声符的字有：妗、岑、芩、金、衿、矜、铃、衾、琴、禽、黔。

凶 xiōng
(兇、恟、忷、讻、訩、詾、哅、汹、洶)

【字形】甲 金 篆 今篆 隶 凶 兇 恟 忷 汹 洶 讻 詾 哅 草

【构造】象形字。兇与凶是同一个字的分化，与嵏(zōng)同源，当是由夒发展来的。夒()象身体壮大、毛发披散而丑陋可怕的大猩猩形，用以表示凶恶之义。后来简化作，再进一步简化，只留下头和身子的轮廓，就成了甲骨文。金文大同，稍简。篆文一形整齐化。这从金文酘(酗，)字的偏旁可以得到证明。再将大头分离出来单独成字，就是篆文二形了。隶变后楷书分别写作兇与凶。如今规范化，兇也用凶表示。

【本义】《说文·凶部》："凶，恶也。象地穿交陷其中也。”解释为陷坑。不妥。又：“兇，扰恐也。从人在凶下。”解释为人因掉进陷坑而惊恐。析形都是就篆文所作的解说。本义当为因害怕而惊恐扰攘，表示凶险。

【演变】凶，古用以表示❶凶险，不吉利：应之以治则吉，应之以乱则～。作名词，指❷死丧、灾殃等不幸的事：我生之后，逢此百～｜夙遭闵～｜～宅。又特指❸收成不好：～岁，年谷不登｜～年。兇，古用以表示❹惊恐扰嚷：曹人～惧｜敌人而～，救败不暇，谁能退敌？此义后另加义符“忄”写作“恟”或“忷”。又引申泛指❺凶恶，残暴：穷～极恶｜～狠。又引申指❻关于杀伤的行为或行凶的人：你怎么步步行～？｜限了日期，要捉～身｜～手。又指❼凶恶、凶暴的人：当是时，～竖得志，士大夫皆丧其气矣｜元～｜群～。又引申指❽厉害，过分：风刮得真～｜你闹得太～了。如今规范化，以上各项引申义都用“凶”来表示。

〇恟，从忄，匈声。异体作忷，改为凶声，凶也兼表意。如今规范化用恟。读 xiōng，本义指❶恐惧，惊骇：京游步方振，谪梦意犹～｜上变于色，在列者咸～而退。又指❷喧扰的样子：争讼～～｜天下～～，群雄咆哮，日寻干戈。

音义相近的还有下边汹、讻二字。

〇汹，本作洶，从氵匈声，如今简化作汹，改为凶声，凶也兼表意。读 xiōng，本义指❶水势上涌：沸乎暴怒，～涌澎湃｜濞（大水暴发）～～其无声兮｜听波涛之～～。用作讻，又指❷骚动不安：每将兴工，市肆～动，公私骚然｜人心惊异如波涛然，～～靡定。

〇讻，从讠从凶会意，凶也兼表声。异体有訩、哅、說，今皆废而不用。读 xiōng，本义指❶众口纷喧：天下～～，未知孰是。又指❷争论是非：不告于～，在泮献功。又引申指❸祸乱：昊天不佣，降此鞠～。如今规范化，其义皆用“汹”来表示。

【组字】凶，如今既可单用，也可作偏旁。现今归入凵部。凡从凶取义的字皆与惊恐、扰嚷、祸殃等义有关。

以凶（兇）作声兼义符的字有：兇、讻、汹、恟。

以凶作声符的字有：匈。

分 fēn；fèn（份）

【字形】

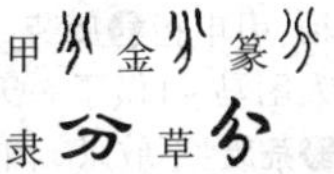

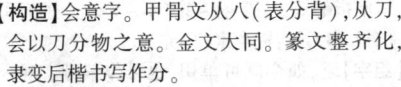

【构造】会意字。甲骨文从八（表分背），从刀，会以刀分物之意。金文大同。篆文整齐化，隶变后楷书写作分。

【本义】《说文·八部》：“分，别也。从八，从刀，刀以分别物也。”本义为分割，分开。

【演变】分，读 fēn，本义指❶分割，分开：方以类聚，物以群～｜～类｜～工｜～散｜区～｜～配｜～担｜～解。引申指❷辨别：四体不勤，五谷不～｜～辨｜～明｜～析。分则成两半，故又引申指❸半：自非亭午夜～，不见曦月。春分和秋分是春季和秋季的一半，故又指❹春分，秋分：凡～、至、启、闭，必书云物。用作名词，指❺分出的部分，分支：燕，周之～子也｜～队｜～局｜～会｜～子。又引申指❻各种单位：过去一个冰棍儿三～钱｜这篇作文用了五十～钟｜三～天资，七～努力｜百～之一｜考试得了一百～。

又读 fèn，由划分，引申指❼划定的范围、界限，规定给每个人的本分、义务、职分、名分：四国皆有～，我独无有｜身～｜～内｜～外｜恰如其～｜知识～子。又引申指❽成分：水～｜养～｜盐～。又指❾整体里的一部分。注意：这类意思，后借用“份”来表示。如“股份、月份、省份、两份礼物”。参见斌。

【组字】分，如今既可单用，也可作偏旁。现今归入刀部。凡从分取义的字皆与分开等义有关。

以分作声兼义符的字有：纷、贫、颁、盼、粉。

以分作声符的字有：份、邠、汾、吩、芬、扮、坌、忿、攽、玢、氛、盆、酚、棼、雰、鼢。

乏 fá

【字形】

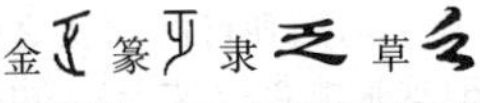

【构造】会意字。金文与“正”（远征）同形而稍加歪斜不正，以会远征无获而疲劳罢征之意。篆文变为反“正”，使不正（征）之意更为明显。隶变后楷书写作乏。

【本义】《说文·正部》："乏，《春秋传》曰：'反正为乏。'"本义为因远征无获而劳乏罢征。

【演变】乏，由本义罢征，引申指❶疲劳：因其劳~而乘之，可以胜｜人困马~｜做了一天，身子也~了。又引申指❷荒废：不敢以~国事。又引申指❸缺少：匮~｜~味｜不~人才。进而引申指❹无能：资本家的~走狗。

【组字】乏，如今既可单用，也可作偏旁。现今归入丿部。凡从乏取义的字皆与劳乏等义有关。

以乏作声符的字有：泛、窆、贬、砭、眨。

公 gōng

【字形】甲　金　篆　隶　草

【构造】会意字。甲骨文从口（器皿），从八（分），会平分器皿中东西之意。金文大同。篆文整齐化，盆形讹为厶。隶变后楷书写作公。

【本义】《说文·八部》："公，平分也。从八，从厶。八，犹背也。韩非曰：'背厶为公。'"析形是就作者当时的社会思想所作的解说。本义为平分。

【演变】公，由本义平分，引申泛指❶公平，公正：以~灭私，民其允怀｜办事~道｜~买~卖。由公正又引申指❷公然，公开：以故楚盗~行｜~然抱茅入竹去｜~布｜~报。又引申指❸共同：此心术之~患也｜~约｜~议｜~推｜~式。由共同又引申指❹公家，公众的：雨我~田，遂及我私｜~家之利，知无不为，忠也｜~事~办｜一心为~｜大~无私｜~仆｜~物｜~海｜~历。古代又指❺爵位的第一等：王者之制爵禄，~、侯、伯、子、男，凡五等。又用作❻诸侯国君或朝廷高官的通称：~言赐爵｜太师、太傅、太保，是为三~｜太史~。又引申为❼对男子的尊称：~为我献之｜衮衮诸~。又引申称❽亲属中的尊长：子之~（祖父）不有恙乎？｜家~（父）执席｜便可白~（夫之父）姥，及时相遣归｜这是她老~（丈夫）。由男性尊称又引申指❾雄性禽兽：~牛｜~鸡。

【组字】公，如今既可单用，也可作偏旁。现今仍归入八部。凡从公取义的字皆与公正、公开等义有关。

以公作声兼义符的字有：讼、衮。

以公作声符的字有：忪、松、瓮、蚣、颂、翁。

仓 cāng
（倉、舱）

【字形】甲　金　篆
隶　草

【构造】象形兼会意兼形声字。甲骨文一形象粮仓形，上为仓顶，下为仓体，中从爿声，也兼表墙之意；二形爿讹为进出的门。金文承甲骨文二形大同。篆文承金文并整齐化。隶变后楷书写作倉。如今简化作仓。

【本义】《说文·倉部》："倉，谷藏也。仓黄取而藏之。故谓之仓。从食省，口象仓形。"析形不确。本义为粮仓。

【演变】仓，本义指❶粮仓：我~既盈｜六月禾未秀，官家已修~。引申泛指❷储藏物品的地方：盐~｜货~。又特指❸船舱：船~周围各五尺。此义后作"舱"。又借作"苍"，表示❹青色：驾~龙，载青旗。又用作人名，指❺仓颉：古者~颉之作书也，自环者谓之私，背私谓之公。参见颉。

【组字】仓，如今既可单用，也可作偏旁。现今归入人部。凡从仓取义的字皆与储藏等义有关。

以仓作声兼义符的字有：枪、舱。

以仓作声符的字有：伧、创、抢、苍、沧、怆、呛、戗、炝、玱、鸧、疮、跄。

月 yuè

【字形】甲　金　篆
隶　草

【构造】象形字。甲骨文中月与夕相同，皆象半月之形，因为月亮缺时多，圆时少；后逐渐分开，其中加点的为月，不加点的为夕。金文大同。篆文整齐化。隶变后楷书写作月。由于篆文"肉"与"月"形近，隶变后"肉"作左旁时本写作⺼，中间是像两点水样的两小点，与月亮的"月"中间是两短横不同，但在实际运用中难以做到，俗便也写作了月，遂与当月亮讲的“月”混同。故现在字典里从月旁的字,多数并不从月,而是由肉、舟或丹(如青)变来的。参见夕、肉、舟、丹。

【本义】《说文·月部》:“月,阙(缺)也。太阴之精。象形。”本义为月亮。

【演变】月,本义指❶月亮:匪东方则明,~出之光|~球|~相。又指❷月光:落~满屋梁,犹疑照颜色。月相变化,由圆到缺,一年十二次,每个周期为一月,故引申指❸月份,一月的时间:一日不见,如三~兮|~票|~刊。又指❹每月:族庖~更刀。又引申指❺形色像月的:夫加之以衡扼,齐之以~题(当额处月形的佩饰)|~门|~白色。

【组字】月,如今既可单用,也可作偏旁。现今仍设月部。凡从月取义的字皆与月相、光亮等义有关。注意:现在字典里从“月”旁的字,多数并不从月,而是由“肉”或“舟”变来的。参见肉(月)、舟。

以月作义符的字有:明、朒、朏、胧、朗、朓、朔、朗、望、閒(闲)、期、朝、朞、朢、朣、朤、霸、朦。

以月作声符的字有:刖、玥、钥。

氏 shì (氏)

【字形】甲 金 篆 隶 草

【构造】象形字。氏与氐同源。甲骨文象种子初萌长出一芽一根形。金文大同,种子又长出一根。篆文承接金文并整齐化。隶变后楷书写作氏。

【本义】《说文·氏部》:“氏,巴蜀名山岸胁之旁箸欲落堕者曰氏。氏崩声闻数百里。象形,乀声。”析形、释义皆不确。本义当为根柢。

【演变】氏,本义指根柢。上古时代姓是族号,氏是姓的分支,用以区别子孙之所由出生。人们的姓氏标志着祖宗的来源,也是一种根柢,故引申指❶古代贵族表示宗族系统的称号:三代之前,姓~分而为二。男子称~,妇人称姓。~所以别贵贱。贵者有~,贱者有名无~|天子建德,因生以赐姓,胙之土而命之~|或~(以……为氏)其官,或~其事,或~王父字者何?所以别诸侯之后,为兴灭国继绝世也|姓~之称,自太史公始混而为一。由此,远古传说中的人物、国名、国号或朝代后多系以❷氏:伏羲~|神农~|夏后~。又用以称❸古代少数民族支系:鲜卑族有慕容~、拓跋~、宇文~。又作为❹对世业职官或学有专长者的尊称:太史~|老~|摄~温度计。旧时又用作❺对已婚妇女的称呼:王~|张王~(父姓王,夫姓张)。

“氏”为引申义所专用,根柢之义便用“氐”来表示,意谓根扎到了地下。参见氐。

【组字】氏,如今既可单用,也可作偏旁。现今仍设氏部。凡从氏取义的字皆与根柢、抵地等义有关。

以氏作义符的字有:氒。

以氏作声兼义符的字有:扺、纸、衹、舐。

以氏作声符的字有:芪、胝。

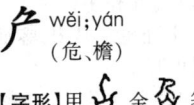

乍 bǎo

【字形】篆 隶 草

【构造】会意字。篆文从匕(表示比并),从十(表示物数),会物数相比次之意。古代令五家为比,故从匕,二五为十,故从十,使之相保。所以“乍”是保甲之“保”的本字,“保”是借字。隶变后楷书写作乍。

【本义】《说文·匕部》:“乍,相次也。从匕,从十。”本义为互相保任担保。

【演变】乍,本义指互相保任担保。其义后借“保”来表示,“乍”则只作偏旁。参见保。

【组字】乍,如今不单用,只作偏旁。现今仍归入匕部。凡从乍取义的字皆与保任等义有关。

以乍作声兼义符的字有:鸨。

产 wěi;yán (危、檐)

【字形】甲 金 篆

隶 草

【构造】会意字。甲骨文从人在山,会在高危险之意,只是将人身与山峰相连了。金文人与山未连。篆文改为从人在厂(山崖,也表棚屋)上,其义不变。隶变后楷书写作产。是

"危"的本字。参见危。或说“ ”是古代的攲器形,表示倾斜,可备一说;然即定为“厃”字,恐有些牵强。观此形与“厃”相差甚远,篆文即使讹误,也应有蛛丝马迹可寻。

【本义】《说文·厂部》:“厃,仰也。从人在厂上。一曰屋梠(檐)也。”本义为高险。

【演变】厃,读 wěi,本义指❶高险。又指❷装在屋檐口的横木。

又读 yán,装在屋檐口的横木高危,故引申指❸屋檐。

由于“厃”作了偏旁,高险之义后便由“危”来表示。屋檐之义则以“詹”为基础另加义符“木”写作“檐”来表示。

○檐,从木詹声。异体作簷,从竹。读 yán,本义为❶屋檐:榆柳荫后~,桃李罗堂前|廊腰缦回,~牙高啄|茅~低小,溪上青青草|飞~走壁|房~|廊~。引申指❷某些东西旁边伸出像屋檐的部分:时逆帽~风刮顶,旋呵鞭手冻粘须|或纱冠,制如乌纱帽,无~|炕~。又特指❸檐下的平台或走廊:王背~而立,大夫向~。

【组字】厃,如今不单用,只作偏旁。现今仍归入厂部。凡从厃取义的字皆与高险、屋檐等义有关。

以厃作声兼义符的字有:危、詹。

𠂔 zǐ (朿)

【字形】甲 篆 隶 𠂔 草 𠂔

【构造】象形兼指事字。甲骨文从𣎳,象草木生土上繁茂披拂的样子,从一,象征阻止生长的符号,以指明阻止其生长之意。篆文线条整齐化。隶变后楷书写作朿 。俗作𠂔。

【本义】《说文·𣎳部》:“𠂔,止也。从𣎳,盛而一横止之也。”本义为阻止生长。

【演变】𠂔,本义为❶阻止生长。引申泛指❷停止。

【组字】𠂔,如今不单用,只 作偏旁。现今仍归入丿部。凡从 𠂔取义的字皆与盛、止等义有关。

以𠂔作声符的字有:姊、秭、第。

勿 wù (物)

【字形】甲 金 篆 勿物

隶 勿物 草 勿物

【构造】象形字。甲骨文象云层间射出阳光形,用以表示云的形色。金文大同。篆文整齐化。隶变后楷书写作勿。

【本义】《说文·勿部》:“勿,州里所建旗。象其柄,有三游,杂帛,幅半异。所以趣民,故遽称勿勿。㫙,勿或从㫃。”析形、释义是就当时的社会思想所作的解说。本义当为云的形色。

【演变】勿,本义指❶云的形色。云是飘忽不定的,故用作“勿勿”,引申指❷急速。后来“勿”借用作副词,表示禁止,相当于❸不要:百亩之田,~夺其时,数口之家可以无饥矣。也表示一般的否定,相当于❹不:为表不必三让,又~得浮华。

“勿”为借义所专用,形色之义便由“物”字来表示,急速之义便借用“匆”或“忽”来表示。参见匆、忽。

○物,从牛从勿会意,勿也兼表声。读 wù,本义为❶杂色牛,也泛指杂色物:三十维~(牛羊的毛杂色),尔牲则具|赐宅一区,马四匹,~(杂色帛)六百段。又用为“勿”,指❷形色:以五云之~,辨吉凶水旱,降丰荒之祲象。由各种形色,引申指❸万物:方以类聚,~以群分|~极必反。又引申指❹具体的物品:君子之于~也,爱之而弗仁|价廉~美|~归原主。又引申指❺自己以外的人、事、物等社会外界环境:近取诸身,远取诸~|人心之动,~使之然也|安能以身之察察,受~之汶汶(mén,玷辱)者乎?又引申指❻神灵,精怪:怪~|神~。又引申指❼具体的内容:(文)体有万殊,~无一量|空话连篇,言之无~。又特指❽人,众人:夫有尤~,足以移人,苟非德义,则必有祸|~望所归|待人接~。用作动词,由形色引申又指❾物色,观察:欲知天道察其数,欲知地道~其树,欲知人道从其欲。

【组字】勿,如今既可单用,也可作偏旁。现今归入勹部。凡从勿取义的字皆与云的形色等义有关。

以勿作义符的字有:昜。

以勿作声兼义符的字有：物、忽、旆。
以勿作声符的字有：刎、芴、囫、吻、瘀、笏。

欠 qiàn

【字形】甲　金　古　篆　隶欠　草

【构造】象形字。甲骨文象人张口出气打呵欠形。金文和古文大同。篆文将口讹为三缕气。隶变后楷书写作欠。

【本义】《说文·欠部》："欠，张口气悟也。象气从人上出之形。"本义为打呵欠。

【演变】欠，本义指❶打呵欠：志倦则～，体倦则伸。打呵欠时往往张臂伸腰，故又引申为❷身体微微抬起：～身施礼。气出则不足，又引申为❸不足，缺乏：万事俱备，只～东风｜～妥｜～佳｜每斤～二两。又引申为❹亏别人的钱、物未还：～钱的拿钱来，～命的拿命来。缺心眼即傻，而傻子又常呈张嘴之状，故又引申指❺痴呆，缺心眼：君休～，何故苦厌厌｜我又不风（疯）不～不痴呆。

【组字】欠，如今既可单用，也可作偏旁。现今仍设欠部。凡从欠取义的字皆与张口出气的行为等义有关。

以欠作义符的字有：次、欢、次、欤、饮、吹、欧、欣、欥、欹、敏、欲、歂、欬、欭、欶、故、歔、欲、歊、欱、歇、欶、歃、欲、欸、款、欺、歆、钦、歀、歘、欱、款、歁、歂、歅、歇、敌、敫、歆、歌、歈、歉、歊、歋、歎（叹）、歔、歊、歔、歖、歘、歗、歜、歠、歃、歊、歙。

以欠作声符的字有：芡、坎、肷、软、砍。

风 fēng （風、鳳、凤）

【字形】甲　金　古　篆　隶风風凤鳳　草

【构造】象形字。甲骨文和金文皆借凤表示，象一只高冠、花翎、长尾的鳳（凤）鸟形，有的另加声符"凡"。凤为百鸟之王，风难以表现，大概凤飞众鸟随从而生风，遂借凤表示风。为了分化字义，古文另造了从日凡声并带有象征空气流动符号的凬（风）字，风则在甲骨文的基础上作了简化。篆文根据当时的社会思想认识遂分化为两个字，一个从虫凡声，风动虫生，故借以表示風（风）；一个从鸟凡声，表示鳳（凤）。隶变后楷书分别写作風和鳳。如今分别简化作风和凤。

【本义】《说文·風部》："風，八风也。东方曰明庶风，东南曰清明风，南方曰景风，西南曰凉风，西方曰阊阖风，西北曰不周风，北方曰广莫风，东北曰融风。风动虫生，故虫八日而化。从虫，凡声。"这是根据当时的社会思想认识所作的解说。本义为空气流动的现象。又《鸟部》："鳳，神鸟也。天老曰：鳳之象也，鸿前麟后，蛇颈鱼尾，鹳颡鸳思，龙文虎背，燕颔鸡喙，五色备举。出于东方君子之国，翱翔四海之外，过昆仑，饮砥柱，濯羽弱水，莫宿风穴，见则天下大安宁。从鸟，凡声。"本义为雄凤。据今人研究，传说中的龙凤，实乃生活在雷泽地区的鳄鱼和鸵鸟。传说凤皇高丈二，自歌自舞，见则天下安宁。《尔雅·释鸟》郭璞注："凤，瑞鸟。鸡头，蛇颈，燕颔，龟背，鱼尾，五彩鸟，其高六尺许。"这显然是鸵鸟的形象。根据动物学的研究，鸵鸟能辨别音乐，并且极善舞蹈，这就是说，鸵鸟恰恰就是神话传说中的那种"自歌自舞"的"五彩鸟"凤的形象。这样，龙和凤，实乃鳄鱼和鸵鸟的神化，它们都在山东鲁西鄄城古雷泽一带生存过，只是周秦以后绝灭了。从龙凤的神话传说中不难看出，神话不过是远古人类现实生活经验的一种升华。

【演变】风，读 fēng，本借用凤来表示。后另造了"风（風）"，专用以表示❶空气流动的现象：～雨凄凄｜～驰电掣。引申指❷像风一样能流动传播影响广大的风气，风习：是故闻其声而知其～，察其～而知其志｜移～易俗。又引申指❸作风，风度：亦尝侧闻长者之遗～矣｜（裴）楷～神高迈，容仪俊爽｜整～｜学～。又引申指❹消息，风声：闻～而动｜透出口～。音乐能动人，对人有教化作用，犹如风之动物，故又用以称❺地方的乐调：乐采土～，不忘旧也｜国～。又泛指❻民歌，民谣：匹夫庶妇，讴吟土～。又特指❼兽类雌雄相诱：牛马其～｜～马牛不相及。

○凤,读 fèng,专用以表示❶雄凤(雌称凰):~凰于飞。引申比喻❷有圣德的人或帝王:~兮~兮,何德之衰!|~诏裁成当直归。又比喻❸婚姻关系中的男方:~兮~兮归故乡,游遨四海求其凰。

【组字】风,如今既可单用,也可作偏旁。现今仍设风部。凡从风(風)取义的字皆与空气流动现象等义有关。

以风(風)作义符的字有:飐、凬、飑、飔、飕、飒、飐、飑、疯、飕、飐、飗、飖、飚、飏、飓、飔、飕、飖、飗、飘、飕、飖、飗、飘、飘、飙、飚、飙、飚、飝、飍。

以风(風)作声兼义符的字有:讽。

以风(風)作声符的字有:沨、枫、砜。

丹 dān

【字形】甲 金 篆 隶 丹 草

【构造】指事字。甲骨文从井,一点表示矿井中有丹砂矿石。金文和篆文大同。隶变后楷书写作丹。

【本义】《说文·丹部》:"丹,巴越之赤石也。象采丹井,一象丹形。"本义为丹砂,即朱砂。

【演变】丹,本义指❶朱砂:~可磨也,而不可夺赤。引申指❷红色:积尸草木腥,流血川原~|荔枝~兮蕉黄|~枫。又比喻❸赤诚:人生自古谁无死,留取~心照汗青。道家炼药多用朱砂,故又指❹所炼的药:以其炼~秘术授弟子郑隐。又特指❺依成方制成的颗粒状、粉末状的中药:灵~妙药|丸散膏~|八卦~。

【组字】丹,如今既可单用,也可作偏旁。现今归入丶部。凡从丹取义的字皆与红色等义有关。

以丹作义符的字有:彤、雘。

以丹作声符的字有:坍、旃。

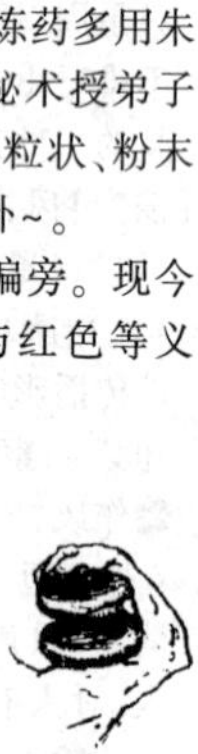

匀 yún

【字形】金 篆 隶 匀 草

【构造】会意字。金文是臂弯里有二物形。篆文将臂弯讹为从勹(人有所包形,表周匝),从二,会平均二分之意。隶变后楷书写作匀。

【本义】《说文·勹部》:"匀,少也。从勹、二。"此为引申义。本义当为平分。

【演变】匀,由本义平分,引申泛指❶分出,让出:不假东风次第吹,笔~春色一枝枝|让人~出一匹马给他骑。又引申指❷均等:肌理细腻骨肉~|颜色涂得不~|均~。用作动词,表示❸涂抹使均匀:细~铅粉。

【组字】匀,如今既可单用,也可作偏旁。现今仍归入勹部。凡从匀取义的字皆与均等之义有关。

以匀作声兼义符的字有:旬。

以匀作声符的字有:昀、韵、均、钧。

乌 wū

(烏、鴉、鸦、雅)

【字形】金 篆 今篆 隶 乌 烏 雅 鸦 鴉 草

【构造】象形字。金文象乌鸦张口伸颈扇翅鸣叫之形,这是乌鸦与他鸟不同的特点,故以此表示乌鸦。篆文变为一般鸟形,只是没有画出眼睛,因为乌鸦全黑,眼睛与毛色一样,显示不出,以此表示乌鸦,也颇有道理。隶变后楷书写作烏。如今简化作乌。乌与於同源。参见於。

【本义】《说文·乌部》:"烏,孝鸟也。象形。孔子曰:'烏,盱呼也。'取其助气,故以为烏呼。"本义为乌鸦。传说乌鸦有反哺之义,羔羊有跪乳之恩,故乌称孝鸟。孔子说:"乌,闭目哀叫。"因乌这种孝鸟常在病患的弥留之际哀叫助气,所以人们称丧命为"乌呼"。

【演变】乌,本义指❶乌鸦:莫赤匪狐,莫黑匪~|~合之众。引申指❷黑色:~云|~鸡。古代神话传说太阳中有三足乌,故遂成为❸太阳的代称:兔走~飞,白发来催。乌鸦好叫,遂借为叹词,表示❹感叹:~乎。此义后写作"呜"。又用作副词,表反问,相当于❺何,哪:仅足自卫,~敢犯人。

由于语音的演变,为标明读音,后来又造了形声字"鸦""雅"。如今规范化专用"鸦"来表示乌鸦。"雅"则专用以表示由纯黑引申出的纯正、高尚、美好等义。

○雅，从隹牙声，牙也兼表鸣声似“牙”音。读 yǎ，本义指❶乌鸦：绕岸饥～啼。由乌鸦的纯黑引申为❷纯正，正：子所～言（标准语），诗、书、执礼，皆～言也。西周朝廷庙堂演奏的有关政教方面的诗篇相对于民歌来说属于纯正的，故《诗经》中演唱的这部分乐歌称为❸雅乐，即雅正之乐，包括大雅、小雅，六义之一：～者，正也，言王政所由废兴也；政有大小，故有小～焉，有大～焉。雅乐用于朝廷，故又引申❹高尚，不粗俗：当今天下大乱，～道凌迟｜高～｜文～｜～座。又用作❺敬词：敬请～正。由高洁又引申指❻平素：～闻衡善术学。用作副词，又表示❼很，极：～以为美。

“雅”为引申义所专用，乌鸦之义便由“鵶”来表示。如今简作鸦。

○鸦，从鸟牙声，牙也兼表鸣声似“牙”音。读 yā，本义指❶乌鸦：佛（bì）狸祠下，一片神～社鼓｜枯藤老树昏～，小桥流水人家｜～雀无声｜寒～。又形容❷妇女鬓发乌黑，或指代黑发：单衫杏子黄，双鬓～雏色｜仙肌胜雪，宫髻堆～。用作“涂鸦”，比喻❸书法拙劣或胡乱写画：涂抹诗书如老～｜涂～之作。

【组字】乌，如今既可单用，也可作偏旁。今烏归入火部，乌归入丿部。凡从乌（烏）取义的字皆与鸟、黑色等义有关。

以乌作义符的字有：焉、舃。

以乌作声兼义符的字有：鸣、鸽。

以乌（烏）作声符的字有：邬、坞、摀（捂）。

印 yǎng；áng
（仰、昂、昴）

【字形】甲  金  古  篆 

隶 印仰昂昴

草 印仰昂昴

【构造】会意字。甲、金、古、篆文皆为左从立人，右从跪而仰望之人，会翘首仰望之意。隶变后楷书写作印。是“仰”的本字。

【本义】《说文·匕部》：“印，望欲有所庶及也。从匕，从卩。”本义为翘首仰望。

【演变】印，读 yǎng，本义指❶翘首仰望，向上：～明月而太息兮，步列星而极明｜～视天，俯画地。引申指❷仰慕：高山～止｜重耳之～君子也。又引申指❸仰仗：若黍苗之～阴雨也｜上足～则下可用也。此类意思后另加义符“亻”写作“仰”来表示。

又读 áng，向上看就要抬起头，故引申指❹抬起，扬起：辕门，～车以其辕表门。又引申指❺高，情绪高，价格高：本地～燥｜～然有不可犯之色｜万物～贵。此类意思后又另加义符“日”写作“昂”来表示。又借指❻我：～须室人，一往不还。

○仰，从亻从印会意，印也兼表声。读 yǎng，本义指❶翘首仰望：～以观于天文，俯以察于地理｜～面朝天｜～卧。由仰视崇高的人，引申指❷敬慕：昔尧殂之后，舜～慕三年｜久～｜敬～｜～慕。由仰慕又引申指❸仰仗，仗恃：五谷者，民之所～也｜～赖｜～给。由仰慕，旧又引申用作公文敬辞，表示❹恭敬与切望：～即遵照｜～祈。

○昂，从日从印会意，印也兼表声。读 áng，本义指❶抬起，举起：柳树得春风，一低复一～｜～起头来｜～首阔步。引申指❷升高，高涨：谷价低～，一贵一贱｜～贵｜激～慷慨。

注意：昂与昴不同。

○昴，从日，卯声。读 mǎo，本义为星名。为二十八宿之一，即昴宿。传说汉相萧何为昴星精转世，后因借为颂人之辞：日短星～，以正仲冬｜～宿垂芒，德精降祉。

【组字】印，如今一般不单用，只作偏旁。现今归入卩部。凡从印取义的字皆与翘首仰望等义有关。

以印作声兼义符的字有：仰、迎、昂。

尥 pāo
（抛）

【字形】古  篆  隶 尥抛 草 尥抛

【构造】形声兼会意字。从古文和篆文“抛（[illegible]）”的偏旁看，从九（表示手揪住），从力，会用力弃掷于地下之意，力也兼表声。隶变后楷书写作尥。

【本义】《字汇补·力部》：“尥，郎直切，音力。义阙。见《篇海》。”没作解说。《说文新附·手部》：“抛，弃也。从手，从尤，从力；或从手，

尥声。"据字形分析,《说文新附》拟为"从尤,从力",宜为"从尢,从力"。"尥"应是"抛"的本字。本义为扔弃。

【演变】尥,本义指扔弃。由于表义不够明确,俗便另加义符"扌"写作"抛"来表示。

○抛,从扌从尥会意,尥也兼表声。读pāo,本义指❶扔,掷:田夫~秧田妇接,小儿拔秧大儿插|~砖引玉|~锚|~售。此义古代写作"抱"。参见"抱"。引申也指❷撇开,舍弃:~家出走|长~簪绂裹头巾。又引申指❸显露:~头露面。

【组字】尥,如今不单用,只作偏旁。现今归入力部。凡从尥取义的字皆与扔弃等义有关。以尥作声兼义符的字有:抛、轴。

勾 gōu;gòu
(句、鉤、鈎、钩)

【字形】甲 金 篆 今篆 

隶 勾钩鉤鈎 草 勾钩

【构造】会意兼形声字。勾是"句"字的俗写,本为一字。甲骨文从口(表语声),从丩(表勾曲),会言语勾曲之意,丩也兼表声。金文将口移到下边。篆文整齐化。隶变后楷书写作句。为了区分字义,语句之义仍用"句"来表示,勾曲之义俗遂变写作"勾"来表示。

【本义】《说文·句部》:"句,曲也。从口,丩声。"本义为语句勾曲。

【演变】句,本读gōu,既表示弯曲义,也表示语句义。为了分化字义,后来语句义变读为jù,仍用"句"来表示;勾曲义则仍读gōu,变形为"勾",以相区别。所以"勾"本义为❶弯曲:倨(直)中矩,~中钩|(老鹰)~爪如银尖且利。用作动词,引申指❷用笔画钩,表示批改、删除或截取:谢安已令吏部郎袁彦伯撰策文,文成,安辄~点,令更治改|一笔~销|在要的前边画~。又指❸描画,画出轮廓:~画|~边|~脸|~缝。由勾曲又引申指❹招引,勾结:偶沾风寒,~起旧病|受人~引至此|~~搭搭|外~英夷国,内纠贪佞臣。又指❺拘捕:~魂。又指❻调和使粘:~芡|~卤。又用为❼数学名词:~股弦。

又读gòu,用于"勾当",本为动词,指❽办理:事无大小,士彦一委仲举,推寻~当,丝发无遗。后用为名词,指❾所办之事(今指坏事):你问问他干的~当,可饶不可饶?

为了分化字义,后来具体意义上的曲钩之义便用"鉤"来表示,如今简化作钩。

○钩,从钅从勾会意,勾也兼表声。异体作鈎。如今皆简化作钩。读gōu,本义指❶钩子:满堂之坐,视~(衣带钩)各异,于环带一也。引申泛指❷像钩的东西:锦带佩吴~(弯刀)。用作动词,指❸钩取,探取:或以戟~之断肘而死|~玄提要|~深致远|~沉。钩子可以悬挂物体,故又引申指❹联系,牵连:上下~连|~心斗角。

【组字】勾,如今既可单用,也可作偏旁。现今归入勹部。凡从勾取义的字皆与勾曲等义有关。以勾作声兼义符的字有:钩。

以勾作声符的字有:沟、苟、构、购。

殳 shū
(投、杸)

【字形】甲 金 篆 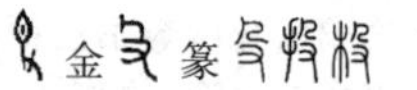

隶 殳投杸 草 殳投杸

【构造】会意字。甲骨文象手持一长把圆头兵器有所捶击形,表示投掷之义。金文大同稍讹,圆头简化。篆文承金文并整齐化。隶变后楷书写作殳。

【本义】《说文·殳部》:"殳,以杸殊人也。《礼》:'殳以积竹,八觚(棱角),长丈二尺,建于兵车,车旅贲以先驱。'从又,几声。""几"非声,析形不确。本义为投掷。

【演变】殳,本义指❶投掷。用作名词,指这种掷击用的❷古代兵器:伯也执~,为王前驱。

"殳"作了偏旁,掷击之义便又另加义符"扌"写作"投"来表示,兵器之义则另加义符"木"写作"杸"来表示。

○投,从扌从殳会意,殳也兼表声。读tóu,本义指❶投掷:取彼谮人,~畀豺虎|~石问路|~弹。引申指❷投入,参加:不见篱间雀,见鹞自~罗|弃暗~明|~资|~军|~票。又引申指❸抛弃:以谏争不合,~传(做官的符信)而去|~笔从戎。又引申指❹寄送:~刺辕门,便蒙引见|~递|~书|~稿。又引申指❺投

靠：~亲靠友|飞鸟~林|走~无路。又引申指❻双方相合：情~意合|~其所好|~合。由投掷，又引申指❼射向：~影|~以赞许的目光。

○杸，从木从殳会意，殳也兼表声。读shū，本义指一种掷击用的古代兵器：执羽从~。

【组字】殳，如今很少单用，一般只作偏旁。现今仍设殳部。凡从殳取义的字皆与掷击、兵器、操持等义有关。

以殳作义符的字有：役、殴、段、殸、投、股、殺(杀)、毃、殿、殼、觳、毅(潘)、殽、毄、毁、殿、毂、敲(敲)、毅、毈、毃。

以殳作声兼义符的字有：投、杸、骰。

以殳作声符的字有：股、羖。

𠬛 mò (叟、殳、沒、没、殁)

【字形】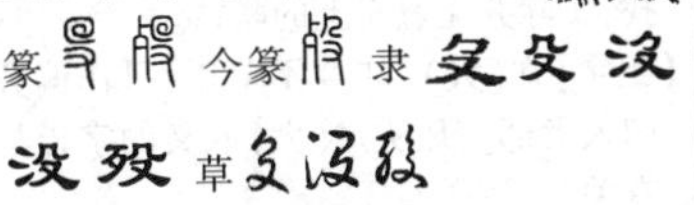

【构造】会意字。篆文上从回(洄水)，下从又(手)，会手入水下有所取之意。隶变后楷书写作叟。俗写作𠬛。作偏旁时又误作殳。

【本义】《说文·又部》："叟，入水有所取也。从又在回下。回，古文回。回，渊水也。"本义为手入水中有所取。

【演变】𠬛，读mò，本义指手入水中有所取。

由于𠬛作了偏旁，其义便另加义符"氵"写作"溲"来表示。后讹作"沒"。俗写作"没"，如今规范化为正体。

○没，从氵从𠬛会意，𠬛也兼表声。读mò，本义为❶入于水中：其子~于渊，得千金之珠。引申指❷沉没：始浮，行数里乃~。又引申指❸隐没不露，消失，埋没：以为虎而射之，中石~镞|神出鬼~|出~不定|积雪~胫。又引申指❹漫过：高粱长得都~了人头。又指❺把财物扣下：~收赃款。由消失又引申指❻终，尽：山川悠远，曷其~矣？又特指❼终生，去世：君子疾~世而名不称焉|~齿不忘。此义后写作"殁"。

又读méi，沉入水中则不见，引申为❽没有：他~姐姐。又表示❾未曾：他~去过北京。又表示❿不到：还~一米高。

又读me，古作代词，表疑问，相当⓫什么：佛是谁家种族？先代有~家门？又表指示，相当于⓬这么，那么：早知到~艰辛地，悔不生时作福田。用作语助词，用于句中，表示⓭语气的顿宕：小生~叫做柳梦梅。用作后缀，表疑问，相当于⓮么：前生为什~不修行？|是甚~人？

○殁，本作歾，从歹(伤残)从𠬛会意，𠬛也兼表声。俗作殁，读mò，本义指死：其身未~，诸侯倍(背)叛。

【组字】𠬛，如今不单用，只作偏旁。现今仍归入又部。凡从𠬛取义的字皆与沉没等义有关。

以𠬛作声兼义符的字有：没(没)、殁(殁)。

夃 gǔ;yíng (汩、汨、沽、酤、盈、赢)

【字形】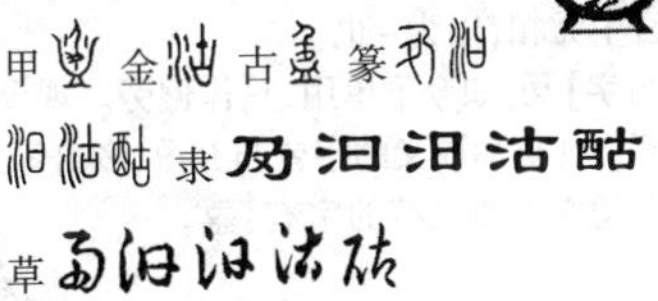

【构造】会意字。夃当是上列甲骨文(盈)的省文，用人在盆中洗浴会水满溢出之意。古文省去水。篆文进而省去盆，并将人足上移至胸前，遂讹为从乃(奶的侧视形)，从夂(脚，表示流动)，成了奶水充盈自动流出，即俗所谓奶惊。隶变后楷书写作夃。其实是"盈"的省形，是"汩"的会意字。

【本义】《说文·夂部》："夃，秦以市买(卖)多得为夃。从乃，从夂。益至也。"析形不清，所释为引申义。本义当为"盈"的省形，表示水满溢出。

【演变】夃，读gǔ，本义指❶水满溢出。

又读yíng，引申指❷买卖多得利。

由于夃作了偏旁，流出之义便用"汩"来表示，买卖之义则借"沽"来表示，多得利之义则借"盈"或"赢"来表示。参见盈、赢。

○汩，从水，曰(yuē)声。读gǔ，本义指❶治水使通流：不任~鸿(洪水)，师(众)何以尚(举荐)之？引申指❷淹没：(龙)感震雷，神变化，水下土，~陵谷。又引申指❸水疾流的样子：浩浩沅湘，分流~兮。又泛指❹迅疾：悲风

~起。用作象声词,表示❺水流的声音:源流泉滂,冲而徐盈,混混~~,浊而徐清。

注意:汩与汨不同。

○汨,从水,日声。读mì,本义为水名。湘江支流。发源于江西省,流入湖南省,与罗水合流称汨罗江:悼屈子兮遭厄,沈玉躬兮湘~。

○沽,从水,古声。读gū,本义指❶沽水,即河北省白河。又借作“贾”,表示❷卖:有美玉于斯,韫椟而藏诸?求善贾(价)而~诸?|待价而~。反以共存,又表示❸买:~酒市脯不食。此义异体作“酤”,专用于“酤酒”。由买又引申指❹获取,猎取:彼虽硁硁(浅见固执貌)有类~名者|~名钓誉。

又读gǔ,名词,指❺卖酒的人:所与游又皆屠~市贩游僧乞食之辈。又通“苦”,形容❻粗劣,简略:(丧)冠者~功也|杜桥之母之丧,宫中无相,以为~也。

【组字】夃,如今不单用,只作偏旁。现今归入又部。凡从夃取义的字皆与充盈、多出等义有关。

以夃作声兼义符的字有:盈。

卞 biàn
(覍、弁)

【字形】

【构造】会意字。卞是弁的省讹。甲骨文本从廾(双手),象两手捧帽上举形,会正戴帽子之意。金文大同。籀文繁化。篆文整齐化,并分为繁简二体。隶变后楷书分别写作弁与覍。弁俗讹为卞。如今规范化,以弁为正体,卞另表他义,覍废而不用。参见弁。

【本义】《说文·皃部》:“覍,冕也。从廾,上象形。”本义为加冠。

【演变】卞,作为“弁”的讹体,本义为加冠。为了分化字义,遂用以分担“弁”的部分义项。加冠有法度,故引申指❶法度:君临周邦,率循大~。因其从手,故又引申指❷徒手搏斗:时览~射武戏(角力为武戏)。又引申指❸急躁:庄公~急而好洁。又用作❹姓:~和|~庄子。

【组字】卞,如今既可单用,也可作偏旁。现今归入卜部。凡从卞取义的字皆与手的动作、心情等义有关。

以卞作声兼义符的字有:忭、抃。

以卞作声符的字有:苄、汴。

亣 dà
(大)

【字形】

【构造】象形字。甲、金、籀文皆象站立的大人形。隶变后楷书写作亣。是“大”的变体。

【本义】《说文·亣部》:“亣,籀文大,改古文,亦象人形。”本义为大。

【演变】亣(大),本义也指大,是“大”的变体。不单用。作偏旁时在字的下边,也写作大。现代字典增设亠部,盖是亣的省略,只保留头部,以便把起笔为亠的字统摄在一起,方便查找,实际并无意义上的联系。

【组字】亣(大),如今不单用,只作偏旁。现今归入大部。凡从亣(大)取义的字皆与大等义有关。

以亣(大)作义符的字有:亦、臭、奰、奚、奘。

文 wén
(紋、纹、彣、鼤)

【字形】

【构造】象形字。甲骨文象人胸部有刺画的花纹形,是古代文身的写照。金文稍繁。篆文省简。隶变后楷书写作文。

【本义】《说文·文部》:“文,错画也。象交文。”所释为引申义。本义当为文身。

【演变】文,本义指❶文身:东方曰夷,被发~身,有不火食者也|封于会稽,以奉守禹之祀,~身断发,披草莱而邑焉。引申泛指❷花纹,纹路:仲子生而有~在其手|屋室雕~以写龙|五色不乱,孰为~采|青黄杂糅,~章(几种颜色交错而成的花纹)烂兮|水~|木~。汉字最初是照事物的形象画下来的,也是种“花纹”,故又引申指❸象形字,汉字:仓颉之初作书,盖依类象形,故谓之~|今车同轨,书同~|甲骨~。文章是由文字组成的

“花纹”，故又引申指❹文章：恨私心有所不尽，鄙陋没世，而～采不表于后也｜圣贤书辞，总称～章，非采而何？｜诗～｜散～｜作～。又引申指❺用文字写成的书籍，文献：行有余力，则以学～。由花纹、纹路引申又指❻自然界或人类社会某些带规律性的现象：观乎天～，以察时变；观乎人～，以化成天下｜乡吾示之以地～。花纹是种华丽的装饰文采，由此又引申指❼由各种仪节组成的礼乐制度等一类古代文化：文王既没，～不在此乎？｜繁～滋礼以掩其质｜～物。又引申指❽华丽有文采的：君子质而已矣，何以～为？｜质胜～则野（粗陋），～胜质则史（浮于文辞）；～质彬彬（文质兼备），然后君子｜～情并茂｜～采风流。由此进而引申指❾柔和，不猛烈：温～尔雅｜斯～｜～雅。又引申指❿非军事的：君子宜避三端：～士之笔端，武士之锋端，辩士之舌端｜～治武功｜～韬武略｜～武双全｜～通武达｜～人相轻。花纹有装饰作用，故用作动词（旧读 wèn），又表示⓫掩饰：小人之过也必～｜～过饰非。又特指⓬法令条文：舞～弄墨｜公～｜换～。又作量词，多用于⓭铜钱：一～不值。

“文”为引申义所专用，花纹、有文采之义便另加义符“糸”和“彡”写作“紋”（今简作纹）与“彣”来表示。

○纹，从糸从文会意，文也兼表声。异体作彣。读 wén，本义指❶丝织品上的花纹：刺绣五～添弱线。引申泛指❷花纹，纹路：垂柱倒莲，～同雕刻｜～理｜～路｜指～｜皱～。

又读 wùn，引申指❸裂纹。此义同“璺”。参见亹（璺）。

【组字】文，如今既可单用，也可作偏旁。现今仍设文部。凡从文取义的字皆与花纹等义有关。

以文作义符的字有：李、彦、斌、斐、斑、斒、斓、辩、斖。

以文作声兼义符的字有：纹、彣、虔、雯。

以文作声符的字有：汶、坟、吝、闵、抆、玟、旻、蚊、紊。

六 liù；lù（廬、庐）

【字形】甲　金　篆
隶 六庐廬 草

【构造】象形字。甲骨文和金文都象古人盖的原始圆形简易茅庐状，其上覆茅草，中央攒集处结扎成一个疙瘩，是“廬（庐）”的本字。篆文讹变，就不像了。隶变后楷书写作六。

【本义】《说文·六部》：“六，《易》之数，阴变于六，正于八。从入，从八。”这是根据当时的社会思想所作的解说，非本义。本义当为茅庐。

【演变】六，读 lù，本义指❶茅庐。古代多用于❷国名，地名：楚人灭～（今六安县北）。

又读 liù，借为数词，表示❸五加一的和：～月。古代又用为❹工尺谱记音符号之一，表示音阶上的一级。

“六”为借义所专用，茅屋之义便另造了形声字“廬”来表示，从广盧声，盧也兼表意。如今简作庐，改为户声。

○庐，从广（敞屋）从户会意，户也兼表声。读 lú，本义指❶农忙季节在田野临时搭建的简陋棚屋：田有封洫（田间沟渠），～井有伍。引申泛指❷简陋的房屋：结～在人境，而无车马喧｜～舍｜茅～。又特指❸临时寄住的房屋：凡国野之道，十里有～，～有饮食｜今所谓慧空禅院者，褒之～冢也。又泛指❹一般的房屋：望～思其人，入室想所历。

【组字】六，如今既可单用，也可作偏旁。现今归入八部。凡从六取义的字皆与庐屋等义有关。

以六作声兼义符的字有：宄（坴）。

亢 gāng，kàng（桱、伉、抗、吭、頏、颃、迒）

【字形】甲　金　篆
今篆　隶 亢桱伉抗吭颃頏迒 草

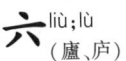

【构造】指事字。甲骨文从大（大人），一横象征两腿之间加着桱（古代撑在两脚之间的刑

具),当是“桎”的初文。金文大同,更形象。篆文整齐化,就看不出原意了。隶变后楷书写作亢。

【本义】《说文·亢部》:“亢,人颈也。从大省,象颈脉形。颃,亢或从页。”所释非本义,而是就“颃”所作的解说。本义当为撑在两脚之间的刑具,即桎。

【演变】亢,本义指桎。“桎”是撑在两脚之间的刑具,以使两腿挺直,行走不便,防止逃跑。挺直则高,故读 kàng,引申为❶高:故解之以牛之白颡者,与豕之~鼻者|高~。用于抽象意义,指❷高傲:(李)膺性简~,无所交接|不卑不~。挺直则强硬,故又引申指❸强硬,刚强:天子幼弱,诸侯~强。由高强又引申指❹极度,过甚:先纳之,可以~宠|京畿诸县,夏逢~旱|荣之~,辱之始也。由桎撑开两腿,又引申指❺匹敌,相当:惠帝与齐王燕饮,~礼如家人。此义后另加义符“亻”写作“伉”。又引申指❻对抗:怙虞国之助,~衡于晋|我则为政,而~大国之讨。此义后另加义符“扌”写作“抗”。

又读 gāng,引申指❼挺直的颈项,咽喉:乃仰绝~而死。此义后写作“吭”或“頏(今简化作颃)”。由咽喉又引申指❽要害:批~捣虚。由两脚带桎又引申指❾野兽经过后留下的痕迹:鹿兔之道曰~。此义后另加义符“辶”写作“迒”。

“亢”为引申义所专用,撑在两脚之间的刑具之义则另造了“桎”来表示。

○桎,从木,至声,至也兼表意。读 zhì,本义指❶加于犯人两脚上的刑具:中罪~梏(手拷)。引申比喻❷束缚:故其灵台(心)一(专一)而不~。

○伉,从亻从亢会意,亢也兼表声。读 kàng,本义指❶匹偶:已不能庇其~俪而亡之|旧日~俪之盟,不必再题。因“伉”从“亢”取得声义,故又表示❷高:皋门有~。又表示❸强悍:赐女(汝)林胡之地,至于后世,且有~王。用于抽象意义,指❹高尚,高傲,骄纵:敖世轻物,不污于俗,士之~行|太子轻而庶子~,官吏弱而人民桀。

○抗,从扌从亢会意,亢也兼表声。读 kàng,本义指❶抵御:(智伯)欲以~诸侯|~日战争。引申指❷违抗:有能~君之命,窃君之重,反君之事,以安国之危,除君之辱,功伐足以成国之大利,谓之拂(匡正)。又引申指❸匹敌,对等:举坐客皆惊,下与~礼,以为上客|~衡。又引申指❹刚正不屈:亦可谓~直不挠矣。因“抗”从“亢”取得声义,故又表示❺高尚,高亢:尧舜之~行兮,瞭冥冥而薄天|幼廉~声曰。

○吭,从口从亢会意,亢也兼表声。读 háng,本义指❶喉咙:昂首伸~,张目而视|引~高歌。

又读 kēng,引申表示❷出声:他一声不~|半天~吃不出一句话来。

○頏,从頁从亢会意,亢也兼表声。如今简作颃,读 gāng,本义指❶颈项,喉咙。此义后专用吭表示。

又读 háng,专用以表示❷鸟飞而上(或以为下):燕燕于飞,颉之~之。

○迒,从辶从亢会意,亢也兼表声。读 háng,本义指❶兽迹:黄帝之史仓颉见鸟兽蹏~之迹,知分理之可相别异也,初造书契。引申指❷道路:结罝百里,~杜蹊塞。

【组字】亢,如今既可单用,也可作偏旁。现今归入亠部。凡从亢取义的字皆与两腿撑直、高等义有关。

以亢作义符的字有:㼚。

以亢作声兼义符的字有:伉、抗、吭、迒、杭、炕、颃、航。

以亢作声符的字有:坑、沆、肮(骯)、钪、秔。

方 fāng

【字形】甲 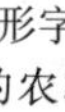 金 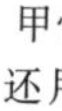 篆 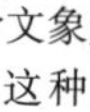 隶 方 草 方

【构造】象形字。甲骨文象起土出粪的大锸形。如今有的农村还用这种粪锸。上短横是横把,中长横是足踏之双肩,两短竖指明其左右两旁,下边是多股分叉。金文大同。篆文整齐化。隶变后楷书写作方。

【本义】《说文·方部》:“方,并船也。象两舟省总头形。”这是就篆文所作的分析,非本义。本义当为起土之锸。

【演变】方,本义指❶起土锸:古者秉耒而耕,刺

土曰推,起土曰~。又指❷掘地出土为坑:而使穿~举土,面目垢黑。遂引申指❸计量沙、土、石料的量词:日挖土三~。进而引申指❹方形:不以规矩不能成~圆。又引申指❺方圆面积:太行、王屋二山~七百里|齐地~千里。由方形又引申指❻正直:是以圣人~而不割(伤害人)。古人认为天圆地方,由此引申指❼大地:戴圆履~。又引申指❽地方:有朋自远~来,不亦乐乎?地有方位,故又引申指❾方向:事在四方,要在中央。由方向引申指❿途径,方法:褒姒不好笑,幽王欲其笑万~。又引申指⓫义理:~以类聚,物以群分。又特指⓬药方,单方:客闻之,请买其~百金。虚化为副词,表示⓭正在,将要:沛公、项羽~攻陈留|今治水军八十万众,~与将军会猎于吴。由舾之两旁,又引申指⓮对称,并排:蜀汉之粟,~船而下。又引申指⓯齐等,相当:梓人为侯,广与崇~。又引申指⓰比拟:~之古人,亦何多让?|打比~。

【组字】方,如今既可单用,也可作偏旁。现今仍设方部。凡从方取义的字皆与并排、边旁、方形等义有关。注意:如今字典里方部中的字大多不是从方取义的,而是从"㫃"(㫃,yǎn)取义的。

以方作义符的字有:斻。

以方作声兼义符的字有:仿、纺、彷、枋、放、房、钫、旁。

以方作声符的字有:邡、防、访、芳、坊、妨、昉、肪、祊、舫、鲂。

闩 shuān
(閂、櫽、閂)

【字形】古  今篆 

隶 闩閂閂 草 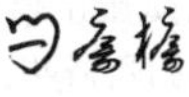

【构造】会意字。楷书繁体本作閂,从户,睘声。后另加义符木写作櫽,成了从木从閂会意,閂也兼表声。俗承古文作閂。如今皆简化作闩,从门中有一会意,表示横插在门内使门从外推不开的棍子。

【本义】《字汇·户部》:"閂,门关也。从户,睘声。"《通俗编·杂字》:"閂,关门机也。《韵会小补》:'通拴,今俗作闩。'"《桂海虞衡志·杂志》:"闩,门横关也。"本义为门上的横插。

【演变】闩,本义指❶门上的横插:只见角门虚掩,犹未上~|门~。用作动词,指❷插上门闩:晚上别忘~上大门。

火 huǒ
(伙、夥、灬)

【字形】甲  古  篆  今篆 

隶 火伙夥 草 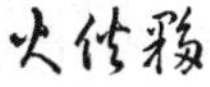

【构造】象形字。甲骨文象火焰升腾形。古文线条化。篆文整齐化。隶变后楷书写作火。

【本义】《说文·火部》:"火,毁也。南方之行,炎而上,象形。"本义为燃烧时产生的光焰。

【演变】火,本义指❶燃烧时产生的光焰:若~之燎于原,不可向迩|有圣人作,钻燧取~。又指❷燃烧:昆虫未蛰,不以~田。引申指❸燃烧发光的东西:厉之人夜半生其子,遽取~而视之。枪弹发射有火光,故又引申指❹枪炮弹药:军~|~器。又引申指❺战争:上~线|交~|开~。火焰有红色、热烈、冲腾的特点,故又引申指❻红色:~树风来翻绛艳,琼枝日出晒红纱|~龙驹|~狐。又比喻❼紧急:特爱非时之物,求取~急|~速。又引申指❽激动,暴怒:忧喜皆心~,荣枯是眼尘|发~|令人光~。中医又指❾人身出现阳性、热性一类现象:上~|内~。古代兵制,十人共一火炊煮造饭,故引申指❿古代兵制单位:十人为~,~有长。进而引申为⓫同伴:出门看~伴,~伴皆惊忙|同~。此义后另加义符"亻"写作"伙",也作"夥"。

○伙,从人从火会意,火也兼表声。读huǒ,本义指❶军营共同炊煮用饭。引申泛指❷同伴:继之先已有信来知照过,于是同众~友相见。用作动词,指❸结为伙伴,同伙:合~|搭~。

○夥,从多,果声,果也兼表多意。读huǒ,本义指❶多:不耻禄之不~,而耻智之不博。引申指❷多人聚集联合:~着二三十男妇,内外一抢,席卷而去。又指❸多人聚合的组织:欲要投梁山泊去入~。用作量词,用于❹人群:近日上面添了一~强人。如今除表示多的意思外，其余各义也可写作“伙”。

【组字】火，如今既可单用，也可作偏旁。作偏旁时，在字下有的写作“灬”。现今仍设火部。凡从火取义的字皆与燃烧、火焰等义有关。

以火作义符的字有：灭、灯、灰、光、灶、灿、焖、灼、灸、灾、灵、炀、炬、炜、炒、炊、炙、炕、炖、炎、炉、炽、烁、炳、炭、炯、炸、炮、炼、炷、炫、烂、炱、尉、烤、烘、烦、烧、票、烛、烫、烟、烙、烊、烎、烬、热、烈、烝、焐、烃、焊、烯、焕、烽、烷、烹、煮、焚、焰、黑、焱、焙、焦、然、煤、煳、煲、煨、煌、荧（荧）、茕（茕）、煊、煦、照、煎、烨、熄、熔、煽、煺、熬、熙、熏、熊、熳、熨、熠、熟、燎、燠、燔、燃、燧、熹、燥、燹、爆、爨。

以火作声兼义符的字有：伙。

以火作声符的字有：钬。

为 wéi；wèi

（爲、為）

【字形】甲 金 古 篆

隶 为 爲 為 草

【构造】会意字。甲骨文是一手牵象形，会役使大象以帮助劳动之意。金文大同。大篆繁化，仍有古意。篆文繁化得就不像了。隶变后楷书写作爲。异体作“為”，上边爪省作丶。如今皆简化作为。

【本义】《说文·爪部》：“爲，母猴也，其为禽好爪，爪，母猴象也；下腹为母猴形。”这是就篆文所作的附会。本义实为役象以助劳。

【演变】为，读 wéi，本义指❶役象以助劳。引申泛指❷做，干：见义不~，无勇也｜君子质而已，何以文~？｜事在人~｜所作所~。又引申指❸充当：季氏使闵子骞~费宰｜选~代表｜能者~师。又引申指❹治理，建成，称为，变成等多种含义：善~国者，仓廪虽满，不偷于农｜~坛而盟，祭以尉首｜化而为鸟，其名~鹏｜冰，水~之，而寒于水。又引申指❺是，算作，算是：余~伯鯈，余而祖也｜兰槐之根是~芷｜知之~知之，不知~不知。虚化为介词，表❻被动：~人所卖。又作后缀，附着在单音形容词或副词后，构成❼表程度、范围的副词，或表示加强语气：呕哑嘲哳难~听｜广~流传｜深~感动｜大~增色｜极~神速｜颇~得意｜尤~器重｜甚~放心｜极~必要。

又读 wèi，表示❽因为，为了，替，对：天行有常，不~尧存，不~桀亡｜天下熙熙，皆~利来；天下攘攘，皆~利往｜庖丁~文惠君解牛｜不足~外人道也。

【组字】为，如今既可单用，也可作偏旁。现今归入丶部。凡从为取义的字皆与做、干等义有关。

以为（爲）作声兼义符的字有：伪、譌（讹）。

以为作声符的字有：沩、妫。

斗 dǒu；dòu

（鬥、鬭）

【字形】甲 金 篆

隶 斗 鬥 鬭 草

【构造】象形字。甲骨文象带把的舀酒的勺子形。金文大同。篆文变得不像了。隶变后楷书写作斗。如今又借作“鬥”与“鬭”的简化字。

【本义】《说文·斗部》：“斗，十升也。象形，有柄。”此为引申义。本义为舀酒勺。

【演变】斗，读 dǒu，本义指❶舀酒勺：酌以大~｜各饮之数~。由酒斗引申用为❷量器，作量词：十升为~｜而百姓残于兵盗，~米至钱七千。又引申指❸像斗状的器物：母方作襦，令伯捉熨~｜焚烽望别垒，击~宿危楼｜烟~｜漏~。又特指❹斗形的指纹。“斗”相对于大物，用以比喻❺微小：身居~室。相对于小物则又比喻❻大：~胆。由于南斗六星及北斗七星、天市垣小斗五星用线连起来形状皆像斗，故又引申指❼斗宿：维北有~，不可以挹酒浆｜龙光射牛~之墟。

又读 dòu，借作“鬥、鬭”的简化字，用以表示❽对打，搏斗：凡~者必自以为是而以人为非也｜争~。引申指❾战斗：且引且战，连~八日。由对打又引申指❿竞争，比赛：汉王笑谢曰：“吾宁~智，不能~力。”又引申指⓫批判，揭露：~恶霸｜批~。参见鬥。

【组字】斗，如今既可单用，也可作偏旁。现今仍设斗部。凡从斗取义的字皆与酒斗、斗形、容器等义有关。

以斗作义符的字有：升、料、斜、斝、斛、魁、斟、斠、斡。

以斗作声兼义符的字有：料、钭、蚪。

以斗作声符的字有：阧、抖、鬦。

忆 yì (憶)

【字形】古 今篆 隶 忆 憶 草

【构造】形声兼会意字。从人，意声，意也兼表心之回音之意。隶变后楷书写作憶。如今简作忆，改为乙声。

【本义】《广韵·职韵》：“憶，念也。”本义为思念。

【演变】忆，本义指❶思念：上言加餐饭，下言长相～。引申指❷回忆：还思建邺水，终～武昌鱼。又引申指❸记住不忘：读书数行并下，过目皆～|记～。

宁 zhù (宁、贮、伫)

【字形】甲 金 篆 今篆 隶 宁 贮 伫 佇 竚 草

【构造】象形字。甲骨文象存放物品的带抬把的橱柜匣子形，或在其中加贝，表示积聚之义。金文大同，或将贝移于匣外。篆文承之稍讹，分为繁简二体。隶变后楷书写作宁和貯。如今“貯”简化作“贮”，成了形声兼会意字。宁则作了“寧”的简化字。作为本义的“宁”作偏旁时则简作“宁”。参见宁(寧)。

【本义】《说文·宁部》：“宁，辨积物也。象形。”又：“貯，积也。从贝，宁声。”本义皆为积聚。

【演变】宁(宁)，本义指❶积聚：惠风～芳于阳林。此义后作“贮”。由积聚引申指❷久立：天子视朝则于此～立。此义后作“伫”。古代人君视朝立于门屏之间，故又引申指❸古代宫殿的门和屏之间：天子当～而立，诸公东面，诸侯西面，曰朝。

如今“宁”作了“寧”的简化字，积聚之义便由“贮”来表示。

〇贮，繁体作貯，从貝从宁会意，宁也兼表声。如今简作贮。读 zhù，本义指贮藏：夫积～者，天下之大命也|～藏|～存。

〇伫，本作佇，从人从宁会意，宁也兼表声。异体作竚，改为从立。如今皆简作伫。读 zhù，本义指长时间站立：瞻望弗及，～立以泣|～候。

【组字】宁(宁)，如今不单用，只作偏旁。现今归入宀部。凡从宁取义的字皆与积聚等义有关。

以宁(宁)作义符的字有：韇。

以宁(宁)作声兼义符的字有：伫、贮、竚。

以宁作声符的字有：苎、纻。

户 hù

【字形】甲 金 籀 篆 隶 户 草

【构造】象形字。甲骨文和金文皆象一个单扇门，一般作房室的门。籀文或另加义符木，表示质料，成了会意字。篆文承接甲骨文并整齐化。隶变后楷书写作户。

【本义】《说文·户部》：“户，护也。半门曰户，象形。”本义为单扇门。

【演变】户，本义指❶单扇门：筑室百堵，西南其～。引申泛指❷门，房屋出入口：谁能出不由～？|门～。一家一个大门，故引申指❸人家，住户：徙天下豪富于咸阳十二万～|千家万～|～口。又引申指❹门第：门当～对。又指❺从事某种职业的人或人家：农业～|工商～。

【组字】户，如今既可单用，也可作偏旁。现今仍设户部。凡从户取义的字皆与门户等义有关。

以户作义符的字有：启、戾、房、扁、扂、扃、扄、扅、扆、扇、扉、扊。

以户作声符的字有：护、沪、妒、庐、芦、驴、炉、所、戽、扈、雇。

计 jì (計)

【字形】篆 隶 计 計 草

【构造】会意字。篆文从言，从十(表数目)，会以言统计数字之意。隶变后楷书写作計。如今简化作计。

【本义】《说文·言部》："計，会也，算也。从言，从十。"本义为计算，结算。

【演变】计，本义指❶统计，计算：谁习～会，能为文(田文)收责(债)于薛者乎？|愿陛下亲之信之，则汉室之隆，可～日而待也|数以万～|会～|核～|总～|共～|估～。引申指❷打算，谋划：父母之爱子，则为之～深远|设～|～议。用作名词，指谋划的产物，即❸计策，主意：愿早定大～，莫用众人之议也|百年大～|缓兵之～|妙～。又指❹经济开支：国～民生|维持家～。又引申指❺考察，审核：料敌～险，必察远近|～较。又指❻计量、计算的仪器：温度～。

认 rèn (認)

【字形】今篆　隶 认 認　草

【构造】形声兼会意字。楷书繁体作認，从言，忍声，忍也兼表能够之意。如今简化作认，改为人声。

【本义】《玉篇·言部》："認，识认也。"本义为识别，辨明。

【演变】认，本义指❶识别，辨明：时尝出行，有人～其马，解与之|没～出来|～识|～明。引申指❷认为，当作：梦回残月在，错～是天明。又引申指❸承认：～贼作父|默～|～错|～输|～罪|～可|～命|～头|～账|否～|供～|招～|确～。后又引申指❹与没关系的人建立某种关系：～干亲|～干娘。

冘 yín (沉、沈、瀋、湛)

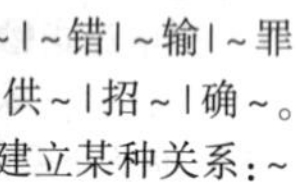

【字形】甲　金

篆　隶 冘 沉 沈 瀋 湛　草

【构造】会意字。从甲、金文沈的偏旁看，像颈戴重枷的囚徒之状，囚徒多发配远荒之地，故借以会长行之意。篆文误为从人，从冂(表示远界)，《说文》归入冂部，就成了人越野长行了。隶变后楷书写作冘。

【本义】《说文·冂部》："冘，淫淫，行皃。从人出冂。"本义为囚徒发配远荒之地长行。

【演变】冘，本义指❶囚徒发配远荒之地长行，引申泛指❷行进：瞪视石人，似～然而行。枷锁沉重，故又表示❸沉重。

由于"冘"作了偏旁，行进之义后借"淫"来表示；沉重义则借"沈"(chén)来表示，俗又讹作"沉"。如今规范化对"沈"与"沉"进行了明确的分工。参见淫。

○沉，作为"沈"的讹误，读 chén，上列甲骨文像把一头牛丢进河中形，金文改为将一个颈系重物的人丢入水中，本义为❶古代祭祀水神的仪式，即将人牲投入水中祭祀水神。引申泛指❷沉没：侧闻屈原兮，自～汨罗。此义《说文》本作"湛"。又进而引申为❸埋没：折戟～沙铁未销。又引申为❹降落：红日又西～。用作使动，指❺使向下：你要～得住气。由沉入又引申为❻深或程度深：～泉|～思|～醉。又引申为❼陷入，沉迷其中：常民溺于所习，学者～于所闻|～沦|～迷|～湎。因其本从"冘"取得声义，故又表示❽沉重：包裹很～|这椅子真～。又特指❾感觉沉重：醒来头感到发～|胳膊～得抬不起来。又引申指❿长久：行秋令，则天多～阴，淫雨早降。

○沈，从水从冘会意，冘也兼表声。金文用同"沉"。《说文》解释为"陵上滈(hào，即岭上凹处的积水)水也"。如今规范化，专用作姓氏和"瀋阳"的"瀋"的简化字，读 shěn。

○瀋，从水从審(厨下煮熊掌)会意，審也兼表声。读 shěn，本义为❶汁：烧柴为温酒，煮鳜为作～。又指❷水名。在今辽宁省沈阳市南，又名五里河、小沈河。又用作❸辽宁省沈阳市的简称。以上含义如今简化皆用"沈"来表示。

○湛，从水从甚会意，甚也兼表声。《说文》解释为"沉没"。如今规范化，读 zhàn，专用以表示❶深厚：忠～～而愿进兮|精～|～蓝。又表示❷清澈：水木～清华。

【组字】冘，如今不单用，只作偏旁。现今归入冖部。凡从冘取义的字皆与担、重、久等义有关。

以冘作声兼义符的字有：沈(沉)、忱、枕、眈、耽、酖、躭(耽)。

以冘作声符的字有：鸩。

心 xīn
（忄、⺗）

【字形】甲　金　篆　隶　草

【构造】象形字。甲骨文象心脏之形。金文更像心脏。篆文整齐化。隶变后楷书写作心。

【本义】《说文·心部》："心，人心。在身之中。象形。"本义为心脏。

【演变】心，本义指❶心脏：～者，生之本，神之变也｜～主身之血脉｜～房。古人误以为心是思维的器官，故引申泛指❷思想，心意，内心，性情，思谋：二人同～，其利断金｜日月阳止（语助），女～伤止｜～中不安｜有口无～｜工于～计｜～思｜～情｜～性。又引申指❸心所在的胸部：此臣日夜切齿拊～也｜～口｜～窝儿｜前～贴后～。心在人身之中，故又引申指❹中心，中央：曲终收拨当～画，四弦一声如裂帛｜手～｜圆～｜实～｜湖～。花蕊是花的心，故又引申指❺花蕊：林花初堕蒂，池荷欲吐～。又指❻树木的尖刺：凯风自南，吹彼棘～。

【组字】心，如今既可单用，也可作偏旁。作偏旁时在左写作忄，在下有的写作⺗。现今仍设心部。凡从心取义的字皆与心脏等义有关。

以心作义符的字有：忆、忉、志、忑、忒、忐、忘、闷、忌、忍、忖、忏、忙、态、忠、怂、念、忿、忽、怃、怀、怄、忧、忡、忤、忾、怅、忻、忪、怆、忱、快、忸、忝、思、怎、怨、急、怒、怼、怠、怔、怯、怙、怵、怖、怦、怛、怏、性、怍、怕、怜、怩、怫、怿、怪、怡、恚、恐、耻、恶、虑、恩、息、恋、恣、恙、恳、恕、恸、恃、恒、恹、恢、恍、恫、恺、恻、恬、恤、恰、恂、恪、恼、恽、恨、恭、悫、悬、患、悠、悉、恿、悖、悚、悟、悭、悄、悝、悍、悃、悒、悔、悯、悦、悌、悛、惹、惑、惠、悲、惩、情、惬、悻、惜、惭、悱、悼、惝、惧、惕、惘、悸、惟、惆、惫、惚、惊、惦、悴、惮、惋、惨、惯、想、感、愚、愁、愆、愈、愛（爱）、意、慈、愤、慌、惰、愠、惺、愦、惴、愣、愀、愎、惶、愧、愉、慨、慝、愿、愫、慑、慎、慕、慧、憋、慰、慢、慵、慷、憩、憑（凭）、憲（宪）、憬、憔、憧、憎、懋、應（应）、懑、憷、懒、憾、懊、懈、懔、懦、懵、懿、戆。

以心作声符的字有：沁、吣、芯。

丮 jǐ

【字形】甲　金　篆
　　隶　草

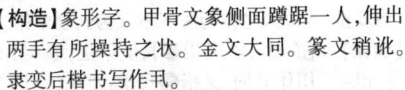

【构造】象形字。甲骨文象侧面蹲踞一人，伸出两手有所操持之状。金文大同。篆文稍讹。隶变后楷书写作丮。

【本义】《说文·丮部》："丮，持也。象手有所丮据也。"本义为握持。

【演变】丮，本义指握持。引申用以表示手的各种操持动作。

【组字】丮，如今不单用，只作偏旁。作偏旁时有的写作丸或凡。现今归入乙部。凡从丮（凡）取义的字皆与两手的操持动作有关。

以丮（凡）作义符的字有：執、孰、巩、夙、执、谻、𡖊。

尹 yǐn

【字形】甲　金　篆
　　隶　草

【构造】会意兼形声字。甲骨文从又（手），从丨（针），会手执针治病之意，亦取针声。金文和篆文大同。隶变后楷书写作尹，丨讹作丿。

【本义】《说文·又部》："尹，治也。从又、丿，握事者也。"所释为引申义。本义当为手执针治病。

【演变】尹，由手执针治病，引申泛指❶治理，主管：卫，蔡叔～之。用作名词，指❷治事的官员：贾雨村升了京兆府～。

【组字】尹，如今既可单用，也可作偏旁。现今归入尸部。凡从尹取义的字皆与治事等义有关。

以尹作声兼义符的字有：伊。

以尹作声符的字有：笋。

尺 chǐ；chě

【字形】甲　金　篆　隶　草

【构造】指事字。甲、金文从人，加点指明胫部足上十寸处为一尺。篆文改为从尸（亦为人),从乙(标志出),其义相同。隶变后楷书写作尺。

【本义】《说文·尺部》:“尺,十寸也。人手却十分动脉为寸口。十寸为尺。从尸,从乙,乙,所识(标志)也。周制寸、尺、咫、寻、常、仞诸度量,皆以人之体为法。”本义为长度单位。

【演变】尺,读 chǐ,本义指❶长度单位:量~寸|一市~。用作名词,又指❷尺子:左手持刀~,右手执绫罗|皮~|放大~。又指❸像尺子一样的条状物:戒~|镇~。又比喻❹小:祖国~寸地,不准今人失。又指❺中医诊脉部位之一:~脉。

又读 chě,指❻工尺谱符号之一。

【组字】尺,如今既可单用,也可作偏旁。现今归入尸部。凡从尺取义的字皆与度量等义有关。

以尺作义符的字有:呎、咫。

以尺作声符的字有:迟。

丑 chǒu;niǔ (醜、扭)

【字形】甲 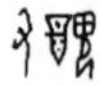 金  篆 

今篆  隶 丑 醜 扭

草 

【构造】象形字。甲骨文从又(手),象手指钩曲用力揪物形,表示揪扭之义。金文一形突出了指甲,二形将钩指连在一块。篆文整齐化。隶变后楷书写作丑。是“扭”的本字。如今又作了“醜”的简化字,从鬼从酉,会酒鬼之意,表示丑恶,酉也兼表声。

【本义】《说文·丑部》:“丑,纽也。十二月,万物动,用事。象手之形。时加丑,亦举手时也。”这是根据当时的社会思想所作的附会。本义当为揪扭。又《鬼部》:“醜,可恶也。从鬼,酉声。”本义为丑陋。

【演变】丑,读 niǔ,本义为揪扭。

又读 chǒu,后借为❶地支的第二位,与天干相配,用以纪年月日时:辛~条约|~者十二月|夏五月丁~|~(一至三时)则鸡鸣。又用以指❷十二生肖属牛:子鼠~牛。

如今又借作“醜”的简化字,表示❸可厌恶的,可耻的,不光荣的:日有食之,亦孔(很)之~|~态|出~。用作意动,指❹以为丑,厌恶:我甚~之。引申指❺相貌难看:相貌~。又特指❻戏剧里的滑稽角色:~角。

“丑”为借义所专用,揪扭之义便另加义符“扌”写作“扭”来表示。

○扭,从扌从丑会意,丑也兼表声。读 niǔ,本义指❶用手转动:倘或水浸雨湿未便~,我则怕干时节熨不开褶皱。引申指❷转动身子:走路一~一~的|~身子|~秧歌|~头。又指❸揪住不放:两人~打在了一块。又指❹转变:~转时局。

【组字】丑,如今既可单用,也可作偏旁。现今归入一部。凡从丑取义的字皆与扭住等义有关。

以丑作义符的字有:朋、羞。

以丑作声兼义符的字有:扭、纽、狃、忸、妞、钮、眲。

以丑作声符的字有:衄。

巴 bā

【字形】甲  金  古  篆 

隶 巴 草 

【构造】象形字。甲骨文象善于攀爬的长臂大手爪山民形,由此,后引申出“巴人”一词。金文省讹。古文再讹。篆文象一条张着大嘴巴的蛇形。隶变后楷书写作巴。

【本义】《说文·巴部》:“巴,虫也。或曰食象蛇。象形。”本义为古代传说中的一种大蛇。

【演变】巴,本义指❶古代传说中的一种大蛇:~蛇食象,三岁而出其骨。正由于“巴”是张着大嘴巴的蛇,故用以指❷面颊:嘴~|下~。蛇善于附着在物体上曲折爬行,故又引申指❸依附,靠近:~高枝儿|前不~村,后不着店|~结。又指❹黏附着的东西:锅~|泥~。由巴结又引申指❺盼望:妹子~不能多几个姊妹,路上才有照应。由附着物后来逐渐虚化为❻词尾:干~|磕~|眨~|哑~|尾~。古代川东、鄂西一带山地大约多产大蛇,故又指❼山名,古族名,国名,郡名。

【组字】巴,如今既可单用,也可作偏旁。现今归入己部。凡从巴取义的字皆与蛇之爬行、黏附等义有关。

以巴作声兼义符的字有：把、爬、疤、耙、笆、粑、祀、靶。
以巴作声符的字有：芭、吧、岜、爸、杷、钯、葩、琶、鲃、鲃(鲅)。

夬 jué；quē；guài
(叏、抉、决、快)

【字形】甲 金 古
篆 隶 夬 草

【构造】会意字。夬与𠂢(jué)同源。甲骨文下从又(手)，上盖为甲骨文𠂢(⺄，即矢栝，射箭时的钩弦器)，其中×表示已经卡上箭，用以会手扣矢栝射箭之意。金文和古文上部讹变。篆文整齐化，就看不出原意了。隶变后楷书写作叏。俗作夬，如今规范化用夬。夬是动词，𠂢是名词。参见𠂢。

【本义】《说文·又部》："叏，分决也。从又、⺕，象决(𠂢)形。"解说不明确。本义为钩弦射箭。由于夬作了偏旁，经籍多用决、抉表示。

【演变】夬，读 jué，本义为❶钩弦射箭：造弓造矢之人，未必尽娴决(～)拾。引申指❷决定(胜负)：宋服，则王事速～矣。

又读 quē，矢栝实物为⺄形，圆而有缺口，故又通"缺"，指❸空缺：其有死、亡及故有～者，为补之，毋须待时。

又读 guài，将𠂢卡在弦上，以手扣之而射，势在必发，故又引申形容❹分决，必定，迅速，坚决，果断：何以验高明？柔中有刚～｜愿陛下独奋乾刚，专行～決。又借指❺《易》卦名，《周易》六十四卦之一。卦形为☱(乾下兑上)，表示明法决断之象：《彖》曰：～，决也，刚决柔也｜君子～～，终无咎也。

由于夬作了偏旁，用𠂢钩弦而射之义便另加义符手写作"抉"来表示，必定之义由"决"来表示，迅速之义由"快"来表示。参见决、快。

○抉，从扌从夬会意，夬也兼表声。读 jué，本义指❶剔出：比干剖心，子胥～眼。引申指❷挑选：先生之作，遇景入咏，不拘奇～异｜～择。又引申指❸分开，掰：甘蔗一人～一节分吃了。用作"夬"，又指❹射箭时套在手指上用以钩弦的扳指：掌王之用：弓弩、矢箙、矰弋、～拾。

【组字】夬，如今一般不单用，只作偏旁。现今归入乙部。凡从夬取义的字皆与缺口、分断、迅速等义有关。
以夬作声兼义符的字有：诀、刔、抉、决(泱)、快、玦、疦、袂、觖。
以夬作声符的字有：块、芵、吷、妜、驶、砄、鴂、蚗。

夨 zè
(吴、仄、侧、侧)

【字形】甲 金 篆
隶 夨 侧 側 草

【构造】象形字。夨与夭同源，在甲骨文中也是一个人倾头甩臂低昂婀娜起舞形。金文和篆文大同，只是线条化而已。隶变后楷书写作夨。作偏旁时如今简作"夭"。

【本义】《说文·夨部》："夨，倾头也。从大，象形。"本义为一个人倾头甩袖低昂婀娜起舞形。

【演变】夨，本义指❶人倾头甩袖低昂婀娜起舞形。引申泛指❷倾侧。

由于夨作了偏旁，其义便由"吴""侧"或"仄"来表示。参见吴、仄。

○侧，从人，则声。读 cè，本义指❶旁边：尝与群儿戏于道～｜旁敲～击｜～面。用作动词，指❷向旁边歪斜：妻～目而视｜～耳倾听。又引申指❸从旁，偏的，不正的：其下平旷，有泉～出｜～室。书法又特指❹汉字的点：～者，点也。

【组字】夨，如今不单用，只作偏旁。现今归入大部。凡从夨取义的字皆与头倾侧不正或甩袖起舞等义有关。
以夨作义符的字有：吴、奊、奊。

引 yǐn

【字形】甲 金 篆 隶 引 草

【构造】会意字。甲骨文从弓，从一手持箭，或从人持弓，皆会人开弓欲射之意。金文将人形繁化，弓省略弦，只留下弓身。篆文承甲骨文，将弓整齐化，右边省去持箭之手，只留下一根箭。隶变后楷书写作引。

【本义】《说文·弓部》:"引,开弓也。从弓、丨。"本义为拉开弓。

【演变】引,本义指❶开弓:君子~而不发|~弓。引申泛指❷拉,牵引:马之所以能任重~车致远道者,以筋力也。又引申指❸延长,伸长:我君景公,~领西望。又指❹带领:~兵欲攻燕|~导。开弓是向自身方向拉,故又引申指❺招来,引来:其民~之而来,推之而往|抛砖~玉。进而引申指❻拿过来:~锥自刺。又引申指❼引用:~古证今。又引申指❽举拔,推重:以温峤文清,故~入中书|两人相为~重。又由向后拉引申指❾避开,退却:初一交战,曹军不利,~次江北。又指❿乐府诗体之一:思归~。

【组字】引,如今既可单用,也可作偏旁。现今仍归入弓部。凡从引取义的字皆与拉引而长等义有关。

以引作声兼义符的字有:纼、蚓。

以引作声符的字有:吲、矧。

爿 qiáng;pán

(丬、牆、墙、疒、牀、床)

【字形】

隶 爿 床 牀 草 丬 床 牀

【构造】象形字。爿与片同源。甲骨文象从一头观看的古代版筑土墙时所用的版和立柱的横断面形。一长竖是挡版用的立柱,二短竖是看到的上下排列的版头,二短横是拴紧对立版和立柱的拉绳。墙壁不好表现,故用一套筑墙用的干打垒设备来体现。金文大同。篆文整齐化。隶变后楷书写作爿,作偏旁时有的简作丬。是"牆(墙)"的初文。也是"床"的初文。因为,原始的床铺并非像现在带腿的床,而是像版筑那样用两版相夹,在其中填草搭成,取其暖和。解放前后鲁西南农村冬天还是如此搭铺过冬。所以"爿"又用以表示"床"。为了表明它是置于室内的卧具,后又另加义符"宀"写作"疒"来表示。由于"疒"只作偏旁用,后又改换义符为"木"写作"牀"来表示。俗将"疒"与"牀"混合另造了"床"字,成为如今的正体。正由于原始的床是用两版夹草搭成的,与两岸夹水的河道很相似,故河道也叫河床。为了分化字义,后来专用"爿"作"墙""床"的义符。如果将甲骨文直接讲成竖起的床形,固然简便,然而无法解释"牆(墙)"何以从"爿"了。参见片、墙、床。

【本义】《说文·爿部》段注:"爿,反片为爿,读若墙。"这是就篆文所作的解说。本义当为墙。

【演变】爿,读 qiáng,本义指❶墙,与"片"应是同一个字。因为在甲骨文里,字的正反向是不固定的。由于"爿"作了偏旁,墙的意思便另加声符"啬"写作"牆"来表示。又为了表明其质料,俗又将义符"爿"改为"土"写作墙,如今皆简作"墙"。

又读 pán,由于"爿"是版筑的一半,且使用的是木板,故引申指❷劈成片的竹木。后来也指其他片状物。店铺封门用板,故又用作量词,引申指❸商店、工厂等一家称一爿。

○床,异体作牀。读 chuáng,本义指❶供人坐卧的家具:乃生男子,载寝之~。引申指❷像床的器具或地方:机~|矿~|苗~|河~|冰~|琴~。如今专指❸睡觉的家具:~头屋漏无干处|转侧~头,惟思自尽|双人~。又特指❹井栏:~(或指卧榻)前明月光,疑是地上霜|后园凿井银作~。又用作❺量词:一~被子。

【组字】爿(丬),如今既可单用,也可作偏旁。现今仍设爿部。凡从爿取义的字皆与筑捣、壮实、墙、床等义有关。

以爿(丬)作义符的字有:疒、疒、牀、牁、牂、牊、牃、牍、牗、牆(墻、墙)。

以爿(丬)作声符的字有:妝(妆)、壯(壮)、戕、斨、狀(状)、将、牂、牄。

队 zhuì;duì

(隊、墬、墜、坠)

【字形】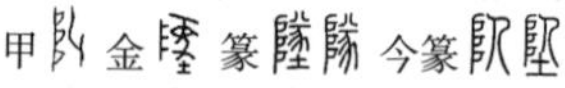

隶 队 隊 坠 墜 墬

草 队 隊 坠 墜

【构造】会意兼形声字。甲骨文从阜(山崖,供上下的脚窝),从倒人,会人从高处坠落之意。金文将人改为一头捆缚的猪,并且下边另加土,表示猪从高处坠落到地上。篆文承接金文,将捆缚的猪改为豕(也是猪坠落),或省作从阝(阜)从豕,含义相同,豕也兼表声。隶变后楷书承接金文和篆文分别写作墬、墜和隊。如今分别简化作坠与队,更近古意。现二字表义有分工。

【本义】《说文·自部》:"隊,从高隊(坠)也。从自,豕声。"本义为坠落。

【演变】队,读 zhuì,本义指❶坠落:星~木鸣|~入深渊难以复出。

又读 duì,坠落成一条线,故借以表示❷行列:车按行,骑就~|排~|纵~。又引申指❸集体的编制单位:乃分其骑以为四~|连~|少先~。又用作❹量词,指成列的人或物:一~~学生走了过去。

"队"为引申义所专用,坠落之义便由"坠"来表示。

○坠,从土从队会意,队也兼表声。读 zhuì,本义指❶从高处落下:矢交~兮士争先|摇摇欲~。引申指❷丧失,衰亡:荒~厥绪(事业),覆宗绝祀。又引申指❸失误:知礼可使,敬不~命。又引申指❹往下沉:一到水里,身子就朝下~|孩子直打~。进而引申指❺系在器物上垂着的东西:扇~|表~。

【组字】队,如今既可单用,也可作偏旁。现今仍归入阜(阝)部。凡从队取义的字皆与坠落等义有关。

以队作声兼义符的字有:墜(坠)。

阞 lè

【字形】篆　隶　草

【构造】形声兼会意字。篆文从阜(左阝),力声,力为犁地形,也兼表纹理之意。隶变后楷书写作阞。

【本义】《说文·力部》:"阞,地理也。从阝(阜),力声。"本义为大地的脉理。

【演变】阞,本义指❶大地的脉理:凡沟,逆地~,谓之不行|高高下下,不失地~。又引申指❷地脉理裂开:南方有鸛,食蛇,每遇巨石,知其下有蛇,即于石前如道士禹步,其石~然而转,因得而啖。

【组字】阞,如今既可单用,也可作偏旁。现今仍归入力部。凡从阞取义的字皆与脉理等义有关。

以阞作声兼义符的字有:泐。

𠬝 fú

【字形】甲　金　篆　隶　草

【构造】会意字。甲骨文从又(手),从卩(跪人),会手按一人跪下令其屈服之意。金文大同。篆文整齐化。隶变后楷书写作𠬝。

【本义】《说文·又部》:"𠬝,治也。从又,从卩。卩,事之节也。"解说不确。本义当为整治、制服,即治之使顺服。

【演变】𠬝,本义指❶整治,制服。引申为❷服从。人于其敬佩者多服从,故又引申为❸敬佩。

由于𠬝作了偏旁,其义便借"服"来表示。参见"服"。

【组字】𠬝,如今不单用,只作偏旁。现今仍归入又部。凡从𠬝取义的字皆与屈服等义有关。

以𠬝作声兼义符的字有:服、赧。

办 bàn (辦)

【字形】篆　隶　草

【构造】形声兼会意字。篆文从力从辡(剖分诉讼),会用力做好诉讼之意,辡也兼表声。实际上,辦是由辨分化出来的一个字。辨,从刀从辡(剖分诉讼)会意,辡也兼表声。本义指剖分诉讼。由剖分诉讼引申泛指办理,篆文遂改刀为力,用辦来表示用力做的意思。隶变后楷书写作辦。如今简作办,用两点代替辡。

【本义】《说文·力部》新附:"辦,致力也。从力,辡声。"本义为办理,治理。

【演变】办,由本义剖分诉讼,引申泛指❶办理,治理:民~军事矣,则可乎?|~公|~事。又特指❷惩治:君信可人,必能~贼者也|首恶必~|严~|查~。又引申指❸置备:(崇)为客作豆粥,咄嗟便~|~酒席|~货|备~|~理。后又进而引申指❹创设,经营:~合作社|~工厂|~学

习班。

【组字】办(辦),如今既可单用,也可作偏旁。现今仍归入力部。凡从办取义的字皆与办理等义有关。

以办(辦)作声符的字有:辦 。

注意:"办"如今作偏旁只是作为"劦"的简化符号,与所组成字的音义无关。例如:胁、协。

刅 chuāng;chuàng

(㓨、剙、創、创、瘡、疮)

【字形】金 篆 今篆

隶 刅 㓨 创 創 疮 瘡

草 刅 㓨 创 疮

【构造】指事字。金文从刀,从两短横(表示切断之物),指明用刀劈斩之义,是古代披荆斩棘、开辟疆土的写照。篆文整齐化。隶变后楷书写作刅。是"创"的本字。由于刅只作偏旁,其义便另加义符井造了㓨,从井从刅,会造法创业之意,刅也兼表声。或讹作刱、㓨。异体有剙(从刅,倉声)和創(从刀,倉声)。如今皆简化作创。

【本义】《说文·刃部》:"刅,伤也。从刃,从一。"所释为引申义。本义当为用刀劈斩。

【演变】刅,读 chuāng,本义指❶用刀劈斩。作名词,又指❷创伤。

又读 chuàng,用作"㓨",指❸创造,始造,立法,创业,建造:大夫种为越王垦草~邑,辟地殖谷|温公~独乐园 。

由于刅、㓨作了偏旁,其义便另造了"創"来表示,如今简化作创。

○创,从刀从仓,会刀挑脓包之意,仓也兼表声。读 chuāng,表示❶劈斩:~榛辟莽,前驱先路。引申指❷创伤,伤害:秦王复击轲,被八~|予以重~。又引申指❸皮肤或黏膜上发生溃烂的疾病:吾君背有疽~。此义后另作"瘡",如今简化作疮。

又读 chuàng,引申指❹开始做,开创:先帝~业未半而中道崩殂|首~|~造|~业|~新。又特指❺撰写:为~词而去|~作。

○疮,从疒从仓,会刀挑破的脓包之意,仓也兼表声。读 chuāng,本义指❶外伤,伤口:(周瑜)大叫一声,金~迸裂,倒于船上|刀~。由外伤的感染,引申指❷皮肤或黏膜上发生溃烂的疾病:疥~|长口~|生~。用作"疮痍",比喻❸遭灾或受破坏后的景象:满目~痍。

【组字】刅,如今不单用,只作偏旁。现今归入刀部。凡从刅取义的字皆与劈斩等义有关。

以刅作义符的字有:㓨、梁、剙。

㕚 zhǎo

(叉、搔、掻)

【字形】甲 金 篆

隶 㕚 搔 草 㕚 搔

【构造】指事字。甲骨文从又(右手),其中两点象征指甲搔下的皮屑。金文大同。篆文整齐化。隶变后楷书写作㕚。如今用作偏旁,简化作叉 。

【本义】《说文·又部》:"㕚,手足甲也。从又,象㕚形。"本义为指甲。

【演变】㕚,本义指❶指甲。用作动词,又指❷用指甲抓挠。

由于㕚作了偏旁,指甲之义便用"爪"(zhǎo)来表示。抓挠之义则另造了"搔 "来表示,如今简化作搔。

○搔,从手从蚤会意,蚤也兼表声。读 sāo,本义指抓挠:爱(薆,蔽义)而不见,~首踟蹰|寒不敢袭(衣外加衣),痒不敢~|隔靴~痒。

【组字】㕚(叉),如今不单用,只作偏旁。现今仍归入又部。凡从㕚(叉)取义的字皆与指甲、抓挠等义有关。

以㕚(叉)作声兼义符的字有:蚤 (蚤)。

卯 qīng

(卿、鄉、饗)

【字形】甲 金 篆

隶 卯 卿 草 卯 卿

【构造】会意字。甲骨文从二人相对,会相向之意。是"向"的本字。或在其间摆上一碗饭食,就成了宾主二人相向对食了,是乡与飨的本字。金文大同。篆文承之并整齐化,分为繁简二体。隶变后楷书分别写作卯与卿。

【本义】《说文·卯部》："卯，事之制也。从卩，从卯。阙(缺)。"对字形未作解说，释义则误。本义当为二人相向。又："卿，章也。六卿：天官冢宰，地官司徒，春官宗伯，夏官司马，秋官司寇，冬官司空。从卯，皀声。"析形不确，所释为引申义。本义当为宾主二人相向对食。

【演变】卯与卿，一简一繁，本是同一个字。"卯"侧重表相向。由于"卯"作了偏旁，相向之义便借"向"来表示，对食之义便由"卿"来表示。宾主对食，就主人说是用酒饭请人吃。此义后另写作"鄉"，"鄉"为引申义所专用，便又另加义符"食"写作"饗"来表示。如今分别简化为"乡"与"飨"，参见乡。就宾客来说，是陪食者，陪君王共食之人则为卿。

〇卿，作动词，本义为❶宾主相向对食。由陪君王共食的之人，引申指❷古代的一种高级官员：汉以前有六~，汉设九~，北魏在正~下还有少~｜秦王拜李斯为客~｜以相如功大，拜为上~｜三公九~。秦以前天子、诸侯之将帅皆以卿为之，故又指❸将领：大战于甘，乃召六~。用作敬词，指❹对人的尊称：荀~，赵人｜荆~岂无意哉？又指❺君对臣、长辈对晚辈的亲敬之称：今~廓开大计，正与孤同｜~欲何言？｜爱~。又指❻夫妻、情人间或朋友间亲爱的昵称：我自不驱~，逼迫有阿母｜机关算尽太聪明，反误了~~性命｜意映~~如晤｜~~我我。

【组字】卯，如今不单用，只作偏旁。现今归入卩部。凡从卯取义的字皆与两人相向等义有关。

以卯作义符的字有：卿、鄉(乡)。

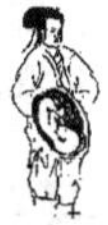

以 yǐ (目、似)

【字形】甲  金 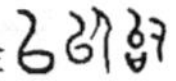 篆 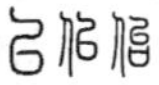

隶 以似佁 草 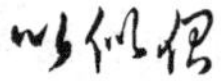

【构造】象形兼会意字。以(目)与巳同源。甲骨文是巳(胎儿)的倒文，即头朝下的胎儿，表示已经成形，要降生了；异体或加人旁，表示婴儿与大人相似。金文承甲骨文大同，或再加出衣胞，以强调其为胎儿。篆文承甲骨文和金文并整齐化。隶变后楷书分别写作目、以和似、佁。如今规范化用以，目只作偏旁。

【本义】《说文·巳部》："目，用也。从反巳。象形。"此为引申义。本义当为已成形的胎儿。

【演变】以，本义指已成形的胎儿。胎儿借母体而成，由母体而生，似母体之形，故遂引申指❶凭借，用：欲知天，~人事｜忠不必用兮贤不必~。又引申指❷原由：何其久也，必有~也。又引申指❸相似，像：虽乘奔御风，不~疾也。"以"后来逐渐虚化，主要用作介词和连词。作介词，表示❹用，拿，把，将：~弱胜强｜动之~情｜~俭朴为美德｜~为。又表示❺依照：~次就座。又表示❻因，因为：不~言举人，不~人废言。又表示❼在，于：夫物~春生而夏长。作连词，表示❽目的：提前出发，~免迟到。又表示❾并列或相承，同"而"：夫夷~近则游者众｜虏魏太子申~归。又表示❿时、地、数量的界限：黄河~南｜十点~前｜三十~上。

为了分化字义，后来相似之义便另加义符"亻"，写作"似"来表示，异体作佀、佁。

〇似，从亻从以会意，以也兼表声。异体作佀。读 sì，由本义孩子像大人，引申泛指❶像：与天地相~，故不违｜类~。又引申指❷好像，仿佛：吾~有一日之长｜~乎。用作介词，表比较，相当于❸于：东风寒~夜来些｜一日好~一日。异体"佀"，只用作❹姓：~公祠堂位于山东省菏泽市郓城县城东南~楼村。又读 shì，用于名词、代词或动词后，表示❺比况：他像个猴儿~的。

〇佁，从亻从台会意，台也兼表声。读 sì，本义同❶似：渊呵，~万物之宗。又读 ǎi（或 yǐ），由婴儿引申指❷痴呆、静止的样子：日光下澈，影布石上，~然不动。

【组字】以，如今既可单用，也可作偏旁。作偏旁时有的作目或厶，现今归入人部。目则只作偏旁，不再单用，现今归入丨部。凡从以(目)取义的字皆与凭借、由从、相似等义有关。

以以(目、厶)作声兼义符的字有：似、姒、拟、台、矣。

以以(目、厶)作声符的字有：允、苡、莒、耜。

允 yǔn

【字形】甲 金 篆 隶 允 草 允

【构造】象形字。甲骨文象突出了头面的长大肥实的人形。金文有的还另加出一只脚。推其本源,当是由夒(,长得长大肥实的大猩猩形)的古文简化来的。古代称北方少数民族为“严允”(猃狁,即后来的匈奴),由这种视为禽兽的轻蔑称呼,似可悟出“允”与“夒”(náo)之间的关系。篆文承接金文,讹为从儿,㠯(以)声。隶变后楷书写作允。

【本义】《说文·儿部》:“允,信也。从儿,㠯声。”所释为引申义。本义当为长大肥实。

【演变】允,由长大肥实,引申为❶诚实,诚信:夙夜出纳朕命,惟~。又引申为❷公平,得当:持论公~|~当。用作副词,表示❸诚然,果真:度其夕阳,豳居~荒(大)。又引申为❹答应,许可:~许|不~。

【组字】允,如今既可单用,也可作偏旁。现今仍归入儿部。凡从允取义的字皆与长大、肥实等义有关。

以允作声兼义符的字有:犹、夋。

以允作声符的字有:吮、兖。

劝 quàn (勸)

【字形】古 篆 今篆 隶 劝 勸

草 劝 勸

【构造】会意兼形声字。古文从力从雚(夜猫子)会意,雚也兼表声。篆文整齐化。隶变后楷书写作勸。如今用符号“又”代替“雚”,简化作劝。

【本义】《说文·力部》:“勸,勉也。从力,雚声。”本义为勉励人做好事(不表示劝阻人做坏事)。

【演变】劝,本义指❶勉励:惩恶而~善|抑末以~耕,奖朴而禁奸|~勉。引申指❷人受到鼓励:故赏不用而民~。后引申指❸劝说:~秦王显岩穴之士|~导|~慰|~戒|~阻|~告。

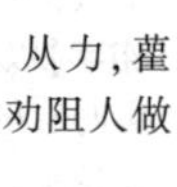

双 shuāng (雙)

【字形】篆 今篆 隶 双 雙 草 双 雙

【构造】会意字。篆文从雔(一对鸟),从又(手),会手持二鸟之意。隶变后楷书写作雙。如今简化作双,成了两只手了。

【本义】《说文·雔部》:“雙,隹二枚也。从雔,又持之。”本义为禽鸟二只。

【演变】双,本义指❶禽鸟二只:公膳日~鸡|江田漠漠鸟~去。引申指❷两个,一对,匹敌:白璧一~|~管齐下|成~成对|举世无~|国士无~|~眼。又指❸偶数:~数|~日。用作量词,用于❹成对的东西:一~手套。又引申指❺加倍的:~料冠军。

【组字】双,如今既可单用,也可作偏旁。现今雙归入隹部,双归入又部。凡从双取义的字皆与鸟二只等义有关。

以双作声符的字有:扨。

癶 pān (攀)

【字形】篆 隶 癶 草 癶

【构造】会意字。篆文从反廾(两手拱),用相反的两手会攀引之意。隶变后楷书写作癶。作偏旁时有的写作“大”,如“樊”。注意:癶与収不同。

【本义】《说文·癶部》:“癶,引也。从反廾。攀,癶或从手从樊。”本义为攀援。

【演变】癶,本义指攀援。由于“癶”作了偏旁,如“樊”,于是便另造了“攀”字来表示。参见攀。

【组字】癶,如今不单用,只作偏旁。现今归入又部。凡从癶取义的字皆与攀引等义有关。

以癶作义符的字有:樊、樊。

予 zhù;yǔ;yú (幻、杼、梭)

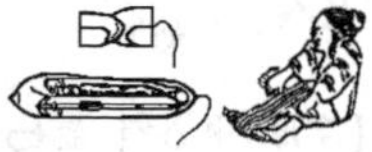

【字形】甲 金 篆

隶 予 幻 杼 梭

草 予 幻 杼 梭

【构造】会意字。甲骨文象上下两个织布梭子交错形,其中一只还有线引出,用以会梭子推来推去之意。金文稍讹。篆文两个织布梭子画出尖端交错形,更形象。隶变后楷书写作予。由“予”又衍生出一个“幻”字,是“予”的倒形。机织起源于原始手工编织,如图,最初的“予”实际仅是一个带尖的竹签子拖着纬线来回穿织。旧时民间织带子仍用这种方式。

【本义】《说文·予部》:“予,推予也。象相予之形。”本义为用梭子推来推去织布。

【演变】予,读 zhù,本义指❶用梭子推来推去织布。是“杼”(古代指梭子)的本字。

又读 yǔ,由推送梭子引申,用以表示❷给予,授予:君子来朝,何赐~之? | 天子所~ | ~以。

又读 yú,借作第一人称代词,指❸我:~告汝于难 | ~若洞庭叶,随波送逐臣。

由于“予”为引申义和借义所专用,织布梭子之义,便又另加义符“木”写作“杼”来表示。

○杼,从木从予会意,予也兼表声。读 zhù,本义指❶古代织布机上的梭子:小东大东,~柚(通轴,缠经线的滚筒)其空 | 不闻机~声,唯闻女叹息 | ~轴(比喻文章的组织结构)。后来“杼”用以表示❷织布机上的“筘”,形状像梳子,用来持经线和决定经线的密度,并把纬线打紧。这样,梭子之义才又借用“梭”来表示。

○梭,从木从夋会意,夋也兼表声。读 xùn,本义指❶一种树。

又读 suō,借用作“杼”,用以表示❷织布时用的梭子:网得一织~,以挂于壁。又作量词,用于❸弹药:打了一~子子弹。

○幻,抽象的变幻很难表示,聪明的先民于是借织布时梭子来回变化不定,将“予”倒其形来表示,这就是上列金文和篆文的二形,隶变后楷书写作“幻”。读 huàn,用以表示❶变化,奇异:藏天乙之妙,变~莫测。又引申指❷惑乱:不祥之言,~惑良民。又引申指❸虚无的,不真实的:心知所见皆~影 | ~想 | ~觉。

【组字】予,如今既可单用,也可作偏旁。现今归入乙部。凡从予取义的字皆与织布梭子来回推转等义有关。

以予作义符的字有:幻。

以予作声兼义符的字有:抒、纾、杼、预、豫、舒。

以予作声符的字有:序、妤、豫。

毋 wú

【字形】甲  金  篆 

隶  草 

【构造】象形兼会意字。在甲骨文和金文里毋与母同形,皆从女胸前加两点,为妇女有两乳之形,表示已产子有乳。因借为禁止之词,篆文遂将两乳连为一横,表示禁止,以相区别,成了会意字。隶变后楷书写作毋。

【本义】《说文·毋部》:“毋,止之词也。从女、一,女有奸之者,一禁止之,令勿奸也。”本义为表示禁止或劝阻。相当于不要,别。

【演变】毋,本义为禁止之词,表示❶不要,别:~友不如己者 | ~教猱升木 | 宁缺~滥 | ~妄言。用为一般否定之词,又表示❷不:君子安可~敬也? 又引申为❸无,没有:言而~仪。

【组字】毋,如今既可单用,也可作偏旁。现今仍设毋部。凡从毋取义的字皆与女有奸之者等义有关。

以毋作义符的字有:毐。

毌 guàn (串)

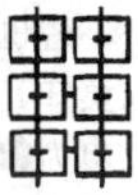

【字形】甲  金  篆  隶  草 

【构造】象形字。毌,或以为甲骨文象盾牌形,然而字形上既无必定之依据,而以毌作偏旁的字音义上也未见有与盾牌相关者。审其形象,当与“甲”同源,都是古代铠甲上的一个个连片形,只是“毌”字上下露出连线之头,用以突出表示贯穿之意;“甲”字连线上下不出头,用以表示铠甲之意。后遂分化为两个字(参见甲)。金文填实。篆文简化并横放。隶变后楷书写作毌。俗又由“毌”分化出一个“串”字(参见串)。注意:毌与母、毋皆不同。

【本义】《说文·毌部》:“毌,穿物持之也。从一横贯。象宝货之形。”本义为贯穿。

【演变】毌,本义指❶贯穿:疏束树木,令足以为柴搏,~前面树。又用为❷古代地名:~丘。又用作❸姓。

由于“毌”作了偏旁,贯穿之义便用“贯”来表示。参见贯。

【组字】冊,如今不单用,只作偏旁。现今归入毋部。凡从冊取义的字皆与穿物等义有关。

以冊作义符的字有:虜(虏)。

以冊作声兼义符的字有:贯、患。

孔 kǒng

【字形】甲 金 篆 隶 孔 草

【构造】象形字。孔与乳同源。甲、金文皆象子吮吸奶头形,应是甲骨文( )一人抱子哺乳之形的省略。篆文变为从子,从乙。隶变后楷书写作孔。

【本义】《说文·乚部》:"孔,通也。从乙,从子。乙,请子之候鸟也。乙至而得子,嘉美之也。古人名嘉,字子孔。"这是就当时的社会思想所作的解说。本义当为孩子吃奶。

【演变】孔,本义指❶孩子吃奶。孩子能吃奶,说明奶头有孔,故引申为❷小洞穴:山亦有金石积累,亦有~穴,出云布雨,以润天下|鼻~|针~。由孔穴又引申指❸通达:~道之夷,何不遵也?|交通~道。又引申指❹深远:~乎莫知其所终极。生儿育女是大好事,故又引申为❺美好:令问在旧,~容翼翼。又引申指❻大:~德。用作副词,表示❼很,甚:~武有力|需款~急。

【组字】孔,如今既可单用,也可作偏旁。现今仍归入乙部。

以孔作声符的字有:吼。

书 shū (書)

【字形】甲 金 篆 隶 书 書

草

【构造】会意字。甲骨文上边是手持笔,下边是器物,会手持刀笔在器物上刻画之意。金文改为从聿(笔),者声。篆文承接金文并整齐化。隶变后楷书省写作書。如今将書之草体楷化,简作书。现今書归入日部,书归入乙部。注意:书与文不同。书指书写,是动词;文是名词,指字的结构形体。书后来也用作名词,指书写出的体式,如篆书、隶书、楷书等等。

【本义】《说文·聿部》:"書,箸(著)也。从聿,者声。"本义为写画。

【演变】书,本义指❶写画,书写:动则左史~之,言则右史~之。用作名词,指❷装订成册的书籍:何必读~,然后为学|图~。书写用文字,故又引申指❸文字:上古结绳而治,后世圣人易之以~契。又指❹字体:草~|篆~|楷~。又指❺书法:琴棋~画。书信是用文字写的,故又引申指❻书信:一男附~至,二男新战死|家~。又引申泛指❼文件:昼断狱,夜理~|证~|说明~。又简称❽《尚书》:诗、~、礼、易、春秋。

【组字】书,如今既可单用,也可作偏旁。现今書归入日部,书归入乛部。凡从书取义的字皆与书写等义有关。

以书作声符的字有:𪉖、𬜡、㶒。

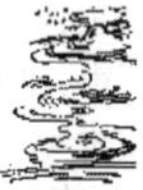

水 shuǐ (氵、氺)

【字形】甲 金 篆 隶 水 草

【构造】象形字。甲骨文中象水流形,小点是水滴,水流和水滴多寡不同。金文大同。篆文整齐化。隶变后楷书写作水。作左旁时写作氵。在字下时有的写作氺。

【本义】《说文·水部》:"水,準(准)也。北方之行。象众水并流。"本义为河流。

【演变】水,本义指❶河流:泉源在左,淇~在右|济~|渭~。引申泛指❷江、河、湖、海、洋:若涉大~,其无津涯|万~千山|~陆两栖。又引申指❸水这种液体:冰,~为之而寒于~|雨~。又泛指❹某些液态物:士卒闻之,口皆出~|墨~|钢~。由水的无色无味和流动,又比喻❺淡薄,不专一:吃杯~酒|~性杨花。

【组字】水,如今既可单用,也可作偏旁。现今仍设水部。凡从水取义的字皆与水流等义有关。

以水作义符的字有:氷、永、氹、氽、氾、汀、汆、汇、汉、汊、汎、汐、汙、汕、汗、汚、汛、汜、汝、汞、江、池、污、汤、汩、汨、汪、汭、汰、汲、汴、汶、汹、決、汽、汾、沁、沂、沃、沅、沈、沉、沏、沐、沓、沔、沖、沙、沚、沛、泝、沟、没、沤、沥、沦、沧、沪、沫、沬、沮、沱、河、沸、油、治、沼、沽、沾、沿、泄、泗、泉、泊、泌、泓、泔、法、泗、泛、泝、泞、泠、泡、波、泣、泥、注、泪、泫、泮、泯、泰、泱、泳、泵、泻、泼、泽、泾、洁、洄、洇、洋、洌、洎、洒、洗、洙、洛、洞、津、洧、洨、洪、洫、洮、洱、洲、洳、洵、洸、洹、洺、活、洼、洽、派、洿、流、浃、浅、浄、浆、浇、浈、测、浍、济、浏、浐、浑、浒、浓、浔、浙、浚、浜、浞、浣、浦、浩、浪、浮、浴、海、浸、浼、涂、涅、消、涉、涌、涎、涓、涔、涕、涖、涘、涛、涝、涞、涟、涡、涣、涤、润、涧、涨、涩、涪、涮、涯、液、涵、涸、凉、淀、淄、淅、淆、淇、淋、淌、淑、凄、淖、淘、淙、淛、淞、淡、淤、淦、淫、淬、淮、深、淳、混、淹、添、淼、清、渴、渊、渌、渍、渎、渐、渑、渔、渖、渗、渚、減、渝、渠、渡、渣、渤、渥、温、渫、渭、渮、港、渲、渴、游、渺、湪、湃、湄、湊、湍、湎、溢、湔、湖、湘、湛、湟、湫、湮、湾、湿、溃、溅、溆、溉、源、溘、溜、溟、溢、溥、溪、溯、溱、溲、溶、溷、溺、溽、滂、滇、滋、滎、滏、滑、滓、滔、滕、滚、滞、滟、满、滢、滤、滥、滦、滨、滩、滪、潍、滴、滹、漂、漆、漉、漏、漓、演、漕、漠、漩、漫、漭、漯、漱、漳、漾、潇、潋、潘、潜、潟、潢、潦、潭、潮、潴、澉、潸、潺、潼、澄、澈、澌、澍、澎、澜、澡、澥、澧、澭、澶、激、濑、濒、濞、濠、濡、澥、濮、濯、濰、瀚、瀛、瀣、瀑、瀹、瀼、灌、灑、灞。

五画

玉 yù

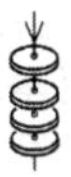

【字形】甲  金  篆  隶  草 

【构造】象形兼指事字。甲骨文象一串玉形，上边是绳系。金文和篆文省作三片玉并整齐化。隶变后楷书写作王。三画等同。帝王的"王"隶变后楷书本应写作王，上边两横距离近，与王(玉)本不同，但这在实际书写中很难做到，俗便写成王，三横等距，与"王"(玉)混同；为了相区别，于是将原本三横等距的"王"(玉)多加一点写作"玉"，指出这是玉，成了指事字。如今规范化，以玉为正体。作偏旁在字左时写作王。

【本义】《说文·玉部》："玉，石之美者。象三玉之连，丨，其贯也。"本义为磨制好的玉石。

【演变】玉，本义指❶一种细密、温润而有光泽的美石，多呈乳白色，可做高级工艺品或装饰品：贵五谷而贱珠～|～饰。引申比喻❷精美、珍贵的：锦衣～食。又比喻❸晶莹、洁白或美丽：亭亭～立|有女如～。美玉需要磨制，又引申为❹磨练，培养：～成。用为敬辞，表示❺尊称对方的身体或言行：～体安康|聆听～音。

【组字】玉，如今既可单用，也可作偏旁，作偏旁时，在字左写作"王"。现今仍设玉部。凡从玉(王)取义的字皆与玉石的形、色、音、质等义有关。

以玉(王)作义符的字有：玑、玖、玚、玛、宝、国、玞、玟、玠、玡、玢、玥、珏、玩、玮、环、现、玫、玦、玧、珂、玷、珊、玳、珀、珍、玲、玳、玹、珑、玺、玻、莹、珥、珙、珠、珩、班、球、琐、理、琉、琅、琵、琶、琴、琦、琼、琪、瑛、琳、琢、琥、琨、斑、琰、琬、琛、琚、瑟、瑚、瑁、瑞、瑰、瑜、瑗、瑕、琏、瑶、璃、瑾、璜、璀、璇、璋、璞、璺、璨、璩、璐、璧、瓒、瑙、瑚。

以玉(王)作声符的字有：钰、顼。

刊 kān (栞)

【字形】古  篆  隶  草 

【构造】会意兼形声字。古文从刀从干(带杈的木棍，狩猎工具)，会砍削狩猎工具干之意，干也兼表声。篆文整齐化。隶变后楷书写作刊。异体作栞，从木，开声。如今规范化用刊。

【本义】《说文·刀部》："刊，剟也。从刀，干声。"本义为削除，砍斫。

【演变】刊，本义指❶削除，砍斫：随山～木。古代文书刻在竹简木牍上，刻错了就要削去，故又引申指❷修改，删定：就人借书，必手～其谬，然后反之|不～之论|～定。由砍削又引申指❸雕刻：乃遂封山～石，昭铭盛德。后遂引申指❹雕版印刷：南轩文集方编得略就，便可～行。如今泛指❺排版印

刷：~印|~物|报~。

示 shì（礻）

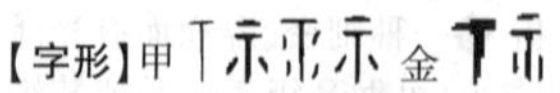

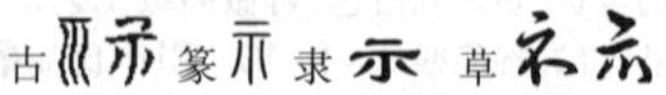

【构造】象形字。甲骨文象用两块石头搭起的简单祭台形，犹如现今农村的供桌或香台子，用以供奉神主，遂成神灵的象征。有的上加短横或旁加小点，表示祭洒之物，或将二者结合起来。金文和古文大同。篆文整齐化。隶变后楷书写作示。作左旁时写作礻。

【本义】《说文·示部》："示，天垂象，见吉凶，所以示人也。从二(上)；三垂，日、月、星也。观乎天文以察时变，示，神事也。"析形是就篆文所作的解说，所释也是引申义。本义当为祭台神主。

【演变】示，本义指❶祭台神主。初民缺乏科学知识，对于各种自然天象不能理解，便祭祀膜拜，认为是天神显灵，向人垂示吉凶祸福，故表示❷上天垂示吉凶：此是上天~瑞，魏当代汉之象也。引申泛指❸把事物拿出来或指出来让人知道：国之利器，不可以~人|璧有瑕，请指~王|表~|显~|展~|出~|~范|~众|~意|暗~。又引申指❹告示，指令：国王久已出~|请~。又引申指❺敬称别人的来信：惠~|赐~。

【组字】示，如今既可单用，也可作偏旁。现今仍设示部。凡从示(礻)取义的字皆与祭祀、鬼神、吉凶、贞祥等义有关。

以示(礻)作义符的字有：礼、礽、社、礿、祀、祁、祂、祃、祄、祆、祉、祈、祇、祊、祋、祍、祎、祏、祐、祑、祒、祔、祕、祟、祛、祜、祖、祓、神、祝、祚、祗、祠、祡、祢、祣、祫、祬、祭、祯、祰、祲、祴、祼、裯、祧、祥、祸、祷、禁、祺、禅、禄、禊、福、禖、禘、禛、祃、禦(御)、禧、禨、禩、禫、襘、禭、齋(斋)、禳。

以示(礻)作声兼义符的字有：奈、柰、视。

以示(礻)作声符的字有：祁。

末 mò

【构造】指事字。金文和篆文从木，一横指出树梢之所在。隶变后楷书写作末。上横长。

【本义】《说文·木部》："末，木上曰末。从木，一在其上。"本义为树梢。

【演变】末，本义指❶树梢：~大必折，尾大不掉|本~倒置|~梢。此义今用梢。引申泛指❷物体的尖端：明足以察秋毫之~而不见舆薪。又引申指❸末尾，尽头：凉风起天~，君子意如何？|穷途~路|~了。又特指❹时间在后的：冲风之~，力不能飘鸿毛|强弩之~|岁~。树梢细微，故又引申指❺微小的，不重要的：萤烛~光，增辉日月|细枝~节。又引申指❻碎屑：上党碧松烟，夷陵丹砂~|茶叶~|粉笔~。又用作❼传统戏曲角色名，主要扮演中年男子：正~|副~。

【组字】末，如今既可单用，也可作偏旁。现今仍归入木部。凡从末取义的字皆与末梢、细微等义有关。

以末作声兼义符的字有：抹、沫、秣、眜。

以末作声符的字有：茉、妹、袜、靺。

未 wèi（蔚、味）

【构造】象形字。甲骨文象树木枝叶重叠繁茂之形。当是"蔚"的初文。金文大同。篆文整齐化。隶变后楷书写作未。上横短。

【本义】《说文·未部》："未，味也，六月滋味也。象木重枝叶也。"所释为借义。本义当为繁茂。

【演变】未，本义指❶繁茂。枝叶繁茂则遮蔽而暗，遂借作否定词，相当于❷没有，不曾：其~得之也，患得之；既得之，患失之|~雨绸缪|~卜先知|~知数|~曾。又相当于❸不：人固~易知，知人亦~易也|~可厚非|~能免俗|~敢苟同。又相当于❹否：来日绮窗前，寒梅著花~？由遮蔽而暗看不清，又引申指❺将来：凡刑人之本，禁暴恶恶，且征(惩)其~也|~来。又借作❻地支的第八位，与天干

相配，用以纪年月日时：那年是农历丁～年｜六月之辰谓之～｜秋八月辛～，夫人姜氏薨｜于巳、午、～（下午十三时至十五时）三个时辰过冈。又表示❼十二生肖中的羊：午马～羊。又借指❽滋味：～者，言万物皆成，有滋味也。此义后另加义符“口”写作“味”来表示。

“未”为借义所专用，繁茂之义便另造了形声字“蔚”。

○蔚，从艹从尉会意，尉也兼表声。读wèi，本义为❶草木茂盛：茂树荫～。引申泛指❷盛大繁多：云蒸霞～｜～然成风。又引申指❸文辞华美，荟萃：君子豹变，其文～也。

○味，从口从未会意，未也兼表声。读wèi，本义为❶滋味：五～之变不可胜尝也。引申指❷气味：香～｜腥～。又引申指❸体味：耐人寻～。

【组字】未，如今既可单用，也可作偏旁。现今归入木部。凡从未取义的字皆与枝叶繁茂而暗等义有关。

以未作声兼义符的字有：味、昧、寐。

以未作声符的字有：妹、魅。

戋 jiān；cán

（戔、殘、残、剗、刬）

【字形】甲  金  古  篆 

今篆 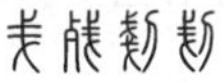 隶 戋 戔 残 殘 刬 剗 草 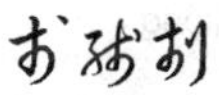

【构造】会意字。甲骨文从两戈，会激战残杀之意，是残的初文。金文和古文大同。篆文线条整齐化。隶变后楷书写作戔。如今简化作戋。

【本义】《说文 · 戈部》：“戔，贼也。从二戈。《周书》曰：‘戔戔巧言。’”本义为残杀。

【演变】戋，读cán，本义指❶残杀。由残杀引申为❷残余，铲除：虽其潘澜～余，不可亵也｜禽奸～猾，寇息善欢。

又读jiān，由残余又引申为❸细小，少少：～～微物。

后来“戋”专用以表示细小义，残杀、残余等义便另加义符“歹”写作“殘”来表示，如今简化作残。铲除之义则另加义符“刀”写作“剗”来表示，如今简化作刬。

○残，从歹从戋会意，戋也兼表声。读cán，本义指❶伤害，杀害，毁坏：项王所过无不～灭者｜骨肉相～｜摧～。引申指❷残忍，凶恶：汉将辞家破～贼｜～暴｜～酷。又引申指❸残缺，不完整：抱～守缺｜～编断简｜～废。又引申指❹残余：先帝无意杀臣，故复留～喘，得至今日｜～渣余孽｜～杯冷炙。

○刬，从刀从戋会意，戋也兼表声。读chǎn，本义为❶铲削，铲除：皆～丘垤平之｜～荆棘凿做沼池。又指❷灭除，废除：～尔类，破吾家｜宋～五代旧习。又指❸光，光着：我坐下～骑着追风马｜～袜步香阶，手提金缕鞋。又指❹农具名，铁铲：区间草，以利～划之。此义同铲。

【组字】戋，如今既可单用，也可作偏旁。现今仍归入戈部。凡从戋取义的字皆与残伤、细小等义有关。

以戋作声兼义符的字有：刬、残、浅、饯、贱、践、笺、盏、栈、线、钱。

巧 qiǎo

【字形】篆  隶 巧 草 

【构造】形声兼会意字。篆文从工（筑杵）从丂（捣击）会意，丂也兼表声。建筑有技巧，故表示技巧、技能。隶变后楷书写作巧。

【本义】《说文 · 工部》：“巧，技也。从工，丂声。”本义为技巧。

【演变】巧，本义为❶技巧，技能：公输子之～，不以规矩，不能成方圆｜末事不禁，则技～之人利。引申为❷灵巧：敢将十指夸针～，不把双眉斗画长｜～妇难为无米之炊。又引申为❸美好：～笑。又引申为❹巧诈，虚浮不实的（话）：～言如簧｜～取豪夺｜投机取～｜～言令色｜花言～语。用作副词，表示❺正好：可～｜凑～｜偏～｜碰～。

【组字】巧，如今既可单用，也可作偏旁。现今仍归入工部。凡从巧取义的字皆与技巧等义有关。

以巧作声符的字有：窍。

正 zhèng;zhēng （征）

【字形】甲 金 篆 隶 草

【构造】会意字。甲骨文从止(脚),从囗(城),会直对着城邑进发之意,是"征"的本字。金文承接甲骨文大同,或将城市填实。篆文承接金文一形并整齐化,承接金文二形,将上边城邑(黑点)简化为一横。隶变后楷书遂分化为足、正两个形体。由于篆文"足"(⻊)与篆文"疋"(⻊)形近,再加上在甲骨卜辞中"足"曾借用来表示"充足"之义,于是"足"便与"疋"都当作表示腿脚的字,后来"足"更进而代替"疋"字成了表示腿脚的专用字,而"疋"反而被借用去表示他义了。这样"征行"之义也就专由"正"(后由"征")来表示了。参见疋、足。

【本义】《说文·正部》:"正,是(直)也。从止,一以止。"这是就篆文所作的解说。本义当为直对着城邑进发。

【演变】正,读 zhèng,本义为直对着城邑进发,即远行。由正对着,引申为❶端正,不偏斜,垂直,面向:仪~而景(影)~|升车,必~立执绥(系在车上挽手的绳索)|其犹~墙面而立也与?|~中|~午|周~|方~|~北|~对着。由正对着的一面,又引申指❷正面,相对的两面的积极一面:~反面|~能量|~电|~册|~号。又引申指❸合乎规范:公~|~派|~楷。又引申指❹纯正,不杂:~红|~味。由正对着又引申指❺恰巧:今卿廓开大计,~与孤同|~好。又引申指❻动作在进行中:他~开会。用作使动,表示❼使端正,改去偏差或错误:~本清源|~容|~误。

又读 zhēng,古人把一年十二个月和一天的十二时辰(子丑寅卯辰巳午未申酉戌亥)联系起来。依夏历:北斗的柄指寅时为岁首,照此以为标的,故曰正。所以又用来表示❽农历一年的第一个月:~月。

正为引申义所专用,远行之义便另加义符"彳"写作"征"来表示。参见征。

【组字】正,如今既可单用,也可作偏旁。现今归入止部。凡从正取义的字皆与征伐、正对着、使端正等义有关。

以正作义符的字有:乏、是。

以正作声兼义符的字有:征、政、整。

以正作声符的字有:证、症、怔、钲。

坴 lù （尖、庐、六）

【字形】甲 金 古 篆 隶 草

【构造】象形字。坴与六同源。在甲骨文和金文中都象古人盖的原始圆形简易茅庐形,其上覆茅草,中央攒集处结扎成一个疙瘩,是"庐"的本字。古文和篆文讹变,突出了上边的结扎疙瘩,就不像了。隶变后楷书写作坴。异体作尖。

【本义】《说文·中部》:"尖,菌尖,地蕈,丛生田中。从中,六声。"这是就篆文所作的附会。其实,坴就是"六",本义为茅庐,只是后来的变化不同而已。其上的"中"正是茅庐顶上茅草攒聚结扎之象。这种附会倒也情有可原,因为茅庐与蘑菇之状确有几分相似。

【演变】坴,本义指茅庐。因其作了偏旁,不再单用,茅屋之义便另造了形声字"庐"来表示。参见六。

【组字】坴,如今不单用,只作偏旁。现今仍归入中部。凡从坴取义的字皆与庐屋等义有关。以坴作声兼义符的字有:坴。

邛 qióng

【字形】金 篆 隶 草

【构造】会意兼形声字。金文和篆文皆从邑(右阝)从工(筑杵)会意,工也兼表声。隶变后楷书写作邛。

【本义】《说文·邑部》:"邛,邛地在济阴县。从邑,工声。"本义为地名。

【演变】邛,本义指❶地名。在今山东省成武县东南:~城县。又指❷山名。在四川省,也叫邛崃山:臣在大夏时,见~竹杖、蜀布。

【组字】邛,如今既可单用,也可作偏旁。现今仍归入邑部。凡从邛取义的字皆与地名等义有关。以邛作声兼义符的字有:筇。

功gōng

【字形】金　古　篆　隶
草

【构造】会意兼形声字。功与攻同源,金文皆从攴(表操作),从工(表版筑墙),会从事盖房等各种各样的工作之意,工也兼表声。古文一形大同,二形改为从力,突出用力做功。篆文整齐化。隶变后楷书分别写作攻与功,分化为两个字。参见攻。

【本义】《说文·力部》:"功,以劳定国也。从力,从工,工亦声。"所释为引申义,本义当指从事建筑等各种各样的工作。

【演变】功,本义指❶从事建筑等各种各样的工作:嗟我农夫,我稼既同(收获完毕),上入执宫~(盖房)|二之日其同,载缵武~(打猎)|农~|土~。引申指❷做事的成效,功效:故事半古之人,~必倍之|驽马十驾,~在不舍|徒劳无~|急~近利。又引申指❸功夫,功力,技能,修养:虽欲加~,竟无其暇|基本~|练~。又引申指❹功绩,功劳:今人有大~而击之,不义也|论~行赏|丰~伟绩|好大喜~。又引申指❺大的事业,功业:夫子当路(执政)于齐,管仲、晏子之~,可复许乎?筑墙必牢固,故又引申指❻坚牢,精美:审其四时,辨其~苦。

卉huì

【字形】古　篆　隶　草

【构造】会意字。楚帛书从三屮(小草),会众草之意。篆文整齐化。隶变后楷书写作卉。

【本义】《说文·艸部》:"卉,草之总名也。从艸、屮。"本义为百草的总称。

【演变】卉,本义为❶百草总称:~木萋萋|秋日凄凄,百~具腓(枯萎)|奇花异~。又泛指❷草木:佳~而今采作薪。又特指❸花:~萼人未识,鸟响日可听。

【组字】卉,如今既可单用,也可作偏旁。现今归入十部。凡从卉取义的字皆与花草等义有关。

以卉作义符的字有:贲。

以卉作声符的字有:浍。

凷kuài

(块、塊)

【字形】甲　金　古　篆　今篆
隶　草

【构造】象形兼会意字。甲骨文和金文皆从土,表其质,从凵,像土块置于坎中形。古文线条化。篆文整齐化。异体作塊,改为从土,鬼声,塊也兼表像大头之意。隶变后楷书分别写作凷与塊。塊,如今简化作块,改为夬声,为正体。

【本义】《说文·土部》:"凷,墣也。塊,或从鬼。"本义为土块。

【演变】凷,本义指土块。由于"凷"作了偏旁,后来便另造了"塊"字。如今规范化用块。

〇块,繁体作塊,从土从鬼(表大)会意,鬼也兼表声。今简作块,改为夬声。读kuài,本义为❶土块:乞食于野人,野人举~而与之。引申泛指❷成疙瘩成团的东西:冰~|煤~。由土块的独立,又引申指❸孤独:今世之处士,时虽不用,崛然独立,~然独处。又作量词,用于❹块状物或以块论的东西:儿女是娘身上掉下的一~肉。又用于❺钱币:这双鞋才花了五|~钱。

【组字】凷,如今不单用,只作偏旁。现今归入凵部。凡从凷取义的字皆与土块等义有关。

以凷作声兼义符的字有:屆(届)。

去qù;jǔ;qū

(弆)

【字形】甲　金　篆　今篆
隶　草

【构造】会意兼形声字。甲骨文从大(人)从口(地穴出口),会人从地穴口走出离开之意。金文大同。篆文整齐化,改为从大从凵,凵也兼表声。隶变后楷书写作去。

【本义】《说文·去部》:"去,人相违也。从大,凵声。"本义为离开。

【演变】去,本义指❶离开:孟子~齐|遂辞平原

君而~|扬长而~|拂袖而~|~就|~留|~职|~世。用作使动,指❷使离开,去掉:什一,~关市之征|水果要~皮再吃|~粗取精|~取。由离开引申指❸距离:纣之~武丁未久也|地之相~也千有余里。由离开的时间,引申指❹过去的:譬如朝露,~日苦多|~年今日。离开此地就是前往彼地,故又引申指❺前往:共道牡丹时,相随买花~|~北京开会|~学校。虚化用在动词或动词性结构后,表❻趋向:你与这先生作伴~|游泳~。

又读 jǔ,由离开,引申指❼收藏,藏起来:龙亡而豫在,楱而~之|掘野鼠~屮(草)实而食之。此义后另作"弆"。

又读 qū,通"驱",指❽驱逐:千乘三~,三~之余,获其雄狐。

○弆,从廾(双手)从去会意,去也兼表声。读 jǔ,本义指收藏:自是天下之习《九章》者,莫不家~一编,奉为圭臬。

【组字】去,如今既可单用,也可作偏旁。现今归入厶部。凡从去取义的字皆与离开等义有关。

以去作义符的字有:朅。

以去作声兼义符的字有:劫、祛。

以去作声符的字有:却、怯、胠、袪。

甘 gān (甜)

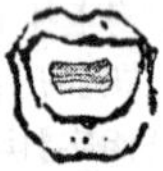

【字形】甲 金 篆 隶 草

【构造】指事字。甲骨文、金文从口,其中一点指明口中含有甜美的食物。篆文整齐化。隶变后楷书写作甘。

【本义】《说文·甘部》:"甘,美也。从口含一。一,道也。""一,道也"之说显然是根据当时的社会思想所作的附会。本义当为甜美。

【演变】甘,本义指❶甜美:谁谓荼苦,其~如荠|口辨酸咸~苦|~泉。引申泛指❷美味:鼻欲嗅芬香,口欲嗜~旨。又引申指❸美好,动听:竹林果园,芳草~木|币重而言~,诱我也|~霖。美好之物人所愿,故又引申为❹乐意,情愿:今获所愿,~心瞑目|俯首~为孺子牛。

"甘"为引申义所专用,甘甜之义便又另加义符"舌"写作"甜"来表示。参见甜。

【组字】甘,如今既可单用,也可作偏旁。现今仍设甘部。凡从甘取义的字皆与甘甜、美味等义有关。

以甘作义符的字有:甚、某、香、甜、猒。

以甘作声兼义符的字有:苷、酣。

以甘作声符的字有:邯、绀、坩、泔、柑、疳、钳、蚶。

世 shì

【字形】金 古 篆 隶 草

【构造】象形兼会意兼形声字。金文象树上枝叶形。古文大同。篆文则将象征树叶的三个点演变为三个短横,讹成了三"十"递相连接之形,《说文》解释为延续三十年。隶变后楷书写作世。参见叶。

【本义】《说文·十部》:"世,三十年为一世。从卅而曳长之,亦取其声也。"意思是说将卅的竖笔拉长连起来,并取"曳"声,这就是会意兼形声字了。本义为三十年。

【演变】世,本义为❶三十年:如有王者,必~而后仁。引申指❷父子相继为一世,一代:君子之泽,五~而斩|仕者~禄|~袭|~医。又引申指❸一生:人生一~,不能白过|一~为人。又特指❹先辈就有的:~交|~仇。又引申指❺朝代,时代:易之兴也,其当殷之末~|问今是何~|近~|当~。又引申指❻人世间,世界:治~不一道|避~|~上|~人。

【组字】世,如今既可单用,也可作偏旁。现今归入一部。凡从世取义的字皆与岁月、延续等义有关。

以世作声符的字有:屉、贳、泄、绁。

古 gǔ

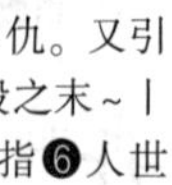

【字形】甲 金 篆 隶 草

【构造】会意字。甲骨文上边是铠甲的一个连片形,象征铠甲,下边从口(器皿),会箧中存有先人传下的铠甲之意。金文大同,铠甲填实。篆文简讹为从十从口,用十口相传表示年代久远之意。隶变后楷书写作古。

【本义】《说文·古部》:“古,故也。从十口。识前言者也。”本义指过去久远年代的事物。文字出现前历史是口传的。

【演变】古,本义指❶过去久远年代的事物:述而不作,信而好~|博~通今|食~不化|借~讽今|考~|仿~。引申泛指❷往昔:自~及今,未有如此而不乱者也|~书|~董。又引申指❸久远年代:北邙山上列坟茔,万~千秋对洛城|亘~未闻|万~流芳。又引申指❹古代的人:自我为汝家妇,未尝闻汝先~之有贵者|早已作~。古代人事朴拙无华,故又引申指❺古朴:为文甚~,立志甚坚|人心不~|~色~香|~道热肠|高~|简~。由古昔,又引申指❻陈旧,不合时俗,奇特:刁钻~怪|~板。又特指❼古体诗:五~。

【组字】古,如今既可单用,也可作偏旁。现今归入口部。凡从古取义的字皆与古老等义有关。

以古作声兼义符的字有:诂、姑、枯、骷。

以古作声符的字有:估、轱、牯、故、固、咕、沽、罟、鸪、钴、蛄、酤、岵、辜、苦、岵、怙、祜、胡。

艾 ài;yì

【字形】甲　古　篆　隶 艾　草

【构造】会意兼形声字。甲骨文从艸从乂(割),会采割草药艾蒿之意,乂也兼表声。古文省从艸(艹),篆文承之并整齐化。隶变后楷书写作艾。

【本义】《说文·艸部》:“艾,冰台也。”本义为艾蒿,也叫蕲艾。多年生草本植物,叶厚,叶背有灰白色绒毛,有香气,花黄色,全株可入药。茎叶点燃后可驱蚊蝇,叶子干后制成艾绒,用于灸法。

【演变】艾,读ài,本义为❶艾蒿。引申指❷像艾蒿似的绿色:赐紫~绶。由绿色代表青春靓丽,又引申指❸美好:少~。艾叶上有层白霜,又引申指❹灰白色:玄发未~。老人头发苍白如艾上灰白色绒毛,故又指❺年老的人:长~识坚而气衰。

又读yì,因艾从乂取声,故借为乂,表示❻治理:自怨自~。

【组字】艾,如今既可单用,也可作偏旁。现今仍归入艹部。凡从艾取义的字皆与艾蒿、治理等义有关。

以艾作声符的字有:哎、砹。

丫 guǎi

(芇、乖、乖、枴、拐)

【字形】篆　今篆　隶 丫拐枴

乖 草

【构造】象形字。篆文象羊角形,当是羊字的省文,以突出两角。羊角向两边分张,故用以表示分背之义。隶变后楷书写作丫。当是篆文“乖”的初文。

【本义】《说文·丫部》:“丫,羊角也。象形。读若乖。”本义为羊角。

【演变】丫,本义指❶羊角。由羊角两边分张,借以表示❷分背。方言又借用作“拐”,表示❸跛行不便的样子:~脚~手。

○拐,本作枴,从木从另(冎,骨拐,腿梃子)会意,另也兼表声。俗作拐,改为从手。如今规范化用拐。读guǎi,本义指❶拐棍:刘跛子,青州人,拄一~,每岁必至洛中看花。拄拐者多行动不便,故引申指❷腿脚有毛病:他腿不好,走路一~一~的。由行不正,又引申指❸拐骗:~卖人口|打~。拐骗都是采取转弯抹角欺蒙的手段,故又引申指❹转折,转弯:再~一个弯就到了。电报文读又借指❺有转折的“7”。

由于丫用作了偏旁并借作了“拐”,相违背之义便又另加义符“兆”(灼龟裂纹,表分裂不顺;或为“北”之讹)写作乖来表示,隶变后楷书写作“乖”,兆变成北(二人分背),以突出背离之意。

○乖,从丫从兆会意。读guāi,本义指❶违背,不协调:楚执政众而~|~戾|~剌|~舛|~谬。后引申专指❷人性情、言行不合常理,别扭:行为偏僻性~张。宋代以后又表示❸机灵,乖巧:叫他学~些。现代又表示❹顺从,听话:~孩子。

【组字】丫,如今不单用,只作偏旁。现今归入艹部。凡从丫取义的字皆与分背等义有关。

以丫作义符的字有:芇、乖(乖)。

节 jié
（節）

【字形】金篆今篆隶节 節

草节 節

【构造】形声兼会意字。金文和篆文皆从竹，即声，即为饮食，也兼表有规律约束之意。隶变后楷书写作節。如今简化作节，改为从艸（艹），声符则以部分代替整体。

【本义】《说文・竹部》："節，竹约也。从竹，即声。"本义为竹节，即竹子有环状突起的地方。

【演变】节，本义指❶竹节：竹，外有～理，中直空虚。又泛指❷草木的分节，骨骼连接处：风断青蒲～｜彼～者有间，而刀刃者无厚｜盘根错～｜～外生枝｜细枝末～。引申指❸段落，分段：四时八位十二度二十四～｜长歌赴促～｜～气｜～奏。由时间的节点，又引申指❹节日：每逢佳～倍思亲｜中秋～。竹节分段是有规则的，故又引申指❺法度，气节：礼不逾～｜时穷～乃见｜～操。竹节像竹子上的约束、限制，故又引申为❻节制：有理，有利，有～｜～哀。又引申特指❼节省用度：～用而爱人｜～衣缩食。又引申指❽摘取一部分：～选｜～录。古代符节是证明身份的凭证，起节制作用，故又引申指❾符节：杖汉～牧羊，起卧操持，～旄尽落。

【组字】节（節），如今既可单用，也可作偏旁。作偏旁时有的省作卩。现今節仍归入竹部，节则归入艹部。凡从节取义的字皆与竹节、节制等义有关。

以节（節、卩）作声兼义符的字有：栉、癤（疖）。

本 běn

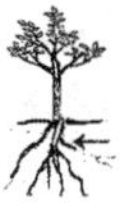

【字形】甲金籀篆

隶本 草本

【构造】指事字。甲、金文皆从木，根部加粗，指明是根部。籀文树根画成三角，突出强调了根部。篆文整齐化，并将三个三角连成一横以指明根部之所在。隶变后楷书写作本。

【本义】《说文・木部》："本，木下曰本。从木，一在其下。"本义为树根。

【演变】本，本义指❶树根：伐木不自其～，必复生｜无～之木｜～末倒置。引申指❷事物的基础，主体：君子务～，～立而道生。又引申指❸事物的根本，根源：乐者音之所由生也，其～在人心之感于物也｜忘～。农业是国民经济的基础，故又特指❹农业：道（导）民之路，在于务～。由根源又引申指❺原来，本来：～在冀州之南，河阳之北｜出自～心。又引申指❻本钱：小～生意｜一～万利。自己是己方的主体，故又引申指❼自己方面的：～国｜～省｜～人。由树根又转指❽树干：禽（同擒）之而乘其车，系桑～焉。书籍是文化传承的根本，故又引申指❾书册：书～｜笔记～。❿量词：一～书。

【组字】本，如今既可单用，也可作偏旁。现今仍归入木部。凡从本取义的字皆与树根等义有关。

以本作声兼义符的字有：笨。

以本作声符的字有：苯、钵。

术 shú；shù；zhú
（秫、術、茉）

【字形】甲金篆

隶术 秫 術 茉

草术 秫 術 茉

【构造】象形字。甲骨文象掐下来的一个高粱穗形。金文加出了高粱粒和操作的手，更加形象。篆文则另加义符"禾"，遂分为繁简二体。隶变后楷书分别写作朮（俗作术）与秫。如今"术"又作了"術"的简化字，并用作"茉"的异体字。

【本义】《说文・禾部》："秫，稷之黏者。从禾、朮，象形。朮，秫或省禾。"本义为黏高粱。又《说文・行部》："術，邑中道也。从行，朮声。"本义为道路。又《说文・艸部》："茉，山蓟也，从艸，朮声。"《玉篇・艸部》："茉，山蓟。与朮同。"本义为草名，菊科术类植物的泛称。多年生草本植物。

【演变】术，读 shú，本义为❶黏高粱。

又读 shù，如今用作"術"的简化字。借以表示❷城邑中的道路：冠盖荫四～，朱轮竟长衢。由道路引申指❸门径，方法，策略：观水有～，必观其澜｜权～｜战～｜法～。由方法又引申指❹技艺，技术：子之教我御，～未尽也｜医

~。用于抽象意义,引申指❺主张,学说:言有文章,~有条理。又通“遂(suì)”,指❻古代行政区划:古之教者,家有塾,党有庠,~有序,国有学。

又读 zhú,作为“茉”的异体字,如今又用作❼菊科术类植物的泛称:饵~黄精,令人久寿|白~|苍~|莪~。

由于“术”作了偏旁,如今又借作了“術”“茉”的简化字,其本义便另加义符“禾”写作“秫”来表示。

○秫,从禾从术会意,术也兼表声。读 shú,本义为❶黏高粱。多用以酿酒:春~作美酒,酒熟吾自斟。又泛指❷高粱:~秸。又指❸黏粟米,俗称为“秫子”。

【组字】术,如今既可单用,也可作偏旁。现今归入木部。凡从术取义的字皆与黏高粱、植物等义有关。

以术作声兼义符的字有:茉、怸、秫。

以术作声符的字有:述、沭、怵、鉥、術。

可 kě;kè
(哥、謌、歌)

【字形】甲 金 篆 隶 草

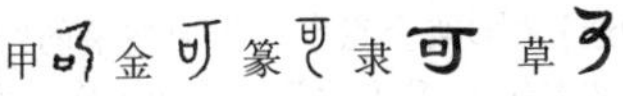

【构造】会意兼形声字。甲骨文从口,从丂(斤斧,伐木工具),会歌以助劳之意。金文大同稍简。篆文承接金文,丂讹为丂,成了伐木时击节而歌了,丂也兼表声。隶变后楷书写作可。

【本义】《说文·可部》:“可,肯也。从口、丂,丂亦声。”解释的是引申义。本义当为歌以助劳。是“歌”的初文。

【演变】可,读 kě,由歌以助劳,引申为❶肯定,许可:胡亥~其书|认~|不~。用作意动,又表示❷适合:平生不~俗子眼,后世谁知吾辈心|~口|~人|~心。正对着才合适,故又引申指❸对着:一方明月~中庭。又引申指❹尽着:~喉咙叫。虚化为助动词,表示❺能够:锲而不舍,金石~镂|牢不~破。又表示❻值得,应该:吴人嗜河豚鱼,有遇毒者,往往杀人,~为深戒|~爱|~怜。用作连词,表示❼转折:相见情已深,未语~心知|~是。用作语气副词,强调❽出乎意外,反问,劝导,感叹,疑问:这~把他难住了|这~假不了|你~小心点|你~回来了|这事你~答应?用作数词,表示❾大约:大夏民多,~百余万|年~二十。

又读 kè,用于专名“可汗”,特指❿少数民族的首领:~汗大点兵。

“可”为引申义所专用,歌唱之义便再加一个“可”,写作“哥”来表示。“哥”后来又用以表示兄长之义,于是另加义符“言”或“欠”,写作“謌”与“歌”来表示。如今规范化用“歌”。参见哥、歌。

【组字】可,如今既可单用,也可作偏旁。现今归入口部。凡从可取义的字皆与声音、支撑等义有关。

以可作义符的字有:哥、奇、哿。

以可作声符的字有:坷、苛、柯、岢、珂、轲、钶、疴、蚵、舸、呵、阿、何、河、荷、诃。

丙 bǐng
(炳、鉼、鋉、鏄)

【字形】甲 金 篆 隶 草

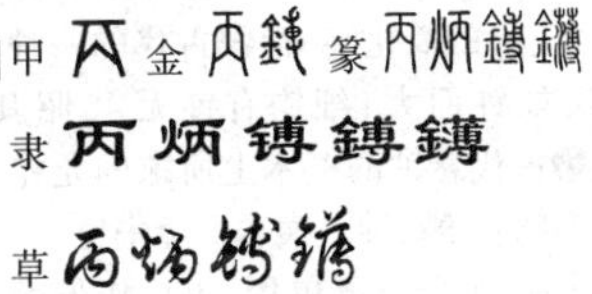

【构造】象形字。丙,或以为像古代的钟磬,但就形体看不像钟,更不像磬。就甲骨文看像古代的农具钱镈形,使用于西周春秋时期,形似倒凹字,侈刃,类后代的薅锄。金文大同稍变。篆文整齐化。隶变后楷书写作丙。是钱与镈的象形字。由于丙为借义所专用,后遂另造了形声兼会意字的钱与镈来表示。农具丙作为最初易货贸易的重要物品,后来便借用作货币的形制,其义便由“钱”字来表示。这样作为农具的“钱”之义,便又由铫、铲来表示。镈后又借用作鏄,表示大钟,其义便由锄来表示。正由于农具丙当初作为实物交换而成为货币,故由二丙构成的“两”(金㒳)字,遂为斤两的重量单位。参见钱、两。

【本义】《说文·丙部》:“丙,位南方,万物成炳然。阴气初起,阳气将亏,从一、入、冂。一者,阳也。丙承乙,象人肩。”析形是就篆文所作的附会,所释为借义。本义当为古代的一种农具,形似后代的薅锄,用以锄草。

【演变】丙，本义为❶古代的一种农具。此义后另造了形声字鏄，如今简化作镈。又借作❷天干的第三位，与地支相配，用以纪年月日：淳熙～申至日（冬至）。又用作❸序数第三的代称：每至～夜（三更），拭桌剪灯｜乃中～科｜～等｜～级｜～舍（耳房、客居别室或墓地陋屋）。古人在五行与五方或天干的搭配中，丙配南方与火，故又指❹南方：丙穴，以其口向～，因以为名。又指❺火：心主夏，其日～（阳火）丁（阴火）｜今人于密札要事，末一行书阅后付～。又指❻光明：～者，其物炳明。

“丙”后为借义所专用，光明之义便另加义符“火”，写作“炳”。

○炳，从火从丙会意，丙也兼表声。读bǐng，本义指光明，显著：使是非～然可知｜～如日星｜彪～青史。

○镈，从钅，尃声，尃也兼表铺展之意。读bó，本义为❶短柄锄类农具：其～斯赵，以薅荼蓼。现在又用作“鎛”（从金，薄声，薄也兼表不厚之意）的简化字，指❷古代的一种打击乐器：～，如钟而大｜细钧有钟无～，昭其大也。又指❸古代悬钟的横木上所雕的龙蛇之类涂金的饰物：～鳞，钟上横木上金华也。

【组字】丙，如今既可单用，也可作偏旁。现今归入一部。凡从丙取义的字皆与农具钱镈、光明等义有关。

以丙作义符的字有：两。

以丙作声兼义符的字有：炳、柄、叓（更）。

以丙作声符的字有：邴、病。

札 zhá（劄）

【字形】篆　今篆　隶 札劄　草 札劄

【构造】会意兼形声字。篆文从木从乚（乙，表钩记）会意，乚也兼表声。隶变后楷书写作札。如今又用作“劄”“劄”的部分含义的简化字。“劄”只用于科学技术术语，如中医学中的“目劄”；其他意义用“札”。“劄”则废而不用。

【本义】《说文·木部》：“札，牒也。从木，乙声。”本义为古时书写用的小木片。

【演变】札，本义指❶古时书写用的小木片：上许，令尚书给笔～｜乍削柳枝聊代～｜～记。又特指❷向皇帝或长官进言议事的一种公文：～子｜奏～。以上两义也写作“劄”。又引申泛指❸信件：客从远方来，遗我一书～｜手～｜信～。

○劄，从刀荅声。读zhā，本义指❶刺：是谁偷～破窗纱。引申指❷驻扎：至府城下～寨。此类含义今用“扎”表示。

又读zhá，指❸书写：香墨蛮笺亲～。又指❹旧时的一种公文：江督于闭会后～复。上二义今用札。如今只用于❺科学技术术语，如中医学中的“目劄”。

【组字】札，如今既可单用，也可作偏旁。现今仍归入木部。凡从札取义的字皆与捆扎等义有关，因为古代把文字写在木片上，并像栉齿一样排列编扎起来。

以札作声兼义符的字有：紮（扎）。

左 zuǒ（佐）

【字形】甲　金　篆　今篆

隶 左 佐　草 左 佐

【构造】象形兼会意字。作为左手的“左”，甲骨文本作𠂇，象左手形。由于𠂇作了偏旁，后遂借“左”来表示。左，金文从𠂇，从言或口，会手口相助之意。有的金文从𠂇从工（筑杵），就成了左手帮助右手操持筑杵筑墙了。篆文承之并整齐化。隶变后楷书写作左。是佐助的“佐”的本字。“左”为借义“左手”所专用，帮助等义便另加义符“亻”写作“佐”来表示。

【本义】《说文·左部》：“左，手相左助也。从𠂇、工。”本义为帮助。

【演变】左，本义为❶帮助，辅佐：辅相天地之宜，以～右（佑）民。引申指❷副，贰：～车。又引申指❸劝导：～食。“左”后借用作“𠂇”，故又表示❹左手，左边，向左：有杕（dì，树孤立貌）之杜（棠梨），生于道～｜～右观望。坐北面南，左手为东边，故又特指❺东边：江～英豪咸归附之。古代契约分左右两半，左半常用作债权人索债的凭据，故引申指❻证据：公常执～券以责（索求）于秦韩｜～证。由两半边，又引申指❼附近：到～近走走。古代尚右，左为

下，故又引申指❽贬谪：~迁。又引申指❾邪僻不正：旁门~道。又引申指❿相背，不顺，不合：且冢卿无路，介卿以葬，不亦~乎？|意见相~。又引申指⓫不对头，错误：他没这个意思，你想~了。

〇佐，从人从左会意，左也兼表声。读 zuǒ，本义指❶帮助：王于出征，以~天子|辅~|~理。引申指❷帮助的人：有伯暇以为~|僚~。又引申指❸第二位的，副的：乘贰车则式（同轼），~车则否。

【组字】左，如今既可单用，也可作偏旁。现今归入工部。凡从左取义的字皆与相助等义有关。

以左作声兼义符的字有：佐、差。

厉 lì

（厲、礪、砺、勵、励）

【字形】金 篆 今篆 隶 草

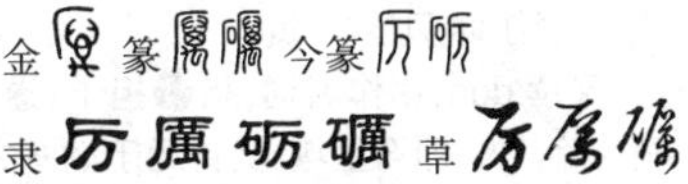

【构造】形声兼会意字。金文从厂（山石），表示粗糙的磨刀石，萬声，萬也兼表凶狠之意。篆文整齐化。隶变后楷书写作厲。如今简化作厉。是“礪（砺）”的本字。

【本义】《说文·厂部》：“厲，旱石也。从厂，蠆省声。”本义为粗悍的磨刀石。

【演变】厉，本义指❶粗悍的磨刀石：使河如带，泰山若~。用作动词，指❷磨砺：郑穆公使视客馆，则束载、~兵、秣马矣|再接再~。此二义后来另加义符“石”写作礪，从石从厲会意，厲也兼表声，如今简作砺。但成语中则仍用厉。由磨砺，引申为❸勉励，激励，振奋：亲秉旄钺，以~三军|~精图治。此义后另加义符“力”写作“勵”（励）来表示。由振奋又引申指❹高扬，疾飞：鹰隼横~|铺张扬~。又引申指❺猛烈，程度深：草荣识节和，木衰知风~|变本加~|雷~风行|~害。又引申指❻严厉，严肃：色~而内荏，譬诸小人其犹穿窬之盗也与|声色俱~|正言~色。又引申指❼严格，切实：~行节约。

〇砺，读 lì，本义指❶粗悍的磨刀石：故木受绳则直，金就~则利。用作动词，指❷磨治：~乃锋刃，无敢不善|砥~。

【组字】厉，如今既可单用，也可作偏旁。现今仍归入厂部。凡从厉取义的字皆与粗恶、磨砺、猛烈等义有关。

以厉作声兼义符的字有：励、砺。

以厉作声符的字有：蛎、疠、粝。

丕 pī

（胚、肧）

【字形】甲 金 古 篆 今篆 隶 草

【构造】象形兼指事字。丕与不在甲骨文中原本是一个字，象花骨朵形。金文大同。古陶文加出花苞。篆文在花苞的子房处加了一横，指明胚芽之所在，用以表示胚芽。隶变后楷书写作丕。

【本义】《说文·一部》：“丕，大也。从一，不声。”这是就篆文所作的解说，所释也是引申义。本义当为胚芽。

【演变】丕，本义为❶胚芽。胚芽是植物的根本，故引申指❷大：天下之壮观，王者之~业|~扬厥声，以告太史。“丕”为引申义所专用，胚芽之义便另加义符肉“月”写作“胚”来表示。

〇胚，从月（肉）从丕会意，丕也兼表声。异体作肧，从不，与丕同。读 pēi，本义为❶怀孕一月。引申泛指❷初期发育的生物体：~芽|~根。又比喻❸事物的发端：由来升密勿（机密），此地实~胎（怀孕三月）。

【组字】丕，如今既可单用，也可作偏旁。现今仍归入一部。凡从丕取义的字皆与胚芽或大等义有关。

以丕作声兼义符的字有：胚、豾。

以丕作声符的字有：邳、坯、呸、苤、狉。

右 yòu

（祐、佑）

【字形】甲 金 篆 隶 草

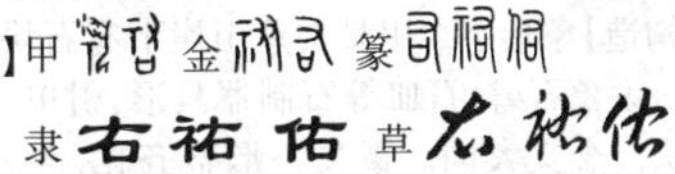

【构造】会意字。作为右手的“右”，甲骨文本作“又”。“右”本是“祐”的省文，在甲骨文中是一人双手掀碎祭品弃置于示（神主）前进行祭奠以求神灵保佑之意；或省去人身和一手，另加一“口”,以强调祈求保佑之意。金文简为二手,或只留一手一口,成了手口相助了。篆文承接金文并整齐化,分化为二体。隶变后楷书写作祐与右。祐如今简化作佑。现在二字表义有分工。

【本义】《说文·又部》:“右,手口相助也。从又(右手),从口。”这是就篆文所作的解说。本义当为神保佑。

【演变】右,本义指❶神保佑:既~考烈,亦~文母。引申指❷帮助:岂~其为霸哉!后借为“又”,表示❸右手:左牵黄(狗),~擎苍(鹰)。又指❹右边,西边(坐北朝南时右边在西方):靠~走|山~。古以“右”为上,故又引申指❺等级高的,强的:无出其~|豪~。用作动词,表示❻崇尚,重视:~贤尚功。

“右”为借义所专用,保佑之义便用“祐”来表示。帮助之义则另加义符“亻”写作“佑”来表示。

○祐,从礻从右会意,右也兼表声,读 yòu,本义为神灵保佑。如今简化,此义也用“佑”来表示。

○佑,从亻从右会意,右也兼表声。读 yòu,本义为❶帮助:高祖为亭长,常~之|~助。用作“祐”,又表示❷保佑:天~下民,作之君,作之师|保~。

【组字】右,如今既可单用,也可作偏旁。现今归入口部。凡从右取义的字皆与保佑等义有关。

以右作声兼义符的字有:佑、祐。

石 shí;dàn

(担、擔、撣、撢、撣、儋)

【字形】甲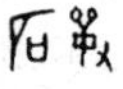 金 篆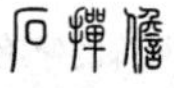 今篆 隶 石 担 擔 撣 儋

草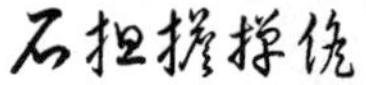

【构造】象形字。甲骨文象山崖下有石块之状;一说象石磬、石皿等石制器具形,引申泛指石头。金文大同。篆文一形整齐化,今人据甲骨文象石斧、石皿等石器之说篆文二形为今篆,均有义理,并行于世。隶变后楷书皆写作石。

【本义】《说文·石部》:“石,山石也。在厂之下,口象形。”本义为岩石。

【演变】石,读 shí,本义指❶岩石:它山之~,可以攻玉|且焉置土~?引申指❷石制器物:予击~(石磬)拊~,百兽率舞|乃遂上泰山,立~(碑碣)|扁鹊怒而投其~(石针)|金~|药~|结~。又比喻❸坚固,坚硬:此所谓弃仇雠而得~交者也。石头实而沉,古代又借作❹重量单位:三十为钧,四钧为~。又用作❺容量单位,合十斗:自无担~之储。因有些地方一石的重量或容量叫一担,这样,用作单位的“石”后遂变读为 dàn。

○担,从扌,旦声,旦也兼表光洁之意。读 dǎn,本义指❶拂拭。此义后由“撣”来表示。

又读 dān,如今又借作儋、擔的简化字,表示❷用肩挑:负、任、~、荷,服牛、轺(驾)马,以周四方|~水。用于抽象意义,又指❸担任,承当:~责任|~风险|~负。

又读 dàn,用作名词,指❹担子:遂率子孙荷~者三夫,叩石垦壤,箕畚运于渤海之尾|货郎~。

“担”为借义所专用,拂拭之义便用“撣”来表示。

○撣,从扌从单会意,单也兼表声。异体作撢,改为从覃。如今规范化用撣,读 dàn,本义指❶提持。

又读 dǎn,借用作“担”,表示❷拂拭:捡起帽子,~去尘土|鸡毛~子。

又读 shàn,史书上称❸傣族。又用作❹古国名。在今缅甸撣邦。

○儋,从亻,詹声,詹也兼表挑起之意。异体作擔,改为从扌。读 dān,本义指❶担荷:析人之珪,~人之爵,怀人之符,分人之禄。如今此义也由“担”来表示。“儋”只用作❷地名:~县(在海南省)。

【组字】石,如今既可单用,也可作偏旁。现今仍设石部。凡从石取义的字皆与山石等义有关。

以石作义符的字有:矸、矶、砢、矸、矼、矾、矻、矽、矸、矾、砐、矿、矸、砀、码、砉、研、砆、砖、砨、砕、砑、砘、砒、砌、砙、砋、砂、砚、砅、砎、矜、砏、砭、砍、砜、砓、砑、砇、砊、砄、砕、砡、砞、砝、砹、砵、砺、砢、砸、砺、砰、砧、砠、砷、砟、砯、砤、硁、砼、砱、砥、砾、砽、砲、砫、砿、砬、砣、砣、砩、础、砻、破、砮、砦、砮、硎、硅、硈、硭、硔、硿、硒、硕、

硖、硗、硃、硐、硘、硙、硃、硚、硟、硂、硆、硇、硊、
硦、硌、硳、硋、硑、硉、硍、砦、硚、硣、硤、硊、硸、
硬、硥、硧、硝、硶、硱、硞、硪、硢、硷、确、硫、硲、
硳、硠、硧、硩、硰、碁、碚、碱、碃、碐、碏、碤、碄、
碄、碕、碙、碋、碍、碘、碅、碑、碉、碓、碓、碑、碛、
碒、碉、碉、碎、碚、碰、碂、碇、碎、碗、碌、碧、碶、
礅、碡、碁、碟、碴、碱、碝、碮、碨、碣、碿、碳、碫、
磈、磓、碿、碯、碠、碲、磋、磁、磓、碹、碦、碥、碬、
碞、磕、磌、磓、磃、磘、磎、磂、磤、磔、碻、磙、磄、
磅、磏、磍、磪、磇、磞、磉、磊、磐、磬、磡、磺、礞、
磚、磦、磛、磩、磏、磥、磪、磞、磜、磦、磖、磟、磨、
磶、磹、磸、礁、磻、磼、磽、磾、磤、礃、磷、磸、磁、
磳、磴、礅、礞、礡、礚、礎、礅、礠、礔、礓、礌、礍、
礤、礴、礳、礝、礐、礌、礒、礤、礬、礧、礭、礸、礶。
以石作声符的字有：拓、妬、斫、柘、硕、跖。

布 bù
（佈）

【字形】金 篆 今篆 隶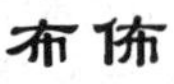

草

【构造】形声兼会意字。金文从巾，父（斧）声，父以劈麻，故用以会麻布之意。篆文整齐化，声符"父"变得不明显了。隶变后楷书写作布。

【本义】《说文·巾部》："布，枲（大麻）织也。从巾，父声。"本义为麻、葛织物。

【演变】布，本义指❶麻、葛织物：暖于～帛｜～衣之交。引申泛指❷棉麻化纤织物或薄膜：尼龙～｜石棉～。又借指❸古代钱币：抱～贸丝。布可展开，钱能流通四方，故又引申指❹铺开，散布，分布：～防｜～局｜～置｜星罗棋～。又引申指❺公布，宣告：～告天下｜开诚～公。又引申指❻陈述：聊～往怀。又引申指❼施与：～施。

为分化字义，布告等义后另加义符"人"写作"佈"来表示，如今简化仍用布。

【组字】布，如今既可单用，也可作偏旁。现今仍归入巾部。凡从布取义的字皆与布帛等义有关。
以布作声兼义符的字有：佈、抪、钸。
以布作声符的字有：怖、梻。

夲 tāo
（皋、搴、拜、祷、奏、忽）

【字形】甲 金 篆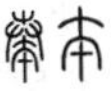

隶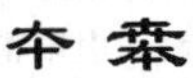 草

【构造】会意字。甲骨文是一棵生长繁盛的禾麦，或另加双手持之表示奉献给神祖，会向神祖拜祭祷告，祈求丰收之意。金文同，或另加示（象征神祖）以突出拜祭神祖之意。篆文分为繁简二体。隶变后楷书写作夲与皋。

【本义】《说文·夲部》："夲，进趣（疾）也。从大，从十。大十，犹兼十人也。"又："皋，疾也。从夲，卉声。拜从此。"析形皆不确，所释皆为引申义。实际上，二者在甲骨文中是同一个字，《说文》讹为不同的繁简异体。本义皆为持禾上下频频拜祭祷告。当是"拜"和"祷"的本字。

【演变】夲（皋），本义为❶拔起禾穗上下频频拜祭祷告。又泛指❷拔起、拿取、疾进、迅速往来等义。

由于二字都只作偏旁，拔起之义便另造"扒"来表示，如今规范化用"拔"；拜祭之义便另加义符"手"写作"搴"来表示，后又简化作"拜"；祷告之义则用"皋"来表示，后又另造了"祷"；奉献之义则另加双手"収"写作"奏"来表示；急速之义则借"忽"来表示。参见扒、拔、拜、祷、奏、忽。

【组字】夲（皋），如今都不单用，只作偏旁。现今夲归入大部，皋归入十部。凡从夲（皋）取义的字皆与高举、迅速、繁盛等义有关。
以夲作义符的字有：奏、皋、皋、暴（暴）、軬。
以皋作声兼义符的字有：搴。

夰 gǎo
（乔、臬、傲、蹻、跷、蹺）

【字形】古 篆 今篆

隶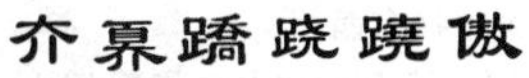

草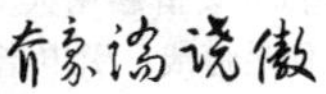

【构造】象形字。古文和篆文上边从大，是个舞人，下边两根棍，象征高跷，正是一个人踩高跷的形象。隶变后楷书写作夰。异体作乔。如

今“夰”只用作偏旁，“乔”则作了“喬”的简化字。参见乔。

【本义】《说文·夰部》：“夰，放也。从大而八分也。”解说不确。本义当为踩高跷。

【演变】夰，本义指❶踩高跷。引申指❷放纵轻佻的样子。又引申指❸高大、壮美、有力。

由于夰作了偏旁，踩高跷之义便又另加义符“百”（首），写作“奡”来表示。

〇奡，从百从夰会意，夰也兼表声。读 ào，本义指❶踩高跷的人昂首、矫健的样子。引申指❷傲慢：全与仲兄福尤桀～。此义后用“傲”来表示。又引申指❸突兀：耆卿词，曲处能直，密处能疏，～处能平。又指❹矫健有力：观其质力苍～，纯似初汉人笔。

“奡”为引申义所专用，其义便由“喬”来表示。喬也作了偏旁，便又另加义符“足”，写作“蹻”，异体作蹺，从足从堯会意，堯也兼表声。如今规范化，二字皆用蹺的简体跷来表示。

〇跷，读 qiāo，本义指❶腿脚向上抬：大臣内叛，诸将外反，亡可～足而待也｜～起二郎腿。又指❷踩高跷。

〇傲，从亻从敖会意，敖也兼表声。读 ào，本义指❶自高自大：～不可长，欲不可纵。引申指❷藐视：景公外～诸侯，内轻百姓｜人不可有～气，但不可无～骨。

【组字】夰，如今不单用，只作偏旁。现今归入大部。凡从夰取义的字皆与踩高跷等义有关。以夰作义符的字有：昦（昊）、奡、界、奰。

夯 hāng；bèn

【字形】古  今篆  隶 夯 草 

【构造】会意字。古文从大、力，会用大力扛东西之意。隶变后楷书写作夯。

【本义】宋代新造字。《篇海类编·通用类·大部》：“夯，撻夯，大用力。又以肩举物。”本义为用大力扛东西。

【演变】夯，读 hāng，本义指❶用大力扛东西：量他一～铁之夫，何足道哉！引申指❷用力扛起重物砸下去，砸实地基：中心填土～筑｜～实了。又指❸砸实地基的工具：打～｜木～。

又读 bèn，由夯的笨重，引申指❹笨拙：小儿蠢～，自幼失学｜～货。

【组字】夯，如今可单用，也可作偏旁。现今仍归入大部。凡从夯取义的字皆与砸实等义有关。以夯作声符的字有：㤘。

龙 lóng（龍、蠬、宠）

【字形】甲  金  古  篆 

今篆  隶 龙 龍 蠬

草 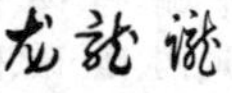

【构造】象形字。甲骨文象传说中的神异动物形。金文大同。古文繁化。篆文整齐化。隶变后楷书写作龍。如今简化作龙。现在又作了“蠬”（从足，龍声）的简化字。

史载，上古菏泽鄄城县境内有雷泽，是北方巨型湾鳄的生栖之地。又载，伏羲的母亲华胥在雷泽边履巨人之迹而有娠，生伏羲。这“巨人之迹”，自然不可能真是雷神的足迹，而是鳄鱼之迹。传说，舜时有一个叫董父的人，擅养龙，舜赐其为豢龙氏，即养鳄之人。鄄城是伏羲的故乡，黄帝尧舜的出生地，是大禹治水的地方。伏羲是龙的第一传人，据此可知，所谓的龙，最初乃是雷泽里鳄鱼的象形。先民以鳄鱼为图腾，鳄鱼又叫猪婆龙，是先民的尊崇之物，这恐怕就是龙文化的滥觞，也是“宠”字从“龙”取义的原因。龙与水相关，大禹治水，疏通河道，消除水患，人们敬仰他，故称之为禹，意谓神龙之意。又史载“雷泽中有雷神，龙首而人身，鼓其腹则雷”。雷是闪电发出的滚动声音，古人不理解闪电现象，将其神化作奇异的动物。这样，随着龙文化的演化，后人遂将鳄鱼与屈曲游动的闪电的形象联系起来。这从下边《说文》对“龙”字的解说，可以悟出其间的关系。

【本义】《说文·龍部》：“龍，鳞虫之长。能幽能明，能细能巨，能短能长，春分而登天，秋分而潜渊。从肉，飞之形，童省声。”析形虽然不确，但从对龙的解释看，不正是闪电的特点么？这由闪电神化来的神异动物，不也隐约藏着鳄鱼的影子么？由鳄鱼的威猛和闪电的光华，成为华夏民族的图腾和象征，后来华夏民族遂自称是龙的传人。中国的封建社会，龙是皇权的象征，历代帝王都自命为真龙天子，使用的器物也都用龙形作装饰。

【演变】龙，本义指❶由鳄鱼神化来的奇异动物：麟、凤、~、龟，谓之四灵｜水不在深，有~则灵｜~腾虎跃。龙是神物，故用以象征❷帝王：吾令人望其气，皆为~虎，成五彩，此天子气也｜天旋地转回~驭，至此踌躇不能去｜~凤之姿｜~子~孙｜~床｜~舆｜~飞｜~衮｜祖~。又用以比喻❸英才：诸葛孔明者，卧~也。又引申指❹形状像龙的东西：车水马~｜来~去脉｜火~｜水~｜~舟｜~卷风。又指❺一些巨大的爬行动物：恐~｜翼手~。又用作❻十二生肖之一：属~。

又借作"躘"的简化字，用作联绵词"龙钟"，旧作"躘踵""躘踵""躘偅"，形容❼老态衰弱、疲惫的样子：~钟一老翁，徐步谒禅宫。又形容❽潦倒失意：华也潦倒~钟，百疾丛体，衣无完帛，器无兼蔬。又形容❾沾濡湿润：故园东望路漫漫，双袖~钟泪不干。

○寵，金文从宀从龍，用于庙内祭龍，会尊崇神圣之意，龍也兼表声。篆文整齐化。隶变后楷书写作寵。如今简化作宠。读 chǒng，动词，本义为❶尊崇，使荣耀：始皇甚尊~蒙氏｜孰不欲~荣其父祖？又指❷过分喜爱，偏爱：厚遗秦王~臣｜单生这个儿子，~得跟性命一样｜~幸｜~信｜~物。用作名词，指❸恩宠，宠爱，荣耀：承天~也｜三千~爱在一身｜受~若惊｜~辱若惊｜恃其富~｜哗众取~｜~光｜荣~｜得~。

【组字】龙，如今既可单用，也可作偏旁。现今仍设龙部。凡从龙(龍)取义的字皆与龙或长龙状之物等义有关。

以龙(龍)作义符的字有：宠、龚、龑、龛、龖、龗、龘。

以龙(龍)作声兼义符的字有：陇、咙、庞、龏。

以龙(龍)作声符的字有：茏、垅、拢、泷、珑、栊、昽、胧、眬、砻、笼、聋、聋、龚。

戊 wù

【字形】甲 金 篆 隶 草

【构造】象形字。甲骨文象一种狭长有肩的斧子形。金文线条化。篆文整齐化。隶变后楷书写作戊。

【本义】《说文·戊部》："戊，中宫也，象六甲五龙相拘绞也。戊承丁，象人胁。"这是根据假借义所作的解说。就甲骨文看，本义当为一种斧子。

【演变】戊，本义指❶斧子。后借作❷天干的第五位：~戌变法。

"戊"为假借义所专用，其本义便不为一般人所知了。但作偏旁时使用的仍是本义。

注意：戊与戉、戌、戍、戎、戒是一组形近易混字，也都与兵器有关。"戊"是古代兵器，是种狭长有肩的斧子，后借为天干的第五位，成为主要的用法。以"戊"作偏旁的常用字有"茂"。"戉"(yuè)也是古代兵器，是圆刃空心大斧形，是"钺"的本字。以"戉"作偏旁的常用字有"越"。"戌"(xū)也是古代兵器，是宽刃平口的大斧形，后借为地支的第十一位，成为主要的用法。以"戌"作偏旁的常用字有"威"。"戍"(shù)是人持戈守卫形，表示防守。以"戍"作偏旁的常用字有"蔑"。"戎"(róng)是个一手持戈身披铠甲的武士形，主要表示军事。以"戎"作偏旁的常用字有"绒"。"戒"(jiè)是双手持戈警戒形，表示警备。以"戒"作偏旁的常用字有"械""诫"。参见各字。

【组字】戊，如今既可单用，也可作偏旁。现今归入戈部。凡从戊取义的字皆与斧子等义有关。

以戊作义符的字有：成。

以戊作声符的字有：茂。

犮 bá

(犮、跋)

【字形】金 古 篆 隶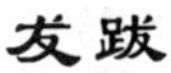

草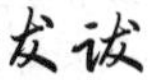

【构造】指事字。金、古、篆文从犬，一撇指用绳子绊着犬腿，表示狗跑起来艰难不便。隶变后楷书写作犮。如今规范化写作犮。注意：不要与"发"相混。

【本义】《说文·犬部》："犮，走犬貌。从犬而丿之。曳其足则剌犮也。”本义为狗剌犮着腿奔跑艰难的样子。

【演变】犮，本义为❶狗艰难奔跑的样子。又泛指❷艰难行走或落在后边：剌～腿。

由于“犮”作了偏旁，其义便另加义符“足”写作“跋”来表示。

○跋，从足从犮会意，犮也兼表声。读 bá，本义为❶仆倒：颠沛，皆即踬～也。引申指❷踩踏：狼～其胡，载疐其尾｜～前踬后，动辄得咎。又指❸越山而行：大夫～涉，我心则忧｜～山涉水。跋行则落后，故用作名词又引申指❹一种文体，写在书籍或文章的后面，评价其内容，或考释、说明写作经过等：题者标其前，～者系其后｜前序后～｜序～｜题～｜～文。狗剌犮着腿奔跑的样子很像恶人横行之状，故用作“跋扈”，形容❺专横，暴戾，霸道；或勇壮的样子：横行邑里，～扈城国｜睢盱～扈｜飞扬～扈。

【组字】犮，如今不单用，只作偏旁。现今仍归入犬部。凡从犮取义的字皆与行走艰难等义有关。

以犮作声兼义符的字有：拔、跋、魃。

以犮作声符的字有：茇、鲅、颰、髮（发）、钹、绂、祓、黻。

平 píng；pián

【字形】金 篆 隶 草

【构造】会意字。金文从亏（即于，象征乐声婉转），从八（表乐声分发），会乐声平缓舒徐之意。篆文按照“于”的演变，下边弯曲。隶变后楷书写作平。

【本义】《说文·亏部》：“平，语平舒也。从亏，从八。八，分也。”此为引申义。本义当为乐声平缓舒徐。

【演变】平，读 píng，由乐声平缓舒徐，引申为语气平舒。再引申泛指❶心气安舒，安静，安定：神之听之，终（既）和且～｜心～气和｜～和｜～静。用作动词，指❷使平静，使安定：修之～之｜会于北杏，以～宋乱｜～息｜～叛。由平静又引申指❸不倾斜：夫悬衡而知～，设规而知圆｜～地｜～坦。又引申指❹齐一，均等：法～，则吏无奸｜治国～天下｜～分秋色｜～行｜公～｜～均。由不倾斜无突兀，又引申指❺一般的，经常的：我以班君当有奇策，所言～～耳｜～常｜～庸｜～凡｜～时｜～淡｜～日。又特指❻汉语的平声：阴～。

又读 pián，由乐声平缓舒徐有致，引申表示❼治理有序：无党无偏，王道～～。又表示❽安详娴熟：～～左右，亦是率从｜敞亦～～，文雅自赞。又表示❾辨别：寅宾日出，～秩（辨次耕作的先后）东作｜九族既睦，～章（辨别彰明）百姓｜刊正音律，～章历象｜～章黑白。

【组字】平，如今既可单用，也可作偏旁。现今归入干部。凡从平取义的字皆与不倾斜等义有关。

以平作声兼义符的字有：评、坪、苹、秤、萍。

以平作声符的字有：怦、鲆。

叵 pǒ

【字形】甲 古 篆 隶 叵 草

【构造】会意字。甲、古、篆文是“可”字的反向，用以会不可之意。也是“不可”的合音。隶变后楷书写作叵。

【本义】《说文·可部》新附：“叵，不可也。从反可。”本义为不可。

【演变】叵，本义指❶不可：虽～复见远流，其详可得略说也｜吾门人多矣，尹子～测也｜～耐（可恼）这两个做出事来！｜居心～测。用作副词，表示❷遂，便：帝知其终不为用，～欲讨之。

【组字】叵，如今既可单用，也可作偏旁。现今归入匚部。凡从叵取义的字皆与不可等义有关。

以叵作声符的字有：钷、笸。

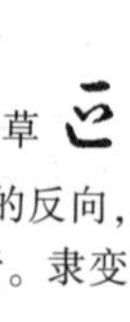

匝 zā（帀、迊）

【字形】甲 金 古 篆

隶 匝 帀 迊 草

【构造】象形兼会意字。甲骨文象繁茂植物环回倒生之形，会往复环绕之意。金文省讹近似倒之（⊻）；或又另加出义符“辶”，以突出行走之意。古文稍变。篆文完全变成倒“之”字并整齐化，“之”表示前行，倒“之”则是回来，亦会往复环回之意。隶变后楷书写作帀和迊。“迊”俗讹作匝，如今规范化为正体。帀则只作偏旁。

【本义】《说文·帀部》：“帀，周也。从反之而帀也。”本义为环绕一周。

【演变】匝（帀），本义指❶环绕：沟池环～，竹木周布。又引申指❷周，圈：孔子游于匡，宋人围之数～｜绕树三～，何枝可依。又引申指❸布满：普天皆灭焰，～地尽藏烟｜浓荫～地。

【组字】匝，如今既可单用，也可作偏旁。现今归入匚部。帀则只作偏旁。凡从匝取义的字皆与环绕等义有关。

以匝（帀、迊）作义符的字有：师、咂、哑。

以匝（帀）作声符的字有：咂（师）、砸。

匛 jiù

（匶、柩、柩）

【字形】籀  篆  隶 匛 柩 匶

草 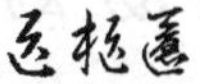

【构造】形声兼会意字。籀文从匚（盛器），舊声，舊从臼取得声义，故也兼表器具之意。篆文从匚，久声，久也兼表希望长久之意，本义为盛尸体的棺材。或另加义符木，表示木头所做，成了从木从匛会意，匛也兼表声。隶变后楷书分别写作匶、匛、柩。匶，俗作櫃，另加义符木。如今规范化用柩，是“匛”的加旁分化字。匛只作偏旁，不单用。

【本义】《说文·匚部》：“柩，棺也。从匚，从木，久声。”本义为装着尸体的棺材。

【演变】匛，不单用。单用用柩。

○柩，读 jiù，本义指装着尸体的棺材：里析死矣，未葬，子产使舆（奴隶）三十人迁其～｜在床曰尸，在棺曰～｜空棺谓之椟，有尸谓之～｜灵～。

【组字】匛，如今不单用，只作偏旁。现今仍归入匚部。凡从匛取义的字皆与棺椁等义有关。

以匛作声兼义符的字有：柩。

匜 yí

【字形】甲  金 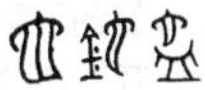 古  篆 

隶 匜 草 

【构造】象形兼形声兼会意字。甲骨文象匜形。金文借“也”表示，大概象匜之形；或另加义符金或皿，表示其质地或用途。古文和篆文改为从匚，也声，也亦兼表似也之形之意。隶变后楷书写作匜。

【本义】《说文·匚部》：“匜，似羹魁（勺），柄中有道，可以注水。从匚，也声。”本义为古代一种盛器。出现于西周中期，盛行于东周。青铜制或陶制，多是明器。形似瓢，无盖。有的有足或圈足，并有流、鋬；有的无足，柄中有道。用以盛酒水。

【演变】名词，本义为古代一种盛酒水的器具。可用作❶盥洗之具，一人持匜，浇水于盥者之手以洗之，下有盘，接盛盥毕之水：小臣具盘～在东堂下｜（怀嬴）奉～沃盥，既而挥之。又用作❷盛酒之具：于深室斋戒筑坛，上置金～、玉斝，云“甘露神酒自出”｜礼成更为北宫宴，山海馐错登盘～。作动词，指❸以匜盛水：～水错于盘中，南流，在西阶之南。

【组字】凡从匜取义的字皆与器具等义有关。

以匜作声符的字有：匜。

打 dǎ；dá

【字形】篆  隶 打 草 

【构造】会意兼形声字。篆文从手，从丁（钉子），借敲击钉子来表示敲打、撞击之意，丁也兼表声。隶变后楷书写作打。

【本义】《说文·手部》新附：“打，击也。从手，丁声。”本义为敲打、撞击。

【演变】打，读 dǎ，本义指❶敲打、撞击：以瓦石击～公门｜风吹雨～｜～铁｜～夯｜～鼓。引申指❷攻击，殴打：敌疲我～｜他俩～起来了。宋元以来，“打”用作动词或语素，引申表示许多❸有具体意义的动作：～酒｜～鱼｜～井｜～枪｜～电报｜～雷｜～针｜～气｜～首饰｜～把刀｜～墙｜～算盘｜～麦｜～鸡蛋｜～开盖子｜～格子｜～印｜～证明｜～成一片｜～蜡｜～柴｜～水｜～灯笼｜～腹稿｜～官腔｜～岔｜～价儿｜就此～住｜～瞌睡｜～手势｜～短工｜～交道｜～包｜～球｜～成右派｜～头｜～扫｜～扮｜～扰。又作介词，开始用于处所，后

来也用于时间,表示❹经由,从:这里是五路总头,是~哪条路去好?|~东往西|~明儿起|~头再来。

又读 dá,用作量词,是英语 dozen 音译的省略,表示❺十二个:一~铅笔|一~毛巾。

扔 rēng

【字形】甲　篆　隶 扔　草 扔

【构造】形声兼会意字。甲骨文从扌,乃声,乃也兼表相因牵连之意。篆文整齐化。隶变后楷书写作扔。

【本义】《说文·手部》:"扔,因(捆)也。从扌,乃声。"本义为牵引,拉。

【演变】扔,本义指❶牵引,拉:上礼为之而莫之应,则攘臂而~之。向相反的方向牵引,使远离,则为❷抛掷:拿出那个揭帖来,~与他瞧|~石头|~铁饼|~铅球。进而引申指❸丢弃:把这些破烂都~了。

轧 yà;zhá;gá (軋)

【字形】篆　隶 轧 軋　草 轧

【构造】会意兼形声字。篆文从車从乙(幼苗),会车碾压幼苗之意,乙也兼表声。隶变后楷书写作軋。如今简化作轧。

【本义】《说文·車部》:"軋,辗(碾)也。从車,乙声。"本义为碾压,滚压。

【演变】轧,读 yà,本义指❶碾压,滚压:玉轮~露湿团光|~路机|~棉花|车~死一只鸡|~平|~伤了手。引申指❷排挤:及势力相~,化为敌雠|互相倾~。

又读 zhá,专用于❸轧钢:~辊|~轨|~钢机。

又读 gá,方言指❹结交:~朋友。又指❺核对:~账。

戉 yuè (鉞、钺)

【字形】甲　金　篆　隶 戉 钺 鉞　草

【构造】象形字。甲骨文象圆刃空心大斧形,是古代兵器的一种。金文线条化。篆文整齐化。隶变后楷书写作戉。

【本义】《说文·戉部》:"戉,斧也。从戈,乚声。"本义为大斧。

【演变】戉,本义为大斧:夏执玄~。由于"戉"作了偏旁,大斧之义便又另加义符"金"写作"鉞"来表示,如今简作钺。

○钺,从钅从戉会意,戉也兼表声。读 yuè,本义指古代的兵器,似大斧:有虔(威武的样子)秉~。

【组字】戉,如今不单用,只作偏旁。现今归入戈部。凡从戉取义的字皆与兵器等义有关。以戉作声兼义符的字有:钺、戚(《说文》归部)。以戉作声符的字有:越。

劢 mài (勱)

【字形】篆　今篆　隶 劢 勱　草

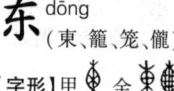

【构造】形声兼会意字。篆文从力,萬声,萬也兼表极尽之意。隶变后楷书写作勱。如今简化作劢。

【本义】《说文·力部》:"勱,勉力也。从力,萬声。"本义为努力,尽力。

【演变】动词,本义为努力,尽力,勉力:继自今立政,其勿以憸(奸佞)人,其惟吉士,用~相我国家|如彼老马,心念超腾,道路崎岖,~不可能。

【组字】凡从劢取义的字皆与努力等义有关。以劢作义符的字有:励。

东 dōng (東、籠、笼、儱)

【字形】甲　金　篆　今篆　隶 東 笼 籠 儱　草

【构造】象形字。甲骨文象竹木编的篝笼形,这种篝笼可用以笼火、照明或熏物,也可作为容器来负物,当是灯笼的"笼"的初文,就语音看也是"灯笼"的合音。金文承接甲骨文大同,或更画出了编织纹路。篆文承接金文简形并整齐化。隶变后楷书写作東。如今简化作东。注意:东与东不同。

【本义】《说文·東部》:"東,动也。从木。官溥(人名)说,从日在木中。"析形是就篆文所作的解说,不确。本义当为圆竹笼。

【演变】东,本义指❶圆竹笼,俗语称圆鼓鼓的东西为圆鼓笼东,由此泛称物品为"东西"。点燃的灯笼能令人联想到从东方升起的彤彤红日,所以"东"便被借指❷东方:~方未明,颠倒衣裳|~临碣石。古时候郑国在秦国东方,称为❸东道主:若舍郑以为~道主,行李之往来,共其乏困,君亦无所害。引申泛指❹主人:~家蹇驴许借我,泥滑不敢骑朝天|房~|股~。又特指❺请客的人:马二先生做~。

"东"为借义所专用,本义除保留在"东西"一词中外,遂不为一般人所知。灯笼之义则另造了"籠"字来表示,如今简化作笼。

○笼,从竹龙声,龙也兼表不分明之意。读 lóng,本义指❶盛土的竹器:貂裘而负~,甚可怪也。引申泛指❷盛东西的笼子:不知谁家子,提~行采桑|鸟~|樊~|~统(亦作"儱侗")。又特指❸蒸笼:~屉。

又读 lǒng,用作动词,表示❹笼罩:无情最是台城柳,依旧烟~十里堤|烟~寒水月~纱。

○儱,从亻,龍声,龍也兼表不分明之意。读 lǒng,用作"儱侗",表示❶浑然无分别;模糊而不具体:瓠子曲弯弯,冬瓜直~侗|求神献尸,非一时事,未可~侗言之也。

又读 lóng,用作"儱倲",形容❷弱劣的样子。

又读 lòng,用作"儱偅",表示❸行不正的样子。

【组字】东,如今既可单用,也可作偏旁。现今归入木部。凡从东取义的字皆与竹笼等义有关。

以东作义符的字有:重、曹。

以东作声符的字有:冻、岽、栋、胨、鸫。

卡 qiǎ;kǎ

【字形】今篆 隶 草

【构造】会意字。楷书从上、下,会不上不下之意。

【本义】《字汇补·卜部》:"卡,楚属关隘地方设兵立塘谓之守卡。"本义指为警戒或收费而设立的检查处所。

【演变】卡,读 qiǎ,本义指❶为警戒或收费而设立的检查处所:今使其带文前来,被把~捉住,解送到案|关~|税~。引申指❷夹在中间,不能活动:鱼刺~在了喉咙里|抽屉被~住了拉不开|~壳。又引申指❸夹东西的器具:买了个漂亮的发~。

又读 kǎ,指❹卡车:十轮大~。又指❺卡片(英 card):资料~。又指❻热量单位,卡路里的简称(法 calorie)。

【组字】卡,如今既可单用,也可作偏旁。现今归入卜部。凡从卡取义的字皆与夹住等义有关。以卡作声符的字有:佧、咔、胩。

北 bèi;běi (背)

【字形】甲 金 篆 隶 草

【构造】会意字。甲骨文从二人相背,会背离之意。金文大同。篆文整齐化。隶变后楷书写作北。是"背"的本字。

【本义】《说文·北部》:"北,乖也。从二人相背。"本义为背离。

【演变】北,读 bèi,本义指❶背离,违背:食人炊骨,士无反~之心,是孙膑、吴起之兵也。用作名词,指❷脊背:某头左角刃痏(瘢痕)一所,~二所。

又读 běi,追击逃敌必从背后,故引申指❸军队败走:鲁人从君战,三战三~|佯~勿从。用作名词,指❹败逃者:追亡逐~。物性皆向阳,人们生活中也多面南背北,故又引申指背向的一方为❺北方:投诸渤海之尾,隐土之~|~国风光,千里冰封,万里雪飘。

"北"为引申义所专用,脊背之义便又另加义符肉"月"写作"背"来表示。参见背。

【组字】北,如今既可单用,也可作偏旁。现今归入匕部。凡从北取义的字皆与脊背、北方等义有关。

以北作义符的字有:冀。

以北作声兼义符的字有：背。
以北作声符的字有：邶。

占 zhān；zhàn（佔）

【字形】甲 篆 隶 占 佔 草

【构造】会意字。甲骨文从卜（灼龟之兆纹），从口，或另加出一块卜骨，会观察兆纹推断解说吉凶之意。篆文整齐化。隶变后楷书写作占。

【本义】《说文·卜部》："占，视兆问也。从卜，从口。"本义为视龟甲之兆推知吉凶。

【演变】占，读 zhān，本义指❶视龟甲之兆推知吉凶：占人掌～龟｜～卜｜～课。引申泛指❷通过察视物象来推断吉凶：召彼故老，讯之～梦｜～星。又泛指❸察视，测度：～相地势｜～其山川云物，而国之休悴可知也。又引申指❹口说，口授：凭几口～｜口～一绝。

又读 zhàn，由卜骨上有兆纹，引申指❺占有，有，据有：男子一人，～田七十亩｜～小善者率以录｜～领｜～据｜～便宜。又引申指❻处在某一种地位或情形：成功率～百分之九十五｜赞成的～多数｜大～优势｜～上风｜～先｜～便宜。以上读 zhàn 的意思后另加义符"亻"写作"佔"。如今简化仍作"占"。

【组字】占，如今既可单用，也可作偏旁。现今仍归入卜部。凡从占取义的字皆与占卜、察视等义有关。
以占作声兼义符的字有：乩、佔、觇。
以占作声符的字有：阽、沾、苫、店、拈、坫、帖、贴、玷、战、毡、敁、站、痁、砧、钻、粘、跕、鲇、黏、點（点）、黏。

卢 lú（盧、爐、炉、壚、鑪、垆）

【字形】甲 金 篆 今篆 隶 卢 盧 炉 爐 垆 壚 鑪 草

【构造】象形兼会意兼形声字。甲骨文中象有炉身及款足的炉灶形，下加火，上加虍（虎）声，虍也兼表用炉子煮动物肉之意。金文改火为皿，中加一块肉，以突出用炉子煮肉之意。篆文承接金文，省去肉，变为从皿从𠦃，𠦃也兼表声。隶变后楷书写作盧，如今简化作卢，取其轮廓。现今卢归入卜部。由于"卢"后来专用以表黑色或姓并作了偏旁，火炉之义便又另加义符"火"写作"爐"来表示，如今简作炉。酒家安放盛酒器的土坛之义则另加义符"土"或"缶"写作"壚"或"鑪"来表示，如今皆简作垆。

【本义】《说文·皿部》："卢，饮器也。从皿，𠦃声。"此为引申义。就甲骨文看，本义当为炉的初文。

【演变】卢，本义指❶火炉：魏郡男子张博送铁～诣太官。引申指❷酒家安放盛酒器的土坛：文君当～。火炉烟熏火烤，由此又引申指❸黑色：～弓一。

〇炉，从火户声。读 lú，本义指火炉：火之在～，水之在沟｜～火纯青｜熔～｜煤～｜电～｜炼钢～。

〇垆，从土从卢会意，卢也兼表声。读 lú，酒垆用土筑成，故指❶酒家安放盛酒器的土坛或酒店：当～卖酒。又引申指❷烧得黑而坚硬的土：厥土惟壤，下土坟～。作为"鑪"的简化字，又指❸小口的酒器：古磁瓶～十七件。又指❹香炉：至尊拜伏于～前。

【组字】卢，如今既可单用，也可作偏旁。现今盧仍归入皿部，卢则归入卜部。凡从卢（盧）取义的字皆与炉灶、房舍、黑色等义有关。
以卢（盧）作声兼义符的字有：炉、垆、庐、胪。
以卢（盧）作声符的字有：芦、颅、泸、栌、轳、胪、舻、鸬、鲈、驢（驴）。

延 chān

【字形】甲 金 篆 隶 延 草

【构造】会意字。甲骨文从彳（半条街），从止（脚），会在街上走路之意。金文大同，笔画变得婉转。篆文承接金文加以整齐化，将彳下画拉长，遂变为从廴。隶变后楷书写作延。当是"辵"的变体，延的初文。参见延。

【本义】《说文·延部》："延，安步延延也。从廴，从止。"本义为慢慢走长路。

【演变】㢟,本义指慢慢走长路。与“延”实为一字。

【组字】㢟,如今不单用,只作偏旁。现今归入廴部。凡从㢟取义的字皆与走长路等义有关。

以㢟作义符的字有:延。

以㢟作声符的字有:𨑹。

业 yè
(業)

【字形】金 篆 今篆 隶 业 業

草

【构造】象形兼会意字。金文上从丵(一种横板上有锯齿形装饰的仪仗)省,象古代悬挂乐器的架子横梁上边起装饰作用的刻成锯齿状的大版之形,下从木,表示木制。篆文承接金文并整齐化,《说文》视为上从丵下从巾会意。隶变后楷书写作業。如今简化作业。

【本义】《说文·丵部》:“業,大版也,所以饰悬钟鼓,捷业如锯齿。从丵,从巾,巾象版。”本义为古代悬挂乐器架子横梁上的锯齿状装饰大版。

【演变】业,本义指❶古代悬挂乐器架子横梁上的大版:设~设虡,崇牙树羽。设业奏乐乃盛大敬慎之事,故引申指❷敬慎:兢兢~~。因其为版,故又借指❸古代书册的夹板:请~则起。进而引申指❹学习的功课:~精于勤|修~|学~。又引申指❺事务,工作,事业:专~|就~|工~。又引申指❻财产:家~|产~|~主。用作动词,表示❼从事于:~农|~医。用作副词,表示❽已经:~已。

【组字】业,如今既可单用,也可作偏旁。现今业归入一部,業则归入木部。

以业作声符的字有:邺、嶫、
、澲、碟、鸈。

帅 shuài
(帥、谢、帨、帬)

【字形】甲 金 篆 隶 帅 帥 帨 草

【构造】会意兼形声字。帅与谢同源,是帬的会意字。甲骨文一形是两手持巾席以授形;二形巾省为丨,突出了两手。古代女子出嫁时,母亲授礼巾,用以擦拭不洁,在家时挂在门右,外出时系在身左。后名词演变为帅,表示巾;动词演变为谢,用赐巾席表示告老辞官之意。金文承接甲骨文简形,左边保留了两手,因礼巾简化为丨,就看不出原意了,故右边又另加出义符巾,表示是巾。篆文分为二形:一形将左边两手展巾之形讹为自声,成了形声字;二形改为从巾从埶(持)会意。隶变后楷书分别写作帥与帬。如今帬废而不用,帥简化作帅。异体作帨,改为从巾从兑(说)会意,兑也兼表声。现在帅、帨二字表义有分工。参见谢。

【本义】《说文·巾部》:“帥,佩巾也。从巾,自声。帨,帥或从兑。”本义为佩巾。

【演变】帅,本义指❶佩巾。借用以表示❷军中主将,统帅:三军可夺~也,匹夫不可夺志也|元~|~旗。用作动词,指❸率领:长子~师|~众前往。引申指❹引导:子~以正,孰敢不正?又引申指❺漂亮,英俊,有风度:他的字很~|小伙子长得真~。“帅”为借义所专用,佩巾之义便由异体“帨”来表示。

○帨,从巾,兑声。读 shuì,本义为❶佩巾:舒而脱脱兮,无感我~兮。又指❷抹布:这方粗布便叫做~,湿了用洗家伙的。用作动词,指❸用巾擦手:皇帝~手取觯。

【组字】帅,如今可单用,也可作偏旁。现今仍归入巾部。凡从帅取义的字皆与佩巾等义有关。

以帅作声符的字有:䇅。

归 guī
(歸、埽)

【字形】甲 金 古 篆

隶 归 歸 草

【构造】会意兼形声字。甲骨文从帚从𠂤,会送亲之意,𠂤也兼表声。金文另加义符“彳”(半条街)和“止”(脚),以突出行动,会执箕帚之人到来之意,也即女子出嫁。古文一形同甲骨文,二形承金文简化。篆文承接金文并整齐化;异体或省去“彳”或兼省𠂤声。隶变后楷书分别写作歸与埽。如今皆简作归。

【本义】《说文·止部》:“歸,女嫁也。从止,从婦(妇)省,𠂤声。”本义为女子出嫁。

【演变】归,本义指❶女子出嫁,嫁:之子于~,宜其室家|秦伯~五女。女子出嫁为归,引申也指❷回娘家看望父母:~宁。又引申指❸返回:反~取之|放虎~山|~家|~国。又指❹还给:完璧~赵|物~原主。又为❺趋向:殊途同~|众望所~。又指❻合并在一起:~堆|~纳。又引申指❼属于:这事不~他管。又特指❽珠算中一位数的除法:九~。

【组字】归(歸),如今既可单用,也可作偏旁。现今歸仍归入止部,"归"则归入彐部。凡从归(歸)取义的字皆与行动等义有关。

以归作声兼义符的字有:僻。

以归(歸)作声符的字有:岿、蘬。

且 qiě;jū (组、祖、徂)

【字形】甲 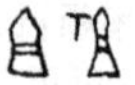 金  篆 

隶 且 祖 徂 草 

【构造】象形字。且与俎、祖同源。甲骨文象雄性生殖器形,是初民生殖崇拜的体现。人类靠生殖繁衍,故或另加示,表示祭祀祖先。金文大同。篆文整齐化。隶变后楷书写作且。是"俎""祖"的初文。后代神主灵牌、墓碑以至庙堂的样子皆是"且"的遗形和演变。参见俎。

【本义】《说文·且部》:"且,荐也。从几,足有二横,一其下地也。"所释非本义。本义当指雄性生殖器,后引申为祭祖时置放祭品的礼器,叫梡(kuǎn),木制,四足,上置肉即为俎。

【演变】且,读 zǔ,由本义雄性生殖器,引申指❶祖先:~,古祖字也。

又读 jū,指❷古代祭祖时置放祭品的礼器:~,所以承籍进物者。又用作助词,用于句末,相当❸啊:狂童之狂也~。

又读 qiě,后来"且"被借为虚词,主要用作连词,表示递进,相当于❹况且:曹操之众,远来疲弊,~北方之人,不习水战。又表示承接,相当于❺并且:公语之故,~告之悔。又表示并列,相当于❻又:上~怒~喜。又用作副词,表示❼暂时,姑且:民劳,未可,~待之。又表示❽尚且:臣死~不怕,卮酒安足辞!又表示❾将要:不出,火~尽。又用作❿发语词:~为智者固若此乎?

又读 cú,通"徂",指⓫往:女曰:"观乎!"士曰:"既~。"又指⓬存念:虽则如荼,匪我思~。"且"为借义所专用,祖先之义则用带"示"的"祖"来表示,礼器之义便另写作"俎"来表示。参见俎。

○祖,从示从且会意,且也兼表声。读 zǔ,本义指❶祭祀祖先的宗庙:左~(即今劳动人民文化宫所在地)右社(祭土地神的地方,即今中山公园的社稷坛)。又指❷祖先,祖宗:先~基之,子孙成之|远~|高~|~传|~籍|~产。又特指❸祖父:吾~死于是,吾父死于是|~父|~母。先祖是人的开始,故又引申指❹起始,初始:浮游乎万物之~。由先祖又引申指❺事业或学派的创始人:定陶丁姬,哀帝母也,《易》~师丁将军之玄孙|开山鼻~|~师。用作意动,表示❻以……为始祖,即学习,效法:然皆~屈原之从容辞令,终莫敢直谏。又引申特指❼出行时祭祀路神:既~,取道,高渐离击筑,荆轲和而歌。

○徂,篆文从辵(辶)从且,会起、往之意,且也兼表声;异体省为从彳。隶变后楷书写作退与徂。如今规范化用徂。读 cú,动词,本义为❶往,去:我~东山,慆慆不归。引申指❷至,到,及:自郊~宫|自迩~远|自夏~秋|自西~东。又指❸过去,已往,消逝:摇落悲~岁|岁月其~|~逝。用作"徂徕",指❹山名。在今山东省泰安市东南:~徕如画。

【组字】且,如今既可单用,也可作偏旁。现今归入一部。凡从且取义的字皆与砧板、祭奠、置放等义有关。

以且作义符的字有:俎。

以且作声兼义符的字有:阻、助、柤(查)、祖。

以且作声符的字有:诅、咀、狙、徂、组、沮、苴、姐、查、殂、租、疽、鉏(锄)、菹、蛆、虘、粗、趄、睢。

以徂作声符的字有:葅。

旦 dàn (暨、罘、息)

【字形】甲  金  篆 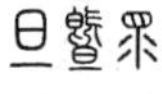

今篆 隶 旦暨眔泉

草

【构造】指事字。甲骨文从日,下像日影,正是早晨海上日出的景象,表示早晨日出天亮之意。金文日影填实。篆文整齐化,日影讹为一,成了地平线上日出了。隶变后楷书写作旦。

【本义】《说文·旦部》:"旦,明也。从日见一上。一,地也。"本义为早晨日出。

【演变】旦,本义为❶日出。引申指❷早晨:~辞黄河去,暮至黑山头|枕戈待~。由一天的开头,引申指❸农历每月初一:自今以后,诸掾属治中、别驾,常于月~各言其失,吾将览焉|秦人以十月~为岁首。又引申指❹天,日:岂若吾乡邻之~~有是哉!|元~。旦则光明可见,古人对天明誓,表示光明磊落,犹如白日,故又引申指❺诚实:信誓~~。又指❻传统戏曲中扮演妇女的角色:正~|花~|老~。

"旦"为引申义所专用,日出之义便另加声符"既"写作"暨"来表示。

〇暨,从旦从既,会日已出之意,既也兼表声。读jì,本义指❶日初露微见。又借作"息(眔讹字)",表示❷至,到:~乎今岁,天灾流行。用作连词,又表示❸和:地东及海~朝鲜。参见眔。

【组字】旦,如今既可单用,也可作偏旁。现今归入日部。凡从旦取义的字皆与早晨日出等义有关。

以旦作义符的字有:暨。

以旦作声兼义符的字有:但。

以旦作声符的字有:担、坦、妲、怛、胆、袒、钽、疸、亶、笪、靼。

目 mù

【字形】甲 金 篆 隶 目 草

【构造】象形字。甲骨文象眼睛形。金文大同。篆文将眼竖起来并整齐化。隶变后楷书写作目。

【本义】《说文·目部》:"目,人眼。象形。"本义为人眼。

【演变】目,本义指❶人的眼睛:美~盼兮|~中无人|历历在~。用作动词,指❷用眼看,注视,示意:范增数~项王,举所佩玉玦以示之者三|皆指~陈胜|不知天壤内,~我为何人|令人侧~。由眼睛又引申指❸网的孔眼:善张网者,引其纲,不一一摄其万~而后得|纲举~张。由网的纲目又引申指❹要目,条目:颜渊曰:"请问其~。"|项~。由要目又引申指❺事物的名称:随其罪~,宣示属县|名~|数~|~录。眼睛在头面前,故又引申指❻标题:遍求古今所有农家之书,摭其切要,纂成一书,~曰《农桑辑要》|题~。又引申指❼头领:仰各头~,用心照管。

【组字】目,如今既可单用,也可作偏旁。作偏旁在字上时有的写作罒。现今仍设目部。凡从目取义的字皆与眼睛、眼看等义有关。

以目作义符的字有:盯、盱、盰、盲、盳、直、苜、盵、盶、盷、盺、盻、相、盿、眍、冒、盹、旻、眇、省、県、眍、看、盾、盼、眫、眏、眂、眃、眄、眅、眆、眨、眈、眉、眊、眎、映、眐、眒、眓、眘、眀、眔、眕、眖、眗、眚、眛、真、眣、眤、眢、眩、眠、眙、眶、眦、眺、眵、睁、眷、眯、眼、眽、眾、睎、睏、眸、睑、睇、睃、睛、睹、睦、瞄、蜀、睪(𠬛)、睓、睚、睐、睒、睫、督、睡、睨、睢、睥、睬、睱、睳、瞐、睼、瞑、瞃、睿、瞄、瞆、瞅、瞍、瞪、瞀、瞌、瞒、瞢、瞋、瞏、瞐、瞐、瞜、瞎、瞑、瞟、瞥、瞠、瞰、瞧、瞩、瞬、瞚、瞜、瞳、瞪、瞭、瞯、瞰、瞳、瞶、瞽、瞿、瞻、睑、瞾、矇、矏、矎、矍、矉、矐、矗。

以目作声符的字有:苜、钼。

甲 jiǎ

【字形】甲 金 古 篆 隶 甲 草

【构造】象形字。甲与毌同源,甲骨文一形象古代铠甲的一个连片形,二形简化为十字,盖象四个连片间的缝隙形。金文承接甲骨文大同。又由于其形与"田"接近,容易相混,古文和篆文遂进一步变其形以相区别。隶变后楷书写作甲。因表义侧重不同,遂与"毌"分化为两个字。参见毌、古。

【本义】《说文·甲部》:"甲,东方之孟,阳气萌动。从木戴孚甲之象。一曰人头宜为甲,甲象人头。”析形不确。本义当为铠甲。

【演变】甲,本义为❶古代士兵打仗时穿的用皮或金属片做的护身衣服,即铠甲:满城尽带黄金~。又指❷穿甲的士兵:伏~尽出。如今又指❸现代金属做成的有保护功用的装备:装~车。植物种子成熟时的外壳,动物身上的硬壳或鳞片,一般也像铠甲连片接缝处一样成“十”字裂形,故又指❹植物籽实的外壳:雷雨作而百果草木皆~坼(裂)。又指❺动物身上像甲一样起保护作用的硬壳或鳞片:有兽焉,其状如犬,虎爪,有~,其名曰獜|~虫|龟~。又指❻手指或脚趾上的角质层:手足爪~不剪|指~。又指❼旧时户口的一种编制:保~。又借为❽天干的第一位,用以纪年、月、日:出国门而轸怀兮,~之朝吾以行|~子年。进而引申指❾居首位:桂林山水~天下。

【组字】甲,如今既可单用,也可作偏旁。现今归入田部。凡从甲取义的字皆与起保护作用的硬壳等义有关。

以甲作声兼义符的字有:匣、闸、柙。

以甲作声符的字有:岬、胛、钾、呷、狎、押。

申 shēn
（电、闪、伸、神）

【字形】甲　金　籀　篆

隶 申 伸 神 草

【构造】象形兼会意字。甲骨文、金文皆象闪电舒张形。籀文整齐化。篆文承接籀文,或将闪电拉直。隶变后楷书皆写作申,并分化出一个“电”字。

【本义】《说文·申部》:“申,神也。七月阴气成,体自申束。从臼,自持也。”析形不确,释义为引申义。本义当为闪电。

【演变】申,本义为❶闪电。引申指❷伸展,伸直:行止屈~|衣焦不~,头尘不去。此义后来另加义符“亻”写作伸。由闪电的申明,又引申指❸陈述,说明:道卓远而日忘兮,愿自~而不得|三令五~|~明。由闪电舒卷自如,引申指❹安详舒适:子之燕居,~~如也。闪电在科学不发达的古代看来还是很神秘的,所以古代又指❺神。此义后另加义符“礻”写作“神”来表示。又借为❻地支的第九位,用以纪年:甲~三百年祭。

申为引申义所专用,闪电之义便借“闪”来表示。同时也由申分化出一个“电”字。参见夾(闪)、电。

○伸,从人从申会意,申也兼表声。读shēn,本义指❶展开,舒展:执其干戚,习其俯仰屈~|~直|~展|~张|~开。引申指❷陈述,表白:长者虽有问,役夫敢~恨。

○神,从礻从申会意,申也兼表声。读shén,本义指❶传说中的天神:大宗伯之职,掌建邦之天~、地祇、人鬼之礼。引申泛指❷鬼神:子不语怪、力、乱、~。古人认为道德能力高的人死后有精灵,故又引申指❸人死后有精灵:圣人之精气谓之~,贤知之精气谓之鬼|~仙|~像。鬼神威力不同寻常,故又引申指❹特别高超,令人惊奇的:阴阳不测之谓~|~机妙算|~力|~奇|~医|~速。又引申指❺精神:不能为君者伤形费~|~魂颠倒|~不守舍|~智不清。又引申指❻心情,心意:孤与子瑜,可谓~交,非外言所间也|心领~会|~往。又引申指❼外在的神情,风采:~采飞扬。

【组字】申,如今既可单用,也可作偏旁。现今归入田部。凡从申取义的字皆与闪电的伸展等义有关。

以申作义符的字有:曳、坤、奄。

以申作声兼义符的字有:伸、呻、抻、神。

以申作声符的字有:审、砷、胂、珅。

电 diàn
（電）

【字形】甲　金　篆　今篆

隶 电 電 草

【构造】会意字。甲骨文当与申(闪电)为同一个字。金文改为上从雨,下从申,表示下雨时的闪光,当然是闪电了。篆文整齐化。隶变后楷书写作電。如今简化作电。

【本义】《说文·雨部》:“電,阴阳激耀也。从雨,从申。”本义为闪电。

【演变】电,本义指❶闪电:雷~迅疾。又比喻❷迅速:风驰~掣。又引申指❸有电荷存在和电荷变化的现象:~流|~子|~灯。用作动词,指❹触电:别~着了。又指❺电报,打电报:通~

|～汇。

【组字】电，如今既可单用，也可作偏旁。现今归入田部。凡从电取义的字皆与闪电覆照天下之义有关。

以电作义符的字有：奄、電。

田 tián （畋、佃）

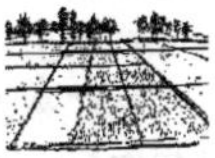

【字形】甲　金　古

篆　隶 田 畋 佃

草

【构造】象形字。甲骨文象分割整齐的田块形。金文和篆文稍省。隶变后楷书写作田。

【本义】《说文·田部》："田，陈也。树谷曰田。象四囗，十，阡陌之制也。"本义为耕种的土地。

【演变】田，本义为❶耕种的土地：耕者有其～。引申泛指❷有关农事的：～家。打猎在田野进行，又引申指❸打猎：～猎。此义后来写作"畋"。用作动词，指❹耕种田地：不～亦不桑。此义后来写作"佃"。如今又表示❺田赛。

〇畋，从攴（表操作）从田会意，田也兼表声。读 tián，本义指打猎：～于有洛之表，十旬弗反|～猎。

〇佃，从亻从田会意，田也兼表声。读 tián，本义为❶耕种田地：民虽不～作，而足于枣栗矣。又表示❷打猎：以～以渔。

又读 diàn，引申指❸租种田地：又广开水田，募贫民～之。又指❹租种田地的农民：置庄田，招～客，本望租课，非行仁义|～户。

【组字】田，如今既可单用，也可作偏旁。现今仍设田部。凡从田取义的字皆与田地等义有关。

以田作义符的字有：男、亩、画、町、畎、界、畛、畟、留、畜、畔、畚、畦、略、畲、番、畺、畸、當（当）、畾、畿、疃、疇、疊（叠）。

以田作声兼义符的字有：佃、甸、畋。

以田作声符的字有：畑、钿。

由 yóu （甾）

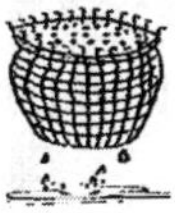

【字形】甲　金　古　篆

今篆　隶 由 草

【构造】象形字。甲骨文、金文皆象竹木编的盛器形。古文和篆文整齐化。隶变后楷书写作甾，俗省作由。

【本义】由，《说文》失收。从甲骨文看，本义为竹木编的盛器。与"甾"是同一个字。

【演变】由，本义为❶竹木编的盛器。因为这种盛器多用于漉淋，是酒、盐等物所由生，遂引申指❷凭借：～此可知。原因也是一种凭借，故又引申指❸原因，机缘：无～会晤，不胜区区向往之至|情～。又引申指❹因为，由于：～是感激，遂许先帝以驱驰。由漉淋又引申指❺经由：谁能出不～户？|走历史必～之路。由经由又引申指❻遵从，遵照：民可使～之，不可使知之。又引申指❼听凭，任从：为仁～己，而～人乎哉？|～着性子。虚化为介词，相当于❽自，从：～尧、舜至于汤，五百有余岁|～南往北。

"由"为引申义所专用，盛器之义便专用"甾"来表示了。参见甾。

【组字】由，如今既可单用，也可作偏旁。现今归入田部。凡从由取义的字皆与盛器、因由等义有关。

以由作义符的字有：甗。

以由作声兼义符的字有：迪、袖。

以由作声符的字有：邮、抽、岫、油、妯、宙、柚、轴、胄、铀、蚰、舳、笛、釉、鼬。

叮 dīng

【字形】古　今篆　隶 叮　草

【构造】形声兼会意字。古文从口，丁声，丁也兼表钉紧、钉入之意。隶变后楷书写作叮。

【本义】《玉篇·口部》："叮，叮咛，嘱咐也。"本义为反复嘱咐。

【演变】叮，本义为❶反复嘱咐：黄莺似传语，劝酒太～咛|～嘱。又引申指❷叮咬：蚊子～铁牛，无渠下嘴处|被蚂蚁～了一下。又用作❸象声词：～当响个不停。

号 háo;hào（號）

【字形】金 古 篆 隶 号 號 草

【构造】会意字。金文象人张口大哭形。古文和篆文从口,从丂(拐棍儿),会被打得大声哭叫之意。隶变后楷书写作号。如今又用作"號"(虎吼叫)的简化字。

【本义】《说文·号部》:"号,痛声也。从口,在丂上。"本义为大声痛哭。

【演变】号,读 háo,本义为❶大声痛哭:老聃死,秦失吊之,三~而出|又没摔痛,你~什么!引申泛指❷呼喊:乐郊乐郊,谁之永~?|呼~。

又读 hào,由呼喊,用作名词,指❸号令:先发声出~|发~施令|~召|口~。又指❹名称:有万乘之~,而无千乘之用|别~。又指❺标志:暗~。又指❻西式喇叭:军~。用作动词,指❼记上标识:~房。

由于"号"作了偏旁,其义后来便用当"虎吼"讲的"號"来表示。如今简化仍然用"号"。

○號,从号从虎会意,号也兼表声。读 háo,本义为虎叫,后泛指动物鸣叫或自然发出的声音:孤鸿~外野,翔鸟鸣北林|八月秋高风怒~。

【组字】号,如今既可单用,也可作偏旁。现今归入口部。凡从号取义的字皆与大声叫等义有关。

以号作声兼义符的字有:呺、號(号)。

以号作声符的字有:枵、鸮。

冉 rǎn（冄、衰、蓑）

【字形】甲 金 篆 隶 冉 冄 草

【构造】象形字。甲骨文象草编的蓑衣柔软下垂形。金文稍繁,加出衣领。篆文整齐化。隶变后楷书写作冉。异体作冄。今规范化用冉。冄只作偏旁。

【本义】《说文·冉部》:"冉,毛冉冉也。象形。"所释为引申义。本义当为蓑衣柔软下垂的样子。是"蓑"的本字。

【演变】冉,本义为蓑衣柔软下垂的样子。用作"冉冉",引申泛指❶柔软下垂的样子:柔条纷~~。又引申指❷缓慢渐进的样子:老~~其将至兮,恐修名之不立|红旗~~升起。

由于"冉"为引申义所专用,蓑衣柔软下垂之义便另加义符"衣"写作"衰"来表示。"衰"为引申义所专用,便又另加义符"艹"写作"蓑"来表示。参见衰(蓑)。

【组字】冉,如今既可单用,也可作偏旁。现今归入冂部。凡从冉取义的字皆与柔软下垂等义有关。

以冉作义符的字有:衰。

以冉作声兼义符的字有:那(那)、苒、姌、聃、髯。

以冉作声符的字有:柟(枏、楠)、蚺。

史 shǐ

【字形】甲 金 篆 隶 史 草

【构造】会意字。史、吏、事三字同源,在甲骨文中都是手持一猎叉形,古代狩猎供给食物是大事,故以此会做事之意。金文大同。篆文整齐化并分化为三个字。隶变后楷书分别写作史、吏、事。参见吏、事。

【本义】《说文·史部》:"史,记事者也。从手持中;中,正也。"这是根据当时的社会思想所作的解说。本义当为做事。

【演变】史,本义为❶做事。引申指❷在王身边担任记事的人:董狐,古之良~也|左~|太~。由记事又引申指❸自然或社会以往发展的进程:使名挂~笔,事列朝荣|历~|~无前例。又指❹记载历史的书籍:经、~、子、集。

【组字】史,如今既可单用,也可作偏旁。现今归入口部。凡从史取义的字皆与做事等义有关。

以史作义符的字有:吏、事。

以史作声符的字有:驶。

只 zhǐ;zhī（隻、衹、祇、秖、緹、緹）

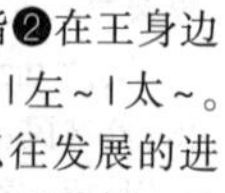

【字形】甲 金 篆

隶 只 隻 衹 祇 緹 緹

草

【构造】指事兼会意字。现在的“只”字有两个来源：一是甲、金和篆文的前一个“只”，是指事字，从口，象气下引之形，是语气助词。隶变后楷书写作只；二是甲骨文隻，是会意字，从又（手）持隹（鸟），会获取鸟一只之意。金文大同。篆文整齐化。隶变后楷书写作隻。如今简化，“隻”也用“只”来表示。现在“只”又用以表示“衹”“祇”“秖”作为副词时的含义。

【本义】《说文·只部》：“只，语已词也。从口，象气下引之形。”本义为语气助词。又《隹部》：“隻，鸟一枚也。从又持隹。持一隹曰隻，二隹曰雙（双）。”本义为鸟一只。

【演变】只，读 zhǐ，本义为❶语气助词，表句中停顿或句末感叹：乐～君子，福履绥之｜母也天～，不谅人～。宋代以后又代替“衹”“祇”或“秖”作范围副词，相当于❷仅，只有：京口瓜洲一水间，钟山～隔数重山｜～见树木，不见森林｜～此一家，别无分店。

又读 zhī，用作“隻（从又持隹会意）”的简化字，由本义鸟一只，引申泛指❸单独的一个：匹马～轮无反（返）者｜片言～字。又引申指❹单独，单：少以父死母嫁，单茕～立｜～日，台院受事；双日，殿院受事｜～身入虎穴。又引申指❺独特：独具～眼。又用作❻量词：一～鸟｜两～鞋。

○衹，从衣，氏声。异体作缇。读 tǐ，本义指❶橘红色的丝织品。此义如今规范化用“缇（緹）”表示。

又读 zhǐ，后借作范围副词，表示❷仅，只：且为天下者不顾家，虽杀之无益，～益祸耳。此义宋代以后多借用“只”表示，如今规范化则专用“只”表示。

○祇，从礻，氏声，氏也兼表至地之意。读 qí，本义为❶地神：天神曰灵，地神曰～，人神曰鬼。又泛指❷神灵：惟神是宅，亦～是庐。

又读 zhǐ，借用作副词，表限止，相当于❸仅仅。此义如今规范化专用“只”表示。

○缇，从纟，是声。读 tí，本义为❶橘红色的丝织品：狗马饰雕文，土木被～绣。又泛指❷橘红色：为治斋宫河上，张～绛帷，女居其中。又特指❸古代军服的颜色，常用以指代武装人员：今时伍伯～衣，古兵服之遗色｜～骑按剑而前。

【组字】只，如今既可单用，也可作偏旁。现今归入口部。凡从只取义的字皆与声音等义有关。

以只作义符的字有：咫。

以只作声符的字有：识、织、帜、咫、枳、轵、炽、积、鋕、职。

央 yāng
（殃）

【字形】甲　金　篆

隶 央殃 草

【构造】会意字。甲骨文从大（人），象人脖颈上戴枷形，表示灾殃，是“殃”的本字。金文省去人头，上边枷形稍讹。篆文整齐化，枷进而讹为冂。隶变后楷书写作央。

【本义】《说文·冂部》：“央，中央也。从大在冂之内。大，人也。”析形是就篆文所作的解说，所释为引申义。本义当为灾殃。

【演变】央，本义指❶灾殃：来福除～。带枷则脖颈处其中，故引申指❷中央：溯游从之，宛在水中～。由灾殃又引申指❸尽：夜如何其？夜未～。有灾殃则求人帮，晚后又引申指❹要求，恳求：但是人有些公事来～浼他的，武松对都监相公说了，无有不依｜～求｜～告。

“央”为引申义所专用，灾殃之义便另加义符“歹”写作“殃”来表示。

○殃，从歹从央会意，央也兼表声。读 yāng，本义指❶灾殃：岂余身之惮～兮，恐皇舆之败绩。用作动词，又指❷使遭殃：～民者，不容于尧舜之世｜祸国～民。

【组字】央，如今既可单用，也可作偏旁。现今归入大部。凡从央取义的字皆与脖颈带枷、灾殃等义有关。

以央作声兼义符的字有：殃、鞅。

以央作声符的字有：英、怏、泱、映、盎、秧、鸯。

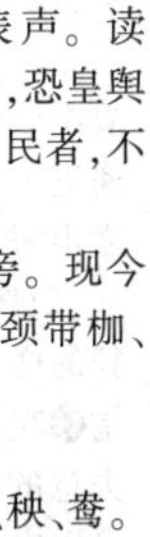

兄 xiōng
（况、況、悦）

【字形】甲　金　篆

隶 兄况況悦

草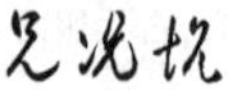

【构造】会意字。兄与祝同源。祝的甲骨文是一人跪于示(祭台神主)前张口向天祭奠祷告求福之状,表示祭祀时主持祭礼念颂词的人。省去“示”则是甲骨文的“兄”字。从儿(人),从口,会人张口向天念念有词有所祷告求福之意。金文大同。篆文整齐化。隶变后楷书写作兄。是“祝”的分化字。

【本义】《说文·兄部》:“兄,长也。从儿,从口。”所释为引申义。本义当为祷告赐福。

【演变】兄,读 xiōng,本义指❶祷告赐福。古代致祭以长,故借指❷哥哥:~及弟矣,式相好矣,无相犹(谋划,打对方主意)矣|~长|胞~。又引申指❸亲戚中同辈比自己年龄大的男性:表~|姻~弟。又用作❹朋友互相间的尊称:学~|仁~。

又读 kuàng,古用作“况”,表示❺益加,况且:王~自纵也|天地,而弗能久,有~于人乎?此义后作“况”。

又读 huǎng,古又用作❻怳:不殄心忧,仓~填兮。此义后作“怳”。

由于“兄”后专用于兄长之义,祷告之义便由“祝”字来表示。参见祝。

○况,甲骨文本作況,从氵,兄声,俗省作况。读 kuàng,本义为❶水名。借用以表示❷匹拟,比较:案火灭不能复燃以~之,死人不能复为鬼,明矣|以古~今。又表示❸情况,状况:他日亲知问官~,但教吟取杜家诗|近~如何?用作副词,表示❹程度加深:以众(民众)故不敢爱亲,众~厚之。又用作连词,表示❺递进关系:家人有宝器,尚函匣而藏之,~人主之山海乎?|~且。

○怳,从心,兄声。读 huǎng,本义指❶发狂的样子:酣酣天地宽,~~嵇、刘伍。又引申指❷吃惊的样子:怊惝~而乖怀。又引申指❸失意的样子:望美人兮未来,临风~兮浩歌。又引申指❹模糊不清的样子:于是处子~若有望而不来,忽若有来而不见。如今“怳”只用于“惝怳”中,表示❺失意或迷糊不清楚。

【组字】兄,如今既可单用,也可作偏旁。现今归入儿部。凡从兄取义的字皆与祷告等义有关。

以兄作义符的字有:兕、兢。

以兄作声符的字有:况、況、怳、贶。

叼 diāo

【字形】金 古 今篆 隶叼

草

【构造】形声兼会意字。刁本就是刀的变体,金文和古文皆从口,刁声也就是刀声,刀也兼表切入之意。隶变后楷书写作叼。

【演变】叼,现代新造字,本义指❶用嘴衔住:他嘴里~根长烟袋|老鹰~小鸡。引申指❷夺:扛上钢枪往回跑,红军要~枪。用作“叼唆”,表示❸教唆,调唆:准是受了那两个婆娘的~唆。

叨 dāo;tāo (饕、餮、饸)

【字形】金 古 篆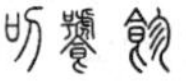 今篆

隶叨饕餮 草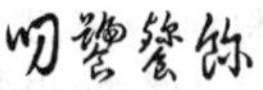

【构造】形声兼会意字。金文和古文皆从口,刀声,刀也兼表贪心似刀之意。篆文承之,或改为从食,號声。隶变后楷书分别写作叨与饕。二字本为一字,后分别异用,表义有分工。

【本义】《说文·食部》:“饕,贪也。从食,號声。叨,饕或从口,刀声。”本义为贪。

【演变】叨,读 tāo,本义指❶贪:岂横~天功为己力乎?用作谦辞,表示❷不该承受而承受:窃念备汉朝苗裔,滥~名爵|~教|~光。

又读 dāo,用作“唠叨”“叨叨”,表示❸说个没完没了:你也忒唠~了|你瞎~~什么?

○饕,从食从號(虎吼)会意,號也兼表声。读 tāo,本义指❶贪,特指贪食:贪~险诐,不闲义理|璧月澄照,~蚊遥叹。“饕”后读慢声转为“饕餮”,古用以指❷传说中的一种凶恶贪食的野兽。古代铜器上常用它的头部形状作装饰:周鼎著~餮,有首无身。多用以比喻❸凶恶贪婪的人:缙云氏有不才子,贪于饮食,冒于货贿,天下谓之~餮|他是个有名的~餮。又引申指❹狂暴,凶猛:吏~鹰隼如(然),攫拿何顾惜。

○餮,从食从殄会意,殄也兼表声。异体

省作餮。读 tiè，指贪食，贪：贪食为~|斯民乃贪~。

【组字】叨，如今既可单用，也可作偏旁。现今仍归入口部。凡从叨取义的字皆与贪吃等义有关。

以叨作声兼义符的字有：饕。

另 guǎ;lìng
(叧、冎)

【字形】甲  金  古  篆 

今篆  隶 另 叧 草 

【构造】象形字。另与冎本为一字。甲骨文象一块切去一角剔治好的占卜用的牛肩胛骨形。上边凹下的是骨臼，下边是上敛下侈的骨扇，右上角是整治卜骨时于骨臼一侧锯去的一直角形骨块，扇面上还有表示占卜之用的标志，表明这是卜骨。金文稍简。古文省讹。篆文进一步省讹并整齐化。隶变后楷书写作冎。俗作另或叧。如今规范化，以另为正体，冎只作偏旁，叧废而不用。参见冎。

【本义】《说文·冎部》："冎，剔人肉置其骨也。象形，头隆骨也。"解说不确。本义当为剔治卜骨。是"别(别)""剮(剐)"的初文。《玉篇·口部》："另，别也。"

【演变】另(叧)，读 guǔ，本义为❶剔治卜骨。引申泛指❷把肉从骨头上剔下来。此义后用"別(别)""剮(剐)"来表示。

又读 lìng，由割治引申泛指❸割开，分开：分家~过。由割开又引申指❹另外，别的：~一支笔|~有安排|~眼相看|~起炉灶。又表示❺单，独：人倚栏杆吖孤~|孤~~(今作"孤零零")。

【组字】另(叧)，如今既可单用，也可作偏旁。现今归入口部。凡从另(叧)取义的字皆与剔骨分离等义有关。

以另(叧)作义符的字有：别。

以另(叧)作声符的字有：拐。

叹 tàn
(嘆、歎)

【字形】籀  古  篆 

隶 叹 嘆 歎 草 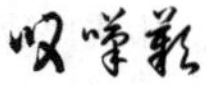

【构造】形声兼会意字。叹有两个来源：一个是籀文，从欠鸛声，篆文一形省为从欠堇声，本义为吟哦。另一个是古文，从口堇声；堇为火焚人求雨，故也兼表叹息之意，本义为叹气。篆文整齐化。隶变后楷书分别写作歎与嘆。如今皆简化作叹。

【本义】《说文·欠部》："歎，吟也。从欠，鸛省声。籀文歎不省。"本义为吟哦。又《说文·口部》："嘆，吞歎也。从口，歎省声。一曰太息也。"本义为叹气。

【演变】叹，作为"歎"的简化字，本义指❶吟哦：清庙之歌，一唱三~|咏~。进而引申指❷赞叹：如衡所书，莫不~伏|~为奇观。作为"嘆"的简化字，本义指❸叹息：嘅其~矣，遇人之艰难矣|长吁短~|~息。

【组字】叹，如今既可单用，也可作偏旁。现今仍归入口部。凡从叹(歎)取义的字皆与吟哦、叹气等义有关。

以叹(歎)作声符的字有：攤、欟、矙。

屵 yǎn;àn
(岸、厓、崖)

【字形】篆  隶 屵 岸 草 

【构造】会意兼形声字。篆文从山，从厂(山崖)，会山崖高耸之意，厂也兼表声。隶变后楷书写作屵。

【本义】《说文·屵部》："屵，岸高也。从山、厂，厂亦声。"本义为山崖高耸。

【演变】屵，本义为山崖高耸。当与厂、厓、崖为一字。由于"厂"作了偏旁，便又另加义符"山"写作"屵"来表示。或另加声符"圭"写作"厓"来表示。"屵""厓"也作了偏旁，才又以"屵"为基础另加声符"圭"写作"崖"来表示。河岸对河水来说，也是高出的，故又以之为基础造了岸字。

○岸，从屵，从干(干盾，表捍卫)会意，干也兼表声。读 àn，本义指❶水边高地，水边：江~|河~|~边。由水边高地引申比喻❷高位：诞(发语词)先登于~。进而引申指❸高傲：道貌~然|傲~|伟~。

【组字】屵，如今不单用，只作偏旁。现今归入山部。凡从屵取义的字皆与山崖高耸等义有关。
以屵作义符的字有：岸、崖、嶏（崔）、㟯（圮）、㠑（嘣）。
以屵作声符的字有：炭。

皿 mǐn

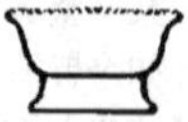

【字形】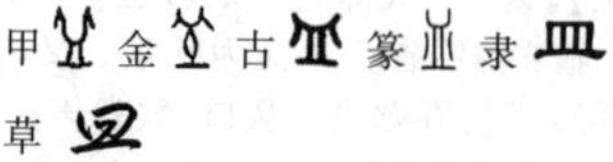

【构造】象形字。甲骨文象带圈足底座的碗碟盆盘等一类饮食器具形。金文大同。古文和篆文整齐化。隶变后楷书写作皿。

【本义】《说文·皿部》：“皿，饭食之用器也。象形，与豆同意。”本义为碗碟盘盆等一类饮食器具。

【演变】皿，本义指❶碗碟盘盆等一类日常使用的盛东西的器具：能以径寸之木，为宫室、器～｜玻璃～。又特指❷盛满食物的器皿，借指食物：器～非满案，不敢会宾友。动词，指❸用皿盛：于文，～虫为蛊。

【组字】皿，如今既可单用，也可作偏旁。现今仍设皿部。凡从皿取义的字皆与各种容器等义有关。
以皿作义符的字有：盂、盃、盅、盅、盆、盈、盉、盏、盌、盞、盍、盔、盐、监、盘、盁、益、盉、盍、盔、盛、盘、盒、盗、盄、盉、盈、盙、盏、盗、盝、盖、盟、盟、盦、盡（尽）、盞、盧（卢）、盬、盥、盦、盪、盨、盩、盪、盫、盬、盭。
以皿作声兼义符的字有：孟。

囚 qiú

【字形】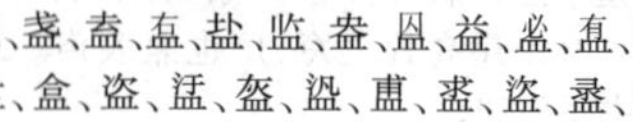

【构造】会意字。甲骨文从人在囗（表示囚笼）中，会监禁之意。金文稍讹。篆文承接金文并整齐化。隶变后楷书写作囚。

【本义】《说文·囗部》：“囚，系也。从人在囗中。”本义为监禁。

【演变】囚，本义指❶监禁：莫敖缢于荒谷，群帅～于冶父以听刑。引申指❷俘获：～申公子仪、息公子边以归。又引申指❸局限：眼光～在一国里。用作名词，指❹被囚的犯人：今子，鲁～也。

【组字】囚，如今既可单用，也可作偏旁。现今仍归入囗部。凡从囚取义的字皆与在其中等义有关。
以囚作声兼义符的字有：泅。

四 sì；xì （亖、呬）

【字形】

【构造】指事兼象形字。甲骨文画四个横道，代表四个筹码，表示数目四。金文“四”，像口上有鼻孔形，本为喘息之义，是呬（xì）的本字，借用来表示数目“亖”。古文承接金文并加以简化，只留下鼻孔，分为二体。篆文承接古文一形并整齐化。隶变后楷书分别写作亖、呬、四。

【本义】《说文·四部》：“四，阴数也。象四分之形。”析形不确，所释为借义。本义当为喘息。

【演变】四，读 xì，本义为❶喘息。

又读 sì，借用作数词，表示❷三加一的和：两仪生～象，～象生八卦。又表示❸第四：五行：一曰水，二曰火，三曰木，～曰金，五曰土。又表示❹古代工尺谱记音符号之一：其声凡十：五、凡、工、尺、上、一、～、六、勾、合。

“四”为借义所专用，喘息之义便另加义符“口”写作“呬”来表示。

○呬，从口从四会意，四也兼表声。读 xì，本义指喘息，嘘气：六九五十四，口中～暖气。

【组字】四，如今既可单用，也可作偏旁。现今归入囗部。凡从四取义的字皆与鼻息或数目四等义有关。
以四作声兼义符的字有：呬、泗、驷。
以四作声符的字有：柶。

凸 tū

【字形】古　今篆　隶　草

【构造】会意兼象形字。古文从口从土会意,表示在一个范围中有土高出,象当中高、四周低之状,与凹相反。今篆整齐化。隶变后楷书写作凸。现今归入凵部。

【本义】后起字。《玉篇·亚部》:"凸,起貌。"本义为中间高于四周。

【演变】凸,本义为❶中间高于周围:先夸屋舍好,又恃头角~|凹~不平|眼珠~出。用作"凸杯",特指❷满杯:~杯百罚醁醽酒,么弦四犯玲珑声。

凹 āo;wā

【字形】古　今篆　隶　草

【构造】会意兼象形字。古文从口从倒土会意,表示在一个范围中有土低下,象中间低于周围之状。与凸相反。今篆整齐化。隶变后楷书写作凹。

【本义】《广韵·洽韵》:"凹,下也。"《集韵·爻韵》:"凹,窊也。"本义为低于周围。

【演变】凹,读āo,本义为❶低于周围:其湖无~凸,平湖无高下|闹唧喳,隔幽花,好鸟鸣山~|眼睛也~下去了|~凸不平|~版|~透镜|~阳台。

又读wā,义同❷洼;用于地名。山西省有核桃凹。

【组字】凹,如今既可单用,也可作偏旁。现今归入凵部。凡从凹取义的字皆与低于周围等义有关。

以凹作声兼义符的字有:垇(坳)。

冎 guǎ

(另、叧、剐、剮、剐)

【字形】甲　金　古　篆

今篆　隶

草

【构造】象形字。冎与叧为一字。甲骨文象一块切去一角剔治好的占卜用的牛肩胛骨形。上边凹下的是骨臼,下边是上敛下侈的骨扇,右上角是整治卜骨时于骨臼一侧锯去的一直角形骨块,扇面上还有表示占卜之用的标志,表明这是卜骨。金文稍简。古文省讹。篆文进一步省讹并整齐化。隶变后楷书写作冎。俗作叧与另。如今规范化,单用时用另,冎只作偏旁,另则废而不用。参见另。

【本义】《说文·冎部》:"冎,剔人肉置其骨也。象形,头隆骨也。"解说不确。本义当为剔治卜骨。是"剮(别)"的初文。

【演变】冎,本义为❶剔治卜骨。引申泛指❷把肉从骨头上剔下来:乃~其肉,剉其骨。又指❸骨头。

由于"冎"作了偏旁,后剔骨分离之义便另加义符"刀"写作"剮"来表示,即如今的"别"字。又因"别"另表他义,俗遂又另造了"剮"字,如今简化作剐。参见别。

○剐,从刀从呙会意,呙也兼表声。读guǎ,本义指❶把肉从骨头上剔下来:郑声实美好,蠹情如剐~。又特指❷古代一种酷刑,即凌迟:拼着一身~,敢把皇帝拉下马。如今此义弱化,表示❸划破:手上~了一个口子。

【组字】冎,如今不单用,只作偏旁。现今归入冂部。凡从冎取义的字皆与剔骨分离等义有关。

以冎作义符的字有:剮(别)。

以冎作声符的字有:咼(呙)。

生 shēng

【字形】甲　金　篆　隶　草

【构造】象形兼会意字。甲骨文象草木长出地面形,下从地,上为生出的草木。金文在茎部加一圆点稍繁,表示继续生长。篆文圆点变成一横并整齐化。隶变后楷书写作生。

【本义】《说文·生部》:"生,进也。象草木生出土上。"本义为草木生出、生长。

【演变】生,本义为❶草木生出,生长:蓬~麻中,不扶而直|~根|~芽。引申泛指❷生育,出生,产生:~庄公及公叔段|贫~于不足|~财有道|~辰|~病|~效|~事|~火。由生长又引申指❸生存,活着:~亦我所欲,所欲有甚于~者,故不为苟得也|~离死别|死里逃~|~擒活

捉|～死与共。又引申指❹天生的：～而知之者，上也|～就一副贱骨头。用作名词，指❺生命，一生，有生命的，活着的东西：水火有气而无～，草木有～而无知|哀吾～之须臾，羡长江之无穷|穷予～之光阴以疗梅也哉|君赐～，必畜之|买～放～|舍～取义|丧～|终～|平～。由生长、活着又引申指❻新鲜的：～肉为脍，干肉为脯。进而引申指❼未成熟的，未经加工的：饭以～稻|则与一～彘肩|不可～食|～饭|～柿子|～瓜|熟田～地。由未成熟又引申指❽生疏，不熟悉的：自别城中礼数～|人～地不熟|～字|陌～。由未成熟的又引申指❾生硬，勉强：～拉硬拽|～搬硬套|～造词语。早生则年长，故又引申指❿年长有道德学问的人：言《尚书》自济南伏～|先～。又泛指⓫读书人，门徒弟子，从事某种职业的人：书～|门～|学～|医～。又特指⓬戏曲中扮演男子的角色：小～|老～|武～。

【组字】生，如今既可单用，也可作偏旁。现今仍设生部。凡从生取义的字皆与出生、生长等义有关。

以生作义符的字有：產(产)、甦(苏)、甤。

以生作声兼义符的字有：姓、性、牲、眚。

以生作声符的字有：星、胜、旌、笙。

失 shī;yì
(佚、泆、軼、轶、逸)

【字形】甲 金 古 篆 

隶 失佚泆轶軼逸

草 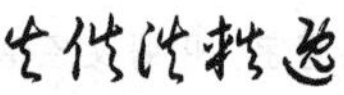

【构造】象形兼会意字。甲骨文象无杖老人头发萧疏失簪形，所谓"白头搔更短，浑欲不胜簪"，借以会失去之意。金文大同。古文稍讹。篆文讹为从手，象没有抓牢有物从手中滑落之形。初意遂迷失，不为一般人所知。隶变后楷书写作失。

【本义】《说文·手部》："失，纵也。从手，乙声。"将掉落之物视为"乙"声，就成了形声字。本义为遗失。

【演变】失，读 shī，本义指❶遗失，丧失，丢掉：王用三驱，～前禽|犹恐～之|塞翁～马，今未足悲。引申指❷遗漏，消失，损失，使失色：赏施于告奸，则细过不～|得不酬～，功不半劳|伯仲之间见伊吕，指挥若定～萧曹。又引申指❸没控制住：凡国～火，野焚莱，则有刑罚焉|～眠|～手。失掉则不见，又引申指❹迷失，找不到：欲横奔而～路兮，坚志而不忍|～群之雁。又引申指❺未达到愿望：治家者不敢～于臣妾，而况妻子乎？|怅然自～|～心～志|～意|～望。又引申指❻错过，耽误：时哉弗可～。用作名词，指❼过错，过失：臣闻秦有十～|～在于政，不在于制。

又读 yì，由滑落引申为❽奔逃，隐遁：马～，食农夫之稼|贤俊～在岩穴，大臣怨于不以。此义后作"逸"。又引申指❾佚乐：君子敬而无～。以上二义后另加义符"亻"写作"佚"来表示。又引申指❿放纵，放荡：贫富无度则～。此义也作"泆"。又引申指⓫超过：夫天地之气，不～其序；若过其序，民乱之也。此义后用"轶"来表示。

○佚，从亻从失会意，失也兼表声。读 yì，本义指❶隐遁，不为世用：居不隐者思不远，身不～者志不广|～民。引申指❷安闲：以～待劳|～乐。此二义也借"逸"表示。又引申指❸失去，散失：～名|～书|～失。又引申指❹放纵：淫～之事，上帝之禁也。

○泆，从氵从失会意，失也兼表声。读 yì，本义指❶水奔突而出：山水暴至，雨澍潢潦奔～。引申指❷放荡，淫乱：骄奢淫～，所自邪也。

○轶，从车从失会意，失也兼表声。读 yì，本义指❶后车超过前车。引申泛指❷超过：～五帝之遐迹兮，蹑三皇之高踪。又引申指❸超群的：因奏(王)褒有～材。由超过又引申指❹散失：至其书，世多有之是以不论，论其～事。

○逸，从辶从兔会意。读 yì，本义指❶逃跑：随(国名)师败绩，随侯～|奔～|逃～。由逃跑，引申指❷失去，散失：采求阙(缺)文，补缀漏～|亡～。由奔逸又引申指❸超出常格，卓越：亮少有～群之才|俊～|超～。由超脱劳苦，又引申指❹安闲，安乐：好～恶劳，亦犹夫人之情也|一劳永～|安～。

【组字】失，如今既可单用，也可作偏旁。现今归入大部。凡从失取义的字皆与遗失、放纵等义有关。

以失作声兼义符的字有：佚、泆、轶、跌。

以失作声符的字有：迭、昳、铁、瓞。

矢 shǐ

(誓、屎、菡)

【字形】甲 

【构造】象形字。甲骨文象一支箭形。金文稍讹。篆文整齐化。隶变后楷书写作矢。古又借用作“誓”与“屎”。

【本义】《说文・矢部》：“矢，弓弩矢也。从入，象镝栝羽之形。古者夷牟初作矢。”本义为箭。

【演变】矢，本义为❶箭：弦木为弧，剡(削尖)木为~|有的放~|~无虚发。由箭之直，引申指❷正直，直：圣人~口而成言，肆笔而成书|~口否认。义同“誓”，表示❸发誓：夫子~之曰：“天厌之，天厌之！”|~志不忘。又借作“屎”，指❹粪便：顷之，三遗~矣。

○誓，金文从言从折会意，折也兼表声，篆文整齐化。读 shì，本义指❶古代军中告诫、约束将士的言辞：一曰~，用之于军旅|《汤~》|~师。引申泛指❷表示按照决心去做：遂寘(置)姜氏于城颍，而~之曰：“不及黄泉，无相见也。”|~不罢休。又引申指❸共同遵守的誓约：凡有司不使士卒吏民闻~令，代之服罪|宣~|立~。

○屎，甲骨文本作⺈，像人拉屎形。隶变后楷书俗写作屎，成了从尸从米的会意字，尸也兼表声。篆文异体作菡，从艹从胃省。如今规范化用屎，读 shǐ，本义指❶粪便：他还是个~尿不懂的孩子。引申指❷眼睛、耳朵等器官中的分泌物：眼~|耳~。用作动词，指❸排泄粪便：以金置尾下，言能~金。

【组字】矢，如今既可单用，也可作偏旁。现今仍设矢部。凡从矢取义的字皆与箭、直、短小等义有关。

以矢作义符的字有：矣、矦(矦、侯)、医、知、矤、矩、矨、矧、矫、矪、族、短、矬、矮、矯(伤)、矰、矱、矲。

以矢作声兼义符的字有：疾、雉、彘。

以矢作声符的字有：疑。

禾 hé

【字形】甲 

【构造】象形字。甲骨文象一棵茎叶根俱全而成熟的禾谷垂穗形。金文填实。篆文整齐化。隶变后楷书写作禾。

【本义】《说文・禾部》：“禾，嘉谷也。”本义为谷子。

【演变】禾，本义为❶谷子：唐叔得~，异母同颖，献之成王|~麻菽麦。引申泛指❷庄稼：不稼不穑，胡取~三百廛兮？|锄~日当午，汗滴~下土。

“禾”后用为庄稼的泛称，谷子之义便另加声符“殸”写作“穀”来表示。如今简化借用“谷”来表示。参见穀、谷。

【组字】禾，如今既可单用，也可作偏旁。现今仍设禾部。凡从禾取义的字皆与谷物、庄稼等义有关。

以禾作义符的字有：秃、秀、私、秄、利、囷、秆、季(年)、秉、秕、秒、种、采、秭、秋、科、香、秝、秦、秼、秤、租、积、秧、秩、秝、称、秘、秸、秽、移、稖、稍、程、稀、稃、税、稞、稚、稗、稔、稠、稣、稟(禀)、稳、稹、稽、稷、稻、稿、稼、穑、穆、穗、穰。

以禾作声符的字有：和、龢。

禾 jī

【字形】篆 

【构造】象形字。篆文象树梢弯曲形，表示树梢因受阻碍不能向上长而变弯曲。隶变后楷书写作禾。注意：与“禾”字不同。

【本义】《说文・禾部》：“禾，木之曲头，止不能上也。”本义为树梢因受阻碍弯曲不能上长。

【演变】禾，本义指树梢因受阻碍弯曲不能上长。

【组字】禾，如今不单用，只作偏旁。现今归入禾部。凡从禾取义的字皆与弯曲留止等义有关。

以禾作义符的字有：稽、稸、稘(亦作“枳”“枸”，弯曲义)。

乍 zhà；zuò（作）

【字形】甲　金　篆

隶　草

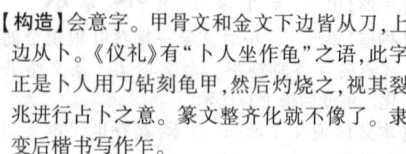

【构造】会意字。甲骨文和金文下边皆从刀，上边从卜。《仪礼》有"卜人坐作龟"之语，此字正是卜人用刀钻刻龟甲，然后灼烧之，视其裂兆进行占卜之意。篆文整齐化就不像了。隶变后楷书写作乍。

【本义】《说文·亡部》："乍，止也。一曰亡也。从亡，从一。"解说不明。本义当为制作卜龟。是"作"的初文。

【演变】乍，读 zuò，本义为❶制作卜龟。引申指❷制作，创造：武王嗣文王～邦。制作卜龟是占卜的开始，故又引申指❸起始，兴起：文王若日若月，～照光于四方，于西土。

又读 zhà，由起始、灼裂，引申指❹竖起，耸起，张开：唬的我战钦钦遍体寒毛～｜～翅｜～毛。进而引申指❺因害怕而颤动：直被你吓得人心慌胆～｜别一惊一～的。由起始，用作副词，又引申指❻初始，刚才：～暖还寒时候，最难将息｜新来～到。由炸裂又引申指❼突然，猝然：今人～见孺子将入于井，皆有怵惕恻隐之心｜～冷～热。

"乍"为引申义所专用，制作、起始等义便另加义符"亻"写作"作"来表示。参见作。

【组字】乍，如今既可单用，也可作偏旁。现今归入丿部。凡从乍取义的字皆与起始、制作、猝然、裂开等义有关。

以乍作声兼义符的字有：作、炸。

以乍作声符的字有：诈、阼、咋、拃、岞、苲、怍、迮、昨、胙、祚、柞、怎、痄、砟、笮、舴、酢、鲊。

仨 sā

【字形】古　今篆　隶　草

【构造】会意字。古文从三人会意，表示三个。隶变后楷书写作仨。

【演变】仨，新造字，北方方言。本义为三个：他们哥儿～｜一传俩，俩传～｜就是太任性！要～不能给俩。注意："仨"后不能再用"个"或其他量词。

代 dài

【字形】古　篆　隶　草

【构造】形声兼会意字。古文和篆文从人，弋声，弋（橛）也兼表更换界桩之意。隶变后楷书写作代。

【本义】《说文·人部》："代，更也。从人，弋声。"本义为以此易彼，替换。

【演变】代，本义为❶替换：彼可取而～也｜及瓜而～｜～课｜～办｜～理｜交～。引申指❷交替：天灾流行，国家～有｜四时～序。又引申指❸历史上划分的时期，朝代：夏曰校，殷曰序，周曰庠，学则三～共之｜唐～｜时～｜新生～｜年～。上古时父子相继为一世，唐人因避李世民讳，多将"世"写为"代"，故又指❹世代：汉家李将军，三～将门子｜上～｜下～。

【组字】代，如今既可单用，也可作偏旁。现今仍归入人部。凡从代取义的字皆与替换等义有关。

以代作声兼义符的字有：贷。

以代作声符的字有：岱、玳、甙、袋、黛。

仕 shì

【字形】金　篆　隶　草

【构造】会意兼形声字。金文和篆文皆从人从士会意，表示外出学习政事之人，士也兼表声。隶变后楷书写作仕。

【本义】《说文·人部》："仕，学也。从人，从士。"本义为学习政事。

【演变】仕，本义为❶学习政事，犹如现在的试用。引申泛指❷任职，做官：吾尝三～三见逐，鲍叔不以我为不肖｜～途。如今用为❸我国象棋棋子名称：红～。

【组字】仕，如今既可单用，也可作偏旁。现今仍归入人部。凡从仕取义的字皆与学习做官等义有关。

以仕作声符的字有：茌、肚、僐。

付 fù

【字形】金 篆 隶 草 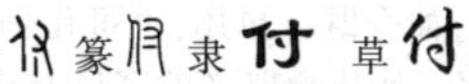

【构造】会意字。金文从手持物，从人，会手持物予人之意。篆文改为从寸（也是手）并整齐化。隶变后楷书写作付。

【本义】《说文·人部》："付，与也。从寸，持物对人。"本义为交给。

【演变】付，本义为❶交给：~与|~款|~诸实施|交~|~印。引申指❷寄托：托~|君苟~可~者，则已不劳而贤才不失矣。用作量词，指称❸成套的东西：吃~中药|街上多了几~担子。

【组字】付，如今既可单用，也可作偏旁。现今仍归入人部。凡从付取义的字皆与交托等义有关。

以付作声兼义符的字有：府、符。

以付作声符的字有：苻、附、咐、驸、拊、跗、鲋。

仙 xiān
（僊、仚）

【字形】篆 今篆 隶 草 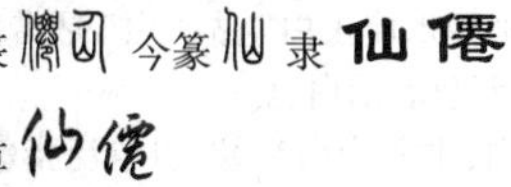

【构造】会意兼形声字。篆文从人，从䙴（表升高），会人升天成仙而去，䙴也兼表声。篆文还有一个"仚"字，从人在山上会意，表示轻举、高举。隶变后楷书写作僊与仚。"仚"盖为后来俗简作"仙"的来源，用人在山，会人入山修行成仙之意。如今规范化以仙为正体。

【本义】《说文·人部》："僊，长生仙去。从人，从䙴，䙴亦声。"又《释名·释长幼》："老而不死曰仙。仙，迁也，迁入山也。"本义为仙人，神仙。

【演变】仙，本义为❶仙人，神仙：言海中有三神山，名曰蓬莱、方丈、瀛洲，~人居之|求~|成~|~丹|~女|~骨。引申比喻❷超凡的人：李白斗酒诗百篇，长安市上酒家眠；天子呼来不上船，自称臣是酒中~|活神~|诗~。用作动词，指❸成仙：一人飞升，~及鸡犬。又婉指❹死：白首乃~逝|难道已~游了么？又形容❺轻松自在或轻盈飘举的样子：女乃~~而舞|飘飘欲~。

【组字】仙，如今可单用，也可作偏旁。现今仍归入人部。凡从仙取义的字皆与仙人等义有关。

以仙作声符的字有：氙。

们 mén；mèn；men
（們）

【字形】今篆 隶 草 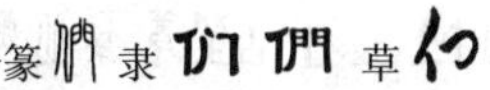

【构造】形声兼会意字。楷书繁体作們，从人，門声，門也兼表堵满之意。如今简作们。

【本义】后起字。《集韵·恨韵》："們，們浑，肥满貌。"本义为肥满。

【演变】们，读 mèn，本义指❶肥满。

又读 mén（今读 men），唐代起借作词尾，用在人称代词或指人的名词后面，表示❷复数：渠（他）~底个，江左彼此之辞|娘儿~几个|我~|她~|人~|朋友~。这种用法，宋、元时也借"懑、瞒、每、门"等来表示，明代后用"们"的多起来。又用在指示代词后，相当于❸么，等，般：这~好房儿，你且只在这里歇|谁知道就闹得这~利害。

仔 zī；zǐ；zǎi
（崽）

【字形】甲 金 篆 今篆 隶 草 

【构造】会意兼形声字。甲骨文从人，从子，会人背子之意，子也兼表声。金文大同。篆文整齐化。隶变后楷书写作仔。

【本义】《说文·人部》："仔，克（胜任）也。从人，子声。"本义为人背子。

【演变】仔，读 zī，本义为❶人背子。引申指❷担任：维德之~肩，以迪祖武。

又读 zǐ，引申指❸幼小的：~猪|~鸡|~鱼。由幼小又泛指❹细小，细密：世路风波~细谙|醉把茱萸~细看。又引申指❺植物种子：菜~。此义今写作"籽"。

又读 zǎi，指❻小孩儿或幼小的动物：男~|女~|牛~。方言指❼从事某种职业或具有某种特征的年轻男子：打工~|肥~。此义也作"崽"。

○崽，从子从思（从囟门取义），会意心智

发育不全的孩子之意，思也兼表声。读 zǎi，是“仔”的音变。本义为❶小孩子：男～｜女～。又指❷幼小的动物。如：猪～儿｜猫～。用作“崽子”，多用为❸骂人的话：狗～子。

丘 qiū
（虗、坵、邱）

【字形】甲 金 古 篆 今篆 隶 草

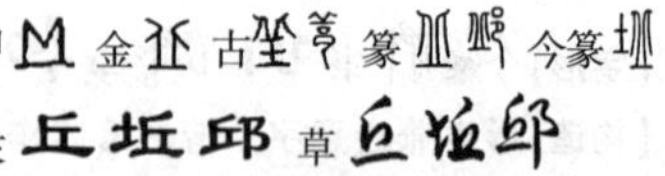

【构造】象形字。甲骨文象古人穴居的废窑包形。古人造穴，先在高地挖坑，上覆以树枝、兽皮，两侧向阳留口。故丘既表示废墟，又表示土山。金文稍讹。古文另加义符土，或另加义符邑，以突出人所居之义。篆文误为从北、从一会意。隶变后楷书写作丘。

【本义】《说文·丘部》：“丘，土之高也。非人所为也。从北，从一。一，地也。人居在丘南，故从北。中邦之居在昆仑东南。一曰四方高中央下为丘。象形。”析形是根据篆文所作的附会。但从隐约透出的信息，也可知本义为建在高地上的废窑包。

【演变】丘，本义为❶建在高地上的废窑包。引申泛指❷废墟：曾不知夏(厦)之为～兮。窑包本是供聚居用的，故又引申指❸里居：去乡三十载，复得还旧～。又引申指❹聚集：是能读《三坟》《五典》《八索》《九～》(集中记录九州风物之书)｜～落。又引申指❺划成块的水田：五人同在一～水田内。由废墟又引申指❻空：躬归国，未有第宅，寄居～亭。又指❼高地，土山：桑土既蚕，是降～宅土｜以登介～。又引申指像土山的❽坟墓：冢大者谓之～｜封比干之～垄。由土山引申泛指❾大：～牛大车，十去其六。

“丘”后专用以表示土山之义，废墟之义便另加声符“虍”写作“虗”来表示。又因避孔子之讳，土山之义古文又另加义符“土”写作“坵”，或用表地名和姓的“邱”来表示。如今简化，土山之义仍用“丘”来表示。参见虚。

○邱，古文从邑从丘会意，丘也兼表声，篆文整齐化。读 qiū，本义为❶地名用字。一般皆通用“丘”字：帝～｜营～｜商～｜楚～。又通“丘”，指❷堆，土堆，山丘：纣为肉圃，设炮烙，登糟～，临酒池｜虎啸山～｜既窈窕以寻壑，亦崎岖而经～。如今用作❸地名和姓。

【组字】丘，如今既可单用，也可作偏旁。现今归入一部。凡从丘取义的字皆与土山、废窑包等义有关。

以丘作义符的字有：岳、屔、虗。

以丘作声兼义符的字有：坵。

以丘作声符的字有：邱、蚯。

白 bái

【字形】甲 金 篆 隶 草

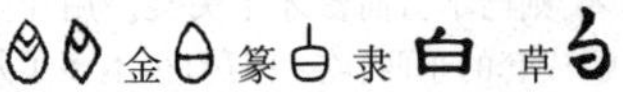

【构造】象形字。甲骨文象一粒白米形，中间两画象胚芽。金文稍简。篆文讹变较大并整齐化。隶变后楷书写作白。

【本义】《说文·白部》：“白，西方色也。阴用事，物色白。从入合二。二，阴数也。”这显然是根据当时的思想认识所作的曲解。据甲骨文看，本义当为白米粒。古代朝祭，献上的“稻曰白，黍曰黑”。妇女犯罪罚为白粲，就是令其“坐择米使正白”，故“白”是借上等纯白之米的颜色表示白色。

【演变】白，本义为白米粒，引申泛指❶白色：～雪。又引申指❷洁净：洁～。又引申指❸明亮：东方发～。又引申指❹显扬：显～。又引申指❺清楚：真相大～。用作动词表示使清楚，故又引申为❻陈述：表～。又引申指❼禀告：州～大府。古代丧服用白色，又引申指❽有关丧事的：红～喜事。又引申指❾反动的：～匪。白色俗称无色，又引申指❿空空的：～卷。又引申指⓫徒然：～费。又引申指⓬别字：～字。

【组字】白，如今既可单用，也可作偏旁。现今仍设白部。凡从白取义的字皆与头等、米粒、白色等义有关。注意：楷书里看似从白的字，有些并不真的从白，例如皂、皆、皇、習(习)等。

以白作义符的字有：百、皀、的、皅、皋、皐、皊、皉、皑、皎、皏、皓、皔、皒、皖、皙、皘、皗、皛、皞、皜、皟、皠、皡、皢、皣、皤、皥、皦、皧、皨、皪、皫、皬、皭。

以白作声兼义符的字有：伯。

以白作声符的字有：柏、帛、泊、铂、舶、魄、怕、帕、迫、拍、皈、珀、粕。

卮 zhī (巵)

【字形】古　篆　隶 卮巵 草 卮

【构造】会意字。古文从匕从人，人口中有一点，会人持匕取饮之意。篆文改为从匕(匙)，从卩(跪坐之人)，用人持匕取饮来会酒器之意。隶变后楷书写作巵。俗省作卮。如今规范化用卮。

【本义】《说文·卮部》："巵，圜器也。所以节饮食。象人，卩在其下也。"析形不确。本义为古代酒器。

【演变】卮，本义指❶古代酒器：楚有祠者，赐其舍人~酒|沛公奉~酒为寿，约为婚姻。用作"卮言"，指❷醉中随意的话，常用以谦称自己的著作：~言日出，和以天倪(自然之分)|《艺苑~言》。

【组字】卮，如今既可单用，也可作偏旁。现今归入卩部。凡从卮取义的字皆与酒器等义有关。

以卮作义符的字有：𦇘。

以卮作声符的字有：栀。

瓜 guā

【字形】金　篆　隶 瓜 草

【构造】象形字。金文象藤蔓上结有瓜形。篆文整齐化。隶变后楷书写作瓜。

【本义】《说文·瓜部》："瓜，㼌也。象形。"本义为蔓生植物瓜类。

【演变】瓜，本义为❶蔓生植物，瓜类：中田有庐，疆埸(田界)有~|~田不纳履，李下不整冠|西~|冬~|黄~。又指❷瓜成熟：及~而代。由于瓜与蔓相连，故多用以比喻❸顺着线索追查结果：顺藤摸~。又比喻❹互相牵连：~葛。瓜需切分而食，故又用以比喻❺像切分瓜一样(分割疆土)：高皇帝~分天下，以王功臣|于时~剖区宇，蜂起英豪。

【组字】瓜，如今既可单用，也可作偏旁。现今仍设瓜部。凡从瓜取义的字皆与瓜果等义有关。

以瓜作义符的字有：苽、瓟、瓞、瓝、㼌、瓠、瓢、瓣、瓤。

以瓜作声符的字有：孤、呱、狐、弧、胍。

斥 chì (㡿、厈、斥)

【字形】金　篆　隶 斥 草 斥㡿

【构造】会意兼形声字。金文从广(房屋)，从屰(倒行)，会将房屋向外扩展之意，屰也兼表声。篆文整齐化。隶变后楷书本应写作㡿。但由于广与厂相似，字形便讹为厈；又由于屰与屰形近，厈又讹为厈。厈进而讹为斥，再将"干"之下横误为点，也就成了现在的斥字。

【本义】《说文·广部》："㡿，却屋也。从广，屰声。"本义为将房屋向外拓展扩大。

【演变】斥，本义为❶将房屋向外拓展扩大：广灵菴，庆历中始~大之为广灵寺。引申泛指❷开拓：开地~境|~地千里。用作使动，指❸使离开，排斥，驱逐：是孔丘~逐于鲁君，曾不用于世也|与闻国政而无益于民者~。由使离开又引申指❹派出进行侦察，探测：晋人使司马~山泽之险|~骑|远遣~候。用作名词，又指❺侦察兵：赵军士卒犯秦~兵。由排斥又引申为❻指责，责备：~之为哙(樊哙)伍|驳~|痛~|申~。由拓展又引申指❼分裂，分散：发仓赈济，不给，~家资佐之。由分散又引申指❽多：盗贼充~。盐碱地多干裂，故又引申指❾碱卤，盐碱地：决漳水，灌邺旁，终古~卤，生之稻粱。

【组字】斥，如今既可单用，也可作偏旁。现今归入斤部。凡从斥取义的字皆与拓展等义有关。

以斥作声兼义符的字有：坼、拆、泝。

以斥作声符的字有：诉、柝、蹠。

乎 hū (嘑、謼、呼)

【字形】甲　金　篆

今篆　隶 乎呼嘑謼

草

【构造】指事字。甲骨文与于、兮造意相近，下边是一种乐器，上边象征吹奏时发出的声气，只是声气比兮多了一点，表示声气越扬、余音袅袅。金文上边又多了一画，以强调声气越扬之意；或另加声兼义符虍。篆文承接金文并整齐化。隶变后楷书分别写作乎与虖。是"呼"的本字。由于后来"乎"专用作语气助词和介词，呼喊、呼吸之义便再加义符口或言，另造了"呼""嘑""評"来表示。如今规范化皆用呼。虖则只作偏旁。

【本义】《说文·兮部》："乎，语之余也。从兮，象声上越扬之形也。"此非本义。本义当为乐声袅袅、余音不绝。

【演变】乎，本义为乐声袅袅、余音不绝。引申指❶呼吸或拖长声呼叫。后借作语气助词，表示❷疑问、猜测、反问、祈使、感叹、赞美等语气：以一击十，有道～？｜日食饮得无衰～？｜计中国之在海内，不似稊（小米）米之在太仓～？｜长铗归来～！出无车｜善哉～鼓琴，汤汤～若流水｜神～其神｜微～其微｜天～！又借作介词，相当于❸于：擢之～宾客之中，而立之～群臣之上｜城之大者，莫大～天下矣｜出～意外｜合～情理｜瞠～其后。又用作形容词或副词词尾，相当于❹然：以无厚入有间，恢恢～其于游刃必有余地矣｜热～｜近～｜黑～～｜胖～～。

〇呼，从口从乎会意，乎也兼表声。读 hū，本义指❶呼气：吹呴（张嘴出气）～吸，吐故纳新。引申指❷呼喊，呼号：陈胜奋臂一～，天下鼎沸｜高～。又引申指❸唤，叫：～河伯妇来，视其好丑｜～风唤雨｜～之欲出｜～吁｜～应。

【组字】乎，如今既可单用，也可作偏旁。现今归入丿部。凡从乎取义的字皆与拖长声等义有关。

以乎作义符的字有：虖。

以乎作声兼义符的字有：呼、評（呼）。

以乎作声符的字有：烀、轷。

丛 cóng （叢）

【字形】古 篆 今篆

隶 丛 叢 草

【构造】形声兼会意字。古文一形从丵（古代上边聚集着齿状饰物的仪仗），取声，取也兼表取敌耳多之意；二形改为从艹从從。篆文承古文二形并整齐化。隶变后楷书写作叢。如今承古文二形简作丛，改为从一（作符号），从声。

【本义】《说文·丵部》："叢，聚也。从丵，取声。"本义为聚集。

【演变】丛，本义为❶聚集：国郁处久，则百恶并起，而万失～至矣｜～生｜～林｜～书。又引申指❷聚生的草木：为～驱雀｜灌木～｜草～。又引申指❸聚集在一起的人、动物或东西：虎狼～辨是非，风波海分人我｜人～｜论～。又用作❹量词：一～深色花，十户中人赋。

【组字】丛（叢），如今既可单用，也可作偏旁。现今叢归入又部，丛则归入一部。凡从丛（叢）取义的字皆与会聚等义有关。

以丛（叢）作声兼义符的字有：欉、灇、爜。

㐱 zhěn （鬒、黰）

【字形】甲 金 篆

隶 㐱 鬒 黰 草

【构造】会意字。甲骨文和金文从人，从彡（表毛发），会人细软浓密的长发披垂之意。篆文整齐化。隶变后楷书写作㐱。

【本义】《说文·彡部》："㐱，稠发也。从彡，从人。"本义为细软浓密而黑的头发。

【演变】㐱，本义指细软浓密而黑的头发：～发如云。由于"㐱"作了偏旁，其义便另造了形声兼会意字"鬒"来表示。

〇鬒，从髟（长发）从真（美好）会意，真也兼表声。异体作"黰"，从黑从真会意，真也兼表声。读 zhěn，本义指头发黑而密：～发如云，不屑髢也。

【组字】㐱，如今不单用，只作偏旁。现今归入人部。凡从㐱取义的字皆与毛发、细密等义有关。

以㐱作声符的字有：诊、胗、珍、殄、轸、畛、疹、袗、趁。

令 lìng；líng；lǐng （命）

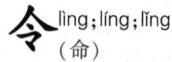

【字形】甲　金　篆
隶 令命聆 草

【构造】会意字。令与命在甲骨文中是一个字。从亼(木铎形,即铃),从卩(跪人),古代振铎以发号令,会向人发出命令之意。金文大同,或另加出一口,以强调命令之意。篆文整齐化,并分为二字。隶变后楷书分别写作令与命。

【本义】《说文·卩部》:"令,发号也。从亼、卩。"本义为发出命令。又《口部》:"命,使也。从口,从令。"本义为差遣。

【演变】令,读 lìng,本义为❶发出命令:其身正,不~而行;其身不正,虽~不从|既不能~,又不受命,是绝物也。引申指❷使,让:有复言~长安君为质者,老妇必唾其面|~人鼓舞。用作名词,指❸命令:将在军,君~有所不受|法~。古代政府是主管发布命令的,又引申指❹官名:西门豹为邺~。古人认为,不同的时节应有不同的政令措施,各有所禁止,以顺应时节的变化,叫时令,故又引申指❺时节,时令:中春行秋~,则其国大水,寒气总至|群葩当~时,只在花开之数日。由时令调顺,又引申指❻美,善:夫~名,德之舆(车)也|何畏乎巧言~色孔(大)壬(奸佞)|~闻~望。又用作敬辞,指❼尊称对方的亲属:不堪吏人妇,岂合~郎君|~爱。

又读 líng,从听令的角度说,又引申指❽听从:古之圣王审顺其天而以行欲,则民无不~矣。此义后作"聆"。

又读 lǐng,外来词,用作❾纸张的计量单位:一~纸(原张纸五百张)。

○命,读 mìng,从令分化出来,主要用以表示❶差遣,命令:王~召伯,定申伯之宅。用作名词,指❷上对下的指示:使于四方,不辱君~。由差遣引申指❸指使,使用:~驾而行|欣然~笔。又引申指❹命名:因~曰胥山|~题。古人认为人的穷达祸福、社会的兴衰是上天的安排,故又引申指❺天命,命运:商之先后(君主)受~不殆|生死有~|~运。古人认为人的生命也是上天给予的,故又引申指❻性命:不幸短~死矣|救~|拼~。

○聆,从耳从令会意,令也兼表声。读 líng,本义为❶倾听,细听:扣而~之,南声函胡,北音清越|察其举止,~其语言。用作抽象意义,指❷听从:~听教诲|~取各方意见|~教。由倾听,又指❸了然,明白:观读之者,晓然若盲之开目,~然若聋之通耳。

【组字】令,如今既可单用,也可作偏旁。现今归入人部。凡从令取义的字皆与声响、听从等义有关。

以令作声兼义符的字有:命、铃、聆。

以令作声符的字有:邻、伶、怜、苓、岭、呤、泠、拎、囹、柃、玲、瓴、鸰、领、蛉、羚、翎。

仝 tóng

【字形】古　今篆　隶 仝 草

【构造】会意兼形声字。古文从人持工(筑杵),会一起持杵筑捣之意,工也兼表声。隶变后楷书写作仝。是"同"的俗字。如今只用于姓氏、人名,其他意义用同。

【本义】《广韵·东韵》:"仝,同古文,出《道书》。"本义为共同。

【演变】仝,本义为❶共同。又用作❷姓。

【组字】仝,如今既可单用,也可作偏旁。现今归入人部。凡从仝取义的字皆与共同等义有关。

以仝作声符的字有:砼。

尔 ěr

(爾、尒、你、繭、茧、蔺、趼)

【字形】甲　金　古　篆
隶 尔 尒 爾 茧 繭
趼 草

【构造】象形字。甲骨文象蚕开始吐丝结茧形,上像蚕头,下像所结之蚕茧。用蚕初吐之丝尚少,所结之茧稀疏像篱笆,来表示疏朗之义。金文一形整齐圆化,二形简化。古文大同。篆文承接金文并整齐化。隶变后楷书写作爾。篆文中还有个"尒"字,从丨、八,八象气之分散,入声,实乃金文二形的讹变。俗作尔。如今规范化,爾也简作尔。作偏旁时有

的要用尒或爾。由“爾”这一形象还演变出
巿、㒳(㒳)、𦅾(茧)三字。𦅾,古文从糸见声。篆文作,取蚕作茧之外形,里面加虫加糸,来表示虫所吐丝之义。如今简化作“茧”。其余巿、㒳(㒳)另见。可参看。

【本义】《说文·㸚部》:“爾,丽爾,犹靡丽(疏朗)也。从冂,从㸚,其孔㸚;尒声。此与爽同意。”析形是就篆文所作的解说。本义当为蚕始结茧稀疏之象。《说文·八部》:“尒,词之必然也。从丨、八,八象气之分散,入声。”本义为语气词。

【演变】尔(爾),本义为❶蚕始结茧稀疏之象。引申泛指❷疏朗。后借为人称代词,表示❸第二人称“你”:丧~亲,使民未有闻焉,~罪二也。又借作指示代词,表示❹如此,这样:~夜风恬月朗|果~,后将易吾姓也。又用作形容词或副词的词尾,相当于❺然:鼓瑟希,铿~,舍瑟而作。

为了分化字义,后来第二人称又另加义符“亻”写作“你”。尔(爾)为借义所专用,蚕结茧之义便由“𦅾”来表示。如今简作“茧”。参见你。

○茧,繁体作𦅾,从巿,象征茧壳,从虫从糸,会蚕虫所吐丝之意。如今简化作茧,上取蚕头形,下从虫为义。读 jiǎn,本义指❶蚕茧:蚕事既登,分~称丝效功|~子。茧皮似腿子,故又借作“趼”,表示❷手脚掌上磨出的硬皮:墨子闻之,百舍(百里一宿,长途跋涉)重~,往见公输般。

○趼,本作趼,从足开声。如今规范化作趼。读 yàn,本义为❶兽踮起蹄。又指❷行走:跳北~南,数履硊硊之刃。

又读 yán,指❸兽足,脚:层峰起~下,琐碎不可数。

又读 jiǎn,指❹手掌、脚掌上因长期摩擦而生成的硬皮:害的你脚心里踏做了~,肚皮里饿断肠。此义也作“茧”。

【组字】尔,如今既可单用,也可作偏旁。作偏旁时,有的要用尒或爾。现今归入小部。凡从尔取义的字皆与疏朗等义有关。

以尔(尒)作声兼义符的字有:你。

以尔(尒、爾)作声符的字有:迩、弥、苶、薾、嬭(奶)、狝、祢、玺、䥚。

饥 jī
(飢、饑)

【字形】金 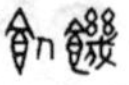 篆  隶 
草 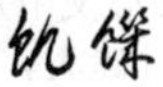

【构造】形声兼会意字。饥,来自形音义皆不同的两个字:金文一个从食从几(几案),用对案而无食会饥饿之意,几也兼表声;另一个从食从幾(微),用食微少会荒年之意,幾也兼表声。篆文整齐化。隶变后楷书分别写作飢与饑。中古后读音渐同。如今简化皆作饥。

【本义】《说文·食部》:“飢,饿也。从食,几声。”本义为饥饿。又:“饑,谷不熟为饑。从食,幾声。”本义指荒年。

【演变】饥,作为本字,本义为❶饥饿:民有~色,野有饿莩(殍)|牛困人~日已高,市南门外泥中歇|~不择食|画饼充~。

作为“饑”的简化字,又表示❷荒年:凶年~岁,君之民老弱转乎沟壑|~馑(菜不熟)|~荒。

【组字】饥,如今可单用,也可作偏旁。现今仍归入食部。凡从饥取义的字皆与食物等义有关。

以饥作声兼义符的字有:匭、僟。

孕 yùn

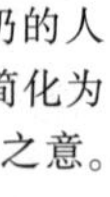

【字形】甲  金  篆  隶  草 

【构造】会意字。甲骨文从人腹中有子,会怀孕之意。金文改为从女从奶头(突出了奶的人形)会意,表示妇女已怀孕。篆文将人简化为乃(突出了奶头的人形),以突出怀子之意。隶变后楷书写作孕。

【本义】《说文·子部》:“孕,裹子也。从子,从几。”“从几”不确,应为“从乃”。本义为怀胎。

【演变】孕,本义指❶怀胎:鸟兽~,水虫成|~妇十月生子。又指❷胎儿:有~|怀~。引申比喻❸在既存事物中成长着新事物:拙辞或~于巧义|天为国家~英才|花~苞了|~育。

【组字】孕,如今既可单用,也可作偏旁。现今仍归入子部。凡从孕取义的字皆与怀孕等义有关。

以孕作声兼义符的字有：悸。
以孕作声符的字有：孵、孵、毱。

夗 yuàn；wān
（宛、蜿）

【字形】

【构造】会意字。甲骨文和金文皆从夕（夜），从曲身侧卧之人，会人夜里曲身侧卧之意。篆文讹为从夕从卩（跪坐人）并整齐化。隶变后楷书写作夗。

【本义】《说文·夕部》："夗，转卧也。从夕，从卩。"本义为曲身侧卧。

【演变】夗，读 yuàn，本义为❶曲身侧卧。

又读 wān，引申泛指❷屈曲蜿蜒。

由于"夗"作了偏旁，曲身侧卧之义便另加义符"宀"写作"宛"来表示。蜿蜒之义则用"蜿"来表示。参见宛。

○蜿，从虫从宛会意，宛也兼表声。读 wān，本义指❶像龙蛇一样盘曲：玄武缩于壳中兮，腾蛇～而自纠｜如鹤如鹄如龙～。用作"蜿蜒"，引申指❷弯弯曲曲地向远处延伸：连璧组之润浸，杂虬文之～蜒。

【组字】夗，如今不单用，只作偏旁。现今仍归入夕部。凡从夗取义的字皆与圆转、屈曲等义有关。

以夗作声兼义符的字有：宛、苑、怨、智、盌（碗）。

以夗作声符的字有：鸳。

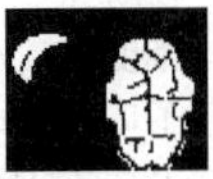

外 wài

【字形】

【构造】会意字。金文从夕从卜会意。古人占卜在早晨，晚上占卜则在事外了。篆文整齐化。隶变后楷书写作外。

【本义】《说文·夕部》："外，远也。卜尚平旦，今夕卜，于事外矣。"本义为外卦，事外。

【演变】外，本义为❶外卦：（彖曰）内阴而～阳，内柔而～刚。引申泛指❷外面，外部：～结孙权，内修政理｜屋～｜～表。又引申指❸自己所在地以外的：～乡｜～省｜～地｜～埠。又特指❹外国：～语｜～资｜～贸。又引申指❺另外，别的，非正式的：～一首｜～号｜～史。用作使动，表示❻使处于外，疏远，排斥：内（亲近）小人而～君子。又引申指❼疏远的，母家、妻家和出嫁的姐妹、女儿家的亲属：（司马）迁～孙平通侯杨恽祖述其书｜～人｜见～｜～亲｜～戚。

【组字】外，如今既可单用，也可作偏旁。现今仍归入夕部。凡从外取义的字皆与事外等义有关。

以外作声符的字有：夥。

处 chǔ；chù
（処、處）

【字形】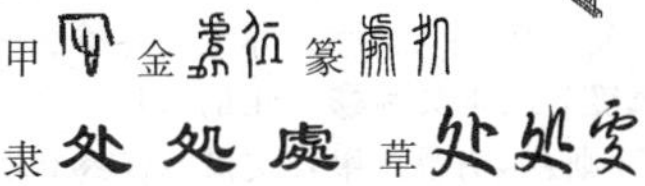

【构造】会意兼形声字。处与凥（居）同源。甲骨文从几从夂（足），会人据几而坐之意。金文一形另加人和虍，成为一个头戴虎皮冠的人据几而坐的形象，虍也兼表声；二形简化省虍。繁体发展为"處"，简体发展为凥（居）。篆文承之亦分为繁简二体。隶变后楷书分别写作處与処。如今皆简化作处。注意："处"与"咎""昝"所从的"处"并非一字。参见咎、昝。

【本义】《说文·几部》："処，止也，得几而止。从几，从夂。處，処或从虍声。"本义为止息。

【演变】处，读 chǔ，本义为❶止息：日夜不～｜～暑。引申指❷居住，栖息：穴居而野～｜～女。又引申指❸存在，置身：设身～地｜～在有利地位。又引申指❹交往：友好相～。又引申指❺享有，自居：功成不～。又引申指❻决断，处置，处理：将军量力而～之。又引申指❼惩罚：～决。

又读 chù，用作名词，指❽处所，地方，方面：住～｜长～。又特指❾时间：不知明镜里，何～得秋霜。如今又指❿机关团体办公的地方：教务～。

【组字】处，如今既可单用，也可作偏旁，作偏旁时用処。现今处归入夂部，処仍归入几部。凡从处取义的字皆与止息等义有关。

以処作义符的字有：處。

冬 dōng
（終、终）

【字形】甲 金 古 篆 隶 冬 终 終 草

【构造】会意字。甲骨文字形当是甲骨文（叀，用纺锤纺线合丝形）的省简，只留下一段丝头，表示纺线的结束。是“终”的本字。金文将丝结简化为点，或另加义符“日”，表示一年时日的终结，当然是冬季了。古文继承金文，将两短横连为一横。篆文在古文的基础上，省去“日”而另加义符“冫”，表示年末结冰的季节，以突出冬季。隶变后楷书写作冬。

【本义】《说文·冫部》：“冬，四时尽也。从冫，从夂。夂，古文终字。”本义为冬季。

【演变】冬，本义为❶一年的最后一季：日月之行，则有~有夏。甲骨文借“（终）”来表示。所以“冬”又用作“终”，表示❷终结，自始至终：~而复始｜飘风不~朝，暴雨不~日。

为了分化字义，后来冬专用以表示冬季，终结的意思便又以冬为基础，另加义符糸，写作“終”来表示。

○终，古文从糸，从夂或从冬会意，夂、冬也兼表声。篆文承接古文二形并整齐化。隶变后楷书写作終，如今简化作终。读 zhōng，由本义纺线结束，引申泛指❶到头，终了：靡不有初，鲜克有~｜~而复始｜期~｜年~｜~点。又特指❷生命的终结：未果，寻病~｜寿~正寝｜临~。又引申指❸终归，终于：秦亦不以城与赵，赵亦~不予秦璧｜革命~将成功。又引申指❹从始到终：吾尝~日而思矣，不如须臾之所学也｜~生不变。

【组字】冬，如今既可单用，也可作偏旁。现今归入夂部。凡从冬取义的字皆与终结等义有关。

以冬作声兼义符的字有：终。

以冬作声符的字有：咚、氡、佟、螽、疼。

用 yòng

【字形】甲 金 篆 隶 用 草

【构造】会意字。甲骨文从卜，从冂（占卜用的骨版），表示骨版上已有卜兆，可据之行事。金文和篆文大同。隶变后楷书写作用。

【本义】《说文·用部》：“用，可施行也。从卜，从中。”析形不确。本义为可据卜兆行事。

【演变】用，本义为❶可据卜兆行事。引申泛指❷使用：故善~兵者，避其锐气，击其惰归｜~法平正｜~兵如神｜~尽力量｜运~技巧｜计无不~。又引申指❸任用（人才）：故汤~伊尹，文王~吕尚｜~人不疑。又特指❹吃喝：~茶｜~饭。又指❺使用的效果，作用：礼之~，和为贵｜功~｜效~｜有~。又泛指❻供使用的资材、费用、器物：节~而爱人，使民以时｜财~｜零~｜农~。又引申指❼需要：不~挂念｜何~浮名。又虚化为介词，表❽凭借，因：儒者~文乱法｜遂~猖獗。

【组字】用，如今既可单用，也可作偏旁。现今归入门部。凡从用取义的字皆与施行等义有关。注意：有些字形里的“用”是由其他形状变来的，如甬、葡。

以用作义符的字有：甩、庸、甯。

以用作声兼义符的字有：佣。

以用作声符的字有：拥、痈。

甩 shuǎi

【字形】古 今篆 隶 甩 草

【构造】近代新造字。指事字。古文从用，将中画右弯，表示摔出。隶变后楷书写作甩。早期白话也写作摔。是“摔”的分化字。本义为挥动，抡。现今归入门部。

【演变】甩，本义为❶挥动，抡：一概不管，~手走了｜~胳膊。引申指❷扔，丢：把衣服都~在地上。又引申指❸使落在后边：一下又把我~下几丈远。

乐 yuè；lè；yào
（樂）

【字形】甲 金 篆 隶 乐 樂

草 乐 樂

【构造】象形字。甲骨文象木上张丝弦之形，表示是一种弦乐器。金文另加“白”声。罗振玉认为是“琴瑟之象”，“白”为“调弦之器”。篆文整齐化。隶变后楷书写作樂。如今简化作乐。

【本义】《说文·木部》：“樂，五声八音总名。”本义当为乐器。

【演变】乐，读 yuè，本义为❶乐器：故竽先则钟瑟皆随，竽唱则诸～皆和。引申指❷音乐：金石丝竹，～之器也|奏～|民～。

又读 lè，音乐使人愉快，故引申为❸快乐：有朋自远方来，不亦～乎！|～不思蜀|～极生悲|欢～。又引申指❹安乐：逝将去女，适彼～土|康～。又指❺令人高兴，可乐的事：找个～儿|逗～。用作意动，指❻以为乐，乐意：天子为其绝远，非人所～往|安居～业|喜闻～见|～天知命。

又读 yào，用作动词，表示❼喜好：智者～水，仁者～山。又表示❽演奏音乐使快乐：窈窕淑女，钟鼓～之。

【组字】乐（樂），如今既可单用，也可作偏旁。现今“樂”仍归入木部，“乐”则归入丿部。凡从乐取义的字皆与音乐等义有关。

以乐（樂）作声符的字有：泺、藥（药）、烁、栎、轹、砾、铄、跞。

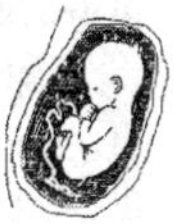

包 bāo（胞）

【字形】甲　金　籀　篆

隶 包 胞 草 包 胞

【构造】会意兼形声字。甲骨文象腹中有子形。金文改为衣胞中有未成形的婴儿。籀文是双胞胎。篆文承接籀文，省去子，改为从勹（表示人有所包裹），从巳（表示未成形的胎儿），会胎胞之意，勹也兼表声。隶变后楷书写作包。

【本义】《说文·包部》：“包，象人裹妊，巳在中，象子未成形也。”本义为胎胞，即胎衣。是“胞”的本字。

【演变】包，由本义胎胞，引申泛指❶把东西包裹起来：白茅～之|～扎。用作名词指❷包好的东西：行李～|邮～。又指❸装东西的袋子：书～|提～。又比称❹像包一样带馅的蒸熟食物或其他像包的物体：糖～儿|蒙古～|山～。又指❺肿起的疙瘩：头上长了个～。又引申指❻容含在内：无所不～|～含。又引申指❼总负责：～揽|～产|～办。又指❽保证：～你没事。又指❾约定专用的：～机|～饭。

“包”为引申义所专用，胎包之义便另造了“胞”字来表示。

〇胞，从肉（月）从包会意，包也兼表声。读 bāo，本义为❶胎衣：生与～俱出，如以～为不吉，人之有～犹木实之有扶（同“柎”，花萼）也，包裹儿身，因与俱出。引申指❷同一父母所生的：同～共气，家国所凭|～弟。又指❸同一祖国的人：台湾同～。

【组字】包，如今既可单用，也可作偏旁。现今归入勹部。凡从包取义的字皆与容含或像包的东西等义有关。

以包作声兼义符的字有：抱、苞、饱、孢、胞、泡、炮、疱、雹、鲍、龅。

以包作声符的字有：鲍、刨、庖、咆、狍、跑。

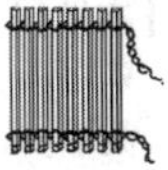

册 cè（策）

【字形】甲　金　篆

隶 册 策 草 册 策

【构造】象形字。古代文书用龟板、竹简刻写。甲骨文象编简成册之形。金文大同。篆文整齐化。隶变后楷书写作冊、册。如今规范化用册。是中国最早的书。古也借“策”表示。

【本义】《说文·册部》：“册，符命也，诸侯进受于王也。象其札一长一短，中有二编之形。”所释为引申义。本义当为书简。

【演变】册，本义为❶书简：殷先人有～有典|画～。引申特指❷皇帝的诏书：古者～书施之臣下。又引申指❸赐封：～李氏为淑妃。由诏书又指❹谋略，计策：武王蒙故业，因遗～。此义也借“策”表示。

〇策，金文从竹从朿（带刺的荆棘）会意，朿也兼表声；篆文整齐化。读 cè，本义为❶竹制的马鞭，即马箠：君车将驾，则仆执～立于马前。用作动词，指❷用鞭打：将入门，～其马|鞭～。因其从竹，又引申指❸拐杖：夸父弃其～|杖～而前。用作动词，指❹扶杖：～杖从我游。又引申指❺竹筹（古代计算用的工具）：

善数不用筹～｜龟～。进而引申指❻谋划：会诸将于城上问～｜出谋划～｜奇～。又借为“册”，指❼古代写字用的竹片或木片：简～｜～命。

【组字】册，如今既可单用，也可作偏旁。现今归入冂部。凡从册取义的字皆与书简、编排之物等义有关。

以册作义符的字有：典、侖（仑）、扁、嗣。

以册作声兼义符的字有：栅。

刍 chú （芻）

【字形】甲  金  篆 

隶 刍 芻 草 

【构造】会意字。甲骨文从又（手），从艸（草），会用手割草之意。金文大同。篆文整齐化。隶变后楷书写作芻。如今简化作刍。

【本义】《说文·艸部》：“芻，刈草也。象包束草之形。”析形是就篆文所作的解说。本义为割草。

【演变】刍，本义为❶割草：禁～牧采樵，不入田，不樵树｜～荛。用作名词，泛指❷喂牲口的草，谷类植物的茎秆：衣以文绣，食以～叔（通菽，豆）。又引申指❸吃草的牲口：民食～豢（指牛羊犬豕）。又指❹割草的人，草野浅陋之人：先民有言，询于～荛｜陛下不废～言，则端士贤者必当自效。又用作❺自谦之词：～议｜～言。

【组字】刍，如今既可单用，也可作偏旁。现今归入勹部。凡从刍（芻）取义的字皆与小草、小等义有关。

以刍（芻）作声兼义符的字有：雏、鶵。

以刍（芻）作声符的字有：诌、邹、㑇、㤘、驺、绉、皱。

鸟 niǎo；diǎo （鳥、鵰、雕、彫、琱、凋）

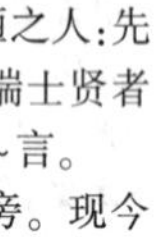

【字形】甲  金  篆 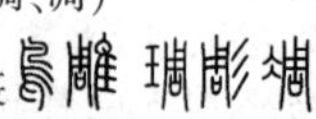

今篆  隶 鸟 鳥 雕 鵰 彫

琱 凋 草 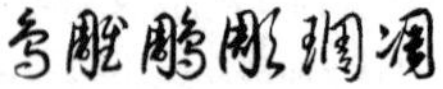

【构造】象形字。甲骨文象昂首勾喙、威严蹲踞的大型猛禽形。金文大同。篆文整齐化。今篆更近甲骨、金文。隶变后楷书写作鳥。如今简化作鸟。

【本义】《说文·鳥部》：“鳥，长尾禽总名也。象形。”解说不确，因为短尾鸟也有从鸟的，如“鹤”；而长尾者也不一定从鸟，如“雉”。本义当为雕类猛禽。是“雕”的本字。故至今仍可借作“屌”，用为骂人的话，如“鸟汉子”。

【演变】鸟，读diǎo，本义为❶雕类猛禽。又借作“屌”，指❷雄性生殖器：就是你真有这本事，又值什么～。

又读niǎo，引申泛指❸鸟类：百～朝凤｜花香～语｜～兽。

由于“鸟”作了鸟类的泛符，猛禽之义便又另加声符“周”写作“鵰”来表示。异体作雕，如今规范化用雕。

○雕，从隹周声；异体作鵰，从鳥周声，周也兼表刻割之意。读diāo，本义为❶鹫类猛禽：生得一人，果匈奴射～者也。又借为“彫”和“琱”，表示❷雕刻，彩画：厚敛以～墙｜琢～狎猎｜朽木不可～也｜～题（前额）黑齿｜～版｜～花｜～塑。古又借作“凋”，表示❸零落，衰败：民力～尽。

○彫，从彡（表雕文）从周会意，周也兼表声。读diāo，本以为❶雕刻，雕镂：朽木不可～也，粪土之墙不可圬也！引申指❷绘饰，涂饰：晋灵公不君：厚敛以～墙，从台上弹人。

○琱，从玉（表治玉）从周会意，周也兼表声。读diāo，本以为❶治玉，引申为雕刻，刻镂：汉兴，破觚而为圜，斫～而为朴。引申指❷用彩绘装饰：墙涂而不～。

○凋，从冫从周会意，周也兼表声。读diāo，本以为❶植物枯败脱落：渭阙宫城秦树～，玉楼独上无聊。引申指❷使草木凋谢零落：寒温渥盛，～物伤人。又泛指❸人或事物受到损伤或衰败困穷：单治里而外～兮，张修襮而内逼。

【组字】鸟，如今既可单用，也可作偏旁。现今仍设鸟部。凡从鸟取义的字皆与鸟类等义有关。

以鸟（鳥）作义符的字有：凫、鸠、鸡、鸢、鸣、鸤、枭、鸥、鸦、鸧、鸨、鸩、鸪、鸫、鸬、鸭、鸮、鸰、鸱、鸲、鸵、莺、鸯、鸳、鸴、鸶、鹂、鸹、鸺、鸰、鸲、鸽、鸿、鸷、鸾、鸸、鹁、鹂、鹃、鹄、鹅、鸹、鹇、鹈、鹉、鹊、鹋、雏、鹌、鸥、鹎、鹏、鸧、鹑、鹕、鹓、鹛、凰(凤)、鹏、鹗、鹗、鹘、鹚、鹛、鹭、鹜、鹝、鹞、鹟、鹠、鹡、鹢、鹣、鹤、鹦、鹧、鹨、鹩、鹪、鹫、鹬、鹭、鹳、鹲、鹯、鹰、鹱、鹳、鹴(雕)。
以鸟作声符的字有:茑、鸾、袅。

印 yìn
(归、抑、摁)

【字形】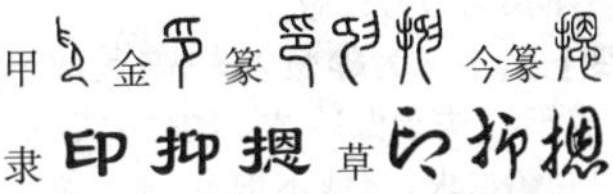

【构造】会意字。甲骨文上从爪(覆手),下从卩(跪人),会用手按一人使跪下之意。是"抑""摁"的本字。金文爪移上,更像。篆文整齐化。隶变后楷书写作印。

【本义】《说文·印部》:"印,执政所持信也。从爪,从卩。"所释为引申义。本义当为按压。

【演变】印,本义为❶按压:高者~之,下者举之｜洗后将新纸~去水气,令速干为善。玺章使用时需要按压,故引申指❷玺印,印章:佩六国相~｜盖~。用作动词,指❸留下痕迹:要把爱国两字~心胸。又指❹留下的痕迹:是谁留屐~,幽处久盘桓?｜脚~。又引申指❺印刷:若~数十百木,则极为神速。图章印出的痕迹与图章的文字符合,故又引申指❻相合,验:只要心相~,肉可均,身堪殉｜悉以图经~证之。

"印"后为引申义所专用,按压之义便用反印"归"(yì)来表示;或以印为基础另加义符"扌"写作"抑"(右旁是"印"的讹变)来表示。

○抑,从扌从印会意,印也兼表声。俗讹为抑。读 yì,本义为❶按压。引申指❷压制,控制:归心动荡不可~｜~强扶弱｜~制。又用作连词,表示❸选择:曩而言戏乎?~有所闻之乎?又表示❹轻转:吾不忘也,~未有以致罪焉。按压之义今口语用形声字"摁"来表示。

○摁,从扌恩声,恩从因(卧席)取义,也当兼表意。读 èn。本义为按压:~电铃｜~手印。

【组字】印,如今既可单用,也可作偏旁。现今归入卩部。凡从印取义的字皆与按压等义有关。
以印作义符的字有:归。
以印作声兼义符的字有:抑。
以印作声符的字有:鲫。

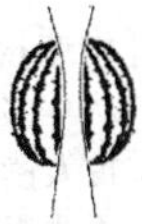

卯 mǎo
(戼、劉、刘、剖、铆、鉚)

【字形】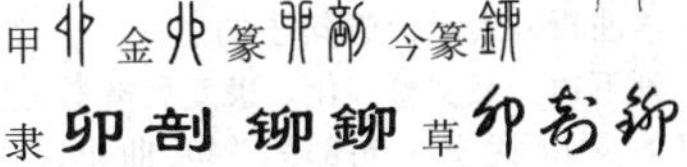

【构造】象形字。甲骨文象将一物中分之形。金文大同。篆文稍讹。隶变后楷书写作卯。作偏旁时有的写作戼。

【本义】《说文·卯部》:"卯,冒也。二月万物冒地而出,象开门之形。"这是就篆文所作的解说。本义当为剖分。是"剖"的本字。

【演变】卯,本义为剖分,引申泛指❶杀:~一牛。又指❷木器上凿出的榫眼:~眼。借为❸地支的第四位,与天干配合用以纪年月日时:子午~酉｜~时(早五点至七点)。又指❹十二生肖中的兔:寅虎~兔。古代例定在卯时开始办公,遂用于❺进行点名报到活动:点~。

"卯"为借义所专用,剖分之义便另造了形声字"剖"。杀之义便另加义符"金""刀"造了"劉"来表示,如今简作"刘"。榫眼则另借"鉚"来表示,如今简化作铆。

○剖,从刀咅声,咅为断然拒绝,也当兼表切分之意。读 pōu,本义为❶破开:~之以为瓢,则瓠落(大的样子)无所容｜解~｜~腹。引申指❷分析辨明:通人暗于好恶兮,岂昏惑而能~?｜~析｜~断｜~明。

○铆,从金卯声,卯也兼表把分开的东西连起来之意。读 liǔ,本义为❶精美的金属。

又读 mǎo,指❷用钉子把金属构件连在一起:~定｜~接。"刘"另见。

【组字】卯,如今既可单用,也可作偏旁。现今归入卩部。凡从卯取义的字皆与剖分等义有关。
以卯(戼)作声兼义符的字有:铆、留、劉(刘)。
以卯(戼)作声符的字有:茆、峁、泖、柳、昴、贸。

句 jù;gōu;gòu
(勾、鉤、钩)

【字形】甲　金　篆

隶 句 草

【构造】会意兼形声字。甲骨文从口(表语声),从丩(勾曲),会言语曲折之意,丩也兼表声。古人读书,辄于语句停顿处钩以止之,故用言语曲折来表示停顿句子的意思。金文将口移到下边。篆文整齐化。隶变后楷书写作句。

【本义】《说文 · 句部》:"句,曲也。从口,丩声。"本义为语句勾曲。

【演变】句,读 gōu,由本义语调曲折,引申泛指❶勾曲,弯曲:~兵欲无弹(摇动),刺兵欲无蜎(桡曲)|钩云~曲。用作名词,又指❷初生草木弯曲的幼芽:(季春之月)~者毕出,萌者尽达。又指❸钩子:若夫规矩~绳,巧之具也。由勾曲引申用作动词,又指❹勾连,牵挂:其两旁各有三星,鼎足~之|未能抛却杭州去,一半~留是此湖。又指❺拘捕:~魂。用作数学名词,古指❻不等腰直角三角形直角边的短边:~股之法,先知二数。又用作助词,作词头,无义,用于❼古国名、地名或人名:自号~吴|高~丽|~容|~余|~践。

又读 jù,由言语勾曲,引申专指❽语句:因字而生~,因~而成章,积章而成篇|鲁叟谈五经,白首死章~|~读。用作量词,指❾言语的计量:我就说一~话。

又读 gòu,动词,通"彀",指❿张弓:敦弓既~,既挟四鍭。用作"句当",动词,指⓫办理:事无大小,士彦一委仲举,推寻~当,丝发无遗。作名词,指⓬事情(今多指坏事),官名:罪恶~当|特置监~当。

为了分化字义,后来"语句"等义则变读为 jù,仍用"句"来表示。"句曲""句(后另加义符"金"写作"鉤")子"各义仍读 gōu,而字形皆变为"勾(钩)";"句当"之义变读为 gòu,字形也变为"勾",以相区别。参见勾(钩)。

【组字】句,如今既可单用,也可作偏旁。现今归入口部。凡从句取义的字皆与勾曲等义有关。

以句作声兼义符的字有:佝、拘、狗、驹、枸、笱、鉤。

以句作声符的字有:劬、苟、岣、泃、朐、鸲、够、軥、齣。

务 wù
(務)

【字形】古　篆　隶 务 務 草

【构造】形声兼会意字。古文从力,从敄(勉力),会勉力去做之意,敄也兼表声。篆文整齐化。隶变后楷书写作務。如今简化作务。

【本义】《说文 · 力部》:"務,趣也。从力,敄声。"本义为勉力去做。

【演变】务,本义为❶勉力去做:是故事者生于虑,成于~,失于傲|~农|~虚|~实|不~正业。引申指❷追求:糟糠不饱者,不~粱肉。由争取做到,又引申指❸必须,一定:~使以时益种五谷|除恶~尽|~请光临|~必。用作名词,指❹所从事、致力的事情:戎略殷凑,机~繁多|耕,农之本~|要~|公~|不急之~|任~|职~。

【组字】务,如今既可单用,也可作偏旁。现今仍归入力部。凡从务取义的字皆与勉力而为等义有关。

以务作声符的字有:雾。

氏 dǐ;dī
(氐、柢、抵、牴、觝、低)

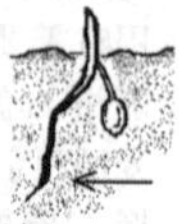

【字形】金　篆　今篆

隶 氐 柢 抵 牴 觝 低

草

【构造】指事字。氐与氏本是一个字,在甲骨文里象种子萌芽长根形。由于"氏"引申为姓氏专用字,根柢之义,金文便于其根处加一横指明根扎到这里,遂成"氐"字。篆文整齐化。隶变后楷书写作氐。

【本义】《说文 · 氐部》:"氐,至也。从氏下箸一。一,地也。"所释为引申义。本义当为根柢。

【演变】氐,读 dǐ,本义为❶根柢:尹氏大师,维周之~。此义后作"柢"。由根下扎地里,引申指❷至:~者,言万物皆至也。此义后作"抵"。

又读 dī,根下扎则低,故引申指❸低下:封君皆~首仰给焉。此义后作"低"。又用作❹少数民族名:自彼~羌,莫敢不来享,莫敢不来王。又借为❺星宿名,指东方苍龙七宿的第三宿,亦称天根:韩地,角、亢、~之分野也。

○柢,从木从氐会意,氐也兼表声。读 dǐ,本义指树的主根:是谓深根固~,长生久视之道。

○抵,从扌从氐会意,氐也兼表声。读 dǐ,本义指❶推,挤:喜非毁俗儒,由是多见排~。推挤则两相当,故引申指❷抵偿,顶替:杀人者死,伤人及盗~罪|家书~万金|房产~五千两。由推挤又引申指❸拒挡:~御|~抗|~制|~挡。又指❹相冲突:~触|~牾。又用作“牴”“觝”,特指❺以角相顶触:犀兕之~触|这牛~人。又表示❻至,到达:遂从井陉~九原|持童~主人所|平安~京|~达。

○牴,从牛从氐会意,氐也兼表声。异体作觝,从角从氐会意,氐也兼表声。读 dǐ,本义指❶触,用角顶:二青牦喜欢开玩笑,爱~人|~触。又指❷石兽名。

○低,从人从氐会意,氐也兼表声。读 dī,本义指❶头向下垂:~头。引申泛指❷向下,下垂:奋袖~昂,顿足起舞|风吹草~见牛羊。又指❸到地面的距离小:~空飞行|姐姐比弟弟~一头。又指❹在一般标准或程度下:~声|~水平|能力~。

【组字】氐,如今既可单用,也可作偏旁。现今归入氏部。凡从氐取义的字皆与根、至、低等义有关。

以氐作义符的字有:䟡。

以氐作声兼义符的字有:低、诋、邸、底、抵、柢、砥、牴、羝、觝、骶。

以氐作声符的字有:坻、鸱。

㕣 yǎn
(沿、沇、兖、兗)

【字形】甲  金  古  篆 

隶 

草 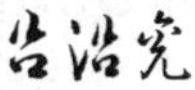

【构造】象形兼会意字。甲骨文从谷省,象泉水顺山沟流出形。古文从谷从𣦵(穿挖,表洼地)省,会水顺山沟流出在洼处形成的泥沼地之意。篆文承接甲骨文并整齐化。隶变后楷书写作㕣。

【本义】《说文·口部》:“㕣,山间陷泥地。从口,从水败貌。”本义为山间泥沼地。

【演变】㕣,本义为❶山间泥沼地。引申指❷顺着。古沛水上流地区沼泽一片,故以“㕣”命名这一地区,遂成为❸州名,即今之兖州。

由于“㕣”作了偏旁,顺着之义便另加义符“氵”写作“沿”来表示。州名则另造了从水允声的“沇”来表示,如今规范化作兖。

○沿,上列古文二形即沿,篆文二形承之并整齐化,皆从水从㕣会意,㕣也兼表声。读 yán,本义为❶顺着水流方向而行:~于江海。引申指❷因袭:五帝殊时,不相~乐;三王异世,不相袭礼。又特指❸顺着衣物的边镶上饰物:衣襟~个边。用作名词,指❹边缘:河~儿|帽~儿。

○沇,金文从水从允,会大水之意,允也兼表声,篆文三形承之并整齐化。隶变后楷书写作沇。异体合金文与古文沿作㳄。后省作兖,俗作兗,字的上边是㕣(泉水顺山沟流出形)的变体。如今规范化,以兖为正体。读 yǎn,本义指沇水,用为州名,指古九州之一的“兖州”。

【组字】㕣,如今不单用,只作偏旁。现今仍归入口部。凡从㕣取义的字皆与水流等义有关。

以㕣作声兼义符的字有:沿、兖、船。

以㕣作声符的字有:铅。

犯 fàn

【字形】古  篆  隶  草 

【构造】会意兼形声字。古文从犬从卩(跪坐之人),会犬突袭人之意。篆文讹为从犬,㔾声。隶变后楷书写作犯。

【本义】《说文·犬部》:“犯,侵也。从犬,㔾声。”本义为侵犯。

【演变】犯,本义为❶侵犯,触犯,违犯:儒以文乱法,侠以武~禁|作奸~科|冒~|~法|~规。引申指❷侵害,危害:(大川)溃而所~必大矣|秋毫无~|敌人~境。用作名词,指❸犯法而应受到惩罚的人:该~如此狂悖不法|罪~|死囚~。近代又引申指❹触发,发生(不好的

事)：~病|~疑|~错误。

【组字】犯，如今可单用，也可作偏旁。现今仍归入犬部。凡从犯取义的字皆与侵犯等义有关。

以犯作声兼义符的字有：氾。

主 zhǔ

(炷、燭、烛)

【字形】

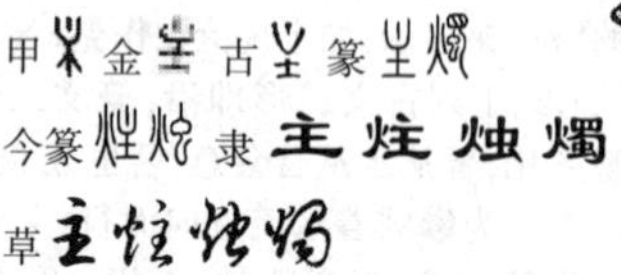

【构造】象形兼形声字。甲骨文上从丶下从木，象原始的火把形。金文、古文和篆文改为上从丶(象灯焰)，下象灯碗灯座，丶也兼表声。隶变后楷书写作主。

【本义】《说文·丶部》："主，灯中火主也。从𡈼，象形；从丶，丶亦声。"本义为灯头火焰。

【演变】主，本义为❶灯头火焰。灯头火焰是灯的中心主体，故引申指❷最主要、最基本的，起决定作用的：言行，君子之枢机；枢机之发，荣辱之~也|~流|~导|~角|~力|~次。又引申指❸君主，首领：凡人~必审分|兵无~，则不蚤知敌。又指❹主人：盗憎~人，民恶其上|为其~入山烧炭|宾~|~仆。又指❺财物、权力的所有者：得所掠物，悉还其~|~权。由主体又引申指❻当事人：茂陵火灾，~名未立|事~|顾~|失~。主体是确定不移的，故又引申指❼对事物所持的见解、主张：是以不~宽惠，亦不~猛毅，~德义而已|心中无~。见解是由主体发出的，又引申指❽主观：~观主义|~意|~动。用作动词，表示❾负主要责任，主持，掌管：使之~祭，而百神享之，是天受之；使之~事，而事治，百姓安之，是民受之也|~编|~讲|~办。又用为❿教徒对上帝或真主的称呼。

"主"为引申义所专用，灯头火焰之义便另加义符"火"写作"炷"来表示。

○炷，从火从主会意，主也兼表声。读zhù，本义为❶灯头火焰：带缓罗衣，香残蕙~，天长不禁迢迢路。用作动词，表示❷烧：先诣福宁殿龙墀及圣堂~香。又用作❸量词：点燃一~香。"炷"为引申义所专用，后来灯头火焰之义又用"燭"字来表示。

○烛，繁体作燭，从火，蜀声，蜀也兼表灯头似蜀之意，如今简作烛，蜀省作虫。读zhú，本义为❶火炬：~不见跋(把处)。引申泛指❷灯烛：我无以买~，而子之~光幸有余，子可分我余光|洞房花~|~花|~台。用作动词，指❸照亮：水静则明~须眉|火光~天。又引申指❹洞悉，明察：智术之士必远见而明察，不明察不能~私。用作名词，指❺烛花：何当共剪西窗~，却话巴山夜雨时。

【组字】主，如今既可单用，也可作偏旁。现今仍归入丶部。凡从主取义的字皆与中心主体、停止等义有关。

以主作声兼义符的字有：拄、注、驻、炷、柱。

以主作声符的字有：住、疰、蛀。

市 shì

【字形】

【构造】会意兼形声字。甲骨文从冂(表示划定的范围)，从之(表示前往)，会前往市场之意，之也兼表声。金文下边另加"兮"声，也兼表示吆喝买卖之意。篆文稍讹并整齐化。隶变后楷书写作市。注意：市与巿(fú)不同。

【本义】《说文·冂部》："市，买卖所之也。市有垣，从冂，从乛。乛，古文及，象物相及也。之省声。"析形是就篆文所作的解说。本义为前往集市上去做买卖。

【演变】市，本义为❶到集市上去做买卖：昨日入城~，归来泪满巾。引申泛指❷交易：赵亦不杀田角、田间以~于齐。又专指❸买：沽酒，~脯，不食|千金~骏马|~恩。也专指❹卖：诏~二价者以枉法论。又引申指❺价格：随行就~。用作名词，指❻做买卖的地方：至之~，而忘操之|菜~|开~。又引申指❼城镇：城~|都~。由交易，又用作❽属于我国度量衡市用制的单位：~尺|~斤。又用作❾行政区划：北京~|唐山~。

【组字】市，如今既可单用，也可作偏旁。现今归入巾部。凡从市取义的字皆与集市等义有关。

以市作义符的字有：闹。

以市作声符的字有：柿、铈。

玄 xuán

【字形】甲 金 篆 隶 玄

草

【构造】会意字。玄与滋、兹、丝同源，甲骨文都是在河里漂洗染丝形，表示染黑。金文省去河水，只留下一把丝，或在丝上加点，表示悬挂晾晒。篆文上边讹为“入”。隶变后楷书写作玄。参见兹。

【本义】《说文·玄部》：“玄，幽远也。黑而有赤色者为玄。象幽而入覆之也。”析形是就篆文所作的解说。本义为染黑。

【演变】玄，由本义染黑，又通“泫”（xuàn），引申泛指❶黑色，黑暗：遗思在～夜｜披一件～色布衫。由青黑，又引申指❷高远的天青色：夫～黄者，天地之杂也，天～而地黄。用作名词，则指❸高远的苍天：惟汉十世，将郊（郊祭）上～。由高远又引申指❹（时间或空间）幽远，深远：故曰～古之君，天下无为也｜阴池幽流，～泉洌清。黑暗不易辨认，故又引申指❺深奥不易理解：～之又～，众妙之门。又指❻精深的道理：提要者必钩其～。高远则空虚不实，故又引申指❼虚浮不实：圣人观其～虚，用其周行，强字之曰道。由空虚不实，方言又引申指❽危险：这事还真有点～。

【组字】玄，如今既可单用，也可作偏旁。现今归入亠部。凡从玄取义的字皆与细丝、黑色等义有关。

以玄作义符的字有：兹、率、旅。

以玄作声兼义符的字有：弦（絃）。

以玄作声符的字有：泫、炫、眩、铉、痃、舷。

疒 chuáng（或 nè；俗读 bìng）（病）

【字形】甲 金 篆 隶 疒 病

草

【构造】会意字。甲骨文从人，从爿（床，是竖起的形象），会人得了重病躺在床上之意，小点象征病症出虚汗；爿也兼表声。金文偏旁进一步简讹并整齐化。篆文将人身与床叠合在一起，头化为横。隶变后楷书写作疒。是“病”的本字。

【本义】《说文·疒部》：“疒，倚也。人有疾病，象倚着之形。”本义为重病。小病称疾。

【演变】疒，本义为重病。由于“疒”作了偏旁，便又另加声符“丙”写作“病”。

〇病，从疒丙声，丙为锄，用不能锄地，会得了重病之意，类所谓采薪之忧。读 bìng，本义为❶疾加，即病重：子疾～，子路使门人为臣（给人治丧的人）｜～入膏肓。后泛指❷疾病：老母鞍马劳倦，昨夜心痛～发｜生～。用作动词，指❸患病：军人有～疽者，吴起跪而自吮其脓｜～了半年。由疾病又引申指❹弊端，缺点，错误：学而不能行谓之～｜弊～｜语～｜毛～。又指❺疾苦，贫困：惟歌生民～，愿得天子知｜向吾不为斯役，则久已～矣。又指❻疲惫：今日～矣，予助苗长矣。用作意动，表示❼忧虑，担心：君子～无能焉，不～人之不己知也。

【组字】疒，如今不单用，只作偏旁。现今仍设疒部。凡从疒取义的字皆与疾病等义有关。

以疒作义符的字有：疔、疖、疗、疟、疠、疝、疙、疚、疡、疣、疬、疥、疮、疯、疫、疤、症、痄、疴、病、疸、疽、疾、痄、疹、痈、疼、疱、疰、痃、疿、疲、痉、痔、痍、疵、痊、痒、痕、痣、痨、痘、痦、痞、痢、痤、痪、痫、痧、痛、瘃、痱、痹、痼、痴、瘘、瘐、瘁、瘀、瘅、瘀、瘩、瘌、瘟、瘦、瘥、瘘、瘕、瘼、瘗、瘪、瘢、瘤、瘫、瘙、瘥、瘛、瘠、瘰、瘿、瘵、瘴、癃、瘾、癞、瘳、癍、癌、癫、癔、癜、癖、癣、癫。

立 lì；wèi（位）

【字形】甲 金 篆 隶 立 草

【构造】象形兼指事字。甲骨文从大，象正面人形，从一，表示地，用以指明一人站在地上不动之意。既表示站立，也表示站立的地方。金文大同。篆文整齐化。隶变后楷书写作立。

【本义】《说文·立部》：“立，住也。从大，立一之上。”本义为站立不动。

【演变】立，读 lì，本义为❶站立不动：一人冕，执

刘(兵器),~于东堂|~必方正,不倾听|坐~不安。引申泛指❷竖起:犹~枉(弯曲)木而求其景(影)之直也|~竿见影。用于抽象意义,又指❸建立,建树:以设制度,以~田里|吾十有五而志于学,三十而~|~功|~法|~案|~德|~论|~宪|~志。由立着不动又引申指❹存在:韩亡则荆、魏不能独~|势不两~|自~。又特指❺帝王或诸侯即位:子婴~。用作副词,表示❻时间不长,立刻:故其亡也可~而待|语未及卒,公子~变色|~即。

又读 wèi,表示❼站立的地方:知柳下惠之贤而不与~也。为分化字义,此义后另加义符"亻"写作"位"来表示。参见位。

【组字】立,如今既可单用,也可作偏旁。现今仍设立部。凡从立取义的字皆与站立不动等义有关。

以立作义符的字有:位、竌、竐、竖、竘、站、竚、竛、竝、竢、竣、竦、竨、竫、竫、竬、竭、竮、端、竱、竲、竳、竴、竵。

以立作声兼义符的字有:拉。

以立作声符的字有:垃、泣、昱、飒、砬、粒、笠、翌、翊。

半 pàn;bàn (胖、判)

【字形】金 篆 隶 半 判 胖

草

【构造】会意字。金文从八(表示剖分),从牛,会中分牛体之意。篆文整齐化。隶变后楷书写作半。

【本义】《说文·半部》:"半,物中分也。从八,从牛。牛为物大,可以分也。"本义为将牛体中分。是"判"的本字。

【演变】半,读 pàn,本义为❶将牛体中分。又指❷中分后的半牲体。牛为大物,一半也不小,故引申指❸一大片:令军士人持二升糒,一~冰。

又读 bàn,由中分泛指❹物之二分之一:行百里者~九十。又指❺(事物)中间:深更~夜|~山腰。又指❻不完全:~透明|~新~旧。又比喻❼少:~点不懂。

"半"为引申义所专用,一大片之义便另加义符"月(肉)"写作"胖"来表示。中分之义则另加义符"刀"写作"判"来表示。

○胖,从月(肉)从半会意,半也兼表声。读 pàn,本义为❶祭祀用的半体牲:司马升羊右~。又泛指❷大:~大小子。

又 pán,形容❸安泰舒适:富润屋,德润身,心广体~,故君子必诚其意。

又读 pàng,元明时代替"肥",转指❹肥胖:逐宵上草料数十番,喂饲得膘息~肥|~闺女。

○判,从刀从半会意,半也兼表声。读 pàn,本义为❶分开:若七德离~,民乃携(离)贰。引申指❷区分,分辨:~天地之美,析万物之理|~明|~别。又引申指❸区分明显:是非~然|~若鸿沟。又指❹判断,评定:其事已~,岂容复疑|~考卷。又特指❺判案定罪:南山或可改移,此~终无动摇|~罪|~案。古又指❻高官兼任低职:以吏部尚书刘晏~度支(掌全国财赋)。

【组字】半,如今既可单用,也可作偏旁。现今归入丶部。凡从半取义的字皆与中分、大片等义有关。

以半作声兼义符的字有:伴、判、泮、柈、胖、叛、畔。

以半作声符的字有:绊、拌、靽、袢。

兰 lán (蘭)

【字形】篆 隶 兰 蘭 草

【构造】会意兼形声字。篆文从艹从闌(栅栏),会栅栏里种有香草之意,闌也兼表声。隶变后楷书写作蘭。如今简化作兰。

【本义】《说文·艸部》:"蘭,香艸(草)也。从艸,闌声。"本义为兰草。

【演变】兰,本义为❶兰草,多用作美好的象征:同心之言,其臭如~|余既滋~(喻培养人才)之九畹兮,又树蕙之百亩|譬如芝~玉树,欲使其生于庭阶耳。又指❷兰花:一干一花为~,一干数花为蕙。又指❸木兰:桂棹兮~枻(桨),斫冰兮积雪。

【组字】兰,如今既可单用,也可作偏旁。现今蘭仍归入艹部,兰则归入八部。凡从兰(蘭)

取义的字皆与草木等义有关。
以兰(蘭)作声符的字有:拦、栏、烂。

羊 rěn

【字形】篆　隶 羊　草

【构造】会意字。篆文从干插入“二”(象征厚物、多物)会意。隶变后楷书写作羊。

【本义】《说文·干部》:“羊,撖(刺)也。从干,入一为干,入二为羊。言稍甚也。”本义为刺入。

【演变】羊,本义指刺入。

【组字】羊,如今不单用,只作偏旁。现今仍归入干部。凡从羊取义的字皆与刺义有关。
以羊作声符的字有:絆(“板”的俗字)。
注意:《说文·宋部》:“南,艸木至南方有枝任也。从宋,羊声。”解说是就篆文所作的附会。其实“南”为象形字,本义为敲击的乐器。并非“从宋,羊声”。参见“南”。

冯 píng;féng
(馮、凴、凭、凭)

【字形】金　篆　今篆　隶 冯 馮 凭 凴 憑　草

【构造】会意兼形声字。金文从馬从冫(冰),会马借助冰疾行过河之意,冫也兼表声。篆文整齐化。隶变后楷书写作馮。如今简化作冯。

【本义】《说文·马部》:“馮,马行疾也。从馬,冫声。”本义为马跑得快。

【演变】冯,读 píng,本义为❶马跑得快。引申指❷盛,大:今君奋焉,雷电~怒。又引申指❸登,乘:~昆仑以瞰雾兮|浩浩乎如~虚御风,而不知其所止。又引申指❹徒步涉水:不敢暴(徒手搏击)虎,不敢~河。又引申指❺欺凌:小人伐其技以~君子。又借作“凭”,表示❻倚靠:请与君之士戏,君~轼而观之,得臣(人名)与寓目焉。

又读 féng,用作❼姓。

为了分化字义,便专用“冯”作姓,依靠之义则用“凭”来表示,盛大之义则用“憑”来表示,如今简化也用“凭”来表示。

○憑,从心从馮,会愤懑盛怒之意,馮也兼表声。读 píng,本义指❶心满,烦闷,愤懑:依前圣以节中兮,喟~心而历兹|心犹~而未摅(抒发)。又泛指❷盛,大:帝~怒,侵减龙伯之国使阨|~怒雷震。又指❸完全,全然:众皆竞进以贪婪兮,~不厌乎求索。又借用以表示❹依凭:~玉几|~栏处,潇潇雨歇。如今以上含义皆简化用“凭”来表示。

○凭,异体作凴,从几,馮声。如今规范化用“凭”,从几从任,会依几之意。如今又作了“憑”的简化字。读 píng,本义指❶身体靠在物体上:上皇正在望仙楼,太真同~栏干立。引申泛指❷依靠:今日听君歌一曲,暂~杯酒长精神|~借|~仗。用作名词,指❸依靠的凭据:有~有据|~证。由依靠又引申指❹依从,听凭:任~你处置。

【组字】冯,如今既可单用,也可作偏旁。现今仍归入马部。凡从冯取义的字皆与踏、登等义有关。
以冯作声兼义符的字有:凴、憑。
以冯作声符的字有:溤。

汁 zhī

【字形】篆　隶 汁　草

【构造】形声兼会意字。篆文从水,十声,十也兼表多种之意。隶变后楷书写作汁。

【本义】《说文·水部》:“汁,液也。从水,十声。”本义为含有某些物质的液体。

【演变】汁,本义指含有某些物质的液体:屠酤之~肥流水|牛肉~|橘~|胆~|墨~|~液|乳~。

【组字】汁,如今可单用,也可作偏旁。现今仍归入水部。凡从汁取义的字皆与液体等义有关。
以汁作声符的字有:庍。

汇 huì
(彙、匯、猬、蝟)

【字形】古　篆　今篆
隶 汇 匯 彙 猬 蝟

草 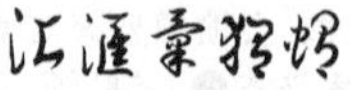

【构造】会意兼形声字。汇是由彙与匯两个字简化来的。彙，古文从鼠，胃声。篆文从彑（豪猪）从胃省，表示一种形似豪猪的善吃野兽，胃也兼表声，本义为刺猬。匯，古文和篆文皆从匚，淮声，本义为柜类器物。隶变后楷书分别写作彙与匯。如今都简化作汇。

【本义】《说文·彑部》："彙，虫似豪猪者。从彑，胃省声。蝟，或从虫。"本义为刺猬。又《匚部》："匯，器也。从匚，淮声。"本义为柜类器物。

【演变】汇，作为彙的简化字，本义为❶刺猬：乐马之山有兽焉，其状如～。刺猬之毛丛聚，故引申指❷聚合：乾元殿博～群书至六万卷｜～集。又引申指❸聚合在一起的东西：词～。聚物多按类别，故又指❹类别：举～而求，昭然可鉴矣。"彙"为引申义所专用，刺猬之义便用"蝟"或"猬"来表示。

作为匯的简化字，本义为盛东西的柜类器物，引申指❺河流汇合在一起：东～泽为彭蠡。近代又指❻把款项由甲地划付到乙地：～款。

○猬，从犬胃声，胃也兼表形似胃之意。异体作蝟，改为从虫。如今规范化用猬。读wèi，本义指刺猬：鬓为反～皮，眉如紫石棱｜汉时长安雪一丈，牛马毛寒缩如～｜～（像猬毛似的）起。

【组字】汇，如今既可单用，也可作偏旁。现今归入水部。凡从汇取义的字皆与聚合等义有关。以汇作声兼义符的字有：扻（擓）。

汉 hàn （漢）

【字形】金  古 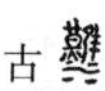 篆  今篆 

隶 汉 漢 草 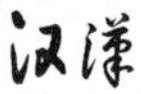

【构造】形声兼会意字。金文从水，莫声，莫从火取义，象征南方，故用以表示南流之水之意。古文改为从難，成上下结构。篆文承接金文并整齐化。隶变后楷书写作漢。如今简化作汉。

【本义】《说文·水部》："漢，漾也，东为沧浪水。从水，難省声。"本义为水名，即汉水。

【演变】汉，本义指❶汉水：决汝～，排淮泗，而注之江｜～口｜～中。又借指❷银河：星～灿烂，若出其里｜河～清且浅。刘邦曾封于陕南汉中，建国后称为❸汉朝：秦～｜乃不知有～，无论魏晋。古代北方少数民族称汉族男子为汉子，后遂用以称❹一般男子：今人谓贱丈夫曰～子，盖始于五胡乱华时｜那～子口里唱着，走上冈子来。又引申指❺丈夫：问你家～子去。由汉朝又特指❻汉族。

氾 fàn （泛、汎）

【字形】篆  隶 氾 汎 泛

草 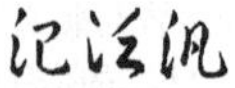

【构造】形声兼会意字。如今"泛"有三个来源：一个是篆文一形，从水，㔾声，㔾（花将开放）也兼表大水将发之意。隶变后楷书写作氾。另一个是篆文二形，从水，凡声，凡也兼表如盘漂浮之意。隶变后楷书写作汎。还有一个是篆文三形，从水，乏声，乏为"正"之反，用水反常，会泛滥之意。隶变后楷书写作泛。如今规范化，都用"泛"来表示。

【本义】《说文·水部》："氾，滥也。从水，㔾声。"本义为大水漫流、淹没。又："汎，浮皃。从水，凡声。"本义为在水上漂荡、浮动。又："泛，浮也。从水，乏声。"本义为在水上漂行。

【演变】氾，本义为❶泛滥，大水漫流：当尧之时，水逆行，～滥于中国。引申指❷漂浮，摇动不定，普遍，地势低下，污秽等含义。

○汎，从水凡声，凡也兼表似盘漂动之意。本义为❶（气体）在水上漂荡、浮动、弥漫：光风转蕙，～崇兰些｜凝烟～城阙｜露浓香～小庭花。又指❷船运，运输：又令置买～米以给将军士。

如今"氾"与"汎"两个字的意思都用"泛"来表示。

○泛，从水乏声，乏也兼表无力游动之意。本义为❶漂浮、浮游，特指乘船浮行：～彼柏舟，亦～其流｜～楼船兮济汾河。又指❷泛滥：河水盛溢，～浸瓠子。由到处漂浮，又引申指❸普遍，广泛：墨子～爱兼利而非斗，其道不怒。又引申指❹一般地：～览周王传，流观山

海图。由漂浮，又引申指❺浮浅，空泛：昔陆氏《文赋》，号为曲尽，然～论纤悉，而实体未该（赅备）。由漂浮，又引申指❻浮出，透出：月涵虚白浮秋去，水～空青入座来｜吓得香楼（人名）魂不附体，登时脸色～青。

【组字】氾，如今不单用，只作偏旁。现今仍归入水部。凡从氾取义的字皆与浮泛等义有关。

以氾作声符的字有：范、砉。

宂 rǒng

（宂、冗）

【字形】甲　篆　今篆

隶 冗宂 草

【构造】会意字。甲骨文从宀（房屋）从人，用人在屋下会闲散之意。篆文改为从儿，也是人。隶变后楷书写作宂。俗讹作宂，省作冗。如今规范化用冗。宂只作偏旁。

【本义】《说文·宀部》："宂，散也。从宀，人在屋下，无田事。"本义为闲散。

【演变】冗，本义为❶闲散：故～官居其中｜三年博士，～不见治。引申指❷多余：要辞达而理举，故无取乎～长。又指❸繁杂，烦琐的：删其纷～｜～杂。又指❹繁忙：善操兵者，必使其气性活泼，或逸而～之，或劳而息之。

【组字】冗，如今既可单用，也可作偏旁。作偏旁时用宂。冗现今归入冖部，宂则归入宀部。凡从宂取义的字皆与闲散等义有关。

以宂作声兼义符的字有：狖。

宁 níng；nìng

（寧、甯）

【字形】甲　金　篆

隶 宁寧甯 草

【构造】会意字。甲骨文从宀，从皿，从丂（搁板），会房中存放有食物之意。金文另加义符心，突出人心之所愿，表示生活富足，心满意足，自然是安居乐业了，当是"寍"的加旁字，强调安宁。篆文整齐化。隶变后楷书写作寧。如今简化借"贮"的本字"宁"（甲金篆二形）来表示。现今又作了"甯"的部分含义的简化字。参见宀。

【本义】《说文·丂部》："寧，愿词也。从丂，寍声。"所释为引申义。本义当为安宁。

【演变】宁，读 níng，本义指❶安宁，安静：野无遗贤，万邦咸～｜身欲～，去声色。用作动词，表示❷问安：归～父母。

又读 nìng，有吃有住，人之所愿，故又引申为❸宁愿。此义曾另造了"甯"字来表示。如今规范化，仍用"宁"。用作连词，表示❹主观上有所选择：与其害于民，～我独死｜礼，与其奢也，～俭｜～缺勿滥｜～死不屈。用作副词，表反问，相当于❺岂，难道：王侯将相～有种乎？用作❻语气助词，无义：使君谢罗敷，～可共载不？用作指代词，相当于❼如此：何物老妪，生～馨儿｜天公～许巧，剪水作花飞。

○甯，从用从寧（所愿）省会意，寧也兼表声。本义为❶所愿。用作副词，表主观选择或意愿，相当于❷宁愿，宁可。如今用作❸姓。

【组字】宁，如今既可单用，也可作偏旁。现今归入宀部。凡从宁取义的字皆与安宁、甘愿等义有关。

以宁作声兼义符的字有：甯。

以宁作声符的字有：拧、狞、泞、咛、柠、聍。

它 tā；tuō；shé

（㐌、蛇、虵、佗、他、拕、拖）

【字形】甲　金　篆　今篆

隶 它他佗拕拖蛇虵

草

【构造】象形字。甲骨文象一条三角头之蛇形，二形线条化。金文承接甲骨文一形，犹存蛇之形象。篆文承接金文稍讹并整齐化。隶变后楷书写作它。作偏旁时有的写作㐌或也。是"蛇"的本字。

【本义】《说文·它部》："它，虫（蛇）也。从虫而长，象冤屈垂尾形。上古草居患它，故相问无它乎。蛇，它或从虫。"本义为蛇。

【演变】它，作为"蛇"的古字，读 shé，本义指❶蛇：四～卫之｜杼山上有避～城。

又读 tā（旧读 tuō），后借为代词，表示旁指，相当于❷别的，另外的：～山之石，可以为错（可磨制玉器的石头）。后又用作称代

词,可指❸人或物:若冯异乃是战时有功,到后来事定,诸将皆论功,~却不自言也|最难着须是轻轻地挨傍~揣摸~,意思方得|事实是毫无情面的东西,~能将空言打得粉碎。

近代受西方语言影响,逐步进行了分工,"它"专用来指称事物,借用"他"专以称人。

〇他,是"佗"的异体字。佗,从亻,它声。由于"也"亦为蛇义,俗遂写作"他"来表示。如今规范化用他。读 tuó,本义指❶负荷。

又读 tā,借作代词,当初既可指人也可指物,表示旁指,相当于❷别的,另外的:王顾左右而言~|亲戚或余悲,~人亦已歌。南北朝时又可表示❸第三人称(不分男女):适来饮~酒脯,宁无情乎?如今专用以指人,用于男性。又发展为虚指,表示❹不确定的指代:管~是谁,一律不见|干~几天再说。"佗"古又借作"拕"(拖),表示❺拉引:因以醮酒~发。此义后用"拕"来表示,从扌从它会意,它也兼表声。俗作拖,它改为㐌,如今规范化用拖。

〇拖,从扌从㐌(即它的变体)会意,㐌也兼表声。读 tuō,本义指❶拉引:安车,邪~之。引申指❷下垂:峨大冠,~长绅者,昂昂乎庙堂之器也。又指❸不及时做:~欠|~延。

"它"为借义所专用,蛇的意思便另加义符"虫"写作"蛇"来表示。

〇蛇,从虫从它会意,它也兼表声。异体作虵,从也(也是蛇)。读 shé,本义指❶长虫:初,内~与外~斗于郑南门中,内~死。又比喻❷形状或性质像蛇的:杯弓~影|丈八~矛|~心佛口|美女~。

【组字】它,如今既可单用,也可作偏旁。作偏旁时有的写作㐌或也。现今归入宀部。凡从它取义的字皆与蛇、蛇拖着尾巴曲折行进等义有关。

以它(也、㐌)作声兼义符的字有:蛇、他、拖、佗。

以它(㐌)作声符的字有:陀、坨、沱、她、驼、柁、砣、铊、鸵、舵、酡、跎。

穴 xué

【字形】甲 金 古 篆 隶 草

【构造】象形字。甲骨文中穴与内同源,皆象古人居住的半地下地窖的门口形,农村叫地窨子。金文和古文大同。篆文整齐化,讹为从宀从八(实为地穴入口形)。隶变后楷书写作穴。

【本义】《说文·穴部》:"穴,土室也。从宀,八声。"本义为古人居住的窑洞。

【演变】穴,本义指❶窑洞:上古~居而野处,后世圣人易之以宫室。引申泛指❷洞窟,巢穴:千丈之堤以蝼蚁之~溃|空~来风。又特指❸坟墓:谷(生)则异室,死则同~|墓~。又指❹人身上的穴位:凡三百六十五~,针之所由行也。用作动词,指❺穴居或挖凿:冬~夏巢之时,茹毛饮血之世,世质民淳,斯文未作|~石为砚。

【组字】穴,如今既可单用,也可作偏旁。现今仍设穴部。凡从穴取义的字皆与洞窟等义有关。

以穴作义符的字有:穵、究、穷、空、穸、穹、穿、罙、穽、突、突、穿、窀、窃、窆、窍、窦(罙)、窅、窄、窋、窎、窏、窐、窈、窗、窊、窋、窌、窒、窑、窓、窔、窕、窜、窝、窖、窗、窘、窣、窥、窦、窨、窬、窭、窣、窟、窥、窦、窜、窒、窠、窟、窫、窬、窨、窭、窯、窰、窱、窲、窴、窳、窸、窶、窻、窾、窿、竀、竁、竂、竃(灶)、竄。

以穴作声符的字有:泬。

宄 guǐ

【字形】甲 金 古 篆 隶 草

【构造】会意兼形声字。甲骨文从宀(房),从手持器械击蛇,以示除去祸祟,会从内部作乱或窃夺之意。金文省去器械,蛇讹为九。古文承接金文,进一步省去房子。篆文则省去手,并视九为声符,成了形声字。隶变后楷书写作宄。

【本义】《说文·宀部》:"宄,奸也。外为盗,内为宄。从宀,九声。"本义为从内部作乱或窃夺。

【演变】宄，本义指❶从内部作乱或窃夺：俾暴虐于百姓，以奸~于商邑。用作名词，指❷犯法作乱的坏人：奸~竞逐，豺狼满道|殷周法行而奸~服。

【组字】宄，如今可单用，也可作偏旁。现今仍归入宀部。凡从宄取义的字皆与祸乱等义有关。

以宄作声符的字有：沈。

讨 tǎo (討)

【字形】篆  隶 讨 討 草 

【构造】会意字。篆文从言，从寸，会用有分寸之言训治之意。隶变后楷书写作討。如今简作讨。

【本义】《说文·言部》："討，治也。从言，从寸。"本义为以言相训治。

【演变】讨，本义指❶以言相训治：其君无日不~国人而训之。后词义加重，引申指❷声讨，问罪：亡不越竟（同境），反（返）不~贼。古代上攻下前要义正词严地历数其罪状，故又指❸讨伐：是故天子~而不伐，诸侯伐而不~|关东有义士，兴兵~群凶。由有分寸之言，又指❹交换意见，研究，探讨：为命，裨谌草创之，世叔~论之，行人子羽修饰之，东里子产润色之。后又引申指❺索取，谋取：~便宜|~债|~饶。又指❻娶：~媳妇。又表示❼招惹，招致：~人喜欢|自~没趣|~厌|~气。

【组字】讨，如今可单用，也可作偏旁。现今仍归入言部。凡从讨取义的字皆与训治等义有关。

以讨作声兼义符的字有：傠。

让 ràng (讓)

【字形】篆  今篆  隶 让 讓 草 

【构造】形声兼会意字。篆文从言，从襄（表喧嚷），会责备之意，襄也兼表声。隶变后楷书写作讓。如今简化为让，改为上声。

【本义】《说文·言部》："讓，相责让。从言，襄声。"本义为责备。

【演变】让，本义指❶责备：夷吾诉之，公使~之。引申指❷谦让，退让：夫子温良恭俭~，以得之|礼~。又引申指❸把好处让给别人，辞让，不争：尧以天下~舜|禅~|~步。又指❹转让：出~|租~。用作使动，表示❺使，容许：~高山低头，叫河水让路|玩得~人心跳|不~敌人得逞|谁~你去的？|~他闹去。虚化为介词，表被动，相当于❻被：自行车~他修好了。

训 xùn (訓)

【字形】金  籀  篆  隶 训 訓

草 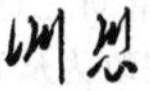

【构造】形声兼会意字。金文从人，从二言，从川，会谆谆教导使人心思如川顺畅之意，川也兼表声；或省从心从川会意。籀文承接金文，省去一人一言，成为从言，川声，川也兼表顺畅之意。篆文承接籀文，改为左右结构并整齐化。隶变后楷书写作訓。如今简化作训。

【本义】《说文·言部》："訓，说教也。从言，川声。"本义为教导，教诲。

【演变】训，本义指❶教导，教诲：教~子弟，如严君焉|~导|~话|~告|~斥|~育。用作名词，指❷训导的话，准则：古~是式（敬守），威仪是力|家~|遗~|古~。由教导又引申指❸训练：缮甲~卒，广为戎备|培~|冬~。又引申指❹顺释词义：《古论》唯博士孔安国为之~解|~诂|~释。

【组字】训，如今可单用，也可作偏旁。现今仍归入言部。凡从训取义的字皆与教诲等义有关。

以训作声兼义符的字有：䞤。

议 yì (議)

【字形】金  篆  隶 议 議 草 

【构造】形声兼会意字。金文稍残，从言，从義，会发表言论合宜之意，義也兼表声。篆文整齐化。隶变后楷书写作議。如今简化作议。

【本义】《说文·言部》："議，语（与人交谈）也。从言，義声。"本义为发议论，评论。

【演变】议,本义指❶发议论,评论:天下有道,则庶人不~|街谈巷~|非~|~论。引申指❷讨论,商讨:召诸贵人~|~价|~程。用作名词,指发表的❸意见,主张:始皇可(肯定)其~|没有异~|刍~。

讯 xùn (訊)

【字形】甲　金　篆　隶 讯 訊　草

【构造】会意兼形声字。甲骨文从口,从糸,从人,会用绳反缚敌虏以口审问之意。金文大同,只是加出了人足。篆文改为从言从卂,会抓紧赶快审问之意,卂也兼表声。隶变后楷书写作訊。如今简化作讯。

【本义】《说文·言部》:"訊,问也。从言,卂声。"本义为审问。

【演变】讯,本义指❶审问:乃收付狱~考|传~|审~。引申泛指❷询问:召彼故老,~之占梦|问~。用作名词,指❸询问的内容,音信,消息:良~代兼金(好金子)|通~|电~。又引申指❹书信:行远疾速而不可托~者与?

记 jì (記)

【字形】金　古　篆　隶 记 記　草

【构造】会意兼形声字。金文和古文从言,从己(表识别),会记录之意,己也兼表声。篆文整齐化。隶变后楷书写作記。如今简化作记。

【本义】《说文·言部》:"記,疋(疏)也。从言,己声。"《玉篇·言部》:"记,录也。"本义为记录,写下来。

【演变】记,本义指❶记录,写下来:乃令史官~地动所从方起|属予作文以~之|~载|~功|登~|~账|~者。由写下来,引申指❷记住,记忆:望中犹~,烽火扬州路|~性|忘~|~单词。用作名词,引申指❸记载事物的书册或文字:后孟尝君出~|大事~|游~|笔~。又引申指❹标志,符号:我留个~在那里,你敢和我同去看么?|标~|~号。又特指❺皮肤上深色的斑:鬓边一搭朱砂~。

【组字】记,如今可单用,也可作偏旁。现今仍归入言部。

以记作声符的字有:菪。

写 xiě (寫、瀉、泻)

【字形】金　古　篆　隶 写 寫 泻 瀉　草

【构造】会意兼形声字。金文、古文和篆文皆从宀(房屋)从舃(飞鸟)会意,意谓将物品移放他屋,舃也兼表声。隶变后楷书写作寫。如今简化作写。

【本义】《说文·宀部》:"寫,置物也。从宀,舃声。"本义为将东西移放他屋。

【演变】写,本义指❶移放,转移:御食于君,君赐余,器之溉者不~,其余皆~(倒入己器中再吃)|数回细~愁仍破。引申指❷输送:秦始皇作阿房宫,~蜀、荆地材至关中。又引申指❸倾吐,倾诉:富贵未可期,殷忧向谁~。又引申指❹宣泄,去掉:驾言出游,以~我忧。将心意倾泻在纸上也是一种移放,故又引申指❺书写:书三~,鱼成鲁,虚成虎|誊~|~字。又指❻描摹,叙述:秦每破诸侯,~仿其宫室,作之咸阳北坂上|对其神情态度,口~而手状之|~生|~照|~实。又指❼创作,写作:~诗作画|~小说。

"写"后来主要用以表示写字作画一类含义,宣泄之义便另加义符"氵"写作"瀉"来表示,如今简化作泻。

〇泻,从水从写,写也兼表声。读 xiè,本义指❶倾泻:手巾掩口啼,泪落便如~|一~千里。引申指❷排泄:口齿以噍食,孔窍以注~|上吐下~|~肚|~药。

【组字】写,如今既可单用,也可作偏旁。现今归入冖部。凡从写取义的字皆与移放等义有关。

以写作声兼义符的字有:泻。

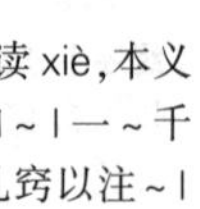

必 bì

【字形】甲　金　篆　隶 必　草

【构造】会意兼形声字。甲骨文象拴牲口的木橛形，上为歧头，以防拴绳滑脱。金文从弋(木橛)，从八(表示分)，会以木橛分界之意，弋也兼表声。篆文整齐化。隶变后楷书写作必。

【本义】《说文·八部》："必，分极也。从八、弋，弋亦声。"本义为分界的木橛。

【演变】必，本义为❶分界的木橛。引申指❷标杆，标准。又引申指❸确定，肯定：无参验而~之者，愚也。用作副词，表示❹一定：~有所成|~需|~须。

【组字】必，如今既可单用，也可作偏旁。现今归入心部。凡从必取义的字皆与标定等义有关。

以必作声兼义符的字有：宓、柲、铋。

以必作声符的字有：泌、苾、毖、秘、谧、瑟。

永 yǒng
(泳、羕)

【字形】甲 金 篆 隶 永 泳

草

【构造】会意字。甲骨文从人，是人在水流中游泳之状。这一形象，含有在水流中游泳、水流长、水波荡漾三种意思。金文大同。篆文整齐化。隶变后楷书写作永。

【本义】《说文·永部》："永，长也，象水巠理之长。"所释为引申义。本义当为在水流中游泳。

【演变】永，本义指❶在水流中游泳：汉之广矣，不可~思(语助词)。由在水流中游泳，引申指❷水流长的样子：江之~矣，不可方(乘筏渡过)思。又泛指❸长(不短)：乐郊乐郊，谁之~号|出门临~路，不见行车马。又指❹时间久远，永久：匪(非)报也，~以为好也|~垂不朽|~生|~诀|~恒。又引申指❺意味深长：雪花雨脚何足道，啜过始知真味~|隽~。用作动词，表示❻使延长：资富能训(接受教训)，惟以~年|物极其性，人~其寿。又借作"咏"，表示❼拉长声调缓慢吟诵：诗言志，歌~言。

由于"永"为"水流长"的意思所专用，"游泳"的意思便另加义符"氵"写作"泳"来表示。"水波荡漾"的意思便另加声符"羊"写作"羕"来表示。

〇泳，从氵从永会意，永也兼表声。读yǒng，本义指游泳：冬~|蛙~|自由~。"羕"另见。

【组字】永，如今既可单用，也可作偏旁。现今归入水部。凡从永取义的字皆与游泳、水流长等义有关。

以永作义符的字有：羕。

以永作声兼义符的字有：泳、咏(詠)。

司 sī；sì
(飼、飤、饲、伺)

【字形】甲 金 篆

今篆 隶 司 伺 饲 飼 飤

草

【构造】会意字。甲骨文从倒匕(匙)，从口，会用匙向口中送食之意。是"饲"的本字。金文大同，篆文整齐化。隶变后楷书写作司。由于"司"为引申义所专用，进食之义便另加义符"食"写作"飼"来表示，这就是甲骨文和金文的第二个字形。篆文则讹为从食从人，表示给人或畜吃，这就是篆文的第二个字形。隶变后楷书写作飤。如今飼、飤皆简作饲。参见食。又由于金文的"司"与"后"之反文形似，且二字皆含养育之义，故古代遂视为同一个字。参见后。

【本义】《说文·司部》："司，臣司事于外者。从反后。"所释为引申义。本义当为进食。

【演变】司，读sī，本义指❶进食。在氏族社会中，食物为共同分配，主持食物分配者称司。或自食或食人或食神，皆为司。故引申指❷掌管，主持：彼其之子，邦之~直|一国之政治机关，一国之人共~之|~令|~法|~机。官吏执掌管理，故引申指❸官吏：纪纲振举，百~奉职|有~。又指❹官府，今指中央机关下一级的行政部门：诸~财用事，往往为伏匿，不敢实言|礼宾~。

又读sì，由掌管又引申为❺监视，窥察：~男女无家者而会之。此义后写作"伺"。

〇伺，从亻从司会意，司也兼表声。读cì，用作"伺候"，指❶守候身旁照料饮食起居，供人使唤：这都是些~候人的事|~候于公卿之门。

又读 sì，表示❷暗中探察：谨为我～之｜窥～｜～机。

【组字】司，如今既可单用，也可作偏旁。现今归入口部。凡从司取义的字皆与掌管、主持等义有关。

以司作声兼义符的字有：伺、词、饲、祠、笥、嗣。

尼 ní (妮、昵、暱、泥)

【字形】甲 古 篆 今篆 隶 尼 妮 昵 暱 泥 埿 草 尼 妮 昵 暱 泥 埿

【构造】会意字。甲骨文左边是二人从后相近之状，右边是半个“行”字，会二人亲近的行为之意。古文省去右边表示行为的偏旁。篆文整齐化。隶变后楷书写作尼。是“昵”的本字。

【本义】《说文·尸部》：“尼，从后近之。从尸（人），匕声。”析形不确。本义为亲近。

【演变】尼，本义指❶亲近：悦～而来远。亲近则相安，引申指❷安，和：竟界～康。安则止，又引申指❸停止，制止，拘执：欲行复～｜望吾姊勿～吾行。此义后作泥。又借指❹尼姑：削发为～。

尼为借义所专用，亲近之义便另加义符“女”写作“妮”来表示。“妮”后用以表示女孩，就又用表示日近的“暱”或“昵”字来表示。

○妮，从女从尼会意，尼也兼表声。读 nī，本义为❶亲昵，狎昵：乔林故无赖，～一蛮妓。引申指❷拘守：有独创以为高，有～古以为非法。此义后作“泥”。今方言特指❸女孩子：这～子怎敢胡行事。

○昵，从日从尼会意，尼也兼表声。异体作暱，改为从匿，匿也兼表私密之意。如今规范化用昵，读 nì，本义指❶日益亲昵：且少长于君，君～之。引申指❷亲近的人：亲～并集送，置酒此河阳。

○泥，从氵从尼会意，尼也兼表声。异体作埿，改为从土。读 ní，本义指❶水和土的混合物：厥土惟涂～｜黄～冈｜～瓦匠。引申指❷像泥的东西：蒜～｜枣～｜印～。

又读 nì，用作动词，表示❸涂抹：王（恺）以赤石脂～壁｜～墙。由泥的胶着，又引申指❹陷住：虽小道，必有可观者焉；致远恐～，是以君子不为也。进而引申指❺拘执：儒者～古｜拘～。

【组字】尼，如今既可单用，也可作偏旁。现今仍归入尸部。凡从尼取义的字皆与亲近等义有关。

以尼作声兼义符的字有：泥、妮、昵。

以尼作声符的字有：伲、坭、呢、怩、铌、旎。

弗 fú (拂)

【字形】甲 金 篆 隶 弗 拂 草 弗 拂

【构造】会意字。甲骨文象捆束箭杆使变直之形，会矫正之意。金文箭杆微翘，更显矫正意味。篆文整齐化。隶变后楷书写作弗。

【本义】《说文·丿部》：“弗，矫也。从丿，从乀，从韋（韦，皮绳）省。”本义为矫箭使直。

【演变】弗，本义指❶矫正。引申指❷治理。不正之物才需矫正，矫正则与其原来相违，故又引申指❸不正，相违。后虚化为副词，表示否定，相当于❹不：衣食所安，～敢专也，必以分人｜～勤于始，将悔于末。

后“弗”专用作副词，相违之义便用“拂”来表示。

○拂，从扌从弗会意，弗也兼表声。读 fú，本义指❶违逆：忠言～于耳｜不忍～其意。又指❷轻轻擦过，掠过：长袂～面，善留客只｜春风～面。又引申指❸振动，甩动：～衣而喜，奋袖低卬｜～袖而起。

【组字】弗，如今既可单用，也可作偏旁。现今归入弓部。凡从弗取义的字皆与矫正、相违等义有关。

以弗作声兼义符的字有：拂、怫、绋。

以弗作声符的字有：佛、彿、沸、狒、茀、费、氟、疿、砩、艴。

弘 hóng

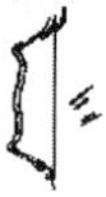

【字形】甲 金 篆 隶 弘

草

【构造】指事字。甲骨文从弓,上加一斜画象征引弓时弓弦振动发出的大声。金文弓声稍曲。篆文将弓声独立出来,并讹为厶(即厷,古肱字,大臂)声,厶也兼表大义,成了形声兼会意字。隶变后楷书写作弘。

【本义】《说文·弓部》:"弘,弓声也。从弓,厶声。厶,古文肱字。"本义为弓发射时发出的振动大声。

【演变】弘,本义指❶射箭时弓弦发出的大声。引申泛指❷大,广大:夫称仁人者,其道~矣|~愿。用作使动,指❸光大,扩大:人能~道,非道~人|恢~志士之气。

【组字】弘,如今既可单用,也可作偏旁。现今仍归入弓部。凡从弘取义的字皆与大义有关。

以弘作声兼义符的字有:弦、泓。

以弘作声符的字有:苰、紭、弸、鞃。

民 mín

【字形】甲 金 篆 隶民 草

【构造】象形字。甲骨文象以锐物刺左目形。古代俘获敌人则刺瞎其左眼用为奴隶。金文简化。篆文整齐化。隶变后楷书写作民。

【本义】《说文·民部》:"民,众萌(氓)也。从古文之象。"本义为奴隶。

【演变】民,本义指❶奴隶:皇天既付中国~越(与)疆土于先王。引申指❷被统治的庶人百姓:古者有四~:有士~,有商~,有农~,有工~|弗躬弗亲,庶~弗信。又泛指❸人,人类:食者,~之本也|上古之世,人~少而禽兽众。注意:古代"人民"的概念与今不同。

【组字】民,如今既可单用,也可作偏旁。现今归入氏部。凡从民取义的字皆与目盲不见、奴隶等义有关。

以民作义符的字有:氓。

以民作声兼义符的字有:泯、抿、眠、昏。

以民作声符的字有:岷、苠、珉。

出 chū (齣)

【字形】甲 金 篆 今篆 隶出 齣 草

【构造】会意字。甲骨文从止(脚),从凵(古人穴居的门口),会走出之意。金文稍简。篆文讹变得不像了。隶变后楷书写作出。如今又借作"齣"(从齒从句会意,句也兼表声)的简化字。

【本义】《说文·出部》:"出,进也。象草木益滋,上出达也。"析形不确。本义当为外出。

【演变】出,本义指❶自内到外:~其东门,有女如云|~门|~国。引申指❷来到某处:又近~前后,终不敢搏|~席|~庭。又指❸出现,显露:山高月小,水落石~|~名|硬~头。又指❹拿出,支出:~谋划策|乱~主意|入不敷~。又引申指❺离开:火车~轨了。又指❻发出,发泄:~口成章|~言不逊|~口冤气。又指❼生出,产出,发生:肉腐~虫|~品|~芽|~事了|~了问题。又引申指❽显得多:这米做饭很~数。又指❾超过:~人头地|~众|~色。又特指❿弃逐妻子:~妇嫁于乡里者,善妇也|~妻。用作趋向动词,置于动词后,表示⓫趋向或效果:打~水平|提~建议。又借作"齣"的简化字,表示⓬传奇中的一回或剧曲中的一个独立剧目:演三~戏。

〇齣,从齒从句会意,句也兼表声。读chū,本义为传奇中的一个段落,同杂剧中的"折"相近。今指戏曲中的一个独立的段落或剧目:一个人做一~戏。如今简化用出。

【组字】出,如今既可单用,也可作偏旁。现今归入凵部。凡从出取义的字皆与外出等义有关。

以出作义符的字有:祟、敖、賣(卖)。

以出作声兼义符的字有:茁、黜。

以出作声符的字有:诎、拙、咄、饳、绌、柮、屈、础。

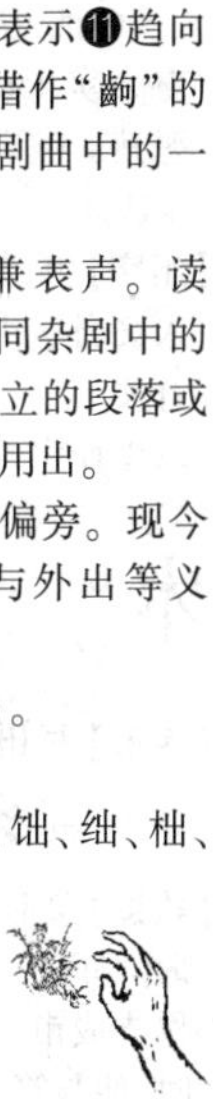

叏 tāo (挑、佻)

【字形】篆 隶叏 挑 佻 草

【构造】会意字。篆文从又(手),从屮(草),会以手挑取野菜之意。隶变后楷书写作叏。

【本义】《说文 · 又部》:"叏,滑也。《诗》云:'叏兮达兮。'从又、中。一曰取也。"本义当为挑取野菜。

【演变】叏,本义指❶挑取野菜。挑野菜就要或东或西到处走动,故引申指❷佻达,即往来不定的样子。后引申指❸轻佻。

由于"叏"作了偏旁,其义便分别借用"挑"和"佻"来表示。

○挑,从扌从兆,兆也兼表声。读 tiǎo,本义指❶拨动,挑动,挑拨:织锦心草草,~灯泪斑斑|~动是非|~衅|~战。引申指❷用尖细的东西拨或刺:一刺刀~死|~刺儿。又引申指❸用竿子将东西支起,悬挂:见一个酒望子,~出在房檐上|~起帘子。又特指❹一种绣法:~花。

又读 tiāo,用作"叏",表示❺拣,选:~选|~剔|~花了眼。后又引申指❻挑担子:~水|~柴。用作名词,又指❼担子和挂的东西:油~子|菜~子。又作量词,用于❽成挑的东西:一~柴。

○佻,从亻从兆,会人表现轻率之意,兆声。读 tiāo,本义指轻佻:雄鸠之鸣逝兮,余犹恶其~巧|帝以辩轻~无威仪,欲立协,犹豫未决。

【组字】叏,如今不单用,只作偏旁。现今仍归入又部。凡从叏取义的字皆与挑取等义有关。

以叏作声兼义符的字有:𢼊。

𣎵 bèi (或读 pō)

(宀、巿、芾、𦳋)

【字形】古 篆 今篆

隶 𣎵芾 草

【构造】象形字。古文、篆文象草木繁茂枝叶披散的样子。隶变后楷书写作𣎵。作偏旁时写作宀或市。注意:写作"市"(如"沛"的偏旁)时,便与篆文巿(fú,如"帢"的偏旁)相混了。要分清。

【本义】《说文 · 𣎵部》:"𣎵,草木盛𣎵𣎵然。象形,八声。""八"非声,而是枝叶披散的样子。本义为草木繁茂的样子。

【演变】𣎵,读 bèi(或读 pō),本义指草木繁茂的样子:~~者,枝叶茂盛因风舒散之貌。后来𣎵作了偏旁,其义便另加义符"艹"写作"芾"来表示。

○芾,实际代表两个字:一个从艸(艹)从𣎵(bèi,草木茂盛披垂)会意,𣎵也兼表声;一个从艸(艹)从巿(fú)会意,巿也兼表声。如今楷书合二为一。读 fú,本义为❶草木茂盛:中有萱兮~~,言树之兮堂背。

又读 fèi,用作"蔽芾",形容❷草木初生幼小(或说茂盛)的样子:蔽~甘棠,勿翦勿伐|乃知蔽~初,甚要封植勤。用作动词,指❸荫庇:锦城之东,松柏森然,子孙如林,蔽~其阴。相传西周的召伯曾在棠树下听讼断狱,办理政事,公正无私,后人因作《甘棠》诗歌颂其政绩,故后由"蔽芾甘棠"之句,用以颂扬❹有政绩的官吏或其政绩:因感得时留蔽~,更嗟无位泣麒麟。异体还有个"𦳋"字。

○𦳋,从宀,畀声。读 wèi,本义指草木盛美的样子:拔茅茹,以其彙(即~)。

【组字】𣎵,如今不单用,只作偏旁。现今归入乙部。凡从𣎵取义的字皆与盛、多等义有关。

以𣎵作义符的字有:𠂔、孛、𦳋。

以𣎵作声兼义符的字有:沛、芾、肺、旆、柹。

疋 shū

(疏、雅、胥)

【字形】甲 金 篆 隶 疋

草

【构造】象形字。甲骨文是条小腿的形象,上象膝盖,下象脚,表示腿脚。金文承之并线条化。篆文承之并整齐化。隶变后楷书写作疋。由于篆文"疋"与篆文"正"的异体"足"(第二个篆文)形近,再加在甲骨卜辞中"足"曾借用来表示"充足"之义,于是"足"便与"疋"俗都当作了表示腿脚的字,成了异体字,实际上是两个不同的字。后来"足"更进而代替"疋"字成了表示腿脚的专用字。"疋"古则多被借作"雅"使用,今则只作偏旁,在字左时写作𤴔,与"足"作左旁时写作⻊不同。参见正、足。

【本义】《说文 · 疋部》:"疋,足也。上象腓肠,下从止。”本义为腿脚。

【演变】疋，读 shū，本义指❶腿脚：问～何止。借作“疏”，表示❷疏记。又借为“胥”，表示❸小吏。

又读 yǎ，通“雅”，表示❹正：顾附庸风～，不足擅场。又表示❺平素，向来：不屑相引重，而皆～善龙君。此二义后作“雅”。参见疏、雅、胥。

【组字】疋，如今不单用，只作偏旁。现今仍设疋部。凡从疋取义的字皆与腿脚等义有关。
以疋作义符的字有：疍、疑。
以疋作声兼义符的字有：疏。
以疋作声符的字有：胥。

奴 nú （拏、拿）

【字形】甲　金　篆　隶　草

【构造】会意字。甲骨文、金文从女，从又（手），会用力操持劳务的奴隶之意。小点象征劳动的汗滴。篆文整齐化。隶变后楷书写作奴。

【本义】《说文·女部》：“奴，奴、婢，皆古之罪人也。《周礼》曰：‘其奴，男子入于罪隶，女子入于舂藁。’从女，从又。”本义指奴隶。古代因罪没入官或被掠卖的人多沦为奴隶。

【演变】奴，本义指❶用力操持劳务的奴隶：布为人所掠卖，为～于燕｜农～。引申泛指❷仆人：富豪役千～，贫老无寸帛｜家～。用作动词，指❸奴役，役使：忽焉来一强暴，入其室据其财产，又～其全家人，则其家人莫不奋力死斗。又用作❹男女自谦之称，宋以后多为年轻女子自称：争那（怎奈）就中容貌差，交～（国王自称）耻见国朝臣｜～是薄福人，不愿入朱门｜～家。又用作❺贱称：帝笑曰：“狂～故态也。”｜守财～。

“奴”专用以指操持的奴仆，操持之义便另加义符“手”写作“拏”来表示。如今写作“拿”。参见拿。

【组字】奴，如今既可单用，也可作偏旁。现今仍归入女部。凡从奴取义的字皆与用力、操持等义有关。
以奴作声兼义符的字有：驽、拏（拿）。
以奴作声符的字有：努、弩、呶、拗、孥、帑、怒、駑。

丱 guàn；kuàng （卝）

【字形】金　古　篆　隶　草

【构造】象形字。金文象梳发成两角的儿童形。古文省为象儿童束发成的两角形。篆文整齐化。隶变后楷书写作丱。异体作卝。如今都不单用，只作偏旁。

【本义】《说文·石部》：“卝，古文矿。”所释当为借义。本义为儿童束发成两角的样子。《广韵·谏韵》：“丱，总角也。”《字汇·丨部》：“丱，束发如两角貌。”

【演变】丱，guàn 本义指❶儿童束发成两角的样子：总角～兮｜方羁～，即诵书日千言。引申泛指❷幼年：元显以童～之年，受栋梁之寄。

又读 kuàng，借作❸矿：直是教人开～冶铁。参见矿。

【组字】丱，如今不单用，只作偏旁。现今归入乙部。凡从丱取义的字皆与扎束等义有关。
以丱作声兼义符的字有：丳、綿。

加 jiā

【字形】金　古　篆　隶　草

【构造】会意字。金文从力，从口，会强以谎言相诬枉之意。古文大同。篆文整齐化。隶变后楷书写作加。

【本义】《说文·力部》：“加，语相增加也。从力，从口。”本义为诬枉，夸大。

【演变】加，本义指❶诬枉，夸大：牺牲玉帛，弗敢～也，必以情。引申泛指❷增益，增多：登高而招，臂非～长也，而见者远｜增～｜～强｜～快｜～急｜～大。又引申指❸加上去，另加：夫～之以衡扼（轭）｜所以众人就～了我这个绰号｜施～｜～标点｜～按语。又引申指❹施行某种行动：诸吏将～掠考（拷）｜雨村详～审问｜严～管束｜多～小心。又特指❺穿戴：朝服虽敝，必～于上｜～冠。又引申指❻欺凌：我不欲人之～诸我，吾亦欲无～诸人。又指❼数学的加法：一～一等于二。用作副词，表程度，指❽更加：京城宅第，日～崇丽。用作连词，相当于❾加以：田野空，朝廷空，仓库空：是谓三空。～兵戎未戢，四方离散，是陛下焦心毁颜，坐以待旦之时也。

【组字】加，如今既可单用，也可作偏旁。现今仍归入力部。凡从加取义的字皆与加于其上等义有关。

以加作声兼义符的字有：驾、架、贺、枷、耞、袈、嘉。

以加作声符的字有：伽、茄、咖、迦、珈、笳、跏、痂、袈。

召 zhào；shào（招）

【字形】甲　金　篆　隶 召招

草 召招

【构造】会意兼形声字。甲骨文一形是两手捧起放在座子上的酒樽形，上边是双手持匙，表示挹取，中间加口，表示召请他人来饮；二形或简化，只留下匕匙和口。金文承甲骨文大同。篆文承甲、金文简形进而讹为从口，刀声。隶变后楷书写作召。

【本义】《说文·口部》："召，呼也。从口，刀声。"本义为召请他人饮酒。

【演变】召，读 zhào，本义指❶召请他人饮酒：今～客者，酒酣，歌舞，鼓瑟吹竽。引申特指❷君王或长辈呼唤臣下或晚辈：秦昭王～见，与语，大说之｜父～无诺，先生～无诺，唯而起。又泛指❸召唤，招呼：～集｜号～。由君王呼唤引申指❹征召，叫来授官：大将军邓骘奇其才，累～不应。又指❺招致，导致：故言有～祸也，行有～辱也。此义后写作"招"。

又读 shào，指❻周文王子召公奭的封邑（在今陕西岐山县西南）：自陕而西，～公主之。如今用作❼姓。

○招，从手从召会意，召也兼表声。读 zhāo，本义指❶打手势叫人来：登高而～，臂非加长也，而见者远｜～之即来。引申泛指❷招致，引来：满～损，谦受益｜～灾｜～事。又特指❸引起人的爱憎反应：这人真～人嫌，不～人爱。又指❹用广告或通知的方式使人来：～考｜～领｜～兵｜～募。以手相招，意在显示于人，故又引申指❺供认罪行：不打自～｜～供。由手的招动，又引申指❻武术的动作：一～一式都看清楚了。再进而引申指❼手段：耍花～。此义如今也写作"着"。

【组字】召，如今既可单用，也可作偏旁。现今仍归入口部。凡从召取义的字皆与招请等义有关。

以召作声兼义符的字有：诏、招。

以召作声符的字有：邵、卲、劭、迢、苕、岧、沼、怊、绍、轺、炤、昭、笤、超、髫、貂、龆、韶。

皮 pí（披、被、剥）

【字形】甲　金　籀　篆　隶 皮披被剥

草 皮披被剥

【构造】象形兼会意字。甲骨文和金文皆象从手持平头铲揪起皮毛形，会剥取兽皮之意。籀文铲头讹变。篆文则讹变得不像了。隶变后楷书写作皮。是"剥"的同源字。参见剥。

【本义】《说文·皮部》："皮，剥取兽革者谓之皮。从又（手），为省声。"析形不确，所释为引申义。本义当为剥取兽皮。

【演变】皮，由本义剥取兽皮，引申泛指❶剥开，割削：聂政大呼，所击杀者数十人，因自～面决眼，自屠出肠，遂以死。用作名词，指❷剥下的兽皮：牛则有～，犀兕尚多｜～之不存，毛将安傅｜食肉寝～。又泛指❸生物的表皮：木～三寸｜～肤｜树～。又指❹事物的表面，外层，薄而像皮的东西：而以目～相，恐失天下之能士｜书～｜地～｜豆腐～｜铁～。皮有韧性，故引申指❺橡胶质的：橡～｜～筋。皮革柔韧而滑，又引申指❻柔韧不松脆：～糖｜饼～了。又引申指❼顽皮，淘气，不老实：这孩子真～｜赖～。

"皮"为引申义所专用，剥取兽皮之义便另加义符"扌"写作"披"来表示。"披"后来也为引申义所专用，就又用"剥"来表示。参见录。

○披，从扌从皮会意，皮也兼表声。读 pī，本义指❶分开：哙遂入，～帏西向立｜～沙拣金｜～阅。引申指❷裂开：枝大于本，胫大于股，

不折必～|竹子～了。由分开又引申指❸显露：臣诚愿～腹心而效愚忠|～肝沥胆。又指❹傍，靠近：于陈州门外，～城屯兵数千|～屋。又借作"被"，表示❺披挂：～罗衣之璀璨兮|～星戴月|～坚执锐。

又读 bì，特指❻系于柩车两侧用以备牵挽的帛做的绳：大丧，作士掌事，作六军之事执～。

○被，从衣从皮会意，皮也兼表声。读 bèi，本义指❶小被子(大被为衾)：翡翠珠～|棉～|夹～。被子是盖在身上的，故引申指❷覆盖：皋兰～径兮斯路渐。进而引申指❸蒙受：身～二十余创。又引申指❹施及：泽～后世。虚化为介词，表示❺被动：信而见疑，忠而～谤。

又读 pī 通"披"，动词，指❻搭衣于肩背，披着，披挂，披散，穿戴：乃祖吾离～苫盖，蒙荆棘，以来归我先君|操吴戈兮～犀甲，车错毂兮短兵接|微管仲，吾其～发左衽矣|屈原至于江滨，～发行吟泽畔|～明月(珍珠)兮珮宝璐|君之后宫以百数，婢妾～绮縠，余粱肉|将军身～坚执锐|同舍生皆～绮绣。此义后作披。

【组字】皮，如今既可单用，也可作偏旁。现今仍设皮部。凡从皮取义的字皆与表皮、像皮的东西等义有关。

以皮作义符的字有：皯、皰(疱)、皱、皲、皴、皵、皶、皷、皸、皻、皽、皼。

以皮作声兼义符的字有：披、波、帔、疲、被、鞁。

以皮作声符的字有：陂、坡、彼、玻、铍、破、颇、跛、簸。

边 biān (邊)

【字形】甲 金 古 篆 今篆

隶 边 邊 草

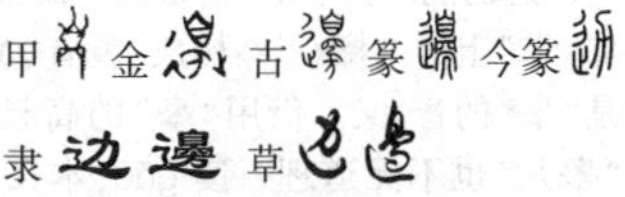

【构造】形声兼会意字。甲骨文用臱表示。金文、古文和篆文皆从辵，臱声，臱也兼表侧旁之意。隶变后楷书写作邊，如今简化作边。

【本义】《说文·辵部》："邊，行垂崖也。从辵，臱声。"本义为走近山崖旁边。

【演变】边，由本义走近山崖旁边，引申泛指❶侧旁：城～。又指❷边缘：花～。又特指❸边境：入～。又引申指❹尽头：年～。用作动词，又指❺靠近：其国～海。

【组字】边，如今既可单用，也可作偏旁。现今仍归入辵部。凡从边取义的字皆与边崖等义有关。

以边作声符的字有：笾。

发 fā；fà (發、髮)

【字形】甲 金 篆

隶 发 發 髮 草

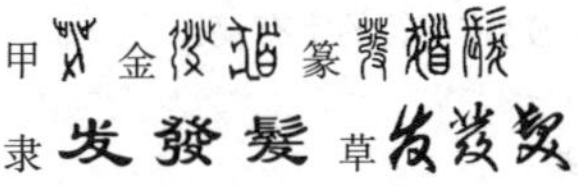

【构造】会意兼形声字。发是由两个字简化来的。一个是甲骨文，上从双脚，下从手持棍棒或标枪，会投击野兽或敌人之意。金文一形另加义符弓，成为从弓从癹，会发射之意，癹也兼表声。篆文一形承接金文一形并整齐化。隶变后楷书写作發。如今简化作发，是草书的楷化，表示发射。另一个是金文二形，从首从犬，会动物头上的长毛发之意。篆文二形承接金文二形，将犬改为犮(也是犬)会意，犮也兼表声。篆文三形承接二形，改首为髟会意，犮也兼表声。隶变后楷书写作髮。如今也简化作发。属于近音借代。本义为头发。

【本义】《说文·髟部》："髮，根也。从髟，犮声。"本义为头发。又《说文·弓部》："發，射发也。从弓，癹声。"本义为射出箭。

【演变】○发，作为"發"的简化字，读 fā，本义指❶射箭：射者正己而后～|百～百中。引申泛指❷发射：～炮|弹无虚～。由发射，又引申指❸启行，出发，离去：有时朝～白帝，暮到江陵。又指❹派出，派遣：于是使人～驺征庄辛于赵|～兵|打～到别处去。又指❺送出，交付：使人～书至赵王|～货。又引申指❻兴起，产生：舜～于畎亩之中|草木之～如蒸气|～电|～热|～病。又指❼兴旺：～家致富|～财。又指❽膨胀，张大：～面|～酵|～展。又指❾散开：蒸～。又引申指❿表达，说出：～言|～表。又指⓫显现：脸～白。又指⓬流露，露出：～怒|～脾气|～笑。又引申指⓭打开：使桓公～仓囷而赐贫穷|～明|～掘|开～。近代又引申指⓮感到：～苦|～烧|～涩|～麻。

作为"髮"的简化，读 fà，本义指⓯头发：身

体~肤，受之父母|人少则~黑，老则~白，白久则黄|怒~冲冠。又指⑯蓄发：〔回纥〕其僧皆~。又泛指⑰草木：穷~(不毛之地)之北有冥海者，天池也。

【组字】发，如今既可单用，也可作偏旁。注意：作偏旁的是“發”的简体。现今发归入又部，發归入癶部。凡从发取义的字皆与射出及其引申等义有关。

以发(發)作声兼义符的字有：泼、拨、钹、酦。

以发(發)作声符的字有：废。

尕 gǎ

【字形】古 今篆 隶 尕 草

【构造】会意字。古文从乃(奶)从小，会吃奶小孩之意。隶变后楷书写作尕。

【演变】尕，西北方言用字。本义指小。含有亲爱的感情色彩：~娃|~李。

圣 yì

(睪、睾、昳、瞬、瞚、眴、择、繹、绎、釋、释)

【字形】甲 金 古 篆 今篆 隶 圣 睪 绎 繹 释 瞬 瞚 眴 睾 草

【构造】会意字。甲骨文从目(表示眼线)，从㚔(刑具)，会吏役带着眼线(通风报信和指认罪犯的人)去伺视、侦察、抓捕罪犯之意。金文稍繁。古文大同，上目稍讹。篆文承之并整齐化。隶变后楷书写作睪。如今作偏旁简化作圣。注意：楷书中现在还用的“睾”字，是“睪”字古文的讹变，但读的是“皋”的语音，这是因“睪”与“皋”古代形近相混用造成的。

【本义】《说文·㚔部》：“睪，目视也。从横目，从㚔，令(今)吏将目捕罪人也。”本义为伺视、侦察、抓捕罪犯。

【演变】圣，本义指伺视、侦察、抓捕罪犯，引申而有抽引、选择、分别诸义，也用以表示睾丸。由于圣作了偏旁，伺视之义便由形声字“昳、瞚、眴”来表示，如今规范化用瞬。抽引之义便由形声字“繹”来表示，如今简化作“绎”。分别之义则用“释”来表示。睾丸之义便多加一撇写作“睾”来表示。选择之义则用形声字“择”来表示。参见择。

○瞬，从目，舜声，舜为蕣花，只有一日芳，也兼表时间短之意。异体有昳、瞚、眴，改为矢、寅、旬声。读 shùn，本义为❶眨眼：尔先学不~，而后可言射矣|~间|~息。又指❷一眨眼的短时间：观古今于须臾，抚四海于一~。用作昳(甲骨文从目矢声)字，又指❸以目指使人：郤克~鲁卫之使，使以其辞而为之请。

○眴，从目，旬声，旬为循环，也兼表转动之意。读 shùn，本义为❶看，眨眼：~兮杳杳，孔静幽默。又指❷目转动示意：须臾，梁~籍曰：“可行矣。”于是籍遂拔剑斩守头。

又读 xuàn，指❸目摇，目晕眩：夫登高临危而目不眴而足不陵者，此工匠之勇悍也。

○绎，从纟从圣会意，圣也兼表声。读 yì，本义为❶抽丝。引申指❷探求，思考：巽与(恭顺赞许)之言，能无说(同悦)乎？~之为贵|寻~|演~|抽~。又引申指❸连续不断：络~不绝。

○释，从采从圣会意，圣也兼表声。读 shì，本义指❶解说：乃使行人奚斯~言于齐|~义|解~。引申指❷消散：涣兮若冰之将~|~疑。用作使动，指❸放开，放下：庖丁~刀对曰|爱不~手。又引申指❹释放：于是~宋公|保~。释迦牟尼创立佛教，故又特指❺佛教：~典|~门。

○睾，是“睪”与“皋”的混形讹变，因二字古代形近而混。就字形看，是以“睪”为基础，再加“皋”上的一撇(丿)构成；就音、义说，取的是“皋”的音、义。借用“皋”的高起之义表示“睾丸”也不无道理。读 gāo，本义为❶睾丸，男性或某些雄性脊椎动物生殖器官的一部分：民病少(小)腹控~，引腰脊。又通“皋”，形容❷高：望其圹，~如也。

又读 hào，形容❸广大的样子：~~广广。

【组字】圣(睪)，如今不单用，只作偏旁。现今睪归入网部，圣归入又部。凡从圣(睪)取义的字皆与抽引、选择、分别等义有关。

以㚔(睪)作义符的字有:睾。
以㚔(睪)作声兼义符的字有:译、绎、驿、释、择。
以㚔(睪)作声符的字有:怿、峄、泽、铎。

圣 kū;shèng (聖)

【字形】甲　古　篆　隶 圣 聖
草 圣 圣

【构造】会意字。甲骨文从土,从又(手),会手用力挖地之意。小点象征飞起的尘土。古文和篆文简化。隶变后楷书写作圣。如今又作了"聖"的简化字。参见聖。

【本义】《说文·土部》:"圣,汝颍之间谓致力于地曰圣。从土,从又。"本义为挖掘。

【演变】圣,kū,方言,本义指❶挖掘:吾负母而逃,~野菜充饥。如今鲁西一带仍然称用力刨挖硬物为"圣吃圣吃"。

又读 shèng,因其少用,后来作了❷"聖"的简化字。参见聖。

【组字】圣,作为本字,如今不单用,只作偏旁。现今仍归入土部。凡从圣取义的字皆与用力等义有关。
以圣作声符的字有:怪、硁、蛏、柽。

乬 jīng (巠、經、经)

【字形】金　篆　隶 乬 巠 经 經 草

【构造】象形字。金文象壬(持经之箭)上有经线形,是"经"的本字。篆文大同。隶变后楷书写作巠。如今简化作乬。

【本义】《说文·川部》:"巠,水脉也。从川在一下,一,地也。壬省声。"解说不确。本义当为经线。

【演变】乬,本义为❶经线。水波与经线形似,故又指❷水波,水脉。

由于巠作了偏旁,后来便另加义符"糸"写作"經"来表示,从糸从巠会意,巠也兼表声。如今简化作经。

○经,读 jīng,本义为❶经线:~正而后纬成|~纬。引申指❷南北走向的道路:国中九~九纬。又引申指❸地理学上的经度:东~西~。又指❹人体血气循环的主要通路:人有四~十二纵|~脉|~络。经线决定纬线,故又引申指❺准则,典常,恒常:凡为天下国家有九~,曰修身也,尊贤也……|~常|荒诞不~。又引申指❻贯穿古今可为思想行为道德标准的著作或某种专门著作:四书五~|十三~|佛~|圣~|水~|黄帝内~|~典。妇女的月经来有规律,故又特指❼月经:痛~|闭~|~期。由整治经线,用作动词,表示❽划分,度量:辨正方位,体国~野。引申指❾治理:一~邦国,一治官府|整军~武|~商|~济|~理|~纪|~营。由经线的穿插,又引申指❿经受,经过:~风雨,见世面|身~百战|~验|曾~。又特指⓫缢死:自~。

【组字】乬,如今不单用,只作偏旁。现今归入工部。凡从乬取义的字皆与经直、贯通等义有关。
以乬作声兼义符的字有:经、径、迳、茎、胫、颈。
以乬作声符的字有:劲、刭、泾、弪、痉、氢、轻、陉、硁。

弁 biàn (覍、卞)

【字形】甲　金　籀
篆　隶 弁 覍 草

【构造】会意字。甲骨文从廾(双手),象两手捧帽形,会正戴帽子之意。金文大同。籀文帽子繁化。篆文分为繁简二体。隶变后楷书分别写作覍与弁。弁,俗讹为卞。如今规范化,以弁为正体,卞另表他义,覍废而不用。参见卞。

【本义】《说文·皃部》:"覍,冕也。周曰覍,殷曰吁,夏曰收。从皃(貌),象形。𡭾,籀文覍,从廾,上象形。弁,或覍字。"本义为加冠。

【演变】弁,本义指❶加冠。古时男子年满二十加冠称弁,故用以表示成年:未几见兮,突而~兮。用作名词,指❷古代的帽子:不说(脱)~而死于崔氏。古代吉礼用冕,常礼用弁。古时武官戴皮弁,故引申指❸武官:叫各~在辕门听候|马~。帽子是戴在头上的,又引申指

❹放在最前面:乃书是言以~君之诗之端|~言。又引申指❺用手搏斗:试~,为期门,以材力爱幸。又表示❻惊颤:有烈风疾雨发屋折木之变,予甚~焉。又表示❼急,快:~行,剡剡起屦。

【组字】弁,如今既可单用,也可作偏旁。现今仍归入廾部。凡从弁取义的字皆与手的动作行为等义有关。

以弁作声兼义符的字有:拚、畚。

以弁作声符的字有:峅、鴘。

对 duì
(對、對)

【字形】甲  金  篆 

隶 **对 對** 草 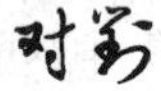

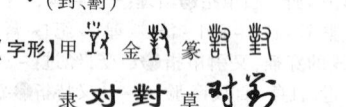

【构造】会意字。甲骨文从又(手),从丵(一种齿状仪仗形),会高举显扬之意。金文左下变为从土,右变为从寸(也是手)。篆文承金文并整齐化,分为二体。其一加"口",专表对答。隶变后楷书写作對和對,如今皆简化作对。

【本义】《说文·丵部》:"對,应无方也。从丵,从口,从寸。對,或从士。"这是就篆文所作的解说,为引申义。本义当为高举显扬。

【演变】对,本义指❶高举显扬:敢~扬天子休命。仪仗皆为两相对应,故引申指❷相当,相配:帝作邦作~(为邦择相当之君)。又指❸相合,适合:~症下药|~劲|~胃口|~头。由正相对应,又指❹正确,是:这个观点~不~?又引申指❺相向,朝向,对面的:~案不食|~酒当歌,人生几何?|面~|~象|~岸|~门。又指❻敌对,对立:刘备天下知名,曹操所惮,今在境界,此强~也|~手|~敌|~抗|~峙。又引申指❼互相:~流|~比|~照|~调。又指❽照着样检查:核~|校~。又引申指❾配偶,成双的:择~不嫁,至年三十|~联|配~。又引申指❿平分,一半:~开|~折。又引申指⓫掺和:~水。两人对答说话也是一种两相对应,故又引申指⓬回答,应答:公问之,~曰|~答如流|无言以~。又引申指⓭对待,对付:~人和气|~不起|一个~俩。用作介词,引出动作对象或表示对待关系,相当于⓮向,对于:有事~领导说|形势~敌人不利。用作量词,表示⓯双:一~花瓶。

【组字】对,如今既可单用,也可作偏旁。现今归入寸部。凡从对(對)取义的字皆与对应等义有关。

以对作声兼义符的字有:怼。

以对(對)作声符的字有:嚉、脌(膭)。

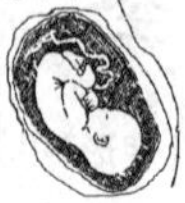

台 tái
(胎、怡、始、嗣、臺、檯、颱)

【字形】甲 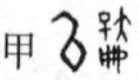 金  古 

篆  隶 **台胎**

怡始嗣 草 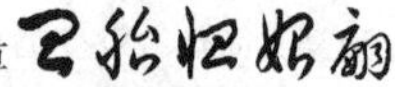

【构造】会意字。台与厶、以同源,在甲骨文中都是巳(胎儿形)的倒形,即头朝下的胎儿形,表示怀胎。金文另加义符口(象征胞衣),以强调怀胎之意。篆文上边胎儿稍繁为㠯(以)。隶变后楷书写作台。是"胎"的本字。如今又作了"臺""颱"的简化字。臺,从高省从至会意,上为建筑物顶的装饰。颱,从風从台会意,台也兼表声。参见厶、臺。

【本义】《说文·口部》:"台,说(悦)也。从口,㠯声。"析形不确,所释为引申义。本义当为怀胎。

【演变】台,读 tāi,本义指❶怀胎。此义后作胎。

又读 yí,怀胎叫有喜,故引申指❷喜悦:唐尧逊位,虞舜不~。此义后作怡。又借为第一人称代词,表示❸我:朝夕纳诲,以辅~德。又借作疑问代词,相当于❹何,什么:夏罪其如~(奈何)。

又读 shǐ,怀胎是人生之始,引申指❺开头:百仞之高,~于足下。此义后作始。

又读 sì,儿女是人之后嗣,又指❻继承:舜让,于德不~。此义后作嗣。

又读 tái,借指❼星宿名:三~。由星宿名又引申用于人事,比称❽三公:历位九卿,遂登~辅|~席|~鼎。后用作❾敬词:我等幸接~颜,敢求大教|~启|~鉴。如今又用作"臺、檯、颱"的简化字,所以也用来表示这三个字的含义,指❿高平的建筑物、像台样的东西、像台的家具、台湾省的简称、台风等义。参见"臺"。

由于"台"作了偏旁,其义遂分别由"胎、

怡、始、嗣”来表示。

○胎，从月（肉）从台会意，台也兼表声。读 tāi，本义指❶怀孕三月。引申泛指❷母体所怀的幼体：毋杀孩虫、~夭、飞鸟|胚~。引申指❸事物的萌芽：祸~。又引申指❹某些器物的坯：铜~儿|泥~儿。又指❺衬在衣帽被褥等里和面中间的东西：被~|棉花~。又用作❻英语 tyre 的音译：内~|外~|车~。

○怡，从忄从台会意，台也兼表声。读 yí，本义指愉快，和悦：黄发垂髫并~然自乐|心旷神~|~然自得。

○始，从女从台会意，台也兼表声。读 shǐ，本义为❶怀孕之始。引申泛指❷开始：千里之行，~于足下|~终|~末|起~。虚化为副词，表示❸才，方才：千呼万唤~出来，犹抱琵琶半遮面。

○嗣，甲骨文从册从大从子，会册封大子之意。金文从册从子，另加口、司，以强调册封之意，司也兼表声。古文省作从子司声。篆文省去子，隶变后楷书写作嗣。读 sì，本义指❶册封继承人。引申指❷子嗣，后代，继承人：罚弗及~|后~。又指❸继承君位：朕以寡昧，~纂洪业。又泛指❹继承，接续：子产而死，谁其~之。虚化为副词，指❺接着，随后：势利使人争，~还自相戕。

【组字】台，作为怀胎之义的“台”，如今已不单用，只作偏旁。现今仍归入口部。凡从台取义的字皆与怀胎等义有关。

以台作声兼义符的字有：胎、始、怡。

以台作声符的字有：郃、苔、迨、骀、枱、炱、跆、鲐、飑（台）、怠、绐、殆、笞、枲、冶、眙、诒、饴、贻、治。

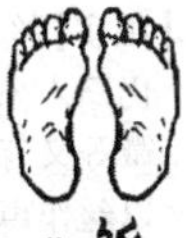

癶 bō

【字形】甲　金　篆　隶　草

【构造】会意字。甲骨文是相并的两只脚，表示有所践踏。金文变成相反的两只脚，表示两脚分张有所践踏，语意更明确。现今农村种萝卜，犹用两脚分张这种方式走人字形密密进行踏实。篆文承金文并整齐化。隶变后楷书写作癶。注意：与“癶”不同。

【本义】《说文·癶部》：“癶，足刺癶也。从止、屮。”本义指刺跋腿，即像现在的罗圈腿一样迈步。

【演变】癶，本义指❶刺跋腿在行走，即像罗圈腿一样迈步，表示行动不便：两足相不顺，故刺~也。泛指❷两脚相背：艮，屾（shēn）八八，北~~；门之非，径之韦。

此字不单用，只作偏旁。其含义如今说成“刺跋”，鲁西南方言尚有此语。注意：癶与癶不是一个字。参见祭。

【组字】癶，如今不单用，只作偏旁。现今仍设癶部。凡从癶取义的字皆与践踏等义有关。

以癶作义符的字有：癸、発、登。

矛 máo

【字形】古　金　篆　隶　草

【构造】象形字。金文象古兵器长矛之形。上为锋，中为身，下为鋈，侧有耳。古文稍繁。篆文整齐化。隶变后楷书写作矛。

【本义】《说文·矛部》：“矛，酋矛也。建于兵车，长二丈。象形。”本义为古代的一种直刺兵器。

【演变】矛，本义指❶古代的一种直刺兵器：王于兴师，修我戈~|楚人有鬻盾与~者|自相~盾。用作“矛盾”，作为哲学名词，指❷事物内部各个对立面之间的互相依赖而又互相排斥的关系，即对立统一。作为逻辑名词，指❸形式逻辑中两个概念互相排斥或两个判断不能同时是真也不能同时是假的关系。

【组字】矛，如今既可单用，也可作偏旁。现今仍设矛部。凡从矛取义的字皆与兵器、杀伐等义有关。

以矛作义符的字有：矜、柃、矞、矟、穳、稔（枪）、覆。

以矛作声兼义符的字有：敄、務（务）、柔。

以矛作声符的字有：茅、袤、楙、蝥。

母 mǔ

【字形】甲　金　篆　隶　草

【构造】象形字。甲骨文、金文皆从女胸前加两点，象妇女有两乳之形，表示已产子有乳。篆文整齐化。隶变后楷书写作母。注意：与“毋”有别。

【本义】《说文·女部》：“母，牧也。从女，象怀子形。一曰象乳子也。”本义为养育孩子的妇女。

【演变】母，本义指❶养育孩子的妇女：乳～。引申指❷母亲：无父何怙？无～何恃？｜父～。又引申指❸家族或亲戚中的长辈妇女，泛指长辈妇女：有一～见信饥，饭信｜伯～｜姑～。又泛指❹雌性的：～牛。由母亲生养子女，又引申指❺所从滋生的事物本源：有名，万物之～｜失败为成功之～｜～语｜～音｜酒～｜字～。又指❻一套东西中可包含其他部分的：子～扣。

【组字】母，如今既可单用，也可作偏旁。现今归入毋部。凡从母取义的字皆与年长妇女等义有关。

以母作义符的字有：每、毓。

以母作声兼义符的字有：每、姆、拇、胟。

以母作声符的字有：呣、坶、峔、牳、砪、鉧。

辽 liáo（遼）

【字形】篆　今篆　隶 辽遼　草

【构造】形声兼会意字。篆文从辶，尞声，尞为烧烤，用以会已远去的那烧烤的年代之意。隶变后楷书写作遼。如今简化作辽，改为了声。

【本义】《说文·辵部》：“遼，远也。从辶，尞声。”本义为久远，遥远。

【演变】辽，本义指❶年代久远：人生乐长久，百年自言～。由年代久远，引申指❷地域遥远：山修远其～～兮，涂慢慢其无时｜～远｜～阔。又用为❸朝代名：宋～元明四朝。

【组字】辽，如今既可单用，也可作偏旁。现今仍归入辶部。凡从辽取义的字皆与遥远等义有关。

幼 yòu

【字形】甲　金　篆　隶　草

【构造】会意字。甲骨文从幺（细小），从力，会力量弱小之意。金文大同。篆文整齐化。隶变后楷书写作幼。

【本义】《说文·幺部》：“幼，少也。从幺，从力。”所释为引申义。本义当为力量弱小。

【演变】幼，本义为力量弱小，引申指❶年纪小：余～好此奇服兮，年既老而不衰｜～儿｜～稚。又指❷初生的：～苗｜～虫。用作名词，指❸小孩儿：幼吾～以及人之～｜扶老携～。

【组字】幼，如今既可单用，也可作偏旁。现今仍归入幺部。凡从幼取义的字皆与力小等义有关。

以幼作声符的字有：呦、蚴、黝、窈、靿、拗。

丝 sī（絲）

【字形】甲　金　篆

隶 丝絲　草

【构造】象形字。甲骨文和金文皆象两束丝形。篆文整齐化。隶变后楷书写作絲。是“糸”的繁化。如今简化作丝。

【本义】《说文·絲部》：“絲，蚕所吐也。从二糸。”本义为蚕丝。

【演变】丝，本义指❶蚕丝：抱布贸～。又指❷丝织品：足下蹑～履，头上玳瑁光｜～绸。引申泛指❸像丝一样的东西：清歌妙舞驻游～｜藕断～连。又比喻❹细微，极少：一～力气也没有了｜一～不苟。古代弦用蚕丝为之，故又指❺弦乐器：无～竹之乱耳，无案牍之劳形。又用作量词，指❻微量：蚕吐丝为忽，十忽为一～，十～为一毫。

【组字】丝，如今既可单用，也可作偏旁。现今仍归入糸部。凡从丝取义的字皆与蚕丝、细微等义有关。

以丝作声兼义符的字有：兹。

以丝作声符的字有：咝、[illegible]、鸶。

六画

耒 lěi

【字形】甲 金 篆 隶耒 草

【构造】象形字。甲骨文象犁形。金文另加一手扶犁。篆文将手讹为三斜横，下变为木。隶变后楷书写作耒。注意：耒与来不同。

【本义】《说文·耒部》："耒，手耕曲木也。从木推丰。古者垂作耒耜，以振民也。""从木推丰"析形不确。本义为古代翻土农具耜上的曲木柄。

【演变】耒，本义指❶古代翻土农具耜上的曲木柄：斫木为耜，揉木为～｜古者急耕稼之业，致～耜之勤。泛指❷犁：因释其～而守株｜霸（人名）子时方耕于野，闻宾至，投～而归。

【组字】耒，如今既可单用，也可作偏旁。现今仍设耒部。凡从耒取义的字皆与农具、农耕等义有关。

以耒作义符的字有：耔、耔、耕、耖、耗、耘、耗、耙、耧、耠、耜、耝、耞、耟、耠、耡、耢、耥、耤、耦、耦、耧、耩、耨、耪、積、機、耬、耰、糖、耰。

以耒作声符的字有：诔。

邦 bāng（邫）

【字形】甲 金 古 篆 隶邦 草

【构造】会意兼形声字。邦与封（）同源，甲骨文皆从田土，上有植树，会在这里植树为界之意，后来分化为两个字。参见"封"。金文在甲骨文的基础上另加义符"邑"（城邑），遂成"邦"，以突出封国之义。古文同甲文。篆文承金文并整齐化，成为从邑从丰会意，丰也兼表声。隶变后楷书写作邦。异体或作邫。

【本义】《说文·邑部》："邦，国也。从邑，丰声。"本义为古代诸侯封国。

【演变】邦，本义指❶古代诸侯封国：夫子至于是～也，必闻其政。引申泛指❷国家：～以民为本。古代的封国实际就是一个城市加上周围的地域，故又指❸都城，大城镇：因来到这南京大～去处，借此糊口。

【组字】邦，如今既可单用，也可作偏旁。现今仍归入邑部。凡从邦取义的字皆与封国等义有关。

以邦作声符的字有：帮、绑、梆。

式 shì（軾、轼）

【字形】篆 隶式轼軾 草

【构造】会意兼形声字。篆文从工（筑墙杵）从弋（木橛），会立版建筑之意，弋也兼表声。表示建筑有法度、规矩。隶变后楷书写作式。

【本义】《说文·工部》："式，法也。从工，弋声。"本义为法度，规矩。

【演变】式，本义指❶法度，规矩：世世享德，万邦作～｜天～纵横。引申指❷榜样：为百僚～。又指❸物体外形的样子：形～｜新～。又指❹一定的规格：格～｜程～。又指❺典礼，仪式：开幕～｜阅兵～。又指❻自然科学中表明某些规律的一组符号：公～｜分子～｜方程～。用作动词，指❼效法：使人主师五帝而～三王。又用作"轼"，指❽古代车厢前面用以扶手的横木：苟有车，必见其～。用作动词，表示❾扶轼致敬：天子为动，改容～车。此义后写作軾，如今简化作轼。

〇轼，从车从式会意，式也兼表声。读 shì，本义指❶古代设在车厢前供立乘时凭扶的横木：据～低头。用作动词，指❷伏轼致敬：魏文侯过其闾而～之。

【组字】式，如今既可单用，也可作偏旁。现今归入弋部。凡从式取义的字皆与法式等义有关。

以式作声兼义符的字有：试、轼。

以式作声符的字有：拭、弑。

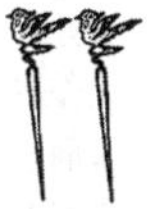

幵 jiān（笄）

【字形】甲 金 古 篆 隶 草

【构造】象形字。幵与先同源，从"先"字的甲骨文（）看，当是由妇女头上所戴的两根簪子形变来的。古人使用簪子都是两根横向对插，如将这两根簪子从头上拔下竖着并列放起来，就成了金文、古文和篆文的"幵"字。隶变后楷书写作幵。如今作偏旁时写作"开"，与

“開”的简体字混同了。

【本义】《说文·幵部》：“幵，平也。象二干对构，上平也。”所释为引申义。本义当为盘发用的簪子。是“笄”的本字。

【演变】幵，本义指❶簪子。由簪子横向对插，引申指❷平。后借作❸羌族的一个分支名。

由于“幵”作了偏旁，其义便另加义符“竹”写作“笄”来表示。古代女子十五算作成年，可以盘发插笄许嫁，称为及笄或笄年。

○笄，从竹从幵会意，最早的簪子用竹作，幵也兼表声。读jī，本义指❶簪子：～，系也，所以系冠使不坠也。引申指❷女子到了可以插笄的年龄，即成年可以婚配：(女子)十有五年而～|年方及～|～年。

【组字】幵，如今不单用，只作偏旁。现今归入干部。凡从幵取义的字皆与簪子装饰形象等义有关。

以幵作声兼义符的字有：併、形、妍、笄。

以幵作声符的字有：邢、岍、汧、钘、研、羿、趼。

刑 xíng (荆、刑)

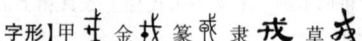

【字形】甲 金 篆 今篆 隶 刑 草

【构造】会意字。甲骨文是囚笼中拘囚一人形。金文将人移到笼外并讹近刀，就成了从刀从井，或省从井(囚笼，或说表示套在头颈上的木枷)，会拘囚处罚斩杀罪人之意。篆文承接金文大同，井(代表刑法)或省讹为幵，表示以法处罪。隶变后楷书写作荆。异体作刑，井讹作幵。俗作刑，幵又误作开。如今规范化用刑。

【本义】《说文·井部》：“刑，罚辠(罪)也。从井，从刀。”本义为治罪。

【演变】刑，本义为❶治罪，处罚：邦无道，免于～戮|～不避大臣。又指❷刑罚，体罚：道之以政，齐之以～|死～|缓～|动～。又引申指❸杀，割：～人之父子|自～以变其容。又用作“型”，表示❹铸造器物用的模子：～范正，金锡美，工冶巧。此义后令加义符“土”，写作“型”来表示。参见型。

【组字】刑，如今既可单用，也可作偏旁。现今归入刀部。凡从刑取义的字皆与刀割、法规等义有关。

以刑作声兼义符的字有：型、硎、铏。

以刑作声符的字有：荆、蛃、蜊。

戎 róng (戒)

【字形】甲 金 篆 隶 戎 草

【构造】会意字。最初当是一手持戈、一手执盾、身披铠甲的武士形。由于盾与铠甲皆起防护作用，甲骨文遂省去人形，讹为从戈从甲(铠甲的一个连片形，参见甲)会意。金文大同。篆文承金文，甲形进一步讹变。隶变后楷书分别写作戒与戎。如今规范化用戎，更近古体。

【本义】《说文·戈部》：“戎，兵也。从戈，从甲。”所释为引申义。本义当为武士。

【演变】戎，本指❶武士：下臣不幸，属当～行|我是颁白一老～。引申指❷兵器：乃教于田猎，以习五～。又引申指❸军事，军队：千里赴～机，关山度若飞|～马生涯|投笔从～。又引申指❹战争，征伐：大将临～，以智为本。又借指❺我国西部尚武的少数民族：西和诸～，南抚夷越。

【组字】戎，如今既可单用，也可作偏旁。现今仍归入戈部。凡从戎取义的字皆与军事等义有关。

以戎作声符的字有：绒、狨。

动 dòng (動)

【字形】甲 金 古 篆 隶 动 動 草

【构造】会意兼形声字。甲骨文从辵从童(一个头上带有奴隶标志的人身背竹篓形)，会背得动之意。金文稍繁，突出刑刀、眼睛，下加义符土，用一个背重物的人站在地上，会背得起来之意。古文又加义符辵，成为从辵从重会意，重也兼表声，以突出背得动。篆文整齐化，并改辵(辶)为力，表示用力把东西背起来了。隶变后楷书写作動。如今简化作动。

【本义】《说文·力部》：“動，作也。从力，重声。”本义为背起来。

【演变】动,由本义背起来,引申泛指❶改变事物原来的位置或状态:拟之而后言,议之而后~|五年,代地大~|风吹草~|流~|移~|走~|~物|~弹。又引申指❷为实现某目标而行动:非礼勿~|~作|活~|举~|~静。用作使动,表示❸使有动作:不事心,不劳意,不~力|~手~脑|~员。又引申指❹情感起反应:天子为~,改容式(轼)车|感天~地|~心|~人。又引申指❺开始采取行动:情~于中,故形于声,声成文谓之音|~身|~工|发~。用作副词,表示❻常常,往往,动不动:论安言计,~引圣人|人生不相见,~如参与商|~辄得咎|~以千计。又放在动词后,表示❼效果:抬得~。

【组字】动,如今既可单用,也可作偏旁。现今仍归入力部。凡从动取义的字皆与起动等义有关。

以动作声兼义符的字有:恸、働(“動”的日本汉字)。

巩 gǒng (拲、鞏、恐、築)

【字形】金  籀  篆 

 隶 巩 拲 鞏 恐

草 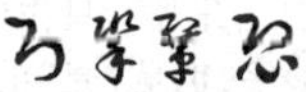

【构造】会意字。金文从丮,从工。丮为人举着双手有所操持形,工为筑杵,会人双手执杵筑墙之意。篆文稍讹。隶变后楷书写作巩。或另加义符手作拲。如今又作了“鞏”的简化字。

【本义】《说文·丮部》:“巩,褎(抱)也。从丮,工声。拲,巩或加手。”所释不明确,大概是指抱持在胸前。就金文看,本义很清楚,当是人双手执杵进行夯筑之义。

【演变】巩,由夯筑,引申指❶坚实,坚固:无不克~。人心绪郁结不开,也犹如筑实一样,故又引申指❷心绪郁结的样子:心~~而不夷。又引申指❸惧怕:敬而不~。

由于“巩”作了偏旁,“坚固”之义便又另加义符“革”写作“鞏”来表示。《说文·革部》:“鞏,以韦束也。《易》曰:‘鞏用黄牛之革。’从革,巩声。”表示用皮革束牢。引申指巩固。如今简化仍写作巩。惧怕之义则另加义符“心”写作“恐”来表示。夯筑之义则以“筑”(一种乐器)为基础,另加义符“木”写作“築”,表示筑墙要用木板。如今简化写作筑,与乐器之义合用了同一个字,并由夯筑引申泛指一切建筑。参见筑。

〇恐,金文从心从工,会心如被杵击捣之意。籀文大同。篆文改为从心从巩会意,巩也兼表声。读 kǒng,本义指❶害怕,畏惧:星坠木鸣,国人皆~|坐者散走,平公~,伏于廊室之间。引申指❷担心:吾闻见两头蛇者死,吾~他人又见,吾已埋之矣。又指❸使人担心的事:季春行冬令,则寒气时发,草木皆肃,国有大~。

【组字】巩,如今既可单用,也可作偏旁。现今归入工部。凡从巩取义的字皆与筑捣、结实等义有关。

以巩作义符的字有:筑。

以巩作声兼义符的字有:恐、拲、鞏、跫。

以巩作声符的字有:銎、蛩、蛩。

圭 guī (珪)

【字形】甲  金  籀  篆 

隶 圭 珪 草 

【构造】会意字。甲骨文借士表示。金文改从二士(雄性生殖器),用来表示像雄性生殖器形状的玉器。圭,长条状,下为方形,上呈三角形或圆形,正是雄性生殖器的形象。古人崇拜生殖神,故将玉做成“士”形以为礼器,在生活中广泛使用。正因为如此,古代生男孩则“弄璋(半圭形)”,望其成大器。籀文另加义符玉,以强调其为玉器。篆文讹为二土。隶变后楷书写作圭与珪。

【本义】《说文·土部》:“圭,瑞玉也,上圆下方。以封诸侯。从重土。”这是就当时的社会思想所作的解说,实应从重士。本义为用作礼器的瑞玉。

【演变】圭,本义为瑞玉,遂成为❶古代帝王诸侯朝聘、祭祀、丧葬时用的礼器:周公北面立,戴璧秉~。引申指❷锋芒,方正,喻高贵的人品:申乔仪状奇古,~角岸然|(子野)遇人浑

浑，不见～角，而志守端直，临事敢决。又引申指❸像圭的东西：片石如～。又指称❹古代测日影的器具：～表|～臬。又借为❺古代量名，一升的十万分之一。

○珪，从玉从圭会意，圭也兼表声。读guī，本义为❶瑞玉。常作祭祀、朝聘之用：聘人以～，问士以璧|既因方而为～，亦遇圆而成璧。古代封爵授土时，赐珪以为信，后因以代指❷官位：成王与叔虞戏，削桐叶为～以与叔虞，曰："以此封若。"|～爵。

【组字】圭，如今既可单用，也可作偏旁。现今归入土部。凡从圭取义的字皆与重叠、祭祀、美好或像圭一样等义有关。

以圭作声兼义符的字有：珪、佳、闺、桂。

以圭作声符的字有：硅、鲑、卦、诖、挂、恚、奎、跬、街、畦、哇、洼、娃、蛙、鞋。

寺 sì（持、侍）

【字形】

【构造】会意兼形声字。甲、金文皆从又（手），从之（脚站在地上），会站在那里听候使唤以备操持杂务之意，之也兼表声。金文异体或从寸，与手同；又或另加义符口，表示听候差遣。篆文承金文异体从寸，并整齐化，其义不变。隶变后楷书写作寺。

【本义】《说文·寸部》："寺，廷也，有法度者也。从寸，之声。"所释为引申义。本义当为操持。是"持"的本字。

【演变】寺，本义指❶操持：除民之所害，而～民之所宜。引申指操持杂务的❷近侍内臣，即寺人：太后临朝，阉～专宠。寺人住的地方称寺舍，寺人是宫廷官员，寺舍也就是官府了，故"寺"又引申指❸官署名：太常～|大理～。从汉明帝置白马寺后，"寺"又用以指❹佛教庙宇：卧佛～|相国～。以上二义或作閪，从門从寺会意，寺也兼表声。

"寺"为引申义所专用，操持之义便另加义符"扌"写作"持"来表示。寺人之义则另加义符"亻"写作"侍"来表示。

○持，从扌从寺会意，寺也兼表声。读chí，本义指❶拿着：庄子～竿不顾|～枪。引申指❷支持，保持：胜非其难者也，～之其难者也|～之以恒|～久|坚～。又引申指❸掌握，掌管，料理：王莽～政|悖乱不可以～国|勤俭～家。由各持一端，引申指❹对抗，对立：相～不下。

○侍，从亻从寺会意，寺也兼表声。读shì，本义指❶侍奉：得～同朝，甚喜|服～|～候|～卫。引申指❷陪伴：子路、曾皙、冉有、公西华～坐|～立。

【组字】寺，如今既可单用，也可作偏旁。现今仍归入寸部。凡从寺取义的字皆与操持、站立、侍候等义有关。

以寺作声兼义符的字有：侍、待、持、峙。

以寺作声符的字有：诗、恃、特、時（时）、痔。

青 què（南、壳）

【字形】

【构造】象形字。青与南同源，在甲骨文中皆象悬挂着的敲击乐器形，上为悬结，下为器体。金文和篆文大同。隶变后楷书写作青。

【本义】《说文·冂部》："青，帱帐之象。从冂，其丱饰也。"解说不确。本义当为打击乐器。

【演变】青，本义为打击乐器。只作偏旁，不单用。是"南"的象形字，也是"壳"的初文。参见"南""壳"。

【组字】青，如今不单用，只作偏旁。现今归入土部。凡从青取义的字皆与敲击、硬壳等义有关。

以青作声兼义符的字有：殸。

吉 jí

【字形】
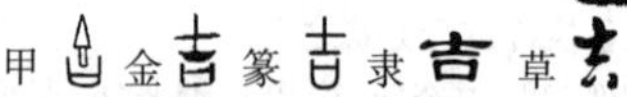

【构造】会意字。甲骨文从口（容器），从士（男性生殖器），是容器里盛有一个士形玉器的形象，表示正在举行一个求福的祭典。金文填实。篆文线条化。隶变后楷书写作吉。吉乃生子之喜，福祥之意。

【本义】《说文·口部》："吉，善也。从士、口。"

本义为福祥。

【演变】吉,本义指❶福祥:卜之不~则如之何?|万事大~。引申指❷美,善:~士|~人天相。又泛指❸吉利的:~凶祸福。又用作❹音译用字:~普|~他。

【组字】吉,如今既可单用,也可作偏旁。现今仍归入口部。凡从吉取义的字皆与福祥等义有关。

以吉作声兼义符的字有:佶、劼、颉。

以吉作声符的字有:诘、结、洁、秸、桔、拮、袺、鲒、黠。

老 lǎo

【字形】甲　金　篆　隶　草

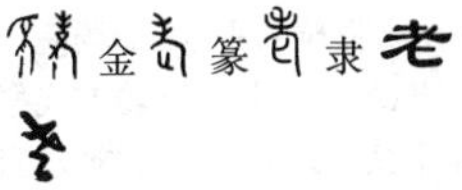

【构造】象形字。古人不理发,年老发长。甲骨文正象长发老人扶杖之形,异体突出了长发。金文承接甲骨文异体,将手拄杖讹为匕。篆文承接金文并整齐化。隶变后楷书写作老。老与考同源。参见考。

【本义】《说文·老部》:"老,考也。七十曰老。从人、毛、匕。言须发变白也。"析形是根据篆文所作的解说。本义为老人。

【演变】老,本义为❶老人:~少无欺。引申泛指❷年岁大:鸡犬之声相闻,民至~死不相往来|~骥伏枥|~当益壮|~马识途。又引申指❸时间长:~工人|~根|~豆角|~房子。老人经验多,故又指❹有经验:中朝大官~于事|~气横秋|~谋深算|~手|~到|~辣。又引申指❺很:~羞成怒|~远。最末的孩子是岁数大时生的,故又特指❻排行在最末:~闺女|~儿子。虚化为❼前缀:~师|~虎。

【组字】老,如今既可单用,也可作偏旁。现今仍设老部。凡从老取义的字皆与年岁大等义有关。

以老作义符的字有:考、孝、耆、耄、耋。

以老作声兼义符的字有:姥。

以老作声符的字有:佬、栳、铑。

考 kǎo (攷、拷、覈、核)

【字形】甲　金　篆　今篆　隶　草

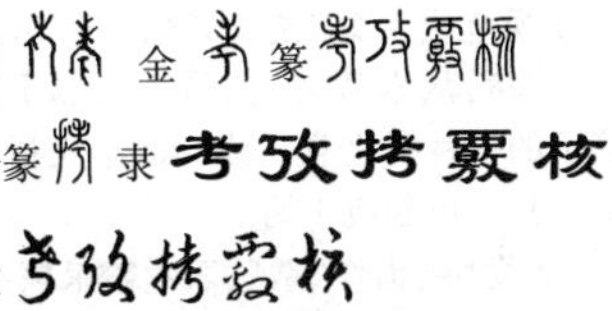

【构造】象形兼形声字。考在甲骨文中与"老"同形,都象长发老人扶杖之形,不同只是毛发稍稀,表示年老高寿,头发有所脱落;二形拐杖弯曲。金文承接甲骨文二形,头上也增添了些毛发,手杖弯曲,成了丂声,含义不变。篆文承接金文,成为形声字。隶变后楷书写作考。

【本义】《说文·老部》:"考,老也。从老省,丂声。"本义为年老。又《攴部》:"攷,敂也,从攴,丂声。"本义为敲击。

【演变】考,本义指❶年老:周王寿~,遐(通胡,何)不作人(造就人才)?|富贵寿~。由人老引申,泛指❷终结,落成:茅屋闻已~。又特指❸已去世的父亲:朕皇~曰伯庸|如丧~妣|先~。老人拄杖行走,一步一捣,犹如敲地一样,故又用作"攷",表示❹敲击:金石有声,不~不鸣。又引申指❺拷问:~讯如法。敲击是一种了解情况的手段,于是又用同"覈",表示❻考察,考核:网罗天下放失旧闻,略~其行事|陈宜依古典~功黜陟|~试|~验|~勤。进而引申指❼探求,研究:~其文理|~证|~究|思~。

为了分化字义,敲击、拷问的意思后来又另加义符"扌"写作"拷"来表示。

〇拷,从扌从考会意,考也兼表声。读kǎo,本义指❶拷打:染干(人名)疑古真(人名)泄其谋,乃执~之|~问。引申泛指❷刑讯:戴宗由他~讯,只不肯招和梁山泊通情。又用作音译词,指❸拷贝(英文copy)。

〇攷,从攴,丂声(丂,《说文》视为"气欲舒出",相当于"亏",即乐器"于",照此就是击节而歌了)。读kǎo,本义指❶敲击,敲打。又表示❷考察。如今规范化,其义全由"考"来表示,"攷"便废而不用了。

〇覈,从襾(表蒙覆)敫声,敫也兼表光洁之意。读hé,本义指❶果实中坚硬并包含果仁的部分:三曰丘陵,其动物宜羽物,其植物宜~物。用作动词,指检验物之实,即表示❷考核,查验:化俗之本,有与推移,何以~诸?

如今规范化,“覈”之义皆借“核”来表示。

〇核,从木从亥(割猪),会剥下的皮可制箱子的一种树之意。读 gāi,本义指❶一种树木。其皮可制成小箱子。

又读 hé,借作“覈”,表示❷果核:赐果于君前,其有~者怀其~。引申指❸有核的果品:肴~既尽,杯盘狼藉。果核在果实中间,故又引申指❹中心,核心:物实无中~者谓之郁,无刀斧之斫者谓之朴。又引申指❺像核的东西:细胞~。由检验物之实,又引申指❻考察,考核:其审~之,务准古法,朕将尽心览焉|~实|~算|~查。

又读 hú,口语中指❼果核。

【组字】考,如今既可单用,也可作偏旁。现今仍归入老部。凡从考取义的字皆与年老、敲击等义有关。

以考作声兼义符的字有:拷。

以考作声符的字有:烤、栲、铐。

圾 jī (岌)

【字形】古　篆　今篆　隶 圾 岌　草 圾 岌

【构造】形声兼会意字。古文从土,及声。篆文本从山,及声,及也兼表高至极之意,表示山高的样子。隶变后楷书写作岌。异体俗承古文作圾,改为从土,成了土碎之极了。后分化为表义不同的两个字。

【本义】《说文·山部》新附:“岌,山高貌也。从山,及声。”本义为山高的样子。《集韵·缉韵》:“圾,危也。通作岌。”《玉篇·土部》:“圾,土圾也。”又表示垃圾。

【演变】圾,作为“岌”的俗体,读 jí,本义为山高,引申指❶危险:殆哉~乎天下!

今读 jī,借用于“垃圾”中,专指❷灰土或扔弃的破烂杂物:更有载垃~粪土之船,成群搬运而去|不要随地倒垃~。又比喻❸腐朽没落的思想或事物:这帮家伙都是社会垃~。

〇岌,读 jí,本义指❶山高的样子。引申泛指❷高:高余冠之~~兮,长余佩之陆离。由山高又引申指❸危险:~~可危。

场 cháng;chǎng;chang (塲、場)

【字形】金　篆　今篆　隶 场 場 塲　草

【构造】会意兼形声字。金文从土从昜会意,表示阳光照耀的晒庄稼的敞亮平地之意,昜也兼表声。篆文整齐化。隶变后楷书写作場。异体后俗作塲,改为昜(𠃓)声。如今简化皆作场。

【本义】《说文·土部》:“場,祭神道也。一曰田不耕。一曰治穀田也。从土,昜聲。”本义为古代祭神用的平地,也指暂时不种庄稼而轧平用来晒谷物脱粒的平地,即场院。

【演变】场,读 cháng,本义指❶古代祭神用的平地:孔子冢上祭祀坛~。也指❷收打庄稼、翻晒粮食的平坦场地:九月筑~圃,十月纳禾稼|~院|打~|翻~|晒~|禾~。打谷场是人聚集的地方,故又引申指❸集市:赶~。用作量词,指称❹事情的过程:大干一~|下了一~大雨。

又读 chǎng,由场院引申泛指❺众人聚集的地方:战~|公共~所|商~|考~|~合。又指❻舞台的表演区:粉墨登~|走过~|出~|下~。又指❼戏剧作品或戏剧演出中的段落:二幕四~。用作量词,指称❽文体活动的次数:演出两~|一~球赛。由聚集引申,用作现代科技术语,指❾物质存在的一种基本形式:引力~|磁~|语义~。

又读 chang,用于多音节词的末尾,指❿场合形式:讲排~。

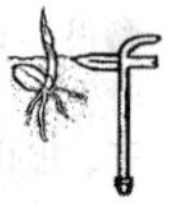

戋 zāi (栽)

【字形】甲　金　篆　隶 戋　草

【构造】会意兼形声字。甲骨文从戈从才(表庄稼),用兵器伤害庄稼,会兵灾之意,才也兼表声。金文、篆文线条整齐化。隶变后楷书写作戋。

【本义】《说文·戈部》:“戋,伤也。从戈,才声。”本义为伤害。

【演变】戋,本指❶以兵器伤害。引申泛指❷灾害。

由于戋作了偏旁，灾害之义便另加义符“火”写作“烖”来表示，成了兵火之灾。如今规范化，废“烖”而用“灾”。参见灾。

【组字】戋，如今不单用，只作偏旁。现今仍归入戈部。凡从戋取义的字皆与裁割等义有关。

以戋作声兼义符的字有：栽、裁、臧。

以戋作声符的字有：哉、栽、载、戴。

耳 ěr

【字形】甲　金　古　篆　隶 耳

草

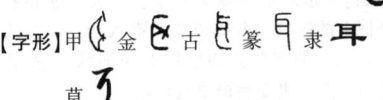

【构造】象形字。甲骨文象一只耳朵形。金文和古文大同稍讹。篆文整齐化。隶变后楷书写作耳。

【本义】《说文·耳部》：“耳，主听也。象形。”本义为耳朵。

【演变】耳，本义指❶耳朵：匪面命之，言提其～｜～闻目睹。用作动词，指❷闻，听：君其～而未之目邪？引申指❸形状像耳朵的：鼎，黄～金铉｜银～｜木～。又指❹位置在两旁的：～房｜～门。古又借作语气词，表示限止，相当于❺而已，罢了：前言戏之～｜技止此～。又表示肯定或停顿，相当于❻了，啊，也：寡人之于国也，尽心焉～矣｜今肃可迎操～，如将军不可也｜尔翁归，当与汝复算～。

【组字】耳，如今既可单用，也可作偏旁。现今仍设耳部。凡从耳取义的字皆与耳朵等义有关。

以耳作义符的字有：耵、耵、取、耷、咠、闻、聂、珥、耻、耿、耸、聆、耾、聍、聀、聃、聄、联、耽、聋、聃、职、聆、聇、聈、聉、聍、聎、聏、聐、聑、聓、聒、聊、聒、聠、联、聖(圣)、聗、聙、聛、聜、聝、聘、聟、聩、聪、聢、聣、聤、聥、聦、聧、聱、聪、聲(声)、聯、聮、聸、聹、聻、聽(聴、听)、聾。

以耳作声符的字有：佴、饵、洱、弭、铒。

共 gòng；gōng；gǒng（供、拱、恭）

【字形】甲　金　　篆　隶 共供拱

草

【构造】会意字。甲骨文本作廾，象双手有所捧形，会供奉之意。金文一形大同，似有所捧之物；二形明显加出所捧之物；三形将二形所捧之物上的两点连成一横；四形明确所捧之物为璧玉。篆文承金文三形并整齐化。隶变后楷书写作共。是“廾”的发展，是“供”“拱”的初文。后分化出供、拱、恭等字。参见廾。

【本义】《说文·共部》：“共，同也。从廿，从廾。”析形是就篆文所作的解说，所释为引申义。本义当为供奉，奉璧礼拜。

【演变】共，本义指❶供奉，供给：行李之往来，～其乏困。此义后作“供”。两手捧物与两手作揖，其状相同，故又表示❷拱手：子路～之。两手相拱则形成一个环形，遂引申指❸环绕：为政以德，譬如北辰，居其所而众星～之。此义后作“拱”。拱手是致敬的表示，故又引申为❹恭敬：公卑杞，杞不～也。此义后作“恭”。双手捧物是两手协同的动作，故又引申为❺共同具有，或一起做：愿车马，衣轻裘，与朋友～，敝之而无憾。由共同做又引申为❻合计，总计：旁开小窗，左右各四，～八扇。虚化为副词，表示❼共同，一起：和氏璧，天下所～传宝也｜雅俗～赏。用作介词，相当于❽和，跟：落霞与孤鹜齐飞，秋水～长天一色。用作连词，表示❾并列关系：松～竹，翠成堆。

〇供，从亻从共，共也兼表声。读 gōng，表示❶供给：事之～给，于是乎在。引申指❷提供某种条件给利用：父母～你读书可不容易。

又读 gòng，引申指❸奉献：有献莲华(花)～佛者。用作名词，指❹供品：上～敬神｜～果｜～养。引申指❺酒饭：食必尽四方珍异，一日之～以钱二万为限。由设供品，又引申指❻摆设：桌上花瓶内～一枝碧桃仙。由供给又引申指❼受审者的供词：口～｜招～｜～认。

〇拱，从扌从共会意，共也兼表声。读 gǒng，本义指❶拱手：垂～而治天下。引申指❷两手合围(表示物体的粗细)：中寿，尔墓之

木～矣。用作动词,又指❸环绕:群目统在纲,众星～北斗|～卫。又引申指❹顶部为半圆形的建筑:～桥|～门|～形。又引申指❺向上顶起:～芽。参见恭。

【组字】共,如今既可单用,也可作偏旁。现今归入八部。凡从共取义的字皆与供奉、恭敬、共同等义有关。

以共作义符的字有:龚。

以共作声兼义符的字有:供、拱、巷、洪、哄、烘、恭、珙、栱。

以共作声符的字有:蕻。

亚 yà (亞)

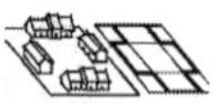

【字形】甲　金　篆　隶　草

【构造】象形字。甲骨文象古代聚族而居的一组大型建筑的平面图形。殷代的城郭、庙堂、世室以及帝王坟墓,其布局皆为此形,并沿用至近代。四合院或即其遗制。金文大同。篆文整齐化。隶变后楷书写作亞。如今简化作亚。

【本义】《说文·亞部》:"亞,丑也。象人局背之形。贾侍中说以为次第也。"析形和释义皆不确。贾侍中说近是,因为庭院建筑有一定次第。本义为古代聚族而居的一组大型建筑的平面图。

【演变】亚,本义为古代聚族而居的一组大型建筑的平面图。这种建筑讲究配搭对应,比并相连,自成一个封闭的体系,由此引申为❶匹配,等同:时吴郡顾协亦在蕃邸,与(颜)协同名,才学相～,府中称为二协|匹～。又引申为❷挨着,靠近:～水依岩半倾倒,笼云隐雾多愁绝|只见～肩叠背,闹闹穰穰,屯街塞巷,都来看迎大虫。又引申指❸次一等,较差:乃退就幕而会,吴公先歃,晋侯～之|～卿|～军|～热带。又引申指❹掩闭:几间寮舍,半～朱扉|重门深～。

【组字】亚,如今既可单用,也可作偏旁。现今归入一部。凡从亚取义的字皆与居室、匹配等义有关。

以亚作义符的字有:壶。

以亚作声兼义符的字有:娅。

以亚作声符的字有:哑、垭、挜、垩、恶、桠、氩、晋(夏)、痖。

芒 máng (鋩、铓)

【字形】甲　古　篆　今篆

隶　草

【构造】象形兼形声兼会意字。甲骨文象植物垂穗上的芒刺。古文和篆文皆从艹,从亡(表示无),会似有似无的植物上的细刺之意,亡也兼表声。隶变后楷书写作芒。

【本义】《说文·艸部》:"芒,艸耑(端)也。从艸,亡声。"本义为植物上的细刺。

【演变】芒,本义指❶植物上的细刺:麦～|～刺在背。引申指❷刀剑的锋芒:一朝解十二牛而～刃不顿。此义后也写作"鋩",如今简化作铓。又引申指❸光芒:有星～长三丈余,尾指西南。又用作❹植物名,状如茅,俗称"芭茅":家贫,织～屩(草鞋)以为养。

○铓,从钅从芒会意,芒也兼表声。读máng,本义指❶刀剑等的尖锋,也借指刀剑等:魏铗齐～,与今剑莫殊|短剑无～,孤琴罢响。也指❷光芒:尘氛静,露气凉,迢迢银汉动星～。又指❸一种民间敲击乐器,流行于云南省傣族和景颇族地区:一起敲锣打～。

【组字】芒,如今既可单用,也可作偏旁。现今仍归入艹部。凡从芒取义的字皆与芒刺或像芒刺等义有关。

以芒作声兼义符的字有:铓。

以芒作声符的字有:茫、硭。

芇 mián (芇、滿)

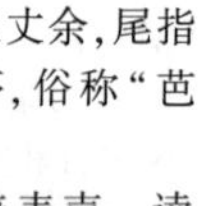

【字形】甲　金　古　篆　隶

草

【构造】象形字。芇与芇(㒼)、繭(茧)、爾(尔)四字是由同一个形体分化出来的繁简不同、表意各有侧重的同源字。芇的篆文之形当是由甲骨文尔简化来的,原是蚕吐丝结茧形。

这里表示蚕已结满了茧,完全均匀地被幔了起来。金文和古文稍简。篆文再简并整齐化。隶变后楷书写作芇。是"芇"与"滿"的初文。参见㒼、滿。

【本义】《说文·丫部》:"芇,相当也。阙(缺),读若宀。"未作字形分析,所释为引申义。本义当为蚕已结满了茧,完全均匀地被幔了起来。

【演变】芇,本义指❶蚕结满了茧,完全均匀地被幔了起来。引申为❷相当。又指❸围棋不分胜负。

【组字】芇,如今不单用,只作偏旁。现今归入艹部。凡从芇取义的字皆与完、满等义有关。以芇作义符的字有:㒼(㒼)、𧁞(茧)。

芝 zhī

【字形】篆  隶 芝 草 芝

【构造】形声兼会意字。篆文从艹,之声,之也兼表植物往上长之意。隶变后楷书写作芝。

【本义】《说文·艸部》:"芝,神草也。从艹,之声。"本义为灵芝草。

【演变】芝,本义指❶灵芝草:煌煌灵~,一年三秀。又指❷一种香草,即白芷:与善人居,如入~兰之室,久而不闻其香。

朽 xiǔ (歹丂)

【字形】金  古  篆  隶 歹丂 朽 草 歹丂 朽

【构造】会意兼形声字。金文从木,丂声。古文改为从歹(残骨)从丂(拐棍)会意,丂也兼表声。骨肉木头皆为易腐烂之物。篆文整齐化。隶变后楷书分别写作朽与歹丂。如今规范化皆用朽。

【本义】《说文·歺部》:"歹丂,腐也。从歺,丂声。朽,歹丂或从木。"本义为腐烂。

【演变】朽,本义指❶腐烂:锲而舍之,~木不折|~木不可雕也|~骨|~索。引申指❷衰老:年~发落,不堪衣冠|老~|~迈。又引申指❸磨灭,消散:大(太)上有立德,其次有立功,其次有立言,虽久不废,此之谓不~|永垂不~。

朴 pǔ;pō;pò;piáo (樸)

【字形】古  篆  隶 朴 樸 草 朴 樸

【构造】会意兼形声字。朴,篆文有两个来源。一个从木从卜(卜骨上的兆纹),会树皮之意,卜也兼表声。另一个从木从菐(璞省,未加工的玉),会未加工的木材之意,菐也兼表声。隶变后楷书分别写作樸与朴。如今简化皆作朴。

【本义】《说文·木部》:"樸,木素也。从木,菐声。"本义为未经加工的木材。又《木部》:"朴,木皮也。从木,卜声。"本义为树皮。

【演变】朴,作为本字,读pò,本义指❶树皮。又指❷朴树。

又读pō,用作"朴刀",指❸古代的一种窄长有短把的兵器:手执一把~刀,舞刀前来。

又读piáo,用作❹姓。

〇朴,作为"樸"的简化字,读pǔ,本义指❶未经加工的木材:残~以为器,工匠之罪也。引申指❷未经改变的本质,真性:志在守~,养素全真|返~归真|~素|质~。又引申指❸纯真,不加雕饰:衣冠简~古风存|纯~|~实。

权 quán (權)

【字形】甲  金  篆  今篆  隶 权 權 草 权 權

【构造】形声兼会意字。甲骨文从木(表秤),从又(手),会用秤衡量之意。金文从木,雚声,本指树名;雚为猫头鹰,与常鸟相反,在夜里活动,故又表反常之意。篆文整齐化。隶变后楷书写作權。如今简化,承甲骨文作权。

【本义】《说文·木部》:"權,黄华木。从木,雚声。一曰反常。"本义为树名,又表示反常。《广韵·先韵》:"权,秤锤也。"又指秤锤。

【演变】权,本义指❶黄华木。借用以表示❷秤,秤锤:为之~衡以称之,则并与~衡而窃之。用作动词,指❸称重量:~,然后知轻重;度,然后

知长短。引申泛指❹衡量：人固难全，~而用其长者，当举也|~衡得失。又用以比喻❺权力，权势：故明君操~而上重，一政而国治|大~在握|有职有~。由有权势，又引申指❻掌握优势：制空~|制海~。后又引申指❼应享的权利：选举~|发言~|公民~|知情~。由称量时的权衡高低，又引申指❽变通：男女授受不亲，礼也；嫂溺援之以手者，~也|通~达变|~宜之计|~变。进而引申指❾谋略上的随机应变：创痍之余，岂可矢石相确(通 角，争斗)，须~以胜之|~谋|~术。又引申指❿姑且：且就这里~歇一宿|~且。

【组字】权，如今既可单用，也可作偏旁。现今仍归入木部。凡从权取义的字皆与树木等义有关。

以权作声符的字有：欟。

亘 xuān；gèn (亙、漩、桓)

【字形】甲  金  古 

篆  今篆 

隶 亘 桓 漩 草 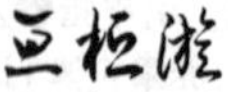

【构造】象形字。甲骨文象水回旋形；或加出一条河岸，以突出河水回旋之意。金文改为两个漩涡。古文合二为一，并加出两条河岸。篆文整齐化。隶变后楷书写作亘。如今又用作"亙"的简化字。

【本义】《说文·二部》："亘，求亘也。从二，从亙。亙，古文回，象亙回之形。"析形与释义皆不确。本义当为水回旋。与"回"同源，是"漩"的先行字。

【演变】亘，读 xuān，本义指❶水回旋。引申泛指❷盘旋。

又读 gèn，如今用作"亙"的简化字，故又指❸连绵不断、横贯。参见亙。

亘为借义所专用，水回旋之义便又另造了"漩"来表示，盘旋之义则借"桓"来表示。

〇桓，从木从亘会意，亘也兼表声。读 huán，本义为❶刻有回环水云纹的亭邮表(一种立在驿站旁用作路标或立在官署等建筑旁作标志的木柱子，后称华表)：瘗(掩埋尸体)寺门~东。引申泛指❷柱子：先于球场南立双~|公室视丰碑，三家视~楹(天子、诸侯下葬时，悬棺入墓穴的柱子，事毕立于墓穴的四角；旧时农村下葬，将哭丧棒竖于葬坑四角，或即其遗制)。借作"亘"，表示❸盘桓：鲵(鲸鱼)~之审(通渖，水回旋深处)为渊。又表示❹大：玄王(殷祖契由玄鸟而生)~拨(大治)。

〇漩，从氵从旋会意，旋也兼表声。读 xuán，本义为回旋的水：~涡|水流打着~。

【组字】亘，作为回旋义，如今不单用，只作偏旁。现今归入一部。凡从亘取义的字皆与回旋等义有关。

以亘作声兼义符的字有：宣、垣、桓。

以亘作声符的字有：洹、烜。

再 zài

【字形】甲  金  古  篆  隶 再

草 

【构造】会意字。甲骨文上下横合起来为二，当中是一简鱼形，会提两条鱼之意。《说文》析为"从冓省"，"冓"的甲骨文()正是两鱼接呷形，省为"二、鱼"，故表示两，两次。金文稍讹，增加一横，以强调二之意。古文承接甲骨文并线条化。篆文整齐化。隶变后楷书写作再。

【本义】《说文·冓部》："再，一举而二也。从冓省。"本义为两，两次，第二次。参见冓。

【演变】再，本义指❶两，两次，第二次：秦赵五战，秦~胜而赵三胜|一鼓作气，~而衰，三而竭|一而~，~而三。引申指❷第二次出现：胜地不常，盛筵难~|青春不~。又指❸又一次：一喷一醒然，~接~厉乃|~加一把劲儿。又指❹更加：笔杆~长一些就好了|~多些|~高点。又指❺如果继续下去：~磨蹭就晚了。又指❻一个动作发生在另一个动作结束之后：做完作业~去玩|吃了饭~走。又指❼另外有所补充：~则|~不然。

【组字】再，如今可单用，也可作偏旁。现今归入一部。凡从再取义的字皆与两次等义有关。

以再作声符的字有：洅。

吏 lì（使）

【字形】甲　金　篆

隶 吏 使　草

【构造】会意字。史、吏、事三字同源，在甲骨文中都是手持一猎叉从事打猎之形，远古渔猎时代，狩猎才有吃的，是大事，故以此会做事之意。金文大同。篆文整齐化。隶变后楷书写作吏。

【本义】《说文・一部》："吏，治人者也。从一，从史，史亦声。"析形不确，所释为引申义。本义当为从事打猎。

【演变】吏，由本义从事打猎，引申指❶做事的人。此义后来用"使"表示。又引申泛指❷官员：王使委于三～（三公）｜及都邑官府，其百～肃然｜贪官污～。又特指❸官府中的小官与差役：为郡小～｜有～夜捉人。古代也用作"事"，表示❹事情。此义后来用"事"表示。

〇使，从亻从吏会意，吏也兼表声。读 shǐ，本义指❶派人做事：郑伯～祭（zhài）足劳王｜支～｜～唤。引申指❷让，叫：～天下皆出于治｜～人扫兴。又引申指❸使用：这家具好～｜这是谁～的家伙？又引申指❹指派的人：楚～怒去｜大～。虚化为连词，表示❺假设：～梁睹秦称帝之害，则必助赵矣｜假～。

【组字】吏，如今既可单用，也可作偏旁。现今仍归入一部。凡从吏取义的字皆与做事等义有关。

以吏作声兼义符的字有：使。

以吏作声符的字有：涖。

朿 cì（刺）

【字形】甲　金　古　篆

隶 朿　草

【构造】象形字。甲骨文象以尖木穿物之形，异体或象长刺的荆棘形。金文承甲骨文一形大同，进一步突出了穿刺的意味。古文承甲骨文二形。篆文承之并整齐化。隶变后楷书皆写作朿。用作动词表示穿刺，用作名词指荆棘的芒刺。是"刺""棘"的本字。注意："朿"不封口，与"束"不同。参见刺、棘、枣。

【本义】《说文・朿部》："朿，木芒也。象形。"本义为穿刺，也指荆棘的芒刺。

【演变】朿，本义指❶穿刺。引申指❷树木的棘刺。由于"朿"作了偏旁，其义便另加义符"刀"写作"刺"来表示。

【组字】朿，如今不单用，只作偏旁。现今归入木部。凡从朿取义的字皆与芒刺、穿刺等义有关。

以朿作义符的字有：棘、棗（枣）。

以朿作声兼义符的字有：刺、茦、賚（责）、策。

㐁 tiàn（簟）

【字形】甲　金　古　篆

隶 㐁 簟　草

【构造】象形字。甲骨文象带有编织花纹的席形。金旁稍简。古文稍讹，尚有古意。篆文省讹，就变得不像了。金文和篆文二形是簟字，从竹覃声，覃也兼表长之意。隶变后楷书分别写作㐁和覃。

【本义】《说文・谷部》："㐁，舌貌。从谷省，象形。一曰竹上皮。"析形不确。本义当为竹席。是"簟"的本字。

【演变】㐁，本义为竹席。由于《说文》的误解，故有"舔"和"竹子的青皮"之义，遂使本义失迷。倒是《广雅・释器》解释说："㐁，席也。"保存了本义。

由于"㐁"作了偏旁，竹席之义便另造了形声字"簟"来表示。

〇簟，读 diàn，本义指竹席：下莞（草席）上～｜只见窗外竹影映入纱窗，满屋内阴阴翠润，几（几案）～生凉。

【组字】㐁，如今不单用，只作偏旁。现今归入一部。凡从㐁取义的字皆与竹席等义有关。

以㐁作声符的字有：茵、栖、弼（弻）。

襾 yà

【字形】甲 金 古

篆 隶 覀 草

【构造】象形字。襾是"覃"的简形。甲骨文一形象酒坛子;二形上边加了个用布包酒糟做成的塞子把酒坛子严密塞住形,旧时农村酒家皆如此盖酒坛子,既严密又不会混杂进别的气味,这大概是当初用襾(竹器)漉酒的遗迹;三形是个简形,襾旁即由此演变而来。金文稍繁。古文简化。篆文整齐化。隶变后楷书写作襾。如今简化,作偏旁时写作"覀"。注意:不同于"西"。

【本义】《说文·襾部》:"襾,覆也。从冂,上下覆之。"本义为覆盖,包裹。

【演变】襾,本义指覆盖,包裹。

【组字】襾,如今不单用,只作偏旁。现今仍设襾部。凡从襾取义的字皆与覆盖、包裹等义有关。注意:如今"襾"部的字,并不都是从"襾"取义的,有的是由别的形体变来的。

以襾作义符的字有:覂、覆、覈。

以襾作声兼义符的字有:贾。

西 xī

(栖、棲)

【字形】甲 金 籀 篆

今篆 隶 西栖棲

草

【构造】象形字。甲骨文象竹木编的圆形器具形。金文简化。籀文整齐化,仍有竹木编的器具的样子。篆文讹误较大,《说文》遂据之解释为鸟在巢上。隶变后楷书写作西。西,作为竹木编织的器具,是如今作为物品的"东西"的"西"的来源。

【本义】《说文·西部》:"西,鸟在巢上,象形。日在西方而鸟栖,故因以为东西之西。"此是就篆文所作的解释,非本义。本义当为竹木编织器具。

【演变】西,本义作为❶竹木编织的器具,与当"灯笼"讲的"东"合起来构成了今天当物品讲的"东西"一词。由于鸟巢也多为草木枝条编织而成,与"西"的形象相近,再加"西"这种器具常用以漉酒淋盐,须置于架子之上,含有依凭于此之义,故《说文》解释为"鸟在巢上",这实际上是认为"西"就是"栖"字。《说文》又据"日在西方而鸟栖"的现象,认为"西"由此引申指西方。这样,当物品讲的"西"便只保留在"东西"一词里了,本义遂不为一般人所知。而当鸟栖讲的"西",后来则另加义符"木"写作"栖"来表示。"西"便专用以指❷西方:~房|~南。引申泛指❸属于欧美等西方的样式或事物:~服|~餐。

〇栖,从木从西会意,西也兼表声。异体作棲,改为妻声。读 qī,本义指❶鸟类停宿:鸡~于桀,日之夕矣。引申泛指❷居住或停留:越王勾践~于会稽之上|~身|~息|~止。

又读 xī,用为"栖栖",形容❸忙碌,不安定:丘何为是~~者与?

【组字】西,如今既可单用,也可作偏旁。现今归入襾部。凡从西取义的字皆与器具、依凭、漉淋等义有关。

以西作义符的字有:覀、覃。

以西作声兼义符的字有:洒、栖、迺(乃)。

以西作声符的字有:硒、牺、舾、粞、茜、恓、氥、晒、哂、茜、跴(踩)。

注意:楷书里从西的字,有的不是西,而是由别的形体变来的,如要。

厌 yā;yàn

(厭、壓、压、饜、餍)

【字形】金 篆 今篆

隶 厌 厭 压 壓 餍 饜

草

【构造】会意兼形声字。金文借用"猒(饱食狗肉)"来表示。篆文另加义符厂(山崖),成了从厂从猒会意,猒也兼表声,表示山崖崩毁,有所覆压。隶变后楷书写作厭。如今简化作厌。是"压"的本字。由于"厭"后借用以表示"猒"的意思,覆压之义遂又另加义符土写作"壓(压)"来表示。参见猒。

【本义】《说文·厂部》:"厭,笮(压迫)也。从厂,猒声。"本义为覆压。是"压"的本字。

【演变】厌,读 yā,本义指❶覆压:卧岸下百余人,岸崩,尽~杀卧者。引申为❷镇压:东~诸侯之权,西远羌胡之难。迷信又指❸以诅咒镇住、制服他人或邪恶:秦始皇帝常曰"东南有天子气",于是因东游以~之。

又读 yàn,后来"厌"借用作"猒",用以表示❹饱足:原宪不~糟糠,匿于穷巷。引申泛指❺满足:贪得无~。有饱足吃腻,进而引申为❻憎恶,嫌弃:旧歌不~人含笑|讨~。

"厌(厭)"后来专用以表示满足、憎恶之义,饱足之义便另加义符"食"写作"饜"来表示,如今简化作"餍"。覆压之义便又另加义符"土"写作"壓"来表示,如今简化作"压",取其轮廓。

○餍,读 yàn,本义指❶吃饱:其良人(丈夫)出,则必~酒肉而后反。引申泛指❷满足:以险侥幸者,其求无~。

○压,读 yā,本义指❶覆压:~蔓|~榨|~迫。引申指❷超过:~倒一切|技~群芳。又引申指❸逼近:大军~境。又引申指❹使下降,减缩:~缩|~价。又引申指❺搁置不动:积~|扣~|货都~在了库里。进而引申指❻使稳定或平静:强~怒火|弹~|~惊。又特指❼赌博时下注:~宝。

又读 yà,口语,用作"压根儿",表示❽根本:我~根儿不知道。

【组字】厌,如今既可单用,也可作偏旁。现今仍归入厂部。凡从厌取义的字皆与饱足、覆压等义有关。

以厌作声兼义符的字有:壓(压)、餍。

以厌作声符的字有:厣、靥、魇、黡。

在 zài

【字形】甲　金　篆　隶　草

【构造】形声兼会意字。在甲骨文里"在"与"才"同形,借用草木初生表示存在。金文始另加义符"土",以强调生存在地上,才也兼表声,成了形声兼会意字。篆文整齐化。隶变后楷书写作在。

【本义】《说文·土部》:"在,存也。从土,才声。"本义为存在。

【演变】在,本义指❶生存,存在:父~观其志,父没观其行|已不~人世|无所不~|青春常~。引申为❷处在,留在:与从者谋于桑下,蚕妾~焉,莫知其~也|他~办公室。用于抽象义,又指❸居于某职位或某状态:是故居上位而不骄,~下位而不忧|~岗|~逃|~望|~握。又引申指❹参加了:他不~教。又引申指❺在于:政之所兴,~顺民心;政之所废,~逆民心|事~人为|满不~乎。用作副词,表示❻正在:他~写作业。用作介词,用以❼介绍出时间、地点、情形、范围等:~早晨锻炼|~家办公|~雨天才穿。又与"所"连用表示❽强调:~所难免。

【组字】在,如今既可单用,也可作偏旁。现今仍归入土部。凡从在取义的字皆与存在等义有关。

以在作声兼义符的字有:茬。

有 yǒu

【字形】甲　金　篆　隶　草

【构造】象形兼会意字。甲骨文象牛头形,用牛头表示占有财富;或借"又"表示。金文改为从又(手),从肉,用手中有肉会持有之意,成了会意字。篆文承金文并整齐化。隶变后楷书写作有。

【本义】《说文·有部》:"有,不宜有也。《春秋传》曰:'日月有食之。'从月,又声。"这是根据篆文"有"所作的解说。本义当为持有。

【演变】有,读 yǒu,本义指❶持有,与无相对:~无相生,难易相成|他手中~枪|树~一人高|很~道理。又表示❷领有:孙权据~江东|他没~铅笔|~法完成。又表示❸存在:田中~庐,疆场~瓜|门前~两棵树。又表示❹发生,出现:弟子皆~饥色|他~病。又用在某些动词前,表示❺客气:~请|~劳。又表示不定,泛指❻某,有的:暮投石壕村,~吏夜捉人|~天早上|~人同意,~人不同意。古代又用作❼名词词头,无义:何迁乎~苗|~周|~清一代。

又读 yòu,用在整数和零数间,同❽又:春秋三十~三。

【组字】有,如今既可单用,也可作偏旁。现今归入月部。凡从有取义的字皆与持有、包有等义有关。

以有作义符的字有：觵。

以有作声兼义符的字有：侑、囿、贿。

以有作声符的字有：铕、郁、宥、洧、鲔。

百 bǎi

【字形】甲  金  篆 

隶 百 草 百

【构造】会意字。甲骨文上边是一把尺子，下边是一粒黍米，中间是胚芽，表示摆下一尺长的黍米粒。金文承甲骨文而稍变其形。篆文整齐化。隶变后楷书写作百。用黍米一百粒表示一百。

【本义】《说文·白部》："百，十十也。从一、白。数，十百为一贯，相章也。"含义解释对了，构造没说清楚。原来远古计算长度用黍米，称为"黍尺"，即把黍米百粒排起来，其长度就算一尺。故"百"的本义为黍米一百粒。

【演变】百，由黍米一百粒，引申泛指❶十十之数：~夫长。又表示❷概数，极言众多：~花齐放。又特指❸百倍：人一能之，己~之。

【组字】百，如今既可单用，也可作偏旁。现今仍归入白部。凡从百取义的字皆与众多等义有关。

以百作声符的字有：佰、刵、陌、貊。

存 cún

【字形】籀  篆  隶 存 草 存

【构造】会意兼形声字。籀文从子（初生婴儿），从才（草木初生），会生存、活着之意，才也兼表声。篆文整齐化。隶变后楷书写作存。

【本义】《说文·子部》："存，恤问也。从子，才声。"所释为引申义。本义当为生存。

【演变】存，本义指❶生存，活着：~者且偷生|~活。引申泛指❷存在：侯之门，仁义~。又指❸保存，寄存：~其心，养其性，所以事天也|去伪~真|~款|~车。又指❹心里有：君子以仁~心，以礼~心|~心不良。由存在又引申指❺停聚：~食|~水。再引申指❻保留：六合之外，圣人~而不论|~疑。进而引申指❼余下的：库~|~货|结~。婴儿需要呵护，又指❽恤问：臣乃市井鼓刀屠者，而公子亲数~之|~问。进而引申指❾思念：思~|~想。

【组字】存，如今既可单用，也可作偏旁。现今仍归入子部。凡从存取义的字皆与存在等义有关。

以存作声兼义符的字有：荐。

而 ér
（髵）

【字形】甲  金  篆  今篆 

隶 而 髵 草 而 髵

【构造】象形字。甲骨文象颔下有垂须之形。金文大同。篆文整齐化。隶变后楷书写作而。

【本义】《说文·而部》："而，颊毛也。象毛之形。"本义为颔下胡须。

【演变】而，本义指❶颔下胡须：必深其爪，出其目，作其鳞之（颊侧上出须）~。胡须皆大同，故引申为❷如，好像：君子以莅众，用晦~明|白头~新，倾盖~故。又进而引申指❸就是：凡天下强国，非秦~楚，非楚~秦。又借作代词，相当于❹你，你的，此：余知~无罪也|我令~父霸，我又立若|~可以报知伯矣。又借作副词，相当于❺才，只，还：吾今取此然后~归尔|年四十~见恶焉，其终也已。又借作连词，表示❻并列、承接、假设、因果、转折、修饰等关系：蟹六跪~二螯|学~时习之，不亦说乎|不患寡~患不均，不患贫~患不安|人~无信，不知其可也|情动于中，~形于声|问其与饮食者，尽富贵也，~未尝有显者来|子路率尔~对曰。

"而"为借义所专用，胡须之义便另加义符"髟"写作"髵"来表示。

○髵，从髟从而，而也兼表声。读 ér，本义为❶颊毛，胡须：文山（人名）髵完肌薄，俨涂鬃漆于~鬓之隙。又泛指❷多毛发的样子：丹心持耿耿，黄发蓢~~。

【组字】而，如今既可单用，也可作偏旁。现今仍设而部。凡从而取义的字皆与胡须或须状物等义有关。

以而作义符的字有：耎、耑、要。

以而作声兼义符的字有：耎、耐、耏、輀、髵。

页 xié；yè
（頁、头、頭）

【字形】甲 金 篆
隶 页 頁 头 頭 草

【构造】象形字。甲骨文象一个突出了头部的人形。上为头和发，下为人身。金文线条化。篆文整齐化。隶变后楷书写作頁。如今简化作页。

【本义】《说文·页部》："頁，头也。从百，从儿。"本义为头。

【演变】页，读 xié，本义指❶头。与"百""首"为同一个字。

又读 yè，每个头都有一张面孔，故借作"葉"（叶），用为量词，表示❷书册的一张：扉～｜活～。

由于"页"作了偏旁并借为量词，头的意思便另加声兼义符"豆"写作"頭"来表示，如今简化作头。

○头，读 tóu，本义指❶脑袋：吾闻汉购我～千金｜～顶。引申指❷器物的顶端：以百钱挂杖～｜山～。又指❸事情的起点或终点：从～做起｜苦日子终有个～儿｜起～儿｜烟～儿。又指❹某个方面：顾了这～顾不了那～。又指❺首领：～目｜工～儿。又引申指❻第一，次序在先的：得～筹｜～名｜～两天。又用作❼量词：一～牛｜两～蒜。又虚化用作❽后缀：木～｜想～｜外～。

【组字】页，如今既可单用，也可作偏旁。现今仍设页部。凡从页取义的字皆与头、思虑等义有关。

以页作义符的字有：顶、顷、顸、项、顺、须、顼、顽、顾、顿、颀、颁、颂、烦、颃、预、颅、领、颇、颈、颉、颊、颋、颌、頩、颏、颐、頭（头）、频、颓、颖、颔、颗、题、颙、颚、颛、颜、额、颞、颟、颠、颡、願（愿）、類（类）、颢、颤、颥、顯（显）、颦、籲（吁）。

夸 kuā
（誇）

【字形】甲 金 篆 隶 夸 誇
草

【构造】会意兼形声字。甲骨从大，从于（表示乐声婉转），会乐声张大高扬之意，于也兼表声。金文加出乐声的标志。篆文省去乐声的标志，下边"于"变弯曲成亏（与于义同）。隶变后楷书写作夸。

【本义】《说文·大部》："夸，奢也。从大，于声。"所释为引申义。本义当为乐声张大。

【演变】夸，由本义乐声张大，引申泛指❶夸张：～～其谈｜浮～。又引申指❷奢侈：贵而不为～，信而不处谦。用于张大自己，又指❸自大：矜～。用于张大别人，又指❹赞美：赐书～父老，寿酒乐城隍｜～赞｜～奖。此二义后另加义符"言"，写作"誇"，表示用言辞张大。如今简化仍用"夸"。又用作❺姓。

○誇，从言从夸会意，夸也兼表声。读 kuā，本义为❶大言，夸口，夸大：物产腴沃甲大地，天府雄国言非～。又指❷夸示，夸耀；夸奖，夸赞：女儿不是～伶俐，从小生得有志气｜吴郡张颠～草书。以上各义如今简化都用"夸"表示。

【组字】夸，如今既可单用，也可作偏旁。现今仍归入大部。凡从夸取义的字皆与张大等义有关。

以夸作声兼义符的字有：侉、胯、绔、誇（夸）、跨。

以夸作声符的字有：垮、挎、刳。

灰 huī

【字形】甲 古 篆 隶 灰
草

【构造】会意字。甲骨文从火从又（手）持棍，会扒灰之意。古文和篆文从火，从又（手），会可以用手拿的火之意，当然是灰了。隶变后楷书写作灰。

【本义】《说文·火部》："灰，死火余烬也。从火，从又。又，手也。火既灭，可以执持。"本义为燃烧后的灰烬。

【演变】灰，本义指❶燃烧后的灰烬：衣裳垢，和

~清浣|形若槁骸,心若死~|蜡炬成~泪始干。引申为❷消沉,沮丧:心~意冷|~心丧气。又引申指❸尘土,污垢:满面尘~烟火色|~尘满面。又引申指❹像灰一样的颜色:~色|银~。又特指❺石灰:抹~|~顶。

【组字】灰,如今既可单用,也可作偏旁。现今仍归入火部。凡从灰取义的字皆与灰烬等义有关。以灰作声符的字有:诙、恢、盔。

达 dá (達)

【字形】甲 金 古 篆 隶 达 達 草

【构造】会意字。甲骨文从大(人),从辵,用人走在大道上,会通达之意。金文一形大同;二形省大而另加一竹(鞭)一羊,以突出行动像驱羊一样轻捷畅达之意。古文承金文大同。篆文承甲、金文分为二体。隶变后楷书写作达与達。如今简化用达。

【本义】《说文·辵部》:"達,行不相遇也。从辵,羍声。达,達或从大。"《说文》将羍独立出来解释为"小羊"并视为声符,不确。前人疑"行不"二字为"往来"之误,可从。本义当为行动轻捷畅达。

【演变】达,本义指❶行动轻捷畅达:挑兮~兮,在城阙兮。引申泛指❷到达,畅通:指通豫南,~于汉阴|四通八~|欲速不~|直~。又指❸达到,实现:不~目的决不罢休。又引申指❹通晓,明白:赐也~,于从政乎何有?|通权~变。又引申指❺表达:辞,~而已|词不~意|传~。又指❻明达,心胸开阔:高祖不修文学,而性~|豁~大度。由通达又引申指❼得志,得行其道:穷则独善其身,~则兼善天下。进而引申指❽显贵:苟全性命于乱世,不求闻~于诸侯|~官贵人。

【组字】达,如今既可单用,也可作偏旁。现今仍归入辵部。凡从达取义的字皆与通达等义有关。

以达(達)作声兼义符的字有:闼、跶。

以达(達)作声符的字有:垯、挞、哒、溚、闼、鞑、鞑。

列 liè (列、裂)

【字形】金 古 篆 隶 列 裂 草

【构造】会意兼形声字。金文从刀从歺(剔骨之残),会以刀分解之意,歺也兼表声。古文大同。篆文整齐化。隶变后楷书写作列。俗省作列,现以列为正体。

【本义】《说文·刀部》:"列,分解也。从刀,歺声。"本义为分解。

【演变】列,本义指❶分解,分开,分裂:故得~地,南面称孤。此义后另加义符"衣"写作"裂"来表示。将物分开自然会成为不同的部分,故又用同"秝"(庄稼的行列),表示❷行列:寡人虽亡国之余,不鼓不成~|站在最前~|出~。引申指❸位次,类别:上官大夫与之同~|陈力就~,不能者止|不在此~。用作动词,表示❹陈列,布置,排列:鸳鸯七十二,罗~自成行|~入名单|~队|开~。用作量词,表示❺成行列的事物:一~火车。由分开成各方,又引申为❻各,众多:~城绕长河,平明插旗幡|~国|~位。

○裂,从衣从列会意,列也兼表声。读 liè,本义指❶剪裁后剩余的缯帛。用作动词,指❷裁:~裳帛而与之。又泛指❸分割:咸得~土|般(同班)爵以贵之,~地以封之|姊妹弟兄皆~土,可怜光彩生门户。又指❹破裂:头发上指,目眦尽~|天崩地~|决~。

又读 liě,引申指❺向两边分开:他~着怀。

【组字】列,如今既可单用,也可作偏旁。现今仍归入刀部。凡从列取义的字皆与分开等义有关。

以列作声兼义符的字有:咧、裂。

以列作声符的字有:冽、洌、烈、䴕、趔、趔。

戌 xū

【字形】甲 金 篆 隶 戌 草

【构造】象形字。甲骨文象宽刃平口的大斧形。金文线条化。篆文整齐化。隶变后楷书写作戌。

【本义】《说文·戊部》:"戌,灭也。九月阳气微，万物毕成，阳下入地也。五行，土生于戊，盛于戌，从戊含一。”这是根据假借义所作的附会。本义当为斧类宽刃兵器。

【演变】戌，本义指❶宽刃兵器。后来借为❷地支的第十一位，并与天干相配用以纪年、纪日，或代表九月份及晚上七时至九时：戊～变法|～黄昏而人定亥。又表示❸十二生肖属狗。这样其本义便不为人所知了。

【组字】戌，如今既可单用，也可作偏旁。现今仍归入戈部。凡从戌取义的字皆与兵器等义有关。

以戌作义符的字有：成、威、咸、烕。

以戌作声兼义符的字有：歲（岁）。

戍 shù

【字形】甲 金 篆 隶 草

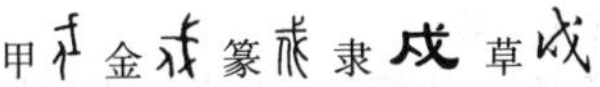

【构造】会意字。甲骨文从人持戈，会守卫之意。金文大同。篆文整齐化。隶变后楷书写作戍。注意：“戍”与“戌”不同。

【本义】《说文·戈部》：“戍，守边也。从人持戈。”本义为防守边疆。

【演变】戍，本义指❶防守边疆：发闾左適（谪）～渔阳九百人|卫～区|～边|～卒|～楼。用作名词，又指❷驻防的士兵：乃归诸侯之～。又指❸驻地的营垒，城堡：黄花～上雁长飞。

死 sǐ

【字形】甲 金 篆 隶 草

【构造】会意字。甲骨文从歺（即歹，枯骨），从人，象人跪在枯骨之旁恸哭之形，会人死之意；二形人或简化。金文承甲文简形大同。篆文整齐化。隶变后楷书写作死。

【本义】《说文·死部》：“死，澌也，人所离也。从歺，从人。”本义为死亡。

【演变】死，本义指❶死亡：鸟之将～，其鸣也哀；人之将～，其言也善|人生自古谁无～，留取丹心照汗青。引申为❷始终，坚持到底：语不惊人～不休|坚守～战。又比喻❸到极点：真是乐～人。又引申指❹不通的：～胡同。又指❺不可调和的：～敌|～对头。又引申指❻不活动，不灵活：不生粟之国亡，粟生而～者霸（生产粮食而不流通者只能称霸），粟生而不死者王|真是～心眼。

【组字】死，如今既可单用，也可作偏旁。现今归入歹部。凡从死取义的字皆与死亡等义有关。

以死作义符的字有：死、屍（尸）、毙、葬、薨。

亙 gèn

（亙、亘、恆、恒）

【字形】甲 金 古 篆 今篆 隶 草

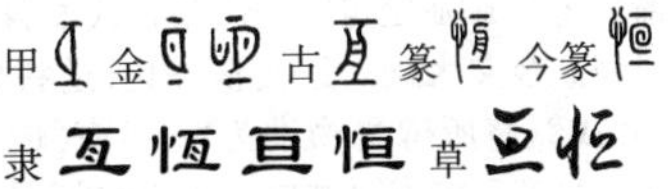

【构造】会意字。甲骨文从二（表示天地），从上弦月，会天地之间上弦月渐盈之意。天地之间月永恒，金文承之，月改为夕，含义不变；或另加义符心，用以表示心永恒不变。古文承甲骨文，月讹为舟。篆文承金文和古文加以综合并整齐化。隶变后楷书分别写作亙和恆。如今规范化，由于“亙”借“亘”（xuān，本为漩涡义）来表示了，所以“恆”也便写作了“恒”。这样“亙”遂与当漩涡讲的“亘”相混。参见“亘”（xuān）。

【本义】《说文·二部》：“恆，常也。从心，从舟，在二之间上下，心以舟施恒也。”析形是就篆文所作的附会，所释为引申义。本义当为上弦月渐盈。

【演变】亙，读gèn，本义指❶上弦月渐盈：如月之～，如日之升。此义今已不用。天地之间月亮从古至今皆有，故引申为❷连续不断：旌旗～千里。又表示❸横贯：看桥～长虹|～万古犹一日|～古未有。此二义如今规范化借用亘来表示，亙遂废而不用。

天地之间月亮弦、望有定，故又表示长久，固定不变，此义如今用“恒”来表示。

○恒，从心从亘会意，亘也兼表声。读héng，本义为❶恒心：人而无～，不可以为巫医。又泛指❷长久，固定不变的：无～产而有～心者，惟士为能。虚化为副词，表示❸经常：爱人者，人～爱之；敬人者，人～敬之|蜀之南，～雨少日。

【组字】亙(亘),如今既可单用,也可作偏旁。现今归入一部。凡从亙(亘)取义的字皆与永恒等义有关。

以亙(亘)作声兼义符的字有:姮、恒。

以 恆(恒)作声符有字有:桓。

成 chéng

【字形】甲 金 篆 隶 成 草

【构造】会意兼形声字。甲骨文象以戌(斧子)劈物形,表示斩物为誓以定盟之意,犹如"折箭为誓""歃血定盟"一样,是古代发誓的一种风俗。金文大同。篆文整齐化,遂将"戌"讹为"戊",将所劈之物讹为"丁"声,成了形声字。隶变后楷书写作成。或说"成"是由金文族徽""形演变来的,将其简化则为甲、金文的"成",可备一说。参见爯(秤、称)。

【本义】《说文·戊部》:"成,就也。从戊,丁声。"所释为引申义。本义当为定盟媾和。

【演变】成,本义指❶定盟媾和:郑伯请~于陈。引申指❷完成:大事告~|~就。又指❸变成:玉不琢,不~器。又指❹事物生长发展到应有的形态或状况:~人|~熟。又指❺成全:~人之美。又指❻可以,能行:你去办准~。又指❼达到:~千上万。又指❽有能力:这人真~,说到办到。又引申指❾已定的,现成的:~见。又引申指❿十分之一:工程已完了九~。

【组字】成,如今既可单用,也可作偏旁。现今归入戈部。凡从成取义的字皆与定盟、完成等义有关。

以成作声兼义符的字有:诚。

以成作声符的字有:城、铖、晟、盛。

夹 jiā;gā;jiá;xiá;xié

(夾、挟、裌、袷、陜、狭、狎、峡)

【字形】甲 金 篆 今篆 隶 夹 扶 袂 袷 陕 狭 狎 峡 草

【构造】会意字。甲骨文是两人从腋下夹持一个大人之状,会从左右两腋相持之意。金文大同。篆文整齐化。隶变后楷书写作夾。如今简作夹。注意:夾与夾不同。

【本义】《说文·大部》:"夾,持也。从大侠(夾)二人。"本义为从左右相持。

【演变】夹,读 jiā,本义指❶从左右相持:使吾二婢子~我。引申指❷辅佐:已杀纣,周公把大钺,召公把小钺,以~武王|~辅。又引申指❸在两旁:背巴师而~攻之|忽逢桃花林,~岸数百步|~道欢迎。又指❹从两旁用力固定使不动:虞人以铍(两刃兵刀)、盾~之|~菜。用作名词,指❺夹东西的器具:白藤交穿织书笈,短策齐裁如梵~(夹佛书的夹子)|画~。又引申指❻搀杂,混杂:残年日易晚,~雪雨难晴|~七杂八。

又读 gā,人们多用腋下夹东西,故引申指❼腋窝:~肢窝。

又读 jiá,由两旁引申,表示❽双层的:著我绣~裙,事事四五通|~袄|~壁墙。此义后另加义符"衤"写作"裌",或写作"袷"。如今简化仍作"夹"。

又读 xié,挟制也是从两旁相持,故引申指❾挟持:坐须贾于堂下,置莝豆其前,令两黥徒~而马食之|又似~持,余甚恐。此义后另加义符"扌"写作"挟"来表示。

又读 xiá,两边相夹挤,中间必窄小,故引申指❿窄狭:其地东西~,南北长。为分化字义,此义后另加义符"阝"写作"陜"来表示。而"陜"易与"陕(陕西的陕)"相混,于是又改为从"山"作"峡"。"峡"后来专用以表示两山间狭长的地方,狭隘之义便借本当"近习"讲的"狎"的异体字"狭"来表示。

〇裌,从衣从夾会意,夹也兼表声。读 jiá,本义指❶夹衣:地偏初衣~。又指❷夹层的(衣服):乃制~头巾,令深袥耳。

〇袷,从衣从合会意,合也兼表声。读 jiá,本义指❶夹衣:服绣~绮衣。

又读 jié,指❷古时交叠于胸前的衣领:曲~如矩以应方。

又读 qiā,指❸夹衣:晓日清和尚~衣。

〇挟,从扌从夹会意,夹也兼表声。读 xié,本义指❶夹持:颍考叔~辀(车辕)以走。用于抽象意义,表示❷挟持,用威力强迫人服从:~

天子以令天下，天下莫敢不听。又引申指❸怀藏：或～邪以干荣|～怨|～嫌。又引申指❹倚仗：不～长，不～贵，不～兄弟而友|要～|～制。

〇陜，从阝从夾会意，夾也兼表声。读xiá，本义指❶狭窄，狭隘：马陵道～，而旁多阻隘，可伏兵。此义后俗作“狭”。又表示❷两山夹水的地方：战于～中，为雅（人名）所败。此义后作“峡”。

〇狭，从犭从夹会意，夹也兼表声。读xiá，本是“狎”的异体字。本义指❶亲近而不庄重：美人～坐飞琼觞，贫人唤云天上郎。借作“陕”，表示❷狭窄，隘狭：国之广～，壤之肥硗，有数|～路相逢。用于抽象意义，引申指❸见识、胸怀不宽广：吾性直～中，多所不堪。

〇狎，从犭从甲（甲衣）会意，甲也兼表声。读xiá，本义指❶驯犬：欲以刑罚慈民，辟其犹以鞭～狗也，虽久弗亲矣。引申指❷亲近，熟悉：贤者～而敬之，畏而爱之|边鄙不耸（通悚，恐惧），民～其野。又引申指❸轻慢，戏弄：及壮，试为吏，为泗水亭长，廷中吏无所不～侮。又特指❹嬉戏，游燕：～昵|～客|～妓。

〇峡，从山从夹会意，夹也兼表声。读xiá，本义指❶两山夹水的地方：逍遥乎广泽之中，而仿洋于山～之旁。又特指❷长江三峡：桓（温）公入～，绝壁天悬。又引申指❸连接两部分陆地的狭长地带或海域：巴拿马地～|台湾海～。

【组字】夹，如今既可单用，也可作偏旁。现今仍归入大部。凡从夹取义的字皆与从两边相持、贴近、扶助等义有关。

以夹（夾）作声兼义符的字有：侠、陕、荚、挟、峡、狭、硖、铗、裌、颊。

以夹（夾）作声兼义符的字有：郏、浃、蛱。

轨 guǐ（軌）

【字形】金　篆　隶 轨 軌　草

【构造】形声兼会意字。金文从车，九声，九也兼表末尾之意。篆文整齐化。隶变后楷书写作軌。如今简化作轨。

【本义】《说文·車部》：“軌，车辙也。从車，九声。”所释为引申义。本义当为车轴两端的轴头。

【演变】轨，本义指❶车轴两端的轴头：济盈（满）不濡（湿）～，雉鸣求其牡（雄雉）。引申指❷车两轮间的距离：车同～，书同文|经纬之涂（道路），皆容九～。又引申指❸车轮滚动留下的辙迹：城门之～，两马之力与（欤）？由车辙，又引申指❹事物运行的一定路线，轨道：五星循～而不失其行|火车出～|双～。又特指❺铺设用的钢轨：铁～|铺～。一定的轨道对车有约束力，故又比喻❻约束人们行动的法度，规矩：是故圣人一度循～，不变其宜，不易其常|正～|常～|越～。

【组字】轨，如今既可单用，也可作偏旁。现今仍归入车部。凡从轨取义的字皆与轨道等义有关。

以轨作声符的字有：匦、昀。

邪 xié；yé；yá（琊、玡、衺、耶、斜）

【字形】金　古　篆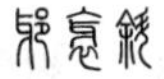　今篆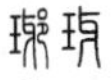

隶 邪 琊 玡 衺 斜

草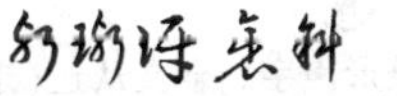

【构造】形声兼会意字。金文和古文皆从邑（城镇），牙声，牙也兼表山峰似牙之意。篆文整齐化。隶变后楷书写作邪。

【本义】《说文·邑部》：“邪，琅邪郡。从邑，牙声。”本义为郡名，因山而名。也写作“琅琊”“琅玡”。

【演变】邪，读yá，本义为❶山名，郡名：（始皇）出游会稽，并海上，北抵琅～。

又读xié，后借作“衺”，从衣，牙声。本义指古代大襟斜掩，引申指歪斜不正，故又表示❷歪斜不正：故向乎～曲而不迷，观乎杂物而不惑|～门歪道|改～归正|～说。又特指❸邪恶：愚乱之～臣|掌万民之～恶过失，而诛让之。又指❹邪恶之人：任贤勿贰，去～勿疑。又引申指❺妖异怪诞之事：性不信巫～。又引申指❻中医所指的引起疾病的环境因素：风

客淫气，精乃亡，~伤肝也。

又读 yé，用作语气词，表示❼疑问：治乱，天~？此义后作“耶”。又用作象声词，表示❽众人劳作时一齐用力发出的呼声：夫治天下犹曳大木然，前者唱~，后者唱许。

“邪”后来专用以表示邪恶不正等义，地名便由“琊”来表示，今简作“玡”。歪斜之义又由“斜”来表示。

○斜，从斗从余（房舍），会于家里“往往取酒还独倾”之意，余也兼表声。读 xié，本义指❶用斗舀出。借为“衺”，表示❷歪斜不正（古诗或读 xiá）：远上寒山石径~｜倾~｜~阳｜~坡｜~视｜~路｜~线。

又读 yé，指❸终南山山谷名。在陕西省褒城县东北：右界褒~。

【组字】邪，如今既可单用，也可作偏旁。现今仍归入邑部。凡从邪取义的字皆与地名等义有关。

以邪作声兼义符的字有：睉、琊。

以邪作声符的字有：揶、铘。

迈 mài（邁）

【字形】金 篆 今篆 隶 迈 邁

草 迈 邁

【构造】会意兼形声字。金文从辶（走路）从蠆（chài，长尾蝎子）省，会行极之意，蠆也兼表声。篆文整齐化。隶变后楷书写作邁。如今简化作迈。

【本义】《说文·辵部》：“邁，远行也。从辶，蠆省声。”本义为远行。

【演变】迈，本义指❶远行：行~靡靡，中心摇摇。引申指❷跨越，跨步：三王可~，五帝可越｜~步｜~进。由远行，又引申指❸日月运行，时光流逝：今我不乐，日月其~。由时光的流逝，又引申指❹年老：衰~久风尘｜老~。又用作❺英里（mile）的音译。合 1.6093 千米：一小时跑了 60~。

【组字】迈，如今可单用，也可作偏旁。现今仍归入辶部。凡从迈取义的字皆与行走等义有关。

以迈作声符的字有：譪。

过 guò（過）

【字形】金 盟书 篆

隶 过 過 草 过 過

【构造】会意兼形声字。金文所从𠙹，是⺁（拿着癸尺连续量度形，参见“癸”）的简化，从辵（表示行走动作），会边走边丈量之意。盟书讹断并另加一口，表示用口报数。篆文讹为从辵，咼声，成了形声字。隶变后楷书写作過。如今简化作过，是草书的楷化。

【本义】《说文·辵部》：“過，度也。从辵，咼声。”本义为边走边量度。

【演变】过，由边走边量度，引申泛指❶走过，经过：子击磬于卫，有荷蒉~孔氏之门者｜~屠门而大嚼｜~河拆桥｜路~。又引申指❷时间或空间的转移：~眼云烟｜~目成诵｜~日子｜~冬｜~节。由经过又引申指❸对某事务的处理：~滤｜~磅｜~秤｜~户。又引申指❹超越：与单于连战十余日，所杀~当｜言~其实｜矫枉~正｜胆识~人｜~时｜~半｜~分。虚化为副词，表示❺程度超过一般，过分：以其境~清，不可久居｜~费｜~谦｜~细｜~誉。由过分又引申指❻错误：人谁无~，~而能改，善莫大焉｜文~饰非｜悔~自新｜罪~。由经过又引申指❼过去：三伏适已~，骄阳化为霖｜雨~天晴｜事~境迁。由经过，又引申指❽拜访：~访。用作量词，指❾次，回：翻了几个~。虚化为助词，用在动词后，表示❿行为已成过去或趋向：每日读书，只是读~了，便不知将此心去体会｜看~了｜这也太说不~去了｜你送~去。

【组字】过，如今既可单用，也可作偏旁。现今仍归入辵部。凡从过取义的字皆与经过等义有关。

以过作声符的字有：㗻、挝、濄。

匡 kuāng（筐、框、眶）

【字形】甲 金 古 篆 今篆

隶 匡 筐 框 眶

草 匡 筐 框 眶

【构造】会意兼形声字。甲骨文从匚(方形竹筐)从羊会意,表示盛羔羊的竹筐,农村卖寒羊羔就是用篮子盛着赶集的。金文画出了编筐的纹路,并改为从䖵,表示前往,䖵也兼表声。古文筐形简化。篆文承接古文并整齐化。隶变后楷书写作匡。是“筐”的本字。

【本义】《说文·匚部》:“匡,饮器,筥也。从匚,䖵声。”本义为古代盛物的方形竹筐。

【演变】匡,本义指❶古代盛物的方形竹筐。由方筐引申为❷方正,端正:萬(矩)之以眡(视)其~|上漏下湿,~坐而弦(弹琴)。用作动词,指❸匡正,纠正:善则赏之,过则~之。又进而引申指❹辅佐:今范中行氏之臣,不能~相其君,使至于难。又引申指❺救助,挽救:~乏困,救灾患。由竹筐,又引申指❻框架,轮廓,眼眶:(天极星)环之~卫十二星|涕满~而横流。此义后分化为“框”与“眶”二字。由轮廓,用作动词,又引申指❼环绕:刊章~以花,急递插以羽。由轮廓,又引申指❽粗略(计算):~算|~计。

由于“匡”作了偏旁,方形竹筐之义便另加义符“竹”写作“筐”来表示。

○筐,从竹从匡会意,匡也兼表声。读kuāng,本义指❶盛物的方形竹筐:女承~,无实|于以盛之,维~及筥。又比喻❷像方筐一样的:心有忧者,~床衽席,弗能安也。后又泛指❸竹柳编的盛物器具:于是乎每朝设脯一束,糗一~,以羞(进献)子文|竹~|粪~。

○框,从木从匡会意,匡也兼表声。读kuàng,本义指❶框架。又特指❷门框。又指❸器物的外框:镜~。又指❹图画等外围加的线条:为他的遗像加了黑~。又比喻❺范围,固有的格式:打破旧~~。

○眶,从目从匡会意,匡也兼表声。读kuàng,本义指眼眶:热泪盈~。

【组字】匡,如今既可单用,也可作偏旁。现今仍归入匚部。凡从匡取义的字皆与筐状物或套住等义有关。

以匡作声兼义符的字有:诓、框、眶、筐。

以匡作声符的字有:哐、洭。

臣 chén

【字形】甲 金 篆 隶 草

【构造】象形字。甲骨文象竖着的眼睛形,人低头屈服侧目而视时才有竖目的样子,与一般横着的眼睛不同。古代战争将抓获的俘虏捆绑起来牵着走,故用以表示屈服的俘虏。金文大同。篆文整齐化。隶变后楷书写作臣。

【本义】《说文·臣部》:“臣,牵也,事君也。象屈服之形。”所释是从将战俘捆绑起来牵着走的角度解说的引申义。本义当为战俘。

【演变】臣,本义指❶战俘:~则左之。古代战俘多转为奴隶,故又指❷男奴隶:虽~虏之劳,不苦于此矣|~妾逋逃。奴隶是供役使的,故又引申指❸役使,统属,当奴隶:故王~公,公~大夫,大夫~士,士~皂|而欲以力~天下之主,臣恐有后患|越王勾践与大夫种、范蠡入~于吴。官吏事奉君主犹如奴隶事奉主人,故又引申指❹君主时代的官吏:君明~忠,上让下竞|权~|佞~。进而引申指❺国君统属下的民众:在国曰市井之~,在野曰草莽之~,皆谓庶人|~民。又引申指❻古人谦卑的自称:愿君具言~之不敢倍(通背)德也|~本布衣。

【组字】臣,如今既可单用,也可作偏旁。现今仍设臣部。凡从臣取义的字皆与眼睛、臣虏、俯首等义有关。

以臣作义符的字有:臤、卧(臥)、宦、臦(堅)、臩、臧、臨(临)、槊。

以臣作声符的字有:嚚。

匠 jiàng

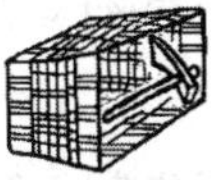

【字形】古 篆 隶 草

【构造】会意字。古文从匚(筐,还画出了编织纹路)从斤(斧),用筐中有斧子会木匠之意,或省去编织纹路。篆文承古文简形并整齐化。隶变后楷书写作匠。

【本义】《说文·匚部》:“匠,木工也。从匚,从斤。斤,所以作器也。”本义为木工。

【演变】匠,本义指❶木工:~石(人名)运斤成风。引申泛指❷各种技术工人:能穿凿穴培谓之土~|能工巧~|铁~|瓦~。又引申指❸

巧妙构思、设计：夫裁文～笔，篇有大小｜～心独运｜～意。又特指❹从事某种工作而少创造的人：教书～。

【组字】匠，如今既可单用，也可作偏旁。现今仍归入匚部。凡从匠取义的字皆与工匠等义有关。

以匠作声符的字有：趣。

扛 káng；gāng

【字形】篆 隶 扛 草

【构造】会意兼形声字。篆文从扌，从工（筑杵），会两手对举重物之意，工也兼表声。隶变后楷书写作扛。

【本义】《说文·手部》："扛，横关（门横闩）对举也。从手，工声。"本义为两手举起（重物）。

【演变】扛，读 gāng，本义指❶两手对举（重物）：（项）籍长八尺余，力能～鼎。引申指❷多人共同抬举一物：令十人～之，犹不举。

又读 káng，指❸用肩膀承担物体：～锄头｜～枪｜～着铁锹。

【组字】扛，如今既可单用，也可作偏旁。现今仍归入手部。凡从扛取义的字皆与举起等义有关。

以扛作声兼义符的字有：扛。

扣 kòu （敂、叩、筘）

【字形】篆 今篆 隶 扣 敂 叩 筘 草

【构造】会意兼形声字。篆文从手，从口，会用手牵住马嚼口之意，口也兼表声。隶变后楷书写作扣。

【本义】《说文·手部》："扣，牵马也。从手，口声。"本义为牵住马嚼口。

【演变】扣，本义指❶牵住马嚼口：晋梁由靡已～缪公之左骖矣｜～马而谏。由扣马，后引申指❷套住，系住：取原日香罗帕，向咽喉～住｜～上门｜～上衣扣。旧时衣扣是用绳带编制成的结子，故又引申指❸衣扣：领～松，衣带宽。此义也写作"鈕"。又泛指❹编制成的结子：系个活～儿｜在绳头结个死～儿。由套住又引申指❺用器物口朝下罩住：箩筐下～住一只白兔。进而引申指❻扣留：把犯人～起来。又比喻❼加上（不好的名义）：被～上右派帽子。由扣留又引申指❽减去其中的一部分：从明日为始，逐日将本钱～出｜折～｜～除。又指❾螺纹的一圈：多拧上两～。又通"敂"，表示❿敲击，攻打：譬若钟然，～则鸣，不～则不鸣｜～城则不下，攻壁则不入｜～人心弦。又用作"筘"，指⓫织布机上经线所贯穿的用来持经并用以打紧纬线的机件，即机杼：丝丝入～。

〇敂，从攴，句声。读 kòu，本义指敲击：凡四方之宾客～关，则为之告。此义后用"叩"表示，"敂"遂废而不用。

〇叩，从卪（卩，跪坐之人）从口会意，口也兼表声。读 kòu，本义为❶古代行礼俯首至地，磕头：～头且破｜三跪九～｜～拜｜～谢。又借作"敂"，指❷敲击：以杖～其胫｜～石垦壤｜～齿｜～门。又指❸弹奏：击瓮～缶，弹筝搏髀。由敲击，又引申指❹攻打：～关而攻秦｜引兵～城。又通"訃"（从言，口声），指❺询问：从乡之先达执经～问。又通"扣"，指❻拉住，覆盖，加上：～马而谏｜～在筐底下｜～帽子。

〇筘，从竹从扣会意，扣也兼表声。读 kòu，本义指机杼：三十升（古代区别布的粗细所用的计量单位。布 80 缕为升）布，则为～一千二百目。

【组字】扣，如今既可单用，也可作偏旁。现今仍归入手部。凡从扣取义的字皆与牵住等义有关。

以扣作声兼义符的字有：筘。

执 zhí （執、縶、縶）

【字形】甲 金 古 篆 隶 执 執 縶 縶 草

【构造】会意兼形声字。甲骨文从丮（跪人），从㚔（手铐），㚔也兼表声，是一个跪着的人双手戴铐之状，会捕捉罪人之意。金文一形大同稍讹，二形整齐化。古文大同。篆文进一步整齐化。隶变后楷书写作執。如今简化作执。

【本义】《说文·㚔部》："執，捕罪人也。从丮，从㚔,㚔亦声。”本义为捕捉罪人。

【演变】执,本义为❶捕捉(罪人):将吉平~下。引申泛指❷拘系:春祭马祖,~驹。又引申指❸拿着:一人冕,~锐,立于侧阶|~牛耳|~笔。又引申指❹持有某种主张:惟瑜、肃~拒之议。又指❺坚持(己意):若~迷不悟,距逆王师,大军一临,刑兹罔赦|~意|固~。又指❻掌握,控制:圣人~要,四方来效|~政|~教。又引申指❼实行:有司~法,未得其中|~礼甚恭|~行。又引申指❽可拿作证明的凭据:你可有什么~照?|回~|收~。

“执”为引申义所专用,拘捕之义便另加义符“糸”写作“縶(简作絷)”来表示。如今仍用执。

【组字】执,如今既可单用,也可作偏旁。现今繁体归入土部,简体归入扌部。凡从执取义的字皆与捉拿、握持等义有关。

以执作声兼义符的字有:贽、挚、慹、鸷、蛰、絷。

以执作声符的字有:垫、褻。

扩 kuò

(彍、彉、擴)

【字形】篆 今篆 隶 扩 擴

草

【构造】会意兼形声字。篆文本从弓,从黄(圆佩璜),会拉满弓之意,黄也兼表声。隶变后楷书写作彉。俗作擴,改为从扌从廣(表宽大),会张之使大之意,廣也兼表声。异体作彍,改为从弓从廣,其义相同。如今皆简化作扩。

【本义】《说文·弓部》:“彉,弩满也。从弓,黄声。”本义为弩弓张满。《正字通·手部》:“扩,张小使大也。”本义为张大。

【演变】扩,本义指❶张大,张之使大:凡有四端于我者,皆知~而充之矣|~展|~充。由扩的结果,引申指❷广阔:王者何须修身正行,~施善政?

扬 yáng

(昜、揚、敭、颺、飏)

【字形】金 篆

隶 昜 扬 揚 敭 飏 颺

草

【构造】会意兼形声字。金文一形是一人双手举璧示人形,下从丂,表示口出声气;二形另加玉,突出高举璧玉加以赞赏之意;三形省简并将人改为从“攴”(手有所操持),以强调举起。由于这三个字形的左旁后来都演化为“昜”(这从《说文》的解说可以证明),便与太阳的“昜”混同,于是篆文进一步省简,就成了从手从昜会意,昜也兼表声了。隶变后楷书写作揚、敭。如今皆简化作扬。参见汤(陽)。

【本义】《说文·勿部》:“昜,开也。一曰飞扬。”又《说文·手部》:“揚,飞举也。从手,昜声。敭,古文。”本义为举玉赞赏。

【演变】扬,由本义举玉赞赏,引申泛指❶高举:~枹兮拊鼓,疏缓节兮安歌|~汤止沸|~水站|~场。又引申指❷飞扬,飞起:鴥(疾飞)彼飞隼,载飞载~。此义也作“颺”,从風昜声,如今简化作飏。用于抽象意义,又指❸(精神、情绪)高涨:发~蹈厉,大(太)公之志也|趾高气~|斗志昂~。又引申指❹使显露,传播:隐恶而~善|耀武~威|~名。又泛指❺称赞:救不及事,不足称~|颂~。又引申指❻出众:其貌不~。古又特指❼眉目高显处:清~婉兮。又借指一种兵器,即❽钺:干戈戚~。

○飏,读 yáng,本义为❶飞扬,飘扬,风吹起:何曾华之无实兮,从风雨而飞~|风~游丝,日烘晴昼。又指❷船缓缓前进:舟遥遥以轻~,风飘飘而吹衣。

飏如今只用于姓氏人名,其他意义用扬,敭废而不用。

【组字】扬,如今既可单用,也可作偏旁。现今仍归入手部。凡从扬取义的字皆与高举等义有关。

以扬作声兼义符的字有:瘍。

夷 yí

(痍、恞、怡、侇)

【字形】甲 金 篆

今篆 隶 夷 痍 恞 侇

草

【构造】象形字。甲骨文与弟同源,象带绳的箭。金文大同。篆文整齐化。隶变后楷书写作夷。弓矢是东夷人莱牟发明的,山东莱芜是古牟国故地,故“夷”后借为“尸”指东夷人。尸,甲骨文象蹲踞的人形。东方之人喜欢蹲踞,至今山东乡俗亦然,故用以表示东方之人。参见弟、尸。

【本义】《说文·大部》:“夷,平也。从大,从弓。东方之人也。”本义为东方之人。

【演变】夷,本义为东方之人。后遂成为❶我国东部民族的称呼:子欲居九~|东~。后泛指❷古代中原以外各少数民族:莅中国而抚四~|蛮~。旧时蔑称❸外国或外国人:众~相视变色。夷人蹲踞,故又指❹蹲踞,傲慢:原让~俟(待孔子)|时与等辈避雨树下,众皆~踞相对,容(人名)独危坐愈恭。由于夷实际是“弟”(带绳的箭)的变体,故又指❺箭伤,创伤:~于左股|每有攻战,辄为先登,身被金(箭)~,不避死亡。此义后作“痍”。由创伤引申指❻铲平,铲除:~灶堙井,非退而何|掌杀草,春始生而萌之,夏日至而~之|~为平地。又引申指❼消灭,除去:吕氏已败,遂~封侯之家|今操芟~大难,略已平矣|~灭九族。由铲平又引申指❽平坦,平安:夫~以近,则游者众|化险为~。心平则乐,又引申指❾愉快:既见君子,我心则~|言和而色~。此义后作“恞”(怡)。由于在甲骨文中,“夷”与“尸”同形,故又表示❿安放(尸体):男女奉尸~于堂。此义后作“侇”。

〇痍,从疒从夷会意,夷也兼表声。读 yí,本义指皮肤受创伤开裂:王~者何?伤乎矢也|满目疮~。

〇恞,从忄从夷会意,夷也兼表声。异体作怡,从忄从台会意,台也兼表声。如今规范化用怡,读 yí,本义指和悦:心不~之长久兮,忧与愁其相接|~然自得|心旷神~。参见台(怡)。

〇侇,从亻从夷会意,夷也兼表声。读 yí,本义指陈列尸体:士举,男女奉尸,~于堂。

【组字】夷,如今既可单用,也可作偏旁。现今仍归入大部。凡从夷取义的字皆与铲、平等义有关。

以夷作声兼义符的字有:侇、痍。

以夷作声符的字有:咦、荑、恞、姨、胰、𫓧。

毕 bì
(畢)

【字形】甲　金　篆
隶 毕 畢 草

【构造】象形兼会意字。甲骨文象田猎时用的一种长柄网,或另加田,以突出田猎之意。金文综合两种甲骨文为一体并线条化。篆文承甲骨文和金文并整齐化。隶变后楷书分别写作華与畢。畢如今简化作毕。華则只作偏旁。参见華。

【本义】《说文·華部》:“畢,田网也。从田,从華,象形。”本义为田网。

【演变】毕,本义指❶田网:荷垂天之~。又指❷田猎,即用网捕捉禽兽:于其飞乃~掩而罗之。由捕捉住,又指❸完结,终了:完~|~竟|~业。虚化为副词,表示❹全都:凶相~露。又借为❺星名,二十八宿之一。

【组字】毕,如今既可单用,也可作偏旁。繁体现今归入田部,简体归入比部。凡从毕取义的字皆与网义有关。

以毕作声兼义符的字有:筚、跸、[illegible] 。

以毕作声符的字有:荜、哔、熚。

尧 yáo
(堯、陶、嶤、峣)

【字形】甲　金　古
篆　隶 尧 堯 陶 峣
嶤 草

【构造】会意字。尧与陶同源。尧,甲骨文一形上从二土,即古“丘”字,是烧瓦器的土窑包;下从人,会人在窑包前烧窑之意。瓦窑是用土堆起的中空大土丘,自然表示高起义,故古文繁化为从二土、二人。篆文繁化为从三土重垒(垚),从兀(表示高)。隶变后楷书写作堯。如今简化作尧。上列第二个甲骨文是“陶”,从阜(土堆)从人,会人登上窑包形。金文另加二土,强调是土堆成的窑包。篆文改为从阜从匋(人制作陶器)会意,匋也兼表声。参见匋。

【本义】《说文·垚部》:“堯,高也。从垚在兀上,高远也。”这是就篆文所作的解说,解释的是引申义。本义当为烧制陶器的窑包。又

《阜部》："陶，再成丘也。在济阴。从阜，匋声。《夏书》曰：'东至于陶丘。'陶丘有尧城，尧尝所居，故尧号陶唐氏。""再成丘"，即人筑的烧制陶器的窑包，也就是"陶丘"，也就是"尧丘"。所以"陶""尧"同源。尧居于济阴陶丘，并以之为号，可见当时制陶业很发达，尧也以制陶业领袖而自豪。

【演变】尧、陶同源，本义都指烧制陶器的窑包。"尧"由高高的窑包，引申泛指❶至高的样子：王德不～～者，乃千人之长也。后专用以指❷远古发明制陶的帝王之号，即陶唐氏尧：帝～者，放勋｜～舜禹汤。至高之义便另加义符"山"写作"嶢"来表示，如今简作峣。

○峣，从山从尧会意，尧也兼表声。读yáo，本义指❶山高的样子：览高冈兮～～｜～～者易折。引申泛指❷高远。

○陶，读yáo，用以表示❶烧瓦器的窑灶：～复～穴，未有室家。

又读táo，又指❷瓦器：庶人器用，即竹柳～匏而已。用作动词，表示❸制作瓦器：万室之国，一人～，则可乎？又指❹烤灼：跻日中于昆吾兮，息炎天之所～。由制作瓦器，又比喻❺造就，培养：～冶世俗，与时浮沉，吾不如子｜～成天下之才｜熏～。又引申指❻快乐：共～暮春时｜～然｜～醉。由烧陶出名，遂用作❼地名：导沇水，东流为济，入于河，溢为荥，东出于～丘北。

【组字】尧，如今既可单用，也可作偏旁。现今归入土部。凡从尧取义的字皆与重累、高大等义有关。

以尧作声兼义符的字有：饶、翘、跷、峣。

以尧作声符的字有：侥、荛、挠、哓、浇、绕、骁、娆、桡、晓、烧、硗、铙、嶢、颟、蛲。

至 zhì

【字形】甲 金 籀 篆

隶 至 草

【构造】指事字。甲骨文是远处的箭落到眼前的地上之状，表示到来之意。金文大同。籀文改一横之地面为土。篆文承接金文并整齐化。隶变后楷书写作至。

【本义】《说文·至部》："至，鸟飞从高下至地也。从一，一犹地也。象形。"字形解说不确。本义当为远箭射到眼前地上。

【演变】至，本义为远箭射到眼前地上。引申泛指❶到达：千里跬步不～，不足谓善御｜远道而～。用于抽象意义，指❷及，到：上～领导，下～群众｜～于｜以～。由达到又引申指❸周到：或遇其斥咄，色愈恭，礼愈～。又引申指❹极点，到极点：幸福之～。又引申指❺最好的：～理名言。用作副词，指❻极，很：古之治天下，～孅～悉｜～诚｜～少。用作连词，指❼至于：诸将易得耳，～如（韩）信，国士无双。

【组字】至，如今既可单用，也可作偏旁。现今仍设至部。凡从至取义的字皆与到达、极点等义有关。

以至作义符的字有：到、臻、臺（台）、耋。

以至作声兼义符的字有：室、致、窒。

以至作声符的字有：厔、郅、侄、垤、绖、桎、轾、铚、蛭。

尗 shū (菽)

【字形】甲 金 古 篆 今篆

隶 尗 菽 草

【构造】会意字。甲骨文上象芋头一类植物的地下球茎之形，下为用木橛等尖器掘取。金文线条化。古文稍讹。篆文整齐化。隶变后楷书写作尗。

【本义】《说文·尗部》："尗，豆也。象尗豆生之形也。"所释为引申义。本义当为掘取植物的地下球茎。是"叔"的初文。参见叔。

【演变】尗，本义指❶掘取植物的地下球茎。用作名词又指❷球茎。豆子为圆形，故后专用以指❸豆子：野谷旅生，麻～尤盛。

由于"尗"作了偏旁，掘取之义便另加义符"又"（手）写作"叔"来表示，豆子之义则借本当食器讲的"豆"字来表示。"叔"后另表他义，豆子之义则又另造了一个"菽"字来表示。

○菽，从艹从叔会意，叔也兼表声。读shū，本义指豆类的总称：中原有～｜不辨～麦。

【组字】尗，如今不单用，只作偏旁。现今归入小部。凡从尗取义的字皆与掘取、豆子等义有关。

以尗作义符的字有：尗支（豉）。

以朩作声兼义符的字有:叔。
以朩作声符的字有:戚。

此 cǐ（跐）

【字形】甲　金　篆　今篆
隶 此 跐 草

【构造】会意字。甲骨文从止(脚),从人,会脚踩一人之意。金文大同。篆文整齐化。隶变后楷书写作此。是"跐"的本字。

【本义】《说文·此部》:"此,止也。从止,从匕。匕,相比次也。"析形不确。本义当为脚踩。

【演变】此,由本义脚踩在这里,引申为近指代词,表示❶这,这个:不分彼~|~人。又表示❷这儿,这里:由~往东。又表示❸如此,这样:长~以往。用作副词,义同"斯",表示❹乃,则:有德~有人,有人~有土,有土~有财,有财~有用。

"此"为引申义所专用,脚踩之义便又另加义符"足"写作"跐"来表示。

○跐,从足从此会意,此也兼表声。读 cǐ,本义指❶踩踏:~着板凳就够高了。

又读 cī,引申指❷脚下踩滑了:脚没踩稳,脚下一~,就跌下去了。

【组字】此,如今既可单用,也可作偏旁。现今归入止部。凡从此取义的字皆与脚踩等义有关。
以此作声兼义符的字有:跐、訾。
以此作声符的字有:茈、呲、泚、疵、雌、玼、赀、紫、眦、粜、龇、髭、柴、些、砦。

乩 jī（卟）

【字形】古　篆　今篆　隶 卟 乩
草

【构造】会意兼形声字。古文从占,乚声。篆文本从口从卜会意。隶变后楷书写作卟。俗承古文作乩。如今二字表义有分工。

【本义】《说文·卜部》:"卟,卜以问疑也。从口、卜。"《集韵·齐韵》:"卟,一曰考也。或作乩。"本义为旧时迷信者求神降示的一种方法,即通过占卜考问吉凶。其法是在沙盘上放个丁字架,两人或一人扶着架子,使竖木棍在沙盘上画出线条来,作为神的指示,来判断吉凶。

【演变】乩,名词,本义为❶旧时迷信者求神降示的一种方法:找出沙盘~架,书了符,命岫烟行礼祝告毕,起来同妙玉扶着~。

用作"扶乩"或单用,指❷设乩占卜考问吉凶:~仙批了,死者冯渊与薛蟠原系夙孽|他去求人扶~|~语|~笔|~坛|~盘。

○卟,读 bǔ,用作有机化合物名词用字:~琳|~吩。

贞 zhēn（貞）

【字形】甲　金　古
篆　隶 贞 貞 草

【构造】形声兼会意字。甲骨文借鼎表示,一形即是一只鼎形,鼎为古人的食器,一般三足两耳硕腹,后转为铭功记绩的礼器,遂成为传国之宝,象征吉祥,故借以表示端正不移和卜问之义;由于鼎形不易刻画,便省作二形;后又另加义符"卜"作三形、四形,以会卜问吉祥正事之意,鼎也兼表声。金文承甲骨文大同。由于鼎与贝在古文字中形近,古文遂将鼎讹为貝。篆文整齐化。隶变后楷书写作貞。如今简化作贞。

【本义】《说文·卜部》:"貞,卜问也。从卜,貝以为贽。一曰鼎省声。"析形不确。本义为卜问吉祥,即"问事之正"。

【演变】贞,本义指❶卜问吉祥、正事:季冬,陈玉,以~来岁之美恶。由问事之正,引申泛指❷正:一人元良,万邦以~。由鼎之端正不移,又引申指❸坚定不移,有操守:言行抱一谓之~|此悉~良死节之臣|坚~不屈|忠~不渝。由守正又引申指❹精诚:慕古人之~节。又引申指❺女子守身未嫁或从一夫而终:女子~不字(嫁)|~女不更二夫|~烈|~节|~妇。

【组字】贞,如今既可单用,也可作偏旁。现今归入贝部。凡从贞取义的字皆与吉祥、坚正等义有关。
以贞作声兼义符的字有:祯、桢。

以贞作声符的字有：侦、浈、帧、赪。

虍 hū

【字形】甲 金 篆 隶 虍 虎

草

【构造】象形字。在甲骨文和金文中，与“虎”是同一个字，皆象老虎形。篆文整齐化，并分为繁简二体。隶变后楷书分别写作虎与虍。简体虍只用作偏旁。参见虎。

【本义】《说文·虍部》：“虍，虎文也。象形。”“虍”当是“虎”的简体，本义也指老虎。

【演变】虍，本义指❶老虎。引申指❷虎皮上的斑纹。又表示❸看不清的样子。

【组字】虍，如今不单用，只作偏旁。现今仍设虍部。凡从虍取义的字皆与虎类动物等义有关。

以虍作义符的字有：虎、虐、虔、虖、虑、虘、虞、虒、虡。

以虍作声符的字有：虏、虑、虚、處(处)、䖒。

师 shī (師)

【字形】甲 金 篆

隶 师 師 草

【构造】会意字。甲骨文借自为师，或借帀(匝)为师，或合二者为师。自为弛弓形，代表军队处于非战状态；帀为倒“之”形，表示止息，会军队驻扎之意。金文大同稍简。篆文承接金文并整齐化。隶变后楷书写作師。如今简化作师。

【本义】《说文·帀部》：“师，二千五百人为师。从帀，从自。自，四匝众意也。”解说的是引申义。本义当为军队驻扎。与自同义。

【演变】师，由军队驻扎，引申为❶古代军队编制的一级，军队：齐～伐我｜兴～｜～团。又引申指❷众：震惊朕～。京都是人众聚汇之处，故又引申指❸都邑：京～学者咸怪其无征。众人必有长上来督率教导，故又引申指❹教民的官员：三曰～，以贤得民。后泛指❺老师，榜样：三人行，必有我～焉｜前事不忘，后世之～｜导～。又引申指❻擅长某种技术的人：技～｜厨～。又表示❼对僧尼、道士的尊称：法～｜禅～｜宗～。用作动词，表示❽效法，学习：今诸生不～今而学古｜～其意，不～其辞。

【组字】师，如今既可单用，也可作偏旁。现今归入巾部。凡从师取义的字皆与止息、众多等义有关。

以师作声符的字有：狮、蛳、筛。

尘 chén (塵、麈)

【字形】甲 籀 篆 今篆

隶 尘 塵 草

【构造】会意字。甲骨文从鹿从土，会鹿奔跑扬起尘土之意；或从二鹿(表示群鹿奔跑)。籀文从三鹿(表示群鹿)，从二土，会群鹿奔跑扬起尘土之意。篆文整齐化，省为一土。隶变后楷书写作塵。俗承甲骨文作麈。如今简化作尘，从小土会意。

【本义】《说文·麤部》：“塵，鹿行扬土也。从麤，从土。”本义为尘土，灰尘。

【演变】尘，本义指❶尘土：甚嚣，且～上矣｜一～不染｜吸～器｜～埃。人行动也会扬起灰尘，故又引申指❷行迹：咸阳古道音(人声)～绝｜步人后～。又指❸骚扰和战尘：汉家烟～在东北，汉将辞家破残贼｜落日胡～未断。佛家认为人世是浑浊的，故又引申指❹人世，世俗：误落～网中，一去三十年。

劣 liè

【字形】篆 隶 草

【构造】会意兼形声字。篆文从力从少，会力气弱小之意，力也兼表声。隶变后楷书写作劣。

【本义】《说文·力部》：“劣，弱也。从力，少声。”本义为力气弱小。

【演变】劣，本义指❶力气弱小：力～不能览｜即捕得三两头，又～弱不中于款。引申指❷差一等的，不好的：顾念蓄～物终无所用，不如拼博一笑｜拙～｜～等｜～势｜～种。用作名词，指❸能力差的人：必能使行阵和睦，优～得所。又形容❹恶劣：土豪～绅。

光 guāng

【字形】甲  金  篆  隶 光

草 

【构造】会意字。甲骨文从火在儿（人）上，表示人举火把（犹如后来的松明）照明，会光明之意。金文大同，火把稍简。篆文整齐化。隶变后楷书写作光。

【本义】《说文·火部》："光，明也。从火在人上，光明意也。"本义为光明。

【演变】光，本义指❶光明：与日月兮齐～｜日月～，风雨时。用作名词，又指❷光亮，发光体：衡乃凿壁引其～，以书映～而读之｜三～日月星｜阳～｜灯～。又引申指❸风光，光采：容～焕发｜～景｜观～。又指❹时光：～阴似箭。用作抽象意义，又指❺光荣：既见君子，以龙（宠）为～｜为国争～｜～临。又指❻好处：沾～｜叨～。又引申指❼光滑：刮垢磨～。又引申指❽裸露：～着膀子。又引申指❾完，尽：一扫而～。用作使动，表示❿使盛大，使广大：以～先帝之遗德｜～宗耀祖｜发扬～大｜～前裕后。虚化为副词，表示⓫单，只：～穿一件汗衫。

【组字】光，如今既可单用，也可作偏旁。现今归入儿部。凡从光取义的字皆与光明等义有关。

以光作声兼义符的字有：恍、晃。

以光作声符的字有：咣、桄、胱。

当 dāng；dàng

（當、擋、挡、噹）

【字形】金  古  篆  今篆 

隶 当 當 挡 擋 噹

草 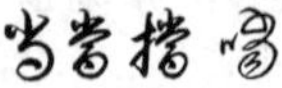

【构造】形声兼会意字。金文从土，尚声。古文改为从田，尚声，尚为相尚，也兼表两田相对等之意。篆文整齐化。隶变后楷书写作當。如今简化作当。

【本义】《说文·田部》："當，田相值也。从田，尚声。"本义为田与田相对等。

【演变】当，由田相对等，引申为两大类含义。一类读 dāng，泛指❶两两相等：文王何可～也？｜旗鼓相～。又引申指❷面对着，正处在（某地某时）：～食不叹｜～仁不让于师｜亭～山之半｜～面｜～门｜～日｜空～儿。又引申指❸抵挡：螳臂～车。此义后另加义符"扌"写作"擋"，如今简化作挡。由对等又引申指❹担任，承担：臣闻圣贤之君，不以禄私其亲，不以官随其爱，能～之者处之｜～连长｜担～。进而引申指❺主持，掌管：夫子～路于齐｜～家作主｜～权。由相当又引申指❻应该：～断不断，反受其乱｜臣知欺大王之罪～诛。又指❼物品的顶端：瓜～｜瓦～。又用作❽象声词：～～响。此义也写作"噹"，如今简化仍作"当"。由两两相当，古又特指❾判处（相应的罪）：～罚金。

另一类读 dàng，由两两相当，引申泛指❶抵得上，等于：老将出马，一个～俩。引申指❷合适，合宜：阴阳易位，时不～兮｜适～｜恰～。又引申指❸当作，作为：悲歌可以～泣，远望可以～归｜安步～车。又引申指❹认为：我还～你不来了。又引申指❺用实物作抵押向当铺借钱，或指抵押在当铺里的实物：典～了家产｜赎～。又指❻事情发生的同一时间：～天就走了。

〇挡，从扌从当会意，当也兼表声。读 dǎng，本义指❶阻挡：玄德苦～，云长不依。引申指❷遮蔽：遮风～雨。

【组字】当，如今既可单用，也可作偏旁。现今繁体仍归入田部，简体归入小部。凡从当取义的字皆与相抵等义有关。

以当作声兼义符的字有：挡、档。

以当（當）作声符的字有：噹、珰、铛、裆。

早 zǎo

（皁、皂）

【字形】甲  金  古  篆 

隶 早 草 

【构造】象形兼会意字。甲骨文象日出林下形，下边的日缺上画，象征被林木遮挡，还没有全露出来，借以会早晨之意。金文改为从日棗声。古文一形省棗为朿，二形进一步简讹。篆文承接古文二形，讹为日在甲上。隶变后

楷书写作早。或说早与皂本为一字,可备一说,其说见皂。

【本义】《说文·日部》:“早,晨也。从日在甲上。”这是就篆文所作的解说。先秦“早晨”之“早”多借“蚤”表示,不用“早”。参见“皂”。

【演变】《说文》认为“从日在甲上”,延续下来遂专用以表示❶早晨:清~|~操|~饭。引申泛指❷时间在先的:卿相辅佐,人主之基杖也,不可不~具也|~春|~稻|~期。又引申指❸比一定时间提前:(赵盾)盛服将朝,尚~,坐而假寐|~熟|~衰|~婚|~归。又引申指❹很久以前的:他~就走了|~已|~先|~年。又虚化表示❺幸亏:真个是我哥哥,~不做出来。

【组字】早,如今既可单用,也可作偏旁。现今仍归入日部。凡从早取义的字皆与植物等义有关。

以早作声兼义符的字有:草。

吐 tǔ;tù

【字形】金　古　篆　隶 吐　草

【构造】会意兼形声字。金、古、篆文皆从口从土(土生万物)会意,土也兼表声。隶变后楷书写作吐。

【本义】《说文·口部》:“吐,写(泻)也。从口,土声。”本义为使东西从嘴里出来。

【演变】吐,读 tǔ,本义指❶使东西从嘴里出来:汉王辍食~哺|~舌头|不随地~痰。引申泛指❷长出来,露出来:秋霜降草,则菊~黄华|~穗|~芽|~丝。又引申指❸说出:仓卒~言,安能皆是|一~为快|~字清晰|还没~口。

又读 tù,引申指❹东西不由自主地从口中涌出:恐~,不可饮水|上~下泻|呕~|~血。又引申指❺被迫退出:不得不把骗的钱都~出来|~赃。

吓 xià;hè (嚇)

【字形】古　今篆　隶 吓 嚇

草

【构造】形声兼会意字。古文从口,二(下)声。隶变后楷书写作吓。异体作嚇,从口,赫声,赫(火盛)也兼表盛大之意。如今简化作吓,改为下声。

【本义】《玉篇·口部》:“嚇,以口拒人谓之嚇。”本义为用怒斥声表示拒绝。

【演变】吓,读 hè,本义指❶怒斥声:饥鹰厉(砺)吻,寒鸱~雏|威~|恫~|恐~。用作叹词,表示❷不满:~,你是怎么搞的!

又读 xià,引申指❸使害怕:这可~死人了|别~唬我|~了一跳|惊~。

吸 xī

【字形】篆　隶 吸　草

【构造】形声兼会意字。篆文从口,及声,及也兼表及至之意。隶变后楷书写作吸。

【本义】《说文·口部》:“吸,内息也。从口,及声。”本义为把气引入体内。

【演变】吸,本义指❶把气纳入体内:吹响(xǔ,慢出气)呼~,吐故纳新|~烟|~气。由吸气引申指❷饮:不食五谷,~风饮露|~血鬼|~了一口酒。进而引申指❸吸收:~毒石,西洋岛中毒蛇脑中石也|~尘器|~墨纸|棉花~水。又引申指❹吸引:~铁石|~力极大。

吗 mà;ma;má;mǎ (嗎)

【字形】今篆　隶 吗 嗎　草

【构造】形声兼会意字。楷书繁体作嗎。如今简化作吗,从口,马声,马也兼表大声之意。

【本义】《字汇·口部》:“吗,俗骂字。”本义为骂的俗字。

【演变】吗,读 mà,本义为❶骂的俗字。

又读 ma,借作语气词,用于句末,表示❷疑问:同学到齐了~? 作为语气词,唐代多用“无”表示。如:“妆罢低声问夫婿,画眉深浅入时无?”后来也用“麽(么)”。如:“唐朝韩翊咏芭蕉诗的头一句‘冷烛无烟绿蜡干’都忘了麽?”如今则多用“吗”。“吗”也用于句中,表示❸提示:你~,干别的去。

又读 má,方言表示❹什么:要~有~。

又读 mǎ,用于“吗啡”(英 morphine),指❺

药名。

吃 chī;qī
（喫）

【字形】古 篆 隶 吃 喫 草

【构造】形声兼会意字。吃，有两个来源：一个是古文一形，从口，气声，气也兼表出气之意，本义指口吃，篆文整齐化，隶变后楷书省写作吃；一个是古文二形，从口，契声，契也兼表咬啮之意，本义指吃东西，篆文整齐化，隶变后楷书写作喫。如今规范化都用“吃”表示。

【本义】《说文·口部》：“吃，言蹇难也。从口，气声。”本义为口吃。又《口部》新附：“喫，食也。从口，契声。”本义指吃东西。

【演变】吃，读 chī，作为本字，本义指❶口吃：（韩）非为人口~，不能道说，而善著书。

作为“喫”的简化字，又表示❷吃东西：但使残年饱~饭丨~馒头。又指❸喝，饮：对酒不能~丨~茶。又引申指❹吸收：这纸不~墨。又引申指❺消灭：~掉敌人两个军。又引申指❻经受：~不住劲丨~他一拳丨~惊。又引申指❼承担，耗费：~重丨~力丨~劲。又比喻❽靠某种事物谋生：~笔墨饭丨靠山~山。又指❾在某地吃：~食堂丨~小灶。用作介词，表示❿被，让：~他嘲笑。

旧又读 qī，用作“吃吃”，表示⓫笑声：但闻室中~~，皆婴宁笑声。

吅 sòng;xuān;lín
（訟、讼、喧）

【字形】甲 金 篆 今篆 隶 吅 讼 訟 喧 草

【构造】会意字。甲骨文和篆文皆从二口，会二人大声争讼之意。隶变后楷书写作吅。

【本义】《说文·吅部》：“吅，惊呼也。从二口。”所释为引申义。本义当为争讼。

【演变】吅，读 sòng，本义为❶争讼。此义后作“訟”，如今简化作“讼”。

又读 xuān，指❷惊呼，喧哗。此义后作“喧”。

又读 lín，同“㐬（邻）”，指❸邻居：宜享难老，彭祖为~，旻天不弔，降此咎氛。

○讼，金文和篆文皆从讠从公会意，公也兼表声。读 sòng，本义指❶争辩：予弗知乃所~丨聚~纷纭丨争~。又特指❷打官司：听~吾犹人也，必也使无~乎丨诉~。

○喧，篆文本作讙，从言从雚会意，雚也兼表声。俗改为从口从宣会意，宣也兼表声。读 xuān，本义指众人大声嘈杂：结庐在人境，而无车马~丨~宾夺主丨~哗丨~嚣丨~闹丨~嚷。

【组字】吅，如今不单用，只作偏旁。现今归入口部。凡从吅取义的字皆与喧嚷等义有关。以吅作义符的字有：咢、哭、罗、嚴（严）。

吕 lǚ
（宫、膂）

【字形】甲 金 篆 隶 吕 膂 草

【构造】象形字。甲骨文象古人穴居宫室的正面外视门、窗相连形。远古房屋，先在圆形地基上筑成围墙，上面再覆以圆锥形屋顶，然后在围墙中部开门，在门上圆顶斜面上开窗。“吕”形正是下门上窗并联的形象，借以表示圆形房屋。如今农村建房门上仍留有一窗，叫亮窗。金文大同。篆文将二“口”连起来。隶变后楷书写作吕，二口不连，更近古意。

【本义】《说文·吕部》：“吕，脊骨也。象形。”解说不确。本义为圆形宫室。

【演变】吕，本义指❶宫室。由于《说文》的误解，故又指❷脊骨：脊~。此义后用“膂”来表示。又借为❸我国古代乐律中阴律的总称。律有十二，阳为六律，阴为六吕：严体裁之正，调律~之和。由于“吕”的字形像两口相并，故俗用以表示❹以口相接：狐之相接也，必先~。如今主要用作❺姓。

“吕”为借义所专用，宫室之义便又另加义符“宀”（房屋轮廓）写作“宫”来表示。参见宫。

○膂，从月（肉），旅声。读 lǚ，本义指脊背，脊梁骨：赐姓曰姜，氏曰有吕，谓其能为禹股肱心~丨~力过人。

【组字】吕，如今既可单用，也可作偏旁。现今归入口部。凡从吕取义的字皆与圆形房屋或相并联等义有关。

以吕作声兼义符的字有：侣、宫、间。
以吕作声符的字有：莒、铝、稆、筥。

吊 diào
（弔、雔）

【字形】甲 金 古 篆 隶 吊 弔
草

【构造】会意字。甲骨文从人持缯缴（带绳子的箭），会人用带绳子的箭射猎之意。金文大同。古文讹变。篆文整齐化。隶变后楷书写作弔。俗承古文作吊。如今规范化用吊。或说吊是将人捆绑吊起来，然“吊”有善义，似与上吊不合。

【本义】《说文·人部》：“弔，问终也。古之葬者，厚衣之以薪，从人持弓，会驱禽。”这是就篆文所作的解说，所释为引申义。本义当为用缯缴弋射。是“雔”的本字。参见弋。

【演变】吊，本义指用生丝系矢以射高飞之鸟。引申为❶求取，提取：不鬻智以干禄，不辞爵以～名|～卷|～销|～档。又引申为❷悬挂：开城放下～桥|上～。用作量词，旧时指❸钱一千文贯成一串为一吊：每月人各月钱一～。弋射则有所获，又引申为❹善：帅群不～之人，以行乱于王室。人遭不幸之事需要人善言相劝，故又引申为❺慰问：近塞上之人有善术者，马无故亡而入胡，人皆～之|形影相～。死丧尤需慰问，故又引申为❻追悼死者：庄子妻死，惠子～之|～丧|～孝|～唁。又引申为❼伤怀往事：伤今～古怀坎坷。

“吊”为引申义所专用，弋射之义便另造了会意字“雔”来表示，如今简化作“弋”。

【组字】吊，如今既可单用，也可作偏旁。现今弔仍归入弓部，吊归入口部。凡从吊取义的字皆与悬挂等义有关。
以吊作声兼义符的字有：屌、锦。

虫 huǐ；chóng；tóng
（蚰、蟲、虺）

【字形】甲 金 篆
隶 虫 蟲 虺 草

【构造】象形字。甲骨文象一条长蛇形。金文线条化。篆文整齐化，突出了头部。隶变后楷书写作虫。如今又作了“蟲”的简化字。

【本义】《说文·虫部》：“虫，一名蝮，博三寸，首大如擘指。象其卧形。”本义为毒蛇。又《蚰部》：“蚰，蟲之总名也。从二虫。读若昆。”本义为昆虫。又《蟲部》：“蟲，有足谓之蟲，无足谓之豸。从三虫。”本义为古代对一切动物的通称。

【演变】虫，作为本字，读 huǐ，本义指毒蛇：羽山，其下多水，其山多雨，无草木，多蝮～。

由于大多数昆虫的幼虫都弯弯曲曲地蠕动，有点像蛇，且多是集团并生的，于是便将二虫相并写作“蚰”来表示。参见蚰。后由于“虫”与“蚰”都作了偏旁，遂又进一步繁化为“蟲”，如今简化仍作虫。

故又读 chóng，用作“蟲”的简化字，用以指称❶一切昆虫或动物：有羽之～（蟲）三百六十，而凤凰为之长；有毛之～（蟲）三百六十，而麒麟为之长；有甲之～（蟲）三百六十，而神龟为之长；有鳞之～（蟲）三百六十，而蛟龙为之长；倮之～（蟲）三百六十，而圣人为之长|肉腐生～（蟲）|～（蟲）飞薨薨，甘与子同梦|跳出一个掉睛白额大～（蟲）。

又读 tóng，借作“爞”，形容❷灼热的样子：旱既大甚，蕴隆～～。

如今虫作了蚰、蟲的简化字，毒蛇之义便另加声符“兀”写作“虺”字来表示。

○虺，从虫从兀（削发），会有毒害之虫之意，兀也兼表声。读 huǐ，本义指❶古书上说的一种毒蛇：维熊维罴，维～维蛇。引申泛指❷小蛇：为～弗摧，为蛇（大蛇）将若何？又特指❸传说中的怪蛇：雄～九首，儵（疾速）忽焉在？又用于联绵词“虺（huī）颓”，表示❹疲劳有病的样子：陟彼崔嵬，我马～颓。

【组字】虫，如今既可单用，也可作偏旁。蚰、蟲则只作偏旁，不单用。现今只设虫部，蚰、蟲皆归入虫部。凡从虫（蟲）取义的字皆与动物等义有关。
以虫（蟲）作义符的字有：虬、虮、虱、虽、虹、虾、虺、蚤、茧、風（风）、蚀、虻、蚁、蚤、蚂、蚌、蚨、蚜、蚍、蚋、蚧、蚣、蚊、蚓、蚬、蚪、蚩、蚶、蛄、萤、蛆、蚺、蚰、蚱、蚯、蛉、蛀、蛇、蛋、蛏、蛊、蜚、蛎、蛙、蛩、蛰、蚀、蛲、蛭、蛐、蛔、强、蛛、蜓、蜒、蛤、蛮、蛴、蛟、蜇、蜃、蛱、蛸、蜈、蜗、蜀、蛾、蜍、蟹、蜊、蜉、蜂、蜣、蜕、蛹、蜻、蜡、蜞、蜥、蜮、蜾、蝈、蜴、蝇、蜘、蜩、蜷、蝉、蜿、蜜、螂、蜢、蝶、蝾、蝴、蝠、蝎、蝌、蝮、蝗、蝣、蝤、蝙、螯、螨、蟒、蟆、螈、螭、螃、螟、螫、蟥、螬、螳、蝼、螺、蟋、蟀、蟪、蟠、蟮、蠖、蠓、蟾、蠕。

以蟲作声兼义符的字有：爞（忡）。

以虫作声符的字有：融。

曲 qū；qǔ
（厶、笑、筥、器、麴、粬、麹）

【字形】甲 金 篆 隶 草

【构造】象形字。甲骨文和金文皆象竹、柳编的筐、篓等器物局部的剖面形，用以表示弯曲之义。篆文画出了完整器物的侧面形并整齐化。隶变后楷书写作曲，借以表示弯曲。篆文还有一个简形，隶变后楷书写作厶（注意：与“凵”不同），用以表示器具。由厶可以推知，其初文本象圆筐筲箕形，是“曲”的简形，是“笑、筥、器”的初文。由于厶与凵形近易混，遂废而不用，只作偏旁，金文便另造了从竹、膚声或吕声的形声字。篆文则改为去声或吕声。隶变后楷书分别写作厶、簴、笑、筥。或借“器”等来表示。如今规范化，以筥为正体，厶只作偏旁，簴、笑废而不用。参见器。曲，如今又用作“麴、麹、粬”的简化字。

【本义】《说文·曲部》：“曲，象器曲受物之形。或说，曲，蚕薄也。”本义为弯曲。又《说文·厶部》：“厶，卢饭器。以柳为之，象形。笑，厶或从竹去声。”本义当为饭器，盛饭的竹篓。

【演变】曲，读 qū，本义指❶弯曲：予发～局，薄言归沐｜～径通幽。用作使动，指❷使曲，弯折：饭疏食饮水，～肱而枕之。用作名词，指❸弯曲之处，隐蔽之处：河～智叟无以应｜在其板屋，乱我心～。进而引申指❹偏僻之处，乡村：～士不可以语以道者，束于教也｜时复墟～中，披草共来往。由弯曲处又引申指❺局部：凡人之患，蔽于一～，而暗于大理。由弯曲用于抽象意义，指❻委屈：甥女主意已定，务望舅舅～从。又引申指❼邪曲不正，理亏：背绳墨以追～兮，竞周容以为度｜秦以城求璧，而赵不许，～在赵。又指❽蚕薄：（周）勃以织薄～为生。作为“麴、麹、粬”的简化字，又指❾用以发酵的曲团子：酒～。参见籟。

又读 qǔ，乐曲的声音是高低起伏的，也是一种弯曲，故又引申指❿歌曲：是其～弥高，其和弥寡。

〇筥，从竹，吕声。是“厶”的形声字。读 jǔ，本义指盛饭的竹器，即圆筲箕：于以盛之，维筐及～。异体作笑，从竹去声。如今废而不用。

【组字】曲，如今既可单用，也可作偏旁。厶则只作偏旁，不单用。现今曲归入日部，厶则归入凵部。凡从曲取义的字皆与器物、弯曲等义有关。

以曲作义符的字有：豊、䀠。

以曲作声兼义符的字有：蛐。

以曲作声符的字有：粬、麹。

以厶作声符的字有：去。

曳 yè
（拽、拽、攞）

【字形】篆 今篆

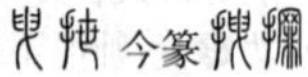

隶 曳 抴 拽 草

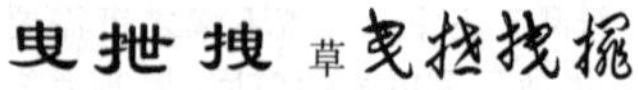

【构造】形声兼会意字。篆文从申（闪电），从厂（表拉引），会像闪电一样掣长之意，厂也兼表声。隶变后楷书写作曳。

【本义】《说文·申部》：“曳，臾曳也。从申，厂声。”本义为闪电一掣。

【演变】曳，由闪电一掣，引申泛指❶拖拉，牵引：弃甲～兵而走｜～光弹。又引申指❷穿着：后庭姬妾～绮罗者以千数｜～裙。又引申指❸飘摇：摇～。

“曳”作了偏旁，拖拉之义便又另加义符“扌”写作“拽”来表示。

〇拽，从扌从曳会意，曳也兼表声。口语读 zhuài，遂代替了形声字“攞”，表示❶拖拉：连拖带～。

又读 zhuāi，引申表示❷扔：把球～过来。

这样，牵引之义便又另造了形声字“抴”来表示。如今简化仍然用曳。

【组字】曳，如今既可单用，也可作偏旁。现今归入日部。凡从曳取义的字皆与拖拉等义有关。
以曳作声兼义符的字有：拽、跩。

同 tóng；tòng（興、兴）

【字形】甲　金　篆
隶 同 兴 興 草 同 兴 興

【构造】会意字。同与興（兴）同源。甲骨文一形为"興"，从凡（盘形，象征井盘），从舁（四手共举），从口，会一声号子四手共同抬起一个井盘放到井口上之意。甲骨文二形省去四手的简形是"同"字。金文大同。篆文整齐化。隶变后楷书分别写作興和同。如今"興"简化为"兴"，成了与"同"音义皆不相关的两个字。

【本义】《说文·冃部》："同，合会也。从冃，从口。"析形不确。本义为聚合众人之力。又《舁部》："興，起也。从舁，从同。同力也。"本义为合力共同举起。二字表义各有侧重。

【演变】同，读 tóng，由聚合众人之力，引申泛指❶会合，聚集：嗟我农夫，我稼既～，上入执宫功｜～流合污。又引申指❷共同，一起：～行十二年，不知木兰是女郎｜～吃～住。又引申指❸相同，一样：～声相应，～气相求｜大～小异｜～类。虚化用作介词，引进动作的对象或比较的事物，相当于❹与，跟：有事要～老师说｜成绩～上次差不多。用作连词，表示并列，相当于❺和：他的语文～数学都很好。

又读 tòng，用作"胡同"，蒙语译音词，指❻巷，小街：直杀一个血胡～。

○兴，读 xīng，由本义共同抬起，引申泛指❶起，起来：夙～夜寐，靡有朝矣｜晨～｜～奋｜～叹。用于抽象意义，指❷兴起：禹汤罪己，其～也悖焉｜方～未艾。又引申指❸产生，发生：积土成山，风雨～焉。又引申指❹开始，发动，创立，创办：～师动众｜～办｜～学。又引申指❺兴盛，兴旺，流行：亲贤臣，远小人，此先汉所以～隆也｜～衰｜时～｜新～。

又读 xìng，由起来引申指❻高昂的兴致，情趣：乘～而往，败～而归｜～高采烈｜豪～｜助～。

【组字】同，如今既可单用，也可作偏旁。现今归入口部。凡从同取义的字皆与会合、共同等义有关。
以同作义符的字有：興（兴）。
以同作声兼义符的字有：筒、衕（同）。
以同作声符的字有：侗、茼、垌、峒、洞、胴、硐、恫、桐、烔、铜、痌、酮、鲖。

团 tuán（團、糰）

【字形】金　篆　今篆　隶 团 團 糰
草 團 糰

【构造】形声兼会意字。金文从囗（围绕），从專（专，纺砖旋转），会能围绕旋转的圆形之意。篆文整齐化。隶变后楷书写作團。如今简化作团。

【本义】《说文·囗部》："團，圜也。从囗，專声。"本义为圆形。

【演变】团，本义指❶圆形：零露～兮｜鉴（镜）～景一（光聚在一处）｜冰轮都胜别时～｜～扇。又泛指❷圆形的东西：汤～｜饭～｜～子。此义后另加义符米写作糰。用作使动，指❸把东西揉成圆形：～麴之人，皆是童子小儿｜～煤球。引申指❹聚合：～圆思弟妹，行坐白头吟｜～结。用作名词，指❺聚合体：疑～｜抱成一～。引申指❻军队编制单位：步卒八十队，分为四～，～有偏将一人。又指❼若干人会集的团体或组织：旅游～｜慰问～。用作量词，用于❽成团或成堆的事物：一～丝｜一～烈火。

○糰，从米从團会意，團也兼表声。读 tuán，本义为团子：寒食枣～店，春低杨柳枝。如今简化仍用团。

【组字】团，如今既可单用，也可作偏旁。现今仍归入囗部。凡从团取义的字皆与圆形、揉成圆形等义有关。
以团作声兼义符的字有：槫、蟫、糰。

因 yīn（茵）

【字形】甲　金　古　篆
隶 因 茵 草 因 茵

【构造】象形字。在甲骨文中,因与席、西(囟)同形,皆象上有编织花纹的方席形。金文大同。篆文承甲骨文并整齐化。隶变后楷书写作因。是"茵"的本字。

【本义】《说文·囗部》:"因,就也。从囗、大。"析形不当,所释为引申义。本义当为席子。

【演变】因,本义指席子。席子是供人藉垫而坐卧的,故引申指❶依靠,凭借:为高必~丘陵,为下必~川泽|~人成事。又引申指❷依据:器械者,~时变而制宜适也|~势利导。又引申指❸沿袭,承接:~民而教者,不劳而功成|陈陈相~|~袭|~循。原因也是一种凭借,故又引申指❹原因,缘故:事出有~|成~|外~。又指❺因缘:归老空门结净~。由原因虚化为介词,表示❻通过:~宾客至蔺相如门谢罪。又虚化为连词,表示❼因为:其背甚涩,物积~(因而)不散|~噎废食。

"因"为引申义所专用,席子的意思便另加义符"艹"写作"茵"来表示。

○茵,从艹从因会意,因也兼表声。读 yīn。本义指❶古代车上的垫席:缦帛为~。引申泛指❷垫褥:加~用疏布|绿草如~。

【组字】因,如今既可单用,也可作偏旁。现今仍归入囗部。凡从因取义的字皆与席子、凭借等义有关。

以因作声兼义符的字有:茵、姻、恩、裀。

以因作声符的字有:洇、咽、氤、胭、铟。

回 huí
(囘、囬、廻、洄、迴、逥、廽)

【字形】甲  金  古  篆 

 今篆  隶 回 洄 迴 廻

草 

【构造】象形字。回与亘(漩的先行字)同源。甲骨文象漩涡形。金文和古文大同。篆文整齐化。隶变后楷书写作回。异体有囘、囬、廻。如今规范化用回。是"洄"的初文。

【本义】《说文·囗部》:"回,转也。从囗,中象回转形。"所释为引申义。本义当为漩涡。

【演变】回,本义指❶漩涡。引申泛指❷旋转,运转:倬彼云汉,昭~于天|动不失时,与万物~周旋转。又引申指❸迂回,曲折:廊腰缦~,檐牙高啄。此义后另加义符辵(辶)写作"迴",异体作廻、逥,如今简化仍都用"回"表示。由旋转又引申指❹掉转方向:~朕车以复路兮,及行迷之未远。又引申指❺返回原来的地方:黄河之水天上来,奔流到海不复~。又引申指❻回报,答复:日后他来通消息时,好言~他。又引申指❼回避,回绝:外举不避仇雠,内举不~亲戚,可谓至公矣|咱们家遭了这样事,那(哪)有工夫接待人?不拘怎么~了他去罢。由掉转方向又引申指❽转移,改变:夫移风易俗,使天下~心而乡(同向)道,类非俗吏所能为也|百折不~。又引申指❾违背:二人之不敢请,亦知始皇之鸷悍而不可~也。用作量词,表示❿次,件,章:误几~,天际识归舟|没有这~事|《水浒》第一~。

"回"为引申义所专用,漩涡之义便又另加义符"氵"写作"洄"来表示。

○洄,从氵从回会意,回也兼表声。读 huí,本义指❶水流回旋:溯~从之,道阻且长。引申指❷逆流而上:山行穷登顿,水涉尽~沿。又引申指❸水回旋地流:~潭转碕岸。又指❹回旋的水流:峡水声不平,碧沲牵清~。

【组字】回,如今既可单用,也可作偏旁。现今仍归入囗部。凡从回取义的字皆与漩涡、旋绕等义有关。

以回作声兼义符的字有:洄、迴、徊、蛔。

以回作声符的字有:茴。

囝 jiǎn;nān
(囡)

【字形】甲  金  今篆 

隶 囝 囡 草 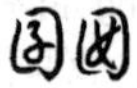

【构造】会意字。甲骨文从女,从囗(表围裹)会意,表示还在襁褓中的孩子。金文改为从子,其义相同。隶变后楷书写作囝与囡。

【本义】方言用字。《集韵》:"囝,闽人呼儿曰囝。"本义为儿子。

【演变】囝,读 jiǎn,本义指❶儿子:阿~略如郎罢(父)老,稚孙能伴老翁嬉。

又读 nān,方言泛指❷小孩:有的请去梳头抱小~(对小孩儿的亲昵称呼)。又特指❸小女孩。以上二义如今用“囡”来表示。又指❹小动物：近岸处有一群鱼~排得整整齐齐地。

〇囡，读 nān，特指❶小女孩：渔家日住湖中，自无不肌粗面黑；间有生女莹白者，名曰白~，以志其异丨一个儿子一个~。又泛指❷小孩儿：小~丨~~（对小孩儿的亲昵称呼）丨男小~丨女小~。

【组字】囝，如今既可单用，也可作偏旁。现今归入口部。凡从囝取义的字皆与孩子等义有关。

以囝作声符的字有：囝。

帆 fān （颿）

【字形】篆　今篆　隶 帆 颿　草

【构造】会意兼形声字。篆文本作颿，从馬从風，会马驰如风之意，風也兼表声。隶变后楷书写作颿。后俗改作帆，从巾，凡声，凡也兼表似盘形之意。如今以帆为正体。

【本义】《说文·马部》：“颿，马疾步也。从馬，風声。”本义为马奔驰。《玉篇·马部》：“颿，风吹船进也。”《广韵·凡韵》：“帆，船上幔也，亦作颿。”指挂在船桅上利用风力使船前进的布篷。

【演变】颿，读 fān，本义为❶马奔驰。引申泛指❷疾速：~风一口踔数千里。后借“颿”来表示❸船帆，帆船：楼船举~而过肆丨祥飚送~。此义后俗才又另造了帆。

〇帆，读 fān，本义为❶船帆：直挂云~济沧海丨一~风顺。又指代❷帆船：孤~远影碧空尽，唯见长江天际流丨沉舟侧畔千~过，病树前头万木春。

屿 yǔ （嶼）

【字形】古　篆　隶 屿 嶼　草

【构造】形声兼会意字。古文从山，与声。篆文从山，與声，與也兼表高起之意。隶变后楷书写作嶼。如今简化作屿。

【本义】《说文·山部》新附：“嶼，岛也。从山，與声。”本义为小岛。

【演变】屿，本义指❶小岛：悠悠清江水，水落沙~出丨鹤汀凫渚，穷岛~之萦回。又指❷平地小山。

屾 shēn

【字形】篆　隶 屾　草

【构造】会意字。篆文从二山，会二山对峙之意。隶变后楷书写作屾。

【本义】《说文·屾部》：“屾，二山也。”未作解说。本义当为二山对峙。

【演变】屾，本义指二山对峙：艮：~八八（分），北（背）。

【组字】屾，现今归入山部。凡从屾取义的字皆与山等义有关。

以屾作义符的字有：嵞（塗）。

岁 suì （歲、嵗、歳、亗、刿、劌）

【字形】甲　金　篆

隶 岁 歲 刿 劌　草

【构造】会意字。甲骨文从戉（兵器），象征镰刀，从步，会迈步收割之意，戉也兼表声。金文大同，只是调了个方向。篆文改为从戌。隶变后楷书写作歲。异体作嵗、歳。古亦作亗。如今规范化皆简作岁。

【本义】《说文·步部》：“歲，木星也。越历二十八宿宣遍阴阳，十二月一次。从步，戌声。律历书名五星为五步。”析形不确，所释为引申义。本义当为农事收割。

【演变】岁，由本义收割，引申泛指❶一年的收成，年景：闵闵焉如农夫之望~丨丰~丨歉~。古代一年收割一次，又引申指❷一年：三~贯女，莫我肯顾丨~（每年）赋其二。又泛指❸岁月，时光：日月逝矣，~不我与。又引申指❹年龄：~既晏兮孰华予？丨小弟三~。木星约十二年一周天，每年行一个星次，故又指❺岁星：~在星纪。又通“刿”，用作❻人名，即曹刿：投之无所往者，诸、~之勇也。

〇刿，篆文从刀，歲声，歲也兼表割之意。隶变后楷书写作劌。如今简化作刿。读 guì。本义为❶刺伤，割伤：圣人方而不割，廉而不~丨今虽干将莫邪，非得人力，则不能割~矣。又用作❷人名：曹～请见。

【组字】岁（歲），如今既可单用，也可作偏旁。现今歲归入止部，岁归入山部。凡从岁取义的字皆与收割等义有关。

以岁作声兼义符的字有：刿。

以岁作声符的字有：秽、哕。

岂 qǐ；kǎi

（豈、凯、凱、愷、恺）

【字形】甲　金　古　篆

今篆　隶 岂豈凯 凱恺愷

草

【构造】象形兼会意字。豈是由上列甲骨文“壴”发展来的。本是架起的一面鼓形，上象崇牙装饰，中象鼓面，下象鼓架，即虡，表示击鼓奏乐之意。金文大同。古文还有点儿鼓的影子。篆文将上边的饰物倾斜，表示行进中击鼓奏乐，自当是军乐了。隶变后楷书写作豈。如今简化作岂。

【本义】《说文·豈部》：“豈，还师振旅乐也。一曰欲也，登也。从豆，微省声。”析形不确。本义为军队得胜归来所奏的乐曲。

【演变】岂，读 kǎi，本义指❶军队得胜归来所奏的乐曲：王师大献，则另奏～乐｜秋七月丙申，振旅，～以入于晋。此义后作凯。引申泛指❷和乐：王在在镐，～乐饮酒｜～弟君子，无信谗言。此义后作“恺”。

又读 qǐ，借为副词，表示❸反问，推测：～敢定居，一月三捷｜将军～愿见之乎？

“岂”为借义所专用，本义便另加声符“几”写作“凱”来表示，如今简化作凯；和乐之义便另加义符“忄”写作“愷”来表示，如今简化作恺。

○凯，从岂从几，强调架起鼓奏乐之意，几也兼表声。读 kǎi，本义指❶军队得胜归来所奏的乐曲：天下既平，天子大～｜～旋｜奏～。又用作“恺”，表示❷和乐：～风自南，吹彼棘心。

○恺，从忄从岂会意，岂也兼表声。读 kǎi，本义指快乐，和乐：中心物～（物恺：和乐），兼爱无私。

【组字】岂（豈），如今既可单用，也可作偏旁。豈现今归入豆部，岂现今归入山部。凡从岂取义的字皆与和乐等义有关。

以岂作义符的字有：凯。

以岂作声兼义符的字有：恺、觊。

以岂作声符的字有：剀、垲、闿、桤、猷、皑、铠、硙、螘。

刚 gāng

（剛）

【字形】甲　金　篆　隶 刚 剛

草

【构造】会意兼形声字。甲骨文一形从矢从刀从网，用带刀持箭布网捕兽，会强悍果敢之意，网也兼表声；二形省作以刀断网，此为《说文》“断”义来源。金文改从岡，岡也兼表声。篆文承接金文并整齐化。隶变后楷书写作剛。如今简化作刚，更近古体。

【本义】《说文·刀部》：“剛，强也，断也。从刀，岡声。”本义为强悍，果断，坚强。

【演变】刚，本义指❶坚硬：采薇采薇，薇亦～止（语气词）｜齿利者啮，爪～者决｜～柔相济。引申指❷强毅，坚强：子玉～而无礼｜～正不阿｜～强。又表示❸肃杀：秋气正～，风华浸远。中古后用作副词，表示❹方才：～被太阳收拾去，却教明月送将来｜他～到北京。又表示❺偏偏：忆睡时，待来～不来。又表示❻恰巧：～巧｜正要找他，他～好就来了。

则 zé

（則）

【字形】甲　金　籀　篆

隶 则 則　草

【构造】会意字。甲骨文和金文从刀，从鼎，会按规范宰割鼎肉之意，所谓割不正不食。籀文大同。因鼎与贝在古文中形近，篆文遂将鼎讹为貝。隶变后楷书写作則。如今简化作则。

【本义】《说文·刀部》：“則，等画物也。从刀，从貝。籀文則从鼎。”本义为按规范宰割鼎肉。

【演变】则，由按规范宰割鼎肉，引申泛指❶按等级区划物体：坤作地势，高下九～。又引申指❷规范，准则，榜样：愿依彭咸之遗～｜以身作～。用作意动，指❸以……为法则，效法：唯天为大，唯尧～之｜君子是～是效。由准则又引申指❹规章，规则：一年从其俗，则知民～。规则多为分项条文，故又用作量词，表示❺条：寓言三～｜日记数～。虚化为副词，表示肯定、判断，相当于❻即，便，就：此～岳阳楼之大观也。用作连词，表示❼并列、转折、假设、对比、让步等关系：水～载舟，水～覆舟｜此寺甚好如法，～无水浆，如何居止？｜谨守成皋！～汉欲挑战，慎勿与战｜内～百姓疾之，外～诸侯叛之｜滕君～诚贤君也；虽然，未闻道也。

【组字】则，如今既可单用，也可作偏旁。现今仍归入刀部。凡从则取义的字皆与宰割等义有关。

以则作声兼义符的字有：铡。

以则作声符的字有：侧、厕、测、恻、贼、鲗。

肉 ròu

（⺼、月）

【字形】甲 金 篆 隶 肉 草

【构造】象形字。甲骨文象切下的一大块供食用的禽兽的肉形。金文偏旁多加出一道瘦肉的纹路。篆文整齐化。隶变后楷书单用时写作肉。作左旁时本写作⺼（当中是一点一提），因为篆文"肉"与"月"（⺝）形近，俗写作月，遂与当月亮讲的"月"混同。作偏旁在字下时有的写作⺼。

【本义】《说文·肉部》："肉，胾肉。象形。"本义为切成大块的供食用的禽兽的肉。

【演变】肉，本义指❶切成大块供食用的禽兽的肉：七十者衣帛食～｜瘦～｜猪～。引申也指❷人的肌肉：治古无～刑，而有象（模仿）刑｜廉颇闻之，～袒负荆，因宾客至蔺相如门谢罪｜剜～补疮。又引申指❸瓜果的可食部分：闽中荔枝，核有小如丁香者，多～而甘｜枣～。由肉的柔软又引申指❹果实不酥脆：～瓤瓜。又形容❺迟缓不利落：这人做事真～｜～脾气。唱歌用口，故又引申指❻徒口唱歌：丝不如竹，竹不如～。又特指❼环状物的外体部：～倍好（内孔）谓之璧，好倍～谓之瑗。

【组字】肉，如今既可单用，也可作偏旁。现今仍设肉部，有的则归入月部。凡从肉取义的字皆与肌肉等义有关。

以肉（月）作义符的字有：有、佾、肎、肌、肋、肝、肛、肚、肘、肖、肙、肓、肠、肤、肺、肢、肽、肰、肱、肫、肯、肾、肿、肭、胀、肸、肴、股、肮、肪、肩、肥、胁、炙、胡、胚、胨、背、胪、胆、胛、胂、胃、胄、胜、胙、胤、胗、胝、朐、胞、胖、脉、胥、胫、胎、胨、胯、胰、胱、胶、胴、胭、脍、脆、脂、胸、胳、脔、脏、脐、脊、胾、脑、胼、脓、脚、脖、腻、脯、脶、脸、脞、脬、脱、脘、脩、豚、腊、腌、腓、腆、腴、脾、腋、腑、腐、腚、腔、腕、腱、腻、腠、腩、腰、腼、腽、腥、腮、腭、腹、腺、腧、腿、膜、膊、膈、膏、膀、膑、膂、膑、膝、膘、膛、膨、膳、臊、膺、臆、臃、臀、臂、膻。

以肉（月）作声兼义符的字有：育。

网 wǎng

（罔、網、罒、⺳、冈、𦉰）

【字形】甲 金 古 篆 隶 网 網 草

【构造】象形兼会意兼形声字。甲骨文象一张网形。金文将网眼换成左右结构。古文另加亡声。篆文承接金文并整齐化。隶变后楷书写作网。由于"网"作了偏旁，后便承古文作"罔"；"罔"也作了偏旁，俗又另加义符糸写作網，成了形声兼会意。如今规范化，"網"仍简化为"网"。作偏旁时有罒、⺳、冈、𦉰等多种形式。罔则被借作否定词使用。参见罔。

【本义】《说文·网部》："网，庖牺氏所结绳以田以渔也。从冂，下象网交文。罔，网或从亡；網，网或从糸。"本义为用绳线结成的用于渔猎的器具。

【演变】网，本义指❶渔猎的器具：鱼～之设，鸿则离（通罹）之｜临渊羡鱼，不如退而结～｜飞鸟不动，不离～罗。用作动词，指❷捕捉：～鱼｜～兽。引申指❸搜罗，招致：～罗天下放失旧闻。又引申指❹像网一样的东西：～户（带格眼的门）朱缀，刻方连些｜～兜｜电～｜蜘蛛～。又引申指❺纵横交错的组织或系统：天～恢恢，疏而不漏｜～络｜商业～｜通讯～｜联～。

【组字】网，如今既可单用，也可作偏旁。现今仍设网部。凡从网(罒、⺳、冗、冂)取义的字皆与鱼网等义有关。

以网(罒、⺳、冗、冂)作义符的字有：罕、罗、罵、罔、罘、罚、罢、罟、罝、罛、罜、罖、罞、罠、罡、罥、罦、罨、罭、罫、署、置、罧、罬、罯、罪、罩、罪、罳、罴、罱、罳、罾、罶、罹、罺、罻、罼、羁、罽、罾、羃、羄、羅、羇、羉。

以网(罒、⺳、冗、冂)作声兼义符的字有：罔(冈)、罡。

年 nián
(秊)

【字形】甲　金　篆　隶**年秊**　草

【构造】会意字。甲骨文从人背禾，会谷物成熟进行收获背回家之意，人也兼表声。金文稍变，人与禾连在一起。篆文整齐化，人讹为千。隶变后楷书写作秊。如今规范化作年。

【本义】《说文·禾部》："秊，谷熟也。从禾，千声。"本义为谷物成熟丰收。

【演变】年，本义指❶谷物成熟丰收：有～于兹洛｜五谷皆熟为有～也｜祈～殿。引申泛指❷一年的收成：丰～多黍多稌(稻子)｜～景｜～成。庄稼一般一年一熟，故引申指❸十二个月为一年：禹八～于外，三过其门而不入。又引申指❹年节：度腊不成雪，迎～遽得春。又引申指❺年龄：晋侯以公宴于河上，问公～｜～且九十｜～富力强。又泛指❻岁月，时间，年代：多历～所｜常～在外｜青～。

【组字】年，如今既可单用，也可作偏旁。现今归入丿部。凡从年取义的字皆与丰收等义有关。

以年作声符的字有：姩、䄭。

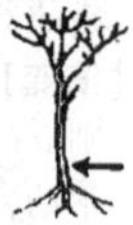

朱 zhū
(株、硃)

【字形】甲　金　篆　今篆

隶**朱株硃**　草

【构造】指事字。甲骨文从木，圆点指明树干之所在。金文大同。篆文整齐化，将圆点变为一横。隶变后楷书写作朱。"朱"为借义所专用，后遂另加义符"木"写作"株"来表示。

【本义】《说文·木部》："朱，赤心木，松柏属。从木，一在其中。"所释为引申义。本义当为树干。是"株"的本字。

【演变】朱，本义指❶树干：戴氏侗曰："～，干也。木中曰～，木心红赤，故因以为朱赤之朱。"此义后另加义符"木"写作"株"来表示。引申指❷赤心木：有树，赤皮支干，青叶，名曰～木。又泛指❸大红，古代称为正色：我～孔阳(很鲜明)，为公子裳｜恶紫之夺～也｜～门酒肉臭，路有冻死骨｜～顶红｜～笔。又特指❹朱砂：出赤盐如～，白盐如玉。此义后另加义符"石"写作"硃"来表示。如今简化仍作"朱"。

〇株，从木从朱会意，朱也兼表声。读zhū，本义指❶树干，树桩：守～待兔｜～连。引申泛指❷草木，植物：泽枯无鱼，山童无～。又用作❸量词：成都有桑八百～。

〇硃，从石从朱会意，朱也兼表声。读zhū，本义指❶朱砂：使颗～砂印｜唇若抹～。又指❷朱墨，或用朱墨写的文字、记号等：官府一点～，百姓一点血｜～笔｜～批｜～卷。又泛指❸红色：生下来……在肋下有"馎饳王公"四个～字。

注意：硃，如今只用以表示硃砂和地名，其他意义简化作"朱"。

【组字】朱，如今既可单用，也可作偏旁。现今仍归入木部。凡从朱取义的字皆与树干、树桩子、红色等义有关。

以朱作声兼义符的字有：侏、株、硃。

以朱作声符的字有：诛、邾、姝、咮、茱、洙、殊、珠、铢、蛛。

缶 fǒu
(匋、缻)

【字形】甲　金　篆　今篆

隶**缶缻**　草

【构造】会意字。甲骨文上从午(杵)，下从凵(器)，会用杵制作陶瓦器之意。金文一形将"午"填实更像杵，二形线条化。篆文整齐化。隶变后楷书写作缶。

【本义】《说文·缶部》："缶，瓦器，所以盛酒浆；秦人鼓之以节歌。象形。"本义为制作陶瓦器。

【演变】缶，本义指❶制作陶瓦器。用作名词，又指❷所制的用以盛水、酒等物的陶瓦器：具绠～，备水器｜五献之尊（樽），门外～，门内壶｜吾恂恂而起，视其～，而吾蛇尚在。古代进行制作瓦器劳动时，边拍打边歌唱，后来遂演变为❸瓦质的打击乐器：不鼓～而歌｜秦、赵会于渑池，秦王击～而歌。古代又用作❹容量单位，相当于十六斗。

由于"缶"用作了偏旁，制作瓦器之义便另加义符"勹"（曲身人）写作"匋"来表示，参见匋。瓦器之义则另加义符"瓦"写作"瓻"来表示。如今简化仍作缶。

【组字】缶，如今既可单用，也可作偏旁。现今仍设缶部。凡从缶取义的字皆与瓦器等义有关。

以缶作义符的字有：缸、卸、缶、缻（杯）、瓻、欿、畚、缺、罂（器）、瓷（瓷）、缽、缾（瓶）、罅、䍃、䍌、䍍、罄、䍐、䍒、䍓、䍔（罐）、䍕、䍖、罇、罊、罋（瓮）、罍、罎（坛）、罏（垆）、罐。

以缶作声兼义符的字有：寶（宝）。

先 xiān

【字形】甲　金　篆　隶　草

【构造】会意字。甲骨文从之（脚前行）在儿（人）前，会在前引导之意。金文大同。篆文整齐化。隶变后楷书写作先。

【本义】《说文·先部》："先，前进也。从人，从之。"本义为在前引导。

【演变】先，本义指❶前引，引导：身负版筑，以为士卒～｜率～。引申泛指❷在前的：捷足～登｜～睹为快｜～进｜～生｜原～。又引申指❸祖先，上代：～公｜～父。又❹尊称已去世的：～烈。又指❺上古的：～民。又指❻预先致意：为之～容。

【组字】先，如今既可单用，也可作偏旁。现今归入儿部。凡从先取义的字皆与足、前导等义有关。

以先作义符的字有：兟。

以先作声兼义符的字有：诜、洗、跣。

以先作声符的字有：冼、宪、选、铣、筅、酰。

丢 diū

【字形】古　今篆　隶　草

【构造】会意字。古文从一从去，会一去不返之意。隶变后楷书写作丢，一横改为一撇。

【本义】丢为宋元俗字。《字汇·一部》："丢，一去不还也。"本义为扔弃。

【演变】丢，本义指❶扔弃：把烦恼都也波（语助词）～，都～在脑背后｜不要乱～碎纸。引申为❷遗失：～三落四｜谁～了钢笔？又引申指❸搁置，放：不能～下工作就走｜用具要放整齐，不要乱～。

【组字】丢，如今既可单用，也可作偏旁。不是部首。现今归入厶部。凡从丢取义的字皆与扔弃等义有关。

以丢作声符的字有：挃、哣、铥。

廷 tíng（庭）

【字形】金　古　篆

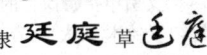

隶　草

【构造】象形兼会意兼形声字。金文象人站立在阶前庭中形，表示庭院。古文台阶改为土。篆文整齐化，成为从廴，壬声，壬也兼表挺立之意。隶变后楷书写作廷。

【本义】《说文·廴部》："廷，朝中也。从廴，壬声。"所释为引申义。本义为庭院。

【演变】廷，本义指❶庭院：子有～内，弗洒弗埽。此义后另加义符"广"写作"庭"。引申指❷宫廷，朝廷：虎兕争兮于～中｜设九宾于～，臣乃敢上璧。又泛指❸官署：为泗水亭长，～中吏无所不狎侮。又引申指❹正直，公平：～尉（颜师古注：廷，平也。治狱贵平，故以为号）。

〇庭，从广从廷会意，廷也兼表声。读tíng，本义指❶庭院：是以君子之所以骋志于坛宇宫（垣墙）～也。词义缩小，引申指❷厅堂，堂屋：奚用大～广众与之量校。如今又指❸法庭：出～｜开～。

【组字】廷，如今既可单用，也可作偏旁。现今仍归入廴部。凡从廷取义的字皆与挺立、挺直等义有关。

以廷作声兼义符的字有：侹、庭、挺、莛、梃、珽、铤、蜓、颋、艇、霆。

舌 shé (舌)

【字形】甲 金 古 篆 隶舌 草

【构造】象形字。甲骨文象张口伸舌有所舔动形。金文或另加出食物的碎屑。古文大同。篆文整齐化。隶变后楷书写作舌。注意：篆文还有个𠯑字，表示用卡口卡住。隶变后楷书本写作昏(guā)，作偏旁时也简作了"舌"，遂与舌头的"舌"相混。参见昏。

【本义】《说文·舌部》："舌，在口所以言也，别味也。从干，从口，干亦声。"析形不确。本义为舌头。

【演变】舌，本义指❶舌头：莫扪朕～，言不可逝矣｜张仪谓其妻曰："视吾～尚在不？"其妻笑曰："～在也。"｜瞠目结～｜巧～如簧｜～苔。说话用舌，故引申指❷言辞：惜乎，夫子之说君子也，驷不及～｜唇枪～剑｜～锋颇健｜白费口～｜嚼～｜～战｜多～。又引申指❸像舌的物体：维南有箕，载翕其～｜金铃木～｜火～｜箭～｜帽～。

【组字】舌，如今既可单用，也可作偏旁。现今仍设舌部。凡从舌取义的字皆与舌头、言辞等义有关。

以舌作义符的字有：敌（本义为舔尽，今为"敵"的简化字）、舐、甜、辞、舔、憩。

以舌作声符的字有：舾、兙。

牝 pìn

【字形】甲 篆 隶牝 草

【构造】会意兼形声字。甲骨文从牛，从匕（雌性标志），会母牛之意，匕也兼表声。篆文整齐化并将牛移到左边。隶变后楷书写作牝。

【本义】《说文·牛部》："牝，畜母也。从牛，匕声。"本义为母牛。

【演变】牝，本义指❶母牛：畜～牛，吉。引申泛指❷雌性的鸟兽：游～别其群。又泛指❸雌性的：往观之，果有怀驹～驴，系肆前，形色如所梦｜～鸡司晨。又比喻❹溪谷：丘陵为牡，溪谷为～。

【组字】牝，如今既可单用，也可作偏旁。现今仍归入牛部。凡从牝取义的字皆与雌性等义有关。

以牝作声符的字有：牸。

竹 zhú

【字形】甲 金 籀 篆 隶竹 草

【构造】象形字。甲骨文象两个连在一起的有对生叶的竹枝形，用竹叶的特点来表示竹子。金文将竹枝分开并列。籀文又加了两对竹叶。篆文整齐化。隶变后楷书写作竹。作偏旁时写作⺮。

【本义】《说文·竹部》："竹，冬生草也。象形。"本义为竹子。

【演变】竹，本义指❶竹子：如～苞矣，如松茂矣｜势如破～。古代文字书写于竹片之上叫简，故又引申指❷竹简：抱枯～，守空言。又指❸竹简上的文字，历史著作：功绩著乎～帛，传乎后世。又指❹竹符：剖～守沧海，枉帆过旧山。竹子可制乐器，故又指❺管乐器：无丝～之乱耳，无案牍之劳形。

【组字】竹，如今既可单用，也可作偏旁。作偏旁时写作⺮。现今仍设竹部。凡从竹取义的字皆与竹子等义有关。

以竹作义符的字有：竻、竼、竽、竾、竿、笀、笁、笂、笄、笅、笆、笇、笈、笉、笊、笋、笌、笍、笎、笏、笐、笑、笒、笓、笔、笕、笖、笗、笘、笙、笚、笛、笜、笝、笞、笟、笠、笡、笢、笣、笤、笥、符、笧、笨、笩、笪、第、笫、笭、笮、笯、笰、笱、笲、笳、笴、笵、笶、笷、笸、笹、笺、笻、笼、笽、笾、笿、筀、筁、筂、筃、筄、筅、筇、筈、等、筊、筋、筌、筍、筎、筏、筐、筑、筒、筓、答、筕、策、筗、筘、筙、筚、筛、筜、筝、筞、筟、筠、筡、筢、筣、筤、筥、筦、筨、筩、筪、筬、筭、筮、筯、筰、筱、筲、筳、筴、筵、筶、筷、筸、筹、筺、筻、筼、筽、签、筿、简、箁、箂、箃、箄、箅、箆、箇（个）、箈、箉、箊、箌、箍、箎、箐、箑、箒、箓、箔、箕、箖、算、箘、箙、箚、箛、箜、箝、箞、箟、箠、管、箢、箣、箤、箥、箦、箧、箨、箩、箪、箫、箬、箭、箮、箯、箰、箱、箲、箳、箴、箵、箶、箷、箸、箹、箺、箻、簹、簠、箾、簹、節(节)、簻、篁、篃、範(范)、篙、篆、篇、篘、篊、篌、篍、篎、篏、箍、篑、篒、篓、篕、篟、篗、篛、篙、篚、篛、篜、篝、篞、篟、篣、篥、篦、篧、篨、篪、篫、篮、篯、篰、篱、篲、篴、篵、篶、篷、篸、篹、篺、篻、篼、篽、篾、篿、簃、簄、簆、簇、簈、簉、簋、簌、簎、簏、簑、簒、簓、簕、簖、簗、簙、簛、簜、簝、簟、簠、簥、簦、簧、簨、簪、簬、簭、簱、簳、簾、簿、簶、簷、簸、簹、簺、簾(帘)、簿、籀、籁、籂、籅、籆、籇、籈、籉、籊、籋、籍、籎、籏、籐、籓、籕、籖、籗、籘、籚、籜、籝、籞、籣、籤、籥、籦、籧、籭、籯、籰、籱、籲。

以竹作声兼义符的字有:筑(築)。

以竹作声符的字有:竺、笃。

迁 qiān (遷)

【字形】金 篆 今篆 隶 **迁 遷**

草

【构造】会意兼形声字。金文是四手共举箱笼等重物状,右边是一人一口,表示人正喊着号子将重物一起抬起来。篆文省去人和口,另加义符辵,以突出动作之意。遂成为从辵,从䙴,䙴也兼表声。隶变后楷书写作遷。如今简化作迁。

【本义】《说文·辵部》:"遷,登也。从辵,䙴声。"本义为向上移动。

【演变】迁,本义指❶向上移动:出自幽谷,~于乔木。引申泛指❷移动,搬迁:~居白帝城。进而引申指❸变化:有百世不~之宗,有五世则~之宗|变~|时过境~。由搬迁又引申指❹流放,贬谪:~边|左~。由向上移动又引申指❺调动,提升:孝文帝说(同悦)之,超~,一岁中至太中大夫。

【组字】迁(遷),如今既可单用,也可作偏旁。现今仍归入辵部。凡从迁(遷)取义的字皆与升高、动作等义有关。

以迁(遷)作声兼义符的字有:跹、䙴(千)。

乔 qiáo (乔、喬、蹻、蹺、跷)

【字形】金 篆 今篆 隶 **乔 喬**

跷 蹺 蹻 草

【构造】会意字。金文从止(脚),从高,会踩高跷之意。篆文改为从夭(低昂起舞之人),从高省,也是表示高高地踩高跷舞蹈的意思。隶变后楷书写作喬。如今简化作乔。是"乔"的后起字。参见乔。

【本义】《说文·夭部》:"喬,高而曲也。从夭,从高省。《诗》曰:'南有乔木。'"所释为引申义。本义当为踩高跷之舞。

【演变】乔,由本义踩高跷之舞,引申泛指❶高而上曲:出自幽谷,迁于~木|~迁之喜。"乔"既然是踩高跷之舞,当然要装扮,故引申指❷装假:~装打扮。又引申为❸刁滑:~模样|~男女。

"乔"为引申义所专用,踩高跷之义便又另加义符"足"写作"蹺""蹻"来表示,如今规范化皆用简体跷。

〇跷,从足从尧(高)会意,尧也兼表声。异体作蹻,从足从喬会意,喬也兼表声。读qiāo,本义指❶抬起腿脚:亡可~足而待也|~起腿来。又指❷舞蹈中供表演者绑在脚上使用的一种木制道具:踩~在台上扭来扭去|踩高~。引申指❸竖起指头:~起大拇指。

【组字】乔,如今既可单用,也可作偏旁。现今喬归入口部,乔归入丿部。凡从乔取义的字皆与踩高跷之舞的高起、壮美、装扮等义有关。

以乔作声兼义符的字有:侨、峤、桥、蹻(跷)、鞒、娇、挢、骄、矫、轿。

以乔作声符的字有:荞、硚、蹻。

兜 gǔ

【字形】篆 隶 **兜** 草

【构造】象形字。篆文从儿(人),象用物从两边遮蔽住头面两边的样子。隶变后楷书写作兜。是兜的先行字。参见兜。

【本义】《说文·兜部》:"兜,雝蔽也。从人,象左右皆蔽形。"本义为蒙蔽。

【演变】兜,本义指❶蒙蔽。引申指❷蛊惑。

【组字】兜,如今不单用,只作偏旁。现今归入儿部。凡从兜取义的字皆与遮蔽等义有关。

以兜作义符的字有:兜。

伟 wěi （偉）

【字形】篆 隶 伟 偉 草 伟

【构造】会意兼形声字。篆文从亻从韋（环卫）会意，表示保卫城池的魁梧武士，韋也兼表声。隶变后楷书写作偉。如今简化作伟。

【本义】《说文 · 人部》："偉，奇也。从亻，韋声。"所释为引申义，本义当为身材、长相高大。

【演变】伟，本义指❶身材、长相高大、壮美：身长八尺，容貌甚～｜身材魁～。引申指❷奇特，不同于一般的：无～服，无奇行｜长歌送我怪且～。又指❸伟大，卓越，美盛：此三公者，乃一代之～人也｜而世之奇～、瑰怪、非常之观，常在于险远｜江汉功更～，一战安群黎｜丰功～绩｜雄～。

【组字】伟，如今既可单用，也可作偏旁。现今仍归入亻部。凡从伟取义的字皆与特殊、不同一般等义有关。

传 chuán；zhuàn （傳）

【字形】甲 金 篆 隶 传傳 草 传

【构造】会意兼形声字。甲骨文从人，从専（转动），会驿站里供人转换递送文件的车马之意，専也兼表声。金文大同。篆文整齐化。隶变后楷书写作傳。如今简化作传。

【本义】《说文 · 人部》："傳，遽也。从人，専声。"本义为驿站车马。

【演变】传，读 zhuàn，本义指❶驿站所备的车马：晋侯以～召伯宗。又指❷驿站，驿舍：舍相如广成～舍。驿站的作用是供人较快地传递消息、公文，故又引申指❸记载历史事件或个人生平事迹的文字，传记：齐宣王问曰："汤放桀，武王伐纣，有诸？"孟子对曰："于～有之。"｜《屈原贾生列～》。又指❹以描述人物故事为中心的文学作品：《水浒～》｜《阿 Q 正～》。又指❺解释经文的著作：《春秋》三～｜《诗经》毛～。

又读 chuán，由驿站传递消息、公文，用作动词，引申指❻传递，传送，传承：速于置邮而～命｜世代相～｜～阅｜～达。又引申指❼传授：君子之道，孰先～焉？｜～道授业｜师～。又指❽传播，流传：功如丘山，名～后世｜～扬｜～教｜宣～。又指❾传导：～电｜～热。又引申指❿流露，表达：～神写照，正在阿堵中｜眉目～情。又指⓫传递命令召人来：往大观园去～人｜～讯｜～唤。又引申指⓬传染：小心～上肝炎。

乒 pīng

【字形】古 今篆 隶 乒 草 乒

【构造】指事字。乒与乓皆是"兵"的省简，省其一点为乒，省其一撇为乓，用以模拟声音。

【演变】乒，象声词，多与乓连用，形容❶响亮清脆的声音：～的一声枪响｜枪～～乓乓响个不停｜～～乓乓，爆竹连天响。

名词，用作"乒乓球"，源自英语 Table tennis，因其撞击声又拟声名为 Ping-pong，传到中国后，遂造出"乒乓球"一词，也省称"乒乓"或"乒"，指❷一种球类运动项目。在长方形球台中央支上球网，双方站在球台两端，用球拍往来击一小塑料球，以落在对方台面上为有效。分单打和双打两种：～协｜～坛｜世～赛。又指❸这种球类运动用的球。用赛璐珞制成，直径约 4 厘米：打～乓。

乓 pāng

【字形】古 今篆 隶 乓 草 乓

【构造】指事字。乒与乓皆是兵的省简，省其一点为乒，省其一撇为乓，用以模拟声音。

【演变】乓，象声词，多与乒连用。用以形容❶枪声、关门声、砸东西的声音：枪～的一声响了｜～的一声关上了门｜保温瓶掉在地上，～一声碎了。

名词，用作"乒乓球"，指❷一种球类运动项目。又指❸这种球类运动用的球。参见乒。

休 xiū （庥）

【字形】甲 金 篆

隶 休 庥 草 休 庥

【构造】会意字。甲骨文从人,从木,会人在树荫下歇息之意。金文大同。篆文整齐化。隶变后楷书写作休。

【本义】《说文・木部》:"休,息止也。从人依木。"本义为歇息。

【演变】休,本义指❶歇息:南有乔木,不可~思|~养。又特指❷休假:(霍)光时~沐出,(上官)桀辄入代光决事|退~。由歇息引申指❸劝止:诺,先生~矣。又引申指❹停止,罢休,完结:令下而人皆疾习射,日夜不~|下笔不能自~|善万物之得时,感吾生之行~|~学|~战|~会。由罢休又特指❺休妻:丈夫,我不曾有半些儿点污,如何把我~了?|~书。由休养又引申指❻美好,吉庆,欢喜:恐~名之不立|以礼承天之~|既见君子,我心则~|~戚与共|~咎。用作名词,又指❼树荫:愿归骨于山足兮,依松柏之余~。此义后另加义符"广"(棚屋)写作"庥"来表示。又用作否定副词,表示❽不要:劝君~叹恨,未必不为福。

〇庥,从广从休会意,休也兼表声。读xiū,本义指❶树荫。引申泛指❷覆盖:真如故有堂,库狭不足以~学者。又引申指❸庇护:凡诸侯之会霸主,小国,则固畏其力而望其~焉者也。

【组字】休,如今既可单用,也可作偏旁。现今归入人部。凡从休取义的字皆与歇息、树荫等义有关。

以休作声兼义符的字有:庥。

以休作声符的字有:咻、鸺、貅、髹。

伍 wǔ

【字形】古 伍 篆 伍 隶 伍 草 伍

【构造】会意兼形声字。古文和篆文皆从亻从五,会五人组成的军队单位之意,五也兼表声。隶变后楷书写作伍。

【本义】《说文・人部》:"伍,相参(叁)五也。从人,从五。"本义为五人组成的军队编制。

【演变】伍,本义指❶古代军队编制,五人为伍:凡用兵之法……全~为上,破~次之。又泛指❷军队:子之持戟之士,一日而三失~,则去之否乎?|队~|入~|落~|行~。又引申指❸同列,同伙:(韩)信出门,笑曰:"生乃与哙等为~。"|相与为~|羞与为~。又引申指❹古代的民间编制,五家为伍:臣素卑贱,君擢之闾~之中,加之大夫之上|而五人生于编~之间。后又用作❺"五"的大写:参其国而~其鄙。因伍从"五"取义,故又表示❻交互错杂:必参而~之。

伏 fú

【字形】金 伏 篆 伏 隶 伏 草 伏

【构造】会意字。金文从人,从犬,会犬趴伏伺机袭击人之意。篆文整齐化。隶变后楷书写作伏。

【本义】《说文・人部》:"伏,司(伺)也。从人,从犬。"本义为犬趴伏伺机袭击人。

【演变】伏,由本义犬趴伏伺机袭击人,引申泛指❶藏匿专守而有所待:惧有~焉|埋~。又泛指❷趴伏,俯伏:寝毋~。古人以伏地表示尊敬或敬畏,故又特指❸伏地致敬:召昌邑王~前听诏。又用作❹下对上的敬辞:~惟圣主之恩不可胜量。由趴伏又引申指❺屈服,归顺:海外宾~|~法。用作使动,表示❻使屈服,降伏:其智而明者,所~必众。由趴伏又引申指❼身体前倾靠物:孔子 轼而叹。又引申指❽低下去:二山之西,高峰渐~。又引申指❾隐藏:祸兮福之所倚,福兮祸之所~。又引申指❿伏天:六月三~之节。

【组字】伏,如今既可单用,也可作偏旁。现今仍归入人部。凡从伏取义的字皆与藏伏等义有关。

以伏作声兼义符的字有:洑。

以伏作声符的字有:茯、垘、栿、袱。

伐 fá

【字形】甲 伐 金 伐 篆 伐 隶 伐 草 伐

【构造】会意字。甲骨文从戈置人颈之上,会以戈砍杀人之意。金文大同。篆文将戈、人分离。隶变后楷书写作伐。

【本义】《说文・人部》:"伐,击也。从人持戈。一曰败也。"析形不确。本义为击刺、砍杀。

【演变】伐,本义指❶击刺,砍杀:是~是肆,是绝是忽|以梃~杀之。引申泛指❷砍:坎坎~檀兮。又泛指❸击:撞洪钟,~灵鼓。又引申指❹攻打、征伐(敌国):臣今当济江,奉辞~罪。又引申指❺残害,败坏:醉而不出,是谓~德。又引申指❻声讨:口诛笔~。南征北战方能积成功劳,故又引申指❼功劳:勋~既多|且旌君~。进而引申指❽夸耀:小人~其技以冯(凌驾)君子|愿无~善,无施(表白)劳。

【组字】伐,如今既可单用,也可作偏旁。现今仍归入人部。凡从伐取义的字皆与砍杀、功劳等义有关。

以伐作声兼义符的字有:阀。

以伐作声符的字有:垡、筏。

件 jiàn

【字形】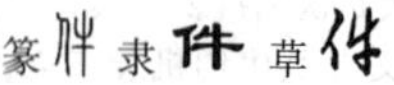

【构造】会意字。篆文从人从牛,会人分解牛为部分之意。隶变后楷书写作件。

【本义】《说文·人部》:"件,分也。从人,从牛。牛,大物,故可分。"本义为分解,分割。

【演变】件,本义指❶分解,分割:若名级相应者,即于黄素楷书大字,具~阶级数,令本曹尚书以朱印印之。用作量词,用于❷分出的个体:不要因一事而惹出两~三~。现在多用以❸构成名量式合成词:案~|元~|证~|邮~|事~|软~|器~|附~|部~|铸~|零~|文~|信~。

【组字】件,如今既可单用,也可作偏旁。现今仍归入人部。凡从件取义的字皆与分割成部分等义有关。

以件作声符的字有:垈、淬。

任 rèn;rén (姙、妊)

【字形】

【构造】会意兼形声字。甲骨文从人从工(经线,表承受),会人拥抱在怀里织布之意。金文加一点。篆文变为一横。隶变后楷书写作任。

【本义】《说文·人部》:"任,符(保)也。从人,壬声。"本义为抱在怀里。

【演变】任,读 rèn,本义指❶抱在怀里:是~是负,以归肇祀|负~担荷。引申泛指❷负担,担当:~课|~劳~怨。用作名词,指❸担子,行李:门人治~将归。又指❹担当的职务:仁以为己~|上~。用作使动,指❺使担当,任用:~官惟贤才,左右惟其人|~人惟贤。进而引申指❻值得信赖:仲氏~只,其心塞渊|信~。由信任引申指❼听凭:~意|放~。由怀抱又特指❽怀孕:周后妃~成王于身。此义另改换义符"女"写作"妊"来表示。用作连词,表示无条件,相当于❾无论,不管:~何|~什么都不会。

又读 rén,用为❿地名或姓。

○妊,从女从壬会意,壬也兼表声。异体或繁化为"姙",如今规范化仍用"妊"。读 rèn,本义指怀孕:传言黄帝~二十月而生|故古者妇人~娠,必慎所感。

【组字】任,如今既可单用,也可作偏旁。现今仍归入人部。凡从任取义的字皆与承担等义有关。

以任作声兼义符的字有:姙(妊)、絍(纴)、餁(饪)、衽(衽)、赁。

以任作声符的字有:荏、恁。

伤 shāng (傷、㣿、𠂉)

【字形】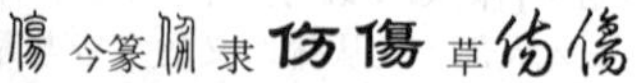

【构造】会意兼形声字。篆文从人,从𥏫(箭伤)省,会人受箭伤之意,𥏫也兼表声。隶变后楷书写作傷。如今简化作伤。作偏旁时作㣿,或简化作𠂉、𠂉。

【本义】《说文·人部》:"傷,创也。从人,𥏫省声。"本义为创伤。

【演变】伤,本义指❶创伤:医善吮人之~,含人之血,非骨肉之亲也,利所加也|遍体鳞~|~疤。用作动词,指❷使受伤,伤害,损害:矢人惟恐不~人|节以制度,不~财,不害民|~风败俗|愁能~身。又指❸被伤害,受伤:左骖殪兮右刃~。又特指❹精神方面受到损伤而悲痛:女心~悲|多情自古~离别。由伤害引申指❺诋毁:人~尧以不慈之名|不知群儿愚,那用故谤~|中~。由损害又引申指❻妨害,妨碍:何

~乎？亦各言其志也|无~大雅。又引申指❼触冒：气盛身寒，得之~寒；气虚身热，得之~暑|~风感冒。

【组字】伤，如今既可单用，也可作偏旁。现今仍归入人部。凡从伤（𥏻、𠃓、𢀶）取义的字皆与创伤等义有关。

以伤（𥏻、𠃓、𢀶）作声兼义符的字有：殇。

以伤（𥏻、𠃓、𢀶）作声符的字有：塲（场）、畼（墒）。

华 huā；huá；huà（華、花）

【字形】

【构造】象形字。华与𠂹、𠌶、垂同源，甲骨文都象草木生土上、花开满枝下垂之形。当是華（华，即花）与垂的初文。就其为物来说，是花朵；就其形象来说，是下垂。金文和古文承接甲文并线条化，或另加义符艸。篆文承接金文并整齐化。隶变后楷书分别写作𠂹、𠌶、華。華，如今简化作华，俗写作花，专用以表示花朵，表义有了分工。𠂹、𠌶只作偏旁。参见𠂹、𠌶、垂。

【本义】《说文·華部》："華，荣也。从艸，从𠌶。"本义指花朵艳丽。

【演变】华，本作𠌶，本义指花朵。由于𠌶作了偏旁，于是另加义符"艹"写作"華"来表示，如今简化作华。读 huā，本义指❶花朵：桃之夭夭，灼灼其~。用作动词，指❷开花：昔我往矣，黍稷方~。

又读 huá，花朵艳丽，故用作抽象意义，引申指❸光彩，光辉：末（树梢）有十日，其~照下地|光~。又引申指❹显贵：所谓贤人君子者，非必高位厚禄，富贵荣~之谓也。又引申指❺华丽：生存~屋处，零落归山丘。又指❻繁盛：繁~。又指❼文采：昔庾元规才~清英。又指❽事物的精华：物~天宝，龙光射牛斗之墟。又引申指❾年少，时光：一弦一柱思~年|年~。由花的外表艳丽，又引申指❿浮华：中（内容）不胜貌，耻也；~而不实，耻也。又用作⓫敬词：~诞|~翰。又特指⓬中华民族，中国：裔不谋夏，夷不乱~|~夏|~侨。

又读 huà，用作⓭山名，姓：~山|春秋宋有~元。

"華（华）"为引申义所专用，花朵之义便另造了形声字"花"来表示。

〇花，从艹化声，化也兼表生长变化之意。读 huā，是"華"的后起俗字，本义指❶花朵：树先春而动色，艸迎岁而~发|~好月圆。用作动词，指❷开花：如今之紫草，未~时采，则根色鲜泽。引申泛指❸能开花供观赏的植物：病为怕风多睡月，起因~药暂扶床|种~。由花色繁多，又引申指❹花纹，杂色：五色~笺|~布|~边。进而引申指❺错杂：六十~甲子|五~八门。又引申指❻视觉模糊，迷乱：知章骑马似乘船，眼~落井水底眠|老~眼。又引申指❼虚伪的，用来迷惑人的：~言巧语|耍~招。又引申指❽形态像花的东西：雪~|浪~|礼~。又比喻❾像花一样艳丽：十五入汉宫，~颜笑春红。又比喻❿美女：娇~巧笑久寂寞，娃馆苎萝空处所|解语~。又特指⓫妓女：寻~问柳|~街柳巷。近代又借指⓬开支，用掉，耗费掉：~钱如流水|~销。

【组字】华，如今既可单用，也可作偏旁。现今華归入艹部，华归入十部。凡从华取义的字皆与花或如花之光彩等义有关。

以华（華）作义符的字有：烨、晔、皣。

以华作声兼义符的字有：骅。

以华作声符的字有：哗、桦、铧。

仿 fǎng（倣、髣）

【字形】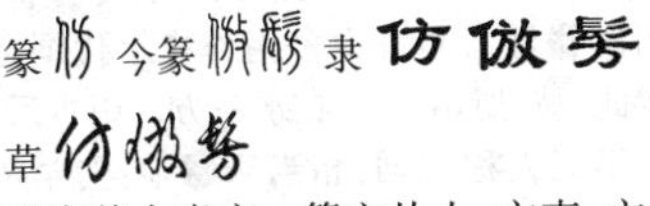

【构造】形声兼会意字。篆文从人，方声，方也兼表比拟之义。隶变后楷书写作仿。

【本义】《说文·人部》："仿，相似也。从人，方声。"本义为相似。

【演变】仿，本义指❶相似，类似，像：她长得跟她姨相~。用作动词，表示❷效法：民相~效，田地日芜|~造|~古。此义俗也作"倣（改为

从放)”“髣(改为从髟)”,如今规范化仍用“仿”。用作名词,又指❸仿照范本写的字:一个小学生送~来批|写大~|判~。用作联绵词“仿佛”,表示❹似乎,好像,看不真切:缥乎忽忽,若神仙之~佛。

伪 wěi (僞)

【字形】篆 隶 伪 僞 草

【构造】会意兼形声字。篆文从人从爲,会人为之意,爲也兼表声。隶变后楷书写作僞。如今简化作伪。

【本义】《说文·人部》:“僞,诈也。从人,爲声。”所释为引申义。本义当指人为的。

【演变】伪,本义指❶人为的:可学而能、可事而成之在人者谓之~。由人为的引申指❷假装,假的:然则舜~喜者与? |使真~毋相乱|去~存真|~装|~造|虚~。由假的又引申指❸非法的,非正统的:且臣少事~朝,历职郎署|~政权|~军。

伊 yī

【字形】甲 金 篆 隶 伊 草

【构造】会意字。甲骨文从人,从尹(手执针),会治病的人之意。金文大同。篆文整齐化。隶变后楷书写作伊。

【本义】《说文·人部》:“伊,殷圣人阿衡,尹治天下者。从人,从尹。”释义是就历史传说所作的解说。伊尹或许是当时一个有名的巫医。本义当为治病的人。

【演变】伊,本义指治病的人。后专称伊尹。遂用作❶姓。文言中多用作指示代词,相当于❷此,彼:所谓~人,在水一方。中古后又借用为第三人称代词,相当于❸他:勿学汝兄,汝兄自不如~。五四时期又专用以表示❹她:~伏在地上;车夫便也立住脚。又借为文言助词,用在句首或句中,相当于❺惟:有皇上帝,~谁云憎|其罪~何? |下车~始。

“伊”为借义所专用,“治病的人”这个意思便由“医”来表示。

【组字】伊,如今既可单用,也可作偏旁。现今仍归入人部。凡从伊取义的字皆与人等义有关。

以伊作声符的字有:咿、洢、蛜。

延 yán

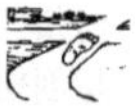

【字形】甲 金 篆 隶 延 草

【构造】会意兼形声字。甲骨文和金文与“䢟”同,从彳(半条街),从止(脚),会走长路之意。篆文在“䢟”的基础上另加义符厂(表示拉引),以强调引长之意,厂也兼表声。隶变后楷书写作延。

【本义】《说文·延部》:“延,长行也。从䢟,厂声。”本义为走长路。

【演变】延,由本义走长路,引申泛指❶长:从容好赵舞,~袖像飞翮。用作动词,指❷伸展,引长:~颈举踵|~年益寿。又引申指❸延续,延及:蔓~|~烧千家。由引长时间,又引申指❹展缓,推迟:~期|拖~|迁~。由前往去接,又引申指❺引进,迎候:~请|~师|~医调治|开关~敌。

【组字】延,如今既可单用,也可作偏旁。现今归入廴部。凡从延取义的字皆与引长、行动等义有关。

以延作声兼义符的字有:涎、蜒、筵。

以延作声符的字有:诞。

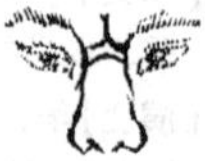

自 zì (白、鼻)

【字形】甲 金 篆 隶 自 草

【构造】象形字。甲骨文象鼻头形,金文和篆文大同。隶变后楷书承接金文和篆文分别写作白(与“白”不同)和自。

【本义】《说文·自部》:“自,鼻也。象鼻形。”本义是鼻子。又《白部》:“白,此亦自字。省自者,词言之气从鼻出,与口相助也。”是“自”的省形。

【演变】自,本义为鼻子,而动物降生先露鼻头,故引申为❶开始:法者,王之本也;刑者,爱之~也。又引申为❷本来,自然:我无为,而民~化;我好静,而民~正;我无事,而民~富;我无欲,而民~朴|~当如此|公道~在人心。虚化

为介词,相当于❸从,由:~古至今|~上而下。人说到个人时常指自己的鼻子,故又引申为❹自己:窥镜而~视,又弗如远甚|~言~语|~我批评。

“自”为引申义所专用,本义则另加声旁“畀”写作“鼻”来表示。参见鼻。

【组字】自,如今既可单用,也可作偏旁。现今仍设自部。凡从自取义的字皆与鼻子等义有关。

以自作义符的字有:䏌、首、臬、臭、息、鼻、臲、𦣻(边)等。

以自作声符的字有:洎。

注意:《说文》中所列从“白”的字,皆非从“白”,而是由其他字形变来的,如百、皆、者、鲁、智、習(习)、替。

血 xuè;xiě

【字形】甲 金 古 篆
隶 血 草

【构造】象形兼会意字。甲骨文从皿从○,象器皿中盛有牲血形。牲血在器中俯视为“○”形,侧视则为“一”形。金文线条化。古文大同稍讹。篆文承接金文并整齐化。隶变后楷书写作血。

【本义】《说文·血部》:“血,祭所荐牲血也。从皿,一象血形。”本义为古代用作祭品的牲血。

【演变】血,读xuè,本义指❶古代用作祭品的牲血:执其鸾刀,以启其毛,取其~膋(liáo,脂肪)|以~祭社稷。又泛指❷血液:鞭之,见~|脉不通则~不流|与大国盟,口~未干而背之,可乎?|~脉|~沉|~管。用作动词,表示❸以血涂沾,涂染:故近者亲其善,远方慕其德,兵不~刃,远迩来服。又引申指❹像血一样的红色:杜鹃灿烂,~艳夺目。又比喻❺刚强,热烈:所当竭其~诚而共拯之|像你这样~心为朋友,难道我们当差的心不是肉做的?|真有~性。又引申指❻有血缘关系的:去顺效逆,非忠也;身绝~嗣,非孝也|这是赵家~脉|~亲。

又读xiě,口语,用于~晕、鸡~、~块子、~淋淋、流了一点~等词语中。

【组字】血,如今既可单用,也可作偏旁。现今仍设血部。凡从血取义的字皆与血液等义有关。

以血作义符的字有:衁、衄、衃、衈、衅、衇(脉)、衈、衉、盟(盟)、盟、衊(蔑)、衋。

以血作声符的字有:恤、洫。

向 xiàng (嚮、曏)

【字形】甲 金 篆
隶 向 嚮 曏 草

【构造】会意字。甲骨文从宀(房屋),从口,会房墙上有窗户之意。金文大同。篆文整齐化。隶变后楷书写作向。如今又用作“嚮”“曏”的简化字。

【本义】《说文·宀部》:“向,北出牖也。从宀,从口。”本义为朝北的窗户。

【演变】向,本义指❶朝北的窗户:塞~墐(用泥涂)户。由朝向又引申指❷偏向一方:他~着你,不行。虚化为介词,引出动作的方向或对象,相当于❸朝,对:~南走|有事~老师说去。

作为“卯(二人相对)”“嚮”的借用字,又表示❹朝向,面对:望洋~若而叹|~阳。由朝向引申为❺趋向,方向:明利害之~|志~|风~|走~。又引申指❻接近:十月~尽|日~暮。由趋向又引申指❼经过的,从前,从来,刚才:得其船,便扶~路,处处志之|~例|~蒙国恩|~察众人之意。

作为“曏”的借用字,又表示❽假使:~使当初身便死,一生真伪复谁知?此义也作“嚮”。

【组字】向,如今既可单用,也可作偏旁。现今归入口部。凡从向取义的字皆与朝向、趋向等义有关。

以向作声兼义符的字有:饷。

以向作声符的字有:响、垧、晌。

𠂤 duī (堆)

【字形】甲 金 篆 今篆 堆

隶 𠂤 堆 草

【构造】象形字。甲骨文象还没有上紧弦而待用的弓形。金文稍讹。篆文再讹，接近自(阜)字。隶变后楷书写作𠂤。

【本义】《说文·𠂤部》："𠂤，小自(阜)也。象形。"释为小土堆，即"堆"的本字，这是根据篆文所作的解说。就甲骨文看，本义实为待用的弓。

【演变】𠂤，名词，本义为❶没有上紧弦的待用的弓。弓是军旅所用的东西，没有上紧弦而待用，则表示此时无战事，故在甲骨文、金文里多借用作"师"，表示❷军队旅途中止息驻扎，以及驻扎之地或师旅：今夕～亡祸｜王作三～右中左。由于《说文》的解释，又通"堆"，指❸小土堆。其实与"𠂤"无关。此义今用堆。

○堆，从土隹声，隹也兼表形似隹之意。读duī，本义指❶土堆：陵魁～以蔽视兮，云冥冥而暗前。引申泛指❷积聚的东西：草～｜柴～｜火～｜粪～。用作动词，指❸堆积：～雪人｜～粪。又用作❹量词：一～废纸。

【组字】𠂤，如今不单用，只作偏旁，归入丿部。凡从𠂤取义的字皆与弓箭、军旅、停驻等义有关。

以𠂤作义符的字有：師(师)、帥(帅)、官、遣。

以𠂤作声兼义符的字有：追。

以𠂤作声符的字有：歸(归)。

甶 fú

【字形】甲　金　篆　隶 甶　草

【构造】象形字。甲骨文象古代歌舞愉神时戴的假面具的简形，大多是狰狞可怖的猛兽头形。根据《说文》"鬼头"之说，这一假面具最初大概是一个高大丑恶可怕的黑猩猩的形象，因为"鬼"正是个大黑猩猩的样子。可见一些字所从的"鬼头"，实是大猩猩的头。金文和篆文大同。隶变后楷书写作甶。

【本义】《说文·甶部》："甶，鬼头也。象形。"本义为假面具。即所谓"魌(qī)头"。

【演变】甶，本义指假面具。此字不单用，鬼、黑、畏、異等字上边所从即为鬼头。

【组字】甶，古今皆不单用，只作偏旁。现今归入田部。凡从甶取义的字皆与恐怖的假面具等义有关。

以甶作义符的字有：鬼、黑、畏、異、禺。

臼 jiù

【字形】甲　金　古　篆　隶 臼

草

【构造】象形字。甲、金和古文皆象舂坑形。最初挖在地上，不能移动。后来则穿木凿石而为之。其中四点是挖掘留下的痕迹，犹如磨盘上的齿纹，以利于舂捣。篆文整齐化。隶变后楷书写作臼。注意：与"𦥑"(双手有所掬)不同。

【本义】《说文·臼部》："臼，舂也。古者掘地为臼，其后穿木石。象形，中米也。"本义为舂米的器具。

【演变】臼，本义为❶舂米的器具：断木为杵，掘地为～。引申泛称❷舂捣器具：蒜～子｜捣药～中。又比喻❸像臼的东西：～齿。

【组字】臼，如今既可单用，也可作偏旁。现今仍设臼部。凡从臼取义的字皆与舂捣、坑等义有关。

以臼作义符的字有：臽、臿、舀、舂。

以臼作声兼义符的字有：臯。

以臼作声符的字有：桕、舅、舊(旧)。

囟 xìn

(顖、㐰)

【字形】甲　金　篆　今篆

隶 囟 顖　草

【构造】象形字。甲骨文是子(兇)字的省形，"子"省去身子，只留下了大头囟门。金文大同。篆文省简并整齐化。隶变后楷书写作囟。

【本义】《说文·囟部》："囟，头会脑盖也。象形。"本义为囟门。

【演变】囟，本义指婴儿头顶骨未合缝处的囟门。后来作了偏旁，其义便另加义符"頁"(人头)写作"顖"，或再加义符"心"写作"㐰"(xìn)来表示。如今简化仍用囟。

【组字】囟,如今既可单用,也可作偏旁。现今归入囗部。凡从囟取义的字皆与头脑等义有关。
以囟作义符的字有:吡、囟、鼠。
以囟作声兼义符的字有:思、顖。
以囟作声符的字有:细。

后 hòu (後)

【字形】甲 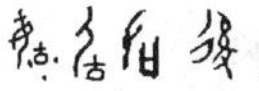 金 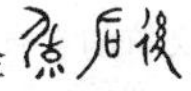
篆 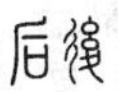 隶 后後 草 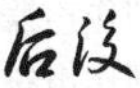

【构造】会意字。甲骨文一形从女(母),从倒子,或旁有小点,为羊水,会母生子之意,是"毓"(育)的本字;二形省女为人;三形简化,人变成反向,省倒子为口(子头),成了"司"字的反文。金文一形综合甲骨文一形和二形稍简,二形承接甲文三形,人稍讹。篆文整齐化。隶变后楷书写作后。如今又用作"後"的简化字。上列第四个甲骨文是"後",本从彳(半条街),从夊(脚),从幺(绳),会脚上系有绳索行动迟缓之意。金文大同。篆文整齐化。隶变后楷书写作後。如今也简化作后。

【本义】《说文·后部》:"后,继体君也。象人之形。施令以告四方,故厂之。从一、口。发号者,君后也。"析形是就篆文所作的解说,所释为引申义。本义当为妇女产子。又《彳部》:"後,迟也。从彳幺夊者,後也。"本义为落在后边。

【演变】后,作为本字,本义指❶妇女产子。母系氏族时代,酋长是一族之始祖母,以其生育子孙之功,尊之为"后"。故上古用以指❷君主:昔三~(禹、汤、周文王)之纯粹兮,固群芳之所在。又指❸诸侯:汝~稷,播时百谷。进入父系社会,妇女地位降低,春秋战国以后,专用以指❹帝王的妻子:吕公女乃吕~,生孝惠帝、鲁元公主。土生万物,故又指❺土地神:~皇嘉树,橘徕服兮|皇天~土。子女为人之后代,故古又用作"後"的简化字。

作为"後"的简化字,又指❻落在后边:三子者出,曾皙~。又表示❼后代:不孝有三,无~为大。引申指❽时间、空间、次序在后的:岁寒,然~知松柏之~凋也|塞其前,断其~|前不能救~,~不能救前。

【组字】后,如今既可单用,也可作偏旁。现今归入口部。凡从后取义的字皆与君主、落后等义有关。
以后作声符的字有:诟、郈、逅、垢、茩、垕。

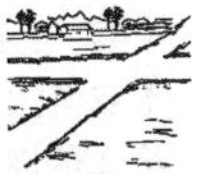

行 háng;xíng (亍)

【字形】甲  金  篆  隶 行 草 

【构造】象形字。甲骨文象十字路口形。金文大同。篆文讹变得不像了。隶变后楷书写作行。

【本义】《说文·行部》:"行,人之步趋也。从彳,从亍。"将"行"字分为彳、亍二字,解说不确。本义当为十字路。

【演变】行,读 háng,本义指十字路,引申泛指❶道路:遵彼微~。由条状的道路又引申指❷行列,行阵:罗列自成~|~伍出身。由行列的次序又引申指❸行辈,排行:汉,我丈人~也|在弟兄中,他~三。又引申指❹行业,行业机构:~~出状元|商~|银~。

又读 xíng,路是供人行走的,故表示❺行走,出行,与出行有关的:携手同~|步~|~装|~头|一~人。由行走又引申指❻流通,传递,流动性的:言之无文,~而不远|气已上~,至头而动,故头痛|发~|通~|~销|~营|~商。由行走又引申指❼做,进行:口言善,身~恶,国妖也|身体力~|另~办理|举~。做则能成,故又引申指❽行得通,可以,能干:这样做不~|你真~。由行走用作名词,又引申指❾表明品质的动作行为:~比伯夷,置以为像兮|品~|德~|罪~。用作副词,表示❿将要:~将到期。又用作⓫乐府古诗的一种体裁:歌~。

【组字】行,如今既可单用,也可作偏旁。现今归入彳部。凡从行取义的字皆与道路、行动等义有关。
以行作义符的字有:衍、衎、衏、衐、衑、衒、術(术)、衕、衖、衘、街、衚、衜、衝、衢、衛(卫)、衞、衟、衠、衡、衠。
以行作声兼义符的字有:衡。
以行作声符的字有:荇、珩、桁、鸻、绗。

𠂢 pài (派)

【字形】甲 金 篆

隶 草

【构造】会意字。甲骨文与“永”同形，是永字的反写，表示一人在水流中游泳之意。这一字形有游泳、水流和荡漾三种含义。金文大同。篆文承接金文并整齐化，专用以表示水的支流之义，故有的解释为水流分叉。隶变后楷书写作𠂢。参见永、羕。

【本义】《说文·𠂢部》：“𠂢，水之衺（邪）流别也。从反永。”本义为水的支流。

【演变】𠂢，本义指水的支流。由于“𠂢”作了偏旁，其义便另加义符“氵”写作“派”来表示。

○派，从氵从𠂢会意，𠂢也兼表声。读pài，本义指❶水的支流：源二分于崌崍，流九~乎浔阳｜茫茫九~流中国。引申泛指❷分支：显和与阿翁同源别~，皆是磐石之宗。又引申指❸流派：有造景，有写景，此理想与现实二~之所由分｜宗~｜党~｜学~｜教~。由水的分流，又引申指❹分派，委派：你们各家照份子~，这事情就舞起来了｜~用场｜~不是｜调~｜~款｜选~｜~遣。由大河的流派气势，又引申指❺风度：气~｜~头｜正~。用作❻量词，用于景色，声音，语言：一~春光｜顺风听得喊声一~。

【组字】𠂢，如今不单用，只作偏旁。现今归入厂部。凡从𠂢取义的字皆与水的支流等义有关。

以𠂢作声兼义符的字有：派、脈（脉）、衇（脉）、䖑、覛（觅）。

以派作声符的字有：蒎。

韧 qià

（栔、契、锲）

【字形】甲 金 篆 隶 草

【构造】会意兼形声字。甲骨文从刀，从丰（刻有齿牙的契券），会锲刻之意，丰也兼表声。金文大同。篆文整齐化。隶变后楷书写作韧，俗作韧。当是“丰”的加旁字。

【本义】《说文·韧部》：“韧，巧韧也。从刀，丰声。”本义为刻木以记事。

【演变】韧，由本义刻木以记事，用作名词，指❶所刻之契。引申泛指❷契约，证券。用作动词，泛指❸锲刻：镌石立碑，~铭鸿烈。

由于“韧”作了偏旁，刻契之义便另加义符“木”写作“栔”来表示，证券之义另加义符“大”写作“契”来表示，锲刻之义则用“锲”来表示。参见各字。

【组字】韧，如今不单用，只作偏旁。现今归入刀部。凡从韧取义的字皆与刻契等义有关。

以韧作义符的字有：㓞。

以韧作声兼义符的字有：契、栔、齧。

以韧作声符的字有：挈、恝、挈、絜。

舟 zhōu

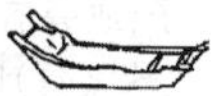

【字形】甲 金 古 篆 隶 草

【构造】象形字。甲骨文象一只小船形。金文和古文大同，只是摆放方向不同而已。篆文整齐化。隶变后楷书写作舟。

【本义】《说文·舟部》：“舟，船也。古者共鼓、货狄刳木为舟，剡木为楫，以济不通。象形。”本义为船。

【演变】舟，本义指❶船：二子乘~，汎汎其景｜假~楫者，非能水也，而绝江河｜木已成~｜扁~一叶。用作动词，指❷乘船：就其深矣，方（并船）之~之。用作状语，指❸用船：余自济安~行适临汝。

【组字】舟，如今既可单用，也可作偏旁。现今仍设舟部。凡从舟取义的字皆与船等义有关。

以舟作义符的字有：舠、舡、舢、舣、舤、舥、舦、舧、舨、舩、航、舫、般、服（服）、舭、舮、舯、舰、俞、朕、舱、舲、舳、舴、舵、舶、舷、舸、船、舺、艍、䑸、艂、舾、艕、艀、艁、艂、艃、艄、艅、艆、艇、艈、艉、艊、艋、艌、艍、艎、艏、艐、艑、艒、艓、艔、艕、艖、艗、艘、艚、艛、艜、艟、艠、艡、艢、艣、艤、艥、艦、艨、艩、艪、艫、艭。

以舟作声符的字有：侜（譸）、辀、鵃。

㐆 yǐn

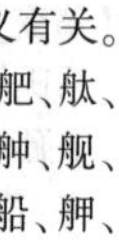

【字形】甲 金 篆 隶 草

【构造】象形字。㐆与身当是同一个字。甲骨文中的“身”字左向右向的都有，皆表示身。从金文殷字的偏旁看，篆文的“㐆”实际就是右向的“身”，是从“殷”字里独立出来的偏旁，甲骨文“殷”()字中的“㐆”就是左向的，是受汉字结体规律的影响形成的，因为“殳”旁总是在字右的。隶变后楷书写作㐆。参见殷。

【本义】《说文·㐆部》：“㐆，归也。从反身。”这是就篆文所作的解说。本义就是身。

【演变】㐆，本义为❶身。由于字形是“身”的反转，故后来遂解释为❷转身。又表示❸归依。又指❹隐。

【组字】㐆，如今不单用，只作偏旁。现今归入丿部。凡从㐆取义的字皆与身躯等义有关。

以㐆作义符的字有：殷。

全 quán (仝)

【字形】金  古  篆 

隶  草 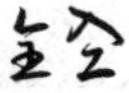

【构造】象形字。金文象用纯玉制作的一套完整的玉饰之形，上象系玉，下象悬垂饰物。古文明确加出一串玉，下边垂饰稍讹。篆文省去垂饰，只留下上系和玉串，二形简化为两片玉。隶变后楷书写作全与仝。如今规范化用“全”，上本作“入”，如今规范化作“人”。注意：仝与仝(同的古文)不同。

【本义】《说文·入部》：“仝，完也。从入，从工。全，篆文仝，从玉。纯玉曰全。”本义为用纯玉制作的一套完整的玉饰。

【演变】全，由本义用纯玉制作的一套完整的玉饰，表示❶无瑕疵的纯玉：天子用～，上公用龙|嗟我岂识庞与～。由纯玉引申泛指❷纯粹：知夫不～不粹之不足以为美也。又表示❸完备无缺失：上为天子而不骄，下为匹夫而不昏，此之谓～德之人|求～责备。又引申指❹齐备，完整：法不平，令不～|纯粹～牺，献之公门|十～十美|文武双～|宁为玉碎，不为瓦～|齐～。又引申指❺整个，全体：三年之后，未尝见～牛也|～国上下|～军一致|～校十二个班。用作副词，指❻完全，都：近来始觉古人书，信著(着)～无是处|～到齐了。用作动词，指❼保全：凡用兵之法，～国为上，破国次之|苟～生命于乱世|两～其美。

【组字】全，如今既可单用，也可作偏旁。现今归入人部。凡从全取义的字皆与纯粹、完好等义有关。

以全作声兼义符的字有：辁、牷、痊。

以全作声符的字有：诠、佺、荃、拴、悛、栓、铨、筌。

会 huì；kuài (會、迨)

【字形】甲 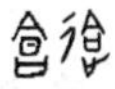 金  篆 

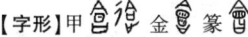

今篆  隶  草 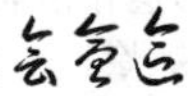

【构造】象形兼会意字。甲骨文下边是仓体，上边是仓顶，中间是仓门，其中有谷物，用储存有谷物的粮仓来表示聚汇之意。金文在仓中加出小点，聚合储粮之意更加明确。篆文将仓体讹为曰。隶变后楷书写作會。如今简化作会。与仓是同源字，仓是就形体说，会是就其用立意。参见仓。

【本义】《说文·會部》：“會，合也。从亼，从曾省。曾，益也。”析形不确。本义为聚汇有谷物的粮仓。

【演变】会，读 huì，由聚汇有谷物的粮仓，引申泛指❶聚合，聚汇：(秋之月)命百官贵贱无不务内(纳)，以～天地之藏(五谷)。又引申指❷(许多人为同一目的)聚集一起：诸侯恐惧，～盟而谋弱秦|～师。用作名词指❸集会：八月秋社，市学先生预敛诸生钱作社～(祭社神的赛会)|舞～。又指❹人们集会或聚居的地方：名都广～，闾阎万室|夜总～。又引申指❺某种团体或组织：新民学～|教～。由聚会又引申指❻遇见，见面：公～齐侯于艾|大朝觐～同|幽～|再～。此义甲骨文本作“”，从辵从合会意，篆文整齐化，表示相会相见，如今规范化仍用“会”表示。理解、领悟实际上就是将各种知识或情况会集一起加以融会贯通，故又引申为❼理解，领悟：危(高)楼远望，叹此意，今古几人曾～？进而引申指❽熟悉，擅长：南北东西事，人间～也无？再引申表示❾有某种能力或可能性：他不～外语|这事，他～做得出来。又表示❿应当，定要：～当凌绝顶，一览众山小。机会是各种因素的巧合，故又

引申为⓫时机，机会：逢时遇～。虚化为副词，表示⓬恰巧遇到：～天大雨，道不通。

又读 kuài，由聚合引申为⓭对各款项的总合：谁习计～，能为文收责（债）于薛者乎？｜～计。又用作⓮山名。在浙江省绍兴县东南。相传夏禹大会诸侯于此计功，故名。又名防山、茅山：越子以甲楯五千保于～稽。又用作⓯郡名：严助，～稽吴人。

【组字】会，如今既可单用，也可作偏旁。现今归入人部。凡从会取义的字皆与聚合等义有关。
以会作义符的字有：䢈、䢈。
以会作声兼义符的字有：侩、哙、绘、荟、浍、脍、烩。
以会作声符的字有：刽、郐、狯、桧、鲙。

合 hé；gě（閤）

【字形】甲　金　篆　今篆
隶 合 閤　草

【构造】会意字。甲骨文、金文和篆文大同，都从亼，从口，会器盖与器体相扣合之意。隶变后楷书写作合。异体也作閤，如今规范化用合。

【本义】《说文·亼部》："合，合口也。从亼，从口。"本义为扣合。

【演变】合，读 hé，本义指❶扣合，闭合：蚌方出曝，而鹬啄其肉，蚌～而拑其喙｜～拢｜～围。引申为❷聚合，会合：桓公九～诸侯，不以兵车｜～唱。又引申为❸两军交锋：自始～，而矢贯余手及肘。用为量词，指❹双方打斗一次：酣战二十余～。由扣合又引申为❺符合：出于辞让，～于文理｜～法。又引申指❻匹配：天作之～。又引申指❼仆倒：前仰后～。由符合又引申指❽应该：文章～为时而著，歌诗～为事而作｜～当如此。又引申指❾整个，全：～家老小。虚化为副词，表示❿几方同时进行：文采双鸳鸯，裁为～欢被。又表示⓫合起来算，折算：～计｜折～。又表示⓬盒子：明帝闻之，赐漆～烛盘等。

又读 gě，用作⓭容量单位：十～为一升。

○閤，从門从合会意，合也兼表声。读 gé，本义为❶侧门，小门，或古代官署的门：～通守舍，相错穿室｜直符史诣～下，从太守受其事。又借指❷官署，宫中便殿、收藏图书的房子：诣～陈谢，叩头流血，然后得免｜令所司录一本付秘书～。此义用同"阁"。

又读 hé，用同"合"，表示❸全，总共：～门死节。又指❹闭合：刚一～眼，队伍又要出发了。

【组字】合，如今既可单用，也可作偏旁。现今归入口部。凡从合取义的字皆与盒子、扣合、对合等义有关。
以合作声兼义符的字有：拾、恰、洽、给、弇、歙、龛、盒、蛤、颌、答、翕、閤。
以合作声符的字有：郃、匼、哈、铪、鸽、粭。

厼 lìn（吝）

【字形】甲　金　篆　今篆　隶
草

【构造】会意字。甲、金、篆文皆从口，文声，文也兼表显现之意。隶变后楷书写作吝。俗改作厼，从厶从爻（表计算）会意。是"吝"的俗写异体字。参见吝。

【本义】《说文·口部》："吝，恨惜也。从口，文声。"本义为遗憾。《广韵·震韵》："吝，俗作厼。"后用以表示吝啬，吝惜。

【演变】动词，本义为❶遗憾。又指❷吝啬，吝惜：～于财者失所亲，信小人者失士｜～则不能赏贤，不忍则不能罚奸｜灵物～珍怪，异人祕精魂。

【组字】厼，如今不单用，只作编旁，现今归入厶部。凡从厼取义的字皆与吝啬等义有关。
以厼作义符的字有：刢、搇。

杀 shā（殺、煞）

【字形】甲　金　古　籀　篆
今篆　隶 杀 殺 煞
草

【构造】象形字。杀与希同源。甲骨文和金文皆象击杀后陈列在那里的长毛野兽形。古文稍讹。籀文进一步讹变,并另加义符"殳"(手持槌),以强调击杀之义。篆文整齐化。隶变后楷书承接古文和篆文分别写作杀与殺。如今规范化用杀。

【本义】《说文·杀部》:"殺,戮也。从殳,杀声。"本义为击杀野兽。

【演变】杀,本义指❶击杀野兽。引申泛指❷杀死:卫人~州吁于濮|~敌|~鸡|~虫剂。又引申指❸战斗:诸侯赐弓矢然后征,赐鈇钺然后~|~出重围|~回马枪|~盘棋。杀则消,又引申指❹消减:其族食世降一等,亲亲之~也|然势必~半|~风景|~威风|~青(古人著书写在竹简上,为了便于书写和防止虫蛀,先把青竹简用火烤使出汗,即烤干水分,叫杀青。后泛指写定著作,也叫汗青)。又引申指❺因药物刺激而疼痛:这药~眼。又引申指❻勒紧:~紧腰带|~行李。此义后作煞。用作动词补语,表示❼致死:与阿耶(爷)三条荆杖来,与打~前家歌(哥)子。用在动词后,又表示❽程度深:秋风萧萧愁~人|笑~人。此义俗写作"煞"。

〇煞,当是"殺"的讹变俗字。由从攴看,当也与击打之义有关。读 shā,义同❶杀:则令杖~之。引申指❷收束,停住:年年此际一相逢,未审是甚时结~|~车|~笔。又引申指❸削弱:这也太~风景了|真是急~人了。

又读 shà,虚化用在动词后面,表示❹程度深:真是愁~人。又用作副词,相当于❺很:脸吓得~白|~费苦心|~有介事。又特指❻凶神:凶神恶~|~星。

【组字】杀,如今既可单用,也可作偏旁。现今杀归入木部,殺则归入殳部。凡从杀取义的字皆与击杀等义有关。

以杀作义符的字有:弑。

以杀作声符的字有:刹、铩。

兆 zhào

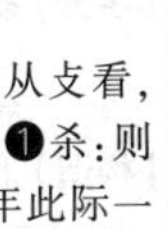

【字形】甲　金　古

篆　隶 兆 草

【构造】象形字。甲骨文象古人占卜时烧灼龟甲所出现的不规则的裂纹之形,即卜兆。金文和古文大同稍变。篆文整齐化。隶变后楷书写作兆。

【本义】《说文·卜部》:"兆,灼龟坼也。从卜兆,象形。"本义为卜兆。

【演变】兆,本义指❶卜兆:假大龟以视~兮|卜之龟,卦~得大横。引申泛指❷征候,迹象:此亡国之~也|预~|吉~|征~。用作动词,指❸预先显示:我独泊兮其未~|规于未~|瑞雪~丰年。用作数词,今指❹百万,或泛指多:~民赖之。

【组字】兆,如今既可单用,也可作偏旁。现今归入儿部。凡从兆取义的字皆与征兆等义有关。

以兆作声符的字有:佻、姚、挑、逃、咷、洮、窕、珧、晁、桃、祧、铫、眺、跳。

企 qǐ (跂、跂)

【字形】甲　金　古　篆

今篆　隶 企 跂 跂

草

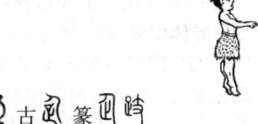

【构造】会意兼形声字。甲骨文和金文皆从人,从止(脚),会人踮起脚跟远望之意,止也兼表声。古文或从足。篆文整齐化。隶变后楷书写作企。

【本义】《说文·人部》:"企,举踵也。从人,止声。"本义为踮起脚跟远望。

【演变】企,本义指❶踮起脚跟远望:日夜~而望归。又单指❷踮起脚跟:~者不立,跨者不行。又单指❸站立:鸟~山峙|~足而待|~鹅。又单指❹望:登高丘以延~。又引申指❺仰望,希求,盼望:~望义兵,以释国难|平生~仁义,所学皆孔周|~慕|~图。又引申指❻赶上:勃文章宏放,非常人所及,炯、照邻可以~之|不可~及。又引申指❼开启:~业。

"企"为引申义所专用,踮起脚跟远望之义便另加义符"足"写作"跂"来表示。今则用形声字"跂"来表示。

〇跂,从足支声。读 qí,本义指❶多出的脚趾:故合者不为骈,而枝者不为~。

又读 qǐ,用作"企",指❷踮起脚跟:谁谓宋远,~而望之。

【组字】企,如今既可单用,也可作偏旁。现今仍归人人部。凡从企取义的字皆与踮起脚跟远望等义有关。

以企作声兼义符的字有:跂。

众 zhòng;yín

(乑、㐺、衆、眾)

【字形】甲　金　篆

隶 众乑眾衆

草

【构造】会意字。甲骨文从三人,会多人之意。或又加义符日,以突出许多奴隶在烈日下劳作之意。金文将日误为目。篆文承甲骨文、金文并整齐化。隶变后楷书分别写作众与眾。异体作衆,罒(横目)加一丿更误为血。"众"与"眾"实为繁简不同的同一个字。如今简化用众。作偏旁时写作衆、乑或㐺。

【本义】《说文·乑部》:"乑,众立也。从三人。"本义为众人。又:"眾,多也。从乑、目,眾意。"本义为许多。

【演变】众(乑),读 yín,本义为众人。

又读 zhòng,用作眾,本义指❶许多人,众人:~恶之,必察焉;~好之,必察焉|~怒难犯,专欲难成。引申泛指❷许多,盛多:师克在和不在~|寡固不可以敌~。又引申指❸群:譬如北辰,居其所而~星共(拱)之。引申又指❹一般,普通:~人皆醉我独醒。古代又指❺从事农业生产的奴隶或管理人员:尔~庶,悉听朕言。

【组字】众(乑),如今既可单用,也可作偏旁。现今乑与㐺归丿部,众归人部。凡从衆、乑与㐺取义的字皆与许多人聚在一起等义有关。

以乑(㐺)作义符的字有:眾、衆(众)、息(暨)、聚。

以衆作声兼义符的字有:傯、潨。

肸 xī

(肹、肦)

【字形】篆　隶 肸肹 草

【构造】会意字。篆文从肉,从八(表示分),会血脉在肉体中频频搏动流布之意。隶变后楷书写作肸。

【本义】《说文·肉部》:"肸,振肸也。从肉,八声。"本义为血脉在肉体中频频搏动流布。当是"肹"的初文。

【演变】肸,本义指血脉在肉体中频频搏动流布。由于"肸"作了偏旁,其义便另加义符"十"写作"肹"来表示。

○肹,从十从肸会意,肸也兼表声。异体或作肦。读 xī,表示❶传布。又表示❷振动。

又读 bì,用作❸古地名。春秋鲁地,在今山东省费县西北:于是伯禽率师伐之于~,作《~誓》。《书》作"費誓"。

【组字】肸,如今不单用,只作偏旁。现今仍归入月(肉)部。凡从肸取义的字皆与频频搏动流布、分散等义有关。

以肸作声兼义符的字有:佾、肹、屑(屑)。

伞 sǎn

(傘、繖)

【字形】篆　今篆　隶 伞傘繖

草

【构造】形声兼会意兼象形字。傘,篆文本作繖,从糸,散声,散也兼表散开之意。隶变后楷书写作繖。俗又造了楷书"傘",上边象张开的部分,下边象把和支架。如今简化取其轮廓作伞。繖则废而不用。

【本义】《说文·糸部》新附:"繖,盖也。从糸,散声。"《集韵·缓韵》:"繖,亦作傘。"本义为车盖。

【演变】伞,本义指❶车盖:假称帝号,服素衣,持白~白幡。引申泛指❷挡雨遮阳的器具:雨~|阳~。又引申指❸伞形的东西:降落~。

叉 biào

(摽)

【字形】甲　金　篆　隶 叉摽

草

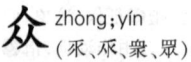

【构造】会意字。单独的叉,虽未见于甲骨文,但从甲骨文"受( )"字所从看,实际已存在,上象覆手(爪)以物与人,下象以又(手)承之,中间是个托盘,会相授受之意。篆文将叉从受中独立出来加以整齐化，作为偏旁，是有道理的。隶变后楷书写作爫。当是“受”的本字。

【本义】《说文·爫部》：“爫，物落；上下相付也。从爪，从又。”所释为引申义。本义当为相授受，包括付与和接受。

【演变】爫，本义指❶付与：格伯～良马乘。引申为❷物落。

由于爫作了偏旁，相授受之义便由“受”来表示，物落之义则另造了“抛”与“摽”来表示。参见受。

○摽，从手从票会意，票也兼表声。读 piāo，本义指❶击打：长木之毙，无不～幼弱。引申指❷高举：～然若秋云之远。

又读 biào，引申指❸捶（胸）：仰天～心而无策。又引申指❹落下：～有梅，其实七兮。口语又指❺使物体连结一起：把箱子～在车上｜别在马路上～着膀子走｜大家～在一块干。

又读 pāo，义同“抛”，表示❻扔：曹子～剑而去之。

【组字】爫，如今不单用，只作偏旁。现今归入又部。凡从爫取义的字皆与两手的动作有关。以爫作义符的字有：受、爭（争）、寽、爰、爯、亂（乱）、敢（敢）。

氽 tǔn （氽）

【字形】古 今篆 隶 氽 氽
草

【构造】会意字。古文从人在水上。表示漂浮。隶变后楷书写作氽。

【本义】后起字。《字汇·水部》：“氽，水推物也。”本义为漂浮。

【演变】氽，本义指❶漂浮：浅水滩头，～下一个坐婆来。用油炸物，与漂浮相似，故又引申指❷用油炸：油～花生米。注意：氽与汆不同。

○汆，从入从水会意。读 cuān，指❶一种烹调方法，即把食物放入沸水中稍微煮一下：～丸子。又特指❷用薄铁筒制成的放入旺火中迅速把水烧开的“汆子”。又指❸用汆子烧开水：～一壶水。

刖 yuè （剕）

【字形】甲 篆 今篆
隶 刖 剕 草

【构造】会意兼形声字。甲骨文象砍去人一足形，二形改为从刀，从月（肉），会古代砍掉脚的酷刑之意，月也兼表声。篆文整齐化。隶变后楷书写作刖。上古也称作“剕”（从刀从非会意，非也兼表声，读 fèi）。

【本义】《说文·刀部》：“刖，绝也。从刀，月声。”本义为古代砍掉脚的酷刑。

【演变】刖，本义指❶古代砍去脚的酷刑：王以和为诳，而～其左足。引申泛指❷截断：根～残树，花叶落去。

肋 jīn；lèi；lē （筋）

【字形】篆 隶 肋 草

【构造】会意字。篆文从肉，从力，用有力之肉会筋肉之意，力也兼表声。隶变后楷书写作肋。当是“筋”的初文。

【本义】《说文·肉部》：“肋，胁骨也。从肉，力声。”所释为引申义。本义当为筋。《篇海类编·身体类·肉部》：“肋，与筋同。”

【演变】肋，读 jīn，本义指❶筋。

又读 lèi，肋骨是肉中有力者，故引申指❷肋骨：夫鸡～，弃之如可惜，食之无所得｜～巴骨。引申特指❸胸部的两侧，古人叫胁：北地廉雨肉似羊～，或大如手｜为朋友两～插刀。

又读 lē，用作“肋脦”，指❹容貌举止不正：真是个～脦鬼。

“肋”为引申义所专用，筋之义便另加义符“竹”写作“筋”来表示。据说竹是多筋之物，故常用来穿连、箍束东西。参见筋。

【组字】肋，如今既可单用，也可作偏旁。现今仍归入月（肉）部。凡从肋取义的字皆与筋肉等义有关。

以肋作声兼义符的字有：筋。

肌 jī

【字形】籀 古 篆 隶 肌 草

【构造】会意兼形声字。籀文从月(肉)从横川,会带纹路的肌肉之意。古文横川讹为几。篆文承之,成为从月(肉),几声。隶变后楷书写作肌。

【本义】《说文·肉部》:“肌,肉也。从肉,几声。”本义为人肉。

【演变】肌,本义指❶人肉:乃割皮解~,诀脉结筋|心~梗死。又引申指❷皮肤:藐姑射之山,有神人居焉,~肤如冰雪|长安水边多丽人……~理细腻骨肉匀。

【组字】肌,如今可单用,也可作偏旁。现今仍归入月部。凡从肌取义的字皆与肌肉等义有关。

以肌作声符的字有:肮。

朵 duǒ

【字形】篆 隶 朵 草

【构造】象形字。篆文从木,上象枝叶花实下垂摇动之形。隶变后楷书写作朵。

【本义】《说文·木部》:“朵,树木垂朵朵也。从木,象形。”本义为树木枝叶花实下垂摇动的样子。

【演变】朵,本义指❶树木枝叶花实下垂摇动的样子:白花檐外~,青柳槛前梢。用作名词,指❷花朵或像花朵的东西:花房腻似红莲~|云~。用作❸量词,用于花或成团的东西:黄四娘家花满蹊,千~万~压枝低|两~云彩。耳朵也有点像花朵,故又指❹耳朵或指两旁的:则于~殿设炉以御寒气。

【组字】朵,如今既可单用,也可作偏旁。现今仍归入木部。凡从朵取义的字皆与成团、下垂等义有关。

以朵作声兼义符的字有:垛、躲。

以朵作声符的字有:剁、哚、跺。

杂 zá

(雜、襍)

【字形】篆 今篆 隶 杂 雜 襍

草

【构造】会意兼形声字。篆文从衣,从集,会聚集各种衣料颜色相配合之意,集也兼表声。隶变后楷书写作雜。异体作襍。如今简化皆作杂,从九从木会意,成了多种树木相混合了。

【本义】《说文·衣部》:“雜,五彩相会。从衣,集声。”本义为各种颜色相配合。

【演变】杂,本义指❶各种颜色相配合:画绘之事~五色。引申指❷混合,掺杂:汉家自有制度,本以霸王道~之,奈何纯用德教?|夹~|混~。又指❸交错:坚甲利兵,长短相~。又指❹聚集:四方来~,远乡皆至。由各种颜色相合,又引申指❺不纯,混杂:貂裘而~,不若狐裘而粹|~色|庞~|~乱|~记|~货|~技|复~。

【组字】杂,如今既可单用,也可作偏旁。现今雜归入隹部,杂归入木部。凡从杂取义的字皆与混杂等义有关。

以杂作义符的字有:染。

以杂作声兼义符的字有:咂 。

以杂作声符的字有:婇 。

危 wēi

(跪)

【字形】篆 隶 危 跪 草

【构造】会意兼形声字。篆文从卩(卪,跪坐之人),从产(表示高),会人直起腰来提高上身端坐之意,即危坐。古人跪坐,平时臀部放在脚跟上,腰微弯,是放松方便的姿势;表敬时,腰则伸直,上体高度自然增加,故称为危坐。隶变后楷书写作危,是“产”的分化字,是“跪”的本字。参见产。

【本义】《说文·危部》:“危,在高而惧也。从产,自卪止之。”析形不确。本义为危坐。

【演变】危,本义指❶危坐,端坐:轿内~坐着一个碧眼黄发高鼻子的洋人。危坐是腿脚的动作,故又引申指❷腿脚:卫君欲执孔子,孔子走,弟子皆逃;子皋从出门,刖~引之而逃之门下室中,吏追不得。此义后写作“跪”。又引申泛指❸高:使子路去其~冠|~楼高百尺。危坐本是敬惧行为,故又引申指❹戒惧不安:显宗丕承,业业兢兢,~心恭德,政察奸胜|人人自~。进而引申为❺危险,不安全:小国忘守则~,况有灾乎?|~如累卵。又引申指❻危害,损害:聚敛者,召寇、肥敌、亡国、~身之

道也。又引申指❼将死：垂～。又引申指❽危难，艰难困苦：共度艰～。

○跪，从足从危会意，危也兼表声。读guì，本义指❶古人的一种坐姿，两膝着地，屁股靠着脚跟而坐（如果双膝着地，臀部离开脚跟，腰伸直，则叫跽，是种表示恭敬的姿势）：先生将食，弟子馔馈；摄衽盥漱，～坐而馈｜乃斋戒以言之，～坐以进之。引申泛指❷屈膝的动作：～地求饶｜下～。用作名词，又指❸腿：蟹六～而二螯。

【组字】危，如今既可单用，也可作偏旁。现今归入卩部。凡从危取义的字皆与危坐、腿脚、高、戒惧不安等义有关。

以危作义符的字有：觤。

以危作声兼义符的字有：桅、跪。

以危作声符的字有：诡。

夙 sù
（夙）

【字形】甲　金　篆　隶 夙 草

【构造】会意字。甲骨文上为夕，表示残月，下为一人举双手有所操作之状，会残月尚存人已起来做事之意。金文一形大同，二形改为女，古时妇女多操持家务。篆文将月下移改为横列，并整齐化。隶变后楷书写作夙。俗作夙。如今规范化用夙。

【本义】《说文·夕部》："夙，早敬也。从丮。"本义为天未明就起来做事，不敢懈怠。

【演变】夙，本义指❶天未明就起来做事。引申指❷早晨：～兴夜寐，靡有朝矣。又泛指❸早：祈年孔（甚）～，方社（祭四方与社神）不暮｜理宜～定｜～悟。用作副词，指❹向来，平素，旧时：～昔传闻思一见｜我本陕中人，与君有～因。此义也作"宿"。又引申指❺肃敬：载震载～，载生载育。

【组字】夙，如今既可单用，也可作偏旁。现今仍归入夕部。凡从夙取义的字皆与早行动等义有关。

以夙作声符的字有：偑、浀、琍。

氒 jué
（栝、桰、括、括、桥、掭）

【字形】甲　金　篆　今篆　隶 氒 栝 括 桰 掭　草

【构造】象形字。氒与夬同源，氒是名词，夬是动词。氒，甲骨文象矢栝之形。矢栝，是射箭时的钩弦器，一种箭末抵弦处卡在弦上供手扣之以发射之构造，其实物之形为。金文大同。篆文讹变。隶变后楷书写作氒。是"桰"（栝）的本字。

【本义】《说文·氏部》："氒，木本，从氏，大于末。"析形不确，所释为引申义。本义当为射箭时的钩弦器，即矢栝。

【演变】氒，本义指❶矢栝。古代又借为"厥"（本义为"发石"），表示❷木桩。又用作❸第三人称代词。

由于"氒"作了偏旁，后来便又另造了形声字"桰"，后俗借"栝"来表示。用手扣栝的动作则写作"括"来表示，俗简作括。

○栝，从木从舌会意，舌也兼表声。读tiǎn，本义指❶木杖：木～，长可尺三～。又指❷拨火棍：停车少憩日又出，束～营炊道旁屋。

由于栝后借用作"桰"字，拨火棍之义遂又另造了"桥"（从忝会意，忝也兼表声）字来表示。俗进而又改义符木为手造了"掭"字，用作动词，表示❸轻轻拨动：（促织）入石穴中，掭以尖草，不出。又表示❹用笔调蘸墨汁：那判官慌忙捧笔，饱掭浓墨。

又读kuò，古又指❺桧（guì）树：虽当霰雪严，未觉～柏枯。借作"桰"，表示❻矢栝，箭末扣弦处：弓无弦，箭无～｜铭其～曰："肃慎氏之贡矢。"以上二义旧也读guā。用作"檃栝"，又指❼矫揉曲木的工具：枸木必将待檃～烝矫然后直。

又读guā，用作"栝楼"，指❽一种多年生草本植物，茎上有卷须，以攀缘他物。果实中医用来做镇咳祛痰药：～蒌似瓜｜～楼亦果蓏之转语。

○括，从手从舌会意，舌也兼表声。读kuò，本义指❶扎，束：向也～，而今也被发｜～约肌。引申指❷包束，包裹：有席卷天下，包举宇内，囊～四海之意｜总～｜～号。又引申指

❸搜求：时大～人马军士｜搜～。作为“栝”的借字，作动词，又指❹加上矢栝：～而羽之，镞而砺之，其入之不亦深乎？

又读 guā，用作“挺括”，方言，形容❺挺拔，挺直平整：喏，你看它长得多挺～！｜（制服）显得那么挺～。

【组字】𠂆，如今不单用，只作偏旁。现今归入氏部。凡从𠂆取义的字皆与矢栝等义有关。以𠂆作声兼义符的字有：舌。

旭 xù
（旮、旯）

【字形】篆 今篆 隶 旭旮旯

草 旭旮旯

【构造】会意兼形声字。篆文从日从九（表边末）会意，九也兼表声。本义为太阳从东南隅初出。隶变后楷书写作旭。异体也写作旮。或许因太阳初升于地之东南角，方言遂借其异体“旮”，并变其体为“旯”，组成“旮旯”来记录方言中“gālár”一词，用以表示角落之义。

【本义】《说文·日部》：“旭，日旦出貌。从日，九声。”本义为太阳初升的样子。

【演变】旭，本义指❶太阳初升的样子：雝雝鸣雁，～日始旦。又指❷初升的太阳：西光已谢，东～又良。又引申指❸天亮：欢来苦夕短，已复至天～。又泛指❹光亮，明亮：于是～月霁野，庆雪蔼天｜寒灯无～。

○旮旯，读 gālár，原为方言词，现在已用于普通话，表示角落：那个墙～～儿里有一个人｜山～～｜门～～。

旬 xún
（徇、殉）

【字形】甲 金 篆 今篆

隶 旬徇殉 草 旬徇殉

【构造】会意字。甲骨文一形上从十，下为“勹”字之省，勹为手臂弯转，象征回环之意，表示一周匝；二形明确是手臂弯转形。金文一形承接甲骨文二形并另加义符日，表示扳着手指算日子，会由甲到癸顺历十日为一个循环之意；二形“勺”不省。篆文整齐化，十（或手指）与回环手臂形合起来讹为勹，亦环围之意。隶变后楷书写作旬。

【本义】《说文·勹部》：“旬，遍也。十日为旬。从勹、日。”所释为引申义。本义指顺历十天为一旬。

【演变】旬，本义指❶十天：期（jī），三百有（yòu）六～有六日，以闰月定四时成岁｜上～｜兼～（二十天）。又引申指❷十年：广农桑，事从节约，修之～年，则国富民安矣｜年过九～。又指❸满一个循环：～年之间，历显位。又引申指❹周遍：王命召虎，来～来宣。又引申指❺顺从：谷失疏数，奚足～也。此义后作“徇”。

○徇，从彳从旬会意，旬也兼表声。读 xùn，本义指❶巡行：王乃～师而誓。引申特指❷巡行示众：车裂以～，灭其宗。又引申指❸曲从，顺从：国人弗～｜～私舞弊｜～情枉法。古又借作“殉”，表示❹为达到一定目的而献身：常思奋不顾身，以～国家之急。

○殉，从歹（歺，残骨）从旬会意，旬也兼表声。读 xùn，本义为❶古代以人或物陪葬：先葬以车五乘，～五人｜闻余玠有玉带，求之，已～葬矣。又指❷为某种理想或目的而死：常奋不顾身，以～国家之急｜以身～职｜～难｜～情｜～节。

【组字】旬，如今既可单用，也可作偏旁。现今归入日部。凡从旬取义的字皆与顺历十日一个循环等义有关。

以旬作声兼义符的字有：徇、眴（瞬）。

以旬作声符的字有：询、郇、荀、峋、洵、恂、绚、珣、枸、殉、筍（笋）、惸。

旨 zhǐ

【字形】甲 金 篆 隶 旨 草 旨

【构造】会意兼形声字。甲骨文从口，从匕（匙），会用匕将美味送入口中之意，匕也兼表声。金文在口中加出所吃美味食物，就成了从“甘”了。篆文整齐化。隶变后楷书写作旨。

【本义】《说文·旨部》：“旨，美也。从甘，匕声。”本义为味美。

【演变】旨，本义指❶味美：虽有嘉肴，弗食，不知其~也|~酒。用作名词，又指❷美味食物：食~不甘，闻乐不乐。用作抽象意义，又指❸包含的意思：其~远，其辞文，其言曲而中|宗~|主~|~趣。又引申指❹上级的命令：今承~而杀之。又特指❺皇帝的意见、命令：高太尉听罢，传下钧~|圣~|接~。

【组字】旨，如今既可单用，也可作偏旁。现今归入日部。凡从旨取义的字皆与品尝美味、意向等义有关。

以旨作义符的字有：嘗（尝）。

以旨作声兼义符的字有：脂。

以旨作声符的字有：诣、指、耆、酯、稽。

负 fù （負）

【字形】金 古 篆 隶 负負 草

【构造】会意字。金文上从人，下从貝（表示货币），会人背有货币就有了依靠之意。古文人讹为尸。篆文承甲骨文并整齐化。隶变后楷书写作負。如今简化作负。

【本义】《说文·貝部》："負，恃也。从人守貝，有所恃也。一曰受贷不偿。"解释为仗恃、依仗，是引申义。《释名·释姿容》："负，背也，置项背也。"本义当为背着货币。

【演变】负，由本义背着货币，引申泛指❶背着，驮着：廉颇闻之，肉袒~荆，因宾客至蔺相如门请罪|使~栋之柱，多于南亩之农夫|~荆请罪|~重。用于抽象意义，又指❷依靠，依仗：秦贪，~其强，以空言求璧，偿城恐不可得|~隅顽抗。又指❸使担当，担当：均之二策，宁许以~秦曲|身~重任|~责|~担。由背着，又引申指❹违背，辜负，对不起：臣诚恐见欺于王而~赵|忘恩~义|~心。又引申指❺遭受：~伤|~屈。又引申指❻享有：久~盛名。又引申指❼亏欠：~债。用作"负负"，表示❽惭愧：~~无可言者。由负债，又引申为❾失败：不知己知彼，一胜一~。古又借作"妇"，指❿老妇人：常从王媪、武~贳酒|户牖富人有张~。

【组字】负，如今既可单用，也可作偏旁。现今仍归入贝部。凡从负取义的字皆与依仗等义有关。

以负作声兼义符的字有：偩。

匈 xiōng （胸）

【字形】篆 今篆 隶 匈胸 草

【构造】形声兼会意字。篆文从勹（人曲身，表示胸膛），凶声，凶为猩猩之身，也兼表意。隶变后楷书写作匈。是"胸"的本字。

【本义】《说文·勹部》："匈，膺也。从勹，凶声。"本义为胸膛。

【演变】匈，本义指❶胸膛，心胸：皆虚其~，以听其上。又借作"凶"，表示❷饥荒：山灵梃宝，~灾乃平。又借作"兇"，表示❸骚动不安：自三代以下者，~~然，终以赏罚为事。又用作❹古代的族名和现代的国名：~奴|~牙利。

由于"匈"作了偏旁，胸膛之义便另加义符"月（肉）"写作"胸"来表示。

〇胸，从月（肉）从匈会意，匈也兼表声。读 xiōng，本义指❶胸部：白刃扞乎~，则目不见流矢|~腔|~骨。引申指❷内心，怀抱：~中正，则眸子瞭焉|~有成竹。

【组字】匈，如今既可单用，也可作偏旁。现今仍归入勹部。凡从匈取义的字皆与胸膛等义有关。

以匈作声兼义符的字有：胸。

以匈作声符的字有：洶（汹）、詾（讻）。

夅 xiáng （降）

【字形】甲 金 篆

隶 夅降 草

【构造】会意字。夅与降在甲骨文和金文中是一个字，皆从夅（为一前一后的脚尖朝下的两只脚），从阝（阜，古代穴居上下的脚窝），表示蹬着墙上的脚窝从高处走下来的意思。篆文整齐化并分为繁简二体。《说文》将夅分离出来单独成字，专用以表示降服。隶变后楷书写作夅。

【本义】《说文·夊部》："夅，服也。从夊、㐄，相承不敢并也。”这是把“夅”本义视为“悦服”了。

【演变】夅，本义指❶从高处走下来，下降。引申指❷悦服。又引申泛指❸降服。

由于“夅”作了偏旁，其义便由“降”来表示。如“既已觏止，我心则～”，“一物～一物”。其实，从“夅”作偏旁的字，实际上应是从“降”省。参见降。

【组字】夅，如今不单用，只作偏旁。现今仍归入夂部。凡从夅取义的字皆与向下等义有关。

以夅作声兼义符的字有：降。

以夅作声符的字有：绛、逄。

各 gè （佫、格）

【字形】甲 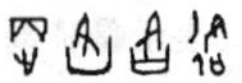 金 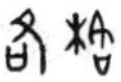

篆  今篆  隶 各格

草 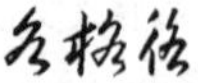

【构造】会意字。甲骨文一形从止，从古人穴居的洞口，会到来之意；二形将字形倒过来，穴居洞口简化，以突出到来之意；三形直接将穴居的洞口变成从口。金文一形承接甲骨文大同。篆文一形承接金文一形并整齐化。隶变后楷书写作各。

【本义】《说文·口部》：“各，异辞也，从口、夂。夂者，有行而止之，不相听也。”析形不确，所释为引申义。本义当为到来。

【演变】各，本义指❶到来：王在东门，夕，王～。借为特指代词，用在动词前，表示❷群体中的不同个体：交易而退，～得其所｜人～有志｜～司其职｜～奔前程。又用作指示代词，表示❸每个：～位代表｜～地车站｜～种事件。

“各”为借义所专用，到来之义便另加义符“彳”写作“佫”来表示，或借“格”来表示。

○佫，从彳从各会意，各也兼表声。读 gé，本义指至，来。《方言》卷一：“佫，至也。邠、唐、冀、兖之间曰假（gé），或曰佫。”

○格，从木从各会意，各也兼表声。读 gé，本义指❶树木的长枝条交错相抵触：夭蟜枝～，偃蹇杪颠。由木枝交错，引申指❷木栅栏：连云列战～，飞鸟不能逾。由栅栏的空格，又引申指❸方格，格子：窗～上画有图案｜表～。进而引申指❹规则，标准：出～｜规～｜风～｜～言｜及～。由枝条交错又引申指❺相抵触：发然后禁，则扞～而不胜｜～～不入。又引申指❻匹敌，对抗：且夫为从（纵）者，无以异于驱群羊而攻猛虎，虎之与羊不～明矣。又引申指❼击杀：～杀勿论。又引申指❽推究：致知在～物，～物而后知至。又用作“佫”，表示❾到来：（孟夏）行春令，则蟓虫为灾，暴风来～。

【组字】各，如今既可单用，也可作偏旁。现今仍归入口部。凡从各取义的字皆与到来、相抵触等义有关。

以各作义符的字有：咎。

以各作声兼义符的字有：佫、阁、客、格、硌、路。

以各作声符的字有：铬、咯、洛、恪、骆、络、珞、辂、赂、胳、烙、略、铭、袼、酪、貉、雒、骼。

名 míng

【字形】甲  金  篆  隶 名 草 

【构造】会意字。甲骨文从口，从夕，会天黑互相看不见只好呼叫名字之意。金文将夕移到口上。篆文整齐化。隶变后楷书写作名。

【本义】《说文·口部》：“名，自命也。从口，从夕。夕者，冥也。冥不相见，故以口自名。”本义为呼叫名字。

【演变】名，本义指❶呼叫名字：国君不～卿老世妇。引申指❷命名，名叫，称名：生穆公，～之曰兰｜屈原者，～平｜秦氏有好女，自～为罗敷。又引申指❸讲出，表达：荡荡乎民无能～焉｜莫～其妙｜不可～状。又引申指❹具有：不～一钱。用作名词，又指❺人或事物的名称：肇赐余以嘉～｜多识于鸟兽草木之～。又指❻名分，名号，名义：～不正，则言不顺｜以诛错（晁错）为～，其意非在错也。又指❼名望，名声：～闻天下｜沽～钓誉。又指❽出名的：～师｜～产。用作量词，指❾人或名次：三～学生｜考了第一～。

【组字】名，如今既可单用，也可作偏旁。现今仍归入口部。凡从名取义的字皆与称名、称说等义有关。

以名作声兼义符的字有：铭。

以名作声符的字有:茗、洺、酩。

舛 chuǎn

【字形】金　篆　隶　草

【构造】会意字。金文偏旁从夊(左脚),从㐄(右脚),是趾尖相反的两只脚,会相违背、相矛盾之意。篆文整齐化。隶变后楷书写作舛。

【本义】《说文·舛部》:"舛,对卧也。从夊㐄相背。"本义为相违背,相矛盾。

【演变】舛,本义指❶相违背,相矛盾:向言无家,何前后之~? 引申指❷不顺利,不幸:时运不济,命途多~。又引申指❸交错,错杂:其书五车,其道~驳,其言也不中。又引申指❹错误,差错:闭户读书四十年,手校数万卷,无一字~。

【组字】舛,如今既可单用,也可作偏旁。现今归入夕部。凡从舛取义的字皆与两足或相违背等义有关。

以舛作义符的字有:舞。

以舛作声兼义符的字有:桀、舜。

多 duō

【字形】甲　金　篆　隶　草

【构造】会意字。甲骨文是叠放的两块肉,古代祭祀分赐胙肉,能分两块,自然比别人的多。金文讹为二夕。篆文整齐化。隶变后楷书写作多。

【本义】《说文·夕部》:"多,重也。从重夕。夕者,相绎也,故为多。重夕为多,重日为叠。"析形不确,肉误为夕。本义当为多出。

【演变】多,本义指❶多出,超过:则无望民之~于邻国也。由多出引申指❷过多,过分:~货则伤于德|~事|~心。又引申指❸剩余:取些银子算还,~的都赏了酒保。由多出又泛指❹多能,数量大:君子~乎哉? 不~也|使负栋之柱,~于南亩之农夫|~才~艺。又指❺相差程度大:这样做省事~了。又用作数词,表示❻多数或不确定的余数:大夫~贪,求欲无厌|办公室有十~个人。又用作副词,表示❼询问或感叹:他~会来的? |这样放~难看啊!

【组字】多,如今既可单用,也可作偏旁。现今仍归入夕部。凡从多取义的字皆与祭肉、众多等义有关。

以多作义符的字有:宜、俎、够、夥。

以多作声兼义符的字有:侈、爹。

以多作声符的字有:迻、爹、移、眵、黟。

争 zhēng
(爭)

【字形】甲　金　篆　隶　草

【构造】会意字。甲骨文是两手夺一器皿形,金文省为两手争厂(被争之物),表示两手各自用力将物拉向自己一方,即争夺。篆文整齐化。隶变后楷书写作爭。俗作争,为草书楷化。如今规范化用争。

【本义】《说文·𠬪部》:"爭,引也。从𠬪、厂。"本义为两手夺取一物。

【演变】争,由本义引物以归己,引申泛指❶争夺:天下莫与汝~能|寸土必~|~取。又引申指❷竞争,较量:推此志也,虽与日月~光可也|与天下~衡|~先。又指❸争执,争辩:鄂侯~之急,辨之疾|意气之~|派别之~。又引申指❹相差:买书还~两块钱。后借作代词,相当于❺怎么:你心中烦恼我~知。

【组字】争,如今既可单用,也可作偏旁。现今归入刀部。凡从争取义的字皆与争竞等义有关。

以争作声兼义符的字有:诤、挣、睁。

以争作声符的字有:净、峥、狰、琤、铮、筝、静。

色 sè;shǎi

【字形】甲　金　篆
隶　草

【构造】会意字。甲骨文一形左从立人,右从跪人,用立人在训诫跪人,会怒形于色之意;二形立人在训诫后转身背对跪人,以突出怒色之意。金文改为上下结构;二形或以为两性交媾之象,其实更像手制服一倒地之人,以突出生气之意。篆文承金文一形并整齐化。隶变后楷书写作色。

【本义】《说文·色部》:"色,颜气也。从人,从卩。"本义为怒色。

【演变】色,读 sè,本义指❶怒色:太后之~稍解|室于怒,市于~。引申泛指❷神情,气色:夫达也者,质直而好义,察言而观~,虑以下人。又特指❸妇女的容貌:吾未见好德如好~也|姿~。进而引申指❹情欲:食、~,性也。由脸色又泛指❺颜色,色彩:五~令人目盲,五音令人耳聋。由色彩又引申指❻景象,情景:荷花落兮江~秋|行~匆匆。由颜色的不同,又引申为❼种类:诸~名目,悉宜停罢|诸~人等|货~。金银的纯含量不同,其颜色也不一样,又引申指❽物质的成分、质量:成~不错|音~很好。

又读 shǎi,用于口语,指❾颜色:掉~。又特指❿色子:那些掷~的,在那里呼幺喝六。

【组字】色,如今既可单用,也可作偏旁。现今仍设色部。凡从色取义的字皆与气色、颜色等义有关。

以色作义符的字有:艳、艴。

以色作声符的字有:铯。

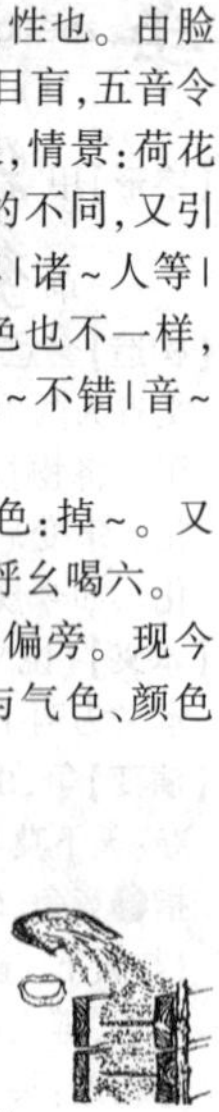

庄 zhuāng (莊)

【字形】甲  金  古 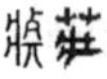 篆 

隶 庄 莊 草 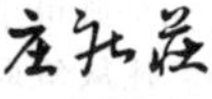

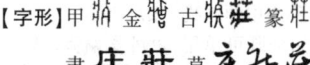

【构造】会意字。庄有三个来源:一是甲骨文,左边是尸床,右边是步,象征尸骨;古文承之,右下另加义符丌,表示祭奠,会向着尸床上的尸体进行祭奠之意,表示庄重严肃;二是金文另加义符甾(筐)、口(墓坑)和卜(右上),会卜日下葬之意,也是庄重严肃之事;三是古文二形和篆文,从艹,从壯(大),会草类大茂盛之意,壯也兼表声。隶变后楷书都写作莊。俗作庄,由草书楷化而来。如今规范化用庄。

【本义】《说文·艸部》段注:"莊,艸大也。从艸,壯声。此形声兼会意字。壯训大,故莊训草大。"据甲、金、古文分析,本义为庄严。据篆文分析,本义为壮大、茂盛。

【演变】庄,本义指❶庄重,严肃:临之以~则敬|非礼不诚不~。引申指❷恭敬:居处不~,非孝也。又指❸草壮实、茂盛:~,草芽之壮也。村落多树木繁茂,故又引申指❹村庄,庄园:万里桥西宅,百花潭北~|畿辅之~,三百七十有三;盛京之~,六十有四;锦州之~,二百八十有四。由盛大又引申指❺大道:异日,君过于康~。又引申指❻较大的商店:是蔽县第一个大钱~。又指❼庄家:轮流坐~。

【组字】庄,如今既可单用,也可作偏旁。现今归入广部。凡从庄取义的字皆与庄严、盛大等义有关。

以庄作声符的字有:脏、赃、桩。

庆 qìng (慶、麐、麟)

【字形】甲  金  古 

篆  隶 庆 慶 麟 麐

草 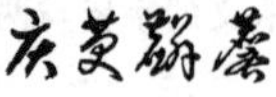

【构造】象形兼形声字。甲骨文象鹿类动物形;或另加义符文,表示花纹美丽,文也兼表声。金文花纹讹为心。古文鹿形省简而另加义符夂(脚),表示带着鹿皮行贺。篆文承之并整齐化,尾巴讹为夂。隶变后楷书写作慶。如今简化作庆。

【本义】《说文·心部》:"慶,行贺人也。从心,从夂,吉礼以鹿皮为贽,故从鹿省。"本义为行贺,又表示鹿,是"麐""麟"的本字。

【演变】庆,本义指鹿,其美丽的皮毛是古代珍贵的喜庆礼品,故引申指❶祝贺:固~其喜而吊其忧|若国有福事,则令~贺之|~功|~祝。又引申指❷奖赏:严刑罚,则民远邪;信~赏,则民轻难。又引申指❸福,善:积善之家必有余~,积不善之家必有殃|一人有~,兆民赖之。又指❹值得庆贺的事:国~|校~。

"庆"为引申义所专用,其义便又令造了形声字"麐""麟"来表示。

○麟,从鹿粦声,异体作麐,从鹿吝声,粦、吝也皆兼表闪光的花纹之意。读 lín,本义指❶麒麟,古人认为是种吉祥的动物,又因其少见,常用以比喻❷人物的高贵或事物的珍贵稀有:~、凤、龙、龟,谓之四灵|射麋格~|西狩

获~|凤毛~角|~子凤刍。

【组字】庆，如今既可单用，也可作偏旁。现今归入广部。凡从庆取义的字皆与动物等义有关。

以庆作声兼义符的字有：㼝。

刘 liú

（鎦、镏、劉）

【字形】甲　金　篆　今篆

隶 刘 劉 镏 鎦 草

【构造】会意字。甲骨文从土从又（手）从卯（表剖分），会收割地里的庄稼之意。金文改土为田，改又为刀，以突出收割田禾之意。篆文将金文中的田改为金（表质料），以强调是金属刀，调整一下结构，将卯移到金上，即成“劉”字。由于汉朝为刘姓天下，为避讳，故《说文》没有收单独的“劉”（刘）字，而收了“镏”字，但偏旁中有“劉”字。徐锴认为篆文鎦（镏）应是篆文鐂（劉）的讹误，将“劉”之屈曲之刀改为田，即成“镏”。据篆文瀏的偏旁看，劉从卯，从刀，从金，会用刀砍割、斩杀之意。隶变后楷书写作劉。如今简化作刘。

【本义】《说文·金部》：“镏，杀也。从金，留声。”本义为砍割、斩杀。

【演变】刘，本义指❶砍割、斩杀：咸~其民人，无有孑遗|虔~我边陲。用作名词，指❷斧钺一类砍割、斩杀的兵器：一人冕执~立于东堂。由杀引申指❸征服：则咸~商王纣。又引申指❹凋残：靡草不凋，无木不~。如今主要用作❺姓。

【组字】刘，如今既可单用，也可作偏旁。现今仍归入刀部。凡从刘取义的字皆与砍杀等义有关。

以刘作声符的字有：㨬、浏、嬼。

亦 yì

（腋）

【字形】甲　金　篆　今篆

隶 亦 腋 草

【构造】指事字。甲骨文从大（人），在腋下加两点，指出腋窝的所在。金文大同。篆文整齐化。隶变后楷书写作亦。

【本义】《说文·亦部》：“亦，人之臂亦也。从大，象两亦之形。”本义为腋窝。

【演变】亦，本义指腋窝。后借作副词，相当于❶又：先君何罪？其嗣~何罪？|褒禅山~谓之华山。又相当于❷也：怨不在大，~不在小|鱼，我所欲也；熊掌，~我所欲也|人云~云|~步~趋。又相当于❸已经：韩之轻于天下，~远矣；今之所争者，其轻于韩又远。

“亦”为借义所专用，腋窝之义便又另造了“腋”字来表示。

○腋，从月（肉）从夜会意，夜也兼表声。读 yè，本义指❶腋窝：赴水则接~持颐|~毛。引申指❷兽类腋下的皮毛：集~成裘。

【组字】亦，如今既可单用，也可作偏旁。现今归入亠部。凡从亦义的字皆与腋窝等义有关。

以亦作义符的字有：夾。

以亦作声兼义符的字有：夜。

以亦作声符的字有：弈、奕、迹。

齐 qí；zhāi

（齊、齋、斋）

【字形】甲　金　古　篆

隶 齐 齊 斋 齋 草

【构造】象形字。甲骨文象禾麦吐穗整齐一致的样子，或象播下的种子萌芽出齐之形。金文下边另加义符生（幼苗长出地面）。篆文承接金文整齐化，将“生”讹为地平，并把两边的禾本拉长。隶变后楷书写作齊。如今简化作齐，取其轮廓。

【本义】《说文·齊部》：“齊，禾麦吐穗上平也。象形。”本义为植物生长整齐一致的样子。

【演变】齐，读 qí，由本义植物生长整齐一致的样子，引申泛指❶齐平，整齐：两服（两旁的服马）~首|行列得正焉，进退得~焉|并驾~驱|排~。用作使动，指❷使整齐，齐平：驰之骤之，整之~之|道之以政，~之以刑。进而引申指❸整治：欲治其国，先~其家；欲~其家，先修其身。由齐平又引申指❹与相同：见贤思~焉|夫物之不~，物之情也|举案~眉|水~腰深。又引申指❺一致，共同：民~者强|~心协力|~唱|~名。又引申指❻齐全，无缺漏：民

不~出于南亩|人来~了。

又读 zhāi，斋戒要整肃自己，故用作“斋”，表示❼斋戒：~则缁衣|~宫|~服。此义后用“齋”来表示，如今简化作斋。

○齋，金文和古文皆从示从齊会意，齊也兼表声。篆文整齐化。读 zhāi，本义指❶斋戒：相如度秦王虽~，决负约不偿城|圣人以此~戒，以神明其德。引申也指❷信仰宗教的人所吃的素食：苏晋长~绣佛前|吃~。用作动词，表示❸施舍饭食、衣物与僧人：特来此处无他故，因还愿要~僧。古代斋戒都有单独的房子，故又引申指❹整洁的房舍：~前种一株松，恒手自壅治之|书~|聊~|荣宝~。

【组字】齐，如今既可单用，也可作偏旁。现今仍设齐部。凡从齐取义的字皆与整齐、齐平等义有关。

以齐作义符的字有：齏。

以齐作声兼义符的字有：齋（斋）。

以齐作声符的字有：侪、剂、荠、济、挤、哜、脐、蛴、跻、霁、鲚、齌、齍、齑、齎（賫、赍）。

交 jiāo
（骹、跤）

【字形】甲 金 篆 今篆 隶 交骹跤 草

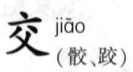

【构造】象形字。甲骨文从大，象一人两腿交叉盘腿而坐形。金文大同。篆文整齐化。隶变后楷书写作交。当是“骹”的本字。

【本义】《说文·交部》：“交，交胫也。从大，象交形。”本义为两腿交叉。

【演变】交，由本义两腿相交，引申泛指❶交叉，相错：哙即带剑拥盾入军门，~戟之卫士欲止不内|犬牙~错|~床|~椅。又引申指❷互相：矢~坠兮士争先|~恶|~谈。进而引申指❸一齐，同时：风雨云雷，~发而并至|风雨~加|内外~困。又指❹交替，更迭：我入自外，室人~偏（遍）谪我。由交叉又指❺交往，交际：与朋友~而不信乎|王不如远~而近攻|~游甚广|外~。进而引申指❻朋友：臣闻布衣之~尚不相欺|故~|至~。由交叉又指❼交合，交接，交配：天地~而万物通也|（仲冬之月）虎始~。又引申指❽付给，托付：（宋江）写了，封皮不粘，~与燕顺收了|~卷|~工。由交叉又指❾交替之际或交接处：其九月、十月之~乎|战于河渭之~|~界。由交腿盘坐，又引申指❿跌倒：鲁达焦躁，把那看的人，一推一~。此义后另加义符“足”写作“跤”。

“交”为引申义所专用，交胫之义便另加义符“骨”写作“骹”来表示。

○骹，从骨从交会意，交也兼表声。读 qiāo，本义指❶小腿：先生时有~软之疾，侍者扶以行。又指❷胫骨近脚细的部分：坐石浸两~，炎肤起芒粟。又指❸肋骨与胸骨胸椎下部相交处：广胸反~者肝高，合胁兔~者肝下。

○跤，从足从交会意，交也兼表声。读 qiāo，同“骹”，指❶胫骨近脚细的部分。

又读 jiāo，指❷跟头：一~倒在柳树边，有两个时辰不省人事|摔~|跌~。

【组字】交，如今既可单用，也可作偏旁。现今归入一部。凡从交取义的字皆与两腿、交叉等义有关。

以交作义符的字有：窔。

以交作声兼义符的字有：郊、绞、咬、校、效、胶、较、铰、蛟、跤、骹。

以交作声符的字有：佼、峧、洨、茭、姣、饺、狡、皎、鲛、駮、鸡。

衣 yī
（衤）

【字形】甲 金 篆 隶 衣 草

【构造】象形字。甲骨文象带大襟的上衣形。金文大同。篆文整齐化。隶变后楷书写作衣。

【本义】《说文·衣部》：“衣，依也。上曰衣，下曰裳。象覆二人之形。”析形有误。本义为带大襟的上衣。

【演变】衣，读 yī，本义指❶带大襟的上衣：东方未明，颠倒~裳|绿~黄裳。后泛指❷衣服：士志于道，而耻恶~恶食者，未足与议也。又泛指❸包在或覆盖物体表面的东西：弓~湿溅水，马足乱横波|何人劝我此间来，管弦生~甑有埃|细雨湿莺~|胞~|炮~|花生~。用作动词，表示❹覆盖：古之葬者，厚~之以薪。

又读 yì，表示❺穿衣：不耕而食，不织而~|~锦还乡。

【组字】衣，如今既可单用，也可作偏旁。作左旁时写作衤。现今仍设衣部。凡从衣取义的字皆与衣被、穿着等义有关。

以衣作义符的字有：补、衦、衧、表、衩、衪、衬、衫、衭、衮、衯、衰、衱、衲、衴、衵、衶、衷、衸、衹、衺、衻、衼、衽、衾、衿、袀、袁、袂、袃、袄、袅、袆、袇、袈、袉、袊、袋、袌、袍、袎、袏、袐、袑、袒、袓、袔、袕、袖、袗、袘、袙、袚、袛、袜、袝、袟、袢、袣、袨、袩、袪、袧、袨、袩、袪、袯、袰、袮、袯、袲、袷、袴、袵、袶、袸、袹、袺、袻、袼、袽、袾、袿、裀、裁、裂、裃、裄、装、裆、裇、裈、裉、裋、裌、裍、裎、裏(里)、裐、裑、裒、裓、裔、裕、裖、裗、裘、裙、裚、裛、裞、裟、裡、裢、裣、裤、裥、裦、裧、裨、裩、裪、裫、裬、裭、裮、裯、裰、裱、裲、裳、裴、裵、裶、裷、裸、裹、裺、裻、裼、製(制)、裾、裿、褀、褁、褂、褃、褄、褅、褆、複(复)、褈、褉、褊、褋、褍、褎、褐、褑、褒、褓、褔、褕、褖、褗、褙、褚、褛、褜、褝、褞、褟、褠、褡、褢、褣、褥、褦、褧、褨、褩、褫、褪、褭、褮、褯、褰、褱、褲、褳、褴、褵、褶、褷、褸、褹、褺、褻、褼、褽、褾、褿、襀、襁、襂、襃、襄、襆、襇、襈、襋、襍(杂)、襎、襐、襒、襕、襖、襗、襚、襛、襜、襞、襟、襢、襦、襧、襨、襪(袜)、襫、襭、襮、襯(衬)、襰、襱、襳、襶、襷、襸、襹(摆)、襺、襻、襽、襼、襽。

以衣作声符的字有：依、哀、扆、銥。

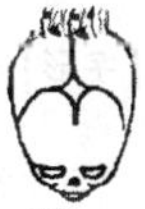

囟 nǎo

（𡿺、囟、㛴、腦、脑）

【字形】甲　古　篆　今篆　隶 㛴 脑 腦　草

【构造】象形字。“脑”的初形为“𡿺”，甲骨文是由兒（突出了大头的婴儿）简化来的，省去身子留下发和囟门，以突出头脑之义。“𡿺”《说文》失收，只作为偏旁存在。因其表义不明显，古文便又另加了义符匕（人），以强调是人脑。篆文整齐化。隶变后楷书写作囟与㛴。后来将义符“匕”改为肉月，就是现在的“腦”字。如今简化作脑。作偏旁时或省作囟或囟。

【本义】《说文·匕部》：“㛴，头髓也。从匕，匕，相匕著也。巛象发，囟象㛴形。”析形不确。本义为头脑。

【演变】囟，是“脑”的省形，只作偏旁。单用用“脑”。

〇脑，本义指❶脑髓，头脑：晋侯梦与楚子搏，楚子伏己而盬（gǔ，吸饮）其～|～袋。引申指❷脑子的思维能力：长官头～冬烘甚|～力劳动|他～筋转得快。又引申指❸像脑子一样的：豆腐～儿。

【组字】囟（𡿺、囟），如今不单用，只作偏旁，现今归入亠部。脑，如今可单用，一般不作偏旁，现今归入月部。凡从囟取义的字皆与头脑等义有关。

以囟作声兼义符的字有：㛴、腦、脑、恼。

以囟作声符的字有：垴、瑙、碯。

产 chǎn

（產、産）

【字形】金　篆　隶 产 産　草

【构造】会意兼形声字。金文从生，彦省声，彦也兼表美好之意。表示人或动物生下好仔。篆文整齐化。隶变后楷书写作產。俗作産。如今简化作产。

【本义】《说文·生部》：“產，生也。从生，彦省声。”本义为人或动物生子。

【演变】产，本义指❶人或动物生子：～男则相贺，～女则杀之|有私牛于官舍～犊|～妇|～卵。引申指❷出产，发生：永州之野～异蛇|山西～煤|山东～花生|凡音者，～乎人心者也。又引申泛指❸物质和精神财富的创造：年～拖拉机三万台|～销两旺|生～|～品|～值|～量。用作名词，指❹物产，产品：以天～作阴德，以地～作阳德|水～|特～|名～|土～。又引申指❺产业，财产：耕田垦草以厚民～也|家～|房～|遗～。

【组字】产，如今既可单用，也可作偏旁。现今产归入亠部，産则仍归入生部。凡从产取义的字皆与生产等义有关。

以产作声符的字有：嵼、浐、桻、铲。

㫃 yǎn

（㫄、㫉、旗）

【字形】甲　金　古

篆 隶 㫃旂旗

草

【构造】象形字。甲骨文象旗帜飘动形，旗杆、旗头、旗幅俱全。金文大同。古文稍讹。篆文承接古文并整齐化。隶变后楷书写作㫃。作偏旁时写作㫃。

【本义】《说文·㫃部》："㫃，旌旗之游㫃蹇之貌。从屮，曲而下垂，㫃相出入也。㫃，古文㫃字，象形。"本义为旗帜飘动的样子。

【演变】㫃，本义指❶旗帜飘动的样子。又指❷旗上的飘带或旗。由旗帜的低扬飘动，又用作❸偃（多作人名）：古人名～字子游。

由于㫃作了偏旁，其义便另加声符斤或其写作"旂"或"旗"来表示。

○旗，从㫃，其声，其也兼表置旗之意。异体作旂，从㫃，斤声，斤也兼表战旗之意。如今规范化用旗，读 qí，本义指❶旗帜：吾视其辙乱，望其～靡｜～鼓相当｜～开得胜｜军～｜红～。后又指❷清代军队和户口的编制单位（以旗的颜色为标志，初设四旗，后增为八旗）：八～子弟｜～人。

【组字】㫃（㫃），如今不单用，只作偏旁。现今归入方部。凡从㫃（㫃）取义的字皆与旗帜等义有关。

以㫃（㫃）作义符的字有：斿、施、旆、旄、旅、旃、旅、旌、族、旎、旋、旒、旗、旖。

以㫃（㫃）作声兼义符的字有：𣃘。

㐬 huāng

【字形】金 篆 隶 㐬 草

【构造】形声兼会意字。金文和篆文皆从川，亡声，亡也兼表无边之意，表示水广大。隶变后楷书写作㐬。注意：与"㐬"不同。

【本义】《说文·川部》："㐬，水广也。从川，亡声。"本义为水广大。

【演变】㐬，本义为❶水广大。引申指❷达到。由大水漫流引申指❸荒废：四时烝尝，不废～兮。

由于"㐬"作了偏旁，其义便由"荒"来表示。参见荒。

【组字】㐬，如今不单用，只作偏旁。现今归入亠部。凡从㐬取义的字皆与广大等义有关。

以㐬作声兼义符的字有：荒。

妄 wàng

【字形】金 篆 隶 妄 草

【构造】会意兼形声字。金文从女，从亡（目盲，表示不见），用妇女无见识，会无根据地胡乱猜想之意，亡也兼表声。这是旧社会对妇女的贬低。篆文整齐化。隶变后楷书写作妄。

【本义】《说文·女部》："妄，乱也。从女，亡声。"本义为荒诞，无事实根据。

【演变】妄，本义指❶荒诞，无事实根据：无验而言之谓～。引申泛指❷胡乱，狂乱，随意：予尝为汝～言之，女亦以～听之｜毋～言，族矣｜轻举～动｜胆大～为｜～下雌黄｜～自菲薄｜痴心～想｜～自尊大｜狂～自大。

【组字】妄，如今既可单用，也可作偏旁。现今仍归入女部。凡从妄取义的字皆与荒诞等义有关。

以妄作声兼义符的字有：谚。

亥 hài（刻）

【字形】甲 金 篆

隶 亥刻 草

【构造】象形兼指事字。甲骨文象刮去了毛并切割了头、蹄的猪形，是"刻"的先行字。金文大同，上加一横，指出从这里切割。篆文承接金文整齐化。隶变后楷书写作亥。古谓四蹄皆白的猪为豥，"豥"当即"亥"字。

【本义】《说文·亥部》："亥，荄也。十月微阳起，接盛阴。从二，二，古文上字，一人男，一人女也。从乙，象裹子咳咳之形。"远古造字当以形象为基础，像这样抽象复杂的思维，显然是根据当时的社会思想所作的解说。本义当为切割。《说文》所释"根"之义，后由"荄"来表示。

【演变】亥，本义指❶切割。后借为❷十二地支的最末位，与天干相配合用以纪年月日时：太阴在～，岁名大渊献｜位于～，在十月｜乙～，臧孙斩鹿门之关以出奔邾｜辛～革命。又表示❸十二生肖属猪。

"亥"为借义所专用，切割之义便另加义符"刀"写作"刻"来表示。

○刻，从刀从亥会意，亥也兼表声。读 kè，本义指❶雕刻：～削之道，鼻莫如大，目莫如小｜～图章。引申指❷严格要求：人主不自～以尧，而责人臣以子胥，是幸殷人之尽如比干。又引申指❸苛求，刻薄：用法益～，盖自此始。又引申指❹减少，削减：～死而附生谓之墨。由古代计时器漏壶的刻度，又引申指❺十五分钟：四点三～。又泛指❻时间：无时无～｜立～｜即～。

○荄，从艹从亥会意，亥也兼表声。读 gāi，本义指❶草根：惊风摧千仞之木，不能拔弱草之～。又指❷根源，起始：闽事之～也。

【组字】亥，如今既可单用，也可作偏旁。现今归入亠部。凡从亥取义的字皆与切割等义有关。

以亥作声兼义符的字有：刻。

以亥作声符的字有：咳、孩、骇、胲、氦、骸、该、陔、垓、赅、荄、欬、核、阂、劾、颏、痎。

充 chōng

【字形】金　古　篆　隶 充

草 充

【构造】象形兼形声字。充是由甲骨文（一个长大肥硕的大猩猩形）简化来的，用以表示长大肥实之意。大概先简化成金文，再简化为古文之形，篆文进而讹为从儿（人），育省声（即𠫓，倒子形），成了人高大了。隶变后楷书写作充。

【本义】《说文·儿部》："充，长也，高也。从儿，育省声。"这是就篆文所作的解说。本义当为长大肥实。

【演变】充，本义为❶长大肥实。引申指❷肥胖：卓素～肥。又指❸奘大，猛厉：将～勇而轻敌。又指❹充满，充实，填塞：汗牛～栋｜精力～沛｜～耳不闻。又引申指❺展开，发挥：扩～。又引申指❻充数，充当：滥竽～数｜硬～好汉。又引申指❼假冒：打肿脸～胖子｜冒～。

【组字】充，如今既可单用，也可作偏旁。现今仍归入儿部。凡从充取义的字皆与高大、肥壮等义有关。

以充作声符的字有：统、茺、铳。

闭 bì（閉）

【字形】甲　金　篆　隶 闭 閉

草

【构造】会意字。甲骨文从門，上象茅屋顶，长横为门闩，会关门之意。金文从門，中间长横是门闩，短竖是插销，防止从外边把门拨开，会关紧门之意。篆文整齐化，门闩讹为才，成了顶门的棍杠。隶变后楷书写作閉。如今简化作闭。

【本义】《说文·門部》："閉，阖门也。从門，才所以距（拒）门也。"门中不是"才"，而是门闩。本义为关门。

【演变】闭，本义指❶关门：门已～矣｜封～宫室，还军霸上｜～门造车。引申泛指❷闭合：愿陈子～口，毋复言。门闭则不通，故又引申指❸堵塞：～请托之源，塞虚诈之路｜～气。由不通，又引申指❹停止，结束：～经｜～会。

【组字】闭，如今既可单用，也可作偏旁。现今仍归入门部。凡从闭取义的字皆与关闭等义有关。

以闭作声符的字有：㧢、㮰。

问 wèn（問）

【字形】甲　金　篆　隶 问 問　草

【构造】会意兼形声字。甲骨文从口从門，会登门请教之意，門也兼表声。金文大同。篆文整齐化。隶变后楷书写作問。如今简化作问。

【本义】《说文·口部》："問，讯也。从口，門声。"所释为引申义，本义当为登门请教。

【演变】问，本义为❶向人请教：敏而好学，不耻下～｜子张～仁于孔子｜古之圣人，其出人也远矣，犹且从师而～焉｜从乡之先达执经叩～｜学～。又引申泛指❷询问：以能～于不能｜

~今是何世,乃不知有汉|~长~短|~寒~暖|~讯处|~鼎|~津。由询问引申指❸问候:侍医视疾,使者临~|~好|~安|慰~。审讯也是一种询问,故又引申指❹审讯:淑~如皋陶,在泮献囚|拖你到官司,把你三推六~。又引申指❺追问,查究:昭王南征而不复,寡人是~|每得降卒,必亲引~委曲|胁从不~|审~。由查究又引申指❻干预,拘管:苟得童,恣所为不~|概不过~|不闻不~。

【组字】问,如今既可单用,也可作偏旁。现今归入门部。凡从问取义的字皆与询问等义有关。

以问作声符的字有:胃。

闯 chuǎng;chèn (闖)

【字形】篆 隶 闯闖 草

【构造】会意字。篆文从馬在門中会意,表示马冲出门的样子。隶变后楷书写作闖。如今简化作闯。

【本义】《说文·門部》:"闖,马出门貌。从马在门中。"本义为马跑出门的样子。

【演变】闯,读 chèn,本义指❶马跑出门的样子。引申泛指❷出头的样子:开之则~然公子阳生也。

又读 chuǎng,引申指❸突入,猛冲:以故假衣冠~禁廷索之|横行街市间,号为~将|~阵|~祸。又引申指❹奔走谋生,闯练:山东人~关东的多|这几年他也~出来了。

【组字】闯,如今既可单用,也可作偏旁。现今仍归入门部。凡从闯取义的字皆与冲出等义有关。

以闯作声符的字有:濶。

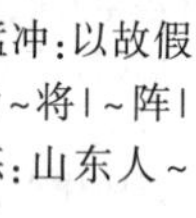

羊 yáng (祥)

【字形】甲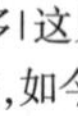 金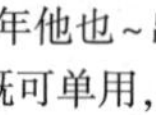 篆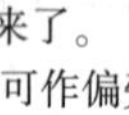

隶 羊祥 草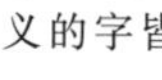

【构造】象形字。羊之特点全在头上,故甲骨文象正面观察的羊头形。金文一形更形象,二形线条化。篆文承金文二形整齐化。隶变后楷书写作羊。

【本义】《说文·羊部》:"羊,祥也。从𦍌,象头角足尾之形。孔子曰:牛羊之字,以形举也。"析形不确。本义为羊这种哺乳动物。

【演变】羊,本义指❶一种反刍类哺乳动物,肉乳可供食用:日之夕矣,牛~下来|~肉|山~。又用作❷十二生肖之一,与十二地支的未相配:丑禽牛,未禽~。羊肉鲜美,是古代生活、祭祀用的珍品,占有重要地位,故借以表示❸吉利:宜侯之,大吉~。此义后写作"祥"。

○祥,从示(神灵)羊声,羊也兼表吉利之意。读 xiáng,本义指❶祭祀时神所示的征兆(包括吉兆和凶兆):是何~也?吉凶安在?|国家将兴,必有祯~(吉兆);国家将亡,必有妖孽|亳有~(凶兆),桑谷共生于朝,一暮大拱。后多指吉兆,并由吉兆引申指❷吉利,善良:和气致~,乖气致异|吉~|~瑞|~和|不~。

【组字】羊,如今既可单用,也可作偏旁。现今仍设羊部。凡从羊取义的字皆与羊、美善、吉祥等义有关。

以羊作义符的字有:芈、羍(幸)、美、羖、羑、羌、羒、羓、羖、羕、羞、羘、羚、羝、羗、羜、羙、羛、羟、羠、羢、善、羡、羬、羪、羦、羧、義(义)、羪、羫、羬、羭、羱、群、羯、羲、羳、羴、羵、羶、羷、羹、羺、羻、羼、羸。

以羊作声兼义符的字有:羌、祥、養(养)。

以羊作声符的字有:佯、详、姜、徉、洋、庠、垟、氧、烊、样、恙、痒、蛘、羕、翔。

并 bìng (併、並、竝)

【字形】甲 金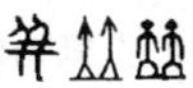 篆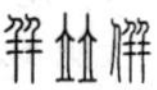

隶 并並併 草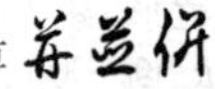

【构造】会意兼指事兼形声字。现在的"并"字有三个来源:一个是甲骨文一形,从二人,从二,二为指示相并的符号,会两人相并排之意;金文大同;篆文下边误为开。另一个是甲骨文二和三形,从二人立在地,会二人相并立之意;金文大同;篆文二立分开。《说文》还有个"併"字,从人从并会意,并也兼表声,是后来的增旁字。隶变后楷书分别写作幷、並(竝)、併。如今规范化都用"并"来表示。

“並”，仅用于中国音韵学声纽代表字“帮滂並明”，其他意义用“并”。参见並。

【本义】《说文·从部》：“幷，相从也。从从（二人），幵声。一曰从持二为并。”析形不确。本义为相并排。又《竝部》：“竝，併也。从二立。”本义为相并立挨着。又《人部》：“併，並也。从人，并声。”本义为并列，合并。

【演变】并，本义为❶相合并：专心～力｜秦初～天下｜归～。引申指❷齐，同：行与世异，心与俗～。又指❸并排，平列：行肩而不～｜～驾齐驱。又指❹匹敌：西一石峰，高与此峰～。虚化为副词，表示❺同时，一起：天下淆乱，高皇帝与诸公～起｜相提～论。又表示❻皆，都：～是大王亲骨肉。用于否定词前，表示❼加强语气：～不见效。用作连词，表示❽并且：矫以君命，～命群臣｜千古龙蟠～虎踞。用作介词，表示❾连同：～家人齐发下狱中监禁｜～虫亦不能行捉矣。

【组字】并，如今既可单用，也可作偏旁。现今归入干部。凡从并取义的字皆与并排等义有关。

以并作声兼义符的字有：併、帡、屏、姘、骈、饼、胼。

以并作声符的字有：拼、洴、迸、栟、瓶。

关 guān（關）

【字形】金　古　篆

隶 关 關 草

【构造】会意字。金文从門，中象用横闩贯穿两扇门内的竖梁之状。古文一形大同，二形改为从门内双系绳，会拴固之意。墨子所谓“门植关必环锢”。篆文改为从門从𢇇（贯联），𢇇也兼表声。隶变后楷书写作關。异体作関。如今简化借用关来表示。关本是弅的变体。参见弅。

【本义】《说文·門部》：“關，以木横持门户也。从門，𢇇声。”本义为横门闩。

【演变】关，本义指❶门闩：嬴（人名）乃夷门抱～者也。用作动词，指❷关闭，闭合：门虽设而常～｜～严门｜～窗户｜～电灯｜～抽屉。古代罪犯要用枷锁卡住脖子和手足，故引申指❸戴上枷锁：大臣括发～械，裸躬受笞。进而又引申指❹拘禁，禁闭：把他～起来｜～禁闭｜～押｜～鸡。门关则不得出入，故又引申比喻❺设在险要地方或国境上防止侵入的关口：古之为～也，将以御暴｜一夫当～，万夫莫开｜山海～｜玉门～｜～塞。古又特指❻函谷关：叩～而攻秦。由关口又引申指❼关卡：轻田野之税，平～市之征｜海～｜～税。关口难以通过，故又引申指❽不易通过的地方或不易度过的时日：这里就像鬼门～｜年～｜牙～。门闩是控制门的机件，处在通连内外的关键位置，故又引申指❾机件关键，或人体骨节相连处：施～发机｜肘～节。由门闩的贯穿又引申指❿涉及，牵连：夫以中才之人，事有～于宦竖，莫不伤气｜毫不相～｜～涉｜～连｜～心｜～注。后来又引申指⓫发放和领取：～了三个月的钱米｜～饷。

【组字】关，作为“關”的简体，如今可单用，一般不作偏旁。现今關仍归入门部，关则归入八部。现在汉字中作偏旁的“关”字，并非是“关”（關），而是“弅”的变形。故凡从关（弅）取义的字皆与发送等义有关。参见弅。

以关（弅）作声兼义符的字有：倂（佚）、送、朕。

关 juàn（摶、抟）

【字形】篆　隶 关 抟 摶

草

【构造】会意字。类本从廾（双手），从米，会双手抟饭之意。篆文将米讹为釆。因为釆与米到古文时已形体近似，如“番（畨）”所从之“釆”，与“糗（䊞）”所从之“米”即相同；“粪”的古文本从“米”，篆文改为“釆”。隶变后楷书写作桊、幷、关。是“抟”的先行字。作偏旁用关，桊、幷则废而不用。

【本义】《说文·廾部》：“关，抟饭也。从廾，釆声。”“釆”实为“米”之误。本义为抟饭。

【演变】关，本义指抟饭。由于“关”作了偏旁，其义便另造了“摶”字，从扌从專会意，專也兼表声。如今简化作抟。

○抟，读 tuán，本义指双手圆转把散碎的东西揉成团：毋～饭｜衣龙绡之衣，一袭无一二两，～之不盈一握。

【组字】龹,如今不单用,只作偏旁。现今仍归入廾部。凡从龹取义的字皆与屈曲、圆转等义有关。

以龹作声兼义符的字有:券、卷、眷、拳、桊、眷、豢、豢。

米 mǐ

【字形】甲  金  简  篆 

隶 米 草 

【构造】象形字。甲骨文象一段上有米粒的谷穗形。金文大同稍讹。楚简将上下两个米粒连成一竖。篆文整齐化。隶变后楷书写作米。

【本义】《说文·米部》:"米,粟实也。象禾实之形。"本义为小米。

【演变】米,本义指❶小米:掌~粟之出入。引申泛指❷去皮后的粮食作物的籽实:稻~|菱角~|菰~。又指❸像米的东西:花生~|虾~|海~。又用作❹长度单位(法 mètre):一~约合市制三尺。

【组字】米,如今既可单用,也可作偏旁。现今仍设米部。凡从米取义的字皆与五谷、食物等义有关。

以米作义符的字有:籴、类、籼、籽、粉、粑、粘、粗、粕、粒、粜、粪、粟、臬、粢、粳、粲、康、粱、粮、精、粹、粽、糊、糅、糙、糗、糖、糕、糟、糜、糁、糨、糯。

以米作声符的字有:迷、咪、敉、脒、眯、麋。

屰 nì

(逆、迎)

【字形】甲  金  古 

篆 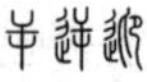 隶 屰 逆 迎

草 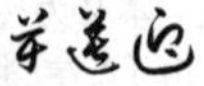

【构造】象形字。甲骨文象一个倒着的人形。金文将人填实。篆文整齐化。隶变后楷书写作屰。是"逆"的初文。

【本义】《说文·干部》:"屰,不顺也。从干,下中,屰之也。"析形不确,误解为倒"干"了。本义为不顺。是"逆"的本字。又《辵部》:"逆,迎也。从辵,屰声。""屰"也当兼表意。本义为迎接。因为迎接要逆行才行。

【演变】屰,本义指倒逆不顺。由于"屰"作了偏旁,甲、金、古、篆文的二形便又另加义符"彳"或"辶"(行路)写作"逆"来表示,成为会意兼形声字。

〇逆,读 nì,本义为❶迎接:吕甥~君于秦|~旅。又指❷迎击:将兵与备并力~操。引申指❸方向相反,不顺:~水行舟,不进则退|~行|~光。又引申指❹抵触,违背:顺天者存,~天者亡|倒行~施|忤~。进而引申指❺反叛:阴结宾客,拊循百姓,为畔~事|~子|~贼。由迎接又引申指❻事情到来之前进行推测:凡事如此,难可~见|~料。

"逆"为引申义所专用,迎接之义便由"迎"来表示。

〇迎,从辶从卬(仰望),会对着走来之意,卬也兼表声。与"逆"是同源字。读 yíng,本义指❶对着,向着:楚人顺流而进,~流而退|~面过来一人|~风户半开|~头痛击。引申指❷迎接:哀公~孔子|飞雪~春到|~亲|~新|~宾|欢~。又引申指❸迎合,奉承:刘氏多智,善~意承旨。

【组字】屰,如今不单用,只作偏旁。现今归入中部。凡从屰取义的字皆与不顺等义有关。

以屰作声兼义符的字有:逆、㡿(斥)、朔。

灯 dēng

(燈、錠、锭、鐙、镫)

【字形】篆  今篆  隶 灯 燈 錠

錠 镫 鐙 草 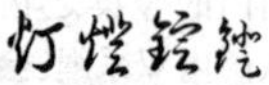

【构造】形声兼会意字。篆文借用"錠"表示,从金,定声,定也表定住之意。隶变后楷书写作錠。如今简化作锭。也借用"鐙"表示,从金登声,登也兼表升之意。隶变后楷书写作鐙。如今简化作镫。后俗又另造了从火登声的"燈"字,如今简化作灯,作为正体。现在这三个字已有明确的分工。

【本义】《说文·金部》:"錠,鐙也。从金,定声。"又:"鐙,錠也。从金,登声。"本义为古代盛熟食的器具。《集韵·登韵》:"鐙,錠也。

锭中置烛,故曰鐙。或从火。"《玉篇·火部》:"燈,燈火也。"《正字通·金部》:"鐙,亦作燈,俗作灯。"可见其演变过程。

【演变】灯,本借用"鐙、錠"表示,因其形状与灯相似。后另造了灯,指❶照明的器具,或某些其他用途的发光、发热装置:日之照幽,不须~烛|~火辉煌|油~|电~|天~|地~|龙~|幻~|酒精~。又特指❷元宵节张挂的彩灯:上元夜,帝与皇后微行观~|花~。灯可照明,故又比喻❸佛法:传~已悟无为理,濡露犹怀罔极情。

〇锭,读 dìng,后专用以表示❶金属或药物的块状物:银~|紫金~|钢~。如今又表示❷锭子:纱~。

〇镫,读 dèng,后专用以表示供脚登的马镫:龙驹雕~白玉鞍|认~上马。

州 zhōu
(洲)

【字形】甲 金 篆 今篆 隶 草

【构造】象形字。甲骨文象河水中有小岛形。金文大同。篆文变成三个小岛。隶变后楷书写作州。是"洲"的本字。

【本义】《说文·川部》:"州,水中可居曰州。周绕其旁,从重川。"本义为水中陆地。

【演变】州,本义指❶水中陆地:自合浦、徐闻南入海,得大~,东西南北方千里。后用以指❷划分的地理区域:禹别九~(传说大禹治水将中国分为九个区域称"九州",后遂成为中国的代称)。周代又用为❸民户编制:五党(五百家)为~,每~两千五百家|言不忠信,行不笃敬,虽~里,行乎哉!汉以后成为❹地方行政区划(辖境大小各代不同):自董卓以来,豪杰并起,跨~连郡者,不可胜数。这个意义现今还用作❺一些地方名称:杭~|兖~。如今也用以指❻一些民族自治地区:凉山彝族自治~。

"州"为引申义所专用,水中陆地之义,便另加义符"氵"写作"洲"来表示。

〇洲,从氵从州会意,州也兼表声。读 zhōu,表示❶水中陆地:关关雎鸠,在河之~。后词义扩大,又指❷海洋环绕的大陆:五~震荡风雷激。

【组字】州,如今既可单用,也可作偏旁。现今归入丶部。凡从州取义的字皆与洲岛等义有关。

以州作声兼义符的字有:洲。

以州作声符的字有:拼、酬。

壮 zhuàng
(壯、奘)

【字形】甲 金 篆 隶 草

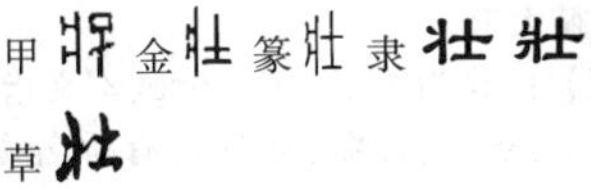

【构造】会意兼形声字。甲骨文从子从爿(板筑床,象征建筑劳动),表示孩子已可以参加建筑劳动,说明已经长大成人,爿也兼表声。金文改为从士,会男子高大强壮之意。篆文承之并整齐化。隶变后楷书写作壯。如今简化作壮。注意:右边从士,不是土。

【本义】《说文·士部》:"壯,大也。从士,爿声。"本义为人体高大。

【演变】壮,本义指❶人体高大:秦晋之间,凡人之大谓之奘,或谓之~|~汉。引申指❷长大成人:大国之王,幼弱未~|~年。又引申泛指❸强健:苗,其始少也,眴眴乎何其孺子也;至其~也,庄庄乎何其士也|强~|年轻力~。又指❹雄壮,盛大,伟大:~士!赐之卮酒|姿貌~伟|雄心~志。用作意动,表示❺赞赏:滕公奇其言,~其貌,释而不斩。用作使动,表示❻增加勇气与力量:臣以三斗~胆,不觉至此|以~行色|以~声势。又称❼壮族。

壮为引申义所专用,高大之义便另加义符"大"写作"奘"(zhuǎng)来表示。参见奘。

【组字】壮,如今既可单用,也可作偏旁。现今归入士部。凡从壮取义的字皆与高大等义有关。

以壮作声兼义符的字有:奘、莊(庄)、装。

冲 chōng; chòng
(沖、衝、衝)

【字形】甲 金 篆 今篆 隶 草

【构造】会意兼形声字。甲骨文从水,从中(旗飘动),会水向上涌动摇荡之意,中也兼表声。金文大同。篆文整齐化。隶变后楷书写作沖。俗省作冲。如今“冲”又作了“衝”的简化字。“衝”篆文从行,童声,本义为通途。隶变后楷书本写作衝,俗写作衝,改为重声。如今也用冲来表示。

【本义】《说文·水部》:“沖,涌摇也。从水、中。”本义为水向上涌动摇荡的样子。又《说文·行部》:“衝,通道也。从行,童声。”本义为通衢大道。

【演变】冲,作为本字,读 chōng,本义指❶水向上涌动,摇荡,冲激:此处古有桥名圣泉,乾隆间为蛟水~塌|大水~了龙王庙|~洗。山间平地多为冲积而成,故又指❷山区的平地:韶山~。又引申指❸用水或酒浇注:~茶|~鸡蛋。由涌动又引申指❹向上冲:虽无飞,飞必~天|气~牛斗。又引申指❺冒着:冒雪~寒,迤逦而行。又引申指❻互相抵销:~账|~销。又特指❼冲喜:他这病讨个媳妇~一~就好了。又借作“盅”,表示❽空虚:大盈若~,其用不穷。进而引申指❾冲和,谦虚:拔敦实,斥华伪,进~逊,抑阿党。由冲虚又引申指❿年幼:吾~弱寡能,未明理道|幼~。

作为“衝”“衝”的简化字,读 chōng,本义为⓫通衢大道,交叉路口,交通要道:内则街~辐辏,朱阙结隅|夫陈留,天下之~,四通五达之交也|首当其~|要~。大道可供疾驰,故又引申指⓬迅速向前闯:使轻车锐骑~雍门|横~直撞|~刺|~锋。进而引申指⓭触犯:引手作推、敲之势,不觉~大尹韩愈|~犯|~突|~撞。

又读 chòng,由前冲,引申指⓮对着,向着:用手~南一指|~他一笑。进而引申指⓯针对,凭着:就~你的面子,也不能不答应。由冲击,又引申指⓰劲头猛,气味浓烈:他干活真~|酒味太~。又特指⓱冲压:~床。

【组字】冲,如今可单用,也可作偏旁。现今归入冫部。衝则归入彳部。凡从冲取义的字皆与水上涌等义有关。

以冲作声兼义符的字有:盅 。

次 cì (恣)

【字形】甲  金  篆 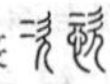

隶 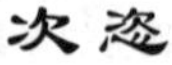 草 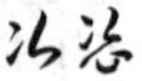

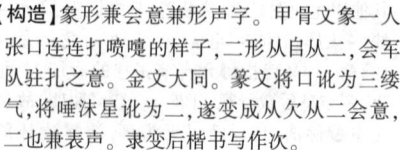

【构造】象形兼会意兼形声字。甲骨文象一人张口连连打喷嚏的样子,二形从自从二,会军队驻扎之意。金文大同。篆文将口讹为三缕气,将唾沫星讹为二,遂变成从欠从二会意,二也兼表声。隶变后楷书写作次。

【本义】《说文·欠部》:“次,不前不精也。从欠,二声。”析形不确,所释为引申义。本义当为连连打喷嚏。

【演变】次,本义指连连打喷嚏。由连打喷嚏引申为❶放纵:共工氏固~作难矣。此义后另加义符“心”写作“恣”。又引申为❷次序,顺序,等第:贤能不待~而举|六亲有~,不可相逾|名~|车~。用作动词,指❸排列顺序:乃命太史,~诸侯之列|鳞~栉比。又引申为❹临时驻扎,停留:引~江北|天子东游,~于雀梁。又指❺远行中停留的处所:治~舍,须(等待)大王。又引申指❻中间:喜怒哀乐不入于胸~。由排序又引申指❼依随:~前韵。又引申为❽第二(不在前),质量较差(不精)的:~子|~品。用作量词,表示❾动作的次数:他来了三~。

○恣,从心从次会意,次也兼表声。读 zì,本义指❶放纵,无拘束:武安又盛毁灌夫所为横~罪逆不道|~意妄为|~情欢娱。方言又表示❷舒服:睡得真~。

【组字】次,如今既可单用,也可作偏旁。现今仍归入欠部。凡从次取义的字皆与口打喷嚏、不前、不精等义有关。

以次作声兼义符的字有:咨、恣。

以次作声符的字有:茨、姿、资、瓷、粢、趑。

决 jué (決)

【字形】古 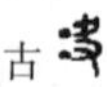 篆  今篆  隶 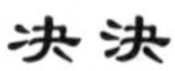

草 

【构造】会意兼形声字。古文从冫,夬声。篆文从水,从夬(圆而有缺口的矢栝),会开凿壅塞、疏通水道之意，夬也兼表声。隶变后楷书写作泱。为避免与"泱"相混，俗承古文作决。如今规范化用决。作偏旁时用决或省作夬。

【本义】《说文·水部》："泱，行流也。从水，从夬。"本义为开凿壅塞，疏通水道。

【演变】决，本义指❶开凿壅塞，疏通水道：予～九川，距四海。引申泛指❷水冲破堤岸溢出：～口。又引申指❸冲破，断开：～围｜～裂。又引申指❹决定，决断：迟疑不～。又引申指❺一定，肯定：～不放弃｜～议。又引申指❻执行死刑：处～｜枪～。古又用作"玦"，表示❼矢栝。

【组字】决，如今既可单用，也可作偏旁。现今决仍归入水部。决则归入冫部。凡从决取义的字皆与断缺等义有关。

以决作声兼义符的字有：缺。

以决(决)作声符的字有：浃 。

江 jiāng

【字形】金　籀　篆　隶　草

【构造】形声兼会意字。金文从水，工声，工为筑杵，用以会人工筑出河道之意。籀文结构左右调换。篆文承金文并整齐化。隶变后楷书写作江。

【本义】《说文·水部》："江，水。出蜀湔氐徼外岷山，入海。从水，工声。"所释为后起义。

【演变】江，本义指❶由东平湖－南阳湖－独山湖－昭阳湖－微山湖一线水系形成的人工河流：《汤诰》："东为～，北为济，西为河，南为淮，四渎已修，万民乃有居。"后特指❷长江：岷山导～，东别为沱｜过～诸人，每至美日辄相邀新亭，藉卉饮宴｜～淮｜～汉｜～南｜～阴。又泛指❸大河(南方多称江)：孤舟蓑笠翁，独钓寒～雪｜湘～｜漓～｜珠～｜赣～｜翻～倒海。

【组字】江，如今既可单用，也可作偏旁。现今仍归入水部。凡从江取义的字皆与大江河等义有关。

以江作声兼义符的字有：鸿。

以江作声符的字有：茳。

汗 hàn；hán

【字形】篆　隶　草

【构造】会意兼形声字。篆文从水从干，会干活流出汗水之意，干也兼表声。隶变后楷书写作汗。

【本义】《说文·水部》："汗，人液也。从水，干声。"本义为干活时身体毛孔里排泄出来的液体。

【演变】汗，读 hàn，本义指❶汗水：举袂成幕，挥～成雨｜锄禾日当午，～滴禾下土｜～流浃背｜出～。又指❷使出汗：～牛充栋｜～马功劳。又特指❸用火烤竹子，使水分像汗一样散发掉：人生自古谁无死，留取丹心照～青。

又读 hán，用作"可汗"，指❹古代北方少数民族对君主的称呼：可～问所欲，木兰不用尚书郎｜可～大点兵。

【组字】汗，如今可单用，也可作偏旁。现今仍归入水部。凡从汗取义的字皆与体液等义有关。

以汗作声符的字有：旰 。

污 wū
(汙、汚、洿)

【字形】古　篆　隶　草

【构造】形声兼会意字。古文和篆文从水，于声，于为竽声上扬，用以会池水蒸发，水减少而污浊之意。隶变后楷书写作汙。异体作污、汚。如今规范化，以污为正体。古也用作"洿"。

【本义】《说文·水部》："汙，秽也。一曰小池为汙。一曰涂也。从水，于声。"本义为小水坑停积不流动的水肮脏污秽。又《水部》："洿，浊水不流也，从水，夸声。"本义为小水坑停积不流动的浊水。

【演变】污，本义指❶小水坑停积不流动的水肮脏污秽：自疏濯淖～泥之中，蝉蜕于浊秽｜～泥浊水｜～池｜～水｜～浊。引申泛指❷污秽：旧染～俗，咸与维新｜～垢｜去～粉。由物质的不洁净，引申指❸办事不廉洁，作风不正派：此其势正使～吏有资，而成其奸险｜贪官～吏｜贪～。又表示❹弄脏，沾染：怀其余肉持去，衣尽～｜玷～

|～染。又用作“洿”，指❺积水不流，停积不流的小水，小浊水坑：彻我墙屋，田卒～莱|潢～行潦之水，可荐于鬼神，可羞于王公|夫寻常之～，巨鱼无所还其体|粪～。

【组字】污，如今既可单用，也可作偏旁。现今仍归入水部。凡从污取义的字皆与不洁等义有关。

以污作声兼义符的字有：恶、妿。

池 chí（沱）

【字形】金  篆  今篆  隶 池 沱

草 池 沱

【构造】形声兼会意字。古池与沱同字。金文和篆文皆从水，它声，它也兼表流如蛇行之意。隶变后楷书写作沱。俗省作池，改为从水，也（亦蛇）声。二字如今有分工。

【本义】《说文·水部》：“沱，江别流也。”本义为水的支流。《玉篇·水部》：“池，停水。”本义为积水的大坑。

【演变】池，是沱的简省。读 chí，分化出来专用以表示❶水坑：～塘生春草，园柳变鸣禽|水～|天～|～塘。又转指❷护城河：筑城～以守固|金城汤～。后世又指❸人工建造的方形水塘：游泳～|养鱼～。又指❹形状像池塘的地方：舞～|乐～|花～。旧时又指❺剧场中正厅前部：～座。

〇沱，读 tuó，本义指❶水的支流，也指水湾一带地方：江有～，之子归|万花掩映江之～。引申指❷垂泪的样子：出涕～若（然）|泪流滂～。又指❸沱江。长江上游支流，位于四川省中部。

【组字】池，如今既可单用，也可作偏旁。现今仍归入水部。凡从池取义的字皆与积水等义有关。

以池作声符的字有：篪。

汓 qiú；yóu（泅）

【字形】甲 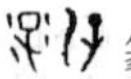 篆  隶 汓 泅

草 汓 泅

【构造】会意字。甲骨文从水，从子，会人在水上游泳之意。篆文整齐化。异体从水，囚声。隶变后楷书分别写作汓与泅。如今二字表义有分工。

【本义】《说文·水部》：“汓，浮行水上也。从水，从子。泅，汓或从囚声。”本义为游泳。

【演变】汓，读 yóu，本义指❶游泳。又同“游”，指❷旌旗悬垂的饰物。参见“斿”。

由于“汓”作了偏旁，游泳之义遂由异体“泅”来表示。

〇泅，读 qiú，本义为游泳：济大川者，太上乘舟，其次～；～者劳而危，乘舟者逸而安|善～不如稳乘舟。

【组字】汓，如今不单用，只作偏旁。现今归入水部。凡从汓取义的字皆与游动等义有关。

以汓作声兼义符的字有：游。

汤 tāng；shāng（湯）

【字形】金  篆  隶 汤 湯 草 汤

【构造】形声兼会意字。金文和篆文皆从水，昜声，昜也兼表热之意。隶变后楷书写作湯。如今简化作汤。

【本义】《说文·水部》：“湯，热水也。从水，昜声。”本义为热水。

【演变】汤，读 tāng，本义指❶热水，开水：见善如不及，见不善如探～|冬日则饮～，夏日则饮水|扬～止沸|赴～蹈火|固若金～|金城～池|～盆|～壶。又特指❷温泉：海内温～甚众，有新丰骊山～|小～山。又引申指❸煮东西后所得的汁液：米～|肉～|参～|药～。又指❹带汁液的菜食：西红柿～|白菜豆腐～|鸡蛋～。

又读 shāng，表示❺水盛大：～～洪水方割，荡荡怀山襄陵，浩浩滔天|流水～～。

【组字】汤，如今既可单用，也可作偏旁。现今仍归入水部。凡从汤取义的字皆与热水等义有关。

以汤作声兼义符的字有：烫。

忙 máng

【字形】今篆  隶 忙 草 忙

【构造】形声兼会意字。楷书从忄，亡声，亡也兼表无之意。

【本义】《集韵·唐韵》：“忙，心迫也。”本义为内心无主，慌急不安。

【演变】忙，本义指❶内心慌急不安：出门看火伴，火伴皆惊～｜蚕饥日晚妾心～。引申指❷行动急迫：暮婚晨告别，无乃太匆～。又引申指❸事情多，没闲空，忙着做：插秧～｜正～作业｜～～碌碌。

宇 yǔ

【字形】甲 金 篆 隶 草 

【构造】形声兼会意字。甲骨文、金文从宀（房），于声，于表上扬，故用以会翘起的檐角之意。篆文整齐化。隶变后楷书写作宇。

【本义】《说文·宀部》：“宇，屋边也。从宀，于声。”本义为房檐。

【演变】宇，本义指❶房檐：后世圣人易之以宫室，上栋下～，以待风雨。引申泛指❷房屋：又恐琼楼玉～，高处不胜寒｜屋～｜庙～｜栋～。词义扩大，又引申指❸上下四方整个空间，天下：有席卷天下，包举～内，囊括四海之意｜仰观～宙之大，俯察品类之盛｜～内｜寰～。由宇宙之大，又引申指❹风度，仪表：世以此定二王神～｜气～轩昂。

【组字】宇，如今既可单用，也可作偏旁。现今仍归入宀部。凡从宇取义的字皆与房屋等义有关。

以宇作声符的字有：迂。

守 shǒu

【字形】甲 金 篆 隶 草 

【构造】会意字。甲骨文、金文从宀（房屋，表示官府），从寸（有分寸之手，表法度），会依法掌管官府职事之意。篆文整齐化。隶变后楷书写作守。

【本义】《说文·宀部》：“守，守官也。从宀，从寸，寸，法度也。”本义为依法掌管官府职事。

【演变】守，本义为依法掌管官府职事，故既指❶官吏应尽的职责：官司之～，非君所及也｜职～。又指❷遵守，依照：乃命太史，～典奉法｜～时。又指❸掌管：分五官而～之。又引申指❹护卫，把守：设险以～其国｜杀臣，宋莫能～｜～门。又引申指❺守候：因释其耒而～株，冀复得兔。又引申指❻保持：何以～位？曰仁｜保～。由思想行为上有所遵守，又引申指❼节操：劫之以众，沮之以兵，见死不更其～｜操～。由守候又引申指❽依傍，依靠：民得夫妇相～，父子相保｜～些田园过活。古代又借指❾州府地方长官：分天下为三十六郡，郡置～｜太～。

【组字】守，如今既可单用，也可作偏旁。现今仍归入宀部。凡从守取义的字皆与职事等义有关。

以守作声兼义符的字有：狩。

以守作声符的字有：酧（酬）。

宅 zhái（厇）

【字形】甲 金 古 篆 隶 草 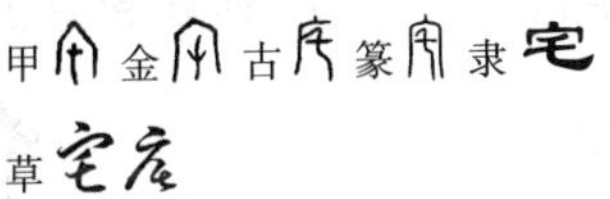

【构造】会意兼形声字。甲骨文从宀（房屋），从乇（寄托），会人所托居的住处之意，乇也兼表声。金文从同。古文或从广（敞屋），其义相同。篆文综合甲骨文与古文并整齐化。隶变后楷书分别写作宅与厇。如今规范化用“宅”。“厇”则只作偏旁。

【本义】《说文·宀部》：“宅，所托也。从宀，乇声。”本义为住处。

【演变】宅，本义指❶住处：景公欲更晏子之～，曰：“子之～近市，湫（低洼潮湿）隘嚣尘，不可以居。”｜方～十余亩，草屋八九间｜～院。引申指❷死人所处的墓穴：卜其～兆而安措之｜阴～。用作动词，指❸居住：周～酆镐。进而引申指❹存：～心仁厚。

【组字】宅（厇），如今既可单用，也可作偏旁。现今仍归入宀部。凡从宅取义的字皆与托居等义有关。

以厇作声兼义符的字有：侘。

以宅作声符的字有：诧、侘、姹、咤、挓、垞。

安 ān

【字形】甲 金 篆
隶安 草

【构造】会意字。甲骨文、金文和篆文皆从女坐在宀(房子)下之状,会静如处女之意。隶变后楷书写作安。

【本义】《说文·宀部》:"安,静也。从女在宀下。"本义为平静。

【演变】安,本义指❶平静,稳定:~静|~定|~稳|~心|~居|~适。引申指❷舒缓:~步当车。用作动词,表示❸使平静、安定:~慰。又引申指❹安置:~营扎寨|~排|~装|~放。借作疑问代词,表示❺哪里:沛公~在? |~可尽道哉? 又借用作❻电流强度单位名称:~培。

【组字】安,如今既可单用,也可作偏旁。现今仍归入宀部。凡从安取义的字皆与安静、安定等义有关。

以安作声兼义符的字有:按、案、鞍、晏。

以安作声符的字有:垵、胺、氨、桉、铵、鮟。

字 zì

【字形】金 篆 隶字 草

【构造】会意兼形声字。金文从子,从宀(房屋),用屋里有子,会生养孩子之意,子也兼表声。篆文整齐化。隶变后楷书写作字。

【本义】《说文·子部》:"字,乳也。从子在宀下。子亦声。"本义为生育孩子。

【演变】字,本义指❶生育:山有苦木,服之不~|妇人疏~者子活|六畜遂~。引申指❷出嫁:其女尚幼,未许~人。又引申指❸抚养:养老者,~幼者,藏死者。古代把依照实物形象所造的独体象形字叫文,在此基础上滋生出来的合体字叫字,故"字"又引申指❹由文滋生出来的合体字:仓颉之初作书,盖依类象形,故谓之文;其后形声相益,即谓之~;~者,言孳乳而浸多也。后泛指❺文字:用胶泥刻~,薄如钱唇。又引申指❻字体,书法,字音:篆~|~画|~正腔圆。又引申指❼用文字写的字据,书信,签字:杨执中又写了一个~去催权勿用|亲朋无一~,老病有孤舟|每人都画了~。古代男子二十加冠,冠后据本名含义而另取字,字是根据人的本名演化滋生出来的,二者有一定的关系,故又指❽人的表字:张衡,~平子,南阳西鄂人也。

【组字】字,如今既可单用,也可作偏旁。现今仍归入子部。凡从字取义的字皆与生育等义有关。

以字作声兼义符的字有:牸。

穵 wā
(挖)

【字形】篆 今篆 隶穵挖 草

【构造】会意兼形声字。篆文从穴,从乙(植物破土而出),会掏挖之意,乙也兼表声。隶变后楷书写作穵。

【本义】《说文·穴部》:"穵,空大也。从穴,乙声。"所释为引申义。本义当为掏挖。

【演变】穵,本义指❶挖掘:剜墙~壁。又引申指❷深。又引申指❸空。

由于"穵"作了偏旁,挖掘义便又另加义符"扌"写作"挖"来表示。

○挖,从扌从穵会意,穵也兼表声。读wā,本义指掘,掏:~坑|~洞|~墙脚|~苦(用尖酸刻薄的话讥笑人)。

【组字】穵,如今不单用,只作偏旁。现今仍归入穴部。凡从穵取义的字皆与掏挖等义有关。

以穵作声兼义符的字有:挖。

讲 jiǎng
(講)

【字形】篆 今篆 隶讲講 草

【构造】会意兼形声字。篆文从言,从冓(两相交接),会讲和之意,冓也兼表声。隶变后楷书写作講。如今简化作讲,改为井声。

【本义】《说文·言部》:"講,和解也。从言,冓声。"本义为讲和。

【演变】讲,本义指❶讲和:三国之兵深矣,寡人欲割河东而~。引申指❷研讨,论说:夫仁者~功,而智者处物。又引申指❸讲求,注重,要求:~信修睦|~卫生|~文明|不~理|~条件|~

报酬。又引申指❹谋划：~事不令(善)。又引申指❺讲解：亲御~堂|~课。又引申指❻练习：三时务农而一时~武|~武堂。由讲解，近代又引申指❼说：~话生动|~故事。用作名词，指❽讲的每一次：第一~|第二~。

讶 yà
(訝、迓)

【字形】篆 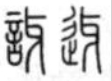 隶 讶訝迓 草 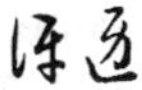

【构造】形声兼会意字。篆文从言，牙声，牙也兼表开口说话之意。隶变后楷书写作訝。如今简化作讶。俗体也作迓，从辵，表示出迎。

【本义】《说文·言部》："訝，相迎也。从言，牙声。"本义为迎接。

【演变】讶，本义指❶迎接：厥明，~宾于馆。由迎来意外的朋友，引申指❷诧异：寄语采桑伴，~今春日短|惊~。又引申指❸责怪：恐怕要怪~她何以还要存在。

"讶"为引申义所专用，迎接之义便用其异体字"迓"来表示。

○迓，从辵，牙声。读 yà，本义指迎接：于是使跛者~跛者，使眇者~眇者|迎~。

许 xǔ；hǔ
(許)

【字形】金  篆  隶 许許 草 

【构造】会意兼形声字。金文从言，从午(舂杵)，会舂米时呼喊以助劳之意，午也兼表声。篆文整齐化。隶变后楷书写作許。如今简化作许。

【本义】《说文·言部》："許，听也。从言，午声。"所释为引申义。本义当为共同劳动时发声以助劳。

【演变】许，读 hǔ，本义指❶共同劳动时发声以助劳：伐木~~。

又读 xǔ，共同劳动时一般是一人呼而众人应，故引申指❷应允：亟请于武公，公弗~|特~。由应允又引申指❸答应给予：沛令善公，求之不与，何自妄~与刘季|以身~国|~配。心意相合才应允，故又引申指❹赞同，认可：时人莫之~也|推~|赞~。又进而引申指❺期望：夫子当路于齐，管仲、晏子之功，可复~乎？|塞上长城空自~，镜中衰鬓已先斑。用为约数，表示❻大概，大约：潭中鱼可百~头|里~|少~。借用作代词，表示❼如此，这样：天造梅花，有~孤高，有~芬芳|如~|~多|或~。又借用作"所"，表示❽处所：后绰与遁共载往王~|先生不知何~人也。用作"何许"，又表示❾怎样，如何：试问岁何~？芳草连天暮。

【组字】许，如今既可单用，也可作偏旁。现今仍归入言部。凡从许取义的字皆与呼喊、声音等义有关。

以许作声符的字有：浒。

论 lùn；lún
(論)

【字形】篆  今篆  隶 论論 草 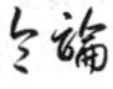

【构造】形声兼会意字。篆文从言，从侖(表条理)，会有条理地分析事理之意，侖也兼表声。隶变后楷书写作論。如今简化作论。

【本义】《说文·言部》："論，议也。从言，侖声。"本义为分析说明事理。

【演变】论，读 lùn，本义指❶分析说明事理：或坐而~道，或作(起来)而行之|~世之事|讨~|辩~|~证|~说。分析后进行归纳就是理论、学说，故又引申指❷对事理的归纳总结：疾名实之散乱，因资才之所长，为守白(执守白马论)之~|唯物~|方法~|进化~|理~。又引申指❸论说事理人物的一种文体：~则析理精微|《盐铁~》|《留侯~》|社~。由讨论分析又引申指❹辩论：今日廷~|争~|~战|~敌|~难。又引申指❺评论，评说：仰首伸眉，~列是非|相提并~。进而又引申指❻衡量，评定：此贤主之所以~人也|按质~价|~罪该杀。又特指❼定罪：谢君男诈为神人，~死|今犯法已~|税外加一物，皆以枉法~。又引申指❽依照某种标准：~功行赏|~斤卖|~技术他最好。又表示❾看待：不能一概而~。

又读 lún，由论说有条理，引申指❿按一定的顺序加以编排：请悉~先人所次旧闻|《~语》(将孔子的言论依条理编排)。又简称⓫《论语》：余是以少诵《诗》《~》。又用在大数目前，表示⓬约数：那怕你上万~千，尽被他一气吞之|许了~万银子。

【组字】论,如今既可单用,也可作偏旁。现今仍归入言部。凡从论取义的字皆与议论等义有关。

以论作声符的字有:啥。

讽 fěng (諷)

【字形】篆 今篆 隶 讽 諷 草

【构造】形声兼会意字。篆文从言,風声,風也兼表诵声传扬之意。隶变后楷书写作諷。如今简化作讽。

【本义】《说文·言部》:"諷,诵也。从言,風声。"本义为朗读,背诵。

【演变】讽,本义指❶朗读,背诵:以乐语教国子,兴道~诵言语|日~千字。引申指❷委婉地劝谕:衡乃拟班固《两都》作《二京赋》,因以~谏|邹忌~齐王纳谏。又引申指❸讥刺:岂其愤世嫉邪者邪(耶)?而托于柑以~耶?|~刺|嘲~。

设 shè (設)

【字形】甲 篆 隶 设 設 草

【构造】会意字。甲骨文从言从殳,会以言语支使人布列之意。篆文整齐化。隶变后楷书写作設。如今简化作设。

【本义】《说文·言部》:"設,施陈也。从言,从殳。殳,使人也。"本义为布置,安排。

【演变】设,本义指❶布置,安排:圣人~卦观象|~施|~置|~宴|~立|建~|~备。引申指❷筹划,制定:~法度以齐民|想方~法|~计。虚化为连词,表示❸假定,假如:~以炮至,吾村不齑粉乎?用作动词,表示❹设定:$\sim x=a+1$。

【组字】设,如今既可单用,也可作偏旁。现今仍归入言部。凡从设取义的字皆与布置等义有关。

以设作声符的字有:蔎。

访 fǎng (訪)

【字形】甲 篆 隶 访 訪 草

【构造】形声兼会意字。甲骨文、篆文从言,方声,方也兼表四方四旁之意。隶变后楷书写作訪。如今简化作访。

【本义】《说文·言部》:"訪,泛谋曰访。从言,方声。"本义为广泛征求意见。

【演变】访,本义指❶广泛咨询:穆公~诸蹇叔。引申指❷调查,侦察:太祖狐疑,以函令密~于外|查~。又引申指❸探望:~旧半为鬼,惊呼热中肠|径造庐~成|拜~|~友。又引申指❹探寻:须行即骑~名山|至唐李渤始~其遗踪|~古。

军 jūn (軍)

【字形】金 篆 隶 军 軍 草

【构造】会意兼形声字。金文从車,从勻(环臂有所包),会以车环绕意,勻也兼表声。篆文讹为从勹(包省)。隶变后楷书写作軍。如今简化作军。

【本义】《说文·車部》:"軍,圜围也。四千人为军。从車,从包省。軍,兵车也。"古者车战,止则以车自围扎营。本义为以车自围扎营,即驻军。

【演变】军,本义指❶以车自围扎营,驻军:凡~,好高而恶下,贵阳而贱阴|沛公~霸上。引申指❷包围,攻围:凡盗贼~乡邑及家人,杀之无罪。用作名词,指❸营垒:度我至~中,公乃入。又指❹军队编制单位:三~。又指❺士兵,军队:~旅|解放~。泛指❻有组织的集体:劳动大~。

【组字】军,如今既可单用,也可作偏旁。现今仍归入车部。凡从军取义的字皆与军事活动等义有关。

以军作声兼义符的字有:挥、運(运)。

以军作声符的字有:郓、诨、恽、浑、荤、珲、晖、晕、皲、辉、翚。

农 nóng (農、辳、蕽、濃、浓)

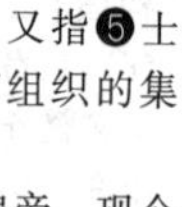

【字形】甲 金 篆

隶 农 農 蕽 浓 濃

草

【构造】会意字。甲骨文从双手持辰,表示在捉农业害虫蟒螬等;或从辰从林,表示披荆斩棘,以启山林,皆会从事农耕除虫之意。金文承接甲文一形,另加止(脚);或省去双手另加田;或上加一田,下将止换为手,皆是会前往田地耕作除虫之意。篆文综合金文各形,将田讹为囟声,并整齐化。隶变后楷书分别写作晨、農、辳、農。如今简化皆作农。

【本义】《说文·晨部》:"農,耕也。从晨,囟声。"析形不确。本义为农耕。

【演变】农,本义指❶耕种:其庶人力于~穑(收)|辟(开垦)土殖谷曰~。引申泛指❷农事,农业:~为政本,食乃人天|务~。又引申指❸种田的农民:若~服田力穑乃亦有秋|菜~。古代重农,故又引申指❹厚,浓厚:神农,神者,信也,~者,浓也;始作耒耜,教民耕种,美其衣食,德浓厚若神,故为神农也。此义后另作"濃",如今简化作浓。

○浓,从氵从农会意,农也兼表声。读nóng,本义指❶露水重:蓼彼萧斯,零露~~。引申泛指❷浓密,深厚:花茂蝶争飞,枝~鸟相失|~重。又引申指❸含的某种成分多:~朱衍丹唇|~茶|~烟。又引申指❹感情深重强烈:持此一生薄,空成万恨~|兴趣很~。

【组字】农,如今既可单用,也可作偏旁。现今農归入辰部,农归入冖部。凡从农取义的字皆与农事、厚重等义有关。

以农(農)作声兼义符的字有:浓、脓、秾、憹、繷、襛、醲、齈。

以农(農)作声符的字有:侬、哝、dispatch、蕽。

聿 yù
(肀、筆、笔)

【字形】甲　金　篆　今篆

隶 聿 笔 筆　草

【构造】象形字。甲骨文象手持笔形。金文更象手握笔之状。篆文加出一横,指出是用以刻写的。隶变后楷书承接金文和篆文分别写作肀和聿。二者本是一字。

【本义】《说文·聿部》:"聿,手之疌巧也。从又持巾。"又《聿部》:"聿,所以书也。楚谓之聿,吴谓之不律(是笔的切音),燕谓之弗。从聿,一声。"二者实为一字,本义为笔。

【演变】聿,本义指❶笔:咸执牍~,至于祠下。古汉语多借用为语助词,用以❷填补音节,无义:蟋蟀在堂,岁~其莫(暮)。如今一般用作❸人名。

由于"聿"作了偏旁,笔的意思便又另加义符"竹"写作"筆",从竹从聿会意,聿也兼表声,如今简化作笔。

○笔,从竹从毛会意。读bǐ,本义指❶书写工具:执~熟视。用作动词,指❷书写:至于为《春秋》,~则~,削则削,子夏之徒不能赞一辞。又指❸书写的笔迹,书画墨迹:观公~奇妙,欲以藏家尔。记账用笔,如今用作量词,指❹款项:购房款两~。

【组字】聿(肀),聿如今既可单用,也可作偏旁;肀不单用,只作偏旁。现今仍设聿部。凡从聿取义的字皆与笔有关。

以聿(肀)作义符的字有:肃、書(书)、畫、晝(画)、晝(昼)、筆(笔)、肁、肇、肈、肅(肃)、肆、肄。

寻 xún
(尋、尋)

【字形】甲　金　古

篆　今篆　隶 寻 尋

草

【构造】象形兼会意兼形声字。从甲骨文偏旁看,初形本当象张开两臂形,会伸张两个手臂量尺寸之意,即今之一庹;二形加出所量之物。金文一形加出所量之物巾,二形加出报数之口。古文省去巾,又改下边一手为寸(亦手),为了突出丈量之义,又加了一把尺子"工";丈量就是探求长短,表达探求要用口,便又加了一张"口",再加上声符"彡"(须省),遂发展成为会意兼形声字。篆文整齐化。隶变后楷书写作尋,俗省作尋。如今简化用古体寻。

【本义】《说文·寸部》:"尋,绎理也。从工,从口,从又,从寸。工、口,乱也;又、寸,分理之。

度人之两臂为寻，八尺也。”本义为八尺长。

【演变】寻，本义指❶长度单位，相当于八尺：是断是度，是～是尺｜诸侯贪冒，侵欲不忌，争～常（倍寻为常）以尽其民｜千～雪浪飞。由测量长度，引申指❷整理，探求，寻找：吏民见者，语次～绎，问它阴伏，以相参考｜太守即遣人随其往，～向所志，遂迷，不复得路｜～根究底｜～求｜～问｜～觅｜～思（此义旧读 xín）。又引申指❸重温：若可～也，亦可寒也。又引申指❹用：青青不伐，将～斧柯。又引申指❺顺随，沿着，追逐：晨策～绝壁，夕息在山栖｜（司马）懿不从，故～（诸葛）亮。又引申指❻连续：俄而酒馔相～，刍粟继至。由时间的连续，又引申指❼不久：未果，～病终。“寻”和“常”都不算太长，属于一般的长度，故用为“寻常”表示❽平常：飞入～常百姓家。

【组字】寻，如今既可单用，也可作偏旁。现今仍归入寸部。凡从寻取义的字皆与长度单位等义有关。

以寻作声兼义符的字有：噚。

以寻作声符的字有：鄩、荨、挦、浔、璕、燖、鲟。

那 nuó；nǎ；nà；nèi（哪）

【字形】篆　今篆　隶 那 哪　草

【构造】会意兼形声字。篆文从邑（城邑），从冄（冉，在这里表胡须），会人多长毛发的西部国邑之意，冄也兼表声。隶变后楷书写作那。

【本义】《说文·邑部》：“那，西夷国。从邑，冄声。安定有朝那县。”本义为西夷国名。

【演变】那，读 nuó，本义指西夷国名。由于这一地区的人多长胡须毛发，故引申泛指❶多：不戢不难，受福不（语助词）～｜此人～解我意。又引申指❷美好：人儿～，花灯姹，淡月梅横钗玉挂。又用作兼词，相当于❸如何、奈何（的合音合言）：牛则有皮，犀兕尚多，弃甲则～｜～作商人妇，愁水复愁风。

又读 nǎ，借作疑问代词，表示❹疑问：处分适兄意，～得自任专。此义后另加义符“口”写作“哪”来表示。

又读 nà，借作指示代词，表示❺远指：青嶂者（这）边来已熟，红尘～畔去应疏。

又读 nèi，口语中是❻“那一”的合音（但指数量不限于一）：～些年｜～年月。

〇哪，从口那声。读 nǎ，用作疑问代词，是“那”的后起字，吕叔湘认为是由“若”演变来的。后面跟数量词时，表示❶在一定的范围内有所确定：～条道好走？｜～几个人成绩好？又相当于❷什么：你要知道～是好～是坏。又表示❸反问：～能说话不算话？

又读 na，用作❹语气词，是“啊”的变体（前一个音节的韵尾是 n 时，啊变成哪）：天～！｜加油干～！

【组字】那，如今既可单用，也可作偏旁。现今仍归入邑部。凡从那取义的字皆与柔弱、美好等义有关。

以那作声兼义符的字有：娜、哪。

以那作声符的字有：挪。

艮 gèn；gěn；hén（眼、很、狠、哏、皀）

【字形】甲　金　篆　今篆　隶 艮 眼 很 狠 哏　草

【构造】会意字。甲骨文从人，从朝后看的目，会人扭头向后瞪视之意。金文将目移到人背后，其义更明显。篆文整齐化。隶变后楷书写作艮。注意：《说文·日部》还有一个“皀”字，从日从匕，会远合之意，表示远望浑然不分的样子，读 yǎo，是“杳”的近义字。因其篆文（皀）与“艮”相近，隶变后楷书遂相混，也写作艮。

【本义】《说文·匕部》：“艮，很也。从匕、目。匕目，犹目相匕，不相下也。”解说不确切。本义当为扭头瞪视。是“眼”的初文。又《日部》：“皀，远望合也。从日、匕，合也。”本义指远望浑然不分的样子。

【演变】艮，读 gèn，由扭头瞪视眼光定止，引申为❶静止，停止：泉可～，九天之上，九天之下，何所不～。进而引申为❷止境，界限：所得在～；～者，限也，限立而内外不越。由瞪视又引申指❸艰难，坚硬。又借为❹八卦之一，象征山：～为山。

又读 gěn，由扭头瞪视，引申指❺性子直，说话生硬：他的话太～了，直噎人。又指❻食物坚韧不松脆：这萝卜真～。又指❼硬物硌牙：饭里沙子～了牙啦。

又读 hén，由扭头瞪视，引申指❽不顺从，牵拉。作为“皀”字，又指❾远望，远望合。

“艮”为引申义和借义所专用，瞪视之义便又另加义符“目”写作“眼”来表示，不听从之义则另加义符“彳”写作“很”来表示。

○眼，从目从艮会意，艮也兼表声。读 yǎn，本义指❶瞪视：以牙还牙，以～还～。瞪视用眼，故又指❷目，眼睛：浓眉大～｜太后遂断戚夫人手足，去～，煇耳。又引申指❸眼神：其为人也，黯然而黑，幾然而长，～如望羊，如王四国，非文王其谁能为此也！又指❹目力，见识：怎么这么～浅？｜独具只～。眼是用来观察的，故又引申指❺向导，线索：叫了店主人作～，径奔到白胜家里。又引申指❻孔穴：泉～｜炮～｜磨～｜针～。又比喻❼关键处：诗～｜节骨～儿｜题～｜有板有～。又用作❽量词：打一～井。

○很，从彳（道路）从艮会意，艮也兼表声。读 hěn，本义指❶不顺从：见过不更，闻谏愈甚，谓之～｜猛如虎，～如羊，贪如狼，强不可使者皆斩之。引申指❷凶狠：太子痤（人名）美而～。此义后另作“狠”。后用作程度副词，表示❸程度高：～喜欢｜好得～。此义元代也写作“哏”。

○狠，从犬从艮会意，艮也兼表声。读 hěn，本义指❶犬相斗。用作“很”，又表示❷凶狠：～毒。引申指❸下定决心：他一发～，就卖了出去。又引申指❹用大力量，严厉地：～抓质量｜～～打击敌人。

○哏，从口从艮会意，艮也兼表声。本是“很”的异体字，读 hěn，表示❶凶狠：阿妈你好～也！又表示❷程度高：那几个守户的闲官老秀才，它每（们）都～利害。

如今读作 gén，表示❸滑稽，可笑，有趣：逗～。

【组字】艮，如今既可单用，也可作偏旁。现今设有艮部。凡从艮取义的字皆与扭头瞪视、远望合等义有关。

以艮作声兼义符的字有：限、艰、很、恨、狠、茛、哏、垠、眼、龈、跟。

以艮作声符的字有：垦、恳、根、银、裉、痕。

厾 dū（豛）

【字形】篆　今篆　隶 厾　草

【构造】会意字。篆文本从殳从豖（劁猪），会敲击之意，豖也兼表声。隶变后楷书写作豛。方言俗改为从去从乀，表示轻击轻点之意。

【本义】《说文·殳部》：“豛，椎击物也。从殳，豖声。”本义为用棍棒击物。

【演变】厾，由本义用棍棒击物，引申表示❶用指头或棍棒轻击轻点：～一个点。又用作❷语气词：成亲之后，大盘大盒吃弗尽～来。

尽 jìn；jǐn（盡、儘）

【字形】甲　金　古　篆
今篆　隶 尽 盡 儘　草

【构造】象形字。甲骨文从皿，象手持炊帚刷器皿之形，表示器皿中的饭菜已经吃完。金文帚形稍讹。古文帚下讹为火。篆文整齐化，因形近，手持帚讹变成了聿（手持棍拨火，表示灰烬），就成了从皿从聿会意，聿也兼表声了。隶变后楷书写作盡。如今简化作尽。读 jǐn 时，其含义俗另加义符人写作儘，如今简化仍用尽。

【本义】《说文·皿部》：“盡，器中空也。从皿，聿声。”本义为完尽。

【演变】尽，读 jìn，本义指❶完，竭：高鸟～，良弓藏｜知无不言，言无不～｜无穷无～。引申指❷全部拿出，用完，用尽：以若所为求若所欲，～心力而为之，后必有灾｜人～其才｜物～其用｜～忠报国。又引申指❸达到极点：子谓《韶》，～美矣，又～善矣｜走到～头。又进而引申指❹死：自～。用作副词，表示❺全，都：～弃其学而学焉｜应有～有｜～数拿出。

作为“儘”的简化字，又读 jǐn，表示❻达到最大限度，最：虚坐（非饮食坐）～后，食坐～前｜时间要～量保证｜～快解决｜书在～里头。又表示❼限于某个范围：～着年前把工作结束。

又表示❽最先：椅子先～体弱有病的坐。又表示❾任凭：东西～你挑。又表示❿一直是：这几天～刮风。

【组字】尽，如今既可单用，也可作偏旁。盡现今仍归入皿部，尽则归入尸部。凡从尽取义的字皆与完尽等义有关。

以尽作声兼义符的字有：儘、烬。

以尽作声符的字有：荩、浕、赆、璶。

弜 jiàng
（弼、檠、柲、擎）

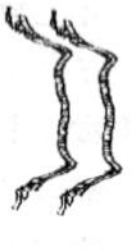

【字形】甲　金　篆

今篆　隶 弜 弼 檠 柲

草

【构造】会意字。甲骨文从二弓，会弓檠之意。古代弓松弛不用时，在里面缚上一个弓形支撑物，使其挺起，以保持强度，并防止损伤，叫作檠。金文和篆文大同。隶变后楷书写作弜。

【本义】《说文·弜部》："弜，强也。从二弓。"所释为引申义。本义当为弓檠。

【演变】弜，本义指❶弓檠。弓檠是支撑弓使保持强度的，故引申为❷辅助，重。又引申为❸强。

由于"弜"作了偏旁，矫正弓弩的弓檠之义便另造了"弼"来表示。

○弼，从弜从丙（竹席，楷书讹作百）会意。读 bì，本义指❶矫正弓弩的器具。引申为❷纠正：择其能正色～违。又引申为❸辅佐：予违汝～，汝无面从。又指❹担任辅佐的人：古者天子必有四邻：前曰疑，后曰丞，左曰辅，右曰～｜建立辅～。又引申指❺相违背：其梦如何？梦争王室。其争如何？梦王我～。

"弼"为引申义所专用，弓檠之义便另造了"檠"来表示，也借"柲"来表示。

○檠，从木从擎省，擎也兼表声。读 qíng，本义指❶矫正弓弩的器具：故弓待～而后能调，剑待砥而后能利。用作动词，又指❷校正（弓弩）：善治弓者，见其敧，则～之。又特指❸灯台：半夜灯残鼠上～。又指❹灯：投僧避夜雨，古～昏无膏。又借作"擎"，表示❺托，举：空手忽～双玦玉，污泥挺出并头莲。

○柲，从木从必会意，必也兼表声。读 bì，本义指❶古代兵器的柄：戈～六尺有六寸。又指❷弓檠：弓矢之新沾（通苦，粗劣）功……有～。

【组字】弜，如今不单用，只作偏旁。现今归入弓部。凡从弜取义的字皆与弓檠等义有关。

以弜作义符的字有：弻、弼、弻、粥。

阴 yīn
（侌、霒、陰、隂）

【字形】甲　金　古　篆

今篆　隶 阴 侌 霒 陰　草

【构造】会意兼形声字。甲骨文从乌，今声，表示似乌而暗。金文一形从云从今，会云层下覆之意，今也兼表声，是阴天之阴。古文一形线条化。篆文一形整齐化。金文二形从阜（山）从侌省会意，表示山背面，是阴面之阴。古文二形侌不省并线条化。篆文二形整齐化，篆文三形另加义符雨。隶变后楷书分别写作侌、陰、霒。"陰"或讹作"隂"。如今简化皆作阴，从阝从月，也是会意字。侌则只作偏旁。其他皆废而不用。

【本义】《说文·雲部》："霒，云覆日也。从雲，今声。"这是阴天的"阴"，应是本义。《说文·阜部》："陰，暗也。水之南，山之北也。从阜，侌声。"这是阴面之"阴"，应是由阴天之"阴"发展来的，侌也兼表义。

【演变】阴，本义指❶云遮日：习习谷风，以～以雨。又表示❷水南，山北：相其～阳，观其流泉｜山～｜江～。引申泛指❸日光照不到的地方，阴影：不如就～而止，影灭迹绝｜树～｜背～｜碑～。又引申指❹物体的背面：长安有故藏经龛，唐明皇帝所建，其门四达，皆吴道子画，阳为菩萨，～为天王。又引申指❺暗中的，内里的，不显露的：～血周作。用于抽象意义，指❻不光明正大，诡诈：性～密，忍诛杀不见喜怒｜～谋。又引申为❼与"阳"相对：一清一浊，～阳调和｜～性｜～历｜～沟｜～文｜～间。

【组字】阴，如今既可单用，也可作偏旁。现今侌归入人部，阴仍归入阜部。凡从侌、阴取义的字皆与遮蔽、不光明等义有关。
以侌作声兼义符的字有：陰（阴）。
以阴（陰）作声兼义符的字有：荫（蔭、廕）、癊。

阶 jiē（階、堦）

【字形】篆　今篆　隶阶 階 堦
草

【构造】形声兼会意字。篆文从阝，皆声，皆也兼表并联之意。隶变后楷书写作階。异体作堦，改为从土。如今皆简化作阶，改为介声。

【本义】《说文·𨸏部》："階，陛也。从阝（𨸏），皆声。"本义为台阶。

【演变】阶，本义指❶台阶：舞干羽于两～｜石～｜台～。台阶是登高的凭借，故又引申指❷根据，原因：夫婚姻，祸福之～也｜祸～｜乱～。台阶有高低层次，故又引申指❸等级，品级：流内九品三十～｜品～｜～层。

防 fáng

【字形】金　篆　隶防　草

【构造】会意兼形声字。金文从阜（左阝，表高），从十从方（表土方），会积土方成高堤之意，方也兼表声。篆文整齐化，异体或省土。隶变后楷书写作防。

【本义】《说文·𨸏部》："防，堤也。从阝（𨸏），方声。"本义为堤坝。

【演变】防，本义指❶堤坝：薮泽堤～足以畜（同蓄）｜以～止水。由堤坝引申指❷防备，戒备：夫法令之设，欲以遏恶～邪｜～患未然｜～御｜～守｜预～｜～止。又引申指❸关防，要塞：民里罢（疲）敝，虽有长城钜（巨）～，恶（何）足以为塞｜边～。

【组字】防，如今既可单用，也可作偏旁。现今仍归入阝（阜）部。凡从防取义的字皆与堤坝等义有关。
以防作声符的字有：鲂。

收 shōu

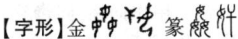

【字形】篆　隶收　草

【构造】形声兼会意字。篆文从攴（手持刑杖），从丩（表纠结），会拘捕犯人之意，丩也兼表声。隶变后楷书写作收。

【本义】《说文·攴部》："收，捕也。从攴，丩声。"本义为逮捕。

【演变】收，本义指❶逮捕：此宜无罪，女（你）反～之｜～监。引申为❷收敛，聚拢：余～尔骨焉｜～天下兵，聚之咸阳｜～缩｜～藏。又引申为❸收获，获得：使人～下县，得精兵八千人｜麦～。又引申为❹收取，接纳：责（债）毕～乎？｜～徒弟｜～回。由收拢又引申为❺结束：雷始～声｜～工。

【组字】收，如今既可单用，也可作偏旁。现今仍归入支部。凡从收取义的字皆与获取等义有关。
以收作声符的字有：莜、荍。

奸 jiān；gān（姦）

【字形】金　篆
隶奸 姦　草

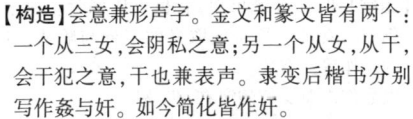

【构造】会意兼形声字。金文和篆文皆有两个：一个从三女，会阴私之意；另一个从女，从干，会干犯之意，干也兼表声。隶变后楷书分别写作姦与奸。如今简化皆作奸。

【本义】《说文·女部》："奸，犯淫也。从女，从干，干亦声。"本义为干犯，冒犯。又："姦，私也。从三女。"本义指私。

【演变】奸，读 gān，本义指❶干犯，冒犯：君制其国，臣敢～之。

作为"姦"的简化字，又读 jiān，表示❷私，阴私：～钱日多，五谷不为多｜藏～耍滑。引申指❸私通，通奸：～污｜～淫｜强～。又引申指❹邪恶，狡诈：～谋阴就一朝发｜～笑｜～诈。又指❺邪恶、狡诈的人：不告～者，腰斩｜攘除～凶，兴复汉室。又特指❻通敌叛国的人：～细｜汉～｜内～｜锄～。

【组字】奸，如今既可单用，也可作偏旁。现今仍归入女部。凡从奸（姦）取义的字皆与奸私等义有关。
以奸作声兼义符的字有：豻。

以奸(姦)作声符的字有:菱。

如 rú

【字形】甲 金 篆 隶 如 草

【构造】会意字。甲骨文从女从口,会顺从人指令之意;异体或从戴发饰的妇女"每",其义不变。金文承甲骨文一形大同,结构左右调换。篆文承金文并整齐化。隶变后楷书写作如。

【本义】《说文·女部》:"如,从随也。从女,从口。"本义为顺从,遵照。

【演变】如,本义指❶顺从,遵照:项王使人致命怀王;怀王曰:"~约。"|~愿|~意|~常。由遵照引申指❷往,去:文公~齐,惠公~秦|坐须臾,沛公起~厕,因招樊哙出。由顺从,又引申指❸如同,像:一日不见,~三秋兮|猛~虎,很(不听从)~羊|爱校~家。又进而引申指❹比,及:夫被(同披)坚执锐,义(人名)不~公;坐而运策,公不~义。虚化为连词,表示❺如果:~或知尔,则何以哉?用作词尾,同❻然:婉~清扬|孔子三月无君,则皇皇~也|空空~也。

【组字】如,如今既可单用,也可作偏旁。现今仍归入女部。凡从如取义的字皆与顺从、口的动作等义有关。

以如作声兼义符的字有:茹、恕。

以如作声符的字有:洳、铷、絮。

妇 fù (婦)

【字形】甲 金 篆 隶 妇 婦

草

【构造】会意字。甲骨文从女持帚,会执箕帚洒扫的人之意,旧时妇女主持家务,当然是主妇了。金文大同。篆文整齐化。隶变后楷书写作婦。如今简化作妇。是"帚"的加旁分化字。参见帚。

【本义】《说文·女部》:"婦,服也。从女持帚,洒扫也。"本义为已婚的女子。

【演变】妇,本义指❶已婚的女子:孔子过泰山侧,有~人哭于墓者而哀|少~。又特指❷妻:十七为君~,心中常苦悲|夫~。后来成为❸妇女的通称:是以江汉之君悲其坠屦,少原之~哭其亡簪。

妃 pèi;fēi (配)

【字形】甲 金 篆

隶 妃 配 草

【构造】会意字。甲骨文从女,从巳(子),会婚配生子之意。金文大同。篆文讹为从己声,遂与当女姓讲的"改"(jǐ)相混,成了形声字。隶变后楷书写作妃。

【本义】《说文·女部》:"妃,匹也。从女,己声。"本义为婚配。

【演变】妃,读 pèi,本义指❶婚配:子叔姬~齐昭公,生舍。引申指❷合适,相称:~以五成,故曰五年。

又读 fēi,用作名词,引申指❸配偶,妻子:以某~配某氏|嫘祖为黄帝正~。后特指❹天子的妾:~嫔媵嫱,王子皇孙,辞楼下殿,辇来于秦。又指❺太子、王侯之妻:皇太子纳~。

"妃"后专用作名词,婚配之义便借"配"来表示。

○配,从酉(酒)妃省声。读 pèi,本义为酒色。借作"妃",表示❶婚配:庸以元女大姬~胡公|~偶|交~。引申泛指❷匹配:~天而有下土。又引申指❸双方相当:元勋~管敬(管仲)之绩|般~。又引申指❹分出部分与另一主要方相合或按要求将几部分调和:割此三郡,~隶益州|错纱~色,综绒挈花,各有其法|分~|~给|~房|~售|调~|搭~|~制|~料。进而又引申指❺补足,陪衬:成龙~套|~备|红花~绿叶。由分出部分又引申指❻流放:发~。

【组字】妃,如今既可单用,也可作偏旁。现今仍归入女部。凡从妃取义的字皆与匹配等义有关。

以妃作声符的字有:配。

她 tā

【字形】古 今篆 隶 她 草 她

【构造】形声兼会意字。古文从女，也声。也即它，皆为蛇；上古草居患蛇，故相问：“无它乎？”“他”从也取声，用作旁指，义为别的，由此看来，“也”亦兼表意。“她”作为“他”的分化字，造意应相同。

【本义】《玉篇·女部》：“她，同姐。”本为姐的异体字。

【演变】她，本是“姐”的异体字。20世纪初受西方语文的影响，为了在书面上区分第三人称代词的性别，男性用“他”，女性便借用“她”表示。当初也用过“伊”，因与口语不同，未得到普遍应用，而“她”得以流传，成为正体。用作第三人称代词，指❶自己或对方以外的某个女性：我就站着，预备～来讨钱｜～是我姑姑｜妇女代表是～。又用以表敬，指称❷祖国、国旗等可敬、可爱的事物：我们年轻的共和国，在歌唱～的不朽的青春｜月亮洒着～美丽的清辉。

妈 mā (媽)

【字形】古 今篆 隶 妈 媽 草

【构造】形声兼会意字。古文从女，馬声。如今简化作妈。“妈”是为“母”的口语音变后造的字。“马”“母”古音同，故“马”也当参与表意。

【本义】《玉篇·女部》：“妈，母也。”本义为母亲。

【演变】妈，本义指❶母亲：只是我家爹～自从我和你逃去潭州，两个老的吃了些苦｜爸和～。引申泛指❷女性长辈或中老年妇女：大～｜姑～｜姨～｜奶～｜张～。

好 hǎo；hào

【字形】甲 金 篆 隶 好 草

【构造】会意字。甲骨文从女从子，会女子貌美之意。金文大同（古文偏旁在左在右一样）。篆文整齐化。隶变后楷书写作好。

【本义】《说文·女部》：“好，美也。从女、子。”本义为女子美貌。

【演变】好，读 hǎo，本义指❶女子貌美：鬼侯有子而～，故入之于纣。引申泛指❷美好，良善，优秀：不如叔也，洵美且～｜这边风景独～｜不分～歹｜～人～事。用在动词后，指❸达到完美、完善程度，完成：妆～方长叹，欢余却浅颦。由美好又引申指❹友爱，和睦：外结～孙权｜与亮情～日密｜友～。又引申指❺适宜，便于：嘉陵江近～游春｜有个伴遇事～商量。又引申指❻容易：这书不～懂｜这事～办。又表示❼很，甚：他去了～久了｜西瓜～大。

又读 hào，用作动词，表示❽喜欢，爱好：～面誉人者，亦～背而毁之。引申指❾常常容易发生：土豆～烂｜这人～哭。古代又指❿圆形的钱币或玉器当中的孔：肉（孔外部分）倍～谓之璧，～倍肉谓之瑗，肉～若一谓之环。

【组字】好，如今既可单用，也可作偏旁。现今仍归入女部。凡从好取义的字皆与美好等义有关。

以好作义符的字有：孬。

以好作声兼义符的字有：奻。

以好作声符的字有：薅。

劦 xié (協、协、叶、旪、葉)

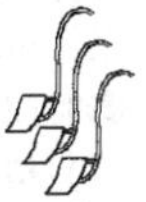

【字形】甲 金 古 篆 隶 劦 协 協 叶 葉 草

【构造】会意兼形声字。甲骨文象三耒并耕形，或另加义符口，会齐声合力同耕之意。金文大同，或省去二力，另加义符十，表示合众力之意。古文则省作从十，从曰（亦是众口齐呼用力之意）会意。篆文整齐化为三力，或另加义符十，以突出合力之意，成了从十从劦会意，劦也兼表声。异体或从心从劦，会同心合力之意，或简为从十从口，皆众口协同之意。隶变后楷书分别写作劦、協、恊、叶、旪。“劦”是“協、恊、叶、旪”的本字，“協、恊、叶、旪”是“劦”的加旁分化字或异体字。如今规范化，“協”简化作“协”为正体。叶则借作了“葉”的简化字，参见枼。恊、旪则废而不用。甲骨文和金文三形在三耒之下另加三个动物形，作为异体，说明甲骨文出现前人们已经懂得利用动物助耕。

【本义】《说文·力部》："劦，同力也。从三力。"本义为合力并耕。又《劦部》："協，众之同和也。从劦，从十。叶，或从口。"本义为共同。

【演变】劦，由本义合力并耕，引申泛指合力，同力：惟号之山，其风若～。由于"劦"作了偏旁，其义便由"协"来表示。

〇协，从十从劦会意，以突出众人和同之意，劦也兼表声。读 xié，表示❶共同，合作：臣闻天地～气而万物生，君臣合德而庶政成｜今将军诚能命猛将统兵数万，与豫州～规同力，破曹军必矣｜～作｜～议｜～会。引申指❷帮助，协助：皆社稷辅弼，～赞所寄｜～理。又引申指❸和谐，和洽：君臣不～｜今刘表新亡，二子不～，军中诸将，各有彼此。用作使动，指❹使和洽：百姓昭明，～和万邦。

〇叶，读 xié，本义为❶和洽：～韵。

又读 yè，如今用作"葉"的简化字，故表示❷树叶：～落归根。书写用的竹简或纸薄如树叶，故又引申指❸书页。此义后用"页"来表示。树叶的生长反映时间变化，故又引申指❹时间阶段：昔在中～，有震（动荡）且业（危险）｜清朝末～。

【组字】劦，如今不单用，只作偏旁。现今归入力部。凡从劦取义的字皆与和同等义有关。

以劦作义符的字有：協（协）、恊、勰。

以劦作声符的字有：荔、脇（胁）。

戏 xì；huī；hū （戲）

【字形】金 古 篆 隶 戏 戲 草

【构造】会意兼形声字。金文从戈，从虘。虘，上边是虍，表示虎形面具，下边是一面鼓，小点象征击鼓发出的声波。整个字表示战士手执兵器，头戴虎形面具，在鼓声中比武角力之意，虘也兼表声。古文线条化，大同。篆文整齐化。隶变后楷书写作戲。如今简化作戏，以"又"代左旁。

【本义】《说文·戈部》："戏，三军之偏也。一曰兵也。从戈，虘声。"所释为引申义。本义当为比武角力。

【演变】戏，读 xì，本义指❶比武角力：少室周为赵简子之右，闻牛谈有力，请与之～，弗胜｜诸军～兵于南郊之场。引申泛指❷比赛，赌博：桓玄武少家贫，～大输，债主敦求甚切。又引申指❸游戏，玩乐：小儿～于树下。又引申指❹开玩笑：前言～之耳｜君无～言。又引申泛指❺杂技、歌舞表演，戏剧：优倡侏儒为～而前｜看～｜演～。由持戈比武，又引申指❻兵器，军队。

又读 huī，借作"麾"，指❼古代用以指挥军队的旌旗：～下骑从者八百余人。

又读 hū，用作叹词"於戏"，同❽呜呼。

【组字】戏，如今既可单用，也可作偏旁。现今仍归入戈部。凡从戏取义的字皆与比武角力等义有关。

以戏作声符的字有：㩦、巇、嚱。

观 guān；guàn （觀）

【字形】甲 金 篆 今篆 隶 观 觀 草

【构造】会意兼形声字。甲骨文和金文借雚（瞪着眼的猫头鹰）来表示。金文或另加义符见，以突出瞪大眼睛察看之意，变成从见从雚会意，雚也兼表声。篆文承金文二形并整齐化。隶变后楷书写作觀。如今简化作观。"又"为代替符号。参见雚。

【本义】《说文·見部》："觀，谛视也。从見，雚声。"本义为有目的地仔细观看。

【演变】观，本义指❶有目的地仔细观看：曹共公闻其骈胁，欲～其裸，浴，薄而～之｜坐井～天｜察言～色｜冷眼旁～｜～察。引申指❷有目的地让别人看：此其所以～后世也｜晋侯～兵（阅兵）。又泛指❸观赏：故～于海者难为水，游于圣人之门者难为言｜走马～花。用作名词，表示❹对事物的认识和看法：世界～｜人生～｜价值～｜～点。又表示❺观赏的景象：此岳阳楼之大～也｜蔚为壮～｜景～｜奇～。

又读 guàn，指❻供观赏的台榭，宫阙：大王见臣列～。又特指❼道教的庙宇：玄都～

里桃千树,尽是刘郎去后栽|白云~。

【组字】观,如今既可单用,也可作偏旁。现今仍归入见部。凡从观取义的字皆与观看等义有关。

以观作声符的字有:觃。

欢 huān (歡、懽、讙、驩)

【字形】古 篆 今篆

隶 欢 歡 懽 讙 驩

草

【构造】形声兼会意字。古文从欠(张口出气)从口从雚(猫头鹰),会猎鹰发现猎物而兴奋鸣叫之意,雚也兼表声。篆文省口并整齐化;或改从欠为从心。隶变后楷书分别写作歡与懽。异体作讙、驩,改为从言、从馬,表示人笑马欢之意。如今皆简化作欢,用符号"又"代替声旁。如今驩只用于姓氏、人名、地名,其他意义用欢。懽、讙则废而不用。

【本义】《说文·欠部》:"歡,喜乐也。从欠,雚声。"本义为欢乐。

【演变】欢,本义指❶欢乐:大庇天下寒士俱~颜|~欣鼓舞|~天喜地。引申指❷友好,交好:卒相与~,为刎颈之交。古诗中又特指❸情人:闻~下扬州,相送楚山头。由欢乐又引申指❹热闹,活跃,起劲:玩得挺~|~蹦乱跳|撒~。

【组字】欢,如今既可单用,也可作偏旁。现今仍归入欠部。凡从欢取义的字皆与欢乐等义有关。

以欢作声符的字有:瘢。

叒 ruò (若)

【字形】甲 金 古 篆

隶 叒 草

【构造】象形兼会意字。叒是若的初文。甲骨文象一跪坐之人举双手理发使顺形,表示和顺之义。金文大同,并另加义符口,以强调顺从应诺之意。古文一形承接金文,大同,二形省去人身,双手和发讹为三个又。篆文整齐化并分为二形:简形省去人身;繁形头发讹为草,人与口讹为右。隶变后楷书分别写作叒与若。如今规范化,以若为正体,叒只作偏旁。参见若。"若"当是"喏""诺"的本字。

【本义】《说文·叒部》:"叒,日初出东方汤谷所登扶桑,叒木也。象形。"由于在古文里"叒"与"桑"形近,《说文》遂将二字误为同一个字。《六书精蕴》:"叒,顺也。"本义当为理顺。参见若、桑。

【演变】叒,是若的初文,本义为梳理头发使顺,引申泛指顺从、和顺。由于在甲骨文中"若"与"桑"二字形近,"若"误为"桑",故桑树又叫若木。参见若、桑。

【组字】叒,如今不单用,只作偏旁。现今归入又部。凡从叒取义的字皆与和顺等义有关。

以叒作义符的字有:若。

羽 yǔ (翼)

【字形】甲 金

古 篆 隶 羽 翼

草

【构造】象形字。甲骨文象鸟翅形,二形简化为双翼。金文大同。当是"翼"的本字。古文稍变。篆文整齐化。隶变后楷书写作羽。

【本义】《说文·羽部》:"羽,鸟长毛也。象形。"所释为引申义。本义当为鸟翅膀。

【演变】羽,本义指❶鸟翅膀:燕燕于飞,差池其~|六月莎鸡振~。引申泛指❷鸟毛:~、毛、齿、革,则君地生焉|~毛。又用作❸鸟类的代称:池清少游鱼,林浅无栖~。"羽"可作扇,饰旗,装在箭杆尾部用以保持方向,故又用以指代❹羽扇,旗帜,箭:倾盆势歇尘点无,衣袂生凉罢挥~|楼船聊习战,白~试挥军|羿之发~,僚之弄丸,古之所谓神技也。翅膀助鸟飞翔,故又引申指❺党徒:立有间,时季(人名)~在侧|党~。古借鸿雁传书,故又借指❻书信或传信之人:将恣游瞩,未能即返,便~托此奉候。又特指❼古代五声音阶的第五音:宫、商、角、徵、~|商音更流涕,~奏壮士惊。

“羽”为引申义所专用，翅膀之义便另加声符“異”写作“翼”来表示。

○翼，金文本从飛，異声，異也兼表佐助之义；二形飞简为两翅。篆文承之，或省从羽。读 yì，本义指❶翅膀：鸳鸯在梁，戢其左～。引申指❷两侧中的一侧：李牧多为奇陈（阵），张左右～击之｜两～｜侧～。用作动词，指❸像用翅膀遮蔽样：常以身～蔽沛公。又引申指❹帮助：以～天子。又用为❺二十八宿之一：星分～轸。

【组字】羽，如今既可单用，也可作偏旁。现今仍设羽部。凡从羽取义的字皆与羽毛、鸟类、飞翔等义有关。

以羽作义符的字有：羾、羿、翀、翅、翃、翁、翂、翍、翠、栩、翈、翎、翊、翐、翑、翓、翋、翄、翜、習（习）、翏、翌、翖、翘、翙、翛、翗、翞、翔、翕、翚、翙、翴、翜、翥、翡、翩、翢、翭、翟、翠、翣、翦、翸、翧、翮、翫、翪、翭、翨、翰、翮、翱、翯、翲、翳、翷、翻、翼、翽、翿。

以羽作声符的字有：诩、栩。

买 mǎi（買）

【字形】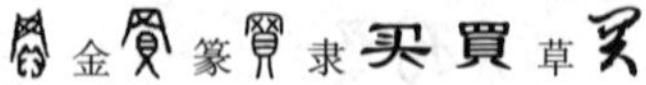

【构造】会意字。甲骨文从网，从貝（钱币），会以网取贝之意。金文大同。篆文整齐化。隶变后楷书写作買。如今简化作买。

【本义】《说文·貝部》：“買，市也。从网、貝。《孟子》曰：‘登垄断而网市利。’”所释为引申义。本义当为以网取贝。

【演变】买，由本义以网取贝，引申泛指❶求取：便辟伐矜之人，将以此～誉成名｜～醉。又引申指❷招惹：夫以有尽之地而逆无已之求，此所谓市怨而～祸者也。又引申指❸以钱购进：郑人～其椟而还其珠｜～官｜～办｜购～｜～卖。由购买又引申指❹赁，雇：泽居苦水者，～庸而决窦。

【组字】买，如今既可单用，也可作偏旁。现今仍归入贝部。凡从买取义的字皆与求取、购买等义有关。

以买作声兼义符的字有：卖（賣、賫）。

以买作声符的字有：荬、嫔。

牟 móu；mù（哞）

【字形】

【构造】会意兼指事字。甲骨文从牛从口，会牛叫之意。金文下从牛，上象牛鸣之声气从口出形，表示牛叫声。篆文整齐化。隶变后楷书写作牟。

【本义】《说文·牛部》：“牟，牛鸣也。从牛，象其声气从口出。”本义为牛叫声。

【演变】牟，读 móu，本义指❶牛叫声：～然而鸣｜牛～～地叫。后借用以表示❷贪取：渔夺百姓，侵～万民｜～利｜～取。

又读 mù，用作地名，指❸牟平。在今山东。

“牟”为借义所专用，牛叫之义便另加义符“口”写作“哞”来表示。

○哞，从口从牟会意，牟也兼表声。读 mōu，本义指牛叫：牛～～叫。

【组字】牟，如今既可单用，也可作偏旁。现今仍归入牛部。凡从牟取义的字皆与牛叫等义有关。

以牟作声兼义符的字有：哞。

以牟作声符的字有：侔、眸、毪、蛑。

厽 lěi（垒、壘）

【字形】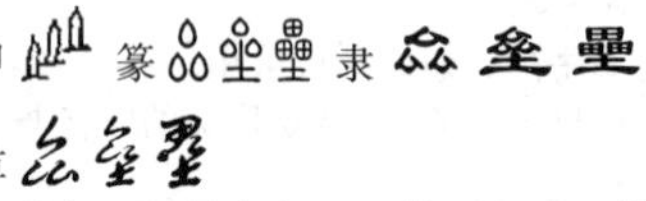

【构造】象形字。甲骨文象三土排列之形。篆文象三个土块摞起来的样子，皆表示垒土块为墙。隶变后楷书写作厽。

【本义】《说文·厽部》：“厽，累坺土为墙壁，象形。”本义指垒土块为墙。

【演变】厽，本义为❶垒土块为墙。用作“厽砢”，指❷磊落，坦率正直：其山崔巍以嵯峨，其水溢沓而扬波，其人～砢而英多。

由于厽作了偏旁，垒墙之义便又加义符“土”写作“垒”来表示。

○垒，表示❶堆砌，修砌：旧巢新～｜～猪圈｜～锅台｜～墙。又用作“壘”，表示❷军事堡

垒：故善用兵者，无沟～而有耳目|郊多～|壁～森严|深沟高～。

〇壘，从土从畾（雷声滚滚之象，象征战车）会意，畾也兼表声。《说文·土部》解释为："军壁也。"本义为❶军事堡垒。因其从雷声滚滚之畾取义，又泛指❷堆砌，累积。

如今规范化，上二字都用"垒"来表示。

注意：现在汉字里带"厽"旁的字，并非都是从"厽"或"畾"来的，有的是由其他形体简化来的。如"參（参）"，上边原本从"晶"。

【组字】厽，如今不单用，只作偏旁。现今归入厶部。凡从厽取义的字皆与重累等义有关。

以厽作声兼义符的字有：垒、絫（累）。

孙 sūn
（孫、遜、逊）

【字形】甲　金　篆　隶 孙 逊

草

【构造】会意字。甲骨文从子，从糸（表连续），会子与子连续之意。金文大同。篆文将糸变为系，其义不变。隶变后楷书写作孫。如今简化作孙。

【本义】《说文·子部》："孫，子之子曰孙。从子，从系。系，续也。"本义为儿子的儿子。

【演变】孙，本义指❶儿子的儿子：后稷之～，实维大王|祖～。又指❷孙女或与孙子同辈的亲属：平王之～（孙女），齐侯之子|侄～。泛指❸孙子以后的各代：周公之～（十八代），庄公之子|曾～、玄～、来～、晜（kūn）～、仍～、云～、耳～。引申指❹再生或孳生的植物，物体旁出的：乃斫～枝|芦菔生儿芥有～|三峰具体小，应是华山～。

又读 xùn，表示❺恭顺，谦让：奢则不～。此义后用"遜"来表示，如今简化作逊。

〇遜，从辶从孙会意，孙也兼表声。读 xùn，本义指❶逃避：吾家耄（昏乱），～于荒。引申指❷退避，辞让：功成身退，辞国～位|～让。又引申指❸恭顺，谦虚：言有不～之志|出言不～。进而引申指❹不如，差：运筹决算有神功，二虎还须～一龙|稍～一筹|大为～色。

【组字】孙，如今既可单用，也可作偏旁。现今仍归入子部。凡从孙取义的字皆与孙子、晚辈等义有关。

以孙作声兼义符的字有：逊。

以孙作声符的字有：狲、荪。

红 hóng；gōng
（紅）

【字形】篆　隶 红 紅　草

【构造】形声兼会意字。篆文从糸，工声，工也兼表美好之意，表示美好的粉红色的帛。隶变后楷书写作紅。如今简化作红。

【本义】《说文·糸部》："紅，帛赤白色。从糸，工声。"本义为粉红色的帛。

【演变】红，读 hóng，由本义粉红色的帛，引申泛指❶粉红色，桃红色：～紫不以为亵服（贴身衣服）。上古认为这是种不庄重的间色。到了中古，发展指❷大红：日出江花～胜火，春来江水绿如蓝。红色代表热情，故又用以象征❸喜庆的事：还有几家～白大礼|邓元帅曾有牵～之约。又象征❹显达，兴盛，成功，革命，利润：在本县～得了不得|他现在可走～运了|～军|～利。妇女的服饰多喜用红色，故又用以指代❺妇女或有关妇女的：倾国倾城恨有余，几多～泪泣姑苏|～妆|～颜。

又读 gōng，指❻有关妇女的纺织、刺绣等针线活：锦绣纂组，害女 者也|农夫释耒，～女下机。

【组字】红，如今既可单用，也可作偏旁。现今仍归入糸部。凡从红取义的字皆与红色等义有关。

以红作声兼义符的字有：荭。

纣 zhòu
（紂、鞧、緧）

【字形】甲　古　篆　今篆

隶 纣 紂 鞧 緧

草

【构造】形声兼会意字。甲骨文从糸，肘省声；肘可向后击打，故用以会套车时拴在驾辕牲口尾部兜住马屁股的皮带之意，用以倒车。古文另加义符革，表示皮制。篆文整齐化。

隶变后楷书写作紂。如今简化作纣。

【本义】《说文·糸部》:"紂,马緧也。从糸,肘省声。"本义为套车时拴在驾辕牲口屁股后的皮带,即牲口的后鞦。

【演变】纣,本义指❶牲口的后鞦:今语马用緧,驴骡用~。此义如今皆用鞦。又借用作❷商代最后一个君主名,即帝辛:~之所乱,武王治之。

○鞦,从革从酋(强劲)会意,酋也兼表声。异体作緧,从糸。如今规范化用鞦。读qiū,本义指❶络在牲口股后尾间的绊带:阁道东,有大牛;王济鞅,裴楷~,和峤刺促(忙碌急迫)不得休|~鞧鲜丽。用作动词,指❷套上鞦:不援其邸,必~其牛后。倒车时用鞦向后坐,故方言引申指❸退缩,收缩:他扯起衣襟擦着汗,把脖子向后一~|八月之辰谓为酉,酉者~也,谓时物皆~缩也|~着眉头。

【组字】纣,如今既可单用,也可作偏旁。现今仍归入糸部。凡从纣取义的字皆与兜束等义有关。

以纣作声兼义符的字有:葤。

约 yuē;yāo (約)

【字形】甲 古 篆 隶 约 約 草

【构造】形声兼会意字。甲骨文从糸从刀,会用丝缠束刀把之意。古文改为从糸,勺声;勺可盛纳,故用以会约束之意。篆文承之并整齐化。隶变后楷书写作約,如今简化作约。

【本义】《说文·糸部》:"約,缠束也。从糸,勺声。"本义为捆缚。

【演变】约,读yuē,本义指❶捆缚:~之阁阁(上下紧严的样子)|于是~车治装,载券契而行。用于抽象意义,指❷限制,约束:博我以文,~我以礼。由约束引申指❸紧缩,简要:~其文,去其烦重|其文~,其辞微,其志洁,其行廉。由紧缩引申指❹俭省,节俭:以~失之者鲜矣。进而引申指❺少,贫困:古者民朴事~|在郡清~,家无私积。由约束又引申指❻订约:怀王与诸侯~,曰:"先破秦入咸阳者王之。"用作名词,指❼盟约,条约:于是从(纵)散~解。再引申为❽约定,约会:月上柳梢头,人~黄昏后。由约会又引申指❾约请:玉壶春酒,~群仙同醉。由简约,虚化为副词,又表示❿大概,大略:疾者前入坐,见(华)佗北壁悬此蛇辈~以十数。

又读yāo,口语指⓫用秤称:~二斤土豆。

【组字】约,如今既可单用,也可作偏旁。现今仍归入糸部。凡从约取义的字皆与捆缚等义有关。

以约作声兼义符的字有:药。

以约作声符的字有:哟。

级 jí (級)

【字形】篆 隶 级 級 草

【构造】形声兼会意字。篆文从糸,及声,及也兼表相连及之意。隶变后楷书写作級。如今简化作级。

【本义】《说文·糸部》:"級,丝次弟(第)也。从糸,及声。"本义为缠丝的次第。

【演变】级,由本义缠丝的次第,引申指❶官阶的品级:百姓纳粟千石,拜爵一~。又引申泛指❷社会生活中的级别,等次:我的第一个上~|连升三~|下~|高~|团~。又特指❸学校中的年级:高三年~|初~。由次第又引申指❹台阶:道皆砌石为磴,其~七千有余|石~|阶~。

丝 yōu (幽)

【字形】甲 金 古 篆 隶 丝 幽 草

【构造】会意字。丝与滋、兹、玄、幺同源,在甲骨文中都是在河里漂洗染丝形,后分化为从不同的角度表达不同的意思的几个相关字。甲骨文和金文或省去水只留下二丝,表示小而又小。篆文整齐化。隶变后楷书写作丝。

【本义】《说文·丝部》:"丝,微也。从二幺。"本义为细微。

【演变】丝,本义指❶细微。引申指❷隐暗不明。由这就是丝,又用作"兹",表示❸此。

由于丝只作偏旁,其义便由"幽"来表示。

○幽，甲骨文作，从火从𢆶会意，用火光微小会昏暗之意。后火讹为山，就成了山谷昏暗不辨细微了。读 yōu，本义指❶昏暗：今夫~夜，山陵之大而离娄（古百步见秋毫之人）不见|~室|~昧。由昏暗，引申指❷深远：出自~谷，迁于乔木|~深。深则难见，又引申指❸隐蔽不显：虎豹得~，而威可载也|或叹~人（隐士）长往，或怨王孙不游|~居。又进而引申指❹僻静，清静：哀吾生之无乐兮，~独处乎山中|~静。由深暗又引申指❺阴间：嗟乎夫子，永安~冥。由隐蔽又引申指❻囚禁：吾~囚受辱，鲍叔不以我为耻|深~囹圄之中，谁可告诉者！

【组字】𢆶，如今不单用，只作偏旁。现今归入幺部。凡从𢆶取义的字皆与丝细微等义有关。以𢆶作义符的字有：幽、幾（几）、𢆻、𢇁、繼（继）、𢇍（绝）。

糸 mì（纟、絲、丝）

【字形】甲　金　篆

隶 糸 絲 丝　草

【构造】象形字。甲骨文象一把束丝形。金文大同。篆文整齐化。隶变后楷书写作糸。

【本义】《说文·糸部》："糸，细丝也。象束丝之形。"本义为细蚕丝。

【演变】糸，本义指❶细蚕丝：君以织籍（税收），籍于~，未为~籍~，抚织，再十倍其贾（君上要掌握丝织品，就先从细丝着手，甚至在细丝未成以前就征取收入，然后再抓紧纺织环节，可以盈利二十倍）。引申指❷微小。用作量词，指❸丝的二分之一：一蚕所吐为忽，十忽为丝；~，五忽也。

由于"糸"作了偏旁，其义便用并二糸之"絲"来表示。如今简化作丝。参见丝。

【组字】糸，如今不单用，只作偏旁。作左旁时简化作纟。现今仍设糸部。凡从糸取义的字皆与蚕丝等义有关。

以糸作义符的字有：系、纠、纡、红、纣、纤、纥、约、级、纨、纪、纫、素、纬、纭、索、纯、纰、紧、纱、纲、纳、纶、纵、纷、纸、纹、紊、纺、纽、纾、线、绀、绁、绂、组、绅、细、累、终、练、绊、绋、绌、绍、绎、经、绉、绐、萦、绑、绒、绕、结、绔、紫、绘、给、絷、绚、绛、络、绝、绞、统、絮、絲（丝）、绠、绡、绢、绣、绨、繇、绥、绦、继、绨、绩、绪、绫、续、绮、绯、绰、绱、绳、網（网）、维、绵、绶、绷、绸、绺、绻、综、绽、绾、綮、绿、缀、缁、缂、缆、缃、缄、缅、缉、緼、缎、缒、缓、缔、缕、编、缘、缚、缛、缜、缤、缬、缵、縣（县）、缝、缟、缠、缢、缣、缥、缦、缨、繁、總（总）、繇、縻、缩、缪、缫、缭、缮、缯、缰、繫、缱、缳、缴、繺。

巴 xùn；zhuàn（巺、巽、選、选、遜、逊）

【字形】甲　金　古　篆

今篆　隶 巴 巺 巽 选 選

逊 遜　草

【构造】会意字。巴与巺、巽是同一个字。甲骨文象二人跪伏地上以备差遣形，会形迹卑顺之意。金文与古文另加一横或二横表示垫子（只是腿穿了过去）。篆文承之并整齐化，分为三体。隶变后楷书分别写作巴、巺与巽。

【本义】《说文·卪部》："巴，二卪（跪人）也。巽从此。阙（缺）。"未作解释。又《丌部》："巺，具也。从丌，巴声。"所释为引申义。本义当为形迹卑顺。

【演变】巴，只作偏旁，其义由巽来表示。巺，废而不用。

○巽，读 xùn，本义指❶形迹卑顺：童蒙之吉，顺以~也。引申指❷懦弱：魏公既还朝，遂力言光世~懦不堪用，罢之。又引申指❸逊让，谦恭：朕在位七十载，汝能庸（用）命，~朕位|位望益尊，谦~滋甚。由跪伏备差遣，又引申指❹具备。又借作❺八卦名，卦形为☴，代表风：~，为木、为风|~，东南也|看那些人放起火来，他转捻诀念咒，望~地上吸一口气吹将去，一阵风起，把那火转刮得烘烘乱发。

又读 zhuàn，表示❻拿，持。

"巽"为借义所专用，备差遣之义便另加义符"辶"写作"選"来表示，如今简化作选。谦让之义则另造了"遜"来表示，如今简化作逊。

○选，本从辶从巽会意，巽也兼表声。如今简化改为先声。读 xuǎn，本义指❶遣送，放逐：弗去，惧～。引申指❷挑拣：～贤与能，讲信修睦｜～拔｜～派｜～种｜～择。又引申特指❸量才授官：凡～，每岁有大～，有急～，有远方～。如今则表示❹选举：～班长｜～民｜大～。用作名词，又引申指❺选拔出的杰出人物：禹、汤、文、武、成王、周公，由此其～也｜入～｜～手。又引申指❻选出编在一起的作品：诗～｜活页文～｜～本。

○逊，从辶从孙会意，孙也兼表声。读 xùn，本义指❶逃避：吾家耄（混乱），～于荒。又引申指❷退让：将～于位，让于虞舜。又引申指❸谦恭：言有不～之志｜谦～。由退后又引申指❹差：稍～一筹｜大为～色。

【组字】巳（㢲、巽），巳、㢲如今不单用，只作偏旁。巽既可单用，也可作偏旁。现今巳归卩部，㢲和巽归己部。凡从巳（㢲、巽）取义的字皆与具备等义有关。
以巳（㢲、巽）作义符的字有：㢲、巽。
以巽作声兼义符的字有：撰、馔、選（选）。
以巽作声符的字有：潠、噀。

驰 chí （馳）

【字形】篆　隶 驰 馳　草

【构造】形声兼会意字。篆文从馬从也（蛇行速）会意，也亦兼表声。隶变后楷书写作馳。如今简化作驰。

【本义】《说文·馬部》：“馳，大驱也。从馬，也声。”本义为使劲赶马快跑。

【演变】驰，本义指❶使劲赶马快跑：入国（城）不～，入里必式（轼）｜弗～弗驱｜～骋。又特指❷驱车马追击：齐师败绩，公将～之。引申泛指❸奔跑，疾行：骐骥骅骝一日而～千里｜年与时～，意与日去｜风～电掣｜飞～｜奔～｜～援｜～行。由跑得快引申指❹名声传扬：辞章灿丽，～名当世｜～名中外｜～誉。又比喻❺心神意念向往：身在边隅，情～魏阙（代朝廷）｜神～｜～想。

㓱 liè （𡿪）

【字形】甲　金　篆　隶　草

【构造】象形兼会意兼形声字。甲骨文从歺，小点象残裂骨肉血水滴流的样子。金文将血水移到上边。篆文承接金文并整齐化，将小点变成巛（川），成了从巛从歺（表分）会意，表示水分流之意，歺也兼表声。隶变后楷书写作㓱。异体作𡿪。二字皆只作偏旁。

【本义】《说文·川部》：“㓱，水流𡿪𡿪也。从川，列省声。”本义为水分流的样子。

【演变】㓱，本义指水分流的样子。

【组字】㓱，如今不单用，只作偏旁。现今归入巛部。凡从㓱取义的字皆与分裂等义有关。
以㓱作义符的字有：㧜。
以㓱作声兼义符的字有：列（列）。

巡 xún

【字形】甲　金　古　篆　隶　草

【构造】形声兼会意字。甲骨文从彳，川声，川也兼表流动之意。金文改为从辵。古文大同。篆文整齐化。隶变后楷书写作巡。

【本义】《说文·辵部》：“巡，延行也。从辵，川声。”本义为来往查看。

【演变】巡，本义指❶来往查看：仆人～宫｜三十有七年，亲～天下｜～查｜～视｜～夜。由巡视引申指❷抚慰：～靖黎蒸（百姓）。用为量词，表示❸周遭，遍：你也去斟一～酒。

丞 chéng；zhěng （拯）

【字形】甲　金　古　篆
今篆　隶 丞 拯　草

【构造】会意字。甲骨文从廾（双手），从卩（跪人），从凵（陷坑），会双手从坑中救人之意。金文和古文承甲骨文，将人腿与坑合在一起讹为山。篆文承之并整齐化。隶变后楷书写作丞。

【本义】《说文·廾部》：“丞，翊也。从廾，从卩，从山。山高,奉承之义。”析形不确,所释为引申义。本义当为拯救。

【演变】丞,读 zhěng,本义指❶拯救:~民乎农桑。

又读 chéng,由拯救帮助引申为❷辅助,辅佐:有龙于飞,周遍天下,五蛇从之,为之~辅。进而引申指❸辅助的官吏(助手):古者天子必有四邻,前曰疑,后曰~,左曰辅,右曰弼|县~|~相。

“丞”为引申义所专用,拯救之义便另加义符“扌”写作“拯”来表示。

〇拯,从扌从丞会意,丞也兼表声。读 zhěng,本义指救拔,援救:子路~溺者,其人拜之以牛,子路受之|~民于水火之中|~救。

【组字】丞,如今既可单用,也可作偏旁。现今归入一部。凡从丞取义的字皆与救助、上举等义有关。

以丞作义符的字有:卺。

以丞作声兼义符的字有:拯、烝。

七画

寿 shòu (壽)

【字形】甲 金 篆 今篆 隶 寿 壽 草

【构造】形声兼会意字。甲骨文借𠷎表示,𠷎为耕耙过的田地的纹路,像老人脸上的皱纹,借以会长寿之意。金文从老省,𠷎声。𠷎也兼表意;二形或再加声符口和又,声符就成了𢍰,含义相同。篆文从老省从𢍰会意,𢍰也兼表声。隶变后楷书承接金文,将又改为寸,写作壽。如今简化作寿,是草书的楷化。

【本义】《说文·老部》:“壽,久也。从老省,𠷎声。”所释为引申义。本义当为年纪老。

【演变】寿,本义指❶年纪老:~星|人~年丰。引申泛指❷年岁,生命:(樊)阿从其言,~百余岁|中~。又泛指❸长久:如月之恒,如日之升,如南山之~。高年可贺,又引申为❹生日:~诞。又表示❺向人献物、敬酒、献辞以祝人长寿:博士前为~。用作婉辞,又表示❻生前预为死后准备的装殓用物:~衣。

【组字】寿,如今既可单用,也可作偏旁。现今壽归入士部,寿则归入寸部。凡从寿取义的字皆与年高等义有关。

以寿作声兼义符的字有:畴。

以寿作声符的字有:俦、帱、筹、踌、铸、涛、焘、祷、擣(捣)。

弄 nòng;lòng (挵、衖、衕)

【字形】甲 金 篆 今篆 隶 弄 挵 衖 衕 草

【构造】会意字。甲骨文从廾(双手)从璞玉,会在山洞中双手把玩鉴定璞玉之意,或省作从廾从两片玉。金文承接简形大同,玉不省。篆文承接金文并整齐化。隶变后楷书写作弄。弄借为胡同之义,遂又另加义符手写作挵,如今规范化仍用弄。

【本义】《说文·廾部》:“弄,玩也。从廾持玉。”本义为把玩。

【演变】弄,读 nòng,本义为❶把玩:乃生女子,载~之瓦(纺锤)|低头~莲子,莲子清如水。引申为❷玩耍,游戏:~儿床前戏,看妇机中织|起舞~清影,何似在人间。又引申为❸乐于做某事:~妆梳洗迟。进而泛指❹做某事:十三~文史,挥笔如振绮。又特指❺演奏:仙院参差~笙簧|梅花三~。由玩弄又引申为❻随意对待:吏士舞文~法,刻章伪书|奸人~权。又指❼戏弄他人取乐:固主上所~|欺~|作~|~臣。又特指❽淫乱:你二爷在外头~了人。

又读 lòng,用作兼词,是❾胡同(的合音):帝出西~遇弑。此义也作“衖”或“衕”(xiàng)。

〇衕,从行从同会意,同也兼表声。读 tóng,本义为❶通街:后~环村尽遡游,凤山寺下换轻舟|衚~。

又读 dòng,指❷中医学病名,即洞泄:嚣鸟食之,可以已~。

〇衖,从行从共会意,共也兼表声。读

xiàng 或 lòng，本义为巷，胡同：不顾难以图后兮，五子用失乎家～|～堂。

【组字】弄，如今既可单用，也可作偏旁。现今仍归入廾部。凡从弄取义的字皆与把玩等义有关。

以弄作声兼义符的字有：挵、筭。

以弄作声符的字有：㟖。

麦 mài（來、麥）

【字形】甲 金 篆 隶 麦麥 草

【构造】会意字。甲骨文从來（来，即小麦），从夊（朝下的脚），会到来之意。古人认为小麦是上天所赐（当为外来品种）。金文大同。篆文整齐化。隶变后楷书写作麥。如今简化作麦。

【本义】《说文·麥部》："麥，芒谷。秋种厚埋，故谓之麥。从來，有穗者；从夊。"所释为借义。本义为到来。

【演变】麦，本义指❶到来。后来在使用中误用以表示❷小麦：丘中有～，彼留子国|～上场，蚕出筐，此时祇（只）有田家忙|～收。这样，到来之义反而用本当小麦讲的"来"表示了。参见来。又用作❸姓。

【组字】麦，如今既可单用，也可作偏旁。现今仍设麦部。凡从麦取义的字皆与小麦、食物等义有关。

以麦作义符的字有：麨、𪎊（芒）、麸、麫、麬、麭、麮、麯（曲）、䴹、䴸、䴢、麳、麴、麺（面）、䵩、䵄。

𤆄 chán

【字形】篆 隶 𤆄 草

【构造】形声兼会意字。篆文从火，干声，干也兼表遮挡之意。隶变后楷书写作𤆄。

【本义】《说文·火部》："𤆄，小热也。从火，干声。"本义为小热。

【演变】𤆄，本义指小热：忧心～～。

【组字】𤆄，如今不单用，只作偏旁。现今仍归入火部。凡从𤆄取义的字皆与小热等义有关。

以𤆄作声符的字有：扞、覌（觋）。

形 xíng（形）

【字形】古 篆 隶 形 草

【构造】会意兼形声字。古文汉碑作形，从彡（饰纹）从井（可鉴影）会意，井也兼表声。篆文从幵（笄）从彡会意，形象突出者无过于妇女的头饰。隶变后楷书写作形与形。如今规范化用形。

【本义】《说文·彡部》："形，象形也。从彡（饰纹），幵声。"本义为形体。

【演变】形，本义指❶形体，实体：在天成象，在地成～，变化见矣|～具神生|～影不离|无～。引申泛指❷形状，样子：兵无常势，水无常～|方～|圆～|地～|图～。用作抽象意义，指❸事物体现出的抽象情状，特征：不为者与不能者之～何以异？用作动词，指❹显现出其形，即显露，表现：声无小而不闻，行无隐而不～|赵王不悦，～于颜色|喜～于色|～诸笔墨|～容。事物显露出来则可比较，故又引申指❺对照，比较：高下之相倾也，短脩（长）之相～也，亦明矣|相～见绌|相～之下。

【组字】形，如今既可单用，也可作偏旁。现今仍归入彡部。凡从形取义的字皆与形状等义有关。

以形作声兼义符的字有：型。

戒 jiè

【字形】甲 金 篆 隶 戒 草

【构造】会意字。甲骨文象双手持戈之状，表示警戒之意。金文大同。篆文整齐化。隶变后楷书写作戒。

【本义】《说文·廾部》："戒，警也。从廾，廾（双手）持戈，以戒不虞。"本义为警备。注意：与"戎"、"戍"不同。

【演变】戒，本义指❶警备：～不虞|～备森严|～心|警～|～严。引申指❷加以警醒而不做或不犯：不知～，后必有|言者无罪，闻者足～|～骄～躁。进而引申指❸改掉（不良嗜好）：使客节酒～肉|～除|～烟。又特指❹佛教约束教徒的条规：如是年少，不闲～律，多有所犯，因即相牵入于地狱|清规～律|八～。又引申指❺

戒指：钻～。

【组字】戒，如今既可单用，也可作偏旁。现今归入戈部。凡从戒取义的字皆与警备等义有关。

以戒作声兼义符的字有：诫。

以戒作声符的字有：械。

吞 tūn

【字形】古 篆 隶 吞 草

【构造】会意兼形声字。古文和篆文从口从天，天表示覆盖，故会整个儿吞咽之意，天也兼表声。隶变后楷书写作吞。

【本义】《说文·口部》："吞，咽也。从口，天声。"本义为不咀嚼而咽下。

【演变】吞，本义指❶不咀嚼而咽下：～舟之鱼，砀（冲荡）而失水，则蚁能苦之｜狼～虎咽｜囫囵～枣｜生～活剥。引申指❷包容：衔远山，～长江，浩浩汤汤，横无际涯。又比喻❸强行兼并别国领土或暗中非法占有别人财产：楚欲～宋、郑｜～并｜侵～｜独～｜私～。

【组字】吞，如今既可单用，也可作偏旁。现今仍归入口部。凡从吞取义的字皆与嚼咽等义有关。

以吞作声符的字有：掭。

远 yuǎn（遠）

【字形】甲 金 篆 今篆

隶 远 遠 草

【构造】会意兼形声字。甲骨文从辵（辶）从又（手）从袁（怀璧人），会人拿着宝物长行之意，袁也兼表声。金文下省去又，上加出系带。篆文承接金文并整齐化。隶变后楷书写作遠。如今简化作远，改为元声。

【本义】《说文·辵部》："遠，辽也。从辵，袁声。"本义为遥远。

【演变】远，本义指❶遥远，空间距离大：有朋自～方来，不亦乐乎？｜～方｜～处｜～距离。引申指❷远方：劳师以袭～，非所闻也。又引申指❸时间久远：音乐之所由来者～矣｜久～｜～古。又引申指❹远代：慎终（父母终老）追～（远祖），民德归厚矣。又引申指❺血统、关系疏远，或疏远的人：笾豆有践，兄弟无～｜公赏不遗～，罚不阿近｜～亲｜～房。又引申指❻差别大：窥镜而自视，又弗如～甚｜古之圣人，其出人也～矣，犹且从师而问焉｜这数目差～了。

【组字】远，如今既可单用，也可作偏旁。现今仍归入辵（辶）部。凡从远取义的字皆与遥远等义有关。

以远作声符的字有：薳。

运 yùn（運）

【字形】篆 今篆 隶 运 運 草

【构造】会意兼形声字。篆文从辵（辶）从軍，会軍行迁移之意，軍也兼表声。隶变后楷书写作運。如今简化作运。改为云声。

【本义】《说文·辵部》："運，移徙也。从辵，軍声。"本义为军队转防、移动。

【演变】运，本义指❶移动，转动：日月～行｜将～舟而下浮兮｜～动。引申指❷搬运，移送：叩石垦壤，箕畚～于渤海之尾｜～输｜～货｜～送。由移动又引申指❸运用，使用：～筹帷幄之中，决胜千里之外｜～用之妙，存乎一心｜～思｜～策。由运转变化，又引申指❹命运，气数：汉承尧～，德祚已盛｜自余为人，逢～之贫｜国～｜世～｜幸～｜好～。

【组字】运，如今既可单用，也可作偏旁。现今仍归入辵（辶）部。凡从运取义的字皆与转动等义有关。

以运作声符的字有：蕓。

进 jìn（進）

【字形】甲 金 篆 今篆

隶 进 進 草

【构造】会意兼形声字。甲骨文从止（足，表跳跃），从隹，盖会喜鹊登枝之意。金文改为从辵（辶），又强调前行。篆文整齐化。隶变后楷书写作進。如今简化作进，改为井声。是"晋"的同源分化字。参见晋。

【本义】《说文 · 辵部》:“進,登也。从辵,閵省声。”本义为努力向上或向前移动,前行(与“退”相对)。

【演变】进,本义为❶努力向上或向前移动,前行,使前行:船容与而不~兮|刘备、周瑜水陆并~|逆水行舟,不~则退|~退维谷|知难而~|循序渐~|推~|促~|前~|~修。又指❷从外面到里面(与“出”相对):秦武阳奉地图匣,以次~|入之愈深,其~愈难|闲人免~|~大学|~工厂|~城|~屋|~驻|~去。又指❸奉上,呈上:于是相如前~缶|以金笼~上|~献|~呈|~贡|~香。又指❹到朝里做官,出仕:是~亦忧,退亦忧。用于抽象意义,又指❺较此前更好:学业大~|长~|~步。又指❻超过:臣之所好者道也,~乎技矣。又指❼收入,买入,接纳:日~斗金|~项|~货|~账|~人。

【组字】进,如今既可单用,也可作偏旁。现今仍归入辶部。凡从进(進)取义的字皆与向前等义有关。

以进(進)作声符的字有:琎、暹。

坏 huài;pī (壞、坯)

【字形】金  篆

隶 草 

【构造】形声兼会意字。金文和篆文皆从土,不声,不也兼表未之意。读 pī,本义指未烧的砖瓦、陶器。隶变后楷书写作坏。如今坏用作壞的简化字。壞,金文从𩫏(城郭)从不(下垂),会城墙崩堕之意。篆文改为从土(表城墙)从褱(下垂)会意,褱也兼表声,本义指城郭败坏,破败,衰败。未烧的砖瓦、陶器之义,后便另造了“坯”字来表示,从土从丕会意,丕也兼表声。

【本义】《说文 · 土部》:“坏,一曰瓦未烧。从土,不声。”本义指未烧的砖瓦、陶器。又:“壞,败也。从土,褱声。”本义为破败。

【演变】坏,用作“壞”的简化字,读 huài,本义指❶倒塌:宋有富人,天雨墙~。引申指❷破败,衰败:国以民为兴~。又引申指❸破坏,拆毁,毁坏:暴君代作,~宫室以为污池,民无所安息|椅子摔~。又引申指❹伤害,杀害:这妇人待要~哥哥性命。后又引申指❺使事情变糟:因他~了事,就不曾用。又形容❻不好的:这人真~|~东西|~品种。用作名词,指❼坏主意,坏手法:他净使~。放在动词、形容词后,又表示❽程度深:这回真饿~了。

作为本字,读 pī,本义指❾未烧的砖瓦、陶器等。此义后作坯。

〇坯,作为“坏”的后起替代字,读 pī,本义指❶未烧的砖瓦、陶器等:夫造化者既以我为~矣,将无所违之矣|砖~。又特指❷垒墙用的土坯:脱~|用~垒炕。又引申指❸半成品:毛~|钢~|线~子。

【组字】坏,如今既可单用,也可作偏旁。现今仍归入土部。凡从坏取义的字皆与土坯等义有关。

以坏作声符的字有:瓌。

址 zhǐ (阯)

【字形】篆 隶 草 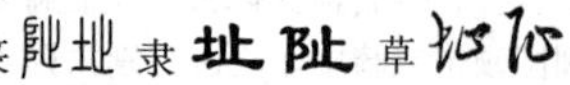

【构造】会意兼形声字。篆文从阜(阝,表示墙),从止,会地基之意。止也兼表声。隶变后楷书写作阯。异体作址,改为从土,表示与土有关。如今以址为正体。

【本义】《说文 · 阜部》:“阯,基也。从阜,止声。”本义为地基。

【演变】址,本义指❶地基,处所:褒禅山亦谓之华山,唐浮图慧褒始舍于其~|即除魏阉废祠之~以葬之|住~|地~|基~|遗~|新~|厂~。引申指❷基础,根本:乐只君子,邦家之~。

坝 bà (壩)

【字形】古 今篆 隶 

草 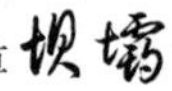

【构造】形声兼会意字。古文从土,霸声,霸也兼表霸住之意。隶变后楷体写作壩。如今简化作坝。

【本义】《字汇 · 土部》:“壩,障水堰也。”本义为拦水的建筑物。

【演变】坝,本义指❶拦水的建筑物:其河自西~

至东～十六里有余|葛洲～。又引申指❷挡水护堤的建筑物：丁～|～埽。方言又指❸平地：平～|晒～|～子。

坎 kǎn (贛)

【字形】甲　籀　古　篆　隶　草

【构造】形声兼会意字。甲骨文象坑坎形。籀文从山或从土，臽声，臽也兼表陷坑之意。古文改为从土，欠声，欠也兼表欠缺之意。篆文整齐化。隶变后楷书写作坎。

【本义】《说文·土部》："坎，陷也。从土，欠声。"本义为地面低洼的地方，坑。

【演变】坎，本义指❶地面低洼的地方，坑：子独不闻夫～井之蛙乎？又泛指❷东西上的坑窝：李忠义镬其城为～以先登，壮士从之。有低洼就有凸起，故又引申指❸条状凸起的棱，像台阶样的东西：人们沿着秧子地的塄～，站满了一圈|门～|土～。又借指❹八卦之一，卦形是☵：习～，重险也。又借作"贛"，用作象声词，表示❺击声：～～伐檀兮，置之河之干兮。参见贛。

【组字】坎，如今既可单用，也可作偏旁。现今仍归入土部。凡从坎取义的字皆与坑洼等义有关。

以坎作声兼义符的字有：莰、嵌。

均 jūn;yùn (坔)

【字形】金　篆　隶　草

【构造】会意兼形声字。金文和篆文皆从土，从匀，会土地均平之意，匀也兼表声。隶变后楷书写作均。异体作坔。如今规范化，以均为正体。

【本义】《说文·土部》："均，平，遍也。从土，从匀，匀亦声。"本义为均平。

【演变】均，读 jūn，本义指❶均平，均分：不患寡而患不～，不患贫而患不安|势～力敌|～贫富。引申指❷衡量：～之二策，宁许以负秦曲。又引申指❸同样的：～服振振（整齐），取虢之旂。用作副词，指❹普遍，全都：～为国家，何分彼此|人皆～知|～已完毕。

又读 yùn，古用作❺韵：音～不恒，曲无定制。

【组字】均，如今既可单用，也可作偏旁。现今仍归入土部。凡从均取义的字皆与均平等义有关。

以均作声符的字有：筠、鋆。

坟 fén (墳)

【字形】篆　今篆　隶　草

【构造】形声兼会意字。篆文从土，賁声，賁也兼表盛大之意。隶变后楷书写作墳。如今简化作坟。

【本义】《说文·土部》："墳，墓也。从土，賁声。"本义为高大的土堆。

【演变】坟，本义指❶高大的土堆：登大～以远望兮，聊以舒吾忧心。引申指❷堤岸：遵彼汝～，伐其条枚。古代平茔无碑铭者叫墓，封土堆有碑铭者为坟，故又引申指❸坟墓：不治～，欲为省|那～与小栓的～，一字儿排着|～地|上～。

坑 kēng (阬)

【字形】古　篆　今篆　隶　草

【构造】会意兼形声字。古文从土从亢会意，篆文从阜从亢（高），会高门深门洞之意，亢也兼表声。隶变后楷书写作阬。俗承古文作坑，改为从土，有高岸才有深坑。如今规范化以坑为正体。

【本义】《说文·阜部》："阬，阬阆也。从阜，亢声。"本义为深门洞。《玉篇·土部》："坑，堑也，丘虚也，壑也。阬，亦作坑。"又表示堑，沟壑。

【演变】坑，本义指❶沟壑，洼下去的地：士卒伤病，流曳道路，或顿仆～壑，或见略获|门前有个大～|水～|泥～。用作动词，指❷掘坑把人活埋：楚军夜击，～秦卒二十余万|焚书～儒。又引申指❸坑害：则被你～杀人|这回你可～死我

了|到处~人。由沟壑又引申指❹矿场:其天下自五岭以北,见采银~,并宜禁断|矿~|~道。作为"阬"的异体字,又指❺深门洞。

坊 fāng;fáng

【字形】金 篆 隶 坊 草

【构造】形声兼会意字。金文从土,方声,方也兼表四旁之意。篆文整齐化。隶变后楷书写作坊。

【本义】《说文·土部》新附:"坊,邑里之名。从土,方声。"本义为城市中街道里巷的通称。

【演变】坊,读 fāng,本义指❶城市中街道里巷的通称:淮南人相率投附者千余家,置之城东汝水之侧,名曰归义~|白纸~|新城~。最初牌坊立于里巷中,后也立于园林、寺庙,故又引申指❷牌坊:山门内有古~曰云隐寺|我靠着升仙~,仰起头来朝上望|贞节~|胜景~。

又读 fáng,过去小手工业者的工作场所在里巷内,故引申指❸小手工业者的工作场所:朕常膳及服御等物,并从节减,诸作~造~并停|油~|染~|粉~|酒~|茶~。

走 zǒu

【字形】甲 金 篆 隶 走 草

【构造】象形兼会意字。甲骨文象人甩臂奔跑形。金文一形另加义符辵,二形省从止,以强调奔跑之意。篆文承金文二形整齐化,并让人头前倾,更像跑步的样子。隶变后楷书写作走。

【本义】《说文·走部》:"走,趋也。从夭,从止,夭止者,屈也。"析形是就篆文所作的解说。本义为奔跑。

【演变】走,本义指❶奔跑,滚动:兔~触株,折颈而死|~马观花|飞沙~石|~狗|~卒。引申指❷趋向,奔向:民之归仁也,犹水之就下,兽之~圹也|~俏。又引申指❸步行:~而不趋|其实地上本没有路,~的人多了,也便成了路|快~。由走动,又引申指❹来往,移动,离开,改变:~亲戚|表~得准|他已经~了|你画得都~了样。又引申指❺泄漏:不要~了消息|说~了嘴。又引申指❻经由:~南街去近些。古代又用作❼自谦之词,犹言"仆人""我":太史公牛马~司马迁再拜言|~与足下和答之多,从古未有。

【组字】走,如今既可单用,也可作偏旁。现今仍设走部。凡从走取义的字皆与行动、跑跳等义有关。

以走作义符的字有:赳、赹、赴、赵、赶、起、赸、趋、䞕、赻、趹、赾、趆、趉、趁、䞖、趃、趄、超、趆、䞘、䞩、趉、越、趑、趌、趍、趎、趏、趐、趀、趒、趮、趔、趖、趗、趘、趚、趛、趜、趝、趞、趟、趠、趡、趢、趣、趤、趥、趦、趧、趩、趪、趫、趬、趭、趮、趯、趱。

以走作声符的字有:陡、哇。

贡 gòng (貢)

【字形】金 篆 隶 贡 貢 草

【构造】会意兼形声字。金文从貝(钱财),从工(表劳作),会向天子奉献物品或奉献劳力之意,工也兼表声。篆文整齐化。隶变后楷书写作貢。如今简化作贡。

【本义】《说文·貝部》:"貢,献功也。从貝,工声。"本义为进献,进贡。

【演变】贡,本义指❶进献,进贡:诸侯不~车服,天子不私求财|~品|~献。用作名词,指❷进献的贡品:黄人不归楚~,冬,楚人伐黄。引申指❸缴纳赋税:夏后氏五十而~。由向统治者进献物品,又引申指❹推荐人才:诸侯岁献~士于天子。

【组字】贡,如今既可单用,也可作偏旁。现今仍归入贝部。凡从贡取义的字皆与进献等义有关。

以贡(貢)作义符的字有:赣。

以贡(貢)作声兼义符的字有:贑。

以贡(貢)作声符的字有:䇨、塨、唝、溑、嗊、槓(杠)、幊、愩、慐、熕、碽、篢。

攻 gōng

【字形】金 篆 隶 攻 草

【构造】会意兼形声字。攻与功同源,金文从攴(手持棍,表操作),从工(筑墙杵),会捣击使坚固之意,工也兼表声。篆文整齐化。隶变后楷书写作攻。

【本义】《说文·攴部》："攻，击也。从攴，工声。"本义为捣击使坚固。

【演变】攻，由本义捣击使坚固，引申指❶攻打，进击：~其无备，出其不意|~击|~城|~克。由进击又引申指❷用言辞指责：非吾徒也，小子鸣鼓而~之可也|群起而~之。又引申指❸对疾病的治疗：箴者，所以~疾防患|以毒~毒。又引申指❹加工治理器件：它山之石，可以~玉。进而又引申指❺专心研究、学习或从事某项工作：农~粟，工~器，贾(商)~货|术业有专~|~书莫畏难|日夜~读。由击捣，又引申指❻坚固精致：我车既~，我马既同。

汞 gǒng (澒、銾)

【字形】古　篆　今篆

隶 汞 澒 銾 草

【构造】形声兼会意字。古文从水，工声。篆文从水，项声，汞散落则呈银珠状，故也兼表意。隶变后楷书写作澒。俗承古文简化为汞。由于汞是金属，旧时也另加义符"金"写作"銾"，成为从金从汞会意，汞也兼表声。如今规范化，以汞为正体。

【本义】《说文·水部》："澒，丹沙所化为水银也。从水，项声。"《集韵·董韵》："澒，水银也。或作汞。"本义为水银，一种有毒的银白色重金属，常温下为液态。

【演变】汞，本义指水银：黄埃五百岁生黄~，黄~五百岁生黄金|身是玉皇香案吏，烧丹炼~已多年|红~|雷~。

○銾，从金从汞会意，汞也兼表声。读gǒng，同❶汞。

又读hòng，形容❷钟声。

【组字】汞，如今既可单用，也可作偏旁。现今仍归入水部。凡从汞取义的字皆与水银等义有关。

以汞作声兼义符的字有：銾。

以汞作声符的字有：唝、烘、蛖。

赤 chì

【字形】甲　金　古　篆

隶 赤 草

【构造】会意兼形声字。甲骨文从大(人)，从火，会大火熊熊、光焰映红了人之意；或从亦，是露着腋窝的人，亦也兼表声。金文简化。古文繁化，改为从炎从土，成了烧红了土，可见赤的本义不是焚人。篆文整齐化。隶变后楷书写作赤。

【本义】《说文·赤部》："赤，南方色也。从大，从火。"本义为火红色，比朱红稍浅。

【演变】赤，本义指❶比朱红稍浅的颜色：(天子)乘朱路(车)，驾~骝。引申泛指❷红色：~日炎炎似火烧|~红脸。人初生色红如赤，故又引申指❸赤子：圣治重仁育，保民如保~。进而引申指❹纯真，忠诚：不以庸下，亲蒙推~|~诚|~胆忠心。又引申指❺一无所有，空：晋国大旱，~地三年|~手空拳。又引申指❻裸露，光着：~膊上阵|~脚。血为红色，革命就要流血牺牲，故又象征❼革命：~卫队|~旗。古以赤为南方之色，故又借指❽南方：有~方气与青(东方)方气相连。

【组字】赤，如今既可单用，也可作偏旁。现今仍设赤部。凡从赤取义的字皆与火盛、火红等义有关。

以赤作义符的字有：赧、赨、赩、赪、赫、赭、赮、赯。

以赤作声符的字有：郝、哧、赦、赥。

孝 xiào

【字形】甲　金　篆　隶 孝 草

【构造】会意字。甲骨文从老省，只留下长发，从子，会孩子搀扶老人之意，表示孝敬老人。金文老不省。篆文承金文并整齐化。隶变后楷书写作孝。注意："教"所从之"孝"是由"爻"演化来的。参见教。

【本义】《说文·老部》："孝，善事父母者。从老省，从子，子承老也。"本义为孝顺父母。

【演变】孝，本义指❶孝敬父母：克谐以~|孟懿子问~，子曰："无违。"|尽~。引申指❷有关居丧的事：崔九作~，风吹即倒。又指❸丧服：

带~。

【组字】孝，如今既可单用，也可作偏旁。现今归入子部。凡从孝取义的字皆与孝顺等义有关。

以孝作声符的字有：哮、酵。

志 zhì（誌、痣）

【字形】金　盟书　篆　今篆
隶 志誌痣 草 志誌痣

【构造】会意兼形声字。金文从心，从之（往），用心之所向往会意向、意念之意，即心中所追求的目标，之也兼表声。盟书大同。篆文整齐化。隶变后楷书写作志，上边讹为士声。如今又用作“誌”的简化字。

【本义】《说文·心部》：“志，意也。从心，之声。”本义为意向，意念。

【演变】志，本义指❶意向，意念：诗言~，歌永（咏）言|~同道合|雄心大~|立~|意~。引申指❷志向：燕雀安知鸿鹄之~哉？用作动词，表示❸立志：吾十有五而~于学。志向是人的目标，故又引申指❹准的（dì）：若射之有~。

作为“誌”（从言从志会意，表示用语言记下心志，志也兼表声）的简化字，由志向人所时时在心，如今又表示❺记住，记忆，记录，记载，标记出：由（仲由）~之，吾语女|全交之至言，君其~之|太古之事灭矣，孰~之哉？|永~不忘|《齐谐》者，~怪者也|得其船，便扶向路，处处~之。用作名词，指❻记号，标记：孔子之丧，公西赤为~焉|襄阳士俗，邻居种桑于界上为~|标~。又指❼记事的书籍或文章：铭~不存，世代不可得而知也|~所谓多行无理，必自及也|天文~|地理~|县~。今又指❽期刊：此~现第一期粗排毕。由标记又引申指❾皮肤上生的斑痕：（沈）约左目重瞳子，腰有紫~。此义后另加义符“疒”写作“痣”来表示。

〇痣，从疒，志声，志也兼表标志之意。读zhì，本义为皮肤上长的有色斑点，俗称黑子，也叫痦子：初，贵嫔生而有赤~在左臂，治之不灭|耳边有个黑~。

【组字】志，如今既可单用，也可作偏旁。现今仍归入心部。凡从志取义的字皆与记、标记等义有关。

以志作声符的字有：痣、誌。

以志作声符的字有：梽。

壳 què；ké；qiào（㱿、殼、敲）

【字形】甲　篆　今篆
隶 壳殼敲 草 壳㱿殼敲

【构造】会意字。“壳”由“㱿”演变而来。㱿，甲骨文是一手持槌击打乐器“南”形，会敲击之意。篆文整齐化。隶变后楷书写作㱿。由于“南”为击打乐器，中空成壳状，故又用以表示坚硬的外皮，此义俗便另加义符“几”（象征壳形）写作“殼”来表示，如今简化作壳。由于“壳”作了偏旁，敲击之义便又另造了形声字“敲”来表示。

【本义】《说文·殳部》：“㱿，从上击下也。一曰素（空）也。从殳，青声。”本义为敲击。

【演变】㱿，读 què，本义指❶敲击：种瓠法……著三实，以马箠~其心勿令蔓延，多实，实细。此义后作敲。又指❷坚硬的外皮。此义后作壳。

壳，读 qiào，用于书面语文读，指❶坚硬的外皮：有根株于下，有荣叶于上，有实核于内，有皮~于外；文墨辞说，士之荣叶皮~也|甲~|地~|躯~。

又读 ké，用于口语白读，专用于❷鸡蛋~儿|贝~儿|脑~|驳~枪。

〇敲，从攴，高声。读 qiāo，本义指❶从旁横击，或泛指击打：夺之杖以~之|有约不来过夜半，闲~棋子落灯花|~锣打鼓|~门|推~。引申指❷敲诈：~竹杠。

【组字】壳，如今既可单用，也可作偏旁。现今归入土部。凡从壳取义的字皆与有壳或像壳的事物有关。

以壳作声符的字有：悫（慤）、檄、㲉。

毐 ǎi

【字形】篆　隶 毐 草 毐

【构造】会意字。篆文从士(象征男人),从毋(女有奸之者),会男子品行不端之意。隶变后楷书写作毐。

【本义】《说文·毋部》:"毐,人无行也。从士,从毋。"本义为男子品行不端。

【演变】毐,本义指男子品行不端。据传古代有人叫嫪毐,曾与秦始皇母通奸。后遂成为淫邪之人的代名词。

【组字】毐,如今既可单用,也可作偏旁。现今仍归入毋部。凡从毐取义的字皆与祸害等义有关。

以毐作声兼义符的字有:毒。

却 què;jiǎo

(卻、腳、脚、郤、郄)

【字形】篆　今篆　隶 却 脚 郤 郄 草

【构造】形声兼会意字。篆文从卩(跪人),𧮫(jué,笑时口上纹,与"谷"不同)声。跪坐用腿脚,故用以表示腿脚,是"脚"的本字。隶变后楷书写作卻。由于"卻"与"郤"(xì)形近易混,俗遂改写作"却",成了从卩从去(离开)会意,去也兼表声。实与"郤"不同,注意区分。郤俗又变其体写作郄。

【本义】《说文·卩部》:"卻,节欲也。从卩,𧮫声。"释义不确。本义当为腿脚。

【演变】却,读 jiǎo,本义指❶腿脚:舌出齐唇吻,下遗矢弱(屎尿),污两~。

又读 què,由脚离去,引申指❷后退,使后退:秦将闻之,为~军五十里|退~|~步|~敌。又引申指❸拒绝,辞不受:王者不~众庶,故能明其德|~之不恭,受之有愧。又引申指❹撤除,除去:天下有道,~走马以粪|~病延年。虚化为助词,相当于❺去,掉:医得眼前疮,剜~心头肉。用作副词,相当于❻再,还:何当共剪西窗烛,~话巴山夜雨时。用作连词,相当于❼但,可是:施恩来了大牢里三次,~不提防被张团练家心腹人见了,回去报知。

"却"为引申义所专用,腿脚之义便又另加义符"月(肉)"写作"腳"(从肉从卻会意,卻也兼表声)来表示,俗写作脚,现为正体。

○脚,读 jiǎo,本义指❶小腿:羊起而触之,折其~。中古词义缩小,指❷身体最下部接触地面的肢体:手~冻皴皮肉死。引申泛指❸物体的下端:床头屋漏无干处,雨~如麻未断绝|墙~|山~。

又读 jué,义同"角",表示❹角色:~儿。

○郤,从邑,谷声。读 xì,本义为❶地名。借作"隙",又表示❷间隙,嫌隙:若白驹之过~|令将军与臣有~。又用作❸姓:晋有大夫~献子。用作姓,俗也写作"郄"。

○郄,作为郤的俗写变体,读 xì,本义为❶地名:郄,叔虎邑。俗作~。又通"隙",指❷孔隙,缝隙:填塞空~,缮边城。

又读 què,指❸后退,退却:引版而~。用作副词,表❹转折。

又读 jí,表示❺疲劳:窃自恕,而恐太后玉体之有所~也,故愿望见太后。

【组字】却,如今既可单用,也可作偏旁。现今仍归入卩部。凡从却取义的字皆与腿脚等义有关。

以却作声兼义符的字有:脚。

以却作声符的字有:唧。

劫 jié

(刧、刼)

【字形】金　篆　隶 劫 草

【构造】会意字。金文从力从去,会强力阻止人离去之意。篆文整齐化。隶变后楷书写作劫。异体作刧或刼,从刀或从刃。如今规范化,以劫为正体。刧、刼只作偏旁。

【本义】《说文·力部》段注:"劫,人欲去以力胁止之曰劫。从力、去。"本义为威逼,胁制。

【演变】劫,本义指❶威逼,胁制:事所以不成者,乃欲以生~之|为国者,无使为积威之所~哉|二豪贼~持。由劫持引申指❷强夺:乡之行~缚者,侧目莫敢过其门|抢~|~掠|行~。又用为梵语"劫波"(kalpa)的省称。佛教把天地的一成一败叫一劫,原指❸很长的时间:又不知过了几世几~|陷入万~不复的深渊。佛教认为世界有成、住、坏、空四劫,到坏劫时就有水、火、风三灾出现,世界就归于毁灭,故又指❹灾难:度尽~波兄弟在,相逢一笑泯恩仇|~难|浩~。

【组字】劫,如今既可单用,也可作偏旁。现今仍归入力部。凡从劫(刧、刼)取义的字皆与强力等义有关。

以劫(刧、刼)作声兼义符的字有:呦、㑾、㘫。

耴 zhé
(耴、耷)

【字形】金  古  篆  今篆 

隶 耴耴耷 草 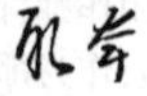

【构造】象形字。古文和篆文皆从耳而引长之,象耳下垂形。隶变后楷书写作耴。注意:与"耴"不同。

【本义】《说文·耳部》:"耴,耳垂也。从耳下垂,象形。"本义为耳朵下垂。

【演变】耴,本义指❶耳朵下垂:《春秋传》曰:"秦公子辄(人名)者,其耳下垂,故以为名。"段玉裁注:生而耳垂,因名之~;犹生而梦神以黑规其臀,因名之黑臀。又用作❷姓。

由于"耴"作了偏旁,俗便另造了会意字"耷"来表示。

○耷,从大耳会意。读dā,泛指下垂:~拉着头。

○耴,金文从耳,乚声。隶变后楷书写作耴。读yì,用作"聱耴",形容❶鱼鸟群聚的状态:参差聱~,飒沓缤纷。用作象声词,又指❷众多的声音:鱼鸟聱~,万物蠢生。

【组字】耴,如今不单用,只作偏旁。现今仍归入耳部。凡从耴取义的字皆与耳下垂等义有关。

以耴作声兼义符的字有:⿰亻耴、⿱山耴、辄。

以耴作声符的字有:⿰扌耴、⿰木耴、⿰月耴。

严 yán
(嚴、譀)

【字形】甲  金 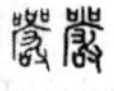 篆  隶 严嚴

草 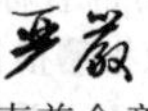

【构造】形声兼会意字。甲骨文从一人三口相连,会吼叫妄诞之意。金文一形人讹为厂,并另加声兼义符敢,以强调妄为之意,是譀(hàn)的本字;二形讹为从吅(二口),从厰(山崖险峻不可犯),会教令紧急俨然不可犯之意,厰也兼表声。篆文整齐化。隶变后楷书写作嚴。如今简化作严。

【本义】《说文·吅部》:"嚴,教令急也。从吅,厰声。"本义为教命紧急。

【演变】严,本义指❶教命紧急:申~号令。引申泛指❷紧急,不放松:事~,虞不敢请。又引申指❸严厉,严格:~加管束|~选而精印。又引申指❹威严,端庄:天书下东南,趣召赴~阙|鸡鸣外欲曙,新妇起~妆。俗谓父严母慈,故又用以指代❺父亲:家~。又引申指❻紧密,没空隙:~密|~谨|~实。又引申指❼严重,厉害:寒风摧树木,~霜结庭兰。

【组字】严,如今既可单用,也可作偏旁。现今归入一部。凡从严(嚴)取义的字皆与紧密、威严等义有关。

以严(嚴)作声兼义符的字有:俨、巖(岩)、酽。

以严(嚴)作声符的字有:玁(猃)。

芽 yá

【字形】篆 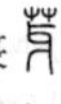 隶 芽 草 

【构造】形声兼会意字。篆文从艸(艹),牙声,牙也兼表像牙一样冒出。隶变后楷书写作芽。

【本义】《说文·艸部》:"芽,萌芽也。从艸,牙声。"本义为植物刚长出的幼体。

【演变】芽,本义指❶植物刚长出的幼体:草~既青出,蜂声亦暖游|发~儿|豆~|嫩~|新~。用作动词,指❷发芽:二月草已~。又比喻❸形状像芽的东西:肉~|银~(银矿苗)。

芺 ǎo

【字形】篆  隶 芺 草 

【构造】形声兼会意字。篆文从艸(艹),夭声,夭也兼表钩屈夭小之意。隶变后楷书写作芺。

【本义】《说文·艸部》:"芺,艸也。味苦,江南食以下气。从艸,夭声。"《尔雅·释草》:"钩,芺。"本义为一种草,也叫苦芺。

【演变】芺,本义指苦芺:~大如拇指,中空,茎头有台似蓟|凡物稚曰~,此物嫩时可食,故以名之。

【组字】芺,如今既可单用,也可作偏旁。现今

仍归入艹部。凡从芙取义的字皆与植物等义有关。

以芙作声符的字有：浂(沃)、媄(妖)、槉。

芹 qín

【字形】篆隶草

【构造】形声兼会意字。篆文从艸(艹)，斤声，斤也兼表割取之意。隶变后楷书写作芹。

【本义】《说文·艸部》："芹，楚葵也。从艸，斤声。"本义为芹菜。

【演变】芹，本义指❶芹菜：~有水~、旱~。水~生江湖陂泽之涯，旱~生平地……楚人采以济饥｜思乐泮水，薄采其~｜献~之意，献曝之诚。又比喻❷微薄，微薄的情意：邀兄到敝斋一饮，不知可纳~意否？｜若不少致一~，于心不安。

芬 fēn (岎)

【字形】篆隶草

【构造】会意兼形声字。篆文从屮(草初生)或从艸，从分，会花草香气分布之意，分也兼表声。隶变后楷书写作岎和芬。如今规范化用芬。

【本义】《说文·屮部》："岎，艸初生，其香分布。从屮，从分，分亦声。芬，岎或从艸。"本义为花草散发出的香气。

【演变】芬，由花草散发出的香气，引申泛指❶香气：芳菲菲而难亏兮，~至今犹未沫｜口辨酸咸甘苦，鼻辨~芳腥臊。又比喻❷美名或盛德：咏世德之骏烈，诵先人之清~。用作名词，指❸香料：~薰脂粉膏泽。

【组字】芬，如今既可单用，也可作偏旁。现今归入艹部。凡从芬取义的字皆与芳香等义有关。

以芬作声兼义符的字有：棻。

苍 cāng (蒼)

【字形】金古篆隶

草

【构造】形声兼会意字。金文和古文皆从艸(艹)，倉声；过去农村谷子收割后，就地每四五捆立着攒成一个圆锥仓形，以利晾晒且避免损耗，故倉也兼表意。篆文整齐化。隶变后楷书写作蒼。如今简化作苍。

【本义】《说文·艸部》："蒼，草色也。从艸，倉声。"本义为草的颜色。

【演变】苍，本义指❶草的青色(上古指深蓝色)：天之~~，其正色邪？｜~黄｜~天。后常指❷深绿色：谢公行处~苔没｜~翠｜~松。又引申指❸灰白色：少壮能几时，鬓发各已~｜两鬓~~十指黑。由天色苍然，又借指❹天：昔者上~以越赐吴，吴不受也。由草木的颜色，又引申指❺丛生的草木：帝光天之下，至于海隅~生(苍生，即草木丛生的地方)。又进而引申指❻众多的人，即百姓，众庶：小乘开治道，大觉拯~民｜安石不肯出，如彼~生何？

【组字】苍，如今既可单用，也可作偏旁。现今仍归入艹部。凡从苍取义的字皆与草青色等义有关。

以苍作声符的字有：䅮。

芳 fāng

【字形】金籀篆隶草

【构造】形声兼会意字。金文从茻(表草野)，方声，方也兼表传布四方之意。籀文省为从方从艸(艹)。篆文整齐化。隶变后楷书写作芳。

【本义】《说文·艸部》段注："芳，草香也。从艸，方声。"本义为花草芳香。

【演变】芳，本义指❶花草芳香：恐鹈鴂(其鸣而春归)之先鸣兮，使夫百草为之不~｜晴川历历汉阳树，~草萋萋鹦鹉洲｜~草｜芬~。引申泛指❷香草，花卉：远~侵古道，晴翠接荒城｜孤~自赏｜群~谱。又比喻❸贤德之人，美好的：昔三后之纯粹兮，固众~之所在｜留~百世｜~辰｜~姿｜~宴。

【组字】芳，如今既可单用，也可作偏旁。现今仍归入艹部。凡从芳取义的字皆与花草香气等义有关。

以芳作声兼义符的字有：鈁、淓、錺。

芦 lú（蘆）

【字形】篆　今篆　隶 芦 蘆　草

【构造】形声兼会意字。篆文从艸（艹），盧声，盧也兼表青黑之意。本义为芦苇，其花黑白点相杂，故称黑白点相杂的鸡为芦花鸡。隶变后楷书写作蘆。如今规范化简作芦，改为户声。用作“芦菔”，指萝卜。

【本义】《说文·艸部》：“蘆，蘆菔也。从艸，盧声。”本义为萝卜。又《玉篇·艸部》：“苇未秀者为芦。”又指芦苇。

【演变】芦，本义指❶萝卜：欲验之，但取～菔、地黄辈观，无苗时采，则实而沉。又指❷芦苇，芦花：夫雁顺风以爱气力，衔～而翔以备矰弋｜～花鸡。

劳 láo（勞）

【字形】甲　金　古　篆

隶 劳 勞　草

【构造】会意字。甲骨文从二火，从带尘点的征衣，会正在燃起灯火举行宴会犒劳有功将士之意。金文下从廾（双手），上从爵（酒器），中间断线象酒流出形，会双手举爵以酒对辛劳有功者进行慰问犒劳之意。后省讹为金文二形。由于“爵”上之双柱（）形与“熒”（荧）的古文（）相近，遂繁化讹为上列古文之形，成了从熒省从悉会意，表示日夜悉心操劳。这样，手举爵的古意就完全失去了。篆文承接古文改为从力从熒省会意。隶变后楷书写作勞。如今简化作劳。

【本义】《说文·力部》：“勞，剧也。从力，熒省。熒火烧冂，用力者劳。”析形不确，所释为引申义。本义当为犒劳、慰劳。

【演变】劳，本义指❶犒劳，慰劳：王～之，再拜稽首。引申指❷功劳：论功～，行赏罚｜下之不能积日月之～。功劳是花力气换来的，又引申指❸费力，用力：作德，心逸日休（美）；作伪，心～力拙｜君子～心，小人～力｜～而无功。由费力又引申指❹辛苦，劳累：～苦顿萃（同瘁）而愈无功｜以逸待～｜～乏。用作使动，指❺使人辛劳，劳烦他人：～师以袭远，非所闻也｜～民伤财｜～驾。用作为动，指❻为他人出力，效劳：秦襄、晋文之所以～王，～而赐地也。又引申泛指❼操作，活动，工作：有事，弟子服其～；有酒食，先生馔｜人体欲得～动，但不当使极耳｜按～分配。由辛劳，又引申指❽操心，忧愁：瞻望弗及，实～我心。又特指❾到郊外迎接并慰劳：周定王使王孙满～楚王。进而引申指❿迎接：将送往～来，斯无穷乎？

【组字】劳，如今既可单用，也可作偏旁。现今仍归入力部。凡从劳取义的字皆与慰劳、操劳等义有关。

以劳作声兼义符的字有：唠、痨。

以劳作声符的字有：涝、崂、捞、荦、铹、耢

克 kè（剋、尅）

【字形】甲　金　篆　今篆

隶 克 剋 尅　草

【构造】象形字。甲骨文象戴盔执戈的武士形，或省去戈，表示攻打战胜之意。金文一形承甲骨文一形，头盔繁化，并改戈为支；二形与甲骨文二形大同；三形将头盔讹为人口，身体讹断为尸。篆文承金文三形并整齐化。隶变后楷书写作克。如今又用作“剋”（尅、勊）的部分含义（kè 音）的简化字。

【本义】《说文·克部》：“克，肩也。象屋下刻木之形。”解说不确。本义当为战胜。

【演变】克，本义为❶战胜：既～，公问其故｜～敌制胜｜攻无不～。引申指❷克制，制服：～己复礼为仁｜柔能～刚｜～己奉公｜～服。又引申指❸完成，胜任：事临垂～，遘疾陨丧｜常惧不～负荷，以忝前人。虚化为助动词，表示❹能：～勤于邦，～俭于家｜靡不有初，鲜～有终。又用作“剋”“尅”的简化字，表示❺侵削：～扣工资。引申指❻消化：～食｜～化。又引申指❼严格限定：～日发兵｜～期。又用作❽量词：五十～为一两。

○剋，从刀从克会意，克也兼表声。异体作尅，改为从寸。如今规范化用剋。是“克”的加旁分化字。如今“剋”只用于读 kēi 时，方言指❶打，打架：这孩子不学好，气得大人尽～

他|为一点小事,两人就~了起来。又指❷责骂,训斥:上司狠~了他一顿|挨~。

读 kè 时,简化仍用克。

【组字】克,如今既可单用,也可作偏旁。现今归入儿部。凡从克取义的字皆与克制等义有关。以克作声兼义符的字有:剋、尅。以克作声符的字有:氪。

杆 gān;gǎn;gàn (桿)

【字形】金 杆 古 杆 今篆 杆 桿 隶 杆 桿 草 杆 桿

【构造】形声兼会意字。甲骨文从木,旱声。古文从木,干声,干也兼表意。隶变后楷书写作桿与杆。如今以杆为正体。

【本义】《玉篇·木部》:"杆,檀木也。"又《广雅·释木》:"杆,柘也。"本义为树名。

【演变】杆,读 gàn,本义为❶树名,即柘木:~,木名,柘也。一曰檀也|鸿鹄在上,~弓鞹弩以待之。

后读 gān,借指❷长木棍:旌旗垂旒,旒缀于~|旗~|电线~。

又读 gǎn,引申指❸器物上像棍子样的细长部分:笔~|箭~|秤~。用作量词,用于❹有杆的器物:一~笔|一~枪。

杠 gàng (槓)

【字形】金 杠 篆 杠 今篆 槓 隶 杠 槓 草 杠 槓

【构造】形声兼会意字。金文和篆文皆从木,工声,工也兼表意。隶变后楷书写作杠。异体作槓,貢声。如今以杠为正体。

【本义】《说文·木部》:"杠,床前横木也。从木,工声。"本义为床前横木。

【演变】杠,本义指❶床前横木:奴婢私隶枕床~。引申泛指❷横放的竹木:竹~长三尺,置于宇西阶上。进而引申指❸较粗的棍子:木~|铁~|门~|双~|高低~。又指❹独木架在溪流上以渡的桥:岁十一月,徒~(走人的桥)成|石~。

杜 dù (敗、剫)

【字形】甲 杜 金 杜 篆 杜 敗 隶 杜 草 杜 敗

【构造】会意兼形声字。甲骨文从木从土会意,土也兼表声。金文线条化。篆文整齐化。隶变后楷书写作杜。《说文》解释为木名。后又借作"敗",篆文从攴,度声,隶变后楷书写作敗;异体作剫,改为从刀,表示阻塞。从借义看,杜也可理解为楔桩固土堵塞决口。

【本义】《说文·木部》:"杜,甘棠也。从木,土声。"本义为杜树,即棠梨。又《说文·攴部》:"敗,闭也。从攴,度声。"本义指关闭。

【演变】杜,本义指❶棠梨:嘉树夹牖,芳~匝阶。用作"敗"(dù)的借字,又表示❷阻塞:此直意在~谏者之口|~门谢客|~绝后患。❸姓。

【组字】杜,如今既可单用,也可作偏旁。现今仍归入木部。凡从杜取义的字皆与树木等义有关。以杜作声兼义符的字有:荰。

杏 xìng

【字形】甲 杏 金 杏 篆 杏 隶 杏 草 杏

【构造】象形兼形声字。甲骨文象树上结有小杏果形。甲骨文不易刻圆,故刻成小方形。金文杏果讹为口。篆文承接金文并整齐化,《说文》遂误释为"从木,向省声"。隶变后楷书写作杏。

【本义】《说文·木部》:"杏,果也。从木,可(向)省声。"本义为杏树的果实。

【演变】杏,本义指❶杏树的果实:桃李梅~,楂梨姜桂|~仁|~眼|~黄。又指❷杏树:五沃之土,其木宜~|借问酒家何处有,牧童遥指~花村|~林(借指中医学界、医家)。又指❸杏花:红~枝头春意闹。

【组字】杏,如今既可单用,也可作偏旁。现今仍归入木部。凡从杏取义的字皆与植物等义有关。以杏作声符的字有:莕(荇)。

杨 yáng (楊)

【字形】金 篆 隶 杨楊 草

【构造】形声兼会意字。金文从木，昜声，昜也兼表喜阳之意。篆文整齐化。隶变后楷书写作楊。如今简化作杨。古人称喜阳耐旱的树为“杨”，常喻男子；称喜阴耐湿的树为“柳”，常喻女子。

【本义】《说文·木部》：“楊，木也。从木，昜声。”本义为杨树。

【演变】杨，本义指❶杨树：东门之～，其叶牂牂（茂盛）|小叶～|毛白～。用作“杨柳”，古书中或指❷垂柳：昔我往矣，～柳依依。或指❸杨树和柳树。❹姓。

【组字】杨，如今既可单用，也可作偏旁。现今仍归入木部。凡从杨取义的字皆与树木等义有关。以杨作声符的字有：瑒、鸉。

李 lǐ

【字形】甲 金 古 篆 隶 李 草

【构造】会意兼形声字。甲文、金文和古文皆从木从子会意，子也兼表声。篆文整齐化。隶变后楷书写作李。

【本义】《说文·木部》：“李，果也。从木，子声。”本义为李树的果实。

【演变】李，本义指❶李树的果实：投我以桃，报之以～。又指❷李树：桃～不言，下自成蹊|瓜田～下|～代桃僵。❸姓。

【组字】李，如今既可单用，也可作偏旁。现今仍归入木部。凡从李取义的字皆与树木等义有关。

以李作声兼义符的字有：梓。

巫 wū
（覡、觋）

【字形】甲 金 古

篆 隶 巫觋 草

【构造】象形字。甲骨文象二玉交错之形。巫以玉事神，故用巫所持之二玉表示以玉降神的巫祝。金文大同。古文稍讹，一形横玉两头讹为两人；二形繁化，另加二口和双手，以突出巫祝手持玉具口中念念有词起舞降神之意。篆文承接古文简形并整齐化。隶变后楷书写作巫。

【本义】《说文·工部》：“巫，祝也。女能事无形，以舞降神者也。象人两袖舞形，与工同意。”这是就篆文字形所作的分析。本义为巫祝，即以装神弄鬼替人祈祷求神为职业的人。女称巫，男称觋。参见觋。

【演变】巫，本义指❶以装神弄鬼替人祈祷求神为职业的人：多～觋杂语|小～见大～。巫为医之先，故古代又指❷医师：人而无恒，不可以作～医。又用作❸姓。

【组字】巫，如今既可单用，也可作偏旁。现今仍归入工部。凡从巫取义的字皆与巫祝等义有关。

以巫作义符的字有：筮、觋。

以巫作声兼义符的字有：诬。

忑 tè；dǎo
（忐）

【字形】金 古 今篆 隶 忑 草

【构造】会意字。金文和古文从心从下，用心上下急跳会心神不定之意。隶变后楷书写作忑。

【本义】后起字。《五音集韵·感韵》：“忐忑，心虚也，怯也，惧也。”用作联绵词“忐（tǎn）忑”，本义为心神不定，胆怯。

【演变】忑，读 tè，用作联绵词“忐忑”，本义指❶心神不定：八戒闻言，心中忐～|急得俺忐忐～～，把花言巧语谩支吾|忐～不安。单用又表示❷惊异：～一片撒花心的红影儿吊将来半天，敢是咱梦魂儿厮缠？

又读 dǎo，用作“忐（kěng）忑”，表示❸诚恳之意：心心忐～。

甫 fǔ
（圃）

【字形】甲 金 篆

隶 甫圃 草

【构造】象形字。甲骨文一形象田中长有树苗形，是“圃”的本字，二形象盆栽之形。金文一形承接甲骨文一形大同，二形下边田稍讹，上边手持苗形讹为父。篆文承金文二形，成为从用从父会意，父也兼表声，解释为男子美称，就看不出原意了。隶变后楷书写作甫。

【本义】《说文·用部》:“甫,男子美称也。从用、父,父亦声。”析形不确,所释为引申义。本义为苗圃,即种菜的地方。

【演变】甫,本义指❶苗圃。由幼苗引申指❷开始:今吏~受诏读记,直豫言使后知之。进而引申指❸才,刚:伤痍者~起|年~八岁|~进家门。由种一手好庄稼,古代又用作❹男子的美称:尼~|台~(旧时询问别人名号用语)。

“甫”为引申义所专用,苗圃之义便另加义符囗(围),写作“圃”来表示。

○圃,从囗从甫会意,甫也兼表声。读 pǔ,本义指❶种菜的地方:折柳樊~。又指❷种菜或种菜的人:(樊迟)请学为~,(孔子)曰:“吾不如老~。”引申泛指❸园子:今有一人,入人园~,窃其桃李|花~|苗~。

【组字】甫,如今既可单用,也可作偏旁。现今归入一部。凡从甫取义的字皆与苗圃、铺开等义有关。

以甫作声兼义符的字有:圃、専、铺、匍、脯、黼、補(补)。

以甫作声符的字有:辅、莆、埔、浦、酺、捕、哺、逋、晡、牖。

更 gēng;gèng

【字形】甲  金  篆  隶 更 草 

【构造】会意兼形声字。甲骨文从攴(手持杖,表操持),从丙(古农具钱镈),会使用农具丙锄草之意,丙也兼表声。金文一形大同,二形繁化,从二丙,表示动作的反复进行之意。篆文承甲骨文并整齐化。隶变后楷书写作更。注意:“便”中“更”乃由手持鞭形变来,与此“更”不同。参见丙、便。

【本义】《说文·攴部》:“更,改也。从攴,丙声。”所释为引申义,本义当为使用农具丙反复锄草。

【演变】更,读 gēng,本义为❶使用农具丙锄草。使用丙锄草是个不断变换的过程,故引申指❷更换:良庖岁~刀,割也。汉代宫中值夜,分为五个班次,按时更换,故又引申指❸计时单位,一夜分五更,每更约两小时:夜夜达五~。由更次的变换,又引申指❹更迭,替代,交替:天子从封禅还,坐明堂,群臣~上寿|祭不用牺牲,用圭璧~皮币。又引申指❺改变:景公欲~晏子之宅|~若役,复若赋,则何如?|万象~新。又引申指❻经历:身~百战,未尝杀一无辜|因欲通使,道必~匈奴中|少不~事。

又读 gèng,由更换、更替虚化作副词,表示❼另外:秦女绝美,王可自取(娶),而~为太子取妇。又表示❽再,又:欲穷千里目,~上一层楼。又表示❾更加:离恨恰如春草,~行~远还生。

【组字】更,如今既可单用,也可作偏旁。现今归入一部。凡从更取义的字皆与连续翻来翻去、拍击等义有关。

以更作声兼义符的字有:哽、绠。

以更作声符的字有:埂、梗、硬、筻、粳、鲠。

束 shù

【字形】甲 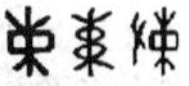 金  篆  隶 束 草 

【构造】会意字。甲骨文一形从木,从囗(表捆缚),会捆缚木柴、木筒之意;二形多捆了一道;三形或另加手,以强调捆缚。金文一形大同,二形是从一捆柴的一头看到的形象,强调多道捆缚之意。篆文承甲、金文的简形并整齐化。隶变后楷书写作束。

【本义】《说文·束部》:“束,缚也。从囗、木。”本义为捆缚。

【演变】束,本义指❶捆缚:其势必不敢留君,而~君归赵矣|腰~彩带|~之高阁。引申指❷整理,收拾:乃命公子~车制衣为行具|~装。又引申指❸控制,限制:空名~壮士,薄俗弃高贤|约~。用作名词,指❹聚成一条的东西:光~|电子~。用作量词,用于❺捆在一起的东西:一~箭|一~鲜花。

【组字】束,如今既可单用,也可作偏旁。现今归入木部。凡从束取义的字皆与捆缚等义有关。

以束作义符的字有:柬、刺、枣(棗)。

以束作声兼义符的字有:悚、敕、竦。

以束作声符的字有:速、涑、欶、觫。

豆 dòu
(荳)

【字形】

【构造】象形字。甲骨文象古代高足食器形，中有食物。金文大同，省去食物。篆文承金文并整齐化。隶变后楷书写作豆。后借作“尗”（叔、菽），表示豆子。

【本义】《说文·豆部》：“豆，古食肉器也。从口，象形。”本义为古代高足食器。《尔雅·释器》：“木豆谓之豆，竹豆谓之笾，瓦豆谓之登。”

【演变】豆，本义指❶古代高足食器：一箪食，一~羹，得之则生，弗得则死。后借作“尗”（叔、菽），用以表示❷豆类植物豆子：民之所食，大抵~饭藿羹｜种一顷~，落而为萁｜大~｜黄~｜豌~｜蚕~｜~腐。引申指❸像豆的东西：土~｜玉米~｜花生~。

为了区别字义，豆子之义后另加义符“艹”写作“荳”来表示。如今简化仍作“豆”。参见尗（叔、菽）。

【组字】豆，如今既可单用，也可作偏旁。现今仍设豆部。凡从豆取义的字皆与食器、豆类植物或豆形之物等义有关。

以豆作义符的字有：豇、豉、登、登、䝳、豊、豌、豐（丰）、豏。

以豆作声兼义符的字有：饾、痘、短、竖（竖）、頭（头）。

以豆作声符的字有：剅、逗、脰。

酉 yǒu
(酒)

【字形】

【构造】象形字。甲骨文象一个尖底的酒坛子形。金文大同。篆文整齐化。隶变后楷书写作酉。

【本义】《说文·酉部》：“酉，就也。八月黍成，可为酎酒。象古文酉之形。”所释为声训。本义当为酒坛子。

【演变】酉，本义指❶酒坛子。古多用作❷酒：县（同悬）钟而长饮~。后借为❸地支的第十位，与天干相配用以纪年日时：朝来偶然出，自卯将及~。

“酉”为借义所专用，酒之义便另加义符“氵”写作“酒”来表示。

○酒，从氵从酉会意，酉也兼表声。读 jiǔ，本义指一种用粮食或水果发酵制成的含乙醇的饮料：乡人饮~，杖者（老年人）出，斯出矣｜~酣耳热｜~绿灯红｜葡萄~｜白~。

【组字】酉，如今既可单用，也可作偏旁。现今仍设酉部。凡从酉取义的字皆与酒或酒器等义有关。注意：《说文》认为“柳、留、劉（刘）”是以酉作声符的字，这是误把“卯”的讹体“丣”当作“酉”了。

以酉作义符的字有：酊、酋、酐、酎、酌、配、酏、酝、酓、酗、酚、酣、酤、酢、酥、酡、酰、酯、酪、酩、酱、酬、酵、酲、酾、酽、酷、酿、酶、酴、酹、酸、醋、醇、醉、醅、醚、醛、醍、醐、醒、醚、醑、醢、醣、醫（医）、醪、醭、醮、醯、醵、醴、醺。

以酉作声兼义符的字有：酒。

两 liǎng
(兩)

【字形】

【构造】会意兼形声字。金文从一，从㒳（作为早期买卖中实物交换的两个农具“丙”相并，也即两个钱币相并，一钱为十二铢，二钱为二十四铢，即一两），会二钱为一两之意，㒳也兼表声。篆文整齐化。隶变后楷书写作兩。如今简化作两。

【本义】《说文·㒳部》：“兩，二十四铢为一兩。从一；㒳，平分，亦声。”析义不确。本义指二钱相并为一两。

【演变】两，本指二钱相并为一两，故用以表示❶并列成对的两个：（周勃）为将相，持国秉，贵重矣，于人臣无~。又专指❷成双的事物：葛屦（鞋）五~（双）｜之子于归，百~（辆）御之｜凡嫁子（女）娶妻，入币纯帛，无过五~（古代布匹两丈为一端，两端为一两，“五两”即四丈）。又指❸双方施行同一行为：目不能~视而明，耳不能~听而聪。用作数词，又指❹二（注意：普通话中“两”一般用于量词前，度量衡单位前，千、万、亿前，半前；不用于读数、小

数、分数、序数及个、十、百位）：竹外桃花三～枝|～个月|～斤|～亿|分～半。又表示❺约数：再等～天看看。又用作❻重量单位：新制十～为一斤。

【组字】两，如今既可单用，也可作偏旁。现今归入一部。凡从两取义的字皆与成双成对的事物等义有关。

以两作声兼义符的字有：俩、辆。

以两作声符的字有：唡、魉。

丽 lì；lí（麗、儷、俪）

【字形】甲 金 古 篆 今篆 隶 丽 麗 俪 儷 草

【构造】象形字。丽的初文当是并行的两只鹿（）的形象。将其省去一个鹿身，留下两头，就成了上列甲骨文的样子。金文大同。再省去鹿身，只留下两个头颈的轮廓，就是《说文》所列古文的来源。由于省讹后字形不明显了，篆文便在其下另加一"鹿"字，以表示其为鹿。隶变后楷书写作麗。如今简化作丽，更近古体。

【本义】《说文·鹿部》："麗，旅（侣）行也。鹿之性见食急则必旅行。从鹿，丽声。《礼》'麗皮纳聘'，盖鹿皮也。"本义为两鹿结伴而行。

【演变】丽，读 lì，本义指❶结伴而行：若其五县游～辩论之士，街谈巷议，弹射臧否。又指❷成双的：～句与深采并流，偶意共逸韵俱发。此义后另加义符"亻"写作"儷"来表示，如今简化作"俪"。由成双引申指❸一方附着于另一方：日月～乎天，百谷草木～乎土|附～。由双鹿并行，又引申指❹美好，漂亮：江南佳～地，金陵帝王州|三月三日天气新，长安水边多～人。用于抽象意义，引申指❺华美：奏议宜雅，书论宜理，铭诔尚实，诗赋欲～。

又读 lí，借作"罹"，表示❻遭遇：涉患～祸，不在触岁犯月。又用作❼地名：～水。又用作"高丽"，旧时称❽朝鲜。

○俪，从亻从丽会意，丽也兼表声。读 lì，本义指❶成双成对的：奈何悼淑～，仪容永潜翳|骈词～句|伉～|～辞|～皮（成对的鹿皮，古为订婚礼物）。又指❷夫妇：～影。

【组字】丽，如今既可单用，也可作偏旁。现今丽归入一部，麗仍归入鹿部。凡从丽取义的字皆与相伴等义有关。

以丽作声兼义符的字有：俪。

以丽作声符的字有：郦、灑（洒）、逦、骊、曬（晒）、鹂、酾、鲡。

丳 bān（畢）

【字形】甲 金 篆 隶 草

【构造】象形字。甲骨文与畢（毕）为同一个字，象一个长柄捕鸟网形。金文和篆文整齐化，只是比（畢）少了一个"田"，意在强调其名词性。隶变后楷书写作丳。参见毕。

【本义】《说文·丳部》："丳，箕属，所以推弃之器也。象形。"这是把畢（毕）网当成带长柄的清除垃圾的粪簸箕了。也有一定的道理，因为畢（毕）网与这种带长柄的清除垃圾的粪簸箕形状相似。本义当为捕鸟网。

【演变】丳，本义指捕鸟网。是畢（毕）的简形。从不单用，只作偏旁。真正从丳取义的字只有一个畢（毕）字。由于《说文》把"丳"当成带长柄的清除垃圾的粪簸箕了，所以也把"糞"（粪）与"棄"（弃）列为从"丳"取义的了。其实"糞"（两手持箕弃秽物形）与"弃"（两手持箕弃死婴形）跟"丳"没有关系。

【组字】丳，如今不单用，只作偏旁。现今归入十部。凡从丳取义的字皆与长柄网有关。

以丳作义符的字有：畢（毕）、糞（粪）、棄（弃）。

芈 mǐ；miē（哶、咩）

【字形】甲 金 篆 今篆 隶 芈 哶 咩 草

【构造】象形字。甲骨文和金文皆从羊，上边象羊叫时声气上出形。篆文整齐化，上边声气改为"丨"。隶变后楷书写作芈。是"咩"的本字。

【本义】《说文·羊部》："芈，羊鸣也。从羊，象声气上出，与牟同意。"本义为羊叫声。

【演变】芈，读 mǐ，本义指❶羊叫声：口中不住地~~哀鸣。又用作❷春秋时楚国祖先的族姓：~姓，楚其后也。

由于"芈"的"羊鸣"之义不明显了，后遂另加义符"口"写作"哶"来表示，如今规范化写作咩。

〇咩，从羊从口会意。读 miē，象声词，本义为羊叫声：小羊~~地叫。

【组字】芈，如今不单用，只作偏旁。现今归入丨部。凡从芈取义的字皆与羊鸣等义有关。

以芈作声兼义符的字有：哶（咩）。

以芈作声符的字有：蝆。

孛 bèi；bó

（勃、悖、誖）

【字形】甲 金 篆

隶 孛悖誖 草

【构造】会意兼形声字。甲骨文和金文皆从子，从𣎵（草木繁茂的样子），会孩子容色盛壮之意，𣎵也兼表声。篆文整齐化。隶变后楷书写作孛。

【本义】《说文·𣎵部》："孛，㲋也，从𣎵；人色也，从子。《论语》曰：'色孛如也。'"本义为孩子容色盛壮。

【演变】孛，读 bó，本义指❶孩子容色盛壮。引申泛指❷变为气盛的脸色：色~如也。此义后写作"勃"。参见勃。

又读 bèi，因其从𣎵取义，故又指❸草木茂盛的样子：上扶疏而~散兮，下交错而龙鳞。由"𣎵"的枝叶披散义，又引申指❹混乱，冲突：类不~虽久同理。此义后写作"悖"。

〇悖，从忄从孛会意，孛也兼表声。异体从言，作"誖"。如今规范化用悖。读 bèi，本义指❶惑乱：老臣罢（同疲）病~乱，唯大王更择贤将。引申指❷违背：是以事行而不~。又引申指❸谬误：守法而弗变则~。

【组字】孛，如今不单用，只作偏旁。现今归入子部。凡从孛取义的字皆与繁盛、披散等义有关。

以孛作声兼义符的字有：勃、悖。

以孛作声符的字有：脖、饽、鹁、荸。

吾 wú

【字形】甲 金 篆 隶 吾 草

【构造】形声兼会意字。甲骨文和金文皆从口，五声，五也兼表你我交互相称之意。用作第一人称，表示"我"。篆文整齐化。隶变后楷书写作吾。

【本义】《说文·口部》："吾，我自称也。从口，五声。"本义为自称我。

【演变】吾，本义指❶我，一般用作主语或定语，不用作宾语：~日三省~身|~属今为之虏矣。又借用作❷棒名，汉朝执金吾等官用之。

【组字】吾，如今既可单用，也可作偏旁。现今仍归入口部。凡从吾取义的字皆与交互称代等义有关。

以吾作声兼义符的字有：语、唔、晤、龉。

以吾作声符的字有：部、悟、捂、圄、浯、牾、梧、焐、痦、衙、寤、鼯。

辰 chén

（宸、蜃、蜄）

【字形】甲 金

篆 隶 辰宸蜃

草

【构造】象形字。或认为辰象手持蛤蜊制的农具蚌镰形。细审甲骨文和金文字形，看不出"蚌镰"的意味。就甲骨文字形观察，应象用手挖出藏在地下、躯体蜷曲、有环节襞纹的某些农田害虫，比如蛴螬、豆虫等。上边短横象征地表。其象正是惊蛰到来蛰虫苏醒蠢蠢欲动的样子，故从辰的字都与震动有关。金文一形正像蛴螬卷曲状；二形繁化，突出了手挖之意；三形另加义符止，表示下地去耕作除虫。篆文整齐化，就不像了。隶变后楷书写作辰。

【本义】《说文·辰部》："辰，震也。三月阳气动，雷电振，民农时也。物皆生。从乙、匕，象芒达。厂，声也。辰，房星，天时也。从二。二，古文上字。"析形是就当时的社会思想所作的解说,所释为引申义。本义当为惊蛰到来,苏醒的农田害虫蛴螬等蠢蠢欲动。

【演变】辰,本义为❶惊蛰到来,苏醒的农田害虫蛴螬等蠢蠢欲动。农事起于惊蛰,万物复苏,农耕开始,故又泛指❷动,震动:~者,震也,谓时物尽震动而长也|彼庶卉之未动兮,固肇萌而先~。此义也作"蜄":三月也……其于十二子为辰;辰者,言万物之蜄也。异体作蜃。农业生产,万物活动,都与日月星辰的运行及时节的变化有密切的关系,故又指❸日、月、星的总称:故天有三~,地有五行。又特指❹北辰,即北极星:为政以德,譬如北~(北极星),居其所而众星共(拱)之。由此又喻❺帝王:维天为大,维圣是则,~居万宇,缀旒下国。此义后作"宸"。又泛指❻众星:萤火乱飞秋已近,星~早没夜初长。又特指❼商星:昔为鸳与鸯,今为参与~。古人根据日月星辰的运行,将一昼夜分为十二个时段,用以计时,故又引申指❽时辰,日子,时光:生~八字|吉日良~。又借以表示❾地支的第五位,用于纪年月日时:秋八月庚~,公及戎盟于唐。又表示❿十二生肖中的龙:~龙巳蛇。

由于辰为引申义所专用,农田害虫蛴螬这一本义便废而不用了,而另造了"蛴螬"来表示。

○宸,从宀从辰会意,辰也兼表声。读chén,本义为❶大而深的房檐、屋边,深邃的房屋:芸若充庭,槐枫被~|~宇。北极星为辰,北极星所在的区域为宸,天上众星拱北斗,故后专指❷帝王的住处:青龙隐隐来黄道,白鹤翩翩下紫~|~居|~垣。由帝王的住处,又指代❸王位,帝王:天子渊默以思,霆驰以断,独发~虑,不询众谋。

○蜃,从虫从辰会意,辰也兼表声。读shèn,本义指❶传说中的蛟类动物,能吐气成海上蜃楼(海上像楼的影像):龙生九种,内有一种名~,能吁气成楼台城郭之状,将雨即见,名~楼,一曰海市|海市~楼。用作"蜃楼",又比喻❷虚幻的东西:此海市~楼比耳。又指❸大蛤蜊:蘧藕拔,~蛤剥|小曰蛤,大曰~,皆介物,蚌类。

○蜄,作为"蜃"的异体,读shèn,义同❶蜃。

又读zhèn,表示❷振动:辰者,言万物之~也。

【组字】辰,如今既可单用,也可作偏旁。现今仍设辰部。凡从辰取义的字皆与农事、时日、起动等义有关。

以辰作义符的字有:辱、晨、蓐(农)、農(农)、辴。

以辰作声兼义符的字有:振、娠、赈、蜃、震。

以辰作声符的字有:宸、唇。

励 lì (勵、勱)

【字形】篆 今篆 隶 草

【构造】形声兼会意字。篆文本从力,萬声。隶变后楷书写作勱。俗演变为勵,改为从力,从厲(磨砺),会劝勉之意,厲也兼表声。如今分别简化作劢与励,二字表义略有不同。励是劢的分化字。参见劢。

【本义】《说文·力部》:"勱,勉力也。从力,萬声。"《字汇·力部》:"勵,勉力也。有修饰振起义。"本义为劝勉。

【演变】励,本义指❶劝勉:请王~士。又指❷振作:宣帝始亲万机,~精为治|~精图治|激~|鼓~|奖~|勉~。又指❸推崇,尊重:与董太师并位俱封,而独~高节,愚窃不安也。

【组字】励,如今既可单用,也可作偏旁。现今仍归入力部。

以励作声符的字有:蛎。

否 fǒu;pǐ

【字形】金 篆 隶 草

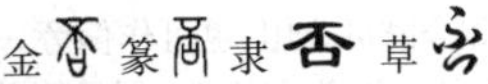

【构造】会意兼形声字。金文从口从不,会不同意、予以否定之意,不也兼表声。篆文整齐化。隶变后楷书写作否。

【本义】《说文·不部》:"否,不也。从口,从不,不亦声。"本义为否定,表示贬斥唾弃。

【演变】否,读fǒu,本义指❶否定:招招舟子,人涉卬~|~认|~决。单独用于应对,相当于❷不,不然:许子必织布而后衣乎?曰:~,许子

衣褐。用于是非问句末，又表示❸肯定与否定相叠的反复问中的否定问：廉颇老矣，尚能饭~（不能饭）？|能~|可~|是~。

又读 pǐ，用作❹《周易》六十四卦之一。卦形为䷋（坤下乾上），表示天地不交，上下隔阂，闭塞不通之象：《象》曰：天地不交，~；君子以俭德辟难，不可荣以禄。引申泛指❺坏，恶：~极泰来。用作动词，又表示❻贬斥：臧（褒扬）~人物。

【组字】否，如今既可单用，也可作偏旁。现今归入口部。凡从否取义的字皆与否定、坏恶等义有关。

以否作声兼义符的字有：痞。

以否作声符的字有：嚭。

奁 lián

（籢、匳、奩）

【字形】古　篆　今篆　隶 奁 奩 籢 匳　草

【构造】会意兼形声字。古文从大从區，会盛器之意。篆文从竹从敛，会收盛梳妆品的竹器之意，敛也兼表声。隶变后楷书写作籢。异体俗又作匳，从匚（筐），僉声。匳，俗又承古文作奩，从大，从區，会盛器之意。奩，如今又简作奁，用为正体。

【本义】《说文·竹部》："籢，镜籢也。从竹，敛声。"本义为盛梳妆品的器具。《广韵·盐韵》："匳，俗作奩。"

【演变】奁，本义指❶盛梳妆品的镜匣：视太后镜~中物，感动悲泣|妆~。引申指❷嫁妆：今朝随你写休书，搬去妆~莫要怨。又引申指❸放香炉的笼子，即香笼：金~调上药，宝案读仙经。

【组字】奁，如今既可单用，也可作偏旁。现今归入大部。凡从奁取义的字皆与器具等义有关。

以奁作声兼义符的字有：㾩、槏。

夹 shǎn

（陕、陜、閃、闪、夾）

【字形】篆　隶 夾 陝 陜 闪 閃　草

【构造】指事字。篆文从亦（人两腋），又于腋下另加两点，指明腋下夹带有偷来的东西。隶变后楷书写作夹。由于"夹"作了偏旁，其义后借本当地名讲的"陕"来表示。俗用"閃"（今简作闪）来表示。注意："夹"与"夾"（jiā）本不同，如今简化都作了"夹"。参见夹。

【本义】《说文·亦部》："夾，盗窃褱（怀）物也。从亦，有所持。"本义为趁人不见偷了东西迅速藏在怀里。

【演变】夹，本义指趁人不见偷了东西迅速藏在怀里：俗谓蔽人俾~是也。如今鲁西方言还把暗中偷拿人家的东西叫"夹"。

〇陕，从阝（阜）夹声。读 shǎn，本义指❶古代地名，在今河南陕县一带：自~而东者，周公主之，自~而西者，召公主之。如今指❷陕西省：~甘宁边区。借作"夹"，又表示❸偷东西藏在怀里：~揄。

〇闪，从人从门会意，用人在门中会人从门中向外张望之意。读 shǎn，本义指❶从门中窥视：白日常自于墙壁间闚（窥）~。引申指❷突然显现：为首~出一将，身长七尺，细眼长髯|雷鸣电~。又引申指❸摇动不定：蜡烛忽~了几下就灭了。又引申指❹躲避：业贯盈，横祸添，无处~|快~开。又引申指❺抛撇：~下俺孤儿寡母怎么过啊！又引申指❻扭伤：小心~了腰。又引申指❼意外的差错或危险：别有什么~失。借作"夹"，又表示❽偷东西藏在怀里：谁把笼嘴~了去。

【组字】夹，如今不单用，只作偏旁。现今归入大部。凡从夹取义的字皆与迅速隐蔽等义有关。

以夹作声兼义符的字有：睒（䀹）。

以夹作声符的字有：陕（陜）。

豕 shǐ

（豬、猪）

【字形】甲　金　古　篆　隶 豕　草

【构造】象形字。甲骨文象一头竖起的大猪形。金文稍繁。古文稍讹。篆文整齐化。隶变后楷书写作豕。

【本义】《说文·豕部》："豕，彘也。竭其尾，故谓之豕，象头四足而后有尾。"本义为猪。

【演变】豕，本义指猪：名曰细糠，以供犬~之豢|

取其狗～食粮衣裘。“豖”后来作了偏旁，其义便又另加声符“者”写作“豬”来表示。如今简化为猪。参见猪。

【组字】豕，如今既可单用，也可作偏旁。现今仍设豕部。凡从豕取义的字皆与猪类动物有关。

以豕作义符的字有：豖、豕、彖、豗、豘、豙、豚、象、豥、豛、豜、豝、豞、豟、豠、豣、豢、豤、豥、豦、豧、豨、豩、豪、豢、豬、豫、豰、豮、豯、豰、豲、豵、豳、豶、豵、豷。

龙 máng；méng；páng
(尨、庬、龐、庞)

【字形】甲　古　篆　隶 龙 庬 庞 龐 草

【构造】象形字。甲骨文从犬，从彡，象腹有多毛之狗形。古文简化。篆文整齐化。隶变后楷书写作尨。

【本义】《说文·犬部》：“尨，犬之多毛者也。从犬，从彡。”本义为多毛的狗。

【演变】尨，读 máng，本义指❶多毛的狗：无使～也吠。引申指❷杂色：山阴县有五六老叟，～眉皓发，自若耶山谷间出。又引申指❸杂乱：尝读《国语》，病其文胜而言～。

又读 méng，用作“尨茸”，指❹蓬松而乱的样子：狐裘～茸，一国三公，吾谁适从？

又读 páng，通“庞”，指❺高大：虎见之，～然大物也，以为神。此义后作“龐”，如今简化作庞。

○庞，从广（敞屋）从龙会意，龙也兼表声。读 páng，本义指❶高大的房屋。引申泛指❷高大：虎见之，～然大物也｜大云（山名）～然大也。又借指❸脸蛋：衣冠齐楚～儿俊｜面～。由于庞与尨的异体“庬”形近，故庞也误用作“尨”，表示❹多而杂：邑居～杂，号为难理。

○庬，本作厖，从厂（山崖）从尨会意，尨也兼表声。俗体作庬。读 máng，本义为❶石大的样子。引申泛指❷大：天锡皇帝，～臣硕辅。又指❸厚重，丰厚：从政者皆知廉耻，浮竞自止，敦～自励。又指❹杂，纷乱：推贤让能，庶官乃和；不和，政～。

【组字】尨，如今既可单用，也可作偏旁。现今归入尢部。凡从尨取义的字皆与杂色、多乱、长大等义有关。

以尨作声兼义符的字有：厖、峣、駹、牻。

以尨作声符的字有：娏。

来 lái
(來、麥、麦)

【字形】甲　金　篆　隶 来 來 草

【构造】象形字。甲骨文象一棵小麦形。金文大同。篆文整齐化。隶变后楷书写作來。如今简化作来。本义为小麦。由于小麦是从西亚一带引进的作物，后便以“來”为基础，另加义符“夂”（朝下的脚），写作“麥”（今简化作麦）表示到来之义。但在之后的应用中，“來”与“麦”的表义来了个颠倒，却用当小麦讲的“來”表示“到来”之义，而用本当到来讲的“麥”表示小麦之义了。参见麦。

【本义】《说文·來部》：“來，周所受瑞麦來麰，一來二缝。象芒朿之形。天所来也，故为行来之来。”本义为小麦。

【演变】来，本义指❶小麦：贻我～牟（麰，大麦），帝命率育。后在使用中皆用当小麦讲的“来”表示“到来”，反而用本当“到来”讲的“麥（麦）”字表示小麦了。这样“来”便表示❷到来：今我～思，雨雪霏霏｜有朋自远方～。用作使动，又表示❸招致：故远人不服，则修文德以～之。又引申泛指❹做，进行某一动作：别胡～｜他什么都能～｜我～幅画｜你～段相声｜～一壶茶。又表示❺从过去某时到现在或将来的一段时间：往者不可谏，～者犹可追｜自古以～｜别～无恙｜～日方长｜～年。虚化又表示❻趋向或意向：快进～｜拿出～｜还未醒过～。又用以表示❼约数：十～个人｜百～头猪。

【组字】来，如今既可单用，也可作偏旁。现今归入一部。凡从来取义的字皆与小麦等义有关。

以来作义符的字有：麥（麦）、赉。

以来作声兼义符的字有：徕。

以来作声符的字有：莱、崃、涞、睐、铼。

忒 tè；tuī

【字形】篆　隶　草

【构造】会意兼形声字。篆文从心从弋(拔起木橛)会意,弋也兼表声。隶变后楷书写作忒。

【本义】《说文·心部》:"忒,更也。从心,弋声。"本义为变更。

【演变】忒,读 tè,本义指❶变更:春秋匪解(懈),享祀不~。引申指❷差错:观天之神道,而四时不~。又引申指❸疑惑:淑人君子,其仪不~。

又读 tuī,宋以后,口语中用以表示❹太,过于:你却也~狡猾|你汤老爷也~孟浪了些。

【组字】忒,如今既可单用,也可作偏旁。现今仍归入心部。凡从忒取义的字皆与变更等义有关。

以忒作声符的字有:腻、铽。

㔷 lòu (陋)

【字形】篆　隶　草

【构造】会意字。篆文从匚(存放农具的棚屋)从丙(农具)会意,表示存放、藏匿农具的棚屋。隶变后楷书写作㔷。由于"㔷"作了偏旁,其义便由"陋"来表示。陋,篆文从阜(左阝,古人穴居上下的脚窝)从㔷,会古人狭窄简易的居室之意,㔷也兼表声。隶变后楷书写作陋;俗省作陋。如今规范化,以陋为正体。是"㔷"的加旁分化字。

【本义】《说文·匚部》:"㔷,侧逃也。从匚,丙声。一曰箕属。"解说不确。本义为存放、藏匿农具的棚屋。是"陋"的本字。

【演变】㔷,本义指存放、藏匿农具的棚屋。引申泛指藏匿。"㔷"只作偏旁,单用用"陋"。

○陋,读 lòu,本义指❶住处简陋狭窄:在~巷,人不堪其忧,回也不改其乐|斯是~室,唯吾德馨|因~就简。偏远之地室多简陋,故引申指❷边远偏僻之地:子欲居九夷。或曰:"~,如之何?"进而引申为❸粗鄙不雅的,不好的:奢未及侈,俭而不~|陈规~习。又泛指❹粗劣:衣裘服器,皆择其~者。又指❺丑陋:杞(人名)貌~而色如蓝,人皆鬼视之|丑~。由简陋又引申指❻知识少,无知:少见曰~|独学而无友,则孤~而寡闻。

【组字】㔷,如今不单用,只作偏旁。现今归入匚部。凡从㔷取义的字皆与简陋、藏匿等义有关。

以㔷作声兼义符的字有:陋。

𦣝 yí (頤、頥、颐)

【字形】甲　金　籀

篆　隶　草

【构造】象形字。甲骨文象竖起的宽下巴形,以三齿衬托,当是咧开嘴笑时的下巴。金文将牙变得像厚嘴唇了。篆文整齐化。隶变后楷书写作𦣝。注意:与"臣"不同。

【本义】《说文·𦣝部》:"𦣝,顩也。象形。"本义为下巴。是"頤"与"颐"的本字。参见頤。

【演变】𦣝,本义指下巴。由于"𦣝"作了偏旁,遂另加声符"巳"写作"頤"来表示。"頤"也作了偏旁,便又另加义符"頁"(头)写作"頥"来表示,如今简化作颐。

○颐,从页从𦣝会意,𦣝也兼表声。读 yí,本义指❶下巴,腮:左手据膝,右手持~以听|大快朵~|~指气使|解~。引申指❷保养:恶饮食乎陋巷兮,亦足以~神而保年|~和园。

【组字】𦣝,如今不单用,只作偏旁。现今归入匚部。凡从𦣝取义的字皆与下巴等义有关。

以𦣝作义符的字有:頤。

以𦣝作声兼义符的字有:颐。

以𦣝作声符的字有:姬、宧、茝、筐、狱。

匣 xiá (柙)

【字形】古　篆　隶 匣 柙

草

【构造】会意兼形声字。古文从匚(筐)从甲(铠甲),会能收藏东西的箱柜之意,甲也兼表声。篆文整齐化。隶变后楷书写作匣。

【本义】《说文·匚部》:"匣,匮也。从匚,甲声。"本义为能收藏东西的箱柜。

【演变】匣,本义指❶能收藏东西的箱柜,大的叫箱,小的叫匣:秦武阳奉地图~,以次进|木~|镜~|梳妆~。用作动词,指❷用匣子收藏:乃相与卷其丹书,~其瑶瑟。古代用玉片连缀

成衣裤状,套在死者身上,叫作“玉匣”,故引申指❸古时王公贵族死后装殓用物:汉帝送死,皆珠襦玉~|~形如铠甲,连以金缕。又引申指❹棺材:倘或间俺命掩黄沙,则将这衫儿半壁~盖上搭。又引申指❺兽笼或囚笼:虎兕出于~|牢房地~。此义后另加义符“木”写作“柙”来表示。

○柙,古文是牢中关有一牛形。古文象牛在牢中形。篆文改为从木甲声。读 xiá,本义指❶关野兽、牲畜的笼子:虎兕出于~,龟玉毁于椟中,是谁之过与?|禽槛豕~。引申指❷关押犯人:于是鲁君乃不杀,遂生束缚而~以予齐。

【组字】匣,如今既可单用,也可作偏旁。现今仍归入匚部。凡从匣取义的字皆与箱柜等义有关。

以匣作声兼义符的字有:柙。

医 yī;yì (翳、醫、毉)

【字形】甲　金　篆　隶 医 翳 醫 毉 草

【构造】会意兼形声字。甲骨文从匚从矢,象在简易库房藏有矢箭之状,矢也兼表声。金文改为从匚(筐),成了盛弓矢的器具。篆文整齐化。隶变后楷书写作医。如今又作了醫、毉的简化字。

【本义】《说文·匚部》:“医,盛弓弩矢器也。从匚、矢,矢亦声。”本义为盛弓矢的器具。《说文·酉部》:“醫,治病工也。从殹,恶姿也,醫之性然,得酒而使。从酉,酒所以治病也。《周礼》有醫酒。古者巫彭初作醫。”本义为医生,即掌握医药、卫生知识,进行疾病防治工作的专业人员。

【演变】医,读 yì,本义为❶盛弓矢的器具:兵不解~。

又读 yī,作为“醫、毉”的简化字,本从殹(表示箭伤),从酉(即酒)或从巫会意,古代医巫不分家,治病要用酒,表示巫医用酒调治箭伤,殹也兼表声。如今简化皆作“医”。本义为❷医生:是时侍~夏无且以其所奉药囊提荆轲|~师|中~。用作动词,指❸治疗:~病|~治。又引申指❹医术,医学:学~|~理。由盛放弓矢,又通“翳(yì)”,引申指❺掩蔽:~曰诡,诡曰易;易(见)功而赏,见罪而罚,而诡乃止。由于“医”作了偏旁,此义后来遂用“翳”来表示。

○翳,从羽从殹会意,殹也兼表声。读 yì,本义指❶用羽毛制成的车盖:戎车,驾四马,天子亲戎所乘者;载金鼓、羽旗、幢~。引申泛指❷遮蔽:阜隘狭而幽险兮,石嵾嵯以~日。又特指❸眼角膜上长的障蔽视线的膜:白~。

【组字】医,如今既可单用,也可作偏旁。现今仍归入匚部。凡从医取义的字皆与弓矢、隐蔽等义有关。

以医作声兼义符的字有:殹。

扶 fú

【字形】甲　金　篆　隶 扶 草

【构造】会意兼形声字。甲骨文从两人,会右边的人搀扶左边的人之意。金文左边人的换成夫(亦人),右边的人只留下一手,以突出搀扶之意,夫也兼表声。篆文承金文,左右调换并整齐化。隶变后楷书写作扶。

【本义】《说文·手部》:“扶,左(助)也。从手,夫声。”所释为引申义。本义当为搀扶。

【演变】扶,本义指❶搀扶:民扶老携幼,迎君道中。引申指❷扶持:蓬生麻中,不~而直|~犁。进而引申指❸帮助:若~梁伐赵,以害赵国,则寡人不忍也|救死~伤|~贫|~助。对被搀扶的人来说,就是有了依靠,故又引申指❹拄着,持着:~杖而往听之|眼前只有~床孙|~着栏杆|~着墙站起来。

【组字】扶,如今既可单用,也可作偏旁。现今仍归入手部。

以扶作声符的字有:芙。

抚 fǔ (撫)

【字形】篆　今篆　隶 抚 撫 草

【构造】形声兼会意字。篆文从手,無声,無也兼表似有似无之意。隶变后楷书写作撫。如今简化作抚。

【本义】《说文·手部》："撫，安也。从手，無声。"本义为轻轻地抚摩。

【演变】抚，本义指❶轻轻地抚摩：景翳翳以将入，～孤松而盘桓｜客跪～席而辞｜微风轻～着我。安慰人时常抚摩，故引申指❷安抚，安慰：汉王之出关至陕，～关外父老｜～慰｜～恤｜巡～。由安抚又引申指❸扶持，保护：感子～我厚，欲言只惭羞。由抚摩又引申指❹轻击，拍：以手～膺（胸）坐长叹。又进而引申指❺弹奏：因静坐～琴而写（抒发）之。

技 jì

【字形】篆  隶  草 

【构造】会意兼形声字。篆文从手从支（手持竹），盖会编织技术之意，支也兼表声。隶变后楷书写作技。

【本义】《说文·手部》："技，巧也。从手，支声。"本义为技巧，技能。

【演变】技，本义指❶技巧，技能：人之有～，若己有之｜余亟叹其～之巧妙｜黔驴～穷｜一～之长｜巧～｜绝～｜杂～｜口～。又指❷有才艺的人：边陇才童，邯郸妙～｜歌～｜舞～。

【组字】技，如今既可单用，也可作偏旁。现今仍归入手部。

以技作声符的字有：庋。

扰 rǎo；yòu（擾）

【字形】金  古  篆  今篆 

隶 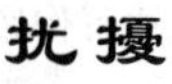 草 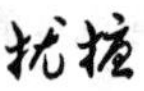

【构造】会意兼形声字。金文从夒（猴类动物，好动），会像猴样劳烦不宁之意，卣声。古文改为从手，尤声。篆文承金文，改为从手从夒会意，夒也兼表声。隶变后楷书写作擾，改为从憂，也与猴有关。如今简化借古文"扰"来表示。扰，本读 yòu，从手，尤声，本义为福。用为擾的简化字，遂读 rǎo。

【本义】《说文·手部》："擾，烦也。从手，夒声。"本义为劳烦不宁。

【演变】扰，作为本字，读 yòu，本义为❶福，或动。

又读 rǎo，作为"擾"的简化字，本义指❷劳烦不宁：（王）莽性躁～，不能无为｜耕之为事也劳，织之为事也～；～劳之事，而民不舍者，知其可以衣食也。引申指❸侵扰，扰乱：当农桑时，以役事～民者，举正以闻｜庸人自～｜干～｜纷～｜搅～｜惊～｜骚～｜袭～｜窜～。又表示客气，指❹叨扰：母亲谢了～要回家去｜打～了。

找 zhǎo（划）

【字形】古  今篆  隶  草 

【构造】会意兼形声字。"找"本是"划"的异体字。划，从刀从戈（似戈）会意，戈也兼表声。读 guò，本义指镰，表示割。又读 huá，表示拨船前进。后俗承古文，改从刀为从手作找，读 zhǎo，大概拨水使船前进的动作与寻找东西有相似之处，后遂用以表示寻找。参见划。

【本义】《集韵·麻韵》："舟进竿谓之划。或从手。"《字汇·手部》："找，与划同。"本义为拨水使船前进。

【演变】找，本义指❶寻取，寻觅：这可丢了！往哪里～去？｜～麻烦｜～人｜寻～。由找回引申指❷退有余，补不足：您还没有～我钱呢｜等不够了，我再～给你一部分｜刚说完，又～补了两句。

拒 jù（歫）

【字形】篆  今篆  隶 

草 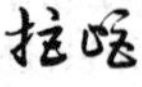

【构造】会意兼形声字。篆文从止从巨（手持杵击捣）会意，巨也兼表声。隶变后楷写作歫。俗作拒，改为从手，如今规范化为正体。

【本义】《说文·止部》："歫，止也。从止，巨声。"《广韵·语韵》："拒，捍也。"本义为抵抗，抵挡。

【演变】拒，本义指❶抵抗：内以固城，外以～难（战乱）｜抗～｜～敌｜～捕。词义弱化，引申指❷抵制，拒绝，不接受：来者不～｜～谏饰非｜～

命不遵|~贿。又引申指❸抵,到:北~并、汾,东至淮海。

批pī
(𢱧)

【字形】篆 今篆 隶 批 草

【构造】会意兼形声字。篆文从手从𣬉(比并)会意,𣬉也兼表声。隶变后楷书写作𢱧。异体作批,改为从比,比也兼表声。如今规范化作批。

【本义】《说文·手部》:"𢱧,反手击也。从手,𣬉声。"《集韵·齐韵》:"𢱧,《说文》:'手击也。'或作批。"本义为反手相击。

【演变】批,本义指❶用手掌击:心磨遽前,以手~其颊|~头~脸。引申指❷斜劈,削:~大郤(隙),导大窾。又引申泛指❸打击:~亢(喉咙)捣虚。后又引申指❹评判:评论先代是非,~判未了公案|~评|~改。进而引申指❺批示:制敕有不可,遂于黄敕后~之|~阅|~点|~复|~准。用作名词,指❻批语:眉~。用作量词,表示❼人或事物的数量:一~人|大~货物。

扯chě
(𢶍、撦)

【字形】篆 今篆 隶 扯 撦

草

【构造】会意兼形声字。篆文从手从𤺥(筋脉相引)省,会牵拉之意,𤺥也兼表声。隶变后楷书作𢶍。俗作撦或扯,改为从手从奢(张大)或从止会意,奢、止也兼表声。如今规范化,以扯为正体。

【本义】《说文·手部》:"𢶍,引纵曰𢶍。从手,𤺥省声。"《玉篇·手部》:"撦,开也。"《正字通·手部》:"扯,俗撦字。"本义为撕裂,撕开。

【演变】扯,本义指❶撕裂,撕开:把一封寄来书都~做纸条儿|~两丈布。引申指❷牵,拉:休把我衣服~住,情知咱冰炭不同炉|~着衣袖不放|拉拉~~|~直了。又引申指❸漫无主题的谈话:东拉西~|瞎~|闲~|~谎|~白|~远了|~淡|~谈。

抄chāo
(鈔、钞)

【字形】篆 今篆 隶 抄 钞 鈔

草

【构造】会意兼形声字。篆文本从金从少(沙粒),会以锹取沙之意,少也兼表声。隶变后楷书写作鈔。俗作抄,改为从手。如今规范化,鈔简化作钞,与抄在表义上进行了分工。

【本义】《说文·金部》:"鈔,叉取也。从金,少声。"《集韵·爻韵》:"鈔,《说文》:'叉取也。'或作抄。"本义为叉取。

【演变】抄,由本义叉取,引申指❶掠夺:时匈奴数~郡界,边境苦之|~掠|~夺。又引申指❷查抄,没收:凶身俱以身死,将家私~扎入官|~家|~身|~获。又引申指❸选录、誊写文字:余少好~书|~稿子|每字~两遍。又进而引申指❹把别人的文章照写下来作为自己的:不能自出心裁,每多~袭|~作业。又引申指❺用勺子或手掌合拢取物:我,我,我,一匙都~遍。又引申指❻两手交叉在胸前或背后:他~着手,一个人在大路中间荡来荡去。由抄取又引申指❼从侧面绕过去或从近路过去:出塞~击鲜卑,大斩获而还|~这条胡同走很近。

○钞,读chāo,其所表示的叉取、掠夺、誊写、抄袭等义后来都由"抄"来表示;但用作书名,一般还用"钞",表示❶誊写:《北堂书~》|《烈士诗~》。又特指❷宋代官府发给商人的一种单据。后遂引申指❸纸币:~引|交~|宝~|~票|运~车。

【组字】抄,如今既可单用,也可作偏旁。现今仍归入手部。凡从抄取义的字皆与叉取等义有关。

以抄作声符的字有:涉。

折zhé;shé;zhē
(斲、摺、𧜟)

【字形】甲 金 籀 篆

今篆 隶 折 摺 𧜟 草

【构造】会意字。甲骨文从斤(斧),从断木,会用斤砍断树木之意;异体改为断草。金文大同。籀文断草间加两横,以突出截断之意。篆文承接金文并整齐化。由于断草上下叠放之形与篆文𠂇(手)形近,故又讹为手。隶变后楷书皆写作折。如今又借用以表示“摺”的主要含义。

【本义】《说文·艸部》:“斮,断也。从斤断草。篆文斮,从手。”本义为折断。

【演变】折,读 zhé,本义指❶折断:无~我树杞|兔走触株,~颈而死|骨~。用于抽象意义,指❷损失:损兵~将。由折断又引申指❸判断,裁决:片言可以~狱者,其由(人名)也与!又引申指❹挫败:若使无人~狂虏,东南哪个是男儿?|挫~。又引申指❺早死:古人谁不死,何必较考~|夭~。由折断又引申指❻弯曲:潭西南而望,斗~蛇行|曲~。进而引申指❼使心服:一人挺身而出,愿往~服之。由弯曲又引申指❽拐弯,回转:骊山北构而西~|~冲(一种战车)尊俎之间。由弯折长物引申指❾折合,抵作:~价|~罪。又引申指❿折扣:七~|不~不扣。又用作“摺”,从手習声,本为败坏,引申指⓫折叠,可折叠之物:~尺|~扇|存~|奏~。物折则成段,又引申指⓬杂剧剧本结构中的一个段落:每一长~,例用十曲,短~例用八曲。

又读 shé,口语单用,指⓭折断,损失:桌子腿~了|这趟买卖~了不少本。

又读 zhē,口语由折转引申指⓮翻转:~跟头|~腾。进而引申指⓯把热汤水倒来倒去使凉:粥太热,用碗~一~再喝。

与“摺”义近的还有个“褶”。

○褶,从衣从習会意,習也兼表声。读 dié,本义为❶夹衣:君~衣~衾。

又读 zhě,专用以表示❷衣裙的褶皱,脸上的皱纹:百~裙|脸上没有皱~。

又读 xí,用作“褶子”,指❸古代的一种便服。后常指传统戏装中的一种便服:(宋江)看罢,拽起~子前襟,摸出招文袋|戏子吃了饭,一个个装扮起来,都是簇新的包头,极新鲜的~子。

【组字】折,如今既可单用,也可作偏旁。现今归入手部。凡从折取义的字皆与决断、折曲等义有关。

以折作声兼义符的字有:浙、哳、哲、踅、誓。

以折作声符的字有:逝、蜇、狾。

扮 bàn;fěn

【字形】篆 隶 草

【构造】形声兼会意字。篆文从手,分声,分也兼表分别修饰之意。隶变后楷书写作扮。

【本义】《说文·手部》:“扮,握也。从手,分声。”本义为握持。《广韵·裥韵》:“扮,打扮。”又指装饰,打扮。

【演变】扮,读 fěn,本义指❶握持。

又读 bàn,俗借以表示❷装饰,打扮:我打~着等他。引申指❸扮演,装扮:净~赛卢医上|女~男装|~成个教书先生。

【组字】扮,如今既可单用,也可作偏旁。现今仍归入手部。凡从扮取义的字皆与握持等义有关。

以扮作声兼义符的字有:挐。

抢 qiǎng;qiāng (搶)

【字形】古 今篆 隶 草

【构造】形声兼会意字。古文从手,倉(槍省)声,倉(槍省)也兼表撞击之意。隶变后楷书写作搶。如今简化作抢。

【本义】《广韵·阳韵》:“抢,突也。”本义为迅速地撞碰。

【演变】抢,读 qiāng,本义指❶迅速地撞碰:布衣之怒,亦免冠徒跣以头~地尔。由迎头冲撞,引申指❷反着,顶着:艇子~风|当面~白。

又读 qiǎng,元明以后引申指❸抢夺:他平白地把我女儿强~将去|~球|~东西。又引申指❹争先:月声也就不再~着办了|~先一步|~占。又引申指❺赶紧:~收|~救|~险|~修。又引申指❻强力刮去表面一层:~掉一层皮|磨剪子~菜刀。

抖 dǒu

【字形】古 今篆 隶 草

【构造】会意兼形声字。古文从手从斗(振起)会意,斗也兼表声。隶变后楷书写作抖。

【本义】《玉篇·手部》:“抖,抖擻,起物也。”本义为振动,甩开。

【演变】抖,本义指❶振动,甩开:长老遂将袈裟~开,披在身上|把身上的土拍了拍,~了~。引申指❷颤动,哆嗦:冻得他浑身乱~|冷得发~|颤~。由振动又引申指❸得势来神:~威风|赚了俩臭钱,就~起来了。又引申指❹揭露:把你做的丑事全~出来。用于“抖擻”,指❺抖动,振作,颤抖:把床单~擻~擻|我劝天公重~擻,不拘一格降人才|精神~擻|遍体上寒毛~擻。

护 hù (護)

【字形】古 篆 今篆 隶 护 護 草

【构造】形声兼会意字。古文从手,蒦声,蒦(手持猫头鹰)也兼表监视之意。篆文改为从言。隶变后楷书写作護。如今承古文简化作护,改为从手户声,成了用手保护了。

【本义】《说文·言部》:“護,救视也。从言,蒦声。”本义为救助看顾,监视,监督。

【演变】护,本义指❶监视,监督:有白马将出~其兵,李广上马与十余骑奔射杀胡白马将。引申指❷卫护,救助:高祖为布衣时,(萧)何数以吏事~高祖|保~|爱~|看~|~卫。又引申指❸袒护,包庇:~短|~着自家孩子。

把 bǎ;bà

【字形】篆 隶 把 草

【构造】会意兼形声字。篆文从手从巴(蛇),会像蛇缠绕一样握持之意,巴也兼表声。隶变后楷书写作把。

【本义】《说文·手部》:“把,握也。从手,巴声。”本义为握持。

【演变】把,读 bǎ,本义指❶握持:因左手~秦王之袖,而右手持匕首揕(zhèn)之|手~文书口称敕|~舵|~握。引申指❷控制:后世谁将~齐国?|~持。又引申指❸把守:竹林行尽到松关,分付双松为~门|分帅~河隍。又引申指❹结拜,结盟:二掌柜的跟她娘家兄弟拜过~|~兄弟。又指❺扎束成的捆子:多捆几个草~。由握持又引申指❻一手所握的粗细:拱~之木不可以为梁。又用作量词,表示❼与握持有关的量:一~刀|一大~年纪|一~米|两~扇子|拉他一~|出~力。又表示❽约数:来了百~人。又虚化为介词,引出受事者,表示❾处置:应是天仙狂醉,乱~白云揉碎|~车开来|别~她惹恼了|~茶壶打碎了。

又读 bà,用作名词,表示❿物体上便于手拿的部分,即柄:金作扫帚玉作~|花~儿|刀~。

【组字】把,如今既可单用,也可作偏旁。现今仍归入手部。凡从把取义的字皆与手抓持的动作等义有关。

以把作声兼义符的字有:耙。

报 bào;fù (報)

【字形】甲 金 篆 隶 报 報 草

【构造】会意字。甲骨文和金文左边是一个刑具,右边是一只手抓住一个人给其加上刑具之状,会治人之罪的意思。篆文整齐化。隶变后楷书写作報。如今简化作报。

【本义】《说文·𡴘部》:“報,当罪人也。从𡴘,从𠬝。𠬝,服罪也。”本义为按律判决罪人。

【演变】报,读 bào,本义指❶按律判决罪人:以为直于君而曲于父,~而罪(治罪)之。判决罪人需要上报,故引申指❷报告:庙成,还~孟尝君。由报告又引申指❸回复,回答:求人可使~秦者,未得|~信|回~。由回报又引申指❹回信:阙然久不~,幸勿为过。由根据恶行定罪,又引申指❺报应:为善者天~之以福,为不善者天~之以祸|善有善~,恶有恶~;不是不~,时候未到。又进而引申指❻回报:投我以木瓜,~之以琼琚。又引申指❼报恩或报仇:无怨无德,不知所~|无德不~。汉唐时地方长官在京师设邸,邸中传抄诏令奏章等报告给地方,故又引申指❽邸报:朝命已下,京~适才到了。由此引申,即为现在的❾报纸:日~|晚~|学~。如今又扩大泛指❿传达消息和言论的信号、文件:电~|情~|通~|警~。

又读 fù，古通“赴”，表示⑪速往：吾今且~府。

【组字】报，如今既可单用，也可作偏旁。现今報归入土部，报则归入扌部。凡从报取义的字皆与定罪等义有关。

以报作声符的字有：蕔。

连 lián（連）

【字形】金 籀 篆 隶 连 連 草

【构造】会意字。金文和籀文皆从辵（走路）从車，会人车相连之意。篆文整齐化。隶变后楷书写作連。如今简化作连。

【本义】《说文·辵部》：“連，员连也。从辵，从車。”本义为战斗人员与战车相随。

【演变】连，由本义人车相连，用为名词，也指❶人拉的车，即辇：行服~轺辇。引车而行则前后相连，故引申指❷连接：天水相~｜~年｜~忙｜~夜｜~词。又引申指❸连续不断：烽火~三月，家书抵万金。又引申指❹连带，连同：~说带笑｜~根拔起。又引申指❺牵连：~累。又引申指❻缝补：缝缝~~还能穿。又引申指❼连队：~长｜~级干部。虚化为介词，表示❽引出强调对象：~大人也看不懂。

【组字】连，如今既可单用，也可作偏旁。现今仍归入辵部。凡从连取义的字皆与连接等义有关。

以连作声兼义符的字有：涟、裢、链。

以连作声符的字有：莲、琏、鲢。

坒 bì（陛）

【字形】金 篆 隶 坒 陛 草

【构造】会意兼形声字。金文从𩫏（郭），象穴居地宫（口）两头有台阶旁出、台阶上并有覆盖物之形，从比，表并列，会台阶相比连之意，比也兼表声。篆文将郭简化为土，其义不变。隶变后楷书写作坒。由于“坒”作了偏旁，台阶之义便另加义符“阝”，写作“陛”来表示。

【本义】《说文·土部》：“坒，地相次比也。从土，比声。”解说不准确。本义为台阶相次比连。

【演变】坒，本义指❶台阶相次比连。引申泛指❷相连接：士女伫眙，商贾骈~。用作名词，也指❸台阶。

〇陛，从阝（阜）从坒会意，坒也兼表声。读 bì，本义为❶台阶：~九级上，廉（房屋边）远地，则堂高。又特指❷帝王宫殿的台阶：秦武阳奉地图匣以次进至~。古代天子近臣执兵陈于陛侧，以戒不虞，群臣与天子言，不敢直呼天子，因呼在陛下者而告之，故用作“陛下”，遂成为❸天子的尊称：今~下兴义兵诛残贼，平定天下。

【组字】坒，如今不单用，只作偏旁。现今仍归入土部。凡从坒取义的字皆与台阶等义有关。

以坒作声兼义符的字有：陛。

以坒作声符的字有：狴、梐。

求 qiú（裘）

【字形】甲 金 古 篆 隶 求 裘 草

【构造】会意兼形声字。甲骨文象毛朝外的皮袄形。金文一形将裘简化并上加一又（手），成了手提皮裘形，又也兼表声，即求字；因其形不显，二形又在外另加义符衣，以突出皮衣之义，成为从衣从求会意，求也兼表声。古文与金文一形大同。篆文整齐化。隶变后楷书分别写作求与裘，表义有分工。参见裘。

【本义】《说文·裘部》：“裘，皮衣也。象形。求，古文省衣。”本义为皮衣。或以为本义为“蛷”，即蛷螋，俗称蓑衣虫。考之从求的字，除“蛷”外，没有与“蛷”含义相关的。以一个通假字作为本义，不当。

【演变】求，古与“裘”同义，皆读 qiú，本义指❶兽皮，皮衣。兽皮能为皮衣，是人所寻求，故又引申为❷寻求。

为了分化字义，后来专用“裘”表示皮衣，而专用“求”来表示寻求。

〇求，专用以表示❶寻求，求取：犹缘木而~鱼也｜~同存异｜虎~百兽而食之，得狐。并进而引申为❷追求：君子食无~饱，居无~安｜~全责备｜精益~精。又引申为❸请求：赵氏~救于齐。所求取的一定是需要的，故又引申为❹需求：供不应~｜供~平衡。由寻求到，又引申为❺招引，感应：同声相应，同气相～。

〇裘，专用以表示❶皮衣：彼都人士，狐～黄黄｜父母岁有～葛之遗｜集腋成～。又泛指❷经过鞣制可用以制作服装的羊、兔、狐、貂等动物带毛的皮：多马牛羊、旃～｜～皮大衣。又指代❸少数民族：驱驰毡～之长，宁不哀哉！用作动词，又指❹穿上皮衣：夏葛而冬～｜一出门，～马过世家焉｜～马轻肥。也用作"求"，表示❺寻求：舟人之子，熊罴是～。

【组字】裘、求，如今既可单用，也可作偏旁。现今裘归入衣部，求归入水部。凡从裘、求取义的字皆与皮衣等义有关。

以裘作义符的字有：䰂。

以求作声兼义符的字有：裘。

以求作声符的字有：俅、逑、球、赇、救。

忐 tǎn；kěng （忑）

【字形】古  今篆  隶  草 

【构造】会意字。古文从心从上，用心上下急跳会心神不定之意。隶变后楷书写作忐。

【本义】后起字。《五音集韵·感韵》："忐忑，心虚也，怯也，惧也。"用作联绵词"忐忑（tè）"，本义为心神不定，胆怯。

【演变】忐，读 tǎn，用作联绵词"忐忑"，本义指❶心神不定：八戒闻言，心中～忑｜我从来驳驳劣劣，世不曾忑忑～～｜～忑不定。

又读 kěng，用作"忐忑（dǎo）"，表示❷诚恳之意：心心～忑。

步 bù

【字形】甲  金  篆  隶  草 

【构造】会意字。甲骨文从行（街道），从一前一后的左右两只脚（止），会行进之意；二形省去街道，只留下两脚。金文承接甲骨文简形并将脚印填实。篆文承接甲骨文简形并加以整齐化。隶变后楷书写作步。注意：右下没有一点。

【本义】《说文·步部》："步，行也。从止、㞢相背。"析形不确。本义为步行。

【演变】步，本义指❶迈步，步行，行走：夫子～亦～，夫子趋亦趋｜～人后尘｜健～如飞｜～兵。古代又指❷左右足各迈一次：弃甲曳兵而走，或百～而后止，或五十～而后止，以五十～笑百～，则何如？如今则指❸行走时两脚之间的距离（相当于古代的"跬"）：稳～前进｜～伐整齐｜大～流星｜退一～进两～。用作动词，指❹用脚步量地面：～一～这间教室有多长。由此旧制用作❺长度单位：大门与马路相距八～（一步为五尺）。又引申指❻事情进行的程序、阶段：～骤。又引申指❼所处的境地、地步：国～艰难｜不听劝告终于落到这一～。

【组字】步，如今既可单用，也可作偏旁。现今归入止部。凡从步取义的字皆与行走、行动等义有关。

以步作义符的字有：陟、涉、歲（岁）。

以步作声符的字有：埗、玻。

歺 cán （歺、殘、残）

【字形】甲  金  篆 

隶 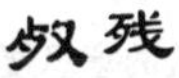 草 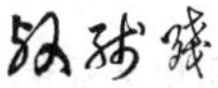

【构造】会意字。甲骨文和金文皆从歺（即歹，枯骨）从又（手），会以手钻凿卜骨之意。篆文整齐化。隶变后楷书写作歺。作偏旁时也写作歺。

【本义】《说文·歺部》："歺，残穿也。从又，从歺。"本义为钻凿卜骨。

【演变】歺，由本义钻凿卜骨，引申泛指❶穿凿。又引申指❷残败。当是"残"的初文。

由于歺作了偏旁，残穿之义便另造了"残"字来表示。

〇残，从歺从戋（贼伤）会意，戋也兼表声，如今简化作"残"，读 cán，本义指❶伤害：项王所过无不～灭者｜骨肉相～｜摧～。进而引申为❷凶恶，残忍：汉将辞家破～贼｜～酷无情｜～暴无道。由伤害引申指❸残缺，不完整：抱～守缺｜断简～编｜～废。进而引申指❹残余：苟延～喘｜～渣余孽｜～杯冷炙｜收拾～局。

【组字】歺，如今不单用，只作偏旁。现今归入歹部。凡从歺取义的字皆与残穿等义有关。

以歺作义符的字有：叡、壑。

以歺作声符的字有：粲、叡、餐。

卤 lǔ
（鹵、鹽、盐、滷）

【字形】甲 金 篆

隶 鹵 滷 草

【构造】会意兼指事字。甲骨文上从西（竹筐），下为容器，中加四点，表示盐卤汁下滴，会正在淋盐之意。古代制盐，用竹器漉汁熬炼而成，故从西。金文省去下边容器，将盐滴移到筐里。篆文整齐化。隶变后楷书写作鹵。如今简化作卤。

【本义】《说文·鹵部》："鹵，西方碱地也。从西省，象盐形。"所释为引申义。本义当为盐卤。

【演变】卤，由本义盐卤，引申指❶盐碱地：舄~之地|穿洛以溉重泉以东万余顷故~地。又引申指❷碱地所生的盐粒：山东食海盐，山西食盐~。由盐卤又引申指❸浓汁：打~面。又指❹用盐水等浓汁制作食品：~肉|~鸡。又特指❺卤素：~族。

卤为引申义所专用，盐的意思便另加声符"監"写作"鹽"来表示。如今简化作盐。盐汁之义则另加义符"氵"写作"滷"来表示。

○滷，读lǔ，本义为❶盐碱地：海滨广~。又指❷咸水：盖巫咸乃浊水，入~中。如今简化仍用卤。参见盐。

【组字】卤，如今既可单用，也可作偏旁。现今仍设卤部。凡从卤取义的字皆与盐卤等义有关。

以卤作义符的字有：鹽（盐）、鹹、鹶、鹷、鹸、鹼、鹹（咸）、鹾、鹺、鹻、鹼（碱）。

以卤作声兼义符的字有：滷。

以卤作声符的字有：樐。

卣 yǒu

【字形】甲 金 古 篆 今篆

隶 卣 草

【构造】象形字。甲骨文象古代一种盛酒的器皿。一般为椭圆形，深腹，敛口圈足，有盖和提梁，青铜制，用来盛放祭祀用的香酒。金文和古文大同，内加之画象征内盛用郁金草酿制的香酒。篆文稍讹，或省去底座。隶变后楷书写作卣。现今归入卜部。注意：由于在甲骨文里"卣"与"栗"（）树的果实形近，《说文》误把"卣"的篆文"卤"当成了"栗"（）树上的果实了，故《说文》无"卣"字而有"卤"，这样"卣""卤"就共用同一个的篆文了。参见卤、栗。

【本义】《尔雅·释器》："卣，器也。"本义为古代一种盛酒器。

【演变】卣，本义为❶古代的一种盛酒器：~，中尊也。用作量词，用于❷鬯酒：用赉尔秬鬯一~|乃命宁予以秬鬯二~。

坚 jiān
（堅）

【字形】金 古 篆 隶 坚 堅 草

【构造】会意兼形声字。金文和古文从土从臤（打紧，牢固），会土坚硬之意，臤也兼表声。篆文整齐化。隶变后楷书写作堅。如今简化作坚。

【本义】《说文·土部》："堅，刚也。从臤，从土。"本义为坚硬。

【演变】坚，本义指❶坚硬，牢固：履霜~冰至|誉其盾之~，物莫能陷也|~不可破|~甲利兵|~固。用于抽象意义，又指❷强硬，坚强，坚定，不动摇：故小敌之~，大敌之擒也|穷且益~|~强|~持|~决|~守。又引申指❸艰深，深奥：仰之弥高，钻之弥~。

【组字】坚，如今既可单用，也可作偏旁。现今仍归入土部。凡从坚取义的字皆与坚硬等义有关。

以坚作声兼义符的字有：铿、硻。

以坚作声符的字有：慳、鲣、掔、猑、悭、樫、鰹。

肖 xiāo；xiào

【字形】金 盟书 篆 隶 肖 草

【构造】会意兼形声字。金文从肉从小会意，表示小孩体貌像父母，或表示细小肉丁之意，小也兼表声。盟书大同。篆文整齐化。隶变后楷书写作肖。

【本义】《说文・肉部》："肖，骨肉相似也。从肉，小声。不似其先故曰不肖也。"本义为相似，或指细小，细微。

【演变】肖，读 xiāo，因从"小"取义，故表示❶细小，细微：达生之情者傀（大），达于知（智）者～。

又读 xiào，由孩子体貌像父母，引申指❷相似：乃审厥像，俾以形旁（广泛）求天下；（傅）说（人名）筑傅岩之野，惟～｜维妙维～。又引申指❸仿效：以牛角作曲管，～鹑声吹之。❹用作"不肖"，指子不如父，或不孝：丹朱之不～，舜之子亦不～｜不～子孙。引申泛指❺不才，不正派：不明主在上，所举必不～。

【组字】肖，如今既可单用，也可作偏旁。现今仍归入月（肉）部。凡从肖取义的字皆与细微、细小等义有关。

以肖作声兼义符的字有：削、峭、消、梢、销、稍。

以肖作声符的字有：俏、诮、捎、悄、哨、宵、逍、绡、蛸、硝、筲、艄、趙（赵）、霄、鞘、魈。

贞 suǒ
（貞、瑣、琐、鎖、锁）

【字形】篆　隶 琐 瑣 锁 鎖　草

【构造】会意字。篆文从小从貝，许多小贝放在一块摩擦很容易发出细碎的声音，用以会贝壳相碰的声音之意。隶变后楷书写作貞。如今简化作贞。

【本义】《说文・貝部》："貞，貝声也。从小、貝。"本义为贝壳相碰的声音。

【演变】贞，本义指贝壳相碰的声音，也指小贝。由于"贞"作了偏旁，其义便另加义符"玉"写作"琐"来表示，成了连环玉佩相碰发出的声音了。

○瑣，从玉从貞会意，貞也兼表声。如今简化作琐。读 suǒ，本义指❶细碎的玉声：玉珂声～～。引申泛指❷细碎，细小：每苦其辞艰～｜～碎｜～屑｜～事｜烦～。由玉佩连环又引申指❸门窗上刻画的连环形的细碎花纹：～窗｜青～。又引申泛指❹连环，锁链：力绝羁～。此义后写另作"锁"。

○锁，从金从貞会意，貞也兼表声。隶变后楷书写作鎖。如今简化作锁。读 suǒ，本义指❶门锁：庐老独启青铜～｜撞～。用作动词，指❷用锁锁住：夜深宫殿门不～｜～上箱子。又引申指❸金属链子：铁～长三丈｜～链。又引申指❹一种缝纫方法：～扣眼｜～边机。

【组字】贞，如今不单用，只作偏旁。现今仍归入贝部。凡从贞取义的字皆与声音、细碎、连环套住等义有关。

以贞作声兼义符的字有：唢、琐、锁。

旱 hàn

【字形】篆　隶 旱　草

【构造】形声兼会意字。篆文从日从干（盾牌，表抵挡），用太阳难抵挡，会久晴不雨之意，干也兼表声。隶变后楷书写作旱。

【本义】《说文・日部》："旱，不雨也。从日，干声。"本义为久晴不雨。

【演变】旱，本义指❶久晴不雨，干旱：春秋不变，水～不知｜～涝保收。由无水引申指❷陆地：今夫市井裨贩之人犹知～则资车，水则资舟。特指❸陆地交通：过了扬子江，到徐州起～。又引申指❹跟水无关的，非水中的：～伞｜～船。

【组字】旱，如今既可单用，也可作偏旁。现今仍归入日部。凡从旱取义的字皆与热而难以抵挡等义有关。

以旱作声兼义符的字有：悍、捍、焊。

以旱作声符的字有：桿（杆）、稈（秆）、趕（赶）。

㘿 niè
（埕、涅）

【字形】金　篆　隶 㘿 涅 埕　草

【构造】形声兼会意字。金文从土，日声，日也象征缝孔中透出日光，意谓以土塞缝。篆文偏旁大同并整齐化。隶变后楷书写作㘿。

【本义】《玉篇・土部》："㘿，与埕同。"《广韵・屑韵》："埕，塞也。"本义为以土塞缝。

【演变】㘿，本义指以土塞缝。由于"㘿"作了偏旁，其义便另加义符"土"写作"埕"来表示。

如今㞢、埕皆已不单用,其义由“涅”来表示。

〇涅,从氵从㞢会意,㞢也兼表声。读niè,本义指❶水中黑泥,即可作黑色颜料的矾石:白沙在~,与之俱黑。引申泛指❷黑色,染黑:不曰白乎,~而不缁。用作“㞢、埕”,又表示❸堵塞。

【组字】㞢,如今不单用,只作偏旁。现今仍归入土部。凡从㞢取义的字皆与堵塞、黑色等义有关。

以㞢作声兼义符的字有:埕、涅。

以㞢作声符的字有:捏、陧。

晏 yàn

【字形】甲 金 古 篆 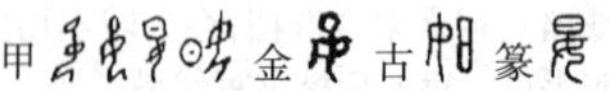

隶 晏 草 

【构造】象形兼会意字。甲骨文象女闭目形,表示闭目养神清闲之意;二形目讹为圆形;三形进而讹为日,成了安闲晒太阳了;四形日又移到旁边。金文承甲骨文二形。古文承甲骨文四形并左右调换。篆文承甲骨文三形并整齐化,成为从女从日,会安闲、安息之意。隶变后楷书写作晏。

【本义】《说文·女部》:“晏,安也。从女,从日。”本义为安闲、安息。

【演变】晏,本义指❶安息,安闲,使安:《诗》曰:“以~父母。”因其从“日”取义,故又指❷日出清明。

由于晏只作偏旁,其义遂另加义符写作“宴”“晏”来表示。参见宴、晏。

【组字】晏,如今不单用,只作偏旁。现今归入日部。凡从晏取义的字皆与安息、安闲等义有关。

以晏作声兼义符的字有:匽、宴。

㫗 hòu
(厚、垕)

【字形】甲 金 古 篆 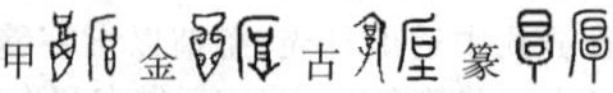

隶 㫗 厚 垕 草 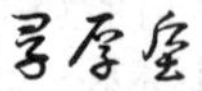

【构造】象形字。㫗与覃同源。甲骨文一形象一个巨口狭颈大腹的酒坛子形,只是上边比“覃”形少了个盖,表示浓烈的酒香正在冒出来。金文一形承甲骨文一形稍讹。篆文一形承甲骨文一形。隶变后楷书写作㫗。

【本义】《说文·㫗部》:“㫗,厚也。从反亯。”析形不确。本义当为酒味浓厚。有的根据“从反亯”,将㫗解释为帝王陵寝,从上列甲骨文看,没有这方面的蛛丝马迹。

【演变】㫗,本义指酒味浓厚,引申泛指厚。由于㫗作了偏旁,酒味浓厚之义便借“厚”来表示。

〇厚,从厂(山岩)从㫗会意,㫗也兼表声。古文作“垕”,从土后声(注意与“垢”不同),今仅用作姓。本义指山陵高厚,引申泛指❶物体上下面的距离大:不临深溪,不知地之~也|~棉衣。用作名词,指❷厚度:彼节者有间而刀刃者无~。由物体厚又引申指❸数量、质量、重量的多、重、大:德行者,兵之~积也|赏~而信,刑重而必|高官~禄|深情~谊|无可~非|寄托~望|~礼|丰~|富~。因其从“㫗”取义,故又指❹味浓:酒味醇~。又引申指❺忠厚:周勃重~少文,然安刘氏者必勃也,可令为太尉|~道。用作动词,指❻重视:伏清白以死直兮,固前圣之所~|~古薄今|~此薄彼。

【组字】㫗,如今不单用,只作偏旁。现今归入日部。凡从㫗取义的字皆与浓厚等义有关。

以㫗作义符的字有:厚、覃。

时 shí
(時、旹)

【字形】甲 金 石鼓 篆 今篆 

隶 时 旹 時 草 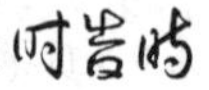

【构造】形声兼会意字。甲骨文和金文皆从日从之(前往),会日月运行以成四时之意,之也兼表声。石鼓文改为从寺,变成左右结构。篆文承石鼓文并整齐化。隶变后楷书写作時。异体作旹。如今简化皆作时。

【本义】《说文·日部》:“時,四时也。从日,寺声。”本义为时令季节。

【演变】时,本义指❶时令,季节:积日为月,积月为~,积~为岁|不违农~。引申泛指❷时间,岁月:天不再与,~不久留|~期。又特指❸过去、现在或将来某个时候,即当时、今时或那时:~曹公军众已有疾疫|~大风雪,旌

旗裂，人马冻死者相望|待到山花烂漫～，她在丛中笑。用作修饰语，指❹时常，按时，及时：～与出游猎|学而～习之，不亦乐乎|不～筑，而人果窃之。又引申指❺时代，时局，适时，时尚：固～俗之从流兮，又孰能无变化？|生逢其～|救～应仗出群才|孔子，圣之～者也|妆罢低声问夫婿，画眉深浅入～无？把握时节是农业生产的关键，故又引申指❻机会，时机：～者难得而易失。我国古代把一昼夜分为十二时辰，每一时辰又分为初、正，共合二十四小时，故又引申指❼时辰：以～启闭。今又指❽小时（时辰的一半）：上午九～。

【组字】时，如今既可单用，也可作偏旁。现今仍归入日部。凡从时取义的字皆与时节等义有关。

以时作声符的字有：埘、莳、鲥。

旷 kuàng（曠）

【字形】篆 曠 今篆 旷 隶 旷 曠 草 旷 曠

【构造】会意兼形声字。篆文从日从廣（开朗），会空阔光明开朗之意，廣也兼表声。隶变后楷书写作曠。如今简化作旷。

【本义】《说文·日部》："曠，明也。从日，廣声。"本义为空阔光明开朗。

【演变】旷，本义指❶光明开朗：授我自然道，～若发童蒙。引申指❷广大，空阔：土地平～，屋舍俨然|地～人稀|空～。又特指❸心境阔大：时人贵其～达|心～神怡。由空间大又引申指❹时间久远：割断历久，统政～世|～世之才。由空旷又引申指❺空缺：～官缺位，于今七年|内无怨女，外无～夫（无妻男人）。又引申指❻荒废，耽搁：百官群职～废|～日持久|～课|～工。

助 zhù（鉏、锄、鋤）

【字形】篆 助 鉏 今篆 鋤 隶 助 锄 鋤 鉏 草 助 锄 鉏

【构造】会意兼形声字。篆文从力从且（置俎祭祖），会求祖先神灵加力相佐之意，且也兼表声。隶变后楷书写作助。古也借作鉏，异体作鋤，如今皆简化作锄。

【本义】《说文·力部》："助，左（佐）也。从力，且声。"本义为帮助。

【演变】助，本义指❶帮助：无～天为虐，～天为虐者不祥|得道多～，失道寡～|～人为乐|赞～。据传，殷代，民耕七十亩田，助公家七亩，故又指❷殷代的一种租赋制度：夏后氏五十而贡，殷人七十而～。古又借作"鋤"，表示❸除去：古者葬弃中野。《礼》：贯弓而吊，以～鸟兽之害。

〇锄，从金从助会意，助也兼表声。如今简化作锄。读 chú，本义指❶去秽助苗长，即锄去杂草：～禾日当午，汗滴禾下土。用作名词，指❷锄这种工具：田夫荷～至，相见语依依|～头。用作抽象意义，又指❸铲除：诛～内奸，使君子之道长。

【组字】助，如今既可单用，也可作偏旁。现今仍归入力部。凡从助取义的字皆与佐助等义有关。

以助作声兼义符的字有：锄。

县 xuán；xiàn（縣、懸、悬）

【字形】金 县 古 縣 篆 縣 今篆 懸

隶 县 縣 悬 懸

草 县 縣 悬 懸

【构造】会意字。金文从木从系从𥄉（倒首），会悬首高杆示众之意。古文线条化，将首省为目。篆文省去木杆，将悬绳置于倒首右边，并整齐化。隶变后楷书写作縣。如今简化作县。

【本义】《说文·𥄉部》："縣，系也。从系持𥄉。"本义为悬首示众。

【演变】县，读 xuán，由本义悬首示众，引申泛指❶悬挂：不狩不猎，胡瞻尔庭有～特兮。由悬挂高处，又引申指❷相差距离大：君子小人之所以相～者，在此耳。

又读 xiàn，古代邦国之外的地方皆统系于国，故引申指❸地方行政区划单位名称。周代县大于郡，秦以后县属于郡；如今为省、自治区或市下的一级行政区划：克敌者，上大夫受～，下大夫受郡|郓城～|平谷～。

"县"后为行政区划之义所专用，悬挂一类意思便另加义符"心"写作"懸"（从心从縣，会心中挂念之意，縣也兼表声）来表示，如今简化作悬。

○悬，读 xuán，本义指❶挂念：以吾心之思足下，知足下亦～～于吾也｜～望。引申指❷悬挂：民之悦之，犹解倒～也｜～灯结彩。又引申指❸相差距离大：～殊。由悬空失去依据，又引申指❹凭空设想：吾性呆滞，多所未喻，安敢～断是且非耶？｜～拟｜～想。又指❺悬空，无着落：山谷（人名）乃～腕书，深得《兰亭》风韵｜～而未决｜～案。由高挂示众，又引申指❻公开昭示：～赏以待功，序爵以俟贤。

【组字】县，如今既可单用，也可作偏旁。縣现今归入糸部，县现今归入厶部。凡从县取义的字皆与系挂等义有关。

以县作声兼义符的字有：懸（悬）。

吠 fèi

【字形】甲　古　篆　隶 **吠**　草

【构造】会意字。甲、古、篆文皆从犬从口，会狗叫之意。隶变后楷书写作吠。

【本义】《说文·口部》："吠，犬鸣也。从犬、口。"本义为狗叫。

【演变】吠，本义指狗叫：邑犬之群～兮，～所怪也｜一犬～形，百犬～声｜遥闻深巷中犬～｜鸡鸣狗～｜蜀犬～日｜狂～。

吨 dūn
（噸）

【字形】古　今篆　隶 **吨 噸**

草

【构造】形声兼会意字。古文从口，顿声，顿也兼表积贮之意。隶变后楷书写作噸。如今简化作吨。

【演变】吨，后起字音译专用字，是法语 tonne、英语 ton 的音译，本义指❶重量单位：公制一吨等于 1000 千克；英制一吨（长吨）等于 2240 磅，合 1016. 05 千克；美制一吨（短吨）等于 2000 磅，合 907. 18 千克。又指❷登记吨，计算船只容积的单位：一吨等于 2. 83 立方米（合 100 立方英尺）。

呀 yā；ya；xiā

【字形】篆　隶 **呀**　草

【构造】形声兼会意字。篆文从口，牙声，牙也兼表开口之意。隶变后楷书写作呀。

【本义】《说文·口部》新附："呀，张口貌也。从口，牙声。"本义为张口的样子。

【演变】呀，原读 xiā，本义指❶张口的样子：自净方能净彼，我自汗流～气。

又读 yā，用作叹词，表示❷惊奇：～，这么多人！又用作象声词，形容❸摩擦声：～的一声，门开了。

又读 ya，用作助词，是❹"啊"受前一字韵母或韵尾 a、o、e、i、ü 的影响而产生的变体：好大～｜请坐～｜怎么写～？｜哎～。

吵 chǎo；chāo
（訬）

【字形】古　篆　今篆　隶 **吵 訬**

草

【构造】形声兼会意字。古文从口，少声，少（沙）也兼表声碎乱之意。篆文改为从言。隶变后楷书写作訬。俗承古文作吵。如今规范化用吵。

【本义】《说文·言部》："訬，訬扰也。从言，少声。"《广韵·巧韵》："吵，声也。"本义为喧嚷。《玉篇·口部》："吵，雉鸣。"本义为雉鸣声。

【演变】吵，作为本字，读 miǎo，象声词，本义为❶雉鸣声。

又读 chǎo，用作"訬"的简化字，动词，本义为❷喧嚷，声音大而嘈杂：人生在世审思量，暂时～闹有何妨｜～嚷｜～闹。引申指❸打嘴仗：争～｜～架。方言又指❹责备：爹把他～了一顿。

又读 chāo，用作"吵吵"，表示❺许多人乱说话：大家都别～～了。

听 tīng；yín
（聽、忻、欣、訢）

【字形】甲　金　篆

 隶 听聽忻欣訢

草 听聽忻欣訢

【构造】会意字。甲骨文一形从口从人耸耳,二形省作从耳从口,会口有所说耳有所闻之意。金文繁化,另加十口,强调兼听多方之意,并加出生声。篆文线条化,改生为壬(挺立人),改十口为悳(直心),用以强调人耳有所闻心已领悟之意,壬也兼表声。隶变后楷书写作聽。如今简化作听,从口从欣省,斤也兼表声。笑必开口,本义为笑吟吟的样子。

【本义】《说文·耳部》:“聽,聆也。从耳、悳,壬声。”本义为用耳朵接受声音。又《口部》:“听,笑貌。从口,斤声。”本义为笑吟吟的样子。

【演变】听,作为本字,读 yín,本义为❶笑吟吟的样子:无是公(虚拟人物)~然而笑。

又读 tīng,作为“聽”的简化字,表示❷用耳朵接受声音:~其言而观其行|~广播|~得见。由听而后从,又引申为❸听从:魏~臣矣,然愿王勿攻也|言~计从|~我的。由听从又引申为❹听任,任凭:匠石运斤(斧)成风,~而斫(砍削)之|~其自便|~其自流。又引申为❺允许:强辞,三日而~。又引申为❻听取情况从而进行裁断、治理:~讼,吾犹人也|垂帘~政。又引申为❼等候:~差。如今又用作译音词,指❽装物品的筒子或罐子:一~饼干。

“听”借为“聽”后,其义便由“忻”来表示。

○忻,从心,斤声,读 xīn,本义为❶开导,启发:善者~民之善。又用同“欣”,表示❷开心喜悦:姜原出野,见巨人迹,心~然说(同悦)。

○欣,从欠,斤声。异体作訢,从言。读 xīn,本义为❶喜悦:诸夏之人莫不~喜。用作“欣欣”,表示❷喜乐的样子:举~~然有喜色。又表示❸草木茂盛的样子:木~~以向荣。

【组字】聽,如今已简化,繁体不再单用,作为偏旁有时用“丁”代替。听现今归入口部,聽仍归入耳部。凡从聽取义的字皆与闻听等义有关。

以聽作声兼义符的字有:廳(厅)。

吩 fēn (咐)

【字形】古 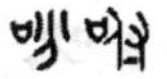 今篆 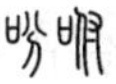 隶 吩咐

草 吩咐

【构造】形声兼会意字。古文从口,分声,分也兼分射出之意。咐,读 fù,从口、付,会意,付也兼表声。隶变后楷书写作吩咐。后借用以表示临别赠言。

【本义】《正字通·口部》:“吩,俗喷字。”本义为喷。借用于“吩咐”,表示指派,嘱告。参见喷。

【演变】吩,用作“吩咐”,最初借用“分付”,后另加义符“口”,写作“吩咐”,用以表示❶指派或命令:直须分付丹青手,画出旌幢绕谪仙|走出来~~道人摆茶果点心。又表示❷嘱告:临行,母亲左~~右叮咛的。

○咐,读 fù,用作“吩咐”,指❶指派或命令:有事尽管吩~|听候吩~。又指❷嘱告:怕我进园淘气,吩~吩~。用作“嘱咐”,指❸叮咛:千叮咛万嘱~|母亲却竭力地嘱~我,说万不能装模作样。

呜 wū (嗚)

【字形】古  今篆  隶 呜嗚 草 呜

【构造】会意兼形声字。古文从口从烏会意,表示似乌鸦悲鸣,烏也兼表声。隶变后楷书写作嗚。如今简化作呜。

【本义】《释名·释言语》:“呜,舒也。气愤懑故发此声,以舒写(抒发)之也。”《玉篇·口部》:“呜呼,叹词也。”本义为伤叹之声。

【演变】呜,用作叹词,常连用为“呜呼”,表示❶感叹:~呼!孰知赋敛之毒,有甚是蛇者乎!又表示❷悲伤叹息(常用于祭文):~呼,言有穷而情不可终,汝其知也邪?其不知也邪?~呼哀哉!尚飨!又借指❸死亡:纵使古稀真个得,后来争(怎)免~呼|三五日光景,~呼哀哉了|一命~呼。又用作❹象声词:而歌呼~~快耳目者,真秦之声也|外面风刮得~~叫。

吹 chuī

【字形】甲 金 篆 隶 草

【构造】会意字。甲骨文从口从欠（人张嘴呵欠形），会人撮口急促出气之意。金文将口移到左边。篆文整齐化，将欠上口讹为三股气。隶变后楷书写作吹。

【本义】《说文·口部》："吹，嘘也。从口，从欠。"本义为撮口急促出气。

【演变】吹，本义指❶撮口急促出气：不～毛而求小疵｜～气｜～灯。引申泛指❷空气流动拂动物体：风～仙袂飘飘举｜～风机｜风～雨打。又特指❸吹奏乐器：我有嘉宾，鼓瑟～笙｜～笛。佛说法如吹法螺而号令三军，法螺声大而中空，故后来遂由"吹大法螺，击大法鼓"引申用"吹"来比喻❹夸口，说大话：～牛｜～嘘｜～捧｜～大气。口语中如今又表示❺交情破裂或事情不成功：咱们这就～了吧｜这事～了。

【组字】吹，如今既可单用，也可作偏旁。现今仍归入口部。凡从吹取义的字皆与吹风等义有关。

以吹作声兼义符的字有：炊。

吧 bā；ba

【字形】今篆 隶 草

【构造】会意兼形声字。楷书从口从巴（蛇缠）会意，巴也兼表声。

【本义】《广韵·麻韵》："吧，吧呀，小儿忿争。"本义为小儿生气争吵。

【演变】吧，读 bā，本义指❶小儿生气争吵：好你个～呀的。后借用为❷象声词：～的一声把书摔在了桌子上｜～嗒｜～唧。

又读 ba，借作语气词，用在句末，表示❸祈使：咱们走～。又表❹猜测问：这是你的书～？用在"好、行、可以"等词后，又表❺同意：好～，我去。用在句中，又表❻假设：去考～，没把握；不去～，又不甘心。

吼 hǒu
（呴、响）

【字形】古 篆 今篆 隶 草

【构造】会意兼形声字。古文从口从孔（盛大）会意，孔也兼表声。篆文改为从口从后（君后），会盛怒声之意，后也兼表声。隶变后楷书写作呴。异体作响，从口从句会意，句也兼表声。俗承古文作吼。如今规范化用吼。

【本义】《说文·口部》："呴，厚怒声。从口，从后，后亦声。"《集韵·厚韵》："呴，或作响、吼。"本义为盛怒声。

【演变】吼，本义指❶因盛怒或情绪激动而大声呼喊：李逵听了大怒，～了一声｜石油工人一声～，地球也要抖三抖｜怒～。又引申指❷兽类大声鸣叫：在鸟而鸟鸣，在兽而兽～｜河东狮～（喻悍妻对夫大吵大闹，讥讽惧内）。又引申指❸风雷、汽笛、大炮等大的响声：十月霜风～屋边，布裘未办一铢绵｜风在～，马在叫，黄河在咆哮。

别 bié；biè
（別、彆）

【字形】甲 篆 碑 今篆 隶 草

【构造】会意字。甲骨文从刀从冎（骨），会以刀剔骨上肉之意。篆文整齐化。三公山碑将笔画拉直。隶变后楷书写作別，俗作别。如今规范化用别。

【本义】《说文·冎部》："別，分解也。从冎，从刀。"本义为分解肉与骨。

【演变】别，读 bié，本义指❶分解肉与骨：宰庖之切割分～也。引申泛指❷分离：离～｜道～。又引申指❸明辨，区分：区～｜天壤之～。又引申指❹类别，分类：性～｜职～。又引申指❺另外的：～名｜～人。又引申指❻特异的：特～｜～才。又引申指❼用东西卡住或插住：～上校徽｜腰里～一把枪。由剔去，又引申指❽不要：～当儿戏｜～松劲。

又读 biè，同"彆"，指❾扭，扭转：想办法把他的坏习惯～过来。又指❿意见不投合：他总

是跟我~着来。又形容⑪不顺心,难对付:脾气真~|闹~扭。又指⑫(说话、文章)不通顺,不流畅:这段话有点~扭,不好懂。

〇弊,从弓,敝声。读 biè,本义为❶弓末反曲处。弓强戾不易调整,故又引申指❷不顺,执拗:那衙役歪头~脑。此义如今借用“别”表示。

又通“憋”(biē),指❸强忍住,憋气,抑制不使表露出来:~口气只身迳走出门|(凤姐)一时寻不着头脑,~的脸紫胀|~出一场大病来。此义今作“憋”。

〇憋,从心,敝声。异体作㢼。如今规范化用憋。读 biē,本义为❶闹别扭,赌气:几番待撇了不藉,思量来当甚厮~|从此,他对张春更~上劲了。此义今用“别”。今主要指❷极力忍住,抑制住:~了一肚子话要说|~足了劲。又指❸感到气闷,心情不舒畅:心口感到~得慌|真~气|~闷。

【组字】别,如今既可单用,也可作偏旁。现今归入刀部。凡从别取义的字皆与分解等义有关。

以别作声兼义符的字有:莂、捌。

呈 chéng

【字形】甲 

草 

【构造】会意兼形声字。甲骨文一形从子在山,会呈现之意;二形子之身与山合讹近于土,成了站在土堆上了。金文承之,子头讹为口,子身与山讹为土,只残留两臂的两点痕迹。古文承之,去两点,将土讹为壬。篆文遂讹为从口(表明辨),从壬(表挺出,与壬不同),会挺出说明之意,壬也兼表声。隶变后楷书写作呈。

【本义】《说文·口部》:“呈,平也。从口,壬声。”解说不明确。本义当为挺出说明。

【演变】呈,本义为❶挺出说明。引申为❷呈现,显露:延颈秀项,皓质~露。用作敬词,表示❸恭敬地送东西给人:~报|上~官府。用作名词,指❹下对上使用的一种公文:~文|辞~。

【组字】呈,如今既可单用,也可作偏旁。现今仍归入口部。凡从呈取义的字皆与显露、突出等义有关。

以呈作声兼义符的字有:锃、程、裎、珵、聖(圣)。

以呈作声符的字有:郢、逞、桯、埕、酲。

吴 wú

(吳、娱、虞)

【字形】甲 

隶 

【构造】会意字。甲骨文和金文皆从夨(歪头婀娜起舞之人)从口,表示边舞边唱,会歌舞娱乐之意。是“娱”的初文。篆文整齐化。隶变后楷书写作吳。如今简化作吴。

【本义】《说文·夨部》:“吳,姓也,亦郡也。一曰吳,大言也。从夨、口。”所释为引申义。本义当为歌舞娱乐。

【演变】吴,本义指❶歌舞娱乐。引申为❷大声欢唱喧哗:烝烝皇皇,不~不扬。又表示❸舞动:齐~榜以击汰。后借为❹国名:勾~。又用作❺地名:~牛喘月。又用作❻姓。

“吴”为借义所专用,娱乐之义便又另加义符“女”写作“娱”来表示。或借“虞”来表示。

〇娱,从女从吴会意,吴也兼表声。读 yú,本义指❶快乐:请奉盆缻秦王,以相~乐|文~活动。用作使动,指❷使快乐:羌声色兮~人,观者憺忘归。

〇虞,金文从虍从吴会意,吴也兼表声。《说文》认为本义指驺虞,一种仁兽。从构造看,不如视为人戴着虎头面具在跳舞娱乐。读 yú,表示❶欢乐:利不足以~其意矣。头戴面具则看不清楚,故引申指❷猜想,预料:不~君之涉吾地也|以备不~。又引申指❸忧虑:无冻馁之~。又引申指❹欺骗:尔~我诈。用作“驺虞”(也作“驺牙”),指❺传说中的仁兽名:建章宫后阁重栎中有物出焉,其状似麋。以闻,武帝往临视之。问左右群臣习事通经术者,莫能知……于是朔(东方朔)乃肯言,曰:“所谓驺牙者也。远方当来归义,而驺牙先见。其齿前后若一,齐等无牙,故谓之驺牙。”|驺~之不杀,凤凰之不搏,仁也。

【组字】吴，如今既可单用，也可作偏旁。现今归入口部。凡从吴取义的字皆与歌舞娱乐等义有关。
以吴作声兼义符的字有：娱、虞。
以吴作声符的字有：误、蜈。

足 zú
（𧾷）

【字形】甲　金　篆　隶 足 草

【构造】象形字。甲骨文象腿脚之形。金文简化。篆文整齐化。隶变后楷书写作疋与足二体。后来二字表义有了分化，足表示腿脚之义，疋则被借用表示疏、胥、雅、匹等义。足作左旁时写作𧾷，疋作左旁时写作𤴔。参见疋。

【本义】《说文·足部》："足，人之足也，在（体）下。从止（脚），从口（代表膝盖）。"这是就篆文作的解说。本义指包括膝盖和脚在内的整个小腿。

【演变】足，本义指❶小腿：（孙）膑至，庞涓恐其贤于己，疾之，乃以法刑断其两～而黥之，欲隐勿见（现）。后转指❷脚：手～胼胝，面目黧黑｜画蛇添～。又引申指❸器物的腿：鼎折～，覆公𫗧（鼎中食）。又指❹山麓：朝采南涧藻，夕息西山～。由人之下基，又引申指❺充实，充足：既沾既～，生我百谷｜知～常乐｜富～｜满～。由充足，进而引申指❻够得上，值得：言不～以求正，谋不～以决事｜此中人语云，不～为外人道也｜微不～道。

【组字】足，如今既可单用，也可作偏旁。现今仍设足部。凡从足取义的字皆与腿脚、行动等义有关。
以足（𧾷）作义符的字有：趴、趸、趿、趵、趼、趺、跀、跂、距、趾、跃、跄、践、跖、跋、跌、跗、跞、跚、跑、跎、跏、跛、跹、跬、跫、跨、跷、跸、跣、跹、跳、跺、跪、路、跻、跟、踌、踅、踉、踞、踊、踔、踝、踢、踏、踟、踬、踩、踮、踣、踯、踪、踞、蹀、踹、踵、踽、踱、蹄、蹉、蹁、蹂、蹑、蹒、蹋、蹈、蹊、蹇、蹰、蹩、蹩、蹚、蹦、蹰、蹶、蹼、蹯、蹴、蹲、蹭、蹿、蹬、躁、躅、躏、躔、躐、躜、躞。
以足作声符的字有：促、捉、浞、娖、龊。

肙 yuān
（蜎）

【字形】金　篆　隶 肙 蜎
草

【构造】象形字。金文象屈曲蠕动的小肉虫形。篆文整齐化，讹为从肉，口（员）声。隶变后楷书写作肙。

【本义】《说文·肉部》："肙，小虫也。从肉，口（员）声。"析形是就篆文所作的解说。本义为屈曲蠕动的小肉虫。

【演变】肙，本义指屈曲蠕动的小肉虫。由于"肙"作了偏旁，其义便另加义符"虫"写作"蜎"来表示。

○蜎，从虫从肙会意，肙也兼表声。读yuān，古书特指❶蚊子的幼虫：孑孓，～也。又泛指❷虫类蠕动爬行的样子：～～者蠋，烝在桑野。又引申指❸弯曲：句（勾）兵欲无弹，刺兵欲无～。

【组字】肙，如今不单用，只作偏旁。现今归入月部。凡从肙取义的字皆与虫子不停蠕动、细小、柔曲等义有关。
以肙作声兼义符的字有：涓、娟、绢、狷、蜎。
以肙作声符的字有：捐、鹃、罥。

员 yuán；yún；yùn
（員、圆、圓）

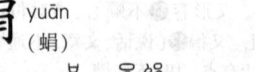

【字形】甲　金　古　篆
隶 员 員 圆 圓　草

【构造】象形字。甲骨文从鼎，上象鼎口圆形。金文稍变。古文整齐化。篆文下边省略，遂讹为貝（贝与鼎甲骨文相似易混）。隶变后楷书写作員。如今简化作员。

【本义】《说文·員部》："員，物数也。从貝，口声。鼏，籀文，从鼎。"析形是就篆文所作的解说，所释为引申义。本义当为圆形。是"圆"的本字。

【演变】员，读yuán，本义指❶圆形：不以规矩，不能成方～。员是借鼎一具来表示的，故引申用以表示❷物的数量，主要指人的数额、成员：今少一人，愿即以遂（毛遂）备～而行矣｜会～｜队～｜满～。又表示❸从事某种职业的人

员：教～|演～|官～|职～|服务～。又引申指❹周围：幅～广阔。又用作❺量词，多指武将：两～战将。

又读 yún，用于❻古人名：伍～。

又读 yùn，用作❼姓。

“员”为引申义所专用，圆形之义便另加义符“口”（围）写作“圓”来表示。如今简化作圆。

〇圆，从口从员会意，员也兼表声。读 yuán，本义指❶圆形：百工为方以矩，为～以规|～周|～心。引申指❷周全，完备，无缺失：故能首尾～合|～满。又引申指❸处世圆滑：“孔子能方不能～。又引申指❹丰满，饱满；充满，完满：其粟～而薄糠。又引申指❺圆形货币：银～。

【组字】员，如今既可单用，也可作偏旁。现今归入口部。凡从员取义的字皆与圆形等义有关。

以员作声兼义符的字有：圆。

以员作声符的字有：陨、郧、勋、埙、损、涢、殒、韻（韵）。

呙 wāi；hé；wō；guǎ；guō （咼、喎、㖞）

【字形】甲  金  古  篆  今篆 

隶  草 

【构造】会意兼形声字。甲、金、古、篆文皆从口从冎（表示残缺），会口歪斜不正之意，冎也兼表声。隶变后楷书写作咼。如今简化作呙。

【本义】《说文·口部》：“咼，口戾不正也。从口，冎声。”本义为口歪斜不正。

【演变】呙，读 wāi，本义指❶口歪斜不正：唇不下垂，亦不缺坏，亦不～斜。引申泛指❷歪斜不正：奔北（败逃）翻成勇，司南（指南）却是～。

又读 hé，用作“呙氏”，即❸和氏：～氏之璧，夏后之璜，揖让而进之以合欢，夜以投人则为怨。

又读 wō，用作❹古国名，或以为是阿富汗，或以为是日本，因日本在古代称“倭”：～国使者来汉，隋人求得菜种，酬之甚厚，故名千金菜，今莴苣也。

又读 wǒ，用作“呙堕髻”，即❺倭堕髻，古代一种发式：何处琵琶弦似语？谁家～堕髻如云？

又读 guǎ，即❻剐，又称凌迟：士诚怒，扼之跪，（李）齐立而诟之，乃曳倒，捶碎其膝而～之。

又读 guō，用作❼姓。南唐有呙彦。

由于“咼”作了偏旁，口歪斜不正之义便又另加义符“口”，写作“喎”来表示。如今简化作㖞。

〇㖞，读 wāi，本义为❶口歪斜不正：太祖患之，后逢叔父于路，乃阳败面～口。此义如今通常作“歪”。参见歪。又泛指❷偏斜，不正：醒论时事正，醉戴野巾～|口眼～斜。

【组字】呙（咼），如今不单用，只作偏旁。现今归入口部。凡从呙（咼）取义的字皆与残缺、歪斜等义有关。

以呙（咼）作声兼义符的字有：剐、㖞、涡、埚、腡、祸、窝、锅、蜗、甋。

以呙（咼）作声符的字有：莴、過（过）。

邑 yì （阝）

【字形】甲  金  篆  隶  草 

【构造】会意字。甲骨文从口（区域范围）从卩（卩，跪坐之人），会人居住的地方之意。金文大同。篆文整齐化。隶变后楷书写作邑。作偏旁时写作阝，在字的右边。

【本义】《说文·邑部》：“邑，国也。从口。先王之制，尊卑有大小，从卩。”本义为人们聚居的地方。

【演变】邑，本义指❶人们聚居的地方：田多～少称田，～多田少称～。引申泛指❷一般城镇：入其境，其田畴秽，都～露（破败），是贪主已。又指❸小的县城：秦有天下，裂都会而为之郡～。古代所谓“国”乃以一个城市为中心，故又引申指❹国：郧人军其郊，必不诫，且日虞（虑）四～（随、绞、州、蓼四国）之至也。又特指❺国都：商～翼翼（整饬貌），四方之极。又指❻封地：景公赐晏子～，晏子辞。

【组字】邑，如今既可单用，也可作偏旁。现今仍设邑部。凡从邑取义的字皆与城镇、地域等义有关。

以邑(阝)作义符的字有:邓、邙、邕、邮、邗、邘、邛、邚、邛、夘阝、邝、邦、邟、邠、邦、邢、邪、邬、邡、扈、那、邤、邩、邧、䢼、炏阝、挹、邭、邯、邴、邳、邶、邮、邰、邺、邱、邲、邶、邸、邻、邸、邹、祁、邵、郋、邽、邿、郚、郊、郃、郁、郅、郜、郇、郈、郎、挹、郏、巷(䢽、巷)、郑、郐、郄、郊、郉、郷、郑、郎、郓、郕、郖、郘、郙、郚、郝、郦、郢、郥、郶、郜、郲、郠、郗、郛、郡、郣、都、郴、郫、郭、部、郩、郪、郬、郮、郸、郯、耶阝、郱、郴、郳、郒、郾、鄄、鄂、鄉(乡)、郸、郹、䣑、鄙、鄘、郶、鄁、鄃、鄗、鄊、郲、鄋、鄌、鄍、鄎、鄏、鄐、鄑、鄗、鄘、鄞、鄙、鄚、鄛、鄜、鄝、鄟、鄠、鄡、鄢、鄣、鄤、鄥、鄦、鄧、鄨、鄪、鄫、鄬、鄭、鄮、鄯、鄰、鄱、鄲、鄳、鄴、鄵、鄶、鄷、鄸、鄹、鄺、鄻、鄼、鄽、鄾、鄿、酀、酁、酂、酃、酄、酅、酆。

以邑(阝)作声符的字有:挹、悒、浥。

园 yuán (園)

【字形】金　古　篆　今篆

隶 园 園　草

【构造】会意兼形声字。金文从囗(围起的田地,旧时果园都有篱笆环绕)从袁(表示环形)会意,袁也兼表声。古文简化为从囗,元声。篆文承金文并整齐化。隶变后楷书写作園。如今简化作园。

【本义】《说文·囗部》:"園,所以树果也。从囗,袁声。"本义为种植果木的地方。

【演变】园,本义指❶种植果木的地方:今有一人,入人~圃(种菜的地方),窃其桃李。引申泛指❷种树木、蔬菜的地方:将(愿)仲子兮,无逾我~|菜~。又泛指❸供人休憩游览娱乐的地方:诸故秦苑囿~池,皆令人得田之|公~|游乐~。又特指❹帝王后妃的陵墓:十三陵~|清东陵~。

【组字】园,如今既可单用,也可作偏旁。现今仍归入囗部。凡从园取义的字皆与园林等义有关。

以园作声符的字有:崓。

困 kùn (梱、睏)

【字形】甲　古　篆　今篆

隶 困 梱 睏　草

【构造】会意字。甲骨文从囗(表示门四框)从木,会立于两扇门中的木橛之意。作用是限制门的转动,故古文从止从木会意。篆文承接甲骨文并整齐化。隶变后楷书写作困。是"梱"的本字。如今又作了"睏"的简化字。

【本义】《说文·囗部》:"困,故庐也。从木在囗中。"解释为家园,此为引申义。本义当为止门之木橛。

【演变】困,本义为❶止门之木橛:试藉车之力,而为之~。门橛是限制门转动的,故引申为❷艰难,窘迫:行李之往来,供其乏~。用作动词或使动,表示❸陷于或使陷于艰难窘迫的境地:~兽犹斗,况相国乎?|子三~我于朝,吾惧,不敢不见。又引申指❹围困:敌人被~在城中。又引申指❺经济困乏或精力疲乏:以振(赈)穷~|牛~人饥日已高,市南门外泥中歇。由精力疲乏,又指❻疲乏想睡:谁~了谁就去睡。方言又指❼睡觉:我~在大门旁边南屋里,你老有事,来招呼我罢。此义后另加义符写作"睏",如今简化仍用困。

"困"为引申义所专用,门橛之义便另加义符"木"写作"梱"来表示。

○梱,从木从困会意,困也兼表声。读kǔn,本义为❶门限:外言不入于~,内言不出于~。引申为❷叩,敲击:~纂组,杂奇彩。

【组字】困,如今既可单用,也可作偏旁。现今仍归入囗部。凡从困取义的字皆与门橛、限制等义有关。

以困作声兼义符的字有:捆、阃、梱、睏。

以困作声符的字有:悃。

里 lǐ (裏、裡)

【字形】金　篆　今篆

隶 里 裏 裡　草

【构造】会意字。金文从田从土,用有田有土会人所聚居之地之意,即乡里。古代"五家为邻,五邻为里"。篆文线条化。隶变后楷书写作里。如今又作了"裏"的简化字。金文二形从衣从里(间里,与外界相对)会意,里也兼表声,表示衣服的内层。篆文整齐化。隶变后楷书写作裏和裡。如今皆用里表示。

【本义】《说文·里部》:“里,居也。从田,从土。”本义为乡里。又《说文·衣部》:“裏,内衣也。从衣,里声。”本义为内衣。

【演变】里,本义指❶乡里:将(希望)仲子兮,无逾我~|依依墟~烟|故~|返~。引申指❷城镇的街坊里巷:~弄|邻~。古代里居有定制,由此引申为❸长度单位(上古以三百步为一里):海内之地,方千~者九|万~长城。

作为“裏”的简化字,又表示❹衣物的内层:绿兮衣兮,绿衣黄~|棉衣~儿|被~。又泛指❺里面,内部:若其不捷,表~山河,必无害也|在箱子~|~屋。又引申指❻一定的范围之内:睡觉(醒)寒灯~,漏声断,月斜窗纸|县~|夜~|这~。

【组字】里,如今既可单用,也可作偏旁。现今仍设里部。凡从里取义的字皆与乡里等义有关。

以里作声兼义符的字有:俚、浬。

以里作声符的字有:厘、娌、哩、狸、悝、理、锂、裏、鲤、貍、埋。

甹 pīng

【字形】甲 金 篆 隶 甹 草

【构造】会意字。甲骨文从丂(表支撑)从由(表筐篚一类器物),会用丂支撑器物之意,山区背东西,累了就用一丂形棍支撑休息一会儿。金文上边放了两个器物。篆文承接甲骨文并整齐化,又简化为一个。隶变后楷书写作甹。

【本义】《说文·丂部》:“甹,亟词也。从丂,从由。或曰:甹,侠也。(三辅)谓轻财者为甹。”所释为引申义。本义当为支撑。

【演变】甹,本义为❶支撑。引申为❷豪侠,竭尽全力。

【组字】甹,如今不单用,只作偏旁。现今归入田部。凡从甹取义的字皆与直立支撑等义有关。

以甹作声兼义符的字有:俜、骋。

以甹作声符的字有:娉、梬、聘。

男 nán

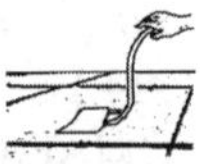

【字形】甲 金 篆 隶 男 草

【构造】会意字。甲骨文从田从耒(犁),借用耒耕田来会男子之意,因为农耕主要是男子的事。金文一形大同,二形繁化,加出了扶犁的手。篆文改为从力从田并整齐化,表示致力于耕田的人之意。隶变后楷书写作男。

【本义】《说文·男部》:“男,丈夫也。从田,从力,言男用力于田也。”本义为男人。

【演变】男,本义指❶男子:女正位乎内,~正位乎外|~有分(职分),女有归(出嫁)。引申指❷儿子:武帝六~|三~邺城戍。又指❸古爵位的第五等:王侯之制禄爵,公、侯、伯、子、~,凡五等。

【组字】男,如今既可单用,也可作偏旁。现今归入田部。凡从男取义的字皆与男子等义有关。

以男作义符的字有:舅、甥、嬲。

邮 yóu (郵)

【字形】金 古 篆 隶 邮 郵

草

【构造】会意兼形声字。金文从邑(右阝,城)从垂(表边境),会古代供给传递文书的人食宿、车马的驿站之意。古文大同。篆文整齐化。隶变后楷书写作郵。如今简化借邮表示,改为由声。

【本义】《说文·邑部》:“郵,境上行书舍。从邑、垂。垂,边也。”本义为古代供给传递文书的人食宿、车马的驿站。又:“邮,左冯翊高陵(亭)。从邑,由声。”本义为亭名。故址在今陕西省高陵县境内。

【演变】邮,本义指❶古代供给传递文书的人食宿、车马的驿站:德之流行,速于置~传命|缮治~亭。引申指❷递送函件的人:殷洪乔不为致(送)书~。用作动词,指❸递送:(李约)愿(诚实)捷善行,常令~书入京|~递|~寄|~

汇。又泛指❹有关邮务的：~电|~局|~票|~资。

【组字】邮，如今既可单用，也可作偏旁。现今仍归入邑（阝）部。凡从邮取义的字皆与驿站等义有关。

以邮作声符的字有：蓎。

串 chuàn；guàn （毌）

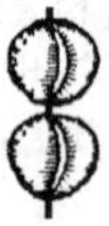

【字形】甲 金 古 篆

今篆 隶 串 草

【构造】象形字。串与毌同源，皆由上列甲骨文演变而来，上下露出连线之头，当是古代铠甲上的一个个连片形，用以表示贯穿之意。金文一形填实。篆文简化并横放。隶变后楷书写作毌。金文二形简为两片，古文（偏旁）承之，繁化为两个连片，讹为近似贝形，俗遂由此分化出一个"串"字，成了连穿两贝之形。参见毌。

【本义】《正字通·丨部》："串，物相连贯也。"本义为把物品连贯在一起。

【演变】串，读 chuàn，本义指❶把物品贯穿在一起：把草珠~起来|~联。用作名词，指❷穿在一起的物品：有一双黄金宝~，原是金圣宫手上戴的|念珠~|糖葫芦~儿|钱~。用作量词，用于❸连贯起来的东西：便叫迎儿去楼上取一~铜钱来布施他|提一个破旧的朱漆圆篮，外挂一~纸锭。由贯穿物品，引申又指❹到别人家走动或从这里走到那里：不曾走东家，不曾西邻~|走街~巷|~门。又引申指❺串通，勾结：~供|~骗。又引申指❻事物间连接错误：电话~线|看书老~行。用作戏曲术语，指❼扮演：既会~戏，新出传奇也曾~过么？

又读 guàn，习俗连贯下来即成习惯，故又引申表示❽习惯，狎习：国法禁拾遗，恶民之~以无分得也。又引申指❾亲近的人：因歌遂成赋，聊用布亲~。

【组字】串，如今既可单用，也可作偏旁。现今归入丨部。凡从串取义的字皆与贯穿等义有关。

以串作声兼义符的字有：窜。

以串作声符的字有：患。

岑 cén

【字形】篆 隶 岑 草

【构造】形声兼会意字。篆文从山，今声，今为伸舌，故用以象征山细高之意。隶变后楷书写作岑。

【本义】《说文·山部》："岑，山小而高。从山，今声。"本义为小而高的山。

【演变】岑，本义指❶小而高的山：两~抱东壑，一嶂横西天。引申泛指❷高：方寸之木，可使高于~楼。又用作❸姓。

【组字】岑，如今既可单用，也可作偏旁。现今仍归入山部。凡从岑取义的字皆与小而高等义有关。

以岑作声兼义符的字有：涔、碜（磣）。

帐 zhàng （帳、賬、账）

【字形】篆 今篆 隶 帐 帳 账 賬

草

【构造】形声兼会意字。帐本作张，是把帐子张施于床上之义。后改弓为巾，遂分化为篆文帳，从巾从長会意，長也兼表声。隶变后楷书写作帳。如今简化作帐。

【本义】《说文·巾部》："帳，张也。从巾，長声。"本义为床帐。

【演变】帐，本义指❶床帐：偷则夜解齐将军之帱~而献之。引申泛指❷布、纱等做的能挂起来的遮蔽物：帷~不得文绣，以示敦朴|~饮东都，送客金谷|蚊~|~篷。又特指❸军帐：即其~中斩宋义头|营~。古人把帐目记在布帛上挂起来，以利保存，故又引申指❹账目：且城中旧寺及宅，并有定~，其新立之徒，悉从毁废。为了与帷帐分开，此义后另改义符为贝写作賬，如今简化作账。

○账，从贝（表示与钱财有关），长声。读 zhàng，本义指❶账目：凡是军人，可悉属州县，垦田籍~，一与民同|记~|查~|~本|~房。引申指❷债：以前借的~还没还呢|还~|借~|欠~|赊~。

兕 sì (舄)

【字形】甲 金 古 篆 隶 兕
草

【构造】象形字。甲骨文象独角犀牛形。金文简化。古文和篆文线条化。隶变后楷书写作兕与舄。如今规范化用兕。舄现今归入火部，兕归入儿部。

【本义】《说文·舄部》："舄，如野牛而青。象形。兕，古文，从儿。"本义为犀牛一类的动物。皮厚，可以制甲。

【演变】兕，本义指❶犀牛：～出九德，有一角，角长三尺余，形如马鞭柄｜虎～出于柙｜蔓草犹不可长，况狼～之寇乎？又特指❷雌犀：犀～尚多。

网 liǎng (兩、两)

【字形】金 篆 隶 草

【构造】会意字。金文从二丙（古代的两个农具，也即两个钱币）相并形，会比并之意。篆文整齐化。隶变后楷书写作网。是"兩"（两）的初文。由于农具丙当初作为实物交换而成为货币，故由二丙构成的"兩"（金𠓜）字便成为斤两的重量单位。

【本义】《说文·网部》："网，再（二）也。从冂，从𠓜，从丨。"析形是根据篆文所作的分析。本义当为两个相并。

【演变】网，本义指两个相并：《易》曰："参天～地。"由于"网"作了偏旁，其义便由"兩"来表示。如今简化作两。参见两。

【组字】网，如今不单用，只作偏旁。现今归入冂部。凡从网取义的字皆与两个相并等义有关。

以网作义符的字有：两、菛。

冏 nè (㕯、呐、訥、讷)

【字形】甲 古 篆 今篆
隶 冏 呐 讷 訥 草

【构造】会意字。甲骨文从口从内，会有话在口内说不出之意。古文稍变。篆文整齐化。隶变后楷书写作㕯。俗作冏。异体作呐。如今单用作呐，作偏旁时用冏。

【本义】《说文·冏部》："冏，言之讷也。从口从内。"本义为言语迟钝，不善说话。是"讷"的本字。

【演变】冏（㕯），本义指言语迟钝。由于冏作了偏旁，其义便由异体"呐"来表示。

○呐，从口从内会意，内也兼表声。读 nè，本义指❶说话迟钝：李广～口少言。

又读 nuò，表示❷话在口里不出声：喏～（意即今之"嘟囔"）。

又读 nà，大概是因为"口"移到了"内"外面，故引申指为❸大声呼喊：～喊。

"呐"后来为引申义所专用，言语迟钝之义便又另造了"訥"字来表示，如今简化作讷。

○讷，从讠从内会意，内也兼表声。读 nè，本义指说话迟钝：君子欲～于言而敏于行｜木～｜～口。

【组字】冏（㕯），如今不单用，只作偏旁。现今归入口部。凡从冏（㕯）取义的字皆与纳入等义有关。

以冏（㕯）作声兼义符的字有：矞、裔。

囧 jiǒng (冏、炯、烔)

【字形】甲 金 古
篆 隶 冏 炯 烔 草

【构造】象形字。甲骨文象古代原始的窗户形，在墙上挖个洞，在洞中交叉支撑上竹或木棍，就成了简易的窗户。金文大同。古文稍讹。篆文整齐化。隶变后楷书写作囧。俗作冏，遂与"呐"的异体相混。如今单用作冏。作偏旁时作囧或冏。

【本义】《说文·囧部》："囧，窗牖丽廔，闿明也。象形。"本义为明亮。

【演变】冏（囧），本义指❶明亮：妙质则～若珠明｜～～秋月明。现代网络文化把"冏"（囧）内的"八"字视为眉眼、"口"视为嘴，借以表示❷沉重、窘迫、郁闷、无奈、很糗，或浪漫、激情、强大等多种含义：你太～（囧）了｜～到掉了下

巴|~吧|~倒|~剧。

由于“冋”作了偏旁，其义便另加义符“火”写作“炯”来表示，如今规范化，简化作炯。

○炯，从火从冋会意，冋也兼表声。读jiǒng，本义为❶火光：熺炭重燔，吹~九泉。又形容❷光亮，明亮：登春台之熙熙兮，珥金貂之~~|~~有神|目光~~|~然。又指❸明白，显著：既讯尔以吉象兮，又申之以~戒。

【组字】冋（囧），如今既可单用，也可作偏旁。现今归入冂部。凡从冋（囧）取义的字皆与明亮、明白等义有关。

以囧作义符的字有：朙（明）、盟（盟）。

以冋（囧）作声兼义符的字有：炯（炯）。

财 cái （財）

【字形】籀財 篆財 隶财財 草财

【构造】会意兼形声字。籀文从貝（与钱财有关）从才（物资）会意，才也兼表声。篆文整齐化。隶变后楷书写作財。如今简化作财。

【本义】《说文·貝部》：“財，人所宝也。从貝，才声。”本义为财物。

【演变】财，本义指❶钱财物资：暮而果大亡其~|先~而后礼|~源|~政|~富|理~|发~|资~。古又借作“材”，表示❷材料：殖（植）~种树。又借作“裁”，表示❸酌量裁断：军吏过，辄令~取为用。又借作“才”，表示❹才能：不仁而有勇力~能，则狂而操利兵也。又表示❺仅仅：士~有数千。

针 zhēn （箴、鍼、針）

【字形】篆箴鍼 今篆針 隶针箴鍼

草针箴鍼

【构造】形声兼会意字。篆文从竹，咸声，说明最初针是用竹作的。隶变后楷书写作箴。后改为鍼，从金咸声，成了金属针了。后俗又省作針，从金从十（象征针），成了会意字。如今简化作针，为正体。箴与针则进行了分工。鍼废而不用。

【本义】《说文·竹部》：“箴，缀衣箴也。从竹，咸声。”又《金部》：“鍼，所以缝也。从金，咸声。”《一切经音义》：“鍼，俗作針。”本义为缝衣针。

【演变】针，本义指❶缝衣针：今夫亡~者，终日求之而不得|绣花~|~织品。引申指❷像针一样的东西：后小山下，怪石乱卧，~~丛棘，青麻头伏焉|松~|金~|时~|指南~。用作动词，指❸用针刺：笞问昭平，不服，以铁针~之，强服。古以针刺治病，故又引申指❹针刺疗法：在肌肤，~石之所及也|~灸。又引申指❺针剂：打防疫~。

○箴，读zhēn，本义为❶针。针砭可治病，故用于抽象意义，表示❷劝戒：开天下之口，广~谏之路|~言|~规。用作名词，指❸古代用以规戒的一种文体：《文心雕龙·铭~》。

告 gào

【字形】甲告 金告 篆告 隶告 草告

【构造】会意字。甲骨文从口从牛，会用牛羊祭祀祷告神灵求福之意。金文大同。篆文整齐化。隶变后楷书写作告。

【本义】《说文·告部》：“告，牛触人，角著横木，所以告人也。从口，从牛。”解说不妥。本义当为祷告。

【演变】告，本义为❶祷告神灵：故奉牲以~曰。由上告神灵，引申泛指❷上报：经营四方，~成于王。又引申指❸告诉，说给别人听：公语之故，且~之悔。祷告意在求福，故又引申指❹请求：~贷|~饥|~饶|~假。由告诉又引申指❺检举，上诉：明公道，赏~奸|~发|~状|原~|诬~。又引申指❻宣布或通告某种情况：布~|宣~|~罄|~一段落。

【组字】告，如今既可单用，也可作偏旁。现今归入口部。凡从告取义的字皆与告示、求告等义有关。

以告作义符的字有：嚳。

以告作声兼义符的字有：诰、造。

以告作声符的字有：部、浩、梏、皓、窖、锆、鹄、靠、酷。

牡 mǔ

【字形】甲　金　篆　隶　草

【构造】会意兼形声字。甲骨文和金文左边是牛,右边是雄性动物生殖器的形象,即“士”,会雄性动物之意;甲骨文中作形旁的还有羊、豕、鹿、马等动物,进入农耕时代则确定以从牛之“牡”为雄性动物之通称。金文大同,明确从士。篆文整齐化,士讹为土声。隶变后楷书写作牡。

【本义】《说文·牛部》:“牡,畜父也。从牛,土声。”析形不确。本义为雄性的鸟兽。

【演变】牡,本义指❶雄性的鸟兽:田车既好,四~孔阜(很肥大)|雉鸣求其~。古又比喻❷丘陵:丘陵为~,谿谷为牝。如今一般❸用于“~丹”“~蛎”等词中。

【组字】牡,如今可单用,也可作偏旁。现今仍归入牛部。凡从牡取义的字皆与雄性等义有关。

以牡作声符的字有:牪。

利 lì (秎)

【字形】甲　金　篆　隶　草

【构造】会意字。甲骨文从刀从禾,会用快镰收割禾谷之意,小点象征割禾时的碎屑。金文大同。篆文省去碎屑并整齐化。隶变后楷书写作利。作偏旁时有的写作“秎”。

【本义】《说文·刀部》:“利,铦也。从刀;和然后利,从和省。”析形不确,所释为引申义。本义为用快镰割禾。

【演变】利,由本义用快镰割禾,引申泛指❶锋利:钝金将待砻厉(磨砺)然后~|~刃|~器。又引申为❷快捷,灵便:舸舟取其轻~|~落。又引申为❸猛烈:风~,不得泊也|玉姐素知虔婆~害(即今厉害)。由快捷又引申为❹顺利:时不~兮骓不逝|成败~钝|大吉大~。收割则有所获,故又引申为❺利益:是故兴天下之~,除天下之害。又特指❻财利,私利:君子喻于义,小人喻于~|商人重~轻别离|~欲熏心|~令智昏|见~忘义。又引申指❼利润:逐十一之~|~息。

【组字】利,如今既可单用,也可作偏旁。现今仍归入刀部。凡从利取义的字皆与耕种、收获等义有关。

以利(秎)作声兼义符的字有:俐、㔏。

以利(秎)作声符的字有:莉、猁、梨、犁、痢、蜊、黎、鬁、黧。

秃 tū

【字形】甲　金　古　篆　隶　草

【构造】象形字。“秃”与“老”“考”应是同源字。最初当是上列甲骨文“考”演化来的。考是老人头发短少的样子,省去了拐杖,以突出衰老之人短发萧疏之状,表示头已秃。金文大同。由于毛发与禾在古文里形近,常混用,所以古文的毛发已讹近禾形。篆文的毛发显然已讹为“禾”,成了人的头发像稀疏的禾苗了。隶变后楷书写作秃。又由于秃与秀古音相近,故“颓”的异体“穨”从秀取音,所以“秃项”俗也说成“秀顶”。

【本义】《说文·秃部》:“秃,无发也。从人,上象禾粟之形,取其声。”本义为没有头发。

【演变】秃,本义指❶没有头发:齐使~者御~者|~顶。引申指❷不戴帽子:~着个头。又引申指❸羽毛脱落:~鹰|~尾巴。又比喻❹山无草木:石上不生五谷,~山不游麋鹿|荒山~岭。又指❺树无枝叶:~树。又引申指❻物体没尖:~笔|~针。又比喻❼不圆满:文章结尾有点~。

【组字】秃,如今既可单用,也可作偏旁。现今归入禾部。凡从秃取义的字皆与衰败等义有关。

以秃作声兼义符的字有:颓。

以秃作声符的字有:唔、梌。

秀 xiù

【字形】篆　隶　草

【构造】会意字。篆文从禾从乃(即奶),会谷子抽穗开花灌浆像产奶之意。隶变后楷书写作秀。

【本义】《说文 · 禾部》:“秀,上讳也。”因避刘秀之讳,未作解释。《正字通 · 禾部》:“秀,禾吐华也。”本义为谷子抽穗开花。

【演变】秀,本义指❶谷子抽穗开花:苗而不~者有矣夫,~而不实者有矣夫|六月六,看谷~|~穗。引申泛指❷草木之花:兰有~兮菊有芳。由抽穗开花,又引申指❸繁茂:野芳发而幽香,佳木~而繁阴。又引申指❹清丽美好:温州雁荡山,天下奇~|~外而惠中|山清水~|~丽。抽穗开花则挺出而高,故又引申指❺优异出众:举其~士而封侯之,选其贤良而尊显之|河南守吴公闻其~才,召置门下|优~。

【组字】秀,如今既可单用,也可作偏旁。现今仍归入禾部。凡从秀取义的字皆与抽穗开花等义有关。

以秀作声兼义符的字有:诱、绣、锈。

以秀作声符的字有:莠、透、琇。

我 wǒ (鋸、锯、鋦、锔)

【字形】甲 金 古 篆 今篆

隶 我 锯 鋸 锔 鋦

草

【构造】象形字。甲骨文象带齿的刀锯之形,用于行刑或屠宰,为锯的初文。金文大同。古文稍讹。篆文整齐化。隶变后楷书写作我。

【本义】《说文 · 我部》:“我,施身自谓也。或说我,顷顿也。从戈,从扌。扌,或说古垂字。一曰古杀字。”析形不确,解说的是假借义及引申义。本义当为锯类工具。这从第一人称代词吾、余、予的读音可以看出点蛛丝马迹。

【演变】我,本指锯类工具,也用作刑具。引申指❶杀:~伐用张(“我伐”即杀伐)。后来假借为❷第一人称代词:昔~往矣,杨柳依依。又泛指❸自己一方:人不犯~,~不犯人。

“我”为假借义所专用,刑具锯子的意思便另造了形声字“鋸”来表示,如今简化作锯。“我”的本义就不为一般人所知了。

〇锯,从钅,居声。读 jù,本义指❶锯类工具:孟庄子作~|门者皆无得挟斧斤~椎|电~。又指❷刑具:奈何令刀~之余荐天下之豪俊哉!用作动词,表示❸用锯分解物:彦国吐佳言如~木屑,霏霏不绝。又通“锔”,表示❹用锔子把破裂的东西连合起来:~缸|~碗。此义后用鋦来表示,如今简化作锔。

〇锔,从钅,局声,局也兼表意。读 jū,本义为❶用锔子把破裂的东西连合起来:~盆|~锅。

又读 jú,指❷一种金属元素。

【组字】我,如今既可单用,也可作偏旁。现今归入戈部。凡从我取义的字皆与屠杀等义有关。

以我作义符的字有:義(义)。

以我作声符的字有:哦、硪、俄、娥、饿、峨、莪、锇、蛾、鹅。

每 měi

【字形】甲 金 篆 隶 每 草

【构造】象形字。甲骨文和金文皆象妇女头上有盛饰形,表示头饰盛美。篆文整齐化。隶变后楷书写作每。

【本义】《说文 · 屮部》:“每,草盛上出也。从屮,母声。”析形是就篆文所作的解说。本义当为头饰盛美。

【演变】每,本义指❶头饰盛美。引申指❷植物茂盛:原田~~。又表示❸每一,逐个,每次:子入太庙,~事问|今也~食无余|~逢佳节倍思亲|~战必胜。由每次又引申指❹经常:战场冤魂~夜哭|妆成~被秋娘妒|~~得手。

【组字】每,如今既可单用,也可作偏旁。现今归入毋部。凡从每取义的字皆与繁盛等义有关。

以每作声兼义符的字有:莓、海、梅、敏、緐(繁)。

以每作声符的字有:脢、酶、霉、诲、悔、晦、侮。

臼 jú (匊、𦥑)

【字形】甲 金 篆 今篆

隶臼裒 草

【构造】会意字。从甲骨文、金文舆(与)字的偏旁看,都是两只手从上伸下有所捧取之状。是匊(掬)的本字。篆文整齐化。隶变后楷书写作臼。注意:与"臼"不同。

【本义】《说文·臼部》:"臼,叉手也。从E、ヨ。"本义为两手捧取。

【演变】臼,本义为❶两手捧取。引申指❷叉手、掬起、收敛、聚集等多种含义。

由于臼作了偏旁,这些含义后来便分别由"匊(掬)、举、裒"等字来表示。

○裒,本从衣从臼会意,臼也兼表声,楷书讹为从臼。读 póu,本义指❶聚集:原隰~矣,兄弟求矣 | 师道欲~兵守境。又引申指❷减去:君子以~多益寡称物平施。参见匊、举。

【组字】臼,如今不单用,只作偏旁。现今归入臼部。凡从臼取义的字皆与两手捧取、牵引等义有关。

以臼作义符的字有:臾、舁、學(学)、與(与)、盥、晨(晨)、舆、興(兴)、舉(举)、釁(衅)、壆、爨。

兵 bīng

【字形】甲 金 篆 隶兵 草

【构造】会意字。甲骨文从斤(斧)从两手(収,即廾),会两手举斧之意,表示拿的是武器。金文稍讹。篆文整齐化。隶变后楷书写作兵。两手变成了六。

【本义】《说文·廾部》:"兵,械也。从廾持斤,并力之皃。"本义为武器。

【演变】兵,本义指❶兵器,武器:善甲~,具卒乘 | 秣马厉~。引申指拿武器的❷士卒,军队:草木皆~ | 拥~自重。又引申指❸战争:~连祸结。又表示❹军事:纸上谈~。用作动词,指❺杀,伤:左右欲~之。

【组字】兵,如今既可单用,也可作偏旁。现今归入八部。凡从兵取义的字皆与武器等义有关。

以兵作声符的字有:宾、浜。

佞 nìng

【字形】甲 金 古 篆 隶佞 草

【构造】形声兼会意字。甲骨文从受刑的女奴,从人,会女奴讨好主人之意。金、古、篆文皆从女,仁声,仁也兼表高尚之意。隶变后楷书写作佞。

【本义】《说文·女部》:"佞,巧谄高材也。从女,仁声。"本义为巧言善辩。

【演变】佞,本义指❶巧言善辩:雍也仁而不~。又指❷巧言谄媚人:黜谗~之端,息巧辩之说 | ~人。用作名词,指❸巧言谄媚的人:是时群小用事,邪~满朝。又引申指❹有才智:寡人不~。

估 gū;gù

【字形】古 今篆 隶估 草

【构造】形声兼会意字。估是从"贾"(gǔ,商贾)分化出来的一个字。古文从人,古声,古为箧中盛有甲衣,故用以会善于对物品进行估价的商人之意。参见贾。

【本义】《玉篇·人部》:"估,估价也。"本义为商贾,商人。

【演变】估,读 gū,本义指❶商人:帝著商~服,饮宴为乐 | ~客。引申指❷物价:贵则下价而出之,贱则加~而收之。用作动词,指❸估量货物价值和数目:命有司高~其价。又泛指❹对事物的估量,揣测:你且别处逛逛去,~量着去了再来 | ~摸 | ~计 | 评~。

又读 gù,用作"估衣",本指❺出售的旧衣服:因在~衣铺内选了一身羊皮袍子。"估衣"本作"故衣",因"故"表示死,为避讳,遂改为"估"。

体 bèn;tǐ;tī (體、笨)

【字形】金 古 篆 今篆

隶体體笨 草

【构造】形声兼会意字。金文从身从豊(盛器)会意,豊也兼表声。古文和篆文改为从骨从豊。隶变后楷书写作體。如今简化借用"体"(从人从本会意)来表示。这样便与原本当"笨"讲的"体"(bèn)成了同形字。

【本义】《说文·骨部》:"體,总十二属也。从骨,豊声。"本义为全身的总称。

【演变】体,作为本字,读 bèn,本义为❶愚笨,粗笨。

又读 tǐ,作为"體"的简化字,本义指❷全身的总称:相鼠有~,人而无礼|~无完肤|~形|~重。又指❸身体的一部分:四~不勤,五谷不分|五~投地。引申指❹根本,本体,实体:中学为~,西学为用。又泛指❺物体:融为一~|固~|液~|晶~。身体有一定的结构,故又引申指❻作品体裁:今~文章,复多才丽|文~|新~诗。又指❼文字的结构形式:楷~|草~|柳~。由身体,用作动词,又指❽亲身经验:笃志而~,君子也|身~力行|~会|~验|~谅|~察。

又读 tī,用作"体己",表示❾家庭成员个人的私蓄或亲近贴心的:~己钱|~己话。

由于"体"借用作"體"的简化字,愚笨之义便又借"笨"来表示。

○笨,从竹,本声。读 bèn,本义指❶竹子的内层。借作"体"(bèn),表示❷愚笨:好个~生,到这时候还不见机。引申指❸不灵巧:拙嘴~舌|~手~脚。又引申指❹粗重:有铁路,则机器可入,~货可出|~重。

何 hè;hé (荷)

【字形】甲　金　篆　隶 何　草

【构造】会意兼形声字。甲骨文是一人肩上扛戈形,会负荷之意。金文稍讹并另加出了脚和一口,大概是守关卫士扛戈,在盘问过往之人。篆文讹为从人,可声。隶变后楷书写作何。

【本义】《说文·人部》:"何,儋(担)也。从人,可声。"本义为担、扛。是"荷"的本字。

【演变】何,读 hè,本义指❶担,扛:~蓑~笠,或负其糇(hóu,干粮)。引申指❷承受,担任:承祖考之遗德兮,~性命之淑灵。

又读 hé,因其从口,故又表示❸盘问,喝问:陈利兵而谁~|文武百官默默黔首,莫敢谁~。又借为代词,表疑问,相当于❹什么,为什么,哪里,谁:内省不疚,夫~忧~惧?|夫子~哂由也?|阁中帝子今~在?|~事非君,~使非民。又用作副词,表疑问,相当于❺怎,多么:今主非尧舜,~能无过?|受赐不待诏,~无礼也!拔剑割肉,一~壮也!割之不多,又~廉也!归遗细君,又~仁也!又用作助词,用于句中舒缓语气,相当于❻啊:府吏马在前,新妇车在后,隐隐~甸甸,俱会大道口。用作省缩词,相当于❼何时,何不:~当共剪西窗烛,却话巴山夜雨时|~言其愿?

"何"后为借义所专用,担扛之义便另借"荷"字来表示。参见荷。

【组字】何,如今既可单用,也可作偏旁。现今仍归入人部。凡从何取义的字皆与担扛等义有关。

以何作声兼义符的字有:荷。

攸 yōu (浟、悠、倏、修、滌、涤)

【字形】甲　金　篆　今篆

隶 攸 浟 悠 倏 涤 滌

草

【构造】会意字。甲骨文从攴(表操持)从人,会修治之意;或另加义符一道流水,以突出洗沐修治。后来古人于春秋佳日临流洗沐以祓除不祥,这种叫作修禊的活动或即其遗俗,犹似今之少数民族的泼水节。金文承甲骨文二形,流水断开。篆文承甲骨文二形并整齐化。隶变后楷书写作攸。

【本义】《说文·攴部》:"攸,行水也。从攴,从人,水省。"所释为引申义。本义当为洗沐修治。

【演变】攸,本义指❶洗沐修治。又指❷水流的样子。此义后写作"浟"。由水安流引申指❸安然自得的样子。又引申指❹久长,长远。此二义后用"悠"来表示。由行水又引申指❺迅疾:始舍之,圉圉焉,少则洋洋焉,~然而逝。此义后用"倏"表示。"攸"后被借作虚词,用在动词前,相当于❻所,乃:岂弟君子,民之~归|四方~同|性命~关|罪有~归。

“攸”为借义所专用,水流之义便用“浟”来表示,修治之义便用“修”来表示,洗沐之义便用“滌”(如今简化作涤)来表示。参见修。

〇浟,从水从攸会意,攸也兼表声。用作“浟浟”,读 yóu,形容❶水流的样子:东有大海,溺水~~只(语助)。

又读 dí,表示❷贪利的样子:六世眈眈,其欲~~。

〇悠,从心从攸会意,攸也兼表声。读 yōu,本义指❶长长的忧思:~哉~哉,辗转反侧。用作“攸”,又表示❷遥远:~~苍天!此何人哉?又表示❸闲适的样子:采菊东篱下,~然见南山。

〇倏,从犬从攸会意,攸也兼表声。读 shū,本义指❶狗疾跑。引申泛指❷疾速,忽然:~而来兮忽而逝|~忽。

〇涤,从氵,条声。读 dí,本义指❶洗:与保庸杂作,~器于市中。引申指❷清除:进明德而崇业,~饕餮之贪欲。

【组字】攸,如今既可单用,也可作偏旁。现今归入人部。凡从攸取义的字皆与修治、水流、细长等义有关。

以攸作声兼义符的字有:修、浟、悠、絛(条)、倏、脩。

以攸作声符的字有:莜、儵、筱。

作 zuò;zuō (做)

【字形】甲 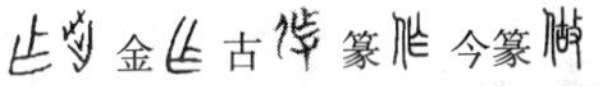 金 古 篆 今篆

隶 作 做 草 

【构造】会意字。甲骨文和金文原本作“乍”,下边从刀,上边从卜。《仪礼》有“卜人坐作龟”之语,此字正是卜人用刀刮削钻刻龟甲,然后灼烧之,视其裂兆进行占卜之意。本义指制作卜龟。二形或另加刻削符号(或说为缝制之意。可备一说)。制作卜龟是占卜的开始,故而这一字形含有起始、制作、刮削、灼裂等多种意思。由于“乍”为引申义所专用,古文另加义符人和手,表示人动手制作。篆文另加义符“亻”来表示。隶变后楷书写作“作”。

【本义】《说文·人部》:“作,起也。从人,从乍。”本义为开始制作卜龟。

【演变】作,读 zuò,本义指开始制作卜龟,故既表示❶起始:天下难事必~于易,天下大事必~于细。又表示❷制造:~车以行陆,~舟以行水。又表示❸刮削:肉曰脱之,鱼曰~之。由开始又引申指❹兴起,振作,产生:云从龙,风从虎,圣人~而万物睹|周秦之际,诸子并~|一鼓~气|兴风~浪|日出而~|发~|~怪|~呕。进而引申指❺站起:舍瑟而~。由制造引申指❻从事某种工作或劳动:其中往来种~,男女衣着,悉如外人|~工|~息|~活|劳~。再引申指❼进行:群氐~梗,遂为边患|~乐|~报告。由有所作为,又进而引申指❽充当,当作:君当~磐石,妾当~蒲苇|~准|~废。由制作又引申指❾装作,做作:教那厮越妆模,越~势|~态。由开始制作,又引申指❿创作,创造,制定:述而不~,信而好古|始~俑者,其无后乎?|文章合为时而著,诗歌合为事而~|知(智)者~法,而愚者制焉|~曲|著~。由创作又引申指⓫作品:然《大风》《鸿鹄》之歌,亦天纵之英~也|佳~|杰~。

又读 zuō,由制作引申指⓬制作人,制作的场所:我是碾玉~,信州有几个相识,怕那里安得身|~坊|洗衣~|小器~。

〇做,是“作”的后起俗字,从人从故(表示前人所做之事)会意。读 zuò,表示❶人从事某种工作或活动:~活|~买卖。又表示❷制造:~桌子|~大衣|~诗。又表示❸充当:~组长|~中人|你净~好人。又表示❹装做:~假|~好~歹。又表示❺用做:文章被选~教材|拿什么~原料。又表示❻结成某种关系:~师徒|~夫妻。

总之“做”在干、从事这类具体意思上用法与“作”大同,但不用于兴起、创作等类抽象意思。

【组字】作,如今既可单用,也可作偏旁。现今仍归入人部。凡从作取义的字皆与起始、制作等义有关。

以作作声符的字有:窄、怎、痄、筰。

伶 líng (伶)

【字形】篆 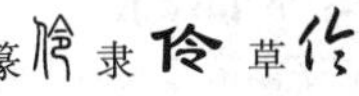 隶 伶 草

【构造】会意兼形声字。篆文从人从令(表示乐铃),会演奏作乐人之意,令也兼表声。隶变

后楷书写作伶。

【本义】《说文·人部》:"伶,弄(演奏乐器)也。从人,令声。"本义为演奏乐器的人,即弄人,乐官。相传黄帝时伶伦作乐,故称乐官为伶。

【演变】伶,本义指❶乐官,乐师:及其衰也,数十~人困之,而身死国灭。引申泛指❷表演歌舞的人,旧时戏曲演员:帝制新曲,教女~数十百人,衣珠翠缇绣,连袂而歌|~人|名~|老~|女~|优~|坤~。

又借作"怜"(líng),表示❸机灵:~牙俐齿|~俐。又用于联绵词❹"伶仃"(孤独、瘦弱的样子)、"伶俜"(孤单、孤立、漂泊的样子)中。"怜",其义由"伶"表示后,如今作了"憐"(lián)的简化字。参见"怜"。

佣 yōng;yòng (傭)

【字形】籀 古 篆 今篆

隶 佣 傭 草 佣 傭

【构造】会意兼形声字。籀文从人从庸(用),会被人雇佣之意,庸也兼表声。古文简化为从人从用,会佣金之意,用也兼表声。篆文整齐化。隶变后楷书写作傭。如今简化借古文"佣"来表示。是"庸"的加旁分化字。

【本义】《说文·人部》:"傭,均,直也。从人,庸声。"本义为佣力与受值均等。

【演变】佣,读 yòng,原作"用",名词,本义为❶中间人靠介绍买卖所取得的收入:~金|~钱。

又读 yōng,作为"傭"的简化字,动词,引申指❷被人雇佣:陈涉少时,尝与人~耕|雇~。用作名词,又指❸雇佣劳动者,仆人:乃自翦须变形,入林虑山中,隐匿姓名,为冶家~|~人|女~。又指❹工钱:厚其钱~,以饷饥人。

你 nǐ (尔、妳)

【字形】甲 金 篆 今篆

隶 你 妳 草 你 妳

【构造】形声兼会意字。第二人称代词"你"古代本借"尔"表示。上列甲、金、篆文,即尔。为了分化字义,后另加义符"亻",就成了楷书你,从人,尔声。用于女性也曾用妳,未广泛使用。参见尔。

【本义】《集韵·止部》:"你,汝也。"本义为第二人称代词。出现于南北朝后期。

【演变】你,本义为❶第二人称代词:~能作几年可汗?|~父打我时,竟不来救。又表示❷不确指哪个人:碰见这种事真叫~没办法。

【组字】你,如今既可单用,也可作偏旁。现今仍归入人部。凡从你取义的字皆与人称等义有关。以你作声兼义符的字有:您。

住 zhù

【字形】古 今篆 隶 住 草 住

【构造】会意兼形声字。古文从人从主(灯)会意,主也兼表声。隶变后楷书写作住。

【本义】《广韵·遇韵》:"住,止也。"本义为站住,停留,停止。

【演变】住,本义指❶站住,停留:蓟先生少~。引申指❷住宿,居住:君家何处~?妾~在横塘。又引申指❸停止:两岸猿声啼不~,轻舟已过万重山|雨~了|~手|~口。由停止不动,用作动词补语,表示❹停顿,静止:一下子难~了|听后他愣~了。又表示❺牢固,稳当:把~|拿~|捉~|刹~。又表示❻能够,胜任:支持得~|经受不~。古又借作"驻",表示❼驻扎:备用肃计,进~鄂县之樊口。

位 wèi;lì (竦、莅、涖)

【字形】甲 金 篆 今篆

隶 位 莅 涖 竦 草 位 莅 涖 竦

【构造】指事兼会意字。"位"在甲骨文和金文中同"立",是一人站在地上形,既表示站立,也表示站立的处所。为分化字义,篆文另加义符"亻"专用以表示人站立的位置,成为会意字。隶变后楷书写作位。

【本义】《说文·人部》:"位,列中庭之左右谓之位。从人、立。"本义为朝廷中群臣所处的位列。

【演变】位,读 wèi,本义指❶朝廷中群臣所处的位列:大夫、士日恪~著(门庭之间)以儆其官|

礼,朝廷不历~而相与言,不逾阶而相揖也|别其等,正其~。引申指❷职位,官位:不在其~,不谋其政|拜为上卿,~在廉颇之上。又指抽象的❸名分地位:品其名~,犹不失下曹从事|~卑未敢忘忧国|~卑言高。又泛指❹所在的位置:以戈杀驹伯、苦成叔于其~|座~|席~|铺~|舱~。用作量词,表示❺敬称人:诸~|列~|各~|来了几~朋友。

又读 lì,通“立”,表示❻立为:选同氏姓,~之宗子。又通“莅”,表示❼到:夫不明分,不责诚,而以躬亲~下。

○莅,篆文本作竦,从立从隶,会仆从站立听使唤之意,隶也兼表声。后借蒞来表示,从艸(艹)从水从位,会人站在那里整治水草之意,位也兼表声。俗省作莅。如今规范化用莅。读 lì,本义指❶到,来临:方叔~止,其车三千。引申指❷临视,治理:~中国而抚四夷。

【组字】位,如今既可单用,也可作偏旁。现今仍归入人部。凡从位取义的字皆与站立等义有关。以位作声兼义符的字有:莅、涖。

佛 fú;fó (佛、髴)

【字形】篆 隶 草

【构造】会意兼形声字。篆文从人从弗会意,弗也兼表声。隶变后楷书写作佛。异体有彿、髴。如今规范化,以佛为正体。

【本义】《说文·人部》:“佛,见不审也。从人,弗声。”本义为看不太清。

【演变】佛,读 fú,用于联绵词“仿佛”,异体有“彷彿”“髣髴”,表示❶似乎,好像:山有小口,仿~若有光。

又读 fó,用作梵语“佛陀”的省称,意为觉者,遂成为❷对佛教徒得道者的称呼,亦特指佛教的创始人释迦牟尼:西方有神,名曰~|事~求~,乃更得祸|临时抱~脚。

身 shēn

【字形】甲 金 篆 隶 草

【构造】象形字。甲骨文象人腹中有子形,或象一个大肚子怀孕妇女形。金文大同,子省为一点。篆文承金文并整齐化,一点变成一横。隶变后楷书写作身。

【本义】《说文·身部》:“身,躳也。象人之身。从人,厂声。”析形是就篆文所作的解说,不确,所释为引申义。本义当为身孕。

【演变】身,本义指❶身孕:大任有~,生此文王。引申泛指❷躯体:饿其体肤,空乏其~|必有寝衣,长一~有半|首~离兮心不惩|~强力壮。又引申指❸物体的主干或主体部分:船~|机~|树~。又引申指❹本身,自己:吾日三省吾~|以~作则|~先士卒|~临其境。用作动词,表示❺体验:尧舜性之也,汤武~之也,五霸假之也。用作状语,表示❻亲自:将军~披坚执锐,伐无道,诛暴秦……宜为王。由自身又引申指❼自己的生命:事君能致其~|奋不顾~|舍~取义。用于抽象意义,又指❽自身的品德,名节:既明且哲,以保其~|修~养性|洁~自好|立~处世。用作量词,用于❾一套衣服:一~中山装。

【组字】身,如今既可单用,也可作偏旁。现今仍设身部。凡从身取义的字皆与身体等义有关。

以身作义符的字有:躬、躭(耽)、躯、躾、躰、躲、躲、躳、躴、躵、躶(裸)、躷、躸、躹、躺、躻、躼、躽、躾、軁、軂、軃、軄、軅、軆、軇、軈、軉。

皂 zào (皁、早、草)

【字形】甲 金 古 篆

今篆 隶 皂皁早草

草

【构造】象形字。皁、皂与早本为一字。甲骨文象未成熟的栎(柞)实形,因其壳像斗,故称之为橡斗。金文大同。古文一形大同,二形另加四中,以强调其为植物。篆文讹为日在甲上。隶变后楷书承接金文和篆文分别写作皁、早。早,由于《说文》误为从日在甲上,后便专用以表示早晨;栎实之义篆文遂承古文二形省去二中写作“草”来表示。草,后又借用作“艸”,表示野草,栎实之义遂专用“皁”来表示,为避免皁与早相混,俗便曲其下体为皂。如今规范化,以皂为正体。

【本义】皁是《说文》中“草”的初文。《说文·艸部》:“草,草斗,栎实也。一曰象斗子。从艹,早声。”本义为栎实。

【演变】皂,本作“皁”,本义为❶栎实,或栎(柞)树:其动物,宜毛物;其植物,宜~物(柞栗之属)|~角|~斗。栎实可以染帛为黑,故引申指❷黑色:咨尔费(人名),赞禹功,其赐尔~游(旗上流苏)|不分青红~白。古代奴隶、差役穿黑衣,故又引申指❸奴隶,差役:王臣公,公臣大夫,大夫臣士,士臣~,~臣舆,舆臣隶,隶臣僚,僚臣仆,仆臣台|~隶。养马等活是奴隶做的事,故又引申指❹马,马槽,马栏:驽~|牛骥同一~。又指❺皂荚树的果实,即皂角,富含胰皂质,可去垢污,用以洗涤丝绸或贵重家具,不损光泽。有一种肥厚的皂荚,称肥皂荚,省称肥皂。西洋石碱传入中国后,因其功用与肥皂荚相同,初称为洋肥皂,后省称为肥皂:香~|药~。

〇早,本与“皂”为一字,因《说文》误为“从日在甲上”,故变读 zǎo,后专用以表示❶早晨:~操|~饭。引申指❷时间在先的:~春|~稻|~期。又引申指❸提早:卿相辅佐,人主之基杖也,不可不~具也|~到|~熟|~衰|~婚。又引申指❹很久以前:~先|~年|~已走了。

“早”之含义先秦借“蚤”表示。

〇草,从艹从早会意,早也兼表声。读 zào,本义指❶栎实。

又读 cǎo,后来借以表示“艸”,故又指❷草木。

这样,俗遂专用“皂”来表示栎实之义。

【组字】皂(早),如今既可单用,也可作偏旁。现今归入白部。凡从皂(早)取义的字皆与栎实、黑色等义有关。

以皂(早)作声兼义符的字有:草。

以皂作声符的字有:唣。

皀 jí;bī

【字形】

【构造】象形字。甲骨文象一碗香喷喷的白米饭形,下边是碗,上边是米,小点象征香气。金文简化。篆文整齐化。隶变后楷书写作皀。注意:与“艮”“良”皆不同。

【本义】《说文·皀部》:“皀,谷之馨香也。象嘉谷在裹中之形,匕所以扱之。或说,皀,一粒也。”析形不确。本义当为一碗香喷喷的白米饭。

【演变】皀,读 jí,由本义一碗香喷喷的白米饭,引申指❶五谷的香味。

又读 bī,表示❷一粒。

由于皀作了偏旁,五谷馨香之义便又另造了从黍从甘的“香”字来表示,皀则只表示一粒。

【组字】皀,如今不单用,只作偏旁,作偏旁时省作艮。现今归入白部。凡从皀取义的字皆与米饭等义有关。

以皀作声兼义符的字有:即、既。

皃 mào (貌)

【字形】

【构造】象形字。甲骨文和金文皆象突出的人面轮廓形。古文与页略同,象人面束发之形。篆文省去发并整齐化。隶变后楷书写作皃。是貌的本字。

【本义】《说文·皃部》:“皃,颂仪也。从儿,白象面形。貌,籀文皃,从豸。”本义为仪态容貌。

【演变】皃,本义指仪态容貌。由于“皃”作了偏旁,便又另加声符“豸”(猫)写作“貌”来表示。参见貌。

【组字】皃,如今不单用,只作偏旁。现今归入白部。凡从皃取义的字皆与头面等义有关。

以皃作义符的字有:覍(弁)、貌。

囱 chuāng;cōng (匆、窗、牖、窓、窻、牕)

【字形】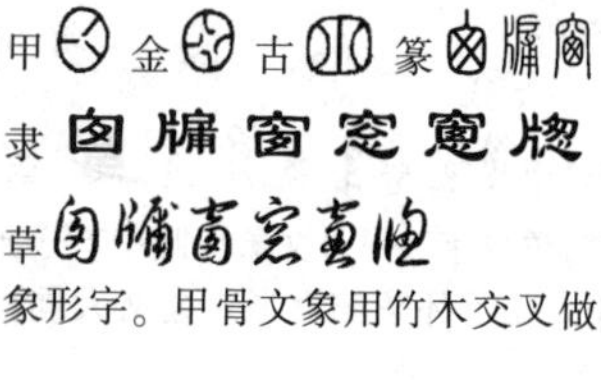

【构造】象形字。甲骨文象用竹木交叉做成的简易窗棂形。金文大同。古文稍变。篆文讹近“由”形,因为“由”是古代竹木编织的圆形器具,与古代用竹木交叉做成的简易窗户相近。隶变后楷书分化为囱和匆二体,表义有分工。

【本义】《说文·囱部》:“囱,在墙曰牖,在屋曰囱。窗,囱或从穴。”本义指开在屋顶上的天窗。是“窗”的初文。

【演变】囱,读 chuāng,本义指❶屋顶上的天窗。引申也指❷墙上的窗户:端正当~户。

又读 cōng,因天窗是在屋顶上的窟窿,故遂引申指❸灶突,即今之烟囱。

由于“囱”后来专用以表示烟囱,天窗的意思便另加义符“穴”写作“窗”来表示,墙上的窗户之义则另造了“牖”字来表示。

○窗,从穴从囱会意,囱也兼表声。异体作窓、窻、牕。读 chuāng,本义指❶开在屋顶通光透气的天窗:凿~启牖,以助户明也。后引申泛指❷一切窗户。

○牖,从片从户会意,甫声。读 yǒu,本义指在墙上穿洞用木条交叉做的窗户:于以奠之,宗室~下|伯牛有疾,子问之,自~执其手|户~。

【组字】囱(匆),如今既可单用,也可作偏旁。现今囱归入囗部,匆归入勹部。凡从囱(匆)取义的字皆与窗户透明等义有关。

以囱(匆)作声兼义符的字有:恩(忽)。

近 jìn

【字形】籀 篆 隶 草
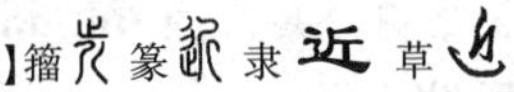

【构造】形声兼会意字。籀文从止,斤声,斤为斧,盖为古代狩猎逼近野兽之意。篆文改为从辵(辶),其义不变。隶变后楷书写作近。

【本义】《说文·辵部》:“近,附也。从辵,斤声。”本义为空间距离短。

【演变】近,本义指❶空间距离短:人无远虑,必有~忧|离学校~|从这儿走~。引申指❷关系密切:襄子必~幸子|他俩走得~|~亲|亲~。又引申指❸程度浅:言~而旨远者,善言也|语言浅~。又引申指❹相差不多:昔子产治郑,诸侯不敢加兵,蜀相(诸葛亮)其~之矣|他俩的成绩相~。

【组字】近,如今既可单用,也可作偏旁。现今仍归入辵(辶)部。凡从近取义的字皆与不远等义有关。

以近作声兼义符的字有:靳。

役 yì (伇)

【字形】甲 金 籀 篆 隶 草

【构造】会意字。甲骨文从殳(手持长柄圆头兵器)从人,会手持兵器殳服兵役之意。金文另加义符卩(亦人),以强调戍边驱敌之意。籀文改为手持弓。篆文将人变成彳(道路),突出行役之意。隶变后楷书写作伇和役。如今规范化用役。

【本义】《说文·殳部》:“役,戍边也。从殳,从彳。伇,古文役,从人。”本义为服兵役戍守边疆。

【演变】役,本义指❶服兵役:君子于~,不知其期|现~。引申泛指❷服劳役:妇人~州县,丁男事征讨。又引申指❸驱使,役使:为供豪者粮,~尽匹夫力|奴~。用作名词,指❹战事:淮海战~。又引申指❺出劳力的事:劳~|徭~。又引申指❻被使役的人:差~|兵~。

【组字】役,如今既可单用,也可作偏旁。现今归入彳部。凡从役取义的字皆与使役等义有关。

以役作声符的字有:疫。

辵 chuò (辶)

【字形】甲 金 篆 隶 草
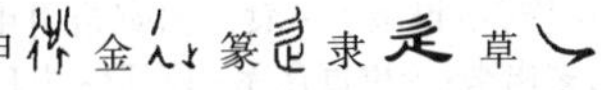

【构造】会意字。甲骨文从行(大街)从止(脚),会在街上走路之意。金文省去半条街。篆文整齐化。隶变后楷书写作辵。作偏旁时写作辶。

【本义】《说文·辵部》:“辵,乍行乍止也。从彳,从止。”释义不确。本义当为走路。

【演变】辵,本义指❶走路。又指❷越级跨台阶:~阶而走。引申指❸疾走。由于《说文》的解说,遂又表示❹步履踌躇。

【组字】辵,如今不单用,只作偏旁。作偏旁时写作辶。现今仍设辵(辶)部。凡从辵取义的字皆与走路等义有关。

以辵作义符的字有：辽、边、迂、过、达、迈、迁、迄、迅、巡、进、远、违、运、还、连、迕、近、返、迎、这、迟、述、迪、迥、迭、迤、迫、迩、迢、迨、速、适、追、逅、逃、迹、迷、送、选、逊、逆、退、逑、迸、逗、逍、逞、逝、逐、逦、造、透、途、逛、逢、递、通、逡、逵、逶、逸、逮、逼、遇、遏、遗、遄、遑、遁、逾、遒、遂、道、遍、遐、遨、遘、遣、遢、遥、遛、遭、遮、遴、遵、遽、邀、邂、避、邈、邃。

余 yú
（餘、舍）

【字形】甲  金  篆 
隶 余馀餘 草 

【构造】象形、会意兼形声字。甲骨文象初民构木为巢所搭的简易茅屋形。金文增加两根支撑。篆文整齐化。隶变后楷书写作余。如今又作了“餘”的简化字。餘，篆文从食从余(房舍)会意，表示有住房有吃的，余也兼表声。隶变后楷书写作餘。如今简化，其义皆由余表示。

【本义】《说文·八部》：“余，语之舒也。从八，舍省声。”析形是就篆文所作的解说，所释为引申义。本义当为茅屋。又《食部》：“餘，饶也。从食，余声。”本义为食物宽裕。

【演变】余，本义指❶茅屋。后借为代词，表示❷第一人称：名～曰正则兮，字～曰灵均。

用作“餘”的简化字，又表示❸宽裕：今力田疾作，不得暖衣～食。由宽裕引申指❹剩下，多出来：今也每食无～｜不遗～力｜～钱。又指❺遗留：周～黎民，靡有孑遗｜残～。又指❻其他的，另外的：与父老约，法三章耳：杀人者死，伤人及盗抵罪。～悉除去秦法｜工作之～｜业～。又指❼零头：溺死者千有～人｜开仓赈禀(廪)三十～郡。

“余”为借义所专用，茅屋之义便另造了“舍”字来表示。参见舍。

【组字】余，如今既可单用，也可作偏旁。现今归入人部。房屋是供人休息舒展身心之用的，故凡从余取义的字皆与舒展等义有关。

以余作声兼义符的字有：舍、叙、除、徐、餘、涂、途。

以余作声符的字有：荼、狳、梌、斜、畲、蜍、艅、酴。

佘 shé

【字形】汉印  今篆  隶 佘 草 

【构造】象形字。佘是由“余”分化出的一个字。甲、金、古、篆文皆同余。汉印将“余”下边竖画断开，即成为楷书的“佘”，这样就讹变成了从人示声。其实与“余”为一字，也是茅舍。参见余。

【本义】《通志·氏族略五》：“佘氏，音蛇。从示。”本义当为茅舍。后用为姓。

【演变】佘，同“余”，本义为茅舍，是“舍”的初文。“余”即“舍”，“佘”也即是“舍”。古有余姓，是由余(西戎首领)之后。后来“余”分化出 yú、shé(“畲”即从余取音)二音，为了相区别，遂将下边断开写作“佘”，成为姓氏专用字。宋人常自称为“洒家”，其实即是“舍家”之音变，与从“舍”取音的“啥”字音近。

【组字】佘，如今既可单用，也可作偏旁。现今归入人部。凡从佘取义的字皆与房舍等义有关。

以佘作声符的字有：赊、畲。

希 xī
（稀）

【字形】古  篆  今篆  隶 希稀
草 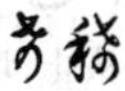

【构造】会意字。古文从巾从爻(交织篱笆形)，会像篱笆一样织得稀疏的麻布之意。隶变后楷书写作希。是稀的本字。

【本义】希，《说文》失收。《尔雅·释诂下》：“希，罕也。”所释为引申义。本义当为麻布织得不密。

【演变】希，由本义麻布织得不密，引申泛指❶稀疏：鼓瑟～，铿尔，舍瑟而作｜鸟兽～革(羽毛稀疏改易)。又引申指❷稀少：不念旧恶，怨是用～｜物以～为贵。少见之物人所企求，又

引申指❸希望：知慧之人，~主好恶｜但恐恭敬不周，怎敢~报乎？｜~准时出席。又进而引申指❹仰慕：吾~段干木，偃息藩魏君｜加其膏而~其光。

“希”为引申义所专用，稀疏之义便借当禾苗不密讲的“稀”来表示。

○稀，从禾从希会意，希也兼表声。读 xī，本义指❶禾苗稀疏：种豆南山下，草盛豆苗~。引申泛指❷稀疏：门前冷落鞍马~｜月明星~。又引申指❸稀少：不惜歌者苦，但伤知音~｜古~之年。又引申指❹稀薄：和~泥｜~粥。又引申指❺程度深：打了个~巴烂。

【组字】希，如今既可单用，也可作偏旁。现今归入巾部。凡从希取义的字皆与不密、企求等义有关。

以希作声兼义符的字有：绨、睎、稀。

以希作声符的字有：郗、唏、浠、晞、欷、烯、狶。

佥 qiān（僉）

【字形】甲　金　古　篆　隶 佥 僉

草

【构造】会意字。甲骨文从亼（会合）从吅（二口）从从（二人），会众人同说之意。金文大同。古文稍变。篆文整齐化。隶变后楷书写作僉。如今简化作佥。

【本义】《说文·亼部》：“僉，皆也。从亼，从吅，从从。”本义为众人同说。

【演变】佥，由本义众人同说，引申指❶众人：宜登中枢，以副~望。又引申指❷皆，都：询谋~同｜此贤愚之所以~忘其身者也。又引申指❸共同：人谋谅难~。后多作“簽”（签），指❹在文书上书写名字，画花押：开宝四年九月，凡枢密院官皆只押字，不~名。此义后作签。参见签。

【组字】佥，如今既可单用，也可作偏旁。现今归入人部。凡从佥取义的字皆与会合等义有关。

以佥作声兼义符的字有：俭、敛、殓、裣。

以佥作声符的字有：险、剑、匳（奁）、猃、莶、捡、验、检、脸、睑、硷、签。

坐 zuò（座）

【字形】古　篆　今篆　隶 坐 座

草 坐 座

【构造】会意字。古文是二人相对居处于祭坛（土）前，面对土地神争讼曲直之意。篆文将二人误为从留省。隶变后楷书承古文写作坐。

【本义】《说文·土部》：“坐，止也。从土，从留省。土，所止也。此与留同意。”这是就篆文所作的解说。本义当为对神互相辩讼。

【演变】坐，由本义对神互相辩讼，引申为❶在法庭辩讼：躬~狱讼。又引申为❷由……而获罪：迁侍中中郎，~法免｜连~｜反~。进而引申指❸因，因为：来归相怨怒，但~观罗敷｜停车~爱枫林晚。又引申指❹跪坐（两膝着席，臀部靠在脚跟上）：项王、项伯东向~｜席地而~｜~椅｜请~｜~下。又引申泛指❺居处在，放在：~车｜~北朝南｜火上~把壶。又引申指❻物体向后移动：房子往后~一尺｜这炮后~力大。又引申指❼植物结果实：棉花~桃了。❽停坐的地方，坐席：先自度其足，而置之其~｜一~称善。此义后写作“座”。

○座，从广（房屋）从坐会意，坐也兼表声。读 zuò，本义指❶停坐之处：（崔）瑗兄璋为人所杀，瑗遂手刃其仇，亡命，蒙赦而去，作此铭以自戒，尝置~右，故曰~右铭也｜~次表｜满~。引申指❷承托物体的底座：钟~｜塔~。又引申指❸星座：大熊~。又用作❹量词：一~楼｜两~大山。

【组字】坐，如今既可单用，也可作偏旁。现今仍归入土部。凡从坐取义的字皆与摧沮等义有关。

以坐作声兼义符的字有：座、剉、挫、莝、锉、矬。

以坐作声符的字有：唑、脞、痤。

谷 gǔ（穀）

【字形】甲　金　篆

隶 谷 穀 草

【构造】会意字。甲骨文上像水流，下像山涧泉口，会泉水流出山涧泉口之意。金文大同。

篆文整齐化。隶变后楷书写作谷。如今又作了“穀”的简化字。穀，从禾从㱿(壳)会意，表示谷物是带壳的，㱿也兼表声。注意：谷与𧮫(jué)不同。参见𧮫。

【本义】《说文·谷部》：“谷，泉出通川为谷。从水半见，出于口。”本义为山涧泉水。又《禾部》：“穀，续也，百穀之总名。从禾，㱿声。”本义为谷物。

【演变】谷，本义指❶山涧泉水，也泛指水流：无障～，无贮粟｜山居而～汲者｜江河所以长百～者，能下之也。又引申指❷山谷：高岸为～，深～为陵｜在～满～，在坑满坑｜虚怀若～。又比喻❸困境：人亦有言，进退维～。又读 yù，用作“土谷浑”，指❹我国古代西北少数民族名。

用作“穀”的简化字，表示❺谷物，庄稼粮食的总称：亟其乘屋，其始播百～｜五～丰登。现代又特指❻谷子(去皮为小米)：到田里拾～穗去了。参见穀。

【组字】谷，如今既可单用，也可作偏旁。现今仍设谷部。凡从谷取义的字皆与山谷、水流等义有关。

以谷作义符的字有：㣶、谺、谹、𧮭、谽、谾、谿(溪)、豀、豁、𧯄、豂、𧯝、豅。

以谷作声兼义符的字有：峪、浴。

以谷作声符的字有：俗、欲、裕、鹆。

以穀作声符的字有：瀫。

𧮫 jué (㗾、臄、噱)

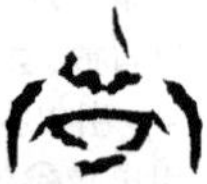

【字形】甲　金　古　篆　　隶 噱 臄　草

【构造】象形字。甲、金、古文皆从大口，象张大口之形。口张大，口上必形成皱纹。由于篆文上边“大”形讹断，所以《说文》遂讹为下从口，上象口上腭纹理形。隶变后楷书写作𧮫。异体有㗾、臄、噱。注意：𧮫与谷本不同，如今楷书已混同不分。

【本义】《说文·𧮫部》：“𧮫，口上阿(腭)也。从口，上象其理。㗾，𧮫或如此。臄，或从肉，从豦。”本义为口上腭。

【演变】𧮫，本义指❶口上腭。又引申指❷大笑。

由于“𧮫”作了偏旁，其义便另造了形声字“㗾、臄、噱”来表示。如今规范化用噱。

○噱，从口，豦声，豦也兼表激烈之意。读 jué，本义指❶大笑：皆引满举白，谈笑大～。

又读 xué，现代方言中表示❷发笑：发～｜～头。

【组字】𧮫，如今不单用，只作偏旁。现今归入谷部。凡从𧮫取义的字皆与口上腭等义有关。以𧮫作声符的字有：㕁(却)、郤。

釆 biàn

【字形】甲　金　篆　隶 釆　草

【构造】象形字。甲骨文象兽蹄爪掌印形。金文还画出了蹄腕。篆文整齐化。隶变后楷书写作釆。注意：与从木的“采”字不同。

【本义】《说文·釆部》：“釆，辨别也。象兽指爪分别也。”所释为引申义。本义当为兽蹄印。是番、蹯的本字。

【演变】釆，本指兽蹄印，也指兽蹄。古代人们逐兽，以辨别蹄迹来确认，由此引申为辨别、分别之义。由于釆作了偏旁，兽蹄之义便另造了“番、蹯”来表示，辨别之义则借“辨”来表示。参见各字。

【组字】釆，如今不单用，只作偏旁。现今仍设釆部。凡从釆取义的字皆与兽蹄、辨识等义有关。

以釆作义符的字有：悉、积、释、釉。

以釆作声兼义符的字有：番。

寽 lǚ；lüè (捋)

【字形】甲　金　古　篆　　隶 寽 捋　草

【构造】会意字。甲骨文像下边一只手(又)抓住一根棍的一端，另一只手(爪)五指轻握，向另一头滑动抹取之状，会捋取之意。金文将条状的棍改为横截面(圆点)视之。古文将“又”改为“寸”，也是手，其义不变。篆文整齐化。隶变后楷书写作寽。当是“捋”的本字。

【本义】《说文·爪部》：“寽，五指持(寽)也。从爪，一声。”析形不确。本义为用五指捋取。

【演变】寽,读 lǚ,本义指❶用五指捋取。又引申指❷五指。

又读 lüè,同"锊",量词,指❸古代重量单位。约六两半多。

后寽作了偏旁,用五指捋取之义便又另加义符"扌"写作"捋"来表示。

○捋,从扌从寽会意,寽也兼表声。读 luō,本义指❶用五指捋取:采采芣苢(车前子),薄言~之。

又读 lǚ,引申指❷用手指顺着抹过去,使顺溜:行者见罗敷,下担~髭须|~胡子。

【组字】寽,如今不单用,只作偏旁。现今归入寸部。凡从寽取义的字皆与手的动作有关。

以寽作声兼义符的字有:捋、锊、酹。

以寽作声符的字有:埒、虢。

豸 zhì

(貓、猫、虥)

【字形】甲 金 篆 今篆 隶 豸

猫 貓 虥 草

【构造】象形字。甲骨文象团头、长脊、修尾的猫形。金文偏旁大同。篆文整齐化。隶变后楷书写作豸。今作偏旁时有的简化作"犭"。

【本义】《说文·豸部》:"豸,兽,长脊,行豸豸然,欲有所司杀形。"本义为猫。《尔雅·释虫》:"有足谓之虫,无足谓之豸。"又指无足的虫豸。

【演变】豸,本义指猫,当初也读"猫"音("貌"从"豸"取声即是证明)。后用为猫类猛兽的泛形标志。由于《尔雅》的误解,遂用以表示❶像蚯蚓一类无脚的虫子:打虫~,好不好?又借作"廌",用作"獬豸",指❷古代传说中的一种能辨别是非曲直的神兽:东北荒中有兽名獬~,一角,性忠,见人斗,则触不直者;闻人论,则咋不正者。因此,❸古代把法官戴的一种帽子叫作"獬豸冠":闻欲朝龙阙,应须拂~冠。

由于"豸"作了偏旁,猫的意思便又另加声符"苗"写作"貓"来表示。

○貓,从豸,苗声,苗也兼表叫声似"苗"音之意。如今简化作猫,读 māo,是一种❶猫类野兽名,即虥(zhàn):有熊有罴,有~有虎。又指❷捕鼠的猫:迎~,为其食田鼠也。用作动词,表示像猫一样❸弯腰:~着腰。

○虥,从虎,戔省声,戔也兼表意。读 zhàn,本义为浅毛虎,虎之浅毛者:松瘿忽似狖,石文或如~|~猫。

【组字】豸,如今既可单用,也可作偏旁。现今仍设豸部。凡从豸取义的字皆与猫类猛兽等义有关。

以豸作义符的字有:豹、豺、豻、豼、豽、豾、豿(狗)、貀、貁、貂、貃、貄、貅、貆、貇、貈、貉、貊、貋、貍(狸)、貏、貐、貑、貓、貓(猫)、貔、貕、貖、貗、貘、貙、貚、貛(獾)、貜。

以豸作声符的字有:貌。

妥 tuǒ

【字形】甲 金 篆 隶 妥 草

【构造】会意字。甲骨文从爪(覆手)从女,会以手相安抚,令女安坐下来之意。金文大同。篆文整齐化。隶变后楷书写作妥。是"绥"的初文。参见夂(绥)。

【本义】妥,《说文》段注:"妥,安也。从爪、女。妥与安同意。"《尔雅·释诂下》:"妥,坐也。"本义为手抚女令其安坐。

【演变】妥,本义指❶安坐:~而后传言。引申泛指❷安稳,安定:北州以~|~定。又引申指❸合适:安置~帖平不颇|~当|欠~|~协。又引申指❹完备,齐备:事已办~|谈~。

【组字】妥,如今既可单用,也可作偏旁。现今归入女部。凡从妥取义的字皆与以手安抚等义有关。

以妥作声兼义符的字有:挼、绥。

以妥作声符的字有:馁、荽。

孚 fú

(孵、浮、稃、俘)

【字形】甲 金 篆

今篆 隶 孚 孵 浮 稃 俘

草

【构造】会意字。甲骨文一形从爪从卵,会孵卵之意;二形从爪从子,会抱子哺乳之形,当是"乳"字的简化。金文大同。篆文整齐化。隶变后楷书写作孚。

【本义】《说文·爪部》:“孚,卵孚也。从爪,从子。一曰信也。”所释为引申义。本义为抱子哺乳。

【演变】孚,本义指❶抱子哺乳。引申指❷鸟孵卵:夫鸿鹄之未~于卵也。人生子和鸟孵卵皆有定期而不失信,故引申指❸诚信:永言配命,成王之~|少公虽~,宗卿未验。用作使动,又进而引申指❹使人心服:小信未~,神弗福也|深~众望。鸟孵卵必伏于蛋上而后雏出于壳中,故又引申指❺浮在面上。进而引申指❻种子的外皮。人抱子与抓俘虏有相似之处,故又引申为❼俘获:~人万三千八十一人。

为了分化字义,后来专用“孚”来表示诚信之义,孵卵之义则另加义符“卵”写作“孵”来表示,浮在面上之义则另加义符“氵”写作“浮”来表示,种子的外皮之义则另加义符“禾”写作“稃”来表示,俘获之义则另加义符“亻”写作“俘”来表示。

〇孵,从卵从孚会意,孚也兼表声。读 fū,本义指孵化:~小鸡。

〇浮,从水从孚会意,孚也兼表声。读 fú,本义指❶漂在水(或液体)表面:乘桴~于海|~桥|~力。引申指❷飘在空中:不义而富且贵,于我如~云。又进而引申指❸虚浮,不切实际:必先(提倡)淳朴而抑~华|~名。又引申指❹浮躁:教之乐,以疏其秽而镇其~|轻~。由浮在上面,又引申指❺超过,超出:其罪又~于高拱|人~于事。又引申指❻表面的:扒开~土|只是一张~皮。

〇稃,从禾从孚会意,孚也兼表声。读 fū,本义指❶谷壳:撚粉团栾意,熬~膈膊声。又泛指❷草本植物子实的硬壳:九月中子熟,刈之;候~燥载聚,打取子。

〇俘,甲骨文从彳从孚,会军获驱俘虏以行之意,孚也兼表声。篆文改为从亻从孚。读 fú,本义指❶俘获:~我王官,翦我羁马。用作名词,指❷俘获的敌人:今臣亡国贱~,至微至陋|战~。

【组字】孚,如今既可单用,也可作偏旁。现今归入子部。凡从孚取义的字皆与抱、抓等义有关。

以孚作声兼义符的字有:俘、郛、莩、浮、桴、稃、孵、脬。

以孚作声符的字有:蜉、殍。

含 hán
(琀、唅)

【字形】金 篆 隶 含琀唅 草

【构造】形声兼会意字。金文和篆文皆从口从今(饮),会将东西放在口中之意,今也兼表声。隶变后楷书写作含。

【本义】《说文·口部》:“含,嗛(衔)也。从口,今声。”本义为把东西放在口中。

【演变】含,本义指❶把东西放在口中:~哺而熙(嬉),鼓腹而游|~沙射影|~英咀华。又引申指❷包容在里面:窗~西岭千秋雪,门泊东吴万里船|~苞待放。又引申指❸宽容:人命所系,宜~宥之。又引申指❹带着某种思想感情不表露出来:~怒未发|~情脉脉|~笑。又引申指❺忍受:~辛茹苦|忍辱~垢|~蓼问疾(含辛辣之蓼,问病济贫,抚慰百姓)。又同“琀、唅”,特指❻古代放在死者口中的珠玉米贝等物:将敛,家无珠玉为~|死则不得饭~。

〇琀,从玉从含会意,含也兼表声。异体作唅,改为从口。名词,特指古代放在死人口中的珠玉等:人臣卒,给之~玉,欲使骨不朽耳。

【组字】含,如今既可单用,也可作偏旁。现今仍归入口部。凡从含取义的字皆与口或包容等义有关。

以含作声兼义符的字有:唅、琀、晗、焓、颔。

以含作声符的字有:浛。

邻 lín
(鄰、隣)

【字形】甲 古 篆 今篆 隶 邻鄰 草

【构造】会意兼形声字。甲骨文从二口,从文(文身之人),会初民居室相连之意。古文一形改为从邑(阝)从粦(走动的火),用可走去借火会相近之意,粦也兼表声。篆文整齐化。隶变后楷书写作鄰。异体作隣。如今承古文二形简化作邻。

【本义】《说文·邑部》:"鄰,五家为邻也。从邑,粦声。"本义为古代的一种居民组织。

【演变】邻,本义指❶古代的一种居民组织:五家为~,五~为里。引申指❷邻居:其家甚智其子,而疑~人之父|海内存知己,天涯若比~|东~西舍|~居。又引申指❸接近:穷困憔悴,~于死亡|~国|~县|~近|~角|~邦|~座。

岔 chà

【字形】古　今篆　隶　草

【构造】会意字。古文从分从山,会由主山脉分出的支脉之意。隶变后楷书写作岔。

【本义】后起字。《通雅·谚原》:"岔,山岐曰岔。"本义为山脉的分支。

【演变】岔,由本义山脉的分支,引申泛指❶分歧的:到了一个三~路口|山~|~流。又引申指❷转换话题:把话~开|别打~。又引申指❸互相错开:把语文和数学上课的时间~开,他就都能上了。又引申指❹错误:不得了,出~子了。又引申指❺声音失常:你听,气得声都~了。

肝 gān

【字形】籀　篆　隶　草

【构造】形声兼会意字。籀文从月(肉),干声,干也兼表卫护之意。篆文整齐化。隶变后楷书写作肝。

【本义】《说文·肉部》:"肝,木藏(脏)也。从肉,干声。"本义为肝脏。

【演变】肝,本义指❶肝脏:取狗~一|猪~。肝胆相连,故用"肝胆",又比喻❷关系密切:诗人比兴,触物圆(全面)览,物虽胡越(喻疏远),合则~胆。肝胆为内脏,故又比喻❸真心诚意:臣愿披腹心,输~胆,效愚计|披~沥胆|~胆相照。又比喻❹豪情壮志:穷途致感激(感动激发),~胆还轮囷(高大)。又比喻❺血性,勇气:~胆过人。

肚 dù;dǔ

【字形】古　今篆　隶　草

【构造】形声兼会意字。古文从月(肉),土声,土也兼表突起之意。隶变后楷书写作肚。

【本义】《玉篇·肉部》:"肚,腹肚。"本义为腹部。

【演变】肚,读dù,本义指❶腹部:屠户横披了衣服,腆着~子去了。引申指❷圆而凸起像肚子的:腿~子似乎还要转筋。

又读dǔ,指❸动物的胃:我思量些羊~汤儿吃|猪~子|羊~子毛巾。

肘 zhǒu

【字形】甲　金　古　篆　隶

草

【构造】指事兼会意字。甲骨文是在胳膊肘弯处加一半圆形,指出肘头之所在。金文大同。古文另加义符月(肉)。篆文整齐化,成为从肉从寸(手),会上下臂交接弯曲处向外突起部之意。隶变后楷书写作肘。

【本义】《说文·肉部》:"肘,臂节也。从肉,从寸。寸,手寸口也。"本义指上下臂交接弯曲处向外突起部,即胳膊肘。

【演变】肘,本义指❶上下臂交接弯曲部:自始合,而矢贯余手及~,余折以御|宓子贱令二人书,吏方持书,宓子贱从旁时掣摇其~,吏书之不善,则宓子贱为之怒,吏甚患之,辞而请归|捉襟见~|胳膊~儿|掣~。用作动词,指❷用肘触人:魏桓子~韩康子。又指❸拉住肘部:高声索果栗,欲起时被~。

【组字】肘,如今既可单用,也可作偏旁。现今仍归入月(肉)部。凡从肘取义的字皆与手臂、扯拉等义有关。

以肘(省)作声符的字有:纣、酎。

肠 cháng (腸、膓)

【字形】篆　隶　肠 腸 膓　草

【构造】会意兼形声字。篆文从月(肉)从昜(阳光下射而长)会意,昜也兼表声。隶变后楷书写作腸。异体作膓,改为昜声。如今皆简化作肠。

【本义】《说文·肉部》:"腸,大小肠也。从肉,昜声。"本义为内脏之一的肠子。

【演变】肠,本义指❶大小肠:大~者,传道官,变化出焉;小~者,受盛之官,化物出焉|~炎|脑满~肥。由内脏器官,引申指❷内心感情:刚~嫉恶,轻肆直言|倾诉衷~|情~|忠~。

【组字】肠,如今既可单用,也可作偏旁。现今仍归入月部。凡从肠取义的字皆与肠子等义有关。

以肠作声符的字有:蕩。

𠯑 guā (舌)

【字形】金 篆 隶 草

【构造】会意兼形声字。金文从口从氒(矢栝,用以卡住弦以便扣动射箭)省,表示将口卡住,氒也兼表声。篆文变得不像了。隶变后楷书写作𠯑。

【本义】《说文·口部》:"𠯑,塞口也。从口,氒省声。"本义为塞口。

【演变】𠯑,本义指塞口,即箭羽间。隶变后楷书本应写作𠯑。作偏旁时俗讹作舌,遂与舌头的"舌"相混,其实二字完全不同。要注意分清楷书中字面上从"舌"的字,到底哪个是从𠯑的,哪个是从舌头的"舌"的。

【组字】𠯑,如今不单用,只作偏旁。现今仍归入口部。凡从𠯑取义的字皆与扣动矢栝射箭等义有关。

以𠯑作声兼义符的字有:刮(颳)、括、栝、适(适)、筈、活。

以𠯑作声符的字有:话、蛞、鸹、聒。

甸 diàn (佃)

【字形】金 篆 隶 草

【构造】会意字。金文从田从人,表示人耕治之田。篆文承金文并分化出一个从勹(人屈身有所包)从田的甸字,表示围绕都城五百里内的天子之田。隶变后楷书分别写作佃与甸。如今二字表义有了分工。

【本义】《说文·田部》:"甸,天子五百里地。从田,包省。"本义指围绕王城五百里内的王田。

【演变】甸,本义指❶王田:邦内~服(为天子服治田)。引申泛指❷郊外的地方:郭(外城)外曰郊,郊外曰~。又泛指❸田野:潮平见楚~|草~子。又表❹治理:信彼南山,维禹~之。

○佃,读 tián,表示❶耕种田地:民虽不~作,而足于枣栗矣。

又读 diàn,表示❷农民租种地主的田地:募贫民~之|~户。

【组字】甸,如今既可单用,也可作偏旁。现今仍归入田部。凡从甸取义的字皆与郊野等义有关。

以甸作声兼义符的字有:淘、萄、蜪。

龟 guī;jūn;qiū (龜、龜、皸、皲)

【字形】甲 金 籀 篆 隶 草

【构造】象形字。甲骨文象侧视的乌龟形。金文象从上面看的乌龟形。籀文象从上面看的乌龟简形。篆文承甲骨文并整齐化。隶变后楷书写作龜。异体作龜。如今简化作龟,取籀文的轮廓。

【本义】《说文·龜部》:"龜,舊(旧)也,外骨内肉者也。龟头与它(蛇)头同,象足、甲、尾之形。"本义为乌龟。

【演变】龟,读 guī,本义指❶乌龟:麟、凤、~、龙,谓之四灵|神~虽寿,犹有竟时。古人用龟甲占卜,故引申指❷用作占卜的龟版或占卜:~策(占卜用的蓍草)诚不能知此事|我~既厌,不告我猷。占卜能决疑,故又引申指❸借鉴:未为上圣之~鉴,何足以为陛下道之哉!|斯则前世之懿事,后王之元~。又特指❹金饰龟袋(唐代三品以上官员所佩):太子宾客贺公,于长安紫极宫,一见余,呼余为"谪仙人",因解金~,换酒为乐。古代印纽多为龟形,故又指代❺印章:纽~鸣玉,紫盖朱轩。

又读 jūn，义同“皲”（皸），指❻手足皮肤因寒冷或干燥而拆裂：宋人有善为不～手之药者。

又读 qiū，用于“龟兹（cí）”，指❼汉代西域国名。

○皸，从皮，军声。读 jūn，本义指手足皮肤因寒冷或干燥而拆裂：大雪深数尺，足肤～裂而不知。

【组字】龟，如今既可单用，也可作偏旁。现今仍设龟部。凡从龟取义的字皆与乌龟等义有关。

以龟作义符的字有：𪚧（焦）、𪚩、鼈（鳖）。

以龟作声符的字有：阄、𪚲（秋）。

奂 huàn（奐）

【字形】金 古 篆 隶 奂 奐 草

【构造】会意字。金文上从人，下从廾（双手），中为穴居窑洞，会上下人手共同建造高大敞亮的穴居之意。古文简化。篆文整齐化。隶变后楷书写作奐。如今简化作奂。

【本义】《说文・廾部》：“奐，取奂也。一曰大也。从廾，敻省。”析形不确。本义当为建造高大的穴居。

【演变】奂，由本义建造高大的穴居，引申泛指❶盛大：美哉轮（轮囷，高大）焉，美哉～焉。又引申指❷文采鲜明：～～其宫，礼乐其融。又指❸分散陈列：丛集累积，～衍于其侧。

【组字】奂，如今既可单用，也可作偏旁。现今归入大部。凡从奂取义的字皆与盛大等义有关。

以奂作声兼义符的字有：换、涣、唤、焕、痪。

免 miǎn；wèn（冕、絻、绕、娩、俛）

【字形】甲 金 古 篆 今篆 隶 免 娩 冕 絻 草

【构造】象形兼会意字。甲骨文象人戴折成羊角样的丧帽俯身而吊形。古代丧礼，先脱掉冠，然后用白布包裹发髻，上边裹出羊角样的两个尖角，免即此风俗的写照。如今农村丧帽仍以白布勒在头上折成两个羊角形的尖角。金文简化。古文稍讹。篆文（偏旁）整齐化。隶变后楷书写作免。

【本义】免，《说文》失收。《广雅・释诂四》：“免，脱也。”所释为引申义。本义当为丧冠。

【演变】免，读 wèn，本义指❶丧冠：闻晋侯将至，使以～服衰绖逆（迎）。此义后作“絻”。

又读 miǎn，由去冠而戴免，引申为❷脱掉，除去，罢黜：乃～胄而进｜～粟（脱皮之粟）之食饱｜～冠｜～费｜～税｜豁～｜～职｜罢～。进而引申为❸躲开，避免：临财毋苟得，临难毋苟～｜～疫功能｜以～上当。又引申为❹释放，离开：奇而～之｜始～襁褓。用作副词，表示❺勿，不可，不要：闲人～进｜～开尊口。妇女产子也常用布巾包头防备受风，故又指❻生孩子：将～者以告，公令医守之。此义后作“娩”。又通“俛”（俯），由俯身而吊，引申指❼俯身：冯忌接手～首，欲言而不敢。此义后作“俛”，参见俯。

去冠而免是种丧礼，故遂成为一种礼帽，后另加义符“冃”写作“冕”来表示。

○絻，从糸从免会意，免也兼表声。如今简化作绕。读 wèn，指❶古代的丧冠：使太子～，八人衰绖，伪自卫逆者。

又读 miǎn，指❷礼帽：天子南面立，～无繁露（冕前后悬的玉串）。

○娩，本作挽，从子从免会意，免也兼表声。异体改为从女。如今规范化用娩。读 miǎn，本义指生孩子：会荣将入朝，欲视皇后～乳｜就蓐分～讫，人争送粟米炭醋之类。

○冕，从冃（帽）从免会意，免也兼表声。读 miǎn，本义指❶古代大夫以上官员戴的礼帽：行夏之时，乘殷之辂（车），服周之～｜虽有轩～（指代官爵）之赏弗加劝。后又特指❷帝王的礼帽：～而前旒｜万国衣冠拜～旒（指代帝王）。

【组字】免，如今既可单用，也可作偏旁。现今归入儿部。凡从免取义的字皆与帽子、脱去等义有关。

以免作声兼义符的字有：俛、娩、絻、冕。

以免作声符的字有：勉、挽、浼、晚、鮸。

狂 kuáng

【字形】甲 金 古 篆 隶 狂
草

【构造】形声兼会意字。甲骨文、金文和古文皆从犬从㞷(前往),会狗疯跑之意,㞷也兼表声。篆文整齐化。隶变后楷书写作狂。

【本义】《说文·犬部》:"狂,狾(zhì)犬也。从犬,㞷声。"本义为疯狗。

【演变】狂,本义指❶疯狗:值~犬之暴怒,加楚害于微躯。又指❷狗发疯:旱岁,犬多~死。引申指❸人发疯,精神失常:五邪所乱,邪入于阳则~|丧心病~|疯~。又泛指❹狂妄,非理智状态:周之子孙,苟不~惑者,莫不为天下显诸侯|你也太~了。又引申指❺纵情,不受拘束:古之~也肆,今之~也荡|~放|~笑|~欢|~歌。由疯狂又引申指❻猛烈,浩大,凶暴:障百川而东之,回~澜于既倒|~飙为我从天落|~风暴雨|乡园几度经~寇。

【组字】狂,如今既可单用,也可作偏旁。现今仍归入犬部。凡从狂取义的字皆与疯跑、疯狂等义有关。

以狂作声兼义符的字有:诳、逛。

犾 yín
(㹜、狺、犷)

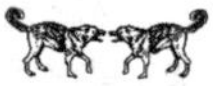

【字形】甲 金 古 篆
今篆 隶 犾 狺 草

【构造】会意字。甲骨文一形从两犬相对,会两犬相争咬之意;二形从犬从斤(斧)会意,斤也兼表声。金文一形承甲骨文一形,大同;二形从犬从言,为会意字。古文承甲骨文二形稍讹。篆文整齐化。隶变后楷书分别写作㹜、犷与狺。作偏旁时㹜写作犾。

【本义】《说文·㹜部》:"㹜,两犬相啮也。从二犬。"本义为两犬相咬。

【演变】犾,本义指❶两犬相咬。狗咬架必狂叫,故又指❷犬相吠。引申指❸言语粗野的样子。

由于"犾"作了偏旁,其义由"狺"和"犷"来表示。

○狺,异体作犷。读 yín,本义指❶犬叫声:猛犬~~而迎吠兮,关梁闭而不通。又指❷犬争斗声:投骨于地,~然而争者,犬之常也。用作贬义,又泛指❸争吵:百家之市无悬帘,则日暮无~争之狂子。

【组字】犾,如今不单用,只作偏旁。现今归入犬部。凡从犾取义的字皆与两犬相咬、争辩等义有关。

以犾作义符的字有:狱、獄。

犹 yóu
(猶、猷)

【字形】甲 金 篆 今篆
隶 犹 猶 猷 草

【构造】会意兼形声字。甲骨文从犬从酉(酒)会意,酉也兼表声。是一种像狗的猿类动物,即犹猢,似猴短足,游走岩树,顺往倒返,行为似醉,此盖从酉之意。金文酉繁化为酋,表示酒气散发。篆文将偏旁位置调换,其义不变。隶变后楷书写作猶。异体作猷,另表他义。猶,如今简化借用犹来表示,从犭,尤声,本以为狗叫。

【本义】《说文·犬部》:"猶,玃属也。从犬,酋声。一曰陇西谓犬子为猷。"本义为一种像狗的猿类动物,即犹猢。《龙龛手鉴·犬部》:"犹,犬吠声也。"本义为狗叫声。

【演变】犹,作为本字,本义为狗叫声。借为"猶"的简化字,本义指❶犹猢:山多~猢,似猴而短足,好游岩树。由"似猴"引申为❷如同:孤之有孔明,~鱼之有水也|过~不及|虽死~生。虚化为副词,表示既成状态的持续,相当于❸仍然,还:往者不可谏,来者~可追|千呼万唤始出来,~抱琵琶半遮面|记忆~新。又用于复句的前一分句中,表示进一步申说,与"况、岂"配合,表示❹尚且:窃人之财,~谓之盗,况贪天之功以为己力乎?猢狲多诈,故又引申为❺计谋,打算:方叔元老克壮其~。为了分化字义,此义后专用"猷"来表示。猿猴多疑,故用作"犹豫",表示❻迟疑不决。

○猷,读 yóu,本义为❶谋略,计划:尔有嘉谋嘉~,则入告尔后(君主)于内|鸿~|谋~。引申指❷道,法则:秩秩大~,圣人莫(谟划)之

|秦失其~,罢侯置守。又指❸功业,功绩:荡平华夏,统一大~。

【组字】犹,如今既可单用,也可作偏旁。现今仍归入犬部。凡从犹取义的字皆与动物有关。以犹(猶)作声符的字有:莸、犹。

狄 dí;tì

【字形】甲 金 篆 隶 草

【构造】会意兼形声字。甲骨文从犬从大(正面立人),会带着牧羊犬过游牧生活的人之意。金文一形讹为从亦(人之两腋,仍是人),二形讹为从火。篆文承金文,从亦省声。隶变后楷书讹作狄。

【本义】《说文·犬部》:"狄,赤狄,本犬种也。从犬,亦省声。"本义为我国古代北方游牧民族名。

【演变】狄,读 dí,本义为❶我国古代北方民族名:东征,西夷怨;南征,北~怨。又用作❷姓。

又读 tì,狄人过着游牧生活,故引申指❸往来疾速的样子:流辟、邪散、~成、涤滥之音作。

【组字】狄,如今既可单用,也可作偏旁。现今仍归入犬部。凡从狄取义的字皆与狄族等义有关。

以狄作声兼义符的字有:逖。

以狄作声符的字有:荻。

狃 niǔ

【字形】金 古 篆 隶 草

【构造】会意兼形声字。金文、古文和篆文皆从犬从丑(扭住),会犬习以为常之意,丑也兼表声。隶变后楷书写作狃。

【本义】《说文·犬部》段注:"狃,犬性忕(shì,习)也。从犬,丑声。"本义为习以为常。

【演变】狃,本义指❶习惯,因习以为常而轻忽:将叔无~,戒其(指虎)伤女|在位者数徙……故上不能~习而知其事,下不肯服驯而安其教。引申指❷因袭,拘泥:未可~承平积习|彼~于习俗,蔽于闻见|~于成见。又引申指❸亲狎:臣司~恩,莫以为负。

【组字】狃,如今既可单用,也可作偏旁。现今仍归入犬部。凡从狃取义的字皆与习惯等义有关。以狃作声符的字有:狃。

角 jiǎo;jué
(角、角)

【字形】甲 金 篆 隶 草

【构造】象形字。甲骨文象带纹路的兽角形。金文大同。篆文整齐化。隶变后楷书写作角。如今规范化写作角。

【本义】《说文·角部》:"角,兽角也。象形。"本义为兽角。

【演变】角,读 jiǎo,本义指❶兽角:羝羊触藩,羸其~|牛~。引申指❷额头:百姓懔懔,若崩厥~|鬓~。又引申指❸形状像兽角的:有国于蜗之左~者,曰触氏|豆~|总~。又引申指❹几何上的角:勾股,即三边直~形也。又引申指❺角落:墙~|转弯抹~。又引申指❻器物的角:桌子~|椅子~。又指突入海中的❼岬角:好望~。又用作货币单位,如今指❽人民币元的十分之一:两~钱。

又读 jué,兽角有防身和攻敌的功能,故引申指❾竞赛,争胜:天子乃命将率讲武肄射御~力。后又引申指❿角色,演员:主~|配~|丑~|名~|傻~。

又读 lù,用作"角里",指⓫古地名。在今江苏省吴县:恍惚烟岚~里招。又作⓬复姓,指角里先生:~里荒祠千载存。此义后省作"角"。

【组字】角,如今既可单用,也可作偏旁。现今仍设角部。凡从角取义的字皆与兽角等义有关。

以角作义符的字有:斛、觔、觕(粗)、觝、觘、觙、觚、觛、觜、觝(抵)、觞、觟、觠、觡、觢、解、觤、觥、触、觫、觩、觪、觮、觬、觭、觻、觯、觲、觰、觷、觵、觳、觼、觺、觿、觾、觽、觻、觼、觿、觽、觿。

以角作声符的字有:斛、觖、桷、确。

删 shān

【字形】甲 金 篆 隶 草

【构造】会意字。甲骨文从册(书简)从刀,会削除之意。古代把字刻在龟甲兽骨上或写在竹木简策上,用绳子穿连起来,即为册;刻错时,不要的文字需用刀削去,即所谓“刊”;写错的简策札条不要了从册中除去,即为删。金文大同。篆文整齐化。隶变后楷书写作删。

【本义】《说文·刀部》:“删,剟(duō,砍削)也。从刀、册。册,书也。”本义为削除。

【演变】删,本义指❶削除:~其伪辞,取正义,著于编|~繁就简|~除|~改。删则有所去亦有所取,故引申为❷删取,节选:故~取其要,归正道而论之|至孔子观书于周室,得虞、夏、商、周四代之典,乃~其善者,定为《尚书》百篇|孔子~《诗》《书》,言有所取舍也|~节。

【组字】删,如今既可单用,也可作偏旁。作偏旁时省作“卌”。现今仍归入刀部。凡从删取义的字皆与削除等义有关。

以删作声符的字有:姗、珊、跚。

条 tiáo (條)

【字形】甲 篆 隶 草

【构造】形声兼会意字。甲骨文从木从攵彳,会树的枝条伸长之意。篆文改为从木从攸(表示长),会细小枝条之意,攸也兼表声。隶变后楷书写作條。如今简化作条。

【本义】《说文·木部》:“條,小枝也。从木,攸声。”本义为细小枝条。

【演变】条,本义指❶细小枝条:攀~折春色,远寄龙庭前|柳~。引申泛指❷长条形物体:操笔纵横,虽长~巨幅,俄顷之间,淋漓殆遍|粉~。树枝是一一分明而有层次的,故又引申指❸分成的项目,条款:科~既备,民多伪态|~例|~约。又引申为❹秩序,条理:若网在纲,有~而不紊|井井有~。用作量词,用于❺某些长条形的东西:约法为二十一~|与之绳万~,以为钱贯。

【组字】条,如今既可单用,也可作偏旁。现今仍归入木部。凡从条取义的字皆与小枝条等义有关。

以条(條)作声兼义符的字有:绦、篠(筱)。

以条(條)作声符的字有:蓧、涤、鲦。

夆 féng (逢)

【字形】甲 金 篆 隶 草

【构造】会意兼形声字。甲骨文和金文皆从夂(朝下的一只脚)从丰(在分界上封土植树),会至此相遇之意,丰也兼表声。篆文承金文二形并整齐化。隶变后楷书写作夆。是“逢”的初文。注意:与“夅”不同。

【本义】《说文·夂部》:“夆,啎也。从夂,丰声。”所释为引申义。本义当为迎头相遇。

【演变】夆,本义指❶迎头相遇。引申指❷啎逆。又表示❸丰厚。

由于“夆”作了偏旁,其义便另加义符“辶”写作“逢”来表示。参见“逢”。

【组字】夆,如今不单用,只作偏旁。现今仍归入夂部。凡从夆取义的字皆与高出、相遇等义有关。

以夆作声兼义符的字有:逢、峰。

以夆作声符的字有:烽、锋、蜂。

卵 luǎn;kūn (鲲、鲲)

【字形】金 古 篆 今篆 隶 草

【构造】象形字。金文象水草茎叶上附有鱼的卵包形。古文简化。篆文整齐化。隶变后楷书写作卵。

【本义】《说文·卵部》:“卵,凡物无乳者卵生。象形。”本义为鱼卵。

【演变】卵,读 kūn,本义指❶鱼子:濡鱼,~酱实蓼。此义后作“鲲”。

又读 luǎn,引申泛指❷蛋:秦王之国,危如累~|~壳孕而雌雄生|排~。又引申指❸椭圆像卵的东西:~石。

〇鲲,从鱼,昆声。读 kūn,本义指❶鱼子:鱼禁~鲕。又指❷寓言中的一种大鱼:北冥有鱼,其名为~,~之大,不知其几千里也。用作“鲲洋”,指❸台湾的别名。台湾有七鲲身海口,故名:欲向海天寻月去,五更飞梦渡~洋。

【组字】卵,如今既可单用,也可作偏旁。现今归入卩部。凡从卵取义的字皆与卵、蛋等义有关。

以卵作义符的字有:孵。

岛 dǎo

(島、島)

【字形】篆 隶 岛 島 草

【构造】形声兼会意字。篆文从山从鳥,会水中有山可以息鸟之意,鸟也兼表声。隶变后楷书写作島。俗省作島。如今简化作岛。

【本义】《说文·山部》:"島,海中往往有山可依止,曰島。从山,鳥声。"本义为海岛。

【演变】岛,本义指海岛:~夷(夷族)皮服|田横惧诛,而与其徒属五百余人入海,居~中|水何澹澹,山~竦峙|海南~。

【组字】岛,如今既可单用,也可作偏旁。现今仍归入山部。凡从岛取义的字皆与海岛等义有关。

以岛作声符的字有:捣。

彤 tóng

【字形】金 篆 隶 彤 草

【构造】会意字。金文从丹(丹砂矿井),三短线象征放出的光彩。篆文整齐化,改为从丹从彡(毛饰画纹),会用红色涂饰使光彩之意。隶变后楷书写作彤。

【本义】《说文·丹部》:"彤,丹饰也。从丹,从彡。彡,其画也。"本义为用红色涂饰器物。

【演变】彤,本义指❶用红色涂饰器物:器不~镂|唯瑚琏觞豆,而后雕文~漆。引申泛指❷红色:静(青春亮丽)女其娈(娇美),贻我~管(管状初生草)|红~~|~云|~弓。

【组字】彤,如今既可单用,也可作偏旁。现今归入彡部。凡从彤取义的字皆与红色涂饰等义有关。

以彤作声兼义符的字有:浵、烿。

饭 fàn

(飯、飰)

【字形】金 篆 今篆 隶 饭 飯 飰 草

【构造】会意兼形声字。金文从食从反(抓取反送口中)会意,反也兼表声。篆文整齐化。隶变后楷书写作飯。异体作飰,改为卞声。如今规范化简作饭。

【本义】《说文·食部》:"飯,食也。从食,反声。"本义为吃饭。

【演变】饭,本义指❶吃饭:~疏食(粗粮),饮水。用作使动,指❷给饭吃:有一漂母见(韩)信饥,~信。用作名词,指❸吃的东西,米饭:午~|晚~|~熟了。

系 xì;jì

(係、繫)

【字形】甲 金 籀 古 篆 隶 系 係 繫 草

【构造】会意字。系现在代表三个字的含义:一个是甲骨文一形,从手从二糸,会用手悬结二糸之意;二形为悬结三糸,盖为古代结绳记事之象。金文大同。籀文为悬结二糸。篆文简化,省去一糸,并将手变成厂(表拉引),成了声符。隶变后楷书写作系。第二个是甲骨文三形,从人从系,会以绳索缚人颈之意。古文大同。篆文整齐化。隶变后楷书写作係。第三个是篆文三形,从糸从毄,会击烂的恶絮之意,毄也兼表声。隶变后楷书写作繫。如今简化,这三个字都由"系"来表示。

【本义】《说文·系部》:"系,縣(懸,即悬)也。从糸,厂声。"本义为悬结。又《人部》:"係,絜束也。从人,从系,系亦声。"所释为引申义。本义为以绳索缚人颈。又《系部》:"繫,繫褫也。一曰恶絮。从糸,毄声。"本义指粗劣的絮。

【演变】系,读 xì,作为本字,由本义悬结,引申指❶联属,接续:~高顼之玄胄兮|联~|维~。又引申指❷继承,继续:~唐(尧)统,接汉续。用作名词,指❸系统,世系:汉朝丞相~,梁日帝王孙|派~|直~。又指❹拴系悬提东西的绳子、带子:以青~为绲(帽带)|笼~。后又指❺高等学校按学科所分的教学行政单位:中文~。用作动词,表示❻捆绑:~绊其足|~牢。

作为“繫”的简化字,由本义恶絮,引申指❼系结,悬挂:吾岂匏瓜也哉,焉能~而不食。又引申指❽捆绑:~马长松下|~牢。又特指❾拘囚:吏~吕后,遇之不谨|~狱。又引申指❿连接,联属,挂念:虽放流,眷顾楚国,~心怀王。又引申指⓫系结的带子:袜~解。

作为“係”的简化字,动词,本义指⓬系颈,捆绑:子婴即~颈以组(丝带)。用作名词,又指⓭系物的带子:青丝为笼~。由拴系又引申指⓮连结,继续:以~嗣当立,乃递往就室。又指⓯相关联:况万物之所~而一化之所待乎。后用作系词,表示判断,相当⓰是:子~中山狼,得志便猖狂。

又读 jì,口语用于⓱“拴结”义:~纽扣|~鞋带。

【组字】系,如今既可单用,也可作偏旁。现今归入糸部。凡从系取义的字皆与拴结等义有关。

以系作义符的字有:孫(孙)、緜(绵)、繇、繫。

以系作声兼义符的字有:係。

以系作声符的字有:鯀。

言 yán (讠)

【字形】

【构造】会意兼形声字。言与音同源。甲骨文从口,上为箫管乐器形,会口吹乐器之意。金文大同。篆文整齐化。乐器讹为辛声。隶变后楷书写作言。如今作左旁时简写作讠。参见音。

【本义】《说文·言部》:“言,直言曰言,论难曰语。从口,辛声。”本义为吹奏乐器。《尔雅·释乐》:“大箫谓之言。”

【演变】言,本义指吹奏乐器,又指所吹奏的乐器。吹奏乐器与说话皆表现为有意义的声音,故引申指❶说,陈说,就是说:吾知所以距(拒)子矣,吾不~|愿伯具~臣之不敢倍德也|《诗》云:“既醉以酒,既饱以德。”~饱乎仁义也|知无不~|不~不语。用作名词,指❷说出来的话或一句话:侯生曾无一~半辞送我|一~以蔽之|一~九鼎|一~为定|语~不通|大会发~。又指❸说出、写出的一个字:子贡问曰:“有一~而可以终身行之者乎?”子曰:“其恕乎。”|凡六百一十六~,命曰《琵琶行》|五~绝句。又指❹著作:焚百家之~,以愚黔首。

【组字】言,如今既可单用,也可作偏旁。现今仍设言部。凡从言取义的字皆与声音、语言等义有关。

以言作义符的字有:计、订、讣、认、讥、訇、讦、讧、讨、让、讪、讫、讬训、议、讯、记、讱、讲、讳、讴、讵、讶、讷、许、讹、论、訢、讻、讼、讽、詧、设、访、诀、证、诂、诃、评、诅、识、詈、词、诈、诉、诊、诋、诌、词、诎、诏、诐、译、诒、诓、诔、试、诖、诗、诘、诙、诚、訾、诛、诜、话、诞、诟、诠、詹、诡、询、诣、诤、该、详、誊、誉、诧、诨、诩、诫、誓、诬、语、诮、误、诰、诱、诲、诳、誩、说、诵、诶、请、读、诸、诹、诺、诼、诽、课、诿、谀、谁、谂、调、谄、谅、谆、谇、谈、谛、谊、谋、谌、谍、谎、谏、谐、谑、谒、谓、谔、谕、谖、谘、谙、谗、谚、谛、谜、谝、谞、谟、谠、谡、谢、谣、谤、谥、谦、謇、谧、謦、谨、谩、谪、谫、谬、警、谭、谮、谯、谰、谱、谲、護(护)、谳、谴、谵、譬、谶。

以言作声兼义符的字有:唁、這(这)、狺。

亩 mǔ (畮、畂、畒、亩、畆)

【字形】

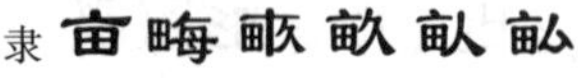

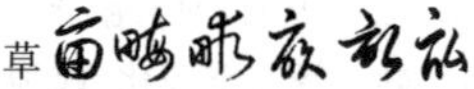

【构造】形声兼会意字。金文从田,每声,每也兼表田间高处,即田埂。篆文整齐化。异体从田从十(象征田间道路)从久(表不易之地)会意,久也兼表声,更能体现本义。隶变后楷书分别写作畮与畂。另外如畒、亩、畆,皆为畮与畂的省形变体。如今皆简化作亩。

【本义】《说文·田部》:“畮,六尺为步,步百为亩。从田,每声。”所释为引申义。本义当为田埂,田垄。

【演变】亩,本义指❶田埂,田垄:我疆我理,南东其~|使齐之封内尽东其~|南~|垄~。引申泛指❷田亩,农田:舜发于畎~之中。又引申指❸土地面积单位。周代六尺一步,横一步直一百步为一亩;今一亩为六十平方丈:不易之地,家百~|五~之宅,树之以桑,五十者

可以衣帛矣。

【组字】亩，如今既可单用，也可作偏旁。现今归入亠部。凡从亩（畝）取义的字皆与田土等义有关。

以亩（畝）作声兼义符的字有：喵（畆）。

亨 hēng；xiǎng；pēng （享、烹）

【字形】甲　金　篆　今篆　隶 亨 烹　草

【构造】象形兼会意字。亨与享、烹同源，在甲骨文中皆象高大台基上建有殿堂形，一形象征祭祖的宗庙，二形加出了祭祀的羊牺，表示以羊祭献神祖。金文承甲骨文一形稍讹，中加一点，指明在这里祭献神祖。篆文承甲、金文，分为三形，一形保留了殿堂的样子；二形加出了祭祀的羊牺，成了会意字；三形大概为二形的简化。隶变后楷书分别写作亯、享、亨。如今规范化，以享为正体，亨另表他义，亯只作偏旁。参见享。篆文四形为烹的本字，俗作烹，如今规范化为正体。

【本义】《说文·亯部》："亯，献也。从高省，曰，象进孰（熟）物形。《孝经》曰：'祭则鬼亯之。'亨，篆文亯。"《正字通·亠部》："亨，即古享字。"《集韵·庚韵》："烹，煮也。或作亨。"本义为烧制食物祭献神祖。

【演变】亨，读 xiǎng，由本义烧制食物祭献神祖，引申泛指❶奉献：公用~于天子。由鬼神来享用祭品，又泛指❷享用，享受：孩儿，你在此受寂寞，比在家~用不同。

又读 hēng，鬼神来享用祭品，则说明人、神相通，神祖保佑，故引申指❸通达，顺利：万事~通。

又读 pēng，祭献神祖必烧制祭品，所以古引申指❹烹煮：谁能~鱼？|狡兔死，良狗~|日入~羊胛，熟，东方已明。

为了分化字义，后来便用"享"专表享受，用"亨"专表通达，烹煮之义则另加义符"火"写作"烹"来表示。

〇烹，篆文本从鬲从羊会意。俗改为从火从亨会意。读 pēng，本义指❶煮食物：治大国若~小鲜|予既~而食之|~饪。又指❷古代的一种用鼎煮杀人的酷刑：益一言，臣请~。

【组字】亨，如今既可单用，也可作偏旁。现今归入亠部。凡从亨取义的字皆与祭献等义有关。

以亨作声兼义符的字有：烹。

以亨作声符的字有：哼、脝。

应 yīng；yìng （應）

【字形】甲　金　篆　隶 应 應

草

【构造】会意兼形声字。甲骨文从隹从人。金文从亦（人腋窝，也是人）从隹。皆会胸前臂架鱼鹰之状，借以会适合人心意之意。金文二形另加"疒"省声。篆文一形整齐化，隶变后楷书写作雁，俗省作雁。篆文二形又以雁为基础，另加义符心，以突出适合心意之意，成为从心从雁会意，雁也兼表声，隶变后楷书写作應，如今简化作应。

【本义】《说文·心部》："應，当也。从心，雁声。"本义为心里认为应当如此。

【演变】应，读 yìng，由本义适合心意，引申泛指❶适合：心手相~|~用|适~|~时|~景。又引申指❷回答，应和：如响之~声，影之从形|杀之以~陈涉|~征|~募|呼~|响~|反~。由应和又引申指❸对付：以~无穷|随机~变|~接不暇|~急|~付。由应诺，又引申指❹接受：或多交游，不得~诏|有求必~|~邀。由两相呼应，又引申指❺对当，相匹配：刚柔相~。

又读 yīng，由接受，又指❻应当，应该：此曲只~天上有，人间能得几回闻|~有尽有|~届。应当自然有回应，故又引申指❼应承，答应：河曲智叟无以~|以我~他人，君还何所望|谁~的谁负责|你~不~|~许|~名儿|他不~声儿。

【组字】应，如今既可单用，也可作偏旁。现今應仍归入心部，应则归入广部。凡从应取义的字皆与答对等义有关。

以应作声兼义符的字有：噟。

库 kù （庫、厍、厙）

【字形】篆　今篆　隶 库 厍 庫 厙

草

【构造】会意字。篆文从广(高大敞屋)从车,会收藏兵车的高大敞屋之意。隶变后楷书写作庫。如今简化作库。

【本义】《说文·广部》:"庫,兵车藏也。从车在广下。"本义为收藏兵器兵车的地方。

【演变】库,本义指❶收藏兵器兵车的地方:～无备兵,虽有义不能征无义。引申泛指❷收藏钱粮物品的房屋:焚～无聚,将何以守|籍吏民,封府～|书～|血～|国～|仓～|酒～。

注意:与厍不同。

○厍,从厂车声,读 shè,方言,用于村庄名或姓。

【组字】库,如今既可单用,也可作偏旁。现今仍归入广部。凡从库取义的字皆与宽大、容纳等义有关。

以库作声兼义符的字有:裤。

序 xù

【字形】金　篆　隶　草

【构造】形声兼会意字。金文从广从自(表示墙)从子,予声,借以会设在堂两侧教子的厢房之意。篆文从广(敞屋),予声,予(织布梭)也兼表两边之意。隶变后楷书写作序。

【本义】《说文·广部》:"序,东西墙也。从广,予声。"本义为隔开正室与两旁夹室的墙。

【演变】序,本义指❶隔开正室与两旁夹室的墙:曾子惧,退负～而立。引申指❷东西厢房:西～东向|东～西向。古代地方学校设在堂的两厢,故又引申指❸地方学校:夏曰校,殷曰～,周曰庠|谨庠～之教。堂与厢房依次排列,故又引申指❹次第,顺序:长幼有～|井然有～|工～|程～|秩～。用作动词,指❺依次序排列:～宾以贤|一个个～齿排班,朝上礼拜|～次。又引申指❻说明作品编排、内容的序言:《归去来辞～》|～跋|～目。唐代开始又指❼临别赠言:《送东阳马生～》。由序言,后又引申指❽开头:～幕|～曲。

【组字】序,如今既可单用,也可作偏旁。现今仍归入广部。凡从序取义的字皆与建筑、夹墙等义有关。

以序作声兼义符的字有:垿。

疗 liáo
(療)

【字形】篆　今篆　隶　草

【构造】形声兼会意字。篆文从疒,尞声,尞也兼表熏炙之意。隶变后楷书写作療。如今简化作疗,改为了声。

【本义】《说文·疒部》:"療,治也。从疒,尞声。"本义为医治。

【演变】疗,本义指❶医治:不可救～|医～|～养。引申指❷救治,解除:琼蕊可以～饥|半世虚名不～贫,栖迟零落百酸辛。

吝 lìn
(𠫝、遴)

【字形】甲　金　籀　篆　隶

草

【构造】会意兼形声字。甲骨文从口从文(身上的花纹),会恨惜之情现于形色之意,文也兼表声。金文大同。籀文繁化,加彡修饰。篆文承接甲骨文并整齐化。隶变后楷书写作吝。异体作"𠫝"。旧时也借"遴"表示。参见𠫝。

【本义】《说文·口部》:"吝,恨惜也。从口,文声。"本义为遗憾。

【演变】吝,本义指❶遗憾:无悔～之心。引申指❷舍不得:但愿亲友长含笑,相逢莫～杖头钱|不～赐教。又引申指❸吝啬:如有周公之才之美,使骄且～,其余不足观也已|悭～。

【组字】吝,如今既可单用,也可作偏旁。现今仍归入口部。凡从吝取义的字皆与恨惜等义有关。

以吝作声兼义符的字有:㖁。

以吝作声符的字有:麐(麟)。

彣 wén

【字形】篆　隶　草

【构造】会意兼形声字。篆文从彡(表彩画)从文(花纹),会错综斑驳的花纹或色彩之意,文也兼表声。隶变后楷书写作彣。当是"文"的增旁字。参见文。

【本义】《说文·彣部》:"彣,䰍也。从彡,从文。"本义为错综斑驳的花纹或色彩,即有文采的样子。

【演变】彣,本义指❶错综斑驳的花纹或色彩:如风吹水,万态皆有,皆成~彰|凡文理、文字、文辞,皆言文,言其采色发扬谓之~。引申泛指❷文采,才华:范晔、沈约、魏收、姚察诸史,~~彧彧,蔚乎可观。

【组字】彣,如今不单用,只作偏旁。现今归入彡部。凡从彣取义的字皆与有文采等义有关。以彣作义符的字有:彥(彦)。

这 zhè; zhèi; yàn (這)

【字形】古　今篆　隶 这 這

草

【构造】会意兼形声字。古文从辵从言会意,言也兼表声,表示前往迎接。隶变后楷书写作這。俗简作这。如今规范化用这。

【本义】《玉篇·辵部》:"這,迎也。"本义为迎接。

【演变】这,读 yàn,本义指❶迎接。

又读 zhè,唐代开始,借用作"者",表指示,相当于❷此:牟尼~日发慈言|~胡误我!~胡误我!|~里|~时|~个|~么。又特指❸这时,即说话的同时:他~就来。古白话文里又用作❹助词,衬字:小生也非干的~病酒。

又读 zhèi,"这"后面跟数量词时,口语里相当于❺"这一"的合音:~三年|~阵子。

【组字】这,如今既可单用,也可作偏旁。现今仍归入辵(辶)部。凡从这取义的字皆与迎接等义有关。

以这作声兼义符的字有:摢、猏。

辛 xīn (䇂)

【字形】甲　金　篆

隶 辛 草

【构造】象形字。甲骨文象带木把的錾凿一类工具形,上或加短横,指出锋刃所在。金文大同,或稍繁。篆文承甲、金文分为简繁不同的二体。隶变后楷书分别写作䇂、辛。䇂只作偏旁,有时讹作丵。参见丵。

【本义】《说文·辛部》:"辛,秋时万物成而熟。金刚味辛,辛痛即泣出。从一,从䇂。䇂,罪也。辛承庚,象人股。"这是作者根据当时的社会思想就篆文所作的附会。本义当为錾凿一类的工具。

【演变】辛,本义指錾凿一类的工具,也用作黥面的刑具,即"剞劂"(曲刀),《国语·晋语》:"中刑用刀锯,其次用錾凿。"故引申指❶罪:妻子入~者库,财产入官。由受刑又引申指❷辛辣:大苦咸酸,~甘行些(suō,语助)。又引申指❸痛苦,悲伤:感慨怀酸~,怨毒常苦多|~酸。又引申指❹劳苦:昼夜勤作息,伶俜萦苦~|艰~|~勤。又借作❺天干的第八位,用以纪年纪月纪日:~亥革命。

【组字】辛,如今既可单用,也可作偏旁。䇂只作偏旁。现今仍设辛部。凡从辛取义的字皆与刀凿、刑罪、辛辣、悲痛等义有关。

以辛(丵)作义符的字有:宰、梓、辜、辞(辭)、辟、辠(罪)、辟、辣(辢)、辡、辥、薛、辪、鑿(凿)。

以䇂作义符的字有:妾、童。

以辛作声兼义符的字有:亲、新。

以辛作声符的字有:莘、锌。

弃 qì (棄)

【字形】甲　金　古　篆　今篆

隶 弃 棄 草

【构造】会意兼形声字。甲骨文从廾(双手)从其(箕)从倒子,小点为血迹,会双手持簸箕将已死婴儿抛弃之意,其也兼表声。旧时农村新生儿死则弃之于野。金文簸箕讹变,婴儿改为倒置,突出已死。古文省去簸箕,只留下倒子与双手。篆文承甲骨文和古文并繁化。隶变后楷书分别写作棄与弃。如今规范化用弃。

【本义】《说文·華部》:"棄,捐也。从廾推華弃之,从𠫓,𠫓,逆子也。弃,古文棄。"本义为扔弃已死新生儿。

【演变】弃,由扔弃新生儿,引申泛指❶抛弃:将

安将乐,~予如遗|彼秦者,~礼仪而上首功之国也|~人用犬,虽猛何为?|~市|~世。引申为❷背弃:~君之命,不信|背信~义。

【组字】弃,如今既可单用,也可作偏旁。现今弃归入廾部,棄归入木部。凡从弃取义的字皆与扔弃等义有关。

以弃作声符的字有:摔、潫。

肓 huāng

【字形】篆 隶 草

【构造】会意兼形声字。篆文从月(肉)从亡(无)会意,亡也兼表声。隶变后楷书写作肓。注意:与盲不同。

【本义】《说文·肉部》:"肓,心上鬲下也。从肉,亡声。"本义为心脏和膈膜之间。古代医家认为这是药力达不到的地方。

【演变】肓,本义指心脏和膈膜之间:疾不可为也,在~之上,膏之下也|病入膏~(比喻事态严重到不可救药的地步)。

忘 wàng

【字形】金 篆 隶 草

【构造】会意兼形声字。金文和篆文皆从心从亡(亡失),用心有所失会不记得之意。亡也兼表声。隶变后楷书写作忘。

【本义】《说文·心部》:"忘,不识也。从心,从亡,亡亦声。"本义为不记得。

【演变】忘,读 wàng,本义指❶不记得:中心藏之,何日~之|~年之交|喝水不~掘井人|~记|遗~|~却|~掉。又指❷健忘症:宋阳里华子中年病~。引申泛指❸遗漏,遗失,遗弃,不顾念:如何,如何!~我实多|睹一蝉,方得美荫而~其身;螳螂执翳而搏之,见得而~其形|贫贱之知不可~,糟糠之妻不下堂|吾不能学太上之~情也|得意~形。又指❹玩忽,怠忽:无使~职业|夙夜不敢~怠。又通"亡",读 wáng,指❺丧失,失去:子胥尽忠而~其号(善称)。又指❻终止,断绝:心之忧矣,不可弭~。又通"亡",读 wú,指❼无:然后天下~干戈之事。

【组字】忘,如今既可单用,也可作偏旁。现今仍归入心部。凡从忘取义的字皆与不记得等义有关。

以忘作声兼义符的字有:忈、莣。

闰 rùn
(閏)

【字形】金 篆 隶 草

【构造】会意兼形声字。金文(稍残)和篆文从王从門会意,门也兼表声。古告朔之礼,天子居宗庙,闰月居门中,故以王在门中会闰月之意。隶变后楷书写作閏。如今简化作闰。

【本义】《说文·王部》:"閏,馀分之月,五岁再闰。告朔之礼,天子居宗庙,闰月居门中。从王在門中。《周礼》曰:'闰月王居门中,终月也。'"本义为闰月。

【演变】闰,本义指❶历法术语,地球公转一周的时间为365天5时48分46秒,夏历把一年定为354天或355天,所余的时间约三年积成一月,加在一年里,叫作闰。公历则四年加一个闰日,在二月:以~月定四时成岁|~年禾稼晚|他是~月生的。闰月是多出的,故又引申指❷副,偏:辑《纪年通谱》,区分正~,为十二卷。又引申指❸附加,增添:寿等松椿宜~益,福如东海要添陪。又引申指❹多余的事:人生如此耳,文字已其~。

【组字】闰,如今既可单用,也可作偏旁。现今归入门部。凡从闰取义的字皆与多出等义有关。

以闰作声兼义符的字有:润。

以闰作声符的字有:撋、嶎、橍。

闲 xián
(閑、閒)

【字形】金 篆 隶 草

【构造】会意字。金文从門从木,会门栅栏之意。篆文整齐化。隶变后楷书写作閑。如今简化作闲。现在又作了"閒"的简化字,表示其空无、空置、闲居无事等的部分含义,其空隙之义则由简化的"间"来表示。閒则只作偏旁。参见閒、间。

【本义】《说文·門部》:"闲,阑也。从門中有木。”本义为门栅栏。

【演变】闲,本义指❶门栅栏,也泛指木栏之类的遮拦物:舍则守王~。又特指❷马厩:天子十有二~,马六种。引申指❸道德范围:大德不逾~,小德出入可也。木栏是防范用的,故用作动词,又表示❹防范,防御:虽收放心,~之惟艰|~邪存乎诚。

作为“閒”的简化字,由闲居,引申指❺空着没使用的:四海无~田,农夫犹饿死|~房|~置|~钱。又引申指❻时间的空隙,空闲:且以冬春~月,不妨农事|农~|~暇。由此又引申指❼安闲,没有事情:其后职任~散,用人渐轻|忙里偷~|~情逸致|游手好~|~居|~逛。再引申指❽安静:~夜肃清,朗月照轩。又引申指❾无关紧要的:试问~愁都几许?|~话|~谈|~扯|~聊。

【组字】闲,如今既可单用,也可作偏旁。现今仍归入门部。凡从闲取义的字皆与空隙、空闲等义有关。

以闲作声兼义符的字有:娴。

以闲作声符的字有:鹇、痫。

间 jiàn;jiān (閒、間)

【字形】金 篆 今篆 隶 间 間 閒 草

【构造】会意字。間本作閒,金文从門从夕,用门中可以看到月光会空隙之意,也表示结束一天的劳动日夕归家休息之意。篆文改夕为月,并将月移到门中加以整齐化。隶变后楷书写作閒。俗改月为日写作間。如今简化作间,用以表示“閒”的中间、间隔等部分义。参见闲、閒。

【本义】《说文・門部》:“閒,隙也。从門,从月。”本义为空隙。

【演变】间,读 jiàn,本作“閒”,本义指❶空隙:其御之妻从门~而窥其夫|彼节者有~,而刀刃者无厚,以无厚入有~,恢恢乎其于游刃必有余地矣|亲密无~。由空隙引申指❷隔开:道里悠远,山川~之|~断|~隔。用作使动,表示❸使隔开,离间:竭忠尽智,以事其君,谗人~之,可谓穷矣!又引申指❹参与,掺杂:肉食者谋之,又何~焉|饲之以鱼肉,~之以稻粱。又引申指❺间谍:非圣智不能用~,非仁义不能使~。又引申指❻私下:屏人~语。

又读 jiān,用作名词,由空隙引申指❼中间,一定的空间、时间、人群或事物的范围之内:千乘之国,摄乎大国之~|天地~,人为贵|民~|乡~|夜~|两者之~。又引申指❽一会儿:立有~,不言而出。用作量词,指❾计算房屋的单位:方宅十余亩,草屋八九~。

【组字】间,如今既可单用,也可作偏旁。现今仍归入门部。凡从间取义的字皆与缝隙等义有关。

以间作声兼义符的字有:涧、裥。

以间作声符的字有:锏、简。

闵 mǐn (閔、慜、憫、悯)

【字形】金 篆 今篆 隶 闵 悯 閔 憫 慜 草

【构造】形声兼会意字。閔,金文从門,文声,表示登门吊唁慰问之义。篆文整齐化。如今简化作闵。闵,又表示哀伤、怜悯之意。此类含义,篆文本作慜,从心敃声,敃也兼表心乱之意。俗则以“闵”为基础,另加义符心写作憫。如今二字皆用简化的“悯”来表示。

【本义】《说文・門部》:“閔,吊者在門也。从門,文声。”本义为吊唁。又《心部》:“慜,痛也。从心,敃声。”《集韵・准韵》:“悯,忧也。”本义为悲痛,忧伤。

【演变】闵,本义为吊唁。死丧是凶事,用作名词,故又引申指❶凶丧之事,忧患:觏~既多,受侮不少|臣以险衅,夙遭~凶。生孩六月,慈父见背;行年四岁,舅夺母志。用作动词,指❷哀伤,忧虑:~予小子,遭家不造|宋人有~其苗不长而揠之者。又引申指❸怜悯:(苏)武年老,子前坐事死,上~之。以上二义后来用“悯”来表示。如今“闵”主要用作❹姓。

○悯,从忄从闵会意,闵也兼表声。读 mǐn,本义指❶忧伤:厄穷而不~。引申指❷怜悯:此真丈人所共~惜也。

○慜,读 mǐn,本义为❶忧伤:惜诵以致~

兮，发愤以抒情。又指❷怜悯，哀怜：愿陛下矜~愚诚。又指❸爱抚，抚养：~鸡，就是抚养鸭儿的母鸡。又指❹祸乱：虽遘~之既多，亦颠沛其何侮。

【组字】闵，如今既可单用，也可作偏旁。现今仍归入门部。凡从闵取义的字皆与哀伤等义有关。

以闵作声兼义符的字有：悯。

以闵作声符的字有：蔄、潣。

闷 mèn；mēn（悶）

【字形】古　篆　隶　草

【构造】形声兼会意字。古文从心从門（表关闭），会心中懑闷之意，門也兼表声。篆文整齐化。隶变后楷书写作悶。如今简化作闷。

【本义】《说文·心部》："悶，懣也。从心，門声。"本义为懑闷，不舒畅。

【演变】闷，读 mèn，本义指❶懑闷，不舒畅：中~瞀（迷乱）之忳忳（tún，烦闷）｜四望青天解人~｜~~不乐｜烦~。引申指❷不透气：~罐子车。又引申指❸失去知觉：一口气没上来，~倒在地。

又读 mēn，引申指❹因空气不流通而感到不舒服：天气~热｜屋里太~了。又引申指❺密闭，关闭：这话~在心里好几年了｜茶~一会儿再喝｜他~在家不出来。又引申指❻不机灵：这孩子有点发~。方言指❼声音不响亮：他说话~声~气的。

【组字】闷，如今既可单用，也可作偏旁。现今仍归入门部。凡从闷取义的字皆与懑闷、密闭等义有关。

以闷作声兼义符的字有：蔄、潣、焖。

羌 qiāng

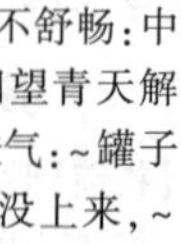

【字形】甲　金　古　篆

隶　草

【构造】会意兼形声字。甲骨文从羊从人，会古代西部游牧部族的人之意，羊也兼表声；从糸，表示用绳索捆绑俘虏，古代羌是殷的敌国，故用以表示被殷俘获的羌人；或以为是少数民族独特的辫饰，可备一说。金文大同。古文稍简。篆文整齐化。隶变后楷书写作羌。

【本义】《说文·羊部》："羌，西戎牧羊人也。从人，从羊，羊亦声。"本义为我国古代西部的民族。

【演变】羌，本义指❶我国古代西部的民族：自彼氐~，莫敢不来享，莫敢不来王｜诸~外叛，屡讨之，不降。如今为❷我国少数民族。古代又作❸句首语助词：~内恕己以量人兮，各兴心而嫉妒｜~无故实。

【组字】羌，如今既可单用，也可作偏旁。现今仍归入羊部。凡从羌取义的字皆与羌人等义有关。

以羌作声符的字有：唴、娸、蜣、鲓。

㡀 bì

【字形】甲　金　古　篆

隶　草

【构造】指事字。从甲骨文所列"敝"的偏旁看，当从巾（表示衣物），小点指明上边有破洞。金文大同。古文稍简。篆文破洞讹变并整齐化。隶变后楷书写作㡀。

【本义】《说文·㡀部》："㡀，败衣也。从巾，象衣败之形。"本义为破衣服。

【演变】㡀，本义指破衣服。引申泛指破败、毁坏、困顿。实际上，"㡀"是"敝"的省形，《说文》将其独立出来。在甲骨文中则只有"敝"而无"㡀"。"㡀"也只作"敝"的偏旁，不独立使用。

【组字】㡀，如今不单用，只作偏旁。现今归入小部。凡从㡀取义的字皆与破败等义有关。

以㡀作声兼义符的字有：敝。

兑 duì（説、说、悦）

【字形】甲　金　篆　今篆

隶　草

【构造】会意字。甲骨文从人从口从八（表示分开），会人咧开嘴嘻笑之意。金文大同。篆文整齐化。隶变后楷书写作兑。是“悦”的本字。

【本义】《说文·儿部》：“兑，说(悦)也。从儿，㕣声。”析形不确。本义为喜悦。

【演变】兑，本义指❶喜悦：见由(从)则~而倨，见闭则怨而险。又借作❷八卦之一，卦形为☱，代表沼泽：象曰：丽泽，~。兑为西方之卦，故又指❸西方：~方一楼。唐宋以来又指❹交换：~现｜~款｜汇~｜~换。口语又指❺拼，拼掉：拿这老命跟你~了罢｜~车｜~炮。又通“说”(yuè)，指❻傅说：《~命》即《说命》，《书》篇名。殷高宗之臣傅说之所作典常也。又通“锐”(ruì)，指❼锋利：“木长短相杂，~其上而外内厚涂之。

由于“兑”作了偏旁，喜悦之义便另加义符“言”写作“説”来表示，因喜悦常表现在言辞上。如今简化作“说”。

○说，从讠从兑会意，兑也兼表声。读yuè，本义为❶喜悦：学而时习之，不亦~乎！｜士为知己者用，女为~己者容。

又读shuō，借用为“曰”，表示❷解释：成事不~。进而引申指❸陈述，谈论：夫差将死，使人~于子胥曰｜~明｜论~。由陈述又引申指❹责备，告诫：他听你的，你早晚多~着他些｜挨~了吧。又引申指❺说合：你从中给他俩~~，别再闹了｜~媒。用作名词，指❻言论，主张：世衰道微，邪~暴行有作｜自圆其~｜学~。

又读shuì，先秦常用来指❼劝说别人听从：太祖欲引军还，嘉~太祖急攻之｜游~｜~客。

“说”为借义所专用，喜悦之义便又另造了“悦”来表示。

○悦，从忄从兑会意，兑也兼表声。读yuè，本义指❶高兴，快乐：民之~之，犹解倒悬也｜和颜~色｜喜~。又用作使动，指❷使愉快：赏心~目。

【组字】兑，如今既可单用，也可作偏旁。现今仍归入儿部。凡从兑取义的字皆与喜悦等义有关。

以兑作声兼义符的字有：悦、说。

以兑作声符的字有：阅、脱、税、锐、蜕。

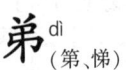

弟 dì (第、悌)

【字形】甲  金  篆  今篆 

隶 弟悌第 草 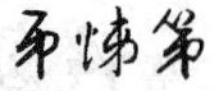

【构造】会意字。弟与吊同源。甲骨文从弋，象缯缴(系箭的生丝绳)缠绕于弋(箭杆)上之形，是不用时的状态，会次第缠绕之意。金文大同，篆文整齐化。隶变后楷书写作弟。是“第”的本字。吊，从人持缯缴，是用缯缴弋射之意。

【本义】《说文·弟部》：“弟，韦(皮绳)束之次第也。从古字之象。”本义为缠绕的次序。

【演变】弟，本义指缠绕的次序，引申泛指❶次序，次第：乱必有~。兄弟之生有先后，故又引申指❷同辈中比自己小的男性或女性(今主要指男性)：寡人有~不能和协｜蔡侯怒，嫁其~(指女性)｜表~｜堂~｜师~。弟居下，故又用为❸朋友间的谦称：老兄何日到此，~竟不知｜愚~。又引申指❹弟子，门徒：孔门之~，洙泗遗徒。又借作“悌”，指❺敬顺兄长：其为人也孝~。

“弟”为引申义所专用，次第之义便用“第”来表示。

○第，从竹从弟会意，弟也兼表声。读dì，本为竹之层次。借用为“弟”，遂泛指❶次第：楚国~(按楚国用人次序)，我死，令尹司马非胜(人名)而谁？又引申指❷不同的等级：试儒生四十余人，上~赐位郎中，次太子舍人，下~者罢之。由科考榜上次第，进而引申指❸科第：逮其父时，虽少年，已自成人，能取进士~｜及~｜落~。古代按等级建造官员宅院，故又引申指❹上等宅院：府~｜宅~｜门~。又用作❺词头：~三次。

○悌，从心从弟会意，弟也兼表声。读tì，本义指弟弟敬爱兄长：谨庠序之教，申之以孝~之义。

【组字】弟，如今既可单用，也可作偏旁。现今归入八部。凡从弟取义的字皆与次序等义有关。

以弟作义符的字有：罤(“昆弟”之“昆”本字)。

以弟作声兼义符的字有：递、娣、悌、梯、第。

以弟作声符的字有：剃、绨、涕、睇、锑、鹈。

灶 zào (竈)

【字形】金 篆 今篆灶 隶灶竈

草灶竈

【构造】会意兼形声字。金文从穴从灶蟋，灶蟋入秋后进入民居，常出没于旧式土灶台的缝洞中，故用以会旧式烧火的土灶之意。篆文改为从穴，从鼀(cù)或鼀省(黽)声并整齐化。隶变后楷书写作竈。俗作灶，改为从火从土会意，表示烧火的土灶。如今规范化，以灶为正体。

【本义】《说文·穴部》："竈，炊灶也。从穴，鼀省声。"《五音集韵·号韵》："灶，俗竈。"本义为生火做饭的设备。

【演变】灶，本义指❶做饭的灶火：齐军入魏地为十万～，明日为五万～|另立炉～|火～|～头|～王爷|～火。引申指❷灶神：故炎帝于火而死为～|接着一声钝响，是送～的爆竹。

弃 zhèn；yìng；zhuàn

(朕、关、關、倂、佚、媵)

【字形】甲 金

篆 隶弃倂 草

【构造】会意字。弃是由"朕"字分化出来的一个偏旁。上列甲骨文和金文一形都是"朕"，是双手持篙撑船形，会送船之意。省去船形，即成为甲骨文和金文的二形的"弃"字。金文三形或另加人旁，表示人送之意。篆文将篙形讹变为火。隶变后楷书写作弃与倂。弃作偏旁时有的写作"关"，故倂俗也随之变作佚。如今都只作偏旁，而"关"又作了"關"的简化字。

【本义】弃，《说文》失收，只存在于字的偏旁中，可见不是独立的字。《说文·人部》："倂，送也。从人，弃声。"本义为送亲。《玉篇·火部》："弃，火种。一说同夷。"这是就隶变后的字形所作的解说。本义当与"朕"同，也是撑篙送船之意。

【演变】弃，读 zhèn，是由"朕"字分化出来的一个偏旁。本义也指❶撑篙送船。

又读 yìng，引申指❷发送，送亲，陪送。由于"朕"后来借为第一人称代词，发送之义遂以"弃"为基础，另加义符"亻"，或"辶"，写作"倂"(佚)或"送"来表示。或以"朕"为基础，另加义符"女"写作"媵"来表示。

又读 zhuàn，由于《玉篇》的误解，也用以表示❸火种。参见朕、媵、关、送。

○倂，从人从弃，弃也兼表声。俗作"佚"。读 yìng，本义指送亲，陪送。古时诸侯嫁女本国及他国皆以大夫送之，谓之倂。由于陪送多以侄娣从，故俗遂改用从"女"的"媵"字来表示。

【组字】弃，如今不单用，只作偏旁。现今归入火部。凡从弃取义的字皆与发送等义有关。以弃作声兼义符的字有：倂(佚)、送、朕。

灿 càn

(燦)

【字形】篆 今篆 隶灿燦 草

【构造】会意兼形声字。篆文从火从粲(精米，表鲜明)，会鲜明洁净之意，粲也兼表声。隶变后楷书写作燦。如今简化作灿，改为山声。

【本义】《说文·火部》新附："燦，灿烂，明净貌也。从火，粲声。"本义为鲜明洁净。

【演变】灿，本义指光彩鲜明：星汉～烂|却喜无月灯愈～，倒翻水底成星汉|文理～然而厚，知广大有而博。

冻 dòng

(凍)

【字形】篆 隶冻凍 草

【构造】形声兼会意字。篆文从冫(冰)，東声；東为烘笼，人用烘笼说明天气寒冷，故也兼表意。隶变后楷书写作凍。如今简化作冻。

【本义】《说文·冫部》："凍，冰也。从冫，東声。"本义为凝结得很硬的冰。

【演变】冻，本义指❶凝结得很硬的冰：然则冰(初凝)解而～释，草木区萌|化～|上～。引申指❷凝结了的汤汁：一盘猪头～|肉～儿|鱼～儿。用作动词，指❸水分遇冷凝结：孟冬之月，水始冰，地始～|柿子都～结实了|湖水～冰了。由冰冻又引申指❹寒冷，受寒冷：父母～饿，兄弟妻子离散|这两天他～着了|手～了。用作使动，指❺使受冻：比其反(返)也，～馁其妻子。

冷 lěng

【字形】篆　隶　草

【构造】形声兼会意字。篆文从冫(冰),令声;闻君令而惊颤,与遇寒而颤抖似,故令也兼表意。隶变后楷书写作冷。

【本义】《说文·冫部》:"冷,寒也。从冫,令声。"本义为寒冷。

【演变】冷,本义指❶寒凉:鸳鸯瓦~霜华重|~血动物|~暖自知|令人齿~|~水|~饮|~食|~藏。由寒冷引申指❷情绪、感情不热烈:墨翟之徒,世谓热腹;杨朱之侣,世谓~肠|~眼旁观|~若冰霜|~语冰人|~漠|~遇|~酷|~淡。又引申指❸清静,参与或注意的人不多:其谁肯见寻,~淡少知音|~清|~落|~门|~僻|~货。由注意的人不多,又引申指❹突然发出:~箭。

冶 yě

【字形】金　篆　隶　草

【构造】会意兼形声字。金文从火从二(金属块)从刀从口(表示器物),会用火熔化金属铸刀器之意。篆文左右调换,火烧金属块简化为冫(表示金属熔化类似于冰化),刀口讹为台声,台是胎本字,铸器亦犹胎儿成形,也兼表意。隶变后楷书写作冶。

【本义】《说文·冫部》:"冶,销也。从冫,台声。"本义为溶化。

【演变】冶,本义指❶溶化:(富商大贾)~铸煮盐,财或累万金|~炼|~金。用作名词,指❷铸造工:良~之子,必学为裘。由熔炼又比喻❸锤炼,影响:陶~情操。又引申指❹容貌光艳,妖媚:慢藏诲盗,~容诲淫|~艳|妖~。

汪 wāng

【字形】金　篆　隶　草

【构造】会意兼形声字。金文从水从㞷(往),会水漫流广大之意,㞷也兼表声。篆文整齐化。隶变后楷书写作汪。

【本义】《说文·水部》:"汪,深广也。从水,㞷声。"本义为水聚深广。

【演变】汪,本义指❶水聚深广:~然平静,寂然清澄|~洋大海。用作名词,指❷水停积的地方:祭仲杀雍纠,尸诸周氏之~|水~。用作动词,指❸液体积聚:连席子上都~着水。

沛 pèi

【字形】篆　隶　草

【构造】形声兼会意字。篆文从水,巿声,巿(繁茂)也兼表盛大之意。隶变后楷书写作沛。注意:沛右边不从"市"。

【本义】《说文·水部》:"沛,水,出辽东番汗塞外,西南入海。从水,巿声。"所释为引申义。本义当为水草丛生的沼泽地。

【演变】沛,本义指❶水草丛生的沼泽地:园囿污池~泽多,而禽兽至。引申指❷水流盛大:民归之,犹水之就下,~然谁能御之|望淮兮~~。又引申泛指❸丰盛,充足:天油然作云,~然下雨|故~然德教溢乎四海|精力充~。又借作"跋",表示❹倒仆:君子无终食之间违仁,造次必于是,颠~必于是。

【组字】沛,如今既可单用,也可作偏旁。现今仍归入水部。凡从沛取义的字皆与水盛大等义有关。

以沛作声兼义符的字有:霈。

沙 shā;shà (砂)

【字形】甲　金　篆　今篆

隶　草

【构造】会意字。"沙"是由甲骨文的"小"分化出来的,在"小"的基础上另加义符"氵"以突出水冲刷成的细微沙粒之意。金文大同。篆文整齐化。隶变后楷书写作沙,后又演化出"砂"字。

【本义】《说文·水部》:"沙,水散石也。从水,从少,水少沙见。"本义为细碎的石粒。

【演变】沙,读shā,本义指❶细碎的石粒:韩信乃夜令人为万余囊,满盛~,壅水上流|泥~俱

下|~袋|~土。引申指❷沙滩，沙漠：幕北地平，少草木，多大~|树下流杯客，~头渡水人。又引申指❸像沙子一样细小的东西：豆~|铁~|金~。又引申指❹松散：这里的土质还很~|~瓤西瓜。又比喻❺声音破碎嘶哑：眼眶陷了进去，嗓子也发~|~哑。

又读 shà，引申指❻经过摇动使东西里的杂物集中，以便清除：把米中的沙子~一~。

○砂，是"沙"的后起字，将水旁换为石旁，以突出沙样碎石之义。多用以表示❶风化形成的细小石粒：何意掌中玉，化为眼中~|~纸|朱~|矿~|~布|~浆|~轮。引申指❷像沙的东西：~糖。又特指❸朱砂，也叫辰砂、丹砂：吞金服~。

【组字】沙，如今既可单用，也可作偏旁。现今仍归入水部。凡从沙取义的字皆与细小沙粒等义有关。

以沙作声符的字有：莎、娑、桫、挲、痧、裟、鲨。

汽 qì (汔)

【字形】篆 隶 汽 草

【构造】会意兼形声字。篆文从水从气会意，气也兼表声。水气化则涸，故表示水干涸。隶变后楷书写作汽。异体作汔，省从乞。如今二字表义有分工。

【本义】《说文·水部》："汽，水涸也。或曰泣下。从水，气声。"本义为水干涸。《集韵·未韵》："汽，水汽也。"常用义为水蒸气。

【演变】汽，本义指❶使水干涸：把裤子（尿布）用沙土~干。用作副词，表示❷将近：~可小康。常用义为❸水蒸气：~笛|~锤|~轮机。又泛指❹其他液体或固体变成的气体：~油|~车|~灯|~化|~化热。

○汔，读 qì，作为汽的分化字，专用以表示❶使干涸：~渊剖珠，倾岩刊玉。又指❷尽，完成：君第~事，何庸知我。用作副词，指❸终竟，一直：至元祐而裕于所用，~至隆平|自闽走粤，~无小休。用作介词，又指❹至，到：两军相持，自秋~冬。

沃 wò (渎)

【字形】篆 今篆 隶 沃 渎 草

【构造】形声兼会意字。篆文从水，芺声，芺也兼表茂盛之意。隶变后楷书本应作渎，俗省作沃。

【本义】《说文·水部》："沃，溉灌也。从水，芺声。"本义为浇灌。

【演变】沃，本义指❶浇灌：秦伯纳女五人，怀嬴与焉，奉匜（古洗手器具）~盥，既而挥之|临种~之|如汤~雪。由土地水肥足，引申指❷肥美，肥沃：土地~美，宜五谷蚕桑|~野千里。又引申指❸茂盛：桑之未落，其叶~若。

【组字】沃，如今既可单用，也可作偏旁。现今仍归入水部。凡从沃取义的字皆与浇灌等义有关。

以沃作声符的字有：鋈、鋈。

次 xián (涎)

【字形】甲 篆 今篆 隶 次 涎

草

【构造】会意字。甲骨文从欠（人张口的样子）从水，会人口中流出口水之意。篆文整齐化。隶变后楷书写作次。由于"次"作了偏旁，其义便又另造了"羡"与"涎"来表示。参见羡。

【本义】《说文·次部》："次，慕欲口液也。从欠，从水。"本义为羡慕的口水。

【演变】次，本义指口水：依居蛟蜃，漱沫濡~。

○涎，从水从延会意，延也兼表声。读 xián，本义指❶口水：道逢曲车口流~，恨不移封向酒泉|垂~三尺。引申泛指❷黏液：肾咳之状，咳则腰背相引而痛，甚则咳~。又进而引申指❸羡慕，贪图：各国眈眈~我边境。

【组字】次，如今不单用，只作偏旁。现今归入水部。凡从次取义的字皆与流口水、贪羡等义有关。

以次作义符的字有：厌、盗（盜）。

以次作声兼义符的字有：羡。

状 zhuàng (狀)

【字形】籀 篆 隶 状 狀 草

【构造】会意兼形声字。籀文从犬从爿(版筑),形之鲜明者莫如狗与版筑,故用以会形状之意,爿也兼表声。篆文整齐化。隶变后楷书写作狀。如今简化作状。

【本义】《说文·犬部》:"狀,犬形也。从犬,爿声。"本义为狗的形状。

【演变】状,由本义狗的形状,引申泛指❶形状:孔子之~类阳虎(人名)|奇形怪~|~态。由人的形状,又引申指❷礼貌:秦中吏卒遇之多无~。又特指❸正常的样子:阿留者,太常周元素家童也,性痴呆无~。用作抽象意义,指❹情况,景况:予观夫巴陵胜~,在洞庭一湖|病~|~况|罪~。用作动词,指❺陈说或描摹(出情状):灼灼~桃花之鲜,依依尽杨柳之貌|自~其过|~语。又引申指❻向上级陈述事实的文书,为古代的一种文体:(赵)充国上~曰。又特指❼诉状:李具~求在狱候春发遣|~纸|告~|~子。又引申指❽委任、褒奖等的文件、凭证:委任~|奖~。

【组字】状,如既今可单用,也可作偏旁。现今仍归入犬部。凡从状取义的字皆与形状等义有关。

以状作声符的字有:浗。

快 kuài

【字形】篆 隶 草

【构造】会意兼形声字。篆文从心从夬(钩弦射箭),会心气畅行之意,夬也兼表声。隶变后楷书写作快。

【本义】《说文·心部》:"快,喜也。从心,夬声。"所释为引申义。本义当为心气畅行。

【演变】快,本义指❶心气畅行,舒畅,高兴,痛快,欢喜:抑王兴甲兵,危士臣,构怨于诸侯,然后~于心与?|~哉此风|拍手称~|亲痛仇~|先睹为~|~乐|欢~。引申指❷舒服:近日身体不~。又引申指❸可心:奇男已南省,~婿更东床|乘龙~婿。又引申指❹豪爽,爽直:黄公衡,~士也,每坐起,叹述足下,不去口实|~人~语|心直口~|爽~。因"快"也从"夬"取得声义,故又引申指❺迅速:~马加鞭|特~列车|跑得~|进步~。又引申指❻赶紧:~开会去吧。由迅速又引申指❼锋利:调习器械,务令~利|这刀很~|~刀斩乱麻。又引申指❽敏锐:手疾眼~|亏他心思转得~。虚化为副词,表示❾将要:~天黑了|~开学了。

【组字】快,如今既可单用,也可作偏旁。现今仍归入心部。凡从快取义的字皆与畅行、爽直等义有关。

以快作声兼义符的字有:筷。

完 wán

【字形】篆 隶 草

【构造】会意兼形声字。篆文从宀(房屋)从元(突出了头部的人),古人言"身体发肤,受之父母,不敢毁伤",故会房屋完好无缺损之意,元也兼表声。隶变后楷书写作完。

【本义】《说文·宀部》:"完,全也。从宀,元声。"本义为房屋完好无缺。

【演变】完,由本义房屋完好无缺,引申泛指❶完好,完整:巢非不~也|覆巢之下无~卵|体无~肤|~善。用于人品,指❷完美无缺:人无~人。用作动词,指❸使完好,保全:~璧归赵|盖失强援,不能独~。又引申指❹修筑,整治:父母使舜~廪。由修建完,又引申指❺完成:~工|~稿|~卷。又引申指❻缴纳(赋税):~税|~粮。由完成又引申指❼完尽:钱也用~了。再进而引申为❽生命终结或陷入失败绝境:大家都说,~了,怕是遭了狼了|计划全~了。

【组字】完,如今既可单用,也可作偏旁。现今仍归入宀部。凡从完取义的字皆与完整等义有关。

以完作声符的字有:院、浣、莞、垸、烷、脘、皖、鲩。

宋 sòng

【字形】甲 金 篆 隶 草

【构造】会意字。甲骨文从宀(房屋)从木会意,表示用木料建房或表示里面有木床家具的居室。金文大同。篆文整齐化。隶变后楷书写作宋。

【本义】《说文·宀部》:"宋,居也。从宀,从木。”本义为居室,居住。

【演变】宋,本义指❶居室,居住。后借用作❷古诸侯国名:成王命周公平叛,立微子于~。又用作❸朝代名:南朝~、齐、梁、陈|北~|南~。又特指❹宋刊本或宋体字:~体|仿~体。又用作❺姓。

【组字】宋,如今可单用,也可作偏旁。现今仍归入宀部。凡从宋取义的字皆与居住等义有关。

以宋作声符的字有:啋、浨。

宏 hóng

【字形】甲 金 篆 隶 草

【构造】会意兼形声字。甲骨文从宀(房屋)从厷(雄省,表示大),会房屋阔大之意,厷也兼表声。金文稍变,改为弓声,篆文承甲骨文并整齐化。隶变后楷书写作宏。

【本义】《说文·宀部》:“宏,屋深响也。从宀,厷声。”本义为房屋深广说话有回声。

【演变】宏,本义指❶房屋深广说话有回声。引申泛指❷广大:以临乎~池|风樯动,龟蛇静,起~图|~大|~观。又引申指❸声音洪亮:形之庞也类有德,声之~也类有能|~亮。用于抽象意义,引申指❹广博,阔大,恢宏,发扬:丕大德以~覆|不能~恕,好尚讥诃|安平风度~邈,器宇高雅|君子居谦而~道|尧舜~揖让之风。

【组字】宏,如今既可单用,也可作偏旁。现今仍归入宀部。凡从宏取义的字皆与房屋深广等义有关。

以宏作声符的字有:纮、浤、硡、鋐、竑、翃。

牢 láo

【字形】甲 金 篆 隶 草

【构造】会意字。甲骨文从牛在栏圈中,会关牲畜的栏圈之意。金文大同。篆文另加一横,表示关上圈门。隶变后楷书写作牢。

【本义】《说文·牛部》:“牢,养牛马圈也。从牛冬省,取其四周匝也。”不是“冬省”,而是圈形。本义为关牲畜的栏圈。

【演变】牢,本义指❶关牲畜的栏圈:见兔而顾犬,未为晚也;亡羊而补~,未为迟也。引申指❷祭祀用的牛羊猪:吾将以十太~(三牲齐全)待子之君|少~(只有羊豕)。由牲口圈又引申指❸牢狱:故士有画地为~,势不可入|监~。栏圈要结实,又引申指❹牢固:愈束缚~甚|~不可破。

【组字】牢,如今既可单用,也可作偏旁。现今仍归入牛部。凡从牢取义的字皆与牲口圈、牢固等义有关。

以牢作声兼义符的字有:侔、哰。

以牢作声符的字有:崂、浶。

究 jiū

【字形】金 篆 隶 草

【构造】会意兼形声字。金文和篆文从穴从九(揪尾巴),会穷至尽头之意,九也兼表声。隶变后楷书写作究。

【本义】《说文·穴部》:“究,穷也。从穴,九声。”本义为穷尽。

【演变】究,本义指❶穷尽:靡届靡~(无穷无尽)。用作动词,指❷探求:词证理析,莫不精~|寻根~底|追~|研~|深~。用作副词,由穷尽引申指❸到头来,毕竟:九州生气恃风雷,万马齐喑~可哀|~属不妥|终~。

【组字】究,如今既可单用,也可作偏旁。现今仍归入穴部。凡从究取义的字皆与穷尽等义有关。

以究作声兼义符的字有:䆛。

穷 qióng (窮)

【字形】篆 今篆 隶 穷 窮 竆

草

【构造】会意兼形声字。篆文从穴从躳(亲躬、躬身),会亲自达到洞穴的尽头之意,躳也兼表声。隶变后楷书写作竆。异体作窮,改为从躬。如今皆简化作穷,改为从力,表示努力达到。

【本义】《说文·穴部》:“竆,极也。从穴,躳声。”本义为达到尽头。

【演变】穷,本义指❶达到尽头,达到极限,寻根究源：复前行，欲～其林｜～高极远而测深厚｜～理尽性，以至于命｜皓首～经，笔下虽有千言，胸中实无一策。引申指❷终了，终极：与国咸休（美），永世无～｜理屈词～。由达到尽头又引申指❸受困不得志：～不失义，达不离道｜生死存亡，～达贫富｜～来从我，不忍杀之。由被无财物所困，又引申指❹贫困，贫穷，困难：振困～，补不足｜多有之者富，少有之者贫，至无有者～。用作修饰语，指❺到头的，走投无路的，走极端的，极力的，不受约束的，边远的：～年忧黎元（百姓），叹息肠内热｜～鸟入怀，仁人所悯｜～奢极欲｜～追猛打｜～兵黩武｜～乡僻壤。

【组字】穷，如今既可单用，也可作偏旁。现今仍归入穴部。凡从穷取义的字皆与到尽头等义有关。

以穷作声符的字有：䓖（藭）、𡶴、𩨷。

良 liáng（郎、廊）

【字形】甲  金  古  篆  隶 良 草 

【构造】象形字。甲骨文象古代穴居两侧有进出廊道之形。金文加出台阶。古文线条化。篆文稍讹并整齐化。隶变后楷书写作良。与“复”是同源字。参见复。

【本义】《说文·畗部》：“良，善也。从畗省，亡声。”析形是就篆文所作的附会，所释为引申义。本义当为进出的廊道。

【演变】良，由进出廊道的高朗，引申为❶贤明：元首明哉，股肱～哉，庶事康哉。再引申指❷良好，美好：吉日兮辰～，穆将愉兮上皇｜～医之治病也，攻之于腠理｜精～。又引申指❸善良：民之无～，相怨一方｜～民。用作名词，指❹善良的人：除暴安～。虚化为副词，表示❺的确，很，甚：古人思秉烛夜游，～有以也｜始皇默然～久。

“良”为引申义所专用，廊道之义便另加义符“阝”写作“郎”来表示。“郎”也为引申义所专用，便又再加义符“广”写作“廊”来表示。参见“郎”。

【组字】良，如今既可单用，也可作偏旁。现今归入艮部。凡从良取义的字皆与高朗、美好等义有关。

以良作声兼义符的字有：郎、阆、娘、浪、朗、琅。

以良作声符的字有：莨、狼、崀、烺、锒、稂、粮、踉、酿。

启 qǐ（启、啟）

【字形】甲  金 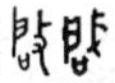 籀 

篆 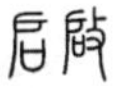 隶 启 啟 草 

【构造】会意字。甲骨文一形象以手开门形，表示打开门（与扉字应同源）；二形或从户从口，表示像开门一样以言语启发教导；将一与二形两个字综合起来就是甲骨文的第三个字。金文承甲骨文三形，将用手开门换成以棍敲门或以戈打门。籀文承甲骨文三形。篆文承甲骨文、金文，分为二体。隶变后楷书分别写作启、启与啟。繁体原本用啟或俗体啓。如今规范化皆简作启。作偏旁时用启。

【本义】《说文·口部》：“启，开也。从户，从口。”又《支部》：“啟，教也。从支，启声。《论语》曰：‘不愤不啟。’”这种解释显然是在历史演变中弄错了。就甲骨文分析，实际上“启”应为开门之义，“启”应为教导之义，“啟”则是从口从启会意，表示以言相教导，启也兼表声。“啟”当是“启、启”的后起字。这样，作为如今简化字的“启”也就有了“开门”与“教导”两个本义。

【演变】启，本义指❶开门：阍者掌守王宫之中门之禁，以时～闭。引申泛指❷打开：王与大夫尽弁（戴上礼帽）以～金縢（圭缄）之书｜～封。又引申指❸开始，开拓：弓矢斯张，干戈戚扬，爰方～行｜～基创业｜～动｜～用。由以言相教导，又引申指❹开导：旁求俊彦，～迪后人｜～蒙｜～发｜～示。再引申指❺陈述：府吏得闻之，堂上～阿母｜～事｜～齿｜～禀｜某某～｜敬～者。用作名词，指❻一种书信文体：书～｜小～。又表示❼自谦：某～：昨蒙教｜～禀。

【组字】启，如今既可单用，也可作偏旁，作偏旁时写作启。现今仍归入口部。凡从启取义的字皆与打开等义有关。

以启作声兼义符的字有：啟、啓。

以攴作声符的字有:桨、脊、綮。

罕 hǎn

【字形】篆  隶 罕 草 

【构造】会意兼形声字。篆文从网从干,会捕鸟用的长柄小网之意,干也兼表声。隶变后楷书写作罕,其中网形简化。

【本义】《说文·网部》:"罕,网也。从网,干声。"本义为捕鸟用的长柄小网。

【演变】罕,本义指❶捕鸟用的长柄小网:~车(载罕网的车)飞扬,武骑聿皇(轻疾貌)。借用以表示❷旗帜:百夫荷~旗以先驱。由网的稀疏,遂用以表示❸稀少:子~言利与命与仁|~见|稀~。

【组字】罕,如今既可单用,也可作偏旁。现今仍归入网部。凡从罕取义的字皆与小网等义有关。

以罕作声符的字有:浫、猂。

证 zhèng (証、證)

【字形】篆  隶 证 証 證 草 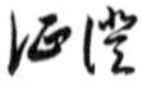

【构造】会意兼形声字。证,篆文本是两个字:一个从言从正会意,表示以正言相谏,正也兼表声,隶变后楷书写作証;另一个从言从登(登上)会意,登也兼表声,表示登堂以言作证,隶变后楷书写作證。如今二字都简化作证。

【本义】《说文·言部》:"証,谏也。从言,正声。"本义为谏证。此义如今已不用。又:"證,告也。从言,登声。"本义为告发证实。

【演变】证,作为本字,本义指❶谏诤:士尉以~靖郭君,靖郭君不听。作为"證"的简化字,又表示❷告发证实:吾党有直躬者,其父攘(窃)羊,而子~之。引申泛指❸验证(用人或事物证明):故相臣莫若君兮,所以~之不远|~实|~明。用作名词,指❹凭据:~据|~人|凭~。

评 píng (評)

【字形】今篆  隶 评 評 草 

【构造】会意兼形声字。楷书繁体从言从平会意,表示以一定的标准衡量,平也兼表声。如今简化作评。

【本义】《广雅·释诂》:"评,平也。"又:"评,议也。"《广韵·庚韵》:"评,评量。"本义为评判。

【演变】评,本义指❶评判:论者~之|是非~众诗,成败断前史|~议|~定|~断|~选。用作名词,指❷评论的话:好共覈论乡党人物,每月辄更其品题,故汝南俗有"月旦~"焉|诗~|文~|好~|~注。

诉 sù (訴、謭、愬)

【字形】篆  隶 诉 訴 愬 草 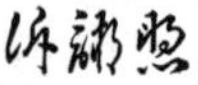

【构造】形声兼会意字。篆文从言,㡿(斥)声或厈(㡿讹)声。异体从言,朔声,或从心,朔声;㡿、厈、朔,也皆兼表反向之意。隶变后楷书分别写作謶、謭与愬。随着㡿演变为斥,謶俗也写作訴。如今规范化,皆简化作诉。参见斥。

【本义】《说文·言部》:"訴,告也。从言,厈省声。"本义为告诉。

【演变】诉,本义指❶告诉:~子路于季孙|~说明白。又特指❷倾吐心里怨苦:弦弦掩抑声声思,似~平生不得志|倾~|~苦。又引申指❸告状:数廷~(郭)嘉|控~|~状|上~|起~|~讼。又引申指❹求助:竞争的结果,便须~诸战争|~诸武力。

〇愬,作为"诉"的异体字,读 sù,本义为❶诉说,告发:薄言往~,逢彼之怒|欲~之官。又指❷诽谤:~无罪者,国之贼也。

又读 sè,表示❸惊恐:灵公望见赵盾,~而再拜。

诊 zhěn (診)

【字形】篆  隶 诊 診 草 

【构造】形声兼会意字。篆文从言,㐱声,㐱(细发)也兼表细看之意。隶变后楷书写作診。

如今简化作诊。

【本义】《说文·言部》："診，视也。从言，㐱声。"本义为视脉问病以断病症。

【演变】诊，本义指❶诊断：诏太医令程延使～之|诏臣意～切其脉|～脉|～断|门～|出～。引申泛指❷察看：莽疑其诈死，有司奏请发（董）贤棺，至狱～视。

译 yì（譯）

【字形】篆　今篆　隶 译 譯　草

【构造】形声兼会意字。篆文从言，睪声，睪为眼线，会引导沟通双方语言之意，即翻译。隶变后楷书写作譯。如今简化作译。

【本义】《说文·言部》："譯，传译四夷之言者。从言，睪声。"本义为翻译。

【演变】译，本义指❶翻译：康居、西域，重～请朝，稽首来享|以华言唐文～刻释氏经典。用作名词，指❷翻译人员：单于怪（董）贤年少，以问～。

补 bǔ（補）

【字形】篆　今篆　隶 补 補　草

【构造】形声兼会意字。篆文从衣，甫声，甫为苗圃，菜为粮之辅，故也兼表弥补使完好之意。隶变后楷书写作補。如今简化作补，改为卜声。

【本义】《说文·衣部》："補，完衣也。从衣，甫声。"本义为补缀破衣使完好。

【演变】补，本义指❶补缀衣服：衣裳绽裂，纫针请～缀|～衣服|缝～。引申泛指❷修补：～楼船器甲之坏，以虞寇至|～锅|～墙洞。又引申指❸弥补：亲戚～察，瞽史教诲。又引申指❹补充，补助：春省耕而～不足，秋省敛而助不给|～考|～选|填～。又引申指❺补益，益处：为世用者，百篇无害；不为用者，一章无～|不无小～|于事无～。又引申指❻补养：滋～|～品|冬～。

【组字】补，如今既可单用，也可作偏旁。现今仍归入衣部。凡从补取义的字皆与补缀等义有关。

以补作声符的字有：逋。

初 chū

【字形】甲　金　篆　隶 初　草

【构造】会意字。甲骨文从刀从衣，会裁制兽皮开始穿衣之意。金文大同。篆文承之并整齐化。隶变后楷书写作初。甲骨文还有一字，从衣从人，或以为是"初"字，实则应是"依"字。金文将人移到衣外，更像。参见依。

【本义】《说文·刀部》："初，始也。从刀，从衣。裁衣之始也。"本义为裁衣之始。

【演变】初，由裁衣之始，引申泛指❶开始：～吉终乱|～极狭，才通人|年～|～夏|～学。引申指❷第一个：阴历每月的～一十五|～伏|～夜|～旬。又引申指❸第一次：只应踏～雪，骑马发荆州|～出茅庐|～恋。又引申指❹最低的等级：～级读本|～等。又引申用于追述往事，指❺当初：～，郑武公娶于申。又表示❻刚，刚刚：～一交战，操军不利。

【组字】初，如今既可单用，也可作偏旁。现今仍归入刀部。凡从初取义的字皆与起始等义有关。

以初作声符的字有：犁。

君 jūn

【字形】甲　金　篆　隶 君　草

【构造】会意字。甲骨文从尹（表治理）从口（表发令），会掌管治理、能发号施令之人的意思。金文稍变。篆文整齐化。隶变后楷书写作君。

【本义】《说文·口部》："君，尊也。从尹；发号，故从口。"本义为掌管治理、能发号施令之人。

【演变】君，本义指❶掌管治理、能发号施令之人。古代天子、诸侯及卿大夫有地者皆曰君：天生民而树之～|欲为～，尽～道；欲为臣，尽臣道|以敬事其～长|～何患焉。引申为❷主宰者：心者，形之～也|家～。又用作❸封号：平原～|孟尝～。又用作❹敬称：～言当击，甚与孤合。用作动词，表示❺统治：周章已～吴，因而封之。

【组字】君，如今既可单用，也可作偏旁。现今仍归入口部。凡从君取义的字皆与治理等义有关。
以君作声符的字有：郡、捃、珺、裙、窘、群。

灵 líng（霊、靈）

【字形】金 古 篆
今篆 隶灵靈霊 草

【构造】会意兼形声字。金文从示（祭台）从霝（下雨），会祭神求雨之意，霝也兼表声。古文改为从玉从龙，强调巫以玉拜龙降神求雨之意。篆文改为从玉，表示巫以玉降神；或从巫，表示女巫跳舞降神。隶变后楷书分别写作霊和靈。如今简化皆借“灵”来表示。灵，从火从彐（又，手），用火上烤手表示微温之意，与“灰”造意相同，隶变后楷书写法有别。

【本义】《说文·玉部》：“霊，巫以玉事神。从玉，霝声。靈，霊或从巫。”本义为巫奉玉舞蹈以降神。《广韵·青韵》：“灵，小热也。”本义为微温，温度不高。《正字通·火部》：“灵，俗靈字。”

【演变】灵，由巫奉玉舞蹈以降神，用作名词，既指❶降神的巫：~偃蹇兮姣服，芳菲菲兮满堂。又指❷神灵：于是洛~感焉，徙倚彷徨｜精~｜~怪。引申为❸灵验：龟藏则不~，蓍久则不神｜这药不~。又引申为❹神威：七合诸侯，君之~也。又引申为❺灵魂，有关死人的：千古英~安在？｜显~｜~位｜~柩。由神灵，又引申为❻聪明，灵性：惟人万物之~｜陶冶性~。又引申为❼灵巧，灵活：~敏｜心~手巧｜周转不~。

【组字】灵，如今既可单用，也可作偏旁。现今归入火部。凡从灵（靈）取义的字皆与神明等义有关。
以灵作声兼义符的字有：棂。
以灵（靈）作声符的字有：𨻰、崀、㚶。

即 jí

【字形】甲 金 篆 隶即 草

【构造】会意兼形声字。甲骨文从皀（盛满食物的器具）从卩（跪坐的人），会人就食吃饭之意，卩也兼表声。金文大同。篆文整齐化。隶变后楷书写作即。

【本义】《说文·皀部》：“即，即食也。从皀，卩声。”本义为就食。

【演变】即，本义指❶就食：鼎有实（满食），我仇（匹偶，妻）有疾，不我（与我）能~。引申为❷走近，靠近，就：望之俨然，~之也温｜~位。进而引申为❸接触：善人教民七年，亦可以~戎矣｜~景生情。又引申为❹就在（当时）：项羽~日因留沛公与饮。用作副词，表示❺就，就是：梁父~楚将项燕。用作连词，表示❻假设：~戎寇至，传鼓相告。

【组字】即，如今既可单用，也可作偏旁。现今归入卩部。凡从即取义的字皆与就食等义有关。
以即作声符的字有：唧、鲫。

屃 xì（眉、屭、屓）

【字形】篆 今篆 隶屃屓屭眉
草

【构造】会意字。楷书繁体作屓，从貝从尸（屋盖），会海中带壳的动物之意。异体作屭，从三貝。如今皆简化作屃，为正体。《说文》篆文有一“眉”字，从尸（卧人）从自（鼻子），会睡觉用力打鼾之意。隶变后楷书写作眉。段玉裁等人认为“屃”即“眉”之讹。眉如今也就用“屃”来表示。

【本义】《说文·尸部》：“眉，卧息也。从尸、自。”本义为睡觉打鼾声。

【演变】屃，作为“眉”字，本义指❶睡觉打鼾声。打鼾必用力，故又表示❷用力的样子：巨灵赑~，高掌远蹠（脚掌）。盖因字形讹为从贝，故又由强壮有力，引申用作❸蠵（xī）龟的别名：俗传龙生九子，一曰赑~，形似龟，好负重，今石碑下龟趺（fū）是也。

【组字】屃，如今既可单用，也可作偏旁。现今仍归入尸部。凡从屃取义的字皆与声音等义有关。
以屃作声符的字有：癛。

尾 wěi;yǐ

【字形】甲 金 篆 隶 草

【构造】会意字。甲骨文从尸从倒毛,会人臀后系有毛尾饰物之意。金文大同。篆文整齐化。隶变后楷书写作尾。

【本义】《说文·尾部》:"尾,微也。从到(倒)毛在尸后。古人或饰系尾,西南夷亦然。"本义为毛饰尾巴。

【演变】尾,读 wěi,由毛饰尾巴,引申泛指❶尾巴:狐濡其~|~大不掉|虎~|~羽。又引申为❷末端:年~|船~。又引申为❸事物的结束阶段:扫~工程。又引申为❹水的下游:我住长江头,君住长江~。又表示❺边际:运于渤海之~。又引申为❻在后跟随:~随。动物生殖器官在尾部,又特指❼鸟兽虫鱼交配:交~。用作量词,指❽鱼:一~鱼。

又读 yǐ,指❾马尾上的毛:马~罗。又指❿蟋蟀等尾部的斜状物:三~儿。

【组字】尾,如今既可单用,也可作偏旁。现今归入毛部。凡从尾取义的字皆与尾巴、细微等义有关。

以尾作义符的字有:屬(属)。

以屌作声兼义符的字有:娓。

以尾作声符的字有:犀。

迟 chí (遲)

【字形】甲 金 篆 今篆 隶 迟 遲 草

【构造】会意兼形声字。甲骨文一形从彳(街道)从尼(人从后亲昵),故会滞后之意,尼也兼表声;二形改为从犀(辟,行刑),会服刑人行动徐缓之意,犀也兼表声。金文承甲骨文二形改为从辶,犀声。篆文承甲骨文讹作从辶,犀声。隶变后楷书皆写作遲。俗承甲骨文一形和金文也作迡与遟。如今皆简化作迟,改为从辶从尺(表示小腿)会意,尺也兼表声。

【本义】《说文·辶部》:"遲,徐行也。从辶,犀声。"本义为慢慢地走。

【演变】迟,本义指❶慢慢地走:行道~~,中心有违。引申指❷缓慢:自古至于今,与民为仇者,有~有速,而民必胜之|~~不决|~缓|滞~。由缓慢又引申指❸时间晚:亡羊补牢,未为~也|~到|~早|~熟。又特指❹思维慢,迟钝:袁绍虽有大志,而见事~,必不动也|反应~慢。

【组字】迟,如今既可单用,也可作偏旁。现今仍归入辶部。凡从迟取义的字皆与缓慢等义有关。

以迟作声符的字有:𠽺。

局 jú (跼、侷)

【字形】篆 今篆 隶 局 跼 侷 草

【构造】会意字。篆文从尺(表示人腿)从口(甲骨文口、囗每多混用,此应作囗,表范围),会人腿受限制而屈曲之意。隶变后楷书写作局。

【本义】《说文·口部》:"局,促也。从口在尺下,复局之。一曰博所以行棋。象形。"本义为屈曲。当是"跼、侷"的本字。

【演变】局,本义指❶屈曲,弯曲:谓天盖高,不敢不~|予发~曲|~蹐。此义后也作"跼"。又引申指❷限制,不能舒展:四海一何~?|~缩|~促。此义后也写作"侷"。又引申指❸限定的范围,部分:左右有~,各司其~|小~服从大~|~部麻醉。又引申指❹分部办事的官署机关单位名称:尚(主管)药~|郊祀~|邮政~|商业~|中华书~|文化~|公安~。棋盘是限定划分部分的,故又引申指❺棋盘:略观围棋兮法于用兵,三尺之~兮为战斗场|画纸为~,截木为棋。着棋有形势,故又比喻❻形势,事态,处境:早看出季家不是个善终之~|~面|时~|结~。又引申指❼圈套:王熙凤毒设相思~|骗~。又特指❽胸襟,气度:(任恺)通敏有智~|器~|识~。

○跼,从足从局会意,局也兼表声。读 jú,本义指屈曲不伸:居非命之世,天高不敢不~,地厚不敢不蹐。如今简化仍作局。

○侷,从亻从局会意,局也兼表声。读 jú,

本义指局促：~促不安|房间太~促|时间忒~促，怕完不成。如今简化仍作局。

【组字】局，如今既可单用，也可作偏旁。现今归入尸部。凡从局取义的字皆与限制等义有关。以局作声兼义符的字有：偈、锔、跼。

尿 niào（溺、氼）

【字形】甲 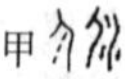 篆 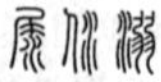

隶 尿 溺 氼 草 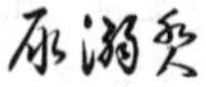

【构造】象形兼会意字。甲骨文象人撒尿形。篆文改为从尾从水会意，因为人的排泄器官在尾部。隶变后楷书写作尿。过去也借“溺”表示。

【本义】《说文・尾部》：“尿，人小便也。从尾，从水。”本义为小便。《说文・水部》：“氼，没也，从水从人。”本义为沉于水，水淹。

【演变】尿，本义指❶小便：以发毛爪齿，尿~不净|筐盛矢，以餍盛~|还是个尿~不懂的孩子。用作动词，指❷撒尿：~炕|~血。此义也叫旋、前溲、小遗、小解。

○溺，篆文三形，从氵从弱，会柔弱之水之意，弱也兼表声。读 ruò，本义指❶水名，即今甘肃省境内之张掖河，俗称黑河：~水。

又读 nì，借为“氼”，本义为❷淹没，淹死：嫂~则援之以手乎？又引申指❸沉溺其中而不悟：学者~于所闻。

又读 niào，借作“尿”，表示❹撒尿：难于大小溲，~赤。

○氼，甲骨文和篆文二形，皆从水从人，会沉溺之意。读 nì，本义为❶沉于水，水淹。此义如今用溺。又读 mèi，方言指❷潜水。

【组字】尿，如今既可单用，也可作偏旁。现今归入尸部。凡从尿取义的字皆与小便等义有关。

以尿作声兼义符的字有：脲。

改 gǎi（攺）

【字形】甲  金  盟书  篆 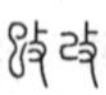

隶 改 攺 草 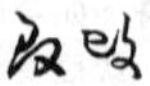

【构造】会意兼形声字。改与攺（yǐ）同源。甲骨文左边从巳（蛇，有血水滴下），右边从攴（手持棍），会驱蛇避邪之义，巳也兼表声。金文简化。侯马盟书大同。篆文分为二体：其一仍从攴从巳（蛇）；其二改为从攴从己（来回纪物状），会改变之意。隶变后楷书分别写作攺与改。二字表义有分工。

【本义】《说文・攴部》：“攺，毅攺，大刚卯，以驱鬼鬽也。从攴，巳声。”本义为古代一种用以驱鬼避邪的佩物。又《攴部》：“改，更也。从攴、己。”本义指变更。

【演变】改，本义指❶变更：春秋~节，四时迭代|~革|~期|~葬|~制|~换。又特指❷主动改正错误：君子以见善则迁，有过则~|吾知所过矣，将~之|~过自新。又引申指❸修改：~作文|~文章|~错别字|~衣服|把门~小。

○攺，读 yǐ，由驱鬼避邪，后专指用以驱鬼避邪的佩物。

【组字】改，如今既可单用，也可作偏旁。现今仍归入攴部。凡从改取义的字皆与变更等义有关。

以改作声符的字有：䢪。

张 zhāng（張）

【字形】金  篆  隶 张 張 草 

【构造】会意兼形声字。金文从糸从長会意，表示引丝弦将其绷在弓上。篆文改为从弓从長，突出引长弓弦拉紧将其绷在弓上之意，長声也兼表声。隶变后楷书写作張。如今简化作张。

【本义】《说文・弓部》：“張，施弓弦也。从弓，長声。”本义为把弦绷在弓上。

【演变】张，本义指❶上弓弦：既~我弓，既挟我矢。引申指❷拉开弓：使骑吏五人~弓射杀之。由开弓又引申指❸扩大，展开：臣欲~公室也|虚~声势|~大其词|纲举目~|~口结舌。进而引申指❹放纵，不受约束：智不别扬，~狂妄行|气焰嚣~|性乖~。由开弓又引申指❺陈设，排开：~乐设饮，郊迎三十里|~灯结彩。由张弓又引申指❻举目而望：东~西望。开弓则弦紧，故又引申指❼紧，急：一~一

弛,文武之道也|~皇|紧~。张弓意在发射,故又引申指❽心意,主张:你欺负我妇人家没~智。弓开则圆张,故又引申指❾充满:顷之,烟炎~天。又用作❿量词:一~弓|两~桌子|三~名片。又用作⓫姓。

【组字】张,如今既可单用,也可作偏旁。现今仍归入弓部。凡从张取义的字皆与张大等义有关。以张作声兼义符的字有:涨。

忌 jì

【字形】金忌 篆忌 隶忌 草忌

【构造】会意兼形声字。金文从心从己(来回编纪丝缕),会恨意萦心之意,己也兼表声。篆文整齐化。隶变后楷书写作忌。

【本义】《说文·心部》:"忌,憎恶也。从心,己声。"本义为憎恨。

【演变】忌,本义指❶憎恶,怨恨:诸侯加~于君|~恨。引申指❷嫉妒:项王为人,意~信谗|以仲尼之谦也,而见~于子西|猜~|疑~。猜忌则心有不安,又引申指❸畏惧,顾忌:民知有辟(法),则不~于上|投鼠~器|肆无~惮。由顾忌又引申指❹禁戒,避讳:故兵法~之|天下多~讳,而民欲贫|~烟|~口|~生冷|~日|~荤腥。

【组字】忌,如今既可单用,也可作偏旁。现今仍归入心部。凡从忌取义的字皆与忌恨等义有关。

以忌作声符的字有:誋、梞、跽。

际 jì (際)

【字形】篆際 今篆际 隶际際 草际際

【构造】形声兼会意字。篆文从阝(阜,表示墙)从祭(祭则人神交),会墙壁接缝之意,祭也兼表声。隶变后楷书写作際。如今简化作际,将声旁省为示。

【本义】《说文·阜部》:"際,壁会也。从阜,祭声。"本义为两墙相交处的缝。

【演变】际,本义指❶墙缝。引申泛指❷交界或靠边的地方:孤帆远影碧空尽,唯见长江天~流|一望无~|无边无~|水~|岩~|边~|林~|天~。由两墙之交,又引申指❸中间,里边:开荒南野~,守拙归园田|胸~|脑~。又引申指❹人与人彼此之间:君臣之~,非父子之亲也|人~关系|交~|国~|校~|厂~。由交界又引申指❺恰逢,遇合:一日,驰马从禽,忽~暴雨|吾当乱世,用重典;汝~澄平,宜轻之|~遇|遭~。由交界处又引申指❻当……时候:才难,不其然乎?唐虞之~,于斯为盛|受任于败军之~,奉命于危难之间|相见之~。

阿 ē;ā

【字形】金阿 篆阿 隶阿 草阿

【构造】会意兼形声字。金文和篆文皆从阜(左阝,表示山)从可(歌曲),会山弯曲的地方之意,可也兼表声。隶变后楷书写作阿。

【本义】《说文·阜部》:"阿,大陵也。一曰曲阜也。从阜,可声。"本义为山的弯曲处。

【演变】阿,读ē,本义指❶山的弯曲处:若有人兮山之~。引申泛指❷弯曲处:~阁三重阶。又引申指❸曲从,偏袒,迎合:法不~贵|刚直不~。又指❹大土山,山崖:访风景于崇~。

又读ā,用为❺名词词头:~姊闻妹来|~姨。又用作❻译音字:~拉伯|~司匹林。

【组字】阿,如今既可单用,也可作偏旁。现今仍归入阜部。凡从阿取义的字皆与弯曲、声音等义有关。

以阿作声兼义符的字有:啊、婀。

以阿作声符的字有:屙。

陈 chén;zhèn (陳、陣、阵)

【字形】甲陳 金陳 篆陳敶 今篆陣

隶陈阵陳陣 草陈阵

【构造】会意兼形声字。甲骨文从阜(左阝,穴居上下脚窝)从土从柬(灯笼),会穴居门庭的过道间挂有灯笼之意。金文省去土。篆文讹为从阜从木,申声。隶变后楷书写作陳。俗仍作陳。篆文还有一"敶"字,为突出陈设之意,另加义符攴,成为从攴(表操作)从陳会意,陳也兼表声,表示陈列。如今皆简化作陈。古代战争布列车战，故后来由陳又分化出“陣”字，改東为車，专用以表行陣，如今简化作阵。参见阵。

【本义】《说文·阜部》：“陳，宛丘，舜后妫满之所封。从阜，从木，申声。”析形是就篆文所作的解说，所释为引申义。本义当为陈列。

【演变】陈，读 chén，本义指❶陈列：~鱼而观之｜~设。引申指❷行列：美人充下~。由摆出，又引申指❸用语言述说：今日良宴会，欢乐难具~｜~述。由长久摆放，又引申指❹陈旧：年谷复熟而~积有余｜~~相因｜推~出新｜新~代谢｜~言务去。又用作❺国名，朝代名，姓。

又读 zhèn，打仗布列也是一种陈列，故引申指❻排列布阵：癸亥，~于商郊，俟天休命。又引申指❼排出的队列，阵法：卫灵公问~于孔子｜勿击堂堂之~。此类意义，后专用“阵”来表示。

○阵，从陈省，从车，会战阵之意。读 zhèn，本义指❶阵列，阵法：凡~有十：有方~，有圆~……｜将军必厚集其~以待之｜严~以待｜~容｜~势。又指❷阵地，战场：此马临~久无敌｜~线｜~亡。用作动词，指❸布阵：楚半~，公使击之。用作量词，表示❹事情或动作经过的段落：刮一~风｜下一~雨｜一~掌声。

【组字】陈，如今既可单用，也可作偏旁。现今仍归入阝(阜)部。凡从陈取义的字皆与陈列等义有关。

以陈作声兼义符的字有：蔯、樄、墜。

附 fù；pǒu（或读 bù）（坿）

【字形】篆  今篆  隶 **附 坿** 草 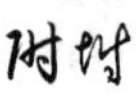

【构造】会意兼形声字。篆文从阝(阜，山)从付(托付)，会托付于大地的小山之意，付也兼表声。隶变后楷书写作附。异体作坿，改为从土，强调是土山。如今规范化用附。

【本义】《说文·阜部》：“附，附娄，小土山也。从阜，付声。”用作“附娄”，也作“部娄”。本义为小土山。

【演变】读 pǒu（或读 bù），本义指❶小土山：~娄无松柏｜大叔曰：“不然，部娄无松柏。”

又读 fù，土山依附于地，故引申泛指❷依傍：山~于地｜荆州之民~操者，逼兵势耳｜~庸风雅｜~议。进而引申指❸从属，附属：不能五十里，不达于天子，~于诸侯，曰~庸｜~设｜~带。

【组字】附，如今既可单用，也可作偏旁。现今仍归入阝(阜)部。凡从附取义的字皆与土堆等义有关。

以附作声符的字有：腑。

㞷 wǎng（往）

【字形】甲  金 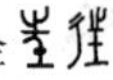 篆  隶 **㞷 往**

草 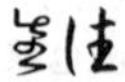

【构造】形声兼会意字。甲骨文从之(前往)，王声。金文讹为从之在土上，或另加义符彳(街道)，以突出前往之义，成为会意字。篆文承金文并整齐化。隶变后楷书分别写作㞷与往。如今规范化，以往为正体，㞷只作偏旁，并变写作主或王，“王”遂与君王之“王”相混。

【本义】《说文·之部》：“㞷，草木妄生也。从之在土上。”解说不确。本义当为前往，是“往”的本字。

【演变】㞷，本义指前往。由于表义不够明显，后又另加义符“彳”(半条街)写作“往”来表示。

○往，从彳从㞷会意，㞷也兼表声。读 wǎng，本义为❶去，到：大夫有所~｜~而不返｜~返｜交~。用于时间，引申为❷过去：~者不可谏，来者犹可追｜~年｜~昔。用于心理活动，又引申指❸归向，向往：《诗》有之：“高山仰止，景行行止。”虽不能至，然心向~之。用作介词，又表示❹朝向：~东走。以上二义旧读 wàng。用作“往往”，表示❺处处，经常：旦日，卒中~~语，皆指目陈胜｜读他的信，~~不知所云。

【组字】㞷，如今不单用，只作偏旁，作偏旁时写作“主”或“王”。现今归入土部。凡从㞷取义的字皆与前往等义有关。注意：凡以“王”为声符的字一般都是“㞷”。

以㞷作声兼义符的字有：往、狂。

以㞷作声符的字有：汪、枉、旺、匡。

妙 miào
（玅、眇）

【字形】籀　篆　今篆　隶　草

【构造】形声兼会意字。籀文从弦省，少声，少也兼表小之意。篆文整齐化。隶变后楷书写作玅。后俗作妙，改为从女，少声，少也兼表少好之意。如今规范化用妙。

【本义】《说文·弦部》："玅，急戾也。从弦省，少声。"本义为急躁而乖戾。《正字通·女部》："妙，小年也。"本义为少女。又："妙，精微也。"又表示精微，细微。

【演变】妙，作为"玅"的异体字，本义为❶急躁而乖戾。

作为本字，本义为❷少女。引申形容❸年幼，幼小：才略纵横年且~。又指❹精美，美好，有趣：芳华辞甚~|精~世无双|新声~入神|~不可言|~语解颐|~语连珠|~龄少女|精~|绝~|美~|不~|~品。又引申指❺神奇，奇巧：运用之~，存乎一心|周郎~计安天下|神机~算|~手回春|灵丹~药|奇~|玄~|神~。又借作"眇"，表示❻精微：故常无欲，以观其~|~尽璇机之正|微~。参见眇。

【组字】妙，如今既可单用，也可作偏旁。现今仍归入女部。凡从妙取义的字皆与美好等义有关。

以妙作声符的字有：篎。

妨 fáng

【字形】甲　篆　隶　草

【构造】会意兼形声字。甲骨文从女从方（起粪锸），会女易伤害之意，方也兼表声。篆文整齐化。隶变后楷书写作妨。

【本义】《说文·女部》："妨，害也。从女，方声。"本义为伤害。

【演变】妨，本义指❶伤害，损害：用物过度，~于财|贼（伤害）父之子，~兄之弟，与此同召|不~。又引申指❷阻碍：无发令而干时，以~神农之事|不要~了我睡觉|~碍。

努 nǔ

【字形】古　今篆　隶　草

【构造】形声兼会意字。古文从心，奴声，奴也兼表出心力之意。隶变后楷书写作努，改为从力。

【本义】《广韵·老韵》："努，努力也。"本义为尽量使出力量。

【演变】努，本义指❶尽量使出力量：贵亦可不受命而自以~力求之。由尽量使出力引申指❷用力过分而受伤：且别贪力，仔细~伤着|当年搬石头~得直吐血。由使劲用力又引申指❸凸出：春风吹蚕细如蚁，桑芽才~青鸦嘴|他朝我直~嘴|小树~芽了。

忍 rěn

【字形】金　篆　隶　草

【构造】会意兼形声字。金文和篆文皆从心从刃会意，用心能容受如刀割之痛，会能容受之意，刃也兼表声。隶变后楷书写作忍。

【本义】《说文·心部》："忍，能也。从心，刃声。"本义为容受，忍耐。

【演变】忍，本义指❶容受，忍耐：是可~也，孰不可 也|小不 则乱大谋|杀人父子而君之，予不~为|~受|容~|~让。由容受引申指❷抑制，克制：志~私，然后能公|~痛割爱。由"不忍"又引申指❸不愿：伤心不~问耆旧，复恐初从乱离说。忍受坏事就是残忍，故又引申指❹残忍，狠心：且商臣蜂目而豺声，~人也，不可立也|君王为人不~|~能对面为盗贼。

【组字】忍，如今既可单用，也可作偏旁。现今仍归入心部。凡从忍取义的字皆与忍受等义有关。

以忍作声符的字有：涊、惄、認（认）。

劲 jìn；jìng
（勁）

【字形】古　篆　隶　草

【构造】会意兼形声字。古文一形从弓从巠（用力拉直经线），会弓强硬有力之意，巠也兼表声；二形从力从巠会意，巠也兼表声。篆文承接二形并整齐化。隶变后楷书写作勁。如今简化作劲。

【本义】《说文・力部》："勁，强也。从力，巠声。"本义为强有力。

【演变】劲，读 jìng，本义指❶强有力：天下之强弓～弩，皆自韩出|疾风知～草|～敌|～旅|刚～|强～。

又读 jìn，用作名词，指❷力量：有乌获之～而不得人之助，不能自举|有～|用～|手～儿|吃～儿。进而引申指❸精神，情绪，神情：鼓足干～|骄傲～儿|精明～儿|不对～儿。又引申指❹程度：这酒够～儿|那个香～儿，别提了。

【组字】劲，如今既可单用，也可作偏旁。现今仍归入力部。凡从劲取义的字皆与力量等义有关。

以劲作声符的字有：勁。

甬 yǒng （桶、镛）

【字形】甲  金  篆 

隶 甬 桶 草 甬 桶

【构造】象形字。甲、金文皆象古钟形，上为钟悬，下为钟体，中画为钟带。篆文讹变，上边误为马（花含苞欲放的样子），下边误为用。隶变后楷书写作甬。

【本义】《说文・马部》："甬，艸木华甬甬然也。从马，用声。"这是就篆文所作的解说，非本义。《玉篇・马部》："甬，钟柄也。"本义当为乐钟。

【演变】甬，本义指❶乐钟。后来词义缩小，特指❷钟柄：凫氏为钟……舞（钟顶）上谓之～，～上谓之衡。古又借指❸斗斛一类的量器：一度量，平权衡，正钧石，齐斗～。此义后写作"桶"。又用来比称❹两旁有墙垣遮蔽的通道：筑～道，自咸阳属（连）之。如今泛指❺院中的小路，走廊，过道：～路。浙江宁波境内有甬山，似扣着的钟，又有甬江，故又用作❻宁波的别称。

"甬"为引申义所专用，乐钟之义便另造了"镛"来表示。参见庸。

○桶，从木从甬会意，甬也兼表声。读 tǒng，本义指❶一种方形的量器。引申泛指❷盛东西的器具：水～|油～。又用作❸量词：一～蜂蜜。

【组字】甬，如今既可单用，也可作偏旁。现今归入乙部。凡从甬取义的字皆与像钟的筒状物或突出等义有关。

以甬作声兼义符的字有：俑、涌、恿、踊、蛹、诵、通、桶、筩。

以甬作声符的字有：勇、痛、捅、甬。

矣 yǐ

【字形】金  篆  隶 矣 草 矣

【构造】会意兼形声字。金文从矢从已（头朝下的胎儿，表终止），会强弩之末终止于地之意，已也兼表声。篆文整齐化。隶变后楷书写作矣。

【本义】《说文・矢部》："矣，语已词也。从矢，已声。"此为引申义。本义当为箭终止。

【演变】矣，由箭终止，引申用作文言句终语气词，表示❶陈述，相当于"了"：吾尝终日而思～|岁孰且美，则民大富乐～|世俗言龙神而升天者，妄～。又表❷感叹：观止～。又表❸命令，相当于"吧"：先生休～。

【组字】矣，如今既可单用，也可作偏旁。现今仍归入矢部。凡从矣取义的字皆与胎儿无知、终止、语声等义有关。

以矣作声兼义符的字有：唉、騃、欸、诶、俟。

以矣作声符的字有：埃、挨、娭、涘。

夋 qūn （逡）

【字形】甲 金 篆

隶 夋 逡 草 夋 逡

【构造】会意兼形声字。夋、允同源，皆由"夒"字简化形讹而来。甲骨文一形像一个行动迟重的大猩猩，二形简化。金文简讹，一形突出头部并另加一只脚。篆文承接金文一形，头部整齐化为允，成为从夂（脚）从允，会大猩猩长大有力，行走舒缓之意，允也兼表声。隶变后楷书写作夋。甲骨卜辞载有商人高祖为夒，据王国维考定，夒为帝喾之名，因形讹而成"夋"，而帝喾名夋，又称帝俊（夋），可为明

证。参见夔、允。

【本义】《说文·夊部》:“夋,行夋夋也。一曰倨也。从夊,允声。”本义为大猩猩长大有力、行走舒缓之态。

【演变】夋,由大猩猩长大有力、行走舒缓之态,引申泛指❶行走舒缓的样子。大猩猩行走舒缓之态正像人傲慢的样子,故又引申指❷倨傲。

由于“夋”作了偏旁,其义便由篆文二形“逡”来表示。

○逡,从辶从夋会意,夋也兼表声。读qūn,本义为❶退让,退避:有功者上,无功者下,则群臣～。用作“逡巡”,表示❷迟疑退回:九国之师～巡遁逃而不敢进。又用作❸狡兔名:韩子卢者,天下之疾犬也;东郭～者,海内之狡兔也|韩子卢逐东郭～。又通骏,形容❹急速:遂率天下诸侯,执豆笾,～奔走。

【组字】夋,如今不单用,只作偏旁。现今归入夊部。凡从夋取义的字皆与长大有力、行动迟缓等义有关。

以夋作声兼义符的字有:俊、浚、骏、逡、峻、狻。

以夋作声符的字有:悛、餕、唆、朘、焌、梭、竣、痠、睃、皴、羧、酸、黢。

鸡 jī

(鷄、雞)

【字形】甲　金　籀　篆　今篆　隶 鸡 鷄 雞　草

【构造】象形兼会意兼形声字。甲骨文一形象高冠公鸡形,二形另加声兼义符奚(抓获的羌俘),表示抓捕经过驯养的家禽。金文填实,突出了喙、爪、尾。籀文承甲骨文改为从鸟从奚会意。篆文改为从隹从奚会意,奚也兼表声,成了会意兼形声字。隶变后楷书分别写作鷄与雞。如今皆简化作鸡。

【本义】《说文·隹部》:“雞,知时畜也。从隹,奚声。”本义为鸡这种家禽。

【演变】鸡,本义指❶鸡这种家禽:风雨凄凄,～鸣喈喈。又指❷鸡叫声:空中闻天～|闻～起舞。

【组字】鸡,如今既可单用,也可作偏旁。现今归入鸟部。凡从鸡取义的字皆与家禽等义有关。

以鸡作声符的字有:虀。

驱 qū

(驅、毆)

【字形】甲　金　篆　今篆　隶 驱 驅 毆　草

【构造】形声兼会意字。甲骨文从馬从攴,会执鞭赶马之意。金文改为从馬,區声,區为棚屋,用以会放马出圈驱驰之意。篆文整齐化。隶变后楷书写作驅。异体作毆,改为从攴(手持棍),以突出驱赶之意。如今皆简化作驱。

【本义】《说文·马部》:“驅,马驰也。从馬,區声。毆,古文驅,从攴。”本义为驱马前进。

【演变】驱,本义指❶赶马前进:子有车马,弗驰弗～|并驾齐～|～车|～驰。又指❷赶走:我自不～卿,逼迫有阿母|～兽,毋害五谷|为丛～雀,为渊～鱼|～赶|～邪|～逐。由驱赶又引申指❸快跑:顺流长～,威名已著|长～直入|前～。又引申指❹追随:遂许先帝驰～。

驴 lǘ

(驢)

【字形】篆　今篆　隶 驴 驢　草

【构造】形声兼会意字。篆文从馬,盧声,盧也兼表毛色灰黑之意。隶变后楷书写作驢。如今简化作驴。

【本义】《说文·马部》:“驢,似马,长耳。从馬,盧声。”本义为毛驴。

【演变】驴,本义指❶毛驴:骑～三十载,旅食京华春|牛马～骡。十二生肖无驴,故用作“驴年”,比喻❷没有期限:那要等到～年马月。用“驴打滚”,比称❸一种高利贷:借的是～打滚的利。又指❹北京的一种小吃。用作“驴肝肺”,比喻❺坏心肠:别把好心当成～肝肺。

【组字】驴,如今既可单用,也可作偏旁。现今仍归入马部。凡从驴取义的字皆与驴马等义有关。

以驴作声兼义符的字有:瓐。

纯 chún

(純)

【字形】甲 金 篆 隶 纯 純

草

【构造】会意兼形声字。甲骨文借屯表示。金文或借屯表示,或者以屯为基础,另加义符糸。篆文承接金文二形并整齐化,成为从糸从屯(表初始),会生蚕丝之意,屯也兼表声。隶变后楷书写作純。如今简化作纯。

【本义】《说文·糸部》:“纯,丝也。从糸,屯声。”本义为原始蚕丝。

【演变】纯,本义指❶原始蚕丝:子曰:“麻冕,礼也;今也~,俭,吾从众。”引申指❷同一颜色的丝织品,或同一颜色:服其身,则衣之~|臣家里应用一~牛。又引申为❸不含杂质,纯净:~粹而不杂,静一而不变。进而引申为❹单纯,专一:俗论皆言处士~盗虚声。由原始蚕丝,又引申为❺质朴无华:礼让兴行,而风俗~美|~朴。又引申为❻精通,熟练:真原未~熟,习气余陋劣。由单纯又虚化为副词,表示❼全,都:~属捏造。

【组字】纯,如今既可单用,也可作偏旁。现今仍归入糸部。凡从纯取义的字皆与原始蚕丝等义有关。

以纯作声符的字有:莼。

纱 shā (紗)

【字形】今篆 隶 纱 紗 草

【构造】形声兼会意字。楷书繁体从糸,少声,少也兼表细小之意。如今简化作纱。

【本义】《集韵·麻韵》:“纱,绢属。通作沙。”是“沙”的分化字,本义为轻细的丝麻织物。《古今韵会举要·篆韵》:“缈,微也。本作纱,今作缈。”又是“缈”的本字。参见缈。

【演变】纱,本义指❶轻细的丝麻织物:白~入缁,不染自黑。引申指❷棉麻等纺成的细丝:谁怜越女颜如玉,贫贱江头自浣~|棉~|纺~。又引申指❸经纬线稀疏或有小孔的织品:~布|窗~|尼龙~|钢丝~。又特指❹某类纺织品:泡泡~|膨体~。

【组字】纱,如今既可单用,也可作偏旁。现今仍归入糸部。凡从纱取义的字皆与丝麻织物等义有关。

以纱作声符的字有:莎。

纲 gāng (綱)

【字形】甲 籀 篆 隶 纲 綱

草

【构造】形声兼会意字。甲骨文从糸从网,会拉网的大绳之意。籀文改为从木,指一种用两个棍夹持的网。篆文改为从糸,岡声,网有纲犹山有脊,故岡也兼表领起网的大绳之意。隶变后楷书写作綱。如今简化作纲。

【本义】《说文·糸部》:“綱,网纮也。从糸,岡声。”本义为提网的总绳。

【演变】纲,本义指❶提网的总绳:若网在~,有条而不紊|提~挈领|~举目(网眼)张。拉纲能带动整个网,故又比喻❷事物起决定作用的部分:操~领以整毛目,握道术以御众才|~要|提~|~领|大~。由起决定作用又比喻❸法度:秦之~绝而维(系物大绳)弛|三~五常。由网的总绳与网眼的关系,又引申指❹书籍分成的大类与小类,或生物学上的分类层次:《本草~目》|哺乳~。唐代以后,大量货物分批起运时要为每批货物编立字号,分为若干组,故又指❺成批运输货物的编组:你若与我送得生辰~去,我自有抬举你处|花石~|盐~。

纷 fēn (紛)

【字形】篆 隶 纷 紛 草

【构造】形声兼会意字。篆文从糸,分声,分也兼表分散之意。隶变后楷书写作紛。如今简化作纷。

【本义】《说文·糸部》:“紛,马尾韬也。从糸,分声。”本义为兜住马尾防其散乱的兜子。

【演变】纷,本义指❶兜住马尾防其散乱的兜子。此义今已不用。引申指❷杂乱:郡县赋敛,递相赇赂,白黑~然|乱~~。由纷乱又引申指❸众多:官租私债~如麻,有米冬春能几家?|~繁。又比喻❹祸乱,灾难:所贵于天下

之士者，为人排患释难解~乱而无取也。由纷乱又引申指❺旌旗上散乱的飘带：青云为~，红霓为缨。

【组字】纷，如今既可单用，也可作偏旁。现今仍归入糸部。凡从纷取义的字皆与纷乱等义有关。

以纷作声符的字有：葐。

纸 zhǐ
(紙、帋)

【字形】金　篆　今篆

隶 纸 紙 帋 草

【构造】形声兼会意字。金文从糸，氏声，氏为植物的根茎，也兼表意。古代用破布、鱼网、树皮等造纸，故从糸。篆文整齐化。隶变后楷书写作紙。如今简化作纸。异体作帋，改为从巾。如今规范化用纸。

【本义】《说文·糸部》："紙，絮一笘（qián，承纸浆的竹帘）也。从糸，氏声。"本义为纸张。

【演变】纸，本义指❶纸张：（蔡伦）乃造意，用树肤、麻头及敝布、鱼网以为~｜造~｜宣~｜一令~｜手~｜草~。用作量词，指❷一张纸：一日读十~，一月读一箱｜一~空文。

【组字】纸，如今既可单用，也可作偏旁。现今仍归入糸部。凡从纸取义的字皆与纸张等义有关。

以纸作声符的字有：浠。

纺 fǎng
(紡、綁、绑)

【字形】篆　今篆　隶 纺 绑 紡 綁

草

【构造】形声兼会意字。篆文从糸，方声，方也兼表并糸为线之意。隶变后楷书写作紡。如今简化作纺，表示纺织。又表示绑缚，此义后作绑。

【本义】《说文·糸部》段注："紡，纺丝也。从糸，方声。"本义为把丝、棉、麻、毛（今也包括人造纤维）做成纱线。

【演变】纺，读 fǎng，本义指❶纺绩纱线：大冬营室中，女事~绩缉缕之所作也｜~线｜~锤｜~锭｜~织｜棉~｜毛~｜麻~｜混~。又指❷一种丝绸织物：一身~绸的裤褂。

又读 bǎng，引申指❸捆缚：献子执（董叔）而~于庭之槐。此义后另作"绑"。

○绑，从糸，邦声，邦也兼表封住之意。读 bǎng，表示捆缚：有番国差使命~送毛延寿来｜捆~｜上~｜松~。

【组字】纺，如今既可单用，也可作偏旁。现今仍归入糸部。凡从纺取义的字皆与纺织等义有关。

以纺作声符的字有：篣。

纽 niǔ
(紐、鈕、钮)

【字形】篆　隶 纽 钮 紐 鈕

草

【构造】会意兼形声字。篆文从糸从丑（用手扭），会系结之意，丑也兼表声。隶变后楷书写作紐。如今简化作纽。异体作钮。二字本义有分工。

【本义】《说文·糸部》："紐，系也。一曰结而可解。从糸，丑声。"本义为系结，打活结。

【演变】纽，本义指❶系结，打活结：小敛大敛祭服不倒皆左衽，结绞不~（不打活结）。纽起系结作用，故又比喻❷控制事物的关键、根本：是万物之化也，禹、舜之所~（当作根本）也｜电~｜枢~｜按~｜~带。用作名词，指❸器物上供提系的纽襻：龟~之玺，贤者以为佩｜~扣｜秤~。此义也作"鈕"，如今简化作钮。

○钮，从钅从丑会意，丑也兼表声。读 niǔ，本义指❶印鼻，即印章上端可提系的凸起部分：诸王金玺龟~。引申指❷纽扣：我将这~扣儿松，把缕带儿解｜~扣。

【组字】纽，如今既可单用，也可作偏旁。现今仍归入糸部。凡从纽取义的字皆与系结等义有关。

以纽作声符的字有：莥。

孜 zī

【字形】篆　隶 孜 草 孜

【构造】形声兼会意字。篆文从攴（表操作），子声，子也兼表像侍弄孩子一样用心尽力之意。

隶变后楷书写作孜。

【本义】《说文·支部》:“孜,汲汲也。从攴,子声。”本义为勤勉不倦。

【演变】孜,常用为“孜孜”,表示❶勤勉,不懈怠:潜心典籍,~~不倦|鸡鸣而起,~~焉亦不为利。又用作❷形容词词尾:喜~~|美~~。

【组字】孜,如今既可单用,也可作偏旁。现今归入子部。凡从孜取义的字皆与勤勉等义有关。以孜作声符的字有:孶。

八画

奉 fèng (捧、俸)

【字形】甲金篆今篆

隶 奉捧俸 草 奉捧俸

【构造】会意兼形声字。奉,当与拜、夲(桒)同源,甲骨文皆是用双手捧禾麦奉献给神祖之形,会向神祖拜祭祷告,祈求丰收之意。金文省简。篆文承金文,上边为丰,下边另加一只手并整齐化。隶变后楷书写作奉。是“捧”的初文。

【本义】《说文·廾部》:“奉,承也。从手,从廾,丰声。”所释为引申义。本义当为捧禾祭献神祖。

【演变】奉,本义为捧禾祭献神祖,故既表示❶恭敬地捧着:楚人和氏得玉璞楚山中,~而献之厉王|王必无人,臣愿~璧往使。此义后作“捧”。又表示❷祭献:祀五帝,~牛牲。引申泛指❸献上:采艾叶和绵着衣,七事以~天子。进而引申为❹供给,供养:人之道则不然,损不足以~有余|供~|侍~|~养。又引申为❺送给:秦违蹇叔,而以贪勤民,天~我也。由供给用作名词,指❻用度,给养:车甲之~,日费千金。又特指❼俸禄:位尊而无功,~厚而无劳。此义后作“俸”。由捧持,又引申为❽承受,敬受:~制称藩|~命|~惠函后,记得昨曾答复一信。又引申为❾遵守,尊奉:吾子~义而行者也。又引申为❿拥戴:秦末大乱,东阳人欲~(陈)婴为主。又引申为⓫讨好:晚生只是个直言,并不肯阿谀趋~。由献上,用作敬词,用于⓬自己动作涉及对方时:以予小子,扬文、武烈,~答天命|~告|~劝。

〇捧,从扌从奉会意,奉也兼表声。读pěng,本义指❶双手掬起:则~其首而立|~着酒杯|~腹大笑。引申指❷抬举,奉承:(隋文帝)梦欲上高山,崔彭~脚,李盛扶肘得上|~场|吹~。又用作❸量词:一~黄豆。

〇俸,从人从奉会意,奉也兼表声。读fèng,本义指旧时官员的薪水:今公受~不少,而自奉若此|~禄。

【组字】奉,如今既可单用,也可作偏旁。现今归入大部。凡从奉取义的字皆与捧持、尊奉等义有关。

以奉作声兼义符的字有:俸、捧。

以奉作声符的字有:唪、棒。

玩 wán (貦、翫)

【字形】篆隶 玩貦翫

草 玩貦翫

【构造】形声兼会意字。篆文从玉,元声,元(突出了头部的人)也兼表把玩玉、观赏玉之意。隶变后楷书写作玩。异体作貦,改从貝,成了观赏貝;又作翫,从習,成了观赏鸟戏耍学飞。如今规范化用玩。

【本义】《说文·玉部》:“玩,弄也。从玉,元声。”本义为持玉反复观赏。

【演变】玩,本义指❶持玉反复观赏:把~|~弄。泛指❷欣赏,观赏:~尔清藻,味尔芳风|方共瞻~,一鸡瞥来,劲进以啄|游山~水|赏~|~意儿。又表示❸玩耍:到郊外去游~|~牌。用于贬义,引申指❹玩弄,戏弄:~人丧德,~物丧志|~于股掌之中。引申指❺轻忽:惧民情可畏,则不敢~民|~世不恭|~忽职守。又引申指❻耍弄,使用:~手腕|~花样。用作名词,指❼供欣赏的物品:且夫~好在耳目之前,而患在一国之后|古~|珍~。

㚘 bàn (伴)

【字形】甲篆隶 㚘伴

草

【构造】会意字。甲骨文从二人,会二人相伴并行之意。篆文改为二夫(成人)并整齐化。隶变后楷书写作扶。是"伴"的本字。

【本义】《说文·夫部》:"扶,并行也。从二夫。"本义为伴侣。

【演变】扶,本义指伴侣。由于"扶"作了偏旁,便另造了"伴"来表示。

〇伴,从人从半会意,半也兼表声。读bàn,本义为❶同伴:青春作~好还乡|~侣|伙~。用作动词,指❷陪伴:不如林中鸟与鹊,母不失雏雄~雌|多亏你来相~。

【组字】扶,如今不单用,只作偏旁。现今归入大部。凡从扶取义的字皆与二人并行等义有关。

以扶作义符的字有:辇。

表 biǎo (錶)

【字形】甲　籀　篆　今篆

隶 表 錶 草

【构造】会意兼形声字。与甲骨文"裘"同源,上列甲骨文(裘)本是毛朝外的皮衣形。籀文改为从衣从麃会意,表示是鹿皮袄,麃也兼表声。篆文改为从衣从毛,会皮袄之意。隶变后楷书写作表。如今又作了"錶"(从金从表会意,表也兼表声)的简化字。

【本义】《说文·衣部》:"表,上(加在外面的)衣也。从衣,从毛。古者衣裘,以毛为表。"所释为引申义。本义当为皮袄。"表"是"皮袄"的急声合音字。

【演变】表,本义指皮袄,因古代的皮袄毛朝外,遂引申指❶衣服的外层或外衣:这衣服~和里颜色一样|子贡乘大马,中绀(红黑色)而~素。又引申泛指❷外,外面:若其不捷,~里山河,必无害也|溢于言~|出人意~。又引申指❸人的外貌,风度:仪~堂堂|一~人才。又引申指❹外亲,表亲:~叔|~弟|~姐。外面显明可见,用作动词,引申为❺表示出,显示出:聊~寸心|~白。进而引申为❻表彰,表扬:刻石~功兮炜煌煌。再引申为❼向皇帝表诉的一种奏章:《陈情~》|《出师~》。又引申指❽便于显示内容的分类排列记事的方式:年~|报~|统计~|~格。古代有所告示,则立木为标,故又引申为❾标记,标志:城上千步一~。用作动词,指❿标出标记:荆人欲袭宋,使人先~澭水。由标志进而引申指⓫榜样:仁者,天下之~也|为人师~|~率。

〇錶,古代立标竿测日影以计时,后遂另加义符"金"写作"錶",用以表示❶计时器:穰苴先驰至军,立~下漏(漏壶)待贾(庄贾,人名)|钟~。由计时又引申指❷测量某种量的器具:电~|气~|水~。此类含义如今仍简化作表。

"表"为引申义所专用,皮袄之义便用"裘"来表示。参见裘。

【组字】表,如今既可单用,也可作偏旁。现今归入一部。凡从表取义的字皆与外面、标志等义有关。

以表作声兼义符的字有:裱、諘、錶。

以表作声符的字有:俵、捗、婊、脿。

规 guī;kuī (規、窺、窥、闚)

【字形】金　篆　今篆　隶 规 窥

窺 闚 草

【构造】象形兼会意字。金文象画圆的器具形。篆文从夫(成人)从见。古人认为"女智莫如妇,男智莫如夫;夫也者,以智帅人者也",故用成人之见会有法度之意。隶变后楷书写作規。如今简化作规。

【本义】《说文·夫部》:"規,有法度也。从夫,从見。"本义为法度。

【演变】规,读guī,本义指❶法度:释~而任巧,释法而任智,惑乱之道也。引申为❷典范:生为百夫雄,死为壮士~|循~蹈矩|~行矩步|成~|常~。又引申指❸画圆的工具:不以~矩,不能成方圆。用作动词,表示❹谋划:明君之使民也,使必尽力以~其功|萧也~,曹也随|欣然~往|~定。进而引申指❺规劝:王使椒举侍于后以~过|以善~人,如赠橄榄|~勉。

又读kuī,表示❻洞察:其务令之相~其情也者。为了分化字义,此义后另加义符"穴"

写作“窥”来表示。

○窥，从穴从规，规也兼表声。异体作闚，从門从规，规也兼表声。今以窥为正体。读kuī，本义指❶从小孔或门缝中看：是直用管~天，用锥指地也|管~蠡测。引申指❷偷看，侦察：晏子为齐相，出，其御之妻从门间而~其夫|~敌观变，欲潜以深|~伺|~探。又引申泛指❸观看：虽有明君，百步之外，听而不闻；间之堵墙，~而不见也。

【组字】规，如今既可单用，也可作偏旁。现今归入见部。凡从规取义的字皆与法度、洞察等义有关。

以规作声兼义符的字有：婴、窥、闚、鬹。

武 wǔ

【字形】甲　金　籀　篆　隶 武　草

【构造】会意字。甲骨文从戈从止（脚），会持戈行进之意，是阅兵或征伐示威之象。金文结构繁化稍变。篆文整齐化。隶变后楷书承接篆文写作武。弋为戈的变体。

【本义】《说文·戈部》：“武，楚庄王曰：夫武，定功戢兵。故止戈为武。”所释是当时社会思想的反映，非本义。本义当为行进征伐示威。

【演变】武，由本义行进征伐，引申泛指❶有关军事、技击、强力等活动的：整军经~|~装|~术。又指❷威猛，勇武：孔~有力|威~。由于“武”从一“止”，故又指❸半步，足迹：离堤不一二十~，海在望中|接~传歌咏。

【组字】武，如今既可单用，也可作偏旁。现今归入止部。凡从武取义的字皆与行步等义有关。

以武作声符的字有：鹉、赋、斌（妩）。

青 qīng（靑）

【字形】甲　金　篆　隶 青　草

【构造】会意兼形声字。甲骨文从生（植物初生）从丹（表颜色），用植物初生之色会绿色之意，生也兼表声。金文生旁繁化。篆文承金文并整齐化。隶变后楷书写作靑。如今规范化作青。

【本义】《说文·青部》：“青，东方色也。从生、丹。”这是就当时的社会思想所作的解说。本义为植物叶子一样的绿色。

【演变】青，本义指❶植物叶子一样的绿色，深绿色：~~河畔草，郁郁园中柳|麦才~而覆雉|~山绿水。上古又指❷蓝色：绝云气，负~天，然后图南|~取之于蓝而~于蓝。用作名词，指❸青色的东西：江边踏~罢，回首见旌旗|~黄不接|杀~|留取丹心照汗~。日出东方，万物生长靠太阳，故古代用以指代❹日出的东方：有赤方气与~方气相连。古人认为春属东方，其色青，主春之神称青帝，故又指❺春季：~春作伴好还乡|~阳。后又比喻❻青年时期：~春年华|~工。中古以后又用以表示❼黑色：君不见高堂明镜悲白发，朝如~丝暮成雪|~布|皂~。

【组字】青，如今既可单用，也可作偏旁。现今仍设青部。凡从青取义的字皆与颜色等义有关。

以青作义符的字有：静、艳、靛、靔。

以青作声符的字有：倩、请、情、清、猜、圊、菁、婧、晴、腈、赌、靓、氰、睛、靖、蜻、鹊、靗、蜻、精、箐、鲭。

责 zé；zhài（責、债、債）

【字形】甲　金　篆　隶 责 責 债 債　草

【构造】会意兼形声字。甲骨文从貝从朿（用尖木刺物），会用尖木刺取贝中肉而食之之意，朿也兼表声。上古“人茹草饮水，食螺蚌之肉”，“责”字正是上古人类用锐器刺取螺蚌而剔食其肉的渔猎生活写照。金文大同。篆文整齐化。隶变后楷书写作責。如今简化作责。

【本义】《说文·贝部》：“責，求也。从貝，朿声。”所释为引申义。本义当为刺取贝中肉而食之。

【演变】责，读zé，由本义刺取贝中肉而食之，引申泛指❶求取，索取：宋多~赂于郑，郑不堪命。又引申为❷要求，要求做成（某事）：躬自厚而薄~于人，则远怨矣|求全~备|楚使者

在,方急~英布发兵。由强烈的要求,又引申为❸责问:若无兴德之言,则~攸之、袆、允等之慢,以彰其咎|诘~。又引申指❹责罚:当其为里正受扑~时,岂意其至此哉!|杖~。上古求取食物是必须承担的义务,由此又引申为❺责任:主道者,使人臣有必言之~,又有不言之~|今王已出,吾~已塞,死不恨矣|~无旁贷|尽职尽~。

又读 zhài,承担不能推脱的财货责任也是一种“责”,由此引申指❻债务,欠款:谁习计会,能为文收~于薛者乎?为分化字义,此义后另加义符“亻”写作“債”来表示,今简作债。

○债,从亻从责会意,责也兼表声。读 zhài,本义为❶欠别人的钱财:卖田宅,鬻子孙,以偿~|~台高筑。用作动词,指❷借债:邑之贫人~而食者几何家?

【组字】责,如今既可单用,也可作偏旁。现今仍归入贝部。凡从责取义的字皆与刺取等义有关。

以责作声兼义符的字有:债。

以责(責)作声符的字有:勣、啧、帻、渍、绩、積(积)、碛、箦、蹟(迹)、賾。

忝 tiǎn

【字形】篆　隶　草

【构造】会意兼形声字。篆文从心从天会意,会人心无天良则辱之意,天也兼表声。隶变后楷书写作忝。

【本义】《说文·心部》:“忝,辱也。从心,天声。”本义为心里感到耻辱、有愧。

【演变】忝,本义指❶辱没,有愧于:夙兴夜寐,毋~尔所生|陵不引决(自杀),~世灭姓。又用作❷谦辞,表示有辱于他人:臣受恩偏特~任师傅,不敢自同凡臣|~列门墙。

【组字】忝,如今既可单用,也可作偏旁。现今仍归入心部。凡从忝取义的字皆与辱没等义有关。

以忝作声符的字有:添、掭、荼、舔。

盂 yú

【字形】甲　金　篆　隶　草

【构造】会意兼形声字。甲骨文从皿从于(乐器竽),会能发乐声的器皿之意,于也兼表声。金文大同。篆文整齐化,改为亏声,与于同。隶变后楷书写作盂。

【本义】《说文·皿部》段注:“盂,饮器也。从皿,于声。”本义为盛液体的器皿。

【演变】盂,本义指❶盛液体的器皿:为人君者犹~也,民犹水也,~方水方,~圜水圜|痰~。引申泛指❷食器:几程村饭添~白,何处山花照衲红。

【组字】盂,如今既可单用,也可作偏旁。现今仍归入皿部。凡从盂取义的字皆与器皿等义有关。

以盂作声符的字有:盍。

卦 guà

【字形】篆　隶　草

【构造】会意兼形声字。篆文从卜从圭(瑞玉),会以玉占卜吉凶之意,圭也兼表声。隶变后楷书写作卦。

【本义】《说文·卜部》:“卦,筮也。从卜,圭声。”本义为布蓍草以占吉凶。

【演变】卦,本义指❶布蓍草以占吉凶,古代有一套专门的卜筮符号(单卦八个,即乾☰、坤☷、震☳、巽☴、坎☵、离☲、艮☶、兑☱,分别代表天、地、雷、风、水、火、山、泽。八卦互相搭配演为六十四卦):观变于阴阳而立~。后引申泛指❷占卜吉凶的各种形式:遇着一个打~先生,叫贾半仙|打上一~。用作动词,指❸占卜,算卦:二世惊,自以为惑,乃令太卜令~之。卜卦变化无常,故又比喻❹变化:变~。

【组字】卦,如今既可单用,也可作偏旁。现今仍归入卜部。凡从卦取义的字皆与占卜等义有关。

以卦作声符的字有:掛(挂)、褂。

坦 tǎn

【字形】篆　隶　草

【构造】形声兼会意字。篆文从土,旦声,旦(日出地平线）也兼表一望无垠之意。隶变后楷书写作坦。

【本义】《说文·土部》："坦，安也。从土，旦声。"所释为引申义。本义当为土地平坦。

【演变】坦，本义指❶土地平：履道～～，幽人贞吉｜平～｜～途。由土地平坦，引申指❷直爽，无隐瞒：度量宏远，～率无私，为士流所爱｜～白｜～露。又引申指❸心地宽舒，宽广，平静，安然：君子～荡荡，小人长戚戚｜～然。据《世说新语》记载，闻郗公来选婿，王家诸郎或自矜持，唯有一郎坦腹东床，如不闻，因嫁女与焉。故旧称又特指❹女婿：令～。

垃 lā；la

【字形】今篆 隶 垃 草

【构造】形声兼会意字。楷书从土，立声，立也兼表凸立之意。

【演变】垃，后起字，如今不单用，仅用于"垃圾""坷垃"等词语中。读 lā，用于"垃圾"，表示❶灰土或扔弃的破烂杂物：亦有每天扫街盘～圾者｜丈夫若是假乖张，又道娘子～圾相。

又读 la，用于"坷垃"中，方言指❷土块：砸坷～｜土坷～。

坡 pō

【字形】金 篆 隶 坡 草

【构造】形声兼会意字。金文从土，皮声，皮也兼表地表之意。篆文整齐化。隶变后楷书写作坡。

【本义】《说文·土部》："坡，阪也。从土，皮声。"本义为倾斜的地形。

【演变】坡，本义指❶倾斜的地形：山翁留我宿又宿，笑指西～瓜豆熟｜山～｜土～｜上～。引申泛指❷倾斜：～度很大。方言又特指❸低洼的大片田地：他到北～里割草去了。

者 zhě

（者、箸、著、着、诸）

【字形】甲 金 篆 隶 者 草

【构造】会意字。甲骨文上边是架起的木柴，下边从火，小点象征火星，会燎柴之意，表示燃烧。金文上边木柴稍讹，下边火讹为甘。篆文整齐化，讹为从𣎳从白。隶变后楷书写作者。如今规范化作者。

【本义】《说文·白部》："者，别事词也。从白，𣎳声。"析形不确，所释为假借义。本义当为燃烧。是"燃着"的"着"的本字。

【演变】者，本义指燃烧，引申为明显，后借为❶特指代词，用在动词、形容词、词组或句子后，称代需要重述的人、事、物、时间、处所、原因、数量等，不单用：使天下欲仕～皆欲立于王之朝｜不胜而王，不败而亡～，自古及今，未尝有也｜高～抑之，下～举之｜今～臣来，过易水，蚌方出曝｜皆往昔未至～｜吾妻之美我～，私我也｜此数四～，用兵之患也。又虚化为❷助词，用在句中表提顿、假设或用在句末表决断、祈使：北山愚公～年且九十｜所不与舅氏同心～，犹如白水｜人之疾病，希（稀）有不由风湿与饮食～｜叔叔去取行李，路上小心在意～。又用作指示代词，早期写作"者"，后来写作❸这：青嶂～边来已熟，红尘那畔去应疏｜那边走，～边走，莫厌金杯酒｜细想从来，断肠处，不与～番同。

"者"为假借义所专用，燃烧之义便另用"箸"来表示了。后又写作"著"，演变为如今的"着"。别事词之义则另加义符"言"写作"诸"来表示。参见各字。

【组字】者，如今既可单用，也可作偏旁。现今归入老部。凡从者取义的字皆与燃烧、明显或别事词等义有关。

以者作声兼义符的字有：诸、著、煮、暑、睹、箸。

以者作声符的字有：都、堵、奢、屠、绪、猪、渚、赌、楮、署、褚、锗、翥、赭、書（书）。

坴 lù

（陸、陆、樓、楼、六）

【字形】甲 金 籀 篆

隶 坴 陆 陸 楼 樓

草

【构造】会意字。从上列甲骨文看,左边从阜(左阝),象征楼梯;右边即坴,是重叠的庐屋形,表示楼房,也取庐为声,“坴”当是“楼”的本字。金文在“楼”下加土,以突出楼是建在高平的土台之上的。籀文为三个庐屋相叠。篆文承金文大同,只是把右边的楼房独立出来作为偏旁使用,用以表示大土堆。隶变后楷书分别写作陸与坴。如今陸简化作陆,为正体,坴只作偏旁。

【本义】《说文·土部》:“坴,土块坴坴也。从土,尖声。”释为土堆庞大的样子。又《阜部》:“陸,高平地。从阜,从坴,坴亦声。”释为高平的陆地。所释皆为引申义。本义当为高大的土基上建有楼房的样子。

【演变】坴(陆),本义指❶高大的土基上建有楼房的样子。楼房及重檐殿堂都是建造在高大平整的土台上的,以避潮湿,犹如故宫的太和殿,故此又指❷高大平整的土筑地基。由此又进而引申指❸高出水面的陆地。

由于“坴”作了偏旁,陆地之义便由“陆”来承担。

○陆,读 lù,表示❶高平的土地:作车以行~,作舟以行水丨方且与世违,而心不屑与之俱,是~沉(无水而沉,喻隐居)者也丨遂使神州~沉(喻国土沦丧),百年丘墟丨登~丨~路。用作动词,指❷往高跳跃:翘足而~。

又读 liù,用作❸“六”的大写。

“陆”为引申义所专用,楼房之义便又另造了形声字樓来表示,今简作楼。其实在“陆续”一词里,“陆”就是楼房的意思,所谓“陆续”就是楼层和谐接续的意思,后当作联绵词来使用。

○楼,从木从娄会意,娄也兼表声。读 lóu,本义指❶楼房:暝色入高~,有人~上愁。又指❷像楼一样的建筑结构:~车。参见娄、六。

【组字】坴,如今不单用,只作偏旁。现今坴仍归入土部,陆仍归入阝部。凡从坴取义的字皆与楼基之高平、楼层之和谐等义有关。

以坴作声兼义符的字有:陸(陆)、睦。

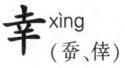

幸 xìng (㚔、倖)

【字形】篆  今篆  隶 幸 倖

草 

【构造】会意字。篆文从夭(头屈,表不直),从屰(倒人,表相反),会反屈为直之意,当然是侥幸了。隶变后楷书写作㚔。俗写作幸,与当刑具讲的“㚔”相混。不过不会造成混乱,因为㚔不单用。单用的幸,皆为“侥幸”之“幸”。参见㚔。

【本义】《说文·夭部》:“㚔,吉而免凶也。从屰,从夭。夭,死之事,故死谓之不㚔。”本义为意外地得到好处或免去灾害。

【演变】幸,本义指❶意外地得到好处或免去灾害:~免于难丨~亏。引申为❷幸福:有~丨~运。又引申为❸高兴,以……为高兴:欣~丨~灾乐祸。旧又引申指❹宠爱:宠~。此义后另加义符“亻”写作“倖”,如今简化仍作幸。古又特指❺皇帝降临:巡~。

【组字】幸,如今既可单用,也可作偏旁。现今㚔归丿部,幸归土部。凡从幸取义的字皆与幸福等义有关。

以幸作声兼义符的字有:倖。

以幸作声符的字有:悻、婞、啈。

其 jī;qí (箕)

【字形】甲  金  籀  篆 

隶 其 箕 草 

【构造】象形字。甲骨文象簸箕形。金文下边另加一丌(基座)。籀文大同。篆文承接金文,或另加义符竹,标明质地。隶变后楷书分别写作其与箕。

【本义】《说文·箕部》:“箕,簸也。从竹,𠀠象形,下其丌也。其,籀文箕。”本义为簸箕。

【演变】其,读 jī,本义指❶簸箕。借为语气词,表❷疑问:夜如何~,夜未央。

又读 qí,借为人称代词,表示❸他(她、它)的,他(她、它)们的:亦各言~志也已矣丨北冥有鱼,~名为鲲。后又表示❹他(她、它),他(她、它)们:余嘉~能行古道,作《师说》以贻之丨树中尤爱梅,为~能守素。又借作指示代词，表示❺那，那些：至～时，西门豹往会河上。又借作副词，表❻推测，祈使，反问，将：子～怨我乎｜吾子～无废先王之功｜欲加之罪，～无辞乎｜教训不善，政事～不治。又借作连词，表❼假设，选择：王～欲霸，必亲中国｜天与，～人与？又用作形容词词头，起❽加强形容作用：路漫漫～修远兮，吾将上下而求索。

“其”为借义所专用，另加义符竹写作“箕”来表示簸箕之义。

○箕，从竹从其会意，其也兼表声。读 jī，本义指❶簸箕：～主簸扬，糠秕乃陈。又指❷粪箕：叩石垦壤，～畚运于渤海之尾。箕宿四星其形像箕，故又用作❸星宿名：维南有～，不可以簸扬。

【组字】其（箕），如今既可单用，也可作偏旁。现今其归入八部，箕归入竹部。凡从其（箕）取义的字皆与簸箕等义有关。
以其作声兼义符的字有：箕。
以箕作义符的字有：簸。
以其作声符的字有：淇、萁、基、骐、斯、期、欺、棋、琪、祺、旗、蜞、綦、麒。

取 qǔ（娶）

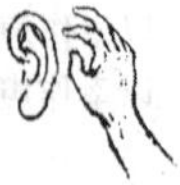

【字形】甲　金　篆
隶 取 娶 草

【构造】会意字。甲骨文从又（手）从耳，会（抓到野兽或战俘时）割下左耳以记功之意。金文大同。篆文整齐化。隶变后楷书写作取。古也用作娶。

【本义】《说文·又部》：“取，捕取也。从又，从耳。《周礼》：‘获者取左耳。’《司马法》曰：‘载献聝。’聝者，耳也。”本义为割下左耳。

【演变】取，本义指❶割下左耳：（狩）大兽公之，小禽私之，获者～左耳。引申泛指❷捕取：～彼狐狸，为公子裘。又引申指❸强力夺取：秦人伐郑，～武城｜兴兵而伐必～，～必能有之｜～而代之。又泛指❹取得：水静则明烛须眉，平中准，大匠～法焉｜览往事之戒，以折中～信｜咎由自～｜～经。由取得又引申指❺选取：青～之于蓝而青于蓝｜去粗～精｜舍生～义。又引申指❻吸取，采纳：舍短～长，则可以通万方之略矣。又引申指❼拿：可～三升饮之｜把墙上的画～下来。又通娶，表示❽娶妻：～妻如何？非媒不得。此义后作娶。

○娶，从女从取会意，取也兼表声。读 qǔ，本义指娶妻：舜不告而～。

【组字】取，如今既可单用，也可作偏旁。现今仍归入又部。凡从取取义的字皆与获取等义有关。
以取作声兼义符的字有：诹、娶、最、聚。
以取作声符的字有：陬、褛、聚、趣、鲰。

耶 yé；yē；xié（邪、爺、爷）

【字形】金　古　篆　今篆　隶 耶
草

【构造】会意兼形声字。耶与邪本是同一个字，金文、古文从邑（城镇）从牙（民居交错），会民居交错的城邑之意，牙也兼表声。篆文整齐化。隶变后楷书写作邪。由于篆文牙与耳形近，俗遂讹作耶，故二字古代通用，后来分化为两个字。参见邪、父。

【本义】《说文·邑部》：“邪，琅邪郡。从邑，牙声。”本义为郡名。也写作“琅琊”“琅玡”。

【演变】耶，是邪的变体，读 yé，古代主要代替邪，用作语气词，表示疑问，相当于❶吗，呢：十人而从一人者，宁力不胜，智不若～？｜问之曰：“客～？”对曰：“主人。”用于句中，又表示停顿，相当于❷也（啊）：花～身～两奇绝，身是梅花花是身。又借指❸父亲：军书十二卷，卷卷有～名｜～娘妻子走相送，尘埃不见咸阳桥。此义后作爺（从父耶声，今简作爷，并转指祖父）。

又读 xié，义同❹邪：众生命，尽信～言，不解学参禅。

又读 yē，用作❺音译用字：～路撒冷。

【组字】耶，如今既可单用，也可作偏旁。现今归入耳部。凡从耶取义的字皆与地名等义有关。
以耶作声符的字有：倻、揶、爺（爷）、椰、铘。

直 zhí（值）

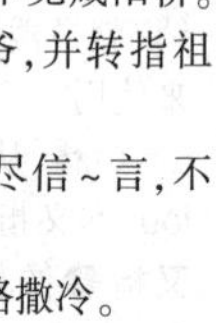

【字形】甲　金　古

篆直值 隶直值 草直值

【构造】会意字。甲骨文从目从丨(标杆),会用目正对标杆以测端直之意。金文繁化,并另加一矩尺∟,以突出测量之意。古文目旁讹变,改为从木,正是标杆。篆文承金文,只是将目竖起并整齐化。隶变后楷书写作直。俗作直,将目与下画相连,里面遂成三横。

【本义】《说文·∟部》:"直,正见也。从∟,从十,从目。"本义为用眼正对标杆测端直。

【演变】直,由眼正对标杆测端直,引申为❶端正:君子之容舒迟,足容重,手容恭,目容端,口容止,声容静,头容~。又引申为❷不弯曲:其~如矢|木~中绳|~路。又引申为❸垂直:~泉者何? 涌泉也|~升飞机。又指❹汉字的竖画:十,应先写一横,再写一~。用作动词,表示❺伸直:木受绳则~|~起腰。由端正用于抽象意义,指❻公正:王道正~|理~气壮。又指❼正确:与贵酋处二十日,争曲~,屡当死。又特为❽品行端正:苟余心之端~兮,虽僻远其何伤。又引申为❾直率:闻先生~言正谏不讳。由不弯曲又引申为❿直向,正对:所居~海滨。进而引申为⓫当,相逢:~夜溃围而出。又特指⓬当值,值班:悉统宿卫入~殿中。由正对又引申为⓭双方相当,相平:城中斗米换衾裯,相许宁论两相~。由此引申为⓮价值:系向牛头充炭~。此类含义后写作"值"。由不弯曲又用作副词,表示⓯径直,直接:~上载公子上坐,不让。

〇值,从人从直,直也兼表声。读 zhí,本义指❶正对,面向:武库正~其墓。引申指❷相当:昔九品论人,七略裁士,校以宾实,诚多未~。又特指❸价格与物品相当:钗~几何,先夫之遗泽也|这帽子~多少钱? 又指❹价格,价钱:产~|价~|币~。由价格与物品相当,又引申指❺值得,有价值:~得纪念|~得保留。由正对又引申指❻相遇:宁见乳虎,无~宁成之怒。进而引申指❼恰巧碰上:~积雪始晴|时~佳节。又特指❽执行轮到的勤务:~日|~班|~勤。又用作❾数学用语:比例~。

【组字】直,如今既可单用,也可作偏旁。现今归入十部。凡从直取义的字皆与正对竖直标杆等义有关。

以直作声兼义符的字有:值、植、置。

以直作声符的字有:埴、殖、稙。

昔 xī
(腊、臘)

【字形】甲昔 金昔昔 籀昔

篆昔腊 今篆腊 隶昔腊臘

草昔腊臘

【构造】会意字。甲骨文从日,上半部象征洪水泛滥的样子,会洪水泛滥的古往的日子之意。金文大同。篆文洪水讹断并整齐化。隶变后楷书写作昔。古也借作腊。

【本义】《说文·日部》:"昔,干肉也。从残肉,日以晞(晒干)之。"析形是就篆文所作的解说,所释为假借义。本义当为古昔。

【演变】昔,本义指❶古昔:~者,圣人之作《易》也。引申泛指❷从前:~我往矣,杨柳依依|~日。又引申指❸久远:二曰~(悠久)酒。又借作"夕",表示❹傍晚:其乐非特朝~之乐也。又借作"腊",表示❺干肉。此义后另加义符肉"月"写作"腊"。

〇腊,金文从肉(月)从昔,会往日的腌干肉之意,昔也兼表声。籀文大同。篆文整齐化。读 xī,本义指❶干肉:噬~肉。又表示❷制成干肉:然得而~之以为饵,可以已大风。

又读 là,如今用作"臘"(从肉月,巤声)的简化字。表示❸在年终祭祀众神:虞不~矣。腊祭在周历十二月,故十二月又称❹腊月:~月,陈王之汝阴|~八蜡梅。

【组字】昔,如今既可单用,也可作偏旁。现今仍归入日部。凡从昔取义的字皆与古往、久远等义有关。

以昔作声符的字有:借、厝、措、猎、惜、腊、褙、错、鹊、蜡、耤、踖、踖、醋。

苦 kǔ;gǔ
(盬)

【字形】古苦盬 篆苦盬 隶苦盬

草苦盬

【构造】会意兼形声字。古文和篆文皆从艹从古,会一种古老的植物之意,古也兼表声。隶变后楷书写作苦。古又借用作盬,从鹽省,古声,本义为粗盐。

【本义】《说文·艸部》:"苦,大苦,苓也。从艸,古声。"本义为苦菜。

【演变】苦,读 kǔ,本义指❶苦菜:采~采~,首阳之下。引申泛指❷像胆汁或黄连的滋味:谁谓荼~,其甘如荠|~尽甘来|~胆|~瓜|~味。进而引申指❸辛苦,劳苦:故农之用力最~,而赢利少|不怕~|勤~。又引申指❹内心痛苦,苦恼:上不厌其乐,下不堪其~|~日子|穷~。又指❺被某种事物所苦,苦于:天下~秦久矣|~夏|~雨|~寒。又指❻愁苦:而山不加增,何~而不平?|~于无奈。又指❼急:斲轮,徐则甘(缓)而不固,疾则~而不入。又指❽深:臣请深惟而~思之|~心孤诣|冥思~想。用作副词,表示❾竭力,耐心地:~~哀求|~劝不止|日夜~读。

又读 gǔ,借作盬,表示❿粗劣(的),滥恶(的):辨其功(坚美)~|陶河滨,河滨器皆不~窳|鬻良杂~。

〇盬,古文象于皿上淋盐之状,古声。篆文改为从鹽(盐)省,古声。读 gǔ,本义指❶未经炼制的颗盐:猗顿用~盐起。引申指❷粗糙,不坚固:器用~恶,孰当督之?又表示❸止息:王事靡~,不能艺稷黍。

【组字】苦,如今既可单用,也可作偏旁。现今仍归入艹部。凡从苦取义的字皆与味苦、粗恶等义有关。

以苦作声兼义符的字有:楛。

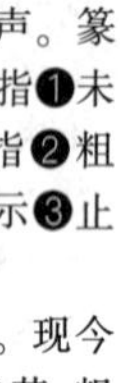

若 ruò (諾、诺)

【字形】甲 金 篆 今篆

隶 若诺諾 草

【构造】象形字。甲骨文象跪坐的人举双手梳理头发使顺形,表示和顺之意。金文另加义符口,强调顺从应诺。篆文整齐化,头发讹为草,人与口讹为右。隶变后楷书分别写作若。若为引申义所专用,便又另加义符言分化出諾字。如今简化作诺。俗又分化出"喏"字。参见诺。

【本义】《说文·艸部》:"若,择菜也。从艸、右。右,手也。一曰杜若,香草。"析形是就篆文所作的解说,所释为引申义。本义当为理顺。又《言部》:"諾,应也。从言,若声。"本义为答应声。

【演变】若,由本义理顺头发,引申泛指❶顺从,和顺:天地垂佑,风雨时~。又引申指❷应诺:~者,言之符也;已者,言之绝也。已~不信,则知(智)大惑矣;已~必信,则处于度之内也。此义后另加义符"言"写作"諾"来表示,今简作诺。由和顺,又引申为❸如,像:~网在纲,有条不紊|天涯~比邻|口~悬河|固~金汤|洞~观火|门庭~市|旁~无人|虚怀~谷|~无其事。进而引申为❹同,相当:布帛长短同,则价相~。又引申为❺及,到,比得上:病未~死|未~贫而乐,富而好礼者也。又借作❻柰(奈):寇深矣,~之何?又借作代词,相当于❼你(们),你(们)的,这个,这样:更~役,复~赋|君子哉~人!又借作连词,相当于❽如果,或:公子~反晋国,则何以报不谷(我)?|其亡夫~妻者,县官买予之。借作副词,相当于❾才,乃:必有忍也,~能有济也。又借作助词,相当于❿然,……的样子:桑之未落,其叶沃~。由于在甲骨文中"若"与"桑"二字形近,"若"或误为"桑",又表示⓫桑树:~木(桑树)。

〇诺,从讠从若会意,若也兼表声。读 nuò,本义指❶应答的声音:~,吾将问之|~~连声。引申指❷答应:夫轻~必寡信|~言|许~。又引申指❸顺从:此人主未命而唯唯,未使而~~。

【组字】若,如今既可单用,也可作偏旁。现今仍归入艹部。凡从若取义的字皆与和顺等义有关。

以若作声兼义符的字有:诺、喏。

以若作声符的字有:偌、匿、婼、惹、锘、箬、蠚。

苹 píng (萍、蘋、苹)

【字形】篆 今篆 隶 苹萍蘋

草

【构造】会意兼形声字。篆文从艸从平,会平浮于水面的草之意,平也兼表声。隶变后楷书写作苹。是萍的本字。如今借作蘋(从艹,頻声)的简化字,表示苹果。蘋的其他含义仍用蘋表示。

【本义】《说文·艸部》:"苹,蓱(萍)也,无根,浮水而生者。从艸,平声。"本义为浮萍。

【演变】苹,本义指❶浮萍:(七月)湟潦生~。又指❷艾蒿:呦呦鹿鸣,食野之~。用作"蘋"的简化字,表示❸苹果。这样,浮萍之义便另加义符"水"写作"萍"来表示。

〇萍,从水从苹会意,苹也兼表声。读píng,本义为❶浮萍:季春之月,~始生|~水相逢,尽是他乡之客|~踪浪迹|~聚|~漂|~梗|~寄|~合。用作"萍流",由萍之漂流,形容❷处世圆滑:丸转~流者谓之弘伟大量。

〇蘋,从艹,頻声。如今简化作蘋。读pín,本义指❶一种蕨类植物,也叫田字草:于以采~,南涧之滨。

又读píng,表示❷苹果。此义如今用苹来表示。

【组字】苹,如今既可单用,也可作偏旁。现今仍归入艹部。凡从苹取义的字皆与植物等义有关。

以苹作声兼义符的字有:萍。

苗 miáo

【字形】甲 金 篆 隶 草

【构造】会意字。甲、金、篆文皆从艸从田,用生长在耕种的土地上的植物会禾苗之意。隶变后楷书写作苗。

【本义】《说文·艸部》:"苗,草生于田者。从艸,从田。"本义为庄稼的幼苗。

【演变】苗,本义指❶庄稼的幼苗:彼黍离离,彼稷之~|麦~。引申泛指❷初生的植物:郁郁涧底松,离离山上~|树~。又指❸某些初生的动物,初露于外的东西:鱼~|矿~。又引申指❹形状像苗的:火~儿|笤帚~儿|~条。由初生、初露又引申为❺事物初生的迹象,发端:开言惹祸~|~头。苗是根生的,故引申为❻后代:这孩子是他家的独~|~裔。又指❼疫苗:卡介~|痘~。

【组字】苗,如今既可单用,也可作偏旁。现今仍归入艹部。凡从苗取义的字皆与幼苗等义有关。

以苗作声符的字有:描、庿(庙)、喵、猫、锚、瞄、鹋。

英 yīng

【字形】金 籀 篆 隶 草

【构造】会意兼形声字。金文从艸从央会意,央为中心,植物的中心当然是花了,央也兼表声。籀文和篆文稍简。隶变后楷书写作英。

【本义】《说文·艸部》:"英,艸荣而不实者。一曰黄英也。从艸,央声。"本义为花。

【演变】英,本义指❶花:有女同行,颜如舜~|芳草鲜美,落~缤纷。引申比喻❷有才能或智慧出众:得天下~才而教育之。又指❸杰出的人物:尧舜者,天下之~也|~豪。又比喻❹事物的精华:欧冶子、干将凿茨山,取铁~,作为铁剑三枚|含~咀华。又比喻❺美好:悠悠百世后,~名擅八区|~年。

【组字】英,如今既可单用,也可作偏旁。现今仍归入艹部。凡从英取义的字皆与光华、美好等义有关。

以英作声兼义符的字有:瑛、暎(映)。

茄 jiā;qié

【字形】篆 隶 草

【构造】形声兼会意字。篆文从艸,加声,加也兼表加出之意。隶变后楷书写作茄。

【本义】《说文·艸部》:"茄,芙蕖茎。从艸,加声。"本义为荷茎。

【演变】茄,读jiā,本义指❶荷茎:~蔤(耦鞭)倒植,吐彼芙蕖。又用作cigar(英)的音译字,指❷雪茄(用烟叶卷成的烟)。

又读qié,借指❸茄子:种瓜作瓠,别~披葱。

茎 jīng (莖)

【字形】篆 隶 茎 莖 草

【构造】形声兼会意字。篆文从艸从巠(直的经线),会植物的主干之意,巠也兼表声。隶变后楷书写作莖。如今简化作茎。

【本义】《说文·艸部》:"莖,枝柱也。从艸,巠声。"本义为植物的主干。

【演变】茎,本义指❶植物的主干:秋兰兮青青,绿叶兮紫~|块~。又指❷像茎的东西:承露金~(指柱)霄汉间|阴~。又用作❸量词:吟安一个字,捻断数~须|白发千~雪,丹心一寸灰。

【组字】茎,如今既可单用,也可作偏旁。现今仍归入艹部。凡从茎取义的字皆与植物等义有关。

以茎作声兼义符的字有:刭。

茅 máo

【字形】金 篆 隶 茅 草

【构造】会意兼形声字。金文从艸(艹)从矛,会高杆似矛立之草之意,矛也兼表声。篆文整齐化。隶变后楷书写作茅。

【本义】《说文·艸部》:"茅,菅也。从艸,矛声。"本义为茅草。

【演变】茅,本义指❶茅草:英英白云,露彼菅~|昼尔于~,宵尔索绹(绳)|清庙~屋|~塞顿开。又指❷茅屋:结~野中宿。又借作"旄",指❸杆头用牦牛尾装饰的旗子:前~虑无(考虑意外之事)|名列前~。

【组字】茅,如今既可单用,也可作偏旁。现今仍归入艹部。凡从茅取义的字皆与植物等义有关。

以茅作声符的字有:蟊。

林 lín

【字形】甲 金 篆 隶 林 草

【构造】会意字。甲骨文从二木,会树多成片之意。金文大同。篆文整齐化。隶变后楷书写作林。

【本义】《说文·林部》:"林,平土有丛木曰林。从二木。"本义为成片的树木、竹子。

【演变】林,本义指❶成片的树木、竹子:于以求之,于~之下|树~|山~|竹~。又指❷林业:农~牧副渔,各行各业一股劲。引申泛指❸人或事物聚会如林:士有此五者,然后可以托于世,而列于君子之~矣|乘犊车,从吏卒,交游士~|艺~|碑~|著作之~|儒~。

【组字】林,如今既可单用,也可作偏旁。现今归入木部。凡从林取义的字皆与树木众多等义有关。

以林作义符的字有:梵、森、焚、棼、琴、楚、楙、橆(无)、麓、鬱(郁)。

以林作声符的字有:郴、淋、啉、婪、琳、禁、霖。

𣏟 pài (麻)

【字形】金 古 篆 隶 𣏟

草

【构造】会意字。金文、古文和篆文皆从二𣎳(剥麻茎皮),会劈出的许多细麻丝之意。隶变后楷书写作𣏟。注意:与"林"不同。

【本义】《说文·𣏟部》段注:"𣏟,治葩(麻)之总名也。𣏟之为言微也,微纤为功。从二𣎳。"本义为劈出的许多细麻丝。

【演变】𣏟,本义指劈出的许多细麻丝。由于"𣏟"作了偏旁,其义便另加义符"广"(敞屋)写作"麻"来表示。参见麻。

【组字】𣏟,如今不单用,只作偏旁。现今归入木部。凡从𣏟取义的字皆与麻等义有关。

以𣏟作义符的字有:麻、㪔(散)、𦦰(苘)。

杯 bēi (桮、盃、�)

【字形】金 籀 篆 今篆

隶 杯 桮 盃 草

【构造】会意兼形声字。金文从木,剖声。籀文从匚从不(花苞),会似花苞形的器皿之意,不也兼表声。篆文承之,异体或另作桮,改为从木从否会意,否也兼表声。隶变后楷书分别写作匼与桮。桮俗省作杯。异体还有盃,改为从皿从不。如今规范化以杯为正体。

【本义】《说文·木部》:"桮,𠤳也。从木,否声。匼,籀文桮。"《集韵·灰韵》:"桮,盖今饮器。

或作杯。"本义为盛羹或注酒的器皿。

【演变】杯，本义指❶盛羹或注酒的器皿：执觞觚～豆而不醉｜必欲烹而翁，则幸分我一～羹。今泛指❷盛液体的器皿：酒～｜茶～｜水～｜玻璃～｜烧～。又引申指❸像杯的东西：奖～｜金～。又用作❹量词：今之为仁者，犹以一～水救一车薪之火也｜覆～水于坳堂之上，则芥为之舟｜～水车薪。

柜 jǔ；guì（櫸、榉、櫃）

【字形】篆 今篆 隶 柜 櫃 榉 櫸 草

【构造】形声兼会意字。篆文从木，巨声，巨也兼表高大之意。隶变后楷书写作柜。如今借作"櫃"（从木从匱会意，匱也兼表声）的简化字。

【本义】《说文·木部》："柜，木也。从木，巨声。"本义为榉柳。

【演变】柜，作为本字，读 jǔ，本义指❶榉柳，即元宝枫：其植物则……～柳杨枫。由于"柜"如今被借作"櫃"的简化字，其本义便另用"櫸"来表示，如今简化作榉。

又读 guì，作为櫃的简化字，本义为❷收藏衣物用的家具：其家金～鸣，声似棺镜，清而悲｜衣～｜～橱。旧时店铺钱款、账簿都放在小柜中，故又引申指❸放置钱柜的房间：人和厂的前脸是三间铺面房，当中的一间作为～房。又引申指❹管理店铺的人：掌～的又没有好声气。又转指❺商店售货的柜台：郑屠正在门前～身内坐定，看那十来个刀手卖肉｜站了大半天～台。

○榉，从木，举声。读 jǔ，本义为树名，落叶乔木，榆科，木材坚实耐水湿，可供造船、建筑、桥梁等用。

【组字】柜，如今既可单用，也可作偏旁。现今仍归入木部。凡从柜取义的字皆与树木等义有关。

以柜作声符的字有：渠。

析 xī

【字形】甲 金 篆 隶 析 草

【构造】会意字。甲骨文从木从斤（斧），会用斧子劈木柴之意。金文斤稍讹。篆文整齐化。隶变后楷书写作析。

【本义】《说文·木部》："析，破木也。从木，从斤。"本义为劈木柴。

【演变】析，本义指❶劈木柴：～薪如之何，匪（非）斧不克。引申泛指❷分开，离散：邦分崩离～而不能守也｜故有剖符之封，～圭而爵。由分开用于抽象的事理，又引申指❸分析，剖析，解说：判天地之美，～万物之理｜奇文共欣赏，疑义相与～。

【组字】析，如今既可单用，也可作偏旁。现今仍归入木部。凡从析取义的字皆与分开等义有关。

以析作声符的字有：淅、晰、皙、蜥。

板 bǎn（版、閪）

【字形】篆 今篆 隶 板 閪 草

【构造】形声兼会意字。篆文本作版，从片（筑墙用的夹版），反声；夹版是相对的两面，故反也兼表意。隶变后楷书写作版。后来由版分化出楷书的板，从木，反声。如今又作閪（从門，品声）的简化字。参见版。

【本义】《说文·片部》："版，判也。从片，反声。"所释为引申义。本义当为筑墙用的夹版。《正字通·木部》："板，同版。解木为薄片也。"《玉篇·门部》："閪，门中视。"

【演变】板，是版的分化字，用以分担版的"由木头分割成的薄片"这一含义。故本义为❶木板：山多林木，民以～为屋。引申泛指❷其他片状物：乃使石匠于山中凿石为～｜玻璃～｜铁～。又引申指❸打节拍用的板，节拍：手里拿串拍～｜有～有眼。又引申指❹旧时笞刑用的刑具，板子：这四十～便饶了。又特指❺印板：～印书籍，唐人尚未盛为之。由有板有眼，又引申指❻不灵活：这太～了｜～起脸来｜死～。

作为閪的简化字，又表示❼老板：大老～｜老～娘。

【组字】板,如今既可单用,也可作偏旁。现今仍归入木部。凡从板取义的字皆与木板等义有关。

以板作声兼义符的字有:鋬。

松 sōng (鬆)

【字形】金 篆 今篆 隶 松 鬆 草 松 鬆

【构造】形声兼会意字。金文、篆文从木,公声,公也兼表针叶披散、雌雄同株之意。隶变后楷书写作松。如今又用作“鬆(从髟从松会意,松也兼表声,本义为头发散乱)”的简化字。

【本义】《说文·木部》:“松,木也。从木,公声。”本义为松树。

【演变】松,本义指❶松树,一种针叶常绿乔木:山有乔~,隰有游龙(通“茏”,水荭)|~竹梅,岁寒三友|红~|~塔。

作为鬆的简化字,又表示❷头发散乱:柳浅梅深鬓影~。由头发散乱又引申指❸疏散不紧:琴材欲轻、~、脆、滑,谓之“四善”|疏~|~软。用作使动,表示❹使松散,放开:~一~腰带|~手|~绑。不严紧则宽松,故又引申指❺不严格,不紧张:这事不能放~|宽~|轻~|~快。用作名词,又特指❻瘦肉做成的绒毛状食品:肉~|鱼~。

【组字】松,如今既可单用,也可作偏旁。现今仍归入木部。凡从松取义的字皆与松针状物等义有关。

以松作声兼义符的字有:凇。

以松作声符的字有:菘、崧、淞、鬆。

枪 qiāng (槍)

【字形】篆 今篆 隶 枪 槍 鎗 草 枪 槍 鎗

【构造】会意兼形声字。篆文从木(木制)从倉,会头似尖仓形的击刺兵器之意,倉也兼表声。隶变后楷书写作槍。异体作鎗,改为从金,表示金属制。如今规范化,皆简化作枪。若就现在分析,仓也可视为兼表弹仓之意。

【本义】《说文·木部》:“槍,拒也。从木,倉声。”本义为一种有尖头的用来抵御或击刺的兵器。

【演变】枪,本义指❶一种有尖头的用来抵御或击刺的兵器:剡木伤盗曰~|红缨~|刀~不入|常持铁~,冲坚陷阵。如今又指❷能发射子弹的兵器:手~|机~|冲锋~。又指❸像枪一样的工具:水~|焊~|烟~。由击刺又引申指❹冲抵,撞:我决起而飞,~榆枋而止|见狱吏则头~(今用抢)地。又特指❺代人应考:且~冒顶替,弊端不可究诘。

枕 zhěn

【字形】篆 隶 枕 草 枕

【构造】形声兼会意字。篆文从木从冘(像人担担子状)会意,冘也兼表声。隶变后楷书写作枕。

【本义】《说文·木部》:“枕,卧所以荐首者。从木,冘声。”本义为枕头。

【演变】枕,本义指❶枕头:寤寐无为,辗转伏~|~套|~巾。引申指❷像枕头一样横垫在下边的东西:~木。用作动词,指❸用头枕着东西:曲肱以~之|~戈待旦|头~着几本书。又引申指❹靠近:会稽东接于海,南近诸越,北~大江。

【组字】枕,如今既可单用,也可作偏旁。现今仍归入木部。凡从枕取义的字皆与枕头等义有关。

以枕作声符的字有:莌。

杳 yǎo

【字形】甲 篆 隶 杳 草 杳

【构造】会意字。甲骨文和篆文皆从日在木下,会幽暗之意。隶变后楷书写作杳。

【本义】《说文·木部》:“杳,冥也。从日在木下。”本义为幽暗。

【演变】杳,本义指❶幽暗:深林~以冥冥兮,乃猨狖之所居。幽暗则不见,故引申指❷见不到踪影:丹梯不可上,神仙~难逢|~无音信|~如黄鹤。广远也看不见,故又引申指❸广远看不到尽头:相送临高台,川原~何极|辘辘远

听,~不知其所之也。

述 shù

【字形】金 古 篆 隶 述 草

【构造】会意兼形声字。金文从辵(辶),右边是一只手撒播之形,撒播要顺垄有规律地进行,会遵循之意。古文大同。篆文整齐化,成为从辵(辶),术声。隶变后楷书写作述。

【本义】《说文·辵部》:"述,循也。从辵,术声。"本义为遵循。

【演变】述,本义指❶遵循:父作之,子~之。引申指❷阐述前人的成说:~而不作,信而好古。进而引申指❸陈说,记叙:此则岳阳楼之大观也,前人之~备矣|~说|记~|叙~。

【组字】述,如今既可单用,也可作偏旁。现今仍归入辶部。凡从述取义的字皆与遵循等义有关。以述作声符的字有:鷸。

或 huò;yù (域、國)

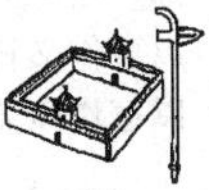

【字形】甲 金 篆 隶 或 草

【构造】会意字。甲骨文从囗(城,甲骨文口、囗每多混用,此应作囗)从戈,表示以戈守卫城池。金文大同,只是多了一条标志范围的界线,表意更加明确,因为古代的邦国指的就是一座城池及周围的地域。篆文整齐化。隶变后楷书写作或。

【本义】《说文·戈部》:"或,邦也。从囗,从戈以守一。一,地也。域,或又从土。"本义为邦国。与域是一个字,是國(国)的本字。

【演变】或,读 yù,本义指❶邦国:秦王之时,~人茹(宰食)子,利不足也。

又读 huò,后借为不定代词,泛指人或事物,相当于❷有的(人、事、物、时):人固有一死,~重于泰山,~轻于鸿毛。又借作副词,表示❸或许:你~能说服他。借作连词,表示❹或者:~走~留,快决定。

"或"为借义所专用,邦国之意便又在外加了一座城池"囗",写作"國"来表示。范围区域的意思则专用另加义符"土"的"域"来表示。参见国。

【组字】或,如今既可单用,也可作偏旁。现今仍归入戈部。凡从或取义的字皆与地域等义有关。以或作声兼义符的字有:國(国)、域、阈。以或作声符的字有:馘、蜮、彧、惑。

画 huà (畫、晝、劃、划)

【字形】甲 金 篆

今篆 隶 画 畫 畫 划 劃

草

【构造】会意字。甲骨文上边从聿(手持笔形),下边是画出的图形,表示手持笔画图之意。金文将下边图形改为表示雕刻的"周"。篆文将下边讹为田及四界,成了画出田界。隶变后楷书写作畫。俗省作晝。如今简化为画。

【本义】《说文·畫部》:"畫,界也。象田四界,聿所以画之。"这是就篆文所作的解说,非本义。就甲骨文分析,本义当为绘画。

【演变】画,本义指❶绘画:请~地为蛇,先成者饮酒|~龙点睛|照猫~虎。引申为❷刻写,描写:~个十字|这段文字活~出恶少气象。又引申指❸签署:~押|~供。用作名词,指❹图画:江山如~|书~|年~。又指❺汉字的一笔:数清笔~。《说文》解释为象田四界,故又表示❻划分界限:~江自守。进而引申为❼停止,截止:力不足者,中道而废,今女(你)~。又引申为❽计谋:言不听,~不用。

为了分化字义,划分各义后来便另加义符"刀"写作"劃"来表示。

○劃,《说文·刀部》:"劃,锥刀画曰劃。"读 huá,本义指用刀割开东西。如今简化借用划来表示。

○划,从刀,戈声。读 guò,本义指镰。又读 huá,表示"拨进船也"。如今又用作"劃"的简化字。这样,划就有了三类含义:

一类读 huá,表示❶用刀或尖物割开东西:手上~个口子。引申为❷擦抹:~火柴。又表示❸用桨拨水使船前进:~船。又表示❹合算:这事~得来。

二类读 huà,表示❺分开:~清界限|~玻璃。又表示❻分拨:~款。又表示❼计谋:他

计～买套三居室|筹～。

三类读 huai，用于“剨划”一词中，表示❽安排、整治。

【组字】画，如今既可单用，也可作偏旁。现今繁简二体皆归入田部。凡从画取义的字皆与绘画、分开等义有关。

以畵作义符的字有：畫（从畵省）。

以画（畵）作声兼义符的字有：劃（划）、婳。

以画作声符的字有：嗵、湎。

事 shì

【字形】甲　金　篆　隶　草

【构造】会意字。史、吏、事三字同源，在甲骨文中都是手持一猎叉从事打猎形，古代狩猎是大事，故以此会做事之意。金文大同。篆文整齐化。隶变后楷书写作事。

【本义】《说文·史部》：“事，职也。从史，之省声。”析形不确，所释为引申义。本义当为从事打猎。

【演变】事，本义指从事打猎。引申泛指❶做事，从事：予又奚（何）～焉|改造不～生产的二流子。又引申指❷侍奉：～父母能竭其力，～君能致其身。用作名词，指❸所做的事，职业，职务，官职：以屠狗为～|无功而受～|现在做～不容易。又泛指❹事情：国之大～，在祀与戎|每～问|～变|～态。又特指❺变故：天下多～，吏不能纪|车出～了|平安无～|～故。

【组字】事，如今既可单用，也可作偏旁。现今归入亅部。凡从事取义的字皆与做事等义有关。

以事作声符的字有：剚。

叀 zhuān（䌸、䌸）

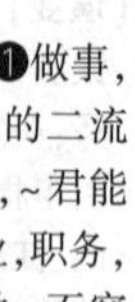

【字形】甲　金　篆

隶 叀 䌸 䌸 草

【构造】象形字。甲骨文象纺锤形，下为纺轮，中为所纺之线团，上为旋转时形成的旋转环；二形繁化另加义符丝，以突出纺丝合线之义。金文承甲骨文稍变。篆文承金文并整齐化，将“叀”讹为“軎”（车轴头），便成了牵牲口的缰绳了。隶变后楷书写作叀与䌸。䌸如今简化作䌸。

【本义】《说文·叀部》：“叀，专小谨也。从幺省；屮，财见也；屮亦声。”这是就篆文所作的附会。本义为纺锤。又《絲部》：“䌸，马䌸也。从絲，从軎。”本义为缰绳。

【演变】叀，本义指纺锤。纺锤用以纺线织布，有纺织之利，是种好处。纺锤围绕一个中心转动，故含专心之义。绕有线团的纺锤很像一个高粱穗，如今农村仍把纺好的线团叫“穗子”。纺锤是用来合丝成线的，含有绳索义。这样以“叀”为基础便衍生出“专、转、惠、穗、䌸”等一组字。

○䌸，读 pèi，本义指❶驾驭牲口的缰绳：有力如虎，执～如组|南市买～头，北市买长鞭。引申指❷牵：闻虏之至，或父母～马，妻子取弓矢，至有不俟甲胄而进者。参见各字。

【组字】叀，如今不单用，只作偏旁。现今归入厶部。凡从叀取义的字皆与转动纺锤等义有关。

以叀作义符的字有：惠、疐、䌸。

以叀作声兼义符的字有：専（专）。

刺 cì

【字形】篆　隶　草

【构造】会意兼形声字。篆文从刀从朿（木刺），会用锐物扎之意，朿也兼表声。隶变后楷书写作刺。注意：与封口的“剌”不同。

【本义】《说文·刀部》：“刺，直伤也。从刀，从朿，朿亦声。”本义为用尖利的东西扎。

【演变】刺，本义指❶用尖利的东西扎：是何异于～人而杀之|～伤。引申指❷行刺，暗杀：（豫让）中挟匕首，欲以～襄子|谋～|～杀。进而又引申指❸深入探取，探寻，侦察：遣吏逢迎，～探起居。又引申指❹外物对人体感官的刺激：～鼻的臭味|～耳的噪声|灯光～目。又引申指❺用尖锐的话指出别人的过失，或旁敲侧击讥讽他人：群臣吏民，能面～寡人之过者，受上赏|讽～|讥～。又特指❻刺绣：～绣文，不如倚市门|人言此是嫁时服，含笑不～双鸳鸯。又特指❼撑（船）：（渔父）乃～船而去。用作名词，指❽尖锐像针的东西：若有芒～在

背|枣~|鱼~|蒺藜~。由刺探又引申指❾名帖(相当于后来的名片):(韩生)通~倪宽,结胶漆之交。

【组字】刺,如今既可单用,也可作偏旁。现今仍归入刀部。凡从刺取义的字皆与扎入等义有关。

以刺作声符的字有:厕。

枣 zǎo (棗)

【字形】甲  金  古  篆  隶 

草 

【构造】会意字。甲、金、古文皆从二朿(带刺的树)上下相重,会高大带刺的乔木枣树之意。篆文整齐化。隶变后楷书写作棗。如今简化作枣。

【本义】《说文·朿部》段注:"棗,枣木也。从重朿。"本义为枣树。

【演变】枣,本义指❶枣树:民虽不由田作,~栗之实足食于民。又指❷枣树的果实:八月剥(同扑)~,十月获稻|红~。又指❸像枣的红色:~红马。古代雕版多用枣木,故又引申指❹枣木书版:~本流传容有伪,笺家穿凿苦求奇。

雨 yǔ;yù

【字形】甲 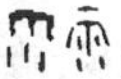 金  篆 

隶  草 

【构造】象形字。甲骨文象天上落雨形,或上边另加一横表示云层。金文大同。篆文整齐化。隶变后楷书写作雨。

【本义】《说文·雨部》:"雨,水从云下也。一象天,冂象云,水霝(落)其间也。"本义为下雨。

【演变】雨,读 yù,动词,本义指❶下雨:~我公田,遂及我私。引申指❷像雨样落下:北风其凉,~雪其雱|昔者仓颉作书,天~粟,鬼夜哭|以火乱之,以矢~之。又引申指❸滋润:吾不能以春风风人,吾不能以夏雨~人。

又读 yǔ,用作名词,指❹从云层中落下的水滴:以御田祖,以祈甘~|渭城朝~浥轻尘,客舍青青柳色新。又比喻❺教诲恩泽:泽~无偏,心田受润。

【组字】雨,如今既可单用,也可作偏旁。现今仍设雨部。凡从雨取义的字皆与雨水云雷等义有关。

以雨作义符的字有:雩、雪、雬、雹、雯、雰、雱、雲、雳、雴、雵、零、雷、雺、雹、雽、電、雾、雸、需、霁、霂、霃、霄、霅、霆、震、霈、霉、霊、霎、霌、霍、霎、霏、霐、霑、霒、霓、霔、霕、霖、霘、霙、霚、霛、霜、霝、霞、霟、霠、霡、霢、霣、霤、霥、霦、霧、霨、霪、霫、霬、霭、霮、霯、霰、霱、露、霳、霴、霵、霶、霷、霸、霹、霺、霻、霼、霽、霾、霿、靀、靁、靂、靃、靄、靅、靆、靇、靈、靉、靊、靋、靌、靍、靎、靏。

夌 líng (陵、凌)

【字形】甲  金  篆 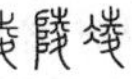

隶  草 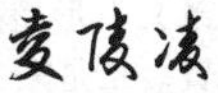

【构造】会意字。甲骨文上从光(㞢,地穴上的覆庐形),下从人,表示人从地穴中登上来。或在人旁加出自(即阜,上下地穴的脚窝),以强调升登之意。金文另加出脚(夂),或另加出阜,也是为了突出登上来之意。篆文只留下庐和足,或另加义符阜。隶变后楷书写作夌和陵。

【本义】《说文·夂部》:"夌,越也。从夂,从光;光,高也。"这是说"夌"的本义为从下迈上来。又《阜部》:"陵,大阜也。从阜,夌声。"这是引申义。其实"陵"与"夌"是同一个字的繁简二体,本义皆为从下迈上来。

【演变】夌,本义指从下迈上来。引申泛指超越,侵犯,欺侮。由于"夌"作了偏旁,其义才又另加义符"阝"(阜)写作"陵"来表示。

〇陵,读 líng,本义为❶升登,上升:齐侯亲鼓,士~城。引申为❷超越:常有~云之志|丧事虽遽不~节。又进而引申指❸侵犯,欺侮:苟能制侵~,岂在多杀伤?|强不~弱。以上二义后另借"凌"来表示。上山要登,故又进而引申为❹大土山:如山如阜,如冈如~|~谷变迁|丘~。又引申指❺高大的坟墓:西风残照,汉家~阙|黄帝~|~园。

〇凌,从冫,夌声。读 líng,本义指❶冰:二之日凿冰冲冲,三之日纳于~阴(冰窖)|冰~。因借作陵,故又表示❷高升,超越:亮无晨风

翼，焉能～风飞｜壮志～云｜～空。又表示❸侵犯，欺侮：诚既勇兮又以武，终刚强兮不可～｜侵～。又表示❹逼近：～晨。

【组字】夌，如今不单用，只作偏旁。陵，可单用。现今夌仍归入夂部，陵仍归入阜部。凡从夌取义的字皆与向上、突出等义有关。

以夌作声兼义符的字有：陵、崚、棱。

以夌作声符的字有：凌、堎、绫、菱、睖、鲮。

卖 yù；mài

（賣、賫、賣、鬻、𧶠、粥）

【字形】金 篆 今篆 隶 卖 賣 鬻 粥 草

【构造】会意字。卖有两个来源：一个是金文之形，从貝从省（察视），会将货物展示给人看之意。篆文一形整齐化。隶变后楷书写作賣，省作賣。二是篆文二形，从出从買（买），会让人买去之意，即卖出。隶变后楷书写作𧶠，省作賣。由于二字义同形近，俗遂都写作賣。如今皆简化作卖。

【本义】《说文·貝部》："賣，炫也。从貝，𡯁声。"本义为将货物展示给人看，即炫示。又《貝部》："𧶠，出物货也。从出，从買（买）。"本义为以物换钱，即卖出。

【演变】卖，读 mài，代表"賣"（yù）和"賣"（mài）两个字，都表示❶叫卖，卖出：往来贩贱～贵，家累千金｜贵则～之，贱则买之。又表示❷炫耀，卖弄：与之细论人，则以为～重｜盛修第舍，～弄威福。又引申指❸通过展示技艺换取钱财：～唱｜～艺｜～笑。又引申指❹尽量使出：～力｜～劲。由卖出货物，又引申指❺为了私利出卖祖国或亲友：微赵君，几为丞相所～｜～国以悦敌，不可赦。

由于賣作了偏旁，货卖之义便借本当粥讲的鬻（yù）来表示。

〇鬻，从米从鬲（煮）会意，鬲也兼表声。读 yù，本义指❶粥：饘于是，～于是，以餬余口。借作"賣"，又表示❷卖：百里奚自～于秦养牲者五羊之皮｜卖儿～女。

由于鬻借为賣，其义便省其形为粥来表示。

〇粥，作为鬻的省体，读 zhōu，用以表示半流质食品：邻里为之糜～以食之｜僧多～少｜莲子～｜稀～。

【组字】卖，作为賣（yù）字，如今不单用，只作偏旁。现今仍归入贝部。凡从卖（賣）取义的字皆与炫示、交易等义有关。

以卖（賣）作声兼义符的字有：赎。

以卖（賣）作声符的字有：读、续、渎、牍、犊、椟、窦、黩。

矿 kuàng

（卝、磺、礦、鑛）

【字形】古 篆 今篆 隶 矿 磺 礦 鑛 草

【构造】象形兼形声字。古文一形象开凿矿石形；二形改为从石、廣声。篆文改为从石，黄声，黄也兼表铜铁朴石的颜色。隶变后楷书写作磺。异体作鑛，改为从金，廣声，廣也兼表范围广。俗承古文二形作礦。如今规范化简作矿。磺转用以表示硫磺。卝则一般不单用。

【本义】《说文·石部》："磺，铜铁朴石也。从石，黄声。卝，古文磺。"《集韵·梗韵》："磺，或作礦。"本义为矿物。

【演变】矿，本义指❶矿物：其下则金～丹砾，云精烛银｜～石｜煤～｜铁～。引申指❷采矿的场所：～井｜～坑。

〇磺，后读 huáng，转指硫磺：硝～制火药，世乃无利兵｜～胺。

码 mǎ

（碼、瑪、玛）

【字形】古 今篆 隶 码 玛 碼 瑪 草

【构造】形声兼会意字。古文从石，馬声，馬也兼表意。异体作瑪，从玉。隶变后楷书写作碼与瑪。如今分别简化作码与玛，表义有分工。作为玉石，原本借"马"表示，古代蒙古人见玛瑙的颜色和花纹很像马的脑子，故称马脑，因其为玉石，后遂另加义符为码碯、玛瑙。参见玛。

【本义】后起字。《玉篇·石部》："碼，玛瑙，石次玉也。"《集韵·马韵》:"碼,玛瑙。或从玉。"本义为玛瑙。

【演变】码,本义指❶玛瑙。古代计数的符号和用具原本借"马"表示,如"请为胜者立马",后改用"码",故又指❷表示数目的符号:数~|号~|页~|~子。又指❸计算数目的用具:筹~|砝~|起~。又用作"码头",指❹停泊船的处所。又用作译音字,表示❺英美制长度单位,一码是三英尺:其间距离大约有十~。

码为借义所专用,"玛瑙"之义则由玛来表示。

○玛,读 mǎ,本义为一种次于玉的矿物,色彩美丽,可作饰物或器皿:衔云酒杯赤~瑙|~瑙杯。

厓 yá (崖)

【字形】篆　隶 厓 崖　草

【构造】形声兼会意字。篆文从厂(山崖),圭(应从两土)声,圭也兼表高义。隶变后楷书写作厓。

【本义】《说文·厂部》:"厓,山边也。从厂,圭声。"本义为山边。

【演变】厓,本义指❶山边:断~千仞碧,下有寒泉落。引申泛指❷边际:人力劳敝,营作无~。

厓后来作了偏旁,其义便另加义符"山"写作"崖"来表示。

○崖,从山从厓会意,厓也兼表声。读 yá,本义指❶山边:咫尺之途,必颠蹶于~岸|悬~勒马|山~。引申泛指❷边际:君其涉于江而浮于海,望之而不见其~。

注意:崖与当水边讲的涯不同,但二者都是由"厓"引申来的。

【组字】厓,如今不单用,只作偏旁。现今仍归入厂部。凡从厓取义的字皆与边际等义有关。以厓作声兼义符的字有:崖、涯、捱、睚。

厕 cè (廁、厠)

【字形】篆　今篆　隶 厕 厠　草

【构造】会意兼形声字。篆文从广(敞屋)从则(侧省)会意,表示厕所多在宅子侧旁之意,则也兼表声。隶变后楷书写作廁。俗作厠,改为从厂(与广义同)。如今简化作厕。本读 cì,后误读为 cè 成习惯,遂沿用下来。

【本义】《说文·广部》:"廁,清(圊)也。从广,則声。"《洪武正韵·寘韵》:"廁,亦作厠。"本义为厕所。

【演变】厕,本义指❶厕所:沛公起如~|公~|男~。猪圈与厕所多相连,故又引申指❷猪圈:~中豕群出。厕所多处偏隅,故又借作"侧",表示❸侧旁,倾斜:上踞(床)~而视之|~足而垫之。用作动词,表谦虚,表示❹参与,混杂其间:向者仆常(尝)~下大夫之列|杂~|~身。

奔 bēn;bèn (犇、逩)

【字形】金　篆　今篆

隶 奔 逩 犇　草

【构造】会意字。金文上边是前倾甩手快跑的人形,下边是三止(脚),用脚印连连,会快跑之意。篆文变为从夭从卉(三止之讹变)。隶变后楷书写作奔。异体作犇,从三牛会意。表朝向之义时也另加义符"辵"写作逩。如今规范化用奔。

【本义】《说文·夭部》:"奔,走也。从夭,贲省声。"析形不确。本义为快跑。

【演变】奔,读 bēn,本义指❶快跑:夫子~逸绝尘。用作名词,又指❷奔马:虽乘~御风,不以(似)疾也。又泛指❸逃跑,流亡:孟之反(人名)不伐(夸耀),~而殿|晋灭虢,虢公丑~京师。又特指❹男女私奔:文君夜亡~相如。

又读 bèn,用作逩(从辵从奔会意,奔也兼表声),表示❺朝着确定的目标急走,投向:径~王二哥茶房前来|投~。引申指❻接近:都快~四十的人了。以上二义如今规范化也都用"奔"来表示。

【组字】奔,如今既可单用,也可作偏旁。现今归入大部。凡从奔取义的字皆与朝确定的目标急跑等义有关。

以奔作声兼义符的字有:逩、锛。

以奔作声符的字有:偾。

奈 nài

（柰、徻、祡、柴、款）

【字形】
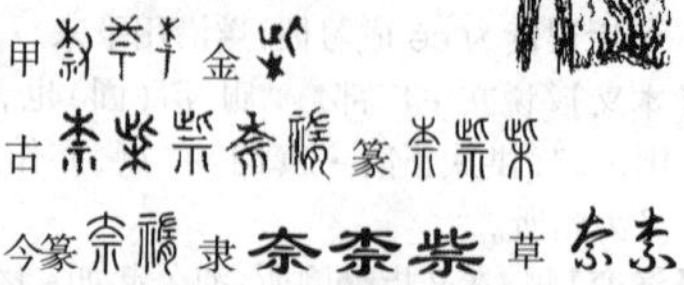

【构造】会意兼形声字。奈是由上列甲骨文演变而来的，一形从手，从木，从示（祭台），会手持燎柴于示前焚烧祭天之意；二形省又（手）只从木，从示会意，含义相同；三形改为横木，强调不是树而是可烧的木柴。这一形象，既表示燎柴祭天，又表示柰木，又表示所烧之柴和虔诚致敬。金文省去示，改为从木，此声，此也兼表倒地的木，以强调其为燎柴之意。古文一形承接甲骨文一形省去又；二形承接金文线条化；三形改为从示，此声，此也兼表意；四形上边“木”简讹近“大”；五形改为从示，从左（双手），从肉（月）会意，以突出双手持祭品进行祭祀之意。篆文承接古文前三体并整齐化。隶变后楷书分别写作柰、柴、祡。俗则承接古文四形和五形写作奈与徻。如今规范化，以祡表示祭天，以柰表示柰木，以柴表示木柴，以奈表示对待。另造了款，表示虔诚。徻则废而不用。参见柰、柴、祡和款。

【本义】《说文·示部》：“祡，烧柴焚燎以祭天神。从示，此声。”本义为燎柴祭天。又《木部》：“柰，果也。从木，示声。”专用以表示柰木，果树名。《广韵·泰韵》：“奈，本亦作柰。”

【演变】柰，本义指❶燎柴祭天。后代的烧香即是其遗风。或许祭天所焚烧的是珍贵的柰木，后便借用柰来表示❷柰果：奉香供果珍李～。由祭天后又引申指❸对待，诚敬：将～其士众何？

为了分化字义，后来用祡表示燎柴祭天，用柰表示柰木，用奈表示对待。所烧之木便另造了“柴”字来表示，虔诚之义则另造了“款”来表示。参见款。

〇祡，从示，此声。读 chái，本义指燎柴祭天：东巡守，至于岱宗，～。

〇柴，从木从此（祡省）会意，此也兼表声。读 chái，本义指❶小木散材，木柴：乃命四监，收秩薪～，以共郊庙及百祀之薪燎｜～门何萧条？又指❷燎柴祭天：～于上帝。又形容❸干瘦：骨瘦如～。

又读 zhài，用作❹寨：羽闻之，住不渡，而结～营。

〇奈，读 nài，用作“奈何”，表示❶如何，怎么办：专思君兮不可化，君不知兮可～何！如有宾语，加在“奈……何”中间，表示❷对……怎么办：少壮几时～老何！也可省去“何”，单用“奈”，表示❸奈何：唯无形者无可～也｜无～｜怎～。近代“奈何”后也可跟宾语，表示❹对付：既是出名，～何了他，只是一怪。

【组字】奈（柰），如今既可单用，也可作偏旁。现今奈归入大部，柰归入木部。凡从奈（柰）取义的字皆与燎柴之祭等义有关。

以奈（柰）作声符的字有：捺、萘。

奇 jī；qí

（踦、倚）

【字形】
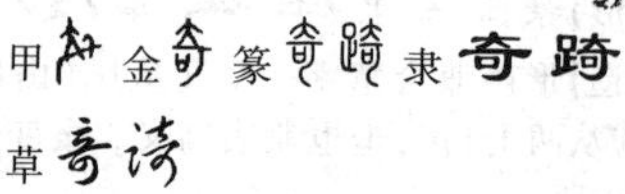

【构造】象形兼会意字。甲骨文象一人一腿站立，倚靠在一横木之旁形。金文下部讹为可。篆文承之，并整齐化为从大（表示人）从可（与从丂同义，表示以棍支撑），会拄棍一只脚站立的瘸人之意。隶变后楷书写作奇。或说甲骨文象骑简马形，据此当为骑的本字，然奇字古今并无此类义项。

【本义】《说文·可部》：“奇，异也。一曰不耦（偶）。从大，从可。”解释的是引申义。本义指人一只脚站立。

【演变】奇，读 jī，本义指人一只脚。引申泛指❶独一，单数：阳卦～，阴卦偶｜～数。又引申指❷不正当的：浮食～民。又引申指❸不顺当：李广老，数～。又表示❹数之零余：舟首尾长约八分有～｜三十有～。

又读 qí，由独脚，引申泛指❺奇异，与众不同，特殊：～服怪民不入宫｜～装异服｜千古～冤｜新～｜～人｜～闻。由奇异，又引申指❻出人意料的：留侯画策，陈平出～｜出～制胜。用作动词，表示❼感到不一般：（项）梁以此～籍（项羽）。由不一般，又引申指❽美好：恐此事非～。

由于奇为引申义所专用,一只脚之义便另加义符足写作踦来表示,依靠之义另加义符人写作"倚"来表示。

○踦,从足从奇会意,奇也兼表声。读 qī,本义指❶一只脚:其狱一～腓一～屦而当死(犯罪者一脚穿草鞋一脚穿常履就可以代替死刑)。引申指❷跛脚:其跳者,～也。又引申指❸偏:大臣两重,提衡而不～。

又读 jǐ,表示❹单,只:仰欣多材聚,俯愧只影～。

又读 yǐ,表示❺倚:二大夫出,相与～闾而语|祸兮福所～。此义后作倚。参见依(倚)。

【组字】奇,如今既可单用,也可作偏旁。现今归入大部。凡从奇取义的字皆与不偶、不正、倚靠等义有关。

以奇作声兼义符的字有:踦、崎、骑、攲、寄、畸、掎、倚、椅。

以奇作声符的字有:琦、绮、剞、猗、犄、旖。

奄 yǎn

(掩、閹、阉、晻、淹、暗)

【字形】金　古　篆　隶 **奄掩阉閹晻淹**　草

【构造】会意字。金文上从申(闪电),下从大(人),会闪电覆照着人头顶之意。古文将大移到上面,并将闪电繁化。篆文整齐化。隶变后楷书写作奄。

【本义】《说文・大部》:"奄,覆也。大有余也。又欠也。从大,从申。申,展也。"析形是就篆文所作的解说。本义为覆盖。

【演变】奄,本义指❶覆盖:知不足以～之。引申指❷包括,占有:～有四方。又引申指❸关闭:寂寞～重门。此义后来另加义符"扌"写作"掩"来表示。受宫刑的人精气掩闭,故又引申指❹丧失生殖能力的人:～宦。此义后写作閹来表示,如今简化作阉。闪电明灭迅速,故又引申为❺急遽,忽然:大军～至|～忽。闪电过后一片黑暗,故又引申指❻昏暗:～～黄昏后。此义后作晻。故又引申为❼休息:～息。又引申指❽停留:～留。此义后借淹来表示。

○掩,从手从奄会意,奄也兼表声。读 yǎn,本义为❶遮盖,遮蔽:手巾～口啼|以袖～面而泣|迅雷不及～耳|～耳盗铃|～人耳目|遮～|～盖|～护|～埋。又特指❷掩面:满座重闻皆～泣。又指❸囊括,尽取,占有:～有东土,自岱徂海|畋不～群。又指❹稍微闭合,关闭,合上:豚栅鸡栖半～扉|即解貂覆生,为～户|～卷沉思。又指❺低沉:弦弦～抑声声思。又指❻隐蔽,隐匿:捱到天黑,方才～了回去|～藏。又指❼抹杀,掩埋:且吾不以一眚～大德。方言又指❽被关合物夹住:手被门～了一下。又指❾盖过,超过:势拔五岳～赤城。用作揜,指❿趁人不备突然袭击,或捕捉:于是上使使～梁王|虑恐有人相～|～袭|～捕|～杀。参见弇。

○阉,从门从奄会意,奄也兼表声。读 yān,本义指❶古代日暮关闭宫门的人:是月也,命～尹(长官)申宫令,审门闾,谨房室,必重闭。看守宫门的都是宦官,故又引申指❷宦官:兄弟皆正身疾恶,志除～宦。用作动词,指❸阉割:(王)义乃出,自～以求进|～鸡|～猪。

○晻,从日从奄会意,奄也兼表声。读 àn,本义指❶昏暗不明:三光～昧。此义后作"暗"。

又读 yǎn,用作"晻晻",指❷日无光:日～～其将暮兮,睹牛羊之下来。参见暗。

○淹,从氵从奄会意,奄也兼表声。读 yān,本义指❶浸渍(其中):～芳芷于腐(臭)井兮。引申指❷浸入,淹没:～入水中|大水～了龙王庙。又引申指❸深广:学识～博|～通|～贯|～该。

【组字】奄,如今既可单用,也可作偏旁。现今仍归入大部。凡从奄取义的字皆与覆盖等义有关。

以奄作声兼义符的字有:淹、掩、阉、罨、庵。

以奄作声符的字有:崦、腌、俺、埯、鹌。

羍 niè

(卒、幸)

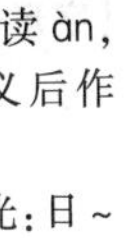

【字形】甲　金　篆　隶 **羍**

草

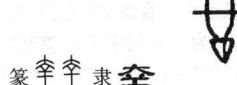

【构造】象形字。甲骨文象古代械手的刑具形，即后来的梏，如今的手铐。金文线条化。篆文稍简并整齐化。隶变后楷书写作夲或夲。俗作幸，遂与当“侥幸”讲的“㚔”同形相混。如今规范化，单用用幸，夲只作偏旁，夲废而不用。参见幸。

【本义】《说文·夲部》：“夲，所以惊人也。从大，从羊。”解说不清楚。本义为古代木制刑具。

【演变】夲(幸)，本义为❶刑具。由于夲与㚔相混，俗皆写作幸，所以也表示❷侥幸：人怀侥～。实际运用中因为夲不单用，只作偏旁，所以在使用中也不会与夲发生误会。单独使用的幸都是“侥幸”的“幸”。

【组字】夲(幸)，如今不单用，只作偏旁。现今夲归入大部，幸归入土部。凡从夲(幸)取义的字皆与刑具、捕捉罪人等义有关。

以夲(幸)作义符的字有：圉、執(执)、報(报)、睪、盩、鞫(鞫)。

垄 lǒng
(壠、壟、垅、隴、陇)

【字形】金 古 篆 隶 垄 壟 垅 壠 隴 陇 草

【构造】形声兼会意字。金、古、篆文皆从土，龍声，龍也兼表像龙拱起之意。隶变后楷书写作壠，异体作壟，如今分别简化作垅与垄，表义也有所分工。

【本义】《说文·土部》：“壠，丘壠也。从土，龍声。”《玉篇·土部》：“壟，《方言》曰：‘冢，秦晋之间或谓之壟。’”本义为坟头。

【演变】垄，本义指❶坟墓：朕望长陵东门，见二臣(萧何、曹参)之～。引申泛指❷高丘，高地：有贱丈夫焉，求～断(独立的冈垄)而登之，以左右望，而罔市利。又引申指❸田地分界的土埂：辍耕之～上，怅恨久之｜田～｜麦～。又引申指❹像垄的东西：瓦～。

为了分化字义，“垄断”一词中只用垄，并转指把持，独占，如：垄断资本。垅则只用于丘垅、田垅，不用于“垄断”。如今规范化，“垅”也由“垄”来表示。垄的各义古也借隴(如今简化作陇)来表示。

〇陇，从阝，龙声。读 lǒng，本义指❶陇山：～头流水，流离(漓)山下。今用作❷甘肃省的简称。借作垄，又表示❸坟：因原为～，即壤成棺。又表示❹高丘：桃树万株，被～连壑。又表示❺田垄：小麦覆～黄。

豖 chù
(椓、斀、豛)

【字形】甲 金 篆 今篆 隶 豖 椓 斀 草

【构造】指事字。甲骨文从豕，小点表示劁猪(阉割)。金文稍讹。篆文变为像捆缚猪两足形。隶变后楷书写作豖。

【本义】《说文·豕部》：“豖，豕绊足行豖豖。从豕系二足。”这是就篆文所作的解说。本义当为劁猪。

【演变】豖，本义指❶劁猪。引申为❷行走艰难的样子。由于豖作了偏旁，劁猪之义便由“椓”来表示。

〇椓，从木从豖，豖也兼表声。异体作斀，从攴，蜀声。也作豛，从攴从豖会意，豖也兼表声。读 zhuó，本义指❶敲击：约之阁阁，～之橐橐。又特指❷割去雄性生殖器：杀戮无辜，爰始淫为劓、刵、～、黥。又指❸割去生殖器的男人：昏～(皆指阉宦)靡共，溃溃回遹，实靖夷我邦。又引申指❹攻讦：卫侯辞以难，大(太)子又使～之。

【组字】豖，如今不单用，只作偏旁。现今仍归入豕部。劁猪是为了使猪长得肥大，故凡从豖取义的字皆与敲击、肥大等义有关。

以豖作声兼义符的字有：豛(䝐)、冢、诼、啄、琢、椓、豛、硺。

以豖作声符的字有：㞚、涿、瘃。

卧 wò

【字形】甲 金 籀 篆 隶 卧 草

【构造】会意字。甲、金文像一人低头俯视形(与“见”平视不同)。籀文改为左右结构，人讹为卜。篆文承之,分离为从人从臣(人低头时的竖目形),会人低头俯视之意。隶变后楷书写作卧。

【本义】《说文·卧部》:"卧,休也。从人、臣,取其伏也。"所释为引申义。本义当为人低头俯视。

【演变】卧,本义指❶人低头俯视。引申指❷人低头打盹休息:坐而言,不应,隐(凭)几而~|吾端冕而听古乐,则唯恐~。又引申指❸趴伏:或遇风雨,仆~中路|花暖青牛~|~倒。又泛指❹横陈,躺:长桥~波,未云何龙?|东曦既驾,僵~长愁|~薪尝胆。由此又引申为❺睡眠,有关睡眠的:昼日则鬼见,暮~则梦闻|~室。又特指❻隐居:卿累违朝旨,高~东山。

【组字】卧,如今既可单用,也可作偏旁。现今归入臣部。凡从卧取义的字皆与低头俯视等义有关。

以卧作义符的字有:監(监)、臨(临)、醫。

臤 xián;qiān (収、賢、贤)

【字形】甲 金 古 篆 隶 臤 贤 賢 草

【构造】会意兼形声字。甲骨文、金文从又(手)从臣(低头时的竖目形,表示战俘),古代抓获了战俘多盲其一目以为奴隶,故用以会抓获俘虏多之意,臣也兼表声。古文大同。篆文整齐化。隶变后楷书写作臤。如今作偏旁时简化作収。

【本义】《说文·臤部》:"臤,坚也。从又,臣声。"本义为抓获俘虏多。

【演变】臤,读 xián,本义指❶抓获俘虏多。引申为❷劳苦。又引申为❸能干。

又读 qiān,表示❹抓牢固。

由于臤作了偏旁,其义便另加义符"貝"写作"賢"来表示,成了得财多了,如今简化作贤。

○贤,从贝从収会意,収也兼表声。读 xián,表示❶多:序宾以~(射中多)|得民心,则~于千里之地。又表示❷劳苦:大夫不均,我从事独~。由多引申为❸超过,胜过:若右胜则曰右~于左|老臣窃以为媪之爱燕后也,~于长安君|师不必~于弟子。又引申为❹有才德的,才德过人的:非独~者有是心也,人皆有之,~者能勿丧耳|~良|~惠|~明|~达。又指❺有才德的人:野无遗~,万邦咸宁|任人唯~|选~举能|时~。后用为❻对人的敬称:凡与人言,称彼祖父母、世父母、父母及长姑皆加尊字,自叔父母以下皆加~字|~弟|~姊|~侄|~甥。

【组字】臤(収),如今不单用,只作偏旁。现今归入臣部。凡从臤取义的字皆与多出、牢固等义有关。

以臤(収)作声兼义符的字有:坚、贤、竖、紧。

以臤(収)作声符的字有:肾。

欧 ǒu;ōu (歐、嘔、呕)

【字形】古 篆 隶 欧 呕 讴 草

【构造】会意兼形声字。古文和篆文皆从欠(张口出气)从區(器皿),会击缶而歌之意,區也兼表声。隶变后楷书写作歐,异体作嘔,如今分别简化作欧与呕,二字表义有分工。

【本义】《说文·欠部》:"歐,吐也。从欠,區声。"本义为呕吐。《广韵·侯韵》:"嘔,嘔呪,小儿语也。"本义指小儿学话声。《集韵·厚韵》:"歐,或作嘔。"

【演变】欧,读 ǒu,本义指❶呕吐:醉~丞相车上。古又借作讴,指❷歌颂:百姓~歌,得我惠君。

又读 ōu,专用以表示❸复姓:~阳。又用作❹译音字:~罗巴|~化|~姆。

欧为借义所专用,呕吐之义则另借用嘔(如今简化作呕)来表示。

○呕,从口从区会意,区也兼表声。作为本字,读 ōu,象声词,本义为❶小儿说话声:况念夭化时,~哑初学语。

又读 ǒu,用作欧的异体,表示❷呕吐:因不食五日,~血而死|~吐狼藉|令人作~。由吐出,又喻❸忘记:我虽做了秀才,那些四书五经,都已~还先生。又指❹用尽:~心吐胆,不足语穷|~心沥血|~心沥胆。

又读 òu,指❺使人生气:这畜生不~死俺。

又读 xū,形容❻和悦的样子:贤人君子,亦圣王之所以易海内也,是以~喻受之。

〇讴,从讠从区会意,区也兼表声。读 ōu,本义为❶徒歌;齐声歌唱:城者~曰|士卒皆歌~思东归。又指❷吟诵:~起来总不免要一唱三叹地感慨系之。引申为❸赞颂:~功颂德。又指❹歌者,歌曲,民歌:筑武宫,~癸倡|吴歈蔡~,奏大吕些|齐瑟扬东~。

【组字】欧,如今既可单用,也可作偏旁。现今仍归入欠部。凡从欧取义的字皆与声音等义有关。

以欧作声兼义符的字有:噉。

疌 jié (捷)

【字形】甲　金　古　篆　隶 疌捷 草

【构造】会意兼形声字。甲骨文从又从二矢,会抽箭迅速之意。金文改为从一人拔草(屮,小草),古文省去人形,成为从止从又(手)从屮(小草),皆会栽种禾苗或拔草手脚麻利之意,屮也兼表声。篆文整齐化。隶变后楷书写作疌,是捷的本字。

【本义】《说文·止部》:"疌,疾也。从止,从又。又,手也。屮声。"本义为动作迅速。

【演变】疌,本义指动作迅速敏捷。由于疌作了偏旁,其义便另加义符"扌"写作"捷"来表示。

〇捷,从扌从疌会意,疌也兼表声。读 jié,本义指❶便捷:夫惟~径以窘步。又引申为❷灵敏:才~若神|敏~。又引申为❸战胜:岂敢定居,一月三~|~报|大~。又指❹战利品:郑子产献~于晋。

【组字】疌,如今不单用,只作偏旁。现今归入疋部。凡从疌取义的字皆与迅疾、灵敏等义有关。

以疌作声兼义符的字有:倢、捷、婕、睫、蜨(蝶)。

妻 qī;qì

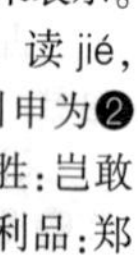

【字形】甲　金　篆　隶 妻 草

【构造】会意字。甲骨文从女有长发形,从又(手),用妇女以手梳理长发会结发为妻之意。金文上改为结发插笄之形,下改为从母,意更明显。解放前农村姑娘出嫁都要"上头",即把辫子盘结起来打上网子,表示要出嫁。篆文整齐化。隶变后楷书写作妻。

【本义】《说文·女部》:"妻,妇与夫齐者也。从女,从屮,从又。又,持事,妻职也。"析形不确。本义为妻子。

【演变】妻,读 qī,本义指❶妻子:取(娶)~如之何,匪(非)媒不得|故推恩足以保四海,不推恩无以保~子(儿女)|夫~。

又读 qì,用作动词,表示❷以女嫁与人为妻:子谓公冶长,可~也。虽在缧绁之中,非其罪也;以其子(女儿)~之。

【组字】妻,如今既可单用,也可作偏旁。现今仍归入女部。凡从妻取义的字皆与做妻子等义有关。

以妻作声兼义符的字有:棲(栖)。

以妻作声符的字有:凄(淒、悽)、郪、萋。

顷 qīng;qǐng (頃、傾、倾)

【字形】金　篆　隶 顷 頃 倾 傾 草

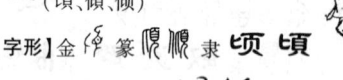

【构造】会意字。金文从匕(人歪头)从頁(头),会人歪头之意。篆文整齐化。隶变后楷书写作頃。如今简化作顷。

【本义】《说文·匕部》:"頃,头不正也。从匕,从頁。"本义为头歪斜。

【演变】顷,读 qīng,由本义头歪斜,引申泛指❶偏侧,倾斜:采采卷耳,不盈~筐|是以圣王不遍窥望而视已明,不单(尽)~耳而听已聪(听觉灵敏)。此义后另加义符"亻"写作"傾",如今简化作倾。

又读 qǐng,一歪头之间是很短的时间,故引申指❷短时间,不久:天下之悖乱而相亡不待~矣|加~年以来,雨水不时,汴流东侵,日月益甚|~之,烟炎张天|少~|~刻|俄~|有~。又引申指❸不久以前,近来:~以万机余暇,略寻三教之交|~接来函|~闻噩耗。又用作量词,表示❹土地面积单位之一,百亩为一顷:成都有桑八百株,薄田五十~|碧波万~。

〇倾,从亻从顷会意,顷也兼表声。读

qīng,本义指❶倾斜:端然正己,不为物~侧|~身下拜|~耳聆听。引申指❷倾向,偏向:葵藿~太阳,物性固莫夺|右~。由倾斜又引申指❸倾覆:和无寡,安无~|大厦将~,非一木可支。又引申指❹全部倒出来:~囊相助|~吐|~诉|~销。

【组字】顷,如今既可单用,也可作偏旁。现今归入页部。凡从顷取义的字皆与侧斜等义有关。

以顷作声兼义符的字有:倾、廎。

以顷作声符的字有:廎(苘)、颍、颎、颖、颖。

抹 mǒ;mò;mā

【字形】古 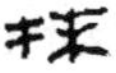 今篆  隶 抹 草 

【构造】会意兼形声字。古文从扌(手)从末(上梢),会从上梢抹去之意,末也兼表声。

【本义】后起字。《玉篇・手部》:"抹,抹摋(杀),灭也。"本义为勾销。

【演变】抹,读 mǒ,本义指❶勾销:唯其大玩于词而与世~摋|~杀|~零。引申指❷涂掉:有词理乖谬者,即浓笔~之|~掉这几句。又泛指❸擦去:~眼泪|~鼻涕。擦去与涂上动作相同,只是结果相反,故又引申指❹敷上,涂抹:学母无不为,晓妆随手~|涂脂~粉|~膏药|~糨糊。

又读 mò,由敷上引申表示把泥灰涂上去并弄平,表示❺泥(nì)墙:~墙|~灰。又引申指❻紧挨着绕过:转过尖峰,~过峻岭|拐弯~角。进而又引申指❼紧贴,蒙住:侧手从~胸里取出一个帖子来|戴红~额来应诏。又特指❽弹奏弦乐器的一种手法,弹奏琵琶:轻拢慢捻~复挑。

又读 mā,由擦去引申指擦去脏污使干净,表示❾擦拭:武松~了桌子|~布。进而引申指❿手按着移动,捋:把袖子~上去|把帽子~下来|他有点~不下脸。

拑 qián
(箝、鉗、钳)

【字形】金  篆  隶 拑 箝 钳

鉗 草 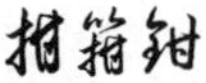

【构造】形声兼会意字。金文从手,甘声,甘也兼表闭口含住之意。篆文整齐化。隶变后楷书写作拑。其义旧也用箝来表示。如今用钳来表示。

【本义】《说文・手部》:"拑,胁持也。从手,甘声。"本义为胁持,用力夹住。

【演变】拑,本义指❶胁持,用力夹住:蚌方出曝,而鹬啄其肉,蚌合而~其喙|~制。引申指❷闭住(口):故使天下之士,倾耳而听,重足而立,~口而不言。此义过去也用箝来表示。

〇箝,从竹从拑会意,拑也兼表声。读 qián,本义指❶镊子。引申泛指❷夹住:而君自闭~天下之口,而日益愚。

如今规范化,拑、箝的意思皆由鉗来表示,如今简化作钳。

〇钳,从钅从甘会意,甘也兼表声。读 qián,本义指❶刑具,即束颈的铁圈:郎中田叔孟舒等十人子髡~为王家奴。引申泛指❷夹住,限制:~杨墨之口|老虎~|~制。

【组字】拑,如今不单用,只作偏旁。现今仍归入手部。凡从拑取义的字皆与用力夹住等义有关。

以拑作声兼义符的字有:箝。

拢 lǒng
(攏)

【字形】古  今篆  隶 拢 攏 草 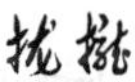

【构造】会意兼形声字。古文从手从龍(盘住),会收住之意,龍也兼表声。隶变后楷书写作攏。如今简化作拢。

【本义】后起字。《字汇・手部》:"拢,拢拥。"本义为聚集,收束。

【演变】拢,本义指❶聚集,收束:~万川乎巴梁|把柴火~在一块|归~|收~|~括。又引申指❷靠近,停靠:近村几个农夫都走~来观看|知郎旧时意,且请~船头|靠~|~岸。又引申指❸使不离开:你先把他~住|拿感情~住他。又引申指❹总计:~总五个人,全走了|~共。由收束又引申指❺整理,梳理:重新匀了脸,~了鬓|~一~头发。又特指❻弹奏弦乐器的一种手法:轻~慢捻抹复挑。

拔 bá （拔）

【字形】甲 古 篆 隶 草

【构造】形声兼会意字。甲骨文从臼（双手）从木从示（鬼神），会拔除祸祟之祭之意。古文一形承甲骨文，省去示；二形改为从手，犮声，犮也兼表艰难用力拽拉之意。篆文整齐化。隶变后楷书写作拔。如今规范化写作拔。

【本义】《说文·手部》："拔，擢也。从手，犮声。"本义为拽出。

【演变】拔，本义指❶拽出，连根拉出：力～山兮气盖世｜大风～木｜～苗助长｜～牙｜～草｜～剑。引申指❷选拔：闭绝私路，～进英隽（俊）｜提～。拽出则高，故又引申指❸高出，超出：出乎其类，～乎其萃｜～地而起｜～群｜海～。进而又引申指❹挺起：走起来大半是扬着个脸儿，～着个胸脯儿，挺着个腰板儿｜挺～。由拔出又引申指❺攻克，攻取：其后秦伐赵，～石城。拔出则移动，故又引申指❻改变，动摇：善建者不～｜坚韧不～。由拔出又引申特指❼吸出（热或毒）：把甜瓜放在凉水里～一～｜～火罐｜～毒。又引申指❽解救：夺已禽（擒）之将士，～已陷之师徒｜救～。

【组字】拔，如今既可单用，也可作偏旁。现今仍归入手部。凡从拔取义的字皆与拽出等义有关。

以拔作声符的字有：菝。

押 yā

【字形】今篆 隶 草

【构造】形声兼会意字。楷书从扌（手），甲声。甲为披在身上的铠甲，故用以会签署上文字之意。

【本义】后起字。《字汇·手部》："押，签署文字也。"本义指签署，即在公文或契约上签字或画符号作为凭信。

【演变】押，本义指❶签署：割去前代名贤～署之迹｜次早，清长老升法座，～了法帖，委智深管菜园｜～尾。用作名词，指❷签署的名字或符号：签名画～｜花～。由画押作约束，又引申指❸以财物给对方作担保：把我那两个金项圈拿出去，暂且～四百两银子｜抵～｜～金。画押是种有约束力的凭信，不能违背，故又引申指❹约束，拘禁：取一面大枷钉了，～下大牢里去｜看～｜～解。又进而引申指❺保护，监督：杨志提辖情愿委了一纸领状，监～生辰纲｜～车｜～运｜～队。又用同压，指❻诗赋叶韵：鲁直～韵最工。又指❼赌博押宝：庄家只是输，～的只是赢。

拍 pāi

【字形】金 篆 今篆 隶 草

【构造】会意兼形声字。金文从手从白（一把稻粒），会击打脱粒之意；篆文改为从百，其义相同；白、百也兼表声。俗承金文作拍。如今规范化，以拍为正体。

【本义】《说文·手部》："拍，拊也。从手，百声。"《释名·释姿容》："拍，搏也，以手搏其上也。"本义为用手拍打。

【演变】拍，本义指❶用手掌拍打：一手独～，虽疾无声｜～球。又泛指❷击打：乱石穿空，惊涛～岸。又指❸拍打用的工具：球～｜蝇～。演唱时要击节，故又引申指❹打拍子：清歌徐点当筵～。又指❺节拍：今时杖鼓，常时只是打～｜打～子。用手拍抚是亲昵的动作，故又引申指❻谄媚：吹～名士，拉扯趣闻｜～马屁｜吹吹～～。

【组字】拍，如今既可单用，也可作偏旁。现今仍归入手部。凡从拍取义的字皆与拍击等义有关。

以拍作声兼义符的字有：啪。

拆 chāi；chì （㯙、坼）

【字形】古 篆 今篆 隶 草

【构造】会意兼形声字。古文从手从㡿会意。篆文从土从㡿（表裂），会裂开之意，㡿也兼表声。隶变后楷书写作㙇。俗省讹作坼。俗承古文作拆，改为从手从斥，会用手把东西分开之意，斥也兼表声。如今拆、坼二字表义有分工，墲则废而不用。

【本义】《说文·土部》："墲，裂也。从土，㡿声。"本义为裂开。《集韵·陌韵》："墲，《说文》：'裂也。'或从手，亦作坼、拆。"

【演变】拆，读 chāi，作为坼的分化字，本义指❶裂开：不~不副（pì，胞衣未裂开），无灾无害。引申指❷分开：~书放床头，涕与泪垂四（泗，涕泪交流）。又引申指❸打开：~洗｜~卸｜~散｜~伙。又引申指❹拆毁：河梁幸未~｜~除｜~台。

又读 cā，动词，方言指❺排泄（大小便）。用作"拆烂污"，比喻❻不负责任：货真价实，是商店的唯一的道德，所以教师~烂污是不应该的。

这样，裂开之义便主要由拆来表示。

○坼，读 chè，本义为❶裂开：吴楚东南~，乾坤日夜浮｜大风忽发，天~地裂｜~裂。又特指❷植物的种子或花芽绽开，绽放：雷雨作而百果草木皆甲~｜二月东风来，草~花心开。

拘 jū

【字形】篆  隶 拘 草 拘

【构造】会意兼形声字。篆文从句（钩止）从手，会制止之意，句也兼表声。隶变后楷书写作拘。

【本义】《说文·句部》："拘，止也。从句，从手，句亦声。"本义为制止。

【演变】拘，本义指❶制止：此止诈、~奸、厚国、存身之道也。引申指❷扣押使不自由：文王~而演《周易》｜~捕｜~押｜~留。又引申指❸（客观）约束，限制：井蛙不可以语于海者，~于虚（同墟，住处）也｜无~无束｜不~多少。又引申指❹（主观）拘泥，拘守，不知变通：贤哲更礼，而不肖者~焉｜不~一格｜~礼｜~执。

【组字】拘，如今既可单用，也可作偏旁。现今仍归入手部。凡从拘取义的字皆与制止等义有关。

以拘作声符的字有：㧻。

抱 bào；pāo（抙、褒、抛）

【字形】甲  篆  隶 抱 抙 褒

草 抱 抙 褒

【构造】会意兼形声字。抱与抙是异体字。甲骨文是人抱子形，表示包聚、包持之意。篆文改为从手从包或从孚，会以手包聚之意，包或孚也兼表声。隶变后楷书写作抱、抙。后又用作褒（从衣从包，包亦声。本义为怀抱）的俗字。如今规范化，以抱为正体。

【本义】《说文·手部》："抙，引取也。从手，孚声。抱，抙或从包。"本义为以手包聚。《说文·衣部》："褒，褱也。从衣，包声。"《集韵·晧韵》："褒，或作抱。"又表示用两臂环围在胸前包聚，或泛指包持。

【演变】抱，读 bào，作为抙的异体，本义指以手包聚，引申泛指❶用手臂抱持：~瓮而出灌｜~头鼠窜。作为褒的借用字，又表示❷怀抱：然区区丹~，不负素心。引申指❸环绕：秋水牵落沙，寒藤~树疏。又引申指❹怀藏，怀有：故死者不~恨而入地，生者不衔怨而受罪｜~不平｜~歉。由怀抱又引申指❺两臂合围的量：睹百~之枝，则足以知其本之不细。

又读 pāo，用作抛，表示❻抛弃，抛掷：姜嫄以为无父……~之山中｜广阳死，睨其旁有一儿骑善马，暂腾而上胡儿马，因~儿鞭马南驰数十里｜以地事秦，犹~薪救火。此义后用抛来表示。

钱大昕认为，抱是抛的本字，抛则是抱的讹变。从字形上分析，二字右边形近，很有可能。由于抱借用以表示褒的含义，抛弃之义遂用抛来表示。参见抛。

【组字】抱，如今既可单用，也可作偏旁。现今仍归入手部。凡从抱取义的字皆与怀抱等义有关。

以抱作声兼义符的字有：萢。

拉 lā；lá；lǎ；là

【字形】篆  隶 拉 草 拉

【构造】形声兼会意字。篆文从手从立（站人），用将人扳倒会摧折之意，立也兼表声。隶变后楷书写作拉。

【本义】《说文·手部》:“拉,摧也。从手,立声。”本义为用手摧折。

【演变】拉,读 lā,本义指❶摧折,拽断:范雎~胁折齿于魏,卒为应侯|摧枯~朽。引申泛指❷牵引,牵:把他~上坡来了|~车|~网|手~手|~琴|~锯。又指❸用车运:~粮食|车~苹果去了。又引申指❹使延长:车与车之间要~开距离|他~着长声说。又引申指❺排泄粪便:~屎撒尿。用于抽象意义,表示❻拉拢,牵连,带领,帮助,闲谈,拖欠:~关系|~上个垫背的|~起队伍|~兄弟一把|~家常|~了一身债。

又读 lá,用作剌,指❼割开:手上~了一个血口子。

又读 lǎ,指❽半个:他掰了半~馒头。

又读 là,指❾漏掉:这里~了一行字。

【组字】拉,如今既可单用,也可作偏旁。现今仍归入手部。凡从拉取义的字皆与摧折等义有关。以拉作声符的字有:啦、鞡。

拌 bàn;pān

【字形】古 今篆 隶 拌 草

【构造】形声兼会意字。古文从扌(手),半声,半也兼表分判之意。隶变后楷书写作拌。

【本义】后起字。《广雅·释诂一》:“拌,弃也。”本义为舍弃。

【演变】拌,读 pān,与“播撒”之“播”同,本义指❶舍弃:余铤而走险,~死得至双营。此义后作拚(pàn),如今用拼(pīn)。参见拼。

又读 bàn,表示❷搅和:把肉大块切了,却将些蒙汗药~在里面|搅~|~种|~菜|~匀。由搅拌的掺杂,引申指❸争吵:我不打算跟你~嘴。

拨 bō (撥)

【字形】篆 今篆 隶 拨 撥 草

【构造】形声兼会意字。篆文从手,發声,發也兼表着手发出之意。隶变后楷书写作撥。如今简化作拨。

【本义】《说文·手部》:“撥,治也。从手,發声。”本义为整治。

【演变】拨,本义指❶治理,整治:~乱世反诸正|~乱反正。引申指❷除掉,除去:秦~去古文,焚灭《诗》《书》。又引申指❸拨开,拨动:~却白云见青天|~火棍|~门。又引申指❹分给:吾随后~人马来接应|~款|调~。由拨动又引申指❺弹拨:转轴~弦三两声,未成曲调先有情。又引申指❻指点:点~|指~。用作量词,用于❼人的分组:每十人作一~。

择 zé;zhái (擇)

【字形】金 篆 今篆 隶 择 擇

草

【构造】会意兼形声字。金文从双手从睪(侦察),会选取之意,睪也兼表声。篆文省去一手并整齐化。隶变后楷书写作擇。如今简化作择。是睪(𢍉)的加旁分化字。

【本义】《说文·手部》:“擇,柬选也。从手,睪声。”本义为挑选。

【演变】择,读 zé,本义指❶挑选:鸟则~木,木岂能~鸟?|~善而从|~友|~吉|选~|~校|~交。引申指❷区别:今有利剑于此,以刺则不中,以击则不及,与恶剑无~|耳不乐声,目不乐色,口不甘味,与死无~。

又读 zhái,口语用于❸用于以下各词:~菜|~席(换个地方睡就睡不安稳)|~不开。

【组字】择,如今既可单用,也可作偏旁。现今仍归入手部。凡从择取义的字皆与择取等义有关。

以择作声兼义符的字有:檡、箨。

抬 tái (笞、擡)

【字形】古 篆 今篆

隶 抬 笞 擡 草

【构造】会意兼形声字。古文从扌(手)从台(表示婴儿),会拍孩子之意,台也兼表声。是笞的异体字。如今用作擡(从扌,臺声)的简化字。

【本义】后起字。《说文·竹部》:“笞,击也。从竹,台声。”《集韵·之韵》:“笞,《说文》:‘击也。'或从手。"《类篇·手部》:"抬,击也。"本义为鞭打。《广韵·灰韵》:"擡,抬举。"本义为举起。

【演变】抬,作为笞的异体字,读 chī,本义为❶鞭打。此义仍如今用笞。

又读 tái,作为擡的简化字,表示❷举起:若立身于矮屋中,使人~头不得|~望眼,仰天长啸,壮怀激烈|低头不见~头见|高~贵手|~脚动手。引申指❸合力扛举:足伤遭马坠,腰重倩人~|~担架|~桌子|~轿子。由合力扛举,方言又表示❹争辩:两人见面就~杠。

抬为借义所专用,鞭打之义便由笞来表示。

○笞,从竹从台会意,台也兼表声。读 chī,本义为❶用竹鞭或板、杖等击打:尉果~(吴)广|鞭~|~罚|~掠。又特指❷古代一种鞭打的刑罚:~刑。

转 zhuǎn;zhuàn (轉)

【字形】金 篆 隶 转 轉 草

【构造】会意兼形声字。金文、篆文从車从專(转动纺砖),会车转动之意,專也兼表声。隶变后楷书写作轉。如今简化作转。

【本义】《说文·車部》:"轉,运也。从車,專声。"本义为回环旋动。

【演变】转,读 zhuǎn,本义指❶回环,旋动:欲疾以速……车不及~毂。又指❷用车运,运:漕~山东粟。引申指❸把一方的传给另一方:军士不幸死者,吏为衣衾棺敛,~送其家|~达|~播|~让。又引申指❹改变方向、位置、形势、情况:我心匪石,不可~也|~败为胜|~徙|~身|好~|~移。

又读 zhuàn,由旋动引申指❺绕着中心打转,环绕:~蓬离本根,飘摇随长风|车轮~得飞快|~来~去|~圈子|~子。又用作❻量词:绕十~。

【组字】转,如今既可单用,也可作偏旁。现今仍归入车部。凡从转取义的字皆与回环等义有关。

以转作声兼义符的字有:啭。

斩 zhǎn (斬)

【字形】金 篆 隶 斩 斬 草

【构造】会意字。金文和篆文皆从車从斤(斧),会伐木做车之意,即《诗》所谓"坎坎伐轮兮"之象。隶变后楷书写作斬。如今简化作斩。

【本义】《说文·車部》:"斬,截也。从車,从斤。斩法车裂也。"所释为引申义。本义当为伐木做车。

【演变】斩,本义指❶伐木做车。引申泛指❷砍伐,砍断:~木为兵,揭竿为旗|披荆~棘。又引申特指❸砍头,砍杀,车裂:~有罪者以徇|失期,法皆~。又引申指❹断绝:君子之泽,五世而~。由砍杀又引申泛指❺征伐:~孤竹而南归。又特指❻剪裁丧服不缉下边:齐晏桓子卒,晏婴粗缞~。

【组字】斩,如今既可单用,也可作偏旁。现今归入斤部。凡从斩取义的字皆与猛砍等义有关。

以斩作声兼义符的字有:堑、椠、晰、錾。

以斩作声符的字有:㣫、崭、渐、惭、暂。

轮 lún (輪)

【字形】甲 金 篆 隶 轮 輪

草

【构造】象形兼形声兼会意字。甲骨文象车轮形。金文变为一轮。篆文改为从車,侖声。车辐装置有序,侖也兼表条理之意。隶变后楷书写作輪。如今简化作轮。

【本义】《说文·車部》:"輪,有辐曰輪,无辐曰輇。从車,侖声。"本义为车轮。

【演变】轮,本义指❶车轮:坎坎伐~兮|汽车~子。引申泛指❷轮子或像轮子的东西:天河渐没,日~将起|皎皎空中孤月~|齿~|树~|转~。由轮的外圈,又引申指❸周围,边缘:钱无~廓文章,不便人用|耳~|~廓。旧式车轮高大,故又引申指❹高大:美哉~焉|美~美奂。轮子能转动,故又引申指❺转动:天地车~,终则复始|眼珠间或一~。由转动又引申指❻依次更替:诏宰相与参政~班知(掌管)印

|～番|～换|～流|～休|～作。用作佛教语，又特指❼有生命的东西永远像车轮运转一样在六道(天、人、阿修罗、畜生、饿鬼、地狱)中循环转化：～回。用作量词，用于❽圆形或循环的事物：姮娥何处，驾此一～玉|已进行了三～。用作名词，指代❾车：挥泪逐前侣，含凄动征～。宋代在船中设轮，踏轮激水使船前进，故又引申指❿轮船：购置兵～都(总)二十艘。

轰 hōng (轟)

【字形】篆　隶 轰 轟　草

【构造】会意字。篆文从三車，会群车过处轰然作响之意。隶变后楷书写作轟。如今简化作轰。

【本义】《说文·車部》："轟，群车声也。从三車。"本义为群车运动轰鸣的声音。

【演变】轰，本义指❶群车轰鸣的声音：车马雷骇，～～阗阗。引申泛指❷巨大的声响：木中～～有声|～隆一声，房倒屋塌|机器～鸣。又形容❸声势浩大：～～烈烈干一番事业。用作动词，又引申指❹冲击：一夕，雷～荐福寺|～击|～炸。由冲击，又引申指❺驱逐：把门外的人都～走。又引申指❻大声喧哗，笑闹：或与二三友生～笑花下|屋里闹～～的，乱死了。

【组字】轰，如今既可单用，也可作偏旁。现今仍归入车部。凡从轰取义的字皆与大声等义有关。

以轰作声符的字有：轟。

炁 ài;xì (爱)

【字形】金　篆　隶 炁　草

【构造】会意兼形声字。金文和篆文皆从心从旡(吃饱打嗝出气)，会嘘寒问暖关心人温饱之意，旡也兼表声。隶变后楷书写作炁。是爱的本字。

【本义】《说文·心部》："炁，惠也。从心，旡声。"本义为惠爱。

【演变】炁，读 ài，本义指❶惠爱：士，有天下人～之而主不～者，有主独～之而天下人不～者。

又读 xì，又表示❷喘息。

炁后为爱所代替，遂废而不用。参见爱。

【组字】炁，如今不单用，只作偏旁。现今仍归入心部。凡从炁取义的字皆与惠爱等义有关。

以炁作声兼义符的字有：㤅(愛、爱)。

兓 jiān (兟、鑯、尖)

【字形】金　篆　今篆

隶 兓 兟 尖 鑯　草

【构造】会意字。金文是二人插簪形，会尖锐之意。篆文整齐化。隶变后楷书本写作兓，俗讹为兟。

【本义】《说文·旡部》："兓，朁朁，锐意也。从二旡。"本义为尖锐。

【演变】兓，本义指尖锐，是尖的初文。由于兓作了偏旁，后遂另造了"鑯"字，从金从韱会意，韱也兼表声。因其过繁，俗又另造了尖字。

○尖，从小在大上会意。读 jiān，本义指❶锐利：小荷才露～～角，早有蜻蜓立上头|～刀|～锐。用作名词，指❷细小的末端：为浮屠者必合其～|针～|笔～。由物体尖锐，又引申指❸声音尖而刺耳：～声怪叫。又指❹听觉、视觉灵敏：偏你这耳朵～，听得真|亏他眼～，一下就认出了。由细小的末端，又引申指❺超出同类的：要敢于冒～|事事他都要拔个～。

【组字】兓，如今不单用，只作偏旁。作偏旁时讹作兟。现今归入儿部。凡从兓(兟)、尖取义的字皆与尖锐、刺入等义有关。

以兓(兟)作声兼义符的字有：朁。

以尖作声符的字有：決、衖。

到 dào

【字形】金　篆　隶 到　草

【构造】会意字。金文从人从至，会人达至之意。篆文讹为从刀声。隶变后楷书写作到。

【本义】《说文·至部》："到，至也。从至，刀声。"本义为达到。

【演变】到，本义指❶达到：管仲相桓公，霸诸侯，一匡天下，民～于今受其赐|还没～站|已～

位。后引申指❷前往:~北京去|~祖国最需要的地方去。由达到又引申指❸周到:我是个粗鲁汉子,礼数不~,和尚休怪|有不~之处请原谅。用作补语,又表示❹动作结果:他的好处人学得~,白妞的好处人学不~。虚化为❺介词,引出时间、地点等:~十点钟再去|书掉~地上了。

【组字】到,如今既可单用,也可作偏旁。现今归入刀部。凡从到取义的字皆与达到等义有关。

以到作声兼义符的字有:倒、捯。

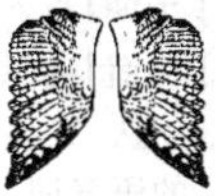

非 fēi

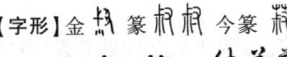

【字形】甲 金 古 篆 隶非 草

【构造】象形兼会意字。甲骨文象截取的飞动的鸟(飛,即飛字)的两个分张的翅膀形,或说象两人相背形,皆会分张相背之意。金文大同。古文承金文稍繁。篆文讹变并整齐化。隶变后楷书写作非。

【本义】《说文·非部》:"非,违也。从飛下翅,取其相背。"本义为违背。

【演变】非,本义指❶违背:~礼勿视,~礼勿听,~礼勿言,~礼勿动|~法。由与正确相背的,引申指❷不对的,错误,邪恶:实迷途其未远,觉今是而昨~|明辨是~|大是大~|为~作歹。用作动词,指❸责怪,反对:众闻则~之|故~我而当者,吾师也|~难|~议。用作副词,表示❹否定判断:管仲~仁者与(欤)?|~敌即友|~同小可|答~所问。又虚化为❺否定性前缀,构成名词性词语:~金属|~晶体。又组成双重否定"非……不可"式,表示❻一定要:~努力不可。

【组字】非,如今既可单用,也可作偏旁。现今仍设非部。凡从非取义的字皆与飞、并、分、背等义有关。

以非作义符的字有:罪、靠、靡。

以非作声兼义符的字有:诽、排、棑、扉、辈、蜚。

以非作声符的字有:俳、匪、菲、绯、啡、徘、悱、悲、腓、斐、痱、裴、翡、鲱、霏。

叔 shū

(菽、拾)

【字形】金 篆 今篆 隶叔菽 草

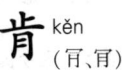

【构造】会意字。金文从尗(用木橛等尖器掘取植物的地下球茎)从又(手),会用手掘取植物的地下球茎之意,尗也兼表声。篆文整齐化;或从寸,即手。隶变后楷书写作叔。

【本义】《说文·又部》:"叔,拾也。从又,尗声。汝南名收芋为叔。"本义为拾取。

【演变】叔,本义指❶拾取:八月断壶(葫芦),九月~苴(麻子)。盖因芋也是圆形,故尗后转指豆子,叔也就用以表示❷豆子:子见夫牺牛乎?衣以文绣,食以刍~。此义后另加义符"艹"写作"菽"来表示。如:中原有菽。大概捡拾豆子等辅助农活多由子弟去做,故叔又借用以表示❸父亲的弟弟或与父亲同辈而年龄较小的男子:敬~父乎?|三~|~侄。又指❹丈夫的弟弟:妻不以我为夫,嫂不以我为~|小~子。又引申指❺兄弟排行的第三:伯、仲、~、季。

叔为借义所专用,捡取之义便又另造了"拾"字来表示。参见拾。

〇菽,从艸(艹)从叔会意,叔也兼表声。本义为❶豆类的通称:六月食郁及薁,七月亨(烹)葵及~|桑竹垂余荫,~稷随时艺|中原有~,庶民采之|布帛~粟。又特指❷大豆,大豆苗:周子有兄而无慧,不能辨~麦|冬十月,陨霜杀~。

注意:菽与豆的关系。上古这两个字形音义皆不同。菽本指豆类;豆本指盛食物的器皿,引申用作量器。汉代以后,豆才借用作菽,并逐渐代替菽,成为豆类的通称。参见豆。

【组字】叔,如今既可单用,也可作偏旁。现今仍归入又部。凡从叔、拾取义的字皆与拾取、豆子等义有关。

以叔作声兼义符的字有:菽。

以叔作声符的字有:俶、寂、淑、椒、督、踧。

以拾作声符的字有:湁。

肯 kěn

(肎、肻)

【字形】金　古　篆　今篆　隶　草

【构造】会意字。金文下从肉，上从骨省(即剔去肉的骨头上残留有筋肉形)，会紧附在骨节间的筋肉之意。古文筋肉省简。篆文再省简并整齐化。隶变后楷书分别写作肯、肎和肻。如今规范化用肯。

【本义】《说文·肉部》："肎，骨间肉肎肎著(着)也。从肉，从骨省。"本义为紧附在骨节间的筋肉。

【演变】肯，本义指❶紧附在骨节间的筋肉：技经~綮(筋肉结合处)之未尝，而况大軱(大骨头)乎？|切中~綮|中~|~切|~定。由紧附着又引申指❷赞同，许可：太后不~，大臣强谏|首~。用作助动词，表示❸愿意：幼而不~事长，贱而不~事贵，不肖而不~事贤，是人之三不祥也|惠然~来。

【组字】肯，如今既可单用，也可作偏旁。现今仍归入月(肉)部。凡从肯取义的字皆与紧紧附着、适合等义有关。

以肯作声兼义符的字有：啃、褃(裉)。

以肯作声符的字有：掯。

齿 chǐ (齒)

【字形】甲　金　篆　隶　草

【构造】象形兼形声字。甲骨文象口中有门牙形。金文另外加上"止"声。篆文承金文并整齐化，遂成为形声字。隶变后楷书写作齒。如今简化作齿。

【本义】《说文·齒部》："齒，口龂(龈)骨也。象口齿之形。止声。"本义为门牙。

【演变】齿，本义指❶门牙：明眸皓~|唇亡~寒。引申泛指❷牙齿：相鼠有~|臼~。又特指❸象牙：~革羽毛。又指❹带齿的或齿状物：~轮|锯~。牙齿状况随年龄而变化，故引申指❺人或牛马的年龄：~德俱尊|马~加长矣。又引申为❻同类，并列：朋~|君子不~(不以为同类)|诸子安可与工徒~。又引申为❼说及，提起：难于~及|何足挂~。

【组字】齿，如今既可单用，也可作偏旁。现今仍设齿部。凡从齿取义的字皆与牙齿等义有关。

以齿作义符的字有：龀、啮(嚙)、龁、龂、龃、龄、龅、龆、龇、龈、龉、龊、龋、龌、齓、齖、齘、齚、齛、齝、齞、齣(出)、齧、齨、齩、齫、齗、齮、齯、齰、齱、齳、齴、齵、齶、齸、齹、齺、齻、齼、齽、齾。

些 xiē；suò

【字形】古　篆　隶　草

【构造】会意字。古文从此从口会意。篆文从此从二(表示连接)会意，表示连在禁咒语尾的语气词。沈括《梦溪笔谈》卷三："今夔峡、湖湘及南北江獠人，凡禁咒句尾皆称'些'，此乃楚人旧俗。"隶变后楷书写作些。

【本义】《说文·此部》新附："些，语辞也。从此，从二。其义未详。"本义为语气词。《广韵·麻韵》："些，少也。"

【演变】些，读 suò，本义为❶语气词：魂兮归来，南方不可止~。

唐代始读 xiē，表示❷少许，略微：~~谈笑亦应无|因此黛玉心中便有~不忿|简单~|稍快~|大胆~。又表示❸约数：三个酒至数杯，正说~闲话|前~年|识~字|这么~|一~|有~。

【组字】些，如今既可单用，也可作偏旁。现今归入止部。凡从些取义的字皆与少、小等义有关。

以些作声符的字有：偨、椊 。

卓 zhuō (罩)

【字形】甲　金　古　篆　隶　草

【构造】会意字。甲骨文下边是带把的网(即畢)，上边是鸟的简形，会以网罩鸟之意；异体简化讹为匕(一说为匕声)。金文进一步简化。古文繁化大同。篆文将带把的网讹为早。隶变后楷书写作卓。当是罩的本字。

【本义】《说文·匕部》："卓，高也。早匕为卓。"析形不确，所释为引申义。本义当为以网罩鸟。

【演变】卓，本义为以网罩鸟。罩鸟必高举，且

要有技巧,故引申泛指❶高,直立:~如日月|城上~旌旗,楼中望烽燧。又进而引申指❷超群,特立:稽延祖(人名)~~如野鹤之在鸡群|~尔不群。又引申指❸高明:意~而辞踬者,润丹青于妙笔|~见|~越。又引申指❹高的几案:其席地而坐,不设椅~,即古之设筵敷席也。此义后另加义符"木"写作"桌"来表示。参见桌。由直立又引申指❺正:饭颗山头逢杜甫,头戴笠子日~午。

"卓"为引申义所专用,以网罩鸟之义便借"罩"来表示。参见罩。

【组字】卓,如今既可单用,也可作偏旁。现今归入十部。凡从卓取义的字皆与用网捕捉、高远、直立等义有关。

以卓作声兼义符的字有:倬、逴、桌、棹、罩、踔。

以卓作声符的字有:淖、掉、悼、绰、焯。

虎 hǔ (唬)

【字形】甲　金　籀

篆　隶 虎 唬　草

【构造】象形字。甲骨文象一只大嘴巨身带花纹的老虎形。金文稍讹,还能看出虎的影子。籀文另加爪下一人,以突出虎的噬杀性。篆文整齐化。隶变后楷书写作虎。

【本义】《说文·虎部》:"虎,山兽之君。从虍,虎足象人足,象形。"析形不确。本义为老虎。

【演变】虎,本义指❶老虎:投畀豺~,豺~不食|狐假~威。引申比喻❷威武,勇猛:汉命~臣,惟后将军|~将。又比喻❸残酷,凶暴:~狼之心。又引申指❹伤害物类的虫子:蝇~|蝎~。又表示❺吓唬。此义后另用"唬"来表示。

〇唬,从口从虎会意,虎也兼表声。读 xiāo,本义指❶虎吼或像虎吼的声音:风雷~~以为橐籥兮,回禄(火神)煽怒而喊呀。

又读 xià,用同嚇(吓),表示❷恐吓:哥,但是过我这山的人,少不得大胆说几句大话~人。进而引申指❸害怕,吃惊:小孙押司~得面如土色。此类含义如今都用吓来表示。

又读为 hǔ,俗语表示❹拿大话蒙混人:若拿出作上人的光景来镇~他们,似乎又太无情了|因此小人单题爷爷大名~吓人。又表示❺蒙混欺骗:你自药死亲爷,待要~吓谁!|他是~不住的。

又读 háo,通號,表示❻呼号:俯哭谁诉?卬~焉告?

【组字】虎,如今既可单用,也可作偏旁。现今归入虍部。凡从虎取义的字皆与虎类动物等义有关。

以虎作义符的字有:虒、虓、彪、虓、號(号)、虢、虩、虤、虪、彲、虦、虪。

以虎作声兼义符的字有:唬。

以虎作声符的字有:琥。

虏 lǔ (虜、擄、掳)

【字形】篆　今篆　隶 虏 虜 掳 擄

草

【构造】会意兼形声字。篆文从毌从力会意,虍声,虍也兼表暴如虎之意。毌为穿物持之之形,表示用强力劫掠东西。隶变后楷书写作虜。如今简化作虏。

【本义】《说文·毌部》:"虜,获也。从毌,从力,虍声。"本义为以强力获取,即抢劫。

【演变】虏,本指❶抢劫:~略。引申指❷俘获:大破~赵军|其将固可袭而~也。用作名词,指❸俘虏:生获曰~|献民~者操右袂。古代俘虏多用作奴隶,故又引申指❹奴隶:虽臣~之劳不苦于此矣|百里奚为~。

虏为引申义所专用,抢掠之义便另加义符"扌"写作"擄"(如今简化作掳)来表示。

〇掳,从扌从虏会意,虏也兼表声。读 lǔ,本义指掠夺:乘着人乱,将些衣服、金珠、首饰,一~精空|~掠。

【组字】虏,如今既可单用,也可作偏旁。现今归入虍部。凡从虏取义的字皆与抢取等义有关。

以虏作声兼义符的字有:掳。

以虏作声符的字有:嚕、廣、櫓。

肾 shèn (腎)

【字形】篆　隶 肾 腎　草

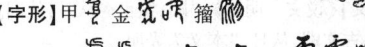

【构造】会意兼形声字。篆文从月(肉)从臤(表

操持),会操劳的泌尿器官之意,臤也兼表声。隶变后楷书写作腎。如今简化作肾。

【本义】《说文·肉部》:"腎,水藏也。从肉,臤声。"本义为泌尿器官。

【演变】肾,本义指泌尿器官肾脏:今予其敷(铺陈)心腹~肠,历告尔百姓于朕志|~炎|~虚。

尚 shàng

【字形】甲 金 篆 隶 草

【构造】象形字。尚与商、赏同源,在甲骨文中都是个酒器形。甲骨文和金文"尚"即是上列甲骨文一形"商"的省形。篆文承金文稍讹并整齐化。隶变后楷书写作尚。

【本义】《说文·八部》:"尚,曾也,庶几也。从八,向声。"析形不确,所释为引申义。本义当为酒器,表示举杯致敬之意。

【演变】尚,本义指举杯致敬,故引申为❶尊崇,崇尚:君子~勇乎?|礼~往来|~武。又引申指❷推举:尧舜~贤身辞让。进而引申指❸超出:好仁者,无以~之。由超出又引申指❹添加上:~之以琼华。又引申指❺向上,时间久远:~论古之人|乐之所由来者~矣。又特指❻上攀帝王之女为配:诸男皆~秦公主,女悉嫁秦诸公子。由举杯致敬,又引申指❼奉事帝王的事务,主管:襄平侯通~符节|~书|~食|~衣。用作副词,表示❽还,尚且:赵王使使视廉颇~可用否|年纪~小|臣以为布衣之交~不相欺,况大国乎!

【组字】尚,如今既可单用,也可作偏旁。现今归入小部。凡从尚取义的字皆与尊崇等义有关。

以尚作声兼义符的字有:堂、赏。

以尚作声符的字有:倘、常、徜、敞、绱、淌、掌、棠、裳、趟、躺、耥、甞(尝)、黨(党)。

旺 wàng (暀)

【字形】篆 今篆 旺 隶 旺 草

【构造】形声兼会意字。篆文从日,往声,往也兼表至盛之意。隶变后楷书写作暀。俗简作旺,今为正体。

【本义】《说文·日部》:"暀,光美也。从日,往声。"本义为日光美盛。

【演变】旺,由本义日光美盛,引申泛指❶火势炽烈:炉火烧得正~。又引申指❷兴盛,兴旺:以众待寡,以~待衰|城南灯火深,塞北音书~|六畜兴~|士气~盛|~季不~,淡季不淡。

明 míng (朙)

【字形】甲 金 古 篆 今篆 隶 明 草

【构造】会意字。甲骨文从月照窗棂,或从日月朗照,皆会光明、明亮之意。金文承甲骨文一形,左右调换。古文承甲骨文二形,稍繁。篆文承金文并整齐化。隶变后楷书承金文和古文分别写作朙和明。如今规范化用明。

【本义】《说文·明部》:"朙,照也。从月,从囧。明,古文朙,从日。"本义为光明。

【演变】明,本义指❶光明:在天莫~于日月|~亮。又特指❷天亮:东方未~,颠倒衣裳。天亮是下一时段的开始,故又引申指❸下一(天、月、年):其~月,子产立公孙泄及良止以抚之|~年,送客溢浦口|~日复~日,~日何其多。由明亮又引申指❹明显:是非之形不~|黑白分~。又引申指❺心里明白、懂得、了解:臣~于此,则尽死力而非忠也|不~事理。由对事物的清晰认识,又引申指❻明智:知人者智,自知者~|恐托付不效,以伤先帝之~|精~|英~|聪~。由眼睛能看清东西,又引申指❼眼力:~足以察秋毫之末,而不见舆薪|失~。由明显又引申指❽公开:我~告子|~察暗访。用作动词,表示❾使明白:以~失得之报|何以~其然也?

【组字】明,如今既可单用,也可作偏旁。现今归入日部。凡从明取义的字皆与光明等义有关。

以明作声兼义符的字有:盟。

以明作声符的字有:萌。

导 dé;děi;de
（得、㝵）

【字形】甲　金　古
篆　今篆　隶 导得
草

【构造】会意字。甲骨文从又（手）持貝（钱币），会有所得之意；或加彳（街道），表示行有所得。金文大同。古文省彳，貝讹为見，又换为寸（亦手）。篆文承古文并另加彳。隶变后楷书承古文和篆文分别写作㝵、导与得。

【本义】《说文·彳部》："得，行有所得也。从彳，㝵声。㝵，古文省彳。"本义为获得。

【演变】导，本义为获得。只作偏旁，单用用得。

○得，读 dé，本义指❶获得，得到：求之不～，寤寐思服丨～胜。得到则欢喜，引申为❷得意：意气洋洋，甚自～也。由得到引申为助动词，表示❸能，可以：沛公军霸上，未～与项羽相见丨不～随便说话。

又读 děi，口语表示❹应该，必须：这件事还～你去，才能办成。

又读 de，用于动词后，表示❺某行为能做、可以做或结果、程度：他家的东西，偷～的吗？丨感～九龙吐水，沐浴一身丨画幅好～很。

【组字】导，如今不单用，只作偏旁。现今归入日部。凡从导取义的字皆与有所获等义有关。

以导作声兼义符的字有：得。

以导作声符的字有：锝。

昙 tán
（曇）

【字形】古　篆　今篆　隶 昙曇
草

【构造】会意字。古文从曰从云。篆文从日从雲，会云气密布遮蔽太阳之意。隶变后楷书写作曇。如今承古文简化作昙。

【本义】《说文·日部》："曇，云布也。从日、雲会意。"本义为云气密布。

【演变】昙，本义指❶云气密布：云～～而叠结之兮，雨淫淫而未散丨暮云～，晓山岚。又用作❷梵语优昙钵罗花的简称。由于昙花开的时间极短，常用以比喻转瞬即逝的事物：初，大师宴居山林，人罕接礼，及召赴京邑，途经郡国，譬若优～一现丨～花一现。

【组字】昙，如今既可单用，也可作偏旁。现今仍归入日部。凡从昙取义的字皆与云气密布等义有关。

以昙作声符的字有：墵（坛）、罎（坛）。

杲 gǎo

【字形】甲　篆　隶 杲　草

【构造】会意字。甲骨文和篆文皆从日在木上，会明亮之意。隶变后楷书写作杲。

【本义】《说文·木部》："杲，明也。从日在木上。"本义为日出明亮。

【演变】杲，本义指❶日出明亮，光明：其雨其雨，～～日出丨如海之深，如日之～。引申指❷白：积曙境寓明，联萼千里～。由日升，又引申指❸高远：民气～乎如登于天，杳乎如入于渊。

【组字】杲，如今既可单用，也可作偏旁。现今仍归入木部。凡从杲取义的字皆与明亮等义有关。

以杲作声符的字有：菒。

昌 chāng

【字形】甲　金　篆　隶 昌　草

【构造】会意字。甲骨文从日从口，会开口光明正大地倡言之意。金文一形大同，结构稍变；二形改为从日从曰（开口说话），会光明正大的善言之意。篆文承金文二形并整齐化。隶变后楷书写作昌，是唱、倡的同源字。参见倡。

【本义】《说文·日部》："昌，美言也。从日，从曰。一曰日光也。"本义为光明正大的美善之言。

【演变】昌，本义指❶光明正大的美善之言：～言无忌丨献仙寿兮祝尧，奏～言兮拜禹。引申泛指❷美好：猗嗟～兮，颀而长兮。又指❸光明灿烂：东方明矣，朝既～矣。进而引申为❹兴盛：江河以流，万物以～丨顺之者～，逆之者亡丨繁荣～盛。

【组字】昌，如今既可单用，也可作偏旁。现今仍归入日部。凡从昌取义的字皆与光明、美盛等义有关。

以昌作声兼义符的字有：倡、阊、猖、唱。
以昌作声符的字有：菖、娼、鲳。

易 yì
（赐、赐、倡、蜴）

【字形】

【构造】会意字。甲骨文是把一个容器里的酒水倒进另一个容器里的样子，会给予之意，当是"赐"的本字；二形另加手，强调赐予；三形简化，只留下一个杯子的一半。金文省去一个器皿变成金文一形，再省去左半个器皿则成为金文二形，再加一貝遂变成金文三形的赐，成为形声兼会意字。篆文承金文二、三形，将杯子的把讹为日并整齐化。隶变后楷书分别写作易和賜。賜，如今简化作赐。现在易、赐表义有分工。

【本义】《说文·易部》："易，蜥易（蜴）也。象形。"析形与释义皆不确。本义当为给予。

【演变】易，本义指❶给予，赏赐：夫离朱见秋豪（毫）百步之外，而不能以明目～人；乌获举千斤之重，而不能以多力～人｜枢密史（赵）普加光禄大夫，～功臣号。由给予引申为❷改变，变动：上古穴居而野处，后世圣人～之以宫室｜～服色制度｜～地再战｜改弦～辙。再引申指双向改变，这个意义《说文》作傷，通作易，表示❸交换：秦昭王闻之，使人遗赵王书，愿以十五城请～璧｜以物～物｜贸～。又表示❹容易，简易，勤于：行法令，明白～知｜夫功者，难成而～败｜施仁政于民，省刑罚，薄税敛，深耕～耨，壮者以暇日，修其孝悌忠信。用作意动，指❺认为容易，轻视：高祖箕踞，詈，甚漫～之。又指❻平坦：于禁七军不屯于广～之地。又指❼平安，和悦：平～近人。

易为引申义所专用，给予之义便另加义符贝写作赐来表示；《说文》所解释的蜥蜴之义，则另加义符虫写作蜴来表示。

〇赐，从贝从易会意，易也兼表声。读 cì，本义指❶赏赐：矫命以责（债）～诸民｜～予。用作❷敬词：～教｜厚～。

〇蜴，从虫，易声，易也兼表变易之意。读 yì，本义为❶蜥蜴：静看月窗盘～蜥，卧闻风幔落蛜蝛（潮虫）｜遥见一条大蜥～在屋上爬。用作"蜴蛇"，指❷南方产的一种小蛇，可入药：南土有金蛇，亦名～蛇。

【组字】易，如今既可单用，也可作偏旁。现今归入日部。凡从易取义的字皆与给予、变化等义有关。

以易作声兼义符的字有：赐、蜴。
以易作声符的字有：剔、埸、惕、锡、裼、踢。

昆 kūn
（蚰、崑、崐）

【字形】

【构造】会意字。金文从日从比（两人相并），会太阳为天下人所共同之意。篆文承之并整齐化。隶变后楷书写作昆。

【本义】《说文·日部》："昆，同也。从日，从比。"本义为共同。

【演变】昆，本义指❶共同：理生～群，兼爱之谓仁也。兄弟同生并长，故引申指❷兄：故意合，则胡越为～弟｜～仲。子孙同祖，又引申为❸后嗣，后世：垂裕后～。天下众多之虫亦多同，故又用以代替"蚰"，表示❹昆虫：故无水旱～虫之灾。山广大浑然一体，故用作"昆仑"，也作"崐崘""崑崙"，指❺昆仑山：经纪山川，蹈腾～仑。

【组字】昆，如今既可单用，也可作偏旁。现今仍归入日部。凡从昆取义的字皆与共同、混一等义有关。

以昆作声兼义符的字有：馄、混、崑、棍、辊。
以昆作声符的字有：绲、琨、焜、鹍、锟、醌、鲲。

畅 chàng
（暘、暢）

【字形】

【构造】会意兼形声字。古文从申（闪电）从易，会雨水和阳光充足之意；篆文从田从易，会不生田之意，易也兼表声。"不生田"即阳光充足的熟田,故引申为通达之义。隶变后楷书写作暘。俗承古文作畅。如今规范化,皆简化作畅,为正体。

【本义】《说文·田部》:"暘,不生也。从田,昜声。"本义为熟田。《玉篇·申部》:"畅,达也,通也。"本义为通达。

【演变】畅,由本义熟田,引申指❶通达:美在其中,而~于四支(肢)|~行无阻|~通|~达|通~。引申指❷舒展:交希(稀)恩疏,不可尽~。用于心情、思路舒展,则指❸舒畅,痛快,尽情:旧国旧都,望之~然|虽无丝竹管弦之盛,一觞一咏,亦足以~叙幽情|~饮|~谈|~想。用于草木舒展,则指❹繁茂,旺盛:草木~茂,禽兽繁殖。用作副词,表程度,相当于❺很:青衫忒离俗,裁得~可体。

【组字】畅,如今既可单用,也可作偏旁。现今暘归入日部,畅则归入田部。凡从畅取义的字皆与通达等义有关。

以畅作声符的字有:蕩。

果 guǒ (菓)

【字形】甲　金　篆　今篆

隶果菓　草果菓

【构造】象形字。甲骨文象树上结有果实形。金文省为一果并画出籽粒。篆文承接金文,果实讹为田并整齐化。隶变后楷书写作果。

【本义】《说文·木部》:"果,木实也。象果形在木之上。"本义为果实。

【演变】果,本义指❶果实:时雨乃降,五谷百~乃登|水~|干~。果是开花结实的终局,佛教传入中国后,用果对译梵文的"颇罗"(义为"木实"),遂用以表示❷结果,结局:贵贱虽复殊途,因~竟在何处?|前因后~|自食其~|成~。由结出果实,又引申指❸实现:未~,寻病终。由实现用作副词,表示❹到底,终于,真的:天下~何时而太平乎哉!|晋侯在外十九年矣,而~得晋国|尉~笞广。又用作连词,表示❺假设:~为乱,弗诛,后遗子孙忧。果实充实饱满,由此又引申指❻饱满:适莽苍者,三餐而反,腹犹~然|食不~腹。"果然"后用作副词,表示"果真如此",这种用法保留至今。树木结出果实是个确定不移的事实,由此又引申为❼坚决,有决断:由也~,于从政乎何有?|~断|~决|~敢。

"果"为引申义所专用,果实之义便另加义符"艹"写作"菓"来表示。如今简化仍作果。

【组字】果,如今既可单用,也可作偏旁。现今仍归入木部。凡从果取义的字皆与果实、结果、圆形等义有关。

以果作声兼义符的字有:菓、倮、锞、裹、颗、踝、髁。

以果作声符的字有:课、倮、猓、骒、棵、裸、窠、稞、蜾、夥。

畀 bì;qí (畁、畀)

【字形】甲　金　篆

隶畀畁　草

【构造】会意兼形声字。畀有两个来源:一为甲骨文一形,本像带镞的矢,表示赐矢。金文一形承之,下边讹为大。篆文一形承之,进而讹为上由下丌,成了放在基座上的一筐东西。隶变后楷书写作畁。二为甲骨文和金文二形,皆从双手举由(缶类食器),表示赐予人东西,由也兼表声。篆文整齐化。隶变后楷书写作畀。由于畁与畀形近义通,后遂混同,实际应为一字。如今规范化皆作畀。

【本义】《说文·丌部》:"畀,相付与之,约在阁上也。从丌,由声。"本义为赐予。又《畀部》:"畀,举也。从廾(双手),由声。"表示上举。《集韵·至韵》:"畀,古作畁。"

【演变】畀,读bì,本义指❶赐予:贫不能者,~之财。引申泛指❷给予:以五千元~之。作为"畀"字,读qí,又指❸举起。

【组字】畀,如今既可单用,也可作偏旁。现今归入田部。凡从畀取义的字皆与赐予等义有关。

以畀作声符的字有:鼻、痹、箅、淠。

迪 dí

【字形】篆　隶迪　草

【构造】形声兼会意字。篆文从辵,由声,由也兼表所由从之意。隶变后楷书写作迪。
【本义】《说文·辵部》:"迪,道也。从辵,由声。"本义为道路。
【演变】迪,本义指❶道路:易初本~(改变最初的道路)兮,君子所鄙。引申为❷引导,开导:旁(广泛)求俊彦,启~后人。又引申指❸遵循:汉~于秦,有革有因。
【组字】迪,如今既可单用,也可作偏旁。现今仍归入辶部。凡从迪取义的字皆与道路等义有关。
以迪作声符的字有:槌。

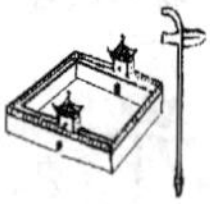

国 guó
(或、國、域)

【字形】甲 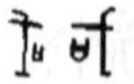 金 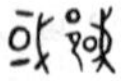 篆 
隶  草 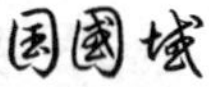
【构造】会意字。国与或、域同源。甲骨文从囗(城,甲骨文口、囗每多混用,此应作囗)从戈,表示以戈守卫城池。金文大同,只是多了两条标志范围的界线,表意更加明确,因为古代的邦国指的就是一座城池及其周围的地域。为了与"或"相区别,篆文在其外又加了一个囗,以突出范围之意。隶变后楷书写作國。如今简化作国,改为从囗从玉会意。参见或。
【本义】《说文·囗部》:"國,邦也。从囗,从或。"本义为邦国。
【演变】国,本义指❶邦国,古代王侯的封地:治世不一道,便~不必法古｜丘也闻有~有家(大夫统治的地区)者,不患寡而患不均。又指❷都城:先王之制,大都不过叁~之一｜三十一年还旧~。又指❸地区:峡口大漠南,横绝界中~｜北~风光。后来主要指❹国家:~以民为本,民以食为天。用作定语,特指❺中国的,代表国家的,全国最突出的:~画｜~歌｜~手。为了分化字义,地区之义后另加义符"土"写作"域"来表示。
○域,金文二形从邑从或会意,或也兼表声;篆文二形改为从土从或会意。读 yù,本义指❶一定的区域:周知九州之地~广轮(方圆土地面积)之数｜领~｜疆~｜绝~。又指❷邦国,封邑:终于邦~之内,咸畏而爱之。
【组字】国,如今既可单用,也可作偏旁。现今仍归入囗部。凡从国取义的字皆与都城、地域等义有关。
以国作声符的字有:帼、掴、啯、漍、腘、蝈。

固 gù
(痼)

【字形】金  篆  今篆  隶 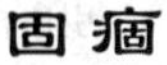
草 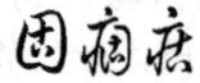
【构造】会意兼形声字。金文、篆文从囗(围绕)从古(长久),会四面闭塞永固之意,古也兼表声。隶变后楷书写作固。
【本义】《说文·囗部》:"固,四塞也。从囗,古声。"本义为四面闭塞牢固。
【演变】固,本义指❶四面闭塞牢不可破,特指地势险要,城郭坚固:东有肴(崤)函之~｜高城深池不足以为~｜何必金汤~,无如道德藩。引申泛指❷坚硬,牢固,结实:筋骨欲其~也｜良无盘石~,虚名复何益?又引申为❸专一,坚定:法莫如一而~,使民知之。进而引申为❹固执,思想拘泥于一点:汝心之~,~不可彻。用作副词,表示❺坚决地,必定,本来,固然,姑且:禹拜稽首~辞｜州县之设,~不可革｜人~有一死,或重于泰山,或轻于鸿毛｜客主~殊势,存亡终在人｜将欲歙之,必~张之;将欲弱之,必~强之。又特指❻经久难治的疾病:臣素有~疾。此义后另加义符"疒"写作"痼"。
○痼,从疒从固会意,固也兼表声。读 gù,本义指❶积久不易治愈的疾病:余婴沉~疾。引申指❷长期养成的不易改变的习惯或嗜好:烟霞成~癖,声价藉巢由。
【组字】固,如今既可单用,也可作偏旁。现今仍归入囗部。凡从固取义的字皆与险固、长久等义有关。
以固作声兼义符的字有:崮、锢、痼。
以固作声符的字有:個(个)、涸、堌、鲴。

困 qūn

【字形】篆 隶 草

【构造】会意字。篆文从囗(围)从禾,会圆形谷仓之意。隶变后楷书写作囷。

【本义】《说文·囗部》:"囷,廩之圆者。从禾在囗中。圆谓之囷,方谓之京。"本义为圆形谷仓。

【演变】囷,本义指❶圆形谷仓:大荒荐(连续)饥,市无赤米,而~鹿(方仓)空虚|不稼不穑,胡取禾三百~兮?又指❷样子像囷仓的事物:湘岸竹泉幽,衡峰石~闭。引申泛指❸聚拢,积聚:其有大树及竹木~积者,皆攻城之具也。又形容❹回旋、旋绕、屈曲的样子:盘盘焉,~~焉,蜂房水涡。

【组字】囷,如今既可单用,也可作偏旁。现今仍归入囗部。凡从囷取义的字皆与积聚等义有关。

以囷作声兼义符的字有:麕(麇)、菌。

忠 zhōng

【字形】金　篆　隶 忠　草

【构造】形声兼会意字。金文从心,中声,中也兼表内里之意。篆文中简省并整齐化。隶变后楷书写作忠。

【本义】《说文·心部》:"忠,敬也,尽心曰忠。从心,中声。"本义为严肃认真,尽心竭力。

【演变】忠,本义指❶尽心竭力:公曰:"小大之狱,虽不能察,必以情。"对曰:"~之属也。"|为人谋而不~乎?尽心则无隐藏,故引申指❷赤诚,竭诚:交不~兮怨长|不宜妄自菲薄,引喻失意,以塞~谏之路也|~于祖国|~厚|~心。古又特指❸忠君或忠君之人:人君无愚、智、贤、不肖,莫不欲求~以自为,举贤以自佐。

【组字】忠,如今既可单用,也可作偏旁。现今仍归入心部。凡从忠取义的字皆与严肃认真等义有关。

以忠作声符的字有:浊。

鸣 míng (鳴)

【字形】甲　金　篆　隶 鸣 鳴　草

【构造】会意字。甲骨文右边是一只突出了冠子的公鸡昂首张口啼叫形,左边从口,会鸡打鸣之意。金文鸡形稍讹。篆文变成了从口从鳥会意。隶变后楷书写作鳴。如今简化作鸣。

【本义】《说文·鳥部》:"鳴,鸟声也。从鳥,从口。"本义为鸡叫。

【演变】鸣,本义指❶鸡叫:鸡~,雪止|公鸡打~。引申泛指❷禽鸟鸣叫:黄鸟于飞,集于灌木,其~喈喈。又指❸昆虫、禽兽叫:驴一~,虎大惊|但闻燕山胡骑~啾啾。又引申泛指❹发出声响:风劲角弓~,将军猎渭城|孤掌难~|飞~镝|~礼炮|~鼓|~锣|钟~。由发出声音,又引申指❺表达(意见),表露(感情):孟郊东野,始以其诗~|大凡物不得其平则~。

【组字】鸣,如今既可单用,也可作偏旁。现今仍归入鸟部。凡从鸣取义的字皆与声音等义有关。

以鸣作声兼义符的字有:嘤。

咏 yǒng (詠)

【字形】甲　金　古　篆

隶 咏 詠　草

【构造】会意兼形声字。甲骨文和金文皆从口从永(水流长),会长声而歌之意,永也兼表声。古文大同。篆文改为从言。隶变后楷书分别写作咏与詠。如今规范化,以咏为正体。

【本义】《说文·言部》:"詠,歌也。从言,永声。咏,詠或从口。"本义为依照一定的腔调拉长声诵读。

【演变】咏,本义指❶依照一定的腔调拉长声诵读:诗,言其志也;歌,~其声也|吟~|歌~。此义上古本借永表示,后另加义符言或口。由吟诵引申指❷用诗词抒写:幸甚至哉,歌以~志|~物诗|~雪|~梅|~史。用作名词,指❸诗词:不有佳~,何申雅怀。

呢 ní;ne

【字形】古　今篆　隶 呢　草

【构造】形声兼会意字。古文从口,尼声,尼也兼表亲昵声之意。隶变后楷书写作呢。

【本义】后起字。《玉篇·口部》:“呢,呢喃,小声多言也。”本义为絮絮叨叨地悄声细语说话。

【演变】呢,读 ní,用于“呢喃”,本义指❶絮絮叨叨地悄声细语说话:兄于枕上教《毛诗》,诵声~喃。又特指❷燕子鸣声:~喃燕子语梁间。又借指❸毛织物:雪花~|华达~。此义也写作尼。

又读 ne,近代起用作助词,盖为哩的形变,表示❹疑问语气:我的书~?|要你~,还是要他~?又表示❺确定语气:别忙,时间还早~。又表示❻动作行为正在进行:别出声,爸在隔壁看书~。又表示❼句中停顿:要是我~,决不这么做。

黾 měng;mǐn;miǎn (黽、鼃、蛙)

【字形】甲  金  古  篆 

今篆  隶 黾 鼃 蛙

草 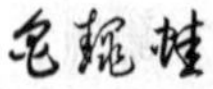

【构造】象形字。甲骨文、金文象青蛙形。古文画出四个爪子。篆文整齐化。隶变后楷书写作黽。如今简化作黾。是“蛙”的初文。

【本义】《说文·黽部》:“黽,鼃黽也。象形。”本义为青蛙的一种。

【演变】黾,读 měng,本义指❶青蛙的一种:~鸣泉窟室,蜃结气浮图。

又读 mǐn,大概因为蛙鸣腹鼓,像鼓劲的样子,故借以表示❷努力,勉力:~勉从事,不敢告劳。

又读 miǎn,用作❸古地名,即黾池,战国郑地,后入韩,又入秦,置为县,故址在今河南渑池西:雒阳东有成皋,西有殽~。

又读 méng,用作❹战国时要塞名,即黽塞,故址在今河南信阳西。其地有大小石门,凿山通道,地势险厄,又称冥阨:秦踰~隘之塞攻楚。

由于“黾”作了偏旁并为借义所专用,后又另造了形声字“鼃”字,从黽,圭声。又因其过繁,俗简作蛙,改为从虫,圭声。如今规范化,以蛙为正体。

○蛙,读 wā,本义指青蛙:子独不闻夫埳井(废井)之~乎|听取~声一片|井底之~|雨~。

【组字】黾,如今既可单用,也可作偏旁。现今仍设黾部。凡从黾取义的字皆与蛙类动物或像蛙的动物等义有关。

以黾作义符的字有:鼋、鼌、鼍、鼁、鼃、鼄、鼅(蛛)、鼆、鼊、鳌(鳌)、鳖(鳖)、鼉。

以黾作声兼义符的字有:蝇。

以黾作声符的字有:绳、渑。

具 jù

【字形】甲  金  篆  隶 具 草 

【构造】会意字。甲骨文从廾(双手)从鼎(食具),会两手举鼎供设酒食之意。金文鼎讹为贝。篆文整齐化,鼎又讹为目。隶变后楷书写作具。

【本义】《说文·廾部》:“具,共置也。从廾,从贝省。古以贝为货。”析形不确。本义为供设酒食。

【演变】具,本义指❶供设酒食:若未食,则佐长者视~。用作名词,指❷酒饭:食以草~。由供设酒食,引申泛指❸备办,准备:缮甲兵,~卒乘|谨~薄礼。进而引申为❹具有,具备:冉牛、闵子、颜渊则~体而微。备办则全有,故又引申为❺完备,详尽:百官虽~,非以任国也|一一为~言所闻。用作副词,指❻全,都:越明年,政通人和,百废~兴。由备办又引申指❼所备办的器具、器物:谓之衣食孰急于人,则是不可一无也,皆养生之~也|文~|卧~。进而又引申为❽才能,才具:仆本凡近之才,素非经济之~|吾素无廊庙~。用作量词,用于❾完整物件:马铠二~|棺木一~。

注意:具与俱不同。参见俱。

【组字】具,如今既可单用,也可作偏旁。现今归入八部。凡从具取义的字皆与具备等义有关。

以具作声兼义符的字有:俱、犋。

以具作声符的字有:惧、飓。

典 diǎn (敟)

【字形】甲　金　篆

隶 典 敟　草

【构造】会意字。甲骨文是双手捧简册或置之祭台上形，表示祭告神灵的隆重仪式之意。金文简化，将双手与祭台连起来成为基架丌。篆文整齐化。隶变后楷书写作典。又借作敟(diǎn，从攴从典会意，典也兼表声)，本义为主持，掌管。因其义文献皆由典来表示，如今敟遂废而不用。

【本义】《说文·丌部》："典，五帝之书也。从册在丌上，尊阁之也。庄都说：'典，大册也。'"所释为引申义。本义当为捧重大文书祭告神灵的仪式。

【演变】典，由捧重大文书祭告神灵的隆重仪式，引申泛指❶盛大的礼仪：故慎制祀，以为国~|开国大~|~礼。又指❷可以作为标准、典范的文献、简册、书籍：是能读三坟、五~、八索、九丘|~籍|经~。进而引申指❸文物，制度，故事：数~而忘其祖|长于用~|~故。又引申为❹法则，标准：《孝经》垂~|~范|~章|~型。由放置简册，又引申指❺抵押物品：~当|~衣买书。又借作敟，表示❻主持，掌管：专~机密，拜骑都尉|~试|~狱。

〇敟，从攴从典会意，典也兼表声。读diǎn，本义为主持，掌管。其义后由典来表示，敟遂废而不用。

【组字】典，如今既可单用，也可作偏旁。现今归入八部。凡从典取义的字皆与隆重等义有关。

以典作声符的字有：捵、腆、觍、碘。

罗 luó (羅)

【字形】甲　金　古

篆　今篆　隶 罗 羅　草

【构造】会意字。甲骨文一形是一人双手举网捕鸟形，二形省去人并将鸟移到网下，成为从网从隹会意，表示以网捕鸟。金文和古文另加义符糸，会以丝网捕鸟之意。篆文承古文并整齐化。隶变后楷书写作羅。如今简化作罗。

【本义】《说文·网部》："羅，以丝罟鸟也。从网，从维。古者芒氏初作罗。"非从维，当为从糸从罹(以网罩鸟)会意。本义为用网捕鸟。

【演变】罗，本义指❶用网捕鸟：鸳鸯于飞，毕(带把的网)之~之|门可~雀。用作名词，又指❷捕鸟的网：不见篱间雀，见鹞自投~|~网。由用网捕鸟引申为❸招致，搜求：网~天下异能之士|~致。又引申为❹囊括：包~万象。由布下罗网，又引申为❺排列，分布：秋兰兮麋芜，~生兮堂下|星~旗布。由鸟被捉，又引申为❻遭遇：或有所犯，抵触县官，~丽刑法。此义后作罹。参见离。由捕鸟的网，又引申指❼显现纹眼的丝织品：红~覆斗帐，四角垂香囊|绫~绸缎。又指❽一种密孔的筛子：面~|铜丝~。又指❾像罗样的螺形或环状物：~纹|~盘|~锅|~圈腿。用作量词，指❿十二打。

【组字】罗，如今既可单用，也可作偏旁。现今仍归入网部。凡从罗取义的字皆与像罗的东西等义有关。

以罗作声兼义符的字有：锣、箩。

以罗作声符的字有：儸(㑩)、萝、逻、猡、囉(啰)、椤。

岭 lǐng；líng (嶺)

【字形】篆　今篆　隶 岭 嶺　草

【构造】形声兼会意字。篆文从山，領声，領也兼表领起意。隶变后楷书写作嶺。如今简化，借用岭(从山，令声)来表示。

【本义】《说文·山部》新附："嶺，山道也。从山，領声。"本义为山之肩岭可通道路者。《玉篇·山部》："岭，岭嶙，山深小皃。"本义为山深小的样子。

【演变】岭，作为本字，读líng，本义为❶山深小的样子：~嶙峋，洞无厓兮。

又读lǐng，借作嶺的简化字，表示❷山之肩岭可通道路者：溯溪终水涉，登~始山行。引申泛指❸孤立的山峰：夜深静卧百虫绝，清月出~光入扉|崇山峻~。又指❹连续的山脉：

横看成～侧成峰，远近高低各不同｜大兴安～｜葱～｜秦～。又特指❺五岭：～外之地，非贬不去｜～南｜～表。

帖 tiè；tiě；tiē

【字形】篆　隶 帖　草

【构造】会意兼形声字。篆文从巾从占会意，占也兼表声。隶变后楷书写作帖。

【本义】《说文·巾部》："帖，帛书署也。从巾，占声。"本义为写在帛上的标题书签。

【演变】帖，读 tiè，本义指写在帛上的标题书签，引申指❶手写的奏章、书信之类（相对于刻碑而言）：《快雪时晴～》｜《黄州寒食诗～》。又引申指❷石刻木刻的拓本，书画的临摹范本：家藏古今～，墨色照箱筥｜字～｜临～。

又读 tiě，引申指❸官府文书：昨夜见军～，可汗大点兵。又泛指❹各种柬帖：你回他我们不在家，留下了～吧｜名～｜请～｜礼～｜喜～｜庚～｜换～。

又读 tiē，帛署必粘贴，故又引申指❺粘贴：当窗理云鬓，对镜～花黄。由粘贴又引申指❻帖服，妥帖：及猛（人名）之至，远近～然，燕人安之。中药的方剂也是一种帖，故用作量词，又指❼药一剂：我有一～药，其名曰阿魏。

【组字】帖，如今既可单用，也可作偏旁。现今仍归入巾部。凡从帖取义的字皆与标题书签等义有关。

以帖作声符的字有：萜。

婴 yīng（賏）

【字形】甲　金　篆

隶 婴 賏　草

【构造】会意字。甲骨文像两串贝。金文加出人形，表示是人的颈饰。篆文省从二贝，会连贝成颈饰之意。隶变后楷书写作賏。作偏旁时有的简化作婴。

【本义】《说文·貝部》："賏，颈饰也。从二貝。"本义为颈饰。

【演变】婴（賏），本义指颈饰：～者，贝也。宝贝缨络之类，盖女子之饰也。

【组字】婴（賏），如今不单用，只作偏旁。现今仍归入贝部。凡从婴（賏）取义的字皆与颈饰等义有关。

以婴（賏）作声兼义符的字有：婴。

以婴（賏）作声符的字有：罂、鸎（莺）。

败 bài（敗、販、贩）

【字形】甲　金　篆

隶 败 敗 贩 販　草

【构造】会意字。甲骨文左边是鼎或贝形，右边是手持棍，用敲击鼎或贝会毁坏之意。金文叠为二贝。篆文承接金文，省去一贝，并整齐化。隶变后楷书写作敗。如今简化作败。

【本义】《说文·攴部》："敗，毁也。从攴、貝。"本义为毁坏。

【演变】败，本义指❶毁坏：侮慢自贤，反道～德｜法～则国乱｜～血症｜～坏。引申指❷破烂，破旧：牛溲马勃，～鼓之皮。又引申指❸凋残，衰落：叶残花～｜枯枝～叶。又引申指❹腐烂变质：鱼馁而肉～，不食。由毁坏又引申指❺事情不能成功，失败：天下匈匈苦战数岁，成～未可知｜一～涂地｜～北。又引申指❻打败仗：齐师～绩。

注意：如今"败"后有宾语时，指打败别人；没有宾语时，指被打败。

○贩，从贝，反声，反也兼表返回之意。读 fàn，本义指❶贱买贵卖：先主少孤，与母～履织席为业。用作名词，又指❷从事贩卖的人：商～｜小～。

【组字】败，如今既可单用，也可作偏旁。现今仍归入攴部。凡从败取义的字皆与毁坏等义有关。

以败作声符的字有：擙、嗷。

购 gòu（購）

【字形】篆　今篆　隶 购 購　草

【构造】形声兼会意字。篆文从貝（钱币），冓声，冓也兼表相交之意。隶变后楷书写作購。如今简化作购，改为勾声。

【本义】《说文·貝部》："購，以财有所求也。从貝，冓声。"本义为悬赏征求，重金收买。

【演变】购，本义指❶重金收买：韩取聂政尸暴于市，悬～之千金｜吾闻汉～我头千金。宋代以后，引申泛指❷买：予～三百盆｜～买力｜邮～｜～置。

【组字】购，如今既可单用，也可作偏旁。现今仍归入贝部。凡从购取义的字皆与收买等义有关。

以购作声符的字有：蕭。

罔 wǎng

（网、網）

【字形】甲　金　古　篆

隶　草

【构造】象形兼会意兼形声字。甲骨文象一张网形。金文简化。古文另加声符亡。篆文一形整齐化；二形承古文，成为形声字；三形再加义符糸，成了从糸从罔会意，罔也兼表声。隶变后楷书分别写作网、罔和網。如今规范化，網仍简化为网，罔则被借作否定词等使用。参见网。

【本义】《说文·网部》："网，庖牺氏所结绳以田（田猎）以渔也。从冂，下象网交文。罔，网或从亡；網，网或从糸。"本义为用绳线结成的用于渔猎的器具。

【演变】罔，本义指❶渔猎的器具：结绳而为～罟，以佃以渔。用作动词，指❷捕捉：～玳瑁，钩紫贝。引申为❸搜罗，收取：不能以非功～上利。又引申指❹像网的东西：风流笃厚，禁～疏阔。以上各义今用网表示。因罔从亡得声，故后来借作无，表示❺没有：初并天下，～不宾服｜独有宝玉置若～闻｜药石～效。又借作誣（如今简化作诬），表示❻欺骗：上以（司马）迁诬～，欲阻贰师，为陵游说。

罔为借义所专用，渔猎器具之义便另加义符"糸"写作"網"来表示。如今简化仍用网。

○诬，从讠，巫声，巫也兼表意。读 wū，本义指❶言语不真实：无参验而必之者，愚也；弗能必而据之者，～也。故明据先王，必定尧舜者，非愚则～也。引申指❷欺骗：杨墨之道不息，孔子之道不著，是邪说～民，充塞仁义也。又引申指❸陷害：～陷｜～告。

【组字】罔，如今既可单用，也可作偏旁。现今归入网部。凡从罔取义的字皆与渔猎之网等义有关。

以罔作声兼义符的字有：網（网）、輞。

以罔作声符的字有：惘、魍。

钓 diào

（釣）

【字形】甲　金　篆　隶

草

【构造】象形兼形声兼会意字。甲骨文和金文皆象垂纶钓鱼形。篆文改为从金，勺声，勺也兼表取之意。隶变后楷书写作釣。如今类推简化作钓。

【本义】《说文·金部》："釣，钩取也。从金，勺声。"本义为用钩具获取。

【演变】钓，本义指❶用钩具获取：一～而连六鳌｜～鱼｜～虾。引申比喻❷用手段谋取：～名之人，无贤士焉；～利之君，无王主（行王道的君主）焉｜沽名～誉。

【组字】钓，如今既可单用，也可作偏旁。现今仍归入金部。凡从钓取义的字皆与钩取等义有关。

以钓作声符的字有：瘹。

钗 chāi

（釵）

【字形】篆　隶　草

【构造】会意兼形声字。篆文从金从叉，会插在妇女头上的首饰之意，叉也兼表声。隶变后楷书写作釵。如今简化作钗。

【本义】《说文·金部》新附："釵，笄属。从金，叉声。"本义为古代妇女头上的一种首饰。

【演变】钗，本义指❶古代妇女头上的一种首饰：头上金爵（雀）～，腰佩翠琅玕｜荆～布裙。又借以指代❷妇女：金陵十二～。

制 zhì (製)

【字形】甲 金 古 篆

隶 制 製 草

【构造】会意字。甲骨文从未(枝条繁茂之树)从刀,会用刀修剪树枝之意。金文和古文繁化,里边小点象征砍下的枝条。篆文省去小点。隶变后楷书写作制。如今又作了製的简化字。

【本义】《说文·刀部》:"制,裁也。从刀,从未。"本义为修剪枝条。

【演变】制,由修剪枝条,引申泛指❶裁断,切割:犹巧工之~木也。又引申指❷裁制,制作:~彼裳衣|可使~梃,以挞秦楚之坚甲利兵矣|~版|炼~。此义后另加义符"衣"写作"製",如今简化仍用制。用于抽象意义,指❸拟定,规划:因事而~礼|因地~宜|~定。制作有一定的规则,故又引申指❹规章,制度,样式:秦~之得,亦以明矣|俎豆有古法,衣裳无新~|所有~|体~。修剪枝条是为了限制树疯长,故又引申指❺限制,控制,约束,决断:从天而颂之,孰与~天命而用之?|~高点|压~|管~|抑~|专~。

【组字】制,如今既可单用,也可作偏旁。现今仍归入刀部。凡从制取义的字皆与修剪等义有关。

以制作声兼义符的字有:製。

以制作声符的字有:淛、掣。

知 zhī;zhì (智)

【字形】甲 金 古 篆

隶 知 智 草

【构造】会意字。知与智同源。甲骨文从口从于(同亏,表声气)从矢,用开口吐词如矢,会言词敏捷之意。金文或另加曰旁,突出言词之义。古文省为从口从矢。篆文分为繁简二体。隶变后楷书分别写作知与智。

【本义】《说文·矢部》:"知,(识)词也。从口,从矢。"又《白部》:"智,识词也。从白,从亏,从知。"二字本义皆为言词敏捷。

【演变】知,读 zhī,由本义言词敏捷,引申为❶知道,了解,识别:~之为~之,不~为不~,是~也|君何以~燕王?|李子之相似者,唯其母能~之。用作使动,表示❷使知道:先生为何如此惊叹?必有其情,乞请~之|通~|~会。又表示❸记住,记忆:父母之年,不可不~也。用作名词,指❹感知,知觉:草木有生而无~。又指❺知识:两小儿笑曰:"孰谓汝多~乎?"由了解知晓又引申指❻主持,执掌:子产其将~政矣!让不失礼|吾与子共~越国之政|~府|~县。

又读 zhì,由知道、有知识又引申指❼具有判断、了解事物的能力,即聪明,有智慧:见险而能止,~矣哉!|君子博学而日参省乎己,则~明而行无过矣。为了分化字义,此类意思后来便专由"智"来表示,二字遂有了分工。

○智,读 zhì,本义指❶有智慧,聪明:荆国有余于地而不足于民,杀所不足而争所有余,不可谓~|~者千虑,必有一失|明~。用作名词,指❷智慧,智谋:汉王笑谢曰:"吾宁斗~,不能斗力。"|吃一堑,长一~|足~多谋|~勇双全。

【组字】知,如今既可单用,也可作偏旁。现今仍归入矢部。凡从知取义的字皆与智力等义有关。

以知作声兼义符的字有:倁、智、痴。

以知作声符的字有:椥、蜘、踟。

垂 chuí (來、陲)

【字形】甲 金 古

篆 隶 垂 陲 草

【构造】象形字。垂与來、雩、华同源,甲骨文都象草木生土上花叶下垂之形,即來字。是華(华,即花)与垂的初文。就其为物来说,是花朵;就其形象来说,是下垂。金文将下边的土线条化并加义符阜。古文省去阜(左阝)。篆文承之并整齐化,分为简繁二体。隶变后楷书写作垂与陲。《说文》将垂视为陲的本字。

【本义】《说文·土部》:"垂,远边也。从土,來声。”这是就篆文所作的解说，解释为国境边远地区。其实本义应为花叶下垂。

【演变】垂，《说文》解释为❶边疆，边际：少小去乡邑，扬声沙漠～｜愿为云与雨，会合天之～。引申泛指❷靠近边缘，悬垂边际：坐不～堂｜怒而飞，其翼若～天（悬垂天际）之云。又引申为❸接近：～死挣扎｜～暮之年。其实垂的本义应为花叶下垂，引申泛指❹东西的一头由上缒下：～衣而治｜～涎三尺｜～柳。进而引申指❺俯就：～青｜～询。又引申指❻流传下去：永～不朽。

为利于分化字义，垂后专用以表示悬垂，边疆之义便另加义符“阝”写作“陲”来表示。

〇陲，从阝（阜）从垂，垂也兼表声。读chuí，本义指❶边疆，边地：芟荑（割取）我农功，虔刘（杀）我边～。引申指❷边缘：独我恶水浊，凿井庭之～。

【组字】垂，如今既可单用，也可作偏旁。现今仍归入土部。凡从垂取义的字皆与垂下等义有关。

以垂作声兼义符的字有：陲、捶、棰、锤、箠、睡、缍、唾。

牧 mù

【字形】甲　金　篆　隶 **牧** 草

【构造】会意字。甲骨文从攴（手持棍）从牛，会放牧之意。金文大同。篆文承接金文并整齐化。隶变后楷书写作牧。

【本义】《说文·攴部》：“牧，养牛人也。从攴，从牛。”本义为放牛人。

【演变】牧，由本义放牛人，引申泛指❶牧人，牧地：马有圉，牛有～｜自～归荑，洵美且异。用作动词，又引申指❷放牧牲畜：乃徙武北海上无人处，使～羝｜～羊｜～童｜～场｜游～｜畜～。由放牧又引申指❸管理，统治：民者，在上所以～之。用作名词，又指❹管理者，统治者：今夫天下之人～未有不嗜杀人者也。古代又指❺州的长官：在外监司～守，亦皆贪鄙成风，不以地方为意。

【组字】牧，如今既可单用，也可作偏旁。现今归入牛部。凡从牧取义的字皆与放牧等义有关。

以牧作声符的字有：憃、湝。

刮 guā（颳）

【字形】篆　今篆　隶 **刮 颳** 草

【构造】形声兼会意字。篆文从刀，昏声，昏（矢栝）也兼表射取之意。隶变后楷书省作刮。如今刮又作了颳的简化字。

【本义】《说文·刀部》：“刮，掊把也。从刀，昏声。”本义为搂搜，搜刮。

【演变】刮，本义指❶搂搜，搜刮：刺史不弃豪（毫）发衈吾急，今～地以去，吾等何望？｜搜～。引申指❷用刀平削去物体表面上的东西：采椽不～，茅茨不翦｜～树皮｜～垢磨光｜～脸。又引申指❸擦拭：士别三日，即更～目相待。风从表面吹过与刮相似，故又引申指❹（风）吹：浩瀚霜风～天地，温泉火井无生意｜～风。

为了分化字义，后来风吹之义便另加义符“风”写作“颳”来表示。

〇颳，从風，刮省声。读guā，本义指风劲吹：俺这里西风起，～将来都是沙。如今简化仍用刮。

【组字】刮，如今既可单用，也可作偏旁。现今仍归入刀部。凡从刮取义的字皆与搜刮等义有关。

以刮作声兼义符的字有：颳。

以刮作声符的字有：啩。

秆 gǎn（稈）

【字形】篆　隶 **秆 稈** 草

【构造】形声兼会意字。篆文从禾，干声，干也兼表茎之意。隶变后楷书写作秆。异体作稈，从旱声。如今规范化以秆为正体。

【本义】《说文·禾部》：“稈，禾茎也。从禾，旱声。秆，稈或从干声。”本义为庄稼的茎。

【演变】秆，本义指庄稼的茎：或取一秉～焉｜萁～空虚｜高粱～｜玉米～｜麻～｜麦～｜禾～。

和 hé;hè;huó;huò;huo
（咊、龢）

【字形】甲　金　古　篆　今篆
隶 和咊龢 草

【构造】形声兼会意字。甲骨文从龠(口吹排箫),禾声,禾也兼表如禾穆穆然和谐一致之意。金文大同。古文简化,省作从口,禾声。篆文承接金文和古文,分为繁简二体并整齐化。隶变后楷书分别写作龢与咊。俗又改作和。如今规范化用和,龢只用于姓氏人名。

【本义】《说文·龠部》:"龢,调也。从龠,禾声。读与和同。"指音乐和谐。又《口部》:"咊,相应也。从口,禾声。"指口相应。本义为声音相应,和谐地跟着唱或伴奏。

【演变】和,读 hè,本义指❶声音相应:人不倡不~|阳春之曲,~者必寡。又特指❷依照别人诗词的格律或内容写诗词:诗成遣谁~?|~诗。

又读 hé,引申指❸乐声和谐:音声相~|谐~。又引申指❹和睦,协调,和顺,平和,太平,相安:西~诸戎,南抚夷越,外结好孙权,内修政理|声不~平(乐声和顺),非宗官之所司也|血气~平(内心平和),志意广大|今皇帝并一海内,天下~平(太平)|讲~。又引申指❺温和:风习习兮~暖。由和谐又引申指❻恰到好处,适中:礼之用,~为贵。用作动词,指❼调和,调味:掌王及后、世子膳羞(馐)之割烹煎~之事。进而引申指❽搀和:回看血泪相~流。又表示❾连带:时挑野菜~根煮|~盘托出。用作连词,表❿并列:老师~学生。用作介词,相当于⓫跟:这事~他没关系。

又读 huó,由搀和引申指⓬搅拌揉弄使粘在一起:~面|~泥。

又读 huò,指⓭搀进,搅拌:~点麻酱。用作量词,用于⓮次数:衣服洗了两~。

又读 huo,用作⓯双音词的后一个音节:软~|搀~。

【组字】和,如今既可单用,也可作偏旁。现今归入口部。凡从和取义的字皆与声音相应等义有关。

以和作声兼义符的字有:俰、萂、啝、惒。

秉 bǐng

【字形】甲　金　篆
隶 秉 草

【构造】会意字。甲骨文从又(手)从禾,会手持一禾之意。金文大同。篆文整齐化。隶变后楷书写作秉。

【本义】《说文·又部》:"秉,禾束也。从又持禾。"本义为一把禾谷。

【演变】秉,本义指❶一把禾稼:彼有遗~,此有滞穗。用作动词,指❷拿,持:右手~翟(雉羽)|昼短苦夜长,何不~烛游?|~笔疾书。由拿、持,引申为❸掌握,主持,坚持:光~政前后二十年|~节身长苦,求仁志不违|~公处理。又借作柄,指❹把儿,权柄:倒提铜尾~|治国不失~。参见柄。

【组字】秉,如今既可单用,也可作偏旁。现今仍归入禾部。凡从秉取义的字皆与拿、持等义有关。

以秉作声兼义符的字有:抦、棅、稟。

委 wěi;wēi;wèi
（萎、逶、餧、餵、喂）

【字形】甲　金　篆　今篆
隶 委萎逶喂餧餵
草

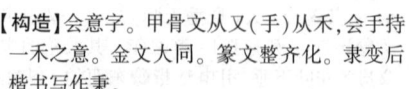

【构造】会意字。甲骨文和金文皆从女从禾,是古代秋收时妇女钎(裁)取割倒堆在地上的谷穗的丰收景象,用以会禾谷堆积之意。篆文整齐化。隶变后楷书写作委。

【本义】《说文·女部》:"委,委随也。从女,从禾。"析形不明确,所释为引申义。本义当为禾谷堆积。

【演变】委,读 wèi,本义指❶禾谷堆积:是故军无辎重则亡,无粮食则亡,无~积(草料)则亡|瑞穰穰兮~如山。由禾谷堆积,引申指❷用禾谷喂养牛马:古者明王所乘之马,系于厩,无事则~之以莝(切碎的草),有事乃予之谷。

又读 wěi,庄稼收割在地则逐渐干枯,故引申指❸委靡,委顿:泊与淡相遭,颓堕～靡,溃败不可收拾。以上二义后写作萎。由禾谷堆积,又引申泛指❹堆积:谍然已解,如土～地。由堆积又进而引申指❺交付,托付:王年少,初即位,～国事大臣｜～以重任。又进而引申指❻委任,任命:不得不～用刑人,寄之国命｜～派。由委托又引申指❼有意识地推托,推卸:司马欲～罪于孤也?｜～过于人。由推委他人又引申指❽放置,舍弃,抛弃:是以～肉当饿虎之蹊,祸必不振矣｜释势～法,尧舜户(一户户地)说而人辩之,不能治三家｜花钿～地无人收。由堆积又引申指❾水流聚的地方:三王之祭川也,皆先河而后海,或源也,或～也,此之谓务本。由此引申为❿末尾:你等不知原～。由"源"到"委"曲折而下,故用作形容词,又引申指⓫曲折,顺随:若至～曲小变,不可胜道｜何可～曲从俗,苟求富贵乎?｜～曲求全。由堆积在地,又引申指⓬垂下:尧之容若～衣裘,以言少事也｜有一马甚豪骏,尝一日清晨,忽～首于枥。禾倒地则落实,故用作副词,又引申指⓭确实:如是托疾,自当明正典刑;如～实抱病,伏望天慈,放臣闲退｜弟子～偷了他三个,弟兄们分吃了。

又读 wēi,用作"委蛇"(yí),表示⓮敷衍应付:吾与之虚而～蛇｜虚与～蛇。又表示⓯曲折:驾八龙之婉婉兮,载云旗之～蛇。此义后另加义符"辶"写作"逶"。

○逶,从辶从委会意,委也兼表声。读 wēi,本义指❶曲折而行:皆为僶匐～迤,折枝(拜揖)舐(舔)痔。引申指❷屈曲延伸:河以～蛇故能远,山以陵迟(缓延的斜坡)故能高。

○萎,从艹从委会意,委也兼表声。读 wěi,本义指❶草木枯萎:无草不死,无木不～｜～谢｜～缩。引申指❷精神不振:～靡不振。又引申指❸喂养牛马。此义后写作餧来表示。

○餧,从食从委会意,委也兼表声。异体作餵,从食,畏声。读 wèi,如今规范化皆用喂表示。

○喂,从口,畏声。读 wèi,本义指❶喂养牛马:把这匹官马,牵回～养。引申泛指❷喂养动物或人:～狗｜～奶。如今又用作❸打招呼时的叫声:～,快来看。

【组字】委,如今既可单用,也可作偏旁。现今仍归入女部。凡从委取义的字皆与禾谷堆积于地等义有关。

以委作声兼义符的字有:诿、萎、逶、痿、餧(喂)。

以委作声符的字有:倭、踒、魏。

季 jì (稚、稺)

【字形】
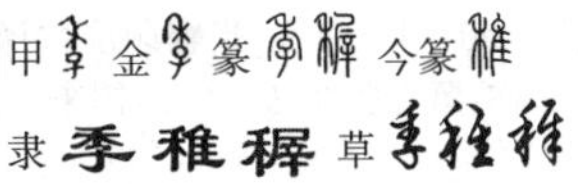

【构造】会意字。甲骨文从子从禾,会幼禾之意。金文大同。篆文整齐化。隶变后楷书写作季。是"稚"的会意字。

【本义】《说文·子部》:"季,少称也。从子,从稚省。稚亦声。"所释为引申义。本义当为幼禾。

【演变】季,本义指❶幼禾。引申泛指❷少、小之称:有齐～女｜～弟感(人名)年十五｜～指。又引申指❸同辈中排行最小的:高辛氏有才子八人:伯奋、仲堪、叔献、～仲,伯虎、仲熊、叔豹、～狸｜～弟｜～父。又泛指❹弟弟:群～俊秀,皆为惠连。又引申指❺一个朝代或季节的末了:汉～失权柄,董卓乱天常｜～冬风且凉。又指❻春夏秋冬每季的最后一个月:～春、～夏、～秋、～冬。由此遂称春夏秋冬四时为❼四季:御史劾之,夺一～俸。又指❽一段时间:到重庆又赶上了雾～｜雨～。

季为引申义所专用,幼禾之义便用稚来表示。

○稚,从禾,隹声,隹也兼表小之意。异体作稺,从禾,屖声,屖也兼表剔除幼苗之意。如今规范化用稚,读 zhì,本义指❶幼禾:稙(先种的谷类)～菽麦。引申泛指❷幼稚,幼小:众～且狂｜童仆欢迎,～子候门。

【组字】季,如今既可单用,也可作偏旁。现今仍归入子部。凡从季取义的字皆与幼小等义有关。

以季作声符的字有:悸。

竺 zhú;dǔ (篤、笃)

【字形】金 竺 古 竺 篆 竺 篤

隶 竺 笃 篤 草 竺 笃

【构造】会意兼形声字。金文、古文和篆文皆从二从竹会意,均表示多厚,竹也兼表声。隶变后楷书写作竺。

【本义】《说文·二部》:"竺,厚也。从二,竹声。"本义为厚。

【演变】竺,读dǔ,本义指❶厚:遭(遭遇)此~旻(通闵,痛伤)。

又读zhú,用于译音,指❷印度古译名"天竺"的简称:萧寺驮经马,元从~国来。又用作❸姓。

"竺"后专用于"天竺",厚之义便借篤(从馬从竹,会鞭马行疲之意,竹也兼表声,如今简化作笃)来表示。

○笃,读dǔ,本义指❶马行顿迟。引申指❷病势沉重:先主病~,托孤于丞相亮|病情危~。借作竺,又表示❸厚,深厚,敦厚:君子~于亲,则民兴于仁|先生之与予家,交谊最~。进而引申指❹忠实,专一:(史)弼少~学,聚徒数百|~于朋友,生则振掖之,死则调护其家|夫妻情~|~志|~信。方言指❺确定,稳定:~定。

佳 jiā

【字形】金 佳 篆 佳 隶 佳 草 佳

【构造】会意兼形声字。金文和篆文皆从人从圭(圭玉)会意,圭也兼表声。隶变后楷书写作佳。

【本义】《说文·人部》:"佳,善也。从人,圭声。"本义为美,好。

【演变】佳,本义指美,好:山气日夕~,飞鸟相与还|~音|~人|~句|~作|~绩|~节。注意与"嘉"的区别。参见嘉。

佰 sù (㑹、宿)

【字形】甲 佰 金 佰 古 佰

篆 佰 隶 佰 草 佰

【构造】象形兼会意字。甲骨文象人在竹席上睡觉形,或改为左右结构。金文承甲骨文二形,左右相反,其义不变。古文承甲骨文二形稍变并线条化。篆文承古文稍简。皆从人从丙(竹席),会人在席子上睡觉之意。隶变后楷书写作㑹,省作佰,是"宿"的初文。《说文》误为夙。

【本义】《说文·夕部》:"夙,早敬也。从丮。㑹,古文夙,从人、㐁。佰,亦古文夙,从人、㐁。宿从此。"由"宿从此"看,本义当为在席子上睡觉。是宿的本字。

【演变】动词,本义为在席子上睡觉。后来作了偏旁,其义便另加义符宀(房屋)写作宿来表示。参见宿。

【组字】佰,如今不单用,只作偏旁。现今仍归入亻部。凡从佰取义的字皆与睡觉等义有关。

以佰作声兼义符的字有:宿。

佰 bǎi (陌)

【字形】篆 佰 今篆 陌 隶 佰 陌

草 佰 陌

【构造】会意字。篆文从人从百,会军队中百人组成的单位之意。隶变后楷书写作佰。

【本义】《说文·人部》:"佰,相什佰也。从人、百。"本义为古代军队中百人组成的单位。十人为什,百人为佰。

【演变】佰,本义指❶军队中百人组成的单位:蹑足行伍之间,而倔起什~之中|正行伍,连什~,明旗鼓,此尉之官也。又指❷统率百人的长官:蹑足行伍之间,俯仰仟~之中。又表示❸百倍:小国寡民,使有什伯(通~)之器而不用。今又用作❹百的大写。古又通陌,表示❺田间小道:南以闽~为界。此义后作陌。

○陌,从阝(阜,表示山野),百声,百也兼表多之意。读mò,本义指❶田间小路(细分路南北为阡,东西为陌):为田开阡~。又泛指❷道路:素骥鸣广~,慷慨送我行|终成~路人。

例 lì

【字形】篆　隶 例　草

【构造】会意兼形声字。篆文从人从列,会同类排列之意,列也兼表声。隶变后楷书写作例。

【本义】《说文·人部》:"例,比也。从人,列声。"本义为类,列。

【演变】例,古原作列,后另加义符人写作例。本义指❶类,列:荀纬等亦有文采,而不在此七子之~。同类则相似,故又引申指❷类似,如同:进退不由,殆(几乎)~送死。同类事物可以比照说明,故又引申指❸用以比照说明的事物,例子:朝廷无此~|下不为~|举~说明|史无前~|比~|~证。同类事物可以仿照办理,故又引申指❹成例,规则:文无定~,率随所感|发凡起~|先~|惯~|援~|破~|体~|条~。进而引申指❺依照成规进行的:~行公事|~会|~假。

侄 zhí (姪)

【字形】甲　金　篆　今篆　隶 侄 姪　草

【构造】会意兼形声字。甲骨文从女从至会意,至也兼表声。本义指姑称呼侄女,故从女。金文改为从人。篆文整齐化。隶变后楷书写作姪、侄。如今以侄为正体。

【本义】《说文·女部》:"姪,兄之女也。从女,至声。"本义为侄女,即女子(姑)对兄弟之女的称呼。《玉篇·人部》:"侄,牢也,坚也。"本义为坚牢。

【演变】侄,作为本字,本义指❶坚牢。

作为姪的借用字,又表示❷侄女(成为如今的主要义):继室以其~。注意:古代男子称兄弟之子为从子,不称侄。晋以后词义扩大,才用以称❸兄弟之子:(王)济才气抗迈,于(王)湛略无子~之敬。后又泛指❹弟兄或同辈亲友的儿子:叔~|内~|表~|~子|贤~|世~|姻~。又可用以❺自称:老叔休要取笑小~。

侦 zhēn (偵)

【字形】篆　隶 侦 偵　草

【构造】会意兼形声字。篆文从人从貞(占卜),会卜问之意,貞也兼表声。隶变后楷书写作偵。如今类推简化作侦。

【本义】《说文·人部》新附:"偵,问也。从人,貞声。"本义为卜问。

【演变】侦,古本用贞,后另加义符人写作侦。本义指❶卜问:不恒其德,或承之羞;恒其德,~,妇人吉,夫子凶。引申指❷探听,暗中察看:外令兄弟求其纤过,内使御者~伺得失|~探|~察|~查|~缉。用作名词,指❸探子:~谍不敢东窥,驼马不敢南牧。

侃 kǎn

【字形】甲　金　篆　隶 侃　草

【构造】会意字。甲骨文和金文皆从人从口从川,会激昂慷慨,口若悬河之意。篆文整齐化。隶变后楷书写作侃。

【本义】《说文·川部》:"侃,刚直也。从㐰,㐰,古文信;从川,取其不舍昼夜。《论语》曰:'子路侃侃如也。'"所释为引申义。本义当为激昂慷慨而谈。

【演变】侃,本义指❶激昂慷慨而谈:词气~然,观者属目|~~而谈。由慷慨直言,引申指❷刚直:每朝廷会议,阜常~然以天下为己任。又引申指❸从容不迫:訚訚(yín,和乐的样子)~~,娱心肆情。又引申指❹调侃,戏弄:白头吟,非浪~。

【组字】侃,如今既可单用,也可作偏旁。现今归入人部。凡从侃取义的字皆与激昂慷慨而谈等义有关。

以侃作声符的字有:涀、蠢(饘)。

侨 qiáo (僑、喬、蹻、蹺、跷)

【字形】古　篆　今篆　隶 侨 僑　草

【构造】会意兼形声字。篆文从人从喬(踩高跷),会人踩高跷之意,喬也兼表声。隶变后楷书写作僑。如今类推简化作侨。现在又作了寯的简化字。

【本义】《说文·人部》："僑，高也。从人，喬声。"本义为人踩高跷。《玉篇·宀部》："寯，寄也，客也。与侨同。"本义为寄住异地。

【演变】侨，本义指❶人踩高跷。此义今用跷。

作为寯（从宀，喬声）的简化字，又表示❷寄住异地：羁旅～士｜～居念旧缘。古代特指❸南北朝时流亡江南的（北方人）：～人。如今指❹寄居国外的人：华～｜～民｜外～。

侨为借义所专用，人踩高跷之义便另造了"蹻"字来表示。后也用蹺。如今规范化用简体跷。参见乔、齐。

佩 pèi

（珮）

【字形】金 古 篆 今篆

隶 草

【构造】会意字。金文、古文从人从凡（表盘形玉饰）从巾（表佩带），会人所佩带的盘形玉饰之意。篆文整齐化。隶变后楷书写作佩。为了明确表示所佩带的是玉饰，古文另造了从玉的珮字。如今简化，珮仍用佩来表示。

【本义】《说文·人部》："佩，大带佩也。从人，从凡，从巾。佩必有巾，巾谓之饰。"本义为古人系在衣带上的玉饰。

【演变】佩，本义指❶古人系在衣带上的玉饰：将翱将翔，～玉将将（qiāng，金玉击声）｜铸金以为钩，珠玉以为～｜画图省识春风面，环～空归夜月魂。用作动词，指❷佩带：冠通天，～玉玺｜～带勋章｜～剑。由佩不离身，引申指❸铭记不忘：衔～弘惠（大恩），没而后已。进而引申为❹敬仰，佩服：～服自早年｜钦～｜敬～。

【组字】佩，如今既可单用，也可作偏旁。用作偏旁省作凧。现今仍归入人部。凡从佩取义的字皆与玉佩等义有关。

以佩（凧）作声兼义符的字有：㤃、姵、珮。

货 huò

（貨）

【字形】篆 隶 草

【构造】形声兼会意字。篆文从貝，化声，化也兼表变易意。隶变后楷书写作貨。如今类推简化作货。

【本义】《说文·貝部》："貨，财也。从貝，化声。"本义为财物总称。

【演变】货，本义指❶财物：不贵难得之～｜杀人越～｜百～｜杂～｜订～｜运～。引申指❷商品，货物：日中为市，致天下之民，聚天下之～，交易而退，各得其所｜昂其直（值），居为奇～。古代用金玉龟贝等财物为钱币进行交易，故又引申指❸货币：商以足用，茂迁（茂同贸，贩运买卖）有无，～自龟贝，至此五铢｜通～膨胀。由钱币又引申指❹买，卖：公恐其～（买）酒而不治药，亲为治之｜守羊无食，何不～羊籴米？又指❺贿赂：宁俞～医，使薄其鸩，（卫侯）不死。近代也用以称人，表示❻戏骂人：你者（这）馋糠的夯（同笨）～｜蠢～｜骚～。

隹 zhuī

【字形】甲 金 篆 隶 草

【构造】象形字。甲骨文象跳跃的雀鸟形。金文大同。篆文整齐化。隶变后楷书写作隹。

【本义】《说文·隹部》："隹，鸟之短尾总名也。象形。"本义为雀鸟。

【演变】隹，本义为雀鸟，后用为鸟的泛符，与鸟无别。有的字既可从隹，也可从鸟。如鸡，既可写作鷄，也可写作雞。

【组字】隹，如今不单用，只作偏旁。现今仍设隹部。凡从隹取义的字皆与鸟类等动物之义有关。

以隹作义符的字有：隼、雀、隽、难、隻（只）、隼、雄、閵、雀、萑、集、雁、雉、雅、雄、鸨、雅、集、雇、萑、雎、雉、雊、雋、雏、雌、雍、雎、翟、奪（夺）、雐、雒、雜、奮（奋）、雔、雕、雗、雘、雙（双）、藿、雞（鸡）、離（离）、雠、瞿、巂、雝、矍、雟、翟、雥、雦、雧。

以隹作声符的字有：谁、堆、推、惟、唯、维、帷、淮、崔、骓、椎、锥、睢、碓、稚。

依 yī

（倚、椅）

【字形】甲 金 篆

隶 依倚椅 草 依倚椅

【构造】会意兼形声字。甲骨文从衣，中有一人，会衣服为人所凭靠之意，衣也兼表声。金文将人移到衣外，更像。篆文将人移到衣左并整齐化。隶变后楷书写作依。或以为甲骨文和金文“依”是“初”字，恐非。参见初。

【本义】《说文・人部》：“依，倚也。从人，衣声。”本义为依靠。

【演变】依，本义指❶依靠：绕树三匝，何枝可～？|～山傍水|～偎。引申指❷傍着：白日～山尽，黄河入海流。用于抽象意义，又引申指❸依托：（袁）宜时孤寒，甚相～附|相～为命。由靠近又引申指❹照，按照：～前例办理|～葫芦画瓢|～旧。又进而引申指❺顺随，允许：你就～他这一次吧|不～不饶。用作“依依”，由傍着，形容❻恋恋不舍的样子：举手长劳劳，二情同～～|～～不舍|～～惜别。又形容❼轻柔茂盛、随风摇动的样子：昔我往矣，杨柳～～。又形容❽依稀、隐约的样子：暧暧远人村，～～墟里烟。又形容❾思慕怀念的样子：未遑识荆，使人夙夜～～。

注意：“依”与“倚”不同。

○倚，从人从奇（一只脚站立的瘸人）会意，奇也兼表声。读 yǐ，本义指❶紧靠在物体上：有司跛，～以临祭|～柱弹其剑|～门而望|～马千言。引申指❷依附：祸兮福之所～。又引申指❸仗恃：因本处豪霸，～势欺人|～老卖老。又引申指❹按照：上自～瑟而歌。由一条腿需要靠着，又引申指❺偏斜：天北风，火南～|中立而不～。椅子是人倚靠的，故又引申指❻椅子：一日，偶靠～而坐。为分化字义，此义后借“椅”表示。

○椅，从木从奇会意，奇也兼表声。读 yī，本义为❶树名：树之榛栗，～桐梓漆。

又读 yǐ，借用作倚，表示❷椅子：桌～|藤～。

【组字】依，如今既可单用，也可作偏旁。现今仍归入人部。凡从依取义的字皆与依靠等义有关。

以依作声符的字有：哝、您。

版 bǎn（板）

【字形】甲  篆  隶 版 草 版

【构造】会意兼形声字。甲骨文是双手立版干（幹）形。篆文改为从片（筑墙用的夹版）从反，会筑墙时两边相对的夹版之意，反也兼表声。隶变后楷书写作版。是片的加旁分化字。参见片。

【本义】《说文・片部》：“版，判也。从片，反声。”所释为引申义。本义当为筑墙用的夹版。

【演变】版，本义指❶筑墙用的夹版：身负～筑，以为士卒先。又指❷古城墙一版高的长度：城不浸者三～。又引申指❸写字用的木片，简牍：谢送～使王题之。引申指❹印版，书籍排印一次，报纸的一面：准敕禁断印历日～|制～|再～|今天的报印了三十二～。由简牍又引申指❺名册，户籍：其下皆有啬夫～尹（管理名册户籍的官）|～图。又泛指❻由木头分割成的薄片：红壁沙（丹砂）～，玄玉梁些。此义后用板来表示。参见板。

【组字】版，如今既可单用，也可作偏旁。现今仍归入片部。凡从版取义的字皆与筑版等义有关。

以版作声符的字有：蝂。

阜 fù（阝、阝）

【字形】甲  金  篆  隶 阜 草 阜

【构造】象形字。古人穴居，甲骨文象古人在其所居地穴的墙上挖出的供上下用的脚窝形，犹如后来的楼梯。金文偏旁只是方向相反。篆文整齐化。隶变后楷书写作𨸏。单用时写作阜。作偏旁处在字左时写作阝。

【本义】《说文・𨸏部》：“𨸏，大陆，山无石者。”所释为引申义。本义当为在竖穴侧壁挖的上下脚窝。

【演变】阜，本义指❶脚窝。古人穴居必选择在土层高厚之处，故引申为❷土山：如山如～，如冈如陵。又引申为❸高大：有堂孔（甚）～。又引申为❹盛，多：尔酒既旨，尔殽既～|物～民丰。

【组字】阜，如今既可单用，也可作偏旁。现今仍设阜部。凡从阜取义的字皆与升降、阶梯、楼台、山丘、壁障等义有关。

以阜作义符的字有：队、阡、阱、阮、阳、阴、阶、阪、防、隧、际、陇、陈、陆、阿、阻、附、陋、陌、

陕、降、限、陡、阵、陛、陟、除、险、院、陵、陬、陶、陷、陪、隋、隅、隈、隗、隆、隔、隓、隰、隙、陨、隘、障、随、陲、隐、隳。
以阜作声兼义符的字有：埠。

的 dì；dí；de （旳、弔）

【字形】古　篆　今篆　隶
草

【构造】会意兼形声字。古文、篆文从日从勺(灼省)会意，勺也兼表声。隶变后楷书写作旳。俗作的，改为从白，其义不变。如今规范化用的。

【本义】《说文·日部》："旳，明也。从日，勺声。"本义为鲜明。

【演变】的，读 dì，本义指❶鲜明：眉联娟以蛾扬兮，朱唇～其若丹。引申指❷白：其于马也，为～颡｜归吟鬓～霜。又借为弔(从弓，勺声)，表示❸靶心：论之应理，犹矢之中～。这样一来，弔便废而不用了。

又读 dí，由鲜明用为副词，表示❹确实，必定：杜丽娘有踪有影，～系人身｜上无皋陶伯益廊庙材，～不能匡君辅国治生民｜又使汝担忧，～～非吾所忍｜～确。

又读 de，借为助词，到元代逐渐代替早期唐宋所用的底，用在❺定语后边，作定语标志：种子～力量。又用以❻组成"的"字短语：孩子大～都工作了。又用于❼句末加强肯定语气：他是晚上走～。

【组字】的，如今既可单用，也可作偏旁。现今归入白部。凡从的取义的字皆与鲜明等义有关。以的作声符的字有：哟、菂。

帛 bó

【字形】甲　金　篆　隶　草

【构造】会意兼形声字。甲骨文从巾从白，会白色未染的缯之意，白也兼表声。金文大同。篆文整齐化。隶变后楷书写作帛。

【本义】《说文·帛部》："帛，缯也。从巾，白声。"本义为未染之缯。

【演变】帛，本义指❶未染之白缯：请看工女机上～。引申泛指❷丝织物的总称：富豪役千奴，贫老无寸～。又特指❸用为聘问或祭祀的缯帛：币～｜束～。古代书写用帛，又引申指❹帛书：竹～烟销帝业虚，关河空锁祖龙居。

【组字】帛，如今既可单用，也可作偏旁。现今归入巾部。凡从帛取义的字皆与丝织物等义有关。以帛作义符的字有：锦。

迫 pò；pǎi

【字形】篆　隶　草

【构造】形声兼会意字。篆文从辵，白声，白也兼表真切之意。隶变后楷书写作迫。

【本义】《说文·辵部》："迫，近也。从辵，白声。"本义为走近，靠近(看)。

【演变】迫，读 pò，本义指❶走近，接近：～而察之，灼若芙蕖出绿波｜～在眉睫｜～近。由靠近引申指❷逼迫，压迫：里胥(乡吏)～我纳，不许暂逡巡｜～不得已。进而引申指❸急促，紧急，不容宽缓：夫以利合者，～穷祸患害相弃也｜从容不～｜～不及待｜急～｜～切。

又读 pǎi，用作"迫击炮"，指❹一种武器。

兒 ér （儿）

【字形】甲　金　篆　隶　草

【构造】象形字。甲骨文象幼儿张口嘻笑露少量牙齿形，表示还是幼儿，牙尚未长齐。金文稍繁。篆文整齐化。隶变后楷书写作兒。如今简化借儿(rén)来表示。参见儿。

【本义】《说文·儿部》："兒，孺子也。从儿，象小儿头囟未合。"析形不确。本义为小孩子。

【演变】兒，本义指❶小孩子：(张)汤为～守舍｜婴～｜～童。引申指❷儿子：外黄令舍人～年十三，往说羽｜冬暖(即使是暖冬)而～号寒。又引申指❸男青年：发沛中～，得百二十人｜健～。又引申指❹雄性的：～马。又指❺父母对儿女的统称或儿女对父母的自称：恒恐～辈觉｜～已薄禄相。唐代起虚化用作词尾，表示❻小或使形容词、动词名物化：细雨鱼～出，微风燕子斜｜马～｜狗～｜带个好～｜玩～。

如今以上含义皆用“儿”来表示。

【组字】兒(儿),如今既可单用,也可作偏旁。单用时用简体儿,作偏旁时仍用繁体兒。现今仍归入儿部。凡从兒取义的字皆与幼小等义有关。

以兒作声兼义符的字有:麑。

以兒作声符的字有:倪、阋、猊、睨、鲵、霓。

臾 yú

(臾、瘐、腴)

【字形】甲 金 篆 今篆

隶 臾 瘐 腴 草

【构造】会意字。甲骨文和金文皆象双手拖一无头死人形,会揪拖之意。因篆文讹为从申从乙,隶变后楷书本应写作臾,但却写作了臾,遂与蒉的古文臾形近,后俗皆写作臾,二字混同。为了相区别,揪拖之义仍用臾,蒉的古文反而写作臾。参见臾、贵。

【本义】《说文·申部》:“臾,束缚捽抴为臾。从申,从乙。”析形不确。本义为双手拖拉死囚。

【演变】臾,本义指❶双手拖拉死囚。又指❷积病死在狱中:~死。大概掩埋死人的土地多肥沃,故又引申指❸肥沃:~壤。现在臾只用于“须臾”一词中,表示❹时间很短:吾尝终日而思矣,不如须~之所学也。

由于臾作了偏旁,死于狱中之义便另加义符“疒”写作“瘐”来表示,肥沃之义则借“腴”来表示。

〇瘐,从疒从臾会意,臾也兼表声。读 yǔ,本义指囚死狱中:~死狱中|~毙。

〇腴,从月(肉)从臾会意,臾也兼表声。读 yú,本义指❶腹部肥肉:桀纣垂~尺余,增之也。引申泛指❷肥胖:(袁)象充~异众。又引申指❸肥沃:封之以膏~之地。

【组字】臾,如今既可单用,也可作偏旁。现今归入臼部。凡从臾取义的字皆与拖拉、厚积等义有关。

以臾作声兼义符的字有:谀、庾、瘐、腴。

以臾作声符的字有:萸。

卑 bēi

(俾、椑)

【字形】甲 金 篆

隶 卑 俾 椑 草

【构造】会意字。甲骨文是右手(又)持一酒器形,会执事供役使之意。金文改为左手(ナ)。篆文上边酒器讹为甲。隶变后楷书写作卑。

【本义】《说文·ナ部》:“卑,贱也。执事也。从ナ、甲。”所释为引申义。本义当为执事供役使。

【演变】卑,由执事供役使,读 bǐ,引申泛指❶使:天子是庳,~民不迷。此义后写作俾。

又读 bēi,执事供役使是奴辈下人之事,故引申为❷地位低贱:位~未敢忘忧国。又引申指❸地势低:土山崇~不一。又指❹低劣:~鄙无耻。又指❺轻视:以客礼待之,勿~。又指❻谦恭:谦谦君子,~以自牧也。又用作❼谦辞:~职。又指❽酒器。此义后另加义符“木”写作“椑”来表示。

〇俾,从人从卑会意,卑也兼表声。读 bǐ,本义为❶门役:侍门之人为~,即古人所云应门五尺之童,犹女之卑者为婢也。用作动词,指❷使(达到某种目的):式遏寇虐,无~民忧|又嘱学使,~入邑庠|~众周知|~有所获。

〇椑,从木从卑会意,卑也兼表声。读 pí,本义为❶古代一种椭圆形的酒器:传车有美酒一~。

又读 bēi,指❷椑柿,古书上说的一种柿子,即今之油柿,又称漆柿:柑~与橙栗,在口亦云可。

又读 bì,特指❸内棺,最里面的一层棺,亦泛指棺材:君即位而为~,岁一漆之,藏焉|~车。

【组字】卑,如今既可单用,也可作偏旁。现今归入十部。凡从卑取义的字皆与酒器、低下等义有关。

以卑作声兼义符的字有:俾、婢、庳、椑、睥。

以卑作声符的字有:埤、碑、捭、稗、萆、裨、髀、郫、啤、啤、脾、蜱、鼙。

质 zhì

(質、鑕、锧)

【字形】金 篆 隶 质 質 草

【构造】会意字。金文从貝(财物)从斦(表相抵),会以财物相抵之意。篆文两个斤皆置贝上并整齐化。隶变后楷书写作質,是斦的加旁分化字。如今简化作质。

【本义】《说文·貝部》:"質,以物相赘(以钱受物)。从貝,从斦。"本义为以财物相抵。

【演变】质,本义指❶以财、物、人相抵,即抵押:~太子未反而君易子|衣钗~钱买桑叶。用作名词,又指❷抵押品:人~。引申泛指❸独立于意识之外的客观事物、物质、内容,天然未经改变的本体、本质:《易》之为书也,原始要终,以为~也|其~非不美也|文~彬彬,然后君子|形者,神之~|天生丽~难自弃。又引申指❹底子,质料:永州之野产异蛇,黑~而白章。又引申指❺禀性:石生而坚,兰生而芳,少自其~,长而愈明。如今又进而引申指❻物品的优劣、质量:保~保量|优~优价。又形容❼朴实,朴素:夫君子取情而去貌,好~而恶饰。又引申指❽诘问,质正:虽~君之前,君不讳也|余立侍左右,援疑~理。

古又借作鑕,如今简化作锧,从钅从质,质也兼表声。表示❾腰斩时铡刀的底座:(张)苍坐法当斩,解衣伏~。

【组字】质,如今既可单用,也可作偏旁。现今仍归入贝部。凡从质取义的字皆与相抵等义有关。

以质作声兼义符的字有:劕、櫍、礩、锧、蹞。

欣 xīn
(訢、䜣)

【字形】甲 金 古 篆 隶 欣 訢 草

【构造】会意兼形声字。甲骨文、金文从言从斤;古文、篆文从欠(张口出气),从斤(斧子),皆会劳动中击节而歌的喜悦之意,斤也兼表声。隶变后楷书写作欣。是听的异体字。参见听。异体承接甲骨文作訢,其义不变。如今规范化以欣为正体。简化的䜣只用于姓氏人名,其他意义用欣。

【本义】《说文·欠部》:"欣,笑喜也。从欠,斤声。"本义为喜悦。

【演变】欣,本义指❶喜悦:于是焉河伯~然自喜|百姓闻王钟鼓之声、管龠之音,举~~然有喜色|欢~|~慰|~赏|~喜。引申指❷悦服:诸侯义而抚之,百姓~而奉之。欢乐长精神,故用作"欣欣",又引申指❸草木生长茂盛的样子:木~~以向荣,泉涓涓而始流。

○訢,从言从斤会意,斤也兼表声。读 xīn,表示❶欣喜:古之真人,不知说生,不知恶死,其出不~,其入不距。

又读 xī,表示❷感而动之,使和合融洽,情意投合:天地~合,阴阳相得|余与师相遇,如他生旧识,一见~合。

【组字】欣,如今既可单用,也可作偏旁。现今仍归入欠部。凡从欣取义的字皆与欢喜雀跃等义有关。

以欣作声符的字有:掀、锨。

斦 yín;zhì
(質、质、鑕、锧)

【字形】金 篆 今篆 隶 斦 锧 鑕 草

【构造】会意字。金文、篆文从二斤(斧子),会两物相当之意。隶变后楷书写作斦。

【本义】《说文·斤部》:"斦,二斤也。阙。"没有解说。本义为两物相当。

【演变】斦,读 yín,本义指❶两物相当。

又读 zhì,古代腰斩刑具为上刀下砧,相当于两斤相合,故引申指❷砧子,铡刀的底座。

由于斦作了偏旁,其义便分别由质与鑕(从金从質,質也兼表声,如今简化作锧)来表示。参见质。

○锧,读 zhì,本义指❶铁砧。又指❷腰斩时铡刀的底座:宜先伏于砧~。此义古也写作质:(张)苍坐法当斩,解衣伏质。

【组字】斦,如今不单用,只作偏旁。现今仍归入斤部。凡从斦取义的字皆与相当、相抵等义有关。

以斦作声兼义符的字有:質(质)。

征 zhēng
(怔、徵)

【字形】甲　金　篆
隶 征徵 草

【构造】会意兼形声字。甲骨文从彳(道路)从正(一只脚对着城市前进),会向某地进发之意,正也兼表声。金文将城市填实,或再加一只脚。篆文承金文,分为繁简二体。隶变后楷书分别写作延与征。如今规范化用征。是正的加旁分化字。如今又作了徵的简化字。参见正。

【本义】《说文·辵部》:"延,正行也。从辵,正声。征,延或从彳。"本义为有目标的远行。

【演变】征,本义指❶远行:济沅湘以南~|长~|~途。打仗多长途跋涉,故又引申指❷征讨,特指上伐下:夏日寻干戈,以相~讨|穆王将~犬戎|南~北战|~服。

如今又作徵的简化字,表示❸征召:于是使人发驺卒~庄辛于赵|~兵|~调。引申指❹征求:故物贱之~贵,贵之~贱|~稿|~文|~集。又引申指❺征收:有布缕之~,粟米之~,力役之~|~税|~用。又引申指❻迹象:夫国必有山川,山崩川竭,亡国之~|~候|象~|特~。又引申指❼证验,证明:京师学者咸怪其无~|信而有~|文献足~。

○徵,从壬(挺起),从微省,会事物初起的苗头之意。读 zhēng,本义为❶迹象:山崩川竭,亡国之~也。引申指❷证验,证明,征召,寻求,访求,征收等含义。以上各义如今都借用征表示。

又读 zhǐ,今专借指❸我国古代五声音阶(宫、商、角、徵、羽)的第四音级,相当于简谱的"5":荆轲和而歌,为变~之声|闻~音,使人乐善而好施。注意:此义不简化。

【组字】征,如今既可单用,也可作偏旁。现今归入彳部。凡从征取义的字皆与征伐等义有关。

以征作声兼义符的字有:惩、徰。

彼 bǐ

【字形】古　篆　隶 彼 草

【构造】会意兼形声字。甲骨文、金文皆借皮表示。古文、篆文从彳(行道)从皮(另外的),会前往另一处之意,皮也兼表声。隶变后楷书写作彼。

【本义】《说文·彳部》:"彼,往有所加也。从彳,皮声。"本义为前往另一处。

【演变】彼,本义指❶前往另一处。又借指❷对方,他人:~竭我盈,故克之|知己知~。用作远指代词,指❸那,那个:~君子兮,不素餐兮|此起~伏|由此及~。

【组字】彼,如今既可单用,也可作偏旁。现今仍归入彳部。凡从彼取义的字皆与前往等义有关。

以彼作声符的字有:陂、柀。

径 jìng
(徑、逕)

【字形】篆　今篆　隶 径 逕 草

【构造】会意兼形声字。篆文从彳(街道)从巠(直的经线),会像经线一样直的人行小道之意,巠也兼表声。隶变后楷书写作徑。异体作逕,改为从辵(辶,走路),简化作迳,其义相同。如今规范化各有所用。迳,多用于姓氏人名、地名等。

【本义】《说文·彳部》:"徑,步道也。从彳,巠声。"本义为不能走车的小路。《集韵·徑韵》:"徑,《说文》:'步道。'亦从辵。"

【演变】径,本义指❶小路,或走小路:前有大蛇当~|大道甚夷(平坦),而民好~|大而无当,往而不返,吾惊怖其言,犹河汉而无极也,大有~庭,不近人情焉|大相~庭|山~|小~。引申指❷方法,途径:以仆所观,乃仕途之捷~耳|终南捷~|门~|路~。小路近直,故又引申指❸直径:尚有~寸之珠|半~|口~|圆~。又引申指❹直,径直,直截了当:石称丈量,~而寡失|~自作主|~直。又引申指❺快速:从蜀道~,又无寇。

○迳,与径义同,读 jìng,多用于姓氏人名、地名等。其他含义用径。

爬 pá

【字形】古　今篆　隶 爬 草

【构造】会意兼形声字。古文从爪从巴(蛇),会爪子像蛇行一样搔抓之意，巴也兼表声。隶变后楷书写作爬。

【本义】《广韵·麻韵》："爬，搔也。"本义为搔抓。

【演变】爬，本义指❶搔抓：(斗鸡)或～地俯仰，或抚翼未举｜玉女有爪羞搔～。引申指❷伏地用手脚向前移动：我渴望自由，但我深深地知道——人的身躯怎能从狗洞子里～出｜～行｜～虫。又引申指❸抓住东西向上攀登：原来～上高枝儿去了｜～树｜～山。

所 suǒ

【字形】金　篆　隶 所　草

【构造】形声兼会意字。金文和篆文皆从斤(斧子)，户声，户也兼表挥斧伐木似门扇忽煽有声之意。隶变后楷书写作所。

【本义】《说文·斤部》："所，伐木声也。从斤，户声。"本义为砍伐木头的声音。

【演变】所，本义指❶伐木声：伐木～～。此义后用许表示。

又借作处，表示❷处所，地方：乐土乐土，爰得我～｜各得其～。进而引申指❸机关或其他机构的名称：诊疗～｜招待～｜托儿～。用作量词，用于❹房屋、学校、医院等：离宫别馆三十六～。又借为特指代词，与动词结合起来，表示❺……的，……人，……物：万民～望｜君子于其～不知，盖阙如也。或与介词结合，表示❻……处所，……原因，用来……的：是吾剑之～从坠｜～为见将军者，欲以助赵也｜夫仁义辩智，非～以持国也｜国之～以兴者，农战也。又用作助词，组成"为……所"，表❼被动：身为宋国～笑。

【组字】所，如今既可单用，也可作偏旁。现今归入户部。凡从所取义的字皆与声音等义有关。

以所作声符的字有：pte、屏。

舍 shè；shě (捨)

【字形】甲　金　篆　今篆　隶 舍 捨　草

【构造】象形字。舍和余同源，余是简易的茅屋形，舍是建筑在台基上的高级房舍形。甲骨文和金文上象构木为屋之形，下象台基。篆文整齐化。隶变后楷书写作舍。

【本义】《说文·亼部》："舍，市居曰舍。从亼、屮，象屋也；口象筑也。"本义为高级房舍，即客馆。

【演变】舍，读shè，本义指❶客馆：天子赐～｜舍相如广成传～。又泛指❷房舍，住所：遂西入咸阳，欲止宫休～｜宿～。用作动词，指❸止宿：至夫差之身，北而攻齐，～于汶上。又指❹止息：逝者如斯夫，不～昼夜。古代军队行三十里住宿一夜为一舍，故又引申指❺三十里：晋楚治兵，遇于中原，其辟君三～｜退避三～。又用作对自己家或家属的❻谦称：～下｜～弟。

又读shě，由止息引申为❼停止，放弃：锲而不～，金石可镂。又引申为❽施舍：施～不倦，求善不厌。此类含义后另加义符"扌"写作"捨"来表示。如今简化仍用舍。

○捨，从手从舍会意，舍也兼表声。读shě本义指❶舍弃，放下；赦免，释放：山有小口，仿佛若有光，便～船从口入｜上闻而善之，即～之。又指❷离开：又一里，上小岭，～官道，右入山。又指❸拼，不顾惜：～着还了他十两金子，着陆谦自去寻这和尚便了｜～着性命去求。又指❹停留，止息：河泻瓴建，不～昼夜。又引申指❺施予，布施：过襄师房，观所藏佛骨舍利，～山木一峰供养。又通❻舍。以上含义如今简化皆用舍表示。

【组字】舍，如今既可单用，也可作偏旁。现今归入舌部。凡从舍取义的字皆与止息等义有关。

以舍作义符的字有：舒。

以舍作声兼义符的字有：捨。

以舍作声符的字有：猞、啥。

金 jīn (钅)

【字形】甲　金　篆　隶 金　草

【构造】会意兼形声字。甲骨文从山，今声，表示在山上采金之意。金文上讹为矢，下讹为斧，旁加金块，会可制作箭和斧的金属之意；异体讹为土中有金块形。篆文承接金文二形并整齐化，上边又讹为今声。隶变后楷书写作金。作偏旁在字左时写作金，如今简化作钅。

【本义】《说文·金部》："金，五色金（金银铜铁铅）也。黄为之长，久埋不生衣，百炼不轻，从革不违。生于土，从土，左右象金在土中形，今声。"析形是就篆文所作的解说。所释为引申义。铜为人类使用最早的金属，故本义当为铜。

【演变】金，本义指❶铜：郑伯始朝于楚，楚子赐之～｜～马门。引申泛指❷金属：～有三等，黄～为上，白～为中，赤～为下｜五～｜～工。又特指❸黄金：荆南之地，丽水之中生～，人多窃采～｜～子。又指❹金属制的器物：抽矢扣轮去其～｜天下已定，～革已平｜怀～（金印）垂紫｜越王击～而退之。钟鼎用铜铸成，故又指❺钟鼎：故功绩铭乎～石｜～文。古代又指❻货币，钱财：～刀龟贝，所以通有无也｜以季子之位尊而多～｜现～。古代又用作❼货币单位。秦以前金一镒（二十两）为一金，汉以金一斤为一金，后代又以金银一两为一金：今一朝而鬻技百～｜所愿不过一～｜有贤士大夫发五十～。又比喻❽贵重：～口玉言｜～科玉律。又比喻❾坚固：固若～汤｜～城汤池。又指❿金色的：西风昨夜过园林，吹落黄花满地～。

【组字】金，如今既可单用，也可作偏旁。现今仍设金部。凡从金取义的字皆与金属等义有关。

以金作义符的字有：钆、钇、针、钉、钊、钋、钌、钍、钎、钐、钑、钒、钓、钔、钕、钖、钗、钘、钙、钚、钛、钜、钝、钞、钟、钠、釜、钡、钢、钣、钤、钥、钧、钨、钩、钪、钫、钬、钭、钮、钯、钰、钱、钲、钳、钴、钵、钶、钷、鉴、钸、钹、钺、钻、钼、钽、钾、钿、铀、铁、铂、铃、铄、铅、铆、铇、铈、铉、铊、铋、铌、铍、铎、铏、铐、铑、铒、铓、铔、铕、铖、铗、铘、铙、铚、铛、铜、铝、铞、铟、铠、铡、铢、铣、衔、铤、铥、铦、铧、铨、铩、铪、铫、铬、铭、铮、铯、铰、铱、銮、铲、铳、铴、铵、银、铷、铸、铹、錾、鋆、铺、铻、铼、铽、链、铿、销、锁、锂、锃、锄、锅、锆、锇、锈、锉、锊、锋、锌、锍、锎、锏、锐、锑、锒、锓、锔、锕、锖、锗、锘、错、錾、锚、锛、锜、锝、锞、锟、锠、锡、锢、锣、锤、锥、锧、锨、锩、锪、锫、锬、锭、键、锯、锰、锱、锲、锳、锴、锵、锶、锷、锸、锹、锺、锻、锼、锽、锾、锿、镀、镁、镂、镃、镄、镅、鏊、镆、镇、鳌、镈、镉、镊、镋、镌、镍、鎜、镎、镏、镐、镑、镒、鎏、镓、镔、镕、镖、镗、镘、镙、镚、镛、镜、鏖、镝、镞、镟、镠、镡、镢、镣、镤、镥、镦、镧、镨、镩、镪、镫、镬、镭、镮、镯、镰、镱、镲、镳、镴、镵、镶、鑫、鑿（凿）。

以金作声符的字有：淦、崟、唫、钦、锦。

肴 yáo
（餚、殽、殽）

【字形】篆  今篆  隶 肴 餚 淆 殽 草 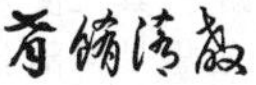

【构造】形声兼会意字。篆文从肉，爻声，爻也兼表杂错之意，表示切碎可吃的肉类食品。隶变后楷书写作肴。

【本义】《说文·肉部》："肴，啖（肉）也。从肉，爻声。"本义为可吃的肉类食品。

【演变】肴，本义指❶可吃的肉类食品：虽有嘉～，弗食，不知其旨也｜菜～｜酒～。菜肴多是错杂放着的，故又借作淆，表示❷纷乱：立且一年，～乱日甚。

由于肴作了偏旁，后来菜肴之义便又另加义符"食"写作"餚"来表示，如今简化仍用肴；纷乱的意思则另加义符"殳"写作"殽"来表示。

〇殽，从殳（表击打）从肴会意，以突出搅乱之义。读 xiáo，本义指❶错杂，混杂：铸作钱布皆用铜，～以连（同链，铅矿）锡。此义后改为从"氵"写作"淆"，成了水混乱了。如今规范化用淆。

又读 yáo，通肴，泛指❷菜肴：大设珍～，多诸异果。

〇淆，读 xiáo，本义指搅乱，混乱：～黑白而蔽天良｜混～｜～乱｜～惑。

【组字】肴，如今既可单用，也可作偏旁。现今仍归入月（肉）部。凡从肴取义的字皆与菜肴、杂乱等义有关。

以肴作声兼义符的字有：淆、殽、餚。

以肴作声符的字有：倄、崤、梢。

戋 jiān
（戩、殲、歼）

【字形】甲 篆 隶 戋

草 戋

【构造】会意字。甲骨文象以戈砍断二人双腿形。篆文稍讹，将二人移到侧旁。隶变后楷书承接甲骨文写作戋。

【本义】《说文·戈部》："戋，绝也。一曰田器。从从持戈。古文读若咸。"析形不确。就甲骨文看，本义当为砍断。是戩、殲（歼）的本字。参见戩。

【演变】戋，本义指❶砍断。又指❷刺杀。引申为❸灭绝。又引申指❹细小。

由于戋作了偏旁，其义便另加义符"韭"写作"戩"来表示，意思是像割韭菜一样斩尽杀绝。后来戩也作了偏旁，便又再加义符"歹"写作"殲"来表示。如今简化作歼。参见歼。

【组字】戋，如今不单用，只作偏旁。现今仍归入戈部。凡从戋取义的字皆与残杀、细小等义有关。

以戋作声兼义符的字有：戩。

㸚 lí
（杝、籭、篱）

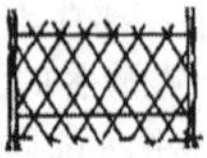

【字形】篆 今篆 隶 杝 籭 篱

草 㸚 杝 篱 籭

【构造】象形字。篆文从二爻（物交错形），象竹木编织的篱笆形。隶变后楷书写作㸚。由于㸚作了偏旁，篱笆之义便又另造了杝来表示。篆文从木，也声，也（蛇）也兼表如蛇缠结之意。隶变后楷书写作杝。俗作籭，从竹，離声，離也兼表雀鸟常落篱间之意；如今简化作篱，为正体。是㸚的后起分化字。

【本义】《说文·㸚部》："㸚，二爻也。"本义为篱笆。当是杝的本字。

【演变】㸚，本义指篱笆。篱笆稀疏明朗，故多用以表示稀疏明朗的样子。如"㸚尒"，即"丽尔"，指稀疏明朗的样子。

○杝，从木，也声。读lí，本义指篱笆：场圃之所有，~落树也。此义后又造了形声字"籭"（如今简化作篱），沿用至今。

○篱，从竹，离声。lí，本义指篱笆：竹~茅舍月光筛|寄人~下|藩~|樊~。

【组字】㸚，如今不单用，只作偏旁。现今归入丿部。凡从㸚取义的字皆与交叉、稀疏、明朗等义有关。

以㸚作义符的字有：爽、爾（尔）。

采 cǎi；cài
（採、彩、綵、埰、寀）

【字形】甲 金 篆 今篆

隶 采 採 彩 綵 埰 寀

草 采 採 彩 綵 埰 寀

【构造】会意字。甲骨文从爪（覆手），从木上有果形，会以手采摘树上的果实之意。金文省去果实。篆文整齐化。隶变后楷书写作采。

【本义】《说文·木部》："采，捋取也。从木从爪。"本义为摘取。

【演变】采，读cǎi，本义指❶摘取：参差荇菜，左右~之|~茶|~莲。又特指❷发掘：日夜~琢山不贫|开~|~矿。又引申为❸搜集：古有~诗之官。又引申为❹选取，采用：街谈巷说，必有可~|~取|~纳|~访。古代染色多取自植物，故又引申指❺颜色：抑为五~不足视于目与？颜色富有光泽，故又引申为❻神色，精神：神~奕奕|兴高~烈。

又读cài，采集植物果实或叶子可供食用，故引申指❼古代卿大夫的封地：~邑。

为了分化字义，后来采专用以表示神采；摘取之义则另加义符"扌"写作"採"来表示，如今简化仍用采；封地之义则另加义符"土"或"宀"写作"埰"或"寀"来表示，如今简化仍用采；颜色之义则另加义符"彡"写作"彩"来表示。

○彩，从彡从采会意，采也兼表声。异体作綵，改为从糸。如今以彩为正体。读cǎi，本义指❶华美的颜色：朝辞白帝~云间|~霞。又指❷彩色的丝织品：张灯结~。古代多以彩色的丝织品作奖赏，故又引申指❸得胜者所获得的东西：六博争雄好~来|中~|得~。进而引申指❹称赞，叫好：满堂~|喝~。由颜色的多样，又引申指❺花样繁多：丰富多~。又

比喻❻负伤流血：挂~。

○綵，从糸从采会意，采也兼表声。如今简化用彩。读 cǎi，本义指❶彩色的丝织品：食不兼味，衣无二~。又指❷光色，花纹：色兼列~，体繁众号。

【组字】采，如今既可单用，也可作偏旁。现今仍归入木部。凡从采取义的字皆与摘取等义有关。

以采作声兼义符的字有：採、彩、菜、埰、寀、睬、綵。

以采作声符的字有：踩。

籴 dí

(糴、糶、粜)

【字形】古　篆　今篆　隶 籴

糴 粜 糶 草

【构造】会意字。古文一形从入从糴(谷名)，会买入粮食之意；二形简化为从入从米。篆文整齐化。隶变后楷书写作糴。如今简化作籴。与糴相反，卖出粮食则为糶，从出从糴会意，如今简化作粜。

【本义】《说文·入部》："糴，市谷也。从入，从糴。"本义为买入粮食。

【演变】籴，本义指买入粮食：冬，饥(饥荒)；臧孙辰告~于齐|~米。

○粜，读 tiào，本义指卖出粮食：二月卖新丝，五月~新谷|~米。

觅 mì

(覓、覛、覔、覔)

【字形】金　篆　今篆

隶 觅 覓 覛 覔 草

【构造】会意字。金文从見从爪(覆手)，会寻找之意。篆文从見从𠂢(水支流)，会斜视之意。隶变后楷书写分别写作覓和覛。覛的异体还有覔、覔。如今两类含义都用简化的觅来表示。

【本义】《说文·𠂢部》："覛，衺视也。从𠂢，从見。"本义为斜视。《玉篇·见部》："觅，索也。"本义为寻找。

【演变】觅，本义指❶寻找：千古江山，英雄无~孙仲谋处|~食|寻~。由于覛的异体覔与覔跟覓形近，后来遂相混，故觅亦表示❷斜视，察看。

【组字】觅，如今既可单用，也可作偏旁。现今仍归入见部。凡从觅取义的字皆与寻找等义有关。

以觅作声符的字有：溟、緳。

爫 yín

【字形】金　古　篆　隶 爫

草

【构造】会意字。金文、古文和篆文皆从爪从壬(人挺起)，会挺起伸手妄有所取之意。隶变后楷书写作爫。下边俗讹为壬。

【本义】《说文·壬部》："爫，近求也。从爪、壬。壬，侥幸也。"本义为务多贪求。

【演变】爫，本义指务多贪求。由于爫作了偏旁，其义便由淫来表示。参见淫。

【组字】爫，如今不单用，只作偏旁。现今归入爪部。凡从爫取义的字皆与过分等义有关。

以爫作声兼义符的字有：淫、婬。

受 shòu

(授)

【字形】甲　金　篆　隶 受 授

草

【构造】会意兼形声字。甲骨文从𠬪，象上下二手相互给予和接受一盘之状。金文将盘形讹为舟，成了舟声。篆文将盘形简化。隶变后楷书写作受。

【本义】《说文·𠬪部》："受，相付也。从𠬪，舟省声。""舟"是盘形的讹误。本义为两手相授受，包括给予和接受两方面。

【演变】受，本义指两手相授受，既指❶付给：加~官爵。又指❷接受：满招损，谦~益。由接受又引申指❸容受：君子虚以~人。进而引申指❹忍受：~罪|~屈。又引申指❺遭到：~风|~批评。由容受又引申指❻适合，可心：说话~听|心里不好~。

为了表意清晰，后来用"受"专表接受之义，给予之义便另加义符"扌"写作"授"来表示。

〇授，从扌从受会意，受也兼表声。读shòu，本义指❶给予：国以功～官予爵|～意|～奖|～予。引申特指❷给予知识：传～|口～|教～|～意|～课。

【组字】受，如今既可单用，也可作偏旁。现今归入又部。凡从受取义的字皆与相付与等义有关。

以受作声兼义符的字有：授、绶。

乳 rǔ

【字形】甲 金 篆 隶乳 草

【构造】象形字。甲骨文象妇人双手抱子于胸前喂奶形。金文只留下一手一子和突出了奶头的身子轮廓。篆文又将身子轮廓误为从乙。隶变后楷书写作乳。

【本义】《说文·乚部》："乳，人及鸟生子曰乳，兽曰产。从孚，从乙。乙者，玄鸟也。《明堂·月令》：'玄鸟至之日，祠于高禖以请子。'故乳从乙。请子必以乙至之日者，乙春分来，秋分去，开生之候鸟，帝少昊司分之官也。"析形是就篆文所作的附会。本义当为哺乳。

【演变】乳，本义指❶哺乳：帝岂复忆汝～哺时恩邪！喂奶表示已生养，故又指❷生殖：妇人疏字（生子）者子活，数～者子死|菑川王美人怀子而不～|孳～。又引申指❸乳房：告之后百余日，果为疽发～上|文王四～。又引申指❹乳汁：常饮牛～，色如处子。又引申指❺像乳的东西：豆～|钟～石。由生殖又引申指❻初生的，幼小的：～虎|～燕飞。

【组字】乳，如今既可单用，也可作偏旁。现今仍归入乙部。凡从乳取义的字皆与哺乳等义有关。

以乳作义符的字有：㝅、圝、㵟、㲊（酪）。

贪 tān
（貪）

【字形】甲 篆 隶贪貪 草

【构造】会意兼形声字。甲骨文从貝（货币）从今（口朝下伸舌饮），会爱财之意，今也兼表声。篆文整齐化。隶变后楷书写作貪。如今简化作贪。

【本义】《说文·貝部》："貪，欲物也。从貝，今声。"本义为爱财，即不择手段地求取财物。

【演变】贪，本义指❶爱财：众皆竞进以～婪兮，凭（通"平"，全然）不厌乎求索。引申指❷纳赃受贿：掾有宋章者，～奢不法|～赃枉法。又引申指❸求多，不知足：猛如虎，狠（不听从）如羊，～如狼|～得无厌|～多|～吃|～睡|～玩|～恋。

【组字】贪，如今既可单用，也可作偏旁。现今仍归入贝部。凡从贪取义的字皆与爱财等义有关。

以贪作声符的字有：僋、嗿、湠。

念 niàn
（唸、廿）

【字形】甲 金 古 篆
今篆 隶念唸廿
草

【构造】会意兼形声字。甲骨文和金文皆从心从今（朝下的口，有的还画出了舌），会心中想口中念叨之意，今也兼表声。古文线条化。篆文整齐化。隶变后楷书写作念。

【本义】《说文·心部》："念，常思也。从心，今声。"本义为常常念叨，思念。

【演变】念，本义指❶常常念叨，思念：持其踵为之泣，～悲其远也|～～不忘|惦～|怀～。用作名词，指❷念头：困苦之余，百～灰冷|一～之差|私心杂～。由思念引申指❸思考：安不思危，治不～乱，存不虑亡也。又引申指❹怜悯：～窦娥葫芦提当罪愆，～窦娥身首不完全。由口中念叨，又引申指❺诵读：温七岁时，日～《毛诗》一卷|～书|～经|～报|～珠。此义也写作唸，如今简化仍用念。又用作廿的大写，表示❻二十：年方～八，颇有风情。

〇廿，甲、古、篆皆从二十并会意。读niàn，本义为二十：鲍焦一世披草眠，颜回～九鬓毛斑|宋人题开业寺碑有"念五日"字；亭林曰："以～为念，始见于此。"|～四史。

【组字】念，如今既可单用，也可作偏旁。现今仍归入心部。凡从念取义的字皆与反复念叨等义有关。

以念作声兼义符的字有：谂、唸、稔。
以念作声符的字有：捻、埝、鲶、騐(验)。

贫 pín (貧)

【字形】篆 隶 贫貧 草

【构造】会意字。篆文从貝(代表钱财)从分,用财分散会衣食财物缺乏之意,分也兼表声。隶变后楷书写作貧。如今简化作贫。

【本义】《说文·貝部》:"貧,财分少也。从貝,从分,分亦声。"本义为缺乏钱财。注意:古代"贫"与"穷"(不显贵)不是同义词。

【演变】贫,本义指❶缺乏钱财:~而无谄,富而无骄,如何?|~乏不能自存|~富悬殊。用作使动,指❷使……贫:强本而节用,则天不能~。又引申泛指❸缺少,缺乏:官家但恨仓廪~,不知淮南人食人|~血|~油。后口语又用以表示❹说话絮烦:~嘴~舌。

肤 fū;lú (膚、臚、胪)

【字形】金 古 篆 今篆 隶 肤膚胪臚 草

【构造】形声兼会意字。金文和古文皆从月(肉),虍声,虍也兼表肤色之意。篆文繁化为盧声。隶变后楷书写作膚与臚。如今分别简作肤与胪,现在二字表义有分工。

【本义】《说文·肉部》:"臚,皮也。从肉,盧声。膚,籀文臚。"本义为人体的表皮。

【演变】肤,读fū,专用以表示❶人体的表皮:手如柔荑,~如凝脂|切~之痛|肌~|皮~。引申比喻❷表面的,浅薄的:释《谷梁》者,虽近十家,皆~浅末学|~泛|~廓。

〇胪,作为肤的异体字,读lú,本义为❶皮肤:人曰~,兽曰皮。此义今用肤表示。后转指❷肚腹前部:寒气泄注,腹~胀。用作"胪人""鸿胪",指❸古代主宾客之官:尔乃九宾重,~人列(罗列尊卑)。由此引申指❹陈列,陈述,宣布,唱:秉珪戴璧,~凑群辟|~列|~陈|~情|~名。又指❺传,传语:风听~言于市。

又读lǚ,通旅,指❻祭祀:位在藩臣而~于郊祀(郊祭天),君子惧焉。

肺 fèi

【字形】篆 隶 肺 草

【构造】形声兼会意字。篆文从月(肉),巿声,巿也兼表像枝叶披散形之意。隶变后楷书写作肺。注意:"巿"不要写作"市"。

【本义】《说文·肉部》:"肺,金藏也。从肉,巿声。"本义为人和某些高等动物体内的呼吸器官。

【演变】肺,本义指❶人和某些高等动物体内的呼吸器官:人之视己,如见其~肝然|~病|矽~。用于"肺腑",比喻❷内心:诗从~腑出,出辄伤~腑|~腑之言。

肰 rán

【字形】古 篆 隶 肰 草

【构造】会意字。古文从犬从肉从刀,会以刀割狗肉之意;二形省去刀。篆文整齐化。隶变后楷书写作肰。

【本义】《说文·肉部》:"肰,犬肉也。从犬、肉。"本义为狗肉。

【演变】肰,本义指❶狗肉。由于然从肰取得声兼义,故也借为然,用作❷词尾:使读者宛~其身历。参见然。

【组字】肰,如今不单用,只作偏旁。现今归入月部。凡从肰取义的字皆与狗肉等义有关。
以肰作义符的字有:猒。
以肰作声兼义符的字有:然。

肿 zhǒng (腫)

【字形】古 篆 今篆 隶 肿腫 草

【构造】形声兼会意字。古文一形从月(肉),重声,重也兼表沉重而大之意;二形简化为从肉,中声。篆文承古文一形并整齐化。隶变后楷书写作腫。如今简化承古文二形作肿。

【本义】《说文·肉部》:"腫,痈也。从肉,重声。"本义为毒疮。

【演变】肿，本义指❶毒疮：人之所以善扁鹊者，为有臃~（毒疮）也|头不栊（同栉，篦子）沐，体生疮~。引申泛指❷皮肉浮胀：公闭门而泣之，目尽~|~瘤|~胀。用作"臃肿"，又形容❸肥大而呆滞：身体臃~|机构臃~。

胀 zhàng（脹）

【字形】古  今篆  隶 **胀脹** 草 

【构造】形声兼会意字。古文从月（肉），長声，長也兼表张大意。隶变后楷书写作脹。如今简化作胀。胀是张的分化字，其义原用张来表示。

【本义】《广韵·漾韵》："胀，胀满。"本义为体内充塞难受的感觉。

【演变】胀，本义指❶体内充塞难受的感觉：人或咽气，气满腹~|头昏脑~|~肚。引申指❷物体膨胀：斯须之间，见囊大~如吹|热~冷缩。又特指❸皮肉浮肿：肿~。

朋 péng（鵬、鹏、鳳、凤）

【字形】甲 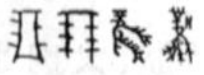 金  古 

篆  隶 **朋凤鳳鹏鵬**

草 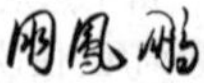

【构造】象形字。甲骨文象两串细贝连在一起之形，是古代的货币单位。一说五贝为一串，两串为一朋。金文大同。隶变后楷书写作朋。《说文》无朋字，借古文"凤"来表示，凤的甲骨文象高冠、花翎、长尾的凤鸟形，有的另加声符"凡"。由于古文"凤"借用以表示"朋"，"凤"之义篆文遂简化改为从鳥凡声写作鳳，如今简化作凤；或以朋为基础另加义符"鳥"写作"鵬"，如今简化作鹏。参见凤（古亦借凤表示）。

【本义】《广韵·登韵》："五贝曰朋。"本义为古代货币单位。《说文·鸟部》："鳳，神鸟也。天老曰：鳳之象也，鸿前麟后，蛇颈鱼尾，鹳颡鸳思，龙文虎背，燕颔鸡喙，五色备举。出于东方君子之国，翱翔四海之外，过昆仑，饮砥柱，濯羽弱水，莫宿风穴，见则天下大安宁。从鸟，凡声。"本义为雄凤。《说文·鸟部》："鹏，亦古鳳（凤）字。"本义也是凤。

【演变】朋，本义为❶古代货币单位：既见君子，锡（赐）我百~|玄玉百工（玉的计量单位），大贝百~。由相连的两串贝引申指❷朋友：君子以~友讲习|有~自远方来|高~满座。用作褒义动词，指❸结合，群聚：鸳鸯自~亲，不若比翼连|聚戏~游。用作贬义，又特指❹不正当的结合，勾结：世并举而好~兮，夫何茕独而不予听|趋利之人，好为~比，同其私也。物以类聚，又引申指❺同类，伦比，朋党：彼其之子，硕大无~|西南得~，东北丧~。

○凤，读 fèng，本义为❶雄凤（雌称凰）：~凰于飞。引申比喻❷有圣德的人或帝王：~兮~兮，何德之衰！|~诏裁成当直归。又比喻❸婚姻关系中的男方：~兮~兮归故乡，游遨四海求其凰。

○鹏，作为凤的异体字，读 fèng，本义为❶凤。

又读 péng，借指❷传说中的大鸟：北冥有鱼，其名为鲲；鲲之大，不知其几千里也。化而为鸟，其名为~；~之背，不知其几千里也，怒而飞，其翼若垂天之云|海有吞舟鲸，邓（邓林）有垂天~|~程万里|大~展翅|~举。

【组字】朋，如今既可单用，也可作偏旁。现今归入月部。凡从朋取义的字皆与比并等义有关。

以朋作声兼义符的字有：崩、绷、棚。

以朋作声符的字有：堋、鹏、硼、鬅。

股 gǔ

【字形】篆  隶 **股** 草 

【构造】形声兼会意字。甲骨文、金文借殳表示。篆文从月（肉），殳声，殳也兼表像殳形之意。隶变后楷书写作股。

【本义】《说文·肉部》："股，髀也。从肉，殳声。"本义为大腿。

【演变】股，本义指❶大腿：宋师败绩，公伤~|玩于~掌之上|割~疗饥。股是身体的一部分，故又引申指❷事物的一部分：钗留一~合一扇|三~绳|~票|卫生~|~长|~东|~份。用作"股肱"，比喻❸得力可靠的臣子：君之卿佐，

是谓~肱。用作动词,表示❹辅助:故大将军受命武帝,~肱汉国。用作量词,指❺长条状的事物:一~道|一~清泉|一~绳|一~劲|一~敌人|一~气。

【组字】股,如今既可单用,也可作偏旁。现今仍归入月(肉)部。凡从股取义的字皆与肢体等义有关。

以股作声兼义符的字有:臀。

肥 féi

【字形】篆 今篆 隶**肥** 草

【构造】会意字。篆文从肉从卩(跪坐人),人不动则胖,会人肌肉丰满之意。隶变后楷书写作肥,卩讹为巴。

【本义】《说文·肉部》:"肥,多肉也。从肉,从卩。"本义为人胖,脂肪多。

【演变】肥,本义指❶人胖,脂肪多:四体既正,肤革充盈,人之~也|脑满肠~。又指❷禽兽之肉含脂肪多:庖有~肉,厩有~马|~猪。引申指❸土地肥沃:不爱珍器重宝~饶之地,以致天下之士|地有~硗。用作使动,指❹使田肥沃:掩地表亩,刺草殖谷,多粪~田,是农夫众庶之事也|~田粉。又引申指❺肥料:庄稼一枝花,全靠~当家|施~|绿~|化~。由肥胖又引申指❻衣裳鞋袜宽大:这条裤子忒~了|买的鞋又~又大。

【组字】肥,如今既可单用,也可作偏旁。现今仍归入月(肉)部。凡从肥取义的字皆与肥大等义有关。

以肥作声符的字有:淝、婓、崥、蘢。

服 fú;fù
(䑦)

【字形】甲 金 古 篆 隶**服**

草

【构造】会意字。甲骨文从人从手从凡(盘),会人持盘操办事务之意。由于形近,金文盘变为舟,成了人操舟了。古文省从人。篆文承接金文并整齐化。隶变后楷书写作䑦。俗作服,如今规范化为正体。

【本义】《说文·舟部》:"䑦,用也。从舟,𠬝声。"本义为用事、从事。

【演变】服,读fú,本义指❶用事,从事;驾,乘:有事,弟子~其劳|~牛乘马。引申为❷作,担任:~兵役|为人民~务。又引申为❸穿用,佩带:周公~天子之冕|高祖即位,~其玺|~玉。用作名词,指❹穿用的衣裳:制~|~装。又引申为❺习惯,适应:不~水土。又指❻用药,吃药:~药。由于服也承担了𠬝的含义,故又表示❼制服,慑服:虎之所以能~狗者,爪牙也。引申指❽顺从:屈~|~从|信~。进而引申指❾敬佩:~其高见。

又读fù,指❿车箱:凡~耜,斩季材,以时入之|牝~。又指⓫负载,负荷:车为~重致远,乘之则安,引之则利|黄骏~其箱。用作量词,用于⓬中药剂量:吃一~药。

【组字】服,如今既可单用,也可作偏旁。现今归入月部。凡从服取义的字皆与服用等义有关。

以服作声兼义符的字有:箙。

以服作声符的字有:菔、棴。

胁 xié
(脇、脅)

【字形】篆 隶**胁 脇 脅** 草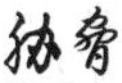

【构造】形声兼会意字。篆文从月(肉),劦声,劦也兼表偕同之意。隶变后楷书写作脅。异体作脇。如今皆简化作胁。

【本义】《说文·肉部》:"胁,两膀也。从肉,劦声。"本义为两臂所夹的部分。

【演变】胁,本义指❶两臂所夹的部分:曹共公闻其骈~,欲观其裸|~肩谄笑,病于夏畦(比夏天在田里耕作还累)|两~。夹东西要用胁部,故又引申指❷挟制,逼迫:强~弱,知惧愚|威~|裹~|要~|~从|~制|~迫。又借作翕(xī),表示❸收敛:翡翠~翼而来萃兮,鸾凤翔而北南。

【组字】胁,如今既可单用,也可作偏旁。现今仍归入月(肉)部。凡从脅取义的字皆与两旁等义有关。

以脅作声兼义符的字有:嗋、熁、瀁、熁。

周 zhōu

（賙、赒、𠣘、週、彫、琱、雕、凋）

【字形】甲　金　篆　今篆　隶 周 賙 凋 雕 彫 琱 𠣘 草

【构造】象形字。甲骨文象钟体上雕满乳突形，表示雕刻周密之义，当是彫（雕）的初文。金文以之为基础另加义符口，徐中舒认为“示国家政令所出，是为姬周之周”，古代诸侯分封总要铸钟鼎以作纪念。篆文承接金文，省去乳突并整齐化。隶变后楷书写作周。

【本义】《说文·口部》：“周，密也。从用、口。”析形是就篆文所作的解说，所释为引申义。本义当为彫，表示雕刻周密。

【演变】周，由本义雕刻周密，引申泛指❶周密：其藏之也～。由周密引申为❷完备，周到：赡恤其家～至。用作使动，表示❸使完备，即成全，救济：君子～急不济（增加）富。此义后另加义符“貝”写作“賙”（如今简化作赒）来表示。又引申为❹普遍，全面：亲巡天下，～览远方｜众所～知。又用作𠣘（从勹舟声，本义指匝遍。如今废而不用），表示❺环绕，环绕一圈：鸟次兮屋上，水～兮堂下｜齐师大败，逐之，三～华不注之山。由环绕又引申指❻周围：四～。又指❼时间的一轮：留于秦，～年不得见。如今又指❽星期：下～再见。以上四义曾另加义符辶写作“週”，如今简化仍用“周”。又表示❾朝代名：夏、商、～。这样一来，雕刻之义则另写作彫来表示。

○赒，从贝从周会意，周也兼表声。读 zhōu，本义为以财物相救助，周济，救济：五族为党，使之相救；五党为州，使之相～。此义今作周。

○彫，从彡（毛饰画纹）从周，周也兼表声。读 diāo，本义为❶雕琢花纹：朽木不可～也。引申指❷文饰，彩绘：峻宇～墙。异体作琱，从玉从周，周也兼表声。本义指❸雕治玉。如今简化，“彫”“琱”二字皆借用“雕”来表示。又用作凋，表示❹草木凋落：岁寒，然后松柏之后～也。

○雕，从隹从周（刻割）会意，周也兼表声。读 diāo，本义指❶鹫鹰：生得一人，果匈奴射～者也。借作彫与琱，又表示❷雕琢：～题（额头）黑齿。又借作凋，表示❸凋零，凋敝：民力～尽。

○凋，从冫从周（刻割）会意，周也兼表声。读 diāo，本义指❶草木零落：秋尽江南草木～｜～谢｜～落｜～残。引申指❷衰败，疲敝：吏民～敝｜使人听此～朱颜。

【组字】周，如今既可单用，也可作偏旁。现今仍归入口部。凡从周取义的字皆与雕刻、布满等义有关。

以周作声兼义符的字有：週、彫、琱、赒。

以周作声符的字有：调、凋、倜、啁、绸、惆、稠、碉、蜩、雕、鲷。

昏 hūn

（昬、婚）

【字形】甲　金　古　篆　隶 昏 昬 婚 草

【构造】会意字。甲骨文、金文和古文皆从日从氏（根柢，表低下），会日低下西沉之意。篆文整齐化。隶变后楷书写作昏。异体作昬，从民（目盲），成了眼睛看不见了。今以昏为正体。

【本义】《说文·日部》：“昏，日冥也。从日，氐省。氐者，下也。一曰民声。”本义为日落黄昏。

【演变】昏，本义指❶日落黄昏：～暮叩人之门户求水火，无弗与者，至足也｜秋天漠漠向～黑｜晨～。引申泛指❷黑暗不明：挥袖风飘而红尘昼～｜天～地暗。进而引申指❸头脑不清醒或眼睛不明：贤者以其昭昭使人昭昭，今以其～～使人昭昭｜我老眼虽～，早已看真了｜利令智～｜～迷不醒。又引申指❹政治昏乱：元嘉之际，氛厉弥～｜忠臣已婴（遭）祸诛，君陷～恶，丧国夷家。古代婚礼常在黄昏举行，故又引申指❺结婚：燕尔新～，如兄如弟。此义后作婚。

○婚，从女从昏会意，昏也兼表声。读 hūn，本义指❶结婚：同姓不～，恶不殖也｜昔别君未～，儿女忽成行。用作“婚姻”，古代多指❷家族联姻，妇家为婚，婿家为姻：项伯即入见沛公；沛公奉卮酒为寿，约为～姻。又指❸夫妻关系：胜所以自附为～姻者，以公子之高义也，为能急人之困。
【组字】昏，如今既可单用，也可作偏旁。现今仍归入日部。凡从昏取义的字皆与日落黄昏等义有关。
以昏作声兼义符的字有：婚、阍。
以昏（昬）作声符的字有：缗、涽。

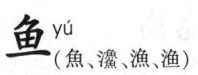

鱼 yú
（魚、瀺、漁、渔）

【字形】甲　金　篆

隶　草
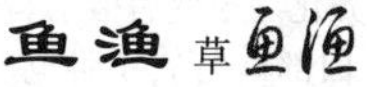

【构造】象形字。甲骨文象嘴、鳍、鳞皆有的鱼形。金文还有鱼的大概轮廓。篆文整齐化。隶变后楷书写作魚。如今简化作鱼。
【本义】《说文・鱼部》："鱼，水虫也。象形。鱼尾与燕尾相似。"本义为水生脊椎动物鱼。
【演变】鱼，本义指❶水生脊椎动物鱼：~跃龙门。引申指❷像鱼的水栖动物：鳄~｜鲵~。又表示❸打鱼。此义后来另加义符"氵"写作"渔"来表示。
○渔，甲骨文从水从多鱼会意；或作瀺，从水从瀺会意。金文另加双手，篆文省作渔。读 yú，本义为❶捕鱼：竭泽而~，岂不获得，而明年无鱼。引申指❷谋取不应得的东西：~夺百姓，侵牟万民｜从中~利。参见瀺。
【组字】鱼，如今既可单用，也可作偏旁。现今仍设鱼部。凡从鱼取义的字皆与鱼类动物等义有关。
以鱼作义符的字有：魛、鱽、鱿、鲀、魜、鲂、鲃、鲄、鲅、鲆、鲇、鲉、鲈、鲊、鲋、鲌、鲍、鲎、鲏、鲐、鲑、鲒、鲓、鲔、鲕、鲖、鲗、鲘、鲙、鲚、鲛、鲜、鲞、鲟、鲠、鲡、鲢、鲣、鲤、鲥、鲦、鲨、鲦、鲩、鲪、鲫、鲬、鲭、鲮、鲯、鲰、鲱、鲲、鲳、鲴、鲵、鲶、鲷、鲸、鲹、鲺、鲻、鲼、鲽、鲾、鲿、鳀、鳁、鳂、鳃、鳄、鳅、鳆、鳇、鳈、鳉、鳊、鳋、鳌、鳍、鳎、鳏、鳐、鳑、鳒、鳓、鳔、鳕、鳗、鳘、鳘、鳙、鳚、鳛、鳜、鳝、鳞、鳟、鳠、鳡、鳢、鳣、鳍。
以鱼作声兼义符的字有：鲁。
以鱼作声符的字有：稣。

兔 tù

【字形】甲　金　石鼓

篆　隶　草

【构造】象形字。甲骨文象兔子形。金文和石鼓文稍讹。篆文整齐化。隶变后楷书写作兔。
【本义】《说文・兔部》："兔，兽名。象踞，后其尾形，兔头与昆头同。"本义为兔子。
【演变】兔，本义指❶兔子：狡~死，走狗烹。传说月中有玉兔捣药，故又用作❷月亮的别称：虹影迴分银汉上，~辉全写玉筵中。
【组字】兔，如今既可单用，也可作偏旁。现今归入儿部。凡从兔取义的字皆与兔类动物等义有关。
以兔作义符的字有：冤、逸、㲋（㲜）。
以兔作声符的字有：娩、菟。

匋 táo；yáo
（陶、窯、窰、窑）

【字形】甲　金　篆

今篆　隶　匋陶窯窰窑

草

【构造】会意字。金文从勹（曲身人）从缶（杵与器），会人持杵制作陶器之意。篆文整齐化。隶变后楷书写作匋。是"缶"的加旁字。
【本义】《说文・缶部》："匋，瓦器也。从缶，包省声。古者昆吾作匋。"析形不确。本义为制作陶器。
【演变】匋，读 táo，本义指❶制作陶器。又指❷制作的陶器。
又读 yáo，引申指❸烧制陶器的窑：南山有汉武旧~。
由于匋作了偏旁，陶器之义后另加义符"阝"（阜，表示窑包）写作"陶"来表示。
○陶，上列甲骨文从阜从人，会人登上窑包烧窑之意。金文二形另加二土，强调是土堆成的窑包。篆文二形改为从阜从匋会意，匋也兼表声。作为匋的加旁字，读 yáo，本义为❶烧制陶器的窑：~，窑灶也。又用作❷人名，即皋陶，舜臣：皋~曰："允迪厥德，谟明弼谐。"

又读 táo,指❸制作陶器:万室之国,一人~,则可乎?|~冶。用作名词,指❹烧制的陶器:器用~匏,以象天地之性也|黑~|彩~。由烧制陶器又引申指❺造就培养:~成天下之才|熏~。成材则乐,又借用以表示❻快乐:共~暮春时|~然|~醉。这样,烧制陶器之灶意思则另造了"窯""窰"来表示。

〇窰,本从穴,䍃声。异体作窯,从穴,羔声。如今皆简化作窑,从穴从缶会意,更近古义。读 yáo,本义指❶烧制砖瓦陶器的建筑物:砖~|瓦~。引申指❷古代名窑烧出的瓷器:宜~|哥~。又引申指❸土法生产的煤矿:小煤~。又引申指❹像窑的洞穴:~洞。又特指❺妓院:~姐儿。

【组字】匋,如今不单用,只作偏旁。现今归入勹部。凡从匋取义的字皆与制作陶器等义有关。

以匋作声兼义符的字有:陶、掏。

以匋作声符的字有:淘、萄、啕、醄。

匊 jū (掬)

【字形】金　古　篆　今篆
隶 匊 掬 草

【构造】会意字。金文上边是手(或说为曲身人)的讹误,下从米,会以手捧米之意。古文和篆文讹为从勹(曲身人)从米。隶变后楷书写作匊。是臼的后起字,是掬的本字。参见臼。

【本义】《说文·勹部》:"匊,在手曰匊。从勹、米。"本义为以手捧米。

【演变】匊,本义为❶以手捧米。又泛指❷捧起:丐者或以织柳之器来,或手~而饮|~黄羊血,杂雪而咽。用作名词,指❸满捧,满握:终朝采绿,不盈一~|洪河已决,~壤不能救。

由于匊作了偏旁,用手捧之义便另加义符"扌"写作"掬"来表示。

〇掬,从扌从匊会意,匊也兼表声。读 jū,本义指用手捧散碎之物:受珠玉者以~|以手~水|笑容可~|憨态可~。

【组字】匊,如今不单用,只作偏旁。现今仍归入勹部。凡从匊取义的字皆与用手捧、聚合等义有关。

以匊作声兼义符的字有:掬、菊、麴、鞠。

臽 xiàn (陷)

【字形】甲　金　篆
隶 臽 陷 草

【构造】会意字。甲骨文象一人掉入陷坑形,是陷的本字。金文掉进去的是个女人。篆文承接甲骨文并整齐化。隶变后楷书写作臽。

【本义】《说文·臼部》:"臽,小阱也。从人在臼上。"本义为掉进坑中。

【演变】臽,本义指掉进陷坑,也指陷坑。由于臽作了偏旁,便另加义符"阝"(从高到下)写作"陷"来表示。

〇陷,从阜从臽会意,臽也兼表声。读 xiàn,本义为❶掉进,落入,沉下:是犹负千钧之重~于不测之渊而求生也|~入泥中|天塌地~。引申指❷凹进去:两眼深~。又引申指❸设计害人:三长史皆害汤(人名),欲~之|~害。又引申指❹攻破:逼潼关,~华州|冲锋~阵。

【组字】臽,如今不单用,只作偏旁。现今仍归入臼部。凡从臽取义的字皆与陷入等义有关。注意:臽与舀不同,凡从臽的字都读 a 或 an 韵;凡从舀的字都读 ao 韵。

以臽作声兼义符的字有:陷、馅、掐、鸽。

以臽作声符的字有:焰、阎、谄、萏。

忽 hū

【字形】金　篆　隶 忽　草

【构造】会意兼形声字。金文和篆文皆从心从勿(云层间射出阳光形,表变幻不定),会心神不定之意,勿也兼表声。隶变后楷书写作忽。

【本义】《说文·心部》:"忽,忘也。从心,勿声。"本义为心神不定,恍惚。

【演变】忽,本义指❶心神不定,恍惚:居则~~若有所亡|眇眇~~,若神仙之仿佛。引申指❷不重视:记人之功,~于小过|玩~职守|~略|~视|疏~。阔远则恍惚,故又引申指❸辽阔

渺茫的样子：平原~兮路超远。又因忽也从勿取义，故又由云的变幻不定引申指❹疾速：禹汤罪己，其兴也悖焉；桀纣罪人，其亡也~焉|但知贫贱安，不知岁月~。用作副词，表示❺忽然，突然：~过新丰市，还归细柳营|~如一夜春风来，千树万树梨花开|情绪~高~低。又用作❻古代的度量单位：度之所起，起于~，欲知其~，蚕吐丝为~。十~为一丝，十丝为一毫，十毫为一厘，十厘为一分。

【组字】忽，如今既可单用，也可作偏旁。现今仍归入心部。凡从忽取义的字皆与心神不定等义有关。

以忽作声兼义符的字有：惚。

以忽作声符的字有：唿、淴。

咎 jiù
（慦）

【字形】甲　金　篆

隶 咎 草

【构造】会意字。甲骨文从人从夂（倒止，表抵触不顺），会人行动有阻、动辄有灾之意；二形异体或从各，其义相同。金文更加疒旁，以强调病灾。篆文承甲骨文二形并整齐化。隶变后楷书写作咎。异体作慦，从心从咎会意，咎也兼表声。如今规范化用咎。

【本义】《说文·人部》："咎，灾也。从人，从各。各者，相违也。"本义为灾殃、凶祸。又《心部》："慦，怨仇也。从心，咎声。"又表示怨恨，憎恶。

【演变】咎，本义指❶灾殃、凶祸：天降之~|诸侯必叛，君必有~|休~（吉凶）难于逆料。引申为❷罪过：若无兴德之言，则责攸之、祎、允等之慢，以彰其~|动辄得~|~有应得。用作动词，表示❸追究罪过，责备：病不已而乃~医|既往不~。

作为慦的异体，又指❹怨恨，憎恶：凡祸乱之所生，生于怨~。

【组字】咎，如今既可单用，也可作偏旁。现今归入口部。凡从咎取义的字皆与灾祸等义有关。

以咎作声符的字有：绺、晷、慦。

备 bèi
（葡、俻、備、僃、偹）

【字形】甲　金　古　篆

隶 备 備 僃 偹 草

【构造】会意字。甲骨文象箭插入盛矢器中形，表示置备有箭。金上矢下器，稍讹。古文简化。篆文一形承金文又讹为从苟省从用，就完全失去了原形；二形另加义符"亻"，表示人预先置备下，自然是小心谨慎了。隶变后楷书分别写作葡（葡）与備（備）。俗承古文另加人旁作偹。如今简化取"偹"的部分"备"来表示。由于葡作了偏旁，其盛箭器之义后另造了"箙"来表示。葡作偏旁或写作葡。参见葡。

【本义】《说文·人部》："備，慎也。从人，葡声。"本义为谨慎。

【演变】备，本义指❶谨慎：貌若傥荡不~，然心甚谨密。引申泛指❷预备，准备，防备：有~无患|攻其无~。由于备后来也承担了葡的含义，故又表示❸置备，具备：装~|设~。进而引申为❹齐备，完备：求全责~|德才兼~。

【组字】备，如今既可单用，也可作偏旁。现今備仍归入人部，备则归入夂部。凡从备取义的字皆与预备等义有关。

以备作声兼义符的字有：糒、鞴。

以备作声符的字有：惫、犕、惫。

炙 zhì

【字形】金　古　籀　篆

隶 炙 草

【构造】象形兼会意字。金文象在架子上烤肉之形。古文改为从火从肉，会以火烤肉之意。籀文繁化另加出烤肉的架子。篆文承古文并整齐化。隶变后楷书写作炙。

【本义】《说文·炙部》："炙，炮肉也。从肉在火上。"本义为烧烤。

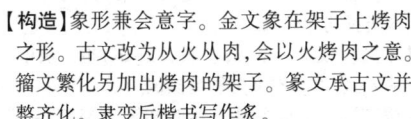

【演变】炙，本义指❶烧烤：有兔斯（白）首，燔之~之|~手可热。引申指❷曝晒：野人有快~背而美芹子者，欲献之至尊。又引申指❸受熏陶，受教育：~其言论，愈久而益深|久仰芳名，

无由亲～。用作名词，指❹烤熟的肉：脍～与羊枣孰美？|脍～人口。

【组字】炙，如今既可单用，也可作偏旁。现今归入火部。凡从炙取义的字皆与烧烤等义有关。

以炙作义符的字有：䙡、䜌。

以炙作声符的字有：唊、浃、鉃、𢽾。

狐 hú

【字形】甲 金 篆 隶 狐 草

【构造】象形兼形声字。甲骨文右象狐狸之形，左为亡声；二形简化。金文讹变。篆文改为从犬，瓜声。隶变后楷书写作狐。

【本义】《说文・犬部》："狐，妖兽也。小前大后，死则首丘。从犬，瓜声。"本义为狐狸。

【演变】狐，本义指❶狐狸：虎求百兽而食之，得～|～假虎威|～死首丘|～白之裘|～臭。俗传狐狸狡猾多疑，善迷惑人，故又比喻❷多疑或迷惑人：～疑|～媚。又比喻❸行为不端的人或坏人：～朋狗友|～群狗党。

【组字】狐，如今既可单用，也可作偏旁。现今仍归入犬部。凡从狐取义的字皆与动物等义有关。

以狐作声符的字有：菰。

饰 shì （飾）

【字形】金 篆 隶 饰 飾 草

【构造】会意兼形声字。金文从大（人）举巾从食，会人整饬饭食之意。篆文从人持巾，食声，表示刷治擦拭。隶变后楷书写作飾。如今类推简化作饰。

【本义】《说文・巾部》："飾，㕞（刷）也。从巾，从人，食声。"本义为刷治擦拭。

【演变】饰，本义指❶刷治使洁净：凡祭祀，～其牛牲。引申指❷修治：以～法设刑，而天下治。又引申指❸打扮，妆饰：羔裘豹～，孔武有力|修～|装～|～演。由修饰又引申指❹遮掩：谄谀～过之说胜，则巧佞者用|文过～非|粉～太平|～辞。用作名词，指❺装饰品：前有橛～之患，后有鞭策之威，而马之死者已过半矣|声者，乐之象也；文采节奏，声之～也|首～|衣～|～物。又借作饬，表示❻戒，令：是六郡之师，严～护疆，不可他使。

【组字】饰，如今既可单用，也可作偏旁。现今归入食部。凡从饰取义的字皆与擦拭等义有关。

以饰作声符的字有：篩。

饱 bǎo （飽）

【字形】篆 隶 饱 飽 草

【构造】形声兼会意字。篆文从食，包声，包也兼表包有之意。隶变后楷书写作飽。如今类推简化作饱。

【本义】《说文・食部》："飽，猒（厌，足）也。从食，包声。"本义为吃足。

【演变】饱，本义指❶吃足：君子食无求～，居无求安|～食终日|衣食～暖。又引申指❷饱满，满足：既醉以酒，既～以德|果实～满|～经风霜|～受战乱之苦|～以老拳。

变 biàn （變）

【字形】篆 今篆 隶 变 變 草

【构造】形声兼会意字。篆文从攴，䜌声，䜌也兼表治乱丝使有条理，故用以会更改之意。隶变后楷书写作變。如今简化作变，䜌简为亦，攴简为又。

【本义】《说文・攴部》："變，更也。从攴，䜌声。"本义为更改。

【演变】变，本义指❶更改：穷则～，～则通，通则久|～化|～动|改～|～更。引申指❷移动：夫子之病革（jí，严重）矣，不可以～。又引申指❸变通：善言而不知～，未可谓能说也|权～。用作名词，特指❹事变，变故：天下有～，则命一上将将荆州之军以向宛洛。又特指❺灾异：天～不足畏|其妻数恶梦，又多见怪～。

【组字】变，如今既可单用，也可作偏旁。现今归入又部。凡从变取义的字皆与更改等义有关。

以变作声符的字有：䁵、㛯。

京 jīng

【字形】甲  金  篆  隶 

草 

【构造】象形字。甲骨文象累土为高丘在其上筑亭屋形，犹后代于高处筑亭台或瞭望哨。金文大同。篆文整齐化。隶变后楷书写作京。

【本义】《说文·京部》：“京，人所为绝高丘也。从高省，丨象高形。”本义为人工筑成的高丘。

【演变】京，本义指❶人工筑成的高丘：为围堑十重，于堑里筑～，皆高五六丈｜瓒乃筑～于蓟城以备虞。引申指❷大的谷仓：有新成囷～者二家。用作形容词，泛指❸高大：八世之后，莫之与～。京城都大，故又特指❹京城：～师之野，于时处处｜～华｜～兆｜～邑｜～畿。

【组字】京，如今既可单用，也可作偏旁。现今归入亠部。凡从京取义的字皆与高大等义有关。

以京作义符的字有：就。

以京作声兼义符的字有：景、鲸。

以京作声符的字有：谅、凉、勍、掠、琼、惊、猄、琼、椋、晾、黥。

享 xiǎng (亯)

【字形】甲  金 

篆  隶 

草 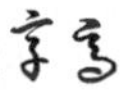

【构造】象形字。享有三个来源：一是甲骨文一形，象高大台基上建有殿堂形，象征祭祖的宗庙；金文稍讹，中加一点，或指明在这里祭献神祖之意；篆文承甲、金文演变为一、二形；隶变后楷书分别写作亯、享、亨；如今规范化，以享为正体，亨另表他义，亯只作偏旁。二是甲骨文二形，是将烹煮好的味道醇厚的肥羊敬献于宗庙之意；金文二形繁化；篆文承甲、金文演变为三形并整齐化；隶变后楷书写作䇈(chún)，作偏旁时俗也写作享。三是甲骨文三形，象地宫外起辅助作用的有顶盖的走廊台阶形；金文繁化加出多个台阶；篆文整齐化为四形；隶变后楷书写作𩫏(guō)，作偏旁时俗也写作享。这样，亯与䇈(孰)、𩫏(郭)所从的享俗遂相混，成了同形字。实际三者并不是一个字。参见亨、𩫏、䇈。

【本义】《说文·亯部》：“亯，献也。从高省，曰，象进孰(熟)物形。《孝经》曰：‘祭则鬼亯之。’享，篆文亯。”本义为用食物祭献神祖。

【演变】享，本义指❶用食物祭献神祖：大～于先王。引申泛指❷贡献：璧琮九寸，诸侯以～天子。又指❸鬼神来享用祭品：如是，则非德民不和、神不～矣｜百神～之。又泛指❹享用，享受：延及孝文王、庄襄王，～国日浅，国家无事｜～福｜坐～其成｜～年。由享神，又引申指❺用食物招待人：郑伯～赵孟于垂陇｜～宴。

【组字】享，如今既可单用，也可作偏旁。现今归入亠部。凡从享取义的字皆与祭献等义有关。注意：从享的字并非都与祭献等义有关，有的是从𩫏或䇈演变来的，如郭、醇。

以亯作义符的字有：亨、烹、孰、管(笃)、亶。

以享作声符的字有：椁。

亩 lǐn (稟、禀、廪、廩)

【字形】甲  金  篆  隶  草 

【构造】象形字。甲骨文象一个简易的粮仓形。金文大同。篆文稍讹并整齐化。隶变后楷书写作亩。是稟(禀)和廪(廩)的本字。参见禀。

【本义】《说文·亩部》：“亩，谷所振入。象屋形，中有户牖。廪(廩)，亩或从广，从禾。”本义为容纳谷物的粮仓。

【演变】亩，本义为容纳谷物的粮仓。因其作了偏旁，粮仓之义便另加义符“禾”写作“稟”来表示，如今简化作禀。稟后来引申为别的含义并作了偏旁，于是粮仓之义便另加义符“广”写作“廩”来表示。如今简化作廪。

【组字】亩，如今不单用，只作偏旁。现今归入亠部。凡从亩取义的字皆与粮仓等义有关。

以亩作义符的字有：啚、嗇(啬)、亶。

以亩作声兼义符的字有：稟(禀)。

夜 yè

【字形】甲 金 篆 隶 夜 草

【构造】会意兼形声字。甲骨文和金文皆从夕从亦(人)省,会月亮升起人们休息之意,亦也兼表声。篆文整齐化。隶变后楷书写作夜。异体讹作亱。如今规范化用夜。

【本义】《说文·夕部》:"夜,舍也。天下休舍也。从夕,亦省声。"本义指从天黑到天亮人们普遍休息的一段时间,即夜晚。

【演变】夜,本义指❶从天黑到天亮的一段时间:式号式呼,俾昼作~|日~。又指❷黄昏:夙~匪解(懈),以事一人。又指❸凌晨:大祭祀,~呼旦,以叫百官。又引申泛指❹昏暗:是故索物于~室者,莫良于火。又特指❺夜行:金吾不禁~,玉漏莫相催。

【组字】夜,如今既可单用,也可作偏旁。现今归入亠部。因夜从亦(腋窝)得声,故凡从夜取义的字皆与夜晚或腋窝等义有关。

以夜作声兼义符的字有:掖、腋。

以夜作声符的字有:液。

店 diàn (坫)

【字形】篆 今篆 隶 店 坫 草

【构造】会意兼形声字。篆文从土从占会意,占也兼表声。隶变后楷书写作坫。本指室内放东西的土台子。俗变作店,改为从广(敞屋)从占,成了店铺。

【本义】《说文·土部》:"坫,屏也。从土,占声。"本义为古代设于堂中用以置藏器物的土台。

【演变】店,作为"坫"字,本义指❶古代设于堂中用以置藏器物的土台:反~(反坫,即反置酒樽之处)出尊(樽)。引申指❷古代商贾用以置放所卖之物的土台子,类似于现在商店的柜台:崔豹《古今注》:"~,置也,所以置货鬻之物也。"由此俗变写为"店",主要用以表示❸商店:风吹柳花满~香,吴姬压酒唤客尝。又指❹旅舍,客栈:山~云迎客,江村犬吠船。又指❺置放农具、看守作物的草舍:终当收获毕,寂寞悬山~。

【组字】店,如今既可单用,也可作偏旁。现今归入广部。凡从店取义的字皆与置放等义有关。

以店作声兼义符的字有:惦。

以店作声符的字有:掂、踮。

庙 miào (廟)

【字形】金 古 篆 今篆

隶 庙 廟 草

【构造】形声兼会意字。金文从广(敞屋)或从宀,朝声,朝也兼表人所朝拜之意。古文从广,苗声。篆文承金文并整齐化。隶变后楷书写作廟。俗承古文省作庙,改为苗省声。如今规范化,以庙为正体。

【本义】《说文·广部》:"廟,尊先祖皃也。从广,朝声。"本义为设置祖先牌位以供祭祀的建筑,即祖庙。

【演变】庙,本义指❶祖庙:子入太~,每事问|一夫作难而七~隳(毁)|家~|宗~。后引申又指❷神庙:于是作渭阳五帝~|城隍~|土地~|寺~。历史上被尊崇的人物死后往往受到祭祀,也为之立庙,故又指❸旧时供奉名人的地方:诏为亮立~于沔阳|关帝~|孔~。古代庙是祭祀的地方,也是议政的地方,故又可指代❹朝廷:若其政出~算者,将贤亦胜,将不如亦胜|~谋|~论|~略|廊~。又特指❺设在寺庙里或附近的集市:~会|赶~。

府 fǔ

【字形】金 篆 隶 府 草

【构造】形声兼会意字。金文从广(简易房)从贝从付(交付),会储藏财物的地方之意,付也兼表声。篆文省贝并整齐化。隶变后楷书写作府。

【本义】《说文·广部》:"府,文书藏也。从广,付声。"本义为储藏财物或文书的地方。

【演变】府,本义指❶储藏财物或文书的地方:须知~库,聚民膏血|勋在王室,藏于盟~|天~之国。引申泛指❷事物或人物汇集之处:游文章之林~|学~|乐~|韵~。又引申指❸管理财货或文书的官员:少~。又指❹官员办公

的地方，官署：宫中～中，俱为一体。又通称❺官署或达官贵人的住宅：官～｜相～。用作敬词，敬称❻别人的住宅：～上｜造～请教。又指❼旧时行政区划名：兖州～。

【组字】府，如今既可单用，也可作偏旁。现今仍归入广部。凡从府取义的字皆与储藏等义有关。

以府作声兼义符的字有：腑。

以府作声符的字有：俯、腐。

底 dǐ

【字形】金　篆　隶　草

【构造】形声兼会意字。金文从厂（山崖敞屋），氐声，氐也兼表向下之意。篆文从广（敞屋），其义相同。隶变后楷书写作底。

【本义】《说文·广部》："底，下也。从广，氐声。"本义为物体的最下面部分。

【演变】底，本义指❶物体的最下面部分：（潭）全石以为～｜剩下一个囤～｜鞋～｜河～｜～座。由最下面部分引申指❷尽头，过程的末尾：若只和俺硬到～，洒家倒饶了你！｜坚持到～｜彻～｜年～｜月～。又进而引申指❸根基，基础，内情：凡谷田，绿豆小豆～（前茬作物）为上｜先为你打个～｜揭他老～｜刨根问～｜知根知～｜～细｜～肥。用作代词，相当于❹何：君非鸬鹚鸟，～为守空池？｜干卿～事？唐宋又用作结构助词，是❺"的"的早期形式：上下两轮月，若个是真～？五四以后受西方语法影响，又专用作❻领属性定语的结构助词：我～希望，我～志愿，你是知道的。以上二义如今改用"的"。

【组字】底，如今既可单用，也可作偏旁。现今仍归入广部。凡从底取义的字皆与下面等义有关。

以底作声符的字有：菧、掋、坻、柢。

庚 gēng
（賡、赓）

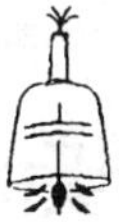

【字形】甲　金　古　篆　
隶　庚　赓　賡　草

【构造】象形字。甲骨文象有舌有把可摇的响铃一类的乐器形，上为把及提绳，中间为舌，摇动时舌击壁发声。金文大同。篆文讹为从两手捧干形。隶变后楷书写作庚。

【本义】《说文·庚部》："庚，位西方，象秋时万物庚庚有实也。庚承己，象人脐。"这是根据当时的社会思想所作的解说。本义当为响铃类乐器。

【演变】庚，本义指❶摇动连续发声的响铃。引申泛指❷接续：长～。又指❸更替：霜摧雨折岁屡～。后借为❹天干的第七位，与地支相配，用以纪年、月、日：～子赔款。又借以表示❺年龄：贵～。

庚为借义所专用，响铃之义便另加义符"用"写作"庸"来表示，后又另加义符"金"写作"镛"来表示；接续之义则另加义符"貝"写作"賡"来表示，如今简化作赓。

○赓，甲骨文从庚从贝，会贝声相续之义，庚也兼表声。古文线条化。篆文整齐化。读gēng，本义指❶歌咏吟诵唱和之声连续：乃～载歌｜诗筒才到先～韵，酒兴方浓莫算杯｜～续。又指❷补偿，抵偿：智者有什倍人之功，愚者有不～本之事。赓是续的古字，如今多用续。参见续、庸。

【组字】庚，如今既可单用，也可作偏旁。现今归入广部。凡从庚取义的字皆与响铃、连续等义有关。

以庚作义符的字有：庸。

以庚作声兼义符的字有：赓、唐、康。

以庚作声符的字有：鹒。

剂 jì
（劑）

【字形】篆　隶　剂　劑　草

【构造】会意兼形声字。篆文从刀从齊，会用刀剪齐之意，齊也兼表声。隶变后楷书写作劑。如今类推简化作剂。

【本义】《说文·刀部》："劑，齐也。从刀，从齊，齊亦声。"本义为剪断，裁齐。

【演变】剂，本义指❶剪断，裁齐，割：永不轨，其命～（绝）｜豫让～面而变容，吞炭而为哑。剪齐是种整治，故引申指❷调合，调节：和如羹焉，酸苦以～其味。一服中药由数种药物整治配合而成，故又引申指❸配合成的药：汤～｜针

~|药~|口服~。由药剂又引申指现代的❹某些有化学作用的物品:杀虫~|防腐~|催化~。用作量词,用于药,相当于❺服(fù):药已经吃了两~|一~药。

郊 jiāo

【字形】篆 隶 郊 草

【构造】形声兼会意字。篆文从邑(右阝,城镇),交声,交也兼表交界之意。隶变后楷书写作郊。

【本义】《说文・邑部》:"郊,距国(国都)百里为郊。从邑,交声。"本义为国都城外百里以内的地区。

【演变】郊,本义指❶国都城外百里以内的地区:臣闻~关之内有囿,方四十里。引申泛指❷城外,野外:跨马出~时极目,不堪人事日萧条|荒~|~游|~野|~区|城~。

卒 zú;cù (猝)

【字形】甲 金 篆 隶 卒 猝 草

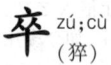

【构造】会意字。甲骨文从衣从×(象征衣上标记),会带有标记的衣服之意。这是古代隶役人员穿的一种衣服,用标记以示区别。金文将标记简化为一斜道。篆文整齐化。隶变后楷书写作卒。

【本义】《说文・衣部》:"卒,隶人给事者衣为卒。卒,衣有题识者。"本义为带有标记的衣服。

【演变】卒,读 zú,本义指❶带有标记的衣服。又指❷穿这种衣服的供役使的隶役:悉发~数万人穿漕渠,三岁而通。又特指❸服役的士兵(主要指步兵):训~利兵(兵器)|缮甲兵,具~乘(兵车)。又指❹古代军队的一级编制,一百人为卒:全~为上,破~次之。隶役是末等公民,故又引申指❺终,完毕:语~而单于大怒|~章显志。又引申为❻死亡:鲁肃闻刘表~。用作副词,表示❼终于:~廷见相如,毕礼而归之。

又读 cù,借作猝,表示❽仓猝,急迫:心无备虑,不可以应~。用作副词,指❾突然:群臣惊愕,~起不意,尽失其度。

〇猝,从犬,卒声。读 cù,本义为❶狗从草中突然跑出追逐人。引申指❷匆忙,突然:非常之谋,难于~发|成仓~不知所救|张生~病,与莺往视疾|一癞头蟆~然跃去|~不及防|~死。

【组字】卒,如今既可单用,也可作偏旁。现今归入十部。凡从卒取义的字皆与隶役等义有关。

以卒作声符的字有:啐、捽、猝、淬、萃、悴、晬、脺、窣、碎、瘁、粹、翠、醉。

咅 pǒu (呸、哇)

【字形】金 篆 今篆 隶 咅 呸 哇 草

【构造】会意兼形声字。金文从丶(在这里象征唾弃之声)从否,会断然否定声之意,否也兼表声。篆文整齐化。隶变后楷书写作咅。

【本义】《说文・丶部》:"咅,相与语唾而不受也。从丶,从否,否亦声。"本义为断然否定之声。是"呸"和"哇"(dōu)的本字。

【演变】咅,本义指断然否定声。因其作了偏旁,后遂另造了形声字"呸"和"哇"来表示。

〇呸,从口,丕声。读 pēi,本义指唾弃或斥责之声:~!真不要脸|~!真是无耻之徒。

〇哇,从口,走声。读 dōu,本义指呵斥唾弃之声:~!你这不知死活的,看打。

【组字】咅,如今不单用,只作偏旁。现今归入口部。凡从咅取义的字皆与断然拒绝之声等义有关。

以咅作声兼义符的字有:倍。

以咅作声符的字有:剖、部、陪、培、掊、菩、涪、焙、赔、敨、瓿、锫、稖、碚、醅。

妾 qiè

【字形】甲 金 篆 隶 妾 草

【构造】会意字。甲骨文从辛(辛,刑刀)从女,用受过刑的女子会有罪的女子之意。金文大同。篆文整齐化。隶变后楷书写作妾。

【本义】《说文·辛部》:"妾,有罪女子,给事之得接于君者。从辛,从女。"本义为有罪的女子。

【演变】妾,本义指❶有罪的女子。古代女子有罪则罚为女奴,供炊烹、舂洗等劳苦贱役:是使三晋之大臣,不如邹鲁之仆~也|(勾践)身请为臣(男仆),妻请为~。古代陪嫁之女或偏房地位犹如奴隶,故又引申指❷正妻之外非正式所娶的女子:齐人有一妻一~而处室者|臣之妻私臣,臣之~畏臣。又用作❸古代妇女的自谦之称:君当作磐石,~当作蒲苇。

【组字】妾,如今既可单用,也可作偏旁。现今归入女部。凡从妾取义的字皆与女奴、接触等义有关。

以妾作声兼义符的字有:接、唼、椄。

以妾作声符的字有:霎。

放 fàng;fǎng

【字形】金 篆 隶放 草

【构造】会意兼形声字。金文和篆文皆从攴(手持刑杖)从方(远方),会驱逐、流放到远方之意,方也兼表声。隶变后楷书写作放。

【本义】《说文·放部》:"放,逐也。从攴,方声。"本义为驱逐、流放。

【演变】放,读fàng,本义指❶驱逐,流放:齐~其大臣孟尝君于诸侯。引申为❷放纵,不拘束:汤居亳,与葛为邻,葛伯~而不祀|~任|豪~。又引申为❸解除约束:怨女三千~出宫|释~|~行|~学|~大。又引申为❹发出:埽除供晚色,洗刷~秋光|~箭|~枪|开~|~赈。由放出不管又引申为❺搁置:令兵悉~器杖|安~|存~|~下。又特指❻朝廷任命外省官员:既而胡即~宁夏知府。

又读fǎng,引申为❼依傍:民无所~。又指❽至,到:~诸四海而皆准。

【组字】放,如今既可单用,也可作偏旁。现今归入攴部。凡从放取义的字皆与驱逐到远方等义有关。

以放作义符的字有:敖、敫。

以放作声兼义符的字有:倣(仿)。

於 yū;wū (于)

【字形】金 古 篆 隶於 草

【构造】象形字。於与乌是同一个字的不同变体,都是乌鸦的形象。金文乌象鸣叫中的乌鸦,古文於象飞动中的乌鸦。篆文合二者简化。隶变后楷书写作於。后借作介词,借用"于"表示。

【本义】《说文·烏部》:"烏,孝鸟也。象形。於,象古文乌省。"本义为乌鸦。

【演变】於,读wū,本义指❶乌鸦:虎豹为群,~鹊与处。借作叹词,表示❷赞美:~!慎其身修|~戏(同"乌乎""呜呼")。

又读yú,后借作介词,古代即常与"于"通用,如今规范化,合并为❸于(参见于)。

【组字】於,如今不单用,只作偏旁。现今归入方部。凡从於取义的字皆与乌鸦等义有关。

以於作声符的字有:唹、淤、菸、阏、棜、瘀、瘀。

闹 nào (鬧、閙)

【字形】甲 金 篆 今篆

隶闹 鬧 閙 草

【构造】会意字。甲骨文从市从鬥(二人揪斗),会在市场揪斗喧扰之意。金文简讹。篆文整齐化。隶变后楷书写作鬧。俗讹作閙,如今简化作闹,成了门前若市了。现今鬧仍归入鬥部,闹则归入门部。

【本义】《说文·鬥部》新附:"鬧,不静也。从市、鬥。"本义为嘈杂喧扰。

【演变】闹,本义指❶嘈杂喧扰:虢国门前~如市|喧~|热~。引申指❷扰乱,吵闹:门外又是什么人在~|大~公堂|又哭又~。由喧扰又引申指❸尽情发泄:~个人主义|~脾气|~情绪。又引申指❹浓,盛:红杏枝头春意~。又引申指❺做得火热,有声势:正月里来~元宵|~龙灯|~革命。又引申指❻搞,弄:我真~不明白他要做什么。由扰乱用作使动,指❼让别人不能安宁:这孩子真~人。又引申指❽发生病

灾:~病|~灾。

闸 zhá
(閘、牐)

【字形】金　篆　今篆

隶 闸 閘 牐 草

【构造】形声兼会意字。金文从門,甲声,甲(铠甲连片)也兼表开合阻挡之意。篆文整齐化。隶变后楷书写作閘。如今简化作闸。后又借作牐,从片从臿会意,臿也兼表声,表示城门的悬门。

【本义】《说文·門部》:"閘,开闭门也。从門,甲声。"本义为开闭门。《集韵·洽韵》:"牐,闭城门具。一曰以版有所蔽。"指旧时城门的悬门。

【演变】闸,读 yā,本义指❶开闭门。

又读 zhá,用作牐,指❷旧时城门的悬门:忽听得一声炮响,城上放下千斤~来。后引申指❸随时可以启闭的水门:新导之河必设诸~|每百里置大~一,以限水势|开~放水|~门|铁~。用作动词,指❹用闸把水截住:将水渠~住。由控制水的闸门,又引申泛指❺各种制动器:电~|风~|车~|倒轮~。

【组字】闸,如今既可单用,也可作偏旁。现今仍归入门部。凡从闸取义的字皆与门等义有关。

以闸作声符的字有:蝍。

郑 zhèng
(鄭)

【字形】甲　金　篆　隶 郑 鄭

草

【构造】会意兼形声字。郑与奠在甲骨文和金文中用同一个字表示,皆为置酒几案隆重祭奠之形。篆文另加义符"阝"(邑),表示为新邑奠基而祭,后专用以表示国邑名。隶变后楷书写作鄭。如今简化作郑。

【本义】《说文·邑部》:"鄭,京兆县。周厉王子友所封。从邑,奠声。"此为后起义。本义当为隆重祭奠。

【演变】郑,本义指❶隆重,郑重,殷勤:殷勤~重,必欲觉悟陛下|~重其事。用为❷古国名。本封在周朝西都畿内(陕西华县西北),后迁至今河南新郑县:~有备矣,不可冀也。又指❸郑国的民间音乐,后来成为与雅乐相背的"淫邪之音"的代名词:雅~异音|~卫之声。

【组字】郑,如今既可单用,也可作偏旁。现今仍归入邑部。凡从郑取义的字皆与置放等义有关。

以郑作声兼义符的字有:掷。

以郑作声符的字有:踯。

券 quàn;xuàn

【字形】篆　隶 券 草

【构造】形声兼会意字。篆文从刀,龹声,龹(卷省)也兼表卷而收之之意。隶变后楷书写作券。古代刻竹木为券,一分为二,双方各执其一,以便相合验证,用于买卖或债务,故从刀。

【本义】《说文·刀部》:"券,契也。从刀,龹声。券别之书,以刀判契其旁,故曰契券。"本义为古代的一种契据。

【演变】券,读 quàn,本义指❶古代的一种契据:使吏召诸民当偿者,悉来合~|稳操胜~|稳操左~(券契左半由债权人收执,喻有把握)。后指❷用作凭证的票据、纸片:债~|入场~|优待~。

又读 xuàn,因券由龹取得声义,而龹有抟曲义,故用以表示❸门窗、桥梁等建筑成弧形的部分:拱~|~门。

【组字】券,如今既可单用,也可作偏旁。现今仍归入刀部。凡从券取义的字皆与契据等义有关。

以券作声符的字有:桊、捲。

卷 quán;juǎn;juàn
(捲、劵、踡、蜷)

【字形】金　篆　今篆

隶 卷 捲 劵 踡 蜷

草

【构造】会意兼形声字。金文是双手持石针按压膝曲治病之意。篆文改为从卩(㔾,跪坐人形)从龹(表屈曲),会膝弯曲之意,龹也兼表声。隶变后楷书写作卷。

【本义】《说文·卩部》:"卷,厀(膝)曲也。从卩,𢍏声。"本义为膝曲(膝关节的后部)。

【演变】卷,由本义膝曲,读 quán,引申泛指❶弯曲:彼君子女,~发如虿(蝎类尾翘曲)。此义后作踡。

又读 juǎn,用作动词,指❷把东西弯曲成圆筒状:我心匪席,不可~也|~帘子。此义后作捲,如今简化仍用卷。进而引申为❸撮起,裹挟,带动:八月秋高风怒号,~我屋上三重茅|这事,千万别~进去。又指❹成卷的东西:铺盖~|鸡蛋~。

又读 juàn,由于古书用竹帛书写,是能卷起的,故用同卷,表示❺书籍,画卷:虽在陈(阵)中,手不释~|长~。一部书可分若干卷,故用作量词,称❻一部书的各部分:军书十二~,~~有爷名。由书卷又引申为❼试卷,案卷:凡廷试,帝亲阅~累日|~宗。

由于卷后专用以表示书卷,腿弯曲之义便另加义符"足"写作"踡"来表示。

○弮,从弓从𢍏会意,𢍏也兼表声。读 quān,本义为❶弩弓,无箭的弓:然李陵一呼劳军,士无不起,躬自流涕,沫血饮泣,张空~,冒白刃,北首争死敌。

又读 juàn,古同卷,指❷书卷。此义后作卷。

○踡,从足从卷会意,卷也兼表声。如今规范化用蜷,从虫从卷会意,卷也兼表声。读 quán,本义指蜷缩不伸展:仆夫悲余马怀兮,~局顾而不行|缩着头,~着胯|~伏|~曲|~缩。

【组字】卷,如今既可单用,也可作偏旁。现今仍归入卩部。凡从卷取义的字皆与蜷曲等义有关。

以卷作声兼义符的字有:倦、圈、捲、惓、绻、劵、锩、蜷、踡、鬈。

並 bìng (竝)

【字形】甲 金 篆 隶 並 草

【构造】会意字。甲骨文从二立,会二人相并立之意。金文大同。篆文整齐化。隶变后楷书写作竝。俗作並。如今规范化都归入并。

【本义】《说文·竝部》:"竝,併也。从二立。"本义为并排挨着。

【演变】並,本义指并排,平列:行肩而不~|~驾齐驱。如今不单用,其义由并来表示。参见并。

【组字】並,如今不单用,只作偏旁。现今归入立部。凡从並取义的字皆与相并等义有关。

以並(竝)作义符的字有:普、朁(替)。

以並(竝)作声兼义符的字有:碰。

单 dān;chán;shàn (單)

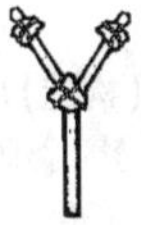

【字形】甲 金 篆 今篆

隶 单 單 草

【构造】象形字。单与干同源。甲骨文象带杈的木棍形,在丫杈两端和分叉处各捆上石头,以增加袭击的力量,用以攻取野兽,是原始的狩猎或战斗的工具,犹如后来的钢叉。金文大同,只在把上增一短横。篆文承金文并加以整齐化,将短横变为长横,上边讹为吅(二口),中间讹为田。隶变后楷书写作單。如今简化作单。

【本义】《说文·吅部》:"單,大也。从吅、甲,吅亦声。阙。"析形不确,所释为引申义。本义当为狩猎或战斗的工具。

【演变】单,读 dān,本义是一个狩猎或战斗的工具。引申泛指❶单独,单一:~足以喻则~,~不足以喻则兼|孤~|~枪匹马|~兵教练。又引申指❷奇数:~数|~号。又引申指❸微弱:~弱|势~力薄。又引申指❹简单:~调|~纯。又引申指❺单薄,单层:可怜身上衣正~|~裤。由单薄又引申指❻记载事物的纸片:账~|名~。用作副词,指❼仅,只:不能~凭你说|办事不能~靠热情。用作连词,引出❽余数:一百~八将。

又读 chán,用作"单于",匈奴语音译词,指❾匈奴最高首领的称号:~于者,广大之貌也,言其象天~于然也。

又读 shàn,用作❿姓和地名。

【组字】单,如今既可单用,也可作偏旁。现今归入口部。凡从单取义的字皆与狩猎或战斗的工具等义有关。

以单作义符的字有:兽、蕲。

以单作声兼义符的字有:戰(战)、弹、掸。

以单作声符的字有:郸、阐、婵、惮、殚、禅、瘅、箪、蝉、觯、蘸、鼍。

炒 chǎo
(鬻)

【字形】金 篆 今篆 隶 炒 鬻
草

【构造】形声兼会意字。金文从鬲(锅冒气),刍声,刍为草,也兼表菜蔬之意。篆文承之并整齐化。隶变后楷书写作鬻。俗简作炒,从火,少声,少即沙,也兼表切碎的蔬菜之意,且有的东西炒时要用沙。如今规范化用炒。

【本义】《说文·鬲部》:"鬻,火干物也。从鬲,刍声。"《集韵·巧韵》:"鬻,或作炒。"本义为把食物放在锅里用旺火加热随时翻动使熟或干。

【演变】炒,本义指❶一种烹调方法:~麦黄,莫令焦|~米饭|~花生|暴~|清~|~勺。引申比喻❷金融活动的倒手交易:~买~卖|~作。又借用作吵,表示❸吵闹:我留汝必遭~闹。

炊 chuī

【字形】篆 隶 炊 草

【构造】形声兼会意字。篆文从火,吹省声,吹也兼表吹火使旺之意。隶变后楷书写作炊。

【本义】《说文·火部》:"炊,爨也。从火,吹省声。"本义为烧火煮熟食物。

【演变】炊,本义为❶烧火:鼎成,三足而方,不~而自烹|折辕而~之。又指❷烧火做饭:简发而栉,数米而~|巧妇难为无米之~|~粱跨卫(驴)|~玉|~烟|~具|野~。

【组字】炊,如今既可单用,也可作偏旁。现今仍归入火部。凡从炊取义的字皆与火烧等义有关。

以炊作声符的字有:欻。

炕 kàng
(匟、坑)

【字形】篆 隶 炕 匟 草

【构造】会意兼形声字。篆文从火从亢(高),会大火烘烤使干燥之意,亢也兼表声。隶变后楷书写作炕。又借用作匟或坑,从匚或土,从亢,会高高的土炕之意,亢也兼表声。如今匟废而不用,坑则另表他义。参见坑。

【本义】《说文·火部》:"炕,干也。从火,亢声。"本义为烘烤使干燥。《篇海类编·器用类·匚部》:"匟,音抗。匟床,坐床也。俗作坑、炕。"又指火炕,我国北方农村住宅里用土坯或砖等砌成的供睡觉用的长方形台子,上面铺席,下有洞孔,内有烟道和烟囱相通,可以烧火取暖。

【演变】炕,本义指❶烘烤使干燥:把麦子放在炕上多~一会|豆子等~干了再收。又用作匟,指❷火炕:正房~上横设一张~桌|火~|土~|暖~|~席。

炎 yán
(錟、爓、焰)

【字形】甲 金 篆 今篆
隶 炎 焰 錟 爓
草

【构造】会意字。甲骨文和金文皆从重火,会火焰猛烈冲腾之意。篆文整齐化。隶变后楷书写作炎。

【本义】《说文·炎部》:"炎,火光上也。从重火。"本义为火苗升腾。是焰的本字。

【演变】炎,读 yàn,本义指❶光焰:光~烛天地。

又读 yán,引申指❷火苗升腾:如水之润下,火之~上。又指❸焚烧:火~昆冈,玉石俱焚。又引申为❹极热:~夏|赤日~~似火烧。又引申为❺旺盛:南有~火千里。又特指❻身上红肿热痛的症状:~症|肺~。

炎为引申义所专用,光焰之义便另加声符"臽"写作"錟"来表示。

〇焰,本作錟,从炎从臽(坑),会火塘里炎火升腾之意,臽也兼表声。异体作爓,从火,閻声。俗省作焰。如今规范化,以焰为正体。读 yàn,本义为❶火苗:风吹巨~作,河汉腾烟柱|烈~|火~|内~|外~。引申指❷亮光,辉光:雨昏陋巷灯无~。又喻❸气势:顿时气~矮了大半截|气~嚣张|势~|妖~|凶~。用作动词,指❹燃烧,照耀:其光自土而出,若~薪

火|野燎~天。

【组字】炎,如今既可单用,也可作偏旁。现今归人火部。凡从炎取义的字皆与火焰、盛大等义有关。

以炎作义符的字有:粦(粦)、燄(焰)、燮。

以炎作声兼义符的字有:剡、谈。

以炎作声符的字有:郯、淡、啖、赕、琰、毯、氮、痰、锬。

净 jìng
(瀞、淨、浄、凈)

【字形】金 篆 今篆 隶 净 瀞 淨 浄 凈 草

【构造】形声兼会意字。金文从水,静声;水静则清亮,故静也兼表意。篆文水旁移左并整齐化。隶变后楷书写作瀞。俗借淨(从氵,爭声)来表示。后又借凈(从冫,爭声)来表示。淨、浄、凈,皆成为异体。如今规范化都简化作净,作为正体。

【本义】《说文·水部》:"瀞,无垢秽也。从水,静声。"本义为清洁,干净。

【演变】作为本字,读 chēng,形容词,本义为❶寒冷。

用作淨的简化字,读 chéng,本义指❷春秋时鲁国都城北城门的护城河名。

用作瀞的简化字,读 jìng,形容词,本义指❸清洁,干净:殷冲亦好~,小吏非~浴新衣,不得近左右|洗~|洁~。用作使动,指❹使变干净:~其巾幂|三藏~了手焚香|~面。由干净又引申指❺无剩余:吃光花~|钱花~了。又引申指❻成分单纯,无搀杂:~利|~重|~值。又表示强调,指❼没别的,全是:地上~是水|桌上~是土。又特指❽传统戏曲中的花脸:~扮公人,鼓三通,锣三下科。

沬 huì
(頮、靧、靧、湏)

【字形】甲 金 古 篆 今篆 隶 沬 頮 靧 湏 草

【构造】会意字。甲骨文是一个人低头就盆中掬水洗脸形。金文大同,突出了头发。古文省去盆,留下水,突出了人头,另加双手;二形又省去双手。篆文改为从水从未会意,未也兼表声。隶变后楷书分别写作頮、湏与沬。异体也作靧,或借颒表示。如今规范化用沬。注意:沬(从未)与沫(从末)不同。

【本义】《说文·水部》:"沬,洒(洗)面也。从水,未声。湏,古文沬从頁(人头)。"本义为洗脸。

【演变】沬,本义指洗脸:然(李)陵一呼劳军,士无不起,躬自流涕,~血(用血洗脸)饮泣,张空卷,冒白刃,北首争死敌。

〇靧,从面,贵声。异体也作颒,从面从頁会意。读 huì,本义为❶洗脸:其间面垢,燂潘请~。作为颒,从面从頁会意,又指❷胖脸。

沫 mò

【字形】篆 隶 沫 草

【构造】形声兼会意字。篆文从水,末声,末也兼表小意。隶变后楷书写作沫。

【本义】《说文·水部》:"沫,水也。从水,末声。"本义为水名,即大渡河。《玉篇·水部》:"沫,水浮沫也。"又指液体形成的细泡。

【演变】沫,本义为❶水名,即大渡河。由急流翻沫,引申泛指❷液体形成的细泡:~潼潼而高厉|肥皂~儿|泡~。又引申特指❸口中的唾液:相濡以~|吐~。

浅 qiǎn;jiān
(淺)

【字形】金 篆 隶 浅 淺 草

【构造】形声兼会意字。金文为鸟虫书,从水,戔声,戔也兼表残小之意。篆文整齐化。隶变后楷书写作淺。如今简化作浅。

【本义】《说文·水部》:"淺,不深也。从水,戔声。"本义为水不深。

【演变】浅,读 qiǎn,本义指❶水不深:郇、瑕氏土薄水~|湖水很~。引申指❷居处、院落、房屋窄小:吾地不~,吾民不寡|这院落太~。又引申指❸时间距离短:人命危~,朝不虑夕|交

往的日子还～。又引申指❹内容、学问、见识不深：多闻曰博，少闻曰～｜见识短～｜深入～出｜文字～易｜～显｜～见｜～薄。又引申指❺颜色不深：～红｜～绿｜～蓝。

又读 jiān，引申表示❻水流得急：石濑兮～～，飞龙兮翩翩。又指❼流水的声音：流水～～。

【组字】浅，如今既可单用，也可作偏旁。现今仍归入水部。凡从浅取义的字皆与水不深等义有关。

以浅作声符的字有：淺。

法 fǎ；fèi （灋、廢、废）

【字形】金  篆  隶 法 灋 废 廢 草 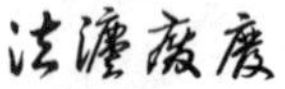

【构造】会意字。金文从人从口（象征穹庐之居）从水从廌（犍牛），会人收起帐篷离开，带着牛羊，逐水草而居之意，是古代游牧生活的写照。所谓“戎狄荐居，贵货易土”。篆文整齐化，或体省廌。隶变后楷书分别写作灋与法。如今规范化用简体法。

【本义】《说文·廌部》：“灋，刑也。平之如水，从水；廌，所以触不直者，去之，从去。法，今文省。”释义是根据后来的传说所作的解释。本义当为逐水草而居。

【演变】法，读 fèi，本义指逐水草而居。逐水草而居就要走走停停，弃去旧地就新处，故引申为❶废弃：勿～朕命。此义后用廢来表示，如今简化作废。

又读 fǎ，逐水草而居是游牧时代有规律的生活，由此又引申为❷法律，法令：治国无其～则乱，守～而不变则衰｜犯～。法是人们行动的准则，故引申指❸标准，准则：今吾子之言，乱之道也，不可以为～。由准则又引申指❹方法，途径：故用兵之～，无恃其不来，恃吾有以待也。用作动词，由照标准去做，又引申指❺效法，仿效：治世不一道，便国不必～古。又借以表示梵语 Dhārma，指❻佛教教义，规范：唯奉～弟子，精进持戒｜鸟聚疑闻～。又引申指❼法术：公孙胜仗剑作～。

○废，从广（敞屋），发声，发也兼表毁坏之意。读 fèi，由本义房屋坍塌不能居住，引申泛指❶倒塌：往古之时，四极～，九州裂。进而引申指❷衰败：国之所以～兴存亡者亦然。又进而引申指❸没用处的：～料｜～物｜～品｜～话｜～人。又引申指❹停止：力不足者，中道而～｜～寝忘食｜用进～退｜因噎～食｜半途而～。又特指❺罢官：不胜其任者～免。

【组字】法，如今既可单用，也可作偏旁，作偏旁时或省作“去”。现今归入水部。凡从法取义的字皆与法律等义有关。

以法作声符的字有：珐（琺）、砝、鍅。

泄 xiè；yì （洩、渫）

【字形】古  篆  今篆  隶 泄 渫 洩 草 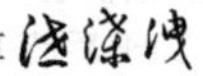

【构造】会意兼形声字。古文一形从水从枼（树叶），会除去之意，枼也兼表声；二形省从世。篆文承之并整齐化。隶变后楷书写作渫与泄。俗也作洩，从水从曳会意，曳也兼表声。如今规范化用泄，洩废而不用，渫只用于除去义和姓。

【本义】《说文·水部》：“渫，除去也。从水，枼声。”本义为淘去污泥。又：“泄，水，受九江博安洵波，北入氐。从水，世声。”本义为水名，即今安徽省六安地区的汲河。《篇海类编·地理类·水部》：“洩洩，舒散皃。通作泄。”

【演变】泄，作为本字，读 yì，本义指❶水名。

又读 xiè，作为渫的异体，本义指❷淘去污泥：井～不食。引申指❸疏通：禹～七十川，大利天下。又引申指❹排出，流出：天下之水莫大于海，万川归之而不盈，尾闾～之而不虚｜季春之月，阳气发～｜排～｜～劲｜～气。又引申指❺发泄（感情、情绪等）：惠此中国，俾民忧～｜～愤｜～恨。又引申指❻泄漏：墙有耳者，微谋外～之谓也｜～底｜～密。医学上又特指❼腹泻：因暑饮水，～下流肿，病者大半。

河 hé

【字形】甲 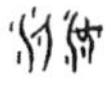 金  篆  隶 河 草 

【构造】会意兼形声字。甲骨文从水从丂(掮击)或何(担荷),会需要挑土石修筑堤防的水道之意,故特指黄河;丂、何也兼表声。金文承甲骨文二形稍繁,水移下,人加出口。篆文简化为从水从可(歌本字)会意,成了大水奔流如歌之意,可也兼表声。隶变后楷书写作河。

【本义】《说文·水部》:"河,水。出焞(敦)煌塞外昆仑山,发原注海。从水,可声。"本义为黄河。

【演变】河,本义指❶黄河:~内凶,则移其民于~东,移其粟于~内。~东凶亦然|~西|~套。引申泛指❷河流(多用于北方河流):国破山~在,城春草木深|江~湖海|护城~|内~|运~。又特指❸银河:秋~曙耿耿,寒渚夜苍苍。因甲文"河"从"何"取声,故又通❹何:感痛奈~。

【组字】河,如今既可单用,也可作偏旁。现今仍归入水部。凡从河取义的字皆与河流、水等义有关。

以河作声兼义符的字有:菏。

沾 zhān;tiān;chān
(霑、添)

【字形】篆  隶 沾霑 草 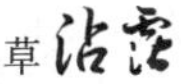

【构造】会意兼形声字。篆文从水从占会意,占也兼表声。隶变后楷书写作沾。异体作霑,另加义符雨。如今规范化,以沾为正体。

【本义】《说文·水部》:"沾,益也。从水,沾声。"本义为水增添。参见添。

【演变】沾,读 tiān,本义指❶水增添。此义后作"添"。

又读 zhān,引申指❷浸湿,浸润:既~既足,生我百谷|勃又谢不知,汗出~背,愧不能对|泪下~衣|~湿。此义亦作"霑",如今简化仍作"沾"。又引申为❸分润,受益:而我当此时,恩光何由~|利益均~|~光。由浸润又引申为❹浸染,受影响(后多指受坏影响):(文身之民)礼乐所不~,宪章弗能革|~染恶习。又引申指❺惹上,附着上:心事~泥絮,生涯逐浪萍|~了满身泥|~了一手墨。又引申指❻挨上,碰上:你这些姐姐妹妹都不敢~惹他的|脚不~地|~亲带故|一点不~边。

又读 chān,通"觇",表示❼观看,观察:我丧也斯~|天欲雨,则石架津出,以此~雨候,无差。

【组字】沾,如今既可单用,也可作偏旁。现今仍归入水部。凡从沾取义的字皆与沾湿等义有关。

以沾作声兼义符的字有:霑。

泪 lèi
(淚、涕)

【字形】篆  今篆  隶 泪淚涕

草 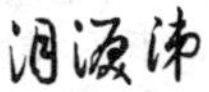

【构造】形声兼会意字。眼泪在汉代以前叫"涕",篆文从水,弟声,弟表次第,兼会珠泪涟涟之意。俗作淚,改为从水,戾声。又简化作泪,从目从水,会眼泪之意。如今规范化以泪为正体。

【本义】《说文·水部》:"涕,目液也。从水,弟声。"本义为眼泪。《玉篇·水部》:"淚,涕淚也。"《字汇·水部》:"泪,与淚同,目液也。"

【演变】泪,古本叫"涕",本义指❶眼泪:高渐离击筑,荆轲和而歌,为变徵之声,士皆垂~涕泣|海内风尘诸弟隔,天涯涕~一身遥。用作动词,又表示❷流泪:游人但说吴民娇,花农独为田农~。

〇涕,读 tì,本义指❶眼泪:长太息以掩~兮,哀民生之多艰。用作动词,指❷流泪:因笑王、谢诸人,登高怀远,也学英雄~。有了"泪"字后,"涕"遂转指❸鼻涕:目泪下落,鼻~长一尺。

注意:在书面语、成语中,"涕"常表示眼泪,如感激涕零、涕泗交流。

沮 jù;jǔ
(阻)

【字形】甲  篆 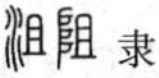 隶 沮阻 草 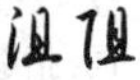

【构造】形声兼会意字。甲骨文从水从且(表置放),会水停注的低湿烂泥地之意,且也兼表声。篆文左右调换并整齐化。隶变后楷书写

作沮。

【本义】《说文・水部》："沮，水。出汉中房陵，东入江。从水，且声。"所释非本义。本义当为低湿烂泥地。

【演变】沮，读 jù，本义指❶低湿烂泥地：彼汾～洳，言采其莫（草名）。

又读 jǔ，由烂泥地引申指❷阻止：有臧仓者～君，君是以不果来｜～遏。此义后多用"阻"表示。又引申为❸败坏，毁坏：明主不晓，以为仆～贰师，而为李陵游说｜故～舍之下，不可以坐；倚墙之旁，不可以立。又特指❹受挫而消沉：用兵者，胜亦不可恃也，败亦不可～也｜～丧。

○阻，从阝（阜），且声，且也兼表高起之意。读 zǔ，本义指❶崎岖不平，难以通行：溯洄从之，道～且长｜马陵道狭而旁多～隘，可伏兵。用作动词，指❷阻止，阻隔：至于夏水襄陵，沿溯～绝｜通行无～｜推三～四｜劝～｜～拦。

【组字】沮，如今既可单用，也可作偏旁。现今仍归入水部。凡从沮取义的字皆与低湿的烂泥地等义有关。

以沮作声兼义符的字有：菹、葅。

油 yóu

【字形】甲 金 篆 隶 油 草

【构造】形声兼会意字。甲骨文从水，由声，由也兼表从植物沥出汁水之意。金文稍繁，由旁改朝上。篆文整齐化稍简。隶变后楷书写作油。

【本义】《说文・水部》："油，水。出武陵孱陵西，东北入江。从水，由声。"本义为古水名。《玉篇・水部》："油，麻子汁也。"本义为植物的油脂。

【演变】油，由水名，借指❶植物的油脂，也指动物油脂，或矿产的碳氢化合物的混合液体：积～满万石，则自然生火｜鄜延境内有石～｜麻～｜豆～｜植物～｜猪～｜羊～｜～页岩｜～漆。用作动词，指❷用油涂饰：茶色贵白，而饼茶多以珍膏～其面｜～家具｜～门窗。又指❸被油污染：裤子～了一大片。由油脂又引申指❹油滑，圆滑：词意条畅，一洗～腔陋习｜～腔滑调｜～嘴滑舌。又引申指❺光润：麦秀渐渐兮，禾黍～～。进而引申指❻盛：天～然作云，沛然下雨｜～然而生。

【组字】油，如今既可单用，也可作偏旁。现今仍归入水部。凡从油取义的字皆与油脂等义有关。

以油作声符的字有：柚。

泊 bó；pō （洦）

【字形】甲 楚简 篆 今篆

隶 泊 洦 草

【构造】形声兼会意字。甲骨文从水，白声，白也兼表水清亮之意。楚简改为上下结构。篆文从水，百声。隶变后楷书写作洦。俗从楚简作泊。如今规范化用泊。

【本义】《说文・水部》："洦，浅水也（皃）。从水，百声。"本义为浅水的样子。《玉篇・水部》："泊，止舟也。"又表示船停泊。

【演变】泊，本义指浅水的样子。浅水船易停，故读 bó，表示❶船靠岸，停泊：风利不得～也｜窗含西岭千秋雪，门～东吴万里船｜下亭漂～，高桥羁旅。由停泊又引申泛指❷停留：寒鱼占窟聚，暝鸟投枝～。由浅水，又引申表示❸不厚，不厚道：是以大丈夫居其厚而不居其～，居其实不居其华。此义后作"薄"。又借用为"怕"（bó），表示❹淡泊，恬静：～乎无为｜非淡～无以明志，非宁静无以致远。参见怕。

又读 pō，表示❺止水，湖泊：山东济州管下一个水乡，地名梁山～，方圆八百余里｜罗布～｜白水～｜血～。

【组字】泊，如今既可单用，也可作偏旁。现今仍归入水部。凡从泊取义的字皆与浅水等义有关。

以泊作声兼义符的字有：箔。

泡 pào；pāo

【字形】篆 隶 泡 草

【构造】形声兼会意字。篆文从水，包声，包也兼表鼓起之意。隶变后楷书写作泡。

【本义】《说文·水部》："泡，水。出山阳平乐，东北入泗。从水，包声。"指古水名，又名丰水，发源于山东省单县，北流注入泗水。《广韵·肴韵》："泡，水上浮沤。"又指泡沫。

【演变】泡，读 pào，指❶泡沫：水性本无～，激流遂聚沫｜水上直冒～儿｜水～儿｜肥皂～儿。水泡易破碎，故又比喻❷虚幻的易破灭的事物：死呵如梦幻～影，哪有再来时？又比喻❸像泡的东西：脚上打了～｜汤起了很多燎～｜灯～儿。用作动词，指❹浸渍使变虚软：急缩得起时，～得脚面红肿了｜～茶｜～饭｜～菜。又特指❺消磨拖延时间：快走，还～什么！｜在这里都～了一天了｜～蘑菇｜～病号。

又读 pāo，指❻鼓起或松软的东西：鼓眼～儿｜豆腐～儿。进而引申指❼质地虚软的：～桐｜～枣。用作❽量词，用于屎和尿：撒了一～尿｜一～屎。

注 zhù（註）

【字形】篆注 今篆註 隶注註 草注注

【构造】会意兼形声字。篆文从水从主（集中），主也兼表声。隶变后楷书写作注。如今又用作"註"（从言从主会意，主也兼表声）的简化字。

【本义】《说文·水部》："注，灌也。从水，主声。"本义为集中灌入。

【演变】注，本义指❶集中灌入：挹彼～兹｜水～川曰溪｜～射｜～入。引申指❷倾泻：临城弓矢雨～｜大雨如～。又引申指❸集中：夫能使天下倾耳～目者，当权者是矣｜全神贯～｜引人～目｜～意｜～视。又引申指❹赌注：孤～一掷｜下～。将意义集聚在经书的词句之下作解释，也是一种注，故又引申指❺注释：郑玄欲～《春秋》｜批～｜～解｜～疏。用作名词，又指❻注释的文字：六经皆我～脚｜附～。注释用语言文字记录，故又引申指❼记载，登记：～册｜～销｜～音｜～定。

注意："注释"以下等义，明代以后俗另用"註"来表示，以突出用语言文字解释之意。如今规范化仍用注。

【组字】注，如今既可单用，也可作偏旁。现今仍归入水部。凡从注取义的字皆与注水等义有关。

以注作声兼义符的字有：霔。

沸 fèi

【字形】篆沸 隶沸 草沸

【构造】形声兼会意字。篆文从水，弗声，弗也兼表跳起之意。隶变后楷书写作沸。

【本义】《说文·水部》："沸，毕沸，滥泉。从水，弗声。"《玉篇·水部》："沸，泉涌出皃。"本义为泉水涌出的样子。

【演变】沸，本义指❶泉水涌出的样子：即掘，深三尺，得～泉｜馈（涌）泉秋～。引申泛指❷水波翻涌：百川～腾。又引申指❸液体受热到一定程度翻涌的样子：夫以汤止～，～愈不止，去火则止矣｜扬汤止～，不如釜底抽薪｜鼎～。引申又形容❹声音喧闹或嘈杂：诛屠四十余万之众，尽之于长平之下，流血成川，～声若雷｜箫鼓～而三山动。

【组字】沸，如今既可单用，也可作偏旁。现今仍归入水部。凡从沸取义的字皆与水涌等义有关。

以沸作声兼义符的字有：灪。

波 bō

【字形】金波 古波 篆波 隶波 草波

【构造】形声兼会意字。金文、古文和篆文皆从水从皮，会水涌流形成起伏的表皮之意，皮也兼表声。隶变后楷书写作波。

【本义】《说文·水部》："波，水涌流也。从水，皮声。"本义为江河湖海掀起波浪。

【演变】波，本义指❶掀起波浪：袅袅兮秋风，洞庭～兮木叶下｜～及。用作名词，指❷江河湖海起伏的水面：秋风萧瑟，洪～涌起｜～涛。又比喻❸目光：频送秋～。今指❹能量的一种传播形式：电～｜光～｜声～。

【组字】波，如今既可单用，也可作偏旁。现今仍归入水部。凡从波取义的字皆与波浪等义有关。

以波作声符的字有：菠、啵、婆。

泼 pō（潑）

【字形】今篆 隶 泼 潑 草

【构造】形声兼会意字。楷书繁体作潑，从水，發声，發也兼表散出之意。如今类推简化作泼。

【本义】《字汇·水部》："泼，浇泼。注曰浇，散曰泼。总曰弃水。"本义为猛把液体倒出去使散开。

【演变】泼，本义指❶猛把液体倒出去使散开：但觉衾裯如～水，不知庭院已堆盐（指雪）|～水节|～天大雨|～冷水。后又引申指❷蛮不讲理：这个腌臜～才，投托着俺小种经略相公门下，做个肉铺户，却原来这等欺负人|～妇|～辣|撒～。

泽 zé（澤）

【字形】篆 今篆 隶 泽 澤 草

【构造】形声兼会意字。篆文从水，睪声，睪为目光流动寻向目标，故也兼表光闪之意。隶变后楷书写作澤。如今类推简化作泽。

【本义】《说文·水部》："澤，光润也。从水，睪声。"本义指光洁，润泽。《释名·释地》："下而有水曰泽。"又指水草积聚的低洼之处。

【演变】泽，本义指❶润泽，光亮：车甚～，人必瘁|如今之紫草，未花时采，则根色鲜～|光～|色～。由润泽又引申指❷津液：（父没）不能读父之书，手～存焉尔；母没而杯圈不能饮焉，口～（口水）之气存焉尔|大率用根者，若有宿根，须取无茎叶时采，则津～皆归其根。又引申指❸雨露：云飞飞而来迎兮，～渗漓而下降|幸而雨～时至。雨露能滋润万物，故又引申指❹恩德，恩惠：故西门豹为邺令，名闻天下，～流后世|～被后世|德～|恩～|福～。又引申指❺水草积聚的低洼之处：屈原至于江滨，被（同披）发行吟～畔，颜色憔悴，形容枯槁|水乡～国|沼～|湖～。

【组字】泽，如今既可单用，也可作偏旁。现今仍归入水部。凡从泽取义的字皆与沼泽等义有关。

以泽作声符的字有：蘀。

治 zhì

【字形】篆 隶 治 草

【构造】会意兼形声字。篆文从水从台（怀胎），会开始治理水之意，台也兼表声。隶变后楷书写作治。

【本义】《说文·水部》："治，水。出东莱曲城阳迂山，南入海。从水，台声。"《玉篇·水部》："治，修治也。"本义为治理水。

【演变】治，本义指❶治理水：禹之～水，水之道也。词义扩大，又泛指❷整治，治理，管理：绿兮丝兮，女所～兮|～标不～本|统～|自～。又特指❸治病：君有疾在腠理，不～将恐深|不～之症。又指❹治罪：愿陛下托臣以讨贼兴复之效，不效则～臣之罪|惩～。又指❺研究：高相，沛人也，～《易》|～学。用作形容词，又指❻社会管理得好，安定，太平：禹以～，桀以乱，～乱非天也|天下大～|长～久安|～世。用作名词，指❼地方官署所在地：原来这州～东，有个宜春圃|省～|县～。

【组字】治，如今既可单用，也可作偏旁。现今仍归入水部。凡从治取义的字皆与治理等义有关。

以治作声符的字有：瓵、菭、箈。

怖 bù（悑）

【字形】篆 隶 怖 悑 草

【构造】会意兼形声字。篆文从心从布（布满），会心里充满恐惧之意，布也兼表声。异体改为甫（铺开），其义相同。隶变后楷书写作怖与悑。如今规范化以怖为正体。

【本义】《说文·心部》："悑，惶也。从心，甫声。怖，或从布声。"本义为惧怕。

【演变】怖，本义指❶惧怕：故福至则喜，祸至则～|恐～|可～。引申指❷恐吓：巫祝依托鬼神诈～愚民。

性 xìng

【字形】篆 隶 性 草

【构造】形声兼会意字。篆文从心从生会意，生也兼表声。隶变后楷书写作性。

【本义】《说文·心部》："性，人之阳气性善者也。从心，生声。"本义为人生而有的特质。

【演变】性，本义指❶人生而有的特质：～，生而然者也｜君子～非异也，善假于物也｜～相近，习相远也｜人之初，～本善｜人～。引申泛指❷事物本身具有的性质：是岂水之～也｜惰～气体｜酸～｜适应～。又引申指❸生命：苟全～命于乱世。由生命又引申指❹欲望：食、色，～也。又引申指❺性格：～格孤高世所稀。又指❻脾气：西门豹之～急，故佩韦以自缓｜～情古怪｜～子｜使～。又特指❼男女或雌雄：～别｜女～｜雄～。

怕 pà;bó

【字形】篆　隶 怕　草

【构造】形声兼会意字。篆文从心，白声，白也兼表心无所系之意。隶变后楷书写作怕。

【本义】《说文·心部》："怕，无为也。从心，白声。"本义为恬淡无为。是"淡泊"的"泊"的本字。

【演变】怕，读 bó，本义指❶恬淡无为：～乎无为，憺乎自持。

又读 pà，中古起借用以表示❷害怕：梁间燕子休惊～｜侠客不～死，～死事不成｜胆小～事｜～生。词义弱化，引申指❸担忧：莫向人说，恐～人知｜我～到时没工夫。又引申指❹估计：这瓜～有十来斤。"怕"为借义所专用，恬淡无为之义便由"泊"来表示。参见泊。

怜 lián;líng (憐、伶)

【字形】甲　篆　今篆　隶 怜 憐
草

【构造】会意兼形声字。甲骨文从心从吅（争讼），会哀怜之意。篆文从心从粦（鬼火）会意，粦也兼表声。隶变后楷书写作憐。如今规范化借用"怜"（从心，令声）来表示。

【本义】《说文·心部》："憐，哀也。从心，粦声。"本义为同情，哀怜。《玉篇·心部》："怜，心了也。"本义为聪明，机灵。

【演变】怜，作为本字，读 líng，本义指❶聪明，机灵：添得情怀转萧索，始知～悧不如痴。此义后借"伶"来表示：伶牙俐齿｜伶俐。参见伶。

又读 lián，作为"憐"的简化字，表示❷同情，哀怜：纵江东父兄～而王我，我何面目见之｜可～身上衣正单｜同病相～｜～悯｜～惜。古代又常表示❸爱：丈夫亦爱～其少子乎？｜今年寒食在商山，山里风光亦可～。用作"可怜"，表示❹可羡：可～光彩生门户。又表示❺可惜：可～无益费精神。

怪 guài (恠)

【字形】篆　今篆　隶 怪 恠　草

【构造】会意兼形声字。篆文从心从圣（kū，用力挖地）会意，圣也兼表声。隶变后楷书写作怪。异体作恠，改为从在，其义相同。如今规范化，以怪为正体。

【本义】《说文·心部》："怪，异也。从心，圣声。"本义为奇异的，不常见的。

【演变】怪，本义指❶奇异的，不常见的：绝巘多生～柏｜而世之奇伟瑰～非常之观，常在于险远｜～模～样｜奇松～石｜奇～｜～事。用作名词，指❷奇异的事物：子不语～、力、乱、神｜室中之观，多珍～些｜见～不怪。又特指❸妖怪：时饮醉卧，武负、王媪见其上常有～｜水石之～为龙罔象。对奇异的现象人多感到惊奇，故用作动词，又引申指❹惊奇：～之可也，而畏之非也｜大惊小～｜见怪不～。人惊怪则生怨，故又引申指❺埋怨，责备：群臣上下皆～臣待平之厚也｜这事都～你｜难～。奇异则特别不同一般，故用作副词，又表示程度高，相当于❻很，非常：这孩子～讨人喜欢的｜手碰得～痛的。

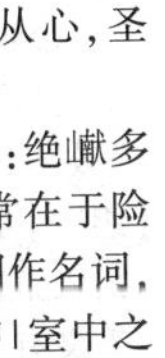

学 xué (學、斅、敩)

【字形】甲　金　篆
隶 学 数 學 斅　草

【构造】会意字。学与教同源。甲骨文是双手摆布算筹形,表示学习计算。金文加出子,表示教孩子进行计算;或又加出攴(手持棍形),以强调督责指导之意。篆文承金文,也分为二体。隶变后楷书分别写作學与斆。二字表义后来有了分工。如今简化作学与教。学作偏旁时有的简作⺍。

【本义】《说文·教部》:"斆,觉悟也。从教,从冖。冖,尚矇也,臼声。學,篆文省。"意谓双手(臼)启蒙(冖)。故本义为对孩子进行启蒙教育使觉悟。

【演变】学,本义指对孩子进行启蒙教育使觉悟,包括教和学两个方面。读 xué,专用以表示❶学习,接受教育:~而不思则罔,思而不~则殆|不可沽名~霸王。进而引申为❷模仿:贫家而~富家之衣食多用,则速亡必矣|你~得不像。由学的成果,又引申指❸学问:百家之~,时或称而道之|博~多能。又引申指❹学科:文字~|化~。由学习的地方,又引申指❺学校:古之教者,家有塾,党(五百家为党)有庠,术(同遂,万二千五百家为遂)有序,国有~|大~。

○斆,读 xiào,专用以表示进行教导,使觉悟:盘庚~于民|顺德以~子。此义如今则用"教"来表示。

【组字】学,如今既可单用,也可作偏旁。现今归入子部。凡从学取义的字皆与学习、觉悟等义有关。

以学(⺍)作义符的字有:敩、黉。

以学(⺍)作声兼义符的字有:觉。

以学(⺍)作声符的字有:鲎、峃、泶、鸴。

宝 bǎo (寶、寳)

【字形】甲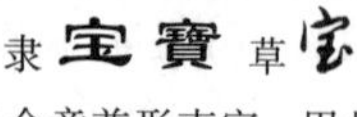

隶 宝 寶 草 宝 寶

【构造】会意兼形声字。甲骨文从宀(房)从貝(货币)从王(玉),会房中有珍宝珠贝之意。金文又加上缶(器皿,亦为古人所重),缶也兼表声,成了会意兼形声字。篆文承金文并整齐化。隶变后楷书写作寶。异体作寳。如今皆简化作宝,从宀从玉会意,表示室中有玉器。

【本义】《说文·宀部》:"寶,珍也。从宀,从王,从貝,缶声。"本义为珍贵的东西。

【演变】宝,本义指❶珍贵的东西:珍~尽有之。用作状语,表示❷当成珍宝:其印为予群从所得,至今~藏。用作形容词,指❸珍贵的:黄帝作~鼎三。古代天子诸侯以圭璧为符信,泛称宝,故又特指❹印信,符玺:至武侯,改诸玺皆为~。又用作敬辞,指❺与皇帝有关的事物:~座|~位|~册。又表示❻对对方的尊敬:~眷|~斋|~号。

【组字】宝,如今既可单用,也可作偏旁。现今仍归入宀部。凡从宝取义的字皆与珍宝等义有关。

以宝作义符的字有:韇。

宗 zōng

【字形】甲

隶 宗 草 宗

【构造】会意字。甲骨文从宀(房)从示(祭坛),表示立神主以祭的房子;二形稍繁,增加了祭祀碎屑。金文大同。篆文整齐化。隶变后楷书写作宗。

【本义】《说文·宀部》:"宗,尊祖庙也。从宀,从示。"本义为祭祀祖先的庙。

【演变】宗,由祭祖庙,引申为❶祖先:使嗣~职|列祖列~。又引申为❷同一祖先的家族:卿三~十一族|同~。又引申指❸宗子,即嫡长子:以孽代~。又引申指❹神庙:既燕于~。又引申为❺主旨:礼之~也|开~明义。又引申为❻尊崇,师法:勇力为众所~|唱功~梅派。又引申为❼众人师法的人物:当代文~。又引申为❽派别:释氏五~|正~。又引申为❾归向:江汉朝~于海。

【组字】宗,如今既可单用,也可作偏旁,现今仍归入宀部。凡从宗取义的字皆与尊高、总汇之义有关。

以宗作声兼义符的字有:崇、综。

以宗作声符的字有:鬃、棕、踪、粽、淙、琮。

定 dìng (訂、订)

【字形】甲

隶 定订訂 草

【构造】会意兼形声字。甲骨文从宀(房屋)从正(前往),会到房中止息之意,正也兼表声。金文大同。篆文整齐化。隶变后楷书写作定。

【本义】《说文·宀部》:"定,安也。从宀,从正。"所释为引申义。本义当为止息。

【演变】定,本义指❶止息:我戍未~,靡使归聘。引申为❷安定:正家而天下~矣|心神不~。用作使动,表示❸使安定,平定:三秦可传檄而~。由安定又引申为❹决定,确定:以闰月~四时成岁。又引申为❺规定:~时|~期|~量|~任务。又引申为❻约定:来盟,前~也|~货|~单。此义如今也可写作"訂"(如今简化作订)。确定则不变,故又引申指❼固定的:夫是之谓~论,是王者之论也|已成~局。又表示❽一定,必定:论人之性,~有善有恶|他~不会答应。古又特指❾晚上给父母安顿床铺歇息,问安:凡为人子之礼,冬温而夏凊,昏~而晨省。

〇订,从讠,丁声。读dìng,本义指❶评议,评定:两刃相割,利钝乃知;两论相~,是非乃见。评议则有所变更,故引申指❷改定,改正:~正|考~|校~。评议是个商量的过程,故又引申指❸商定:草草相逢~久要(邀约)|~计划|~条约|~价(商定价)。又用作"定",表示❹约定:预~|约~|~价(确定的价)。

【组字】定,如今既可单用,也可作偏旁。现今仍归入宀部。凡从定取义的字皆与停止不动等义有关。

以定作声兼义符的字有:淀、椗、碇、锭、靛。

以定作声符的字有:啶、绽、腚。

宕 dàng

【字形】甲　金　篆　隶 宕 草

【构造】会意字。甲骨文从宀(房屋)从石,会如屋山洞之意。金文大同。篆文整齐化。隶变后楷书写作宕。

【本义】《说文·宀部》:"宕,过也。一曰洞屋。"本义为如屋的山洞。

【演变】宕,本义指❶如屋的山洞。洞屋空阔,故引申指❷宽广。由宽广又引申为❸放纵,不受拘束:借问叹者谁,言是~子妻。又引申为❹飘荡,摇动:~~何所依,忽亡而复存。此类含义后用荡表示。参见荡。山洞通透,故又引申为❺通过,穿过:邗子寻犬,~入仙穴。由穿过又引申为❻拖延:这一百吊暂时~一~,我再想法子报销|延~。

【组字】宕,如今既可单用,也可作偏旁。现今仍归入宀部。凡从宕取义的字皆与空荡等义有关。

以宕作声符的字有:砀、凼、菪。

宜 yí

【字形】甲　金　籀

篆　隶 宜 草

【构造】会意字。宜与俎同源。甲骨文从且(雄性生殖器,象征神祖)从肉,会置肉于且前进行祭祀之意。金文大同。篆文简化,上讹为宀。因表义侧重不同,分化为两个字。隶变后楷书分别写作宜与俎。参见俎。

【本义】《说文·宀部》:"宜,所安也。从宀之下,一之上,多省声。"解说不确。本义当为列俎几陈牲祭祀。

【演变】宜,本义指❶祭祀:类于上帝,~于冢土。由置肉祭祀,引申指❷做熟菜肴吃:弋言加之,与子~之。祭祀是应当做的合乎大义的事,故又指❸正当的道理,合理的事情办法,适当的地位:礼乐刑政,施之于天下,万物得其~|因地制~|不合时~|机~|事~。又泛指❹合适:之子于归,~其室家。进而引申为❺应该:不~妄自菲薄。用作副词,表示❻当然:假贷居贿,~及于难。

【组字】宜,如今既可单用,也可作偏旁。现今仍归入宀部。凡从宜取义的字皆与置肉以祭等义有关。

以宜作义符的字有:叠。

以宜作声兼义符的字有:谊。

以宜作声符的字有:萓、竩。

审 shěn (宷、審)

【字形】甲　金　古　篆　今篆

隶 审宷審 草

【构造】会意兼形声字。甲骨文从宀(房子)从釆(辨别),会于室中细察之意。金文另加义符口,以突出详问之意。古文另加义符心,表示用心。篆文改从番,番亦为辨别义。隶变后楷书分别写作宷和審。如今简化皆作审,改为申声。

【本义】《说文·釆部》:"宷,悉也,知宷谛也。从宀,从釆。審,篆文宷,从番。"所释为引申义。本义当为细察。

【演变】审,本义指❶细察:故~堂下之阴,而知日月之行。引申为❷详知:君子~礼,则不可以欺以诈伪|~悉。又形容❸详细,周密:用意详~|~视。又引申指❹清楚,明白:是白马之非马,~矣|当局称迷,旁观必~。由详细又引申指❺慎重:不如择趋(向)而~行之|~慎。由细察,又引申指❻查问,审讯:将于家父子带回城去听~|~判|~案。用作副词,表示❼确实:~如其言。

【组字】审,如今既可单用,也可作偏旁。现今归入宀部。凡从审取义的字皆与悉知等义有关。

以审作声兼义符的字有:谳。

以审作声符的字有:渖、婶。

宙 zhòu

【字形】甲  篆  隶 宙 草 

【构造】形声兼会意字。甲骨文和篆文皆从宀(房屋),由声,由也兼表所由成之意。隶变后楷书写作宙。

【本义】《说文·宀部》:"宙,舟舆所极覆也。从宀,由声。"所释为引申义。本义当为栋梁。

【演变】宙,本义指❶栋梁:而燕雀佼之,以为不能与之争于宇(屋檐)~之间。词义扩大,引申指❷凡舟车所到的地方,即空间范围:精游宇~。又引申指❸古往今来所有的时间:有长而无本剽(头尾。剽同标,末)者,~也|古往今来谓之~,四方上下谓之宇。

【组字】宙,如今既可单用,也可作偏旁。现今仍归入宀部。凡从宙取义的字皆与栋梁等义有关。

以宙作声兼义符的字有:绾。

宛 wǎn;yuān

【字形】甲  金  篆  隶 宛 草 

【构造】会意兼形声字。甲骨文从宀(房子)从夗(表弯曲),会宫室回环盘曲之意,夗也兼表声。金文另加义符口,表示语言婉转。篆文整齐化。隶变后楷书写作宛。

【本义】《说文·宀部》:"宛,屈草自覆也。从宀,夗声。"释义不确。本义当为宫室回环盘曲。

【演变】宛,由本义宫室回环盘曲,引申泛指❶曲折,弯曲:楚南饶风烟,湘岸苦萦~|~辔憩通衢|~转。由视见委曲,又引申指❷清晰可见:及期访焉,~见二乘|此鼓千年尚~存。进而引申为❸好像:溯游从之,~在水中央|~然。

又读 yuān,指❹古时地名,秦昭襄王置县,治所在今河南南阳,著名铁产地:~钜、铁鍦(shī,矛),惨如蜂虿(chài)。用作"宛鶵",即❺鹓雏。传说中鸾凤一类的鸟:其上则有~雏孔鸾。

【组字】宛,如今既可单用,也可作偏旁。现今仍归入宀部。凡从宛取义的字皆与弯曲、圆转等义有关。

以宛作声兼义符的字有:惋、婉、琬、腕、蜿、碗、豌。

以宛作声符的字有:剜、菀、帵、涴、鹓、畹。

实 shí (實)

【字形】金  篆  隶 实 實 草 

【构造】会意字。金文从宀(房子)从田从貝(货币),会房中充满钱粮之意。篆文改为从宀从貫(钱串),强调房中充满了钱。隶变后楷书写作實。如今简化作实。

【本义】《说文·宀部》:"實,富也。从宀,从貫。貫,货贝也。"所释为引申义。本义当为充满,充实。

【演变】实,本义指❶充满,充实:仓廪~而知礼节|~心儿。用作使动,指❷使充满,使充实:薄赋敛,广畜(同蓄)积,以~仓廪|徐徐焉~狼囊中|荷枪~弹。植物果实长成是饱满的,故

又引申指❸果实，种子：草木之～足食也。用作动词，又表示❹结果实：诸越则桃李冬～｜春华秋～。充满则是不虚，故又引申指❺事实，实际：盛名之下，其～难副｜不复料其虚～｜言过其～。进而引申为❻真实，实在：毁誉无端，则真伪失～｜此皆良～，志虑忠纯｜～话～说｜诚～。用作副词，指❼确实：儿～无罪过｜～不相瞒。家中充满了钱粮，当然是富裕了，故又引申指❽富裕，富足：仇雠赖我之资益以富～。又引申指❾饱满：无苗时采，则～而沉；有苗时采，则虚而浮。

【组字】实，如今既可单用，也可作偏旁。现今仍归入宀部。凡从实取义的字皆与充满等义有关。

以实作声符的字有：㝦。

宓 mì；fú
（密、秘、秘、祕）

【字形】甲  金  篆  今篆 

隶 宓密秘祕秘

草 宓密秘祕秘

【构造】会意兼形声字。甲骨文从宀（房子）从必（表安定），会安处室内之意，必也兼表声。金文从双必，以强调安定之意。篆文整齐化。隶变后楷书写作宓。

【本义】《说文・宀部》："宓，安也。从宀，必声。"本义为安处室内。

【演变】宓，读 mì，由本义安处室内，引申泛指❶安定，安宁，安静：～穆（和）休于太祖之下。又引申指❷秘密，不公开：豺牙～厉（磨），虺毒潜吹。

又读 fú，同"虙""伏"，用作"宓羲氏"，亦作虙羲氏、宓戏氏，即伏羲氏，指❸传说中的上古帝王：～戏、神农教而不诛｜求～妃（伏羲的女儿）之所在。用作❹姓，今读 mì：～子贱为单父宰。

"宓"后专用作姓，其义便由"密"来表示。

〇密，从山从宓会意，宓也兼表声。读 mì，本义指❶形状像堂屋的山：松柏之鼠不知堂～之有美枞。引申指❷接近，稠密：以陈蔡之～迩于楚，而不敢贰焉｜～叶日夜疏，丛林森如束｜疏～相间｜紧锣～鼓｜～集｜～度｜～植。进而引申指❸细密，坚致：言多令事败，器漏苦不～｜精～。又引申指❹周严，不疏漏：尝欲有所司察，择长年廉吏遣行，属令周～｜严～｜～实。进而引申指❺不为外人所知的，不公开的：多少暗愁～意，唯有天知｜保～｜～码。用于抽象意义，指❻关系近，感情深：于是与亮情好日～｜柔情～意｜亲～。

注意："密"与"秘"不同。

〇秘，从禾从必（田界）会意，必也兼表声。本是秘的异体字。读 mì，本义指❶禾稼的香味。借作"祕"，又表示❷神秘莫测。由神秘莫测，引申指❸隐蔽，不公开：恐诸公子及天下有变，乃～之，不发丧｜～而不宣｜～籍｜～密｜～诀｜～室｜～史｜～书。

又读 bì，用作❹音译字：～鲁。

〇祕，从示，必声。读 mì，本义指❶秘密，不公开的：其计～，世莫得闻。又表示❷隐藏，保守秘密：始皇至沙丘崩，～之，群臣莫知。又指❸神秘，稀有，珍奇不常见：斯人已云亡，草圣～难得。如今其义皆用"秘"表示。

【组字】宓，如今既可单用，也可作偏旁。现今仍归入宀部。凡从宓取义的字皆与安处等义有关。

以宓作声兼义符的字有：密、蜜。

官 guān
（馆、舘、馆）

【字形】甲  金  篆 

隶 官馆館舘 草 官馆舘

【构造】会意字。甲骨文、金文和篆文皆从宀从𠂤。宀是房屋，𠂤是弓，代表军队，意谓驻军的营房。金文、篆文稍讹。隶变后楷书写作官。

【本义】《说文・宀部》："官，吏事君也，从宀，从𠂤。𠂤犹众也，此与师同意。"所释为引申义。就甲骨文看，本义实为营房。

【演变】官，由临时驻扎的营房，引申为❶客馆，馆舍：不见宗庙之美，百～之富。又引申为❷官署，任所：八月抵～。又引申为❸官职，官员：～高何足论，不得收骨肉｜百～以治，万民以察｜才能高而无～｜贪～污吏｜外交～。又引申为❹官场通行的，公家的，正式的：～办｜～邸｜～话。又引申为❺器官：心之～则思，思则得之，不思则不得之｜五～端正｜感～。

后来“官”为引申义所专用，“客馆”之义便另加义符“食”写作館，如今简化作馆。

○馆，从饣从官，会供食宿之处之意，官也兼表声。异体作舘，改从舍。如今简化皆作馆。读 guǎn，本义指❶客馆：乃建诸侯之～｜宾～。引申指❷华丽的宫殿：离宫别～，弥山跨谷。又特指❸供太学生食宿的学馆：闲来思学～，犹忆雪窗明。进而引申指❹教学的地方：所至多建学～，勤诲诸生｜家～｜蒙～。如今泛指❺各国使节办公的地方：使～｜领事～。又指❻各种服务性的店铺：旅～｜餐～｜照相～。

【组字】官，如今既可单用，也可作偏旁。现今仍然归入宀部。凡从官取义的字，皆与房舍、人员等义有关。

以官作声兼义符的字有：馆、倌、舘。

以官作声符的字有：管、棺、涫、绾、菅。

空 kōng；kòng；kǒng

【字形】金　篆　隶　草

【构造】会意兼形声字。金文和篆文从穴从工（筑杵）会意，工也兼表声。隶变后楷书写作空。

【本义】《说文·穴部》：“空，窍也。从穴，工声。”本义为修筑的窑洞。

【演变】空，读 kǒng，由本义为窑洞，引申泛指❶孔（即窟窿）：今贫民菜食不厌，衣又穿～。

又读 kōng，引申为❷内无所有，空虚：仓廪实而囹圄～｜～盒。用作抽象意义，又引申指❸空洞，空泛：吾欲托之～言，不如附之行事。佛教认为世间一切皆空，故又引申指❹佛教，佛家为空门：自从苦学～门法，销尽平生种种心。由空虚，又引申指❺天空：乘～如履实，寝虚若处床｜航～。又引申指❻穷尽，使空虚：竭财以事神，～家以送终。由空洞用作副词，表示❼白白地：蚕丝尽输税，机杼～倚壁｜～欢喜一场。

又读 kòng，由内无所有引申指❽亏缺，短欠：上～官粮下欠债，央人托保做长工。又指❾留下间隙、间隔：这事～几天再办也不迟｜屋里先～出一张床的位置。用作名词，指❿空闲的时间或空间：忙得连喘气的～都没了｜这间房没～了。又指抽象的⓫空子，机会：这人见～就钻，小心了。

【组字】空，如今既可单用，也可作偏旁。现今仍归入穴部。凡从空取义的字皆与孔、窍等义有关。

以空作声兼义符的字有：腔、箜。

以空作声符的字有：倥、控、崆。

帘 lián（簾）

【字形】篆　今篆　隶　草

【构造】会意兼形声字。篆文从竹从廉（边侧），会挂在门前竹编的帘子之意，廉也兼表声。隶变后楷书写作簾。如今简化借用帘来表示。帘，从穴从巾会意，本指酒家的望子。

【本义】《说文·竹部》：“簾，堂簾也。从竹，廉声。”本义为门帘。《广韵·盐部》：“帘，青帘，酒家望子。”本义指酒店门口的旗帜。

【演变】帘，作为本字，本义指❶酒店门口的旗帜：白鸟窥鱼网，青～认酒家。

用作“簾”的简化字，又表示❷门帘：生（很）憎帐额绣孤鸾，好取门～帖双燕｜散入珠～湿罗幕｜垂～怕放东风入，春到贫家不当春｜竹～。用作“垂帘”，又特指❸古代女后垂帘听政：自诛上官仪后，上每视朝，天后垂～于御座后，政事大小，皆与闻之｜撤～（归政）。又引申指❹像帘子的设备：夜大雪，城中矢石如雨，军校多死伤，达旦而礮（炮）～立｜夜火蟹～多。

【组字】帘，如今既可单用，也可作偏旁。现今仍归入巾部。凡从帘取义的字皆与帘子等义有关。

以帘作声符的字有：㡘。

郎 láng（廊）

【字形】金　篆　隶

草

【构造】会意兼形声字。金文从良（廊道）从邑（表示建筑），会堂前庭的廊屋之意。是“良”的加旁分化字。篆文整齐化。隶变后楷书写作郎。

【本义】《说文·邑部》:"郎,鲁亭也。从邑,良声。"所释为借义。本义当为廊屋。

【演变】郎,本义指❶廊屋。后特指❷宫殿的廷廊。廷廊是侍卫人员的所在,故又引申为❸帝王侍从官的通称:少以父任,兄弟并为~|议~|侍~|~中。再加"郎"从"良"取义,含有优良、美好之义,于是遂成为❹对青年男子的美称:王家诸~亦皆可嘉。又可称女子为❺女郎:同行十二年,不知木兰是女~。进而引申为❻妇女对丈夫或情人的称呼:天不夺人愿,故使侬见~|新~。旧时又指❼奴仆对主人的称呼:为两~童,孰若为一~童也。又指❽对从事某种职业者的称呼:旧交已变新知少,却伴渔~把钓竿|货~。又借为❾地名。

"郎"为引申义所专用,廊屋之义便另加义符"广"写作"廊"来表示。

〇廊,从广从郎会意,郎也兼表声。读láng,本义指❶堂下四周的廊屋:所赐金,陈之~庑下。用作"廊庙",指❷廊屋与太庙:计不下席,谋不出~庙,坐制诸侯。后泛指❸走廊,游廊:长~|画~。

【组字】郎,如今既可单用,也可作偏旁。现今仍归入邑部。凡从郎取义的字皆与廊屋等义有关。

以郎作声兼义符的字有:廊。

以郎作声符的字有:啷、螂、瑯(埌)、榔、螂、鎯。

戾 lì

【字形】甲 金 篆 隶 戾 草

【构造】会意字。甲骨文和金文皆从犬从立,用犬人立而啼会暴怒违逆不顺之意,立也兼表声。篆文从犬从户,会犬曲身户下之意。隶变后楷书写作戾。

【本义】《说文·犬部》:"戾,曲也。从犬出户下。戾者,身曲戾也。"本义为弯曲。

【演变】戾,本义指❶弯曲:饮必小咽,端直无~。由弯曲引申为❷违逆不顺:举事~苍天,发号逆四时。又引申为❸乖张(偏执,怪僻,不顺情理):争货财,无辞让,果敢而振,猛贪而~|乖~。又引申为❹暴虐:胡不化其邪而为正兮,胡不返其~而为义|暴~。用作名词,指❺罪恶:君辱贶之,其敢干大礼以自取~|罪~。又指❻到达:鸢飞~天者,望峰息心。

【组字】戾,如今既可单用,也可作偏旁。现今归入户部。凡从戾取义的字皆与弯曲不顺等义有关。

以戾作声兼义符的字有:捩。

以戾作声符的字有:唳、淚(泪)。

肩 jiān

【字形】甲 金 篆 隶 肩 草

【构造】象形兼会意字。甲骨文象与头颈相连的肩胛骨形。金文简化,下加义符月(肉)。篆文承之,下从肉,上象肩形,俗肩形讹为户。隶变后楷书写作肩与肩。如今规范化用肩。

【本义】《说文·肉部》:"肩,髆(肩胛)也。从肉,象形。肩,俗肩从户。"本义为肩膀。

【演变】肩,本义指❶肩膀:胁~谄笑,病于夏畦(耸起两肩,做着笑脸,比夏天在菜地里干活还要累)|并~前进|摩~继踵。引申指❷四足动物前腿的根部:项王曰:"赐之彘~。"则与一生彘~。挑担子用肩,故又引申指❸担负:老农~米肉成疮|乃雇夫分~行李,从旧司北向逾岭行。

【组字】肩,如今既可单用,也可作偏旁。现今仍归入月(肉)部。凡从肩取义的字皆与肩膀、肩负等义有关。

以肩作声兼义符的字有:掮。

房 fáng

【字形】篆 隶 房 草

【构造】形声兼会意字。篆文从户,方声,方也兼表旁边之意。隶变后楷书写作房。

【本义】《说文·户部》:"房,室在旁也。从户,方声。"本义为正室两旁的房间。

【演变】房,本义指❶古代正室两旁的房间:脯醢陈于~中|凡堂之内,中为正室,左右为~,所谓东~西~也。引申泛指❷房屋:独向深~

养病身|～间|正～|书～|厨～。又引申指❸形状像房的东西：蜂～不容鹄卵，小形不足以包大体也|莲～|心～|花～。家族的分支住在不同的地方，犹如在两旁之房，故又引申指❹家族的分支：黛玉想到：这必是外祖之长～了|远～亲戚。又特指❺妻室：正～|偏～|填～。古又读 páng，用于❻阿房宫。

【组字】房，如今既可单用，也可作偏旁。现今仍归入户部。凡从房取义的字皆与房间等义有关。

以房作声符的字有：榜。

试 shì（試）

【字形】篆  隶 试 試 草 

【构造】会意兼形声字。篆文从言从式，会按标准使用之意，式也兼表声。隶变后楷书写作試。如今类推简化作试。

【本义】《说文・言部》："試，用也。从言，式声。"本义为使用。

【演变】试，本义指❶使用：刑不～而民咸服。由开始用，引申指❷按预想非正式地做：食自外来者，不可不～也|尝～|～用|～探|～一～。尝试带有考查的性质，故又引申指❸考查：～玉要烧三日满，辨才须待七年期。词义缩小，用于人又指❹考试：日～万言，倚马可待|县～|乡～|会～|殿～|～题|～卷。

诗 shī（詩）

【字形】篆  隶 诗 詩 草 

【构造】会意兼形声字。篆文从言从寺（侍奉），会奉神的颂诗之意，寺也兼表声。隶变后楷书写作詩。如今类推简化作诗。

【本义】《说文・言部》："詩，志也。从言，寺声。"本义为一种文学体裁。

【演变】诗，本义指❶一种文学体裁：～言志|叙事～|抒情～。古书中又特指❷《诗经》：～三百，一言以蔽之，曰"思无邪"|易奇而法，～正而葩|子曰～云|～曰。

【组字】诗，如今既可单用，也可作偏旁。现今仍归入言部。凡从诗取义的字皆与歌唱等义有关。

以诗作声符的字有：畤。

诚 chéng（誠）

【字形】篆  隶 诚 誠 草 

【构造】会意兼形声字。篆文从言从成会意，成也兼表声。隶变后楷书写作誠。如今类推简化作诚。

【本义】《说文・言部》："誠，信也。从言，成声。"本义为真心实意。

【演变】诚，本义指❶真诚，真实：著～去伪|帝感其～|子以吾言为不～|～心～意|开～布公|以～待人|～恳。由真实用作副词，表示❷确实，实在，的确：子～齐人也|～宜开张圣听，以光先帝遗德|～惶～恐|～然。又表示假设，相当于❸果真：今～以吾众诈称公子扶苏、项燕，为天下倡，宜多应者|今将军～能命猛将统兵数万，与豫州协规同力，破操军必矣。又表示❹就，便：卿能办之者～决，邂逅不如意，便还就孤。

话 huà（話、譮）

【字形】金  籀  篆  隶 话 話 譮

草 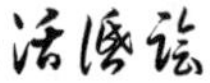

【构造】形声兼会意字。金文从言，𠯑声，𠯑也兼表交接之意。籀文改为从言从會，会交谈之意。篆文承接金文并整齐化。隶变后楷书分别写作話与譮。如今规范化皆简作话，𠯑省为舌。譮只用作人名。

【本义】《说文・言部》："話，合会善言也。从言，𠯑声。"本义为交谈。

【演变】话，本义指❶谈论，交谈：开轩面场圃，把酒～桑麻|何当共剪西窗烛，却～巴山夜雨时|茶～会|～别|会～。用作名词，指❷话语：慎出尔～，敬尔威仪|谈～|对～。又特指❸艺人讲唱的历史或小说故事：翰墨题名尽，光阴听～移|～本。

诞 dàn（誕）

【字形】篆　隶 诞 誕　草

【构造】形声兼会意字。篆文从言，延声，延也兼表延伸夸大之意。隶变后楷书写作誕。如今类推简化作诞。

【本义】《说文·言部》："誕，词誕也。从言，延声。"桂馥认为"词誕也"当为"詷（dòng）也"。本义为说大话。

【演变】诞，本义指❶说大话：先生得无～之乎？何以言太子可生也？引申泛指❷欺诈，荒唐，放肆：许绾～魏王｜官以其～而无据，置不理焉｜荒～｜怪～｜虚～｜放～。由扩大又借用以表示❸生育：癸丑，上～日，不纳中外之贡｜～生｜～辰。用作名词，指❹生日：华～。

该 gāi
（該、賅、赅）

【字形】篆　隶 该 赅 該 賅

草

【构造】形声兼会意字。篆文从言，亥声，亥也兼表刻写之意。隶变后楷书写作該。如今简化作该。

【本义】《说文·言部》："該，军中约也。从言，亥声。"本义为军中戒约。

【演变】该，本义指❶军中戒约。由戒约是军中必备之物，引申为❷具备：帝王技术尤所不～。又引申指❸完备，包容：招（招魂）具～备，永（长）啸呼些｜～臧万物｜设天纲以～之。戒约理应照办，故近代又引申指❹合当，应当，应当这样：获盗百余人，皆～死｜因前世前缘，～有这些姻眷｜～下课了｜～你发言了｜三斤西红柿12元，每斤～合4元。由肯定的应当，又引申指❺推测：那孩子如果还活着的话，如今～有十多岁了。用作指示代词，指代❻前面说过的人或事物：～生｜～校｜～文｜～犯｜～书。由合当做的不做，用作动词，又引申指❼欠：他还～我几两银子呢｜不能～钱不还｜～账。

"该"引申为近代含义之后，完备之义便由"賅"（如今简化作赅）来表示。

○赅，从贝，亥声。读 gāi，本义指❶财货充足。引申指❷完备，齐全：百骸、九窍、六脏，～而存焉｜言简意～｜～备｜～博。

详 xiáng
（詳）

【字形】篆　隶 详 詳　草

【构造】会意兼形声字。篆文从言从羊（吉祥），会吉善敬慎之言之意，羊也兼表声。隶变后楷书写作詳。如今简化作详。

【本义】《说文·言部》："详，审议也。从言，羊声。"本义为审慎，细论。

【演变】详，本义指❶审慎，细论：～刑审罚，明察单辞（一方之辞）。引申泛指❷详细：传者久则论略，近则论～｜～略得当｜～谈｜～察。用作动词，指❸详细说明：中冓（私房）之言，不可～也｜内～｜另～。又引申指❹详细知道：果不如先愿，又非君所～｜先生不知何许人也，亦不～其姓字｜内容不～。由审慎又引申指❺庄重，安详：神明清秀，风姿～雅。又借作"佯"（yáng），表示❻假装：梅伯受醢，箕子～狂。

视 shì
（視）

【字形】甲　金　篆　隶 视 視

草

【构造】会意兼形声字。甲骨文上从示，下从目，会目看天象之意，示也兼表声。金文改目为見，含义相同。篆文承之并整齐化。隶变后楷书写作視。如今类推简化作视。

【本义】《说文·見部》："視，瞻也。从見、示。"本义为看。

【演变】视，本义指❶看：～天梦梦（昏不明）｜～而不见｜～觉。引申指❷观察：下～其辙｜～其行步，窃鈇也｜监～｜～察。由看，又引申指❸看待，对待：（颜）回也～予犹父也｜～如亲生｜一～同仁｜等闲～之｜歧～。由观察又引申指❹比较，比照：其辱人贱行～五人之死，轻重固何如哉？古又引申指❺处理，治理：崔子称疾，不～事。

【组字】视，如今既可单用，也可作偏旁。现今仍归入见部。凡从视取义的字皆与看等义有关。以视作义符的字有：觑。

衬 chèn
（襯）

【字形】古 今篆 隶衬襯

草衬襯

【构造】形声兼会意字。古文从衣，寸声。隶变后楷书写作衬。俗作襯，从衣，親（亲）声，親也兼表亲近之意。如今承古文简化作衬，改为寸声。

【本义】《玉篇·衣部》："襯，近身衣。"本义为内衣。

【演变】衬，本义指❶内衣。引申指❷衬在里面的：~衣|~裙|~布|~裤|~纸。又引申指❸附在衣帽、鞋子等某一部分里的布制品：帽~儿|袖~儿。用作动词，指❹在里面或下面托上一层：身披耀日连环甲，~着锦绣绯红袍|下边~层纸|~垫。又进而引申指❺陪衬：千重碧树笼春苑，万缕红霞~碧天|~托。又引申委婉表示❻施舍：平明，斋众道士，各赠与金帛之物，以充~资。由施舍进而引申指❼帮助：又亏秦老一力帮~，备制衣衾。

【组字】衬，如今既可单用，也可作偏旁。现今仍归入衣部。凡从衬取义的字皆与衣服等义有关。以衬作义符的字有：衬。

衫 shān

【字形】篆 隶衫 草衫

【构造】会意兼形声字。篆文从衣从彡，会衣服轻飘之意，彡也兼表声。隶变后楷书写作衫。

【本义】《说文·衣部》新附："衫，衣也。从衣，彡声。"本义为古代短袖的单衣。

【演变】衫，本义指❶短袖的单衣：单~杏子红，双鬓鸦雏色。引申泛指❷单衣：九月衣~，二月衣袍|衬~|长~。

罙 shēn

（突、探、深）

【字形】甲 金 篆

隶罙探深 草罙探深

【构造】会意字。甲骨文和金文皆从人进入洞穴形，小点是洞顶滴水，会进入深洞探寻之意。篆文将人省为又，将下身与水滴讹为火，成了手持火进入洞中探寻。隶变后楷书写作突。俗省作罙。

【本义】《说文·穴部》："突，深也。一曰灶突。从穴，从火，从求省。"这是就篆文所作的解说。本义当为持火入深洞探寻。

【演变】罙，本义指❶持火入深洞探寻，故可表示❷深入：臣之德王，~于骨随（髓）。因从火从穴，故《说文》又解释为❸灶上烟囱：孔子无黔~，墨子无暖席。

由于"罙"作了偏旁，探寻之义便由"探"来表示；幽深之义便用"深"来表示；烟囱之义便借"突"来表示，参见突。

〇探，从扌从罙会意，罙也兼表声。读tàn，本义指❶把手伸进去取东西：~囊取物。引申指❷试图发现：上会稽，~禹穴|钻~|~矿|~路|~雷|侦~。又特指❸做侦察工作的人：月冷边帐湿，沙昏夜~迟|神~|密~。由伸出手向前，又引申泛指❹身体的某部分向前伸出：~头~脑|~身窗外。又进而引申指❺看望：有奇若此，前未一~|~望|~亲|~病|~视。如今探望一般指人。

〇深，从氵从罙会意，罙也兼表声。读shēn，本义指❶水面到水底的距离大：如临~渊，如履薄冰|水~火热。引申指❷纵向或横向空间距离大：高岸为谷，~谷为陵|寡人生于~宫之中|胡同很~。又指❸时间距离长：夜~忽梦少年事|~秋。又引申指❹深入，深刻：吾观兵书战策多矣，孙武所著~矣|发人~省|~思。又引申指❺深奥：何以为辩？喻~以浅|文字艰~。又引申指❻感情、颜色浓厚：~情厚意|交浅言~|涂色太~。用作副词，又表示❼很：光武~忌之|~信不疑。

【组字】罙，如今不单用，只作偏旁。现今突仍归入穴部，罙则归入木部。凡从罙取义的字皆与深入、探求等义有关。

以罙作声兼义符的字有：深、探。

以罙作声符的字有：琛。

郓 yùn

（鄆）

【字形】金 篆 隶郓鄆 草郓

【构造】形声兼会意字。金文和篆文皆从邑（右阝,表示城镇),軍声,軍也兼表驻军之意。隶变后楷书写作鄆。如今简化作郓。郓为鲁国西部边境,地临曹、卫,为防侵掠,曾于此驻军。春秋时鲁成公四年冬,在此筑城为郓。

【本义】《说文·邑部》:"鄆,河内沁水乡。从邑,軍声。鲁有鄆地。"本义为春秋时古地名。故址在今山东省。有两个郓城:西郓在今郓城县东,东郓在今沂水县北。

【演变】郓,❶春秋时古地名,公元前587年建城:成公四年冬城~|楚人入~,秦人、白狄伐晋。又指❷古州名。隋朝开皇十年(公元590年)置郓州,唐朝武德五年(公元622年)置郓州总管府,宋为东平府:乃以步骑五千涉济,至~州,~人无备,遂袭破之|晊不意兵之至也,兖、~之兵又从而合击。今指❸县名,即郓城,在山东省西部。又作❹姓。

建 jiàn

【字形】甲 金 籀 篆 隶 建 草

【构造】象形兼会意字。甲骨文象一人立于船头竖篙撑船形。金文将人持篙讹为聿,船讹为匕。籀文将船形换为辵,以强调竖篙行船之意。篆文承接籀文,又将辵简化作廴,成了从聿从廴会意,完全失去了竖篙撑船之意,然其竖起、树立之基本含义则保留了下来。隶变后楷书写作建。

【本义】《说文·廴部》:"建,立朝律也。从聿,从廴。"这是就篆文所作的解说,所释也是引申义。本义当为竖篙撑船。

【演变】建,由本义竖篙撑船,引申泛指❶竖起,树立:设此旐(zhào)矣,~彼旄矣|上可~五丈旗。又引申为❷设置,建立:唐虞稽古,~官惟百|~都|~国|~功|~制。又引申指❸建筑:楚筑章华于前,赵~丛台于后|~造|~房。又引申指❹提出:~议|创~。撑船时船篙一会儿竖起一会儿放倒,故又引申为❺倾倒:高屋~瓴。

【组字】建,如今既可单用,也可作偏旁。现今仍归入廴部。凡从建取义的字皆与撑船时竖篙、插篙等动作有关。

以建作声兼义符的字有:毽、楗、键、踺、鞬。

以建作声符的字有:健、犍、腱。

肃 sù (肅)

【字形】甲 金 古 篆

隶 肃肅 草

【构造】会意字。"肃"当是由"建"演化来的一个字。"建"甲骨文是手持篙撑船形。"肃"与"建"一样,在甲、金文中人持篙形讹变为聿(手持笔形),省去了船形,而加上了行船的深渊,会战战兢兢如履薄冰、如临深渊、小心谨慎之意。古文深渊左边讹为心,右边剩下一条曲岸。篆文承金文整齐化。隶变后楷书写作肅。如今简化作肃。

【本义】《说文·聿部》:"肅,持事振敬也。从聿在𣶏上,战战兢兢也。"释义不差,析形不明确。本义为行船小心谨慎。

【演变】肃,由本义行船小心谨慎,引申为❶恭敬:其从者~而宽|~然起敬|~立。又引申指❷庄重,威严:色容厉~|~穆|严~。又引申指❸清静,安静:~静。又引申指❹整顿,清除:~清|~反。由清除又引申指❺萧条:天地始~。

【组字】肃,如今既可单用,也可作偏旁。现今归入聿部。凡从肃取义的字皆与恭敬、谨慎、清除等义有关。

以肃作声兼义符的字有:萧、繡(绣)。

以肃作声符的字有:鹔、鏽(锈)、啸、箫。

帚 zhǒu (箒、婦、妇、埽、掃、扫)

【字形】甲 金 篆 今篆

隶 帚箒扫掃

草

【构造】象形字。甲骨文、金文皆象笤帚形。篆文讹为"从又(手)持巾埽冂内"。"又"实际是笤帚苗的讹误,"冂"是捆扎形的讹误。隶变后楷书写作帚。

【本义】《说文·巾部》:"帚,所以粪(扫除)也。从又持巾埽冂内。"析形不确。本义为打扫尘土垃圾的笤帚。

【演变】帚,本义指打扫尘土垃圾用的笤帚:凡为长者粪之礼,必加~于箕上,以袂拘(覆盖着)而退|大王赦其深辜,裁加役臣,使执箕~。由于“帚”作了偏旁,此义后另加义符“竹”写作“箒”来表示。如今简化仍用“帚”。古代认为妇女主要是在家手拿笤帚负责打扫尘土垃圾的,故古代多用为“妇”字。为了分化字义,后另加义符“女”写作“婦”,从女从帚会意,如今简化写作“妇”。“帚”是用来打扫尘土垃圾的,于是就另加义符“土”造了“埽”字表示打扫;埽转指他义,俗又另造了掃,从手从帚会意,如今简化作扫。参见妇、埽。

〇扫,读 sǎo,表示❶扫除尘土、垃圾:墙有茨,不可~也|~地|~房。引申泛指❷清除:~项军于垓下|~清道路|~盲。又引申指❸像扫除一样很快移过去:横~千军如卷席|~瞄|~射|~视。

又读 sào,用作名词,指❹扫除的工具:令(刘)休于宅后开小店,使王氏亲卖~|~帚。

【组字】帚,如今既可单用(作语素),也可作偏旁,作偏旁时,有的简化作彐。现今仍归入巾部。凡从帚取义的字皆与扫除、笤帚等义有关。

以帚作义符的字有:掃(扫)、埽、婦(妇)。

以帚作声兼义符的字有:箒。

隶 dài;lì (隸、逮、肄、肆、替)

【字形】甲 金 古 篆

隶 隶 隸 逮 肄 肆 替

草 隶 隸 逮 肄 肆 替

【构造】会意字。甲骨文从又(手)持一兽形,会手捕获一兽加以整治之意。金文稍简,只剩兽尾。篆文整齐化。隶变后楷书写作隶。是“逮”的本字。

【本义】《说文·隶部》:“隶,及也。从又,从尾省。又持尾者,从后及之也。”本义为捕获一兽加以整治。

【演变】隶,读 dài,本义指捕获一兽加以整治。由于“隶”作了偏旁,后来便由这一形象分化出五个字,表示五类含义。

第一个以“隶”为基础,篆文另加声符“柰”写作隸。隶变后楷书写作“隸”,读 lì,表示奴隶。如今简化仍然写作隶。因为宰治牲体是奴隶们的事,所以“隶”如今专用以表示❶奴隶:其犹~农也,虽获沃田而勤易(耕治)之,将不克飨|仆~。又引申指❷隶卒:视徒~则心惕息|~役|皂~。奴隶是隶属于主人的,故用作动词,又表示❸附属:及破邯郸,乃更部分诸将,各有配~|~属。据说隶书是秦朝隶人所用之省简字体,故又特指❹隶书:言古~之书起于秦代,而篆字文繁,无会剧务,故用隶人之省,谓之~书。

〇逮,第二个以“隶”为基础,金文和篆文另加义符“辶”(辵)写作逮和逮。隶变后楷书写作“逮”,从辶从隶会意,隶也兼表声。仍读 dài,本义指❶及,达到:古者言之不出,耻躬之不~也|力所不~。又引申指❷逮捕:请~捕广汉|五人者,盖当蓼洲周公之被~,激于义而死焉者也。虚化为介词,表示❸到:~夜至于齐。

又读 dǎi,口语表示❹捉拿:反正无家可归,~住就~住吧|~老鼠。

〇肄,第三个以“隶”为基础,金文和篆文另加义符“巾”写作肄和肄,讹作肄。隶变后楷书写作“肄”。读 yì,本义为❶修治、整治。引申指❷研习,学习,练习:兵官皆~孙吴兵法|作玄武池以~舟师|~业。

〇肆,第四个以“隶”为基础,金文再加陈列一个猎物写作肆,古文讹作肆。篆文又讹作“肆、肆”二形,隶变后楷书写作肆和肆。如今规范化用“肆”,读 sì,本义指❶极陈祭牲以祀:祀五帝,奉牛牲,羞其~。引申为❷陈尸示众:~之三日。又引申泛指❸陈设:~筵(竹编的垫席)设席。进而引申指❹陈设物品的店铺:常游洛阳市~,阅所卖书|茶~|酒~。由极陈又引申指❺纵恣,不受拘束:昔穆王欲~其心|~无忌惮|~意|放~。又借作❻“四”的大写。

〇替,第五个则以甲骨文“替”为基础,金文另加一器皿写作“替”,读 tì,表示将剐好的牲体置于器中之义。篆文讹作“替、替”。隶变后楷书写作“替”。参见替。

【组字】隶,如今既可单用(只用于表示奴隶一类含义),也可作偏旁。现今仍设隶部。凡从隶取义的字皆与捕捉、整治、陈列等义有关。
以隶作义符的字有：肄、肆、隸、隸(隶)、替。
以隶作声兼义符的字有：逮。
以隶作声符的字有：棣。

录 lù
(彔、録、削)

【字形】甲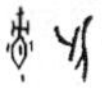金篆

隶 录 錄 削 草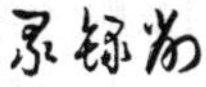

【构造】象形字。甲骨文象用钻钻木取火之形。上边是钻，下边是眼，小点象征碎屑或火星。金文稍讹。篆文整齐化就更不像了。隶变后楷书写作录。如今规范化作录。现在又作了“録”(从金，录声，本义为青黄之间的金色)的简化字。或说“录”象用辘轳取水形，字形上既看不出，字义上也没有这方面的蛛丝马迹。

【本义】《说文·彔部》：“彔，刻木彔彔也。象形。”本义为钻木取火。

【演变】录，本义为❶钻木取火。引申指❷刻削。古代书写是用刀刻的，故又引申指❸记载，抄写：豪杰不著名于国书，不～功于盘盂｜～无不详｜手自笔～。又指❹记载言行或事物的书刊：备忘～｜回忆～。由记载又引申指❺采取，收用，记住：君既若见～，不久望君来｜～取｜～用。用为“录录”，义同“碌碌”，表示❻忙而平庸无所作为：于秦时为刀笔吏，～～未有奇节。

“录”后来作了偏旁，上述引申义便借“録”字来表示。如今简化仍写作“录”。“录”为引申义所专用，刻削之义便又另加义符“刀”写作“剥”来表示，或用“削”来表示。

○剥，甲骨文和篆文从刀从卜会意，卜也兼表声。篆文异体从刀从录(表刻割)，会割裂之意，录也兼表声。读 bō，本义为❶割裂：君王命～圭为鏚柲(斧柄)。引申指❷脱落，侵蚀：基前有碑，文字～缺，不可复识｜～落。又引申指❸强制除去，侵夺：～割萌黎(农民)，竞恣奢欲｜～夺｜～削。

又读 bāo，口语指❹去掉外面皮壳：～花生｜～皮。

○削，从刀，肖声，肖也兼表变小之意。读 xiāo，本义指❶斜着刀切刮：公输子～竹木以为鹊｜～果皮｜～铅笔。

又读 xuē，由切削引申指❷分割，减少：～弱｜～减｜剥～。又比喻❸陡直：～壁垩色，石纹墨缕。由用刀刮去竹简木札上刻错的文字，又引申指❹删除，删改：向非笔～功，未必无瑕疵。又进而引申指❺革除：～职为民｜～籍。

【组字】录，如今既可单用，也可作偏旁。现今归入彐(彑)部。凡从录取义的字皆与刻削、繁忙、转动等义有关。
以录作声兼义符的字有：剥、碌、睩、録。
以录作声符的字有：禄、渌、逯、绿、箓、氯、簶。

居 jū
(尻、處、处、踞、倨)

【字形】金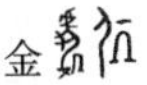篆

隶 居 踞 倨 草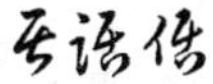

【构造】会意字。居是由两个形体变来的：一个是尻，在金文里与處(处)是同一个字，皆为一个头戴虎皮冠的人据几而坐的形象。繁体发展为處(处)，简体发展为篆文的前一个尻，从尸(坐人)从几，会人靠几休息之意。是当“居处”讲的居。第二个是篆文的后一个居，从尸从古，表示古代传下来的一种原始坐法，即叉开两腿像簸箕一样的坐姿，是当“箕踞”讲的居。隶变后楷书分别写作尻与居。如今二义都用“居”来表示，“尻”则废而不用。参见处。

【本义】《说文·几部》：“尻，处也。从尸得几而止。《孝经》曰：‘仲尼尻。’尻，谓闲居如此。”此为“居处”之居。又《尸部》：“居，蹲也。从尸，古者居从古。踞，俗居从足。”此为“箕踞”之居。

【演变】居，如今代表两个字，故有两类含义。一类表示❶处，坐：～，吾语汝。引申为❷居住：上古穴～而野处。又引申指❸处于：～下位而不获于上，民不可得而治也｜～安思危｜～高临下｜后来～上。又引申指❹停留：变动不～，周流六虚｜岁月不～｜～十日。又引申指❺当，任：以功臣自～。又引申指❻占：二者必～其一。又引申指❼积蓄：囤积～奇。又引申指❽安放：～心何在？用作名词，指❾处所：喜迁新～。

二类表示箕踞。此义后另加义符“足”写作“踞”。

〇踞，从足从居会意，居也兼表声。读 jù，本义指❶蹲踞：龙盘虎~|盘~。进而引申为❷傲慢：丞相条侯至贵~也。此义篆文后另加义符“亻”写作“倨”。

〇倨，从亻从居会意，居也兼表声。读 jù，本义指傲慢：黯为人性~，少礼，不能容人之过|前~后恭。

【组字】居，如今既可单用，也可作偏旁。现今仍归入尸部。凡从居取义的字皆与居处、倚据等义有关。

以居作声兼义符的字有：倨、据、踞。

以居作声符的字有：剧、崌、腒、琚、椐、锯、裾。

届 jiè (屆)

【字形】篆 屆 隶 届 草 届

【构造】会意兼形声字。篆文从尸（表示人）从甴（土块），用人行遇土块，会行不便之意，甴也兼表声。隶变后楷书写作屆。俗作届。如今规范化用届。

【本义】《说文·尸部》：“屆，行不便也。一曰极也。从尸，甴声。”本义为行不便。

【演变】屆，本义指❶行不便：君子如~（所行如果不便于民），俾民心阕（闭）。引申指❷极限：至天之~，于河之沂。又引申指❸到，至：惟德动天，无远弗~|~时|~期。晚近又引申指❹次，期：上~|应~|换~选举。

刷 shuā；shuà

【字形】篆 刷 隶 刷 草 刷

【构造】会意兼形声字。篆文从刀从敝（揩拭）省，会刀刮之意，敝也兼表声。隶变后楷书写作刷。

【本义】《说文·刀部》：“刷，刮也。从刀，敝省声。”本义为用刀刮。

【演变】刷，读 shuā，本义指用刀刮。引申泛指❶清除，洗雪：不足以~耻。又指❷用刷子除去污垢：~锅|~牙。又引申指❸涂抹：见两三人持垩~其家门|~墙。由清除又引申指❹梳理：给马~毛。又引申为❺淘汰：首轮比赛就被~了下去。用作名词，指❻刷子：板~。

又读 shuà，由快刮引申指❼迅速：脸~一下红了。用作“刷白”，又指❽泛出：气得脸~白。

【组字】刷，如今既可单用，也可作偏旁。现今仍归入刀部。凡从刷取义的字皆与清洗去污等义有关。

以刷作声兼义符的字有：涮。

敝 shī (拭)

【字形】篆 敝 今篆 拭 隶 敝 拭

草 敝 拭

【构造】会意字。篆文从又（手）持巾掸去尸（人）身上灰尘之意。是“拭”的会意字。隶变后楷书写作敝。

【本义】《说文·又部》：“敝，拭也。从又持巾在尸下。”本义为拂拭。

【演变】敝，本义指❶拂拭。引申泛指❷清扫。

由于敝作了偏旁，其义便又另造了形声字“拭”来表示。

〇拭，从扌，式声。读 shì，本义指擦：取手巾与谢郎~面|~目以待|~泪|拂~。

【组字】敝，如今不单用，只作偏旁。现今仍归入又部。凡从敝取义的字皆与拂拭等义有关。

以敝作声兼义符的字有：刷（敝省声）。

屈 qū；jué (倔、崛)

【字形】金 屈 篆 屈 崛 倔 隶 屈 崛 倔

草 屈 崛 倔

【构造】会意兼形声字。金文从尾从出，会躬身翘尾出恭之意，出也兼表声。篆文整齐化。隶变后楷书省去尾毛写作屈。

【本义】《说文·尾部》：“屈，无尾也。从尾，出声。”本义为尾巴盘曲于身后。

【演变】屈，读 qū，由本义尾巴盘曲于身后，引申泛指❶变弯曲，盘曲：尺蠖之~，以求信（伸）也|~膝投降|~指可数。用于抽象意义，指❷低头屈服：威武不能~|不~不挠|宁死不~|~服|~节|~从。又指❸委屈，冤屈：滑稽多辩，数指诸侯，未尝~辱|~打成招|鸣冤叫~|~就|受~|~驾。又引申指❹短：圣人无~奇（短长）之服。又引申指❺短亏：理~词穷。

又读 jué，由无尾引申指❻枯竭：用之无度，则物力必～。尾巴多盘曲翘起，故又引申指❼高起，突起：～起于行伍之间。此义后另加义符山写作崛。又引申指❽顽强，固执：为人刚直～强。此义后另加义符亻写作倔。

○崛，从山从屈会意，屈也兼表声。读 jué，本义指❶山短而高。引申泛指❷山高起，突起：～巍巍以峨峨。又比喻❸像山一样突起，兴起：诸将皆庸人～起，志在财帛。

○倔，从亻从屈会意，屈也兼表声。读 jué，本义指❶强硬，不屈服：(南越尉陀)～强倨傲，自称老夫。

又读 juè，引申指❷脾气执拗，态度生硬：～头～脑|～脾气。

【组字】屈，如今既可单用，也可作偏旁。现今归入尸部。凡从屈取义的字皆与短曲、翘起等义有关。

以屈作声兼义符的字有：倔、掘、崛。

以屈作声符的字有：窟。

弥 mí
(彌、璽、镾、瀰)

【字形】金 篆 今篆 

隶 弥 彌 璽 镾 瀰

草 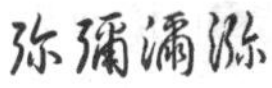

【构造】会意字。金文从弓从寅(双手抽出矢)，会抽箭搭弓引满而射之意。由于古文里"寅"与"爾"形近，金文二形遂将"寅"讹为"爾"，爾为蚕结茧布满形，故亦会遍满之意。篆文承接金文本应作彌，《说文》失收而收了璽，变成从弓，璽(玺)声。隶变后楷书承接金文和篆文分别写作彌和璽。如今皆简化作弥。璽，《说文》莫名地解释为放松弓弦。倒是后代的《字汇》解释为"彌，弓张满也"，保留了本义。篆文还有镾(镻)、瀰(后作瀰)二字，现在简化也由"弥"来表示。

【本义】《说文·弓部》："璽，弛弓也。从弓，璽声。"解释为放松弓弦。《字汇·弓部》："弥(彌)，弓张满也。"本义为弓张满。又《说文·长部》："镾，久长也。从长，爾声。"本义为久长。又《说文·水部》："瀰，满也。从水，爾声。"后作"瀰"。《玉篇·水部》："瀰，满也，盛也。"本义皆为水深满。

【演变】弥，有四个来源：其一，作为本字，动词，本义为❶弓张满。引申泛指❷满，遍：诞～厥月，先生如达|马畜～山|～天大谎|～山跨谷|～月。又指❸补，封，填满，缝合，补救：敢拜子之～缝敝邑，寡君有望矣|为州吏所恐，又悉财以～其口|酌拨漕粮而～其阙乏|略～缺憾|～封|～补|～合|～缝。

其二，作为"璽"的简化字，指❹放松弓弦。

其三，作为"镾"的简化字，指❺久长：旷日～久，心昏然，恐不能须臾|病日臻，既～留。"弥留"由病久留于身，后引申指病危。由时间久远又引申指❻广大，远：天丽且～，地普而深|汝视顾女～不如矣。用作动词，指❼使久长，久经：～霜雪而不凋兮，当春夏而滋荣。又指❽尽，极尽，终极：岂弟君子，俾尔～尔性，|北～陶牧，西接昭丘|幢末之伎，态不可～。由广远进而引申为❾满，充满，遍及：诞～厥月|朝廷礼乐～寰宇。又表示❿补满，即弥补：～缝其阙，而匡救其灾|～缝|～封。由深远用作副词，表示⓫更加，愈益：仰之～高，钻之～坚|其曲～高，其和～寡。

其四，作为"瀰"的简化字，形容⓬水深满：新台有泚，河水～～。引申指⓭布满，充满：夜雪初霁，荠麦～望|烟雾～漫。

【组字】弥，如今既可单用，也可作偏旁。现今仍归入弓部。凡从弥取义的字皆与弓义有关。

以弥作声兼义符的字有：泺、璽。

以弥作声符的字有：嗍、㠟、猕、婆。

弦 xián
(絃)

【字形】甲  篆  隶 弦 絃 草 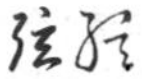

【构造】会意兼形声字。甲骨文和篆文皆从弓从玄(糸)，会弓上有丝弦之意，玄也兼表声。隶变后楷书写作弦。作偏旁时有的省作玄。

【本义】《说文·弦部》："弦，弓弦也。从弓，象丝轸(系弦处)之形。"本义为弓弦。

【演变】弦，本义指❶弓弦：右执～而授弓|应～而倒|箭在～上。引申指❷乐器上发声的丝线：昔者，舜作五～之琴，以歌《南风》|～乐器|～外之音。此义也作"絃"，如今简化仍作弦。

月相半圆时其状如弓和弦，故又引申指❸月弦：上～|下～。又用作数学名词，指❹连接圆弧的直线或直角三角形中的斜边（其状也像弦）：各自乘，以股除～，余者开方为勾。钟表的发条有弹性，像弓弦，故又指❺钟表的发条：钟已经上了～。

【组字】弦，如今既可单用，也可作偏旁。作偏旁时有的省作玄。现今归入弓部。凡从弦取义的字皆与弓弦、急切等义有关。

以弦作义符的字有：玅（妙）、竭、盭。

以弦作声符的字有：谹、挖、嘧、椃、婆。

戕 qiāng

【字形】甲 金 篆 隶 戕 草

【构造】会意兼形声字。甲骨文和金文皆从戈从爿（筑墙板，表示院墙），意谓到院里来刺杀，爿也兼表声。篆文整齐化。隶变后楷书写作戕。

【本义】《说文・戈部》："戕，枪也。他国臣来弑君曰戕。从戈，爿声。"本义为外敌来刺杀。

【演变】戕，本义指❶外敌来刺杀：后阍～吴子。引申泛指❷杀害，伤害：势利使人争，嗣还自相～|～贼身体。又引申指❸毁坏：济水而～舟。

【组字】戕，如今既可单用，也可作偏旁。现今仍归入戈部。凡从戕取义的字皆与残害等义有关。

以戕作声兼义符的字有：臧。

以戕作声符的字有：嶈。

降 jiàng；xiáng （夅）

【字形】甲 金 篆 隶 降 草

【构造】会意兼形声字。甲骨文从阝（阜，上下地穴的脚窝）从夅（脚尖朝下的两只脚），会从高处沿脚窝下来之意，夅也兼表声。金文大同。篆文整齐化。隶变后楷书写作降。

【本义】《说文・阜部》："降，下也。从阜，夅声。"本义为从高处走下来。

【演变】降，读 jiàng，本义指❶从高处走下来：陟则在巘，复～在原|公～一级（台阶）而辞焉。引申泛指❷下落：若时雨之～，莫不说（悦）喜|温度～下来了|～生|～雨。又引申指❸使下落：～格|～级|～价。又引申指❹降低，贬低：不～其志，不辱其身，伯夷叔齐与？又表示❺尊称人莅临：大驾～临。又表示❻给予：～福|～罪。借为"隆"，又表示❼高大：～礼尊贤而王。

又读 xiáng，用作"夅"，表示❽投降，归顺：李陵既生～，颓其家声|宁死不～。用作使动，指❾降服，使驯服：单于使使晓武（苏武），会论虞常，欲因此时～武|～龙伏虎。

【组字】降，如今既可单用，也可作偏旁。现今仍归入阜部。凡从降取义的字皆与从高到下等义有关。

以降作声兼义符的字有：𨸝、屖、隆。

限 xiàn

【字形】金 篆 隶 限 草

【构造】会意兼形声字。金文从艮（人扭头看）从阝（阜，表示山），会视线被山阻隔之意，艮也兼表声。篆文整齐化。隶变后楷书写作限。

【本义】《说文・阜部》："限，阻也。从阜，艮声。"本义为阻隔。

【演变】限，本义指❶阻隔：南有巫山、黔中之～。由阻隔引申指❷限制，限定：是身如浮云，安可～南北|人数不～|～期完成。用作名词，指❸限定的范围：东～琅邪台|以长江为～|权～|界～|期～。又引申指❹门槛：渔阳千里道，近如中门～。

【组字】限，如今既可单用，也可作偏旁。现今仍归入阝部。凡从限取义的字皆与阻隔等义有关。

以限作声兼义符的字有：闗。

妹 mèi

【字形】甲 金 篆 隶 妹 草

【构造】会意兼形声字。甲骨文和金文皆从女，未声，未为枝叶茂盛层叠，也兼表少小之意。篆文整齐化。隶变后楷书写作妹。注意：不从"末"（mò）。

【本义】《说文・女部》："妹，女弟也。从女，未声。"本义为妹妹。

【演变】妹，本义指❶妹妹：阿姊闻～来，当户理红妆|姐～。引申泛指❷小于自己的同辈女性：小～～，你家住在哪里呀？又特指❸少女：

两边的仙~是月里嫦娥。

姑 gū

【字形】金　篆　隶　草

【构造】会意兼形声字。金文从女从古，用前代妇女会婆母之意，古也兼表声。篆文整齐化。隶变后楷书写作姑。

【本义】《说文·女部》："姑，夫母也。从女，古声。"本义为丈夫的母亲。

【演变】姑，本义指❶丈夫的母亲：吾闻之先~｜未谙~食性，先遣小姑尝。又指❷妻子的母亲：昏礼，婿亲迎，见于舅~｜外~。又指❸父亲的姊妹：无女而有姊妹及~姊妹｜~母。又指❹丈夫的姊妹：新妇初来时，小~始扶床；如今被驱遣，小~如我长｜~嫂。后用作❺妇女的通称，变为复音词，用以区别不同身份的妇女：商王大乱，沉于酒德，辟（避）远箕子，爰（词头）近~与息（小儿）｜~~｜小~｜~娘｜村~｜尼~。多年的媳妇熬成婆，从"古"之"姑"有前后相藉之义，故又用作副词，表示❻姑且，暂且：吾~翦灭此朝食｜君子之爱人也以德，细（小）人之爱人也以~息。

【组字】姑，如今既可单用，也可作偏旁。现今仍归入女部。凡从姑取义的字皆与妇女等义有关。以姑作声符的字有：菇。

姐 jiě

【字形】篆　隶　草

【构造】会意兼形声字。篆文从女从且（祖），会母亲之意，且也兼表声。隶变后楷书写作姐。客家话也尊称外祖母。

【本义】《说文·女部》："姐，蜀谓母曰姐。从女，且声。"本义方言指母亲。

【演变】姐，本义为❶母亲的别称。又通称❷妇女：妇人之称~，汉魏已然｜这~~把我贝州人取笑｜大~。又泛称❸与自己同辈而年龄比自己大的女子：我浑家就是你亲~~一般｜表~。又特指❹与自己同父母而年龄比自己大的女子：~妹｜~弟。

姓 xìng

【字形】甲　金　篆　隶　草

【构造】会意兼形声字。甲骨文从女从生会意。姓是母系社会的反映，故从女，生也兼表声。篆文整齐化。隶变后楷书写作姓。

【本义】《说文·女部》："姓，人所生也。从女，从生，生亦声。"本义为标志家族的字。上古有姓又有氏。姓是族号，随母系，不能改变；氏是姓的分支，可以自立，能改变，即所谓"因生以赐姓，胙（赐）之土而命之氏"。战国以后，往往以氏为姓，姓与氏遂逐渐混一。

【演变】姓，本义指❶表示家族系统的字：贵~｜~名｜~氏。用作动词，指❷以某字为姓：~张｜~司徒。注意："百姓"最初指众多的氏族。战国前，只有贵族有姓，奴隶没有姓，故"百姓"是贵族百官族姓之称，如"群黎百姓"。战国后"百姓"才渐指平民。

帑 tǎng

【字形】篆　隶　草

【构造】形声兼会意字。篆文从巾（包裹金帛的巾囊），奴声，古代奴隶是奴隶主的私产，故奴也兼表意。隶变后楷书写作帑。

【本义】《说文·巾部》："帑，金币所藏也。从巾，奴声。"本义为包裹金帛的巾囊。

【演变】帑，本义指❶包裹金帛的巾囊：行~无寸金，卫兵不宿饱。引申指❷收藏钱财的府库：人食不足，而~藏殷积。又引申指❸国库里的钱财：因边告急，请~纷纷｜国~｜~银。

虱 shī（蝨）

【字形】篆　隶　草

【构造】形声兼会意字。篆文从䖵，卂声，卂为鸟疾飞不见翅，故也兼表隐藏不见之意。隶变后楷书写作蝨。俗简作虱。如今规范化用虱。

【本义】《说文·䖵部》："蝨，啮人虫也。从䖵，卂声。"本义为虱子。

【演变】虱，本义指虱子：甲胄生虮~，燕雀处帷幄。

【组字】虱，如今既可单用，也可作偏旁。现今归入虫部。凡从虱取义的字皆与虱子等义有关。

以虱作声兼义符的字有：蝇、鳳。

叕 zhuó；yǐ（綴、缀）

【字形】金  古  篆 

隶 叕缀綴 草 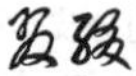

【构造】象形兼会意字。金文象将“大（人）”捆缚连缀四肢形，盖为车裂之象。古文讹断。篆文讹为象几段短绳或线互相交络连结之状，表示联缀之义。隶变后楷书写作叕，成了四又（手）相联会意了。

【本义】《说文·叕部》：“叕，缀联也。象形。”本义为联缀。

【演变】叕，读 zhuó，本义指❶联缀。又指❷短，不足：圣人之思修，愚人之思～。

又读 yǐ，表示❸张网的样子。

由于叕作了偏旁，联缀之义便另加义符“糸”写作“綴”（如今简化作缀）来表示。

〇缀，从纟从叕会意，叕也兼表声。读 zhuì，表示❶用线缝合：衣裳绽裂，纫箴（针）请补～｜～扣子。引申泛指❷连结：青树翠蔓，蒙络摇～。又特指❸连缀辞句成文：自孔子后，～文之士众矣。由连结又引申指❹随其后：途中两狼，～行甚远｜后～。又表示❺装饰：薰以桂椒，～以珠玉｜点～。

【组字】叕，如今不单用，只作偏旁。现今归入又部。凡从叕取义的字皆与连结、断续等义有关。

以叕作声兼义符的字有：缀、醊、啜、惙、辍、剟、裰。

以叕作声符的字有：掇、敠。

参 cān；cēn；sān；shēn（參、曑、驂、骖、葠）

【字形】甲  金  篆 

 隶 参參骖驂葠

草 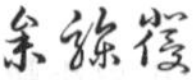

【构造】象形兼会意兼形声字。甲骨文上象三星，下从人，表示头上有三星，会参宿三星之意。金文另加义符彡，表示星光闪射。篆文承金文，三星或变为晶，或省为三个〇（俗作厽），人与彡讹为㐱声，分为繁简二体。隶变后楷书分别写作曑与參。如今简化皆作参。现在又用作形声字“蓡”（葠、蔘）的简化字。

【本义】《说文·晶部》：“曑，商星也。从晶，㐱声。”析形不确。本义为参宿三星。

【演变】参，读 shēn，本义指❶参宿三星：嘒彼小星，维～于昴｜人生不相见，动如～与商（喻互相隔绝）。又指❷人参、党参的总称：把这碗～汤喝了。此义本作“葠”“蓡”“薓”，如今皆简化作参。

又读 sān，参宿中三颗亮星排成一排，故借指数目❸三：先王之制，大都不过～国之一｜何不反汉与楚连和，～分天下王之？此义后另写作“叁”，作为大写。

又读 cān，引申指❹配合成三的：因与之～坐于卫君之前。又特指❺在车右陪乘的第三个人：沛公之～乘樊哙者也。此义后另加义符马写作“驂”，如今简化作骖。又泛指❻配合：夫人事必将于天地相～，然后乃可以成功｜笔～造化，学究天人。又引申指❼等同，齐等：吾与日月～光，吾与天地为常。由配合又引申指❽加入，参加：朝廷每有大议，常与～兵谋｜～军。又引申指❾进见：臣之义不～拜｜～谒。又引申指❿参考，研讨：～稽治乱而通其度｜夫听所信之言，而子父为人僇，此不～之患也｜～照｜～阅｜～透｜～详。又引申指⓫检举，弹劾：不到一年，便被上司～了一本。

又读 cēn，用作“参差”，表示⓬长短、高低不齐：～差荇菜，左右采之。

〇骖，从马从参会意，参也兼表声。读 cān，本义为❶古代一辆车驾三匹马：载～载驷，君子所届。又泛指❷乘，驾驭：驾青虬兮～白螭，吾与重华游兮瑶之圃。又指❸陪（乘）：乃令宋昌～乘。用作名词，指❹驾车时位于两旁的马：执辔如组，两～如舞｜释左～，以公命赠孟明｜左～殪兮右刃伤｜右～。用作“骖乘”，同“参乘”，指❺古代在车右陪乘的人。

〇葠，从艹，侵声。异体作蓡、薓。读 shēn，本义为人参、党参的总称：～汤。如今皆简化作参。

【组字】参,如今既可单用,也可作偏旁。现今归入厶部。凡从参取义的字皆与配合成三、加入等义有关。

以参作声兼义符的字有:渗、骖、掺、碜、黪。

以参(参)作声符的字有:惨、毵、穇、瘆、糁、篸、鲹。

线 xiàn (綫、線、腺)

【字形】古  篆  今篆 

隶 线腺綫線 草 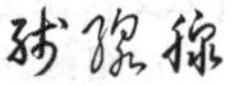

【构造】会意兼形声字。古文从糸从泉,会像涓涓流出的泉水似的细丝之意,泉也兼表声。篆文改为从糸从戋(表示披麻),会披出的细缕意,戋也兼表声。隶变后楷书分别写作線与綫。如今皆简化作线,简化的"缐"只用于姓氏人名。后又分化出一个"腺"字,改为从肉月,表示生物体内能分泌某些化学物质的组织。

【本义】《说文·糸部》:"綫,缕也。从糸,戋声。"本义为线缕。

【演变】线,本义指❶线缕:中国不绝如~|慈母手中~,游子身上衣|丝~|棉~|麻~。引申泛指❷细长像线的东西:电~|光~|视~。又引申指❸曲折延伸像线的道路:危途中萦盘,仰望垂~缕|铁路~|公路~|航~。又引申指❹像线一样贯穿事物发展过程中的脉络:《史记》长篇之妙,千言如一句,由来~索在手,举重若轻也|眼~。又比喻❺像线贯穿一样统率事物的思想、政治纲领:组织路~。又特指❻几何学中的线条:局之~道谓之枰|直~|曲~。两物相交接成线,故又引申指❼边际:临界~|边境~|前~。由线的细小,又引申指❽微量:一~希望。

〇腺,从肉(月)从泉会意,泉也兼表声。读xiàn,本义为生物体内能分泌某些化学物质的组织,存在于器官里面,或独立构成一个器官:淋巴~|甲状~|唾液~|花的蜜~|~病质|~细胞|汗~|胰~。

【组字】线,如今既可单用,也可作偏旁。现今仍归入糸部。凡从线(線)取义的字皆与丝缕等义有关。

以线(線)作声兼义符的字有:羂。

练 liàn (練)

【字形】篆  隶 练練 草 

【构造】会意兼形声字。篆文从糸从柬(反复炼选)会意,柬也兼表声。隶变后楷书写作練。如今简化作练。

【本义】《说文·糸部》:"練,湅缯也。从糸,柬声。"本义为把丝或织品煮得柔软洁白。

【演变】练,本义指❶把丝或织品煮得柔软洁白:墨子见~丝而泣之,为其可以黄,可以黑|黄缯~成素。用作名词,指❷已练制的白色丝绢或像丝绢的东西:余霞散成绮,澄江静如~|千寻雪~飞。由煮丝,又引申指❸反复操作,练习:~士厉兵|勤学苦~|~兵。由练习的结果又引申指❹精熟,老练:可谓~镕裁而晓繁略矣|干~|~达。

组 zǔ (組)

【字形】金  篆  隶 组組 草 

【构造】会意兼形声字。金文和篆文皆从糸从粗省,会丝带宽阔之意,且也兼表声。隶变后楷书写作組。如今类推简化作组。

【本义】《说文·糸部》:"組,绶属,其小者以为冕缨。从糸,且声。"本义为宽丝带。

【演变】组,本义指❶一种宽丝带:执辔如~,两骖如舞|使其妻织~。引申特指❷佩玉、系冠的丝带:天子佩白玉而玄~绶|玄冠朱~缨,天子之冠也。用作动词,指❸编织带子:素丝~之,良马五之。由编织又引申指❹组合,构成:改~|~织|~成。又指❺组成的单位:互助~|班~|小~。又引申指❻合成的一套:~诗|~画。用作量词,用于❼合成的事物:两~电池。由编织又引申指❽罗织(罪状):邀遮相~织,呵吓来煎熬。

【组字】组,如今既可单用,也可作偏旁。现今仍归入糸部。凡从组取义的字皆与编织等义有关。

以组作声兼义符的字有:罝。

细 xì
（細）

【字形】篆 隶 细 細 草

【构造】形声兼会意字。篆文从糸，囟声，囟也兼表细微之意。隶变后楷书写作細，囟讹为田。如今简化作细。

【本义】《说文·糸部》："細，微也。从糸，囟声。"本义为细小。

【演变】细，本义指❶小，细小：不矜～行，终累大德|大行不顾～谨|事无巨～|～人。引申指❷不粗：楚灵王好～腰|～绳|纤～|～沙。又引申指❸轻微：随风潜入夜，润物～无声|～声～气|～微。又引申指❹细致，精细：肌理～腻骨肉匀|～瓷。又引申指❺仔细，具体，琐碎：何时一樽酒，重与～论文|～想|～看|详～|繁～|过～|苛～。

织 zhī
（織）

【字形】甲 金 古 篆 今篆 隶 织 織 草

【构造】形声兼会意字。甲骨文从女，戠（省）声，戠表示标志，用以会带纹路的丝织品之意。金文改从女为从糸，以突出丝织之意。古文和篆文承之，戠不省。隶变后楷书写作織。如今简化作织，改为只声。

【本义】《说文·糸部》："織，作布帛之总名也。从糸，戠声。"本义为制作布帛。

【演变】织，本义指❶制作布帛：耕而食，～而衣|唧唧复唧唧，木兰当户～|丝～品|～布。引申泛指❷编织：其徒数十人，皆衣褐，捆屦（打草鞋）、～席以为食|～毛衣|～网。又引申指❸罗织罪名：招集无赖数百人，令其告事，共为罗～，千里响应。用作名词，指❹织成的物品：今若断斯～也，则捐失成功，稽费时日。

【组字】织，如今既可单用，也可作偏旁。现今仍归入糸部。凡从织取义的字皆与编织等义有关。以织作声符的字有：蒇。

绍 shào
（紹）

【字形】甲 金 古 篆 隶 绍 紹 草

【构造】会意兼形声字。甲骨文从糸从刀，用以刀断丝，反义共存，会接续之意；根据《说文》另一种"紧纠"之解释，也可理解为用丝缠刀柄，刀也兼表声。金文另加一卩（跪坐人）一口，表示人在缠刀柄，口里还不停地念叨缠紧缠紧。古文承接金文，讹为从糸，卲声。篆文承接古文，简作从糸，召声。隶变后楷书写作紹。如今简化作绍。

【本义】《说文·糸部》："紹，继也。从糸，召声。一曰紹，紧纠也。綤，古文紹，从卲。"本义为接续，继承；又表示牢牢地纠结。

【演变】绍，本义指❶接续，继承：～复先王之大业。由双方相接，引申指❷引荐，介绍：（赵）胜请为～介而见之于将军。又引申指❸紧紧地缠绕：双珠玳瑁簪，用玉～缭之。又用作❹地名：～兴。

贯 guàn
（貫、遦、摜、掼、慣、惯）

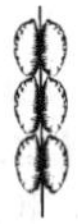

【字形】甲 金 篆 今篆 隶 贯 惯 貫 慣 遦 掼 摜 草

【构造】会意兼形声字。甲骨文从毌（甲衣上的连片，表示贯穿），上象手提串线形，毌也兼表声。金文从两毌，以突出成串之意。篆文从毌（贯穿）从贝，会用绳穿钱贝之意，毌也兼表声。隶变后楷书写化作貫。如今简化作贯。古也用作惯。

【本义】《说文·毌部》："貫，钱贝之贯。从毌、贝。"本义为古代穿钱贝的绳索。又《辵部》："遦，行也。从辵，贯声。"又《手部》："摜，习也。从手，贯声。《春秋传》曰：'摜渎鬼神。'"

【演变】贯，本义指❶古代穿钱贝的绳索：京师之钱累巨万，～朽而不可校。用作量词，指❷古代用绳穿起一千个钱为一贯：大者费千余～，小者犹三四百～|腰缠万～。由穿钱贝引申泛指❸用绳子穿起来：～鱼，以宫人宠，无不利。又泛指❹贯穿：矢～余手及肘。又引申指

❺贯通，通：吾道一以～之｜路～庐江兮左长薄。又引申指❻连续，连贯：以次～行，固执无违｜鱼～而前。由贯通又引申指❼籍贯，出生地：自家李全是也，本～楚州人氏｜乡～。由贯通又引申指❽熟习，习惯：习～成则民体俗矣。此义后作"慣"（今简作惯）"。由贯通又引申指❾灌注，进入：久闻先生大名，如雷～耳。又借作"弯"，指❿开弓：一旦有急，～弓上马而已。

○惯，古作遦，从辵从贯会意。也作掼，从手从贯会意。俗改为惯，从心从贯会意，贯也兼表声。读 guàn，本义指❶行走。由行走熟悉，引申指❷习惯：宗（悫）军人，～啖粗食｜司空见～｜～性。又引申指❸纵容：他被～坏了｜娇生～养。以上二义后用惯或掼表示。

【组字】贯，如今既可单用，也可作偏旁。现今归入贝部。凡从贯取义的字皆与贯穿等义有关。
以贯作声兼义符的字有：惯、遦。
以贯作声符的字有：掼、鑁（罐）。

驶 shǐ（駛）

【字形】甲　古　今篆　隶 驶 駛　草

【构造】形声兼会意字。楷书繁体作駛，从馬，史声，史也兼表从事之意。古文线条化，大同。隶变后楷书写作駛。如今简化作驶。

【本义】《一切经音义》引《苍颉篇》："驶，马行疾也。"本义为马走得快。

【演变】驶，本义指❶马走得快：香车云母幰（车幔），～马黄金羁。引申泛指❷速度快：河之下龙门，其流～如竹箭，驷马追，弗能及｜急～而下。又引申指❸驾驶：任意归舟～，风烟亦自如｜行～。

驻 zhù（駐）

【字形】篆　隶 驻 駐　草

【构造】形声兼会意字。篆文从馬，主声，主也兼表持定之意。隶变后楷书写作駐。如今简化作驻。

【本义】《说文·馬部》："駐，马立也。从馬，主声。"本义为车马暂时停立。

【演变】驻，本义指❶车马暂时停立：今明府早驾，久～未出｜乃～马呼（刘）琮。引申泛指❷暂时停留：行人～足听，寡妇起彷徨｜～跸。军队停留多是暂时的，故又特指❸军队驻扎，驻防：分兵屯田，为久～之基｜～守。又引申指❹工作人员暂住在履行职务的地方：～京办事处｜～外使节。

驼 tuó（駝、駞）

【字形】古　今篆　隶 驼 駝　草

【构造】形声兼会意字。古文从馬，它（拕省）声，它也兼表身有拖带之意。隶变后楷书写作駝。异体作駞。如今皆简化作驼。

【本义】《玉篇·馬部》："駝，骆驼。"本义为骆驼。

【演变】驼，本义指❶骆驼：获生口三千余人，～驴马牛羊三万七千头｜～绒｜～峰｜～色。驼峰隆起，故又引申指❷人背部弯曲：一女浅步腰半～，小扇轻扑花间蛾｜～背。

驾 jià（駕）

【字形】古　篆　隶 驾 駕　草

【构造】会意兼形声字。古文从馬从加会意，加也兼表声。篆文整齐化，改为上下结构。隶变后楷书写作駕。如今简化作驾。

【本义】《说文·馬部》："駕，馬在轭中。从馬，加声。"本义为把车套加在马身上。

【演变】驾，本义指❶把车套加在马身上：戎车既～，四牡业业（健壮）｜～辕。引申指❷驾驭，驾驶：夜来城外一尺雪，晓～炭车辗冰辙｜～车｜～船｜～飞机。用作名词，指❸所驾的车，又特指帝王的车：大～属车八十一乘，法～半之｜官属宾客相随，～乘千余两（辆）｜起视明星高，整～出东阡。由帝王的车又引申借指❹帝王：从～南游｜见～｜接～。驾必乘登，故又引申指❺凌驾：自是以后，孟氏之权，亚于季（氏）而～于叔（氏）。由帝王的车驾又引申用作❻对人的敬辞：大～光临｜专候大～｜劳～｜挡～。

㣇 yì

【字形】甲　金　古　篆

隶　草

【构造】象形字。㣇与杀同源,在甲骨文中皆象宰杀后悬挂的祭牲形。金文将头扭转,加出血滴,以突出宰杀后的情状。古文稍讹。篆文进一步讹为从彑,并突出了毛尾。隶变后楷书写作㣇。

【本义】《说文·㣇部》:"㣇,修豪兽。一曰河内名豕也。从彑,下象毛足。"这是就篆文所作的解说。本义当为陈列着的宰杀的猪牲。

【演变】㣇,本义指❶陈列着的宰杀的猪牲。故甲骨文用作❷杀。又用作❸豕的别名。《说文》解说为❹长毛兽。

【组字】㣇,如今不单用,只作偏旁。现今归入彑(彐)部。凡从㣇取义的字皆与陈列的猪牲或猪类动物等义有关。

以㣇作义符的字有:[illegible](豪)、彙(猬、汇)、[illegible](肆)。

承 chéng

【字形】甲　金　篆　隶　草

【构造】会意字。甲骨文从廾(双手)从卩(跪人),会两手朝上托着一个人之意。金文大同。篆文下边又加了一只手。隶变后楷书写作承。

【本义】《说文·手部》:"承,奉也,受也。从手,从卩,从廾。"本义为托着。

【演变】承,本义指❶托着:女~筐无实|~饮(喝的)而进献。用作名词,指❷起承载作用的物件:轴~。由托着引申指❸承受,承担,蒙受,顺承:敢不~命|苟国家不能起而~之,必将有~之者矣|忆在南阳时,始~国士恩|~欢|~包。由承受引申指❹接续,继承:斯文未陵,亦各有~|汉~秦制。由蒙受用作敬词,表示❺客气:~他的情,留我多住几日。

【组字】承,如今既可单用,也可作偏旁。现今归入乙部。凡从承取义的字皆与举托等义有关。

以承作声兼义符的字有:拯。

孟 mèng

【字形】金　篆　隶　草

【构造】会意兼形声字。金文从子从皿,用盆中浴子会为头生子洗礼之意,皿也兼表声。篆文整齐化。隶变后楷书写作孟。

【本义】《说文·子部》:"孟,长也。从子,皿声。"本义为头生子。

【演变】孟,本义指❶长子,即兄弟姊妹中排行最大的:庄公筑台临党氏,见~女|~、仲、叔、季,兄弟姊妹长幼之别字也|班固,字~坚|~兄。引申指❷每季的第一个月:凡四时成岁,有春夏秋冬,各有~仲季以名十有二月|~夏草木长,绕屋树扶疏。

【组字】孟,如今既可单用,也可作偏旁。现今仍归入子部。凡从孟取义的字皆与长等义有关。

以孟作声兼义符的字有:勐、猛。

以孟作声符的字有:锰、蜢、艋。

孤 gū (辜)

【字形】篆　隶　草

【构造】会意兼形声字。篆文从子从瓜(一个)会意,瓜也兼表声。隶变后楷书写作孤。

【本义】《说文·子部》:"孤,无父也。从子,瓜声。"本义为年幼丧父。

【演变】孤,本义指❶年幼丧父:幼而无父曰~。又泛指❷父母双亡者:民生而无父母谓之~|~儿|托~。由孤儿引申指❸孤单,单独:是以主~于上而臣成党于下|~掌难鸣|~雁。由孤单又引申指❹少:贫乏无以远寻师友,~陋寡闻。用于抽象意义,指❺品格高洁突出,志向高远不群:性格~高世所稀|~芳自赏。古代又用为❻王侯自谦之称:设使国家无有~,不知当几人称帝,几人称王。用作戏曲名词,为❼官员俗称:净扮~引祗候上。孤单则少,故又表示❽有负,辜负:陵虽~恩,汉亦负德|功大罪小,不蒙明察,~负陵心区区之意。此义

后用“辜”来表示。

○辜，从辛（刑具）从古会意，古也兼表声。读 gū，本义指❶罪：民之无～，并其臣仆｜死有余～。有罪则上刑，故又特指❷分解肢体的酷刑：荆南之地，丽水之中生金，人多窃采金，采金之禁，得而辄～磔于市。又同“孤”，用作“辜负”，表示❸对不住：～负沧州愿，谁云晚见招。

【组字】孤，如今既可单用，也可作偏旁。现今仍归入子部。凡从孤取义的字皆与孤单等义有关。

以孤作声符的字有：菰、罛。

函 hán
（圅、肣、涵）

【字形】甲 金 篆 

隶 函 圅 涵 草 函 涵

【构造】象形字。甲骨文象袋中有箭形，表示盛矢器。金文大同。篆文讹变。隶变后楷书写作函。异体作圅。如今规范化用函。《说文》还列一“肣”字，实与“函”本义无关，当是“含”的异体字。

【本义】《说文·马部》：“圅，舌也。象形，舌体马马。从马，马亦声。肣，俗函，从肉、今。”这是根据篆文所作的附会。本义当为箭匣。

【演变】函，由本义箭匣，引申泛指❶匣子，套子：掘狱屋基，入地四丈余，得一石～｜镜～｜书～。书信都要套信封，故又引申指❷信封，信件：信到，奉所惠贶，发～伸纸｜（曹操）每有疑事，辄以～问华｜来～｜公～。用于抽象意义，引申指❸包含，包容：人～天地阴阳之气｜～之如海，养之如春。此义俗体作“肣”，今多用“含”。注意“函”“肣”“含”与“涵”皆不同。

○肣，从月（肉）从今（口朝下伸舌形）会意。读 hán，本义指❶舌头：今之扼腕奋～，讲西学、谈洋务者……可以经国利民之一大事乎？又读 qín，指❷古代灼龟甲以卜吉凶，甲上向内敛收的裂纹：灼龟首仰足～。

○涵，从水从函会意，函也兼表声。读 hán，本义指❶所受水泽多，即包含的水分多。引申指❷沉浸，浸润：～泳乎其中。又泛指❸包容：～养｜～义｜海～。

【组字】函，如今既可单用，也可作偏旁。现今归入凵部。凡从函取义的字皆与包容等义有关。

以函作声兼义符的字有：菡、涵、椷、腦。

亟 jí；qì
（極、极）

【字形】甲 金 石鼓 

篆  隶 亟 极 極

草 亟 极 極

【构造】会意字。甲骨文从人从二，用人头足受挤于二物之间，会紧急得很之意。金文另加义符“口”与“攴”（表动作），以突出频频呼叫挣扎，表示紧急至极。篆文改为从又（手）并整齐化。隶变后楷书写作亟。后来“亟”专用作副词，至极之义便借用“極”来表示。如今简化又借“极”来表示。

【本义】《说文·二部》：“亟，敏疾也。从人，从口，从又，从二。二，天地也。”本义为紧急至极。

【演变】亟，读 jí，本义指❶紧急至极：现军兴需财孔～，务望从速筹款。用作副词，表示❷赶快，急迫地：趣赵兵～入关｜～待解决。

又读 qì，引申指❸一再，屡次：爱共叔段，欲立之，～请于武公，公弗许｜～来问讯。

○極，从木从亟会意，亟也兼表声。本义为❶房屋的脊檩：跱（置）游（凌空的）～于浮柱。脊檩是房屋的最高处，故引申指❷顶点，尽头：悠悠苍天，何其有～｜登峰造～。又引申指❸地球南北的端点：北～南～。由顶点又引申指❹达到最大限度的，非常：子之罪大～重｜穷凶～恶｜～漂亮。用作动词，指❺到顶点，竭尽：然而大不可～，深不可测｜～目远眺｜～力而为。

○极，读 jí，作为本字，从木，及声。本义为放在驴背上驮物的木架子。后借作極的简化字，本义遂不为一般人所知。

【组字】亟，如今既可单用，也可作偏旁。现今归入乙部。凡从亟取义的字皆与至极等义有关。

以亟作声兼义符的字有：極（极）、殛。

卺 jǐn
（巹）

【字形】篆 隶 卺巹 草

【构造】会意字。篆文从㔾（卩，跪坐之人）从丞，会恭敬地承受之意。隶变后楷书写作卺。后又借作“巹”，从豆，蒸省声，本义为瓢。

【本义】《说文·己部》：“卺，谨身有所承也。从己、丞。”析形不确，其实当为从㔾，不从己。本义为恭敬地承受。

【演变】卺，作为本字，本义指❶恭敬地承受。

作为“巹”的借用字，又表示❷瓢，古时行婚礼时用为酒器。其制破瓠为瓢，名“卺”，夫妇各执一瓢饮，称为“合卺”：合～宴亦已完备。

【组字】卺，如今既可单用，也可作偏旁。现今仍归入己部。凡从卺取义的字皆与承受等义有关。

以卺作声兼义符的字有：蹇。

沓 tà；dá

【字形】甲 篆 隶 沓 草

【构造】会意字。甲骨文和篆文皆从曰从水，会废话多如流水滔滔不绝之意。隶变后楷书写作沓。

【本义】《说文·曰部》：“沓，语多沓沓也。从水，从曰。”本义为话多。

【演变】沓，本义指❶话多，废话连篇：事君无义，进退无礼，言则非先王之道者，犹～～也。引申为❷重复，纷乱：舆辇杂～，冠带混并｜复～是歌谣的生命｜纷至～来。又引申指❸松懈：疲～｜拖～。

又读 dá，用作量词，用于❹叠起来的纸张等薄东西：一～子纸。

【组字】沓，如今既可单用，也可作偏旁。现今归入水部。凡从沓取义的字皆与重复等义有关。

以沓作声兼义符的字有：踏。

以沓作声符的字有：梒。

沝 zhuǐ；zǐ

【字形】甲 篆 隶 沝 草

【构造】会意字。甲骨文从二水，表示二水汇流。篆文整齐化。隶变后楷书写作沝。

【本义】《说文·沝部》：“沝，二水也。阙。”本义为二水汇流。

【演变】沝，读 zhuǐ，本义指❶二水汇流。

又读 zǐ，表示❷滩碛相凑之处。

【组字】沝，如今不单用，只作偏旁。现今归入水部。凡从沝取义的字皆与水流等义有关。

以沝作义符的字有：𣶒（流）、𣵀（涉）。

甾 zī
（畚、虘、盧、𣅲、罏、壚、垆）

【字形】甲 金 古 篆

今篆 隶 甾畚 草

【构造】象形字。甲骨文象竹木编的侈口、圆底的盛物器具形。金文整齐化，古文稍讹，篆文线条化，皆大同小异。隶变后楷书写作甾。与“由”是同一个字的不同形体。

【本义】《说文·甾部》：“甾，东楚名缶曰甾。象形。”解释为瓦器。据甲骨文看，本义当为竹木编的盛物草器。

【演变】甾，本为竹木编的草器。后来泛指古代一种盛酒浆的瓦器。又借作“淄”，表示水名。又借作“甾”，表示灾害。由于“甾”作了偏旁，盛物草器之义便另加声符“弁”，写作“畚”来表示；瓦器的意思便另加声符“虍”，省写作“虘”来表示。这样一来，器具的意思便不明显了，于是又另加义符“皿”写作“盧”来表示。如今简化作卢。“盧”后来引申出其他的意思，并且作了偏旁，于是又另加义符“由”或“缶”，写作“𣅲”或“罏”来表示，就成了累加字，并且由草器变成了瓦器。如今借“壚”的简体“垆”来表示。参见卢。

○畚，从甾省，弁声。读 běn，本义为❶用蒲草编的盛物工具，即畚箕：挈𦉸以令舍，挈～以令粮（在存放军粮处悬挂畚做标志以使军士们前来领取粮食）｜少贫贱，以鬻～为业。又指❷螺形指纹，俗称斗：十指九～，不作也好过。用作动词，指❸用畚箕装撮：叩石垦壤，箕～运于渤海之尾｜伐颓垣，～朽壤。

【组字】甾，如今不单用，只作偏旁。现今归入田部。凡从甾取义的字皆与瓦器等义有关。
以甾作义符的字有：畚、甗、鱁。

九画

砉 huā

【字形】古  今篆  隶 砉 草 

【构造】会意字。古文从丯(表割)从石，会用石刀切割之意。楷书规范化写作砉。

【本义】《集韵·陌韵》："砉，皮骨相离声。"本义为用刀分离骨肉的声音。

【演变】砉，本义指❶用刀分离骨肉的声音：庖丁为文惠君解牛……~然响然，奏刀騞然。引申❷泛指声音：潺湲疑是雁鸊鹈，~騞如闻发鸣镝｜树上的鸟~的一声都飞走了。又形容❸动作迅速：~如寒隼惊暮禽，飒若繁埃得轻雨。又形容❹豁然开朗的样子：舍桴践石出洞，又~然一天地也。

【组字】砉，如今既可单用，也可作偏旁。现今归入石部。凡从砉取义的字皆与声音等义有关。
以砉作声兼义符的字有：剨、澅、騞。

贰 èr (貳)

【字形】金  篆  隶 贰 貳 草 

【构造】会意兼形声字。金文从鼎从弍，会二鼎相匹配之意，弍也兼表声。由于古文字中鼎与貝形近，篆文将鼎讹为貝。隶变后楷书写作貳。如今简化作贰。

【本义】《说文·貝部》："貳，副也，益也。从貝，弍声。弍，古文二。"析形是就篆文所作的解说，所释为引申义。本义为相比并、相匹配。

【演变】贰，本义指❶相比并，匹敌：且鲁赋八百乘，君之~也｜世莫与~。引申为❷副，居第二位的：建其正，立其~｜谁为之~？又引申为❸辅佐：其长则蒙古人为之，而汉人南人~焉。又引申为❹再，重复：有颜回者好学，不迁怒，不~过。又引申为❺不专一，有异心：其刑矫诬，百姓携~｜~心。又引申为❻背叛：诸部有~者，使讨之无不克。又引申为❼怀疑：任贤勿~，去邪勿疑。又用作❽"二"的大写：~拾万贯。

【组字】贰，如今既可单用，也可作偏旁。现今仍归入贝部。凡从贰取义的字皆与相配等义有关。
以贰作声符的字有：樲、腻。

契 qì (栔、鍥、锲)

【字形】金  篆  隶 契 栔 锲 鍥
草 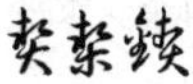

【构造】会意兼形声字。金文从大(人)从㓞(刻木以记事)，会人进行锲刻之意，㓞也兼表声。篆文整齐化。隶变后楷书写作契。异体作栔，改为从木。如今规范化，以契为正体。是"丯""㓞"的发展。参见丯、㓞。

【本义】《说文·大部》："契，大约也。从大，从㓞。"解释为重大契约，即证明买卖、租赁、借贷、抵押等关系的合同、文书、字据等，是引申义。本义当为锲刻，古代进行占卜时以刀凿刻龟甲，或刻木以记事。

【演变】契，本义为❶锲刻：爰始爰谋，爰~我龟。泛指❷刻割，绝断：楚人有涉江者，其剑自舟中坠于水，遽~其舟，曰："是吾剑之所从坠。"｜故胡人弹骨，越人~臂，中国歃血也｜干将镆铘，拂钟不铮，试物不知，扬刃离金、斩羽~铁斧，此至利也。以上二义后另加义符"金"写作"鍥"(今简作锲)来表示。古人刻契为约，分左右两半，双方各执其一，用时将两半对合以作征信，故又指❸契约，券证：后代圣人易之以书~｜立~｜房~｜地~。又指❹兵符：执~定三边。又引申指❺盟约，邀约：时无桑中~。契约为两半相合，故引申为❻切合，投合：默~｜相~｜~友。用作名词，又指❼情感志趣投合的朋友：年~｜贤~。由契券两分，又引申为❽远离：~阔。

○锲，从钅从契会意，契也兼表声。读 qiè，本义指❶用刀子刻：~而舍之，朽木不折；~而不舍，金石可镂｜镂金~玉｜~刻。又指❷截

断：尽借邑人之车，~其轴。

【组字】契，如今既可单用，也可作偏旁。现今仍归入大部。凡从契取义的字皆与刻契等义有关。

以契作声兼义符的字有：喫（吃）、锲。

以契作声符的字有：偰、揳、猰、楔、禊。

奏 zòu

【字形】甲 金 篆 隶 奏 草

【构造】会意字。奏与苯（夲）同源，在甲骨文和金文中都是双手持禾麦奉献给神祖尝新，会向神祖拜祭祷告、祈求丰收之意。篆文将中间的禾麦形讹断为中和夲。隶变后楷书写作奏。

【本义】《说文·夲部》："奏，奏进也。从夲，从収（双手），从中；中，上进之义。"析形不确。本义当为进献神祖。

【演变】奏，由进献神祖，引申泛指❶进，奉献：敷~以言｜相如奉璧~秦王｜~庶鲜食。又特指❷向帝王上书或进言：安国以事~闻｜~章｜上~｜启~｜~折。用作名词，指❸献上的奏章：作~未上，会得进兵玺书。又引申指❹推进，运行：~刀騞然，莫不中音。又引申为❺成就，取得：薄伐猃狁，以~肤功（大功）｜~捷｜~效｜~功。又引申为❻作乐，演奏：~《九歌》而舞《韶》兮｜请~瑟｜~乐｜独~｜伴~。

【组字】奏，如今既可单用，也可作偏旁。现今归入大部。凡从奏取义的字皆与进献、集中等义有关。

以奏作声兼义符的字有：揍、凑、辏。

以奏作声符的字有：腠、楱。

春 chūn

【字形】甲 金 篆 隶 春 草

【构造】会意兼形声字。甲骨文从日从艸（草）从屯（草木萌发），会在太阳照耀下草木萌发、花草繁茂的春天之意，屯也兼表声。金文大同，结构稍变。篆文承金文并整齐化。隶变后楷书写作春。

【本义】《说文·日部》："春，推也。从艸，从日，艸春时生也。屯声。"用声训解说，不明确。本义为春季，春天。

【演变】春，本义指❶春季，春天：~者何？岁之始也｜~华秋实。由一年有一个春天，引申泛指❷一年：自期三年归，今已历九~。春季是万物生长的季节，故又引申为❸生长，生机：阳和启蛰，品物皆~｜沉舟侧畔千帆过，病树前头万木~｜妙手回~。又指❹春色，喜色：江南无所有，聊赠一枝~｜满面~风。又借喻❺男女情欲：有女怀~，吉士诱之。太阳升起东方，春天万物生长，故又指代❻东方：飞云龙于~路，屯神虎于秋方。唐人用"春"称呼❼酒：玉壶买~｜纪叟黄泉里，还应酿老~。

【组字】春，如今既可单用，也可作偏旁。现今仍归入日部。凡从春取义的字皆与春天万物萌动等义有关。

以春作声兼义符的字有：蠢。

以春作声符的字有：堾、椿、蝽、鰆。

帮 bāng

（幫、幇、幚、幫）

【字形】古 篆 今篆 隶 帮 幫 幇 幚 草

【构造】形声兼会意字。古文从巾，封声，封也兼表封住之意，表示麻鞋帮。篆文改为从糸。隶变后楷书写作幫。俗承接古文作帮。异体作幫，从帛从封会意，封也兼表声，表示是布帛做的。异体还有幇、幚，从巾从帛义同，邦声同封声。如今规范化，皆简作帮，从巾从邦会意，邦也兼表声。

【本义】《说文·糸部》："幫，枲履也。从糸，封声。"《集韵·唐韵》："幫，治履边也。"本义为鞋帮。

【演变】帮，本义指❶鞋帮：柳雨花风，翠松裙褶，红腻鞋~。引申泛指❷物体两旁或周围立起来的部分：船头与船~上有许多的人｜大车~｜白菜~｜老~子。鞋帮起辅助作用，故又引申指❸辅助：等我来~你｜~助｜~手｜~凶｜~忙｜相~｜~衬。同伙相帮，故又引申指❹群，伙，集团：东隔壁店里，午后走了一~客｜搭~｜马~｜青~｜红~。

珏 jué (瑴)

【字形】甲 金 篆

隶 珏 瑴 草

【构造】会意字。甲骨文是两串相并的玉。金文一形大同,二形改为从玉,㱿声。篆文承甲、金文分为二体。隶变后楷书写作珏与瑴。

【本义】《说文·珏部》:"珏,二玉相合为一珏。瑴,珏或从㱿。"本义为二玉相合。

【演变】珏,本义指二玉相合。古制贝玉之饰皆五枚为一系,合二系为一珏。

【组字】珏,如今既可单用,也可作偏旁。现今归入玉部。凡从珏取义的字皆与二玉等义有关。

以珏作义符的字有:班。

以珏作声兼义符的字有:斑。

以珏作声符的字有:斑。

珀 pò (琥)

【字形】古 今篆 隶 珀 草

【构造】形声兼会意字。隶变后古文从玉,白声,白也兼表晶莹透明之意。楷书现规范化作珀。

【本义】《正字通·玉部》:"珀,琥珀,本作虎魄。""琥珀"本义为一种黄褐色的矿物,是松柏树脂形成的化石,透明,可作工艺品,也可入药。

【演变】琥珀,本义指松柏树脂形成的化石:相传松柏脂入地千年化为茯苓,茯苓化为琥~。

玻 bō (璃)

【字形】古 今篆 隶 玻 草

【构造】形声兼会意字。古文从王(玉),皮声,皮也兼表薄如皮之意。隶变后楷书写作玻。"玻"不单用,要与"璃"(读 lí,从玉离声)组成"玻璃",用于波斯音译词,异体有玻瓈、玻琍、玻梨、颇琍、颇瓈、颇梨、颇黎、波梨等。如今规范化以"玻璃"为正体。

【本义】后起字。《正字通·玉部》:"玻,玻瓈,一名水玉。莹如水,坚如玉,碾开有雨点者为真。或作'颇黎',因颇黎国所出,故名。"本义为天然水晶。

【演变】玻,用作"玻璃",本义指❶水晶或一种人造的质地硬而脆的透明物体:灵液屡进~璃碗,忽惊颜色变韶稚|大秦有五色~璃|三保太监出西洋,携烧~璃人来中国,故中国~璃顿贱|~璃杯。引申指❷像玻璃的透明物体:~璃牙刷|~璃雨衣|~璃丝袜。用作"玻璃春",指❸一种酒名:~璃春满琉璃钟,宦情苦薄酒兴浓。

毒 dú (竺、篤、笃)

【字形】金 古 篆 隶 毒

竺 笃 篤 草

【构造】会意字。金文从屮(初生草)从毐(表祸害),会有害的草之意。古文线条化。篆文整齐化。隶变后楷书写作毒。

【本义】《说文·屮部》:"毒,厚也,害人之草,往往而生。从屮,从毐。"所释为假借义。本义当为长得很盛的毒草。

【演变】毒,由毒草引申泛指❶有毒性的或毒物:噬腊肉,遇~|~气|~蛇|中~|下~|贩~|吸~。又比喻❷对思想品质有害的东西:肃清四人帮流~|黄~。用作动词,指❸用毒伤害:~死人|~死老鼠。由毒性的暴烈,又引申指❹毒辣,酷烈:你也下得去~手|~计|狠~|~打。借作"竺"或"笃",又表示❺厚。

〇竺,从二,竹声。读 dǔ,本义为❶厚:化未期月,遘(遭遇)此~旻(通闵,痛伤)。此义后作"篤",如今简化作笃。又通"毒"(dú),指❷憎恶:稷维元子,帝何~之。

又读 zhú,指❸竹:~,竹也。用作译音,指❹印度的古译名"天竺"的简称:萧寺驮经马,元从~国来。佛教起源于"天竺",故又指❺佛,佛法,有关于佛教、佛学的:已绝劳生念,虔心向~乾(佛,佛法)|闲吟~仙偈|~乾公|~典|~经|~学。

〇笃,从马从竹,会催马行疲之意,竹也兼表声。读 dǔ,本义为❶马行缓慢顿迟。又指❷病势沉重:先主病~,托孤于丞相亮|病情危

~。用作“竺”,又指❸深厚,敦厚:君子~于亲|友爱弥~|琴瑟甚~。又指❹忠实,专一:~行而不倦|~志|~信|~实|诚~。

【组字】毒,如今既可单用,也可作偏旁。现今归入毋部。凡从毒取义的字皆与毒害等义有关。以毒作声符的字有:瑇(玳)、碡、纛。

项 xiàng
(項)

【字形】甲　金　篆　隶 项項　草

【构造】指事兼形声兼会意字。甲骨文从人,项后加指事符号指出项之所在。金文改为从頁(人头)从工(筑杵,象征颈项)会意,工也兼表声。篆文整齐化。隶变后楷书写作項。如今简化作项。本义为脖子的后部。

【本义】《说文·頁部》:“項,头后也。从頁,工声。”本义为脖子的后部。

【演变】项,本义指❶脖子的后部:籍福起为谢,按灌夫~令谢|~背相望|~链|~圈。引申泛指❷脖子:修额短~|脖~。又引申指❸种类:此~虏寇,人数不多。又引申指❹条目,条款:逐~落实。又特指❺经费:款~|用~|进~|欠~|存~。又作量词,用于❻分项目的事物:三大纪律,八~注意。又指❼代数中不用加减号连接的单式。

【组字】项,如今既可单用,也可作偏旁。现今仍归入页部。凡从项取义的字皆与脖子等义有关。以项作声符的字有:嗊、澒、顸。

型 xíng

【字形】金　篆　隶 型　草

【构造】形声兼会意字。金文从土,刑声,刑兼表法式之意,表示铸造用沙土有法式。篆文整齐化。隶变后楷书写作型。型原本用刑表示。

【本义】《说文·土部》:“型,铸器之法也。从土,刑声。”本义为铸造器具用的土模子。木模为模,竹模为範(范)。

【演变】型,本义指❶铸造器具用的土模子:明镜之始下~,朦然未见形容|模~|砂~。引申指❷法式,榜样:人思奉典~。又引申指❸式样,类型:流线~|血~|脸~|大~|新~|~号。用作动词,表示❹以……为典范:~汉祖之规模,宪唐宗之律令。

垣 yuán
(亘)

【字形】金　古　篆　隶 垣　草

【构造】会意兼形声字。金文和古文皆左从土,右象回环形,会围墙之意。篆文整齐化,改为从土从亘(洄水),会环绕的围墙之意,亘也兼表声。隶变后楷书写作垣。

【本义】《说文·土部》:“垣,墙也。从土,亘声。”本义为围墙。

【演变】垣,本义指❶围墙:内毁室屋,坏墙~|断壁残~|城~|~墙。城与官署都有围墙,故又引申指❷城:西人传言,有寇在~|省~(省城)。又代指❸官署:谏~(即谏官署衙)几见迁遗补。参见亘。

垮 kuǎ

【字形】古　今篆　隶 垮　草

【构造】形声兼会意字。古文从土,夸声,夸也兼表张大裂开之意。隶变后楷书写作垮。

【演变】垮,新造字,本义指❶倒塌,坍塌:暴雨冲不~山冈|桥年久失修,~了|草屋~了。引申指❷崩溃,败坏:八路军打~了溃兵土匪|他现在的身子一下子~了。

城 chéng

【字形】甲　金　篆　隶 城　草

【构造】会意兼形声字。甲骨文和金文皆左边从𩫖(即郭,象内外城墙形),右边从成,会形成的人定居之城郭之意,成也兼表声。篆文将左边简化为土(筑城用土)。隶变后楷书写作城。参见𩫖。

【本义】《说文·土部》:“城,以盛民也。从土,从成,成亦声。”本义为城墙。

【演变】城,本义指❶城墙:~者,所以自守也|万里长~|~池。引申指❷城墙以内的地方:东~|西~。又泛指❸城市:击秦,拔五~|~乡差别

|都～|～镇。用作动词，指❹修城墙：王命南仲，往～于方。

注意：城与郭对举时，城指内城，郭指外城，如“三里之～，七里之郭”；城郭连用时，则泛指城，如“窈窕艳～郭”。

垚 yáo

【字形】甲　金　篆　隶 垚　草

【构造】会意字。“垚”与“堯”同源，本是土堆成的高高的烧陶器的窑包。甲骨文上从二土，即古丘字，是烧瓦器的窑包，下从人，会人烧窑之意。金文增为三土二人。篆文省为从三土重垒，会土高之意。隶变后楷书写作垚。

【本义】《说文·垚部》：“垚，土高也。从三土。”本义为土高的样子。

【演变】垚，本义指土高的样子。当是“堯”（尧）的简形。参见尧。

【组字】垚，如今除用于人名外一般不单用，只作偏旁。现今归入土部。凡从垚取义的字皆与高大等义有关。

以垚作声兼义符的字有：堯（尧）。

贲 bì；fén；bēn（賁）

【字形】金　古　篆　隶 贲 賁　草

【构造】会意兼形声字。金文从貝（表饰物）从華（表花叶繁盛）省，会文饰繁盛之意，貝也兼表声。古文省从卉（花草）。篆文承之并整齐化。隶变后楷书写作賁。如今简化作贲。

【本义】《说文·貝部》：“贲，饰也。从貝，卉声。”实际应为贝声。本义为文饰繁盛。

【演变】贲，读bì，本义指❶文饰繁盛：白～，无咎。引申为❷华美，光彩：～临。

又读fén，引申为❸大：～鼓。

又读bēn，借为“奔”，表示❹勇猛：虎～三百人。

【组字】贲，如今既可单用，也可作偏旁。现今仍归入贝部。凡从贲取义的字皆与盛大等义有关。

以贲作声兼义符的字有：愤、墳（坟）、喷。

以贲作声符的字有：偾、鲼、帻、濆。

封 fēng

【字形】甲　金　篆　隶 封

草

【构造】象形兼会意字。甲骨文象用手将一棵树植于土堆之上形，表示在这里堆土植树为界。金文大同。篆文承金文，木讹为之，又改为寸（亦为手），并整齐化。隶变后楷书写作封。

【本义】《说文·土部》：“封，爵诸侯之土也。从之，从土，从寸，守其制度也。公侯百里，伯七十里，子男五十里。”析形不确，所释为引申义。本义当为堆土植树为界。

【演变】封，本义指❶堆土植树为界：制其畿疆而沟～之。引申泛指❷疆界，田界：（晋）又欲肆其西～|命田舍皆修～疆。又引申指❸局限，密闭，查封，包裹：伤已～口|～域|密～|～锁|～藏。用作名词，指❹包起的东西：信～|赏～。又用作量词，用于❺封装的物件：一～信。又引申指❻帝王以土地、爵位、名号赐人：～韩信为淮阴侯。进而引申指❼建立：～国|～建。又指❽筑坛祭天的盛典：～禅。又指❾在花木根部培土：～根。进而引申指❿聚土成坟：古之葬者，不～不树。又指⓫高大，富厚：～豕长蛇|自～而瘠民。

【组字】封，如今既可单用，也可作偏旁。现今归入寸部。凡从封取义的字皆与堆土植树为界等义有关。

以封作声兼义符的字有：幫（帮）。

以封作声符的字有：葑、犎。

赴 fù（訃、讣）

【字形】金　篆　今篆

隶 赴 讣 訃　草

【构造】会意兼形声字。金文上从甩手奔走之人，下加一只脚一只手，旁加义符卜，会奔走前往卜问吉凶之意。篆文省去手，成为从走从卜会意，卜也兼表声。隶变后楷书写作赴。

【本义】《说文·走部》：“赴，趋也。从走，仆省声。”“仆”也从卜声，不必说成“仆省声”。本义特指急速奔向凶险之处或紧急之事。

【演变】赴,本义指❶急速奔向凶险之处或紧急之事:若~水火,入焉焦没耳|欲~他国奔亡|农~时,商趣利,工追术,士逐势,势使然也|~汤蹈火|共~时艰。引申指❷举身投入:宁~湘流,葬于江鱼之腹中。又引申指❸一般的奔向,投向,前往:吾今且~府,不久当还归|群山万壑~荆门|~京|~会|~宴。又特指❹急走报丧:凡崩、薨,不~则不书|~于齐。此义后另作"訃",如今简化作讣。

○讣,从言从卜(枯骨),会报丧之意,卜也兼表声。读 fù,专用于表示报丧,报丧的信:齐乱,公薨,三月乃~|~告|~闻。

【组字】赴,如今既可单用,也可作偏旁。现今仍归入走部。凡从赴取义的字皆与奔向等义有关。以赴作声兼义符的字有:趀。

赵 zhào (趙)

【字形】金 篆 隶 赵 趙 草

【构造】会意兼形声字。金文从走从肖(似)会意,表示像跑的样子,肖也兼表声。篆文整齐化。隶变后楷书写作趙。如今简化作赵,用符号代替肖声。

【本义】《说文·走部》:"趙,趋赵也。从走,肖声。"本义为急走,跳跃。

【演变】赵,本义指❶急走,跳跃:天子北征,~走三舍(一舍三十里,言其行军神速)。后借为❷国名。周穆王封造父于赵,后世为晋卿,战国时与韩、魏三家分晋,成为战国七雄之一:~亦盛设兵以待秦|~武灵王。如今用作❸姓。

【组字】赵,如今既可单用,也可作偏旁。现今仍归入走部。凡从赵取义的字皆与行动等义有关。以赵作声符的字有:趙。

壴 zhù

【字形】甲 金 篆 隶 壴 草

【构造】象形字。甲骨文象架设的一面鼓形,上为崇牙装饰,中为鼓面,下为鼓架,即虡。金文大同。篆文整齐化。隶变后楷书写作壴。

【本义】《说文·壴部》:"壴,陈乐立而上见也。从屮,从豆。"解说不明确。本义当为架起的一面鼓。是鼓的初文。

【演变】壴,本义指❶鼓。引申指❷鼓架。鼓是架起来的,故又表示❸竖立。

由于壴只作偏旁,后来"鼓"的意思便由表示击鼓的"鼓"来表示,竖立的意思便另加义符"寸"写作"尌"来表示。

【组字】壴,如今不单用,只作偏旁。现今归入士部。凡从壴取义的字皆与鼓乐、竖立等义有关。以壴作义符的字有:鼓、彭、喜、尌、嘉。

政 zhèng

【字形】甲 金 篆 隶 政 草

【构造】会意兼形声字。甲骨文、金文和篆文皆从攴(手持棍)从正(征伐不义),会采取措施使正确之意,正也兼表声。隶变后楷书写作政。

【本义】《说文·攴部》:"政,正也。从攴,从正,正亦声。"本义为纠之使正。

【演变】政,本义指❶匡正,使正确,治理:肃~黎(民)心,釐一民志|故善~者,视俗而施教。引申泛指❷有关治国所采取的一切措施,即政治、政事:今欲以先王之~治当世之民,皆守株之类也|~党|~府。又指❸政策、法令:~宽则民慢|礼乐刑~,其极一也。又指❹政权:天下有道,则~不在大夫。又指❺家庭或团体生活中的事务:把持家~|校~。又引申指❻官长,主事者:魏文侯与夫人饮,使公乘不仁为觞~|盐~|学~。又借作"征",指❼赋税,徭役:急~暴虐,赋敛不时,朝令而暮改|苛~猛于虎。

【组字】政,如今既可单用,也可作偏旁。现今仍归入攴部。凡从政取义的字皆与纠正等义有关。以政作声符的字有:晸。

某 méi;mǒu (槑、楳、梅、楳)

【字形】金 古 篆 隶 某 槑 楳 梅 楳 草

【构造】会意字。金文从木从甘,会树上结有甘酸的梅果之意。古文从两树相并,上象果形。篆文承金文并整齐化。隶变后楷书分别写作槑和某。如今规范化用某。后"某"为借义所专用,酸梅子之义便另加义符木写作“楳”或借“梅”字来表示。

【本义】《说文·木部》:“某,酸果也。从木,从甘。阙。”本义为酸梅子。

【演变】某,读 méi,本义指❶酸梅子。

又读 mǒu,后借为代词,指代❷不确定的人或事物:于是使勇士~往杀之|这其中定有~种原因。又指代❸已知而没明说的人或事物:~氏之守臣~,失守宗庙|一天我去~学校采访。后又指代❹自己:关~出城死战,被困土山|我张~什么时候说话不算数过?

○梅,从木,每声。异体作楳,母声。读 méi,本义指❶楠木:墓门有~。借作“楳”,又指❷酸梅子:摽(落)有~,其子七兮|闲梦江南~熟日,夜船吹笛雨潇潇|望~止渴|~雨。

【组字】某,如今既可单用,也可作偏旁。现今仍归入木部。凡从某取义的字皆与树木等义有关。

以某作声兼义符的字有:楳。

以某作声符的字有:谋、媒、煤。

甚 shèn;shén

【字形】金 篆 隶 甚 草

【构造】会意字。金文上从甘(口含美味),下从匕(匙),会用匙送美味入口之义。篆文下边讹为从匹,成了沉溺声色了。隶变后楷书写作甚。

【本义】《说文·甘部》:“甚,尤安乐也。从甘,从匹。(匹),耦也。”本义为异常安乐。

【演变】甚,读 shèn,本义指❶异常安乐:是以圣人去~,去奢,去泰。引申泛指❷过分,厉害:~矣,汝之不惠。进而引申为❸胜过,超过:防民之口,~于防川。用作副词,表示❹非常,很:宋人有酤酒者,升概~平,遇客~谨,为酒~美,县(悬)帜~高。

又读 shén,后借用以表示❺什么,为什么:此等害民贼,不打死等~!|不记相逢曾解佩,~多情为我香成阵?

【组字】甚,如今既可单用,也可作偏旁。现今归入一部。凡从甚取义的字皆与极、很等义有关。

以甚作声符的字有:谌、勘、葚、湛、堪、戡、椹、斟。

革 gé;jí

【字形】甲 金 古 篆 隶 革 草

【构造】象形字。甲骨文和金文皆象撑开兽皮用皮铲刮去兽皮上毛鬣之形。古文将中间带毛的兽皮讹为两手。篆文则将古文的双手简化为口。隶变后楷书写作革。

【本义】《说文·革部》:“革,兽皮治去其毛,革更之,象古文革之形。”本义为刮去兽皮上的毛。

【演变】革,读 gé,由刮去兽皮上的毛,引申泛指❶除去:~故鼎新|~职。又引申为❷改变:汤武~命,顺乎天而应乎人|变~。用作名词,指❸刮去毛的皮革:秋敛皮,冬敛~|制~。又指❹革制品:皆播之以八音金、石、土、~、丝、木、匏、竹。

又读 jí,借作亟,表示❺急:夫子之病~矣。

【组字】革,如今既可单用,也可作偏旁。现今仍设革部。凡从革取义的字皆与皮革等义有关。

以革作义符的字有:靪、靫、靬、靭、靮、靯、靰、䩄、靸、靴、靳、靵、靷、靶、靹、靺、靻、靼、靽、靾、靿、鞀、鞁、鞂、鞃、鞄、鞅、鞆、鞇、鞈、鞉、鞊、鞋、鞍、鞎、鞏(巩)、鞐、鞑、鞒、鞓、鞔、鞕、鞖、鞗、鞘、鞙、鞚、鞛、鞜、鞝、鞞、鞟、鞠、鞡、鞢、鞣、鞤、鞥、鞦、鞧、鞨、鞩、鞪、鞫、鞬、鞭、鞮、鞯、鞰、鞱、鞲、鞳、鞵、鞶、鞸、鞹、鞺、鞻、鞼、鞾、鞿、韀、韁、韂、韄、韅、韆、韇、韈、韉、韊、韛。

以革作声符的字有:缂。

带 dài
(帶)

【字形】甲 籀 篆 隶 带 草

【构造】象形字。甲骨文象系佩之形,上为系结,下为垂巾。籀文繁化。篆文整齐化。隶变后楷书写作帶。如今简化作带。

【本义】《说文·巾部》:“带,绅也。象系佩之形。佩必有巾,从巾。”本义为腰带。

【演变】带,本义指❶腰带:心之忧矣,之子无~|一衣~水。引申泛指❷各种带子或像带的东

西：黄河看如～|鞋～|袜～|磁～|履～|海～|绷～|飘～。又引申指❸地带，地域：平林漠漠烟如织，寒山一～伤心碧|秦岭一～|沉降～|热～。用作动词，由衣带又引申指❹佩带，披带，携带，连带：仆者右～剑|～甲数十万|先去街上买把解腕尖刀，～在身上|～个口信|～着行李。由携带又引申指❺带领：见宋江～得九人来|～兵|～徒弟。由腰带又引申指❻围绕，捆缚：秦地半天下，兵敌四国，被山～河，四塞以为固|楚丘先生行年七十，披裘～索，往见孟尝君。由捆缚又引申指❼连接：县界旷远，滨～江湖。用作连词，表示❽又：连说～笑。

【组字】带，如今既可单用，也可作偏旁。现今仍归入巾部。凡从带取义的字皆与衣带、连结等义有关。

以带作声兼义符的字有：蔕（蒂）。

以带作声符的字有：滞。

枼 yè
（葉、牒、叶、叶）

【字形】甲　金　籀　古
篆　隶 枼叶葉牒
草

【构造】象形字。甲骨文象树上有树叶形。金、籀、古文树叶线条化。篆文一形上边树叶变为"世"并整齐化。隶变后楷书写作枼。是葉（叶）的初文。

【本义】《说文·木部》："枼，楄也；枼，薄也。从木，世声。"所释为引申义。本义当为树叶。又《艸部》："葉，草木之葉也。从艸，枼声。"又《劦部》："叶，古文協（协），从曰（yuē）、十。叶，或从口。"本义指众口协同。

【演变】枼，本义指树叶，引申也指像树叶似的薄木片。由于"枼"作了偏旁，薄木片之义便另加义符"片"写作"牒"来表示，树叶之义另加义符"艹"写作"葉"来表示。葉，从艹从枼会意，枼也兼表声。如今简化借本当协同讲的"叶"来表示。

〇叶，本是"协"的异体字，读 xié，本义指❶和谐：～韵。

又读 yè，作为"葉"的简化字，本义指❷树叶：洞庭波兮木～下|～落归根。引申指❸薄而像树叶的东西：一～扁舟|电扇风～|百～窗|肺～。又特指❹书页：全卷已被烧毁，只剩得一两～|识者见之，直是一～空纸耳|活～文选。此义后改用"页"来表示。人类子孙繁衍，如树发枝布叶，再加篆文"枼"上之树叶后亦演变为"世"，故又用以表示❺时期：明中～后，门户朋党，声气相激|二十世纪中～。

〇牒，从片，枼声，枼也兼表薄叶之意。读 dié，本义为❶古代书写用的木片：子墨子解带为城，以～为械。引申指❷簿册，史籍，书籍：然自古图～未尝有言之者。又指❸家谱：家～宗谱，各成私传|玉～。又指❹官府往来的公文，文书：捧了公～，到封州将领司投递|最后通～|文～。

【组字】枼，如今不单用，只作偏旁。现今仍归入木部。凡从枼取义的字皆与树叶或薄木片等义有关。

以枼作声兼义符的字有：葉、牒、碟、篥（页）。

以枼作声符的字有：谍、喋、渫、堞、揲、煠（炸）、蝶、蹀、鲽。

贳 shì
（貰）

【字形】篆　隶 贳貰　草

【构造】形声兼会意字。篆文从貝，世声，世有延伸义，故也兼表将钱贷出之意。隶变后楷书写作貰。如今简化作贳。

【本义】《说文·貝部》："貰，贷也。从貝，世声。"本义为赊出去，出借。

【演变】贳，本义指❶赊出去，出借：受者曰赊，予者曰～。引申指❷赊欠，借贷：常从王媪、武负（妇）～酒。又引申指❸抵押：以所着鹔鹴裘就市人阳昌～酒，与文君为欢。又引申指❹买：～烧酒饮四五杯乃行。又引申为❺宽大，赦免：因～其罪。

【组字】贳，如今既可单用，也可作偏旁。现今仍归入贝部。凡从贳取义的字皆与赊欠等义有关。

以贳作声符的字有：勚。

巷 xiàng；hàng
（衖、巷）

【字形】古 篆 隶 **巷** 草

【构造】会意字。古文从䣈(街道)从共,会共有的街道之意。篆文省去一邑并改为上下结构。隶变后楷书分别写作𨛜与巷。俗简作巷。如今规范化,以巷为正体。参见䣈。

【本义】《说文·䣈部》:"𨛜,里中道。从䣈,从共,皆在邑中所共也。巷,篆文,从䣈省。"本义为街巷,即胡同。

【演变】巷,读 xiàng,本义指❶胡同:叔于田,~无居人|里有殡,不~歌。

又读 hàng,采矿时地下挖的通道像胡同,故又引申指❷矿坑巷道。

【组字】巷,如今既可单用,也可作偏旁。现今归入己部。凡从巷取义的字皆与胡同、通道等义有关。

以巷作声兼义符的字有:港。

荐 jiàn

(薦、洊)

【字形】甲 金 篆

隶 **荐 薦** 草

【构造】会意兼形声字。甲骨文是双手捧廌(犍牛)首置于祭器上奉献牛牲之意。金文一形大同,二形改为从廌(犍牛)从茻(茂草),会兽畜在草地上边走边吃草之意,会牧养祭牲之意,也是古代游牧生活的写照。篆文整齐化并省茻为艸(艹)。隶变后楷书写作薦。如今简化借用"荐"来表示。荐,篆文从艸(艹)从存会意,存也兼表声,隶变后楷书写作荐。本义为垫草、草席。

【本义】《说文·廌部》:"薦,兽之所食草。从廌,从艸。古者神人以廌遗黄帝,帝曰:'何食?何处?'曰:'食薦;夏处水泽,冬处松柏。'"所释为引申义。本义当为兽畜边走边吃草。又《艸部》:"荐,薦席也。从艸,存声。"本义为草席。

【演变】荐,作为本字,本义为❶薦草编的席,或席子下的垫草:取了一条草~,竟在坑板上铺了|布~席,陈簠簋|既无余席,便坐~上|~草。由草垫的重叠,表示频度,义同"洊",相当于❷一再,屡次,接连:天降丧乱,饥馑~臻|晋~饥,使乞籴于秦|人神怨愤,怪异~发|寇戎~兴|甘露~降。

作为"薦"的简化字,由本义兽畜边走边吃草,引申指❸逐水草而居:戎狄~居,贵货易土,土可贾焉。又指❹兽畜吃的牧草:民食刍豢,麋鹿食~。草常用作铺垫或裹物,故又指❺衬垫,包裹:生子,以为不祥……而弃渠中冰上,飞鸟以其翼覆~之|章甫~屦兮,渐不可久|作乘舆驾辇,加画绣茵冯,黄金涂,韦絮~轮。荐草常用于祭祀,故又指❻古代不用牲的平时奉祭:大夫、士宗庙之祭,有田则祭,无田则~。引申泛指❼进献,奉献:君赐腥,必熟而~(薦)之。又引申指❽举荐,介绍:诸侯能~(薦)人于天子,不能使天子与之诸侯。

【组字】荐,如今既可单用,也可作偏旁。现今归入艹部。凡从荐取义的字皆与草垫等义有关。

以荐作声兼义符的字有:韉。

草 cǎo;zào

(騲)

【字形】金 古 篆 隶 **草 騲**

草

【构造】会意兼形声字。金文和石鼓文皆从茻(众草)从早(即皂,栎实形),会栎实之意,早也兼表声。篆文省为从艸,早声。隶变后楷书写作草。

【本义】《说文·艸部》:"草,草斗,栎实也。一曰象斗子。从艸,早声。"本义为栎实。是"早"的增旁字。

【演变】草,读 zào,本义指❶栎实,可作黑色染料。

又读 cǎo,后借作"艸",遂用以表示❷草本植物的总称:多识于鸟兽~木之名|杂~。又指❸可做饲料、燃料的植物茎叶:那后槽上了~料|稻~|~绳。又引申为❹野地:农不败而有余日,则~必垦矣。由草的杂乱,又引申为❺粗劣,草率,简略:左右以君贱之也,食以~具|潦~|~率。又引申指❻初稿:屈平属~稿未定。用作动词,指❼起草:召令~檄,景历援笔立成。又特指❽草书:~隶兼善|~圣。又指❾雌性牲畜:~驴|~鸡。此义后作"騲"。

"草"为借义所专用,栎实之义便另写作

"皂"来表示。参见皂。

〇騲,从馬,草声。读 cǎo,本义为雌马:良马,天子以驾玉辂,诸侯以充朝聘郊祀,必无~也。此义如今简化仍用草。

【组字】草,如今既可单用,也可作偏旁。现今仍归入艹部。凡从草取义的字皆与植物等义有关。

以草作声符的字有:騲。

茧 jiǎn（繭）

【字形】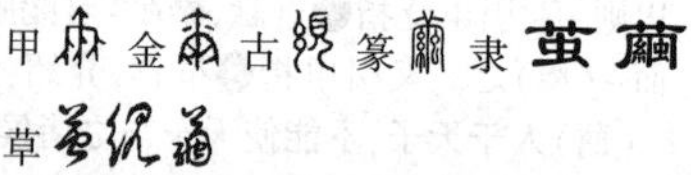

【构造】会意字。繭由上列甲骨文"爾"发展而来。甲骨文爾(尔)象蚕开始吐丝形,只是所吐之丝尚少,稀疏像篱笆,还不足以将自身裹严实。金文大同稍繁。古文改为从糸,见声。篆文取甲骨文的大体轮廓(芇),象征茧壳,另加义符"虫"和"糸",会蚕虫所吐丝之意。隶变后楷书写作繭。如今简化作茧,上取蚕头形,下从虫为义。

【本义】《说文·糸部》:"繭,蚕衣也。从糸,从虫,黹省。""芇"非"黹省",乃蚕茧的轮廓。本义为蚕茧。

【演变】茧,本义指❶蚕茧:世妇卒蚕,奉~以示于君。又指❷丝线:肯将独~着渔竿。又表示❸丝绵袍:重~(厚的丝绵衣)衣裘。茧乃蚕之外硬皮,犹如人手足因劳动而磨起的硬皮一样,故又借作"趼",表示❹膙子:墨子闻之,百舍重~(厚趼子),往见公输般。

【组字】茧(繭),如今既可单用,也可作偏旁。现今归入艹部。凡从茧取义的字皆与蚕丝等义有关。

以茧(繭)作声兼义符的字有:襺。

荃 quán（筌）

【字形】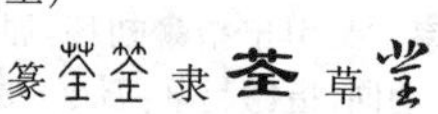

【构造】形声兼会意字。篆文从艹,全声,全为玉饰,也兼表美好之意。隶变后楷书写作荃。

【本义】《说文·艸部》:"荃,芥脃也。从艸,全声。"义为细切的腌芥菜。又《玉篇·艸部》:"荃,香草也。"又指古书上说的一种香草。

【演变】荃,指❶古书上说的一种香草,即菖蒲,又名"荪"。古用以比喻君主:~不察余之中情兮|寄意寒星~不察,我以我血荐轩辕。又指❷细切的腌芥菜。

〇筌,从竹从全(表示器物),会捕鱼的器具之意,全也兼表声。读 quán,本义为❶捕鱼器,竹制,有逆向钩刺:~者所以在鱼,得鱼而忘筌。又比喻❷牢笼、羁绊:浊骨不能超浊世,凡心怎得出凡~。又❸用同荃,指香草:既可习为鲍,亦可薰为~。

【组字】荃,如今既可单用,也可作偏旁。现今仍归入艹部。凡从荃取义的字皆与香草等义有关。

以荃作声兼义符的字有:醛。

茶 chá;tú（荼、檟、樣）

【字形】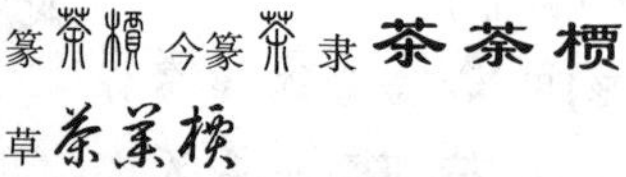

【构造】形声兼会意字。茶与荼本为一字,篆文从艸,余声,余为房舍,故也兼表家庭可吃的一种植物之意。隶变后楷书写作荼。中古时"荼"(tú)减一横写作"茶",音遂变读为 chá。俗借用作"檟",表示茶树。异体也作"樣",如今废而不用。荼则专用以表示苦菜、杂草等,表义有了分工。

【本义】《说文·艸部》:"荼,苦荼也。从艸,余声。"本义为一种苦菜。

【演变】荼,读 tú,本义指❶一种苦菜:谁谓~苦,其甘如荠。由苦菜引申比喻❷苦痛:尔万方百姓,罹其凶害,弗忍~毒。又指❸茅草、芦苇之类的白花,白:如火如~|颜如~|~首之孙。

〇茶,作为荼的省减,读 chá,借用作"檟"(jiǎ),《尔雅·释木》:"檟,苦荼。"郭璞《尔雅注》:"树小如栀子,冬生叶,可煮作羹饮。今呼早采者为茶,晚取者为茗。"故又表示❶茶树:~叶|~山。又指❷茶水:饮~。词义扩大,又指❸某些饮料:果~|面~。

正由于茶与荼本为一字,故"涂脂抹粉"也

叫“搽粉”。为了相区别，唐代将“荼”减去一笔，遂成为“茶”字。

【组字】茶，如今既可单用，也可作偏旁。现今仍归入艹部。凡从茶取义的字皆与植物等义有关。

以茶作声符的字有：搽。

荅 dá；dā（答）

【字形】篆  今篆  隶 荅 答 草 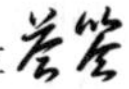

【构造】形声兼会意字。篆文从艸（艹），合声，合也兼表豆荚相合之意。本义为小豆。隶变后楷书写作荅。答，本从竹从合会意，合也兼表声，本义指系船的竹索。作偏旁时如今简作荅。

【本义】《说文・艸部》：“荅，小尗（豆）也。从艸，合声。”本义为小豆。《正字通・竹部》：“答，竹笝（nà，竹索）也。”本义为竹索。

【演变】荅，读 dá，本义为❶小豆：菽、~、麻、麦，各四十五。又借作“畣”（富之讹），表示祭神对答神灵，故表示❷应允，对答：奉~天命，和恒四方。由于“荅”作了偏旁，此义后来俗又另借“答”来表示，使用至今。

又读 tà，形容❸沮丧，相忘的样子：南郭子綦隐机而坐，仰天而嘘，~焉似丧其耦。

○答，从竹从合会意，合也兼表声。读 dá，本义为竹索，又借作“荅”，用以表示❶应对，回答：公都子不能~，以告孟子｜兰芝仰头~，理实如兄言。由语言应答，又引申为❷（以行动或物）酬答，报答：与刘长卿善，以诗相赠~｜自宜粉身碎肌，以~殊造（遇）。

又读 dā，用于“答应”，表示❸伺候：府中有一亲吏姓江名居，甚会~应，荆公只带此一人。又表示❹应声回答，对答：倘遇着人说起诗词赋来，怎生~应？又表示❺同意，允许：此事推脱不了，只好~应。

【组字】荅（答），如今既可单用，也可作偏旁。荅现今仍归入艸部，答现今仍归入竹部。因其从“合”取声，故凡从荅（答）取义的字皆与扣合、应对等义有关。

以荅作声兼义符的字有：搭、褡。

以荅（答）作声符的字有：劄、嗒、塔、溚、瘩。

荒 huāng

【字形】金  古  篆  隶 荒 草 

【构造】会意兼形声字。金文、古文和篆文皆从艹从巟（水广），会草长满田地之意，巟也兼表声。隶变后楷书写作荒。

【本义】《说文・艸部》：“荒，芜也。从艸，巟声。一曰草淹（掩）地也。”本义为荒芜。

【演变】荒，本义指❶荒芜：地广大，~而不治｜~地。用作名词，指❷荒地：父耕原上田，子劚山下~。边远地区多荒芜未开发，故引申指❸边远地区：忽反顾以游目兮，将往观乎四~。由荒芜，又引申为❹年景不好，饥荒：救~不如备~，备~莫如急农时。由饥荒引申为❺物品严重缺乏：房~｜柴~。由荒芜又引申为❻荒废，弃置：业精于勤，~于嬉。荒芜是野草无节制蔓延的结果，用于抽象意义，又表示❼享乐过度：好乐无~，良士瞿瞿｜~淫无耻。田地荒芜是不正常的，故又引申为❽不合情理的，不正确的：中夜闻~鸡鸣｜~唐。又指❾虚，不确实的：前两天还听到一个~信｜~报军情。

【组字】荒，如今既可单用，也可作偏旁。现今仍归入艹部。凡从荒取义的字皆与空虚、不着边际等义有关。

以荒作声兼义符的字有：谎、慌。

以荒作声符的字有：塃。

茫 máng

【字形】古  今篆  隶 茫 草 

【构造】形声兼会意字。古文从水，芒声，芒也兼表看不清边际之意。楷书规范为茫。

【本义】《广韵・唐韵》：“茫，苍茫。”本义为水势浩渺看不到边。

【演变】茫，本义指❶水势浩渺无边：绿水扬洪波，旷野莽~~｜大海~~｜渺~｜淼~。引申指❷迷茫不清：夜梦多见之，昼思反微~｜迷~。由景物的迷茫，又引申指❸内心不明白：问以经济策，~如坠烟雾｜~无头绪｜~然无知｜~昧。

荡 dàng;tāng
（蕩、盪、蘯）

【字形】篆　隶 荡蕩盪蘯

草

【构造】会意兼形声字。篆文从水从昜（草木在阳光下摇晃），会水摇荡之意，昜也兼表声。隶变后楷书写作蕩。如今简化作荡。现在又作了“盪”“蘯”的简化字，从皿从湯或蕩会意，湯、蕩也兼表声。

【本义】《说文·水部》：“蕩，水也。从水，昜声。”本义为水名。《说文·皿部》：“盪，涤器也。从皿，湯声。”本义为洗涤器皿。

【演变】荡，tāng，作为本字，本义为❶古水名。源出河南省汤阴县北，唐以后称汤水。

又读 dàng，作为“盪”“蘯”的简化字，本义指❷洗涤，清除：以热汤数斗著瓮中，涤～梳洗之。洗涤器皿必摇动冲激，故又引申指❸摇动，摆动：齐侯与蔡姬乘舟于囿，～公，公惧，变色｜～秋千｜摇～｜动～｜悠～。又引申指❹扫荡，冲撞：扫～仇耻｜摧坚挫锋，～彼蠡贼｜稍近，益狎，～倚冲冒，驴不胜怒，蹄之｜～平山寨。由动荡又引申指❺放纵，游荡：操有叔父，见操游～，尝怒之｜放～｜浪～｜～子。又借作“场”，表示❻平坦：鲁道有～，齐子由归｜社会之内，～无高卑。由平坦又引申指❼心胸开阔：君子坦～～，小人长戚戚｜胸怀坦～。用作名词，指❽积水长草的洼地：芦苇～｜芦～火种。

【组字】荡，如今既可单用，也可作偏旁。现今归入艸（艹）部。凡从荡取义的字皆与水有关。

以荡作声兼义符的字有：蘯。

荣 róng
（榮）

【字形】金　籀　篆

隶 荣　草

【构造】象形兼形声兼会意字。金文象两支交叉的开满花朵的枝条形。此形与两支交叉的火把形（）相近，故籀文改为从木从荧省，荧也兼表声，表示红花如火。篆文整齐化。隶变后楷书写作榮。如今简化作荣。

【本义】《说文·木部》：“榮，桐木也。从木，荧省声。”这是就篆文所作的解说，非本义。本义当为花朵。

【演变】荣，本义指❶花朵：绿叶素～，纷其可喜兮。引申为❷繁茂：木欣欣以向～。又引申为❸显贵：一损俱损，一～俱～。再引申为❹光荣：死有遗业，生有～名｜～耀｜～军。

【组字】荣，如今既可单用，也可作偏旁。现今仍归入木部。凡从荣取义的字皆与荣光等义有关。

以荣作声符的字有：嵘、蝾。

荦 luò
（犖）

【字形】篆　隶 荦　草

【构造】会意字。篆文从牛从荣（花朵）省，会毛色不纯之意。隶变后楷书写作犖。如今简化作荦。

【本义】《说文·牛部》：“犖，驳牛也。从牛，劳省声。”本义为毛色不纯的牛。

【演变】荦，本义指❶毛色不纯的牛：斯为朽关键，怒～抉以入。引申泛指❷斑驳之色：赤瑕驳～，杂插其间。用为“荦荦”，表示❸分明，明显：此其～～大者，至若委曲小变，不可胜道。

【组字】荦，如今既可单用，也可作偏旁。现今仍归入牛部。凡从荦取义的字皆与不同等义有关。

以荦作声兼义符的字有：嶨。

荧 yíng
（熒、𤇾、⺮）

【字形】甲　金　篆

隶 荧熒　草

【构造】象形兼会意字。甲骨文象交叉的火把（灯烛的前身，犹如现在的松明子）形。金文下加出古人穴居的洞室形，表示室内灯烛明亮。篆文整齐化并另加一火，变成了从焱从冂（表示房子）的会意字。隶变后楷书写作熒。如今简化作荧。作偏旁时多省作𤇾。

【本义】《说文·焱部》：“熒，屋下灯烛之光。从焱、冂。”本义为灯烛明亮。

【演变】荧,本义指❶灯烛明亮。引申指❷容光艳丽:美人~~兮,颜若苕之荣。灯烛之亮微弱而闪动,故又指❸光亮微弱的样子:守突(室中东南角)奥(室中西南角)之~烛,未仰天庭而睹白日也|明星~~,开妆镜也|~光屏。又引申指❹光亮闪烁的样子:画戟~煌射秋水。由光的闪烁耀眼,又引申为❺眩惑:而目将~之|苏秦~惑诸侯,以是为非,以非为是。

【组字】荧,如今既可单用,也可作偏旁。现今仍归入火部。凡从荧(𤇾)取义的字皆与光亮闪烁等义有关。

以荧(𤇾)作声兼义符的字有:荣、莹、萦、萤。

以荧(𤇾)作声符的字有:茔、荥、莺、营、蓥、檾。

药 yào
（葯、藥）

【字形】金　篆　今篆　隶 药 葯 藥

草

【构造】会意兼形声字。金文从艸(艹)从樂(乐),会能治好病使人快乐的植物之意,樂也兼表声。篆文整齐化。隶变后楷书写作藥。后借葯来表示,从艹从約(约束疾病)会意,約也兼表声;如今简化作药,为正体。

【本义】《说文·艸部》:"藥,治病草。从艸,樂声。"本义为能够治病的植物。《广雅·释草》:"白芷,其叶谓之药。"本义为白芷,古谓之香草,根入药。

【演变】药,作为本字,本义为白芷。

作为"藥"的借字,又指❶能够防治疾病或虫害的物质:草木诸~,能治百病|中~|西~|农~。用作动词,指❷治疗:彼得之不足以~伤补败|不可救~。又引申指❸毒杀:~死那婆子|~老鼠。又特指❹古代术士所说让人长生不老的药物:因使韩终、侯公、石生求仙人不死之~。术士之药多用矿物制成,故后又用以指与之性质相近的❺火药:炸~|枪~。用作"芍药",指❻一种观赏花卉:维士与女,伊其相谑,赠之以勺(芍)药。后遂以之表示❼男女爱慕之情,或文学中言情之作:清文满箧,非惟芍~之花|玉台清制,非惟芍~之文。

【组字】药,如今既可单用,也可作偏旁。现今仍归入艹部。凡从药取义的字皆与治病、植物等义有关。

以药作声符的字有:濿、嫷、櫹。

故 gù

【字形】金　篆　隶 故　草

【构造】会意兼形声字。金文本用古(前人制作的甲胄)表示,后另加义符攴(表操作,雇人照前人的甲胄制作),以强调使人做事之意。篆文整齐化,成为从攴从古会意,古也兼表声。隶变后楷书写作故。是"雇"的本字。

【本义】《说文·攴部》:"故,使为之也。从攴,古声。"本义为使人做事。

【演变】故,本义指❶使人做事。引申指❷做出的事:敢问天道乎,抑人~也?又特指❸意外或不幸的事变:父母具存,兄弟无~|事~|变~。由已做出的事,又引申为❹旧的、过去的事物、人或关系:温~而知新|君安与项伯有~?|是以圣人苟可以强国,不法其~|吐~纳新。又形容❺旧的,过去的,原来的:所谓~国者,非谓有乔木之谓也|~人|~事|~都。进而引申为❻成为过去的,即死亡:再入都,而先生~矣|病~。事出有因,所以由使人做事,又引申指❼事情的缘故,原因:既克,公问其~|不知何~。由有意识地施行某种行为,又用作副词,指❽故意,仍然:广~数言欲亡,忿恚尉|累官,~不失州郡也。用作连词,表示❾所以,因此,于是:彼竭我盈,~克之|女娃游于东海,溺而不返,~为精卫。

"故"为引申义所专用,做事之义便另加义符"亻"写作"做"来表示。参见做。

【组字】故,如今既可单用,也可作偏旁。现今仍归入支部。凡从故取义的字皆与做事等义有关。

以故作义符的字有:做。

胡 hú
（鬍）

【字形】金　古　篆　今篆

隶 胡 鬍　草

【构造】会意兼形声字。金文和古文皆从月

(肉)从古(战甲),会像甲片似的牛颔下的垂肉之意,古也兼表声。篆文改为左右结构并整齐化。隶变后楷书写作胡。因“胡”垂在头颈下,兽胡上又多长着长毛,故又引申指胡须,后遂另加义符髟写作鬍,如今简化仍用胡。

【本义】《说文·肉部》:“胡,牛颔垂也。从肉,古声。”本义为牛颔下的垂肉。

【演变】胡,由本义牛颔下的垂肉,引申泛指❶兽颔下的垂肉:狼跋(踩)其~,载疐(绊倒)其尾。又引申泛指❷胡须:羊一名~髯郎|络腮~子。此义后另加义符髟写作鬍,如今简化仍用胡。胡子是长久生长的结果,故又引申指❸长寿:有椒其馨,~考之宁。胡子散乱,唐以后又引申指❹任意乱来:都去地下乱摸,草里~寻|~说八道|~言乱语|~作非为|~搅蛮缠。或许中国古代西北各族人多长大胡子,所以又用以泛称❺古代西北地区的少数民族:南有大汉,北有强~|~笳|~椒|~服|~琴。汉以后又用以泛指❻外国人:晋永嘉中,有天竺~人,来渡江南。又借作疑问代词,相当于❼何:即不幸有二三千里之旱,国~以相恤?

【组字】胡,如今既可单用,也可作偏旁。现今仍归入月(肉)部。凡从胡取义的字皆与牛颔下一片垂肉等义有关。

以胡作声兼义符的字有:鬍。

以胡作声符的字有:葫、猢、湖、瑚、煳、鹕、蝴、衚、糊、醐、餬。

南 nán;nā (靑)

【字形】甲　金　篆　隶 南　草

【构造】象形字。甲骨文象悬挂着的敲击乐器形,上为悬结,下为器体。金文和篆文大同。隶变后楷书分为靑和南二体。参见靑。

【本义】《说文·宋部》:“南,艸木至南方有枝任也。从宋,羊声。”解说是就篆文所作的附会。本义当为敲击乐器。

【演变】南,读 nán,本义为敲击乐器,大概是古代南方的乐器,故引申指❶南方的乐舞:以雅以~|周~|召~。又借指❷南方:凯风自~,吹彼棘心|使与之琴,操~音|~腔北调|~辕北辙|坐北朝~。

又读 nā,用作“南无(mó)”,是梵文 Namas 的译音,指❸佛教徒合掌稽首:~无阿弥陀佛。

【组字】南,如今既可单用,也可作偏旁。现今归入十部。凡从南取义的字皆与外壳、声音等义有关。

以南作声兼义符的字有:喃、罱。

以南作声符的字有:楠、腩、蝻。

勃 bó

【字形】篆　隶 勃　草

【构造】会意兼形声字。篆文从力从孛(人容色盛壮),会猛力推排之意,孛也兼表声。隶变后楷书写作勃。

【本义】《说文·力部》:“勃,排也。从力,孛声。”本义为猛力推排。

【演变】勃,本义指猛力推排。又因其也从孛取义,故引申为❶兴盛:禹、汤罪己,其兴也~焉|生机~~。又引申为❷猝然:~然大怒。

【组字】勃,如今既可单用,也可作偏旁。现今归入力部。凡从勃取义的字皆与推排、兴盛等义有关。

以勃作声兼义符的字有:渤。

标 biāo (標、幖)

【字形】篆　今篆　隶 标 標 幖

草

【构造】形声兼会意字。篆文从木,票声,票也兼表飘举之意。隶变后楷书写作標。如今简化作标,声旁省作示。后又借用以表示“幖”(从巾,票声)的含义。

【本义】《说文·木部》:“標,木杪,末也。从木,票声。”本义为树梢。《说文·巾部》:“幖,幖帜也。从巾,票声。”本义为标志,标记。

【演变】标,本义指❶树梢:大本而小~|上如~枝,民如野鹿|~本。引申指❷柱,竿:中竖一峰,如当门之~。又引申指❸表面的:故百病必先治其本,后治其~|治~不治本。

作为“幖”的借字,又表示❹标志,记号:但立直~,终无曲影|商~|~竿|草~|~点。又引

申指❺标准：指～|目～|达～|超～。又引申指❻竞赛的奖品：夺～|锦～。用作动词，指❼做标记，用文字或其他事物表明，标出，提出：(萧)宏性爱钱，百万以聚，黄榜～之|～新立异|明码～价。又指❽用比价方式发包工程或买卖货物时标出的价格：招～|投～|开～。由标准又引申指❾榜样：君为臣之～率|为一时之～。又引申指❿风度，格调：耿介拔俗之～，潇洒出尘之想。又引申指⓫美好：花到知名分外～|～致。

枯 kū

【字形】篆 隶 枯 草

【构造】形声兼会意字。篆文从木从古会意，树古老多枯，古也兼表声。隶变后楷书写作枯。

【本义】《说文·木部》："枯，槁也。从木，古声。"本义为草木枯槁。

【演变】枯，本义指❶草木枯槁：草木之生也柔脆，其死也～槁|～木逢春|～树。引申泛指❷干涸，干枯：曾不如早索我于～鱼之肆|乃取蒙冲斗舰十艘，载燥荻～柴。又比喻❸人体干瘦：颜色憔悴，形容～槁。

【组字】枯，如今既可单用，也可作偏旁。现今仍归入木部。凡从枯取义的字皆与枯槁等义有关。以枯作声符的字有：啩。

柄 bǐng

【字形】甲 篆 隶 柄 草

【构造】会意兼形声字。甲骨文从木从丙(锄头)，会锄等器具的把之意，丙也兼表声。篆文整齐化。隶变后楷书写作柄。

【本义】《说文·木部》："柄，柯也。从木，丙声。"本义为锄头的把儿。

【演变】柄，本义锄头把儿，引申泛指❶把儿：火在熨斗中而～热|斧～长六尺|刀～。又引申指❷花叶的茎：花～|叶～。用于抽象意义，又指❸权力：奸人窃～，国论混淆|权～。又引申指❹言行上被人抓住的缺失：被人传为笑～|叫人抓住把～。由权柄，用作动词，指❺执掌：相继～政。

栋 dòng (棟)

【字形】篆 隶 栋 棟 草

【构造】会意兼形声字。篆文从木从東(东西，竹笼，象征房子)，会盖房的脊檩之意，東也兼表声。隶变后楷书写作棟。如今简化作栋。

【本义】《说文·木部》："棟，极也。从木，東声。"本义为古代房屋的脊檩。

【演变】栋，本义指❶古代房屋的脊檩：五架之屋，正中曰～|～梁。引申比喻❷起重要作用的人或事物：太子，国之～也|重莫如国，～莫如德|今公辅之臣，皆国之～梁。

相 xiàng；xiāng

【字形】甲 金 篆 隶 相 草

【构造】会意字。甲骨文从目从木，会用眼端详树木够什么材料之意。金文大同。篆文整齐化。隶变后楷书写作相。

【本义】《说文·目部》："相，省视也。从目，从木。《易》曰：'地可观者莫可观于木。'"本义为察视。

【演变】相，读 xiàng，本义指❶察视：～鼠有皮，人而无仪|～时而动。引申为❷占视：唯太保先周公～宅|～面。用作名词，又指❸看到的形貌，情状：形～虽恶而心术善，无害为君子也|儿已薄禄～，幸复得此妇|狼狈～|坐～|月～。察看可以帮助判断事物，故又引申为❹辅助：周公～成王。用作名词，又指❺起辅佐作用的人：危而不持，颠而不扶，则将焉用彼～矣？|将～。如今又指❻交流电中的一个组成部分。

又读 xiāng，由观察时以目加于木上，虚化引申指❼动作交互或单方或递相加于对方：悲莫悲兮生别离，乐莫乐兮新～知|便可白公姥，及时～遣归|父子～传，此汉之约也。

【组字】相，如今既可单用，也可作偏旁。现今仍归入目部。凡从相取义的字皆含双方等义。以相作声兼义符的字有：厢、想、箱。以相作声符的字有：湘、葙、缃、霜。

柏 bǎi;bó (栢)

【字形】甲 金 篆 隶 柏 草

【构造】会意兼形声字。甲骨文从木从白(伯长,也象征鞠形柏果),会结球果的树之王柏树之意,白也兼表声。金文大同并改为左右结构。篆文整齐化。隶变后楷书写作柏,异体作栢,亦会百树之王之意。如今规范化用柏。

【本义】《说文·木部》:"柏,鞠(椈)也。从木,白声。"本义为柏树。

【演变】柏,读 bǎi,本义指❶柏树:岁寒,然后知松~之后凋也|侧~。

又读 bó,用于❷音译地名:~林。

【组字】柏,如今既可单用,也可作偏旁。现今仍归入木部。凡从柏取义的字皆与树木等义有关。

以柏作声符的字有:湐。

栅 zhà;shān

【字形】甲 篆 隶 栅 草

【构造】会意兼形声字。甲骨文象把三木编在一起形。篆文改为从木从册(编简册),会像用绳子编简册一样编成的栅栏之意,册也兼表声。隶变后楷书写作栅。

【本义】《说文·木部》:"栅,编树木也。从木,从册,册亦声。"本义为用竹木、铁条等做成的篱笆样的阻拦物。

【演变】栅,读 zhà,本义指❶用竹木、铁条等做成的篱笆样的阻拦物:乃遣千人于西县结木为~,广二十步,长四十里|铁~|木~|~门|~栏。

又读 shān,用作"栅极",表示❷电子管中离阴极最近的一个电极。

柳 liǔ

【字形】甲 金 篆 隶 柳 草

【构造】形声兼会意字。甲骨文从木,卯声,卯也兼表似劈丝之意。金文大同,木移至左边。篆文整齐化,卯讹为丣。隶变后楷书写作柳,仍从卯。

【本义】《说文·木部》:"柳,小杨也。从木,丣声。丣,古文酉。"本义为柳树,杨柳。

【演变】柳,本义指❶柳树,柳枝:折~樊(编篱笆)圃|杨~丝丝弄轻柔|~暗花明|~浪闻莺|~絮|~编。又喻指❷古人折柳送别的习俗:秦楼月,年年~色,灞陵伤别。

【组字】柳,如今既可单用,也可作偏旁。现今仍归入木部。凡从柳取义的字皆与树木等义有关。

以柳作声符的字有:鞡。

柱 zhù (拄)

【字形】篆 今篆 隶 柱 拄 草

【构造】会意兼形声字。篆文从木从主会意,主也兼表声。隶变后楷书写作柱。

【本义】《说文·木部》:"柱,楹也。从木,主声。"本义为支撑屋宇的柱子。

【演变】柱,本义指❶支撑屋宇的柱子:荆轲逐秦王,秦王还~而走|支~|~石|梁~。引申指❷像柱子的东西:藉车之~,长丈七尺|水~。又特指❸琴瑟上系弦的木块:王以名使括,若胶~鼓瑟耳|一弦一~思华年。又比喻❹担当国家重任的人:将军为国~石。

又读 zhǔ,用作动词,指❺支撑:鳌足可以~天,体必长大。此义今用"拄"来表示。

〇拄,从扌(手)从主会意,主也兼表声。读 zhǔ,本义指❶用棍子等顶住支撑身体:大冠若箕,修剑~颐|~拐棍儿。由撑拄、顶住引申为❷折服:既论难,连~五鹿(复姓)君。

【组字】柱,如今既可单用,也可作偏旁。现今仍归入木部。凡从柱取义的字皆与柱子等义有关。

以柱作声符的字有:砫。

柿 shì

【字形】篆 今篆 隶 柿 草

【构造】会意兼形声字。篆文从木从朿(即𠂒,表示果盛)会意,朿也兼表声。隶变后楷书写作柹,声旁朿讹变为市。

【本义】《说文·木部》:“柹,赤实果。从木,朿声。”本义为柿子。

【演变】柹,本义指❶柿子:枣栗榛~|~饼。又指❷柿子树:门院昼锁回廊静,秋日当阶~叶阴。

查 zhā;chá
(柤、槎、樝、楂、渣)

【字形】篆 今篆

隶 查 柤 槎 樝 楂 渣

草

【构造】会意兼形声字。篆文从木从且(雄性生殖器,象征木桩),会砍剩的残桩之意,且也兼表声。隶变后楷书写作柤。后来木旁移到上边,“且”又讹为“旦”,俗遂写作“查”。

【本义】《说文·木部》:“柤,木闲(栏)。从木,且声。”所释为引申义。本义当为残桩。

【演变】查(柤),读 zhā,本义指❶砍剩的木桩:在童儿时,尝登树堕地,为~所伤。此义后作“槎”。又指❷渣滓:无因净~滓,来共上堂钟。此义后作“渣”。木栏用截木为之,故又引申指❸木栏、木栅、行马和水堰之类的拦阻物。又用作树名,同“樝”,即❹山楂:俺不是卖~梨。此义后作“楂”。

又读 chá,由木栏引申指❺木筏:有巨~浮于西海,~上有光。此义今作“槎”。木栏是阻拦用的,故又引申指❻检查:所以大家都~一~,去疑儿。又表示❼调查:惟抄出借券,令我们王爷~核。又引申指❽翻检:~资料|~字典。

○槎,从木从差(表示不齐)会意,差也兼表声。读 chá,本义指❶斜着砍:山不~蘖,泽不伐夭。引申指❷树枝,树杈:枯木横~卧古田。又引申指❸庄稼收割后留在地里的茎根,同“茬”:刨棉花~。又指❹用竹、木做成的筏子:为问乘~人,沧州复谁在?此义也作“楂”。

○楂,从木,查声。读 chá,本义指❶木筏:游鱼上急水,独鸟赴行~。又指❷伐木留下的残桩:掘去中间正根,将周围根~,细锯子截成砧盘。又指❸头发胡须楂:胡~子|头发~子。

又读 zhā,用作“樝”,表示❹山楂:其阴则生之~藜。

○樝,从木,䖭声。读 zhā,本义指山楂树:譬犹~、梨、橘、柚,其味相反而皆可适于口。此义如今用楂。

○渣,从水,查声。读 zhā,本义指❶物品提炼出精华后所剩的东西:豆腐~|药~|~滓。引申指❷碎屑:点心~儿。

【组字】查(柤),如今既可单用,也可作偏旁。现今仍归入木部。凡从查取义的字皆与残桩、交叉木栏等义有关。

以查作声兼义符的字有:渣、揸、楂、碴、齄。

以查作声符的字有:喳、猹、馇。

剌 lá;là

【字形】甲 金 篆 隶 剌 草

【构造】会意字。甲骨文从束从刀,会用刀将捆缚割开之意。金文大同。篆文整齐化。隶变后楷书写作剌。注意:与“刺”不同。

【本义】《说文·束部》:“剌,戾也。从束,从刀。刀者,刺之也。”本义为将捆缚割开。

【演变】剌,读 lá,本义指❶割开:手~了个口子|~三刀。

又读 là,捆缚了又割开,自然是前后背谬,故引申为❷违背,违戾:乃教以推贤进士,无乃与仆私心~谬乎?又指❸歪斜不正:琴或拨~枉桡。

【组字】剌,如今既可单用,也可作偏旁。现今仍归入刀部。凡从剌取义的字皆与割开等义有关。

以剌作声符的字有:喇、赖、瘌、辣。

畐 fú;bì
(富、逼、福)

【字形】甲 金

篆 隶 畐 福 逼

草

【构造】会意字。畐与福同源,甲骨文像双手举起酒樽向示(祭台)倾倒浇祭之状,会祭祀神灵以求福佑之意,小点象征浇祭的酒液;或省去双手及示，只留下酒樽，就成了象形的畐字，以突出里面盛满了敬神求福的酒食，用以表示对答神灵之意。金文大同，或省去双手，留下祭台和酒樽，就是福字。篆文承金文并整齐化。隶变后楷书分别写作福与畗。单用用福。畗，又讹作畣，专用以表示对当之义，后来此义又借用"荅""答"来表示。如今畗只用作偏旁并省写作畐。参见福、答。

【本义】《说文·畗部》："畗，满也。从高省，象高厚之形。读若伏。"析形不确。本义为盛满酒的酒樽。

【演变】畐(畗)，读 fú，由本义盛满酒的酒樽，引申泛指❶充满。用作名词，又指❷一种容器：~，无足鬲也。

又读 bì，充满则内无空隙，故引申为❸狭窄，紧迫：~塞虚空，不如不去。由于"畐"与"福"同源，故又用以表示❹求福。

由于"畐"后来作了偏旁，窄迫之义便另造了"逼"字来表示，求福之义则用"福"来表示。

○逼，从辶从畐会意，畐也兼表声。读 bī，本义指❶迫近：贵戚不荐善，~迩(近臣)不引过|~近。引申指❷逼迫，威胁：我有亲父母，~迫兼兄弟。

○福，从示从畐会意，畐也兼表声。读 fú，本义指❶保佑，赐福：小信未孚，神弗~也。用作名词，指❷福气，幸福：祸兮~之所倚，~兮祸之所伏|他~大命大。

【组字】畐，如今不单用，只作偏旁。现今归入田部。凡从畐取义的字皆与充满酒食的容器等义有关。

以畐作声兼义符的字有：逼、副、福。

以畐作声符的字有：匐、幅、富、辐、蝠。

垔 yīn
(湮、堙、陻、洇)

【字形】金  古  篆  今篆 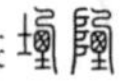

隶 垔 堙 陻 湮 洇

草 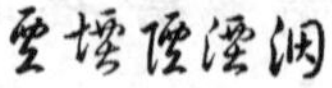

【构造】会意字。金文从西(竹笼形)从壬(人挺立土上形)，表示人背盛土石的竹笼草袋堵塞水流之意。古文会用盛土的草袋堵在决口上。篆文稍讹，壬变为土。隶变后楷书写作垔。

【本义】《说文·土部》："垔，塞也。《尚书》：'鲧垔洪水。'从土，西声。"本义为堵塞。

【演变】垔，本义为❶堵塞。引申为❷埋没。又引申为❸湮湿。

由于"垔"作了偏旁，堵塞之义便另加义符"土"或"阝"写作"堙"或"陻"来表示，埋没、湮湿之义则另加义符"氵"写作"湮"来表示。湮湿之义后又借本当水名讲的形声字"洇"表示。

○堙，从土从垔会意，垔也兼表声。异体作陻，从阜从垔会意，垔也兼表声。读 yīn，本义指❶堵塞：(精卫)常衔西山之木石，以~于东海。引申指❷埋没：旧章~没，书记罕存。又借指❸土山：宋华元亦乘~出见之。

○湮，从氵从垔会意，垔也兼表声。读 yān，只用于表示❶埋没：~灭而不称者，不可胜数|~没无闻。由埋没引申指❷填塞：河道久~。

○洇，从氵从因会意，因也兼表声。读 yīn，本义指❶水名。借作"湮"，表示❷液体落在物体上向四周扩散或渗透：泪痕~透香罗帕|~湿。

【组字】垔，如今不单用，只作偏旁。现今仍归入土部。凡从垔取义的字皆与堵塞等义有关。

以垔作声兼义符的字有：湮、堙、陻。

以垔作声符的字有：鄄、甄、煙(烟)、禋、闉

要 qiān
(䙴、遷、迁)

【字形】金 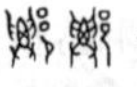 古  篆 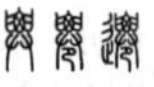 今篆 

隶 要 遷 迁 草 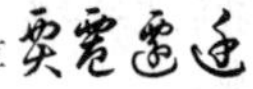

【构造】会意字。金文是四手共举箱笼等重物状，右边是一人二口，表示人正喊着号子将重物一起抬起来。古文省去人和口。篆文承古文并整齐化，或另加义符卩(跪人)，分为二体。隶变后楷书写作要和䙴。皆不单用，只作偏旁。

【本义】《说文·舁部》："要，升高也。从舁，囟声。䙴，要或从卩。"析形不确，所释为引申义。本义当为搬迁。

【演变】要，本义指搬迁。由于"要"作了偏旁，便用"䙴"来表示，如"~于彭城"。后来"䙴"

也作了偏旁,便又另加义符“辶”,写作“遷”来表示。如今简化作“迁”。参见迁。

【组字】覀(罨),如今不单用,只作偏旁。现今覀(罨)归入西部。凡从覀(罨)取义的字皆与升迁等义有关。

以覀作义符的字有:罨。

以罨作声兼义符的字有:僊(仙)、遷(迁)。

要 yāo;yào (腰)

【字形】甲　金　篆　今篆

隶 要 腰 草

【构造】象形兼会意字。甲骨文象突出了腰部的人形,幺声,表示人腰。金文从女从臼(两手),是一女两手卡腰之状。篆文女形变成了突出了腰的人形。隶变后楷书写作要。

【本义】《说文·臼部》:“要,身中也,象人要自臼之形。从臼,交省声。”本义为人两手插腰。是“腰”的本字。

【演变】要,yāo,本义指❶人腰:楚王好士细~|不得~领。由腰在身中引申为❷半道阻拦:遣兵于东道上~之。再引申为❸邀请:便~还家。以上二义后写作“邀”。再引申为❹要求,强求:非所以~誉于乡党朋友也|虽曰不~君,吾不信也|~挟。

又读 yào,引申为❺关键,重大:~事|~紧|~点。又引申为❻索取,希求:需~他帮忙|~账|~强。又引申为❼应当:~努力学习。又引申为❽将要:花~开了。又引申为❾如果:~是他不来呢。

“要”为引申义所专用,人腰之义便另加义符“月(肉)”写作“腰”来表示。

○腰,从月(肉)从要会意,要也兼表声。读 yāo,本义指❶人腰:我不能为五斗米折~向乡里小人|弯~。引申指❷裙子上端围在腰际的部分:裙~|裤~。又引申指❸事物的中间部分:半山~。肾脏处在腰部,故❹俗称肾脏为腰子。

【组字】要,如今既可单用,也可作偏旁。现今归入西部。凡从要取义的字皆与人腰有关。

以要作声兼义符的字有:腰。

柬 jiǎn (东、揀、拣)

【字形】甲　金　篆　今篆

隶 柬 拣 揀 草

【构造】会意字。甲骨文和金文皆从束(一捆竹简)从八(表分别),会打开一捆竹简从中挑选之意。篆文大同。隶变后楷书写作柬。作偏旁时简化作东。

【本义】《说文·柬部》:“柬,分别简(选)之也。从束,从八。八,分别也。”本义为挑选。

【演变】柬,本义指❶挑选:安燕而血气不惰,~理(拣择其事理所宜)也。由于所捆缚的是竹简,故又用作“简”,表示❷信札,名帖:明日我补一个~来,请你入社|~帖|请~。

“柬”后为信札、名帖之义所专用,拣选之义便又另加义符“扌”写作“揀”来表示。

○揀,从扌从柬会意,柬也兼表声。如今简化作“拣”,读 jiǎn,本义指❶挑选:宜令徐泗团练使选~招募官健三千人赴邕管防戍|~选|挑~。又同“捡”,表示❷拾取遗弃的财物:遍地是钱,就是没人去~。

【组字】柬,如今既可单用,也可作偏旁。现今仍归入木部。凡从柬(东)取义的字皆与挑选等义有关。

以柬(东)作声兼义符的字有:谏、揀(拣)、炼。

以柬(东)作声符的字有:练、楝。

甭 béng;qì

【字形】古　今篆　隶 甭 草

【构造】会意字。古文从不、用,会用不着之意。隶变后楷书写作甭。

【本义】《龙龛手鉴·不部》:“甭,音弃。”本义为弃。

【演变】甭,读 qì,本义指❶弃。方言读 béng,是“不”“用”的合音、合义,指❷用不着:这事你~管|~惦记他|~说了|~急。

歪 wāi (竵)

【字形】古 歪 篆 竵 今篆 歪 隶 歪 竵

草 歪 竵

【构造】会意兼形声字。古文从不从正会意，篆文从立从𡿪(锅)，会锅放得不正之意，𡿪也兼表声。隶变后楷书写作竵。今简化，俗承古文用歪。

【本义】《说文·立》："竵，不正也。从立，𡿪声。"《字汇·止部》："歪，不正也。"本义为偏斜不正。

【演变】歪(竵)，本义指❶偏斜不正：直打的磣可可嘴塌鼻~|~打正着。引申为❷不正当，不正派：邪门~道|~风邪气|~缠不休。又指❸侧身躺卧：你先床上~一会歇歇。

【组字】歪，如今既可单用，也可作偏旁。现今归入止部。凡从歪取义的字皆与偏斜不正等义有关。

以歪作声兼义符的字有：㖞、踒。

泵 bèng

【字形】古 泵 今篆 泵 隶 泵 草 泵

【构造】会意字。古文从水从石，会似石落水中发出的声音之意。隶变后楷书写作泵。

【本义】后起字。《觚賸·粤觚上》："水之矶激为泵。"本义为石落水中发出的声音。

【演变】泵，本义指❶石落水中发出的声音。用为英语 pump 的音译字，又指❷一种吸入或排除流体的机械，俗称抽水机：水~|油~|气~。

研 yán

(硏、砚)

【字形】篆 研 硯 隶 研 砚 硯 草 研 砚

【构造】会意兼形声字。篆文从石从幵(笄)，幵为对插双笄，故会两物相抵磨之意，幵也兼表声。隶变后楷书写作研。声符幵变为开。

【本义】《说文·石部》："研，磨也。从石，幵声。"本义为碾为粉末。

【演变】研，本义指❶碾为粉末：墨~秋日雨，茶试老僧铛(温器)|~墨|~磨。用于抽象意义，指❷反复仔细地分析琢磨：殷仲堪精核玄论，人谓莫不~究|钻~。用作名词，又指❸研磨的工具：拂几洗~整囊编。此义后用"砚"来表示。

○砚，从石从见会意，见也兼表声，本义为石头光滑见影。读 yàn，引申指❶研墨的文具：~台|端~|笔~。引申指❷同学关系：~友。

【组字】研，如今既可单用，也可作偏旁。现今仍归入石部。凡从研取义的字皆与碾压等义有关。

以研作声符的字有：揅。

砌 qì

【字形】篆 砌 隶 砌 草 砌

【构造】形声兼会意字。篆文从石，切声，切也兼表整齐如切之意。隶变后楷书写作砌。

【本义】《说文·石部》新附："砌，阶甃也。从石，切声。"本义为台阶。

【演变】砌，本义指❶台阶：雕栏玉~应犹在，只是朱颜改|石~。用作动词，指❷用灰浆把砖石垒起来：银~就楼台殿阁，粉妆成野外荒郊|~猪圈|~炕|~灶|~墙|堆~。

砍 kǎn

【字形】古 砍 今篆 砍 隶 砍 草 砍

【构造】会意兼形声字。古文从石从欠(缺)会意，欠也兼表声。隶变后楷书写作砍。

【本义】《篇海类编·地理类·石部》："砍，砍斫也。"本义为用刀斧猛剁、斫劈。

【演变】砍，本义指❶用刀斧猛剁、斫劈：我只站下不动，任你~几剑罢|~柴|~树。引申指❷除去：我建议党政机构进行大精简，~掉它三分之二。

【组字】砍，如今既可单用，也可作偏旁。现今仍归入石部。凡从砍取义的字皆与猛剁等义有关。

以砍作声符的字有：歁。

面 miàn

(靣、偭、麵、麪)

【字形】甲 古 篆

隶 面 麵 麪 偭 草

【构造】象形字。甲骨文象人脸形，外为脸的轮廓，脸上最传神的是眼，故内画一目以表示是脸。古文只留下半个脸的样子，是侧视形。篆文承甲骨文将目繁化为百（首），以表示为头上脸的轮廓。隶变后楷书写作面。异体作面。如今规范化用面，又用作“麵”“麪”（从麦，面或丏声）的简化字，指面粉。

【本义】《说文·面部》：“面，颜前也。从百，象人面形。”本义为脸。

【演变】面，本义指❶脸：君子豹变，小人革～｜于是河伯始旋其～目｜女子出门，必拥蔽其～｜笑容满～。用作动词，又指❷面对面，面向：其过失可微辨而不可～数（当面数说）也｜～受机宜｜耳提～命｜～谈｜～洽。又指❸面朝向：为坛于南方，北～，周公立焉｜背山～水｜南～称孤。由面的朝向，又引申指❹事物的侧面，方面，部分：汤收其三～，置其一～｜网开三～｜独当一～｜多～手｜～～俱到｜片～。由脸面又引申指❺表面，外表：朋而不心，～朋也；友而不心，～友也｜水～｜路～｜被～｜桌～｜麻～。用作量词，用于❻有平面的事物：一～鼓｜两～旗｜一～镜子。又特指❼转过面背对着：赤眉君臣～缚（或说从前面捆缚双手），奉高皇帝玺绶。此义后另加义符“亻”写作“偭”。又用作❽几何学名词：～积｜平～。

作为“麵、麪”的简化字，又表示❾面粉，面条，粉末：白～｜豆～｜切～｜挂～｜药～儿｜胡椒～儿。

○偭，从亻从面会意，面也兼表声。读miǎn，本义指❶面向：尊壶者～其鼻。反以共存，又指❷背，违背：固时俗之工巧兮，～规矩而改错。

【组字】面，如今既可单用，也可作偏旁。现今仍设面部。凡从面取义的字皆与脸面等义有关。

以面作义符的字有：靦、靤、靥、靧。

以面作声兼义符的字有：偭、腼。

以面作声符的字有：缅、湎、麵。

耎 ruǎn

（輭、轜、軟、软）

【字形】篆 今篆 隶 耎

輭 轜 軟 软 草

【构造】会意字。篆文从而（胡须）从大（成人），会人年老须髯飘垂之意。隶变后楷书写作耎。

【本义】《说文·大部》：“耎，稍前大也。从大，而声。”所释为引申义。本义当为须髯飘垂。

【演变】耎，由本义须髯飘垂，引申泛指❶柔软：泉沙～卧鸳鸯暖，曲岸迴篙舴艋迟。又引申为❷懦弱：仆虽怯～欲苟活，亦颇识去就之分矣，何至自沉溺累（缧）绁之辱哉！又引申指❸退缩：其（太白星）已出三日而复，有微入，入三日乃复盛出，是谓～。

由于“耎”作了偏旁，其义便借“輭”来表示，从車从而会意。异体作“轜”，从車从耎会意，耎也兼表声。俗作軟，从車从欠（张口出气），会柔和、温和之意。如今简化作软，为正体。

○软，读ruǎn，本义指用蒲草裹住车轮令行车时柔软不颠簸的丧车。引申泛指❶柔软：更以安车～轮征肃，始当显耳｜～骨｜～木。又引申指❷懦弱，软弱：臣本知东羌虽众，而～弱易制｜欺～怕硬。又引申指❸柔和，温和：坏相雕梁藻井，又～语商量不定｜～风。又引申指❹容易受感动：他心太～｜耳根子～。又引申指❺没力气：吓得他手麻脚～。又引申指❻不用强硬手段：是～取呢还是硬取｜碰了个～钉子。又引申指❼质量差：工夫还～些｜货色～。

【组字】耎，如今不单用，只作偏旁。现今归入而部。凡从耎取义的字皆与柔软等义有关。

以耎作声兼义符的字有：偄、愞、愞、媆、稬、蝡、緛、轜（软）。

耍 shuǎ

【字形】古 今篆 隶 耍 草

【构造】会意字。古文从而（义为胡须）从女，会挑逗戏耍之意。隶变后楷书写作耍。

【本义】《字汇·而部》："耍，戏耍。"本义为戏耍。

【演变】耍，本义指❶戏耍：长鬐知有恨，贪～不成妆｜玩～。词义加重，又表示❷戏弄，玩弄：咱们～他一～。又引申指❸施展：～手腕｜～花招｜～刀舞棍。又特指❹赌博：～钱。

殄 tiǎn

【字形】古　篆　隶 殄　草

【构造】会意兼形声字。古文从倒人会意。篆文改为从歹(歺，残骨)从㐱(披发人)，会人死之意，㐱也兼表声。隶变后楷书写作殄。

【本义】《说文·歺部》："殄，尽也。从歺，㐱声。"本义为灭绝，消灭尽。

【演变】殄，本义指❶灭绝：武～暴逆｜草木无余，禽兽～夷｜当今之计，独有因夜以火攻虏使，彼不知我多少，必大震怖，可～尽也｜暴～天物。引申指❷病：人之云亡，邦国～瘁。

【组字】殄，如今既可单用，也可作偏旁。现今仍归入歹部。凡从殄取义的字皆与灭绝等义有关。

以殄作声兼义符的字有：餮。

咸 xián
(喊、感、鹹)

【字形】甲　金　篆

今篆　隶 咸喊感鹹

草

【构造】会意字。甲骨文从戌，表示征战杀伐，从口，表示喊杀声连天，当是众口齐呼，以助威势之意。金文大同，篆文整齐化。隶变后楷书写作咸。如今又借作"鹹"的简化字。

【本义】《说文·口部》："咸，皆也，悉也。从口，从戌。戌，悉也。"解释的是引申义。本义当为呼喊。是"喊"的本字。

【演变】咸，由本义众人齐声呼喊，引申泛指❶全，都，普遍：少长～集｜～丰。又引申指❷协同：闻鼓声而～力。又表示❸感知到。又表示❹呼应。

作为"鹹"(从卤，咸声)的简化字，又表示❺像盐的味道：～淡合适。

"咸"为引申义所专用，呼喊之义便另加义符"口"写作"喊"来表示；呼应之义则另加义符"心"写作"感"来表示。参见感。

○喊，从口从咸会意，咸也兼表声。读hǎn。本义为❶高声叫：大～一声。又表示❷感知滋味，尝味：狄牙(春秋时善烹调之人)能～，狄牙不能齐不齐之口。

【组字】咸，如今既可单用，也可作偏旁。现今归入戈部。凡从咸取义的字皆与呼喊等义有关。

以咸作声兼义符的字有：喊、感。

以咸作声符的字有：鹹(咸)、减、碱、缄、箴、鍼(针)。

威 wēi

【字形】甲　金　篆　隶 威　草

【构造】会意字。甲骨文和金文皆从女从戌(斧类武器)，表示掌有生杀之权的妇女，即婆婆。篆文进一步线条整齐化。隶变后楷书写作威。

【本义】《说文·女部》："威，姑也。从女，从戌。《汉律》曰：'妇告威姑。'"本义为婆婆。

【演变】威，由本义婆婆，引申指❶令人敬畏的尊严：君子不重则不～。又引申指❷威力，权势：～加海内兮归故乡｜～震四海。又引申指❸刑罚：作～作福。用作动词，指❹使用威力，震慑：以～天下｜～戮无罪，崇尚勇力，不顾义理｜～胁。

【组字】威，如今既可单用，也可作偏旁。现今归入戈部。凡从威取义的字皆与盛大等义有关。

以威作声兼义符的字有：葳、崴。

厘 lí；xī；lài
(犛、釐)

【字形】甲　金　篆

今篆　隶 厘釐　草

【构造】会意字。甲骨文是一人持麦(來)，一手拿棍击打脱粒的样子。金文又另加义符里，表示家田的收获，里也兼表声。篆文承甲骨文和金文，将小麦讹为未，将人讹为厂，并整齐化。隶变后楷书分别写作𠩺与𨤲。如今𠩺只用作偏旁，𨤲则简化作厘。

【本义】《说文・里部》："𨤲，家福也。从里，𠩺声。"所释是引申义。本义应为打麦脱粒。

【演变】厘，本义指打麦脱粒，由此引申为三类含义。一类读 xī，表示丰收可喜，故引申为❶幸福，吉祥：民父有～｜祠官祝～。又引申指❷胙，祭祀用过的肉：受～。此类含义后来另造了形声兼会意字"禧"来表示。参见禧。

二类读 lí，由打麦引申为❶治理，整理，改革：允～百工（百官）｜愚以为可依地理旧名，一皆～革，小者并合，大者分置｜～正｜～定。又引申指❷裂开，分开：～为百卷。分散则小，又引申指❸微小：剖析毫～，擘肌分理｜失之毫～，谬以千里｜毫～不爽。又引申指❹厘金，旧时在国内要道设立关卡征收的一种商品通过税：抽～｜增～。后成为❺单位名，用于长度、重量或面积：一亩三分七～。又用为❻小数名。年利率一厘为本金的百分之一。

三类读 lài，古人认为小麦丰收是上天的赐予，故又引申为赐予。此义后来另加义符"贝"写作"賚"来表示。后又简作賫，如今又简化作赉。参见赉、賫。

如今只有第二类含义仍由"厘"表示。

【组字】厘，如今既可单用，也可作偏旁，作偏旁时有的写作𠩺。现今归入厂部。凡从厘取义的字皆与打麦脱粒、分散等义有关。

以厘（𠩺）作声兼义符的字有：嫠、犛、斄、氂、氂、賚、釐、𨤲。

以厘（𠩺）作声符的字有：喱、漦。

奎 kuí；kuǐ（跬、跬）

【字形】金  古  篆  今篆 

隶 奎跬 草 

【构造】形声兼会意字。金文和古文皆从大（成人），圭声。本义指两髀之间，即胯。两腿之间，其形如圭，故圭也兼表意。篆文整齐化。隶变后楷书写作奎。

【本义】《说文・大部》："奎，两髀之间。从大，圭声。"本义为胯部。

【演变】奎，读 kuí，本义指❶胯部：中国一大豕也，群虱总总，处其～蹄曲隈。二十八宿中的奎星，其形似胯，故称为❷奎星：季夏之月，日在柳，昏心中（柳、心皆星名），旦～中。

又读 kuǐ，"奎"既为胯，故引申指❸迈步：袒裼戟手，～踽盘桓。此义后另加义符"足"写作"跬"来表示。异体作赳、頍、跬。如今规范化，以跬为正体，省作从圭。

○跬，从足从圭会意，圭也兼表声。读 kuǐ，本义为❶半步：故不积～步，无以至千里。用作动词，指❷迈，举；跨有：天子一～步皆关民命。

【组字】奎，如今既可单用，也可作偏旁。现今仍归入大部。凡从奎取义的字皆与胯等义有关。

以奎作声兼义符的字有：跬。

以奎作声符的字有：喹、蝰。

奓 zhà；shē；chǐ（奢、侈）

【字形】金  籀  篆  今篆 

隶 奓侈 草 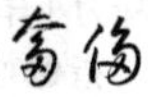

【构造】会意兼形声字。奓是奢的籀文本字，从大从多，用"大多"会张大之意，多也兼表声。篆文改为从大从者（火旺）会意，者也兼表声。隶变后楷书分别写作奓与奢。参见奢。

【本义】《说文・奢部》："奢，张也。从大，者声。奓，籀文。"本义为张大。

【演变】奓，读 zhà，本义指❶张大，下大：其国使者，皆拳头～鼻｜马尾裙始于朝鲜国，大抵服者下体虚～。引申指❷推开：～户而入。又表示❸壮着（胆子）：他～着胆子才敢推门进去。

又读 shē，引申为❹过度奢华：今楚王熊相，庸回无道，淫佚湛乱，宣～竞纵，变渝盟制。此义后用"奢"来表示。

又读 chǐ，表示❺奢侈，过分：有冯虚公子者，心～体忲，雅好博古。此义后用"侈"来表示。

○侈，从人从多会意，多也兼表声。读 chǐ，本义指❶浪费：多费谓之～。引申指❷放纵，无节制：苟无恒心，放辟邪～，无不为已。又引申指❸夸张，言辞无度：～言无验，虽丽非经｜

~谈。

【组字】奓,如今既可单用,也可作偏旁。现今归入大部。凡从奓取义的字皆与张大等义有关。以奓作声符的字有:碜。

羍dá(羍)

【字形】甲 金 篆 隶 草

【构造】会意兼形声字。"羍"是《说文》从"達"字中独立出来的偏旁。達,甲骨文从大(人)从辵,用人走在大道上,会通达之意,大也兼表声。金文将从大改为从竹枝(作鞭)从羊,以突出行动像驱羊一样轻捷畅达之意。篆文承接甲、金文综合分为二体,将金文中的用竹枝驱羊讹变成大羊。隶变后楷书分别写作达与達。羍俗作幸,即"達"的省略,《说文》解释为"小羊羔",并视为声符,其实没有多大道理,也很少用。幸,如今作偏旁简作大。参见达。

【本义】《说文·羊部》:"羍,小羊(羔)也。从羊,大声。"解释为小羊羔。

【演变】羍,本义指❶小羊羔:羊羔七月曰~。小羊羔爱跳,方言又指❷蹦跳:羊羔会蹦~了。今作蹦跶。

【组字】羍,如今不单用,只作偏旁。现今仍归入羊部。凡从羍取义的字皆与羊羔等义有关。以羍作声兼义符的字有:達(达)、滓。

牵qiān(牽)

【字形】篆 隶 草

【构造】会意兼形声字。篆文从牛从玄(绳),冂表示前引,会手拉缰绳向前引牛之意,玄也兼表声。隶变后楷书写作牽。如今简化作牵。

【本义】《说文·牛部》:"牽,引前也。从牛,象引牛之縻也,玄声。"本义为拉引。

【演变】牵,本义指❶拉引,牵挽:有~牛而过堂下者|~衣顿足拦道哭|手~着手。用作名词,又指❷(需要牵拴的活的)牛、羊、豕等牲畜:吾子淹久于敝邑,唯是脯资饩~竭矣。由牵拉又引申为❸牵连,关涉:夫人在阳时则舒,在阴时则惨,此~乎天者也|~扯|~涉。受牵则不自由,又引申为❹牵制,带累:学者~于所闻|结绶生缠~,弹冠去尘埃|~累。

【组字】牵,如今既可单用,也可作偏旁。现今仍归入牛部。凡从牵取义的字皆与牵引等义有关。

以牵作声兼义符的字有:縴(纤)。

匧qiè(匧、篋、箧)

【字形】篆 隶 草

【构造】形声兼会意字。篆文从匚(筐),夾(夹)声,夾也兼表挟藏之意。隶变后楷书写作匧。如今作偏旁时简化作匧。是"篋"的本字。

【本义】《说文·匚部》:"匧,藏也。从匚,夾声。篋,匧或从竹。"本义为存放东西的箱子。

【演变】匧,本义指存放东西的箱子。后来作了偏旁,便又另加义符"竹"写作"篋",从竹从匧会意,匧也兼表声。如今简化作箧。

〇箧,读qiè,本义为❶存放东西的箱子:负~曳屣,行深山巨谷中|翻箱倒~|藤~|书~。用作动词,指❷用箧藏匿:同乡中~书潜递,露揭显攻者,至不避友戚。

【组字】匧,如今不单用,只作偏旁。现今仍归入匚部。凡从匧取义的字皆与箱子、收藏等义有关。

以匧(匧)作声兼义符的字有:惬、箧。

匽yǎn(偃)

【字形】金 篆 隶 草

【构造】会意兼形声字。金文从匚(xì,掩藏)从妟(安息),会仰倒偃息之意,妟也兼表声。篆文整齐化。隶变后楷书写作匽。

【本义】《说文·匚部》:"匽,匿也。从匚,妟声。"本义为躺倒偃息,掩藏。

【演变】匽,由本义仰倒偃息,引申泛指❶掩藏。又泛指❷放倒,停止:海内安宁,兴文~武。

由于"匽"作了偏旁,其义便另加义符"亻"写作"偃"来表示。

○偃，从亻从匽会意，匽也兼表声。读yǎn，本义指❶人仰倒：或息～在床，或不已（止）于行。引申指❷倒下：天大雷电以风，禾尽～｜～旗息鼓。进而引申指❸停止：～文修武。

【组字】匽，如今不单用，只作偏旁。现今归入匚部。凡从匽取义的字皆与仰倒隐藏等义有关。

以匽作声兼义符的字有：偃、堰、鼴（鼹）。

以匽作声符的字有：郾、揠、蝘。

挂 guà（掛）

【字形】篆挂　今篆掛　隶挂掛

草挂掛

【构造】会意兼形声字。篆文从手从圭（卦省），会画卦之意，圭也兼表声。隶变后楷书写作挂。异体作掛，卦不省。如今规范化，以挂为正体。

【本义】《说文·手部》："挂，画也。从手，圭声。"本义为涂画，涂抹。

【演变】挂，本义指❶涂画，涂抹：在施釉时，需要分几次～釉｜墙上再～一层灰｜～色。由涂抹引申指❷悬挂：天河～绿水，秀出九芙蓉｜～图｜～画。又引申指❸钩住，放置：冠～不顾｜汝但问起居，余事勿～齿｜何足～齿。进而引申指❹心里牵挂：酒盈杯，书满架，名利不将心～｜～记｜～念｜～心。由放置，又引申指❺登记：使名～史笔，事列朝荣｜～个虚名｜～号｜～失。又引申指❻带：满脸～着笑容｜～彩。又特指❼打电话：给他～个电话。用作量词，用于❽成串儿的事物：一～鞭炮。

挎 kuà

【字形】古挎　今篆挎　隶挎　草挎

【构造】会意兼形声字。古文从手从夸（竽声迂曲）会意，夸也兼表声。隶变后楷书写作挎。

【本义】《集韵·模韵》："挎，持也。"本义为用手指钩着。

【演变】挎，读kū，本义为❶用手指钩着：左何（同荷）瑟，后首，～越（huó，瑟底的小孔），内弦。

又读kuà，引申指❷用胳膊弯起来挂住东西：左胳膊～着竹篮。又引申指❸把东西挂在肩上或挂在腰上：肩上～个搭链｜腰里～着盒子枪。

挠 náo（撓）

【字形】篆撓　隶挠撓　草挠撓

【构造】会意兼形声字。篆文从手从堯（制作陶器烧窑），会摇动劳烦之意，堯也兼表声。隶变后楷书写作撓。如今简化作挠。

【本义】《说文·手部》："撓，扰也。从手，堯声。"本义为搅动。

【演变】挠，本义指❶搅动：以桀诈尧，譬之若以卵击石，以指～沸｜使水浊者，鱼～之。引申指❷扰乱，阻挡：～乱我同盟，倾覆我国家｜阻～。后又引申指❸搔：抓耳～腮｜～痒痒。又借作"橈"（曲木），表示❹弯曲：加重焉而不～。进而引申指❺屈服：挺剑而起，秦王色～｜不屈不～｜百折不～。

拴 quán；shuān

【字形】古拴　今篆拴　隶拴　草拴

【构造】会意兼形声字。古文从手从全（佩饰），会拿来系结之意，全也兼表声。隶变后楷书写作拴。

【本义】《广韵·仙韵》："拴，拣也。"本义为拣。

【演变】拴，读quán，本义指❶拣。

又读shuān，如今借用以表示❷绑，系：我下马来，把马～在树上｜～了倪二，拉着就走｜～牛｜～车｜～结实。又用作"闩"，表示❸把门插上：我将这角门儿也不曾～牢。

拾 shí；shè

【字形】篆拾　隶拾　草拾

【构造】会意兼形声字。篆文从手从合会意，合也兼表声。隶变后楷书写作拾。是"叔"的后起会意字。参见叔。

【本义】《说文·手部》："拾，掇也。从手，合声。"本义为捡取，把地上的东西拿起来。

【演变】拾，读 shí，本义指❶聚手捡起来：饭粒脱落盘席间，辄~以啗之|~金不昧|~遗补缺|~人牙慧。引申指❷收敛：将欲~之，必古(固)张之。又引申指❸整顿，整理：收~部落，转徙广漠之北|~掇。又指❹钻，撞：(宋惠莲)一头~到屋里，直睡到日沈西|女儿只是~头撞脑要寻死。又借作❺"十"的大写。

又读 shè，通"涉"，指❻蹑足轻步而上：~级聚足，连步以上|~级而上。

【组字】拾，如今既可单用，也可作偏旁。现今仍归入手(扌)部。凡从拾取义的字皆与捡取等义有关。

以拾作声符的字有：湁。

指 zhǐ

【字形】金　篆　隶 指　草

【构造】形声兼会意字。金文、篆文从手，旨声，旨为手持匙，也兼表意。隶变后楷书写作指。

【本义】《说文·手部》："指，手指也。从手，旨声。"本义为手指。

【演变】指，本义为❶手指：今有无名之~屈而不信(伸)|屈~可数|首屈一~|大拇~。引申为❷一指的宽度：下了二~雨|这鞋大一~|从边上裁去二~。用作动词，表示❸直指，指向：~通豫南|直~垫江，攻破平曲|时针~着十二点|~南针|用手一~。由直指又引申为❹竖立起：头发上~，目眦尽裂|令人发~。又引申为❺指给人看，指点：卒中往往语，皆~目陈胜|~日可待|颐~气使|~示|~导。斥责人常用手指点着，故又引申为❻指斥：千人所~，无病而死|~摘|~责。人所指向表明一种意愿，故又引申为❼意旨：言近而~远者，善言也。意愿寄托着人的希望，故又引申为❽希望，仰仗：俺只~望痛打这厮一顿，不想三拳真个打死了他|~靠。

垫 diàn (墊)

【字形】篆　隶 垫 墊　草

【构造】形声兼会意字。篆文从土，执声，执为捉拿下，也兼表意。隶变后楷书写作墊。如今简化作垫。

【本义】《说文·土部》："墊，下也。从土，執声。"本义为土地下陷。

【演变】垫，本义指❶土地下陷：武功中水乡民三舍~为池|河决曹、濮间，濒水者多~溺。下陷则应填衬起来，故引申指❷填补，支衬：给路面洼处~些土|把床铺~高|床上再~个褥子。把缺额补上也是一种垫，故又引申指❸替人暂付款项：我把缺的钱先给你~上|~款|~钱。用作名词，又指❹衬垫的东西：沙发上放着厚~子|草~子|床~|鞋~|靠~|座~。

【组字】垫，如今既可单用，也可作偏旁。现今仍归入土部。凡从垫取义的字皆与下陷等义有关。

以垫作声符的字有：壍。

挣 zhēng；zhèng (掙)

【字形】古　今篆　隶 挣 掙　草

【构造】形声兼会意字。古文从手，爭声，爭也兼表用力争之意。隶变后楷书写作掙。如今简化作挣。

【本义】《广雅·释诂一》："挣，刺(撑)也。"《正字通·手部》："挣，俗谓支柱曰挣。"本义为用力支撑。

【演变】挣，读 zhēng，本义指❶用力支撑：林冲~的起来，被枷碍了，曲身不得|且~扎下冈子去，明早却来理会。

又读 zhèng，引申指❷用力使自己摆脱束缚：那呆子左~右~，~不得脱手，被行者拿定多时|~脱|~开。又引申指❸努力用劳动换取：便是小户人家，还要~一碗饭养活母亲|~钱。

挤 jǐ (擠)

【字形】篆　隶 挤 擠　草

【构造】形声兼会意字。篆文从手，齊声，齊为禾麦整齐密排在一起，也兼表意。隶变后楷书写作擠。如今简化作挤。

【本义】《说文·手部》："擠，排也。从手，齊声。"本义为推挤。

【演变】挤，本义指❶推挤：汉军却，为楚所～｜人多，～不过去｜庙会上人～人｜排～。引申为❷拥挤：黑压压～了一屋子人｜最近很多事都～在一起了。又引申指❸用力压使排出：～牙膏｜～牛奶｜把水～干净。

拼 pīn；pēng （拌）

【字形】古 拼　今篆 拼　隶 拼　草 拼

【构造】形声兼会意字。古文从手，并声，并也兼表并合之意。隶变后楷书写作拼。

【本义】《尔雅·释诂下》："拼，从（两人相并）也。"本义为缀合，并合。

【演变】拼，读 pīn，本义指❶缀合，并合，绑：把虎皮缝做衣裳，紧紧～在身上｜～盘｜～合｜～凑｜～版｜～缀。又借作"拌"（pān，舍弃），表示❷舍弃，不顾惜：算前言，总轻负；早知恁地难～，悔不当初留住｜就～一个你死我活｜～设备｜～人力｜～老命。参见"拌"。

又读 pēng，用于"拼弹"，本指❸木工弹墨绳打直线，引申为纠正、抨击：绳墨得～弹｜～弹《周礼》。

按 àn （摁、撳、揿）

【字形】篆 按　今篆 摁 撳　隶 按 摁 揿 撳　草 按 摁 揿

【构造】形声兼会意字。篆文从手，安声，安也兼表安稳之意。隶变后楷书写作按。口语用摁或撳，改为恩或欽声。撳如今简化作揿。

【本义】《说文·手部》："按，下也。从手，安声。"本义为用手压。

【演变】按，本义指❶用手压：～强助弱｜～电铃｜～手印。引申为❷压住，止住：赵简子～兵不动｜于是天子乃～辔徐行。由用手压，又引申指❸抚摸：项王～剑而跽。又引申指❹按照，根据：明主之治天下也，缘法而治，～功而赏｜～劳分配。由按住又引申指❺查验，考核：已而～其刻，果齐桓公器。又引申指❻巡视：遂西定河南地，～榆溪旧塞｜～察使。又特指❼按语：编者～。

〇摁，从扌，恩声。读 èn，口语，本义为❶按压：司机生气地～着汽车喇叭｜～倒在地｜～电铃｜～手印。用作"摁倒葫芦瓢起来"，方言比喻❷此伏彼起：目前乡村里又闹起农民暴动，～倒葫芦瓢起来，又有什么办法？

〇揿，从扌，钦声。读 qìn，本义指用手按压：司机先生拼命～喇叭｜～住。

挥 huī （揮、撝、麾）

【字形】篆 揮 撝　今篆 麾　隶 挥 揮 撝 麾　草 挥 撝 麾

【构造】会意兼形声字。篆文从手从軍会意，軍也兼表声。隶变后楷书写作揮。如今简化作挥。现在又用作"撝"（从手从爲，会手有所为之意，爲也兼表声）和"麾"（从毛，靡省声，以旄旗指挥）的简化字。

【本义】《说文·手部》："揮，奋也。从手，軍声。"本义为舞动。

【演变】挥，本义指❶舞动，摇动：～毫落纸如云烟｜～动｜～手｜～鞭。挥手常表示制止、退去之意，故引申指❷停止，退去：拔足～洗，揖郦生之说｜～去左右。由舞动又引申指❸抛洒：临淄三百闾，张袂成荫，～汗成雨｜～泪。又引申指❹散发：～金乐当年，岁暮不留储｜～金如土｜～洒自如｜～发。

作为"撝""麾"的简化字，又表示❺指挥：抽戈而～，皎日为之退舍｜～军南下。用为"挥霍"，表示❻疾速的样子：奚寇东北来，～霍如天翻。又表示❼奔放洒脱：高谈阔论，任意～霍洒落一阵，拿他弟兄二人嘲笑取乐。如今又表示❽无节制地花钱：闻居士～霍，深愿求饮焉。

挪 nuó （挼）

【字形】古 挪　篆 挼　今篆 挪　隶 挼 挪

草

【构造】会意兼形声字。古文从手从那(胡须)，会捋胡须之意，那也兼表声。篆文从手从委(堆禾取穗)会意，委也兼表声。隶变后楷书写作挼。俗承古文作挪。如今规范化用挪。

【本义】《说文·手部》："挼，推也。从手，委声。一曰两手相搓摩也。"《玉篇·手部》："挪，搓挪也。"《正字通·手部》："挪，俗挼字。"本义为揉搓。

【演变】挪，本义指❶揉搓。如今常用义为❷移动：他不知杨戬有无限腾～变化｜～动脚步｜～开桌子。又引申指❸移用：官人何处～移这项钱来？｜私自～用公款违法。

皆 jiē (偕)

【字形】甲　金　篆　隶 皆 偕

草

【构造】会意字。甲骨文从口从二歹(卜骨)，会两个占卜一样之意。金文改为从比从曰，会二人一同说之意。篆文整齐化，曰讹为白。隶变后楷书写作皆。是"偕"的本字。

【本义】《说文·白部》："皆，俱词也。从比，从白。"本义为一同，一并。

【演变】皆，本义指❶一同，相同：大夫奉束帛入，三揖～行，至于阶｜亡国之主，不自以为惑，故与桀、纣、幽、厉～也。引申指❷俱，全都：雷雨作而百果草木～甲坼｜四海之内～兄弟也｜放之四海而～准｜～大欢喜｜比比～是。又指❸比拟：今将身求学，勤心～于故(古)人。

"皆"后专用以表示"全"、"都"之义，一同之义便借"偕"来表示。

○偕，从亻从皆会意，皆也兼表声。读 xié，本义为❶强壮：～～士子，朝夕从事。用作皆，又指❷偕同，在一起：天稍和，～数友出东直(门)｜相～出游｜～同。又指❸同行：平原君与毛遂～。用作副词，指❹一同，共同：执子之手，与子～老｜～行。又指❺全都：宠辱～忘。

【组字】皆，如今既可单用，也可作偏旁。现今仍归入白部。凡从皆取义的字皆与一同、相并等义有关。

以皆作声兼义符的字有：偕、谐、階(阶)、堦(阶)、喈。

以皆作声符的字有：揩、蒈、楷、锴、稭(秸)。

轻 qīng (輕)

【字形】篆　隶 轻 輕　草

【构造】会意兼形声字。篆文从車从巠(径直)会意，巠也兼表声。隶变后楷书写作輕。如今简化作轻。

【本义】《说文·車部》："輕，轻车也。从車，巠声。"本义为轻小之车。

【演变】轻，本义指❶轻小之车：掌～车之萃。引申泛指❷分量不大：权(称量)然后知～重｜～而易举｜～金属｜～便。又引申指❸力量不大：麻姑搔背指爪～｜～～一拍｜～拿～放。又引申指❹程度浅：零雨送秋，～寒迎节｜病得不～｜受点～伤。又引申指❺数量小：愧彼赠我厚，惭此往物～｜礼～情意重｜年～力壮。又引申指❻能力小：任重才～｜人微言～。用作意动，又表示❼不重视，看不起：祸莫大于～敌｜而君逆寡人者，～寡人与？｜～慢。进而又引申指❽不放在心上，随便：此令臣～背其主而民易去其乡｜～举妄动｜掉以～心。

【组字】轻，如今既可单用，也可作偏旁。现今仍归入车部。凡从轻取义的字皆与小车等义有关。

以轻作声符的字有：墼、鏨。

甾 zāi (菑、葘)

【字形】篆　今篆　隶 甾 菑 葘

草

【构造】会意兼形声字。篆文从巛(本指水灾，这里泛指灾害)从田，会田荒成灾之意。或另加义符艹，以突出草荒成灾。隶变后楷书写作甾与菑。如今简化作葘。作偏旁时省写作甾。于是"甾"便与当"瓦器"讲的"甾"混同了。参见甾、由。

【本义】《说文·艸部》："菑，不耕田也。从艸、甾。甾，菑或省艸。"本义当为田草荒成灾。

【演变】甾，读 zāi，本指田草荒成灾，引申泛指

❶灾害：无~无害。

又读zī，后来灾害之义由“灾”来表示，遂用以特指❷初耕一年的田：垦草发~。又指❸开荒。

由于“甾”作了偏旁，其义便另加义符“艸”写作“菑”来表示。俗简作菑，为正体。

【组字】甾，如今不单用，只作偏旁。作偏旁时省作甾。甾现今归入田部，菑（菑）现今归入艸部。凡从甾取义的字皆与草荒等义有关。
以甾（甾）作声兼义符的字有：菑（菑）。
以甾（甾）作声符的字有：淄、缁、辎、锱、鲻。

韭 jiǔ（韮）

【字形】篆 隶 草
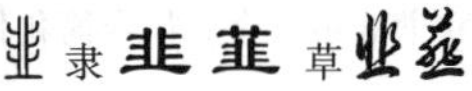

【构造】象形字。篆文象地上丛生而细密的韭菜形。隶变后楷书写作韭。

【本义】《说文·韭部》：“韭，菜名。一种而久（生）者，故谓之韭。象形，在一之上。一，地也。此与耑同意。”本义为韭菜。

【演变】韭，本义指韭菜：日中不剪~。后因“韭”作了偏旁，于是另加义符“艹”写作“韮”来表示。如今简化仍作韭。

【组字】韭，如今既可单用，也可作偏旁。现今仍设韭部。凡从韭取义的字皆与细长的韭菜类植物等义有关。
以韭作义符的字有：齑、韯、韰、韱。
以韭作声兼义符的字有：韮。

背 bèi；bēi（揹）

【字形】篆 隶 草
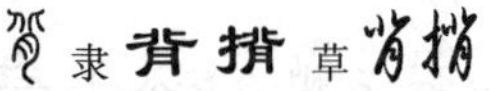

【构造】会意兼形声字。甲骨文、金文本作北。篆文从肉月从北（人相背），用人相背之处会脊背之意，北也兼表声。隶变后楷书写作背。参见北。

【本义】《说文·肉部》：“背，脊也。从肉，北声。”本义为脊背。

【演变】背，读bèi，本义指❶脊背：鹏之~，不知其几千里也。引申指❷物体的反面，后面：狱吏乃书牍~示之｜刀~｜手~。用作动词，指❸背对着：~日丹枫万木稠｜人心向~｜~光。由背对着又引申为❹避开，离开，抛弃：好面誉人者，亦好~而毁之｜莺犹求旧友，燕不~贫家｜离乡~井。进而引申为❺死亡：生孩六月，慈父见~。由背着又引申为❻违背，违反：~绳墨以追曲兮，竞周容以为度｜~信弃义。此义古代本用“倍”来表示。参见倍。又引申为❼背诵：因使~而诵之。又引申为❽不顺：~时｜~运。

又读bēi，用作动词，又指❾用脊背驮：从小奚奴，骑瘦驴，~一古破锦囊。进而引申为❿负担：~债｜~包袱。此义后另加义符“扌”写作“揹”表示。如今简化仍作背。

【组字】背，如今既可单用，也可作偏旁。现今归入月部。凡从背取义的字皆与脊背、背面等义有关。
以背作声兼义符的字有：揹、褙。

苜 mò（曲、莔、苜）

【字形】甲 金 篆 今篆 隶 草
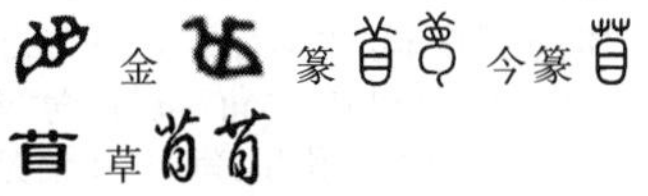

【构造】象形字。苜与莔是一个字，是由甲骨文（人眼有眵目糊形）演变来的。甲骨文和金文皆象眼上有眵目糊形。篆文分为二体，不带人的苜，用以表示目不明之意；带人的莔，用以表示做梦。隶变后楷书分别写作苜与莔。作偏旁时有的写作“曲”。注意：苜与苜（本义指苜蓿）不同。

【本义】《说文·苜部》：“苜，目不正也。从丫，从目。”解说不确。本义当为眵目糊，用以表示目不明。

【演变】苜，本义指❶眵目糊。引申指❷目不明。

由于“苜”作了偏旁，眵目糊之义便由“蔑”来表示，后来又另造了“曚”来表示，如今人们多用“眵”来代替。目不明之义便另加义符“目”写作“瞢”来表示。参见瞢。

○苜，从艹，目声。读mù，用于“苜蓿”，指一种多年生草本植物，是重要的牧草，也可做绿肥，西汉时由中亚引入：（大宛）俗嗜酒，马嗜~蓿。汉使取其实来，于是天子始种~蓿。

古又写作“牧宿”“目宿”。

【组字】苜，如今不单用，只作偏旁。现今归入目部。凡从苜取义的字皆与目不明等义有关。

以苜（苗、芇）作义符的字有：夢（梦）、莫、瞢、蔑。

苟 jì
（苟、敬、敬）

【字形】甲　金　古　篆
隶 苟敬苟 草

【构造】会意字。甲骨文从羊从跪人，会牧羊人之意，大约是个羌族俘虏。俘虏古代都用作奴隶，故金文或另加义符口；或既加口又加攴（手持棍），以强调督责其执鞭吆喝牧羊，会认真做事之意。古文承金文，省去攴。篆文整齐化，分为繁简二体。隶变后楷书分别写作苟（jì）与敬。如今规范化，敬简化作敬，为正体；苟只作偏旁并简化作苟，遂与当“草”讲的“苟”（gǒu）相混。“苟”虽与“苟”相混，但使用中不会出错，因为“苟”只作偏旁，不单用，单用的是“苟”字。

【本义】《说文·苟部》：“苟，自急敕也。从羊省，从包省，从口。”析形不确。又《苟部》：“敬，肃也。从攴、苟。”二者实为一字，本义为认真做事。

【演变】苟，读 jì，是“敬”的初文，“敬”是“苟”的繁化，应为同一个字。苟，不单用，单用用敬。

○敬，读 jìng，本义指❶做事认真：居处恭，执事~，与人忠。引申为❷敬重：门人不~子路|相~如宾|~而远之。又引申指❸有礼貌地奉上：~你一杯酒。

○苟，从艹（草），句声。读 gǒu，本义指草名。此义很少用。主要借用以表示❶随便：不~言笑|君子于言，无所~矣|一丝不~|~同。引申为❷不正当的，不合礼法的：临财不~得|上下相安，莫有~且之意|做些~且之事|~合。又借作副词，表示❸姑且：~免于死。又借作连词，表示❹假如：自始合（交战），~有险，余必下推车。

【组字】苟，如今不单用，只作偏旁。现今归入艹部。敬如今既可单用，也可作偏旁，现今归入攴部。凡从苟、敬取义的字皆与自敕、认真等义有关。

以苟作义符的字有：敬。

以敬作声兼义符的字有：儆、警、驚（惊）。

以敬作声符的字有：擎、檠。

战 zhàn
（戰）

【字形】金　篆　今篆
隶 战戰 草

【构造】会意兼形声字。金文从戈从兽，表示用戈搏击野兽。古代以狩猎习战。篆文将兽省讹为單。隶变后楷书写作戰，成了从戈从單会意，單也兼表声的字。如今简化作战，改为占声。

【本义】《说文·戈部》：“戰，斗也。从戈，單声。”本义为用戈搏击野兽。

【演变】战，由本义用戈搏击野兽，引申泛指❶战斗，作战：以~去~，虽~可也|一男附书至，二男新~死|游击~|宣~|挑~。又引申指❷战争：忘~必危。又泛指❸争斗，争胜负，比高下：文~偶未胜，无令移壮心|诸葛亮舌~群儒|~天斗地。又引申指❹恐惧，发抖：因退立股~|寒暴起，人皆噤~|胆~心惊|打寒~。

【组字】战，如今既可单用，也可作偏旁。现今仍归入戈部。凡从战取义的字皆与战斗等义有关。

以战作声符的字有：戳。

点 diǎn
（點）

【字形】金　篆　今篆　隶 点點
草

【构造】形声兼会意字。金文从黑（头面上有黑点），占声，占为占卜时烧灼的纹痕，故也兼表墨画之意。篆文整齐化。隶变后楷书写作點。如今简化作点，取繁体的一部分特征。

【本义】《说文·黑部》：“點，小黑也。从黑，占声。”本义为占卜时烧灼的纹痕。

【演变】点，由本义占卜时烧灼的纹痕，引申泛指❶细小的黑色斑痕：今妇人面饰用花子，起

自昭容上官氏所制，以掩～迹。又引申指❷斑点：如彼白珪，质无尘～。又引申指❸液体的小滴：雨～|水～|墨～|油～。又引申指❹汉字的一种笔形：不知一～一画有何意焉？用作量词，表示❺少量：你就这～胆子|没有一～破绽|他犯了三～错误|两～建议。由小点又引申指❻地点或程度的标志：居民～|起～|终～|转折～|制高～|蹲～|抓～|据～|冰～|沸～|燃～|熔～。又引申指❼事物的方面或部分：观察～|优～|缺～|要～|特～。用作动词，表示❽加上个点：画龙～睛。引申指❾一触立刻离开：～水蜻蜓款款飞。又引申指❿引着火：四下草堆上～了十来个火把|～灯|～燃|～炮。又引申指⓫一个一个地查对：孔明回到汉中，计～军士，只少赵云、邓芝|盘～|清～|～名|～数。又引申指⓬在许多人或事物中指定：～一首歌|～播节目|～菜|～将。又引申指⓭启发，指点，指明：立庵前，指～两峰|至理一言，～凡成圣|他一～就明白。又引申指⓮滴注：～眼药|打～滴|～卤。又引申指⓯农业上的点播：清明前后，种瓜～豆|～花生|～种。又引申指⓰点头赞许或招呼：他听了解说，不住～头|遇见时只～一～头就算了。用作名词，又表示⓱更点，小时或规定的时间：一更三～钟声绝，禁人行|十二～|正～|误～|晚～。又表示⓲点心：早～|糕～|茶～。

卣 tiáo

【字形】古　篆　隶　草

【构造】象形字。卣不是独立的文字。就古文看，它是甲骨文和金文（栗树）省去树形的简体，只留下了三个果实，而且是变了形的。篆文只留下一个果实。隶变后楷书写作卣。参见栗。

【本义】《说文·卣部》："卣，木实垂卣卣然。象形。"本义为草木果实下垂的样子。

【演变】卣，本义指草木果实下垂的样子。

【组字】卣，从不单用，只作偏旁。作偏旁时写作西。现今归入卜部。凡从卣取义的字皆与果实等义有关。以卣作义符的字有：栗、粟。

卨 xiè

（离、卨、契、偰、蠍、蝎）

【字形】古　篆　今篆

隶 离 蝎 蠍 偰

草

【构造】象形字。就古文看，是头足尾俱全的爬虫形，大概与萬（万）是一个字，也是蝎子形。参见万。篆文承古文并整齐化。隶变后楷书写作离。异体作卨。如今规范化作卨。

【本义】《说文·内部》："离，虫也。从内，象形。读如偰。"本义为蝎子类爬虫。

【演变】卨，本义指❶蝎子类爬虫。大概商代始祖以蝎子类爬虫为族徽，故遂以为❷商殷始祖之名：禹不能名，～不能计。

由于卨作了偏旁，作为殷始祖名便又借"契"或"偰"来表示，蝎子之义则又另造了形声字"蠍"。如今简化借用蝎来表示。

○偰，从亻，契声。读xiè，相传为❶殷代始祖之名。经传多作契，古也作离。又用作❷姓。元有偰文质。

○蝎，从虫，曷声，曷为歇省，用以会静歇在被其蛀蚀的树洞中的天牛的幼虫之意。隶变后楷书写作蝎。异体作蠍，歇不省。如今规范化用蝎。本是"蛕"的异体字。后借作"离"，读hé，用以表示❶木中蛀虫，即天牛的幼虫。

又读xiē，作为"蠍"的简化字，又表示❷蝎子：陈州古仓有～，形如钱，螫人必死。

【组字】卨，如今既可单用，也可作偏旁。现今归入卜部。凡从卨取义的字皆与虫子有关。以卨作声兼义符的字有：竊（窃）。

临 lìn；lín

（臨）

【字形】甲　金　篆

隶 临 臨 草

【构造】会意兼形声字。甲骨文和金文皆象人俯身低头流泪状，会流泪凭吊之意。篆文讹为从卧，品声。隶变后楷书写作臨。如今简化作临。

【本义】《说文·卧部》："臨，监临也。从卧，品声。"解释为低头视物，非本义。本义当为哭临。

【演变】临，读 lìn，本义指❶哭临：卜～于大宫｜凡诸侯之丧，异姓～于外｜于是汉王为义帝发丧，袒而大哭，哀～三日。

又读 lín，由哭临，引申指❷从高往低处看，俯视：不～深溪，不知地之厚也｜～渊羡鱼｜居高～下。又引申指❸从上面到来，降临：～之以庄则敬。后遂用为❹敬词：大王乃肯～臣｜光～｜莅～。又引申指❺接近：南～洛水，北达芒山｜～别｜～时｜～床｜～终。又引申指❻面对：必也～事而惧，好谋而成者也｜～财毋苟得，～难毋苟免｜～危不惧｜玉树～风｜登山～水｜～摹。

【组字】临，如今既可单用，也可作偏旁。现今臨归入臣部，临归入丨部。凡从临取义的字皆与哭临等义有关。

以临作声兼义符的字有：幨。

览 lǎn （覽）

【字形】篆　隶 览 覽　草

【构造】会意兼形声字。篆文从見从監(照影)，会观察之意，監也兼表声。隶变后楷书写作覽。如今简化作览。

【本义】《说文·见部》："覽，观也。从見、監，監亦声。"本义为观察。

【演变】览，本义指❶观察，眺望：每～昔人兴感之由，若合一契｜会当凌绝顶，一～众山小｜一～无余｜游～｜展～｜～胜｜饱～。又特指❷阅读：人主～其文而忘其用｜阅～｜浏～。

【组字】览，如今既可单用，也可作偏旁。现今仍归入见部。凡从览取义的字皆与观察等义有关。

以览作声符的字有：揽、缆、榄。

虐 nüè （謔、谑）

【字形】甲　金　古　篆　隶 虐 谑 謔　草

【构造】会意字。甲骨文从虍从人，会虎搏击人之意。金文把人置于虎头下与爪之间，以突出虎已扑到人。古文承甲骨文，虎形简化，并改为倒人；或改人为从口，突出虎噬咬人之意。篆文改为从虍从爪从人，会虎以爪搏击人之意。皆表示残害。隶变后楷书写作虐。

【本义】《说文·虍部》："虐，残也。从虍，虎足反爪人也。"本义为虎搏噬人。

【演变】虐，本义指虎搏噬人。引申泛指❶残害：无～茕独。又引申指❷残暴：厉王～，国人谤｜～杀｜暴～。又引申指❸暴烈：雪～风饕。又引申指❹过分：淫酗肆～。用作名词，指❺灾害：雹霰降～。又特指❻开玩笑：傲～是作。此义后另加义符"言"写作"谑"来表示。

〇谑，从言从虐会意，虐也兼表声。读 xuè，本义指开玩笑：善戏～兮，不为虐(刻薄)兮｜～而不虐｜谐～。

【组字】虐，如今既可单用，也可作偏旁。现今仍归入虍部。凡从虐取义的字皆与残害、过分等义有关。

以虐作声兼义符的字有：谑、瘧(疟)。

省 xǐng；shěng （眚、渻、媘）

【字形】甲　金　篆　隶 省 眚 渻 媘　草

【构造】会意兼形声字。甲骨文从目从生，会目生阴翳之意，生也兼表声。金文稍繁。篆文受眉字影响分化为二形。隶变后楷书分别写作省与眚。古又用作渻、媘。

【本义】《说文·眉部》："省，视也。从眉省，从屮。"析形不确，所释为引申义。又《目部》："眚，目病生翳也。从目，生声。"本义当为目病生翳。

【演变】省与眚是由同一个字分化来的，本义指目病生翳。目生翳则限制了视力，看东西须细察，故又引申为察视。为了分化字义，后来进行了分工。

〇省，读 xǐng，专用来表示❶视察，察看：皇帝春游，览～远方。引申为❷检查：吾日三～

吾身。又引申为❸探视,问候:归~值花时,闲吟落第诗。又引申为❹觉悟,明白:(张)良为他人言,皆不~。

又读 shěng,古代王宫禁地,进入者必察视,不可妄为,称"禁中",因避孝元皇后父之讳,遂改称为"省中",故"省"又表示❺王宫禁署:时清河王庆恩遇尤渥,常入~宿止。又泛指❻官署:尚书~|中书~。元代起又用以表示❼行政区划:山东~。省,由视力受到限制,又用作"媘""渻"(减少),表示❽减少:命有司~囹圄,去桎梏。引申指❾节约:所以~费燎火。又引申指❿免去,去掉:你可便~烦恼,莫伤怀。

○渻,从氵从省会意,省也兼表声;媘,从女从省会意,省也兼表声。二字音义同,皆读 shěng,是"省"的古字。本义为❶减少:今减省之字当作~,古今字也。又用作❷姓。春秋时有渻灶 。此字如今仍用省。

○眚,读 shěng,专用来表示❶目生翳:目~昏花烛穗垂。日月之食与目生翳相似,故引申指❷日月之食:非日月之~,不鼓。古人认为日月之食是种灾异,故又引申为❸灾异,灾病,疾苦:人三百户无~|勤恤民隐,而除其~。引申为❹过错:吾不以一~掩大德。

【组字】省,如今既可单用,也可作偏旁。现今归入目部。凡从省取义的字皆与目病翳等义有关。

以省作声符的字有:㨘(擤)、渻、媘。

尝 cháng (嘗、甞、嚐)

【字形】金 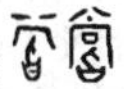 篆  今篆 

隶 尝 嘗 嚐 草 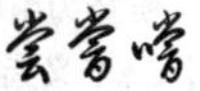

【构造】形声兼会意字。金文从旨(好吃的),尚声,尚也兼表好尚之意。篆文承金文二形并整齐化。隶变后楷书写作嘗。异体作甞,从甘。俗作嚐,另加义符口。如今皆简化作尝。

【本义】《说文·旨部》:"嘗,口味之也。从旨,尚声。"本义为辨别滋味。

【演变】尝,本义指❶辨别滋味:~之而甘于口|卧薪~胆|品~。此义后另加义符"口"写作"嚐",如今简化仍作"尝"。由辨别滋味,引申指❷吃:不能艺(种)稻粱,父母何~?又引申指❸试探:诸侯方睦于晋,臣请~之,若何?|~试。又引申指❹曾经接触,经历:险阻艰难,备~之矣。用作副词,表示❺曾经:陈涉少时,~与人佣耕|未~|何~。

【组字】尝,如今既可单用,也可作偏旁。现今尝归入小部,嘗则归入日部。凡从尝取义的字皆与品尝等义有关。

以尝(嘗)作声兼义符的字有:嚐。

以尝作声符的字有:偿。

眇 miǎo (淼、渺、邈)

【字形】篆  今篆 

隶 眇 邈 渺 淼 藐

草 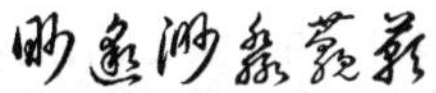

【构造】会意兼形声字。篆文从目从少(亦小义),会一目小之意,少也兼表声。隶变后楷书写作眇。

【本义】《说文·目部》:"眇,一目小也。从目,从少,少亦声。"本义为一只眼小。

【演变】眇,本义指❶一目小:~能视,跛能履。引申泛指❷小,低微:朕以~身承至尊。人眯缝着眼看,目也变小,故又引申为❸眯缝着眼细看:离娄(人名)~目于豪(毫)分。目盲一般则小,故又引申为❹一目失明或双目失明:丁掾,好士也,即使其两目盲,尚当与女,何况但(只是)~|生而~者不识日。一目眇则视不清,高远同样也看不清,故又引申为❺高远:~然绝俗离世。此义后用邈。

○邈,从辶,貌声。读 miǎo,本义指❶远:雁高飞兮~难寻|故乡~~。又指❷时间长久:轩辕之前,遐哉~乎|~然。注意:邈与藐、渺皆不同。

○藐,篆文从艸(艹),䫉声。异体改为貌声。如今规范化用藐。读 mò,名词,本义为❶紫草。又读 miǎo,形容词,由草的弱小,泛指❷小,幼小:诲而谆谆,听我~~|孤女~焉始孩(笑)|~然一身|~小|~视。又指❸美好:略(眉睫之间)~流眄,一顾倾城。又通"邈",指❹广阔,遥远,深远:~蔓蔓之不可量兮|~

是流离，至于暮齿｜王之所言～然。又指❺渺茫，茫然：客去，～然不记其姓氏。动词，指❻小看，轻视：说大人，则～之｜狂夫～达官。

○渺，从水，眇声，异体作淼，从三水，读miǎo，本义指❶大水，水势辽远：～南渡之焉如｜浩～。引申泛指❷遥远：～～乎如穷无极。又引申指❸迷茫不清：一别音容两～茫｜～然。又引申指❹微小：～沧海之一粟｜～小。

【组字】眇，如今既可单用，也可作偏旁。现今仍归入目部。凡从眇取义的字皆与微小、看不真切等义有关。

以眇作声兼义符的字有：渺、缈。

盼 pàn

【字形】篆 盼 隶 盼 草 盼

【构造】会意兼形声字。篆文从目从分，表示眼珠黑白分明，分也兼表声。隶变后楷书写作盼。

【本义】《说文・目部》："盼，《诗》曰：'美目盼兮。'从目，分声。"本义为美目流转，眼珠黑白分明。

【演变】盼，本义指❶美目流转，眼珠黑白分明：巧笑倩兮，美目～兮｜夫铅黛所以饰容，而～倩生于淑姿。引申泛指❷看，斜眄：行至江边远～｜觉来～庭前，一鸟花间鸣｜顾～多姿。又进而引申指❸企望，盼望：～佳期，一半儿才干一半儿湿｜～望｜切～。

【组字】盼，如今既可单用，也可作偏旁。现今仍归入目部。凡从盼取义的字皆与眼睛等义有关。

以盼作声符的字有：澭。

眨 zhǎ

【字形】篆 眨 隶 眨 草 眨

【构造】形声兼会意字。篆文从目，乏声，乏也兼表疲倦之意，人乏困倦多眨眼。隶变后楷书写作眨。

【本义】《说文・目部》新附："眨，目动也。从目，乏声。"本义为眼睛很快地一闭一开。

【演变】眨，本义为❶眼睛很快地一闭一开：～眼参差千里莽，低头思虑万重滩｜眼睛一～也不～｜杀人不～眼。又指❷闭眼，合眼：阿元嫂一夜没有～眼。

狊 jú (䀮)

【字形】古 狊 篆 狊 今篆 䀮
隶 狊 䀮 草 狊 䀮

【构造】会意字。古文从犬从目，会狗瞪视的样子。篆文简化。隶变后楷书写作狊。

【本义】《说文・犬部》："狊，犬视貌。从犬、目。"本义为狗瞪视的样子。

【演变】狊，本义指❶狗瞪视的样子。又表示❷兽名。又表示❸鸟张两翅。

"狊"作了偏旁，其义便另加义符"目"写作"䀮"来表示。

○䀮，从目从狊会意，狊也兼表声。读xù，本义指惊视：主人之言未卒，金、焦二客乃……～然失色。

【组字】狊，如今不单用，只作偏旁。现今仍归入犬部。凡从狊取义的字皆与犬视等义有关。

以狊作声兼义符的字有：䀮。

以狊作声符的字有：阒、湨、鶪。

旻 xuè (瞬、眏、眴、瞚、瞲)

【字形】甲 金 篆 旻 瞬
眴 瞚 今篆 瞚 瞲 隶 旻 瞬 眴
瞚 瞲 草 旻 眏 瞬 眴 瞚 瞲

【构造】会意字。甲骨文从攴(手持针)从目，会以针治目疾之意。金文大同。篆文整齐化。隶变后楷书写作旻。是"眏"的本字。

【本义】《说文・旻部》："旻，举目使人也。从攴，从目。"所释为引申义。本义当为针治目疾。

【演变】旻，本义指❶针治目疾。引申为❷目小动。又引申为❸惊视。再引申为❹举目使人。

由于"旻"作了偏旁，目疾之义便另造了形声字"眏"来表示，目动之义另造了"瞬"来表示，惊视之义另造了"瞲"来表示。

○眏，甲骨文二形从目从夬会意，夬也兼表声。读jué，本义指眼常流泪的毛病。

○瞬，从目，舜声，舜为蕣花，只有一日芳，也兼表时间短之意。异体有眴与瞚。如今规范化以瞬为正体。读shùn，本义指❶眼珠转

动,眨眼:尔先学不~,而后可言射矣|终日视而目不~|~息万变|转~|~间。引申为❷闪烁:坠叶翻夕霜,高堂~华烛。又指❸一眨眼工夫:兴奋,~即消逝。又指❹看,注视:生无语,目注婴宁,不遑他~。

○眴,从目,旬声,旬也兼表转动之意。读shùn,本义指❶眨眼,看:~兮杳杳,孔静幽默。又指❷目转动示意:须臾,梁~籍曰:"可行矣!"于是籍遂拔剑斩守头。

又读 xuàn,指❸目摇,目晕眩,或闭目:登高临危而目不~|目直视,不能~,不得眠。

○瞚,从目从寅(矢)会意,寅也兼表声。读shùn,本义为眼珠转动,眨眼:终日视而目不~。

○瞲,从目从矞(刺)会意,矞也兼表声。读xuè,本义指惊视的样子:读其文,~然骇异。

【组字】旻,如今不单用,只作偏旁。现今归入目部。凡从旻取义的字皆与察视等义有关。以旻作义符的字有:奞、夐、闅。

県 xiāo;xuán

(県、梟、枭)

【字形】金　篆　隶　草

【构造】会意字。就上列金文"縣"字偏旁看,篆文"県"当是一颗倒挂的人头形,下边是头发,会枭首示众之意。隶变后楷书写作県。作偏旁时写作県,是"梟"的本字。《宋元以来俗字谱》以为是"縣"的日本用简体汉字,这是颠倒了本末。

【本义】《说文·県部》:"県,到(倒)首也。贾侍中说:此断首到縣(悬)県字。"本义为倒悬的人头。

【演变】県,本义指❶枭首示众,是古代的一种刑罚。引申泛指❷分裂肢体的酷刑。

由于"県"作了偏旁,其义后便借用"梟"(如今简化作枭)字来表示。

○梟,从鸟在木上会意。读xiāo,本义指❶一种凶猛的鸟。旧传枭食母,故称为不孝鸟:为~为鸱。引申指❷骁勇,雄悍:且太子所与俱诸将,皆尝与上定天下~将也|~雄。旧又指❸私贩食盐的人:时两淮私~日众,盐务亦日坏。借用作"県",又表示❹悬首示众:~故塞王欣头栎阳市。

【组字】県,如今不单用,只作偏旁。现今归入目部。凡从県取义的字皆与倒悬的人头等义有关。以県作义符的字有:縣(县)。

映 yìng

【字形】篆　隶　草

【构造】会意兼形声字。篆文从日从央(表示中天),会日至中天而明之意,央也兼表声。隶变后楷书写作映。

【本义】《说文·日部》新附:"映,明也。从日,央声。"本义为照耀。

【演变】映,本义指❶照耀:照花前后镜,花面交相~|光彩溢目,照~左右。引申指❷因光线照射而显现出:长桥~水门|反~|倒~|放~|~衬|相~。

昨 zuó

【字形】金　篆　隶　草

【构造】形声兼会意字。金文从日,乍声,乍也兼表刚结束之意。篆文整齐化。隶变后楷书写作昨。

【本义】《说文·日部》:"昨,累日也。从日,乍声。"本义为刚过去的一天,隔一宵。

【演变】昨,本义指❶刚过去的一天:(庄)周~来,有中道而呼者|洞房~夜停红烛|~天。引申泛指❷过去,往日:实迷途其未远,觉今是而~非。

【组字】昨,如今既可单用,也可作偏旁。现今仍归入日部。凡从昨取义的字皆与时日有关。以昨作声符的字有:莋。

昫 xù

(煦)

【字形】篆　隶　草

【构造】会意兼形声字。篆文从日从句(草木幼芽),会日出温暖之意,句也兼表声。隶变后楷书写作昫。是煦的初文。

【本义】《说文·日部》:"昫,日出温也。从日,句声。"本义为温暖。

【演变】昫，本义指❶温暖：吴王孙权……因父兄之绪，少蒙卵翼~伏之恩。又指❷日光。

由于昫作了偏旁，其义遂另加义符火写作煦。

○煦，与昫同源，古代通用。从火从昫会意，昫也兼表声。读 xù，本义指❶温暖：~而为阳春|~暖|和~。引申比喻❷恩惠：堂侄余庆，承~绍宗。

【组字】昫，如今不单用，只作偏旁。现今仍归入日部。凡从昫取义的字皆与温暖等义有关。

以昫作声兼义符的字有：煦。

昭 zhāo

【字形】金　篆　隶 昭　草

【构造】会意兼形声字。金文从日从卩（跪人），会阳光照人之意，召声。篆文省为从日，召声。隶变后楷书写作昭。

【本义】《说文·日部》："昭，日明也。从日，召声。"本义为日光明亮。

【演变】昭，本义指❶日光明亮：青春受谢，白日~只（语气词）。引申为❷明白，清楚：终身迷惑，无与~奸|贤者以其~~，使人~~，今以其昏昏，使人~~|~然若揭。用作使动，表示❸使明显，显示，彰明：论其刑赏，以~陛下平明之治|敬则尚衔冤泉壤，未蒙~雪|罪恶~彰。又特指❹古代宗庙或葬位的次序，始祖居中，二、四、六世居左称昭，三、五、七世居右称穆：辨庙祧之~穆。

【组字】昭，如今既可单用，也可作偏旁。现今仍归入日部。凡从昭取义的字皆与日光明亮等义有关。

以昭作声兼义符的字有：照。

是 shì

【字形】甲　金　篆　隶 是　草

【构造】会意字。甲骨文和金文从日从正，其中短竖象征日升至中天，会日中端直之意。篆文整齐化。隶变后楷书写作是。

【本义】《说文·是部》："是，直也。从日、正。"本义为端直。

【演变】是，由本义端直，引申为❶正确，对：觉今~而昨非|实事求~|莫衷一~。用作意动，表示❷认为正确：~古非今。又引申指❸合适：他走的真~时候。又引申表示❹凡是：~人都能办到。古代又常借用作代词，表示❺这，此：子于~日哭，则不歌|~可忍，孰不可忍|有如~说|~日雪霁。汉以后用作系词，表示❻肯定判断：此必~豫让也|他~干部|到处~树。又表示❼强调肯定：他~病了|东西好~好，可买不起。

【组字】是，如今既可单用，也可作偏旁。现今归入日部。凡从是取义的字皆与端直、正确等义有关。

以是作义符的字有：题、踶、尟（鲜）。

显 xiǎn
（顯、濕、溼、湿、㬎、疊）

【字形】甲　金　篆　隶

显 顯 湿 濕 溼

草

【构造】会意字。甲骨文右边是在架子上晾的两把丝，左边是滴下的水。金文另加日，表示在日下晒丝，又另加頁（突出了眼的人头），表示人在日下清楚地视丝；或在丝下加土，以突出滴水湿地之意。篆文承甲、金文并整齐化，分为繁简四体。这一形象有两类含义：一是明显，二是潮湿。隶变后楷书分别写作顯、㬎、溼、濕。"顯""㬎"表示明显。如今规范化，"顯"简化作"显"，"㬎"只作人名用字或作偏旁。"溼""濕"表示潮湿。如今皆简化作"湿"，"溼"作偏旁或省作"𡍮"。

【本义】《说文·頁部》："顯，头明饰也。从頁，㬎声。"所释非本义。本义当为明显。又《水部》："溼，幽湿也。从水；一所以覆也，覆而有土，故湿也；㬎省声。"本义为低下潮湿。又："濕，水。出东郡东武阳，入海。从水，㬎声。"读 tà，本义为水名。俗用作溼，故又读 shī，表示潮湿。又《日部》："㬎，众微杪也。从日中视丝，古文以为顯字。"本义为明显。

【演变】显，本义指❶光明，明显：天之所以为天也，於乎（呜呼）不（同丕，大）~|故法莫如~|~

而易见|~然有诈。用作动词，指❷表现，露出，显扬：孙膑以此名~天下，世传其兵法|大~身手|~能。由显露又引申指❸高贵，显赫：百乘，~使也|权贵~赫，倾动京师|~要|~达。

○湿，读 shī，表示❶低下潮湿：下者曰~|是犹恶~而居下也|~润。引申指❷沾湿：争弄莲舟水~衣|~了鞋。

【组字】显，如今既可单用，也可作偏旁。㬎则只作偏旁，现今仍归入日部。凡从显（㬎）取义的字皆与潮湿、明显等义有关。

以显（㬎）作声兼义符的字有：隰、湿、㬎。

冒 mào；mò （帽）

【字形】甲 金 古 篆 今篆 隶 冒 帽 草

【构造】象形兼会意字。甲骨文象折出两角的帽形。金文上边帽形简化，下边另加义符目，表示是戴在头目上的帽子之意。古文和篆文整齐化。隶变后楷书写作冒。

【本义】《说文·冃部》："冒，冡（蒙）而前也。从冃，从目。"本义为帽子。

【演变】冒，本义指❶帽子：白纱~者，视朝、听讼、宴见宾客之服也。帽子戴在头上，故引申为❷覆盖：日居（语助词）月诸（语助词），下土是~|秋菊被长坂，朱华~绿池。对上来说是覆盖，对下来说则是顶着，故又引申为❸顶着，不顾：触白刃，~流矢，义不反顾，计不旋踵|~着敌人的炮火前进|顶风~雪|~险。顶着假名就是冒充，故又引申指❹冒充：故青~姓为卫氏。由顶着又引申为❺冲犯：有~上而无忠下|荡倚冲~，驴不胜怒，蹄之。由冲犯又引申为❻向上升，向外透出：~出地平面|~气|~烟|~汗。又引申指❼不顾客观情况，轻率行事：~言天下之事|~失鬼。

又读 mò，用于"冒顿（dú）"，指❽汉初匈奴的一个单于名。

"冒"为引申义所专用，帽子的意思便又另加义符"巾"写作"帽"来表示。

○帽，从巾从冒会意，冒也兼表声。读 mào，本义指❶帽子：少年见罗敷，脱~著帩头。引申指❷形状或作用像帽的东西：岭上晴云披絮~|笔~儿|螺丝~儿。

【组字】冒，如今既可单用，也可作偏旁。现今归入日部。凡从冒取义的字皆与帽子等义有关。

以冒作声兼义符的字有：曼、帽。

以冒作声符的字有：勖、瑁、䁞。

昷 wēn （昷、温）

【字形】甲 金 古 篆 隶 昷 温 草

【构造】会意字。甲骨文从人从水从皿，会人洗热水浴之意。金文一形上有温泉水流，下从火从皿，表示水温热；二形省简，泉眼讹为囱（窗）；三形又讹为囚，成了从皿从囚，用给囚徒饭吃，会仁慈温和之意。古文稍讹。篆文整齐化。隶变后楷书写作昷。俗简作昷。

【本义】《说文·皿部》："昷，仁也。从皿，以食囚也。"本义为仁慈温和。

【演变】昷，本义指仁慈温和。由于"昷"作了偏旁，其义便由"温"来表示。

○温，从水，昷声。读 wēn，本指水名，借为"昷"，用以表示❶温暖：~泉水滑洗凝脂|~带。引申指❷性情温和：终~且惠，淑慎其身|~柔敦厚|~文尔雅。用作动词，指❸稍微加热：冬则以身~被|~酒。进而引申指❹温习：~故而知新。又特指❺温度：高~天气。

【组字】昷，如今不单用，只作偏旁。现今仍归入皿部。凡从昷取义的字皆与温和等义有关。

以昷作声兼义符的字有：温、愠、媪、縕、韫、氳、瘟、醞（酝）。

以昷作声符的字有：腽、榅、鳁。

星 xīng （曐）

【字形】甲 金 古 篆 隶 星 曐 草

【构造】象形兼形声兼会意字。甲骨文象群星形。为避免误会，或另加声符生，生也兼表出星之意。金文整齐化，省为三星，并且在里面加出光芒,遂讹为日。古文省为一星。篆文承金文分为二体。隶变后楷书分别写作曐和星。如今规范化用星。是“晶”的加旁分化字。参见晶。

【本义】《说文·晶部》:“曐,万物之精,上为列星。从晶,生声。一曰象形。”本义为星星。

【演变】星,本义指❶星星:月明~稀,乌鹊南飞|~空。又指❷天文学上所指的宇宙间能发光或反射光的天体:恒~|行~。又指❸像星的东西:人造卫~。又比喻❹细小像星的东西:两眼冒金~|定盘~|红~|海~|汗~。引申泛指❺细小:~~之火,可以燎原。又比喻❻有某种特性,有某种特殊作用或才能的人:寿~|救~|笑~|歌~。又指❼像流星一样疾速:~流霆击,弓不虚发。

【组字】星,如今既可单用,也可作偏旁。现今归入日部。凡从星取义的字皆与星光等义有关。

以星作声符的字有:猩、惺、腥、醒。

曷 è;hé;hè

(遏、愒、喝、欱)

【字形】金  篆 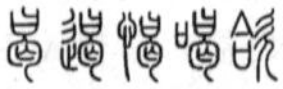

隶 

草 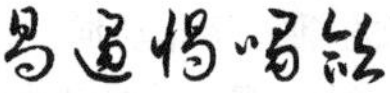

【构造】会意兼形声字。金文从曰(张口说话)从匃(乞求),会大声喝止之意,匃也兼表声。篆文整齐化。隶变后楷书写作曷。

【本义】《说文·曰部》:“曷,何也。从曰,匃声。”所释为借义。本义当为大声喝止。

【演变】曷,读è,本义指大声喝止。引申泛指❶遏止:如火烈烈,则莫我敢~。此义后另加义符“辶”写作“遏”。

又读hè,引申指❷恫吓。此义后借“愒”来表示。参见愒。

又读hé,后借为代词,表示疑问,相当于❸何,怎么:而五人生于编伍之间,素不闻诗书之训,激昂大义,蹈死不顾,亦~故哉?|人之耳目,~能久熏劳而不息乎?又用作副词,表示反问,相当于❹何不,难道:中心好之,~饮食之?|礼云礼云,~其然哉!

“曷”为借义所专用,喝止之义便用“喝”来表示。

○遏,从辶从曷会意,曷也兼表声。读è,本义指阻止:抚节悲歌,声震林木,响~行云|怒不可~。

○喝,从口从曷会意,曷也兼表声。读hè,表示❶呵斥,恐吓:(刘)裕厉声~之。引申指❷大声呼喊:当日众人都替你~彩。

又读hē,用作“欱”,表示❸饮:~水|~酒|~汤。

又读yè,表示❹声音嘶哑:儿生,号啼之声鸿朗高畅者寿,嘶~湿下者夭。

○欱,从欠从合会意,合也兼表声。读hē,本义为❶吸饮,吮吸:(术士)方~水再三噀(xùn)壁上。又指❷吞食:舟人急起视,见大鱼如舟,口~西瓜,掉尾而下。

【组字】曷,如今既可单用,也可作偏旁。现今归入日部。凡从曷取义的字皆与大声喝止等行为有关。

以曷作声兼义符的字有:偈、谒、喝、愒、遏、渴、歇。

以曷作声符的字有:葛、揭、竭、碣、褐、蝎、鹖、羯、鞨。

昱 yù

(翌、翊)

【字形】甲  金  篆  今篆 

隶  草 

【构造】形声兼会意字。甲骨文从日从羽,会阳光中飞翔之意,羽也兼表声;或借翌表示。金文综合甲骨文两形成为从日从羽会意,立声。篆文承金文分为两形,一个从日从立,会即将到来的一天之意,立也兼表声;一个从羽从立,会正待习飞之意,立也兼表声。隶变后楷书分别写作昱、翌。翌或变其结构为翊。如今三字表义有分工。

【本义】《说文·日部》:“昱,明日也。从日,立声。”本义为明天。又《羽部》:“翊,飞皃。从羽,立声。”本义为飞翔的样子。

【演变】昱,本义指❶明天。明天即天亮的来日,故引申指❷明亮,光明:倏烁夕星流,~奕朝露团。又引申指❸照耀:日以~乎昼,月以

~乎夜。

“昱”为引申义所专用,明天之义便借“翌”来表示。

○翌,从羽,立声。读 yì,异体作“翊”。本义为❶飞翔的样子。由用羽飞翔引申为❷辅佐。“翌”借为“昱”后,遂专用以表示❸明日:~日,以资政殿学士行。于是辅佐之义便用异体“翊”来表示。

○翊,从羽,立声。读 yì,专用以表示辅佐,帮助:左内史更名左冯~|~戴|~赞。

【组字】昱,如今既可单用,也可作偏旁。现今仍归入日部。凡从昱取义的字皆与光明照耀等义有关。

以昱作声兼义符的字有:煜。

哄 hōng;hǒng;hòng (鬨、鬨、叿)

【字形】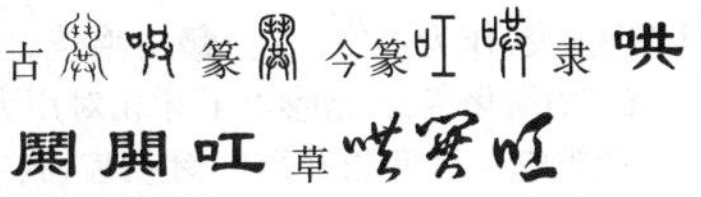

【构造】会意兼形声字。古文从鬥从共,会众口发声之意,共也兼表声;二形简化为从口从共会意。篆文承古文一形大同。隶变后楷书写作鬨。俗承古文作哄。异体作鬨,鬥讹为門。异体又作叿,改为工声。如今规范化,以哄为正体。

【本义】《说文·鬥部》:“鬨,斗也。从鬥,共声。”本义为战斗,争斗。《集韵·东韵》:“叿,一曰叿叿,人声。或作哄。”本义为许多人同时发出声音。

【演变】哄,读 hōng,本义指❶许多人同时发出声音:韩信出胯下,市井皆~笑|~堂大笑。

又读 hòng,用作动词,表示❷喧嚣,吵闹:众人见是鲁提辖,一~都走|起~。

又读 hǒng,表示❸引逗,欺骗:世间只有虔婆嘴,~动多多少少人|~小孩|你别~人。

○鬨,读 hòng,本义指❶相斗:邹与鲁~。引申指❷骚扰,扰乱:三十六人~州劫县。又指❸喧闹,驱赶:自相残杀,甚~|~走。如今其义皆由“哄”表示。

哑 yǎ;yā;è (啞)

【字形】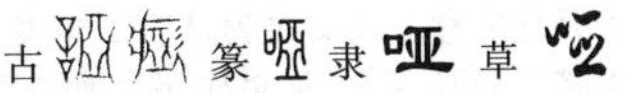

【构造】会意兼形声字。古文一形从言从亞(掩闭)会意,亞也兼表声;二形改从言为从欠,并另加义符疒,表示不能说话的病。篆文改为从口,表示笑声。隶变后楷书写作啞。如今简化作哑。

【本义】《说文·口部》:“啞,笑也。从口,亞声。”本义为笑声。

【演变】哑,读 yǎ(旧读 è),本义指❶笑声:笑言~~|~然失笑。哑巴能笑而不能言,故引申指❷失去语言功能:豫让又漆身为厉,吞炭为~|~巴。又指❸不说话或不发声:装聋卖~|~剧|~炮。又泛指❹嗓子发音干涩或不清楚:讲了一天课,嗓子有点~|沙~。

又读 yā,表示❺婴儿学说话的声音:孩子咿咿~~正学说话。又指❻鸟叫声:乌之~~,鹊之唶唶。

咽 yān;yàn;yè

【字形】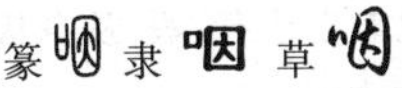

【构造】形声兼会意字。篆文从口,因声,因也兼表相因,即饮食所凭借之意。隶变后楷书写作咽。

【本义】《说文·口部》:“咽,嗌也。从口,因声。”本义为咽喉。

【演变】咽,读 yān,本义指❶咽喉:(华)佗行道,见一人病~塞,嗜食而不得下|~头。又比喻❷形势险要:韩,天下之~喉|~喉要地。

又读 yàn,用作动词,指❸吞下(食物):三~,然后耳有闻,目有见|细嚼慢~|~不下这口气。

又读 yè,由咽不下,又表示❹梗塞:箫声~,秦娥梦断秦楼月|哽~|呜~。

哗 huá (譁、嘩)

【字形】

【构造】形声兼会意字。古文从口,華声,華也兼表繁乱之意。篆文改为从言。隶变后楷书写作譁。异体承接古文作嘩。如今皆简化作哗。

【本义】《说文·言部》:"譁,讙也。从言,華声。"本义为喧闹。

【演变】哗,本义指❶人声嘈杂:嗟,人无~,听命|以治待乱,以静待~,此治心者也|舆论~然|喧~。引申指❷夸大,浮夸:夫慎于言者不~|~众取宠。

又读 huā,用作❸象声词:水~~地流|战士们~地笑了起来。

哈 hā;hǎ;hà;hē
(颬、躷)

【字形】古  今篆  隶 哈 颬 躷 草 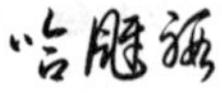

【构造】会意兼形声字。古文从口从合(张合)会意,合也兼表声。隶变后楷书写作哈。又借用作"颬"和"躷"的简化字。颬,从风从牙(代口)会意,也兼表牙声;躷,从身从叚(屈身)会意,叚也兼表声。

【本义】后起字。《正字通·口部》:"哈,鱼动口貌。"本义为鱼口张合频动的样子。《字汇·风部》:"颬,开口吐气貌。"本义为张口呼气。《集韵·麻韵》:"躷,身伛貌。"本义为稍微弯腰表示礼貌。

【演变】哈,读 hā,作为本字,本义指❶鱼口张合频动的样子。作为"颬"(xiā)的借字,又表示❷张口呼气:老程打了个~欠|冻得他直向手上~气。又用作象声词,表示❸笑声:武松讨面镜子照了,也自~~笑了起来|~~大笑。又用作叹词,表示❹得意,惊喜:~~!你们完蛋了|~~!试验成功了。又借用作"躷",指❺稍微弯腰表示礼貌,弯腰:笔直地站着,不自觉地一次次俯首~腰|他~腰把书拾了起来|点头~腰。又用作❻译音字:~萨克。

又读 hǎ,表示❼斥责:气得我狠狠~了他一顿。

又读 hà,用作"哈什蟆",也作"哈什蚂",满语音译,指❽中国林蛙,蛙的一种。又用作"哈巴腿",指❾罗圈腿。

又读 hē,指❿饮:世味审知嚼素蜡,人情全似~清茶。

咬 yǎo
(齩)

【字形】古 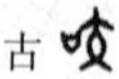 篆  今篆  隶 咬 齩 草 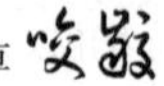

【构造】形声兼会意字。古文从口从交会意,交也兼表声。篆文从齒,交声,交也兼表牙口交合之意。隶变后楷书写作齩。如今简化,借用古文"咬"表示。

【本义】《说文·齿部》:"齩,啮骨也。从齒,交声。"本义为上下牙相对用力夹压。《玉篇·口部》:"咬,鸟声。俗为齩字。"本义为鸟鸣声。俗用作齩。

【演变】咬,作为本字,本为❶鸟鸣声。借用作"齩"的简化字,又指❷上下牙相对用力夹压:一朝被蛇~,十年怕井绳|~牙切齿|狗~耗子,多管闲事。由用牙夹压引申指❸用力卡住,紧挨:袖子被齿轮~住了|双方比分~得很紧。又比喻❹伤害或攀扯诬赖他人:贼~一口,入骨三分|反~一口|你别乱~好人。由用嘴咬,又引申指❺狗叫:鸡叫狗~|隔壁的狗一声声~个不停。又引申指❻念出字音:~字清晰。由用牙反复咀嚼,又引申指❼对文字进行过分推敲:别~文嚼字了|你这不是~字眼儿么。

咳 ké;hái;hāi
(孩、欬)

【字形】金  篆 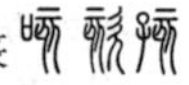 隶 咳 欬 孩 草 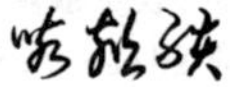

【构造】形声兼会意字。金文从口,亥声,亥为杀猪时猪叫,也兼表咳笑声音之意。篆文整齐化。隶变后楷书写作咳。本是"孩"的异体字,如今借用作"欬"(从欠,亥声),表示咳嗽。欬只作偏旁。

【本义】《说文·口部》:"咳,小儿笑也。从口,亥声。孩,古文咳,从子。"本义为婴儿笑。《说文·欠部》:"欬,屰(逆)气也。从欠,亥声。"本义为咳嗽。

【演变】咳,作为本字,读 hái,本义指❶婴儿笑:父执子之右手,~而名之|~笑则孝弟之端著。

又读 ké,后借用作"欬",表示❷咳嗽:又有若老人~且笑于山谷中者,或曰此鸛鹤也|他又~又喘。

又读 hāi,用作叹词,表示❸后悔或惋惜:~,今天一出门就碰见倒霉事|~,真可惜。又表示❹招呼人:~,你过来呀。又表示❺叹息声:黛玉只"~"了一声,眼中泪直流下来|别~声叹气的。

"咳"为借义所专用,小儿笑之义便由"孩"来承担。

○孩,从子,亥声。读 hái,表示❶小儿笑:我独泊兮其未兆,如婴儿之未~。引申指❷幼童:吾家儿女,虽在~稚,便渐督正之|生~六月,慈父见背|小~。又引申泛指❸子女:昨日~儿再三留他|~儿知道了|他有两个~子,皆已长大。

【组字】咳,如今既可单用,也可作偏旁。现今仍归入口部。凡从欬取义的字皆与咳嗽等义有关。

以欬作声兼义符的字有:瘶。

咠 qì

(聶、聂、嘁)

【字形】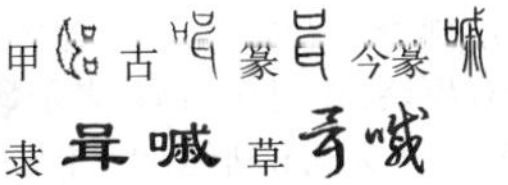

【构造】会意字。甲骨文从二口从耳,会口凑到耳边小声说话之意。古文线条化。篆文整齐化。隶变后楷书写作咠。

【本义】《说文·口部》:"咠,聂语也。从口,从耳。"本义为附耳私语。

【演变】咠,本义指❶附耳私语:~~幡幡。引申指❷谗言:敖以刚折,群奸~~。

"咠"后来作了偏旁,耳语之义便另造了会意字"聶"(聂)和形声字"嘁"来表示。

○嘁,从口,戚声,戚也兼表似兵器摩擦声之意。读 qī,用作象声词,形容细碎的说话声:~~喳喳|~哩喀喳(本指迅速断裂声,借以形容办事干脆利落)。

【组字】咠,如今不单用,只作偏旁。现今仍归入口部。凡从咠取义的字皆与聚合到一块等义有关。

以咠作声兼义符的字有:茸、缉、揖、戢、辑。

以咠作声符的字有:楫。

趴 pā

【字形】

【构造】形声兼会意字。古文从足,八声,八也兼表四肢分开伏地之意。隶变后楷书写作趴。

【演变】趴,新生字,本义指❶胸腹向下卧倒:~着睡觉不好|快~下|~伏。引申指❷上身向前靠在物体上:正~在床边写字|他~在桌子上睡着了。

咢 è

(喪、丧、諤、谔、愕、咢、噩)

【字形】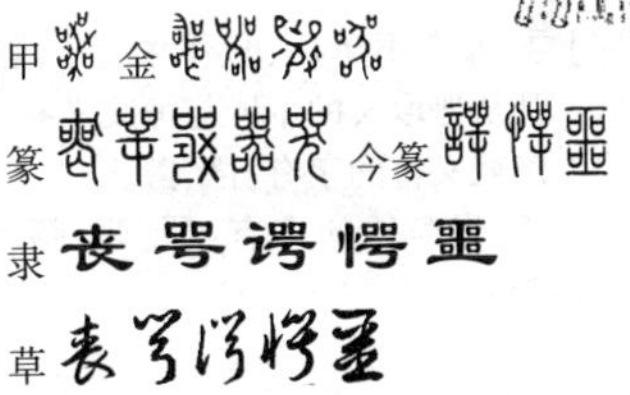

【构造】会意字。咢(噩)与嚣、器、哭皆由上列甲骨文"喪(丧)"发展而来。喪从吅(众口)从桑,会众口喧哭于桑枝之下意。古代丧事用桑枝作标志,如今丧事所用的纸幡即是古代桑枝的遗制。俗有"宅后不种柳,宅前不栽桑"之语,就是因为"桑"与"丧"音同用同。后来由于表意侧重不同,金文遂分化为喪、噩、嚣、器等不同的形体。篆文演变为喪、咢、嚣、器、哭五字。隶变后楷书写作丧、咢、噩、嚣、器、哭。"喪"如今简化作"丧",侧重表死亡。"嚣"侧重表扰嚷。"噩"是由上列金文二形发展来的,《说文》失收,而收了篆文的"咢",是"噩"的简体,俗作咢,侧重表惊愕。篆文"哭"是金文四形"器"的简化。因为"器"被借为器具义,哭泣义便用简体"哭"来表示。参见哭、器、嚣。

【本义】《说文·哭部》:"喪,亡也。从哭从亡会意,亡亦声。"《说文·吅部》:"咢,哗讼也。从吅,屰声。"析形不确,所释为引申义。本义当为众口喧哭。

【演变】咢,由众口惊哭,引申为❶争辩。又引申为❷惊讶,惊恐。

由于"咢"作了偏旁,争辩之义后用"諤"来表示,今简作谔;惊讶之义后用"愕"或用繁体"噩"来表示。如今二字表义略有分工。

○谔,从讠从咢会意,咢也兼表声。读 è,本义指正言争辩:臣无謇(忠诚)~之节,而有狂瞽之言,不能以伏尸谏,偷生苟活,诚惭圣朝丨千羊之皮,不如一狐之腋;千人之诺诺,不如一士之~~。

○愕,从忄从咢会意,咢也兼表声。读 è,侧重用以指惊讶:秦王还柱而走,群臣惊~,卒起不意,尽失其度丨~然丨错~。

○噩,《金文编》认为从吅从屰,反映出与咢有关。读 è,侧重指惊恐:~梦丨~耗丨浑浑~~(本指浑厚而严正,今用以形容糊涂愚昧而无知)。

【组字】咢,如今不单用,只作偏旁。现今归入口部。凡从咢取义的字皆与惊哭义有关。

以咢作声兼义符的字有:谔、愕。

以咢(噩)作声符的字有:鄂、萼、腭、锷、颚、鹗、鳄(鱷)。

品 pǐn

【字形】甲  金  篆  隶 品 草 

【构造】会意字。甲骨文从三口,会人多嘴杂之意。金文大同。篆文整齐化。隶变后楷书写作品。

【本义】《说文·品部》:"品,众庶也。从三口。"本义为人多嘴杂。

【演变】品,由本义人多嘴杂,引申泛指❶众多:~庶每生。人一多,就会有各种各样的人,故又引申指❷事物的种类,等级:厥贡唯金三~(金、银、铜)丨夫人类之生,皆本于天;同为兄弟,实为平等,岂可妄分流~丨下~丨上~。由品类又引申指❸物品,物件:闻一妙~,虽捐千金不惜丨物~丨商~丨产~。由各种各样的人,又引申指❹人的德行、风貌:人~丨~行丨~格丨~德。又引申为❺官阶,品级:一~大员丨九~县令。用作动词,又指❻辨别出类别等级的高下:~量才行,褒贬得失丨~评丨~题丨~头~足。又特指❼品尝:~茶丨~味。

【组字】品,如今既可单用,也可作偏旁。现今归入口部。凡从品取义的字皆与口、众多、品类等义有关。

以品作义符的字有:嵒、喿。

以品作声兼义符的字有:榀。

以品作声符的字有:閪(板)、臨(临)。

囿 yòu (苑)

【字形】甲  金  篆  隶 囿 苑

草 

【构造】会意兼形声字。甲骨文从囗(表示围墙),内有草木,会有围墙的园林之意,用以畜养禽兽,供统治者玩赏。金文改为从囗有声,有也兼表内有物之意。篆文承接金文并整齐化。隶变后楷书写作囿。

【本义】《说文·囗部》:"囿,苑有垣也。从囗,有声。一曰:禽兽曰囿。"本义为有围墙畜养禽兽的地方。

【演变】囿,本义指❶有围墙畜养禽兽的地方:文王之~方七十里,有诸?丨鹿~丨园~。引申泛指❷果园,菜园:(正月)~有韭丨墟~散红桃。又引申指❸事物萃集的地方:游(游观)于六艺之~,驰骛乎仁义之途丨历观文~,泛览辞林。囿有垣墙,故用作动词,表示❹局限,拘泥,限制住:不为礼教所绳~丨~于见闻。

作为有围墙的园林,汉代称"苑"。

○苑,从艹,夗声。读 yuàn,本义指❶古代植林木养禽兽供帝王游玩打猎的场所:诸故秦~囿园池,皆令人得田之丨西~。引申指❷(文学、艺术)荟萃之处:朝骋骛乎书林兮,夕翱翔乎艺~丨文~英华。

【组字】囿,如今既可单用,也可作偏旁。现今仍归入囗部。凡从囿取义的字皆与围绕等义有关。

以囿作声符的字有:慖。

畏 wèi

【字形】甲 金 篆 隶 畏

草

【构造】会意字。甲骨文是一个人头戴恐怖的假面具，手持树枝欲扑打的样子。根据《说文》“鬼头而虎爪”之说，大概装扮的是一个高大丑恶可怕的黑猩猩的形象，因为“鬼”字就是一个大黑猩猩的样子，会丑恶可怕之意。金文树枝下移。篆文进一步讹变，致使《说文》误认为是虎爪。隶变后楷书写作畏。

【本义】《说文·由部》：“畏，恶也。从由，虎省。鬼头而虎爪，可畏也。”本义为形象丑恶。

【演变】畏，由本义形象丑恶，引申泛指❶恐惧，害怕：民不～死，奈何以死惧之｜～影恶迹｜人言可～。又引申指❷险恶的，可怕的：视为～途。又引申指❸憎恶，嫉妒：魏王～公子之贤能。可敬者亦可畏，故又引申指❹可敬，敬佩：后生可～。

【组字】畏，如今既可单用，也可作偏旁。现今归入田部。凡从畏取义的字皆与高大丑恶可怕的动物等义有关。

以畏作声兼义符的字有：猥、嵔。

以畏作声符的字有：偎、隈、喂、煨。

胃 wèi
（謂、谓）

【字形】甲　金　篆

隶 胃 谓 謂　草

【构造】象形兼会意字。甲骨文象内装食物的胃形。由于不易看懂，金文下遂加月（肉），会肉质的胃脏之意。篆文整齐化。隶变后楷书写作胃。注意：与“胄”不同。

【本义】《说文·肉部》：“胃，谷府（同腑）也。从肉、図。象形。”本义为胃脏。

【演变】胃，本义指❶胃脏：～者，五脏六腑之海也，水谷皆入于～，五脏六腑皆禀气于～｜脾～不调｜～口不小。又通“謂”（今简作谓），表示❷称谓：两者同出，异名同～。

○谓，从讠，胃声。读 wèi，本义指❶说：世既莫吾知，人心不可～兮。引申泛指❷告诉，对……说：子～子贡曰。又引申指❸叫作，称作：能因敌变化而取胜者，～之神｜不做无～的牺牲。

【组字】胃，如今既可单用，也可作偏旁。现今仍归入月（肉）部。胃是容纳食物的器官，故凡从胃取义的字皆与汇集等义有关。

以胃作声兼义符的字有：彙（从胃省，俗简作彚、彙，今简作汇）。

以胃作声符的字有：谓、渭、猬。

胄 zhòu

【字形】甲　金　篆

隶 胄　草

【构造】象形兼会意兼形声字。胄有两个来源。一个是上列甲骨文，象兜鍪形。金文下边另加义符目，表示头，上为盔形，成了会意字。演变为篆文一形，上讹为由，下目讹为冃（帽）。隶变后写作胄。本义为兜鍪，是兜的分化字。另一个是篆文二形，从肉（月），由声，由也兼表所由之意。隶变后也写作胄。本义为古代帝王或贵族的后代。二者如今都写作胄，这样两字便成了同形字。参见兜。

【本义】《说文·冃部》：“胄，兜鍪也。从冃，由声。”本义为古代战士作战时保护头部的头盔。又《说文·肉部》：“胄，胤也。从肉，由声。”本义为古代帝王或贵族的后代。

【演变】胄，有两个来源，其一本义为❶古代战士作战时保护头部的头盔：秦师过周北门，左右免～而下｜安平则尊道术之士，有难则贵介～之臣｜甲～。其二本义为❷古代帝王或贵族的后代：将军既帝室之～，信义著于四海｜帝～｜贵～。又特指❸帝王或贵族的长子：～子入学，辟雍宗礼。又泛指❹世系：吾～出太邱长寔。用作动词，指❺对先辈的承续：～高阳之苗胤兮，承圣祖之洪泽。

禺 yú
（玃、愚、偶）

【字形】金　篆

隶 禺 玃 愚 偶

草

【构造】象形字。就金文看，上从“鬼”头“由”，本是大猩猩的头，下边所从内，则是手叉住一条爬虫鳄鱼形，后成为表示动物的泛符，象征动物身尾，整个字正是猿类动物的简形。篆文整齐化。隶变后楷书写作禺。

【本义】《说文·由部》："禺，母猴属，头似鬼。从由，从内。"本义为突出了头部的大猩猩。

【演变】禺，本义指❶行动蠢笨的大猩猩类动物：（招摇之山）有兽焉，其状如～而白耳，伏行人走。引申为❷愚笨：顽～。猩猩似人而非人，又用作"偶"，引申为❸模拟物体的偶像：～马四匹。又作为❹地名用字：番～。

后来禺作了偏旁，猿猴之义另造了形声字"玃"来表示，蠢笨之义则另加义符"心"写作"愚"来表示，模偶之义便另加义符"亻"写作"偶"来表示。

○玃，从犭，矍声；猴好抓挠，矍也兼表意。读 jué，本义指❶一种大猴子：故狗似～，～似母猴，母猴似人。又用作"攫"，表示❷抓取：夫三群之虫，水居者腥，肉～者臊，草食者羶（膻）。

○愚，从心从禺会意，禺也兼表声。读 yú，本义指❶蠢笨：宁武子，邦有道则知（智），邦无道则～。其知可及也，其～不可及也|大智若～|～笨。用作使动，表示❷愚弄：～弄其民|以～黔首。又用作❸谦辞：～见|～弟。

○偶，从人从禺会意，禺也兼表声。读 ǒu，本义指❶偶人，即木制、泥制的人形：鲁以～人葬而孔子叹|木～|土～|玩～。偶人像人，故又用作"耦"（二人并耕），表示❷成双，成对：有～语《诗》《书》者弃市|无独有～|对～|～数|佳～。又引申指❸不是必然的、经常的：～一为之|～然。

【组字】禺，如今既可单用，也可作偏旁。现今归入田部。凡从禺取义的字皆与蠢笨、两合等义有关。

以禺作声兼义符的字有：愚、偶、耦、颙。

以禺作声符的字有：遇、隅、寓、喁。

思 sī
（臱）

【字形】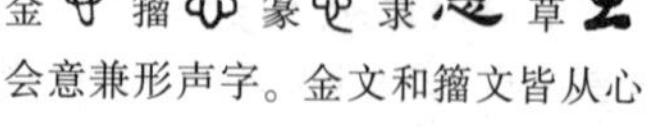

【构造】会意兼形声字。金文和籀文皆从心从囟（囟门），表示用头脑思考，囟也兼表声。篆文整齐化。隶变后楷书写作思。"囟"讹为田。异体作臱，已不用。

【本义】《说文·思部》："思，容（同睿，深思）也。从心，囟声。"本义为深思。

【演变】思，本义指❶深思：学而不～则罔（糊涂），～而不学则殆。引申为❷思念，思慕，想念：子不我～，岂无他人|举头望明月，低头～故乡。用作名词，指❸心绪：俱怀逸兴壮～飞。又引申指❹悲伤：吉士～秋。由考虑的过程，引申指❺思路：构～。

【组字】思，如今既可单用，也可作偏旁。现今归入心部。凡从思取义的字皆与思考等义有关。

以思作义符的字有：慮（虑）。

以思作声符的字有：偲、缌、颸、罳、锶、揌、腮、鳃、葸、崽。

虹 hóng；jiàng
（霓、蜺、蝱）

【字形】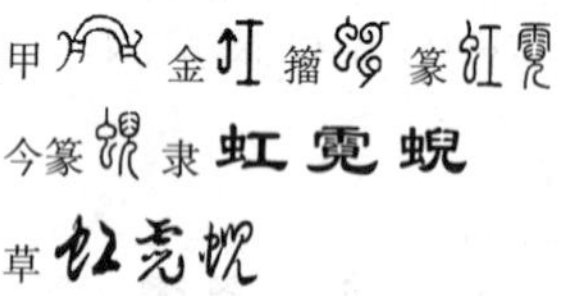

【构造】象形兼会意兼形声字。甲骨文象天上的长虹形。初民把虹这一天象视为一种伸头到地上来饮水的神异的巨大两头动物，实为二龙吸水，应是龙文化的反映。甲骨文就有"有出虹，自北饮于河"的记载。金文改为从虫从工，会天上大虫之意，工也兼表声。籀文改为从虫从申（闪电）会意，表示下雨打闪时天上出现的大虫。篆文承金文并整齐化。隶变后楷书写作虹。

【本义】《说文·虫部》："虹，螮蝀也。状似虫。从虫，工声。"本义为雨后天空中出现的彩色圆弧。细分，颜色鲜艳的叫虹，颜色较淡的叫霓（从雨，兒声），即副虹。

【演变】虹，读 hóng，本义指❶雨后天空中出现的彩色圆弧：（季春之月）～始见，萍始生。因虹的形状像桥，故又比喻❷桥：横截春流架断～，凭栏犹思五噫（叹息）风。

又读 jiàng，口语单用，指❸彩虹：出～了。

〇霓，从雨，兒声。异体作蜺或蛪，改为从虫。如今规范化用霓。读 ní，本义为❶雨后天空中与虹同时出现的彩色圆弧：民望之，若大旱之望云~也｜~虹。又指❷彩云，云霞：~为衣兮风为马，云之君兮纷纷而来下。又指❸天空，高空：羽旄扫~，云旗拂天｜九华如剑插云~。古又指❹日傍之凶气，比喻君主身边的奸佞：吐~翳日，腥浮云。

〇蜺，从虫，兒声。读 ní，本义为❶秋蝉：寒蝉，寒蜩，谓~也｜蝉，黑而赤者谓之~。又借指❷副虹：天弓，即虹也，又谓帝弓，明者为虹，暗者为~。

【组字】虹，如今既可单用，也可作偏旁。现今仍归入虫部。凡从虹取义的字皆与彩虹等义有关。以虹作声符的字有：洚。

虾 xiā；há
（蝦、蛤）

【字形】篆　今篆

隶 虾 蝦 蛤 草

【构造】形声兼会意字。篆文从虫，叚声，叚（假）也兼表似鱼非鱼似虫非虫之意。隶变后楷书写作蝦。异体也借鰕（从魚从叚）表示。如今皆简化作虾，改为下声。

【本义】《说文・虫部》："蝦，蝦蟆也。从虫，叚声。"本义为蛤蟆。《类篇・虫部》："蝦，虾虫，与水母游。"又指虾米。

【演变】虾，读 há，本义指❶蛤蟆：惠帝为太子，出闻~蟆声，问人为是官~蟆、私~蟆。此义今作"蛤"。

又读 xiā，专用以表示❷虾米：~见人则惊｜~皮｜~仁｜龙~｜对~。

〇蛤，从虫从合会意，合也兼表声。读 gé，本义指❶一种有介壳的软体动物：明州岁贡蚶、~、淡菜。又指❷蜥蜴类动物：桂林之中守宫大者而能鸣，谓之~解（蚧）。

又读 há，借作"蝦"，今专用以指❸蛤蟆：~蟆夯｜~蟆镜。

蚁 yǐ
（螘、蟻、蛾）

【字形】古　篆　今篆

隶 蚁 蟻 螘 草

【构造】形声兼会意字。古文从虫，義声，義也表示仁义之虫之意。篆文从虫，豈声，隶变后楷书写作螘。异体作蛾，改为我声。豈为还师振旅之乐，我为刀锯，皆兼表战虫之意。俗承古文作蟻。如今皆简化作蚁。参见蛾。

【本义】《说文・虫部》："螘，蚍蜉也。从虫，豈声。"本义为蚂蚁。

【演变】蚁，本义指❶蚂蚁：赤~若象｜天下不足定，~寇不足扫｜蚂~。又引申特指❷酒上浮沫：绿~新醅酒，红泥小火炉。

蚂 mǎ；mà
（螞）

【字形】古　今篆　隶 蚂 螞 草

【构造】形声兼会意字。古文从虫，馬声，馬也兼表行似馬队之意。隶变后楷书写作螞。如今简化作蚂。

【本义】后起字。《玉篇・虫部》："螞，虫。"《正字通・虫部》："螞，俗字。蛯名马陆、马蠲，蛭呼马蜞、蚂蟥。因作螞。"本义为虫名。

【演变】蚂，不单用，只作合成词的语素。读 mǎ，❶用于"蚂蚁""蚂蟥"：~蚁啃骨头｜~蟥钉。

又读 mà，用于❷蚂蚱：~蚱也叫蝗虫。

贵 guì
（臾、貴、由、遺、遗、殨、殨、潰、溃、簣、篑）

【字形】甲　金

古　篆

隶 贵 貴 遺 遗 殨 殨 溃 潰 簣 篑 草

【构造】会意兼形声字。贵是蕢的初文。甲骨文一形是两手持草田器镈（甾）在土上有所操作之状，表示在耨田锄草。二形省去中间的草田器镈。甲骨文中即有"王令多尹贵田"之记录。金文一形承甲骨文二形，将双手与土块相合，土讹为小点，就失去了原形。古文一形承甲骨文二形并线条化；二形承金文一形简讹。篆文一形承之并整齐化，还能看出双手持物之状。隶变后楷书写作臾。因与当拖拉死人讲的“臾”形近，为了与“臾”相区别，臾曾变写作“⿱臾儿”，以免与“臾”相混。实际上，俗还是将二字相混，都写作了“臾”。金文二形以一形臾为声旁下加貝，遂成为形声字，表示昂贵之义，完全失去了原形原义。古文三形承金文二形大同。篆文二形承金文二形并整齐化。隶变后楷书写作貴。如今简化作贵。由于《说文》将“草田器”误释为草筐，遂讹为草筐中漏下了貝（“遗”字从此取义），这样，便成了从貝从臾会意，臾也兼表声。由于“臾”作了偏旁，而“贵”又转为表示昂贵之义，草田器之义便以“贵”为基础，另加义符“艹”写作“蒉”来表示。“⿱臾儿”作偏旁时写作“虫”。参见⿱臾儿（蒉）、臾。

【本义】《说文·贝部》：“貴，物不贱也。从貝，臾声。臾（应为臾），古文蒉。”本义为价格高。

【演变】贵，因其从臾（虫）取义，故这一臾下掉贝形，包含四类意思。为了分化字义，后来进行了分工：就贝来说，指值钱的东西，此义用“贵”表示；就贝掉下来说，指丢失，此义用“遺”表示，今简作遗；就耨田除草来说，指碎烂，此义用“殨”来表示，今简作殨，也用“潰”表示，今简作溃；就盛物器来说，则用“蒉”或“篑”表示。

○贵，从贝从臾（虫）会意，臾也兼表声。本义为❶价格高：国之诸市，屦贱踊～｜为问淮南米～贱，老夫乘兴欲东游｜昂～。由价格高又引申为❷价值高，珍贵，重要：礼之用，和为～｜天地之间，莫～于人。用作意动，又表示❸以……为贵，尊重，重视：不～异物贱用物，民乃足｜明君～五谷而贱金玉｜兵～神速。由价格高又引申为❹地位高，高贵，显贵：使有～贱之等，长幼之差｜安能摧眉折腰事权～｜达官～人。又用作❺敬词：～土风俗，何以乃尔乎？｜～姓｜～庚。

○遗，金文从彳从貴（贝从筐中漏下）会意，貴也兼表声。篆文改为从辵（辶）。隶变后楷书写作遺。如今简化作遗。是“贵”的加旁分化字。读 yí，专用以表示❶丢失：中流～其剑｜暴露无～｜～漏｜～失｜～忘｜补～。引申指❷有意识地抛弃：未有仁而～其亲者也｜～世独立｜～弃。又引申指❸留下：其陶唐世之～风乎｜养虎～患｜不～余力｜～传｜～志｜～嘱｜～产｜～体。又引申指❹排泄：廉将军虽老，尚善饭；然与臣坐，顷之三～矢（屎）矣｜～尿｜～精。

又读 wèi，送给别人自己也就失去，故引申指❺给，赠送：公乃为诗以～王｜～以重金。

○殨，从歹从贵会意，贵也兼表声。读 huì，本义为肌体破口糜烂：～，肿决也｜掌肿疡、～疡、金疡、折疡之祝药｜～烂。如今此义也用“溃”来表示。

○溃，作为殨的分化字，从水从贵会意，贵也兼表声。读 kuì，本义指❶大水冲破堤岸：川壅而～，伤人必多｜～决。引申指❷冲破包围：（孙）坚与数十骑～围而出。进而引申指❸散乱，瓦解：洪攻潼关，官军大～｜～不成军｜～败｜～兵｜～退。

又读 huì，指❹肌肉组织腐烂：疮～脓了。

○篑，从竹从贵会意，贵也兼表声。读 kuì，本义为❶用竹木等编的土筐：为山九仞，功亏一～。又指❷草袋：以一～障江河，用没其身。此义也作“蒉”。参见⿱臾儿（蒉）。

【组字】贵，如今既可单用，也可作偏旁。现今仍归入贝部。凡从贵取义的字皆与钱财、丢失、碎烂、器物等义有关。

以贵（貴）作声兼义符的字有：匮、蒉、溃、遗、缋、憒、禬、殨、篑、穨。

以贵作声符的字有：馈、愦、聩。

耑 duān；zhuān（端）

【字形】甲　金　篆

隶 耑 端　草

【构造】象形字。甲骨文上象草木枝叶初生之形，下象根须。金文稍讹。篆文整齐化。隶变后楷书写作耑。

【本义】《说文·耑部》：“耑，物初生之题（头）也。上象生形，下象其根也。”本义为植物初生的头。

【演变】耑，读 duān，由植物初生的头，引申泛指❶物体的一头：已上则摩其旁，已下则摩其～。

又读 zhuān,借为“专”,表示❷专一:业既~精。

由于“耑”作了偏旁,物体一头的意思便由“端”来表示。

○端,从立从耑会意,耑也兼表声。读 duān,本义指❶端直,端正:手容恭,目容~,口容止,声容静|~坐。引申指❷品行端庄正直:夫尹公之他,~人也,其取友必~矣|~庄。用作动词,引申指❸以手平托东西:~了饭菜上来。借作“耑”,故又表示❹物体的一头:循环之无~,孰能穷之|末~。引申指❺事情的开头:恻隐之心,仁之~也|发~。又引申指❻项目,种类:公子患之,数请魏王,及宾客辩士说王万~|举其一~。

【组字】耑,如今不单用,只作偏旁。现今归入而部。凡从耑取义的字皆与开头等义有关。

以耑作声兼义符的字有:端。

以耑作声符的字有:偳、湍、喘、遄、惴、揣、瑞、颛、篅、踹。

炭 tàn

【字形】金 篆 隶 炭 草

【构造】会意兼形声字。金文上从厂(山崖),下从火,中为要烧的码放好的木棍木材,会在山中烧炭之意。篆文省去木材,上另加山,成为从火从岸会意,岸也兼表声。隶变后楷书写作炭。

【本义】《说文·火部》:“炭,烧木余也。从火,岸省声。”本义为木炭。

【演变】炭,本义指❶木炭:心忧~贱愿天寒。又指❷煤炭:泥~|阳泉大~。又指❸像炭的东西:山楂~。又比喻❹灾难,困苦:生灵涂~。

【组字】炭,如今既可单用,也可作偏旁。现今仍归入火部。凡从炭取义的字皆与炭类的东西有关。

以炭作声兼义符的字有:碳、羰。

罚 fá

(罸、罰)

【字形】金 篆 隶 罚 罰 草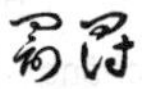

【构造】会意字。金文从网从言从刀,会言语触犯或持刀威胁触犯法网则要受轻刑之义。篆文整齐化。隶变后楷书写作罰,异体作罸。如今皆简化作罚。

【本义】《说文·刀部》:“罰,罪之小者。从刀,从詈。未以刀有所贼,但持刀骂詈则应罰。”本义为罪过,过错。

【演变】罚,本义指❶罪过,过错:邦之不臧(善),惟余一人有佚(失)~|贪色为淫,淫为大~。用作动词,指❷惩治,处罚:犯法怠慢者虽亲必~|惩~|~款|~酒|受~。

【组字】罚,如今既可单用,也可作偏旁。现今归入网部。凡从罚取义的字皆与罪过等义有关。

以罚作声符的字有:藅。

贱 jiàn

(賤)

【字形】金 篆 隶 贱 賤 草

【构造】会意兼形声字。金文从貝从戔(击残),会将贝击碎之意,戔也兼表声。篆文整齐化。隶变后楷书写作賤。如今简化作贱。

【本义】《说文·贝部》:“賤,贾(价)少也。从貝,戔声。”所释为引申义。本义为击碎。

【演变】贱,由本义将贝击碎则不值钱,引申为❶价格低:谷~伤农|~卖。又引申指❷地位低下:昔伊挚、傅说出于~人|贫~|卑~|低~。用作意动,表示❸以……为贱,看不起,轻视:左右以君~之也,食以草具。又用作❹谦词:~妾守空房,相见常日稀。

【组字】贱,如今既可单用,也可作偏旁。现今仍归入贝部。凡从贱取义的字皆与击碎等义有关。

以贱作声兼义符的字有:溅。

贴 tiē

(貼)

【字形】篆 隶 贴 貼 草

【构造】形声兼会意字。篆文从貝(表钱财),占声,占也兼表加上之意。隶变后楷书写作貼。如今简化作贴。

【本义】《说文·贝部》新附:“貼,以物为质也。

从貝,占声。"本义为拿物品作抵押(向人借钱)。

【演变】贴,本义指❶拿物品作抵押:时有尹嘉者,家贫,母熊(人名)自以身~钱,为嘉偿责(同债)。引申指❷补偿,补贴:葫芦换葫芦,余外~静瓶|每年~她五百元|本钱都~进去了|~补家用。又引申指❸津贴:每月还有煤~。引申表示❹黏附,粘贴:再带上行枷,依旧~了封皮|~布告|~传单。又引申指❺切近,挨近:风日好,数行新雁~寒烟|~近|~身。又引申指❻妥当,舒适:妥~|舒~|伏~。此义如今多用"帖"来表示。用作量词,用于❼膏药:拿了一~膏药。

注意:作为量词,"贴"指膏药;"帖"指配合起来的若干味汤药。参见帖。

骨 gǔ;gū

【字形】甲 金 古 篆 隶 草
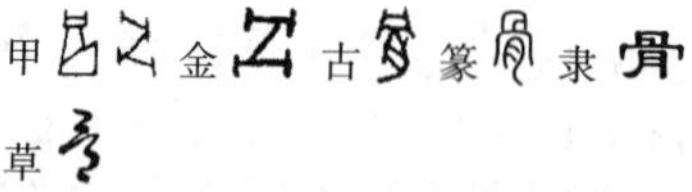

【构造】象形兼会意字。甲骨文象一块切割好的卜骨(冎)形,二形简化。金文承甲骨文二形大同。古文承金文,由于上边骨(冎)形变得不象了,遂于下边另加义符月(肉),成为上从冎(卜骨)下从月(肉)的会意字,以强调附着肉的骨头之意。篆文承之并整齐化。隶变后楷书写作骨。

【本义】《说文·骨部》:"骨,肉之覈(实)也。从冎,有肉。"本义为骨头,脊椎动物体内支持身体、保护内脏的坚硬组织。

【演变】骨,读gǔ,本义指❶骨头:夫子所谓生死而肉~也|~肉相连|脱胎换~。引申指❷人的尸骨:必死是间,余收尔~焉|路有冻死~。骨头起支撑作用,故又比喻❸人的品质、气概:及长,雄杰有大度,身长七尺六寸,风~奇伟。又比喻❹文学作品的体干和风格笔力雄健:故辞之待~,如体之树骸|蓬莱文章建安~。今又引申指❺支撑物体的架子:钢筋铁~|主心~|伞~。

又读gū,由骨节的鼓大,用作"骨朵",古特指❻一种棍棒类的兵器。如今指❼未开放的花。

【组字】骨,如今既可单用,也可作偏旁。现今仍设骨部。凡从骨取义的字皆与骨头等义有关。

以骨作义符的字有:骩、骪、骫、骬、骭、骮、骯、骰、骱、骲、骳、骴、骵、骶、骷、骼、骸、骹、骺、骻、骽、骾、骿、髁、髀、髂、髌、髃、髓、髅、髆、髇、髈、䯇、髊、髍、髎、髐、髑、髒、體(体)、髑、髋、髗。

以骨作声符的字有:滑、猾、蓇、餶、榾、鹘。

钟 zhōng
(鐘、鍾、盅)

【字形】金 篆 今篆
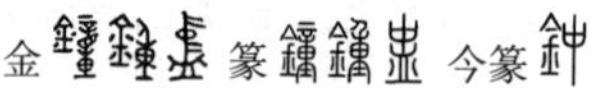
隶 钟 鐘 鍾 盅
草
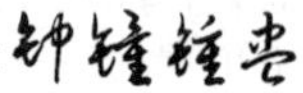

【构造】形声兼会意字。钟有两个来源:一个从金,童声,表示响器;一个从金,重声,表示容器;童、重皆为背"东"(竹笼)之形,响器、容器皆中空似笼,故皆兼表意。篆文整齐化。隶变后楷书分别写作鐘与鍾。如今皆简化作钟。"鍾"也简化为"锺",一般只用于姓氏人名。

【本义】《说文·金部》:"鐘,乐钟也。从金,童声。"本义为乐器钟。又:"鍾,酒器也。从金,重声。"本义为盛酒的器皿。

【演变】钟,作为"鐘"的简化字,本义指❶乐器钟:窈窕淑女,~鼓乐之|~鸣鼎食|编~。引申指❷寺庙悬挂的钟:姑苏城外寒山寺,夜半~声到客船|大~寺|警~。寺庙悬挂的钟有报时作用,故又引申指❸计时器钟表:自鸣~|时~|挂~|座~|~摆。又特指❹时间,钟点:九点~。

作为"鍾"的简化字,本义指❺酒器,酒卮:尧舜千~,孔子百觚|千~不醉。引申泛指❻酒杯,茶杯:酒~|茶~。此义如今用"盅"来表示。由酒器,又引申指❼古代量器:万~于我何加焉?由贮器又引申指❽积聚:泽,水之~也。又引申指❾集中,专注:情之所~,正在我辈|~灵毓秀|~情|~爱。

○盅,从皿从中,中也兼表声。本读chōng,由本义器空虚,引申泛指❶空虚:道~

而用之。此义后借“冲”来表示。如“念高危则思谦冲而自牧”。参见冲。

又读 zhōng，“盅”后来借用作“鍾”，故表示❷酒器：给他老公母俩斟个～儿｜酒～儿｜茶～。

钢 gāng；gàng（鋼）

【字形】今篆　隶 钢 鋼　草

【构造】形声兼会意字。繁体作鋼，从金，岡声，岡也兼表坚硬之意。如今简化作钢。

【本义】后起字。《集韵·唐韵》：“鋼，坚铁。”本义为铁和碳的合金。

【演变】钢，读 gāng，本义指❶铁和碳的合金：其剑长尺有咫，练～赤刃，用之切玉如泥焉｜～铁公司｜炼～｜～筋。钢质坚硬，故引申形容❷坚硬：心如～铁｜～强。

又读 gàng，用作动词，表示❸把刀放在布、皮、石头或缸沿上磨使锋利：把刀～一～。

钥 yào；yuè（闟、鑰、鈅、钺）

【字形】古　篆　今篆　隶 钥 鑰 闟　草

【构造】会意兼形声字。古文一形从門从龠会意，龠也兼表声；二形简为从钅从月（形似月）会意，月也兼表声。篆文承金文一形并整齐化。隶变后楷书写作闟。异体作鑰，改为从金。因二字繁难，后借古文二形“钺”的异体字“鈅”来表示。如今简化作钥。

【本义】《说文·门部》：“闟，关下牡也。从門，龠声。”本义为上穿横闩下插地用以固定横闩的直木。《集韵·药韵》：“闟，或从金。”《正字通·金部》：“鈅，兵器。一说戉、钺通，俗作钺。”本义为兵器。

【演变】钥，读 yuè，作为本字，是❶“钺”的异体字。参见戉。

又读 yào，借用作“闟”，本义指❷竖直的门闩。引申指❸锁：别作～钩（钥匙），夜开西州后阁。又引申指❹钥匙：银～开香阁。用于“锁钥”，读 yuè，用以比喻❺重要的关键或指重要的边关：京门锁～。

钥为借义所专用，武器之义则专用钺来表示。

钦 qīn（欽）

【字形】金　篆　隶 钦 欽　草

【构造】会意兼形声字。金文和篆文皆从欠（张口欣慕）从金（表示乐钟），会闻乐钟而欣慕之意，金也兼表声。隶变后楷书写作欽。如今简化作钦。

【本义】《说文·欠部》：“钦，欠皃。从欠，金声。”释义不太明确。本义当为仰慕，钦敬。

【演变】钦，本义指闻乐钟而欣慕，故古代指❶钟声：钟鼓～～。引申泛指❷仰慕，钦敬：久～江总文才妙｜万世～英武。又引申为❸对皇帝行事的敬称：～赐衣锦还乡｜～定｜～差。又引申指❹思深难忘：忧心～～。

【组字】钦，如今既可单用，也可作偏旁。现今仍归入欠部。凡从钦取义的字皆与闻击钟而仰慕等义有关。

以钦作声符的字有：撳、嶔。

卸 xiè（御、禦）

【字形】甲　金　篆　隶 卸　草

【构造】会意字。卸与御、禦三字同源，甲骨文象一个人（或女）跪于悬锏（四棱鞭状兵器）前，是古代一种悬锏之祭，用以驱鬼避邪消灾除病。旧小说中的“祭起法宝”，民间春节儿童刻桃木锏挂在身上用以避邪，大概即其遗迹。或另加出“示”（祭坛）旁，以强调悬锏之祀；或另加出“彳”（街道）旁，以突出驱除之意。金文大同，或更加出“止”（脚）旁，以强调驱除活动。篆文承甲骨文和金文，将悬锏讹为“午”，并分化为繁简不同的三体，用以表示侧重不同的含义。隶变后楷书分别写作卸、御、禦。如今“禦”仍简化作“御”。

【本义】《说文·卩部》：“卸，舍车解马也。从卩、止、午。”这是就篆文并根据后来的引申义所作的解说。本义当为驱鬼消灾之祭。

【演变】卸，本义为驱鬼消灾之祭。由驱鬼消灾，引申泛指❶去除，脱去，拿下来，拆除掉：~妆仍索伴，解佩更相催|及班师，又加赏劳，曰~甲钱|先~下连接的螺丝|~货。又特指❷解去套在马身上的东西：骢马劝君皆~却，使君家酿旧来浓。用于抽象意义，指❸推卸，解除：我不干了，这代表的职务就此交~|~任。

由于“卸”专用于去除一类引申义，驱鬼消灾之祭的意思便由繁体的“禦”（yù）字来表示。如今简化作御。参见御。

【组字】卸，如今既可单用，也可作偏旁。现今仍归入卩部。凡从卸取义的字皆与驱鬼消灾之祭等义有关。

以卸作义符的字有：御。

缸 gāng （瓨）

【字形】篆 隶 草

【构造】形声兼会意字。篆文从缶，工声，工为筑杵，也兼表制作之意。隶变后楷书写作缸。异体作瓨，从瓦。

【本义】《说文·缶部》：“缸，瓨也。从缶，工声。”本义为古代陶制容器。

【演变】缸，本义指❶陶制容器：醯（醋）酱千~|酒~|酱~|醋~|水~。引申泛指❷像缸的器物：烟灰~|汽~。又引申指❸用沙子、陶土等混合而成的一种质料：~盆|~砖|~瓦。

拜 bài （𢷏）

【字形】甲 金 籀 篆 隶 草

【构造】会意字。在甲骨文中，拜与𠦍（𢷏）同源，是双手持禾麦奉献给神祖形，会向神祖拜祭祷告、祈求丰收之意。金文另加义符手，或改“麦”为“人”，以突出人拜祭。籀文改为两手比并，会拜揖之意。篆文分为繁简二体，繁体承金文并整齐化，简体则承籀文省去比，改为从两手相并，从丅（下），表示右手在下拱手下拜之意。隶变后楷书写作𢷏与拜。如今规范化用拜。参见𠦍。

【本义】《说文·手部》：“𢷏，首至地也。从手、𠦍。𠦍，音忽。拜，扬雄说，拜从两手下。”本义为拜揖。

【演变】拜，本义指❶拜揖：~下，礼也。引申泛指❷行礼祝贺：~年。又引申指❸尊崇：~服。又引申指❹表示恭敬：~读。又引申指❺用一定的礼节授予某种名义或结成某种关系：~将|~把兄弟。

【组字】拜，如今既可单用，也可作偏旁。现今仍归入手部。凡从拜取义的字皆与上下拜揖的动作有关。

以拜作声兼义符的字有：湃。

以拜作声符的字有：睥。

看 kàn；kān

【字形】甲 金 篆 隶 草

【构造】会意字。甲、金、篆文皆从手从目，会以手加于目上遮光而远望之意。隶变后楷书写作看。

【本义】《说文·目部》：“看，睎（望）也。从手下目。”本义为远望。

【演变】看，读 kàn，本义指❶远望：遥~是君家，松柏冢累累|~万山红遍。引申泛指❷瞅，瞧：老翁逾墙走，老妇出门~|醉里挑灯~剑|~书。又进而引申指❸细看，观察：却~妻子愁何在，漫卷诗书喜欲狂|~脉|~病。又引申指❹估量：古人有言：善为政者，~人设教|丈夫穷达未可知，~君不合长贫贱。又引申指❺认为，想：我~这事有些难对付。由远望又引申指❻探望，访问：梁车新为邺令，其姊往~之|~亲戚|~朋友。由瞅、瞧又引申指❼看待：不知天下士，犹作布衣~|另眼相~|刮目相~。由观察又引申指❽小心，测试：注意，门脸低，~碰着了头|尝一口，~咸淡如何。口语里虚化为助词，表示❾试一试，是“看怎么样”的省略：再仔细找一找~。

又读 kān，由瞅、瞧引申特指❿看守，守护：先茔松柏谁~护？|夜里在田里~庄稼|~门人。

矩jǔ

(巨、榘)

【字形】金　篆　今篆　隶　草

【构造】会意字。矩是巨的分化字。金文是一个成年人一手持筑杵形,表示力气大正在用力夯筑。后来向两个方向发展:一个只留下杵和手,另一个人与手、杵分离。篆文承金文,人讹为矢,并在金文的基础上另加义符"木",发展为两个字。隶变后楷书分别写作巨和榘。榘或省作矩。现今简化只保留了巨和矩。榘则废而不用。参见巨。

【本义】《说文·工部》:"巨,规巨也。从工,象手持之。榘,巨或从木、矢,矢者,其中正也。"对"巨"的字形分析是正确的,解释的则是"矩"的含义。对榘的解说则是不对的,"矢"是讹断的大人形之误。就金文看,本义实为一个成年人一手持筑杵用力夯筑之意。《正字通·矢部》:"矩,为方之器。"所释是"矩"的引申义。

【演变】矩与巨同源,都是一个成年人一手持筑杵用力夯筑之意。成年人力气大,举得动杵,故引申为大义。建筑有一定的法规,故又引申为法则、规则。为了表义清晰,进行了分工,用"巨"专表示大,矩则专用以表示❶法则,规则:七十而从心所欲,不逾~|规行~步,安辞定色|循规蹈~。旧时用干打垒筑墙要先用木板围成长方形,故"矩"又引申指❷画方形的工具:故欲成方圆而随其规~|不以规~不能成方圆|~尺。

【组字】矩,如今既可单用,也可作偏旁。现今归入矢部。凡从矩取义的字皆与筑捣、巨大、矩形等义有关。

以矩作声兼义符的字有:榘。

怎zěn

(咋、𠳐)

【字形】今篆　隶　草

【构造】会意兼形声字。楷书从心从乍(制作卜骨),会心想卜问如何之意,乍也兼表声。

【本义】后起字。《五音集韵·寝韵》:"怎,语辞也。"《正字通·心部》:"怎,语助辞,犹言如何也。程、朱语录中屡用之。"本义为如何,怎样。

【演变】怎,是记录口语的俗字,唐诗中多写作"争",宋人作品始写作"怎",方音里写作"咋"。用作疑问词,表示❶怎么:游人一听头堪白,苏武争禁十九年|梧桐更兼细雨,到黄昏点点滴滴,这次第~一个愁字了得!|顷刻间游魂先赴森罗殿,~不将天地也生埋怨|你夺我的鸡~的?你又不买|~么。亦常说成"怎生、怎地、怎么",表示❷如何,怎样:问~生禁得如许无聊?|好个玉观音,~地脱落了铃儿?|却~么这颜色不加搽?吕叔湘认为"怎么"是由最初的"乍、作个、作什么"演变来的,先变为禅宗语录里的"作么、作么生",再变为"怎么、怎生"。"怎生"又表示❸务须:小娘子~生可怜见小生,将此意申与小姐。

"怎么"在方音里急声合音为"zǎ",于是便另加义符"口"写作"𠳐",从口从怎会意,怎也兼表声。如今简化借"咋"来表示。

○ 咋,从口从乍会意,乍也兼表声。是齰(从齿,昔声)的异体字,读 zé,本义指❶咬住:杜门~舌自杀|~笔为吏|令人~舌。

又读 zǎ,用作"𠳐",表示❷怎么:这事~办?

又读 zhā,用作"咋呼",表示❸吆喝:你~呼什么!又表示❹炫耀:还没干什么就~呼开了。

【组字】怎,如今既可单用,也可作偏旁。现今归入心部。凡从怎取义的字皆与语辞等义有关。

以怎作声兼义符的字有:𠳐(咋)。

牲shēng

【字形】甲　金　篆　隶　草

【构造】会意兼形声字。甲骨文左边从捆绑的一只羊,右边从生(表示完整活羊),会祭祀用的完整牛羊之意,生也兼表声。金文将羊换为牛,其义不变。篆文整齐化。隶变后楷书写作牲。

【本义】《说文・牛部》："牲，牛完全。从牛，生声。"本义为古代供祭祀用的全牛全羊。

【演变】牲，本义指❶供祭祀用的全牛全羊：祭天地宗庙之牛完全曰～｜凡祭祀，供其牺（纯色牛或羊）～。引申泛指❷祭祀或食用的家畜：靡神不举（举祭），靡爱（吝）斯～。古代又指❸野生动物：其在黑龙江者，有打～人。现在则指❹牛马骡驴等家畜：喂～口。

适 shì；kuò
（適、逜、嫡、謫、谪）

【字形】甲　金　古　篆

隶 适 適 嫡 谪 謫

草

【构造】会意兼形声字。甲骨文从止（脚）从商省（"帝"之讹，二者形近），会送神升天之意，帝（商省）也兼表声。故金文从帝从口，表示口念念有词送神升天。二形另加义符辵（辶，走路），强调送走之意。篆文综合甲、金文，遂成为从辵从啻（即商），会高声送神升天之意，啻（商）也兼表声，表示前往。隶变后楷书写作適。古碑作"適"，可为商、商形近相混之证。適，如今简化借适来表示。适，古文本作逜，从辵（辶）从昏（矢栝）会意，逜也兼表声，读 kuò，本义为迅疾。篆文承之。隶变后楷书俗作适。因不常用，如今被借用为"適"的简化字，遂相混。适（適）当是"之"（前往）的形声分化字。参见之。

【本义】《说文・辵部》："適，之也。从辵，啻声。"本义为到，前往。

【演变】适，作为本字，读 kuò，本义指迅疾。

又读 shì，如今借用为"適"的简化字，本义指❶前往，到：～子之馆（客舍）｜～长沙。引申指❷归向：民知所～。又引申指❸出嫁：女三人，长～秘书丞钱衮。又引申为❹适合，恰当：邂逅相遇，～我愿兮｜削足～履｜二者都是～例。又引申指❺快乐，舒畅：侈贾妄用，以快一日之～｜稍感不～｜舒～。用作副词，表示❻恰巧，方才：凤鸟～至｜～才还好好的。又通❼嫡：杀～立庶。又通"謫"，如今简化作谪，指❽罚罪外放：～戍渔阳。

〇嫡，从女，商声。读 dí，本义指宗法制度下的❶家庭正支（正妻或正妻所生之子）：归生佐寡君之～夷｜～出｜～长子。引申指❷家庭中血缘近的，亲的：～亲。又引申指❸正统的，正宗的：～系｜～派｜～传。

〇谪，从讠，商声。读 zhé，本义指❶责备，谴责：室人交遍～我。引申指❷罚罪，降职外放：余以愚触罪～潇水上｜～仙人。

【组字】适（適），如今既可单用，也可作偏旁。作偏旁时有的省作商。现今仍归入辵部。凡从适（適）取义的字皆与前往、动作等义有关。

以适（適）作声兼义符的字有：谪（謫）、蹢（蹢）。

香 xiāng
（皀）

【字形】甲　金　古　篆

隶 香　草

【构造】会意字。甲骨文和金文皆是器中盛禾黍形，小点表示散落的黍粒，会新登禾黍芳香之意。古文变为从黍从甘，强调黍稷等粮食馨香。篆文整齐化。隶变后楷书写作香。是"皀"的同义字。

【本义】《说文・香部》："香，芳也。从黍，从甘。《春秋传》曰：'黍稷馨香。'"本义为粮食馨香。

【演变】香，本义指❶禾谷食物的香味：有飶（食物的香气）其～，邦家之光。引申泛指❷气味芳香：中央土，其臭（气味）～｜～花～草。又引申指❸味道好：饭菜真～。芳香令人舒适、叫人喜欢，故又引申为❹舒服：睡觉真～。又引申为❺受欢迎：这种水泵在农村很吃～。用作名词，指❻一些有香味的东西：麝～｜盘～。由芳香又引申指❼与女子相关的事物：～闺。

【组字】香，如今既可单用，也可作偏旁。现今仍设香部。凡从香取义的字皆与香味等义有关。

以香作义符的字有：馚、馢、馛、馜、馝、馞、馟、馠、馡、馣、馧、馤、馥、馦、馩、馨、馩、馫。

秒 miǎo

【字形】篆 隶 **秒** 草

【构造】形声兼会意字。篆文从禾,少声,少也兼表细小之意。隶变后楷书写作秒。

【本义】《说文・禾部》:"秒,禾芒也。从禾,少声。"本义为谷物穗上的芒刺。

【演变】秒,本义指❶谷物穗上的芒刺:产气黄钟,造计~忽。引申泛指❷细微:钦绪精于治道,驭吏整严,虽铢~罪不贷。由细微,又引申指❸计算时间的单位:一分钟是六十~。又指❹计算圆周的单位:六十~为一分,六十分为一度。

种 zhǒng;zhòng;chóng
(穜、種)

【字形】篆 今篆 隶 **种 穜 種** 草

【构造】形声兼会意字。篆文有三个来源:一个从禾从童,童声,本义为种植;另一个从禾,重声,本义为早种晚熟的禾类。童为罪奴,重表实沉,也皆兼表意,隶变后楷书分别写作穜与種,后俗将二字相混。再一个是种,从禾,中声,中也兼表生于土中,本义为幼禾。如今规范化,皆简化作种。

【本义】《说文・禾部》:"穜,艺也。从禾,童声。"本义为种植。又:"種,先种后熟也。从禾,重声。"本义为早种晚熟的禾类。

【演变】种,读 zhòng,作为"穜"的简化字,本义指❶种植:~之黄芪,实方(同放,萌芽)实苞(丛生)|~麦|~瓜|~豆。如今特指❷接种疫苗:~牛痘。

又读 zhǒng,作为"種"的简化字,引申指❸谷物的种子:诞(虚词)降嘉~|选~|育~|豆~。又引申泛指❹一切生物传代的物质:使人蚕于蚕室,奉~浴于川|配~|~猪|~牛。由传代的种子,又引申指❺宗族,种族:女不必贵~,要之贞好|黄~人|~姓。又引申指❻类别:序六艺为九~|各~各样|物~。由真正的种子又引申指❼胆量,骨气:他真有~|别做孬~。又用作❽量词:想出多~办法。

又读 chóng,用作❾姓。

秋 qiū
(穮、龝、鞦)

【字形】甲 金 籀 古 篆 今篆 隶 **秋 龝 鞦** 草

【构造】象形兼会意兼形声字。甲骨文象蟋蟀之形。秋至而蟋蟀鸣,借以表示庄稼成熟的秋天。庄稼成熟则变黄,故或另加义符火,用庄稼焦黄来表示秋天。金文另加义符禾与日,强调庄稼成熟的秋天之意。籀文将蟋蟀形变为龟形,并另加义符禾,突出禾谷成熟焦黄之义,也兼读龝(焦)声。古文和篆文省去龟形并整齐化。隶变后楷书分别写作穮、龝与秋。如今规范化用秋。秋,如今又作了鞦的简化字,从革,秋声,秋熟庄稼随风摆动,也兼表意。

【本义】《说文・禾部》:"秋,禾谷熟也。从禾,龝省声。"本义为庄稼成熟有收获。

【演变】秋,本义指❶庄稼成熟有收获:若农服田力穑,乃以有~。引申指❷庄稼成熟的秋季:繁启蕃长于春夏,畜(蓄)积收臧(藏)于~冬|~声|~风。又指❸秋作物:集中力量种~|收~。一年一个秋季,故又借指❹一年:一日不见,如三~兮|千~万代。又引申指❺一段时间:此诚危急存亡之~也|多事之~。如今又借为"鞦"的简化字,用于❻秋千:打~千。

〇鞦,读 qiū,本义指❶络在牲口股后尾间的绊带:黄蘗作驴~,始知苦在后。用作"鞦韆",今简化作❷秋千。相传为春秋齐桓公从北方山戎引入。一说本作千秋,为汉武帝宫中祝寿之词,取千秋万岁之义,后倒读为秋千:十年蹴踘将雏远,万里~千习俗同。

【组字】秋,如今既可单用,也可作偏旁。现今仍归入禾部。凡从秋取义的字皆与庄稼成熟等义有关。

以秋作声符的字有:湫、揪、啾、愀、萩、帮(缲)、楸、愁、甃、鹙、瞅、锹、鳅、鬏、鞦。

科 kē
(梡、棵)

【字形】篆 今篆 隶 **科 棵 梡**

草 

【构造】会意字。篆文从禾从斗,会以斗量谷物之意。隶变后楷书写作科。

【本义】《说文·禾部》:"科,程也。从禾,从斗。斗者,量也。"本义为衡量。

【演变】科,本义指❶衡量。经过衡量就能分出等级,故引申为❷等级,品类:射不主皮(不以穿破靶子与否为主),为力不同~。发展为如今❸分门别类的名称:文~|理~|财务~|行政~|菊~|猫~|内~|外~。衡量则有标准,又引申指❹标准,法规:朝廷大臣,以谨慎不言为~|若有作奸犯~及为忠善者,宜付有司论其刑赏。又引申指❺依据法律判罪:如违省价,买卖之人,依盗铸钱律文~断。由品类又引申指❻科举取士的名目:设程试之~,垂金爵之赏。进而引申指❼科举考试:朕欲博求俊彦于~场中。用为戏剧专用名称,又指❽演员的动作、情态:旦做弹~|笑~。借作量词,义同❾棵:良田,率一尺留一~。此义后作"棵"。

○棵,从木,果声。读 kuǎn,是"梡"的异体字。本义指❶断木。

又读 kē,引申指❷某些植物的茎:玉米的~子长得很高|这株花~儿小|~秆。用作量词,多用于指❸植物的量:三~树|一~小草。用作动词,方言表示❹砍削枝条:成林树儿不用~,~~打打节巴多。

○梡,从木,完声,完也兼表完整之意。读 huán,本义指❶木名:诃梨勒,树似木~。用作动词,指❷刮摩:断木为棊,~革为鞠。

又读 kuǎn,指❸上古断木制成的陈放全牲的简易四足礼器:俎,有虞氏以~|有虞氏之~,~者完也。

【组字】科,如今既可单用,也可作偏旁。现今仍归入禾部。凡从科取义的字皆与衡量、品类等义有关。

以科作声符的字有:蝌。

重 zhòng;chóng

【字形】甲  金  篆  隶 重 草 

【构造】会意兼形声字。甲骨文从人从東(竹笼),是一人背负一篓东西形,表示很沉重,東也兼表声。金文一形大同,二形另在人足下加"土",表示挺立在地上。篆文承之并整齐化。隶变后楷书写作重。

【本义】《说文·重部》:"重,厚也。从壬,东声。"所释为引申义。本义当为沉重。

【演变】重,本义指❶沉重:权(称量),然后知轻~|举~。由此引申为两大类含义,一类读 zhòng,引申指❷厚重,数量多:千金,~赐也|眉毛~|~价收买。又引申指❸程度深:病~|严~。又引申指❹主要,紧要:北方~镇。又引申指❺认为重要:贱尺璧而~寸阴|~视|着~|尊~。又引申指❻言行谨慎,端庄:君子不~则不威|庄~|慎~。

二类读 chóng,凡沉重之物必繁多,故又引申指❶重复,重叠:山~水复疑无路。又引申指❷重新,再:~整旗鼓。又引申指❸两个:食不~味。又引申指❹层:敌军围困万千~。

【组字】重,如今既可单用,也可作偏旁。现今归入里部。凡从重取义的字皆与沉重等义有关。

以重作义符的字有:量。

以重作声兼义符的字有:童、動(动)。

以重作声符的字有:腫(肿)、锺(钟)、種(种)、踵、衝(冲)、董。

复 fù (復、複)

【字形】甲  金 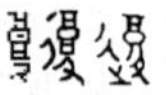 古  篆 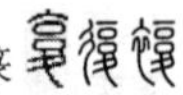

隶 复復複 草 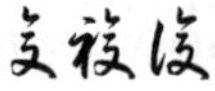

【构造】会意字。甲骨文上边像有两个出入口的地穴,下边从夂(脚),会进出往来之意。金文一形又加出台阶。篆文一形整齐化。隶变后楷书写作复。俗写作复。如今规范化用复。金文二、三形是一形的发展,另加出表示行动的义符彳或辵(辶)。篆文二形承之省略一止(足),成为从彳从复会意,复也兼表声,表示返回。隶变后楷书写作復。如今也简化作复,復只作偏旁。篆文三形承接古文,从衣从复会意,复也兼表声,本义为有里的夹衣。隶变后楷书写作複。如今也简化作复。复与良是同源字。参见良。

【本义】《说文·夂部》:"复,行故道也。从夂,畐省声。”析形不确。本义为进出往返。

【演变】复,本义指❶返回:昭王南征而不~|循环往~。引申为❷还原:我令卿~君臣之好|光~|恢~|~辟|~位。回答也是一种返回,故又引申为❸回答,回报:以~天子厚恩|~仇|报~|~函。又表示❹实践:下(就小的方面说)以~吾平生之志。又表示❺免除:乃命~其境内税三年。用作副词,表示❻又,再:晋侯~假道于虞以伐虢|死灰~燃|旧病~发。又表示❼夹衣:冬无~襦,夏无单衣。引申为❽繁复,重复:山重水~疑无路,柳暗花明又一村|~杂|~姓|~分数。

由于“复”作了偏旁,后来❶至❻义便另加义符“彳”写作“復”来表示,❼❽二义则另加义符“衤”写作“複”来表示。如今简化都仍用复。復可作偏旁。

注意“复”与“覆”的区别。参见覆。

【组字】复,如今既可单用,也可作偏旁。现今复归入夊部,復归入彳部,複归入衣部。凡从复取义的字皆与往返重复等义有关。

以复(復)作声兼义符的字有:復、複、覆。

以复作声符的字有:愎、腹、蝮、鳆、馥。

臿 chā
(插、鍤、锸)

【字形】甲 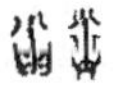 金  篆 

隶 臿插锸鍤 草 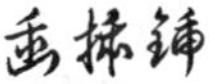

【构造】会意字。甲骨文是双手持锥有所扎,从八表分开;二形改从行,表示进行。金文一形从双手持午(杵),会将杵插入臼中舂捣之意,二形杵繁化。篆文承之省作从干从臼。《说文》解释为“舂去麦皮”,据此看来,“干”是“午”(杵)的讹变,表示将杵插入臼中舂捣。与“舂”同源,只是省去了两手,意在表明这里强调的不是舂捣,而是插入。隶变后楷书写作臿。是“插”的初文。

【本义】《说文·臼部》:“臿,舂去麦皮也。从臼、干,所以臿之。”本义为插入臼中舂捣。

【演变】臿,由舂去麦皮,引申泛指❶舂捣:红莲米新~。由插入舂捣,后专指❷插入,穿插,夹杂:杂~其间。用作名词,又指❸插入土中掘土的农具,即锹:身执耒~以为民先。

由于“臿”作了偏旁,插入之义便另加义符“扌”写作“插”来表示,铁锹之义便另加义符“金”写作“鍤”(如今简作锸)来表示。

○插,从手从臿会意,臿也兼表声。读chā,本义指❶扎进,插入:青瓷瓶~紫薇花|~入云霄。又特指❷把秧苗插入土中,栽植:四月秧尽~。又泛指❸掺入中间:别~嘴|~科打诨。

○锸,从钅从臿会意,臿也兼表声。读chā,本义指❶连缀衣料边缘部分的针。后借以表示❷挖土的工具,铁锹:父子兄弟负笼荷~。

【组字】臿,如今不单用,只作偏旁。现今仍归入臼部。凡从臿取义的字皆与插入等义有关。以臿作声兼义符的字有:插、锸、歃。

竿 gān

【字形】篆  隶  草 

【构造】形声兼会意字。篆文从竹,干声,干也兼表如杆之意。隶变后楷书写作竿。

【本义】《说文·竹部》:“竿,竹梃也。从竹,干声。”本义为竹子的主干。

【演变】竿,本义指❶竹子的主干:斩木为兵,揭~为旗|百尺~头,更进一步|立~见影|竹~|~子。又特指❷钓竿:投~东海,旦旦而钓。用作量词,指❸竹一根:一寸二寸之鱼,三~两~之竹。

注意:竿与杆(指长木棍)不同。

段 duàn
(鍛、锻、煅)

【字形】金  篆 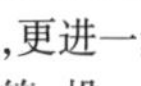 今篆 

隶 段锻煅 草 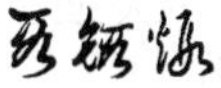

【构造】会意字。金文从殳(手持锤)从厂(山崖)从两点(敲下的石块),会手持锤于山崖锤击取石之意。篆文整齐化。隶变后楷书写作段。是“锻”的本字。

【本义】《说文·殳部》:“段,椎物也。从殳,耑省声。”非“耑省声”,析形不确。本义为锤击。

【演变】段,本义指❶锤击:锻欲其~之坚。敲击则断开，故引申为❷断开，分段：于是～齐城、高唐为两，直将蚁附平陵。用作名词，引申指❸事物或时间的一截：挥剑将蛇斩为数～｜一～时间｜一～文章。如今用以指❹工矿企业中的一级行政单位：机务～｜工～长。

“段”为引申义所专用，锤击之义便另加义符“钅”写作“鍛”（如今简化作锻）来表示。

○锻，从钅从段会意，段也兼表声。读duàn，本义指将金属加热后锤打：～乃戈矛，砺乃锋刃｜～铁｜～造｜～工｜～压。打铁离不了火，故此义后又另造了“煅”字。

○煅，从火从段会意，段也兼表声。读duàn，本义为❶烧炼，烧制：当年因大闹天宫时被老君放入八卦炉内，～过一番。此义如今用“锻”。又指❷锤炼诗句，使之精警：宿醒投未正，新句～初成。又特指❸一种中药制法，指把药材放在火里烧，以减少烈性：但恐如草药，～炼得无性了，救不得病耳｜～石膏｜～龙骨。

【组字】段，如今既可单用，也可作偏旁。现今仍归入殳部。凡从段取义的字皆与锤炼、分开部分等义有关。

以段作声兼义符的字有：煅、锻、碫。

以段作声符的字有：塅、缎、椴。

便 biàn；pián

【字形】金 篆 隶 草

【构造】会意字。金文从人，右边是一种带疙瘩的鞭形，会鞭打使人服帖之意。篆文鞭形讹为更，实际与“更”不同。隶变后楷书写作便。参见鞭。

【本义】《说文·人部》：“便，安也。人不便，更之。从人、更。”析形不确。本义为鞭打使人服帖。

【演变】便，读pián，由本义鞭打使人服帖，用作形容词，引申泛指❶妥帖，安适：百姓皆得暖衣饱食，～宁无忧。如今用作“便宜”一词，表示❷价格低：买点～宜菜。

又读biàn，由安适引申为❸有利，合宜，方便：因利乘～，宰割天下，分裂河山｜～宜行事｜～利｜轻～。由方便又引申为❹简便，非正式的：昏后，陵～衣独步出营｜～条｜～餐。又引申为❺敏捷：～言多令才。排出屎尿则安适，故引申指❻大小便：郎有醉小～殿上。用作副词，表示动作随即进行或反问，相当于❼就，即，岂：善属文，举笔～成，无所改定｜若无书籍兼图画，～不教人白发生？用作连词，表示让步，相当于❽即使，纵然：～真个有虎，老爷也不怕。

【组字】便，如今既可单用，也可作偏旁。现今仍归入人部。凡从便取义的字皆与反复拍击、扁平等义有关。

以便作声兼义符的字有：缏、鲠、鞭。

以便作声符的字有：媥、楩、鯾。

俩 liǎ；liǎng （倆）

【字形】古 今篆 隶 草

【构造】会意兼形声字。古文从亻（人）从兩会意，兩也兼表声。隶变后楷书写作倆。如今简化作俩。

【本义】《集韵·养韵》：“倆，伎倆，巧也。”本义当为两个。

【演变】俩，读liǎ，用作数词，本义指❶两个（一般前有名词或代词，后不接量词）：兄弟～已经回去了｜姐儿～｜夫妻～。“俩”后带名词，则泛指❷不多的几个：买～火烧吃｜借～钱花｜仨瓜～枣。

又读liǎng，用作“伎俩”，指❸技能，技巧：法家之流，不能创思远图，而能受一官之任，错（同措）意施巧，是为伎～。引申指❹手段，花招：弄假成真，以非为是，都是你弄出这个伎～｜鬼蜮伎～。

贷 dài （貸、貣）

【字形】金 篆 隶 草

【构造】形声兼会意字。如今的贷有两个来源：一个是金文，从貝，弋声，弋也兼表求取之意，表示借入。篆文一形承之并整齐化。另一个是篆文二形，从貝，代声，代也兼表替换之意，表示施予，给予。隶变后楷书分别写作貣与貸。如今皆简化作贷。

【本义】《说文·贝部》:“貸,施也。从貝,代声。”本义为施予,给予。又:“貣(tè),从人求物也。从貝,弋声。”本义指借人。

【演变】贷,本义指❶施予,给予:宋公子鲍礼于国人,宋饥,竭其粟而~之。引申指❷借出:宁积粟腐仓而不忍~人一斗|银行~给他一笔款子。借用作“貣”,又指❸贷入:家贫,假~无所得|~款买房。用作名词,指❹贷款:信~|农~。由施予又引申指❺宽恕:持下(下人)以法,虽亲旧无所纵~|严惩不~。后又进而引申指❻将责任推给他人,即推卸:守土之臣,责无旁~。

○貣,从貝,弋声。读 tè,本义指❶求乞:眼既失明,乞~自济。引申指❷借贷:府中公金钱私~用之,与盗同法。又指❸宽恕:有犯治不~。又通“忒”,指❹变更,差错:如四时之不~。

【组字】贷,如今既可单用,也可作偏旁。现今仍归入贝部。凡从贷取义的字皆与给予等义有关。

以贷作声符的字有:蟘。

垈 jiàn

【字形】古  今篆  隶  草 

【构造】会意字。古文从代从牛会意。代从弋取声,弋为木橛,牛表示有力,会用柱子斜着支撑使正之意。隶变后楷书写作垈。

【本义】《字汇·牛部》:“垈,屋斜用垈。”本义为用柱子斜着支撑倾斜的房子使正。

【演变】垈,本义指❶用柱子斜着支撑倾斜的房子使正:打~拨正。又指❷一种用土石堆砌成的挡水设施:拦河排钉桩木,设立梁~。

修 xiū

(脩)

【字形】甲 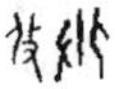 金  篆 

隶  草 

【构造】会意兼形声字。甲骨文一形从攴从人,会修治之意;二形另加一道流水。金文承甲骨文二形将流水断开,以强调修治之意。篆文承甲骨文二形,另加义符彡,成为从彡(表装饰)从攸(表整治),会进行修饰整治之意,攸也兼表声。隶变后楷书写作修。旧又借用作脩,从月(肉),攸声,攸也兼表长之意,本义为干肉条。皆是“攸”的加旁分化字。

【本义】《说文·彡部》:“修,饰也。从彡,攸声。”本义为修饰。

【演变】修,本义指❶修饰:美要眇兮宜~|~辞立其诚。引申指❷整治,修理:~守战之具|~缮|~补|~复|~正|~剪。又引申指❸修造:乃重~岳阳楼|兴~水利|~筑。用于文字,指❹书写,创作:孙子膑脚,兵法~列|~书一封|~史。修饰的目的是臻于完美,故用于抽象意义,指❺品德、学问的研修:德之不~,学之不讲……是吾忧也|~养|进~。又指❻宗教方面的修行:为性率达,不拘小检,~行者颇共疑之|~道|~仙。修饰的结果是完美,故又引申指❼美,善:老冉冉其将至兮,恐~名之不立。又表示❽长,远:路曼曼其~远兮,吾将上下而求索。又借用作脩(本义为干肉条),表示❾送给老师的薪金:束~多添两吊钱。

○脩,读 xiū,本义指❶干肉条:女贽不过榛栗枣~,以告虔也。引申指❷致送教师的薪金:学校皆收~金,惟必须极廉。又引申指❸干枯:中谷有蓷,暵其~矣。又用作❹修。

【组字】修,如今既可单用,也可作偏旁。现今归入人部。凡从修取义的字皆与修饰等义有关。

以修作声符的字有:滫。

保 bǎo

(呆、㑅、孚、緥、褓、堡、待)

【字形】甲  金  古 

篆 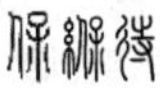 今篆 

隶 

草 

【构造】会意字。甲骨文从人从子,会人背负孩子之意。金文误将搂孩子的手省写成一撇丿,异体则误将甲骨文字形中的“子”和搂抱孩子的“手”讹成呆。古文将其独立成字。篆文承金文异体并整齐化。隶变后楷书承古文和篆文分别写作保和呆。

【本义】《说文·人部》："保，养也。从人，从孚省。"所释为引申义。本义当为负子于背。《说文》所谓的"孚省"，实际即"呆"，是省去了手，只留下子和臂的变形，与"保"同义。后来独立出来，变读作 dāi，用以表示婴儿呆头呆脑的样子。徐灏《说文解字注笺》认为"呆"是"槑"的省略，恐怕不妥。

【演变】保，本义指❶负子于背：夫知～抱携持厥妇子，以哀吁天。引申为❷养育：若～赤子。又引申为❸安定：～民而王，莫之能御。又引申为❹保护：南土是～｜～卫｜～持｜～障｜～守。用作名词，指❺养育的人，即保姆：～受乃负之｜爱赤子不慢其～。又引申指❻负责教养的官，即太保（三公之一）：召公为～，周公为师。又引申指❼襁褓：昔成王幼小，越（语助）在襁～。此义后另加义符"衣"写作"褓"。又引申指❽佣工：穷困，赁佣于齐，为酒人～。大人、保姆是孩子的依凭，故又引申为❾仗恃，凭借：据有荆益，～其险阻。又指❿依附：萧、曹恐，逾城～高祖。又引申指⓫起保护作用的小城：焚我郊～，冯陵我城郭。此义后作"堡"。

又借用作"孚"，表示⓬担保，保证：令五家为比，使之相～。再引申为⓭保甲：五家为～，～有长｜～甲法。

〇呆，是由"保"独立出来的分化字，变读作 dāi，用以表示❶婴儿呆头呆脑的样子。引申泛指❷傻，笨，不灵活：～头～脑｜～板｜痴～。此义后也写作"獃"，从犬，豈声，如今规范化仍用呆。又借作"待"，表示❸停留：～两天再走｜～在那里不动。

〇褓，从衤从保会意，保也兼表声。异体作緥，从糸。今以褓为正体。读 bǎo，本义指❶把小孩兜在背上的布兜：襁～。引申借指❷婴儿时期：曾孙虽在襁～，犹坐（因……获罪）收系郡邸狱。

〇堡，从土从保会意，保也兼表声。读 bǎo，本义指❶小城：各聚众五千，据险筑～以自固。引申指❷堡垒：消灭了鬼子的碉～。又用作❸地名：吴～县。

又读 pù，用同❹铺：十里～。

〇待，从彳（街道）寺（侍立在那里）会意，寺也兼表声。读 dài，本义指❶等候：多行不义，必自毙，子姑～之｜时不我～｜严阵以～｜～机｜等～。引申指❷对待，招待：古之君子，其责己也重以周，其～人也轻以约｜以礼相～｜优～。

又读 dāi，表示❸停留：在这儿多～几天吧。

【组字】保，如今既可单用，也可作偏旁。现今仍归入人部。凡从保取义的字皆与养育、保护等义有关。

以保作声兼义符的字有：堡、葆、煲、褓、褒。

以保作声符的字有：湺。

促 cù

【字形】篆 隶 促 草

【构造】形声兼会意字。篆文从人，足声，足也兼表快行动之意。隶变后楷书写作促。

【本义】《说文·人部》："促，迫也。从人，足声。"本义为时间短，紧迫。

【演变】促，本义指❶时间短：～～薄暮景｜早知人命～，秉烛夜行游｜何命～而意长｜长来觉日月益～｜短～。时间短则紧急，故引申指❷急迫，赶快：（操）令军中～为攻具｜急～。由时间短又引申指❸（空间距离）靠近：合尊（同樽）～席｜～膝谈心。又进而引申指❹狭窄：江左地～，不如中国（中原）。用作动词，又引申指❺催促，推动：日色～归人，连歌倒芳樽｜督～｜～进。

侮 wǔ

【字形】甲 金 籀 篆 隶 侮

草

【构造】会意兼形声字。甲骨文从人从捆缚双手之母，会欺负轻慢妇女之意，母也兼表声。金文改为从每，每与母同，也兼表声。籀文改为从人从捆绑之女，突出欺慢之意。篆文承金文并整齐化。隶变后楷书写作侮。

【本义】《说文·人部》："侮，伤也。从人，每声。"本义为伤害，轻慢。

【演变】侮，本义指❶轻慢，不放在眼里：禁而不止，则刑罚～｜刑当罪则威，不当罪则～｜～蔑。又引申指❷欺负：不～矜（同鳏）寡，不畏强御｜淮阴屠中少年有～（韩）信者｜抵抗外～｜御～。

俭 jiǎn (儉)

【字形】篆　隶 俭儉　草

【构造】形声兼会意字。篆文从人，僉声，僉也兼表检点自己之意。隶变后楷书写作儉。如今简化作俭。

【本义】《说文·人部》："儉，约也。从人，僉声。"本义为思想、行为上都能约束节制自己。

【演变】俭，本义指❶思想行为上都能约束节制自己：夫子温良恭~让以得之｜晋公子广而~，文而有礼。约束自己则不奢华，故引申指❷简朴，节省：礼，与其奢也，宁~｜顾人之常情，由~入奢易，由奢入~难｜~朴｜勤~。又借作"险"，表示❸高：谁爱风流高格调，共怜时世~梳妆。

俗 sú

【字形】金　篆　隶 俗　草

【构造】形声兼会意字。金文和篆文皆从人，谷声，谷也兼表似水流布之风气之意。隶变后楷书写作俗。

【本义】《说文·人部》："俗，习也。从人，谷声。"本义为风俗，习惯。

【演变】俗，本义指❶风俗，习惯：入国而问~，入门而问讳｜移风易~｜民~｜旧~｜习~。风俗带普遍性，故又引申指❷大众的，普通的：~谚曰："教妇初来，教儿婴孩。"｜通~｜~话。由普遍的又引申指❸趣味不高雅的：~儒不知变｜~不可耐｜~气｜庸~｜粗~。佛教以出家为尚，视未出家为俗，故又引申指❹与出家为僧相对：自幼舍~出家，在白马寺中修行｜还~｜僧~｜~家。

信 xìn;shēn

【字形】金　古　篆　隶 信　草

【构造】会意字。金文和古文皆从人从口会意。篆文改为从人从言，用人口所言会真实之意。隶变后楷书写作信。

【本义】《说文·言部》："信，诚也。从人，从言，会意。"本义为言语真实。

【演变】信，读 xìn，本义指❶言语真实：~言不美，美言不~。引申泛指❷诚实，有信用：与朋友交而不~乎？｜有威~｜守~。又引申指❸确实：舜其~仁乎？真实就可信，又引申指❹相信：始吾于人也，听其言而~其行｜~巫不~医｜~仰｜~托｜~任。由相信又引申指❺信奉：至于光武之世，笃~斯术｜~徒｜~男~女｜~教。相信则听从，又引申指❻任从，任意：低眉~手续续弹｜~口开河｜闲庭~步。真实的则可做凭证，又引申指❼凭证，符信：大人有所招呼，则刻木为~｜印~｜~号｜~物。又引申指❽携带凭证或传递信息的人，信使：谢公与人围棋，俄而谢玄淮上~至。由信使又引申指❾消息，音讯：雪里已知春~至｜口~儿｜报~。进而又引申指❿书信：往得其书~，遂不取答｜介绍~｜证明~｜家~｜写~。又特指⓫引信：贯药按~而后，外以木架匡(框)围。

又读 shēn，借作"伸"，表示⓬伸张：欲~大义于天下。

【组字】信，如今既可单用，也可作偏旁。现今仍归人人部。凡从信取义的字皆与语言真实等义有关。

以信作义符的字有：儚。

以信作声兼义符的字有：媪。

以信作声符的字有：歆。

侵 qīn;qǐn

【字形】甲　金　篆　隶 侵　草

【构造】会意字。甲骨文从手持帚，从牛，会持帚渐进扫牛身上的灰尘之意。如今农村仍有此俗。金文去牛加人，突出了人持帚扫之意。篆文承金文并整齐化。隶变后楷书写作侵。

【本义】《说文·人部》："侵，渐进也。从人、又，持帚若埽之进。又，手也。"本义为持帚一下一下渐进扫牛身。

【演变】侵，读 qīn，由持帚一下一下渐进扫牛身，引申泛指❶渐进：是岁，天子始巡郡县，~寻于泰山矣｜病以~剧｜~淫。又引申指❷接近：白发无情~老境｜~晨。又引申指❸侵蚀：加以风雨稍~，渐致亏坠。又引申指❹进犯，

侵占:齐侯以诸侯之兵～蔡。又引申为❺欺凌:豪暴～凌孤弱。又引申为❻侵夺:禁～掠|～吞|～渔。又引申指❼沉重:上疾稍～。

又读 qǐn,特指❽形貌短小丑陋:武安者,貌～,生(平生)贵甚。

【组字】侵,如今既可单用,也可作偏旁。作偏旁时或省作𠬶。现今仍归入人部。凡从侵取义的字皆与渐进等义有关。

以侵(𠬶)作声兼义符的字有:浸、骎、锓、寝。

以侵(𠬶)作声符的字有:唚、梫、祲、葠(参)。

侯 hóu;hòu (𥎦、矦)

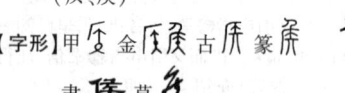

【字形】甲 金 古 篆 隶 侯 草

【构造】象形兼会意字。甲骨文象张挂的射布(即后来的靶子)形。下加矢以突出射布之意。金文一形大同,二形另加义符"人",表示人所射,成了会意字。古文承金文一形。篆文承金文二形并整齐化。隶变后楷书分别写作写作𥎦与矦。俗作侯。如今规范化用侯。

【本义】《说文·矢部》:"侯,春飨所射侯也。从人,从厂,象张布,矢在其下。"本义为古代射礼所用的射布,即后来的箭靶。

【演变】侯,读 hóu,本义指❶古代射礼所用的射布,箭靶:终日射～,不出正(靶心)兮。古代群居,能为众射兽除害者则以为长,故引申指❷君主:利居贞,利建～|凡诸～同盟,于是称名。又特指❸五等爵位的第二等:王者之制爵禄,公、～、伯、子、男,凡五等。又泛指❹达官贵人:王～将相宁有种乎?又用作❺士大夫之间的一种尊称:李～有佳句,往往似阴铿。

又读 hòu,用作❻地名:闵～。

【组字】侯,如今既可单用,也可作偏旁。现今𥎦、矦仍归入矢部,侯则归入人部。凡从侯取义的字皆与射箭用的靶子等义有关。

以侯作声符的字有:候、猴、喉、堠、緱、瘊、糇、篌。

肙 yuān (囦、淵、渊、𣶒)

【字形】甲 金 古 篆 今篆 隶 肙 渊 淵 囦 草

【构造】象形兼会意字。甲骨文象一潭深水形。金文将潭的轮廓变为亞形并另加义符水,中为泉眼流水形。古文改为从口中有水,成了会意字。篆文承甲、金、古文分为三体。隶变后楷书分别写作囦、肙与淵。淵如今简化作渊,为正体。肙、囦只作偏旁,肙作偏旁时或简化作𣶒。

【本义】《说文·水部》:"淵,回水也。从水,象形,左右岸也,中像水皃。肙,淵或省水。囦,古文从口、水。"本义为泉眼形成的洄水。

【演变】肙,本义指打漩的水,因其形表义不够明显,便又另加义符"氵"写作"淵"(今简作渊)。

○肙,本义为❶洄流水:流水之潘(通蟠,盘曲)为～。引申指❷深水,深潭:如临深～,如履薄冰|积水成～,蛟龙生焉|鱼跃于～|天～之别|深～。又引申指❸人、物聚集的地方:宛为大都,士之～薮。由深水,又引申泛指❹深,深厚:仲氏任只,其心塞～|学业～博。泉水聚而成渊,故又引申指❺源头:(仲舒)为群儒首;然考其师友～源所渐,犹未及乎游、夏。

【组字】肙,如今不单用,只作偏旁。现今归入丿部。凡从肙取义的字皆与泉眼形成的洄水等义有关。

以肙(𣶒)作声兼义符的字有:渊、婣(姻)。

以肙作声符的字有:蜵、鼘。

以囦作声符的字有:㥺、涃。

臾 kuài;kuì (臾、甴、臾、蕢、蒉、隤、隤)

【字形】甲 金 古 篆 隶 蕢 隤 隤 草

【构造】会意字。甲骨文上从臼(两手),中为草田器镈(𠁥),下从土块,会双手持农具镈清除杂草或击碎土块整治田地之意;是"贵"的先行字、"蒉"的初文。甲骨卜辞中即有"王令多尹贵田”之记录。二形省去农具镈。金文一形承甲骨文二形,将双手与土块相合,土块讹变成小点,就失去了原形。古文一形承之并简讹,即《说文》所列古文,双手讹变,就看不出手形了。篆文一形承之,仍保留了双手的轮廓。隶变后楷书写作臾。因与当拖拉死人讲的“臾”形相近,为了相区别曾稍变其形写作二形“皃”,后来二字相混,都写作“臾”。作偏旁时则写作“⿰”。金文和古文二形是“贵”字。参见贵、臾。

【本义】《说文·艸部》:“蕢,草器也。从艸,贵声。臾(应为皃),古文蕢。象形。《论语》曰:‘有荷臾(皃)而过孔氏之门者。’”释为草筐是借义,本义当为手持农具清除杂草、击碎土块、整治田地。《说文长笺》:“须皃之皃,从申从乙。今作臾。乃古蕢字也。”析形不确。但释为古蕢字,说明皃正是“蕢”的初文。

【演变】皃,本义为❶手持农具清除杂草、击碎土块、整治田地。《说文》误释为❷用竹木等编的草筐。

这一形象既表示田器,又表示土块,又表示败坏。由于“臾”(皃)用作了“貴”的偏旁,其义便以貴为基础另加义符艹造了“蕢”字来表示,如今简化作蒉。

○蒉,从艹从贵会意,贵也兼表声。读 kuì,由本义田器,引申泛指❶盛土的草筐,草袋:子击磬于卫,有荷~而过孔氏之门者|将军之在即墨,坐而织~,立则丈插|以一~障江、河,用没其身。又指❷草鞋:时予一足已无~,跣一足行。

又读 kuài,通“块”,表示❸土块:土鼓、~桴(用草和土抟成的鼓槌)、苇籥,伊耆氏之乐也。清除下的草易腐烂,故又表示❹腐烂,败坏:故水郁则为污,树郁则为蠹,草郁则为~。此义后又分化为“殨”“潰”“隤”三字。参见贵。

○隤,从阝(阜),贵声。读 tuí,由本义草腐败,引申泛指❶败坏:李陵既生降,~其家声。由于其从阝(阜)取义,故又指❷崩坠:盘石险峻,倾崎崖~。又指❸跌倒掉下,毁坏倒塌:先者~陷,则后者以谋|宅后古墙因雨~陷。又通“頹”,指❹马病:我马虺~。

【组字】皃(⿰),如今不单用,只作偏旁,作偏旁时用⿰。现今仍归入臼部。凡从皃(⿰)取义的字皆与土块、败坏等义有关。

以皃(⿰)作声兼义符的字有:贵。

舁 yú

【字形】甲  金  篆  隶 舁 草 

【构造】会意字。甲骨文和金文都是四只手共抬物形,表示一起抬起。篆文省为四手并整齐化。隶变后楷书写作舁。俗作舁,上边“臼”讹为“臼”。如今规范化用舁。

【本义】《说文·舁部》:“舁,共举也。从臼,从廾。读若余。”本义为共同抬起。

【演变】舁,本义指❶共同抬起:~尸而归。引申为❷带,载:车载牲,瓮~酒。

【组字】舁,如今既可单用,也可作偏旁。现今归入臼部。凡从舁取义的字皆与共同抬起等义有关。

以舁作义符的字有:舁、婣、與(与)、輿、興(兴)、䢅(要、䙴)。

叟 sōu;sǒu (叜、搜、蒐)

【字形】甲  篆 

隶 叟 搜 蒐 草 

【构造】会意字。甲骨文从又(手)持火在宀(房屋)中,会在室内搜索之意。篆文整齐化。隶变后楷书写作叜。异体作叟。如今以叟为正体。是“搜”的本字。

【本义】《说文·又部》:“叜,老也。从又,从灾。”析形不确,所释为引申义。本义当为搜寻。

【演变】叟,读 sōu,本义指❶搜寻。

又读 sǒu,火在古代是神圣之物,要由族中德高望重的长辈掌管,这种人自然是老者,故引申尊称❷老者:~,不远千里而来,亦将有以利吾国乎?|童~无欺|老~。

“叟”后来专用以表示老者,寻找之义便另加义符“扌”写作“搜”来表示。过去也借用“蒐”表示。

○搜,从扌从叟会意,叟也兼表声。读 sōu,本义指❶寻求:独旁~而远绍|~集|~寻|

~罗。引申指❷搜查：于是惠子恐，~于国中三日三夜|~身|~捕。

〇蒐，从艹从鬼会意。读 sōu，本义指❶茅蒐，即茜草。古人认为“人血所生”，故从鬼。过去也借用作“搜”，表示❷搜求：于是讲八代之礼，~三王之乐。如今规范化用搜。

【组字】叟，如今既可单用，也可作偏旁。现今仍归入又部。凡从叟取义的字皆与来回寻找、隐匿不见等义有关。

以叟作声兼义符的字有：搜、廋、瞍、馊。

以叟作声符的字有：嗖、馊、溲、飕、螋、艘、嫂、瘦。

顺 shùn (順)

【字形】甲 金 籀 篆 

隶 顺 順 草 

【构造】会意字。甲骨文从頁（人头）从巛（川），会人的思路像水流一样顺。金文一形大同，二形改为从心，表示心情舒畅。籀文大同。篆文整齐化。隶变后楷书写作順。如今简化作顺。

【本义】《说文·頁部》：“順，理也。从頁，从巛。”所释为引申义。本义当为顺应，依顺，心情舒畅。

【演变】顺，本义指❶顺应，依顺，心情舒畅：不识不知，~帝之则|~从|归~|~心。引申指❷沿着同一方向：~风而呼，声非加疾也，而闻者彰|~水行船。又引申指❸趁便：~手牵羊|~手关灯|~便。由依顺又引申指❹和顺：知子之~之，杂佩以问之。又引申指❺符合事理，有次序：名不正，则言不~；言不~，则事不成|~理成章|~序。由顺序又引申指❻通顺：文从字~。

皇 huáng (煌、遑、徨、惶、凰)

【字形】甲 金 籀 

篆 今篆 

隶 皇 煌 遑 惶 徨 凰

草 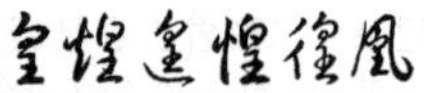

【构造】象形字。甲骨文象一火把形，王声，王也兼表盛大之意。金文象点着的灯形，下边是灯座，中间是灯碗，一点表示里面盛满了油，上边是灯焰，会光焰盛大明亮之意。籀文大同，下边讹为王。篆文承籀文并整齐化，上边又讹为自。隶变后楷书写作皇，上边省作白，更近古意。

【本义】《说文·王部》：“皇，大也。从自，自，始也，始皇者，三皇大君也。自，读若鼻，今俗以始生子为鼻子。”这显然是根据后来的字形和认识所作的解说。本义当为灯火辉煌。是“煌”的本字。

【演变】皇，由本义指灯火辉煌，引申泛指❶辉煌：服其命服，朱芾斯~。又引申指❷盛美，庄严：舞~~。又引申指❸伟大：~矣上帝，临下有赫|~天厚土。又敬称❹天神，先人：吉日兮辰良，穆将愉兮上~|~览揆余初度兮，肇锡余以嘉名|~考。又特指❺远古的帝王：故夫三~五帝之礼仪法度，不矜（注重）于同而矜于治。又泛指❻君主：朕始为~帝|奋布衣以登~位。凤凰羽毛盛美，遂用以称❼雌凤：凤~于飞，翽翽（huì）其羽。

灯火除了有辉煌的特点外，还有晃动不定的特性，所以古代也用“皇”来表示匆忙不安定或惊惧慌张等义。为了分化字义，“皇”后来专用以表示盛大、君王等义，灯火辉煌之义便另加义符“火”写作“煌”来表示，匆忙不安定之义则加义符“辵”写作“遑”来表示，徘徊不定之义则另加义符“彳”写作“徨”来表示，惊惧慌张之义则另加义符“忄”写作“惶”来表示，雌凤之义则受“凤”字同化写作“凰”来表示。

〇煌，从火从皇会意，皇也兼表声。读 huáng，本义指光明，明亮：昏以为期，明星~~|金碧辉~。

〇遑，从辶从皇会意，皇也兼表声。读 huáng，本义指❶匆忙：孔子栖栖，疾固（社会弊病）也；墨子~~，闵（同悯）世也|~急。又指❷闲暇：心之忧矣，不~假寐（坐着打盹）。

〇徨，从彳从皇会意，皇也兼表声。读 huáng，本义指徘徊不定的样子：出户独彷~，愁思当告谁。

〇惶,从忄从皇会意,皇也兼表声。读huáng,本义指❶恐惧,慌张:诚~诚恐。引申指❷迷惑,不知所措:出门看火伴,火伴皆惊~。

〇凰,本作皇,受"凤"字同化而为凰。读huáng,本义为雌凤:有羽之虫三百六十而凤~为之长|凤求~。

【组字】皇,如今既可单用,也可作偏旁。现今归入白部。凡从皇取义的字皆与盛大、辉煌等义有关。

以皇作声兼义符的字有:凰、惶、徨、煌、遑。

以皇作声符的字有:隍、湟、蝗、篁、鳇。

泉 quán (錢、钱)

【字形】甲　金　古　篆　隶 泉 钱 錢　草

【构造】象形字。甲骨文象水从泉眼里流出形,中间象缝隙出水。金文和古文简化。篆文承甲骨文省去水并整齐化。隶变后楷书写作泉,讹为合体字。

【本义】《说文·泉部》:"泉,水原(源)也。象水流出成川形。"本义为泉水。

【演变】泉,本义指❶泉水:毖(泌)彼~水,亦流于淇|矿~水。又泛指❷地下水:短绠不可以汲深井之~。泉水在地下,人死埋于地下,故又用以指❸人死所埋的地方,即黄泉:往事渺茫都似梦,旧游零落半归~|命归黄~。上古钱币作泉形,取其流通不竭,故又用以指❹钱币:凡称贷之家,出~参(叁)千万。此义后用"錢"(如今简化作钱)来表示。

〇钱,从钅从戋会意,戋也兼表声。读jiǎn,本义指❶古代的一种农具,用来铲土:命我众人,庤(储备)乃~镈。

又读qián,古代以农具"钱"用作交易物,故后来遂专用以表示❷钱币:景王二十一年,将铸大~|十块~。引申泛指❸财物:有~有势。又特指❹铜钱:花了两吊~。又指❺像铜钱样的东西:榆~。又用作❻市制的重量单位:十~为一两。

【组字】泉,如今既可单用,也可作偏旁。现今归入水部。凡从泉取义的字皆与泉水等义有关。

以泉作义符的字有:鰵、灥。

以泉作声兼义符的字有:腺、嵲。

以泉作声符的字有:葲、騡、瑔、楾、錝、線(线)、鳈。

皈 guī

【字形】古　今篆　隶 皈　草

【构造】会意字。古文从反从白,会返璞归真之意。隶变后楷书写作皈,是为翻译梵文而造的字。

【本义】《字汇补》:"皈,与归同。"本义为返璞归真。

【演变】皈,本义指❶归向佛教:始觉浮生无住著,顿令心地欲~依。又表示❷返回:我儿当去,原期三年,何因六载不~。

皅 pā (葩)

【字形】古　篆　隶 皅 葩　草

【构造】会意兼形声字。古文从艹从白会意,表示草花白。篆文从白从巴,巴也兼表声。隶变后楷书写作皅。

【本义】《说文·白部》:"皅,草花之白也。从白,巴声。"本义为草花白。

【演变】皅,本义指草花白,引申泛指花。由于"皅"作了偏旁,其义遂另加义符"艹"写作"葩"来表示。

〇葩,从艹从皅会意,皅也兼表声。读pā,本义指❶花:天地烟煴,百卉含~|奇~。引申泛指❷华美:《诗》正而~。

【组字】皅,如今不单用,只作偏旁。现今仍归入白部。凡从皅取义的字皆与花义有关。

以皅作声兼义符的字有:葩。

鬼 guǐ

【字形】甲　金　籀

篆 隶 草

【构造】象形字。由甲骨文"醜"( )所从的偏旁看,甲骨文"鬼"当是由大猩猩的形象简化来的,用以表示鬼怪;异体或另加示,盖为戴着鬼面具的巫师进行祭祀神灵。金文承甲骨文大同,异体或加出止(脚),以强调祭祀活动。籀文承甲骨文二形大同。篆文承金文二形加出尾巴,实为脚的讹变。隶变后楷书写作鬼。

【本义】《说文·鬼部》:"鬼,人所归为鬼。从人,象鬼头。鬼阴气贼害,从厶。"这是根据后来人们对鬼的迷信认识所作的解说。本义当指奘大、丑陋、诡谲,出没于山林的大猩猩这类猿类动物。一些字所从的"鬼头",实是大猩猩的头。

【演变】鬼,由本义奘大、丑陋、诡谲,出没于山林的大猩猩这类猿类动物,引申泛指❶万物的精灵:此~固不过知一岁事耳|妖为~蜮必成灾。迷信特指❷人死后离开形体而存在的灵魂:新~烦冤旧~哭。由鬼的神秘,又比喻❸隐秘莫测:故明主之行制也天(深不可测),其用人也~;天则不非(非难),~则不困|神出~没。又引申指❹阴险,不光明:~~祟祟|~头~脑|~话。又引申指❺糟糕恶劣的:~天气|这~地方。又引申指❻不可告人的勾当:心中有~|搞什么~。又引申昵称❼聪明、机敏的孩子:调皮~|机灵~|小~。又指❽对人的蔑称或憎称:假洋~子|烟~。由鬼的超凡力量,又引申指❾技艺的精巧:~斧神工|~设神施。又引申指❿超凡,与常人不同的:~才。

【组字】鬼,如今既可单用,也可作偏旁。现今仍设鬼部。凡从鬼取义的字皆与奘大、丑恶、妖魔等义有关。

以鬼作义符的字有:鬽、鬾、𩲡、𩴾、魂、魄、魅、魃、魆、魇、魈、魍、魉、醜(丑)、魊、魋、魌、魐、魑、魒、魓、魔、魕、魖、謉、𩵕。

以鬼作声兼义符的字有:嵬、魁、魏。

以鬼作声符的字有:瑰、槐、傀、愧、塊(块)。

禹 yǔ

【字形】金 古 篆

隶 草

【构造】象形字。禹与内同源。金文一形象叉住一条头、身、尾俱全的爬虫鳄鱼形,二形突出了头部。古文头部更形象。篆文承金文,分为繁简二体。隶变后楷书分别写作内与禹。内,后成了一部分表示动物的字的标志,只作偏旁。禹则成了大禹的专名。参见内。

史载,上古时候,菏泽市鄄城境内有雷泽,是北方巨型湾鳄的生息之地。传说,舜时有一个叫董父的人,擅养龙,舜赐其为豢龙氏,即养鳄之人。鄄城的雷泽是伏羲的故乡,黄帝尧舜的出生地,是大禹治水的地方。禹,最初乃是捉鳄鱼的象形。先民以鳄鱼为图腾,鳄鱼又叫猪婆龙,龙与水相关,是龙文化的滥觞。大禹治水,疏通河道,消除水患,人们敬仰他,故称之为禹,意谓神龙之意。参见内、龙。

【本义】《说文·内部》:"禹,虫也。从内,象形。"本义为鳄鱼。

【演变】禹,本义为❶鳄鱼。大概古代的夏部落以之为族徽,故借之指❷夏部落开国之君:~疏九河|大~治水。

【组字】禹,如今既可单用,也可作偏旁。现今归入丿部。凡从禹取义的字皆与虫有关。

以禹作声兼义符的字有:踽。

以禹作声符的字有:龋、瑀。

追 zhuī

【字形】甲 金 篆 隶 草

【构造】会意兼形声字。甲骨文从止从𠂤(简弓形,象征师旅)。止是一只脚,表示持弓追击敌人;二形或又加上半条街彳(道路),以强调追击,遂成为从辵(辶)从𠂤会意,𠂤也兼表声,追击之意也更明确。金文承接甲骨文大同。篆文整齐化。隶变后楷书写作追。

【本义】《说文·辵》:"追,逐也。从辵(辶),𠂤声。"本义为以兵追击敌人。

【演变】追,本义为❶追击敌人:公~戎于济西|~敌。引申泛指❷追赶,随从:急起直~|~时髦|

~随|~捕。又引申指❸追求，寻求：介子忠而立枯兮，文君寤而~求|~名逐利|~索。进而引申指❹追究：有诉掠夺者即其人也，乃加~治，吏大惊，郡以为神|~查|~赃|~问。又引申指❺追溯过去：盖~先帝之殊遇，欲报之于陛下也|慎终~远|~怀|~悼|~念|~悔。又引申指❻事后补救：往者不可谏，来者犹可~|~加预算|~谥|~肥|~赠|~认。

【组字】追，如今既可单用，也可作偏旁。现今仍归入辶部。凡从追取义的字多与追击有关。以追作声兼义符的字有：缒、槌。

盾 dùn

【字形】甲  金  篆 

隶 盾 楯 草 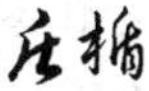

【构造】象形兼会意字。甲骨文象人持物蔽目形。金文繁化，下从目，上厂象盾之侧视形，十象盾之握，表示打仗时防护身体、遮挡刀剑的牌子之意。篆文承金文并整齐化。隶变后楷书写作盾。异体作楯，另加义符木。如今规范化用盾。楯另表他义。

【本义】《说文·盾部》："盾，瞂（fá，自函谷关而东对盾的称呼）也，所以扞身蔽目。象形。"本义为盾牌。

【演变】盾，本义指❶盾牌：哙即带剑拥~入军门|矛~。又比喻❷支持和援助的力量：后~。又指❸像盾牌的物品：金~|银~。

〇楯，从木从盾会意，盾也兼表声。读dùn，本义指❶盾牌：献杨~六十于简子。又泛指❷防卫之物：彼有法理以为~也。

又读shǔn指❸栏杆的横木，或泛指栏杆：宫殿四面栏，纵者云槛，横者云~|中有高台，环以宝~。

又读chūn，指❹木名。

【组字】盾，如今既可单用，也可作偏旁。现今归入目部。凡从盾取义的字皆与盾牌、遮蔽等义有关。

以盾作义符的字有：瞂、瞂。

以盾作声兼义符的字有：遁。

以盾作声符的字有：循、腯。

衍 yǎn

【字形】甲  金  古  篆  隶 衍

草 

【构造】会意字。甲骨文从水从行，会大水循河漫流之意。金文和古文大同稍简。篆文整齐化。隶变后楷书写作衍。

【本义】《说文·水部》："衍，水朝宗于海也。从水，从行。"本义为大水循河漫流。

【演变】衍，由大水漫流，引申指❶溢出：东注太湖，~溢陂池。又引申为❷动植物滋生繁茂：繁~。又引申为❸延伸，展开：推~。又引申为❹多余：既无~文（古籍刊抄时误增的字句），又无绝绪。

【组字】衍，如今既可单用，也可作偏旁。现今归入彳部。凡从衍取义的字皆与漫流等义有关。

以衍作声符的字有：愆。

律 lǜ（建、㦯、硉）

【字形】甲  金  篆 

今篆  隶 律 㦯 硉

草 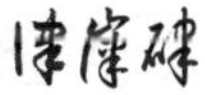

【构造】会意字。律与建当为一个来源，"建"的甲骨文（）是手持篙撑船形，"律"也当是由此形演变而来的。将甲骨文中"建"所从的人省去，留下手持篙，再将船换成半条街，以强调动作性，就成了甲骨文的"律"，用以表示撑船时持篙一举一送反复均匀而有规律的动作。金文大同，手指穿过篙。篆文进而将手持篙讹为"聿"（手持笔），并加以整齐化，就成了隶变后楷书的"律"字。这一过程，从"建"字由甲骨文到金文（）到篆文（）的演变过程可得验证。参见建。

【本义】《说文·彳部》："律，均布也。从彳，聿声。"析形不确，所释亦为引申义。本义当为持篙行船。

【演变】律，由撑船时持篙一举一送反复均匀而有规律的动作，引申为❶规律，法则：著之话

言,为之~度|周期~|定~|格~|戒~。又特指❷法令,法律:断讼务精于~|~师。又引申指❸以法治理:~以重典。又引申指❹约束:严于~己,宽以待人。又特指❺我国古代审定乐音高低标准的管状仪器,共十二管,奇数六管叫律,偶数六管叫吕,统称十二律:邹子一吹~,能回天地心。由撑船时篙的一高一低,又引申为❻山势突兀高出:南山~~。此义后另加义符“山”写作“嵂”。又指❼冲击,击打:上击下~|~一顿鞭子。此义后写作硉。

○嵂,从山,律声。读lǜ,本义为❶高起,突出:岂惟秋官,奋兴~起。用作“嵂崒”,形容❷高耸的样子:高岳前~崒。

○硉,从石,律声。读lù,本义为❶冲击,击打:~岩腰而沫沸,淙隘口而湍咽|用鞭子猛~。用作“硉硉”,形容❷勤勉不懈的样子:然则贸之~~勤苦。用作“硉矹”,亦作“硉兀”,形容❸高耸,突出:挐金龙之蟠蜿,挂天珠之~矹。

【组字】律,如今既可单用,也可作偏旁。现今仍归入彳部。凡从律取义的字皆与一高一低有规律撑船的动作有关。

以律作声兼义符的字有:嵂、硉。

以律作声符的字有:葎、捙、嵂。

须 xū
(須、鬚、盨)

【字形】甲 金 篆 今篆 隶 须 須 鬚 草

【构造】象形字。甲骨文象人口下长胡须形。金文繁化,画出了头面,象人脸上长胡子的样子。篆文整齐化。隶变后楷书写作須。如今简化作须。

【本义】《说文·須部》:“須,面毛也。从頁,从彡。”本义为胡子。

【演变】须,本义指❶胡子:高祖为人,隆准(鼻)而龙颜,美~髯|我堂堂~眉,诚不若彼裙钗|~发皆白。引申泛指❷像胡须的东西:触~|花~|根~。胡须等到一定的年龄必当长出,故又引申指❸等待:夕宿兮帝郊,君谁~兮云之际。此义后另加义符“立”写作“盨”来表示,如今简化仍用“须”。引申指❹须臾,少待片刻:罢不能,不待~而废。又引申为❺必定,应当:使孔子知颜渊愈子贡,则不~问子贡|务~。

“须”为引申义所专用,胡须之义后另加义符“髟”写作“鬚”来表示。如今简化仍用须。

【组字】须,如今既可单用,也可作偏旁。现今归入页部。凡从须取义的字皆与胡须等义有关。

以须(須)作义符的字有:顮、顭、頿(髯)、頾(髭)。

以须(須)作声兼义符的字有:嚬、盨、謈、鬚(须)。

以须作声符的字有:湏、媭、澃、盨。

叙 xù
(敍、敘)

【字形】甲 篆 今篆 隶 叙 敍 草

【构造】会意兼形声字。甲骨文从又(手)从余(茅屋),会铺排茅草为屋之意,余也兼表声。篆文改为从支并整齐化,其义不变。隶变后楷书分别写作叙、敍、敘。如今规范化用叙。

【本义】《说文·攴部》:“敘,次弟(第)也。从攴,余声。”所释为引申义。本义当为铺排茅草为屋。

【演变】叙,本义指铺排茅草为屋,铺苫茅草有一定的次序,故引申指❶排列顺序:德以~位,能以授官。用作名词,指❷次序,次第:四时不失其~,风雨不降其虐。又引申指❸按次第评议晋升官职:陈寔等冒险远至,宜蒙诠(选拔)~。记述需要排列语词,故又引申指❹记叙,叙说:臣闻五帝三王,皆立史官,~录功美,垂之无穷。又引申指一种文体,即❺序(古代置于卷末,后来放在卷首):《说文解字~》。

【组字】叙,如今既可单用,也可作偏旁。现今归入又部。凡从叙取义的字皆与次第等义有关。

以叙作声符的字有:溆。

弇 yǎn
(揜、掩)

【字形】金 篆 隶 弇 揜 掩

草

【构造】会意字。金文从廾(两手)从合,会覆盖之意。篆文整齐化。隶变后楷书写作弇。

【本义】《说文·廾部》:"弇,盖也。从廾,从合。"本义为覆盖。

【演变】弇,本义指❶覆盖,遮蔽:塞其涂,~其迹。引申指❷器物敛口:~则声郁勃不出也。又引申指❸狭窄:行及~中,将舍。又引申指❹深邃:其器宏以~。由覆盖又引申指❺相合,承袭:法禹、舜而能~迹者邪?

由于"弇"作了偏旁,其义便另加义符"扌"写作"揜"来表示,后又另造了异体"掩"。

○揜,从扌从弇会意,弇也兼表声。读yǎn,本义指❶趁人不备突然袭击,或捕捉:上使使~梁王,梁王不觉,捕梁王|~袭|~捕|~杀。引申为❷困迫,急迫:率乎直指,~乎反乡。又指❸承袭:教诲开导成王,使谕于道,而能~迹于文武。又引申指❹遮没,遮蔽,掩盖,蒙蔽:~其不善而著其善|~于众人之言。又通❺奄。

○掩,从扌从奄会意,奄也兼表声。是揜的后起字。如今规范化以掩为正体。读yǎn,本义指❶遮盖:君子斋戒,处必~身|~饰。又指❷稍微闭合:~门|~口|~卷。又引申指❸隐蔽,囊括,盖过,超过:~贼为藏|畋不~群|势拔五岳~赤城|~藏。又引申指❹突然袭击,捕捉:阴伏万人,将以~燧|皆穷相收~,无得遗脱|~袭。

【组字】弇,如今不单用,只作偏旁。现今仍归入廾部。凡从弇取义的字皆与覆盖等义有关。

以弇作声兼义符的字有:揜。

以弇作声符的字有:鞥。

剑 jiàn
(鐱、劔、劒、劎、劍)

【字形】金　籀　篆　今篆

隶 剑 劍 鐱 劔 劒 劎

草

【构造】形声兼会意字。金文从金,佥声,佥为众人合,也兼表合多金以铸剑之意。籀文从刀。篆文改为从刃。隶变后楷书分别写作鐱和劔。异体作劒、劎和劍。如今皆简化作剑。

【本义】《说文·刃部》:"劔,人所带兵(兵器)也。从刃,佥声。劍,籀文劔,从刀。"本义为古代的一种兵器,长条形,两面有刃。

【演变】剑,本义指古代的一种兵器:(里克)伏~而死|项籍少时,学书不成,去;学~,又不成|~拔弩张|口蜜腹~|唇枪舌~|宝~。

俞 yú;shù
(兪、腧)

【字形】甲　金　篆

今篆　隶 俞 腧　草

【构造】会意字。甲骨文从舟,右为表示前进的符号,会行船之意。金文从舟,右为表示向前的一弯流水,会在水上行船之意。或再加一弯水流为巜(kuài),以突出行船之意。篆文整齐化。隶变后楷书写作兪。如今规范化作俞。今又借作腧。

【本义】《说文·舟部》:"俞,空中木为舟也。从亼,从舟,从巜。巜,水也。"本义为在水上行船。

【演变】俞,读yú,本义指❶在水上行船。又指❷挖空树木做的原始船。古代借为叹词,表示❸应允:帝曰:"~,予闻。"|~乎,朕其试哉!如今主要用作❹姓。

又读shù,借作腧,指❺人体上的穴位:治藏(脏)者治其~|臣意教以经脉高下及奇络结,当论~所居。

○腧,从月(肉)从俞会意,俞也兼表声。读shù,本义指人体上的穴位:五脏五~,五五二十五~;六府六~,六六三十六~。

【组字】俞,如今既可单用,也可作偏旁。现今归入人部。凡从俞取义的字皆与通畅、穿穴等义有关。

以俞作声兼义符的字有:谕、喻、逾、愉、揄、愈、腧、输、窬。

以俞作声符的字有:偷、渝、嵛、觎、毹、瑜、榆、蝓、貐。

俎 zǔ

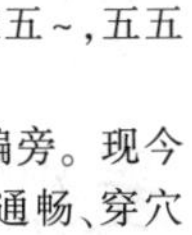

【字形】甲　金　篆　隶 俎　草

【构造】会意字。俎与宜同源,因表义侧重不同,分化为两个字。甲骨文从且(雄性生殖器)从多(两块肉),会在神祖前的几案上置放牛羊等祭品进行祭祀之意。金文为了强调摆放祭品的几案之意,便给"且"加出腿并将肉移于且旁。篆文整齐化。隶变后楷书写作俎,专用以表示摆放祭牲的礼器几案。

【本义】《说文·且部》:"俎,礼俎也。从半肉在俎上。"本义为古代祭祀时置放牲体的礼器。

【演变】俎,本义指❶古代祭祀时置放牲体的礼器:鸟兽之肉不登于~|越~代庖。引申泛指❷切肉用的砧板:如今人方为刀~,我为鱼肉,何辞为?

【组字】俎,如今既可单用,也可作偏旁。现今归入人部。凡从俎取义的字皆与砧板等义有关。以俎作声兼义符的字有:葅(菹)。

逃 táo

【字形】甲 金 篆 隶 逃 草 逃

【构造】形声兼会意字。甲骨文从彳,从二人相背,会背离而逃走之意。金文二人相背讹为兆声。篆文改为从辵(辶),兆声,兆也兼表占卜显示的卦象为走之意。隶变后楷书写作逃。

【本义】《说文·辵部》:"逃,亡也。从辵,兆声。"本义为逃走。

【演变】逃,本义指❶逃走:~未及远,市者还,得童大骇|~跑|~脱|奔~|遁~。引申指❷躲避:霜吹破四壁,痛苦不可~|~避|~荒|~债|~难。

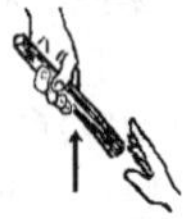

爰 yuán

(援、䋊、緩、缓)

【字形】甲 金 篆

隶 爰 援 缓 緩 䋊

草 爰 援 緩 緩

【构造】会意字。甲骨文象上边一只手(爪)持棍或绳,让下边的人用手(又)抓住,将其缓慢拉引上去之状,其中一丿象征拉引趋向,以此来会拉引之意。金文加出箭头,以突出拉引趋向。篆文中间讹为于。隶变后楷书写作爰。

【本义】《说文·𠬪部》:"爰,引也。从𠬪,从于。"本义为拉引。当是"援"的本字。

【演变】爰,本义指❶拉引:绵诸(人名)乞~。引申指❷缓慢的样子:有兔~~。由于篆文"爰"讹为从"于",故后来借用作虚词,表承接,相当于❸于是:筑室百堵,西南其户;~居~处,~笑~语。又借用作发语词,相当于❹曰:~有寒泉,在浚之下。

"爰"为借义所专用,拉引之义便另加义符"扌"写作"援"来表示,缓慢之义则另加义符"糸"写作"緩"来表示。

〇援,从扌从爰会意,爰也兼表声。读yuán,本义指❶拉引:嫂溺~之以手|攀~。引申指❷帮助:盖失强~,不能独完|孤立无~|支~|~助|声~。又引申指❸拿过来:~玉枹兮击鸣鼓。又引申指❹引用:~引他经,失其句读|~例。

〇缓,本作䋊,从素从爰会意,爰也兼表声。后省作緩,从糸。今简作缓。读huǎn,本义指❶宽松:相去日已远,衣带日已~。引申指❷缓慢:~步当车|轻重~急|迟~。用作动词,又引申指❸延缓,推迟:刻不容~|~兵之计。由宽松又引申指❹和缓:~冲地带|他的口气~了下来|舒~。口语中又表示❺从危急中恢复过来:他~了一口气说。

【组字】爰,如今既可单用(较少),也可作偏旁。现今归入爪部。凡从爰取义的字皆与缓慢、拉引等义有关。

以爰作声兼义符的字有:援、媛、湲、猨、缓、暖。

以爰作声符的字有:瑗、谖。

爯 chēng

(偁、稱、称、秤)

【字形】甲 金 篆 今篆

隶 爯 称 稱 秤 偁

草 爯 稱 秤 偁

【构造】会意字。甲骨文象用爪(覆手)提举一尾简鱼形,会提举之义。金文大同。篆文整齐化。隶变后楷书写作爯。

【本义】《说文·冓部》:"爯,并举也。从爪,冓省。"本义为用手提举一尾鱼。

【演变】爯，本义指❶手提举一鱼。引申泛指❷提举。手举鱼的目的，大概是这条鱼很大，提起来掂一掂分量；也许是拿给人看，向人夸赞，所以又引申为❸称量。又指❹称赞。

为了分化字义，后来便用“爯”专表提举之义，掂量之义则另加义符“禾”写作“稱”来表示，夸赞之义则另加义符“亻”写作“偁”来表示。如今规范化，三义都用“稱”来表示。同时还派生出一个“秤”字，用以表示称量的工具，如“用秤称一称”。

○称，繁体从禾从爯会意，爯也兼表声。如今简化作称。读 chēng，本义指❶称量轻重：~物平施｜~~这菜的分量。由称量引申指❷举起：~彼兕觥｜~觞。由举起，用于抽象意义，指❸推举，推荐：祈奚请老，晋侯问嗣焉，~解狐。进而引申指❹称赞，称道：~人之美则爵之｜~许。此义后作偁，如今规范化也用称表示。由称道，又引申指❺述说：其知不足~也｜连声~好。由称说又引申指❻称为，叫作：妇~夫之父曰舅，~夫之母曰姑｜~王~霸。

又读 chèn，称量是为了事物相当，故引申指❼适合：~心如意。

又读 chèng，由称量，引申指❽称量用的工具：令官市同度量，钧衡石，角斗~，端权概。为了分化字义，此义后俗另用“秤”来表示。

○偁，从人从爯会意，爯也兼表声。读 chēng，作为“稱”的古字，本义为❶称举：~尔戈。又指❷称赞：~，扬也｜~，誉也。又指❸称谓，述说：男子著氏，妇人~姓。氏所以别贵贱，贵者有氏，贱者有名无氏｜亦何必图写镌刻~述记录，以自美而夸末俗耶？如今“偁”之含义皆用“稱”来表示。

○秤，从禾从平会意，平也兼表声。读 chèng，本义指称量用的工具：吾心如~，不能为人作轻重。

另外金文有一“”字，像秤物重的权衡之形，右是立柱，上架横杆，左为系物之钩，横杆中央是可移动的识码，其下坠着权（秤砣），正是“秤”（称）之形象，是“秤”（称）的象形字，也是“成”的本义，故“秤”（称）、“成”皆有“平”义。《尚书·牧誓》有“称尔戈，比尔干，立尔矛”之语，“称尔戈”义即戈是短兵器，行军时可平扛在肩上。《陈书·高祖纪上》有“中外成平，遐迩宁一”，亦含和平义。由于“”乃原始的族徽，后遂另用会意字“秤”（称）来表示，并且将其省简则演变为甲、金文的“成”字。可备一说。参见成。

【组字】爯，如今不单用，只作偏旁。现今归入爪部。凡从爯取义的字皆与提举等义有关。以爯作声兼义符的字有：偁、稱（称）。

食 shí；sì
（饣、飼、饲、飤、蝕、蚀）

【字形】甲  金 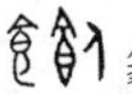 篆 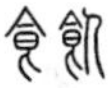
今篆  隶 食 饲 飼 飤
草 

【构造】会意字。甲骨文上边是个倒口，下边是食器中盛满了饭，两点象征香气，会张口吃饭之意；或另加义符人，表示给人吃。金文大同。篆文整齐化。隶变后楷书分别写作食与飤。食作左旁时如今简化作饣。

【本义】《说文·食部》：“食，一米也。从皀，亼声。或说亼皀也。”析形不确。本义当为张口吃饭。

【演变】食，读 shí，本义指❶张口吃饭：硕鼠硕鼠，无~我黍。用作名词，指❷吃的东西：衣~所安，弗敢专也，必以分人。又转指❸俸禄：君子谋道不谋~。又泛指❹供食用的：~物｜~油。由吃食又引申为❺吞没，背弃：尔无不信，朕不~言。日月之食，古人认为是太阳和月亮被吞吃了，故又引申指❻日食，月食：君子之过也，如日月之~焉。此义后写作“蝕”，如今简化作蚀。参见蚀。

又读 sì，用作使动，表示❼拿东西给……吃，供养，喂养：谨~之，时而献焉。此义也用“飤”（sì）表示，后又另造了“飼”来表示，如今皆简作饲。

○饲，从饣从司（以匙进食）会意，司也兼表声。读 sì，本义为❶给人或动物吃：子推自割而~君兮，德日忘而怨深。后专指❷喂养动物：~养员｜~料。

【组字】食，如今既可单用，也可作偏旁。现今仍设食部。凡从食取义的字皆与吃、食物等义有关。

以食作义符的字有：饤、饥、饦、饧、饨、饩、饪、饫、饭、饮、饯、饱、饲、饳、饴、饵、饶、饷、饸、饹、饺、饻、饼、饽、饾、饿、馀、馁、馂、馃、馄、馅、馆、馇、馈、馉、馊、馋、馌、馍、馎、馏、馐、馑、馒、馓、馔、馕、飡、飧、飨、餋、餈、養、餍、餐、餮、饔、饕。

以食作声兼义符的字有：蚀。

以食作声符的字有：饬、饰。

盆 pén

【字形】金　篆　隶 盆　草

【构造】会意兼形声字。金文和篆文皆从皿从分，会底小口分张而大的器皿之意，分也兼表声。隶变后楷书写作盆。

【本义】《说文·皿部》："盆，盎也。从皿，分声。"本义为一种口大底小的圆形器皿。

【演变】盆，本义指❶一种口大底小的圆形器皿：大～盛水，置剑其上｜莫笑田家老瓦～，自从盛酒长儿孙｜脸～｜花～。又用作❷量词：两～小花｜一～米。又比喻❸盆状的事物：～地。

【组字】盆，如今既可单用，也可作偏旁。现今仍归入皿部。凡从盆取义的字皆与盆状等义有关。

以盆作声符的字有：湓。

狮 shī（獅）

【字形】古　今篆　隶 狮 獅　草

【构造】形声兼会意字。古文原本借師表示，后来才另加义符犭写作獅，从犭(犬)，師声，師也兼表威猛之意。如今简化作狮。

【本义】《玉篇·犬部》："狮，猛兽也。"本义为狮子。

【演变】狮，本义指狮子：～子出西域诸国，状如虎而小，黄色｜王敬则梦骑五色～子。

独 dú（獨）

【字形】篆　隶 独 獨　草

【构造】形声兼会意字。篆文从犬，蜀声，蜀也兼表一个之意。隶变后楷书写作獨。如今简化作独，声旁省作虫，出自宋元小说、杂剧。犬好斗，常独自不成群，故表示单独。

【本义】《说文·犬部》："獨，犬相得而斗也。从犬，蜀声。"犬好斗，故常独自不成群。基本义为独自，一个。

【演变】独，基本义指❶一个，独自：故君子必慎其～也｜回闻卫君，其年壮，其行～｜～子无兄弟，归养｜而吾以捕蛇～存｜～断专行｜～门～户｜匠心～运｜～具只眼｜～到见解｜～幕话剧｜～生子｜～立｜～唱｜～裁。引申指❷自私：这人做事特～。又特指❸老而无子的人：老而无妻曰鳏，老而无夫曰寡，老而无子曰～，幼而无父曰孤｜鳏寡孤～。用作副词，表范围，相当于❹只有，仅仅，难道：其人与骨皆已朽矣，～其言在耳｜非～贤者有是心也，人皆有之｜～不念先帝托付之重乎？

【组字】独，如今既可单用，也可作偏旁。现今仍归入犭(犬)部。凡从独取义的字皆与独自等义有关。

以独作声符的字有：薥。

狡 jiǎo（姣）

【字形】篆　隶 狡 姣　草

【构造】形声兼会意字。篆文从犬，姣省声，姣也兼表美好之意。隶变后楷书写作狡。

【本义】《说文·犬部》："狡，少狗也。从犬，交声。"本义为少壮的狗。

【演变】狡，本义指❶少壮的狗：～狗之死也，割之有濡(血脉润)。引申指❷年少而美：不见子充，乃见～童。又引申指❸强健：养壮～。又引申指❹狡猾：～兔死，走狗烹｜～诈｜～辩｜～徒。又用作姣，表示❺淫乱：忿戎王之淫～，秽宣后之失贞。

〇姣，从女从交会意，交也兼表声。读xiáo，表示❶淫乱：弃位而～，不可谓贞。

又读jiāo，本义指❷容体壮大美好：前有楼阙轩辕，后有长～美人。引申指❸妩媚：嫫母～而自好。

狱 yù（獄）

【字形】金　篆　隶 狱 獄 草

【构造】会意字。金文从狱(二犬相咬)从言，会双方像两犬吠咬一样争讼不下之意。篆文整齐化。隶变后楷书写作獄。如今简化作狱。

【本义】《说文·狱部》："獄，确也。从㹜，从言。二犬，所以守也。"《说文通训定声》："狱，讼也。"本义为争讼不下。

【演变】狱，本义指❶争讼，打官司：谁谓女无家，何以速我～(让我吃官司)。又指❷诉讼案件：小大之～，虽不能察，必以情。又指❸刑狱：罪无大小，动辄兴～，而士大夫缄口畏罪矣|文字～。又指❹判决书：(张汤)并取鼠与肉，具～磔堂下。又引申指❺监牢：～，犴也。夏曰夏台，殷曰羑里，周曰囹圄|身幽北阙，妻子满～|余在刑部～，见死而由窦出者日三四人。

【组字】狱，如今既可单用，也可作偏旁。现今归入犬部。凡从狱取义的字皆与诉讼等义有关。

以狱作声符的字有：嶽(岳)、鸑。

饶 ráo (饒)

【字形】篆　隶 饶 饒 草

【构造】形声兼会意字。篆文从食，尧声，尧(窑包)也兼表满多之意。隶变后楷书写作饒。如今简化作饶。

【本义】《说文·食部》："饒，饱也。从食，尧声。"本义为饱。

【演变】饶，本义指❶饱：沃地之民多不才者，～也。引申指❷多，丰足，富厚：邹鲁多鸿儒，燕赵～壮士|～有趣味|富～|丰～。用作使动，又指❸使多，增益：大王能～人以爵邑，士之顽钝嗜利无耻者，亦多归汉。又进而引申指❹另外增添：吃饱了，还能～一个馒头|白～|～头。由多给又引申指❺宽恕，宽容：日月流迈不相～，令我愁思怨恨多|～恕|讨～|告～|这回决不～你。又借用作"任"，表示❻任凭，尽管：～是少年今白头。

蚀 shí (蝕、蝕)

【字形】古　篆　今篆　隶 蚀 蝕

草

【构造】会意兼形声字。古文从虫从食会意，食也兼表声。篆文从虫从飤(吃)会意，飤也兼表声。隶变后楷书写作蝕。俗承古文作蝕。如今简化作蚀，为正体，是"食"的加旁分化字。参见食。

【本义】《说文·虫部》："蝕，败创也。从虫、人、食。食亦声。"本义为虫等蛀伤物。

【演变】蚀，本义指❶虫等蛀伤物：月照天下，～于詹诸(蟾蜍)。引申泛指❷损伤亏耗：翠屏(山)为水所～，山骨嶙峋|侵～|腐～|～本|剥～|风～。又特指❸日食，月食：日月薄～。

饺 jiǎo (餃)

【字形】古　今篆　隶 饺 餃 草

【构造】形声兼会意字。古文从食，交声，交也兼表交合之意。隶变后楷书写作餃。如今简化作饺。

【本义】后起字。《正字通·食部》："饺，或曰今俗饺饵。或谓之粉角。北人读角如矫，因呼饺饵，讹为饺儿。"本义为半圆形有馅儿的面食。

【演变】饺，本义指半圆形有馅儿的面食：一样是只有一寸来大的小～儿|过年的～子都包好了|今天咱们包～子吃。

饼 bǐng (餅)

【字形】篆　隶 饼 餅 草

【构造】形声兼会意字。篆文从食，并声，并也兼表并合之意。隶变后楷书写作餅。如今简化作饼。

【本义】《说文·食部》："餅，面餈(稻饼)也。从食，并声。"本义为圆而扁的熟面食。

【演变】饼，本义指❶圆而扁的熟面食：每买～，所从买家则大雠(售)|烧～|烙～|馅～|月～。

又引申指❷形状像饼的东西：呼子女出拜，赵一一赐以～金｜豆～｜柿～｜铁～。作量词，用于❸饼状物：羊子尝行路，得遗金一～（数量定语后置），还以与妻。

胆 dǎn（膽）

【字形】篆 今篆 隶 胆 膽 草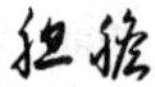

【构造】形声兼会意字。篆文从月（肉），詹声，詹也兼表供给足之意。隶变后楷书写作膽。如今简化借"胆"来表示，从月（肉），旦声，旦也兼表显露之意，本义为口脂泽。

【本义】《说文·肉部》："膽，连肝之府（同腑）也。从肉，詹声。"本义为胆囊。

【演变】胆，作为本字，本义指❶口脂泽。

作为膽的简化字，本义为❷胆囊：越王勾践反（同返）国，乃苦身焦思，置～于坐（同座），坐卧即仰～，饮食亦尝～也｜卧薪尝～｜肝～｜～酸。引申指❸胆量，勇气：将军瞋目张～，出万死不顾之计，为天下除残｜你好大～｜子龙一身都是～｜～大心细｜明目张～｜～小如鼠｜～怯。又引申指❹像胆样在内里的东西：瓶～｜球～。胆在体内，故又引申指代❺心意：今不同心～共举功名，反欲守妻子财物邪？｜肝～相照。

胜 shèng；shēng；xīng（勝、鮏、腥）

【字形】甲 金 篆

隶 胜 勝 鮏 腥

草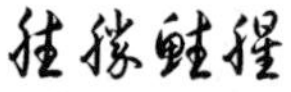

【构造】形声兼会意字。金文从力，朕声，朕也兼表能任撑船之意。篆文整齐化。隶变后楷书写作勝。如今简化，借"胜"来表示。胜，甲骨文本从鱼从自（鼻子），会鼻子闻到鱼腥味之意；异体改为从鱼，生声，生也兼表活的之意。篆文承之并整齐化；异体改为从肉（月）从生。"胜"借用作"勝"以后，其义便又借用"腥"来表示。腥从肉从星会意，星也兼表声。隶变后楷书分别写作鮏、胜、腥。

【本义】《说文·力部》："勝，任也。从力，朕声。"本义为能够承担。又《肉部》："胜，犬膏臭也。一曰不孰（熟）也。从肉（月），生声。"本义为臭气。又《肉部》："腥，星见食豕，令肉中生小息肉也。从肉，从星，星亦声。"本义为病猪肉中像星或米粒的息肉。

【演变】胜，作为本字，本作鮏，读 xīng，本义为❶臭气、腥气。

旧读 shēng（今统读 shèng），借用为"勝"的简化字，本义指❷能够承担：沛公不～杯勺｜不～其烦｜～任。引申指❸尽：谷与龟鳖不可～食，材木不可～用｜数不～数｜美不～收｜不～枚举｜不～感激。

又读 shèng，由胜任引申指❹胜利：不知彼而知己，一～一负｜百战百～｜无往不～｜得～回朝｜大获全～。又进而引申指❺超过：质～文则野，文～质则史｜此时无声～有声｜略～一筹｜聊～于无。由胜过用作形容词，又表示❻雅的，优美的：好施亦为～事｜～景难遇｜～地。又特指❼名胜古迹：欲览环州～，维舟步石矶。

"胜"为借义所专用，臭气之义便又另借"腥"来表示。

○腥，读 xīng，本义指❶病猪肉中像星或米粒的息肉。引申泛指❷生肉：君赐～，必熟而荐之｜戒荤～｜他不吃～。借用作"胜"的替代字，又表示❸腥臭气：～臊恶臭而伤腹胃｜遍地～风｜血～｜～臭。用作名词，表示❹腥气之物：～臊并御，芳不得薄兮。

【组字】胜，如今既可单用，也可作偏旁。现今仍归入月部。凡从胜取义的字皆与承担等义有关。

以胜作声符的字有：䏭。

脉 mài；mò（脈、衇、脈）

【字形】籀 古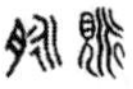 篆

今篆 隶 脉 脈 衇 眽 覛

草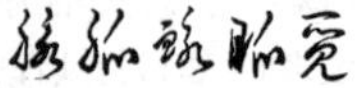

【构造】会意兼形声字。籀文从血从𠂢（水支流），会像水一样流动的血脉之意，𠂢也兼表声。古文从月（肉）从永（水流）会意。篆文承之并整齐化。隶变后楷书写作衇。俗承古文

作脉。如今规范化,以脉为正体。现在又借用以表示眽(从目从𠂢会意,𠂢也兼表声)和覛(从見从𠂢会意,𠂢也兼表声)的含义,表示斜视。

【本义】《说文·𠂢部》:"衇,血理分衺行体者。脈,衇或从肉。"《玉篇·肉部》:"脈,同脉。"本义为血脉。

【演变】脉,读 mài,本义指❶血脉,脉搏:在血~,针石之所及也|动~|静~|~象。引申指❷像血脉一样的:水~漂疾,破害舟船|来龙去~|矿~|地~|山~|叶~。又引申指❸重要的:国~微如缕|命~。

又读 mò,借用作"眽",表示❹目含情相视而不语的样子:盈盈一水间,~~不得语。

○眽,从目从𠂢(水斜流),会斜视之意,𠂢也兼表声。读 mò,用作"眽眽",表示相视的样子:目~~兮寤终朝。后为"脉脉"所代替。

匍 pú

【字形】金 篆 隶 匍 草

【构造】形声兼会意字。金文从勹(曲身人),甫声,甫也兼表铺开之意,表示人趴伏爬行。篆文整齐化。隶变后楷书写作匍。是"匍匐"的急声字。

【本义】《说文·勹部》:"匍,手行也。从勹,甫声。"本义为趴伏爬行。

【演变】匍,用作联绵词"匍匐",旧也作"匍伏""蒲伏"等,本义指❶趴伏爬行:赤子~匐将入井,非赤子之罪也|蝮蛇行~伏,四拜自跪而谢|~匐前进。又指❷趴伏:孝子亲死,悲哀志懑,故~匐而哭之|~匐在地。又引申指❸竭力:凡民有丧,~匐救之。

【组字】匍,如今用于联绵词"匍匐"中,也可作偏旁。现今仍归入勹部。凡从匍取义的字皆与趴伏爬行等义有关。

以匍作声兼义符的字有:葡。

訇 hōng
(訩、询)

【字形】甲 金 篆 隶 訇 询 訩 草

【构造】会意兼形声字。甲骨文从口从勻(省),会遍询之意,勻也兼表声。金文改为从言,含义相同。是"询"的初文。篆文整齐化,勻讹为勹。隶变后楷书写作訇。

【本义】《说文·言部》:"訇,骇言声。从言,勻省声。"所释为引申义。本义当为询问,请教。

【演变】訇,本义指❶请教。借作象声词,泛指❷声音大:洞天石扉,~然中开。又用作❸译音字:阿~。

"訇"为借义所专用,请教之义便另造了"訩"字来表示。如今简化作询。

○询,从讠,旬声。读 xún,本义指❶请教,征求意见:先民有言,~于刍荛(割草打柴的人)|咨~|~问|探~。引申指❷查考,查问:以人中雷而死,即~其身,中头则须发烧焦,中身则皮肤灼焚|查~。

【组字】訇,如今既可单用,也可作偏旁。现今仍归入言部。凡从訇取义的字皆与声音等义有关。

以訇作声兼义符的字有:揈(轰)。

孕 qióng
(惸、嬛、嬃、茕)

【字形】今篆 隶 孕 惸 嬛 嬃 草

【构造】形声兼会意字。楷书从子,旬声,旬为一个循环,故也兼表独一个之意。由于孕作了偏旁,孤独之义遂用嬃、惸、嬛来表示。

【本义】《玉篇·勹部》:"孕,孤独也。"本义为孤独。

【演变】孕,本义指❶孤独。又表示❷敬拜。

○嬃,从女从孕会意,孕也兼表声。读 qióng,本义指❶孤独:非才果不容,出守抚~嫠。借用作"嬛",又表示❷美好。

○惸,从忄从孕会意,孕也兼表声。读 qióng,本义指❶无兄弟:凡远近~独老幼之欲有复于上而其长弗达者,立于肺石(古设于朝廷门外的赤石。民得击石鸣冤。石形如肺,故名。后演化为鸣冤鼓)。引申泛指❷孤独:哿矣富人,哀此~独。此义如今用"茕"来表示。参见睘(茕)。

〇嬛,从女从睘会意,睘也兼表声。读xuān,本义指❶轻丽的样子:靓妆刻饰,便~绰约。又表示❷美好。

又读qióng,同“茕”,表示❸孤独:~~在疚。此义今用“茕”来表示。

又读huán,如今用作“琅嬛”,指❹神话中天帝藏书的地方。

【组字】孑,如今不单用,只作偏旁。现今归入子部。凡从孑取义的字皆与孤独等义有关。

以孑作声兼义符的字有:娉、惸。

盈 yíng

【字形】甲　古　篆　隶　草

【构造】会意兼形声字。甲骨文与浴同源,是一人在盆中洗浴、水充溢形。古文省去水。篆文变为从皿(盆)从夃(本是人足上移到胸前的讹变,讹为奶水充盈流出),会器满之意,夃也兼表声。隶变后楷书写作盈。参见夃。

【本义】《说文·皿部》:“盈,满器也。从皿、夃。”本义为器满。

【演变】盈,由器满引申泛指❶充满:采采卷耳,不~顷筐|恶贯满~。又引申指❷丰满,饱满:体貌丰~。又引申指❸满,圆满:月~则亏。又引申指❹旺盛:年荒蔓草~。又引申指❺自满:人道恶~而好谦。因用作“夃”,故又表示❻多出,超过:树兰~九畹,栽竹逾万个(竹一枚为个)|~利|~余。

【组字】盈,如今既可单用,也可作偏旁。现今仍归入皿部。凡从盈取义的字皆与满出等义有关。

以盈作声兼义符的字有:楹。

㲋 chuò (䨲)

【字形】甲　金　籀

篆　隶　草

【构造】象形字。甲骨文偏旁像一种似兔而大的兽形。金文稍繁。籀文稍讹。篆文综合并整齐化。隶变后楷书写作㲋。

【本义】《说文·㲋部》:“㲋,兽也。似兔,青色而大。象形。头与兔同,足与鹿同。”本义为似兔的一种动物。

【演变】㲋,本义指似兔的一种动物。后来“㲋”作了偏旁,便又另加义符“兔”写作“䨲”来表示。参见䨲。

【组字】㲋,如今不单用,只作偏旁。现今归入比部。凡从㲋取义的字皆与兔类动物等义有关。

以㲋作义符的字有:䨲。

以㲋作声符的字有:㲝。

勉 miǎn

【字形】金　篆　隶　草

【构造】形声兼会意字。金文从力,免声,免也兼表丧事尽力之意。篆文整齐化。隶变后楷书写作勉。

【本义】《说文·力部》:“勉,强也。从力,免声。”本义为尽力,努力。

【演变】勉,本义指❶尽力,努力:丧事不敢不~|~力|勤~|奋~。用作使动,引申指❷使自己或他人努力,鼓励:开府库,出币帛,周(周济)天下,~诸侯|不~己而欲~人,难矣哉|有则改之,无则加~|~励|自~|互~|劝~。由力不足而要努力去做,又引申指❸勉强:引吭和其音,力尽犹~强|~为其难|~从其言。

【组字】勉,如今既可单用,也可作偏旁。现今仍归入力部。凡从勉取义的字皆与努力、尽力等义有关。

以勉作声兼义符的字有:葂、鮸、崺、鞔、娩、鼆。

急 jí

【字形】篆　隶　草

【构造】形声兼会意字。篆文从心,及声,及也兼表追及之意。隶变后楷书写作急。

【本义】《说文·心部》:“急,褊也。从心,及声。”本义为心狭窄,狭隘。

【演变】急，由本义心狭窄，狭隘，引申指❶急躁：西门豹之性～，故佩韦（皮饰物）以自缓｜～脾气｜着～。又引申指❷紧迫，紧急严重的事：县官～索租，租税从何出？｜以先国家之～｜当务之～｜～件｜救～｜告～。进而引申指❸急速，赶快：～击勿失｜说话不～不慢｜～促｜雨～。

【组字】急，如今既可单用，也可作偏旁。现今仍归入心部。凡从急取义的字皆与狭隘等义有关。

以急作声兼义符的字有：㥛。

昝 zǎn

（朁、偺、喒、咱）

【字形】甲　金　古　篆

今篆　隶 昝 偺 喒 咱

草

【构造】会意兼形声字。昝是“朁”的讹字。甲、金文皆是器皿中盛有屠宰好的两个动物形。古文讹为从口（表说话）从兟（表插簪子），会说话像簪子一样刺人，即进谗言，兟也兼表声。篆文整齐化，改从口为从曰，其义相同。隶变后楷书本应写作朁，俗作朁，进而讹作昝。如今昝、朁表义有分工。参见朁。

【本义】《广韵·感韵》：“昝，姓也。”章炳麟《新方言·释言》：“《尔雅》：‘朕，我也。’今北音转为簪，俗作喒。”即今之“咱”字。

【演变】昝，用为第一人称代词，义同❶咱：你那里问小僧敢去也那不敢，我这里启大师用～也不用～。又用作❷姓。

由于“昝”作了偏旁，作为一人称代词，后便另加义符“口”或“亻”写作“喒”或“偺”来表示。如今规范化皆用“咱”。

〇咱，从口从自，会自己称呼自己之意。实为“自家”的合音。读 zán，本义为❶我：～八辈儿称孤道寡｜这书，～看不懂｜不是～家口大，略使权术，立退干戈。用作复数，指❷咱们（包括说话和听话的人在内）：～们只管～们的，甭管他们｜～家生活越来越好了｜～俩是同学。又借为语气助词，表示❸祈使、确定语气或语尾：将琴过来，教小姐操一曲～｜叫他来，待我嘱咐他几句话～｜思量都为我～呵，肌肤消瘦。在北方方言里“咱”又是❹“早晚”的急读合音：这～他多半不在家。

【组字】昝，如今不单用，只作偏旁。现今归入日部。凡从昝取义的字皆与插入等义有关。

以昝作声符的字有：偺、喒、糌。

贸 mào

（貿、眊）

【字形】金　篆　隶 贸 貿　草

【构造】会意兼形声字。金文从貝从卯（剖分）会意，卯也兼表声。篆文整齐化。隶变后楷书写作貿。如今简化作贸。

【本义】《说文·贝部》：“貿，易财也。从貝，卯声。”本义为交换财物。

【演变】贸，本义指❶交换财物：抱布～丝｜～易｜财～。借用作“眊”（从目，毛声），又表示❷目不明的样子：有饿者，蒙袂辑屦（拖拉着鞋），～～然来。后遂用“贸然”表示❸轻率行事：～然进攻招致失败。

【组字】贸，如今既可单用，也可作偏旁。现今仍归入贝部。凡从贸取义的字皆与财物等义有关。

以贸作声符的字有：楙。

胤 yìn

【字形】金　篆　隶 胤　草

【构造】会意字。金文从肉（表肉体）从八（表分）从幺（小丝），会从父祖分出子孙如丝相接续之意。篆文整齐化。隶变后楷书写作胤。

【本义】《说文·肉部》：“胤，子孙相承续也。从肉，从八，象其长也；从幺，象重累也。”本义为子孙相承。

【演变】胤，本义指❶子孙相承。引申指❷后代：夫许，大岳（神农之后）之～也｜～嗣。

【组字】胤，如今既可单用，也可作偏旁。现今仍归入丿部。凡从胤取义的字皆与承续等义有关。

以胤作声兼义符的字有：㴩、𦈸。

弯 wān

（彎、灣、湾）

【字形】篆 今篆 隶 弯 彎 湾 灣 草

【构造】形声兼会意字。篆文从弓，䜌声，䜌也兼表团曲之意。表示开弓搭箭。隶变后楷书写作彎。如今简化作弯。

【本义】《说文·弓部》："彎，持弓关矢也。从弓，䜌声。"本义为拉开弓。

【演变】弯，本义指❶拉开弓：士不敢~弓而报怨|擢倚天之剑，~落月之弓|只识~弓射大雕。弓拉满则变得圆曲，故又引申指❷弯曲：午登西山去，路作九曲~|月儿~~照九州。用作动词，指❸使弯曲，折弯：解下自己的皮带~作弧形。又指❹拐弯：过了那林，船便~进了叉港。又指❺弯曲的地方：臂~|河~。又指❻使船停在河弯处：~船。此义后作"湾"。

○湾，从水从弯，弯也兼表声。读 wān，本义指❶水曲：树似新亭岸，沙如龙尾~。引申指❷海湾，港湾：渤海~|广州~。用作动词，指❸泊船：分付（吩咐）水手，将船~泊。

【组字】弯，如今既可单用，也可作偏旁。现今仍归入弓部。凡从弯取义的字皆与弯曲等义有关。

以弯作声兼义符的字有：湾。

亮 liàng（亮、倞）

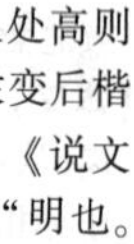

【字形】金 篆 隶 亮 草

【构造】会意字。亮，《说文》失收，段玉裁据《六书故》补入。金文从人从高，会人处高则明亮之意。篆文从儿（人）从高省。隶变后楷书本应写作亮，俗写作亮，儿讹为几。《说文通训定声·壮部》认为亮本作"倞"："明也。从人，京声。字亦作亮。汉分隶往往以亮为倞，盖隶变移人旁于京下，又省京中丨，遂为亮形。"可备一说。其实，"京"亦高义，不必曲折求说。《说文·人部》有倞字："倞，强也。从人，京声。"本义为强。

【本义】《说文解字注·儿部》："亮，明也。从儿、高省。"本义为明亮。

【演变】亮，本义指❶明亮：皎皎~月，丽（附着）于高隅|光~|~堂。引申为❷明白，清楚：睹农人之耘耔，~稼穑之艰难|打开天窗说~话|心明眼~。又引申指❸显露：~了兵器，就交起手来|~相。又引申指❹品质坦直，诚信：君子不~，恶乎执？|矩性~直，不能谐附贵势|高风~节。由明亮又引申指❺声音清晰、大：邻人有吹笛者，发声嘹~|洪~。

【组字】亮，如今既可单用，也可作偏旁。现今归入亠部。凡从亮取义的字皆与明亮、清晰等义有关。

以亮作声兼义符的字有：喨、湸。

哀 āi

【字形】金 篆 隶 哀 草

【构造】会意兼形声字。金文从口从衣（丧服），会对死丧者怜悯之意，衣也兼表声。篆文整齐化。隶变后楷书写作哀。

【本义】《说文·口部》："哀，闵（悯）也。从口，衣声。"本义为怜悯。

【演变】哀，本义指❶怜悯：吾~王孙而进食，岂望报乎？|君将~而生之乎？引申为❷悲伤：万马齐喑究可~|~愁|~痛|~泣|~求|~怨。又指❸悼念：默~。

【组字】哀，如今既可单用，也可作偏旁。现今仍归入口部。凡从哀取义的字皆与怜悯等义有关。

以哀作声符的字有：锿。

亭 tíng

【字形】金 古 篆 隶 亭 草

【构造】象形兼会意兼形声字。金文象亭形。古文从高（台上建楼形）省，从丁（钉在）会意，丁也兼表声。篆文整齐化。隶变后楷书写作亭。

【本义】《说文·高部》："亭，民所安定也。亭有楼，从高省，丁声。"本义为古代设在道旁供行人停留食宿的处所。

【演变】亭，本义指❶古代设在道旁供行人停留食宿的处所：卫飒为桂阳太守，凿山通路，列~置驿。引申为❷秦汉时的基层行政单位：大率十里一~，~有长；十~一乡。由停留食宿处

又引申指❸路边、公园供人休息的小型建筑物:有~翼然临于泉上者,醉翁~也|知春~。如今又指❹像亭的小房子:售票~|报刊~。由亭的端正直立,又引申指❺正,直,直立:~~玉立|~然不动。又进而引申指❻平均,适中:自非~午夜分,不见曦月|决河~水,放之四海|~均|~分。

【组字】亭,如今既可单用,也可作偏旁。现今归入亠部。凡从亭取义的字皆与停留、高立等义有关。

以亭作声兼义符的字有:停、婷、渟。

以亭作声符的字有:葶。

迹 jì
(逨、蹟)

【字形】金 篆 今篆 隶 迹逨蹟 草

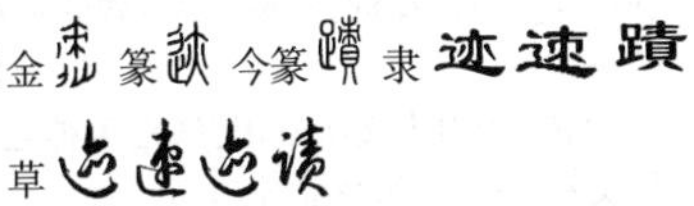

【构造】会意兼形声字。金文从辵(辶,走路)从朿,表示走路刺出的痕迹,朿也兼表声。篆文改为从辵,亦声,亦为人,也表示人走的痕迹。隶变后楷书写作逨与迹。异体作蹟、跡,改为从足,責声或亦声,責,表示刺贝取食,也兼表刺之意。如今规范化,以迹为正体。

【本义】《说文·辵部》:"迹,步处也。从辵,亦声。蹟,或从足,責声。"本义为脚印。

【演变】迹,本义指❶脚印:夫~,履之所出,而~岂履哉!|黄帝之史仓颉,见鸟兽蹄迒之~,知分理之可相别异也,初造书契|足~。又引申泛指❷痕迹,行踪:尝因积雪,门无辙~|蹑~披求|蛛丝马~|笔~|血~|行~|形~|踪~。又引申特指❸前人留下的事物:冶城访古~,犹有谢安墩|陈~|遗~。事业也是一种行迹,故又引申指❹事迹:治乱兴亡之~,为人君者,可以鉴矣|平生我愧为知己,未把英雄史~留。用作动词,表示❺追踪:汉求将军急,~且至臣家。

亲 qīn;qìng
(親、亲、榛)

【字形】金 篆 隶 亲親榛 草

【构造】形声兼会意字。金文从见,辛声,辛为梓省,农家宅院多种桑梓,故也兼表亲近之意。篆文改为从亲,与辛同。隶变后楷书本应写作親,俗写作親。如今简化用其偏旁"亲"的省形"亲"来表示。金文"亲",本从木从辛会意,辛也兼表声。篆文整齐化。是"榛"的本字,榛是家庭常用的劈柴,榛子也是常用的果实,故也兼表意。

【本义】《说文·见部》:"親,至也。从见,亲声。"本义为亲近。又《说文·木部》:"亲,果实如小栗。从木,辛声。"实为"榛"的本字。

【演变】亲,读 qīn,作为本字,本义指榛子。

借作"親"的简体字,故又表示❶亲近,亲密,接近,接触:皇天无~,惟德是辅|~贤臣,远小人,此先汉所以兴隆也|男女授受不~|~疏|~密|~吻。父母最亲近,故引申指❷父母:未有仁而遗其~者也|父~|母~|双~。有血缘关系的人也亲近,故又引申指❸有血缘或婚姻关系的:寡助之至,~戚畔之|~属|~人|至~|表~。又特指❹婚姻:然昨者凶贼叩门,夫人以~见许|许~|结~|~事。又特指❺新妇:娶~|相~。由亲近又引申指❻不经他人,由本人直接做:弗躬弗~,庶民弗信|事必躬~|~自。

又读 qìng,特指❼两家儿女婚配的亲戚关系:子衡尚新昌公主,嵩妻入谒,帝呼为~家。"亲"为借义所专用,其本义便又另造了"榛"字来表示。

○榛,从木,秦声。读 zhēn,本义指❶榛树:树之~栗。又指❷榛果:女贽不过~栗枣脩,以告虔也。又引申指❸丛生的荆棘:隐于~薄(草木丛生处)之中|草木~~(草木丛生茂盛)。

【组字】亲,如今既可单用,也可作偏旁。现今親仍归入见部,亲归入木部,亲则归入立部。凡从亲取义的字皆与接近等义有关。

以亲作声兼义符的字有:嫀、榇。

音 yīn

【字形】甲 金 篆 隶 音 草

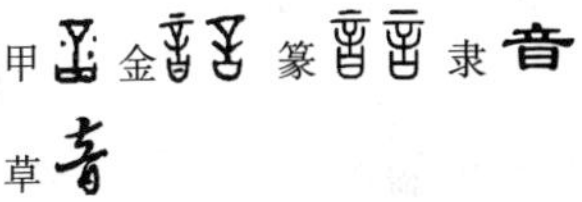

【构造】会意字。音与言同源,是由同一个甲骨文演变来的,本是口吹箫管喇叭等乐器之状,小点表示发出的声音。这声音可以是语音,也可以是乐音。为了分化字义,金文一形在口中加出一横,表示口含物发出的乐音,用不加横的表示语音。篆文承金文并整齐化。隶变后楷书分别写作音与言,分为两个字。参见言。

【本义】《说文·音部》:"音,声也。生于心有节于外谓之音。从言,含一。"本义为乐音。

【演变】音,本义指❶乐音,乐曲:寡人老矣,所好者~也,愿遂听之|善奏诸~声|五~|八~。引申泛指❷声音:燕燕于飞,上下其~|噪~|口~|话~。又引申指❸言辞:德~莫违,及尔同死。又引申指❹消息:江汉故人少,~书从此稀。

【组字】音,如今既可单用,也可作偏旁。现今仍设音部。凡从音取义的字皆与声音等义有关。

以音作义符的字有:竟、韴、韵、韶、韷、韸、韹、韺、韻、韼、韽、馨、響(响)、頀。

以音作声兼义符的字有:喑、愔、歆。

以音作声符的字有:谙、揞、暗、窨、黯。

彦 yàn

【字形】金　篆　隶 彦 草

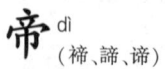

【构造】会意兼形声字。金文从文从弓,用文武双全会才德出众之意,厂声。篆文将弓讹为彡,成了彬彬有文采了。隶变后楷书写作彥。如今规范化作彦。

【本义】《说文·彣部》:"彥,美士有文,人所言也。从彣,厂声。"本义为才德出众的人。

【演变】彦,本义指才德出众的贤士:旁(广泛地)求俊~|彼其之子,邦之~兮。

【组字】彦,如今既可单用,也可作偏旁。现今归入彡部。凡从彦取义的字皆与有文采等义有关。

以彦作声兼义符的字有:谚、颜。

帝 dì
(禘、諦、谛)

【字形】甲　金　篆　隶 帝 禘 谛 諦 草

【构造】象形兼指事字。甲骨文象结扎柴草为神形,燔烧以祭天神。金文上加短横,以表示上天。篆文承之并整齐化。隶变后楷书写作帝。

【本义】《说文·丄部》:"帝,谛也。王天下之号也。从丄(上),朿声。"析形不确。本义为祭祀天神。是禘的本字。

【演变】帝,本指祭祀天神,引申指❶天神:玉皇大~。又引申指❷君王,皇帝:尧禅舜,立为~。又引申为❸主,主体:心为己~,耳目为辅相。帝国主义称霸,故又特指❹帝国主义:反霸反~。用作动词,指❺称帝:朕受天命,~有四海。

"帝"为引申义所专用,祭祀天神之义便另加义符"礻"写作"禘"来表示。

○禘,从示从帝会意,帝也兼表声。读dì,本义指❶祭祀天神,即谛祭:礼,不王(称王)不~。引申指❷细察:~者,谛也,谛其德而差优劣也。此义后用"諦"(今简作谛)来表示。

○谛,从讠从帝会意,帝也兼表声。读dì,本义指❶详审,仔细:王~料之|~听|~视。又作佛教用语,指❷真实无误的道理:偶逢赤髭侣,嘱我听真~。

【组字】帝,如今既可单用,也可作偏旁。现今归入巾部。凡从帝取义的字皆与集结、束扎等义有关。

以帝作声兼义符的字有:谛、蒂、缔、禘、啼、啻、商、蹄。

以帝作声符的字有:碲。

度 duó;dù
(庹、渡)

【字形】金　篆　今篆　隶 度 庹 渡 草

【构造】会意兼形声字。金文从厂(山崖)从斤(稍讹),会测量山崖开挖洞屋之意。篆文从又(手)从庶(简易房)省,表示测量建造房子,当是伸张两臂量长短的"庹"的本字,庶也兼表声。隶变后楷书写作度。

【本义】《说文·又部》:"度,法制也。从又,庶省声。"所释为引申义。本义当为伸张两臂量长短。

【演变】度,读 duó,本义指❶伸张两臂量长短:洋呢三十~(一度约六尺)。引申为❷计量,计算:~,然后知长短。用作抽象意义,引申指❸揣测:忖~。

又读 dù,由计量,引申指❹计量长短的器具或单位:~量衡。又引申为❺依照计算标准划分的单位:温~|十~电。再引申为❻程度,限度:高~的积极性|荒淫无~。又引申为❼法度,制度:闲习礼~。又引申为❽气量,风度:豁达大~。量一回叫一度,故又用作量词,表示❾次,回:物换星移几~秋。度量则由此至彼,故又引申为❿跨过:~日如年|欢~佳节。注意:在这个意义上"度"不能写作"渡"。"度"由度量来,用于时间上的度过;"渡"由跨过水引申来,用于空间上的越过。

"度"后来为引申义所专用,伸张两臂量长短之义便另造了"庹"字来表示。

〇庹,从尺从度省会意,度也兼表声。读 tuǒ,本义指成人两臂左右伸直时两手间的距离:塔身全是一~多长的大石头垒起来的。

〇渡,从水从度会意,度也兼表声。读 dù,本义指❶横过水面:籍与江东子弟八千人~江而西|远~重洋|~河|轮~。由渡水,引申指❷由此地转移到彼地:愿得远~以自娱,上下无常穷六区。又引申指❸跨过、通过(一个时期或阶段):这关~过去,你这点功劳我要充分酬报的|过~时期|~过难关。用作名词,又指❹过河的地方:春潮带雨晚来急,野~无人舟自横|~口。

【组字】度,如今既可单用,也可作偏旁。现今归入广部。凡从度取义的字皆与度量、跨过等义有关。

以度作声兼义符的字有:渡、镀、踱、庹。

疯 fēng (瘋)

【字形】古  今篆  隶 疯 瘋 草 

【构造】形声兼会意字。古文从疒(病),風声,風也兼表受风之意。隶变后楷书写作瘋。如今简化作疯。

【本义】后起字。《正字通·疒部》:"瘋,头瘋病。"本义为偏头痛。

【演变】疯,本义指❶偏头痛。引申指❷精神失常,癫狂:市上有~者,时卧粪土中|原来新贵人喜欢~了|失惊~|~癫|~瘫|~狂。由失常,又引申指❸粮棉作物茎叶发育过旺,不结果实:棉花都长~了|~长|~枝|~杈。

疫 yì

【字形】篆  隶 疫 草 

【构造】形声兼会意字。篆文从疒,役省声,役也兼表流役之意。隶变后楷书写作疫。

【本义】《说文·疒部》:"疫,民皆疾也。从疒,役省声。"本义为流行性急性传染病。

【演变】疫,本义为❶瘟疫,流行性急性传染病:时操军兼以饥~,死者太半|此~作也|免~力|~病|~情|防~|检~。用作动词,指❷发瘟疫:春气动,鲜不~矣。

疤 bā (瘢)

【字形】古  篆  今篆  隶 疤 瘢

草 

【构造】形声兼会意字。古文从疒,巴声,巴也兼表巴住之意。篆文从疒,般声,般也兼表似盘之意。隶变后楷书写作瘢。俗承古文作疤。二字同义。如今规范化,二字都还使用,但读音不同。

【本义】《说文·疒部》:"瘢,痍也。从疒,般声。"本义为创伤或疮疖等痊愈后的疤痕。《正字通·疒部》:"疤,俗呼疮痕曰疤。本作瘢。"

【演变】疤与瘢本为异体字,如今疤读 bā,本义指❶伤口或疮疖等痊愈后的疤痕:这模样想是决断(受杖刑)不多时的~痕|疮~|~瘌|疖~。又引申指❷器物上像疤的瘢痕:桌面上有个疖~。

〇瘢,读 bān,也表示疮伤好了之后留下的痕迹:视其面,果有~|~痕|刀~。

施 shī;yí
（攱、旖、旎）

【字形】甲 金 古 篆 今篆 隶 施 攱 旖 旎 草

【构造】形声兼会意字。施如今代表两个字：一个是甲骨文，从攴从也（蛇），表示手持器械进行捕蛇之意。捕蛇要遍地搜寻，故引申出敷布、铺陈之义。篆文整齐化，隶变后楷书写作攱。如今用"施"来表示。另一个是金文和古文，从㫃（旗帜）从也（蛇），会旗像蛇一样飘动之意，也亦兼表声。篆文整齐化。隶变后楷书写作施。

【本义】《说文·㫃部》："施，旗貌。从㫃，也声。"本义为旗帜旖旎飘动的样子。又《攴部》："攱，敷也。从攴，也声。读与施同。"本义为敷布，铺陈。

【演变】施，读 shī，作为本字，本义指❶旗帜飘动的样子。又指❷旗杆头上的缀饰物：楼烦以星～。

作为"攱"的借用字，又表示❸铺陈，敷布：～薪若一，火就燥也。引申为❹设置：又造观风行殿，下～轮轴，推移倏忽。进而引申为❺实行：～于有政，是亦为政|不得～其技巧，故屋坏弓折。又引申为❻附着，加上：楚人原未知真色，～粉何曾太白来。又引申为❼散布：云行雨～。又引申为❽给予：吾修令宽刑，～民所欲，去民所恶。

又读 yí，由飘动引申为❾逶迤斜行：蚤起，～从良人之所之。

"施"为借义所专用，旗帜飘动的样子之义，便据其慢声另造了"旖旎"二字来表示。参见旖。

【组字】施，如今既可单用，也可作偏旁。现今归入方部。凡从施取义的字皆与飘动等义有关。以施作声兼义符的字有：㴲。

斿 liú;yóu
（旒、璗、遊、游）

【字形】甲 金 篆 今篆 隶 斿 旒 璗 游 遊 草

【构造】会意字。甲骨文从㫃（𠂉，旗帜）从子，用旗之子会古代旌旗末端直幅、飘带之类的下垂饰物之意。金文大同。篆文改为从㫃，汓（泅）声，汓也兼表流动义。隶变后楷书承接甲骨文和篆文分别写作斿与游。

【本义】《说文·㫃部》："游，旌旗之流也。从㫃，汓声。"本义为古代缀于旗帜正幅下沿的垂饰。

【演变】斿（游），读 liú，本义指❶古代缀于旗帜正幅下沿的垂饰：建大常（旗），十有二～|王出，建八旗，紫若（或）青，白～。

又读 yóu，由旗帜的飘动不定，引申为❷遨游：泛泛滇滇从高～，殷勤此路胪（情）所求。

为了分化字义，"斿"不再单用，只作偏旁。于是旗帜垂饰之义便另加声兼义符"㐬"写作"旒"来表示，遨游之义则另加义符"辶"写作"遊"来表示，"游"则专用以表示游水之义。

○旒，从斿从㐬会意，㐬也兼表声。读 liú，本义指❶古代缀于旗帜正幅下沿的垂饰：旌旗垂～。

又用作"璗"，表示❷古代帝王礼帽前后垂饰的玉串：天子之冕，朱绿藻（冕饰上贯玉的彩色丝线），十有二～|冕～|～扆。

○遊，从辶从斿会意，斿也兼表声。读 yóu，本义指❶在陆地上行走：～毋倨，立毋跛，坐毋箕，寝毋伏。引申泛指❷游玩：遨～|～览|～荡|～戏|～行|～逛。又引申指❸求学：～学|～观。又引申指❹游说：诵《三略》之说，以～于群雄。又引申指❺交结：交～甚广。

如今规范化，"遊"的上述各义皆用"游"来表示。

○游，从水从斿会意，斿也兼表声。读 yóu，本义为❶在水中游动：其父虽善～，其子岂遽善～哉？|～泳|～鱼。引申也指❷水流、河流的一段：溯～从之，宛在水中央|黄河上～|长江下～。又引申泛指❸不固定的，流动的：彭越常往来为汉～兵，击楚|～牧|～击|～民|～资。

用作"遊"，又表示❹游玩：鲁道有荡，齐子

~遨|~览|旅~|~历。又引申指❺有目的的旅行(求学、求官):君子居必择乡,~必就士|~学。又引申指❻交往,交际:秦时与臣~,项伯杀人,臣活之|交~甚广。

【组字】斿,如今不单用,只作偏旁。现今归入方部。凡从斿取义的字皆与流动等义有关。

以斿作义符的字有:游、遊、蝣。

闻 wén;wèn (聞)

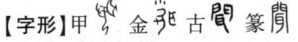

【字形】甲　金　古　篆

隶 闻聞 草

【构造】会意兼形声字。甲骨文右边是只耳朵,左边是一个举手附耳谛听的人,会人听到声音之意。金文将耳朵移下,人头上加点,象征声音。古文改为从耳从門,会听到了门外的声音之意,所谓隔墙有耳。篆文整齐化。隶变后楷书写作聞。如今简化作闻。

【本义】《说文·耳部》:"聞,知闻也。从耳,門声。"本义为听见。

【演变】闻,读 wén,本义指❶听见:于是天龙~而下之|听而不~|~风而动|~风丧胆|~所未~|耳~目睹|喜~乐见。引申指❷听说,知道:公~其期。又表示❸被听到,达到:鹤鸣于九皋,声~于天。用作使动,指❹使听到,报告:令尹诛而楚奸不上~。又引申指❺闻名:不求~达于诸侯。由听到,用作名词,指❻听到的东西,听闻,知识:友直,友谅,友多~|博~强志。又引申指❼听到的传闻,事迹:网罗天下放失旧~。后又借用于表示❽用鼻子嗅气味:如入芝兰之室,久而不~其香。

旧又读 wèn(今统读 wén),引申指❾名誉,声望:令(美好的)~广誉施于身|默默无~|秽~。

闾 lǘ (閭)

【字形】金　篆　隶 闾閭 草

【构造】形声兼会意字。金文从門,膚(肤)声,膚也兼表相亲之意。篆文从門从吕(表并联),会共居的里巷大门之意,吕也兼表声。隶变后楷书写作閭。如今简化作闾。

【本义】《说文·門部》:"閭,里门也。从門,吕声。《周礼》:'五家为比,五比为閭。閭,侣也,二十五家相群侣也。'"本义为里巷的大门。

【演变】闾,本义指❶里巷的大门:郑子产晨出,过东匠(里名)之~,闻妇人之哭|国有大故,则令民各守其~,以待政令。引申指代❷里巷,居住的地方:处穷~厄巷,困窘织屦(鞋)|君居乡~,姝游海国|村~|~巷。又引申指❸水聚集处:尾~泄之,不知何时已。又引申指❹古代户籍编制单位:令五家为比,使之相保;五比为~,使之相受。

【组字】闾,如今既可单用,也可作偏旁。现今仍归入门部。凡从闾取义的字皆与里门等义有关。

以闾作声符的字有:榈。

阀 fá (閥)

【字形】篆　隶 阀閥 草

【构造】形声兼会意字。篆文从門,伐声,伐也兼表功劳之意。表示有功劳之家。隶变后楷书写作閥。如今简化作阀。

【本义】《说文·門部》:"閥,閥閱,自序也。从門,伐声。"阀是伐的分化字,伐指由征伐取得的功劳,所以阀的本义指有功劳之家。

【演变】阀,本义指❶有功劳的世家门第:子孙众盛,实为名~|~阅。又指❷功劳:献诚子煦,积~亦至夏州节度使。由功劳引申指❸有势力或影响的人物或集团:军~|财~|学~|党~。又用作英语 valve 的音译,指❹活门:~门|水~|油~|气~。

阁 gé (閣、擱、搁)

【字形】篆　今篆　隶 阁閣搁擱

草

【构造】会意兼形声字。篆文从門从各(至止),会门开后插在两旁用来固定门扇防其自动闭阁的长木橛之意,各也兼表声。隶变后楷书写作閣。如今简化作阁。

【本义】《说文·門部》:"閣,所以止扉也。从門,各声。"本义为门开后插在两旁用来固定门扇防其自动闭阖的长木橛。其用犹如今之门吸。

【演变】阁,本义指❶门开后插在两旁用来固定门扇防其自动闭阖的长木橛。后来指❷置放食物的板架结构,厨柜:大夫七十而有~。再引申指❸在大屋子里隔出来的小房间,夹室:暖~春初入,温炉兴稍阑。又引申指❹宫廷收藏图书、安置贤才或绘像表功的房子:天禄、麒麟~,萧何造,以藏秘书、处贤才也|文渊~。又引申指❺内室,女子的卧房:开我东~门,坐我西~床|出~。又引申指❻宫殿,供游息眺望的楼房:高台层榭,接屋连~|熏风自南来,殿~生微凉。由宫阁又引申指❼中央官署名:絜(修整)身跻秘~(尚书省)。后代称中央机构为❽内阁:组~|倒~|~员|~议。又用为外交场合的❾敬词,表示不敢直呼对方的名字而指称其阁下的侍从:总理~下。由置放食物的板架结构,又用作动词,泛指❿放置:至于朝廷奏议,皆~笔不能措手。此义后另加义符"扌"写作"擱"(今简作搁)来表示。

〇搁,从扌从阁会意,阁也兼表声。读 gē,本义指❶放:菜里少~点盐|让我老脸没处~。引申指❷停顿,搁置:这事先~一~,以后再说。

又读 gé,引申指❸承受,经受:这点挫折他~得住。

【组字】阁,如今既可单用,也可作偏旁。现今仍归入门部。凡从阁取义的字皆与放置等义有关。

以阁作声兼义符的字有:搁。

差 cuō;chā;chà;cī;chāi
(搓)

【字形】金 籀 篆
今篆 隶 差搓 草

【构造】会意字。金文上边皆从來(小麦),下从左或右(表示两手相搓),会用手搓麦粒之意。籀文改为从二手。篆文承金文一形并整齐化。隶变后楷书写作差。是"搓"的本字。

【本义】《说文·左部》:"差,贰也,差不相值也。从左,从𠂹。"所释为引申义。本义当为用手搓麦。

【演变】差,读 cuō,由本义搓麦,引申泛指❶搓,磨:御者~沐于堂上。

又读 chā,两手前后相搓则不相值,故引申为❷差错:历久必~,宜及时修正。由差错引申指❸区别:~异|~别。又引申指❹差数:八减五的~为三。由差别不大又引申指❺大致还可以:~强人意。

又读 chà,由差错引申为❻不正确:你说~了。又引申指❼不相当:~不多|~远了。又指❽欠缺:还~三本。又指❾不好:质量~。

又读 cī,由相差引申为❿不整齐:参~不齐|犬牙~互。

又读 chāi,由前后来回搓又引申为⓫派出,派遣:~遣。又指⓬被派遣的人:钦~|信~。由搓麦的活动又引申指⓭差事:出~。

"差"为引申义所专用,搓磨之义便另加义符"扌"写作"搓"来表示。

〇搓,从扌从差会意,差也兼表声。读 cuō,本义指用手来回搓磨:急得他两手不停地~|~麻绳|~衣服|~药丸。

【组字】差,如今既可单用,也可作偏旁。现今归入工部。凡从差取义的字皆与搓磨、不齐等义有关。

以差作声兼义符的字有:搓、嵯、槎、瘥、磋、蹉、艖、鹾。

以差作声符的字有:嗟、溠、鲝。

养 yǎng
(養)

【字形】甲 金 古 篆
隶 养養 草

【构造】会意兼形声字。甲骨文是手持鞭牧羊形,金文和古文大同,会放牧饲养之意,羊也兼表声。本与"牧"同义,放牛与放羊是一样的。篆文改为从羊从食,突出了用食饲养之意,成了圈养,遂与"牧"有了分工。隶变后楷书写作養。如今简化作养。

【本义】《说文·食部》:"養,供养也。从食,羊声。”所释为引申义。本义当为饲养。

【演变】养,本义指❶饲养:圉人,掌~马刍牧之事。引申用于尊者,指❷供养:今之孝者,是谓能~|祭而丰不如~之薄也。用于一般人,指❸养活:德为善政,政在~民。用于植物,指❹培植:~桑麻,育六畜。用于事业,指❺扶助,扶植:以工~农。用于贬义,指❻姑息纵容其发展:中兴三十年而兵未戢者,将帅~寇藩身也。用于精神品质,指❼培养:我善~吾浩然之气。由养的结果着眼,又泛指❽休养,养护,调养:善~生者,慎起居,节饮食|伤甚者,令归治病,家善~。由养活又引申为❾生育:家家~男当门户,今日作君城下土。又指❿父母与子女间只有领养关系:~父|~母|~子|~女。

【组字】养,如今既可单用,也可作偏旁。现今养归入羊部,養仍归入食部。凡从养取义的字皆与饲养、养育等义有关。

以养作声符的字有:癢(痒)、鲞。

美 měi

【字形】甲 金 篆 隶 美 草

【构造】象形兼会意字。甲骨文下从人,上象有羊形头饰之状,表示形貌好看。金文稍讹。篆文遂进一步讹为从羊从大,成了羊大则味美了。隶变后楷书写作美。

【本义】《说文·羊部》:“美,甘也。从羊,从大。”所释为引申义。本义当为形貌好看。

【演变】美,本义指❶形貌好看:~目盼兮|~貌。引申泛指❷好,善:天下皆知~之为~,斯恶矣|成人之~|~中不足|优~|精~|~好|~德。由事物的美好,引申指❸使人满意,感觉舒适:报道先生春睡~,道人轻打五更钟|夫妻和~|~滋滋。用作意动,表示❹认为美,赞美:然则今有~尧、舜、汤、武、禹之道于当今之世者,必为新圣笑矣|~称。又特指❺味道美:脍炙与羊枣孰~?

【组字】美,如今既可单用,也可作偏旁。现今仍归入羊部。凡从美取义的字皆与美好等义有关。

以美作声兼义符的字有:媄。

以美作声符的字有:渼、镁。

姜 jiāng
（薑、蘁）

【字形】甲 金 篆 隶 姜 薑 蘁
草

【构造】会意兼形声字。甲骨文从女(是母系社会的反映)从羊会意,羊也兼表声。金文大同。篆文整齐化。隶变后楷书写作姜。如今又作了“蘁”(从艸从彊会意,彊也兼表声。俗省作薑)的简化字。

【本义】《说文·女部》:“姜,神农居姜水,以为姓。从女,羊声。”本义为牧羊女,后专用作姓。又《艸部》:“蘁,御湿之菜也。从艸,彊声。”本义为植物名。异体省作薑。

【演变】姜,作为本字,本义指❶姓:厥初生民,时维~嫄。

用作“薑”的简化字,又表示❷多年生草本植物,地下茎黄色,味辣,可作调料,也可入药:不撤~食,不多食|紫芽~。

【组字】姜,如今既可单用,也可作偏旁。现今仍归入女部。凡从姜取义的字皆与地名有关。

以姜作声符的字有:葁、䓹。

叛 pàn

【字形】篆 隶 叛 草

【构造】形声兼会意字。篆文从反,半声,半也兼表判分之意。隶变后楷书写作叛。

【本义】《说文·半部》:“叛,半也。从半,反声。”解说不明,“半也”或是“判也”之误。本义当为分离,背离,反叛。

【演变】叛,本义指❶背离,反叛:众~亲离,难以济矣|~徒|~国|~乱|~逃。引申指❷逃跑:此婢欲~,我前与鞭,不复得去耳。

【组字】叛,如今既可单用,也可作偏旁。现今仍归入又部。凡从叛取义的字皆与背离等义有关。

以叛作声符的字有:婺。

迷 mí

【字形】古 篆 隶 迷 草

【构造】形声兼会意字。古文从辵,米声,米细碎,也兼表看不清之意。篆文整齐化。隶变后楷书写作迷。

【本义】《说文·辵部》:"迷,或(惑)也。从辵,米声。"本义为迷路。

【演变】迷,本义指❶迷路:禹之治水土也,~而失涂(途)|田园路欲~|~途知返|指点~津。引申泛指❷困惑:俾民不~|惑阳城,~下蔡|~惑。用作使动,指❸使人入迷、迷惑:财~心窍|景色~人。又指❹沉醉其中:~恋|球~|戏~。又引申指❺昏迷:扁鹊遂饮二人毒酒,~死三日。由不清楚,又引申指❻遮住:泪水~住了双眼。进而引申指❼失误:及行~之未远。

【组字】迷,如今既可单用,也可作偏旁。现今仍归入辵部。凡从迷取义的字皆与不清楚等义有关。
以迷作声兼义符的字有:谜、醚。
以迷作声符的字有:谜。

娄 lóu;lǒu;lǘ;lǚ
(婁、簍、篓、屢、屡、樓、楼、塿、塿)

【字形】甲  金  篆 
隶 娄 婁 篓 簍 屡 屢 楼
樓 塿 草 

【构造】会意字。甲骨文从女头上顶物形,两手扶持之。金文进一步画出所顶之物是一只竹篓。篆文整齐化。隶变后楷书写作婁。如今简化作娄。是"篓"的本字。

【本义】《说文·女部》:"婁,空也。从毋中女,空之意也。"析形是就篆文所作的附会,所释为引申义。本义当为竹篓。

【演变】娄,读 lóu,本义指❶竹篓。竹篓编织如篱,多孔而透明,故引申为❷中空,通透:既定尔~猪(空腔母猪),阖归吾艾豭|雕文各异类,离~自相连。又引申为❸身体虚弱:身体忒~了。又指❹瓜瓤变质空虚:这西瓜~了。竹篓一般圆而小口鼓肩,故又引申为❺驼背:有卷~者。

又读 lǒu,古代,男多负,女多戴。如今有些地方妇女还有以头戴物之俗。顶戴时以一草编圆环叠放头上作垫子,故引申为❻重叠,高出:部~(小山丘)无松柏。此义后作"塿",如今简化作塿。

又读 lǘ,头顶竹篓需手扶持,故引申为❼牵拉:子有衣裳,弗曳弗~。

又读 lǚ,由牵拉又引申为❽拴系:马逸难维~。由重叠又引申为❾连续,屡次:绥万邦,~丰年。此义后作"屢",如今简化作屡。

由于"娄"引申出他义并作了偏旁,竹篓之义便另加义符"竹"写作"簍"(今简作篓)来表示。

〇篓,从竹从娄会意,娄也兼表声。读 lǒu,本义指用竹、木、藤等条子编成的盛物用具:~子|背~|字纸~。

〇屡,从尸(房屋)从娄会意,娄也兼表声。本义当为❶楼房。读 lǚ,由楼房的层层相连,引申指❷接连着,不止一次:舍其坐(坐席)迁,~舞仙仙(跹跹)|帝城王气杂妖氛,胡虏何知~易君|~教不改|~战~胜|~次。

"屡"为引申义所专用,楼房之义便另造了"樓"字来表示,如今简化作楼。参见垄(楼)。

〇塿,从土从娄会意,娄也兼表声。读 lǒu,本义指❶疏土:觳土之状~~然。又指❷小坟:冢,自关而东谓之丘,小者谓之~|培~(小山丘)。

【组字】娄,如今既可单用,也可作偏旁。现今仍归入女部。凡从娄取义的字皆与空明、重累、连续、扶持、拘挛等义有关。
以娄作声兼义符的字有:偻、搂、蒌、嵝、屡、塿、楼、数、瘘、褛、镂、窭、耧、屦、篓、髅。
以娄作声符的字有:喽、缕、蝼。

前 jiǎn;qián
(翦、剪)

【字形】甲  金  古  篆 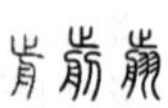
今篆  隶 前 剪 翦
草 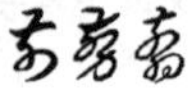

【构造】会意兼形声字。甲骨文从行从止(脚)在舟上,会前行之意。金文省去行。篆文整

齐化。隶变后楷书写作歬。由于“歬”作了偏旁,其义便借“前”来表示,从刀从歬会意,歬也兼表声,本义为剪刀。“前”被借作歬,表示前进之义,剪刀之义遂另造了“剪”来表示。参见歬。

【本义】《说文·刀部》:“前,齐断也。从刀,歬声。”本义为用剪刀剪。是“剪”的本字。

【演变】前,读 jiǎn,本义指❶用剪刀剪。

又读 qián,借用作“歬”字,表示❷前进,在前面走:酒酣,起~,以千金为鲁连寿|勇往直~|畏缩不~|~导。又引申指❸时间、空间或次序在前的:瞻之在~,忽焉在后|榆柳荫后檐,桃李罗堂~|苟诸侯有欲伐楚者,寡人请为~列焉|~呼后拥|~仰后合|天安门~|房~屋后|史无~例|名列~茅。又引申为❹前边未到的,未来的:天明登~途,独与老翁别|~程万里|~景。又引申指❺早先的,以前的:~车之覆,后车之鉴|~不见古人,后不见来者|~功尽弃|~所未有。

“前”为借义所专用,齐断之义便借当羽毛初生讲的“翦”来表示。后来俗又另加义符刀,造了“剪”字来表示。

○翦,从羽,前声,前也兼表像剪的一样整齐之意。读 jiǎn,本义指❶羽毛初生如剪的一样齐。因其从“前”取得声义,故又表❷修剪,剪除,歼灭:沐浴栉(梳)搔~|居岐之阳,实始~商|~灭。如今主要用作❸姓。

○剪,从刀从前会意,前也兼表声。读 jiǎn,本义指❶铰断:何当共~西窗烛,却话巴山夜雨时|~裁|~纸。引申指❷除掉:思树芳兰,~除荆棘|~灭。用作名词,指❸剪刀:焉得并州快~刀,剪取吴松半江水。引申指❹像剪刀的:火~|夹~。

【组字】前,如今既可单用,也可作偏旁。现今归入八部。凡从前取义的字皆与前进、齐断等义有关。

以前作声兼义符的字有:剪、箭、翦。

以前作声符的字有:湔、媊、煎。

酋 qiú

【字形】甲  金  篆  隶 酋 草 

【构造】象形字。甲、金、篆文皆从酉,上象酒满溢欲流出之状。隶变后楷书写作酋。

【本义】《说文·酋部》:“酋,绎酒也。从酉,水半见于上。”本义为久酿的酒。

【演变】酋,本义指❶久酿的酒。引申指❷从事与酒工作有关的人:乃命大~,秫稻必齐。祭典用酒,由尊者主持,故又引申指❸部落的首领:~长。又特指❹匪首,侵略头子:匪~|敌~。

【组字】酋,如今既可单用,也可作偏旁。现今仍归入酉部。凡从酋取义的字皆与酒、久等义有关。

以酋作义符的字有:奠。

以酋作声符的字有:崷、遒、媨、猷、蝤、鞧。

首 shǒu (𩠐、百)

【字形】甲  金  篆 

隶 首 草 

【构造】象形字。甲骨文象人头有发形,突出了眼睛。金文繁化,突出了眼睛。篆文承之并整齐化,分为二体。隶变后楷书分别写作𩠐、首、百。三字与页同为人头形,只是𩠐、首下边少了身子,上带有头发,意在强调头部;页则多出了身子,少了头发;百则是省形。如今规范化用首。参见页。

【本义】《说文·首部》:“首,百同,古文百也。巛象发,谓之鬊(shùn),鬊即巛也。”本义为头。

【演变】首,本义指❶头:爱(薆,遮蔽)而不见,搔~踟蹰|昂~阔步|俯~帖耳。引申指❷首领:见群龙无~,吉|~长|元~。又引申指❸开端:夫礼者,忠信之薄而乱之~|~创|岁~|篇~。又引申指❹最早,首先,第一,最重要的:且楚~事,当令天下|求治之道,~于用贤|~倡|~届|~要|~当其冲。又引申指❺出头告发:知而~者,随即给赏|出~|自~。由端头用于方位,又引申指❻方,面:史进下~坐了|左~|东~。用作量词,用于❼诗歌:一~诗。

【组字】首,如今既可单用,也可作偏旁。现今仍设首部。凡从首(𩠐、百)取义的字皆与头等义有关。

以首作义符的字有:馗、䭫、馘。
以𦣻作义符的字有:[illegible]。
以百作义符的字有:脜。

㒸 suì
(队、遂)

【字形】甲 金 篆 隶 㒸 草

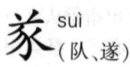

【构造】会意字。甲骨文从八从豕,会分解剐猪之意。金文改为从豕,中加一棍贯之,是宰后悬挂猪牲的形象。篆文承甲骨文并整齐化。隶变后楷书写作㒸。

【本义】《说文·八部》:"㒸,从意(顺随心意)也。从八,豕声。"析形不确,所释为引申义。本义当为宰后分解猪体。

【演变】㒸,本义指分解猪体。猪体一经分解,肉与骨分离,如土委地,故引申为坠落和顺随之义。后"㒸"作了偏旁,坠落之义便另加义符"阝"写作"隊(队)"来表示,顺随之义则另加义符"辶"写作"遂"来表示。参见隊(队)、遂。

【组字】㒸,如今不单用,只作偏旁。现今仍归入八部。凡从㒸取义的字皆与坠落、顺随等义有关。

以㒸作声兼义符的字有:隊(队)、遂、嬘。

兹 zī; xuán
(玆、茲、滋、滋、滋)

【字形】甲 金
古 篆
隶 玆 玆 茲 滋 草

【构造】会意兼形声字。甲骨文从水从玆会意,象在水流中漂洗染丝之形,因为水越洗越脏,故以此表示水又黑又浑之意,玆也兼表声;二形省去水流,只留两束丝。金文承甲骨文二形,或进而再省去一把丝,分为两个形体,盖表示洗完后在晾丝。古文承甲骨文一形大同,成为从水从兹会意,兹也兼表声。篆文承甲、金、古文并整齐化,遂分为繁简不同的五个字。隶变后楷书分别写作滋、玆、滋、玄、幺,分别用以表示有关洗丝的不同含义。篆文最后一个是"茲"(zī),从艹,丝声,本义为草木滋生,隶变后遂与"玆"(xuán,水污黑)相混,楷书皆写作"兹"。这样,"兹"便有了两个读音、两类含义。后来"兹"又借为代词,表示"此"义。污黑、滋生二义便由"滋"来表示。参见各字。

【本义】《说文·玄部》:"玆,黑也。从二玄。《春秋传》曰:'何故使吾水玆。'"本义为水污黑。

【演变】玆,作为本字,读 xuán,本义指水污黑。作为茲字,读 zī,指草木滋生。后来"兹"又借为代词,表示"此"义。污黑、滋生二义便由"滋"来表示。

"滋",也是由两个字相混演变来的:一个是滋,从水,玆声,读 xuán,表示水污黑;一个是滋,从水,茲声,读 zī,表示水增益。如今都用"滋"来表示。这样,"滋"便有了污黑、生长、增加三类含义。如今进行了如下的规范化:

○兹,读 zī,专用作代词,表示❶此,这,这个:念~在~|文不在~乎|~事重大。又表示❷现在:今臣生十二岁于~矣|~有|~订于明日出发。又表示❸年:今~美禾,来~美麦。

○滋,读 zī,专用以表示❶生长:光武且生,凤凰集于城,嘉禾~于屋|~芽|~蔓。又表示❷增添,加多:时俗浅薄,巧伪~生|~益|~甚。引申指❸不干枯:土地~润,流湿万物。方言又表示❹快活,高兴:心里~的不行。又表示❺喷射:龙头~水|电线~火花。用作玆,又表示❻黑,污浊:摘芳爱气馥,拾蘂怜色~。

【组字】兹,如今既可单用,也可作偏旁。现今归入玄部。凡从兹取义的字皆与污黑、生长、增加等义有关。

以兹作声兼义符的字有:滋、孳。
以兹作声符的字有:嵫、磁、慈、糍、鹚。

剃 tì
(鬀、薙)

【字形】古 篆 今篆 隶 剃 鬀
草

【构造】形声兼会意字。古文从刀从弟会意,弟也兼表声。篆文从髟(毛发),弟声,弟也兼表依次之意。隶变后楷书写作鬀。异体作鬍,剔声,剔也兼表除去之意。俗也借薙(从艸,雉声,本义为除草)表示。后俗承古文作剃。如今规范化,以剃为正体。

【本义】《说文·髟部》:"鬀,剃发也。从髟,弟声。"本义为剃去小儿头发。《玉篇·刀部》:"剃,除发也。"《集韵·霁韵》:"鬀,或作剃。"

【演变】剃,由本义剃去小儿头发,引申泛指❶用刀子刮去须发:多因束带热,更忆~头凉|~除须发,当愿众生,永离烦恼|~胡子。又引申特指❷剃度出家:赵某旧日有一条心愿,许~一僧在上剎,度牒词簿都已有了,至今不曾~得。

炼 liàn (煉、鍊)

【字形】篆  今篆  隶 **炼 煉 鍊**

草 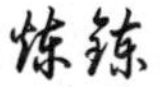

【构造】形声兼会意字。篆文从火,柬声,柬也兼表拣选之意。隶变后楷书写作煉。异体作鍊,从金。如今皆简化作炼。

【本义】《说文·火部》:"煉,铄冶(铄而治之)金也。从火,柬声。"本义为熔冶金石,使纯净或坚韧。

【演变】炼,本义指❶熔冶金石,使纯净或坚韧:女娲销~五色石以补苍天|良工锻~凡几年,铸得宝剑名龙泉|~钢|~焦|冶~|千锤百~。引申泛指❷磨炼,锻炼:~骨调性情|~身体|~思路|~臂力。又引申特指❸锤炼词句:百~成字,千~成句。

炸 zhà;zhá (煠)

【字形】古  今篆  隶 **炸 煠**

草 

【构造】形声兼会意字。古文从火,乍声,乍也兼表灼烧猛然裂开之意。隶变后楷书写作炸。异体作煠,从火枼声,枼也兼表像树叶样分散。如今规范化,以炸为正体。

【本义】后起字。《通俗编·杂字》:"今以食物纳油及汤中一沸而出曰煠。"所释为引申义。本义当为物体突然爆裂。

【演变】炸,读 zhà,本义指❶物体突然爆裂:瓶子~了|水杯~了|别~了锅|玻璃~了|爆~|~药|~弹。用作动词,指❷使物体爆炸,爆破:~碉堡|把旧楼~掉|~石开山。又比喻❸突然发怒:他一听就气~了|他肺都气~了。又引申特指❹因惊慌而纷乱四散:这下可~了窝。

又读 zhá,引申指❺把食物放进油或汤中一沸而出:~油饼|~鱼|~丸子。又指❻焯(chāo):把萝卜~一~,才好吃。

炮 pào;páo;bāo (礮、砲)

【字形】篆  今篆  隶 **炮 砲 礮**

草 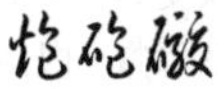

【构造】会意兼形声字。篆文从火从包会意,包也兼表声。隶变后楷书写作炮。异体有砲(从石从包会意,包也兼表声)、礮(从石从駮,駮也兼表声),皆为古用石炮。如今规范化,以炮为正体。

【本义】《说文·火部》:"炮,毛炙肉也。从火,包声。"本义为把带毛的肉用泥包裹住放在火上烧烤。《集韵·效韵》:"礮,机石也。"本义为抛石机所发的机石。其法:建大木,置石其上,用机发之,以破敌。《正字通·石部》:"礮,俗作砲。"

【演变】炮,读 páo,本义指❶把带毛的肉用泥裹住放在火上烧烤:有兔斯(白)首,燔之~之|烹羊~羔,斗酒自劳。引申泛指❷烧烤食物:高堂捶钟饮,到晓闻烹~|~凤烹龙。又引申泛指❸烧:令尹~之,尽灭郤氏之党族|于是纣乃重刑辟,有~格之法|如法~制|~烙。

又读 bāo,由烧烤引申指❹烤焙,烘焙:把湿衣服放在热炕上过会儿就~干了。又引申指❺一种用旺火急炒的烹调方法:~羊肉。

又读 pào,火炮出现后,又用"炮"代替"礮、砲",表示❻机石:发~若雷,吐气如雨|以机发石,为攻城械,号将军~。如今又特指❼重型武器:都统司领着水军,乘战舰于水面往来,施放五色烟火~|火箭~|机关~|榴弹~|

大~。爆竹与大炮有火烧炸裂发声的相似点，故又引申指❽爆竹：放~|~仗|鞭~。

烂 làn
（爤、爛）

【字形】古篆隶 烂 爤 爛

草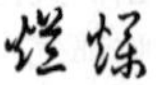

【构造】形声兼会意字。篆文从火，蘭声，蘭也兼表如花样艳丽之意。隶变后楷书写作爤，俗省写作爛。如今简化作烂。

【本义】《说文·火部》："爤，熟也。从火，蘭声。"解释为用火煮熟后变软变碎，为引申义。本义当为光明鲜艳。

【演变】烂，本义为❶光明鲜艳：子兴视夜，明星有~|灿~|~漫。引申指❷火烧伤：焦头~额。又引申指❸煮熟后变软变碎：熟而不~|肉煮~了。又引申指❹腐败：朽骨~肉，施于土地|腐~。又引申指❺破碎：枕前发尽千般愿，要休且待青山~|废铜~铁|~纸|~泥。又引申指❻精熟：古今之世代治乱，是非成败，~如指掌|熟~在胸。又引申指❼程度深：~醉如泥|书背得~熟。

洼 wā
（漥、窪）

【字形】甲篆今篆隶 洼 窪

草

【构造】形声兼会意字。甲骨文从水，亚声，亚也兼表似亚形之意。篆文改为从水，圭声，圭也兼表如圭形之意。隶变后楷书写作漥与洼。如今又用作"漥"（俗作"窪"，从穴从洼会意，洼也兼表声）的简化字。

【本义】《说文·水部》："洼，深池也。从水，圭声。"本义为深池。又："漥，清水也。一曰窊也。从水，窐声。"本义为洞内蓄积的清水。

【演变】洼，本义指❶深池：小可分兵攻打，务要肃清山寨，扫尽水~。引申泛指❷凹陷的地方：这地方到处是坑~，很难走|水~儿|~坑。又表示❸深陷，低凹：眼窝~了进去|这地方~下去了。

为了突出深水坑之义，后另加义符"穴"写作"窪"来表示。如今简化仍作洼。

【组字】洼，如今既可单用，也可作偏旁。现今仍归入水部。凡从洼取义的字皆与坑洼等义有关。

以洼作声兼义符的字有：窪。

洪 hóng

【字形】篆隶 洪 草

【构造】会意兼形声字。篆文从水从共，会共聚的大水之意，共也兼表声。隶变后楷书写作洪。

【本义】《说文·水部》："洪，洚（jiàng）水也。从水，共声。"本义为大水。

【演变】洪，本义指❶大水：汤汤~水方割|水逆行谓之洚水；洚水者，~水也|秋风萧瑟，~波涌起|蓄~|分~|~峰|山~。引申泛指❷大：水石相击，声如~钟|~亮|~炉。

【组字】洪，如今既可单用，也可作偏旁。现今仍归入水部。凡从洪取义的字皆与大水等义有关。

以洪作声符的字有：蕻、澒、篊、霟。

浇 jiāo
（澆）

【字形】篆隶 浇 澆 草

【构造】形声兼会意字。篆文从水，堯声，堯（窑包）也兼表注水之意，因为烧窑要用水洇。隶变后楷书写作澆。如今简化作浇。

【本义】《说文·水部》："澆，沃也。从水，堯声。"本义为灌溉。

【演变】浇，本义指❶灌溉：宜开河渠，可以引水~溉|~麦|~水|~地|~灌。引申指❷水淋：夏天的暴雨随时能~在他们的头上|浑身~得透湿|被雨~了一下，就发烧了。又引申指❸把液体倒入模型：~铸|~版|~铅字。浓汁经水一浇则变稀薄，故又引申指❹社会风气浮薄：世道日交丧，~风散淳源|风俗~薄。

洞 dòng；tóng
（迵）

【字形】篆隶 洞 迵 草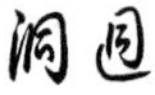

【构造】形声兼会意字。篆文从水,同声,同(汇同)也兼表水大流急之意。隶变后楷书写作洞。又借作迵,从辵从同会意,同也兼表声,表示穿通。

【本义】《说文·水部》:"洞,疾流也。从水,同声。"本义为水流急。

【演变】洞,读 dòng,本义指❶(水流)急:是以春伤于风,邪气留连,乃为~泄。借用作"迵",又表示❷通,穿透:牝谷空濛,~入冥之路|所(射)中皆~甲饮羽,一发或贯两人|~箫。又引申指❸空:逆夏气,则太阳不长,心气内~|空~。由通又引申指❹透彻:水犹澄清,~底明静|~若观火|~烛其奸|~察|~悉|~晓。又引申指❺幽深:姱容修态,絚~房些(语气词)|赴~穴,探封狐。由深穴又引申指❻窟窿:所谓华山~者,以其乃华山之阳名之也|衣服破了个~|老鼠~|防空~|山~。

又读 tóng,用于地名,指❼洪洞:家住山西洪~县。

○迵,读 dòng,本义指洞彻,通达:~风者(风疾洞彻五脏)饮食下嗌(ài,噎)而辄出不留|~造化之母也。

浊 zhuó (濁)

【字形】金  篆  隶 浊 濁 草 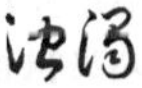

【构造】形声兼会意字。金文从水,蜀声,蜀(独一)也兼表泥水混一之意。篆文整齐化。隶变后楷书写作濁。如今简化作浊。

【本义】《说文·水部》:"濁,水也。从水,蜀声。"释为水名,当为借义。《玉篇·水部》:"浊,不清也。"本义指水不清,不干净。

【演变】浊,本义指❶水不清,不干净:沧浪之水~兮|~泾清渭|浑~|~水|~流。由浊水不干净又引申指❷混乱,污浊:当今之世~甚矣|平原君,翩翩~世之佳公子也。又引申指❸昏庸,卑劣:举世皆~我独清,众人皆醉我独醒。又引申指❹声音低沉粗重:有鼻疾,故其音~|~音。又借指❺水名。

测 cè (測)

【字形】金  篆  隶 测 測 草 

【构造】形声兼会意字。金文从水,則声,則也兼表以标准量度水的深浅之意。篆文整齐化。隶变后楷书写作測。如今简化作测。

【本义】《说文·水部》:"測,深所至也。从水,則声。"本义为量度水的深浅。

【演变】测,本义指❶量度水的深浅:以篙~江|以管窥天,以蠡~海|管窥蠡~。引申泛指❷测量:天文家有浑仪,~天之器|~绘。由测量又引申指❸推度,推想:夫大国难~也,惧有伏焉|事之不~,其可救乎?|变化莫~|推~。

洗 xiǎn;xǐ (洗、洒、灑)

【字形】甲  篆 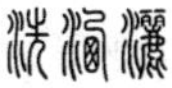

隶 洗 洒 灑 草 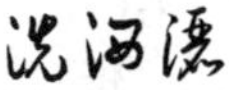

【构造】会意兼形声字。甲骨文是一人脚伸向水中,或省去人加盆;或只从止,周围有水,皆会洗脚之意。篆文改为从水从先(人脚前伸),也会洗脚之意,先也兼表声。隶变后楷书写作洗。洗,后被借用为"洒"(甲骨文四形),表示洗涤;而"洒"则又被借用为"灑",表洒水之意。

【本义】《说文·水部》:"洗,洒(xǐ)足也。从水,先声。"本义为洗脚。

【演变】洗,作为本字,读 xiǎn,本义指❶洗脚:(布)至,汉王方踞床~,而召布入见。又用作❷姓。此义后省写作"冼"。

又读 xǐ,引申泛指❸用水洗去污垢:又两个送出热汤~面|~涤|~衣服。用于抽象意义,又表示❹除去:~心而革面者,必若清波之涤轻尘|再光中兴业,一~苍生忧|~雪|~冤|清~。由洗刷又引申指❺冲洗:~相片|~胶卷。又引申指❻洗礼:受~|领~。洗则干净,故又比喻❼抢光,杀尽:曹翰攻下江州,杀戮殆尽,谓之~城焉|~劫一空|血~。又引申指❽(文字语言)简练,利落:文字~练。又指❾清理牌:~牌|牌要多~几遍。又指❿盥洗用的器皿:(真宗)欲盥手,后捧~而前|笔~。

○洒,甲骨文从水从西(竹筐),会清洗家具之意,西也兼表声,篆文整齐化。读 xǐ,本义指❶洗涤：在上位者～濯其心，而后可以治人。此义后借“洗”来表示。

又读 sǎ，如今用作“灑”（篆文从水，麗声，麗也兼表相并之意，表示把水泼散开）的简化字，表示❷（有目的地）把水泼散开：孺子何不～埽以待客？|～水。引申指❸散落：～泪|米～了。进而引申指❹不受拘束，自然：子显风神～落，雍容闲雅|潇～。宋元时又用为❺男性自称：你府佥来请～，～不得不去。但用为“洒家”不是“灑”的简化。

【组字】洗，如今既可单用，也可作偏旁。现今仍归入水部。凡从洗取义的字皆与洗刷等义有关。

以洗作声兼义符的字有：筅（筅）。

活 huó；guō （湉）

【字形】篆 今篆 隶 活湉 草

【构造】形声兼会意字。篆文从水，𠯑声，𠯑（矢栝）也兼表水流动之意。隶变后楷书写作湉。俗简作活，遂与生活的“活”相混。如今规范化，以活为正体。

【本义】《说文·水部》：“湉，水流声。从水，𠯑声。”本义为水流声。

【演变】活，读 guō，本义指❶水流声：河水洋洋，北流～～。

又读 huó，引申泛指❷流动，活动：问渠那得清如许，为有源头～水来|～字版|～期|灵～|～页。由活动引申指❸生存：民非水火不生～|你死我～|复～。又引申指❹有生命力的，生动的：烟湿树姿娇，雨余山态～|～泼。又比喻❺逼真的：猛一瞧，～脱儿就像是宝兄弟|神气～现。用作副词，相当于❻非常，简直：～像|～该|～受罪。由生存又引申指❼谋生的手段，生计，工作：但令母子相保，共汝扫市作～（作为生活手段）也|今天有～做|庄稼～，不用学；人家咋着，你咋着。又引申指❽产品：这是你做出的～儿？|好天出～儿。

【组字】活，如今既可单用，也可作偏旁。现今仍归入水部。凡从活取义的字皆与流动等义有关。

以活作声符的字有：阔、婆。

洽 qià

【字形】篆 隶 洽 草

【构造】形声兼会意字。篆文从水，合声，合也兼表相合之意。隶变后楷书写作洽。

【本义】《说文·水部》：“洽，沾也。从水，合声。”本义为沾湿，滋润。

【演变】洽，本义指❶沾湿，浸润：好生之德，～于民心。由浸润引申指❷两相融合，和谐一致：以～百礼，百礼既至（齐备）|辞（政令）之辑（协调）矣，民之～矣|四夷皆～欢|融～。如今又引申指❸同人联系，商谈：接～|～谈|面～。

洛 luò （雒）

【字形】甲 金 篆

隶 洛 雒 草

【构造】形声兼会意字。甲骨文从水，各声，各也兼表流入之意。金文大同。篆文整齐化。隶变后楷书写作洛。又借用以表示“雒”（gé）的部分含义。金文和篆文二形即雒，从隹，各声，本义为鸟名，即鵂鶹，也叫横纹小鸮。后借作水名，指南洛河。

【本义】《说文·水部》：“洛水，出左冯翊归德北夷界中，东南入渭。从水，各声。”本义指北洛河。

【演变】洛，本义指❶北洛河：雍州，其浸（河泽）渭、～|瞻彼～矣，维水泱泱（水流深广）。又用作“雒”，指❷发源于陕西东南部经河南洛阳流入黄河的雒水：楚子伐陆浑之戎，遂至于～|～阳。此义如今也作“洛”。

○雒，从隹，各声。读 luò，本义为❶鸟名，即鵂鶹，俗称横纹小鸮、猫头鹰。又借作水名，指❷雒水，即南洛河，发源于陕西东南部，经河南洛阳流入黄河：演以潜沫，浸以緜～|～阳。此义如今已作“洛”。

【组字】洛，如今既可单用，也可作偏旁。现今仍归入水部。凡从洛取义的字皆与洛水等义有关。

以洛作声符的字有：落。

济 jì;jǐ（濟）

【字形】金　篆　隶 济 濟 草

【构造】形声兼会意字。金文从水，齊声，齊为小麦长得整齐，会能灌溉农田助庄稼生长之水之意。篆文整齐化。隶变后楷书写作濟。如今简化作济。

【本义】《说文·水部》："濟，水。从水，齊声。"本义为济物之水，又用作水名。《广韵·霁韵》："濟，渡也。"又指渡河。《字汇·水部》："濟，周救也。"又指救济。

【演变】济，本义为济物之水，读jǐ，用作❶水名，即济水，发源于河南济源，流经山东入海，多用于地名中：~源|~宁|~南|~阳。由水济万物，用作"济济"，又表示❷众多的样子：~~有众，咸听朕命|人才~~。

又读jì，又表示❸救济：为求救援，以~其患|~危扶困|接~|周~。又表示❹增益：何请~师于王？|无~于事。又表示❺成就，成功：必有忍，其乃有~；有容，德乃大|以共~世业|若事之不~，此乃天也。又表示❻渡河：秦伯伐晋，~河焚舟|直挂云帆~沧海|同舟共~。

洋 yáng

【字形】甲　金　篆　隶 洋 草

【构造】会意兼形声字。甲骨文从水从二羊，表示水多，羊也兼表声。或以为此乃沈字，沈（　）甲骨文所从之水皆流动形，此定为洋为宜。篆文省为从水，羊声。隶变后楷书写作洋。

【本义】《说文·水部》："洋，水。从水，羊声。"本义为水名。《尔雅·释诂下》："洋，多也。"

【演变】洋，本义指❶水多。引申泛指❷盛大，广大：河水~~|牧野~~|~~大观|~~洒洒。由此引申指❸广阔的水面，海洋：黄水~，即黄河入海之处|东~|南~|太平~|大西~。由东洋（指日本）、西洋（指印度洋沿岸国家），又引申泛指❹外国：~人|~火|~油|留~|~娃娃。近代西方科技比我国发达，故又引申指❺现代化的：土~结合。银元最初是由西班牙流入中国的，故又引申指❻银元：大~|光~。由水面的广大，又引申指❼宽舒自得喜悦的样子：始舍之，圉圉焉，少则~~焉，悠然而逝|把酒临风，其喜~~者矣|~~自得|喜气~~。又用作❽水名。

浑 hún（渾）

【字形】篆　隶 浑 渾 草

【构造】形声兼会意字。篆文从水，軍声，軍也兼表像军行一样声势大之意。隶变后楷书写作渾。如今简化作浑。

【本义】《说文·部》："渾，混流声也。从水，軍声。"本义为水喷涌声。

【演变】浑，本义指❶水喷涌声：汩乎~流，顺阿而下|财货~~如泉源。引申指❷浑浊，水不清：旷兮其若谷，~兮其若浊|汲多井水~|~水坑|~水摸鱼。由不清又引申指❸混同：波浪与天~。由混同又引申指❹整个，全：低垣矮屋倚江流，~舍相娱到白头|~身是水。用作副词，表示❺完全，简直：白头搔更短，~欲不胜簪|~然不觉。由整个又引申指❻天然的，无杂质的：~金璞玉。由混浊不清又引申指❼糊涂：你看我小时候~不~？|~小子|~~噩噩|~人|~话。

【组字】浑，如今既可单用，也可作偏旁。现今仍归入水部。凡从浑取义的字皆与水喷涌等义有关。

以浑作声符的字有：霍。

染 rǎn

【字形】篆　隶 染 草

【构造】会意字。古代颜料取自多种植物，染色时也要反复染几次漂几次才能染好，染料也须经水溶解或稀释方可使用，故篆文从九（表示多）从木从水，会使丝帛着色之意。隶变后楷书写作染。

【本义】《说文·水部》："染，以缯染为色。从水，杂声。""杂声"析形不确。本义为使丝帛着色。

【演变】染，本义指❶使丝帛着色：~于苍则苍，

~于黄则黄｜葵叶可~纸｜~布｜印~。引申指❷沾上：子公怒，~指于鼎，尝之而出｜一尘不~｜沾~｜~指。又引申指❸感染：未知姐姐~何患，当以药理之｜传~。又引申指❹熏染，受影响：旧~污俗，咸与维新｜耳濡目~。

【组字】染，如今既可单用，也可作偏旁。现今归入木部。凡从染取义的字皆与染上等义有关。

以染作声符的字有：蒅、媣。

恢 huī

【字形】篆　隶　草

【构造】形声兼会意字。篆文从心，灰声，灰可复燃扩大，故也兼表意。隶变后楷书写作恢。

【本义】《说文·心部》："恢，大也。从心，灰声。"本义为宏大，宽广。

【演变】恢，本义指❶宏大，宽广：天网~~，疏而不漏｜~~有余。用作动词，引申指❷扩大：~我疆宇，外博四荒。用作"恢复"，原本指扩大复原，后指❸回复原状或失而复得：遗民忍死望~复｜~复失地｜~复健康。

【组字】恢，如今既可单用，也可作偏旁。现今仍归入心部。凡从恢取义的字皆与宏大等义有关。

以恢作声兼义符的字有：瘯。

恬 tián

【字形】篆　隶　草

【构造】形声兼会意字。篆文从心，甜省声，甜也兼表甜美之意。隶变后楷书写作恬。

【本义】《说文·心部》："恬，安也。从心，甜省声。"本义为安静，舒适。

【演变】恬，本义指❶安静，舒适：古之治道者，以~养知｜神~气静｜风~浪静｜~适。引申指❷淡泊：~于进取。又引申指❸不为所动，满不在乎：~不知耻｜~不为怪。

【组字】恬，如今既可单用，也可作偏旁。现今仍归入心部。凡从恬取义的字皆与安静等义有关。

以恬作声兼义符的字有：湉。

恰 qià

【字形】篆　隶　草

【构造】形声兼会意字。篆文从心，合声，合也兼表相合之意。隶变后楷书写作恰。

【本义】《说文·心部》新附："恰，用心也。从心，合声。"《正字通·心部》："恰，适当之辞。"本义为合适。

【演变】恰，本义指❶合适，适当：野航~受两三人。引申指❷正好，正巧：~似一江春水向东流｜~如其分｜~当。用作副词，又指❸刚刚：新刷来的头巾，~糨来的绸衫。又表示❹岂：~不道人到中年万事休，我怎肯虚度了春秋？

恪 kè
（愙）

【字形】金　古　篆　汉印

今篆　隶　草

【构造】会意兼形声字。金文从宀（房屋）从口（门口）从口（说话）从各（人到来），会出门恭迎客人到来之意，各也兼表声。古文一形省略，只留下各，口讹为廿（实乃心之省讹），以突出恭敬之意；二形改为从心从客，会恭敬待客之意，客也兼表声。篆文承古文并整齐化。汉印又省为从心、口，各声。隶变后楷书分别写作愙与恪。如今规范化用恪。

【本义】《说文·心部》："愙，敬也。从心，客声。"《正字通·心部》："愙，同恪。"《尔雅·释诂下》："恪，敬也。"本义为恭谨，恭敬。

【演变】恪，本义为❶恭谨，恭敬：温恭朝夕，执事有~｜先王有服，~谨天命｜~守｜~遵。引申指❷庄严：容止严~，须眉甚伟。

【组字】恪，如今既可单用，也可作偏旁。现今仍归入心部。凡从恪取义的字皆与恭敬等义有关。

以恪作声符的字有：簬。

恼 nǎo
（嫍、惱、𡿺）

【字形】古　篆　今篆　隶　草

【构造】形声兼会意字。古文从心从囟会意，恼恨自是头脑心理活动。篆文从女（一般认为女子爱生气），𡿺声，𡿺也兼表头脑之意。隶变后楷书写作嫍。异体俗承古文作惱。如今皆简化作恼，为正体。

【本义】《说文·女部》："嫍，有所恨也。从女，𡿺声。"本义为恼恨，发怒。《正字通·女部》："嫍，今作惱。"

【演变】恼，本义指❶恼恨，发怒：任汝～弟妹，任汝～姨舅｜如今他～了，说什么也不干｜～羞成怒｜～火。引申指❷撩拨，惹：无端却被梅花～，特地吹香破梦魂｜别～他了，他正烦着呢。又引申指❸烦闷：早则绝忧愁，没～聒｜烦～｜懊～｜苦～。

恨 hèn

【字形】篆  隶 恨 草 

【构造】形声兼会意字。篆文从心，艮声，艮也兼表瞪眼之意。隶变后楷书写作恨。

【本义】《说文·心部》："恨，怨也。从心，艮声。"本义为遗憾，懊悔。

【演变】恨，本义指❶遗憾，后悔：寡人得见此人与之游，死不～也｜先帝在时，每与臣论此事，未尝不叹息痛～于桓、灵也｜一失足成千古～｜遗～。后词义强化，表示❷仇恨，怨恨：禄厚者民怨之，位尊者君～之｜商女不知亡国～，隔江犹唱《后庭花》｜报仇雪～｜～之入骨｜深仇大～。

将 jiāng；jiàng；qiāng（將、汮）

【字形】甲  金  古  篆 

隶 将 將 草 

【构造】会意兼形声字。将与酱同源，甲骨文一形从两手扶床，是扶持之义的来历；二形从鼎从肉，爿声，会从鼎中取肉奉献祭享之意，是奉献、奉养之义的来历。金文省去鼎另加一把刀叉，突出叉取之意。古文省去鼎，另加义符又（手），以突出奉献祭享。篆文把又变成寸（也是手）。隶变后楷书写作將。如今简化作将。作偏旁时省作丬。

【本义】《说文·寸部》："將，帅也。从寸，酱省声。"析形不确，所释为引申义。本义当为奉献祭享。

【演变】将，读 jiāng，本义指❶奉献祭享：我～我享。引申为❷养息：王事靡盬（止），不遑～父｜～养｜～息。方言指❸畜类生仔：～羔｜～犊。又引申为❹扶持：少孤贫，为人～车｜出郭相扶～。又引申为❺带着，率领：乃～（霍）光西至长安｜陛下不能～兵，而善～将｜韩信～兵，多多益善｜～雏｜～军。又引申指❻推进，送行：～车远行役｜之子于归，百辆～之。又特指❼下象棋时攻击对方的"将"或"帅"。又表示❽用言语刺激：～他一～，他就干了。用作介词，表示❾拿，把：～功折罪｜～坑填平。用作副词，表示❿将要，又，且：行～就木｜～信～疑。用作助词，一般⓫放在动词和"进来""出去"等趋向补语中间：走～进去。

又读 jiàng，用作名词，指⓬将官：夫～者，国之辅也｜～领。

又读 qiāng，表示⓭请，愿：～子无怒，秋以为期｜～进酒，杯莫停。

【组字】将，如今既可单用，也可作偏旁。现今归入爿（丬）部。凡从将取义的字皆与奉献祭享等义有关。

以将作声符的字有：奖、蒋、浆、桨、锵。

奖 jiǎng（獎、奬、奨）

【字形】篆  今篆  隶 奖 奬 草 

【构造】形声兼会意字。篆文从犬，將省声，將为祭享，引申兼表促使之意。隶变后楷书写作獎。俗作奬，将不省。后犬讹为大，遂变作奬。如今简化作奖。

【本义】《说文·犬部》："獎，嗾犬厉之也。从犬，將省声。"本义为发出声音嗾使犬。

【演变】奖，本义指❶发出声音嗾使犬。由嗾使犬，引申泛指❷鼓励，劝勉：当～率三军，北定中原。夸奖也是一种勉励，故又引申指❸夸奖，称赞：员外见爱，～誉太过，何敢当此！｜有功者～｜嘉～｜～励｜褒～。用作名词，指❹为了

鼓励或表扬而给予的荣誉或财物:不管得~的还是没有得~的,大家都感到胜利的快乐|发~|一等~|头~。

举 jǔ (擧、舉)

【字形】甲 金 篆 隶 举 舉 草

【构造】会意兼形声字。甲骨文上边是子,下边是一个大人双手举起孩子之意。金文成为四手对举之形。篆文改为从手从舁(与,四手共举)会意,表示对举,舁也兼表声。隶变后楷书写作擧。俗作舉。如今皆简化作举。

【本义】《说文·手部》:"擧,对举也。从手,舁(与)声。"本义为双手向上托物。

【演变】举,本义指❶双手向上托物:吾力足以~百钧,而不足以~一羽|~案齐眉|~重。引申泛指❷擎起,抬起:~头望明月,低头思故乡|~身而起|~手。又引申指❸行动:国家安危,在此一~|~措失当|一~一动|一~成名|~止|~行|~办。又引申指❹兴起,发动:今亡亦死,~大计亦死,死国可乎?|~事以来,未尝少息|大~进攻。又引申为❺提出:略~所见十条|~一反三|~出事实|~证|~例。又引申指❻向上推荐:君子不以言~人,不以言废人|~他做代表|推~。由物被全举起来,又引申为❼攻占:以万乘之国伐万乘之国,五旬而~之。又引申指❽全,都:~欣欣然有喜色而相告曰|~国上下。

【组字】举,如今既可单用,也可作偏旁。现今舉归入臼部,举则归入丶部。凡从举取义的字皆与抬起等义有关。

以举作声符的字有:榉。

觉 jué;jiào (覺)

【字形】篆 隶 觉 覺 草

【构造】形声兼会意字。篆文从見,學(学)省声,學也兼表明悟之意。隶变后楷书写作覺。如今简化作觉。

【本义】《说文·见部》:"覺,寤也。从見,學省声。"本义为醒悟。

【演变】觉,读 jué,本义指❶醒悟,明白:不~悟,不知苦|天之生此民也,使先知~后知,使先~~后~也|~今是而昨非|先知先~|~醒。由醒悟又引申指❷觉察:赵相贯高等事发~|警~。又进而引申指❸器官对刺激的感受与辨别,感觉到,觉得:夜吟应~月光寒|不知不~|发~。用作名词,指❹知觉:听~|视~|触~。醒悟有个过程,故又引申特指❺距离,相差:我才不及卿,乃~三十里。由醒悟引申指❻睡醒:尚寐无~|~而后知其梦也|云鬓半偏新睡~。

又读 jiào,引申指❼睡眠(从睡到醒的过程):睡午~。

【组字】觉,如今既可单用,也可作偏旁。现今仍归入见部。凡从觉取义的字皆与醒悟等义有关。

以觉作声符的字有:搅。

咨 zī (諮)

【字形】金 古 篆 隶 咨 諮 草

【构造】形声兼会意字。金文从口从次,会反复询问之意,次也兼表声。古文另加义符肉,表示带着礼物。篆文整齐化。隶变后楷书写作咨。

【本义】《说文·口部》:"咨,谋事曰咨。从口,次声。"本义为商议,询问。

【演变】咨,本义指❶商议,询问:~十有二牧|周爰~诹(咨事为诹)|事无大小,悉以~之|~询。此义后另加义符"言"写作"諮",如今简化仍用"咨"。又引申指❷一种用于同级机关的公文:~文。

【组字】咨,如今既可单用,也可作偏旁。现今仍归入口部。凡从咨取义的字皆与询问等义有关。

以咨作声兼义符的字有:諮。

姿 zī

【字形】篆 隶 草

【构造】形声兼会意字。篆文从女,次声,次为人打喷嚏的样子,也兼表意。隶变后楷书写作姿。

【本义】《说文·女部》:"姿,态也。从女,次声。"本义为姿态。

【演变】姿,本义指❶姿态:瓌~玮态,不可胜赞|飒爽英~|~势|雄~|舞~。引申特指❷美貌,外貌:~容美好|颇有~色。又引申指❸资质:陛下天然之性疏通聪敏,上主之~也。

宣 xuān

【字形】甲 金 篆 隶 草

【构造】会意兼形声字。甲骨文从宀(房屋)从回(河水漩涡)。金文稍繁,加出一条河岸。篆文加出两条河岸,变成从亘(xuān),会装饰有回环水云纹的大房子之意,亘也兼表声。隶变后楷书写作宣。

【本义】《说文·宀部》:"宣,天子宣室也。从宀,亘声。"本义为装饰有回环水云纹的高大房子,是天子公开布政晓谕天下的地方,犹如现在高大豁亮的办公厅。

【演变】宣,本义指❶天子高大的宣室:武王甲卒三千,破纣牧野,杀之于~室。引申泛指❷宽大:大口~舌|方喙~口。进而引申为❸骄奢:维此哲人,谓我劬劳;维彼愚人,谓我~骄。由布政之所,又引申为❹发布,传达:王命召虎(人名),来旬(徇)来~|肃~权旨,论天下事势。又引申为❺普遍传播、传扬:将军威名~播。又引申为❻扩散,发散,疏通:为之乐,以~其壹郁(悒郁)|~汾、洮。进而引申为❼顺畅,通达:政之不~,民之不宁。由发布又引申为❽公开说出,表白:夫民虑之于心,而~之于口。又引申为❾明白:道隐晦而难~。

【组字】宣,如今既可单用,也可作偏旁。现今仍归入宀部。凡从宣取义的字皆与宽大、说出、显扬等义有关。

以宣作声兼义符的字有:喧、揎、渲、煊、楦、暄、碹、瑄。

以宣作声符的字有:萱、媗。

室 shì

【字形】甲 金 篆 隶 草

【构造】会意兼形声字。甲骨文从宀(房屋)从至,会人所至止歇息的地方之意,至也兼表声。金文大同。篆文整齐化。隶变后楷书写作室。

【本义】《说文·宀部》:"室,实也。从宀,从至。至,所止也。"本义为人所安息的堂内的房间。

【演变】室,本义指❶人所安息的堂内的房间,卧室:由也,升堂矣,未入于~也|居~|寝~。引申泛指❷房屋,住宅:豪宅之~,连栋数百|教~。又引申指❸家庭:之子于归(出嫁),宜其~家。又用作❹计量家庭的单位,家:(冉)求也,千~之邑,百乘之家,可使为之宰也|与吾父居者,今其~十无二三焉。由居室又引申指❺妻子:至弱冠之年,犹未纳~。古又特指❻皇室,皇朝:诚如是,则霸业可成,汉~可兴矣。今又指❼机关、学校、工厂内的工作单位:实验~|图书~|办公~。

【组字】室,如今既可单用,也可作偏旁。现今仍归入宀部。凡从室取义的字皆与房屋等义有关。

以室作声兼义符的字有:喀。

以室作声符的字有:崟。

宦 huàn

【字形】甲 金 篆 隶 草

【构造】会意字。甲骨文从宀(房屋)从臣(奴隶),会在贵族家里当奴仆之意。金文大同。篆文整齐化。隶变后楷书写作宦。

【本义】《说文·宀部》:"宦,仕也。从宀,从臣。"所释为引申义。本义当为在贵族家里当奴仆。

【演变】宦,本义指❶在贵族家里当奴仆:(越王)令大夫种守于国,与范蠡入~于吴。官吏与君王的关系也是奴仆与主子的关系,故引申指❷在宫内侍奉的官,太监:蔺相如者,赵人也,为赵~者缪贤舍人|~官。后泛指❸官吏或做官:与君离别意,同是~游人。

【组字】宦,如今既可单用,也可作偏旁。现今仍归入宀部。凡从宦取义的字皆与仆人等义有关。

以宦作声兼义符的字有：倌。

宫 gōng

【字形】甲　金　篆　隶 宫 草

【构造】会意字。甲骨文从宀（象房屋透视轮廓形）从吕（象下门与上窗形），会有墙围的房屋之意。金文大同。篆文整齐化并将二口相连。隶变后楷书本写作宮，成为从宀从吕会意，吕也兼表声。如今有的房屋门上有亮窗即此遗制。俗作宫，如今规范化为正体。是"吕"的加旁字。参见吕。

【本义】《说文·宫部》："宫，室也。从宀，躳（躬）省声。"本义为房屋。

【演变】宫，本义指❶房屋：入于其～不见其妻，不祥也。又泛指❷环绕房屋的围墙：～营大而屋室寡者，其室不足以实其～。后来特指❸帝王的住所：皇～｜王～。又引申指❹神仙的住处：蓬莱～。如今又指❺文化娱乐场所：少年～｜文化～。用作动词，又指❻环绕：君为庐，～之。又指❼古代阉割生殖器的残酷刑罚：～刑。又表示❽古代五音之一：～商角徵羽。

【组字】宫，如今既可单用，也可作偏旁。现今归入宀部。凡从宫取义的字皆与环绕等义有关。

以宫作义符的字有：营。

以宫作声符的字有：嗀、碚。

宪 xiàn（憲）

【字形】甲　金　篆　今篆

隶 宪 憲 草

【构造】会意兼形声字。甲骨文从宀从先，用捷足先登会敏捷之意，先也兼表声。金文从目，害省声；或另加义符心，会心灵敏眼雪亮之意。篆文整齐化。隶变后楷书写作憲。如今简化，承甲骨文用宪。

【本义】《说文·心部》："憲，敏也。从心，从目，害省声。"本义为聪敏明哲。

【演变】宪，本义指❶聪敏明哲：博闻多能为～。引申指❷明示，公布：～禁于王宫。后主要用作❸法式，规范：万邦为～。又引申指❹法令：然后申之以～令，劝之以庆赏，振之以刑罚｜没来由犯王法，不提防遭刑～｜～章。又特指❺宪法：立～｜～政｜违～。用作动词，表示❻效法：王之元舅，文武是～｜祖述尧舜，～章文武。

【组字】宪，如今既可单用，也可作偏旁。现今"宪"归入宀部，"憲"则仍归入心部。凡从憲取义的字皆与明哲等义有关。

以憲作声符的字有：攇、㦥、瀗、櫶。

客 kè

【字形】甲　金　篆　隶 客 草

【构造】会意兼形声字。甲骨文从宀（房子）从人从倒止（表示进来），用从外到来的人会宾客之意。金文改为从宀从各（到来）会意，含意相同，各也兼表声。篆文整齐化。隶变后楷书写作客。

【本义】《说文·宀部》："客，寄也。从宀，各声。"本义为宾客。

【演变】客，本义指❶宾客，外来的人：旦日，～从外来，与坐谈｜宋人有酤酒者，升概甚平，遇～甚谨｜臣闻吏议逐～，窃以为过矣｜常作东西南北～｜～卿｜顾～｜旅～｜游～。又特指❷门客：诸侯以公子贤，多～，不敢加兵谋魏十余年｜食～。又引申指❸某人或有专长的人：故久立公子车骑市中，过～以观公子｜吴王好剑～，百姓多创瘢。用作动词，指❹寄住，旅居他乡：兵挫地削，亡其六郡，身～死于秦，为天下笑｜会天下乱，遂弃官～荆州｜～籍｜～居。客与主相对，故又引申指❺不以主观意志为转移而存在的：～观｜～体。

【组字】客，如今既可单用，也可作偏旁。现今仍归入宀部。凡从客取义的字皆与到来、宾客等义有关。

以客作声符的字有：恪、挌、喀、额、碦、髂。

突 tū

【字形】甲　古　篆　隶 突 草

【构造】会意字。甲骨文从犬从穴,会狗从洞中猛地窜出之意。古文大同。篆文整齐化。隶变后楷书写作突。

【本义】《说文·穴部》:"突,犬从穴中暂(猝然)出也。从犬在穴中。"本义为犬猛然窜出。

【演变】突,由本义犬猛然窜出,引申泛指❶突然:~如其来如(然)。又引申指❷奔突,冲撞:穷虎奔~,狂兕触蹶。又引申指❸袭击,冒犯:贼乃夜开二门~官兵|冒~天颜。事物突出就超过,故又引申指❹高出周围:其崖~立向南,曰狮子寨。烟囱高出周围,故又用作"𥤮"(灶上烟囱),表示❺灶突:百尺之室以~隙之烟焚|曲~徙薪。

【组字】突,如今既可单用,也可作偏旁。现今归入穴部。凡从突取义的字皆与猝然、高出等义有关。

以突作声兼义符的字有:葖、堗、嶀、𤞤、𤪌、㮝。

穿 chuān

【字形】金　篆　隶　草

【构造】会意字。金文从牙在穴中,会穿通之意。篆文整齐化。隶变后楷书写作穿。

【本义】《说文·穴部》:"穿,通也。从牙在穴中。"本义为穿通。

【演变】穿,本义指❶穿通:谁谓鼠无牙,何以~我墉(墙)|强弩之末势不能~鲁缟|~甲弹|贯~|~孔。引申指❷(从孔中)通过:络马之口,~牛之鼻者,人也|~针引线|~堂风。又引申指❸用绳线穿过物体把东西连贯起来:把珠子~在一起。由穿过孔洞又引申指❹穿戴:腰系丝绦,脚~麻履|~衣服。由穿洞又引申指❺破敝,毁坏:衣敝履~,贫也,非惫也。穿破则透明,遂用于动词后,表示❻揭出真相:然而不久也就拆~西洋镜。

【组字】穿,如今既可单用,也可作偏旁。现今仍归入穴部。凡从穿取义的字皆与穿通等义有关。

以穿作声符的字有:瑏。

窃 qiè (竊、竊)

【字形】古　篆　今篆　隶

草

【构造】会意兼形声字。古文一形从宀从米从萬,会入室盗物之意;二形改为从穴,切声,切也兼表切取之意。篆文从穴从米从禼(蝎子类爬虫,或可象征老鼠),会钻穴盗物之意,禼也兼表声。字中所从廿,《说文》认为是古"疾"字,作声符。据分析,当是由禼字头上的一部分(蝎子的前螯)脱落而来的(参见万)。隶变后楷书写作竊,省写作竊。如今简化作窃,从穴,切声,切也兼表割取之意。

【本义】《说文·米部》:"竊,盗自中出曰竊。从穴,从米,禼、廿皆声。廿,古文疾。"析形不妥。本义为偷盗。

【演变】窃,本义指❶偷盗:羿请不死之药于西王母,姮娥~以奔月|彼~钩者诛,~国者为诸侯|剽~(抄袭)|~取|偷~。引申指❷盗贼:鼠~狗盗。偷窃在暗中进行,故又引申指❸暗自,偷偷地:~入皇城纵火,焚御前甲帐库。又用作谦辞,表示自己的看法不一定对,相当于❹私下:臣闻吏议逐客,~以为过矣。

扁 biǎn;piān (匾)

【字形】金　篆　今篆　隶

草

【构造】会意字。金文从户从册(表示文字),会门户上的题字之意。后代的门牌或即其遗制。篆文整齐化。隶变后楷书写作扁。是"匾"的本字。

【本义】《说文·册部》:"扁,署也。从户、册。户册者,署门户之文也。"本义为题署,即在门户上题字。《古会韵会》举要:"匾,不圆貌。"释为平而薄,是引申义。本义当为扁圆的竹器。

【演变】扁,读 biǎn,本义指❶在门户上题字:皆~表其门,以兴善行。后泛指❷匾额:粉刷一~,安标曰"通应庙"。又形容❸物体平薄:有~斯石,履之卑兮|~平。用作动词,指❹故意看低了:你别把人看~了。

又读 piān,由平薄,又引申为❺小:一叶

~舟。

“扁”为引申义所专用，匾额之义后另借“匾”来表示。

○匾，从匚（筐）从扁会意，扁也兼表声。读 biǎn，本义指❶较浅的扁圆的竹器：那鸟雀就罩在竹~下了。引申泛指❷平而薄：我却是个蒸不烂、煮不熟、槌不~、炒不爆、响当当一粒铜豌豆。借用作“扁”，如今又表示❸匾额：光荣~。

【组字】扁，如今既可单用，也可作偏旁。现今归入户部。凡从扁取义的字皆与平薄等义有关。

以扁作声兼义符的字有：匾、编、萹、篇、偏。

以扁作声符的字有：遍、萹、煸、碥、褊、蝙、鳊、谝、骗、犏、翩、蹁。

冠 guān；guàn

【字形】甲 篆 隶 冠 草

【构造】会意兼形声字。甲骨文象人头上戴帽形。篆文改为从冃（帽子）从元（人头）从寸（手），会用手将帽子戴在头上之意，元也兼表声。隶变后楷书写作冠。

【本义】《说文·冖部》：“冠，絭（juàn）也。所以絭发，弁冕之总名也。从冖，从元，元亦声。冠有法制，从寸。”本义为帽子。

【演变】冠，读 guān，本义指❶帽子：吾闻之，新沐者必弹~，新浴者必振衣｜~冕堂皇｜张~李戴｜怒发冲~｜弹~相庆。引申比喻❷形状像帽子或在顶部的东西：鸡~花｜肉~｜树~。

读 guàn，用作动词，表示❸戴帽子：男子二十~而字｜~礼｜沐（猕）猴而~。帽子在人体最上部，故又引申指❹位居第一的，首位的：夫尧之贤，六王之~也｜萧曹为~｜勇~三军｜~军。

【组字】冠，如今既可单用，也可作偏旁。现今仍归入冖部。凡从冠取义的字皆与帽子等义有关。

以冠作声符的字有：蒄。

语 yǔ；yù（語）

【字形】金 篆 隶 语 語 草

【构造】形声兼会意字。金文从言从二五相叠，会交互之意，五也兼表声。篆文改为从言从吾，会我与人交言之意，吾声也兼表声。隶变后楷书写作語。如今简化作语。

【本义】《说文·言部》：“語，论也。从言，吾声。”本义为与人交谈，谈论。

【演变】语，读 yǔ，本义指❶交谈，谈论：食不~，寝不言｜子不~怪力乱神｜默默无~｜不言不~｜细~｜低~。用作名词，指❷言论，话：吾闻其~矣，未见其人也｜~言｜~文｜外~｜汉~｜古~｜成~。又特指❸谚语，成语：~曰：“将顺其美，匡救其恶，故上下能相亲也。”又引申指❹代替语言表示意思的动作或方式：手~｜旗~｜灯~。

又读 yù，表示❺告诉：公~之故，且告之悔｜居（坐）！吾~女（汝）。

误 wù（誤）

【字形】金 篆 隶 误 誤 草

【构造】形声兼会意字。金文从言，吴声，吴也兼表舞弄不真之意。篆文整齐化。隶变后楷书写作誤。如今简化作误。

【本义】《说文·言部》：“誤，谬也。从言，吴声。”本义为错谬。

【演变】误，本义指❶错谬：使者聘而~，主君弗亲飨之｜群臣议皆~｜~入歧途｜谬~｜错~｜~解｜~伤｜~会。由错误引申指❷耽误：郑以救公~之，遂失秦伯｜火车~点｜这会~事｜~工。错误会造成危害，故又引申指❸妨害，损害：纨绔不饿死，儒冠多~身｜~人子弟｜贻~军机｜~国。又引申指❹迷惑：桓公之中钩，详（佯）死以~管仲。

诱 yòu（羑、㕗、誧、誘）

【字形】古 篆 隶 诱 誘 羑 羙 誧 草

【构造】形声兼会意字。古文从羊，久声，羊为祭祀佳品，故用以表示导善之意。篆文另加义符厶(私),以突出暗中引导;异体或从言从盾,表示不明言之意;或从言,秀声,秀也兼表秀出之意,以突出用言教导。隶变后楷书写作羑、㕗、誦和誘。如今皆简化作诱。

【本义】《说文・厶部》:"㕗,相訹(xù)呼也。从厶,从羑。誘,从言、秀。誦或如此。羑,古文。"《玉篇・言部》:"诱,引也,相劝动也。"本义为引导,教导,劝导。

【演变】诱,本义指❶引导,教导,劝导:夫子循循(有步骤)然善~人|循循善~|~导。引申指❷使用手段引人听从自己的意愿:重币而甘言,~我也|不~于誉,不恐于诽|~敌深入|~降|利~|引~|~惑。又引申指❸惑乱:不拘于俗,不~于人。

诵 sòng (誦)

【字形】金　篆　隶 诵 誦　草

【构造】形声兼会意字。金文从言,甬声,甬也兼表如钟声有节奏之意。篆文整齐化。隶变后楷书写作誦。如今简化作诵。

【本义】《说文・言部》:"誦,讽也。从言,甬声。"本义为抑扬顿挫地出声背诵。

【演变】诵,本义指❶抑扬顿挫地出声背诵:~诗三百,弦诗三百,歌诗三百,舞诗三百|十五弹箜篌,十六~诗书|过目成~|暗~。引申泛指❷读出声:(张)良因异之,常习~读之|朗~|~读。又引申特指❸以婉言、隐语讽谏:故天子听政,使公卿至于列士献诗,瞽献曲,史献书,师箴,瞍(没有瞳人的盲人乐官)赋,矇(有眸子而看不见的盲人乐官)~。又引申指❹述说:群臣~功,请刻于石|传~。古又表示❺颂扬:文王之功,天下~而歌舞之。此义后借"颂"(从页,公声,本义为容貌)来表示。参见容。

祝 zhù (咒、呪、詶)

【字形】甲　金　篆　今篆

隶 祝 咒 詶　草

【构造】会意字。甲骨文是一人跪于示(祭台神主)前张口向天祭奠祷告求福之状。金文大同。篆文整齐化。隶变后楷书写作祝。

【本义】《说文・示部》:"祝,祭主赞词者。从示,从人、口。"本义为祭祀时主持祭礼念颂词的人。

【演变】祝,本义指❶祭祀时主祭礼的人:工~致告,徂赉孝孙。后世指❷庙中司香火的人:庙~。用作动词,又指❸向神灵祈祷求福:一人~之,一国诅之,一~不胜万诅,国亡,不亦宜乎?引申指❹衷心地表示对人或物的美好愿望:~你健康。古又借用作"断",表示❺断,断绝:南国之人,~发而裸。

祷告求福是祝,祷告给人降祸也是一种"祝"。为了分化字义,后来褒义的祝福用"祝"表示,贬义的"祝祸"则用"呪"来表示。

〇呪,本是把"祝"的"示"旁改为"口"旁来表示,以突出用口诅咒之意。俗写作"咒",将左口移上,与右口平,口下的儿(人)也讹作"几"。异体作詶,从言,州声。如今规范化以"咒"为正体。读 zhòu,本义指❶祝祷:时夏大旱,太守自出祈祷山林,连日而无所降。辅乃自暴庭中,慷慨~曰……。后专用作贬义,表示❷诅咒:民或~诅|~骂。后迷信转指❸僧道、方士自称可以驱鬼降灾的口诀密语:符水~说以疗病|念~|~语。又引申指❹对神发的誓言:赌~。

【组字】祝,如今既可单用,也可作偏旁。现今仍归入示部。凡从祝取义的字皆与祷告等义有关。以祝作声符的字有:柷、塈。

袄 ǎo (襖)

【字形】古　篆　今篆　隶 袄 襖

草

【构造】形声兼会意字。古文从衣,夭声。篆文从衣,奥声,奥也兼表温暖之意。隶变后楷书写作襖。如今简化,承古文作袄。

【本义】《说文・衣部》新附:"襖,裘属也。从衣,奥声。"本义为皮衣。

【演变】袄,本义指❶皮衣:有长帽短靴,合袴~子,朱紫玄黄,各任所好。引申指❷有衬里的上衣:昨日沽酒典布~|绸子夹~|红裤绿~|棉~。

聿 jīn
（津、肆、肆、𦩢、雃）

【字形】甲　金　籀
篆　今篆　隶 聿 津
草

【构造】会意兼形声字。聿与建同源，在甲骨文中皆为举篙撑船形。金文一形将人撑篙讹为聿，船讹为𠤎，撑船之义不显；金文二形在讹变为“淮”的基础上另加舟形，成了从舟从淮会意。籀文承金文二形改为左右结构。篆文承金文一形，进一步省略，也因渡水之义不显，二形另加水旁，遂成了从水从聿会意，聿也兼表声。隶变后楷书承之，分别写作聿、肆、肆、𦩢、雃、津等多种形体。如今规范化用“津”，聿则只作偏旁，其余皆废而不用。

【本义】《说文·聿部》：“聿，聿（笔）饰也。从聿，从彡。俗以书好为聿。”这是根据讹变的篆文所作的附会，把讹变的船形误为从彡了。《说文·水部》：“津，水渡也。从水，聿声。”其实“聿”与“津”原是一字。本义为撑船渡水。

【演变】聿、津，同为撑船渡水义。由于“聿”不单用，其义遂由“津”来表示。

○津，本义指❶撑船渡水：若～，用汝作舟。用为名词，指❷渡口：使子路问～焉｜指点迷～｜～梁。后用“问津”等比喻引导门径。又引申泛指❸水路要冲之地：关～｜要～。“津”既为水渡，故又用以表示❹唾液，体液：望梅生～｜遍体生～｜～液｜～泽。又用以比喻❺有兴味，有趣味：～～乐道｜～～有味。又引申为❻滋润：其民黑而～｜林无不澪，岸无不～。由滋润又引申指❼资助，补贴：便向爷爷柴仁翁说知，～发郭威离了家门，投潞州去｜～贴。

【组字】聿，如今不单用，只作偏旁。津则既可单用，也可作偏旁。现今聿仍归入聿部，津仍归入水部。凡从聿、津取义的字皆与撑船渡水等义有关。

以聿作声兼义符的字有：津、肆。

以津作声兼义符的字有：潓、𦩢。

退 tuì
（復）

【字形】甲　金　古　篆　隶 退
草

【构造】会意字。甲骨文上从皀，下从倒止，会撤去食器之意。金文食器讹裂为日和口，另加义符辵，以强调吩咐撤去食器之意。古文承之，讹为从辵（辶）从日从夂（朝下的脚），用日行下落会后退之意。篆文进而将辵省作彳（路），隶变后楷书写作退与復。如今规范化用退。

【本义】《说文·辵部》：“復，却也。一曰行迟也。从彳，从日，从夂。”《玉篇·辵部》：“退，却也。”本义为后退。

【演变】退，本义指❶后退：～则死于诛｜知难而～｜不进则～｜～步｜～化｜～缩。引申为❷离去：功成名遂身～，天之道｜～位｜～场｜～职｜早～｜引～。又引申指❸返回，退还，撤销，改悔：临渊羡鱼，不如～而结网｜～稿｜～钱｜～货｜～票｜～学｜～赔｜～婚。又引申指❹谦让：谦～。又引申指❺衰减，消失：（江）淹少以文章显，晚节才思微～｜雾气已～｜～潮｜～色｜～烧。

【组字】退，如今既可单用，也可作偏旁。现今仍归入辵部。凡从退取义的字皆与后退等义有关。

以退作声兼义符的字有：腿、褪、煺。

既 jì
（旣）

【字形】甲　金　篆
隶 既 旣 草

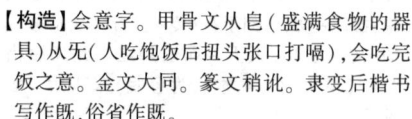

【构造】会意字。甲骨文从皀（盛满食物的器具）从旡（人吃饱饭后扭头张口打嗝），会吃完饭之意。金文大同。篆文稍讹。隶变后楷书写作旣，俗省作既。

【本义】《说文·皀部》：“旣，小食也。从皀，旡声。”解说不确。本义为吃完饭。

【演变】既，由本义吃完饭，引申泛指❶完尽：道之出口，淡乎其无味；视之不足见，听之不足闻，用之不可～。用作副词，表示❷已经：莫（暮）春者，春服～成，冠者五六人，童子六七人，浴乎沂，风乎舞雩，咏而归。用作连词，表示❸并列关系：~明且哲，以保其身。又表示❹推论因果关系，既然：~来之，则安之。

【组字】既，如今既可单用，也可作偏旁。现今归入无部。凡从既取义的字皆与打嗝出气等义有关。

以既作声兼义符的字有：嘅(慨)。

以既作声符的字有：溉、概、塈。

𣪘 jiù；guǐ

(𣪕、簋、匭、匭、朹)

【字形】甲 金 篆 今篆

隶 𣪘 𣪕 簋 匭 朹

草

【构造】会意字。甲骨文是手持匕匙从一圆形食具中取食之状。金文大同。篆文分为二体：一承甲、金文；二在甲、金文的基础上省去匕匙，另加义符竹(表质料)和皿(表器具)。隶变后楷书分别写作𣪘、𣪕(jiù)和簋(guǐ)。异体有匭、匭、朹。实际是同一个字。如今只保留簋，其余皆废而不用。

【本义】《说文·殳部》："𣪕，揉屈也。从殳，从皀。"析形和释义皆不确。实际是"簋"字初文的讹变。又《竹部》："簋，黍稷方器也。从竹，从皿，从皀。"本义为古代盛食物的器皿。

【演变】𣪘(𣪕)，读 guǐ，是"簋"的本字，名词，本义为❶古代盛食物的器皿：昔者尧有天下，饭于土~，饮于土铏(xíng，盛菜羹的器皿)。

又读 jiù，动词，指❷揉曲或强击。

○簋，读 guǐ，本义指❶古代盛食物的器皿。内方外圆曰簋，以盛黍稷；外方内圆曰簠，用贮稻粱：於我乎每食四~|簠~俎豆，制度文章，礼之器也。后来主要用于❷宗庙礼器：夫瑚~之器，朝祭之服，其始也，乃山野之木，蚕茧之丝耳。又用为❸碗罐等陶瓷器皿的雅称：鹾~，以瓷为之，圆径四寸，若合形，或瓶或罍，贮盐花也。

【组字】𣪘(𣪕)，如今不单用，只作偏旁。现今仍归入殳部。凡从𣪘(𣪕)取义的字皆与食具等义有关。

以𣪘(𣪕)作声兼义符的字有：廏(俗作厩)。

叚 jiǎ；xiá

(假、瑕)

【字形】金 篆

隶 叚 假 瑕 草

【构造】会意字。金文左上是山崖，右边是一上一下的两只手，会凭借山崖攀援而上之意。篆文整齐化。隶变后楷书写作叚。是"假"的初文。如今读 jiǎ 时，用假表示；读 xiá 时，仅用于姓氏人名。注意：与"段"不同。

【本义】《说文·又部》："叚，借也。阙。"没有分析字形。从金文看，本义当为凭借山崖攀援而上。

【演变】叚，读 jiǎ，本义为❶凭借山崖攀援而上。引申泛指❷凭借、借助：弟之与兄，子之与父也，然后可以通财交~也|《尔雅》不用字之本谊(义)，专取~借。

又读 xiá，通"瑕"，指❸瑕疵：用乡(飨)宾客，为德无~。此义后作"瑕"。

由于叚作了偏旁，借助之义后来便另加义符"亻"写作"假"来表示。

○假，从人从叚会意，叚也兼表声。读 jiǎ，本义为❶借助：~舆马者，非利足也|~公济私|~手于人。引申为❷借用：晋侯复~道于虞以伐虢|久~不归。又指❸借出：唯器与名，不可以~人。由借用的，又引申为❹非正式的：大丈夫定诸侯，即为真王耳，何以~为！进而引申指❺非真的：二行者在一处，果是不分真~|~仁~义|~象|~冒。又引申指❻据理推断，假定，假如：~有斯事，亦庶钟期不失听也|~说|~设。

又读 jià，借用之物则非己有，故引申为古代官员离开职位休息或办私事，即告假，就是向公家借点时间的意思，发展为今天的❼假期：陈仲弓为太丘长，时吏有诈称母病求~|寒~。

又读 xià，指❽嘉，美：~哉皇考，绥予孝子|~乐。

○瑕，从玉，叚声。读 xiá，本义为❶带赤色的玉石：赤~驳荦，杂插其间。又指❷玉上的斑点：瑾瑜匿~，国君含垢|璧有~，请指示王|白璧微~|~不掩瑜。又喻❸事物的缺点或人的毛病、过失：善行无辙迹，善言无~谪|弃~录用。

【组字】叚，如今不单用，只作偏旁。现今仍归入又部。凡从叚取义的字皆与山石、借助等义有关。
以叚作声兼义符的字有：假、瑕。
以叚作声符的字有：葭、瘕、騢、霞、暇、遐。

𠃬 chóu
(㽞、𠷎、𠭄、疇、畴、壽、儔、俦、擣、搗、捣)

【字形】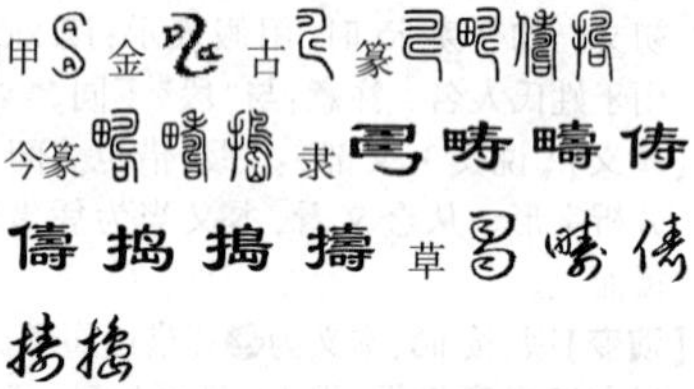

【构造】象形字。甲骨文和金文皆象已经耕耙过的田地的纹路形，表示已经耕作的田。古文大同。篆文整齐化，或另加义符田。隶变后楷书写作𠃬与㽞。随着𠃬演变为壽，异体遂作疇，改为壽声。

【本义】《说文·田部》："㽞，耕治之田也。从田，象耕屈之形。𠃬，㽞或省。"本义为已经耕作的田。

【演变】𠃬，是畴的最初写法。篆文另加义符"田"写作"㽞"，以突出田畴之义。后来"𠃬"作了偏旁，便另加义符"口"组成了形声字"𠷎"，用作语气词，表示嗟叹之声和"谁"的意思。"𠷎"也作了偏旁，遂另加义符"又"(手)组成了形声字"𠭄"，表示"捣"的意思。"𠭄"又作了偏旁，遂另加义符"老"写作"壽"(如今简化作寿)，表示高年。这样，田畴的意思便以"壽"为基础，另加义符"田"写作"疇"(如今简化作畴)来表示。捣的意思则另加义符"扌"写作"擣"，如今规范化用异体"捣"来表示。

○畴，从田从寿会意，寿也兼表声。读 chóu，本义为❶耕治的田畴：将有事于西～｜平～万里。引申指❷田界：均田画～。由不同田畴的并列，又引申指❸齐等，同类：～类｜～匹｜范～。又借用以表示❹谁：～能补天漏？此义后借用"儔"来表示，如今简化作"俦"。用作"畴昔"，表示❺从前，过去：～昔之羊，子为政；今日之事，我为政｜～昔之夜。

○俦，从人，寿声。读 dào，本义为❶华盖。又读 chóu，借指❷伴侣：徘徊恋～侣｜夫志道者少友，逐俗者多～｜同～。借作疑问代词，相当于❸谁，何，怎么：使见善不明，用心不刚，～克尔。

○捣，是"擣"的异体，从扌，島声，如今简化作捣。读 dǎo，本义为❶舂：～珍(珍馐)，取牛羊麋鹿麕之肉，必脄(夹脊肉)。引申泛指❷用棍子等物一端撞击：万户～衣声｜～药｜～蒜｜～米。又引申指❸军事上打击：长驱渡河洛，直～向燕幽｜～毁敌巢。后又引申指❹搅扰：～乱分子｜～蛋鬼。

【组字】𠃬，如今不单用，只作偏旁。现今归入弓部。凡从𠃬取义的字皆与田畴等义有关。
以𠃬作声兼义符的字有：㽞、𠷎、𠭄(擣、捣)。

弭 mǐ

【字形】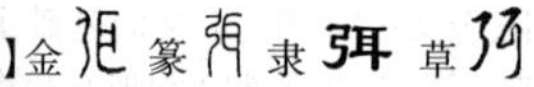

【构造】形声兼会意字。金文从弓，耳声，耳也兼表两边之意。本义指一种两头用骨、角嵌饰的角弓。篆文整齐化。隶变后楷书写作弭。

【本义】《说文·弓部》："弭，弓无缘可以解辔纷者。从弓，耳声。"本义为一种用骨、角嵌饰两头的角弓。

【演变】弭，本义指❶一种用骨、角嵌饰两头的角弓：崎岖鞭～间，周旋仅一岁。由弓角可以解纷乱，引申指❷消除，止息：祸至今未～｜消～｜～战｜～患｜～谤｜～兵。

【组字】弭，如今既可单用，也可作偏旁。现今仍归入弓部。凡从弭取义的字皆与弓箭等义有关。
以弭作声兼义符的字有：㥝。
以弭作声符的字有：葞、渳、麛。

费 fèi
(費)

【字形】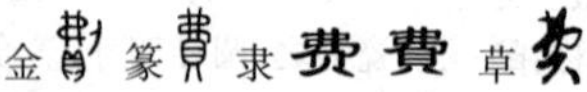

【构造】会意兼形声字。金文从人从貝从弗(表反背)会意，表示花去钱财，弗也兼表声。篆文省去人。隶变后楷书写作費。如今简化作费。

【本义】《说文·貝部》："費，散财用也。从貝，弗声。"本义为花去钱财。

【演变】费，本义指❶花去钱财：车甲之奉，日～千金。引申泛指❷耗费：秦无亡矢遗镞之～，而天下诸侯已困矣｜劳心～神。用作名词，指❸费用，款项：是岁～凡百余钜（巨）万｜免～｜学～。又同“鄪”，指❹古地名（旧读 bì），春秋鲁邑，在今山东省费县西北：今夫颛臾，固而近于～。

【组字】费，如今既可单用，也可作偏旁。现今仍归入贝部。凡从费取义的字皆与花费等义有关。

以费作声符的字有：勯、樻、蹟、镄。

展 tún（臀、臋）

【字形】甲　金　古　篆
今篆　隶 展 臀　草

【构造】指事兼会意字。甲骨文从尸（坐人），用圈指出其臀部。金文改为从尸从丌（置物下基），用人可坐于物体上的部位会臀部之意。古文承金文又另加义符几，以强调倚处之意。篆文整齐化。隶变后楷书写作展。

【本义】《说文·尸部》：“展，髀（bì）也。从尸下丌居几。”本义为屁股。

【演变】展，本义指屁股。后来展作了偏旁，如“殿”，于是屁股之义便以“殿”为基础，另加义符肉“月”写作“臀”来表示。

○臀，从月（肉），殿声，殿也兼表身后之意。异体作臋，隼声。如今规范化，以臀为正体。读 tún，本义指❶屁股：往时催科笞在～。引申指❷器物的底部：其～（底深）一寸。

【组字】展，如今不单用，只作偏旁。现今仍归入尸部。凡从展取义的字皆与屁股、下基等义有关。

以展作声兼义符的字有：殿。

屋 wū（幄）

【字形】籀　古　篆　今篆
隶 屋 幄 草

【构造】象形兼会意字。籀文从尸、厂，皆象屋上的遮盖物。古文上边象古代半地下穴居层草覆盖的顶部之形，下从至，表示人所至止，会古代半地下穴居顶部覆盖之意。篆文上边只留下尸（屋顶），突出了人所至。隶变后楷书写作屋。古代也用作“楃”（幄）。

【本义】《说文·尸部》：“屋，居也。从尸，尸，所主也，一曰尸象屋形；从至，至，所至止。室、屋皆从至。”所释为引申义。本义当为古代半地下穴居顶部的覆盖。

【演变】屋，本义指❶古代半地下穴居顶部的覆盖：大室～坏｜是故十围之木，持千钧之～。引申泛指❷房舍，房间：爱人者兼及～上之乌｜他住里～，你住外～。方言又指❸家：吴中过客莫思家，江南画船如～里。引申指❹帷帐：素锦以为～而行｜车马藏乎圹，又必多为～幕。此义后另作“楃”（幄）。又特指❺车盖：纪信乘黄～车。

○楃，本从木从屋会意，屋也兼表声，强调其骨架。俗改为从巾，强调其帷帐。读 wò，本义指帷幕，帐篷：运筹帷～之中，决胜千里之外。

【组字】屋，如今既可单用，也可作偏旁。现今仍归入尸部。凡从屋取义的字皆与房屋、覆盖等义有关。

以屋作声兼义符的字有：幄。

以屋作声符的字有：偓、握、喔、渥、媉、龌。

昼 zhòu（晝）

【字形】甲　金　籀　篆　隶 昼 晝
草

【构造】会意字。甲骨文从日从聿（用笔画），会白天与黑夜的界线之意。金文繁化，意同。籀文承接金文另加义符八，以突出昼与夜划分之意。篆文改为从日从畫（画）省，含义相同。隶变后楷书省写作晝。如今简化作昼。

【本义】《说文·畫部》：“晝，日之出入，与夜为界。从畫省，从日。”本义为白天。

【演变】昼，本义指❶白天：刚柔者，～夜之象也｜死生，～夜事也，死而死矣｜白～。又特指❷中午：～分而食，夜分而寝｜～时而且很热了｜～斋。

【组字】昼，如今既可单用，也可作偏旁。现今晝、昼皆归入日部。凡从昼取义的字皆与白昼等义有关。

以昼作声符的字有：涺。

屏 píng;bǐng

【字形】古 篆 隶 草

【构造】会意兼形声字。古文从尸(房屋)从并,物并联成片则起遮蔽作用,故用以会遮挡门户的照壁之意,并也兼表声。篆文整齐化。隶变后楷书写作屏。

【本义】《说文·尸部》:"屏,蔽(蔽)也。从尸,并声。"本义为照壁。

【演变】屏,读 píng,本义指❶照壁:天子外~,诸侯内~。引申泛指❷遮挡之物:山树为盖,岩石为~|~障。又特指❸起遮挡作用的屏风:银烛秋光冷画~,轻罗小扇扑流萤。又指❹像画屏的东西:荧光~。

又读 bǐng,用作动词,引申为❺遮挡,掩蔽:~王之耳目,使不聪明。又引申为❻使退避,隐迹:乃~人间语。又引申为❼保护:周公~成王而居摄,以成周道。又引申为❽抑止:~气似不息者。又引申为❾排除,放逐:尊五美(君子惠而不费,劳而不怨,欲而不贪,泰而不骄,威而不猛),~四恶(不教而杀谓之虐;不戒视成谓之暴;慢令致期谓之贼;犹之与人也,出纳之吝谓之有司)|某罪废远~,有玷知识。

【组字】屏,如今既可单用,也可作偏旁。现今仍归入尸部。凡从屏取义的字皆与屏蔽、排除等义有关。

以屏作声兼义符的字有:倂、摒、屛、徥。

眉 méi

【字形】甲 金 篆 隶 草

【构造】象形字。甲骨文象眼上有眉毛形。金文大同。篆文整齐化。隶变后楷书写作眉。

【本义】《说文·眉部》:"眉,目上毛也。从目,象眉之形。"本义为眉毛。

【演变】眉,本义指❶眉毛:敢将十指夸针巧,不把双~斗画长。眉在眼的上部,故引申指❷上端或旁侧:病妪无被,夕卧于灶~|书~|~批。又引申指❸书写于上方的题额:乃纪名迹于弇山之石,而树之槐,~曰:"西王母之山。"眉毛为传情之物,美女多描眉,故又指代❹美女:五纪归来鬓未霜,十~环列坐生光。年老则眉长,故又引申指❺老,长寿:为此春酒,以介~寿。

【组字】眉,如今既可单用,也可作偏旁。现今归入目部。凡从眉取义的字皆与眉目、边际、美好、上边等义有关。

以眉作义符的字有:省。

以眉作声兼义符的字有:媚、湄、楣。

以眉作声符的字有:郿、嵋、猸、镅、鹛。

胥 xū

【字形】篆 隶 草

【构造】会意兼形声字。篆文从"月(肉)"从疋(足)会意,蟹为多足动物,故用以会蟹酱之意,疋也兼表声。隶变后楷书写作胥。

【本义】《说文·肉部》:"胥,蟹醢(肉酱)也。从肉,疋声。"本义为蟹酱。

【演变】胥,本义指❶蟹酱:青州之蟹~。又借用以表示❷古代的小官:余尝就老~而问焉|~吏。或因蟹行时众足扰扰然相与而动,又借以表示❸互相:盘庚五迁,民咨~怨。又表示❹全,都:尔之远矣,民~然矣;尔之教矣,民~效矣|万事~备。又通"须",表示❺等待:姑小~,其自及也。

【组字】胥,如今既可单用,也可作偏旁。现今仍归入月(肉)部。凡从胥取义的字皆与肉酱等义有关。

以胥作声符的字有:谞、婿、湑、婿(壻)、楈、糈、醑。

陡 dǒu (阧)

【字形】古 今篆 隶 草

【构造】形声兼会意字。古文从阝(阜,表示山),走声。隶变后楷书写作陡。异体作阧,改为斗声。走为疾跑,斗为举起酒杯,皆兼表突然高起之意。如今规范化以陡为正体。

【本义】后起字。《集韵·厚韵》:"阧,峻立也。或从走。"本义为山势峻峭。

【演变】陡,本义指❶山势峻峭:路宛转山石间,

塞者凿之,~者级之|~坡|~峭|~峻。陡峭则突然升高,故又引申指❷突然:有顷雷电入室中,黑气~暗|那王小玉唱到极高的三四叠后,~然一落|脸上~然变色|~起风云|天气~变。

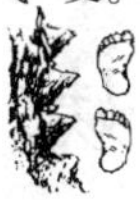

陟 zhì

【字形】甲　金　篆　隶 陟　草

【构造】会意字。甲骨文从阜(上下的脚窝)从步(脚尖朝上的两只脚),会由下往上走之意。金文大同。篆文整齐化。隶变后楷书写作陟。

【本义】《说文·阜部》:"陟,登也。从阜,从步。"本义为升登。

【演变】陟,本义指❶上升,登高:~彼景(大)山。引申为❷晋升:~罚臧否,不宜异同。

【组字】陟,如今既可单用,也可作偏旁。现今仍归入阜部。凡从陟取义的字皆与上升等义有关。以陟作声兼义符的字有:骘。

除 chú

【字形】篆　隶 除　草

【构造】会意兼形声字。篆文从余(房舍)从阜(地穴上下的脚窝),余也兼表声,表示宫殿的台阶。隶变后楷书写作除。

【本义】《说文·𨸏部》:"除,殿陛也。从𨸏,余声。"本义为宫殿的台阶。

【演变】除,本义指❶宫殿的台阶:赵王扫~自迎。引申泛指❷阶梯:洒扫庭~。沿阶而上是个不断的弃旧就新的过程,故引申为❸离旧职就新官:自江州司马~忠州刺史。又引申为❹离开,去掉:斩草~根。又引申指❺不计算在内:~此之外|~非。大台阶包括许多小台阶,故又用以指❻算术中用一个数去分另一个数:二~六得三。

【组字】除,如今既可单用,也可作偏旁。现今仍归入阜部。凡从除取义的字皆与台阶等义有关。以除作声符的字有:滁。

险 xiǎn (險)

【字形】金　篆　隶 险　草

【构造】形声兼会意字。金文从山,佥声,佥为皆,用到处是山会山高峻不平之意。篆文改为从阝(阜,陡山),突出山陡之意。隶变后楷书写作險。如今简化作险。

【本义】《说文·阜部》:"險,阻难也。从阜,佥声。"本义为山高崎岖难行。

【演变】险,本义指❶山高崎岖难行:苟有~,余必下推车|天~不可升也|~阻|~隘|~峰|~要|~地。由山高引申指❷奇异:妇人禁高髻、~妆、去眉、开额及吴越高头草履。由山险又比喻❸事情险恶:上暗(昏庸)而政~。又进而引申指❹人狠毒:使人非战无以效其能,则虽~不得为诈|~诈|阴~。险阻必多灾难,故又引申指❺遭到不幸或发生灾难的可能,危险:上(皇上)固欲公毋涉难冒~,以百全取胜|涉~|脱~|保~|~情|~症。由冒险又引申指❻几乎,差一点:失意~为湘岸鬼|~遭不幸|~些跌倒。

院 yuàn (寏)

【字形】金　篆　隶 院 寏　草

【构造】形声兼会意字。金文从宀,奂声,奂为双手建造高大穴居,用以会围墙里建筑有坚固房舍之意。篆文整齐化。异体改为从阝(阜,高墙),完声,完也兼表完整之意。隶变后楷书分别写作寏与院。如今规范化用院。

【本义】《说文·阜部》:"院,坚也。从阝(阜),完声。"又《宀部》:"寏,周垣也。从宀,奂声。"本义为围墙。《玉篇·阜部》:"院,周垣也。亦作寏。"应为一字,本义为围墙里建筑有坚固房舍。

【演变】院,本义指❶围墙里建筑有坚固房舍。既表示❷围墙:巷相直(值)为~,宇相直者不为~|~墙。又表示❸包括围墙房屋在内的院子:笙歌归~落,灯火下楼台|所处先人旧宅一~而已|四合~|大杂~|场~。又特指❹院子内的空地:寂寞梧桐深~锁清秋。官署寺庙都有围墙,故又引申指❺旧时某些官署,寺庙:翰林~|枢密~|都察~|寺~。现在又指❻某

些机构或公共场所：国务～|设计～|科学～|博物～|养老～|检察～|医～|法～。又特指❼学院：高等～校。

娃 wá

【字形】篆 隶 草

【构造】形声兼会意字。篆文从女，圭声，圭也兼表美好如玉之意。隶变后楷书写作娃。

【本义】《说文·女部》："娃，吴楚之间谓好曰娃。从女，圭声。"《玉篇·女部》："娃，美貌。"本义为女子容貌美好。

【演变】娃，本义指❶女子容貌美好。引申指❷美女：题书赐馆～|娇～。少女多美好，故又特指❸少女：诗听越客吟何苦，酒被吴～劝不休。又进而引申指❹小孩：叫他带回去给～～吃|胖～～。词义扩大，方言又引申指❺某些动物的幼崽：猪～|狗～|鸡～。

【组字】娃，如今既可单用，也可作偏旁。现今仍归入女部。凡从娃取义的字皆与美好等义有关。以娃作声符的字有：桂、娃。

姥 lǎo；mǔ (姆)

【字形】古 今篆 隶 草

【构造】形声兼会意字。古文从女，老声，老也兼表年老之意。隶变后楷书写作姥。异体作姆，从女从母会意，母也兼表声。如今二字表义有分工。

【本义】后起字。《广韵·姥韵》："姥，老母，或作姆，女师也。"《玉篇·女部》："姆，女师也。"本义为老年妇女以妇道教人者。

【演变】姥，读 mǔ，本义指老年妇女以妇道教人者，引申泛指❶老妇：会稽有孤居～养一鹅，善鸣，求市未能得。又特指❷婆婆：便可白公～，及时相遣归。

又读 lǎo，后借用以表示❸外祖母：到姑娘抱了娃娃，她作了～～。又引申指❹接生婆：他就给我了个～～来瞧了瞧，说是喜。

姥为借义所专用，遂另用"姆"表示女教师。

○姆，从女从母会意，母也兼表声。读 mǔ，本义为❶以妇道教人的女教师：女子十年不出，～教婉娩(wǎn，仪容柔顺)听从。后又引申指❷乳母：～抱幼子立侧。今指❸保姆。

姨 yí

【字形】篆 隶 草

【构造】形声兼会意字。篆文从女，夷声，夷为外族，又含平义，故也兼表与母亲平辈的外婆家的姊妹之意。隶变后楷书写作姨。

【本义】《说文·女部》："姨，妻之女弟同出为姨。从女，夷声。"本义为妻子的姊妹。

【演变】姨，本义指❶妻子的姊妹：东宫之妹，邢侯之～|大～子|小～子。又引申指❷母之姊妹：～母|～妈|～夫。又尊称❸与母亲年龄相仿而无亲属关系的妇女：刘～|冯～|阿～。旧又特指❹妾：～太太|～娘。

姻 yīn (婣)

【字形】金 篆 今篆 隶 草

【构造】会意兼形声字。金文从女从因(所凭借)会意，因也兼表声。篆文整齐化。隶变后楷书写作姻。异体作婣，从𣶒(渊)，表示有渊源。如今规范化，以姻为正体。

【本义】《说文·女部》："姻，婿家也，女之所因，故曰姻。从女，从因，因亦声。"本义为婿家。古代女方的父亲叫婚，男方的父亲叫姻，后已无区别。

【演变】姻，本义指❶婿家：荀寅，范吉射(人名)之～也。引申泛指❷男女嫁娶结成婚姻关系：寡君不敢顾昏(同婚)～|不思旧～|盼到今日完～|联～|～亲|婚～。又引申指❸由婚姻关系而结成的亲戚：公有～丧|淑性茂质，为九～所重|～弟|～旧。

怒 nù

【字形】金 篆 隶 草

【构造】会意兼形声字。金文从心，奴声，奴也兼表敢怒不敢言之意。篆文整齐化。隶变后楷书写作怒。

【本义】《说文·心部》："怒，恚也。从心，奴声。"本义为生气，发怒。

【演变】怒，本义指❶生气，发怒：人之性，有侵犯则～，～则血充，血充则气激，气激则发～，发怒则有所释憾矣｜阿母得闻之，槌床便大～｜吏呼一何～，妇啼一何苦｜～容满面｜～火中烧｜愤～。由发怒，引申指❷奋发，奋起，气势很盛：汝不知夫螳螂乎？～其臂以当车辙｜八月秋高风～号｜鲜花～放｜～马｜～吼｜～涛。

【组字】怒，如今既可单用，也可作偏旁。现今仍归入心部。凡从怒取义的字皆与生气等义有关。以怒作声兼义符的字有：譊。

架 jià（枷）

【字形】古　篆　今篆　隶 架 枷

草

【构造】形声兼会意字。古文从木，加声，加也兼表相加之意。隶变后楷书写作架。注意：与"枷"不同。

【本义】《广韵·祃》："架，架屋。"《正字通·木部》："架，以架架物。古者架谓之阁，今俗曰搁板。"本义为搭设。《说文·木部》："枷，栿也。从木，加声。"本义为农具名，即连枷。

【演变】架，本义指❶搭设，构筑：市廛～屋依岩峦｜一桥飞～南北｜叠床～屋｜～电线｜～桥。引申指❷扶持，支撑：一左一右，～住他的膀子｜这单薄的身子怎～得住｜～不住他老是纠缠，只好答应｜搀～｜绑～｜～空｜～起来。人相争斗多用手支撑，故又引申指❸争斗：打～｜吵～｜拉偏～｜劝～。又引申特指❹捏造：他怎能这样平白无故～你不是？用作名词，指❺搭设的架子：衣服在～，履杖犹存｜脚手～｜货～｜书～｜葡萄～。又作量词，用于❻有支架的物体：院子里有一～葡萄。

○枷，篆文一形从木从加会意，加也兼表声。读 jiā，本义指❶一种打谷脱粒用的旧式农具，即连枷：耒耜～芟（大镰）｜一夜连～响到明。因其形似，故又借指❷旧时加在罪犯脖子上的刑具，用木板制成：披～带锁。用为"枷锁"，本指两种刑具，比喻❸受压迫和束缚：思想～锁。

【组字】架，如今既可单用，也可作偏旁。现今仍归入木部。凡从架取义的字皆与搭设等义有关。以架作声兼义符的字有：㢧。

贺 hè（賀）

【字形】金　篆　隶 贺 賀　草

【构造】形声兼会意字。金文从貝，加声，加也兼表以财相加之意。篆文整齐化。隶变后楷书写作賀。如今简化作贺。

【本义】《说文·貝部》："賀，以礼物相奉庆也。从貝，加声。"本义为奉送礼物相庆祝。

【演变】贺，本义指❶奉送礼物相庆祝：受天之祐，四方来～。引申指❷犒劳：景公迎而～之，曰："甚善矣！子之治东阿也。"又引申指❸不带礼物的祝颂：～君得高迁｜书于石，所以～兹丘之遭也｜～喜｜庆～｜祝～。因"贺"也从"加"取义，故又表示❹加。

【组字】贺，如今既可单用，也可作偏旁。现今仍归入贝部。凡从贺取义的字皆与庆祝等义有关。以贺作声符的字有：㔥。

癸 guǐ（揆）

【字形】甲　金　籀　篆

隶 癸 揆　草

【构造】象形字。甲骨文象两根木棍交叉形，是古代最早的测量工具，类似于现在的两脚规，固定中间，张开两头，用翻动的办法来丈量土地。如今农村有的地方还在使用。金文大同小异。籀文讹为从癶（两足）从矢，成了会意字，表示用步并笔直如矢地测量。篆文讹变。隶变后楷书承籀文写作癸。

【本义】《说文·癸部》："癸，冬时水土平，可揆度也。象水从四方流入地中之形。"这是根据篆文所作的附会，但也透露出一点"揆度"的意思。本义正是冬季农闲时平整丈量土地的意思。

【演变】癸，本义为❶测量。引申泛指❷估量、揆度。癸后来借用为❸天干的第十位：~丑。估量之意便另加义符手写作“揆”来表示。

○揆，从扌从癸会意，癸也兼表声。读 kuí，本义指❶测量，考察：皇览~余初度兮，肇锡余以嘉名|~情度理。引申指❷估量，揣测：临渊~水，而浅深难知|~度。测量有标准，故又引申指❸准则，道理：先圣后圣，其~一也。又引申指❹对各种事务的管理：举八恺使主后土，以~百事。又特指❺总揽事务的人，即宰相：桓温居~，政由己出。又指❻各种事务：纳于百~。

【组字】癸，如今既可单用，也可作偏旁。现今归入癶部。凡从癸取义的字皆与测量等义有关。

以癸作声兼义符的字有：揆。

以癸作声符的字有：葵、暌、睽、阕。

癹 bá（芟）

【字形】甲 金 古 篆 隶 草

【构造】会意兼形声字。甲骨文上从双脚，下从手持器械，会踏草拓荒、追击野兽或植杖而耘耔等意，癶也兼表声。金文和古文大同。篆文下边变为手持棒槌并整齐化，其义相同。隶变后楷书写作癹。

【本义】《说文·癶部》：“癹，以足踏夷草。从癶，从殳。”本义为双足踏草拓荒。

【演变】癹，本义指双足践踏除草，引申泛指❶拓荒开发，铲除：为国家者，见恶，如农夫之务去草焉，~夷蕴崇（堆积）之。用作“癹骫”（wěi，骨弯曲），指❷盘旋屈曲。

由于癹用作偏旁，其义遂另写作芟来表示。

○芟，从艹从殳（兵器）会意，殳也兼表声。读 shān，本义为❶割草：载（词头）~载柞（除木）|芟险~荒。引申泛指❷除去：今操~夷大难，略已平矣|~除。

【组字】癹，如今不单用，只作偏旁。现今仍归入癶部。凡从癹取义的字皆与践踏、开张等义有关。

以癹作声符的字有：發（发）。

勇 yǒng（恿）

【字形】金 古 篆 今篆 隶 草

【构造】会意兼形声字。金文从戈从用，异体从力从甬（突出）；古文从心从甬；篆文承金文并整齐化。皆会勇武、心气十足、有勇气有力量之意，用、甬也皆兼表声。隶变后楷书写作恿与勇。如今二字表义有分工，恿专用于“怂恿”。

【本义】《说文·力部》：“勇，气也。从力，甬声。恿，古文勇，从心。”本义为有勇气有力量。

【演变】勇，本义指❶有勇气有力量：夫战，~气也|臣窃以为其人~士，有智谋，宜可使|~健|奋~前进|~敢。引申为❷不推诿，不躲避：~于改过。

○恿，读 yǒng，用于“怂恿”，指从旁劝说鼓动：三妹复从旁怂~之。

【组字】勇，如今既可单用，也可作偏旁。现今仍归入力部。凡从勇取义的字皆与有力气等义有关。

以勇作声兼义符的字有：湧（涌）、踴（踊）。

柔 róu

【字形】篆 隶 草

【构造】形声兼会意字。篆文从木从矛，矛柄要求有韧性、柔软、能曲能直，故用以会木质柔软之意，矛也兼表声。隶变后楷书写作柔。

【本义】《说文·木部》：“柔，木曲直也。从木，矛声。”本义为木质柔软，能曲能直。

【演变】柔，本义指❶木质柔软：荏染（柔弱的样子）~木，君子树之。引申泛指❷柔弱，柔和：立地之道，曰~与刚|其声和以~|~茹（柔弱）寡断（优~寡断）|~韧|~软。由柔和又引申指❸温和：然则~风甘雨乃至|刚~相济|~情|温~。初生之物多柔软，故又引申指❹草木初生或幼嫩：采薇采薇，薇亦~止|开破嫩萼，压低~柯。用作动词，指❺怀柔，安抚：叛而不讨，何以示威？服而不~，何以示怀？

【组字】柔，如今既可单用，也可作偏旁。现今仍归入木部。凡从柔取义的字皆与柔软等义有关。

以柔作声兼义符的字有：揉、鞣、煣、糅、蹂、鞣。

敄 wù;móu

（務、务）

【字形】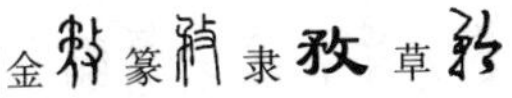

【构造】会意兼形声字。金文从攴（击打）从矛，会以矛强击之意，矛也兼表声。篆文整齐化。隶变后楷书写作敄。是"務"（务）的初文。

【本义】《说文·攴部》："敄，强也。从攴，矛声。"本义为强击。

【演变】敄，读wù，本义指❶强击。

又读móu，引申为❷勉力而为。

"敄"作了偏旁，勉力而为之义便另加义符"力"写作"務"来表示。如今简化作务。参见务。

【组字】敄，如今不单用，只作偏旁。现今仍归入攴部。凡从敄取义的字皆与强击、勉力等义有关。

以敄作声兼义符的字有：務（务）、鹜。

以敄作声符的字有：婺、鹜、蝥、瞀、鍪。

蚤 zǎo

（蚤、蝨）

【字形】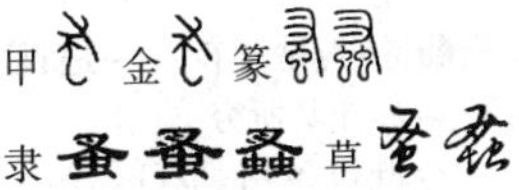

【构造】会意兼形声字。甲骨文从虫从叉（抓挠），会令人抓挠的虫之意，即跳蚤，叉也兼表声。金文大同。篆文整齐化。隶变后楷书写作蚤。异体作蝨。如今皆简化作蚤。

【本义】《说文·䖵部》："蝨，啮人跳虫。从䖵，叉声。叉，古爪字。蚤，蝨或从虫。"本义为跳蚤。

【演变】蚤，本义指❶跳蚤：鸱鸺夜撮～，察秋毫。古又借作❷爪：争利如～甲而丧其掌。又借作❸早：旦日不可不～自来谢项王。

【组字】蚤，如今既可单用，也可作偏旁。现今归入虫部。凡从蚤取义的字皆与跳蚤、搔痒等义有关。

以蚤作声兼义符的字有：搔、骚、瘙、慅。

怠 dài

【字形】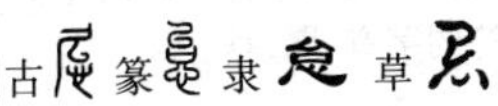

【构造】形声兼会意字。古文从尸（坐人）从巳（胎儿）从心，会心懈惰之意。篆文改为从心，台声，台为胎儿，表懈惰，会轻慢不敬之意。隶变后楷书写作怠。

【本义】《说文·心部》："怠，慢也。从心，台声。"本义为轻慢，不恭敬。

【演变】怠，本义指❶轻慢，不恭敬：其民～沓其君|醴酒不设，王之意～|～慢。引申指❷松懈，懒惰：壮而～则失时，老而解（懈）则无名|天大寒，砚冰坚，手指不可屈伸，弗之～|懒～|懈～|～惰。又引申指❸疲倦：先王尝游高唐，～而昼寝|倦～。

【组字】怠，如今既可单用，也可作偏旁。现今仍归入心部。凡从怠取义的字皆与轻慢等义有关。以怠作声符的字有：噫、瘖。

骄 jiāo

（驕、嬌、娇）

【字形】

【构造】会意兼形声字。甲骨文和金文皆从馬从喬（表示高而夭矫），会雄壮的高头大马之意，喬也兼表声。篆文整齐化。隶变后楷书写作驕。如今简化作骄。

【本义】《说文·马部》："驕，马高六尺为骄。从馬，喬声。"本义为六尺高的马。

【演变】骄，由本义雄壮的高头大马，引申泛指❶马高大雄壮的样子：四牡有～，朱幩镳镳。又引申指❷马骄逸不受控制：马～偏避幰（车前帷幔），鸡骇乍开笼。进而引申指❸人傲慢，放纵：王者之兵，胜而不～，败而不怨|戒～戒躁|～傲自大|～矜|～横。由马的骄逸，又引申指❹猛烈：～阳似火。好马人所钟爱，故又引申表示❺怜爱，宠爱：譬若～子，不可用也|少加孤露，母兄见～。此义后另改换义符女写作"嬌"，如今简化作娇。

〇娇，从女从乔会意，乔也兼表声。读jiāo，本义指❶姿态美丽可爱：含～起斜盼|江山如此多～|～艳。用作动词，指❷娇惯，宠爱：～儿恶卧踏里裂|～生惯养|～贵。进而引申指❸娇气，任性：哪有你这样～的？

骆 luò（駱）

【字形】甲　金　篆　隶 骆駱 草

【构造】形声兼会意字。甲骨文和金文皆从馬，各声，各也兼表独特之意，表示白色黑鬣尾的马。篆文整齐化。隶变后楷书写作駱。如今简化作骆。

【本义】《说文·马部》："駱，马白色黑鬣尾也。从馬，各声。"本义为黑鬃黑尾的白马。

【演变】骆，本义指❶黑鬃黑尾的白马：我马维～，六辔沃若（光润的样子）｜驾白～，载白旗。如今不单用，只用于❷骆驼：～驼号称沙漠之舟。

骈 pián（駢、骿、胼）

【字形】篆　隶 骈駢骿 草

【构造】会意兼形声字。篆文从馬从并，会两马并拉一车之意，并也兼表声。隶变后楷书写作駢。如今简化作骈。又借用作"骿"，表示肋骨联成一片。

【本义】《说文·马部》："駢，驾二马也。从馬，并声。"本义为两马并驾一车。

【演变】骈，本义指❶两马并驾一车：双美并进，～驰翼驱。引申泛指❷并列：东西两石山～峙。又表示❸对偶：至南北朝，专尚～俪，以藻绘相饰，文格遂趋卑靡｜～文｜～偶｜～句。又借作"骿"，表示❹肋骨紧密相接并成一片：曹共公闻其～胁，欲观其裸。又特指❺骈文，文体名。指用骈体写成的文章，别于散文而言。起源于汉魏。以偶句为主，讲究对仗和声律，易于讽诵。唐代以来，有以四字六字相间定句者，称四六文：～四俪六，锦心绣口。

〇骿，从骨从并会意，并也兼表声。读pián，本义为❶肋骨紧密相接并成一片：猿臂～胁｜伏羲日角（额骨中央部分隆起如日），黄帝龙颜，帝喾戴（鸢）肩，颛顼～骭，尧眉八采，舜目重瞳，禹耳三漏，汤肩二肘，文王四乳，武王骈于齿，孔子反宇，颜回重瞳，皋陶鸟喙。又通"胼"，用作"骿胝"，表示❷手脚掌上由于长期劳作所生的老茧：心烦于虑，而身亲其劳，躬胾～胝无胈，肤不生毛。

彖 tuàn（遁、踲、遯）

【字形】甲　金　古　篆　今篆　隶 彖遁踲遯 草

【构造】象形字。彖与彖是一个字，在甲骨文中都象宰杀后悬挂的猪牲形。金文将头扭转，以突出宰杀后的情状。古文稍讹。篆文进一步讹为从彑从豕省，成了会意合体字。隶变后楷书写作彖。

【本义】《说文·彑部》："彖，豕走也。从彑，从豕省。"这是就篆文所作的解说。本义当为宰杀剔治猪牲。

【演变】彖，本义指❶宰杀剔治猪牲。剔治猪牲是一种整理，故引申用为❷《易》断卦之辞：夫子所作～辞，统论一卦之义。又引申泛指❸判断：周公～吉凶。又借作"段"，表示❹一截：一～诗愁。又通❺遁。

〇遁，从辶，盾声。异体作踲，改为从足；或作遯，从辶，豚声。如今以遁为正体。读dùn，本义指❶逃走：楚师夜～｜～逃｜隐～。引申指❷回避：～辞知其所穷。

【组字】彖，如今既可单用，也可作偏旁。现今仍归入彑（彐）部。凡从彖取义的字皆与猪类动物等义有关。

以彖作声兼义符的字有：喙。

以彖作声符的字有：椽、蠡、缘、掾、篆

孨 zhuǎn

【字形】金　篆　隶 孨 草

【构造】会意字。金文从三子，会群儿之意。篆文整齐化。隶变后楷书写作孨。

【本义】《说文·孨部》："孨，谨也。从三子。"所释为引申义。本义当为群儿。

【演变】孨，由本义群儿，引申指❶弱小。又引申指❷谨小慎微。又表示❸聚集的样子。

【组字】孨，如今不单用，只作偏旁。现今归入子部。凡从孨取义的字皆与群儿等义有关。

以孨作义符的字有：孱、孴。

绒 róng (絨、毧、羢)

【字形】古 絨 今篆 絨毧羢 隶 绒 毧 羢 草 绒毧羢

【构造】形声兼会意字。古文从糸,戎声,戎也兼表戎族所产之意。隶变后楷书写作絨。异体作毧、羢,从毛或从羊,与从糸含义相同。如今规范化,以简体绒为正体。

【本义】后起字。《玉篇·糸部》:"絨,细布也。"本义为细布。

【演变】绒,本义指❶细布:绿窗闲数唾窗~,一春心事和谁共。引申指❷柔软细小的纤维或毛:鸭~|鹅~|棉花~。又引申指❸上面有一层绒毛的纺织品:榻上都铺着锦茵~毯|灯芯~|长毛~|丝~。又引申指❹刺绣用的细丝线:香~倦理一支颐|~线。

结 jié;jiē (結)

【字形】篆 結 隶 结 結 草 结

【构造】形声兼会意字。篆文从糸,吉声,吉也兼表吉庆之意,本义为古代结婚时新郎引新娘入洞房用的红绸带上打的姻缘结。隶变后楷书写作結。如今简化作结。

【本义】《说文·糸部》:"結,缔也。从糸,吉声。"本义为打结。

【演变】结,读jié,本义指❶打结,编织:上古~绳而治|~草衔环|编~|~网。用作名词,指❷系成的扣:衣有桧,带有~|蝴蝶~|领~|活~|死~|打个~。进而引申指❸像结的东西:东风吹尽去年愁,解放丁香~|眉毛打着~|喉~|症~。扣结是缩的结果,故又引申指❹结果,结束:故君子行,思乎其所~|了~|完~|~账|~束|~算|~局|~论|总~。由系结又引申指❺组织,连在一起:愿因先生得~交于荆卿|~盟|~亲|~婚|~义|~伴|~社|~拜。进而又引申指❻聚合:寒风摧树木,严霜~庭兰|凝~|团~|郁~|~晶|~冰。又引申指❼构建:~庐在人境,而无车马喧|~构。又引申特指❽旧时保证负责的字据:具~。

又读jiē,由缩成结,引申指❾生长出:桃树~果了|~瓜。又引申指❿坚硬,健壮:这墙砌得不~实|身子骨还挺~实。

【组字】结,如今既可单用,也可作偏旁。现今仍归入糸部。凡从结取义的字皆与打结等义有关。以结作声符的字有:鲒。

绕 rào (繞)

【字形】篆 繞 隶 绕 繞 草 绕繞

【构造】形声兼会意字。篆文从糸,堯声,堯为烧窑,其中砖瓦要转着圈码放,故也兼表环绕之意。隶变后楷书写作繞。如今简化作绕。

【本义】《说文·糸部》:"繞,缠也。从糸,堯声。"本义为缠绕。

【演变】绕,本义指❶缠绕:(穷山)其丘方,四蛇相~|何意百炼钢,化为~指柔|~线。引申指❷围绕,环绕:~以渤海,带以常山|~树三匝,何枝可依|运动员~场一周。由环绕又引申指❸走弯路:及彭至武阳,~出延岑军后|~到敌人背后去|施工断道,车辆~行。又引申指❹纠缠,弄迷糊:我看你是有点被~住了|这笔账把他~住了。

绘 huì (繪、缋、繢)

【字形】篆 繪繢 隶 绘 繪 缋 繢 草 绘缋

【构造】形声兼会意字。篆文从糸,會声,會也兼表汇集彩色之意。隶变后楷书写作繪。如今简化作绘,为正体。异体作繢,貴声,如今简化作缋,只作偏旁。

【本义】《说文·糸部》:"繪,会五彩绣也。从糸,會声。"本义为五彩的刺绣。

【演变】绘,本义指❶五彩的刺绣:视之则锦~,听之则丝簧。绘画杂用五色,故又引申指❷绘画:~为《九老图》|~图。又引申指❸描写,形容:尽~己所经历|~声~色。

【组字】绘,如今可单用,不作偏旁。缋,如今不单用,只作偏旁。现今仍皆归入糸部。凡从缋取义的字皆与绘画等义有关。

以缋作声符的字有:蘈。

给 gěi;jǐ
（給）

【字形】篆 隶 给 給 草

【构造】形声兼会意字。篆文从糸，合声，合也兼表相并合之意。隶变后楷书写作給。如今简化作给。

【本义】《说文·糸部》："給，相足也。从糸，合声。"本义为使丰足。

【演变】给，读 jǐ，本义指❶使丰足，供给：贡之不入，寡君之罪也，敢不共（同供）～｜自～自足｜补～｜～水｜～养｜～孤寺。上对下供给就是赐予，故又引申指❷赐予，给予：诸内外官五月～田假，九月～授衣假。用作名词，指❸俸禄，给养：出知潞州，特加月～之数。用作形容词，表示❹丰足，富裕：春省（察）耕而补不足，秋省敛（收获）而助不～｜家～人足。

又读 gěi，表示❺使对方得到：老残～了他二十两银子安家费｜～我一支笔｜～他一本书。又引申指❻使对方遭受，或代替某些动作：～他点颜色看｜～他两拳｜他～你一句就够受的。又用在动词后边，表示❼付出，交与：把一切贡献～祖国｜交～老师。又引申指❽允许，让：说好了，酒可不～喝｜这样的书可不能～看｜～他累得够呛。用作介词，表示❾被，让，替，为，朝，向：他～雨淋了｜老师～学生补课｜学生～老师敬礼。

络 luò;lào
（絡）

【字形】篆 隶 络 絡 草

【构造】形声兼会意字。篆文从糸，各声，各为格省，也兼表用木棍互相支撑作成的之意。隶变后楷书写作絡。如今简化作络。

【本义】《说文·糸部》："絡，絮也。从糸，各声。"本义为粗丝绵。

【演变】络，读 luò，本义指❶粗丝绵。由丝绵引申指❷把丝缠绕在络子上：儿啼午饭，妇～冰丝｜～丝。用作名词，指❸络丝人：后宫列女，及诸织～，数不满百。由络丝又引申泛指❹缠绕，环绕，连结：古蔓～松身｜分为五水，～交趾郡中｜～绎不绝｜～纱｜～线｜联～。进而又引申指❺笼罩，覆盖，套住：笼山～野｜～马之口，穿牛之鼻者，人也｜用网～住。又比喻❻控制，拉拢：自蔡京得政，士大夫无不受其笼～｜笼～人心。由连结用作名词，又指❼连结成的网状物：骢马金～头，锦带佩吴钩｜橘～｜网～｜脉～｜经～｜丝瓜～。

又读 lào，用作"络子"，指❽用线绳结成的网袋：倒不如打个～子，把玉络上呢。又指❾绕线的工具。

【组字】络，如今既可单用，也可作偏旁。现今仍归入糸部。凡从络取义的字皆与缠绕等义有关。以络作义符的字有：阁。

绝 jué
（㡯、絶）

【字形】甲 金 籀 篆 隶 绝 絶 草

【构造】指事兼会意兼形声字。甲骨文从悬丝，一横指出将丝截断。金文繁化，成了以刀断丝的会意字。籀文线条化。篆文简化，只留下一糸一刀，并另加一坐人卩（jié），以会人持刀断丝之意，卩也兼表声。隶变后楷书分别写作㡯与絶。如今絶简化作绝，为正体。㡯只作偏旁。

【本义】《说文·糸部》："絶，断丝也。从糸，从刀，卩声。"本义为截断。

【演变】绝，本义为❶断，截断：在陈～粮｜韦编三～｜～长续短｜～句｜～缘｜～望。引申为❷尽，穷尽：江河山川，～而不流｜去国越境而师（出兵）者，～地也｜～处逢生｜～症｜气～｜～境。又引申指❸到极点，极端的：效命～域｜悬崖～壁｜秦女～美｜拍案叫～｜～妙｜～密｜～顶｜～技。用作副词，用于否定式，表示❹一定，全然：～不放过一个坏人｜～无仅有。横渡河流有如横截之状，故又引申指❺横渡：假舟楫者，非能水也，而～江河。

【组字】绝，如今既可单用，也可作偏旁。现今仍归入糸部。凡从绝取义的字皆与截断等义有关。

以㡯作义符的字有：㫁（斷、断）。

以绝作声兼义符的字有：撧、脃（脆）、㔶、㔶。

绞 jiǎo
（絞）

【字形】篆　隶 绞 絞　草

【构造】会意兼形声字。篆文从交从糸，会用绳子交叉套在脖子上把人勒死之意，交也兼表声。隶变后楷书写作絞。如今简化作绞。

【本义】《说文·糸部》："絞，缢也。从交，从糸。"本义为把人勒死。

【演变】绞，本义指❶把人勒死：若其有罪，～缢以戮｜～刑｜～架｜～索｜～杀。又指❷把两股以上的条状物扭结在一起：～绳｜～铁丝｜肚子～痛。又指❸把物系在绳上用轮轴使移动：用辘轳～水｜～车｜～盘。

【组字】绞，如今既可单用，也可作偏旁。现今仍归入糸部。凡从绞取义的字皆与绞杀等义有关。以绞作声符的字有：缴。

统 tǒng（統）

【字形】篆　隶 统 統　草

【构造】形声兼会意字。篆文从糸，充声，充表示满量，会从头贯穿全部之意。隶变后楷书写作統。如今简化作统。

【本义】《说文·糸部》："統，纪也。从糸，充声。"本义为丝的头绪。

【演变】统，本义指❶丝的头绪：茧之性为丝，然非得工女煮以热汤而抽其～纪，则不能成丝。抽丝由开头络绎而出，故又引申指❷事物一脉相承的关系：天下继其～，守其业，传之无穷｜系～｜传～｜道～｜血～｜学～｜皇～｜正～｜帝～。丝的头绪总领全丝，故又引申指❸总括：今欲～三都而一之，势必不能｜～购～销｜～计｜～称。又进而引申指❹总领，管辖，治理：冢宰掌邦治，～百官，均四海｜自～大军征之｜～治｜～兵｜～一｜总～。

十画

耕 gēng

【字形】金　古　篆　隶 耕 畊　草

【构造】形声兼会意字。金文从耒（犁），井声，井也兼表井田之意。古文改从耒为从田。篆文整齐化。隶变后楷书写作耕。

【本义】《说文·耒部》："耕，犁也。从耒，井声。一曰古者井田。"本义为犁田，即翻地松土。最早用人耕，大约春秋已出现牛耕。孔子的弟子中有个司马耕，字子牛，即可证明。随着铁器的出现，战国已普遍使用牛耕。

【演变】耕，本义指❶犁田：长沮、桀溺耦而～（二人并耕）｜精～细作｜春～｜～地｜～田。引申泛指❷从事农业劳动：一夫不～或受之饥，一女不织或受之寒。又比喻❸致力于某种事业工作：～道而得道，猎德而得德｜目～老两瞳｜笔～｜舌～。

耗 hào（秏）

【字形】篆　今篆　隶 耗 秏　草

【构造】形声兼会意字。篆文从禾，毛声，毛也兼喻植物之意。隶变后楷书写作秏。俗作耗，改为从耒，毛声，毛也兼表少收之意。如今规范化，以耗为正体。

【本义】《说文·禾部》："秏，稻属也。从禾，毛声。"本义为一种稻类植物。《广韵·号韵》："秏，减也。俗作耗。"后又表示庄稼歉收。

【演变】耗，由本义稻类植物，后表示❶庄稼歉收，亏损：五谷皆入，然后制国用；用地小大，视年之丰～。引申泛指❷减损，亏损：无令而擅为，亏法以利私，～国以便家｜点灯～油｜锅里水要～干了｜～资｜消～｜损～｜折～。古代水道漕运粮食，沿途有所损耗，故又特指❸借口沿途折耗所征收的赋税：～米。由损耗又引申指❹消磨：～精神兮虚廓，废人事之纪经｜～神费力｜～时间。老鼠损耗粮食，故北方又指❺老鼠：小～子，上灯台，偷油吃，下不来。又比喻❻音信，消息：脱获回～，虽死必谢｜音～｜死～｜噩～。

艳 yàn（豔、豓、艶、艷）

【字形】古　篆　今篆　隶 艳

艷 艶 豔 豓 草 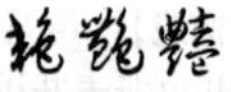

【构造】形声兼会意字。古文从豊从色会意。篆文原本从豐(丰),盍(盇)声,盍也兼表聚合之意。隶变后楷书写作豔(豓)。俗承古文作艷(艶)。如今艷(艶)简化作艳,豔(豓)则废而不用。如今豔归入豆部,艳归入色部。

【本义】《说文·豐部》:"豔,美而长也。从豐,豐,大也;盍声。"《玉篇·豐部》:"豔,俗作艶。"本义为丰满而美丽。

【演变】艳,本义指❶丰满而美丽:宋华父督见孔父之妻于路,目逆而送之,曰:"美而~。"引申泛指❷华美,鲜明:白日无余,碧云卷半,残雨萧索,光烟~烂|~丽|鲜~。又引申指❸羡慕:新歌一曲令人~|~羡。又特指❹关于爱情的:朱口发~歌,玉指弄娇弦|~史。

【组字】艳,如今既可单用,也可作偏旁。现今艳归入色部,豔归入豆部。凡从艳取义的字皆与华美等义有关。

以艳作声符的字有:滟、媭。

泰 tài
(太、汏、汰)

【字形】甲  金 

古 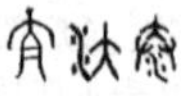 篆  今篆 

隶 泰 太 汰 草 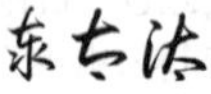

【构造】会意兼形声字。甲骨文从大(正面人形),身上有水滴,表示人在洗浴;二形简化剩一滴水。金文一形大同;二形另加一湾流水。古文一、二形承金文大同稍变;三形将二形的水移到大下,并另加义符廾(双手),变成从大从廾从水,会用手撩水洗浴之意,大也皆兼表声。篆文承古文二、三形并整齐化。隶变后楷书承接甲、金、古、篆文,分别写作汏、太、夳、泰,形成一组同源字。"汏",俗作汰。"太",《说文》作"夳",俗进一步省为太;"夳"下"二",照汉字的演变规律,也可理解为重字符号,即大大,表示很大,这样也就与"大"的含义相同,古代可以通用。"泰",人与手合成𡗗,已失去原意。如今规范化,泰、汰、太表义有分工,汏、夳废而不用。

【本义】《说文·水部》:"泰,滑也。从廾,从水,大声。夳,古文泰。"析形不确,所释为引申义。本义当为洗浴。又《水部》:"汏,淅灡也。从水,大声。"本义为淘洗。

【演变】泰,本义指❶洗浴。洗浴时水流过全身则光滑,通身极为舒泰,故引申为❷通达,通畅,亨通,调和,贤达:帷盖不修,衣服不众,则女事不~|士当令身名俱~,何至以龛牖语人|三阳开~|阴阳交~。又引申为❸安适,康宁:政教积德,必致安~之福;举措数失,必致危亡之祸|国~民安|~然自若。又引申为❹宽裕:凡虑事欲孰(熟),而用财欲~。进而引申为❺奢侈,骄纵:国虽富,不侈~,不纵欲。又引申为❻大,极,过分:如其道,则舜受尧之天下不以为~|扬金光,横~河|~古二皇,得道之柄|~西客到攻如雠。用作副词,表程度,相当于❼极,过分:秦所以二世十六年而亡者,养生~奢,奉终~厚也。

为了分化字义,后来❷❸❹❺义专由"泰"表示,❻❼义则由"太"来表示,洗和滑义则用"汰"来表示。

〇太,与"大"本为一字。为了分化字义,后下加一点写作"太"以相区别。读 tài,本义指❶大:既修~原,至于岳阳|~学。用于空间,指❷高:~空冥冥,不可得而名。用于时间,指❸最早:昔~古尝无君矣,其民聚生群处。用于身份,指❹地位辈分高的:~夫人|~公|~尊|~翁|~子|~师。用作副词,表示❺极端,过分:暮婚晨告别,无奈~匆忙|~长了|~冷清|~辣了。

〇汰,本作汏,从氵从大,大也兼表声。俗作"汰",读 tài,本义指❶淘洗:作热汤,于大盆中浸黄豆;良久,淘~,挼去黑皮,漉而蒸之。引申指❷除去坏的、不合需要的,留下好的:方明简~精当,各慎所宜|郡邑之官,绝少淘~。

【组字】泰(太),如今既可单用,也可作偏旁。现今泰归入水部,太归入大部。凡从泰(太)取义的字皆与人、洗等义有关。

以泰(太)作声兼义符的字有:傣、汰、态。

以太作声符的字有:溙、呔、肽、钛、酞。

秦 qín
(搇、搗、捣、擣)

【字形】甲 金 篆

今篆 隶 秦 挃 捣 搗

擣 草

【构造】会意字。甲骨文从廾(双手)持午(杵)舂禾形,会舂捣收打禾麦之意。金文承之,或省为一禾。篆文承接金文并整齐化。隶变后楷书写作秦。是挃、擣(擣)、捣的先行字。

【本义】《说文·禾部》:"秦,伯益之后所封国,地宜禾。从禾,舂省。一曰秦,禾名。"所释为引申义。本义当为舂捣收禾。又《手部》:"挃,获禾声也。从扌,至声。"本义为舂捣收禾。又《手部》:"擣,手椎也。一曰筑也。从手,𠷎声。"《正字通·手部》:"捣,俗擣字。"本义为舂捣,即用棍棒较粗大的一头垂直撞击。

【演变】秦,本义指❶舂捣收禾。又指❷禾名。古代关中之地是富饶的产粮区,盛产禾麦,故称其地为秦,后遂成为❸古代封国名,即后来的战国七雄之秦国。又指❹朝代名,即秦始皇所建立的秦朝。秦朝是我国第一个统一大帝国,所以汉时西域诸国又用"秦"指称❺中国:驰言~人,我丐若马。

后来西方称中国为"支那",即"秦"字之音变。"秦"为朝代名所专用,捣禾之义便又另造了形声字"挃"来表示。从"至"声也可看出"秦"变为"支那"的蛛丝马迹。随着语音的演变,后来又造了新形声字"搗",如今简化作捣。可见秦、挃、捣为一音之变,是不同时代的古今字。

○挃,从扌,至声。读 zhì,本义指❶收获禾的声音:获之~~。又泛指❷击捣:五指之更弹,不若卷手之一~。

○擣,篆文本作擣,从手,𠷎声。随着𠷎演变为壽,俗也繁化为擣。由于其形太繁难,后俗又另造了搗,今简作捣,为正体。读 dǎo,本义指❶捶击,舂捣:我心忧伤,惄焉如~。又指❷冲击,攻打:以精兵二十万直~中原,收复故疆。

○捣,从扌,岛声。是擣的后起俗字。如今规范化,以捣为正体,读 dǎo,本义指❶舂,砸,捶打,撞击:~衣|~蒜|~药。引申指❷进攻,冲击:长驱渡河洛,直~向燕幽|直~敌巢。后又引申指❸搅扰:~乱。

【组字】秦,如今既可单用,也可作偏旁。现今仍归入禾部。凡从秦取义的字皆与草木等义有关。

以秦作声兼义符的字有:蓁、獉、榛。

以秦作声符的字有:嗪、溱、臻、蠑。

珠 zhū

【字形】篆 隶 珠 草

【构造】形声兼会意字。篆文从玉,朱声,朱(采伐后的树桩)也兼表采取之意。隶变后楷书写作珠。

【本义】《说文·玉部》:"珠,蚌之阴精。从玉,朱声。"本义为蚌壳内所生的珍珠。

【演变】珠,本义指❶蚌壳内所生的珍珠:金生沙砾,~出蚌泥|~联璧合|~圆玉润|~光宝气|~宝。引申指❷玉制的珠子:西国琅玕碧~|玉~。又引申指❸像珠子的东西:白露垂~滴秋月|白雨跳~乱入船|眼~儿|露~儿|水~儿|汗~儿|滚~儿|算盘~儿。珠子是珍宝,故又比喻❹美好的东西或文辞:茂先援笔而散~,太冲动墨而横锦|字字~玑|满腹~玑。

【组字】珠,如今既可单用,也可作偏旁。现今归入王部。凡从珠取义的字皆与玉石等义有关。

以珠作声兼义符的字有:赟。

班 bān (頒、颁、攽)

【字形】金 篆

隶 班 颁 頒 攽 草

【构造】会意字。金文从珏(二玉),中从刀,会分瑞玉之意。瑞玉为古代信物,中分为二,各执一半。篆文整齐化。隶变后楷书写作班。中间刀形稍变。旧又用作颁、攽、斑。

【本义】《说文·珏部》:"班,分瑞玉。从珏,从刀。"本义为分瑞玉。又《页部》:"頒,大头也。从頁,分声。"本义为头很大的样子。又《攴部》:"攽,分也。从攴,分声。"本义为分。

【演变】班，本义指❶分瑞玉：乃日觐四岳群牧，~瑞玉于群后。引申泛指❷分开：有~马之声，齐师其遁？据说，军队夜遁，马不相见，故鸣，由此引申指❸回军，还师：遂~军而还，一郡并获全|~师回朝。由分开又引申指❹铺开：道逢友人，共~草而言|~荆道故。又引申指❺分成的不同人群，组织：学校~级|部队~排连|车间~组|戏~|作业~。又引申指❻按时间划分的段落：早~|夜~|白~。又进而引申指❼值班：上~|当~。又引申指❽定时开行的：~车。又借作"斑"，表示❾头发花白：~白者不提挈。此义也写作"颁"，如今简化作颁。

○颁，从页（人头），分声。本读 fén，本义指❶大头：鱼在在藻，有~其首。

又读 bān，借用作"攽"，从攴从分会意，表示❷分：古之道，五十不为甸徒（甸猎卒徒），~禽隆（多）诸长者|~爵位。进而引申指❸颁布：~告朔（每年冬季天子把次年的历书颁布给诸侯）于邦国。又引申指❹颁发：凡有~犒，均给军吏，秋毫不私|~奖。又借用作"斑"，表示❺斑白：谨庠序之教，申之以孝悌之义，~白者不负戴于道路矣。参见斑。

【组字】班，如今既可单用，也可作偏旁。现今归入王部。凡从班取义的字皆与分玉等义有关。

以班作声兼义符的字有：掰。

素 sù（愫）

【字形】甲 金 籀 篆 今篆 隶 草

【构造】会意字。甲骨文下从简糸上从𠂹（花朵下垂），表示丝织物如天然花朵一样光润柔软下垂。金文糸不省，旁从两手，会双手捧丝绸欣赏之意。籀文省去两手，另加义符糸，强调为丝织品。篆文承接籀文，省去糸并整齐化。隶变后楷书写作素。旧又用作愫。

【本义】《说文·糸部》："素，白緻缯也。从糸、𠂹。"本义为本色未染的生绢丝绸。《正字通·心部》："愫，情实也。"本义为真诚的情意。

【演变】素，本义指❶本色未染的丝绸：十三能织~，十四学裁衣。引申指❷本色，白色：绿叶兮~华。由本色又引申指❸素雅，不艳丽：乘~车，食无乐。由本色未加工的又引申指❹本质，本性：虚无者道之舍，平易者道之~。进而引申指❺带根本性的物质或构成事物的基本成分：原~|因~|要~|维生~。这种用法借自日语。事物的本质、本性是真实的、本来就有的，故又引申为❻真诚：竭智能，示情~。此义后作"愫"。把本色用到饮食上，指❼素食：古之民未知为饮食时，~食而分处。用作副词，指❽平素，向来：吴广~爱人，士卒多为用者。由白色的用作副词，指❾空，白白地：彼君子兮，不~餐兮。

○愫，从忄从素会意，素也兼表声。读 sù，本义指真诚的情意：披心腹，见情~。

【组字】素，如今既可单用，也可作偏旁。现今仍归入糸部。凡从素取义的字皆与本色、本性等义有关。

以素作声兼义符的字有：愫、嫊、榡、縤。

以素作声符的字有：嗉、傃、埬、溹、膆。

敖 áo；ào（敖、傲、遨）

【字形】甲 金 篆 今篆 隶 草

【构造】会意字。甲骨文从人从出，会人出游之意。金文另加义符攴（手持棒），以强调手持防身器物出游之意。篆文变为从放从出，成了放浪出游了。隶变后楷书本应写作敖，俗作敖，如今规范化为正体。

【本义】《说文·放部》："敖，出游也。从出，从放。"本义为出游。

【演变】敖，读 áo，本义指❶出游，闲游：微我无酒，以~以游|邑亡（无）~民，地亡旷土。引申指❷戏谑：诛其良臣，~其妇女|妇人~荡者，沉之江。

又读 ào，引申指❸狂妄，倨傲：无若丹朱~，惟慢游是好|~不可长，欲不可从（纵）。此义后作"傲"。如今主要用作❹姓。

由于"敖"作了偏旁，出游之义便另加义符"辶"写作"遨"来表示。

○遨，从辶从敖会意，敖也兼表声。读 áo，本义指游玩：挟飞仙以～游，抱明月而长终。

【组字】敖，如今既可单用，也可作偏旁。现今归入攴部。凡从敖取义的字皆与纵恣戏游等义有关。

以敖作声兼义符的字有：傲、遨、嗷、骜、獒、熬、聱、謷。

以敖作声符的字有：廒、嶅、螯、鏊、鳌。

冓 gòu
（遘、媾、構、构、溝、沟）

【字形】甲　金　篆　今篆　隶　草

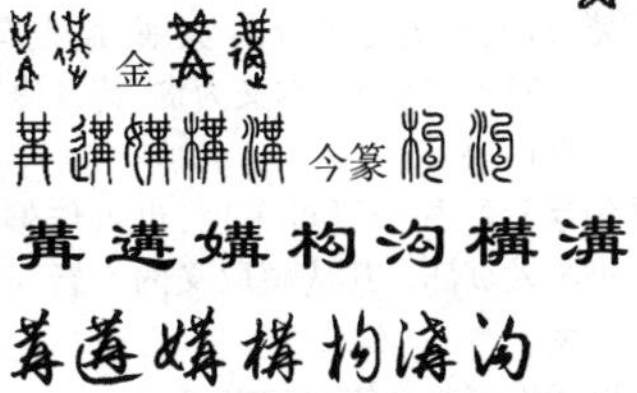

【构造】会意字。甲骨文象两鱼相遇嘴相接呷形，或加出示动的义符辵（辶）。金文还能看出两鱼接呷的影子。篆文整齐化，并分化为两个字。隶变后楷书分别写作冓与遘。如今遘可单用，冓只作偏旁，作偏旁时或简化作勾。现今归入冂（或一）部。

【本义】《说文·冓部》："冓，交积材也。象对交之形。"释义析形皆不确。本义为两鱼相遇。是"遘"的本字。

【演变】冓，本义指两鱼相遇。引申泛指❶相遇：不～大雨。又引申指❷交接：中～之言，不可道也｜～和。建筑需架积交接木材，故又引申指❸架积交接木材，构造。又借用作❹溝（沟）。

由于"冓"作了偏旁，相遇之义便又另加义符"辶"写作"遘"来表示，交接之义则另加义符"女"写作"媾"来表示，架积木材之义则另加义符"木"写作"構"来表示，沟通之义则另加义符"水"写作"溝"来表示。

○遘，从辶从冓会意，冓也兼表声。读gòu，本义指相遇，遭遇：何遭命之奇薄兮，～天祸之未悔。

○媾，从女从冓会意，冓也兼表声。读gòu，本义指❶重婚，亲上结亲：唯我郑国有请谒焉，如旧昏（婚）～，其能降以相从也。引申泛指❷结婚：今将婚～以从秦。进而引申指❸交好，讲和：不如发重使为～｜～和。又引申指❹交配：造化合元符，交～腾精魄。

○构，繁体構，从木从冓会意，冓也兼表声。如今简化作构，改为勾声。读gòu，本义指❶架积交接木材：筑土～木，以为宫室｜～造。引申泛指❷交接，会合：吾闻秦楚～兵，我将见楚王说而罢之｜虚～｜～思。又引申指❸结成，造成：～怨于诸侯｜～图｜～词。用作名词，指❹构成的事物，作品：痛华～之丘荒｜佳～｜杰～。

○沟，繁体溝，从水从冓会意，冓也兼表声。如今简化作沟，改为勾声。读gōu，本义指❶田间的水道：苟为无本，七八月之间雨集，～浍皆盈。引申泛指❷水道，壕沟：城郭～池以为固｜阳～｜水～。又引申指❸像沟的浅槽：雪依瓦～白，草绕墙根绿｜车～。用作动词，表示❹开沟，疏通：秋，吴城（筑城）邗，～通江淮。

【组字】冓，如今不单用，只作偏旁，作偏旁时或简化作"勾"。现今归入冂部。凡从冓取义的字皆与两鱼相遇、两相交接等义有关。

以冓作义符的字有：再、爯。

以冓作声兼义符的字有：遘、媾、溝（沟）、構（构）、購（购）、覯、耩、篝、韝。

鬥 dòu
（鬭、斗）

【字形】甲　篆　隶　草

【构造】象形字。甲骨文象两人揪在一起对打搏斗形。篆文整齐化。隶变后楷书写作鬥。由于鬥作了偏旁，其义便另加声兼义符"斲"写作"鬭"来表示。如今简化都借用"斗"来表示。

【本义】《说文·鬥部》："鬥，两士相对，兵杖在后，象鬥之形。"字中无"兵杖在后"形。本义为对打搏斗。又："鬭，遇也。从鬥，斲聲。"是鬥的加旁分化字。

【演变】鬥，本义指❶对打，搏斗：凡～者必自以为是而以人为非也｜争～。引申指❷战斗：且引且战，连～八日。由对打又引申指❸竞争，比赛：汉王笑谢曰："吾宁～智，不能～力。"又引申为❹批判，揭露：～恶霸｜批～。

由于"鬥"作了偏旁，其义便另加声兼义符"斲"写作"鬭"来表示。如今简化都借用"斗"来表示。参见斗。

【组字】鬥,如今不单用,只作偏旁。作偏旁时简作“门”。现今仍设鬥部。凡从鬥取义的字皆与争斗等义有关。

以鬥作义符的字有:鬦(斗)、鬧(闹)、鬨(哄)、鬩(阋)、鬪、鬫、鬬(斗)、鬮。

蚕 cán (蠶)

【字形】甲 篆 今篆 隶 草

【构造】象形兼形声字。甲骨文象蚕形。篆文改为从䖵、朁声。隶变后楷书写作蠶。如今简化作蚕,改为从虫,天声。如今规范化,以蚕为正体。

【本义】《说文·䖵部》:“蠶,任丝也。从䖵,朁声。”本义为蚕蛾科和大蚕蛾科昆虫的幼虫的统称。蜕皮后吐丝结茧变成蛹,蛹变成蚕蛾。种类很多,有家蚕、柞蚕、蓖麻蚕等,通常指家蚕。蚕吐的丝是重要的纺织原料。

【演变】蚕,本义指❶蚕蛾科和天蚕科昆虫的通称:漠漠~弄丝|养~|柞~。用作动词,指❷养蚕:桑土既~。用作副词,比喻❸像蚕一样:诸侯可~食而尽。

【组字】蚕,如今既可单用,也可作偏旁。现今归入虫部。凡从蚕取义的字皆与蚕丝等义有关。

以蚕作声兼义符的字有:蚕。

顽 wán (頑、忨)

【字形】篆 隶 草

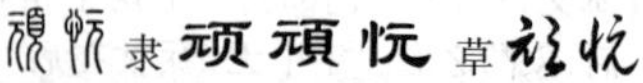

【构造】形声兼会意字。篆文从頁(头),元声,元也兼表头顶之意。隶变后楷书写作頑。如今简化作顽。旧又借作“忨”。

【本义】《说文·頁部》:“頑,梱头也。从頁,元声。”本义为难劈开的木头疙瘩。又《心部》:“忨,贪也。从心,元聲。”本义为贪爱,苟安。

【演变】顽,本义指❶难劈开的木头疙瘩。引申指❷未加工的和鲁钝不锐利的东西:良医之门多疾人,砥砺之旁多~钝|徒为~璞一片圆,温润又不似圭璧。由物鲁钝又引申指❸人愚妄无知:(舜)父~,母嚚,象(人名)傲,克谐以孝|成周既成,迁殷~民|直饶说得天花乱坠,~石点头|愚~。人未经教育则不懂规矩,故又引申指❹性情顽劣,暴戾:岂惜战斗死,为君扫凶~|争奈知远~劣不遵教诲。又进而引申指❺喜欢嬉戏,淘气:~皮。由难劈开,又用于贬义,指❻固执,不易改变:虽有~固,问至数十,(张)伟告喻殷勤,曾无愠色|~固不化。用于褒义,比喻❼坚硬,坚强:石质坚~|~强战斗。又借作“忨”,表示❽贪婪:故闻伯夷之风者,~夫廉,懦夫有立志。

○忨,读 wán,本义为贪,苟且偷安:~岁而愒日|~愒。

【组字】顽,如今既可单用,也可作偏旁。现今仍归入页部。凡从顽取义的字皆与顽劣等义有关。

以顽作声兼义符的字有:瓂。

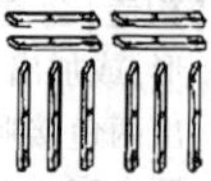

祘 suàn (筭)

【字形】篆 隶 草

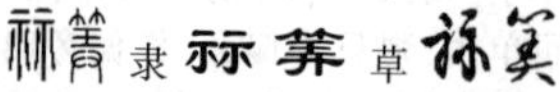

【构造】象形字。篆文四横六竖,象古代用以计算的竹制筹码形,是汉语十进位的运算反映。隶变后楷书写作祘。是“筭”的本字。

【本义】《说文·示部》:“祘,明示以筭之。从二示。”又《竹部》:“筭,长六寸,计历数者。从竹,从弄。言常弄乃不误也。”析形不确。本义为算筹。

【演变】祘,本义指算筹。每根长六寸。由于“祘”作了偏旁,其义便另造了从竹从弄的“筭”字来表示。

○筭,从竹从弄会意。读 suàn,本义指❶算筹:以~击鼓,不能鸣者,所用撞击之者小也。用作动词,表示❷计算:孟子持筹而~之,万不失一。引申为❸谋划:长~屈于短日,远迹顿于促路。如今规范化,“祘”“筭”皆由“算”来表示。参见算。

【组字】祘,如今不单用,只作偏旁。现今仍归入示部。凡从祘取义的字皆与算筹等义有关。

以祘作声符的字有:蒜。

鬥 zhèn (鬥)

【字形】篆　隶　草

【构造】会意字。篆文从門从下，会从下升登之意。隶变后楷书写作䦉。段注异体从二(上)写作䦉，直取上升之意。二字都只作偏旁。

【本义】《说文·門部》："䦉，登也。从門、二。二，古文下字。"本义为升登。

【演变】䦉，本义指升登。

【组字】䦉，如今不单用，只作偏旁。现今仍归入门部。凡从䦉取义的字皆与升登义有关。

以䦉作声符的字有：閔(从䦉省)、闞(省作闖)。

盏 zhǎn (琖、盞)

【字形】金　篆　今篆　隶　琖　醆　草

【构造】形声兼会意字。金文从皿，戔声，戔也兼表小之意。篆文承金文并整齐化；异体改为从玉，表示玉制。隶变后分别写作盞与琖。俗也作醆，从酉，表示其作用。如今皆简化作盏。

【本义】《说文·玉部》新附："琖，玉爵也。从玉，戔声。或从皿。"《方言》卷五郭璞注："盞，最小杯也。"本义为小而浅的杯子。

【演变】盏，本义指❶小杯子：爵用玉～仍雕｜宁辞酒～空｜把～｜酒～。旧时油灯似盏，故又引申指❷灯盏：华老栓忽然坐起身，擦着火柴，点上遍身油泥的灯～。又作量词，用于❸器皿：闻道云安曲米春，才倾一～即醺人｜燃五万灯～，簇之如花树。

【组字】盏，如今既可单用，也可作偏旁。现今归入皿部。凡从盏取义的字皆与器具等义有关。

以盏作声符的字有：橏。

髟 biāo

【字形】甲　金　篆　隶　髟　草

【构造】象形兼会意字。甲骨文、金文皆象人长发飘垂的样子。篆文改为从长(长发)从彡(表飘动)，会长发飘垂的样子。当是"长"的加旁字。隶变后楷书写作髟。

【本义】《说文·髟部》："髟，长发猋猋也。从长，从彡。"本义为长发披垂的样子。

【演变】髟，本义指长发披垂的样子：斑鬓～以承弁兮，素发飒以垂领。

【组字】髟，如今既可单用，也可作偏旁。现今仍设髟部。凡从髟取义的字皆与毛发等义有关。

以髟作义符的字有：髡、髠、髢、髣、髤、髥、髦、髧、髨、髯、髪、髫、髸、髭、髮(发)、髵、髶、髱、髲、髳、髴、髵、髻、髾、鬂、髹、鬐、鬌、鬉、鬁、鬒、鬓、鬊、鬋、鬆、鬃、鬈、鬉、鬘、鬅、鬙、鬍、鬎、鬏、鬐、鬑、鬒、鬓、鬔、鬗、鬖、鬕、鬘、鬙、鬚、鬛、鬜、鬝、鬞、鬟、鬠、鬡、鬢、鬣、鬤。

赶 qián；gǎn (趕)

【字形】古　篆　今篆　隶　赶　趕　草

【构造】形声兼会意字。古文从走，旱声，旱也兼表极力之意。篆文从走，干声，干也兼表举起之意。隶变后楷书写作赶。如今又用作趕的简化字，表示追逐。

【本义】《说文·走部》："赶，举尾走也。从走，干声。"本义为兽畜翘着尾巴奔跑。《正字通·走部》："趕，追逐也。今作赶。"

【演变】赶，读 qián，作为本字，本义指❶兽畜翘着尾巴奔跑。

又读 gǎn，用作"趕"的简化字，表示❷追逐：乘马～四十余里｜追～。引申指❸驱逐：燕王大怒，把太子～出燕国｜驱～｜～走｜～跑。又引申指❹驾驭车马：～马快走｜～车前去。追赶必抓紧时间，故又引申指❺加快行动，迅速去做：快斟酒来吃，我得～入城去投军｜天已黑，～不回去了。追赶是有目的的行为，故又引申指❻到目的地去做事：上京～考｜～集。由追赶上，又引申指❼遇到(某种情况或机会)：现在真～上好时代了｜这两天正～上刮风。虚化为介词，又引申指❽等到某时：～明儿给你买个更好的｜要～在月底到京才行。

起 qǐ

【字形】金 篆 隶 起 草

【构造】形声兼会意字。金文从㞢(之,前行)从止从巳(胎儿),会人生起始之意。篆文从走,巳声。《白虎通·五行篇》:"太阳见于巳,巳者物必起。"隶变后楷书写作起,将声旁巳误为己。

【本义】《说文·走部》:"起,能立也。从走,巳声。"本义为由躺到坐或由坐到站立。

【演变】起,本义指❶由躺到坐或由坐到站立:曩子坐,今子~|~立。又特指❷起床:鸡鸣而~|~居。又引申泛指❸起来,上升:大风~兮云飞扬|风~云涌|文名鹊~|~飞|~色|~尘|~落。由起来又引申指❹凸起,出现,产生:合盖隆~,形似酒尊(同樽)|撞~一个鼓包|~鸡皮疙瘩|肃然~敬|~急|~哄|~泡|~疑|~作用。又引申指❺兴建,设置:赵简子~长城备胡|市易之~,自为细民|~土动工|白手~家|另~炉灶|新~了一栋楼。又引申指❻兴起,发动:陈涉等~大泽中|~兵|~事|~义。由站起又引申指❼复活:~死人而肉白骨也。又引申指❽离开:你~开点,别在这里碍事。起立是行为的开端,故又引申指❾开始:明法度,定律令,皆以始皇~|~承转合|~点|~始|~讫|~头。又特指❿打草稿:为文章,操纸笔立书,未尝~草。由开始,虚化为介词,表示⓫时间或处所的起点:~上星期就没见过他|~后头往前数。又放在动词后,表示⓬动作行为的起始趋向:说~话来|举~手来|讲~课来。又表示⓭能承受:再经不~打击了|他经得~考验|这个责任我可担不~。

盐 yán (鹽)

【字形】金 篆 隶 盐 鹽 草

【构造】形声兼会意字。金文从水从皿从卤,会由水熬制成的盐卤之意。篆文改为从卤(盐卤),監声,盐为晶体,監也兼表光亮之意。隶变后楷书写作鹽。如今简化作盐。是"卤"的加旁字。参见卤。

【本义】《说文·鹽部》:"鹽,鹹(咸)也。从卤,監声。古者宿沙初作煮海盐。"本义为食盐。无机化合物,成分是氯化钠,无色或白色晶体,味咸,是重要的调味品。

【演变】盐,本义指❶食盐:若作和羹,尔惟~梅|~场。又用作化学名词,指❷由金属离子和酸根离子组成的化合物的通称:硫酸~。

【组字】盐(鹽),如今既可单用,也可作偏旁。现今归入皿部。凡从盐(鹽)取义的字皆与食盐等义有关。

以盐(鹽)作义符的字有:鹽。

袁 yuán (環、环)

【字形】甲 金 篆 今篆 隶 袁 环 環 草

【构造】会意字。甲骨文下从衣和又(手),上为衣领处挂一玉璧,会人当胸处佩戴玉璧之意。金文繁化,将玉璧移到衣中,上讹为系带,下省手。篆文整齐化。隶变后楷书写作袁。

【本义】《说文·衣部》:"袁,长衣貌。从衣,叀省声。"析形不确,所释为引申义。本义当为环璧,即薄而圆、中间有孔的玉璧。

【演变】袁,本义指❶环璧。因从衣取义,故引申为❷长衣貌。如今专用作❸姓。这样,环璧之义后遂用"環"来表示。

〇环,繁体環,从玉从瞏会意,瞏也兼表声。如今简化作环,瞏旁用"不"代替。读huán,本义指❶好(孔内)肉(孔外)若一的璧:宣子有~。引申泛指❷环形的物品:耳~。用作动词,指❸环绕:三江~之,民无所移。

【组字】袁,如今既可单用,也可作偏旁。现今归入土部。凡从袁取义的字皆与环璧、环绕等义有关。

以袁作声兼义符的字有:瞏、睘、園(园)。

以袁作声符的字有:遠(远)、猿。

壶 hú (壺、瓠)

【字形】甲 金 篆 隶 壺 草

【构造】象形字。甲骨文象有盖、两耳、鼓腹、圈足之酒壶形。金文简化。篆文整齐化。隶变后楷书写作壶。如今简化作壶。

【本义】《说文·壶部》："壶，昆吾圜器也。象形。从大，象其盖也。"本义为酒壶，用以盛酒的容器，一般腹大口小，有盖有嘴，有把儿或提梁。

【演变】壶，本义指❶酒壶：国子执～浆。引申泛指❷像壶的容器：茶～｜鼻烟～。又特指❸计时之器漏壶：～人，掌刻漏人也。又指❹投壶：投～之礼，主人奉矢，司射奉中，使人执～。又用作"瓠"，指❺葫芦：七月食瓜，八月断～。

【组字】壶，如今既可单用，也可作偏旁。现今归入土部。凡从壶取义的字皆与容器、容纳等义有关。

以壶作义符的字有：壹、壼、鼜。

栽 zāi

【字形】甲　金　篆　隶 栽　草 栽

【构造】形声兼会意字。甲、金文皆从木，𢦔（𢦏）声，𢦏也兼表剖木为版之意。篆文整齐化。隶变后楷书写作栽。

【本义】《说文·木部》："栽，筑墙长版也。从木，𢦏声。"本义为古代筑墙时在两侧竖立木板干。

【演变】栽，本义指❶筑墙时在两侧竖立木板干：凡土功，水昏正（谓今十月定星昏而中）而～。由竖立板干，引申泛指❷种植草木：故～者培之｜玄都观里桃千树，尽是刘郎去后～｜～树｜～花｜～培｜～植｜～种。用作名词，指❸移植的幼苗：坚冰作于履霜，寻木起于蘖～｜枣树～子｜桃～。由栽植又引申指❹插上：草履只～三个耳｜～根柱子｜～绒｜～刷子。又引申指❺硬给安上：这又是～害我也｜～上个罪名｜～赃。口语中又用以表示❻跌倒：～个大跟头｜不小心，～了一跤。

【组字】栽，如今既可单用，也可作偏旁。现今仍归入木部。凡从栽取义的字皆与栽植等义有关。

以栽作声兼义符的字有：溨。

载 zài；zǎi（載）

【字形】甲　金　篆　隶 载 載　草 载

【构造】会意兼形声字。甲骨文和金文一形皆从幸（刑具，代罪犯）从𢦔（𢦏，表裁制），会将罪犯行刑之意，𢦏也兼表声。由于古代行刑一般将罪犯载以囚车游街示众送入刑场，故金文二形将下边刑具（幸）讹为"車"，成了从车从𢦏，会运囚车之意。篆文整齐化。隶变后楷书写作載。如今简化作载。

【本义】《说文·車部》："載，乘也。从車，𢦏声。"本义为乘坐。

【演变】载，读 zài，由本义罪犯乘坐的运囚车，引申泛指❶乘坐：陆行～车，水行～舟｜即与同～。又指❷装运：大车以～｜水所以～舟，亦所以覆舟｜船一艘，～一千人｜装～｜～客｜～货｜～重｜～波｜～体。用作名词，指❸乘坐的工具或运载的东西：予乘四～（四种工具），随山刊木｜郑穆公使视客馆，则束～，厉兵，秣马矣｜屡顾尔仆，不输（坠落）尔～。由满载又引申指❹充满：颂声～路，丰碑是刊｜怨声～道｜风雪～途。又借用作助词，用在动词前，表示并列，相当于❺又：～驰～驱，归唁卫侯｜～歌～舞。又借用作"才"，表示❻初始：春日～阳。

又读 zǎi，四季运转以成岁，故又引申指❼年：朕在位七十～｜千～难逢｜一年半～。书籍记录事情，犹如车辆装载货物，故又引申指❽记载：有勋而不废，有绩而～｜记～｜登～｜刊～｜转～。

【组字】载，如今既可单用，也可作偏旁。现今仍归入车部。凡从载取义的字皆与乘坐等义有关。

以载作声兼义符的字有：僿。

殸 què（殻、壳、毃）

【字形】甲　篆　隶 殸　草 殸

【构造】会意字。甲骨文是一手持槌击打乐器"南"形，会敲击之意。篆文左右偏旁换位并整齐化。隶变后楷书写作殸。

【本义】《说文·殳部》："殸，从上击下也。一曰素（空）也。从殳，青声。"本义为敲击。

【演变】㱿,本义指❶敲击:以马棰~其心。又指❷坚硬的外皮:嫩~半遗红药地,细声偏傍绿杨楼。由于㱿作了偏旁,此义俗便另加义符"几"(象征壳)写作"殻"来表示。如今简化作"壳"。

㱿为引申义所专用,敲击之义便又另造了形声字"敲"来表示。参见壳。

【组字】㱿,如今不单用,只作偏旁。现今仍归入殳部。凡从㱿取义的字皆与有壳或像壳的事物有关。

以㱿作声兼义符的字有:殻(壳)、㲄、毂、穀(谷)、觳、縠。

盍 hé
(盇、蓋、盖)

【字形】金　盟书　篆

隶 盍 盇 蓋 盖 草

【构造】会意字。金文下从皿(盆),中有物,上为盖,会覆盖之意。盟书稍简。篆文整齐化并将物与皿讹为血。隶变后楷书写作盇。俗作盍,如今规范化用盍。"盍"为借义所专用,覆盖、盖子等义便另加义符"艹"写作"蓋"来表示。

【本义】《说文·血部》:"盇,覆也。从血、大。"析形不确。本义为覆盖。

【演变】盍,本义指❶覆盖。又指❷盖子或带盖的器物。引申为❸聚合:~簪(朋友聚合)喧枥马,列炬散林鸦。后借为疑问代词,相当于❹何:仲父胡为然?~不当言?|~不起为寡人寿乎?又用作副词,表示反问,相当于❺何不:子曰:"~各言尔志?"

○盖,繁体作蓋,从艹从盍会意,盍也兼表声。俗简化作盖。读gài,本义指❶用草编的苫盖物:乃祖吾离(人名)被苫~蒙荆棘,以来归我先君。引申泛指❷有遮盖作用的东西:故以天为~,则无不覆也|锅~|瓶~。又特指❸车盖或伞:白头如新,倾~如故|于楼船上值雷雨,(孙)权以~自覆。用作动词,泛指❹覆盖,遮盖:盆~井口,毋令烟上泄。又引申指❺建房子:治舍~屋。又引申指❻压倒,胜过:功~五帝,泽及牛马。用作副词,表示❼对事物的推测、判断或对原由的解释,相当于"大概、因为"等:屈平之作《离骚》,~自怨生也|有国有家者,不患寡而患不均,不患贫而患不安;~均无贫,和无寡,安无倾。

又读gě,用作❽姓。

【组字】盍,如今既可单用,也可作偏旁。现今归入皿部。凡从盍取义的字皆与器物、盖合等义有关。

以盍作声兼义符的字有:阖、蓋(盖)、嗑、榼。

以盍作声符的字有:匌、𡎺、搕、溘、磕。

都 dū;dōu

【字形】金　篆　隶 都 草

【构造】形声兼会意字。金文从邑,者声,者为燎柴祭天,只有建有先君宗庙的城邑才能祭天,故用以会有资格举行祭祖的都城之意。篆文整齐化。隶变后楷书写作都。

【本义】《说文·邑部》:"都,有先君之旧宗庙曰都。从邑,者声。"所释为引申义。本义当为大城市。

【演变】都,读dū,本义指❶有先君宗庙的城邑:凡邑有宗庙先君之主曰~,无曰邑|是月,可以筑城郭,建~邑。又特指❷首都:江陵故郢~|兴复汉室,还于旧~|迁~|建~。又泛指❸大城市:一年而所居成聚,二年成邑,三年成~|通~大邑|~市。都邑是人、物汇聚之所,故又引申指❹聚集:吾闻京师人所~,盖将访而学焉|蜀守李冰凿离堆虎头于江中……横潴洪流,故曰~江。又引申指❺总,总共:顷撰其遗文,~为一集。又引申指❻大:军惊而(如)坏~舍|中有~柱,傍行八道。又引申指❼美盛:有女同车,洵美且~|丰采甚~。

又读dōu,由"总"用作副词,表示❽全,全都:农事~已休|子龙一身~是胆|大家~同意。又表示❾加重语气:~两天了还不回来。

【组字】都,如今既可单用,也可作偏旁。现今仍归入邑部。凡从都取义的字皆与大城市等义有关。

以都作声符的字有:嘟。

耆 qí;shì
(嗜)

【字形】金　篆　隶 耆 嗜

草 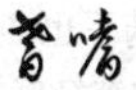

【构造】会意兼形声字。金文从老省，从旨（好吃的），表示人老了需要有好吃的才能保证身体健康，旨也兼表声。篆文整齐化。隶变后楷书写作耆。

【本义】《说文·老部》："耆，老也。从老省，旨声。"本义为六十岁的老人。

【演变】耆，读 qí，由六十岁的老人，引申泛指❶年老：俾（使）尔昌而大，俾尔～而艾（长寿）｜～绅｜～宿｜～老｜～年。

又读 shì，由需要吃好的，引申指❷特别爱好：无廉耻而～饮食。此义后另加义符"口"写作"嗜"来表示。

○嗜，从口从耆会意，耆也兼表声。读 shì，本义指特别爱好：～酒好猎｜～好｜～学｜～癖。

【组字】耆，如今既可单用，也可作偏旁。现今仍归入老部。凡从耆取义的字皆与年老等义有关。

以耆作声兼义符的字有：嗜。

以耆作声符的字有：鳍、鬐、蓍。

耻 chǐ（恥）

【字形】篆  今篆  隶 **耻 恥** 草 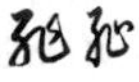

【构造】会意兼形声字。篆文从心从耳会意，人羞愧时多面红耳赤，耳也兼表声。隶变后楷书写作恥。俗改为耻，从止，会知耻而止之意，止也兼表声。如今规范化用耻。

【本义】《说文·心部》："恥，辱也。从心，耳声。"本义为羞惭，有愧。

【演变】耻，本义指❶羞耻，可耻的事：恭近于礼，远～辱也｜越王苦会稽之～｜奇～大辱｜引以为～｜国～｜知～｜廉～。用作使动，表示❷使羞耻，侮辱：昔者夫差～吾君于诸侯之国。又用作意动，表示❸感到羞耻：其心愧～，若挞于市。

耿 gěng

【字形】金  篆  隶 **耿** 草 

【构造】会意字。金文从耳从光，会面红耳赤之意。篆文改为从耳从火并整齐化，隶变后楷书写作耿。

【本义】《说文·耳部》："耿，耳箸颊也。从耳，烓省声。杜林说，耿，光也。从光，聖省。"段玉裁认为应是"从火，聖省声"。所释皆为引申义。本义当为面红耳赤。

【演变】耿，由本义面红耳赤，引申指❶光明，明亮：以觐文王之～光，以扬武王之大烈｜山头孤月～犹在，石上寒波晓更喧。用作动词，指❷照耀：若入，必伯诸侯以见天子，其光～于民矣。由光明又引申为❸光明正大，正直：眷我～介怀，俯仰愧古今｜～直。连用为"耿耿"，有三类含义：形容❹微明的样子：秋河曙～～，寒渚夜苍苍。内疚则面红耳赤，故又形容❺心中不安的样子：～～不寐，如有隐忧｜～～于怀。又形容❻忠诚的样子：进雄鸠之～～兮，谗介介（离间）而蔽之｜忠心～～。

【组字】耿，如今既可单用，也可作偏旁。现今仍归入耳部。凡从耿取义的字皆与附着、光明等义有关。

以耿作声兼义符的字有：䎿、㷡、褧（絅）。

耽 dān（躭、酖）

【字形】篆 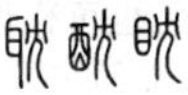 今篆  隶 **耽 躭 酖 眈** 草 

【构造】会意兼形声字。篆文从耳从冘（沉），会沉坠之意，冘也兼表声。隶变后楷书写作耽。异体作躭，或从身。如今规范化，以耽为正体。又借用作酖，从酉从冘会意，冘也兼表声，本义为嗜酒。又用作眈，从目从冘，会深远之意，冘也兼表声，本义为视近而志远，即看的是眼前，其意则深沉、深远。

【本义】《说文·耳部》："耽，耳大垂也。从耳，冘声。"本义为两耳垂肩。

【演变】耽，本义指❶两耳垂肩：夸父～耳，在其北方。又借用作"酖"，由嗜酒，引申泛指❷好嗜，沉溺，迷恋：及壮～学，锐意讲诵｜～于女乐｜～乐。后又表示❸延迟：～误尽，少年人｜不能～搁了｜～误事。用作"耽耽"，同"眈眈"，指❹威严或贪婪地注视的样子：虎视～～。又指❺深邃的样子：碧洞何～～，呀然倚山根。

【组字】耽，如今既可单用，也可作偏旁。现今仍归入耳部。凡从耽取义的字皆与耳下垂等义有关。

以耽作声符的字有：哝、漖。

聂 niè (聶、囁、嗫)

【字形】篆 今篆 隶 聂嗫 草

【构造】会意字。篆文从三耳聚合，会附耳小声说话之意。隶变后楷书写作聶。如今简化作聂。由于“聂”作了偏旁，其义便另加义符“口”写作“嗫”来表示，如今简化作嗫。

【本义】《说文·耳部》：“聶，附耳私小语也。从三耳。”本义为附耳小声说话。

【演变】聂，本义指❶附耳小声说话：瞻明闻之~许｜今日长者为寿，乃效女儿呫~耳语。又用作❷古地名（在今山东聊城东北）：齐师、宋师、曹伯次于~北｜卫大夫食采于~，因氏焉。如今主要用作❸姓。

〇嗫，从口从聂会意，聂也兼表声。读niè，本义指❶附耳小声说话。用作“嗫嚅”，表示❷窃窃私语：改前圣之法度兮，喜~嚅而妄作。又表示❸欲言又止：口将言而~嚅。

【组字】聂，如今既可单用，也可作偏旁。现今仍归入耳部。凡从聂取义的字皆与耳朵、聚合、轻细等义有关。

以聂作声兼义符的字有：嗫、摄、镊、颞、襵（褶）、蹑。

以聂作声符的字有：慑、滠。

𬜬 mán (㒼)

【字形】金 古 篆 隶 㒼 草

【构造】象形字。㒼（𬜬）与芇、繭（茧）、爾（尔）四字是由同一个形体分化出来的繁简不同、表意各有侧重的同源字。㒼字虽未见于甲骨文，然就字形分析，其金文之形当是由甲骨文(尔)发展来的，原是蚕吐丝结茧形。这里表示蚕已结好了茧，完全均匀地把自己幔了起来。古文字形更接近甲骨文。篆文承金文并整齐化。隶变后楷书写作㒼。如今简化作𬜬。

【本义】《说文·网部》：“㒼，平也。从廿，五行之数，二十分为一辰。网，㒼平也。”析形是就篆文所作的附会。本义当为蚕结好了茧。

【演变】𬜬，本义指蚕结好了茧，引申指❶遮幔无缝隙。进而引申泛指❷彼此平均，相当。再引申指❸两相平衡。

【组字】𬜬，如今不单用，只作偏旁。现今归入门部。凡从𬜬取义的字皆与蚕茧、蒙覆等义有关。

以𬜬作声兼义符的字有：满、瞒、颟、螨。

恭 gōng

【字形】甲 金 篆 隶 恭 草

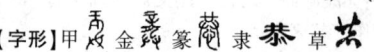

【构造】会意兼形声字。甲骨文从廾（双手）从龙，会双手奉拜神龙之意，龙也兼表声。金文大同。篆文改为从心从共（供拜），突出内心虔敬奉拜之意。隶变后楷书写作恭，下边是“心”的变体。是“共”的加旁分化字。参见共。

【本义】《说文·心部》：“恭，肃也。从心，共声。”本义为肃敬。

【演变】恭，本义指❶肃敬：夫子温良~俭让以得之｜身贵而欲~，家富而欲俭｜洗耳~听｜毕~毕敬｜玩世不~。引申指❷奉行：今予惟~行天之罚｜初皆怖威，夙夜~职。又引申指❸端正：~楷写了，挂于灯上。用作副词，又表示❹敬：~贺新喜｜~候｜~请。用作“恭维”，古用于自谦，意谓❺窃意，私意：~维《春秋》，法王始之要，在乎审己正统而已。如今指❻颂扬讨好别人。

【组字】恭，如今既可单用，也可作偏旁。现今仍归入心部。凡从恭取义的字皆与肃敬等义有关。

以恭作声符的字有：塨、𠹌、蛬。

莽 mǎng

【字形】甲 金 篆 隶 莽 草

【构造】会意兼形声字。甲骨文从犬从林，会犬在林中奔逐之意。金文改为从犬从艸（艹）。篆文改为从犬从茻（丛草），会犬在长满丛草的旷野上奔逐之意，茻也兼表声。隶变后楷书写作莽。是“茻”的加旁分化字。

【本义】《说文·茻部》："莽，南昌谓犬善逐兔草中为莽。从犬，从茻，茻亦声。"本义为犬逐于旷野丛草中。

【演变】莽，本义指犬逐于旷野草丛中，故用以表示❶丛草：伏戎（军队）于～｜暴骨如～。又泛指❷草：食～饮水，枕块而死｜常恐霜霰至，零落同草～。引申指❸草木繁茂，广阔无边：～洋洋而无极兮，忽翱翔之焉薄？｜～原。由草木丛生无边无际，引申指❹粗率不精细，鲁莽：昔予为禾（种庄稼），耕而卤～之，则其实亦卤～而报予（回报我）｜～和尚｜～撞｜～汉。

【组字】莽，如今既可单用，也可作偏旁。现今归入艸部。凡从莽取义的字皆与草莽、粗率等义有关。

以莽作声兼义符的字有：漭、蟒（牤）、蟒。

莲 lián（蓮）

【字形】篆　隶 莲 蓮　草

【构造】形声兼会意字。篆文从艸（艹），連声，連也兼表藕断丝连之意。隶变后楷书写作蓮。如今简化作莲。

【本义】《说文·艸部》："蓮，芙蕖之实也。从艸，連声。"本义为莲子，是莲花的籽实。莲花又叫荷花、芙蓉、芙蕖、菡萏，是一种多年生草本植物，生在浅水中，地下茎叫藕，有节；叶子大而圆，即荷叶；花淡红色或白色，也叫荷花或莲花；种子包在花托内叫莲子，与花托合称莲蓬。地下茎和种子可食用，也可入药。

【演变】莲，本义指❶莲子，也指荷，荷花：开门郎不至，出门采红～；采～南塘秋，～花过人头；低头弄～子，～子清如水；置～怀袖中，～心彻底红。荷花色姿美好，故用"莲花"比喻❷美貌：人言六郎（张宗昌）面似～花，再思以为～花似六郎。用作"莲步"，比喻❸美人步态：望不尽楼台歌舞，习习香尘～步底。"莲"与"怜"谐音，故又用以双关爱怜：乘月采芙蓉，夜夜得～子。

【组字】莲，如今既可单用，也可作偏旁。现今仍归入艸（艹）部。凡从莲取义的字皆与植物等义有关。

以莲作声兼义符的字有：槤。

莫 mù；mò（暮）

【字形】甲　金　篆

今篆　隶 莫 暮　草

【构造】会意兼形声字。甲骨文从日从四木，或从茻，会日落于林中之意。金文从茻（丛草），茻也兼表声。篆文承金文并整齐化。隶变后楷书写作莫。是"暮"的本字。由于"莫"为引申义所专用，日落之义便另加义符"日"写作"暮"来表示。

【本义】《说文·茻部》："莫，日且冥也。从日在茻中。"本义为日落。

【演变】莫，读 mù，本义指❶日落：日～人倦，而不敢懈惰。引申泛指❷晚，时间将尽：曰归曰归，岁亦～止。由草木蔽日又引申指❸昏暗：于是榛林深泽，烟云暗～。

又读 mò，由昏暗又引申为❹广大无边：何不树之于无何有之乡，广～之野。后用作否定性无定代词，表示❺没有谁，没有什么东西：非刘豫州～可以当操者｜夫哀～大于心死。用作副词，表示否定或禁止，相当于❻不，没有，不要：女知（处女之智）～若妇，男（童男）知～若夫｜诸将皆～信｜请君～奏前朝曲。

〇暮，从日从莫会意，莫也兼表声。读 mù，本义指❶日落：范文子～退于朝｜晨钟～鼓｜日～｜朝～｜～色。引申指❷晚，时间将尽：惟草木之零落兮，恐美人之迟～｜天寒岁～。

【组字】莫，如今既可单用，也可作偏旁。现今归入艹部。凡从莫取义的字皆与日暮、遮蔽、广大等义有关。

以莫作声兼义符的字有：墓、幕、漠、膜。

以莫作声符的字有：募、鄚、谟、蓦、嫫、寞、馍、摸、摹、模、慕、镆、瘼、蟆、貘。

荷 hé；hè

【字形】篆　隶 荷　草

【构造】形声兼会意字。篆文从艹，何声，何也兼表举起之意。隶变后写作荷。如今又借用以表示"何"的含义。参见何。

【本义】《说文·艸部》："荷，芙蕖叶。从艸，何声。”本义为荷叶。

【演变】荷，读 hé，本义指❶荷叶：追兵至，窘急，以～覆头，自沉于水，出鼻。又指❷莲花：山有扶苏，隰有～华(花)。

又读 hè，借作“何”，表示❸担，扛：遂率子孙～担者三夫，叩石垦壤，箕畚运于渤海之尾｜～枪实弹｜～锄。引申泛指❹负担，承担：～天下之重任，非怠皇以宁静。又用于书信中表示感激，义为❺承受恩泽：惠及海物，愧～不忘。

【组字】荷，如今既可单用，也可作偏旁。现今仍归入艹部。凡从荷取义的字皆与荷花等义有关。

以荷作声符的字有：嗬、菏。

莹 yíng (瑩)

【字形】篆 隶 莹 瑩 草

【构造】会意兼形声字。篆文从玉从荧(表光亮)省，会玉色光洁之意，荧也兼表声。隶变后楷书写作瑩。如今简化作莹。

【本义】《说文·玉部》：“瑩，玉色。从玉，熒省声。”本义当为光洁似玉的美石，也指玉色光洁。

【演变】莹，由玉色光洁，引申泛指❶明亮，透明：其质～彻｜晶～。又引申为❷明白，觉悟：聊可～心神。又指❸像玉的石头。

【组字】莹，如今既可单用，也可作偏旁。现今归入玉部或艹部。凡从莹取义的字皆与光亮、透明等义有关。

以莹作声兼义符的字有：滢。

恶 è；wù；ě；wū (惡、噁)

【字形】篆 隶 恶 惡 噁 噁

草

【构造】形声兼会意字。篆文从心，亞声，亞，《说文》解为“丑”，又表示次等的，故也兼表不好之意。隶变后楷书写作惡。如今简化作恶。

【本义】《说文·心部》：“惡，过也。从心，亞声。”本义为罪过。

【演变】恶，读 è，本义指❶罪过：有君子以遏～扬善，顺天休命｜无～不作｜罪大～极。引申泛指❷不好，恶劣：色～不食，臭～不食｜岁～民流｜丑～。又引申指❸凶狠：齐王母家驷钧，～戾，虎而冠者也｜凶～｜～霸。

又读 wù，不好的行为乃人所憎恨，由此引申指❹憎恨：唯仁者能好人，能～人｜好逸～劳｜深～痛绝｜可～。

又读 ě，用作“恶心”，表示❺要呕吐，或令人讨厌：常常～心气闷，心内思酸｜这话没的叫人～心。此义原作“噁”，如今简化仍用“恶”。

又读 wū，用作疑问代词，同❻何：弃父之命，～用子矣。又表示❼感叹：～！是何言也？

○噁，从口从惡会意，惡也兼表声。如今简化作噁。如今读 è，只用于科学技术术语，如：二～英、～唑、吩～嗪。其他意义简化作恶。

【组字】恶，如今既可单用，也可作偏旁。现今仍归入心部。凡从恶取义的字皆与不好等义有关。

以恶作声兼义符的字有：噁(恶)。

晋 jìn (晉、晉、進、进、搢、箭)

【字形】甲 金 古

篆 今篆 隶 晋

进 搢 箭 草

【构造】会意字。甲骨文一形是两支箭插入盛箭器中形，会箭插入之意。金文和篆文一形大同。隶变后楷书本应作晉，简化作晋。俗作晋。如今规范化用晋。“晋”为借义所专用，其前进义古代遂用“進”来表示，这就是甲、金、篆文的后一个。隶变后楷书写作進。

【本义】《说文·日部》：“晉，进也，日出万物进。从日，从臸。”析形不确，所释为引申义。本义当为插进箭。

【演变】晋，本义为插进箭，引申泛指❶进，向前：盍(何不)孟～以迨(赶上)群兮｜～谒｜～见｜～级。又表示❷插入。此义后作“搢”。又指❸制作箭的竹子。此义后也作“箭”。又借作❹水名：～水。又指❺古国名：韩、赵、魏三家分～。又用作❻朝代名：东～西～。春秋晋在山西建国，故又用为❼山西省的简称。又用作❽姓。

晋为借义所专用，于是前进、插入、箭竹等义便分别用“進”“搢”“箭”三字来表示。

〇进，繁体進，从辶从隹会意。如今简化作进，改为井声。读jìn，本义指❶向前移动：非敢后也，马不～也|前～|～军|～行。引申指❷到朝里作官：治亦～，乱亦～。又泛指❸从外面进到里面：朝～东营门，暮上河阳桥|～工厂。用于抽象意义，又指❹推荐（人物），进谏，进献：～贤兴功|身所奉饮而～食者以十数|群臣～谏|～言。又引申指❺钱财的收进或买入：车乘～用不饶|～款|～货|～项。又特指❻旧式院落前后的层次：两～的院子。

〇搢，从扌从晋会意，晋也兼表声。读jìn，本义指❶插：小童但～竹一枝，岂必习诗知考牧。又指❷古人所佩的饰带：越王勾践，劗发文身，无皮弁、～、笏之服。

〇箭，从竹从前会意，前也兼表声。读jiàn，本义指❶制作箭的竹子：竹～既布，其草惟夭，其木惟乔|会稽之～，东南之美。引申指❷竹子制作的矢：车辚辚，马萧萧，行人弓～各在腰|一～双雕|光阴似～|射～。

【组字】晋，如今既可单用，也可作偏旁。现今仍归入日部。凡从晋取义的字皆与插入等义有关。

以晋作声兼义符的字有：搢、缙、戬。

以進作声符的字有：暹。

桂 guì

【字形】篆 桂 隶 桂 草 桂

【构造】形声兼会意字。篆文从木，圭声，圭也兼表美好宝贵之意。隶变后楷书写作桂。

【本义】《说文·木部》：“桂，江南木，百药之长。从木，圭声。”本义为肉桂。常绿乔木，叶子长椭圆形，有三条叶脉，果实椭圆形，紫红色。叶、小枝、碎皮和果实是提取芳香油的原料，树皮灰褐色，含挥发油，叫“桂皮”或“桂肉”，可入药，也可作调料。

【演变】桂，本义指❶肉桂：杂申椒与菌～兮，岂惟纫夫蕙茝|～皮。又指❷木樨：嘉南州之炎德兮，丽～树之冬荣|丹～|银～|～花。我国古代指用桂之花枝编的帽子，用其清香高洁之意；古希腊人用月桂的叶编成帽子授予杰出的诗人或竞技的优胜者，叫“桂冠”，遂用以表示❸高洁，或光荣的称号：整～冠而自饰，敷綦藻之华文|我们尽可把蜜蜂人格化，为它献上一顶～冠。又用为❹广西的简称。

【组字】桂，如今既可单用，也可作偏旁。现今仍归入木部。凡从桂取义的字皆与树木等义有关。

以桂作声兼义符的字有：茥、潍。

档 dàng（檔）

【字形】古 檔 今篆 檔 隶 档 檔

草 档 檔

【构造】形声兼会意字。古文从木，當声，當也兼表框格相当之意。隶变后楷书写作檔。如今简化作档。

【本义】后起字。《正字通·木部》：“檔，俗谓横木框档。”本义为横木的框格。

【演变】档，本义指❶横木的框格或器物上分隔的条状物：十三～算盘。引申特指❷存放档案的橱架：归～|存～。又引申指❸存在橱架里的公文：查～。不同的商品存放在不同的橱架内，故又引申指❹商品的等级：高～|中～|低～|断～。

桐 tóng

【字形】甲 桐 金 桐 篆 桐 隶 桐 草 桐

【构造】会意兼形声字。甲骨文从木从同省，会意，能同谓之桐，同也兼表声。金文同不省。篆文将木旁移到左边并整齐化。隶变后楷书写作桐。

【本义】《说文·木部》：“桐，荣也。从木，同声。”本义为木名，落叶乔木，木质轻软坚韧，可制乐器、模型和器具。有梧桐、油桐、泡桐等种。梧桐，一名荣，叶子掌状分裂，花黄绿色，种子可榨油。泡桐，叶子大，长卵形，花白色或紫色。油桐，花白色有紫色条纹，果实近球形，种子榨的油叫桐油。

【演变】桐，本义指梧桐：椅～梓漆，爰伐琴瑟|清

明之日~始华|人烟寒橘柚,秋色老梧~|泡~|油~|~油。

桥 qiáo (橋)

【字形】篆 橋 隶 桥 橋 草 桥 橋

【构造】形声兼会意字。篆文从木,喬声,喬也兼表高之意。隶变后楷书写作橋。如今简化作桥。

【本义】《说文·木部》:"橋,水梁也。从木,喬声。"本义为架在水上或空中以供通行的建筑物。

【演变】桥,本义指❶架在水上或空中以供通行的建筑物:(昭襄王五十年)初作河~|请建河~于富平津|架~|大~|天~|石~|独木~|拱~。用作动词,指❷架桥:有水南自打狗岭来会,亦~其上。又引申指❸像桥的东西,器物上的横梁:几回抛鞚抱鞍~。

桃 táo

【字形】篆 桃 隶 桃 草 桃

【构造】形声兼会意字。篆文从木,兆声,桃为春之兆,故兆也兼表预兆之意。隶变后楷书写作桃。

【本义】《说文·木部》:"桃,果也。从木,兆声。"本义为桃树。落叶小乔木,叶子长椭圆形,花白色或粉红色,花色艳丽,可供观赏。果实球形或扁球形,多数表面有茸毛,肉厚汁多,味甜,是常见水果。核仁可入药。

【演变】桃,本义指❶桃树:~之夭夭(美盛貌),灼灼其华|夫春树~李者,夏得阴其下,秋得其实。又指❷桃树的果实:投我以~,报之以李|投~报李|蟠~。又引申指❸形状像桃子的东西:胡~|棉~|寿~。用作"桃李",比喻❹培育出来的学生或后辈:令公~李满天下,何用堂前更种花。

【组字】桃,如今既可单用,也可作偏旁。现今仍归入木部。凡从桃取义的字皆与树木等义有关。

以桃作声符的字有:篟。

校 jiào;xiào

【字形】甲 校 金 校 篆 校 隶 校 草 校

【构造】会意兼形声字。甲骨文从木从交会意,表示用两木相交制作的刑具,交也兼表声。金文大同。篆文整齐化。隶变后楷书写作校。本义为枷。

【本义】《说文·木部》:"校,木囚也。从木,交声。"本义为古代套在犯人脖子上的木制刑具,也叫枷。

【演变】校,读 jiào,本义指❶古代刑具枷:上九,何(荷)~灭(遮盖)耳。"校"是正囚的,故引申为❷对比考订:昔正考父~商之名颂十二篇于周太师|~对|~勘|~正|~改。又引申指❸比较,相比:故经之以五事,~之以计而索(探讨)其情|难与~力,吾当以计破之|~场。再引申为❹计较:有若无,实若虚,犯而不~。又指❺(木制的)栅栏:六厩成~,~有左右|~猎。古代军部及养马用交叉木栏,故又引申指❻古代军队的一种建制(少者七百人,多者千二百),军职级别:军爵,自一级已(以)下至小夫,命曰~徒操士。此义今读 xiào。

又读 xiào,古代比箭叫"校射",故习射的地方或教射的官员都称"校",所以又特指❼学校:郑人游于乡~|夏曰~,殷曰序,周曰庠。学则三代共之。又指❽现代军衔的一种级别:上~|中~|大~。

样 yàng (樣、橡、㨾)

【字形】篆 樣 今篆 橡 樣 隶 样 樣 橡 草 样 樣 橡 㨾

【构造】会意兼形声字。樣,原是"橡"的本字,篆文从木从羕(水波荡动之状),会橡树果实累累之意。隶变后楷书写作樣。后借为㨾,从手从羕会意,表示形貌、状态、式样,羕也皆兼表声。如今皆简化作样,改为羊声,羊也兼表形象之意。

【本义】《说文·木部》:"樣,栩实也。从木,羕声。"本义为橡树的果实。《正字通·木部》:"橡,同樣,栎木一种,结实者名栩,其实为橡。

《说文》无橡字。"《广韵·漾韵》:"樣,式樣。"本义为形貌状态式样。

【演变】樣,作为本字,读 xiàng,本义指❶橡树的果实。

又读 yàng,借用作"様",表示❷形貌,状态,式样:齐人呼寒食为冷节,以曲为蒸饼~,团枣附之,名曰枣糕|(宇文)恺博考群籍,为明堂图~奏之|模~|还是老~子。由样式又引申指❸标准,种类:新衫一~殿头黄,银带排方獭尾长|榜~|~品|~本|~板|鞋~|花~|货~。又用作量词,表示❹种类:炒两~菜|各~工作都能干好。

"样"为借义所专用,橡实之义俗便另造了"橡"字来表示。

〇橡,从木,象声。读 xiàng,本义指❶栎树的果实,即橡实,俗称橡子。因其壳像斗,又名橡斗,因其实似栗,又名橡栗:粮绝饥甚,拾~实而食之|客秦州,负薪采~栗自给。如今又指❷橡胶树:~胶|~皮|~皮圈。

【组字】样,如今既可单用,也可作偏旁。现今仍归入木部。凡从样取义的字皆与树木等义有关。

以样作声兼义符的字有:梣、㟁。

根 gēn

【字形】甲 金 篆 隶 根 草

【构造】形声兼会意字。甲骨文上从止(脚,人之根),下从木省,只留下树根,会树下的根柢之意。金文从木,艮声,艮为人扭头瞪视,表示定止,故也兼表固定树根之意。篆文整齐化。隶变后楷书写作根。

【本义】《说文·木部》:"根,木株也。从木,艮声。"本义为植物茎下部长在地下的部分。是高等植物的营养器官,主根叫柢,根指旁根,较细,四外深扎在土层里,把植物固定在地上,吸取土壤里的水分和溶解在水中的养分,有的还能贮藏养料。有直根、须根之分。有的根可生长在空气中,叫气生根。

【演变】根,本义指❶植物长在地下的部分:落叶坠于本~|落叶归~|树~|草~。引申指❷事物的本源:万物有所主,而独知守其~|祸~|病~|~源。根的位置在下,故又引申指❸事物的基部:满庭田地湿,荠叶生墙~|城~|耳~。用作动词,又引申指❹彻底清除:羌虽外患,实深内疾,若攻之不~,是养疾疴于心腹也。用作修饰成分,又引申指❺彻底的:~究|~除。又作量词,用于❻条状物:椽子十~|麻绳三~。

勑 lài;chì

(勅、勅)

【字形】篆 隶 勑 勅 草

【构造】会意兼形声字。篆文从力,來声,來也兼表到来之意。隶变后楷书写作勑。异体作勅。如今读 lài,单用时简化作勅。读 chì 时用"敕"表示。参见敕。

【本义】《说文·力部》:"勑,劳(来)也。从力,來声。"本义为慰劳,勉励来者。古多用來(来)。

【演变】勑,读 lài,本义为❶慰劳,勉励来者:劳之~之,匡之直之|答其勤曰劳,抚其至曰~。又形容❷勤劳:~,勤也。

又读 chì,指❸整治使严整:先王以明罚~法。此义如今用敕。

【组字】勑,如今既可单用,也可作偏旁。现今仍归入力部。凡从勑取义的字皆与整治等义有关。

以勑作声兼义符的字有:犛。

真 zhēn

(眞、珍)

【字形】甲 金 篆

隶 真 珍 草

【构造】会意兼形声字。甲骨文从鼎从人,会人持匕就鼎取食美味之意,人也兼表声。金文鼎稍讹近贝,成了人取食鲜贝了。篆文鼎进而讹为一个朝下的头,就全看不出原意了,这也是《说文》误解的原因。隶变后楷书写作眞。俗作真,如今规范化为正体。

【本义】《说文·匕部》:"眞,仙人变形而登天也。从匕,从目,从乚。八,所乘载也。"析形是就篆文根据当时的社会思想所作的解说,所释为引申义。本义当为美食美味。是"山珍海味"的"珍"的本字。

【演变】真,本义指美食。由美食的原质原味,引申指❶本质,本性:无益损于其~|谨守而勿失,是谓反其~。又引申指❷道家所称的存养本性而得道的人或"成仙"的人:夫免乎外内之刑者,唯~人能之|修~得道。由本性又引申指❸真实,真诚:其为人也~|~者,精诚之至也|去伪存~|千~万确|货~价实。引申又指❹人或事物的原样,肖像:因门僧写~呈师|传~|失~。由真实又引申指❺清楚,明确:皇上圣性高明,~知灼见,足以破千古之谬|还是你看得~|~切。因楷书清晰,故楷书又特称❻真书:帝亲书其文,作~、行、草三体。用作副词,指❼确实不虚:牙齿欲落~可惜。

"真"为引申义所专用,美味之义便用"珍"来表示。

〇珍,从玉从参(长发人),会人佩玉之意,参也兼表声。读 zhēn,本义指❶珠玉等宝物:沛公欲王关中,使子婴为相,~宝尽有之|~珠。引申比喻❷难得的人才:不待卞和显,自为命世~。用作形容词,表示❸奇异的,珍贵的:君有~车~甲|~品|~木|~禽|~本。用作意动,指❹看重,以为珍:是以君子~重其志,而玮(使华美)其辞焉|~重|~视|~爱|~惜。又借用作"真",表示❺精美的食品:杂彩三百匹,交广市鲑(xié,鱼类菜肴总称)~|玉盘~馐。

【组字】真,如今既可单用,也可作偏旁。现今归入八部。凡从真取义的字皆与美味等义有关。

以真作声兼义符的字有:颠。

以真作声符的字有:缜、嗔、滇、填、阗、慎、瑱、瞋、稹、镇、衡、鬒。

索 suǒ (索、揀)

【字形】甲  金  篆 

隶 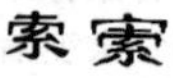 草 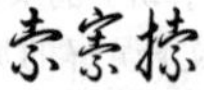

【构造】会意字。甲骨文象两手搓绳形,小点象征搓动时的毛刺。金文还加出房子,表示在屋内搓绳。篆文讹为从宋(草盛),明确为用草作绳索。隶变后楷书写作索。

【本义】《说文·宋部》:"索,草有茎叶可作绳索。从宋、糸。"本义为搓绳索,即把几股丝或麻搓捻成绳子。

【演变】索,本义指❶搓绳索:昼尔于茅,宵尔~绹(绳)。用作名词,指❷大绳:若朽~之驭六马|今交手足,受木~。引申泛指❸大链条或像绳索的东西,思绪:铁~千寻,漫沉江底|柳线正垂金落~|一怀愁绪,几年离~。由搓绳时逐渐绞合,又引申指❹寻找,探求:使人~扁鹊,已逃秦矣|探赜(深妙)~隐,钩深致远。进而引申为❺要,取:秦~六城于王|勒~。以上二义后也另加义符宀或扌写作索或揀,如今简化仍作索。由绳一根,又引申指❻孤独:吾离群而~居,亦已久矣。又表示❼尽,完结:牝鸡之晨,惟家之~|意兴~然。

【组字】索,如今既可单用,也可作偏旁。现今归入糸部。凡从索取义的字皆与绳索、探求等义有关。

以索作声兼义符的字有:揀、嗦、索。

以索作声符的字有:傃、溹、鞣。

翅 chì (翄)

【字形】篆  隶  草 

【构造】形声兼会意字。篆文从羽,支声,支也兼表支持之意。隶变后楷书写作翄。俗作翅,如今规范化为正体。

【本义】《说文·羽部》:"翄,翼也。从羽,支声。"本义为翅膀,即鸟类或昆虫的飞行器官。有的鸟翅退化,不能飞行。

【演变】翅,本义指❶翅膀:举~万余里,行止自成行|振~高飞|鸟~。引申指❷形状或作用像翅的事物:匈奴折~伤翼,失援不振|飞机~|风筝~|耳朵~|~果。又引申指❸鱼类的鳍:就备了一桌上好的~(鲨鱼的鳍)席|飞鱼~|金~鲤鱼|鱼~。又借作"啻",表示❹仅,只:阴阳于人,不~于父母。

【组字】翅,如今既可单用,也可作偏旁。现今仍归入羽部。凡从翅取义的字皆与翅膀等义有关。

以翅作声符的字有:啻。

倝 gàn

【字形】金 古 篆 隶 倝 草

【构造】会意兼形声字。金文中间从旦(日出地平面),上下合起来为㫃(旗杆),会太阳初升霞光闪耀如旗之飘动之意,㫃也兼表声。古文稍变。篆文整齐化。隶变后楷书写作倝。

【本义】《说文·倝部》:"倝,日始出,光倝倝也。从旦,㫃声。"本义为日出时光辉闪耀。

【演变】倝,本义指日出时光辉闪耀。

【组字】倝,如今不单用,只作偏旁。现今归入人部。凡从倝取义的字皆与日出、杆等义有关。

以倝作义符的字有:朝。

以倝作声兼义符的字有:乾、幹(干)、榦(干)、斡、翰、韓(韩)。

軎 wèi

(害、軎、轊、辖)

【字形】金 篆

隶 軎 辖 轊 草

【构造】象形兼形声字。金文象两轮外头车轴端部(口)形。篆文省去一轮,并突出了车轴端(口)部。隶变后楷书写作軎。异体有害、軎。由于軎、害、軎都作了偏旁,不再单用,篆文遂另造了"轊"字,如今简化作辖,是軎的后起字。

【本义】《说文·車部》:"軎,车轴耑(端)也。从車,象形。轊,軎或从彗。"本义为车轴头。

【演变】軎,本义指❶车轴头。又指❷套在车轴两端的部件。

〇辖,从车,彗声,彗(彗星)也兼表转动之意。读 wèi,本义指❶车轴头:~折车败。进而引申指❷用车轴端撞击而杀之:~白鹿。

【组字】軎,如今不单用,只作偏旁。现今仍归入车部。凡从軎取义的字皆与撞击等义有关。

以軎作义符的字有:毄(毄)。

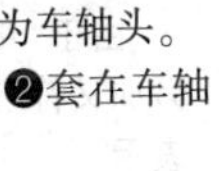

尃 fū

(旉、敷)

【字形】甲 金 古 篆 今篆

隶 尃 敷 草

【构造】会意兼形声字。甲骨文从手从甫(苗圃),会以手在苗圃中布种幼苗之意,甫也兼表声。金文大同。篆文整齐化,并将手变为寸(也是手)。隶变后楷书写作尃。"尃"俗或讹作"旉"。如今二字都不单用,只作偏旁。由于"尃"作了偏旁,其义便另加义符"攵"写作"敷"或"敷"来表示。如今规范化用"敷"。

【本义】《说文·寸部》:"尃,布也。从寸,甫声。"本义为将幼苗布种于地上。

【演变】尃,由将幼苗布种于地上,引申泛指❶铺开,散布:~命于外。又引申指❷普遍:既献泰成,乃降~惠。

〇敷,从攴从旉会意,旉也兼表声。读 fū,本义指❶铺开:跪~衽以陈辞兮,耿吾既得此中正|~席|~设|~座。引申指❷传布:司徒掌邦教,~五典,扰(安抚)兆民。由铺开又引申指❸涂上,搽上:显得面如~粉,唇若施脂|~药。由铺开又引申指❹足够:若迁延日月,粮草不~|入不~出|~用。

【组字】尃(旉),如今不单用,只作偏旁。现今归入寸(方)部。凡从尃(旉)取义的字皆与铺开、散布等义有关。

以尃(旉)作声兼义符的字有:敷(敷)。

以尃(旉)作声符的字有:傅、缚、赙、溥、博、馎、搏、膊。

彧 yù

(𢦏、㰲)

【字形】篆 今篆 隶 彧 草

【构造】形声兼会意字。篆文从川,或声,或也兼表国土之意。表示大地水流有波纹的样子。隶变后楷书写作𢦏。俗讹变作彧。异体另加义符有写作㰲。如今规范化用彧。

【本义】《说文·川部》:"𢦏,水流貌。从川,或声。"本义为水流有波纹的样子。

【演变】彧,本义指❶水流有波纹的样子。引申泛指❷有文采:羌瓌玮以壮丽,纷~~其难分。又引申指❸茂盛:黍稷~~。后多用作❹人名。

【组字】彧,如今既可单用,也可作偏旁。现今归入戈部。凡从彧取义的字皆与文采等义有关。

以彧作声兼义符的字有:㰲。

鬲 lì;gé

(䰛、鍋、锅、隔、䰜、䰝、融、甑、䰠、歷)

【字形】甲  金  篆 

今篆  隶 鬲 䰛 锅 鍋 隔

草 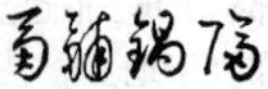

【构造】象形字。甲骨文象古代鼎类蒸煮炊具形,圆口,三足分裆,足内中空,以便增加受热面积。金文大同。篆文整齐化。隶变后楷书写作鬲。由于"鬲"作了偏旁,炊具之义便另造了䰜、䰝、融、甑、䰠、歷、䰛(釜)、鍋(今简作锅)等字来表示。如今只用釜、锅,其余皆废而不用。参见釜。

【本义】《说文·鬲部》:"鬲,鼎属。象腹交文,三足。"本义为古代鼎类蒸煮炊具。

【演变】鬲,读 lì,本义指❶古代鼎类蒸煮炊具:禹收九牧之金,铸九鼎,其空足曰~。

又读 gé,因三足分裆,故引申指❷分隔,阻隔:法令不得至于民,疏远~闭而不得闻。又用作地名,指❸鬲津:古说九河之名,有徒骇、胡苏、~津。

分隔之义后另加义符"阝"写作"隔"来表示。

○锅,从钅从呙(口形)会意,呙也兼表声。读 guō,本义指❶车缸,即车轴外的铁圈,或系在车上以备为车缸膏油的盛油器。后借为"釜",遂成为❷烹煮器:盈~玉泉沸,满甑云芽熟|饭~。引申泛指❸盛液体加热用的器具:~炉。又表示❹像锅的东西:烟~儿。

○隔,从阝(表示墙或山)从鬲会意,鬲也兼表声。读 gé,本义指❶阻隔,隔开:一人之力能~君臣之间,使善败不闻,祸福不通|右有陇坻之隘,~阂华戎|~靴搔痒。引申指❷不和谐:若令雨可请降,水可攘止,则岁无~并(旱涝不调),太平可待。又引申指❸间隔,距离:汉、莽之事,年代已~,去鲁尤疏|两家相~不远|~日再来。又引申指❹隔膜:脾生~,肺生骨。

【组字】鬲,如今既可单用,也可作偏旁。现今仍设鬲部。凡从鬲取义的字皆与炊具、阻隔等义有关。

以鬲作义符的字有:䰜、䰝、甑、融、鬳、䰛、鬻、鬵、䰞、䰡、鬺、鬻、䰠、䰢。

以鬲作声兼义符的字有:隔、嗝、膈。

以鬲作声符的字有:塥、滆、镉、翮。

哥 gē

(歌、謌、诃)

【字形】篆  隶 哥 歌 謌

诃 訶 草 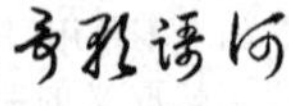

【构造】会意兼形声字。篆文从二可(歌以助劳),会声声相续之意,可也兼表声。隶变后楷书写作哥。是"可"的加旁分化字,是"歌"的本字。参见可。

【本义】《说文·可部》:"哥,声也。从二可。古文以为謌(歌)字。"本义为声声相续。是歌的本字。

【演变】哥,由声声相续,引申为❶歌唱:~之咏之。又用作语气词,相当于❷啊:痛杀我也末~。魏晋后鲜卑族进入今华北地区,其语称兄和父辈为"阿干",后讹为阿哥,于是"哥"又用以表示❸兄长:惟三~(此为唐玄宗之子回答其父的话)辨其罪人|此我二~(这是李世民弟称李世民)家婢也,何用拜?唐以后"哥"渐代替"兄"专用以表示兄长之义,并进而引申泛指❹跟自己年龄差不多的男子:吴加亮向宋江道:"是~~晁盖临终时分道与我。"

由于"哥"为兄长之义所专用,歌唱之义就另加义符"言"或"欠",写作"謌"与"歌"来表示。

○歌,从欠(张口出气)从哥会意,哥也兼表声。异体作謌,从言,与从欠同。如今规范化,以"歌"为正体。读 gē,本义指❶有音乐伴奏地唱:心之忧矣,我~且谣|公使~之,遂诵之。又泛指❷唱:引吭高~。引申指❸配乐能唱的诗:诗言志,~咏言。后泛指❹歌曲:民~。又特指❺旧诗的一种体裁:《长恨~》。歌,旧也借"诃"表示。

○诃,从讠,可声,可也兼表大声之意。读 hē,本义指❶大声喝斥:王出而~之曰:"谁溺于是?"又用作❷译音字:契~夫。又通"歌",指❸歌舞:乐我父兄,饮飤~舞。

【组字】哥,如今既可单用,也可作偏旁。现今

归入口部。凡从哥取义的字皆与歌唱等义有关。

以哥作声兼义符的字有：謌、歌。

速 sù

【字形】甲 金 古 篆 隶 速

草

【构造】形声兼会意字。甲骨文从彳(街道)，束声，束也兼表迅疾整装上路之意。金文另加义符止。古文大同稍简。篆文整齐化为从辵(辶)，束声，束也兼表意。隶变后楷书写作速。

【本义】《说文·辵部》："速，疾也。从辵，束声。"本义为迅速，快。

【演变】速，本义指❶迅速，快：欲~则不达丨兵贵神~丨~成。用作使动，表示❷使快来，招致：谁谓女无家，何以~我讼(打官司)丨蓄聚不厌，其~怨于民多矣。后词义缩小专用于人，遂又引申指❸邀请：有不~之客三人来丨以~远朋。用作名词，今又表示❹速度：时~丨变~丨转~丨光~丨流~。

【组字】速，如今既可单用，也可作偏旁。现今仍归入辵(辶)部。凡从速取义的字皆与迅速等义有关。

以速作声符的字有：嗽、樕。

逗 dòu

【字形】篆 隶 逗 草

【构造】形声兼会意字。篆文从辵(辶)，豆声，豆也兼表停放之意。隶变后楷书写作逗。

【本义】《说文·辵部》："逗，止也。从辵，豆声。"本义为停留。

【演变】逗，本义指❶停留：残生~江汉，何处狎樵渔丨~宿故人家。唐代后又引申指❷撩拨，惹弄：女娲炼石补天处，石破天惊~秋雨丨他~你玩呢丨别~人发火丨~乐丨挑~。由停止又引申指❸句中停顿：虽诗章词异，兴废随时，至其韵~曲折，皆系于旧，有由然也丨~号。

栗 lì (慄)

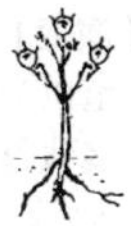

【字形】甲 金 篆

隶 栗 慄 草

【构造】象形字。甲骨文象生长有带芒刺果实的栗子树形。金文果实繁化。篆文把果实误为卤，并省为一个。隶变后楷书写作栗。

【本义】《说文·卤部》："栗，木也。从木，其实下垂。木至西方战栗。"本义为栗子树。落叶乔木，花黄白色，果实包在带刺的壳斗内，可食用。木材坚硬，树皮可供鞣皮革和染色用，叶子可以用来饲养柞蚕。

【演变】栗，本义指❶栗子树：东门之~，有践(排列有序)家室丨山树枣~。又指❷栗树的果实：~子面。《说文》认为"木至西方战栗"，其实是由于栗子成熟长有尖刺，令人发怵，故引申为❸发抖：周人以栗，曰使人战~丨不寒而~。此义后来另加义符"忄"写作"慄"来表示。栗子为坚果，又引申为❹坚实：缜密以~。

○慄，从心从栗，会恐惧之意，栗也兼表声。读lì，本义为❶恐惧：临其穴，惴惴其~。又指❷发抖，哆嗦，颤抖的样子：战战~~，汗不敢出丨(区)寄伪儿啼，恐~，为儿恒状丨不寒而~丨股~。又指❸使战栗：熊咆龙吟殷岩泉，~深林兮惊层巅。

【组字】栗，如今既可单用，也可作偏旁。现今归入木部。凡从栗取义的字皆与栗子有关。

以栗作声兼义符的字有：慄。

以栗作声符的字有：傈、溧、篥。

贾 gǔ；jià；jiǎ (賈、價、价)

【字形】古 篆 隶 贾 賈 价

價 草

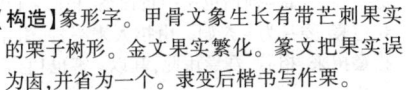

【构造】形声兼会意字。古文从冃(表蒙覆)从貝会意，古声。篆文讹为从貝从襾(yà，蒙覆)，会将货物蒙覆存放之意，襾也兼表声。隶变后楷书写作賈。如今简化作贾。

【本义】《说文·貝部》："賈，贾市也。从貝，襾声。一曰坐卖售也。"本义为储货坐卖。

【演变】贾,读 gǔ,本义指❶储货坐卖:穿北军垒垣以为~区。引申泛指❷做买卖:长袖善舞,多钱善~。既可单指❸卖:卿之余勇,可以~人|余勇可~。也可单指❹买:禁两淮官吏私~民田。用作名词,指❺定点做生意的人,也泛指商人:商~何谓也……行曰商,止曰~|年长色衰,委身为~人妇。由招人来买货,引申指❻招来,招惹:吾焉用此,其以~害也|直言~祸。

又读 jià,做买卖有一定的规矩,引申指❼物价:布帛长短同,则~相若。此义后作“價”,如今简化借“价”表示。

又读 jiǎ,用作❽姓。

○价,从人从介会意,介也兼表声。读 jiè,本义为善,旧多称被派遣传递信息或供役使的人。

又读 jià,借作“價”的简化字,表示❶物所值:备其逋租,高其~直(值),严以期会|等~交换|物~。近代又用作结构助词,表示❷像……似的:只听得梁山泊顶上,号炮连珠~响|成天~不归家。

【组字】贾,如今既可单用,也可作偏旁。现今仍归入贝部。凡从贾取义的字皆与买卖、物价等义有关。

以贾作声兼义符的字有:價(价)。

以贾作声符的字有:檟。

辱 rǔ (槈、蓐、耨、鎒)

【字形】甲  金  篆  今篆 

隶 辱 耨 槈 鎒

草 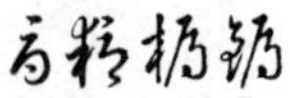

【构造】会意兼形声字。辱是甲骨文一形蓐的初文,省去草则成为甲骨文二形辱,从辰(按时耕耘锄草除虫)从又(手),会手按时耕作除虫之意。金文大同,省去了几个土渣。篆文整齐化,将又改为寸,也是手。隶变后楷书写作辱。由于“辱”为引申义所专用,锄草之义便另加义符“木”“艹”“耒”“金”写作“槈”“蓐”“耨”“鎒”来表示,成了会意兼形声字,皆是“辱”的加旁分化字。如今规范化用“耨”与“蓐”,二字表义有分工。

【本义】《说文·辰部》:“辱,耻也。从寸在辰下。失耕时,于封疆上戮之也。辰者,农之时也。”析形是就篆文根据当时的社会思想所作的解说,所释为引申义。本义当为按时耕耘锄草除虫。又《木部》:“槈,薅器。从木,辱声。”本义为除草的农具。《玉篇·耒部》:“耨,耘也。”又表示除草。

【演变】辱,本义指按时耕耘锄草除虫。古代重视农耕,失耕则戮之,故引申为❶羞耻:枢机之发,荣~之主也|心旷神怡,宠~偕忘|奇耻大~。用作动词,指❷侮辱:忿恚尉,令~之,以激怒其众。又用作使动,表示❸使受到羞辱:使于四方,不~君命|南~于楚,寡人耻之。进而引申指❹委屈:故虽有名马,祇~于奴隶人之手。用作谦词,表示❺屈尊对方:~收寡君,寡君之愿也|曩者~赐书|~临。

○耨,从耒从辱会意,辱也兼表声。读 nòu,本义指❶除草:深耕易(勤)~|害生于弗备,秽生于弗~。又指❷除草的农具,即小耨子:时雨既至,挟其枪、刈、~、镈,以旦暮从事于田野。参见蓐。

【组字】辱,如今既可单用,也可作偏旁。现今仍归入辰部。凡从辱取义的字皆与锄草、草多厚等义有关。

以辱作声兼义符的字有:蓐、缛、溽、槈、褥、耨、鎒。

唇 zhèn;chún (脣、震)

【字形】古  篆  隶 唇 草 

【构造】形声兼会意字。古文从頁,辰声,辰也兼表震动之意。篆文改为从月(肉),辰声,隶变后楷书写作脣。如今规范化,借用唇来表示。唇,从口,辰声,辰也兼表震动之意。本义为震惊。

【本义】《说文·肉部》:“脣,口耑也。从肉,辰声。”本义为嘴唇。《说文·口部》:“唇,惊也。从口,辰声。”本义为震惊。

【演变】唇,作为本字,读 zhèn,本义指❶震惊。此义后由“震”来表示。参见震。

又读 chún,东汉起借用作“脣”,至宋元已

不分,表示❷嘴唇:夫鲁,齐、晋之~,~亡齿寒,君所知也|~齿相依|~枪舌剑|~吻之间|~膏。

【组字】唇,如今既可单用,也可作偏旁。现今唇归入口部,脣归入口部月(肉)部。凡从唇(脣)取义的字皆与嘴唇等义有关。

以唇(脣)为声符的字有:喺、漘、槫、磭。

夏 xià (夓、厦)

【字形】甲 金 篆 隶 草

【构造】象形字。夏,当是上列甲骨文的省形,本象手持农具的高大农夫形。金文讹断,成了一个头、身、手、足俱全的高大人形。篆文整齐化。隶变后楷书分别写作夓与夏。如今规范化用夏。

【本义】《说文·夂部》:"夓(夏),中国之人也。从夂,从页,从臼。臼,两手;夂,两足也。"所释为引申义。本义当为高大的中原农夫。

【演变】夏,本义为❶高大的中原农夫。后称❷中原先进的诸古部族,或称诸夏,以与四周较落后的其他部族相对,遂成为中华的古称,相沿遂用以称中国人,或泛指中国:蛮夷猾~,寇贼奸宄|裔不谋~,夷不乱华|~后氏之世。又指❸古代汉民族居住的中夏,中原地区:其先姓乌石兰,九代祖猛,始从拓跋氏入~,居河南。又指❹夏部落的头领大禹的儿子启所建立的我国历史上第一个朝代,后为商汤所灭:~、殷、周者,有天下之大号也|崤有二陵焉;其南陵,~后皋之墓也。由高大农夫,又引申泛指❺大屋,大殿:曾不知~之为丘兮。此义后作"厦"。参见厦。农民耕作多在烈日炎炎的盛夏,故又指❻夏季:朔漠则桃李~荣|~日葛衣|冬暖~凉|~天。由于夏部落在当时文明程度最高,中原又是中心地区,故又指❼雅正:于先王之书,《大~》之道之然。

【组字】夏,如今既可单用,也可作偏旁。现今归入夂部。凡从夏取义的字皆与奘大等义有关。

以夏作声兼义符的字有:厦。

以夏作声符的字有:嗄。

套 tào

【字形】古 今篆 隶 草

【构造】会意字。古文从長从大,会长大之意,隶变后楷书俗省作套。

【本义】《集韵·晧韵》:"套,长大也。"本义为长大。

【演变】后起字。套,本义指❶长大。引申指❷罩在外面:下边穿着条香色洋布褡裤,~着双青缎子套裤|~上罩衣|~被子。用作名词,又指❸套在外面的或套在里面的东西:手~|笔~|书~|被~|棉花~。套子依物体形制而做,故又引申指❹模拟,照着做:李太白《凤凰台》之作,全~《黄鹤楼》|生搬硬~|~公式。套子有一定形状,少变动,故又引申指❺成规,旧习:老一~|客~|俗~|~语。套子与被套的东西结合衔接,故又引申指❻互相衔接、包容或重叠:~耕|~间|~印|~种|~色。由套在外面的东西,又引申指❼用绳子结成的环状物,拴系牲口拉车的绳具,喻诱人上当的阴谋:别上他的~|大车~|牲口~|~圈|绳~|圈~。用作动词,指❽用套拴系:用绳~着牛脖子|~马|~车。由套着不放,又引申指❾用计骗取,诱人说出实情:拿话~出个原委|~交情|~购。成套的东西是完整的一系列,故又作量词,用于❿完整成套的东西:买两~西装|配成一~。

【组字】套,如今既可单用,也可作偏旁。现今归入大部。凡从套取义的字皆与长大等义有关。

以套作声兼义符的字有:滏。

础 chǔ (礎)

【字形】篆 今篆 隶 草

【构造】形声兼会意字。篆文从石,楚声,楚从足,故也兼表基础之意。隶变后楷书写作礎。如今简化作础,改为出声。

【本义】《说文·石部》:"礎,碩也。从石,楚声。"本义为垫在柱子下边的石墩。

【演变】础,本义指❶垫在柱子下边的石墩:山云蒸,柱~润|月润而风,~润而雨|~石|基~。引申指❷事物的根基:欧美各国著名大学,其出自私立者什有八九,教员不由任命,校~不致随政局而动摇|打好学习基~。

破 pò

【字形】篆  隶 破 草 破

【构造】形声兼会意字。篆文从石，皮声，皮也兼表撕裂之意。隶变后楷书写作破。

【本义】《说文·石部》："破，石碎也。从石，皮声。"本义为石头碎裂，不完整。

【演变】破，本义指❶碎裂，不完整：风至苕折，卵～子死｜石～天惊逗秋雨｜裤子～了｜衣服～烂｜墨水瓶打～了。用作使动，表示❷使破碎：钟子期死，伯牙～琴绝弦，终身不复鼓琴｜～釜沉舟｜～门而入｜～坏。又引申指❸摧毁，打败敌人：于是汉兵夹击，大～虏赵军｜攻～城池｜～敌｜～阵｜～城。又引申指❹冲破原有的界限：别离频～月，客鬓骤摧年｜～旧立新｜突～记录｜突～定额｜～例｜～晓｜～除。又引申指❺使显露真相：齐心齐意要～这一案｜一语道～｜戳～诡计｜侦～｜看～｜说～｜点～。又引申指❻剖分：譬如～竹，数节之后，皆迎刃而解｜势如～竹｜一～两半｜～点零钱｜～镜重圆。破损则令人不满，故又引申指❼不好的：他跟了个～老婆子出了门｜这～东西谁要｜～货。由损失又引申指❽花费：住这几天，让你～费了。

烕 miè (滅、灭)

【字形】甲  金  古  篆 

隶 烕 滅 灭 草 烕 滅 灭

【构造】会意字。甲骨文象持械扑打灭火形。金文、古文和篆文皆从火从戌（兵器），会用器械扑打灭火之意。隶变后楷书写作烕。是"滅"（灭）的本字。

【本义】《说文·火部》："烕，灭也。从火、戌。火死于戌。阳气至戌而尽。"解说是根据"戌"的假借义所作的附会。本义应为熄灭。

【演变】烕，本义为熄灭。后来"烕"作了偏旁，其义便另加义符"水"写作"滅"来表示，成了用水浇灭。如今简化作"灭"。

〇灭，从一压火会意。既表示❶熄灭：若火之燎于原，不可向迩，其犹可扑～｜烟消火～。又表示❷淹没：大溢逆流，无有丘陵衍沃，平原高阜，尽皆～之｜～顶之灾。又引申为❸消灭，使灭亡：赫赫宗周，褒姒～之｜大义～亲。又泛指❹消失：尔曹身与名俱～，不废江河万古流。

【组字】烕，如今不单用，只作偏旁。现今归入戈部。凡从烕取义的字皆与消灭等义有关。以烕作声兼义符的字有：搣、滅（灭）、㓕。

原 yuán (厵、邍、源)

【字形】金  篆 

今篆  隶 原 源 厵 邍

草 原 源 厵 邍

【构造】会意字。原有两个来源：金文一形从厂（山崖）从泉，用山崖下有泉水流出形会水源之意。金文二形上边从足从田，中间像一个动物，左边与下边合起来是辵（辶），表示动物出没的原野。篆文分为三体，一形从厂从三泉会意；二形省为一泉；三形承接金文二形，动物明确为野猪，并整齐化。隶变后楷书分别写作厵、原和邍。如今规范化用原。是"源"的本字。

【本义】《说文·灥部》："厵，水泉本也。从灥出厂下。原，篆文，从泉。"本义为水流源头。

【演变】原，本义指❶水流源头：犹衣服之有冠冕，木水之有本～。引申指❷事物的开始：地者，万物之本～。这个意义本作"元"，因与元朝之"元"相混，明朝以后便都改为"原"。又引申为❸根源，因由：必达于礼乐之～。又引申指❹来源：赋与骚虽异体，而皆～于《诗》。又引申指❺原来的：物归～主｜～籍。用作动词，指❻推究本原：《易》之为书也，～始要终，以为质也。由此义发展为❼文体名：《～道》。又引申为❽谅解：上览之大悦，即～其罪｜情有可～。用作副词，表示❾本来，原来，仍然：甘贫～是道，苦学不为名。又用作"邍"，表示❿高平之野：若火之燎于～，不可向迩。

"原"为引申义所专用，水流源头之义便另加义符氵写作"源"来表示。

〇源，从氵从原会意，原也兼表声。读yuán，本义指❶水流的源头：～清流洁，本盛末

荣。引申指❷事物的根由：是以明君守始以知万物之～|根～|资～|货～|病～。

【组字】原，如今既可单用，也可作偏旁。现今归入厂部。凡从原取义的字皆与源头、广野等义有关。

以原作声兼义符的字有：源、塬。

以原作声符的字有：嫄、愿、螈、羱。

盍 yòu (盍)

【字形】甲 金 篆 隶 草

【构造】形声兼会意字。甲骨文从皿从人，肉声，肉也兼表将人剁成肉酱之意，是古代的一种酷刑，即所谓"纣王醢九侯"，当为醢的初文。金文改为皿中有物（肉），友声。篆文改为从皿（器皿），有声，有也兼表有物之意。隶变后楷书写作盍。异体作盍，改为右声。如今规范化，以盍为正体。

【本义】《说文·皿部》："盍，小瓯也。从皿，有声。盍，盍或从右。"本义为盛物小盆。

【演变】盍（盍），本义指❶小盆。又指❷舀水的器具：举凡水～、笼帚……茱萸、芍药之属，置于竹筐，加之僵禽毙兽，镇压枕藉，覆幂其上，令拙工肩之，谓之厨担。

【组字】盍，如今不单用，只作偏旁。现今仍归入皿部。凡从盍取义的字皆与器皿等义有关。

以盍作声兼义符的字有：楢、醢。

逐 zhú

【字形】甲 金 篆 隶 草

【构造】会意兼形声字。甲骨文上边从鹿或从猪，下边是只脚，会追赶野兽之意。金文另加上街道，以突出追赶之意，成为从辵（辶）从豕会意，也取猪声。篆文承接金文并整齐化。隶变后楷书写作逐。

【本义】《说文·辵部》："逐，追也。从辵，从豚省。"本义为追赶野兽。

【演变】逐，由追赶野兽，引申泛指❶追赶，追击：遂～齐师|简子怒，驱车～之|追亡～北。又引申指❷驱赶，赶走：吏议～客，窃以为过矣。由追赶又引申指❸追求：丧马勿～，自复也|弃本～末|追名～利。又引申指❹竞争：上古竞于道德，中世～于智谋，当今争于气力。又引申指❺追随，跟随：～水草移徙|随波～流。

【组字】逐，如今既可单用，也可作偏旁。现今仍归入辵部。凡从逐取义的字皆与追赶等义有关。

以逐作声兼义符的字有：槌。

以逐作声符的字有：塚。

烈 liè

【字形】篆 隶 草

【构造】形声兼会意字。篆文从火（灬），列声，列（剔骨）也兼表酷烈之意。隶变后楷书写作烈。

【本义】《说文·火部》："烈，火猛也。从火，列声。"本义为火势猛。

【演变】烈，本义指❶火势猛：夫火～，民望而畏之。用作动词，指❷用火烧：益（人名）～山泽而焚之。由火猛引申泛指❸猛烈，厉害：于今为～，如之何其受之|文人画士之祸之～至此哉|轰轰～～|～日|强～|暴～|剧～|激～。又引申指❹刚强，不屈服：故隐忍就功名，非～丈夫孰能致此哉！|刚～|～性|～女|贞～|节～。由火势猛烈又引申指❺光明显赫：君有～名，臣无叛质。进而又引申指❻显赫的功业：奋六世之余～。又引申指❼积极建立功业的，刚强轻生的，或为正义而死的：～士暮年，壮心未已|白刃交于前，视死若生者，～士之勇也|而七十二～士者，又或有记载而语焉不详|先～|～属。

殊 shū

【字形】甲 篆 隶 草

【构造】形声兼会意字。甲骨文从死，朱声，朱也兼表杀死之意。篆文简为从歹（残骨），朱声，朱为砍伐剩下的树桩，也兼表砍杀之意，盖为后代以朱（红）笔点处死囚犯之来历。隶变后楷书写作殊。

【本义】《说文·歹部》："殊，死也。从歹，朱声。"本义为砍头，杀死。

【演变】殊，本义指❶杀死：今之~死者相枕也|蛮夷长有罪，当~之。由杀头引申指❷断绝：武城人塞其前，断其后之木而弗~。又进而引申指❸差异，不同：天下同归而~途|悬~。由不同又引申指❹特出：人之~者谓之圣|特~|~效。由特出用作副词，表示❺很，极：老臣今者~不欲食|~可钦佩|~觉歉然|~佳。

顾 gù（顧）

【字形】金　篆　隶 顾　草

【构造】形声兼会意字。金文从頁（人头）从雇（候鸟）会意。篆文改为从頁，雇声，雇也兼表返回之意。隶变后楷书写作顧。如今简化作顾。

【本义】《说文·页部》："顧，还视也。从頁，雇声。"本义为回头看。

【演变】顾，本义指❶回头看，转头看：瞻前而~后兮|王~左右而言他。引申泛指❷看：欲使汝曹~名思义，不敢违越也。又引申指❸看望，拜访：三~臣于草庐之中。又引申指❹关心，照顾：三岁贯汝，莫我肯~|~此失彼|无暇~及。发展为❺敬辞：光~|惠~|~客|~主。由回头看，又引申指❻思念，眷顾：念父母，~妻子。又引申指❼考虑，顾惜：大行不~细谨|奋不~身。用作副词，表示❽反而：足反居上，首~居下，是倒植之势也。用作连词，表示转折，相当于❾只是，不过：卿非刺客，~说客耳。

𣎵 hàn

【字形】甲　金　篆　隶 𣎵　草

【构造】会意兼形声字。甲骨文从木，上边象多道缠束之状。金文稍变。篆文讹为从木从二马（含苞），成了花木含苞众多之意，马也兼表声。隶变后楷书写作𣎵。

【本义】《说文·𣎵部》："𣎵，木垂華实。从木、马，马亦声。"这是就篆文所作的附会，本义当为缠束。

【演变】𣎵，本义为缠束。《说文》解释为花木垂挂花实。

【组字】𣎵，如今不单用，只作偏旁。现今归入木部。凡从𣎵取义的字皆与包束等义有关。

以𣎵作义符的字有：⿰𣎵斤。

以𣎵作声兼义符的字有：⿰𠦝𣎵。

匿 nì；tè（慝）

【字形】甲　金　篆　今篆

隶 匿 慝　草

【构造】会意兼形声字。甲骨文从匚（今作匸，表掩藏）简，从若（散发之人），会人隐藏之意，若也兼表声。金文匚不简。篆文整齐化。隶变后楷书写作匿。匿作了偏旁，后也另加义符心写作慝。

【本义】《说文·匸部》："匿，亡也。从匸，若声。"本义为隐藏。

【演变】匿，读 nì，本义指❶隐藏，躲藏：过举（错误的行为）不~，则官无邪人|原野何萧条，白日忽西~|逃~|藏~。引申指❷隐瞒：疑（司马）朗~年，劾问|~名。又引申指❸暗暗地：侍燕者皆缩颈~笑。

又读 tè，由隐瞒又引申指❹邪恶，邪念：是以官长正而百姓化，邪心黜而奸~绝。

〇慝，作为"匿"的今字，从心从匿会意，匿也兼表声。读 nì，表示❶隐瞒，掩盖：朔而月见（现）东方，谓之仄~。

又读 tè，引申指❷邪恶：无俾作~|奸~。

【组字】匿，如今既可单用，也可作偏旁。现今仍归入匸部。凡从匿取义的字皆与隐藏等义有关。

以匿作义符的字有：暱（昵）。

以匿作声兼义符的字有：嫟、慝。

以匿作声符的字有：榧。

匪 fěi（篚）

【字形】篆　隶 匪 篚　草

【构造】会意兼形声字。篆文从匚（筐）从非（不正），会一种椭方形的不方正的筐类竹器之意,非也兼表声。隶变后楷书写作匪。是"篚"的本字。

【本义】《说文·匚部》:"匪,(竹)器。似竹筐。从匚,非声。"本义为古代一种椭方形的不方正的筐类竹器。

【演变】匪,本义指❶一种不方正的筐类竹器:实玄黄(各种颜色的帛)于~。由不方正的筐类竹器,引申指❷行为不正的(人):比之~人,不亦伤乎?|不幸见辱于~人。进而引申指❸劫财害命的强盗:先后延烧大小~艇十又一|土~|盗~|~帮|剿~|惯~|劫~。由于"匪"从"非"取得声义,故又用作"非",表示❹否定判断、否定等:~鸡之鸣,苍蝇之声|~来贸丝,来即我谋|夙夜~解,以事一人|伐柯如何?~斧不克。取妻如何?~媒不得|~夷所思。

"匪"为借义所专用,竹器之义便另加义符"竹"写作"篚"来表示。

〇篚,从竹从匪(筐)会意,匪也兼表声。读fěi,本义为❶古代盛东西的圆形竹筐。方者称筐,圆者称篚:(兖州)厥贡漆丝,厥~织文(锦绮一类的丝织品)。用作量词,用于❷篚:岁贡织纻二~|束帛一~。

【组字】匪,如今既可单用,也可作偏旁。现今仍归入匚部。凡从匪取义的字皆与竹器等义有关。

以匪作声兼义符的字有:篚。

以匪作声符的字有:榧。

巸 yí;xī
(嫛、熙)

【字形】金  篆  隶 巸 嫛 熙
草 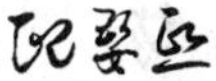

【构造】形声兼会意字。金文从𦣝(张嘴笑时的下巴),巳声,巳也兼表婴儿之意。篆文整齐化。隶变后楷书写作巸。是"𦣝"的加旁分化字。参见𦣝。

【本义】《说文·𦣝部》:"巸,广𦣝(下巴)也。从𦣝,巳声。"本义为宽下巴。

【演变】巸,读yí,本义为❶宽下巴。又指❷宽广。又指❸成长,壮大。

又读xī,形容❹喜悦,嬉戏:(言)之采,行之~(说得很漂亮却没有实际行动),得而勿以。此义后作"嫛"。又引申指❺和乐:众人~~,若飨于大牢,而春登台。此义后作"熙"。

〇嫛,从女从巸会意,巸也兼表声。读yī,本义指❶婴儿笑。用作"嫛婗",又指❷婴儿:悔当时不将~婗情状罗缕纪存。

〇熙,从火,巸声。读xī,本义指❶火烤干。引申指❷曝晒:仰~丹崖,俯澡绿水。又引申指❸光明:穆穆文王,同缉~敬止。由光明又引申指❹兴盛:大司马陆公以文武~朝。又引申指❺和乐:众人~~,如享太牢,如春登台|~然。又借作"嬉",表示❻嬉戏:含哺而~,鼓腹而游|圣人非所与~也,寡人反取病焉|~~攘攘。

【组字】巸,如今不单用,只作偏旁。现今归入已部。凡从巸取义的字皆与喜乐等义有关。

以巸作声兼义符的字有:嫛。

以巸作声符的字有:熙。

𦣠 wàng
(朢、望)

【字形】甲  金  古  篆 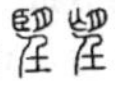
隶 𦣠 朢 望 草 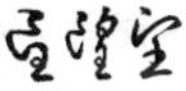

【构造】会意兼形声字。甲骨文从臣(眼)从壬(人立土堆上),会人站在土堆上举目远望之意。金文另加义符月,用以表示"望日"(月圆的那一天,即阴历每月十五日);或将臣改为亡。古文承甲骨文并整齐化。篆文承金文并整齐化。隶变后楷书分别写作𦣠、朢、望。如今规范化,都用望来表示。

【本义】《说文·壬部》:"朢,月满与日相望,以朝君也。从月,从臣,从壬。壬,朝廷也。𦣠,古文朢省。"这是就篆文所作的解说。本义当为望日。又《亡部》:"望,出亡在外,望其还也。从亡,朢省声。"解说的是希望之义。当是"朢"的分化字。

【演变】𦣠,不单用,单用用望。

〇望,读wàng,本义指❶举目向高远处看:谁谓宋远,跂予~之|登轼而~之。由远望又引申为❷看望,探望:自从哥哥去后,不曾来~得你。又引申为❸盼望,希望:王知如此,则无~民之多于邻国也|得陇~蜀。又引申为

❹景仰：万民所～。用作名词，又引申指❺仰望的人：夫君，神之主而民之～也。又进而引申指❻声望，名望：先达德隆～尊｜德高～重｜～族。希望达不到就要责怪，故又引申指❼怨恨：宏恨赏薄，有～言。又特指❽望日：十月之～，步自雪堂｜七月既～。

【组字】朢，如今不单用，只作偏旁。现今归入臣部。凡从朢取义的字皆与远望等义有关。

以朢作声兼义符的字有：朢。

捞 lāo（撈）

【字形】古　今篆　隶　草

【构造】形声兼会意字。古文从扌（手），勞声，勞（取得功劳）也兼表取得之意。隶变后楷书写作撈。如今简化作捞。

【本义】《广韵·豪韵》："捞，取也。"本义为从液体中取物。

【演变】捞，本义指❶从液体中取物：山危逾高采，水穷益深～｜～鱼｜打～｜～面｜～水草。引申泛指❷获取，夺取（多用于贬义）：你怎的连半个秀才也～不到呢？｜大～了一把｜～好处｜～油水｜～便宜｜～外快。

捕 bǔ

【字形】篆　隶　草

【构造】形声兼会意字。篆文从手，甫声，甫为取苗栽种，也兼表捉拿之意。隶变后楷书写作捕。

【本义】《说文·手部》："捕，取也。从手，甫声。"本义为捉拿。

【演变】捕，本义指❶捉拿：骐骥骅骝，一日而驰千里，～鼠不如狸狌｜～获｜～鱼｜～捞｜拘～｜缉～｜追～｜搜～｜逮～｜拒～。引申指❷追寻：求物之妙，如系风～影｜～风捉影。用作名词，指❸旧时衙门里担任缉捕的差役：～四出，杳莫知所从｜～快。

【组字】捕，如今既可单用，也可作偏旁。现今仍归入手部。凡从捕取义的字皆与捉拿等义有关。

以捕作声符的字有：蒱。

振 zhèn（賑、赈）

【字形】甲　金　篆

隶　草

【构造】形声兼会意字。甲骨文从辵，从双手持辰，小点是尘土，会起动去田间捉虫除害之意。金文省为从攴从辰会意。篆文改为从手，辰声，辰也兼表起动之意。隶变后楷书写作振。

【本义】《说文·手部》："振，举救也。从手，辰声。一曰奋也。"本义为救拔，挽救。

【演变】振，本义指❶救拔，挽救：陷而不～｜是以委肉当饿虎之蹊，祸必不～矣｜～救。引申指❷赈济：命有司发仓廪，赐贫穷，～乏绝。此义后另作"賑"，如今简化作赈。又引申指❸举起，摇动：六月莎鸡～羽｜～长策（鞭）而御宇内｜～翅高飞｜～臂高呼｜～笔疾书。进而引申指❹奋起，振作：以励群臣，以～天下之气｜精神～奋｜～作起来。又引申指❺整顿：诸侯春～旅，秋治兵。

〇赈，从贝，辰声，辰也兼表起动之意。读zhèn，本义指❶富饶：乡邑殷～。借用作"振"，又表示❷救济：方春戒节，～济乏困｜以工代～｜～灾｜放～｜～恤。

【组字】振，如今既可单用，也可作偏旁。现今仍归入手部。凡从振取义的字皆与救拔等义有关。

以振作声兼义符的字有：謓。

捎 shāo；shào

【字形】篆　隶　草

【构造】形声兼会意字。篆文从手，肖声，肖（碎肉）也兼表割小之意。隶变后楷书写作捎。

【本义】《说文·手部》："捎，凡取物之上者谓之挢捎。从手，肖声。"本义为割取物之上梢。

【演变】捎，读 shào，本义指❶割取物之上梢：以夜～兔丝去之｜用镰刀～草。捎取物必向后拉镰刀，故又引申指❷后退：让马～一～。

又读 shāo，引申指❸顺便带东西：我临来时，他又与了个简帖来，～与姐姐哩｜～样东西

|～个话|～信。

【组字】捎，如今既可单用，也可作偏旁。现今仍归入手部。凡从捎取义的字皆与割取等义有关。

以捎作声符的字有：箱。

捏 niē（捻、撚）

【字形】

【构造】形声兼会意字。古文从手，呈声，呈为拿土塞缝，也兼表意。隶变后楷书写作捏。是“捻”的借用字。

【本义】《广韵·屑韵》：“捏，捺。”本义为用手夹按。

【演变】捏，本义指❶用手按或用拇指与别的指头夹住：俺～住这玉佩慢慢地行将去|～着笔。又特指❷一种按摩手法：人自摩自～，申缩手足，除劳去烦，名为导引|替你～一～就好了。又引申指❸用手将软的东西捻成一定形状：团沙～成睡秙康|～面人|～个泥娃娃。由捏制改变形状，又引申指❹虚构，假造：这个须不是小人～合出来的|～造。

〇捻，从手，念声。读 niē，本义为❶捏，揉塑：手中～诀，口里念咒。引申指❷按，弹。乐器演奏手法：轻拢慢～抹复挑|～得宝筝调，心随征棹遥。又作量词，犹❸把：褪罗衣楚腰一～|宁恋本乡一～土，莫爱他乡万两金。又读 niǎn，同“撚”，指❹用手指揉搓，搓转，转动：先把香头儿～灭了|～指之间|～麻绳|～棉线。又指❺搓成的条状物：右手拿着一个火纸～儿|灯～儿|药～儿。方言又指❻聚合成股的人群：今天咱们招兵人～|～军（清代中叶安徽、江苏、山东等地的农民起义军）。

捆 kǔn（綑、稇）

【字形】

【构造】会意兼形声字。古文从手从困，会困住之意，困也兼表声。篆文从禾从困，会捆缚之意，困也兼表声。隶变后楷书写作稇。省作稇。异体作綑，改为从糸。俗承古文作捆。如今规范化，以捆为正体。

【本义】《说文·禾部》：“稇，絭束也。从禾，困声。”本义为把收割的庄稼缠束结实。《玉篇·手部》：“捆，织也。”本义为编织屦（草鞋），古代织屦的一种方法，织时用力叩击，使其密而结实。

【演变】捆，作为本字，本义指❶编织：其徒数十人，皆衣褐，～屦织席以为食。用作名词，又指❷编织的工具，相当于梭：持交而不失，出入不绝者，～也。借用作“稇”字，又表示❸用绳子缠束紧：～载而归|把他～起来|～行李。又作量词，用于❹成捆的东西：一～谷子|三～书。

〇綑，从糸，困声。如今规范化用捆。读 kǔn，本义指❶古代织屦的一种方法，织时用力叩击，使其密而结实。又指❷织具，相当于梭子。

〇稇，从禾，困声。如今规范化用捆。读 kǔn，本义指❶收割捆束庄稼。引申泛指❷用绳捆束：齐有北郭骚者……～蒲苇，织葩（fèi，麻）屦，以养其亲|～包裹。又作量词，用于❸成捆的东西：一～干柴。

捉 zhuō

【字形】

【构造】会意兼形声字。篆文从手从足（充分），会握紧之意，足也兼表声。隶变后楷书写作捉。

【本义】《说文·手部》：“捉，握也。从手，足声。”本义为握着。

【演变】捉，本义指❶握着：武叔将沐，闻君至，喜，～发走出|～襟见肘|床头～刀人|～笔。又引申指❷抓捕，抓住：暮投石壕村，有吏夜～人|贼喊～贼|捕风～影|～迷藏|～弄|～拿|捕～。

损 sǔn（損）

【字形】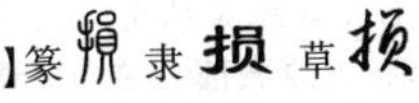

【构造】形声兼会意字。篆文从手，員声，員为从鼎中取食，也会减少之意。隶变后楷书写作損。如今简化作损。

【本义】《说文·手部》:“損,减也。从手,員声。”本义为减少。

【演变】损,本义指❶减少:~有余而奉不足|~益|减~。由减少,引申指❷丧失:以战必~其将|~军折将|~失。又引申指❸使蒙受害处:满招~,谦受益|~人利己。今又表示❹用语言伤害人,挖苦:他~你两句就够受的|你别~人。又进而引申指❺刻薄,恶毒:你这样做,真是太~了。

哲 zhé
(悊、喆、嚞)

【字形】金  古  篆 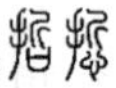
今篆 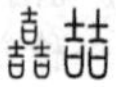 隶 哲 悊 喆 嚞
草 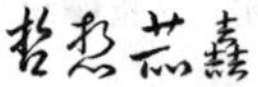

【构造】会意兼形声字。金文从心从目从斤(斧),会心明眼亮能决断之意,止声;或简为从心,折声。古文从三吉会意。篆文承金文;或改为从口决断,其义不变,折也兼表声。隶变后楷书写作哲与悊。俗承古文作嚞,或省作喆。如今规范化,以哲为正体,喆只用于姓氏人名,其余则废而不用。

【本义】《说文·口部》:“哲,知(智)也。从口,折声。悊,哲或从心。嚞,古文哲,从三吉。”本义为有智慧,明智。

【演变】哲,本义指❶有智慧,明智:知人则~|~人|~学。用作名词,又指❷有智慧的人:舍本逐末,贤~所非|先~。

【组字】哲,如今既可单用,也可作偏旁。现今仍归入口部。凡从哲取义的字皆与智慧等义有关。

以哲作声符的字有:晣。

逝 shì

【字形】篆  隶 逝 草 

【构造】形声兼会意字。篆文从辵(辶,走路),折声,折为去砍柴,也兼表前往之意。隶变后楷书写作逝。

【本义】《说文·辵部》:“逝,往也。从辵,折声。”本义为前往。

【演变】逝,本义指❶前往:若昔朕其~。引申指❷过去:日落似有竟,时~恒若催|光阴易~|时光流~。由过去引申,委婉表示❸死亡:是仆终不得舒愤懑以晓左右,则长~者魂魄私恨无穷|病~|~世。又借作“誓”,表示❹发誓:~将去女,适彼乐土。

捡 jiǎn;liàn
(撿)

【字形】篆  隶 捡 撿 草 

【构造】形声兼会意字。篆文从手,僉声,僉也兼表两手同合打拱之意。隶变后楷书写作撿。如今简化作捡。

【本义】《说文·手部》:“撿,拱也。从手,僉声。”本义为拱手。

【演变】捡,读 liàn,本义指❶拱手。

又读 jiǎn,敛手才成拱,故引申表示❷约束:人之性有广大浩荡者,患在无~。拾取物必收敛手,遂又引申为现代常用义,指❸拾取:小生曾把风筝~,物归原主理当然|~柴|~粪|~煤渣。

【组字】捡,如今既可单用,也可作偏旁。现今仍归入手部。凡从捡取义的字皆与拱手等义有关。

以捡作声符的字有:簽。

换 huàn
(換)

【字形】篆  隶 换 草 

【构造】形声兼会意字。篆文从手,奐声;奐为建造房屋,建时匠人要上下传递建材,故可会对换之意。

【本义】《说文·手部》:“換,易也。从手,奐声。”本义为以物易物,对调,即给人一种东西同时从他取得另一种东西。

【演变】换,本义指❶对换:尝以金貂~酒|山阴道士如相见,应写黄庭~白鹅|~鹅手|交~|~钱。又引申指❷变更,变换:千门万户曈曈日,总把新桃~旧符|改朝~代|改天~地|脱胎~骨|偷梁~柱|轮~|更~|~人。

挽 wǎn（綰、绾）

【字形】金 古 篆 隶 挽 輓 綰 綰 草

【构造】形声兼会意字。古文从手，免声，免为丧帽，表示所拉为丧车。篆文改为从車。隶变后楷书写作挽与輓。如今规范化，以挽为正体。旧又用作绾。

【本义】《说文·手部》段注："輓，引车曰輓。从車，免声。俗作挽。"本义为牵拉丧车。

【演变】挽，由本义牵拉丧车，引申泛指❶拉车：或~之，或推之｜自在辕中~车，不用牛马。古人送葬，执绋（大绳）拉丧车前行并唱哀歌，故引申指❷挽柩者所唱的悼念死者的哀歌：文宣崩，当朝文士，各作~歌十首｜哀~辞秦塞，悲笳出帝畿。进而又引申指❸追思，哀悼：泌为~词二解（章），追述倓志｜~联｜~幛。由拉车又引申泛指❹拉，牵引：~弓当~强｜手~着手。拉的动作是使物体移向自己，故又引申指❺挽回，留住，使情况好转：青春~留渠不住｜修纪纲，~人心｜断然~回不得｜力~狂澜｜~救。又用作"绾"，表示❻盘结，卷系：~个髻儿｜~起袖子。

〇绾，金文象上下两手盘结系璧形，官声。篆文改为从糸，官声。如今简化作绾。读wǎn，本义指❶系挂，盘结：如今~作同心结。引申指❷卷起：~起袖子。

挨 āi；ái（捱）

【字形】篆 今篆 隶 挨 捱 草

【构造】形声兼会意字。篆文从手从矣，矣声，矣为射箭，会从后击之意。隶变后楷书写作挨。异体作捱，改为厓声，厓也兼表仅靠山边之意。如今规范化，以挨为正体。

【本义】《说文·手部》："挨，击背也。从手，矣声。"本义为从后推打。《正字通·手部》："今俗凡物相近谓之挨。"又表示相近。

【演变】挨，作为本字，读 āi，本义指❶从后推打：既而狎侮欺诒，搅挠~扰，无所不为。后又用以表示❷靠近，接连：这样的人，~着他都讨厌｜他家~近公园｜他两家~壁住｜~肩儿｜~边｜~近。又引申指❸接触：脚痛得不能~地。由接连用作介词，表示❹逐一，依次：~个儿叫号｜~家~户打听。

又读 ái，用作"捱"，表示❺遭受：~饿受冻｜~打受气。又引申指❻勉强支撑：这苦日子真难~。又引申指❼拖延：再~几天，就过去了｜~延时日。

热 rè（熱、爇、炬、苣）

【字形】甲 金 篆 今篆 隶 热 熱 爇 炬 苣 草

【构造】象形兼会意兼形声字。甲骨文象一个人手举火把形，表示点燃火把。由于这一点燃火把形与手持树苗栽种形的埶相近，到了金文便与埶相混，于是《说文》篆文便以埶为基础，另加义符火，成为从火从埶会意，埶也兼表声。隶变后楷书写作熱。如今简化作热。由于"热"为引申义所专用，点燃之义便另加义符"艹"写作"爇"来表示，火把之义则另造了炬、苣来表示。

【本义】《说文·火部》："熱，温也。从火，埶声。"所释为引申义。本义当为点燃火把。

【演变】热，由点燃火把，引申泛指❶点燃，焚烧：天下敖然如焦~。又引申为❷温度高：如水益深，如火益~｜~天｜~风。用作动词，指❸加热：大泽焚而不能~｜把饭~一~再吃。词义扩大，又指❹身体发烧：头有点~。又引申指❺情意浓烈：~爱｜~情。进而引申指❻十分羡慕：眼~。再引申指❼很受人欢迎：~门儿。又特指❽烦躁：仕则慕君，不得于君则~中。用作物理学名词，指❾热能：电~｜比~｜~辐射。

〇爇，《说文》认为"从火，蓺声"，似不妥。当为从艹从熱会意，熱也兼表声。读 ruò，本义指❶焚烧：将师退，遂令攻郤氏，且~之。引申指❷烘烤：淋漓雨中，仅行二十三里，煨湿木~衣。

〇炬，从火从巨会意，巨也兼表声。异体

作苣，改为从艹。如今规范化用炬，苣后另表他义。读 jù，本义指❶火把：亡者不敢夜揭（举）～。引申指❷蜡烛：蜡～成灰泪始干。用作动词，指❸焚烧：楚人一～，可怜焦土｜付之一～。

○苣，从艹，巨声。读 jù，本义指❶用苇秆或草扎成的火把：嵩乃约敕军士皆束～乘城。此义今由炬表示，苣则转用于“莴苣”，表示❷一种蔬菜。

又读 qǔ，用于❸苣荬菜。

【组字】热，如今既可单用，也可作偏旁。现今仍归入火部。凡从热取义的字皆与燃烧等义有关。

以热作声兼义符的字有：爇。

轿 jiào（轎）

【字形】古  今篆  隶 **轿 轎** 草 

【构造】形声兼会意字。古文从車，喬声，喬也兼表高起之意。隶变后楷书写作轎。如今简化作轿。是“桥”的分化字。参见桥。

【本义】《玉篇·车部》：“轿，小车。”本义为古代走山道的一种小车。

【演变】轿，本义指❶古代走山道的一种小车：舆～而逾岭。后又指❷人抬的一种交通工具：南渡以前，士大夫皆不甚用～｜坐～｜花～｜乘～。后又引申指❸一种形如轿的木轮车：～车。如今又指❹有车顶的汽车。

较 jué；jiào（較、較）

【字形】金  篆  今篆  隶 **较 較**

草 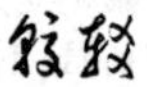

【构造】会意兼形声字。金文从整驾车形。篆文省简为从車从爻（表交互），会车厢两旁可凭倚的木板饰物之意，爻也兼表声。隶变后楷书写作較。俗作較，改为从交，交也兼表声。如今皆简化作较。

【本义】《说文·车部》段注：“較，车輢（车厢两旁可凭倚的木板）上曲钩也。从車，爻声。”本义为古代车厢两旁可凭倚的木板上作扶手用的曲木或曲铜钩。

【演变】较，读 jué，本义指❶古代车厢两旁可凭倚的木板上作扶手用的曲木或曲铜钩：宽兮绰兮，猗重～兮。引申指❷车厢：金薄缪龙，为舆倚～。又借用作“角”，表示❸竞逐：鲁人猎～，孔子亦猎～。

又读 jiào，由车之两较，引申指❹两相比较，较量：长短相～，高下相倾｜计～｜～比。虚化为介词，相当于❺比：十年后之理想之见识，必～十年前为不同。又用作副词，表示❻略，稍：中国应当对于人类有～大的贡献。又借作“皎”，表示❼明显：元年正月，白气～然起乎东方｜彰明～著。

【组字】较，如今既可单用，也可作偏旁。现今仍归入车部。凡从较取义的字皆与车辆等义有关。

以较作声符的字有：莈。

顿 dùn（頓、迍）

【字形】篆  隶 **顿 頓** 草 

【构造】会意兼形声字。篆文从頁（头）从屯（扎根，表滞留），会叩头至地而止之意，屯也兼表声。隶变后楷书写作頓。如今简化作顿。

【本义】《说文·页部》：“顿，下首也。从頁，屯声。”本义为以头叩地。

【演变】顿，本义指❶以头叩地：辨九拜，一曰稽首，二曰～首，三曰空首，四曰振动，五曰吉拜，六曰凶拜，七曰奇拜，八曰褒拜，九曰肃拜｜及于难至，然后～颡，虽有智者，又不能图。引申指❷以脚跺地：牵衣～足拦道哭，哭声直上干云霄。由叩头至地，又引申为❸止息，屯驻，暂停，安置：今将军欲举倦弊之兵，～之燕坚城之下，欲战恐久力不能拔｜就善水草～舍｜逗号与～号｜安～。由头叩地，又引申指❹用力猛拉或抖动使整齐：今之治民者若拙御马，行则～之，止则击之｜整～衣裳起敛容。由顿止，又借用作“迍”，表示❺困顿，僵仆：甲兵～，士民病｜牛～不起，车堕谷间｜号呼而转徙，饥渴而～踣｜劳～。由叩一下头，又用作量词，表示❻一次：欲乞一～食耳｜鞭打了一～。又用作副词，表示❼立刻，忽然：雄剑～无光，杂佩亦销

烁|~悟|~然。

【组字】顿,如今既可单用,也可作偏旁。现今仍归入页部。凡从顿取义的字皆与叩头等义有关。

以顿作声符的字有:嚬(吨)。

致 zhì (緻)

【字形】甲　金　篆　隶　草

【构造】会意字。甲骨文从人从至,会人送达之意,至也兼表声。金文大同,突出了人脚。篆文省去人,只留下脚(夂),进一步强调送到。隶变后楷书写作致。如今又用作"緻"的简化字,表示精密,细密。

【本义】《说文·夂部》:"致,送诣也。从夂,从至。"本义为献出,送给,送到。《说文·糸部》:"緻,密也。从糸,致声。"本义为精密,细密。

【演变】致,本义指❶送达,送到:其遣谒者巡行天下,存问~赐|同志者或不远千里而~。引申泛指❷到达:故圣人者,人之所积而~也。用作使动,指❸使到来,招致:此人可就见,不可屈~也|学以~用|~病|以~。又引申指❹表达,传达:~殷勤之意|~电|~敬。又引申指❺归还:退而~仕。由招致又引申为❻集中:尤~思于天文阴阳、历算。又引申为❼详审,推究:~知在格物。进而引申为❽细密,精细:按其狱皆文~,不可反|细~|精~。此义后另加义符"糸"写作"緻",如今简化仍用"致"。用作名词,又引申指❾意向,目标:天下同归而殊途,一~而百虑|毫无二~。又指❿意态,情趣:(蒋)干还,称瑜雅量高~|兴~|别~|情~|大~。

〇緻,从糸从致会意,致也兼表声。读 zhì,本义为❶素练,即白绢。引申泛指❷细密,精密:其情性密~,操行正直。如今简化,其义仍由致表示。

【组字】致,如今既可单用,也可作偏旁。现今归入至部。凡从致取义的字皆与达到极点等义有关。

以致作声兼义符的字有:緻。

以致作声符的字有:堥、膣。

歬 qián (肻、前)

【字形】甲　金　篆　隶　草

【构造】会意字。甲骨文从止(脚)在舟上,从行,前进之义不好表示,故用止借舟行进来表示。金文省去行。篆文整齐化。隶变后楷书写作歬,作偏旁时写作肻 。

【本义】《说文·止部》:"歬,不行而进谓之歬。从止在舟上。"本义为船前进。是"前"的本字。

【演变】歬,由本义船前进,引申泛指❶前进:王转战而~,大兵继之。又引申指❷前边:拾落叶于~山。

由于"歬"作了偏旁,其义便借当剪刀讲的"前"来表示。参见前。

【组字】歬,如今不单用,只作偏旁。现今仍归入止部。凡从歬取义的字皆与前进等义有关。

以歬作声符的字有:前。

桌 zhuō (椉、棹、櫂)

【字形】古　篆　今篆　隶　草

【构造】会意兼形声字。甲、金、古、篆本借"卓"表示。古文一形或另加义符木写作棹,从木从卓(高起)会意,卓也兼表声;二形作"椉"。篆文承古文并整齐化。隶变后楷书写作棹、棹。俗省作"桌"。如今规范化,以桌为正体。棹,作为櫂的异体,另表他义。"椉"废而不用。参见卓。

【本义】《说文·木部》新附:"櫂,所以进船也。从木,翟声。或从卓。"本义为船桨。《正字通·木部》:"棹,椅棹。"又:"桌,呼几案曰桌。"本义为桌子,即高起的几。

【演变】桌,本义指❶桌子:书~|饭~。又用作❷量词:一~酒席|请了两~人。

〇棹,从木从卓会意,卓也兼表声。读 zhuō,本义指❶桌子。

又读 zhào,后借用作櫂(从木,翟声,翟也兼表翘起之意),用以表示❷船桨:桂~兮兰枻(船舷)。又指代❸船:春歌弄明月,归~落花前。用作动词,又指❹划船:或命巾车,或~孤舟。这样,"櫂"便废而不用了。

【组字】桌,如今既可单用,也可作偏旁。现今仍归入木部。凡从桌取义的字皆与桌子等义有关。

以桌作声兼义符的字有:棹。

虑 lǜ
(慮)

【字形】金　篆　隶 虑慮 草

【构造】形声兼会意字。金文从心,吕声,吕为房屋门窗形,会思谋如何设计门窗之意。篆文从思,虍声,虍也兼表忧虑虎害之意。隶变后楷书写作慮。如今简化作虑。

【本义】《说文·思部》:"慮,谋思也。从思,虍声。"本义指为一定的目的而思考。

【演变】虑,本义指❶为一定的目的而思考、打算:人无远~,必有近忧|国家政谋,夙常与钦~之|深谋远~|深思熟~|考~|谋~。用作名词,指❷意念,心思:心烦~乱,不知所从。又引申指❸因担忧而思量,忧虑:司马公尸居余气,形神已离,不足~矣|不足为~|顾~。

【组字】虑,如今既可单用,也可作偏旁。现今归入心部。凡从虑取义的字皆与思谋等义有关。

以虑作声兼义符的字有:摅。

以虑作声符的字有:傯、滤、膔。

监 jiān;jiàn
(監、鑑、鑒、鍳、鉴、镜)

【字形】甲　金　篆

隶 监監鉴鑑鑒鍳镜

草

【构造】会意字。甲骨文是一个姑娘俯身对着一盆水(中间一横)照见自己的容颜(一横上下的两个圆)的形象。古代没有镜子,取盆水而照之,用以会照视容颜之意。金文将女改为人,将容颜改为目,以突出照视之意。篆文承金文并整齐化。隶变后楷书写作監。如今简化作监。

【本义】《说文·卧部》:"監,临下也。从卧,䘓省声。"析形不确。本义为用盆水照视容颜。

【演变】监,读 jiàn,本义指❶用盆水照视容颜:人无于水~,当于民~|夫~形之美恶,必就止水。又指❷用来照视自己形象的器具:明~,所以照形也。发展为后来的镜子。由借盆水照形,引申为抽象的❸借鉴,参考:我不可不~于有夏,亦不可不~于有殷。又引申为❹察视,考察:天~厥德,用集大命,抚绥万方。又引申指❺起察视作用的官府名,官名:分天下为三十六郡,郡置守、尉、~|李陵既壮,选为建章~|国子~|钦天~|太~。

又读 jiān,由察视引申指❻监视,督察:始皇怒,使扶苏北~蒙恬于上郡|~护|~督|~工。又引申指❼掌管,代掌朝政:左丞相不治事,令~宫中,如郎中令|君行,太子居,以~国也。又引申指❽监禁,关押:孔明令将郑文~下。又指❾监牢:将玉堂春屈打成招,问了死罪,送在~里|探~。

由于"监"为引申义所专用,照形、照形的器具和借鉴等义后来便另加义符"金"写作"鑑"来表示,异体作鑒、鍳,如今皆简化作鉴。

○鑑,金文二形从金从監会意,監也兼表声。篆文二形整齐化。隶变后楷书写作鑑、鑒、鍳,如今皆简化作鉴,从监省。读 jiàn,本义指大铜盆。盆盛水可用来照视,故引申指❶铜镜:我心匪~,不可以茹(容纳)。又引申指❷鉴戒:殷~不远,在夏后之世|前车之~|借~。用作动词,指❸照:昔有仍氏生女,鬒(黑发)黑而甚美,光可以~|鬒发可~|油光可~|光可~人。又引申指❹仔细看,审查:是以师旷觇风于盛衰,季札~微于兴废|~别|~定。旧时用于书信开头的称呼后,表示❺请人看信:台~|大~|钧~|惠~。

由于"鉴"后来又主要用以表示照和借鉴之义,照形的器具的意思就又另造了形声字"鏡"来表示,如今简化作镜。

○镜,从钅,竟声。读 jìng,本义指镜子借光以照物,引申泛指❶镜子:目失~,无以正须

眉|铜~|望远~|显微~。用作动词,指❷照:晓~但愁云鬓改,夜吟应觉月光寒。

【组字】监,如今既可单用,也可作偏旁。现今归入皿部。凡从监取义的字皆与照视等义有关。

以监作声兼义符的字有:覽(览)、鑑、鑒、鋻(鉴)。

以监作声符的字有:尶、蓝、滥、槛、襤、篮、艦(舰)、鹽(盐)。

丵zhuó

【字形】篆隶草

【构造】象形字。从甲骨文和篆文"對"(对,、)所从的偏旁看,象古代的一种仪仗形,长柄上安着横板,上有锯齿状饰物。篆文整齐化。隶变后楷书写作丵。

【本义】《说文·丵部》:"丵,丛生草也。象丵岳相并出也。"这是就篆文所作的解说,非本义。本义为锯齿形仪仗。

【演变】丵,本义为锯齿形仪仗。《说文》解释为丛生的草。

【组字】丵,如今不单用,只作偏旁。现今归入丨部。凡从丵取义的字皆与齿状饰物、丛聚等义有关。

以丵作义符的字有:對(对)、業(业)、叢(丛)。

以丵作声符的字有:凿。

紧jǐn (緊)

【字形】篆隶草

【构造】会意兼形声字。篆文从臤(表抓牢固)从糸,会丝弦拉紧之意,臤也兼表声。隶变后楷书写作緊。如今简化作紧。

【本义】《说文·臤部》:"緊,缠丝急也。从臤,从絲省。"本义为丝弦拧紧。

【演变】紧,本义指❶丝弦拧紧:弛~急之弦张兮,慢末事之委曲。引申泛指❷紧急,紧张:野阔秋风~|腿肚子发~。用作使动,指❸使变紧:~一~腰带|~~绳子。由拉紧又引申指❹密切:家住~隔壁|鞋有点~|抽屉太~,拉不开|捆~|盖~|~密|拧~|缠~|关~。进而引申指❺空闲少:抓~时间|任务很~|赶~办|最近课真~。又引申指❻情势急迫,严重:时局有点~|风声太~。又引申指❼经济不宽裕:日子过得很~|这两年手头~。又引申指❽牢固:戈戟之~,其厉若何?|~记莫忘。

【组字】紧,如今既可单用,也可作偏旁。现今归入糸部。凡从紧取义的字皆与拉紧等义有关。

以紧作声符的字有:檕。

貨xì (隙)

【字形】甲金籀篆
隶草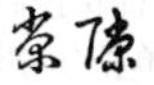

【构造】象形兼会意字。甲骨文象墙缝中透出光亮形,表示这里有缝孔。金文大同。籀文改为从谷从貨,成为山泉流水之缝隙了。篆文承接金文并整齐化,或另加义符阝(阜,壁上脚窝),以强调为壁缝。隶变后楷书分别写作貨与隙。如今规范化,以隙为正体,貨只作偏旁。

【本义】《说文·白部》:"貨,际(壁)会见之白也。从白,上下小见(现)。"又《阜部》:"隙,壁际孔也。从阜,从貨,貨亦声。"本义为墙缝。

【演变】貨,本义为墙缝。不单用,只作偏旁。单用时用隙。

〇隙,读xì,本义指❶墙缝:人之生乎地上之无几何也,譬之犹驷驰而过~|蠹众而木折,~大而墙坏|白驹过~。引申泛指❷开孔道使流通:及秦文、德、缪居雍,~陇蜀之货物而多贾。又引申指❸时间上的间隔,空闲:四时之~,于是乎成之|故春搜、夏苗、秋狝、冬狩,皆于农~以讲事也。又指❹空间上的间隔,空隙:宋郑之间有~地焉。由空隙又引申指❺可利用的空子,机会,漏洞:东有待衅之吴,西有伺~之蜀。又引申指❻不周密,有缺陷:夫将者,国之辅也;辅周则国必强,辅~则国必弱。用于抽象意义,又指❼感情上的裂痕,隔阂,嫌怨:已而与武安君白起有~,言而杀之。缝隙的两个边际相近,故又引申指❽邻接:上谷

至辽东北～乌丸、夫余。

【组字】㡯，如今不单用，只作偏旁。现今归入小部。凡从㡯取义的字皆与缝隙等义有关。

以㡯作声兼义符的字有：隙。

党 dǎng (黨、鄙、曭、𣈶)

【字形】

【构造】形声兼会意字。金文从黑（刺在人身上的同族人的共同标志），表示亲族，尚声，尚也兼表尊崇之意。篆文整齐化。隶变后楷书写作黨。如今简化借党来表示，从儿（人），尚声，本义为古民族名。如今又兼表“鄙”的含义；鄙，从邑（右阝），尚声，本义为古代基层组织户籍编制单位。黨为借义所专用，其不鲜明之义后由“曭”来表示。

【本义】《说文·黑部》：“黨，不鲜也。从黑，尚声。”释为不鲜明，是引申义，本义当为亲族。又《邑部》：“鄙，地名。从邑，尚声。”本义为地名。《集韵·荡韵》：“党，党项，虏名。”用作“党项”，本义为古民族名，羌人的一支。南北朝时分布在今青海省东南部和四川省西部，后北迁。北宋时曾建立西夏政权。

【演变】党，作为本字，本义指❶党项。

借作黨字，又表示❷亲族：其～也食之，非其～弗食也|父～|母～|妻～。

又代替鄙（从邑，尚声，地名）字，表示❸古代的一种地方组织：五百家为～|五族为～|古之教者，家有塾，～有庠|乡～。引申为❹集团，同伙，朋辈：阴知奸～名姓，一时收禽（擒）|吾～二三子|结～营私|死～|～徒。又引申指❺政党：共产～|民主～。用作动词，指❻偏袒：无偏无～，王道荡荡|不～父母，不偏富贵|～同伐异。因其从“黑”取义，故又表示❼不鲜明。为分化字义，此义后另加义符“日”写作“曭”来表示。

○曭，从日从黨会意，黨也兼表声。今简作𣈶。读 tǎng，本义指不明：旹曖𣊬其～莽兮，召玄武而奔属。

【组字】党（黨），如今既可单用，也可作偏旁。现今党归入儿部，黨仍归入黑部。凡从党（黨）取义的字皆与亲族等义有关。

以党（黨）作声兼义符的字有：曭。

以作党（黨）声符的字有：谠、傥、攩（挡）、镋。

晒 shài (曬)

【字形】

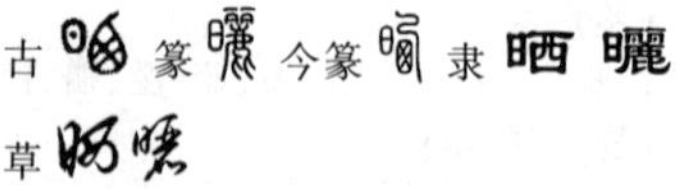

【构造】会意兼形声字。古文从日从西，会晒东西之意，西也兼表声。篆文从日从麗，用丽日会曝晒之意，麗也兼表声。隶变后楷书写作曬。俗承古文作晒。

【本义】《说文·日部》：“曬，暴也。从日，麗声。”《正字通·日部》：“晒，与曬同。”本义为暴晒，即在阳光下吸收光和热。

【演变】晒，本义指❶暴晒：据胡床于庭中～发|老农背脊～欲裂|～太阳|～衣服|～干。又指❷阳光照射：太阳～得挺暖和|日～雨淋。方言又指❸把人甩在一边置之不理：别～着人家不理。

晓 xiǎo (曉)

【字形】

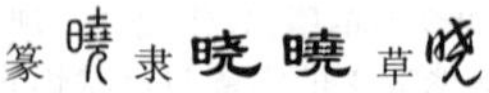

【构造】会意兼形声字。篆文从日从堯（高高的窑包），用日升高会天亮之意，堯也兼表声。隶变后楷书写作曉。如今简化作晓。

【本义】《说文·日部》：“曉，明也。从日，堯声。”本义为天亮。

【演变】晓，本义指❶天亮：向～辞去|东方欲～|拂～|破～|～风。引申指❷明亮：冥冥之中，独见～焉。由明亮又引申指❸明白，理解：不学自知，不问自～|家喻户～|通～|知～。又用作使动，表示❹使知道：杞国有人忧天地崩坠，身无所寄，废寝食者，又有忧彼之所忧者，因往～之|～之以理，动之以情|～喻|揭～。

【组字】晓，如今既可单用，也可作偏旁。现今仍归入日部。凡从晓取义的字皆与天亮等义有关。

以晓作声符的字有：铙。

晃 huǎng；huàng (晄、愰)

【字形】金 篆 隶 晃 晄 㨪

草

【构造】象形兼会意兼形声字。金文象太阳闪耀形。篆文从日从光，会光明闪耀之意，光也兼表声。隶变后楷书写作晄和晃。如今规范化用晃。

【本义】《说文・日部》："晃，明也。从日，光声。"本义为光明闪耀。

【演变】晃，读 huǎng，本义指❶光明，明亮：逸景何～～，旭日照万方｜刺刀明～～。用作动词，指❷照耀，闪耀：光采～曜，配彼朝日｜阳光～眼。引申指❸像光一样很快闪过：隙～归巢燕，檐拖截涧虹｜一～就十年了｜有个人影，～了一下就不见了。

又读 huàng，引申指❹摇动，摇摆：摇头～脑｜～动。此义后另加义符"扌"写作"㨪"。如今简化仍用晃。

【组字】晃，如今既可单用，也可作偏旁。现今仍归入日部。凡从晃取义的字皆与光明闪耀等义有关。

以晃作声兼义符的字有：㨪、幌、滉、榥。

晔 yè（曄）

【字形】篆 今篆 隶 晔 曄 草

【构造】会意字。篆文从日从華（花），会光明灿烂之意。隶变后楷书写作曄。如今简化作晔。

【本义】《说文・日部》："曄，光也。从日、華。"本义为光亮。

【演变】晔，本义指❶光亮：列缺～其照夜｜根之茂者其实遂（长成），膏之沃者其光～。又指❷美盛：美貌横生，～兮如华，温乎如莹。

【组字】晔，如今既可单用，也可作偏旁。现今仍归入日部。凡从晔取义的字皆与光明等义有关。

以晔作声兼义符的字有：爗（烨、烨）。

晁 cháo；zhāo（鼂）

【字形】古 篆 今篆 隶 晁 鼂

草

【构造】会意兼形声字。古文从日从兆，会日出之征兆之意，兆也兼表声。篆文从黽（蛙类动物）从旦会意。隶变后楷书写作鼂。本义为一种似龟的动物。因其从旦取得声义，故古也用作朝，表示早晨。俗承古文作晁。如今规范化用晁。

【本义】《说文・黽部》："鼂，匽鼂也。读若朝。从黽，从旦。"本义为一种似龟的动物。《通志・氏族略四》："晁氏，亦作朝，亦作鼂。"又用作姓。

【演变】晁，读 cháo，作为"鼂"的简化字，本义为❶一种似龟的动物。又作❷姓：御史大夫～错｜～盖。

又读 zhāo，同"朝"，指❸早晨：～骋骛兮江皋，夕弭节兮北渚｜野雉～雊。

晕 yùn；yūn（暈）

【字形】甲 篆 隶 暈 暈 草

【构造】会意字。甲骨文当中是日，周围是旋转的云气，会日月周围由云气形成的光圈之意。篆文改为从日从军（像军营战车相围），会日旁云气环绕之意，军也兼表声。隶变后楷书写作暈。如今简化作晕。

【本义】《说文・日部》新附："暈，日月气也。从日，军声。"本义为日月周围的光圈，是日月之光通过云层中的冰晶时折射而形成的。

【演变】晕，读 yùn，本义指❶日月周围的光圈：日有～珥（日月两旁的光晕）｜月～而风，础润而雨。引申指❷光焰或色彩四周模糊的光影：梦觉灯生～。由此引申指❸头有旋转的感觉，发晕：看花虽眼～，见酒忘肺渴｜～车｜～船｜眼～。

又读 yūn，由发晕引申指❹昏迷，模糊不清：头～｜～头～脑。

晏 yàn（晚）

【字形】篆 隶 晏 晚 草

【构造】会意兼形声字。篆文从日从安，会天日晴朗，没有风云之意，安也兼表声。隶变后楷书写作晏。

【本义】《说文·日部》:"晏,天清也。从日,安声。"本义为晴朗。

【演变】晏,本义指❶晴朗:于是天清日~。引申指❷柔和,温和:言笑~~,信誓旦旦。由艳阳天又引申指❸鲜艳:羔裘~兮,三英粲兮。因其从"安"取义,又引申指❹平静,安闲:孔子问于老聃曰:"今日~闲,敢问至道。"|高后女主摄位,而海内~如。日晚而安,故又表示❺晚:及年岁之未~兮,时亦犹其未央。此义后多用"晚"表示。

○晚,从日,免声,免也兼表蒙覆义。读wǎn,本义指❶日落时:朝成绣夹裙,~成单罗衫|~霞。引申指❷时间将终:思君令人老,岁月忽已~|~年|~秋|~点。进而引申指❸迟,后:见兔而顾犬,未为~也。又进而引申指❹后来的:~娘|~辈|~生。

【组字】晏,如今既可单用,也可作偏旁。现今仍归入日部。凡从晏取义的字皆与晴朗、平静等义有关。

以晏作声符的字有:鷃。

䍐 tà

【字形】篆 䍐 隶 䍐 草 䍐

【构造】会意字。篆文从羽从冃(表蒙覆),会鸟展翅低伏之意,是鸟高飞前的准备动作。隶变后楷书写作䍐。上边本非"曰"也非"日"。

【本义】《说文·羽部》:"䍐,飞盛貌。从羽,从冃。"此非本义。本义当为展翅低伏。

【演变】䍐,本义指展翅低伏。这是鸟高飞前的准备,故引申而指飞盛、高飞的意思。

【组字】䍐,如今不单用,只作偏旁。现今仍归入羽部。凡从䍐取义的字皆与低伏等义有关。

以䍐作声兼义符的字有:塌、溻、阘、搨、遢、榻、褟、蹋、鳎。

眗 jù

【字形】金 眗 篆 眗 隶 眗 草 眗

【构造】会意字。金文从二目圆睁,会左右惊视之意。篆文整齐化。隶变后楷书写作眗。

【本义】《说文·眗部》:"眗,左右视也。从二目。"本义为惊视。

【演变】眗,本义指四顾惊视。义同"瞿"。当是"瞿"的简形。

【组字】眗,如今不单用,只作偏旁。现今归入目部。凡从眗取义的字皆与目惊视等义有关。

以眗作义符的字有:奭。

以眗作声兼义符的字有:界、瞿。

眠 mián (瞑)

【字形】古 眠 篆 瞑 今篆 眠 隶 眠 瞑 草 眠 瞑

【构造】会意兼形声字。古文从目从民(目盲),会闭目睡眠之意,民也兼表声。篆文从目从冥(昏暗),冥也兼表声。隶变后楷书写作瞑。异体俗承古文作眠。如今二字表义有明确分工。

【本义】《说文·目部》:"瞑,翕(合)目也。从目、冥,冥亦声。"本义为闭眼。《玉篇·目部》:眠同瞑。《篇海类编·身体类·目部》:"眠,寐也。"表示睡眠。

【演变】眠,本义指❶睡眠:其民不食不衣而多~,五旬一觉(醒)|孤灯挑尽未成~|安~|酣~。又引申特指❷某些动物的一种生理状态:冬~|蚕~。用作"瞑"字,又指❸闭眼:余峨之山有兽焉,见人则~。如今此义仍由"瞑"来表示。

○瞑,从目从冥(昏暗)会意,冥也兼表声。读míng,本义指闭,闭眼:据高梧而~|死不~目。

畕 jiāng (畺、壃、疅、疆)

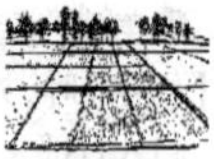

【字形】甲 畕 金 畺 篆 畕 畺 疆

今篆 壃 疅 隶 畕 畺 疆 壃 疅

草 畕 畺 疆 壃 疅

【构造】会意兼形声字。甲骨文是两田相错并联形,表示比邻,是"疆"的最初写法。金文承接甲骨文大同;二形又加出田间界线,以突出田界之意。篆文承接甲、金文并整齐化。隶变后楷书分别写作畕与畺。异体有壃、疅，又另加义符土或田，以突出田界之义；也作疆，从土从彊会意，彊也兼表声。如今规范化，以疆为正体，畕、畺只作偏旁，壃、疅则废而不用。

【本义】《说文·畕部》："畕，比田也。从二田。"又《畕部》："畺，界也。从畕、三，其界画也。疆，畺或从彊、土。"本义为田界。参见彊。

【演变】畕，本义指田界。为了更突出界线之义，遂另加三条线写作畺。由于畺作了偏旁，便另加义符"土"或"田"写作"壃"或"疅"来表示。后又另造了从土、彊声的"疆"字来表示。如今规范化用疆。

〇疆，从土，彊声。读 jiāng，本义指❶田界。由田界引申泛指❷国界，边界：入国邑，视封~田畴之整治|出~必请|圣法初兴，清理~内|边~。又指❸疆土：非贪尺寸之~。边疆是疆土尽头，故又引申指❹极限，止境：称（举）彼兕觥（酒器），万寿无~。

【组字】畕、畺，如今皆不单用，只作偏旁。现今归入田部。凡从畕、畺取义的字皆与边界等义有关。

以畕作声兼义符的字有：畺。

以畺作声兼义符的字有：壃、疅。

以畺作声符的字有：僵、缰、礓、薑（姜）、彊。

畟 cè

【字形】金　篆　隶 畟　草

【构造】会意字。金文、篆文从田从儿（人）从夊（迈动的脚），表示人卖力在田里深耕。隶变后楷书写作畟。

【本义】《说文·夊部》："畟，治稼畟畟进也。从田、人，从夊。《诗》曰：'畟畟良耜。'"本义为努力深耕快进的样子。

【演变】畟，本义指❶努力深耕快进的样子：长铲~~老圃资。引申为❷整齐：栋宇齐~。

【组字】畟，如今不单用，只作偏旁。现今归入田部。凡从畟取义的字皆与耕作等义有关。

以畟作声兼义符的字有：稷。

以畟作声符的字有：谡。

鸭 yā
（鴨、鶩、鹜）

【字形】金　篆　隶 鸭 鴨 鹜 鶩 凫 鳧　草

【构造】形声兼会意字。篆文从鳥，甲声，甲也兼表叫声像发出"甲"音之意。隶变后楷书写作鴨。如今简化作鸭。

【本义】《说文·鳥部》新附："鴨，鹜也。从鳥，甲声。"本义为鸭子，一种家禽。喙扁腿短，趾间有蹼，善游水。上古没有鸭字，先秦家鸭叫鹜，野鸭叫凫。《说文·几部》："鳧，舒鳧，鹜也。从鳥，几声。"本义为野鸭。

【演变】鸭，本义指❶鸭子：竹外桃花三两枝，春江水暖~先知|野~|家~。引申指❷形状像鸭的香炉：金~香消欲断魂，梨花春雨掩重门。

鸭，先秦一般用"鶩"（今简作鹜）。

〇鹜，从鸟，敄声。读 wù，本义为❶家鸭：将与鸡~争食乎？|趋之若~。晋以后又指❷野鸭：落霞与孤~齐飞，秋水共长天一色。又指❸像鸭子一样：及敌枪再击，寨中又~伏矣。

〇凫，金文从鳥从九（短羽鸟飞的样子），会野鸭之意。篆文九稍变，《说文》误为几声。隶变后楷书写作鳧。俗省作凫。如今皆简化作凫。读 fú，本义为❶野鸭：将翱将翔，弋~与雁|~趋雀跃。人泅水似凫，故又指❷泅水：没有一个不会~水的。

哨 shào

【字形】篆　隶 哨　草

【构造】会意兼形声字。篆文从口从肖，肖表示小，会撮口强迫使气流从口的孔隙中冲出而发出声音之意，肖也兼表声。撮口则口形不正，故《说文》解释为口歪斜不正的样子。隶变后楷书写作哨。

【本义】《说文·口部》："哨，不容也。从口，肖声。"本义为口歪斜不正的样子。

【演变】哨，本义指❶口不正的样子：某有枉矢~壶，请以乐宾。后引申指❷侦察：男亲自~见，当道并无寨栅|再去~来|~探。用作名词，又指❸担任警戒的士兵或警戒点：有~当涧东坡

上|～兵|岗～|放～。又指❹古代军队编制单位:其制大约以五百人为一营,营分五～,每～一百人|一～人马。古白话中又用以表示❺用嘴或器物吹出响声:张顺略～一声,只见江上渔船都撑拢来|打一声呼～。用作名词,指❻吹的哨子:吹～。

【组字】哨,如今既可单用,也可作偏旁。现今仍归入口部。凡从哨取义的字皆与口不正等义有关。

以哨作声符的字有:潲。

唤 huàn (喚)

【字形】篆　隶　草
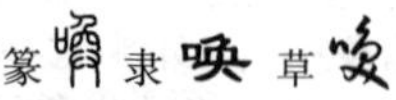

【构造】会意兼形声字。篆文从口从奂,奂为建造高大房屋,建筑时要上下呼叫传递建材,故用以会呼叫之意,奂也兼表声。隶变后楷书写作喚,如今简化作唤。

【本义】《说文·口部》新附:"喚,呼也。从口,奂声。"本义为呼叫。

【演变】唤,本义指❶呼叫:不闻爷娘～女声,但闻黄河流水鸣溅溅|叫～|呼～|～醒。引申指❷召唤,叫来:～妇出房亲自馔|～他进来。用于抽象意义,又引申指❸触动,激发:～起他的记忆|～起她的热情|～起他的良心。由呼叫又引申指❹鸟兽的啼叫:东方欲明星烂烂,汝南晨鸡登坛～|山猿饮相～。

啊 ā;á;ǎ;à;a (呵、訶、诃)

【字形】古　今篆　隶　草
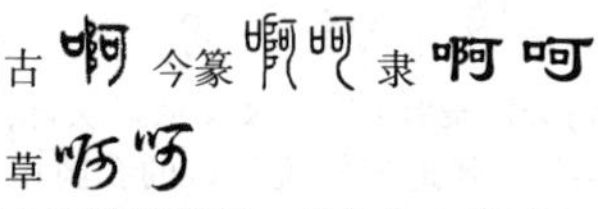

【构造】会意兼形声字。古文从口从阿会意,阿从可,为歌声,故用以会多种语音之意,阿也兼表声。隶变后楷书写作啊。语气词啊又可写作呵。

【本义】《集韵·个韵》:"啊,爱恶声也。"本义为爱恶等感情的声音。

【演变】啊,读 ā,用作叹词,表示❶敬意或赞叹:～!好漂亮的书。

读 á,用作叹词,表示❷追问:～?这是你说的?

读 ǎ,用作叹词,表示❸惊异:～?怎么搞成这样。

读 à,用作叹词,表示❹应诺:～,我去。又表示❺明白了:～,原来是这么回事。又表示❻赞叹:～,伟大的祖国。

读 a,用作句末语气词,表示❼肯定或提醒:这么做不对～|一个人怕办不了～。又表示❽请求或催促:请坐～|快去～。又表示❾疑问:你找什么～?|你到底看不看～?又表示❿赞叹:这里风景真美～。

作为语气词的啊受前边音节尾音的影响会产生音变,在 a、e、i、o、ü 后读 ia,写成呀;在 u、ou、ao 后读 ua,写成哇;在 n 后读 na,写成哪。啊又可写作呵。

○呵,从口,可声,可也兼表大声之意。读 hē,本义指❶喝叱,怒斥:～叱左右之人|～责。此义也作"訶"(今简作诃)。引申指❷张口哈气:清晨帘幕卷轻霜,～手试梅妆|一气～成|～一口气。又引申指❸笑声:(纪龙)从人临韬(人名)丧,不哭,直言～～,使举衾看尸,大笑而去。又用作叹词,表示❹惊异,赞叹:～,真棒!

又读 ā,叹词,表示❺惊异或赞叹:～,春天来了!又读 kē,用作❻地名译音用字:～叻|～罗单。

又读 a,通啊,表示❼语气:你～,走吧!此义如今规范化仍用啊。

唉 āi

【字形】篆　隶　草
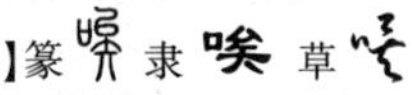

【构造】会意兼形声字。篆文从口从矣,矣为强弩之末终止于地,用以会句末语助词,矣也兼表声。隶变后楷书写作唉。

【本义】《说文·口部》:"唉,应也。从口,矣声。"本义为应答的声音。

【演变】唉,用作叹词,读 āi,本义指❶应答的声音:～,予知之|～,知道了。

又读 ài,表示❷叹息:亚父受玉斗,置之地,拔剑撞而破之曰:"～!竖子不足与谋。"|～,公司倒闭了。

哭 kū
（喪、器、泣）

【字形】甲　金　古　篆　隶 哭丧器泣　草

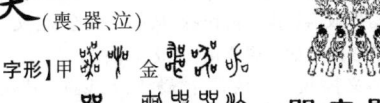

【构造】会意字。哭是上列甲骨文一形喪（丧）字简化演变来的。从吅（众口）从桑，会众口喧哭于桑枝之下意，桑也兼表声。古代丧事用桑枝作标志，如今丧事所用的纸幡即是古代桑枝的遗制。俗有“宅后不种柳，宅前不栽桑”之语，就是因为桑与丧音同。后来由于表意侧重不同，遂分化为不同的字形。甲骨文二形是哭字，桑枝已简化，只剩二口。金文一形是丧，桑枝进一步简化；更简略些的二形为器（是泣的会意字），桑枝更简的三形是哭，只有二口。古文是哭，桑枝已讹近犬形。篆文进一步讹变，桑枝都变成了犬形。为表示其死亡之义，一形下边另加义符亡的为喪，成为从哭从亡会意，俗言哭亡为丧，喪正是由哭亡构成的。如今简化作丧，侧重表示死亡。二形有四张口的为器，侧重表示悲极而哭不出声来，后被借去表示器具之义，其义便用三形省去两张口的哭来表示，或另造了形声字泣来表示哭丧之义。隶变后楷书分别写作喪、器、哭和泣。参见咢（罗）。

【本义】《说文·哭部》：“哭，哀声也。从吅，狱省声。”析形不确。本义为哭丧。又：“喪，亡也。从哭从亡会意，亡亦声。”解释为逃亡，应是引申义。本义当为死亡。俗言哭亡为丧，丧（喪）正是由“哭亡”构成的。又《㗊部》：“器，象器之口，犬所以守之。”所释为借义，本义当为哭泣。又《水部》：“泣，无声出涕（眼泪）曰泣。从水，立声。”本义指无声或低声地哭。

【演变】哭，本义指❶哭丧：颜渊死，子～之恸｜有妇人～于墓者而哀｜～丧棒。引申指❷吊唁：桀辜（弃市暴尸）谏者，汤使人～之。又泛指❸因悲伤或激动而流泪发声：他激动得～了｜～泣。又指❹伤心地诉说：你～什么穷？

○丧，读 sāng，本义指❶死亡：寻程氏妹～于武昌。引申指❷跟死亡有关的，葬死者的仪式：临～不哀，吾何以观之哉？｜奔母之～，西面哭，尽哀｜～礼｜治～｜吊～｜～服｜发～。

又读 sàng，死亡与逃亡皆为不见，故引申指❸逃亡：～人无宝，仁亲以为宝。又引申指❹失去：非独贤者有是心也，人皆有之，贤者能勿～耳。

○器，读 qì，本义指❶哭丧。借用以表示❷器皿，器物：工欲善其事，必先利其～｜～具｜容～。器物有使用之功能，故又引申指❸能力，才干：君子藏～于身，待时而动｜大～晚成｜成～。用作意动，表示❹认为有才能，看重：先主～之｜～重。器具有容量，故又引申指❺人的气量：管仲之～小哉！｜～宇轩昂。生物的器官各有所用，故又引申指❻器官：消化～｜生殖～。

○泣，是“器”后起字。读 qì，本义指❶小声哭：瞻望弗及，伫立以～｜～不成声｜抽～。引申泛指❷哭：其～喤喤｜哭～。用作名词，指❸眼泪：项羽～数行下｜座中～下谁最多，江州司马青衫湿。

【组字】哭，如今既可单用，也可作偏旁。现今归入口部。凡从哭取义的字皆与哭丧等义有关。

以哭作义符的字有：喪（丧）。

圂 hùn
（溷）

【字形】甲　金　篆
隶 圂 溷　草

【构造】会意字。甲骨文从囗（围）从豕（猪），会猪圈之意。金文大同。篆文整齐化。隶变后楷书写作圂。

【本义】《说文·囗部》：“圂，厕也。从囗，象豕在囗中也。会意。”本义为猪圈。又《水部》：“溷，乱也。一曰水浊貌。从水，圂声。”所释为引申义。本义当为像猪圈一样污秽，不清洁。

【演变】圂，本义指❶猪圈：豕出～，坏都（大）灶。古代习惯猪圈与厕所相连，故又指❷厕所：五十步一厕，与下同～。又同“豢”，指❸饲养的猪、犬：君子不食～腴。

由于“圂”作了偏旁，其义便用“溷”来

表示。

○溷,从氵从图会意,图也兼表声。读hùn,由本义污秽,引申指❶混乱:世~浊而嫉贤兮,好蔽美而称恶。引申指❷打扰,扰乱:毋许~乃公,鼾睡卧榻侧。引申指❸粪便等污秽之物:齐主怒,使左右殴之,擢其发,以~沃其头,曳足以出。用作"图",又表示❹猪圈:后产子,捐于猪~中,猪以口气嘘之不死。猪圈厕所常相连,故又指❺厕所:自有关篱墙,落于粪~之中。

【组字】图,如今不单用,只作偏旁。现今仍归入口部。凡从图取义的字皆与猪圈、厕所等义有关。

以图作声兼义符的字有:溷。

恩 ēn

【字形】篆 隶 草

【构造】会意兼形声字。篆文从心从因(表依托之席),用心所依托会恩惠之意,因也兼表声。隶变后楷书写作恩。

【本义】《说文·心部》:"恩,惠也。从心,因声。"本义为恩惠,即给予或得到的好处。

【演变】恩,本义指❶恩惠,好处:今~足以及禽兽,而功不至于百姓者,独何与?|忘~负义|~怨分明|感~戴德|~将仇报。用作动词,指❷感恩,感谢:这里母子两个,千~万谢。由恩惠又引申指❸情意:结发为夫妻,~爱两不疑。

【组字】恩,如今既可单用,也可作偏旁。现今仍归入心部。凡从恩取义的字皆与好处等义有关。

以恩作声符的字有:摁、蒽、嗯。

蚊 wén

(蟁、蟁、螡)

【字形】金 古 篆 今篆

隶 蚊蟁螡 草

【构造】形声兼会意字。金文从虫,文声,文(花纹)也兼表有黑白花纹之意,即俗所谓花脚蚊子。古文繁化,从䖵,民声。篆文一形承接金文并整齐化;二、三形承接古文,从䖵,民声或昏声,民、昏也兼昏暗之意。隶变后楷书分别写作蚊、蟁、蟁。俗作螡,从蚰从文会意,文也兼表声。如今规范化,以蚊为正体。

【本义】《说文·䖵部》:"蟁,啮人飞虫。从䖵,民声。蟁,蟁或从昏(昏),以昏(昏)时出也。蚊,俗蟁,从虫,从文。"本义为蚊子,一种昆虫。成虫身体细长,胸部有一对翅膀和三对细长的脚。雄的吸食植物汁液,雌的吸食人畜的血液,能传染疾病。在水中产卵,幼虫叫孑孓。种类很多,最常见的有按蚊、库蚊和伊蚊三类。

【演变】蚊,本义指❶蚊子:~虻噆肤,则通昔(夕)不寐矣。用作"蚊负",比喻❷力所不能及:其于治天下也,犹涉海凿河,而使~负山也|如~负山。

𠳋 qiǎn

(遣)

【字形】甲 金

篆 隶 𠳋遣 草

【构造】会意字。甲骨文是两手持一弓放入祭器或葬坑之状,是古代送葬时以弓入葬的一种祭奠仪式。金文或省去葬坑,或另加义符辵(辶)表示发送。篆文承接金文,省去祭器或葬坑并线条化,就看不出原形了。隶变后楷书写作𠳋和遣,两种形体实际上是同一个字。单用用遣,𠳋只作偏旁。

【本义】《说文》未单立𠳋字,有其后起字"遣"。《说文·辵部》:"遣,纵也。从辵,𠳋声。"解说的是𠳋的引申义。就甲骨文看,𠳋本义实为以弓送葬之祭。

【演变】𠳋,由送葬之祭,引申也指送葬之物。由于𠳋作了偏旁,后来便用"遣"来表示。参见遣。

【组字】𠳋,古今皆不单用,只作偏旁。现今归入丨部。凡从𠳋取义的字皆与纵去等义有关。

以𠳋作声兼义符的字有:遣。

峰 fēng

(峯)

【字形】篆 隶 峰峯 草

【构造】形声兼会意字。篆文从山,夆声,夆也兼表上出之意。隶变后楷书写作峯。异体俗作峰。如今规范化,以峰为正体。

【本义】《说文·山部》:"峯,山耑(端)也。从山,夆声。"本义为高而尖的山头。

【演变】峰,本义指❶山尖:连~去天不盈尺,枯松倒挂倚绝壁|横看成岭侧成~|~峦叠翠|~顶。引申泛指❷最高处:登~造极|达到事业的顶~|巅~。又引申指❸形状像山峰的东西:紫驼之~出翠釜|眉~|洪~|驼~。

蚩 chī (媸、嗤)

【字形】甲 金 篆 今篆
隶 **蚩 媸 嗤** 草

【构造】会意兼形声字。甲骨文从虫从之(脚前行),会毛毛虫蠢蠢欲动之意,之也兼表声。金文变为从之从三虫,突出众虫蠢动扰攘之状。篆文简为一虫并整齐化。隶变后楷书写作蚩。或释为行走遇蛇,表示祸害,然使用中并无此义。

【本义】《说文·虫部》:"蚩,虫也。从虫,之声。"本义为毛虫蠢动扰攘之状。

【演变】蚩,由毛虫蠢动扰攘之状,引申泛指❶痴愚,无知:儿人黠,宗室无 者。进而引申指❷敦厚:氓之~~,抱布贸丝。又引申指❸扰攘,忙乱的样子:六国~~,为嬴弱姬。毛虫、肉虫都是很难看的,故又引申指❹丑陋:妍~好恶,可得而言。此义后作"媸"。物蠢则可笑,又引申指❺讥笑:他日与蒙会,又~辱之。此义后作"嗤"。

〇媸,从女从蚩会意,蚩也兼表声。读 chī,本义指丑陋:善恶不分,妍~永灭。

〇嗤,从口从蚩会意,蚩也兼表声。读 chī,本义指嘲笑,讥笑:今为众所~|~之以鼻|~笑。

【组字】蚩,如今既可单用,也可作偏旁。现今仍归入虫部。凡从蚩取义的字皆与蠢笨、丑陋等义有关。

以蚩作声兼义符的字有:嗤、媸。

以蚩作声符的字有:滍。

祟 suì

【字形】籀 古 篆 隶 **祟** 草

【构造】会意字。籀文从示(表神灵)从出从真(倒人)从夊(朝下的脚),会鬼神出来为祸令人行为癫狂之意。古文和篆文省为从示从出会意。隶变后楷书写作祟。注意:祟与祟不同。

【本义】《说文·示部》:"祟,神祸也。从示,从出。"本义为鬼神作怪带来祸害。

【演变】祟,本义指❶鬼神作怪为祸:上恃龟筮,好用巫医,则鬼神骤~|寡人不祥,被于宗庙之~。引申指❷行为不正当,不光明,暗中作坏事:鬼鬼~~。又泛指❸祸患:这一起外~,何日是了!

【组字】祟,如今既可单用,也可作偏旁。现今仍归入示部。凡从祟取义的字皆与鬼神之祸等义有关。

以祟作声符的字有:㓻、𤮊。

敚 wēi

【字形】甲 金 篆 隶 **敚** 草

【构造】会意字。甲骨文从𡕒(人一头长发形)从攴(表示梳理的动作),会梳理一头黑而细长的美发之意。金文大同。篆文整齐化。隶变后楷书写作敚。

【本义】《说文·人部》:"敚,妙也。从人,从攴,豈省声。"析形不确。本义为头发微妙。

【演变】敚,由头发微妙,引申泛指❶微小。又指❷暗中司察:令吏卒~得,皆断。

由于"敚"作了偏旁,其义便由"微"来表示。参见微。

【组字】敚,如今不单用,只作偏旁。现今归入攴部。凡从敚取义的字皆与微妙等义有关。

以敚作声兼义符的字有:微、溦、媺。

罡 gāng (岡、冈)

【字形】篆 今篆 隶 **罡** 草

【构造】形声兼会意字。篆文从山从网。山有脊犹网有纲，会山脊之意，网也兼表声。隶变后楷书写作罔。如今简化作冈。俗讹作罡。如今二字表义有分工。参见冈。

【本义】《说文·山部》："罔，山骨也。从山，网声。"本义为山脊。俗讹作罡，成为道教用字，指天罡星，即北斗星（在北天排列成斗形的七颗亮星）的斗柄。

【演变】罡，作为罔的讹字，本义为❶山脊。又泛指❷山冈（罔）：南山高～，回陨难登。后主要借作道教用字，指❸天罡星，即北斗星（在北天排列成斗形的七颗亮星）的斗柄：八月麦生，天～据酉｜公孙胜在军中仗剑作法，踏～步斗，敕起五雷。❹用作"罡风"，原作"刚风"，指道家所说的高空的风，现在也指强烈的风。

【组字】罡，如今既可单用，也可作偏旁。现今仍归入网部。凡从罡取义的字皆与山冈等义有关。

以罡作声符的字有：剆、堽、罫、橿、甄。

罢 bà
（罷、羆、罴、吧）

【字形】甲 古 篆 隶  草

【构造】会意字。甲骨文从网从能（熊类野兽），会用网捉熊之意，引申为疲惫。古文线条化。篆文整齐化。隶变后楷书写作罷。如今简化作罢。

【本义】《说文·网部》："罷，遣有罪也。从网、能，网，罪网也，言有贤能而入网，即贳（赦免）遣之。"所释非本义。本义当为以网捉熊。

【演变】罢，这一以网捉熊的形象，有多种含义。读 pí，就被捕捉的对象说，指❶罴，俗称人熊或马熊：更无豪杰怕熊～。古多借用作"疲"，表示❷疲惫：庶民～敝，而宫室滋侈。

又读 bà，就被捉的结果说，表示❸完了，完毕：及反，市～，遂不得履｜吃～饭。引申为❹停止：～工｜欲～不能。又引申指❺免除，解除：～免｜～职。又引申指❻遣归：～兵。又引申指❼放遣罪人：灌将军熟视笑曰："人谓魏勃勇，妄庸人耳，何能为乎？"乃～魏勃。

又读 ba，借作语气词，表示❽肯定语气，此义后借用"吧"来表示：就这样办～｜明天不会下雨～｜快去～｜说～，别不好意思。参见吧。

"罢"为借义所专用，熊类野兽之义便另造了"羆"（从熊，罷省声。如今简化作罴）来表示。

○罴，读 pí，本义为❶棕熊，也叫人熊、马熊：熊～对我蹲，虎豹夹路啼。❷用作"罴貅"，同"貔貅"，指古代传说中的猛兽，喻勇猛的士卒：拥百万之～貅，专四方之征伐。

【组字】罢，如今既可单用，也可作偏旁。现今仍归入网部。凡从罢取义的字皆与熊类动物等义有关。

以罢作声兼义符的字有：羆（罴）。

以罢作声符的字有：擺（摆）、襬（摆）、耙（耙）。

眔 dà
（遝、臮、洎、暨）

【字形】甲 金 古 篆 隶 草 

【构造】象形字。甲骨文皆从目，象珠泪纷纷涟涟流下之形。金文大同。古文目讹为自，下从水会意。篆文一形承接金文并整齐化，二形承接古文进而讹为从自从众。隶变后楷书分别写作眔与臮，并引申为"相及"之义。后"眔"作了偏旁，相及之义便另加义符"辵"写作"遝"来表示。后又另借"洎""暨"来表示。如今眔只作偏旁，臮废而不用，其义便由"洎""暨"来表示。

【本义】《说文·目部》："眔，目相及也。从目，从隶省。"析形不确，所释为引申义。本义当为泪滴相连。

【演变】眔，本义指❶泪滴相连。引申为❷目相及。用作连词，表示❸及，与：王令士上（人名）～史寅（人名）殷于成周。

后"眔"作了偏旁，相及之义便用"遝"来表示。

○遝，从辵从眔会意，眔也兼表声。读 tà，本义指❶及：城之外，矢之所～。因其从眔取义，故又通"沓"，引申指❷纷纭聚积：及至周文，开基西郊，杂～众贤，罔不肃和。

○洎,从水从自会意,自也兼表声。读 jì,本义指❶自己往锅里添水:市丘之鼎以烹鸡,多~之则淡而不可食,少~之则焦而不孰(熟)。借用作“臮”,又表示❷到,及:惠风广被,泽~幽荒。

○暨,从日从既会意,既也兼表声。读 jì,本义指❶太阳微升至地平线上。引申泛指❷至,到:~乎今岁,天灾流行。虚化为连词,又表示❸及,和:咨,汝羲~和|东至海~朝鲜。此义如今还用。

【组字】罜,如今不单用,只作偏旁。现今归入网部。凡从罜取义的字皆与珠泪相连等义有关。

以罜作声兼义符的字有:遝。

以罜作声符的字有:瘵、褁、鰥。

贿 huì (賄)

【字形】篆 隶 贿 賄 草

【构造】形声兼会意字。篆文从貝,有声,有也兼表具有之意。隶变后楷书写作賄。如今简化作贿。

【本义】《说文・貝部》:“賄,财也。从貝,有声。”本义为财物。

【演变】贿,本义指❶财物:以尔车来,以我~迁|商贾阜通货~。引申指❷赠送财物:~用周室之璧。又引申特指❸以钱财收买:公然白日受~|行~受~。

贼 zéi (賊)

【字形】金 篆 隶 贼 賊 草

【构造】会意字。金文从戈从刀从鼎,会持戈刀毁坏财货之意。本义为毁坏。篆文将刀移到右边并整齐化,鼎讹为贝。《说文》视为从戈,则声。隶变后楷书写作賊。如今简化作贼。

【本义】《说文・戈部》:“賊,败也。从戈,则声。”本义为毁坏。

【演变】贼,本义指❶毁坏:毁则(法)为~|~仁者谓之贼,~义者谓之残。引申指❷伤害,杀害:二人相憎,而欲相~也|戕~。用作名词,又指❸有危害的人:乡愿,德之~也。又特指❹危害国家或人民的坏人:操虽托名汉相,其实汉~也|卖国~|工~。进而引申指❺强盗:~二人得我,我幸杀之矣|~寇。后又引申指❻小偷:窃~|盗~|~喊捉~。由毁坏,又引申指❼狠毒:董卓狠戾~忍|阴~。用作副词,表示❽很:今天~冷|这人~精。

【组字】贼,如今既可单用,也可作偏旁。现今归入贝部。凡从贼取义的字皆与毁坏等义有关。

以贼作声符的字有:溅、檲。

钻 zuān;zuàn;qián (鑽、鉆)

【字形】甲 篆 隶 钻 鉆 鑽

草

【构造】形声兼会意字。甲骨象用矢穿物形。篆文从金,赞声,赞也兼表引导前进之意。隶变后楷书写作鑽。后借用鉆(从金从占会意,占也兼表声)来表示。如今皆简化作钻。

【本义】《说文・金部》:“鑽,所以穿也。从金,赞声。”本义为一种打眼穿孔的工具。又《金部》:“鉆,铁銸也。从金,占声。”本义为镊子。

【演变】钻,作为本字,读 qián,本义指❶钳,镊子。

又读 zuàn,作为“鑽”的简化字,本义指❷打眼穿孔的工具:轩辕作锯、凿,般作刨、~|手摇~|风~|电~。古又用作❸钻去膑骨的刑具:中刑用刀锯,其次用~凿。又特指❹金刚钻:~有五色,金、黑、红者为贵|十七~的表|~石。

又读 zuān,用作动词,表示❺打眼穿孔:~燧改火|~木取火|万箭~心|~孔|~探|~眼儿。又引申指❻进入,穿过:还我江山还我权,刀山火海爷敢~|~山洞|~心虫|~天柳。又引申指❼营求:钱物用多常是解,权门路便不曾~|~营。由钻入又引申指❽探究,研究:仰之弥高,~之弥坚|~研|~书本。

铁 tiě (鐵、銕、鉄)

【字形】古 篆 今篆

隶 铁 鐵 銕 草 

【构造】会意兼形声字。古文一形从金从戴(从或取得声义,表剔除),会剔除杂质提炼出的金属之意,戴也兼表声;二形改为从金从夷(剔除)会意,夷也兼表声。篆文承金文并整齐化。隶变后楷书写作鐵与銕。后又另造了鉄,改为从金从失(失去杂质)会意,失也兼表声。如今简化皆作铁。

【本义】《说文·金部》:"鐵,黑金也。从金,戴(戴)声。銕,古文鐵,从夷。"本义为一种质地坚硬的黑色金属。

【演变】铁,本义指❶一种质地坚硬的黑色金属:铜既不克给,故以~足之|打~|~水|~锅|~皮|~钉|钢~。引申指❷铁制的刀枪或器物:兵尽矢穷,人无尺~|~(铁甲)马冰河入梦来|手无寸~。又引申指❸像铁的颜色:驾~骊,载玄旗|脸色~青。又比喻❹坚硬,坚强:金城不可破,~壁不可夺|铜墙~壁|~拳|~人|~汉子。又引申指❺精锐或强暴:且厉五千~骑于北隰之中,起火为应|~蹄。又形容❻坚定不移:官可罢,头可断,~案终不可移|~的事实|~证。

铃 líng (鈴)

【字形】金  篆  隶 铃 鈴 草 

【构造】会意兼形声字。金文和篆文皆从金从令(木铎,表示能让人听到声音)会意,令也兼表声。隶变后楷书写作鈴。如今简化作铃。

【本义】《说文·金部》:"鈴,令丁也。从金,从令,令亦声。"本义为铃铛。一种金属响器,悬于车、马、旗或屋檐上,起提醒作用。

【演变】铃,本义指❶铃铛:夜雨闻~肠断声|殿角皆垂~|车~|电~|摇~|打~|銮~。引申指❷形状像铃的东西:晚棉结~尚旺|棉~|杠~。

铅 qiān (鉛)

【字形】篆  隶 铅 鉛 草 

【构造】形声兼会意字。篆文从金,㕣声,㕣为泉水流出,也兼表熔炼铸造合金之意。隶变后楷书写作鉛。如今简化作铅。

【本义】《说文·金部》:"鉛,青金也。从金,㕣声。"本义为金属铅。

【演变】铅,本义指❶金属铅:高渐离乃以~置筑中。古代又指❷锡类:莫邪(名剑)为钝兮,~刀为铦(锋利)。又指❸化妆用的铅粉:芳泽无加,~华弗御(施)。又指❹点校文字的铅粉:鲁鱼非难识,~黄(雌黄)自懒持|~丹。今又指❺石墨:~笔。

缺 quē

【字形】篆  隶 缺 草 

【构造】形声兼会意字。篆文从缶(瓦器),夬声,夬也兼表破损之意。隶变后楷书写作缺。

【本义】《说文·缶部》:"缺,器破也。从缶,决省声。"本义为器具残破、损坏而不完整。

【演变】缺,本义指❶残破:既破我斧,又~我斨(一种斧子)|以如意打唾壶,壶口尽~|残~不全|~口。引申指❷缺少:~王道之仪|~货|~乏|~钱|~人。由残缺又引申指❸过失,缺陷,遗憾:吾非固多矣,君岂无一~|~点|~憾。用作名词,又指❹空缺的位置或数额:愿得补黑衣之~,以卫王宫|账上钱数不~|补~|肥~。后又引申指❺该到未到:~席|~课|~勤。

【组字】缺,如今既可单用,也可作偏旁。现今仍归入缶部。凡从缺取义的字皆与残破等义有关。

以缺为声符的字有:蒛、蛱。

氧 yǎng

【字形】古  今篆  隶 氧 草 

【构造】会意兼形声字。古文从气从养省,表示一种养生所必需的气体,养也兼表声。化学传入中国后,根据其作用,开始叫"养气",后才借古文氧来专门表示为这种气体元素。

【演变】名词,本义为氧气,一种气体。元素符号 O(oxygen),原子序数 8。无色、无臭、无味,在常温下化学性质不很活泼。氧气约占空气

总体积的$^1/_5$,是人和动植物保持呼吸所必需的气体。在工业中应用广泛:~化|吸~|~割|~炔|~巴。

特 tè

【字形】金　古　篆　隶 特　草

【构造】会意兼形声字。金文和古文皆从牛从寺(男侍从),会小公牛之意,寺也兼表声。篆文整齐化。隶变后楷书写作特。

【本义】《说文·牛部》:"特,特牛也。从牛,寺声。"本义为公牛。

【演变】特,本义指❶公牛:伐南山大梓,丰(水)大~。又泛指❷牛:高辛时人家生一犬,初如小~。又引申指❸三岁小兽:不狩不猎,胡瞻尔庭有悬~兮。又引申指❹一头牲:遣使者以~牛祠中岳。又引申指❺杰出,独特,不一般的:百夫之~|士之~立独行,适于义而已|~殊|奇~|~别|~权|~效。用作副词,表示❻特地:河东,吾股肱郡,故~召君耳。又表示❼仅,只:~以为智穷罪极,不能自免,卒就死耳。

【组字】特,如今既可单用,也可作偏旁。现今仍归入牛部。凡从特取义的字皆与动物等义有关。

以特作声符的字有:螣。

造 zào (艁)

【字形】金　籀　篆　今篆　隶 造　草

【构造】会意兼形声字。金文从舟从宀(房)从告,会乘舟前往到访之意,告也兼表声;二形将舟换成半条街和一只脚,其义不变;三形省为从辵从告会意。籀文承接金文一形省去房子,成为从舟从告会意,告也兼表声。篆文承接金文三形并整齐化。隶变后楷书写作造。俗承接籀文写作艁。或认为金文是表示房或船造成后祭祀以告之意,是制造的本字,可备一说。如今规范化,以造为正体。

【本义】《说文·辵部》:"造,就也。从辵,告声。艁,古文造,从舟。"所释为引申义。本义当为到访。

【演变】造,本义指❶到访,到达:~门不前而返|登峰~极。引申指❷达到某种程度或境界,即培养:君子深~之以道|可~之才|~就。用作名词,指❸成就:小子有~|~诣。又引申指❹给予生命:先生再~之恩,定当相报。由成就又引申指❺庄稼成熟或收成的次数:晚~水稻|稻一熟称一~。又而引申指❻制作:大夫不得~车马|建~|~册|酿~。又引申指❼创造,建立:用肇~我区夏|~化。又引申指❽虚构:捏~|~谣。又借用作"曹",指❾诉讼的双方:两~具备。又借用作"猝",表示❿急遽:灵公~然失容|~次(仓猝、鲁莽)。

【组字】造,如今既可单用,也可作偏旁。现今仍归入辵部。凡从造取义的字皆与到往等义有关。

以造作声符的字有:噆、慥、糙、簉。

乘 chéng;shèng

【字形】甲　金　籀　篆　隶 乘　草

【构造】会意字。乘与椉是由同一个字分化出的。甲骨文从人从木,会人两脚登在树上之意。金文画出了双脚,以突出升登。籀文承接金文,木讹为人。篆文承接金文,将双脚与树连了起来。隶变后楷书写作乘。

【本义】《说文·椉部》:"乘,覆也。从人、椉。"解说不确。本义当为人两脚登在树上。

【演变】乘,读 chéng,由人两脚登在树上,引申泛指❶升,登:亟其~屋。又引申指❷骑,坐:李白~舟将欲行|~马。又引申指❸凭借,利用,趁着:虽有智慧,不如~势|~机。此义现代口语多说成趁(chèn)。参见"趁"。又指❹佛教的教义:大~|小~。又指❺一种计算方法:~法|~积。

又读 shèng,用作名词,指❻古代四马拉一车的总称:千~之国|万~之君。又指❼配有一定数量士兵的兵车:缮甲兵,具卒~。春秋时晋国的史书称乘,故后来也泛指❽一般的史书:野~|史~。

【组字】乘,如今既可单用,也可作偏旁。现今归入丿部。凡从乘取义的字皆与升、登等义有关。
以乘作声符的字有：剩、嵊。

敌 dí
(敵、舔、舐)

【字形】金  篆  今篆 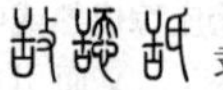 隶 敌 敵 舔 舐 草 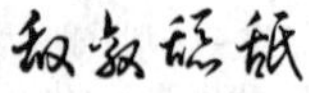

【构造】形声兼会意字。金文从人，啇声。篆文改为从攴(手持杖)，啇声。啇也兼表高声叫骂之意。隶变后楷书写作敵。如今简化借用“敌”来表示。敌，从舌从攴会意，表示用舌舔尽。

【本义】《说文·攴部》：“敵，仇也。从攴，啇声。”本义为仇人，雠仇，即有利害冲突不能相容的对立方面。《集韵》：“敌，尽也。”本义为舔尽。

【演变】敌，作为本字，本义为舔尽。

用作“敵”的简化字，又表示❶仇敌：一日纵~，数世之患也|大~当前|~我双方|抗~。敌我双方是相对等的，故又引申指❷敌对的：报道~军宵遁|~国|~意。又引申指❸相当，同等：倍则分之，~则能战之|势均力~|匹~。用作动词，指❹抵挡，对抗：然则小敌不可以~大|所向无~|寡不~众。

敌为借义所专用，用舌舔之义则用舔、舐来表示。

○舔，从舌，忝声。读 tiǎn，本义指❶用舌取物：~干净。又指❷像舌舔一样：~笔。

○舐，从舌从氏(伸至)会意，氏也兼表声。读 shì，本义指❶以舌舔物：~犊情深。又指❷像舌舔一样的动作：举笔~墨。

【组字】敌，如今既可单用，也可作偏旁。现今仍归入攴部。凡从敌取义的字皆与仇敌等义有关。
以敌作声兼义符的字有：埑。

租 zū

【字形】篆  隶 租 草 

【构造】形声兼会意字。篆文从禾，且声，且也兼表用以祭祖之意。隶变后楷书写作租。

【本义】《说文·禾部》：“租，田赋也。从禾，且声。”本义为田赋，古代征收的土地税。

【演变】租，本义指❶田赋：县官急索~，~税从何出|~米。引申泛指❷税收：李牧为赵将，居边，军市之~皆自用飨士。又引申指❸租用：~辆车用|~房子住|~一架相机用|~户|~借。又引申指❹出租：把房子~出去。用作名词，指❺租金：交~|减~|房~|地~。

【组字】租，如今既可单用，也可作偏旁。现今仍归入禾部。凡从租取义的字皆与田赋等义有关。
以租为声符的字有：菹。

积 jī
(積)

【字形】金  篆  今篆  隶 积 積 草 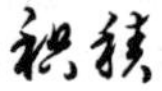

【构造】形声兼会意字。金文从禾，責声，責(刺贝取食)也兼表多多获取之意。篆文整齐化。隶变后楷书写作積。如今简化作积，改为只声。

【本义】《说文·禾部》：“積，聚也。从禾，責声。”本义为聚集禾稼谷物。

【演变】积，本义指❶积聚谷物：获之挃挃(zhì，割禾声)，~之栗栗(众多貌)。引申泛指❷积聚：~土成山，风雨兴焉；~水成渊，蛟龙生焉|~年累月|日~月累|~少成多|~累。用作名词，指❸积聚之物：居则具一日之~，行则备一夕之卫|汉之为汉几(近)四十年矣，公私之~，犹可哀痛。由积聚又引申指❹积久而成的，习惯的：悲夫，有如此之势，而为秦人~威之所劫，日削月割，以趋于亡|~弊|~怨|~习。用作中医术语，又引申指❺积久渐成的内脏疾患：食~|血~|痰~|气~|虫~。用作数学术语，又引申指❻乘积。用作“积极”，为日语借词，表示❼向上的，正面的，热心的：发挥~极作用。

【组字】积，如今既可单用，也可作偏旁。现今仍归入禾部。凡从积取义的字皆与积聚等义有关。
以积作声符的字有：屐、瘠。

秧 yāng

【字形】篆 隶 草

【构造】形声兼会意字。篆文从禾,央声,央(中)也兼表在田里集中培育幼苗之意。隶变后楷书写作秧。

【本义】《说文·禾部》:"秧,禾若(苗)秧穰(稠密)也。从禾,央声。"《正字通·禾部》:"秧,禾苗也。"本义为水稻密集的幼苗。

【演变】秧,本义指❶稻子的幼苗:插~适云已,引溜加灌溉|稻~。引申泛指❷植物的幼苗:树~|菜~|烟~。又引申指❸某些植物的茎:种田的,吃米糠;磨面的,吃瓜~|这是些拉~的瓜|花生~|白薯~|西瓜~|豆~。又引申指❹某些初生的小动物:鱼~|猪~。

透 tòu

【字形】篆 隶 草

【构造】会意兼形声字。篆文从辵(辶)从秀,秀为开花出穗,故用以会钻出显现之意,秀也兼表声。隶变后楷书写作透。

【本义】《说文·辵部》新附:"透,跳也,过也。从辵,秀声。"本义为跳入,穿过。

【演变】透,本义指❶跳,跳入:妃知不免,乃~井死。又表示❷穿过:有时~雾凌空去|对酒邀明月,风露~窗纱|力~纸背|没~过气来|~风|~光|~水|~亮儿|通~。又引申指❸逃走:史进、石秀等六人不曾~得一个出来,都被射死在关下。由通透又引申指❹使对方知道,暗地告诉:你也不早来~个信儿|~点儿消息|~个口风儿。又引申指❺显现:白里~红|~着精明。又引申指❻透彻,清除:他看得不~|把问题都讲~了|话还是说~了好。用作副词,表示❼程度深,充分:饥~食有味|天已黑~了|衣服湿~了|雨下~了|糟糕~了。

秝 lì (厯、历)

【字形】甲 金 篆 隶 草

【构造】会意字。甲骨文和金文从二禾,会禾苗稀疏合宜、一个一个很清晰之意。篆文整齐化。隶变后楷书写作秝。

【本义】《说文·秝部》:"秝,稀疏适也。从二禾。读若历。"本义为稀疏合宜,一个一个很清晰。

【演变】秝,本义指稀疏合宜,一个一个很清晰。当是"历历在目"的"厯(历)"的本字,由于秝作了偏旁,一个一个很清晰之义遂借"厯"来表示。参见历。

【组字】秝,如今不单用,只作偏旁。现今归入禾部。凡从秝取义的字皆与禾苗或稀疏合宜、清晰等义有关。

以秝作义符的字有:兼。

以秝作声兼义符的字有:厯。

以秝作声符的字有:厤。

笔 bǐ (筆)

【字形】籀 篆 今篆 隶 笔 筆

草

【构造】会意字。笔是聿的加旁字。甲骨文本作聿,是手持笔形。由于"聿"作了偏旁,籀文改为从竹从毛会意,会用竹子和兽毛做的书写工具之意。篆文则以聿为基础另加义符竹,会竹作杆的书写工具之意。隶变后楷书写作筆。如今采用籀文笔,作为筆的简化字。是"聿"的加旁分化字。参见聿。

【本义】《说文·聿部》:"筆,秦谓之笔也。从聿,从竹。"本义为书写、绘画、制图的工具。

【演变】笔,本义指❶写字画图的用具:蒙恬筑长城,取中山兔毛造~。用作动词,指❷书写,记载:至于为《春秋》,~则~,削(删)则削,子夏之徒不能赞一辞。引申指❸笔迹,书画墨迹:观公~奇妙,欲以藏家尔。又指❹笔画:~态潇洒。近代用作量词,指❺债务、款项的量:房款是第一~。

【组字】笔,如今既可单用,也可作偏旁。现今仍归入竹部。凡从笔取义的字皆与毛笔等义有关。

以笔作声兼义符的字有:嗶、滗。

笑 xiào
（关、咲、笑）

【字形】籀 古 篆 今篆 隶 草

【构造】会意兼象形字。籀文从口从夭（低昂起舞之人），会开口欢笑之意。古文上象张嘴哈哈大笑时眉眼眯缝的样子，下为夭之讹变，成了象形字。篆文下边承接籀文的夭，上边承接古文哈哈大笑时眼眉眯缝的样子，并将其讹为竹，成了从竹从夭会意，夭乃舞人，意为舞姿如风中之竹般妖娆，故表欢乐之意。所以李阳冰刊定《说文》"从竹，从夭"正确，并解释云"竹得风其体夭屈如人之笑"。俗也有"笑弯了腰"之语可证。隶变后楷书遂写作笑。俗又改作笑，讹从夭为从犬。旧也写作关，从八（分）从天（人头顶）会意，也许表示人仰天大笑之意，盖是"笑"字草书的楷化；或另加义符口作咲，以明确为开口笑。如今规范化，以笑为正体，其余皆废而不用。

【本义】《说文·竹部》新附："此字本阙。臣铉等案：孙愐《唐韵》引《说文》云'喜也，从竹，从犬'而不述其义。今俗皆从犬。"又《字汇·八部》："关，与笑同。"又《集韵·笑韵》："笑，古作咲。"本义为欢笑，即脸上露出愉快的表情，或同时发出欢乐的声音。

【演变】笑，本义指❶欢笑：乐，然后～，人不厌其～|眉开眼～|～逐颜开|～容可掬|逗～|大～。引申指❷讥笑，嘲笑：吾长见～于大方之家|耻～。又用作❸敬辞：～纳。

【组字】笑，如今既可单用，也可作偏旁。现今仍归入竹部。凡从笑取义的字皆与欢笑等义有关。

以笑作声兼义符的字有：唉。

笋 sǔn；yún
（筍、筠）

【字形】金 古 篆 今篆 隶 草

【构造】会意兼形声字。金文从竹，旬（瞬）声，旬表转动。古文一形从竹从旬，旬表示循环，用以会层层包裹的竹笋之意，旬也兼表声；二形从竹从尹会意，尹为手持石针，象征笋形，尹也兼表声。篆文承接古文一形并整齐化。隶变后楷书写作筍。异体俗作笋，如今规范化，以笋为正体。

【本义】《说文·竹部》："筍，竹胎也。从竹，旬声。"《集韵·准韵》："筍，竹胎也。或作笋。"本义为竹子的嫩芽，可以食用。

【演变】笋，读 sǔn，本义指❶竹子的嫩芽：新芽竹～，细核杨梅|～干|～尖|～芽。

又读 yún，引申指❷竹子的青皮，即篾青：如竹箭之有～|王俭亦雅重之，赠以蒲褥～席。此义亦另作"筠"。

○筠，从竹，均声。读 yún，本义指❶竹皮：坚贞竹有～。引申指❷竹子：手握青～之杖。

又读 jūn，用作❸州名。

【组字】笋，如今既可单用，也可作偏旁。现今仍归入竹部。凡从笋取义的字皆与竹笋等义有关。

以笋作声符的字有：浒。

倩 qiàn

【字形】篆 隶 草

【构造】会意兼形声字。篆文从人从青，会人青春美好之意，青也兼表声。隶变后楷书写作倩。

【本义】《说文·人部》："倩，人字也。从人，青声。东齐（地方）婿谓之倩。"所释为引申义。本义当指人青春美好。

【演变】倩，本义指人青春美好。古遂用为❶男子的美称，常用于人名：陈平虽贤，须魏～而后进|东方曼～。又特指❷笑靥美好的样子：螓首娥眉，巧笑～兮。引申泛指❸美好：柳眉梅额～妆新|～影。又表示❹借助，请人代做：有一奴，名便了，～行酤酒|诗成～鸟吟|～人代笔。旧时又指❺女婿：黄氏诸～。

【组字】倩，如今既可单用，也可作偏旁。现今仍归入人部。凡从倩取义的字皆与美好等义有关。

以倩作声符的字有：蒨（茜）。

倒 dǎo；dào

【字形】篆　隶　草

【构造】会意兼形声字。篆文从人从到，到从至（箭落地）取义，故用以会人躺在地上之意，到也兼表声。隶变后楷书写作倒。

【本义】《说文·人部》新附："倒，仆也。从人，到声。"本义为人倒下，即人身体横躺下来。

【演变】倒，读 dǎo，本义指❶人倒下，倒下：弓不虚发，应声而～｜摔～｜树～了｜墙～了。由倒下引申指❷失败，垮台，变坏：于今日卿等门户～矣｜～台｜～闭｜～运。倒下则与原先不同，故又引申指❸跟原来的位置相反：颠～衣裳｜你～过头来睡。进而又引申指❹转换，清理，腾挪：您父子每（们）轮替着当朝贵，～班儿居要津｜你在家瞎～腾什么｜这里～不开身｜～不出手来｜一～手就赚了两万｜在北京～车｜投机～把｜～替。又特指❺把货物店铺转让：我把临街的铺子～给人了。

又读 dào，由转换引申指❻颠倒：民之悦之，犹解～悬也｜～因为果｜画挂～了｜次序～了。又引申指❼向后退：河水～流｜～行逆施｜～回去十年｜开～车｜～退。又指❽倾倒出：芳樽～尽人归去，月色波光战未休｜～茶喝｜把水～掉。用作副词，引申指❾反而，却，或表转折、祈使语气：若果聚合了，～是件美事｜好～是好，就是价高了些｜你～是说句话啊。

倘 tǎng；cháng（儻、悦）

【字形】古　篆　今篆

隶　草

【构造】会意兼形声字。古文从人从尚，尚即上，用上见严君会惊惧自失之意，尚也兼表声。作为连词，古籍也用作"儻"，从人从黨（广大），会茫然自失之意，黨也兼表声。如今简化作悦。

【本义】《集韵·荡韵》："倘，止貌。一曰自失貌。"本义为惊异欲止的样子。《说文·人部》："儻，倜儻也。从人，黨声。"用作联绵词"倜（tì）悦"，本义为洒脱不羁。

【演变】倘，读 tǎng，本义指❶惊异欲止的样子：云将（人名）见之，～然止。后主要用作连词，表示假设关系，相当于❷假如：故人～思我，及此平生时｜～使｜～若。又用作副词，表示❸或许：多兵意盛，与强敌争，～更为祸始。以上二义，古籍亦用"悦"表示。

又读 cháng，用作联绵词"倘佯"，同"徜徉"，表示❹徘徊：然后～佯中庭。

○悦，繁体从人，黨声。如今简化作悦。读 tǎng，用作"倜悦"，表示❶潇洒，不拘束：为人倜～。又同"倘"，用作副词，表❷或许：自归诸将，～幸得脱。用作连词，表❸假设：～若｜～使。

俱 jù

【字形】篆　隶　草

【构造】形声兼会意字。篆文从人，具声，具也兼表备有之意。隶变后楷书写作俱。

【本义】《说文·人部》："俱，偕也。从人，具声。"本义为偕同，共同，相同。

【演变】俱，本义指❶偕同，共同，相同：道可载而与之～也｜魏其过灌夫，欲与～｜前生为兄，后生为弟，今虽～日，亦宜以先生为兄。用作副词，表示❷一起：私见张良，具（全都）告以事，欲呼张良与～去｜政通人和，百废～兴｜父母～存｜万事～备。

【组字】俱，如今既可单用，也可作偏旁。现今仍归入人部。凡从俱取义的字皆与偕同等义有关。

以俱作声符的字有：毱。

倡 chāng；chàng（娼、猖、唱）

【字形】篆　今篆　隶

草

【构造】形声兼会意字。篆文从人，昌声，昌也兼表美善之意。隶变后楷书写作倡。

【本义】《说文·人部》："倡，乐也。从人，昌声。"本义为古代歌舞艺人。

【演变】倡，读 chāng，本义指❶古代歌舞艺人：李延年，父母及身，兄弟及女，皆故～也｜～优。引申指❷妓女：李娃，长安之～女也。此义后另作“娼”。又表示❸猖狂：故西戎得肆其～狂。此义后另作“猖”。

又读 chàng，由歌舞艺人，用作动词，引申指❹领唱：千人～万人和｜一～三叹（和着唱）。又泛指❺唱：陈瑟竽兮浩～。此义后作“唱”。由领唱又引申指❻发起，带头，宣扬：今诚以吾众为天下～，宜多应者｜武王～大义于天下｜提～｜～导｜～议｜～始。

○唱，从口从昌会意，昌也兼表声。读 chàng，由领唱，引申泛指❶唱歌：群胡归来血洗箭，仍～胡歌饮都市｜～戏｜演～。又指❷大声念：华烛已消半，更人数～筹（报时）｜～名｜～晓。用作名词，指❸唱词，歌曲：《边区小～》。

○娼，从女从昌会意，昌也兼表声。读 chāng，表示妓女：不做～，弃贱得为良｜～妇｜～妓。

○猖，从犭（犬）从昌会意，昌也兼表声。读 chāng，由犬猖狂，引申泛指放肆横行：何桀、纣之～披（衣不系带、散乱不整的样子；喻不遵法度，任意妄为）兮｜遂用～獗（倾覆）｜～狂。

候 hòu

【字形】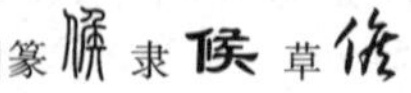

【构造】形声兼会意字。篆文从人，侯声，侯（射侯）也兼表人所观望之义。隶变后楷书写作候。

【本义】《说文·人部》：“候，伺望也。从人，侯声。”本义为守望。

【演变】候，本义指❶守望：是时汉边郡烽火～望精明。用作名词，指❷守望的处所：筑亭～，修烽燧。由守望的目的，又引申指❸侦察：武王使人～殷｜侦～。进而引申指❹观测，占验，诊察：有浑仪，测天之器，设于崇台，以～垂象者｜～风地动仪｜能望气占～吉凶｜～脉。由观测的结果，又引申指❺征兆：觉有八征，梦有六～｜征～。由观测自然界的征候，又引申指❻时节：独有宦游人，偏惊物～新｜天～｜季～｜气～。由征候又引申指❼事物变化中的情状：火～｜症～。由守望，若着重在静等，则又引申指❽等候：童仆欢迎，稚子～门｜迎～｜～车｜～机楼。若着重在伺望，则引申指❾看望：便同公孙去～姑夫｜问～。看望是关心，故又引申为❿服侍：伺～。

俯 fǔ
（俛、頫）

【字形】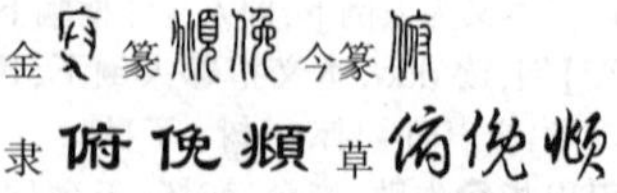

【构造】会意兼形声字。金文从趴伏之人从府，府为伏存之库藏，故用以会伏身之意，府也兼表声。篆文改为从頁从逃省，会躲避之意；异体从人从免（丧冠，吊丧必俯身）会意，免也兼表声。隶变后楷书分别写作俯、頫、俛。頫如今简化作𫖯。现在三字表义有分工。

【本义】《说文·頁部》：“頫，低头也。从頁，逃省。俛，頫或从人、免。”《玉篇·人部》：“俯，下头也。”本义为低头。

【演变】俯，本义指❶低头：其取青紫，如～拾地芥耳｜仰以观于天文，～以察于地理｜百粤之君～首系颈，委命下吏｜因顿首杖下，～伏听命｜～首甘为孺子牛｜～首帖耳｜～视｜～瞰｜～仰。又用作❷敬辞：～就｜～允。

○俛，读 fǔ，本义为❶屈身，低头：若～首帖耳摇尾而乞怜者，非我之志也。旧又用作❷对上级或尊长的敬词：～从人欲，实由圣慈。

○頫，读 fǔ，本义为❶低头：～杳眇而无见，仰攀橑而扪天。今主要作❷人名：赵孟～。

倍 bèi

【字形】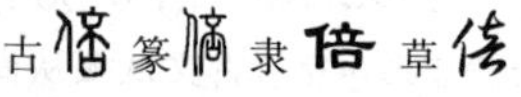

【构造】会意兼形声字。古文从人从咅（即呸，表示唾弃、否定），会人背弃、背叛、背反之意，咅也兼表声。篆文整齐化。隶变后楷书写作倍。

【本义】《说文·人部》：“倍，反也。从人，咅声。”本义为背弃，背叛。

【演变】倍，本义指❶背弃，背叛：上恤孤而民不～｜言臣不敢～德也。引申指❷背向：兵法右～山陵，前左水泽｜～屏而立。一正一背则有两面，故又引申为❸增加跟原数相等的数：为近

利市三～|夫物之不齐,物之情也;或相～蓰(五倍),或相什百。用作动词,指❹加一倍:事半功～。用作副词,又指❺越发,更加:每逢佳节～思亲。

“倍”后来主要用以表示倍数等义,背向、背弃等义便借“背”来表示了。参见背。

【组字】倍,如今既可单用,也可作偏旁。现今仍归入人部。凡从倍取义的字皆与反背等义有关。

以倍作声符的字有:蓓。

倦 juàn

【字形】篆　今篆　隶　草

【构造】形声兼会意字。篆文从人,卷声,人无精神则蜷缩,卷也兼疲惫之意。隶变后楷书写作倦。异体作勌,改为从力,会无力之意。如今规范化,以倦为正体。

【本义】《说文·人部》:“倦,罢(同疲)也。从人,卷声。”本义为疲劳,疲乏。

【演变】倦,本义指❶疲劳:劳苦～极,未尝不呼天也|疲～。引申指❷懈怠:学而不厌,诲人不～|～游欲去江上,手种橘千头|厌～。

健 jiàn

【字形】篆　隶　草

【构造】形声兼会意字。篆文从人,建声,建也兼表挺起有力之意。隶变后楷书写作健。

【本义】《说文·人部》:“健,伉也。从人,建声。”本义为强有力,有活力。

【演变】健,本义指❶强有力:天行～(有活力),君子以自强不息|稳～|～全。引申指❷健康:一月可小起,好自将爱,一年便～|身体强～。又引申指❸超过一般的,善于:老来多～忘|～谈。

隼 sǔn

(鵻、鶽、鶽、準、凖、准、鷻、鷒)

【字形】金　古　篆　今篆

隶 隼 準 凖 准 鶽 鵻 鷻

草

【构造】会意字。金文从隹从人,会人架鸟之意,即如今之猎鹰。古文或简化,将鹰爪与人合为十。篆文承之,遂变为从隹从一。隶变后楷书写作隼。异体作鶽或鷻。

【本义】《说文·鳥部》:“隼,鵻或从隹、一。一曰鶉字。”本义为猎鹰,旧称鹘(hú),一种凶猛的鸟,外形略似鹰,翅窄而尖,飞速快,性敏锐,善袭击,猎人饲养驯熟后可以助猎。

【演变】隼,本义指猎鹰,今为❶隼科各种猛禽的通称:野有归燕,隰有翔～|游～|红～。鹰嘴大而钩曲,故用以比称❷像鹰嘴似的鼻子:隆～庞眉,方口广颡。此义后用“準”来表示,如今简化作准。

“隼”用作通称,猎鹰之义则另加义符“鳥”写作“鶽”,或用形声字“鷻”来表示。如今简化作鹎、鷒。

○准,本作準,从水从隼(猎鹰捕食十分准确)会意,隼也兼表声。俗省作凖,如今简化作准,读 zhǔn,本义指❶水平:易与天地～。又指❷测水平的器具:水静则明,烛须眉,平中～,大匠取法焉。进而引申指❸标准,准则:程者,物之～也;礼者,节之～也|以此为～|～绳。由准则又引申指❹准确,正确:推而放(至)诸东海而～,推而放诸西海而～,推而放诸南海而～,推而放诸北海而～|瞄～|～头。又引申指❺事先安排:乃约多为诗～备。用作动词,指❻按照,依据:～此办理。又表示❼准许:不～迟到|批～|～予。又引申指❽比照,当作某类事物看待:～将|～平原。用作副词,指❾一定:放心,他～能办成。

○鶽,从鸟从隼会意,隼也兼表声。读 sǔn,本义指雕鹰:爰有白～,青雕。

○鷒,从鸟,敦声,敦也兼表重击之意。读 tuán,本义指雕鹰:匪～匪鸢。

【组字】隼,如今既可单用,也可作偏旁。现今归入隹部。据说猎鹰捕食十分准确,每发必中,故凡从隼取义的字皆与对准等义有关。

以隼作声兼义符的字有:準(准)、榫、鶽、崔。

隽 juàn;jùn

(雋、俊、儁)

【字形】金　篆　隶 隽 雋 俊
草 隽 儁 俊

【构造】会意字。金文从弓从隹(鸟形填实,下为弓讹),会以弓射肥鸟之意。篆文整齐化。隶变后楷书写作雋。俗作隽,如今规范化,以隽为正体。隽又用作俊。与"雋(隽)"形近的还有"巂",作偏旁时或省作隽。参见巂。

【本义】《说文·隹部》:"雋,肥肉也。从弓所以射隹。"本义为以弓射肥鸟。

【演变】隽,读 juàn,由以弓射肥鸟,引申泛指❶肉肥美:人杀一象,众饱其肉,惟鼻肉最美,食物之一~也。由美味引申指❷(言论、诗文)意味深长:窗明内晴景,书味真~永。古以鸟为射的(靶),射中为隽,故科举时代用以比喻❸考中:赵太爷因此也骤然大阔,远过于他儿子初~秀才的时候。

又读 jùn,通"俊",指❹才智过人:至武帝即位,进用英~。

○俊,从亻从夋会意,夋也兼表声。读 jùn,本义指❶才智过人:尊贤使能,使~杰在位。也指❷长得漂亮:~俏|~秀。

【组字】隽,如今既可单用,也可作偏旁。现今仍归入隹部。凡从隽取义的字皆与肥美等义有关。

以隽作声符的字有:携、槜、镌。

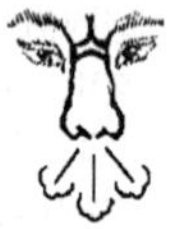

息 xī
(熄、媳)

【字形】甲　金　籀　古　篆
今篆　隶 息 熄 媳
草 息 熄 媳

【构造】象形兼会意兼形声字。甲骨文和金文皆为鼻中出气形。籀文正象鼻子在呼气形。古文下边的出气之形讹为心。篆文承接古文并整齐化,变成从心从自会意,自也兼表声。自为鼻子,表示心气从鼻出,古人认为心与鼻息息相通。隶变后楷书写作息。古也用作熄与媳。

【本义】《说文·心部》:"息,喘也。从心,从自,自亦声。"本义为喘气,呼吸。

【演变】息,本义指❶喘气:屏气,似不~者|半日复~。引申泛指❷气息:屏~。又引申指❸叹气:长太~。喘气是有生命的标志,故又引申指❹生长,繁育:有国之君不~牛羊|休养生~。又进而引申指❺儿女:老臣贱~舒祺,最少|子~。由钱的儿女又引申指❻利钱:利~。人在不劳动时一呼一吸地舒缓喘气,又引申指❼歇息:休~。又引申指❽停止:~怒。又指❾消灭:~火。此义后又另加义符"火"写作"熄"来表示。用作使动,表示❿使安宁:~事宁人。由生息用为"消息",表示⓫一消一长:天地盈虚,与时消~。进而引申指⓬音信:迎问其消~,辄复非乡里|信~。由繁育又通"媳",引申指⓭媳妇:然则(王)彦辅辨~妇之误而不及此者,岂偶忘之也。此义后另加义符"女"写作"媳"来表示。

○熄,从火从息会意,息也兼表声。读 xī,本义指❶保存火。反义共存,又指❷灭火:犹以一杯水救一车薪之火也,不~则谓之水不胜火|~灭。引申泛指❸消亡:王者之迹~而《诗》亡,《诗》亡然后《春秋》作。

○媳,从女从息会意,息也兼表声。读 xí,本义为❶儿子的妻子:女嫁唐诵,我姑之~|儿~|婆~。词义扩大,又泛指❷弟及晚辈的妻子:弟~|侄~|孙~。北方方言又指❸自己的妻子:做梦娶~妇,空欢喜。又指❹已婚妇女的谦称:老~寻得一头亲,难得恁般凑巧。

【组字】息,如今既可单用,也可作偏旁。现今仍归入心部。凡从息取义的字皆与喘息、繁衍等义有关。

以息作声兼义符的字有:媳、熄、瘜、憩。

以息作声符的字有:螅。

皋 gāo
(臯、皐、禱、祷、睪)

【字形】籀　篆　隶 皋 臯 皐
祷 禱 草

【构造】会意字。篆文从夲(进献禾麦于神灵)从白(祝告),会向神祖进献新禾、祷求保佑之意,是古人在郊野水边高地举行的一种祭祀祷告活动。隶变后楷书写作皋、臯、皐三体。如今规范化用皋。由皋还衍生出一个"睪"

字。由于皋为引申义所专用,祷告之义便另造了“禱”(祷)来表示。参见睾。

【本义】《说文·夲部》:“皋,气皋白之进也。从夲,从白。《礼》祝曰皋,登歌曰奏,故皋奏皆从夲。《周礼》曰:‘诏来瞽皋舞。’皋,告之也。”本义为古人在郊野水边高地举行的一种祭祀祷告活动。

【演变】皋,本义指古人在郊野水边高地举行的一种祭祀祷告活动。故用以表示❶祷告,呼叫:诏来瞽~舞。又表示❷水边高地:登东~以舒啸。又表示❸沼泽:鹤鸣于九~。又泛指❹高大:天子~门。

“皋”为引申义所专用,祷告之义便另造了“禱”来表示。

○祷,籀文从示(祭台)从夂(脚)从真(珍馐),会带着祭品前去向神灵祝告求福之意,𠰳声。篆文改为从示,壽声,如今简化作祷。读 dǎo,本义指❶迷信的人向天、神祷告求助:获罪于天,无所~也|祈~。又用于书信敬词,表示❷期望和请求:明日幸驾少留片刻,以便趋教。至~!至~!

【组字】皋,如今既可单用,也可作偏旁。现今归入白部。凡从皋取义的字皆与高大、呼叫等义有关。注意:由于皐、皋与睪(⺷)形似,作偏旁时有的误成了睪(⺷)。如“睾”“澤(泽)”本应从“皋”取得声义,楷书却从“睪”。

以皋作声兼义符的字有:橰、翱、嗥、泽。

以皋作声符的字有:皞。

臬 niè

【字形】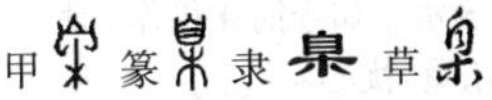

【构造】会意字。甲骨文从自(鼻子)从木。“自”是人头面的中心部位,故用以表示用木头做的人头靶子的靶心。篆文整齐化。隶变后楷书写作臬。

【本义】《说文·木部》:“臬,射准的也。从木,从自。”本义为靶心,也就是“的”。

【演变】臬,本义指靶心,引申泛指❶箭靶:正中施一竹~。臬是射击的标准,故又引申指❷古代测日影的标杆:陈圭置~,瞻星睽地。又泛指❸标准,法度:汝陈时~|堪为圭~。

【组字】臬,如今既可单用,也可作偏旁。现今归入自部。凡从臬取义的字皆与标准、法度等义有关。

以臬作声兼义符的字有:劓、甈。

以臬作声符的字有:镍。

臭 xiù;chòu (嗅、齅)

【字形】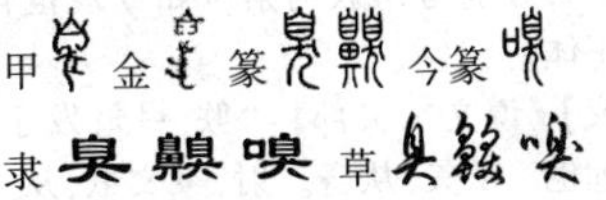

【构造】会意字。甲骨文和金文皆从自(鼻子)从犬。用狗鼻子会闻到气味之意,因为狗鼻子嗅觉最灵。篆文整齐化。隶变后楷书写作臭。臭后专用以表示恶味,闻之义便另造了齅,俗简作嗅。

【本义】《说文·犬部》:“臭,禽走臭而知其迹者,犬也。从犬,从自。”本义为犬用鼻子辨别气味。

【演变】臭,读 xiù,由犬用鼻子辨别气味,引申泛指❶闻:三~之不食。用作名词,泛指❷气味:无色无~|其~如兰|其~膻。

又读 chòu,为了分化字义,后来专用“臭”表示❸恶味:~气熏天。并引申为❹丑恶:遗~万年。又引申为❺败坏:是颗~子。又引申指❻狠狠地:~骂。

这样,用鼻子闻的意思则另加义符“口”写作“嗅”来表示。

○嗅,篆文本作齅,从鼻从臭会意,臭也兼表声。俗简作嗅,改为从口。如今规范化用嗅,读 xiù,本义为❶辨别气味:树橘柚者,食之则甘,~之则香|对于任何东西都用鼻子~一~,鉴别其好坏|~觉。又喻❷敏锐地感觉到:笑意与亮光马上由他的脸上消逝,他~到了危险|也蓦地~出另外一种惊人的变动来了。

【组字】臭,如今既可单用,也可作偏旁。现今归入自部。凡从臭取义的字皆与气味等义有关。

以臭作声兼义符的字有:嗅、齅。

以臭作声符的字有:溴、阒、糗。

射 shè (䠶)

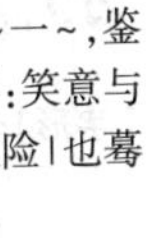

【字形】甲　金　篆

隶 射 草

【构造】会意字。甲骨文是张弓射箭形。金文又加出发射的一只手。篆文将弓形讹为身，并分为二体：一个承甲骨文，把箭离开弓变为矢；一个承金文，把又变为寸（也是手）。隶变后楷书分别写作躲与射。如今规范化，以射为正体。

【本义】《说文·矢部》："躲，弓弩发于身而中于远也。从矢，从身。射，篆文躲，从寸。寸，法度也，亦手也。"此是就篆文所作的解说。本义为开弓放箭，即搭上箭拉开弓，借助弦的弹力将箭高速发出。

【演变】射，本义指❶开弓射箭：一心以为有鸿鹄将至，思援弓缴而～之|～人先～马，擒贼先擒王。引申泛指❷发射，喷出：～击|点～|喷～|注～。又引申指❸追求，追逐：要（邀）～虚名。又引申指❹赌赛：逐～千金。进而又引申指❺猜度：～覆。又引申指❻投合：善～人意。由射箭又引申指❼光线照射：物华天宝，龙光～牛斗之墟|光芒四～|反～。用于抽象意义，又引申指❽用语言中伤：胡亥今日即位而明日～人|影～|暗～。

【组字】射，如今既可单用，也可作偏旁。现今归入寸部。凡从射取义的字皆与射箭等义有关。

以射作声符的字有：谢、榭、麝。

躬 gōng（躳）

【字形】金　篆　隶 躬 躳

草

【构造】会意兼形声字。金文从身从吕（脊柱形），会人身之意。篆文一形承金文整齐化；二形改为从弓，会曲身之意，弓也兼表声。隶变后楷书分别写作躳与躬。如今规范化，以躬为正体。

【本义】《说文·吕部》："躳，身也。从身，从吕。躬，躳或从弓。"本义为身体，自身。

【演变】躬，本义指❶身体，自身：我～不阅（收容），遑恤我后|百官之非，宜由朕～|鞠～尽瘁|卑～屈膝|反～自问。引申表示❷亲自，亲身：弗～弗亲，庶民弗信|臣本布衣，～耕于南阳|～逢其盛|事必～亲。又表示❸弯曲：～身不要拜，唱喏直身立|～腰。

【组字】躬，如今既可单用，也可作偏旁。现今归入身部。凡从躬取义的字皆与身体等义有关。

以躬（躳）作声兼义符的字有：匑、䠅。

以躬作声符的字有：竆（穷）。

殷 yīn；yǐn；yān（慇）

【字形】甲　金　篆　今篆

隶 殷 慇 草

【构造】会意字。甲骨文从身（大腹人）从殳（表示手持针），会一手持针给一个身患严重腹疾的大肚子人进行治疗之意，表示病深重。金文将人身反转。篆文稍繁并整齐化。隶变后楷书写作殷。应是"医"的初文。参见医。

【本义】《说文·㐆部》："殷，作乐之盛称殷。从㐆从殳。"所释为引申义。本义当为一手持针给一个身患严重腹疾的大肚子人进行治疗。

【演变】殷，读 yīn，由腹大病重，引申泛指❶盛大：翼～不逝，目大不睹。又表示❷众多：士与女，～其盈矣。又指❸富足：地沃野丰，百物～阜|家～人足。又引申为❹情意浓重：未尝衔杯酒，接～勤之余欢。此义后另加义符"心"写作"慇"来表示。如今简化仍作"殷"。又引申为❺忧思浓重：忧心～～。

又读 yān，指❻血色浓重，即黑红色：左轮朱～|～红。

又读 yǐn，指❼响声深沉：～其雷，在南山之阳|雷声～～。

【组字】殷，如今既可单用，也可作偏旁。现今归入殳部。凡从殷取义的字皆与盛大等义有关。

以殷作声兼义符的字有：慇。

以殷作声符的字有：溵。

悤 cōng

(悤、怱、匆、总、総、總、聰、聪)

【字形】甲　金　篆

隶 悤 怱 匆 總 总 聰 聪

草

【构造】指事字。甲骨文和金文皆从心,其中一短竖指明心在怦怦地跳。篆文改为从心从囱(窗户透明)会意,囱也兼表声,成了心里忽然明白了。隶变后楷书写作悤与怱二体。悤俗省作悤、怂。怱如今简化作匆。悤、怱、悤、怂如今则只作偏旁。作偏旁时或简作总。

【本义】《说文·囱部》:"悤,多遽悤悤也。从心、囱,囱亦声。"本义为心急遽跳动。

【演变】悤,读 cōng,本义指❶心急遽跳动。引申泛指❷急遽,匆忙:阴阳相错,~~疾疾。又由心里转得快,引申指❸聪明:陛下圣德,~明上通。

由于"悤"作了偏旁,急遽等义便由"匆"来表示,聪明之义则由"聰"来表示。

○匆,读 cōng,表示❶急遽:寄语北来人,后来莫~~。又表示❷急促:复恐~~说不尽,行人临发又开封。

○聪,繁体作聰,从耳从悤会意,悤也兼表声。如今简化作聪。读 cōng,本义指❶听觉:闻言不信,~不明也|失~。引申指❷听觉灵敏:目明而耳~|手足便利,耳目~明。用作"聪明",后引申指❸智慧,明智:天~明,自我民~明。如今指❹悟性强:他既诚恳又~明。

○总,本为悤的简化字,如今又作了總的简化字。總,从糸,悤声。俗简作総,如今进一步简化作总。读 zǒng,本义为❶把丝聚合扎束起来:~角之宴,言笑晏晏。引申泛指❷聚合,总括:~天下之要,治海内之众|~而言之|~纲|~汇。又引申指❸系结:饮余马于咸池兮,~余辔乎扶桑。由总括又引申指❹统领:~兵西下。聚合则包括全体,故又引申指❺全部,一概:经之条贯,必出于传,传之义例,~归之凡|极目~无波|~动员。进而引申指❻总归,都:万紫千红~是春|迟早~要办的。又引申为❼一直,老是:你~是迟到|如何~不进学?

【组字】悤、悤和怱,如今不单用,只作偏旁。总,既可单用,也可作偏旁。现今都归入心部。凡从悤(悤、怱、总)取义的字皆与急遽、明白等义有关。

以悤(悤、怱、总)作声兼义符的字有:傯(偬)、憁、聰(聦、聪)。

以悤(悤、怱、总)作声符的字有:葱、摠(揔)、幒、驄、璁、檧、鍯、窻(窗)、窓(窗)、總(総、总)、緫(総、总)

毘 pí

(𣬈、毗、毘、膍、臍、脐)

【字形】篆　今篆　隶 毗 膍

脐 臍 草

【构造】会意兼形声字。古人认为,婴儿的囟门与脐带是相辅相成、比连气通的,故篆文用从囟(囟门)从比(人相并坐)来会脐带之意,比也兼表声。隶变后楷书写作𣬈。异体作毘;又讹为毘或毗,成了田相连了。如今规范化,以毗为正体,毘只作偏旁,𣬈、毘废而不用。

【本义】《说文·囟部》:"𣬈,人脐也。从囟;囟,取气通也;从比声。"本义为脐带。

【演变】毘(𣬈、毗),本义指❶脐带。引申指❷辅佐:内无宗子以自~辅。又引申指❸靠近,连接:~邻。

为了分化字义,便专用"毘"表示脐带。后来"毘"作了偏旁,就另加义符"月(肉)"写作"膍"来表示。如今用形声字"臍"来表示,现在简化作脐。辅佐、靠近等义则专用"毗"来表示。

○脐,从月(肉),齐声,齐也兼表处于肚腹中央之意。读 qí,本义指❶肚脐:噬~何及|~带。引申指❷螃蟹腹部下面的甲壳:尖~|团~。

○毗,是𣬈的讹字。异体也作毘。读 pí,专用以表示❶连接:~邻。又指❷辅助:永绥厥位,~予一人。

【组字】毘,如今不单用,只作偏旁。毗仍可单独使用。𣬈则废而不用。现今归入比部。凡从毘取义的字皆与比并等义有关。

以毘作声兼义符的字有:媲、膍、篦。

以𡧽作声符的字有：貔、蓖、磇、螕、鎞。

𠂹 chuí

(𠌶、垂)

【字形】甲 金 篆

隶 草

【构造】象形字。𠂹与𠌶、垂、華同源，甲骨文都象草木生土上花叶下垂之形。当是“華”（华，即花）与“垂”的初文。就其为物来说，是花朵；就其形态来说，是下垂。金文线条化。篆文整齐化，并分为繁简二体。隶变后楷书写作𠌶与𠂹。《说文》将“𠂹”视为垂字。参见𠌶、垂、華各字。

【本义】《说文·𠂹部》：“𠂹，草木花叶垂。象形。”本义为草木花叶下垂。

【演变】𠂹，本义为❶草木花叶下垂。引申泛指❷下垂：鲜不～涕。

由于“𠂹”作了偏旁，其义便用当边陲讲的“垂”字来表示。

【组字】𠂹，如今不单用，只作偏旁。作偏旁时或写作乖。现今归入丿部。凡从𠂹取义的字皆与花叶下垂等义有关。

以𠂹作义符的字有：𠌶。

以𠂹作声符的字有：垂。

徒 tú

【字形】甲 金 篆 隶 草

【构造】会意兼形声字。甲骨文从止（脚）从土（地）会意，土也兼表声，小点象征走路时蹬起的灰尘。金文省去灰尘，另加义符彳（道路）。篆文承之并整齐化，成为从辵（脚走路）从土，会走在土地上之意，土也兼表声。隶变后楷书写作徒，止移到土下。

【本义】《说文·辵部》：“徒，步行也。从辵，土声。”本义为步行。

【演变】徒，本义指❶步行：舍车而～｜～步。由不借助车马，引申指❷没有凭借的，空的：犹复～首（无盔甲）奋呼，争为先登｜～手搏虎。用作副词，表示❸白白地：欲与秦，秦城恐不可得，～见欺｜～为人笑。又表示❹仅，只：强秦之所以不敢加兵于赵者，～以吾两人在也｜家～四壁｜～托空言。用作名词，又引申指❺步兵：彼～我车，惧其侵轶我也。由步兵又泛指❻同类或同派的人，跟随的人：仲尼之～，无道桓文之事者｜党～｜教～｜信～。又特指❼门徒，弟子：是鲁孔丘之～与？｜陈良之～相陈｜～弟｜高～｜～工。弟子多供使唤，故又引申指❽服劳役的人：高祖为亭长，送～骊山，～多道亡。古代服劳役的多为罪人，故又指❾犯法有罪的人：山东关内暴～，保（凭依）入险阻｜不法之～｜歹～｜赌～。

【组字】徒，如今既可单用，也可作偏旁。现今归入彳部。凡从徒取义的字皆与步行等义有关。

以徒作声符的字有：瘏。

徐 xú

【字形】金 篆 隶 草

【构造】形声兼会意字。金文从辵，余声。篆文从彳，余声，余表沿途可供食宿休息的传舍，用以会安舒徐行之意。隶变后楷书写作徐。

【本义】《说文·彳部》：“徐，安行也。从彳，余声。”释为缓步而行，为引申义。本义当为安舒的样子。

【演变】徐，本义指❶安舒的样子：泰氏其卧～～，其觉（醒）于于（安闲自得的样子）。引申为❷缓步而行：～行翔佯（徘徊）而归｜～步。引申泛指❸缓慢：众胜寡，疾胜～｜清风～来，水波不兴｜此事当～议之。用作“徐徐”，表示❹缓慢的样子：自可断来信，～～更谓之。古代在今淮河中下游一带有徐戎族，为东夷之一，叫徐夷、徐方，周初建立徐国，后以国为氏，遂用作❺姓。又用作❻地名。

【组字】徐，如今既可单用，也可作偏旁。现今归入彳部。凡从徐取义的字皆与步行等义有关。

以徐为声符的字有：蒢、𡱽。

虒 sī

(搋、揣、褫)

【字形】甲 篆 今篆 隶

搋 揣 褫 草

【构造】会意兼形声字。甲骨文从虎从厂(表拉引),会剥去虎皮之意,厂也兼表声。篆文整齐化。隶变后楷书写作虒。

【本义】《说文·虎部》:“虒,委虎,虎之有角者也。从虎,厂声。”所释为引申义。本义当为剥去虎皮。

【演变】虒,本义指❶剥去虎皮。剥法是一手扯着虎皮,另一手插进皮肉之间,用力一下一下地揉搓,慢慢将虎皮剥下。后用以指❷一种似虎而有角的兽。

这样,剥去虎皮之义便又另加义符“扌”写作“搋”来表示。

○搋,从扌从虒会意,虒也兼表声。读 chǐ,由剥去虎皮,引申指❶析,撕开。又表示❷剥夺。此义今用“褫”来表示。

又读 chuāi,表示❸用力揉压:~面。又表示❹插进,藏:~着手|~入怀中。此义如今用“揣”来表示。

○揣,从扌,耑声,耑也兼表测量苗高之意。读 chuǎi,本义指❶度量:计丈数,~高卑,度厚薄。引申指❷估计,猜测:尽思虑,~得失,智者之所难也|不~冒昧|~度。

又读 chuāi,表示❸怀藏:怀~尖刀|各~心机。

又读 chuai,用作“挣揣”,表示❹挣扎。

○褫,从衤从虒会意,虒也兼表声。读 chǐ,本义指❶剥去衣服:途遇盗,衣尽~。引申泛指❷剥夺,革除:~夺|~职|~爵。

【组字】虒,如今不单用,只作偏旁。现今归入虍部。凡从虒取义的字皆与剥取动作等义有关。

以虒作声兼义符的字有:搋、递(递)、褫。

以虒作声符的字有:嗁(啼)、歋、磃、篪、蹏(蹄)、鷉。

舰 jiàn
(艦)

【字形】古　今篆　隶 舰 艦

草

【构造】会意兼形声字。古文从舟从见会意,见也兼表声。舰,古文也借槛(兽牢)表示,原为四方施板以御矢石的重床。后改换义符为舟写作艦,从舟从監,会可用来監察的船之意,監也兼表声。如今简化,承古文作舰。洋务运动后用作 warship(军舰,战船)的汉译。

【本义】后起字。《释名·释船》:“上下重床曰槛,四方施板以御矢石,其内如牢槛也。”《广韵·槛韵》:“舰,御敌船,四方施板以御矢,如牢。”本义为大型军用战船的通称,现在指排水量在 500 吨以上的军用船只。

【演变】舰,本义指❶大型军用船只:刘表治水军,蒙冲斗~,乃以千数|贼于~中傍射之,前后断绝|战~|军~|巡洋~。又泛指❷船:其后子孙不能守,元瑞唊以重价,给令尽室载至,凡数巨~。

舱 cāng
(艙)

【字形】古　今篆　隶 艙 舱

草

【构造】形声兼会意字。古文从舟,倉声,倉也兼表有仓房之意。隶变后楷书写作艙。如今简化作舱。是“仓”的后起加旁分化字。原本作仓,后另加义符舟。

【本义】后起字。

【演变】舱,本义指❶船上载人或装货的部位:斜分半~月,满载 篷霜|窥探~里,不很分明|船~。今又指❷现代飞行器上载人或装货的部位:飞机经济~。

般 bān;pán
(盤、槃、鎜、盘、搬)

【字形】甲　金　古　篆

　隶 般 盘 盤 鎜 槃 搬

草

【构造】会意字。甲骨文从凡(盘)从攴(表动作),会制盘时旋转陶坯使成形之意。由于古代凡与舟形体相近,金文多将凡误为舟,成了用篙旋舟了。篆文承之,遂讹为从舟,攴也变成殳(也表动作),成为从舟从殳会意。隶变后楷书写作般。

【本义】《说文·舟部》:“般,辟也。象舟之旋,从舟,从殳。殳,所以旋也。”显然这是就篆文所作的解说。本义当为旋转制盘。

【演变】般,读 pán,本为旋转制盘,引申泛指❶旋转:丧质,无~旋之礼,但尽悲哀而已。又引申指❷盘桓,徘徊:~桓不发。又引申指❸游乐:乐不极~,杀不尽物。

又读 bān,引申指❹搬运:雇船车,~至太仓。由围绕中心盘旋,又引申指❺一样,相同:箭飞蝗~望后射来。

“般”后来专用以表示同样之义,盘旋各义便借“盤”来表示,搬运之义则另加义符“扌”写作“搬”来表示。

○盘,繁体作盤,从皿从般会意,般也兼表声。异体作槃,从木,表质料。古文作鎜,改为从金。如今皆简化作盘。读 pán,本义指❶浅圆形的器皿:镂之金石,琢之~盂,传遗后世子孙|进盥,少者奉~,长者奉水|托~|茶~。由圆盘,用作动词,又引申指❷回旋盘绕:~马弯弓|~根错节|龙~虎踞|~山公路|~旋|~曲。进而引申指❸来回反复地:~查|~点|~库。又引申指❹转着圈砌:~炕。又用作❺量词:两~棋|一~炕。

○搬,从扌从般会意,般也兼表声。读 bān,本义指❶移动:江西、湖南见运到襄州米一十五万担,设法~到上都,以救百姓荒馑。又特指❷搬家:只得~到这里赁房居住。又引申指❸挑拨:~是非,造谣言。

【组字】般,如今既可单用,也可作偏旁。现今仍归入舟部。凡从般取义的字皆与旋转、像盘皿之物等义有关。

以般作声兼义符的字有:搬、槃、瘢、盘(盘)、磐。

航 háng (斻)

【字形】甲 篆 今篆 隶 草

【构造】形声兼会意字。甲骨文象一人持篙撑船形。篆文从方(方舟),亢声,亢为两脚加桎(镣)形,也兼表相连之意。隶变后楷书写作斻。后改为从舟作航。如今规范化用航。

【本义】《说文·方部》:“斻,方舟也。从方,亢声。《礼》:‘天子造舟(连舟至他岸),诸侯维舟(连四舟),大夫方舟,士特舟(单舟)。’”本义为两船相并,也指连船以成浮桥。《方言》:“舟,自关而东或谓之航。”也泛指船。

【演变】航,本作斻,指❶方舟,即两船相并:古者大川名谷,冲绝道路,不通往来也,乃为窬(yú,挖空)木方版以为舟~。引申泛指❷船:一呼~来|长鲸吞~。用作动词,指❸行船,渡过:叠雪走商岭,飞波~洞庭|谁云江水广,一苇可以~。如今词义扩大,并指❹航海或航空:领~|导~|~向|~线|~程。

㼌 yǔ

【字形】篆 隶 草

【构造】会意字。篆文从二瓜,用一藤结二瓜,会瓜多而根蔓微弱不胜之意。隶变后楷书写作㼌。

【本义】《说文·瓜部》:“㼌,本不胜末,微弱也。从二瓜。”本义为瓜多而根蔓微弱。

【演变】㼌,本义指❶瓜多而根蔓微弱。引申泛指❷劣弱。又引申为❸病。

【组字】㼌,如今不单用,只作偏旁。现今仍归入瓜部。凡从㼌取义的字皆与瓜类、劣弱等义有关。

以㼌作声兼义符的字有:窳、蓏。

拿 ná;nú (拏、挐)

【字形】古 篆 今篆 隶 草

【构造】会意兼形声字。古文用合手会握持之意。篆文从手从奴(操持),会牵持之意,奴也兼表声。还有一个“挐”字,从手从如(顺随),也会牵引之义,如也兼表声,当是异体。隶变后楷书写作拏和挐。俗承古文作拿,如今规范化,拏、挐的执持之类含义都由“拿”来表示,其他含义各用本字。

【本义】《说文·手部》:“拏,牵引也。从手,奴声。”本义指牵引。又《手部》:“挐,持也。从手，如声。”又表示执持。《正字通·手部》：“拿，俗挐字。”

【演变】拿，作为本字，读 ná，本义指❶用手持取：老夫僵不扫，稚子走争～｜～书。引申指❷捉拿：咱们只去见官，省了捕快皂隶来～｜狗～耗子闲操心。又指❸强力攻取：～下两座城池。又指❹挟制，刁难：这分明……轻慢我的意思，倒得先～他一～｜别～捏人。又指❺装腔：～腔作势。用于抽象意义，指❻把握：我还没～准主意｜～个办法出来。用作介词，表示❼用，把：要～事实说话｜真～你没办法。

又读 nú，用作“挐”“拏”二字，本义指❽牵引：有区生者，誓言相好，自南海～舟而来。引申指❾连续：祸～而不解，兵休而复起。又引申指❿纷乱：枝烦～而交横。

【组字】拿，如今既可单用，也可作偏旁。现今仍归入手部。凡从拿取义的字皆与持取等义有关。

以拿作声符的字有：镎。

釜 fǔ
（鬴）

【字形】金　篆　隶 釜 鬴　草

【构造】会意兼形声字。金文从缶（瓦器）从父（手把石斧），会拿来使用的炊器之意，父也兼表声。篆文改为从鬲（蒸煮器）从甫（蔬菜），强调是用来做饭菜的锅之意，甫也兼表声；异体改为从金从父会意，以突出其质料，说明这时已有金属锅。隶变后楷书分别写作鬴与釜。如今规范化用釜。

【本义】《说文·鬲部》：“鬴，鍑属。从鬲，甫声。釜，鬴或从金，父声。”本义为古代蒸煮炊器，敛口，圜底，类似于如今的锅。

【演变】釜，本义指❶古代蒸煮炊器，类似于如今的锅：其在～下燃，豆在～中泣｜破～沉舟｜～底抽薪｜高压～。又指❷古代的量器：四豆为区，区斗六升；四区为～，～六斗四升。

【组字】釜，如今既可单用，也可作偏旁。现今归入父部。凡从釜取义的字皆与器具等义有关。

以釜作声符的字有：滏。

爹 diē

【字形】今篆　隶 爹　草

【构造】会意兼形声字。楷书从父多声，古回纥称父为阿多，故多也兼表父亲之意。是“父”字的不同地域的音变。

【本义】《广韵·哿韵》：“爹，北方人呼父。”本义为父亲。

【演变】爹，本义指❶父亲：始兴王，人之～，赴人急，如水火，何时复来哺乳我？｜～娘｜～妈。又用作❷对男性年长者的尊称：快请胡老～来。

【组字】爹，如今既可单用，也可作偏旁。现今归入父部。凡从爹取义的字皆与长辈等义有关。

以爹作声符的字有：嗲。

脊 jǐ

【字形】甲　金　古　篆　隶 脊　草

【构造】象形兼会意字。甲、金文上部皆象脊骨和肋骨排列之形。古文简省，下另加义符月（肉），表示人或动物背部中间的骨肉之意。篆文整齐化。隶变后楷书写作脊。参见𠦬。

【本义】《说文·𠦬部》：“脊，背吕也。从𠦬，从肉。”本义为脊柱，即脊椎动物背部正中的骨骼。

【演变】脊，本义指❶脊柱：云台之高，堕者折～碎脑｜～椎骨｜～髓｜～梁。引申指❷物体中间高起像脊骨的部分：城左有圆殿一，正中～高二丈｜山～｜屋～｜书～。又引申指❸条理：维号斯言，有伦有～。

【组字】脊，如今既可单用，也可作偏旁。现今归入月（肉）部。凡从脊取义的字皆与脊骨等义有关。

以脊作声兼义符的字有：嵴、瘠、塉。

以脊作声符的字有：鹡、蹐。

鬯 chàng
（鬱、鬱、郁、酹）

【字形】甲　金　篆

隶 鬯 鬱 鬱 郁 酹

草

【构造】象形字。甲骨文象一只酒器里盛着泡有郁金香草的美酒的样子。古人将郁金香草捣碎放在黑黍酿造的酒中，盖严以微火煮之，使不跑气，冷后饮用，则芳香浓郁，令人舒泰畅达，称之为郁鬯酒，用来祀神、赐予、敬客，故用这一形象表示香甜美酒。金文简化。篆文整齐化。隶变后楷书写作鬯。

【本义】《说文·鬯部》："鬯，以秬酿郁草，芬芳攸服（条畅），以降神也。从凵，凵，器也；中象米；匕所以扱（chā，取）之。《易》曰：'不丧匕鬯。'"析形是就篆文所作的解说。本义为用郁金香草合黑黍酿成的美酒。

【演变】鬯，本义指❶用郁金香草和黑黍酿成的美酒：凡挚（同贽），天子～，诸侯圭｜诸侯为宾，灌用郁～。又指❷郁金香草：和郁～以实彝而陈之｜～草生庭。此义后用"𩰪"来表示，发展为"鬱"，如今简化作"郁"。在甲骨文中又指❸酒器。此义后作"爵"，如今作"爵"。又指❹用香酒洒地祭祀：～祖辛。此义后作"酹"。鬯酒芳香浓盛，饮之令人舒泰畅达，故又引申指❺浓盛，舒畅，通畅，尽情：草木～茂｜所伤至已乖，何能～吾怀？｜天分尽高，笔底甚～｜相与～饮。此类含义后用"畅"来表示。

○𩰪，从鬯，从臼（双手），从缶，从彡（象征香气四溢），会双手捧着香气四溢的盛着泡有郁金香草的美酒的酒器之意。表示郁金香草香气浓烈。

○鬱，从林，𩰪省声，𩰪也兼表浓盛之意。异体作鬰。本义指树木丛生繁茂。

以上"𩰪""鬱"两字如今都已简化借"郁"来表示。

○郁，从邑（右阝）从有，会富有的地方之意，有也兼表声。读 yù，本义指❶右扶风郁夷这个地方（在陕西）。借作"𩰪"，故又表示❷香气浓重：践椒涂之～烈，步蘅薄而流芳｜馥～。用作"郁郁"，表示❸香气四溢：～～菲菲，众香发越。又表示❹富有文采：周监于二代，～～乎文哉，吾从周。又借作"𩰪""鬱"（又讹作𩰭），表示❺草木茂盛：鴥彼晨风，～彼北林｜青青河畔草，～～园中葵。由草木丛聚繁茂闭塞，引申指❻忧愁：心～～之忧思兮，独永叹乎增伤｜忧～生疾｜～闷｜～悒。

○酹，从酉，寽声，寽也兼表手持之意。读 lèi，本义指把酒洒在地上表示祭奠：人生如梦，一樽还～江月。

【组字】鬯，如今既可单用，也可作偏旁。现今归入匕部。凡从鬯取义的字皆与酒、芳香、浓盛等义有关。

以鬯作义符的字有：𩰫、爵（爵）、𩰲（秬）、𩰪（郁）、鬱（郁）。

以鬱作声兼义符的字有：𩰭（郁）。

𤔌 yìn

【字形】篆 隶 草 

【构造】会意字。篆文上边是爪（覆手），下边是又（右手），中间是工（筑杵），会两手执据石杵筑捣之意。隶变后楷书写作𤔌。

【本义】《说文·𠬪部》："𤔌，有所依据也。从𠬪、工。读与隐同。"所释为引申义。本义当为两手执据石杵筑捣。

【演变】𤔌，本义指❶两手执据石杵筑捣。引申泛指❷筑捣：厚筑其外，～以金椎。又指❸凭借，依据。

由于𤔌作了偏旁，其义便借"㥯"来表示。㥯也作了偏旁，后又借"隱"（隐）来表示。参见㥯、隱（隐）。

【组字】𤔌，如今不单用，只作偏旁。现今归入爪部。凡从𤔌取义的字皆与筑捣等义有关。

以𤔌作声兼义符的字有：㥯。

䍃 yáo；yóu

（䍃；䍃、䍃、䍃、䍃；摇、徭；谣、䍃、謠、謡；窑、窰、窯）

【字形】篆 今篆 隶 草 

【构造】会意兼形声字。篆文从缶（用杵制作瓦器）从月（肉）（不合乐用口徒歌），会一边摇动木杵制作瓦器一边歌以助劳之意，所谓"劳者歌其事"，月也兼表声。隶变后楷书写作䍃。作偏旁时简作"䍃"。

【本义】《说文·缶部》:“䍃,瓦器也。从缶,肉声。”本义为边制作瓦器边歌。

【演变】䍃（䍃）,本义指一边摇动木杵制作瓦器一边歌以助劳。由这一形象,后来分化为一组同源字。就制作物来说,表示❶瓦器。分化为后来的罂、瓮。就制作劳动来说,表示❷摇动,劳作。分化为后来的摇、徭。就烧制来说,表示❸烧瓦器的灶。后分化为窰,今简作窑。就边劳动边唱来说,表示❹徒歌。后讹为䚻,分化为后来的謠、謡。

○罂,繁体罌,从缶,賏声。如今简化作罂,读 yīng,本义指❶一种小口大腹的瓶子:椎破卢(同垆,安放酒瓮的土台子)~。又表示❷罂粟。

○瓮,从缶,公声。如今又作了罋、甕(从缶或瓦,雍声)的简化字。读 wèng,本义指古代汲水的瓶子:凿隧而入井,抱~而出灌|~牖绳枢之子|~中之鳖|~天之见。

○摇,从扌从䍃会意,䍃也兼表声。读 yáo,本义指摇动:舟~~以轻扬,风飘飘而吹衣|~头摆尾|~旗呐喊。

○徭,从彳从䍃会意,䍃也兼表声。读 yáo,本义指劳役:~多则民苦|~役。

○谣,繁体作謠,异体有謡,今皆简作谣,从讠从䍃会意,䍃也兼表声。读 yáo,本义指❶没有音乐伴奏地随口唱出:心之忧矣,我歌且~|民~|童~|歌~。引申指❷谣言,凭空捏造的话:~传|造~。

○窑,繁体窰,从穴,䍃声。异体作窯,从穴,羔声。如今简化皆作窑,成为从穴从缶会意。读 yáo,本义指❶烧制砖瓦陶器的建筑物:砖~|瓦~。又指❷古代名窑烧出的瓷器:宣~。引申指❸土法生产的煤矿:煤~。又指❹在山上挖出的像窑的可居住的洞穴:~洞。又特指❺妓院:~姐儿。

【组字】䍃（䍃）,如今不单用,只作偏旁。现今仍归入缶部。凡从䍃（䍃）取义的字皆与边摇动木杵制作瓦器边歌以助劳等义有关。

以䍃（䍃）作声兼义符的字有:谣、摇、嗂、徭、飖、窰(窑)、鹞。

以䍃（䍃）作声符的字有:傜、媱、遥、愮、滛、熎、猺、瑶、榣、磘、繇、鎐、鳐。

舀 tǎo;yǎo
(掐、掏)

【字形】甲　金　篆
今篆　隶 舀 掐 掏
草

【构造】会意字。甲骨文象一人伸手到臼中掏取捣好的米形。金文简化。篆文从臼从爪(覆手),会伸手到臼中掏取之意。隶变后楷书写作舀。

【本义】《说文·臼部》:“舀,抒臼也。从爪、臼。”本义为伸手到臼中把捣好的米取出来。

【演变】舀,读 tǎo,本义指❶伸手到臼中把捣好的米取出来:或簸或~。

又读 yǎo,引申泛指❷用瓢、勺等挹取东西:~一瓢水来。

为了分化字义,掏取之义后另加义符“扌”写作“掐”来表示。又由于“掐”与“掐”容易相混,后来挖取之义就又另造了形声字“掏”来表示。

○掏,从扌从匋会意,匋也兼表声。是掐(从扌从舀会意,舀也兼表声)的后起字。读 tāo,本义指❶把物体中的东西弄出来:~麻雀。引申指❷挖:老鼠~了个大洞。

【组字】舀,如今既可单用,也可作偏旁。现今仍归入臼部。凡从舀取义的字皆与伸到里面等义有关。注意:舀与臽不同。参见臽。

以舀作声兼义符的字有:掐、滔、韬。

以舀作声符的字有:稻、蹈、縚、謟。

爱 ài
(𢖻、愛、薆)

【字形】篆　隶 𢖻 愛 草

【构造】会意兼形声字。篆文从夊(脚)从㤅(惠爱),会心有所系而行有所往之意,㤅也兼表声。隶变后楷书写作𢖻,俗作愛,如今皆简化作爱,本义为行徘徊。后借作“㤅”,表示惠爱,遂失其本义。参见㤅。

【本义】《说文·夊部》:“𢖻,行貌。从夊,㤅声。”本义为行徘徊。

【演变】爱,本义指❶行徘徊。由于“爱”也由“㤅”取义,后遂代替“㤅”,用以表示❷仁爱,慈爱：父母之～子，则为之计深远｜～祖国。引申特指❸男女间的情爱：孟尝君舍人有与君之夫人相～者。又引申指❹爱惜，吝惜，舍不得：夫雁顺风以～气力｜尔～其羊，我～其礼。又引申指❺喜好：～此江边好，留连至日斜｜～清洁。喜爱则事易办，又引申指❻容易：这东西～坏。古又借作“薆”（从艹，爱声。本义指草木茂密隐蔽的样子），表示❼隐蔽的样子：～而不见，搔首踟蹰。

【组字】爱，如今既可单用，也可作偏旁。现今愛归入心部，爱归入爪部。凡从爱取义的字皆与徘徊或嘘寒问暖之厚爱等义有关。

以爱作声兼义符的字有：嗳、暧、叆。

以爱作声符的字有：薆、僾、嫒、瑷。

奚 xī（傒、徯、蹊）

【字形】甲 金 篆 今篆 隶 奚 傒 徯 蹊 草

【构造】会意字。甲骨文从爪（手）从幺（绳）从大（人），会手持绳索拘系罪人之意，表示是奴仆。因为古代罪人一般都被罚为奴仆或用作祭祀，三星堆即出土有此捆绑之跪人石像。金文大同。篆文整齐化。隶变后楷书写作奚。

【本义】《说文·亣部》：“奚，大腹也。从大，𦃃省声。𦃃，籀文系字。”所释非本义。本义当为持绳索拘系罪人。

【演变】奚，本义指持绳索拘系罪人，古代罪人一般都被罚为奴隶，故转指❶奴隶：女酒三十人，～三百人｜小婢从成，南方之～｜～奴。借为代词，表疑问，相当于❷何，什么：太师将～以教寡人｜蝗螟，农夫得而杀之，～故？为其害稼也。又借为副词，作状语，表示❸怎么，为什么：或谓孔子曰：“子～不为政？”

后“奚”为借义所专用，拘系罪人之义便又另加义符“亻”写作“傒”来表示。

〇傒，从亻从奚会意，奚也兼表声。读 xì，本义为❶拘禁：驱人之牛马，～人之子女。

又读 xī，同“徯”，表示❷等待。又用作❸古代少数民族名。

〇徯，从彳、奚，会抓到俘虏等待送去祭祀之意，奚也兼表声。又用作蹊（从足从奚，会山间少数民族行走的小路之意，奚也兼表声）的异体字。读 xī，本义为❶等待，期望：～予后（君王），后来其苏｜以～国家他日干城之用。用作“徯落”，同“奚落”，指❷冷落：仙子，则被你～落杀小生也。用作“蹊”，又指❸小路：孟冬之月，谨关梁，塞～径。

【组字】奚，如今既可单用，也可作偏旁。现今归入大部。凡从奚取义的字皆与牵系、奴隶等义有关。

以奚作声兼义符的字有：傒。

以奚作声符的字有：溪、徯、緀、豯、蹊、鞵（鞋）、鷄（鸡）、鼷。

衾 qīn

【字形】篆 隶 衾 草

【构造】形声兼会意字。篆文从衣，今（朝下的口）声，今也兼表下覆之意。隶变后楷书写作衾。

【本义】《说文·衣部》：“衾，大被。从衣，今声。”本义为大被（先秦小被称寝衣，不叫被）。

【演变】衾，本义指❶大被：肃肃宵征，抱～与裯（单被）｜生则同～，死则同穴｜布～多年冷似铁｜～枕。又指❷覆盖尸体的单被：齐国好厚葬，布帛尽于衣～。

【组字】衾，如今既可单用，也可作偏旁。现今仍归入衣部。凡从衾取义的字皆与衣被等义有关。

以衾作声符的字有：捦。

翁 wēng

【字形】篆 隶 翁 草

【构造】会意兼形声字。篆文从羽从公，公表上尊，会鸟头颈上显见的浓密羽毛之意，公也兼表声。隶变后楷书写作翁。

【本义】《说文·羽部》：“翁，颈毛也。从羽，公声。”本义为鸟颈部一圈浓密的颈毛。

【演变】翁，本义指❶鸟的浓密颈毛：（天帝之山）有鸟焉，其状如鹑，黑文而赤～，名曰栎。

因“翁”从公取声，故又借为“公”，指❷父亲：吾~即若~；必欲烹而（你的）~，则幸分我一杯羹。又引申指❸夫之父或妻之父：小妇年二十，辞家事~姑|闻寿讲新法，严函往复，~婿谊绝矣。又泛指❹男性老人：塞~失马，安知非福|渔~|老~。又用作❺对男性的尊称：补~是几时来的？

【组字】翁，如今既可单用，也可作偏旁。现今仍归入羽部。凡从翁取义的字皆与颈毛浓盛等义有关。

以翁作声兼义符的字有：蓊、嗡、滃、塕、鹟、螉、鞥。

蒯 kuǎi；bēng

【字形】甲　古鉨　篆　今篆

隶　草

【构造】会意兼形声字。甲骨文是手持刀笔，会刻卜骨之意。古鉨从卜骨从寸，会手削制卜骨之意。篆文改从寸为从又（手）作𣪠，卜骨简化，其意不变。俗又将又（手）改为刀作㓜（kuài），左边卜骨讹为朋，就成了楷书的蒯，成为从刀，朋声。本义为切割卜骨。参见蒯。

【本义】《玉篇·刀部》：“蒯，断也。”表示切割卜骨。又：“蒯，斫也。”本义为刀砍。《说文逸字·𣪠部》：“《广雅·释诂》云：‘㓜，断也。’㓜即𣪠俗。”

【演变】蒯，作为㓜的讹变，本读 kuǎi，本义为❶切割卜骨。

又读 bēng，方言泛指❷刀砍。

【组字】蒯，如今不单用，只作偏旁。现今仍归入刀部。凡从蒯取义的字皆与刀砍等义有关。

以蒯作声符的字有：蒯。

脂 zhī

【字形】金　篆　隶　草

【构造】形声兼会意字。金文从月（肉），旨声，旨也兼表美食之意。篆文月旁移到左边并整齐化。隶变后楷书写作脂。

【本义】《说文·肉部》：“脂，戴角者脂，无角者膏。从肉，旨声。”本义为有角动物（牛羊）所含的油质。

【演变】脂，本义指❶有角动物的油质。引申泛指❷脂肪：手如柔荑，肤如凝~|~膏。又比喻❸人民的血汗与财富：遂至熬天下之~膏，斫生人之骨髓。又引申指❹植物渗出的油质：古人认为松柏~入地千年化为茯苓，茯苓化为琥珀。又引申特指❺胭脂：渭流涨腻，弃~水也|~粉。

【组字】脂，如今既可单用，也可作偏旁。现今归入月部。凡从脂取义的字皆与油质等义有关。

以脂作声符的字有：㴯。

胳 gē；gā；gé
（肐）

【字形】篆　隶　草

【构造】会意兼形声字。篆文从月（肉）从各，各为倒止（脚）进窝居，会胳肢窝之意，各也兼表声。隶变后楷书写作胳。异体作肐，改为乞声。如今规范化，以胳为正体。

【本义】《说文·肉部》：“胳，亦（同腋）下也。从肉，各声。”本义为腋窝，即胳肢窝。

【演变】胳，读 gā，本义指❶胳肢窝：~肢窝。此义如今也用“夹”表示。

又读 gē，古人用“臂”或“臂膊”来表示胳膊，后来胳才用以表示❷胳膊：只见一个婆婆从屋檐下来，拄着一条竹棒，~膊上挂着一个篮儿|~膊拧不过大腿|~臂。

又读 gé，用作动词，指❸在别人身上抓挠，使发痒：他好~肢人。

胶 jiāo
（膠）

【字形】甲　篆　今篆　隶

草

【构造】形声兼会意字。甲骨文从月（肉），交声，交也兼表交合之意。篆文改为从月（肉），翏声，翏为两翅连体，也兼表意。隶变后楷书写作膠。如今简化用甲骨文胶。

【本义】《说文·肉部》：“膠，昵也，作之以皮。从肉，翏声。”皮肉相连不分，故从肉。本义为用动物的皮、角熬制成的黏性物质。也有植物分泌的和人工合成的,一般用来黏合器物,有的可供食用或入药。

【演变】胶,本义指❶用动物的皮、角熬制成的黏合物质:鹿~青白,马~赤白,牛~火赤|东阿亦济水所经,取井水煮~,谓之阿~。引申泛指❷有黏性的物质:桃~迎夏香琥珀|橡~|~皮|~鞋|~轮|乳~|鳔~|万能~。用作动词,又指❸粘住:王以名使(赵)括,若~柱而鼓瑟耳。由粘住又比喻❹拘泥:见简即用,见繁即变,不~一法,乃为通术也。

【组字】胶,如今既可单用,也可作偏旁。现今归入月部。凡从胶取义的字皆与黏合物质等义有关。

以胶作声符的字有:僗、漻、瘳。

朕 zhèn

(眹、倴、侯、遃、送、媵)

【字形】甲 金 籀 篆 今篆 隶 朕 送 媵 草

【构造】会意字。甲骨文象双手持篙撑船形,会送船之意。金文大同,竖上加点是汉字演变的常见现象,或改舟为辵,以突出送船之意。籀文承接金文,又另加人旁,成了从辵从倴(侯)会意。篆文承金文,将篙形讹变为火。隶变后楷书写作朕与送。如今二字表义有分工。朕,作偏旁时写作眹。

【本义】《说文·舟部》:"朕,我也。阙。"未解说字形,所释为引申义。本义当为双手持篙撑送船。

【演变】朕,本义指❶双手持篙撑送船。引申泛指❷发送。后来专用以表示❸船缝,缝隙:视其~,欲其直也|目但有~也。缝隙乃裂纹,与"龟兆"的裂纹一样,故又用以表示❹形迹,预兆:博奥渊懿,莫测其~|~兆。后借为第一人称代词,表示❺我:古者贵贱皆自称~。自秦始皇起,又专用以指❻皇帝自称:~思天下事,丙夜(三更)不安枕。

后来"朕"为借义所专用,发送之义遂改"舟"为"辶"写作"遃"(送)来表示,或另加义符"女"写作"媵"来表示。

〇送,籀文本从辶从倴,倴也兼表声。篆文省作遃,俗作送。如今规范化用送。读 sòng,本义指❶送亲:之子于归,远~于野|陈铖子~女。引申泛指❷陪着离开的人一块走:我~舅氏,曰至渭阳|~行|~客。又指❸把人或物从甲地运到乙地:高祖以亭长为县~徒骊山|~信。又引申指❹赠给:再拜稽首,~币|奉~|~礼。

后"送"为引申义所专用,送亲之义便又用"媵"来表示。

〇媵,从女从朕,朕也兼表声。读 yìng,本义指❶陪送出嫁:~者何?诸侯娶一国,则二国往~之,以姪娣从(古诸侯女儿出嫁,须同姓妹、侄女和奴仆陪嫁)。引申泛指❷相送:彼滔滔兮来迎,鱼隣隣(多)~予。用作名词,指❸随嫁的人:以美人聘楚,以宫女善讴者~。又特指❹妾。

【组字】朕,如今既可单用,也可作偏旁。作偏旁时写作眹。现今归入月部。凡从朕取义的字皆与撑船、发送等义有关。

以朕作声兼义符的字有:媵、腾、賸。

以朕作声符的字有:勝(胜)、塍、滕、縢、螣、謄(誊)、賸(剩)、籐。

狼 láng

【字形】甲 篆 隶 狼 草

【构造】形声兼会意字。甲骨文从犬(犭),良声,良也兼表优良之意。篆文整齐化。隶变后楷书写作狼。盖为原始的威猛猎狗。

【本义】《说文·犬部》:"狼,似犬,锐头,白颊,高前,广后。从犬,良声。"本义为似犬的一种野兽。哺乳动物,外形像狗,耳朵直立,尾巴下垂。性凶暴狡猾,昼伏夜出,伤害人畜和野生动物。

【演变】狼,本义指❶似犬的一种野兽:猛如虎,很如羊,贪如~|有~当道,人立而啼|~心狗肺|~子野心|~烟|~狈。狼性残忍贪婪,故又用以比喻❷凶狠:赵王~戾无亲|秦国之俗,贪~强力,寡义而趋利。用作"狼藉",比喻❸散乱不整:履舄交错,杯盘~藉。又引申指❹不可

收拾：声名～藉。

逢 féng

【字形】甲 金 古 篆 隶 逢 草

【构造】会意兼形声字。甲骨文从彳（街道）从夅（相遇）会意。金文另加义符廾（双手），强调相遇握手言欢。古文另加义符止。篆文承接古文遂成为从辵（辶，走路）从夅（遇到），会走路相遇之意，夅也兼表声。隶变后楷书写作逢。是“夅”的加旁分化字。参见夅。

【本义】《说文·辵部》：“逢，遇也。从辵，峰省声。”非峰省声。本义为相遇。

【演变】逢，由走路相遇，引申泛指❶碰上：我生之后，～此百凶｜狭路相～｜～年过节。又引申指❷迎接：蹑履相～迎。又引申指❸讨好：～君之恶其罪大｜谄媚～迎。

【组字】逢，如今既可单用，也可作偏旁。现今仍归入辵部。凡从逢取义的字皆与相遇等义有关。

以逢作声兼义符的字有：缝。

以逢作声符的字有：蓬、篷、蠭（蜂）。

留 liú （畱）

【字形】金 篆 隶 留 草

【构造】会意兼形声字。金文从田从卯（剖割），会田间收割遗留之意，卯也兼表声。篆文田下移并整齐化。隶变后楷书写作畱。异体作留。如今规范化，以留为正体。

【本义】《说文》：“畱，止也。从田，丣声。”《玉篇·田部》：“留，止也。”《广韵·尤韵》：“留，住也。”本义当为田间收割有遗漏。

【演变】留，由本义田间收割遗留，引申泛指❶遗留：祖先～下的遗产。引申指❷停止在，放在：北救赵，至安阳，～不进｜曷不委心任去～｜～守｜～任｜～步｜～影｜滞～｜～心。用作使动，指❸挽留：项王即日因～沛公饮｜拘～｜扣～｜～客。又进而引申指❹保存：人生自古谁无死，～取丹心照汗青｜不～余地｜～一手｜～后路｜存～。又表示❺收下：把礼物～下｜收～。

【组字】留，如今既可单用，也可作偏旁。现今归入田部。凡从留取义的字皆与遗留等义有关。

以留作声符的字有：溜、榴、馏、瘤、遛、骝、熘、镏、飗、霤。

皱 zhòu （皺）

【字形】古 今篆 隶 皱 皺 草

【构造】会意兼形声字。古文从皮，芻省声。楷书写作皺，从皮从芻（割草），会皱纹似乱草之意，芻也兼表声。如今简化作皱。

【本义】后起字。《玉篇·皮部》：“皱，面皱也。”本义为脸上起的皱纹，即皮肤因松弛而出现的较深的纹路。

【演变】皱，本义指❶脸上起的皱纹：莫道韶华镇长在，发白面～专相待｜满脸起～｜眉～纹。引申泛指❷皱褶：屠户见女婿衣裳后襟滚～了许多，一路低着头替他扯了几十回。用作动词，又表示❸蹙缩出皱褶：琼窗春断双蛾～｜眉头一～，计上心来｜衣服～了｜～眉。

【组字】皱，如今既可单用，也可作偏旁。现今仍归入皮部。凡从皱取义的字皆与皱纹等义有关。

以皱作声符的字有：簉。

桀 jié （榤、傑、杰）

【字形】甲 金 古 篆 今篆 隶 桀 榤 杰 傑 草

【构造】会意字。桀与乘是由同一个字分化出的。甲骨文从人从木，会人两足登在树上之意。金文画出了双脚，以突出升登。古文省去人，只留下双脚。篆文承接古文并整齐化。隶变后楷书写作桀。

【本义】《说文·桀部》：“桀，磔也。从舛（分张的两脚）在木上。”本义为两脚分张站在木上。

【演变】桀，由两脚分张站在木上，引申指❶鸡栖息的木桩：鸡栖于～。又引申指❷才能出众的人：邦之～兮｜诽骏疑～，固庸态也。又引申指❸特出，高出：太白南连武功，最为秀～。由高出又引申指❹不驯顺，凶暴：官吏弱而人民

～|～骜不驯。

为了分化字义，鸡栖息的木桩之义后另加义符“木”写作“榤”来表示，才能出众的人之义另加义符“亻”写作“傑”来表示，如今简化作杰。

○杰，繁体傑，从亻从桀会意，桀也兼表声。如今简化作杰，读 jié，本义指❶高出，突出，特出的：雄姿～出|人～地灵|～作。用作名词，指❷才能出众的人：俊～在位|英雄豪～。

○榤，从木从桀会意，桀也兼表声。读 jié，本义指鸡栖息的木桩：鸡栖于弋为～，凿垣而栖为埘。

【组字】桀，如今既可单用，也可作偏旁。现今归入木部。凡从桀取义的字皆与两脚分张站在木上等义有关。

以桀作义符的字有：乘、磔。

以桀作声兼义符的字有：傑（杰）、榤。

玺 xǐ（壐、璽）

【字形】籀　篆　今篆　隶　草

【构造】会意兼形声字。籀文从玉，爾为蚕，代表可耕桑的土地，用以会象征国家的玉刻印章，爾也兼表声。篆文改为从土从爾会意，象征守土，爾也兼表声。隶变后楷书承籀文和篆文分别写作璽、壐。异体有鉨、鈢（鉩），从金从尔或木会意，尔也兼表声，表示是金属或木制作的。如今皆简化作玺。

【本义】《说文·土部》：“壐，王者印也，所以主土。从土，爾声。璽，籀文，从玉。”本义为印章。秦以前民皆以金玉为印，尊卑通用，龙虎钮，全由自己所好。秦以后天子之印独称玺，且以玉为之，群臣百姓不得使用。

【演变】玺，本义指❶印章：凡通货贿，以～节出入之|秦以前民皆以金玉为印，龙虎纽，唯其所好。然则秦以来，天子独以印称～，又独以玉，群臣莫敢用也。又用作❷姓。

【组字】玺，如今既可单用，也可作偏旁。现今归入玉部。凡从玺取义的字皆与印章等义有关。

以玺作声符的字有：獮、濔、璽、镾。

饿 è（餓）

【字形】篆　隶　草

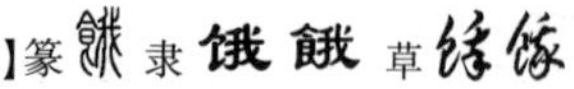

【构造】会意兼形声字。篆文从食从我，用我要食会饥饿之意，我也兼表声。隶变后楷书写作餓。如今简化作饿。

【本义】《说文·食部》：“餓，饥也。从食，我声。”《正字通·食部》：“饿，饥甚。”本义为严重的饥饿，即胃里没有食物。

【演变】饿，本义指❶严重的饥饿：伯夷叔齐，～于首阳之下|家有常业，虽饥不～|四海无闲田，农夫犹～死。后泛指❷饥饿，想吃东西：觉着有点～了。用作使动，又表示❸使饥饿：劳其筋骨，～其体肤。

馁 něi（餧、餒）

【字形】古　篆　今篆　隶　草

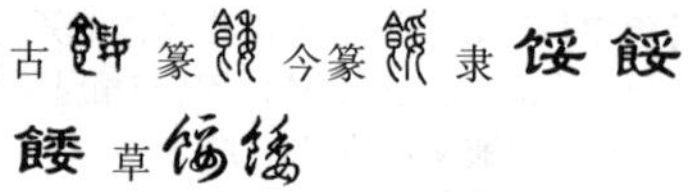

【构造】形声兼会意字。古文从食，妥声，妥为呆着不动，会饿得不能动之意。篆文从食，委声，委为禾稼倒地歉收，会饥饿之意。隶变后楷书写作餧。俗承古文作餒，如今皆简化作馁。

【本义】《说文·食部》：“餧，饥也。从食，委声。一曰鱼败曰餧。”《广雅·释古四》：“馁，饥也。”本义为饥饿。

【演变】馁，本义指❶饥饿：吾家山东，有良田五顷，足以御寒～|冻～。引申指❷空虚，内中不足：有饱学而才～者。又特指❸缺乏勇气：大丈夫休～|胜不骄，败不～|气～。又指❹鱼腐烂变质：鱼～而肉败，不食。

栾 luán（欒）

【字形】金　古　篆　今篆　隶　草

【构造】会意兼形声字。金文借䜌（表弯曲）来表示；或另加义符木，会圆曲之树之意，䜌也兼表声。古文一形大同；二形简化。篆文承金文二形并整齐化。隶变后楷书写作欒。如今简化承古文二形作栾。

【本义】《说文·木部》:"欒,木,似栏。从木,䜌声。"本义为栾树,也叫灯笼树。落叶乔木,羽状复叶,花淡黄色,果实像灯笼。木材可制器具,花可做黄色染料,叶子含鞣质,可制栲胶,也可做青色染料,种子可榨油。

【演变】栾,本义指❶栾树:云雨之山有木名曰~。因其从"䜌",含圆曲之义,故借以表示❷形体上曲的斗栱:结重~以相承。

【组字】栾,如今既可单用,也可作偏旁。现今仍归入木部。凡从栾取义的字皆与圆曲等义有关。

以栾作声符的字有:蘂、圞、滦。

恋 liàn (戀)

【字形】金　古　篆　今篆

隶　草

【构造】会意兼形声字。金文从女从䜌(丝缠绕纷乱),会内心一种剪不断理还乱的情感,䜌也兼表声。古文改为从心。篆文承金文并整齐化。隶变后楷书写作孌,俗承古文作戀。如今简化作恋。声符䜌简作亦。

【本义】后起字。《玉篇·心部》:"恋,慕也。"本义为因爱慕而不忍分离。

【演变】恋,本义指❶因爱慕而不忍分离:及各娶妻,兄弟相~,不能别寝|羁鸟~旧林,池鱼思故渊|~~不舍|留~|~栈|~旧|~乡。引申特指❷男女相爱:~爱|初~|~人|~歌|热~。

【组字】恋,如今既可单用,也可作偏旁。现今仍归入心部。凡从恋取义的字皆与爱慕等义有关。

以恋作声符的字有:嬱、綋。

高 gāo

【字形】甲　金　篆　隶 高　草

【构造】象形字。甲骨文象台观楼阁上下重屋形,借以表示崇高。这种形象是远古穴居(高处下挖一坑,周围起矮墙,上覆茅草顶)的发展。参见庐。金文大同。篆文整齐化。隶变后楷书写作高,作偏旁时或省作亠、局。

【本义】《说文·高部》:"高,崇也。象台观高之形。从冂、口。"本义为上下距离大。

【演变】高,本义指❶上下距离大:不登~山,不知天之~也|~低错落|~楼。引申为❷高度,高处:治楼船,~十余丈|居~临下。又引申指❸在一般标准或平均程度之上的:世胄蹑~位,英俊沉下僚|搜选~能以授其业|~等|~贵|~温|~速|~价。又用作❹敬词:~足|~见|~论|~邻|~亲。由崇高又引申泛指❺大:王年~矣|劳苦而功~如此,未有封侯之赏|志当存~远|风~湖涌波。又指❻深,远:~义|~情|~蹈。又引申指❼思想品德的高尚高超或超然出众:轻辞天子,非~也,势薄也|吾闻鲁连先生,齐国之~士也|曲~和寡|~风亮节|清~。

【组字】高,如今既可单用,也可作偏旁。作偏旁时或省作亠、局。现今仍设高部。凡从高取义的字皆与高大等义有关。

以高(亠、局)作义符的字有:京、亭、亮、亳、喬(乔)、亯(膚)、髚、髛、髝、髈、髞。

以高(亠、局)作声兼义符的字有:篙。

以高(亠、局)作声符的字有:鄗、搞、缟、蒿、嗃、滈、槁、膏、犒、毫、敲、镐、稿、豪。

亳 bó

【字形】甲　金　篆　隶　草

【构造】象形兼会意兼形声字。甲骨文上从高省,下从乇(草托地而生),会寄住地之意,乇也兼表声。金文大同。篆文整齐化。隶变后楷书写作亳。亳是我们的祖先从地穴式或半地穴式住室,开始建造高出地面的高台建筑的初始形象,即《考工记》说的"四阿重屋,茅茨土阶"的形象,就是建在夯土台基之上、具有四面坡、双层屋檐结构、茅草顶式的原始宫殿,有效地解决了地穴式、半地穴式建筑潮湿的弊端,开创了我国历代帝王宫殿建筑的先河。注意:亳与毫不同。

【本义】《说文·高部》:"亳,京兆杜陵亭也。从高省,乇声。"亭名非本义。《玉篇·高部》:

“亳，殷地名。”本义当为古邑名，即商汤时都城地名。共有三处：谷熟为南亳，在今河南商丘东南，相传汤原居于此；蒙为北亳，在今河南商丘北，相传诸侯在这里拥戴汤为盟主；偃师为西亳，在今河南偃师西，相传汤灭夏时都于此。

【演变】亳，本义指❶地名，商汤时都城：汤始居～｜汤从商丘徙居～（山东曹县）。又用作❷亭名，故址在今陕西西安市东南。又用作❸古国名，在今安徽亳县。

衰 shuāi；suō；cuī（蓑、縗、缞）

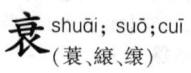

【字形】甲　金　古

篆　今篆　隶 衰 蓑 缞

草

【构造】象形兼会意字。甲骨文和金文皆象一套蓑衣形，上象其覆（斗笠），下象草编之垂衣。古文中加出领口，更形象。篆文保留草编之垂衣，另加义符衣，以突出其为蓑衣之意，成为象形兼会意字。隶变后楷书写作衰。是“蓑”的本字。是“冉”的加旁分化字。参见冉。

【本义】《说文·衣部》：“衰，草雨衣。从衣，象形。”本义为蓑衣，即用草一层层编成的防雨衣。

【演变】衰，读 suō，本义指❶蓑衣：譬如～笠，时雨既至，必求之。

又读 shuāi，蓑衣为败草编成，故引申为❷衰弱，衰落：凤兮凤兮，何德之～｜～老。又引申指❸减退：日食饮得无～乎？

又读 cuī，蓑衣是用草一层层依次编织的，故引申为❹由大到小依照一定的等级递减：庶人工商各有分亲，皆有等～。又特指❺古代用粗麻布制成的毛边丧服：哭泣～绖。又借用作“催”，表示❻催迫：乡音无改鬓毛～。

后“衰”为引申义所专用，草雨衣之义便另加义符“艹”写作“蓑”来表示，丧服之义则另加义符“糸”写作“縗”来表示。如今简化作缞。

〇蓑，从艹从衰会意，衰也兼表声。读 suō，本义指蓑衣：尔牧来思，何（荷）～何笠。

〇缞，从纟从衰会意，衰也兼表声。读 cuī，本义指古代用粗麻布制成的毛边丧服：齐晏桓子卒，晏婴粗～斩｜～绖。

【组字】衰，如今既可单用，也可作偏旁。现今仍归入衣部。凡从衰取义的字皆与蓑衣等义有关。

以衰作声兼义符的字有：蓑、缞。

以衰作声符的字有：滾、榱。

衮 gǔn（滚）

【字形】金　篆　今篆　隶 衮 滚

草

【构造】会意兼形声字。金文从衣从公，会在祭祀大典等公共场合穿的礼服之意，公也兼表声。篆文整齐化。隶变后楷书写作衮。

【本义】《说文·衣部》：“衮，天子享先王，卷龙绣于下幅，一龙蟠阿上乡（向）。从衣，公声。”本义为古代天子祭祀时所穿的绣有龙形的礼服。

【演变】衮，本义指❶古代天子祭祀时所穿的绣有龙形的礼服：享先王则～冕。又指❷古代上公（三公）穿的礼服（绣降龙，与天子礼服龙纹有别）：我觏（见）天子，～衣绣裳。用作名词，借指❸天子或三公：～职有阙（缺失），维仲山甫补之｜五登～职｜～～诸公名又利，谁似高标，摆却人间事。由于衮服上绣有卷龙屈曲之形，故又表示❹连续翻动不断的样子。此义后另加义符“氵”写作“滚”来表示。

〇滚，从水从衮会意，衮也兼表声。读 gǔn，本义指❶大水涌流的样子：无边落木萧萧下，不尽长江～～来。引申指❷像大水般翻动连续不断的样子：麦浪～～｜雷声～～。又引申指❸水煮开沸腾：水烧得～开。又泛指❹物体翻转移动：一不小心，～下山去。又用作骂人的话，指❺使离开：～出去。又引申指❻迅速流泄：屁～尿流。

【组字】衮，如今既可单用，也可作偏旁。现今仍归入衣部。凡从衮取义的字皆与翻卷等义有关。

以衮作声兼义符的字有：衮刂、滚、磙。

效 xiào

（傚、効）

【字形】甲　金　篆　隶 效　草

【构造】会意兼形声字。甲骨文从攴（表操作）从矢，会仿效学习射箭之意。金文大同。篆文整齐化，矢讹为交声。隶变后楷书写作效。异体作傚、効，另加义符人，或改为从力。如今规范化，以效为正体。

【本义】《说文·攴部》："效，象也。从攴，交声。"本义为模仿，仿照。

【演变】效，本义指❶仿效：崇～天，卑法地｜～尤，过也｜上行下～｜东施～颦。为了分化字义，此义后或另加义符人写作"傚"，表示人效仿。如今简化仍用"效"。引申指❷献出力量：顾恐臣计未必足用，愿～愚忠｜～劳｜～命｜～力。为了分化字义，此义后也改换义符为力写作"効"，如今简化仍用"效"。由仿效的结果，又引申指❸效果，征验，功用：愿大王少留意，臣请奏其～｜～验｜～用｜～能｜见～｜有～｜功～。

【组字】效，如今既可单用，也可作偏旁。现今仍归入攴部。凡从效（効）取义的字皆与效仿、效力等义有关。

以效（効）作声兼义符的字有：劾、傚。

以效作声符的字有：獓、滧。

离 lí；chī

（離、鸝、鹂、罹、螭、魑）

【字形】甲　金　古　篆

今篆　隶 离 離 鹂 鸝 罹

螭 魑　草

【构造】会意兼形声字。甲骨文下边是个带把的网，网中有一只鸟，大概是黄鹂，表示黄鹂鸟遭到擒获。金文下加执网把的手，上边鸟形残断。古文另加执网的手，鸟变形成为两个，第二个字体的鸟形讹似"林"字，成了在林中捕鸟，或以为林声。篆文承甲骨文，上边鸟讹为屮（草），成了在草丛中捕鸟，下边网把手讹变为内；因其字形不明显，便又另加义符隹。隶变后楷书分别写作离与離。后分化成两个字，用以表示两类不同的意思："离"表示鸟遭到捕获，后借用以表示山神兽；"離"表示鸟名，成了从隹从离会意，离也兼表声。如今简化，"離"仍由"离"表示。

【本义】《说文·内部》："离，山神兽也。从禽头，从内，从屮。"解释为山林神兽，是当作了"魑""螭"的本字，这显然是根据篆文所作的解说。本义当为鸟遭到捕获。又《隹部》："離，離黄，仓庚也。从隹，离声。"本义为黄鹂，鸟名。古称仓庚，今也叫黄莺。参见鹂。

【演变】离，读 lí，由本义黄鹂鸟遭到捕获，引申泛指❶鸟遭到捕获：鱼网之设，鸿则～之。引申泛指❷遭受，触犯：必去曹（曹地），无～曹祸｜～法者罪。遭受擒获则离群，由被捉，又引申指❸离散，分离：邦分崩～析而不能守也｜悲欢～合｜～心～德｜若即若～。用作使动，表示❹使分离：～间二宫，伤害骨肉。离开则有距离，又引申指❺相距：～北京不远。由离群，又引申指❻缺少：植物～了水不行。又借为❼八卦之一，代表火。

又读 lì，通"麗"，指❽附着，依附：月～于毕，俾滂沱矣。

又读 chī，通"螭"，又指❾古代传说中的一种龙：～玦（雕有螭形的玉玦）。又指❿猛兽：尚桓桓，如虎如罴，如豺如～。

由于"离"作了偏旁，黄鹂鸟之义便又另加义符"隹"写作"離"来表示，如今简化仍用离，并专用以表示上列引申义和借义。黄鹂的意思又另造了形声字"鸝"（如今简化作鹂）来表示，遭受之义则又借用"罹"来表示，山神怪兽之义则另加义符"虫"或"鬼"写作"螭"或"魑"来表示。

〇鹂，从鸟从丽会意，丽也兼表声。读 lí，本义为黄鹂：两个黄～鸣翠柳，一行白鹭上青天。

〇罹，从忄从罹（网鸟）会意，罹也兼表声。读 lí，由本义鸟被捕，引申泛指❶遭受忧患：～其凶害｜～难。用作名词，又指❷忧患：我生之后，逢此百～。

〇螭，从虫从离会意，离也兼表声。异体作魑，改从鬼。读作 chī，本义指❶蛟龙一类的动物：驾两龙兮骖白～。用作"螭魅"或"魑魅"，又表示❷山林中能害人的怪物：以御～魅｜始经～魅之途，卒践无人之境。

【组字】离,如今既可单用,也可作偏旁。现今归入一部。凡从离取义的字皆与禽兽、遭受、离散等义有关。
以离作声兼义符的字有:摛、離、螭、魑。
以离作声符的字有:漓、蓠、缡、璃、篱、醨。

席 xí
(㢅、蓆)

【字形】甲 金 古 篆 今篆 隶 席 蓆 草

【构造】象形兼会意字。在甲骨文中,席与因、西同形,皆象方席形,上有编织花纹。金文改为从巾从厂(象征简易房),成了会意字。古文承甲骨文另加简易房(厂)形。篆文承金文,改为从巾从庶(也象征简易房)省会意。隶变后楷书承篆文写作席与㢅。如今规范化,以席为正体。参见因。

【本义】《说文·巾部》:"席,籍也。《礼》:'天子、诸侯席,有黼绣纯饰。'从巾,庶省。㢅,古文席,从石省。"本义为铺垫用的席子。用芦苇、竹篾、蒲草等编成的片状物,一般为长方形,用来铺垫或搭棚子等。

【演变】席,本义指❶席子:孔子无黔突(变黑的烟囱),墨子无暖~|凉~|竹~。古人席坐,引申为❷座位:君赐食,必正~,先尝之|主~|入~。又特指❸席位,职务:台~|刑~|钱~|教~|西~|工党占八~。又引申指❹酒筵:酒~。

"席"后为引申义所专用,其义便又另加义符"艹"写作"蓆"来表示。如今简化仍用席。

【组字】席,如今既可单用,也可作偏旁。现今仍归入巾部。凡从席取义的字皆与铺垫等义有关。
以席作声兼义符的字有:蓆、褯。

唐 táng
(塘)

【字形】甲 金 篆 隶 唐 塘 草

【构造】会意兼形声字。甲骨文从口(说话)从庚(钟铃类乐器),表示说话像钟铃一样响大,会说大话之意,庚也兼表声。金文大同。篆文铃体讹为两手。隶变后楷书写作唐。

【本义】《说文·口部》:"唐,大言也。从口,庚声。"本义为大言,也就是说大而无边际的空话。

【演变】唐,本义指❶大言:庄周以其荒~之辞鸣。引申泛指❷广大的样子:浩~之心。又引申为❸空,徒然:求马于~肆|徒一~名士。由空虚,又引申为❹池塘:委两馆于咸~。此义后写作"塘"。摇铃时,其舌乱撞,故又引申指❺冲撞:~突。又用作❻朝代名:~宋|~诗。又用作❼姓。相传为唐尧氏之后。

○塘,从土从唐会意,唐也兼表声。读táng,本义指❶堤岸:被发行歌而游于~下|海~|河~|~坝。引申指❷池塘:细柳夹道生,方~含清源|荷~|鱼~。又引申指❸浴池:澡~。

【组字】唐,如今既可单用,也可作偏旁。现今仍归入口部。凡从唐取义的字皆与空大、冲撞等义有关。
以唐作声兼义符的字有:塘、搪。
以唐作声符的字有:鄌、溏、瑭、螗、糖、醣。

症 zhèng;zhēng
(證、证、癥)

【字形】古 今篆 隶 症 癥 草

【构造】会意兼形声字。楷书"症"是"證"的分化字。證今简作证,本义指证言,验证。作为病的验证,即病象,后俗承古文作症,从疒从正,会正是病之所在之意,正也兼表声。如今症又作了癥的简化字,从疒从徵(挺起),会腹内结起的疙瘩之意,徵也兼表声。参见证。

【本义】《说文·言部》:"證,告也。从言,登声。"本义为证实。《中华大字典·疒部》:"症,俗證字。"本义为病象,即症候。《字汇·疒部》:"癥,腹内癥结病。"本义为腹内结块病。

【演变】症,作为"证"的分化字,读zhèng,本义指❶病象,症候:过陈,遇老聃,因告其子之证(~)|小人近日有些脚气的~候|对~下药|不治之~|病~|急~。

又读zhēng,用作"癥"的简化字,本义指❷腹中结块的病:左手脉横,~在左;右手脉横,

~在右。用作"症结",表示❸腹中结块病:尽见五脏~结。又比喻❹事情疑难之处或不能解决的关键:应当尽快找到问题的~结所在。

疾 jí

【字形】甲　金　古　篆　
隶　草

【构造】会意兼形声字。甲骨文从人从矢,会人受箭伤之意,矢也兼表声。金文大同。箭伤也是种病,故古文将从人改为从疒,表示外伤轻病。篆文整齐化。隶变后楷书写作疾。

【本义】《说文・疒部》:"疾,病也。从疒,矢声。"本义为轻病。

【演变】疾,本义指❶轻病:君有~,在腠(皮肤)理。后泛指❷疾病:方登道途,遂遘~恙丨积劳成~丨痼~。又引申指❸缺点,毛病:寡人有~,寡人好勇。有病则痛苦,又引申指❹痛苦,疾苦:凡牧民者,必知其~。用作动词,指❺痛恨,憎恶,使痛苦:君子~夫舍曰欲之而必为之辞丨~恶如仇丨痛心~首。由于"疾"从"矢"取意,故又引申指❻迅速,猛烈:动万物者,莫~于雷;桡万物者,莫~于风丨虽乘奔御风,不以(似)~也丨~风知劲草丨~言厉色。又指❼声音大,洪亮:顺风而呼,声非加~也,而闻者彰。

【组字】疾,如今既可单用,也可作偏旁。现今仍归入疒部。凡从疾取义的字皆与尖刺、毛病等义有关。

以疾作声兼义符的字有:蒺、嫉。

疼 téng

【字形】古　今篆　隶　草

【构造】会意兼形声字。古文从疒从冬省,会冻伤之意,冬也兼表声。隶变后楷书写作疼。

【本义】后起字。《释名・释疾病》:"疼,痹也。"本义为湿病。《广雅・释诂二》:"疼,痛也。"又表示疼痛,由疾病、创伤等引起的极不舒服的感觉。

【演变】疼,本义指❶痹症。引申指❷疼痛:寒胜其热,则肉~骨枯丨牙~丨嗓子~丨肌肉~。有了疼痛则加意照顾,故又引申指❸喜爱,爱惜:林姑娘是老太太最~的丨奶奶最~孙子丨知道心~人丨~爱。

疲 pí

【字形】篆　隶　草

【构造】形声兼会意字。篆文从疒,皮声,皮也兼表松软之意。隶变后楷书写作疲。古代常借"罢"表示。参见罢。

【本义】《说文・疒部》:"疲,劳也。从疒,皮声。"本义为劳累,困乏。

【演变】疲,本义指❶劳累,困乏:我自乐此,不为~也丨乐此不~丨精~力竭丨~于奔命丨~劳丨~倦丨~乏。引申指❷松懈,懒怠:这孩子真~塌,用作"疲软",表示❸精神不旺盛或商品销售不畅:身子~软丨市场~软。

站 zhàn

【字形】今篆　隶　草

【构造】形声兼会意字。楷书从立,占声,占为视兆纹所在,用以表示立之所在。其义古借用"立"表示,是"立"的后起加旁分化字。参见立。

【本义】《广韵・陷韵》:"站,俗言独立。"本义为两脚着地,身体直立不动。

【演变】站,本义指❶直立不动:凡射,或对贼对靶,~定观靶子或贼人,不许看扣丨~起来丨~立丨~住丨~岗。引申指❷停,停留:车还没~稳,别下丨不怕慢,就怕~丨你~住。又用作蒙语"站赤"(jamcì)的简称,指❸驿站:元制,~赤者,驿传之译名也;盖以通达边情,布宣号令,古人所谓置邮而传命,未有重于此者焉丨王冕一路风餐露宿,九十里大~,七十里小~,一径来到济南府地方。如今指❹为乘客上下或货物装卸而设的停车的地方:北京西~丨火车~丨汽车~丨终点~丨~台。又指❺为某种业务而设的机构:种子~丨运兵~丨发电~丨气象~丨粮~丨收购~。

部 bù

【字形】篆 隶部 草

【构造】会意兼形声字。篆文从邑(右阝)从音(剖省)会意,音也兼表声。隶变后楷书写作部。

【本义】《说文·邑部》:"部,天水狄部。从邑,音声。"《玉篇·邑部》:"部,分判也。"本义为剖分。特指古代划分出的地方行政区。

【演变】部,本义指❶剖分,分开:~署诸将。引申指❷古代划分出的地方行政区:方六里命之曰暴,五暴命之曰~。又泛指❸分出的一部分,部门:还~白府君|魏初率其诸~入居辽西|财政~|编辑~|门市~|~落|六~|~队|内~|局~|眼~|胸~。又引申指❹门类:四~全书。部分统属总体,故又指❺统率,统辖:汉王~五诸侯兵|所~。又用作❻量词:两~巨著。

【组字】部,如今既可单用,也可作偏旁。现今仍归入邑部。凡从部取义的字皆与地区等义有关。

以部作声符的字有:蔀、槰。

旁 páng;bàng (傍)

【字形】甲 金 篆 隶旁傍 草

【构造】会意兼形声字。甲骨文上从凡(托盘,多为四方或长方形),下从方,会托盘之四帮之意,方也兼表声。金文稍误。篆文讹变。隶变后楷书写作旁。

【本义】《说文·上部》:"旁,溥也。从二(上),阙,方声。"对字形未作明确解释,所释为引申义。本义当为托盘的四帮。

【演变】旁,读 páng,由本义指托盘之四帮,引申泛指❶边,侧:吏出,不敢舍邮亭,食于道~。又引申为❷偏的,不正的:~辟曲私之属为之化而公|~门左道。又引申指❸非主要的,非正式的:~证|~听|~系。又引申为❹另外的,别的:心自有所存,~人那得知。事物主体至四旁包容则广,故又引申指❺广泛,普遍:~求俊彦,启迪后人|~征博引。

又读 bàng,边侧与事物主体相依邻近,故用作动词,引申指❻依傍:匈奴大发十余万骑,南~塞,至符奚庐山。此义后另加义符"亻"写作"傍"来表示。

○傍,从亻从旁会意,旁也兼表声。读 bàng,本义指❶靠近:双兔~地走,安能辨我是雄雌?|依山~水。由时间的靠近,引申指❷临近:五色灵钱~午烧|~晚。

【组字】旁,如今既可单用,也可作偏旁。现今归入方部。凡从旁取义的字皆与边侧、广大等义有关。

以旁作声兼义符的字有:傍、谤、嗙、滂、榜、膀、螃。

以旁作声符的字有:蒡、磅、镑、耪、鳑。

旄 máo

【字形】金 篆 隶旄 草

【构造】会意兼形声字。金文从㫃(旗帜)从毛,会杆头装饰有牦牛尾的旗帜之意,毛也兼表声。篆文整齐化。隶变后楷书写作旄。

【本义】《说文·㫃部》:"旄,幢(古代旗子的一种)也。从㫃,从毛。毛亦声。"本义为杆头装饰有牦牛尾的旗帜。

【演变】旄,本义指❶杆头装饰有牦牛尾的旗帜:王左杖黄钺,右秉白~以麾|建彼~矣。又指❷牦牛尾:贡金三品,瑶、琨、竹箭、齿、革、羽、~。又指❸牦牛:肉之美者……~象之约(尾,美味)。

【组字】旄,如今既可单用,也可作偏旁。现今归入方部。凡从旄取义的字皆与旗帜等义有关。

以旄作声符的字有:漩。

旅 lǚ

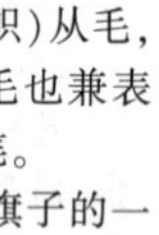

【字形】甲 金 篆 隶旅 草

【构造】会意字。甲骨文从㫃(旗)从从(众人相随),用众人聚集在旗下会军旅之意。金文大同。篆文整齐化。隶变后楷书写作旅。

【本义】《说文·㫃部》:"旅,军之五百人为旅。从㫃,从从;从,俱也。"本义为古代军队五百人的编制单位。

【演变】旅，本义指❶军队编制单位：五人为伍，五伍为两，四两为卒，五卒为～，五～为师｜～长。引申泛指❷军队：加之以师～｜劲～。军队集体行动，故又指❸共同，俱：今夫古乐，进～退～｜～进～退｜三年之丧，练不群立，不～行（成群结伴而行）｜既而杯盘杂沓，精粗～陈。军队在外行军打仗，故又引申为❹出行在外，寄居：羁～之臣，幸若获宥，所获多矣｜商～不行｜～伴｜～馆。又指❺植物不种而生：松间～生茶，已与松俱瘦。

【组字】旅，如今既可单用，也可作偏旁。现今归入方部。凡从旅取义的字皆与军旅等义有关。

以旅作声符的字有：稆、膂、櫖、膂。

畜 xù；chù （蓄）

【字形】甲 金 篆 隶 草

【构造】会意字。甲骨文从田从糸，表示田里蓄有粮食，家里存有丝织。金文大同。篆文整齐化。隶变后楷书写作畜。异体从田从兹会意。如今规范化，以畜为正体。

【本义】《说文·田部》："畜，田畜也。《淮南子》曰：'玄田为畜。'"本义为家中积存有衣食。

【演变】畜，读 xù，本义指家中积存有衣食，引申泛指❶积储：其父～有巨产｜积～。饲养禽兽也是一种积蓄，故又引申指❷饲养：逐民所不田处～牧｜～养。

又读 chù，借作"嘼"字，名词，由饲养禽兽，引申指❸饲养的禽兽：古者六～不相为用｜～牲。

为了分化字义，后来积储之义便另加义符"艹"，写作"蓄"来表示。

○蓄，从艹从畜会意，畜也兼表声。读 xù，本义指❶积储禾谷、蔬菜：国无九年之～曰不足，无六年之～曰急，无三年之～曰国非其国也。引申泛指❷积蓄：积货滋多，～怨滋厚。进而引申指❸保留，保存：以其所修而游不用之乡，譬犹树荷山上，～火井中｜养兵～锐｜～电池｜～洪｜～水。又引申指❹心里存有：～意不良。

【组字】畜，如今既可单用，也可作偏旁。现今仍归入田部。凡从畜取义的字皆与积储等义有关。

以畜作声兼义符的字有：蓄。

以畜作声符的字有：搐。

阅 yuè （閱）

【字形】篆 隶 阅閱 草

【构造】形声兼会意字。篆文从門，兑声，兑（核对）也兼表计点之意。隶变后楷书写作閱。如今简化作阅。

【本义】《说文·門部》："閱，具数于门中也。从門，兑声。"本义为一一计点，查点，计算，表示在室内进行。

【演变】阅，本义指❶查点，计算：商人～其祸败之衅必始于火｜～钱满亿。由一一计点，引申指❷检阅：大～，简（检视）车马也｜～兵。词义扩大，又引申指❸察看，视察：清晨承诏命，丰岁～田闾。由察看，又引申指❹披览书籍：～书百纸尽，落笔四座惊｜校～｜披～｜～读｜～览｜传～。由一一检视，又引申指❺经历：春秋（年岁）高，～天下之义理多矣｜松～千年弃涧壑｜～历。

【组字】阅，如今既可单用，也可作偏旁。现今仍归入门部。凡从阅取义的字皆与计算等义有关。

以阅作声符的字有：蔄。

羞 xiū （饈、馐）

【字形】甲 金 篆 今篆 隶 羞馐 草

【构造】会意兼形声字。甲骨文从手持羊，会进献美味之意。金文大同。篆文从羊从丑（用手扭住），丑也兼表声。隶变后楷书写作羞。

【本义】《说文·丑部》："羞，进献也。从羊，羊所进也；从丑，丑亦声。"本义为进献美味。

【演变】羞，本义指❶进献美味：可荐于鬼神，可～于王公。又泛指❷美味：珍～。祭祀进献是古代大事，办不好是种耻辱，故引申为❸感到耻辱：~与哙伍｜~与为伍。又引申为❹害臊，难为情，使难为情：怕~是没用的｜自己不感到害~，还~别人。

羞为引申义所专用，美味之义便另加义符“食”，写作“饈”（今简作馐）来表示。

○馐，从饣从羞会意，羞也兼表声。读 xiū，本义指美味的食品：食有珍~，衣有金貂。

【组字】羞，如今既可单用，也可作偏旁。现今归入羊部。凡从羞取义的字皆与美味等义有关。

以羞作声兼义符的字有：馐、䐒。

羔 gāo

【字形】甲 金 篆 隶 草 

【构造】会意字。甲骨文从羊从火，借可用火烤而食之的羊，会嫩而味美的羊羔之意。金文大同。篆文整齐化。隶变后楷书写作羔。

【本义】《说文·羊部》：“羔，羊子也。从羊，照省声。”析形不确。本义为羊羔，即初生不久的小羊。

【演变】羔，本义指❶小羊羔：朋酒斯飨，曰杀~羊｜~皮｜下~。引申泛指❷幼小的生物：百钱买松~，植之我东墙。

【组字】羔，如今既可单用，也可作偏旁。现今仍归入羊部。凡从羔取义的字皆与小羊等义有关。

以羔作声符的字有：窯（窑）、糕。

瓶 píng （缾）

【字形】金 篆 隶 草 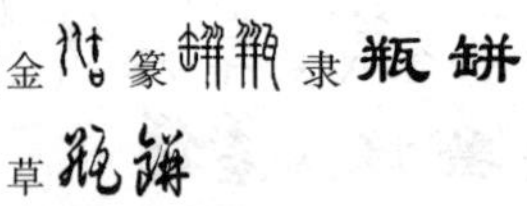

【构造】会意兼形声字。金文从缶（瓦器）从并，会有两耳并立的瓦器之意，并也兼表声。篆文整齐化。隶变后楷书写作缾。异体作瓶，改为从瓦，其义不变。如今规范化，以瓶为正体。

【本义】《说文·缶部》：“缾，瓮也。从缶，并声。瓶，缾或从瓦。”本义为古代用以汲水的容器，一般口小颈细，腹大，古代为瓦制，如今多为玻璃、陶瓷制品。

【演变】瓶，本义指❶古代用以汲水的容器：汔至，亦未繘（yù，绳索）井，羸（损毁）其~，凶｜~之罄矣｜观~之居，居井之眉（边），处高临深，动常近危。又泛指❷长颈、大腹、小口的容器：银~乍破水浆迸，铁骑突出刀枪鸣｜守口如~｜酒~｜水~｜油~｜花~。

【组字】瓶，如今既可单用，也可作偏旁。现今归入瓦部。凡从瓶取义的字皆与器具等义有关。

以瓶作声兼义符的字有：㼽。

拳 quán

【字形】篆 隶 草 

【构造】会意兼形声字。篆文从手从龹（表蜷曲），会屈指握拳之意，龹也兼表声。隶变后楷书写作拳。

【本义】《说文·手部》：“拳，手也。从手，龹声。”本义当为拳头，五指向内弯曲而紧握的手。

【演变】拳，本义指❶拳头：挥手振~，电发雷舒｜赤手空~｜~打脚踢｜双~紧握。引申指❷拳术：太极~｜梅花~｜打~。用作动词，指❸将手握起：女两手皆~｜手不得~，膝不得屈。进而引申指❹弯曲：仰而视其细枝，则~曲不可以为栋梁。又用作❺量词：打三~踢两脚。用作“拳拳”，表示❻诚恳，勤勉：~~之忠，终不能自列｜~~于得善，孜孜于嗜学。

【组字】拳，如今既可单用，也可作偏旁。现今仍归入手部。凡从拳取义的字皆与拳头等义有关。

以拳作声兼义符的字有：搼。

以拳作声符的字有：峠。

粉 fěn

【字形】篆 隶 草 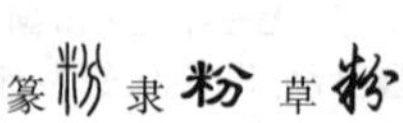

【构造】形声兼会意字。篆文从米，分声，分也兼表分细之意。隶变后楷书写作粉。

【本义】《说文·米部》：“粉，傅面者也。从米，分声。”本义为特制的供化妆用的细末。

【演变】粉,本义指❶化妆用的粉末:东家之子,增之一分则太长,减之一分则太短,著~则太白,施朱则太赤|脂~|香~|搽~。引申泛指❷各种细末:省中皆胡~涂壁|花~|藕~|面~|米~。后又特指❸用淀粉制成的食品:宰下羊,漏下~,蒸下馒头|~条|凉~|炒~|~丝。用作动词,指❹使破碎成粉末:一门二世,~骨卫主,殊勋异绩,已不能甄|先把米~一~,就好碾碎了|~身碎骨。又引申指❺用粉末浆液粉刷:房子已经~刷了两遍。用为"粉饰",本指❻打扮:共~饰之,如嫁女床席。后引申指❼美化,掩盖:其意欲以招致远夷,为太平~饰|~饰太平。化妆用粉为白色,故又引申指❽白色:~蝶。

【组字】粉,如今既可单用,也可作偏旁。现今仍归入米部。凡从粉取义的字皆与粉末等义有关。

以粉作声兼义符的字有:愸。

料 liào

【字形】金　篆　隶　草

【构造】会意字。金文右边是斗,左边是米,会用斗量米之意。篆文整齐化,斗就变得不像了。隶变后楷书写作料。

【本义】《说文·斗部》:"料,量也。从斗,米在其中。"本义为称量,度量。

【演变】料,本义指❶称量:(孔子)尝为季氏吏,~量平。引申指❷计算:乃~民(调查户口)太原。又指❸估计,揣度:~大王士卒足以当项王不?|~事如神。又指❹料想:此生谁~,心在天山,身老沧洲(绍兴镜湖水边)|不出所~|预~。又引申指❺料理:愿闻治兵、~人、固国之道|丞相尝夏月至石头看庾公,庾公正~事。"料"既为量米,喂牲口要加粮食,故又引申指❻饲料:马无草~。又泛指❼能提供营养的物品:饮~|肥~。又泛指❽材料:原~|木~|衣~|史~|废~。

【组字】料,如今既可单用,也可作偏旁。现今仍归入斗部。凡从料取义的字皆与称量等义有关。

以料作声符的字有:寮。

益 yì (溢)

【字形】甲　金　篆
隶　草

【构造】会意字。甲骨文从皿(盆),上为水,会水流出盆外之意。金文大同。篆文成横流并整齐化,以突出满溢之意。隶变后楷书写作益。是"溢"的本字。参见溢。

【本义】《说文·皿部》:"益,饶也。从水、皿;皿,益之意也。"本义为水满溢出、流出。

【演变】益,由本义水满溢出,引申指❶水涨:澭水暴~,荆人弗知|(井)挹之不损,停之不~。又引申为❷增加,多:秦~章邯兵,夜衔枚击项梁|臣请三言而已矣,~一言,臣请烹|~寿延年。又引申指❸富足:七十子之徒,赐最为饶~。用作名词,指❹好处:有~于国,无害于人|效~|~虫|~友|教~。用作副词,指❺更加,渐渐:丈夫为志,穷当~坚,老当~壮|精~求精|武~愈,单于使使晓武。

"益"为引申义所专用,水漫出之义便另加义符"氵"写作"溢"来表示。

○溢,从水从益会意,益也兼表声。读 yì,本义指❶水或其他液体满而溢出:东流不~,孰知其故?|热情洋~。引申指❷超出,过度:夫两喜必多~美之言,两怒必多~恶之言。

【组字】益,如今既可单用,也可作偏旁。现今仍归入皿部。凡从益取义的字皆与水多出等义有关。

以益作声兼义符的字有:谥、溢。

以益作声符的字有:隘、嗌、缢、镒、鹢、蠲。

兼 jiān

【字形】金　篆　隶　草

【构造】会意字。金文和篆文皆从又(手)持二禾,会并有之意。隶变后楷书写作兼。

【本义】《说文·秝部》:"兼,并也。从又持秝。兼,持二禾。秉,持一禾。"本义为并有。

【演变】兼,由本义并有二禾,引申泛指❶同时涉及两件或两件以上的行为或事物:二者不可得~,舍鱼而取熊掌者也|德才~备|~收并

蓄。又引申指❷吞并,合并:秦人以急农~天下|~并。由兼有又引申指❸加倍的,把两份并在一起:乃~道进军,多设旗鼓为疑兵|功力~人|~程|~旬。又表示❹加之:~以疾病。

【组字】兼,如今既可单用,也可作偏旁。现今归入八部。凡从兼取义的字皆与并有等义有关。

以兼作声兼义符的字有:搛、鹣、鳒、嗛。

以兼作声符的字有:蒹、缣、谦、歉、慊、嫌、廉。

欮 jué (瘚)

【字形】金 篆 隶 欮 瘚

草

【构造】会意字。金文和篆文皆从屰(倒子,表倒逆)从欠(张口出气),会气倒逆之意。隶变后楷书写作欮。是"瘚"的本字。

【本义】《说文·疒部》:"瘚,屰气也。从疒,从屰,从欠。欮,瘚或省疒。"本义为气闭,晕倒。

【演变】欮,本义指气闭,晕倒。由于"欮"作了偏旁,其义便又另加义符"疒"写作"瘚"来表示。如今简化借"厥"来表示。

○瘚,从疒从欮会意,欮也兼表声。读jué,本义为病名,即气逆:疟~瘀痛瘼温病|晕~|惊~|痰~。此义如今用厥。参见厥。

【组字】欮,如今不单用,只作偏旁。现今仍归入欠部。凡从欮取义的字皆与上冲、倒逆、气闭、晕倒等义有关。

以欮作声兼义符的字有:厥、瘚。

以欮作声符的字有:阙。

朔 shuò

【字形】甲 金 篆 隶 朔 草

【构造】会意兼形声字。甲骨文从月,辛(薛)声。金文从月从屰(倒人,表倒逆),会月亮晦后回头重又新生之意,屰也兼表声。篆文整齐化。隶变后楷书写作朔。

【本义】《说文·月部》:"朔,月一日始苏也。从月,屰声。"本义为阴历每月初一,月球运行到地球和太阳之间,在地球上见不到月光,这种月相叫朔。

【演变】朔,本义指❶每月农历初一,朔日:冬十月~,日有食之。引申指❷凌晨:朝菌不知晦~。又引申为❸初始:事鬼神上帝,皆从其~。据说"日月合朔(月亮运行到太阳与地球之间,跟太阳同时出没,地球上看不到月光)于北,故北方谓之朔方",故又引申指❹北方:~气传金柝,寒光照铁衣|一去紫台连~漠,独留青冢向黄昏。

【组字】朔,如今既可单用,也可作偏旁。现今仍归入月部。凡从朔取义的字皆与重新倒回等义有关。

以朔作声兼义符的字有:塑、溯。

以朔作声符的字有:嗍、蒴、搠、槊。

烤 kǎo

【字形】古 今篆 隶 烤 草

【构造】会意兼形声字。古文从火从考,会老人向火取暖之意,考也兼表声。隶变后楷书写作烤。

【本义】新造字。

【演变】烤,本义指❶把东西放在火的周围使干、热或熟:把衣服~干|~烟叶|~肉|~羊肉串。引申指❷暴晒:炙热的阳光~着他瘦长的身子|~苗。又引申指❸向着火取暖:外面挺冷的,进屋来~~火吧。

烘 hōng

【字形】篆 隶 烘 草

【构造】形声兼会意字。篆文从火,共声,共也兼表与火相共之意。隶变后楷书写作烘。

【本义】《说文·火部》:"烘,尞(燎)也。从火,共声。"本义为焚烧草木。

【演变】烘,本义指❶烧:樵彼桑薪,卬(我)~于煁(chén,可移动的炉灶)。引申指❷烘干或烤热:日~青帝紫衣裳|被雪打湿了衣裳,借此火~一~|~箱|~烤。烘烤在火旁边进行,故又引申指❸衬托:所谓画家~云托月之秘法|更天涯、芳草最关情,~残日|~托。

【组字】烘,如今既可单用,也可作偏旁。现今仍归入火部。凡从烘取义的字皆与烧烤等义有关。

以烘作声兼义符的字有:簊。

烦 fán
(煩)

【字形】篆　隶 烦 煩　草

【构造】会意字。篆文从頁(头)从火,会头发热得像火烧一样之意。隶变后楷书写作煩。如今简化作烦。

【本义】《说文·頁部》:"煩,热头痛也。从頁,从火。"本义为热头痛。

【演变】烦,由本义热头痛,引申指❶苦闷,急躁:病使人~懑|心~意乱|~躁。心烦多因事多而杂乱,故又引申指❷繁多杂乱:法省而不~|要言不~|~琐。由繁多杂乱又引申指❸劳乏:日既西倾,车殆马~|劳~。用作使动,表示❹使人劳烦:若亡郑而有益于君,敢以~执事。又用作❺请托的敬词:~大巫妪为入报河伯|袭人被宝钗~了去打结子去了|~您帮个忙。

【组字】烦,如今既可单用,也可作偏旁。现今归入火部。凡从烦取义的字皆与烦乱等义有关。

以烦作声符的字有:薠、㯕。

烧 shāo
(燒)

【字形】古　篆　隶 烧 燒　草

【构造】形声兼会意字。古文从火,尧简声。篆文从火,堯声,堯也兼表烧窑之意。隶变后楷书写作燒。如今简化作烧。

【本义】《说文·火部》:"燒,爇也。从火,堯声。"本义为使着火。

【演变】烧,本义指❶使东西着火:以责(债)赐诸民,因~其券,民称万岁|野火~不尽|~成灰|燃~|焚~。引申指❷通过加热使东西起变化:伐薪~炭南山中|~石灰|~砖|~水|~饭|~汤。又引申指❸照射:寺多红药~人眼,地足青苔染马蹄|这东西看着~眼。由光耀照人,又引申指❹因财富多而忘乎所以:有两个钱,看把你~得不知怎么好了|~包。由烧制又引申指❺烹调方法:~茄子|红~肉|~鸡。又引申指❻因病而体温升高:脸~得通红|感冒了,他~了三天。用作名词,指❼比正常体温高的体温:低~|退~。

烟 yān
(煙、菸)

【字形】甲　金　古　籀　篆　隶 烟 煙 菸　草

【构造】会意兼形声字。甲骨文上从西(香笼),下为坑坎,中为火,是于香笼中点火焚香在野外祭祀之状。金文省去坑坎,另加房子与示,是移到房中在示(神主)前点火焚香祭祀状,会烟气缭绕之意。古文大同,只是房上加了烟囱,并将示换为手,以突出手点香火烟气冒出之意。籀文承金文,火讹为土,示误为火,并整齐化。篆文省去房子,成为从火从垔会意,垔也兼表声。异体改为从火从因(凭借),会烟凭借火之意,因也兼表声。隶变后楷书分别写作煙与烟。如今规范化用烟,并作了"菸"的简化字。

【本义】《说文·火部》:"煙,火气也。从火,垔声。烟,或从因。"本义为因燃烧不充分而产生的带微粒的气体。《说文·艸部》:"菸,鬱(郁)也。从艸,於声。"本义为枯萎。后借用以表示烟草。《中华大字典·艸部》:"菸,草名,一曰菸草。产自吕宋,明时始入中国。采叶干之,切为细丝,可制各种之菸。吸之无益而有害。字俗作烟。"

【演变】烟,本义指❶因燃烧不充分而产生的带微粒的气体:大漠孤~直,长河落日圆|冒~|~囱|炊~。引申指❷大自然中像烟一样飘渺朦胧的气体:风~俱静,天山共色|日暮乡关何处是?~波江上使人愁|~瘴。

用作"菸"的简化字,又指❸烟草及其制品:大量种~|~叶|~农|吸~|戒~。又特指❹鸦片:虎门销~|~土。

剡 yǎn;shàn

【字形】篆　隶 剡　草

【构造】形声兼会意字。篆文从刀，炎声，炎也兼表猛烈之意。隶变后楷书写作剡。

【本义】《说文·刀部》："剡，锐利也。从刀，炎声。"本义为锐利。

【演变】剡，读 yǎn，本义指❶锐利：曾（通层）枝～棘，圆果抟兮。用作动词，引申指❷削：弦木为弧，～木为矢。

又读 shàn，用作水名，指❸剡溪（浙江曹娥江上游）：湖月照我影，送我至～溪。

【组字】剡，如今既可单用，也可作偏旁。现今仍归入刀部。凡从剡取义的字皆与锐利等义有关。

以剡作声兼义符的字有：㓹。

以剡作声符的字有：惔、䓜。

桨 jiǎng（槳）

【字形】古　篆　今篆　隶 桨 槳　草

【构造】会意兼形声字。古文从木，將省声。篆文从竹从將（从鼎中取肉叉），会竹篙之意，將也兼表声。隶变后楷书写作篣。俗承古文作槳。如今简化作桨，为正体。

【本义】《玉篇·木部》："桨，楫属。"《正字通·木部》："桨，长大曰橹，短小曰桨；纵曰橹，横曰桨。"本义为划船的工具。多为木制，上半部是根圆棍形，下半部扁平而略宽。

【演变】桨，本义指❶划船的工具：艇子荡双～，催送莫愁来｜桂棹兮兰～，击空明兮溯流光｜让我们荡起双～。用作动词，指❷划桨：一个头乱粗服的妇人，船肚里～着。

【组字】桨，如今既可单用，也可作偏旁。现今仍归入木部。凡从桨取义的字皆与划船等义有关。

以桨作声兼义符的字有：䉃。

浆 jiāng；jiàng（漿、糨、糡）

【字形】甲　古　篆　今篆　隶 浆 漿 糨 糡　草

【构造】形声兼会意字。甲骨文从水从肉（月），会肉汤之意，爿声。古文省去肉（月）。篆文改为从水，将省声，将也兼表汤水之意。隶变后楷书写作漿。如今又简化作浆，更近甲骨文之意。

【本义】《说文·水部》："浆，酢浆也。从水，将省声。"本义为古代一种带酸味的饮料。上古无茶而饮浆。

【演变】浆，读 jiāng，本义指❶古代一种带酸味的饮料：或以其酒，不以其～｜赵有义士，毛公藏于博徒，薛公藏于卖～家。古又特指❷酒：维北有斗，不可以挹酒～。后引申泛指❸较浓的液汁：仙人玉女，下来翱游，骖驾六龙，饮玉～｜正是小麦灌～的时候｜豆～｜纸～｜泥～｜米～。用作动词，又指❹用粉浆或米汤浆洗：但有衣服，便拿来家里～洗。

又读 jiàng，表示❺糨糊，液体很稠。此义如今规范化用"糨"。

〇糨，从米从强会意，强也兼表声。异体作糡，改为竟声。如今规范化用糨。读 jiàng，本义指❶糨糊：手执～一盂，于门上遍贴封条。引申指❷液体很稠：粥太～了。

资 zī（資）

【字形】篆　隶 资 資　草

【构造】会意兼形声字。篆文从貝（货贝）从次（趑省），趑表示旅途行止，用以会路途资用之意，次也兼表声。隶变后楷书写作資。如今简化作资。

【本义】《说文·貝部》："資，货也。从貝，次声。"本义为财货，钱财。

【演变】资，本义指❶钱财：于是乎量～币，权轻重，以振救民｜～产｜耗～｜～金。钱财是生活的基础，故引申指❷资本：此霸王之～也。用作动词，指❸凭借，用钱财帮助人，提供：劳力者必～土地乃能产物｜乃～万金使东游韩魏｜可～借鉴｜以～参考｜～敌。天资也是一种资本，故又引申指❹资质：臣闻良玉不瑑（zhuàn，雕刻的隆起的玉纹），～质润美，不待刻瑑｜～质秀美｜天～。名望、阅历、地位也是一种资本，故又引申指❺资格：主者以臣名～轻浅，不肯见与？｜～望｜～历。由钱财，又引申指❻材料：～

料｜谈～。

【组字】资，如今既可单用，也可作偏旁。现今仍归入贝部。凡从资取义的字皆与财货等义有关。

以资作声符的字有：薋、濱、屦。

凉 liáng；liàng
（凉、涼、晾）

【字形】古  篆  今篆 

隶 涼 凉 晾 草 涼 凉 晾

【构造】会意兼形声字。古文一形从風从京，京表高极，会风极凉之意，京也兼表声；二形改为从冫（冰），成了温度低，即寒凉。篆文承古文一形并整齐化。隶变后楷书写作凉。后借"涼"来表示，从水从京，会酒兑水很多像水一样非常薄之意，京也兼表声。隶变后楷书写作涼。后俗承古文二形作凉，如今规范化用凉。

【本义】《说文·风部》："凉，北风谓之凉。从風，京声。"本义为寒凉。又《水部》："涼，薄也。从水，京声。"本义为酒味淡薄，不浓烈。

【演变】凉，读 liáng，本义指❶薄：加以庸琐～能，孤陋末学。引申指❷微寒：北风其～，雨雪其雱｜秋风萧瑟天气～，草木摇落露为霜｜清～。人多热闹，人少冷清，故又引申指❸人烟稀少：咸平卿故乡，地～事少，老者所宜｜荒～｜苍～。心情凄苦也是一种凉，故又引申指❹凄苦：原隰多悲～｜凄～。

又读 liàng，用作动词，指❺使东西变冷：把粥～一～才能喝。又指❻风干：～干菜。此义后作"晾"。

〇晾，从日，京声，京也兼表高之意。读 liàng，本义为❶暴晒，或泛指晒：把渔网放在海滩上～着｜～衣服｜～晒。又指❷把东西放在通风或阴凉的地方使干燥：～干菜。又通"凉"，指❸把热的东西放在那儿，使降温：粥～～再喝。

递 dì
（遞）

【字形】古  篆  今篆  隶 递 遞

草 递 遞

【构造】形声兼会意字。古文从辵，弟声，弟也兼表次第之意。篆文从辵（辶），虒声，虒为层层剥皮，也兼表更迭之意。隶变后楷书写作遞。如今简化用递。

【本义】《说文·辵部》："遞，更易也。从辵，虒声。"本义为更迭，交替。

【演变】递，本义指❶更迭，交替：四时～来而卒岁兮，阴阳不可与俪偕。引申指❷依次，顺次：当今之世，巧谋并行，诈术～用｜～减一等｜～增｜～补。由依次又引申指❸传送：秦复爱六国之人，则～三世可至万世而为君｜传～｜～交｜～给｜面～。又引申指❹押送：拿下那光棍，逢州换驿，～解到临安监候。

涛 tāo
（濤）

【字形】甲  籀  篆  今篆 

隶 涛 濤 草 涛

【构造】会意兼形声字。甲骨文从水从𠷎（耙出的田纹形），会象田畴一样的波浪之意，𠷎也兼表声。籀文繁化，改为从水从壽会意，其义不变，壽也兼表声。篆文承接籀文并整齐化。隶变后楷书写作濤。如今简化作涛。

【本义】《说文·水部》新附："濤，大波也。从水，壽声。"本义为大的波浪。

【演变】涛，本义指❶大的波浪：与诸侯远方交游兄弟，并往观～乎广陵之曲江｜乱石穿空，惊～拍岸，卷起千堆雪｜惊～骇浪｜浪～｜狂～。引申指❷像波涛的声音：阴壑寒生万树～｜松～阵阵。

涝 lào
（澇、潦）

【字形】甲  篆  今篆 

隶 涝 潦 草 涝 潦

【构造】会意兼形声字。篆文从水从勞，会烦劳治水之意，勞也兼表声。甲骨文还有一潦字，从水从尞，尞表火极盛，用以会大水成灾之意，尞也兼表声。篆文承之并整齐化。隶变

后楷书分别写作涝与潦。涝如今简化作涝，用作水名；后借用作潦，表示雨多成灾，二者成了异体字。如今二字表义有分工。

【本义】《说文・水部》："涝，水。出扶风鄠（hù），北入渭。从水，劳声。"本义为水名。《广韵・号韵》："涝，淹也。或作潦。"又表示雨多水淹成灾。

【演变】涝，由水名，后来主要借用作"潦"，读lào，表示雨水大成灾：禹之时十年九潦，而水弗为加益｜郡界下湿，患水～，百姓饥乏｜雨久成水，故其城恒～也｜十年九～｜旱～保收｜～灾。

〇潦，读 lǎo，本义指❶雨水大的样子：百川水～归焉。引申指❷雨后的积水：～水尽而寒潭清。

又读 lào，雨大则成灾，故又表示❸雨多成灾：春忧水～秋防旱。此义如今用"涝"表示。

又读 liǎo，由潦水四溢，又引申指❹做事不认真，字迹不工整：事无大小，皆～草过了｜字迹～草。用作"潦倒"，表示❺失意，颓丧：穷困～倒。

浦 pǔ

【字形】篆 隶 草

【构造】形声兼会意字。篆文从水，甫声，甫为苗圃，会水边之地之意。隶变后楷书写作浦。

【本义】《说文・水部》："浦，濒也。从水，甫声。"本义为水滨。

【演变】浦，本义指❶水滨：江～之橘，云梦之柚。引申指❷池塘江河等的水面：远～帆归。又指❸溪流注入江海的汇合处：遇风停～中累日。

【组字】浦，如今既可单用，也可作偏旁。现今仍归入水部。凡从浦取义的字皆与水边地等义有关。

以浦作声兼义符的字有：蒲。

以浦作声符的字有：溥、澅。

浙 zhè

【字形】篆 隶 草

【构造】形声兼会意字。篆文从水，折声，折也兼表曲折之意。隶变后楷书写作浙。

【本义】《说文・水部》："浙，江水东至会稽山阴为浙江。从水，折声。"本义为水名，即浙江，也叫之江，取其曲折之意，即今之钱塘江。

【演变】浙，本义指❶浙江。又指❷浙江省：我也不想回～，但未定到哪里去｜～赣铁路。

涉 shè（𣽁）

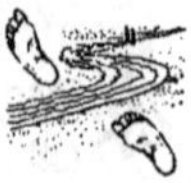

【字形】甲 金 篆 隶 草

【构造】会意字。甲骨文从水，将步的两脚跨在水两边，会蹚水而过之意。金文大同。篆文整齐化，或省去一水。隶变后楷书分别写作𣽁与涉。如今规范化，以涉为正体。

【本义】《说文・林部》："𣽁，徒行厉水也。从林，从步。涉，篆文，从水。"本义为徒步过河。

【演变】涉，本义指❶徒步过河：澭水暴益，荆人弗知，循表而夜～。引申泛指❷从水上渡过：楚人有～江者，其剑自舟中坠于水｜跋山～水｜远～重洋。由涉水引申指❸进入，到：不虞君之～吾地也｜～足其间。又引申指❹经过，经历：厉士利械，则～难而不匮｜杭有卖果者，善藏柑，～寒暑不溃｜～世不深｜～险。由经历又引申指❺阅览：少好学，博～书记，赡于文辞｜～猎。涉则由此至彼，故又引申指❻牵连，关联：而言有关～，事便显露｜～嫌｜～外｜～及｜交～｜干～｜牵～。

【组字】涉，如今既可单用，也可作偏旁。现今归入水部。凡从涉取义的字皆与涉水等义有关。

以涉作义符的字有：濒。

消 xiāo

【字形】篆 隶 草

【构造】形声兼会意字。篆文从水，肖声，肖也兼表变小之意。隶变后楷书写作消。

【本义】《说文・水部》："消，尽也。从水，肖声。"本义为冰雪融化。

【演变】消，本义指❶冰雪融化：时雪不降，冰冻～释｜冰～瓦解。引申泛指❷消失，消散：鸟兽之害人者～｜烟～云散。用作使动，指❸使消

失,消除:巴酒不能~客恨|~炎|~费|~毒。由消融又引申指❹消减,低落:自从~瘦减容光,万转千回懒下床|~长|~息|~退|~损|~弱|~沉|~极。由冰雪消去,又引申指❺时间消逝,度过:登高墉以永望,冀~日以忘忧|~夜|~遣|~夏。由消去冰雪又引申指❻消化食物:槟榔~食|~化不良。又进而引申指❼享用:高官大爵,无福也难~|怎生~受的(得)陛下恩宠?又引申指❽禁受:更能~几番风雨,匆匆春又归去。由享用又引申指❾需要:小事何~挂怀|不~吩咐|只~你一句话。

浩 hào

【字形】篆  隶 浩 草 

【构造】形声兼会意字。篆文从水,告声,告为祭告苍天,用以会水面沧漭辽阔之意。隶变后楷书写作浩。

【本义】《说文 · 水部》:"浩,浇也。从水,告声。"本义为水势盛大。

【演变】浩,本义指❶水势浩大:汤汤洪水方割,荡荡怀山襄陵,~~滔天。引申泛指❷旷远,盛大:青冥~荡不见底,日月照耀金银台|~瀚无边|~然正气|~劫。又引申指❸众多:白骨~纵横,零残手与足|~如烟海。

海 hǎi

【字形】金  篆  隶 海 草 

【构造】形声兼会意字。金文从水,每声,每也兼表美盛之意。篆文整齐化。隶变后楷书写作海。

【本义】《说文 · 水部》:"海,天池也,以纳百川者。从水,每声。"本义为大海,即靠近大陆与大洋连接的水域。

【演变】海,本义指❶大海:井蛙不可以语于~者,拘于虚(通墟,住的地方)也|百川异源,而皆归于~|南~。引申指❷大的湖泊,水池:园中有一~,号咸池|~子,在县西三里,旧名积水潭|洱~|里~。又引申指❸大的器皿:设宴,有银~,受一升,以手捧饮,将~覆地|点个大~灯|~碗。由海的面积大水多,又比喻❹人或事物聚得多而广:百家之学~|曲~|人~|云~|花~。

【组字】海,如今既可单用,也可作偏旁。现今仍归入水部。凡从海取义的字皆与水多等义有关。以海作声符的字有:嗨。

涂 tú

(塗、途、镀)

【字形】甲  金  古  篆  今篆 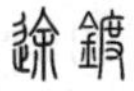 隶 涂 塗 途 镀 镀 草 

【构造】形声兼会意字。甲骨文从水,余声,余为路边房舍,用以会水路之意,也表可行船的河流。金文繁化,另加义符人。古文又加义符土。篆文整齐化。隶变后楷书写作涂。如今又作了"塗"的简化字。塗,从土从涂会意,涂也兼表声。

【本义】《说文 · 水部》:"涂,水。出益州牧靡南山,西北入渑(绳)。从水,余声。"本义为水路,借指水名,即今云南境内之牛栏江。又《土部》:"塗,泥也。从土,涂声。"本义为泥巴。

【演变】涂,本义指❶水名:~水导源腊谷,西北流至越嶲入绳。涂,人所由得通,故古又用作"途",表示❷道路:日大有洫(水道),洫上有~|晏子出,遭之~|。此义后另写作"途"。路途有土,故古又表示❸泥土:如以朝衣朝冠坐于~炭|生灵~炭。此义后另加义符"土"写作"塗",如今简化仍用涂。进而引申指❹海滩:围~造田|海~。由泥土又引申指❺涂饰:台榭不~|~油漆。又引申指❻胡乱涂抹:~抹诗书如老鸦|胡乱~画|~鸦。又引申指❼抹去:把墙上的标语~掉|~改。

〇塗,从土从涂会意,涂也兼表声,如今简化仍用涂。读 tú,本义指❶泥土:睽孤,见豕负~,载鬼一车。又指❷涂抹,涂饰:譬犹居室,一穴则塞之,一隙则~之,则无颓毁之虑|~口红。用作"途",又表示❸道路:天下同归而殊~,一致而百虑。

又读 dù,指❹以金饰物:居昭阳舍,其中庭彤朱,而殿上髹漆,切皆铜沓黄金~,白玉阶。

此义后作“鍍”,如今简化作镀。

〇途,甲骨文从止(脚)从余会意,余也兼表声。俗改为从辶,其义不变,如今规范化,以途为正体。读 tú,本义指道路:天明登前~,独与老翁别|穷~末路|道听~说|日暮~穷|路~|长~。

〇镀,从金,度声,度也兼表漫过之意。读 dù,本义为❶用物理或化学方法使一种金属均匀地附着在另一种金属或物体的表面,形成薄层:假金方用真金~|甜瓜苦瓜黄金~|~金|~锌|~铬|~层|电~。用作“镀金”,又借以❷讥讽人到某种环境去深造或锻炼,只是取得虚名,并无真才实学:出洋~金。

【组字】涂,如今既可单用,也可作偏旁。现今仍归入水部。凡从涂取义的字皆与泥土等义有关。

以涂作声兼义符的字有:塗。

以涂作声符的字有:蒤。

浴 yù

【字形】甲　金　篆　隶　草

【构造】会意兼形声字。甲骨文上从人,身上有水点,下从皿,会人在盆中洗身之意。金文改为从水从谷,成了在溪谷洗浴了,谷也兼表声。篆文整齐化。隶变后楷书写作浴。

【本义】《说文·水部》:“浴,洒(洗)身也。从水,谷声。”本义为洗澡。

【演变】浴,本义指❶洗澡:新沐(洗头)者必弹冠,新~者必振衣|洗,去足垢;盥,去手垢;~,去身垢;皆去一形之垢,其实等也|~池。用作“沐浴”,既表示❷洗澡:共王之沐~。又比喻❸承受润泽或得到某种恩惠:沐~皇恩三百载。

流 liú

【字形】金　古　篆　隶　草

【构造】会意字。金文从水从㐬(倒子突忽而生出),会水流急速涌出之意。古文改为从林。篆文承接金文并整齐化。隶变后楷书写作流。是“㐬”的加旁分化字。作偏旁时或省作㐬。

【本义】《说文·林部》:“𣴖,水行也。从林、㐬。㐬,突忽也。流,篆文,从水。”本义为水流急速涌出。

【演变】流,本义指❶水流急速涌出:洪水横~|川~不息。引申泛指❷流动,移动,运行:七月~火|物资交~|空气对~|~通。又引申指❸运动不定的:为~矢所中|似水~年|~星|~民|~光。又引申为❹流传,散播:德之~行,速于置邮(驿站)而传命|~风余韵|~芳百世|~弊|~行。又特指❺无根据的传言:~言蜚语。又引申指❻流放:~共工于幽州。又引申为❼演变成:~于形式|~为盗匪。由水的流动无阻,又引申指❽流畅:百啭~莺绕建章|~利。用作名词,指❾河流,水流:顺~而下|源远~长|主~|支~。又泛指❿像水流的:电~|暖~|气~。河流有不同的支派、方向,故又引申为⓫流派,流品,等级:三教九~|~内|~外|一~|末~。

【组字】流,如今既可单用,也可作偏旁。作偏旁时或省作㐬。现今归入水部。凡从流取义的字皆与水的流畅无碍等义有关。

以流作声兼义符的字有:旒、琉。

以流作声符的字有:硫、锍、㼌、鎏。

润 rùn (潤)

【字形】篆　隶 润 潤　草

【构造】形声兼会意字。篆文从水,閏声,閏也兼表多出之意。隶变后楷书写作潤。如今简化作润。

【本义】《说文·水部》:“潤,水曰润下。从水,閏声。”本义为潮湿、滋润,使不干枯。

【演变】润,本义指❶滋润,使不干枯:鼓之以雷霆,~之以风雨|随风潜如夜,~物细无声|湿~|浸~|~嗓子。物滋润则有光泽,故又引申指❷润泽,细腻,光滑:玉在山而草木~,渊生珠而崖不枯|光~|~滑。由滋润,用作使动,表示❸使滋润,使有光彩:为命,裨谌草创之,世叔讨论之,行人子羽修饰之,东里子产~色之|~饰。由增益水分使滋润,又引申指❹有益,好处:富~屋,德~身|利~|分~。

浪 làng；láng

【字形】篆 隶浪 草

【构造】会意兼形声字。篆文从水从良（表示高朗），用水高朗会白波汹涌之意，良也兼表声。隶变后楷书写作浪。

【本义】《说文·水部》："浪，沧浪水也。南入江。从水，良声。"所释为借义。本义当为波浪，即江河湖海上的大波。

【演变】浪，读 làng，本义指❶波浪：长风破～会有时，直挂云帆济沧海。引申指❷像波浪状的东西：鸦鸣日出林光动，野阔风摇麦～寒。由波浪的不停涌动，又引申指❸放纵无节制，流动散漫：谑～笑敖，中心是悼（惊惧）｜或因寄所托，放～形骸之外｜一春～荡不归家，自有穹庐障风雨｜～迹同生死，无心耻贫贱｜年来转觉此生浮，又作三吴～漫游｜～费｜～子回头金不换。又引申指❹淫荡，勾引：咱一不～，二不偷。又指❺闲逛：你又到哪儿～去了？用作副词，指❻随意地，白白地：市交莫～交，中路难固结｜～抚一张琴，虚栽五株柳。

又读 láng，引申为❼流，流逝：泪流襟之～～｜人间岁月～如驰。用作"沧浪"，指❽古水名，即沧浪水：沧～之水清兮，可以濯我缨。又形容❾水色青绿：水色沧～。

【组字】浪，如今既可单用，也可作偏旁。现今仍归入水部。凡从浪取义的字皆与波浪等义有关。

以浪作声符的字有：蒗、哴。

浸 jìn （濅、寖）

【字形】甲 金 篆 隶浸 寖 濅 草

【构造】会意兼形声字。甲骨文从水从帚从宀（房），会手持帚洒水一步步清扫房子之意。金文省宀，表示水浸湿之义。篆文整齐化，并将帚改为𡪢（寝）声。隶变后楷书写作濅，或省作寖。俗承接金文写作浸。如今规范化，以浸为正体。

【本义】《说文·水部》："濅，水。出魏郡武安，东北入呼沱水。从水，𡪢声。"所释应为借义。本义当为水逐渐浸湿。

【演变】浸，本义指❶水逐渐浸湿：有洌氿泉（从侧面流出的泉），无～获薪｜上漏下湿，润～北房｜～透｜～泡｜～润。由水逐步渗入，用作副词，引申泛指❷渐渐，逐渐：且夫物之生长，无卒成暴起，皆有～渐｜其后奢用～广。又引申指❸湖泽：（扬州）其川三江，其～五湖。又引申指❹灌溉：滮池北流，～彼稻田。

【组字】浸，如今既可单用，也可作偏旁。现今仍归入水部。凡从浸取义的字皆与浸湿等义有关。

以浸作声符的字有：葠、㬐。

涨 zhǎng；zhàng （漲）

【字形】古 今篆 隶涨 漲 草

【构造】形声兼会意字。古文从水，張声，張也兼表张大之意。隶变后楷书写作漲。如今简化作涨。

【本义】《广韵·漾韵》："涨，大水。"本义为水位升高。

【演变】涨，读 zhǎng，本义指❶水面升高：冲巫峡以迅激，跻江津而起～｜河水暴～｜水～船高｜～潮。引申又指❷价格提高：物价上～｜房价又～了｜～钱。

又读 zhàng，上涨则增大，故引申指❸扩大：山东农谚：日落乌云～，明天好晒酱｜豆子都泡～了。又引申指❹头部充血：满脸～得通红。由扩大又引申指❺充满，弥漫：顷之，烟炎～天，人马烧溺死者甚众。又引申指❻多出，超出：一称，～出了半斤｜量了几次，都～出半尺。

烫 tàng （燙）

【字形】古 今篆 隶烫 燙 草

【构造】形声兼会意字。古文从火，湯声，湯也兼表热之意。隶变后楷书写作燙。如今简化作烫。

【本义】后起字。

【演变】烫，本义指❶皮肤被火或高温灼痛或灼伤：他自己~了手，怪谁？｜快叫我看看，~着哪儿了？｜~得疼不疼？｜~掉一层皮｜~了两个泡。引申指❷用高温的物体使另一个物体温度升高或发生某种变化：~酒｜~衣服｜~饭。用作形容词，又引申指❸温度高：粥真~｜水~，不能喝｜浑身发~｜脸上~得很。

涌 yǒng

【字形】篆 隶 涌 草

【构造】会意兼形声字。篆文从水从甬（表凸出），会水向上冒出意，甬也兼表声。隶变后楷书写作涌。

【本义】《说文·水部》："涌，滕（腾）也。从水，甬声。"本义为水向上冒出。

【演变】涌，本义指❶水向上冒出：上有山泉，从石罅怒~。引申泛指❷像水冒出一样：痰只往上~｜许多人一齐从大厅里~出来。

【组字】涌，如今既可单用，也可作偏旁。现今仍归入水部。凡从涌取义的字皆与向上升腾等义有关。

以涌作声兼义符的字有：慂（恿）。

悟 wù

【字形】金 古 篆 隶 悟 草

【构造】会意兼形声字。金文从欠（张口出气）从吾会意，人忽然明白时常表现为噢一声长出气。古文改从欠为从心。篆文承之，成为从忄（心）从吾，会自己觉醒之意，吾也兼表声。隶变后楷书写作悟。

【本义】《说文·心部》："悟，觉也。从心，吾声。"本义为醒悟，觉悟。

【演变】悟，本义指❶醒悟，觉悟：三主惑而终身不~，亡，不亦宜乎？｜至死不~｜执迷不~｜恍然大~。引申指❷理解，明白：此理世间多未~｜~出其中道理｜领~｜了~。

【组字】悟，如今既可单用，也可作偏旁。现今仍归入心部。凡从悟取义的字皆与醒悟等义有关。

以悟作声符的字有：寤。

悄 qiǎo；qiāo

【字形】篆 隶 悄 草

【构造】会意兼形声字。篆文从心从肖（表示小），会时刻小心、提心吊胆之意，肖也兼表声。隶变后楷书写作悄。

【本义】《说文·心部》："悄，忧也。从心，肖声。"本义为忧愁的样子。

【演变】悄，读 qiǎo，本义指❶忧愁的样子：忧心~~，愠于群小｜~然落泪。后引申指❷静无声音：穷巷~然车马绝。又引申指❸暗暗地：我如今收拾些金银珠宝，~地交付了你。

又读 qiāo，指❹没声音或声音很小：静~~｜说些~~话。

悔 huǐ

【字形】金 篆 隶 悔 草

【构造】形声兼会意字。金文是鸟虫书，从心，每声，每为晦省，也兼表心境灰暗懊恨之意。篆文整齐化。隶变后楷书写作悔。

【本义】《说文·心部》："悔，悔恨也。从心，每声。"本义为对自己做过的事或说过的话感到懊恼，懊丧。

【演变】悔，本义指❶对自己做过的事表示懊恼：亦余心之所善兮，虽九死其犹未~｜怀王~，追张仪，不及｜~不当初｜~过自新｜幡然~悟｜后~｜懊~。由后悔引申指❷改过：他日入乡校，感~，即痛俯饬｜死不~改。又引申指❸翻悔：你想~了这门亲事，办不到。

害 hài

（夆）

【字形】甲 金 古 篆

隶 害 夆 草

【构造】会意兼形声字。对"害"字的解说很多，尚无定论。或以为甲骨文蚩（）是"害"的本字，原是被蛇伤足，泛指灾害，伤害。考上列甲骨文上为余（初民的茅屋）的变形，缺了斜撑，下是房基或器物，盖为远古地震和暴风雨造成的墙倒屋塌的灾害之象,表示房舍或器物遭受毁坏。金文和古文大同,只是下多一短横。篆文承古文,中间合起来讹为丯(表割伤),这正是《说文》解释为"家里口角相伤"之意的来历,遂成为从宀,从口,从丯会意,丯也兼表声。隶变后楷书写作害。

【本义】《说文·宀部》:"害,伤也。从宀,从口。宀、口,言从家起也。丯声。"本义为损伤,使遭祸患。

【演变】害,本义指❶伤害,损害:节以制度,不伤财,不~民|志士仁人,无求生以~仁,有杀身以成仁|枝叶未有~,本实先拨(绝)|~国~民。用作名词,指❷灾祸,祸害:姜氏欲之,焉避~|为民除~|灾~|蝗~。又引申指❸妨碍:~于耕|妨~。又引申指❹有害的:~虫|~鸟。用作意动,表示❺嫉妒:上官大夫与之同列,争宠而心~其能。由伤害又引申指❻杀害:(曹嵩)为陶谦所~。又引申指❼招致不好的后果:你这负心汉,~天灾的。由招致疾病,引申指❽生病:争奈我那浑家~的重了,我家中去看一看去。又引申指❾产生不适的感觉或不安的情绪,感觉到:一点也不~羞|~怕。又借作"夆"(hài,注意:不是"夆"),表示❿要害:秦之号令赏罚地形利~,天下莫如也。

〇夆,从夂(到来的一只脚)从丯(象征交叉支木作成路障)会意,丯也兼表声。读 hài,本义为❶在要害处设置障碍:今官稽察匪盗之所曰卡房,盖~字之变,实当用~字耳。又指❷地名:南阳新野有~亭。

由于"夆"易与"夆"相混,后便废而不用了,其义借害来表示。

【组字】害,如今既可单用,也可作偏旁。现今仍归入宀部。凡从害取义的字皆与伤割等义有关。

以害作声兼义符的字有:割。

以害作声符的字有:嗐、搳、辖、瞎、豁。

𡨄 hán (寒)

【字形】金　篆　今篆　隶　草

【构造】会意字。金文从宀从茻(众草)从人,是一个人生活在屋子里,周围裹满了草,表示天很冷。第二形在脚下还加了两块冰(冫),显然更冷。篆文大同小异并整齐化。隶变后楷书写作寒。作偏旁时省作𡨄。注意:与"塞"上所从之"𡫳"形不同。参见𡫳。

【本义】《说文·宀部》:"寒,冻也。从人在宀下,以草荐覆之,下有冫。"本义为冷。

【演变】作为偏旁独立出来的𡨄不单用,单用用寒。

〇寒,本义为❶冷,感到冷:风萧萧兮易水~|夏即不汗,冬即不~|天~地冻。引申指❷寒冷的季节:~往则暑来,暑往则~来,~暑相推而岁成焉|~暑易节,始一反焉。贫家多衣不保暖,故又引申为❸贫困:范叔一~如此哉|家境贫~。由贫寒又引申为❹卑微:上品无~门,下品无势族。寒冷时人常颤抖,恐惧时人也颤抖,故又引申指❺恐惧,战栗:寡君是以~心|令人胆~。又用作❻谦词:~舍就在咫尺,敢劳玉趾一行。

【组字】寒,如今既可单用,也可作偏旁。现今仍归入宀部。作偏旁时省作𡨄。凡从𡨄(寒)取义的字皆与寒冷等义有关。

以𡨄作声符的字有:骞、搴、褰、蹇、謇。

宽 kuān (寬、寛)

【字形】金　篆　隶 宽 寬　草

【构造】会意兼形声字。金文从宀从萈(讹体,表羊角向两边分张),会房子宽大之意,萈也兼表声。篆文整齐化。隶变后楷书写作寬。俗作寛。如今简化作宽。

【本义】《说文·宀部》:"寬,屋宽大也。从宀,萈声。"本义为房屋阔大。

【演变】宽,本义指❶面积阔大,宽阔:府寺~敞,舆服光丽|~袍大袖|~广|~绰|~裕。引申特指❷横的距离或横的距离大:阶庭~窄才容足|用很~的玄色腰带,胡乱捆在腰间。由宽阔引申指❸宽松,舒缓,缓和:急则人习骑射,~则人乐无事。进而引申指❹宽厚,度量大:为人~和自守,以温言逊词承上接下,无所失意。用作使动词,指❺放松,放宽:减陇西、北地、上郡戍卒之半,以~天下之繇|~恕|~心|~衣。

【组字】宽,如今既可单用,也可作偏旁。现今仍归入宀部。凡从宽取义的字皆与宽大等义有关。

以宽作义符的字有:鬜。

以宽作声兼义符的字有:臗、髋。

家 jiā;jia (傢)

【字形】甲  金  篆  今篆 
隶 家 傢 草 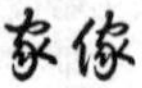

【构造】会意兼形声字。甲骨文从宀(棚屋),里面有一头豭猪(公猪),会养猪棚之义,豭(jiā)也兼表声。金文大同。篆文公猪变成一般的豕。隶变后楷书写作家。如今又作了"傢"的简化字。

【本义】《说文·宀部》:"家,居也。从宀,豭省声。"本义为养猪棚。

【演变】家,读 jiā,本义指养猪棚。有居家才可能养猪,故引申指❶家庭的住所:古公亶父,陶复陶穴,未有~室|~园|回~。又指❷家庭这种组织:治天下之国若治一~|~~户户|~常。用作对人的谦称,指❸自家的:~父。又引申指❹已驯化或家生的:~兔。又指❺内部的:~贼。又引申指❻学术流派或经营某种行业的:诸子十~,其可观者,九~而已|道~|田~|酒~。又引申指❼具有某种专长或从事某种专门活动的人:画~|政治~。又用作❽量词:三~饭店。又用作"傢"的简化字,表示❾器物:(马二先生)又尽力的吃了一餐,撤下~伙去|~具|~什。

又读 jia ,虚化为❿词尾:小孩~懂什么。

○傢,从人从家会意,家也兼表声。读 jiā,本义为器具,器物,用于"傢什""傢具""傢伙"。如今简化作家。

【组字】家,如今既可单用,也可作偏旁。现今仍归入宀部。凡从家取义的字皆与居家等义有关。

以家作声兼义符的字有:嫁、傢(家)。

以家作声符的字有:稼、镓。

宵 xiāo

【字形】甲  金  篆  隶 宵 草 

【构造】形声兼会意字。甲骨文和金文皆从宀(房屋),肖(悄省)声。人深夜入屋就寝,悄无声息,故肖(悄省)也兼表意。篆文整齐化。隶变后楷书写作宵。

【本义】《说文·宀部》:"宵,夜也。从宀,肖声。"本义为夜晚。"宵夜"对举时指前半夜。

【演变】宵,本义指❶夜晚:昼尔于茅(割茅草),~尔索绹(拧绳索)|禁~行夜游者|~衣(天未亮穿衣起床)旰(晚)食|通~达旦|元~佳节|~小(窃贼)|良~。因所从肖含有小义,古又借作❷小:毋迩(接近)~人|~雅。

宾 bīn;bìn (𡧍、賓、擯、摈、儐、傧)

【字形】甲 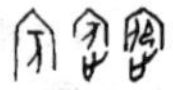 金 
古  篆  今篆 
隶 宾 賓 摈 擯 傧 儐
草 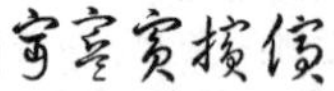

【构造】会意兼指事兼形声字。甲骨文一形从宀(房子)从人,人头上加横,指明戴着冠冕,是个贵客;二形再加止(脚),会客人来到屋里之意。金文承甲骨文前两形更加貝,表示还带着礼物。古文承金文二形,人讹为元,也是突出了头部的人。篆文承甲骨文二形并整齐化,人形与止形讹为丏,就看不出原意了;二形在一形的基础上再加貝,成了从貝从𡧍会意,𡧍也兼表声。隶变后楷书分别写作𡧍与賓。如今賓简化作宾,成了从宀,兵声。古体𡧍只作偏旁。

【本义】《说文·貝部》:"賓,所敬也。从貝,𡧍声。"本义为客人。

【演变】宾,读 bīn,本义指❶客人:我有嘉~。用作动词,表示❷作客,客居:鸿雁来~。又表示❸以客礼相待:~秦师而却之。又表示❹尊敬:天下诸侯皆~事之。又表示❺顺从:~服。又特指❻戏曲中两人对说:~白。

又读 bìn,客人毕竟是外人,故古又表示❼排斥,抛弃:衔生居山林,以~寡人。此义后另加义符"扌"写作"擯",如今简化作摈。

〇摈，从扌从宾会意，宾也兼表声。读 bìn，本义为❶接引宾客：为人明敏有威仪，善～赞。此义今用"傧"。今专表❷排斥，抛弃：恃才傲物，为乡党所～｜～斥异己｜～诸门外｜～弃｜～除。

〇傧，甲骨文三形从宀，从一立人一跪坐之人，从止，会迎引客人到来之意。篆文将立人移到屋外并整齐化，成了从人，賓声，賓也兼表宾客之意。隶变后楷书写作儐。如今简化作傧，与摈有了分工。读 bīn，本义为❶古代接引宾客：王命诸侯，则～。又表示❷尊敬：（祭）山川，所以～鬼神也。又指❸古代接引宾客的人，或侍从之人：～从皆珠玳，裘马悉轻肥｜笾豆有列，～相有位。后世又指❹典礼中担任司仪的人：～相喝礼，拜了天地。又指❺举行婚礼时的伴郎或伴娘：男～相｜女～相。

【组字】宾，如今既可单用，也可作偏旁。现今宾归入宀部。凡从宾取义的字皆与宾客、顺从等义有关。

以宾作声符的字有：傧、摈、滨、缤、槟、殡、膑、镔、鬓、髌、嫔。

容 róng（頌、颂）

【字形】甲 金 古 籀 篆 隶 容 颂 頌 草

【构造】会意兼形声字。容代表两类含义：一类表示盛纳，甲骨文借谷表示。古文承甲骨文讹为从宀（房屋），公声。篆文一形承古文讹为从宀从谷会意，房屋与山谷皆为能盛纳之物。二类表示相貌，金文从頁（人头）从公会意，公也兼表声，是容貌之容的本字。籀文承金文，公讹为容。篆文二形承金文并整齐化。隶变后楷书分别写作容与頌。頌如今简化作颂。现在容、颂表义有分工。参见颂。

【本义】《说文·宀部》："容，盛也。从宀、谷。"本义为盛纳。

【演变】容，本义指❶盛纳：谁谓河广，曾不～刀（小船）｜～器。引申为❷收留：无适小国，将不女～。又引申为❸宽容：兄弟二人不能相～｜～忍。又引申为❹允许：卧榻之侧，岂～他人鼾睡耶？｜不～分说。用作副词，表示❺有可能，或许：诸王子多在京师，～有非常，宜亟发遣各还本国。又借为"颂"，表示❻容貌：年且百岁，犹有壮～｜如闻其声，如见其～。又泛指❼样子：泰山之～，巍巍然高。又引申指❽模式：凡为甲，必先为～。又引申指❾礼仪：乃教之六仪：一曰祭祀之～，二曰宾客之～，三曰朝廷之～，四曰丧纪之～，五曰军旅之～，六曰车马之～。用作动词，指❿修饰：岂无膏沐，谁适（啻，只）为～？

〇颂，从页（头）从公会意，公也兼表声。读 róng，本义指❶容貌，仪态：（鲁）徐生以～为礼官大夫，传子至孙。此义如今由容来表示。

又读 sòng，由修饰容貌，引申表示❷赞扬：从天而～之，孰与制天命而用之｜歌功～德｜～扬。又指❸《诗经》中的一类诗：故诗有六义焉：一曰风，二曰赋，三曰比，四曰兴，五曰雅，六曰～｜雅、～各得其所。又表示❹一种文体：～者，所以游扬德业，褒赞成功。

【组字】容，如今既可单用，也可作偏旁。现今仍归入宀部。凡从容取义的字皆与纳入等义有关。

以容作声兼义符的字有：溶。

以容作声符的字有：蓉、榕、熔。

宰 zǎi

【字形】甲 金 篆 隶 宰 草

【构造】会意字。甲骨文从宀从辛会意，辛为刑刀，会罪奴在屋下从事杀牲以备祭的劳动之意。金文繁化。篆文整齐化。隶变后楷书写作宰。

【本义】《说文·宀部》："宰，罪人在屋下执事者。从宀，从辛。辛，罪也。"本义为由罪人充当的家奴，掌管杀牲之事。

【演变】宰，由掌管杀牲以备祭的奴隶，引申❶泛指家奴，家臣：胥靡为～｜王叔之～。官员无非皇帝的家奴，故又用作❷古官名：～相｜膳～｜县～。又引申为❸主管者：德也者万民之～也。又特指❹坟墓：～上之木拱矣。用作动词，又引申为❺杀牲畜，割肉：杀猪～羊｜～肉不平而斗。又引申为❻主持，治理：～制｜～宁国以礼。

【组字】宰，如今既可单用，也可作偏旁，现今仍归入宀部。凡从宰取义的字皆与砍、杀等义有关。

以宰作声符的字有：滓、梓、榟。

案 àn

【字形】篆 隶 草

【构造】会意兼形声字。篆文从木从安，会安放饭菜的托盘之意，安也兼表声。隶变后楷书写作案。

【本义】《说文·木部》："案，几属。从木，安声。"本义为上食物时用的短足木盘，俗称托盘。是"几"的后起字。

【演变】案，本义指❶上食用的短足木盘：每归，妻为具食，不敢于（梁）鸿前仰视，举～齐眉。后引申指❷长方形桌案：（孙权）因拔刀斫前奏～，曰："诸将吏敢复有言迎操者，与此～同！"|几～|书～。官府的文书要放在奏案上，故引申指❸处理公事的文书等：无丝竹之乱耳，无～牍之劳形|～卷|备～|有～可稽。诉讼都有记录文书，故又引申特指❹案件：将全～细细看过两遍，传出一张单子去，明日提人|犯～|破～|立～|惨～。由文书，后又引申指❺提出计划、办法的文件：草～|提～|方～|议～。

窄 zhǎi

【字形】古 篆 今篆 隶 草

【构造】形声兼会意字。古文从穴，乍声，乍为兆纹裂缝，也兼表空间范围窄小之意。隶变后承古文作窄。篆文从竹（中空狭小），乍声。隶变后楷书写作笮。另表他义。

【本义】《说文·竹部》段注："《说文》无窄字。笮、窄，古今字。"《广雅·释诂一》："窄，狭也。"本义为空间横的距离小。

【演变】窄，本义指❶空间窄小：处所逼～。引申指❷地域狭隘：城大而地～者，必先攻其城|胡同～。又引申指❸范围不宽广：这个专业，涉及面比较～|前途～。又引申指❹困窘：艰难生理～。又引申指❺气量小：他啊，心～得很。

【组字】窄，如今既可单用，也可作偏旁。现今仍归入穴部。凡从窄取义的字皆与窄小等义有关。

以窄作声兼义符的字有：榨、笮。

朗 lǎng

【字形】篆 隶 草

【构造】会意兼形声字。篆文从月从良（廊道，表敞亮），会月光明亮之意，良也兼表声。隶变后楷书写作朗。

【本义】《说文·月部》："朗，明也。从月，良声。"本义为明亮。

【演变】朗，本义指❶明亮：清露坠素辉，明月一何～|～～乾坤|豁然开～。引申为❷明白，清晰：其词温而雅，其义皎而～。又引申为❸开朗：王公神情～达，常有世外之怀。又引申指❹眉目清秀：神仪明秀，～目疏眉。由明亮又引申指❺声音响亮、清晰：凝思幽岩，～咏长川。

【组字】朗，如今既可单用，也可作偏旁。现今仍归入月部。凡从朗取义的字皆与明亮等义有关。

以朗作声符的字有：塱、㮾、榔。

肁 zhào （肇、肈）

【字形】甲 金 篆

隶 肁 肇 肈 草

【构造】会意字。甲骨文是以戈击门形，表示要打开门。金文一形改为以手持棍敲门（与攺字应是同源）；二形手持棍形讹误为手持笔（聿），遂与甲骨文综合成了金文三形。篆文承金文综合为三体。隶变后楷书分别写作肁、肈、肇。如今规范化，以肇为正体。肁只作偏旁，肈废而不用。

【本义】《说文·户部》："肁，始开也。从户，从聿。"这是就篆文所作的解释。本义为打开门。

【演变】肁，本义指❶打开门。引申为❷开始。

又泛指❸击打。

由于肁作了偏旁，其义便由“肇”来表示。“肇”则废而不用。

○肇，读 zhào，本义指❶开始：~锡(赐)余以嘉名｜~端｜~始。引申为❷引发，发生：~祸｜~事｜~衅。

【组字】肁，如今不单用，只作偏旁。现今归入聿部。凡从肁取义的字皆与击打、开始等义有关。

以肁作声兼义符的字有：肇、肈。

扇 shàn；shān（搧、煽）

【字形】篆　隶 扇 煽 草

【构造】会意字。篆文从户(单门)从羽，会像翅膀一样能动的竹或苇编的门扇之意。隶变后楷书写作扇。

【本义】《说文 · 户部》：“扇，扉也。从户，从羽声。”本义为竹木做的片状门板。

【演变】扇，读 shàn，本义指❶门扇：耕者少舍，乃修阖~。由门扇引申泛指❷板片状遮挡物：磨~｜隔~｜窗~。又引申指❸扇子：公子王孙把~摇｜电~｜风~。用作量词，用于❹扁平物：一~磨盘｜两~门｜四~窗子。

又读 shān，用作动词，指❺摇动扇子等片状物使空气流动：凡去秕，南方尽用风车~去｜~凉｜~动。又特指❻用手掌打人：~耳光｜~嘴巴。此二义后另加义符“扌”写作“搧”，如今简化仍作扇。由扇动又引申指❼鼓动：乃~动百姓，私集徒众｜~惑。此义后也另加义符“火”写作“煽”。

○煽，从火从扇会意，扇也兼表声。读 shān，本义指❶扇火使旺盛，也泛指炽盛：艳妻~方处(美丽的褒姒得宠正处于其位)。引申指❷煽惑，煽动：日畏谗口~。

【组字】扇，如今既可单用，也可作偏旁。现今仍归入户部。凡从扇取义的字皆与扇动等义有关。

以扇作声兼义符的字有：搧、煽。

以扇作声符的字有：骟、鐍(钐)。

请 qǐng（請）

【字形】金　篆　隶 请 請 草

【构造】会意兼形声字。金文从言从青(后生)，会向尊长禀告或讨教之意，青也兼表声。篆文整齐化。隶变后楷书写作請。如今简化作请。

【本义】《说文 · 言部》：“請，谒也。从言，青声。”本义为谒见有所禀告，求告。

【演变】请，本义指❶有所禀告，求告：~谒任举之说胜，则绳墨不正。引申指❷求对方做某事：诸将等固~，乃从之｜~除之｜~求｜~假｜~便｜~教｜~示。又引申指❸求对方允许自己做某事：王好战，~以战喻｜~降。由求对方来做某事，又引申指❹邀请：顾荣在洛阳，尝应人~｜~辅导｜不~自来｜~客｜~人。由请求，又虚化作❺敬辞：~问｜~坐｜~带路。

诸 zhū（諸）

【字形】甲　金　篆　隶 诸 諸

草

【构造】会意兼形声字。甲骨文和金文皆与“者”同形。用作区别之词，是作为别事词的“者”的分化字，故用法与“者”相当。篆文另加义符言，成了从言从者(如火之清楚)会意，者也兼表声，以突出别事词之意。隶变后楷书写作諸。如今简化作诸。

【本义】《说文 · 言部》：“諸，辩(辨)也。从言，者声。”本义为起区别之用的语气助词。

【演变】诸，用法与“者”相当，本义为❶区别之词：不知神之所在，于彼乎，或~远人乎？又用作指代词，相当于❷之：王庶几改之；王如改~，则必反予(使我回来)。又用作第三人称代词，相当于❸他：能事~乎？又表示❹各个，众多：~大夫皆曰贤｜夫义者所以济志也，~德之发也｜~子百家｜~如此类｜~位先生。又用作兼词，用于句末，相当于❺之乎：王尝语庄子以好乐，有~？用于句中，相当于❻之于：投~渤海之尾。

【组字】诸，如今既可单用，也可作偏旁。现今仍归入言部。凡从诸取义的字皆与别事词等义有关。

以诸作声符的字有：储、藷、槠。

读 dú；dòu（讀）

【字形】篆讀 隶 读 讀 草 读

【构造】会意兼形声字。篆文从言从賣，卖东西要讲解宣传，会分析理解之意，賣也兼表声。隶变后楷书写作讀。如今简化作读。

【本义】《说文·言部》："讀，诵书也。从言，賣声。"本义为分析理解书上文字的意义。

【演变】读，音 dú，本义指❶分析理解书的意义：颂其诗，~其书，不知其人可乎？引申泛指❷看，阅读，研究：(孙)权欲(孙)登~《汉书》，习知近代之事｜好~书，不求甚解。又引申指❸出声地阅读，说出：中冓之言，不可~也｜朗~｜宣~｜诵~。如今又引申指❹上学：正在~中学｜~大学。

又音 dòu，指❺一句之内需要停顿的地方：句~之不知，惑之不解，或师之，或否焉。此义如今写作"逗"。参见逗。

【组字】读，如今既可单用，也可作偏旁。现今仍归入言部。凡从读取义的字皆与阅读等义有关。

以读作声符的字有：藚。

课 kè（課）

【字形】篆課 隶 课 課 草 课

【构造】形声兼会意字。篆文从言，果声，果也兼表检验效果之意。隶变后楷书写作課。如今简化作课。

【本义】《说文·言部》："課，试也。从言，果声。"本义为按规定的标准考核、考验成效。

【演变】课，本义指❶按规定的标准考核、考验成效：成器不~不用，不试不藏｜~其殿最(后前劣优)，覈(核)其得失。引申指❷督促完成规定的工作：~家人负物百斤，环舍趋走｜予~童溉之。又引申指❸按规定的内容分段教学或学习：苦节读书，二十已来，昼~赋，夜~书，间又~诗，不遑寝息矣｜~子到三更｜授~｜上~｜停~｜加~。又引申指❹按规定的时间和数量征收赋税：年满十六，便~米六十斛｜~以重税｜~税。用作名词，指❺赋税：其~，丁男调布绢各二丈。又引申指❻旧时机关按工作性质分设的办事单位(犹如今之科)：秘书~｜出纳~。又引申指❼一种占卜：于襄阳周先生处习会阴阳~命｜起~。

谁 shuí；shéi（誰）

【字形】金誰 篆誰 隶 谁 誰 草 谁

【构造】形声兼会意字。金文和篆文皆从言，隹(雀鸟)声，鸟语难以理解，故用以会发出疑问之意。篆文整齐化。隶变后楷书写作誰。如今简化作谁。

【本义】《说文·言部》："誰，何也。从言，隹声。"本义为疑问代词，相当于何、什么。

【演变】谁，读 shuí，本义指疑问代词，指人，相当于❶哪个：王往而征之，夫~与王敌？｜你是~？｜~见过孔雀？指事物，相当于❷什么：满地黄花堆积，憔悴损，如今有~堪摘？又虚指❸不确定的人：你听，楼上好像有~在唱歌。又用为泛指，表示❹任何人：~都不许作声｜~也不能例外。

又读 shéi，用于口语交际，同上述诸义。

调 tiáo；diào（調）

【字形】篆調 隶 调 調 草 调

【构造】形声兼会意字。篆文从言，周声，周为钟，需要调试，故也兼表谐调之意。隶变后楷书写作調。如今简化作调。

【本义】《说文·言部》："調，和也。从言，周声。"本义为配合和谐。

【演变】调，读 tiáo，本义指❶配合和谐：阴阳~，风雨节(有节制)｜风~雨顺｜比例失~｜协~。用作动词，指❷使配合均匀合适：以~盈虚｜~配｜~理｜~味｜~试｜~剂｜~弦。由调配合适，又引申指❸调解：以平宿怨，谓之~停｜~处。又引申指❹戏弄，挑逗：依倚将军势，~笑酒家胡｜~戏｜~情｜~弄｜~侃。

又读 diào，表示❺选拔，提拔：十年不得~，亡(同无)所知名。由选拔，引申指❻调动，调查：~为陇西都尉｜~兵遣将｜内查外~｜~职｜~

换|~集|~任|~运|~遣|抽~|对~|征~|~研。由声韵、音律需配合协调，故又引申指❼韵调：索琴弹之，而为《广陵散》，声~绝伦|唱个小~|曲~|音~。由韵调，又引申指❽风度，风格：谁爱风流高格~|笔~|色~|情~。又引申指❾说话的腔调：油腔滑~|南腔北~|声~|降~|曲折~。又引申特指❿要弄：你只会~嘴~舌。

【组字】调，如今既可单用，也可作偏旁。现今仍归入言部。凡从调取义的字皆与和谐等义有关。

以调作声符的字有：㴏。

谅 liàng （諒）

【字形】篆　隶 谅 諒　草

【构造】形声兼会意字。篆文从言，京声，京表高亮，也兼表坦诚之意。隶变后楷书写作諒。如今简化作谅。

【本义】《说文·言部》："諒，信也。从言，京声。"本义为诚信。

【演变】谅，本义指❶诚信：友直，友~，友多闻|直~多为世所排。由诚信到不知变通，引申指❷固执：君子贞而不~。由诚信可察，又引申指❸体察，相信：母也天只，不~人只（语气词）。由体察，进而又引申指❹宽恕，原谅：还请见~|体~|~解。由诚信，又引申指❺诚然，的确：~不我知。进而又引申指❻料想：大宗师~不为怪|~他不敢|~必如此。

谈 tán （談、譚、谭）

【字形】篆　今篆　隶 谈 談 谭 譚　草

【构造】会意兼形声字。篆文从言从炎（热烈）会意，炎也兼表声。隶变后楷书写作談。如今简化作谈。异体作譚，改为从言从覃（长），会言谈深长之意，覃也兼表声。如今简化作谭。现在二字表义有分工。

【本义】《说文·言部》："談，语也。从言，炎声。"本义为与人谈论，议论。《说文通训定声》："谈，语也。字亦作谭。"

【演变】谈，本义指❶与人交谈：遍国中无与立~者|小说家者流，盖出于稗官，街~巷语、道听途说者之所造也|面~|交~|座~|闲~。用作名词，指❷所说的话，言论：慎（到）、墨（翟）不能进其~|传为美~|奇~怪论|无稽之~。

○谭，读 tán，本义为❶宏大，广大：修业居久而~。如今主要用作❷姓。或用作❸书名，表示古雅：《天方夜~》。

谊 yì （誼）

【字形】篆　隶 谊 誼　草

【构造】会意兼形声字。篆文从言从宜（合义），会合乎理义之意，宜也兼表声。隶变后楷书写作誼。如今简化作谊。

【本义】《说文·言部》："誼，人所宜也。从言，从宜，宜亦声。"本义为道德、行为合乎理义。

【演变】谊，本义指❶合理义：素闻先生高~，愿为弟子久矣|主恩隆重，~（按义理）不容辞。引申指❷意义：会意者，比类合~，以见指㧑，武、信是也。由合宜又引申指❸人与人之间合宜的关系、交情：临别提斯语，少尽交朋~|尽殷勤之~|深情厚~|友~|世~|乡~|情~|交~。

袜 wà；mò （韈、韤、襪、韎、靺、帓）

【字形】金　古　篆　今篆　隶 袜 襪 韎 靺 韈 韤　草

【构造】会意兼形声字。金文从韦从戋会意，盖为戎装。古文从衣从蔑会意。篆文从韋（皮子）从蔑（眵目糊，表蒙覆），用以会皮革做的袜子之意，蔑也兼表声。说明最初的袜子是皮子做的。隶变后楷书写作韈。异体有韤、韎、靺、帓、襪，或从革、从巾、从衣，从蔑、从末取得声义，表示袜子是用韦、革、巾等做的"足衣"。后俗又借"袜"来表示，从衣从末，会穿在体末的足衣之意，末也兼表声。如今规范化，以袜为正体。

【本义】《说文·韦部》："韈，足衣也。从韦，蔑声。"《玉篇·衣部》："袜，脚衣。"《一切经音义》："袜，或作襪。"本义为袜子，即用皮子或布帛等制作的、穿在脚上起保护作用的物品，如今多为棉、麻、丝、人造纤维品。《广韵·末韵》："袜，袜肚。"本义为抹胸，兜肚。

【演变】袜，作为本字，读 mò，本义为❶抹胸，兜肚：性质朴，不事威仪，冬则短身布袍，夏则紫纱～腹。

又读 wà，后借用作韈、韤、襪、韎、韎、帓等的简化字，表示❷脚上穿的袜子：凌波微步，罗～生尘｜鞋～。用作动词，指❸穿袜子：见耶（同爷）背面啼，垢腻脚不～。

袖 xiù（褎）

【字形】篆 隶 袖 褎 草

【构造】形声兼会意字。篆文一形从衣，采声，采（suì，穗）也兼表抽出之意。篆文二形从衣，由声，由也兼表手之所由出入之意。隶变后楷书写作褎与袖。如今规范化，以袖为正体。

【本义】《说文·衣部》："褎，袂也。从衣，采声。袖，俗褎从由。"本义为衣服套在胳膊上的部分，即袖子。

【演变】袖，本义指❶袖子：羔裘豹～｜长～善舞，多钱善贾（gǔ）｜领～｜衣～｜～筒｜～管｜～口｜～标。用作动词，表示❷使藏在袖中：朱亥～四十斤铁椎，椎杀晋鄙｜～手旁观｜趁人不注意，把东西～了回来。

袍 páo

【字形】篆 隶 袍 草

【构造】形声兼会意字。篆文从衣，包声，包也兼表包裹之意。隶变后楷书写作袍。

【本义】《说文·衣部》："袍，襺（jiǎn）也。从衣，包声。"本义为有夹层、中间絮有丝绵的中式长衣。

【演变】袍，本义指❶夹层中间絮丝绵的长衣：衣敝缊～。引申泛指❷长衣：岂曰无衣，与子同～｜～笏登场｜蟒～｜～子｜皮～｜棉～｜旗～。

盗 mì

【字形】甲 篆 隶 盗 草

【构造】形声兼会意字。甲骨文从皿（器皿），必声，必（柲）也兼表工具之意。篆文整齐化。隶变后楷书写作盗。

【本义】《说文·皿部》："盗，拭器也。从皿，必声。"本义为擦拭器皿。

【演变】盗，本义指擦拭器皿。

【组字】盗，如今不单用，只作偏旁。现今仍归入皿部。凡从盗取义的字皆与器皿等义有关。

以盗作声符的字有：謐。

冡 méng（蒙）

【字形】甲 篆 隶 冡 草

【构造】会意字。甲骨文从冂（表蒙覆），下边是个大眼睛人，会帽子把人的眼睛蒙覆起来之意；异体改为覆隹（鸟）。篆文改为覆豕。隶变后楷书写作冡。是"蒙"的初文。

【本义】《说文·冂部》："冡，覆也。从冂、豕。"本义为覆盖。

【演变】冡，本义为❶覆盖。又是❷"冢"的讹字。

由于冡作了偏旁，其义便借"蒙"来表示。参见蒙。

【组字】冡，如今不单用，只作偏旁。现今归入冖部。凡从冡取义的字皆与蒙覆等义有关。

以冡作声兼义符的字有：蒙。

冢 zhǒng（塚）

【字形】甲 金 篆 隶 冢 塚

草

【构造】会意字。甲骨文从豕（阉割过的大肥猪）从厂（山崖），会山崖高大之意，豕也兼表声。金文大同。篆文山崖讹为勹。隶变后楷书写作冢。

【本义】《说文·勹部》："冢，高坟也。从勹，豖声。"解说不确。本义当为山崖高大。

【演变】冢，本义指❶山崖高大：百川沸腾，山～崒(zú，高险)崩。引申指❷高坟：项羽烧秦宫室，掘始皇帝～。此义后另加义符"土"写作"塚"，如今简化仍用冢。又引申泛指❸大：～宰。又引申指❹嫡：～子。

【组字】冢，如今既可单用，也可作偏旁。现今归入冖部。凡从冢取义的字皆与高大等义有关。

以冢作声兼义符的字有：塚(冢)。

冥 míng (鼆、暝)

【字形】甲  古  篆 

今篆  隶 冥暝鼆

草 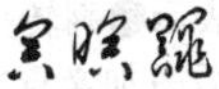

【构造】会意字。甲骨文从廾(双手)从冖(表蒙覆)，里边像星星，天空像用布蒙住一样昏暗，只闪着星星，会夜深之意。古文将星星讹为日，廾讹为六。篆文承之并整齐化。隶变后楷书写作冥。或以为上列甲骨文为"娩"字，然字形上并无依据，字义上最多可视为假借。郭沫若解释为"冥"，似更合理。

【本义】《说文·冥部》："冥，幽也。从日，从六，冖声。"所释为引申义。本义为深夜。

【演变】冥，本义指❶深夜：～火薄天，兵车雷运。引申为❷昏暗：飘风日起，正昼晦～｜幽～。由深夜又引申为❸幽深：二月花争发，寻山一径～。进而引申指❹深奥，深入：苦思～想。由幽暗不明又引申指❺头脑糊涂，不明事理：～顽不灵。迷信又指❻人死后进入的阴间地府：～府｜～司｜～器｜～钞｜～间。

"冥"为引申义所专用，日落夜晚之义便另加声符"黾"写作"鼆"来表示，如今用另加义符"日"的"暝"来表示。

○暝，从日从冥会意，冥也兼表声。读míng，本义为❶日暮，天黑：晻晻日欲～，愁思出门啼｜迷花倚石忽已～。又指❷黄昏：～色入高楼，有人楼上愁｜薄～。又指❸昏暗：云归而岩穴～。

【组字】冥，如今既可单用，也可作偏旁。现今归入冖部。凡从冥取义的字皆与夜深、黑暗无边等义有关。

以冥作义符的字有：鼆。

以冥作声兼义符的字有：幎(幂)、溟、暝。

以冥作声符的字有：汨(冥省声)、螟。

隺 hè；hú；què (鶴、鹤)

【字形】金  篆 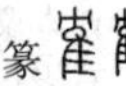 隶 隺鹤

草 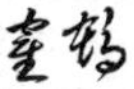

【构造】会意字。金文从隹(鸟)从冂(表示远界)，会鸟冲出天界高飞之意。篆文整齐化。隶变后楷书写作隺。

【本义】《说文·冂部》："隺，高至也。从隹上欲出冂。《易》曰：'夫乾隺然。'"本义为鸟往高处飞。

【演变】隺，读hè，本义指❶鸟往高处飞。鹤一飞冲天，故又特指❷鹤：道装笻竹～成双。此义后另加义符"鳥"写作"鶴"(今简作鹤)。

又读hú，表示❸极高。

又读què，特指❹心志高。

○鹤，从鸟从隺会意，隺也兼表声。读hè，本义指仙鹤：～鸣于九皋，声闻于天｜风声～唳｜煮～焚琴。

【组字】隺，如今不单用，只作偏旁。现今仍归入隹部。凡从隺取义的字皆与高至等义有关。

以隺作声兼义符的字有：鹤。

以隺作声符的字有：搉、榷、確(确)。

冤 yuān (怨)

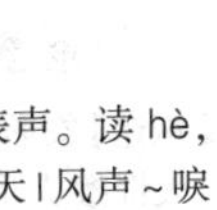

【字形】甲  古  篆  隶 冤怨

草 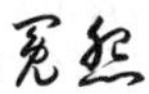

【构造】会意字。甲骨文从兔在网中。篆文从兔从冖，皆会兔被蒙覆屈缩不得舒展之意。隶变后楷书写作冤。古又借用作"怨"。

【本义】《说文·兔部》："冤，屈也。从兔，从冖。兔在冖下不得走，益屈折也。"本义为屈缩不得舒展。

【演变】冤，本义指❶屈缩不得舒展：～颈折

翼，庸得往兮！引申为❷屈枉，受到不公平对待：我今日负屈衔～哀告天｜～屈｜～枉｜伸～｜鸣～。又引申指❸上当，不合算：要不这么～你一下，你怎会死心塌地地点头呢！｜花这～钱不值得。又借用作"怨"，表示❹仇恨：此子与～家同年生｜～～相报自非轻｜～仇｜～孽。

○怨，古文从心从令，会怒喝之意。篆文改为从心从夗（蜷曲）会意，夗也兼表声。是"冤"的同源字。读 yuàn，本义指❶仇恨：抑王兴甲兵，危士臣，构～于诸侯，然后快于心与？｜士不敢弯弓而报～｜恩～。词义弱化，引申指❷责备，不满：任劳任～｜～气冲天｜埋～。

【组字】冤，如今既可单用，也可作偏旁。现今仍归入冖部。凡从冤取义的字皆与屈枉等义有关。

以冤作声符的字有：蒬。

㶳 jìn (燼、烬)

【字形】甲　篆　今篆

隶 㶳 烬 燼 草

【构造】象形兼会意兼形声字。甲骨文象手持火棍拨火形，会火已熄灭、只剩下灰烬之意。篆文手持棍形讹为聿，成了从火，聿声。隶变后楷书写作㶳。

【本义】《说文·火部》："㶳，火余也。从火，聿声。"本义为灰烬。

【演变】㶳，本义指灰烬：贼平，宗庙宫室，并为灰～。

由于"㶳"作了偏旁，如"盡"，其义便以盡为基础，另加义符"火"写作"燼"来表示，如今简化作烬。

○烬，从火，尽声，尽也兼表完尽之意。读 jìn，本义指灰烬：青林一灰～，云气无处所。

【组字】㶳，如今不单用，只作偏旁。现今仍归入火部。凡从㶳取义的字皆与灰烬、完尽等义有关。

以㶳作声兼义符的字有：盡(尽)。

展 zhǎn (輾、辗)

【字形】甲　篆　今篆

隶 展 辗 輾 草

【构造】会意兼形声字。甲骨文从口从珏省，会铺开陈列之意，珏也兼表声。篆文从尸，为坐人形，从褰省，义为展开，褰亦声。表示人展衣而坐。隶变后楷书写作展。

【本义】《说文·尸部》："展，转也。从尸，褰省声。"所释为引申义，即"辗"的意思。本义当是人展衣而坐，即舒张开衣裳坐下。古人跪坐，坐时要把衣裳先铺开，以免裹压住。

【演变】展，由展衣而坐，引申为❶舒张开，布列：两～其足，按剑瞋目｜愁眉不～｜舒～｜伸～｜～翅。由舒展又引申指❷铺开，陈列：百官之属，各～其物｜～览。又引申指❸放宽：如此～期以待者六七日｜～缓｜～限。由舒展不受约束，又引申指❹施展，发挥：余巧未及～，仰首接飞鸢｜一筹莫～。又表示❺翻转身子：忧心～转，愁怫郁兮。此义后另加义符"車"写作"輾"来表示，如今简化作辗。

○辗，篆文本作輾，从車从𠬝（𠬝，鞣制皮子），会碾轧之意，𠬝也兼表声。俗作輾，改为从车从展会意，展也兼表声，如今规范化以辗为正体。读 zhǎn，本义指❶翻来覆去来回转动：悠哉悠哉，～转反侧。引申指❷经历曲折：～转流传。

【组字】展，如今既可单用，也可作偏旁。现今仍归入尸部。凡从展取义的字皆与舒张等义有关。

以展作声兼义符的字有：辗、搌、碾。

屑 xiè (屑)

【字形】古　篆　今篆　隶 屑 草

【构造】形声兼会意字。篆文从尸（人），佾声，佾（血脉在肉体中频频搏动）也兼表躁动之意。隶变后楷书写作屑。俗承古文作屑，改为肖声，肖也兼表小之意。如今规范化，以屑为正体。

【本义】《说文·尸部》："屑，动作切切也。从尸，佾声。"本义为匆迫劳瘁、频动不安的样子。

【演变】屑，本义指❶频动不安：晨夜～～，寒暑勤勤。由频动不安，引申指❷细碎，微小：五

沙之状,粟焉如～尘厉(踊起)|琐～。用作名词,则指❸碎末:听事前除雪后犹湿,于是悉用木～覆之|煤～|纸～|米～|铁～|糠～。细碎之物不易保存,故又引申指❹顾惜,在意:尽心纳忠,不～毁誉。由顾惜,又引申指❺认为值得做(用于否定式):蹴尔而与之,乞人不～也|不～一顾。

【组字】屑,如今既可单用,也可作偏旁。现今仍归入尸部。凡从屑取义的字皆与细碎等义有关。

以屑作声兼义符的字有:偁、潲、媚、榍、糏。

弱 ruò

【字形】篆　隶　草

【构造】象形兼会意字。篆文象两缕柔软屈曲飘动的缨穗形。不从弓。隶变后楷书写作弱。或说从弜(象弯曲之状)从彡(像毛发柔软),会柔软屈曲之意。可备一说。

【本义】《说文·彡部》:"弱,桡也。上象桡曲,彡象毛氂,桡弱也。弱物并,故从二弓。"本义为细小柔软。

【演变】弱,本义指❶纤细,柔软:榉柳枝枝～,枇杷树树香|～不禁风|柔～。引申为❷微薄,不强:治者强,乱者～,是强～之本也|微～。用作使动,又引申指❸削弱:诸侯恐惧,会盟而谋～秦。又引申为❹不足,差一些:十斤～|三分之二～。又指❺年纪小:赵有侧室曰穿,晋君之婿也,有宠而～|人生十年曰幼,学;二十曰～,冠;三十曰壮,有室;四十曰强,而仕;五十曰艾,服官政;六十曰耆,指使;七十曰老,而传;八十、九十曰耄,七年曰悼(幼童),悼与耄虽有罪,不加刑焉;百年曰期,颐;大夫七十而致事。

【组字】弱,如今既可单用,也可作偏旁。现今归入弓部。凡从弱取义的字皆与纤细、柔软等义有关。

以弱作声兼义符的字有:蒻、嫋(袅)。

以弱作声符的字有:溺、搦、篛(箬)。

陪 péi

【字形】篆　隶　草

【构造】形声兼会意字。篆文从阜(左阝,表山丘土石),音声,音表否定,引申指另外的,故用以会土丘旁的另一土丘之意。隶变后楷书写作陪。

【本义】《说文·阜部》:"陪,重土也。从阜,音声。"本义为重叠的土丘,即一个土丘附着在另一土丘旁。

【演变】陪,本义指❶重叠的土丘。引申泛指❷重叠的,隔一层的:～臣(诸侯是天子的臣,自己又是诸侯的臣,故称陪臣)执国命,三世希(稀少)不失矣|列国之大夫入天子之国曰某士,自称曰～臣某。由陪臣,又引申指❸在主要的之外有所附加,伴随,或在旁边作伴:士有～乘(随从的车),告奔走也|～外廷末议|～都|～房|～读|～同|～客|～酒|～伴|失～。进而又引申指❹从旁辅助:淮南王,弟也,秉德以～朕|～审。由从旁附加,又引申指❺增益:焉用亡郑以～邻。

【组字】陪,如今既可单用,也可作偏旁。现今仍归入阝(阜)部。凡从陪取义的字皆与重叠等义有关。

以陪作声符的字有:棓。

奘 zàng;zhuǎng (壮)

【字形】篆　隶　草

【构造】会意兼形声字。篆文从大从壯,会壮大、粗大之意,壯也兼表声。隶变后楷书写作奘。是"壮"的加旁分化字。参见壮。

【本义】《说文·介部》:"奘,驵大也。从大,从壯,壯亦声。"本义为壮大,粗大。

【演变】奘,读 zàng,本义为❶壮大,粗大:见那短棒儿一头～,一头细,却似春碓臼的模样。引申指❷健壮:秦晋之间,凡人之大谓之～。方言又指❸语言粗鲁,态度生硬:这人说话特～。又指❹人名。唐朝和尚玄奘。

又读 zhuǎng,方言今形容❺粗大:那棵树比较～|这小伙子长得真～|身高腰～。

疍 dàn (蜑、蛋、彈、弹)

【字形】甲  金  篆 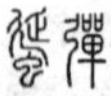 今篆 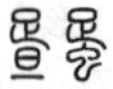

隶 蜑疍蛋彈弹

草 蜑疍蛋弹

【构造】会意兼形声字。篆文从虫从延，延表示光脚走路，用以会我国古代南方光脚走路的少数民族名（含贬义），延也兼表声。隶变后楷书写作蜑。俗改为疍，从疋（小腿）从旦，旦为日出，故用以会经常卷起裤腿裸露着小腿的水上居民，旦也兼表声。由疍又演化出蛋。又借用作弹，上列甲、金文即弹的本字，象以弓发射弹丸形。篆文改为从弓，單声。隶变后楷书写作彈，如今简化作弹。

【本义】《说文·虫部》新附："蜑，南方夷也。从虫，延声。"本义为我国古代南方少数民族名。

【演变】疍，作为"蜑"的俗字，读 dàn，本指❶我国古代南方少数民族名：胡夷~蛮。又指❷我国南方以舟楫为家，从事渔业的水上居民：床床避漏幽人屋，浦浦移家~子船。后又用以表示❸禽类或龟蛇等所产的卵：以花麻布、~抵钱。此义本借"弹"表示，因卵很像弹丸，随着"疍"字俗又改为"蛋"，于是便改用"蛋"来表示了。

○蛋，从虫从疍（省）会意，疍也兼表声。读 dàn，本义指❶禽类或龟蛇等所产的卵：鸡~|鸽子~|龟~|蛇~。引申指❷形状像蛋的：山药~|驴粪~。又用以称❸要贬斥的某种人：混~|糊涂~|坏~。用在某些动词后，表示❹贬斥：捣~|滚~。

○弹，甲骨文本象用弓发射弹丸形，后改为从弓，单声，单也兼表击打之意。读 dàn，用作名词，指❶弹弓：不知夫公子王孙左挟~右执丸，将加己十仞之上。又指❷弹丸：角弓连两兔，珠~落双鸿。发展为如今的❸子弹：枪~|炮~。

又读 tán，用作动词，指❹用弹弓发射弹丸：晋灵公不君，厚敛以雕墙，从台上~人，而观其避丸也。引申指❺用手指猛击或弹拨：~其铗而歌曰|孔子既祥（古祭名），五日~琴而不成声。又引申指❻用语言讥弹，批评：仆尝好讥~其文，有不善者，应时改定。又特指❼弹劾：十年间至宰相，据法以~咸（人名）等，皆罢退之。

【组字】疍，如今既可单用，也可作偏旁。现今归入疋部。凡从疍取义的字皆与水上居民等义有关。

以疍作声符的字有：蛋。

娘 niáng

（孃、攘、让、纕）

【字形】甲  篆  今篆  隶 娘

孃攘纕 草 娘孃攘纕

【构造】会意兼形声字。甲骨文从女从良，良表高朗，用以会亮丽的少女之意，良也兼表声。娘后来被借用以表示母亲之义。母亲之义，篆文本借"孃"表示，从女从襄，襄表扰攘，用以会烦扰之意，襄也兼表声，原是"攘"的本字，被借用以表示母亲之义后，烦扰之义便又借"攘"来表示。隶变后楷书分别写作娘、孃与攘。如今规范化，母亲之义以娘为正体。

【本义】《说文·女部》："孃，烦扰也。从女，襄声。"孃的本义为烦扰。《玉篇·女部》："孃，母也。"又借用以表示母亲。《玉篇·女部》："娘，少女之号。"本义为少女，年轻女子。

【演变】娘，作为本字，本义指❶少女：见~喜容眉，愿得结金兰|寄语闺中~，颜色不常好|似这般可喜~的庞儿罕曾见|春风一曲杜韦~|姑~|新~。

后俗借用作"孃"字，又表示❷母亲：旦辞爷~去，暮宿黄河边|耶~妻子走相送，尘埃不见咸阳桥|爹~|~亲。又泛指❸长一辈的或年长已婚的妇女：大~|婶~。又泛指❹妇女：现在哪一个衙门里也不放~儿们进去|厨~|渔~。

孃借用以表示母亲之后，烦扰之义便用"攘"来表示。

○攘，从扌从襄（脱衣耕），会退让之意，襄也兼表声。读 ràng，本义指❶推让，退让：君出就车，左右~辟（退开）。此义今改用"让"。参见让。

又读 rǎng，用作使动，表示❷排斥：觝排异端，~斥佛老（道家）|安内~外|~除。又引申

指❸窃取：今有人日~其邻之鸡者。又引申指❹侵夺：~夺。又用作“孃”，表示❺扰乱：没日不心劳意~|扰~|乱~~。又用作“纕”，表示❻捋袖举起：~臂瞋目。

〇纕，从糸从襄会意，襄也兼表声。读rǎng，本义为❶举臂捋袖露出胳膊：人~臂失度。此义如今用“攘”表示。

又读 xiāng，指❷佩带：解佩~以结言兮，吾令蹇修以为理。

通 tōng；tòng

【字形】甲 金 篆 隶通 草通

【构造】会意兼形声字。甲骨文从彳(半条街)从用会意，用也兼表声。金文从甬(表示甬道)，会通达之意，甬也兼表声。篆文另加义符止(脚)，以强调走到之义。隶变后楷书写作通。

【本义】《说文·辵部》：“通，达也。从辵，甬声。”本义为通达。

【演变】通，读 tōng，本义指❶通达，到达：有水道相~|道远难~。引申为❷贯通，顺畅：政~人和|中~外直|道路已开~。又引申为❸沟通，连接，交往：乐毅之徒~其意|吾闻曹丘生非长者，勿与~|~家之好|互~有无|~敌|~商。又引申指❹传达：不肯为~|~风报信|~报|~知。又引申指❺通晓：~于兵事|粗~文墨|一窍不~|精~。又指❻精通某方面的人：中国~。又引申指❼通顺：行文~畅|语句不~。由贯通，又引申指❽普遍的，一般的：是故减秩居官，前代~则|~常|普~|~称|~病。又引申指❾从头到尾，全：~夜不寝|~宵达旦|~力合作|~盘考虑。用作副词，表示❿全都，十分：灯火~明|~读全文|浑身~红。

又读 tòng，用作⓫量词：鼓三~|唱一~。

【组字】通，如今既可单用，也可作偏旁。现今仍归入辵部。凡从通取义的字皆与通达等义有关。

以通作声兼义符的字有：撾(捅)、熥。

以通作声符的字有：嗵。

桑 sāng (桒)

【字形】甲 金 篆 隶桑 草桑

【构造】象形字。甲骨文象长着巴掌似的大叶的桑树形。金文简化。篆文整齐化。隶变后楷书写作桑。异体作桒。如今规范化，以桑为正体。桑本不从叒(若本字)，因桑与若的甲骨文形近，遂误为从叒，于是“桑木”也就称为“若木”了。

【本义】《说文·叒部》：“桑，蚕所食叶木。从叒、木。”本义为桑树。落叶乔木，叶子边缘锯齿状，花黄绿色，果穗味甜，可食用。叶子可以喂蚕，木材可以制器具，皮可以造纸，叶、果、枝、茎皮可以入药。

【演变】桑，本义指❶桑树：无折我树~|指~骂槐|沧海~田|~叶。又指❷桑叶：~之落矣，其黄而陨|采~。用作动词，指❸采桑或种桑养蚕：十亩之间兮，~者闲闲兮|务民于农~。

【组字】桑，如今既可单用，也可作偏旁。现今归入木部。凡从桑取义的字皆与桑树等义有关。

以桑作声兼义符的字有：丧。

以桑作声符的字有：嗓、搡、磉、颡。

预 yù (預、豫)

【字形】篆 隶预豫 草预豫

【构造】形声兼会意字。篆文从頁(人头)从予(表伸前)，会伸到前头之意，予也兼表声。隶变后楷书写作預。如今简化作预。经典通用作豫。

【本义】《说文·頁部》新附：“預，安也。按经典通用豫。从頁，未详。”所释为借义。本义当为头伸向前。泛指事先。

【演变】预，本义指❶事先，预先：于是太子~求天下之利匕首|禁于其未发之曰~|早晚下三巴，~将书报家|~见|~备|~约|~测|~防。由预先引申为❷干预，相干：~参经始之谋|时何定弄权，阉官~政|何~君事？又借作“豫”，表示❸安乐：仙亭日登眺，虎丘时游~。

〇豫，从象从予（来回投梭）会意，予也兼表声。读 yù，本义指❶大象。由大象的摇鼻晃脑摆来摆去，行动迟缓，故引申指❷安适，安乐：王有疾，弗～。又引申指❸喜欢，快乐：夫子若有不～色然。又借作“预”，表示❹事先有准备：凡事～则立，不～则废。此义今作“预”。又为❺九州之一。包括河南，故今河南省简称豫。

【组字】预，如今既可单用，也可作偏旁。现今仍归入页部。凡从预取义的字皆与先入等义有关。

以预作声符的字有：蓣、滪、橷。

能 néng
（熊、態、能、态、耏、耐）

【字形】甲 金 古 篆 今篆 隶 能 熊 态 態 耏 耐 草

【构造】象形字。甲骨文和金文皆象一只长嘴、大耳、巨身、短尾的大狗熊形。古文大同。篆文整齐化。隶变后楷书写作能。能为能力等义所专用，狗熊之义便借用“熊”来表示。

【本义】《说文·能部》：“能，熊属，足似鹿。从肉，目声。能兽坚中，故称贤能，而强壮称能杰也。”析形不确。本义为熊类野兽。

【演变】能，读 xióng，本义指❶熊类野兽：今梦黄～入于寝门。

又读 néng，熊凶猛耐寒而有力，故借用以表示❷才干，能力：夫子圣者与？何其多～也？|各尽其～|～耐。引申指❸有才干的，有才能的人：贤者在位，～者在职|～者多劳|～工巧匠|贤～。有才能方可做到，故又引申指❹能够做到，合得来：无恒产而有恒心者，唯士为～|～诗～画|素不相～。又引申指❺胜任，能够：我～完成这项工作|～动。又表示❻会，可能：他怎～不来？又表示❼应该：你不～这样对待工作。用作物理学名词，由能力又引申指❽能量：电～|～源。

又读 tài，熊的形象最为显明，故借用以表示❾形态：非（非难）俊疑（猜疑）杰，固庸～也。此义后作“態”（态）。

又读 nài，熊最有耐力，故借以表示❿受得住：苗生叶以上，稍耨陇草，比盛暑，陇尽而根深，～风与旱。此义后作“耐”。

〇熊，《说文》解为“从能，炎省声”，其实可直接解为从火从能（表凶猛）会意，能也兼表声。读 xióng，用为“熊熊”，指❶大火凶猛：南望昆仑，其光～～，其气魂魂|烈火～～。因“熊”从“能”取得声、义，故又借以表示❷狗熊：黑～|棕～|白～。

〇态，繁体態，从心从能（狗熊形态最鲜明）会意，能也兼表声。异体作能，从人。如今皆简化作态，改为太声。读 tài，本义指❶意态，状态：动作～度，无为而不窃铁也|千姿百～|丑～毕露|形～|事～|液～。引申指❷态度：宁溘死以流亡兮，余不忍为此～也|表～。

〇耐，本作耏，从而（胡须）从彡会意，而也兼表声。本指一种剔去颊须的轻刑。刑有法度，故后改为从寸。如今规范化以耐为正体，读 nài，本义指❶剔去颊须的轻刑：令郎中有罪～以上请之。后借为“能”，表示❷禁得起，受得住：华鬓不～秋，飒然成衰蓬|吃苦～劳|～火材料|～久|～寒|～用|～烦。引申指❸抑制：～着性子。又表示❹适合：溪水堪垂钓，江田～插秧。

又读 néng，用作“能”，表示❺能够：故圣人～以天下为一家，以中国为一人者，非意之也。

【组字】能，如今既可单用，也可作偏旁。现今归入月部。凡从能取义的字皆与狗熊有关。

以能作声兼义符的字有：熊、態（态）、罷。

以能作声符的字有：褦。

验 yàn
（驗、譣）

【字形】篆 隶 验 驗 譣 草

【构造】形声兼会意字。篆文从馬，僉声，僉表全都，会全面考察之意。隶变后楷书写作驗。如今简化作验。《说文》释为马名，古未见用，本义当为考察。现在主要用作“譣”的简化字，从言从僉会意，僉也兼表声，表示验问。譣废而不用。

【本义】《说文·马部》：“驗，马名。从馬，僉声。”本义当为考察，释为马名，古未见用。又《言部》：“譣，问也。从言，僉声。”《广韵·艳韵》：“验，证也。”本义为验证，即对实情加以考察、检查，以查证原先的想法、预言。

【演变】验，本义指❶马名。此义未见用。后主要借用作“譣”，表示❷对实情加以考察、验问，以验证原先的想法、预言：无参～而必之者，愚也|～之以事，合契若神|～明正身|试～|～车|～收|～血|～货|考～|查～。又指❸结果与预设相合：灵～若神|屡试屡～|应～。又指❹预期的效果：～在近而求之远|效～|～方。

【组字】验，如今既可单用，也可作偏旁。现今仍归入马部。凡从验取义的字皆与马等义有关。

以验作声符的字有：䮷。

烝 zhēng (蒸)

【字形】甲　金　篆　隶 烝 蒸　草

【构造】会意兼形声字。甲骨文上从禾，下从双手，中间是豆（食具）中盛米之形，会将收获的谷物献于神祖前祭祀之意，表示感谢神祖保佑一年的风调雨顺和收成。金文承甲骨文，将禾换成双脚，米移左边，以突出进献之意；或省去双脚，或进而省去双手，成为从米从豆会意。篆文将双手奉豆米改为从丞（举起），另加义符火，以突出蒸煮时火气升腾之意，表示进献的是刚蒸好的热气腾腾的食物，丞也兼表声。隶变后楷书写作烝。是“蒸”的本字。

【本义】《说文·火部》：“烝，火气上行也。从火，丞声。”本义为火气或热气升腾。

【演变】烝，本义指❶火气或热气升腾：逮夏，下润湿上熏～。又指❷用火烘烤：枸木必将待檃栝（矫正曲木的工具）～矫然后直。由热气升腾，引申为❸兴盛：～～皇皇，不吴不扬。又引申指❹众多：上天不雨粟，何以活～黎。

“烝”为引申义所专用，火气或热气升腾之义便借“蒸”来表示。

○蒸，从艹从烝会意，烝也兼表声。读zhēng，本义指麻剥皮后的麻秆。因其细长易燃，古多用作❶炬烛：攸、诩之为人，其犹夜光与～烛乎？其照虽均，光则异焉。引申泛指❷细柴：以薪以～。又借作“烝”，表示❸烘烤，气体上升：阳伏而不能出，阴迫而不能～，于是有地震。引申指❹用蒸气使食物熟或热：～馒头。又引申指❺兴盛：愿陛下仰慕有虞～～之化，俯思《凯风》慰母之念|～～日上。

【组字】烝，如今既可单用，也可作偏旁。现今仍归入火部。凡从烝取义的字皆与热气升腾等义有关。

以烝作声符的字有：蒸、脀、㷥、篜。

绢 juàn (絹)

【字形】篆　隶 绢 絹　草

【构造】形声兼会意字。篆文从糸，肙声，肙为豆虫，也兼表青色之意。隶变后楷书写作絹。如今简化作绢。

【本义】《说文·糸部》：“絹，缯如麦稍（茎）。从糸，肙声。”本义为麦青色丝织物。

【演变】绢，本义指❶麦青色丝织物。引申指❷薄的丝织品，生丝织品，或泛指丝织物：织～未成匹，缫丝未盈斤|细～|手～儿|～花。绢是一种生丝织成的平纹织品，质地挺爽，可用以题诗作画或装裱，故又引申指❸书画装潢等物：堂上～素开欲裂，一见犹能动毛发|～本。

【组字】绢，如今既可单用，也可作偏旁。现今仍归入糸部。凡从绢取义的字皆与丝织品等义有关。

以绢作声兼义符的字有：罥。

绣 xiù (繡、綉)

【字形】古　篆　今篆　隶 绣 綉 繡　草

【构造】形声兼会意字。古文一形从糸，秀声，秀（开花秀穗）也兼表繁花似锦之意；二形改为肃声，肃也兼表谨慎细心之意，绣、绘皆须细心。篆文承古文二形并整齐化。隶变后楷书写作繡。俗用古体綉。如今皆简化作绣。

【本义】《说文·糸部》：“繡，五彩备也。从糸，肅声。"本义为刺绣或绘画五彩兼备。

【演变】绣,本义指❶刺绣或绘画五彩兼备:画缋(同绘)之事,五彩备谓之~。后专指❷用彩线在布帛上刺出花纹或图文:翡翠黄金缕,~成歌舞衣|~花|~字|刺~。用作名词,泛指❸刺出的绣品:富贵不归故乡,如衣~(绣服)夜行|~十四,锦三十四|苏~|湘~|锦~。由绣品,又比喻❹华美:银鞍~毂盛繁华|~阁|~楼。

继 jì (繼)

【字形】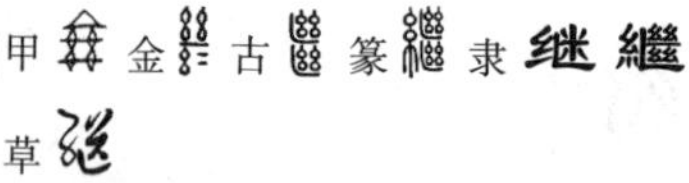

【构造】会意字。甲骨文象远古手工织带时把相并联的经线用纬线连起来之形。金文象三丝相连之状,"二"是重复符号,表示接续着连。古文作𢇍,从反㡭(绝),与绝相反,当然表示接续。篆文在古文基础上另加义符糸,成了从糸从𢇍会意,以突出把断了的丝接续上之意。隶变后楷书分别写作𢇍与繼。如今繼简化作继,是草书楷化。𢇍则只作偏旁。

【本义】《说文・糸部》:"繼,续也。从糸、𢇍。"本义为接续,延续。

【演变】继,本义指❶接续,延续:兴灭国,~绝世|谏而不入,则莫之~也|前赴后~|~往开来|~任|~续。引申指❷继承:夫孝者,善~人之志,善述人之事者也|工匠之子,莫不~事。又指❸继承人:今三世以前,至于赵之为赵,赵主之子孙侯者,其~有在者乎?由接续,又引申指❹后续的:~母如母|~父|~室。用作副词,指❺接着,随后:~而又师命,不可以请。

【组字】继,如今既可单用,也可作偏旁,作偏旁时用𢇍。现今仍归入糸部。凡从𢇍取义的字皆与连续等义有关。

以𢇍作声符的字有:躖。

邕 yōng (雍)

【字形】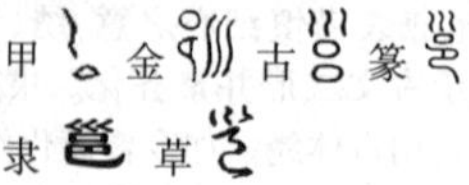

【构造】会意字。甲骨文是一弯流水过城状。金文改为从川从邑(城镇),会环城积水成池之意。古文则直象水环城之状。篆文将水移到邑上。隶变后楷书写作邕。

【本义】《说文・川部》:"邕,四方有水自邕成池者。从川,从邑。"本义为四方被水环绕的都邑。

【演变】邕,本义指❶四方被水环绕的都邑。引申表示❷堵塞:长平馆西岸崩,~泾水不流。又表示❸环护。邕作了偏旁,其义便由"雍"来表示。参见雍。

【组字】邕,如今既可单用,也可作偏旁。现今归入邑部。凡从邕取义的字皆与积水、环绕等义有关。

以邕作声兼义符的字有:雝(雍)。

以邕作声符的字有:澭、鱅。

十一画

彗 huì (篲)

【字形】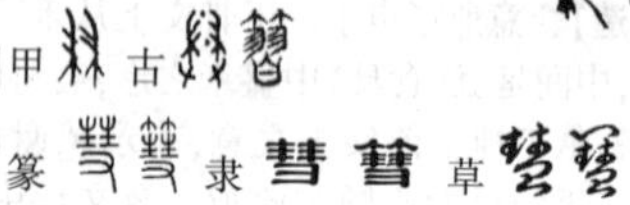

【构造】象形兼会意字。甲骨文象扫帚形。古文一形下边另加了一双手,小点象征脏物,以突出双手持帚扫除脏物之意,成了会意字;二形改为从竹从習,表示像鸟扇动翅膀似的可反复扫动之意。篆文一形两帚讹变,只剩一只手;二形另加义符竹,表示竹制。隶变后楷书分别写作彗与篲。如今规范化用彗。

【本义】《说文・又部》:"彗,扫竹也。从又持甡。"本义为扫帚。

【演变】彗,本义指❶扫帚:昭王拥~先驱。用作动词,指❷用扫帚扫:元戎竟(遍)野,戈铤(铁矛)~云|红旌~日。又比喻❸像扫帚的彗星:孔盖兮翠旍(旌),登九天兮抚~星|~所以除旧布新也。

由于彗作了偏旁,扫帚之义便另加义符"竹"写作"篲"来表示。如今简化仍作彗。

【组字】彗,如今既可单用,也可作偏旁。现今归入彐部。凡从彗取义的字皆与扫帚之义有关。
以彗作声兼义符的字有:彗、慧、槥、篲。

舂 chōng

【字形】甲 金 篆
隶 舂 草

【构造】会意字。甲骨文象双手持杵临于臼上,会在臼中捣谷之意。金文稍繁,加出臼中齿。篆文承接金文并整齐化。隶变后楷书写作舂。

【本义】《说文·臼部》:“舂,捣粟也。从廾,持杵临臼上。午,杵省也。”本义为把稻谷等放进臼中用杵捣去谷皮。

【演变】舂,本义指❶用杵臼捣去谷皮:~米。古代犯罪或被俘的妇女常被罚去舂米,故古代又指❷被罚为舂膳的奴隶:妇女以为~。

【组字】舂,如今既可单用,也可作偏旁。现今仍归入臼部。凡从舂取义的字皆与舂捣等义有关。
以舂作声兼义符的字有:椿(桩)。

球 qiú (璆、毬)

【字形】篆 　隶 球 璆 毬
草

【构造】形声兼会意字。篆文从王(玉),求声,求也兼表人所求之意;异体改为翏声,翏(高飞)也兼表价值高之意。隶变后楷书分别写作球与璆。如今二字表义有分工。又借用作“毬”,从毛,求声,求也兼表一种里面填毛外面包皮子的游戏用具之意。

【本义】《说文·玉部》:“球,玉也。从玉,求声。璆,球或从翏。”《广韵·尤韵》:“球,美玉。”本义为美玉。《说文·毛部》新附:“毬,鞠丸也。从毛,求声。”本义为皮球,古代一种里面填毛外面包皮革的游戏用具,古称为鞠。“蹴鞠”犹如现在的足球比赛。

【演变】球,本义指❶美玉:厥贡惟~、琳、琅玕。后又借作“毬”,表示❷皮球:蹴~尘不起,泼火雨新晴|篮~|足~|棒~|水~。引申指❸球类活动:看~|~迷。又引申指❹形状像球的立体物:星~|月~|~体|煤~|火~。又特指❺地球:全~|北半~|南半~|环~旅行。

○璆,读 qiú,作为“球”的异体,指❶美玉。因可制磬,也借指磬:厥贡~铁银镂砮磬|戚施直镈,蘧蒢蒙~。又形容❷佩玉相击声:抚长剑兮玉珥,~锵鸣兮琳琅。

理 lǐ

【字形】金 　篆 　隶 理 草

【构造】形声兼会意字。金文从寸从玉,里声,里指耙过的田土的纹路,故用以会顺着纹路有分寸地雕治玉石之意。篆文省去寸并整齐化。隶变后楷书写作理。

【本义】《说文·玉部》:“理,治玉也。从玉,里声。”本义为顺着纹理把玉从石中剖分出来。

【演变】理,本义指❶治玉:王乃使玉人~其璞(未加工的玉石)而得宝焉,遂命曰“和氏之璧”。引申泛指❷治理,办理:~关市,来商旅|管~|料~|~财|~事|~家|处~|修~|整~|自~。治理则有序,故又引申指❸治理得好,太平不乱:上下肃然,称为政~|~与乱,系人不系天。又特指❹处理诉讼案件:能~决斗讼者,推为大人|大~寺|冤情得~|审~。由玉的纹理,又引申泛指❺一般事物的纹理:俯以察于地~|肌~细腻骨肉匀|脉~|水~|木~。又进而引申指❻条理,道理:井井兮其有~也|~义之悦我心,犹刍豢之悦我口|有条有~|~直气壮|据~力争|~屈词穷|要讲~|合~|~智|~想|~论|~念|~解。又特指❼理科:不分文~|重~轻文。由治理,又引申指❽对别人的言行表态:不~不睬|置之不~。

琉 liú (珋、瑠、璃)

【字形】古 　篆 　今篆 　隶 琉
瑠 璃 草

【构造】形声兼会意字。古文从玉从流省声,流也兼表光采流动之意。篆文从王(玉)从丣,丣即卯(剖),会可雕治的矿石之意,丣也兼表声。隶变后楷书写作珋。异体承古文作琉，也作瑠，从玉从留，留也兼表产于田野之意。如今规范化以琉为正体。琉不单用，要与璃（从玉，离声，离也兼表可剖治之意）组成“琉璃”作为译音词。

【本义】《说文·玉部》：“珋，石之有光，璧珋也，出西胡中。从玉，丣声。”用作“璧琉”，是梵语 vaidurya 的译音，也译作“璧流离、瑠璃、琉璃”等，如今以“琉璃”为正体，本义为一种色泽光润的矿石，又名天蓝石。

【演变】琉，即“琉璃”，本义指❶一种色泽光润的矿石：移我～璃榻，出置前窗下｜雕～璃于翠楣｜～璃碗。又特指❷琉璃瓦：烟瓦叠～璃，危楼半空倚。

𠩺 lí；xī；lài

（釐、厘、賚、賫、赉、齎、賷、赍、禧）

【字形】甲 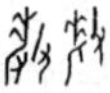 金  篆  隶 𠩺 釐 赉 賚 赍 賷 禧 草 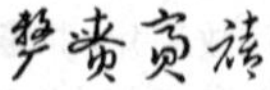

【构造】会意字。甲骨文是一人一手持麦（來），一手拿棍击打脱粒的样子；二形省去持麦的手。金文一形承甲骨文二形大同；二形或另加出里（田里）。篆文承金文，小麦讹为未，人讹为厂，并整齐化，也分为二体。隶变后楷书分别写作𠩺和釐。釐如今简化作厘，𠩺只作偏旁。参见厘。

【本义】《说文·攴部》：“𠩺，坼也。从攴，从厂。厂之性坼，果孰（熟）有味亦坼，故谓之𠩺。从未声。”这是就篆文所作的附会。析形不确。本义当为打麦脱粒。然从“果孰亦坼”倒也透出一些本义的影子。

【演变】𠩺，本义指打麦脱粒，由此引申为三类含义。一类读 xī，表示丰收可喜，引申为❶幸福、吉祥等义。

二类读 lí，由打麦引申为❷治理，整理等义。

三类读 lài，古人认为小麦丰收是上天的赐予，故又引申为❸赐予。

由于“𠩺”作了偏旁，这些含义便都由“厘”（釐）来表示。后又分化出“賚（赉）”“禧”。参见厘。

〇赉，本作賚，从貝从𠩺会意，𠩺也兼表声。俗作賫，简作赉，从贝从来会意，来也兼表声。读 lài，本义指赏赐：予其大～汝｜徂（前往）～孝孙｜赏～。注意：不要将“赉”与“赍”相混。

〇赍，本作齎，从貝，齊声，齊为齋声，也兼表施与之意。异体作賷，如今皆简作赍，读 jī，本义指❶携带东西给人：～持金玉以游说诸侯｜～发盘缠。引申指❷怀着，抱着：～志没地，长怀无已｜～恨终生。

〇禧，从示从喜会意，喜也兼表声。读 xǐ，本义指❶神灵所降的幸福，吉祥：工鼓于庭巫舞衣，祝传神醉下福～。引申泛指❷喜庆：恭贺新～｜年～。

【组字】𠩺，如今不单用，只作偏旁。现今归入厂部。凡从𠩺取义的字皆与打麦脱粒、分散等义有关。

以𠩺作声兼义符的字有：釐、賚、剺、𠢕、嫠、犛、氂、漦。

以𠩺作声符的字有：斄。

堵 dǔ

【字形】金  篆  隶 堵 草 

【构造】形声兼会意字。金文从𩫏（郭，外城），者声。篆文改为从土。隶变后楷书写作堵。古代筑城用烧石灰水搅拌泥土制成三合土版筑，故者（燎柴）也兼表意。至于用蒸土法、米浆混土法、牲血拌土法筑城，只是传说而已。

【本义】《说文·土部》：“堵，垣也。五版为一堵。从土，者声。”本义为古代墙壁面积的单位。古代筑土墙用板筑法，一板长的长度和五层板的高度的墙称为一堵。

【演变】堵，本义指❶古代墙壁面积的单位：之子于垣，百～皆作。引申泛指❷墙壁：环～之室｜观者如～。墙起阻隔作用，故又引申指❸阻塞，阻挡：这里许多人用蒲包装泥，预备～坡门｜～着别让他进来｜～漏洞｜～窟窿｜他净拿话～人。又引申指❹心里不畅快：这件事让我心里特～得慌。

培 péi

【字形】篆  隶 培 草 

【构造】形声兼会意字。篆文从土,咅声,咅(另外的)也兼表用另外的土给植物或墙、堤的根脚部壅土之意。隶变后楷书写作培。

【本义】《说文·土部》:"培,培敦土田山川也。从土,咅声。"《正字通·土部》:"培,壅也。"本义为给植物或墙、堤等的根基加土,起保护或加固作用。

【演变】培,本义指❶给植物或墙、堤等的根基加土:故栽者~之|在树根~些土|快给大堤~土。培土有利于植物成长,故引申指❷培育,扶植:~之以道德而使之纯|~养|~训|~植。

埽 sǎo;sào (掃、扫)

【字形】甲  古  篆 
今篆  隶 埽 扫 掃
草 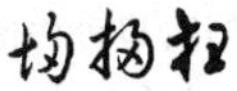

【构造】象形兼会意字。甲骨文象一人持帚扫除垃圾形。古文一形省去人,只留下一手一帚;二形将一手换成土。篆文承之,成为从土从帚,会扫土之意。隶变后楷书写作埽。是"帚"的加旁分化字,是"扫"的本字。参见帚、扫。

【本义】《说文·土部》:"埽,弃也。从土,从帚。"本义为用扫帚扫垃圾。

【演变】埽,读 sǎo,动词,本义为❶用扫帚扫垃圾:洒~穹室,我征聿至|子有廷内,弗洒弗~。又比喻❷征讨,平定,除掉,消灭:秦王~六合,虎视何雄哉!|奸轨~迹|~穴犁庭。以上二义如今用"掃"表示。

又读 sào,名词,后专指❸治河用的埽,即将树枝、秫秸加石块捆扎成圆柱形的东西,用以堵塞河堤缺口或保护堤岸防止水冲刷:凡塞河决,垂合,中间一~,谓之合龙门。又泛指❹用埽做成的挡水的堤坝或护堤等建筑物:沿河上下凡二十五~,六在河南,十九在河北|~岸|坝~|堤~。

〇扫,繁体作掃,从手从帚会意。今简作扫。读 sǎo,本义为❶用笤帚清除尘土、垃圾:墙有茨,不可~也|黎明即起,洒~庭除|打~。又泛指❷清除,消除:~清道路|~荡|~雷|~盲。又特指❸收取:试~其煤以为墨|~取数斗归,一一以叶自鄣。又指❹征讨,消灭,平定:~项军于垓下|横~千军|一~而光。又指❺摧折使败兴、使失去:硬要~人家面子|真~兴。又指❻像扫除一样快速移过,掠过,吹拂:电激风~|~描|~射|~视。又指❼祭拜:君先去~天坛|请母命而宁汝于斯,便祭~也|~墓。

又读 sào,名词,指❽扫除的工具:于宅后开小店,使王氏亲卖~|~把|~帚。

埶 yì (蓺、埶、藝、艺)

【字形】甲  金  篆 
今篆  隶 埶 蓺 藝
艺 草 

【构造】会意字。甲骨文是一人手持树苗栽种形,表示种植。金文下边另加土,以突出种在土地上之意。篆文整齐化,左边讹为坴。隶变后楷书写作埶。是"蓺、埶、藝(艺)"的初文。

【本义】《说文·丮部》:"䂻,种也。从坴、丮,持亟种之。"本义为种植。

【演变】埶,本义指种植,引申指技能、形势。由于"埶"作了偏旁,种植之义便另加义符"艹"写作"蓺"来表示,说明种的是植物;或另加义符"云"写作"埶"来表示,说明耕耘之巧如云纹。后来俗合二体写作藝。如今简化作艺。以上各义也就由艺来表示了。

〇艺,从艹,乙声。读 yì,本义为❶种植:我~黍稷。种植是一种本领,又有个安排行列情势的问题,故引申表示❷技能:博开~能之路|技~|园~|手~|工~。由种植技艺,又引申为写作技艺,引申为❸艺术:朝驰骛乎书林兮,夕翱翔乎~苑|文~。由技艺又引申指❹标准,法度,极限:陈之~极|贪欲无~。

【组字】埶(蓺),如今不单用,只作偏旁。艺(藝)如今既可单用,也可作偏旁。现今埶归入土部，蓺、艺(藝)归入艹部。凡从埶、蓺、藝(艺)取义的字皆与种植、技能等义有关。

以埶作声兼义符的字有：勢(势)、蓺、埶。

以蓺作声兼义符的字有：藝(艺)。

以埶作声符的字有：熱(热)、褻(亵)。

以艺(藝)作声符的字有：呓(囈、讛)。

赦 shè

【字形】金  篆  隶 赦 草 

【构造】形声兼会意字。金文从攴(手持棍)，亦声，亦为人腋窝，也兼表把人架出驱逐之意。篆文承之并整齐化。异体改为赤声，赤为火焚人，释放的或是本该受火刑的人。隶变后楷书写作赦，为正体。

【本义】《说文·攴部》："赦，置也。从攴，赤声。赦或从亦。"本义为弃置。

【演变】赦，本义指❶弃置：左右曰："不可许也，得国无～。"引申为❷释放：庚辰，～郑囚，皆礼而归之。又引申为❸免除罪过：臣从其计，大王亦幸～臣｜十恶不～。进而引申为❹免除租税：现屡颁大～钱粮，可谓至矣。

【组字】赦，如今既可单用，也可作偏旁。现今仍归入攴部。凡从赦取义的字皆与弃置等义有关。

以赦作声符的字有：螫。

教 jiāo；jiào (詔、叫、嗅)

【字形】甲  金  籀  篆 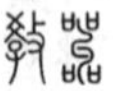

隶 教叫詔嗅 草 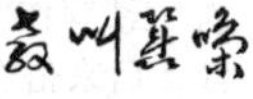

【构造】会意兼形声字。教与学同源。甲骨文从攴(手持棍形)从子从爻(摆布算筹，表明通)，会督责指导孩子摆布算筹学习计算，从而明通道理之意，爻也兼表声。金文大同，算筹交叉繁化。籀文改支为心，突出心智的引导和启发。篆文承甲骨文并整齐化。隶变后楷书写作教。

【本义】《说文·教部》："教，上所施下所效也。从攴，从孝。"本义为指导启发，训诲培育。

【演变】教，读 jiào，本义指❶教导训诲：饱食暖衣，逸居而无～，则近于禽兽｜因材施～｜受～。引申泛指❷教育：谨庠序之～。又特指❸政教：前世不同～，何古之法。又引申指❹某种学说或学术派别：虑羲作十言之～。进而引申指❺宗教：佛～。

又读 jiāo，引申指❻传授知识、技能：十三～汝织｜～你唱歌。又引申指❼使，让：但使龙城飞将在，不～胡马度阴山｜曲罢曾～善才服。后来此义俗亦读作 jiào，也写作"叫"。

〇叫，篆文作詔，从吅从丩(缠结)，会声嘶力竭呼喊之意。丩也兼表声。俗省从一口作叫。异体作嗅，改为臭声。读 jiào，本义指❶呼喊：慕我独得归，哀～声摧裂｜～嚣乎东西，隳突乎南北｜大～一声。引申泛指❷动物叫：鼯鼠夜～｜半夜鸡～｜狗～。由呼喊又引申指❸嘱咐，吩咐：吃得大醉，便～人扶去房中安歇。进而引申指❹使，令：这事真～人担心。由呼喊又引申指❺招唤：老师～你呢。又引申指❻诉说：～苦是不能解决问题的。又引申指❼称呼：这个～蛇岛。用作介词，表示❽被：这事不能～他知道。

【组字】教，如今既可单用，也可作偏旁。现今归入支部。凡从教取义的字皆与教诲等义有关。

以教作义符的字有：斅(學、学)。

以教作声符的字有：嗷、漖、嶅。

殸 qìng (磬、聲、声)

【字形】甲  金  籀  篆 

隶 殸磬声聲

草 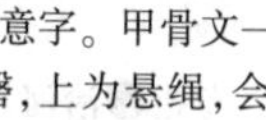

【构造】会意字。甲骨文一形从殳(手持槌)，左上从悬磬，上为悬绳，会以槌敲击悬磬之意；二形或另加口与耳，表示听到了声音，即今之聲(声)字。金文一形大同；二形将手换为人。籀文线条化，含义已不明显，篆文承甲骨文、籀文并另加义符"石"，表示是种石制打击乐器，遂分为三体。隶变后楷书分别写作殸、磬与聲。殸只作偏旁，单用用磬，聲如今简化作声，表义与磬也有分工。

【本义】《说文·石部》:"磬,乐石也。从石,殸象悬虡之形,殳,击之也。古者母句氏作磬。殸,籀文省。"本义为击打乐器石磬。

【演变】殸(磬),本义为击打乐器石磬。由于"殸"作了偏旁,石磬之义便另加义符"石"写作"磬"来表示。

○磬,从石从殸会意,殸也兼表声。读qìng,本义指❶击打乐器石磬:鼓瑟鼓琴,笙~同音|今以钟~置水中,虽大风浪不能鸣也|架上悬着一个白玉比目~。后又指❷和尚敲的铜铁做的钵状物:山坳里果有一座禅院,只听得钟~悠扬。由悬磬,又比喻❸缢死:公族其有罪,则~于甸人。又比喻❹身体像磬一样弯曲,表示敬意:簪笔~折。

又读shēng,殸是乐石,故又用作"声",表示❺乐音,声音:用力甚少,名~章(彰)明。此义后另加义符"耳"写作"聲"来表示。

○声,繁体聲,从耳从殸会意,殸也兼表声,表示耳朵听到了乐音。如今简化作声,读shēng,本义指❶乐音:百姓闻王钟鼓之~。引申泛指❷声音:生而同~,长而异俗|大~|~响。用作动词,表示❸发出声音,宣布:是故伐备钟鼓,~其罪也|不~不响|~称|~明。又引申指❹名望,名声:~闻邻国|~誉远扬。又用作量词,指❺发声的次数:大叫三~。用作汉语语音学中的术语,指❻声母:双~叠韵。又指❼声调:平~|上~|去~|入~。

【组字】殸,如今不单用,只作偏旁。现今归入殳部。凡从殸取义的字皆与击打、声音、远扬等义有关。

以殸作声兼义符的字有:磬、罄、磬、聲(声)、謦、謦、馨、罄。

焉 yān

【字形】甲  金  篆  隶  草 

【构造】象形字。甲骨文象头上有毛角的鸟形。金文将顶毛移到右上。篆文承接甲骨文并整齐化。隶变后楷书写作焉。

【本义】《说文·乌部》:"焉,焉鸟,黄色,出于江淮。象形。"本义为一种黄色的鸟。

【演变】焉,本义指❶黄色的鸟。后为借义所专用,遂失去本义。借为代词,表指示,相当于❷之:众好之,必察~;众恶之,必察~。又表疑问,相当于❸哪里,什么,怎么:且~置土石?|~故必知哉?|杀鸡~用牛刀?用作兼词,相当于❹于是,于此:夫大国,难测也,惧有伏~|漳水出~,东流注于河。用作连词,相当于❺乃,才:必知乱之所自起,~能治之;不知乱之所自起,则弗能治。用作助词,作词尾,相当于❻然:天下欣欣~人乐其性。又用来❼加强语气:寒暑易节,始一反~。

【组字】焉,如今既可单用,也可作偏旁。现今归入火部。凡从焉取义的字皆与鸟类等义有关。

以焉作声符的字有:鄢、嫣、蔫。

基 jī

【字形】甲  金  篆  隶  草 

【构造】形声兼会意字。甲骨文从土,其声,其是放在下丌架上的簸箕,也兼表下丌之意。金文将土移到丌下。篆文承金文并整齐化。隶变后楷书写作基。

【本义】《说文·土部》:"基,墙始也。从土,其声。"本义为墙脚,墙的根基。

【演变】基,本义指❶墙脚:自堂徂(往)~|墙~。引申泛指❷建筑物的底座,根脚:太武殿~高二丈八尺|宅~|房~|路~|地~|根~。又引申指❸事物的基础,根本:乐只君子,邦家之~|他的修为颇有根~|~业。筑墙从墙基开始,故又引申指❹开头,起始:福生有~,祸生有胎|童子就学,教以书术,穷理精艺,实~于此|~层|~点。今又用作❺化学名词,也叫根:羟~|氨~。

【组字】基,如今既可单用,也可作偏旁。现今仍归入土部。凡从基取义的字皆与根基等义有关。

以基作声符的字有:堪、棋、箕。

勘 kān

【字形】篆  隶  草 

【构造】形声兼会意字。篆文从力，甚声，甚也兼表进一步之意。隶变后楷书写作勘。

【本义】《说文·力部》新附："勘，校也。从力，甚声。"本义为校对，核定。

【演变】勘，本义指❶校对，核定：武帝使学士贺纵共沈约~其书目｜相忆采君诗作障(幛)，自书自~不辞劳｜~误表。引申指❷查看，探测：逃民复业及浮客请佃者，委农官~验，以给授田土收附板籍｜~探｜~测。又引申指❸推究：援古~今，思有所发者。又引申特指❹审讯，问罪：付执法者~之｜~问。

【组字】勘，如今既可单用，也可作偏旁。现今仍归入力部。凡从勘取义的字皆与查看等义有关。

以勘作声符的字有：墈、磡。

勒 lè；lēi

【字形】金 篆 隶 勒 草

【构造】会意兼形声字。金文从革从力，会用力刮制皮革之意，力也兼表声。篆文整齐化。隶变后楷书写作勒。

【本义】《说文·革部》："勒，马头络衔也。从革，力声。"所释为引申义。从勒有镌刻之义推测，本义当为用力刮制皮革。

【演变】勒，读 lè，动词，本义指用力刮制皮革。由用力刮制，引申指❶镌刻，勾画，书写，编纂：王者今无战，书生已~铭｜小景并梅、菊、兰、松、墨竹，钩~甚佳｜名~青史｜~为一卷，以垂将来｜~碑｜~石。止马要用力勒，又指❷拉紧缰绳止马：扬桴上陇坂，~骑下平原｜悬崖~马。由勒马又引申指❸约束，强制：不能教~子孙｜于民有蠹患者，便即~停｜~索｜~令｜~逼。进而引申指❹整饬，统率：子之十三篇，吾尽观之矣，可以小试~兵乎？笼头是皮革制的，故用作名词，又指❺带嚼子的笼头：安车一乘，鞍~一具｜白马嚼啮黄金~｜马~。

又读 lēi，口语指❻用绳子套住使劲拉：~紧一点｜~出一道红印。

【组字】勒，如今既可单用，也可作偏旁。现今归入力部。凡从勒取义的字皆与用力刮、拉等义有关。

以勒作声符的字有：嘞、瑘、簕、鳓。

堇 qín；jǐn

（莫、暵、謹、墐、熯、囏、艱、艰、難、难、墐）

【字形】甲 金 籀 篆 隶 堇 堇 暵 熯 谨 謹 艰 囏 艱 墐 草

【构造】会意字。甲骨文象把一个双臂交缚、头颈戴枷的人牲放在火上焚烧之形，会以人牲献祭求雨之意。金文分为三形，下边所从之火已不明显，有的已讹近土。篆文遂写作土。隶变后楷书写作堇(jǐn)和莫(hàn)二形。如今二字皆不单用，只作偏旁。篆文二形从艸(艹)，堇声。隶变后楷书写作堇。本义为菜名，后来俗也简化作堇。如今单用的"堇"实际是"堇"的简化字。参见堇。

【本义】《说文·堇部》："堇，黏土也。从土，从黄省。"解说不确，实与土无关。本义为以人牲火祭求雨。又《艸部》："堇，草也，根如荠，叶如细柳。蒸食之，甘。从艸，堇声。"本义为菜名，即堇菜，也叫堇堇菜。多年生草本植物，叶子边缘有锯齿，花瓣白色带紫色条纹。

【演变】堇(莫)，读 qín，本义指以人牲火祭求雨，故卜辞中用以表示❶干旱，旱灾：帝其~我。又表示❷诚敬：上待乎天~。又表示❸烧烤。引申为❹艰难。又引申为❺灾难。因《说文》的解释，故又表示❻黏土：以~土为钱，敛真钱。

又读 jǐn，借用作"堇"的简化字，故表示❼堇菜：周原膴膴，~荼如饴。

由于堇(莫)作了偏旁，干旱之义便另加义符"日"写作"暵"来表示；诚敬之义便另加义符"言"写作"謹"来表示；烧烤之义便另加义符"火"写作"熯"来表示；艰苦之义便另加声符"艮"写作"艱"(艰)来表示；灾难之义便借"難"(难)来表示，参见难；黏土之义便另加义符"土"写作"墐"来表示。

○暵，从日从莫会意，莫也兼表声。读

hàn,本义指❶深翻暴晒田地:大小麦皆须五月六月~地。引申指❷枯槁:中谷有蓷,~其干矣。又引申指❸干旱:维时清秋~,老龙犹泥蟠。

〇谨,繁体作謹,从言从堇会意,堇也兼表声。如今简化作谨。读 jǐn,本义指❶慎重:~执其柄而固握之|~慎|~防。引申指❷诚敬:令尹甚傲而好兵,子必~敬。又用作❸敬词:~致谢意。

〇熯,从火从莫会意,莫也兼表声。读 hàn,本义指❶使干燥:燥万物者,莫~于火。引申指❷焚烧:夫~一炬火,爨一镬水,终日不能热。又引申指❸烘烤:取出四个饼子,厨房下~得焦黄。

〇艰,甲骨文从莫(堇,是焚烧两臂交缚的人牲以祭形)从壴(架起的一面鼓),会焚烧人牲击鼓以祭之意。金文人牲下加火,鼓下加口(表示呼喊),其义更明。籀文整齐化,火讹为土,成了从堇从喜会意,堇也兼表声。篆文改为艮声,艮也兼表狠之意。隶变后楷书分别写作囏与艱。是“堇”的加旁分化字。艱如今简化作艰,用符号“又”代替“堇”,为正体;囏用作人名,不简化。读 jiān,本义指❶困厄,祸患。引申泛指❷困难:终窭且贫,莫知我~|~难|~辛|~苦。

〇墐,从土从堇会意,堇也兼表声。读 qín,指❶黏土:或丸~土而食,死者十六七。

又读 jìn,表示❷用泥涂塞:穹窒熏鼠,塞向~户。

【组字】堇,如今既可单用,也可作偏旁,莫则不单用,只作偏旁。作偏旁时或简化作“又”。现今归入土部。凡从堇(莫)取义的字皆与诚敬、艰苦、灾难、烧烤、黏土等义有关。

以堇(莫)作义符的字有:艱(艰)。

以堇(莫)作声兼义符的字有:勤、廑、谨、馑、墐、殣、觐。

以堇(莫)作声符的字有:僅(仅)、鄞、瑾、槿、難(难)。

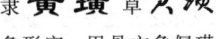

黄 huáng (璜)

【字形】甲  金  篆 

隶 黄璜 草 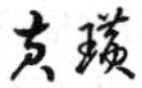

【构造】象形字。甲骨文象佩璜之形,上为系,下为垂穗,中为双璜并联状。金文繁化,佩璜讹为田。故《说文》释为“从田从炗”,成了大地的黄色。篆文整齐化,隶变后楷书写作黄。当是“璜”的本字,是一种半环状佩玉,合则为璧,分则为璜。

【本义】《说文·黄部》:“黄,地之色也。从田,从炗,炗亦声。炗,古文光。”析形不确,所释为引申义。本义当为佩璜,古代一种半环状佩玉。

【演变】黄,本义指佩璜,古人尚黄,大概这种玉器多为黄色,故又指❶黄玉:充耳以~乎而(耳),尚之以琼英乎耳。引申泛指❷黄色:天玄而地~|裳裳(丰润明艳)者华,或~或白|染于苍则苍,染于~则~|~灿灿|~牛。又用为❸黄帝的简称:贤之纯者,~老是也;~者~帝也,老者老子也|炎~子孙。又用作❹黄河的简称:~泛区|治~。植物枯萎则黄,故又引申指❺事情失败或不能照计划实现:那门亲事就这样~了。又特指❻色情:扫~。

“黄”为引申义所专用,佩璜之义便又另加义符“玉”写作“璜”来表示。

〇璜,从玉从黄会意,黄也兼表声。读 huáng,本义指❶半璧形的玉:以玄~礼北方。又泛指❷佩玉:昭彩藻与雕琢兮,~声远而弥长。

【组字】黄,如今既可单用,也可作偏旁。现今仍设黄部。凡从黄取义的字皆与黄玉、黄色等义有关。

以黄作义符的字有:黇、黈、黏、黊、黰。

以黄作声兼义符的字有:璜、癀、磺、簧。

以黄作声符的字有:廣(广)、潢、横、黉、蟥。

著 zhù;zhuó;zhāo;zhe (箸、筯、着)

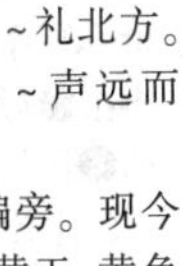

【字形】金  古  篆 

今篆  隶 箸筯著着

草 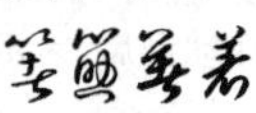

【构造】会意兼形声字。金文本从竹从者(烧

火燎柴)，会用竹棍拨火使明亮旺盛之意，者也兼表声。篆文承之并整齐化。隶变后楷书写作箸。本义当为拨火棍，表示明亮显著。《说文》释为吃饭的筷子，应是引申义。为了分化字义，筷子之义便由“箸”来表示，明显之义后俗承古文，将竹头改为艹头写作“著”。宋代又由著的草体楷化，分化出“着”。这样就发展为分工明确的三个字。参见者。

【本义】《说文·竹部》：“箸，饭攲也。从竹，者声。”解释为吃饭的筷子，应是引申义。据箸从者(燎柴形)取义推断，本义当为拨火棍，即火筷子、火钳。

【演变】箸，由本义拨火的筷子，引申为❶吃饭的筷子：昔者纣为象～而箕子怖。拨火的筷子和吃饭的筷子都有夹取的作用，故又引申为❷附着：兵～晋阳三年矣｜今殴(qū，同驱)民归之农，皆～于本。拨火则火明，故又引申为❸明显：致忠信，～仁义，足以竭人矣。

为了分化字义，后来专用“箸”表示筷子的意思。异体也写作“筯”(从竹从助会意，助也兼表声。如今规范化仍用箸)。

○著，读 zhù，专用以表示原去声字，基本义为❶明显：诚则形，形则～，～则明。用作使动，又表示❷使明显，即显出：此臣素～狂直于世。写作就是将语言显现在竹帛上，故又引申指❸写作：不能道说，而善～书。又指写出的❹作品：巨～｜名～。又表示❺土著：其俗土～。此义由附着引申来，依理本应读 zhuó，但因其并没有照一般读入声的著那样改写成“着”，大家也就念成了 zhù。

○着，读 zhuó，专用以表示原入声字，基本义为❶附着：不～边际｜～陆。引申指❷使附着在别的物体上：平林霜～色｜～墨｜～眼。又引申指❸着落：不曾声说此项米～落｜吃穿无～。又引申指❹穿着：邀人傅脂粉，不自～罗衣｜吃～不愁。

又读 zháo，引申指❺接触到，挨上：上不～天，下不～地。进而引申指❻感受到：～急｜～凉。又引申指❼用，使用：别～脚踢｜～木棍儿挑。虚化为助词，用在动词后，表示❽达到目的或有了结果：睡不～｜猜～了。因其由拨火棍发展来，故又表示❾燃烧，发光：～火了｜点～灯。此义本应由“著”表示，俗改用“着”表示。

又读 zhāo，由附着引申为❿放，放置：～点盐。又引申指⓫移放一步棋：连走三～好棋。进而引申为⓬办法：这事，你有什么高～？

又读 zhe，虚化为助词，表示⓭动作行为正在持续进行或祈使命令语气：两人面前放～合同，正谈～条件｜你听～，只能照～办。

【组字】箸、著、着，如今既可单用，也可作偏旁。现今分别归入竹、艹、羊部。凡从箸、著、着取义的字皆与附着、明显等义有关。

以箸、著作声兼义符的字有：櫡、鐯(锗)。

以著、着作声符的字有：儲、墸、擆(撯)、蠩、禇、躇。

萌 méng

【字形】甲　篆　今篆　隶 萌　草

【构造】形声兼会意字。甲骨文从茻(众草)明声。篆文省从艸(艹)，朙声，朙也兼表草初生能看清之意。隶变后楷书写作萌。

【本义】《说文·艸部》：“萌，草芽也。从艸，明声。”本义为植物的芽。

【演变】萌，本义指❶植物的芽：句者(屈生的芽)毕出，～者(直出的芽)尽达｜竹之始生，一寸之～耳。用作动词，指❷发芽：百草～兮华荣｜春气动，草～芽。又引申泛指❸事物开始发生：故治民者，禁奸于未～｜固态复～｜～发。古又借作“氓”，表示❹民：先帝深愍边～婴罹(遭受)寇害。

【组字】萌，如今既可单用，也可作偏旁。现今仍归入艸(艹)部。凡从萌取义的字皆与萌芽等义有关。

以萌作声符的字有：槾、甍。

萝 luó (蘿)

【字形】篆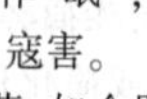　隶 萝 蘿　草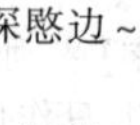

【构造】形声兼会意字。篆文从艸(艹)，羅声，羅也兼表似网罗状之意。隶变后楷书写作蘿。如今简化作萝。

【本义】《说文·艸部》：“蘿，莪也。从艸，羅声。”本义为莪蒿。《玉篇·艸部》：“萝，女萝，托松而生。”又指女萝。后泛指某些蔓生植物。

【演变】萝，泛指❶某些蔓生植物：茑与女～，施（蔓延）于松柏｜碧～长似带，锦石小如钱｜茑～｜松～｜藤～。又用作“萝卜”，表示❷一种蔬菜：胡～卜｜辣～卜｜白～卜。

菌 jùn；jūn

【字形】篆　隶　草

【构造】形声兼会意字。篆文从艸（艹），囷声，囷也兼表似圆囤形之意。隶变后楷书写作菌。

【本义】《说文·艸部》：“菌，地蕈也。从艸，囷声。”本义为菌子，即蕈，高等菌类植物。只生长在森林或草地上，地下部分叫菌丝，能从土壤或朽木里吸取养料；地上部分由帽状的菌盖和杆状的菌柄构成，菌盖能产生孢子，是繁殖器官。种类很多，有的可食用，有的有毒。

【演变】菌，读 jùn，本义指❶菌子：朝～不知晦朔。

又读 jūn，指❷低等植物的一类，无茎叶，不含叶绿素：真～｜～落。又特指❸使人生病的病原细菌。

菜 cài

【字形】金　篆　隶　草

【构造】形声兼会意字。金文从艸（艹），采声，采也兼表可采食之意。篆文整齐化。隶变后楷书写作菜。

【本义】《说文·艸部》：“菜，草之可食者也。从艸，采声。”本义为蔬菜，通常指可以用作副食的植物。

【演变】菜，本义指❶蔬菜：虽疏食～羹，必祭｜种～｜买～｜野～｜～农。引申泛指❷一切可供就饭下酒的副食品：要酒要～，慢慢地坐喝｜荤～｜素～｜鲁～｜～谱。又引申特指❸油菜：～油｜～籽。

萄 táo

【字形】篆　隶　草

【构造】形声兼会意字。篆文从艸（艹），匋声，匋也兼表如缶圆形之意。隶变后楷书写作萄。

【本义】《说文·艸部》：“萄，草也。从艸，匋声。”本义为草名。

【演变】萄，本义指❶草名。此义今已不用。西汉时张骞通西域，葡萄传入中国，遂用“萄”作译音字，如今一般不单用，仅用于“葡萄”一词中，表示❷葡萄（古代也译作蒲萄、蒲陶、蒲桃），一种落叶藤本植物，浆果多为圆形或椭圆形，是常见的水果，也可酿酒。也指这种植物的果实：汉使采蒲陶、目宿种归｜一县葡～熟，秋山苜蓿多｜葡～酒｜葡～糖。又指❸像葡萄（颜色或形状）的：葡～灰｜葡～胎。

菊 jú（蘜）

【字形】篆　隶　草

【构造】形声兼会意字。篆文从艸（艹），匊声，匊也兼表其花如掬之意。隶变后楷书写作菊。后俗又用作蘜（从艸，鞠声）的简体字。

【本义】《说文·艸部》：“菊，大菊，蘧麦。从艸，匊声。”本义为大菊，即石竹科的瞿麦。多年生草本植物，茎丛生，叶子狭长披针形，夏天开淡红或白花，种子如燕麦，可供观赏，全草可入药。又：“蘜，日精也，以秋华。从艸，𥷚省声。”本义为菊花，也叫黄花。多年生草本植物，叶子有柄，卵形或披针形，边缘有锯齿或深裂，秋季开花，颜色和形状因品种而异，是著名的观赏植物。有的花可入药。

【演变】菊，本义为❶大菊。后俗借用作“蘜”的简体字，故又表示❷菊花：朝饮木兰之坠露兮，夕餐秋～之落英｜采～东篱下，悠然见南山｜～花酒｜秋～｜墨～。

菏 hé（滒）

【字形】古　篆　今篆　隶　草

【构造】会意兼形声字。篆文从水从苛（小草），会长满草的浅水之意，苛也兼表声。隶变后楷书写作滒。古文还有个菏字，从艸（艹）从河会意,河也兼表声,本为水草名。后俗将二字相混,皆用菏来表示。如今规范化以菏为正体。注意:与"荷"不同。参见荷。

【本义】《说文·水部》:"菏,菏泽水,在山阳胡陵。从水,苛声。"本义为古泽名,即菏泽。在今山东省定陶县东北,为济水东出,潴积而成。《玉篇·艸部》:"菏,菏蓖草。"本义为菏蓖草,一种野草名。

【演变】菏,作为本字,本义为❶菏蓖草。又形容❷露浓。

作为"菏"字,本义为❸水名,古济水的支流。自今山东定陶县北分古济水东出,汇聚成大片沼泽,又向东流出成菏水,经今成武、金乡两县北,东注于古泗水。金代后湮塞:导沇水,东流为济,入于河,溢为荥;东出于陶丘北,又东至于~,又东北,会于汶|(徐州)浮于淮、泗,达于~。用作"菏泽",又指❹古湖泽名,即菏泽。在今山东省西南部黄河南岸。原是天然古泽,如今已湮没:导~泽,被孟潴|(在今河南商丘东北)|~泽在(济阴)县东北九十里,故定陶城东北,其地有~山,故名其泽为~泽。又指❺地名。域处山东西南部,与江苏、河南、安徽三省接壤。

萃 cuì

【字形】金 篆 隶 草

【构造】形声兼会意字。金文从艹,卒声,卒也兼表如兵卒聚集之意。篆文整齐化。隶变后楷书写作萃。

【本义】《说文·艸部》:"萃,艸(聚)皃。从艸,卒声。"本义为草木丛生的样子。

【演变】萃,本义指草木丛生的样子。引申泛指❶聚集:苍鸟群飞,孰使~之|荟~|~集。又引申指❷聚在一起的人或事物:出于其类,拔乎其~|出类拔~。又引申指❸止息:墓门有梅,有枭~止。

【组字】萃,如今既可单用,也可作偏旁。现今仍归入艹部。凡从萃取义的字皆与聚集等义有关。

以萃作声兼义符的字有:椊、膵(脺)。

菠 bō

【字形】古 今篆 隶 草

【构造】形声兼会意字。古文从艹,波声,波也兼表来自波国之意。隶变后楷书写作菠。

【本义】《玉篇·艹部》:"菠,菠薐。"用为译音字,菠薐即菠菜。本义为来自颇陵国(伊朗)的一种蔬菜。一年生或二年生草本植物,根带红色,叶子略呈三角形。茎和叶都可食用。

【演变】菠,译音字,如今不单用,仅用于菠菜、菠薐菜、菠萝等词中。菠菜来自颇陵国,曾译为"波稜""菠薐",后规范化为菠菜:泥婆罗(尼泊尔),(贞观)二十一年遣使人献~稜、酢菜、浑提葱。

营 yíng (營)

【字形】篆 隶 草

【构造】会意兼形声字。篆文从宫(原始环形穴居房屋透视轮廓形)从荧省,会灯火明亮的居室之意,荧也兼表声。隶变后楷书写作營。如今简化作营。

【本义】《说文·宫部》:"營,匝居也。从宫,熒省声。"本义为四周垒土而居。

【演变】营,本义指❶四周垒土而居:下者为巢,上者为~窟。引申指❷环绕:以朱丝~社。用作动词,引申指❸规划营治,建造:经始灵台,经之~之|~缮|~造。又引申指❹筹划,料理,经营:执正~事,则谗佞奸邪无由进矣|~业|~养。又引申指❺谋求:邪枉贪污,~私多欲|蝇~狗苟|~救|~生。古代行军环车驻扎,故又引申为❻军垒,军营,或类似军营的:于是天子乃按辔徐行至~|安~扎寨|夏令~|军~。又引申指❼军队的编制单位:军师旅团~。

【组字】营,如今既可单用,也可作偏旁。现今归入艹部。凡从营取义的字皆与围绕等义有关。

以营作声兼义符的字有:茔。

以营作声符的字有:嵤、撍、潆、楷。

萦 yíng (縈)

【字形】金　篆　隶 萦 草

【构造】会意兼形声字。金文从糸从𤇾省，𤇾表灯火环居，用以会丝缠绕之意，𤇾也兼表声。篆文承之并整齐化。隶变后楷书写作縈。如今简化作萦。

【本义】《说文·糸部》："縈，收卷也。从糸，𤇾省声。"本义为把线缠绕成团。

【演变】萦，由把线缠绕成团，引申泛指❶缠绕：青泥何盘盘，百步九折～岩峦。又指❷弯曲：一川寒碧自～回。引申指❸牵挂：～怀。

【组字】萦，如今既可单用，也可作偏旁。现今归入糸部或艹部。凡从萦取义的字皆与缠绕等义有关。

以萦作声符的字有：潆、䃶。

萧 xiāo（蕭）

【字形】金　篆　隶 萧 蕭 草

【构造】形声兼会意字。金文从艹，肅声，肃也兼表肃杀之意，本义为干枯的艾蒿。篆文整齐化。隶变后楷书写作蕭。如今简化作萧。

【本义】《说文·艸部》："蕭，艾蒿也。从艸，肅声。"本义为艾蒿，也叫香蒿。多年生草本植物。叶厚，叶背有灰白色绒毛，有香气，花黄色，全株可入药。茎叶点燃后可驱蚊蝇。叶子干后制成艾绒，用于灸法。

【演变】萧，本义指❶艾蒿：彼采～兮，一日不见，如三秋兮。引申为❷冷落，没有生气的样子：～然｜～瑟｜～索｜～条。由冷落又引申为❸自甘寂寞，洒脱：～然物外。又借为"肃"，表示❹肃敬：祸起～墙（臣民至此照壁皆肃然）。又用作"萧萧"，作象声词，表示❺风声，马叫声：风～～兮易水寒｜车辚辚，马～～。

【组字】萧，如今既可单用，也可作偏旁。现今仍归入艹部。凡从萧取义的字皆与蒿草等义有关。

以萧作声兼义符的字有：潇。

以萧作声符的字有：橚、蟏。

乾 qián；gān（乾、干、坤、堃）

【字形】籀　篆　　隶 乾 坤 堃 草

【构造】会意兼形声字。籀文从乙（芽破土而出）从倝（日出旗扬），会上出之意，倝也兼表声。篆文整齐化。隶变后楷书写作乾。异体或作乹。如今其部分含义简化借"干"来表示。参见干。与乾相对应的是"坤"字。坤，篆文从土，从申（闪电）会意。《说文》认为，土位在申，故坤表示地。推其意，当由雷电下击伸地而来。隶变后楷书写作坤。异体作堃，从方（掘地锸），亦为掘地下伸之意。如今规范化，以坤为正体，堃只用于人名。

【本义】《说文·乙部》："乾，上出也。从乙，乙，物之达也；倝声。"本义为日出时光气舒展上出的样子。《说文·土部》："坤，地也，《易》之卦也。从土，从申，土位在申。"本义为大地。

【演变】乾，读 qián，本义为❶日出时光气舒展上出的样子。引申泛指❷上出，冒出：草木出土～～然强健也。又指❸刚健，自强不息：健而不息者，～也｜君子终日～～，夕惕若，厉，无咎。由日光上出，又借用为八卦之一，象征❹天，表示阳刚。符号为☰：～，天也，故称乎父；坤，地也，故称乎母｜～坤｜～道｜～象。又❺象征阳、日、君主、男性、父亲、丈夫等：～，阳物也；坤，阴物也｜～曜｜～德｜～道｜～造（婚姻中称男方）｜少候～荫｜～纲不振。

又读 gān，由日光上出，引申指❻干燥。又指❼枯竭。又指❽徒然。以上读 gān 之义如今简化，皆用"干"来表示。

〇坤，读 kūn，本义为❶大地，与"乾"相对：昔彼～灵（地神），并天作合｜扭转乾～。又用作❷《周易》八卦之一，卦形为☷，代表地及一切最具阴柔性质的事物：《彖》曰：至哉～元，万物滋生，乃顺承天｜～，地道也，妻道也，臣道也。由《易·系辞上》："坤道成女。"故又指❸女性，母亲，帝后：正位～极（皇后）｜～育天下｜～造｜～则｜～表｜～包｜～车｜～伶｜～范｜～宅。又特指❹西南方：家寄西南～。

【组字】凡从乾取义的字皆与上出等义有关。

以乾作声符的字有：墘、漧。

械 xiè

【字形】篆 隶 械 草 械

【构造】形声兼会意字。篆文从木,戒声,戒为手持兵器守卫,用以会木质刑具或各种工具之意。隶变后楷书写作械。

【本义】《说文·木部》:“械,桎梏也。从木,戒声。一曰器之总名。”本义为枷、镣铐等一类的刑具。后泛指各种器械。

【演变】械,本义泛指❶各种器械,用具:公输盘为楚造云梯之~|机~。又指❷武器:三岁,则大计群吏之治,以知民之财,器~之数|~(用械)斗|缴~|军~。又特指❸刑具:凡囚至,先布~于前示囚,莫不震惧,皆自诬服|~系。用作动词,指❹拘系,拘束:淮阴,王也,受~于陈|人生不自怜,坐受外物~。

婪 lán

【字形】甲 篆 隶 婪 草 婪

【构造】会意兼形声字。甲骨文从女从林(代表财物多),会贪爱财物之意,林也兼表声。篆文整齐化。隶变后楷书写作婪。同义的还有啉、惏,从口或从心,以强调心贪、口要之意。

【本义】《说文·女部》:“婪,贪也。从女,林声。”本义为贪爱财物。

【演变】婪,本义指贪爱财物:众皆竞进以贪~兮|~~群狄,豺虎竞逐|~酣大肚遭一饱|贪~。

【组字】婪,如今既可单用,也可作偏旁。现今仍归入女部。凡从婪取义的字皆与贪得等义有关。

以婪作声符的字有:喽、漤。

梦 méng;mèng

(夢、瞢、瞢、寢)

【字形】甲 金 籀 帛 篆 隶 梦 夢 草 梦 梦

【构造】会意字。梦与寢、瞢同源,皆由上列甲骨文演变而来,本象一人躺在床上有眼眵之状,表示正在睡觉做梦。后因表义侧重不同分化为三个字。其共有基础“苜”(眼有眵形),是由“首”(眼有眵形)再加出人身构成,故应立为部首。金文省去床,眼睛加了蒙覆,下加月亮,表示晚上人在房中躺在床上做梦。籀文承金文,蒙覆换成人身。帛书稍讹,夕不明显,以突出夜间看不明之意。篆文承金文和籀文,或将夕换为目,并整齐化,分为三体。隶变后楷书分别写作夢、瞢、寢。夢如今简化作梦,代替“寢”,表示做梦,寢只作偏旁。瞢另表他义。

【本义】《说文·夕部》:“夢,不明也。从夕,瞢省声。”本义为昏昧不明。又《苜部》:“瞢,目不明也。”本义为目不明。又《寢部》:“寢,寐而有觉也。”本义为做梦,人在睡眠或类似睡眠状态下大脑中产生的一种表象活动。

【演变】梦,读 méng,本义为❶昏乱不明:视尔~~,我心惨惨。

又读 mèng,用作寢,指❷做梦:高宗~得说(人名)。进而引申为❸虚幻,空想:虽限山川,常怀~想。

“梦”后来专用以表示做梦等义,昏乱不明之义遂用“瞢”来表示。“寢”则废而不用,只作偏旁。

【组字】梦(夢),如今既可单用,也可作偏旁。现今仍归入夕部。凡从夢取义的字皆与昏昧、无知等义有关。

以梦(夢)作声兼义符的字有:儚、懜。

以梦(夢)作声符的字有:鄸、甍、瞢。

检 jiǎn

(檢)

【字形】篆 隶 检 檢 草 检

【构造】形声兼会意字。篆文从木,僉声,僉也兼表签署之意。隶变后楷书写作檢。如今简化作检。

【本义】《说文·木部》:“檢,书署也。从木,僉声。”本义为古代封书的题签。古书以竹木简为之,书成,穿以皮条或丝绳,于绳结处封泥,在泥上钤印,谓之检,所以禁闭之,使不得随意开启。后之以木为函,再题署函上加以封闭，以及书籍、卷册封面题写标签题字，皆此检之意。

【演变】检，本义为❶古代封书的题签：（袁绍）矫刻金玉以为印玺，每有所下，辄皂囊施～，文称诏书。由封签遂引申指❷限制，约束：与人不求备，～身若不及｜去作山中客，放浪谁～束｜语言失～｜行为不～｜～点。法度起约束作用，故用作名词，又引申指❸法度：礼者，人主之所以为群臣尺寸寻丈～式也。法度是考核言行的标准，故用作动词，又引申指❹考查，查：郡国守相明～察之｜～验｜～查｜～字表｜～阅｜～票｜～举｜～视｜～修｜～定｜～疫｜体～。

桼 qī（柒、漆）

【字形】金　篆　今篆

隶 桼 漆 柒 草 桼 漆 柒

【构造】象形兼会意字。金文象一棵树皮被割开有水滴流下来的样子，借以表示漆汁。篆文整齐化。隶变后楷书写作桼。是“漆”的本字。

【本义】《说文·桼部》：“桼，木汁也。可以髹物。象形，桼如水滴而下。”本义为漆汁。漆树是落叶乔木，树皮里有黏汁，可用来做涂料。

【演变】桼，义为漆汁。由于“桼”作了偏旁，便又另造了形声兼会意的“柒”字来表示。而柒又借作“七”的大写，于是遂以“桼”为基础，另加义符“水”写作“漆”。如今“桼”的各个意思都用“漆”来表示。

〇漆，从水从桼会意，桼也兼表声。读 qī，本义指❶漆汁这种涂料：冶铜锢其内，～涂其外。又指❷漆树：陈、夏千亩～。用作动词，指❸油漆饰物：君即位而为椑（内棺），岁壹～之藏焉。天然的漆为黑色，故又表示❹黑色：天一片～黑。

〇柒，从木从水会意，七声。是漆的异体。读 qī，本义指❶漆树：又西二十里曰刚山，多～木。引申指❷漆汁。后借作❸“七”的大写。

【组字】桼，如今不单用，只作偏旁。现今归入木部。凡从桼取义的字皆与漆汁等义有关。

以桼作义符的字有：麭、髹（髤）。

以桼作声兼义符的字有：漆。

以桼作声符的字有：膝。

梳 shū

【字形】古　篆　隶 梳 草 梳

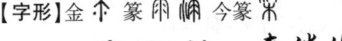

【构造】形声兼会意字。梳本用疏表示。古文从齒从石会玉梳之意。篆文改为从木（表示木制），疏省声，疏也兼表疏通之意。隶变后楷书写作梳。

【本义】《说文·木部》段注：“梳，所以理发也。从木，疏省声。”本义为梳子，也叫拢子，整理须发用的器具。

【演变】梳，本义指❶梳子：朝有讽谏，犹发之有～｜牛角～｜木～｜～篦。用作动词，表示❷梳理：头蓬不暇～，饥不及餐｜～洗打扮｜～头。

梯 tī

【字形】篆　隶 梯 草 梯

【构造】形声兼会意字。篆文从木，弟声，弟也兼表次第之意。隶变后楷书写作梯。

【本义】《说文·木部》：“梯，木阶也。从木，弟声。”本义为木梯。一种以两根长直棍为主体，用若干短棍相隔尺许距离横连起来供人踩踏层层升降的设备。

【演变】梯，本义指❶木梯：公输盘为楚造云～之械，成，将以攻宋。引申泛指❷登高用的器具或设备：石～架仙岩，往往遗骨在｜楼～｜绳～｜电～｜阶～。又引申指❸形状像楼梯的：岭阪上皆禾田，层层而上至顶，名～田｜～队。用作动词，又引申指❹攀登：潜步至门，～树窃听｜～山航海。

救 jiù（捄）

【字形】金　篆　隶 救 草 救

【构造】形声兼会意字。金文从攴（表操持），求声，求也兼表要求之意。篆文整齐化。隶变后楷书写作救。异体作捄，改为从手。如今规范化用救。

【本义】《说文·攴部》：“救，止也。从攴，求声。”本义为制止。

【演变】救，本义指❶制止：~斗者不搏撠|所以~奸，所以当罪|~火。阻止危难发生或继续，从另一个角度说就是一种帮助，故引申指❷帮助使免于或脱离灾难、危险：凡民有丧，匍匐~之|虏~死扶伤不给|~灾|~险|~急|~援|~兵|~命|挽~|搭~|营~。

【组字】救，如今既可单用，也可作偏旁。现今仍归入攴部。凡从救取义的字皆与制止等义有关。

以救作声符的字有：慭。

觋 xí (覡)

【字形】篆 隶 觋 覡 草

【构造】会意字。篆文从巫从見，会能见鬼神并传达鬼神意旨的人之意。这是古代的迷信说法。细分女巫为巫，男巫为觋。隶变后楷书写作覡。如今简化作觋。

【本义】《说文·巫部》："覡，能斋肃事神明也。在男曰觋，在女曰巫。从巫，从見。"本义为男巫。旧时指以祈祷求神、消灾治病为业而取得财物的人。

【演变】觋，本义指男巫：出户而巫~有事|巫~之言，其所因者，非一术也。

啬 sè (嗇、穑、穡)

【字形】甲 金 古 篆 隶 嗇 嗇 穡 穡 草

【构造】会意字。甲骨文从㐭(粮仓)从來(来，小麦)，会收谷物入仓之意。金文大同，二形将仓改为田。籀文承金文二形省去一禾。篆文承金文一形并整齐化，或另加义符禾。隶变后楷书分别写作嗇、穡。如今分别简化作啬、穑，二字表义有分工。参见穑。

【本义】《说文·嗇部》："嗇，爱濇(不滑)也。从来，从㐭。来者㐭而藏之，故田夫谓之嗇夫。"所释为引申义。本义当为收获谷物加以储藏。是"穑"的本字。

【演变】啬，本义指❶收获谷物：服田力~，乃亦有秋。又指❷谷物：写(倾倒)~于房。引申为❸爱惜：~于时，惠于财。再引申为❹吝啬：(公)仲~于财，率(颜率)曰散施。又引申指❺节省：少费之谓~。

"啬"为引申义所专用，收获谷物而廪藏之之义便另加义符"禾"写作"穑"来表示。

○穑，从禾从啬会意，啬也兼表声。读 sè，本义指❶收获谷物：不稼不~，胡取禾三百廛兮。用作"稼穑"，借播种与收获，泛指❷农业劳动：厥父母勤劳稼~，厥子乃不知稼~之艰难。

【组字】啬，如今既可单用，也可作偏旁。现今归入口部。凡从啬取义的字皆与粮仓、收藏等义有关。

以啬作义符的字有：牆(墙)。

以啬作声兼义符的字有：穑。

以啬作声符的字有：濇。

敕 chì (勅、勑、飭、饬)

【字形】金 篆 隶 敕 勅 饬 飭 草

【构造】会意兼形声字。金文从柬(整理挑选)从支(操作)，会整饬治理使严整之意。篆文改为从束从支，会整治捆束之意，束也兼表声。隶变后楷书写作敕。整治需用力，故异体也写作勅、勑，改为从力，束声或來声。如今规范化，以敕为正体，勅、勑只作偏旁。参见勑。

【本义】《说文·支部》："敕，诫也。从支，束声。"所释为引申义。本义当为整治使严整。《说文·力部》："勑，劳(来)也。从力，來声。"本义为慰劳，勉励来者。古多用"來"(来)表示。

【演变】敕，本义指❶整治使严整：先王以明罚~法。引申为❷告诫：君臣相~，维是几安|不从母~，以至今日|申~。又引申特指❸皇帝的诏书：手把文书口称~|~命|~封。

"敕"为引申义所专用，整治之义便另造了"飭"字。如今简化作饬。

○饬，从人从力会意，食声，《说文》认为从力，飤（sì）声。读 chì，本义指❶整治使坚牢：戎车既～｜整～。引申指❷谨慎：爱敬～尽，命赐备厚。由整治，又用作“敕”，表示❸告诫，命令：又～众官各慎其职｜～知｜～令。

【组字】敕，如今既可单用，也可作偏旁。现今仍归入支部。凡从敕取义的字皆与整治等义有关。

以敕（勑、劥）作声兼义符的字有：整、嫠、樕、螫、鏊、鷘、鷔。

欶 shuò；sòu（嗽、吮）

【字形】甲  金  篆  今篆 

隶 欶 嗽 嗍 吮

草 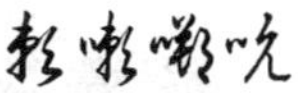

【构造】会意兼形声字。甲骨文从欠（张口出气）从朿，会张口敛唇吮吸之意，朿也兼表声。金文朿繁化并增为二欠。篆文整齐化。隶变后楷书写作欶。或另加义符口作嗽。异体作嗍（suō），从口从朔（逆）会意，朔也兼表声。如今二字表义有分工。

【本义】《说文・欠部》：“欶，吮也。从欠，朿声。”《集韵・觉韵》：“欶，或作嗽、嗍。”本义为吮吸。

【演变】欶，读 shuò，本义指❶吮吸：车马获同驱，酒醪欣共～。

又读 sòu，表示❷咳嗽：～，上气疾。

由于“欶”作了偏旁，其义后另加义符“口”写作“嗽”来表示。

○嗽，从口从欶会意，欶也兼表声。读 shuò，表示❶吮吸：文帝尝病痈，邓通常为上～吮之。此义后用“吮”来表示。

又读 sòu，表示❷咳嗽：干～｜咳～。

○吮，从口从允会意，允为大猩猩，其唇正似撮口吮吸之状，允也兼表声。读 shǔn，本义指撮口吸：医善～人之伤｜～痈舐痔｜～吸｜～血｜～乳。

【组字】欶，如今不单用，只作偏旁。现今仍归入欠部。凡从欶取义的字皆与口的动作等义有关。

以欶作声兼义符的字有：嗽、漱。

以欶作声符的字有：蔌、簌。

戜 dié

【字形】金  篆  隶 戜 草 

【构造】形声兼会意字。金文从戈，呈声，呈也兼表显露之意。篆文整齐化。隶变后楷书写作戜。

【本义】《说文・戈部》：“戜，利也。一曰剔也。从戈，呈声。”本义为锋利。

【演变】戜，本义指❶锋利。又表示❷剔除。

【组字】戜，如今不单用，只作偏旁。现今仍归入戈部。凡从戜取义的字皆与锋利等义有关。

以戜作声符的字有：戴。

副 pì；fù（疈）

【字形】籀  篆  隶 副 疈 草 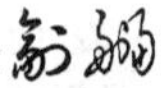

【构造】会意兼形声字。籀文从刀分二畐（盛满酒的酒樽），会剖分之意，畐也兼表声。篆文省去一畐。隶变后楷书分别写作疈和副。如今规范化用副。

【本义】《说文・刀部》：“副，判也。从刀，畐声。”本义为剖分，破开。

【演变】副，读 pì，本义指❶剖分，破开：不拆不～（胞衣没破裂），无灾无害｜为天子削瓜者，～之。

又读 fù，将物一分为二，相互间有相配相称的关系，故引申指❷相称，相配：出言以～情，发号以明旨｜盛名之下，其实难～｜名～其实。进而引申指❸居第二位的，辅助的：虞常在汉时，素与～（副使）张胜相知｜国之～相，位亚中台｜～班长｜～教授｜～总。用于物，指❹次要的，附带的：～产品｜～食品｜～作用｜～业。由辅助的，又引申指❺赞助：当时若得勠力齐心，上下相～，并力一举，大事可成。由相配，又用作量词，用于❻相配成一组的，套，张：一～对联｜三～手套｜一～面具｜一～笑脸｜看那～德性。

【组字】副，如今既可单用，也可作偏旁。现今仍归入刀部。凡从副取义的字皆与剖分等义有关。

以副作声兼义符的字有：揊。

朿 gǔn
（㯻、櫜、橐、捆、稇、綑）

【字形】甲 古 篆 隶 草

【构造】会意字。朿与束同源，是由上列甲骨文束字发展而来的，当是“捆”的初文。上列古文及篆文所从的偏旁㯻，即是甲骨文束（束）字变来的，用以表示一种无底的袋子，盛物时用绳捆扎两头。《说文》没有独立的“㯻”字，但实际上有这个偏旁，并且认为是篆文櫜（从束，圂声）的省略。这是由于《说文》没有弄清这个偏旁的来源，故曲折地认为是櫜省。所以《说文》设了“櫜”部，而没有“㯻”部。其实櫜（隶变后楷书写作櫜）应是从㯻、豕声的字，是“㯻”的加旁字。㯻作为偏旁楷书简作朿。作义符组字时将声符放在中间。

【本义】《说文·櫜部》：“櫜，橐也。从束，圂声。”析形不确。按理应解释为：“朿，橐也。象形。”本义为一种无底的袋子，盛物时用绳捆扎两头，引申为捆缚。

【演变】朿，本义指一种盛物时用绳捆扎两头的无底的袋子。引申为捆缚。由于“朿”（㯻）作了偏旁，捆缚之义遂另加声符“豕”写作“櫜”来表示；又因其形太繁难，后又另造了“捆”字。袋子之义遂改换声符“豕”为“石”写作“橐”来表示。参见橐、捆。

【组字】朿（㯻），如今不单用，只作偏旁。《说文》失收，以“櫜”代替作部首，如今归入木部。现今字典仍无单独的“朿（㯻）”字。凡从朿（㯻）取义的字皆与捆缚等义有关。

以朿（㯻）作义符的字有：櫜、櫜、橐、櫜。

曹 cáo

【字形】甲 金 篆 隶 草
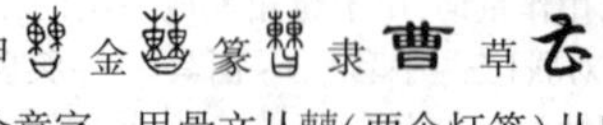

【构造】会意字。甲骨文从棘（两个灯笼）从口，是门口悬置两个灯笼形，表示双偶。金文口误为甘。篆文口误为曰。隶变后楷书写作曹。

【本义】《说文·曰部》：“曹，狱之两曹也。在廷东，从棘；治事者，从曰。”这是作者根据汉朝的制度所作的解说，非本义。本义当为双偶。

【演变】曹，本义指❶双，偶：幽坐谁与～。引申指❷等，辈，类：尔～身与名俱灭｜吾～。又引申指❸古代分科办事的官署或部门：农～掌百谷｜功～。古代又特指❹诉讼的原告与被告：两～（即两造）。

【组字】曹，如今既可单用，也可作偏旁。现今归入日部。凡从曹取义的字皆与双方、偶并等义有关。

以曹作声兼义符的字有：漕、槽、遭。

以曹作声符的字有：嘈、螬、艚、糟。

票 biāo；piāo；piào
（㶾、熛、飘）

【字形】篆 隶 草
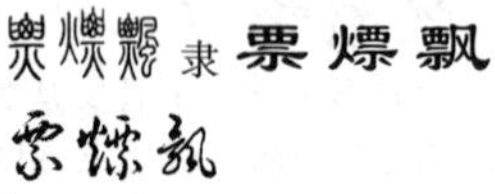

【构造】会意字。篆文从火从㔻（㝵，升高）省，会火焰飘飞腾起之意。隶变后楷书写作㶾，俗作票。

【本义】《说文·火部》：“㶾（票），火飞也。从火、㔻（㝵），与䙴同义。”本义为火焰飘飞腾起。

【演变】票，读 biāo，本义指❶火焰飘飞腾起：见～如累（明），其道明也。

又读 piāo，火飞则轻疾、迅猛、显明，故引申指❷迅疾：遣～轻吏微求人罪。又引申指❸轻举的样子：～然而逝。进而引申指❹动摇：横巨海，～昆仑。

又读 piào，用作名词，引申指❺迅速下达的官府文书：今早接到上宪谕～。进而引申指❻作为凭证的纸片：车～｜发～。又引申指❼纸币：钞～。清初八旗子弟凭朝廷发给的龙票到各地演唱子弟书，故又特指❽非职业性的戏曲表演：～友。又指❾强盗抢来作抵押的人：绑～儿。

“票”后主要用来表示引申义，本义便另加义符“火”写作“熛”来表示，第一类引申义则另加义符“风”写作“飘”来表示。

〇熛，从火从票会意，票也兼表声。读

biāo,本义指❶火焰飘飞:~火始起,易息也。引申指❷闪光:海内云蒸,雷动电~。又引申指❸迅疾:卒(猝)如~风。

〇飃,从风从票会意,票也兼表声。读piāo,本义指❶旋风:~风自南。引申指❷随风飘动:披衣出户看,~~满天地|~扬|~零|~摇。

【组字】票,如今既可单用,也可作偏旁。现今归入示部。凡从票取义的字皆与飞动、轻捷、显明等义有关。

以票作声兼义符的字有:熛、剽、漂、缥、骠、飘、瓢、瞟、镖、摽、標(标)、鳔。

以票作声符的字有:嘌、嫖、螵、膘、瘭。

鄄 juàn (甄)

【字形】金 古 篆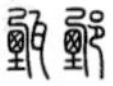 隶 鄄 草

【构造】会意兼形声字。鄄与甄是异体字。金文本从宀(房屋)从土从攴(手持工具)从缶,会手持工具在房屋内制作陶器之意。古文改为从瓦从垔会意,表示是烧制的瓦器,垔也兼表声。篆文整齐化。隶变后楷书写作甄(juàn)。《吕氏春秋》记载说:"尧(陶唐氏)葬谷(应为"榖")林,舜耕于历山,陶于河滨,渔于雷泽。"谷林、历山、雷泽均在鄄城县境。可见鄄为古制陶业发达之地。由于又用作地名,篆文遂改瓦旁为阝(邑)旁作鄄,成了从邑(右阝),垔声,垔为用竹笼草袋盛土石堵水(参见垔),故兼表意。鄄濒黄河,河患频发,筑堤防水乃其常事。所以"鄄"字又反映了黄泛地区的特点。为区别字义,后来"鄄"专用作地名;"甄"遂变读作 zhēn,专用于表示制作陶器,遂分成两个字。参见甄。

【本义】《说文·邑部》:"鄄,卫地。今济阴鄄城。从邑,垔声。"本义为地名。春秋卫邑,汉为鄄城县(故址在旧城镇),即今山东省鄄城镇,俗称王堌堆。

【演变】鄄,本义为❶春秋时卫国鄄邑,战国时齐国称甄(juàn,鄄的异体字)邑:单伯会齐侯、宋公、衞侯、郑伯于~|齐桓公伯于~。又指❷鄄城。西汉初改鄄邑为鄄城,因境内鄄邑而得名:濮州,今治~城县,古昆吾旧壤,颛顼遗墟|王使刘子复之,盟于~而入。又指❸今县名:~城县。又用作❹姓。鄄地为春秋卫国属地,卫公族分封于鄄地食邑,后因以地为姓。《左传》卫国有鄄子士。

戚 qī (慽)

【字形】甲 金 篆 今篆

隶 戚 慽 草

【构造】象形兼会意兼形声字。甲骨文象带利齿的斧钺形。金文从戈,尗声,尗(木橛)也兼表棍棒武器之意。篆文改为从戉,戈、戉皆为古代兵器。隶变后楷书写作戚。

【本义】《说文·戉部》:"戚,戉也。从戉,尗声。"本义为钺,古代斧类兵器。

【演变】戚,本义指❶斧类兵器:刑天舞干~。兵器能杀伤,故又借用以表示❷忧愁,悲哀:休~相关。武器随身携带,也能防身,故又借用以表示❸亲近,近:管夷吾、鲍叔牙二人相友甚~。用作名词,又指❹亲近的人:法之不行,自于贵~|亲~。

注意:上古"亲戚"包括父母、兄弟等:寡助之至,亲~畔之。

为了分化字义,忧愁之义后来另加义符"忄""心"写作"慽""慼"来表示,如今简化仍用戚。

【组字】戚,如今既可单用,也可作偏旁。现今归入戈部。凡从戚取义的字皆与忧伤等义有关。

以戚作声兼义符的字有:慽(戚)。

以戚作声符的字有:嘁、槭、蹙。

戛 jiá

【字形】篆 隶 戛 草

【构造】会意字。篆文从戈从百(头),会以戈击头之意。隶变后楷书写作戛。

【本义】《说文·戈部》:"戛,戟也。从戈,从百。读若棘。"解释的是引申义。本义当为以戈击头。

【演变】戛,由本义以戈击头,引申泛指❶敲击:

~击鸣珠|镗金铙,~瑶琴。用作名词,又指❷兵器戟。用作象声词,形容❸鸟鸣声:轩然将飞,~然欲鸣。又形容❹声音突然停止:指挥用两臂有力地一收,歌声便~然停止。

【组字】戛,如今既可单用,也可作偏旁。现今仍归入戈部。凡从戛取义的字皆与声音等义有关。

以戛作声兼义符的字有:㦻、嘎。

瓠 hù

【字形】篆 隶 瓠 草

【构造】形声兼会意字。篆文从瓜,夸声,夸也兼表长大之意。隶变后楷书写作瓠。

【本义】《说文·瓠部》:"瓠,匏也。从瓜,夸声。"本义为瓠瓜,也叫瓠子。一年生草本植物,茎蔓生,叶心形,花白色,果实细长,圆筒形,表皮淡绿色,嫩时可作蔬菜。

【演变】瓠,本义指瓠瓜:魏王贻我大~之种,我树之成而实五石,以盛水浆,其坚不能自举|已烹其~当晨餐。

【组字】瓠,如今既可单用,也可作偏旁。现今归入瓜部。凡从瓠取义的字皆与葫芦等义有关。

以瓠作义符的字有:瓢(瓠省)。

以瓠作声兼义符的字有:瓠。

奢 shē (奓)

【字形】金 籀 篆 今篆 隶 奢 奓 草

【构造】形声兼会意字。金文从大,者声,者(燎火)也兼表张大之意。籀文从大从多会意。篆文整齐化。隶变后楷书写作奢与奓。如今二字表义有分工。

【本义】《说文·奢部》:"奢,张也。从大,者声。奓,籀文。"本义为张大。

【演变】奢,本义指张大,引申特指❶花费大量钱财追求过分享受:礼,与其~也,宁俭|历览前贤国与家,成由勤俭败由~|骄~淫逸|穷~极欲|~侈|~华。又引申指❷过度,过分:摘鲜焙芳旋封裹,至精至好且不~|~望|~愿|~求。又引申指❸夸张:~言淫乐,而显侈靡|故夫夸目(夸给人看)者尚~,惬心者贵当。

奢为引申义所专用,张大之义便由"奓"来表示。参见奓。

【组字】奢,如今既可单用,也可作偏旁。现今归入大部。凡从奢取义的字皆与张大等义有关。

以奢作义符的字有:䵥。

以奢作声兼义符的字有:撦(扯)。

以奢(奓)作声符的字有:偧、嗜、㯋、䐁、䃎。

奞 xùn (奪、夺、奮、奋、敓)

【字形】金 篆 隶 奞 奋 奮 夺 奪 敓 草

【构造】会意字。金文从隹(鸟),上象被物罩住之状,从上列金文" "(夺)的偏旁看是被衣物罩住,会鸟欲振翅挣脱飞起之意。篆文将衣物省为大,成了鸟张大翅膀欲飞了。隶变后楷书写作奞,当是"奮(奋)"与"奪(夺)"的本字。

【本义】《说文·奞部》:"奞,鸟张毛羽自奋也。从大,从隹。"本义为鸟欲振翅挣脱飞起。

【演变】奞,本义指鸟欲振翅挣脱飞起。文献虽未见单独使用,但其包含的振翅欲飞及挣脱二义却保留在"奮"与"奪"二字里。由于奞只作偏旁,振翅欲飞之义便另加义符"田"写作"奮"来表示,挣脱之义则另加义符"寸"写作"奪"来表示。

〇奋,繁体奮,从田从奞,会鸟从田间振翅飞起之意。如今简化作奋。本义为❶鸟振翅飞翔:静言思之,不能~飞。引申指❷用力举起:~臂于大泽中|~臂高呼。进而引申指❸振作:及至始皇,~六世之余烈|~斗不息|~发图强|~勇前进。又引申指❹努力去做:遂经其颈于树枝,自~绝脰而死。

〇夺,繁体奪,从寸(手)从奞,会鸟从手中挣脱飞去之意。如今简化作夺。读 duó,本义指❶失去:百亩之田,勿~其时,数口之家可以无饥矣。用作使动,表示❷使失去:王~郑伯

政。又借作“敚”(duó),从攴,兑声,用于抽象意义,表示❸强取:行年四岁,舅~母志|掠~|抢~|~取。又引申指❹文字脱漏:援据古籍,以补正讹~。如今又表示❺做出决定:裁~|定~。

【组字】奞,如今不单用,只作偏旁。现今归入大部。凡从奞取义的字皆与鸟张开毛羽、振翅欲飞等义有关。

以奞作义符的字有:奪(夺)、奮(奋)。

爽 shuǎng;shuāng
(騻、驦、骦、骦)

【字形】甲 金 篆 隶 草

【构造】会意字。甲骨文象双手提舞具明快起舞之形。金文繁化,讹为从㸚(交叉窗棂)从大(大人),会人在窗前感到明亮之意。篆文大同并整齐化。隶变后楷书写作爽。

【本义】《说文·㸚部》:“爽,明也。从㸚,从大。”本义为明亮。

【演变】爽,读 shuǎng,本义指❶明亮:~旦(天明)案所梦而寻得之|神清目~|昧~。由明亮引申指❷爽快,开朗,豪迈:温豪~有风概|魏之三祖,气~才丽,宰割辞调,音靡节平|直~|飒~。由透气透亮,又引申为❸凉爽,清凉:西山朝来致有~气耳|秋高气~|清~。用于人的感觉,指❹畅快,舒适:龙膏酒,黑如纯漆,饮之令人神~|近来身体不~|人逢喜事精神~。由窗棂交叉,又引申指❺差错,违背:女也不~,士贰其行|毫厘不~|~约。

又读 shuāng,用于“肃爽”,指❻古骏马名:唐成公如楚,有两肃~马,子常欲之,弗与。此义后另加义符“馬”写作“驌騻”,现在一般写作“骕骦”。

【组字】爽,如今既可单用,也可作偏旁。现今归入大部。凡从爽取义的字皆与交叉、明亮、爽快等义有关。

以爽作声兼义符的字有:塽、騻、縔。

以爽作声符的字有:剩、峡、漺、瓾。

聋 lóng
(聾)

【字形】甲 金 篆 隶
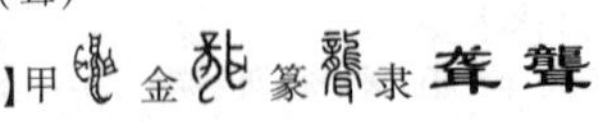

草
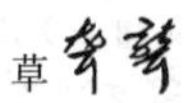

【构造】形声兼会意字。甲骨文从耳,龍声,龍见首不见尾,故兼表隐约听不真之意。金文大同,耳移到右边。篆文整齐化,耳移到下边。隶变后楷书写作聾。如今简化作聋。

【本义】《说文·耳部》:“聾,无闻也。从耳,龍声。”《释名·释疾病》:“聋,笼。如在蒙笼之内,听不察也。”本义为耳朵听不到声音。

【演变】聋,本义指❶耳朵听不到声音:~者无以与乎钟鼓之声|~子|耳~|~哑人。引申指❷糊涂,昏聩:郑(国)昭(明事理)宋~,晋使不害,我则必死|装~作哑|振~发聩。

袭 xí
(襲、襲)

【字形】甲 金 篆 隶

草
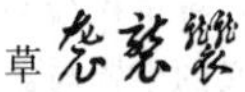

【构造】形声兼会意字。甲骨文象一人手提一小兵器藏于身后形,借以会暗中进行突然攻击之意。金文改为从衣,龖声,龖(dá)也兼表复加之意。篆文省作从龍并整齐化。隶变后楷书分别写作襲、襲。如今皆简作袭。

【本义】《说文·衣部》:“襲,左衽袍。从衣,龖省声。”本义为死者穿的左开襟的衣服。

【演变】袭,本义指❶死者穿的左开襟的衣服。用作动词,指❷给死者穿衣服:乃~三称(套),明衣不在筭(数)。又用作量词,指❸衣一套:赐相国衣二~。死者既穿袭衣又穿明衣,故又引申指❹衣上再加衣:在父母舅姑(公婆)之所,寒不敢~,痒不敢搔。由衣上加衣,又引申指❺重叠,重复:事不再令,卜不~告。由重复,又引申指❻照旧,继承:三王异世,不相~礼|因~|沿~|抄~。由衣上加衣,又引申指❼乘人不备而加兵:缮甲兵,具卒乘,将~郑|~击|偷~|掩~|~取|空~|夜~|侵~。又进而引申指❽触及,扑向:芳霏霏兮~予|寒气~人。

盛 chéng;shèng

【字形】甲 金 篆 隶 草

【构造】形声兼会意字。甲骨文和金文皆从皿，成声，成也兼表成就之意。篆文整齐化。隶变后楷书写作盛。

【本义】《说文·皿部》："盛，黍稷在器中以祀者也。从皿，成声。"本义为放在祭器中供祭祀用的谷物。

【演变】盛，读 chéng，本义指❶放在祭器中供祭祀用的谷物：不耕者祭无～。用作动词，指❷将食物放进器中：于以～之，维筐及筥｜～饭。引申指❸容纳：礼堂～的人可多了。

又读 shèng，由祭品丰富，又引申指❹兴盛，兴旺：天道盈而不溢，～而不骄｜见大木枝叶茂～｜鼎～｜～开。进而引申指❺显赫：自生民以来，未有～于孔子也。又引申指❻热烈，规模大：～况空前｜～会｜～大。又引申指❼丰富，深厚：德～而教尊｜～情｜～意。又引申指❽程度深，极：～怒｜～赞。

【组字】盛，如今既可单用，也可作偏旁。现今仍归入皿部。凡从盛取义的字皆与器皿等义有关。

以盛作声兼义符的字有：墭、𡡀。

雩 yú；yù（翌、粤）

【字形】甲  金 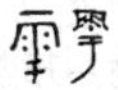 篆 

隶 雩 翌 粤 草 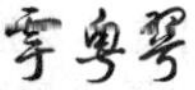

【构造】会意兼形声字。甲骨文从雨从于（即亏，吹竽奏乐）。古代天旱，祭神求雨，执羽而舞，吹竽而号，故用以会以乐舞降神祈雨之意，于也兼表声。金文省去乐声的标志。篆文下边弯曲；异体改从雨为从羽。隶变后楷书分别写作雩和翌。上列篆文三形是金文二形的讹体，遂成为楷书的"粤"字。

【本义】《说文·雨部》："雩，夏祭乐于赤帝以祈甘雨也。从雨，于（亏）声。翌，或从羽。雩，羽舞也。"本义为以乐舞降神祈雨。《亏部》："粤，审慎之词者。从亏，从宷。"析形是就篆文所作的解说。本义同雩。

【演变】雩，读 yú，本义指❶以乐舞降神祈雨：～而雨，何也？曰，无何也，犹不～而雨也｜公卿官长依次行～礼求雨。

又读 yù，虹与雨有关，故古代又指❷虹：䗖蝀谓之～；䗖蝀，虹也。

○粤，是雩的讹体，本义为以乐舞降神祈雨。读 yuè，因其本从"于"取义，遂由吹竽而呼，借用作❶语气助词：（刘邦）～蹈秦邦，（子）婴来稽首。又用为❷我国古代南方沿海民族名：秦并天下，略定扬～，置桂林、南海、象郡，以適（谪）徙民与～杂处｜百～。此义也写作"越"。今两广为古代"百粤"之地，故称"两粤"。如今专用作❸广东的别称：闽、～两省。

【组字】雩，如今既可单用，也可作偏旁。现今仍归入雨部。凡从雩取义的字皆与以乐舞降神祈雨等义有关。

以雩、粤作声符的字有：鄠、嘑、嶀、嫮、楟、樗。

雪 xuě（䨮）

【字形】甲  金  篆  隶 雪 草 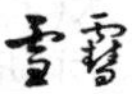

【构造】象形兼会意字。甲骨文和金文皆上从雨，下从羽（象鹅毛大雪形），会天下大雪之意。篆文将雪片变成彗（手持帚），成了手可扫之雨了。隶变后楷书写作䨮。如今简化作雪。

【本义】《说文·雨部》："䨮，凝雨说（悦）物者。"本义为可喜的瑞雪，即空气中降落的白色冰晶体，多为六角形，是空气中的水蒸气在温度降到0℃以下时凝结而成的。

【演变】雪，本义指❶空气中降落的白色结晶体：今我来思，雨～霏霏｜～中送炭。用作动词，指❷下雪：于时始～，五处俱贺。引申指❸像雪的颜色或白色的东西：梅花～白柳叶黄，云雾四起月苍苍｜高堂明镜悲白发，朝如青丝暮成～｜～亮。又比喻❹高洁：一别高人又十年，霜筋～骨健依然。由雪的洁净，又引申指❺洗去蒙受的耻辱：然得贤士与共国，以～先王之耻，孤之愿也｜昭～。

【组字】雪，如今既可单用，也可作偏旁。现今仍归入雨部。凡从雪取义的字皆与雪白等义有关。

以雪作声符的字有：鳕。

匮 guì；kuì（匱、櫃、柜、簣、篑、蕢、蒉）

【字形】篆  今篆 

隶 匱匮柜櫃篑簣蒉蕢

草 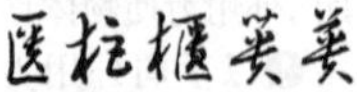

【构造】会意兼形声字。篆文从匚(筐)从貴(篑本字)会意,皆表示盛贵重之物的筐柜之意,貴也兼表声。隶变后楷书写作匱。如今简化作匮。

【本义】《说文·匚部》:"匱,匣也。从匚,貴声。"本义为收藏衣物的家具。

【演变】匮,读 guì,本义指❶收藏衣物的家具:(周)公归,乃纳册于金縢之~中。

又读 kuì,由柜中无物,借以表示❷缺乏,竭尽:孝子不~,永锡(赐)尔类|财~而民恐。又借作"簣"(今简作篑),表示❸盛土的筐子:辟如为山,未成一~。

为了分化字义,如今专用"匮"表示缺乏义;家具之义则另加义符"木"写作"櫃(从木从匱,匱也兼表声)",因其较繁,如今简化借用"柜"来表示。参见柜。

○篑,从竹从贵会意,贵也兼表声。读 kuì,本义指古时盛土的竹筐:为山九仞,功亏一~。注意:篑与蒉(今简作蒉)不同。

○蒉,从艹从贵会意,贵也兼表声。读 kuì,本义指草编的筐子:有荷~而过孔氏之门者。

【组字】匮,如今既可单用,也可作偏旁。现今仍归入匚部。凡从匮取义的字皆与收藏衣物的家具等义有关。

以匮作声兼义符的字有:櫃(柜)。

以匮作声符的字有:匮。

殹 yì (翳)

【字形】金  篆  隶 殹 草 

【构造】会意兼形声字。金文从殳(表示击打)从医(盛矢器),会被箭击中之意,医也兼表声。篆文整齐化。隶变后楷书写作殹。

【本义】《说文·殳部》:"殹,击中声也。从殳,医声。"本义为被箭射中的呻吟声。

【演变】殹,本义指❶呻吟声:余长宗宫,教之将嫁,谁谓~呪,神游墟墓。借为语气助词,相当于❷也,兮:法者,引得失以绳,而明曲直者~。又由于"殹"从"医"(矢藏函中)取义,故又表示❸遮蔽。此义后写作"翳"。参见医。

【组字】殹,如今不单用,只作偏旁。现今仍归入殳部。凡从殹取义的字皆与伤病、遮蔽等义有关。

以殹作声兼义符的字有:翳、醫(医)、毉(医)。

以殹作声符的字有:蝁、鷖、緊。

描 miáo

【字形】古  今篆  隶 描 草 

【构造】形声兼会意字。古文从手,苗声,苗也兼表照着植物幼苗来画之意。隶变后楷书写作描。

【本义】《广韵·宵韵》:"描,描画也。"《正字通·手部》:"描,摹画。"本义为依照原样摹画。

【演变】描,本义指❶依照原样摹画:三分春色~来易,一段伤心画出难|把这几个字~下来|~个花样|~摹|~花|~图。由照着画,又引申指❷重复地抹画:柳叶双眉久不~|把字再~粗一些|~眉。

排 pái;pǎi

【字形】甲  金  篆  隶 排 草 

【构造】会意兼形声字。甲骨文象两手推开相背的二人形,表示推挤。金文讹为相背的两翅。篆文承金文,遂成为从手从非(两翅相背),会反向相推挤之意,非也兼表声。隶变后楷书写作排。

【本义】《说文·手部》:"排,挤也。从手,非声。"本义为推挤。

【演变】排,读 pái,本义指❶推,挤:一水护田将绿绕,两山~闼送青来|相~踏破蒨罗裙|~闼直入|~山倒海|~水。引申指❷泄出,除去:~淮、泗,而注之江|~涝|~灌|~水|~障|~泄|~除。又引申指❸解除:为人~患释难、解纷乱而无所取也|~难解纷|~遣苦闷|~忧|~解。又引申指❹挤压:直谅多为世所~|~挤|~外|~斥。又引申指❺排列一起:松~山面千

重翠|~版|~队|~一行|~比|~偶|~印|编~。又引申指❻安排,摆设:饮馔已到,夫人叫~做两桌|~场。用作名词,又指❼行列:~头|~尾|后~。又引申特指❽军队的编制:三~四班。又引申指❾用竹、木相并扎成的东西:竹~|木~|放~。由摆设出,又引申指❿排演:彩~|~戏。用作⓫量词,用于成排的东西:一~树|一~椅子。

又读 pǎi,⓬用于"排子车"。

【组字】排,如今既可单用,也可作偏旁。现今仍归入手部。凡从排取义的字皆与推挤等义有关。

以排作声符的字有:啡。

掉 diào

【字形】篆 隶 草

【构造】形声兼会意字。篆文从手,卓声,卓表高,高则容易摇动,故也兼表意。隶变后楷书写作掉。

【本义】《说文·手部》:"掉,摇也。从手,卓声。"本义为摇动,摆动。

【演变】掉,本义指❶摇动,摆动:末大必折,尾大不~|~臂而去|~三寸不烂之舌。引申指❷颤动,振动:舟中皆战~失色,而玠(人名)自若也。又引申指❸摆弄,卖弄:对家人稚子,下逮奴隶,言必据史书,断章破句,以代常谈,俗谓之~书袋。由摆动,又引申指❹回转:王子~头去,长沙万余里|~过脸来|~转身子|把车~个头。由摆动,又引申指❺扔弃:艰难常向途中觅,~却甜桃摘醋梨。由扔弃,又引申指❻落下:说着,~下泪来|树叶开始~了|~进井里|~到床下。进而又引申指❼遗失,遗漏:他这两天像~了魂似的|这就是我以前~的那支笔|这行~了三个字。元代以来又用作补语,表示❽动作完成:吃~|丢~|烧~|改~|打~|扔~|辞~|甩~。

推 tuī

【字形】篆 隶 草

【构造】形声兼会意字。篆文从手,隹声,隹由鸟雀的跳动,也兼表向前移动之意。隶变后楷书写作推。

【本义】《说文·手部》:"推,排也。从手,隹声。"本义为以手向外用力使物体移动。

【演变】推,本义指❶以手向外用力使物体移动:苟有险,余必下~车|~波助澜|~门|~磨。引申指❷推着工具剪或削:用刨子~平|~草|~土机。用于抽象意义,指❸推移,使扩展:寒暑相~而成岁焉|故~恩足以保四海|~行|~广|~销。由推开又引申指❹排除:旱既太甚,则不可~|~陈出新。又引申指❺推举,赞许:~贤让能|天下所共~,则天下士也|~选|~崇|~许。由推移,又引申指❻推测:星月之行,可以历~得也|~己及人|~断|~算。由推开又引申指❼推让,推卸:解衣~食|~三阻四|~辞|~委|~托。

【组字】推,如今既可单用,也可作偏旁。现今仍归入手部。凡从推取义的字皆与推移、排除等义有关。

以推作声兼义符的字有:㩗(熣)。

以推作声符的字有:蓷、摧。

掀 xiān

【字形】篆 隶 草

【构造】形声兼会意字。篆文从手,欣声,欣也兼表欢欣而兴动之意。隶变后楷书写作掀。

【本义】《说文·手部》:"掀,举出也。从手,欣声。"本义为用手托出,举起。

【演变】掀,本义指❶用手托出,举起:乃~公以出于淖(泥沼)。引申指❷向上揭开,揭发:刘姥姥~帘进去|~开锅盖|~起床席|再~过一页去|不如把他的底细也一块~出来。又引申指❸翻动,翻倒:昨夜风~屋,今朝雨坏墙|把宴席都~了。如今又引申指❹兴起,发动:~起热潮|~起大生产运动。

掠 lüè

【字形】篆 隶 草

【构造】形声兼会意字。篆文从手,京声,京也兼表高强之意。隶变后楷书写作掠。

【本义】《说文·手部》新附："掠，夺取也。从手，京声。"本义为抢夺，夺取。

【演变】掠，本义指❶抢夺：栾盈过于周，周西鄙（边境）~之｜指挥三军，奋死~阵｜~人之美｜~取｜抢~｜劫~。由抢掠行动迅速而过的特点，又引申指❷轻轻拂过：暮山层碧，~岸西风急｜微风~过水面｜稍微~一~头发。鞭打也是迅速的拂过，故又引申指❸拷打：考~初无一言，临刑东市，颜色不异｜拷~。

接 jiē（椄）

【字形】篆  隶 接 椄 草 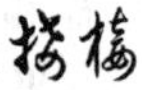

【构造】形声兼会意字。篆文从手，妾声，妾（纳妾）也兼表交接之意。隶变后楷书写作接。异体作椄，改为从木，特指嫁接。如今规范化，皆以接为正体。

【本义】《说文·手部》："接，交也。从手，妾声。"本义为两手相触交拉。又《木部》："椄，续木也。从木，妾声。"本义为嫁接，即把一种植物的枝或芽移植在另一种植物上，使两者结合成为新的植株。

【演变】接，本义指两手接触交会，引申泛指❶交接，会合：两君偃兵~好｜君子之~如水｜短兵相~｜交头~耳｜~头地点｜~触。又引申指❷连起来，连接：心不怡之长久兮，忧与愁其相~｜嫁~果木｜~线柱｜~线头。又进而指❸连续不断：~二连三｜再~再厉｜~着还干。由连续不断，又指❹相承接，顶替：汉兴，~秦之弊（衰落）｜双手~住｜~班｜~手｜~替。由承接，又引申指❺收受：~受意见｜~到来信｜~见｜~待。由接连，又引申指❻挨近：宾立~西塾（门内东西两侧的堂屋）｜这人不易~近｜~近群众。由两相交接，又引申指❼一方对另一方的接待，迎接：出则~遇宾客｜~来同住｜~朋友｜~客人｜~应。

〇椄，读 jiē，本义为❶嫁接：~，续木也。又引申泛指❷连接，连续：浅入则前事不信，深入则后利不~。如今其义皆用接表示。

【组字】接，如今既可单用，也可作偏旁。现今仍归入手部。凡从接取义的字皆与接触等义有关。

以接作声符的字有：䁖。

控 kòng

【字形】篆  隶 控 草 

【构造】形声兼会意字。篆文从手，空声，空表虚中，弓引满则中空大，故用以会引而不发之意。隶变后楷书写作控。

【本义】《说文·手部》："控，引也。从手，空声。"本义为拉开弓弦。

【演变】控，本义指❶拉开弓弦：将军角弓不得~。由控弦，引申指❷控制，操纵，驾驭：（刘）琨善于怀抚，而短于~御｜诸侯持节钺，千里~山河｜~马｜遥~。古代又特指❸投下，落下：我决起而飞，抢榆枋，时则不至，而~于地而已矣。又引申指❹投告，控诉：断得不公，自然上~｜~告｜~诉。由落下，又引申指❺低下：才吃了饭，这么~着头，一会子又头痛了。

据 jù;jū（據、攄）

【字形】篆  隶 据 據 草 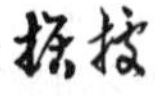

【构造】形声兼会意字。篆文从手，居声，居也兼表不动之意。隶变后楷书写作据。如今又作了"據"和"攄"的简化字。據，从手，豦声，豦也兼表相持之意。攄，从手，虘声，虘也兼表凭借之意。

【本义】《说文·手部》："据，戟挶也。从手，居声。"用作联绵词"戟挶"，如今作"拮据"，指一种手不能屈伸的病。又《手部》："據，杖持也。从手，豦声。"本义为依仗，依靠。

【演变】据，读 jū，本义指❶拮据，一种手不能屈伸的病：余手拮~。引申指❷经济困难，不能周转：文物陪巡守，亲贤病拮~｜经济拮~。

又读 jù，用作"據"的简化字，表示❸依仗，靠着，根据：~轼低头，不能出气｜~险固守｜~点。由靠着，引申指❹依据，按照：~理力争｜~实报告｜~此断定｜~闻｜~说｜~悉。又引申指❺占据，处于：孙权~有江东，已历三世｜~为己有｜盘~。用作名词，指❻凭证：经有明~，传有征案｜查无实~｜证~｜凭~｜字~｜立~｜论~｜票~。

掘 jué

【字形】篆 隶 草

【构造】形声兼会意字。篆文从手，屈声，屈也兼表缺失之意。隶变后楷书写作掘。

【本义】《说文·手部》："掘，搰也。从手，屈声。"本义为挖，刨。

【演变】掘，本义指❶挖：断木为杵，~地为臼｜临渴~井｜~坟盗墓。此义古也借用"阙"表示：若阙地及泉，隧而相见，其谁曰不然？又借作"窟"，表示❷窟穴：然民有~穴狭庐所以托身者，明主弗乐也。

辅 fǔ (輔)

【字形】金 篆 隶 草

【构造】形声兼会意字。金文从車，甫声，甫也兼表铺开扩展之意。篆文整齐化。隶变后楷书写作輔。如今简化作辅。

【本义】《说文·车部》："輔，人夹车也。从車，甫声。"所释为引申义。本义当为临时绑在车轮外旁用来夹毂的两条直木，作用是增强车辐的承载力。

【演变】辅，本义指❶临时绑在车轮外旁用来夹毂的两条直木：其车既载，乃弃尔~。辅起帮助的作用，故用作动词，引申指❷佐助，帮助：信赏必罚，以~礼制｜相~相成｜相~而行｜~佐｜~助。用作名词，指❸佐助的人：夫将者，国之~也｜年未二十，时人便以宰~许之｜台~。由从旁辅助，又引申指❹京城附近的地方：衡少善属文，游于三~，因入京师｜畿~。又通"酺"，指❺面颊：谚所谓"~车(上下牙床)相依，唇亡齿寒"者，其虞、虢之谓也。

辆 liàng (輛)

【字形】古 今篆 隶 草

【构造】会意兼形声字。本作兩，因车有两轮，故用两来表示。古文另加义符車写作輛，成了从車从两会意，两也兼表声。隶变后楷书写作輛。如今简化作辆。

【本义】后起字。《正字通·车部》："辆，通作两。《汉书》注：车一乘曰一两。言辕、轮两两而耦也。"本义为量词，用于车。

【演变】辆，本义为量词，初作"两"，用于❶车：之子于归(出嫁)，百两将(送)之｜只见松林里一字儿摆着七~江州车儿｜一~轿车。用作"车辆"，泛指❷车：车~盈门｜车~不足。引申指❸其他成双的东西：平生能著几~屐，长日惟消一局棋。用作动词，又指❹驾车：~起车儿，俺先回去。

葡 bèi (葥、備、箙、菔)

【字形】甲 金 篆 隶 草

【构造】象形兼会意字。甲骨文象箭插入盛箭器中形，会盛矢之器之意。金文上矢、下器皆讹变；或另加义符人，表示人背着。篆文承金文进一步讹为从苟省从用，就完全失去了原形。隶变后楷书写作葡与備。葡作偏旁时写作葥。備，今简作备。参见备。

【本义】《说文·用部》："葡，具也。从用、苟省。"析形不确。所释为引申义。本义当为盛矢之器。是"箙"的初文。

【演变】葡，本义为❶盛矢之器。引申指❷置备，具备，设备，齐备。

由于"葡"作了偏旁，盛矢器之义便又另造了形声字"箙"来表示，具备之义则借当小心谨慎讲的"備"来表示。

〇箙，从竹，服声。读 fú，本义指❶用竹、木或皮做的盛箭器：中秋献矢~。引申指❷用具的外套：末耜~。注意：箙与菔不同。

〇菔，从艹，服声。读 fú，本义指莱菔，即萝卜。

【组字】葡(葥)，如今不单用，只作偏旁。现今归入"艹"部。凡从葡(葥)取义的字皆与置备等义有关。

以葡(葥)作声兼义符的字有：備(备)、犕、糒、鞴、韛。

盧 lú
（盧、盧、卢）

【字形】金　篆　隶　草

【构造】形声兼会意字。金文下从甾，表示盛酒饭的器具，虍声，虍也兼表虎形或虎形花纹。篆文线条整齐化。隶变后楷书写作盧。作偏旁时简作盧。是“甾”的后起加旁分化字。

【本义】《说文·甾部》：“盧，𦉼也。从甾，虍声。”本义为小口瓮。

【演变】盧与甾本为一字，本义指小口瓮，可以盛酒，也可以盛饭。由于甾作了偏旁，其义便另加“虍”写作“盧”来表示。盧也作了偏旁，便又另加义符“皿”写作“盧”来表示，如今简化作卢。参见卢。

【组字】盧，如今不单用，只作偏旁。现今归入虍部。凡从盧取义的字皆与盛物的瓦器等义有关。

以盧作声兼义符的字有：盧（卢）。

以盧作声符的字有：膚（肤）、膚（肤）。

虚 xū
（虚、墟、圩）

【字形】古　篆　今篆　隶 虚 虚 墟 圩　草

【构造】形声兼会意字。古文从土丘（废窑包），虍声，虍表大，用以会古人穴居的废窑包之意。篆文虎头繁化，废窑包省为丘。隶变后楷书写作虚，丘讹为业。是“丘”的增旁字，也是“墟”的先造字。参见丘、尧。

【本义】《说文·丘部》：“虚，大丘也。昆仑丘谓之昆仑虚。古者九夫为井，四井为邑，四邑为丘，丘谓之虚。从丘，虍声。”所释为引申义。本义当为古人穴居的废窑包。

【演变】虚，由本义古人穴居的废窑包，引申泛指❶废墟：国为～。又引申为❷区域，集市：郑，祝融之～也｜之～所买之。又引申为❸空，空着，空隙：座无～席｜乘～而入｜～左｜～心。又引申为❹缺，糠，不足，不坚实：盈～者如彼，而卒莫消长也｜有苗时采，则～而浮｜盈～。又引申为❺不真实的：～张声势｜～假。又引申指❻衰弱：体～｜气～。又指❼怯懦：心～。又特指❽政治、方针、政策方面的道理：以～带实｜务～。又指❾疏松：～土。由窑包又引申指❿山丘：升彼～矣。

“虚”为引申义所专用，丘虚之义便另加义符“土”写作“墟”来表示。

〇墟，从土从虚会意，虚也兼表声。读 xū，表示❶丘虚：鲲鱼朝发昆仑之～。引申指❷废墟：使人之朝为草而国为～｜殷～。又引申指❸村落：在昔同班司，今者并园～｜依依～里烟。又引申指❹乡村集市：每日一～，自卯至午即罢。此义也作“圩”。

〇圩，从土，于声。读 xū，用作“墟”，表示❶乡村集市：端州以南，三日一市，谓之趁～｜赶～｜～市。

又读 wéi，用作“围”，表示❷低洼地区防水护田的堤岸：～田｜～垸。

【组字】虚，如今既可单用，也可作偏旁。现今归入虍部。凡从虚取义的字皆与空虚等义有关。

以虚作声兼义符的字有：墟。

以虚作声符的字有：嘘、觑、歔。

虘 cuó

【字形】甲　金　篆　隶 虘　草

【构造】形声兼会意字。甲骨文、金文皆从虍，且声，且也兼表雄性阳刚之意，表示虎刚暴矫诈。篆文整齐化。隶变后楷书写作虘。

【本义】《说文·虍部》：“虘，虎不柔不信也。从虍，且声。”本义为虎刚暴矫诈。

【演变】虘，本义指❶虎刚暴矫诈。又指❷虎纹。

【组字】虘，如今不单用，只作偏旁。现今仍归入虍部。凡从虘取义的字皆与花纹等义有关。

以虘作声兼义符的字有：𪓐、𪗂。

以虘作声符的字有：摣、叡（揸）、樝（楂）、覰（觑）。

虖 hū
（嘑）

【字形】金　篆　隶 虖　草

【构造】会意兼形声字。金文从虍从乎（呼），会虎吼叫之意，乎也兼表声。篆文整齐繁化。

隶变后楷书写作虖。

【本义】《说文·虍部》:"虖,哮虖也。从虍,乎声。"本义为虎吼。

【演变】虖,本义为❶虎吼。引申泛指❷大声呼叫。用作"呼",表示❸感叹:呜~哀哉兮,逢时不祥!又用作"乎",作介词,相当于❹于:使麒麟可得羁而系兮,又何以异~犬羊?|休息~昆仑之墟。又作语气助词,表示❺疑问:天子置公卿辅弼之臣,宁令从谀承意,陷主於不义~?

由于"虖"作了偏旁,呼叫之义便又另加义符"口",写作"嘑"来表示。如今规范化用呼。参见呼。

【组字】虖,如今不单用,只作偏旁。现今仍归入虍部。凡从虖取义的字皆与呼叫等义有关。

以虖作声兼义符的字有:嘑。

以虖作声符的字有:滹、嫭、罅。

彪 biāo

【字形】金　篆　隶　草

【构造】会意字。金文从虎从彡(表示毛饰画纹),会虎身上的花纹之意。篆文整齐化。隶变后楷书写作彪。

【本义】《说文·虎部》:"彪,虎文也。从虎,彡象其文也。"本义为虎身上的花纹。

【演变】彪,本义指❶虎身上的花纹。引申泛指❷文采鲜明:清美以惠其才,~蔚以文其响|文体相辉,~炳可玩|珠帘~焕。用作动词,指❸照耀:文章事业,~炳一代|~炳千秋。又指❹小老虎:熊~顾盼,鱼龙起伏。又比喻❺身体高大:此人生得面如锅底,鼻孔朝天,卷发赤须,~形八尺|~形大汉。又借作"标",用为❻量词,用于队:一~军从外呐喊杀入。

【组字】彪,如今既可单用,也可作偏旁。现今仍归入虍部。凡从彪取义的字皆与虎纹等义有关。

以彪作声符的字有:滮。

雀 què;qiāo

【字形】甲　金　篆　隶　草

【构造】会意字。甲骨文从小、隹,会小鸟之意,即今之麻雀。金文大同。篆文整齐化。隶变后楷书写作雀。

【本义】《说文·隹部》:"雀,依人小鸟也。从小、隹。"本义为麻雀。又为雀科鸟的统称。体形较小,发声器官较发达,有的善鸣叫。喙圆锥状,翼长。雌雄羽毛的颜色多不相同,雄鸟的颜色常随气候改变,吃植物的果实或种子,也吃昆虫。种类很多,最常见的有麻雀、燕雀、黄雀、锡嘴雀等。

【演变】雀,读 què,本义指❶麻雀:谁谓~无角,何以穿我屋?麻雀头为赤黑色,故又指❷赤黑色:~弁。

又读 qiāo,人脸上的雀斑像麻雀身上的斑点,故指❸雀子:~斑。

【组字】雀,如今既可单用,也可作偏旁。现今仍归入隹部。凡从雀取义的字皆与麻雀等义有关。

以雀作声符的字有:截(截)。

堂 táng
(坣、臺)

【字形】金　籀　篆　隶　草

【构造】象形兼形声兼会意字。古文象高大的土台基上建有正房形。籀文繁化,更形象。篆文承之并整齐化,成为从土,尚声,尚也兼表上之意。隶变后楷书分别写作坣、臺、堂。如今规范化,以堂为正体。

【本义】《说文·土部》:"堂,殿也。从土,尚声。"本义为殿堂。

【演变】堂,本义指殿堂,引申泛指❶正房:由也升~矣,未入室也|~屋。又泛指❷供活动用的高大的房屋,商店名:礼~|课~|同仁~。又指❸过去官吏审案办事的地方:监御史与护军诸校列坐~(官署大堂)上|坐~|过~。殿堂高大明亮,故又引申为❹高大,盛大,庄严,高显的样子:富丽~皇|仪表~~。古代明堂是同族人祭祀神祖、揖让修礼的地方,故又引申指❺同祖父的亲属关系:~兄弟。又用以❻尊称他人的母亲:令~。

【组字】堂,如今既可单用,也可作偏旁。现今仍归入土部。凡从堂取义的字皆与盛大等义有关。

以堂作声兼义符的字有：嘡、膛、瞠。
以堂作声符的字有：樘、镗、螳、蹚。

常 cháng (裳)

【字形】金　篆　隶　草

【构造】会意兼形声字。金文从巾(布幅)从尚(加上)，会加在裤子外的布幅之意，尚也兼表声，本义指古代的下裙。原始的下裙只是用布幅围起来，是"裳"的本字。裳，从衣，说明后代已联缝起来。篆文整齐化。隶变后楷书写作常与裳。如今二字表义有明确分工。

【本义】《说文·巾部》："常，下裙也。从巾，尚声。裳，常或从衣。"本义为下身穿的裙子。

【演变】常，本义指❶下裙：叔旦泣涕于～，悲不能对。"常"为生活习用之物，故引申指❷日常的：～务。又引申指❸一般的，普通的：老生～谈。又引申指❹永久的，不变的：～态。又引申指❺经常：生前～用之物。又引申指❻常规，常法：无忘国～。又引申指❼纲常，伦常：三纲五～。又引申指❽规律：天行有～，不为尧存，不为桀亡。古代有种天子之旗，上画日月，取其常明之意，故又指❾旗名：天兵四罗，旂(旗)～婀娜。"太常"之旗长短有一定规定，故又引申为❿长度单位：四尺谓之仞，倍仞谓之寻，寻舒两肱也，倍寻谓之～。

常为引申义所专用，下裙之义便由"裳"来表示。

〇裳，从衣，尚声。读 cháng，本义指❶下裙：绿兮衣兮，绿衣黄～|巴东三峡巫峡长，猿鸣三声泪沾～。

又读 shang，泛指❷衣服：衣～。

【组字】常，如今既可单用，也可作偏旁。现今仍归入巾部。凡从常取义的字皆与衣裳等义有关。
以常作声符的字有：嫦。

曼 màn

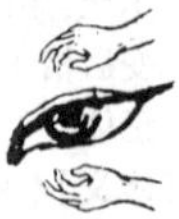

【字形】甲　金　篆　隶　草

【构造】会意字。甲骨文上下是两只手，用两手张目，会引目游观之意。金文另加冃(冒)声，冃也兼拉开蒙覆之意。篆文省去一只手并整齐化。隶变后楷书写作曼。

【本义】《说文·又部》："曼，引也。从又，冒声。"本义为引目流盼。

【演变】曼，本义指❶引目流盼：～余目以流观兮，冀壹反之何时？引则长，故引申为❷拉长，延长，长：路～～其修远兮，吾将上下而求索|娥还复为～声长歌。长则细柔，又引申为❸细柔，柔美：～泽(细腻光泽)怡面，血气盛只(语气词)|轻歌～舞。

【组字】曼，如今既可单用，也可作偏旁。现今仍归入又部。凡从曼取义的字皆与蒙覆、拉长等义有关。
以曼作声兼义符的字有：谩、墁、馒、漫、幔、嫚、蔓、慢、缦、熳、镘、鳗。

睁 zhēng

【字形】古　今篆　隶　草

【构造】会意兼形声字。古文从目从争，争表分张，故用以会瞪眼怒视之意，争也兼表声。隶变后楷书写作睁。

【本义】《广韵·静韵》："睁，不悦视也。"本义为瞪眼怒视。

【演变】睁，本义指❶瞪眼怒视：气得她杏眼圆～。引申泛指❷张大，张开(眼)：～着眼张着口尽胡诌|～眼瞎。

眯 mí；mī

【字形】金　篆　隶　草

【构造】形声兼会意字。金文从見，米声，米也兼表细小灰尘之意。篆文改为从目并整齐化。隶变后楷书写作眯。

【本义】《说文·目部》："眯，草入目中也。从目，米声。"本义为草屑、糠皮、尘沙等进入眼中。

【演变】眯，读 mí，本义指❶眯了眼：夫播糠～眼，则天地四方易位矣|沙子～了眼。

又读 mī，眼被眯则难睁，故引申指❷眼皮

微合：他～缝着眼看东西。又引申指❸闭眼小睡：中午稍微～了一会儿。

【组字】眯，如今既可单用，也可作偏旁。现今仍归入目部。凡从眯取义的字皆与眯眼等义有关。

以眯作声符的字有：蔝。

異 yì
（异、戴）

【字形】甲 金 篆

隶 異 异 戴 草

【构造】会意字。甲骨文是两手举起将假面具戴在头上形。金文大同。篆文整齐化。隶变后楷书写作異。如今简化，单用时借“异”来表示。异，从廾从巳（已，婴儿）会意，巳也兼表声。本义为举。此义今已不用，故借作“異”，表示奇特。異，作偏旁时不简化。

【本义】《说文·異部》：“異，分也。从廾，从畀。畀，予也。”析形不确，所释为引申义。本义当为头戴假面具。是戴的本字。

【演变】異，如今只作偏旁。单用用异。

〇异，作为本字，本义为❶举用（一说为停止）：～哉！试可乃已。借用作異的简化字，本义为头戴假面具，引申指❷奇特，不同，与众不同的：太守闻其有～材，召见（终）军｜～议蜂起｜～口同声｜～能之士｜～味。由不同又引申指❸分开：民有二男以上不分～者，倍其赋｜身首～处｜离～。又引申指❹区别：世～则事～｜大同小～｜求同存～。由奇特用作意动，又指❺感到奇特，奇异，奇怪：容貌甚伟，时人～焉｜渔人甚～之｜诧～｜惊～。又指❻奇怪的事物：灾～。由不同又引申指❼其他，另外的：～乡｜～日。

异为引申义所专用，以头戴物义便另加声符“𢦏”写作“戴”来表示。参见戴。

【组字】異，如今一般不单用，只作偏旁。现今“異”归入田部，“异”归入廾部。凡从異取义的字皆与顶戴等义有关。

以異作义符的字有：戴。

以異作声符的字有：冀、翼。

野 yě
（埜、壄、壄）

【字形】甲 金 古 篆

隶 野 埜 壄 草

【构造】会意兼形声字。甲骨文从林从土会意，表示长满草木的土地，自然是郊野了。金文大同。周制：邑外谓之郊，郊外谓之野。于是古文另加义符予（梭），强调是可以往来耕作的田地。由于古文太繁而又易与“懋”相混，篆文遂又另造了野，从里（田地）从予会意，予也兼表声。隶变后楷书分别写作埜、壄、野。壄，俗又讹作壄。如今规范化，以野为正体。

【本义】《说文·里部》：“野，郊外也。从里，予声。”本义为郊外。

【演变】野，本义指❶郊外：之子于归，远送于～｜荒～｜田～｜～炊。引申指❷一定的区域：视～｜分～。郊野是农民劳动的场所，故又引申为❸民间，不当政的地位：在～｜下～。又引申指❹非人工所驯养或培植的：～牛｜～菜。民间缺乏教育，古代把农民、庶民、未开化的人称为“野人”，即粗鄙之人。由此引申为❺粗鄙，粗野，不驯顺，不文明，不讲理：质胜文则～｜乞食于～人｜狼子～心｜～蛮｜撒～。又引申指❻不受约束或不能约束的：～性｜心玩～了。

【组字】野，如今既可单用，也可作偏旁。现今仍归入里部。凡从野取义的字皆与郊野等义有关。

以野作声兼义符的字有：墅。

以野作声符的字有：嘢、獤、㙒、㮊。

略 lüè

【字形】篆 隶 略 草

【构造】会意兼形声字。篆文从田，各声，各表示至，用以会去经营土地、划定疆界之意。隶变后楷书写作略和畧。如今规范化，以略为正体。

【本义】《说文·田部》：“略，经略土地也。从田，各声。”本义为经营土地，划定疆界。

【演变】略，本义指❶经略土地，划定疆界：秦时

已并天下，～定扬越，置桂林、南海、象郡。用作名词，指❷疆界：封～之内，何非王土？由经略土地，引申指❸巡行：楚子为舟师以～吴疆。又进而引申指❹进入异域掠夺，强取：攻城～地｜所～有万计，不得令屯聚｜侵～。由经略土地，又引申指❺谋划：明断自天启，大～驾群才｜雄才大～｜谋～｜方～。又进而引申指❻大致，大概：然而辄也尝闻其～也｜概～｜要～｜事～｜约～｜史～。又进而引申指❼简单：若二子者，可谓练（擅长）镕裁而晓繁～矣｜详～｜粗～。由简略用作动词，指❽使简略，省去：～其芜秽，集其精英｜～而不论｜省～｜忽～｜～去。又引申指❾稍微，一点点：～知一二｜～有所闻｜～无差别｜～微。

【组字】略，如今既可单用，也可作偏旁。现今仍归入田部。凡从略取义的字皆与经营土地等义有关。

以略作声符的字有：畧、撂、䂮。

累 léi；lěi；lèi

（纍、絫、縲、缧）

【字形】篆　今篆　隶 累 纍 絫 縲 缧　草

【构造】会意兼形声字。篆文一形从糸从畾（雷声连续），会连缀丝拧成的绳索之意；二形从糸从厽，会堆叠积聚之意，畾与厽也都兼表声。隶变后楷书分别写作纍与絫。俗皆简作累，如今规范化为正体。

【本义】《说文·糸部》：“纍，缀得理也。一曰大索也。从糸，畾声。”本义为相连缀甚得其条理，又表示绳索。又《厽部》：“絫，增也。从厽，从糸。”《正字通·糸部》：“累，叠也，增也。”本义为重叠，堆积。

【演变】累，代表着两个字，表示两类含义。读léi，用作“纍”，表示❶绳索：以剑斫绝～。进而引申为❷连缀成串，缠绕：果实～～｜葛藟～之。又引申指❸捆绑，拘系：身为～囚。

又读lěi，用作“絫”，表示❹重叠，堆积：九层之台，起于～土｜日积月～｜罪行～～。进而引申指❺连续，多次：～戒不改｜欢聚～日。由积累过多进而引申为❻拖累，牵连：公幸有亲，吾不足以～公｜受连～｜～及。由拖累的严重后果，又引申指❼损害：恶、欲、喜、怒、哀、乐六者，～德也。

又读lèi，事物积累多了则成为负担，故引申为❽过度劳累，疲乏：真～。

为了分化字义，后来绳索之义就另加义符“糸”写作“縲”来表示，如今简化作缧。

〇缧，从糸从累会意，累也兼表声。读léi，本义指捆绑犯人的绳索：虽在～绁之中，非其罪也｜系～。

【组字】累，如今既可单用，也可作偏旁。现今仍归入糸部。凡从累取义的字皆与积叠、连续等义有关。

以累作声兼义符的字有：缧、摞、螺。

以累作声符的字有：㹎、漯、嫘、骡、镙、瘰。

蛊 gǔ

（蠱）

【字形】甲　金　篆　隶 蛊　草

【构造】会意字。甲骨文从蚰从皿。旧说把许多毒虫放在器皿里，使互相咬杀，最后剩下不死的毒虫为蛊，可以用来毒害人。金文和篆文繁化，改为从蟲从皿。隶变后楷书写作蠱。如今皆简作蛊，更近古体。

【本义】《说文·蟲部》：“蠱，腹中虫也。从蟲，从皿。”本义为害人的毒虫。

【演变】蛊，本义指❶害人的毒虫：庶氏掌除毒～｜江南数郡，有蓄～者，主人行之以杀人。引申指❷害人的邪术：奏言上疾祟在巫～。又引申指❸使人迷惑：糜费产业，～惑士女｜～惑人心。

【组字】蛊，如今既可单用，也可作偏旁。现今仍归入虫部。凡从蛊取义的字皆与毒物等义有关。

以蛊作声兼义符的字有：滥、㠽。

患 huàn

【字形】古　篆　隶 患　草

【构造】会意兼形声字。古文从心从串（毌，贯穿），会忧心如穿之意，串也兼表声。篆文整齐化。隶变后楷书写作患。

【本义】《说文·心部》：“患，忧也。从心，上贯吅，吅亦声。”本义为忧虑，担心。

【演变】患，本义指❶忧虑：其未得之也，~得之；既得之，~失之。用作名词，指❷忧虑的事情，灾祸：非有内忧，必有外~。用作意动，指❸以……为患：近日南方~赋重，北方~徭多。又引申指❹疾病：妾未知姐姐所染何~，当以药理之，恐至不起。又指❺生病：~病。

【组字】患，如今既可单用，也可作偏旁。现今仍归入心部。凡从患取义的字皆与忧虑等义有关。以患作声符的字有：㥣、漶、嫬、槵。

啚 bǐ；tú (鄙、圖、图)

【字形】甲　金　篆
隶　草

【构造】会意字。甲骨文上从口（表示范围），下从㐭（粮仓），会郊野收藏谷物处所之意。金文大同。篆文整齐化，下讹作回。隶变后楷书写作啚。是"鄙、圖"的本字。

【本义】《说文·㐭部》："啚，啬也。从口、㐭。㐭，受也。"所释为引申义。本义当为郊野收藏谷物之处。

【演变】啚，读 bǐ，本义指❶郊野收藏谷物之处。粮仓多建于乡野，故引申指❷乡下或边远地区（与"都"相对）：土方正于我东~。粮仓多为鄙陋简易之房，故又引申指❸鄙吝。

又读 tú，存粮之所多绘有图形，故借以表示❹图绘，图形，图谋：容~后世，尽心报主。

由于"啚"作了偏旁，乡下、鄙吝等义后便另加义符"阝"（邑）写作"鄙"来表示。图绘之义则另加义符"囗"写作"圖"来表示，如今简化作图。

○鄙，从阝从啚会意，啚也兼表声。读 bǐ，本义为❶边邑：既而大叔命西~北~贰于己｜边~。由边邑引申指❷鄙陋，见识浅：肉食者~，未能远谋｜夫五羖大夫，荆之~人也。又引申指❸轻蔑：~视。又用作❹谦辞：~臣不敢以死为戏｜~意以为当如此。

○图，繁体圖，从囗从啚会意，啚也兼表声。如今简化作图。读 tú，本义为❶地图：召有司案~，指从此以往十五都予赵。引申泛指❷图画，图形：按~索骥｜蓝~｜插~。用作动词，指❸画图，构图：众物居之，不可胜~。又引申指❹构想，谋划：别作他~｜~财害命｜唯利是~。用作名词，指❺意图：宏~｜良~。

【组字】啚，如今不单用，只作偏旁。现今归入口部。凡从啚取义的字皆与边鄙等义有关。

以啚作义符的字有：圖（图）。

以啚作声兼义符的字有：鄙。

啄 zhuó

【字形】篆　隶　草

【构造】形声兼会意字。篆文从口，豖声，豖也兼表敲击之意。隶变后楷书写作啄。

【本义】《说文·口部》："啄，鸟食也。从口，豖声。"本义为鸟用嘴击木取食。

【演变】啄，本义指❶鸟用嘴取食：一鸡瞥来，径进以~｜小鸟时来~食｜~木鸟｜鸡~米。又引申指❷衔：谁家新燕~春泥。又比喻❸向上撅起：廊腰缦回，檐牙高~。又引申指❹咬：虎豹九关，~害下人些。

啦 la；lā

【字形】古　今篆　隶　草

【构造】形声兼会意字。古文从口，拉声，拉也兼表声音引长之意。隶变后楷书写作啦。

【演变】啦，近代新造字，读 la，是"了"（le）和"啊"（a）的合音，兼有"了"和"啊"的作用。本义为❶语气助词，既表示告诉人一种变化的新情况，也兼有感叹的意味：他的病好~｜我考上大学~。

又读 lā，❷用于"哩哩啦啦""啦啦队""啦呱儿"等词。

唯 wěi；wéi (雖、虽)

【字形】甲　金　篆
隶　草

【构造】会意兼形声字。甲骨文从口从隹（鸟），会口中像鸟雀啾啾一样诺诺连声，隹也兼表声。金文大同，只是口移到了左上边。篆文

整齐化。隶变后楷书写作唯。

【本义】《说文·口部》:“唯,诺也。从口,隹声。”本义为恭敬的应答声。

【演变】唯,读 wěi,本义指❶恭敬的应答声:子曰:“参乎!吾道一以贯之。”曾子曰:“~。”|~~诺诺。

读 wéi,由恭敬答应,用作范围副词,表示❷单,只有:~君子为能通天下之志|~利是图|~我独尊|~恐有失|~一。此义今亦用“惟”。又用作助词,表示❸肯定语气:人心~危,道心~微。此义今亦可用“惟”。古又借作“虽”,用作连词,表示❹虽然,即使:~毋欲与我同,将不可得也|弘、汤深心疾黠,~天子亦不说也。❺用于“唯物”“唯心”等词:~物辩证法|~心主义|~心史观。

○虽,繁体雖,从虫,唯声。如今简化为虽。读 suī,本义为一种类似大蜥蜴的动物。借为连词,表示让步转折,相当于❶虽然:楚~有富大之名,而实空虚。又表示假设转折,相当于❷即使:推此志也,~与日月争光可也。又用作范围副词,与惟、唯同,表示❸只:决之则行,塞之则止,~有明君能决之又能塞之。

【组字】唯,如今既可单用,也可作偏旁。现今仍归入口部。凡从唯取义的字皆与应答声等义有关。

以唯作声符的字有:𠹭、雖(虽)。

距 jù

【字形】金 篆 隶 草 

【构造】会意兼形声字。金文从足从反巨(手持杵),会似杵的鸡距之意,巨也兼表声。篆文整齐化。隶变后楷书写作距。

【本义】《说文·足部》:“距,鸡距也。从足,巨声。”本义为鸡距,即鸡爪后突出像脚趾的部分,或指鸡爪。

【演变】距,本义指❶鸡爪后突出像脚趾的部分:季氏介(穿上甲衣)其鸡,郈氏为之金~。鸡距与爪方向相反,故又引申指❷离开,距离:~洞百余步|~圆明园十里|相~不远|~今十年。又用同“拒”,表示❸抵御:子墨子九~之。

跃 yuè (躍)

【字形】篆 今篆 隶 草 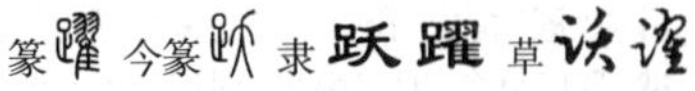

【构造】形声兼会意字。篆文从足,翟声,翟也兼表举起之意。隶变后楷书写作躍。俗作跃,改为夭声,夭也兼表一高一低之意,如今规范化,以跃为正体。

【本义】《说文·足部》:“躍,迅也。从足,翟声。”本义为迅疾。《玉篇·足部》:“跃,跳跃也。”又表示跳跃。

【演变】跃,本义指❶疾起。引申为❷跳跃:骐骥一~,不能十步|手裁举,则又超忽而~|飞~|~进。用作使动,指❸使奔跃:~马疾走过之,若有所追逐者。又比喻❹波光闪动:浮光~金,静影沉璧。又特指❺物价上涨:万物并收,则物腾~。

圉 yǔ (囹、圄)

【字形】甲 金 篆 

隶 草 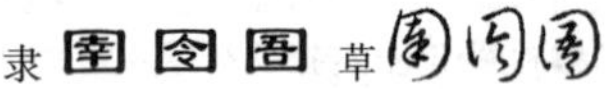

【构造】会意字。甲骨文外为囗(表牢狱),里面是个戴刑具的犯人,会拘禁犯人的监狱之意。金文省去犯人,只留下刑具。篆文承金文并整齐化。隶变后楷书写作圉。是“囹圄”的急声会意字。

【本义】《说文·幸部》:“圉,囹圄,所以拘罪人也。从幸,从囗。”本义为牢狱。

【演变】圉,本义指❶牢狱:昔周公躬吐促(握)之劳,故有~空之隆。古代罪人多转为奴隶,故又引申指❷奴隶:亡其氏姓,踣毙不振,绝后无主,湮替(埋没衰废)隶~。由奴仆又引申指❸养马人:马有~。又指❹养马:将~马于成|~人夹牵之。“圉”为引申义所专用,牢狱之义便由“圄”来表示。

○圄,从囗从吾会意,吾也兼表声。读 yǔ,本义指❶守御:王非战国守~之具,其何以当之。后用作“圉”,表示❷拘禁:~伯嬴于轑阳而杀之。又表示❸牢狱:拘者满~,怨者满朝|省囹~。这样,守御之义便由“御”来表示。参见御。

〇图，从口从令会意，令也兼表声。读líng，本义指❶牢狱：下险疑堕井，守官类拘～。后与“圄”构成“图圄”，表示❷牢狱：三王始有狱，夏曰夏台，殷曰牖里，周曰～圄｜省～圄，去桎梏｜身陷～圄。

【组字】圄，如今既可单用，也可作偏旁。现今仍归入囗部。凡从圄取义的字皆与牢狱等义有关。

以圄作声符的字有：僵、崰。

圈 quān；quán；juàn；juān

【字形】篆　隶　草

【构造】会意兼形声字。篆文从囗（围绕）从卷，会从周遭围起来之意，卷也兼表声。隶变后楷书写作圈。

【本义】《说文·囗部》：“圈，养畜之闲也。从囗，卷声。”所释为引申义。本义当为从周遭围起来。

【演变】圈，读quān，本义指❶从周遭围起来：摄政初入都，～地分八旗｜把花坛～起来。引申指❷画圈作记号：把这行字～掉｜稍加～点。用作名词，指❸屈木做成的器皿或围成的环形物：花～｜锅～｜画个～。又指❹周遭：跑了两～儿。

又读quán，引申指❺弯曲：你把胳膊～过来抱着。

又读juàn，特指❻养牲口、禽兽的栏圈：恰才撞倒牛栏～。

又读juān，用作动词，指❼把禽兽关起来：玉宝～起猪，跑进屋去。引申指❽禁闭，关押：整天～在家里｜～闭亲戚，幽囚子弟。

【组字】圈，如今既可单用，也可作偏旁。现今仍归入囗部。凡从圈取义的字皆与围起来等义有关。

以圈作声符的字有：蔨、䅌。

崭 zhǎn（嶃、嶄）

【字形】古　篆　今篆　隶　草

【构造】形声兼会意字。古文从山，斩声，斬也兼表壁立如削之意。篆文改为从石。隶变后楷书写作磛。俗承古文作嶃或嶄。如今规范化，皆简作崭，为正体。

【本义】后起字。《集韵·豏韵》：“崭，高峻貌。”本义为高峻的样子。

【演变】崭，本义指❶高峻的样子：仰视所登之处，～然在云汉。引申泛指❷高出一般：子厚少精敏，无不通达，逮其父时，虽年少，已自成人，能取进士第，～然见（同现）头角｜～露头角。用作副词，表示程度高，相当于❸很：～新。

崔 cuī

【字形】篆　隶　草

【构造】会意兼形声字。篆文从山从隹，会山高大而如隹立者之意，隹也兼表声。隶变后楷书写作崔。

【本义】《说文·山部》：“崔，大高也。从山，隹声。”本义为山高大的样子。

【演变】崔，本义指❶山高大：南山～～｜～巍。引申泛指❷高出：冠切云之～嵬。又用作❸姓。

【组字】崔，如今既可单用，也可作偏旁。现今仍归入山部。凡从崔取义的字皆与高大等义有关。

以崔作声符的字有：催、摧、璀、膗。

崩 bēng（崩）

【字形】籀　篆　今篆　隶　草

【构造】会意兼形声字。籀文从阜（左阝，高山）从朋（凤，即孔雀），会山石像孔雀开屏一样迸裂倒塌之意，朋也兼表声。篆文改为从山，其义相同。隶变后楷书写作崩。俗作崩。如今规范化，以崩为正体。

【本义】《说文·山部》：“崩，山坏也。从山，朋声。”本义为山迸裂倒塌。

【演变】崩，本义指❶山迸裂倒塌：从善如登，从恶如～｜山～地裂。引申为❷崩溃，败坏：邦分～离析而不能守也｜礼之～也，何方以救之乎？

又引申指❸破裂：两人说～了｜气球～了。又引申指❹被弹射：爆竹～了眼了。又比喻❺帝王死：天子死曰～，诸侯曰薨，大夫曰卒，士曰不禄，庶人曰死。

【组字】崩，如今既可单用，也可作偏旁。现今仍归入山部。凡从崩取义的字皆与迸裂等义有关。

以崩作声兼义符的字有：蒯、嘣、绷（绷）、镚。

婴 yīng
（嬰、攖、攖）

【字形】甲金篆今篆

隶 婴 嬰 攖 攖 草

【构造】会意兼形声字。甲骨文从女从手从朋（玉制饰品），会戴有玉制饰物之意。金文改为从女从貝会意，表示戴有贝制饰物。篆文承金文，繁化为从女从賏，会女孩戴有贝制颈饰之意，賏也兼表声。隶变后楷书写作嬰。如今简化作婴。

【本义】《说文·女部》：“嬰，颈饰也。从女、賏，賏，其连也。”本义为女孩项上的颈饰。

【演变】婴，本义指❶女孩项上的颈饰。颈饰是绕在脖子上的，故又引申指❷缠绕，戴：是犹使处女～宝珠，佩宝玉，负戴黄金，而遇中山之盗也。进而引申指❸遭受：亡命～祸罗。又进而引申为❹触犯：兵劲城固，敌人不敢～也。此义后作“攖”。又特指❺初生的女婴，也泛指婴儿：专气致柔，能～儿乎？

〇攖，从扌从婴会意，婴也兼表声。读yīng，本义指❶纠缠，扰乱：不以人物利害相～。引申指❷触犯：虎负隅，莫之敢～｜莫～其锋。

【组字】婴，如今既可单用，也可作偏旁。现今仍归入女部。凡从婴取义的字皆与颈饰、婴儿、缠绕等义有关。

以婴作声兼义符的字有：缨、攖、璎、瘿。

以婴作声符的字有：嘤、樱、鹦。

铜 tóng
（銅）

【字形】金篆隶 铜 銅 草

【构造】形声兼会意字。金文从金，同声，同也兼表与金似同之意。篆文整齐化。隶变后楷书写作銅。如今简化作铜。

【本义】《说文·金部》：“銅，赤金也。从金，同声。”本义为一种金属。元素符号 Cu（cuprum），原子序数29。黄赤色，有光泽，延展性强，导热和导电性好。是重要的工业原料，用途广泛。

【演变】铜，本义指❶一种金属：以精～铸成，员（圆）径八尺｜外有八龙，首衔～丸｜～板｜～勺。又用以比喻❷坚固，坚强：～头铁额，自折角而摧牙｜～墙铁壁。

铲 chǎn
（鏟、剷）

【字形】篆隶 铲 鏟 草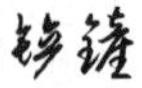

【构造】形声兼会意字。篆文从金，産声，産也兼表生产工具之意。隶变后楷书写作鏟。异体作剷，改为从刀。如今皆简作铲。鏟，俗也用“剗”（划）表示，如今二字表义有分工。参见划。

【本义】《说文·金部》：“鏟，一曰平铁。从金，産声。”本义为用来削平、清除或撮取东西的器具，平板或似簸箕，有长把。

【演变】铲，本义指❶用来削平、撮取的器具，平板或似簸箕：养苗之道，锄不如耨，耨不如～｜煤～｜锅～。又用作动词，指❷用铲或锹撮取，或清除，消灭：国朝～迩代之弊，振中古之业｜～除｜～土｜～煤。又引申指❸减损，削平：铩～锋芒，浮沉流俗｜古来贤豪不遭兴运，埋光～采，与草木俱腐者，可胜咤哉！

银 yín
（銀）

【字形】篆隶 银 銀 草

【构造】会意兼形声字。篆文从金从艮，艮表示两不相下，用以会堪比黄金的白金之意，艮也兼表声。隶变后楷书写作銀。如今简化作银。

【本义】《说文·金部》：“銀，白金也。从金，艮声。”本义为一种金属。元素符号Ag（argentum），原子序数47。灰白色，有光泽，质软，延展性强，化学性质稳定，导热导电性能极好。

可用来制造合金、感光材料、货币和饰品、器皿等。通称银子、白银。

【演变】银,本义指❶一种白色金属:厥贡璆、铁、~、镂|~子|白~|~两。引申指❷用作通货的银子、货币或与货币有关的:岁赂西北二虏~绢以百万计|~行|~根。又引申指❸像银子的颜色:玉露团清影,~河没半轮|~烛秋光冷画屏,轻罗小扇扑流萤|~白|~灰|~耳|~汉。

甜 tián

【字形】篆 隶 草

【构造】会意字。篆文从甘从舌,会舌尝到甘味之意。隶变后楷书写作甛。异体作甜。如今规范化用甜。是"甘"的加旁分化字。参见甘。

【本义】《说文·甘部》:"甛,美也。从甘,从舌。舌,知甘者。"本义为像蜜或糖的味道。

【演变】甜,本义指❶像蜜或糖的味道:前人之业,菜果甘~|事没双全,自古瓜~蒂苦|西瓜真~。引申泛指❷美好:脸儿~,话儿黏|~言蜜语|~~的歌喉。又指❸美好的事物:忆苦思~。又特指❹睡得香、熟:更长酒力短,睡~诗思苦。

【组字】甜,如今既可单用,也可作偏旁。现今仍归入甘部。凡从甜取义的字皆与甜美等义有关。

以甜作声兼义符的字有:恬、甛。

梨 lí (棃)

【字形】篆 隶 草

【构造】会意兼形声字。篆文从木从杒(利,爽利),会一种爽口的水果之意,杒也兼表声。隶变后楷书写作棃。俗作梨,如今规范化,以梨为正体。

【本义】《说文·木部》:"棃,果也。从木,杒声。杒,古文利。"本义为梨树,落叶乔木或灌木,叶子卵圆形,花白色,品种很多,果实是常见的水果。

【演变】梨,本义指❶梨树或梨树的果实:真定御~,大若拳,甘若蜜,脆若菱,可以解烦释渴|果止于~、栗、枣、柿之类|鸭~|京白~。旧时刻书多用梨木和枣木,故又指代❷书版:付之~枣。据说唐玄宗曾在梨园教乐工、宫女演习音乐舞蹈,后遂沿用"梨园"借指❸剧院或戏剧界:马伶者,金陵~园部也|~园子弟。

【组字】梨,如今既可单用,也可作偏旁。现今仍归入木部。凡从梨取义的字皆与树木等义有关。

以梨作声符的字有:喱、鏫、蜊、蔾。

犁 lí (犂、犁)

【字形】古 篆 今篆 隶 草

【构造】会意兼形声字。古文从年(丰收)从牛从刀,会牛拉犁刀取得丰收之意。篆文改从年为从黍,亦会牛拉犁刀种庄稼之意,黍也兼表声。隶变后楷书写作犂,俗简作犁。如今规范化写作犁,为正体。

【本义】《说文·牛部》:"犂,耕也。从牛,黍声。"本义为用犁耕地。

【演变】犁,本义指❶用犁耕地:耕者忘其~,锄者忘其锄|去年水后旱,田亩不及~|~地。用作名词,又指❷耕地的农具:纵有健妇把锄~,禾生陇亩无东西。

【组字】犁,如今既可单用,也可作偏旁。现今仍归入牛部。凡从犁取义的字皆与耕地等义有关。

以犁作声符的字有:喱、黧。

移 yí (迻、簃、旖、旎)

【字形】古 篆 今篆

隶

草

【构造】会意兼形声字。古文从辵从多会意。篆文从禾从多,会众禾在风中婀娜摆动之意,多也兼表声。隶变后楷书写作迻与移。当是"旖旎"的急声合音字。

【本义】《说文·禾部》:"移,禾相倚移也。从

禾,多声。”本义为禾谷柔弱婀娜摆动的样子。“倚移”即“旖旎”。

【演变】移,本义为禾谷柔弱婀娜摆动的样子,故既指❶柔弱:春阳气微,万物柔易,~弱可化。又指❷摆动,摇动:疾趋则欲发,而手足毋~。由摆动,遂借用作“迻”(从辶,多声),表示❸移动,迁移:晋师右~,上军未动|寸步难~|~山填海|~民。由移动引申为❹改变,变化:富贵不能淫,贫贱不能~,威武不能屈|本性难~|~风易俗|潜~默化。又引申指❺一种旧时的公文,行于不相统属的官署之间,意不相敬:桥瑁乃诈作三公~书,传驿州郡|北山~文。又引申指❻堂楼阁边连延出的披屋:设~旅楹。此义后作“簃”。

由于“移”为引申义所专用,禾谷柔弱婀娜摆动之义便用“旖旎”来表示。

○簃,从竹,移声。读 yí,本义指阁边小屋:妆就傭来坐矮~。

○旖旎,从㫃,奇声和尼声,奇、尼也兼表歪斜、相近之意。读 yǐ' nǐ,本义指❶旌旗随风飘扬的样子。引申指❷柔和美好:解舞腰肢娇又软,千般袅娜,万般~~,似垂柳晚风前|纷容萧蔘,~~从风|风光~~。

【组字】移,如今既可单用,也可作偏旁。现今仍归入禾部。凡从移取义的字皆与柔弱摆动等义有关。

以移作声兼义符的字有:簃、溦、熪、簃、謻。

笛 dí

【字形】篆 隶 草

【构造】形声兼会意字。篆文从竹,由声,由也兼表声之所由出之意。隶变后楷书写作笛。

【本义】《说文·竹部》:“笛,七孔筩也。从竹,由声。羌笛三孔。”本义为竹制管乐器。汉魏六朝一般指竖笛,即后来的箫。后则指横笛,有一个吹孔,一个蒙笛膜的孔,还有六个气孔,用以变换音调。相传是汉代张骞从西域带回来的,横着吹,故叫横吹或横笛。后也用金属制作。

【演变】笛,本义指❶竹制管乐器:羌~何须怨杨柳,春风不度玉门关|岂无山歌与村~|胡蹋蹬吹~擂鼓|竖~|横~。今又引申泛指❷响声尖锐的发声器:汽~|警~|鸣~。

符 fú

【字形】金 篆 隶 草

【构造】形声兼会意字。金文和篆文皆从竹,付声,付也兼表交付之意。隶变后楷书写作符。

【本义】《说文·竹部》:“符,信也。汉制以竹,长六寸,分而相合。从竹,付声。”本义为古代朝廷封爵、置官、命使及调兵遣将的凭证。用竹木或金玉制成,上书文字,剖分为二,朝廷和有关外任官员或将帅各执其一半,用时将两半对合,以便验证真伪。

【演变】符,本义指❶朝廷传达命令或征调兵将的凭证:嬴闻晋鄙之兵~常在王卧内|信陵君窃~救赵|虎~。由符信两半正好契合,又引申指❷相合:与天行相~|~合要求|与事实不~。由调遣凭证,又引申指❸迷信所谓的预示福祥的征兆:督抚大吏争上~瑞。又引申指❹术士用以骗人的驱使鬼神或治病延年的神秘文书、符箓:钜鹿张角自称大贤良师,奉事黄老道,畜养弟子,跪拜首过(思过),~水咒说以疗病。今又指❺代表事物的标记,记号:~号|音~|声~|义~|休止~。

【组字】符,如今既可单用,也可作偏旁。现今仍归入竹部。凡从符取义的字皆与凭证等义有关。

以符作声符的字有:搟、榯。

笵 fàn

(范、範)

【字形】篆 隶

草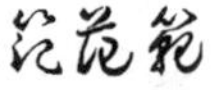

【构造】会意兼形声字。篆文从竹从氾,氾表示浇铸似水泛滥之意,会竹做的模子之意,氾也兼表声。隶变后楷书写作笵。如今规范化,借“范”来表示,笵只作偏旁。参见范。

【本义】《说文·竹部》:“笵,法也。从竹,竹,简书也;氾声。”本义当为竹做的模子。

【演变】笵,本义指竹做的模子:规模曰~|以土

曰型,以金曰熔,以木曰模,以竹曰~;四者一物材别也。此义后来文献通借"範"来表示。

○範,从車从笵省,笵表示规矩,用以会古代按规矩出行前祭路神之意,笵也兼表声。借用作"笵",遂用以表示❶模子:刑(型)~正,金锡美。引申泛指❷法则,榜样:陈仲举言为士则,行为世~。如今简化,其义又借用"范"来表示。

○范,从艸从氾会意,氾也兼表声。本义指❶一种水草。多用作❷姓。如今用作"範"的简体,故又表示❸模子、榜样:铁~|钱~|典~|规~|模~。

【组字】笵,如今不单用,只作偏旁。现今仍归入竹部。凡从笵取义的字皆与模子等义有关。以笵(范)作声符的字有:莖、梳、範(范)。

敏 mǐn

【字形】甲 金 篆 隶 敏 草

【构造】会意兼形声字。甲骨文从手从每(头戴盛饰的妇女),会妇女做针钱活儿迅疾麻利之意,每也兼表声。金文大同,只是方向相反。篆文改为从攴(表操作)并整齐化。隶变后楷书写作敏。

【本义】《说文·攴部》:"敏,疾也。从攴,每声。"本义为做事动作快。

【演变】敏,本义指❶做事动作快:曾孙不怒,农夫克~|君子欲讷于言而~于行|闻识疏达,~捷于事。引申指❷勤勉努力:~而好学,不耻下问。又引申指❸脑子反应快,灵敏:晋公子~而有文|~捷诗千首,飘零酒一杯|~锐。

【组字】敏,如今既可单用,也可作偏旁。现今仍归入攴部。凡从敏取义的字皆与敏捷、盛饰等义有关。

以敏作声兼义符的字有:繁。

以敏作声符的字有:䌓、鳘。

偿 cháng (償)

【字形】篆 今篆 隶 偿 償 草

【构造】会意兼形声字。篆文从人从賞(赏,给予),会归还之意,賞也兼表声。隶变后楷书写作償。如今简化作偿,从尝声。

【本义】《说文·人部》:"償,还也。从人,賞声。"本义为归还。

【演变】偿,本义指❶归还:臣观大王无意~赵城邑|使吏召诸民当~者悉来合券|~债|~还。引申指❷抵偿:至亩数斛已还,或不足以~种|而又无所赔~|杀人~命,欠债还钱|得不~失。用作名词,指❸报酬,代价:与其佣作而不求~|无~服务。由归还又引申指❹回答,回报:西邻责言,不可~也|报~。又引申指❺满足,实现:日寇原欲在中国~其大欲,但中国的长期抵抗,将使日本帝国主义本身走向崩溃的道路|如愿以~|宿愿得~|~愿。

偷 tōu (媮)

【字形】古 篆 今篆 隶 偷 媮 草

【构造】形声兼会意字。古文从人,俞声。篆文本从女,俞声,俞(善行船)也兼表巧慧之意。隶变后楷书写作媮。俗承古文作偷。如今规范化,以偷为正体。

【本义】《说文·女部》:"媮,巧黠也。从女,俞声。"本义为巧黠。《玉篇·人部》:"偷,盗也。"表示偷盗。

【演变】偷,作为"媮"的异体字,本义为巧黠,巧黠则投机取巧,故古代引申主要用以表示❶苟且,怠惰:烈士多悲心,小人~自闲|存者且~生,死者长已矣|诸司素~惰,(海)瑞以身矫之。又引申指❷轻薄,不庄重:敬慎威仪,则民不~。后来转指❸随意私下里拿人家的东西:楚有善为~者|~鸡摸狗|~窃|~盗。用于偷时间,则又引申指❹抽空:忙里~闲|~空儿。由私下里,又引申指❺瞒着人暗中进行:还酒债,~量了豆儿斛|他昨夜~~走了|~袭|~听|~看。又引申特指❻暗中通奸:好淫妇,你~主子汉子,还要治死主子老婆。

【组字】偷,如今既可单用,也可作偏旁。现今仍归入人部。从偷取义的字皆与巧黠等义有关。

以偷作声符的字有:蒏。

您 nín
（儜）

【字形】古　今篆　隶　草

【构造】形声兼会意字。古文从心，你声，你也兼表称代之意。隶变后楷书写作您。异体作儜，从人，寧声。如今规范化，以您为正体。

【本义】后起字。《字汇补·心部》："您，《中原音韵》：'与你同义。今填词家多用此字。'"本义为第二人称代词你、你们。

【演变】您，作为第二人称代词最早见于金元文献，主要用作❶第二人称复数，也作"您每"：我道～文臣安社稷，武将定矛戈｜～每一人将一贯钱借我作注。有时也表示❷第二人称单数：～年纪虽小，却有胆智。又用作❸敬词，最初也写作"儜"，读 níng。王力认为是"你们"的合音：请～把门就锁上｜～也该作首诗，我们拜读拜读｜老师，～好｜～二位请坐。

停 tíng

【字形】篆　隶　草

【构造】形声兼会意字。篆文从人，亭声，亭也兼表定于所在不动之意。隶变后楷书写作停。

【本义】《说文·人部》新附："停，止也。从人，亭声。"本义为止住不动，中止，止息。

【演变】停，本义指❶停止不动，止息：琵琶声～欲语迟｜～车坐爱枫林晚，霜叶红于二月花｜～工｜～业｜～战｜～放｜～泊。引申指❷暂时停留：余人各复延至其家，～数日，辞去｜夫乃止（柳）毅，～于大室｜火车在此站～半小时。又引申指❸停放，停泊：～柩三日｜船～在码头｜～车场。物放妥当才能停住，故又引申指❹妥帖：当下商议已定，一切办的～妥｜事都办～当了。均等自然妥当，故又引申指❺总数均分几份中的一份：三～中走了两～多路。

偏 piān

【字形】篆　隶　草

【构造】形声兼会意字。篆文从人，扁声，扁也兼表单边之意。隶变后楷书写作偏。

【本义】《说文·人部》："偏，颇也。从人，扁声。"本义为不正，斜。

【演变】偏，本义指❶不正，斜：樊於期～袒扼腕而进曰｜太阳～西了｜～离。用作名词，指❷不正之处：女行无～斜，何意致不厚。由不正又引申指❸注重一面，不全面，不公正：其得之以公，其失之必以～｜不宜～私，使内外异法也｜～听～信｜～食｜～重｜～心｜～袒｜～见｜～激｜～废。又引申指❹辅助的：征天下豪杰，以为～裨｜～将｜～师。又引申指❺偏僻，僻静：巨是凡人，～在远郡｜问君何能尔，心远地自～。又引申指❻与某个标准比有差距：他的工资～低｜菜称得～高。由偏于一面，又用作副词，表示❼最突出，或与意愿背离，或故意相违背：～你能干｜这事～让他赶上了｜他～要去不可。

袋 dài
（帒）

【字形】篆　隶　草

【构造】会意兼形声字。篆文从巾从代（替代），会替人盛物的布囊之意，代也兼表声。隶变后楷书写作帒。异体作袋，改为从衣，成为衣袋。如今规范化，以袋为正体。

【本义】《说文·巾部》新附："帒，囊也。从巾，代声。或从衣。"《玉篇·衣部》："袋，囊属。"本义为用布、皮等制成的装物的用具。

【演变】袋，本义指❶用布、皮等制成的装物的用具：有司进干姜，以布～贮之｜口～｜衣～｜食品～｜子弹～｜塑料～｜纸～｜麻～。用作动词，指❷用袋子装：数年无雨，凿井绞车，羊皮～水。又用作❸量词：买一～米｜抽一～烟。

㣎 mù
（穆）

【字形】甲　金　篆　隶　草

【构造】象形兼会意字。甲骨文象一棵成熟的禾稼形，颗粒饱满，硕穗下垂。金文另加彡，以渲染阳光下禾稼柔美、祥和、沉静的样子。篆文承接甲骨文和金文并整齐化；或另加义符禾，成了从禾从㣎会意，㣎也兼表声。隶变后楷书分别写作㣎与穆。如今㣎不单用，单用时用穆。参见穆。

【本义】《说文·彡部》：“㣎，细文也。从彡，㣈省声。”又《禾部》：“穆，禾也。从禾，㣎声。”其实二字本是同一个字的繁简二体，本义皆为成熟的禾稼。

【演变】㣎，不单用。单用时用穆。

○穆，从禾从㣎会意，㣎也兼表声。读 mù，本义指❶成熟的禾稼。由禾稼垂穗的柔美、祥和与沉静，引申泛指❷美好：岂可令泾渭混流，亏清~之风。又引申指❸和谐：吉甫作诵，~如清风。又表示❹庄敬：吉日兮辰良，~将愉兮上皇|~~文王，於（wū，叹词）缉熙（品德光明）敬止|肃~|静~。

【组字】㣎，如今不单用，只作偏旁。现今仍归入彡部。凡从㣎取义的字皆与禾稼的柔美、祥和与沉静等义有关。

以㣎作声兼义符的字有：穆。

兜 dōu
（兠、胄）

【字形】甲 

【构造】象形字。甲骨文一形从皃，象头上戴帽子形；二形简化。金文稍繁。篆文整齐化。隶变后楷书写作兜。异体作兠。如今规范化用兜。

【本义】《说文·兜部》：“兜，兜鍪，首铠也。从兜，从皃省。皃，象人头也。”本义为头盔。是“胄”的象形字。

【演变】兜，本义指❶头盔，借指战士：年少万~鍪，坐断东南战未休|三百人皆被甲~鍪（戴头盔）。引申指❷一种便帽：西僧皆戴红~帽也。又引申指❸包兜东西的口袋一类用物：网~|裤~。用作动词，表示❹把东西兜起来：用衣襟~着。用作抽象意义，指❺承担：出了问题我全~着。又引申为❻包围，环绕：~圈子|~抄。又引申指❼招致：~揽|~售。

“兜”主要用作引申义，头盔之义古多用“胄”来表示。

【组字】兜，如今既可单用，也可作偏旁。现今归入儿部。凡从兜取义的字皆与像兜鍪的东西等义有关。

以兜作声兼义符的字有：蔸、橷、篼。

叜 zōng
（㚇、夋、叟、嵏、傻、傁、傻）

【字形】甲 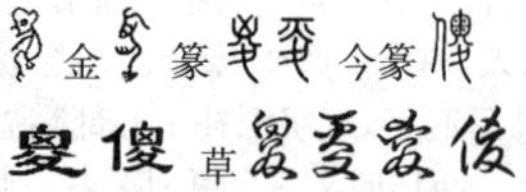

【构造】象形字。叜当是由夒发展来的。甲、金文夒（ ）原象身体壮大、毛发披散、傻头傻脑的大猩猩形，用以表示蠢笨之义。后来简化作 。篆文分化为二体。隶变后楷书分别写作㚇（zōng）与夋（miǎn）。㚇俗作叜；或另加四点作嵏、㚇，突出头脑像米糊一样糊涂之意。是“傻”的初文。如今叜、㚇只作偏旁，嵏、㚇废而不用。单用时用傻，今简作傻。参见夒、傻。

【本义】《说文·夊部》：“㚇，敛足也。从夊，兇声。”又：“夋，脑盖也。象皮包覆脑下，有两臂而夊在下。”解说皆不确。本义当为毛发披散、傻头傻脑的大猩猩。泛指蠢笨。

【演变】叜，本义指❶毛发披散、傻头傻脑的大猩猩。引申泛指❷蠢笨。

由于“叜”作了偏旁，蠢笨之义便另加义符“亻”写作“傻”来表示。

○傻，本作傻，异体作傁，如今简化皆作傻，从亻从叜会意，叜也兼表声。读 shǎ，本义为❶愚蠢，不明事理：大~瓜|~大姐|~子|吓~了。引申指❷不知变通，死心眼：你也学些服侍，别一味~玩~睡|净~干。

【组字】叜（㚇），如今不单用，只作偏旁。现今仍归入夊部。凡从叜（㚇）取义的字皆与毛发披散、包覆、蠢笨等义有关。

以叜作义符的字有：傻。

以㚇作声兼义符的字有：葼、稯、椶（棕）、糉（粽）、鬷（鬃）。

以叜作声符的字有：嫂、艘。

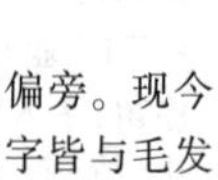

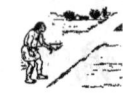

徙 xǐ
（辿）

【字形】甲 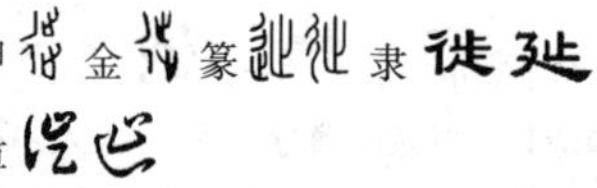

【构造】会意字。甲骨文从彳(半边街)从步,会在街上行走之意。金文将脚填实,更像。篆文整齐化,异体省去一脚。隶变后楷书分别写作徙与辿。如今规范化,以徙为正体。注意:与"徒"不同。

【本义】《说文·辵部》:"辿,迻(移)也。从辵,止声。"析形是就篆文所作的解说。本义为迁移。

【演变】徙,本义指❶迁移:~于国中及郊|乃立三丈之木于国都市南门,募民有能~置北门者,予十金|迁~|~居。引申指❷流放:其免汤为庶人,~边。由迁移又引申指❸改变:闻义不能~,不善不能改,是吾忧也。又引申指❹调职:~齐王信为楚王。

【组字】徙,如今既可单用,也可作偏旁。现今归入彳部。凡从徙取义的字皆与迁移等义有关。

以徙作声兼义符的字有:蓰、屣、蹝。

以徙作声符的字有:蓰、纚、縰。

衔 xián (銜)

【字形】篆　今篆　隶 銜 衘 啣

草

【构造】会意字。篆文从金从行,用行马时用的金属物品会嚼子之意。隶变后楷书写作銜。如今简化作衔。异体作啣,从口从卸会意,卸也兼表声。如今规范化用衔。

【本义】《说文·金部》:"銜,马勒口中。从金,从行。銜,行马者也。"本义为横在马口中用来控制马的嚼子。

【演变】衔,本义指❶马嚼子:故法律度量者,人主所以执下,释之而不用,是犹无辔~而驰也。由"衔"在马口中,故引申指❷用嘴叼着:外有八龙,首~铜丸|燕子~泥|结草~环。又引申指❸包含:~远山,吞长江。又引申指❹心中怀有:~悲畜恨兮何时平|~冤负屈|~恨。进而引申指❺怀恨:栗姬怒不肯应,言不逊,景帝心~之。由衔着,又引申指❻相接:牛马~尾,群羊塞道。由相接续,又引申指❼官吏的阶位:官~|职~|军~。

【组字】衔,如今既可单用,也可作偏旁。现今归入彳部。凡从衔取义的字皆与口含等义有关。

以衔作声兼义符的字有:嗛、罨。

船 chuán (舩、舡)

【字形】金　篆　今篆 舡 舩　隶 船

草

【构造】形声兼会意字。金文从舟,㕣声,㕣也兼表顺着水流之意。篆文整齐化。隶变后楷书写作船。异体有舩、舡,声旁㕣讹为公或工。如今规范化,以船为正体。

【本义】《说文·舟部》:"船,舟也。从舟,铅省声。"本义为水上的主要运输工具。

【演变】船,名词,本义为❶水上的主要交通运输工具:便舍~,从口入|余~以次俱进|去来江口守空~|渔~|帆~|轮~|游~。古"履"(屨)字从舟,故又借指❷一种方头上翘似船的鞋,农村称为铲鞋:天子呼来不上~,自称臣是酒中仙。又特指❸船形酒杯:起舞从教落酒~|满饯使君金玉~。今又指❹空间交通工具:宇宙飞~|太空~。

乖 guāi (脊)

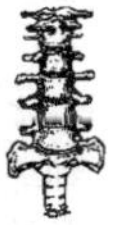

【字形】甲　金　篆　隶 乖

草

【构造】象形字。甲、金文皆象脊骨之形。中间为脊柱,两边为肋骨。篆文整齐化。隶变后楷书写作乖。是"脊"的象形字。

【本义】《说文·乖部》:"乖,背吕也。象胁肋也。"本义为脊骨。

【演变】乖,本义指脊骨。由于表义不太明确,后又另加义符"月(肉)"写作"脊",以突出强调是骨肉。参见脊。

【组字】乖,如今不单用,只作偏旁。现今归入丿部。凡从乖取义的字皆与脊骨等义有关。

以乖作义符的字有:脊。

盒 hé

【字形】古今篆隶 盒 草

【构造】形声兼会意字。古文从皿，合声，合也兼表盖合之意。隶变后楷书写作盒。

【本义】《字汇·皿部》："盒，盘覆也。"本义为盘盖。

【演变】盒，本义指❶盘盖。引申泛指❷底盖相扣合的或抽屉式的盛物器皿，盒子：赐出黄封妆~|墨~|食~|果~|粉~|~子枪|~带|~饭。又用作❸量词：一~点心|一~烟。

【组字】盒，如今既可单用，也可作偏旁。现今仍归入皿部。凡从盒取义的字皆与盘盖等义有关。

以盒作声符的字有：鎑。

鸽 gē (鴿)

【字形】篆隶 鸽 鴿 草

【构造】形声兼会意字。篆文从鳥，合声，合也兼表合群之意。隶变后楷书写作鴿。如今简化作鸽。

【本义】《说文·鸟部》："鴿，鳩属也。从鳥，合声。"本义为鸽子，鸟名，翅膀大，善于飞行，羽毛多为白色，也有灰色、酱紫色的。有的经过训练，可以传递书信。常用作和平的象征。常见的有家鸽、岩鸽等。

【演变】鸽，本义指鸽子：波斯泊上多养~，~能飞行数千里，辄放一只至家，以为平安信|和平~|信~|野~|家~。

敛 liǎn (斂、殮、殓)

【字形】金篆今篆隶 敛 斂

殓 殮 草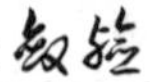

【构造】会意兼形声字。金文从攴(手持棍)从僉(表收合)，会收起之意，僉也兼表声。篆文简化。隶变后楷书写作斂。如今简化作敛。古也用作殮，如今简化作殓。参见殓。

【本义】《说文·攴部》："斂，收也。从攴，僉声。"本义为收起。

【演变】敛，本义指❶收起：彼有不获稚，此有不~穧(未收的禾把)。引申为❷收获：农夫春耕夏耘，秋~冬藏。又特指❸征收、聚集钱物：今生也有时，~也无时|横征暴~。又引申指❹收束，约束：秦楚合而为一以临韩，韩必~手|此言尊贵所以自~制，不从(纵)恣之义也|~容|~足|~迹|收~|~衽。又引申指❺入殓：据哀其无辜，厚棺~之。此义后作"殓"，今简作殓。

〇殓，从歹从佥会意，佥也兼表声。读liàn，本义指把死去的人装入棺材：(王)延尚未~，(刘)舆便娉之(指延的妾)|入~。

【组字】敛，如今既可单用，也可作偏旁。现今仍归入攴部。凡从敛取义的字皆与收起等义有关。

以敛作声符的字有：潋、蔹、廒、籡。

欲 yù (慾)

【字形】金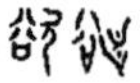篆今篆

隶 欲 慾 草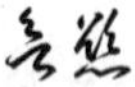

【构造】会意兼形声字。金文从欠(人张口，表贪羡)从谷(空谷)，会贪求如空谷纳物之意，谷也兼表声；异体或改欠为心。篆文承接金文一形并整齐化。隶变后楷书写作欲。俗合金文两体作慾，成为从心从欲会意，欲也兼表声，强调贪心。如今简化仍用欲。

【本义】《说文·欠部》："欲，贪也。从欠，谷声。"本义为欲望，即想得到某种东西或达到某种目的的愿望和要求。

【演变】欲，本义指❶欲望：无~而天下足|敖(傲)不可长，~不可从(纵)|利~熏心。又特指❷淫邪：君子乐得其道，小人乐得其~。此义后另写作"慾"。又引申指❸喜爱：人情~厚恶薄，神心犹然。又引申指❹想要：无~速，无见小利；~速则不达，见小利则大事不成|畅所~言。又引申指❺需要：胆~大，心~小；心~小，志~大。又引申指❻将要：山雨~来风满楼|摇摇~坠。

〇慾，读yù，本义为❶淫邪，情欲：枨也~，焉得刚？|人肆~则必蹶。又泛指❷欲望，嗜

欲:穷天下之嗜~,不足以易其乐。

【组字】欲,如今既可单用,也可作偏旁。现今仍归入欠部。凡从欲取义的字皆与欲望等义有关。

以欲作声兼义符的字有:慾、𡽪。

领 lǐng (領)

【字形】籀 篆 隶 草

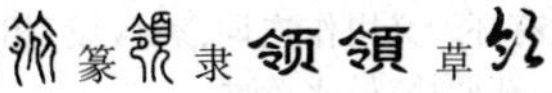

【构造】会意兼形声字。籀文从衣从令(发令,表示带起),会带起衣服的领子之意,令也兼表声。篆文改为从頁(人头)从令,会带起全身的脖子之意。隶变后楷书写作領。如今简化作领。

【本义】《说文·頁部》:"領,项也。从頁,令声。"本义为脖子。

【演变】领,本义指❶脖子:~如蝤蛴(天牛幼虫,白色),齿如瓠犀|引~而望|首~|~带|~巾。引申指❷围绕脖子的衣领:若挈裘~|翻~|~袖。由衣领又比喻❸事物的主要部分:竟不能得月氏要~|提纲挈~|纲~。抓住衣领就能提起整个衣服,故又引申为❹带领,率领:~胡越兵|~导|~头|~路。又引申指❺统属,管辖,领有:(魏)相总~众职,甚称上意|~主|~域|~海|~土。又引申指❻领受,接受:远蒙厚惠蜀纸、药物等,一一如数~讫|~情|~钱|~教。由领有又引申为❼了解,领会:研寻物理,~略清言|~悟。又用作❽量词,用于衣物、席箔等:太古薄葬,棺厚三寸,衣衾三~|要一~净席,等我窦娥站立。

【组字】领,如今既可单用,也可作偏旁。现今仍归入页部。凡从领取义的字皆与脖子等义有关。

以领作声符的字有:嶺(岭)。

悉 xī

【字形】籀 篆 隶 草

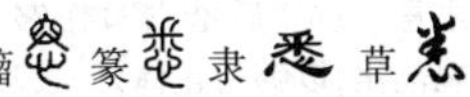

【构造】会意字。籀文从心从囟(窗棂),会心里辨析清楚明白之意。篆文改为从心从釆,会心里辨识清晰之意。隶变后楷书写作悉。

【本义】《说文·釆部》:"悉,详尽也。从心,从釆。"解释的是引申义。本义当为心里辨识得清清楚楚。

【演变】悉,由心里辨识得清清楚楚,引申指❶详细知道,了解:丞相亮其~朕意|熟~|获~。又指❷详尽叙说,全部拿出:书不能~意|子其~心雪耻,毋怠。又泛指❸详尽,周到:古之治天下,至纤至~|了解甚~。用作副词,表示❹全,都:怀王乃~发国中兵,以深入击秦|~为解说。

【组字】悉,如今既可单用,也可作偏旁。现今归入心部。凡从悉取义的字皆与熟知、详尽等义有关。

以悉作声符的字有:窸、蟋。

脖 bó

【字形】古 今篆 隶 草

【构造】形声兼会意字。古文从月(肉),孛声,孛也兼表挺起之意。隶变后楷书写作脖。

【本义】后起字。《玉篇·肉部》:"脖胦,胅脐也。"本义为气海穴。在脐下一寸五分,故指肚脐。

【演变】脖,本义指❶脖胦,即气海穴。在脐下一寸五分,故指肚脐:肓之原出于~胦。元代以来,"脖"即转用以表示❷脖子:青龙偃月刀,九九八十斤,~子里着一下,那里寻黄文?|~项|~颈|~领|~梗子。引申泛指❸像脖子一样的部分:脚~子|手~子|细~儿瓶子。

豚 tún (豘)

【字形】甲 金 篆 隶 草

【构造】象形兼会意字。甲骨文象猪形,旁加肉,表示可用作祭牲,故会可供祭祀的整头乳猪之意。金文另加手,以突出供给祭祀之意。篆文承甲骨文和金文分为繁简二体。隶变后楷书分别写作豘与豚。如今规范化用豚。

【本义】《说文·豚部》:"豘,小豕也。从彖省,象形;从又持肉,以给祠祀。豚,篆文,从肉、豕。"本义为供祭祀的整头乳猪。

【演变】豚,本义指❶供祭祀的整头乳猪:凡用禽献,春行羔~,膳膏香。引申泛指❷猪:丰年留客足鸡~。

【组字】豚,如今既可单用,也可作偏旁。现今归入豕部。凡从豚取义的字皆与小猪等义有关。

以豚作声兼义符的字有:遯(遁)。

脸 liǎn (臉)

【字形】古 今篆 隶 脸 臉 草

【构造】形声兼会意字。古文从月(肉),僉声,僉也兼表两合对应之意。隶变后楷书写作臉。如今简化作脸。

【本义】后起字。《正字通·肉部》:"脸,面脸,目下颊上也。"本义为脸颊上部两个颧骨部分。

【演变】脸,本义指❶脸颊上部两个颧骨部分:笑从双~生|红~桃花色。后来引申指❷整个面部:满~石灰更着些黑道儿抹|不顾~面|满~笑容。又引申指❸面子,情面:赏你~你却不要~|连~面都不顾了|人有~,树有皮,赵王不是好东西|真没~见人了。又引申指❹某些物体的前部:租个门~儿|鞋~。

脱 tuō

【字形】篆 隶 脱 草

【构造】形声兼会意字。篆文从月(肉),兑声,兑(开口)表示裂开,用以会肌肉消减或骨肉剥离之意。隶变后楷书写作脱。

【本义】《说文·肉部》:"脱,消肉臞也。从肉,兑声。"本义为肌肉消减。

【演变】脱,本义指❶肌肉消减:他瘦得都~了形了。又指❷骨肉剥离:左膝之下筋骨尽~矣|肉曰~之,鱼曰作之|其状若~。又引申指❸掉落:洞庭始波,木叶微~|~毛|~落|~皮|~发|~羽。又引申指❹取下,除去:揽裙~丝履,举身赴清池|~我战时袍,着我旧时裳|~帽|~衣|~鞋|~脂|~色|~氧。又引申指❺离开,脱离,逃离:巨鱼不可~于渊|君不如肉袒伏斧质请罪,则幸得~矣|使遂早得处囊中,乃~颖而出|沛公则置车骑,~身独骑|予自度不能~,则直诉虏帅失信|百计营谋不能~|文少保亦以悟大光明法蝉~|~离苦海|~缰之马|~险|逃~|摆~|~产|~轨|~坯|~节|~壳|~免。又引申指❻漏掉:这一段~了几个字|~误|~漏。摆脱则不受约束,故又引申指❼轻率,轻慢,轻快:轻则寡谋,无礼则~|入险而~,又不能谋,能无败乎|亲故多劝余为长史,~然有怀。又用作连词,表假设,相当于❽倘若:~获回耗,虽死必谢。

【组字】脱,如今既可单用,也可作偏旁。现今归入月部。凡从脱取义的字皆与脱离等义有关。

以脱作声符的字有:莌。

匐 fú

【字形】金 篆 隶 匐 草

【构造】形声兼会意字。金文从勹(曲身人),畐声,畐表紧逼,会紧贴地趴伏之意。篆文整齐化。隶变后楷书写作匐。是"匍"的慢声分化字。

【本义】《说文·勹部》:"匐,伏地也。从勹,畐声。"用作"匍匐",本义为趴伏(在地)。

【演变】匐,是"匍"的慢声分化字,表示趴伏在地。用作"匍匐",表示趴伏爬行、趴伏、竭力等义。参见匍。

【组字】匐,如今既可单用,也可作偏旁。现今仍归入勹部。凡从匐取义的字皆与趴伏在地等义有关。

以匐作声符的字有:葍(卜)。

够 gòu (夠)

【字形】古 今篆 隶 够 夠 草

【构造】形声兼会意字。古文从多,句声,句也兼表勾致之意。隶变后楷书写作够。异体作夠。如今规范化,以够为正体。

【本义】《广韵·候韵》:"夠,多也。"本义为多。

【演变】够,本义指❶多:繁富夥(多)~,不可单究。由多引申指❷满足一定的限度:这些钱足~买台电脑的|衣服~穿的了|人数~了,不

再要了|赚~本就行了|~用。由够一定的限度,又引申指❸达到一定的标准、程度:这人~朋友|这鞋~结实的|办这事,~你辛苦的|满足吧,~好了|~便宜了|别说了,~糟糕了|~格。由过量满足,又引申指❹厌烦,腻烦:我看你是活~了|这活我真做~了,不想再干了。由达到一定的标准,又引申指❺摸得着,拿下来:书放得太高,我~不着|你把梁头上挂的篮子~下来。

象 xiàng (像)

【字形】甲　金　篆　隶 象 像　草

【构造】象形字。甲骨文象一头大鼻子象形。金文稍讹。篆文整齐化。隶变后楷书写作象。

【本义】《说文·象部》:"象,长鼻牙,南越大兽,三年一乳。象耳牙四足之形。"本义为大鼻子象。

【演变】象,本义指❶大鼻子象:商人服~|非洲~。又指❷象牙:笏,天子以球玉,诸侯以~。《韩非子·解老》:"人希(稀)见生(活)象也,而得死象之骨,案其图以想其生也。故诸人之所以意想者,皆谓之象也。"由此引申为❸想象。由想象,又引申为❹摹拟,仿效:崇德~贤|~形|~声。由模拟又指❺形状,现象:形~|景~|气~|~征。又引申指❻类似,如同。

为了分化字义,如同之义便另加义符"亻"写作"像"来表示。

〇像,从亻从象会意,象也兼表声。读xiàng,表示❶相似:影之~形也|他俩长得太~了。又表示❷如同:~这样去做,哪天能完。用作名词,表示❸比照人物做的图形:下诸官府郡国,各上前人~赞|塑~|雕~|画~|音~制品。由图像又引申指❹法式:行比伯夷,置以为~兮。由类似又引申指❺似乎,好像:门外~是有人|~做梦似的。又表示❻举例:他到过许多地方,~北京、上海、广州等等。

【组字】象,如今既可单用,也可作偏旁。现今归入豕部。凡从象取义的字皆与象类动物或形象等义有关。

以象作义符的字有:豫。

以象作声兼义符的字有:像。

以象作声符的字有:橡。

斛 hú

【字形】金　篆　隶 斛　草

【构造】形声兼会意字。金文从斗,角声,角也兼表器具之意。篆文整齐化。隶变后楷书写作斛。

【本义】《说文·斗部》:"斛,十斗也。从斗,角声。"本义为量器。方形,口小,底大。

【演变】斛,本义为旧时量器,古指十斗,后指五斗:为之斗~以量之,则并与斗~而窃之|~,今制:五斗曰~,十斗曰石。

【组字】斛,如今既可单用,也可作偏旁。现今仍归入斗部。凡从斛取义的字皆与量器等义有关。

以斛作声符的字有:槲、礲。

猜 cāi

【字形】篆　隶 猜　草

【构造】形声兼会意字。篆文从犬(犬多疑),青声,青为"静"之省,表示静默无声,用以会阴狠之意,俗谚"咬人的狗不叫"。隶变后楷书写作猜。

【本义】《说文·犬部》:"猜,恨贼也。从犬,青声。"本义为嫉恨,怀疑,不信任。

【演变】猜,本义指❶嫉恨,怀疑,不信任:送往事居,耦俱无~|部落携离,酋豪~贰|~忌|~疑。由怀疑引申指❷有戒心:同居长安里,两小无嫌~。由怀疑又引申指❸推想,推测:这一件事越教我~不出底细|~测|~想|~谜|你~~看。

【组字】猜,如今既可单用,也可作偏旁。现今仍归入犬部。凡从猜取义的字皆与怀恨等义有关。

以猜作声符的字有:蒨。

猪 zhū (豬、潴、潴)

【字形】金 篆 今篆

隶 猪 豬 豬 草

【构造】形声兼会意字。金文从豕,者声,者表燃烧,借以会可烧烤的小猪之意。篆文整齐化。隶变后楷书写作豬。如今简化作猪。是"豕"的加旁分化字。参见豕。

【本义】《说文·豕部》:"豬,豕而三毛丛居者。从豕,者声。"本义为一个毛孔生三根毛的小猪。也泛指猪。哺乳动物,头大,耳大,鼻吻长,眼小腿短,身材肥。通常指家猪,另外还有野猪。在古代,不同的地区有不同的名称,大体上北方多叫豭(jiā),西方多叫彘(zhì)和豕(shǐ),南方多叫豨(xī),小猪叫豚(tún)或猪子等。

【演变】猪,本义特指小猪。引申泛指❶猪:小弟闻姊来,磨刀霍霍向~羊|生~|~肉。由猪之肥硕又引申指❷水停聚,停聚之地:大野既~。此义后作"潴",如今简化作潴。

○潴,从水从猪,猪也兼表声。读 zhū,本义指水停聚的地方:稻人掌稼下地,以~畜水。

【组字】猪,如今既可单用,也可作偏旁。现今仍归入豕部。凡从猪取义的字皆与猪义有关。

以猪作声兼义符的字有:潴。

以猪作声符的字有:橥。

猎 xī;liè (獵)

【字形】金 篆 今篆 隶 猎 獵

草

【构造】会意兼形声字。金文从犬从巤(动物),会放犬捕捉禽兽之意,巤也兼表声。篆文整齐化。隶变后楷书写作獵。如今简化,借"猎"表示,从犬从昔(同夕,表示黑色),会一种黑色的野兽或良犬之意,昔也兼表声。

【本义】《说文·犬部》:"獵,放猎逐禽也。从犬,巤声。"本义为放犬捕捉禽兽。《广韵·昔韵》:"猎,兽名,似熊。"本义为一种像熊的野兽。一说为良犬名。

【演变】猎,作为本字,读 xī,本义为❶兽名:有黑虫如熊状,名曰~。

又读 liè,用作"獵"的简化字,本义指❷打猎,捕捉:不狩不~,胡瞻尔庭有县貆兮|今王田~于此|将军~渭城|方与将军会~于吴|得无教我~虫所耶|渔~生活|~虎。由打猎又泛指❸搜取,追寻:耕道而得道,~德而得德|~奇|~艳|~取|涉~。

猗 yī

【字形】篆 隶 猗 草

【构造】形声兼会意字。篆文从犬,奇(瘸腿)声,奇也兼表残缺之意。隶变后楷书写作猗。

【本义】《说文·犬部》:"猗,犗(阉割)犬也。从犬,奇声。"本义指割去狗的部分生殖器官。

【演变】猗,本义指❶割去狗的部分生殖器官。阉割的动物都长得比较长大,故引申指❷长大:节彼南山,有实其~。又引申指❸美盛:瞻彼淇奥(yù,水边深曲处),绿竹~~。又用作叹词,表示❹赞美:~嗟昌兮,颀而长兮。又用作语气词,相当于❺啊:河水清且涟~。

【组字】猗,如今既可单用,也可作偏旁。现今仍归入犬部。凡从猗取义的字皆与美盛等义有关。

以猗作声兼义符的字有:漪。

猛 měng

【字形】篆 隶 猛 草

【构造】形声兼会意字。篆文从犬,孟声,孟也兼表长大之意。隶变后楷书写作猛。

【本义】《说文·犬部》:"猛,健犬也。从犬,孟声。"本义为健壮凶暴有力的狗。

【演变】猛,本义指❶健犬。引申泛指❷健壮:天仙借女双翅~。又引申指❸凶猛,威猛:苛政~于虎也|如~兽奇鬼|~浪若奔|~将|~士|勇~。又引申指❹猛烈:火烈风~,船往如箭。用作副词,指❺突然:~可里抬头觑|~然醒来。

【组字】猛,如今既可单用,也可作偏旁。现今仍归入犬部。凡从猛取义的字皆与勇猛等义有关。

以猛作声兼义符的字有:蜢。

祭 jì

【字形】甲　金　篆　隶 祭

草

【构造】会意字。甲骨文从示(祭台)从又(手)从肉,会以手持肉置于祭台上致祭之意。金文大同。篆文整齐化。隶变后楷书写作祭。

【本义】《说文・示部》:"祭,祭祀也。从示,以手持肉。"本义为祭祀,即置备贡品向神灵或祖先行礼,表示崇敬并祈求保佑。

【演变】祭,本义指❶祭祀:家~无忘告乃翁。引申指❷念咒:土行孙~起捆仙绳|~起法宝来。由杀牲以祭又引申指❸杀:凉风至,白露降,寒蝉鸣,鹰乃~鸟。

【组字】祭,如今既可单用,也可作偏旁。现今仍归入示部。凡从祭取义的字皆与祭祀等义有关。

以祭作声符的字有:傺、際(际)、蔡、察、瘵。

馅 xiàn (餡)

【字形】今篆　隶 馅 餡　草

【构造】形声兼会意字。楷书繁体作餡,从食,臽声,臽也兼表陷进之意。如今简化作馅。

【本义】《正字通・食部》:"凡米面食物坎其中实以杂味曰馅。"本义为面食、点心里所包的细碎的肉、菜、糖或豆沙等物。

【演变】馅,本义指❶面食、点心里所包的细碎的肉、菜、糖或豆沙等物:送斋时做一顿馒头~|饺子~儿|枣泥~儿|~儿饼|韭菜~儿。引申指❷被包的人或物:城外土馒头,~草在城里。又比喻❸隐秘,底细:不好再从中挑拨,说多了怕露~。

鸾 luán (鸞、鑾、銮)

【字形】金　古　篆

隶 鸾 鸞 銮 鑾　草

【构造】会意兼形声字。金文从鸟从䜌(彩丝纷乱),会五彩缤纷的鸟之意。篆文改为从鸟从䜌(表纷繁)会意,含义相同,䜌也兼表声。隶变后楷书写作鸞。如今简化作鸾。古又借作"鑾",表示銮铃。

【本义】《说文・鸟部》:"鸞,亦神灵之精也。赤色,五彩,鸡形,鸣中五音,颂声作则至。从鸟,䜌声。"本义为古代传说中凤凰一类的神鸟。

【演变】鸾,本义指❶古代传说中凤凰一类的神鸟:有鸟焉,其状如翟(长尾野鸡)而五彩文,名曰~鸟。借用以比喻❷贤人、君子:~鸟凤凰日以远兮,乌鹊燕雀巢堂坛兮|~凤。又借用作"銮",指❸铃:执其~刀|驾以轻车,鸣以和~,步骤中度,缓急中节,铿锵乎道路之间。又省称❹鸾车:玉箫声远忆骖~。以上二义后另作"鑾",如今简化作銮。

○銮,金文从二金,䜌声。篆文改为从金从鸞省会意,鸞也兼表声。隶变后楷书写作鑾,如今简化作銮。读luán。古代君王车上安有仪铃,装在轭首或车衡上,一说系于马衔两边,因其像鸾鸟和鸣中音,故从鸾。本义指❶古代君王车上的仪铃:~声哕哕,和铃铗铗。后遂用作❷皇帝车驾的代称:~驾|~舆|金~殿。

【组字】鸾,如今既可单用,也可作偏旁。现今仍归入鸟部。凡从鸾取义的字皆与鸾鸟、声音和谐等义有关。

以鸾作声兼义符的字有:鑾(銮)。

孰 shú (熟)

【字形】甲　金　篆

今篆　隶 孰 熟　草

【构造】会意字。甲骨文是一人向宗庙敬献祭品之形。金文另加一女,表示女性善于烹饪。篆文将女改为羊,表示所献为做熟的味道醇厚的肥羊。隶变后楷书写作孰。是"熟"的本字。

【本义】《说文・丮部》:"孰,食饪(食物大熟)也。从丮、𦎧。"本义为烹熟。

【演变】孰,本义指❶食物做熟:献~食者操酱齐(同齑)。引申指❷植物果实、种子成熟:寒暑和节,而五谷以时~。后来借为疑问代词,表示❸谁:弟子~为好学?|~为汝多知乎?又表示❹什么:是可忍,~不可忍?又表示❺哪

个：万物一齐，~短~长？

孰后来专用以表示借代义，食物烹煮熟了的意思便另加义符“火”写作“熟”来表示。

〇熟，从火从孰会意，孰也兼表声。读shú，本义为❶饭熟：必~而荐之|米饭~了。引申指❷植物成熟：岁则大~|瓜~蒂落。又引申为❸深透：思虑~则得事理|深思~虑。再引申为❹熟练：~能生巧。进而引申指❺习惯：轻车~路。又表示❻经过加工炼制的：铅销似~银|~皮子。又泛指❼程度深：~睡。

【组字】孰，如今既可单用，也可作偏旁。现今归入亠部。凡从孰取义的字皆与烹饪等义有关。

以孰作声兼义符的字有：熟。

以孰作声符的字有：塾。

庶 zhù；shù

【字形】甲 金 篆 隶 庶 草

【构造】会意字。甲骨文象在山崖避风之处用锅灶烧火蒸煮之形，当是初民生活的写照。金文大同。篆文整齐化，山崖变成了简易棚屋。隶变后楷书写作庶。

【本义】《说文·广部》：“庶，屋下众也。从广、炗。炗，古文光字。”析形不确。所释为引申义。本义当为烧火蒸煮。

【演变】庶，读zhù，本义指❶烧火蒸煮：~氏下士一人，徒四人。

又读shù，烧火煮饭是奴隶佣人的事务，故引申指❷奴隶：公食贡，大夫食邑，士食田，~人食力。后泛指❸百姓，平民：~心咸服。由民众，又引申为❹众多，繁多：我事孔~。烧火煮饭一般都在旁侧之屋，故又引申为❺宗族的旁支，非正妻所生之子：杀嫡立~。庶子与嫡子相近，故又引申为❻庶几，接近，差不多：回也，其~乎|齐其~几乎？进而引申为❼欣幸，希冀：~无罪悔，以迄于今。

【组字】庶，如今既可单用，也可作偏旁。现今仍归入广部。凡从庶取义的字皆与旁侧、遮蔽等义有关。

以庶作声兼义符的字有：遮。

以庶作声符的字有：度、席、傶、蔗、摭、嗻、鹧。

麻 má（蔴、痳）

【字形】金 篆 今篆 隶 麻 蔴 痳 草

【构造】会意字。金文从厂（山崖）从𣏟（劈出的麻茎皮纤维），会于崖下劈麻晾麻之意。篆文改为从广（敞屋），成了在房檐下晾麻了。如今有的农村还是如此。隶变后楷书写作麻。

【本义】《说文·麻部》：“麻，与𣏟同。人所治，在屋下。从广，从𣏟。”本义为劈好的麻茎皮纤维。大麻，俗称火麻，一年生草本植物，雌雄异株，雌株称苴麻，雄株称牡麻。茎部韧皮长而坚，可供纺织。我国古来即有种植。现在用作大麻、亚麻、苎麻、黄麻、剑麻、蕉麻等的统称。

【演变】麻，本义指❶劈好的麻茎皮纤维：不绩其~。又指❷大麻这种植物：蓬生~中，不扶而直|开轩面场圃，把酒话桑~。麻纤维可织布、制绳，麻布常作丧服，故又引申指❸丧服：~者不绅，执玉不~，~不加于采。麻纤维细长繁密，纠结纷乱，故又用以比喻❹繁密，众多：雨脚如~未断绝|杀人如~。又形容❺纷乱：江湖海泽~沸|心乱如~。麻布粗糙，麻籽粒细碎，故又用以比喻❻脸上的痘瘢（即麻子），或不光滑：七尺以上身材，面皮有~|桌面有点~。人手脚麻木时其感觉犹如触摸不光滑之物，故又引申指❼麻木：那三四个村汉看了，手颤脚~，那里敢上前来|~痹|~药。

由于后来“麻”为引申义所专用，大麻之义便又另加义符“艹”写作“蔴”来表示，麻木之义则另加义符“疒”写作“痳”来表示。

〇痳，从疒从麻会意，麻也兼表声。读má，本义指❶感觉不灵或丧失：两脚~了。用作“痳疹”，俗称❷痧子、瘖子。由麻疹病毒引起的急性发疹性传染病。以发热、咳嗽、流泪、皮肤起红疹为其病症：~疹浮小而有头粒，随出即收，不结脓，北人谓之糠疮，南人谓之麸疮，吴人谓之痧，越人谓之瘖，古所谓麻，闻人氏所谓肤疹是也。用作“痳瘋”，又称❸癞，俗称大麻风。由麻风杆菌引起的慢性传染病。初起先觉患部麻木不仁，次发红斑，继则肿溃无脓，久可蔓延全身肌肤而出现眉落、目损、鼻崩、唇反、足底穿等严重症候。

又读 lìn，用作“淋”，指❹一种病名。患者尿道发炎，小便杂有浓血，小便频数而涩，有痛感：小便黄赤，甚则～。

○蔴，从艹从麻会意，麻也兼表声。读 má，本义为麻类植物的通称：～搭一枝，火钩一杆。

如今简化，痳、蔴仍都用麻表示。

【组字】麻，如今既可单用，也可作偏旁。现今仍设麻部。凡从麻取义的字皆与麻的纤细、纷乱等义有关。

以麻作义符的字有：黀、黂。

以麻作声兼义符的字有：蔴、麽、縻、糜、痳、靡、靡。

以麻作声符的字有：嘛、摩、麾、磨、磿、魔。

庸 yōng（镛、鏞、佣）

【字形】甲　金　篆　隶 庸 镛 鏞 草

【构造】会意字。甲骨文从用（使用）从庚（乐器），借使用乐器大钟会使用之意。或另加义符攴，表示敲击。金文和篆文大同。隶变后楷书写作庸。当是“镛”的初文。

【本义】《说文·用部》：“庸，用也。从用，从庚。”解释为使用，是引申义。本义当为古乐器大钟。

【演变】庸，本义指❶使用：鲁道有荡（平坦），齐子～止（语助词）｜名（有）一艺者无不～｜无～讳言。大钟是日常使用之物，遂引申泛指❷经常，平常，一般，平凡：此～夫之怒也，非士之怒也。进而引申指❸不高明的：后世所谓儒者，大抵皆～人｜平～｜～才｜～医｜～俗｜～碌｜昏～｜～言。又表示❹受雇佣者：泽居苦水者，买～而决窦。此义后另加义符“人”写作“傭”，今简作佣（另见）。又用作疑问代词，表示❺哪：～知其年之先后生于吾乎？

由于庸专用作使用之义，大钟之义便另加义符“金”写作“鏞”来表示，今简作镛。

○镛，从钅从庸会意，庸也兼表声。读 yōng，本义指大钟：贲（大）鼓维～。

【组字】庸，如今既可单用，也可作偏旁。现今归入广部。凡从庸取义的字皆与乐器、使用等义有关。

以庸作声兼义符的字有：傭（佣）、镛。

以庸作声符的字有：墉、慵、鳙。

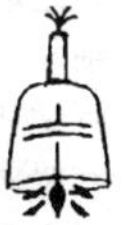

康 kāng（穅、糠）

【字形】甲　金　篆　今篆

隶 康 糠 穅 草

【构造】指事字。甲骨文从庚（摇铃），下边四点象征摇铃发出的乐声，表示正在演奏乐铃。金文大同。篆文下边讹为米。隶变后楷书写作康。古借用作穅（糠）。

【本义】《说文·禾部》：“穅（糠），谷皮也。从禾，从米，庚声。康，穅或省。”这是就小篆所作的解说，非本义。本义当为演奏乐铃。

【演变】康，本义指❶演奏乐铃。引申为❷安乐：无已大～｜啴（chǎn，纾缓）谐、慢易、繁文、简节之音作，而民～乐｜安～。又引申指❸健康：命如南山石，四体～且直。进而引申指❹富裕：明昭上帝，迄用～年｜小～。由平安又引申指❺四通八达的路：为开第～庄之衢｜～庄大道。乐铃中空才能发声，故又引申为❻空，虚：斡弃周鼎，宝～瓠兮｜萝卜～了。为分化字义，此义后写作“穅”。

○糠，本作穅，从禾从康会意，康也兼表声。俗改为从米作糠，如今规范化用糠。读 kāng，本义指❶谷皮：犹饥者甘糟～，穰岁余粱肉｜米～。又用以比喻❷粗劣的饭食：仕宦十五年，曾不饱～粞（碎米）。又表示❸发空，质地变松软不实：～心儿萝卜。

【组字】康，如今既可单用，也可作偏旁。现今归入广部。凡从康取义的字皆与声音激荡、空壳等义有关。

以康作声兼义符的字有：慷、槺、糠（穅）。

以康作声符的字有：鱇。

鹿 lù

【字形】甲　金　篆　隶 鹿 草

【构造】象形字。甲骨文象一只头上长有树枝状的角的雄鹿形。金文大同。篆文整齐化。隶变后楷书写作鹿。

【本义】《说文·鹿部》:"鹿,兽也。象头角四足之形。"本义为一种温顺的哺乳动物,四肢细长,尾短,毛黄褐色,有的有花斑或条纹。听觉、嗅觉灵敏,性温顺,善奔跑。一般雄性有树枝状的角,鹿角和鹿茸皆可入药。我国所产种类很多,有梅花鹿、白唇鹿、麋鹿、马鹿等。

【演变】鹿,本义指一种温顺的哺乳动物。后遂成为❶鹿科动物的通称:呦呦~鸣,食野之苹|霜落熊升树,林空~饮溪|梅花~。鹿是人所追逐的对象,用以比喻❷政权:秦失其~,天下共逐之|逐~中原|群雄逐~|~死谁手。又借用作麤(粗),表示❸粗,粗劣:晏子相景公,布衣~裘以朝|颜阖守闾,~布之衣而自饭牛|~床|~车。

【组字】鹿,如今既可单用,也可作偏旁。现今仍设鹿部。凡从鹿取义的字皆与鹿科动物等义有关。

以鹿作义符的字有:麀、麁、麂、麃、麄、麏、麈、麋、麐、麗、麓、麇、麌、麑、麎、麝、麘、慶(庆)、麉、麒、麔、麕、麖、麗、麘、麙、麚、麛、麜、麝、麞、麟、麠、麡、麢、麣、麤。

以鹿作声符的字有:鄜、漉、辘、簏、麓。

痒 yáng;yǎng (蛘、癢)

【字形】篆 隶 痒 蛘 癢 草

【构造】会意兼形声字。篆文从疒从羊,羊好用蹄子挠痒,故用以会想抓挠的疮之意,羊也兼表声。异体作癢,改为从疒从養,强调需要养护之意,養也兼表声。如今规范化,以痒为正体。后借用作蛘,从虫从羊会意,羊也兼表声,专用以表示搔痒。如今二字表义有明确分工。参见蛘。

【本义】《说文·疒部》:"痒,瘍也。从疒,羊声。"本义为痈疮。又《虫部》:"蛘,搔蛘也。从虫,羊声。"《集韵·養韵》:"痒,肤欲搔也。或作癢。"《释名·释疾病》:"癢,扬也,其气在皮中,欲得发扬,使人搔发之而扬出也。"本义为皮肤或黏膜因或受到一定刺激而产生的想抓挠的感觉。

【演变】痒,作为本字,读 yáng,本义指❶忧思成病:哀我小心,癙忧以~。也指❷痈疮:夏时有~疥疾。

又读 yǎng,后借用作蛘、癢,表示❸皮肤受到轻微刺激而产生的感觉:在父母舅姑(公婆)之所,寒不敢袭,~不敢搔|隔靴搔~|浑身~~。引申指❹受到吸引而跃跃欲试:性既好文,时复短咏,虽是庸音,不能搁笔;有暂技~,更同故态|看见别人玩,就心~难耐。

痕 hén

【字形】篆 隶 痕 草

【构造】形声兼会意字。篆文从疒,艮声,艮(瞪眼)也兼表疤痕似艮之意。隶变后楷书写作痕。

【本义】《说文·疒部》:"痕,胝瘢也。从疒,艮声。"本义为伤口或疮口愈合后留下的印迹,伤疤。

【演变】痕,本义指❶伤疤:(崔)瞻经热病,面多瘢~|刀~|伤~。引申泛指❷物体或事物留下的痕迹:苔~上阶绿,草色入帘青|及今思之空余泪~。

章 zhāng (彰)

【字形】甲 金 古 篆 隶 章 彰 草

【构造】会意字。甲骨文右从辛(錾凿),左为玉璧形,会用錾凿雕治玉璧花纹之意。金文稍繁,改为上下结构。篆文整齐化。隶变后楷书写作章。古也用作彰。

【本义】《说文·音部》:"章,乐竟为一章。从音,从十。十,数之终也。"析形是就当时的社会思想所作的解说,所释为引申义。本义当为雕治玉璧花纹。

【演变】章,由本义雕治玉璧花纹,引申泛指❶花纹,文采:追(雕刻)琢其~,金玉其相(质地)|永州之野产异蛇,黑质而白~|斐然成~。音乐与文章是声音与文字构成的花纹,故又引申指❷乐曲的一章:王乃为歌诗四~,令乐人歌之|诵明月之诗,歌窈窕之~|乐~。又指❸诗文的

一节或一篇：积句而成～，积～而成篇|～节。臣子给天子的奏书，也是一种文章，故又引申指❹奏章：～以谢恩，奏以按劾，表以陈请，议以执异|别具本～。法规是用文字写成的分章节的条文，故又引申指❺条款，法规：与父老约，法三～耳|规～|～程。音乐与文章都是有规律的，又引申指❻条理：其为言也，杂乱而无～。玺印是雕治成的文字印纹，又引申指❼印章：银印龟钮，其文曰～|又用篆～一|图～。印章起标志作用，又引申指❽标志：会～|领～|徽～。由雕琢花纹的鲜明突出，又引申指❾显明，昭著：故虽有珉之雕雕，不著玉之～～。用作使动，引申为❿使显扬，表扬：～善则过匿|～之以论，禁之以刑。

上列显明、表扬二义后另加义符“彡”写作“彰”来表示。

○彰，古文从彡从章会意，章也兼表声。篆文整齐化。读 zhāng，本义指❶文彩：以五采～施于五色。引申指❷显著，明显：顺风而呼，声非加疾也，而闻者～|或求名而不得，或欲盖而弥～|相得益～|罪恶昭～。用作使动，指❸使显扬，表明：若无兴德之言，则责攸之、祎、允等之慢，以～其咎|～善抑恶|表～。

【组字】章，如今既可单用，也可作偏旁。现今归入立部。凡从章取义的字皆与雕琢花纹等义有关。

以章作声兼义符的字有：彰、璋。

以章作声符的字有：障、鄣、嶂、幛、嫜、獐、漳、樟、瘴、蟑。

竟 jìng
（境、競、竞、兢）

【字形】甲 

隶 竟竞競兢境

草 竟竞競兢境

【构造】会意字。甲骨文一形下从人，上象口中吹乐器状，会演奏乐曲终止之意；篆文一形承之并繁化；隶变后楷书写作竟。还有两个字也当是由“竟”演变来的。一个是甲骨文二形，应是两个“竟”相并，会比赛谁吹奏得更强之意；金文一形承之并繁化，成了二人争言了。因为在甲骨文和金文中“音”“言”相同，篆文承金文并整齐化，隶变后楷书写作競，如今简化作竞，用以侧重表示竞赛、争辩、强劲等义。另一个是甲骨文三形，当是二形的简化；金文二形承之，上边进一步讹变，篆文三形承之并整齐化，上边变作丰，隶变后楷书进一步简化写作兢，用以侧重表示小心谨慎之义，也表示强劲。

【本义】《说文·音部》：“竟，乐曲尽为竟。从音，从人。”本义为乐曲终止。又《誩部》：“競，强语也。一曰逐也。从誩，从二人。”本义为竞赛。又《兄部》：“兢，竞也。从二兄，二兄，竞意。从丰声。一曰：兢，敬也。”本义指竞赛中小心谨慎。

【演变】竟、竞、兢三字同源。竟，侧重于表示演奏乐曲终止，引申泛指❶终了，完毕：及见怪，岁～，此两家常折券弃责（债）。又引申指❷从头到尾，周遍，整个：吴楚已破，～景帝不言兵，天下富实|～夜无眠|汗流～体|～日|～世。又用作副词，引申指❸终究，终于：有志者事～成也。由事情结果出于意外，又引申指❹居然，竟然：及吕后时，事多故矣，然（陈）平～自脱。由到终结，用作动词，又引申指❺追究到底：此县官重太后，故不～也。国界是国土的终止，故又引申指❻边境：入～而问禁。此义后另加义符“土”写作“境”来表示。又表示❼强劲：死士为苍鹰之旗，～士为虎旗。

○竞，读 jìng，侧重表示❶角逐，竞赛：不～不绒（急躁），不刚不柔|～走|～争|～逐。又表示❷争辩：中堂人～。又表示❸强劲：南风不～。

○兢，读 jīng，侧重于表示❶小心谨慎：战战～～，如临深渊，如履薄冰|～～业业（危惧），如霆如雷。又用以表示❷强劲：尔羊来思，矜矜～～。此三字古代在强劲义上可通用。如今不同，不能相混。

○境，从土从竟会意，竟也兼表声。读 jìng，本义指❶边界：臣始至于～，问国之大禁，然后敢入|出～|国～。引申泛指❷地方：结庐在人～，而无车马喧|陷入困～|如入无人之～。又引申指❸某一范围的情况：家～贫寒|～况不妙|处～艰难。

【组字】竟，如今既可单用，也可作偏旁。现今归入立部。凡从竟取义的字皆与终止等义有关。

以竟作声兼义符的字有:境。

以竟作声符的字有:獍、竟、镜、糡(糨)。

豙 yì

(豙、毅)

【字形】金 篆

隶 豙 毅 草

【构造】会意字。金文下从豕(猪),上从辛(凿刀),会剔猪之意。篆文整齐化。隶变后楷书写作豙。俗简作豙。是"毅"的初文。

【本义】《说文·豕部》:"豙,豕怒毛竖也。一曰残艾也。从豕、辛。"本义当为剔猪,即把猪屠宰并将肉从骨头上分离出来。

【演变】豙,本义指❶剔猪。引申泛指❷剔除。又指❸盛怒。

"豙"作了偏旁,其义便另加义符"殳"写作"毅"来表示。

○毅,金文和篆文皆从殳从豙会意,豙也兼表声。读 yì,本义为❶果决,刚强,坚韧:士不可以不弘~,任重而道远|~然决然|刚~|坚~|~力。引申指❷英武,勇猛:身既死兮神以灵,魂魄~兮为鬼雄。又指❸严酷,严厉,严正:强忍犯义,~也|弃灰之罪轻,断手之罚重,古人何太~也?

【组字】豙,如今不单用,只作偏旁。现今仍归入豕部。凡从豙取义的字皆与残杀等义有关。

以豙作声兼义符的字有:毅、藙。

啇 dì

(啻、啼)

【字形】甲 金 篆 隶 啇 草

【构造】形声兼会意字。甲骨文、金文皆从口从帝(表示集结扎束),用以会高声之意,帝也兼表声。篆文整齐化。隶变后楷书分化为啇、啻、啼三字。啇只作偏旁,啻、啼表义有分工。参见啻、啼。

【本义】啇与啻本为一字,故《说文》没有收。《集韵·霁韵》:"啻,高声。"本义为高声。《广韵·锡韵》:"啇,本也。"《正字通·口部》:"木根、果蒂、兽蹄,皆曰啇。"用作偏旁,多含集结、根本等义。

【演变】啇,与啻、啼由同一形象分化出来,本义为❶高声。啇专用作偏旁,多含❷集结、根本等义。《广韵·锡韵》解释为:"啇,本也。"《正字通·口部》解释为:"木根、果蒂、兽蹄,皆曰啇。"可见此二书的解说都是由"帝"的集结扎束的神像一义引申而来。

【组字】啇,如今不单用,只作偏旁。现今归入一部。凡从啇取义的字皆与声音、集结、根本等义有关。

以啇作声兼义符的字有:滴、嫡、嘀、镝、谪。

以啇作声符的字有:適(适)、摘、敵(敌)。

商 shāng

(觞)

【字形】甲 金 籀

篆 隶 商 觴 草

【构造】象形字。甲骨文一形象古代一种双柱、大腹、三足的酒器形;二形一柱者为侧视形,在其下另加一器具形,以强调其为酒器。金文承之大同。篆文一形承金文并整齐化。隶变后楷书写作商。籀文上从爵形,下为昜声。篆文二形承之,改为从角,煬省声。隶变后楷书写作觴。如今简化作觞。是"商"的后起分化字。甲骨文三形、金文和籀文二形是当"商星"讲的"商"。

【本义】《说文·冏部》:"商,从外知内也。从冏,章省声。"解说显然是根据篆文所作的附会。本义当为酒器。是觞的象形本字。

【演变】商,本义指酒器。酒器有量,饮酒有度,而商谈多与酒筵相伴,遂借商以表示❶量度:皆明计算,能~功利。进而引申为❷计议,商量:有家事相~。商业活动关键在于商人善于计议商谈,故又引申指❸买卖活动:经~|通~。又指❹商人:布~。又指❺算术中除法运算的得数:十除以五~二。又表示❻古代宫、商、角、徵、羽五音之一,代表凄厉哀婉的声音:击牛角而疾~歌。又特指❼商朝:~汤。又指❽商星。作为商星的"商",甲骨文三形本从二星,商声。后省去二星形,遂与当"酒器"讲的"商"合而为一。

商后为引申义所专用,酒器之义便另造了

“觞”字来表示。

〇觞，本作觴，从角，煬省声。如今简化作觞，读 shāng，本义为❶盛满酒的酒杯，也泛指酒杯：平公提~而起，为师旷（人名）寿｜引壶~以自酌｜称~。又指❷向人敬酒或自饮：管仲~桓公｜一~一咏，亦足以畅叙幽情｜客至无器皿殽果，故就酒家~之。

【组字】商，如今既可单用，也可作偏旁。现今归入亠部。凡从商取义的字皆与酒器等义有关。

以商作声符的字有：墒、熵。

族 zú（鏃、镞、簇）

【字形】甲  金  篆 

今篆  隶 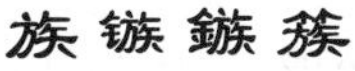

草 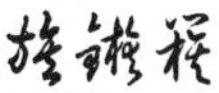

【构造】会意字。甲骨文从㫃（旗）从二矢，象旗下聚众矢状。旗用以聚众，矢用以战斗，这一形象有三种含义：古代同一家族或氏族是一个战斗单位，故一指宗族、家族；战斗要用箭，故二指箭、箭头；战斗需聚众人众矢，故三指聚合。金文省为一矢。篆文整齐化。隶变后楷书写作族。是“镞”的初文。

【本义】《说文·㫃部》：“族，矢锋也，束之族，族也。从㫃，从矢。”所释为引申义。本义为聚集许多箭头。古代同一家族或氏族是一个战斗单位，故用大旗下聚集许多箭头表示宗族、家族。

【演变】族，本义指❶箭，箭头。又指❷聚合：云气不待~而雨，草木不待黄而落。引申为❸众多，一般：良庖岁更刀，割也；~庖月更刀，折也。又引申指❹筋骨交错聚结处：每至于~，吾见其难为，怵然为戒。又引申指❺宗族，家族：九~既睦｜同~同宗｜~长。用作动词，指❻灭族：勿妄言，~矣。又引申指❼种族，民族：汉~｜斯拉夫~。又引申指❽种类，品类：万物百~，使各有经纪条贯｜士大夫之~，曰师曰弟子云者，则群聚而笑之。

为了分化字义，后专用“族”来表示宗族等义，箭头之义便另加义符“金”写作“鏃”（今简作镞）来表示，聚集之义则用“簇”来表示。

〇镞，从钅从族会意，族也兼表声。读 zú，本义指箭头：秦无亡矢遗~之费，而天下已困矣。

〇簇，从竹从族会意，族也兼表声。读 cù，本义指❶丛生的小竹。引申泛指❷聚集：蜂~野花吟细韵。用作名词，指❸聚集成的团或堆：千里澄江似练，翠峰如~｜花团锦~｜~拥。用作量词，指❹成堆成团的东西：桃花一~开无主。由一堆引申，用作副词，表示❺全，很：~新的衣服都刮破了。

【组字】族，如今既可单用，也可作偏旁。现今归入方部。凡从族取义的字皆与箭、宗族、聚合等义有关。

以族作声兼义符的字有：蔟、镞、簇。

以族作声符的字有：嗾、瘯、鷟。

旋 xuán；xuàn

【字形】甲  金  篆  隶  草 

【构造】会意字。甲骨文从疋（足）从㫃（旗），会人随军旗的指挥而周转之意。金文大同。篆文整齐化。隶变后楷书写作旋。如今又用以表示“镟”的部分含义。参见镟。

【本义】《说文·㫃部》：“旋，周旋，旌旗之指挥也。从㫃，从疋。”本义为人足随旗帜挥动而周转。

【演变】旋，读 xuán，本义指❶足周旋：平原广牧，车不结辙，士不~踵，鼓之而三军之士视死如归。引申泛指❷旋转，转动：左回右~，倏阴忽明｜天~地转｜盘~。又引申指❸返回：言（语助）~言归，复我邦族｜凯~。用作副词，表示❹不久，随即：刺足阳明脉，左右各三所，病~已。又引申指❺旋转成圈儿：昭山下有~泉，深不可测。

又读 xuàn，引申指❻回旋的：苍苔黄叶地，日暮多~风。用作动词，指❼转着圈儿削：~床｜~果皮。用作名词，指❽一种圆形的温酒器：武松来看时，一大~酒，一盘肉。又表示❾临时的：酒~沽，鱼新买。

【组字】旋，如今既可单用，也可作偏旁。现今归入方部。凡从旋取义的字皆与转动等义有关。

以旋作声兼义符的字有：徻、漩、嫙、璇、镟。

率 shuài；lǜ

（繂、𦈌、䌜）

【字形】甲 金 篆 今篆

隶 草

【构造】象形兼会意字。甲骨文象拉纤时绷紧的大绳形，小点象征绷紧的绳上奓起的毛刺，或视为水点。当是“䌜”或“繂”（牵船的大绳）的本字。金文一形大同，二形将水点改为“行”，以强调牵引前行之意。篆文承金文一形整齐并繁化。隶变后楷书写作率。率为引申义所专用，粗绳之义便另加义符“糸”写作“繂”来表示。

【本义】《说文·率部》：“率，捕鸟毕也。象丝网，上下其竿柄也。”析形、解说皆不确。本义为拉紧的大绳。

【演变】率，读 shuài，由牵引拉紧的大绳，引申为❶带领：~时（是）农夫，播厥百谷丨~师以来，惟敌是求丨~领。又引申为❷循着，沿着：~西水浒，至于岐下。进而引申为❸遵循：不愆不忘，~由旧章。用作名词，指❹将领：将~不能则兵弱。又指❺表率，榜样：夫三公者，百寮（僚）之~，民之表也。又表示❻轻易，不慎重：子路~尔而对丨草~。进而引申为❼直爽：致尧性刚~，好言事丨坦~。用作副词，表示❽大概：何晏之徒，~多浮浅。

又读 lǜ，表示❾法度，标准：羿不为拙射变其彀（拉满弓）~。用作动词，指❿按某种标准计算：关中之人百余万口，~其少多，戎狄居半。按某种标准计算的结果，即比值，故又引申指⓫比值：以周~乘之，径~约之丨增长~丨优秀~。

〇𦈌，繁体从糸从率会意，率也兼表声。异体作䌜，改为从索。如今皆简作𦈌。读 lǜ，本义指粗绳：不用一~一木，数日而工成。

【组字】率，如今既可单用，也可作偏旁。现今归入亠部。凡从率取义的字皆与拉紧、牵引等义有关。

以率作声兼义符的字有：摔、𦈌、踤、䌜。

以率作声符的字有：蟀。

阋 xì

（鬩）

【字形】古 篆 隶 阋 鬩 草

【构造】会意字。篆文从鬥（二人揪斗）从兒，会二小兒争讼、争斗之意。隶变后楷书写作鬩。如今简化承古文作阋。

【本义】《说文·鬥部》：“鬩，相讼也。从鬥，从兒。兒，善讼者也。”本义为争讼、争斗。

【演变】阋，本义指争讼，争斗：兄弟~于墙，外御其务（通侮）。

【组字】阋，如今既可单用，也可作偏旁。现今鬩仍归入鬥部，阋则归入门部。凡从阋取义的字皆与争斗等义有关。

以阋作声符的字有：㘝、潣。

羕 yàng

（漾）

【字形】金 篆 隶 羕 漾

草

【构造】形声兼会意字。金文从永（水长流），羊声，羊也兼表似羊群行动时涌动绵长，借以会水流悠长荡漾之意。篆文整齐化。隶变后楷书写作羕。是“漾”的本字，“永”的后起字。参见永。

【本义】《说文·永部》：“羕，水长也。从永，羊声。”本义为水流悠长荡漾。

【演变】羕，本义指水流悠长荡漾：江之~矣。由于“羕”作了偏旁，其义便又另加义符“氵”写作“漾”来表示。

〇漾，从氵从羕会意，羕也兼表声。读 yàng，既表示❶水流悠长：路逶迤而修迥兮，川既~而济（渡）深。又表示❷水面动荡：谢公宿处今尚在，渌水荡~清猿啼。又引申指❸浮动：成装候良辰，~舟陶嘉月。又引申指❹水泛溢：初年渠身尚浅，伏秋二汛，往往溢出内堤，~至大堤丨~奶。

【组字】羕，如今不单用，只作偏旁。现今归入羊部。凡从羕取义的字皆与水流荡漾的样子等义有关。

以羕作声兼义符的字有：漾、様（样）。

粘 zhān（黏）

【字形】篆 今篆 隶 粘 黏 草

【构造】会意兼形声字。篆文从黍从占（如卜兆在骨）会意，占也兼表声。隶变后楷书写作黏。俗作粘，改为从米。如今规范化，二字表义有了明确的分工。

【本义】《说文·黍部》："黏，相著也。从黍，占声。"本义为使相附着，胶合。《玉篇·米部》："粘，与黏同。"本义为胶合，即黏的东西互相连接或附着在别的物体上。后来分工，黏（nián）用作形容词，表示像糨糊、胶水一样能把一种东西胶合在另一种东西上的性质；粘（zhān）用作动词，表示把东西胶合在一起。

【演变】粘，专用作动词，表示胶合在一起：兼与药相～，不可取｜～在一起｜～贴｜～牙｜～连。

〇黏，专用作形容词，表示像糨糊、胶水一样的性质：泥～雪滑，足力不堪｜～性｜～糊｜～稠｜～度｜～附｜～结。

粒 lì

【字形】篆 隶 粒 草

【构造】形声兼会意字。篆文从米，立声，立也兼表独立一个之意。隶变后楷书写作粒。

【本义】《说文·米部》："粒，糂也。从米，立声。"本义为米粒，谷粒，即稻谷脱壳后的籽实，是小而圆珠形的固体。

【演变】粒，本义指❶米粒，谷粒：乐岁～米狼戾（散乱）｜钉头磷磷，多于在庾（仓）之粟～｜谁知盘中餐，～～皆辛苦｜稻～｜米～。引申泛指❷像粒的东西：盐～｜沙～｜豆～。用作量词，用于❸粒状物：春种一～粟，秋收万颗子｜十～仁丹。

断 duàn（斷、㫁）

【字形】甲 金 古
篆 隶 断 斷 草

【构造】会意字。"断"当是由上列甲骨文（用纺锤合丝形）省简演变来的。将甲骨文下边合丝形割掉，只保留纺锤（叀），再加义符刀或斤，就是甲骨文断。再加一个口，表示吩咐动手割断之意，则成为金文。古文一形承金文稍变；二形是古文"绝"字，也当来源于上列甲骨文，将其省去纺锤，保留丝，再加刀而成，亦会用刀断丝之意。篆文承接古文二形，又加一把斧子（斤），以突出截断之意。隶变后楷书写作斷。俗受"繼"（继）字影响遂写作斷。如今规范化用草书楷化字，简化作断，为正体。

【本义】《说文·斤部》："斷，截也。从斤，从㡭。㡭，古文绝。㫁，古文斷，从㠯，㠯，古文叀字。"本义为截断。

【演变】断，本义指❶截断：～木为杵，掘地为臼｜～头台｜剪～。引申指❷断绝，不继续：成鼓～行人，边秋一雁声｜～了关系｜～奶｜～送。又引申指❸断定，决定：当～不断，反受其乱｜当机立～｜判～｜～案｜～语。用作副词，表示❹决然，一定，绝对：介如石焉，宁用终日，～可识｜～然拒绝｜～无此理。表示"绝对"时一般用于否定式：～非如此。

【组字】断，如今既可单用，也可作偏旁。现今仍归入斤部。凡从断取义的字皆与截断等义有关。

以断作声兼义符的字有：簖。

敝 bì

【字形】甲 金 篆 隶 敝 草

【构造】会意兼形声字。甲骨文和金文皆从巾（表衣物）从攴（手持棍），并在巾上加点，象征击打的破洞，会破败之意。篆文整齐化，成为从攴从㡀会意，㡀也兼表声。隶变后楷书写作敝。注意：左边中竖不能断开。

【本义】《说文·㡀部》："敝，帗也。一曰败衣。从攴，从㡀。㡀亦声。"本义当为破衣。

【演变】敝，本义指❶破衣：缁衣之宜兮，～，予又改为兮。引申泛指❷破旧：～庐何必广，取足蔽床席｜弃之如～屣｜～帚自珍。又引申为❸衰败：道衰文～。又引申为❹疲困：秦攻赵，战胜则兵罢，我承其～。又用作❺谦辞：～居。

【组字】敝，如今既可单用，也可作偏旁。现今归入支部。凡从敝取义的字皆与破败等义有关。

以敝作声兼义符的字有：弊、斃(毙)。

以敝作声符的字有：蔽、憋、蹩、鳖、撇、瞥。

凑 còu (湊)

【字形】古　篆　今篆　隶 湊 草

【构造】形声兼会意字。篆文从水，奏声，奏也兼表奉进新禾之意。隶变后楷书写作湊。俗承古文简作凑。如今以凑为正体。

【本义】《说文·水部》："湊，水上人所会也。从水，奏声。"本义为人在水边聚集庆祝丰收。

【演变】凑，本义指❶聚集：川流之所归～｜万愁生旅夜，百病～衰年｜七拼八～｜～份子｜辐～｜～集｜～数｜～拢｜～齐。由聚集引申指❷遇见，碰到，加进：～着个韶阳小道姑｜你～什么乱｜～热闹｜～巧｜～趣。又引申指❸靠拢：春云～深水，秋雨悬空山｜～过去说话｜～到耳边｜硬～上前去。

减 jiǎn (減)

【字形】金　古　篆　今篆

隶 減 減　草

【构造】形声兼会意字。金文从水，咸声，咸也兼表杀缩之意。篆文整齐化。隶变后楷书写作減。俗承古文省作减。如今规范化以减为正体。

【本义】《说文·水部》："減，损也。从水，咸声。"本义为水比原来的量少，有所损失。

【演变】减，本义指❶减少：东家之子，增之一分则太长，～之一分则太短｜酌今昔而～之｜中人监织者为～舆从｜削～｜～价｜～损｜～法｜裁～｜～轻｜～员。引申指❷衰退，降低：是处红衰翠～，苒苒物华休｜风华不～昔日｜大为～色｜衰～｜～等。

【组字】减，如今既可单用，也可作偏旁。现今归入冫部。凡从减取义的字皆与减少等义有关。

以减作声符的字有：喊、椷、箴。

盗 dào (盜)

【字形】甲　金　篆　今篆

隶 盜 盗　草

【构造】会意字。甲骨文从次(人张口流涎水)从舟，会垂涎羡慕之意，舟也兼表声。金文繁化，口水增多，改从皿中有食物，会贪馋之意。篆文省为从次从皿(器皿)，用垂涎人家的器皿会偷窃之意。隶变后楷书写作盜。俗省作盗。如今规范化用盗。

【本义】《说文·次部》："盜，私利物也。从次，次欲皿者。"本义为偷窃。

【演变】盗，本义指❶偷盗：窃货曰～｜如姬果～晋鄙兵符与公子｜～卖。用作名词，又指❷偷东西的人：圣人不死，大～不止｜强～｜～贼。又引申指❸用不正当的行为谋取：～名字者不可胜数｜欺世～名。注意：古代"偷"指苟且，不指小偷；"盗"指小偷；"贼"指强盗。与今相反。

【组字】盗，如今既可单用，也可作偏旁。现今归入皿部。凡从盗取义的字皆与偷窃等义有关。

以盗作声符的字有：簠。

清 qīng

【字形】金　篆　隶 清　草

【构造】形声兼会意字。金文从水从青(青绿)，水青则清，故用以会水清澈纯净之意。篆文整齐化。隶变后楷书写作清。

【本义】《说文·水部》："清，朗也，澄水之貌。从水，青声。"本义为水清澈纯净，无杂质。

【演变】清，本义指❶水清澈纯净：河水～且涟猗｜举身赴～池｜濯～涟而不妖。引申泛指❷纯净，明晰：是日也，天朗气～，惠风和畅。水平静才清澈，故又引申指❸平静，安静：贫无所苦，～静过日而已｜冷～｜～幽。又引申特指❹天下太平无事：当纣之时，居北海之滨，以待天下之～也｜～平世界。水清则无杂质，又引

申指❺单纯,不复杂:~汤|~茶|~淡|~炖|~蒸|~纯|~唱。又引申指❻声音清亮:非必丝与竹,山水有~音|嗓音~亮|声音~越|~响。由清纯又引申指❼品德高洁:卿为~望官,奈何饮于酒肆|~高|~雅|~操|~廉。清纯则不混乱,故又引申指❽明白,清醒:举世混浊而我独~|(张)畅才思~敏,志节贞厉|分~是非|~楚。用作动词,又引申指❾去掉不纯的,清理:且夫~道而后行|~查|~点|~党。进而又引申指❿一点不留:账目还~|账已结~了|~账|~算|~退|~剿。

【组字】清,如今既可单用,也可作偏旁。现今仍归入水部。凡从清取义的字皆与清澈等义有关。

以清作声符的字有:蒨。

添 tiān

【字形】篆 今篆 隶 草

【构造】形声兼会意字。篆文本作沾,从水,占声,占(卜骨上出现兆纹)也兼表加出之意。隶变后楷书写作沾。由于沾后来专用以表示浸湿等义,俗遂另造了添,从水,忝声,忝(心增耻辱)也兼表增加之意。如今规范化,二字表义有了明确的分工。参见沾。

【本义】《说文·水部》:"沾,益也。从水,占声。"本义为增添。《玉篇·水部》:"添,益也。"本义为增加。

【演变】添,本作沾,表示增加。由于沾后来转用以表示浸湿等义,俗遂另造了添字,专用以表示❶增加:移船相近邀相见,~酒回灯重开宴|画蛇~足|~油加醋|~砖加瓦|~枝加叶|~置|~箱|~乱|增~|~菜。又引申特指❷生育:直闹到快天亮,小牛才~下来|他家~了个闺女|~丁。

淋 lín;lìn

【字形】篆 隶 草

【构造】形声兼会意字。篆文从水,林声,林也兼表雨线密如林之意。隶变后楷书写作淋。

【本义】《说文·水部》:"淋,以水沃也。从水,林声。"本义为雨水淋淋,连绵不断的样子。

【演变】淋,读 lín,本义指❶雨水淋淋,连绵不断:洪~~焉,若白鹭之下翔|悲泗~漓|大汗~漓|雨~~|泪~~|血~~。引申泛指❷浇:雨~日炙野火燎|他~着雨走了|~了一头水|~浴。用为"淋漓",形容❸酣畅,畅快:~漓痛饮长亭暮,慷慨悲歌白发新|~漓尽致。

又读 lìn,引申指❹过滤:自己~盐吃|过~一下|~硝。又特指❺性病的一种:小便黄赤,甚则~|防治~病。

【组字】淋,如今既可单用,也可作偏旁。现今仍归入水部。凡从淋取义的字皆与水浇下等义有关。

以淋作声兼义符的字有:霖。

渐 jiàn;jiān (漸、趣)

【字形】金 篆 隶

草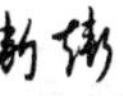

【构造】会意兼形声字。金文从水从斬,会分段治水之意,斬也兼表声。篆文整齐化。隶变后楷书写作漸。由于漸被借用作水名,便另造了趣,从走从斬,会分阶段进行之意,斬也兼表声。表示逐步发展。如今皆简作渐。

【本义】《说文·水部》:"漸,水。从水,斬声。"释为古水名,是借义,本义当为渐进。又《走部》:"趣,进也。从走,斬声。"本义为逐步发展。

【演变】渐,读 jiàn,本义为❶水名,即今之浙江。后借用作"趣",表示❷缓进,逐步发展:故淫乱之~,其变为篡。用作名词,又引申指❸坏事的开头:杜~防萌,则凶夭销灭|~不可长|防微杜~。用作副词,又引申指❹逐渐:~见愁煎迫|年齿~长|~闻水声潺潺|~入佳境|循序~进。

又读 jiān,表示❺慢慢浸染,浸润:使俗之~民久矣|兰槐之根是为芷,其~之滫(臭水),君子不近,小人不服。又引申指❻慢慢流入:东~于海。

【组字】渐,如今既可单用,也可作偏旁。现今仍归入水部。凡从渐取义的字皆与渐进等义有关。

以渐作声符的字有：壍、嶃、[illegible]、[illegible]。

渠 qú（佢）

【字形】金渠 篆渠 今篆佢 隶渠佢 草渠佢

【构造】形声兼会意字。金文从水，榘省声，榘也兼表筑造漕渠之意。篆文整齐化。隶变后楷书写作渠。旧又借作“佢”，作三人称代词。

【本义】《说文·水部》：“渠，水所居。从水，榘省声。”本义为人工开凿的壕沟。

【演变】渠，本义指❶人工开凿的壕沟：臣始为间，然~成亦秦之利也｜水到~成｜红旗~。又借作三人称代词，指❷他：女婿昨来，必是~所窃｜~会永无缘。此义后也写作“佢”。又借作❸巨：歼厥~魁。

【组字】渠，如今既可单用，也可作偏旁。现今仍归入水部。凡从渠取义的字皆与水渠等义有关。

以渠作声符的字有：[illegible]、蕖、[illegible]、磲。

淮 huái

【字形】甲淮 金淮 篆淮 隶淮 草淮

【构造】会意兼形声字。甲骨文从水从隹，会候鸟飞越的河流之意，隹也兼表声。金文稍繁。篆文整齐化。隶变后楷书写作淮。

【本义】《说文·水部》：“淮，水。出南阳平氏桐柏大复山，东南入海。从水，隹声。”本义为淮河。发源于河南，流经安徽、江苏，注入洪泽湖。洪泽湖以下，主流在江都市入长江；另一部分流经苏北灌溉总渠入黄海。是我国大河之一。

【演变】淮，本义指淮河：江介多悲风，~泗驰急流｜~阴｜~南｜~安｜治~｜~北｜~东。

【组字】淮，如今既可单用，也可作偏旁。现今仍归入水部。凡从淮取义的字皆与淮水等义有关。

以淮作声符的字有：滙（汇）。

淫 yín（婬、霪）

【字形】金淫 篆淫婬 今篆霪婬 隶淫婬霪 草淫婬霪

【构造】会意兼形声字。金文从水从䍃（过分），会雨水过多之意，䍃也兼表声。篆文整齐化。隶变后楷书写作淫。俗体讹作滛。如今规范化，以淫为正体。淫如今又用作了“婬”的简化字，从女从䍃会意，䍃也兼表声。

【本义】《说文·水部》：“淫，侵淫随理也。从水，䍃声。一曰久雨为淫。”本义为雨下个不停。又《女部》：“婬，厶逸也。从女，䍃声。”本义为淫荡，纵欲。

【演变】淫，本义为❶久雨不停：~雨蚤（早）降。引申泛指❷过多，过分：~侈之俗，日日以长｜乐而不~，哀而不伤｜~威｜~刑。又引申指❸浸渍，蔓延：侵~而上。又引申指❹放纵：骄奢~逸。又引申指❺迷惑：富贵不能~。又用作“婬”的简化字，表示❻在男女关系上态度或行为不正当：~乱。

“淫”为引申义所专用，久雨不停之义便另加义符“雨”写作“霪”来表示。如今规范化仍用淫。

〇霪，从雨从淫会意，淫也兼表声。读 yín，本义指连绵不断下得过量的雨：~雨霏霏，连月不开。

【组字】淫，如今既可单用，也可作偏旁。现今仍归入水部。凡从淫取义的字皆与过分等义有关。

以淫作声兼义符的字有：霪。

淘 táo（洮）

【字形】古淘 篆洮 今篆洮 隶淘洮 草淘洮

【构造】形声兼会意字。古文水，匋声，匋也兼表操作之意。篆文从水，兆声，兆（显出兆纹），用以会洗去杂质之意。隶变后楷书写作洮。洮后借作水名，俗便承古文作淘。如今规范化，二字表义已有明确分工，不能相混。

【本义】《字汇·水部》：“淘，澄汰。与洮同。”本义为洗去杂质。

【演变】淘，本义指❶洗去杂质：便去溪边~

了米,将来做饭|~洗|~米|~金。引申指❷冲刷:大江东去,浪~尽千古风流人物|大浪~沙。杂质冲刷走则畅通,故又引申特指❸疏浚:~井汲,急屎尿|~厕所|~河|~渠。由在水中反复冲荡淘去杂质,又引申指❹故意怄气:临死时几日还为他~了一场气。又引申指❺耗费:这孩子忒顽皮,整天跟他~神。又引申指❻顽皮:无情杜宇闲~气,头直上耳根底,声声聒得人心碎|这孩子太~气。

〇洮,同"淘",读 táo,本义为❶以水冲洗,除去杂质:惟四月哉生霸,王有疾不豫,甲子,王乃~沬(洗面)水|置冷水中,净~。借作❷水名,即洮河。在今之甘肃。

注意:如今洮不能用作淘,淘也不能用作洮。

液 yè

【字形】金　篆　隶　草

【构造】形声兼会意字。金文从水,夜声,夜也兼表似腋汗之意。篆文整齐化。隶变后楷书写作液。

【本义】《说文·水部》:"液,津也。从水,夜声。"本义为液体,即有一定体积而没有固定形状的可以流动的物质。

【演变】液,本义指液体:散木也,以为舟则沉,以为棺椁则速腐,以为器则速毁,以为门户则~樠(脂液出),以为柱则蠹|~压机|唾~|血~|溶~|输~|~化|~晶|~泡|~态。

淡 dàn (澹、憺)

【字形】甲　篆　隶　草

【构造】会意兼形声字。甲骨文从水从炎,会炎火煮白水之意,炎也兼表声。篆文整齐化。隶变后楷书写作淡。

【本义】《说文·水部》:"淡,薄味也。从水,炎声。"本义为味道不浓厚。

【演变】淡,本义指❶味道不浓厚:~也者,五味之中也|君子之交~如水|大味必~|~而无味|粗茶~饭。引申泛指❷稀薄:三杯两盏~酒,怎敌他晚来风急|风轻云~。又引申特指❸含盐分少:(张)根性至孝,父病蛊戒盐,根为食~|菜有点~,再放点盐|~水。又引申指❹浅淡:~妆浓抹总相宜|留下~~的血痕|轻描~写|~红|~绿。又引申指❺感情冷,不热情:早知人世~,来往退居寮(小屋)|待人冷~。又引申指❻不热衷名利:~泊以明志|常从容~静|~然处之|~漠。此义也写作"澹"。又引申指❼没有意味的,无关紧要的:瞎扯~|净是些~话。又引申指❽生意不兴旺:~季|~月|生意清~。

〇澹,从水,詹声。读 dàn,本义指❶水波起伏:水何~~,山岛竦峙。又借作"憺",表示❷安静:使海内~然,永无边城之灾。

又读 tán,❸用于复姓"澹台"。

〇憺,从忄,詹声,读 dàn,本义为❶安乐,安定:蜂虿螫指而神不能~。又指❷恬淡,清静:怕(泊)乎无为,~乎自持。

【组字】淡,如今既可单用,也可作偏旁。现今仍归入水部。凡从淡取义的字皆与味不浓等义有关。

以淡作声兼义符的字有:啖。

婆 pó

【字形】古　今篆　隶　草

【构造】形声兼会意字。古文从女,般声,般也兼表旋动之意,隶变后楷书写作媻。俗改为从女,波声,波也兼表波动之意。如今规范化,以婆为正体。

【本义】《尔雅·释训》:"婆娑,舞也。"用作联绵词"婆娑",同"媻娑",本义为盘旋起舞。《广韵·戈韵》:"婆,老母称也。"《集韵·戈韵》:"婆,女老称。"又表示已婚的或年老的妇女。

【演变】婆,用作联绵词"婆娑",表示❶盘旋起舞的样子:子仲之子,~娑其下。又表示❷披散,扶疏:它没有~娑的姿态,没有屈曲盘旋的虬枝|树影~娑。单用又借指❸年老的妇女:见红女白~,填塞门户|老~~。又特指❹母

亲：阿～不嫁女，那得孩儿抱。又指❺丈夫的母亲：人寿百年能几何，后来新妇今为～｜公～｜～媳。

【组字】婆，如今既可单用，也可作偏旁。现今仍归入女部。凡从婆取义的字皆与舞动等义有关。

以婆作声符的字有：嘙、婆。

梁 liáng（樑）

【字形】金 梁 梁 古 梁 篆 梁 今篆 樑

隶 梁 樑 草 梁 樑

【构造】会意兼形声字。金文从水从刅（砍伐），或另加木，会伐木造桥之意，刅也兼表声。古文从水，从二木，从一横，会接木为桥之意。篆文承金文二形并整齐化。隶变后楷书写作梁。俗也用作“樑”的简化字，从木从梁会意，梁也兼表声，表示房梁。

【本义】《说文·木部》：“梁，水桥也。从木，从水，刅声。”本义为桥梁，即架在水上或路上以便通行的建筑物。《正字通·木部》：“樑，俗梁字。”本义为房梁，即横架在墙上或柱子上支撑房顶的粗大长木。

【演变】梁，本义指❶桥梁：携手上河～，游子暮何之｜津～（后比喻起过渡、引导作用的手段和方法，如“文章津～”）。引申指❷筑在水中用来捕鱼的鱼堰：无逝我～，毋发我笱｜鱼～。屋梁凌空架在墙上，与桥梁有相似之处，故又引申指❸屋梁：时岁荒民俭，有盗夜入其室，止于～上｜～上君子｜偷～换柱｜栋～。为了与桥梁相区别，此义后另加义符“木”写作“樑”，如今简化仍作“梁”。桥梁隆起，故又引申指❹拱起的条形物：山～｜鼻～｜脊～。

【组字】梁，如今既可单用，也可作偏旁。现今仍归入木部。凡从梁取义的字皆与桥梁等义有关。

以梁作声兼义符的字有：樑。

以梁作声符的字有：粱（梁省声）。

渗 shèn（滲）

【字形】篆 滲 隶 滲 渗 草 渗

【构造】形声兼会意字。篆文从水，参声，参也兼表像星点样泌出或透入之意。隶变后楷书写作滲。如今简化作渗。

【本义】《说文·水部》：“滲，下漉也。从水，参声。”本义为液体慢慢地透入或漏出。

【演变】渗，本义指❶液体慢慢地透入或漏出：百年老屋，尘泥～漏，雨泽下注｜让水～进去｜～透｜～入｜～水｜～井｜～坑。由水渗没有了，又引申指❷干涸：远陂春旱～，犹有水禽飞。

情 qíng

【字形】篆 情 隶 情 草 情

【构造】形声兼会意字。篆文从心，青声，青也兼表像青春萌动样显现的心灵感觉之意。隶变后楷书写作情。

【本义】《说文·心部》：“情，人之阴气有欲者。从心，青声。”本义为感情，情绪，即人的思想、心意、精神、感觉所呈现的总的状态。

【演变】情，本义指❶感情，情绪：举手长劳劳，二～同依依｜眷然有归与之～｜未成曲调先有～｜览物之～，得无异乎｜物薄而～厚｜～投意合｜～不自禁｜神～｜～态｜～意｜心～｜深～。引申特指❷爱情：欢～未接，将辞而去｜谈～说爱｜～人｜～侣｜～歌。又引申指❸欲望，情欲：既得志则纵～傲物｜发～期｜春～｜催～。又引申指❹私情，情面：使官吏一心奉公，而不敢为徇～枉法之私｜～分｜说～。感情是天生的，故又引申指❺原来的本性：夫物之不齐，物之～也。又引申泛指❻真实情况：正见清河，俱以～告｜而当日之～形憬然赴目｜病～｜灾～｜知～。又引申指❼情理：小大之狱，虽不能察，必以～｜缘物之～与人之～，以为所闻｜合～合理｜不～之请。

惜 xī

【字形】篆 惜 隶 惜 草 惜

【构造】会意兼形声字。篆文从心从昔，会对往昔洪灾感到哀痛之意，昔也兼表声。隶变后楷书写作惜。

【本义】《说文·心部》："惜，痛也。从心，昔声。"本义为痛惜，哀伤。

【演变】惜，本义指❶痛惜，哀伤：窃为陛下~之|~其用武而不终也|~老怜贫|~未成功。引申指❷爱惜：子孙视之不甚~|秦人视之，亦不甚~|爱~寸阴|珍~。又引申指❸舍不得，吝惜：宫使驱将~不得|为诸先烈所不~牺牲生命以争之者|不~力|~售。

【组字】惜，如今既可单用，也可作偏旁。现今仍归入心部。凡从惜取义的字皆与痛惜等义有关。

以惜作声符的字有：寈。

惭 cán
（慙、慚）

【字形】篆　今篆　隶 **惭 慚 慙**

草

【构造】形声兼会意字。篆文从心，斬声，斬（表伤害）也兼表因伤害而心怀羞愧之意。隶变后楷书写作慙。异体作慚。如今皆简作惭。

【本义】《说文·心部》："慙，媿（愧）也。从心，斬声。"本义为羞愧，耻辱。

【演变】惭，本义指❶羞愧：羊子大~，乃捐金于野|友人~，下车引之|富者有~色|大言不~|~凫企鹤。用作名词，指❷羞惭之色：庞然修伟，自增~怍。

悼 dào

【字形】篆　隶 **悼** 草

【构造】形声兼会意字。篆文从心，卓声，卓也兼表处高危而恐惧之意。隶变后楷书写作悼。

【本义】《说文·心部》："悼，惧也。陈、楚谓惧曰悼。从心，卓声。"本义为恐惧。

【演变】悼，本义指❶恐惧，战栗：敌人之~惧惮恐|窃~后之危败。伤痛人所恐，故又引申指❷哀伤，悲痛：岂不尔思，中心是~|昔者，楚欲攻宋，墨子闻而~之。又引申特指❸哀痛怀念死者：潘岳~亡犹费词|~念|哀~|追~。

惕 tì
（愓）

【字形】金　篆　隶 **惕** 草

【构造】会意兼形声字。金文从心从易（把一个容器里的酒水倒进另一个容器里），会小心谨慎之意，易也兼表声。篆文整齐化。隶变后楷书写作惕。异体改为从心从狄，会警惕外族入侵之意。如今规范化，以惕为正体。

【本义】《说文·心部》："惕，敬也。从心，易声。"本义为戒惧，谨慎。

【演变】惕，本义指戒惧，小心谨慎：无日不~，岂敢忘哉|见乱而不~，所残必多|警~。

惊 jīng
（驚）

【字形】篆　今篆　隶 **惊 驚** 草

【构造】会意兼形声字。篆文从馬，敬声，敬也兼表执鞭吆喝之意。隶变后楷书写作驚。如今简化作惊，改为从忄（心）从京（高大），会心极受刺激之意，京也兼表声。

【本义】《说文·马部》："驚，马骇也。从馬，敬声。"本义为马受刺激而狂奔。

【演变】惊，本义指❶马受刺激而狂奔：襄子至桥而马~。引申泛指❷惊恐：沛公大~|秦王~，自引而起|~恐万状|~诧不已|受~|吃~。又引申指❸惊奇：出门看火伴，火伴皆~忙。又引申指❹震动：初至北营，上下颇~动|打草~蛇|震~。用作使动，表示❺使惊动：栗深林兮~层巅|~扰宫中|~天动地。又引申指❻惊叹，惊喜：算而今重到须~|忽闻门外虫鸣，~起觇视。又比喻❼滚动，掀动：雷霆乍~，宫车过也|春和景明，波澜不~。

惨 cǎn
（慘）

【字形】篆　隶 **惨 慘** 草

【构造】形声兼会意字。篆文从心，參声，參（星宿）也兼表上天降灾之意。隶变后楷书写作慘。如今简化作惨。

【本义】《说文·心部》："慘，毒也。从心，參声。"本义为狠毒。

【演变】惨，本义指❶狠毒：～毒行于民｜～无人道｜～酷｜～毒｜～害。引申指❷程度严重，厉害：久旱伤麦，忧心～切｜损失～重｜伤亡～重｜～败。由严重又引申指❸忧痛，凄惨：疾痛～怛，未尝不呼父母也｜醉不成欢～将别，别时茫茫江浸月｜～淡老容颜，冷落秋怀抱｜死事之～，以辛亥……之役为最｜～绝人寰｜～不忍睹｜悲～。

寇 kòu

【字形】甲  金  篆  隶 寇 草 

【构造】会意字。甲骨文从攴(人持棍)从宀(房子)，金文另加突出了头的人，皆会手持棍入室向人行凶之意。篆文大头人变为元(头)，以突出击打头部之意。隶变后楷书写作寇。讹作寇、冦。如今规范化用寇。注意：与“冠”不同。

【本义】《说文·攴部》：“寇，暴也。从攴、完。”析形不确。本义为行凶劫掠。

【演变】寇，本义指❶行凶劫掠：无敢～攘｜时南境未静，民思休息，学古禁～掠以安之。引申指❷进犯，侵略：是时匈奴强，数～边，上发兵以御之。用作名词，指❸盗贼，侵略者：大臣背叛，民为～盗｜今～众我寡，难与持久｜藉～兵而赍盗粮。

【组字】寇，如今既可单用，也可作偏旁。现今归入宀部。凡从寇取义的字皆与凶暴、劫掠等义有关。

以寇作声兼义符的字有：簆(筘)。

以寇作声符的字有：蔻、滱、憃。

寅 yín (夤)

【字形】甲  金  篆 

隶 寅夤 草 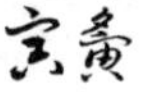

【构造】会意字。甲骨文从矢从口(箭函)，会从函中请出矢来之意，表示恭敬。金文将函讹为双手，突出了双手取箭。篆文又将箭头讹为宀并整齐化。隶变后楷书写作寅。寅后来引申出他义，恭敬之意便另由“夤”表示。“夤”是“䏰”的讹字，是“胂”的异体字。上列金文二形本从月(肉)，寅声。篆文讹为从夕(与肉形近)。隶变后楷书分别写作䏰与夤。如今规范化用夤。

【本义】《说文·寅部》：“寅，髌也，正月阳气动，去黄泉欲上出，阴尚强，象宀不达，髌寅于下也。”这是就篆文根据当时的社会思想所作的附会。本义为从函中请出矢。《说文·夕部》：“夤，敬惕也。从夕，寅声。”所释非本义。《集韵·谆韵》：“䏰，夹脊肉也。通作夤。”本义当为夹脊肉。

【演变】寅，本义为从函中请出矢，故引申表示❶恭敬：～宾出日，平秩东作｜兢兢～畏。又用为❷对同官的敬称：若论小弟，有眼无识，也不该邀～兄去而复返｜同～。由请出，又引申为❸前进：引达于～。后借为地支的第三位，用来纪年月日时，表示❹寅年：太岁运行到析木(十二次之一)为～年。又表示❺夏历正月：～正。又表示❻天亮前三点至五点：～不通光，而卯则日出。又表示❼十二生肖中的虎：～，其禽虎也。

○夤，读 yín，本义为❶夹脊肉：艮其限，列其～。因篆文讹为从夕，并由夕祭，引申指❷庄敬，恭敬：中宗明明，～用刑名｜朕～奉天命。又指❸(夜)深：国舅～夜至此，必有事故。用作“夤缘”，又指❹拉拢关系，趋附钻营：诏察富民与妃嫔家婚姻，～缘得官者。

【组字】寅，如今既可单用，也可作偏旁。现今归入宀部。凡从寅取义的字皆与请出、前进等义有关。

以寅作声兼义符的字有：演、夤、䏰。

寄 jì

【字形】篆  隶 寄 草 

【构造】形声兼会意字。篆文从宀(房屋)，奇声，奇也兼表倚靠支撑之意。隶变后楷书写作寄。

【本义】《说文·宀部》：“寄，托也。从宀，奇声。”本义为寄住，依托。

【演变】寄，本义指❶寄住，托身：非蛇蟮之穴，无可～托者｜愿～食门下｜～寓于表｜～人篱下｜～居｜～生｜～食｜～宿。引申指❷托付，委托：

故临崩~臣以大事|倚南窗以~傲|或以尺书~托侍者|~放。又引申指❸捎带:迫而视之,乃前~辞者|女~言于母。又引申指❹邮寄:~包裹|~封信。

【组字】寄,如今既可单用,也可作偏旁。现今仍归入宀部。凡从寄取义的字皆与依托等义有关。

以寄作声兼义符的字有:徛、椅。

宿 sù;xiǔ;xiù

【字形】甲 金 篆 隶 草

【构造】会意字。甲骨文从宀(房屋)从人从西(席),会人躺在席上于屋内睡觉之意。金文大同。篆文整齐化。隶变后楷书写作宿。

【本义】《说文·宀部》:"宿,止也。从宀,西声。"本义为夜晚睡觉。

【演变】宿,读 sù,本义指❶夜晚睡觉,居住:独寐寤~|且辞爷娘去,暮~黄河边|风餐露~。引申指❷住宿的地方:十里有庐,庐有饮食;三十里有~,~有路室。由过一夜,又引申指❸隔夜的:睡到黎明,~酒已醒。又进而引申为❹隔年的:朋友之墓,有~草而不哭焉。再引申指❺旧的,一向有的:坏宇何寥廓,~屋邪草生|~愿|~疾。再引申指❻预先:~定所征伐之国|~命论。用于人,指❼老的,有经验的,有名望的:晋鄙,嚄唶~将|~耆|~儒|南邦名~。

又读 xiǔ,用作❽量词,用于一夜,即从天黑到天亮的时间:命汝三~,汝中~至|净淘种子,渍经三~|商议已定,一~无话。

又读 xiù,由住宿引申指❾星宿:天有列~,地有宅舍。

【组字】宿,如今既可单用,也可作偏旁。现今仍归入宀部。凡从宿取义的字皆与止宿等义有关。

以宿作声符的字有:蓿、摍、缩、[illegible]、[illegible]。

窒 zhì

【字形】篆 隶 草

【构造】会意兼形声字。篆文从穴从至(至底),会堵塞不通之意,至也兼表声。隶变后楷书写作窒。

【本义】《说文·穴部》:"窒,塞也。从穴,至声。"本义为填塞。

【演变】窒,本义指❶填塞:梁丽可以冲城,而不可以~穴。引申指❷阻塞不通:下流壅则上溢,上源~则下枯|~碍|~息。又引申为❸遏止:君子以惩忿~欲。

【组字】窒,如今既可单用,也可作偏旁。现今仍归入穴部。凡从窒取义的字皆与填塞等义有关。

以窒作声符的字有:[illegible]、[illegible]、[illegible]、膣。

扈 hù

【字形】篆 隶 草

【构造】形声兼会意字。篆文从邑(城邑),户声,户也兼表有住户人家之意。隶变后楷书写作扈。

【本义】《说文·邑部》:"扈,夏后同姓所封,战于甘者。从邑,户声。"本义为古国名。

【演变】扈,本义指❶古国名,在今陕西户县,夏后氏属国:夏有观、~。扈国灭亡后,其后代以国为氏,后遂用作❷姓:~三娘。由属国又引申为❸随行人员:叔孙(古善御者)奉辔,卫公(古善御者)骖乘,~从横行,出乎四校(栅栏四周)之中。用作动词,指❹跟随:共~翠辇朝宣光。随行保镖多横行,故用作"跋扈",又指❺蛮横霸道:常有跋~飞扬志。

【组字】扈,如今既可单用,也可作偏旁。现今归入户部。凡从扈取义的字皆与地方等义有关。

以扈作声符的字有:[illegible]、滬(沪)。

祸 huò (禍)

【字形】甲 金 篆 隶 祸 禍 草

【构造】会意兼形声字。甲骨文左为卜骨,右为犬,会占卜显示有天狗之灾。金文改为从示

(礻,标志鬼神)从卜骨从口,会卜问显示鬼神降灾之意。篆文改为从示从咼(伤残),会遭摧残之意,咼也兼表声,隶变后楷书写作禍。如今简化作祸。

【本义】《说文·示部》:"禍,害也,神不福也。从示,咼声。"本义为由于人的不当行为而招致的灾害、灾难。

【演变】祸,本义指❶天灾,灾殃:事急而不断,~至无日矣|枉道速~|大~临头|恶积~盈|灾~|~水。引申指❷危害:发掘坟墓,~及枯骨|包藏~心|~国殃民。

【组字】祸,如今既可单用,也可作偏旁。现今仍归入示(礻)部。凡从祸取义的字皆与灾害等义有关。

以祸作声兼义符的字有:禍。

谋 móu
(謀、謨、谟)

【字形】金  古  篆 

隶 谋 謀 谟 謨 草 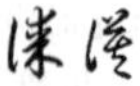

【构造】会意兼形声字。金文从心从母,会老母用心思考之意,母也兼表声。古文一形从言从某(梅,甘美),会甘美的言论之意。某也兼表声。篆文整齐化。隶变后楷书写作謀。如今简化作谋。古又用作"謨",古文二形从口从莫,会模糊不明确之意,莫也兼表声。篆文改为从言并整齐化。隶变后楷书写作謨,表示谋略。如今简化作谟。

【本义】《说文·言部》:"謀,虑难曰謀。从言,某声。"本义为向人咨询,思考事之难易,商讨对策。

【演变】谋,本义指❶谋划,商讨对策:肉食者~之|赵王与廉颇诸大将~|竖子不足与~|与其群下~之|不~而合。引申指❷谋求:君子~道不~食|~生。用作名词,指❸计策,计划,阴谋:深~远虑,非及向时之士也|臣窃以为其人勇士,有智~|非常之~难于卒发|足智多~|出~划策。此义也通谟。

○谟,读 mó,褒义词,本义指谋略,谋划:遂献宏~。

谎 huǎng
(詤、謊)

【字形】篆  今篆  隶 谎 詤 謊

草 

【构造】形声兼会意字。篆文从言,巟声,巟也兼表大而无边之意。隶变后楷书写作詤。俗作謊,改为荒声。如今简化作谎。

【本义】《说文·言部》:"詤,梦言也。从言,巟声。"本义为凭空想象的话。《正字通·言部》:"詤,妄语也。俗作謊。"又表示假话。

【演变】谎,本义指❶凭空想象的话:瞑者目无由接也,无由接而言见,~。由空想的话,引申指❷假话:若夫人问时,说个~道"不知怎生走了",料夫人不敢声扬|撒~|说~|~话。用作动词,表示❸哄骗:你做场作戏,也则是~人钱哩。又引申指❹虚假:厨子最爱开~账,全要替他核对明白。

谒 yè
(謁)

【字形】篆  隶 谒 謁 草 

【构造】会意兼形声字。篆文从言从曷(大声求人),会求告之意,曷也兼表声。隶变后楷书写作謁,如今简化作谒。

【本义】《说文·言部》:"謁,白也。从言,曷声。"本义为求告。

【演变】谒,本义指❶求告,禀告(用于下对上和幼对长):乃~夫人|臣请~其故。引申指❷拜见:欲~上,恐见禽(擒)|~见|拜~。

【组字】谒,如今既可单用,也可作偏旁。现今仍归入言部。凡从谒取义的字皆与求告等义有关。

以谒作声符的字有:蔼、霭。

谖 xuān
(諼、萱、藼、蕿、蘐、萲)

【字形】篆  今篆

隶 谖 諼 萱 藼 蕿 蘐 萲

草 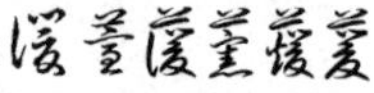

【构造】形声兼会意字。篆文从言,爰声,爰也

兼表拉引相援之意。隶变后楷书写作諼。异体作譠,改为宣声。如今皆简作谖。

【本义】《说文·言部》:"諼,诈也。从言,爰声。"本义为欺诈,欺骗。

【演变】谖,本义指❶欺诈,欺骗:晋阳处父帅师伐楚救江,此伐楚也,其言救江何?为~也|虚造诈~之策。又表示❷忘记:独寐寤言,永矢(誓)弗~。又特指❸谖草。古称忘忧草。此义后另加义符"艹"写作"蘐"(从艹从諼会意,諼也兼表声)来表示。异体有藼、蕿、萱、萲等。如今规范化,以萱为正体。

〇萱,从艹从宣(宽大),会令人宽心的草之意,宣也兼表声。读xuān,本义指❶萱草:焉得~草,言树之北(北堂)。北堂为母亲居所,故又以"萱堂"用为❷母亲或母亲居所的代称:白发~堂上,孩儿更共怀。

【组字】谖,如今既可单用,也可作偏旁。现今仍归入言部。凡从谖取义的字皆与欺诈、忘记等义有关。

以谖作声兼义符的字有:蘐(萱)。

谜 mí;mèi (謎)

【字形】篆 隶 谜 謎 草

【构造】形声兼会意字。篆文从言,迷声,迷也兼表迷惑之意。隶变后楷书写作謎。如今简化作谜。

【本义】《说文·言部》新附:"謎,隐语也。从言、迷,迷亦声。"本义为谜语。古称隐语或廋辞。用隐语暗射某一事物或文字等以供人猜测。由谜面、谜底两部分组成。

【演变】谜,读mí,本义指❶谜语:自魏代以来,颇非俳优,而君子嘲隐,化为~语;~语也者,回互其辞,使昏迷也|猜~|灯~|破~。引申比喻❷还没有弄明白或难以理解的事物:这件事到现在还是一个~。

又读mèi,用作"谜儿",方言指❸谜语:破~儿|猜~儿。

敢 gǎn (敢)

【字形】甲 金 籀 篆 隶 敢 草

【构造】会意字。甲骨文下边是手(又)持猎叉(干)猛刺上边的野猪(倒豕)形,会勇敢进取之意。金文稍讹,猎叉只剩下了一个干头,豕形已不太像。籀文豕讹为彐,猎叉变为月,手变为殳。篆文进一步讹变,下边猎叉变成了古,上边的豕形也变成了爪。隶变后楷书承籀文写作敢,承篆文写作叙。如今规范化用敢。

【本义】《说文·𠬪部》:"叙,进取也。从𠬪,古声。"析形不确,所释为引申义。本义当为手持干刺豕。

【演变】敢,本义指手持干刺豕。引申泛指❶勇于进取:刚毅勇~|果~。又引申指❷有胆量做某事:布愈恐,不~往|~作~为|~想~说。又引申为❸侵犯,冒犯:寡人帅不腆吴国之役,遵汶之上,不~左右,唯好之故。后用作谦词,表示❹自言冒昧:~请|~问|~烦。又表示❺岂敢:道义争担~息肩。口语中用如❻莫非,大概:~是老师送来的?|~情。

【组字】敢,如今既可单用,也可作偏旁。现今归入攵部。凡从敢取义的字皆与勇于进取等义有关。

以敢作声兼义符的字有:瞰、撖、憨、噉(啖)。

以敢作声符的字有:澉、橄、阚。

屠 tú

【字形】篆 隶 屠 草

【构造】会意兼形声字。篆文从尸从者(烧煮),会烧煮褪毛以屠宰之意,者也兼表声。隶变后楷书写作屠。

【本义】《说文·尸部》:"屠,刳也。从尸,者声。"本义为宰杀牲畜。

【演变】屠,本义指❶宰杀牲畜:臣乃市井鼓刀~者|以~狗为事|烹羊~牛且为乐|禁~三日|~宰。用作名词,指❷以屠宰为职业的人:世莫能知,故隐~间耳|一~晚归,担中肉尽。由杀牲又引申指❸大量残杀:楚师~汉卒,睢河鲠其流|~城|~杀|~夫民贼。

注意:屠,指宰杀牲畜,故屠夫指刽子手;宰,指割肉,故宰夫指厨师。

【组字】屠，如今既可单用，也可作偏旁。现今仍归入尸部。凡从屠取义的字皆与宰杀等义有关。
以屠作声符的字有：廜、潳。

尉 wèi
（慰、熨）

【字形】篆　今篆　隶 尉慰熨
草

【构造】会意字。篆文从又（手）从火从人从二（热物），表示手持热物在火上加热，然后平贴于人身，用以会热敷治病之意。隶变后楷书写作尉。

【本义】《说文・火部》："尉，从上案下也。从尸、又，持火以尉申缯也。"所释为引申义。本义当为热敷治病。

【演变】尉，本义指❶热敷治病：熁小隋（椭）石，淬醯中以～。古人将药物炒热，布包，敷熨患处，散热止痛，使人身体平舒，心里畅快，故又引申为❷安慰：以～士大夫之心。古人认为官员应执法公平，以安民心，犹如热敷一样，故又引申为❸古官名：太～｜都～｜廷～。今用作❹军衔名：上～。

"尉"为引申义所专用，安慰之义便另加义符"心"写作"慰"来表示，热敷治病之义则另加义符"火"写作"熨"来表示。

〇慰，从心从尉会意，尉也兼表声。读wèi，本义指❶安慰：有子七兮，莫～母心｜～问｜～劳。引申指❷心中安适：喜置榻上，半夜复苏，夫妻心稍～｜无限欣～。

〇熨，从火从尉会意，尉也兼表声。读yùn，本义指❶用烙铁烫平：衣服不平，伏床～之。引申指❷紧贴：冬月妇病热，乃出中庭，自取冷（自身变冷）还，以身～之。

又读yù，引申指❸心里安帖，舒坦：～贴（帖）愁眉展，勾般笑口开｜～帖。

【组字】尉，如今既可单用，也可作偏旁。现今归入寸部。凡从尉取义的字皆与热敷等义有关。
以尉作声兼义符的字有：慰、熨。
以尉作声符的字有：蔚。

屚 lòu
（漏）

【字形】篆　隶 屚漏
草

【构造】会意字。篆文上所从尸，是古代半地下穴居房屋上面层草覆盖的顶部之形（）的讹变，下从雨，会屋顶漏雨之意。隶变后楷书写作屚。是漏的本字。

【本义】《说文・雨部》："屚，屋穿水下也。从雨在尸下，尸者，屋也。"本义为屋顶漏雨。

【演变】屚，本义指屋漏：仓屚歹（朽）禾粟。由于"屚"作了偏旁，其义便另加义符"氵"写作"漏"来表示。

〇漏，从氵从屚会意，屚也兼表声。读lòu，本义指❶屋漏：房顶～水。引申泛指❷物体由孔缝透过或滴下：～气｜～缝｜～斗｜～洞。又引申为❸泄露：人主不心藏而～之近习能人｜走～消息。又引申指❹遗漏：挂一～万。又引申指❺逃脱：网～吞舟之鱼｜～网之鱼｜～税。又特指❻古代的计时器"漏壶"：权立表下～以待之｜～断人初静。

【组字】屚，如今不单用，只作偏旁。现今归入尸部。凡从屚取义的字皆与下漏等义有关。
以屚作声兼义符的字有：漏。

隋 duò；suí
（堕、随、隳）

【字形】甲　金　古　篆
今篆　隶 隋隳　草

【构造】会意字。隋与褠、堕同源，皆是"隓"的分化字。"隓"在甲骨文中是一人双手揪碎祭品弃置于示（神主）前进行祭奠之状。小点表示掐下的碎屑。如今农村致祭仍然如此。省去人身和小点，就是金文。两手换成左，再加上祭肉，就发展为上列古文一形的"褠"字，用以表示祭奠。将示换成阜（供上下的脚窝，突出揪碎祭品弃置于地），就成了古文二形；或又加土，一手简为小点，象征碎肉，以突出用手揪下碎肉抛在地下之意，就成了古文三形。篆文承接古文并整齐化。隶变后楷书分别写作褙、隋与墮(堕)。如今隋与墮二字表义有分工。褙废而不用。

【本义】《说文·肉部》:"隋,裂肉也。从肉,从隓(坠落)省。"本义为撕肉抛地(进行祭祀)。

【演变】隋,本义指❶揪碎祭品弃置于示(神主)前进行祭奠。后发展为两类意思:

一类读 duò,引申泛指❷坠落,垂下:廷蕃西有~星五。此义用"堕"表示。

二类读 huī,表示❸毁坏:若受君赐,是~其前言|~其城郭。此义用"隳"表示。

又读 suí,借作"隨"(随),用作❹周代诸侯国名:譬如~侯之珠,和氏之璧,得之者富,失之者贫。又指❺地名。隋文帝当初封于随地,他建国后,因鉴于周、齐奔走不宁,便将"隨"去掉"辶"改为"隋",称为❻隋朝。又用作❼姓。

为了表义明确,后来"隋"专用以表示朝代名,坠落之义则用"墮"来表示,毁坏之义俗又另写作"隳"来表示。参见随、隓(墮、堕、隳)。

【组字】隋,如今既可单用,也可作偏旁。现今仍归入阜(阝)部。凡从隋取义的字皆与坠落、毁坏等义有关。

以隋作声兼义符的字有:墮(堕)、惰(惰)、隨(随)、隳。

以隋作声符的字有:橢(椭)。

随 suí
(隨、隋)

【字形】篆　隶 随　草

【构造】会意兼形声字。篆文从辵(辶,行走)从隋(顺着)省,会跟从之意,隋也兼表声。隶变后楷书写作隨。如今简化作随。

【本义】《说文·辵部》:"隨,从也。从辵,𨞒省声。"本义为跟从。

【演变】随,本义指❶跟从:~蔡侯以朝于执事|~着他走没错。引申为❷顺着,听凭:~山刊木|~他的便就是了。又引申为❸顺便:晓妆~手抹|~手关灯。又表示❹随即:良殊大惊,~目之。方言又表示❺像:他的长相~妈妈。又用作❻古代国名,朝代名:~侯之珠。

【组字】随,如今既可单用,也可作偏旁。现今仍归入阜(阝)部。凡从随取义的字皆与跟从等义有关。

以随作声符的字有:髓、瀡、髓。

隆 lóng;lōng

【字形】甲　金　篆　隶 隆　草

【构造】会意兼形声字。甲骨文从日从土(吐生万物)从降省,会在太阳照耀下草本生长丰大之意。金文省去日,降不省。篆文从生从降(从高处下),用高下相形会草木生长丰大之意,降也兼表声。隶变后楷书省写作隆。

【本义】《说文·生部》:"隆,丰大也。从生,降声。"本义为草木生长丰大。

【演变】隆,读 lóng,本义为❶草木生长丰大。又泛指❷盛大,丰厚,多:无德而福~,犹无基而厚墉也|蒙皇上~恩起复委用|~业。又指❸兴盛:此先汉所以兴~也|~替。又指❹显达,显赫,气势大:声价颇~|~重。又指❺程度深,深厚:~情厚谊|~冬严寒。又指❻凸起,高:高祖为人,~准(鼻子,一说颧骨)而龙颜,美髯须|合盖~起,形似酒尊(樽)|病偻,~然伏行。

用作名词,指❼高地:战,~无登(高处不仰攻)。又指❽兴盛的状况:则汉室之~,可计日而待也。

用作动词,指❾使高,增高,鼓起来:虽~薛之城至于天,犹之无益也|~鼻|~胸|~起。由使高,又指❿尊崇,尊重,高尚;至尊:尊先祖而~君师|先达德~望尊|父者,家之~也。

用作象声词,读 lōng,指⓫雷声,爆炸声,机器声:盛夏之时,雷电迅疾,~~之声|枪声~然|炮声~~|机器~~响|轰~巨响。用作"黑咕隆咚",形容⓬十分黑暗:屋里黑咕~咚的。

【组字】隆,如今既可单用,也可作偏旁。现今归入阜(阝)部。凡从隆取义的字皆与高大、兴盛等义有关。

以隆作声符的字有:嶐、窿、癃、窿。

隐 yǐn;yìn
(隱、讔、谵)

【字形】篆　今篆　隶 隐 隱 讔

草 隐讔

【构造】会意兼形声字。篆文从阜(阝,地穴墙上脚窝)从㥯(筑捣),会筑墙掩蔽之意,㥯也兼表声。隶变后楷书写作隱。如今简化作隐。

【本义】《说文·阜部》:"隱,蔽也。从阜,㥯声。"本义为筑墙掩蔽。

【演变】隐,读 yǐn,本义指筑墙掩蔽。引申泛指❶藏匿:舜好问而好察迩言,~恶而扬善|~藏|~居|~讳|~瞒。由深藏又引申指❷精微,深奥:探赜索~,钩深致远。又表示❸谜语:~语|东方朔善~。此义后另加义符"言"写作"讔",如今简化作 谜。又指❹短墙:逾~而待之。由于"隐"兼表"㥯"的含义,故又表示❺忧伤:~忧。又表示❻同情:恻~之心。

又读 yìn,"隐"又兼表"㥯"的含义,故表示❼依凭,依据:~几而坐。又表示❽筑捣:~以金椎,树以青松。

○ 谜,从讠从隐会意,隐也兼表声。读 yǐn,本义为隐语,谜语:荆庄王立三年,不听而好~|~者,隐也。

【组字】隐,如今既可单用,也可作偏旁。现今仍归入阜部。凡从隐取义的字皆与隐蔽、精深等义有关。

以隐作声兼义符的字有:讔、瘾。

以隐作声符的字有:蘟、㶏、濦、檃。

豆 dòu
(鋀)

【字形】篆 豆鋀 隶 豆鋀 草 豆鋀

【构造】象形兼会意字。篆文象古代的一种酒器形,似壶,无盖。异体或另加义符金。隶变后楷书写作豆与鋀。如今规范化,以豆为正体。

【本义】《说文·金部》:"鋀,酒器也。从金,象器形。豆,鋀或省金。"鋀为古文,是豆的加偏旁字。本义为酒器。

【演变】豆,本义指酒器。由于"豆"作了偏旁,其义遂另加义符"金",写作"鋀"来表示。如今已经不用。

【组字】豆,如今不单用,只作偏旁。现今归入一部。凡从豆取义的字皆与酒器等义有关。

以豆作声兼义符的字有:鋀。

以豆作声符的字有:侸、斲。

颇 pō
(頗)

【字形】篆 頗 隶 颇頗 草 頗

【构造】会意兼形声字。篆文从頁(人头)从皮(斜剥),会偏头之意,皮也兼表声。隶变后楷书写作頗。如今简化作颇。

【本义】《说文·页部》:"頗,头偏也。从頁,皮声。"本义为头偏。

【演变】颇,本义指❶头偏。引申泛指❷偏,不正:朕闻天不~覆,地不偏载|偏~。用作副词,表程度,相当于❸略微:臣愿~采古礼,与秦仪杂就之。又相当于❹很,甚:绛侯得释,盎~有力|~为顺利|~久。

【组字】颇,如今既可单用,也可作偏旁。现今仍归入页部。凡从颇取义的字皆与头偏等义有关。

以颇作声符的字有:巔、櫇。

婶 shěn
(嬸)

【字形】古 婶 今篆 嬸婶 隶 婶嬸

草 婶嬸

【构造】会意兼形声字。古文从女从審(审定名分),会不同于母亲的叔母之意,審也兼表声。隶变后楷书写作嬸。如今简化作婶。

【本义】后起字。《集韵·寝韵》:"婶,俗谓叔母曰婶。"本义为叔父的妻子。

【演变】婶,本义指❶叔父的妻子:前后皆云弼(人名)再拜几叔几~|~子。引申泛指❷对与母亲同辈而年纪较小的已婚妇女的尊称:去问邻居张~儿。

颈 jǐng;gěng
(頸)

【字形】金 頸 篆 頸 隶 颈頸 草 頸

【构造】形声兼会意字。金文从頁,巠声,巠也兼表竖直之意。篆文整齐化。隶变后楷书写作頸。如今简化作颈。

【本义】《说文·页部》:"頸,头茎也。从頁,巠声。"本义为脖子的前部。

【演变】颈，读 jǐng，本义指❶脖子：俯首系～，委命下吏｜相如请得以～血溅大王矣｜延～受死｜长～鹿｜曲～甑｜脖～。又特指❷脖子的前部：为刎～之交。

又读 gěng，用作"脖颈子"，口语，特指❸脖子的后部。

習 xí
（习）

【字形】甲 古 篆 隶 習 习

草

【构造】会意字。甲骨文从羽（翅）从日，会鸟在空中反复练飞之意。古文大同。篆文将日讹为白（自）并整齐化。隶变后楷书写作習。如今简化作习，为正体。習只作偏旁。

【本义】《说文·習部》："習，数（shuò）飞也。从羽，从白。"本义为鸟反复练飞。

【演变】習（习），本义指❶鸟反复练飞：鹰乃学～，腐草为萤。引申泛指❷学习，练习，复习：五年视博～亲师，七年视论学取友｜学而时～之，不亦乐乎？｜～文｜～武。由反复接触引申为❸熟悉，了解：谁～计会，能为文收责（债）于薛者乎？｜～兵｜～水。又引申为❹习惯：帝王子孙，～性骄逸｜积～｜恶～。由多次练习又引申为❺经常：～闻其号，未烛（明达）厥（其）理｜～以为常｜～见。由反复练飞又引申为❻重复，相因：先王卜征五年，而岁～其祥，祥～则行。连用为"习习"，形容❼风持续轻轻地吹：微风～～。

【组字】習，如今不单用，只作偏旁，单用时用习。现今归入羽部，习归入乛部。凡从習取义的字皆与重复扇动等义有关。

以習作义符的字有：翫（玩）。

以習作声兼义符的字有：摺、熠、褶。

以習作声符的字有：摺、慴、槢、鳛。

翏 liù；lù
（飂、飉、飗）

【字形】金 篆 隶 翏 飂

草

【构造】象形兼会意字。金文象鸟欲展翅高飞之形。篆文讹断，成了从羽从㐱会意。隶变后楷书写作翏。

【本义】《说文·羽部》："翏，高飞也。从羽，从㐱。"本义为高飞。

【演变】翏，读 liù，本义指❶鸟高飞。

又读 lù，鸟飞则带起风声，故用作象声词，指❷远远袭来的长风声：夫大块噫气，其名为风，是唯无作，作则万窍怒号，而独不闻～～乎？

由于"翏"作了偏旁，其义便另加义符"風"写作"飂"来表示，如今简化作飗。

〇飗，从风从翏会意，翏也兼表声。异体作飉。如今规范化用飗。读 liù，本义指❶高风：澹兮其若海，～兮若无止。又指❷远远袭来的长风声：我来但高寒，万壑松涛～。

又读 liáo，用作"飗戾"，表示❸风声。又表示❹迅疾的样子。

【组字】翏，如今不单用，只作偏旁。现今仍归入羽部。凡从翏取义的字皆与高远、风声等义有关。

以翏作声兼义符的字有：寥、廖、飂、飉（飗）。

以翏作声符的字有：谬、蓼、缪、戮、璆、膠（胶）、镠、瘳、鹨、醪、髎。

骑 qí
（騎）

【字形】金 篆 隶 骑 騎 草

【构造】形声兼会意字。骑是奇的后起分化字。金文从馬，奇声，字形有所讹，奇也兼表一腿抬起跨马倚托之意。篆文整齐化。隶变后楷书写作騎。如今简化作骑。

【本义】《说文·马部》："騎，跨马也。从馬，奇声。"本义为骑马，即两腿左右分开，臀部坐在马背上。我国古代，马主要用来驾车，所以说到马就包括车，说到车也就有马。据传战国时赵武灵王"胡服骑射，以教百姓"，之后马才用来骑乘。

【演变】骑，本义指❶骑马：家富良马，其子好～｜脱身独～。引申泛指❷两腿跨坐：须行即～访名山｜～自行车。用作名词，旧读 jì，表示❸马，骑士，或一人一马：公子从车～，虚左｜但闻燕山胡～鸣啾啾｜沛公旦日从百余～来见项王｜

两~翩翩来是谁。由跨坐,又比喻❹跨着两边或游移两端之间:~缝章|~墙派|~虎难下。

绩 jì
(績、勣、勣)

【字形】古 篆 隶 绩 績 草

【构造】会意兼形声字。古文从糸从責(取贝),会取麻纺线搓绳之意,責也兼表声。篆文整齐化。隶变后楷书写作績。异体作勣,改为从力从責。如今皆简作绩。简化字勣仅用于姓氏人名,其他意义用绩。

【本义】《说文·糸部》:"績,缉也。从糸,責声。"本义为把麻或其他纤维搓捻成线或绳。

【演变】绩,本义指❶把麻或其他纤维搓捻成线或绳:七月鸣鵙,八月载~|不~其麻,市也婆娑|纺~|~麻。纺绩则不断增长,故引申指❷承继:子盍亦远~禹功而大庇民乎?纺绩则有成果,故又引申指❸功业,成绩:齐师败~|故三载考~|成~|功~|战~。

绪 xù
(緒)

【字形】古 篆 隶 绪 緒 草

【构造】形声兼会意字。古文从糸,者声,者也兼表煮茧抽丝之意。篆文整齐化。隶变后楷书写作緒。如今简化作绪。

【本义】《说文·糸部》:"緒,丝耑(端)也。从糸,者声。"本义为缫丝的丝头。

【演变】绪,本义指❶丝头:白鹤飞兮茧曳~|丝~。引申泛指❷丝:早缫而(你)~,早织尔缕。由丝头,又引申指❸开端:反复终始,不知其端~|~论|就~。有开端就有后继,故又引申指❹前人未竟的功业,传统:缵禹之~|寻坠~之茫茫,独旁搜而远绍。由抽丝不断,又引申比喻❺连绵不断的思绪:都门帐饮无~|情~|心~。有开头就有末尾,故又引申指❻残余:欸秋冬之~风|~余。

续 xù
(續、賡)

【字形】篆 隶 续 續 草

【构造】形声兼会意字。篆文从糸,𧶠(yù)声,𧶠也兼表连连炫示于人之意。隶变后楷书写作續,讹为賣声。如今简化作续。异体作賡,从貝,从庚(铃声),会贝声连续之意,庚也兼表声;如今简化作赓。现在二字表义有分工。参见庚(赓)。

【本义】《说文·糸部》:"續,连也。从糸,𧶠声。"本义为丝相连接。

【演变】续,本义指❶接连:刑者不可复~|低眉信手~~弹|孤当~发人众|连~|继~|接~|陆~|~航。引申指❷接在原来的后头:凫胫虽短,~之则悲|狗尾~貂|~编|~集|~弦|~聘。又引申指❸增添:绳不够长,再~一截|向壶里再~点水|再~些煤。用作名词,指❹后续者:听细说欲诛有功之人,此亡秦之~耳。

绳 shéng
(繩)

【字形】篆 隶 绳 繩 草

【构造】形声兼会意字。篆文从糸黾声,黾像古代结绳的一串疙瘩,也兼表意。隶变后楷书写作繩。如今简化作绳。

【本义】《说文·糸部》:"繩,索也。从糸,蝇省声。"本义为比索细的绳子。是用两股以上的棉、麻等纤维或金属丝拧成的条状物。

【演变】绳,本义指❶绳子:上古结~(拧结的疙瘩)而治,后世圣人易之以书契|箱帘六七十,绿碧青丝~|然陈涉瓮牖~枢之子|麻~|尼龙~。引申特指❷木工用的墨线:故木受~则直|木直中~|~墨。墨线是用来画标准线的,故又引申指❸标准:百吏畏法循~,然后国常不乱|准~。由准则用作动词,又引申指❹约束,制裁,衡量:未可明诏大号以~天下之梅也|~之以法|不可以己意~人。

绵 mián
(緜、綿)

【字形】篆 今篆 隶 绵 綿 緜

草

【构造】会意字。篆文从系从帛，会织帛用的连续的丝绵之意。隶变后楷书写作緜。俗作綿，从糸，含义相同。如今皆简作绵。

【本义】《说文·系部》："緜，联微也。从系，从帛。"《玉篇·糸部》："緜，新絮也。绵，与緜同。"本义为丝绵，即用蚕丝加工成的连结细密的絮状物。精曰绵，粗曰絮。

【演变】绵，本义指❶丝绵：有比丘以净～拭其泪。引申指❷像丝绵一样连续不断：～～葛藟，在河之浒（边）|～延千里|阴雨连～|～亘|～长|～连。又引申指❸像丝绵一样薄弱无力：及至～惙已极，阿奶问望兄归否。|略尽～薄之力。又引申指❹像丝绵一样缠绕：秦篝齐缕，郑～络些（语气词）。

【组字】绵，如今既可单用，也可作偏旁。现今归入糸部。凡从绵取义的字皆与丝绵、软弱等义有关。

以绵作声兼义符的字有：㮌、㛆、櫋、矊。

绸 chóu
（綢、紬、绌）

【字形】古  篆  隶 绸 綢 紬 紬

草 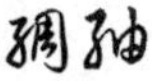

【构造】形声兼会意字。古文从糸，周声，周也兼表周匝之意。篆文整齐化。隶变后楷书写作綢。如今简化作绸。后又借作紬，从系，由声，由（竹编）也兼表织帛之意，如今简化作䌷。现在二字表义有分工。

【本义】《说文·糸部》："綢，缪也。从糸，周声。"本义为缠束。又："紬，大丝缯也。从糸，由声。"本义为粗绸子。

【演变】绸，本义指❶缠绕：迨天之未阴雨，彻彼桑土（桑根皮），～缪户牖|薜荔柏兮蕙～|旗则～以红缯。用作"绸缪"，表示❷事先做好准备：未雨～缪。又表示❸缠绵：情意～缪。后又借作"䌷"，表示❹绸子：恰糨来的～衫|高堂有老亲，遍身无完～|～缎|纺～。

绿 lǜ;lù
（綠）

【字形】篆  隶 绿 綠 草 

【构造】形声兼会意字。篆文从糸，彔声。颜色多用丝帛表示，故从糸。彔为钻木取火，由树之青、火之赤形成的青黄色正是绿，故为会意。隶变后楷书写作綠。如今简化作绿。异体作菉，从艸（艹）从录，其义相同。如今二字表义有分工。参见菉。

【本义】《说文·糸部》："綠，帛青黄色也。从糸，彔声。"本义为绿色，即像草木之叶茂盛时的颜色。又《艸部》："菉，王刍也。从艸，录声。"本义为王刍，即荩草。一年生细柔草本植物，高一二尺，叶片卵状披针形，近似竹叶。生长在草坡或阴湿地，可作牧草。茎叶可作药用，汁液可作黄色染料。

【演变】绿，读 lǜ，本义指❶绿色：箱帘六七十，～碧青丝绳|春来江水～如蓝|红花～叶|青山～水|～树。用作名词，指❷绿这种颜色或绿叶：千里莺啼～映红|应是～肥红瘦。用作"绿云"，比喻❸女子乌黑的头发：～云扰扰，梳晓鬟也。

又读 lù，❹用于绿林、绿营、鸭绿江等词中。

【组字】绿，如今既可单用，也可作偏旁。现今仍归入糸部。凡从绿取义的字皆与绿色等义有关。

以绿作声符的字有：𦺋。

维 wéi
（維、惟）

【字形】金  篆  隶 维 維 惟

草 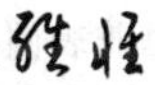

【构造】形声兼会意字。金文从糸，隹声，隹像一个个绳结，也兼表大绳之意。篆文整齐化。隶变后楷书写作維，如今简化作维。

【本义】《说文·糸部》："維，车盖维也。从糸，隹声。"本义为系车盖的大绳子。

【演变】维，由系车盖的大绳子，引申泛指❶系物的大绳子：怒而触不周之山，天柱折，地～绝。用作动词，表示❷拴系，联结：絷之～之，以永今朝。进而引申为❸维持，维系：建牧立监，以～邦国。因其从隹取得声义，故古代常用作❹句首或句中语助词：～鹊有巢，～鸠居之|时～九月，序属三秋|～新。又借作"惟"，表示❺思考：堕坏名城，销锋镝，鉏（锄）豪杰，～万世之安。

〇惟，从心从隹（鸟），会一心想着有鸿鹄将至之意，隹也兼表声。读 wéi，本义为❶思考：臣请深～而苦思之｜思～。用作副词，表示范围，相当于❷只：无恒产而有恒心者，～士为能｜～有。又用作❸句首或句中语气词：～十有一年，武王伐殷。

【组字】维，如今既可单用，也可作偏旁。现今仍归入纟部。凡从维取义的字皆与绳索等义有关。

以维作声符的字有：潍。

巢 cháo（窠）

【字形】甲 金 篆 隶 巢 窠 草

【构造】象形兼会意字。甲骨文和金文皆下从木，上从甾，象巢形，表示树上有一个鸟窝。篆文将巢的上缘与巢断开，遂被后人误解为露出的三个小鸟的头。隶变后楷书写作巢。

【本义】《说文·巢部》："巢，鸟在木上曰巢，在穴曰窠。从木，象形。"本义为鸟窝。

【演变】巢，本指❶鸟窝：覆～之下安有完卵。引申比喻❷简陋住处：山栖～居。用作动词，表示❸做窝，居住：燕雀乌鹊，～堂坛兮｜托命牛衣，～身蜗室。

注意：巢与窠不同。

〇窠，从穴，果声，果也兼表圆之意。读 kē，本义指❶鸟兽穴居的地方：穴中曰～，树上曰巢。引申泛指❷鸟兽昆虫的窝：穴宅奇兽，～宿异禽。又引申指❸洞穴，小坑：一片他山石，巉巉（山石高险貌）映小池，绿～攒剥藓，尖项坐颇鵁。又引申比喻❹小的居室：抛却山中诗酒～，却来官府听笙歌。用作"窠臼"，指鸟窠与舂臼，❺比喻文章或其他艺术品所依据的老套子：这"凸""凹"二字，历来用的人最少，如今用作轩馆之名，更觉新鲜，不落～臼。

【组字】巢，如今既可单用，也可作偏旁。现今归入巛部。凡从巢取义的字皆与巢穴等义有关。

以巢作声符的字有：剿、巢、嬠、缫、璅、樔。

𢇇 guān（𢇇）

【字形】篆 隶 𢇇 草

【构造】会意兼形声字。篆文从絲省从丱（表穿插编结），会以梭子带动纬线穿过经线之意，丱也兼表声。隶变后楷书写作𢇇。异体作𢇇。如今规范化用𢇇。

【本义】《说文·絲部》："𢇇，织绢以丝贯杼也。从絲省，丱声。"本义为织绢时以梭子带动纬线穿过经线。

【演变】𢇇，本义指以梭子带动纬线穿过经线：此织生自蚕茧，成于机杼，一丝～而累，以至于寸，累寸不已，遂成丈匹。

【组字】𢇇，如今不单用，只作偏旁。现今归入幺部。凡从𢇇取义的字皆与贯穿、贯联等义有关。

以𢇇作义符的字有：聯（联）。

以𢇇作声兼义符的字有：關（关）。

以𢇇作声符的字有：嬐。

十二画

絜 jié；xié（潔、洁）

【字形】篆 今篆 隶 絜 潔 洁 草

【构造】形声兼会意字。篆文从糸，轫声，轫也兼表整治之意。隶变后楷书写作絜。

【本义】《说文·糸部》："絜，麻一耑也。从糸，轫声。"本义为整理好的一束麻。

【演变】絜，读 jié，本义指整理好的一束麻。引申指❶修整：～其衣服，矜其车徒。又引申指❷干净：～尔牛羊，以往烝尝｜～为酒醴粢盛，以敬事天。此义后另加义符"水"写作"潔"来表示。如今简化作洁。

又读 xié，由整理束扎，又引申指❸用绳度量围长：见栎社树，其大蔽数千牛，～之百围。进而引申泛指❹度量，比较：试使山东之国与陈涉度长～大，比权量力，则不可同年而语矣。

〇洁，繁体潔，从水从絜会意，絜也兼表声。

如今简化作洁，改为从水从吉会意，吉也兼表声。读jié，本义指❶干净：庄公卞（性急）急而好~|清~|~净。引申比喻❷品行纯正：修身~白而行公行正，居官无私|廉~|纯~。

【组字】絜，如今既可单用，也可作偏旁。现今仍归入糸部。凡从絜取义的字皆与整洁等义有关。

以絜作声兼义符的字有：潔（洁）、潔（洁）。

以絜作声符的字有：廖、檕。

琴 qín （珡）

【字形】古　篆　隶 琴　草

【构造】象形兼形声字。古文上象有支架、有弦枕、有多排丝弦的乐器形，下为金声。篆文简化取其特征，画出其半圆形的音箱与弦枕轮廓。隶变后楷书分别写作珡和琴。琴，上为琴形之省，下改为今声。如今规范化，以琴为正体。珡只作偏旁，作偏旁时或简作玨。

【本义】《说文・琴部》："琴，禁也。神农所作。象形。"本义为古琴，一种弦乐器。

【演变】琴，本义指❶古琴，一种弦乐器：我有嘉宾，鼓瑟鼓~|盖钟子期死，伯牙终身不复鼓~。引申泛指❷某些乐器：胡~|钢~|提~|口~。

【组字】琴，如今既可单用，也可作偏旁。作偏旁时写作珡或玨。现今归入王部。凡从琴取义的字皆与弦乐器等义有关。

以琴作义符的字有：琵、琶、瑟。

斑 bān （辬）

【字形】古　篆　今篆　隶 斑 辬

草

【构造】会意兼形声字。篆文本作辬，从文从辡（两相交），会色彩驳杂之意，辡也兼表声。隶变后楷书写作辬。俗承古文作斑，从文从玨会意，玨也兼表声，成了玉上花花点点的驳纹了。如今规范化用斑。辬则废而不用。

【本义】《说文・文部》："辬，驳文也。从文，辡声。"本义为杂色花纹。

【演变】斑，作为辬的俗体，本义指❶杂色花纹：此郎亦管中窥豹，时见一~|当日娥皇女英洒泪竹上成~，故今~竹又名湘妃竹|~竹一枝千滴泪|~驳|~马|~点。引申指❷头发花白：市买不豫价，田渔皆让长，而~白不戴负，非法之所能致也。

【组字】斑，如今既可单用，也可作偏旁。现今归入玉部。凡从斑取义的字皆与斑点等义有关。

以斑作声兼义符的字有：𣟼、𤡂、𤸷。

辇 niǎn （輦、连）

【字形】甲　金　篆　隶 辇 輦

草

【构造】象形兼会意字。甲、金文皆象二夫（成人）拉車形。篆文简化为从車，从㚘在前引之。隶变后楷书写作輦。如今简化作辇。注意：与"撵"不同。

【本义】《说文・车部》："輦，挽车也。从車，从㚘在前引之。"本义为人拉车。是"连"的象形字。《说文》段注："連，负車也。从辵（行），从車。"如今简化作连，是"辇"的会意字。参见连。

【演变】辇，本义指❶人拉车：夏后氏二十人而~|我任我~，我车我牛。用作名词，指❷人拉或推的车：夫妻推~行。秦汉后专指❸帝王后妃乘坐的车：天子乃御玉~。辇毂之下，帝王所居，又借指❹京都：都~殷而四奥来暨。又专指❺乘辇而行：~来于秦。引申泛指❻运载，搬运：把天下的钱都~到他家。

【组字】辇，如今既可单用，也可作偏旁。现今仍归入车部。凡从辇取义的字皆与行动等义有关。

以辇作声兼义符的字有：撵。

替 tì （朁）

【字形】甲　金　篆　隶 替　草 替

【构造】会意字。甲、金文上边皆是屠宰后的二祭牲，下为容器，会容器中存放有祭牲之意，表示废置。篆文讹为从竝，白声。隶变后楷书写作替。异体讹作朁。如今规范化以替为正体,下讹为日。

【本义】《说文·竝部》:"替,废,一偏下(一边低下)也。从竝,白声。"本义为废弃。

【演变】替,本义指❶废弃:刓(削)方以为圆兮,常度未~。引申为❷衰败:以古为镜,可以知兴~|隆~。有废则有兴,故引申指❸代,代理:愿为市鞍马,从此~爷征|~换|代~。虚化为介词,表示❹为,给:大家都~你高兴。

【组字】替,如今既可单用,也可作偏旁。现今归入日部。凡从替取义的字皆与废弃等义有关。

以替(朁)作声符的字有:潜(潛)。

㠭 zhǎn

【字形】篆㠭 隶㠭 草㠭

【构造】会意字。篆文从四工。工是筑杵形,筑墙要一层一层、一段一段地筑,字形用四工来表示筑好的一堵堵的墙整齐展开排列的意思。是"展"的最初写法。隶变后楷书写作㠭,作偏旁时写作井。

【本义】《说文·㠭部》:"㠭,极巧视之也。从四工。"解说的是引申义。本义实为一堵堵的墙整齐展开排列在那里的意思。

【演变】㠭,是伸展排列的墙,墙起堵挡作用,故㠭有布列、堵塞之义。㠭作了偏旁,布列之义便由"襄"来表示。襄也作了偏旁,布列之义便又用"展"来表示。堵塞之义便用"𡨄(寒)"来表示;𡨄也作了偏旁,其义便另加义符"土"写作"塞"来表示。参见各字。

【组字】㠭,如今不单用,只作偏旁。现今归入工部。作为偏旁,在字中写作井。凡从㠭取义的字皆与布列等义有关。

以㠭作义符的字有:𡨄(寒、塞)。

以㠭作声兼义符的字有:襄、展。

堪 kān

【字形】篆堪 隶堪 草堪

【构造】形声兼会意字。篆文从土,甚声,甚(匕匙送甘入口)也会祭享的土台之意。隶变后楷书写作堪。

【本义】《说文·土部》:"堪,地突也。从土,甚声。"本义为地面突起的地方。

【演变】勘,本义指❶地面突起的地方:丙死(尸)縣(悬)其室东内北廦(壁)权(椽)……权大一围,袤三尺,西去~二尺,~上可道终索(在土台上面可以悬挂绳索)|~舆(高处下处)。由突起,引申指❷承载,承担,胜任:不~吏人妇|凡适于用之谓才,~其事之谓力。又引申指❸能忍受,支持:人不~其忧,回也不改其乐|更那~冷落清秋节|非人世之所~|狼狈不~|不~一击|难~。用作助动词,表示❹可以,能够:体不~劳,遂成病而死|不~设想|~当重任|~称一绝。堪为高,象征天道;舆为下,象征地道,故用作"堪舆",指❺天地:感召惊~舆|茫茫~舆内,此意诚苦辛。又指❻风水:~舆家(风水先生)每视地,辄曰某形某像,以定吉凶。

塔 tǎ;dā;da

【字形】篆塔 隶塔 草塔

【构造】会意兼形声字。篆文从土从荅(相合),会搭建一种多层建筑之意,荅也兼表声。隶变后楷书写作塔。

【本义】《说文·土部》新附:"塔,西域浮屠也。从土,荅声。"本义为佛教楼阁式的多层建筑。是梵文 stūpa 的音译,初称窣堵波或塔婆,是"佛塔"的简称。

【演变】塔,读 tǎ,本义指❶佛塔:岂令罄井(里)而起~庙,穷编户(平民)以为僧尼也|舍利~、金相轮,直侵碧汉(云天)|大雁~|雷峰~|宝~。引申指❷塔形之物:娑罗平有~松,重重偃蹇如浮图|金字~|~吊|灯~|水~。

又读 dā,表示❸地方:一个月不下乡,就萎靡不振,这~也疼,那~也疼。

又读 da,用于❹"圪塔"。

堤 dī;zhǐ (隄、坻)

【字形】篆堤坻隄 隶堤坻隄

草堤坻隄

【构造】形声兼会意字。篆文从土，是声，是（日处正中）也兼表停止之意。隶变后楷书写作堤。异体作坻，从土从氏（根柢）会意，氏也兼表声。本义指滞止。又借用作隄，从阝（阜，土堆、土山），是声，是也兼表处止之意，表示堤防。如今规范化，以堤为正体。隄废而不用，坻另表他义。

【本义】《说文·土部》："堤，滞也。从土，是声。"本义为滞止。又《阜部》："隄，唐（塘）也。从阝（阜），是声。"本义为塘坝。《广韵·齐韵》："隄，防也。"

【演变】堤，作为本字，读 zhǐ，是"坻"的异体字，本义为滞止。

又读 dī，借用作"隄"字，表示❶土石筑成的防水建筑物：千丈之~，以蝼蚁之穴溃｜绿杨阴里白沙~｜列其姓名于大~之上｜高柳夹~｜~岸｜~防。用作动词，表示❷防范：夫万民之从利也，如水之走下，不以教化~防（阻挡防范）之，不能止也。

〇坻，读 zhǐ，本义为❶滞止，阻滞：物乃~伏，郁湮不育。此义后讹作"坻"。

又读 zhì，指❷山坡：秦人谓阪曰~。

【组字】堤，如今既可单用，也可作偏旁。现今仍归入土部。凡从堤取义的字皆与堤防等义有关。

以堤作声兼义符的字有：嵔。

尌 shù
（豎、竪、竖）

【字形】金　篆　今篆

隶 尌 竖 豎 竪 草

【构造】会意字。金文从壴（架立起来的鼓）从手，表示用手将鼓架立起来。篆文将手改为寸（也是手）。隶变后楷书写作尌。

【本义】《说文·壴部》："尌，立也。从壴，从寸，持之也。读若驻。"本义为立鼓。

【演变】尌，由本义立鼓，引申泛指树立：定风~信。由于"尌"作了偏旁，树立之义便借用"豎"来表示。

〇竖，本作豎，从臤（奴仆）从豆（食器，短小）会意，表示如豆样站立，豆也兼表声。俗作竪，改为从立。如今简化皆作竖，读 shù，本义指❶站立着的童子，童仆：弘羊擢于贾~｜又请杨子之~追之。又特指❷宫中供役使的小臣：晋侯之~头须，守藏者也。又用作❸对人的贱称，蔑称：~儒，几败而公事｜~子不足与谋。又引申泛指❹直立：~栅列营｜亮先~一纛于近城高岭｜~起标杆。又引申指❺上下或前后纵向的：君左手中指有~理，当为公｜~线｜~着放。

【组字】尌，如今不单用，只作偏旁。现今归入寸部。凡从尌取义的字皆与立起来等义有关。

以尌作声兼义符的字有：樹（树）。

以尌作声符的字有：澍、厨。

彭 péng
（嘭）

【字形】甲　金　篆

今篆　隶 彭 嘭 草

【构造】会意字。甲骨文从壴（架起的一面鼓）从彡（象征鼓声），会击鼓发出的声音之意。金文大同。篆文整齐化。隶变后楷书写作彭。

【本义】《说文·壴部》："彭，鼓声也。从壴，彡声。"析形不确。本义为击鼓声。

【演变】彭，本义指❶鼓声，也借"逢"表示：鼍鼓~~。引申泛指❷像击鼓似的声音：打麦打麦，~~魄魄。行走则发出嘭嘭的脚步声，故又引申指❸行进的样子：四牡~~，八鸾（鸾铃，借指马）锵锵。如今主要用作❹姓。

由于彭作了偏旁，其义便另加义符"口"写作"嘭"来表示。

〇嘭，从口从彭会意，彭也兼表声。读 pēng，本义指像击鼓似的声音：听到一阵~~的敲门声。

【组字】彭，如今既可单用，也可作偏旁。现今归入彡部。凡从彭取义的字皆与鼓或击鼓的声音等义有关。

以彭作声兼义符的字有：澎、嘭、膨。

以彭作声符的字有：髶、蟛。

喜 xǐ
（憙）

【字形】甲 金 篆

隶 喜歖憙 草

【构造】会意字。甲骨文从壴(架起的一面鼓)从口,会击鼓欢笑之意。金文大同。篆文线条整齐化;异体或另加欠,以强调欢笑之意;或另加义符心,以强调心喜之意。隶变后楷书分别写作喜、歖与憙。如今规范化,以喜为正体。歖(yǐ)只用于牲畜鸣叫声,憙只作人名用字。

【本义】《说文·喜部》:"喜,乐也。从壴,从口。歖,古文喜,从欠,与歡同。"本义为欢乐。

【演变】喜,本义指❶欢乐,喜悦:既见君子,云胡不~|皆大欢~。引申指❷爱好,喜欢:我有嘉宾,中心~之|文章憎命达,魑魅~人过。又引申指❸适宜于:~光植物。用作名词,指❹可喜可贺的事:故庆其~而吊其忧|双~临门。又特指❺妇女怀孕:她有~了。

○憙,作为喜的异体字,读xǐ,本义为❶喜悦:楚庄王以忧,而君以~!又指❷喜好,爱好:东夷率多土著,~饮酒歌舞。又指❸容易发生某种变化:有叶者,~烂。

【组字】喜,如今既可单用,也可作偏旁。现今归入口部。凡从喜取义的字皆与欢乐等义有关。

以喜作声兼义符的字有:僖、嘻、嬉、禧。

以喜作声符的字有:熹、蟢。

裁 cái

【字形】篆 隶 裁 草

【构造】形声兼会意字。篆文从衣,𢦏(戋)声,𢦏(戋)也兼表剪制之意。隶变后楷书写作裁。

【本义】《说文·衣部》:"裁,制衣也。从衣,𢦏声。"本义为裁制衣服。

【演变】裁,本义指❶裁制衣服:作车不求良辰,~衣独求吉日|量体~衣|~缝。裁衣要思考判断,故引申指❷衡量,判断:臣愿悉言所闻,唯大王~其罪|~断|~决|~判。又引申指❸控制:神龙失水而陆居兮,为蝼蚁之所~|总~|独~。又引申指❹取舍安排:别出心~。由裁衣又引申指❺删减:救其不足,~其有余|~员|~军。又引申指❻自杀:罪至罔加,不能引决自~。由裁衣的样式,又引申泛指❼样式,风格:然诗有恒~,思无定位|体~。又特指❽按纸张规格的大小分成若干份:对~。古又借作副词❾才:手~举,则又超忽而跃。

【组字】裁,如今既可单用,也可作偏旁。现今仍归入衣部。凡从裁取义的字皆与裁衣等义有关。

以裁作声符的字有:臜。

款 kuǎn

(叙、欵、款、窾)

【字形】甲 古 篆 今篆

隶 款款窾 草

【构造】会意字。款与柰同源,是由上列甲骨文(叙)演变而来的。本从又(手)从木从示(祭台神主),表示手持燎柴于示前焚烧祭天,虔诚叩求赐福之意。古文将持柴之"手"改为张口祈祷之"人"(欠)。篆文整齐化,一形保留了古文从木的样子,二形将木进一步讹为出(象火焰形)。隶变后楷书分别写作款与欵。俗皆简化作款,木、出讹为士。如今规范化用款。是"柰""奈"的分化字。参奈。

【本义】《说文·欠部》:"款,意有所欲也。从欠,窾省。款,款或从柰。"析形不确,所释为引申义。本义当为虔诚叩求赐福。

【演变】款,由虔诚叩求赐福,引申泛指❶虔诚,诚恳:欲效其~~之愚|谒~天神|~待|~留。又引申指❷诚心归服:未知狱所测人,有几人~?几人不~?又引申指❸热情招待:当下治饭相~。由真情款留又引申为❹缓慢:~步而出|点水蜻蜓~~飞。由祷告叩求又引申指❺敲击:~门而入|~关请见。中空者叩之响,故又借以表示❻空:~言不听,奸乃不生,贤不肖自分,黑白乃形|~足。此义后多写作"窾"。古代祭神问卜必伴有甲骨刻辞,故又发展指❼钟鼎彝器上铸刻的文字,书画书信上的题名:今此鼎细小,又有~识|~识奇古,文字雅奥|落~。又引申指❽样子:今儿当着这些人,倒拿起主子的~儿来了|~式。又引申指❾分条列举的事项,条目:广开言路一~,甚切时弊

|适用哪条哪～？钱财多分项管理，故又引申指❿钱财，经费：～项|筹～|存～。

○窾，从穴，款声。读 kuǎn，本义指❶孔穴：批大郤，导大～，因其固然。引申指❷空，不实：见～木浮而知其为舟。用作动词，表示❸使物中空：昔帝尧之葬也，～木为椟，葛藟为缄。又用作❹象声词：有～坎镗鞳之声。

【组字】款，如今既可单用，也可作偏旁。现今仍归入欠部。凡从款取义的字皆与叩求等义有关。

以款作声符的字有：滧、窾、窽。

壹 yī；yīn

（一、弌、氤、氲）

【字形】甲　金　篆　今篆　隶 壹 氤 氲　草

【构造】会意兼形声字。甲骨文从壶，上像有物蒙罩，以防酒气外泄。金文简化。篆文从壶（壶），另加吉（雄性生殖器），会精气不泄之意，吉也兼表声。壶浑然一体，盛物不外泄，故用以表示专一。隶变后楷书写作壹。如今又用作“一”（弌）的大写。参见一。

【本义】《说文・壹部》：“壹，专一也。从壶，吉声。”本义为专一。

【演变】壹，读 yī，本义指❶专一：神，聪明正直而～者也|深固难徙，更～志兮。用作动词，表示❷统一，划一：圣人之为国也，～赏，～刑，～教。用作数词，借为❸“一”的大写：阴阳二物，终岁各～出。用作副词，也写作“一”，表示❹一定、的确；或、又；一旦；一概、都；竟然：子之哭也，～似重有忧者|～阴兮～阳，众莫知兮余所为|孝武～怒，则大臣莫保其性|先生读书讲学，～以宣明义旨为主|顷襄王，其子也，秦轻之，恐～举兵而灭楚|士～至如此乎？

又读 yīn，用于“壹壶”“壹郁”，表示❺气凝聚充塞，云烟弥漫，混沌不外泄的样子：天地～壶|是晚～郁。此义后来演化为氤氲、抑郁等。

○氤氲，从气，从因和昷会意，因和昷也兼表声。读 yīnyūn，本义指❶古代阴阳二气交会和合的样子：天地～～，万物化淳。引申指❷烟云弥漫的样子：灵山多秀色，空水共～～。

【组字】壹，如今既可单用，也可作偏旁。现今归入士部。凡从壹取义的字皆与专一等义有关。

以壹作义符的字有：懿。

以壹作声符的字有：噎、墙、曀、嫕、殪。

颉 xié；jié

（頡）

【字形】金　篆　隶 颉 頡　草

【构造】形声兼会意字。金文从頁从吉（表挺起），会颈项挺直之意，吉也兼表声。篆文整齐化。隶变后楷书写作頡。如今简化作颉。

【本义】《说文・頁部》：“頡，直项也。从頁，吉声。”本义为颈项挺直。

【演变】颉，读 xié，本义指❶颈项挺直：长短～牾（通颉，大头），百疾俱作。用于“颉颃”，引申指❷品行端直：则虽王公大人有严志～颃之行者，无不憛悇（贪欲）痒心而悦其色矣。又引申指❸鸟向上向下飞：燕燕于飞，～之颃之。进而引申指❹不相上下，相抗衡：藩夏连辉，～颃名辈。

又读 jié，用于人名，指❺仓颉，复姓侯冈，名颉，因仰观苍穹之变而创造文字，故称苍颉。由于苍与仓通用，俗遂作仓颉。黄帝感其贡献，命为史官，号史皇氏。今河南南乐县吴村人。被后人尊为中华文字始祖、字圣：古者仓～之作书也，自环者谓之私，背私谓之公。

【组字】颉，如今既可单用，也可作偏旁。现今仍归入页部。凡从颉取义的字皆与直上等义有关。

以颉作声符的字有：撷、獅、缬。

越 yuè

【字形】金　篆　隶 越　草

【构造】会意兼形声字。金文一形从走从戉，会战士持斧超行之意，戉也兼表声；二形改走为邑，乃越国之越。篆文整齐化。隶变后楷书写作越。

【本义】《说文・走部》：“越，度也。从走，戉声。”本义为度过。

【演变】越，本义指❶度过，跨过：君若赐之爵，则～席再拜稽首受|亡不～竟（境），反不讨贼|

翻山~岭。引申指❷超出,超过:庖人虽不治庖,尸祝不~樽俎而代之矣|~职逾法,以取名誉|必使为善者不~月逾时而得其赏|~俎代庖。由超越一般情绪,引申指❸情绪激昂,声音激扬:叩之,其声清~以长|激~。用作副词,表示❹更加:宜颦宜笑~精神|真理~辩~明。

【组字】越,如今既可单用,也可作偏旁。现今仍归入走部。凡从越取义的字皆与越过等义有关。

以越作声兼义符的字有:樾、蠘。

趁 chèn (趂)

【字形】篆  隶  草 

【构造】会意兼形声字。篆文从走从㐱(披头散发)会意,㐱也兼表声。隶变后楷书写作趁。异体作趂。如今规范化以趁为正体。

【本义】《说文·走部》:"趁,䞴也。从走,㐱声。"本义为行走困难的样子。《广韵·震韵》:"趁,趁逐。"又表示追赶。

【演变】趁,本义指行走困难的样子,后主要用以表示❶追赶:花底山蜂远~人|稚儿行~蝶|遥见前途有两人,疾~之。引申指❷往,就:去年江南荒,~熟过江北|~墟|~热闹。又引申指❸乘便,乘势,利用(时机):月乘残夜出,人~早凉行|~热打铁|~虚而入|~火打劫|~人不备|~势。现代方言又表示❹拥有:~几个臭钱|~几身衣服。

趋 qū;cù (趨)

【字形】金  篆  隶  草 

【构造】会意兼形声字。金文从走从芻(割草),会快步走向田地抓紧收割之意,芻也兼表声。篆文整齐化。隶变后楷书写作趨。如今简化作趋。

【本义】《说文·走部》:"趨,走也。从走,芻声。"本义为快步走。

【演变】趋,读qū,本义指❶快步走:妻乃引刀~机而言曰|亦步亦~|~而避之。引申特指❷小步快走,表示敬意:(孔)鲤~而过庭|(柳)毅起,~拜之。由快走,又引申指❸奔向,趋向:各劝其业,乐其事,若水之~下|夜~高邮,迷失道,几陷死|意见~于一致|~炎附势|大势所~|发展~势。又引申指❹追赶,追求:今背本而~末|急~之,折过墙隅。

又读cù,古指❺急速,催促:王命相者~射之|使者驰传督~。

超 chāo

【字形】篆  隶  草 

【构造】会意兼形声字。篆文从走从召(招饮),会欢呼跳跃之意,召也兼表声。隶变后楷书写作超。

【本义】《说文·走部》:"超,跳也。从走,召声。"本义为跳上,一跃而上。

【演变】超,本义指❶跳上:秦师过周北门,左右免胄而下,~乘者三百乘。引申指❷越过,跨过:挟泰山以~北海。又引申指❸超出,胜过:~五帝侔三王者,必此法也|~常|~额|~龄|~音速。又引申指❹在某个范围之外的,不受限制的,超出寻常的:显忠贞之节,立~世之功|~自然|~现实|~阶级|~然物外|~凡入圣|~高温|~级。用作状语,表示❺远,远远地:平原忽兮路~远|则又~忽而跃。

悳 dé (惪、德)

【字形】甲  金 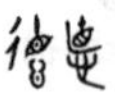 篆 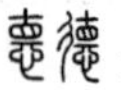 隶 

草 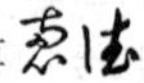

【构造】会意字。甲骨文从彳(街道)从直(目视标杆),会视端正、行正直之意。金文另加义符心,或以心代彳,突出心地正直之意。篆文分为二体。隶变后楷书分别写作悳(惪)与德。如今规范化,以德为正体,悳(惪)只作偏旁并写作悳。

【本义】《说文·心部》:"悳,外得于人,内得于己也。从直,从心。"本义为对人讲理,于己无愧,即真诚,表里如一。又《彳部》:"德,升也。从彳,悳声。"所释为引申义。本义也是行得(做得)正,心真诚,表里如一。

【演变】惪，本义指真诚，表里如一。由于惪不单用，其义便借“德”来表示。

○德，从彳从惪会意，惪也兼表声。读 dé，本义指升，此义今已不用。引申指❶站立姿态端直不歪斜：立容德，色容庄。借作“惪”，表示真诚，表里如一，引申泛指❷道德，品行：君子进～修业｜～才兼备。按照好的品德行事于人有益，故又引申为❸恩惠，恩德：大邦畏其力，小邦怀其～｜感恩戴～。用作动词，指❹施予恩惠或感激恩德：三岁贯女，莫我肯～｜以功受赏，臣不～君。道德是人的内心品质，故又引申指❺心意，信念：受（商纣）有亿兆夷人（平民百姓），离心离～；予有乱臣（善治国的臣子）十人，同心同～。

【组字】惪，如今不单用，只作偏旁。现今仍归入心部。凡从惪取义的字皆与德行等义有关。

以惪作声兼义符的字有：德、檍。

博 bó （簙）

【字形】甲　金　篆　隶 博 簙

草

【构造】会意兼形声字。甲、金文皆从十从尃（分布），会广大之意，尃也兼表声。篆文整齐化。隶变后楷书写作博。

【本义】《说文·十部》：“博，大，通也。从十，从尃。尃，布也。”本义为大。

【演变】博，本义指❶大：是故诸侯之～大，天子之害也。引申特指❷横着大，即宽：峨冠～带。又引申泛指❸广泛，多：不如登高之～见也｜君子～学｜地大物～｜广～。又引申特指❹知道得多：我不能～五经，又不能～众事｜～闻强志｜参之《国语》以～其趣｜孤岂欲卿治经为～士邪｜～古通今。又借作“搏”，表示❺取得：不如拼～一笑｜～得同情。又借作“簙”，指❻古代一种棋戏：饱食终日，无所用心，难矣哉！不有～弈者乎？为之犹贤乎已（闲着不做事）。又引申指❼赌博：公子闻赵有处士毛公藏于～徒｜一日，～鸡者遨于市。

○簙，从竹，博声。读 bó，本义指古代的一种棋戏：菎蔽象棋，有六～些（语气词）。

【组字】博，如今既可单用，也可作偏旁。现今仍归入十部。凡从博取义的字皆与广博等义有关。

以博为声符的字有：嚩、溥、簿。

斯 sī （撕）

【字形】金　篆　今篆　隶 斯 撕

草

【构造】形声兼会意字。金文从斤（斧）从其（箕），会破竹木以为箕之意，其也兼表声。篆文整齐化。隶变后楷书写作斯。是“撕”的本字。

【本义】《说文·斤部》：“斯，析也。从斤，其声。”本义为劈开。

【演变】斯，本义指❶劈，劈开：墓门有棘，斧以～之。又引申指❷扯裂，撕开：桑叶但以手～破。此义后作“撕”。又借为指示代词，表示❸此，这：子在川上曰：“逝者如～夫！不舍昼夜。”｜何故至于～？｜～文｜～人。用作连词，表示让步，相当于❹就，那就：如知其非义，～速已矣，何待来年？

○撕，从扌从斯会意，斯也兼表声。读 sī，本义指扯裂：裤子～了个大口子｜～开｜～裂｜～破。

【组字】斯，如今既可单用，也可作偏旁。现今仍归入斤部。凡从斯取义的字皆与劈开等义有关。

以斯作声兼义符的字有：撕、澌。

以斯作声符的字有：厮、嘶。

期 qī；jī （朞）

【字形】金　古　篆　隶 期 草

【构造】形声兼会意字。金文从月，其声，其（定置于丌）也兼表约定时间会面之意。古文改为从日，或简化。篆文承金文并整齐化。隶变后楷书写作期。异体作朞。如今规范化以期为正体。

【本义】《说文·月部》：“期，会也。从月，其声。𠷈，古文期，从日、丌。”本义为约定时间会面。

【演变】期，读 qī，本义指❶约定时间见面：～我乎桑中｜此宁有政教发征～会哉｜陈太丘与友～行｜不～而遇。由约会等待,引申指❷期待,期望:良马～乎千里,不～乎骥骜｜是以圣人不～修古,不法常可｜富贵非吾愿,帝乡不可～。用作名词,指❸约定的时间或确定的一段时间:君问归～未有～,巴山夜雨涨秋池｜以五年为～,必复之全之｜相见无～｜死～至矣｜限～｜定～｜超～｜假～｜如～｜分～｜过～。又作量词,用于❹分期的事物:杂志出了一～｜办了三～补习班。

又读 jī,古特指❺一个周期的时间:～年之后,虽欲言,无可进者｜～月。此义古也用"朞"。

【组字】期,如今既可单用,也可作偏旁。现今仍归入月部。凡从期取义的字皆与时间等义有关。

以期作声符的字有:僛、踑。

欺 qī

【字形】篆　隶　草

【构造】会意兼形声字。篆文从欠(人张大口,骗人用夸口)从其(簸箕侈口),会张大欺骗之意,其也兼表声。隶变后楷书写作欺。

【本义】《说文·欠部》:"欺,诈欺也。从欠,其声。"本义为欺骗。

【演变】欺,本义指❶欺骗:臣以为布衣之交尚不相～｜赵王岂以一璧之故～秦耶?｜童叟无～｜自～～人｜～世盗名｜～蒙｜～诈。欺骗是一种欺负,故又引申指❷欺侮:南村群童～我老无力｜～人太甚｜～负。

【组字】欺,如今既可单用,也可作偏旁。现今仍归入欠部。凡从欺取义的字皆与欺骗等义有关。

以欺作声兼义符的字有:僛、嵚、鶀。

联 lián (聯)

【字形】甲　金　籀　篆　今篆　隶 联 聯　草

【构造】会意字。甲、金文皆从耳从糸,籀文从耳从丝,皆会以绳贯连器两耳之意。篆文整齐化。隶变后楷书写作聯,改为从丝(贯穿),表意更明确。如今简化作联。

【本义】《说文·耳部》:"聯,连也。从耳,耳连于颊也;从丝,丝连不绝也。"析形不确。本义为连贯,连缀。

【演变】联,本义指❶连缀:～蕙芷以为佩兮,过鲍肆而失香。引申指❷互相结合:臣恐羌变未止此,且夫结～他种,宜及未然为之备｜～合｜～欢｜～盟。诗文中对偶的两句联合成一个完整的意思,称一联,故又引申指❸对联:首～｜颔～｜颈～｜尾～｜楹～｜挽～｜上～。

【组字】联,如今既可单用,也可作偏旁。现今仍归入耳部。凡从联取义的字皆与连缀等义有关。

以联作声兼义符的字有:䏈、獜、㴸、䁁。

散 sǎn;sàn (散、㪔)

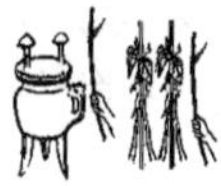

【字形】甲　金　篆　隶 散　草

【构造】会意字。散有两个来源:一个是手持酒器形,即甲、金文的一形,左边所从是古代商(爵形)类酒器,是甲骨文斝(冃)的省形,右边所从"攴"表示以手持之。另一个是甲、金文的二形,右边也从"攴",表示手在操作,左边所从是披麻的形象,会以手剥麻之意。篆文一形实际上是甲、金文手持酒器的"散"与以手剥麻的"散"的混合之形,将酒器的两个柱误为披麻形,将器体误为一块肉。篆文二形承甲、金文二形并整齐化。隶变后楷书分别写作散与㪔。散俗作散。实际使用中二字的含义都用散表示而不用㪔。如今规范化仍用散。

【本义】《说文·肉部》:"散,杂肉也。从肉,㪔声。"这是就篆文所作的解说,释义亦误。本义当为酒器。又《㪔部》:"㪔,分离也。从攴,从𣏟,𣏟,分㪔之意也。"本义为分离。

【演变】散,作为本字,读 sǎn,本义为❶酒器:贱者献以～。此义今已不用。用作"㪔"字,由分离引申形容❷松散,不受约束:庸众驽～,则劫(强制)以师友｜头发披～着｜～漫｜～文｜懒～。又引申指❸零碎的,不集中的:青条若总翠,

黄华若～金|零～|～居|～装。又引申指❹闲散：～官|～职。中药末是散碎的，故又引申指❺粉末状药物：丸～膏丹|紫雪～。

又读 sàn，由分离又表示❻分散：雷以动之，风以～之|烟消云～|离～。用作使动，表示❼使分散，分发：～鹿台之财，发钜桥之粟|～传单。进而引申指❽抒发，排遣：使臣得一～所怀，摅舒蕴积，死不恨矣|～闷|～心。

【组字】散，如今既可单用，也可作偏旁。现今归入支部。凡从散取义的字皆与分散等义有关。

以散作声兼义符的字有：撒、[illegible]、潸、[illegible]、霰。

以散作声符的字有：[illegible]、[illegible]、橵、糤。

惹 rě

【字形】篆 隶 草

【构造】会意兼形声字。篆文从心从若（女子柔顺），会招人心猿意马，心神散乱之意，若也兼表声。隶变后楷书写作惹。

【本义】《说文·心部》新附："惹，乱也。从心，若声。"本义为扰乱。

【演变】惹，本义指❶扰乱。招惹就能扰乱，故引申指❷招引，引起：只因清明都来西湖上闲玩，～出一场事来|～事生非|～官司|～祸|～气|招～。由招惹，引申指❸触动，冒犯：阿姆我又不～你|～不起，躲得起|她是不好～的|别～着他。

葬 zàng

【字形】甲 金 篆 隶 草

【构造】象形兼会意字。甲骨文一形象人在棺内以草掩埋之形，二形象尸骨躺在尸床上。金文承之简讹。篆文繁化，变成尸体横陈在一（尸床）上，下从双手，上覆之以草，会发送埋葬之意。隶变后楷书写作葬。

【本义】《说文·茻部》："葬，藏也。从死在茻中，一其中，所以荐之。《易》曰：'古之葬者，厚衣之以薪。'"本义为掩藏、埋葬。

【演变】葬，本义指❶掩藏，埋葬：宁赴湘流，～于江鱼之腹中。引申泛指❷用各种办法处置死者遗体：火～|水～|天～。用作"葬送"，比喻❸断送，毁灭：无知～送了他的前程。

【组字】葬，如今既可单用，也可作偏旁。现今归入艹部。凡从葬取义的字皆与掩埋尸体等义有关。

以葬作声兼义符的字有：髒（脏）。

蕩 tāng；dàng

【字形】篆 隶 草

【构造】形声兼会意字。篆文从艸，昜声，昜也兼表花叶在阳光下摇晃之意。隶变后楷书写作蕩。

【本义】《说文·艸部》："蕩，艸。枝枝相值，叶叶相当。从艸，昜声。"本义为植物名。

【演变】蕩，读 tāng，本义为❶多年生草本植物。即商陆，又名当陆、夜呼、蓫薚。根粗大，块状。夏秋开花，白色。根可入药，俗称"章柳根"。性寒，味苦，有毒，具有逐水消肿、通利二便、解毒散结的功效。

又读 dàng，用作"傥蕩"，也作"傥荡"，形容❷行为不检点：陈汤傥～，不自收敛。

【组字】蕩，如今既可单用，也可作偏旁。现今归入艸（艹）部。凡从蕩取义的字皆与植物有关。

以蕩作声符的字有：藹。

葛 gé；gě

【字形】篆 隶 草

【构造】会意兼形声字。篆文从艹、曷，曷为喝问，用以会互相纠缠之意，曷也兼表声。隶变后楷书写作葛。

【本义】《说文·艸部》："葛，絺綌艸也。从艸，曷声。"本义为藤蔓植物名。

【演变】葛，读 gé，本义为❶藤蔓植物名：～之覃（延长）兮，施于中谷|～藤。葛的茎皮可以织布，故又指❷织成的葛布：冬羔裘，夏～衣|～布。引申指❸表面有花纹的纺织品：毛～|华丝～。瓜和葛都是藤蔓植物，故用作"瓜葛"，又比喻❹互相牵连：四姓小侯，诸侯家妇……

凡与先帝先后有瓜～者……皆会｜纠～。

又读 gě，用作❺姓。

【组字】葛，如今既可单用，也可作偏旁。现今仍归入艹部。凡从葛取义的字皆与植物等义有关。

以葛作声符的字有：擖、噶、蔼。

董 dǒng

（董、督）

【字形】篆 今篆 隶 董 董 督

草

【构造】形声兼会意字。篆文从艸，童声，本义为长苞香蒲，其雌雄花序犹如身负重物的童字头上的罪奴标志，故童也兼表意。隶变后楷书写作董。俗作董，改为重声，重也兼表犹如负重之意。如今规范化，以董为正体。

【本义】《说文·艸部》："董，鼎董也。从艸，童声。杜林曰藕根。"本义为鼎董，一种多年生草本植物，又名长苞香蒲。一说为藕根。

【演变】董，本义指❶长苞香蒲。又指❷藕根。后借为"督"，表示❸督察，监督，管理：告之以文辞，～之以武师｜～其成｜～理。用作名词，指❹董事：校～｜商～。又表示❺正，持正：余将～道而不豫兮，固将重昏而终身｜虽在闾里，慨然有～正天下之志｜～理征收。又表示❻深藏，深固：年六十，气当大～。又用作❼姓：至东汉～卓时，有童谣云："千里草，何青青。"可见自东汉始，"董"俗已写作"董"。

〇督，从目，叔声。读 dū，本义指❶察视：法者所以～奸也｜监～｜～战｜～促｜～师｜～军。引申指❷统率诸军的将领：遂以周瑜、程普为左右～，将兵与备并力逆操。

【组字】董，如今既可单用，也可作偏旁。现今仍归入艹部。香蒲与藕皆中空，故凡从董取义的字皆与通达等义有关。

以董作声兼义符的字有：懂。

嵐 lán

（岚）

【字形】篆 隶 嵐 岚 草

【构造】会意字。篆文从艹从風，会风吹草动之意。隶变后楷书写作嵐。作偏旁时简化作风。

【本义】《说文·艸部》："嵐，艸得风貌。从艸、風。"本义为风吹草动的样子。

【演变】嵐，本义指风吹草动的样子。今已不单用，只作"嵐"的偏旁。

〇岚，繁体嵐，从山，嵐省声。如今简化作岚。读 lán，本义指山中的雾气：晓霜枫叶丹，夕曛～气阴｜山～。

【组字】嵐，如今不单用，只作偏旁。现今仍归入艹部。凡从嵐取义的字皆与风云花草等义有关。

以嵐作声兼义符的字有：嵐（岚）。

葡 pú

【字形】古 今篆 隶 葡 草

【构造】形声兼会意字。古文从艹，匍声，匍也兼表藤蔓匍匐之意。隶变后楷书写作葡。

【本义】《韵学集成·模韵》："葡，为葡萄（用）字。"本义为葡萄的音译用字。

【演变】葡，本义为葡萄的音译用字。西汉时张骞通西域，葡萄传入中国，最初也译作蒲萄，后规范化写作葡，用以表示❶葡萄：一县～萄熟，秋山苜蓿多｜～萄酒｜～萄糖。又用于❷国名，即葡萄牙的简称。

葱 cōng

（蔥）

【字形】篆 隶 草

【构造】形声兼会意字。篆文从艸（艹），悤声，悤也兼表心空之意。隶变后楷书写作蔥。俗作葱。如今以葱为正体。

【本义】《说文·艸部》："蔥，菜也。从艸，悤声。"本义为蔬菜大葱。

【演变】葱，本义指❶蔬菜大葱：脍，春用～，秋用芥｜指如削～根｜大～蘸酱。引申指❷像葱样的青绿色：竹水俱～翠，花蝶两飞翔｜～绿｜～茏｜～翠｜～郁。

【组字】葱，如今既可单用，也可作偏旁。现今仍归入艸（艹）部。凡从葱取义的字皆与植物等义有关。

以葱作声符的字有：樬。

落 luò;là;lào

【字形】篆 隶 草

【构造】形声兼会意字。篆文从艸(艹),洛声,洛也兼表如水流下之意,所谓落花流水。隶变后楷书写作落。

【本义】《说文·艸部》:“落,凡草曰零,木曰落。从艸,洛声。”本义为树叶凋落。

【演变】落,读 luò,本义指❶树叶凋落:树下先有~叶|~花时节又逢君。引申泛指❷掉下,降下:涕~百余行|以手拂之,其印自~|月~乌啼霜满天|水~石出|~马|降~|~后|~伍。又引申指❸落在,停留:大珠小珠~玉盘|小虫忽跃~襟袖间|~户|~脚|~实。又引申指❹陷入,流落:误~尘网中|同是天涯沦~人。又引申指❺归属:仓皇中不可~于敌人之手以死|责任~到他身上|~到这步田地。由落到某个结局,又引申指❻得到:大家~个平安|~埋怨。古代宫室新成举行的庆祝祭礼叫落,由此又引申指如今的❼建成开始使用:举行~成典礼。由停留用作名词,又引申指❽停留聚居的地方:千村万~生荆杞|延及岸上营~|村~|着~。树木衰败才凋落,故又引申指❾衰败:其间有户口消~之家|衰~|破~。由凋落又引申指❿稀少,凄凉,孤寂:门前冷~鞍马稀|更那堪冷~清秋节|遇人仳离,致孤危托~。

又读 là,由落下引申指⓫遗漏,丢失:这里~了一行字|~了两个人|丢三~四。又引申指⓬留在后面:跟上队伍,别~下了。

又读 lào,用于⓭掉下、停留、归属、得到等义的下列各词:~汗|~价|~忍|~枕|~炕|~子|~色|~架|~不是。

葵 kuí

【字形】篆 隶 草

【构造】会意兼形声字。篆文从艸(艹)从癸,会花叶近似癸字形的蔬菜之意,癸也兼表声。隶变后楷书写作葵。

【本义】《说文·艸部》:“葵,菜也。从艸,癸声。”本义为一种菜。

【演变】葵,本义指❶一种菜:七月亨(烹)~与菽|~藿倾太阳,物性固莫夺。又指❷蒲葵。乔木,叶子可制蒲扇:盛时一去贵反贱,桃笙~扇安可常? 又指❸向日葵:~花子。

【组字】葵,如今既可单用,也可作偏旁。现今仍归入艸(艹)部。凡从葵取义的字皆与植物等义有关。

以葵作声符的字有:揆、藈。

惠 huì (慧)

【字形】金 篆 隶 草

【构造】会意字。金文从心从叀(纺锤),用妇女心灵手巧长于纺织,又任劳任怨善持家计,会聪明仁爱之意。篆文整齐化。隶变后楷书写作惠。又用作慧。

【本义】《说文·叀部》:“惠,仁也。从心,从叀。”本义为心灵手巧长于纺织,引申泛指聪明、仁爱。

【演变】惠,本义为❶心灵手巧长于纺织。由心灵手巧,引申泛指❷聪明:甚矣,汝之不~|纯朴已去,聪~已来。此义后用“慧”来表示。由纺线织布供人们穿用,又引申指❸仁爱:其养民也~|安民则~。仁爱则待人温和,引申为❹温顺,柔和:终温且~,叔慎其身。仁爱则助人,又引申为❺给人好处:怀保小人,~于鳏寡|互~。又泛指❻赠送:以美酒见~。用作名词,又指❼好处:小~未遍,民弗从也。又用作❽敬词:君~徼福于敝邑之社稷,辱收寡君,寡君之愿也|~顾|~临|~存。

○慧,从心,彗声。读 huì,本义指❶聪明,机敏:言不及义,好行小~。引申指❷狡黠:后主渐长大,爱宦人黄皓,皓便辟佞~,欲自容入。用作佛教用字,表示❸了悟:法轮明暗室,~海度慈航|~远大师。

【组字】惠,如今既可单用,也可作偏旁。现今归入心部。凡从惠取义的字皆与纺锤、专心等义有关。

以惠作声兼义符的字有:僡、憓、穗。

以惠作声符的字有:蕙、嘒、蟪。

朝 zhāo;cháo

【字形】甲 金 篆 隶 朝 草

【构造】会意字。甲骨文是日出草中而月还未落的样子,会早晨之意。金文将月讹为水,成了日出潮水了。篆文整齐化,进而讹为舟,左边的中和日合起来讹为倝。隶变后楷书承甲骨文和篆文写作朝。

【本义】《说文·倝部》:"朝,旦也。从倝(日出旗飘),舟声。"析形是就篆文所作的解说。本义为早晨。

【演变】朝,读 zhāo,本义指❶早晨:~闻道,夕死可矣|~三暮四|~霞。引申指❷一整天:虽与之天下,不能一~居也|今~。

又读 cháo,古代君王理政,臣下拜见都在早晨,故又引申指❸朝见,朝拜:盛服将~。又泛指❹拜访:昔者尧~许由于沛泽之中。由朝见又引申指❺朝见的地方,即朝廷:使天下仕者皆欲立于王之~|在~在野。又进而引申指❻朝代:南~四百八十寺,多少楼台烟雨中|改~换代。又指❼某个帝王的整个统治时期:三顾频烦天下计,两~开济老臣心|乾隆~。朝见有一定的方向,故又引申指❽朝向,面对:桂水分五岭,衡山~九嶷|坐南~北。

【组字】朝,如今既可单用,也可作偏旁。现今归入月部。凡从朝取义的字皆与早晨等义有关。

以朝作声兼义符的字有:潮。

以朝作声符的字有:嘲、廟(庙)。

惑 huò

【字形】金 篆 隶 惑 草

【构造】会意兼形声字。金文从心从或(守国),用心疑守国,会迷惑、糊涂之意,或也兼表声。篆文整齐化。隶变后楷书写作惑。

【本义】《说文·心部》:"惑,乱也。从心,或声。"本义为迷乱,糊涂。

【演变】惑,本义指❶迷乱,糊涂:四十而不~|求剑若此,不亦~乎?|大~不解|迷~|困~。用作使动,指❷使迷惑:内~于郑袖,外欺于张仪|妖言~众|蛊~人心。用作名词,指❸迷惑的问题:句读之不知,~之不解,或师焉,或否焉。

【组字】惑,如今既可单用,也可作偏旁。现今仍归入心部。凡从惑取义的字皆与迷乱等义有关。

以惑作声兼义符的字有:臧。

覃 tán;qín

(醰、罈、罎、壜、壇、坛)

【字形】甲 金 篆 今篆 隶 覃 醰 罈 罎 壜 壇 坛 草

【构造】会意字。甲、金文下边是个酒坛子,上边是西(竹器),表示用竹器漉酒,会坛中盛有香气远引的醇厚美酒之意。如今农村酒坛子上还用一个布包着干酒糟做成盖子,大概就是用西漉酒的遗迹。篆文上边讹为卤。隶变后楷书写作覃。

【本义】《说文·旱部》:"覃,长味也。从旱(厚),鹹省声。"本义为坛中酒味醇厚,香气远引。

【演变】覃,本义指❶坛中酒味醇厚,香气远引。又指❷酒坛子。由香气远引,引申泛指❸深长:将闲居以安性,~思以终身。又引申指❹蔓延:葛之~兮,施于中谷。如今多用作❺姓。用作姓时也读 qín。

"覃"为引申义所专用,酒味醇厚、香气远引之义便另加义符"酉"写作"醰"来表示,酒坛子之义便另加义符"缶"写作"罈"来表示。

○醰,从酉从覃会意,覃也兼表声。读 tán,本义指❶酒味长。引申泛指❷醇浓:哀悁悁之可怀兮,良~~而有味。又引申指❸美:虽乳臭之子,其眇思~说,皆能轶(超过)定庵。

○罈,从缶从覃会意,覃也兼表声。异体作罎,从缶,曇声。也作壜,从土,曇声。读 tán,本义指坛子:已经抬了一~好绍兴酒,藏在那里了。如今罈、罎、壜皆简化作坛。

○坛,繁体作壇,从土,亶声。读作 tán,本义指❶古代祭祀或誓师用的土台:庄公升~|社稷~|先农~|祭~|天~。引申泛指❷土堆的台子:花~。又指❸某种活动的场所或范围:诗~|歌~|影~|乒~|文~|论~。又特指❹宗教活动的场所:法~|乩~。借用作罈、

罎、壜的简化字，又表示❺小口大腹的陶器：酒～子|醋～子。

【组字】覃，如今既可单用，也可作偏旁。现今归入西部。凡从覃取义的字皆与醇厚等义有关。

以覃作声兼义符的字有：潭、谭、鐔。

以覃作声符的字有：撢、簟、蕈、蟫、鱏。

粟 sù

【字形】甲　古　籀　篆　隶　草

【构造】象形兼会意字。甲骨文从禾，旁边有米粒形，表示能出米的谷子。古文米粒讹为卤，有点像带纹路的谷穗。籀文改为从三卤。篆文承古文并整齐化，改为从米从卤会意。隶变后楷书写作粟，卤讹为西。注意：与“栗”不同。

【本义】《说文·卤部》：“粟，嘉谷实也。从卤，从米。”本义为粟米，即今之小米。

【演变】粟，本义指❶谷子，小米：～米布帛。引申泛指❷谷类：持男（拿男孩）易斗～。又比称❸皮肤因受冷或恐惧而起的小疙瘩：皮肤有些起～，他觉得冷了。

【组字】粟，如今既可单用，也可作偏旁。现今归入米部。凡从粟取义的字皆与粟米等义有关。

以粟作声兼义符的字有：剽、瑮。

以粟作声符的字有：僳。

酥 sū

【字形】古　今篆　隶　草

【构造】形声兼会意字。古文从酉，稣省声，稣为取草喂养牛羊，兼会用牛羊乳制成的食品酥油之意。隶变后楷书写作酥。

【本义】《玉篇·酉部》：“酥，酪也。”本义为酥油，一种牛羊乳制成的食品。

【演变】酥，本义指❶酥油：饮食多～酪沙糖。引申指❷含油酥而松脆的食品：芝麻～|枣泥～|桃～。又泛指❸松软，松脆：石头都烧～了|～豆|～糖。又比喻❹人肢体软弱无力：吓得骨软筋～|两腿发～。又比喻像油脂一样❺细腻，光洁：红～手，黄縢酒，满城春色宫墙柳。

棘 jí

【字形】甲　金　篆　隶　草

【构造】会意字。甲、金文皆从二朿（带刺的树）相并，会低矮丛生的酸枣树之意。篆文整齐化。隶变后楷书写作棘。

【本义】《说文·朿部》：“棘，小枣丛生者。从并朿。”本义为酸枣树。

【演变】棘，本义指❶酸枣树：园有～，其实之食|交交黄鸟，止于～。引申泛指❷多刺的灌木：师之所处，荆～生焉|后小山怪石乱卧，针针丛～|披荆斩～。酸枣树有刺，故又引申指❸刺：我为直兮～余趾|～手（比喻事情难办）。

【组字】棘，如今既可单用，也可作偏旁。现今归入木部。凡从棘取义的字皆与荆棘等义有关。

以棘作声兼义符的字有：僰、蕀、僸、慸。

以棘作声符的字有：蕀、瓎、襋。

森 sēn

【字形】甲　篆　隶　草

【构造】会意字。甲骨文从三木，会树木很多之意。篆文整齐化。隶变后楷书写作森。

【本义】《说文·林部》：“森，木多貌。从林，从木。”本义为很多树生长在一起。

【演变】森，本义指❶树多茂密：去村四里有～林。引申泛指❷众多，繁密：百神～其备众兮|发青条之～～|～罗万象。由繁密又引申指❸严整肃穆：～严似听元戎令，机警如看国手棋|早已～严壁垒。又引申指❹阴暗：阴～～。

【组字】森，如今既可单用，也可作偏旁。现今归入木部。凡从森取义的字皆与树木多等义有关。

以森作声兼义符的字有：潹、嵾、滲。

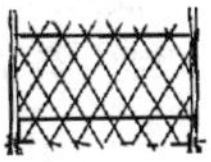

棥 fán

（樊、藩）

【字形】金 棥 篆 棥藩 隶 棥 藩

草 棥 藩

【构造】象形兼会意字。金文从二爻(象交叉篱笆形)从二木(象两边立柱),会篱笆之意。篆文省从爻。隶变后楷书写作棥。

【本义】《说文·爻部》:"棥,藩也。从爻,从林。"本义为篱笆。

【演变】棥,本义指篱笆:营营青蝇,止于~。后来"棥"作了偏旁,其义便另加义符"𠬞"(相反的两手)写作"樊"来表示,或用形声字"藩"来表示。

○藩,从艹,潘声,潘为用笊篱淘米,用以会篱笆之意。读 fān,本义指❶篱笆:羝羊触~。篱笆是起屏障保护作用的,故引申指❷护卫:舍诸边竟(同境),使卫~焉。古代诸侯国是中央的屏障和护卫,故又引申指❸诸侯国:~国|外~。唐初在重要的地方设置都督府,后在边陲置节度使,对中央起藩屏作用,称为藩镇,故又引申指❹藩镇。"樊"另见。

【组字】棥,如今不单用,只作偏旁。现今归入木部。凡从棥取义的字皆与篱笆等义有关。

以棥作声兼义符的字有:樊。

焚 fén

【字形】甲 焚 金 焚 篆 焚 今篆 焚 隶 焚

草 焚

【构造】会意兼形声字。甲骨文上为树林,下为手持火把,会火烧草木烧荒垦地之意。金文省手。篆文讹为火烧棥(藩篱),棥也兼表声,成了会意兼形声字。隶变后楷书写作樊。俗省作焚。如今规范化,以焚为正体。

【本义】《说文·火部》:"焚,烧田也。从火、棥,棥亦声。"本义为用火烧草木。

【演变】焚,本义指❶用火烧草木:~林而田(田猎)。引申泛指❷烧:七年春二月己亥,~咸丘|忧心如~|~香。引申指❸火灾:先生果将揖逊救~溺,而鸣銮避寇盗耶?

棒 bàng

(棓)

【字形】篆 棓 今篆 棒 隶 棒 棓 草 棒 棓

【构造】形声兼会意字。篆文从木,音声,音(喝斥)也兼表用以责罚的棍棒之意,即所谓杀威棒。隶变后楷书写作棓。俗作棒,改为奉声,奉也兼表执持之意。如今规范化用棒。

【本义】《说文·木部》:"棓,棁也。从木,音声。"本义为棍子。《正字通·木部》:"棒,俗棓字。"

【演变】棒,本义指❶棍子:汉朝执金吾,金吾亦~也,以铜为之,黄金涂两末|金箍~|棍~|木~|接力~。由棍棒的挺实,又表示❷强,好:身体~|成绩~|通电话了,真~。

棋 qí

(棊、碁)

【字形】甲 棊 篆 棊 今篆 棋 碁 隶 棋 草 棋

【构造】会意兼形声字。甲骨文上从木(木制),下从双手持枰具,会弈棋之意。篆文将双手持枰具合为"其",成为从木从其会意,其也兼表声。隶变后楷书写作棊。异体作碁,改为从石,表示石制。俗作棋。如今规范化,以棋为正体。

【本义】《说文·木部》:"棊,博棊。从木,其声。"本义为一种文娱用具。我国战国已有围棋,近代象棋于两宋之交已有定制。

【演变】棋,本义指❶一种文娱用品:斗象~而舞郑女|围~|军~|跳~。引申又指❷博弈(下棋)的棋子:弈者举~不定,不胜其耦(对手)|铜、铁则千里往往山出~(像棋样)置,此其大较也。

【组字】棋,如今既可单用,也可作偏旁。现今仍归入木部。凡从棋取义的字皆与棋局等义有关。

以棋为声符的字有:棋、𥲀。

植 zhí

【字形】金 植 篆 植 隶 植 草 植

【构造】形声兼会意字。金文为鸟虫书,从木,直声，直也兼表直立之意。篆文省去鸟形装饰并整齐化。隶变后楷书写作植。

【本义】《说文·木部》："植，户植也。从木，直声。"本义为从外闭门后用以加锁的中立直木。

【演变】植，本义指❶从外闭门后用以加锁的中立直木：季孙与邑人争门关，决～。引申指❷竖立，直立，树立：～其杖而芸（同耘）｜一人卧，～刀道上｜香远益清，亭亭净～｜皆有～土龛岩｜～党营私。又引申指❸栽种：东西～松柏，左右种梧桐｜余家贫，耕～不足以自给｜种～｜培～｜～物｜～皮。由竖起，又指❹拿起，持拄：怀良辰以孤往，或～杖而耘耔。注：杖，南方水田用的一种长柄耘田器，俗称"耘田耙（pá）"，耘头铁制，类似北方旱田用的长锄；如是直接用脚耘田，则无耘头，只是一根长木棍，持拄着，以保持身体平衡，好用套着草编的耘圈（俗名脚蹬）的一只脚踩踏刮草，并对禾苗进行培土。

椒 jiāo（茮）

【字形】古 椒 椒 篆 茮 今篆 椒

隶 茮 椒 草 茮 椒

【构造】形声兼会意字。古文从木，叔声，叔也兼表意。篆文从艸（艹），尗声，尗也兼表似豆之意。隶变后楷书写作茮。俗承古文作椒。如今规范化，以椒为正体。

【本义】《说文·艸部》："茮，茮莍（椒类果实表皮密生疣状突起的腺体）也。从艸，尗声。"《玉篇·艸部》："茮，莍也。与椒同。"本义为花椒，果实芳香，可调味，入药。

【演变】椒，本义指❶花椒树：～聊之实，蕃衍盈升｜～树似茱萸，有针刺。又指❷花椒子：芳若～兰｜后妃以～涂壁，取其繁衍多子，故曰～房｜中郎将窦宪，～房之亲｜烟斜雾横，焚～兰也。又引申指❸辣椒：小辣～｜青～。

棉 mián

【字形】古 棉 今篆 棉 隶 棉 草 棉

【构造】形声兼会意字。古文从木，绵省声，绵也兼表如绵之意。隶变后楷书写作棉。是"绵"的换旁分化字。我国古代只有丝绵，没有木棉和草棉。中古时棉花由印度传入后，初时只用"绵"表示，后来将糸旁改为木旁，分化出"棉"字，表示木棉和草棉。

【本义】《广韵·仙韵》："棉，木棉，树名。"本义为木棉。

【演变】棉，本义指❶木棉：今岭南木～树高数丈，春开红花，即攀枝花之类，外国纺为布曰吉贝。又指❷草棉，古代称"古终"：似草者为古终，今俗呼～花，乃草～也｜地宜植～。又指❸棉花，即棉桃中的纤维：芦花纫被暖如～｜～絮｜～纱｜～套｜～被。

棚 péng

【字形】古 棚 篆 棚 隶 棚 草 棚

【构造】形声兼会意字。古文从木，朋声，朋也兼表相并连之意。隶变后楷书写作棚。

【本义】《说文·木部》："棚，栈也。从木，朋声。"本义为一种楼阁。《苍颉篇》："棚阁，楼阁也，谓重屋复道者也。"

【演变】棚，本义指❶一种楼阁：高～跨路，广幕陵云｜其日大宴三五署官，其朝寮家皆上～观之。后引申指❷用竹木搭成的遮蔽阳光或风雨的简陋遮盖物：草～｜～户｜天～｜工～｜凉～｜马～。

棕 zōng（椶）

【字形】古 棕 篆 椶 今篆 棕 隶 棕 椶

草 棕 椶

【构造】形声兼会意字。古文从木，宗声。篆文从木，嵏声，嵏（披发）也兼表如发披散之意。隶变后楷书写作椶。俗承古文作棕。如今规范化，以棕为正体。

【本义】《说文·木部》："椶，栟榈也。从木，嵏声。"本义为棕榈树。《正字通·木部》："棕，同椶，俗省。"

【演变】棕，本义指❶棕榈树：蜀门多～榈，高者

十八九|~树。又指❷棕毛:山中猛虎织~衣|~绳|~绷|~床。又特指❸棕绳:解其~缚。

【组字】棕,如今既可单用,也可作偏旁。现今仍归入木部。凡从棕取义的字皆与树木等义有关。

以棕作声符的字有:糉。

猌 yìn

【字形】金 篆 隶 猌 草

【构造】会意兼形声字。金文从犬从來(麦穗),会犬牙龇出如麦穗芒刺状之意,來也兼表声。篆文整齐化。隶变后楷书写作猌。作偏旁时简作猌。

【本义】《说文・犬部》:"猌,犬张龂怒也。从犬,來声。"本义为狗怒龇牙的样子。

【演变】猌,本义指狗怒龇牙的样子。

【组字】猌,如今不单用,只作偏旁。现今仍归入犬部。凡从猌取义的字皆与狗怒龇牙等义有关。

以猌(猌)作声符的字有:慭(憖)。

皕 bì

【字形】金 篆 隶 皕 草

【构造】会意字。金文从二百,用二百表示盛多。篆文整齐化。隶变后楷书写作皕。

【本义】《说文・皕部》:"二百也。"本义为二百。

【演变】皕,本义指二百:聚禊(xì,祓除不祥之祭)帖至二百余种,故又名~禊室。

【组字】皕,如今不单用,只作偏旁。现今归入白部。凡从皕取义的字皆与盛多等义有关。

以皕作义符的字有:奭。

厨 chú

(廚、櫥、橱、幮、㡡)

【字形】金 篆 今篆 隶 厨 廚 橱 櫥 㡡 幮 草

【构造】会意兼形声字。金文从肉从豆(食具)会意。篆文从广(简易棚屋)从尌(表设置存放食物的立柜),会设立柜置办食物处所之意,尌也兼表声。隶变后楷书写作廚。俗作厨。如今规范化,以厨为正体。是"庖"的后起字。

【本义】《说文・广部》:"廚,庖屋也。从广,尌声。"本义为厨房。

【演变】厨,本义指❶厨房:君子远庖~。又指❷烹饪,主持烹饪的人:~师|名~。厨房为存放食物之处,故又引申指❸放物的箱柜:藏书百~。此义后写作"橱"。又指❹帐子:碧纱~。此义后写作"㡡"来表示。

○橱,从木从厨会意,厨也兼表声。异体作櫥。今以橱为正体。读 chú,本义指置放衣物的家具:衣~|书~|碗~|~窗。

○㡡,从巾从厨会意,厨也兼表声。异体作幮。今以㡡为正体。读 chú,本义指古代一种形状像橱的帐子:尽日无人只高卧,一双白鸟隔纱~|薄薄纱~望似空。

【组字】厨,如今既可单用,也可作偏旁。现今廚仍归入广部,厨则归入厂部。凡从厨取义的字皆与厨房等义有关。

以厨(廚)作声兼义符的字有:㡡(幮)、橱(櫥)。

以厨(廚)作声符的字有:蹰(躕)。

厦 shà;xià

(廈)

【字形】篆 今篆 隶 厦 草

【构造】形声兼会意字。篆文从广,夏声,夏也兼表大之意。隶变后楷书写作廈。俗省作厦。如今规范化,以厦为正体。

【本义】《说文・广部》新附:"廈,屋也。从广,夏声。"本义为大屋。《正字通・厂部》:"厦,俗廈字。"

【演变】厦,读 shà,本义指❶大屋:安得广~千万间,大庇天下寒士俱欢颜|高楼大~。此义古只用"夏"表示:曾不知夏(廈)之为丘兮。后才另加义符"广"写作"廈"。

又读 xià,用作地名,指❷厦门。

厤 lì

(磿、厲、礪、砺)

【字形】甲　金　篆　隶 厤 磿

草

【构造】形声兼会意字。甲、金文皆从厂（山石），秝声，表示磨治石器，秝为禾苗行行清晰，用以会磨制清利之意。篆文整齐化。隶变后楷书写作厤。

【本义】《说文·厂部》："厤，治也。从厂，秝声。"本义为磨治石器。

【演变】厤，本义指❶磨治石器。引申泛指❷治理。

由于厤作了偏旁，磨治石器之义便另加义符"石"写作"磿"来表示，后又用从厂萬声的"厲"（厉）字来表示。由于"厲"为引申义所专用，便又另加义符"石"写作"礪"。如今简化作砺。参见厉。

【组字】厤，如今不单用，只作偏旁。现今仍归入厂部。凡从厤取义的字皆与磨治石器等义有关。

以厤作声兼义符的字有：磿。

以厤作声符的字有：歷（历）、曆（历）。

雁 yàn

（鴈、贋、赝）

【字形】甲　金　篆　隶 雁 鴈

草

【构造】会意兼形声字。甲、金文皆从隹从人会意。雁为知时候鸟，守信，飞行时多排成人字形，古人以为贽礼，婚礼用之，故从人。篆文人讹为厂，故又另加人旁并整齐化。隶变后楷书写作雁。异体作鴈，从鳥。如今规范化，以雁为正体。

【本义】《说文·隹部》："雁，鸟也。从隹，从人，厂声。"本义为大雁。

【演变】雁，本义指❶大雁：~阵惊寒|北~南飞。雁似鹅非鹅，故又用以表示❷假的：齐伐鲁，索馋鼎，鲁人以其~往，齐人曰~，鲁人曰真。此义后写作"贋"来表示，今简作赝。

〇赝，从贝从雁（似雁）会意，雁也兼表声。读 yàn，本义指伪造的，假的：前计顿乖张，居然见真~|~品。

【组字】雁，如今既可单用，也可作偏旁。现今仍归入隹部。凡从雁取义的字皆与鸟类等义有关。

以雁作声兼义符的字有：雁（瀌）、贋、嫞。

厥 jué

（瘚、橛、礮）

【字形】甲　金　篆　今篆　隶 厥 瘚 橛 礮

草

【构造】象形兼会意兼形声字。厥与氒、夬同源，氒是名词，夬是动词，厥是夬的后起形声字。氒，甲骨文象矢栝之形。矢栝，是射箭时的钩弦器，一种箭末抵弦处卡在弦上供手扣之以发射的构造。金文大同。给这个矢栝加上一只手，就成了篆文一形的夬。由于夬作了偏旁，便又另造了篆文二形的厥。厥，从厂（山崖）从欮（上冲），欮也兼表声，表示用弩机发射石块，成了会意兼形声字。其法是"建大木置石其上发以机，以槌敌"，即古之发石车。隶变后楷书写作厥。

【本义】《说文·厂部》："厥，发石也。从厂，欮声。"本义为发射石块。

【演变】厥，本义指❶发射石块：汉律有蹶（~）张士。蹶（~），发石；张，挽强。又指❷石头：和之璧，井里之~也，玉人琢之，为天子宝。引申为❸磕碰：若崩~角稽首。由建木发石引申又指❹树桩：吾处身也，若~株拘。此义后作橛。又指❺挫败：吾攻平陵不得而亡齐城、高唐，当术而~。又借作"瘚"，表示❻气闭，晕倒：使人薄~|晕~|惊~|痰~。此义如今仍用厥。又借为代词，相当于"其"，表示❼他（们）的，那个（些）的：克咸~功|~土惟白壤，~赋为上上错，~田惟中中|播~百谷。

"厥"为借义所专用，发石之义便另加义符"石"写作"礮"来表示。

〇礮，从石从厥，厥也兼表声。读 jué，本义指发石。

〇橛，从木从厥，厥也兼表声。读 jué，本义指小木桩：驴系这桩~上，吃些草。

【组字】厥，如今既可单用，也可作偏旁。现今仍归入厂部。凡从厥取义的字皆与发射石块等相关含义有关。

以厥作声兼义符的字有：劂、噘、獗、撅、橛、礳、镢、蹶。

以厥作声符的字有：蕨、漷、鳜。

劂 ruì；cuì；jì

（鋭、锐）

【字形】籀 篆 今篆 隶 锐 鋭

草

【构造】会意兼形声字。籀文从厂（山崖）从剡（锐利），会山石锐利之意。篆文改为从金从兑（尖利）会意，兑也兼表声。隶变后楷书分别写作劂与鋭。如今规范化用简体锐。劂只作偏旁。

【本义】《说文·金部》：“鋭，芒也。从金，兑声。劂，籀文锐，从厂、剡。”本义为锐利。

【演变】劂，读 ruì，本义指锐利。又读 cuì，表示割伤。又读 jì，用作地名。

“劂”如今只作偏旁，其义由“鋭”（今简作锐）来表示。

○锐，读 ruì，本义指❶锋利：六国之兵非不~|尖~|~利。又指❷锋利的兵器：朕亲被坚执~。由锐利引申指❸精明，灵敏：子羽~敏|敏~。又进而引申指❹勇往直前的气势：武夫奋略，战士讲~|养精蓄~。由锋利又引申指❺急剧：其进~者，其退速。

【组字】劂，如今不单用，只作偏旁。现今归入刀部。凡从劂取义的字皆与锋利等义有关。

以劂作声符的字有：鳜。

硬 yìng

【字形】古 今篆 隶 硬 草

【构造】形声兼会意字。古文从石，更声，更为锄地，地板结才要锄，故也兼表坚硬之意。隶变后楷书写作硬。是“坚”的后起字。上古无“硬”字，其义用“刚”或“坚”表示，隋唐时始用此字。

【本义】《玉篇·石部》：“硬，坚硬。”本义为石头坚固。

【演变】硬，本义指❶坚固：太原毯涩毳绫~|~邦邦|~木|~煤|~面|坚~。引申指❷性格刚强：武松是个~心直汉，却不见怪|鲁迅的骨头是最~的|态度强~|说话~气|是条~汉子。又引申指❸强劲，蛮强：不怕骑生马，犹能挽~弓|他~要这么做|他是心软嘴~。又引申指❹勉强：病了，他舍不得花钱买药，自己~挺着|~着头皮|~撑|~熬。又引申指❺强，好：这是~本事|人~货不~|~功夫。

确 què

（㲉、埆、確、碻、塙）

【字形】篆 今篆

隶 确 塙 埆 確 碻

草

【构造】形声兼会意字。篆文从石，角声，异体从石，㱿声，角、㱿也皆兼会击之能发声的坚硬石头之意。隶变后楷书写作确与㲉。异体还有埆、確、碻、塙，从土或从石，隺声或高声，隺或高也兼表硬度高之意，含义相同。如今规范化以确为正体。

【本义】《说文·石部》段注：“确，磬（kè，坚硬）石也。从石，角声。㲉，确或从㱿。”本义为坚硬。《玉篇·石部》：“埆，垸埆。”《正字通·石部》：“确，硗确，石地。”皆指土地多石而贫瘠。

【演变】确，本义指❶坚硬：~然有柱石之固。用作“埆”，又表示❷土地多石而贫瘠：有寝丘者，其地~石而名丑。引申用于抽象意义，指❸确实不虚：指切时要，言辩而~|~有其事|千真万~|~凿|~切|准~|正~。又引申指❹坚定，不动摇：~立|~信|~守|~定。

猋 biāo

（飆、飙、飈、飚）

【字形】甲 金 篆 今篆

隶 猋 飙 飆 飈 飚

草

【构造】会意字。甲、金文从三犬，会群犬狂奔之意。篆文整齐化。隶变后楷书写作猋。又用作飈、飚，表示暴风。

【本义】《说文·犬部》：“猋，犬走貌。从三犬。”本义为群犬奔跑。

【演变】猋,由本义群犬奔跑,引申泛指❶奔跑,急速前往:灵皇皇兮既降,~远举兮云中|并力~发。又表示❷暴风,旋风:~风暴雨总至。此义后写作"飆",如今简化作飙。

〇飙,从风从猋会意,猋也兼表声。异体作飈,也作飇,或从焱。如今规范化以飙为正体,读 biāo,是"扶摇"的急声合音。本义指暴风:何意回~举,吹我入云中|狂~。

【组字】猋,如今不单用,只作偏旁。现今仍归入犬部。凡从猋取义的字皆与急速等义有关。

以猋作声兼义符的字有:飙、飈。

尞 liǎo;liào

(尞、燎)

【字形】甲 金 篆

隶 草

【构造】会意字。甲骨文下从火,上象架柴焚烧、火星飞飘形,是古代焚柴祭天之象。金文大同。后来中间加出所烧之物,遂发展为篆文之形。隶变后楷书写作尞。俗作尞。如今规范化用尞。作偏旁时或简作了。是"燎"的本字。

【本义】《说文·火部》:"尞,柴祭天也。从火,从昚。昚,古文慎字,祭天所以慎也。"析形不确。本义为焚柴祭天。

【演变】尞,读 liào,本义指❶焚柴祭天。

又读 liǎo,引申泛指❷焚烧:弃其血肉之躯若~毛发。

由于"尞"作了偏旁,其义便另加义符"火"写作"燎"来表示。

〇燎,从火从尞会意,尞也兼表声。读 liáo,本义指❶放火延烧:~之方扬,宁或灭之?|星火~原。引申指❷烘烤:光武对灶~衣。

又读 liǎo,引申指❸因靠近火而被烧焦:成立之难如升天,覆坠之易如~毛|点蜡烛时别~了头发。

【组字】尞,如今不单用,只作偏旁,作偏旁时或简作"了"。现今归入小部。凡从尞取义的字皆与焚烧烟火升腾等义有关。

以尞作声兼义符的字有:嘹、撩、缭、燎。

以尞(了)作声符的字有:僚、遼(辽)、獠、潦、寮、鹩、瞭、療(疗)、镣、蹽。

甤 ruí

(蕤、葳、蕊)

【字形】篆 隶 草

【构造】形声兼会意字。篆文从生,豨省声,豨也兼表繁乱之意。表示草木花实下垂的样子。隶变后楷书写作甤。

【本义】《说文·生部》:"甤,草木实甤甤也。从生,豨省声。"本义为草木花实下垂的样子。

【演变】甤,本义指❶草木花实下垂的样子。又指❷草秀不实。

由于"甤"作了偏旁,草木花实下垂之义便另加义符"艹"写作"蕤"来表示。

〇蕤,从艹从甤会意,甤也兼表声。用作联绵词"葳蕤",读 wēiruí,表示❶草木茂盛的样子:兰叶春葳~,桂华秋皎洁。又引申泛指❷华美:言词多感激,文字少葳~。

草秀不实的意思后用蕊来表示。参见惢。

【组字】甤,如今不单用,只作偏旁。现今仍归入生部。凡从甤取义的字皆与草木花叶茂盛披垂等义有关。

以甤作声兼义符的字有:蕤。

殖 zhí;shi

【字形】篆 隶 草

【构造】形声兼会意字。篆文从歺(歹,残骨),直声,直为植省,也兼表产生之意。隶变后楷书写作殖。

【本义】《说文·歺部》:"殖,脂膏久,殖也。从歺,直声。"本义为脂膏久而腐败生虫。《玉篇·歺部》:"殖,长也,生也。"表示生育,生长。

【演变】殖,读 shi,由本义脂膏久而腐败,引申特指❶尸骨:骨~。

又读 zhí,本义为❷生育,生长:同姓不婚,恶不~也|草木~焉,鸟兽育焉|繁~|~民。引申指❸增加:财用蕃~|增~。又引申特指❹经商,增殖钱财:子贡~于卫|货~营生。用作名词,指❺经商的人:货~列传|州俊之豪杰,五都货~。

雄xióng

【字形】篆  隶 雄 草 

【构造】形声兼会意字。篆文从隹(鸟),厷声,厷也兼表有力之意。隶变后楷书写作雄。

【本义】《说文·隹部》:“雄,鸟父也。从隹,厷声。”本义为公鸟。

【演变】雄,本义指❶雄性的鸟:谁知鸟之雌~。引申泛指❷雄性的:~兔脚扑朔,雌兔眼迷离|~鸡|~蜂|~蕊。雄性多强有力,故又引申指❸强有力的,杰出的:愿与汉王挑战,决雌~|人以其~健,呼宋将军云|~师|~兵|~辩|~劲。又引申指❹威武,有气魄:将军以神武~才|~姿英发|~才大略|~壮|~心|~关|~伟。用作名词,指❺杰出的人才或强盛的国家:常为诸侯~|刘备天下枭~|死亦为鬼~|战国七~|英~。

【组字】雄,如今既可单用,也可作偏旁。现今仍归入隹部。凡从雄取义的字皆与雄性等义有关。

以雄作声兼义符的字有:𨘥。

搭dā

【字形】古  今篆  隶 搭 草 

【构造】形声兼会意字。古文从手,荅声,荅也兼表相合之意。隶变后楷书写作搭。

【本义】《字汇·手部》:“搭,挂也。”本义为挂。

【演变】搭,本义指❶挂,放:熏笼乱~绣衣裳|绳子上~满了衣被|胳膊上~条毛巾。将东西支起来就需要搭放在另一物上,故又引申指❷支起,架起:量度人数,先次~盖席屋|给葡萄~个架|~一座假山|~桥|~棚|~台。由一物在另一物上,又引申指❸乘坐:令~附因便海舶归国|~船|~车|~载。搭则相接触,故又引申指❹相交接,结在一起:自从和那张三~识上了,打得火块一般热|两根电线~在了一起|前言不~后语|~帮结伙|~街坊|~火。又引申指❺加上,添上:钱都~进去了|差点把命~进去|另外~给一个苹果。又引申指❻配合:细粮粗粮~着吃|大小~在一块卖。又引申指❼共同抬起:把桌子~走。

提tí;dǐ;dī

(擿、擲、掷)

【字形】篆  今篆  隶 提 擿 掷 擲 草 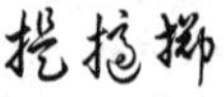

【构造】形声兼会意字。篆文从手,是声,是为日升至中,也兼表向上之意。隶变后楷书写作提。

【本义】《说文·手部》:“提,挈也。从手,是声。”本义为垂手拿着。

【演变】提,读 tí,本义指❶拎着,拿着:~刀而立,为之四顾|今~一匕首入不测之强秦|~竹筒丝笼|~心吊胆|~着水壶|~篮。提则向上,故引申指❷举拔,向上升:~奖后辈,以名行为先|~拔|~升|~高|~神|~价。又引申指❸把预定的时间往前移:将出发的时间~到上午|~前|~早。由向上提,又引申指❹指出,举出:记事者必~其要|你一~我,他就知道了|~个问题|~出意见|~议|~醒。又引申指❺说起:过去的事别再~了|~起来话就长了|~亲。又引申指❻取出,提取:差我到温州~这一干犯人去|~款|~货|~炼|~讯|~纯。由拎着,又引申指❼执持:匪面命之,言~其耳。又引申指❽拉着,率领:伛偻~携,往来而不绝者,滁人游也|玄德自~一军攻打西门。用作名词,指❾向上舀取油、酒的长把量器:油~|酒~。又指❿汉字的一种笔形,即挑(tiǎo)。

古又读 dǐ,表示⓫投掷:荆轲废,乃引其匕首~秦王。此义也作“擿”,今作“擲(简作掷)”。

今又读 dī,用于⓬“提防”“提溜”等词。

〇擿,从扌从適会意,適也兼表声。后作擲,如今简化皆作掷。读 zhì,本义指❶用力投:卿试~地,要作金石声|~铁饼|投~|弃~。引申指❷抛撒:金块珠砾,弃~逦迤。

〇掷,从扌从郑会意,郑声。读 zhì,本义为❶搔,挠:斫挞无伤痛,指~无痟痒。又指❷投,扔:金块珠砾,弃~逦迤|帘内~一纸出|~地有声|~弹|投~。

【组字】提,如今既可单用,也可作偏旁。现今仍归入手部。凡从提取义的字皆与垂手拿着、提防等义有关。

以提作声兼义符的字有:啼。

以提作声符的字有：堤。

揭 jiē

【字形】篆  隶 **揭** 草 

【构造】会意兼形声字。篆文从手从曷（呐喊），会高举战旗呐喊聚义之意，所谓揭竿而起，曷也兼表声。隶变后楷书写作揭。

【本义】《说文・手部》："揭，高举也。从手，曷声。"本义为高举。

【演变】揭，本义指❶高举：于是乘其车，~其剑，过其友｜斩木为兵，~竿为旗｜~竿而起。引申泛指❷扛，负：负匮~箧担囊而趋。又引申指❸向上翻：唇~者其齿寒。后又引申指❹分开，掀起：武夫~水指路，引（柳）毅以进｜~开席片｜~锅盖｜~幕。由揭开，又引申指❺使显露：昭~通衢｜昭然若~｜~露｜~示｜~发｜~晓。

【组字】揭，如今既可单用，也可作偏旁。现今仍归入手部。凡从揭取义的字皆与高举等义有关。

以揭作声符的字有：藒。

揪 jiū（揫）

【字形】篆  今篆  隶 **揪** 草 

【构造】会意兼形声字。篆文从手从秋（收秋）会意，秋也兼表声。隶变后楷书写作揫。俗作揪。如今规范化，以揪为正体。

【本义】《说文・手部》："揫，束也。从手，秋声。"本义为扎束。《字汇・手部》："揪，手揪。"又表示用手紧紧抓住。

【演变】揪，本义指❶扎束。此义今已不用。引申指❷用手紧紧抓住：若是恼咱性儿起，~住耳朵采头发｜~紧绳子别放｜把坏蛋~出来｜~下一个苹果｜~头发。

搂 lǒu；lōu（摟）

【字形】篆  今篆  隶 **搂 摟** 草 

【构造】形声兼会意字。篆文从手，婁声，婁（头顶物必持之）也兼表拘持之意。隶变后楷书写作摟。如今简化作搂。

【本义】《说文・手部》："摟，曳聚也。从手，婁声。"本义为牵合。

【演变】搂，读 lōu，本义指❶牵合：五霸，~诸侯以伐诸侯者也。由牵合，引申指❷把东西向自己面前收聚：~柴火｜~树叶。又引申指❸赚取：一味地~钱｜~外快。又引申指❹拢起来：~起长衫走上楼去｜~起衣襟。又引申指❺向自己方向扳，扣：~枪栓｜~底。

又读 lǒu，由收聚，引申表示❻抱持：他两个~住肩，携着手，出了佛殿｜孩子~着腿不放｜~抱。又用作❼量词：树都长到一~粗了。

搅 jiǎo（攪）

【字形】篆  隶 **搅 攪** 草 

【构造】形声兼会意字。篆文从手，覺声，覺也兼表起动之意。隶变后楷书写作攪。如今简化作搅。

【本义】《说文・手部》："攪，乱也。从手，覺声。"本义为搅拌使乱。

【演变】搅，本义指❶搅拌使乱：取出药来，抖在瓢里，只做来饶他酒吃，把瓢去兜时，药已~在酒里｜把粥~一~｜~和。引申指❷扰乱：又~得你劳了半日神｜胡~蛮缠｜打~｜~乱｜~扰。

握 wò

【字形】古  篆  隶 **握** 草 

【构造】形声兼会意字。古文从双手，屋声，屋也兼表罩住之意。篆文省简并整齐化。隶变后楷书写作握。

【本义】《说文・手部》："握，搤持也。从手，屋声。"本义为用手攥住。

【演变】握，本义指❶用手攥住：何故怀瑾~瑜，而自令见放为｜燕王私~臣手曰｜~笔｜~手。又指❷攥成拳：骨弱筋柔而~固｜把手~起来｜~拳。又引申指❸掌握：旦~权则为卿相，夕失势则为匹夫｜你可要把~住了｜把~事物的本质｜十分有把~。

揉 róu
（煣、矯、矫）

【字形】金  篆  今篆  隶 揉 煣 矫 矯 草 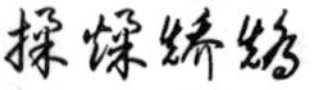

【构造】形声兼会意字。金文从火，夒（猱）声。篆文从火（曲木必用火烤），省为柔声，柔也兼表使弯曲之意。隶变后楷书写作煣。俗作揉，改为从手。如今规范化，以揉为正体。

【本义】《说文·火部》："煣，屈申木也。从火、柔，柔亦声。"本义为用火烘烤木条使伸直或弯曲。细分则使直变曲为煣，使曲变直为矫。《集韵·有韵》："煣，或作揉。"

【演变】揉，本义指❶用火烘烤木条使伸直或弯曲：斫木为耜，～木为耒｜矫～造作。引申指❷用手来回擦或搓：暖手～双目，看图引四肢｜不要乱～眼睛｜腿疼，～一～就好了｜把纸都～碎了。又引申指❸团弄：把纸～成一团｜～面。

〇矫，繁体矯，从矢，喬声，喬也兼表夭曲之意。如今简化作矫。读 jiǎo，本义指❶使箭竿变直的箝子。引申泛指❷使弯曲的物体变直：枸柲（曲木柄）将待檃括（正曲木工具）烝（火烤）～然后直。又引申为❸纠正：以法术之言～人主阿辟（偏袒邪僻）之心｜～枉过正｜～正。由纠正、改变又引申指❹假托：臣窃～君命以责（债）赐诸民｜～命｜～饰。矫正要用强力，故又引申指❺强壮，勇武：～健。

【组字】揉，如今既可单用，也可作偏旁。现今仍归入手部。凡从揉取义的字皆与使弯曲等义有关。

以揉作声符的字有：葇。

暂 zàn
（暫）

【字形】篆  隶 暂 暫 草 

【构造】形声兼会意字。篆文从日，斬声，斬也兼表迅疾之意。隶变后楷书写作暫。如今简化作暂。

【本义】《说文·日部》："暫，不久也。从日，斬声。"本义为时间短促。

【演变】暂，本义指❶时间短：太古之人，知生之～来，知死之～往，故从心而动，不违自然｜～则封舱，久则封港｜短～｜～时。用作副词，表示❷暂时：卿但～还家，吾今且报府｜～停｜～住｜～行｜～且。又表示❸顿时：如听仙乐耳～明。又表示❹仓猝：妇人～而免诸国。

【组字】暂，如今既可单用，也可作偏旁。现今仍归入日部。凡从暂取义的字皆与时间等义有关。

以暂作声符的字有：嗜。

朁 cǎn；jiàn；qián
（朁、僭、譖、潛）

【字形】古  篆 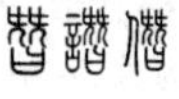 隶 朁 谮 譖 僭 草 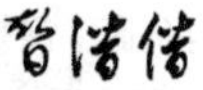

【构造】会意兼形声字。古文从口从兓（二人插簪子）会意。篆文从曰（表说话）从兓，会说话像簪子一样刺人，即进谗言，兓也兼表声。隶变后楷书本应作朁，作偏旁时俗写作朁。是"譖"的本字，又借作"僭"。

【本义】《说文·曰部》："朁，曾也。从曰，兓声。"所释为引申义。本义当为进谗言。是"譖"的本字。

【演变】朁，读 cǎn，本义指进谗言。后借用作副词，表示出乎意料，相当于❶曾，竟：～不畏明。

又读 jiàn，用同僭，表示❷虚假。

又读 qián，用于"於朁"，指❸古地名。属杭州。后作潛，今简作潜。

由于"朁"作了偏旁，其本义便另加义符"言"写作"譖"来表示，如今简化作谮。

〇谮，从讠从朁会意，朁也兼表声。读 zèn，本义指❶说坏话诬陷别人：残贼加累之～，君子不用。

又读 jiàn，借作"僭"，表示❷不信：朋友已～，不胥（相）以谷（善）。

〇僭，从人，朁声。读 jiàn，本义指❶超越本分：诸侯～于天子｜～越。又指❷虚假，不信：小人之言，～而无征。又用作❸谦词：～述管见，类列于后。

【组字】朁，如今不单用，只作偏旁。现今归入日部。凡从朁取义的字皆与插入等义有关。

以朁作声兼义符的字有：僭、谮、噆、潛（潜）、簪、簪。

以朁作声符的字有：撍、簪、橬、蠶（蚕）。

辈 bèi
（輩）

【字形】篆 隶 辈 輩 草

【构造】会意兼形声字。篆文从車从非（两翅背分），会战车以百辆分列并排之意，非也兼表声。隶变后楷书写作輩。如今简化作辈。

【本义】《说文·车部》："輩，若军发车百辆为一辈。从車，非声。"本义为分成行列的战车。

【演变】辈，本义指❶分成行列的战车。引申指❷类别，等级：马有上中下～。现在辈只用于指❸人的等类：无能之～|我～|侪～|流～|汝～|君～。又引申指❹长幼尊卑的辈分，代：当在汝之子孙～耳|英雄～出|前～|长～|晚～|行～。

【组字】辈，如今既可单用，也可作偏旁。现今仍归入车部。凡从辈取义的字皆与行列等义有关。

以辈作声兼义符的字有：僃、龏。

悲 bēi

【字形】篆 隶 悲 草

【构造】形声兼会意字。篆文从心，非声，非也兼表因违背己心而哀伤之意，所谓违己交病也。隶变后楷书写作悲。

【本义】《说文·心部》："悲，痛也。从心，非声。"本义为哀痛。

【演变】悲，本义指❶哀痛：中心常苦～|奚惆怅而独～|不以物喜，不以己～。引申指❷怜悯，同情：言之，貌若甚戚者，余～之|～天悯人|慈～为怀。

【组字】悲，如今既可单用，也可作偏旁。现今仍归入心部。凡从悲取义的字皆与哀痛等义有关。

以悲作声兼义符的字有：啡。

萈 huán
（莧、苋、羱）

【字形】甲 金 篆 今篆 隶 苋 莧 羱 草

【构造】象形字。甲骨文象一只长着弯弯细角的山羊形，上象弯曲的羊角，下象羊之头身足尾。金文象萈羊形。篆文整齐化。隶变后楷书写作萈。本与"莧"不同，如今作偏旁时与"莧"都简化作"苋"，遂混同。

【本义】《说文·萈部》："萈，山羊细角者。从兔足，𦍌声。"析形不确。本义为一种山羊。

【演变】萈，读 huán，本义指一种山羊。形体高大，其角弯曲而宽阔，卜辞用为祭牲，古籍中又写作"羱"。

〇苋，繁体莧，从艹，見声。如今简化作苋。读 xiàn，本义指苋菜：马齿～。

〇羱，从羊从原会意，原也兼表声。读 yuán，本义为羱羊，产于我国西部和北部的一种野生羊：～羊似吴羊而大角，角椭，出西方。

【组字】萈，如今不单用，只作偏旁。现今归入艹部。凡从萈取义的字皆与细角山羊等义有关。

以萈作声兼义符的字有：寬（宽）。

萑 huán；zhuī
（雚、雈、舊、旧、鵂、鸺、鴞、鸮、萑、萑）

【字形】甲 金 篆 隶 萑 雚 旧 舊 萑 鸺 鵂 鸮 鴞 草

【构造】象形字。萑与雚是同一个字，甲骨文象一只头顶有毛角、瞪着两个大眼睛的猫头鹰形，或简化只画出一个轮廓。金文或另加出臼声。篆文承甲骨文和金文并整齐化，分化为后来的三个字。隶变后繁形发展为楷书的雚；带声符的发展为楷书的舊，如今简化作旧；简形发展为楷书的雈，后省作萑，俗简作萑。汉字中还有一个"萑"字，本从艹，雈声，是芦苇一类的植物，俗也省作"萑"。萑，本是从艹、隹声，义为草多。这样一来，当猫头鹰讲的"萑"，当芦苇讲的"萑"，与当草多讲的"萑"就成了同形字。参见雚。

【本义】《说文·萑部》："萑，鸱属。从隹，从𦫳，有毛角。所鸣'其民有祸'。"本义为猫头鹰。

《说文·艸部》:"萑,萑也。从艸,雈(萑)声。"本义为荻类植物。《说文·艸部》:"萑,草多貌。从艸,隹声。"本义为草多的样子。

【演变】雈,如今简化作萑。读 huán,本义指猫头鹰。猫头鹰是古人的美味,多捕食之,号为"鸮炙"。由于萑作了偏旁,猫头鹰之义便另加声符"臼"写作"舊"来表示。

○旧,繁体作舊,从萑,臼声。如今简化作旧。据说这种猛禽常毁他鸟之巢取食幼鸟,臼也兼表巢穴之义。传说古人捕捉时,先拣一旧鸟为媒,以原鸟捕新鸟,对新捕的鸟来说,原先的鸟即为旧,故遂用以表示❶原先已有的,长久过时的:不思～姻,求尔新特(配偶)|周虽～邦,其命维新|～书|～交|～思想。引申又指❷老交情,老朋友:思～故以想像兮,长太息而掩涕|玄素与荆州牧刘表有～|故～不遗,则民不偷(淡薄)。

"旧"为引申义所专用,猫头鹰之义便又另造了形声字"鵂"(如今简化作鸺)与"鴞"(如今简化作鸮)来表示。

○鸺,从鸟,休声。读 xiū,本义指鸱鸮科"鸺鹠":所居殿常有～鹠鸟鸣,(侯)景恶之,每使人穷山野讨捕焉。

○鸮,从鸟,号声。读 xiāo,本义指猫头鹰:鸱～鸱～,既取我子,无毁我室。

○萑,如今简化作萑,读 huán,本义为荻类植物。初生名菼(tǎn),幼小时叫蒹,长成后称萑:七月流火,八月～苇|初生者为菼,长大为萑,成则名为～|寺有三池,～蒲菱藕,水物生焉|编～竹以为瓦栋。

○萑,读 zhuī,本义为❶草多的样子。用作"萑蒀",指❷色彩缤纷的样子:～蒀炫煌。用作名词,指❸药草名,即茺蔚,又名益母草。

【组字】雈,如今不单用,只作偏旁。现今归入隹部。凡从雈取义的字皆与猫头鹰等义有关。

以雈作义符的字有:蒦、藋、舊(旧)。

以雈作声符的字有:萑。

紫 zǐ

【字形】

【构造】会意兼形声字。金文和古文皆从糸从此(压倒),会压倒朱红的青赤色之意,所谓"紫之夺朱也",多用于皇家、显贵和仙人,此也兼表声。篆文整齐化。隶变后楷书写作紫。

【本义】《说文·糸部》:"紫,帛青赤色。从糸,此声。"本义为红蓝合成的颜色。

【演变】紫,本义指❶红蓝合成的颜色:有一人披～裳|～铜|～菜|～草。古人认为紫非正色,故用以表示❷邪,不正:恶～之夺朱也。古代贵官服色多用朱紫,故又借用以表示❸高官:满朝朱～贵|每朝会,朱～满庭。天有云霞,多呈紫色,故又用以表示❹天空:意欲奋六翮,排雾凌～虚|～霄。又用以表示❺祥瑞的云气:老子西游,关令尹喜望见有～气浮关,而老子果乘青牛而过也|东来～气满函关|～气舒其右|～云。又表示❻神仙住的地方:～台|～阙。古代天文学家将星空分为太微、紫微、天市三垣。紫微垣为皇极之地,故又用以称❼帝王宫殿,帝都郊外的道路,与帝王有关的事物:芙蓉阙下会千官,～禁朱樱出上兰|～禁城|～陌。

【组字】紫,如今既可单用,也可作偏旁。现今仍归入糸部。凡从紫取义的字皆与颜色等义有关。

以紫作声符的字有:嵫。

睿 jùn;ruì

(濬、濬、浚、叡、壑、睿、叡)

【字形】

【构造】会意字。金文从谷(山谷)从歺(歺,表示残穿),会深挖疏通水道之意。篆文整齐化。隶变后楷书写作睿。

【本义】《说文·谷部》:"睿,深通川也。从歺、谷。歺,残也;谷,阬(坑)坎意也。"本义为深挖疏通水道。

【演变】睿,读 jùn,本义指❶深挖疏通水道:～畎浍,距川。又指❷水沟。

又读 ruì,由疏通,引申指❸思维明通:思心之不～,是谓不圣。

由于睿作了偏旁,疏通之义后来便另加义符"氵"写作"濬"来表示,后又另造了形声字"濬""浚"来表示。水沟之义则用从㕡从谷会意的"叡"字来表示,后又另加义符"土"写作"壡"来表示。思维明通之义则另造了从目从叡省的"叡"字来表示,如今省作"睿"。参见濬、壡、睿。

○浚,从水,夋声。异体作濬、濬。如今规范化用浚,读 jùn,本义指❶深挖疏通水道:禹别九州,随山~川|~井|疏~。引申指❷深:潭西二十五步,当湍而~者为鱼梁|踯躅欲安之,幽人在~谷。

【组字】睿,如今不单用,只作偏旁。现今仍归入谷部。凡从睿取义的字皆与深通等义有关。以睿作义符的字有:叡(壡)、睿(叡)、濬、濬。

菐 pú (僕、仆)

【字形】甲 金 古 篆

隶 草

【构造】会意字。甲骨文象头顶戴辛(刑刀)、身后饰尾之人手持盛粪土的簸箕扫除之形,表示是个受过刑的奴隶。金文变得看不出人形了,遂又另加义符"人"旁。古文进一步省简。篆文承接金文和古文分为繁简二体。隶变后楷书分别写作菐与僕。僕,如今单用时简化作仆。菐则只作偏旁。

【本义】《说文·菐部》:"菐,渎菐(烦琐)也。从丵,从廾,廾亦声。"析形是就篆文所作的解说,所释为引申义。其实菐是僕的省形,二字本义皆指供役使的奴隶。

【演变】菐,本义指❶供役使的奴隶。由仆役引申指❷烦琐。参见僕。

【组字】菐,如今不单用,只作偏旁。现今归入丨部。凡从菐取义的字皆与仆役等义有关。

以菐作声兼义符的字有:僕(仆)。

以菐作声符的字有:撲(扑)、噗、璞、樸(朴)、镤、蹼、醭。

黹 zhǐ

【字形】甲 金 篆 隶

草

【构造】象形字。甲、金文皆象用绷子把布撑起来在上面绣出的花纹形。篆文整齐化。隶变后楷书写作黹。

【本义】《说文·黹部》:"黹,箴(针)缕所紩(缝缀)衣也。从㡀,丵省。"析形不确。本义为用针线刺成的花纹。

【演变】黹,本义指❶用针线刺成的花纹:玄衣~屯(用黹形花纹饰边)。引申泛指❷缝纫、刺绣等针线活:针~女工,诗词书算,无不能者。

【组字】黹,如今既可单用,也可作偏旁。现今仍设黹部。凡从黹取义的字皆与缝纫、刺绣花纹等义有关。

以黹作义符的字有:黺、黻、黼、黼。

以黹作声符的字有:㡀。

凿 záo (鑿、鑿)

【字形】甲 金 古 籀

篆 隶 草

【构造】象形兼会意字。甲骨文一形象手持辛凿在山里开凿玉石之形,二形简化。金文大同。古文改为从金从辛(表示錾凿)从臼(表示坑洞),会用金属錾凿凿坑洞之意;或另加"攴"(手持槌),以突出敲打之意。籀文承古文一形省去金,凿子头稍繁,表示长期敲打而使木披散开。篆文承古文二形并整齐繁化,支也变为殳。隶变后楷书写作鑿,或省金作鑿。如今简化取籀文之形作凿。

【本义】《说文·金部》:"鑿,穿木也。从金,毇省声。"析形不确。本义为穿孔。

【演变】凿,本义指❶穿孔:二之日,~冰冲冲|~眼|~洞。引申泛指❷挖掘,凿通:使监禄~渠运粮,深入越地|疏三江,~五湖。用作名词,指❸凿子:轮扁斫轮于堂下,释椎~而上|平~|圆~。又指❹凿出的孔穴,隧道:量其~深,以为轮广|方枘(榫)圆~。又引申为❺戳击:照头上~两个栗暴。由人为的穿孔,又引申为❻牵强附会:所恶于智者,为其~也|与其~也,毋宁阙(缺)之。由穿透,又引申为❼鲜明:扬之水,白石~~。进而引申指❽明确,真实:言之~~|确~。

【组字】凿(鑿),如今既可单用,也可作偏旁。

现今归入凵部。凡从凿取义的字皆与敲击等义有关。

以凿(嗀)作声兼义符的字有:鑿、鑿。

辉 huī
(煇、輝)

【字形】甲  籀  篆  今篆 
隶 辉 輝 草 

【构造】会意兼形声字。甲骨文从火从匀省会意,匀也兼表声。籀文从火从軍,会军营灯火辉煌之意,軍也兼表声。篆文整齐化。隶变后楷书写作煇。俗作輝,改为从光,成了军营阳光灿烂了。如今规范化,以简化的辉为正体。

【本义】《说文·火部》:"煇,光也。从火,軍声。"本义为光辉。《集韵·微部》:"煇,或作辉。"

【演变】辉,本义指❶光辉:夫日者,众阳之长,~光所烛,万里同晷|灯火~煌|光~。引申指❷光彩:独宿累长夜,梦想见容~。用作动词,指❸照耀,生辉:昭昭之光,~烛四海|五色交~|云日相~映。

敞 chǎng

【字形】古  篆  隶 敞 草 

【构造】会意兼形声字。古文从攴(表操作)从尚(表高举),会平治高土筑成平台用以远望之意,尚也兼表声。篆文整齐化,隶变后楷书写作敞。

【本义】《说文·支部》:"敞,平治高土,可以远望也。从支,尚声。"本义为平治高土筑成平台用以远望。

【演变】敞,本义指❶平治高土筑成平台用以远望。引申泛指❷宽阔,高朗:皆高门华屋,斋馆~丽|~亮|宽~。用作动词,指❸打开,露出:~着怀,腆着个肚子|~衣露腹|~开。

【组字】敞,如今既可单用,也可作偏旁。现今仍归入支部。凡从敞取义的字皆与开阔等义有关。

以敞作声兼义符的字有:廠(厂)、鷩。

牚 chèng;chēng
(摚、𣥺、撐、撑)

【字形】古  篆  今篆 
隶 牚 樘 摚 撐 撑
草 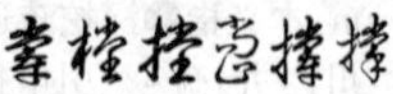

【构造】形声兼会意字。古文从手,掌声,掌也兼撑起之意。篆文改为从木,堂声,异体从止,尚声,堂、尚也兼表高起之意。隶变后楷书分别写作樘和𣥺。俗作牚,改为从牙从尚会意,尚也兼表声。牚为引申义所专用,便又另加义符扌写作撐,成为从手从牚会意,牚也兼表声。俗承接古文作撑。如今规范化,以撑为正体。后樘、撑二字语音有变化,表义有分工。

【本义】《说文·木部》:"樘,衺柱也。从木,堂声。"本义为支柱,支撑。又《止部》:"𣥺,歫也。从止,尚声。"《集韵·庚韵》:"樘,或作牚。"《正字通·手部》:"撑,俗撐字。"

【演变】牚,读 chèng,本义指❶斜柱:枝~杈枒而斜据。由斜柱引申指❷家具腿间的横木:桌子腿上缺了一个~。

又读 chēng,用作动词,引申指❸抵住:斩截无孑遗,尸骸相~拒。此义后用另加义符扌写作"撐"来表示。俗也作"撑"。

〇撑,从扌从掌会意,表示用手支撑。读 chēng,本义指❶支撑:天津流水波赤血,白骨相~乱如麻|一柱~天|~竿跳高。引申指❷用篙抵住岸或河床使船前进:他整天在河上~船。又引申指❸支持或维持:全靠这个~门面|有人给他~腰。由支撑又引申指❹张开:把伞~开|你~着口袋,我来向里倒。由支撑又引申指❺充满,饱胀:把口袋都~破了|今儿吃多了,有点~得慌。

【组字】牚,如今既可单用,也可作偏旁。现今归入牙部。凡从牚取义的字皆与支撑等义有关。

以牚作声兼义符的字有:撐、鏿。

掌 zhǎng
(撑)

【字形】篆  隶 掌 草 

【构造】形声兼会意字。篆文从手，尚声，尚（上）也兼表朝上的手心之意。隶变后楷书写作掌。

【本义】《说文·手部》："掌，手中也。从手，尚声。"本义为手掌。

【演变】掌，本义指❶手掌：子曰："其如示诸斯乎！"指其～|拊～大笑|易如反～|鼓～。引申指❷动物的脚掌：鱼，我所欲也；熊～，亦我所欲也|鸭～。用作动词，指❸用手掌打：蹶松柏，～蒺藜|～嘴|～颊。手掌是把握操作的器官，故又引申指❹手拿：～灯|～旗。又引申指❺掌握，管理，主持：使～公族大夫|凌人～冰|～舵|～柜|～印。由手掌引申又指❻钉在马蹄上的蹄形铁或钉在鞋上的补丁：马该换～了|给鞋钉个～|前～。用作动词，指❼给鞋加上掌：～鞋。由手持又引申指❽坚持，忍住：连贾珍也～不住笑了。此义今规范化用撑。参见掌。

【组字】掌，如今既可单用，也可作偏旁。现今仍归入手部。凡从掌取义的字皆与执持等义有关。

以掌作声兼义符的字有：撑、漟、橕、礃。

赏 shǎng（賞）

【字形】甲　金　篆　隶　草

【构造】会意兼形声字。赏与商、尚同源，在甲骨文中都是个酒器形。古代赏赐有功要赐以酒筵，以示尊荣，故甲骨文用酒器"商"表示赏赐，是个象形字。金文简化了酒器商形，并另加义符"貝"，表示货币。既是奖赏，自然得有钱财，便成了从貝从商省会意，商也兼表声。篆文承接金文二形并整齐化。隶变后楷书写作賞，省为从貝从尚，尚也兼表声。如今简化作赏。

【本义】《说文·貝部》："賞，赐有功也。从貝，尚声。"本义为奖赏。

【演变】赏，本义指❶奖赏，赐予：无功不～|～赐百千强|～罚分明|～他一支笔。又指❷赏给的东西：领～|悬～。引申为❸赞扬：善则～之|赞～。又引申指❹欣赏，即认为好，喜欢：奇文共欣～，疑义相与析|玩～|鉴～|～识。又用作❺敬辞：～光|～脸。

【组字】赏，如今既可单用，也可作偏旁。现今仍归入贝部。凡从赏取义的字皆与赐予等义有关。

以赏作声兼义符的字有：償（偿）。

鼎 dǐng（鐤）

【字形】甲　金　篆　隶　草

【构造】象形字。甲骨文象一只鼎形。鼎为古人的烹煮食器，一般三足两耳硕腹，犹如后来的锅。在方言"鼎间"（厨房）一词里，即为"锅"义。相传夏禹收九州之金铸成九鼎，遂成为传国之宝，象征王位、帝业、政权。金文大同。篆文整齐化。隶变后楷书写作鼎。异体作鐤，另加义符金。如今规范化，以鼎为正体。

【本义】《说文·鼎部》："鼎，三足两耳，和五味之宝器也。象析木以炊也。"析形不确。本义为古代食器。

【演变】鼎，本义指❶古代食器：～折足，覆公餗（鼎中美食），其形渥|齐烧沸～烹郦食其|钟鸣～食之家|～沸。鼎为传国宝器，又用以喻❷政权：定王使王孙满劳楚子，楚子问～之大小轻重焉，对曰："在德不在～……桀有昏德，～迁于商。"|商纣暴虐，～迁于周。鼎有三足，又用以喻❸三方并立：参（叁）分天下，～足而居|三国～立|～足之势|～峙。又用以表示❹显赫，盛大：其居则高门～贵，魁岸豪杰|～力相助|大名～～|～族。用作副词，表示❺正，正当：天子春秋～盛，行仪未过，德泽有加焉。

【组字】鼎，如今既可单用，也可作偏旁。现今仍设鼎部。凡从鼎取义的字皆与食器等义有关。注意：有些从鼎的字从篆文起就误变为从贝了。

以鼎作义符的字有：贞、则、鼐、鼏、鼎（员）、鼒。

以鼎作声符的字有：墥（町）、樢。

閒 jiàn；jiān；xián（間、间、闲）

【字形】金　篆　隶　草

【构造】会意字。金文从門从夕,或从門从外,用门中可以看到外面的月光,会空隙之意,也可表示结束一天的劳动归家休息之意。篆文将月移到门中并整齐化。隶变后楷书写作閒。俗改月为日写作間。如今规范化,空隙的意思由简化的"间"来表示,闲居无事的意思由简化的"闲"来表示。参见间、闲。

【本义】《说文·門部》:"閒,隙也。从門,从月。"本义为空隙。

【演变】閒,读 jiàn,本义指❶空隙:其御之妻从门~而窥其夫|彼节者有~,而刀刃者无厚,以无厚入有~,恢恢乎其于游刃必有余地矣|亲密无~。由空隙引申为❷隔开:道里悠远,山川~之|~断|~隔。用作使动,表示❸使隔开,离间:竭忠尽智,以事其君,谗人~之,可谓穷矣!又引申指❹参与,掺杂:肉食者谋之,又何~焉|饲之以鱼肉,~之以稻粱。又引申指❺间谍:非圣智不能用~,非仁义不能使~。又引申指❻私下:屏人~语。

　　又读 jiān,由空隙,用作名词,引申指❼中间,一定的空间、时间、人群或事物的范围之内:千乘之国,摄乎大国之~|天地~,人为贵|两者之~|民~|乡~|夜~。又引申指❽一会儿:立有~,不言而出。又用作量词,指❾计算房屋的单位:方宅十余亩,草屋八九~。

　　又读 xián,由空隙引申指❿空着没使用的:四海无~田,农夫犹饿死|~房|~置|~钱。又引申指⓫时间的空隙,空闲:且以冬春~月,不妨农事|农~|~暇。由此又引申指⓬安闲,没有事情:其后职任~散,用人渐轻|忙里偷~|~情逸致|游手好~|~居|~逛。又引申指⓭安静:~夜肃清,朗月照轩。又引申指⓮无关紧要的:若问~愁能几许?|~话|~谈|~扯|~聊。

【组字】閒,如今不单用,作为偏旁也被闲代替。现今仍归入门部。凡从閒取义的字皆与空闲等义有关。

以閒(闲)作声兼义符的字有:嫺(娴)。

以閒(闲)作声符的字有:鷳(鹇)、癇(痫)。

晴 qíng
(姓、暒)

【字形】籀 篆 今篆 晴暒 隶 晴 姓 暒 草

【构造】会意兼形声字。籀文本从夕从生,会月现天晴之意,生也兼表声。篆文整齐化。隶变后楷书写作姓。俗作晴,改为从日从青(青天)会意,青也兼表声。异体作暒,改为从日从星会意,星也兼表声。如今规范化,以晴为正体。

【本义】《说文·夕部》:"姓,雨而夜除星见也。从夕,生声。"《集韵·清韵》:"姓,或作晴。"本义为夜晴。

【演变】晴,本义为❶夜晴。引申泛指❷雨止云散天清朗:微雨新~,六合清朗|山峦为~雪所洗,娟然如拭|天~了|~天霹雳|~空万里|~朗|~和|~天|~好。

暑 shǔ

【字形】篆 隶 暑 草

【构造】形声兼会意字。篆文从日,者声,者(燎柴)也兼表似火热之意。隶变后楷书写作暑。

【本义】《说文·日部》:"暑,热也。从日,者声。"本义为炎热。

【演变】暑,本义指❶炎热:夫风雨霜露寒~之变,此疾之所由生也|~天|~热。用作名词,指❷热天:寒~易节,始一反焉|~假。又引申特指❸暑气:避~而~为之退|中~。

【组字】暑,如今既可单用,也可作偏旁。现今仍归入日部。凡从暑取义的字皆与炎热等义有关。

以暑作声符的字有:㬱、癙。

晶 jīng
(曐、星)

【字形】甲 金 篆 隶 晶 草

【构造】象形字。甲骨文和金文皆象天上三星形,三为众,故用以表示闪闪的群星。篆文整齐化。隶变后楷书写作晶,变为三日。是星的本字。参见星。

【本义】《说文·晶部》:"晶,精光也。从三日。"所释为引申义。本义当为星星。

【演变】晶,本义指❶星。引申指❷光亮:昏镜

非美金,漠然丧其~|亮~~。水晶光亮透明,故又用以表示❸水晶:茶~|墨~。又指❹晶体:结~|单~圭。又比喻❺成果:这是劳动人民智慧的结~。

晶为引申义所专用,星星之义便另加声符"生"写作"曐"来表示。如今简化作星。

【组字】晶,如今既可单用,也可作偏旁。现今归入日部。凡从晶取义的字皆与星星、光亮等义有关。

以晶作义符的字有:曐(星)、曑(参)、晨(晨)、曡(叠)。

最 zuì;jù (冣)

【字形】篆　隶　草

【构造】会意兼形声字。最有两个来源:篆文一形从冃(帽子,表蒙覆)从取(割取敌人左耳作为考核军功的凭据),用冒敌犯难取敌,会总合军功最多之意。隶变后楷书写作最。二形从冖(表覆聚)从取,会聚集到一块之意,取也兼表声。隶变后楷书本应写作"冣",因其与"最"形近,俗便也写作了"最"。如今规范化用最。

【本义】《说文·冃部》:"最,犯而取也。从冃,从取。"本义为合计军功最多。又《冖部》:"冣,积也。从冖,从取,取亦声。"本义为积聚。

【演变】最,作为本字,读 zuì,本义指❶合计军功最多,即上等的:频战功~,进爵寿昌县公|丞相御史课殿(下等)~以闻。又泛指❷总计,合计:~大将军青凡七出击匈奴|~目(总目)。由军功最多,用作副词,表示❸极:三子之才能,谁~贤哉?|~少|~快|~好。

用作"冣"字,古本读 jù,表示❹积聚,聚合:冬,收五藏(收藏好五谷),~万物|大~乐戏于沙丘。又通"骤",表示❺数次:夫齐,霸国之余业而~胜之遗事也。

【组字】最,如今既可单用,也可作偏旁。现今归入日部。凡从最取义的字皆与总合、聚合等义有关。

以最作声兼义符的字有:嘬、撮。

以最作声符的字有:蕞。

量 liáng;liàng

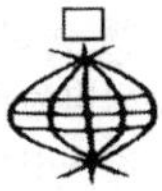

【字形】甲　金　篆　隶　草

【构造】会意字。甲骨文从东(箱篓一类容器),上有口,表示可以向里面装东西。金文口中加一点,下边置于地上,更明确强调其中可盛东西。篆文整齐化,下边一地变成土。隶变后楷书写作量。

【本义】《说文·重部》:"量,称轻重也。从重省,曏省声。"析形不确,解释的也是引申义。本义当为量器。

【演变】量,本义指容器,引申为两大类含义。一类读 liàng,用作名词,指❶测量物体多少的器具:齐旧四~:豆、区、釜、钟|度~衡。量器都有一定的容量,又引申指❷能容纳或禁受的限度:唯酒无~,不及乱|气~|雅~|力~|剂~。又指❸数量:雨~|流~。又引申指❹估计,打量:蚍蜉撼大树,可笑不自~|度德~力|~体裁衣|~力而行。

二类读 liáng,用作动词,指❺用容器、尺子或其他能作标准的东西来确定事物的多少、长短、大小或其他性质:为之斗斛以~之,则并与斗斛而窃之|大不可~,深不可测|石称丈~|~身高|~体温|~布|~米。用于抽象意义,表示❻估量,商酌,思考:掂~|商~|思~。

【组字】量,如今既可单用,也可作偏旁。现今归入里部。凡从量取义的字皆与容器等义有关。

以量作声符的字有:糧(粮)。

景 jǐng;yǐng (影)

【字形】篆　今篆　隶　草

【构造】会意兼形声字。篆文从日从京(高),会日光高照之意,京也兼表声。隶变后楷书写作景。

【本义】《说文·日部》:"景,光也。从日,京声。"本义为日光。

【演变】景,读 jǐng,本义指❶日光:皓天舒白日,灵~耀神州|浮~忽西沉。引申为❷景色,景

物：访风～于崇阿｜应是良辰好～虚设。进而引申为❸景况，情况：漠漠秦云淡淡天，新年～象入中年｜远～规划。因“景”也从“京”取义，故又表示❹高，大：神之听之，介尔～福｜高山仰止，～行（大道）行止。进而引申为❺仰慕：何令人之～慕一至于此耶？

又读 yǐng，有光就有影，故用作“影”，表示❻影子：天下云集响应，赢粮而～从。此义后另加义符“彡”写作“影”。

〇影，从彡从景会意，景也兼表声。读 yǐng，本义指❶物之阴影：人有畏～恶迹而去之走者，举足愈数而迹愈多，走愈疾而～不离身｜树～。引申指❷水中、镜子等反映出的物体的形象：引镜窥～，何以施（展放）眉目？进而引申指❸图像：与楚王庙神交饮至一斛……神～亦有酒色。又特指祖先的画像：老太太和舅母那日想是才拜了～回来。进而引申指现在的❹照相和电影：合～｜小～｜～评｜～院。用作动词，指❺摹写：汉之赋颂，～写楚世。又指❻影印：～宋元本或校宋元本的书籍很有些出版了。

【组字】景，如今既可单用，也可作偏旁。现今仍归入日部。凡从景取义的字皆与日光高照等义有关。

以景作声兼义符的字有：影、憬、璟。

猒 yàn
（厭、厌、餍、餍）

【字形】

【构造】会意字。金文从口从肰（狗肉），会饱食美味狗肉之意。篆文改口为甘，以突出饱食的是美味。隶变后楷书写作猒。

【本义】《说文·甘部》：“猒，饱也。从甘，从肰。”本义为饱足。

【演变】猒，本义指❶饱足。引申泛指❷满足：岂敢～纵其耳目心腹以乱百度？由于“猒”作了偏旁，其义便借“厭”（厌）来表示。后又写作饜，今则简化作餍。参见厌。

【组字】猒，如今不单用，只作偏旁。现今归入犬部。凡从猒取义的字皆与饱足等义有关。

以猒作声符的字有：厭（厌）。

遇 yù

【字形】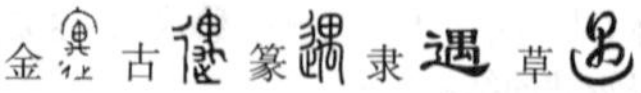

【构造】形声兼会意字。金文和古文皆从辵（辶），禺声，禺为猴，好群聚，也兼表会逢之意。篆文整齐化。隶变后楷书写作遇。

【本义】《说文·辵部》：“遇，逢也。从辵，禺声。”本义为相逢，不期而会。

【演变】遇，本义指❶相逢，未约定而碰到，遭遇：～丈人，以杖荷蓧｜郑商人弦高，将市于周，～之｜昔因机变化，遭～明主｜～泥泞，道不通｜与操～于赤壁｜汝以一念之贞，～人仳离｜百年不～｜～合｜～险｜～见。由不期而会，引申指❷机会，际遇：斯固百世之～也｜恩～｜佳～。又引申指❸对待，招待：不如因善～之｜出则接～宾客，应对诸侯｜盖追先帝之殊～，欲报之于陛下也。又引申特指❹得到君主信任：垂老～君为恨晚。又引申特指❺（精神）接触：臣以神～而不以目见。

【组字】遇，如今既可单用，也可作偏旁。现今仍归入辵（辶）部。凡从遇取义的字皆与相逢等义有关。

以遇作声符的字有：憁。

畯 jùn
（畯、峻）

【字形】

【构造】会意兼形声字。甲骨文左边是田，右边是个奘大的人，会掌管农耕的官员之意。金文人形少变。篆文又多加出一只脚。隶变后楷书写作畯，成了从田从夋会意，夋也兼表声。

【本义】《说文·田部》：“畯，农夫也。从田，夋声。”本义为奴隶社会为奴隶主管理农田、监督奴隶劳动的田官。

【演变】畯，本义指❶掌管农耕的官员：馌（送饭到田间）彼南亩，田～至喜。因“畯”从“夋”取义，故又通“峻”，表示❷崇高：国之宗盟，朝之～德。又用作“俊”，表示❸才智出众：拔去凶邪，登崇～良。参见隽（俊）。

〇峻,金文从山从畯会意,畯也兼表声。篆文改为从山从夋会意,夋也兼表声。异体或另加义符阜(左阝)作陖。如今规范化用峻。读 jùn,本义指❶山高而陡:此地有崇山~岭,茂林修竹|险~。引申指❷严厉:严刑~法|严~。

䖵 kūn (蟲、昆)

【字形】甲 金 篆 隶 䖵 草

【构造】象形兼会意字。甲骨文和金文皆从二虫,会昆虫之意。篆文整齐化。隶变后楷书写作䖵。

【本义】《说文・䖵部》:"䖵,虫之总名也。从二虫。读若昆。"本义为昆虫类的总称。

【演变】䖵与虫同源,虫本指蛇。由于大多数昆虫的幼虫都弯弯曲曲地蠕动,有点像蛇;且昆虫又多是集团并生的,于是便将二虫相并写作"䖵"来表示。读 kūn,即今之昆虫。用作昆虫类动物的总称:而天地鬼神、山川草木、鸟兽~虫、杂物奇怪、王制礼仪、世间人事,莫不毕载。

由于"䖵"作了偏旁,其义便又另加一虫写作蟲来表示。后也借"昆"来表示,称作"昆蟲"。如今"蟲"简化为"虫","昆蟲"也简化作"昆虫"。参见虫、昆。

【组字】䖵,如今不单用,只作偏旁。现今归入虫部。凡从䖵取义的字皆与昆虫等义有关。以䖵作义符的字有:蝨、蝱、蟁、蠹、螽、蠡、蠢、蟊、蟲、蠭、蠚、蠠、蠿、蠺、蝥、蠱、蠹、蠯、蠶(蚕)、蠹、蠿、蠽。

蛛 zhū (鼄)

【字形】甲 金 篆 隶 蛛 鼄 草

【构造】象形兼会意兼形声字。甲骨文一形象蜘蛛形,二形下边另加朱声。金文下边象蜘蛛之形,上边中间是朱声。篆文改为从黽(蛙,大腹似蜘蛛),或改为从虫从朱(红色)会意,朱也兼表声。隶变后楷书写作鼄与蛛。如今规范化,以蛛为正体。

【本义】《说文・黽部》:"鼄,鼅鼄也。从黽,朱声。蛛,鼄或从虫。"本义为蜘蛛。

【演变】蛛,本义指❶蜘蛛:蜘~作网,以司行旅|~网|~丝。蜘蛛缘蛛丝而爬,故后又用以比喻❷隐约可寻的线索或依稀可辨的迹象:从中也可找到一些~丝马迹。

蜓 tíng

【字形】篆 隶 蜓 草

【构造】形声兼会意字。篆文从虫,廷声,廷也兼表在室庭之意。隶变后楷书写作蜓。

【本义】《说文・虫部》:"蜓,蝘蜓也。从虫,廷声。一曰螾蜓。"本义为蝎虎,壁虎。

【演变】蜓,本义指❶蝎虎。后借用以表示❷蜻蜓:小荷才露尖尖角,早有蜻~立上头。

喷 pēn;pèn (噴、歕)

【字形】篆 今篆 隶 喷 噴 歕

草

【构造】形声兼会意字。篆文从口,賁声,賁也兼表因怒而吐沫星四溅之意。隶变后楷书写作噴。异体作歕,从欠,与口同。如今皆简作喷。

【本义】《说文・口部》:"噴,吒也。从口,賁声。一曰鼓鼻。"《广雅・释言》:"噴,嚏也。"本义为吐气,喷嚏。

【演变】喷,读 pēn,本义指❶吐气,喷嚏:骥于是俯而~,仰而鸣,声达于天|打~嚏。引申泛指❷喷射:用凉水~面,马周方才苏醒|火焰~射器|~雾器|火山~发|令人~饭|~酒|~溅|~泉。

又读 pèn,引申指❸香味强烈发散:~香|香~~。用作量词,指❹开花结实的次数:头~棉花|二~豆角|花开了两~。

戢 jí

【字形】篆 隶 戢 草

【构造】会意兼形声字。篆文从戈从咠(表聚合),会把兵器收藏起来之意,咠也兼表声。隶变后楷书写作戢。

【本义】《说文·戈部》:"戢,藏兵也。从戈,咠声。《诗》曰:'载戢干戈。'"本义为聚藏兵器。

【演变】戢,本义指❶聚藏兵器:退功臣而进文吏,~弓矢而散牛马。引申泛指❷收敛,收藏,藏匿:鸳鸯在梁,~其左翼|倦游京国,~影孤庐|劲风稍~。又引申指❸止息:用兵不~,屡耀其武|~怒。

【组字】戢,如今既可单用,也可作偏旁。现今仍归入戈部。凡从戢取义的字皆与收藏等义有关。

以戢作声符的字有:葺、戢、戢、溅、檝、䱨、霵。

喇 lǎ;lá;lā

【字形】古 今篆 隶 草 

【构造】形声兼会意字。古文从口,剌声,剌也兼表打开之意。隶变后楷书写作喇。

【本义】《玉篇·口部》:"喇,喝喇,言急。"本义为言急。《正字通·口部》:"叭,喇叭,军中吹器。俗谓之号筒。"又表示喇叭。

【演变】喇,读 lǎ,本义为言急。用作"喇叭",转指❶军中吹器:马蹄声碎,~叭声咽|吹~叭。又引申指❷喇叭状的或有扩音作用的东西:~叭花|汽车~叭|扩音~叭。又作藏语音译字,用作"喇嘛",指❸喇嘛教的僧人:大~嘛。

又读 lá,用于❹哈喇子。

又读 lā,象声词,用于❺呼喇、哇喇。

喘 chuǎn

【字形】篆 今篆 隶 草 

【构造】形声兼会意字。篆文从口,耑声,耑也兼表上出气之意。异体改为从欠,其义相同。隶变后楷书分别写作喘、歂。如今规范化,以喘为正体。

【本义】《说文·口部》:"喘,疾息也。从口,耑声。"本义为急促呼吸。

【演变】喘,本义指❶急促呼吸:俄而子来有病,~~然将死|吴牛~月|气~吁吁|~个不停|~气。用作名词,指❷气息,气喘:我老安能为,万劫付一~|哮~。

喉 hóu

【字形】篆 隶 草 

【构造】形声兼会意字。篆文从口,侯声,侯(射的)也兼表要害之意。隶变后楷书写作喉。

【本义】《说文·口部》:"喉,咽也。从口,侯声。"本义为嗓子。古人咽、喉不分。

【演变】喉,本义指❶嗓子:断其~,尽其肉,乃去|如骨鲠在~|~咙。喉舌和咽喉是机体的重要器官,故用于"喉舌",比喻❷起代言作用的人或机构:是机是密,出入王命,王之~舌。又用于"喉舌""咽喉",比喻❸显要的地方:南康是三州~舌|咽~要地。

斝 jiǎ

【字形】甲 金 篆 隶 草 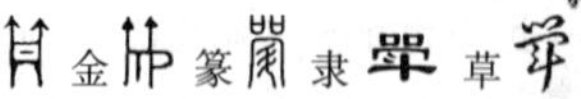

【构造】象形字。甲骨文象古代爵一类的酒器,有三足两柱。金文稍变。篆文将斝形简化并在下边另加斗(酒斗)。隶变后楷书写作斝。

【本义】《说文·斗部》:"斝,玉爵也。夏曰琖,殷曰斝,周曰爵。从斗,冂象形。"析形是就篆文所作的解说。本义为古代青铜制酒器。

【演变】斝,本义为❶古代青铜制酒器:或献或酢(客人用酒回敬主人),洗爵奠~。后泛指❷酒杯,茶杯:琼~既饰,绣簋以陈|奉~陈词。

嵒 yán;niè

(嵒、巖、岩、讘、谖)

【字形】甲 篆 今篆 

隶 

草 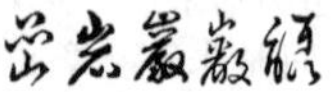

【构造】会意字。嵒有两个来源:一个是甲骨文一形,从山从品(众多),会山岩众多之意,篆文一形承之,隶变后楷书写作嵒。由于嵒作了偏旁,便又另造了巖,如今简化作岩。另一个是甲骨文的二形,从一人三口相连,会絮聒多言之意。篆文二形整齐化。隶变后楷书写作喦。由于喦作了偏旁,便又另造了讘。

【本义】《说文·山部》:"嵒,山岩也,从山、品。"本义为山岩。又《品部》:"喦,多言也。从品相连。"本义为絮聒多言。

【演变】嵒,读 yán,本义指❶山岩:威纡距遥甸,巉~带远天。此义后作巖(岩)。又用作❷春秋时宋国地名:郑罕达帅师取宋师于~。

〇喦,读 niè,本义指❶多言。此义后作"讘"。

又读 yì,用作❷地名。

〇岩,繁体作巖,从山从嚴(省)会意,嚴也兼表声。如今简化作岩,成了从山从石的会意字。读 yán,本义指❶险峻的山崖:~下云方合,花上露犹泫。引申泛指❷险要:制,~邑也。又引申指❸山峰:千~烽火连沧海。后又指❹岩石:花岗~。又特指❺岩洞:桂林七星~。

〇讘,从言从聶会意,聶也兼表声。如今简化作𬤊。读 niè,本义指多言:且夫世之愚学,皆不知治乱之情,~㖮(妄语)多诵先古之书,以乱当世之治。

【组字】嵒,如今不单用,只作偏旁,作偏旁时写作喦。现今仍归入山(或口)部。凡从嵒取义的字皆与山岩凸起等义有关。

以喦作声兼义符的字有:癌。

㗊 jí;léi

【字形】甲　金　篆　隶　草

【构造】会意字。甲、金文皆从四口,会众口喧哗之意。篆文整齐化。隶变后楷书写作㗊。

【本义】《说文·㗊部》:"㗊,众口也。从四口。"本义为众口喧哗。

【演变】㗊,读 jí,本义指❶众口喧哗。

又读 léi,借以表示❷一种有机化合物,即卟吩。

【组字】㗊,如今一般不单用,只作偏旁。现今归入口部。凡从㗊取义的字皆与众口喧哗等义有关。

以㗊作义符的字有:㗊(叫)、器、嚚、嚣、嚣。

践 jiàn (踐)

【字形】甲　篆　今篆　隶 践 踐

草

【构造】形声兼会意字。甲骨文从辵从戈,会军行踩踏之意。篆文从足,戋声,戋也兼表摧残之意。隶变后楷书写作踐。如今简化作践。

【本义】《说文·足部》:"踐,履也。从足,戋声。"本义为踩,踏。

【演变】践,本义指❶踩,踏:常远避良田,不~苗稼|自蹂~相杀死者数千|~踏|糟~。引申指❷登临,依凭:然后~华为城,因河为池。又引申指❸履行,实行:修身~言,谓之善行|实~论|务~前言|~约。

跌 diē

【字形】篆　隶 跌　草

【构造】形声兼会意字。篆文从足,失声,失也兼表失足之意。隶变后楷书写作跌。

【本义】《说文·足部》:"跌,踢也。从足,失声。"本义为放荡不羁。《玉篇·足部》:"跌,仆也。"又表示失足摔倒。

【演变】跌,本义为放荡不羁。后指❶失足摔倒:故有倾仆~伤之祸|步急苔滑,一交~倒|~倒了爬起来|~个跟头|~跤。由跌倒,又引申指❷下落,降低:一不小心,~落山下|河水~了|书的销路也大~了|~价。又引申指❸用力踏地:急的(得)士隐惟~足长叹而已|捶胸~足。由跌倒爬起这种状况,又❹比喻行文的起伏和音调的顿挫:鬼神非人世,节奏颇~荡|起伏~宕。

跑 pǎo;páo

【字形】古　今篆　隶 跑　草

【构造】会意兼形声字。古文从足从包(刨地似包的动作),故用以会兽蹄刨地之意,包也兼表声。隶变后楷书写作跑。

【本义】《广韵·肴韵》："跑，足跑地也。"本义为兽用前蹄刨地。

【演变】跑，读 páo，本义指❶兽用前足刨地：马鸣蹋不肯前，以足～地久之｜虎～泉。

又读 pǎo，后来代替古代的"走"，表示❷奔跑：离了茶坊，飞也似～到下处｜～不动｜～步｜～马｜赛～。又引申指❸逃走：贼吓～了｜他是～不了的｜～了和尚～不了庙｜逃～。又引申指❹为某种事务奔忙：大部分稿子和杂务都是归他做，如～印刷局、制图、校字之类｜～买卖｜～材料。又引申指❺泄漏：这里～水了｜～气｜～油。

詈 lì
（罵、駡、骂）

【字形】篆　今篆　隶 詈 罵 駡 骂

草

【构造】会意字。篆文从网（覆加）从言，会以恶言相加之意。隶变后楷书写作詈。由于"詈"作了偏旁，其义便又另造了"罵"字来表示。

【本义】《说文·网部》："詈，骂也。从网，从言。网罪人。"本义为责骂。

【演变】詈，本义指责骂：或告之曰，小人怨汝～汝｜凉（谅直）曰不可，覆背善～｜女媭之婵媛兮，申申其～予｜堪笑顽酋成面缚，叩头请罪～元凶。

○骂，繁体作罵，从詈省，馬声，馬也兼表放纵之意。后俗写作駡，今简作骂。读 mà，本义指❶谩骂：上且怒且～｜不能～人｜辱～。语义弱化，又指❷责备：挨一顿～就好了。

【组字】詈，如今既可单用，也可作偏旁。现今归入言部。凡从詈取义的字皆与责骂等义有关。以詈作义符的字有：罰（罚）、罵（骂）。

盟 méng
（盟、盟）

【字形】甲　金

古　篆　今篆

隶 盟 盟　草

【构造】会意字。古代盟誓，盟者杀牲歃血，誓于神前。盟之为法，先凿地为方坎，杀牲于坎上，割牲左耳，盛以玉盘，又取血盛以玉敦，用血为盟书，成，乃歃血而读。甲骨文从皿（盘），皿中所盛象牛耳耳窝的视象形，用玉盘里面立牛耳来会在神前明誓缔约之意。金文牛耳简讹为囱棂，或另加义符月，或皿中又加血。古文进而讹为从明从血会意，以突出对天明誓之意，明也兼表声。篆文承甲、金文整齐化，并改皿为血。隶变后楷书承接甲、金、古文写作盟、盟、盟，仍改为从皿。当是"盟"的本字。

【本义】《说文·盟部》："盟，周礼曰：'国有疑则盟。诸侯再相与会，十二岁一盟，北面诏天之司慎司命。盟，杀牲歃血，珠盘玉敦，以立牛耳。'从囧，从血。"析形是就篆文所作的解说，本不从血。本义为古代诸侯在神前明誓缔约。

【演变】盟，本义指古代诸侯在神前明誓缔约。由于"盟"作了偏旁，便又造了"盟"和"盟"。如今规范化用盟。

○盟，读 méng，本义为❶盟誓缔约：君子屡～，乱用是生｜割牲而～以为信｜～主｜～书。引申泛指❷结交，缔约：寄语沙鸥勿败～｜～国｜～邦｜联～｜～友。又指❸发誓：山～虽在，锦书难托｜海誓山～｜～誓。

又读 mèng，用作"盟津"，即❹孟津，古黄河渡口名：诸侯不期而会～津者八百。

【组字】盟，如今不单用，只作偏旁。现今归入皿部。凡从盟取义的字皆与明誓等义有关。以盟作声兼义符的字有：盟、盟。

嵌 qiàn

【字形】篆　隶 嵌　草

【构造】会意兼形声字。篆文从山从欠（张口），会山谷深远之意，甘声。隶变后楷书写作嵌。

【本义】《说文·山部》新附："嵌，山深貌。从山，歁省声。"本义为山谷深远的样子。

【演变】嵌，本义指❶山谷深远的样子。引申泛指❷深陷，下陷：西崖自峰顶下～，深坠成峡｜眼～缩腮。用作名词，指❸深陷的洞穴：选一间岩～房儿坐。用作动词，指❹镶嵌：头上戴

着束发~宝紫金冠|~入|~银。

【组字】嵌,如今既可单用,也可作偏旁。现今仍归入山部。凡从嵌取义的字皆与深陷等义有关。

以嵌作声兼义符的字有:嵚。

嵬 wéi (巍)

【字形】篆 嵬巍 隶 嵬巍 草 嵬巍

【构造】会意兼形声字。篆文从山从鬼(含高大义),会山高大耸立的样子,鬼也兼表声。隶变后楷书写作嵬。

【本义】《说文·嵬部》:"嵬,高不平也。从山,鬼声。"本义为山高大耸立的样子。

【演变】嵬,本义指山高大耸立的样子:陟彼崔~,我马虺隤|至德道者,若丘山,~然不动,行者以为期(标的)也。此义后多用"巍"来表示。

〇巍,从嵬,委声,委也兼表堆积而高之意。读 wēi,本义为❶山势高大的样子:瞻昆仑之~~兮,临萦河之洋洋。又泛指❷高大:崇阁~峨,层楼高起。又喻❸人品高尚,学识高深:~~乎!舜禹之有天下而不与焉。

【组字】嵬,如今既可单用,也可作偏旁。现今归入山部。凡从嵬取义的字皆与高大等义有关。

以嵬作义符的字有:巍。

以嵬作声符的字有:傀、瑰。

幅 fú

【字形】篆 幅 隶 幅 草 幅

【构造】形声兼会意字。篆文从巾,畐声,畐(盛满酒的大肚酒壶)也兼表宽大之意。隶变后楷书写作幅。

【本义】《说文·巾部》:"幅,布帛广也。从巾,畐声。"本义为布帛的宽度。

【演变】幅,本义指❶布帛的宽度:使其妻织组而~狭于度,吴子使更之|~面宽三尺|宽~花布|单~|双~。引申泛指❷宽度:~员(圆,周边)万里宋江山|~员广袤|~度|振~|篇~。又引申指❸布帛的边,衣服的边:方乃坐饰边~|不修边~。又引申指❹布帛或纸张:新诗溢巾~|横~。又作量词,用于❺成幅的东西:一~山水画。

赑 bì (贔)

【字形】古 贔 今篆 贔 隶 赑贔 草 贔

【构造】会意字。古鉩(玺)从三貝会意。隶变后楷书写作贔。如今简化作赑。

【本义】《集韵·至部》:"赑屃,鼇也。一曰雌鼇为赑。"本义指蠵(xī)龟。《广韵·至部》:"赑,赑屃,壮士作力皃。"又表示壮猛有力的样子。

【演变】赑,用作"赑屃",本义为❶蠵龟的别名:俗传龙生九子,一曰~屃,形似龟,好负重,今石碑下龟趺(fū)是也。又指代❷石碑:祠庙~屃摩青苍。又表示❸壮猛有力的样子:巨灵~屃,高掌远蹠(脚掌)。

【组字】赑,如今既可单用,也可作偏旁。现今归入贝部。凡从赑取义的字皆与壮猛有力等义有关。

以赑作义符的字有:屭、屭(屃)。

赌 dǔ (賭)

【字形】篆 賭 隶 赌賭 草 賭

【构造】会意兼形声字。篆文从貝从者(烧煮),会热衷之意,者也兼表声。隶变后楷书写作賭。如今简化作赌。

【本义】《说文·贝部》新附:"賭,博簺也。从貝,者声。"本义为以财物等作注比输赢,赌博。

【演变】赌,本义指❶赌博:我射不如卿,今指(指着)~卿牛|好~,不务正业|~钱|禁~。引申泛指❷争输赢:你两家各~法力,猜那柜中是何宝贝|~输赢|打~。

赔 péi (賠)

【字形】古 賠 今篆 賠 隶 赔賠 草 賠

【构造】形声兼会意字。古文从貝,咅声,咅(唾弃)也兼表吐出之意。隶变后楷书写作賠。

如今简化作赔。

【本义】《正字通·贝部》:“赔,补偿人财物曰赔。”本义为补偿人损失。此义上古借用“备、陪”表示。

【演变】赔,本义指❶补偿人损失:~赃三千贯,事已不明,难为申诉|~款|~偿。用于礼节上,又表示❷向人道歉或认错:方才言语冒撞,姑娘莫嗔莫怪,特来~罪|~礼道歉|~不是。将财物赔给人家,自己就亏了,故又引申指❸亏损,耗费:周郎妙计安天下,~了夫人又折兵|这两年~进不少心血|~本买卖。

黑 hēi

【字形】甲　金　篆　隶 黑
草

【构造】象形字。甲骨文象人头面上有饰物形。金文繁化,头面上有黑点,身上有饰物,正是古代雕题纹身的形象。人类早期发展阶段为避兽害,先是把头面涂抹得花花点点,作为保护色;后又将一定图形刺在头面上作为同族的标志;后又发展为假面具。所以“黑”的初意应是把头面涂抹得看不清楚。篆文字形讹变,成了炎火上出烟囱,就看不出原意了。隶变后楷书写作黑。

【本义】《说文·黑部》:“黑,火所熏之色也。从炎上出囮。囮,古文窗字。”析形和释义都是就篆文所作的解说,非本义。本义当为把头面涂抹得看不清楚。

【演变】黑,本义指把头面涂抹得看不清楚。引申泛指❶黑色:厥土~坟|卿大夫之仁与不仁,譬之犹分~白也|~头发。又引申指❷光线昏暗:俄顷风定云墨色,秋天漠漠向昏~|从天亮干到天~|~夜。与白对比,用以比喻❸非,错误:颠倒~白。又表示❹隐秘的,非法的:~市|~枪|~话。又引申指❺狠毒,反动:~暗统治|~心。

【组字】黑,如今既可单用,也可作偏旁。现今仍设黑部。凡从黑取义的字皆与黑色、昏暗不明等义有关。

以黑作义符的字有:黓、黔、黕、黖、黗、黚、黛、黜、黝、點(点)、黟、黠、黡、黢、黣、黤、黥、黦、黧、黨(党)、黩、黪、黫、黬、黭、黮、黯、黰、黱、黳、黴、黵、黸。

以黑作声兼义符的字有:墨。

以黑作声符的字有:嘿、默。

铸 zhù
(鑄)

【字形】甲　金　篆　今篆
隶 铸 鑄 草

【构造】会意兼形声字。甲骨文上从两手持一锅熔化了的金属汁液,倒入下边器皿模子里,会铸造器物之意。金文在当中另加出声符𠃬(畴)。篆文改为从金,𠷎声,成了形声字。隶变后楷书写作鑄。如今简化作铸。

【本义】《说文·金部》:“鑄,销金也。从金,𠷎声。”本义为将金属熔化后倒在模子里制成器物。

【演变】铸,本义指❶将金属溶化后倒在模子里制成器物:美金以~剑戟。引申指❷造就人才:或曰:“人可~与?”曰:“孔子~颜渊矣。”又引申指❸造成:~成大错。

铺 pū;pù
(鋪、舖)

【字形】金　篆　隶 铺 鋪 舖
草

【构造】形声兼会意字。金文从金,甫声,甫也兼表敷着之意。篆文整齐化。隶变后楷书写作鋪。异体作舖,从舍。如今规范化皆简作铺。

【本义】《说文·金部》:“鋪,箸门铺首也。从金,甫声。”本义为铺首,即旧式门环的底座,以铜为兽面,衔环着于门上。

【演变】铺,读 pū,本义指❶铺首:绣柱金~,骇人心目。由铺首的紧敷在门上,用作动词,表示❷设置,安排:~筵席,陈尊(樽)俎|~陈|~设。又引申指❸展开摊平:白雪雪鹅毛扇上~|~排开来|~地毯|~轨|~炕|~张。

又读 pù,俗也写作舖,用作名词,引申指❹铺开的床铺,铺盖:孟阳三四月,移~逐阴凉|搭~|地~。又引申指❺店铺:依旧开个碾玉作~|共约烧房~数百间|林家~子|杂货~。

宋代又特指❻邮递驿站：今时十里一～，设卒以递公文。进而引申为如今的❼地名：十里～。

链 liàn
（鏈）

【字形】篆 隶 链 鏈 草

【构造】形声兼会意字。篆文从金，連声，連也兼表矿脉连属之意。隶变后楷书写作鏈。如今简化作链。

【本义】《说文·金部》："鏈，铜属也。从金，連声。"《玉篇·金部》："链，铅矿也。"本义为铅矿。《六书故》："今人以银铛之类相连属者为链。"就这一含义来说，则是从金，连声，连也兼表相连之意的形声兼会意字了。

【演变】链，本义指❶铅矿：江南出金、锡、连（～）、丹沙。后主要用以表示❷环环相扣的链子：金项～｜铁～｜～条。又用作❸长度单位，一链是十分之一海里。

销 xiāo
（銷、消）

【字形】篆 隶 销 銷 草

【构造】形声兼会意字。篆文从金，肖声，肖也兼表化小溶化之意。隶变后楷书写作銷。如今简化作销。

【本义】《说文·金部》："銷，铄金也。从金，肖声。"本义为熔化金属。

【演变】销，本义指❶熔化金属：～锋镝，铸以为金人十二｜～毁｜～蚀。由熔化掉引申指❷消失：众口铄金，积毁～骨｜～声匿迹｜～魂。又引申指❸解除，勾除：撤～｜～假｜～账｜～案｜～赃。又引申指❹把货物卖出去：～售｜滞～｜畅～｜供～｜～路。又引申指❺花去：赚个零花～｜开～。古时又指❻削刀：苗山之铤，羊头之～。如今又指❼起固定作用的销子：插～｜～钉。用作动词，指❽插上销子：～紧门窗。

注意："销"指熔金，"消"指融冰，故古代在"灭掉"之义上可通用。"销"主要用于除去、排遣、衰退、需要、禁受等义：雾～山望迴｜蔗浆～内热｜其势～弱｜只～几觉懵腾睡｜薄幸如何～得。如今除"消魂""消渴"等词中有时可用"销"外，不再混用。在熔化、勾除、卖出几类意义上不能用"消"，在消失、消遣意义上不能用"销"；在耗掉意义上，动词用"消"，名词用"销"。参见消。

锈 xiù
（銹、鏥、鏽）

【字形】古 今篆 隶 锈 銹 鏥 鏽 草

【构造】形声兼会意字。古文从金，秀声，秀也兼表秀出之意。隶变后楷书写作銹。异体作鏽或鏥，从肅或宿声，肅、宿也兼表附着上之意。如今规范化，皆简作锈。

【本义】《集韵·宥韵》："鏥，铁上衣也。或作銹。"《六书故》："鏽，铁器生衣也。或作銹。"本义为生锈。

【演变】锈，本义指❶生锈：若百炼之折铁，自然不～｜门锁～住了｜镰刀都～坏了。用作名词，指❷生出的锈：刀子～用木贼草擦之，则～自落｜～迹斑斑｜铁～。又引申指❸植物的茎叶上出现铁锈色的斑点：～病。

锋 fēng
（鏠、鋒）

【字形】篆 今篆 隶 锋 鏠 鋒 草

【构造】形声兼会意字。篆文从金，逢声，逢也兼表先接触之意。隶变后楷书写作鏠。俗省作鋒。如今皆简化作锋。

【本义】《说文·金部》："鏠，兵耑（端）也。从金，逢声。"本义为刀剑兵器的尖端。

【演变】锋，本义指❶刀剑兵器的尖端：销～镝，铸以为金人十二｜刀斧及之，声铿然，～口为缺｜执宝剑一口，长二尺许，～利吹毛。引申泛指❷器物的尖端：两说穷舌端，五车摧笔～｜针～。又引申指❸军队的前列：从讨聊城，与张辽俱为军～｜先～｜前～。又引申指❹势头：其～不可当｜谈～｜词～。今又引申特指❺锋面：冷～｜暖～。

短 duǎn

【字形】篆 隶 短 草

【构造】会意兼形声字。篆文从矢从豆。古人度量长短常以矢为尺度，高脚食器豆短于矢，故用以会不长之意，豆也兼表声。隶变后楷书写作短。

【本义】《说文·矢部》："短，（不长也。）有所长短，以矢为正。从矢，豆声。"本义为不长。

【演变】短，本义指❶不长：～绠者不可以汲深｜天长夜～｜～距离｜～期｜～途。引申指❷不足，缺少：尺有所～，寸有所长｜缺斤～两｜～缺｜～少。又引申指❸短处，缺点：常言人长，希（稀）言人～｜揭～｜护～。

毳 cuì（脃、脆）

【字形】金 篆 今篆

隶 毳脃脆 草

【构造】会意字。金文从三毛，会丛生的细毛之意。篆文大同。隶变后楷书写作毳。古又借为"脆"。

【本义】《说文·毳部》："毳，兽细毛也。从三毛。"本义为鸟兽丛生的细毛。

【演变】毳，本义指❶鸟兽身上的细绒毛：轻吹鸟～。又指❷鸟兽毛经过加工而制成的毛织品：冬～夏葛以避寒暑。又借为"脆"，表示❸脆嫩：甘～食物。

〇脆，本作脃，从月（肉）从绝省，会易断之肉的意思，绝也兼表声。俗改为从月（肉），危声。读 cuì，本义指❶容易折断破碎：其～易破｜这纸太～。又特指❷食物易嚼碎：夫香美～味，厚酒肥肉，甘口而疾形｜薄～。引申形容❸声音清亮，不沉浊：弦索紧快管声～｜声音清～。又引申指❹做事爽快：他办事干净利落～｜干～。由物易破碎，又引申指❺身心软弱，不坚强：他生性～弱。

【组字】毳，如今既可单用，也可作偏旁。现今归入毛部。凡从毳取义的字皆与细绒毛等义有关。以毳作声符的字有：撬、嵳、橇。

毯 tǎn

【字形】古 今篆 隶 毯 草

【构造】形声兼会意字。古文从毛从亶（粮仓）会意，亶也兼表声。隶变后楷书写作氈。俗作毯，从毛，炎声，炎也兼表温暖之意。

【本义】《广韵·敢韵》："毯，毛席也。"本义为用毛织成的坐具或卧具。

【演变】毯，本义指❶用毛织成的坐具或卧具：取军中毡～沃以水，蒙之火上｜毛～｜地～｜～子。引申指❷细软的织品：～布三万匹｜壁～｜挂～。

稍 shāo；shào（梢、艄、筲）

【字形】篆 今篆 隶 稍梢

艄筲 草

【构造】形声兼会意字。篆文从禾从肖（微小肉末），会禾稼的末梢之意，肖也兼表声。隶变后楷书写作稍。

【本义】《说文·禾部》："稍，出物有渐也。从禾，肖声。"所释为引申义。本义当为禾稼末梢。

【演变】稍，读 shāo，本义指❶禾稼末梢：四郊之赋，以待～秣。引申泛指❷物的末端，枝叶：月上柳～头，人约黄昏后。此义后写作"梢"。物体的末端是逐渐细小的，故引申表示❸渐进，逐渐：项王乃疑范增与汉有私，～夺之权。由末梢又引申指❹数量不多或程度不深：今将就试，宜～温习也｜～微｜～许。

又读 shào，用作"稍息"，表示❺操练时的口令：立正～息。

〇梢，从木从肖会意，肖也兼表声。读 shāo，本义指❶树梢：高者挂罥长林～。引申泛指❷末端：眉～｜辫～。又特指❸船尾或船夫：时浙西及通州皆有海舟，兵～合万人。此义后作"艄"。又借作"筲"，表示❹桶：孟府十位铸到铁～，壹样贰只，各重壹仟斤。

〇艄，从舟从肖会意，肖也兼表声。读 shāo，本义指❶船尾。引申指❷船舵：掌～。又指❸掌舵或撑船的人：～公。

〇筲，从竹从肖会意，肖也兼表声。读 shāo，本义指❶小的竹器：斗～之人，何足算也。如今又指❷桶:水~。

【组字】稍,如今既可单用,也可作偏旁。现今仍归入禾部。凡从稍取义的字皆与禾末等义有关。以稍作声符的字有:潲、嫈。

程 chéng

【字形】金 篆 隶 程 草

【构造】形声兼会意字。金文从彳从邑会意,呈声,盖指到郢都的路程。篆文从禾,呈声,呈也兼表呈现之意。隶变后楷书写作程。

【本义】《说文·禾部》:"程,品也。十发为程,十程为分,十分为寸。从禾,呈声。"本义为度量衡的总名。

【演变】程,本义指❶度量衡的总名:~者,物之准也。用作动词,引申指❷称量,计量:无星之秤不可以~物|计日~功。由具体的称量,又引申指抽象的❸衡量,估计,品评:兵起而~敌:政不若者,勿与战;食不若者,勿与久|故明主~才以效业。由衡量的标准,又引申指❹法则,法度,规矩:立法明分,中~者赏之,毁公者诛之|~式|~限|章~。引申用于距离,则指❺路程:解鞍少驻初~|再送一~|起~|里碑~|征~。进而又引申指❻事务发展的经过,进度:进~|议~|疗~|过~|~序|教~。

税 shuì

【字形】篆 隶 税 草

【构造】形声兼会意字。篆文从禾,兑声,兑也兼表兑现之意。隶变后楷书写作税。

【本义】《说文·禾部》:"税,租也。从禾,兑声。"本义为田赋。

【演变】税,本义指❶田赋:县官急索租,租~从何出|欠我的粟,~粮中私准除。引申泛指❷赋税:后世有关~、牙~、契~|蚕丝尽输~,机杼空倚壁|所得~|营业~|纳~。

黍 shǔ

【字形】甲 金 篆 隶 黍 草

【构造】象形兼会意字。甲骨文象一棵黍子形,三叉象其散穗下垂。金文简化,黍可为酒,遂讹为从禾从酒水会意。篆文承接甲骨文并整齐化。隶变后楷书写作黍,下垂之穗讹为水并移在字下。

【本义】《说文·黍部》:"黍,禾属而黏者也。以大暑而穜,故谓之黍。从禾,雨省声。孔子曰:黍可为酒,禾入水也。"析形不确。本义为黍子。

【演变】黍,本义指❶黍子。一年生草本植物,子实淡黄色,去皮后叫黄米,性黏,可酿酒:彼~离离,彼稷之苗|苦辞酒味薄,~地无人耕。又指❷黍子的子实:止子路宿,杀鸡为~而食之。古代又作为❸建立度量衡的依据:称之所起,起于~,十~为一絫,十絫为一铢。

【组字】黍,如今既可单用,也可作偏旁。现今仍设黍部。凡从黍取义的字皆与作物、黏性等义有关。

以黍作义符的字有:黎、黏、香(香)、黐、黏。

以黍作声符的字有:剩、蟀。

剩 shèng (賸、媵)

【字形】金 篆 今篆 隶 剩 賸 草

【构造】形声兼会意字。剩本作賸,金文从贝(货贝),朕声,朕也兼表陪送之意,原本指嫁女时的陪送,包括陪嫁的人和财物。篆文整齐化。隶变后楷书写作賸。后来俗变为剩,改为从刀从乘,会裁之余之意,乘也兼表声,专用以表示由"賸"引申出的剩余等义。如今规范化,以剩为正体。故"剩"是"賸"的分化字。"賸"如今只用于姓氏人名。

【本义】《说文·贝部》:"賸,物相增加也。从贝,朕声。一曰送也,副也。"本义为嫁女陪送财物。古时诸侯女儿出嫁,要同姓娣侄和奴仆陪嫁,这就是"媵";同时也要陪送财物,这就是"賸"。《集韵·证韵》:"賸,以财赠送,余也。俗作剩。"《字汇·刀部》:"剩,余也,冗长也。"后用以表示剩余。

【演变】剩,本作賸,本义指❶陪送:用铸其簠,以~孟姜、秦嬴。由陪送引申指❷增益:三老相逢说，年来户～添。由增益又引申指❸多余：公好施与，家无～财｜只～一片飞烟而已｜担中肉尽，止有～骨｜使野无闲田，民无～力｜～余｜～下。进而又引申指❹多：多种竹，～栽梅｜你则多披上几副甲，～穿上几层袍。用作副词，又引申指❺更加：婚嫁～添儿女拜，平安频拆外家书。

为了分化字义，陪送之人的意思另造了媵字来表示。参见媵。

兟 shēn
（赞、莘）

【字形】古 篆 今篆 隶 草

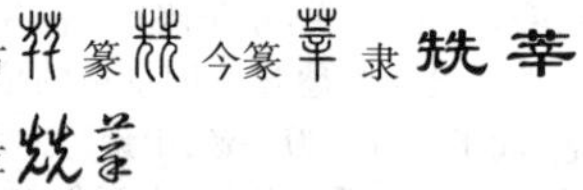

【构造】会意字。古文从二先（人走在前）相并，会二人在前导引宾客之意。篆文整齐化。隶变后楷书写作兟。是“赞”的初文。参见赞。

【本义】《说文·先部》：“兟，进也。从二先。赞从此。阙。”没加解释。本义当为在前导引宾客。

【演变】兟，本义指❶在前导引宾客。引申为❷众盛：金铃摄群魔，绛节何～～。

由于“兟”作了偏旁，导引宾客之义便由“赞”来表示，众盛之义便由“莘”来表示。

○莘，从艹，辛声。读 shēn，本义为❶长貌：鱼在在藻，有～其尾。用作“莘莘”，表示❷众多的样子：～～征夫，每怀靡及｜～～学子。又用作❸地名：～县（在山东）。

又读 xīn，用作❹地名：～庄（在上海）。

【组字】兟，如今不单用，只作偏旁。现今归入儿部。凡从兟取义的字皆与前引、众盛等义有关。

以兟作声兼义符的字有：赞。

等 děng

【字形】篆 隶 草

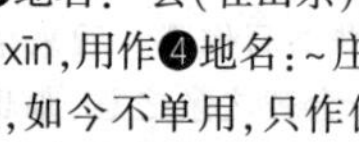

【构造】会意字。篆文从竹从寺（整肃），会齐整竹简之意。隶变后楷书写作等。

【本义】《说文·竹部》：“等，齐简也。从竹，从寺。寺，官曹之等平也。”本义为齐整竹简。

【演变】等，由齐整竹简，引申指❶齐同，等同：今亡亦死，举大计亦死，～死，死国可乎？｜有法者而不用，与无法～｜相～。又引申为❷等级：天有十日，人有十～｜头～。属于同一等级的自然地位相同，故又引申为❸辈，类：今诸将皆陛下故～夷（平辈），乃令太子将此属，无异使羊将狼，莫肯为用｜此～人不可交。由此虚化为助词，表示❹复数或列举不尽：公～碌碌，所谓因人成事者也｜每一字皆有数印，如“之”“也”～字，每字有二十余印。“等”字从“寺”取义，“寺”为在旁伺候之义，故唐以后又用以表示❺等待：州桥南北是天街，父老年年～驾回｜坐～。

【组字】等，如今既可单用，也可作偏旁。现今仍归入竹部。凡从等取义的字皆与整理使齐等义有关。

以等作声兼义符的字有：撁（扽）。

筑 zhú；zhù
（築）

【字形】金 篆 隶 草

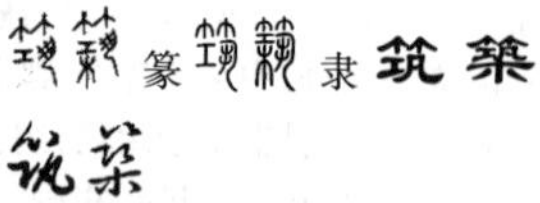

【构造】会意兼形声字。金文从竹从巩（持杵击捣），会竹子做的击打乐器之意，竹也兼表声。篆文整齐化。隶变后楷书写作筑。如今又作了“築”的简化字。築，从木从筑会意，筑也兼表声，是筑的加旁分化字，本义为捣土使坚实。

【本义】《说文·竹部》：“筑，以曲竹，五弦之乐也。从竹，从巩。巩，持之也。竹亦声。”本义为击弦乐器。

【演变】筑，读 zhú，本义指❶击弦乐器：高渐离击～，荆轲和而歌。由于“筑”从“巩”取得声义，为了分化字义，后来筑捣的意思便以筑为基础，另加义符“木”写作“築”来表示，成了从木从筑会意，筑也兼表声，如今简化仍用筑。

又读 zhù，作为“築”的简化字，本义为❷筑捣：～之登登｜～土。引申指❸建造：遂～姑苏之台，七年不成｜～堤｜建～｜～路。用作名词，指❹筑捣用的杵：项王伐齐，身负板～，以为士卒先。

【组字】筑，如今既可单用，也可作偏旁。现今仍归入竹部。凡从筑取义的字皆与击捣等义有关。
以筑作声兼义符的字有：澓、築、箏。

筛 shāi
（籭、簁、篩）

【字形】古　篆　　今篆
隶　　草

【构造】形声兼会意字。篆文本从竹，徙声，徙也兼表晃动之意。异体从竹，麗声，麗也兼表像花花点点的筛子眼之意。隶变后楷书写作簁与籭。后俗借古文“篩”来表示，从竹，師声，師也兼表簇生之意。如今简化作筛，为正体。

【本义】《说文·竹部》：“簁，簁箄，竹器也。从竹，徙声。”本义为筐箩形竹器。又：“籭，竹器也。可以取粗去细。从竹，麗声。”本义为筛子，一种底有小孔，用来分离粗细颗粒的竹器。《广韵·脂韵》：“筛，竹，一名太极。”本义为一种竹子。《正字通·竹部》：“筛，竹器，有孔以下物，去粗取细。”后借用以表示筛子。

【演变】筛，作为本字，本义指❶一种竹子。作为“簁”的借字，又表示❷筛子：扫石月盈帚，滤泉花满～|竹～|细～|粗～。用作动词，引申指❸用筛子过东西：～土筑阿房之宫|～面|～沙子|～选|～糠（又比喻打战）。又引申指❹漏下，透过：窗外疏梅～月影。又引申指❺斟酒，热酒：休问多少，大碗只顾～来|～酒。筛东西要摇动筛子，故俗又特指❻敲锣：宋江又叫小喽罗～锣，聚拢众好汉。

筒 tǒng；dòng
（筩）

【字形】篆　隶　草

【构造】形声兼会意字。篆文从竹，同声，同表示上下中通，用以会上下中通的箫管之意。隶变后楷书写作筒。

【本义】《说文·竹部》：“筒，通箫也。从竹，同声。”本义为洞箫。又《竹部》：“筩，断竹也。从竹，甬声。”本义为竹筒。

【演变】筒，读 dòng，本义指❶洞箫：元帝能吹～箫。

又读 tǒng，俗借用作“筩”，表示❷竹筒：早出暮归，提竹～丝笼|以～水灌之。引申泛指❸较粗的管状物：昔黄帝令伶伦作为律……次制十二～|火筒～|笔～|烟～。近代又引申特指❹衣服鞋袜的筒状部分：长～靴|袖～|裤～|袜～。“筒”为借义所专用，“筒箫”之义遂用“洞”来表示。参见洞。

【组字】筒，如今既可单用，也可作偏旁。现今仍归入竹部。凡从筒取义的字皆与箫管等义有关。
以筒作声符的字有：鐗。

筳 tíng
（莛）

【字形】篆　今篆　隶　草

【构造】会意兼形声字。篆文从竹从廷（直挺），会小竹枝之意，廷也兼表声。隶变后楷书写作筳。古又用作莛，从艹从廷会意，廷也兼表声，表示草茎。

【本义】《说文·竹部》：“筳，繀（suì，收丝）丝筦也。从竹，廷聲。”本义为小竹枝。

【演变】筳，名词，本义指❶小竹枝：擿齿则松櫝不及一寸之～，挑耳则栋梁不如鷦鷯之羽。又特指❷纺具之一，用以络丝、纺纱、卷棉条等：木棉卷～，淮民用蓟黍稍茎，取其长而滑。又通“莛”，指❸草茎：以筦窥天，以蠡测海，以～撞钟，岂能通其条贯、考其文理、发其音声哉！

【组字】筳，如今既可单用，也可作偏旁。凡从筳取义的字皆与枝条等义有关。
以筳作声兼义符的字有：蝏。

筋 jīn
（劤）

【字形】篆　今篆　隶　草

【构造】会意字。篆文从力从月（肉）从竹（俗多用竹皮勒东西），会象竹一样能勒东西的有力之肉，当然是筋带了。隶变后楷书写作筋。是“肋”的后起字。参见肋。

【本义】《说文·筋部》：“筋，肉之力也。从力，从肉，从竹。竹，物之多筋者。”本义为筋带。

【演变】筋，本义指❶筋带：敢告无绝～，无折骨，

无面伤，以集大事|剥皮抽~|~肉。此义俗也作觔。又指❷肌腱：蚓无爪牙之利、~骨之强。又引申指❸静脉管：水者地之血气，如~脉之通流者也|青~暴露。又指❹肌肉：叔向御坐平公请事，公腓痛足痹转~而不敢坏坐|咬~发达。引申指❺像筋的东西：钢~|橡皮~儿。

〇觔，从力从角会意，皆为有力之意。读jīn，本义同❶筋：举鼎用力，力由~脉。又用同❷斤：十六两而为一~。

【组字】筋，如今既可单用，也可作偏旁。现今归入竹部。凡从筋取义的字皆与筋腱等义有关。

以筋作义符的字有：笏、筋。

筝 zhēng

【字形】篆　隶　草

【构造】形声兼会意字。篆文从竹，爭声，爭也兼表拉紧之意。隶变后楷书写作箏。俗省作筝，如今规范化为正体。

【本义】《说文·竹部》："箏，五弦筑身乐也。从竹，爭声。"本义为古代竹制拨弦乐器。筑身五弦，后增至十三或十六弦。战国时流行于秦，故又叫秦筝。

【演变】筝，本义指古代弦乐器：弹~搏髀（大腿），真秦声也|忽闻江上弄哀~。

鹅 é（鵝、鵞、鵞）

【字形】篆　今篆　隶　草

【构造】形声兼会意字。篆文从鳥，我声，我也兼表模拟鸣声。隶变后楷书写作鵝。俗作鵞、鵞。如今皆简作鹅。

【本义】《说文·鳥部》："鵝，鴚鵝也。从鳥，我声。"本义为家禽鹅。

【演变】鹅，本义指❶家禽鹅：~~~，曲项向天歌|白雪雪~毛扇上铺|~蛋。用作"鹅毛"，比喻❷轻而白的东西：千里寄~毛，礼轻情意重|~毛大雪。

臬 jiù

【字形】篆　隶　草

【构造】会意兼形声字。篆文从臼从米，会用臼捣熟的干米粉之意，臼也兼表声。隶变后楷书写作臬。

【本义】《说文·米部》："臬，舂糗也。从臼、米。"本义为熟的干米粉。

【演变】臬，本义指❶熟的干米粉。又指❷熟的米、麦做的干粮。

"臬"作了偏旁，其义便另加义符"殳"写作"榖"来表示。参见榖。

【组字】臬，如今不单用，只作偏旁。现今仍归入米部。凡从臬取义的字皆与捣米等义有关。

以臬作义符的字有：榖、韃。

舄 xì（鹊、鵲、潟）

【字形】甲　金　篆　今篆

隶　草

【构造】象形字。甲骨文象喜鹊站立形。金文象一只喜鹊扇动翅膀张大口喳喳叫的样子。喜鹊善叫，鸣叫时不断扇动翅膀，这是喜鹊的特点。篆文整齐化。隶变后楷书写作舄。是"鹊"的象形字。古又借作潟。

【本义】《说文·舄部》："舄，誰（鹊）也。象形。"本义为喜鹊。

【演变】舄，读què，本义指❶喜鹊。

后读xì，借用来表示❷加木底的鞋：赤~黑~。又借作"潟"，表示❸盐碱地：终古~卤生稻粱。此义后作潟，从水，舄声。

"舄"为借义所专用，喜鹊之义便另造了形声字"鵲"来表示，如今简化作鹊。

〇鹊，从鸟，昔声。读què，本义指喜鹊：维~有巢，维鸠居之。

〇潟，从氵，舄声。异体作澙。读xì，本义为❶盐碱地：~滷胥化而为膏腴矣。又形容❷土地含盐碱过多：太公望封于营丘，地~卤。

【组字】舄，如今既可单用，也可作偏旁。现今归入臼部。凡从舄取义的字皆与喜鹊善鸣、倾吐等义有关。

以舄作声符的字有：寫(写)、瀉。

牌 pái

【字形】古　今篆　隶　草

【构造】形声兼会意字。古文从片，表示板状物，卑声，卑也兼表小之意。隶变后楷书写作牌。

【本义】《玉篇·片部》："牌，牌牓。"本义为用作标志的板。

【演变】牌，本义指❶用作标志的板：次日，行香挂~，先考了两场生员|路~|~匾。引申指❷牌状的凭证：将这荆襄九郡~印，让与玄德公掌管|这的(的确)是便宜行事的那虎头~。旧时丧礼所设的木主是板状的，故又引申指❸牌位：灵~。由牌的标示作用，又引申指❹词曲的曲调名称：词~|曲~。后来又指❺起标志作用的产品商标：名~|品~。又指❻某些片状的娱乐用品：扑克~|骨~|麻将~。

【组字】牌，如今既可单用，也可作偏旁。现今归入片部。凡从牌取义的字皆与片状物等义有关。

以牌作声兼义符的字有：簰。

傅 fù

【字形】金　篆　隶　草

【构造】形声兼会意字。金文从人，尃声，尃也兼表敷布之意。篆文整齐化。隶变后楷书写作傅。

【本义】《说文·人部》："傅，相也。从人，尃声。"本义为辅佐，辅助。

【演变】傅，本义指❶辅佐，辅助，教导：子房虽病，强卧而~太子|有楚大夫于此，欲其子之(取消句子独立性)齐语也，则使齐人~诸？使楚人~诸？用作名词，指❷负责教导或传授技艺的人：当与之贤师良~，教以忠孝之道|师~。因"傅"所从之"尃"含有铺开之义，故又借用作"附"，表示❸附着，依附，分布：皮之不存，毛将安~|精思~会，十年乃成。用作使动，又表示❹使附着，搽抹：这两人面如~粉，唇若涂朱。

【组字】傅，如今既可单用，也可作偏旁。现今仍归入人部。凡从傅取义的字皆与辅佐等义有关。

以傅作声符的字有：薄。

储 chǔ (儲)

【字形】篆　隶　草

【构造】形声兼会意字。篆文从人，諸声，諸也兼表诸多之意。隶变后楷书写作儲。如今简化作储。

【本义】《说文·人部》："儲，待也。从人，諸声。"本义为储备待用。

【演变】储，本义指❶储备：丰年岁登，则~积以备乏缺|瓶无~粟|~蓄|~存。又引申特指❷封建社会准备继承王位者：皇子未降，~位欠虚。

【组字】储，如今既可单用，也可作偏旁。现今仍归入人部。凡从储取义的字皆与储备等义有关。

以储作声符的字有：藷。

集 jí (雧)

【字形】甲　金　篆

隶　草

【构造】会意字。甲骨文从隹从木，会鸟栖止树上之意。金文大同，或繁化，变成从雥(三鸟)。篆文承甲、金文分为繁简二体。隶变后楷书分别写作雧与集。如今规范化，以集为正体。

【本义】《说文·雥部》："雧，群鸟在木上也。从雥，从木。集，雧或省。"本义为群鸟栖止在树上。

【演变】集，本义指❶群鸟栖止在树上：众鸟~荣柯，穷鱼守枯池。引申为❷停留：临视，则虫~冠上，力叮不释。又引申为❸聚集：天下云~响应|~思广益。又引申指❹汇合众多单篇作品编成的书册：顷撰其遗文，都为一~|文~|画~|全~。又引申指❺集市，集镇：赶~|~散

了|箕山~。

【组字】集,如今既可单用,也可作偏旁。现今归入隹部。凡从集取义的字皆与聚集等义有关。

以集作声兼义符的字有:僬、雜、噍、巢、雜(杂)。

焦 jiāo (雧)

【字形】甲 金 篆 隶 草

【构造】会意字。甲骨文和金文皆从火从隹(鸟),用火烤鸟会烧焦之意。篆文繁体从三隹,简体承接金文从一隹。隶变后楷书分别写作雧与焦。如今规范化,以焦为正体。

【本义】《说文·火部》:"雧,火所伤也。从火,雥声。焦,或省。"本义为烧焦。

【演变】焦,本义指❶烧焦:卜战,龟~|楚人一炬,可怜~土|~头烂额。引申指❷黄黑色:面色~黄。又引申指❸焦炭:煤~油|炼~。又指❹极干:五谷~死|唇~舌干。又指❺酥脆:~饼。又引申为❻心中如烧,烦躁:乃劳身~思,居外十三年,过家门不敢入|~心|~急。

【组字】焦,如今既可单用,也可作偏旁。现今仍归入火部。凡从焦取义的字皆与烧烤或干焦的样子等义有关。

以焦作声兼义符的字有:憔、礁。

以焦作声符的字有:僬、劁、谯、噍、蕉、樵、瞧、鷦、醮。

奥 ào (奧)

【字形】古 篆 隶 草

【构造】会意字。古文从宀,从双手捧禾麦,会祭拜室内西南隅神灵之意。篆文禾麦讹为釆。隶变后楷书写作奧。如今简化作奥。

【本义】《说文·宀部》:"奧,宛也。室之西南隅。从宀,季声。"析形不确。本义为祭拜室内西南隅神灵。

【演变】奥,本义为祭拜室内西南隅神灵,故既指❶室内西南隅:出尤之人,能知圣人之教,不能究之人室之~也|凡纳后,即族中选尊者一人当~而坐,以主其礼,谓之~姑;送后者拜而致敬,故云拜~礼。又指❷室内西南隅神灵:与其媚于~,宁媚于灶。又泛指❸内室,内部,室内深处:初涉艺文,升堂睹~|汉公素结左右,有~助|(季夏之月)凉风始至,蟋蟀居~|~援。进而引申为❹幽深神秘的地方:武都仙镇,灵墟~域。又引申泛指❺深:民无悬耜,野无~草。由幽深神秘的地方,又引申指❻奥妙,精深:至于夏、商、周之书,虽设教不伦,《雅》《诰》~义,其归一揆|若乃山林皋埌,实文章之~府|~秘|深~|古~。

【组字】奥,如今既可单用,也可作偏旁。现今归入大部。凡从奥取义的字皆与深藏、曲隅等义有关。

以奥作声兼义符的字有:澳、懊、嶴、燠、襖(袄)。

惩 chéng (懲)

【字形】篆 今篆 隶 草

【构造】形声兼会意字。篆文从心,徵声,徵也兼表苗头之意。隶变后楷书写作懲。如今简化作惩。

【本义】《说文·心部》:"懲,㤜(艾)也。从心,徵声。"本义为鉴戒。改革前失曰惩。

【演变】惩,本义指❶鉴戒,警戒:不诛过则民不~而易为非|~前毖后。引申指❷责罚,处罚:无恶不~,无善不显|~一儆百|~处|~治|~办。用作被动,指❸被惩,苦于:面山而居,~北山之塞,出入之迂也。

街 jiē

【字形】甲 篆 隶 草

【构造】形声兼会意字。甲骨文从行,圭声,圭也兼表直如圭之意。篆文整齐化。隶变后楷书写作街。

【本义】《说文·行部》:"街,四通道也。从行(十字路),圭声。"本义为比较宽的十字大道。

【演变】街,本义指❶比较宽的十字大道:殷之

法,刑弃灰于～者。引申泛指❷街道:复上～头理其故业|尸骸枕藉,～巷皆满|前～|后～。又引申指❸集市:好几日不会,同你往～上吃三杯|上～赶集|往～里逛逛。

御 yù (禦、馭、驭)

【字形】甲 金 籀 篆 隶 御 禦 驭 馭 草

【构造】会意字。御与禦、卸同源,甲骨文象人跪于悬锏前,是古代一种悬锏之祭,用以驱鬼避邪消灾除病;或另加出示(祭坛)旁,以强调悬锏之祭;或另加出彳(街道)旁,以突出驱除之意。乡间巫师执锏戟指禹步作法,旧小说中的"祭起法宝",民间春节儿童刻桃木锏挂在身上用以避邪,或即其遗迹。金文大同;或更加止(脚)旁,以强调驱除活动。篆文承甲骨文和金文,将悬锏讹为"午"(这也是《说文》解释为"使马"的原因),并分为简繁不同的三体,用以表示侧重不同的含义。隶变后楷书分别写作卸、御、禦。御后借用以表示馭的含义,卸另表他义,禦如今简化作御,表示本义。馭,籀文从馬从又(手),会以手控马之意。篆文承之并整齐化,或从手执鞭形。如今简化作驭。参见卸。

【本义】《说文·彳部》:"御,使马也。从彳,从卸。馭,古文御。从又(手),从馬。"所释为"驭"的借义。本义当为悬锏之祭。又《示部》:"禦,祀也。从示,御声。"本义为悬锏祭祀以祈免灾祸。

【演变】御和禦,本义皆为悬锏祭祀以祈免灾祸。后来"御"借作"驭",便专用以表示❶驾驭车马,驾驭:知伯出,魏宣子～,韩康子为骖乘|虽乘奔～风,不以(似)疾也。又指❷驾车的人:其～屡顾,不在马。由驾驭车马引申为❸治理,统治:振长策而～宇内,吞二周而亡诸侯。封建时代皇帝是驾驭统治一切的,故又引申特指❹与君主帝王有关的事物:秋八月壬申,～廪(粮仓)灾|～用。"御"为借义所专用,悬锏祭祀以祈免灾祸之义便由"禦"来承担了。

○禦,读 yù,本义为❶祭祀以祈免灾祸:戊辰,王遂～。由祈免灾祸,引申为❷禁止,防备:囿有林池,所以～灾也。又引申为❸抵挡:兄弟阋于墙,外～其务(侮)。如今简化,❷❸二义也用"御"来表示。

○驭,读 yù,本义指驾驶车马:～夫掌～贰车|～手|～者。"卸"另见。

【组字】御,如今既可单用,也可作偏旁。现今仍归入彳部。凡从御取义的字皆与祭祀以祈免灾祸等义有关。

以御作声兼义符的字有:禦、篽。

以御(禦)作声符的字有:籞。

循 xún (揗)

【字形】甲 篆 隶 循 揗

草

【构造】形声兼会意字。甲骨文从行从目上一竖,会顺街道前行之意。篆文省从彳(街道),盾声,盾也兼表掩蔽而行之意。隶变后楷书写作循。古又借用作"揗",表示抚摩。

【本义】《说文·彳部》:"循,行顺也。从彳,盾声。"本义为暗中顺着,沿着。

【演变】循,本义指❶顺着,沿着:荆人弗知,～表而夜涉|～陵而走,见蹲石鳞鳞。用于抽象意义,又引申指❷沿袭,依照,遵从:故凡举事必～法以动|奉事～公姥,进止敢自专|～名责实|～规蹈矩|～序渐进|因～|遵～|～例|～环。由顺着,又借用如"揗",表示❸抚摩:一人举踶(踢)马,其一人从后而～之,三抚其尻而马不踶|自～其刀环。进而又引申指❹安抚:抚～勉百姓。

【组字】循,如今既可单用,也可作偏旁。现今仍归入彳部。凡从循取义的字皆与顺着等义有关。

以循作声符的字有:㴖。

艇 tǐng

【字形】篆 隶 艇 草

【构造】会意兼形声字。篆文从舟从廷(轻廷)

会意，廷也兼表声。隶变后楷书写作艇。

【本义】《说文·舟部》新附："艇，小舟。从舟，廷声。"本义为轻便的小船。

【演变】艇，本义指❶轻便的小船：越舲（有窗的小船）蜀~，不能无水而浮|救生~|汽~|游~。引申指❷灵便快速的军用船只：潜水~|登陆~|炮~。

翕 xī （吸、噏）

【字形】篆 隶 草

【构造】形声兼会意字。篆文从羽从合，鸟飞必先敛翼，会鸟敛翼将飞之意，合也兼表声。隶变后楷书写作翕。

【本义】《说文·羽部》："翕，起也。从羽，合声。"本义为鸟敛翼将飞。

【演变】翕，本义指❶鸟敛翼将飞：飞鸟闻之，~翼而不能去。由敛翼引申泛指❷收敛，闭合：代~代张，代存代亡。又引申为❸聚集：~集家门，倾动人物。由闭合又引申为❹和好：兄弟既~，和乐且湛。又引申为❺协调一致：天下~然，大安殷富。又借为"吸"，表示❻吸引：井鱼脑有穴，每~水，辄于脑穴蹙出，如飞泉，散落海中。此义后另加义符口写作噏。如今用"吸"来表示。参见吸。

【组字】翕，如今既可单用，也可作偏旁。现今仍归入羽部。凡从翕取义的字皆与敛合等义有关。

以翕作声兼义符的字有：噏（吸）、歙。

以翕作声符的字有：傖。

舒 shū

【字形】金 篆 隶 草

【构造】会意兼形声字。金文从余（房舍）从予会意，篆文从舍从予（投梭），皆会伸展之意，予也兼表声。隶变后楷书写作舒。

【本义】《说文·予部》："舒，伸也。从舍，从予，予亦声。一曰舒缓也。"本义为伸展。

【演变】舒，本义指❶伸展：众乡老展脚~腰拜|柳条将~未~，柔梢披风|然而娥脸不~|~服|~展|~心。又引申指❷舒缓：听远音者，闻其疾，而不闻其~|登东皋以~啸，临清流而赋诗|宾客意少~，稍稍正坐。

【组字】舒，如今既可单用，也可作偏旁。现今归入舌部。凡从舒取义的字皆与舒展等义有关。

以舒作声符的字有：舒。

番 fán；fān；pān （蹯）

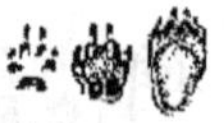

【字形】金 古 篆 今篆

隶 草

【构造】象形兼会意字。番是釆的加旁字。釆，原本象兽蹄印形。由于釆作了偏旁，于是金文另加义符田，更清楚地表示是踩在田中的兽蹄印。古文加出蹄掌轮廓，更像兽蹄。篆文承金文并整齐化。隶变后楷书写作番。是"蹯"的本字。

【本义】《说文·釆部》："番，兽足谓之番。从釆，田象其掌。"释义正确，析形不确，釆字中已含掌形，田不是掌形。就古文看，本义当为兽蹄印。

【演变】番，读 fán，本是兽蹄印，也指兽蹄。

又读 fān，兽蹄迈一次留下一个蹄印，由此引申表示❶代换：请广陵顿兵一万，~代往来|轮~。由代换引申用作量词，表示❷回，次：（王）弼自为客主数~，皆一座所不及|三~五次。又引申指❸种：别是一~滋味在心头。又表示❹倍：产量翻一~。由兽足又用以蔑称❺外国的或外族的：~茄|~邦。

又读 pān，用于"番禺"，指❻广东地名。

"番"为引申义所专用，兽足之义便另加义符"足"写作"蹯"来表示。

〇蹯，从足从番会意，番也兼表声。读 fán，本是兽蹄：王请食熊~而死。

【组字】番，如今既可单用，也可作偏旁。现今归入田部。凡从番取义的字皆与清晰、兽蹄、翻动等义有关。

以番作义符的字有：審（审）。

以番作声兼义符的字有：翻、蹯。

以番作声符的字有：幡、燔、蕃、潘、蟠、播、鄱。

禽 qín （擒、捡、拎）

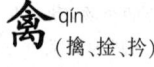

【字形】

【构造】象形兼会意兼形声字。甲骨文象一把长柄捕鸟网，表示捕捉。金文下加手，上加今声。篆文承金文并整齐化。隶变后楷书写作禽。是"擒"的本字。

【本义】《说文·内部》："禽，走兽总名。从内，象形，今声。"所释为引申义。本义当为捕捉。是"擒"的本字。

【演变】禽，由捕捉鸟，引申泛指❶捕获，捉拿：君子不~二毛。用作名词，又指❷被擒获的鸟类：~兽|家~。古代纳采用雁，故又引申指❸礼物：委~。古代又用为❹鸟兽总名：五~（虎鹿熊猿鸟）之戏。

后来禽专用以指鸟兽，捕获之义便另加义符"扌"写作"擒"来表示。

○擒，从扌从禽会意，禽也兼表声。异体作捡、拎，改为金声或今声。如今规范化，以擒为正体。读 qín，本义指捉拿：射人先射马，~贼先~王|~拿|~获。

【组字】禽，如今既可单用，也可作偏旁。现今归入人部。凡从禽取义的字皆与捕捉等义有关。

以禽作声兼义符的字有：擒、噙。

以禽作声符的字有：檎。

舜 shùn
（蕣、羼）

【字形】

【构造】象形兼会意兼形声字。或说舜乃古文"夋"之讹。照此，甲骨文一形当是一个行动迟重的大猩猩形象，作为虞氏部落的图腾，遂用以指代部落的首领大舜；二形是个戴皇冠的人；三形稍繁。金文一形承甲骨文一形简化；二形繁化，加了表示双脚的舛。古文一形承金文一形稍讹；二、三形更讹；四形承金文二形并线条化。篆文承古文四形并整齐化。隶变后楷书省作羼。俗作舜。如今规范化，以舜为正体。本义当指虞舜。如据《说文》篆文分析，上边应是蕣花这种花草形象的演变，其中"炎"象花朵与枝蔓相连形，下从舛，会枝叶交错蔓延之意，舛也兼表声。

【本义】《说文·羼部》："羼，艸也。楚谓之葍，秦谓之藑。蔓地连花。象形。从舛，舛亦声。"本义为一种蔓生植物。或说舜乃古文"夋"之讹，本义为帝舜。可备一说。

【演变】舜，本指❶一种蔓生植物。又指❷木槿：有女同车，颜如~华。又借用为❸上古帝王名：六亿神州尽~尧。

舜为借义所专用，花草之义便又另加义符"艹"写作"蕣"来表示。

○蕣，从艹从舜会意，舜也兼表声。读 shùn，本义指木槿，其花朝开暮落：~荣不终朝，蜉蝣岂见夕。

【组字】舜，如今既可单用，也可作偏旁。现今归入爪部。凡从舜取义的字皆与花草、时间短等义有关。

以舜作义符的字有：䑞（堇）。

以舜作声兼义符的字有：僢、蕣、橓、䑞、瞬。

𤔔 luàn
（亂、乱）

【字形】

【构造】会意字。甲骨文偏旁从手，中间的架子上缠着丝，会用手理丝之意。金文增为双手，理丝之意更加明确。古文又加义符乙，表示理顺。篆文承接金文、古文，整齐化为二体。隶变后楷书分别写作𤔔与亂。"𤔔"是"亂"（乱）的本字。

【本义】《说文·受部》："𤔔，治也。幺子相乱，受治之也。读若乱同。一曰理也。"析形不清。本义当为双手理丝。

【演变】𤔔，本义指❶双手理丝。丝乱才需要理，而一理丝也就有了条理，故既指❷混乱。又指❸有条理。

由于"𤔔"作了偏旁，其义便另加义符"乙"（草抽芽）写作"亂"，表示像抽芽一样艰难地理顺之意。如今简化作乱。

○乱,本义为❶混乱:吾视其辙~,望其旗靡|~石穿空|纷~。引申指❷社会不安定:天下之生久矣,一治一~。又特指❸暴乱,战乱:阳虎为~于鲁|避~|变~|叛~|离~。用作动词,表示❹使产生混乱,淆乱:欲洁其身而~大伦|以假~真。又引申指❺任意:有病~投医|不要~说~动。又特指❻男女关系不正当:淫~。由整理丝又引申表示❼总结(全篇要旨):~曰:鸾鸟凤凰,日以远兮。经过整理就会有条理,反义共存,故古代又表示❽治理:武王有~臣十人|其能而~四方。

【组字】𤔔,如今不单用,只作偏旁。现今归入爪部。凡从𤔔取义的字皆与理丝等义有关。

以𤔔作义符的字有:辭(辞)。

以𤔔作声兼义符的字有:亂(乱)、𤔔(同覶)。

脾 pí

【字形】篆 隶 脾 草

【构造】会意兼形声字。篆文从月(肉)从卑(酒杯),会血脏器官之意,卑也兼表声。隶变后楷书写作脾。

【本义】《说文·肉部》:"脾,土藏(脏)也。从肉,卑声。"本义为脾脏。

【演变】脾,本义指❶脾脏:环顾邈冥冥,肝~为烂腐。用为"脾气",表示❷脾脏之气:盖胃受水谷,~气运动而后腐熟。又表示❸人的性情:大发~气。

腔 qiāng

【字形】篆 隶 腔 草

【构造】会意兼形声字。篆文从月(肉)从空,会体内中空的部分之义,空也兼表声。隶变后楷书写作腔。

【本义】《说文·肉部》:"腔,内空也。从肉,从空,空亦声。"本义为动物体内中空的部分。

【演变】腔,本义指❶动物体内中空的部分:肠欲充,~欲小|口~|腹~|胸~|鼻~。引申指❷器物中空的部分:炉~。人说话要借助于口腔、鼻腔,故又引申指❸说话的声音和语气:南~北调|装~作势|开~|答~|~调。乐曲都有唱的腔调,故又引申指❹乐曲的调子:字正~圆|唱~|昆~|花~。

鲁 lǔ

(魯)

【字形】甲 金 篆 隶 魯 魯 草

【构造】会意字。甲骨文从口从鱼,会品尝碗里烹调好的味道嘉美的鱼之意。金文在口中加一点成甘,进一步强调味道醇厚可口。篆文将甘讹为白。隶变后楷书写作魯。如今简化作鲁。

【本义】《说文·白部》:"魯,钝词也。从白,鲞省声。"所释为引申义。本义当为鱼味醇厚嘉美。

【演变】鲁,本义指鱼味醇厚嘉美,引申泛指❶嘉美:周公受禾东土,~天子之命。又由味道过于醇厚则令人口爽,引申为❷迟钝:少时甚~,读书不能成诵|粗~。又用为❸周代诸侯国名:登东山而小~。如今又用为❹山东省的简称:晋冀~豫。

【组字】鲁,如今既可单用,也可作偏旁。现今归入鱼部。凡从鲁取义的字皆与味道醇厚、粗鲁等义有关。

以鲁作声符的字有:噜、撸、橹、氇、镥。

猾 huá

【字形】古 今篆 隶 猾 草

【构造】会意兼形声字。古文从犬(犭)从骨,会狗争啃剩下的乱骨之意,骨也兼表声。隶变后楷书写作猾。

【本义】《广雅·释诂三》:"猾,乱也。"本义为扰乱。

【演变】猾,本义指❶扰乱:蛮夷~夏,寇贼奸宄。由挖空心思扰乱,引申指❷奸诈,狡猾:里胥~黠,假此科敛丁口|遂为~胥报充里正役|奸~。用作名词,表示❸奸猾的人:其豪~大侠,杀人亡命。

飧 sūn

【字形】篆　今篆　隶　草

【构造】会意字。篆文从夕从食，会晚饭之意。隶变后楷书写作飧。

【本义】《说文·食部》："飧，餔也。从夕、食。"本义为晚饭。古人每日两餐，晚饭在申时（下午三到五点）吃。

【演变】飧，本义指❶晚饭：饔（早饭）～而治。早晚饭都是熟食，故引申泛指❷熟食：盘～市远无兼味，尊（樽）酒家贫只旧醅。用作动词，指❸吃饭：彼君子兮，不素～兮。

然 rán（燃）

【字形】金　篆　今篆　隶

草

【构造】会意兼形声字。金文从火从肰（狗肉），用火烧狗肉会燃烧之意，肰也兼表声。篆文整齐化。隶变后楷书写作然。是"燃"的本字。

【本义】《说文·火部》："然，烧也。从火，肰声。"本义为燃烧。

【演变】然，本义指❶燃烧：若火之始～，泉之始达。引申为❷点着：张云锦之帏，～九光之灯。又引申指❸照耀：～目之绮，裂鼻之馨。又进而引申指❹明白：了～于心。借作代词，表示❺这样，如此：教使之～也｜～后｜～则。用作意动，表示❻以为然，同意，对，是：不以为～。用作连词，表示转折，相当于❼然而：周勃厚重少文，～安刘氏者必勃也。用作助词，充当❽词尾：惠～肯来｜人之视己，如见其肺肝～｜突～｜欣～。

"然"为借义所专用，燃烧之义便另加义符"火"写作"燃"来表示。

〇燃，从火从然会意，然也兼表声。读rán，本义指❶燃烧：天地之性，能更生火，不能使灭火复～｜～烧｜～料。引申指❷点着：～放花炮｜～灯。

【组字】然，如今既可单用，也可作偏旁。现今仍归入火部。凡从然取义的字皆与燃烧等义有关。

以然作声兼义符的字有：燃。

以然作声符的字有：撚（捻）。

蛮 mán（蠻）

【字形】金　篆　隶　草

【构造】形声兼会意字。金文借䜌来表示。篆文另加义符虫，表示未开化，成了从虫，䜌声，䜌也兼表乱之意。隶变后楷书写作蠻。如今简化作蛮。

【本义】《说文·虫部》："蠻，南蠻，蛇种。从虫，䜌声。"本义为对我国南方民族的贬称。

【演变】蛮，本义指❶对我国南方民族的贬称：南～鴃（伯劳鸟）舌之人，非先王之道｜荆～。引申也泛指❷少数民族：此～夷之鄙人，未尝见天子｜为降虏于～夷｜方当系颈～邸。少数民族多处于边远荒凉地区，故引申又指❸边远荒凉地区：不意吾子自京师来～夷间｜～荒。由对少数民族的蔑称，后来引申表示❹粗野不通情理：也不曾见你这个出家人，恁地～法｜～横无理｜野～｜～不讲理。

【组字】蛮，如今既可单用，也可作偏旁。现今仍归入虫部。凡从蛮取义的字皆与不开化等义有关。

以蛮作声符的字有：㼿。

就 jiù

【字形】甲　金　古　篆　隶　草

【构造】会意字。甲骨文和金文皆从亯从京，会庙堂高大之意。古文讹为从重京（于高处建亭）从尤（特异，超过一般），会达到极高之意。篆文省从京并整齐化。隶变后楷书写作就。

【本义】《说文·京部》："就，就高也。从京，从尤。尤，异于凡也。"本义为达到极高。

【演变】就，由本义达到极高，引申泛指❶趋向，靠近：施薪若一，火～燥也；平地若一，水～湿也｜避重～轻｜～近｜去～｜迁～。由靠近又引申指❷依从而不离开：作什器于寿丘，～时于负夏｜半推半～｜～便｜～势。又引申泛指❸到达，从事：故事（旧例），二千石新到，辄遣吏存问致意，乃敢起～职｜处工，～官府；处商，～市井；处农，～田野｜弃文～武｜～业｜～餐｜～寝｜～位。由达到又引申为❹完成：三窟已～｜事必不～，功必不立｜功成名～｜～绪｜造～｜成～。口语又指❺连带着吃：菜要～饭吃。用作副词，表示❻随即，就要，早已，那就，仅只，竟然，偏偏等：我～来｜再不来他～走了｜他昨天～来了｜～他一人｜一会儿～干了一天的活｜我～不信。用作介词，相当于❼在，趁，依照等：你～这里说吧｜你～便带来吧｜不能～事论事。用作连词，表示❽假设或让步：你～是会做，也来不及了。

【组字】就，如今既可单用，也可作偏旁。现今归入尢部。凡从就取义的字皆与达到极高等义有关。

以就作声兼义符的字有：僦、鹫、蹴。

敦 dūn；duì（惇、憝）

【字形】金  篆  隶 敦 惇

草 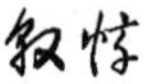

【构造】会意字。金文从攴（手持棍，表有所击）从享（𦎫，厚重），会怒呵重责之意。篆文整齐化。隶变后楷书写作敦。

【本义】《说文·攴部》："敦，怒也，诋也。从攴，享声。"本义为怒呵重责。

【演变】敦，读 dūn，本义指❶怒呵重责，憎恶：有离俗不顺其上，则百姓莫不～恶。此义后作"憝"。此义也用"谁"，参见谁。引申指❷督促：使虞～匠，事严，虞不敢请。又引申指❸勤勉：上惠其道，下～其业。因"敦"从"享"取得声义，故又借作"惇"，表示❹厚道，敦厚：故闻柳下惠之风者，鄙夫宽，薄夫～｜～睦邦交。又引申为❺诚恳：～请。

又读 duì，借指❻古代盛黍稷的器具：若合诸侯，则共珠盘玉～。

○惇，从忄从享会意，享也兼表声。读 dūn，本义指❶敦厚，诚实：柔远能迩，～德允元｜唯庆（人名）以～谨，复终相位。引申指❷重视：～任仁人，退远残贼。又引申指❸劝勉。

○憝，从心从敦会意，敦也兼表声。读 duì，本义指❶怨恨，憎恶：自绝君亲，又将奚～？又指❷灭亡：武王遂征四方，凡～国九十有九。又指❸奸恶，恶人：元恶大～｜剗歼大～，以固皇基。

【组字】敦，如今既可单用，也可作偏旁。现今仍归入攴部。凡从敦取义的字皆与厚重等义有关。

以敦作声兼义符的字有：墩、撴、燉（炖）、镦、礅、蹾。

斌 bīn（份、彬）

【字形】古  篆  今篆 

隶 斌 彬 份 草 

【构造】会意兼形声字。古文本作彬，从彡（表示文采）从林，会文质兼备之意，林也兼表声。篆文改为从人从分，也是文质相半分备之意，分也兼表声。隶变后楷书分别写作彬与份。份也写作斌，用文、武会文质兼备之意。彬、斌、份为同一字之异体，如今规范化，以彬为正体，斌只用作人名和偏旁，份则另表他义。

【本义】《说文·人部》："份，文质备也。从人，分声。"本义为文质兼备。

【演变】斌，本义为❶文质兼备的样子：夫歌以咏德，舞以象事，于文，文武为～。又指❷美盛、有文采、文雅有礼貌等义。以上含义今皆用"彬"表示。斌如今只作❸偏旁和人名用字。

○彬，多连用为"彬彬"，本义指❶文质兼备（文采和实质配合适当）：文质～～，然后君子。又指❷繁盛的样子：文墨之～～，足以舒吾愁兮。如今多用以形容❸人文雅有礼貌：～～有礼。

○份，如今读 fèn，近代借用以表示由"分"分化出的一类含义，指❶整体里的一部分：这个事业中也有我的一～｜股～。又用于省、县、年、月的后面，表示❷划分的单位：省～｜年～｜月～。又指❸情分、情面：好孩子，看在妈的～上，别同他闹。又指❹本分、名分：韩信的要求不能算作非～｜身～｜～内｜～外。又用作量词，用于❺报刊、文件和搭配成套的东西：一～报纸｜三～礼品｜两～文件。

【组字】斌，如今单用多作人名，也可作偏旁。现今归入文部。凡从斌取义的字皆与文采等义有关。

以斌作声兼义符的字有：赟、埜。

疢 qiè（疢）

【字形】篆 隶**疢疢** 草

【构造】形声兼会意字。篆文从疒，夾声，夾也兼表两胁夹紧，夹紧则呼吸困难，故用以会气息微弱之意。隶变后楷书写作疢。作偏旁时简化作疢。

【本义】《说文·疒部》："疢，病息也。从疒，夾声。"本义为病人气息微弱。

【演变】疢，本义指病人气息微弱。

【组字】疢（疢），如今既可单用，也可作偏旁。现今仍归入疒部。凡从疢（疢）取义的字皆与气息微弱等义有关。

以疢（疢）作声符的字有：瘗。

痛 tòng

【字形】篆 隶**痛** 草

【构造】形声兼会意字。篆文从疒，甬声，甬为钟，用以会击打病疼彻骨之意。隶变后楷书写作痛。

【本义】《说文·疒部》："痛，病也。从疒，甬声。"本义为疼痛。指疾病或创伤所引起的难受感觉。

【演变】痛，本义指❶疼痛：桓侯体～，使人索扁鹊｜疾～惨怛，未尝不呼父母也｜头～医头，脚～医脚｜伤口～｜腿～。由肉体痛楚，又引申指❷悲伤，恨：公私之积，犹可哀～｜未尝不叹息～恨于桓灵也｜吾每念之，常～于骨髓｜～不欲生｜哀～｜悲～｜～心｜～悼。用作名词，指❸痛苦：～定思～，～何如哉。用作副词，表示程度深，相当于❹极，尽情地：分曹携具，登城～饮｜～改前非｜～哭｜～恨｜～骂。

戠 zhī（識、识、職、职、幟、帜、樴、誌、志）

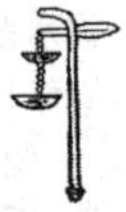

【字形】甲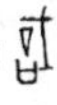 金 篆

今篆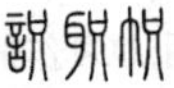 隶**戠 识 識 樴 职 職 帜 幟 誌** 草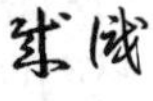

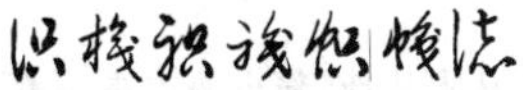

【构造】象形字。甲骨文象戈上挂有饰物形，犹如后代刀上的环、铃、穗，作为一种标志。金文上的饰物稍繁，但更像了。篆文将饰物讹为"音"。隶变后楷书写作戠。

【本义】《说文·戈部》："戠，阙。从戈，从音。"没作解析。就甲骨文分析，本义当为兵器上的饰物。

【演变】戠，本义为❶兵器上的饰物。引申泛指❷标志，记号。

由于"戠"作了偏旁，标志之义便由"識"（从言从戠，戠也兼表声）来表示，如今简化作识。

○识，从讠，只声。由于繁体识从戠取得声义，故读 zhì，用以表示❶标志：魏王命有司造宝刀五枚，以龙熊乌雀为～｜款～。旗也是一种标志，故引申指❷旗帜：贼众数十万人，讫无文号旌旗表～，咸或怪之。用作动词，指❸加标志：古也墓而不坟，今丘也，东西南北之人也，不可以弗～也。加了标志即可记住，故又借作"職"，表示❹记住：默而～之，学而不厌，诲人不倦｜博闻强～。

又读 shí，由记住，引申指❺知道，认识：多～于鸟兽草木之名｜～别｜～字｜～趣。知道的多就是有知识，故又引申指❻知识：鄙夫寡～｜学～｜常～。

为了分化字义，旗帜之义后来另造了"幟"来表示，标志的意思后来另写作"誌"来表示。

○帜，繁体幟，从巾从戠会意，戠也兼表声。如今简化作帜，改为只声。读 zhì，本义指❶旗帜：皆拔赵旗，立汉赤～｜独树一～。又指❷标记：以采綖（线）缝其裾为～。

○誌，从言从志会意，志也兼表声。如今简化作志，读 zhì。参见志。

○职，繁体職，从耳从戠会意，戠也兼表声。如今简化作职，改为只声。读 zhí，本义为❶听而记之，记住。此义后由"识"来表示。所以"职"遂被借作"樴"，用以表示❷职掌，掌管：～外内饔之爨亨（烹）煮｜～掌。用作名词，指❸所掌的分内事：农乐其业，大夫安其～｜～务｜尽～｜天～｜～分。又引申指❹职位：自去史～，五载复还｜就～｜调～。又引申指❺掌职事的人员：～员｜～工。又用作❻谦称：～等奉命｜

卑～。

〇樴，从木从戠，戠也兼表声。本义为❶系牛羊的木桩。进一步引申为❷职掌、职事、职位等义。后其义借用“職”（简作职）来表示。“樴”就废而不用了。

【组字】戠，如今不单用，只作偏旁。现今仍归入戈部。凡从戠取义的字皆与标志等义有关。

以戠作声兼义符的字有：識（识）、幟（帜）、職（职）。

以戠作声符的字有：織（织）、熾（炽）、樴。

童 tóng（僮）

【字形】甲  金  篆 

隶 童 僮 草 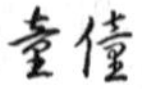

【构造】会意兼形声字。甲骨文一形是头上有辛（刑刀）的罪人立于地上形；二形身旁有个竹篓，表示在干活。金文一形中间从人，头上有辛，身上背有東（竹篓），会男子有罪受髡刑为奴之意，東也兼表声；二形省去人身，下边另加土，强调是站在地上。篆文讹为从辛从重（省）会意，重也兼表声。隶变后楷书写作童。

【本义】《说文・辛部》：“童，男有罪曰奴，奴曰童，女曰妾。从𡰪（辛），重省声。”本义为男子有罪受髡刑为奴。

【演变】童，本义指❶男子有罪受髡刑为奴：牛千足，羊彘千双，～手指千（一百人）。髡刑削发，孩童不蓄发，由此引申指❷未成年的奴仆：内无应门五尺之～｜家～｜书～。又引申泛指❸小孩儿：孩提之～，无不知爱其亲者｜～叟无欺｜～稚｜牧～｜～工。又引申指❹没结婚的：使人乃赍～男女之海求之｜～男～女。童稚无知，故又引申指❺愚昧，浅陋：～昏不可使谋。由削发之髡刑，又引申指❻光秃：斩伐养长不失其时，故山林不～而百姓有余材也｜头～齿豁，竟死何裨？｜～牛（无角牛）之牿（gù，缚于牛角以防触人的横木），元吉。

为了分化字义，孩童、童仆之义后另加义符“亻”写作“僮”。如今仍简化作童。

〇僮，从亻从童会意，童也兼表声。读 tóng，本义指❶童子：冠者五六人，～子六七人。后特指❷未成年的奴仆：～仆欢迎，稚子候门｜家～｜书～。又泛指❸奴仆：富至～千人。

又读 zhuàng，特指❹僮族。如今简化作“壮族”。

【组字】童，如今既可单用，也可作偏旁。现今归入立部。凡从童取义的字皆与奴仆、孩童等义有关。

以童作声兼义符的字有：僮。

以童作声符的字有：撞、幢、潼、憧、嗵、瞳、曈、艟、鐘（钟）。

啻 chì；dì（嗁、啼）

【字形】金  篆  今篆 

隶 啻 啼 嗁 草 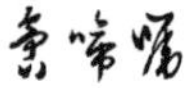

【构造】形声兼会意字。金文从口从帝（表示集结扎束），会高声之意，帝也兼表声。篆文整齐化。隶变后楷书分化为啇、啻、啼三字。啼后又借作“嗁”的俗字，表示悲哭、鸣叫等义。

【本义】《说文・口部》：“啻，语词，不啻也。从口，帝声。”所释为引申义。《集韵・霁韵》：“啻，高声。”本义当为高声。

【演变】啻，读 dì，与啇、啼本为一字，本义指❶高声。

又读 chì，后专用作副词，表示❷但，仅，只：悬殊不～二十倍。“啇”专用以表示集结、根本等义。“啼”专用以表示高声之义，后来又作了“嗁”的俗字，便引申出“悲哭”“鸣叫”等义。参见啇。

〇啼，本义为❶高声。后用作“嗁”，又表示❷出声地号哭：吏呼一何怒，妇～一何苦｜梦～妆泪红阑干｜儿惧，～告母｜～饥号寒｜～笑皆非｜哭哭～～｜～哭。又指❸鸟兽鸣叫：虎豹夹路～｜渌水荡漾清猿～｜杜鹃～血猿哀鸣｜千里莺～绿映红｜月落乌～啼霜满天｜鸡～。

〇嗁，从口，虒声。读 tí，本义指❶出声号哭：主人～，兄弟哭｜～饥号寒｜～笑皆非。引申指❷鸟兽鸣叫：东方日出～早鸦｜鸡～｜猿～。如今规范化其义皆用“啼”表示。

【组字】啻，如今既可单用，也可作偏旁。现今仍归入口部。凡从啻取义的字皆与集结等义有关。

以啻作声兼义符的字有：膪。

㪔 chè

(徹、彻、撤、轍、辙)

【字形】甲 金 古 篆 今篆

隶 㪔 彻 徹 撤 辙 轍

草

【构造】会意字。甲骨文从鬲(鼎类烹饪器)从又(手),会餐后撤去食具之意。金文变为从攴(表示手持)。古文又另加义符彳(表示走路),以突出拿走之意。篆文整齐化,鬲讹为育。隶变后楷书分别写作㪔和徹。㪔不单用,只作偏旁。徹如今简化作彻。

【本义】《说文·攴部》:"徹,通也。从彳,从攴,从育。"析形不确,所释为引申义。本义当为饭后撤去食具。

【演变】㪔,本义为饭后撤去食具。由于"㪔"不单用,只作偏旁,其义便由"徹"来表示。如今简化作彻。

○彻,读 chè,本义指❶饭后撤去食具:史书其过,宰~其膳。引申泛指❷撤除,撤去:平公不~乐。又引申指❸拆除:~我墙屋。又引申指❹撤退:合肥未下,~军还。又引申指❺开发:~田为粮。由于"彻"从"彳"取义,故又引申指❻通达,通透:目~为明,耳~为聪|响~云霄|~头~尾。又指❼车迹:善行无~迹。

为了分化字义,后来"彻"专用以表示通透之义,撤除等义便另加义符"扌"写作"撤"来表示,车迹之义则另加义符"車"写作"轍"来表示,如今简化作辙。

○撤,从扌从㪔会意,㪔也兼表声。读 chè,本义指❶撤除:不~姜食。引申指❷退去:(关)羽闻之,必~备兵。又引申指❸减弱:些微~点分量。

○辙,从车从㪔会意,㪔也兼表声。读 zhé,本义指❶车轮碾过的痕迹:下视其~,登轼而望之|涸~之鱼。又引申指❷行车的路线:闭门造车,出门合~|按上下~行走|这样不顺~儿。又引申指❸词曲所押的韵:押韵合~。

【组字】㪔,如今不单用,只作偏旁。㪔现今归入攵部,彻现今归入彳部。凡从㪔取义的字皆与通透等义有关。

以㪔作声兼义符的字有:徹(彻)、撤、澈、瞮。

阔 kuò

(闊)

【字形】金 篆 隶 阔 闊 草

【构造】形声兼会意字。金文从門,活声。篆文从門,㓉声,㓉为流广,也兼表宽大意。隶变后楷书写作闊,㓉讹为活。如今简化作阔。

【本义】《说文·門部》:"闊,疏也。从門,㓉声。"本义为远离,疏远。

【演变】阔,本义指❶远离,疏远:于嗟(悲叹声)~兮,不我活兮|为人迂~。引申指❷离散:死生契~|至亲久~。由远离,又引申指❸时间久:~别稍久,眷与时长。又引申指❹面积宽广:暮霭沉沉楚天~|一望空~,若脱笼之鹄|~达(豁达)敢言|高谈~论|海~天空。由阔大,又引申指❺排场大,奢侈,富裕:摆~气|~绰|~人。

阑 lán

(闌、欄、栏、攔、拦)

【字形】金 篆 今篆 隶 阑 栏

欄 拦 攔 草

【构造】形声兼会意字。金文从門从柬(表分散木条),会门前遮挡的栅栏之义,柬也兼表声。篆文整齐化。隶变后楷书写作闌。如今简化作阑。作偏旁时或简作兰。

【本义】《说文·門部》:"闌,门遮也。从門,柬声。"本义为门前遮挡的栅栏。

【演变】阑,本义指❶门前遮挡的栅栏:虽仪之所甚愿为门~之厮者,亦无先大王。引申泛指❷栅栏一类的遮拦物:解释春风无限恨,沉香亭北依~干|独自莫凭~|凭~久,黄芦苦竹,拟泛九江船。此义后另加义符"木"写作"欄"(栏)。栅栏起围堵作用,故又引申指❸环状物:你看月~,明日敢有风也。用作动词,指❹遮拦:有河山以~之。此义后也作"攔"。栅栏由稀疏木条交错做成,故又引申指❺稀,散,饮酒半罢:酒~,吕公因目固留高祖|疏客始~,主人微疲。由稀散又引申指❻残尽,衰落,晚:白露凝兮岁将~|歌~舞罢闲无事|公子何

时至,无令芳草~|蓦然回首,那人却在,灯火~珊处|夜~人静。用作“阑干”,由栅栏又引申指❼纵横交错:玉容寂寞泪~干,梨花一枝春带雨。

〇栏,繁体欄,从木,闌声,闌也兼表义。如今简化作栏。读 lán,本义指❶栏杆:休去倚危~|桥~|石~。引申泛指❷用栏杆或其他标志隔开的地方:猪~|专~|报~|布告~。

〇拦,繁体攔,从扌,闌声,闌也兼表义。如今简化作拦,读 lán,本义指遮拦:牵衣顿足~道哭|阻~|~挡。

【组字】阑,如今既可单用,也可作偏旁。现今仍归入门部。凡从阑取义的字皆与栅栏等义有关。

以阑(兰)作声兼义符的字有:攔(拦)、欄(栏)。

以阑(兰)作声符的字有:谰、蘭(兰)、澜、爛(烂)、斓、镧。

善 shàn (譱、膳)

【字形】甲 金 篆 隶 **善譱** 草

【构造】会意字。甲骨文用羊表示,意为祭祀用美味羊很吉祥。金文羊简化;或又加“誩”(竞言义),会连连称美吉祥之意。篆文整齐化,或简化从言。隶变后楷书写作譱与善。如今规范化用善。当是“膳”的本字。

【本义】《说文·誩部》:“譱,吉也。从誩,从羊。”本义为美好。

【演变】善,本义指❶美好:虽有至道,弗学,不知其~也|尽~尽美|心~|~策|~良。用作名词,指❷美好的行为、品质:积~成德,而神明自得。又指❸善人,善行:举~而教不能,则劝|~有善报。用作动词,指❹使变美好:工欲~其事,必先利其器|~始~终|独~其身。进而引申指❺善于,擅长:~战者因其势而利导之|多谋~断|循循~诱。又引申指❻容易,好(hào):庆氏之马~惊|多愁~感。用作意动,表示❼认为好,喜欢:其所~者,吾则行之;其所恶者,吾则改之。又用作形容词,表示❽友好:齐楚之交~|友~|亲~。又指❾熟悉:这人好生面~。用作应对之词,表示❿同意:太祖曰:“~。”乃南征。用作副词,指⓫好好地:~辅道太子,毋违我意|~自保重。

【组字】善,如今既可单用,也可作偏旁。现今归入口部。凡从善取义的字皆与美好等义有关。

以善作声兼义符的字有:缮、膳。

以善作声符的字有:鄯、墡、蟮、鐥、鳝。

羡 xiàn (羨)

【字形】甲 古 篆 隶 **羨羡** 草

【构造】会意兼形声字。甲骨文从水从欠,用流口水会贪欲之意。古文另加义符羊。篆文从羊从次(流口水),会垂涎羊肉之意,次也兼表声。隶变后楷书写作羨。俗简作羡。如今规范化,以羡为正体。

【本义】《说文·次部》:“羨,贪欲也。从次,从羑省。”本义为贪馋。

【演变】羡,本义指❶贪馋:临河而~鱼,不如归家织网。由贪欲,引申指❷希望得到,爱慕:~上都之赫戏兮|~慕|歆~。由希望得到非分之物,引申指❸超过:德隆乎三皇,功~于五帝。由超过,又引申指❹河水溢出,泛滥:河灾之~溢,害中国也尤甚。进而又引申指❺盈余,剩余:与胥卒表里,颇有奇~|~余音。

【组字】羡,如今既可单用,也可作偏旁。现今归入羊部。凡从羡取义的字皆与贪馋等义有关。

以羡作声兼义符的字有:嵰。

以羡作声符的字有:㺉。

普 pǔ

【字形】篆 隶 **普** 草

【构造】会意字。篆文从日从竝(并),会日色到处相同之意。日被云遮,没有光线,不分明暗,则到处相同。隶变后楷书写作普。

【本义】《说文·日部》:“普,日无色也。从日,从竝。”本义当为日色相同。

【演变】普,本义指日色相同。日色相同则到处一样,故引申用作“溥”,表示❶广大:圣人之

德,若天之高,若地之~。又引申指❷普遍,全面:~天之下,莫非王土|阳光~照|~天同庆。由到处一样,又引申指❸不特殊:~通。

【组字】普,如今既可单用,也可作偏旁。现今仍归入日部。凡从普取义的字皆与广大等义有关。

以普作声兼义符的字有:谱、氆。

以普作声符的字有:镨、醭。

粦 lín

(粦、燐、磷、粼)

【字形】甲　金　古　篆　今篆　隶　草

【构造】象形兼会意字。甲骨文一形象人周身有火星飘动形,二形讹近二火相连,成了两团飘动的火。金文另加上双脚舛,会能走的火焰之意,这种火在大自然里当然就是俗说的鬼火了。鬼火常常两团一起互相追逐飘动,故古文承接甲骨文二形讹断为二火,已近炎。篆文综合金文和古文并整齐化,就成为从炎从舛,会鬼火之意。隶变后楷书写作粦。俗作粦,炎又讹为米。如今规范化用粦。

【本义】《说文·炎部》:"粦,兵死及牛马之血为粦。粦,鬼火也。从炎、舛。"本义为鬼火。

【演变】粦,本义指鬼火。由于"粦"作了偏旁,其义便另加义符"火"写作"燐"来表示。

〇燐,从火从粦会意,粦也兼表声。读 lín,本义指❶鬼火:久血为~,人弗怪也|~火。引申指❷萤火:萤火,一名~。

如今规范化,鬼火之义又借用本当水石明净讲的"磷"来表示。

〇磷,从石从粦会意,粦也兼表声。读 lín,本义指❶水在石间,明净可鉴:汎汎东流水,~~水中石。又用以表示❷一种非金属元素:白~|红~。用作"燐",又表示❸鬼火:战斗死亡之处有牛马血,积年为~|十万貔貅化鬼~|~火。

又读 lìn,指薄石,引申指❹薄:不曰坚乎,磨而不~。

这样,"水石明净"的意思便又由"粼"来表示。

〇粼,从巜(流水)从粦会意,粦也兼表声。读 lín,本义指水生石间,明净清澈;扬之水,白石~~|碧波~~。

【组字】粦,如今不单用,只作偏旁。现今归入米部。凡从粦取义的字皆与鬼火闪闪起伏飘动、两相并联、明净等义有关。

以粦作声兼义符的字有:鄰(邻)、粼、潾、遴、憐(怜)、燐、磷。

以粦作声符的字有:嶙、璘、膦、辚、瞵、鳞。

粪 fèn

(糞、擹)

【字形】甲　古　篆　今篆　隶　草

【构造】会意字。甲骨文象一手持箕、一手执帚形,会扫除粪土之意。小点象征粪土脏物。古文省去帚,将箕改为華。篆文承之并整齐化,讹为双手持華推粪釆(biàn)了。隶变后楷书写作糞。如今简化作粪。

【本义】《说文·華部》:"糞,弃除也。从廾(双手)推華,棄釆也。"本义为扫除灰土脏物。

【演变】粪,本义指❶扫除灰土脏物:小人~除先人之敝庐。此义后另加义符扌写作擹。如今仍用粪。用作名词,又指❷灰土,腐土:身为~土|~土之墙不可杇也。粪便是脏物,故又特指❸粪便:其美与蚕矢(屎)熟~同。粪便可用作肥料,又引申指❹施肥:一亩之稼,则~溉者先芽。

【组字】粪,如今既可单用,也可作偏旁。现今归入米部。凡从粪取义的字皆与粪土、脏物等义有关。

以粪作声兼义符的字有:擹。

以粪作声符的字有:瀵。

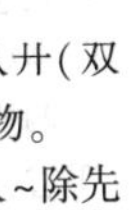

奠 diàn

【字形】甲　金　篆　隶　草

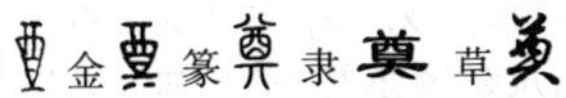

【构造】象形字。甲骨文象祭台上置放酒樽形,表示置酒进行祭祀。金文稍繁。篆文上边加"八",象征樽里的酒满香气四溢,下边变成了祭案丌。隶变后楷书写作奠。

【本义】《说文·丌部》:"奠,置祭也。从酋,酋,酒也。下其丌也。"本义为置酒进行祭奠。

【演变】奠,本义指❶祭奠死者:~桂酒兮椒浆|几时痛饮黄龙酒,横揽江流一~公。引申指❷稳稳地安置:~之而后取之。进而引申指❸确立:禹敷土,随山刊木,~高山大川|~都|~基|~定。又指❹进献:~璧|~雁(爱情专一的象征)。

【组字】奠,如今既可单用,也可作偏旁。现今归入大部。凡从奠取义的字皆与隆重祭奠等义有关。

以奠作声兼义符的字有:鄭(郑)、奠。

尊 zūn (尊、樽、罇)

【字形】甲　金　篆
今篆　隶 尊 樽　草

【构造】会意字。甲骨文从酉(酒杯)从廾(双手),会双手高举酒杯敬酒之意。金文加出了升高符阜(左阝)和八,象征里面盛满了酒香气四溢。篆文省去升高符并整齐化,或将双手省为寸。隶变后楷书分别写作尊与尊。如今规范化,以尊为正体。

【本义】《说文·酋部》:"尊,酒器也。从酋,廾以奉之。尊,或从寸。"本义为举杯敬酒。

【演变】尊,本义指❶举杯敬酒。用作名词,又指❷盛酒的礼器:出其~彝,陈其鼎俎|牺(suō)~。用作动词,指❸盛酒:盛于盆,~于瓶。由敬酒,又引申为❹尊奉,敬重:~贤使能,俊杰在位|~师重教|~命。用作形容词,指❺地位或辈分高的:主(君主)待农战而~|~贵|~卑。用作名词,指❻受尊敬的人:县~|~长|令~。又用作❼敬词:~府|~驾。又用作❽量词:一~塑像|一~大炮。

尊为引申义所专用,酒尊之义便另加义符"缶"或"木"写作"罇"或"樽"来表示。

○樽,从木从尊,尊也兼表声。异体作罇,从缶从尊,尊也兼表声。如今规范化用樽,读zūn,本义指酒樽:觞酌有采,而~俎有饰|金~清酒斗十千|折冲~俎。

【组字】尊,如今既可单用,也可作偏旁。现今归入寸部。凡从尊取义的字皆与礼法等义有关。

以尊作声兼义符的字有:遵、樽、罇。

以尊作声符的字有:撙、蹲、鳟。

道 dào;dǎo (衜、導、导)

【字形】甲　金　石鼓
篆　隶 道 导 導
草

【构造】会意字。道与導同源。甲骨文从人从行,会人所行的道路之意。金文从行(街道)从首从又(手),会手在头前于路上引导前行之意;或仅从行从首;或再加一个止(脚),以强调行走。石鼓文将手变为从寸(也是手),或改为从辵,舀声。篆文改为从辵从首,或另加一个寸,以突出在头前引导之意。隶变后楷书分别写作道、導与衜。如今衜废而不用,導简化作导,与道表义各有侧重。

【本义】《说文·辵部》:"道,所行道也。从辵,从首。"所释为引申义。本义当为引导。又《寸部》:"導,导引也。从寸,道声。"

【演变】道,读dǎo,是導(导)的本字,本义指❶引导:赵简子大猎于中山,虞人~前,鹰犬罗后。引申为❷疏通:不如小决使~。又引申指❸开导,教导:以教~民,必躬亲之。又引申指❹由,从:治乱之情,皆~上始。

为了分化字义,以上含义后来另加义符"寸"写作"導"来表示。

又读dào,由在路上引导,引申指❺道路:会天大雨,~不通|康庄大~。又引申指❻方向,途径:交邻国有~乎?|志同~合。又引申指❼道理,规律:得~多助,失~寡助|天~酬勤。又引申指❽主张,学说,思想体系:吾~一以贯之。又引申指❾方法:医~|门~。又引申指❿空窍:穴~。又引申指⓫取道,经过:~海安、如皋,凡三百里。又引申指⓬述说:仲尼之徒,无~桓文之事者|不足为外人~也|说长~短|~贺。又引申指⓭道教,道家,反动迷信组织:~观|一贯~。又引申指⓮线条:铅笔~儿。又用作⓯量词:一~河|两~门|三~题|

洗了四~。

○导，繁体導，从道从寸会意，道也兼表声，如今简化作导。读 dǎo，本义为❶引路：发使~路。又泛指❷引导，引领，带领：善战者因其势而利~之|虞人~前，鹰犬罗后|因势利~|~游|~航|~向|向~|引~|倡~|指~|报~。又指❸循着，引刀导入：批大郤，~大窾，因其固然。又指❹保养，摄养：至于~养得理，以尽性命。今又指❺（热、电等）在物体中由一处传送到另一处，传导：~电|~热|半~体。

【组字】道，如今既可单用，也可作偏旁。现今仍归入辵（辶）部。凡从道取义的字皆与引导等义有关。

以道作声兼义符的字有：導（导）。

遂 suì；suí

【字形】金　篆　隶 遂　草

【构造】会意兼形声字。金文从辵（行走），右上象用手播撒种子形，会边走边撒种之意。篆文改为从辵从㒸（坠落），用意相同，㒸也兼表声。隶变后楷书写作遂。

【本义】《说文·辵部》："遂，亡也。从辵，㒸声。"所释为引申义。本义当为边走边播撒。

【演变】遂，读 suì，由边走边播撒，引申为❶行往，前进：羝羊触藩，不能退，不能~。又引申为❷田间水沟：夫间有~，~上有径。又引申泛指❸道路：都邑~路，足以处其民。由道路又引申泛指❹通达：何往而不~。进而引申指❺顺从，如意：世乱遭飘荡，生还偶然~。再引申为❻完就，成功：今叔父克~|功成事~。用作副词，表示❼竟，终于，就，于是：上~不纳|服药后头痛~止。又通"隊"（队），表示❽坠落：震~泥。

又读 suí，表示❾顺从，如意。此音只用于"半身不遂"。

【组字】遂，如今既可单用，也可作偏旁。现今仍归入辵（辶）部。凡从遂取义的字皆与行往等义有关。

以遂作声兼义符的字有：隧、邃、燧。

以遂作声符的字有：墜、檖。

曾 zēng；céng
（甑、甑、層、层、增）

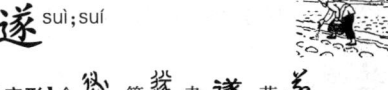

【字形】甲　金　籀　篆　隶 曾 甑 层 層 增　草

【构造】会意字。甲骨文下象蒸锅之屉，即箅子，上象蒸气升腾之状，本为蒸熟食物的器具，是甑的本字。金文繁化，下边加出蒸锅形，或于锅中加短横，指出是水。由于蒸煮之义已不明显，籀文便另加表示蒸锅冒气的义符"鬲"。篆文承金文并整齐化。隶变后楷书写作曾与鬵。是"甑"的本字。如今规范化，以曾为正体。鬵已废而不用。

【本义】《说文·八部》："曾，词之舒也。从八，从曰，囱声。"析形不确，所释为假借义。本义当为蒸熟食物的器具。

【演变】曾，读 zēng，本义指❶蒸熟食物的器具。蒸锅有锅有屉有盖，是重叠累加的，故引申为❷重：非其子孙，则其~玄|~祖|~孙。又引申指❸高举：（凤凰）~逝万仞之上，翱翔四海之外。又表示❹增加：所以动心忍性，~益其所不能。用作副词，表示❺乃，竟：谁谓河广，~不容刀。又表示疑问，相当于❻岂，怎：呜呼！~谓泰山不如林放（人名）乎（莫非说祭祀泰山的人还不如林放知礼吗）？

又读 céng，表示❼重叠：大厦~加，拟于昆仑。又表示❽高：~飙振六翮。用作副词，表示❾曾经：无可奈何花落去，似~相识燕归来。

后"曾"为借义所专用，蒸锅之义便另加义符"瓦"写作"甑"来表示，重叠之义便另加义符"尸"（表房屋）写作"層"来表示，增加之义则另加义符"土"写作"增"来表示。

○甑，从瓦从曾会意，曾也兼表声。读 zèng，本义指❶古代蒸熟食物的器具：许子以釜~爨，以铁耕乎？又指❷蒸饭用的一种木制的桶状物：~子。

○层，繁体層，从尸从曾会意，曾也兼表声。如今简化作层，改为从云。读 céng，本义指❶多层的房子：珠殿连云，金~辉景。引申泛指❷重叠：~峦叠翠|~出不穷。又用作❸量词：九~之台，起于累土。

○增，从土从曾会意，曾也兼表声。读zēng，本义指❶加多：~重赋税，刻剥百姓|~加|~高|~强|~产。又通“层”，表示❷重叠：~冰峨峨，飞雪千里些(语气词)。

【组字】曾，如今既可单用，也可作偏旁。现今归入曰部。凡从曾取义的字皆与器具、重累等义有关。

以曾作声兼义符的字有：层(層)、增、甑。

以曾作声符的字有：僧、缯、憎、噌、赠、罾。

焱 yàn

【字形】甲 篆 隶 草

【构造】会意字。甲骨文从三火，会火焰盛大之意。篆文整齐化。隶变后楷书写作焱。

【本义】《说文·焱部》：“焱，火华也。从三火。”本义为火焰盛大。

【演变】焱，本义指火焰盛大：朽根倒树，花叶落去，卒逢火~，随风偃仆。

【组字】焱，如今既可单用，也可作偏旁。现今归入火部。凡从焱取义的字皆与火盛、明亮等义有关。

以焱作义符的字有：熒(荧)、燊。

装 zhuāng
(裝、妝、粧、妆)

【字形】甲 金 篆 今篆
隶 草

【构造】形声兼会意字。篆文从衣，壯声，壯为版筑填土，也兼表装裹行囊之意。隶变后楷书写作裝。如今简化作装。

【本义】《说文·衣部》：“裝，裹也。从衣，壯声。”本义为包裹，行囊。

【演变】装，本义指❶包裹，行囊：约车治~，载券契而行|乃为~遣荆轲|今其行~盛，必非胡公子。引申泛指❷衣物：货其嫁时资~，躬自纺织|服~|新~|时~|中山~。用作动词，指❸束裹整备行囊：交语速~束，络绎如浮云。由整备行装，又引申指❹装载：船~甚盛|~箱|~车|~运|~卸。又引申指❺安装，装配：三保戒团众~药实弹，毋妄发|组~|~订|~备。由整备行装，又引申指❻装束穿戴：红~而蹇者，亦时时有。又进而引申指❼修饰，打扮：及嫁，始以~饰入门|千金~马鞍，百金~刀头|化~|~束|~点|~修|~饰。用作名词，又指❽化妆时用的穿戴涂抹的东西：视太后镜奁中物，感动悲啼，令易脂泽~具。此义后写作“妆”。由装饰打扮，又引申指❾假装：佯~不知|~疯卖傻|~聋作哑|~模作样|~糊涂。

○妆，甲、金文繁体作妝，从女从爿会意，爿也兼表声。篆文整齐化。异体作粧，从米从庄会意，庄也兼表声。如今皆简作妆，读zhuāng，本义指❶妇女化妆：新妇起严~|梳~|~饰|~点。引申指❷演员化妆：上~|卸~。用作名词，又指❸妆饰用品：当户理红~。又特指❹嫁妆：连夜具办~奁|送~。又指❺妆饰的样式：妇女禁高髻、险(新奇)~|宫样~。

港 gǎng

【字形】篆 隶 草

【构造】形声兼会意字。篆文从水，巷声，巷也兼表似小巷道之意。隶变后楷书写作港。

【本义】《玉篇·水部》：“港，水派(支流)也。”本义为与江河湖泊相通的小河道。

【演变】港，本义指❶与江河湖泊相通的小河道：这石碣村湖泊正傍着梁山泊，周围尽是深~水汊，芦苇草荡|~汊。引申指❷停泊船只的码头：岳阳楼旧岸有~，名驼鹤~，商人泊船于此|~湾|~口|军~|不冻~。又引申指❸航空港：飞机离~。又特指❹香港或有香港特色的：~澳同胞|~币|穿戴够~的。

湖 hú

【字形】篆 隶 草

【构造】形声兼会意字。篆文从水，胡声，胡也兼表大之意。隶变后楷书写作湖。

【本义】《说文·水部》：“湖，大陂(池塘)也。从水，胡声。”本义为湖泊，被陆地包围着的大片积水。

【演变】湖，本义指❶湖泊：襟三江而带五~|~月照我影，送我至剡溪|今漂沦憔悴，转徙于

江~间|予观夫巴陵胜状,在洞庭一~|太~。又引申特指❷湖南、湖北:~广熟,天下足。

渴 kě;jié
(竭、潵、揭)

【字形】金 篆 隶 渴 潵 竭

草

【构造】会意兼形声字。金文从水,右边滤器中的水不再滴,表示水已干涸。篆文从水从曷(喝止),会水干涸之意,曷也兼表声。隶变后楷书写作渴。是"竭"的本字。

【本义】《说文·水部》:"渴,尽也。从水,曷声。"本义为水干涸。又:"潵,欲饮也。从欠,渴声。"本义为口干想喝水。又《立部》:"竭,负举也。从立,曷声。"本义为用背举起。段注:"凡手不能举者,负而举之。"

【演变】渴,读 jié,本义指❶干涸,干枯:凡粪种(浸种),骍刚(赤色硬土)用牛(用牛骨汁渍其种),赤缇(浅绛色的土)用羊,坟壤(肥沃的松土)用麋,~泽(干涸的湖泽)用鹿|秀才坐定,将酒倾在瓦钵内,一饮而~,连饮三钵|眼昏久被书料理,肺~多因酒损伤。

又读 kě,由口中水干涸,后借用作"潵"的简体,表示❷口干想喝水:行道迟迟,载~载饥|除烦~之疾|望梅止~|如饥似~|饥~。由饥渴又用以比喻❸迫切:吾~见卿久矣|~望。

"渴"为借义所专用,干涸之义便又借用"竭"来表示。

○竭,从立从曷,会大喝一声将重物背起之意,曷也兼表声。读 jié,本义指❶用背举起,驮起:~盘石。后借用作"渴",遂用以表示❷水干涸:昔伊、洛~而夏亡|~泽而渔|山崩川~|枯~。引申指❸用完,竭尽:彼~我盈,故克之|劳师力~,远主备之|屈平正道直行,~忠尽智,以事其君|取之不尽,用之不~|~力|~诚。

"竭"为借义所专用,负举之义便由"揭"来表示。参见揭。

【组字】渴,如今既可单用,也可作偏旁。现今仍归入水部。凡从渴取义的字皆与水干涸等义有关。

以渴为声兼义符的字有:潵。

滑 huá;gǔ

【字形】金 篆 隶 滑 草

【构造】会意兼形声字。金文从水从骨(骨锥),用骨锥蘸水会光溜、滑利之意,骨也兼表声。篆文整齐化。隶变后楷书写作滑。

【本义】《说文·水部》:"滑,利也。从水,骨声。"本义为光滑。

【演变】滑,读 huá,本义指❶光溜,不粗涩:道中迷雾冰~,磴几不可登|~溜|~利。用作动词,指❷在光滑的物体上溜动:交河边城飞鸟绝,轮台路上马蹄~|~冰|~雪|~翔|~倒。又引申比喻❸鸣声柔和,圆润:间关莺语花底~。又同音借用作"猾",表示❹油滑,不老实:这妖也弄得~了,他再不肯上岸|这人贼~|偷奸耍~|~头|耍~。参见猾。

古代又读 gǔ,表示❺扰乱:雷霆不乱其听,美恶不~其心。用为"滑(gǔ)稽",本指❻古代的一种流酒器:鸱夷(皮袋)~稽,腹大如壶,尽日盛酒,人复借酤。后引申指❼言辞流利,能言善辩:樗里子~稽多智,秦人号曰智囊。又转指❽令人发笑的言行或事态:他作了个~稽可笑的鬼脸。以上二义如今已读 huá。

【组字】滑,如今既可单用,也可作偏旁。现今仍归入水部。凡从滑取义的字皆与光溜等义有关。

以滑作声符的字有:鹘。

溉 gài

【字形】金 篆 隶 溉 草

【构造】会意兼形声字。金文从水从既,会水已灌注之意,既也兼表声。篆文整齐化。隶变后楷书写作溉。

【本义】《说文·水部》:"溉,灌注也。从水,既声。"本义为灌溉。

【演变】溉,本义指❶灌溉:西门豹引漳水~邺|引河水灌民田,田皆~。引申指❷洗涤:而出~汲|皆之水也,或~鼎釜,或澡腐臭。

【组字】溉,如今既可单用,也可作偏旁。现今仍归入水部。凡从溉取义的字皆与灌溉等义有关。

以溉作声符的字有:墍。

愤 fèn (憤)

【字形】篆 隶 愤 憤 草

【构造】会意兼形声字。篆文从心从賁(繁结),会心中郁结之意,賁也兼表声。隶变后楷书写作憤。如今简化作愤。

【本义】《说文·心部》:"憤,懑也。从心,賁声。"本义为郁结于心。

【演变】愤,本义指❶郁结于心:不~不启,不悱不发|发~以抒情。引申指❷因不满而感情激动,发怒:北虽貌敬,实则~怒|卒以吾郡之发~一击,不敢复有株治|人神共~|~激|~慨|~然|泄~|~恨。用作名词,指❸愤恨之情:使匹夫攘袂群起以伸其~。

慌 huāng;huang (巟)

【字形】古 今篆 隶 慌 草

【构造】会意兼形声字。古文从心从巟(荒凉),会心惊之意,巟也兼表声。隶变后楷书写作㠩。俗作慌,如今规范化为正体。

【本义】《玉篇·心部》:"慌,慌急。"本义为内心惊惧。王力认为慌与駹(从马巟声,本义为马奔)同源,马惊而奔为駹,人惊而惧为慌。

【演变】慌,读 huāng,本义指❶内心惊惧:吓得我战战兢兢,~~张张|惊~什么|心里发~。由惊慌,引申指❷忙乱:今早走得~,不期忘了|~里~张|别~张。

又读 huang,常作补语,强调程度高,表示❸难忍受:这粥烫得~|实在累得~|在家闷得~。

惰 duò (憜)

【字形】古 篆 隶 惰 憜 草

【构造】会意兼形声字。古文从女从隋(祭祀)省,会祭神不敬之意,隋也兼表声。篆文改为从心;异体从隋,不省。隶变后楷书分别写作憜、惰、媠。如今规范化,以惰为正体。

【本义】《说文·心部》段注:"憜,不敬也。从心,隋声。"本义为不恭敬,轻慢。

【演变】惰,本义指❶不恭敬,轻慢:诸客肃然起敬,无敢有~容。由轻慢,引申指❷懈怠:避其锐气,击其~归(切望归家之情)。又进而引申指❸懒惰:勤苦劝慵~,为余扫尘阶|~性。

愧 kuì (媿)

【字形】甲 金 籀 篆 隶 愧 媿 草

【构造】会意兼形声字。甲骨文、金文皆从女从鬼(丑陋的大猩猩),会丑陋之意,鬼也兼表声。籀文改为从言从鬼。篆文承甲、金文并整齐化,异体或改为从心从鬼。女丑、言丑或心丑,皆可羞惭。隶变后楷书分别写作媿、謉、愧。如今规范化,以愧为正体。

【本义】《说文·女部》:"媿,惭也。从女,鬼声。"本义为羞愧。

【演变】愧,本义指❶羞愧:本自无教训,兼~贵家子|于是怅然慷慨,深~平生之志|下恐~吾师也|问心无~|惭~。用作使动,表示❷使羞愧:不以人之所不能者~人。

愉 yú (愈)

【字形】金 篆 隶 愉 草

【构造】形声兼会意字。金文从心,俞声,俞(船畅行)也兼表舒畅之意。篆文整齐化。隶变后楷书写作愉。是"愈"的异体字。参见愈。

【本义】《说文·心部》段注:"愉,薄乐也。从心,俞声。"本义为微微欢乐,喜悦。

【演变】愉,本义指❶喜悦:我有嘉宾,其乐~~|羁离暂~悦,羸老反惆怅|面有不~之色|~快|~乐。古又借用作"偷",表示❷苟且,怠惰:以俗教安,则民不~。

慨 kǎi

【字形】籀　篆　隶　草

【构造】会意兼形声字。籀文从心从气，会心中气愤之意。篆文改为从心从既（愤然扭头不吃）会意，既也兼表声。隶变后楷书写作慨。

【本义】《说文·心部》："慨，忼慨，壮士不得志也。从心，既声。"本义为愤激的样子。

【演变】慨，本义指❶愤激的样子：副将军史德威～然任之｜愤～。引申指❷感慨，叹息：主人就我饮，对我还～叹｜感～系之矣。近代又引申指❸不吝惜：得蒙处士～允，必不忘德｜这人十分慷～｜～然相赠。

割 gē

【字形】金　篆　隶　草

【构造】形声兼会意字。金文从刀，害声，害也兼表切割之意。篆文整齐化。隶变后楷书写作割。

【本义】《说文·刀部》："割，剥也。从刀，害声。"本义为用刀裁切，裁断。

【演变】割，本义指❶用刀裁切，裁断：良庖岁更刀，～也｜收～庄稼｜～除毒瘤。引申特指❷宰杀：～牲而盟以为信｜～鸡焉用牛刀。又引申泛指❸分割，划分：因利乘便，宰～天下｜兼仗父兄之业，～据江东。分割的结果是，一方有得，另一方则必有失，故又引申为相反的两个意思，一是指❹获取，夺取：东～膏腴之地。二是指❺割让，舍弃：争～地而赂秦｜～地赔款｜～爱｜～舍。

【组字】割，如今既可单用，也可作偏旁。现今仍归入刀部。凡从割取义的字皆与裁截等义有关。

以割作声符的字有：蓋。

富 fù

【字形】甲　金　篆　隶　草

【构造】形声兼会意字。甲骨文从宀（房屋），畐声，畐为酒满樽，也兼表家境富足之意。金文稍繁。篆文整齐化。隶变后楷书写作富。

【本义】《说文·宀部》："富，备也。一曰厚也。从宀，畐声。"本义为富有，家里应有尽有。

【演变】富，本义指❶富有：家～良马，其子好骑。引申泛指❷多，丰富：有张氏，藏书甚～。又引申特指❸财物多，富裕，富足：诸侯迎之者，～而兵强｜非有陶朱、猗顿之～｜～贵非吾愿，帝乡不可期｜士民殷～｜贫～｜～人。又引申特指❹年少，未来岁月多：陛下春秋～｜年～力强。用作使动，指❺使富有：上则～国，下则～家｜～国强兵。用作名词，指❻富足之势：是以齐～强至于威、宣也。

【组字】富，如今既可单用，也可作偏旁。现今仍归入宀部。凡从富取义的字皆与富有等义有关。

以富作义符的字有：富。

寍 níng（寧）

【字形】甲　金　篆　隶　草

【构造】会意字。甲骨文从宀（房子）从皿（食器）会意。金文另加义符心，会有吃有住心乃安之意。篆文承接金文并整齐化。隶变后楷书写作寍。是"寧"（宁）的本字。

【本义】《说文·宀部》："寍，安也。从宀，心在皿上。人之饮食器，所以安人。"本义为安宁。

【演变】寍，本义指安宁。由于"寍"作了偏旁，其便借"寧"来表示。如今简化作宁。参见宁。

【组字】寍，如今不单用，只作偏旁。现今仍归入宀部。凡从寍取义的字皆与心安等义有关。

以寍作声兼义符的字有：寧（宁）、濘、矃。

窝 wō（窩、踒）

【字形】古　今篆　隶

草

【构造】形声兼会意字。古文从穴，咼声，咼也兼表似口腔之意。隶变后楷书写作窩。异体作踒，改为委声，委（委坐）也兼表卧坐之意。如今规范化，窩简化作窝，为正体。踒废而不用。

【本义】《字汇·穴部》："窝，窟也。"本义为树上的巢穴。

【演变】窝，本义指❶鸟兽鱼虫的巢穴：燕嘴芹泥（草泥）补旧～|鸡～|狼～|蜂～|猪～。又引申指❷人居住、占的地方或聚集处：名其居为“安乐～”|别往人～里扎|挪个～算了|草～|石～|粮～。由鸟兽之窝，又引申特指❸坏人聚居的地方：土匪～|贼～。洞穴洼下，故又引申指❹洼陷的地方：炮弹～|胳肢～|酒～|土～。由栖身，用作动词，又引申指❺藏匿：私贩、～隐，俱论死|～赃|～藏。在窝栖身不能舒展，故又引申指❻弄弯，曲折：把铁丝～成圆圈。由不能舒展，又引申指❼郁积不能发作或发挥：～火|～工|～风。

窜 cuàn

（竄、躥、蹿）

【字形】古　篆　今篆　隶 窜 竄 蹿 躥 草

【构造】会意兼形声字。古文从穴从串（穿）会意，串也兼表声。篆文从穴从鼠，会鼠逃入穴中藏匿之意。隶变后楷书写作竄。如今承古文简化作窜。

【本义】《说文·穴部》：“竄，匿也。从鼠在穴中。”本义为藏匿。

【演变】窜，本义指❶藏匿：鸾凤伏～兮，鸱枭翱翔。引申为❷逃匿，逃跑：抱头鼠～。又引申为❸流放：流共工于幽州，～三苗于三危。又进而引申为❹改易，修改：渍墨～旧史，磨丹注前经。又指❺猛冲：那马长嘶一声，直～过去。此义后作躥，如今简化作蹿。

○蹿，从足从窜会意，窜也兼表声。读cuān，本义指❶向前或向上纵跳：猫～上墙去了|他～出门去|他一～老高。引申指❷喷射：血直往外～。

【组字】窜，如今既可单用，也可作偏旁。现今仍归入穴部。凡从窜取义的字皆与逃匿等义有关。

以窜作声兼义符的字有：撺、蹿。

以窜作声符的字有：镩。

窖 jiào

【字形】篆　隶 窖 草

【构造】会意兼形声字。篆文从穴从告（祭祷），会贮存祭品的地窖之意，告也兼表声。隶变后楷书写作窖。

【本义】《说文·穴部》：“窖，地藏也。从穴，告声。”本义为贮藏物品的地穴。

【演变】窖，本义指❶贮藏物品的地穴：乃幽（囚禁）武（苏武）置大～中，绝不饮食|菜～|白薯～|花～|冰～。用作动词，指❷把东西收藏在地窖中：秦之败也，豪杰皆争取金玉，而任氏独～仓粟|把萝卜～好。

【组字】窖，如今既可单用，也可作偏旁。现今仍归入穴部。凡从窖取义的字皆与地穴等义有关。

以窖作声符的字有：滘。

遍 biàn

（徧）

【字形】篆　今篆　隶 遍 徧 草

【构造】形声兼会意字。篆文从彳（街道），扁声，扁也兼表整个一片之意。隶变后楷书写作徧。俗作遍，改为从辶。如今规范化，以遍为正体。

【本义】《说文·彳部》：“徧，匝也。从彳，扁声。”《广韵·线韵》：“徧，周也。遍，俗。”本义为走遍。

【演变】遍，本义指❶走遍，遍及：～国中无与立谈者|永嘉山水，游历殆～|钩党之捕～于天下|望见～地旌旗炫耀|满山～野。引申指❷周遍：小惠未～，民弗从也。用作副词，表示❸一一，普遍，到处：公子引侯生坐上坐，～赞宾客|余因得～观群书|是日城内～插白旗。又用作量词，表示❹次，回：吾于读书不过三～，终身不忘也|多看几～|叫了他三～。

【组字】遍（徧），如今既可单用，也可作偏旁。现今遍归入辶部，徧归入彳部。凡从遍（徧）取义的字皆与走遍等义有关。

以遍（徧）作声符的字有：㾫。

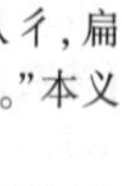

雇 gù;hù

（僱、鳸、鳲、鶚）

【字形】甲　籀　篆　今篆

隶 雇 僱 鳸

草

【构造】会意兼形声字。甲骨文从回头之隹(鳥),从户,会开春候鸟飞回止于户之意,户也兼表声。籀文繁化,改为从鳥。篆文承甲骨文并整齐化;异体改为从鳥,雩声。隶变后楷书写作雇、鳸、鳲、鶚。俗另加义符人写作僱。如今规范化,以雇为正体。

【本义】《说文·隹部》:"雇,九雇,农桑候鸟,扈民不淫者(督民农桑使不淫逸的鸟)也。从隹,户声。"本义为一种按农事季节来去的候鸟。

【演变】雇,读 hù,本义指❶一种按农事季节来去的候鸟。

又读 gù,候鸟暂来暂去,故引申指❷出钱请人临时替自己做事:女徒~山(雇人在山伐木)归家|~保姆|~佣。又指❸受雇的:~农|~员|~夫。引申指❹出钱租赁交通工具:~辆车|~只船。

"雇"作了偏旁,雇人之义便另加义符"人"写作"僱"来表示。如今简化仍用雇。

【组字】雇,如今既可单用,也可作偏旁。现今仍归入隹部。凡从雇取义的字皆与替人做事等义有关。

以雇作声兼义符的字有:僱、顧(顾)。

裕 yù

【字形】金  篆  隶 裕 草 

【构造】会意兼形声字。金文一形从衣,谷为山泉溪水,用有衣穿有山林,会富足之意,谷也兼表声;二形将谷移到衣外。篆文整齐化。隶变后楷书写作裕。

【本义】《说文·衣部》:"裕,衣物饶也。从衣,谷声。"本义为富饶,富足。

【演变】裕,本义指❶富饶,富足:天地~于万物乎?|富~|宽~|丰~。引申特指❷知识丰富:《书》不云乎,好问则~。又引申泛指❸宽,宽宏:包众容物谓之~。用作使动,引申指❹使丰足:足国之道,节用~民,而善藏其余。

裤 kù

(绔、絝、袴、裈、褌、幝、褲)

【字形】古  篆  今篆 

隶 裤褲绔絝袴裈褌

草 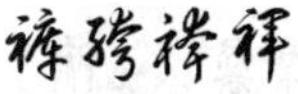

【构造】会意兼形声字。如今的裤有三个来源。一是古文,从衣从庫(表容纳)会意,庫也兼表声。一是篆文,从糸从夸会意,夸也兼表声,本义为套裤。隶变后楷书写作絝。如今简化作绔。俗也作袴,改为从衣,如今是"裤"的异体字。另一个从巾从軍会意,軍也兼表声;异体改为从衣。本义为满裆裤,即有裆的裤子。隶变后楷书分别写作幝、褌。如今皆简化作裈。俗承古文作褲。如今规范化,简化作裤,为正体。

【本义】《说文·糸部》:"絝,胫衣也。从糸,夸声。"本义为无裆的套裤。《方言》:"袴,齐鲁之间谓之褰,或谓之襱,关西谓之袴。"《证俗文》:"案袴与裈别,古人先着裈,而后施袴于外。"本义为无裆的套裤,即古代左右各一,分裹两胫的套裤,以别于满裆的"裈"。《说文·巾部》:"幝,幒也。从巾,軍声。褌,幝或从衣。"本义为满裆裤,即有裆的裤子。

【演变】裤,作为"裈"的俗字,泛指裤子:替他洗浴,换了袄~,穿了衫裙|开裆~|棉~|短~|~头。

○裈,读 kūn,本义为❶满裆裤:相如身自著犊鼻~,与保庸杂作。此义今用裤。用作"裈虱",讽喻❷虚伪、迂腐、守礼求荣的"正人君子":井蛙奚足论,~虱良足羞。用作动词,指❸穿裤子:寺中悬莽酋像,长衣绿锦,不~跣足。

○绔,读 kù,本义为❶无裆的套裤:屠岸贾闻之,索于宫中,夫人置儿~中。此义今已不用。用作"纨绔",旧也作"纨袴",本指❷细绢做的套裤。"纨绔"为富人所穿,又指代❸富家子弟:纨~不饿死,儒冠多误身|纨~子弟。

○袴,读 kù,本义为❶无裆的套裤:衣不帛襦~(不用帛为襦袴)。又通"裤",指❷成人满裆裤及小儿开裆裤的通称:上官皇后为霍光外孙,欲擅宠有子,虽宫人使令,皆为有裆之~,多其带,令不得交通。此义今作裤。又通"胯(kuà)",指❸两腿之间:众辱之曰:"信能死,刺我;不能死,出我~下。"

裙 qún
（帬、裠）

【字形】金　篆　今篆

隶 裙 帬　草

【构造】形声兼会意字。金文从衣，君声。篆文从巾，君声，君临下，故用以会围在下身的布巾之意。古谓之下裳，男女同用。隶变后楷书写作帬。俗承金文作裠或裙，改为从衣。如今规范化用裙。

【本义】《说文·巾部》："帬，下裳也。从巾，君声。"《集韵·文韵》："帬，亦书作裙。"本义为下裳。《方言》卷四："绕衿（衣襟）谓之裙。"古代衣襟绕向后边通谓之裙，男女皆如此。

【演变】裙，本义指❶下裳：朝成绣夹～，晚成单罗衫｜血色罗～翻酒污｜荆钗布～｜～带。如今专指❷裙子：连衣～｜百褶～｜超短～。又引申指❸作用像裙子的东西：围～｜墙～。

惢 suǒ；ruǐ
（蕊、蕋、蘂）

【字形】篆　今篆　隶 惢 蕊 蕋 蘂

草

【构造】会意字。篆文从三心，会多心之意。隶变后楷书写作惢。

【本义】《说文·惢部》："惢，心疑也。从三心。"本义为心疑。

【演变】惢，读 suǒ，本义指❶心疑：内有～，下有事。

又读 ruǐ，花心有多蕊，故是"蕊"的本字，表示❷花蕊。此义后用"蕊"表示。

○蕊，从艹从惢会意，惢也兼表声。异体作蕋、蘂，如今规范化用蕊。读 ruǐ，本义为❶花心：芹泥随燕嘴，～粉上蜂须。又表示❷果实累累的样子。

【组字】惢，如今不单用，只作偏旁。现今归入心部。凡从惢取义的字皆与花蕊等义有关。

以惢作义符的字有：縈。

以惢作声兼义符的字有：蕊、蘂。

谢 xiè
（謝）

【字形】甲　篆　隶 谢 謝　草

【构造】形声兼会意字。谢与帅同源，甲骨文是持巾席以献形。名词演变为帅，表示巾，参见帅。动词演变为谢，用赐巾席表示告老辞官之意。篆文改为从言，射声，射也兼表离去之意。隶变后楷书写作謝。如今简化作谢。

【本义】《说文·言部》："謝，辞去也。从言，射声。"本义为辞去官职。

【演变】谢，本义指❶辞去官职：大夫七十而致事，若不得～，则必赐之几杖。由辞官引申指❷推辞，拒绝：阿母～媒人｜～绝｜～却。拒绝有点不礼貌，故又引申指❸自以为过，道歉：旦日不可不蚤自来～项王｜～罪。进而又引申指❹逊让，不及：万国同风共一时，锦江何～曲江池？由辞官，又引申指❺辞别：张良入～曰｜乃～客就车｜～家事夫婿。告退、辞别皆与言语有关，故又引申指❻告诉，告：多～后世人，戒之慎勿忘。又引申指❼请问：使君～罗敷，宁可共载不？又引申指❽感谢：朱亥故不复～｜哙拜～｜酬～｜道～。由辞别离开，又引申指❾凋落：及花之既～｜凋～。又引申特指❿去世：其间衰老者或有代～。

谦 qiān
（謙）

【字形】篆　隶 谦 謙　草

【构造】会意兼形声字。篆文从言从兼（并），谦者常逊语连连，故用以会谦恭之意，兼也表声。隶变后楷书写作謙。如今简化作谦。

【本义】《说文·言部》："謙，敬也。从言，兼声。"本义为说话恭谨，不自满。

【演变】谦，本义指❶说话恭谨，不自满：满招损，～受益｜念高危则思～冲（虚）而自牧｜君子以～退为礼｜～～君子｜～虚｜～敬｜～恭｜～让。用作对动，表示❷对……谦下：士无贤不肖，皆～而礼交之。

犀 xī
（兕）

【字形】金 篆 隶 草

【构造】会意兼形声字。金文从牛从尾(尾秃),用以会秃尾牛之意,尾也兼表声。篆文整齐化。隶变后楷书写作犀。另外甲骨文中还有一个“兕”,象一个长着独角的犀牛形,古文作兕,据说指雌犀,盖是犀类动物的象形字。参见兕。

【本义】《说文·牛部》:“犀,南徼外牛,一角在鼻,一角在顶,似豕。从牛,尾声。”本义为犀牛。

【演变】犀,本义指❶犀牛:外国献生~,其形甚陋。又指❷犀牛皮:操吴戈兮被~甲。又指❸犀牛角及其制成的器件:饰以文~,雕以翠绿。犀牛皮坚硬,故又引申为❹坚固,锐利:~舟劲楫|~利。又指❺文辞尖锐:谈锋~利。又特指❻瓠中的子:齿如瓠~。

【组字】犀,如今既可单用,也可作偏旁。现今仍归入牛部。凡从犀取义的字皆与犀牛等义有关。

以犀作声符的字有:剻、墀、遟(迟)、樨、穉。

属 zhǔ;shǔ
(屬、矚、瞩、噣、嘱)

【字形】金 篆 今篆 隶 屬 屬 瞩 矚 嘱 噣 草

【构造】会意兼形声字。金文从尾(阴器之所在),从蜀(象征牡器),用动物交尾(交配)会连接之意,蜀兼表声。篆文整齐化。如按《说文》解释,蜀(蚕似的毛毛虫)当象征尾巴,那就是用尾巴连在躯体之后来会连接之意了。隶变后楷书写作屬。如今简化作属。

【本义】《说文·尾部》:“屬,连也。从尾,蜀声。”本义为连接,连续。

【演变】属,读 zhǔ,本义指❶连接,连续:使者存问供给,相~于道。引申为❷跟随:项王渡淮,骑能~者,百余人耳。又引申指❸缀辑,撰著:缀字~篇,必须练择。又引申为❹专注:~望|~意|~目。此义后另加义符“目”写作“矚”,如今简化作瞩。进而引申为❺托付:~予作文以记之。此义后另加义符“口”写作“囑”,如今简化作嘱。由连接又引申指❻适值:天下~安定。

又读 shǔ,由连接引申为❼归属,隶属:~于|直~|~员。进而引申指❽同一家族的:亲~|家~。再引申为❾类别:金~|猫~。用作动词,表示❿系,是:查明~实。又表示⓫属相:~牛。

〇矚,从目从属会意,属也兼表声。读 zhǔ,本义指注视:凝神远~|高瞻远~|~目。

〇囑,从口从属会意,属也兼表声。读 zhǔ,本义指❶嘱咐:征人去日殷勤~,归雁来时数附书|叮~|遗~。引申指❷托付:俱受先帝~寄之诏|以事相~。

【组字】属,如今既可单用,也可作偏旁。现今归入尸部。凡从属取义的字皆与连接等义有关。

以属作声兼义符的字有:嘱、孎、瞩、欘。

孱 chán;càn;jiān

【字形】金 篆 隶 孱 草

【构造】会意字。金文从人从孨(三子),用一胎产子众多会弱小之意。篆文变为从尸(也指人),其义相同。隶变后楷书写作孱。

【本义】《说文·孨部》:“孱,迮(zé,窄)也。从孨在尸下。”所释为引申义。本义当为弱小。

【演变】孱,读 chán,由弱小,引申泛指❶虚弱,衰弱:清羸任体~。用于抽象意义,引申指❷懦弱:吾王~王也。

又读 càn,用作“孱头”,表示❸怯弱的人:这班~头,真是没有骨力。

又读 jiān,表示❹狭窄,窘迫:去日已疏,来待未~。

【组字】孱,如今既可单用,也可作偏旁。现今归入子部。凡从孱取义的字皆与弱小等义有关。

以孱作声兼义符的字有:潺。

以孱作声符的字有:骣。

强 qiáng;qiǎng;jiàng
(強、彊)

【字形】甲 金 古 篆 今篆 隶 强 草

【构造】会意兼形声字。强有四个来源：一是甲、金、古文的一形，从弓从畺，表示守卫边疆的硬弓，畺也兼表声。二是甲、金、古文的二形，从弓从口或从力会意，是勉强的强。三是古文的三形，从虫从强省；古文四形是籀文，从蚰从彊（硬弓），彊也兼表聲，皆会色黑体坚的米虫之意。四是古文五形，《说文》视为刚强的“强”。以上四类，篆文归为二形，一形从虫，弘省声，表示米虫；二形从強从力，会强力迫之之意。隶变后楷书分别写作強与勥。俗皆作强，厶改为口。如今规范化，以强为正体。后又借用作“彊”，表示硬弓、强力、强大、强壮、刚强、强迫、勉强、倔强等义。

【本义】《说文·虫部》：“強，蚚（qí）也。从虫，弘声。”本义为米虫。

【演变】强，读 qiáng，本义指❶米虫，也叫強羊。此虫形小色黑体坚，米谷中多有之，湖湘间名之为铁蛊牛，喻其强有力也，故后借为“彊”字，表示❷弓很硬：挽弓当挽～，用箭当用长｜～弩之末。引申为❸健壮：其身康～｜身～力壮。又引申指❹盛大：弱固不可以敌～｜～大。又引申指❺不屈服，不示弱，坚硬：能法之士，必～毅而劲直｜坚～｜顽～｜好～｜～硬｜～项｜刚～。用作使动，指❻使变强，加强：～本而节用，则天不能贫。又引申指❼程度高，超过，好：毛先生以三寸之舌，～于百万之师｜好胜心～｜你的成绩比我～。

又读 qiǎng，由强力去做，引申指❽勉力，硬要：～人所难｜勉～｜～迫。

又读 jiàng，由不屈服，引申指❾不顺从，固执：～嘴～舌｜倔～。

又读 qiāng，用作“强水”，指❿镪水，强酸的俗称：在洋场上，用一瓶～水去洒他所恨的女人，这事早已经绝迹了。

强为引申义所专用，本义“米虫”遂不为人所知。参见彊。

【组字】强，如今既可单用，也可作偏旁。现今归入弓部。凡从强取义的字皆与强硬等义有关。

以强作声兼义符的字有：犟、糨、膙、襁。

疏 shū（疎、蔬、梳）

【字形】篆  隶 疏 草 

【构造】会意兼形声字。篆文从㐬（倒子出生）从疋（足），会子顺利生出之意，疋也兼表声。隶变后楷书写作疏。异体作疎，改为束声。如今规范化，以疏为正体。

【本义】《说文·㐬部》：“疏，通也。从㐬，从疋，疋亦声。”所释为引申义。本义当为子生出。

【演变】疏，本义指❶子生出。孩子生出说明顺畅，故引申泛指❷开通，疏通：禹～九河｜～导｜～浚。疏通就要把阻塞物分开，又引申为❸分散：襄子～队而击之，大败知伯｜～散。事物分开，距离就大，故又引申为❹稀疏：天网恢恢，～而不失。距离大则不接近，又引申为❺不熟悉，不熟练：惜哉剑术～，奇功遂不成｜生～。用于人又指❻疏远：大道乖丧，～贤哲，亲近习。距离大则不细密，又引申为❼粗疏，粗糙：其于计～矣｜～食淡饭。由粗疏引申为❽大体分条记录或分条陈述：诸可以便事者，亟以～传言守。用作名词，特指❾臣下向君王陈述事情的文字，即奏章：《论积贮～》。又指❿对古书的旧注所作的进一步解释与说明：《十三经注～》。古又通“蔬”，指⓫蔬菜：夏取果蓏，秋畜～食。又通“梳”，指⓬理发的工具：镜、篦（𥮸）、～、比各异工。

【组字】疏，如今既可单用，也可作偏旁。现今归入疋部。凡从疏取义的字皆与通畅等义有关。

以疏作声兼义符的字有：蔬、梳。

隓 duò；huī（墮、堕、墒、陊、隳）

【字形】甲 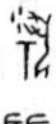 金 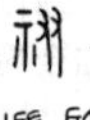 古 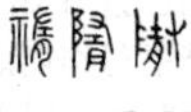

篆  今篆  隶 隓

堕 隳 陊 草 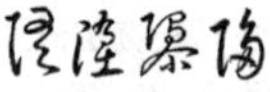

【构造】会意字。隓与禬同源，在甲骨文中是一人双手揪碎祭品弃置于示（神主）前进行祭奠之状，小点表示掐下的碎屑。如今农村致祭仍然如此。省去人形，就成了金文字形（楷化本应作禬，却成了隓）。给金文再加上祭肉（月），就成了古文一形的“禬”字，用以表示祭

奠;将古文一形的"示"旁换成"阝"(即阜,墙上供上下的脚窝)旁,就是古文二形,表示掐碎的祭品从高处坠落下来之意;将古文二形省去一手,再加上土和象征碎肉的小点,就成了古文三形,用以强调掐碎的祭品从高处坠落到地上之意。篆文承金文和古文综合分为三体。隶变后楷书分别写作禧、隓、隋、嫷四字,异体另有陊。禧,后被祟代替,遂废而不用;嫷,俗作墮,简化作堕,又用作隳。如今规范化,以隋为正体,隓只作偏旁。参见隋。

【本义】《说文・阜部》:"隓,败城阜曰隓。从阜,𡍮声。"析形不确,应为从禧省,禧也兼表声。所释为引申义。本义当为坠落。

【演变】隓,读 duò,本义指❶坠落。引申指❷倒塌的城墙。

又读 huī,指❸毁坏:凿石作鼓~嵯峨。

由于隓作了偏旁,坠落之义便由"墮"来表示,毁坏之义则由"隳"来表示。

○堕,繁体墮,从土从隋(坠落),隋也兼表声。异体作嫷、陊。是"隓"的分化字。如今皆简作堕。读 duò,表示❶坠落:会天寒,士卒~指者什二三|~落|~胎。用作"堕落",指❷道德品行败坏。由于"堕"专用以表示坠落之义,毁坏之义便由"隳"来表示。

○隳,也是"隓"的分化字。后俗作隳,从尒(俗火字),隋声,隋也兼表坠义。读 huī,本义指❶崩塌,毁坏:~名城,杀豪杰。用作"隳突",指❷破坏冲撞:叫嚣乎东西,~突乎南北。

【组字】隓,如今不单用,只作偏旁。现今仍归入阜部。凡从隓取义的字皆与坠落等义有关。

以隓作声兼义符的字有:隋。

茻 mǎng (莽)

【字形】甲  金  篆  隶  草 

【构造】会意字。甲骨文和金文皆从四中(草),会众草之意。篆文整齐化。隶变后楷书写作茻。如今简化,作偏旁时写作卄或艹,四中分别置于上下,其他部分夹在中间。

【本义】《说文・茻部》:"茻,众草也。从四中。"本义为众草。是"莽"的初文。

【演变】茻,本义指众草。由于"茻"作了偏旁,其义便由"莽"来表示。参见莽。

【组字】茻,如今不单用,只作偏旁。现今归入艸部。凡从茻取义的字皆与众草等义有关。

以茻作义符的字有:莫、葬。

以茻作声兼义符的字有:莽。

絮 xù

【字形】篆  隶  草 

【构造】形声兼会意字。篆文从糸,如声,如也兼表似绵之意。好者为绵,恶者为絮。隶变后楷书写作絮。

【本义】《说文・糸部》:"絮,敝绵也。从糸,如声。"本义为粗丝绵。

【演变】絮,本义指❶粗丝绵:帛里,丝~五斤装。后棉花传入我国,又引申指❷弹松的棉花:蛮夷不蚕,采木棉为~|棉~|被~。用作动词,又引申指❸把丝绵或棉花放进衣被的夹层里:厚~布襦聊过冬|~棉被|~棉袄。又引申指❹像丝絮的东西:未若柳~因风起。由丝絮的缠绞不利落,又比喻❺啰嗦重复:又一大儿醒,~~不止|~叨|~烦。

【组字】絮,如今既可单用,也可作偏旁。现今仍归入糸部。凡从絮取义的字皆与丝绵等义有关。

以絮作声符的字有:潔。

嫂 sǎo

【字形】篆  隶  草 

【构造】形声兼会意字。篆文从女,叟声,叟也兼表年长之意。隶变后楷书写作嫂。

【本义】《说文・女部》:"嫂,兄妻也。从女,叟声。"本义为哥哥的妻子。

【演变】嫂,本义指❶兄之妻:苏秦之昆弟妻~侧目不敢迎视|汝~非不婉嫕,而于此微缺然|姑~|~子。引申泛指❷年纪不大而已婚的妇女:请问大~|阿~休怪|祥林~。

【组字】嫂,如今既可单用,也可作偏旁。现今仍归入女部。凡从嫂取义的字皆与妇女等义有关。

以嫂作声符的字有:蔢。

媚 mèi

【字形】甲 金 篆
隶 媚 草

【构造】象形兼会意兼形声字。甲骨文像一女子长着大眼睛长眉毛非常好看、令人喜欢的样子。金文大同。篆文改为从女从眉（女子美在眉）会意，眉也兼表声。隶变后楷书写作媚。

【本义】《说文·女部》："媚，说（悦）也。从女，眉声。"所释为引申义。本义当为美好，好看。

【演变】媚，本义指❶美好，好看：妩～纤弱｜三月风光初觉～｜打扮得娇滴滴的～｜春光明～。引申指❷喜爱，亲爱：～兹一人｜入门各自～，谁肯相为言。又引申指❸讨好取悦他人：阴奏远方珍物以～帝｜谄～｜～骨｜～外｜～眼。

【组字】媚，如今既可单用，也可作偏旁。现今仍归入女部。凡从媚取义的字皆与美好等义有关。

以媚作声符的字有：䧳。

登 dēng

【字形】甲 金 篆 隶 登 草

【构造】会意字。甲骨文一形下边是双手捧豆（礼器），上边是两足向上，表示升阶进献神祇（qí）之意；二形省去双手。金文承甲骨文一形，大同小异。篆文则承甲骨文二形并整齐化。隶变后楷书写作登。

【本义】《说文·癶部》："登，上车也。从癶、豆，象登车形。"所释为引申义。本义当是进献。

【演变】登，本义指❶进献：农乃～黍。引申泛指❷升高：吾尝跂而望矣，不如～高之博见也｜～山。又引申指❸登载：掌～万民之数，自生齿以上皆书于版｜～报。又引申指❹庄稼成熟：五谷丰～。又引申指❺立刻：～时。

【组字】登，如今既可单用，也可作偏旁。现今仍归入癶部。凡从登取义的字皆与升登等义有关。

以登作声兼义符的字有：蹬、凳、嶝、磴。

以登作声符的字有：噔、鄧（邓）、燈（灯）、簦、瞪、澄、證（证）、橙。

矞 yù；jué
（譎、谲）

【字形】金 古 篆
隶 矞 谲 譎 草

【构造】会意兼形声字。金、古、篆文皆从矛从冏（表示入内），会以矛穿刺之意，冏也兼表声。隶变后楷书写作矞。

【本义】《说文·冏部》："矞，以锥有所穿也。从矛，从冏。一曰满有所出也。"本义为穿刺。

【演变】矞，读 yù，本义指❶穿刺。引申为❷溢出。又表示❸变幻的彩色瑞云。

又读 jué，引申指❹诡诈。由于矞作了偏旁，此义后来另加义符"言"写作"譎"来表示，如今简化作谲。

○谲，从讠从矞会意，矞也兼表声。读 jué，本义指欺诈：齐桓公正而不～。

【组字】矞，如今不单用，只作偏旁。现今归入矛部。凡从矞取义的字皆与穿、刺、变幻等义有关。

以矞作声兼义符的字有：谲、潏、橘、鹬。

以矞作声符的字有：遹、燏、毹、鐍。

彘 zhì

【字形】甲 金 篆 隶 彘 草

【构造】会意字。甲骨文是箭射中一头野猪形，会猎获一豕之意。金文将猪放平，并且发生了讹断，但还能看出甲骨文的影子。篆文整齐化，就完全看不出原意了。隶变后楷书写作彘。

【本义】《说文·彑部》："彘，豕也。后蹄废谓之彘。从彑，矢声，从二匕。彘足与鹿足同。"析形是就篆文所作的附会。本义当为猎获一头野猪。

【演变】彘，本义指❶猎获一头野猪。引申泛指❷猪：鸡豚狗～之畜，无失其时｜老弱之军，使牧牛马羊～｜项王曰："赐之～肩。"

【组字】彘，如今既可单用，也可作偏旁。现今仍归入彐部。凡从彘取义的字皆与猪等义有关。
以彘作声符的字有:彘、彘。

骗 piàn
(騙)

【字形】古  今篆  隶 骗 騙 草 

【构造】形声兼会意字。古文从馬,扁声,扁也兼表从一边跃起之意。隶变后楷书写作騙,如今简化作骗。

【本义】《集韵·线韵》:"骗,跃而乘马也。"本义为跨腿跃上马背。

【演变】骗,本义指❶跨腿跃上马背:紧了肚带,~上骡子,打了一鞭,家去了吧。引申泛指❷跨上,跨跃:我~土墙腾的跳过来,转茅檐厌(熟练)的行过去|一跃身从条桌上~了过去。后来主要用以表示❸欺蒙:免不得东~西~|~得人信了|欺~|~人|~钱。

缊 yùn
(縕、緼、蕴、薀)

【字形】篆  今篆  隶 缊 緼 縕 蕴 蘊 薀 草 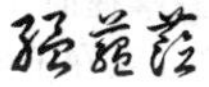

【构造】形声兼会意字。篆文从糸从昷(温和),会能填充在棉衣里取暖的乱麻、旧絮之意,昷也兼表声。隶变后楷书写作縕。俗简作緼。如今简化作缊。

【本义】《说文·糸部》:"縕,绋也。从糸,昷声。"本义为乱麻、旧絮。

【演变】缊,本义指❶乱麻,旧絮:衣敝~袍,与衣狐貉者立而不耻者,其由也与|(里母)即束~请火于亡肉家。引申泛指❷乱:有失必有得,不必~之以意也。由于缊可以作棉衣的填充物,故又引申为❸包含,收藏:王后所求声音非礼乐也,则太师~瑟而称不习。此义后作"蕴",如今简化作蕴。

○蕴,本作薀,从艹,温声。俗作蘊,改为縕声。读 yùn,本义指❶积聚:~利生孽。引申指❷包含:少~才略,壮而有成。

【组字】缊,如今不单用,只作偏旁。现今仍归入糸部。凡从缊取义的字皆与乱麻、旧絮及包含等义有关。
以缊作声兼义符的字有:蕴。

缎 duàn
(緞、鍛)

【字形】篆  隶 缎 緞 鍛 草 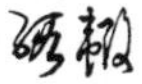

【构造】会意兼形声字。篆文本从韋(韦,皮子)从段(皮子要锤打)会意,段也兼表声。隶变后楷书写作鍛。异体作緞,从糸。如今规范化,以简化的缎为正体。

【本义】《说文·韦部》:"鍛,履后帖也。从韋,段声。緞,鍛或从糸。"本义为鞋跟上帮贴的皮革。《正字通·糸部》:"缎,今厚缯曰缎。"指一种质地厚密一面光滑的丝织品。

【演变】缎,本义指❶鞋跟上帮贴的皮革。引申指❷一种质地厚密一面光滑的丝织品:诏赐抚臣名马衣~|织锦~|绸~。

编 biān
(編)

【字形】甲  篆  隶 编 編 草 

【构造】形声兼会意字。甲骨文从糸,扁声,扁也兼表编排之意。篆文整齐化。隶变后楷书写作編。如今简化作编。

【本义】《说文·糸部》:"編,次简也。从糸,扁声。"本义为用皮条或绳子将按次第排好的竹简穿联起来。

【演变】编,本义指❶用皮条或绳子将按次第排好的竹简穿联起来。引申泛指❷顺次编排:十年,始有事略之~纂|~组|~辑。又引申指❸编结:夏则~草为裳|~席|~筐。由编辑又引申指❹创作:法者,~著之图籍,设之于官府|~剧|~歌|~著。由编著又引申指❺捏造:他~了法子整人|~排人不是|胡~瞎造。用作名词,指❻编辑的书籍:并以为国人之读兹~者勖。又用作量词,指❼书卷:读诗尽数~。

【组字】编,如今既可单用,也可作偏旁。现今仍归入糸部。凡从编取义的字皆与串连等义有关。
以编作声符的字有:獱。

缘 yuán
（緣）

【字形】篆 隶 缘 緣 草

【构造】会意兼形声字。篆文从糸(表示布帛)从彖(悬挂的牲体),会缝在衣服上的饰边之意,彖也兼表声。隶变后楷书写作緣。如今简化作缘。

【本义】《说文·糸部》:"緣,衣纯也。从糸,彖声。"本义为衣服的饰边。

【演变】缘,本义指❶衣服的饰边:~广半寸|常衣大练,裙不加~。引申泛指❷边缘:乃裂其薄饼~|地~。用作动词,指❸循着,沿着:以若所为,求若所欲,犹~木而求鱼也|~溪行,忘路之远近。由边缘又引申指❹缘分,因缘:绣羽衔花他自得,红颜骑竹我无~。进而引申为❺原因:我且去问他一个~因详细咱(语气词)|无~无故。用作介词,表示❻因为,由于:花径不曾~客扫,蓬门今始为君开|不识庐山真面目,只~身在此山中。

【组字】缘,如今既可单用,也可作偏旁。现今仍归入糸部。凡从缘取义的字皆与边缘等义有关。

以缘作声符的字有:掾、椽。

幾 jī;jǐ
（几、機、机）

【字形】金 篆 隶 幾 机 機

草

【构造】会意字。金文从𢆶(细微)从戍(防备),表示兵事隐微莫测,要在事情刚显示迹象露苗头时就加以防备。篆文整齐化。隶变后楷书写作幾。如今简化,部分含义借用"几"来表示,部分含义借用"机"来表示。

【本义】《说文·𢆶部》:"幾,微也,殆也。从𢆶,从戍。戍,兵守也。𢆶而兵守者危也。"本义为事情细微的迹象。

【演变】幾,读jī,本义指❶事情细微的迹象:圣人之所以极深而研~也|知~其神乎?引申为❷先兆,预兆:君子见~而作,不俟终日。又指❸事物发展的内部规律:极深之~是研。又引申指❹关键,要害:为政有~。又指❺机会,时期:斯诚雄心尚武之~。又引申指❻政务,政事:一日二日万~。又指❼危险:利人之~而安人之乱。

以上各义后来都用"機"(机)来表示。

由细微迹象,又引申指❽相差不远,接近:~乎|~为所害。

又读jǐ,用作数词,表示❾数量甚少:故园定是花无~。又表示❿数量不少:叫他好~次都不来。用作代词,表示⓫疑问:还有~里地?

以上各义如今都简化借用"几"表示。参见几。

○机,繁体機,从木从幾会意,幾也兼表声。如今简化作机,从木,几声。读jī,本义指❶用来发射弓弩的机关:操弓关(弯)~。引申指❷各种有机关的机械:公输般为楚设~将以攻宋。又专指❸织布机:此织生于蚕茧,成于~杼。如今成为❹机器的通称:拖拉~|电~|主~|母~。又特指❺飞机:~翼|客~。由发射的机关又引申指❻关键,要害:任人以事,存亡治乱之~也|军~|转~|生~|~要。又引申指❼政事:日理万~。由机械构造的精巧,又引申指❽机巧,机智:太祖少~警|~灵。发射弓弩要掌握时机,故又引申指❾时机,机会:成败之~,在于今日|~不可失,时不再来|随~应变。

【组字】幾(几),如今不单用,只作偏旁。现今归入幺部。凡从幾(几)取义的字皆与细微等义有关。

以幾作声兼义符的字有:畿。

以幾(几)作声符的字有:譏(讥)、機(机)、饑(饥)、嘰(叽)、璣(玑)、磯(矶)、蟣(虮)。

十三画

瑟 sè

【字形】甲 金 古 篆 隶 瑟

草

【构造】象形兼形声字。甲骨文象瑟形,下为架。金文稍繁,象琴形,下皿为陶器做的音

箱。古文省去音箱皿稍变。由于瑟的样子同琴,故篆文改为从玨(琴),必声。隶变后楷书写作瑟。

【本义】《说文·琴部》:"瑟,庖牺所作弦乐也。从玨,必声。"本义为古代一种弦乐器。

【演变】瑟,本义指❶古代一种弦乐器:我有嘉宾,鼓~吹笙。由丝弦的微颤,用作"瑟瑟",形容❷轻微的声音:亭亭山上松,~~谷中风。人寒冷则颤抖,故又引申指❸寒凉抖动的样子:气萧萧以~~|萧~|~缩。

【组字】瑟,如今既可单用,也可作偏旁。现今归入王部。凡从瑟取义的字皆与琴瑟等义有关。

以瑟作声符的字有:滗、璱。

瑞 ruì

【字形】篆　隶　草

【构造】会意兼形声字。篆文从玉从耑,耑为端倪,会祥瑞之意,耑也兼表声。隶变后楷书写作瑞。

【本义】《说文·玉部》:"瑞,以玉为信也。从玉,耑声。"本义为玉制的信物、凭证。

【演变】瑞,本义指❶玉制的信物、凭证:以玉作六~,以等邦国。引申指❷好的预兆:督抚大吏争上符~|~雪兆丰年|祥~。

魂 hún

【字形】古　篆　隶　草

【构造】形声兼会意字。古文从鬼,云声,云也兼表似飘忽不定的云气之意。篆文繁化并整齐化。隶变后楷书写作魂。

【本义】《说文·鬼部》:"魂,阳气也。从鬼,云声。"本义为灵魂。古人认为魂是阳气,附身则人活,离身则人死,故视为离开肉体而存在的精神。

【演变】魂,本义指❶灵魂:身既死兮神以灵,~魄毅兮为鬼雄|我命绝今日,~去尸长留|~不附体|鬼~。引申泛指❷精神,情绪或人格化的事物精灵:忽~悸以魄动,恍惊起而长嗟|思君忆君,~牵梦萦|神~颠倒|诗~。后又特指❸国家民族的崇高精神:诗界千年靡靡风,兵~销尽国~空|中国~。

【组字】魂,如今既可单用,也可作偏旁。现今仍归入鬼部。凡从魂取义的字皆与魂魄等义有关。

以魂作声符的字有:槐。

填 tián

【字形】古　篆　隶　草

【构造】形声兼会意字。古文从土,鼎声,鼎也兼表鼎中美食充满之意。篆文从土,真声,真为鼎中美食,其义相同。隶变后楷书写作填。

【本义】《说文·土部》:"填,塞也。从土,真声。"本义为充塞,把凹陷的地方塞平或塞满。

【演变】填,本义指❶充塞:遇泥泞,道不通,天又大风,悉使羸兵负草~之|~坑|~土|~满|~平。引申指❷充满:旧事~膺,思之凄梗|门人弟子~其室|见红女白婆~塞门户|义愤~膺|欲壑难~|~补亏空。又引申指❸填写:~表|~空题。

塌 tā

【字形】古　今篆　隶　草

【构造】形声兼会意字。古文从土,㬅声,㬅(鸟翅低伏)也兼表低下之意。隶变后楷书写作塌。

【本义】《广雅·释诂二》:"塌,堕也。"本义为坍塌,下陷。

【演变】塌,本义指❶坍塌,下陷:忽忆雨时秋井(墓)~,古人白骨生青苔|旧屋~了|路面~下几丈|墙倒屋~|草棚~了。引申指❷下垂:瓜秧都晒~了。

鼓 gǔ
(鼔)

【字形】甲　金　篆　隶　草

【构造】会意字。甲骨文从壴(鼓形)从攴,会手持鼓棰击鼓之意。金文大同,只是方向相反。

篆文整齐化，并分为二体。隶变后楷书写作鼓与鼓。如今规范化，以鼓为正体。

【本义】《说文·鼓部》："鼓，郭也。春分之音，万物郭皮甲而出，故谓之鼓。从壴，支象其手击之也。"此为"凸起"之鼓。又《说文·支部》："鼓，击鼓也。从支，从壴，壴亦声。"此为敲击之鼓。其实二者本为一字。本义当为击鼓。

【演变】鼓，动词，本义指❶敲鼓：子有钟鼓，弗~弗考(敲)。引申泛指❷敲击，拍弹：我有嘉宾，~瑟~琴|胶柱~瑟|~掌。又特指❸击鼓进击：寡人虽亡国之余，不~不成列|一~作气。由击鼓又引申指❹振动，动摇：~之以雷霆，润之以风雨|摇唇~舌，擅生是非。又引申指❺激发，使振作：~舞万民者号令乎？|~足干劲|~动|~励|~吹。用作名词，指❻打击乐器：钟~既设，一朝飨之|偃旗息~|大张旗~|板~|战~。又引申指❼像鼓的东西：石~文|耳~。由鼓滚圆凸起，又引申指❽凸起，膨胀：~起两腮。

【组字】鼓，如今既可单用，也可作偏旁。现今仍设鼓部。凡从鼓取义的字皆与鼓或凸起等义有关。

以鼓作义符的字有：鼙、鼖、鼗、鼘、鼛、鼟、鼕、鼜、鼞、鼝、鼟。

以鼓作声兼义符的字有：臌。

以鼓作声符的字有：瞽、瞽、聲。

聖 shèng (圣)

【字形】甲 金 篆 隶 聖 圣 草

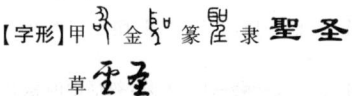

【构造】会意兼形声字。甲骨文像一个人竖起大耳朵倾听的样子，旁边有口，表示说话，会听觉灵敏之意。金文人变为壬(人挺立地上)，以强调耸耳而听。篆文整齐化，口与人合起来讹为呈，成为从耳，呈声。隶变后楷书写作聖。如今简化借圣来表示。参见圣。

【本义】《说文·耳部》："聖，通也。从耳，呈声。"此为引申义。本义当为听觉灵敏。

【演变】聖(圣)，由听觉灵敏，引申指❶明达事理，无所不通：睿作~|~明。又引申指❷最崇高的：~地|~洁|神~。封建时代又指❸对帝王的谀称或称颂有关帝王的事物：秦~临国|~旨|~驾|~朝。由无所不通，又引申指❹具有最高品德和智慧的人：伯夷，~之清者也|孔~人|~贤。又指❺对某一学问或技术有极高成就的人：常谓(王)志为书~|诗~|棋~。以上各义如今皆借用圣来表示。参见圣。

【组字】聖，如今已废而不用，单用或作偏旁时用简体圣。圣如今归入土部，聖现今仍归入耳部。凡从聖(圣)取义的字皆与圣明等义有关。

以聖(圣)作声符的字有：檉(柽)、蟶(蛏)。

勤 qín (懃)

【字形】金 篆 隶 勤 草

【构造】会意兼形声字。金文从堇(火焚人牲祭天求雨)从力，会艰苦用力之意，堇也兼表声。篆文整齐化。隶变后楷书写作勤。

【本义】《说文·力部》："勤，劳也。从力，堇声。"本义为劳苦。

【演变】勤，本义指❶劳苦：万民多有~苦冻馁，转死沟壑中者。用作使动词，指❷使劳苦：~百姓以为己名，其殃大矣。又引申指❸努力不懈怠：克~无怠|克~克俭|~奋|~勉|~快|~学。此义后也作"懃"，从心从勤，勤也兼表声。如今简化仍作勤。由时刻不懈，进而引申为❹经常，不断：~来~往|秋季雨水~。用作名词，指❺劳苦的事，或泛指工作：朕宅帝位，三十有三载，耄期倦于~|~务|外~。如今又指❻在规定时间内进行劳动：出~|满~|考~。

【组字】勤，如今既可单用，也可作偏旁。现今仍归入力部。凡从勤取义的字皆与劳苦等义有关。

以勤作声兼义符的字有：廑、懃。

蒜 suàn

【字形】篆 隶 蒜 草

【构造】形声兼会意字。篆文从艸(艹)，祘声，象征围绕地下中心茎形成的多个可剥离的瓣状蒜头结构,其中的二,表示地上与地下茎的分隔,用两个示表示分瓣之多,故祘也兼表意。隶变后楷书写作蒜。

【本义】《说文·艸部》:"蒜,荤菜。从艸,祘声。"本义为一种蔬菜植物名,即大蒜。作菜或用作调料。西汉时传入我国。

【演变】蒜,本义指❶一种蔬菜(指整体):折张骞大宛之~|~苗|~苔。又特指❷蒜的地下茎:~泥|~头|紫皮~。

蓐 rù

【字形】甲　籀　篆　隶　草

【构造】会意兼形声字。甲骨文从艸从辱(捉虫锄草),会锄过的草又长出之意,辱也兼表声。籀文大同。篆文整齐化。隶变后楷书写作蓐。是"辱"的加旁分化字。参见辱。

【本义】《说文·蓐部》:"蓐,陈草复生也。从艸,辱声。"本义为锄过的草又长出来。

【演变】蓐,本义指❶锄过的草又长出来。由又长出来表示草繁多、厚密,故引申为❷多,厚:训卒利兵,秣马~食。又引申指❸草垫子:吾闻汝今者发~而席敝甚,赐汝席。用于"坐蓐",表示❹产妇临产:鹤山先生母夫人方坐~时,其先公昼寝,梦有人朝服而入其卧内。

【组字】蓐,如今既可单用,也可作偏旁。现今归入艹部。凡从蓐取义的字皆与锄草、草多厚等义有关。

以蓐作义符的字有:薅。

蓝 lán;lan (藍)

【字形】篆　隶　草

【构造】会意兼形声字。篆文从艸(艹)从監(提取靛青要将蓼蓝放在盆池中发酵),会可提取靛青染料的蓼蓝之意,監也兼表声。隶变后楷书写作藍。如今简化作蓝。

【本义】《说文·艸部》:"藍,染青草也。从艸,監声。"本义为蓼蓝,叶子可制染料。

【演变】蓝,读lán,本义指❶蓼蓝:青取之于~而青于~。从蓼蓝中提取的靛青可染成蓝色,故又指❷蓝色:以~手巾裹头|~图。

又读lan,用作"苤蓝",指❸一种蔬菜。

【组字】蓝,如今既可单用,也可作偏旁。现今仍归入艸(艹)部。凡从蓝取义的字皆与植物等义有关。

以蓝作声符的字有:礷、滥。

墓 mù

【字形】篆　隶　草

【构造】形声兼会意字。篆文从土,莫声,莫(日暮)也兼表深埋地下昏暗没有坟头之意,盖为古代王公贵族之坟,意在防盗。隶变后楷书写作墓。

【本义】《说文·土部》:"墓,丘也。从土,莫声。"本义为坟墓。细分则封土成丘者为坟,与地平者为墓。

【演变】墓,本义指❶坟墓:其南陵,夏后皋之~也|~碑|公~。引申指❷坟地:中寿,尔~之木拱矣。用作动词,又引申指❸修墓:古也~而不坟|去今之~而葬焉十有一月耳。

幕 mù

【字形】甲　篆　隶　草

【构造】会意兼形声字。甲骨文象从上蒙覆酒器形。篆文改为从巾从莫(表遮蔽),会用布蒙覆之意,莫也兼表声。隶变后楷书写作幕。

【本义】《说文·巾部》:"幕,帷在上曰幕;覆食案亦曰幕。从巾,莫声。"本义为遮在上面的帷帐。

【演变】幕,本义指❶遮在上面的帷帐:举袂成~。用作动词,又指❷以……为幕,笼罩:~天席地|霜芬(雰)~月|雪~其顶。引申泛指❸帐篷:楚~有乌|风动将军~。古代将帅出征以幕帐为办公府署,故又引申指❹幕府:可谓入~之宾矣|~宾|~僚。由幕帐引申又指❺挂着的帘幕:文窗绣户垂绮~|屏~|内~。演剧时段落间有幕布开合,故又指❻演出的一段落:多~剧|独~剧。

【组字】幕,如今既可单用,也可作偏旁。现今仍归入巾部。凡从幕取义的字皆与覆盖等义有关。

以幕作声兼义符的字有：幂（冪）、滜、幪。

蒦 huò
（獲、穫、获）

【字形】甲　金　篆　隶 蒦
獲 穫 获 草

【构造】会意字。甲骨文和金文从萑（猫头鹰）从又（手）持之，表示捕获一头猫头鹰，用以会捕获之意。篆文整齐化。隶变后楷书写作蒦。由于"蒦"作了偏旁，捕获禽兽之义便另加义符"犭"写作"獲"来表示；收割庄稼也是一种获，于是另加义符"禾"写作"穫"来表示。如今规范化，二字皆简化作获。

【本义】《说文·萑部》："蒦，规蒦，商也。从又持萑。一曰，视遽貌；一曰，蒦，度也。"所释皆为引申义。本义当为捕获。

【演变】蒦，本义指捕获。是"获"的本字。古人捕捉猫头鹰时想出了一些办法并掌握了一定的规律，遂用"蒦"来表示"商量""规度"等义。

○获，读 huò，作为"獲"的简化字，表示❶猎获：田～三狐。用作名词，指❷猎获的东西：田猎之～常过人矣。引申指❸俘虏敌人：～百里孟明视、西乞术、白乙丙以归。古代俘获敌人多用作奴隶，故又引申指❹奴隶：臧～。又引申泛指❺得到：遭遇时变，以～爵位｜不劳而～｜～悉。

作为"穫"的简化字，又特指❻收割庄稼：十月～稻｜一岁而再～之。引申泛指❼收获，收成：一树一～者谷也，一树十～者木也，一树百～者人也。

【组字】蒦，如今不单用，只作偏旁。现今归入艹部。凡从蒦取义的字皆与获取、规度等义有关。

以蒦作声兼义符的字有：獲（获）、穫、韄、蠖。

以蒦作声符的字有：劐、嚄、镬、蠖、篗、擭（护）。

蓬 péng

【字形】篆　隶 蓬　草

【构造】形声兼会意字。篆文从艸（艹），逢声，逢也兼表遇物而爬附之意。隶变后楷书写作蓬。

【本义】《说文·艸部》："蓬，蒿也。从艸，逢声。"本义为藤蔓植物蓬草。

【演变】蓬，本义指❶蓬草：～生麻中，不扶而直｜～门荜户｜飞～｜转～｜～蒿。蓬蒿凌乱，故又比喻❷散乱：首如飞～｜～头垢面｜～松。由蓬蒿的丛生，又引申指❸旺盛：维柞之枝，其叶～～｜～勃｜～茸。又特指❹莲蓬：乃复蒂下生～。

【组字】蓬，如今既可单用，也可作偏旁。现今仍归入艸（艹）部。凡从蓬取义的字皆与蓬草等义有关。

以蓬作声符的字有：嗵、缝、镂。

蒙 méng；mēng；měng

【字形】金　篆　隶 蒙　草

【构造】会意兼形声字。金文从艹从冡（覆盖），会缠绕覆盖在其他植物上的寄生草菟丝之意，冡也兼表声。篆文整齐化。隶变后楷书写作蒙。是"冡"的加旁分化字。参见冡。

【本义】《说文·艸部》："蒙，王女也。从艹，冡声。"本义为草名，即菟丝。

【演变】蒙，读 méng，本义指❶菟丝草：群药安生，姜与桔梗，小辛大～。由于"蒙"从"冡"取得声义，故又引申指❷覆盖：雾山在县西七十里，常有云雾～其上｜箱子用布～着。上对下是覆盖，下对上则是承受，故引申为❸承受，受：西子～不洁，则人掩鼻而过之｜～难｜～尘。用作敬辞，指❹受到：承～｜仆本寒乡士，出身～汉恩。覆盖则不明，故又引申为❺不明事理，无知：非我求童～，童～求我｜～昧｜启～。

又读 mēng，加以遮蔽则人不明真相，故引申为❻欺骗：刻泥为之最易得，好（官钱）恶（私人铸的钱）不合长相～｜上下相～｜～骗｜～人。受蒙蔽则头脑不清，又引申指❼昏乱：一时之间吓～了｜～头转向。又进而引申为❽凭空猜想：这全是瞎～｜这次可～对了。

又读 měng，用于❾族名和国名：～古｜～族。

【组字】蒙，如今既可单用，也可作偏旁。现今仍归入艹部。凡从蒙取义的字皆与蒙覆看不清等义有关。
以蒙作声兼义符的字有：濛、幪、曚、朦、矇。
以蒙作声符的字有：獴、檬、礞、艨、蠓。

献 xiàn
（獻）

【字形】甲 金 篆 今篆
隶 献 獻 草

【构造】会意兼形声字。甲骨文从犬从鬲（烹煮鼎器），会以犬牲献祭之意。金文另加虍声。篆文整齐化，成为从犬从鬳会意，鬳也兼表声。隶变后楷书写作獻。俗简作献，更近古意。如今规范化用献。

【本义】《说文·犬部》："獻，宗庙犬名羹献。犬肥者以献之。从犬，鬳声。"本义为奉祭神祖的犬牲。

【演变】献，本义指❶奉祭神祖的犬牲：凡祭宗庙之礼，羊曰柔毛，鸡曰翰音，犬曰羹～。引申泛指❷向神祖奉献祭牲：四之日其蚤（早），～羔祭韭。又泛指❸进献，献上：故天子听政，使公卿至于列士～诗|其妻～疑曰|魏～地于秦|～花|～礼|～策。又特指❹向宾客敬酒：为宾为客，～酬（主人再次敬酒）交错。由进献又引申指❺表演给人看：百丁～艺|～殷勤|～丑。古代有价值的典籍多献庙堂，故又特指❻有价值的图书、文物：文～。

【组字】献，如今既可单用，也可作偏旁。现今仍归入犬部。凡从献取义的字皆与高举、奉上等义有关。
以献作声兼义符的字有：巘。
以献作声符的字有：谳、𪿷。

幹 gàn;hán
（榦、𩏎、韓、韩、干）

【字形】金 古 篆 今篆
隶 榦 幹 韩 韓 草

【构造】会意兼形声字。金文从木从倝（旗杆），会古代筑墙时在夹板两边所竖的起固定作用的木柱之意，倝也兼表声。古文大同，结构稍变。篆文整齐化。隶变后楷书写作榦。俗将木改为干写作幹，以突出木杆之意。如今规范化，二字的主要意义都用干来表示。幹只作偏旁。古也借作韩。参见干。

【本义】《说文·木部》："榦，筑墙耑（端）木也。从木，倝声。"本义为古代筑墙时在夹板两边所竖的起固定作用的木柱。

【演变】幹，读 gàn，今简作干，本义指❶古代筑墙时在夹板两边所竖的起固定作用的木柱：板～栽（才）立，土蕃猝至，城中相顾失色，莫有斗志。引申为❷主干：枝不得大于～，末不得强于本。又引申为❸躯干：贞者，事之～也。用作动词，指❹从事某种活动：到了临安府，～事已毕。又引申指❺才干：理民之～，优于将略。天干配地支，犹如树干配树枝，故又引申指❻天干。此义古代已借用"干"（gān）来表示。

又读 hán，借作"韩"，指❼井栏：吾乐欤？吾跳梁乎井～之上。

〇韩，篆文本作韓，从韋（表示围绕），倝声，倝也兼表围绕的木棍之意。俗省作韩，如今皆简作韩。读 hán，本义为❶围绕水井口的栏圈。后借用作❷周代分封的诸侯国名。又指❸战国七雄之一。如今主要用作❹姓。

【组字】幹，如今不单用，只作偏旁。现今归入干部。凡从幹取义的字皆与主干等义有关。
以幹作声兼义符的字有：擀、澣（浣）。

赖 lài
（賴）

【字形】甲 金 篆 隶 赖 草

【构造】会意兼形声字。甲骨文从束省，从二貝，用囊中有贝会获利之意。金文从負（人背贝）从束（囊橐），会人用囊橐背着货贝之意。篆文讹为从貝从剌，会割取利益之意，剌也兼表声。为了字形美观，声旁中的刀缩写到貝上，实为金文字形的遗存。隶变后楷书写作賴。如今简化作赖。

【本义】《说文·貝部》："赖，赢也。从貝，剌声。"本义为赢利。

【演变】赖，本义指❶赢利，利益：劝督农桑，百姓蒙～。财利是生活的依靠，故引申为❷依靠，凭恃：范增欲害沛公，～张良、樊哙以免。

用作“无赖”，指❸不事正业、品德恶劣的人：少无~，以屠牛盗驴贩私盐为事。把责任推靠在对方也是一种依赖，故又引申为❹抵赖不承认，拖延拖欠：账是~不掉的|~着不走|~婚。又引申为❺诬赖：你不要~人做贼。又引申为❻态度顽劣：别要~|死皮~脸|~皮。又引申指❼不好：字写得真~|这东西不~。

【组字】赖，如今既可单用，也可作偏旁。现今仍归入贝部。凡从赖取义的字皆与依赖等义有关。

以赖作声兼义符的字有：懒。

以赖作声符的字有：濑、獭、癞、籁。

酬 chóu

（醻、酧、詶）

【字形】古  篆  今篆  隶 酬 醻 酧 詶 草 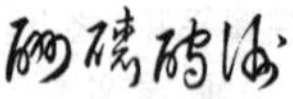

【构造】会意兼形声字。篆文从酉（酒坛子）从𠷎（耕耙田地），会向辛劳者敬酒之意，𠷎也兼表声。隶变后楷书写作醻，𠷎繁化为𠷎，成了向寿星敬酒祝福，𠷎也兼表声。异体承接古文作酬，从酉，州声。也作詶，改为从言，突出了用言辞祝福、酬答。俗也作酧，从酉，守声。如今规范化，以酬为正体。

【本义】《说文·酉部》：“醻，主人进客也。从酉，𠷎声。酬，醻或从州。”本义为古时酒宴的一种礼节，也叫导饮。古时酒宴，主人若不先自饮，则表示不忠信，故先自饮，再敬宾客饮酒，叫酬。后也指客人给主人敬酒后，主人再次向客人敬酒。

【演变】酬，本义指❶主人再次向客人敬酒：钟鼓既设，一朝~之|~宾|~酢。引申指❷报答：天将以~长者|无以~圣主|~谢|~报|~劳。又引申特指❸以财物报答：以~润笔之资|同工同~|不取报~。用于言语交往，又引申指❹赠答，应对：诸将惶惧，莫敢~答|应~|~对|~唱|~和。由报答，又引申指❺抵偿：得不~失，功不半劳。又进而引申指❻实现：壮志未~。

想 xiǎng

【字形】金  篆  隶 想 草 

【构造】会意兼形声字。金文从心从相（表单相，行为施加于一方），会心里思念对方之意，相也兼表声。篆文整齐化。隶变后楷书写作想。

【本义】《说文·心部》：“想，冀思也。从心，相声。”本义为因希望而思。

【演变】想，本义指❶因希望而思：四海~中兴之美，群生怀来苏之望。引申指❷仰慕：士大夫~望风采。又引申指❸想象：人希（稀）见生象也，而得死象之骨，案其图以~其生也，故诸人之所以意~者皆谓之“象”也|遥~公瑾当年，小乔初嫁了|~见|幻~。又引申指❹料想：身前既不可~，身后又不可知|我~，这时他也该到了。又引申指❺希望：~早励良规，自求多福|他~当演员。又引申指❻怀念：得长者时赐一书，以慰长~|~家|~念。又引申泛指❼思索，思考：这事我~了很久，才~明白|~方设法。

楞 léng；lèng

（棱、愣）

【字形】篆  今篆  隶 棱 楞 愣 草 

【构造】形声兼会意字。篆文本从木，夌声，夌为升登，也兼表突出的棱角之意。隶变后楷书写作棱。在边棱意义上俗作楞，从四方木会意。后又分化出愣，从心从楞省会意，楞也兼表声。如今三字表义有分工。

【本义】《说文·木部》：“棱，柧也。从木，夌声。”《通俗文》：“木四方为棱，八棱为柧。”《广韵·登韵》：“楞，四方木也。”《集韵·登韵》：“棱，或作楞。”本义为方而有四角的木头。

【演变】棱，作为本字，读 léng，本义指四方木。引申泛指❶器物的边棱，棱角，或表面凸起的部分：平明寻白羽，没在石棱中|冰~|瓦~|~镜|眉~|~角。此义今作“楞”。由棱角又引申指❷威猛，严厉：（王）允性刚~疾恶|威~。

又读 lèng，引申指❸失神，发呆：拿张报纸在那里发~。此义今作“愣”。

又读 lēng，用于“不棱登”，作❹后缀：红不~登。

又读 líng，用于❺地名：穆～。

○楞，从四方木会意。读 léng，作为“棱”的异体字，表示❶棱角，边棱：只见外边进来一个人，头戴瓦～帽，身穿青布衣服。

又读 lèng，引申指❷蛮横，凶狠：一个人～要把他所知所信的强别人去知去信去行，这便是独裁独断。又引申指❸鲁莽，冒失：银凤活像个～小子，三攀两攀上了树。又引申指❹失神，发呆：吴妈～了一息，突然发抖，大叫着往外跑。以上两个引申义如今另加义符“忄”写作“愣”来表示。

○愣，从忄从楞省声。读 lèng，本义指❶发呆，失神：他～了一会，又干起了活｜～神。又指❷鲁莽，冒失：你也太～了，这是什么地方，你也敢闯｜～头～脑。

【组字】楞，如今既可单用，也可作偏旁。现今仍归入木部。凡从楞取义的字皆与棱角等义有关。

以楞作声兼义符的字有：愣。

以楞作声符的字有：塄。

槐 huái

【字形】金　篆　隶　草

【构造】会意兼形声字。金文从木从鬼，会高大的乔木之意，鬼也兼表声。篆文整齐化。隶变后楷书写作槐。

【本义】《说文·木部》：“槐，木也。从木，鬼声。”本义为树名，即槐树。

【演变】槐，本义为❶槐树：见之不忍贼（伤害），乃触廷～而死｜青青高～叶，采掇付中厨｜国～｜洋～。周代宫廷前有三槐九棘，皇帝经常召集公卿大夫坐在下面开会，后来就用“槐棘”或“棘槐”，指代❷三公或三公之位：上自～棘，降逮皂隶，论道经国，莫不任职｜府罗将相，路夹～卿。

榆 yú

【字形】甲　金　古　篆　隶

草

【构造】形声兼会意字。甲骨文和金文皆从木，余声，余也兼表可为房梁之意。古文从木，俞声，俞为行船，也兼表可用来造船之意。篆文整齐化。隶变后楷书写作榆。

【本义】《说文·木部》：“榆，白枌（白榆）。从木，俞声。”本义为榆树，木质坚韧，可供建筑或制作舟车等器具之用。

【演变】榆，本义指榆树：～柳荫后檐，桃李罗堂前｜～荚｜～钱。

【组字】榆，如今既可单用，也可作偏旁。现今仍归入木部。凡从榆取义的字皆与树木等义有关。

以榆作声符的字有：蕍。

概 gài （槩）

【字形】古　篆　今篆　隶　草

【构造】形声兼会意字。古文从木，既声，既也兼表完成之意。篆文整齐化。隶变后楷书写作槩。异体作概。如今规范化，以概为正体。

【本义】《说文·木部》：“槩，杚（gài）斗斛。从木，既声。”本义为量谷物时最后刮平斗斛用的刮板。

【演变】概，本义指❶量谷物时刮平斗斛用的刮板：令官市同度量，均衡石，角斗称，端权（秤锤）～。引申指❷刮平：人满，则天～之。由刮平又引申指❸一律：吉林、黑龙江各部世皆～呼为索伦｜～不负责｜～不退换。由刮板又引申指❹量器：同粲玉石兮，一～相量。由量器又引申指❺一定的量，限量：李杜才海翻，高下非可～。又引申指❻总括：尚未足以～其万一｜以偏～全｜～论｜～说。由量器之大量，又引申指❼气度节操：飘飘然有神仙之～｜气～。用作副词，表示❽大约：大～说长安登科。

【组字】概，如今既可单用，也可作偏旁。现今仍归入木部。凡从概取义的字皆与刮平等义有关。

以概作声兼义符的字有：摡。

禁 jìn；jīn

【字形】篆　隶　草

【构造】会意兼形声字。篆文从示(表鬼神)从林(坟地多植树,故坟地特称“林”),会坟地令人忌讳之意,林也兼表声。隶变后楷书写作禁。

【本义】《说文·示部》:“禁,吉凶之忌也。从示,林声。”本义为坟地令人忌讳。

【演变】禁,读 jìn,由坟地令人忌讳,引申泛指❶忌讳,避忌:物~大盛|~忌。又引申指❷不许,制止:赏其功,必~无用|~止|~烟|~赌。又指❸法律或习俗不允许的事物:入国问~|开~|解~|犯~。皇帝住地不许闲人进入,故旧又特指❹皇帝住的地方:二世常居~中|紫~城|~宫|~苑。又引申指❺拘押:下御史台~勘|监~|~子|~闭。又指❻不能随便通行之处:军事~地。

又读 jīn,表示❼受得住,忍耐:弱不~风|~不住笑起来|失~。

【组字】禁,如今既可单用,也可作偏旁。现今仍归入示部。凡从禁取义的字皆与禁止等义有关。

以禁作声兼义符的字有:噤、襟。

楚 chǔ (荆)

【字形】甲 金 古 篆 隶 草

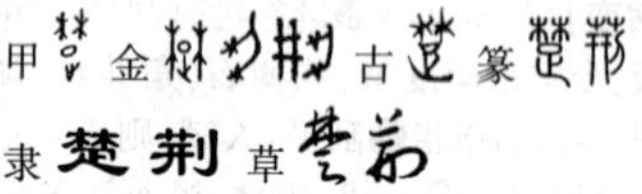

【构造】形声兼会意字。甲骨文从林,足声,足也兼表前往披荆斩棘之意。金文和古文大同。篆文整齐化。《说文》改为疋声。古文疋、足同字。故隶变后楷书写作楚。用作周代诸侯楚国,又称荆。

【本义】《说文·林部》:“楚,丛木。一名荆也。从林,疋声。”本义为一种丛生的灌木,也叫荆。

【演变】楚,本义指❶一种丛生的灌木,也叫荆:翘翘错薪,言刈其~。楚木坚韧,可做刑杖,故又引申指❷刑杖:夏、~二物,收其威也。用作动词,指❸用刑杖打:捶~之下,何求而不得?由捶楚引申为❹痛苦:情~恻兮常苦辛|酸~|痛~|苦~。用作“楚楚”,表示❺丛生茂盛的样子,鲜明的样子,纤弱的样子:~~者茨|衣冠~~|~服而见|~~可怜。用为国名,指❻周代诸侯楚国,又称荆:~,天下之强国也。如今指代❼(古代楚国所在的)湖南、湖北一带,特指湖北:极目~天舒。

〇荆,金文从刀割草会意,或另加井声。篆文改为从艹从刑(斩杀)会意,刑也兼表声。读 jīng,本义指❶落叶灌木,条可编筐、做刑杖:其下多~杞|负~请罪|~棘|~条。又指❷楚国:戎狄是膺(抵挡),~舒(国名)是惩|蛮~|~楚。

【组字】楚,如今既可单用,也可作偏旁。现今归入木部。凡从楚取义的字皆与楚木、痛苦等义有关。

以楚作声兼义符的字有:憷。

以楚作声符的字有:礎(础)。

楙 mào (茂)

【字形】甲 金 篆 隶 草

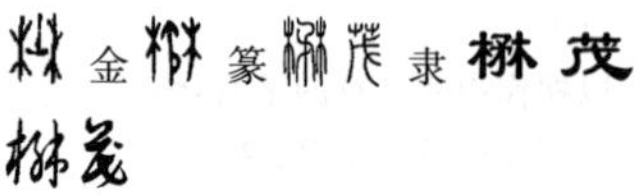

【构造】形声兼会意字。甲骨文从林从士(雄性生殖器),会草木挺拔茂盛之意。金文从林,矛声,矛也兼表草木如矛立之意。篆文整齐化。隶变后楷书写作楙。是“茂”的异体字。

【本义】《说文·林部》:“楙,木盛也。从林,矛声。”本义为林木茂盛。

【演变】楙,本义指❶林木茂盛:芳华益~。引申泛指❷美,盛:是以大禹能亡失德,夏以长~。

由于“楙”作了偏旁,茂盛之义便用“茂”来表示。

〇茂,从艹,戊声。读 mào,本义指❶草木茂盛:如竹苞矣,如松~矣|根深叶~|~盛。引申又指❷丰富,美盛:资质淑~|图文并~。

【组字】楙,如今不单用,只作偏旁。现今归入木部。凡从楙取义的字皆与美、盛等义有关。

以楙作声兼义符的字有:懋。

甄 zhēn;juàn (鄄)

【字形】金 古 篆 隶 草

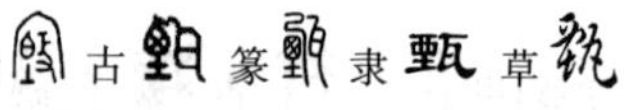

【构造】会意兼形声字。金文从宀(房屋)从土从攴(手持工具)从缶,会手持工具在房屋内

制作陶器之意。古文改为从瓦，垔声。篆文整齐化。隶变后楷书写作甄(juàn)。是“鄄”的本字。后用作地名，篆文遂改瓦旁为阝(邑)旁作鄄，专用作地名。甄遂变读作 zhēn，专用于表示制作陶器，成了两个字。参见鄄。

【本义】《说文·瓦部》：“甄，匋也。从瓦，垔声。”本义为制作陶器。

【演变】甄，读 zhēn，本义为❶制作陶器：使治家养生必于农，则舜不~陶而伊尹不为庖｜既陶既~｜~工。由转轮能制陶器，引申指❷化育，造就：乃先孕虞育夏，~殷陶周｜臣里闾孤贱，才无可~｜~育｜~陶。由观察陶土的细腻度和拉伸性能，又指❸考察，鉴别，识别：颇~无名之士于草莱｜忠诚及狙诈，淆混安可~｜~别｜~审。又指❹选择，选拔：~致二州人士，铨衡平当｜~采｜~拔｜~录｜~选。又指❺彰显，表彰：为政明断，~善疾非。又指❻免除：~烦就简｜~其徭役。用作名词，指❼制作陶器所用的转轮或瓦窑：若金受范，若埴在~。又指❽砖：磨~作镜，本自定心。又作❾姓。

又读 juàn，通“鄄”，指❿古地名，在今山东省鄄城县北：诸侯会桓公于~。

【组字】甄，如今既可单用，也可作偏旁。现今仍归入瓦部。凡从甄取义的字皆与瓦器等义有关。

以甄作声符的字有：甄。

感 gǎn

【字形】金  篆  隶 感 草 

【构造】会意兼形声字。金文从心从咸(喊杀声震天)，会心受震动之意，咸也兼表声。篆文整齐化。隶变后楷书写作感。是“咸”的加旁分化字。参见咸。

【本义】《说文·心部》：“感，动人心也。从心，咸声。”本义为人心受到震动、激动、触动。

【演变】感，本义指❶心受到震动、激动、触动：帝~其诚｜由是~激(感动激发)，遂许先帝以驱驰｜令皆~恩(感怀恩德)戴义，怀欲报之心｜不觉寒暑之切肌，利欲之~情｜~人肺腑｜~化｜~动｜~应。引申指❷感触，感慨：善万物之得时，~吾生之行休｜~极而悲者也。又引申指❸感激，感谢：~荷君子德，恍若乘朽栈｜~恩图报。由感动又引申指❹感受：所谓~邪而生病也｜偶~风寒｜~染。又引申指❺感到，觉得：深~不安｜颇~意外｜微~不适｜~官。用作名词，指❻感觉，感情：自豪~｜百~交集｜责任~｜美~｜快~。

【组字】感，如今既可单用，也可作偏旁。现今仍归入心部。凡从感取义的字皆与心动、震动等义有关。

以感作声兼义符的字有：憾、撼。

厥 yín
(巖、岩)

【字形】金  篆  今篆 
隶 厥 巖 岩 草 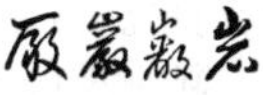

【构造】会意兼形声字。金文从厂(山崖)从敢，山石勇出者为崖，敢也兼表声。篆文整齐化。隶变后楷书写作厥。

【本义】《说文·厂部》：“厥，崟也。从厂，敢声。”本义为山崖险峻的样子。

【演变】厥，本义指山崖险峻的样子。由于“厥”作了偏旁，其义便由形声字巖来表示。

○岩，繁体从山从嚴会意，嚴也兼表声。如今简化作岩，成了从山从石会意。读 yán，本义指❶险峻的山崖：~下云方合，花上露犹泫。引申指❷险要：制，~邑也。又引申指❸山峰：千~烽火连沧海。又特指❹岩洞：七星~。现在指❺岩石：花岗~。

【组字】厥，如今不单用，只作偏旁。现今仍归入厂部。凡从厥取义的字皆与山崖险峻等义有关。

以厥作声兼义符的字有：嚴(严)。

碍 ài
(礙)

【字形】古  篆  今篆  隶 碍 礙
草 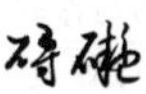

【构造】形声兼会意字。古文从石，从㝵省，表示行有所遇。篆文从石从疑，会犹疑而滞止之意。隶变后楷书写作礙。异体碍，承接古

文，东汉后借作礙，遂表行有所碍之意。如今规范化，以碍为正体。

【本义】《说文·石部》："礙，止也。从石，疑声。"本义为阻止。

【演变】碍，本义指❶阻止：独往独来，独出独入，孰能~之|~手~脚|~事|妨~|阻~。用作名词，指❷阻碍物：游鱼细石，直视无~。

碑 bēi

【字形】古 篆 隶 草

【构造】形声兼会意字。古文从石，卑声，卑也兼表低下之意。篆文整齐化。隶变后楷书写作碑。

【本义】《说文·石部》："碑，竖石也。从石，卑声。"碑，最初由古代下葬时竖立在墓坑四角的大木柱演变而来，原本指架设辘轳绳索用以下棺，后改为石，并刻文其上，用来追述君父之功美，遂成为后来的墓碑。如今农村下葬，将哭丧棒竖于墓坑四角（有的成长为四棵树），盖其遗俗。

【演变】碑，就其来源说有三：一指古时竖立在宫门前用以测日影的石头，二指竖立在宗庙庭院内拴牲畜的石头，三指墓穴前竖立的石头。后来的碑碣，由第三种演变而来，故本义指❶墓碑：县长度尚改葬（曹）娥于江南道旁，为立~焉|自后汉以来，~碣云起|神道~。后又引申泛指❷刻有文字或图画，竖起来作为纪念物的建筑：余于仆~，又以悲夫古书之不存|人民英雄纪念~|里程~|界~。又引申指❸一种文体，即碑文：~披文以相质，诔缠绵而凄怆。

碎 suì

【字形】篆 隶 草

【构造】形声兼会意字。篆文从石，卒声，卒也兼表众小之意。隶变后楷书写作碎。

【本义】《说文·石部》："碎，𥕢也。从石，卒声。"本义为完整的东西破裂成小零块。

【演变】碎，本义指❶破碎：臣头今与璧俱~于柱矣|钿头银篦击节~|玻璃~了。用作使动，指❷使破碎：当门仆头~首而死|~石机。用作形容词，指❸零星：收拾了些少~银两|~米|~布|~屑|~纸。用于语言，又比喻❹说话絮叨：人很善良，就是嘴~|闲言~语|~嘴。

碰 pèng

（踫）

【字形】古 今篆 隶 草

【构造】形声兼会意字。古文从石从手，並声，並也兼表相并击之意。隶变后楷书写作碰。后俗改为从手，以突出撞击之意。如今规范化，以碰为正体。

【本义】《字汇·手部》："踫，搕踫（磕碰），撞也。"本义为相撞。

【演变】碰，本义指❶相撞：不想一头就~在一个醉汉身上|~得头破血流|~杯|~壁|~撞。引申指❷遇到：他~到好运了|~见一个朋友。又引申指❸试探：这回~~运气看|~机会再说。

碗 wǎn

（盌、椀、瓮）

【字形】金 古 篆 今篆 隶 草

【构造】形声兼会意字。金文从金，夗声。古文从石，宛声。篆文从皿，夗声。宛、夗也兼表圆曲之意。隶变后楷书写作盌。异体作瓮，改为从瓦；或作碗、椀，表示石制或木制，皆为形声兼会意。如今规范化，以碗为正体；椀只用于科学技术术语，如"橡椀"；盌只作偏旁，锪、瓮废而不用。

【本义】《说文·皿部》："盌，小盂也。从皿，夗声。"本义为一种圆形敞口食器。

【演变】碗，本义指❶一种圆形敞口食器：（甘）宁先以银~酌酒|饭~|茶~|酒~。引申指❷像碗的东西：轴~儿。又用作❸量词：痛饮了三大~酒。

【组字】碗，如今只单用，一般不作偏旁。现今仍归入石部。作偏旁用盌。凡从盌取义的字皆与食器等义有关。

以盌作声符的字有：盌。

碌 lù；liù

【字形】篆 今篆 隶 碌 磟 草

【构造】形声兼会意字。篆文从石，录声，录（钻动）也兼表滚动的众石之意。隶变后楷书写作碌。异体作磟，改为翏声，翏是鸟高飞，也兼表翻动之意。如今二字表义有分工。磟只用于“磟碡”。

【本义】《说文·石部》新附：“碌，石貌。从石，录声。”本义为石头多的样子。

【演变】碌，读 lù，常用为“碌碌”，本义指❶石头多的样子：~~之石，时似乎玉。由很多的普通石头，引申指❷平庸无能：何况庸~之夫，小有才名，妄思非分｜~~无为｜庸庸~~。平庸之人多穷忙，故又引申指❸繁忙：箧中有帛仓有粟，岂向天涯走~~｜忙~。

又读 liù，用作联绵词“碌碡”，指❹石磙：碾谷用~碡。

豤 kěn

（貇、龈、断、啃、懇、恳、墾、垦）

【字形】篆 今篆

隶 豤 貇 龈 断 啃 恳 垦

懇 墾 草

【构造】形声兼会意字。篆文从豕（猪）从艮（狠劲），会猪用劲啃物之意，艮也兼表声。隶变后楷书写作豤。由于豕与豸（猫）在古文中形近，故俗也写作貇，成了猫啃物了。豤（貇）后来作了偏旁，啃咬之义便用齦来表示，如今简化作龈，并发展出墾（垦）、懇（恳）、啃等字。

【本义】《说文·豕部》：“豤，豕啮也。从豕，艮声。”本义为猪啃物。

【演变】豤（貇），本义指❶猪啃物。引申泛指❷啃咬。又引申指❸开垦。此义后另加义符“土”写作“墾”来表示。古代又用以表示❹诚恳。此义后另加义符“心”写作“懇”来表示。

○龈，从齿从艮会意，艮也兼表声。读 kěn，本义指❶人啃物。后借为“断”，读 yín，专用以表示❷牙龈。于是便另造了形声字“啃”。

○啃，从口从肯会意，肯也兼表声。读 kěn，本义指❶用力一点一点地咬：蚂蚁~骨头｜不要让羊~了小树的皮。引申比喻❷刻苦钻研：~了一年书本｜这个难题终于~下来了。

○恳，繁体作懇，从心，貇声，貇也兼表心着实之意，如今简化作恳。读 kěn，本义指真诚：（杨）政每共言论，常切磋~至（周到），不为屈挠｜~切｜诚~。

○垦，繁体作墾，从土从貇会意，貇也兼表声。如今简化作垦。读 kěn，本义指❶用力翻土耕地：今君躬犁~田，耕发草木，得其谷矣。引申指❷开辟荒地：于是遂出~荒令｜开~｜农~。

【组字】豤（貇），如今不单用，只作偏旁。现今归入豕（豸）部。凡从豤（貇）取义的字皆与用狠劲等义有关。

以豤（貇）作声兼义符的字有：墾（垦）、懇（恳）。

雷 léi

（畾、靁）

【字形】甲 金 篆

今篆 隶 雷 靁 草

【构造】象形兼指事字。甲骨文从申，象闪电伸张形，两个圆圈则象征雷声滚滚。金文加出雨旁，圆圈变成四个车轮，更突出了雷声滚动之意。篆文承金文略省。隶变后楷书写作靁，或省作雷与畾。如今规范化，以雷为正体。畾只作偏旁。参见畾。

【本义】《说文·雨部》：“靁，阴阳薄动雷雨生物者也。从雨，畾象回转形。”本义为打雷。

【演变】雷，本义指❶打雷：殷其~，在南山之阳｜未雨先~｜~霆之怒｜~同（雷鸣时不同的物体同时发出响应）。引申比喻❷迅速：~厉风行。又比称❸爆炸性的武器：地~｜鱼~。

【组字】雷，如今既可单用，也可作偏旁。畾则只作偏旁。现今雷仍归入雨部，畾则归入田部。凡从雷取义的字皆与雷声连续滚动等义有关。

以雷作声兼义符的字有：擂、檑、礌、蠕。

以雷作声符的字有:蕾、镭。

雾 wù
（雺、霚、霧）

【字形】籀　篆　今篆

隶 雺 霚 霧 草

【构造】形声兼会意字。籀文从雨,矛声。篆文改为敄声。隶变后楷书写作雺、霚。俗作霧,改为務声。矛、敄、務皆表强击袭来,用大雨滂沱形成的水气迷漫之象,来表示浓重的雾气之意。如今规范化,皆简作雾。

【本义】《说文·雨部》:“霚,地气发天不应。从雨,敄声。”本义为雾气,即气温下降时,在接近地面的空气中,水蒸气遇冷凝结而成的悬浮的细微水珠,常使人视野模糊不清。

【演变】雾,本义指❶雾气:道中迷～冰滑,磴几不可登|半山居～若带然|晨～|云～|漫天大～|～里看花。引申指❷烟雾:烟斜～横,焚椒兰也。又引申指❸像雾的东西:动～縠以徐步兮|喷～器|～剂。

雹 báo

【字形】甲　古　篆　隶 雹 草

【构造】象形兼会意兼形声字。甲骨文象天空下雹子形。古文繁化。篆文改为从雨从包会意,包也兼表声。隶变后楷书写作雹。

【本义】《说文·雨部》:“雹,雨冰也。从雨,包声。”本义为冰雹。

【演变】雹,本义指冰雹:霰雪雨～,一时皆下|下～子了。

【组字】雹,如今既可单用,也可作偏旁。现今仍归入雨部。凡从雹取义的字皆与冰雹等义有关。

以雹作声兼义符的字有:嚗。

摄 shè
（攝）

【字形】篆　隶 摄 草

【构造】会意兼形声字。篆文从手从聶,用耳提面命会引持之意,聶也兼表声。隶变后楷书写作攝。如今简化作摄。

【本义】《说文·手部》:“攝,引持也。从手,聶声。”本义为提起,拉。

【演变】摄,本义指❶提起,拉:侯生～敝衣冠。由提起,引申指❷取,吸取:磁石～铁,不～鸿毛|～取|～像|～影。又引申指❸拘捕:～少司马兹与王士五人。又引申指❹收拢,收聚:沙门之体,必须～心守道|～缄縢(绳)。又引申指❺夹箝,胁迫:千乘之国,～乎大国之间。由提起用于抽象意义,引申指❻辅佐:朋友攸(乃)～,～以威仪。由辅佐又引申指❼代理:～吏部尚书|～政|～理。又引申指❽保养:盖闻善～生者,陆行不遇兕虎,入军不被甲兵|珍～。

摸 mō;mó
（摹）

【字形】古　篆　今篆　隶 摹 摸

草

【构造】会意兼形声字。古文从手从莫(暮),会暗中轻轻抚摩之意,莫也兼表声。篆文整齐化。隶变后楷书写作摹。俗承古文写作摸。如今二字表意有分工。参见摹。

【本义】《广雅·释言》:“摸,抚也。”本义为用手轻触,抚摩。

【演变】摸,读 mō,本义指❶用手轻触,抚摩:使人手～知所在,在左则男,在右则女|轻轻～着孩子的头。此义也写作摩。参见摩。引申指❷暗中摸取:因～地上刑械作投击势|～俘虏|～鱼。由暗中摸取,又引申泛指❸探寻:半句也～不着|～情况|～底细。如今又引申指❹暗中摸索进行:我带着两个人～进了村。

又读 mó,用作“摹”,表示❺摹仿:汝可以～拟得之。如今此义只能用“摹”。

〇摹,篆文从手,莫声。读 mó,本义指❶规范,法规:规万世而大～(大法)。用作动词,引申指❷仿效:三代不足～,圣人未可师也。又引申指❸照着样子写或画:人多～习|～刻|～绘|～本|临～|～写。

搏 bó

【字形】甲　金　古　篆　隶 搏
草

【构造】形声兼会意字。甲骨文从手，甫声。金文从干或从戈，尃声，尃表铺开，用以会铺开搜捕野兽之意，盖为初民会猎的写照。古文干讹为牛。篆文改为从手。隶变后楷书写作搏。

【本义】《说文·手部》："搏，索持也。从手，尃声。"本义为搜捕。

【演变】搏，本义指❶搜捕：平公射鴳，不死，使竖襄～之。引申指❷攫取：铄金百镒，盗跖不～。由捕捉，又引申指❸打斗，相击：森然欲～人｜水石相～，声如洪钟｜以枪上刺刀相～击｜徒手相～｜～斗｜拼～｜肉～。又引申特指❹跳动：脉～。

【组字】搏，如今既可单用，也可作偏旁。现今仍归入手部。凡从搏取义的字皆与击打等义有关。

以搏作声符的字有：簙。

摆 bǎi
（擺、襬）

【字形】古　今篆　隶 擺 擺 襬
草

【构造】形声兼会意字。古文从手，罷声，罷也皆兼表遣去、黜下之意。隶变后楷书写作擺。如今简化作摆。现在又用作"襬"（从衣，罷声）的简化字。

【本义】《广韵·蟹韵》："擺，擺拨。"本义为拨开，排除。

【演变】摆，本义指❶拨开，排除：何当～俗累，浩荡乘沧溟｜～脱。由拨开在旁，引申指❷陈列，放置：两边～了三张桌｜～设｜～摊｜～放｜～齐。由摆出供人看，引申指❸显示：～威风｜～阔气｜～架子。又引申指❹说，陈述：～事实讲道理。由拨向两边，引申指❺摇摆：旋见鸡伸颈～扑｜宫殿～簸｜～～手｜～动。用作名词，指❻摆动之物：钟～。又用作"襬"，指❼衣裙的下边：下～。

〇襬，读 bǎi，本义指❶衣裙的下边：下～｜前～｜裙～。

又读 bēi，指❷裙子，古代男女都穿：裙，陈魏之间谓之帔，自关而东或谓之～。

携 xié
（攜、擕）

【字形】篆　今篆　隶 携　草

【构造】形声兼会意字。篆文从手，巂声。隶变后楷书写作攜。俗省作携、擕，改为隽与雋声，皆为提弓射鸟，也兼表意。如今规范化，以携为正体。

【本义】《说文·手部》："攜，提也。从手，巂声。"本义为提。

【演变】携，本义指❶提：白衣～壶觞，果来遗老叟。又引申指❷携带：～所著书及诗文辞稿本数册｜～眷｜～杖。又引申指❸牵，挽：扶老～幼，迎君道中｜～幼入室，有酒盈樽。由牵拉又引申特指❹叛离，离心，离散，离间：部落～离，酋豪猜贰｜偏败，众乃～矣｜多行间谍，以～其党。

搞 gǎo
（敲）

【字形】篆　今篆　隶 搞 敲 毃
草

【构造】会意兼形声字。篆文本从攴从高，会从高处横扫强击之意，高也兼表声；异体从殳从高，会从高处打击头部。二字盖为守城战士从城上击打爬墙攻城者的动作。隶变后楷书分别写作敲与毃。如今规范化，以敲为正体，毃废而不用。搞是敲的后起异体字，从手从高会意，高也兼表声。参见敲。

【本义】《説文·攴部》："敲，横擿也。从攴，高声。"本义为从旁横击。又《殳部》："毃，击头也。从殳，高声。"本义为从上击打头部。《集韵·爻韵》："敲，《说文》：'横擿也。'或作搞。"

【演变】搞，本是敲的异体字。后西南方言用以表示做、干、弄、办、从事等多种含义，如今已成为普通话的词。根据宾语的不同，表示不同的含义：～（从事）教育｜现在正～（进行）基建｜～（编写）教案｜～（拉）关系｜～（制定）规划

|～(弄)几张票|～(采取办法)活经济|～(捣)鬼。

【组字】搞,如今既可单用,也可作偏旁。现今仍归入手部。凡从搞取义的字皆与击打等义有关。

以搞作声符的字有:蒿。

搊 chōu (抽、㨨)

【字形】篆 搊抽㨨 隶 搊抽

草 搊㨨抽

【构造】形声兼会意字。篆文从手,留声,留也兼表收禾遗留之意。异体改为由声或秀声,由、秀也兼表所由秀出之意。隶变后楷书写作搊、抽与㨨。如今规范化,以抽为正体。搊只作偏旁。㨨废而不用。

【本义】《说文·手部》:"搊,引也。从手,留声。抽,搊或从由。㨨,搊或从秀。"本义为引出。

【演变】搊,是抽的异体字,只作偏旁。如今单用用抽。

○抽,从手,由声,由也兼表所由之意。本义指❶引出:挈水若～|～刀断水水更流|～签|～出。引申指❷从全部中取出一部分:今年丝税～征早|～空|～查。又引申指❸向上生长:木以秋零,草以春～|～芽|～穗。又引申指❹向内吸取:倒～了一口凉气|～烟。又指❺收缩:腿～筋了|四肢～搐|衣服～水|～紧。又指❻(用条状物)抽打:今日个嫩皮肤倒将粗棍～|用鞭子～|～嘴巴。

【组字】搊,如今不单用,只作偏旁。现今仍归入手部。凡从搊取义的字皆与引出等义有关。

以搊作声兼义符的字有:篘。

摊 tān (攤)

【字形】篆 攤 今篆 摊 隶 摊攤

草 摊攤

【构造】形声兼会意字。篆文从手,難声,難为鸟展翅,也兼表铺展之意。隶变后楷书写作攤。如今简化作摊。

【本义】《说文·手部》新附:"攤,开也。从手,難声。"本义为摆开。

【演变】摊,本义指❶铺开:王戎～书满床|～开牌|～开四肢。引申指❷一种烹调方法:～鸡蛋|～煎饼。又引申指❸分担:～派|均～。摊派要具体落实,故又引申指❹落到,轮到,碰到:今天～上我值班。用作名词,又引申指❺铺设的售货点或服务点:摆～儿|练～儿|收～儿|菜～儿|～位。又用作量词,用于❻摊开的东西:一～泥|一～水。

输 shū (輸)

【字形】篆 輸 隶 输 草 输

【构造】形声兼会意字。篆文从車,俞声,俞(行船)也兼表送出之意。隶变后楷书写作輸。如今简化作输。

【本义】《说文·車部》:"輸,委輸也。从車,俞声。"本义为用车运送。

【演变】输,本义指❶运送:一旦不能有,～来其间|运～|～出|～送。引申指❷交出,捐献:～不必金|已乃劝～巨室|捐～。交出则无,故又引申指❸失败,负:百万攻一城,献捷不云～|球踢～了|～赢。

觜 zī;zuǐ (嘴)

【字形】篆 觜 今篆 嘴 隶 觜嘴 草 觜嘴

【构造】会意兼形声字。篆文从角从此,此为倒伏,用以会猫头鹰头上像兽角样倒伏的毛角之意,此也兼表声。隶变后楷书写作觜。

【本义】《说文·角部》:"觜,鸱旧(舊,猫头鹰)头上角觜也。从角,此声。"本义为猫头鹰类头上的毛角。

【演变】觜,读 zī,本义指❶猫头鹰类头上的毛角。因其上尖,故又引申指❷角尖端。借为星名,指❸觜宿,又名觜觿:仲秋之月,日在角,昏牵牛中,旦～觿中。

又读 zuǐ,由于鸟类的嘴很像这种毛角,故又引申指❹鸟嘴:啄木～距长,凤凰毛羽短。又引申指❺人嘴:武人厉其～吻。又指❻形状像嘴的东西:以绵幂铛～瓶口。

为了分化字义,第二类含义后另加义符“口”写作“嘴”来表示。

〇嘴,从口从觜会意,觜也兼表声。读 zuǐ,由猫头鹰类头上的毛角,转指❶鸟嘴:又变了一只朱绣顶的灰鹤,伸着一个长~。又指❷人嘴:尖~猴腮。又指❸像嘴的东西:茶壶~儿|山~儿|烟~儿。又借指❹说话:别多~|他的~真甜。

【组字】觜,如今不单用,只作偏旁。现今仍归入角部。凡从觜取义的字皆与毛角、尖嘴等义有关。

以觜作声兼义符的字有:嘴、蠵。

瓷 ruǎn;jùn

【字形】古 籀 篆 隶 草

【构造】会意字。古文从皮省,从人,会人鞣制皮革之意。籀文下边的皮讹近瓦并另加穴,突出人在穴居外鞣制皮革之意。篆文承籀文又另加一人,成了从相背的二人。隶变后楷书作瓷,下边皮旁完全讹为瓦,就看不出原意了。

【本义】《说文·瓷部》:“瓷,柔韦也。从北,从皮省,从敻省。”这是就篆文所作的解说。本义为鞣制皮革。

【演变】瓷,读 ruǎn,本义指❶鞣制皮革。又表示❷柔软:广西实天下之高山大川,气苍苍莽莽,不为中原~滑所中。

又读 jùn,表示❸打猎穿的皮裤。

【组字】瓷,如今不单用,只作偏旁。现今归入瓦部。凡从瓷取义的字皆与鞣制皮革等义有关。

以瓷作义符的字有:㲤、蠹、𪇇。

龄 líng (齡)

【字形】古 篆 隶 草

【构造】会意兼形声字。初借“令”“聆”表示。古文、篆文另加义符齒写作齡,成为从齒(牙齿反映年岁)从令(使令),表示使用牙齿的时间,令也兼表声。隶变后楷书写作齡。如今简化作龄。

【本义】《说文·齒部》新附:“齡,年也。从齒,令声。”本义为年龄。

【演变】龄,本义指❶年龄:梦帝与我九~|低~化|芳~|高~。引申指❷年限:十年军~|工~|教~。

粲 càn

【字形】古 篆 隶 草

【构造】形声兼会意字。古文从米从奴(破碎),会将稻米舂捣成精白米之意,奴也兼表声。篆文整齐化。篆隶变后楷书写作粲。

【本义】《说文·米部》:“粲,稻重一秙,为粟二十斗、为米十斗曰毇;为米六斗太(大)半斗曰粲。从米,奴声。”本义为舂出的上等白米。

【演变】粲,本义指❶上等精白米:尊老在东,不办得米,何心独飧白~。引申指❷鲜明的样子:众星~以繁。又引申指❸有文采:文辞~如。人笑露白齿,故又指❹笑的样子:以博一~。

【组字】粲,如今既可单用,也可作偏旁。现今仍归入米部。凡从粲取义的字皆与洁白、鲜明等义有关。

以粲作声兼义符的字有:璨、燦(灿)。

虘 xī (戲、戏)

【字形】金 篆 隶 草

【构造】会意兼形声字。由上列金文“戲”(戏)所从的偏旁看,上边是虍,表示虎形面具,下边是一面鼓。整个字表示头戴虎形面具,在鼓声中比武角力之意,虍也兼表声。篆文整齐化,下边鼓形误为豆字,因为古豆字与鼓形相近。隶变后楷书写作虘。是“戲(戏)”的初文。

【本义】《说文·虘部》:“虘,古陶器也。从豆,虍声。”这是就篆文所作的解说,非本义。本义应为比武角力。

【演变】虘,本义指比武角力,是古代军中一种以习武为目的的游戏活动。由于虘作了偏旁,比武角力之义便另加义符“戈”写作“戲”来表示。参见戏。

【组字】虘,如今不单用,只作偏旁。现今归入虍部。凡从虘取义的字皆与比武角力等义有关。

以虘作声兼义符的字有：戲（戏）。

以虘作声符的字有：覰（覷）。

豦 jù
（勮、劇、剧）

【字形】金 篆 今篆

隶 豦 勮 劇 剧 草

【构造】会意字。金文从豕（野猪）从虍（虎），会野猪与虎激烈缠斗之意。篆文整齐化。隶变后楷书写作豦。

【本义】《说文·豕部》："豦，斗相丮（执持）不解也。从豕、虍。豕虍之斗不解也。"本义为野猪与虎激烈缠斗。

【演变】豦，本义指❶野猪与虎激烈缠斗。引申泛指❷争斗激烈。又单指❸大野猪。

由于豦作了偏旁，其义便用"勮"来表示，从力从豦会意，豦也兼表声。后力讹为刀，遂误为"劇"。如今简化作剧。

○剧，读 jù，本义指❶用力猛烈，用力过分：事～而功寡。又泛指❷猛烈，厉害：今奈何反覆～于前乎？|～烈|～变。由争斗又引申指❸嬉戏：玩弄眉颊间，～兼机杼役|恶作～。进而引申指❹戏剧：演～|～本|话～。

【组字】豦，如今不单用，只作偏旁。现今仍归入豕部。凡从豦取义的字皆与斗闹、激烈、相持等义有关。

以豦作声兼义符的字有：劇（剧）、遽、據（据）、噱。

以豦作声符的字有：澽、璩、醵。

虡 jù
（虡、鐻）

【字形】金 篆 今篆

隶 虡 鐻 草

【构造】会意字。金文上从虎，下从一人双手上举，会意。篆文从虍从異（人戴面具）会意。本义指古代装饰有猛兽形的悬挂钟磬的架子两旁的柱子。隶变后楷书写作虡，简作虡。后又另造了异体形声字鐻。如今规范化用虡。

【本义】《说文·虍部》："虡，钟鼓之柎也。饰为猛兽。从虍，異象其下足。"本义指古代装饰有猛兽形的悬挂钟磬的架子两旁的柱子。

【演变】虡，本义指❶古代装饰有猛兽形的悬挂钟磬的架子两旁的柱子：设业设～，崇牙树羽。引申泛指❷悬挂钟磬的架子：磬～在西，钟～在东。

【组字】虡，如今既可单用，也可作偏旁。现今仍归入虍部。凡从虡取义的字皆与架子等义有关。

以虡作声兼义符的字有：椃、簴。

睛 jīng

【字形】古 篆 今篆 隶 睛 草

【构造】形声兼会意字。古文从目，青声，青也兼表皂青之意。篆文从目，𢍏（关）声，𢍏（发送）也兼表传达感情之意。隶变后楷书写作眹。俗承古文作睛。如今规范化，以睛为正体，眹另表他义。参见眹。

【本义】《玉篇·目部》："睛，目珠子。"本义为黑眼珠。

【演变】睛，本义指❶眼珠：画为龙凤，骞（qiān，通骞，飞起）翥若飞，皆不可点～，或点之，必飞走也|一鹰下视～不转|画龙点～|目不转～|定～一看。引申泛指❷眼睛：紧闭双～光不闪。

睬 cǎi

【字形】今篆 隶 睬 草

【构造】形声兼会意字。篆文从目，采声，采也兼表收取之意。隶变后楷书写作睬。

【本义】《字汇补·目部》："睬，俗言偢睬，填词家多用此字。"本义为理会，搭理。

【演变】睬，最初借用采、保或採来表示，元代才另加义符目写作"睬"。本义指理会，搭理：不是这老泰山为人忒歹，亲女婿昂然不～|小尼姑全不～，低了头只是走|对他一眼也不～|理～。

睡 shuì

【字形】古睡 篆睡 隶睡 草睡

【构造】会意兼形声字。古文从目从垂会意，垂也兼表声。篆文整齐化。隶变后楷书写作睡。

【本义】《说文·目部》："睡，坐寐也。从目、垂。"本义为坐着低头打瞌睡。

【演变】睡，本义指❶坐着打瞌睡：孝公既见卫鞅，语事良久，孝公时时~，弗听。后引申指❷睡觉：自经丧乱少~眠，长夜沾湿何由彻。

睢 suī

【字形】古睢 篆睢 隶睢 草睢

【构造】会意兼形声字。古文从目从隹（雀鸟），表示似雀鸟边跳跃边仰头东张西望之意，隹也兼表声。篆文整齐化。隶变后楷书写作睢。

【本义】《说文·目部》："睢，仰目也。从目，隹声。"本义为仰视的样子。

【演变】睢，本义指❶仰视的样子：（雉）飞集于庭，历阶登堂，万众~~，惊怪连日。用作"恣睢"，表示❷放纵、凶暴的样子：暴戾恣~。又用作❸水名：（鱼石等）出舍于~上。

【组字】睢，如今既可单用，也可作偏旁。现今仍归入目部。凡从睢取义的字皆与仰视等义有关。

以睢作声符的字有：濉、趡。

暖 nuǎn

（煖、煗、暝）

【字形】篆煖 今篆暖煗 隶暖煖煗 草暖煖煗

【构造】会意兼形声字。篆文从火从爰（援用），会借用火御寒之意，爰也兼表声。隶变后楷书写作煖。异体有暖、煗、暝，从日或从火，爰声或耎声，爰、耎也皆兼表温软之意。如今规范化用暖。

【本义】《说文·火部》："煖，温也。从火，爰声。"本义为暖和。

【演变】暖，本义指❶暖和：春江水~鸭先知|歌台~响，春光融融|风和日~|温~。引申特指❷向阳的：几处早莺争~树。用作名词，表示❸暖和的衣服：轻~不足于体与？用作动词，表示❹使温暖：进屋~~手脚|~酒。

【组字】暖，如今可单用，一般不作偏旁。现今仍归入日部。作偏旁用煖。凡从煖取义的字皆与温暖等义有关。

以煖作声符的字有：蘐。

歇 xiē

【字形】金歇 古歇 篆歇 隶歇 草歇

【构造】形声兼会意字。金文从欠，左边表示滤筐水尽，会停息之意。古文从欠（张口出气），曷声，曷（喝止）也兼表一呼一停一吸之意。篆文整齐化。隶变后楷书写作歇。

【本义】《说文·欠部》："歇，息也。一曰气越泄。从欠，曷声。"本义为喘气。

【演变】歇，本义指喘气。由喘口气，引申为❶休息：牛困人饥日已高，市南门外泥中~。由休息又引申为❷睡觉，住下：他已经~下了，明天见吧|你姓什么？在哪个客店里~？由喘气又引申指❸时间短，一会儿：停了一~，又接着说。由气出完又引申为❹完，尽：得臣犹在，忧未~也。又引申为❺停止：凝绝不通声暂~|~工|~业|~手。用作量词，表示❻次：送下阶来欲待别，又嘱咐两三~。

【组字】歇，如今既可单用，也可作偏旁。现今仍归入欠部。凡从歇取义的字皆与喘息等义有关。

以歇作声符的字有：嶡、嘝、潚、蠍（蝎）。

暗 àn

（闇）

【字形】篆暗 今篆闇 隶暗闇 草暗闇

【构造】会意兼形声字。篆文从日从音会意，音表示心音，心音不明为暗，本义盖为昏昧、愚昧，音也兼表声。隶变后楷书写作暗。异体作闇，从門从音会意，音也兼表声。如今规范化，以暗为正体。

【本义】《说文·日部》："暗，日无光也。从日，音声。"本义当为昏昧、愚昧。引申为不明亮，光线不足。

【演变】暗，本义指❶昏昧，愚昧，糊涂，不明白：

刘璋~弱|水府幽深,寡人~昧|兼听则明,偏听则~。此义本作“闇”。引申指❷隐藏不露的,秘不公开的:别有忧愁~恨生|~杀|~号。又引申指❸日无光,不明亮:日中光明,故小;其出入时光~,故大|简文(简文帝)在~室中坐|昏~|黑~|~夜|~房。用作名词,指❹昏暗的地方:至于幽~昏惑而无物以相之。用作副词,指❺暗中:寻声~问弹者谁。

照 zhào

【字形】金　篆　隶 照　草

【构造】形声兼会意字。金文左边像手持火把的样子,右边是召声,召为召来,也兼表举起之意。篆文改为从火,昭声,昭(明)也兼表明亮之意。隶变后楷书写作照。

【本义】《说文·火部》:“照,明也。从火,昭声。”本义为照耀,照射。

【演变】照,本义指❶照耀,照射:朔气传金柝,寒光~铁衣|日月~耀金银台|明月何时~我还|阳光普~|~明。用作名词,指❷日光:连山晚~红|老年人如夕~,少年人如朝阳。又引申指❸映照出形象:湖月~我影|水塘里映~出房舍|~镜子。由照影,又引申指❹拍照:~相|~片子。用作名词,指❺相片,画像:传神写~,正在阿堵(眼珠)中|玉~|近~。由照耀又引申指❻明察,知晓:明能~远奸而见隐微|心~不宣。用作使动,又指❼使知晓:~会|知~。又指❽照顾,照看:多谢替我~管。又指❾对照:忠臣孝子,览~前世,以为镜戒|比~。又指❿按照:事事皆其已经者,故惟知~例|~样|依~。用作名词,则指⓫依照的凭据:欲假(借)皇帝金杯归家与公婆为~|护~|执~|牌~。照影必相对,故又引申指⓬对着,朝向:~脸就是一巴掌|~直走就到|打了个~面。

【组字】照,如今既可单用,也可作偏旁。现今仍归入火部。凡从照取义的字皆与照耀等义有关。

以照作声兼义符的字有:燳。

豊 lǐ (禮、礼)

【字形】甲　金　古　篆　今篆　隶 豊 禮 礼　草

【构造】象形兼形声字。豊与豐在甲骨文中是一个字,上象礼器中盛满了祭品二串玉形,下象鼓,古人致礼用玉,表示以丰盛的礼品击鼓致祭之意。金文大同。古文改为从示,乙声。篆文整齐化,下讹为豆(礼器),成了豆中盛玉,也分为二体。隶变后楷书分别写作豊与豐。异体也作豊。后表义有分工,以豊表示致祭,以豐表示丰满。豐,如今简化作丰。参见丰。

【本义】《说文·豊部》:“豊,行礼之器也。从豆,象形。”本义为古代祭祀用的礼器。

【演变】豊,本义指❶击鼓致祭。又泛指❷祭祀时的各种礼仪。

由于“豊”作了偏旁,其义便另加义符“礻”写作“禮”来表示。

○礼,篆文繁体从礻从豊会意,豊也兼表声。隶变后楷书写作禮。如今简化作礼,用古文。读lǐ,本义为敬事神灵以求福。引申泛指❶祭祀用的礼器,祭祀时的各种礼仪(包括与当时的社会等级制度相适应的行为准则和道德规范):~烦则乱,事神则难|夫~者,所以定亲疏,决嫌疑,别同异,明是非也|其竭力致死,无有二心,以尽臣~|~尚往来|~法|~教。又引申指❷以礼待人,敬重人:以其无~于晋,且贰于楚也|~贤下士|~貌|~遇。又引申指❸礼品:受~|献~|厚~。

【组字】豊,如今不单用,只作偏旁。现今归入豆部。凡从豊取义的字皆与祭祀、礼仪等义有关。

以豊作义符的字有:豑(秩)。

以豊作声兼义符的字有:禮(礼)。

以豊作声符的字有:澧、醴、鳢、體(体)。

跨 kuà (胯、袴)

【字形】篆　今篆　隶 跨 胯 袴

草

【构造】形声兼会意字。篆文从足，夸声，夸也兼表张大之意。隶变后楷书写作跨。

【本义】《说文·足部》："跨，渡也。从足，夸声。"本义为迈腿越过。

【演变】跨，本义指❶迈腿越过：~谷弥阜｜~越障碍｜~过门槛｜~栏。引申指❷两腿分开骑着：(杜)预身不~马，射不穿札，而每任大事，辄居将帅之列｜~着枣红马｜~在墙头上不下来。由腿跨两边，又引申指❸兼而占有：若~有荆益，保其岩阻。由跨过又引申指❹越过时间、空间界限：~历商、周看盛衰｜~年度｜~省份｜~单位协作。用作名词，义同"胯"，指❺两腿之间：至人之道，用行舍藏，~下之辱，犹宜俯就。此义今专用"胯"来表示。

〇胯，从月(肉)，夸声，夸也兼表张大之意。读 kuà，本义指❶两大腿之间：召辱己之少年令出~下者，以为楚中尉。此义也作袴。今指❷腰和大腿之间的部分：腿肚子发紧，~骨轴儿发酸。古也指❸革带上的饰物：赐于阗玉带十三~。

〇袴，从衣，夸声，夸也兼表分张之意。读 kù，本义指❶套裤：生男，屠岸贾闻之，索于宫中，夫人置儿~中。

古也借作"胯"，读 kuà，指❷两大腿之间。

跳 tiào (趒)

【字形】篆  隶 跳 趒 草 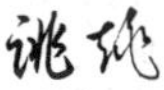

【构造】形声兼会意字。篆文从足，兆声，兆为挑省，也兼表疾速上起之意。隶变后楷书写作跳。异体作趒，改为从走，含义相同。如今规范化，以跳为正体。

【本义】《说文·足部》："跳，从足，兆声。一曰跃也。"《说文·走部》："趒，雀行也。"本义为身体腾起，跳跃。

【演变】跳，本义指❶跳跃：邻人京城氏之孀妻有遗男，始龀，~往助之｜因~踉大吼｜~高｜~远。引申指❷越过：(刘)牢之策马~五丈涧，得脱｜~过一个水沟｜~级｜~槽。由跳跃的一起一落，又引申泛指❸起伏地动，闪动：心怦怦直~｜左眼直~｜火苗~个不停。

跪 guì (跽)

【字形】甲  古  篆  隶 跪 跽

草 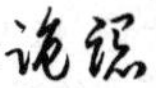

【构造】会意兼形声字。古文从足从危(高直)，会身体由坐变为直身高起之意，危也兼表声。篆文整齐化。隶变后楷书写作跪。

【本义】《说文·足部》："跪，拜也。从足，危声。"本义为跪坐，跪拜。屈腿双膝着地，臀部离开脚后跟，腰前伸，是古人表敬的一种姿势。如果进一步前伸到头着地，则为"拜"；如果臀部离开脚后跟并直起身来，则称"跽"，也叫长跪。

【演变】跪，本义指❶跪坐，跪拜：相如前进缶，因~请秦王｜妻~问其故｜秦王色挠，长~而谢之｜府吏长~告。引申泛指❷一种屈膝的动作：~在地上不起。跪是腿的动作，故用作名词，又引申指❸足，小腿：门者刖~(砍足人)请曰｜蟹六~而二螯。

〇跽，甲骨文从止(足)，己声，己也兼表弯曲之意。篆文改为从足，忌声。是"跪"的分化字。读 jì，本义为❶长跪，即双膝着地上身挺直：项王按剑而~曰｜~坐。又指❷单膝着地，半跪：秦王~而请｜一人~左足，蹲右足。又指❸拜伏，敬奉：不惧权威，不~金帛。

路 lù (輅、辂)

【字形】金  篆 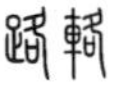 隶 路 辂 輅

草 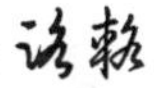

【构造】会意兼形声字。金文从足从各(表到来)，会人足行走的途径之意，各也兼表声。篆文整齐化。隶变后楷书写作路。古又用作輅，如今简化作辂，从车从各会意，各也兼表声。

【本义】《说文·足部》："路，道也。从足，从各。"本义为道路。

【演变】路，本义指❶道路：遵大~兮，掺(shǎn，持)执子之手兮｜八千里~云和月。用于抽象意义，引申指❷思想、行为的途径、方向：义，

人之～也|不宜妄自菲薄,引喻失义,以塞忠谏之～也|思～|生～|～线|～数。又引申指❸地域,方面:自是东～皆平,令叔孙静守之。又指❹类别:这一～拳,走得似锦上添花。又用作❺宋元地方区划名:望中犹记,烽火扬州～。又通“辂”,指❻天子、诸侯所乘的车,车:设两观,乘大～|筚～蓝缕,以启山林。

【组字】路,如今既可单用,也可作偏旁。现今仍归入足部。凡从路取义的字皆与道路等义有关。

以路作声符的字有:潞、辂、潞、璐、鹭、露。

跟 gēn (跟)

【字形】篆 隶 草

【构造】形声兼会意字。篆文从足,艮声,艮(人扭头后看)也兼表后之意。隶变后楷书写作跟。异体作跟,从止,含义相同。如今规范化,以跟为正体。

【本义】《说文·足部》:“跟,足踵也。从足,艮声。”本义为脚后跟。

【演变】跟,本义指❶脚后跟:谁贪酒溺脚～?引申指❷鞋袜的后部着脚跟处:鞋～儿|袜～儿破了|高～儿鞋。用作动词,又引申指❸紧随在后面,追随:快～上队伍|～上形势|～从|～随|～梢|～踪。又引申特指❹嫁给:得找个可心如意的人,～他过日子。用作介词,表示❺与动作相关的对方或比较的对象:你别～他过不去|他怎么能～你比?用作连词,又表❻并列:我～哥哥一块去上学。

遣 qiǎn (䢅)

【字形】甲 金 篆 隶 草

【构造】会意字。甲骨文本作䢅,是两手持一弓放入祭器或葬坑之状,是古代送葬时以弓入葬的一种祭奠仪式。金文另加义符辵(辶)表示发送。篆文继承金文,省去祭器或葬坑并整齐化。隶变后楷书分别写作䢅和遣两种形体,实际上是同一个字。参见䢅。

【本义】《说文·辵部》:“遣,纵也。从辵,䢅声。”所释为引申义。本义当为送葬之祭。

【演变】遣,是䢅的后起字,本义为送葬之祭。由于䢅作了偏旁,其义后来便用“遣”来表示。并由送葬之祭,引申泛指❶使离开,打发,差使:姜与子犯谋,醉而～之|～兵三万人以助备|调兵～将|差～|派～。让囚徒离开或强使到远方去,则指❷释放,放逐:辄平～囚徒,除王莽苛政,复汉官名|中山刘梦得禹锡亦在～中|～以归农|～返|～散。古时又特指❸丈夫休弃妻子:为夫家所～|～去慎莫留。又引申指❹排解,抒发:吟诗～怀抱|消～。

【组字】遣,如今既可单用,也可作偏旁。现今仍归入辵部。凡从遣取义的字皆与纵去或留恋等义有关。

以遣作声兼义符的字有:谴、缱。

蛾 é;yǐ (娥)

【字形】甲 古 篆

隶 草

【构造】形声兼会意字。古文从虫,我声,我是锯齿形兵器,故用以会好战的昆虫蚂蚁之意。篆文整齐化。隶变后楷书写作蛾。《说文》中还有个“蝨”字,释为蚕蛾,如今也用蛾表示。

【本义】《说文·虫部》:“蛾,罗也。从虫,我声。”本义为蛾罗,即蛾子,小蚂蚁。《玉篇·虫部》:“蛾,蚕蛾也。”后用以表示像蚕蛾的昆虫。

【演变】蛾,本读 yǐ,是“蚁”的本字,表示❶蚂蚁:士民～聚者万人|～子纷纷割据场。

又读 é,后借用以表示❷像蚕蛾的昆虫:爱惜飞～纱罩灯|飞～扑火,自取灭亡。蚕蛾的触须弯曲而细长,故用作“蛾眉”,比喻❸女子长而美的眉毛:(二美姬)并～眉皓齿,洁貌倾城。又进而引申指❹姿色美好:然而～脸不舒。此义后也写作“娥”。

○娥,从女,蛾省声,蛾也兼表女眉如蛾眉之意。读 é,本义指❶女性姿态美好:～～红粉妆。用作名词,指❷美女:秦～梦断秦楼月。用作“娥眉”,指❸美女的眉毛或美女:～眉憔悴没胡沙|～眉曾有人妒。

【组字】蛾,如今既可单用,也可作偏旁。现今仍归入虫部。凡从蛾取义的字皆与昆虫等义有关。

以蛾作声兼义符的字有：皒。

蜂 fēng （蠭）

【字形】篆 今篆 隶蜂蠭 草蜂蠭

【构造】形声兼会意字。篆文从䖵，逢声，逢也兼表遇人则蜇之意。隶变后楷书写作蠭。俗省作蜂。如今规范化，以蜂为正体。

【本义】《说文·䖵部》："蠭，飞虫螫人者。从䖵，逢声。"本义为有毒能蜇人的昆虫。

【演变】蜂，本义指❶有毒能蜇人的昆虫：野~巢其间｜那些小妖，就是一窝~，齐齐拥上｜马~。又特指❷蜜蜂：~房水涡，矗不知其几千万落｜~王精｜~蜜｜~箱。蜜蜂成群活动，故又引申指❸成群地：大军从烟焰雾雨中~拥而上｜乡民蚁拥~攒｜义军~起。

喿 zào （噪、譟）

【字形】金 篆 今篆

隶喿噪譟 草喿噪譟

【构造】会意字。金文从品（三口）从木，会众鸟在树上鸣叫之意。篆文整齐化。隶变后楷书写作喿。

【本义】《说文·品部》："喿，鸟群鸣也。从品在木上。"本义为众鸟鸣于树上。

【演变】喿，本义指众鸟鸣于树上。由于"喿"作了偏旁，其义便另加义符"口"写作"噪"来表示。异体也作譟，改为从言，突出人声喧闹之意。

○噪，从口从喿会意，喿也兼表声。读zào，本义指❶鸟叫：落叶下楚水，别鹤~吴田。引申泛指❷虫鸟喧叫：雀~荒村，鸡鸣空馆｜蝉~林逾静，鸟鸣山更幽。又引申指❸声音嘈杂：箫声喧陇水，鼓曲~渔阳｜~音。又指❹人声喧闹：沸渭泊静夜，~聒乱语谈｜鼓~｜聒~。此义曾写作譟，从言，用于人。如今简化仍用噪。又特指❺名声远扬：名~一时。

【组字】喿，如今不单用，只作偏旁。现今仍归入口部。凡从喿取义的字皆与声音嘈杂、吵闹不安等义有关。

以喿作声兼义符的字有：噪、躁、譟。

以喿作声符的字有：操、缲、澡、燥、臊。

嗓 sǎng

【字形】古 今篆 隶嗓 草嗓

【构造】形声兼会意字。古文从口，桑声，桑可采叶供蚕吃，也兼表进食的通道之意。隶变后楷书写作嗓。

【本义】《集韵·荡韵》："嗓，喉也。"本义为喉咙。

【演变】嗓，本义指❶喉咙：他扯着~子大叫。又引申特指❷嗓音：他的~门真大。

號 háo；hào （号）

【字形】金 篆 隶號号 草號号

【构造】象形兼会意字。金文象声气从口冲出形，表示虎叫之意。篆文从号（大哭声）从虎，会虎叫之意。隶变后楷书写作號。如今简化借用号来表示。参见号。

【本义】《说文·号部》："號，呼也。从号，从虎。"本义为虎叫。

【演变】號，读háo，本义指虎叫，引申泛指❶动物鸣叫：山蝉~枯桑。又指❷大声呼叫：呼~。又指❸风声：八月秋高风怒~。由于"號"后来又承担了"号"的含义，故又表示❹大声悲哭：~泣。

又读hào，后进一步引申表示❺号令：发~施令。又表示❻名称：别~｜挂~。又表示❼标志：暗~。又指❽西式喇叭：军~。用作动词，表示❾记上标识，切（脉）：~房｜~脉。

如今简化，以上含义都用号来表示。参见号。

【组字】號，如今不单用，只作偏旁。现今归入虍部。凡从號取义的字皆与张大口呼叫等义有关。

以號作声兼义符的字有：饕。

以號作声符的字有：𡏸、𤩎。

署 shǔ

【字形】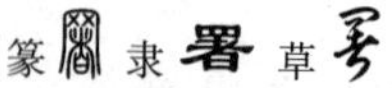篆 隶 署 草

【构造】形声兼会意字。篆文从网(罒),者声,者(燎柴)也兼表安排布置网罟、火把以捕鸟兽,盖为夜猎。隶变后楷书写作署。

【本义】《说文·网部》:"署,部署,有所网署。从网,者声。"所释为引申义。本义当为安排布置网罟、火把以捕鸟。

【演变】署,由安排布置网罟、火把以捕鸟,引申泛指❶布置,安排:部~诸将|部~豪杰为校尉、候、司马。又进而引申为❷办公的处所:学士入~,常视日影为候。由安排办公又引申为❸暂时署理,代理:太守闻其名,请~功曹,委任政事。由署理又引申为❹签名,题字:~名|签~。

【组字】署,如今既可单用,也可作偏旁。现今仍归入网部。凡从署取义的字皆与部署等义有关。

以署作声符的字有:薯、嫼、曙。

睘 qióng;huán
(睘、還、还、環、环、煢、茕、惸)

【字形】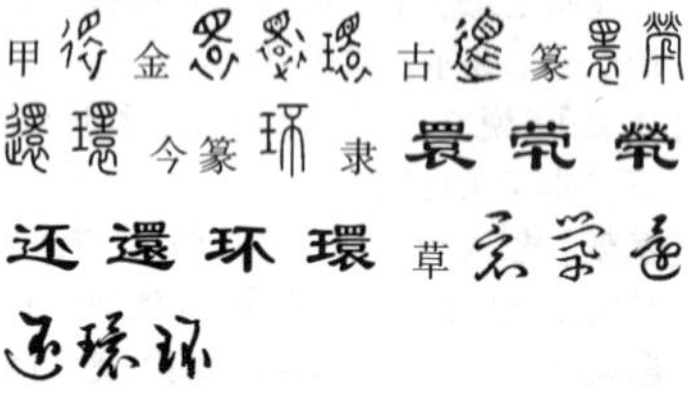甲 金 古 篆 今篆 隶 睘 茕 煢 还 還 环 環 草

【构造】会意兼形声字。金文一形从目从袁(表回环),会目环顾惊视之意,袁也兼表声。篆文一形承之并整齐化。隶变后楷书写作睘。作偏旁时简化作睘。

【本义】《说文·目部》:"睘,目惊视也。从目,袁声。"本义为目环顾惊视。

【演变】睘(睘),读 qióng,本义指❶目环顾惊视:少阳终者,耳聋,百节皆纵,目~绝系。由彷徨四顾,又引申为❷孤独无依:独行~~。又引申为❸忧愁:~~在疚。

又读 huán,表示❹回环。

由于"睘"作了偏旁,其环顾惊视、孤独、忧愁等义便由"煢"来表示,其回环义便另加义符"辶"写作"還"来表示。

○茕,篆文二形繁体作煢,从卂(鸟飞)从营(环绕)省会意,营也兼表声。异体作惸,从忄,𤰇声。如今简化皆作茕。读 qióng,本义指❶鸟盘旋疾飞。又表示❷孤独无依:无虐~独|~~孑立,形影相吊。又表示❸忧愁:忧心~~,念我无禄。

○还,繁体作還,上列甲、金(二形)、古、篆文(三形)皆从辶从睘会意,睘也兼表声。如今简化作还。读 huán,本义指❶返回:~军霸上,以待大王来|鸟倦飞而知~|~乡。引申指❷恢复:返老~童。由往返回复,又引申指❸环绕:荆轲逐秦王,秦王~柱而走。此义也写作環(环)。又引申指❹回转:寻常之沟,巨鱼无所~其体。此义也作"旋"。后又引申指❺回报:~礼。又引申指❻偿还:杀人偿命,借债~钱。

又读 hái,用作副词,表示❼回转进行某一动作,或表示转折,或表示持续,或表示重复,或表示更进一层,或表示选择,或表示过得去:过一个路口,你~继续往前走|他~没回来|妹妹比姐姐成绩~好|他的成绩是优~是良?|他的表现~可以。又表示❽尚且:大人~对付不了,你怎么能成!

○环,繁体作環,上列金文三形从玉从睘会意,睘也兼表声;古文大同稍讹;篆文四形整齐化。如今简化作环,读 huán,本义指❶孔的直径和周边的宽度相等的玉璧:宣子有~。引申泛指❷环形的东西:攘袖见素手,皓腕约金~|耳~|铁~。又引申指❸环形的:~晕。用作动词,表示❹环绕:三江~之,民无所移|~场一周|~视。

【组字】睘,如今不单用,只作偏旁。现今归入网部。凡从睘取义的字皆与回环等义有关。

以睘作声兼义符的字有:還(还)、圜、寰、擐、缳、環(环)、镮、翾、鬟。

以睘作声符的字有:儇、嬛、澴。

置 zhì
(寘)

【字形】甲 金 古 篆 隶 置 寘 草

【构造】会意兼形声字。甲骨文一形是双手竖杆形,止声,竖杆的目的是架网,故二形从网

(罒)从直(竖立),会设置网罟以捕禽兽之意,直也兼表声。古文线条化。篆文整齐化。隶变后楷书写作置。金文和篆文中还有个"寘"字,从宀从真,会房中放有宝鼎珍馐之意。在搁置意义上与置为异体字。

【本义】《说文·网部》:"置,赦也。从网,直声。"解释为赦免正直无辜者,作为抽象的会意,应为引申义,本义当为较具体的设立网罟以捕禽兽。又《宀部》:"寘,置也。从宀,真声。"本义为放置。

【演变】置,本义为❶设立网罟以捕禽兽:汤见祝网者~四面。由设立网罟,引申泛指❷竖立,立起:~我鞉鼓。由立在那里,又引申指❸设置,建立:内外多~小门|废县~市|~酒设宴|装~|布~。又引申指❹添置:郑人有且(将)~履者|~办家具|购~|~备。由设置在那里,又指❺搁放,放在:且焉~土石|断头~城上,颜色不少变|~之不理|~诸脑后|搁~|~放。由摆放那里不管,又指❻废弃,放弃,放下,不过问:~大立少,乱之本也|毋~之,吾计已决矣|沛公则~车骑,脱身独骑……道芷阳间行|亚父受玉斗,~之地|弃~不理。由放弃刑罚,又指❼释放,赦免:若罪在难除,必不见~。由释放,又指❽豁免:举贤才,黜贪残,~租赋,抚孤穷。

【组字】置,如今既可单用,也可作偏旁。现今仍归入网部。凡从置取义的字皆与释放等义有关。

以置作声符的字有:櫃。

罪 zuì (辠)

【字形】金 古 篆

隶 辠罪 草

【构造】会意兼形声字。金文本作辠,从辛(刑刀)从自(鼻子),会割鼻酷刑之意。篆文整齐化。隶变后楷书写作辠。据传,秦认为辠字像皇字,故借罪字来表示辠的意思。罪,古文从网从非(排开)会意,非也兼表声,本义为捕鱼的竹网。篆文整齐化。隶变后楷书写作罪。如今规范化,以罪为正体,辠只作偏旁。

【本义】《说文·辛部》:"辠,犯法也。从辛,从自。言辠人蹙鼻,苦辛之忧。秦以辠似皇字,改为罪。"本义为犯法。又《网部》:"罪,捕鱼竹网。从网、非。秦以罪为辠字。"本义为捕鱼竹网。

【演变】罪,本义指捕鱼竹网。

借为"辠",遂表示❶惩罚,治罪:以其犯禁也,~之。又表示❷归罪,谴责:王无~岁(收成),斯天下之民至焉|禹、汤~己,其兴也悖(勃)焉|~己诏。由惩罚治罪,又引申指❸犯法行为:~,犯禁也|无功不赏,无~不罚|~不容诛。又引申泛指❹过失,错误:此寡人之~也。受惩罚是痛苦的,故又引申指❺痛苦:受~|遭~。

由于罪借用以表示辠的含义,其本义也就不为一般人所知了,而辠如今也就废而不用了。

【组字】罪,如今既可单用,也可作偏旁。现今仍归入网部。凡从罪取义的字皆与捕鱼竹网等义有关。

以罪作声符的字有:擺(拽)、罼、檌。

以辠作声符的字有:擗、澼。

罩 zhào (罩)

【字形】甲 篆 隶 草

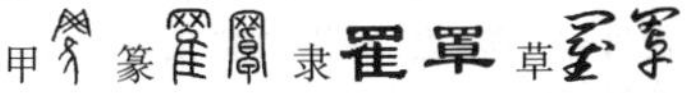

【构造】会意字。甲骨文从网(罒)从隹,会以网覆罩禽鸟之意。篆文整齐化。隶变后楷书写作罶。是"罩"的本字。

【本义】《说文·隹部》:"罶,覆鸟令不飞走也。从网、隹。"本义为以网罩鸟。

【演变】罶,本义指❶以网罩鸟。又指❷笼罩禽鸟的笼子。

由于"罶"作了偏旁,其义便由"罩"字来表示。

〇罩,从网,卓声,卓也兼表从高覆下之意。读zhào,本义指捕鱼器。用作动词,指❶用罩捕取:南有嘉鱼,烝然(美盛貌)~~|~鱼。引申指❷捕鸟器:绝网从(纵)麟麑,弛~出凤雏。又指❸养鸡鸭的笼子:鸡~。进而引申泛指❹像罩的覆盖物:灯~|外~。用作动词,指❺覆盖:云遮雾~|把菜~起来。

【组字】罶,如今不单用,只作偏旁。现今归入网部。凡从罒取义的字皆与覆罩住等义有关。以罒作义符的字有：罹、羅(罗)。

蜀 shǔ (罒、蠋)

【字形】甲 金 篆 今篆 隶 蜀 蠋 草

【构造】象形字。甲骨文象突出了头部的蚕蠢蠢蠕动形，上用"目"表示头，下表示卷曲的身体。金文因字形已不明显，便又承甲骨文另加一虫以示意。篆文整齐化。隶变后楷书分别写作罒与蜀。如今规范化，以蜀为正体。

【本义】《说文·虫部》："蜀，葵中蚕也。从虫。上目象蜀头形，中象其身蜎蜎。"本义为蚕。

【演变】蜀，由本义蚕引申泛指❶蛾、蝶类的幼虫：蜎蜎者～，烝在桑野。传说黄帝娶于川西成都一带西陵氏之女，是为嫘祖，为我国最早养蚕的人，后祀为先蚕(蚕神)，可见其地古代多养蚕出丝，故其首领叫蚕丛，称为蜀王，遂用作❷古族名，国名：武王伐纣，～与焉。又用作❸汉末三国之一：三国魏、～、吴。今为❹四川的别称。

由于"蜀"为借义所专用，蛾蝶类幼虫之义便另加义符"虫"写作"蠋"来表示，成了会意兼形声字。

○蠋，从虫从蜀会意，蜀也兼表声。读zhú，本义指蛾、蝶类的幼虫：奔蜂不能化藿～，越鸡不能伏鹄卵。

【组字】蜀，如今既可单用，也可作偏旁。现今归入网部。凡从蜀取义的字皆与蚕、蚕的环曲蠕动形象等义有关。

以蜀作声兼义符的字有：镯、蠋、躅。

以蜀作声符的字有：獨(独)、濁(浊)、燭(烛)、觸(触)、屬(属)、髑。

嵩 sōng (崧、崇)

【字形】古 篆 今篆 隶 嵩 崇 崧 草

【构造】会意字。古文从山从高，会山高大之意。篆文整齐化。隶变后楷书写作嵩。异体有崧、崇，改为松声或宗声，松、宗(宗庙)也兼表高大之意。

【本义】《说文·山部》新附："嵩，中岳，嵩高山也。从山，从高，亦从松。"本义为山高大。

【演变】嵩，本义指❶山高大：如渊之浚，如岳之～。引申泛指❷高大：瞰帝唐之～高兮。又特指❸中岳嵩山：阳城有～高山｜前瞻太室，傍眺～丘。作为山名，先秦原称"崇山""崧山"。如《诗经·大雅·崧高》："崧高维岳。"后用法分化，专用"嵩"表示嵩山，"崇"则泛指高，"崧"作为异体，如今不用了。

○崇，读chóng，本义指❶山高大：～山峻岭。引申泛指❷高：其～如墉，其比如栉｜更无～卑，皆得按举。由把人或事物看得很高，引申指❸尊敬，重视，提倡：其尊君卑臣，～上抑下，合于六经也｜～利而简义，高力而尚功｜～尚｜～拜｜推～｜～奉｜～文｜～德。

【组字】嵩，如今既可单用，也可作偏旁。现今仍归入山部。凡从嵩取义的字皆与高山等义有关。

以嵩作声符的字有：巆。

错 cuò (錯、厝、措)

【字形】金 篆 隶 错 錯 遣 厝 措 草

【构造】形声兼会意字。金文从金，昔声，昔(发大水)也兼表用金粉加水涂饰之意。还有个"遣"字，从辵(辶)，昔声，昔(古今时差)也兼表交叉之意。篆文整齐化。隶变后楷书写作錯与遣。如今皆简作错。错，古也借作厝与措。

【本义】《说文·金部》："錯，金涂也。从金，昔声。"本义为用金属在刻出的文字或花纹中涂饰，镶嵌。又《辵部》："遣，迹遣也。从辵，昔声。"本义为交错，即参差交叉。

【演变】错，本义指❶用金属涂饰，镶嵌：～刀，以黄金～其文｜金～刀｜～金｜～彩。由涂饰，引申指❷刻画花纹：翦发文身，～臂左衽。借用作"遣"，又表示❸交错：嘈嘈切切～杂弹｜层见～出｜～落有致。由交错又引申指❹两物相磨：

他把牙~得咯吱咯吱直响。又引申指❺不相合,岔开,没碰到:~开上课时间|他~过了好时机|~车。由不相合,又引申指❻误差,不正确:走~了路|~了一步棋|站~了队|~字。又引申指❼不好,差,坏:他为人不~|成绩不~。用作名词,指❽错处,过失:工作中不要出~|你没有~。古又借作“厝”,表示❾磨制玉器的石头:佗(他)山之石,可以为~。用作动词,指❿打磨:(玉璞)不磨不~,不离砾石|攻~。又借作“措”,表示⓫放置:故不~意也。

○厝,从厂(hǎn,表山石)从昔会意,昔也兼表声。读 cuò,本义指❶磨刀石:他山之石,可以为~。此义后借“错”表示。古又借用作“措”,表示❷放置,安排:命夸娥氏二子负二山,一~朔东,一~雍南|~火积薪。又引申指❸安葬:卜其宅兆,而安~之|浮~|暂~。古又借作“遣”,表示❹交错:五方杂~,风俗不纯。方言又指❺房屋:瓦~|草~。

○措,从手从昔会意,昔也兼表声。读 cuò,本义为❶放下,放:~杯水其肘上。引申指❷处置,安排:小黄门皆诣进(人名)谢罪,惟所~置|惊慌失~|~置不当|~辞。又引申指❸施行:举而~之天下之民,谓之事业。又引申为❹废置,放弃:学之弗能,弗~也。又引申指❺筹措,筹划办理:如今行李路费,一概无~|筹~款项。用作“措大”,也作“醋大”,旧指❻贫寒失意的读书人:江陵号衣冠薮泽,人言琵琶多于饭甑,~大多于鲫鱼|~大习气。

锡 xī (錫、賜、赐)

【字形】金 篆 隶 锡 錫 草

【构造】会意兼形声字。金文从金从貝(货币)从易(表给予),会给予赏金、赏钱之意,易也兼表声。篆文省貝只从金,表示金属。隶变后,省貝的楷书写作錫,省金的则写作賜。如今分别简化作锡与赐。现在二字表义有明确分工。参见赐。

【本义】《说文·金部》:“錫,银铅之间也。从金,易声。”本义为金属元素锡,符号 Sn。又《貝部》:“賜,予也。从貝,易声。”表示给予。

【演变】锡,本义指❶银白色的金属锡:江南出楠、梓、姜、桂、金、~、连|~箔|~匠|~杖|~纸。古又借作“赐”,表示❷赐予:王使荣叔来~桓公命。~者何也?赐也|肇(始)~余以嘉名|赏~期于功劳。此义如今用赐表示。

锣 luó (鑼)

【字形】古 今篆 隶 锣 鑼 草

【构造】形声兼会意字。古文从金,羅声,羅也兼表似圆形面罗之意。隶变后楷书写作鑼。如今简化作锣。

【本义】《正字通·金部》:“锣,筑铜为之,形如盂,大者声扬,小者声杀。”本义为一种打击乐器。

【演变】锣,本义指一种打击乐器:乡民共愤,鸣~聚众|敲~卖夜糖|鸣~收兵|敲~打鼓|~鼓响个不停。

锤 chuí (錘、鎚)

【字形】篆 今篆 隶 錘 錘 鎚 草

【构造】会意兼形声字。篆文从金从垂,重者下垂,用以会古代的重量单位之意,垂也兼表声。隶变后楷书写作錘。如今简化作锤。现在又借作“鎚”的简化字,从金从追(追击)会意,追也兼表声,本义为锤子。

【本义】《说文·金部》:“錘,八铢也。从金,垂声。”本义为古代重量单位。《玉篇·金部》:“鎚,铁鎚也。”本义为锤子,用来捶击的工具。

【演变】锤,作为本字,本义指❶古代重量单位:虽割国之锱~以事人,而无自恃之道,不足以为全。

作为“鎚”的简化字,又表示❷古代一种柄上有个金属圆头的兵器:鞭锏钗~,刀枪剑戟|八大~|铜~。引申指❸像锤的东西:秤~|纺~。又泛指❹用来捶击的工具:凶器刀一把,铁~一个|大铁~|~子|钉~。用作动词,指❺用锤敲打:千~万凿出深山,烈火焚烧若等闲|

千~百炼。

锦 jǐn (錦)

【字形】金 篆 隶 草

【构造】形声兼会意字。金文和篆文从帛，金声，金也兼表色彩之意。隶变后楷书写作錦。如今简化作锦。

【本义】《说文·帛部》："锦，襄色织文也。从帛，金声。"本义为织有彩色花纹图案的丝织品。

【演变】锦，本义指❶织有彩色花纹图案的丝织品：盛以~囊，负而前驱｜予披宫~还家｜晓看红湿处，花重~官城（今成都）｜~旗｜~缎。引申泛指❷色彩艳丽：沙鸥翔集，~鳞游泳｜~鸡｜~霞。

键 jiàn (鍵)

【字形】篆 隶 草

【构造】形声兼会意字。篆文从金，建声，建（持篙撑船）也兼表像篙棍之意。隶变后楷书写作鍵。如今简化作键。

【本义】《说文·金部》："键，铉也。一曰车辖。从金，建声。"本义为古代鼎上贯通两耳的横杠。

【演变】键，本义指❶古代鼎上贯通两耳的横杠。引申指❷安在车轴两端使车轮不脱落的小铁棍，即车辖：无四寸之~，则车不行。又引申指❸竖插在门闩上的销子，即竖闩：司门掌授管~，以启闭国门｜关~。如今又引申指❹某些器具上使用时可按动的机件：琴~｜~盘｜机~｜字~｜~入。

【组字】键，如今既可单用，也可作偏旁。现今仍归入金部。凡从键取义的字皆与横杠等义有关。

以键作声符的字有：鞬。

矮 ǎi (躷)

【字形】籀 篆 隶 草

【构造】形声兼会意字。籀文从身，委声。篆文从矢，委声。古代度量长短以矢作为尺度，故从矢，委为禾委地，故用以会身短之意。隶变后楷书写作矮与躷。如今规范化用矮。

【本义】《说文·矢部》新附："矮，短人也。从矢，委声。"本义为身材短小。

【演变】矮，本义指❶身材短小：道州地产民多~｜~个儿｜~子看场（戏场），人云亦云。引申泛指❷不高，低：~凳｜~树。又引申指❸低下：不觉威风~了一半｜~人一等。

雉 zhì

【字形】甲 篆 隶 草

【构造】会意兼形声字。甲骨文从隹（鸟）从矢，会用箭射取野鸡之意，矢也兼表声。篆文整齐化。隶变后楷书写作雉。

【本义】《说文·隹部》："雉，有十四种：卢诸雉、乔雉……。从隹，矢声。"本义为野鸡。

【演变】雉，本义指❶野鸡：射~一矢亡｜泽~十步一啄，百步一饮。古代借为❷计算城墙面积的单位，长三丈高一丈为一雉：都城过百~，国之害也。又用以表示❸古代博戏中的采名：呼卢喝~。

【组字】雉，如今既可单用，也可作偏旁。现今仍归入隹部。凡从雉取义的字皆与野鸡等义有关。

以雉作声符的字有：薙、鴙。

辞 cí (辭、辤、辭、辞、詞、词)

【字形】甲 金 籀 篆 今篆 隶 草

【构造】会意字。甲骨文从𤔔从辛，会整理罪人讼词之意。金文一形从𤔔（理丝）从司（表掌管），用辨理刑狱会讼辞之意；二形另加义符舌（言）与辛（表刑罪），以突出辨析刑狱之意；三形或省为从辛，台声。籀文承金文一、三形大同。篆文一形承金文一形，二形承籀文一形并整齐化；三形改为从受从辛，用人将拒绝接受刑罚会不受之意。隶变后楷书分别写作辭、辭、辤。俗又承金文二形省作辞，承籀文二形写作辝。如今规范化，皆以辞为正体。

【本义】《说文·辛部》："辭，讼也。从𤔔，𤔔犹理罪也。𤔔，理也。嗣，籀文辭，从司。"本义为讼辞。又《辛部》："辤，不受也。从辛，从受。受辛宜辤之。辝，籀文辭，从台。"《正字通·辛部》："辞，俗辭字。"《龙龛手鉴·辛部》："辝同辭。"

【演变】辞，本义指❶讼辞，口供：民之乱（治），罔不中听狱之两～｜听其狱讼，察其～。引申泛指❷言辞，文词：吉人之～寡，躁人之～多。此义后也作"词"。又特指❸修饰过的优美言词：晋为伯，郑入陈，非文～不为功｜～藻｜修～。由文辞又引申用作❹文体名称：王粲长于～赋｜楚～｜《木兰～》。用作动词，由"辤"而来，表示❺推辞，不受：海不～水，故能成其大｜不～辛苦。由推辞又引申指❻辞职：～呈。又引申指❼使离去，辞退：田骈听之毕而～之，客出，田骈送之以目。又引申指❽告别：朝～白帝彩云间，千里江陵一日还｜不～而别｜～行｜～别｜告～。

○词，繁体从司（主管）从言会意，表示意主于内而言发于外之意。如今简化作词。读 cí，古代专指❶虚词，语助词：惟也，思也，曰也，兮也，斯也，若此之类皆～也。后也用如"辞"，指❷言词，语句：听妇前致～：三男邺城戍｜是时天子方好文～。又引申指❸借口：诛之甚有～矣。又特指❹一种文体，又叫长短句：宋～｜诗～｜～牌。现在指❺语言中最小的可自由运用的单位：～类｜～法｜～尾。

【组字】辞，如今既可单用，也可作偏旁。现今仍归入辛部。凡从辞（辝）取义的字皆与讼辞等义有关。

以辞（辝）作声符的字有：檗、籓。

稠 chóu

【字形】甲  篆  隶  草 

【构造】形声兼会意字。甲骨文从禾，周声，周也兼表布满之意。篆文整齐化。隶变后楷书写作稠。

【本义】《说文·禾部》："稠，多也。从禾，周声。"本义为禾多。

【演变】稠，由本义禾多，引申泛指❶多：书策～浊（混乱）｜忆往昔峥嵘岁月～｜～人广众｜～密。又引申指❷浓厚：粥不要太～｜把墨研～一些。

愁 chóu（愁）

【字形】篆  今篆  隶  草 

【构造】形声兼会意字。篆文从心，秋声，秋是肃杀而令人伤感的季节，秋心易悲，故用以会忧伤之意。隶变后楷书分别写作愁与愁。如今规范化，以愁为正体。

【本义】《说文·心部》："愁，忧也。从心，秋声。"本义为忧虑。

【演变】愁，本义指❶忧虑：固将～苦而终穷｜故忧～幽思而作《离骚》｜～思出门啼｜～眉苦脸｜～肠寸断｜～容满面｜发～。引申形容❷景象惨淡：对～云之浮沉｜～云惨雾。又引申指❸忧伤的心情：渐见～煎迫｜别有忧～暗恨生｜缘～似个长｜离～｜乡～。

【组字】愁，如今既可单用，也可作偏旁。现今仍归入心部。凡从愁取义的字皆与忧愁等义有关。

以愁作声兼义符的字有：偢、湫、瞅。

筹 chóu（籌）

【字形】篆  隶  草 

【构造】形声兼会意字。篆文从竹，壽声，壽为年高，故用以会养生活动工具之意。隶变后楷书写作籌。如今简化作筹。

【本义】《说文·竹部》："籌，壶矢也。从竹，壽声。"本义为古代投壶所用的竹签子。

【演变】筹，本义指❶古代投壶所用的竹签子：～，室中五扶（铺展四指宽叫一扶），堂上七扶，庭中九扶。引申泛指❷筹码：善计不用～策｜觥～交错｜酒～｜竹～。古用筹码计数，故用作

动词,又指❸谋划,筹划:请为将军～之|共汝～画也|～救|～措|～资|～饷|～办。用作名词,指❹计策,办法:非经国远～|一～莫展|运～帷幄。

筮 shì

【字形】金　古　篆　今篆　隶

草

【构造】会意字。金文从竹从巫(古文,双手持玉降神),会用蓍草占卜之意。古文稍讹。篆文繁化,另加义符口,表示口中念念有词。隶变后楷书写作筮。

【本义】《说文·竹部》:"筮,《易》卦用蓍也。从竹,从古文巫。"本义为用蓍草卜问吉凶。

【演变】筮,本义指❶用蓍草卜问吉凶:俗信卜～,谓卜者问天,～者问地。引申泛指❷占卦:明法审令,不卜～而事吉。

【组字】筮,如今既可单用,也可作偏旁。现今仍归入竹部。凡从筮取义的字皆与占卜等义有关。

以筮作声符的字有:澨、噬、澨、遾。

签 qiān
(簽、籤)

【字形】古　篆　今篆

隶　草

【构造】形声兼会意字。篆文从竹,韱声,韱也兼表细小、割刻之意。隶变后楷书写作籤。后借用"簽"来表示。簽,古文从竹,僉声,僉为相合,也兼表题署上之意。如今简化作签,为正体。

【本义】《说文·竹部》:"籤,验也。一曰锐也,贯也。从竹,韱声。"本义为一种尖细的小竹片。《篇海类编·花木类·竹部》:"签,签书文字也。"本义为署名或题写文字以为标识。

【演变】签,作为"籤"的简体,本义指❶一种尖细的小竹片:削竹～十六,穿于革|以～刺瞎其眼|牙～儿。在这种细片上书写符号或文字就可作为标志,故作为"签"本字,又泛指❷用作标志的竹签或其他片状物:发～差公人立即将凶犯家属拿来拷问|标～儿|书～儿|抽～儿。由书写符号或文字,又引申指❸署名:～名|～署|～收。又引申指❹简单地注出意见:～发|～呈|～注意见。由贯穿又引申特指❺粗粗缝合:裤缝开了,快～上几针。

【组字】签,如今既可单用,也可作偏旁。现今仍归入竹部。凡从签取义的字皆与题写等义有关。

以签作声兼义符的字有:檚。

简 jiǎn
(簡)

【字形】金　篆　今篆　隶　草

【构造】形声兼会意字。金文从竹,閒声,编简有缝隙,故閒(缝隙)也兼表有缝的编简之意。篆文整齐化。隶变后楷书本应写作簡,俗作簡,改为从間。如今规范化,简化作简。

【本义】《说文·竹部》:"簡,牒也。从竹,閒声。"本义为古代用以书写文字的狭长竹片。如细分,竹谓之简,木谓之牒、谓之札、谓之牍。联之为编,编之为册。

【演变】简,本义指❶古代用以书写文字的狭长竹片:古者无纸,有事书之于～,谓之～书|竹～|～册。引申泛指❷书籍:呻吟槁～,诵死人之语。又引申特指❸书信:我好意儿传书寄～|书～往来。古代书写于简甚不容易,要简约而为之,故又引申指❹简约,简单,简便:盖叹郦元之～而笑李勃之陋也|若止印三二本,未为～易|言～意赅|删繁就～|精～|～要|～化|～体|～练。又借用作"柬",表示❺挑选:先帝～拔以遗陛下|～能而任贤|～选。参见柬。

【组字】简,如今既可单用,也可作偏旁。现今仍归入竹部。凡从简取义的字皆与竹简等义有关。

以简作声兼义符的字有:澗。

毁 huǐ
(燬、譭)

【字形】金　篆　今篆

隶 毁譭燬 草

【构造】会意兼形声字。金文从壬(人踩在土上)从毇(表示击捣)省,会击打踩坏之意,毇也兼表声。篆文省为从土。隶变后楷书写作毁。

【本义】《说文·土部》:"毁,缺也。从土,毇省声。"所释为引申义。本义当为毁坏。

【演变】毁,本义指❶破坏,损坏:既取我子,无~我室|台殿金碧~|~坏|~灭。引申指❷亏缺,减损:月~于天,螺消于渊|~家纾难。由毁坏又引申指❸把一件旧物拆掉改造成另一物:这件棉袄是件大衣~成的。对人的名声的败坏也是一种"毁",故又引申为❹诽谤:众口铄金,积~销骨|吾之于人也,谁~谁誉?|~誉不一。又特指❺古代居丧时因悲哀过度而损害健康:哀~过情,有亏孝道|哀~骨立。

如今又借用以表示"譭"和"燬"的部分含义。

○燬,从火,毁声。毁也兼表义。读 huǐ,本义指❶火,烈火:鲂鱼赪尾,王室如~。引申指❷燃烧,焚毁:(温)峤遂~犀角而照之|尝为大第,~于火|烧~。"燬"之义如今皆用"毁"来表示。

○譭,从言,毁声,毁也兼表败坏之意。读 huǐ,本义指诽谤:见书詈骂,大加诋~。此义如今也由"毁"来表示。

【组字】毁,如今既可单用,也可作偏旁。现今归入殳部。凡从毁取义的字皆与损坏等义有关。以毁作声兼义符的字有:㩓、嫛、榝、燬、譭。

舅 jiù

【字形】古 今篆 隶 舅 草

【构造】形声兼会意字。古文从男,臼声,臼也兼表与母同所出之意。隶变后楷书写作舅。

【本义】《尔雅·释亲》:"母之昆(兄)弟为舅。"本义为母亲的弟兄。

【演变】舅,本义指❶母亲的弟兄:岂伊异人(他人),兄弟甥~|老~|~~。引申指❷丈夫的父亲:昔者吾~死于虎|~姑(婆婆)爱其子|待晓堂前拜~姑。又引申指❸妻子的弟兄:于~家见之,十二三矣|大~子|小~子|妻~。

鼠 shǔ

【字形】甲 金 篆 隶 鼠

草

【构造】象形字。甲骨文象一只大耳、尖嘴、利齿、长尾的老鼠在啃啮东西形,四点表示咬的物屑。金文突出了利齿、爪子和长尾。篆文承金文,象一只蹲踞的老鼠形,上象头牙,下象足尾。隶变后楷书写作鼠。

【本义】《说文·鼠部》:"鼠,穴虫之总名也。象形。"本义为老鼠。

【演变】鼠,本义指❶老鼠:谁谓~无牙,何以穿我墉|~目寸光|抱头~窜。又用为❷鼠类动物的泛称:鼹~|貂~|獾~。又用作❸十二生肖之一:子~丑牛|生汝兄弟,大者属~,次者属兔。

【组字】鼠,如今既可单用,也可作偏旁。现今仍设鼠部。凡从鼠取义的字皆与鼠类动物等义有关。

以鼠作义符的字有:鼢、鼬、鼯、鼹、鼷。

催 cuī

【字形】篆 隶 催 草

【构造】形声兼会意字。篆文从人,崔声,崔也兼表高压之意。隶变后楷书写作催。

【本义】《说文·人部》:"催,相俦(同擣,即捣,迫促)也。从人,崔声。"本义为迫促,促使。

【演变】催,本义指❶迫促,促使:留恋处、兰舟~发|~得紧|~命鬼|~促|~办。进而引申指❷使事物的产生或变化加快:微风~晴|~眠术|~生|~芽|~奶|~青|~熟|~春。

𠌶 huā

(華、花)

【字形】甲 金 籀 篆

隶 𠌶 草

【构造】象形字。𠌶与𠂹、垂、華同源,甲骨文都象草木生土上花叶下垂之形。当是華(华,即花)与垂的初文。就其为物来说,是花朵;就其形象来说,是下垂。金文线条化。籀文繁化,加出花朵。篆文整齐化。隶变后楷书写作雩。《说文》将其视为華(花)字。

【本义】《说文·雩部》:"雩,草木華(花)也。从𠂹,亏声。"析形是就篆文所作的解说。本义为花朵。

【演变】雩,专用以表示花朵。由于雩作了偏旁,其义便又另造了"華"(华)字来表示。俗写作花。参见华。

【组字】雩,如今不单用,只作偏旁。现今归入人部。凡从雩取义的字皆与花朵等义有关。

以雩作义符的字有:䩊。

以雩作声兼义符的字有:華(华)。

躲 duǒ

【字形】古  今篆  隶 躲 草 

【构造】形声兼会意字。古文从身,朵声,花丛可隐蔽,故朵也兼表隐蔽之意。隶变后楷书写作躲。

【本义】《玉篇·身部》:"躲,躲身也。"本义为隐藏起来。

【演变】躲,本义指❶隐藏起来:家中大小,~得没半个影儿|东藏西~|~藏。又引申指❷避开:明枪易~,暗箭难防|闪身~过|~雨|~车|~债|~避。

敫 jiǎo (皦、皎)

【字形】篆 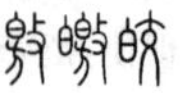 隶 敫 皦 皎

草 

【构造】会意字。篆文从白,表示白光,从放,表示流动,会光亮闪耀之意。隶变后楷书写作敫。后改用"皎"字来表示。

【本义】《说文·放部》:"敫,光景流也。从白,从放。"本义为光亮闪耀。

【演变】敫,本义指光闪耀。由于"敫"作了偏旁,其义便另加义符"白"写作"皦"来表示。

○皦,从白从敫会意,敫也兼表声。读jiǎo,本义指❶明亮:有如~日。又指❷玉石洁白:譬如玉石,~然可知。用于抽象意义,表示❸清白:~然不污于法。

○皎,从白从交,交也兼表声。读 jiǎo,本义指❶月光洁白明亮:月出~兮,佼(通姣)人僚(美好的样子)兮。引申泛指❷明亮:晞(同睎,远望)白日兮~~,弥远路兮幽幽|~洁。

【组字】敫,如今不单用,只作偏旁。现今归入攵部。凡从敫取义的字皆与光洁等义有关。

以敫作声兼义符的字有:皦。

以敫作声符的字有:缴、徼、竅(窍)、邀、激、檄。

微 wēi

【字形】甲  金  石鼓 

篆  隶 微 草 

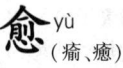

【构造】会意兼形声字。甲骨文和金文用𢼸表示。金文二形另加义符辵。石鼓文另加义符彳(半条街),以突出行动。篆文承之,成为从彳从𢼸(表示细小),会隐蔽行踪之意,𢼸也兼表声。隶变后楷书写作微。

【本义】《说文·彳部》:"微,隐行也。从彳,𢼸声。"本义为隐蔽行踪。

【演变】微,本义指❶隐蔽,藏匿:白公奔山而缢,其徒~之。引申指❷秘密的,不显露的,暗暗的:~服私访|~伺其睡。又引申指❸伺察:使人~知贼处。

因其也从"𢼸"取义,故又指❹细小:叶公子高,~小短瘠|防~杜渐|~粒子|细~。又引申指❺精妙,深奥:君子知~知彰,知柔知刚|~言大义|~妙。又引申指❻衰落:是时周室~|衰~。又引申指❼地位低,卑贱:高祖~时,兄事陵|低~。又表示❽如果没有:~斯人,吾谁与归?用作副词,表示❾少,稍:东坡现右足,鲁直现左足,各~侧|~觉不安。

【组字】微,如今既可单用,也可作偏旁。现今仍归入彳部。凡从微取义的字皆与细小等义有关。

以微作声兼义符的字有:溦。

以微作声符的字有:黴、薇、𡡷、徽、㵟、𪏊。

愈 yù (瘉、癒)

【字形】金 篆 隶 愈瘉瘉

草

【构造】形声兼会意字。金文从心，俞声，俞表行船顺畅，故用以会心情畅快喜悦之意。篆文整齐化。隶变后楷书写作愉。异体作愈。后来二字表义有分工。愈如今又用作瘉、癒（从疒，俞或愈声）的简化字。参见愉。

【本义】《说文·心部》："愉，薄（乐）也。从心，俞声。"本义为喜悦。又《疒部》："瘉，病瘳也。从疒，俞声。"本义指病好转。

【演变】愈，本是"愉"的异体字，本义为喜悦。参见愉。

俗借用作瘉（从疒从俞会意，俞也兼表声），表示❶病情好转：今病小～，趋造于朝｜痊～｜病～｜～合。由病愈引申指❷胜过，强：女（你）与回（颜回）也孰～？｜且讨蝗纵不能尽，不～于养以遗患乎？用作副词，又表示❸越发，更：贤主～大～惧，～强～恐｜其进～难，而其见～奇。

【组字】愈，如今既可单用，也可作偏旁。现今仍归入心部。凡从愈取义的字皆与病愈等义有关。

以愈作声兼义符的字有：愴、癒。

遥 yáo
（遙）

【字形】篆 隶 遥 草

【构造】形声兼会意字。篆文从辵（辶），䍃声，䍃表徒歌，故用以会逍遥之意。隶变后楷书写作遙。俗作遥。如今规范化，以遥为正体。

【本义】《说文·辵部》："遙，逍遥也。又远也。从辵，䍃声。"本义为逍遥。

【演变】遥，本义为逍遥，引申指❶遥远：怅然～相望，知是故人来｜～想公瑾当年，小乔初嫁了｜～～领先。又引申指❷长：～夜何漫漫。又引申指❸飘荡：舟～～以轻飏，风飘飘而吹衣。用作"逍遥"，形容❹行动自在，不受拘束：逍～自在。

【组字】遥，如今既可单用，也可作偏旁。现今仍归入辵（辶）部。凡从遥取义的字皆与遥远等义有关。

以遥作声符的字有：薳。

貉 hé；háo；mò
（貊、貈）

【字形】甲 金 篆 今篆

隶 貉 貊 貈 草

【构造】会意兼形声字。甲骨文和金文皆从豸（狸猫）从各（来至），会到处活动之意，各也兼表声。篆文整齐化。隶变后楷书写作貉。异体作貊，从豸从百（众多）会意，百也兼表声。如今二字表义有分工。参见貊。

【本义】《说文·豸部》段注："貉，北方貉，豸种也。从豸，各声。"解释为我国古代东北部的一个民族，带有蔑视，没开化之意。《集韵·陌韵》："貉，或从百。"《字汇·豸部》："貊，兽名。"又指兽名。古书记载，大如驴，状似熊，多力，食铁。

【演变】貉，读 mò，本义指❶我国古代东北部的一个民族：干、越、夷、～之子，生而同声，长而异俗，教使之然也。此义后也写作貊。

读 hé，作为动物名，原本作貈（从豸从舟，会生活在水边之意，舟也兼表声），指❷一种珍贵的皮毛动物，似狐，善睡：一之日（夏历十一月）于～，取彼狐狸，为公子裘。

又读 háo，仅❸用于"貉子""貉绒"等词。

腹 fù

【字形】甲 金 篆 隶 腹 草

【构造】形声兼会意字。甲骨文从人，复声，复为复道，也兼表腹部复叠之意。金文大同稍简。篆文改为从月（肉）从复，其义不变。隶变后楷书写作腹。

【本义】《说文·肉部》："腹，厚也。从肉，复声。"本义为肚腹肉厚。《玉篇·肉部》："腹，肚腹也。"又表示肚子。

【演变】腹，本义指❶厚：冰方盛，水泽～坚，命取冰。肚腹肥厚，故后主要用以表示❷肚子：虚其心，实其～｜～部｜～腔｜～水｜～泻。腹在前面，故又引申指❸前面：～背受敌。用作"腹心"或"心腹"，比喻❹要害处：今中山在我～

心|京师者,四方之~心|~心之疾|心~之患。又喻❺贤智谋臣,最亲信的人:赳赳武夫,公侯~心|内外臣僚皆其心~|心~之人。又喻❻至诚之心:臣愿披~心,输肝胆,效愚计|吐情愫而披心~。

腿 tuǐ (骽)

【字形】

【构造】形声兼会意字。楷书本作骽,从骨,从妥声,妥为安坐,故可表示腿。俗承古文作腿,改为从月(肉),退声,退表行止,也可表示腿之意。如今规范化,以腿为正体。

【本义】《玉篇·骨部》:"骽,骽股也。"《广韵·贿韵》:"腿,骽俗字。"《玉篇·肉部》:"腿,胫也。"本义为人和动物用以支撑身体和行走的部分,包括大腿股和小腿胫。

【演变】腿,本义指❶人和动物用以支撑身体和行走的部分:吾虽好此,亦以练~耳|~部。引申指❷器物上像腿一样起支撑作用的部分:桌子~|椅子~|凳子~。又引申特指❸火腿:云~|南~。

詹 zhān (譫、谵、贍、赡、瞻)

【字形】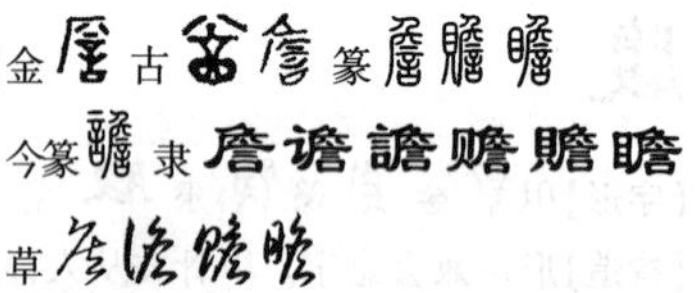

【构造】会意兼形声字。金文从言从八从厂(山崖)会意。古文从言从八(分)从产(yán,极高),会话多啰嗦至极之意,产也兼表声。篆文整齐化。隶变后楷书写作詹。

【本义】《说文·八部》:"詹,多言也。从言,从八,从产。"本义为话多啰嗦至极。

【演变】詹,本义指❶话多啰嗦至极:大言炎炎,小言~~。引申为❷至,达到:五日为期,六日不~。又引申指❸供给:长信~事为长信少府。此义后由"赡"来表示,今简作赡。又表示❹仰望:泰山岩岩,鲁邦所~。此义后作瞻。又用作❺姓。

"詹"为引申义所专用,多言之义便又另加义符"言"写作"譫"来表示,今简作谵。

〇谵,从讠从詹会意,詹也兼表声。读zhān,本义指话多,特指病中说胡话:腹满身热,不欲食,~言。

〇赡,从贝从詹,詹也兼表声。读shàn,本义指❶供给(生活所需):乘城之士,饥寒于边,将何以~之|~养|~费。引申泛指❷富足,充足:乐岁终身苦,凶年不免于死亡,此惟救死而恐不~,奚暇治礼仪哉?|力有不~|丰~。

〇瞻,从目从詹,会上看之意,詹也兼表声。读zhān,本义指❶看,望:不狩不猎,胡~尔庭有县貆兮?又特指❷仰望,敬仰:靡~匪父,靡依匪母|~仰遗容。又泛指❸察视,照看:隶人、牧圉~其事。

【组字】詹,如今既可单用,也可作偏旁。现今归入言部。因"产"有屋檐义,故凡从詹取义的字皆与多、高、屋檐等义有关。
以詹作声兼义符的字有:谵、檐、簷、赡、瞻。
以詹作声符的字有:儋、澹、擔(担)、膽(胆)、蟾、韂、黵。

魝 jié;jì

【字形】

【构造】会意字。篆文从刀从鱼,会用刀剖治鱼之意。隶变后楷书写作魝。如今不单用,只作偏旁,作偏旁时简化作鲫。

【本义】《说文·刀部》:"魝,楚人谓治鱼也。从刀,从鱼。读如锲。"本义为剖治鱼。

【演变】魝,读jié,本义指❶剖治鱼。引申泛指❷切割。

又读jì,表示❸解剖。

【组字】魝,如今不单用,只作偏旁。现今归入鱼部。凡从魝取义的字皆与刺割等义有关。
以魝作声兼义符的字有:蓟。

稣 sū (蘇、苏、甦、囌)

【字形】

苏蘇甦 草 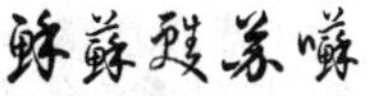

【构造】会意兼形声字。金文一形本从木从鱼，会柳条穿鳃提鱼之意，据说只要再放入水中，鱼就可以复活，鱼也兼表声，本义为苏醒，是“甦”（从更从生会意）的本字；二形另加义符艸（艹），成了会意兼形声字，本义为割草。篆文承金文，亦分为二体并整齐化，木皆讹为禾。隶变后楷书分别写作穌与蘇。如今分别简化作稣与苏。

【本义】《说文・禾部》：“穌，把（䈥）取禾若也。从禾，鱼声。”本义当为苏醒，是甦的本字；篆文误木为禾，《说文》遂解释为打柴取草。

【演变】稣，本义指打柴取草。“蘇”是“稣”的加旁分化字。由于“稣”作了偏旁，其本义“苏醒”后便借“蘇”来表示。又由于篆文讹木为禾，《说文》遂将“稣”解释为打柴取草。现在“苏”又用作“囌”（从口蘇会意，蘇也兼表声）的简化字。

○苏，繁体从艸从稣会意，稣也兼表声。如今简化作苏。读 sū，本义为❶药用植物桂荏，即紫苏。由于“苏”又借作“稣”用，故又表示❷割草，取草：樵~而后爨。引申泛指❸取，拿：~粪壤以充帏兮，谓申椒其不芳。又简称❹江苏或江苏苏州：~剧｜~绣。又简称❺苏维埃：~区。

又借用作“甦”（从更生会意），表示❻更生，假死后再活过来：~醒｜复~。此义如今简化仍用苏来表示。

又用作“囌”的简化，形容❼噜苏。是“啰嗦”的变体。

【组字】稣，如今既可单用，也可作偏旁。现今仍归入禾部。凡从稣取义的字皆与柴草、植物等义有关。

以稣作声兼义符的字有：蘇（苏）。

以稣作声符的字有：酥。

触 chù（觸）

【字形】金  古  篆 

今篆  隶 **触 觸** 草 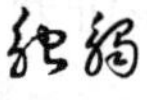

【构造】会意兼形声字。金文从角从蜀，蜀为蚕，多摇头触脑，故用以会相触碰之意，蜀也兼表声。古文改为从牛从角会意。篆文承金文并整齐化。隶变后楷书写作觸。俗省作触，成为从角从虫会意，虫也兼表声。如今规范化，以触为正体。

【本义】《说文・角部》：“觸，抵也。从角，蜀声。”本义为用角相抵。

【演变】触，本义指❶用角抵触：羝羊~藩。引申指❷碰，撞，接触：手之所~，肩之所倚｜兔走~株，折颈而死｜~风雨，冒寒暑｜~草木，尽死｜一~即溃｜~电｜~觉。用于抽象意义，又引申指❸触动，感动，冒犯：武后听罢，心中忽然动了一动，倒像~起从前一件事来｜~发｜~犯｜~怒。

解 jiě；jiè；xiè（懈）

【字形】甲  金  篆  隶 **解 懈**

草 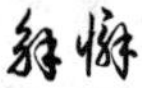

【构造】会意字。甲骨文从双手从牛从角，会两手拔牛角之意，表示在宰牛，小点象征血肉碎屑。金文大同。篆文省去左边的手，另一手讹为刀并整齐化。隶变后楷书写作解。

【本义】《说文・角部》：“解，判也。从刀判牛角。”本义为屠宰分割牛。

【演变】解，读 jiě，本义指❶屠宰分割牛、其他动物或人：庖丁为文惠君~牛｜其长子生，则~而食之，谓之宜弟。引申泛指❷分解，分开，离散，消融：晋文公~曹地以分诸侯｜大锯~板｜暂时~散｜东风~冻｜土崩瓦~｜~剖。又引申指❸排解，和解，解脱，消除，脱落：为人排患、释难、~纷乱｜业已讲~（讲和）｜~释春风无限恨｜三师能~国家忧｜鸟兽~毛｜~手｜~药。又引申指❹对问题的分析解释，注解，讲解：以不惑~惑，复于不惑｜名曰经传集~｜~答。又引申为❺理解，知晓：大惑者，终身不~｜令人难~。

又读 jiè，唐时举进士的人由地方推荐发送人京称“解”，由此引申指❻押送犯人或财物：将这逃奴~到沙门岛｜我们是四川~饷进京的。

又读 xiè，口语里指❼懂得，明白：你还~不开这个理儿。旧时指❽杂技表演的各种技艺,特指骑在马上表演的技艺:跑马卖~的来了。又用于"解数",旧指武术的架势,泛指❾手段,本事:使尽浑身~数。又用作❿地名或姓。由分开又引申指⓫松懈:夙夜匪~,以事一人。此义后作"懈"。

○懈,从忄从解会意,解也兼表声。读 xiè,本义指❶心解而懒怠:劳形尽虑,为民兴利除害而不~|~怠|松~。引申指❷松散,松弛:堤防沟渠,所以顺助地理,通利壅塞,今废慢~弛,不以为负。

【组字】解,如今既可单用,也可作偏旁。现今仍归入角部。凡从解取义的字皆与分解等义有关。
以解作声兼义符的字有:懈、澥。
以解作声符的字有:獬、廨、邂、薢、嶰、蟹。

禀 bǐng;lǐn (稟、廩、廪)

【字形】甲  金  篆 
今篆  隶 
草 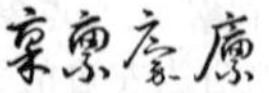

【构造】象形兼会意字。甲骨文象简易粮仓形。金文上从米下从亩(粮仓),或上从亩下从禾,会仓廪之意。篆文承接金文加以整齐化。隶变后楷书写作稟。俗作禀,禾讹为示。如今规范化,以禀为正体。

【本义】《说文·亩部》:"稟,赐谷也。从亩,从禾。"所释为引申义。本义当为粮仓。是亩的加旁字,也是廪的先造字。参见亩。

【演变】禀,读 lǐn,本义指❶粮仓:今~无见(现)粮,难以持久。

又读 bǐng,古人认为禾麦是天赐的,故引申指❷赐人谷物:葬阵亡者,~其家五岁。又引申泛指❸赐予,赋予:人之才乃天相~,不能勉强。粮仓是容纳谷物的,故又引申为❹领受,承受:~天之性,自然者也。又引申指❺下对上报告:~明原委|~告。用作敬词,古又表示❻敬谨。

"禀"为引申义所专用,粮仓之义便又另加义符"广"(房子),写作"廩"来表示。异体作廪。如今规范化用廪。

○廪,从广(敞屋)从禀,禀也兼表声。读 lǐn,本义指❶粮仓:亦有高~。引申泛指❷仓库:滕有仓~府库。

【组字】禀,如今既可单用,也可作偏旁。现今归入示部。凡从禀取义的字皆与粮仓、敬谨等义有关。
以禀作声兼义符的字有:凛、懔、廪、檩。

亶 dǎn;zhān (邅)

【字形】甲  金  古  篆 
今篆  隶 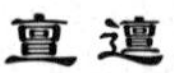 草 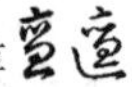

【构造】会意兼形声字。甲骨文和金文皆从亩从虫,表示仓中粮多都生虫了。古文改为从亩(粮仓)从旦,用天天有粮会仓中粮多充实之意,旦也兼表声。篆文承之并整齐化。隶变后楷书写作亶。

【本义】《说文·亩部》:"亶,多谷也。从亩,旦声。"本义为仓中粮多充实。

【演变】亶,读 dǎn,本义指❶仓中粮多充实。引申为❷忠厚:~厥心。又引申指❸诚信:是究是图,~其然乎?|不实于~。用作副词,表❹诚然,确实:~聪明。

又读 zhān,用作"屯亶",表示❺难行不进的样子。此义后写作邅。

○邅,从辵,亶声。读 zhān,本义指❶难行不进的样子:屯如~如,乘马班如。引申泛指❷艰难,险恶:英雄有屯~,由来自古昔。又引申指❸转变方向:~吾道夫昆仑兮,路修远以周流|革命者,动与静相递~之世代也。

【组字】亶,如今既可单用,也可作偏旁。现今归入亠部。凡从亶取义的字皆与多、厚等义有关。
以亶作声兼义符的字有:膻、氈(毡)、檀。
以亶作声符的字有:澶、颤、擅、嬗、壇(坛)、邅、鹯、鳣。

雁 yīng (雁、鷹、鹰)

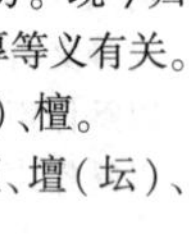

【字形】甲 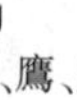 金 篆
今篆  隶 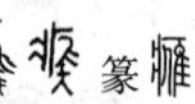 草 

【构造】会意兼形声字。甲骨文从隹从人。金文一形从隹(鸟)从亦(人的腋窝侧视形),会人胸前臂腋间架有猎鹰之意;二形另加瘖省声。篆文承金文二形并整齐化。隶变后楷书写作雁。俗省作雁,如今规范化,以雁为正体。

【本义】《说文·隹部》:"雁,鸟也。从隹,瘖省声。"本义为猎鹰。

【演变】雁,本义指猎鹰。除了作人名用字外,一般不单用。由于"雁"作了偏旁,猎鹰之义后便另加义符"鳥"写作"鷹"来表示,如今简化作鹰。

○鹰,从鸟从雁会意,雁也兼表声。读yīng,本义指老鹰:～乃学习(练飞)|草枯～眼疾,雪尽马蹄轻。

【组字】雁,如今不单用,只作偏旁。现今仍归入隹部。鹰为人猎取,多惬当人意,故凡从雁取义的字皆与胸前猎鹰或惬合人意等义有关。

以雁作声兼义符的字有:鹰、膺、應(应)。

廉 lián
(覝)

【字形】古　篆　隶　草

【构造】会意兼形声字。古文从广(宽大敞屋)从兼(两物相并),会附并在堂屋周围的狭窄侧边之意,兼也兼表声。篆文整齐化。隶变后楷书写作廉。

【本义】《说文·广部》:"廉,仄也。从广,兼声。"本义为狭窄的侧边。

【演变】廉,本义指❶堂屋狭窄的侧边:设席于堂～东上|～远地则堂高。堂的侧边有棱角,故又引申指❷事物的棱角:乃密坏玻璃乳瓶,吞其～,断肠。又引申泛指❸边棱:入鲜水北句～(曲岸陡峭的边地)上。由棱角,又引申为❹品行方正,正直:砥砺～隅|～隅自守。由方正,又引申为❺廉洁不贪财:割之不多,又何～也!|～政|～吏。再引申为❻清白,高洁:吁嗟默默兮,谁知吾之～贞?又引申为❼价格低:是以价～而工省也。又借为"覝"(从见兼声,本义指察视),表示❽查访,考察:上～知其妄,命锦衣卫逮下狱治罪|～访使|～得其情。"覝"如今废而不用了。

【组字】廉,如今既可单用,也可作偏旁。现今仍归入广部。凡从廉取义的字皆与侧边、棱角等义有关。

以廉作声兼义符的字有:臁、镰。

以廉作声符的字有:濂、蠊、簾(帘)。

廌 zhì
(犍、灋)

【字形】甲　金　古　篆　隶　草

【构造】象形字。甲骨文象一个有双角、高肩、翘尾的牴牛形。金文画出了头正面,更像牛。古文大同,突出了头上的眼睛。篆文稍讹并整齐化。隶变后楷书写作廌。当是"犍"的本字。公牛好顶人,古代或有因狱讼不能决断,便借助人们的迷信思想,假说神牛能辨邪正,被触者当是理亏,以此来逼心虚者自首的事。于是历代相传,遂将牛传说成一种神兽"獬廌"(今作"獬豸"),成了法官的标志。

【本义】《说文·廌部》:"廌,解廌,兽也。似山牛,一角。古者决讼,令触不直。象形,从豸省。"析形不确,所释为引申义。本义当为犍牛。

【演变】廌,本义指❶犍牛。当初也读jiān。后来变读为zhì,遂成为❷传说中一种能判断疑难案件的神兽,即獬廌(豸):弄解～|解～,似鹿而一角。据传君王量刑正确,獬廌就降临。在诉讼中,它能用角去顶理亏的一方。由此引申表示❸法。此义后写作灋。省作法。参见法。

【组字】廌,如今一般不单用,只作偏旁。现今归入广部。凡从廌取义的字皆与动物等义有关。

以廌作义符的字有:薦、鷀、灋。

以廌作声兼义符的字有:劘。

麀 yōu

【字形】金　古　篆　隶　草

【构造】会意字。金文从鹿从匕(雌性标志),会母鹿之意。古文稍繁。篆文整齐化。隶变后楷书写作麀。

【本义】《说文·鹿部》:"麀,牝鹿也。从鹿,从牝省。"本义为母鹿。

【演变】麀,本义指❶母鹿:兽之所同,~鹿麌麌(yǔ,群聚)|置囿通樵苏,养兽让~麌。引申泛指❷雌性的禽兽:夫唯禽兽无礼,故父子聚~。

【组字】麀,如今既可单用,也可作偏旁。现今仍归入鹿部。凡从麀取义的字皆与雌性等义有关。

以麀作声符的字有:麀(从麀省声)。

痰 tán

【字形】古　今篆　隶　草

【构造】形声兼会意字。古文从疒,炎声,炎也兼表出了炎症之意。隶变后楷书写作痰。

【本义】《集韵·谈韵》:"痰,病液。"本义为肺泡、气管和支气管分泌出的黏液。

【演变】痰,本义指肺泡、气管和支气管分泌出的黏液:食过则结积聚,饮过则成~癖|不要随地吐~|止咳化~。

新 xīn

(新、薪)

【字形】甲　金　篆　隶　草

【构造】会意兼形声字。甲骨文从斤(斧)从辛(刀)从木,会用斧砍柴之意,辛也兼表声。金文大同。篆文整齐化。隶变后楷书写作新,俗省作新。如今规范化,以新为正体。是"薪"的本字。

【本义】《说文·斤部》段注:"新,取木也。从斤,亲声。"本义为砍柴。

【演变】新,本义指❶砍柴。又指❷柴薪:百姓斩木艾(割取)~而各取富焉。古代钻木取火,四季用木种类不同,换季时改换柴木以延续火种,称为"新火"(又称"改火"),由此引申为❸初始的,刚出现的:旧谷既没,~谷既升,钻燧取火,期(一年)可已矣|吐故纳~|~风尚|~品种|~谷|~衣。进而引申为❹更新,变新:春,~延厩|面目一~|~社会|改过自~。又引申指❺新婚时的人或物:闭置车中,如三日~妇|~娘子。用作副词,指❻时间不久,刚才:~浴者振其衣,~沐者弹其冠|~来乍到|~近。

"新"为引申义所专用,柴薪之义便又另加义符"艹"写作"薪"来表示。

○薪,从艹从新会意,新也兼表声。读xīn,本义指❶柴火:析~如之何?匪斧不克|杯水车~。用作"薪水",指❷生活必需的水、火条件:~俸|发~。

【组字】新,如今既可单用,也可作偏旁。现今仍归入斤部。凡从新取义的字皆与砍柴等义有关。

以新作声兼义符的字有:薪。

韵 yùn

(韻)

【字形】篆　今篆　隶　草

【构造】形声兼会意字。篆文从音,員声。隶变后楷书写作韻。俗作韵,改为匀声。員(鼎)、匀也皆兼表调和谐调之意。如今规范化用韵。

【本义】《说文·音部》新附:"韻,和也。从音,員声。"本义为和谐的声音。

【演变】韵,本义指❶和谐的声音:好鸟相鸣,嘤嘤成~|枹止响腾,余~徐歇|琴~悠扬。声音和谐关键在韵母,故又引申指❷韵母:~协则言顺|押~|叠~|~文|~脚|~书。又引申特指❸韵母相同的字:不用,则以纸帖之,每~为一帖。由韵调的和谐,又引申指❹情趣,风度:少无适俗~,性本爱丘山|风~|~味。

【组字】韵,如今既可单用,也可作偏旁。现今仍归入音部。凡从韵取义的字皆与声音等义有关。

以韵作声兼义符的字有:韵。

意 yì

【字形】金　古　篆　隶　草

【构造】会意兼形声字。金文从曰从音,表示用心考察他人的言语就能知道他人的心音。古文从心从音,用心音会心思之意,音也皆兼表声。篆文整齐化。隶变后楷书写作意。

【本义】《说文·心部》:"意,志也。从心察言(音与言古同源)而知意也。从心,从音。"本义为心思,心中的想法。

【演变】意,本义指❶心思,心中的想法:书不尽言,言不尽~|丝中传~绪,花里寄春情|词不达~|~念|来~。引申指❷愿望,志向:明君在上,便辟不能食(违背)其~|郡中奇其年少而有大~也|好心好~|满~|中~。引申指❸料想,猜疑:然不自~能先入关破秦|郡县~建德与贼通,捕族其家|出其不~|颇感~外。又引申指❹情趣,情意:登山则情满于山,观海则~溢于海|花红易衰似郎~,水流无限似侬愁。

【组字】意,如今既可单用,也可作偏旁。现今仍归入心部。凡从意取义的字皆与心思、内心等义有关。

以意作声兼义符的字有:噫、憶(忆)、臆、癔。

以意作声符的字有:億(亿)、薏、镱。

歆 xīn

【字形】古　篆　隶 歆 草

【构造】形声兼会意字。古文从欠(人张口),音声,音也兼表气韵之意。篆文整齐化。隶变后楷书写作歆。

【本义】《说文·欠部》:"歆,神食气也。从欠,音声。"本义为祭祀时鬼神享受祭品的香气。

【演变】歆,本义指❶祭祀时鬼神享受祭品的香气:其香始升,上帝居(安)~|只觉得天地圣众~享了牲醴和香烟,都醉醺醺地在空中蹒跚。由歆享引申指❷喜爱,羡慕:修北辰之政,驰周邵之风,~乐唐君神灵之美|士人~其宠|~羡。又引申指❸激励:复以军学界之名义,~动会党。

【组字】歆,如今既可单用,也可作偏旁。现今仍归入欠部。凡从歆取义的字皆与歆享等义有关。

以歆作声兼义符的字有:嗽。

臝 luó

(蠃、蝸、蜗、螺、腡、脶、蠡、蜊)

【字形】金　古　篆　今篆　隶 臝 蠃 蜗 蝸 螺 脶 腡 蠡 蜊 草

【构造】象形字。臝有两个来源:一个由金文偏旁变来,象一个有头有尾、有翅有足、身带花纹、细腰大腹的黑蜂形,本义为蜾蠃。篆文一形整齐化。隶变后楷书写作臝。另一个由古文之形变来,象一个正在爬行的蜗牛形,由于形音与臝相近,故隶变后楷书也用臝来表示。

【本义】《说文·肉部》:"臝,或曰兽名。象形。"段玉裁认为是蠃(騾)的本字。其实本义当为蜾蠃。

【演变】臝,本义指蜾蠃,一种寄生蜂,捕捉螟蛉等小虫放在窝里以供将来自己幼虫食用。由于"臝"作了偏旁,其义便另加义符"虫"写作"蠃"来表示。

〇蠃,从虫从臝会意,臝也兼表声。读 luǒ,本义指❶蜾蠃:螟蛉有子,蜾~负之。由于蜾蠃捕螟蛉为幼虫的食物,古人也将蠡、螟之类无鳞甲毛羽之虫称为蠃虫。

又表示❷蜗牛,古代称蠃蝓,用作螺类动物的统称:为~为蚌。为了分化字义,此义后来不同的时代又造了蝸、螺、蠡几个不同的形声字,并进行了分工。

〇蜗,繁体作蝸,如今简化作蜗,从虫从咼会意,咼也兼表声。读 wō,专用以表示蜗牛:有所谓~者,君知之乎?|~角虚名|~行牛步|~居。

〇螺,从虫,累声。读 luó,专用以表示❶具有回旋形贝壳的软体动物及其壳的通称:月毁于天,~消于渊|香~酌美酒,枯蚌藉兰肴|田~|海~|~号。引申泛指❷有回旋形纹路的东西:~旋桨|~钉|~母|~栓。又特指❸螺旋形的指纹。此义又写作腡。

〇脶,繁体作腡,今简作脶,从肉月,咼声。读 luó,本义指手指纹。

〇蠡,从䖵,彖声。读 lí,专用以表示❶贝壳:以筦(管)窥天,以~测海|管窥~测。此义现在写作蜊。

又读 lǐ,专作❷人名:范~。

〇蜊,从虫,利声。读 lí,本义为❶蛤蜊:不知许事，且食蛤～｜前日扬州去，酒熟美蟹～。又指❷文蛤的通称。

【组字】羸，如今不单用，只作偏旁。现今归入月（肉）部。凡从羸取义的字皆与柔弱、赤露、多余等义有关。

以羸作声兼义符的字有：赢、嬴、羸、臝（裸）。

以羸作声符的字有：羸、臝（骡）。

雍 yōng
（雝、噰、嗈、壅、擁、拥）

【字形】甲  金  篆  今篆 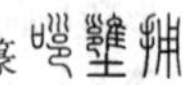

隶 雍 雝 嗈 噰 壅 拥 擁

草 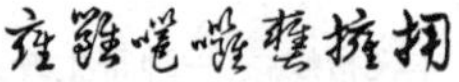

【构造】会意兼形声字。甲骨文从隹（鸟）从邕（环城积水），会鸟鸣婉转和谐如流水邕邕之意，邕也兼表声。金文水形稍繁。篆文整齐化。隶变后楷书写作雝。俗作雍。如今规范化，以雍为正体。

【本义】《说文·隹部》："雝，雝𪆵也。从隹，邕声。"本义为雝𪆵鸟，即鹡鸰，俗称张飞鸟。

【演变】雍，本义为雝𪆵鸟。由雝𪆵鸟的鸣声婉转和谐，引申泛指❶和谐，和睦：其惟不言，言乃～｜诸夏夷狄，莫不～和｜～容。由于"雍"兼从"邕"取得声义，故又表示❷积水：振鹭于飞，于彼西～。又引申指❸壅塞：毋～泉。又引申指❹环抱，拥抱：汉王急，马罢（疲），虏在后，常蹶（踢）两儿弃之，婴（人名）常收载行，面～树（小孩抱着大人颈好似拥树）驰。

"雍"为引申义所专用，鸟鸣和谐之义便另加义符"口"写作"噰"来表示，壅塞之义则另加义符"土"写作"壅"来表示，环抱之义则另加义符"扌"写作"擁"（拥）来表示。

○嗈，繁体作噰，从口从雍会意，雍也兼表声。如今简化作嗈。读 yōng，本义指鸟声和鸣：雁～～而南游兮，鹍鸡啁哳而悲鸣。

○壅，从土从雍会意，雍也兼表声。读 yōng，本义指❶堵塞：川～为泽｜～塞。引申指❷给植物根部培土：给树根～上土。

○拥，繁体作擁，从扌从雍会意，雍也兼表声。如今简化作拥，改为从用。读 yōng，本义指❶抱：～柱而歌｜～抱。引申指❷围着：～炉危坐｜前呼后～。又引申指❸遮蔽：女子出门，必～蔽其面。又引申指❹拥挤：一～而上｜～进剧院。又引申指❺保护，拥护：欲～天子过江｜～戴｜～军。

【组字】雍（雝），如今既可单用，也可作偏旁。雝现今归入隹部，雍现今归入亠部。凡从雍取义的字皆与回环、积塞等义有关。

以雍（雝）作声兼义符的字有：噰、壅、擁（拥）、臃、癕（痈）。

以雍（雝）作声符的字有：蕹、甕（瓮）、饔。

粮 liáng
（糧）

【字形】金  篆  今篆  隶 糧 粮

草 

【构造】形声兼会意字。金文从米，量声，量也兼表可度量之意。篆文整齐化。隶变后楷书写作糧。异体作粮，改为从米，良声，良也兼表良好之意。如今规范化，以粮为正体。

【本义】《说文·米部》："糧，谷也。从米，量声。"本义为路上带的干粮。

【演变】粮，本义指❶路上带的干粮：天下云集响应，赢～而景（同影）从｜多载资～，为卿后援｜备乃器械，持乃糗～。引申泛指❷粮食：遂改督南京～储｜五谷杂～｜食～｜运～。后又引申指❸作为应缴纳的农业税的粮食：欠我的粟，税～中私准除｜交公～｜纳～。

数 shǔ；shù；shuò；cù
（數）

【字形】金  诅楚文  古  篆 

隶 数 草 

【构造】形声兼会意字。金文从臼（双手）持一竹器，从言，会计物报数之意。诅楚文竹器简化，下加女，右加支，以突出计点之意。古文讹变，从支（表用手操作）从婁（表连续），会一一点数、计算之意，婁也兼表声。篆文整齐化。隶变后楷书写作數。如今简化作数。参见娄（婁）。

【本义】《说文·支部》："數，计也。从支，婁声。"本义为点数、计算。

【演变】数，读 shǔ，本义指❶点数，计算：以岁(收成)上下～邦用｜不可胜～。引申为❷计算在内：余子碌碌，莫足～也。又引申为❸一一列举罪过加以责备：不由我～一回骂一回｜～落。计算是一种比较，由此引申指❹比较起来算最突出的：人民的英雄，要～刘志丹｜～他最聪明。

又读 shù，用作名词，指❺数目：号(称)物之～谓之万｜不计其～｜岁～｜人～。引申泛指❻几，几个：～口之家可以无饥矣｜～人饮之则不足｜阔别～年。又引申指❼算术：三曰六艺，礼、乐、射、御、书、～。又引申指❽道术，技艺：为国之～，务在垦草｜今夫弈之为～，小～也。古代占卜与计算数目有关，又引申指❾占卜：～有所不逮，神有所不通。占卜是为预知命运，故又引申指❿命运：卫青不败由天幸，李广无功缘～奇(不好)。又引申指⓫数学概念，语法中数词：实～｜虚～｜单～｜复～。

又读 shuò，由一一点数，引申指⓬频繁，屡次：朋友～(频繁会面)，斯疏矣｜屡赏者窘也，～罚者困也。

又读 cù，表示⓭细密：～罟不入洿池，鱼鳖不可胜食也。

【组字】数，如今既可单用，也可作偏旁。现今仍归入攴部。凡从数取义的字皆与计算等义有关。

以数作声符的字有：薮、擞、擻。

煎 jiān

【字形】古　篆　隶　草

【构造】形声兼会意字。古文从火(灬)，前声，前(剪)也兼表切割翻炒之意。篆文整齐化。隶变后楷书写作煎。

【本义】《说文・火部》："煎，熬也。从火，前声。"本义为一种烹调方法，指加热使汁熬干。

【演变】煎，本义指❶放少量油加热把食物弄熟使变黄：掌王及后、世子膳羞(同馐)之割烹～和之事｜～豆腐｜～鸡蛋｜～鱼｜～饼。引申指❷加水煮：本是同根生，相～何太急｜～药｜～茶。又引申比喻❸折磨：逆以～我怀｜渐见愁～迫。

【组字】煎，如今既可单用，也可作偏旁。现今仍归入火(灬)部。凡从煎取义的字皆与煎熬等义有关。

以煎作声符的字有：噴。

塑 sù

【字形】古　今篆　隶　草

【构造】形声兼会意字。古文从土，朔声，朔(月再生)也兼表可再造之意。隶变后楷书写作塑。

【本义】《广韵・暮韵》："塑，塑像也。"本义为用泥土等造出人或物的形象。

【演变】塑，本义指❶用泥土等造出人或物的形象：～鬼于江上｜泥～木雕｜～像。用于抽象意义，引申泛指❷塑造：小说～造了主人翁鲜明的形象｜可～性。又特指❸塑料：～料盆。

慈 cí

【字形】金　古　篆　隶　草

【构造】会意兼形声字。金文和古文皆从丝(细丝)从心，用心软如丝会仁爱之意。篆文从心从兹，其义相同。丝、兹也都兼表声。隶变后楷书写作慈。

【本义】《说文・心部》："慈，爱也。从心，兹声。"本义为上对下仁爱。

【演变】慈，本义指❶上对下仁爱：故薄罚不为～｜大将军仁～不肯发兵｜敬老～幼。引申泛指❷和善：恻隐怜爱人谓之～｜～眉善目｜～祥。又引申特指❸父母疼爱子女：父母威严而有～，则子女畏慎而生孝矣｜～母。用作名词，又特指❹母亲：吾将速归，用慰严～｜家～｜～训｜～颜。古又借作"磁"，指❺磁石：～石召铁，或引之也。参见磁。

【组字】慈，如今既可单用，也可作偏旁。现今仍归入心部。凡从慈取义的字皆与仁爱等义有关。

以慈作声符的字有：濨、嬨、磁。

煤 méi

【字形】古 今篆 隶 草

【构造】形声兼会意字。古文从火,某声,某为梅,物因梅雨而霉黑,故用以会黑煤之意,某也兼表声。隶变后楷书写作煤。

【本义】《玉篇·火部》:"煤,炱(tái)煤也。"本义为烟灰。

【演变】煤,本义指❶烟灰:~炱入甑中,弃食不祥。过去用烟灰制墨,故又引申指❷墨:蜀纸麝~添笔兴。明以前现代的煤炭叫石炭或石墨,明时开始称❸煤炭:凡~炭,普天皆生,以供锻炼金石之用|焦~|泥~|褐~|无烟~。

满 mǎn (滿)

【字形】籀 篆 隶 草

【构造】会意兼形声字。籀文从水从㒼(茧结完满),会水盈溢之意,㒼也兼表声。篆文整齐化。隶变后楷书写作滿。如今简化作满。

【本义】《说文·水部》:"滿,盈溢也。从水,㒼声。"本义为充盈。

【演变】满,本义指❶充盈,充实,无空余:溪云初起日沉阁,山雨欲来风~楼|充~|饱~。引申为❷心满意足,骄傲:谦受益,~招损|心怀不~|自~。又引申指❸达到一定的限度:地不~东南,故百川水潦归焉|身不~八尺|~月|~员|期~。又引申指❹全部,整个:~面尘灰烟火色|~城风雨近重阳。又表示❺很:~有意思|~好的。

【组字】满,如今既可单用,也可作偏旁。现今仍归入水部。凡从满取义的字皆与充盈等义有关。

以满作声兼义符的字有:[illegible]、懑、[illegible]。

漠 mò

【字形】篆 隶 草

【构造】形声兼会意字。篆文从水,莫声。莫也兼表没有之意,没水即成沙漠。隶变后楷书写作漠。

【本义】《说文·水部》:"漠,北方流沙也。从水,莫声。"本义为沙漠。

【演变】漠,本义指❶沙漠:朔~则桃李夏荣|大~沙如雪。扬沙则迷蒙不清,故又引申指❷昏暗,迷蒙的样子:秋天~~向昏黑|雁荡经行云~~。由沙漠的荒凉,又引申指❸冷清,寂静:~虚静以恬愉兮,澹无为而自得。又进而引申指❹冷漠,无动于衷:~然不加喜戚于心|~不关心|~然置之|~视|冷~。

溥 pǔ

【字形】篆 隶 草

【构造】会意兼形声字。篆文从水从尃(散布),会水广布之意,尃也兼表声。隶变后楷书写作溥。

【本义】《说文·水部》:"溥,大也。从水,尃声。"本义为水广布。

【演变】溥,由水广布,引申泛指❶广大:逝彼百泉,瞻彼~原。又引申指❷普遍:~天之下,莫非王土。此义后用"普"来表示。

【组字】溥,如今既可单用,也可作偏旁。现今仍归入水部。凡从溥取义的字皆与铺开、遍布等义有关。

以溥作声兼义符的字有:薄、簿。

滤 lǜ (濾)

【字形】古 今篆 隶 草

【构造】形声兼会意字。古文从水,慮声,慮表经过思考筛选,用以会过滤之意。隶变后楷书写作濾。如今简化作滤。

【本义】《玉篇·水部》:"濾,濾水也。"本义为过滤。

【演变】滤,本义指过滤:~泉(保全水虫性命,滤后而饮)侵月起,扫径避虫行|~波|~器|~液|~纸。

滥 jiàn;làn (濫)

【字形】古 篆 隶 草

【构造】形声兼会意字。古文从水,監声,監为盆,用以会泉始出如盆水之意。篆文整齐化。隶变后楷书写作濫。如今简化作滥。

【本义】《说文·水部》："濫，氾（泛）也。从水，監声。一曰濡上及下也。"本义为泉水涌出。所谓"濡上及下"，即先上涌后下流。

【演变】滥，读 jiàn，本义指❶泉水涌出：觱（吹器）沸～泉。

又读 làn，由泉水的上涌，引申指❷大水漫流，泛滥：洪水横流，泛～于天下。由泛滥，又引申指❸无节制，无规范：罚所及则思无因怒而～刑｜宁缺勿～｜粗制～造｜～罚｜～用。由无规范又引申指❹质量低劣，不称职：金银器皆行～，非真物｜～竽充数。由泉水涌出，用作"滥觞"，又比喻❺事情的开端：其始也，其源可以～觞。

【组字】滥，如今既可单用，也可作偏旁。现今仍归入水部。凡从滥取义的字皆与泉水等义有关。

以滥为声符的字有：滥。

滔 tāo

【字形】金　古　篆　隶　草

【构造】形声兼会意字。金文从水，稻声。古文省为从水，舀声，舀表挹出，用以会大水弥漫之意。篆文整齐化。隶变后楷书写作滔。

【本义】《说文·水部》："滔，水漫漫大貌。从水，舀声。"本义为大水弥漫。

【演变】滔，本义指❶大水弥漫：当帝尧之时，洪水～天｜河水～陆，泛滥十余郡｜白浪～天｜江水～～。由水多又引申指❷话多，连续不断：讲起话来～～不绝。

溪 xī（谿、徯）

【字形】籀　篆　今篆　隶　草

【构造】形声兼会意字。籀文从水，奚声，奚为处于山野绝域的少数民族，故用以会山涧流水之意。篆文改为从谷，奚声，其义不变。隶变后楷书写作溪与谿。异体俗作徯。如今规范化，以溪为正体。

【本义】《说文·谷部》："谿，山渎无所通者。从谷，奚声。"本义为山沟。

【演变】溪，本义指❶山沟：固国不以山～之险｜～陕（狭）者速涸，逝（流）浅者速竭。山沟一般都有水，故引申指❷山间的流水：缘～行，忘路之远近｜～深而鱼肥｜浣花～｜小～。

○徯，读 xī，如今用于"勃徯"，特指家庭中的争吵：姑嫂勃～。

○谿，读 xī，如今用于"谿壑""谿卡"（藏语，庄园）、"谿刻"（刻薄）等词中。

【组字】溪，如今既可单用，也可作偏旁。现今仍归入水部。凡从溪取义的字皆与水流等义有关。

以溪作声符的字有：鸂。

溜 liū；liù（霤、熘）

【字形】篆　今篆　隶 溜 霤 熘　草

【构造】形声兼会意字。篆文从水，留声，留为遗下，也兼表水向下流之意。隶变后楷书写作溜。

【本义】《说文·水部》："溜，水。从水，留声。"指水名。《一切经音义》卷十八："溜，谓水垂下也。"本义为成股的水或液体向下垂流。

【演变】溜，读 liù，本义为❶成股的水或液体向下垂流：生若悬水～，死若波澜停。用作名词，又引申指❷小股的急流：洞庭春～满｜河心～很急。又用作"霤"，特指❸房檐流水或流水处：三进及～，而后视之｜檐～。此义后作霤。用作量词，用于❹成条的事物：一～烟｜一～人马｜房子一～十间。

又读 liū，由急流，引申指❺人或物快速滑行，滑落：一不小心，从山坡～了下去｜～滑梯｜～冰。又引申指❻光滑：地面很滑～｜光～～的。又引申指❼顺着，沿：～边走｜他～着墙根儿过去。方言又引申指❽很：马路～直｜纸～～薄。又特指❾看：他随便～了一眼，就放下了。由滑落又引申指❿偷偷走开：一不注意，让他～走了。又用作"熘"，指⓫一种烹炒方法：～白菜｜～肉片。此义后作熘。

○霤，从雨，留声。读 liù，本义为房檐流水或流水处：檐～｜承～。

○熘，从火，留声。读 liū，指一种烹饪方法：醋~白菜|~肝尖。

【组字】溜（雷），如今既可单用，也可作偏旁。现今仍归入水（或雨）部。凡从溜（雷）取义的字皆与水下流等义有关。

以溜、雷作声符的字有：籀、榴。

粱 liáng

【字形】金 篆 隶 草

【构造】会意兼形声字。金文从米从刱（劈斩），会割取米谷之意，刱也兼表声。篆文改为从米，梁省声。隶变后楷书写作粱。

【本义】《说文 · 米部》："粱，米名也。从米，梁省声。"本义为优秀品种的谷子，脱壳后为小米。与"粟"异名同实。

【演变】粱，本义指❶优秀品种的谷子：黄鸟黄鸟，无集于桑，无啄我~|黍稷稻~|年谷不登，大夫不食~。用为"黄粱"，指❷脱壳后的黄小米，做成饭味道香美：新炊间黄~|一枕黄~。由黄粱的香美，又引申泛指❸细粮，或精美的食物：~则无之，粗则有之|今夫膏~之子，燕坐于华堂之上|~肉。又用作"高粱"，指❹一种粮食作物，子实红褐色，可酿酒：高~酒。

滩 tān
（灘、灘、潬）

【字形】金 古 篆 今篆 隶 草

【构造】会意兼形声字。金文和古文皆从水，難声。篆文从水从鷬，鷬为水鸟，用以会水鸟戏耍的江湖浅水流处之意，鷬也兼表声。隶变后楷书写作灘。俗承古文作灘，从難会意，其义相同。异体作潬，單声。如今规范化，皆简化作滩，为正体。

【本义】《说文 · 水部》："灘，水濡而干也。从水，難声。"本义为水浅石多而流急的地方。

【演变】滩，本义指❶水浅石多而流急的地方：争渡，争渡，惊起一~鸥鹭|你驾孤舟怕逢~|浅~|险~。引申指❷河、海边淤积成的平地：入峡山渐曲，转~山更多|此由黄河北岸生~，水趋南岸|河~|沙~|盐~。又引申泛指❸荒野的平地：旷野荒~。

慎 shèn
（昚、昚）

【字形】甲 金 古 篆 隶 草

【构造】会意兼形声字。甲骨文借寮表示。金文一形从阜从斤从心，会开山挖洞小心谨慎之意；二形是甲骨文寮（燎柴祭天，敬慎之义）的省讹。古文一形大同，二形改为从心从真，真为珍馐，会小心谨慎之意，真也兼表声。篆文整齐化。隶变后楷书分别写作昚、昚、慎。如今规范化，以慎为正体，昚、昚只作人名用字。参见寮。

【本义】《说文 · 心部》："慎，谨也。从心，真声。昚，古文。"本义为小心在意。

【演变】慎，本义指❶小心在意：此圣人之所~也|先帝知臣谨~，故临崩寄臣以大事|深思而~取|~重。用作副词，用于否定词前，表示禁戒，相当于❷千万，务必：便可速遣之，遣去~莫留|戒之~勿忘。

酱 jiàng
（醬）

【字形】甲 金 古 篆 隶 草

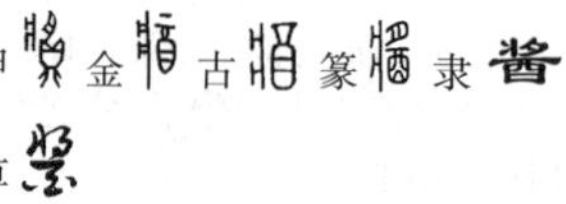

【构造】会意兼形声字。酱与将同源，甲骨文皆从鼎从肉，爿声，会从鼎中取肉奉献祭享之意。金文和古文省去肉，把鼎换为酉（酒），以突出用酒调和肉酱之意。篆文重又加肉。隶变后繁化，楷书俗写作醬。如今简化作酱。参见将。

【本义】《说文 · 酉部》："醬，醢也。从肉，从酉。酒以和酱也。爿声。"本义为肉酱。

【演变】酱，本义指❶肉酱：鹿舌为~。引申泛指❷用发酵后的豆、麦等做成的一种调味品：不得其~不食|黄~|甜面~。又指❸像酱一样的糊状食品：果~|芝麻~。用作动词，指❹用酱

或酱油腌制：~牛肉|~萝卜。

【组字】酱，如今既可单用，也可作偏旁。现今仍归入酉部。凡从酱取义的字皆与肉酱等义有关。

以酱作声符的字有：将（酱省）。

誉 yù（譽）

【字形】金　古　篆　隶 誉　草

【构造】形声兼会意字。金文从口，舆声。古文从言，舆声，舆也兼表给予美言之意。篆文整齐化。隶变后楷书写作譽。如今简化作誉。

【本义】《说文·言部》："譽，称也。从言，舆声。"本义为称赞。

【演变】誉，本义指❶称赞：吾之与人也，谁毁谁~？|好面~人者，亦好背毁之|毁~|赞~。用作名词，指❷荣誉，美名：仆少负不羁之才，长无乡曲之~|信~|声~。

塞 sāi；sài；sè（寋、搴）

【字形】甲　金　篆　隶 塞　草

【构造】会意兼形声字。甲骨文从宀（房屋）从二工（筑墙杵）从双手，会双手持杵筑墙将窗户堵住之意，即所谓"塞向墐户"。金文多加了两个工。篆文又加了义符土，表示用土堵塞，成了从土从寋会意，寋也兼表声。隶变后楷书承接金文和篆文，分别写作寋和塞。注意："塞"所从之"寋"不单用，与"寒"所从之"寒"也不是一回事。参见"寒"（寒旁）。

【本义】《说文·土部》："塞，隔也。从土，从寋。"所释为引申义。本义当为堵住。

【演变】塞，读 sāi，本义为❶阻塞，堵住：卫杀马于隘以~道|~向墐户|人多路~|把洞~住|~车。此义后也另加义符扌写作搴，如今简化仍作塞。引申指❷充实：以直养而无害，则~于天地之间。又引申指❸弥补：将欲何施？以~此咎。又引申指❹放入，暗中给：把苹果~进口袋里|~给伪军几个钱才让进去。用作名词，引申指❺堵住器物口的东西：瓶~。

又读 sài，特指❻用来阻隔的屏障，边界上的险要地方：守边备~，劝农力本|~翁失马|边~|要~|~外。

又读 sè，用于一些复合词中，表示❼堵住：堵~|搪~|阻~|~责|闭~。

【组字】塞，如今既可单用，也可作偏旁。现今仍归入土部。凡从塞取义的字皆与堵住等义有关。

以塞作声兼义符的字有：僿、搴。

以塞作声符的字有：噻、賽。

群 qún（羣）

【字形】甲　金　古　篆　今篆

隶 群　草

【构造】形声兼会意字。甲骨文是执鞭吆喝群羊状。金文和古文改为从羊，君声，君也兼表管理多羊之意。篆文整齐化。隶变后楷书写作羣。异体作群。如今规范化，以群为正体。

【本义】《说文·羊部》："羣，辈也。从羊，君声。"所释为引申义。本义当为羊群。

【演变】群，本义指❶羊群：谁谓尔无羊，三百维~。引申泛指❷动物聚在一起：相思蝉几处，偶坐蝶成~|牛~。又引申指❸同类的人或物聚在一起：吾离~索居亦已久矣|鸟兽不可与同~|物以类聚，人以~分|~山|人~。又引申指❹众人在一起，大家：汉屈（竭尽）~策，~策屈~力|~起而攻之。又用作❺量词：一~儿童|一~马。

【组字】群，如今既可单用，也可作偏旁。现今仍归入羊部。凡从群（羣）取义的字皆与聚集等义有关。

以群（羣）作声符的字有：㹏。

殿 diàn

【字形】古　篆　隶 殿　草

【构造】会意字。甲、金文借屍表示。古文从殳（表示敲打）从屍（屁股），会身后敲打声之意，屍也兼表声。篆文整齐化。隶变后楷书写作殿。

【本义】《说文·殳部》："殿，击声也。从殳，屍声。”本义为身后敲击声。

【演变】殿，本义指❶身后敲击声：喝～。又用为❷古代刑法的计量单位：鞭杖十为一负（官吏因罪过而受一定的处罚称为一负），闲局六负为一～。引申为❸行军走在最后：出为导，入为～｜～后。又引申指❹下等，末后：上功曰最，下功曰～。公共场所是人们起坐活动的地方，故又引申指❺供人们起坐活动的高大堂屋，后专指供奉神佛或帝王受朝理事的堂屋：要离之刺庆忌也，苍鹰击于～上｜金銮～｜大雄宝～。

【组字】殿，如今既可单用，也可作偏旁。现今仍归入殳部。凡从殿取义的字皆与屁股等义有关。

以殿作声兼义符的字有：壂、臀。

以殿作声符的字有：㱡、幣、瑖、㵰、癜。

辟 bì；pì （屖、闢、闢）

【字形】甲  金 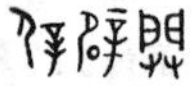

篆 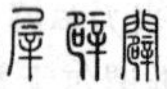 隶 屖辟闢

草 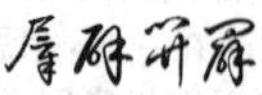

【构造】会意字。甲骨文一形从卩（跪人）从辛（刑刀），会对人施加刑罚之意；二形另加块状物，表示分割下的部分，大概是古代的凌迟酷刑。金文大同。篆文整齐化。隶变后楷书分别写作屖、辟。如今辟又用作闢的简化字，屖则只作偏旁。上列金文三形为闢，从门从双手，会双手开门之意。隶变后楷书写作闢。篆文三形改为从門从辟会意，辟也兼表声。如今简化用辟表示。

【本义】《说文·辟部》：“辟，法也。从卩，从辛。”本义为行刑，惩罚。又《尸部》：“屖，栖迟也。从尸，辛声。”所释为引申义。本义也当为施刑。又《門部》：“闢，开也。从門，辟声。闢，从門从廾。”本义为开门。

【演变】辟，读 pì，指❶施加死刑：盖杀人者一，余四人，掩其骸尔，安可尽～乎？又指❷治，治理：正法罪，～刑狱。又指❸合乎法度，取法，效法：～言不信，则靡所臻｜天子自三公上下～于文武。（以上各义旧读 bì。）作为“闢”的简化字，又指❹开启，打开：前～四窗｜唇吻翕～｜开～。又指❺开垦，垦荒：隙地未尽～。又指❻开拓，开辟：欲～土地，朝秦楚｜开天～地｜另～蹊径。又指❼开发，开设，设置：财匮少而山泽不～矣｜～病梅之馆以贮之｜～为科技园区。又指❽屏除：乃学～谷，道引轻身。又指❾批驳，驳斥：～邪说，正人心｜～谬｜～谣。

用作名词，指❿惩罚：唯罪所在，各致其～。罚必依法，又泛指⓫法，法度：论教者取～焉。又指⓬罪，罪过：土不备垦，～在司寇。又指⓭不正的行为：苟无恒心，放～邪侈，无不为已。（以上名词各义旧读 bì。）

用作形容词，由打开，又指⓮开阔，宽广：初进路尚纡，稍深境逾～。又指⓯透彻：透～｜精～。

又读 bì，君主掌刑罚，故又指⓰天子，君主，首领，或君位：惟～作福，惟～作威｜末代已来，明～盖寡｜复～。用作“辟邪”，俗也称“貔貅”，指⓱古代传说中的一种神兽。因其能辟御妖邪，多用其形象作为装饰；又因其只进不出，故银行、商厦等多置之门前、店堂，象征招财进宝：玉玦环佩靡从容，射魃～邪除群凶｜似鹿，长尾，一角者为天鹿，两角者为～邪。

用作动词，又指⓲征召，荐举：连～公府不就｜征～｜～召。又指⓳铲除，消除，排除，驱除：举公义，～私怨｜～奸｜～恶｜～邪｜～除。又通“避”，指⓴退避，躲避，避开：退三舍（三十里为一舍）～之，所以报也｜其北陵，文王之所～风雨也｜人马俱惊，～易数里。

【组字】辟，如今既可单用，也可作偏旁。现今归入辛部。凡从辟取义的字皆与行刑、分割、屏除等义有关。

以辟作义符的字有：孹、辥。

以辟（屖）作声兼义符的字有：劈、擗、避、遟（迟）、擘、甓、闢。

以辟作声符的字有：僻、薜、澼、噼、壁、嬖、臂、檗、甓、璧、鷿、癖、躄、譬、霹、鐾。

障 zhàng

【字形】篆  隶 障 草 

【构造】会意兼形声字。篆文从阜（左阝，表山）

从章（雕玉，亦为石），会山石阻塞之意，章也兼表声。隶变后楷书写作障。

【本义】《说文·阜部》："障，隔也。从阜，章声。"本义为阻隔，遮挡。

【演变】障，本义指❶阻隔，遮挡：~百川而东之，回狂澜于既倒|取空棺，实以土，~溃处|~眼|~蔽|~碍。引申比喻❷防御：为国重镇，不能保~江淮。用作名词，又引申指❸用来遮挡的东西：泽不陂（堤）~，川无舟梁|成（地名），孟氏之保~也|口技人坐屏~中|路~。

嫌 xián （慊）

【字形】金 篆 隶 草

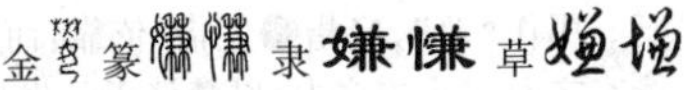

【构造】形声兼会意字。金文从女，兼声，兼也兼表有贰心之意。篆文整齐化，改为左右结构。隶变后楷书写作嫌。古也用作"慊"，从心，兼声，兼也兼表心有所疑之意。

【本义】《说文·女部》："嫌，不平于心也。一曰疑也。从女，兼声。"本义为不满意。

【演变】嫌，本义指❶不满意：三日断五匹，大人故~迟|~贫爱富|~弃|~憎。由不满意，词义加重，又引申指❷怨恨：口角生~|尽弃前~|~怨|~隙。后用作"慊"，表示❸疑惑：礼者，所以定亲疏，决~疑也|避~|涉~|~疑。

嫁 jià

【字形】篆 隶 草

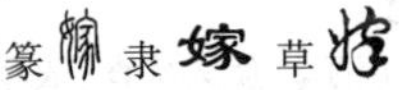

【构造】形声兼会意字。篆文从女，家声，家也兼表成家之意，表示女子结婚成家。隶变后楷书写作嫁。

【本义】《说文·女部》："嫁，女适人也。从女，家声。"本义为女子结婚。

【演变】嫁，本义指❶女子结婚：先~得府吏，后~得郎君|老大~作商人妇|出~|~妆。出嫁则由娘家到婆家，故引申指❷前往，转移：彼东郭先生、梁石君，齐之俊士也，隐居不~，未尝卑节下意以求仕也。又引申特指❸把损失、祸害转移给他人：韩氏所以不入于秦者，欲~其祸于赵也|~祸于人|转~损失。又引申指❹嫁接：柿子经过~接才能结果。

叠 dié （曡、疊、迭）

【字形】篆 今篆 隶 草

【构造】会意字。篆文从晶（群星）从宜（俎上堆肉），会多而重叠之意。隶变后楷书本写作疊。据传王莽时以为疊从三日太盛，改为三田，遂写作疉。上所从晶实为雷声连续滚动之象，也兼表重累之意。如今简化皆作叠。注意：叠与当轮流讲的"迭"不同。

【本义】《说文·晶部》："疊，扬雄说以为，古理官决罪，三日得其宜，乃行之。从晶，从宜。亡新以为疊从三日太盛，改为三田。"实际没作解说。本义为重叠。

【演变】叠，本义指❶重叠：重岩~嶂，隐天蔽日|~罗汉。引申为❷重复，接连：驿骑交驰，羽檄~至。又特指❸乐曲重复地演奏：一曲四调歌八~，从头便是断肠声。由使相重，又引申为❹折叠：内人对御~花笺，绣坐移来玉案边|铺床~被。

○迭，从辶，失声。读 dié，本义指❶更迭，交替，轮流：日居月诸，胡~而微。引申指❷屡次，多次：城厢重地，~出枪案。又引申指❸及：统领一旁还礼不~。

【组字】叠，如今既可单用，也可作偏旁。现今归入又部。凡从叠取义的字皆与重叠等义有关。

以叠作声符的字有：㬪、嬻、櫑、㲲（氎）。

缝 féng；fèng （縫）

【字形】篆 隶 草

【构造】形声兼会意字。篆文从糸，逢声，逢（相遇）也兼表两边相连之意。隶变后楷书写作缝。

【本义】《说文·糸部》："缝，以针紩也。从糸，逢声。"本义为用针连缀。

【演变】缝，读 féng，本义指❶用针连缀：临行密密~，意恐迟迟归|~纫|~合|~补。

又读 fèng，用作名词，引申指❷接合的地方：古者冠缩（直）~，今也横~|无~钢管|衣~

|裤~。又泛指❸狭长的空隙:瓦~参差,多于周身之帛缕|见~插针|墙上有裂~|门~。

缠 chán (纏)

【字形】篆  隶 缠 纏 草 

【构造】形声兼会意字。篆文从糸,廛声,廛(宅院)也兼表环绕之意。隶变后楷书写作纏。如今简化作缠。

【本义】《说文·糸部》:"纏,绕也。从糸,廛声。"本义为盘绕。

【演变】缠,本义指❶盘绕:蛇~葫芦|足~白布|~绕|~线。用作"缠头",指❷古代送给歌伎舞女的锦帛:五陵年少争~头。由盘绕,又引申指❸搅扰:已交割清楚,别再来纠~|这孩子真~人|胡搅蛮~|琐事~身。由纠缠又引申指❹打交道,应付:世人最难~的无过车船店脚牙!|这人不好~。

十四画

耤 jí;jiè (藉、借)

【字形】甲  金  篆 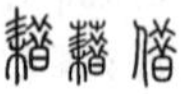

隶 耤 藉 借 草 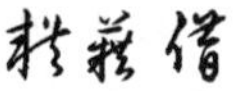

【构造】会意兼形声字。甲骨文从耒(犁),是一人执耒耕作之状。金文另加偏旁昔,昔为古昔大水,盖为耕耘水田之意。篆文省去人并整齐化,成了从耒从昔,昔为古昔,用以会古代的一种耕作制度之意,昔也兼表声。隶变后楷书写作耤。

【本义】《说文·耒部》:"耤,帝耤千亩也。古者使民如借,故谓之耤。从耒,昔声。"本义为古代天子示范亲耕之田。

【演变】耤,读jí,本义指❶古代天子示范亲耕之田:亲祭先农,~于千亩之甸。

又读jiè,耤田在天子亲耕之后,借民力耕种,故引申指❷借助:以躯~友报仇。

由于耤作了偏旁,其义便由"藉"来表示。

○藉,从艹从耤会意,耤也兼表声,读jiè,本义指❶放置祭祀礼品的草垫子:~用白茅。用作动词,引申指❷衬垫:往往而死者相~也|相与枕~乎舟中。从下说是衬垫,从上说则是凭借,故又引申指❸凭借:~刑以去刑|~助。由凭借又引申指❹假托:不得以~口而分其罪|~题发挥|~故。

又读jí,衬垫的草总是乱的,故引申指❺杂乱交错的样子:杯盘狼~。

如今凭借、假托二义规范化用"借"来表示。

○借,从人,昔声。读jiè,本义指假借。既可指❶借入:尽~邑人之车,锲其轴|~书证。又可指❷借出:君不如~之道|电话~给他用吧。用作"藉",又指❸凭借,依靠:而恐父兄豪杰之士,~人主之力,以禁诛于己也|背城~一。又指❹假托:~题发挥|~口|~故。用作"借使",连词,相当于❺假使:~使子婴有庸主之才,而仅得中佐,山东虽乱,三秦之地可全而有。

【组字】耤,如今不单用,只作偏旁。现今仍归入耒部。凡从耤取义的字皆与借民力耕田等义有关。

以耤作声兼义符的字有:藉、籍。

静 jìng (竫)

【字形】金  古  篆  隶 静 竫

草 

【构造】会意兼形声字。金文从青(表示颜色)从争(表极致),会色彩极为鲜明之意,争也兼表声。古文大同。篆文整齐化。隶变后楷书写作静。古又借为"竫"字,从立从争(静省),会静止不动之意,争也兼表声。

【本义】《说文·青部》:"静,审也。从青,争声。"本义为色彩鲜明。又《立部》:"竫,亭安也。从立,争声。"本义为静止不动。

【演变】静,作为本字,由本义色彩鲜明,引申指❶青春明丽:与夫妖姬~女,莫不毕集。

作为"竫"的借字,又指❷静止不动:浮光跃金,~影沉璧|风平浪~|~物写生。又引申指❸没有声音:喧~不同科(类)|夜深人~|寂~。又特指❹生活平静,社会不动荡:于时风

波未~,心惮远役|清~过日而已。又引申指❺性格安详,不好结交:常从容淡~,不好交接俗人。

○竫,读 jìng,本义指❶安,安静:秦越,远途也;~立安坐而至者,因其械也|~潜思于至赜(深)兮,骋六经之奥府。又表示❷造作巧饰:惟諓諓(善言)善~言。

【组字】静,如今既可单用,也可作偏旁。现今仍归入青部。凡从静取义的字皆与明丽等义有关。

以静作声兼义符的字有:滭。

碧 bì

【字形】古　篆　隶　草

【构造】会意兼形声字。古文从玉从石从白会意,白也兼表声。篆文整齐化。隶变后楷书写作碧。

【本义】《说文·玉部》:"碧,石之青美者。从玉、石,白声。"本义为青绿色或青白色的玉石。

【演变】碧,本义指❶青玉:苌弘死于蜀,藏其血三年而化为~。引申泛指❷青绿色:春草~色,春水渌波|金~辉煌|~绿|~霄|~瓦|~波|~草。

馽 zhí

(𩡧、縶、絷)

【字形】甲　古　篆

隶　草

【构造】会意字。甲骨文一形象捆缚人颈形;二形从糸从執(捕罪人)会意,執也兼表声。古文象捆束马两足形。篆文从馬,下象捆绳,会用绳绊住马腿之意。隶变后楷书分别写作馽、𩡧和縶。如今规范化,以简体絷为正体。馽只作偏旁。

【本义】《说文·馬部》:"馽,绊马也。从馬,口其足。縶,馽或从糸,執声。"本义为绊住牛马的足。

【演变】馽,本义指❶绊住牛马的足:连之以羁~,编之以皂栈。引申泛指❷束缚:惜哉方壮时,千里足常~。

以上含义如今皆用"絷"来表示。

○絷,读 zhí,本义为❶用绳索拴住或绊住马脚:埋两轮兮~四马,援玉枹兮击鸣鼓。泛指❷绊住,束缚,拴缚:东海之鳖左足未入,而右膝已~矣。又指❸拘系,囚禁:南冠而~者,谁也?用作名词,指❹绊马索,绳索:言授之~,以絷其马。

【组字】馽,如今不单用,只作偏旁。现今仍归入马部。凡从馽取义的字皆与束缚等义有关。

以馽作义符的字有:䍉、羁。

以馽作声符有字有:㗌。

墙 qiáng

(牆、墻、廧)

【字形】甲　金　篆　今篆

隶　草

【构造】会意兼形声字。甲骨文从啬(表示收藏谷物)从爿(表示筑墙),会筑起外围屏障来收藏粮食之意,爿也兼表声。金文大同。篆文省简并整齐化。隶变后楷书写作牆。为了表明其质料,俗又将义符爿改为土写作墙。异体作廧,改为从广(敞屋)。如今规范化,皆简作墙。是"爿"的后起分化字。参见爿。

【本义】《说文·啬部》:"牆,垣蔽也。从啬,爿声。"本义为筑起外围屏障来收藏粮食。

【演变】墙,由收藏粮食而筑的外围屏障,引申泛指❶起遮蔽作用的屏障垣壁:譬之宫~,赐(孔子弟子)之~也及肩,窥见室家之好|春色满园关不住,一枝红杏出~来|~头马上|城~。又指❷罩棺四周的帷幔:巾奠乃~。

【组字】墙,如今既可单用,也可作偏旁。现今墙归入土部,牆仍归入爿部。凡从墙取义的字皆与屏障垣壁等义有关。

以墙作声符的字有:嫱、蔷、嬙、樯。

截 jié

(㦸)

【字形】甲　篆　今篆　隶　草

【构造】会意兼形声字。甲骨文从戈从雀,会以戈断雀首之意,雀也兼表声。篆文整齐化。隶变后楷书写作㦸。俗作截,改为从隹从𢦏会意。如今规范化,以截为正体。

【本义】《说文·戈部》："截，断也。从戈，雀声。"本义为割断。

【演变】截，本义指❶割断：何不以锯中～而入｜遂依而～之｜～长补短｜～肢｜～断。引申指❷半路拦截，夺取：～来辕于谷口｜不夺孤儿寡妇之财，不～经商旅客之物｜围追堵～｜拦～｜～击。由切断又引申指❸中止：该多少我明儿还你就～了｜～止日期。又引申指❹整齐：～然分开。又用作❺量词：一～铅笔｜一～绳。

【组字】截，如今既可单用，也可作偏旁。现今仍归入戈部。凡从截取义的字皆与割断等义有关。

以截作声兼义符的字有：擮、𡃶、𧃮、巀、蠘、𥂜。

赫 hè

【字形】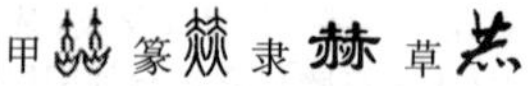

【构造】会意字。甲骨文和篆文从二赤，会火红之意。隶变后楷书写作赫。

【本义】《说文·赤部》："赫，火赤貌。从二赤。"本义为火红的样子。

【演变】赫，本义指❶火红的样子：～如渥赭，公言赐爵｜远望舍南，火光～然属天｜～日当空。引申为❷鲜明，明亮：故日月不高，则光辉不～。又引申为❸显赫，盛大：无惛惛（mèn，专一）之事者，无～～之功。又引申指❹盛怒的样子：王～斯怒，爰整其旅｜陈王～然，奋爪牙为天下首事。又用作❺译音字：～尔辛基｜～兹。

【组字】赫，如今既可单用，也可作偏旁。现今仍归入赤部。凡从赫取义的字皆与火红、盛大等义有关。

以赫作声兼义符的字有：捇、嚇（吓）、爀。

臺 tái（檯、颱、枱、台）

【字形】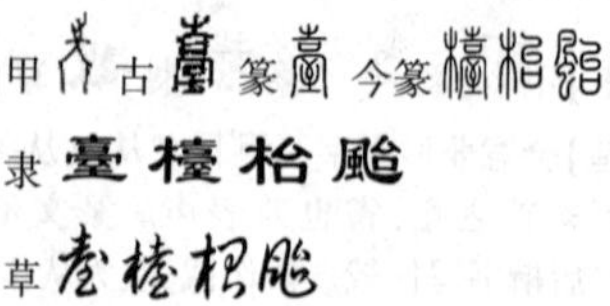

【构造】会意字。甲骨从止，在高台上。古文繁化，止讹为装饰。篆文承之，上边像台上建筑顶部的装饰，中间是高的省略，下边从至，表示是人们登临游观的方形高而平的建筑物。隶变后楷书写作臺。如今简化，借用台来表示。

【本义】《说文·至部》："臺，观，四方而高者。从至，从之，从高省。与室屋同意。"本义为用土筑成的供人们登临游观的方形高而平的建筑物。

【演变】臺（台），由本义引申泛指❶高平的建筑物：经始灵～，经之营之｜舞～｜戏～｜平～。又引申指❷像台的东西：锅～｜井～｜窗～。又引申指❸像台的家具：写字～｜讲～｜妆～｜柜～。此义后来另加义符"木"，写作"檯"来表示，如今也简化作"台"。戏在台上演，故又用作❹戏的量词：一～戏。又指❺台湾省的简称。用作"颱"，又表示❻台风。

以上各义如今简化都用"台"来表示。参见台。

〇颱，从台从風会意，台也兼表声。读 tái，特指台风。发生在太平洋西部的热带空气旋涡，是一种极猛烈的风暴，风力常达十级以上，同时有暴雨。今又称为热带风暴，夏秋两季常侵袭我国：台湾风信与他海殊异，风大而烈者为飓，又甚者为～。

〇檯，从木从臺会意，臺也兼表声。俗作枱，如今简化作台。读 tái，本义为桌子或类似桌子的器物：几……今曰燕几、曰～、曰书桌｜写字～｜工作～｜戏～。

【组字】臺，如今只作偏旁，不单用。作为"臺"的简化字的"台"，如今既可单用，也可作偏旁；臺现今仍归入至部。凡从臺（台）取义的字皆与高起等义有关。

以臺（台）作声兼义符的字有：儓、擡（抬）、薹、檯（台）。

嘉 jiā

【字形】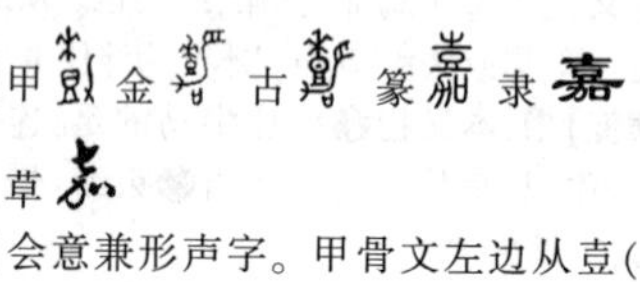

【构造】会意兼形声字。甲骨文左边从壴（鼓乐），右从力，会尽情欢娱欢乐之意。金文和古文下加口，以突出欢笑。篆文整齐化，成了从壴从加会意，加也兼表声。隶变后楷书写作嘉。

【本义】《说文·壴部》："嘉，美也。从壴，加声。"所释为引申义。本义当为尽情娱乐、欢乐。

【演变】嘉，本义指❶尽情娱乐、欢乐：君与夫人交献，以～魂魄。引申指❷美，善：我有～宾，鼓瑟吹笙｜虽有～肴，弗食，不知其旨也。用作动词，表示❸赞美：余～其能行古道，作《师说》以贻之｜精神可～｜～奖｜～许。

注意：嘉与佳含义不同。参见佳。

【组字】嘉，如今既可单用，也可作偏旁。现今归入口部。凡从嘉取义的字皆与欢乐等义有关。

以嘉作声符的字有：嘉。

疐 zhì（躓、踬）

【字形】甲　金　篆　隶 **疐 踬**

草

【构造】会意字。甲骨文从叀（纺锤）从止（足），会用脚止住纺锤转动之意。金文大同。篆文整齐化。隶变后楷书写作疐。

【本义】《说文·叀部》："疐，碍不行也。从叀，引而止之也。叀者，如叀马之鼻。此与牵同意。"这是就篆文所作的解说。本义当为制止纺锤转动。

【演变】疐，由制止纺锤转动，引申泛指❶阻碍，停滞：球著足，浑身旋滚，一似黏～有胶、提掇有线。又引申为❷绊倒，颠仆：狼跋其胡，载～其尾｜跋前～后。此义后也写作"躓"，如今简化作踬。

〇踬，从足从质（物相抵）会意，质也兼表声。读 zhì，本义指❶被东西绊倒：杜回～而颠，故获之｜颠～。引申比喻❷事情不顺利：僧儒硕学，而中年遭～。

【组字】疐，如今既可单用，也可作偏旁。现今归入疋部。凡从疐取义的字皆与阻碍等义有关。

以疐作声兼义符的字有：㨖、嚏。

聚 jù

【字形】籀　篆　隶 **聚** 草

【构造】会意兼形声字。籀文从乑（众）从取，会招取民众会集一起之意，取也兼表声。篆文整齐化。隶变后楷书写作聚。

【本义】《说文·乑部》："聚，会也。从乑，取声。"本义为人会集。

【演变】聚，本义指❶人会集：地不改（更加）辟矣，民不改～矣。用作名词，指❷聚居的村落：一年而所居成～。又引申泛指❸会聚：方以类～，物以群分。又指❹积聚：君子学以～之。又指❺并拢：拾级～足，连步以上。

【组字】聚，如今既可单用，也可作偏旁。现今归入耳部。凡从聚取义的字皆与会聚等义有关。

以聚作声兼义符的字有：儏、骤。

蔽 bì

【字形】古　篆　隶 **蔽** 草

【构造】形声兼会意字。古文从艸（艹），敝声，敝（破巾，《说文》解为"帗"，指蔽膝）也兼表遮蔽之意。篆文整齐化。隶变后楷书写作蔽。

【本义】《说文·艸部》："蔽，蔽壁，小草也。从艸，敝声。"本义为小草遮地。

【演变】蔽，本义指❶小草遮地。引申指❷小草。由草覆盖地面，又泛指❸遮盖，遮挡：山峻高而～日兮｜常以身翼～沛公｜遮天～日｜衣取～寒｜遮～｜掩～。由遮盖又引申指❹隐藏：虎见之，庞然大物也，以为神，～林间窥之｜隐～。又进而引申指❺蒙蔽，受蒙蔽：谗谄之～明也｜王之～甚矣。

【组字】蔽，如今既可单用，也可作偏旁。现今仍归入艸（艹）部。凡从蔽取义的字皆与遮蔽等义有关。

以蔽作声兼义符的字有：瞥。

慕 mù

【字形】金　篆　隶　草

【构造】形声兼会意字。金文从心，莫声，莫表暗，会心中暗里思慕之意。篆文整齐化。隶变后楷书写作慕。

【本义】《说文・心部》："慕，习也。从心，莫声。"本义为思慕，思念。

【演变】慕，本义指❶思念：人少，则～父母。引申为❷仰慕：吾～鲁仲连，谈笑却秦军｜敬～｜倾～。又引申指❸羡慕，贪慕：～我独得归，哀叫声摧裂｜是以不得～虚名而处实祸。

蔑 miè（衊、瞜）

【字形】甲　金　篆　隶　草

【构造】会意字。甲骨文从苜（眼上有眵目糊形）从伐，用持戈征伐劳顿眼上有眼屎，会困倦睁不开眼之意。金文大同。篆文整齐化并改为从戍，成了戍守劳乏了。隶变后楷书写作蔑。如今又用作"衊"的简化字，从血从蔑会意，蔑也兼表声。

【本义】《说文・苜部》："蔑，劳，目无精也。从苜，人劳则蔑然，从戍。"本义为眼上有眵目糊，困倦睁不开。

【演变】蔑，由眼上有眵目糊困倦睁不开，引申指❶小视，轻侮：郑未失周典，而王～之，是不明贤也。又引申泛指❷微小：视日月而知众星之～也，仰圣人而知众说之小也。又引申指❸末尾：兹申予小子追学于文、武之～。又引申指❹无，没有：国步～资，天不我将（助）。又引申指❺灭杀：今将大泯其宗祊（bēng），而～杀其民人。用作否定副词，表示❻不，莫：宁事齐、楚，有亡而已，～从晋矣。由眼眵糊住了眼，又引申指❼涂污，污染：诬～。此义后另加义符"血"写作"衊"。如今简化仍作蔑。

蔑为引申义所专用，眵目糊之义便另加义符"目"写作"瞜"来表示。

【组字】蔑，如今既可单用，也可作偏旁。现今归入艹部。凡从蔑取义的字皆与薄小、涂污等义有关。

以蔑作声兼义符的字有：瞜、篾、衊。

以蔑作声符的字有：儚、襪（袜）、蠛。

蔡 cài；sà

【字形】甲　金　古　篆　隶　草

【构造】象形兼会意兼形声字。蔡与杀、杀同源。甲骨文象割杀的动物形。金文稍繁。古文大同。篆文改为从艹从祭，会于草野猎取祭牲之意，祭也兼表声。《说文》因其从艸，遂误释为割草。隶变后楷书写作蔡。

【本义】《说文・艸部》："蔡，艸也。从艸，祭声。""艸也"当为"丯（割）艸也"。本义为割草。

【演变】蔡，读 cài，本义指割草。又泛指❶野草：～莽螫刺，昆虫毒噬。古人又借以指❷占卜用的大龟：且致大～焉｜卜晴将问～｜清池养神～。又用作❸周代诸侯国名。在今河南上蔡县西南，后迁至今新蔡县一带。

又读 sà，用同"杀"，古指❹流放：周公杀管叔而～蔡叔。又指❺流放罪人的地方：五百里，要服；三百里，夷；二百里，～。

【组字】蔡，如今既可单用，也可作偏旁。现今仍归入艹部。凡从蔡取义的字皆与杀戮、乱草等义有关。

以蔡作声兼义符的字有：𥗿。

以蔡作声符的字有：嚓、�、檫、縩。

蔺 lìn（藺、躪、躏、蹸）

【字形】古　篆　今篆　隶　草

【构造】形声兼会意字。古文从艸，閵声。指灯心草，茎秆可编席，供人坐卧，故閵（升登）也兼表登踏之意。篆文整齐化。隶变后楷书写作藺。如今简化作蔺。

【本义】《说文・艸部》："藺，莞属。从艸，閵声。"本义为灯心草。

【演变】蔺，本义指❶灯心草：蒲蒻～席。又表示

❷碾压:草生,有雨泽,耕重~之。此义后作“躏”(今简作躏)。又用作❸姓。

○躏,从足从蔺会意,蔺也兼表声。异体作蹸,改为粦声。如今规范化以躏为正体。读lìn,本义指❶践踏,碾轧:遂~封豨(大猪),藉尘鹿。如今不单用,只用于“蹂躏”,表抽象意义,指❷欺凌。

【组字】蔺,如今既可单用,也可作偏旁。现今仍归入艹部。凡从蔺取义的字皆与碾压等义有关。

以蔺作声兼义符的字有:躏。

毂 jī
(毄、擊、击)

【字形】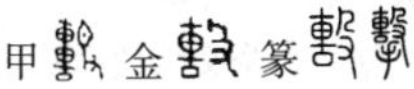

【构造】会意字。甲骨文和金文皆从軎(车轴头)从殳(投击),会车轴端相撞击之意。篆文整齐化。隶变后楷书写作毄。异体作毂。二字皆可作偏旁。

【本义】《说文·殳部》:“毄,相击中也。如车相击,故从殳,从軎。”本义为车相撞击。

【演变】毄,由车相撞击,引申泛指❶撞击、打击。又引申指❷拂拭、勤苦用力。

由于毄作了偏旁,其义便又另加义符“手”写作“擊”来表示,如今简化作击。

○击,繁体作擊,从手从毄会意,毄也兼表声。如今简化作击,读jī,本义指❶敲打:~鼓其镗|旁敲侧~。由击鼓进攻,又引申指❷攻打,攻击:楚军夜~阬(坑)秦卒二十余万人|迎头痛~|进~。由敲打又引申指❸碰撞,撞击:临淄之途,车毂~,人摩肩。撞击则接触,故引申指❹接触:若夫人者,目~而道存矣。

【组字】毄,如今不单用,只作偏旁。作偏旁时多用毂。现今仍归入殳部。凡从毄(毂)取义的字皆与撞击等义有关。

以毄(毂)作声兼义符的字有:擊(击)。

以毄(毂)作声符的字有:墼、槃、繫、繫(系)。

模 mú;mó

【字形】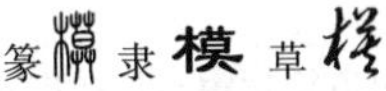

【构造】形声兼会意字。篆文从木,莫声,莫(日暮)也兼表蒙覆限制之意。隶变后楷书写作模。

【本义】《说文·木部》:“模,法也。从木,莫声。”所释为引申义。本义当为木头制作的型范。竹制的叫范,金制的叫镕,土制的叫型。

【演变】模,读mú,本义指❶木制的型范,模子:埏埴(揉黏土)作器,必~范为形(定其形体)|铜~|铅~|字~。

又读mó,由型范引申泛指❷法式,榜样:国之硕老,邦之宗~|师者,人之~范|楷~|~范。用作“模范”,今指❸先进人物:劳动~范。用作动词,指❹效法,仿照:既不能法柳下惠和光同尘于内,则宜~范蠡迁化于外|~仿。

榴 liú

【字形】

【构造】会意兼形声字。古文从木从留(田获),会留果之木之意,留也兼表声。隶变后楷书写作榴。

【本义】《玉篇·木部》:“榴,石榴。”本义为石榴。也叫安石榴。

【演变】榴,本义指❶石榴:五月~花照眼明|石~开花红似火。又指❷像石榴色的:石~裙。

【组字】榴,如今既可单用,也可作偏旁。现今仍归入木部。凡从榴取义的字皆与植物等义有关。

以榴作声符的字有:籀。

榜 bēng;bǎng;bàng

【字形】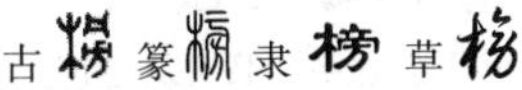

【构造】形声兼会意字。古文从木,旁声,旁也兼表在旁辅助之意。篆文整齐化。隶变后楷书写作榜。

【本义】《说文·木部》:“榜,所以辅弓弩。从木,旁声。”本义为正弓弩之器。《广韵·荡韵》:“榜,木片也。”

【演变】榜,读bēng,本义指❶正弓弩之器:~檠矫直。

又读 bǎng,引申泛指❷木片:攸之缮治船舸,材板不周,计无所出,会(邓)琬送五千片~供(刘)胡军用。匾额为片状,故又引申指❸匾额:寺门敕~金字书。匾额挂在明处供观看,故又引申指❹公开张贴的告示:有李虎者持招降~入扬州。又特指❺录取的名单:到出~那日,家里没有早饭米|高考发~了。又泛指❻各种名单:选民~|分房~|光荣~。

古又读 bàng,由木片引申特指❼船桨:乘舲船余上沅兮,齐吴~以击汰。

【组字】榜,如今既可单用,也可作偏旁。现今仍归入木部。凡从榜取义的字皆与木片等义有关。

以榜作声符的字有:𣘺。

榨 zhà

【字形】古  今篆  隶  草 

【构造】形声兼会意字。古文从木,窄声,窄也兼表挤压变窄之意。隶变后楷书写作榨。古代榨具用木制。

【本义】《广韵·祃韵》:"榨,打油具也。"本义为挤压出物体里汁液的器具。

【演变】榨,本义指❶挤压出物体里汁液的器具:酒醲新出~,鱼活旋离钩。用作动词,指❷挤压出物体里的汁液:坤灵因赑屃(驮碑大石龟)而踊躇,土怪畏~压而妥贴(帖)|~油|~甘蔗。又引申比喻❸残酷剥削:~取人民血汗|~取他人财物。

遭 zāo

【字形】篆  隶  草 

【构造】形声兼会意字。篆文从辵(辶),曹声,曹也兼表双方之意。隶变后楷书写作遭。

【本义】《说文·辵部》:"遭,遇也。从辵,曹声。一曰逦行。"本义为走路相遇。

【演变】遭,本义指❶走路相遇:~先生于道,趋而进,立而拱手。引申泛指❷遇到(不幸事):予在患难中,间以诗记所~|昔尧~洪水九年者,此子一怒也|~毒手|~难|~罪。又引申特指❸际遇,恰逢时会,遇到赏识的人:昔因机变化,~遇明主。用作名词,指❹生活中的经历:一时~际,安敢自比梁公|我的~遇一言难尽。由逦行(巡行一周)相遇,又引申指❺周围:五峰周~如城|周~都察看过了。用作量词,指❻圈,次:多绕几~|这回只得走一~。

【组字】遭,如今既可单用,也可作偏旁。现今仍归入辵(辶)部。凡从遭取义的字皆与相遇等义有关。

以遭作声符的字有:槽。

酷 kù

【字形】篆  隶  草 

【构造】形声兼会意字。篆文从酉(酒坛子),告声;告也兼表告祭用的浓烈好酒之意。隶变后楷书写作酷。

【本义】《说文·酉部》:"酷,酒厚味也。从酉,告声。"本义为酒味浓厚。

【演变】酷,由本义酒味浓厚,引申泛指❶味浓厚:甘而不哝(同浓),酸而不~。引申泛指❷香气浓烈:蕊多劳蝶翅,香~坠蜂须。又引申指❸残暴,酷烈:课额日以增,官吏日以~|残~|~刑|~吏|~虐|~日。由味浓厚,用作副词,表程度,相当于❹很,极:~爱音乐|~热|~暑|~似|~好。

酿 niàng (釀)

【字形】古  篆  今篆  隶  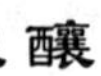

草  

【构造】形声兼会意字。古文从酉,良声,良也兼表好之意。篆文改为从酉(酒坛子),襄声,襄也兼表相助完成之意。隶变后楷书写作釀。今简化承古文作酿。

【本义】《说文·酉部》:"釀,酝也,作酒曰釀。从酉,襄声。"本义为酿酒。

【演变】酿,本义指❶酿酒:时天旱,禁酒,~者有刑|~泉为酒,泉香而酒洌。用作名词,又指❷酿造的酒:佳~|家~。由酿酒,引申泛指❸酿造:~蜜|~造厂。又引申比喻❹逐渐形成:终

于～成大祸。

【组字】酿，如今既可单用，也可作偏旁。现今仍归入酉部。凡从酿取义的字皆与酿酒等义有关。

以酿作声符的字有：釀。

酸 suān（痠）

【字形】金  古  篆  今篆 

隶 酸 痠 草 

【构造】形声兼会意字。金文从酉（酒坛子），夋声，夋表示行动缓慢，借以表示缓慢发酵酿醋之意。古文大同。篆文整齐化。隶变后楷书写作酸。又借用作痠，从疒，夋声，夋也兼表酸痛无力之意。

【本义】《说文·酉部》："酸，酢（醋）也。从酉，夋声。"本义为醋。《玉篇·疒部》："痠，疼痠。"本义为酸痛，即身体微痛而无力的感觉。

【演变】酸，本义指❶醋。引申指❷像醋的味道或气味：红绽黄肥熟梅子，味果香～｜吐～水｜～辣汤｜～杏。悲伤时鼻子发酸，故又引申指❸悲痛：衔～抱痛，且耻且惭｜悲苦心～｜辛～泪｜悲～。人悲酸或贫寒时多现苦脸，故又引申形容❹读书人的贫寒，迂腐：衣着寒～｜～秀才｜穷～。又借用作"痠"，表示❺身体微痛而无力的感觉：浑身发～｜腰～腿疼。

【组字】酸，如今既可单用，也可作偏旁。现今仍归入酉部。凡从酸取义的字皆与醋等义有关。

以酸作声符的字有：蘞。

磁 cí（礠、瓷、甆）

【字形】古  篆  今篆  隶 磁

礠 瓷 甆 草 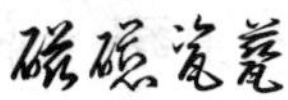

【构造】会意兼形声字。古文从石，兹声。俗作礠，从石从慈，会慈心相吸之意，慈也兼表声。如今简化承古文作磁。

【本义】《广韵·之韵》："礠，礠石，可引针也。"本义为磁石。俗称吸铁石。

【演变】磁，本义指❶磁石：～石引针｜～化｜～场｜～铁｜～力。用作"磁器"，特指❷河南彰德府磁州窑所出的瓷器：今俗语窑器，谓之～器者，盖河南磁州窑最多，故相沿名之。如今此义作瓷。

〇瓷，从瓦，次声。异体作甆，从兹声。今规范化以瓷为正体。读 cí，本义指❶颜色白而质地坚硬的瓷器，后专称用高岭土烧制成的器皿：醪醴既成，绿～既启｜～土｜～器。用作"瓷实"，比喻❷结实、坚固：地基夯得～实。

愿 yuàn（願）

【字形】金  篆  隶 愿 願

草 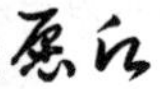

【构造】形声兼会意字。愿有两个来源。一个是金文，从心，元声。篆文改为从心，原声。另一个是篆文二形，从页，原声。元、原也皆兼表原本朴实之意。隶变后楷书分别写作愿与願。如今规范化，以愿为正体。願只作偏旁。

【本义】《说文·心部》："愿，谨也。从心，原声。"本义为老实，谨慎。又《頁部》："願，大头也。从頁，原声。"本义为大头。

【演变】愿，作为本字，本义指❶老实，谨慎：，吾爱之，不吾叛也。

用作"願"的简化字，又表示❷希望：邂逅相遇，适我～兮｜果不如先～，又非君所详｜～望｜志～｜心～｜如～。用作动词，又表示❸愿意，乐意：～为市鞍马，从此替爷征｜心忧炭贱～天寒｜情～｜自～。用作名词，又引申指❹心愿，愿心：不是我窦娥罚下这无头～，委实的冤情不浅｜还～｜许～。

【组字】愿，如今既可单用，也可作偏旁。现今仍归入心部。願仍归入页部。凡从願取义的字皆与人头等义有关。

以願作声符的字有：蘡。

臧 zāng；cáng；zàng（藏、臟、髒、脏）

【字形】甲  金  篆 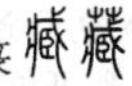

今篆　隶 臧脏臟髒

草

【构造】会意兼形声字。甲骨文从戈从臣(侧目),表示用戈刺目。古代抓到俘虏,便刺瞎一目以罚为奴隶,所以臧是战争中被俘为奴隶的人。金文大同。篆文另加爿声,成了会意兼形声字。隶变后楷书写作臧。

【本义】《说文·臣部》:"臧,善也。从臣,戕声。"析形不确,所释为引申义。本义当为战争中被俘转为奴隶的人。

【演变】臧,读 zāng,本义指❶战争中被俘转为奴隶的人:~获婢妾犹能引决。引申为❷顺遂,良善:谋~不用,不~覆用|黜其不~。进而引申为❸称赞:宫中府中,俱为一体,陟罚~否,不宜异同|~否人物。

又读 cáng,奴隶犹如家中的物件,没有行动的自由,故又表示❹收存,隐藏:天子~珠玉,诸侯~金石,大夫畜狗马,百姓~布帛。

又读 zàng,用作名词,表示❺储存的东西或储存东西的地方:连年灾荒,府~空虚。人的内脏藏于体内,故又表示❻内脏:吸新吐故以练~。

为分化字义,以上❹❺二义后来另加义符"艹"写作"藏"来表示,❻义则另造了"臟"字来表示,今简作脏。

○脏,繁体作臟,从肉(月)从藏会意,藏也兼表声。今简作脏。读 zàng,本义为❶胸腔内部器官的总称:破积聚于~腑,追二竖于膏肓|五~(心、肝、脾、肺、肾)六腑(胃、胆、三焦、大肠、小肠、膀胱)|心~|肾~|~象|~器。

又读 zāng,用作"髒"的简化字,形容❷不干净,含污染物:穿的虽然是长衫,可是又~又破|~衣服|肮~|~弹(含放射物质的炸弹)。又指❸不文明的:~话|~字。

○髒,从骨从葬会意,葬也兼表声。读 zāng,本义为❶污秽,不清洁:肮~。又指❷弄污:咱一来是为行好,二来也怕~了我的店。以上二义如今规范化仍作脏。

又读 zǎng,用作"骯髒",形容❸高亢刚直的样子:骯~到头方是汉。又形容❹身躯肥胖:骯~之马,无复千金之价。

【组字】臧,如今既可单用,也可作偏旁。现今归入戈部。凡从臧取义的字皆与奴隶、隐藏等义有关。

以臧作声兼义符的字有:藏、臟(赃)。

戴 zhì (戴、载、秩)

【字形】篆　隶 戴载秩

草

【构造】会意兼形声字。篆文从大从戜(锋利),会盛大之意,戜也兼表声。隶变后楷书写作戴。俗讹作戴、载。如今三字皆不单用,只作偏旁。

【本义】《说文·大部》:"戴,大也。从大,戜声。"本义为盛大。

【演变】戴,本义指盛大:~~大猷。由于戴作了偏旁,后遂借用"秩"来表示。

○秩,从禾从失(弃置)会意,失也兼表声。读 zhì,本义指❶大量积聚禾谷:故人君御谷物之~相胜,而操事于其不平之间。古代官员的俸禄用粮食计算,故引申指❷俸禄:官人益~,庶人益禄。官员的俸禄分等级,故又引申指❸官员的品级:贬~一等。由等级进而引申指❹次序:令各以~次输钱北军|~序。古代大治之国,积九年存粮,至十年而更新,故又引申指❺十年:已开第七~,饱食仍安眠|九~寿辰。

【组字】戴,如今不单用,只作偏旁。现今归入戈部。凡从戴(戴、载)取义的字皆与盛大等义有关。

以戴(戴、载)作声符的字有:擮、蕺、鐵(铁)。

豩 bīn;huān

【字形】甲　金　古　篆

隶 豩 草

【构造】会意字。甲骨文是众豕(猪)奔逐撒欢之状。金文从二豕会意。古文大同。篆文省为二豕并线条化,就看不出来原意了。隶变后楷书写作豩。

【本义】《说文·豕部》:"豩,二豕也。豳从此。"没有解说。就甲骨文看,本义应为众豕追逐戏闹。
【演变】豩，读 bīn，本义指❶众豕追逐戏闹。
又读 huān，表示❷顽劣：依凭风水恣~豪。
【组字】豩，如今不单用，只作偏旁。现今仍归入豕部。凡从豩取义的字皆与豕或奔突、混乱等义有关。
以豩作义符的字有：燹、豳。

需 xū；ruǎn；nuò（儒、濡、輭、软、懦）

【字形】

【构造】会意字。甲骨文从人从水滴，会人沐浴之意。典礼之前，司礼者需要沐浴斋戒，以表诚敬，故后世以需为司礼者专名。金文渐变，水变为雨，成了雨淋湿了。篆文整齐化，下边人形讹为而。隶变后楷书写作需。当是濡、儒的本字。
【本义】《说文·雨部》："需，䇓也，遇雨不进止䇓也。从雨，而声。"析形是就篆文所作的解说，所释为引申义。沐浴是司礼前的准备，故本义当为司礼之人斋戒沐浴以待。
【演变】需，读 xū，本义指司礼之人斋戒沐浴以待。引申泛指❶等待：云上于天，~，君子以饮食宴乐｜调池州教授，~次（旧时官吏等待依次补缺）六年。由等待又引申指❷迟疑不决：~，事之贼（害）也。等待必有所求，又引申指❸需要，需求：国之~贤，譬车之恃轮，犹舟之倚楫也。用作名词，指❹所需的东西：公家百~，皆仰湞井盐之利。
又读 ruǎn，物沾湿则柔软下垂，故引申指❺柔软：欲其柔滑，而腥脂之，则~。此义后另加义符"车"写作"輭"来表示。今简作软。
又读 nuò，人的意志不坚强也是一种柔弱，故引申指❻懦弱：其~弱者来使，则王必听之。
需为引申义所专用，司礼者之义便另加义符"人"写作"儒"来表示，懦弱之义后另加义符"忄"写作"懦"来表示，沐浴濡湿之义后另造了"濡"字来表示。
○濡，从氵从需会意，需也兼表声。读 rú，本义指❶沾湿：济盈不~轨｜登高不栗，入水不~｜耳~目染。引申指❷迟留不进：千里而见王，不遇故去，三宿而后出昼（地名），是何~滞也？
○懦，从忄从需会意，需也兼表声。读 nuò，本义指胆小软弱：顽夫廉，~夫立｜怯~。
○儒，从亻从需会意，需也兼表声。读 rú，本义指❶术士：四曰~，以道得民。后特指❷儒家：~家者流，盖出于司徒之言。引申泛指❸读书人：通~｜穷~。参见软。
【组字】需，如今既可单用，也可作偏旁。现今仍归入雨部。凡从需取义的字皆与濡湿、柔弱等义有关。
以需作声兼义符的字有：儒、濡、孺、懦、薷、嚅、擩、襦、蠕、糯、颥、輭（软）。

撇 piē；piě（撆）

【字形】

【构造】形声兼会意字。古文从手，敝声，敝也兼表击打之意。篆文整齐化。隶变后楷书写作撆。俗承古文作撇。如今规范化用撇。
【本义】《说文·手部》："撆，别也，一曰击也。从手，敝声。"本义为拂拭。
【演变】撇，读 piē，本义指❶拂拭：莫不怆然累欷，~涕抆泪。由拂拭去，引申指❷丢弃：~下一双儿女｜衣服~了一地｜抛~｜~开。又引申指❸从液体面上舀取：不要稠的，只~点清汤｜~油｜~沫儿。又引申特指❹不自然地摹仿说话：在那里指手画脚，~着京腔说话。又指❺小击：故膺腾~波而济水，不如乘舟之逸也。
又读 piě，由拂拭，引申指❻平着扔出去：瓦片将来水上~｜~石子。又特指❼用扁嘴表示轻蔑：她~了~嘴，挖苦地说。又引申指❽汉字的笔画"丿"（因其像抛物形）。用作量词，用于❾像笔画"丿"的东西：嘴上留着两~小胡子。

摧 cuī

【字形】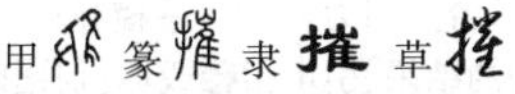

【构造】会意兼形声字。甲骨文从攴（手持棍）

从隹,会扑打鸟之意。篆文改为从手从崔(山石)会意,以突出山石挤压毁坏之意,崔也兼表声。隶变后楷书写作摧。

【本义】《说文·手部》:“摧,挤也。从手,崔声。一曰折也。”本义为受挤压而遭到毁坏。

【演变】摧,本义指❶受挤压而遭到毁坏:寒风~树木|丘峦崩~|无坚不~|~毁|~残。又引申指❷折断:樯倾楫~|~枯拉朽|~折。又引申指❸挫败:力~豪强。由精神受挫折,又引申指❹伤心:~藏(同脏)马悲哀。摧折则低,故又引申指❺低下:安能~眉折腰事权贵,使我不得开心颜。

摘 zhāi

【字形】篆　隶 摘 草

【构造】会意兼形声字。篆文从手从啇(高声),会挑出对方错误大声指摘之意,啇也兼表声。隶变后楷书写作摘。《说文》解释为采摘,当为引申义。本义应为指摘。

【本义】《说文·手部》:“摘,拓果树实也。从手,啇声。”基本义为采摘。

【演变】摘,基本义为❶采摘:螳螂执叶伺蝉,以~之,叶落树下|乃~而藏之|~苹果|~花儿。引申泛指❷取下:危楼高百尺,手可~星辰|~帽子|~灯泡。又引申指❸选取:寻章~句老雕虫|~编|~要|~录。摘取是取来他物,故又引申指❹临时挪借:~几个钱应急|东~西借|~借。本义特指❺挑出错误:有指~其诗文一字者,衔之次骨|反受指~。

摔 shuāi

【字形】古　今篆　隶 摔 草

【构造】形声兼会意字。古文从手,率省声,率也兼表甩动之意。隶变后楷书写作摔。

【本义】《字汇·手部》:“摔,弃于地也。”本义为用力往下扔。

【演变】摔,本义指❶用力往下扔,扔:双手举琴,向祭石台上用力一~|~手榴弹|~东西|~炮。由摔的结果,引申指❷毁坏:别把碗~了。又引申指❸掉下:一不小心,从梯子上~了下来。又引申指❹跌倒:路太滑,~了好几跤。又引申指❺摆出:你~着个驴脸给谁看!|动不动就~脸子。

睿 ruì (叡)

【字形】金　古　篆　今篆
隶 睿 叡 草

【构造】会意兼形声字。金文从見从㕡会意。古文从目从㕡(表深通)省,会看得深明之意,㕡也兼表声。篆文从目,从叡(也表深通)省,其意不变。隶变后楷书承古文和篆文分别写作睿与叡。如今规范化,以睿为正体。

【本义】《说文·𣦼部》:“叡,深明也;通也。从𣦼,从目,从谷省。睿,古文叡。”当是从目从㕡省。本义为看得深明。

【演变】睿,本义指❶看得深远,通达:视曰明,听曰聪,思曰~|聪明~智。古时用作❷臣对君的敬词:抡才萦~虑,制序费宸(帝王)思|~览|~哲。

【组字】睿,如今既可单用,也可作偏旁。现今归入目部。凡从睿取义的字皆与深通等义有关。

以睿作声兼义符的字有:濬(浚)。

以睿作声符的字有:璿(璇)。

敳 gài

【字形】金　篆　隶 敳 草

【构造】会意字。金文从𣦼(穿挖)从貝(可做原始农具),会深挖深耕之意。篆文整齐化。隶变后楷书写作敳。今不单用,只作偏旁。

【本义】《说文·𣦼部》:“敳,深坚意也。从𣦼,从貝。貝,坚实也。”本义为深挖,深耕。

【演变】敳,本义指❶深挖,深耕。又指❷深坚。

【组字】敳,如今不单用,只作偏旁。现今归入又部。凡从敳取义的字皆与残穿等义有关。

以敳作声符的字有:䪱(薤)。

叡 hè (壑)

【字形】篆 隶 叡 壑 草

【构造】会意字。篆文从𣦼(以手残穿)从谷,会穿凿成山谷山沟之意。异体另加义符土。隶变后楷书分别写作叡与壑。如今规范化,以壑为正体,叡只作偏旁。

【本义】《说文·𣦼部》:"叡,沟也。从𣦼,从谷。"本义为山沟。

【演变】叡,本义指山沟。由于叡作了偏旁,其义便又另加义符"土"写作"壑"来表示。

〇壑,从叡从土会意。读 hè,本义为❶山谷:丘~之美|谿~可盈。引申泛指❷水沟,护城河:志士不忘在沟~。又引申指❸坑:土反其宅,水归其~|其亲死,则举之而委之于~。

【组字】叡,如今不单用,只作偏旁。现今归入又部。凡从叡取义的字皆与沟壑等义有关。

以叡作义符的字有:叡、壑。

虘 hū

【字形】篆 隶 虘 草

【构造】会意兼形声字。篆文从隹从虍(表强力快速),会古书上说的一种善飞的鸟之意,虍也兼表声。隶变后楷书写作虘。今不单用,只作偏旁。

【本义】《说文·隹部》:"虘,鸟也。从隹,虍声。"本义为鸟名。

【演变】虘,本义为鸟名。如今不单用,只作偏旁。

【组字】虘,如今不单用,只作偏旁。现今仍归入隹部。凡从虘取义的字皆与鸟义有关。

以虘作声符的字有:虧(亏)、滹。

覞 yào

【字形】篆 隶 覞 草

【构造】会意字。篆文从二見,会并视之意。隶变后楷书写作覞。

【本义】《说文·覞部》:"覞,竝视也。从二見。"本义为两人相对而视。

【演变】覞,本义指❶两人相对而视:~于丑,观夫众也。又指❷普视。

【组字】覞,如今不单用,只作偏旁。现今归入见部。凡从覞取义的字皆与看见等义有关。

以覞作义符的字有:覾、䨲。

颗 kē

(顆)

【字形】篆 隶 颗 顆 草

【构造】形声兼会意字。篆文从頁(头),果声,果也兼表小而圆之意。隶变后楷书写作顆。今简作颗。

【本义】《说文·頁部》:"顆,小头也。从頁,果声。"本义为小头。

【演变】颗,本义指❶小头。引申泛指❷小而圆粒状的东西:牡丹含露珍珠~。主要作❸量词,用于颗粒状的东西:春种一粒粟,秋收万~子|日啖荔枝三百~,不辞长作岭南人|~粒归仓。

郒 xiàng

(卯、巷)

【字形】甲 古 篆 隶 郒 草

【构造】会意字。郒与卯、卿、鄉(乡)同源。甲骨文象二人相对形,会相向之意。是"向"的本字。古文简化。篆文讹为从二邑(城镇)相对,便成了房舍相对的胡同了。隶变后楷书写作郒。是"巷"的初文。参见各字。

【本义】《说文·郒部》:"郒,邻道也。从邑,从邑。"字形未加解说。本义由二人相向,讹为胡同。

【演变】郒,本义指❶二人相向。因讹误,遂用以表示❷胡同。

【组字】郒,如今不单用,只作偏旁。现今归入邑部。凡从郒取义的字皆与人相向、胡同等义有关。

以郒作义符的字有:鄕(巷)、鄉(鄕、乡)。

蜻 qīng

【字形】篆 隶 蜻 草

【构造】形声兼会意字。篆文从虫,青声,青也兼表青色之意。隶变后楷书写作蜻。

【本义】《说文·虫部》:"蜻,蜻蛚也。从虫,青声。"本义为蟋蟀。

【演变】蜻,本义指❶蟋蟀。后借用以表示❷蜻蜓:海上之人有好~者,每居海上,从~游,~之至者有百数而不止,前后左右尽~也|日长篱落无人过,惟有~蜓蛱蝶飞。古又称"蜻蛉":夫~蛉其小者也,黄雀因是以。

蜡 qù;zhà;là
(胆、蛆、褚、蠟)

【字形】篆 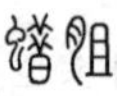 今篆  隶 蜡 蠟 蛆 草 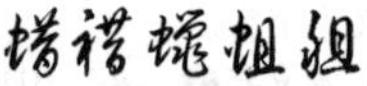

【构造】形声兼会意字。如今的"蜡"有三个来源:一是篆文,从虫,昔声。昔,《说文》释为残肉,肉腐生虫,故用以会苍蝇的幼虫之意,隶变后楷书写作蜡。二是古代又借作"褚",从示,昔声。昔为古昔,表示古代传下来的一种祭祀活动。三是如今又用作"蠟"的简化字,从虫,巤声。巤为毛发,是附属物,故用以会蜂群的副产品蜂蜡之意。

【本义】《说文·虫部》:"蜡,蝇胆(蛆)也。从虫,昔声。"本义为苍蝇的幼虫。《玉篇·示部》:"褚,报祭也。古之腊曰褚。"本义为年终祭名。《广韵·盍韵》:"蠟,蜜蠟。"本义为蜂蜡。

【演变】蜡,作为本字,读 qù,本义指❶苍蝇的幼虫,是"蛆"的本字。

作为"褚"的借字,读 zhà,又表示❷古代年终的一种祭祀(夏曰清祀,殷曰嘉平,周曰大褚,秦曰腊):天子大~八,伊耆氏始为~;~也者,索也,岁十二月,合聚万物而索飨之也。现在此义用"腊"。参见腊。

如今用作"蠟"的简化字,读 là,表示❸某些动物、植物、矿物所产生的一种油质:其上以松脂、~和纸灰之类冒之|蜂~|白~|石~。蜡可以做蜡烛照明,故又引申指❹蜡烛:~照半笼金翡翠。蜡为淡黄色,故又引申指❺像蜡的颜色:面色~黄。

蜡为借义所专用,苍蝇幼虫的意思则又另造了"胆"(从肉月从且会意,且声)来表示。后俗又写作"蛆",如今规范化为正体。

○蛆,从虫从且会意,且也兼表声,读 qū,本义为❶苍蝇的幼虫:一为马前卒,鞭背生虫~|生~|~虫。又指❷似蛆的虫类:峨眉雪~治内热|水~。又指❸酒面浮沫:枇杷已熟粲金珠,桑落初尝滟玉~。

蝇 yíng
(蠅)

【字形】篆  隶 蝇 草 

【构造】会意字。篆文从黽(蛙类)从虫,会似黽之大腹之虫之意。隶变后楷书写作蠅。如今简化作蝇。

【本义】《说文·部》:"蠅,营营青蝇,虫之大腹者。从黽,从虫。"本义为苍蝇。

【演变】蝇,本义指❶苍蝇:营营青~,止于樊(篱笆)|滋生蚊~|~甩。又比喻❷微小,钻营:~头微利|~营狗苟。

蜘 zhī
(鼅)

【字形】古  篆 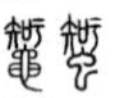 今篆  隶 蜘 鼅 草 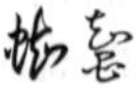

【构造】会意兼形声字。古文从虫,知声。篆文从黽(蛙,大腹似蜘蛛),或从虫,智省声,智也兼表智虫之意。隶变后楷书写作鼅与蜘。如今规范化承古文作蜘。

【本义】《说文·黽部》:"鼅,鼄也。从黽,智省声。蜘,或从虫。"本义为蜘蛛。

【演变】蜘,用作"蜘蛛",本义为❶一种节肢动物:青苔依空墙,~蛛网四屋|太昊师(效仿)~蛛而结网。用作"蜘蟟",指❷蝉的俗称:~蟟蝉叫稻生芒。

赚 zhuàn;zuàn
(賺、賺)

【字形】篆 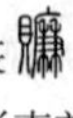 今篆  隶 賺 賺 草 

【构造】形声兼会意字。篆文从貝,廉声。隶变后楷书写作賺。俗作賺,省为兼声,兼也兼表加倍获得之意。如今简化作赚,为正体。

【本义】《说文·贝部》新附:"賺,重买(卖)也。从貝,廉声。"本义为贱买贵卖。

【演变】赚，读 zhuàn，本义指❶买卖获利：多~他些钱｜这次可大~了｜~钱养家。引申泛指❷获得，落得：官司没打赢，倒~了一身病。用作名词，指❸买卖所获得的利润：一年下来，只有这点~头。

又读 zuàn，物失其值才能赚，故又指❹诳骗：他~我到无人处，行起凶来｜别听他的，他净~人。

锹 qiāo（鍬、鍫）

【字形】古　今篆　隶 鍬 鍬 鍫

草

【构造】形声兼会意字。古文从斗，𠷎声，表示挖掘。俗作鍬，从金，秋声，秋也兼表与耕作相关之意。异体作鍫。如今皆简作锹，为正体。

【本义】《玉篇·金部》："鍫，臿（插）也。"本义为用来挖土或铲东西的工具。

【演变】锹，本义指用来挖土或铲东西的工具：~飞畚运，委土成丘｜铁~。

舞 wǔ

【字形】甲　金　篆　隶 舞　草

【构造】象形字。在甲骨文中舞与無（无）为同一个字，象人手持牛尾等舞具翩翩起舞之形。金文繁化，或加出义符辵，突出行动之意。篆文则另加义符"舛"（双足），用以强调手舞足蹈之意，遂泛指舞蹈。隶变后楷书写作舞。参见无。

【本义】《说文·舛部》："舞，乐也。用足相背。从舛，無声。"本义为乐舞。

【演变】舞，本义为❶跳舞，乐舞：嗟叹之不足，故不知手之~之，足之蹈之也｜手~足蹈｜轻歌曼~。用作名词，又指❷舞蹈这种活动：芭蕾~｜跳个~｜秧歌~｜红绸~｜单人~。引申泛指❸挥动，舞动：瓠巴鼓琴而鸟~鱼跃｜项庄~剑，意在沛公｜~枪弄棒｜挥~。用于抽象意义，引申指❹耍弄：~智以御人｜~文弄墨｜贪污~弊。

【组字】舞，如今既可单用，也可作偏旁。现今归入夕部。凡从舞取义的字皆与舞蹈等义有关。

以舞作声兼义符的字有：儛、嫵。

以舞作声符的字有：廡、潕（潕）。

熏 xūn；xùn（燻）

【字形】金　篆　今篆　隶 熏 燻

草

【构造】会意字。金文像一个烘笼形，其中四点象征里边有烟火；或在下边更加一火，以突出熏烤之意。篆文整齐化。隶变后楷书写作熏。后来熏作了偏旁并引申出他义，便又加义符"火"写作"燻"，如今简化，仍然用熏。

【本义】《说文·屮部》："熏，火烟上出也。从屮，从黑。屮黑，熏黑也。"这是就篆文所作的解说。就金文分析，本义当是用熏笼熏烤。现今有些农村冬天烘被仍在使用，叫烘子。

【演变】熏，读 xūn，本义为用熏笼熏烤，引申泛指❶用火烟熏炙：秋衾微润覆炉~｜~肉｜~黑。古人束香草以燃之而享其香味，故又引申指❷气味刺激人，侵袭：臭气~人｜利欲~心。又引申指❸暖和：~风。

又读 xùn，特指❹烟气使人中毒：别被煤气~着了。

【组字】熏，如今既可单用，也可作偏旁。现今归入火部。凡从熏取义的字皆与烟气熏烤有关。

以熏作声兼义符的字有：薰、燻、曛、醺。

以熏作声符的字有：獯、勳（勋）、壎（埙）。

稳 wěn（穩）

【字形】篆　隶 稳　草

【构造】形声兼会意字。篆文从禾，㥯声，㥯也兼表筑捣之意。隶变后楷书写作穩。如今简化作稳。

【本义】《说文·禾部》新附："穩，蹂谷聚也。一曰安也。从禾、隱省。"本义为捣谷时扬弃秕糠留下一堆谷实。

【演变】稳，本义指❶捣谷时扬弃秕糠留下一堆谷实。由此引申指❷安稳：行人安～，布帆无恙｜～坐钓鱼船｜～如泰山｜地位～固｜坐～｜站～｜平～。又引申指❸有把握，可靠：～操胜券｜十拿九～｜～便｜～妥。又引申指❹稳重，不鲁莽：这人办事很～｜～步前进。用作使动，又引申指❺使稳定：你先把他～住。

算 suàn
（祘、筭）

【字形】篆  隶  草 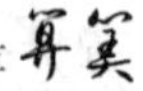

【构造】会意字。篆文从竹（表算筹）从具（表备办），会运用算筹进行运算之意。隶变后楷书写作算。异体作祘，从四根横竹筹和六根竖竹筹，表示十进位的运算；也作筭，从竹从弄会意。如今规范化，以算为正体。祘另表他义，筭废而不用。参见祘。

【本义】《说文·竹部》："算，数也。从竹，从具。读若筭。"本义为计算。

【演变】算，本义指❶计算：数者，一、十、百、千、万也，所以～数事物｜～账｜预～｜～术。引申指❷计谋，打算：多～胜，少～不胜，而况无～乎｜妙～｜盘～｜失～。又引申指❸推测，估计：杜郎俊赏，～而今，重到须惊｜～来该有七八年了｜～命。谋害人也是一种算，故又引申指❹谋害：被贼人所～｜日夜想着～计别人。由把自己也计入，又引申指❺当作，作为：就～你帮了我的忙。又引申指❻承认，算数：这次不～，下次再来。又进而引申指❼作罢，不计较：～了罢，别再费劲了。又表示❽总算：这次～把你的问题解决了。

【组字】算，如今既可单用，也可作偏旁。现今仍归入竹部。凡从算取义的字皆与算计等义有关。

以算作声兼义符的字有：篹。

以算作声符的字有：潩、簸、纂。

箩 luó
（籮）

【字形】古  今篆  隶 

草 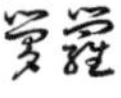

【构造】形声兼会意字。古文从竹，羅声，羅也兼表像罗网一样有眼之意。隶变后楷书写作籮。如今简化作箩，为正体。

【本义】《集韵·戈韵》："箩，江南谓筐底方上圆曰箩。"本义为箩筐。用竹子或柳条编成，底部有细眼，可筛粉末。

【演变】箩，本义指❶箩筐：稻～｜淘～。引申特指❷筛箩：借个～来筛面。用作动词，指❸用箩筛：～面。

管 guǎn
（琯）

【字形】籀  篆  隶 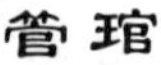

草 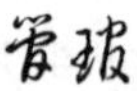

【构造】形声兼会意字。籀文从竹，官声，官也兼表在室内制作之意。篆文整齐化。隶变后楷书写作管。异体作琯，从玉，表示玉制。如今规范化，以管为正体。

【本义】《说文·竹部》："管，如篪，六孔。从竹，官声。琯，古者玉琯以玉。从玉，官声。"所释为引申义。本义当为竹管。古乐器，管状，竹制。

【演变】管，本义指❶竹管，后泛指管状物：是直用～窥天，用锥指地也｜～中窥豹｜～窥蠡测｜电子～｜晶体～｜钢～｜水～｜脉～｜气～｜～道｜笔～。又用作❷量词：两～毛笔｜一～牙膏。古代用竹管制乐器，故又引申指❸竹制管状乐器，后泛指管乐器：百姓闻王钟鼓之声，～籥之音｜虽无丝竹～弦之盛，一觞一咏，亦足以畅叙幽情｜举酒欲饮无～弦｜萨克斯～｜黑～。此义也用"琯"。古代钥匙为管状，故又引申指❹钥匙：郑人使我掌其北门之～。由掌管钥匙，用作动词，又引申指❺统辖：不富不厚不足以～下也｜下～十几个单位｜～辖。又引申指❻管理：淖齿～齐之权｜～图书｜～账。又引申指❼负责，过问，约束，供给，保证等：他～教育｜他好～闲事｜他～教孩子很严｜～吃～住｜不合格～换。又引申指❽关涉：他要走，～我什么事？用作介词，相当于❾把，向：小王～他叫二叔｜你去～他要书。用作"不管"，连词，表示无条件，相当于❿不论：不～是谁，都要遵守纪律。

【组字】管，如今既可单用，也可作偏旁。现今仍归入竹部。凡从管取义的字皆与管状物等义有关。

以管作声符的字有:痯。

緐 fán (繁)

【字形】金　篆　隶　草

【构造】会意兼形声字。金文从糸从每(妇女头上有盛饰),会妇女头上饰物繁多如丝之意,每也兼表声。篆文整齐化。隶变后楷书写作緐。是"繁"的本字。

【本义】《说文·糸部》:"緐,马髦饰也。从糸,每声。"解说不确。本义当为妇女头上饰物繁多。

【演变】緐,本义为❶妇女头上饰物繁多。又泛指❷繁多:雕盘堆~英,艳粉弱自战。后来俗另加义符"攵"(手持棍)写作"繁",表示弄得纷乱。如今用"繁"。参见繁。

【组字】緐,如今不单用,只作偏旁。现今仍归入糸部。凡从緐取义的字皆与繁多等义有关。以緐作声兼义符的字有:瀿、繁。

舆 yú (輿)

【字形】甲　金　篆　隶　草

【构造】会意兼形声字。甲骨文是四手(舁)抬一"東"形,会抬起之意,舁也兼表声。金文将"東"变为"車"。篆文整齐化。隶变后楷书写作輿。如今简化作舆,为正体。

注意:古代的舆与后来的轿子相似,是没有轮子的,只能抬,不能推。后来出现了有轮的车,轮子上边载物或坐人的车箱就仍然叫"舆"。

【本义】《说文·车部》:"輿,车輿也。从車,舁声。"这是就篆文所作的解说。本义应为抬举。

【演变】舆,由本义抬举,引申泛指❶运载:令断虎头,~致州,为颂以献。大地负载万物与车承载相似,故又比喻❷大地,疆域:御史奏~地图|~图。由众人抬,又引申指❸众,众人:晋侯听~人之诵|上回天怒,下快~情|~论。又特指❹车箱:~薪之不见,为不用明焉。又泛指❺车子:假~马者,非利足也,而致千里。"舆"与轿子相似,故又指❻轿子:非为掩身羞白发,自缘多病喜肩~。

【组字】舆,如今既可单用,也可作偏旁。现今仍归入车部。凡从舆取义的字皆与车辆等义有关。以舆作声符的字有:璵。

晨 chén (曟、晨)

【字形】甲　金　籀　古　篆
隶　草

【构造】会意兼形声字。甲骨文从臼(双手)持辰,会手持农具在田中锄草除虫之意,辰也兼表声。金文中间更像捉虫形并另加止(脚),突出前往田间之意。除虫是农业生产的重要环节,故当是"農"(农)的本字。古人日出而作,持农具出耕除虫之时自然是早晨,故籀文承甲骨文另加义符"晶"(三星在天)表示早晨,成为从晶从辰会意,辰也兼表声,古文省作一星,表示早晨出耕除虫时天空之房星尚在;房星夏历三月中旬,早晨出现在天空,正是春耕大忙的时节。星象与农事有密切的关系,故《说文》借用以表示早晨。篆文承甲、籀、古文,分为三体。隶变后楷书分别写作晨、曟与晨。如今"晨"只作偏旁,"曟"废而不用,早晨之义用"晨"表示。

【本义】《说文·晨部》:"晨,早昧爽也。从臼,从辰。辰,时也,辰亦声。"本义当为农耕。又《晶部》:"曟,房星,为民田时者。从晶,辰声。晨,曟或省。"本义为星名。

【演变】晨,本义指农耕;曟(省作晨),本义指星名。后来皆借用以表示早晨,并用简体晨表示。

○晨,读 chén,专用以表示❶早晨:夜如何其(jī,语气词),夜乡(近)~|西风烈,长空雁叫霜~月。用作动词,引申指❷鸡啼报晓:古人有言曰,牝鸡无~。这样,农耕之义便另造了"農"(农)来表示,星辰之义便又借"辰"来表示。参见农、辰。

【组字】晨,如今不单用,只作偏旁。现今归入辰部。凡从晨取义的字皆与农耕等义有关。

以晨作义符的字有:農(农)。

以晨作声符的字有:鷐。

僚 liǎo；liáo（寮）

【字形】篆 今篆 隶 僚 寮 草

【构造】形声兼会意字。篆文从人，尞声，尞也兼表鲜明之意。隶变后楷书写作僚。注意：此处的"尞"如今不简作"了"。又借作寮，从宀，尞声，尞也兼表意。如今二字表义有分工。

【本义】《说文·人部》："僚，好貌。从人，尞声。"本义为人长得鲜亮美好。《玉篇·宀部》："寮，官寮也。与僚同。"表示同僚。

【演变】僚，作为本字，读 liǎo，本义指❶美好：佼人~兮。

又读 liáo，作为"寮"的借字，又指❷同一官署的官吏：朝~知其得贤|~友|~属|~佐|同~。引申泛指❸官吏：世胄蹑高位，英俊沉下~|官~。

○寮，从宀（房屋）从尞，会多人在宫殿中举行燎祭之意，尞也兼表声。读 liáo，本义为❶同一官署的官吏：同官为~，吾尝同~，敢不尽心乎？此义后用"僚"来表示。僧舍是多人共居之所，故又引申指❷僧舍：屋窄似僧~。有屋则有窗，故又引申指❸小窗：看斜晖之度~。后又泛指❹小屋：茶~酒肆|茅~。

僕 pú（菐、仆）

【字形】甲 金 古 篆 隶 僕 仆 草

【构造】会意兼形声字。僕是菐的后起字，甲骨文象顶戴辛（刑刀）后有饰尾之人手持盛粪土的簸箕扫除之形，表示是个受过刑的奴隶。金文变得看不出人形了，遂另加义符人，成为从人从菐会意，菐也兼表声。古文进一步省简，就看不出原意了。篆文承金文和古文分为繁简二体，异体或改人旁为臣，以突出臣仆之意。隶变后楷书分别写作僕与菐。如今"僕"借用"仆"来表示，从人从卜会意，卜也兼表声。"菐"只作偏旁。参见菐。

【本义】《说文·菐部》："僕，给事者。从人，从菐，菐亦声。"本义指供役使的奴隶。又《人部》："仆，顿也。从人，卜声。"本义指以头碰地。

【演变】僕，本义指❶供役使的一种奴隶：僚臣~，~臣台。泛指❷奴隶，仆人：人之无辜，并其臣~|然梁之比于秦，若~耶？|~从|公~|女~|~夫。后又指❸受雇从事杂役的人：顾（姓）~守衣（行李）洞外。又特指❹古代官名：太~|~射。仆人的地位低下，故又用作❺第一人称谦辞：~非敢如此也。以上各义如今皆借用"仆"来表示。

○仆，读 pū，本义为❶顿首至地：当门~头碎首而死。引申指❷向前跌倒：即诈僵~，阳（佯）病。又泛指❸倒地：有碑~，其文漫灭。如今又借用以表示"僕"的以上各个含义。

【组字】僕，如今不单用，只作偏旁。现今仍归入人部。凡从僕取义的字皆与仆役等义有关。以僕作声符的字有：撲、濮、樸。

鼻 bí（嗅、齅）

【字形】甲 古 篆 今篆 隶 鼻 齅 嗅 草

【构造】会意兼形声字。甲骨文从自（鼻子）从畀（赐予），表示用鼻子把气吸进来闻一闻，畀也兼表声。古文稍繁。篆文整齐化。隶变后楷书写作鼻。是"自"的加旁分化字。参见自。

【本义】《说文·鼻部》："鼻，引气自畀也。从自、畀。"本义是用鼻子闻。

【演变】鼻，本义指❶用鼻子闻。由于当鼻子讲的"自"后来引申为自己等含义，鼻子的意思便借"鼻"来表示：~涕。动物出生先露出鼻子，故引申为❷创始：~祖。又引申指❸器物上面突出带孔像鼻子的部分或带孔的零件：门~|针~。

由于"鼻"为引申义所专用，闻的意思就又另造了"齅"（从鼻从臭会意，臭也兼表声）来表示。俗又改用"嗅"。

○嗅，从口从臭，臭也兼表声，本是"齅"的俗字。读 xiù，指用鼻子辨气味：树橘柚者，食之则甘，~之则香|~觉。

【组字】鼻，如今既可单用，也可作偏旁。现今仍设鼻部。凡从鼻取义的字皆与鼻子有关。

以鼻作义符的字有：⿰鼻丩、鼽、劓、鼾、鼿、⿰鼻瓦、齁、⿰鼻隶、齃、齄、齅、齆、齇、齈、齉。
以鼻作声符的字有：濞。

魅 mèi
（鬽）

【字形】甲 籀 篆 隶 草

【构造】象形兼会意兼形声字。甲骨文从鬼从彡，象长发披散的鬼怪形或长毛鬼形。籀文稍讹。篆文整齐化；异体改为从鬼从未（枝叶披散）会意，未也兼表声。隶变后楷书分别写作鬽与魅。如今规范化，以魅为正体。

【本义】《说文·鬼部》："鬽，老精物也。从鬼、彡；彡，鬼毛。魅，或从未声。"本义为传说中久历年月的老物变成的精怪。

【演变】魅，本义为❶老物变成的精怪：魑～魍魉，莫能逢之｜木～山鬼，野鼠城狐。引申泛指❷鬼怪：众～如何敢触人｜鬼～。用作动词，指❸迷惑，媚惑，吸引（人）：内怀容媚谄～，非大丈夫之节也｜鬼……皆能～人｜景色～人｜～惑｜～力。

【组字】魅，如今既可单用，也可作偏旁。现今仍归入鬼部。凡从魅取义的字皆与鬼怪等义有关。
以魅作声符的字有：㔢。

㥯 yǐn

【字形】篆 隶 草

【构造】会意兼形声字。篆文从心从㐭（双手持杵筑捣），会忧心如捣之意，㐭也兼表声。隶变后楷书写作㥯。

【本义】《说文·心部》："㥯，谨也。从心，㐭声。"所释为引申义。本义当为心中忧伤。

【演变】㥯，本义指❶心中忧伤。引申为❷谨慎。因其兼从"㐭"字取得声义，故又表示❸依凭。

由于㥯作了偏旁，其义便借"隱"（隐）来表示。参见隐。

【组字】㥯，如今不单用，只作偏旁。现今仍归入心部。凡从㥯取义的字皆与捣实、依凭、忧痛等义有关。
以㥯作声兼义符的字有：隱（隐）、穩（稳）、⿰忄㥯（隐）。
以㥯作声符的字有：濦、檃、⿰钅㥯。

貍 lí；mái
（薶、埋、狸）

【字形】金 古 篆 今篆 隶 草

【构造】会意兼形声字。金文像貍形，里声。古文一形从鼠，里声；二形从豸（猫），里声，里也兼表田野之意。本义为野猫。篆文整齐化。隶变后楷书写作貍。是"狸"的异体字。

【本义】《说文·豸部》："貍，伏兽，似貙。从豸，里声。"本义为豹猫。也称野猫、狸猫、狸子、山猫。

【演变】貍，读 lí，本义指❶野猫。也指❷家猫。

又读 mái，野猫善于藏伏，后借用以表示❸埋祭，埋藏：以～沈祭山林川泽。又泛指❹埋藏：机长六尺，～一尺。

由于貍作了偏旁，此义便另加义符"艹"写作"薶"，表示用草埋。

〇薶，从艹从貍会意，貍也兼表声。读 mái，本义为❶埋葬：（孟春之月）掩骼～胔。又指❷填塞。用作"薶掛"，指旧时治河法之一，用木、石、杙、絙等填塞决口、加固堤岸。后因其笔画过繁，就又造了简易的"埋"字。

〇埋，从土从里（薶省）会意，里也兼表声。读 mái，表示埋于土中。由甲骨文沉（，古代一种将牛沉埋于水中祭祀河川的仪式）来看，埋本义当为❶埋祭，即把牲体放进坑中用土盖上，是古代一种祭祀山林的仪式：祭山林曰～，川泽曰沈。引申泛指❷掩埋：～其首于子驹之门｜～地雷｜掩～｜～藏。又特指❸埋葬死者：葬不如礼曰～。又引申指❹隐藏：隐姓～名｜～没｜～伏。又引申指❺低下：～头苦干。

又读 mán，把不满隐藏在心里也是一种"埋"，故表示❻埋怨：月下刘郎走一似烟，口儿里尚~冤。

貍如今专作偏旁，野猫之义便由“狸”来表示。

○狸，从犭从里会意，里也兼表声。读 lí，本义指野猫：取彼狐~，为公子裘|~猫换太子。注意：如今“狐狸”只指狐。

【组字】貍，如今不单用，只作偏旁。现今仍归入豸部。凡从貍取义的字皆与掩藏等义有关。以貍作声兼义符的字有：薶、瓈、霾。

貌 mào (皃)

【字形】甲 金 古 籀 篆 今篆 隶 草

【构造】象形兼形声字。甲、金文和古文与頁略同，象人面束发之形。籀文另加声符豸。篆文承古文省去头发并整齐化，异体承籀文将皃改为頁，其义不变。隶变后楷书写作皃、額。俗承接籀文作貌。如今规范化，以貌为正体。皃只作偏旁，額废而不用。参见皃。

【本义】《说文·皃部》：“皃，颂（容）仪也。从儿，白象面形。貌，籀文皃，从豸。”本义指容貌。

【演变】貌，本作“皃”。由于皃作了偏旁，其义便又另加声符“豸”（猫）写作“貌”。本义为❶容貌：彼见吾~，必有惧心|花容月~。引申指❷样子，神态：止于坐隅，~甚闲暇|未见全~。又引申指❸外表：礼节者，仁之~也|~合神离。又引申指❹有礼貌：见冕者与瞽者，虽亵必以~。又引申指❺形状，状态：滔滔，广大~。用作动词，表示❻描绘：屡~寻常行路人。

【组字】貌，如今既可单用，也可作偏旁。现今归入豸部。凡从皃取义的字皆与头面等义有关。

以貌作声符的字有：邈、藐。

膜 mó

【字形】古 篆 隶 草

【构造】形声兼会意字。古文从月（肉），莫声，莫也兼表蒙覆之意。篆文整齐化。隶变后楷书写作膜。

【本义】《说文·肉部》：“膜，肉间胲膜也。从肉，莫声。”本义为动物体内像薄皮样的组织。《集韵·模韵》：“膜，胡人拜称南膜。”又表示膜拜。举手加额，长跪而拜。

【演变】膜，本义指❶动物体内像薄皮样的组织：肠胃之间，~原之下，血不得散|耳~|胸~。引申指❷植物体内像薄皮样的组织：榴枝婀娜榴实繁，榴~轻明榴子鲜|壳如红缯，~如紫绡，瓤肉莹白如冰雪|竹~。又泛指❸像膜一样的东西：塑料薄~|橡皮~|地~。又表示❹膜拜：~拜稽首，愿为臣妾|顶礼~拜。

膊 pò；bó；bo

【字形】古 篆 隶 草

【构造】形声兼会意字。古文从月（肉），尃声，尃也兼表铺布之意。篆文整齐化。隶变后楷书写作膊。

【本义】《说文·肉部》：“膊，薄脯，膊之屋上。从肉，尃声。”本义为切薄铺开曝肉。《正字通·肉部》：“膊，肩膊也。”又表示胳膊。

【演变】膊，读 pò，本义指❶曝肉：作醢必先~干其肉。

又读 bó，动物肩肉最好，故后专用以表示❷肩膀：手~腿足各有经过伤|臂~|肩~。

又读 bo，❸用于“胳膊”：胳~上搭着条毛巾。

膀 páng；bǎng；pāng

【字形】古 篆 隶 草

【构造】形声兼会意字。古文从月（肉），旁声，旁也兼表两旁之意。篆文整齐化。异体改为从骨，其义不变。隶变后楷书写作膀。

【本义】《说文·肉部》：“膀，胁也。从肉，旁声。”本义为两胁。

【演变】膀，读 páng，本义指❶两胁。又表示❷膀胱：~胱者，津液之府也。

又读 bǎng，膀子在两胁上，故引申指❸肩膀，膀子：肉则羊~豕胁|~大腰粗。又引申指❹鸟类或昆虫的翅子：鸟翅~。

又读 pāng,肩膀肉厚突起,故引申指❺浮肿:脚~得穿不了鞋|脸也有点~。

鲜 xiān;xiǎn
(鲜、鱻;尟、尠)

【字形】金 古 篆 今篆 隶 草
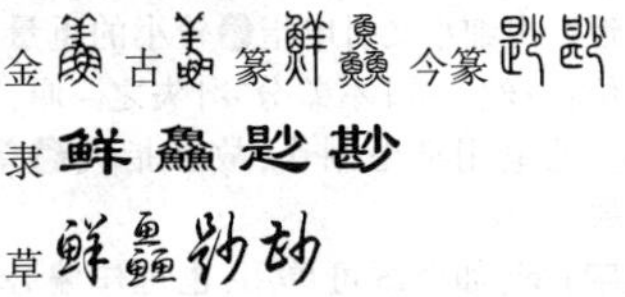

【构造】形声兼会意字。金文从鱼从羴(膻)省会意,羴也兼表声。本是一种鱼名。古文大同。篆文整齐化。隶变后楷书写作鮮。如今简化作鲜。

【本义】《说文·鱼部》:"鮮,鱼名,出貉国。从鱼,羴(膻)省声。"本义为一种鱼名。

【演变】鲜,本义是❶一种鱼名。引申泛指❷鱼类:治大国若烹小~。也指❸活鱼:冬宜~羽。又引申泛指❹新鲜的食物:尝~。进而表示❺滋味美好:鸡汤真~。由此,后来便代替了原本当新鲜讲的"鱻"(从三鱼,用多鱼会活鱼新鲜之意),表示❻新鲜:数见不~|~花|~血。又引申指❼光彩,明丽:~红|~艳|~明。又用作❽北方少数民族名:~卑。

又读 xiǎn,借用作"尠、尟"(从少,从甚,或从是从少,会不多之意),表示❾少:寡廉~耻。

【组字】鲜,如今既可单用,也可作偏旁。现今仍归入鱼部。凡从鲜取义的字皆与鱼义有关。以鲜作声符的字有:藓、癣。

疑 yí;níng
(凝)

【字形】甲 金 古 篆 隶 草
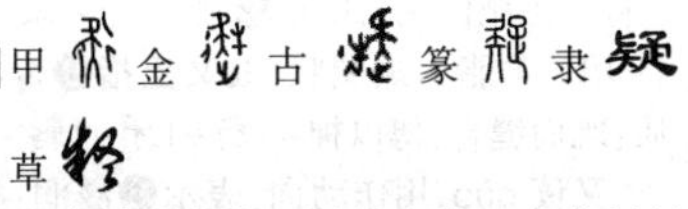

【构造】会意兼形声字。甲骨文像一人拄杖站在半条街上左右张望,会犹豫不行之意。金文又加上义符止(脚)和声兼义符牛,以强调因不知牛之去向,行止不能确定。古文大同。篆文承金文,将张望之人讹为匕、矢,省去半条街,将牛改为子,由寻牛变成寻子。隶变后楷书写作疑。

【本义】《说文·子部》:"疑,惑也。从子、止、匕,矢声。"析形不确。本义为犹豫不行。

【演变】疑,读 yí,本义指❶犹豫不行:任贤勿贰,去邪勿~。引申为❷迷惑,不明白:中心~者,其辞枝(支吾)。又引申为❸疑问:其妻献~。又引申为❹怀疑,猜忌:是说也,人常~之|非(非难)俊~杰兮,固庸态也。又引申为❺好像:山重水复~无路。

又读 níng,由站在那里不行,引申为❻止息:宾升西阶上~立。又引申为❼聚结:营而离之,我并卒而击之;然而不离,按而止,毋击~。此义后用"凝"来表示。参见凝。

【组字】疑,如今既可单用,也可作偏旁。现今归入疋部。凡从疑取义的字皆与犹豫不行等义有关。

以疑作声兼义符的字有:偍、儗、凝、擬(拟)、嶷、礙(碍)、癡(痴)、鬣。

馒 mán
(饅)

【字形】古 今篆 隶 草

【构造】形声兼会意字。古文从食,曼声,饅之状像蒙头,故曼也兼表蒙覆之意。隶变后楷书写作饅。如今简化作馒。初也用曼表示,后另加义符食。

【本义】《集韵·桓韵》:"馒,馒头,饼也。"本义为馒头。

【演变】馒,本义指馒头:城外土~头(喻指坟),馅草在城里|蒸~头。

誩 jìng

【字形】篆 隶 草
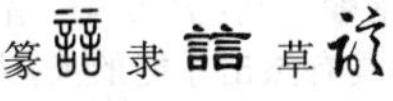

【构造】会意字。篆文从二言,会争论之意。隶变后楷书写作誩。

【本义】《说文·誩部》:"誩,竞言也。从二言。"本义为争论。

【演变】誩,本义指争论。当是"競"(竞)的金文()和篆文()的省形。

【组字】誩,如今不单用,只作偏旁。现今归入言部。凡从誩取义的字皆与谈论等义有关。以誩作义符的字有:譱(善)、譶、讟、嚚、
囍、讙。

裹 guǒ

【字形】篆 隶 草

【构造】形声兼会意字。篆文从衣，果声，果也兼表包似果之意。隶变后楷书写作裹。

【本义】《说文·衣部》：“裹，缠也。从衣，果声。”本义为缠绕，包。

【演变】裹，本义指❶缠绕，包：~以帷幕｜去时里正与~头｜~足不前｜马革~尸。用作名词，引申指❷包裹着的物品：带着大包小~｜包~｜装~。又引申指❸用胁迫手段让人跟着做坏事：不幸也被~了进去｜~胁。又引申特指❹小孩吸奶：婴儿生下来便会~奶吃。

【组字】裹，如今既可单用，也可作偏旁。现今仍归入衣部。凡从裹取义的字皆与包裹等义有关。

以裹作声兼义符的字有：缳。

豪 háo (毫)

【字形】甲 古 籀 篆 今篆 隶 草

【构造】形声兼会意字。甲骨文和古文从希，高声，高表长，会长毛豪猪（箭猪）之意。籀文改为从豕。篆文承接古文并整齐化。隶变后楷书写作豪。俗承接籀文作豪，省作豪。如今规范化，以豪为正体。

【本义】《说文·希部》：“豪，豕，鬣如笔管者，出南郡。从希，高声。”本义为豪猪。

【演变】豪，本义指❶豪猪：捕熊罴~猪。豪猪凶猛，引申指❷具有杰出才能的人：人主贤，则~杰归之｜英雄~杰｜自~。进而引申指❸气魄大，声势大，有钱有势，直爽痛快：性~业嗜酒，嫉恶怀刚肠｜~门｜~富｜~华｜~放｜~迈｜~雨。又引申指❹强横不法：巧偷~夺古来有，一笑谁似痴虎头（晋顾恺之小字）｜巧取~夺｜土~劣绅。又指❺横行不法的人：三蜀之~，时来时往。豪猪长着硬而尖的长毛，故又引申指❻细而尖的毛：离娄见秋~之末。此义后另写作“毫”。

〇毫，从毛从高省会意，高也兼表声。《集韵·豪韵》：“毫，长锐毛也。”读 háo，本义指❶细而尖的毛：(三危之山)其上有兽焉，其状如牛，白身四角，其~如披蓑。引申泛指❷细毛：明足以察秋~之末｜羊~。又比喻❸极细微的东西：今沛公先破秦入咸阳，~毛不敢有所近。由细小又引申指❹较小的重量或长度单位：一丝一~｜不差分~｜失之~厘，差之千里。毛笔用细毛制作，故又指代❺笔：挥~泼墨。

【组字】豪，如今既可单用，也可作偏旁。现今归入豕部。凡从豪取义的字皆与气势大等义有关。

以豪作声兼义符的字有：壕、嚎、濠。

膏 gāo；gào

【字形】甲 古 篆 隶 草

【构造】形声兼会意字。甲骨文从月（肉），高声，高也兼表高厚之意。肥则肉高厚。古文大同。篆文整齐化。隶变后楷书写作膏。

【本义】《说文·肉部》：“膏，肥也。从肉，高声。”本义为肥肉。

【演变】膏，本义指❶肥肉，比喻富户：今夫~粱之子，燕坐于华堂之上。肥则有脂肪，故又引申指❷液态的油脂：加其~而希其光｜焚~继晷｜脂~。又比喻❸血汗换来的劳动果实：搜刮民脂民~。油脂有滋润作用，故又引申指❹润发的油脂：岂无~沐，谁适（啻，只）为容？｜洗发~。又比喻❺滋润作物的时雨：小国之仰大国，如百谷之仰~雨焉。中医又特指❻心尖脂肪：疾不可为也，在肓之上，~之下也｜病入~肓。由肥肉又引申指❼肥沃：土~微润｜~腴｜~壤。油脂为黏稠状，故又泛指❽膏状的物质：既而缝合，傅以神~｜药~｜牙~｜唇~｜梨~。

又读 gào，用作动词，表示❾滋润：空以身~草野，谁复知之？又表示❿往机械上加油：~吾车兮秣吾马｜~油。今又表示⓫蘸墨：~墨｜~笔。

廣 guǎng；guàng (广)

【字形】甲 金 篆 隶 草

【构造】会意兼形声字。甲骨文从宀从黄,会黄瓦的房屋,黄也兼表声。金文改为从厂,以突出会像山崖样高敞的黄瓦大屋之意,黄也兼表声。篆文改为从广(高敞大屋),其义相同。隶变后楷书写作廣。如今规范化,借用“广”来表示。参见广。

【本义】《说文・广部》:“廣,殿之大屋也。从广,黄声。”本义为四周无壁的大屋。

【演变】广(廣),本义指❶四周无壁的大屋:漆湖之干有州焉,可二十步,三分赢一以为~。引申泛指❷大,广大:君子贫穷而志~。又特指❸宽,宽阔:谁谓河~,一苇杭(航)之。用作动词,指❹宏大,扩大:欲以~主上之意,塞睚眦之辞|集思~益。由广大,又引申为❺众多:兵多而战,不速所费必~|大庭~众。进而引申指❻广泛,普遍:仁恩~覆|~开言路。由宽阔,用作名词,又指❼宽度(横长或东西的距离):沈机长二丈,~八尺|从某至某,~袤(南北长)六里。由宽阔又引申指❽宽慰:自以为寿不长,伤悼之,乃为赋以自~。

又读 guàng,用作动词,指❾量宽度:粗略~了一~,约有二丈。

【组字】广(廣),如今既可单用,也可作偏旁。现今仍归入广部。凡从广(廣)取义的字皆与宽大、空阔等义有关。

以广(廣)作声兼义符的字有:扩、圹、旷。

以广(廣)作声符的字有:邝、纩、犷、矿。

遮 zhē

【字形】古　篆　隶　草

【构造】形声兼会意字。古文从辵(辶),庶声,庶(棚子)也兼表覆蔽之意。篆文整齐化。隶变后楷书写作遮。

【本义】《说文・辵部》:“遮,遏也。从辵,庶声。”本义为路上拦住。

【演变】遮,本义指❶路上拦住,阻拦:得数十人,~豪民于道|~道喊冤|横~竖拦。引申指❷用物遮蔽:千呼万唤始出来,犹抱琵琶半~面|~挡光线。又进而引申指❸掩饰:若无下官~盖,香君性命也有些不妥哩|~人耳目|~掩错误|~羞布。旧又借作“者”,表示❹这:~回疏放,做个闲人样。

【组字】遮,如今既可单用,也可作偏旁。现今仍归入辵(辶)部。凡从遮取义的字皆与拦住等义有关。

以遮作声符的字有:嗻。

麽 mó

(幺、麼、么)

【字形】甲　金　古　篆　隶　草

【构造】象形兼形声兼会意字。“麽”是“幺”的增旁字。甲骨文和金文本作“幺”,象一把细丝形。由于“幺”作了偏旁,古文另加了声符麻,麻也兼表细小之意。篆文整齐化。隶变后楷书写作麼,俗讹作麽,如今规范化,以麽为正体。

【本义】《说文・幺部》新附:“麽,细也。从幺,麻声。”本义为细小。

【演变】麽,读 mó,本义指细小。现在“麽”读 mó 时,只用于姓氏人名和“幺麽”一词中;读 ma 和 me 时,皆简作么。参见么、幺。

【组字】麽,如今既可单用,也可作偏旁。现今归入麻部。凡从麽取义的字皆与细小等义有关。

以麽作声符的字有:㦄、嬷。

腐 fǔ

【字形】篆　隶　草

【构造】会意兼形声字。篆文从肉从府(储库),肉储久易烂,故用以会腐烂之意,府也兼表声。隶变后楷书写作腐。

【本义】《说文・肉部》:“腐,烂也。从肉,府声。”本义为朽烂。

【演变】腐,本义指❶朽烂:肉~出虫,鱼枯生蠹|~草为萤|~烂|~败|陈~。腐烂则发臭,又引申指❷臭:流水不~,户枢不蠹。腐烂则不堪用,又引申指❸迂腐:为天下安用~儒。古受宫刑者,其创处腐臭,故又特指❹宫刑:死罪欲~者许之|~刑。又引申特指❺豆腐:~乳|~皮。

瘦 shòu

【字形】篆　隶　草

【构造】形声兼会意字。篆文从疒,叜声,叜即叟,人老则瘦,故用以会肌肉不丰满之意。隶变后楷书写作瘦。

【本义】《说文·疒部》:"瘦,臞也。从疒,叜声。"本义为肌肉不丰满。

【演变】瘦,本义指❶肌肉不丰满:相马失之~,相士失之贫|~肉|~弱|~小。瘦则少脂肪,故引申指❷不肥沃:浅井不供饮,~田长废耕|~地。瘦则不壮大,又引申指❸窄小:地薄桑麻~|裤子有点~。瘦则分量必减,故又特指❹减损:应是绿肥红~。

【组字】瘦,如今既可单用,也可作偏旁。现今仍归入疒部。凡从瘦取义的字皆与肌肉不丰满等义有关。

以瘦作声兼义符的字有:膄。

辣 là

【字形】古　今篆　隶　草

【构造】形声兼会意字。古文从辛(刑刀),刺省声,刺也兼表刺割之意。隶变后楷书写作辣。

【本义】《篇海类编·干支类·辛部》:"辣,痛也。辛味也。"所释为引申义。本义当为凶狠。

【演变】辣,本义指❶手段凶狠:办案也实在尽力,但只是手太~些|办事老~|毒~。姜、蒜、辣椒的味道有刺激性,故又引申指❷带刺激性的味道:甜酸苦~|辛~。用作动词,指❸辣味刺激:葱~眼,蒜~心,辣椒专~脖子筋|~得我直掉眼泪。

辡 biàn
(辨、辩)

【字形】金　古　篆

隶　草

【构造】会意字。篆文从两辛(錾凿),会剖分之意。隶变后楷书写作辡。当是"辨"的本字。

【本义】《说文·辡部》:"辡,罪人相与讼也。从二辛。"所释为引申义。本义当为剖分。

【演变】辡,本义指❶剖分。引申指❷争辩,善辩解,有口才:寡人欲学小~以观于政,其可乎?

由于辡专用作偏旁,其义便分别由"辨"与"辩"来表示。

〇辨,金文和篆文皆从刀从辡会意,辡也兼表声。读 biàn,本义指❶剖分,区分,分别:周子有兄而无慧,不能~菽麦。引申指❷辨认:茔兆堙芜封树莫~。

〇辩,古文和篆文从言从辡会意,辡也兼表声。读 biàn,本义指❶治理:大夫任官~事,官长任事守职。引申特指❷争辩,辩论:孔子东游,见两小儿~斗。又引申指❸有辩才:夫以孔墨之~,不能自免于谗谀。

【组字】辡,如今不单用,只作偏旁。现今归入辛部。凡从辡取义的字皆与剖分、两方面等义有关。

以辡作声兼义符的字有:辨、辩、辦(办)、辫、辬(斑)、瓣。

阚 kàn;hǎn
(闞、瞰、矙、嚂、㘚)

【字形】篆　今篆　隶

草

【构造】形声兼会意字。篆文从門,敢声,敢也兼表勇对之意。表示倚门而望。隶变后楷书写作闞。如今简化作阚。

【本义】《说文·門部》:"闞,望也。从門,敢声。"本义为倚门而望。

【演变】阚,读 kàn,由本义倚门而望,引申泛指❶望:禹于是疏河决江,十年未~其家|邪睨昆仑,俯~海湄(水滨)。此义后另加义符"目"写作"矙"来表示。由望又引申指❷临:自以其军长驱以~中原。又用为❸春秋鲁国地名,后成为姓。

又读 hǎn,借用来形容❹虎怒吼声:饿虎争肉,吼怒~~。此义后另加义符"口"写作"嚂"来表示。

〇矙,从目从闞会意,闞也兼表声,今简作瞰。读 kàn,本义指❶看:东~目尽。又特指

❷俯视：云车十余丈，~临城中|俯~|鸟~。又引申指❸窥伺：高明之家，鬼~其室。

〇嚂，从口从闞会意，闞也兼表声。如今简作嚂。读 hǎn，本义指虎怒吼：（虎）因跳踉大~，断其喉，尽其肉，乃去。

【组字】阚，如今既可单用，也可作偏旁。现今仍归入门部。凡从阚取义的字皆与远望、声音等义有关。

以阚作声兼义符的字有：嚂、矙（瞰）。

精 jīng

【字形】金  篆  隶 **精** 草 

【构造】形声兼会意字。金文从米，青声，青表示清纯高洁，故用以会经过筛选的上等好米之意。篆文整齐化。隶变后楷书写作精。

【本义】《说文·米部》段注："精，择米也。从米，青声。"本义为上等细米。

【演变】精，本义指❶上等细米：食不厌~，脍不厌细。引申指❷精华：夫乐，天地之~也|齐楚之~英|香~|酒~。神魂是人的精华，故又引申指❸人的精神：后岁余，成子~神复旧|以坚毅不拔之~神，与民贼相搏|无~打采|~力旺盛。又引申特指❹精液：男女构~，万物化生|受~|遗~|~子库。由精神，又引申指❺神灵，鬼怪：白骨~|妖~|成~|~灵。又引申指❻人的灵气，聪明：为人短小~悍|这人特~|~明|~干。由精米，又引申指❼纯净，精良：复造候风地动仪，以~铜铸成|兵~粮多|~矿|~米。又引申指❽精妙，美好：纤纤作细步，~妙世无双|~益求~。又引申指❾精细，严密：~思傅会，十年乃成|~打细算|~深|专~|~选。又引申指❿精锐：信臣~卒陈利兵而谁何？|关羽水军~甲万人|~兵良将。又引申指⓫精熟，精通：其业有不~，德有不成者|~技击者不过百人|业~于勤。用作副词，相当于⓬很，全：输个~光。

【组字】精，如今既可单用，也可作偏旁。现今仍归入米部。凡从精取义的字皆与精米等义有关。

以精作声符的字有：啨、蜻。

歉 qiàn

【字形】篆  隶 **歉** 草 

【构造】会意兼形声字。篆文从欠（张口出气，表示亏缺）从兼（手持禾），会收成不足之意，兼也表声。隶变后楷书写作歉。

【本义】《说文·欠部》："歉，歉食不满。从欠，兼声。"所释为引申义。本义当为收成不好。

【演变】歉，本义指❶收成不好：是使民遇丰年而思~岁也|~收|~年。引申指❷吃不饱：健儿立霜雪，腹~衣裳单|肚里~点食。由歉收，又引申泛指❸缺少，不足：田土虽多~人力。又引申指❹对人感到有亏欠，抱愧：迟复为~|抱~|~疚|~意|致~。

熔 róng（鎔）

【字形】古  篆  今篆  隶 **熔 鎔**

草 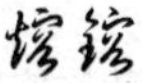

【构造】形声兼会意字。古文从火，容声，容也兼表容器之意。篆文从金。隶变后楷书写作鎔。俗承古文作熔。如今规范化，以熔为正体。现在二字表义有分工。

【本义】《说文·金部》："鎔，冶器法也。从金，容声。"本义为铸器的模型。

【演变】熔，本义指❶铸器的模型：犹金之在~，惟冶者之所铸。铸造必熔化金属，故又泛指❷熔化：落日~金|药稍~，则以一平板按其面|再火，令药~|~点|~炼|~铁。

漂 piāo；piǎo；piào

【字形】篆  隶 **漂** 草 

【构造】会意兼形声字。篆文从水从票（火上腾），用以会浮游水上之意，票也兼表声。隶变后楷书写作漂。

【本义】《说文·水部》："漂，浮也。从水，票声。"本义为浮起。

【演变】漂，读 piāo，本义指❶浮起：血流~杵。引申指❷漂流：激水之疾至于~石者，势也|~

泊|~没。

又读 piǎo,引申指❸漂洗织物,冲洗,淘去杂质:诸母~,有一母见信饥,饭信|~洗。进而引申指❹用水加药品使东西退去颜色或变白:~白。

又读 piào,物经漂洗则鲜亮,故引申为❺好看:~亮。

【组字】漂,如今既可单用,也可作偏旁。现今仍归入水部。凡从漂取义的字皆与漂浮等义有关。

以漂作声兼义符的字有:瞟。

漫 màn

【字形】古 今篆 隶 草

【构造】形声兼会意字。古文从水,曼声,曼表拉长,用以会大水无边之意。隶变后楷书写作漫。

【本义】《玉篇·水部》:"漫,水漫漫平远貌。"本义为大水无边际的样子。

【演变】漫,本义指❶大水无边际的样子:渐见江势阔,行嗟水流~。引申泛指❷辽远:还顾望故乡,长路~浩浩|~无边际|~长。用作动词,指❸大水漫流:譬如写(同泻)水着地,正自纵横~流|~出。又泛指❹弥漫,遍:亭东自足下皆云~|~山遍野|云雾~天。由漫流,又引申指❺无目的随兴去做,不放在心上:~卷诗书喜欲狂|~无目标|~不经心|~游|~笔|~谈|散~。又进而引申指❻磨灭:有碑仆道,其文~灭|其远古刻尽~失。

【组字】漫,如今既可单用,也可作偏旁。现今仍归入水部。凡从漫取义的字皆与大水等义有关。

以漫作声符的字有:蔓。

滴 dī

【字形】甲 篆 隶 草

【构造】形声兼会意字。甲骨文从水从辛(穿凿)从穴,会水滴穿穴之意。篆文讹为从水,商(啻)声,商也兼表集中于一点之意。隶变后楷书写作滴。

【本义】《说文·水部》:"滴,水注也。从水,啻声。"本义为液体一点点往下落。

【演变】滴,本义指❶液体一点点往下落:锄禾日当午,汗~禾下土|娇姿欲~|水~石穿|~灌。用作名词,指❷一点点往下落的液体:举一~可包陵谷|水~|露~。又用作❸量词:一~眼药。

演 yǎn

【字形】甲 篆 隶 草

【构造】形声兼会意字。甲骨文从水,寅声,寅表引出,用以会水长流之意。篆文稍繁并整齐化。隶变后楷书写作演。

【本义】《说文·水部》:"演,长流也。从水,寅声。"本义为水长流。

【演变】演,本义指❶水长流:南国风光当世少,西陵~浪过江难。又引申指❷滋润:夫水土~而民用也;水土无所~,民乏财用,不亡何待?由滋润,又引申指❸扩展:先王光~大业。由扩展又引申指❹阐发,敷陈:文王拘而~《周易》|当时~史小说者数十人|~义|~说。推演则变化,故又引申指❺不断地变化:大道孕灵,天尊~化|~变|~进。由敷陈,又引申指❻表演:~戏|~剧|~唱|~奏|~技。表演需要练习,故又引申指❼练习:目对云山~阵图|~武|~练|~习。

慢 màn (趧)

【字形】金 古 篆 隶 草

【构造】形声兼会意字。金文和古文从心,曼声,曼表拖拉不经心,故也用以会怠惰、懈怠之意。篆文整齐化。隶变后楷书写作慢。

【本义】《说文·心部》:"慢,惰也。从心,曼声。"本义为怠惰。

【演变】慢,本义指❶怠惰,懈怠:若无兴德之言,则责攸之、祎、允之~。引申指❷不放在心上,轻忽,不敬:陛下~而侮人,项羽仁而爱人|傲~|~待。

又借作趧（从走，曼声，曼也兼表缓慢之意），表示❸走得不快：偶然脚～，绊着门槛一跌｜～跑。引申指❹缓慢：～～吃。

寨 zhài（砦）

【字形】古　今篆　隶　草

【构造】会意兼形声字。古文从木从寋（表堵塞），会用木头做的羊圈羊栏之意，寋也兼表声。隶变后楷书写作寨。异体作砦，从石从柴省会意，柴也兼表声。

【本义】《玉篇・木部》："寨，羊宿处。"本义为羊圈、羊栏。

【演变】寨，本义指❶羊圈、羊栏。引申指❷防守用的栅栏，篱笆：御～及诸营垒，唯用桑、柘、梨、栗。又引申指❸村庄，村落：山西大～。

【组字】寨，如今既可单用，也可作偏旁。现今仍归入木部。凡从寨取义的字皆与拦住等义有关。

以寨作声兼义符的字有：搴。

赛 sài（賽）

【字形】篆　隶　草

【构造】形声兼会意字。最初借用"塞"表示，指筑坛祭祀酬报神灵。祭祀当然要用财物，故篆文省去土，改为从貝，塞（省）声，塞也兼表意。隶变后楷书写作賽。如今简化作赛。

【本义】《说文・貝部》新附："賽，报也。从貝，塞省声。"本义为古代举行祭祀酬报神恩。

【演变】赛，本义指❶举行祭祀酬报神恩：秋涸冻，冬塞（同赛）祷祠｜神林处处传箫鼓，共～元丰第一秋。后用以表示❷比优劣，定胜负：特令（王）澄为七言连韵，与高祖往复赌～｜接力～｜球～｜比～｜～跑。又引申指❸胜过：三个儿女一个～过一个。

寡 guǎ

【字形】甲　金　篆　隶　草

【构造】会意字。甲骨文和金文从宀（房子），里面只有一人，会人少之意。篆文繁化，另加出义符分，分表示更少。隶变后楷书写作寡。

【本义】《说文・宀部》："寡，少也。从宀，从颁。颁，分赋也，故为少。"析形是就篆文所作的解说。本义为人少。

【演变】寡，本义指❶人少：农者～，而游食者众，故其国贫危。引申泛指❷少，缺少：多闻阙疑，慎言其余，则～尤｜曲高和～｜优柔～断｜～言少语｜孤陋～闻｜～廉鲜耻｜～不敌众。又特指❸老而无夫的人：哀鳏～，恤孤独｜～妇。古代又指❹男子无妻或丧偶：齐崔杼生成及强而～。又用作谦辞，义为❺寡德：～人之于国也，尽心焉耳矣｜～君。

察 chá

【字形】金　古　篆　隶　草

【构造】形声兼会意字。金文从宀（庙宇）从𥙊（祭牲），会庙祭用牲必详究细审之意。古文改为从宀从祭会意，含义相同，祭也兼表声。篆文整齐化。隶变后楷书写作察。

【本义】《说文・宀部》："察，覆也。从宀、祭。"本义为详究细审。

【演变】察，本义指❶详究细审：小大之狱，虽不能～，必以情。引申为❷考察，调查：众恶之，必～焉；众好之，必～焉｜夫信不然之物而诛无罪之臣，不～之患也。审察莫过于细看，故又引申指❸细看：仰以观于天文，俯以～于地理。再引申指❹看清楚，明白，知晓：明足以～秋毫之末｜能定而审，敌情虽万里之远可坐～矣。

【组字】察，如今既可单用，也可作偏旁。现今仍归入宀部。凡从察取义的字皆与详审等义有关。

以察作声符的字有：擦、嚓、檫、镲、礤。

蜜 mì（蠠）

【字形】篆　隶　草

【构造】会意兼形声字。篆文从䖵从鼏（蒙覆），用以会藏于蜂巢的蜂蜜之意，鼏也兼表声。异体从虫从宓，会安处于巢内的蜂蜜之意，宓也兼表声。如今规范化，以蜜为正体。

【本义】《说文·蚰部》："蠠，蜂甘饴也。一曰螟子。从蚰，鼏声。蜜，蠠或从宓。"本义为蜂蜜。

【演变】蜜，本义指❶蜂蜜：蜂液为～｜采花髓作～。引申泛指❷甜美：口～腹剑｜甜言～语｜甜～。又比喻❸甜美的生活：～月。

【组字】蜜，如今既可单用，也可作偏旁。现今归入虫部。凡从蜜取义的字皆与蜜蜂等义有关。

以蜜作声符的字有：蓥、樒。

谱 pǔ
（譜）

【字形】篆　隶　草

【构造】形声兼会意字。篆文从言，普声，普表普遍，会记录事物或系统全部内容的书之意。隶变后楷书写作譜。如今简化作谱。

【本义】《说文·言部》新附："譜，籍录也。从言，普声。"本义为按事物的类别或系统编成的书。

【演变】谱，本义指❶按事物的类别或系统编成的书：帝王～｜诸侯～｜诗～｜家～｜年～｜～系｜竹～｜食～。有的谱专供人学习效法，故又引申指❷作为示范的图形，符号：棋～｜曲～｜画～。由示范图形，又引申指❸办事的方案，大致标准：心里有～儿｜还没个～儿｜这太离～儿了。用作动词，又引申指❹编写谱表，编入：吾上书太夫人，～汝诸孙中。又引申指❺作曲：惯听禽声应可～｜～曲。

嫩 ruǎn；nèn
（媆、嫰、嫩）

【字形】篆　今篆　隶 嫩 媆 嫩

草

【构造】形声兼会意字。篆文从女，耎声，耎（柔软）也兼表女子柔美之意。隶变后楷书写作媆。俗作嫩，改为軟声，其义相同。嫩后又讹作嫰、嫩，軟旁讹为敕。如今规范化，以嫩为正体。

【本义】《说文·女部》："媆，好貌。从女，耎声。"本义为女子柔美的样子。《玉篇·女部》："媆，与嫩同。"

【演变】嫩，本作媆，读 ruǎn，本义指❶女子柔美的样子。

又读 nèn，由女子柔美，引申泛指❷初生柔弱而娇嫩：萝短未中揽，葛～不任牵｜细皮～肉｜～芽。又引申指❸程度轻：春禽处处讲新声，细草欣欣贺～晴｜～寒。又引申指❹颜色浅：看尽鹅黄～绿｜～紫殷红｜～黄。又引申指❺食物烹调时间短，容易嚼：鸡蛋煮～一些｜肉片炒得很～。又引申指❻幼稚，不老练：碰着这般～手，只当他小孩子顽（玩）｜要手腕，你还～着呢。

【组字】嫩，如今既可单用，也可作偏旁。现今仍归入女部。凡从嫩取义的字皆与柔美等义有关。

以嫩作声符的字有：㜛。

歰 sè
（丒、澀、涩）

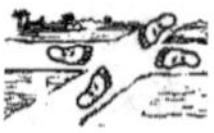

【字形】甲　古　篆　今篆

隶 歰 澀 澁　草

【构造】会意字。甲骨文一形从行（街道），从方向相反的四只脚（止），用在街上行走相抵牾，会行走艰难之意；二形省去"行"只留三止。古文只留四止。篆文将四只脚整齐化。隶变后楷书写作歰。如今只作偏旁，简化作丒。注意：上边是止的变形，不是"刃"。

【本义】《说文·止部》："歰，不滑也。从四止。"此为引申义。本义当为行走艰难。当是澀的初文。

【演变】歰，本义指行走艰难，引申指❶道路艰险不畅通：道路～难。又引申指❷不光滑，滞涩：墙面发～。又引申指❸味苦，口涩：柿子有点发～。又指❹文字生硬不流畅：文字艰～。

为了突出不流畅之意，俗又另加义符"氵"写作"澀"来表示。

○涩，繁体作澀，从水从歰会意，歰也兼表声。如今简化作涩，读 sè，本义指❶不光滑：车轴发～。引申指❷舌头感觉麻木不滑润：酸

~如棠梨｜苦~。用于文章，指❸生硬，难读懂：文字艰~｜文章读起来枯~无味。

【组字】翟，如今不单用，只作偏旁。现今仍归入止部。凡从翟取义的字皆与行走艰难等义有关。

以翟作声兼义符的字有：僾、蘧、澀（涩）。

熊 xióng

【字形】甲　金　古　篆　隶 熊

草

【构造】象形兼会意兼形声字。甲骨文和金文皆象长嘴狗熊形。古文改为从火从能（狗熊，表凶猛），会火势凶猛、旺盛之意，能也兼表声。篆文整齐化。隶变后楷书写作熊。由于本当狗熊讲的“能”后来为引申义能力等所专用，狗熊之义便借“熊”来表示。参见能。

【本义】《说文・熊部》：“熊，兽，似豕，山居，冬蛰。从能，炎省声。”解说不妥。本义当为火势凶猛、旺盛。

【演变】熊，本义指❶火势凶猛旺盛：南望昆仑，其光~~，其气魂魂｜~~烈火。由于本当狗熊讲的“能”后来为能力等义所专用，狗熊之义便借“熊”来表示，所以“熊”又表示❷狗熊：勖哉夫子！尚桓桓，如虎如貔，如~如罴｜今梦黄~入于寝门｜白~｜黑~。又用作❸姓。

【组字】熊，如今既可单用，也可作偏旁。现今归入火部。凡从熊取义的字皆与狗熊等义有关。

以熊作义符的字有：蕉、羆（罴）、樵。

翟 dí；zhái

【字形】甲　金　古　篆　隶 翟

草

【构造】会意字。甲、金文从羽从隹（鸟），会鸟尾羽高高翘起之意。古文稍繁。篆文整齐化。隶变后楷书写作翟。

【本义】《说文・羽部》：“翟，山雉尾长者。从羽，从隹。”本义为长尾野鸡。

【演变】翟，读dí，本义指❶长尾野鸡：女床之山有鸟焉，其状如~而五彩文。又指❷野鸡翎：左手执籥，右手秉~。古又同“狄”，指❸周代北方地区民族名：~人攻之。

又读zhái，用作❹姓。

【组字】翟，如今既可单用，也可作偏旁。现今仍归入羽部。凡从翟取义的字皆与野鸡翎羽高起等义有关。

以翟作声兼义符的字有：擢、躍（跃）、趯。

以翟作声符的字有：濯、戳、曜、櫂、耀、糴（籴）、糶（粜）。

翠 cuì

【字形】金　古　篆　隶 翠　草

【构造】会意兼形声字。金文从羽（代鸟）从卒（表小不点），会一种青绿色有斑点的鸟之意，卒也兼表声。古文改为从羽皋声。篆文承金文并整齐化。隶变后楷书写作翠。

【本义】《说文・羽部》：“翠，青羽雀也。从羽，卒声。”本义为翠鸟。一种青绿色的雌鸟，也叫翡翠鸟。

【演变】翠，本义指❶翠鸟：孔~群翔，犀象竞驰。引申泛指❷翠绿色：绿树~蔓，蒙络摇缀｜雕琉璃于~楣｜花与~叶并擎｜~竹｜~玉。用作名词，又指❸翠鸟的羽毛：张~帏，建羽盖｜点~。又引申指❹一种青绿碧色的玉石，即翡翠：戴金~之首饰｜珠~｜~花。

【组字】翠，如今既可单用，也可作偏旁。现今仍归入羽部。凡从翠取义的字皆与翠鸟等义有关。

以翠作声符的字有：噿、璻。

凳 dèng（櫈）

【字形】古　今篆　隶 凳 櫈

草

【构造】形声兼会意字。古文从几，登声，登也兼表可登踏之意。隶变后楷书写作凳。异体作櫈，另加义符木，以强调木制。如今规范化，以凳为正体。

【本义】《广韵·嶝韵》："凳，床凳。"《恒言录·居处器用类》："凳，本登字。盖以登床得名，后人稍高之，以为坐具耳。"本义为供人登床或坐的家具。

【演变】凳，本义指供人坐或登床的家具：弄了一张短板～，在人缝里坐下｜长～｜矮～｜木～｜小板～｜脚～。

【组字】凳，如今既可单用，也可作偏旁。现今归入几部。凡从凳取义的字皆与坐具等义有关。

以凳为声兼义符的字有：櫈。

骡 luó （驘、騾）

【字形】古 篆 今篆 隶 骡 驘 草

【构造】形声兼会意字。古文从馬，彔声，彔也兼表马、驴相合之意。篆文从馬，䯁声。隶变后楷书写作驘。俗承古文简作騾，改为累声。如今简化作骡，为正体。

【本义】《说文·馬部》："驘，驴父马母(所生)也。从馬，䯁声。"本义为由驴马交配所生的杂种牲畜，俗称马骡或驴骡。

【演变】骡，本义指骡子：赵简子有两白～而甚爱之｜～马成群。

缩 suō （縮）

【字形】篆 隶 缩 縮 草

【构造】会意兼形声字。篆文从糸从宿，宿表示蜷宿，用以会缠绕作一团之意，宿也兼表声。隶变后楷书写作縮。如今简化作缩。

【本义】《说文·糸部》："縮，乱也。从糸，宿声。一曰蹴也。"本义为缠绕作一团，当然乱了。

【演变】缩，读 suō，由本义缠绕作一团，引申指❶用绳子捆起来：其绳则直，～版以载(同栽，栽立木柱以挡住筑版)。捆绑则不能伸开，故又引申指❷不伸开，不伸展：筋骨瑟～不达，故作舞以宣导之｜论战斗之事，则～颈而股栗｜～头乌龟｜～手～脚｜龟～。缩则变短变小，故又引申指❸变小，变短：(天时)孟春始赢，孟秋始～｜盈～之期，不但在天｜～小｜～短｜～减｜～写｜～编｜紧～。又引申指❹后退：贼纵突骑，众并～｜退～｜畏～。用绳拉紧版干则绳绷直，故又引申指❺纵，直：自反而不～，虽褐宽博，吾不惴焉；自反而～，虽千万人，吾往矣。

又读 sù，❻用于"缩砂密"：一种多年生草本植物，种子叫砂仁，可入药。

十五画

耦 ǒu （偶）

【字形】篆 隶 耦 偶 草

【构造】会意兼形声字。篆文从耒(犁)从禺，禺为猴，好群结伴，用以会二人并耕之意，禺也兼表声。隶变后楷书写作耦。其义古也常借"偶"来表示。

【本义】《说文·耒部》段注："耦，耕广五寸为伐，二伐为耦。从耒，禺声。"本义为二人并耕。是古代的一种耕作方法，两人各执一耜，耕挖的地宽度是一尺。《说文·人部》："偶，桐人也。从人，禺声。"本义为仿照人制作的泥塑或木雕的人像。

【演变】耦，本义指❶二人并耕：长沮、桀溺～而耕。引申指❷成双，成对：阳卦奇，阴卦～。此义后常借用"偶"来表示。

○偶，从人从禺会意，禺也兼表声，读 ǒu，本义指❶泥塑或木雕的人像：有土～人与桃梗相与语｜木～｜土～｜玩～。因"偶"仿照人所制，故又用作"耦"，表示❷成双，成对：有敢～语《诗》《书》者弃世｜无独有～｜对～｜排～｜佳～｜～数。又引申指❸偶然：吾直性狭中，多所不堪，～与足下相知耳｜～一为之。

【组字】耦，如今既可单用，也可作偏旁。现今仍归入耒部。凡从耦取义的字皆与耦耕等义有关。

以耦作声符的字有：藕、寓。

毪 máo （氂、犛、牦）

【字形】金  篆  今篆  隶 犛

牦 氂 斄 草 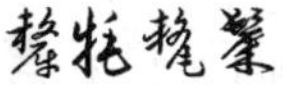

【构造】会意兼形声字。金文、篆文从牛从𠩺(打麦,表披散),会长毛披散之牛的意思,𠩺也兼表声。隶变后楷书写作犛。如今简化作牦,改为从牛从毛会意,毛也兼表声。古也借"氂""斄"表示。

【本义】《说文·犛部》:"犛,西南夷长髦牛也。从牛,𠩺声。"《集韵·豪韵》:"牦,牛名,今所谓偏牛者。"本义为牦牛,又名犣牛、犏牛。牛的一种,身体矮而强健,全身有长毛,黑褐色、棕色或白色,耐寒,生活在高寒地区,是我国青藏高原的主要力畜。

【演变】犛,本义指牦牛。此义如今规范化用牦。

〇牦,读 máo,本义为牦牛:荆山,其阴多铁,其阳多赤金,其中多~牛丨巴浦之犀、~、兕、象,其可尽乎?丨明年,复出,将轻兵丙夜至九曲,获精甲、名马、~牛甚众。

〇氂,从犛省从毛,毛也兼表声。读 máo,本义指❶牦牛尾:有长松数百株,叶如~。又泛指❷长毛:(纪)昌以~悬虱于牖,南面而望之。又指❸牦牛:杀一~牛,以为俎豆牢具。

〇斄,从犛省从來(表示芒刺)会意,來也兼表声。读 lí,指❶硬而卷曲的毛。

又读 máo,表示❷牦牛:今夫~牛,其大若垂天之云。

斄所从之"來"即"麦"的本字,"𠩺"则是手持棍打麦形,可见犛、氂、斄三字语音有相通之处,由于方音的演变,遂分为三字。

【组字】犛,如今不单用,只作偏旁。现今仍归入牛部。凡从犛取义的字皆与牦牛等义有关。以犛作义符的字有:氂、斄。

穀 gǔ (谷)

【字形】金  篆  隶 穀 草 

【构造】会意兼形声字。金文和篆文从禾从㱿(表壳),会带壳的禾谷之意,㱿也兼表声。隶变后楷书写作穀。如今简化借"谷"表示,穀只作偏旁。

【本义】《说文·禾部》:"穀,续也,百谷之总名。从禾,㱿声。"本义为庄稼粮食的总称。

【演变】穀,本义指❶庄稼粮食的总称:亟其乘屋,其始播百~丨五~丰登。现代又特指❷谷子(去皮为小米):到田里拾~穗去了。古代用谷米作俸禄,故又引申指❸俸禄:经界不正,井地不均,~禄不平丨~禄莫厚焉。人吃谷物而存活,故又引申指❹养育:以介我黍稷,以~我士女丨~千驽马,不如养一骥。又引申指❺生存,存活:~则异室,死则同穴。又引申指❻美,善:教诲尔子,式~似(嗣)之丨诞傲贻众议,达者以为~。古又指❼小孩:臧与~,二人相与牧羊而俱亡其羊。

以上含义如今简化皆借"谷"表示。参见谷。

【组字】穀,如今不单用,只作偏旁。现今归入殳部。凡从穀取义的字皆与五谷等义有关。以穀作声符的字有:瀔。

趣 qù;cù

【字形】金  篆  隶 趣 草 

【构造】形声兼会意字。金文从走,取声,取表取向,会快速奔向某一方向之意。篆文整齐化。隶变后楷书写作趣。

【本义】《说文·走部》:"趣,疾也。从走,取声。"本义为快速向某一方向奔去,奔赴。

【演变】趣,读 qù,本义指❶奔赴,奔向:兵法,百里而~利者,蹶上将丨~舍异路。由具体的奔向,用于心意,引申指❷意向,旨意:曲每奏,钟子期则穷其~丨与人异~丨志~丨旨~。进而又引申指❸意味,兴味:园日涉以成~,门虽设而常关丨参之《国语》以博其~丨兴~丨情~丨风~丨雅~。

又读 cù,用作"促",由快走,引申指❹催促:~民收敛丨~赵兵亟入关。用作副词,表示❺赶快:~执之,无使遁逃。

注意:趣与趋义近,皆有疾走行速之义,古有时通用,也都可借作促。其区别是:趣重在指奔向明确的目标方向,发展为后之志向、情趣、兴味等义;趋着重表示行走快速,发展为后之奔赴、趋向、依附等义。参见趋。

趟 zhèng;tàng;tāng (蹚、蹡)

【字形】古趟 今篆趟蹚 隶趟蹚 草趟蹚

【构造】形声兼会意字。古文从走,尚声。隶变后楷书写作趟。异体作蹚、蹡,改为从足,堂或尚声。堂、尚也皆兼表向上,用以会跳跃之意。如今规范化,以趟为正体。如今"蹚"不再作"趟"的异体字,二字表义有了分工。蹡则废而不用。

【本义】《六书故·人九》:"趟,雀跃状也。"本义为跳跃的样子。

【演变】趟,读 zhèng,本义为❶跳跃行进的样子:得隽蝇虎健,相残雀豹~。

又读 tāng,跳跃行进则不便,故如今主要用以表示❷在浅水中走过:~着水过河来|一下雨,院里就得~水。又引申指❸踏:人群走在土路上,~起很多灰尘。又引申指❹探路:你先去~~道看。又特指❺翻地除草:地种上,要勤于铲~。此类意思过去也作蹚、蹡。

又读 tàng,由行走,引申指❻步伐:他总是跟不上~。用作量词,指❼走动的次数:来回走了三~|这里有一~脚印。

鞋 xié (鞵)

【字形】古鞋 篆鞵 今篆鞋 隶鞋鞵 草鞋鞵

【构造】形声兼会意字。古文从革、圭声,圭也兼表鞋像圭形之意。篆文从革(皮子),奚声,奚也用以会少数民族的皮靴之意。隶变后楷书写作鞵。俗承古文作鞋。如今规范化用鞋。

【本义】《说文·革部》段注:"鞵,生革鞮也。从革,奚声。"本义为脚上穿的鞋子。

【演变】鞋,本义指鞋子:古人以草为屦,皮为履,后唐马周始以麻为之,即~也|单~|棉~|草~|凉~|皮~。

瞢 méng;mèng (懵)

【字形】甲瞢 古瞢 篆瞢 今篆懵 隶瞢懵 草瞢懵

【构造】会意字。瞢与瘳、梦是同源字,皆由上列甲骨文演变而来,本象一人躺在床上眼有眵目糊形,表示正在睡觉做梦。后来因表义侧重不同,便分化为三个不同的字。其共有基础"苜"(人眼有眵目糊形),是由"苜"(眼有眵目糊形)再加出人身构成的,所以应立其为部首。古文省去甲骨文的床,另加义符目,以突出像在睡梦中一样看不清之意,成了从目从苜会意。篆文整齐化。隶变后楷书写作瞢。

【本义】《说文·苜部》:"瞢,目不明也。从苜(目上有眼眵形),从旬。旬,目数摇也。"析形不确。本义为目不明。

【演变】瞢,读 méng,本义指❶目不明:其下有草焉,葵本而杏叶,可以已~。引申泛指❷昏暗不明:日月~~无光。又引申指❸昏愦,愚昧:于时事大势,~未有知。此义后另加义符"忄"写作"懵"来表示。

又读 mèng,用同❹梦:召晏子而告其所~。

○懵,从忄从瞢会意,瞢也兼表声。读 měng,本义指❶心迷乱不明:本所谓梦者,困了不察之称,而~愦冒名也。用于"懵懂",形容❷糊涂:又不是痴呆~懂,不辨个南北西东。

【组字】瞢,如今既可单用,也可作偏旁。现今归入目部。凡从瞢取义的字皆与睡梦、不明等义有关。

以瞢作声兼义符的字有:薨、儚、懵。

蕉 jiāo

【字形】篆蕉 隶蕉 草蕉

【构造】形声兼会意字。篆文从艸(艹),焦声,焦也兼表黄色蕉科植物之意。隶变后楷书写作蕉。

【本义】《说文·艸部》:"蕉,生枲也。从艸,焦声。"本义为麻蕉。

【演变】蕉,本义指❶麻蕉:缉~为布不须纱。引申泛指❷各种芭蕉科植物:~叶半黄荷叶碧|

香~。又指❸某些叶子形状像芭蕉叶的植物：美人~。

【组字】蕉，如今既可单用，也可作偏旁。现今仍归入艸(艹)部。凡从蕉取义的字皆与植物等义有关。

以蕉作声符的字有：燋。

蔬 shū

【字形】篆 蔬 隶 蔬 草 蔬

【构造】形声兼会意字。篆文从艸(艹)，疏声，疏也兼表能疏通下饭的蔬菜之意。隶变后楷书写作蔬。

【本义】《说文·艸部》："蔬，菜也。从艸，疏声。"本义为蔬菜。

【演变】蔬，本义指蔬菜：~不熟为馑|令老仆艺(种)~自给|~食。

槽 cáo (漕)

【字形】篆 槽漕 隶 槽 漕 草 槽漕

【构造】会意兼形声字。篆文从木从曹，曹表两方，用以会长条形有两帮的喂牲口的器具之意，曹也兼表声。隶变后楷书写作槽。

【本义】《说文·木部》："槽，畜兽之食器。从木，曹声。"本义为四周高，中间低，长条形，盛饲料喂牲口的器具。

【演变】槽，本义指❶喂牲口的饲料槽：骈死于~枥之间|牲口~|猪食~。引申指❷形状像槽的器具：凡抄纸~，上合方斗|酒~|茶~|水~。河道有两岸也像槽，故又引申指❸河道，沟渠：江流初满~|建通天~八十有三丈，溉田十万顷。又引申泛指❹物体中间凹下：当中挖个~|~牙|~钢。

○漕，从水，曹声，曹也兼表水道似曹之意。读 cáo，本义指❶用水道运粮食：~转山东粟|~船|~渠。引申泛指❷用水道运送物资：伐木六万余枚，冰解~下。

樱 yīng (櫻)

【字形】篆 櫻 隶 櫻 草 櫻

【构造】形声兼会意字。篆文从木，嬰声，嬰也兼表花似婴贝链成串之意。隶变后楷书写作櫻。如今简化作樱。

【本义】《说文·木部》新附："櫻，果也。从木，嬰声。"本义为樱桃。

【演变】樱，本义指❶樱桃：~桃小口|~唇。又指❷樱花：尚疑~欲吐|万绿中拥出一丛~。

樊 fán

【字形】金 樊 篆 樊 隶 樊 草 樊

【构造】会意兼形声字。金文从𠬜(相反的两只手)从棥(篱笆形)，会用手编织篱笆之意，棥也兼表声。篆文整齐化。隶变后楷书写作樊。是"棥"的加旁分化字，是"藩"的会意字。参见棥。

【本义】《说文·𠬜部》："樊，鸷不行也。从𠬜，从棥，棥亦声。"所释为引申义。本义当为篱笆。

【演变】樊，本义指❶篱笆：营营青蝇止于~|~篱。又指❷用篱笆围绕：折柳~圃，狂夫瞿瞿。篱笆一般修在交界处，故又引申为❸边，旁：夏则休乎山~。篱笆起阻隔作用，故又引申指❹关鸟兽的笼子：泽雉十步一啄，百步一饮，不蕲(希望)畜乎~中|久在~笼(喻不自由境地)里，复得返自然。

【组字】樊，如今既可单用，也可作偏旁。现今归入木部。凡从樊取义的字皆与攀拉(编篱笆时需互相攀拉)等义有关。

以樊作声兼义符的字有：攀。

以樊作声符的字有：礬(矾)。

醋 cù (酢、醯)

【字形】金 酢 篆 醋酢醯 隶 醋 酢 醯

草 醋酢醯

【构造】形声兼会意字。篆文从酉(酒器)，昔声，昔表前人，用以会客人以酒回敬主人之意。隶变后楷书写作醋。后借用作"酢"，金文从酉，乍声，乍（惊乍）也表示让人惊乍的酸味液体之意。篆文整齐化。隶变后楷书写作酢。二者成为异体字。如今二字表义来了个颠倒。酢，古称醯，篆文从鬻（粥）省，从酒省，从皿，会用粮食酿成的醋过滤流进醋缸之意。隶变后楷书写作醯。“山西老醯儿”“寇老醯儿（寇准）”之“醯”即此字。

【本义】《说文·酉部》：“醋，客酌主人也。从酉，昔声。”本义为客人以酒回敬主人。又：“酢，醶（yàn）也，从酉，乍声。”本义为调味用的酸味液体，即醋。

【演变】醋，zuò，本义指❶客人以酒回敬主人：祝（司仪）酌授尸（代表鬼神接收祭祀的人），尸以~主人。

又读 cù，后借用作“酢”，表示❷调味用的酸味液体，即醋：卖~毋得越郡城五里外｜油盐酱~。引申泛指❸酸味：老去齿衰嫌橘~。又特指❹嫉妒：不觉又添了~意｜别吃~了｜~劲又来了。

〇酢，读 cù，名词，本义为❶酸味液体醋：宁饮三升~，不见崔弘度。

又读 zuò，后借用作“醋”，动词，反而变用来表示❷客人以酒回敬主人：主答客曰酬，客报（回敬）主曰~｜酬~。于是二字表义互换。

醉 zuì

【字形】金　篆　隶 醉　草

【构造】会意兼形声字。金文一形从酉从舌滴水，用满嘴流酒水会喝醉之意；二形像一个提着酒壶喝醉的酒鬼东倒西歪的丑态。篆文改为从酉（酒）从卒（终止），会饮酒喝到自己的酒量为止之意，卒也兼表声。隶变后楷书写作醉。俗省作酔。如今规范化用醉。

【本义】《说文·酉部》：“醉，卒也。卒其度量，不至于乱也。从酉，从卒。”本义为饮酒适量。

【演变】醉，本义指❶饮酒适量：主意未殚，宾有余倦，可以至~，无致迷乱。引申指❷饮酒过量，神志不清：~不成欢惨将别｜颓然乎其间者，太守~也｜喝~了。由沉醉，又引申指❸沉迷：目断南浦云，心~东郊柳｜暖风熏得游人~｜陶~。又引申比喻❹糊涂：众人皆~而我独醒。

磊 lěi

【字形】古　篆　今篆　隶 磊 磥

草

【构造】会意字。古文从三石，会众石累积之意。篆文整齐化。隶变后楷书写作磊。异体作磥，改为从石从累会意，强调累积之意，累也兼表声。今规范化，以磊为正体。

【本义】《说文·石部》：“磊，众也。从三石。”本义为石头多。

【演变】磊，本义指❶石头多：石~~兮葛蔓蔓。用于“磊落”，表示❷众多的样子：连横者六印~落。由石头众多又引申指❸错落分明，比喻人开朗洒脱：慷慨以任气，~落以使才。如今表示❹正大光明：光明~落。

【组字】磊，如今既可单用，也可作偏旁。现今仍归入石部。凡从磊取义的字皆与石头等义有关。

以磊作声符的字有：𥗼、礨。

憂 yōu

（𢝊、優、优、㥑、忧、獶、猱）

【字形】甲　金　篆

今篆　隶 憂 優 优

㥑 忧 獶 猱　草

【构造】象形兼会意兼形声字。憂与夒、夔同源，是由上列甲骨文（一只长着大嘴脸的、行动迟缓的大猩猩等猿类动物形）演化而来的。金文大同，或又繁化为二手二足。篆文将其头、手、足断开，将手简化，将一足讹为心，并分化成简、繁两个字形。简体从心从頁，表示愁容满面；繁体从夊从𢝊，表示优游从容，都变成了会意字。隶变后楷书分别写作𢝊和憂。单用用憂，𢝊则只作偏旁存在于“憂”字中。如今憂简化作忧，规范化为正体，成为从心从尤(特别)会意,尤也兼表声。作偏旁时或简作尤。参见夓。

【本义】《说文・心部》:"惪,愁也。从心,从頁。"所释为引申义。又《夊部》:"夓,和之行也。从夊,惪声。《诗》曰:'布政夓夓。'"所释也为引申义。其本义皆当为大猩猩等猿类动物行动迟缓的样子。

【演变】夓,由大猩猩等猿类动物行动迟缓的样子,引申为两类含义:一类引申指❶优游,从容,平和,宽缓:凡牧民者必知其疾,而~之以德,勿惧之以罪。又引申指❷戏谑,调笑:匪我言耄,尔用~谑。这类意思《说文》当初用"夓"表示。由于"夓"后来又表示了下边第二类意思,于是便另造了"優"来表示第一类意思,如今简化借用"优"来表示。二类根据人心事重重发愁时多表现为行动迟缓的现象,引申指❸忧虑,忧愁。这类意思《说文》最初用"惪"来表示。后来又变为用"夓"表示。又由于夓作了偏旁,此类含义后来又再加义符"忄"写作"憂"来表示,如今简化作忧。

○优,繁体从亻从夓会意,夓也兼表声,本义指俳优。如今简化借用优,从亻,尤声,本义指丰足。读 yōu,本义指❶丰足:既~既渥,既沾既足。进而引申指❷深厚:过蒙拔擢,宠命~渥。又引申指❸优良,优胜:反对(对偶)为~,正对为劣|~等|~秀|~越|~美。又引申指❹优厚,优待:拥军~属|~恤。借作"優"的简化字,又表示❺古代的乐舞杂戏演员,即俳优:固主上所戏弄,倡~畜之|~伶|名~。

○忧,繁体从忄从夓会意,夓也兼表声。如今简化作忧,改为尤声,读 yōu,本义指❶忧虑,忧愁:心之~矣,其谁知之|君子~道不~贫。引申指❷令人担忧的事,困难:历经~患。又借喻❸疾病:有采薪之~(意谓病了不能打柴干活)。又特指❹父母的丧事:自居母~,便长断腥膻。这样"惪"则废而不用了。

夓为引申义所专用,猿类动物之义则另加义符"犭"写作"獶"来表示,如今规范化用异体猱。

○猱,繁体从犭从夓会意,夓也兼表声。今规范化用异体猱,从犭,柔声。读 náo,本义指猕猴:麀聚复~杂,何者为尊卑?

【组字】夓,如今不单用,只作偏旁,作偏旁时或省作"尤";单用时用简体"忧"。现今归入心部。凡从夓取义的字皆与动物、动作宽缓、戏闹等义有关。

以夓(尤)作声兼义符的字有:優(优)、擾(扰)、獶、瀀。

以惪作声兼义符的字有:夓。

以夓作声符的字有:鄾、瀀、纋、櫌。

震 zhèn

【字形】甲　金　古　篆

隶　草

【构造】会意兼形声字。甲、金文皆从辰从止会意,表示一声霹雳脚下的大地都在抖动,小点象征同时伴有雨水。古文从雨从辰(蛰虫活动),会春雷一声蛰虫苏醒之意,辰也兼表声。篆文整齐化。隶变后楷书写作震。

【本义】《说文・雨部》:"震,劈历(霹雳)振物者。从雨,辰声。"本义为疾雷。

【演变】震,本义指❶疾雷:权以示群下,莫不响~失色。引申指❷雷击:己卯晦,~伯夷之庙。由响雷,又引申泛指❸震动:不数日驿至,果地~陇西|雷鼓大~,北军大坏|哭声~动天地|炮声彻昼夜,百里内地为之~|~耳欲聋。由霹雳的声势,又引申指❹震慑:始皇既没,余威~于殊俗|威~四海。又引申指❺情绪过于激动:上天~怒,灾异娄(同屡)降|~惊。又引申指❻八卦之一,即☳,象征雷:万物出乎~。~,东方也。

霉 méi (黴)

【字形】古　篆　今篆　隶

草

【构造】形声兼会意字。古文从雨,每声,每(繁盛)也兼表阴雨连绵之意。篆文从黑,微省声,微也兼表微妙变化之意。隶变后楷书写作黴。俗承古文用霉来表示,如今规范化,以霉为正体。

【本义】《说文・黑部》:"黴,(物)中久雨青黑。

从黑,微省声。”本义为发霉。《正字通·雨部》:“霉,梅雨也。”本义指梅雨。

【演变】霉,作为本字,本义指❶梅雨:虹雨~风|荆扬以南,唯患~雨。

霉雨善污衣服,故又借用作“黴”,表示❷发霉:送这刘亲家两匹,白收着~坏了|~烂。

霉借用作“黴”表示发霉之后,“霉雨”之义便又借“梅”来表示,写成“梅雨”,义为梅子黄时之雨了。

撒 sǎ;sā (糤)

【字形】古  篆  今篆  隶 撒 草 

【构造】形声兼会意字。古文从手,散声,散也兼表抛撒之意。篆文从米,殺声,殺也兼表散落之意。隶变后楷书写作糤。俗承古文作撒。如今规范化用撒。

【本义】《说文·米部》:“糤,散之也。从米,殺声。”本义为抛撒,散布。《集韵·曷韵》:“糤,放也。或作撒。”

【演变】撒,读 sǎ,本义指❶抛撒,散布:白雪纷纷何所似,~盐空中差可拟|~种|~播|~粪。引申指❷散落:只见豆~得一地|粥~了|墨水~了。

又读 sā,由散布,引申指❸放开,散发,散放:夫前~网如飞轮,妇后摇橹青衣裙|快~手|~腿跑了|~传单|饭后我~羊去了。又引申指❹泄出:拉屎~尿|自行车~气了。又引申指❺尽量施展或表现出来:怎敢行凶~泼|就会打滚~娇|~野|~赖。

播 bō

【字形】金  古  篆  隶 播 草 

【构造】会意兼形声字。金文从攴从釆(野兽足迹),表示散乱之意。古文改为从攴从番(田中野兽足迹),其义相同。篆文改为从手从番(表散乱),会撒种之意。釆、番也皆兼表声。隶变后楷书写作播。

【本义】《说文·手部》:“播,种也。一曰布也。从手,番声。”本义为撒种。

【演变】播,本义指❶撒种:农者,所以~五谷,艺(种)桑麻,以供衣食者也|春~|点~|条~。由撒种,引申指❷传布:~之于天下而不忘者,其惟道矣|名~四海|广~|~音。又引申指❸迁徙,逃亡:宣宗南~,疆宇日蹙|~越西迁移,号泣而且行。

撞 zhuàng

【字形】篆  隶 撞 草 

【构造】会意兼形声字。篆文从手从童,为僮仆执舂捣之事,故用以会持物击捣之意,童也兼表声。隶变后楷书写作撞。

【本义】《说文·手部》:“撞,卂(刊)捣也。从手,童声。”本义为持物碰击。

【演变】撞,本义指❶持物碰击:樊哙侧其盾以~|拔剑~而破之|当一天和尚~一天钟|~锁|~针。引申指❷两物猛烈碰击:宽则两军相攻,迫则仗戟相~|~车|~击。由两物相撞,又引申指❸迎头碰上,不期而遇:正要找你,不想在这里~见了。由不期而遇,又引申指❹试探:这事我也没把握,只好~大运。由猛烈碰击,又引申指❺瞎闯,猛冲:山背后~出一彪人马|横冲直~。

瞒 mán (瞞)

【字形】篆  隶 瞞 草 

【构造】会意兼形声字。篆文从目从㒼,㒼为蚕结茧将自己蒙覆,用以会奋拉着眼皮遮住眼睛之意,㒼也兼表声。隶变后楷书写作瞞。如今简化作瞒。

【本义】《说文·目部》:“瞞,平目也。从目,㒼声。”本义为眼皮奋拉着遮住眼睛,闭目的样子。

【演变】瞒,本义指❶闭目的样子:酒食声色之中,则~~然,瞑瞑然。由闭目,引申指❷目不明:暴寒则目~不明。又引申指❸使对方看不清真相,隐瞒:你们鬼鬼祟祟干的那些事,也~不过我去|~天过海|欺上~下。

瞎 xiā

【字形】古 今篆 隶 草

【构造】会意兼形声字。古文从目从害，害表受伤，用以会眼睛因受伤而失明之意，害也兼表声。隶变后楷书写作瞎。

【本义】《玉篇·目部》："瞎，一目合也。"本义为一目失明。

【演变】瞎，本义指❶一目失明：苻生无一目，七岁，其祖洪戏之曰："吾闻～儿一泪，信乎？"生怒，引刀自刺出血，曰："此亦一泪耶？"引申泛指❷丧失视觉：盲人骑～马，夜半临深池｜～子。又比喻❸不识字：他不识字，是个睁眼～。又引申指❹盲目地，胡乱地：接过诗来，虽然不懂，假做看完了，～赞一回｜～说｜～闹｜～闯。又特指❺坏：教材这事办～了｜庄稼～了，你还要我缴租子。

题 tí (題)

【字形】金 篆 隶 草

【构造】会意兼形声字。金文从頁（头）从是，是表正上，额头为头之正，故用以会额头之意，是也兼表声。篆文整齐化。隶变后楷书写作題。如今简化作题。

【本义】《说文·頁部》："題，頟也。从頁，是声。"本义为额头。

【演变】题，本义指❶额头：是黑牛也而白～｜雕～黑齿。引申泛指❷事物的端头：榱（椽子）～数尺｜问～。题目在文字的前边，故又引申指❸题目：标～｜离～｜命～。用作动词，指❹题名：王侯第宅，多～为寺（在匾额上题写寺名）｜～签。进而引申指❺题写：盖头上～"合"字以示众，众莫能解｜～字｜～诗｜～词。

【组字】题，如今既可单用，也可作偏旁。现今仍归入页部。凡从题取义的字皆与额头等义有关。

以题作声兼义符的字有：遈、禵。

暴 pù；bào (㬥、曓、曝)

【字形】甲 金 古 篆 今篆 隶 草

【构造】会意字。暴有两个来源：一个是甲、金、古文的一形，甲骨文为日下晒鹿皮，金文为日下晒麦，古文为从日麃声，发展为篆文成为从日、出、廾（双手）、米，会日出双手举米晒之之意。另一个是甲、金、古文的二形，甲骨文为以戈击虎，金文为用攴，古文用木棍，发展为篆文成为从日、出、廾、夲（上举），会大白天出手有所击之意。隶变后楷书分别写作㬥与曓。后俗相混皆写作暴，如今规范为正体。

【本义】《说文·日部》："㬥，晞也。从日，从出，从廾，从米。"本义为晒。又《夲部》："曓，疾有所趣（趋）也。从日出夲廾之。"所释为引申义。本义当为空手搏击。

【演变】暴，作为本字，读 pù，本义指❶晒：江汉以濯之，秋阳以～之。此义后另加义符"日"写作"曝"。

又读 bào，由晒引申指❷显露，显示：功亦足以～于天下矣｜～露。

作为"曓"字，又表示❸空手搏击：不敢～虎｜人固有～猛兽而不操兵，出入于白刃之中而色不变者。由搏击引申泛指❹欺凌，损害：以强凌弱，以众～寡｜自～自弃。又引申指❺凶狠，残酷：不畏强～｜～虐无道。由搏击又引申指❻猛烈，急骤：飘风～雨为民害｜～风骤雨。再引申指❼突然：何兴之～也？｜～发户。由急骤又引申指❽急躁：我有亲父兄，性行～如雷。

○曝，从日从暴会意，暴也兼表声。读 pù，本义指❶晒：一～十寒。

又读 bào，指❷使底片感光或公之于众：～光。

【组字】暴，如今既可单用，也可作偏旁。现今仍归入日部。凡从暴取义的字皆与晒或猛烈等义有关。

以暴作声兼义符的字有：瀑、曝、爆、鑤（刨）。

曏 xiàng；shǎng (向、晌)

【字形】篆 今篆 隶 草

【构造】形声兼会意字。篆文从日，鄉声，鄉也兼表向前之意。隶变后楷书写作曏。如今或简化作乡,也借用“向”表示。

【本义】《说文·日部》:“曏,不久也。从日,鄉声。”本义为不久以前,往日。

【演变】曏,读 xiàng,本义指❶不久以前,往日:~者,吾子辱使某见,请还挚于将命者。此义今简作“向”,参见向。

又读 shǎng,表示❷顷刻,不久。此义后作“晌”。

○晌,从日,向声。读 shǎng,本义指❶一天的一段时间:梦里不知身是客,一~贪欢|前半~。又特指❷中午:~午头上。

【组字】曏,如今既可单用,也可作偏旁。现今仍归入日部。凡从曏取义的字皆与时日等义有关。

以曏作声符的字有:量。

畾 léi
(厽、虺)

【字形】甲　金　古　篆　今篆　隶 **畾虺** 草

【构造】指事兼会意字。畾与雷为同一字,甲骨文从申,象征闪电伸张,两个圆圈则象征雷声滚滚。金文加出雨,圆圈变成四个车轮,更突出了雷声滚动之意。古文省去雨和电,只留下象征雷声回转滚动的符号。篆文承金文省去闪电形。隶变后楷书写作靁,或省作雷与畾。畾只作偏旁。作为偏旁,在如今简化字里,或简作厽,或简作田。

【本义】《说文》没收单独的畾字,但在雨部“雷”下则提到“畾象回转形”,所以畾承接古文而来,也是雷。本义为打雷。

【演变】畾,与雷同,本义指打雷。参见雷。由于雷电蜿蜒屈伸回转响动,所以古称雷声为“回回”,也写作“虺虺”。

○虺,从虫,兀声。读 huǐ,本义指❶一种毒蛇,即蝮蛇:维熊维罴,维~维蛇。引申指❷一般的小蛇:为~弗摧,为蛇(大蛇)将若何?又特指❸传说中的一种怪蛇:雄~九首,儵忽焉在?

又读 huī,用于联绵词“虺颓”,指❹疲劳生病:陟彼崔嵬,我马~颓。用作“虺虺”,也作“回回”,象声词,指❺雷声。

【组字】畾,如今不单用,只作偏旁。现今归入田部。凡从畾取义的字皆与雷声圆转、滚动、重累等义有关。

以畾作义符的字有:疊(叠)。

以畾作声兼义符的字有:儡、壘(垒)、藟、櫑、礧、虆、蘽、纍(累)、罍、靁。

踢 tī
(踶)

【字形】古　篆　今篆　隶 **踢踶**

草

【构造】形声兼会意字。古文从足,易声,易也兼表给一脚之意。篆文从足,是声,是表正对着,会动物用蹄子击物之意。隶变后楷书写作踶。俗承古文作踢。如今二字表义有分工。

【本义】《说文·足部》:“踶,躛(wèi)也。从足,是声。”本义为动物用蹄子击物。《正字通·足部》:“踢,以足蹴物。”表示用脚击物。

【演变】踢,本作“踶”,表示❶动物用蹄子击物:(马)喜则交颈相靡,怒则分背相~。引申泛指❷用脚击物:一脚~倒在地|~球|~毽子。

踏 tà;tā
(蹋)

【字形】篆　今篆　隶 **踏蹋** 草

【构造】形声兼会意字。篆文从足,𦐇声,𦐇表低伏,用以会踩踏之意。隶变后楷书写作蹋。俗作踏,改为沓声,沓表反复,亦会用脚踏地之意。如今二字用法有合有分。

【本义】《说文·足部》:“蹋,践也。从足,𦐇声。”本义为踩,践踏。《正字通·足部》:“踏,足着地。”又表示脚着地。

【演变】踏,如今代表着两个字。作为“蹋”字,读 tà,表示❶脚着地,踩:李白乘舟将欲行,忽闻岸上~歌声|一脚~进泥里|脚~在石头上|脚~实地|~步|践~。古又表示❷下垂的样子:~翼。又表示❸踢:娇儿恶卧~里裂|~鞠。

作为本字,又表示❹到现场查勘:亲往各处~明边基,栽石为记|~勘。

又读 tā,表示❺切实,不浮躁:要~~实实

解决问题|他为人~实。此二义不用“蹋”。

踩 cǎi
(跴)

【字形】古 今篆 隶 草

【构造】形声兼会意字。古文从足，采声，采也兼表足所取之意。隶变后楷书写作踩。异体作跴，改为从西，西也兼表鸟栖止之意。如今规范化用踩。

【本义】《改并四声篇海·足部》：“踩，跳也。”本义为跳。

【演变】踩，由本义跳引申，如今主要用以表示❶踏着：两脚像~着棉花|不小心~空了|~了一脚泥|~在凳子上。又引申指❷脚向下用力踏：扔在地上用脚猛~几下|~油门。

踪 zōng
(蹤、蹤)

【字形】古 篆 今篆 隶 草

【构造】会意兼形声字。古文从足从從，会随人迹之意。篆文从車从從省，会跟从车迹之意。隶变后楷书写作䡯。俗承古文作蹤。后俗作踪，改为从宗，会遵从祖迹之意，從、宗也皆兼表声。如今规范化用踪。

【本义】《说文·车部》：“䡯，车迹也。从車从從省声。”《玉篇·足部》：“蹤，踪迹也。”本义为足迹。

【演变】踪，本义指❶足迹：不得已，变姓名，诡~迹|而心目耳力俱穷，绝无~响|跟~追击|~影|潜~。引申特指❷古迹：至唐李渤始访其遗~。用作动词，又引申指❸追随：朕欲远追周文，近~光武|~迹验问，孟尝君果无反谋。

蝶 dié
(蜨)

【字形】篆 今篆 隶 草

【构造】形声兼会意字。篆文作蜨，从虫，疌声，疌表迅疾，用以会敏捷翩飞的蝴蝶之意。俗作蝶，改为枼声，枼为树叶，用以会似树叶之蝴蝶之意。如今规范化，以蝶为正体。

【本义】《说文·虫部》：“蜨，蛱蜨也。从虫，疌声。”本义为蝴蝶。《玉篇·虫部》：“蝶，蝴蝶。”

【演变】蝶，本义指蝴蝶：昔者庄周梦为蝴~|栩栩然蝴~也|花蝴~|粉~|凤~。

蝴 hú

【字形】古 今篆 隶 草

【构造】形声兼会意字。古文从虫，胡声，蝴蝶美在长须，故胡也兼表胡须之意。隶变后楷书写作蝴。初也借“胡”表示，后才另加义符虫。

【本义】《字汇·虫部》：“蝴，蝴蝶。”本义为蝴蝶。

【演变】蝶，本义指蝴蝶，一种昆虫，古称蛱蜨：不知周(庄周)之为~蝶与，~蝶之梦为周与？|飞将一个大~蝶来，救出这个~蝶去了。

嘼 shòu;chù
(兽、獸、畜、狩)

【字形】甲 金 篆 隶 草

【构造】会意字。嘼与獸本为一字。甲骨文从單(猎叉)从犬，会带着猎叉和猎犬打猎之意。金文分为繁简三形。篆文承金文二、三形并整齐化，成为两个字。隶变后楷书分别写作嘼与獸。獸如今简化作兽，是动词，表示打猎，是狩的会意字。嘼是名词，表示禽兽，后借畜来表示，嘼则只作偏旁。参见畜。

【本义】《说文·嘼部》：“嘼，犍也。象耳、头、足厹地之形。”析形是就篆文所作的解说。本义为名词牲畜、禽兽，是“畜”的本字。又：“獸，守备者。从嘼，从犬。”本义是动词打猎，是“狩”的本字。

【演变】嘼，作为本字，读 chù，本义指❶牲畜。又指❷畜养。此义后借“畜”来表示。参见畜。

作为“獸”字，读 shòu，本义指❸打猎：建旐设旄，搏～于敖。引申泛指❹野兽：二足而羽谓之禽，四足而毛谓之～｜虽有台池鸟～，岂能独乐哉｜珍禽异～｜困～犹斗。又比喻❺像野兽一样残暴：人中有～心，几人能真识｜～性大作。又引申指❻兽形的：金铺零落～环空，斜掩双扉细草中。

由于“兽”为引申义所专用，打猎之义便另造了形声字“狩”来表示。

○狩，从犭从守会意，守也兼表声。读 shòu，本义指❶冬天围猎：不～不猎，胡瞻尔庭有县貆兮。引申泛指❷畋猎：赵襄子率徒十万，～于中山。

【组字】嘼，如今不单用，只作偏旁。现今归入口部。凡从嘼取义的字皆与野兽等义有关。以嘼作声兼义符的字有：傮、獸（兽）、嘼。

斲 zhuó（斫）

【字形】甲 金 篆 隶 草 

【构造】会意兼形声字。金文从斤从畫，会对木料划线砍削之意。篆文从斤（斧）从㗊（表示墨斗），会用墨斗画线后砍削之意。隶变后楷书写作斲。异体有斫、斵、斮。如今规范化，以斫为正体。斫，甲骨文从斤（斧）从石会意，石也兼表声。篆文整齐化。隶变后楷书写作斫。

【本义】《说文・斤部》：“斲，斫也。从斤、㗊。”本义为用墨斗画线后砍削。又：“斫，击也。从斤，石声。”本义当为石斧。

【演变】斲，如今只作偏旁，其义用“斫”来表示。

○斫，本义指石斧。引申泛指❶木工工具：孟孙请往赂之，以执～、执针、织纫皆百人。用作动词，指❷砍削：轮扁～轮于堂下｜于是～秦桧之棺而戮其尸。由砍削引申指❸雕饰：宫室但取其完固而已，何必过为雕～。砍削则少，故又引申指❹伤耗：天方～汉室，岂计一郄虑。

【组字】斲，如今不单用，只作偏旁。现今仍归入斤部。凡从斲取义的字皆与砍削等义有关。以斲作声兼义符的字有：鬭（斗）。

墨 mò

【字形】金 篆 隶 草 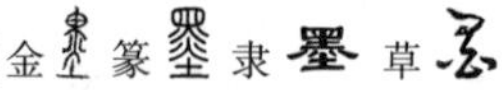

【构造】会意兼形声字。金文从土从黑，会石墨类黑色矿物颜料之意，黑也兼表声。篆文整齐化。隶变后楷书写作墨。

【本义】《说文・土部》：“墨，书墨也。从土，从黑，黑亦声。”本义为书写用的黑色矿物颜料。古代，漆书之后，皆用石墨以书，汉以后，用松烟、桐煤，石墨遂湮灭。

【演变】墨，本义指❶书写用的黑色矿物颜料：右军亦如之，皆玄裳、玄旗、黑甲、乌羽之矰，望之如～｜舐笔和～（研墨）｜纸～笔砚｜～锭。引申泛指❷黑色：歠粥，面深～｜美人挐（纷乱）首～面而不容｜～镜｜～菊｜～玉。写字绘画用墨，故又引申指❸写字绘画用的各色颜料：蓝～水｜红～水｜油～。又引申指❹书法，绘画，诗文：今萧何未尝有汗马之劳，徒持文～议论，不战，顾反居臣等上，何也？｜翰～｜遗～｜～宝｜～客。又特指❺墨线：绳～｜矩～。墨色黑，被视为不洁脏物，故又引申指❻贪污，不廉洁：恶而掠美为昏，贪以败官为～｜～吏｜贪～。古代在罪人面上刺字后涂上墨，作为惩罚标志，故又引申指❼墨刑，也叫黥刑：～罪五百。

【组字】墨，如今既可单用，也可作偏旁。现今仍归入土部。凡从墨取义的字皆与黑色等义有关。

以墨作声符的字有：嚜、纆、䵝。

镇 zhèn（鎮）

【字形】篆 隶 草 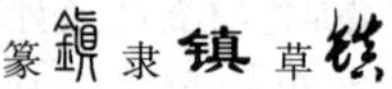

【构造】形声兼会意字。篆文从金，真声，真为宝鼎珍馐，用以会重压之意。隶变后楷书写作鎮。如今简化作镇。

【本义】《说文・金部》：“镇，博压也。从金，真声。”本义为覆压。

【演变】镇，本义指❶覆压：譬之如室，既～其甍（屋脊）矣，又何加焉？｜捉住妖怪，～在龟山脚下｜～痛｜～压｜～纸。用作名词，指❷用来压物的东西：白玉兮为～（压坐席）。压住则止住不动，故又引申指❸抑制：愿摇起而横奔兮，览

民尤(疾苦)而自～。又引申指❹安定:～国家,抚百姓|～定|～静。又引申特指❺用武力维持安定:欲得(李)平兵以～汉中|～守边关|西～长安|坐～东南|～服。又用作名词,指❻所镇守的险要地方或所负的重要职务:白帝高为三峡～|刘良佐者,故弘光四～之一|将军胙土分茅,为国重～|军事重～|藩～。由镇守之地,又引申指❼集镇:(岳)飞进军朱仙～|箕山～。又引申指❽一级行政单位:乡～企业。由覆压又引申指❾把食物或饮料放在冰或冷水中使变凉:冰～西瓜|冰～汽水。由压住不动,又引申表示❿时常或一段时间:五卅惨案～难忘|～相随,莫抛躲|～日不乐。

靠 kào

【字形】篆　隶　草

【构造】会意兼形声字。篆文从非(鸟两翅相背)从告(告求),用两相背会求两相倚着之意,告也兼表声。隶变后楷书写作靠。

【本义】《说文·非部》:"靠,相违也。从非,告声。"本义为相背。

【演变】靠,本义指❶相背。二物相背则互相倚着,故引申指❷倚着:～在树上喘气|～墙站着。又引申泛指❸依靠:～天吃饭|～人接济活命。又引申指❹信得过:这人～得住|可～。由倚着,又引申指❺时间接近:他～晌午头上才来|天～傍黑时。

【组字】靠,如今既可单用,也可作偏旁。现今仍归入非部。凡从靠取义的字皆与相背等义有关。

以靠作声符的字有:檌。

稽 jī;qí (秫、䭫、䭫)

【字形】甲　金　古　篆　隶　草

【构造】会意兼形声字。稽本作秫,甲骨文从禾(木曲头)从尤(赘疣),表示树木不正经向上长而长出弯曲多余的枝杈,会留止之意。古文另加旨声。篆文整齐化。隶变后楷书分别写作秫与稽。曲头木"禾"讹为"禾"。秫不单用,只作偏旁。单用用稽。稽又借用以表示"䭫"的含义。䭫,金文从㫖,旨声。古文大同。篆文整齐化。隶变后楷书写作䭫。俗作䭫。后都借"稽"表示,䭫、䭫皆废而不用。

【本义】《说文·稽部》:"稽,留止也。从禾,从尤,旨声。"本义为迟留不进。

【演变】稽,读jī,本义指❶留止不进:令出而不～|圣旨发回原籍,不敢～留。由留止引申指❷(就此)考核:网罗天下放失旧闻,考之行事,～其成败兴坏之理|无～之谈|～查。进而引申为❸计较,责难:妇姑不相说,则反唇而相～。

又读qí,借用作"䭫",又指❹稽首,古代一种叩头至地停留一下的大礼:禹拜～首,让于稷、契暨(及)皋陶(人名)。后来"稽首"特指❺先打躬,将手举至眉心再放下:保正休怪,贫道～首。

【组字】稽,如今既可单用,也可作偏旁。作偏旁时省作秫。现今归入禾部。凡从稽取义的字皆与弯曲等义有关。

以秫作义符的字有:稽、䅢、䅣。

以秫作声符的字有:嵇、鑙、嵇、䜭。

稻 dào

【字形】甲　金　篆　隶　草

【构造】会意兼形声字。甲骨文是将收获舂捣好的稻米放进器具中储存形。金文一形改为右下边从臼从米从手,表示伸手从臼中取出舂捣好的稻米,左上为飘动的旗,表示借风簸扬;二形简化,将旗换成禾,明确从臼,省去米的上下六点,只剩一横。篆文承金文二形并整齐化,进而省去米中的一横,上手与下臼合为舀,遂成为从禾从舀会意,舀也兼表声。隶变后楷书写作稻。

【本义】《说文·禾部》:"稻,稌(黏糯米)也。从禾,舀声。"本义为黏糯米。

【演变】稻,本义指❶黏糯米。引申泛指❷稻子:八月剥枣,十月获～|～米。又比喻❸生活必需品:避席畏闻文字狱,著书都为～粱谋。

稿 gǎo（稾）

【字形】篆　今篆　隶　草

【构造】会意兼形声字。篆文从禾从高（表高出），用以会谷类植物未经处理的高高的禾秆之意，高也兼表声。隶变后楷书写作稾。俗作稿。如今规范化，以稿为正体。

【本义】《说文·禾部》："稾，秆也。从禾，高声。"本义为谷类植物未经处理的禾秆。

【演变】稿，本义指❶禾秆：今又盛寒，马无～草｜～荐（草垫子）。由未经过处理的禾秆，引申指❷还需加工的诗文图画草底：屈平属草～未定，上官大夫见而欲夺之｜携所著书及诗文辞～本数册｜草～｜底～｜手～｜～纸。如今又可指❸写成的诗文：这篇～子写得不错。

稼 jià

【字形】甲　金　古　篆　隶　草

【构造】会意兼形声字。甲、金文皆从众禾从田，会田中积聚的收获之意。古文改为从禾从家，农家最重要的是收获禾稼，故用以会成熟的禾穗之意，家也兼表声。篆文整齐化。隶变后楷书写作稼。

【本义】《说文·禾部》："稼，禾之秀实为稼，茎节为禾。从禾，家声。一曰稼，家事也。"本义为成熟的禾穗。

【演变】稼，本义指❶成熟的禾穗：九月筑场圃，十月纳禾～。引申泛指❷种植五谷或从事农业劳动：樊迟请学～｜不～不穑，胡取禾三百亿兮｜不知～穑之艰难｜耕～以自给。用作名词，又泛指❸庄稼：一亩之～，则粪溉者先芽｜伤～乎？

黎 lí（驪、骊、黧）

【字形】甲　金　篆　今篆　隶　草

【构造】象形兼会意兼形声字。甲骨文左边象黍子（一种黏米）形，右从㓞（利）省，会收获可制作粘鞋子的糨糊的黏黍米之意，㓞也兼表声。金文简省并线条化，仍有黍子的影子。篆文改成从黍从㓞（利）省会意，㓞也兼表声。隶变后楷书写作黎。古也用作"骊"，后作"黧"。

【本义】《说文·黍部》："黎，履黏也。从黍，㓞省声。"本义为用黏米做的粘鞋子的糨糊。

【演变】黎，本义指❶用黏米做的粘鞋子的糨糊。由黍米之多，又引申泛指❷众，众多：周余～民，靡有孑遗｜穷年忧～元，叹息肠内热｜～民百姓｜～庶。又借作"驪"（今简作骊），表示❸一种黑中带黄的颜色：颜色～黑，而失其所。此义后作"黧"。由于天接近明尚黑，故用作"黎明"，又表示❹接近天亮时分：～明即起，洒扫庭除。

〇黧，从黑，㓞（利）声，㓞也兼表禾谷的黄色之意。读 lí，本义指黑里带黄的颜色：形容枯槁，面目～黑。

〇骊，从马，丽声。读 lí，本义指❶纯黑色的马：四～济济（整齐美好的样子）｜牝牡～黄。引申泛指❷黑色：乃刑白雉，及与～羊｜手足胼胝，面目～黑。又特指❸骊山。在今陕西省临潼东南，古代骊戎所居，故名：～山北构而西折。

【组字】黎，如今既可单用，也可作偏旁。现今仍归入黍部。凡从黎取义的字皆与植物等义有关。

以黎作声兼义符的字有：剺、藜。

以黎作声符的字有：嚟、嵝、邌、瓈、鑗。

箱 xiāng（廂、厢）

【字形】籀　篆　今篆　隶　草

【构造】会意兼形声字。籀文从竹从相，相表两相对应，用以会大车车厢之意，古车厢只有两帮，相也兼表声。篆文整齐化。隶变后楷书写作箱。

【本义】《说文·竹部》："箱，大车牝服也。从竹，相声。"本义为大车车厢，即车中供人乘坐或装载物品的空处。

【演变】箱，本义指❶车厢：旧制，五辂于辕上起～，天子与参乘同在～内。古代居室前堂两旁的房屋，其形制犹如车之两箱，故引申又指❷厢房：宾升，公揖，退于～。由车之箱，后来又引申指❸盛物的箱子：～帘六七十，绿碧青丝绳｜书～｜衣～。又引申指❹像箱子的东西：风～｜镜～。

由于“箱”后专用以表示箱子一类的含义，车厢与厢房之义便另换义符“广”（敞屋）造了形声字“廂”来表示。

○廂，本作廂，从广（敞屋）从相会意，相也兼表声。俗作厢，改为从厂，与从广义同。读xiāng，专用以表示❶厢房：待月西～下，迎风户半开｜东西～｜两～。又表示❷车厢，像厢房的隔间：包～。又引申指❸靠近城的地区：城～｜关～。又引申指❹边，旁：耳边～金鼓连天震｜这～｜那～。

篇 piān

【字形】篆 隶 草

【构造】形声兼会意字。篆文从竹，扁声，扁也兼表编排之义。隶变后楷书写作篇。

【本义】《说文·竹部》：“篇，书也。从竹，扁声。”本义为简册，书。古代的文字写在简牍上，把首尾完整的诗文用绳编在一起即为篇。

【演变】篇，本义指❶简册：得古文于坏壁之中，《逸礼》三十九～，《书》十六～。引申泛指❷典籍，著作，文章：因事顺心，命～曰《归去来兮》｜～章｜～目｜文～。又用作❸量词，用于文章：一～之中，三致志焉｜两～稿件获奖。又用于❹纸张，书页：文章长约三～。

僵 jiāng（殭）

【字形】篆 今篆 隶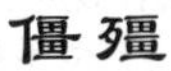 草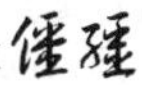

【构造】形声兼会意字。篆文从人，畺声，畺表疆界，用以会战死疆场之意。隶变后楷书写作僵。异体作殭，改为从歹（尸骨），战死之意更明确。如今规范化，以僵为正体。

【本义】《说文·人部》：“僵，偾也。从人，畺声。”本义为仰倒。

【演变】僵，本义指❶仰倒：乃阳（同佯）～弃酒。引申泛指❷仆倒：则固～仆烦愦，愈不可过矣。人死则倒下，故又特指❸倒毙，死：两手捧头与剑奉之，立～｜～尸。又引申指❹僵硬，不灵活：～卧孤村不自哀｜四肢～劲不能动｜岁寒虫～｜～卧长愁｜死而不～｜冻～。以上二义古也用“殭”表示。由僵硬不动，后又引申指❺事情难以处理：不要当面～住了｜打破～局｜～持不下。又引申指❻待着不动：吓得一下～在那里。

僻 pì

【字形】篆 隶 草

【构造】形声兼会意字。篆文从人，辟声，辟表示刑罚，用受刑之人会邪恶之意。隶变后楷书写作僻。

【本义】《说文·人部》：“僻，从人，辟声。一曰从旁牵也。”《集韵·昔韵》：“僻，邪也。”本义指为人邪恶，不端正，不老实。

【演变】僻，古代原本作辟，后另加义符“人”写作“僻”。本义指❶邪恶，不端正，不老实：柴也愚，参也鲁，师也辟｜弱子有～行，使之随师。由人不正，引申用于地域不正，即指❷偏僻：苟余心之端直兮，虽～远其何伤｜浔阳地～无音乐｜～不当道者，皆不及往｜～处一隅｜穷乡～壤｜～静。由偏僻不常到不常见，用于文字不常用，则又引申指❸冷僻：太～的土语，是不必用的｜生～｜～字｜～典。少见则多怪，故又引申指❹性情古怪：为人性～耽佳句｜孤～｜怪～。

臱 biān

【字形】甲 金 篆 隶 草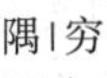

【构造】会意字。甲骨文从自，丙声，本义为鼻两旁。金文改为从自从旁，会鼻两翼之意。篆文稍讹。隶变后楷书承金文写作臱。

【本义】《说文·自部》：“臱，宫不见也。阙。”没作解释。据金文字形分析，本义当为鼻两翼。

【演变】臱，由鼻两翼引申泛指旁边。由于臱作了偏旁，旁边之义便又用“邊”（边）来表示。

参见边。

【组字】臱，如今不单用，只作偏旁。现今仍归入自部。凡从臱取义的字皆与旁边等义有关。以臱作声兼义符的字有：傷、邊（边）。

躺 tǎng

【字形】古 今篆 隶 草

【构造】形声兼会意字。古文从身，尚声，尚也兼表向上之意。隶变后楷书写作躺。早期也借“倘”表示，后改义符人为身写作“躺”。

【演变】躺，本义指❶身体面朝上横倒在地上或其他物体上：母亲着你倘（躺）着，要打你哩｜在炕上铺着小褥子儿～着｜～在床上｜别～在地上｜～在条凳上。引申指❷其他物体平放或横倒：自行车～倒了一片｜椅子～在地上｜风吹倒的树横～在马路上。

徵 zhēng；zhǐ （征）

【字形】甲 金 古 篆 隶 草

【构造】象形兼会意兼形声字。徵与微同源。甲骨文从止（足），象人披发微行之形。金文一形承接甲骨文另加义符彳（道路），以强调微行之意；二形改从止为从口，盖会披发行吟之意。古文一形承金文二形稍讹，并另加义符攴，乃古人带剑而行之俗；二形将口改为音，乃五音中的“徵音”之“徵（zhǐ）”；三形另加声兼义符壬（挺起），遂成为从壬从微省，会事物初起的苗头之意，壬也兼表声。篆文承之并整齐化。隶变后楷书写作徵。如今简化，部分含义借用“征”来表示。

【本义】《说文·壬部》：“徵，召也。从微省，壬为徵，行于微而文达者即徵之。”所释为引申义，本义当为迹象。

【演变】徵，读 zhēng，本义指❶迹象：夫国必有山川，山崩川竭，亡国之～｜～候｜象～｜特～｜～兆。引申为❷证验，证明：京师学者咸怪其无～｜有先贤之言可～｜信而有～｜文献足～。又表示❸征召：于是使人发驺卒～庄辛于赵｜～兵｜～调。又引申指❹求，征求：故物贱之～贵，贵之～贱｜～稿｜～文｜～集。又引申指❺征收：有布缕之～，粟米之～，力役之～｜～税｜～用。以上各义如今都借用“征”来表示。参见征。

又读 zhǐ，借用来表示❻古代五音（宫、商、角、徵、羽）之一。此义不简化：荆轲和而歌，为变～之声。

【组字】徵，如今既可单用，也可作偏旁。现今归入彳部。凡从徵取义的字皆与苗头等义有关。

以徵作声兼义符的字有：癥（症）。

以徵作声符的字有：懲（惩）、瀓（澄）。

艘 sōu （榁）

【字形】篆 今篆 隶 草

【构造】形声兼会意字。篆文从木，说明舟船初为木造，叟声。隶变后楷书写作榁。俗作艘，改为从舟，叟声，叟为长者总事，用以会船的总名之意。如今规范化，以艘为正体。

【本义】《说文·木部》：“榁，船总名。从木，叟声。”《广韵·萧韵》：“艘，船总名。”本义为船的总名。

【演变】艘，本义指❶船的总名：沛地淤填七八里，粮～阻不进。用作❷量词，用于船只：楼船万～，千里相望｜乃取蒙冲斗舰十～，载燥荻枯柴。

虢 guó （鞹、鞟）

【字形】金 篆 隶 虢 鞹 鞟

草

【构造】会意兼形声字。金文左边从两手持工具，右从虎，会两手持工具张虎皮去毛之意，即制革。篆文整齐化，成为从虎从寽会意，寽也兼表声。隶变后楷书写作虢。当是鞹（鞟）的初文。

【本义】《说文·虎部》：“虢，虎所攫画明文也。从虎，寽声。”释义不明。本义当为制革。

【演变】虢，本义指❶制革。后借用作❷古代国名:晋侯复假道于虞以伐~。遂又以为❸姓氏:制,岩邑也,~叔死焉。因虢、郭同音,后虢氏子孙便称郭氏。

由于"虢"为借义所专用,去虎皮毛之义便又另造了"鞹"字来表示。

○鞹,从革,郭声,郭也兼表外之意,如今规范化用简体鞟。读 kuò,本义指❶制革:譬之其犹~革者也。用作名词,又泛指❷皮革:虎豹之~,犹犬羊之~。

【组字】虢,如今既可单用,也可作偏旁。现今仍归入虍部。凡从虢取义的字皆与皮革等义有关。

以虢作声符的字有:灖。

歙 yǐn (畬、飲、饮)

【字形】甲 金 篆 今篆

隶 歙 畬 飲 饮 草

【构造】会意字。甲骨文像一人张口伸舌就坛子饮酒形。金文口舌与人断开讹为今,人变成欠;或省人只作畬。篆文整齐化。隶变后楷书分别写作歙与畬。如今皆不单用,只作偏旁。是"饮"的初文。

【本义】《说文·歙部》:"歙,歠(啜)也。从欠,畬声。""畬"非声,而是"歙"的初文。本义为喝。

【演变】歙,本义为喝:坐树~河,还其所息。此义也用"畬"表示。

○畬,读 yǐn,同饮,本义指❶喝。又通窨,指❷密闭:佩香用久不香,以虎子(夜壶)~一夕则香。

又读 yǎn,指❸酒味苦。又通"檿",指❹木名,即山桑:~桑。

由于歙太繁,畬又作了偏旁,后遂另造了会意字飲,如今简化作饮。

○饮,从饣从欠会意。读 yǐn,本义指❶喝:冬日则~汤,夏日则~水|~水思源。用作名词,指❷饮料:一箪食,一瓢~|冷~。又引申指❸含忍,吞:自古皆有死,莫不~恨吞声。又引申指❹没入:~弹|~羽。

又读 yìn,用作使动,表示❺使喝:~之食之,教以诲之|~马。

【组字】歙、畬,如今不单用,只作偏旁。现今归入欠部或酉部。凡从歙、畬取义的字皆与喝、器皿等义有关。

以歙作义符的字有:歠(啜)、韽、盫。

以畬作声符的字有:嶖、婄。

膛 táng

【字形】古 今篆 隶 膛 草

【构造】形声兼会意字。古文从月(肉),堂声,堂也兼表似殿堂高起之意。隶变后楷书写作膛。

【本义】《玉篇·肉部》:"膛,肥貌。"本义为胸膛肉肥厚。

【演变】膛,由本义胸膛肉肥厚引申,后主要用以表示❶胸腔:开~破肚|气满胸~。又引申指❷某些器物的中空部分:子弹已上~|枪~|炉~|灶~。

滕 téng (騰、腾)

【字形】金 篆 隶 滕 腾 騰

草

【构造】形声兼会意字。金文从火,朕声,会水似熊熊大火一样腾起之意。篆文从水,朕声,朕也兼表行船水涌之意。隶变后楷书写作滕。

【本义】《说文·水部》:"滕,水超涌也。从水,朕声。"本义为水向上涌。

【演变】滕,本义指❶水向上涌:百川沸~。此义后用"騰",今简作腾。又借用作❷周代诸侯国名:~,小国也,间于齐楚。今主要用作❸姓。

○腾,从马,朕声,朕(行船)也兼表如波涌起之意。读 téng,本义指❶跳跃,奔腾:我~跃而上,不过数仞而下|忆昔南海使,奔~献荔枝|绝壁天悬,~波迅急|欢~。又特指❷传递邮驿:因数~书陇蜀,告示祸福。又引申指❸乘,驾:~驴骡以驰逐。又引申指❹上升:天气下降,地气上~|~空而起|~飞。后又引申指❺使空出:~出时间读书|~房。口语读轻声,用在动词后,表示❻反复:闹~|倒~|翻~|折~。

【组字】滕,如今既可单用,也可作偏旁。现今归入月部。凡从滕取义的字皆与水超涌等义有关。

以滕作声符的字有:藤、籐。

敻 xiòng

【字形】篆 隶 草

【构造】会意字。篆文从旻(举目察视),从人在穴上,会站在穴居上远眺之意。隶变后楷书写作敻。

【本义】《说文·旻部》:"敻,营求也。从旻,从人在穴上。"所释为引申义。本义当为远眺。

【演变】敻,本义指❶远眺。引申泛指❷深远:~入千乘之国。又引申指❸营求:高宗梦得说(人名),使百工~求,得之傅岩。

【组字】敻,如今不单用,只作偏旁。现今归入支部。凡从敻取义的字皆与远眺等义有关。

以敻作声符的字有:瓊(琼)。

摩 mó;mā

【字形】篆 隶 草

【构造】会意兼形声字。篆文从手从麻(磨省),会来回摩挲之意,麻也兼表声。隶变后楷书写作摩。

【本义】《说文·手部》:"摩,研也。从手,麻声。"本义为摩擦。

【演变】摩,读 mó,本义指❶摩擦:是故刚柔相~|小羊靠着墙角~痒痒|~拳擦掌。由摩擦,又引申指❷抚摩:号泣手抚~|手~其顶|~弄。由抚摩,又引申指❸接近,接触,碰着:五千仞岳上~天|~天岭|~天大楼。用于抽象意义,由摩擦,又引申指❹切磋琢磨,研讨使完善:敬亭退而凝神定气,简练揣~|观~。又引申指❺玩赏:~玩之不已。

又读 mā,用作"摩挲",表示❻轻按着来回移动:一日三~挲|碰着哪儿啦?我给你~挲~挲。

【组字】摩,如今既可单用,也可作偏旁。现今仍归入手部。凡从摩取义的字皆与摩擦等义有关。

以摩作声符的字有:攠、嚤。

廛 chán (厘)

【字形】篆 隶 草

【构造】会意字。篆文从广(敞屋)从里从八(分)从土,会里中之屋,分土而居之意,即里巷的宅居。隶变后楷书写作廛。作偏旁时省写作厘。

【本义】《说文·广部》:"廛,一亩半,一家之居,从广、里、八、土。"本义为古代城市平民一家所居的房地。

【演变】廛,本义指❶市内一家百姓的房地:愿受一~而为氓(民)|顺州里,定~宅。引申指❷存放货物的栈房:微服潜游,越~过市。又指❸卖东西的店铺:设肆开~,侵夺民利|阛城溢郭,旁流百~。古一户一夫有田百亩,又引申指❹一户的赋税:不稼不穑,胡取禾三百~兮。

【组字】廛(厘),如今既可单用,也可作偏旁。现今仍归入广部。凡从廛取义的字皆与宅居等义有关。

以廛(厘)作声符的字有:瀍、缠、躔。

麃 páo;biāo (麅、瀌、滮、滤、滤、灑、沥)

【字形】甲 金 古 篆

隶 麃 瀌 滮 灑 沥

草

【构造】会意兼形声字。甲骨文、金文从鹿从票(票,火腾飞)省,会鹿腾跃强壮有力之意,票也兼表声。古文线条化。篆文整齐化。隶变后楷书写作麃。异体作麅,改为包声。如今规范化,以麃为正体。

【本义】《说文·鹿部》:"麃,麠(jīng,马鹿)属。从鹿,票省声。"本义为一种强壮的大鹿。

【演变】麃,读 páo,本义指❶一种强壮的大鹿:~者若鹿,迅走|豺狼逐野~。此义也作麅。

又读 biāo,用作"麃麃",引申指❷勇武的样子:清人(清邑的士兵)在消(地名),驷介~~。又指❸盛大:雨雪~~。此义也作瀌。

〇瀌,从水从麃会意,麃也兼表声。读 biāo,用作“瀌瀌”,形容雨雪盛大:杲杲为日出之容,~~拟雨雪之状。注意:“瀌”与“漉”不同。

〇漉,从水从鹿会意,鹿也兼表声。读 lù,本义指❶液体渗下,过滤:取头上葛巾~酒。又表示❷使水干涸:毋竭川泽,毋~陂池。与“漉”义近的还有“滤”“沥”二字。

〇沥,繁体作瀝,如今简化作沥,从水从历会意,历也兼表声。读 lì,本义指❶液体向下滴:~泣共诀(诀别),抆血相视|~血。引申指❷输出,献出:披肝~胆。又指❸过滤:把水~干了。用作名词,指❹液体的点滴:足下无意赐之余~(剩余的酒)乎?另见滤。

【组字】麃,如今既可单用,也可作偏旁。现今仍归入鹿部。凡从麃取义的字皆与强壮有力、盛大等义有关。

以麃作声兼义符的字有:藨、瀌、犥、臕(膘)、镳、穮。

瘪 biě;biē (癟)

【字形】古  今篆  隶 瘪 草 

【构造】会意兼形声字。古文从疒从侖(仑,集竹简),会干枯、枯瘦之意,自(鼻)声。隶变后楷书写作癟。如今简化作瘪。

【本义】《玉篇·疒部》:“癟,枯病。”本义为干枯、枯瘦。

【演变】瘪,读 biě,本义指❶干枯、枯瘦:野桑虽亦可以饲蚕,然叶薄而小且易~。引申泛指❷不饱满,凹下:干~|车胎~了。

又读 biē,❸用于“瘪三”。人的钱袋一瘪,导致的结果是衣不蔽体、食不果腹、居无定所,此乃一瘪三落空也,简称“瘪三”。

【组字】瘪,如今既可单用,也可作偏旁。现今仍归入疒部。凡从瘪取义的字皆与干枯等义有关。

以瘪作声兼义符的字有:濵。

颜 yán (顏)

【字形】金  古  篆  隶 颜 草 

【构造】形声兼会意字。金文从首,彦声。古文从頁,彦声,彦也兼表有光采之意。篆文整齐化。隶变后楷书写作顏。如今简化作颜。

【本义】《说文·頁部》:“顏,眉目之间也。从頁,彦声。”本义为两眉之间。俗称印堂。

【演变】颜,由印堂,引申泛指❶额头:心热病者~先赤。又引申泛指❷面容:~色憔悴,形容枯槁|公子~色愈和|眄庭柯以怡~|大庇天下寒士俱欢~|鹤发童~|和~悦色。用于抽象意义,又引申指❸面子:入门上家堂,出入无~仪|无~见人|厚~无耻|不顾~面。面容显示人的气色,故又引申指❹色彩:松柏本孤直,难为桃李~|五~六色|~色鲜艳。匾额挂在门楣上,相当于人的额头处,故又引申指❺匾额:勒石起义堂,帝榜(书写)其~以宠之。

【组字】颜,如今既可单用,也可作偏旁。现今仍归入页部。凡从颜取义的字皆与颜面等义有关。

以颜作声兼义符的字有:噘。

糊 hú;hū;hù (黏、粘、餬、馃、煳)

【字形】篆 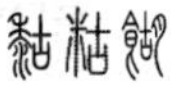 今篆  隶 糊 黏 餬 煳 草 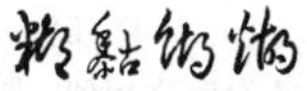

【构造】形声兼会意字。篆文从黍(黏米),古声;异体从米。隶变后楷书分别写作黏与粘。俗作糊,改为从米,胡声;异体作餬,改为从食,胡声。“古”为连片而成的铠甲,“胡”为牛胡,也皆兼表黏连之意。现在规范化,以糊为正体。简化的馃另表他义。

【本义】《说文·黍部》:“黏,黏也。从黍,古声。”本义为用黏性物把东西粘合在一起。《集韵·模韵》:“黏,或作糊。煮米及面为粥。”本义为米面做的黏稠的粥。

【演变】糊,读 hú,本义指❶米面做的黏稠的粥或糨糊:滑软黄粱饭,清新菰米~|日用面一斗为~,以供缄封|玉米面~~。又指❷用黏性物把东西黏合在一起:冬天~窗户|~一层纸|~信封|~顶棚|裱~。用作“糊涂”,引申指❸头脑像粥或糨糊一样不明事理:这人太~涂。由用粥充饥,又引申指❹勉强维持生

活：昔正考父饘粥以～口。此义也写作“餬”。粥样的东西容易烧煳，故又用作“煳”，表示❺经火烧而变得黄黑发焦：饭烧～了｜衣服烤～了。

又读 hū，由用粥填塞，引申指❻用糊状物填塞或涂抹洞、缝：把墙缝用泥给～上。

又读 hù，名词，指❼像粥样的食物：芝麻～｜辣椒～｜面～。又引申指❽蒙混：他好～人｜你～弄谁。

〇餬，读 hú，本义指粥类。用作“餬口”，指勉强维持生活：养家～口。

〇煳，从火从胡，会烧成一片黑之意，胡也兼表声。读 hú，本义指烧得焦黑：饭～了｜衣服烤～了。

頪 lèi （類、类）

【字形】金 篆 隶 頪 类 類 草

【构造】会意字。金文从頁（人头）从米（表细小难辨），会事物相似，难以分别之意。篆文整齐化。隶变后楷书写作頪。是“類”（类）的初文。

【本义】《说文・頁部》：“頪，难晓也。从頁、米。”本义为事物相似，难以分别。

【演变】頪，本义指事物相似，难以分别。由于“頪”作了偏旁，其义便另加义符“犬”写作“類”来表示，因为“种类相似，唯犬为甚”。

〇类，繁体作類，从犬从頪会意，頪也兼表声。如今简化作类。读 lèi，本义为❶种类：方以～聚，物以群分｜王之不王，是折枝之～也｜～型｜分～。又表示不同的❷众物：溪虽莫利于世，而善鉴万～。又特指❸同类：物各从其～也。由种类又引申指❹相似：辞多～非而是，多～是而非｜所谓画虎不成反～狗者也｜～似。类似之物大体相同，故又引申指❺大抵：观古今之人，～不护细行。同类者都有共同标志，故又引申为❻法式：明告君子，吾将以为～兮。

【组字】頪，如今不单用，只作偏旁。现今仍归入页部。类，如今既可单用，也可作偏旁，现归入米部。凡从頪取义的字皆与事物相似、难以分别等义有关。

以頪（類）作声符的字有：𡐀、瀬、類（类）、纇。

翦 jiǎn （剪）

【字形】甲 篆 隶 翦 草

【构造】形声兼会意字。甲骨文像用戈剪除毛发。篆文从羽，前省声，前也兼表像剪的一样齐之意。隶变后楷书写作翦，前不省。是“前”（剪刀）的加旁分化字。参见前。

【本义】《说文・羽部》：“翦，羽生也。一曰矢羽。从羽，前声。”本义为羽初生像剪的一样齐。

【演变】翦，本义指羽初生像剪的一样齐。也指经修剪的箭羽。后用如“剪”，表示❶修剪：勿～勿伐｜沐浴栉搔～。又引申指❷拦截：～径。又引申指❸歼灭：共～此虏。又指❹挥动：把这铁棒似的虎尾倒竖起来，只一～。如今主要用作❺姓。修剪之义俗便由“剪”来表示了。

【组字】翦，如今既可单用，也可作偏旁。现今仍归入羽部。凡从翦取义的字皆与羽义有关。

以翦作声符的字有：㨵、谫。

遵 zūn

【字形】篆 今篆 隶 遵 草

【构造】形声兼会意字。篆文从辵（辶），尊声，尊也兼表尊重规矩遵循行动之意。隶变后楷书写作遵，省从尊。

【本义】《说文・辵部》：“遵，循也。从辵，尊声。”本义为顺着走。

【演变】遵，本义指❶顺着走：女执懿筐，～彼微行。引申泛指❷遵守，依照：时国王骄奢，不～典宪｜欲～太祖法，予之杖｜～命｜～循｜～照。

潜 qián （潛）

【字形】古 篆 隶 潜 潛 草

【构造】形声兼会意字。古文从水，朁省声。篆文从水，朁声，朁也兼表插入之意。隶变后楷书写作潛。俗省作潜。如今规范化，以潜为正体。

【本义】《说文·水部》:"潛,涉水也。一曰藏也。从水,朁声。"本义为钻到水面下行走。

【演变】潜,本义指❶在水面下行走:至人~行不窒,蹈火不热|~水|~泳。引申指❷藏伏水中:~龙勿用|舞幽壑之~蛟|~鳞乐游泳|~艇|~流。又引申泛指❸隐藏:若~师以来,国可得也|日星隐曜,山岳~形|英夷亦从此胆寒~踪矣|~伏|~在|~力。又引申特指❹沉下心来,专一:亦非不~心专力之故。用作修饰语,又引申指❺秘密不露地,无声息地:随风~入夜,润物细无声|~逃|~行|~遁。

潮 cháo (淖)

【字形】甲 金 篆 今篆

隶 潮 淖 草 潮 淖

【构造】会意兼形声字。甲骨文是日出林中而月未落的样子,会早晨之意。金文将月讹为水,从日出草间,会早晨的潮水之意。篆文整齐化,一形水移左边,二形将水讹为舟,左边讹为倝。隶变后楷书分别写作淖与朝。《说文》认为淖从朝省。俗作潮,朝不省,成为从水从朝会意,朝也兼表声。如今规范化,以潮为正体。朝、潮表义有分工,淖废而不用。参见朝。

【本义】《说文·水部》:"淖,水朝宗于海。从水,朝省。"本义为江河流向大海。

【演变】潮,本义指❶江河流向大海(此义古今皆用"朝"表示):沔彼流水,朝宗于海|百川朝宗。"潮"主要用以表示❷海水受太阳和月亮的引力而定时涨落的现象(细分早叫潮,晚叫汐):江水逆流,海水上~|涨~|落~|海~|~汐|~水。又引申比喻❸像潮水那样汹涌起伏的形势:革命高~|思~起伏|怒~|工~|学~。由潮水上涨,又引申指❹潮湿:新盖的房子太~|反~|受~|~气|~解。由潮湿,又引申指❺成色或技术不到家:你的手艺还~,回去练吧|~金|~银。

潘 pān

【字形】篆 隶 潘 草 潘

【构造】形声兼会意字。篆文从水,番声,番也兼表反复之意。隶变后楷书写作潘。

【本义】《说文·水部》:"潘,淅米汁也。从水,番声。"本义为淘米水。古人用以洗头面。

【演变】潘,本义指❶淘米水:三日具沐,其间面垢,燂(xún,烧热)~请靧(洗脸)|以盆盛~及沐盘,升自西阶,授沐者。如今主要用作❷姓。

【组字】潘,如今既可单用,也可作偏旁。现今仍归入水部。凡从潘取义的字皆与淘米水等义有关。

以潘作声符的字有:藩、籓。

懂 dǒng

【字形】古 今篆 隶 懂 草 懂

【构造】形声兼会意字。古文从忄(心),董声,董(藕根)也兼表明通之意。隶变后楷书写作懂。

【演变】懂,本义指明白,知道:我的心思,你一点也不~|他什么都~|先要弄~政策|他~外语|他~行。

獘 bì (斃、毙、弊)

【字形】甲 金 篆 今篆

隶 獘 毙 斃 弊 草 獘 毙 斃 弊

【构造】会意兼形声字。甲骨从录(转动)从敝,会轮番攻击而倒毙之意。金文从攴从犬从采(兽蹄)省,会狩猎中击毙野兽之意。篆文从犬从敝(破败),会犬倒仆之意,敝也兼表声。隶变后楷书写作獘。

【本义】《说文·犬部》:"獘,顿仆也。从犬,敝声。《春秋传》曰:'与犬,犬獘。'斃,獘或从死。"本义为犬倒仆。

【演变】獘,本义指❶犬倒仆。引申指❷死。由倒仆,又引申指❸弊病。

为了分化字义,死之义后来专用"斃"来表示,弊病之义则用"弊"来表示。

○斃,从死从敝会意,敝也兼表声。如今简化作毙。读bì,本义指❶倒下:多行不义,必自~。引申指❷死亡:执彤杖而捶之,~于车

下|束手待～|作法自～|坐以待～|击～|倒～|～命|枪～。

○弊，从廾(双手)从敝会意，敝也兼表声。读 bì，由倒仆引申指❶疲困：益州疲～。又引申指❷弊病：皆指目朝政之～|兴利除～。又引申指❸欺蒙人的坏事：事有讹变，奸～大起|营私舞～。

【组字】獘，如今可单用，不作偏旁。现今仍归入犬部。作偏旁时用弊。凡从弊取义的字皆与断决等义有关。

以弊作声符的字有：𥈊。

额 é
(頟、額、頞、齃)

【字形】金  古  篆  今篆 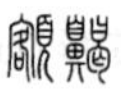
隶 额 額 頟 頞 齃
草 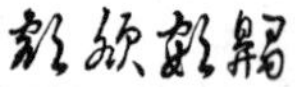

【构造】形声兼会意字。金文从頁从隹，会鸟头之意。古文、篆文从頁(头)，各声。隶变后楷书写作頟。俗作額，改为客声。各、客皆表示进门，故用以会脑门之意。額如今简化作额，为正体。頟则只用于姓氏。相关的字还有个"頞"，篆文从頁从安(表示容纳)，会吸纳空气的通道鼻梁之意，安也兼表声，本义为鼻梁，也可表示额头义。其异体作齃，从鼻从曷(表示呼喝)，亦会呼吸的通道鼻梁之意，曷也兼表声。如今规范化，"頞"的额头之义皆由"额"表示。

【本义】《说文·頁部》："頟，顙也。从頁，各声。"本义为额头。

【演变】额，本义指❶额头：焦头烂～为上客|面～焦烂不可辨|以～叩地谢不敢|前～。额在头的上部，故又泛指❷物体的上端：崖～飞泉，俱从人顶泼下|挂于帘～|碑～。匾挂在门上，故又指❸挂在门上的匾：寺～葛洪书|横～|匾～。额头已经到顶，由此又引申指❹限定的数目：租有定～|不足规定数～|名～有限|超～|～定。

○頞，读 è 本义为❶鼻梁。又指❷额头：久之，蛇竟死，视～上革肉，已破裂云|举疾首蹙～而相告曰|～蹙。又读 àn，作❸人名用字：秦有常～。

○齃，读 è 本义为鼻梁：唐举孰视而笑曰："先生曷鼻，巨肩，魋颜，蹙～(鼻蹙眉)，膝挛，吾闻圣人不相，殆先生乎？"|～岳(高鼻梁)。

【组字】额如今既可单用，也可作偏旁。现今仍归入页部。凡从额取义的字皆与额头等义有关。

以额作声符的字有：㖑、𡾰。

劈 pī;pǐ

【字形】篆  隶 劈 草 

【构造】形声兼会意字。篆文从刀，辟声，辟(施刑)也兼表分割之意。隶变后楷书写作劈。

【本义】《说文·刀部》："劈，破也。从刀，辟声。"本义为用刀斧纵向猛力破开。

【演变】劈，读 pī，本义指❶用刀斧纵向猛力破开：屠暴起，以刀～狼首，又数刀毙之|～山引水|～木头|～柴。由向下猛劈，引申特指❷雷电下击：大树被雷～倒|险遭雷～。劈要对准目标，故又引申指❸正对着：一盆脏水从楼上～头浇了下来|不分青红皂白，～脸就打|～头盖脸|～面。

又读 pǐ，由劈开，引申指❹分开：扯着一根竹竿，下端已经～了|～成四份儿均分|你要不了这么多，～给我一半。

履 lǚ
(𡳐)

【字形】甲  金 古 篆 隶 履
草 

【构造】会意兼形声字。甲骨文是一人足穿舟形鞋在地上行走的样子。金文省为从页从舟。古文从頁(头)从足从舟(似舟之方鞋)。篆文改为从尸(亦人)从彳(街道)从夂(脚)从舟，会人穿上像舟一样的方头鞋在街上行走之意，尸也兼表声。隶变后楷书写作履。

【本义】《说文·履部》："履，足所依也。从尸，从彳，从夂，舟象履形。一曰尸声。"本义为穿鞋行走。

【演变】履，由穿鞋行走，引申泛指❶践踏：如临深渊，如～薄冰。又引申指❷穿：因长跪～之。

又引申指❸步行所过,经历:~历周故居,邻老罕复遗|亲~艰难者知下情。由经历又引申指❹施行,做:处其位而不~其事,则乱也|~行合同。用作名词,指❺鞋:及反,市罢,遂不得~|削足适~。

【组字】履,如今既可单用,也可作偏旁。作偏旁时多省作𡰪。现今归入尸部。凡从履(𡰪)取义的字皆与鞋、行动等义有关。

以履(𡰪)作义符的字有:屐、屜、[illegible]、屣、屨、屧、屩。

勰 xié ([illegible])

【字形】篆　隶　草

【构造】会意兼形声字。篆文从劦(合力)从思,会合思之意,劦也兼表声。隶变后楷书写作勰。异体作[illegible],左右偏旁换位。如今规范化,以勰为正体。

【本义】《说文·劦部》:"勰,同思之和。从劦,从思。"本义为和谐,协调。

【演变】勰,本义指❶和谐,协调:昭图~轨,道清万国。又表示❷思。古今多用作❸人名:《文心雕龙》作者刘~。

巤 liè (鬛)

【字形】甲　金　篆　隶　草

【构造】象形兼指事字。甲骨文象禽兽头上长有毛发形。金文下边是个突出了囟门的襁褓中的孩子,上边三竖指明是毛发。篆文下边讹变为鼠形,成了鼠毛了。隶变后楷书写作巤。

【本义】《说文·囟部》:"巤,毛巤也。象发在囟上及毛发巤巤之形。此与籀文子字同。"本义为孩子囟门上的毛发。

【演变】巤,本义指囟门上的毛发。后来巤作了偏旁,于是其义另加义符"髟"写作"鬛"来表示。

〇鬛,从髟从巤会意,巤也兼表声。读 liè,由孩童的毛发,引申指❶动物颈上的长毛飘动上指之状:夏后氏骆马黑~|奋蹄振~。又指❷胡须:吴楚之地,人少~。又指❸鱼龙的鳍,植物的芒须:朱鳞火~|堂前有五~松两株。

【组字】巤,如今不单用,只作偏旁。现今归入巛部。凡从巤取义的字皆与毛发等义有关。

以巤作声兼义符的字有:鬛。

以巤作声符的字有:儠、擸、壋、獵(猎)、邋、臘(腊)、蠟(蜡)、躐。

十六画

駮 bó (駁、驳)

【字形】甲　篆　隶　草

【构造】形声兼会意字。甲骨文从馬(马),爻声,爻也兼表交叉之意。篆文承之并整齐化;异体作駮,从馬从交(交叉),会马的毛色花杂之意。表示一种兽名。隶变后楷书分别写作駁与駮。如今规范化,駁简作驳,为正体。駮只作偏旁。

【本义】《说文·馬部》:"駮,兽。如马,倨齿,食虎豹。从馬,交声。"本义为传说中的兽名。

【演变】駮,本义为传说中的兽名:~食虎豹,故虎疑焉。由于駮后来只作偏旁,其义便由"驳"来表示。

〇驳,读 bó,指❶马毛色不纯:乘~马。引申泛指❷颜色不纯:回视日观以西峰,或得日或否,绛皜~色,而皆若偻|一色成体谓之醇,白黑杂合谓之~。又引申指❸混杂:粹而王,~而霸,无一焉而亡,此之谓也。由混杂又引申指❹驳斥:推覆平论有异事进之曰~。

用作"駮",又指❺传说中能食虎豹的猛兽:有兽焉,其状如马而白身黑尾,一角,虎牙爪,音如鼓音,其名曰~,是食虎豹,可以御兵。

【组字】駮,如今少用,可作偏旁。现今仍归入馬(马)部。凡从駮取义的字皆与食虎豹之駮兽等义有关。

以駮作声符的字有:[illegible]、礮(炮)。

歖 yì (懿)

【字形】金 古 篆 今篆

隶 歖 懿 草

【构造】会意兼形声字。金文一形从壹(专一)从欠(表示张口出气),会赞美之意;二形另加义符心,表示诚心。古文改为从壹从恣会意,恣也兼表声。篆文变为从壹,恣省声。按理应是从心从歖,表示心里赞美,歖也兼表声。隶变后楷书分别写作歖与懿。俗承古文作懿,恣不省。后其义皆用"懿"来表示,歖只作偏旁,懿废而不用。

【本义】《说文·壹部》:"懿,专久而美也。从壹,从恣省声。"本义为赞美。

【演变】歖,如今不单用,只作偏旁。单用用懿。

○懿,读 yì,本义指❶赞美:昔孔子作《春秋》,褒齐桓,~晋文,叹管仲之功。引申泛指❷美好:斯则前世之~事,后王之元龟(借鉴)也|嘉言~行。又引申指❸深:女执~筐,遵彼微行,爰求柔桑。

【组字】歖,如今不单用,只作偏旁。现今仍归入欠部。凡歖从取义的字皆与赞美等义有关。

以歖作义符的字有:懿。

燕 yàn;yān

(醼、讌、宴、郾、鷰)

【字形】甲 金 篆

今篆 隶 燕 鷰 宴 醼

讌 郾 草

【构造】象形字。甲骨文象飞动的燕子形。篆文整齐化。隶变后楷书写作燕。旧又用作"醼""讌""宴""郾"。

【本义】《说文·燕部》:"燕,玄鸟也。镊口,布翅,枝尾,象形。"本义为燕子。

【演变】燕,读 yàn,本义指❶燕子:~~于飞,差池其羽。

又借用作"醼"或"讌",从燕,从酉或言,燕也兼表声。宴必有酒,宴必谈笑。表示❷宴饮:及~,置酒,太子侍。进而引申指❸喜悦:宋音(音乐)~女(使汝喜悦)溺志。又引申指❹安闲:愿赐清闲之~。此类含义古多借用"宴"来表示,如今规范化为正体。

又读 yān,古借作"郾",从邑从匽(安藏)会意,匽也兼表声,用作❺国名,战国七雄之一:~太子丹。

○宴,从宀从妟会意,妟也兼表声。读 yàn,本义指❶安闲,安乐:饮食~乐|~安鸩毒,不可怀也。用作动词,引申指❷摆上酒席,宴饮行乐:昔诸侯朝正于王,王~乐之。用作名词,指❸酒席:赴~。

燕为借义所专用,燕子之义便另加义符"鳥"写作"鷰"(从鳥从燕会意,燕也兼表声)来表示。如今仍用"燕"。

【组字】燕,如今既可单用,也可作偏旁。现今归入火部。凡从燕取义的字皆与燕子、宴乐等义有关。

以燕作声兼义符的字有:鷰。

以燕作声符的字有:嚥、臙、讌、醼。

薯 shǔ

【字形】古 今篆 隶 薯 草

【构造】形声兼会意字。古文从艸(艹),署声,署也兼表藤蔓似网之意。隶变后楷书写作薯。

【本义】《玉篇·艸部》:"薯,薯蓣,药。"本义为山药。

【演变】薯,本义指❶山药:充肠多~蓣,崖蜜亦易求。引申泛指❷薯类作物:白~|红~|马铃~。

薛 xuē

(薛、薩、薩、萨)

【字形】甲 金 古 篆 今篆

隶 薛 薩 萨 草

【构造】形声兼会意字。古时借用辥表示。甲骨文是用辛(刀)削制弓形,中为削下的碎屑。金文稍繁大同。古文一形稍繁;二形讹变,上讹为艸,左下讹为邑,右下讹为産。篆文改为从艹从辥(表细碎),会细草之意,辥也兼表声。隶变后楷书写作薛。俗承古文二形讹为薩,其过程为:先讹变为薛,再讹为薩,再讹为薩。如今薩又简化作萨。

【本义】《说文·艸部》:“薛,草也。从艸,辥声。”本义为草名,即赖蒿。

【演变】薛,本义为❶草名:~莎。又指❷用莎草编制的蓑衣。又用为❸春秋国名。今主要用作❹姓。

〇萨,繁体作薩,本是“薛”的讹变,如今简化作萨。读 sà,用于梵语译音词❶菩萨:菩~,菩,普也,~,济也。能普济众生也。”今又用作❷姓。又用作❸音译字:拉~|~其马|~克斯。

【组字】薛,如今既可单用,也可作偏旁。现仍归入艹部。因薛也从辥取义,故凡从薛取义的字也皆与细碎、罪等义有关。

以薛作声兼义符的字有:蘖、糵、孽。

以薛作声符的字有:薩(萨)、嶭。

薄 bó;báo;bò

【字形】篆  隶 薄 草 

【构造】形声兼会意字。篆文从艸,溥声,溥也兼表散布之意。表示草木密集丛生之处。隶变后楷书写作薄。

【本义】《说文·艸部》:“薄,林薄也。一曰蚕薄。从艸,溥声。”本义为林木密集丛生之处。

【演变】薄,读 bó,本义指❶林木密集丛生之处:露申辛夷,死林~兮。由密集,引申指❷迫近:~而观之|日~西山|~暮。又引申指❸不厚道:刻~。又引申为❹轻微:德~而位尊|~酬|~技。又引申指❺不庄重:轻~。又引申指❻看不起:厚此~彼|鄙~。用作副词,指❼略微:能歌舞,~知书。

又读 báo,口语,单用,形容词,指❽扁平物厚度小:狐裘不暖锦衾~|用胶泥刻字,~如钱唇|脸皮~|~嘴唇|~板儿|~饼|~纸。又指❾(感情)不深,冷淡:贵贱情何~|情分不~。又指❿(味道)不浓,稀薄,淡薄:莫辞酒味~。又指⓫(土地)不肥沃,贫瘠:土~水浅。又指⓬粗陋:常敝衣~食。又指⓭命运不幸:自古佳人多~命。

又读 bò,特指⓮薄荷。

【组字】薄,如今既可单用,也可作偏旁。现仍归入艹部。凡从薄取义的字皆与铺开、广大等义有关。

以薄作声兼义符的字有:欂、臡、礴。

颠 diān

(顛、頂、顶、巔、巅、癲、癫)

【字形】金  古  篆  今篆 

隶 颠 顛 顶 頂 巅 巔 癫

癲 草 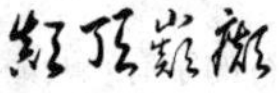

【构造】会意兼形声字。金文从頁,鼎声。古文从頁,真声。篆文从頁(人头朝上),故“颠”表示头顶;又从真(人头朝下),故又表示颠倒之意,真也兼表声。隶变后楷书写作顛。如今简化作颠。

【本义】《说文·頁部》:“顛,顶也。从頁,真声。”本义为头顶,又表示颠倒。

【演变】颠,本义指❶头顶:有车邻邻,有马白~|华~。引申指❷山顶:采苓采苓,首阳之~。由于“颠”后来专用以表示颠倒之义,此义便又另加义符“山”写作“巔”(今简作巅)来表示。又表示❸颠倒:东方未明,~倒衣裳;~之倒之,自公召之。由颠倒引申为❹坠落:子都自下射之,~。又引申指❺跌倒:危而不持,~而不扶,则将焉用彼相矣|~覆。又引申指❻上下簸动:他故意的上下~动车把,摇这个老猴子儿下|~簸。又引申指❼生活不安定:~沛必于是|~沛流离。又引申指❽疯狂:无功暴得喜欲~,神人戏汝真可怜。此义后作“癲”(今简作癫)。

“颠”为引申义所专用,头顶之义便另造了形声字“頂”来表示,如今简化作顶。

〇顶,从页,丁声,丁也兼表钉头之意。读 dǐng,本义指❶头顶:过涉灭~,凶|秃~|歇~。引申泛指❷物体的最上部:今不称九天之~,则言黄泉之底|屋~|~峰|山~。用作动词,指❸用头顶支撑:其败也抉目而折骨,其成也~冕而垂裳|~碗|~灯|。进而引申泛指❹用物支撑:~门杠|用椅背~住胸部。由顶住又引申指❺对面迎着:~风开船。进而引申指❻顶撞:~嘴。由向上顶,又引申指❼从下边拱起:豆芽把土都~起来了。由头的最上部,又用作副词,表示❽最:~好。

○巅，从山从颠会意，颠也兼表声。读diān，本义指山顶：道少半，越中岭，复循西谷，遂至其～|山～。

○癫，从疒从颠会意，颠也兼表声。读diān，本义指癫狂，即精神病：疯疯～～，说了这些不经之谈。

【组字】颠，如今既可单用，也可作偏旁。现今仍归入页部。凡从颠取义的字皆与头顶、颠倒等义有关。

以颠作声兼义符的字有：嗔、巅、癫。

翰 hàn

【字形】甲  石鼓  篆  隶 **翰** 草 

【构造】会意兼形声字。甲骨文从隹从倝(旗帜上出飘扬)，会高飞之意，倝也兼表声。石鼓文从飛(飞)。篆文改为从羽，含义相同，成了尾羽扬起的天鸡。隶变后楷书写作翰。

【本义】《说文·羽部》："翰，天鸡赤羽也。从羽，倝声。"所释为引申义。本义当为高飞。

【演变】翰，本义指❶高飞：宛彼鸣鸠，～飞戾天。高飞要靠羽翼，故又引申指❷尾羽扬起的赤羽天鸡，即锦鸡：蜀人以文～，文～者，若皋鸡。又引申指❸鸟的长而硬的羽毛：理翮振～，容与自玩。古人曾用羽毛作笔，故又引申指❹笔：于是染～操纸，慨然而赋。文辞用笔来写，进而引申指❺文辞：～藻沉郁，诗尤其所长。据说古代北方有大湖，群鸟解羽伏乳(孵雏)于此，故称此湖为❻翰海(即今呼伦湖、贝尔湖)：骠骑封于狼居胥山，禅姑衍，临～海而还。

【组字】翰，如今既可单用，也可作偏旁。现今仍归入羽部。凡从翰取义的字皆与长大等义有关。

以翰作声兼义符的字有：瀚。

橘 jú (桔)

【字形】篆  隶 **橘 桔** 草 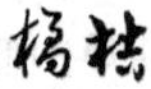

【构造】形声兼会意字。篆文从木，矞声，矞也兼表带刺之意。橘为带刺之树。隶变后楷书写作橘。俗作"桔"乃误用，不是"橘"的简化字，桔另有其义。

【本义】《说文·木部》："橘，果，出江南。从木，矞声。"本义为橘树。

【演变】橘，本义指❶橘树：～生淮南则为～|乡人谓之社～。又指❷橘树的果实：常吃柑～|～子。

○桔，从木，吉声。读jié，本义指❶桔梗，一种药名：今求柴胡、～梗于沮泽，则累世不得一焉。用作"桔槔"，也作"橰槔"，指❷古代一种汲水的工具：且子独不见夫～槔者乎？引之则俯，舍之则仰。

橐 tuó

【字形】甲  金  古  篆 

隶 **橐** 草 

【构造】象形兼形声兼会意字。甲骨文和金文皆象捆囊橐形。古文一形承甲骨文大同，稍繁；二形简化为从柬(橐的本字，表捆束)，石声，石也兼表能盛重物之意。篆文整齐化。隶变后楷书写作橐。

【本义】《说文·㯻部》："橐，囊也。从㯻省(应为从柬)，石声。"本义为无底的囊，盛物时用绳捆扎两头。

【演变】橐，本义为❶一种无底的袋子，盛物时用绳捆扎两头：乃裹 糇粮，于～于囊|乃出图书，空囊～，徐徐焉实狼其中。又指❷盛泥土的器具：禹亲自操～耜(臿)而九杂(汇聚)天下之川，腓无胈，胫无毛，沐甚雨，栉疾风，置万国。又指❸古代冶炼鼓风用的装置，即今之风箱：天地之间，其犹～籥乎？|具炉～，～以牛皮。用作动词，指❹用袋子装：过天子之城，宜～甲束兵|于是悉～其家书之官，而早夜读以思。

【组字】橐，如今既可单用，也可作偏旁。现今归入木部。凡从橐取义的字皆与口袋等义有关。

以橐作声符的字有：欜(柝)、蠹、驝、橐。

融 róng

【字形】甲 金 古 籀

篆 隶融 草

【构造】会意兼形声字。甲骨文一形下从土,上从蟲,会冰雪消融,春气升腾,蛰虫蠢动之意。金文大同。甲骨文二形上从鬲下从火,会锅上蒸汽升腾之意,上为𩫏(墉)声。金文二形改为从二鬲相对,蚰声,含义相同。古文承金文,二鬲讹为𩫏,蚰声,皆为声符了。籀文改为从鬲,蟲声。篆文省为从鬲(锅),虫声,成了蒸汽升腾了。隶变后楷书写作融。

【本义】《说文·鬲部》:"融,炊气上出也。从鬲,蟲省声。"本义为冰雪消融地气蒸腾。

【演变】融,本义指❶地气升腾:惠风飏以送~。地气升腾是天暖消融的结果,故又引申指❷融化:梅柳意欲活,园圃冰始~|消~|雪~了。又进而引申指❸融合:契将往而必~,防未来而先制|水乳交~|~会贯通|~洽。由日暖而融,又引申指❹和乐的样子:歌台暖响,春光~~|俄而祥风庆云,~~怡怡。由融化,又引申指❺流通:云行雨施,品物咸~|金~。

【组字】融,如今既可单用,也可作偏旁。现今归入虫部。凡从融取义的字皆与蒸汽升腾等义有关。

以融作声符的字有:䗣、瀜。

整 zhěng

【字形】金 篆 隶整 草

【构造】会意兼形声字。金文从支从束从正,会以手整理捆束使整齐之意,正也兼表声。篆文整齐化。隶变后楷书写作整。

【本义】《说文·攴部》:"整,齐也。从攴,从束,从正,正亦声。"本义为整理使齐。

【演变】整,本义指❶整理使整齐:王赫斯怒,爰~其旅|虽处暗室,~襟危坐,肃如也|~装待发|~饬|~风|~顿。引申指❷整齐:望房陈(阵)不~|仪容不~|~洁。由整齐又引申指❸齐备,完全无缺,无零头:器械完~,货财充实|至今~三十年了|化~为零|六点~|~天|~体|~套|~数。又特指❹修整:既加~葺,营建堂宇|~容|~形|~枝。整理是一种纠治行为,故又引申指❺使人吃苦头:他被~得好苦|~治人。

醒 xǐng

【字形】篆 隶醒 草

【构造】形声兼会意字。篆文从酉(酒器,代酒),星声,星也兼表微明之义。隶变后楷书写作醒。

【本义】《说文·酉部》:"醒,醉解也。从酉,星声。"本义为酒醉后恢复正常,即酒醒。

【演变】醒,本义指❶酒醒:~能述以文者,太守也|~酒。引申泛指❷从麻醉、昏迷状态中恢复正常知觉:他昏了过去,才~来不久|昏迷的人苏~过来了。又引申指❸睡后醒来:既而儿~,大啼,夫亦~|睡~。用于抽象意义,又引申指❹明白道理:众人皆醉而我独~|清~|觉~|~悟|猛~。由明白,又引申指❺明显,清楚:~目|~豁。

霍 huò (靃)

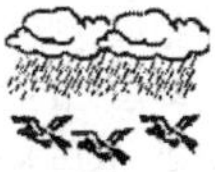

【字形】甲 金 古 篆 今篆

隶霍靃 草

【构造】会意字。甲骨文从雔(三隹,鸟)从雨,会雨中群鸟疾飞之意。金文省为二隹。古文省为一隹。篆文承金文并整齐化。隶变后楷书写作靃。俗承古文作霍,如今规范化为正体。

【本义】《说文·雔部》:"靃,飞声也。雨而双飞者其声靃然。"本义为鸟在雨中疾飞。

【演变】霍,由鸟在雨中疾飞,引申指❶迅速,闪动,忽然:~然病已|问者~解|晚电明~~。用作"挥霍",本指❷动作迅疾:跳丸剑之挥~,走索上而相逢。引申指❸任意花钱,即迅速散去钱财:三年挥~二十万。又引申为❹豁达,洒脱:(尤三姐)自己高谈阔论,任意挥~洒落一阵,拿他弟兄二人嘲笑取乐。由鸟在雨中疾飞声,用作❺象声词:磨刀~~向猪羊。又用作❻山名、古国名、姓:~山|~国|~去病。

【组字】霍,如今既可单用,也可作偏旁。现今归入雨部。凡从霍取义的字皆与迅速等义有关。

以霍作声符的字有：攉、藿、劀、臛。

操 cāo；cào
（肏）

【字形】篆今篆隶草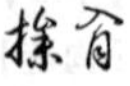

【构造】形声兼会意字。篆文从手，喿声，喿为群鸟鸣，用以会持兵戈呐喊演练之意。隶变后楷书写作操。

【本义】《说文·手部》："操，把持也。从手，喿声。"本义为手拿着。

【演变】操，读 cāo，本义指❶拿着：～吴戈兮被犀甲｜大王来何～｜～蛇之神闻之｜卧起～持｜同室～戈｜～刀。由操持，又引申指❷运用，驾驭：津人～舟若神｜～山西口音。又引申指❸从事：～童子业，久不售｜重～旧业｜可～作性。用于抽象意义，表示❹掌握：～民之命，朝不可以无政｜～生杀之权｜～纵。用于思想道德的把握，则引申指❺操守，志节：穷不易～，通不肆志｜节～｜～行｜情～。反复操作则可达到熟悉，故后又引申指❻演习，操练：课间～｜作～｜出～｜上～。

又读 cào，义同"肏"，用作❼骂人的话：～蛋。

〇肏，读 cào，俗谓❶两性交媾：谁出这样的主意，我～他的八辈祖宗！又多用作❷骂人的话：还不快走呀，贼～的家伙！

【组字】操，如今既可单用，也可作偏旁。现今仍归入手部。凡从操取义的字皆与拿、持等义有关。

以操作声符的字有：摻。

冀 jì
（翼、翼）

【字形】甲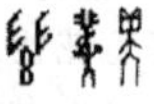金古篆隶草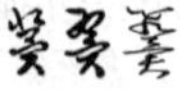

【构造】会意兼形声字。冀与翼同源。甲骨文一形从羽，下为糸声；二形改为上从非（鸟二翅）下从異（头顶物）会意；三形上非简化。金文一形从異（异，头上顶戴物）从飛（飞），戴物而飞必小心翼翼，故此形含有恭谨和翅膀两方面的意义，異也兼表声；二形将飛简化，留下两翅之轮廓，成为羽；三形进而讹作北。古文稍简并线条化。篆文承金文并整齐化，遂分为繁简三形。隶变后楷书分别写作𩙻、翼和冀。如今规范化，𩙻也用翼表示，𩙻废而不用，冀另表他义。

【本义】《说文·北部》："冀，北方州也。从北，異声。"这是就篆文所作的解说，是借义。本义当为恭谨。又《飛部》："𩙻，翅也。从飛，異声。翼，篆文𩙻，从羽。"本义为翅膀。

【演变】冀和翼，本义都指恭敬，如"行而供（恭）冀，非渍淖也""趋进，翼如也"。由恭谨又引申指希望。为了分化字义，对二字进行了分工。

〇冀，读 jì，专用以表示❶希望：郑有备矣，不可～也｜～幸君之一悟，俗之一改也｜希～。又借用以表示❷冀州，古九州之一：～之北土，马之所生｜本在～州之南，河阳之北。如今用作❸河北的简称。

〇翼，读 yì，专用以表示❶恭谨：有严有～，共武之服｜小心～～。又用以表示❷翅膀：鸳鸯在梁，戢（收）其左～。由翅膀引申指❸侧旁：李牧多为奇陈（阵），张左右～击之｜侧～｜两～。两翅奉承鸟身，所以又引申指❹帮助：保也者，慎其身以辅～之，而归诸道者也。用作副词，表示❺像翅膀一样（蔽护）：（项）伯亦起舞，常以身～蔽沛公。古又借作"翌"（yì），表示❻下一日或下一年：～日，便往扬州收债。又表示❼二十八宿之一：星分～轸。

【组字】冀，如今既可单用，也可作偏旁。现今归入八部。凡从冀取义的字皆与恭谨等义有关。

以冀作声符的字有：骥、廙。

餐 cān
（湌）

【字形】篆隶草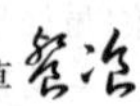

【构造】形声兼会意字。篆文从食，𣦼声，𣦼也兼表残碎之意。异体改为从水，食必有水。隶变后楷书分别写作餐与湌。如今规范化，以餐为正体。

【本义】《说文·食部》："餐，吞也。从食，𣦼声。"本义为吞吃。

【演变】餐，本义指❶吃：彼君子兮，不素~兮|风~露宿。用作名词，引申指❷吃的食物：令户出一男子乘城（登城戍守），余者传~|则莲实与藕皆并列盘~而互芬齿颊者也|快~|中~|西~。又用作❸量词：一日三~。

鬳 yàn
（甗、甑、巘、巚）

【字形】甲　金　籀

篆　今篆　隶 鬳

甗 甑 巘 草

【构造】象形兼会意兼形声字。甲骨文下边是鬲（蒸锅），上边是甑（犹如笼屉，底有带眼的箅子），表示鬲类蒸煮的炊具之义；二形另加虍声。金文承之，虍声移上。籀文改为从弜从曾会意，曾也兼表声。篆文承金文并整齐化，二形另加义符瓦，三形将籀文的弜改为瓦，表示为陶器。隶变后楷书分别写作鬳、甗与甑。

【本义】《说文·鬲部》："鬳，鬲属。从鬲，虍声。"本义为鬲类炊具。

【演变】鬳，本义指鬲类炊具。由于"鬳"作了偏旁，后遂用"甑"表示二层蒸屉之义，用"甗"表示蒸锅之义。

○甑，从瓦从曾（层）会意，曾也兼表声。读zèng，本义指❶古代的蒸食炊器：许子以釜~爨，以铁耕乎？引申泛指❷盛物的瓦器：土~封茶叶，山杯锁竹根。

○甗，从瓦从鬳会意，鬳也兼表声。读yǎn，本义指❶古代炊器：齐侯使宾媚人赂以纪~、玉磬与地。引申指❷甑形（上大下小）的山。此义后作"巘"。

○巘，从山从獻会意，獻也兼表声。如今简化作巚。读yǎn，本义指❶形状如甑的山：陵重~。引申泛指❷险峻的山峰山崖：绝~多生怪柏。又引申指❸险恶：今山路险~。

【组字】鬳，如今不单用，只作偏旁。现今仍归入鬲部。凡从鬳取义的字皆与鬲类炊具等义有关。

以鬳作声兼义符的字有：獻（献）、甗。

遽 jù

【字形】金　古　篆　隶 遽　草

【构造】会意兼形声字。金文从辵（行走）从豦（猪虎缠斗激烈），用急速追击猛兽会行动疾速急遽之意，豦也兼表声。古文稍简。篆文整齐化。隶变后楷书写作遽。

【本义】《说文·辵部》："遽，传也。一曰窘也。从辵，豦声。"解释为急速的驿车，应为引申义。本义当为急速。

【演变】遽，本义指❶急速：谒者以告，公~见之|老至何~？|急~。引申指❷匆忙：~扑之。又表示❸窘迫，惊慌：令于是大~|孙、王诸人色并~。用作名词，表示❹急速的驿车：且使~告于郑|乘~而至。用作副词，表示❺遂，就：其父虽善游，其子岂~善游哉！

【组字】遽，如今既可单用，也可作偏旁。现今仍归入辵部。凡从遽取义的字皆与急速等义有关。

以遽作声符的字有：蘧、籧。

虤 yán

【字形】甲　金　篆　隶 虤　草

【构造】会意字。甲骨文从相反的两虎，会两虎争斗之意。金文大同。篆文整齐化，两虎变得一致。隶变后楷书写作虤。

【本义】《说文·虤部》："虤，虎怒也。从二虎。"本义为两虎怒斗的样子。

【演变】虤，本义为❶两虎怒斗的样子。又泛指❷怒的样子：求闲未得闲，众诮瞋~~。

【组字】虤，如今不单用，只作偏旁。现今归入虎部。凡从虤取义的字皆与虎怒等义有关。

以虤作义符的字有：虦、贙。

閵 lìn
（𬮱、躙、蹸、躪）

【字形】籀　篆　今篆

隶 閵 躪 草

【构造】形声兼会意字。籀文从隹（鸟），㒼声。

鸟好登在树上，故冄也兼表升登之意。本是一种鸟名。篆文简作冄省声。隶变后楷书写作閵。作偏旁时简作阑。

【本义】《说文·隹部》："閵，今閵，似鸲鹆而黄。从隹，冄省声。"本义为鸟名，即閵鹊。

【演变】閵，本义指❶鸟名，即閵鹊。因其善登踏，遂用以表示❷践踏：徒车之所～轹，骑之所蹂若，人之所蹈藉。此义后另造了从足、閵声的"躏"字来表示。

〇躏，繁体作躪，从足从閵会意，閵也兼表声。异体作躏或蹸，蔺声或粦声。如今规范化皆用简体躏，读 lìn，本义指❶践踏：遂～封（大）豨，藉尘鹿。又特指❷车轮碾轧。如今躏不单用，只用于"蹂躏"一词中，比喻❸欺凌，践踏：蹂～人权。

【组字】閵，如今不单用，只作偏旁。现今归入门部。因其从冄兼取声义，故凡从閵取义的字皆与鸟或升登等义有关。

以閵作声符的字有：蔺。

嚣 níng（㗊）

【字形】甲　金　古　篆

隶　草

【构造】会意字。嚣是由上列甲骨文"喪"（丧）简化来的。从㗊（众口）从桑，会众口喧哭于桑枝下之意。古代丧事用桑枝作标志，因"桑"与"丧"音同，本义为哭丧。后来由于表意侧重不同，遂分化为丧、器、哭、噩、咢、嚣等几个不同的字形。上列金文承甲骨文"丧"多有省讹，桑枝讹为举起双手的人形，留下变形的二口，并另加义符攴（哭丧棒），以强调哭丧之意。古文进一步简化。篆文承之并整齐化，完全失去了原形。隶变后楷书写作嚣，侧重表示吊丧时悲哭声高扬扰攘之意。后嚣只作偏旁，作偏旁时楷化作㗊。参见各字。

【本义】《说文·吅部》："嚣，乱也。从爻、工、交、吅。"析形是就篆文所作的附会。本义当为哭丧时众声高扬扰嚷。

【演变】嚣，本义指哭丧时众声高扬扰嚷。所以嚣包含有吵嚷、赞助、高扬、揖让、扰乱等多种含义。由于嚣作了偏旁，这些含义就都用"襄"来表示了。参见襄。

【组字】嚣（㗊），如今不单用，只作偏旁。现今归入口部。凡从嚣（㗊）取义的字皆与吵嚷、赞助、高扬、揖让、扰乱等义有关。

以㗊作声符兼义符的字有：襄。

蹄 tí（蹏）

【字形】篆　今篆　隶 蹄 蹏　草

【构造】形声兼会意字。篆文从足，虒声，虒表虎，用以会虎足之意。隶变后楷书写作蹏。俗作蹄。改为帝声，帝表聚结，也兼表疙瘩状兽蹄之意。如今规范化用蹄。

【本义】《说文·足部》："蹏，足也。从足，虒声。"本义为动物的具有角质物的脚。

【演变】蹄，本义指❶动物的具有角质物的脚：浅草才能没马～｜牛羊～躈各千计｜～子。用于人，则表示贬斥意味，如"你这小～子，死哪去了"。用作动词，又引申指❷用蹄子踢：驴不胜怒，～之。

【组字】蹄，如今既可单用，也可作偏旁。现今仍归入足部。凡从蹄取义的字皆与蹄子等义有关。

以蹄作声符的字有：蹢。

赠 zèng（贈）

【字形】篆　隶 赠　草

【构造】形声兼会意字。篆文从貝，曾声，曾也兼表增加之意。隶变后楷书写作贈。如今简化作赠。

【本义】《说文·贝部》："贈，玩好相送也。从貝，曾声。"本义为把玩好之物无代价地送给别人。

【演变】赠，本义指❶赠送玩好之物：知子之来之，杂佩以～之。引申泛指❷赠送：释左骖，以公命～孟明｜～大珠四枚｜～品｜～礼。又引申指❸古代朝廷的一种封典活动，即给予已死的人荣誉官爵或称号：～太子太保，谥忠介。用作"赠序"，指❹一种文体，即赠别的文字。

默 mò
（嘿）

【字形】篆  今篆  隶 默 嘿 草 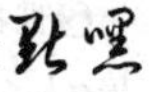

【构造】会意兼形声字。篆文从犬从黑（暗），用犬暗中没有声音，会犬不出声而突袭人之意，黑也兼表声。俗谚“不叫的狗会咬人，叫的狗不咬人”，可作“默”字的注解。隶变后楷书写作默。异体作嘿。如今规范化，以默为正体。嘿另表他义。

【本义】《说文·犬部》：“默，犬暂（骤然）逐人也。从犬，黑声。”本义为犬不出声而突袭人。

【演变】默，本义指❶犬不出声而突袭人。引申泛指❷静默不语：或出或处，或～或语｜沉～寡言｜～不作声。为分化字义，此义俗也另写作“嘿”。又引申指❸暗中：～而识之，学而不厌，诲人不倦，何有于我哉？｜潜移～化｜～契。

〇嘿，从口从黑会意，黑也兼表声。读mò，本义指❶闭口不说话：～则思，言则诲，动则事。此义如今用“默”来表示。

又读hēi，用作叹词，表示❷打招呼，显示得意、惊异或称赞的感情：～，快过来｜～，这道题我做出来了｜～，字写得真好！

【组字】默，如今既可单用，也可作偏旁。现今仍归入犬部。凡从默取义的字皆与沉默等义有关。
以默作声符的字有：黙。

𥏫 shāng
（⿰矢⿱𠂉昜、傷、伤）

【字形】篆 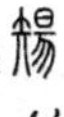 今篆 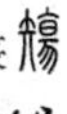 隶 𥏫 ⿰矢⿱𠂉昜

草 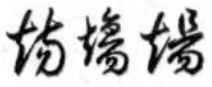

【构造】形声兼会意字。篆文从矢，昜声，表示被箭射伤。隶变后楷书写作𥏫。俗写作⿰矢⿱𠂉昜，会人被箭射伤之意。当是“傷”（伤）的本字。

【本义】《说文·矢部》：“𥏫，伤也。从矢，昜声。”《正字通·矢部》：“⿰矢⿱𠂉昜，同𥏫。”本义为创伤。

【演变】⿰矢⿱𠂉昜，本义指创伤。由于⿰矢⿱𠂉昜作了偏旁，其义便改换义符“人”写作“傷”来表示，如今简化作伤。参见伤。

【组字】⿰矢⿱𠂉昜，如今不单用，只作偏旁，作偏旁时简作⿱𠂉昜。现今仍归入矢部。凡从⿰矢⿱𠂉昜取义的字皆与创伤等义有关。
以⿰矢⿱𠂉昜作声兼义符的字有：傷（伤）。
以⿰矢⿱𠂉昜作声符的字有：觴（觞）。

赞 zàn
（贊、讚、賛）

【字形】篆  今篆  隶 赞 讚 草 

【构造】会意兼形声字。篆文从貝（财礼）从兟（人在前引导），会导宾之人接过客人的礼物捧着引见主人之意，兟也兼表声。隶变后楷书写作贊。异体作賛。如今规范化，贊简化作赞，为正体。是“兟”的加旁分化字。参见兟。

【本义】《说文·貝部》：“贊，见也。从貝，从兟。”本义为导引宾客进见主人。

【演变】赞，由导引宾客进见主人，引申泛指❶导引，引见：太史～王，王敬从之｜内史～之。又指❷赞礼，赞礼之人：迟均～道：“跪，升香，灌地。”｜上～，下大夫也。赞礼之人是礼宾时的辅助人员，故又引申为❸辅佐，帮助：大叔仪不贰，能～大事｜～帷幄之谋｜～成。赞礼之人在唱礼时总要说些称扬的话，故又引申为❹称扬，夸赞：进不党以～己，退不黩于庸人｜～不绝口｜～许。又用作❺以赞美为主的文体名：美终则诔发，图像则～兴。由赞礼，又引申为❻参与：子夏之徒不能～一辞。又引申指❼告诉：公子引侯生坐上坐，遍～宾客。

为了分化字义，称赞等义后另加义符“言”写作“讚”来表示。如今简化仍作赞。

【组字】赞，如今既可单用，也可作偏旁。现今仍归入贝部。凡从赞取义的字皆与前引、赞礼等义有关。
以赞作声兼义符的字有：鑽（钻）、躦、讚（赞）、趲。
以赞作声符的字有：攒、缵、臜、瓒。

憩 qì
（愒、偈、⿺走曷、憇）

【字形】篆 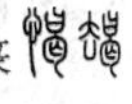 今篆  隶 憩 愒

偈 ⿺走曷 草 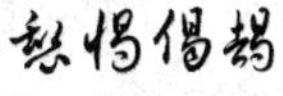

【构造】形声兼会意字。篆文本从心，曷声，

曷也兼表停止，会休息之意。隶变后楷书写作愒。异体作偈，改为从人。俗写作憩，改为从舌从息，会张口喘气休息之意；或讹作憇。如今规范化，以憩为正体。愒、偈另表他义。

【本义】《说文·心部》："愒，息也。从心，曷声。"本义为休息。《集韵·祭韵》："愒，或作憩。"《玉篇·心部》："憩，俗作憇。"

【演变】憩，本义为❶休息，歇息：策扶老以流～|予九岁，～书斋|休～|游～。又指❷栖息：西有鸾冈，洪崖先生乘鸾所～泊也。又指❸停放：那房子前面就是一片空地，那里还～着一乘轿子。

〇愒，读qì，本义指❶休息：勿翦勿败，召伯所～|民亦劳之，汔（庶几）可小～。

又读kài，指❷贪恋，贪图：心恬澹，无所～欲。又指❸珍视，或旷废：～日。又指❹急：自知失言，内～不得对。

又读hè，用作"曷"，表示❺恐吓：是故夫衡人日夜务以秦权恐～诸侯以求割地。

〇偈，读jié，本义为❶快速奔驰：匪风发兮，匪车～兮。引申指❷勇武：其人晖（开朗）且～。此义亦作"朅"。

又读qì，用作"憩"，指❸休息：度三峦兮～棠梨。

又读jì，用作译音字，是梵语"偈陀"（Gatha）的简称，义为颂，指❹佛经中歌颂佛祖功德的颂词，四句合为一偈：罗什从师受经，日颂千～|～颂|～语|～子|～文|～句。

〇朅，从去从曷（喝令）会意，曷也兼表声。读qiè，本义为❶离去：车既驾兮～而归，不得见兮心伤悲。引申指❷勇武的样子：庶姜孽孽，庶士有～。

篮 lán （籃）

【字形】篆 隶 草

【构造】形声兼会意字。篆文从竹，監声，監也兼表似盆形之意。隶变后楷书写作籃。如今简化作篮。

【本义】《说文·竹部》："籃，大篝也。从竹，監声。"本义为竹笼。

【演变】篮，本义指❶竹笼：烘～。竹笼与篮子都是竹、藤或柳条编成，样子差不多，故引申泛指❷带提梁的篮子：晓日提竹～，家童买春蔬|草～|花～。又引申指❸篮球架上供投球用的带网的铁圈（因其像篮）：网～|投～|～球。古又特指❹竹轿子：渊明有脚疾，使一门生二儿舁（抬）～舆。

盥 guàn

【字形】甲 金 篆

隶 草

【构造】会意字。甲骨文从皿从手从水（小点），会用盆接浇水洗手之意。金文加成双手和完整的水。篆文承金文并整齐化。隶变后楷书写作盥。

【本义】《说文·皿部》："盥，澡手也。从臼、水临皿。"本义为于盆上承水洗手。

【演变】盥，本义指❶于盆上承水洗手：奉匜沃～，既而挥之|且沐者，去首垢也；洗，去足垢；～，去手垢；浴，去身垢，皆去一形之垢，其实等也。引申泛指❷洗涤：故士或掩目而渊潜，或～耳而山栖|眼耳之尘，心舌之垢，不待～涤，见辄除去|～洗室。用作名词，指❸洗手的器皿：夙兴，设～于祖庙门外。

【组字】盥，如今既可单用，也可作偏旁。现今仍归入皿部。凡从盥取义的字皆与浇水等义有关。

以盥作义符的字有：盥、灥。

毇 huǐ

【字形】篆 隶 草

【构造】会意字。篆文从臼（表臼中盛米）从殳（手持槌），会捣米之意。隶变后楷书写作毇。

【本义】《说文·毇部》："毇，米一斛舂为八斗也。从臼，从殳。"本义为舂米使精。

【演变】毇，本义指❶舂米使精：太羹不和，粢食不～。又指❷稠粥。

【组字】毇，如今不单用，只作偏旁。现今归入殳部。凡从毇取义的字皆与舂米等义有关。
以毇作义符的字有:糳。
以毇作声兼义符的字有:毁。
以毇作声符的字有:⿱竹毇。

劓 yì (劓)

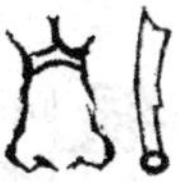

【字形】甲　金　篆　隶　草

【构造】会意兼形声字。甲骨文左边是个鼻子,右边是把刀,会用刀割鼻子的刑罚之意。金文改为从刀从臬(也与鼻子有关,法规)会意,臬也兼表声。篆文承甲骨文和金文分为二体。隶变后楷书分别写作劓和劓。如今规范化,以劓为正体。

【本义】《说文·刀部》:"劓,刑鼻也。从刀,臬声。劓,劓或从鼻。"本义为古代割鼻子的刑罚。

【演变】劓,本义指❶割鼻子的刑罚:公子虔复犯约(法),~之。引申泛指❷割除:奸凶既~,跨荆湘荣专一隅。

邀 yāo

【字形】古　今篆　隶　草

【构造】形声兼会意字。古文从辵(辶),敫声,敫表光流闪动,用以会在半路闪击之意。隶变后楷书写作邀。参见要。

【本义】《玉篇·辵部》:"邀,遮也。"本义为半路拦住。

【演变】邀,本义指❶半路拦住,迎候:百姓相率千万众,~宰相于道诉之|~击。由半路拦住,引申指❷希求,求取:不私徇人情以~名望|~功|~赏|~名。又引申指❸邀请:北~当国者相见|应~赴会|特~代表。又引申指❹要挟:凌压百姓而~其上者,何故?

雔 chóu (讎、雠、讐、⿱雔口、售)

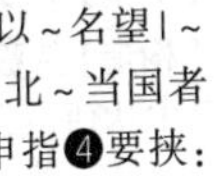

【字形】金　篆

隶　草

【构造】会意字。金文一形从二隹(鸟),会雌雄二鸟相对之意。篆文一形线条整齐化。隶变后楷书写作雔。本义为一对鸟。由于雔作了偏旁,其义便由"讎"来表示,金文二形从言从雔会意,雔也兼表声。篆文二形整齐化。如今简化作雠。异体作讐。本义为对答,应答。旧又用作售,金文本作⿱雔口,从口从雔会意,雔也兼表声。篆文简化作售,如今规范化,以售为正体。

【本义】《说文·雔部》:"雔,双鸟也。从二隹。"本义为成对的鸟。

【演变】雔,本义指❶成对的鸟。引申泛指❷伴侣,匹偶。又引申指❸相当:遂向须达大臣,索此难~之价。

○雠,读 chóu,本义指❶对答,应答:无言不~,无德不报。引申指❷应验:其方尽,多不~。校对是两相对应的事,故又引申指❸校对文字:~校籀篆篇章毕觌(相见)。应答是双方相对,仇敌也是双方相对,故又引申指❹仇敌:祈大夫外举不弃~,内举不失亲。又引申指❺仇恨:又众兆之所~。买卖是双方的事,故又用作"售",表示❻卖出去:欲令农士工女安所~其货乎?此义后另作⿱雔口。后简作售。

○售,读 shòu,本义指❶卖出去:卖之不可偻(快)~也。由卖出引申指❷施展:以~其奸|其计不~。

【组字】雔,如今不单用,只作偏旁。现今归入隹部。凡从雔取义的字皆与双鸟、求匹、对等义有关。
以雔作义符的字有:雙(双)、靃(霍)。
以雔作声兼义符的字有:雠、⿱雔口(售)。
以雔作声符的字有:犨。

𨺅 fù

【字形】篆　隶　草

【构造】会意字。篆文从二阜。阜为初民所居地穴的上下脚窝,故用两阜之间来表示狭窄的地穴过道。隶变后楷书写作𨺅。

【本义】《说文·𨺅部》:"𨺅,两阜之间也。从二阜。"本义当为狭窄的地穴过道。

【演变】𨺅,本义指狭窄的地穴过道。

【组字】𨺅，如今不单用，只作偏旁。现今归入阜部。凡从𨺅取义的字皆与狭窄的地穴过道等义有关。

以𨺅作义符的字有：⿰𨺅夬（𫔭）、⿰𨺅益（隘）、⿰𨺅遂（隧）。

衡 héng （横）

【字形】金  篆  隶 衡横 草 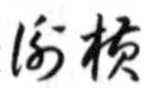

【构造】会意兼形声字。金文从角从大会意，表示绑在牛角上以防触人的横木，行声。篆文整齐化。隶变后楷书写作衡。

【本义】《说文·角部》："衡，牛触，横大木其角。从角，从大，行声。"本义为绑在牛角上以防触人的横木。

【演变】衡，本义指❶绑在牛角上以防触人的横木：秋而载（始）尝（秋祭），夏而楅（bī）～。引申指❷车辕前的横木：加之以～扼。又引申指❸架在门窗或屋梁上的横木：～门之下，可以栖迟。又引申泛指❹与"直"相对的"横"：古之冠缩（直、纵）缝，今也～缝。又特指❺连横：从（纵）合则楚王，～成则秦帝。又引申指❻秤：悬～而量则不差｜度量～。由秤用作动词，指❼称量：～其轻重。用于抽象意义，指❽衡量，评定：～文｜权～。进而引申指❾对等：交和而舍，粮食均足，人兵敌～，客主两惧｜抗～。

后"衡"主要表示衡量等义，横竖等义专用"横"来表示。

○横，从木，黄声。读 héng，本义指❶门前的横木，栅栏。后用以表示❷与水平一致的横向：不别～之与纵｜～梁。引申指❸东西向或左右向的，与长的物体垂直的：～渡太平洋｜～行竖行｜人行～道。用作动词，指❹使物体成为横向：野渡无人舟自～｜把桌子～过来。用作形容词，表示❺宽阔，广远：浩浩汤汤，～无际涯。又引申指❻充溢，充盈：老气～秋｜妙趣～生。又引申指❼纵横交错：长嘘吸以于悒兮，涕～集而成行｜杂草～生。

又读 hèng，由横着引申指❽不顺，蛮横：文王宽，不忍罚，以此吴日益～｜强～。进而引申指❾意外的：飞来～祸。又引申指❿灾祸：义兴人谓为三～，而处（人名）尤剧。

【组字】衡，如今既可单用，也可作偏旁。现今归入彳部。凡从衡取义的字皆与横、量等义有关。

以衡作声符的字有：蘅。

録 lù；lǜ （录）

【字形】篆  隶 錄 草 

【构造】形声兼会意字。篆文从金，录声，录（钻木取火）也兼表火色之意。隶变后楷书写作録。如今简化作录。

【本义】《说文·金部》："録，金色也。从金，录声。"本义为处于青黄之间的金色。

【演变】録，本义指金色。后借为"录"，遂用以表示❶记载：豪杰不著名于国书，不～功于盘盂｜登～｜记～。引申指❷记载言行或事物的书册：金石～｜备忘～｜回忆～。又引申指❸采取，收留，任用：君既若见～，不久望君来｜晋公忌此事，多～边将勋｜～用｜～取。

又读 lǜ，又指❹省察，甄别：开元三年，以御史中丞～河南囚｜还有洪武四年～天下官吏。

以上含义如今规范化皆用"录"来表示。録为借义所专用，本义遂不为人所知，如今只作偏旁。参见录。

【组字】録，如今不单用，只作偏旁。现今仍归入金部。凡从録取义的字皆与记载等义有关。

以録作声兼义符的字有：籙。

盦 ān （盦）

【字形】甲  盟书  篆  隶 盦 草 

【构造】会意兼形声字。甲骨文上从亼（合盖），中从酉（酒坛子），下从皿，会有盖盛酒的器皿之意。侯马盟书线条化。篆文讹为从皿从酓，会饮器之意，酓也兼表声。隶变后楷书分别写作盦与盦。如今规范化，以盦为正体。

【本义】《说文·皿部》："盦，覆盖也。从皿，酓声。"所释为引申义。本义当为古代的一种器皿。

【演变】盦，本义指❶古代的一种器皿：古器之名，则有……壶、～、瓿。器有盖，故又引申指

❷覆盖：若～盖严密，则郁而不散。又借用作“庵”，表示❸圆形草屋：乃筑风木～以避寒暑。此字多用作❹人名。参见庵。

膨 péng

【字形】古 今篆 隶 草

【构造】形声兼会意字。古文从月（肉），彭声，彭也兼表似鼓样胀起之意。隶变后楷书写作膨。

【本义】《广韵·映韵》：“膨，胀也。”本义为（肚腹）胀大。

【演变】膨，本义指胀大：其尸肚腹～胀｜～体纱｜～脝｜～化｜～大。

𦎫 chún；dùn
（享、醇、烹、燉、炖）

【字形】甲 金 篆 今篆 隶 草
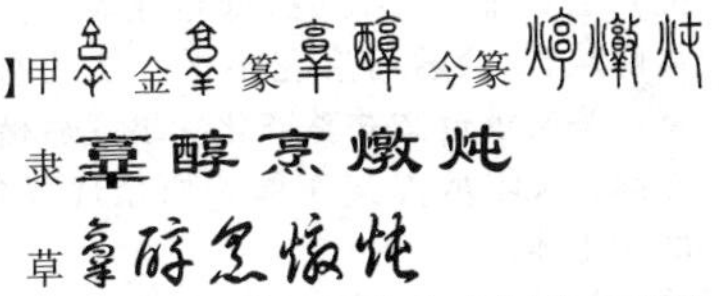

【构造】会意字。甲骨文是将烹煮好的味道醇厚的肥羊敬献于宗庙之形。金文大同。篆文整齐化。隶变后楷书写作𦎫。作偏旁时，俗作“享”，遂与“亯”和“𩫏”（郭）相混，都写作了“享”。参见享、亨。

【本义】《说文·亯部》：“𦎫，孰也。从亯，从羊。”本义为炖得味道醇厚。

【演变】𦎫（享），读 chún，本义指❶味道醇厚。又指❷烹煮。

又读 dùn，指❸用文火煮得极熟。

由于𦎫作了偏旁，味道醇厚之义便用“醇”来表示；烹煮之义则用“烹”来表示；用文火煮得极熟之义则另造了“燉”来表示，如今简化作炖。

〇醇，从酉（酒）从享（𦎫）会意，享也兼表声。读 chún，本义指❶没掺水的酒质浓厚的酒：陈人使妇人饮之～酒。引申指❷纯一不杂：自天子不能具～驷。又引申指❸纯粹：学问文章老更～。又用作“淳”，表示❹朴实：黎民～厚。又指❺有机物中的一大类：甲～｜胆固～。

〇烹，从火从享（祭享）会意，享也兼表声。古也用亨表示。读 pēng，本义指❶煮：治大国若～小鲜｜～调｜～茶｜～饪。又特指❷一种烹饪方法：～对虾。又指❸古代用鼎煮杀人的一种酷刑：增一言，臣请～。

〇炖，繁体作燉，从火，敦声。今简作炖，从火，屯声，屯也兼表停聚之意。读 dùn，本义指把食物煮烂：小鸡～蘑菇｜～肉。

【组字】𦎫，如今不单用，只作偏旁，作偏旁时省作享。现今归入亠部。凡从𦎫取义的字皆与醇厚等义有关。

以𦎫作声兼义符的字有：淳、醇、惇、谆。

以𦎫作声符的字有：鹑、敦、埻。

𩫏 guō
（郭、廓、墉、鄘）

【字形】甲 金 古 篆 今篆 隶 草

【构造】象形字。是郭的初文，与复、良同源，最初都象半地下穴居地宫（口）两边有台阶旁出、台阶上并有覆盖物形，表示地宫外起辅助作用有顶盖的走廊台阶，故含有复道、覆盖、走廊、居邑等义。后来分化为復、覆、郎（廊）、郭等字。上列甲骨文正是这一形象的写照。金文繁化加出台阶。古文讹变。篆文承接金文并整齐化。隶变后楷书写作𩫏。作偏旁时俗与“亯”“𦎫”相混，都写作了“享”。参见享、亯、𦎫。

【本义】《说文·𩫏部》：“𩫏，度，民所度居也。从回，象城郭之重，两亭相对也，或但从口。”此为后来发展的引申义。本义当为穴居地宫外的起辅助作用的有顶盖的走廊台阶。后外城称郭即由此来。

【演变】𩫏，本义指❶穴居地宫外的起辅助作用的有顶盖的走廊台阶。引申为❷外城，古代在城的外围加筑的一道城墙。所以，𩫏既表示外城，又表示城墙。

为了分化字义，后来外城之义便另加义符“阝”（邑）写作“郭”来表示，城墙之义则另造了形声字“墉”来表示。

〇郭，从阝（邑）从𩫏，𩫏也兼表声。隶变

后楷书写作郭。读 guō，本义指❶外城：内为之城，城外为之～｜三里之城，七里之～｜青山横北～，白水绕东城。引申指❷物体的四周或外壳：卒铸大钱，文曰“宝货”，肉（孔周围的边）好（hào，钱孔）皆有周～。此义后用“廓”来表示。如今主要用作❸姓。

○廓，从广（敞屋）从郭会意，郭也兼表声。读 kuò，本义指❶空阔，广大：～荡荡其无涯兮｜怅寥～，问苍茫大地，谁主沉浮？引申指❷空寂，空虚：虚～无见。用作动词，指❸扩大，开拓：狭隘褊小，则～之以广大。进而引申指❹肃清，排除：幸属圣武，克复大业，宇宙～清，四表靖晏。又泛指❺物体的周围：辰畜之外，又置二十四字，周绕轮～，文体似隶。

○墉，从土，庸声。异体作鄘，从阝（邑），庸声。读 yōng，本义指❶城墙：与尔临冲（战车名），以伐崇（国名）～。引申泛指❷墙垣：谁谓鼠无牙？何以穿我～？

【组字】亯，如今不单用，只作偏旁，作偏旁时写作“享”。现今归入亠部。郭如今则既可单用，也可作偏旁。现今仍归入阝（邑）部。凡从亯（郭）取义的字皆与外框、扩大等义有关。

以亯（郭）作义符的字有：孰。

以郭作声兼义符的字有：椁、廓。

以郭作声符的字有：崞、漷。

褱 huái （懷、怀）

【字形】金 篆 隶 褱 懷 怀 草

【构造】形声兼会意字。金文从衣，眔声，眔也兼表泪滴胸前之意，本义为怀揣。篆文整齐化。隶变后楷书写作褱。由于褱作了偏旁，其义便另加义符心写作“懷”来表示，如今简化作怀。

【本义】《说文·衣部》：“褱，侠也。从衣，眔声。”本义为怀揣。

【演变】褱，本义指❶怀揣，怀抱，怀孕：元延二年（许美人）～子，其十月乳｜是以圣人被褐而～玉。引申为❷包围：尧遭洪水，～山襄陵。

○怀，繁体作懷，从忄从褱会意，褱也兼表声。如今简化作“怀”。读 huái，本义指❶怀抱，怀揣，怀孕：母之～子，犹土之育物也｜～疑。引申指❷胸前，怀里：子生三年，然后免于父母之～。又指❸胸怀：当共言咏，以写（抒发）其～｜虚～若谷｜心～叵测。又引申指❹心意，感情：正中下～｜倍感伤～。又指❺思念：～念｜～旧｜～古。

【组字】褱，如今不单用，只作偏旁。现今仍归入衣部。凡从褱取义的字皆与怀抱等义有关。

以褱作声兼义符的字有：懷（怀）。

以褱作声符的字有：壞（坏）、瓌、穰。

磨 mó；mò （礳）

【字形】金 古 篆 汉印 今篆 隶 磨 礳 草

【构造】会意兼形声字。金文从石从靡（表散乱），会磨制石器之意，靡也兼表声。古文从麻从石，会錾有麻花不平斜纹的磨盘之意。篆文承金文并整齐化。隶变后楷书写作礳。汉印承古文作磨。如今规范化，以磨为正体。

【本义】《说文·石部》：“礳，石硙也。从石，靡声。”《尔雅·释器》：“磨，玉谓之琢，石谓之～。”本义为磨制石器。

【演变】磨，读 mó，用作动词，本义为❶磨制石器：如切如磋，如琢如～。引申泛指❷研磨，磨擦：不曰坚乎，～而不磷（薄）｜学以治之，思以精之，朋友以～之｜手上～起了泡｜～刀。磨则需要克服阻力，故又引申指❸困难，阻碍：由来才命相折～｜好事多～。进而引申指❹磨蹭，拖延，纠缠：～洋工｜～时间｜这孩子真～人。磨的结果是耗损，故又引申指❺泯灭：古者富贵而名～灭，不可胜记。

又读 mò，用作名词，指❻碾碎谷物的工具：推得～，捣得碓，受得辛苦吃得罪。又指❼用磨碾碎：～面｜～豆腐。又引申指❽运转，掉转：把车～转个头｜～不开面子。又引申指❾晃动，摇动：刽子～旗、提刀，押正旦带枷上。

【组字】磨，如今既可单用，也可作偏旁。现今仍归入石部。凡从磨取义的字皆与磨碎、像石磨之物等义有关。

以磨作声兼义符的字有：蘑、饝（馍）、糖。

以磨作声符的字有：礳。

嬴 yíng

【字形】金　古　篆　隶 嬴 草

【构造】会意兼形声字。金文从女从𣎆(表示蜂)，会女子轻盈貌美之意。古文稍繁大同。篆文析为从羸(表示瘦)省，羸也兼表声。隶变后楷书写作嬴。

【本义】《说文·女部》："嬴，少昊氏之姓。从女，羸省声。"所释为引申义。《正字通·女部》："嬴，女好也。"本义当为女子美貌。

【演变】嬴，本义指❶女子美貌。古多用为❷姓：秦始皇，姓～名政。古又同"赢"，表示❸盈余：缓急～绌(不足)。又表示❹获胜：～则兼欺舅与母。又指❺担负：邓公～粮徒步，触纷乱而赴光武。

【组字】嬴，如今既可单用，也可作偏旁。现今归入月部。凡从嬴取义的字皆与美好等义有关。

以嬴作声符的字有：攍、瀛、㜲、㰈、籯。

羲 xī (犧、牺)

【字形】甲　金　古　篆　今篆

隶 羲 犧 牺 草

【构造】会意兼形声字。甲骨文上边从我(刀锯)，下边是个截去头的简猪形，两小点表示宰割的碎屑，与甲骨文"義"(义)造意相同，都是用刀宰杀祭牲之意，只是一个宰的是猪，一个宰的是羊而已。金文将甲骨文的"羲"与"義"(𦍌)合为一字，便成既宰猪又宰羊了。古文承金文稍简。篆文承金文并整齐化，猪形变成兮。隶变后楷书写作羲。遂讹为从兮，義声。由于羲后来多用作人名并且作了偏旁，祭牲之义便又另加义符"牛"写作"犧"来表示，这就成了猪羊牛三牲俱全了，如今简化作牺。气舒展而出的意思则借用"兮"来表示，因为篆文"羲"下边讹为"兮"。

【本义】《说文·兮部》："羲，气也。从兮，義声。"此非本义。本义当为杀牲以祭。是"犧"(牺)的本字。

【演变】羲，本义指杀牲以祭，用作名词，指❶宰杀的祭牲：祠之以圭玉～牲。杀牲以祭，祭牲的香气升腾，达于上天，由此引申为❷气舒展而出。

〇牺，繁体作犧，从牛从羲会意，羲也兼表声。如今简化作牺。读 xī，本义指❶古时宗庙祭祀用的毛色纯而不杂的牲畜：天子以～牛，诸侯以肥牛｜～牲玉帛，弗敢加也，必以信。如今"牺牲"，又指❷为正义献出生命：为国～牲。又指❸放弃或损失些利益：只是～牲些时间｜钱财上做点～牲，值得。

【组字】羲，如今既可单用，也可作偏旁。现今归入羊部。凡从羲取义的字皆与祭牲等义有关。

以羲作声兼义符的字有：犧(牺)。

以羲作声符的字有：曦、爔。

糖 táng (餹、醣)

【字形】篆　今篆　隶 糖 餹 醣

草

【构造】形声兼会意字。篆文从米，唐声，唐为菟丝草，用以会黏而可抽丝的饴糖之意。隶变后楷书写作糖。异体作餹，改为从食，与从米义同。如今规范化用糖。现在又用作醣(从酉从唐会意，唐也兼表声)的简化字。

【本义】《说文·米部》新附："糖，饴也。从米，唐声。"本义为用麦芽制成的饴糖。

【演变】糖，本义指❶饴糖：～瓜｜～稀。引申泛指❷食糖：冰盘荐琥珀，何似～霜(冰糖)美｜白～｜红～｜冰～。又引申指❸糖制品：～果｜芝麻～｜什锦～。用作"醣"，表示❹有机化合物的一类：葡萄～。

糕 gāo (餻)

【字形】古　篆　今篆　隶 糕 餻

草

【构造】形声兼会意字。古文从米，羔声，羔也兼表美食之意。篆文改为从食。隶变后楷书写作餻。后俗承古文作糕，从米，与从食义同。如今规范化，以糕为正体。

【本义】《说文·食部》新附："餻，饵属。从食，羔声。"本义为糕饼，指用米粉、面粉或豆粉等做成的食品。

【演变】糕，本义指糕饼：(重阳)前一二日，各以粉面蒸～遗送｜糖～｜年～｜～点。

濒 bīn
(瀕、矉、顰、颦、嚬、頻、频、濱、滨)

【字形】金 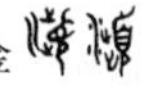 古  篆 

今篆  隶 濒 瀕 顰

颦 嚬 频 頻 滨 濱

草 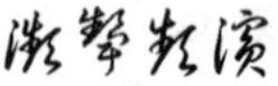

【构造】会意字。金文从頁(突出头部的人)从涉，会人临流欲涉徘徊皱眉之意。古文繁化，另加义符水。篆文承金文并整齐化，分为二体。隶变后楷书写作顰与顰，俗作瀕，又省作頻，后又分化出矉与濱。如今简化分别写作濒、频、颦、滨，现在四字表义有分工。

【本义】《说文·頻部》："瀕，水厓，人所宾附，频蹙不前而止。从頁，从涉。"本义为人临流欲涉皱眉徘徊。这一形象包含三类含义，后来分化为四个字。

【演变】濒，读 bīn，由临流欲涉而来，专用以表示❶水边：池之竭矣，不云自～｜舜耕于历山，陶于河～。此义后又写作"濱"(如今简作滨)。用作动词，表示❷靠近水边：武帝广开上林……北绕黄山，～渭而东，周袤数百里｜～湖｜～海。由靠近水边，又引申泛指❸临近，接近：～南山，近夏阳｜外祖母～危｜～临｜～死。

○颦，读 pín，由欲涉皱眉而来，专用以指皱眉：忧则～，喜则笑｜持谢邻家子，效～安可希｜东施效～。此义也写作"嚬"：一～一笑。

○频，读 pín，由徘徊之义而来，专用以表示连续多次：道旁过者问行人，行人但云点行～｜祖国山河～入梦，中原名士孰挥戈｜～繁｜～仍｜～数。

○滨，从氵从宾会意，宾也兼表声。是濒的后起字。读 bīn，也指❶水边：屈原至于江～，被发行吟泽畔｜海～。用作动词，又指❷靠近水边：鲁～洙、泗，犹有周公遗风｜～海。

【组字】濒(频)，如今既可单用，也可作偏旁。现今濒归入水部，频归入页部。凡从濒(频)取义的字皆与临流欲涉、皱眉徘徊等义有关。

以濒作义符的字有：矉(顰)。

以频作声符的字有：蘋(苹)。

澡 zǎo

【字形】甲  篆  隶 澡 草 

【构造】会意兼形声字。甲骨文从又(右手)从水，会用水洗手之意。篆文改为从水从喿(模拟洗手的水声)会意，喿也兼表声。隶变后楷书写作澡。

【本义】《说文·水部》："澡，洒手也。从水，喿声。"本义为洗手。

【演变】澡，本义指❶洗手：夏时诣水中～灑(洗)手足｜日三～漱，然后饮食。引申指❷洗身：初丧，哭泣不食；已葬，举家入水～浴｜洗～｜～堂｜～盆｜擦～。又引申泛指❸洗涤：常以月旦祓龟，先以清水～之。

【组字】澡，如今既可单用，也可作偏旁。现今仍归入水部。凡从澡取义的字皆与水洗等义有关。

以澡作声兼义符的字有：藻、燥。

激 jī

【字形】篆  隶 激 草 

【构造】形声兼会意字。篆文从水，敫声，敫也兼表流动之意。隶变后楷书写作激。

【本义】《说文·水部》："激，水碍邪疾波也。从水，敫声。"本义为水流受阻而涌腾。

【演变】激，本义指❶水流受阻而涌腾，冲击：泉水～石，泠泠作响｜原其理，当是为谷中大水冲～。引申指❷水流急：其水并峻～奔暴，鱼鳖所不能游｜～流。由受阻而涌腾，又引申指❸急剧，强烈：千雷万霆，～绕其身｜～战｜～昂｜～烈。又引申指❹感情受冲动而强烈奋发起来：由是感～，遂许先帝以驱驰｜～昂大义｜～动｜～切｜～发｜刺～。

【组字】激，如今既可单用，也可作偏旁。现今仍归入水部。凡从激取义的字皆与冲激等义有关。

以激作声兼义符的字有：竅。

懒 lǎn
(嬾、孏、懶)

【字形】古　篆　今篆　隶 懶 嬾 孏　草

【构造】形声兼会意字。篆文从女，賴声，賴也兼表依赖之意。隶变后楷书写作嬾。异体作孏，改为蘭声。俗承古文作懶，改为从心，突出精神懈惰之意。如今规范化，以简体懒为正体。

【本义】《说文・女部》："嬾，懈也，怠也。从女，賴声。"本义为懒惰。《玉篇・心部》："懶，俗嬾字。"

【演变】懒，本义指懒惰：吾少～学问｜人勤地不～｜～人｜～怠｜～汉｜～虫。

壁 bì

【字形】篆　隶 壁　草

【构造】形声兼会意字。篆文从土，辟声，辟也兼表直如劈之意。隶变后楷书写作壁。

【本义】《说文・土部》："壁，垣也。从土，辟声。"本义为墙壁。

【演变】壁，本义指❶墙壁：僵立倚～上不仆｜徘徊四顾，见虫伏～上｜铜墙铁～｜家徒四～。引申指❷像墙壁样直立的山崖：以小舟夜泊绝～之下｜自下望之则高岩峭～｜悬崖峭～。又引申特指❸军营的围墙，营垒：修沟堑，治～垒，以备守御｜～垒森严｜坚～清野｜作～上观。用作动词，指❹筑营垒，驻守：魏王恐，使人止晋鄙，留军～邺。早期白话又表示❺面，边：一～厢纳草除根。

避 bì

【字形】甲　金　古　篆　隶 避　草

【构造】会意兼形声字。甲骨文从彳从人从辛(刑刀)，会人躲避刑罚之意。金文大同。古文另加义符止(足)，成为从辵(辶)从辟会意，辟也兼表声。篆文整齐化。隶变后楷书写作避。

【本义】《说文・辵部》："避，回也。从辵，辟声。"本义为回避，躲避。

【演变】避，本义指❶回避，躲开：相如引车～匿｜臣死且不～｜自云先世～秦时乱，率妻子邑人来此绝境｜～暑而暑为之退｜不～艰险｜～雨。引申特指❷辞让：今海内为一，土地人民之众不～汤、禹｜～贤。

彊 qiáng；qiǎng；jiàng；jiāng
(強、强)

【字形】甲　金　篆　隶 彊　草

【构造】会意兼形声字。甲骨文从弓从畕，畕表田界，用以会持硬弓守护田界之意，畕也兼表声。金文改从畺，加出了田界，其义相同。篆文承金文并整齐化。隶变后楷书写作彊。是"强"和"疆"的初文。

【本义】《说文・弓部》："彊，弓有力也。从弓，畺声。"本义为弓很硬。

【演变】彊，读 qiáng，本义指❶弓很硬：能引～弓。引申为❷坚强，强盛，强壮。

又读 qiǎng，引申为❸勉力，勉强，强迫。

又读 jiàng，引申为❹倔强，固执。

又读 jiāng，指❺边疆：大司农邑，廉洁守节，退食自公，亡～外之交、束脩之馈，可谓淑人君子。

由于"彊"作了偏旁，硬弓之义便借"強"(强)来表示，田界之义便另加义符土写作"疆"来表示。参见强、疆。

【组字】彊，如今不单用，只作偏旁。现今仍归入弓部。凡从彊取义的字皆与弓硬有关。

以彊作声符的字有：疆。

鬻 lì
(煮)

【字形】甲　金　篆

隶 鬻 煮　草

【构造】会意字。甲骨文上从鬲(锅)，下从火，会用火蒸煮之意。金文将鬲讹断,将火线条化。篆文承金文,将锅帮讹为两股蒸气,里面另加鬲,就成了象锅中蒸气升腾形了。隶变后楷书写作䰜。作偏旁时写作䰜。

【本义】《说文·䰜部》:"䰜,鬲也。古文亦鬲字。象熟饪五味气上出也。"本义为烹煮。当是"煮"的本字。

【演变】䰜,本义指❶烹煮。也表示烹煮器,即❷鬲。

由于䰜作了偏旁,其义便另加声符"者"写作"鬻"来表示。后简作煮。

○煮,繁体作鬻,从䰜从煮会意,煮也兼表声。如今简化作煮,从火从者会意,者也兼表声。读 zhǔ,本义指❶煮食物:~饺子|~粥。又泛指❷把东西放在有水的容器中烧:~茧。

【组字】䰜,如今不单用,只作偏旁。现今归入鬲部。凡从䰜取义的字皆与蒸煮等义有关。

以䰜作义符的字有:鬻(沸)、鬻(糊)、鬻(粥)、鬻(饵)、鬻(煮)、鬻(饘)、鬻(羹)。

辥 xuē;yì

【字形】甲 金 篆 隶 草

【构造】会意字。甲骨文从辛(刻刀)从𠂤(未上弦的弓)从手,会用刀刻制弓之意,或另加屮,表示刻下的余屑。金文大同。篆文整齐化。隶变后楷书写作辥。

【本义】《说文·辛部》:"辥,罪也。从辛,𡴎声。"析形是就篆文所作的解说,所释为引申义。本义当为治弓。

【演变】辥,读 yì,由本义治弓,引申泛指❶治:贤鄙溷~,禄立(位)有续。

又读 xuē,引申为❷罪孽。

【组字】辥,如今不单用,只作偏旁。现今仍归入辛部。凡从辥取义的字皆与整治、细碎等义有关。

以辥作声兼义符的字有:薛、孼、糵、蠥。

十七画

戴 dài

【字形】甲 金 籀 篆 隶 草

【构造】形声兼会意字。甲骨文象人头顶物形,两手持之。金文稍简。籀文从異(双手将物顶放头上),𢦏(𢦔)声,𢦏(表裁分)也兼表将分得的物品顶戴而归之意。篆文整齐化。隶变后楷书写作戴。是"異"的加旁分化字。参见異。

【本义】《说文·異部》:"戴,分物得增益为戴。从異,𢦏声。"此非本义。本义当为顶在头上。

【演变】戴,本义指❶顶在头上:君履后土而~皇天|~盆难以望天。又特指❷戴帽子:乘轩~绝(冕)。又引申泛指❸加物于上:~眼镜|~手套|~领带|~红花|~红领巾。由将物捧举头上,又引申指❹尊奉,推崇:庶民不忍,欣~武王|拥~|爱~。

【组字】戴,如今既可单用,也可作偏旁。现今归入戈部。凡从戴取义的字皆与顶在头上等义有关。

以戴作声符的字有:瀻、襶。

鞠 jū

【字形】篆 隶 草

【构造】形声兼会意字。篆文从革,匊声,匊也兼表抟曲之意。隶变后楷书写作鞠。

【本义】《说文·革部》:"鞠,踏鞠也。从革,匊声。"本义为古代游戏用的一种皮球。

【演变】鞠,本义指❶古代游戏用的一种皮球:临菑甚富而实,其民无不吹竽鼓瑟,弹琴击筑,斗鸡走狗,六博踏~者|蹴~。由鞠的圆包之意,又引申指❷弯曲:入公门,~躬如也|~篾为圆屋,如舟中雨篷式。母孕怀包子似鞠,故又引申指❸养育,养护:父兮生我,母兮~我|树根四散,~护河堤|~育。

【组字】鞠,如今既可单用,也可作偏旁。现今归入革部。凡从鞠取义的字皆与圆曲等义有关。

以鞠作声兼义符的字有：鞻。

以鞠作声符的字有：蘜、鞫。

藏 cáng；zàng；zāng

（臓、脏、贜、赃、髒）

【字形】金　古　篆　今篆

隶 藏臓髒脏贜赃

草

【构造】会意兼形声字。金文从宀从酉（酒），会窖藏酒的房舍之意，爿声。古文改为从艸从臧省，会掩埋之意，臧也兼表声。篆文承之，将臧旁改从口为从臣并整齐化，遂成为从艹从臧（表示隐匿），会藏匿之意，臧也兼表声。隶变后楷书写作藏。

【本义】《说文·艸部》新附："藏，匿也。从艹，臧声。"本义为藏匿。

【演变】藏，读 cáng，本义指❶隐匿：~也者，欲人之弗得见也｜~垢纳污｜~头露尾｜~拙。引申指❷收藏，储存：~之名山，副在京师｜秋收冬~｜~书。

又读 zàng，用作名词，指❸储藏东西的地方：山海，天地之~也｜晋侯之竖（宫中小臣）头须，守~者也｜宝~｜~府。用作梵文的意译，又引申指❹佛教经典的总集，后也指道教的经典：出家修道，博晓经~｜南~｜北~｜道~｜三~。人的内脏藏在体内，故又引申指❺人体的内脏：夫心者，五~之主也。此义后另加义符肉月写作"臓"。如今又用作❻我国少数民族名：~族｜~医｜~药。又用作❼我国西藏的简称。

又读 zāng，指❽草名：其卑湿则生~莨蒹葭。又用作"贜"，表示❾窝主：毁则为贼，掩则为~。此义后另加义符貝写作"贜"。

○脏，繁体作臓，从月（肉）从藏会意，藏也兼表声。如今简化作脏，改为庄声。读 zàng，本义指❶内脏：破积聚于腑~，退二竖于膏肓｜五~六腑。

又读 zāng，如今用作"髒"（从骨从葬会意，葬也兼表声）的简化字，表示❷不干净：穿的虽然是长衫，可是又~又破｜肮~。

用作"肮脏"，读 āngzāng，表示❸不干净：这地方太肮~了。又读 kǎngzǎng，也作"抗脏"，则表示❹刚直倔强的样子：感物动牢愁，愤时颇肮~。

○赃，繁体作贜，从貝从藏会意，藏也兼表声。异体作贓，从臧，其义不变。如今简化皆作赃，改为庄声。读 zāng，本义指❶盗窃来的财物：遂逾垣穿室，手目所及，无不探也，未及时，以~获罪。引申指❷非正当手段获得的财物：夫刑罪之失，失在苛暴，今~物先得而后讯其辞｜贪~枉法｜~款｜追~。又引申指❸接受贿赂：其羞辱甚于贪污坐~。

【组字】藏，如今既可单用，也可作偏旁。现今仍归入艹部。凡从藏取义的字皆与掩藏等义有关。

以藏作声兼义符的字有：臓（脏）、贜（赃）。

以藏作声符的字有：蘵。

雚 guàn

（鸛、鹳）

【字形】甲　金　篆　今篆

隶 雚鸛鹳　草

【构造】象形字。雚与萑本为一字，甲骨文象头顶长有毛角，瞪着两个大眼的猫头鹰形。金文大同。篆文整齐化。隶变后楷书写作雚。

【本义】《说文·萑部》："雚，小爵（雀）也。从萑，吅声。"解说不妥。本义当为猫头鹰，目能夜察秋毫，然鸣声难听，迷信认为闻者有祸。

【演变】雚，本义指❶猫头鹰：王其遘~，又（侑祭）大乙。由《说文》的解释，故又指❷鸛雀：~鸣于垤（蚁封，与鸛鸣皆为欲雨之征），妇叹于室。此义后另加义符"鳥"写作"鸛"，如今简化作鹳。

○鹳，从鸟从雚会意，雚也兼表声。读 guàn，本义指❶鹳雀。似鹤而顶不丹，长颈赤喙，色灰白，翅尾俱黑。多巢于高木。其飞也，奋于层霄，旋绕如阵，仰天号鸣，必主有雨：江~巧当幽径浴，邻鸡还过短墙来。故又指❷军阵名：丙戌，与华氏战于赭丘；郑翩愿为~，其御愿为鹅。

【组字】雚，如今不单用，只作偏旁。现今归入隹部。凡从雚取义的字皆与目能夜察秋毫的猫头鹰等义有关。

以雚作声兼义符的字有：觀（观）、鸛。

以雚作声符的字有：勸（劝）、灌、獾、權（权）、歡（欢）、罐、顴。

醢 hǎi

【字形】甲　古　籀　篆

隶　草

【构造】会意字。甲骨文从双手持杵将臼中人捣成肉酱形，本是一种酷刑。古文改为从酉从㿽（盆）会意。表示将肉酱放进盆中用酒腌制。籀文改酉为盐卤，另加肉，用手（又）调和之，再加艸覆盖。篆文承古文并整齐化。隶变后楷书写作醢。

【本义】《说文·酉部》："醢，肉酱也。从酉，从㿽。"本义为肉酱。

【演变】醢，本义指❶古代的一种酷刑，即把人剁成肉酱：鬼侯有子（女儿）而好，故入之于纣，纣以为恶，～鬼侯。引申泛指❷肉酱：和之，美者，鱣鲔之～。

鞷 gé

【字形】甲　金　篆　隶　草

【构造】会意字。甲、金、篆文皆从雨从革，会雨沾湿皮革而鼓起之意，俗所谓"膀起"。隶变后楷书写作鞷。

【本义】《说文·雨部》："鞷，雨濡革也。从雨，从革。读若膊。"本义为雨沾湿皮革而鼓起。

【演变】鞷，本义指❶雨沾湿皮革而鼓起。也指❷雨。

【组字】鞷，如今不单用，只作偏旁。现今仍归入雨部。凡从鞷取义的字皆与浮起等义有关。

以鞷作声兼义符的字有：霸。

霜 shuāng

【字形】甲　古　篆　隶　草

【构造】会意兼形声字。甲骨文和古文上从雨，下象果叶蔫垂之状，会令草木凋零的雨之意；或改为从雨，相声。篆文承之并整齐化。隶变后楷书写作霜。

【本义】《说文·雨部》："霜，丧也，成物者。从雨，相声。"本义为露水附着在物体上凝结成的白色结晶体。《说文》解释为"成物者"，据此，"相"也当兼表助成植物成就之意。严霜降，植物皆凋零，标志着庄稼百果成熟。这是从霜的作用角度所作的解说。

【演变】霜，本义指❶露水附着在物体上凝结成的白色结晶体：冬十月，陨～杀菽｜松柏之质，经～弥茂｜饱经风～｜下～。由霜的颜色引申指❷白色：不愁书难寄，但愁鬓将～。用作比喻，指❸像霜的：半日晒出盐～｜柿～。

【组字】霜，如今既可单用，也可作偏旁。现今仍归入雨部。凡从霜取义的字皆与霜的肃杀等义有关。

以霜作声兼义符的字有：孀、灀、礵、骦、鹴。

以霜作声符的字有：灀、礵、骦、鹴。

霝 líng （霖、零）

【字形】甲　金　篆

隶　草

【构造】象形字。甲骨文象天上落下倾盆大雨夹雹子形。金文繁化，上边另加出一个云层，下从三口。篆文承金文并整齐化。隶变后楷书写作霝。当是"霖"的本字。

【本义】《说文·雨部》："霝，雨零也。从雨，㗊象落形。"本义为倾盆大雨。又《雨部》："霖，雨三日已往。从雨，林声。"本义指三日以上的大雨、好雨。又《雨部》："零，余雨也。从雨，令声。"本义指大雨过后零星落下的雨点。

【演变】霝，本义指下大雨。如：我来自东，～雨其蒙。由于"霝"作了偏旁，其大雨之义便由"霖"来表示，下雨之义便由"零"来表示。

〇霖，从雨，林声，林也兼表雨脚密如林之意。读 lín，本义指久下不止的雨：若济巨川，用汝作舟楫；若岁大旱，用汝作～雨｜甘～（喻恩泽）。《尔雅·释天》："久雨谓之淫，淫谓之霖。"故此义后也作"淫"。参见淫。

○零，从雨，令声，令也兼表零星之意。读líng，本义指❶零星下的雨点。用作“霝”，又泛指❷雨、霜、露、泪等的落下：人静露初～|泣涕～如雨。又引申指❸草木凋落，零散：惟草木之～落兮|海内知识，～落殆尽。又指❹零碎不整：雪花～碎逐年减，烟叶稀疏随分新|～件|～活|～钱|～食。由零碎引申，用作数词，表示❺整数后有零头：二十挂～。又相当于❻○，没有：一减一等于～|从～开始。也用于❼数的空位：二千～一年。

【组字】霝，如今不单用，只作偏旁。现今仍归入雨部。凡从霝取义的字皆与下雨等义有关。
以霝作声兼义符的字有：靈(灵)。
以霝作声符的字有：酃、櫺、醽。

霞 xiá

【字形】篆　隶　草

【构造】形声兼会意字。篆文从雨，表示与云雨有关，叚声，叚也兼表借助(阳光)之意。隶变后楷书写作霞。

【本义】《说文·雨部》：“霞，赤云气也。从雨，叚声。”本义为日出日落时因日光斜照和空气散射而出现的彩色云气。

【演变】霞，本义指❶早晚天空出现的彩色云气：落～与孤鹜齐飞|云～明火或可睹|惟觉时之枕席，失向来之烟～|彩～|朝～|晚～|红～|～光。又引申指❷像彩霞般的色彩，红色：～衣|～腮。

【组字】霞，如今既可单用，也可作偏旁。现今仍归入雨部。凡从霞取义的字皆与云霞等义有关。
以霞作声符的字有：㗇。

擦 cā

【字形】古　今篆　隶　草

【构造】会意兼形声字。古文从手从察，会察而后擦之意，察也兼表声。隶变后楷书写作擦。

【本义】《正字通·手部》：“擦，摩之急也。”本义为较快地蹭，摩擦。

【演变】擦，本义指❶蹭，摩擦：荷叶初枯，～的船嗤嗤价响|手～破一点皮|摩拳～掌|～边球。摩擦必靠近，故又指❷贴近：两人～身而过，却没认出来|天刚～黑。由摩擦，又引申指❸除去物体表面附着物：值日生每天～桌椅|～黑板|～地板|～拭|～抹。反义共存，又引申指❹在物体表面涂抹东西：～些防晒霜|皮鞋～点油|～粉。由摩擦，又引申指❺将瓜果蔬菜用擦床制成丝状：～胡萝卜丝|～土豆。用作名词，又指❻擦拭用的工具：黑板～。

瞧 qiáo

【字形】古　今篆　隶　草

【构造】形声兼会意字。古文从目，焦声，有光才能看见，故焦也兼表意。隶变后楷书写作瞧。

【本义】《篇海类编·身体类·目部》：“瞧，偷视貌。”本义为偷看。

【演变】瞧，本义指❶偷看：怕别人～见咱，掩映在酴醾架|你千方百计～什么。引申泛指❷看：二爷近来气大得很，行动就给脸子～|让我～～。又特指❸目昏：睹文籍则目～。

蹈 dǎo

【字形】篆　隶　草

【构造】形声兼会意字。篆文从足，舀声，舀也兼表舂捣之意。舂捣与踏足动作相似。隶变后楷书写作蹈。

【本义】《说文·足部》：“蹈，践也。从足，舀声。”本义为踩，践踏。

【演变】蹈，本义指❶踩，践踏：～其背以出血|羸兵为人马所～藉|～白刃而不顾|赴汤～火。又引申指❷顿足踏地，跳：不知手之舞之，足之～之|发扬～厉|手舞足～|舞～。又引申指❸走向，行：激昂大义～死不顾亦何故哉|一旦出身而～死地|～袭前人。又引申指❹实行：而～之者常十之八九|遽躬～之。

羁 jī
(羈、覊、羇)

【字形】甲　篆　今篆

隶 羁 羈 羇 草

【构造】会意字。甲骨文是用绳拴牛(角)形,表示系缚。篆文改为下从馽(绊着腿的马),上从网,会下绊马腿上络马头之意;或另加义符革,以突出马络头是皮做的。隶变后楷书分别写作䍐与羈。异体作羇,省马,另加奇声;或简作羁。如今规范化,羈简化作羁,为正体。

【本义】《说文·网部》:"䍐,马络头也。从网,从馽。羈,䍐或从革。"本义为马络头。

【演变】羁,本义指❶马络头:白马饰金~,连翩西北驰。用作动词,指❷用笼头系住马头:骐骥可得系~兮。由络马头,引申为❸束缚:仆少负不~之才,长无乡曲之誉|放荡不~|~绊。由束缚又引申指❹停留:命下,遂缚以出,不~晷刻。又特指❺停留在外不能返乡:乱后嗟吾在,~栖见汝难|~旅穷愁。

穗 suì
(采)

【字形】甲　古　篆　隶 穗 采

草

【构造】会意兼形声字。甲骨文和古文上从爪(覆手),下从禾,会手掐禾穗之意。篆文承之并整齐化;异体改为从禾从惠(纺锤),用以会像纺锤样的植物穗状物之意,穗也兼表声。隶变后楷书分别写作采和穗。如今规范化,以穗为正体。

【本义】《说文·禾部》:"采,禾成秀也,人所以收。从禾、爪。穗,采或从禾,惠声。"本义为聚生在稻麦等禾本植物茎的顶端的花或果实部分。

【演变】穗,本义指❶植物茎的顶端的花或果实部分:彼黍离离,彼稷之~|高粱~|麦~|稻~|花~。引申泛指❷穗状的东西:束着五彩丝攒花结长~宫绦|两天才纺出一个~子。又用作❸量词:一~玉米|两~高粱。

魏 wēi;wéi;wèi
(巍)

【字形】籀　秦简　篆　今篆

隶 魏 巍 草

【构造】会意兼形声字。籀文从嵬(山高大)从委(禾聚积),用以会聚积高大之意,委也兼表声。睡虎地简从畏(高大的大猩猩形)从委会意,委也兼表声。篆文承籀文并整齐化。隶变后楷书写作巍。俗省作魏,成为从鬼(也是高大的大猩猩形)从委会意,委也兼表声。如今二字表义有分工。

【本义】《说文·嵬部》:"巍,高也。从嵬,委声。"本义为高大的样子。《玉篇·鬼部》:"魏,象魏,阙(宫门的台观)也。"所释为引申义。本义当为高大的样子。

【演变】魏,读wēi,本义指❶高大的样子:万,盈数也;~,大名也。此义后用"巍"来表示。

又读wéi,引申指❷独立的样子:不师(以……为师)知虑,不知前后,~然而已矣。

又读wèi,引申指❸阙,即宫门的台观:是以来仪集羽族于观~。又用为❹古国名:韩、赵、~三家分晋。又用为❺朝代名:~晋南北朝。如今主要用作❻姓。

○巍,篆文从嵬,委声。读wēi,本义指❶山势高峻:泰山之高~然。引申泛指❷高大:~巾(高冠)者何能为哉!又引申指❸人品高大,学识高深:~~乎!舜禹之有天下而不与焉。

【组字】魏,如今既可单用,也可作偏旁。现今仍归入鬼部。凡从魏取义的字皆与高大等义有关。

以魏作声兼义符的字有:蘶、巍、犩。

繁 fán
(緐、皤、額)

【字形】甲　金　篆　汉印

今篆　隶 繁 緐 皤 額

草

【构造】会意兼形声字。甲骨从散发人从糸,会用糸装饰发髻之意。金文改为从糸从每(妇女头上有饰物形),会妇女头上饰物繁多如丝之意,每也兼表声。篆文整齐化。汉印另加义符攴(手持棍)，强调纷乱之义。隶变后楷书本作緐。俗则承汉印作繁。如今规范化，以繁为正体。緐只作偏旁。古也用作皤。参见緐。

【本义】《说文·糸部》："緐，马髦饰也。从糸，每声。"本义当为妇女头上饰物繁多。《玉篇·糸部》："繁，盛也。"泛指繁盛。

【演变】繁，由妇女头上饰物繁多，引申泛指❶繁盛，茂盛：庶草～庑(芜)|花正～时春又暮。又泛指❷繁多，众多：正月～霜，我心忧伤。又引申指❸复杂：刑胜而民静，赏～而奸生|趋时无方，辞或～杂|纷～|～重。又引申指❹繁殖：荐草多衍，则六畜易～也|自～自养|～衍。又借作"皤"(pó)，表示❺白色：闻晏子死，公乘侈舆，服～驵(骏马)驱之。

〇皤，从白，番声。异体作額，改为从页(头)。如今规范化用皤。读 pó，本义指❶老人头白：故朝多～～之良，华首之老|白发～然。又指❷大(腹)：～其腹。

【组字】繁，如今既可单用，也可作偏旁。现今归入糸部。凡从繁取义的字皆与繁盛等义有关。

以繁作声兼义符的字有：蘩、攀、灊。

龠 yuè (籥)

【字形】甲　金　篆　
隶 龠 籥　草

【构造】象形字。甲骨文象一种编管组成的乐器形，中部有孔，上有吹口；或在其上又加倒口，以强调吹奏之意。金文大同。篆文整齐化。隶变后楷书写作龠。

【本义】《说文·龠部》："龠，乐之竹管，三孔，以和众声也。"本义为一种用竹管编成的乐器。

【演变】龠，本义指❶一种用竹管编成的乐器，长的可用作舞具：左手执～|～舞笙鼓，乐既合奏。用作动词，又指❷吹奏龠：百姓闻王钟鼓之声，管～之音。古代又借用作❸容量单位：胡麻数～充肠，移时不馁|～二曰合，合十曰升。

由于龠作了偏旁，乐器之义便又另加义符"竹"写作"籥"来表示，以突出竹管所作。如今简化，仍用龠。

【组字】龠，如今既可单用，也可作偏旁。现今仍设龠部。凡从龠取义的字皆与乐器等义有关。

以龠作义符的字有：龡(吹)、龢(和)、籥(龠)、龥、龣、龤(谐)、龥(篪)、龥(箫)。

以籥作声兼义符的字有：龥(吁)、瀹、鬰。

以龠作声符的字有：瀹、龣、龤(谐)。

韱 xiān (殲、歼、纖、縴、纤)

【字形】古　篆　今篆
隶 韱 纤 纖 歼 殲 縴
草

【构造】会意兼形声字。古文从韭从𢦏(表示斩割)，用以会纤细可割的野韭菜之意，𢦏也兼表声。篆文整齐化。隶变后楷书写作韱。

【本义】《说文·韭部》："韱，山韭也。从韭，𢦏声。"本义为山韭。

【演变】韱，本义指❶山韭。因为韭菜纤细可割，因从𢦏，故引申又指❷残割。又指❸细小。

由于"韱"作了偏旁，为了分化字义，残割之义便又另加义符"歹"，写作"殲"来表示，如今简化为歼；细小之义则又另加义符"糸"，写作"纖"来表示，如今简化为纤。

〇歼，繁体作殲，从歹从韱会意，韱也兼表声。如今简化为歼，改为千声。读 jiān，本义指消灭：可汗既与为怨，须尽～夷|～灭。

〇纤，繁体作纖，从糸从韱会意，韱也兼表声。如今简化为纤。读 xiān，本义指❶细微：孟尝君为相数十年，无～介之祸者，冯谖之计也|祸之所由生也，生自～～也|～～出素手|～～作细步，精妙世无双|～尘|～弱|～巧。

又读 qiàn，如今又作"縴"(从糸从牵会意，牵也兼表声)的简化字。故又指❷缰绳：马牛有～，私属有闲。又指❸挽船的绳：水撑两篙弯，岸挽一～直|拉～|～夫。

【组字】韱，如今不单用，只作偏旁。现今仍归入韭部。凡从韱取义的字皆与斩割、细小等义有关。

以韱作声兼义符的字有:殲(歼)、纖(纤)、櫼。以韱作声符的字有:懺(忏)、讖。

爵 jué

【字形】甲 金 篆 隶 草

【构造】象形字。甲骨文象古代的一种酒器形,上有两柱,下有三足,侧有流有鋬,中为腹。金文稍讹。由于字形不明显了,篆文便在其下加了一寸(手)一鬯(鬯酒),以突出其为酒器之意。隶变后楷书写作爵。

【本义】《说文·鬯部》:"爵,礼器也。象爵之形,中有鬯酒,又持之也,所以饮。器象爵(雀)者,取其鸣节节足足也。"释义正确,析形则是根据篆文所作的解说。本义为古代酒器,用于盛酒或温酒。

【演变】爵,本义指❶古代酒器:虢公请器,王与之~|贵者献以~,贱者献以散(酒器)。又用以指代❷酒:我有好~,吾与尔靡之。酒器有等,故又用以表示❸爵位(公、侯、伯、子、男五等):官~可买,则商工不卑也矣|~禄。用作动词,指❹授予爵位:以其有功也~之。"爵"形像雀,故又通"雀",表示❺鸟雀:为丛驱~者,鹯也|不恨闭门可罗~。

【组字】爵,如今既可单用,也可作偏旁。现今归入爫部。凡从爵取义的字皆与酒器等义有关。

以爵作声符的字有:嚼、爝。

繇 yáo;yóu;zhòu
(䌛、籀)

【字形】甲 金 籀 篆 隶 草

【构造】会意字。甲骨文从言,右边是以手引象,会手牵象并以言教喻之意,是古代驯象令其顺从的现实生活写照。金文大同。籀文手讹为斜肉月,象讹为系。篆文整齐化。隶变后楷书写作䌛。俗写作繇,言又讹为缶。如今规范化,以繇为正体。古又用作籀。

【本义】《说文·系部》:"䌛,随从也。从系,䍃声。"析形不确,所释为引申义。本义当为驯象令其顺从。

【演变】繇,读 yáo,本义指❶驯象令其顺从。引申泛指❷诱引,驯化,随从。又引申指❸抽发,滋盛:厥草惟~。古代❹多借作"徭、摇、遥、谣"使用:高祖尝~(徭)咸阳|怒气未竭,羽盖~(摇)起|是以~(遥)其期|揆山川之动,参(照)人民~(谣)俗。

又读 yóu,❺借为由、猷:祸自乱起而福~德兴|秩秩大~(猷),圣人谟之。参见各字。

又读 zhòu,通"籀",指❻古时占卜的文辞:成风闻成季之~,乃事之。

○籀,从竹从擂会意,擂也兼表声。读 zhòu,本义指❶读书:学童十七以上始试,讽~书九千字乃得为吏。周太史籀造大篆,编字书《史籀篇》,故又特指❷籀文,即大篆。又通"繇",指❸卜籀。段玉裁注云,春秋传卜筮繇辞,今皆作繇,据许(慎)则作籀。

【组字】繇,如今既可单用,也可作偏旁。现今归入糸部。凡从繇取义的字皆与诱发、顺从、滋盛等义有关。

以繇作声兼义符的字有:圞(囮)、遙、蘨、鯀、蟸、櫾。

毚 chán
(㕙、饞、谗、讒、镵、鑱、纔、攙、搀)

【字形】篆 今篆 隶 㕙 毚 馋 饞 谗 讒 镵 鑱 搀 攙 纔 草

【构造】会意字。篆文从㲋从兔,会似兔之兽的意思。隶变后楷书写作毚。如今作偏旁时或简作㕙,只限于谗、馋、搀三字,其余不简化。以"毚"为基础,后演变出饞、讒、鑱、攙、纔一组同源字。

【本义】《说文·㲋部》:"毚,狡兔也,兔之骏者。从㲋、兔。"本义为一种贪婪狡诈之兔。

【演变】毚(㕙),本义指❶贪婪狡诈之兔:跃跃~兔,遇犬获之。引申形容❷狡诈:作羊应免狠(不顺从),为兔即须~。又引申指❸贪馋:不慕由(人名)即夷(伯夷)矣,何~欲之有?

此义后另加义符食写作饞,如今简化作馋。又指❹进谗:~鼎迁宋,玄圭告成。此义后作讒,如今简化作谗。又借指❺古代农具,也作兵器:令骑若使者、操节闭城者,皆以执~。此义后作鑱,如今简化作镵。又通纔,指❻浅微,轻微:譬犹医之治病也,有方,笃剧犹治;无方,~微不愈。

○馋,从饣从㚣会意,㚣也兼表声。读chán,本义指❶贪食:又懒又~|贪~|嘴~。引申泛指❷贪图利禄:为利而止真贪~。又引申指❸想得到,艳羡:十分眼~。

○谗,从讠从㚣会意,㚣也兼表声。读chán,本义指❶说别人的坏话或陷害人的话:忧~畏讥|公子奇其效,欲留侍终身,诸姬患之,相与~于公子。引申指❷奸邪,奸诈:寒浞,伯明氏之~子弟也。又引申指❸说坏话的人,奸邪的人,或陷害别人的坏话、毁谤的话:~与佞,俱小人也|君子信~,如或酬之|公听并观,而不蔽于偏至之~。

○镵,从钅从毚会意,毚也兼表声。读chán,本义指❶古代的一种掘土的长铲:长~长~白木柄,我生托子以为命。引申指❷尖锐锋利:红胶泥,石子比刀~。又引申指❸刺,凿,雕刻:丧父,~臂血写浮屠书|自商~山出石门,抵北蓝田|胡秘监旦退居襄阳,~大砚以著《汉春秋》。表示锐利、刺、插入之义的还有一个"攙"字。

○搀,繁体作攙,从扌从毚会意,毚也兼表声。如今简化作搀。读chān,本义指❶锐利:~叉锋刃簇。又指❷刺,讥讽:千株玉槊~云立|巧言相戏,冷语相~。又指❸混杂,搀和,参与:一点水也不~|客气话说得叫别人~不上嘴。

【组字】毚(㚣),如今不单用,只作偏旁。现今仍归入刀部。凡从毚(㚣)取义的字皆与贪婪、狡诈等义有关。

以毚(㚣)作声兼义符的字有:谗、馋。

以毚(㚣)(毚)作声符的字有:儳、劖、酁、搀、巉、瀺、欃、艬、镵、纔(才)。

燮 xiè

【字形】甲　金　篆　隶　草

【构造】会意字。甲骨文象手持木柴拨火使旺之形,会调理之意。金文线条化。篆文整齐化,中间木柴讹为言。隶变后楷书写作燮。

【本义】《说文·又部》:"燮,和也。从言,从又、炎。"这是根据篆文所作的解说。据甲骨文分析本义当为以木柴拨火使旺。

【演变】燮,本义指❶以木柴拨火使旺。引申泛指❷调和,谐和:论道经邦,~理阴阳。又引申指❸烧熟:时时羹藜藿,镬(锅)大苦难~。

【组字】燮,如今既可单用,也可作偏旁。现今仍归入又部。凡从燮取义的字皆与反复拨火等义有关。

以燮作声兼义符的字有:儍、㘍、𤏲、欆、躞。

襄 xiāng

【字形】甲　金　古　籀　篆

隶　草

【构造】会意兼形声字。甲骨文是一人高举双手跪地悲哭之状,乃人悲伤时哭天抢地之常态。金文繁化为从衣(表示披麻戴孝办丧事)从䜌(吊丧时悲哭嚷嚷、赞礼声高扬、揖让扰乱状),用以会丧事办完,脱去丧服换成常衣开始耕作、过正常生活之意,䜌也兼表声。古文承金文稍讹。篆文整齐化。隶变后楷书写作襄。参见䜌。

【本义】《说文·衣部》:"襄,汉令:解衣耕谓之襄。从衣,䜌声。"解释为古代的一种播种方法,即翻开耕地表层,在下面湿润的土上播种,再将表层的土覆盖上去,以待其发芽成长,此应为引申义。本义当为脱去丧服耕作。

【演变】襄,本义为❶脱去丧服耕作。引申指❷古代的一种播种方法。由脱去丧服,又引申指❸除去:墙有茨,不可~也。又表示❹完成,就:葬定公,雨,不克~事。衣在体外,又引申为❺包着,冲上:汤汤洪水方割,荡荡怀山~陵。由冲上又引申指❻高举:云起龙~。因"襄"也从"䜌"取义,故又引申为❼相助,辅佐:~助|~理|~办。

【组字】襄,如今既可单用,也可作偏旁。现今仍归入衣部。凡从襄取义的字皆与脱去丧衣而耕作及吊丧时悲哭嚷嚷、赞礼声高扬、揖让扰乱等义有关。

以襄作声兼义符的字有：嚷、壤、攘、骧、禳、穰、镶、囊、瓤、穣、讓(让)。

以襄作声符的字有：勷、蘘、孃(娘)、曩、醸(酿)。

麋 mí (湄)

【字形】甲 古 篆

隶 **麋 湄** 草

【构造】象形兼形声兼会意字。甲骨文象一只麋鹿形，上边突出了眉角，也从眉声。古文改为从鹿，米声，米也兼表米黄色和斑点之意。篆文整齐化。隶变后楷书写作麋。古也借作湄。

【本义】《说文·鹿部》："麋，鹿属。从鹿，米声。"本义为麋鹿，即四不象。

【演变】麋，本义指❶麋鹿：～何食兮庭中。又借作"眉"，表示❷眉毛：伊尹之状，面无须～。又借作"湄"，表示❸水边：居河之～。

〇湄，从水，眉声，眉也兼表边际之义。读méi，本义指水边水草相接之处：所谓伊人，在水之～。

【组字】麋，如今既可单用，也可作偏旁。现今仍归入鹿部。凡从麋取义的字皆与麋鹿等义有关。

以麋作声符的字有：蘪、攈。

辫 biàn (辮)

【字形】篆 隶 **辫** 草

【构造】形声兼会意字。篆文从糸，辡声，辡也兼表两方相交之意。隶变后楷书写作辮。如今简化作辫。

【本义】《说文·糸部》："辮，交(织)也。从糸，辡声。"本义为两股交织，编结。

【演变】辫，本义指❶交织，编结：妇人以金花为首饰，～发萦后，缀以珠贝。用作名词，引申指❷编成的辫子：头上梳着个大～子｜头发～儿｜脑后留个小～儿。又引申泛指❸像辫子的东西：草帽～｜蒜～。

赢 yíng

【字形】金 古 篆 隶 **赢** 草

【构造】会意兼形声字。金文从貝从嬴(寄生蜂，表多余)，会经商有盈利之意，嬴也兼表声。古文头、身讹变。篆文整齐化。隶变后楷书写作贏。如今简化作赢。参见嬴。

【本义】《说文·貝部》："贏，贾有余利也。从貝，嬴声。"本义为经商有盈利。

【演变】赢，本义指❶经商有盈利：归而谓父曰："耕田之利几倍？"曰："十倍。""珠玉之～几倍？"曰："百倍。"｜操其奇～｜～余。由带着多余的，引申指❷用囊裹负：～三日之粮，日中而趋百里｜～粮而景(影)从。由多余又引申指❸获胜：疑怪昨宵春梦好，元是今朝斗草～｜我明日和你拼个你死我活的输～便罢｜球赛～了。

【组字】赢，如今既可单用，也可作偏旁。现今归入月部。凡从赢取义的字皆与盈余等义有关。

以赢作声符的字有：籯。

糟 zāo

【字形】籀 篆 隶 **糟** 草

【构造】会意兼形声字。籀文从酉(表示酒)从𣗥(两个竹笼)，会酿酒滤滓之意。篆文改为从米(造酒用粮食)从曹(表示滤器)，亦会酿酒滤滓之意，曹也兼表声。隶变后楷书写作糟。

【本义】《说文·米部》："糟，酒滓也。从米，曹声。"本义为带滓的未滤过的酒。

【演变】糟，本义指❶带滓的酒：何不餔其～而啜其醨｜醪～。引申指❷滤去清酒剩下的酒渣：～糠不饱者，不务粱肉｜～糠之妻不下堂｜酒～｜～粕。又引申指❸用酒或盐腌制食品：公不见肉～淹(腌)更堪(能)久邪｜～豆腐｜～肉｜～鱼。酒糟是发酵腐烂的结果，故又引申指❹腐烂：门框都～了｜布料～了。由腐烂又引申指❺不好，变坏：这事可～了｜身子越来越

~|~糕。用作使动,表示❻浪费:~踏东西|~践粮食。

燥 zào

【字形】篆 隶 草

【构造】形声兼会意字。篆文从火,喿声,喿为群鸟鸣,用以会火烘烘作响烤干之意。隶变后楷书写作燥。

【本义】《说文·火部》:"燥,干也。从火,喿声。"本义为干燥。

【演变】燥,本义指❶干燥:唇焦口~呼不得|载~荻枯柴|~热|枯~。用作使动,表示❷使干燥:~万物者莫熯(干)乎火。

蹇 jiǎn

【字形】籀 篆 隶 草

【构造】会意兼形声字。籀文从足从寒省,会因寒疾而腿瘸之意,寒也兼表声。篆文整齐化。隶变后楷书写作蹇。

【本义】《说文·足部》:"蹇,跛也。从足,寒省声。"本义为跛脚。

【演变】蹇,本义指❶跛脚:驾~驴而无策(鞭子)兮,又何路之能极?由跛脚引申指❷步履艰难:昼行虽~涩,夜步颇安逸|~滞。又引申指❸遭遇的艰难:诗人多~。口吃也是种艰难,故又引申指❹口吃:言词~吃,更甚扬雄。跛脚与傲慢之态近似,故又引申指❺傲慢,不顺服:自以为最亲,骄~,数不奉法。由跛脚,又指❻跛驴,劣马:驽~之乘,不骋千里之涂。

【组字】蹇,如今既可单用,也可作偏旁。现今仍归入足部。凡从蹇取义的字皆与跛脚等义有关。

以蹇作声符的字有:傹、搴、嚵、巕、瀽、橏。

臂 bì;bei

【字形】金 篆 隶 草

【构造】会意兼形声字。金文从肉(月)从辟,会开辟挥拓的有力器官之意,辟也兼表声。篆文整齐化。隶变后楷书写作臂。

【本义】《说文·肉部》:"臂,手上也。从肉,辟声。"本义为胳膊。

【演变】臂,读bì,本义指❶胳膊:登高而招,~非加长也,而见者远|诎右~支船|乃奋~以指拨眦|手~|~膀。

又读bei,❷口语,用于"胳臂":都举起胳~来。

骤 zhòu (驟)

【字形】篆 隶 草

【构造】形声兼会意字。篆文从馬,聚声,聚表聚集,马步密集才能奔跑疾速,故用以会马奔驰之意。隶变后楷书写作驟。如今简化作骤。

【本义】《说文·馬部》:"驟,马疾步也。从馬,聚声。"本义为马奔驰。

【演变】骤,本义指❶马奔驰:或翩若船游,或决若马~。用作使动,指❷使飞奔:赵云大怒,挺枪~马|~马飞奔。又引申泛指❸奔跑:麋鹿见之决~。由奔驰,又引申指❹迅速,急速:对长亭晚,~雨初歇|暴风~雨。由疾速又引申指❺突然:~视之,无不惊为生人者|脸色~变。又引申指❻屡次:宣子~谏,公患之。

十八画

黿 cù

【字形】篆 隶 草

【构造】会意兼形声字。篆文从黽(蛙)从先(圆形草房上聚集凸起的疙瘩),会满身疙瘩的蟾蜍之意,先也兼表声。隶变后楷书写作黿。

【本义】《说文·黽部》:"黿,先黿,詹诸也。其鸣詹诸,其皮黿黿,其行先先。从黽,从先,先亦声。"本义为蟾蜍。

【演变】黿,本义指蟾蜍。两栖纲蟾蜍类动物的通称。形体似蛙而略大,背部多呈黑绿色,有大小不等的瘰疣。多栖于泥穴或石下草内,夜晚出捕昆虫为食。

【组字】黿,如今不单用,只作偏旁。现今仍归入黽(黾)部。凡从黿取义的字皆与蟾蜍等义有关。

以黿作声符的字有:竈(灶)。

鞭 biān

【字形】甲　金　古　篆　隶 鞭

草

【构造】会意兼形声字。甲骨文象手持鞭形。金文象手持疙瘩鞭形;或另加人旁,表示鞭打使人服帖之意,即"便"字。古文承金文一形稍讹。篆文承金文二形另加义符革,表示为皮制,手持疙瘩鞭形讹为"更"(实际不是变更之"更"),成了从革从便会意,便也兼表声。隶变后楷书写作鞭。参见便。

【本义】《说文·革部》:"鞭,驱也。从革,便声。"本义为手持鞭驱赶。

【演变】鞭,本义指❶驱赶:骏马不劳~。引申泛指❷鞭打:野人举块以与之,公子怒,将~之|执敲扑而~笞天下|~尸。用作名词,又引申指❸马鞭:北市买长~|~长莫及|皮~|竹~|~策|~子。又引申特指❹一种无刃有节的兵器:使两条钢~,有万夫不当之勇|竹节~|三棱~。近代又引申指❺像鞭子的成串爆竹:过年都买了~炮|此处禁放~炮。

鞫 jū (鞽)

【字形】籀　篆　今篆　隶 鞫 鞽

草

【构造】会意兼形声字。籀文从革从人从言,会以鞭刑审问罪人之意。篆文繁化,改为从竹从卒(幸,带刑具的犯人)从人从言,会用笞刑审问罪人之意,竹也兼表声。隶变后楷书写作鞽。俗承接籀文作鞫。如今规范化,以鞫为正体。

【本义】《说文·幸部》:"鞽,穷理罪人也。从卒,从人,从言,竹声。"本义为彻底讯问罪犯。

【演变】鞫,本义指❶查究,穷究审讯:未闻九卿廷尉有所~也|不经~实,不宜轻用刑|~讯|~狱。由穷究,又引申泛指❷穷困,穷尽:~哉庶正,疚哉冢宰|踧踧周道,~为茂草。

【组字】鞫,如今既可单用,也可作偏旁。现今归入革部。凡从鞫(鞽)取义的字皆与讯问等义有关。

以鞫(鞽)作声符的字有:蘜、鞽(𪎊、麴、粬)。

覆 fù

【字形】金　籀　篆　隶 覆　草

【构造】形声兼会意字。金文从而(表一正一反相蒙覆),復声,復表往复,用以会翻转之意。籀文规范化。篆文整齐化。隶变后楷书写作覆,上边讹为西。参见襾。

【本义】《说文·襾部》:"覆,覂(翻转)也。从襾,復声。"本义为翻转,底朝上翻过来。

【演变】覆,本义指❶翻转:水则载舟,水则~舟|载舟~舟,所宜深慎|前车之~,后车之鉴|反~无常|天翻地~。由翻转,引申指❷覆灭,失败:赵兵果败,括死军~|后值倾~,受任于败军之际|全军~没|颠~。又引申指❸倾倒:~水难收。由翻转,又引申指❹盖着:枝枝相~盖,叶叶相交通|~压三百余里|天~地载。

【组字】覆,如今既可单用,也可作偏旁。现今仍归入襾部。凡从覆取义的字皆与翻转等义有关。

以覆作声符的字有:蝮。

瞿 jù;qú (懼、惧)

【字形】甲　金　古　篆　今篆　隶 瞿 懼 惧

草

【构造】会意兼形声字。瞿当是由上列甲骨文猫头鹰的形象(萑)发展来的。省去头顶上的毛角和身子,将两个大眼睛加以突出,就成了金文之形。古文线条化,另加出义符隹,成为从隹从䀠(jù)会意,表示猫头鹰瞪大两眼左右惊视的样子,䀠也兼表声。篆文整齐化。隶变后楷书写作瞿。

【本义】《说文·瞿部》:"瞿,鹰隼之视也。从隹，从眲，眲亦声。”本义为惊视的样子。

【演变】瞿，本义指❶惊视的样子：震索索，视～～｜狂夫～～｜子綦～然喜曰：“奚若？”引申为❷害怕，吃惊：闻名心～。此义后另加义符“忄”写作“懼”来表示，如今简化作惧。又用作❸姓。

又读 qú，用作“戳”，指❹古兵器名，即今三锋矛，锐矛属：一人冕执戣，立于东垂；一人冕执～，立于西垂。又指❺植物旁生横出的根、叶：木大者根～。又指❻瞿昙氏的省称。据传佛陀的始祖，本是刹帝利种姓的国王，让位与弟，出家学道，跟一位姓“瞿昙”的婆罗门修行，受姓为瞿昙氏。

○惧，繁体作懼，从忄从瞿会意，瞿也兼表声。如今简化作惧，改为具声。读 jù，本义指❶害怕：内省不疚，夫何忧何～？｜临危不～｜恐～｜～怕。用作使动，指❷使害怕：民不畏死，奈何以死～之？又引申指❸担心：公卿皆为（汲）黯～。

【组字】瞿，如今既可单用，也可作偏旁。现今归入目部。凡从瞿取义的字皆与惊视等义有关。

以瞿作声兼义符的字有：矍、懼（惧）。

以矍作声符的字有：嚄、氍、臞、癯、蠼、衢、钁。

颢 hào

（顥、昊、灝、灝）

【字形】金　篆　隶 颢 顥 昊 灝 灝 草

【构造】会意字。篆文从頁（人头）从景（日光），首映日光而白，故会人白头之意。隶变后楷书写作顥。如今简化作颢。古也用作昊。

【本义】《说文·頁部》：“顥，白（首）貌。从頁，从景。”本义为人白头的样子。

【演变】颢，本义指❶人白头的样子，也指白头人：南山四～。引申泛指❷白色：天白～～，寒凝凝只。“颢”从“景”取义，故由日景普照，又引申指❸盛大：若优游乾坤之内，守～然之气，容色不改，心目清朗，寿数百年不归可得矣。又用作“昊”，指❹西天，或泛指天空：西方曰～天｜空自负气冲晴～。

○昊，金文本从日从夰（高跷）会意，夰也兼表声。俗改为从日从天会意。读 hào，本义指❶元气浩大：钦若～天。又泛指❷天空：倏忽造～苍。

表示盛大的还有“灝”“浩”二字。

○灝，从水，颢声，颢也兼表白之意。读 hào，本义指❶豆浆。因从颢取义，故也借用以表示❷浩大：悠悠乎与～气俱。此义今作浩。参见浩。

【组字】颢，如今既可单用，也可作偏旁。现今仍归入页部。凡从颢取义的字皆与白色等义有关。

以颢作声兼义符的字有：灝。

嚣 xiāo

（囂）

【字形】金　篆　隶 嚣 囂 草

【构造】会意字。金文从頁（人头）从㗊（四口），会众口喧哗之意。篆文整齐化。隶变后楷书写作囂。如今简化作嚣。

【本义】《说文·㗊部》：“囂，声也。从㗊，从頁。頁，首也。”本义为众口喧哗。

【演变】嚣，本义指❶众口喧哗：之子于苗（夏猎），选（算，计点）徒～～｜子之宅近市，湫隘～尘，不可以居｜叫～乎东西，隳突乎南北｜甚～尘上。引申为❷轻狂，浮躁：江南土薄水浅，人心～浮轻巧。又引申指❸嚣张，放肆：王孙之德躁以～｜气焰～张。

【组字】嚣，如今既可单用，也可作偏旁。现今归入口部。凡从嚣取义的字皆与喧闹、声气等义有关。

以嚣作声兼义符的字有：儮、𪗈、獢、鸮。

蹦 bèng

【字形】籀　今篆　隶 蹦 草

【构造】形声兼会意字。籀文从走，朋声，朋也兼表似凤跳起之意。俗作蹦，改为从足，崩声，崩也兼表崩起之意。

【演变】蹦，本义指❶跳：几只小羊羔欢～乱跳的｜～高｜～跳｜～跶。又引申指❷突然说出：嘴里不时～出几个新词｜别看他平时很少说话，偶然～出一句能噎死人。

豐 fēng（丰）

【字形】甲 金 篆 隶豐 草

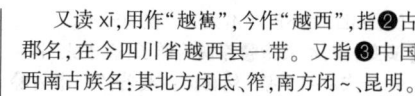

【构造】象形字。甲骨文象祭器“豆”里盛满两串玉形，表示丰满之意。金文大同。篆文整齐化。隶变后楷书写作豐。如今简化借“丰”来表示。豐只作偏旁。参见丰。

【本义】《说文·豐部》：“豐，豆之丰满者也。从豆，象形。”本义为豆器中丰满。

【演变】豐，本义指❶豆器中丰满：礼～不足以效爱，而诚可以怀远。引申泛指❷丰满，丰富，丰厚，富饶：～年多粟多稌｜～衣足食，所往无不克。再引申为❸盛大，兴盛：～狐文豹｜不朽～碑｜～功伟绩。

如今简化，其义皆用“丰”来表示。

【组字】豐，如今不单用，只作偏旁。现今归入豆部。凡从豐取义的字皆与丰满等义有关。

以豐作义符的字有：艷（艳）。

以豐作声符的字有：酆、蘴、灃（沣）、寷、麷、豐。

巂 guī；xī；juàn；jùn（嶲、巂、隽）

【字形】甲 金 古 篆 隶 草

【构造】会意兼形声字。甲骨一形象飞动鸣叫中的鸟形，二形简化，飞动的翅讹为丙。金文鸟形繁化，小点象征鸣叫声。古文讹繁，丙讹为冏。篆文整齐化为从隹（鸟），中象头顶有羽冠形，从冏，形容鸟飞的样子，用以会飞动而鸣的鸟之意，冏也兼表声。隶变后楷书写作巂。异体作嶲、巂。如今规范化被视为隽、嶲的旧体字。作地名时用嶲，巂、巂只作偏旁，作偏旁时或省作隽。参见隽。

【本义】《说文·隹部》：“巂，周燕也。从隹，屮象其冠也。一曰：蜀王望帝淫其相妻，惭亡去，为子巂鸟，故蜀人闻子巂鸣，皆起云望帝。”本义为鸟名，即子规。

【演变】巂，读 guī，本义为❶鸟名，即杜鹃，又名子规：时有鸣～，溪有深潭。

又读 xī，用作“越嶲”，今作“越西”，指❷古郡名，在今四川省越西县一带。又指❸中国西南古族名：其北方闭氐、筰，南方闭～、昆明。

又读 juàn，同“酁”，指❹古地名，在今山东省东阿县西：齐人侵我西鄙，公追齐师至～，弗及。

又读 jùn，通“峻”，指❺峻伟：对客挥毫，～伟宏肆。参见隽。

【组字】巂（嶲、隽），如今不单用，只作偏旁。现今归入山部。凡从巂取义的字皆与鸟等义有关。

以巂（嶲、隽）作声符的字有：劙、携、巂、檇、镌、蠵、觿（觹、觽）。

镰 lián（鎌）

【字形】篆 今篆 隶镰 鐮 草

【构造】形声兼会意字。篆文从金，兼声，兼也兼表持禾而割之意。隶变后楷书写作鎌。俗作镰，改为廉声。如今规范化，以镰为正体。

【本义】《说文·金部》：“鎌，锲也。从金，兼声。”《玉篇·金部》：“镰，刈也。”本义为收割用的镰刀。

【演变】镰，本义指镰刀：陈草复起，以～侵水芟之｜腰～刈熟趁晴归｜开～。

翻 fān（飜）

【字形】篆 今篆 隶翻 飜 草

【构造】会意兼形声字。篆文从羽从番（表反复），会鸟反复扇动翅膀飞翔之意，番也兼表声。隶变后楷书写作翻。异体作飜，改为从飛，与从羽义同。如今规范化，以翻为正体。

【本义】《说文·羽部》新附：“翻，飞也。从羽，番声。”本义为鸟飞。

【演变】翻，本义指❶鸟飞：云垂大鹏～，波动巨鳌没。由鸟翻动翅膀，引申指❷翻卷，翻腾：风掣红旗冻不～｜四海～腾云水怒。又引申指❸翻转，翻倒，翻越：血色罗裙～酒污｜～云覆雨｜天～地覆｜～山越岭｜～筋斗｜～车｜～身｜～地｜～开｜～墙。又引申指❹翻看：清风不识字，何必乱～书｜～阅。由翻转，又引申指❺改

变,推翻:红雨随心~作浪|花样~新|~然悔悟|~案|~供。又引申指❻成倍增加:产量~两番。用于语言的改变,则又引申指❼翻译:英语~成汉语。又特指❽依曲谱写,演奏:为君~作《琵琶行》|五十弦~塞外声。又引申指❾翻找:~箱倒柜|~出赃款。又特指❿翻脸:两人闹~了。

𧝓 zhàn
(𧘇、襢、袒、組、綻、绽、但、裼)

【字形】甲 篆 今篆 隶 草

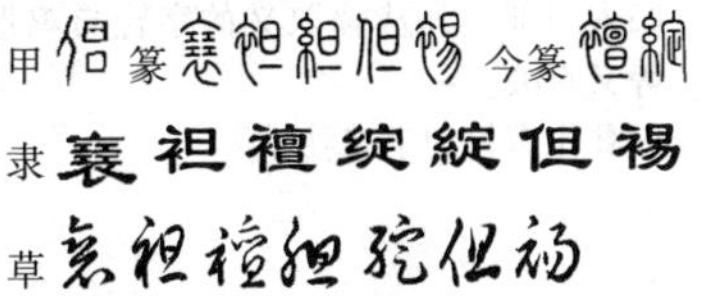

【构造】会意兼形声字。篆文从衣从㠭(表示展开),会展衣之意,㠭也兼表声。隶变后楷书写作𧝓。作偏旁时写作𧘇。

【本义】《说文·衣部》:"𧝓,丹縠衣。从衣、㠭。"所释为引申义。本义当为展衣。

【演变】𧝓,本义指展衣,引申表示展布。古人拜揖,要先将下裳提起,铺展在面前,以免跪拜时因踩压而仆倒,故𧝓遂成为古代贵族妇女展拜时的红色礼服。后来𧝓作了偏旁,红色礼服之义便借"襢"来表示。并由此演化出袒、組、綻、但、裼等一组相关字。

〇襢,从衣从亶会意,亶也兼表声。读tǎn,是"袒"的异体字。本义为❶裸露:~裼暴虎,献于公所。借为"𧝓",故又表示❷红色礼服。

〇袒,从衣从旦(日出)会意,旦也兼表声。读zhàn,本义指❶衣缝裂开。

又读tǎn,由衣裂开,借作"但",表示❷裸露:冠毋免,劳毋~,暑毋褰裳|肉~|左~。又引申指❸支持,保护:士获厥心,大~高骧|偏~|~护。

"袒"为借义所专用,衣缝裂开之义便又另造了从糸、定声的"綻"字来表示。如今简化作绽。

〇绽,本作組,从糸从旦会意,旦也兼表声。后改为从定,作綻,如今简化作绽,为正体。读zhàn,表示❶衣缝裂开:衣裳~裂|破~。引申泛指❷裂开:日照野塘梅欲~|皮开肉~。

〇但,甲骨文从亻从旦会意,旦也兼表声。篆文整齐化。读tǎn,本义指❶袒露上身:今有一人于此,牛羊犓豢,维人~割而和之。

又读dàn,后借作副词,表示❷空、徒,只、仅,只管、尽管:天子所以贵者,~以闻其声,群臣莫得见其面|我州~有断头将军,无有降将军也|老相公有话~说不妨。后又用作连词,相当于❸然而,不过:公干(人名)有逸气,~未遒耳。

但为借义所专用,袒露之义遂用"裼"来表示。

〇裼,从衣从易(表流出)会意,易也兼表声。读xī,本义指❶脱去外衣露出身体:虽袒~裸裎于我侧,尔焉能浼我哉!

又读tì,表示❷婴儿的包被:乃生女子,载寝之地,载衣之~。

【组字】𧝓,如今已不使用,只作偏旁。作偏旁时写作𧘇。现今仍归入衣部。凡从𧝓取义的字皆与铺展等义有关。

以𧝓作声兼义符的字有:展。

羴 shān
(羶、膻)

【字形】甲 金 篆 隶 草

【构造】会意兼形声字。甲骨文从三羊,金文从二羊,用很多羊会膻气之意。篆文承甲骨文并整齐化。隶变后楷书写作羴。异体作羶,从羊从亶(粮仓粮多)会意,亶也兼表声。此义后又借"膻"来表示,从月(肉)从亶(粮仓),粮仓作为建筑明显与一般不同,故用以会袒露之意,亶也兼表声。如今规范化,以膻为正体。

【本义】《说文·羴部》:"羴,羊臭也。从三羊。"本义为羊的膻气。

【演变】羴,本义指❶羊的膻气:吾中国帝王之土,岂容溷以腥~|蚁慕羊肉,羊肉~也。又指❷群羊:~者,群羊也。又泛指❸像羊臊气的气味:王之嫔御,~恶而不可亲。

以上含义如今皆用"膻"来表示。

○膻,读 dàn,本义指❶袒露:~裼暴虎。用作“膻中”,中医名词,又指❷胸腔中央心包所在处:~中者,臣使之官,喜乐出焉。

又读 shān,借作羴,表示❸羊臊气:~当作羶,言臭恶不可亲也|好~而恶焦,嗜甘而逆苦。

【组字】羴,如今不单用,只作偏旁。现今归入羊部。凡从羴取义的字皆与羊多等义有关。

以羴作义符的字有:羼。

窦 sè
(寒、塞)

【字形】甲 金 篆 隶 窦 塞

草

【构造】会意字。甲骨文从宀(房屋)从二工(筑墙杵)从双手,会双手持杵筑墙将窗户堵住之意,即所谓“塞向墐户”。金文多加了两个工。篆文整齐化。隶变后楷书写作窦。作偏旁时写作寒,遂与“寒”所从之“寒”相混。实际上,“塞”所从之“寒”,与“寒”所从之“寒”不是一回事。参见“寒”(寒旁)。

【本义】《说文·玨部》:“窦,窒也。从玨,从廾,窒宀中。窦犹齐也。”本义为填塞。

【演变】窦,本义指填塞。由于窦作了偏旁,于是便另加义符“土”写作塞。参见塞。

【组字】窦,如今不单用,只作偏旁。现今归入宀部。凡从窦取义的字皆与堵塞等义有关。

以窦作声兼义符的字有:塞、寨。

以窦作声符的字有:赛、謇。

彝 yí

【字形】甲 金 篆 隶 彝 草

【构造】会意字。甲骨文是双手捧着宰好的祭鸡形,左为升降符,会捧鸡献祭之意。如今农村上供用的祭鸡仍是将两翅交叉插于口中或用绳交叉束于背上。金文另加糸捆束,两点表示香气溢出。篆文将鸡头讹为彑,将鸡胸部、鸡爪和香气讹为米。隶变后楷书写作彝。

【本义】《说文·糸部》:“彝,宗庙常器也。从糸,糸,綦也。廾,持。米,器中实也。彑声。”析形是就篆文所作的附会,所释为引申义。本义当为捧鸡致祭。

【演变】彝,本义指❶捧鸡致祭。引申指❷鸡形或鸟形的祭器。进而成为❸青铜祭器的总称:且夫大伐小,取其所得以为~器|鼎~。彝器为祭祀必用之物,故又引申指❹法度,常理,常:永弼乃后于~宪|民之秉~,好是懿德。又用为❺我国少数民族名:~族。

【组字】彝,如今既可单用,也可作偏旁。现今归入彐部。凡从彝取义的字皆与鸡形、彝器等义有关。

以彝作声符的字有:櫜。

十九画

難 nán;nàn
(鷬、难)

【字形】金 篆 今篆

隶 難 鷬 难 草

【构造】会意兼形声字。金文一形从隹从英(表焚烧),会烧鸟之意,英也兼表声;二形从鳥。篆文或改从鳥从堇,与英义同,堇也兼表声。隶变后楷书承金文和篆文分别写作難和鷬。如今规范化,皆简化作难,为正体。

【本义】《说文·鳥部》:“鷬,鸟也。从鳥,堇声。難,鷬或从隹。”本义为一种鸟。

【演变】難,读 nán,本义指一种鸟。因其从“堇”(火焚人祭雨)取得声义,故借以表示❶困难,艰难,不易:故有无相生,~易相成|蜀道之~,~于上青天|~办|~得|~免。引申为❷不好:~听|~看|~吃。用作动词,表示❸感到困难,使感到困难:惟帝其~之|今吴不行礼于卫,而藩其君舍以~之|我一定要找句话~住你。

又读 nàn,用作名词,表示❹灾难,祸乱,仇怨:王事多~|自毁其家,以纾楚国之~|楚尝与秦构~,战于汉中。又引申指❺质问(向对方提出使对方为难的问题):(赵括)尝与其父言兵事,奢不能~|诘~|非~。又引申指❻责备:于禽兽又何~焉。

以上含义如今皆用简化字难表示。難只作偏旁。

【组字】難,如今不单用,只作偏旁。难,如今既可单用,也可作偏旁。现今皆归入隹部。凡从難(难)取义的字皆与灾难等义有关。

以難(难)作声符的字有:傩、漢(汉)、擹、灘、歎(叹)、歡(叹)、嘆(叹)、癱。

警 jǐng

【字形】篆　隶 警　草

【构造】会意兼形声字。篆文从言从敬,敬表敬慎,故用以会告诫之意,敬也兼表声。隶变后楷书写作警。参见敬。

【本义】《说文·言部》:"警,戒也。从言,敬声。"本义为告诫。

【演变】警,本义指❶告诫:今天(上天)或者大~晋也|敲响了~钟|~告。由告诫词义强化,引申指❷戒备,防卫:将军杀臣,则吴必~守矣|~备|~戒|~惕|~卫。用作名词,又引申指❸紧急的情况或消息:每有~,辄数月不就寝|边~|火~|匪~|~报。有戒备则感觉灵敏,故又引申指❹敏锐:太祖少机~,有权数|~觉|~敏。又引申特指❺语意凝练新颖:立片言而居要,乃一篇之~策|~句。

攀 pān (癶)

【字形】篆　隶 攀　草

【构造】会意兼形声字。篆文本作癶。从反廾(两手供),用相反的两手会攀引之意。由于"癶"作了偏旁,才改为从手从樊会意,樊也兼表声。隶变后楷书分别写作癶与攀。如今规范化,以攀为正体。是癶的分化字。癶不单用,只作偏旁。参见癶。

【本义】《说文·癶部》:"癶,引也。从反廾。攀,癶或从手从樊。"本义为攀引。

【演变】攀,本义指❶抓住东西向上爬:鸟雀之巢,可~援而窥|~登|~引。引申指❷拉扯,拉拢:亲戚对我悲,朋友相追~|~扯|~谈。又引申指❸攀附地位高的人:有如太后宫车即晏驾,大王尚谁~乎?|不是我~高接贵,由他每(们)说短论长|~龙附凤|~高枝|~亲。

【组字】攀,如今既可单用,也可作偏旁。现今仍归入手部。凡从攀取义的字皆与攀引等义有关。

以攀作声兼义符的字有:襻。

麓 lù (禁)

【字形】甲　金　古
篆　隶 麓　草

【构造】会意兼形声字。甲骨文从林中有鹿,鹿活动于山林,会生长在山脚下的林木之意,鹿也兼表声。金文改为从林,录声。古文承甲骨文大同。篆文整齐化,分为二体,将林移到鹿上。隶变后楷书分别写作麓与禁。如今规范化,以麓为正体。

【本义】《说文·林部》:"麓,守山林吏也。从林,鹿声。"所释为引申义。本义当为生长在山脚下的林木。

【演变】麓,本义指❶生长在山脚下的林木:何处递松声,风泉满林~。引申指❷山脚:朝游武夷~,莫入匡庐岑。又引申指❸看守山林的官吏:主将适蝼而~不闻。

【组字】麓,如今既可单用,也可作偏旁。现今归入鹿部。凡从麓取义的字皆与山林等义有关。

以麓作声符的字有:鄜。

醯 xī

【字形】古　篆　隶 醯　草

【构造】会意字。古文从鬻(粥)省,从酒省,从皿(器皿),会用粮食酿成的醋过滤流进醋缸里之意。篆文整齐化。隶变后楷书承接古文写作醯。"山西老醯儿""寇老醯儿(寇准)"之"醯"即此字。

【本义】《说文·皿部》:"醯,酸也。作醯以鬻、以酒。从鬻、酒并省,从皿。皿,器也。"本义为醋。

【演变】醯,本义为❶醋:孰谓微生高直?或(有人)乞~焉,乞诸其邻而与之|宰夫自东房授~

酱｜～酸而蜹聚焉｜蠛蠓（即醯鸡，古人以为是酒醋上生的白霉变成的）之育于～醋。又指❷味酸：木奴之属，既～且脣｜～酱。又指❸酒：～醢百瓮｜重添美～。

夒 náo
（獿、憂、獶、猱、猴）

【字形】甲　金　籀　篆　今篆　隶 夒 獿 憂 獶 猱 猴 草

【构造】象形字。夒与憂同源，甲骨文象一只大猩猩等猿类形。金文简化。篆文将头、手、足、尾断开并整齐化。隶变后楷书写作夒。由于字形上看不出是动物了，后便另加义符“犭”写作“獿”来表示。此字太繁，后又以同样是猿类动物的“憂”为基础另加义符“犭”写作“獶”来表示。这两个字都很繁难，又不能标志读音，便又承籀文另造了简单的“猱”和“猴”来表示。参见憂。

【本义】《说文・夊部》：“夒，贪兽也。一曰母猴，似人。从頁、巳、止、夊，其手足。”本义为大猩猩等猿类动物。

【演变】夒，本义指猿类动物，特用以指猕猴。

〇猱，从犭从柔，会体轻柔善攀援的动物猴之意，柔也兼表声。读 náo，本义指❶猕猴，又名狨：毋教～升木｜人缘绝壁似飞～。引申比喻❷（像猱样）戏耍：～杂子女，不知父子。

〇猴，从犭从侯（画有动物的射侯）会意，侯也兼表声。读 hóu，本义指❶猕猴：人言楚人沐～而冠耳，果然。引申指❷像猴子似的蹲着：他～下身去。

【组字】夒，如今既可单用，也可作偏旁。现今归入夊部。凡从夒取义的字皆与动物有关。
以夒作声兼义符的字有：獿。
以夒作声符的字有：巎。

蹲 dūn；cún

【字形】古　篆　今篆　隶 蹲 草

【构造】形声兼会意字。古文从足，尊声，尊也兼表像酒樽一样待着之意。篆文整齐化。隶变后楷书写作蹲。

【本义】《说文・足部》：“蹲，踞也。从足，尊声。”本义为像犬、虎等动物一样踞坐。

【演变】蹲，本义指❶踞坐：熊罴对我～，虎豹夹路啼｜令二人～踞而背倚之。又引申指❷虚坐，即两腿尽量弯曲向下，像坐而臀部不着地：俩人～在门前聊天。由踞坐，又引申指❸物体停在地面不动：见～石鳞鳞，俨然类画。由待在那儿不动，后又比喻❹待在一处，闲居：不能老～在家里没事干｜～膘｜～点。下蹲则身低，故又引申指❺向下矬身：我就一～身跳将下来。

又读 cún，引申指❻腿猛然着地时因震动而受伤：他不小心～了腿了。

䜌 luán

【字形】甲　金　篆　隶 䜌 草

【构造】会意字。䜌与𤔔、𤔔（乱）同源。甲骨文上下是两只手，中间的架子上缠着丝，会双手提起一团乱丝加以整理之意。金文一形大同；由于理丝之意不够明显了，二形便又另加义符絲，以强调理丝；又另加义符口，表示口中不断说乱。篆文承金文，中间架子讹为言，成了言乱如丝了。隶变后楷书写作䜌。作偏旁时简作亦。

【本义】《说文・言部》：“䜌，乱也。一曰治也。从言、丝。”本义为整理乱丝。

【演变】䜌，本义指双手提起一团乱丝加以整理。故表示❶纷乱。又表示❷整治。又表示❸提起。又表示❹纠连一团，连续不断。

为了分化字义，整治、混乱等义另由“乱”来表示，纷繁、纠连一团等义则仍由“䜌”来表示。参见𤔔。

【组字】䜌，如今不单用，只作偏旁。现今归入糸部。凡从䜌取义的字皆与丝的柔曲、纠连、纷乱等义有关。
以䜌（亦）作声兼义符的字有：变、峦、娈、孪、弯、挛、恋、栾、鸾、脔、蛮。
以䜌（亦）作声符的字有：欒、圝、臠、䜌、灓。

颤 chàn;zhàn
（顫）

【字形】篆隶草

【构造】会意兼形声字。篆文从頁（头）从亶（粮仓），粮仓进进出出是变动的，故用以会头摇动不定之意，亶也兼表声。隶变后楷书写作顫。如今简化作颤。

【本义】《说文·頁部》段注："颤，头不定也。从頁，亶声。"本义为头摇动不定。

【演变】颤，读 zhàn，本义指❶头摇动不定。引申指❷身体抖动：寒者～，惧者亦～，此同名而异实｜～栗。此义也写作"战"。

又读 chàn，引申泛指❸短促而频繁地振动：～巍巍｜～悠悠｜～音｜～抖｜～动。

靡 mǐ;mí

【字形】篆隶草

【构造】会意兼形声字。篆文从非（分背）从麻（劈麻），会散乱倒下之意，麻也兼表声。隶变后楷书写作靡。

【本义】《说文·非部》："靡，披靡也。从非，麻声。"本义为散乱，倒下。

【演变】靡，读 mǐ，本义指❶散乱，倒下：吾视其辙乱，望其旗～｜风～　时。由于"靡"从非取义，故又表示❷无：春蚕收长丝，秋熟～王税。用作副词，表示否定，相当于❸不，没：黎庶涂炭，～所控告。

又读 mí，由散乱引申指❹浪费：生之者甚少，而～之者甚多。

【组字】靡，如今既可单用，也可作偏旁。现今仍归入非部。凡从靡取义的字皆与披散等义有关。

以靡作声兼义符的字有：劘、灖、礳。

以靡作声符的字有：蘼、攠、巙、嬷、攠、嫲、躟。

瓣 bàn

【字形】篆隶草

【构造】会意兼形声字。篆文从瓜从辡，辡表分开，植物的子实多成分块开裂状，故用以会瓜类的子实之意，辡也兼表声。隶变后楷书写作瓣。

【本义】《说文·瓜部》："瓣，瓜中实。从瓜，辡声。"本义为瓜类的子。

【演变】瓣，本义指❶瓜类的子：（瓜）细肌密里，多瓤少～。引申泛指❷植物的种子、果实或球茎可以分开的块状物：朱橘香苞数～分｜豆～儿酱｜青蒜～儿｜橘子～儿。又引申指❸花瓣：盈盈荷～风前落，片片桃花雨后娇｜莲花～儿。又引申指❹物体的碎块：一滴汗摔成八～儿。又用作❺量词：吃两～儿蒜。

羸 léi

【字形】籀篆隶草

【构造】会意兼形声字。籀文从羊，羊为物显瘦，从羸，羸为细腰蜂，故用以会身瘦之意，羸也兼表声。篆文整齐化。隶变后楷书写作羸。

【本义】《说文·羊部》："羸，瘦也。从羊，羸声。"本义为瘦。羊为物显瘦。

【演变】羸，本义指❶瘦：余～老也，可重任乎？｜心愁忧苦，形体～癯。引申指❷衰弱，疲惫：强者为兵，～者补户｜身病体～，以杖扶病也｜～顿｜～弱。

【组字】羸，如今既可单用，也可作偏旁。现今归入月部。凡从羸取义的字皆与瘦弱等义有关。

以羸作声兼义符的字有：瀛、欚、嬴。

以羸作声符的字有：羸。

羹 gēng
（鬻、羮）

【字形】篆隶草

【构造】会意字。篆文正体从鬲从羔，两边是升腾的热气，会鬲（锅）中煮羔羊之意；或从羊从美，会羊肉味道鲜美之意。隶变后楷书分别写作鬻和羹。如今规范化，以羹为正体。

【本义】《说文·鬲部》："鬻，五味和羹也。从鬲从羔。《诗》曰：'亦有和鬻。'羮，鬻或省。羹，或从美，鬻省。羹，小篆，从羔从美。"本义为用肉调和五味做的有浓汁的食物。

【演变】羹，本义指❶用肉调和五味做的有浓汁的食物：小人有母，皆尝小人之食矣，未尝君之~|粝粢之食，藜藿之~|菜~|大(太)~(不加五味)。后引申泛指❷流质食物：三日入厨下，洗手作~汤|莲叶~|肉~|~匙。

【组字】羹，如今既可单用，也可作偏旁。现今归入羊部。凡从羹取义的字皆与用肉或菜做的流食等义有关。

以羹作声兼义符的字有：鬻。

以羹作声符的字有：羮。

爆 bào

【字形】篆　隶　草

【构造】形声兼会意字。篆文从火从暴，暴表灼热猛烈，故用以会火星四散迸裂之意，暴也兼表声。隶变后楷书写作爆。

【本义】《说文·火部》："爆，灼也。从火，暴声。"本义为火星四散迸裂。

【演变】爆，本义指❶火星四散迸裂：正月一日，鸡鸣而起，先于庭前~竹(灼裂竹使发声)|火~声，呼呼风声，百千齐作|十分火~。引申泛指❷猛然破裂：~破|~炸|暖瓶~了。又引申指❸鼓胀：满脸青筋直~|~满。又引申指❹突然出现或发生：~出特大新闻|大~冷门|~发。又引申指❺一种烹调方法：~肚儿。

二十画

壤 rǎng

【字形】金　籀　篆　隶　草

【构造】会意兼形声字。金文从田从土，从襄省。籀文省田，从土从襄(解衣耕)，会松软肥沃可耕作的泥土之意，襄也兼表声。篆文整齐化。隶变后楷书写作壤。

【本义】《说文·土部》："壤，柔土也。从土，襄声。"本义为松软肥沃可耕作的泥土。

【演变】壤，本义指❶松软肥沃的泥土：厥土惟白~|沃~。又引申泛指❷泥土，地：遂率子孙荷担者三夫，叩石垦~|名播天~间|霄~之别|土~。又引申指❸疆域，地区：(勾践)与我同~，而世为仇雠|穷乡僻~|接~。又引申特指❹古代一种游戏用具：击~。现今中原农村仍有这种游戏。

【组字】壤，如今既可单用，也可作偏旁。现今仍归入土部。凡从壤取义的字皆与泥土等义有关。

以壤作声兼义符的字有：瀼。

耀 yào
(燿)

【字形】籀　篆　今篆　隶

草

【构造】形声兼会意字。籀文从光，翟声，翟表高起，用以会光芒照耀之意。篆文改为从火从翟，其义相同。隶变后楷书写作燿。俗承接籀文作耀。如今规范化，以耀为正体。

【本义】《说文·火部》："燿，照也。从火，翟声。"本义为照耀。

【演变】耀，本义指❶照耀：日月照~金银台|浮光~金|闪~|~眼。引申指❷炫耀，显示：望见遍地旌旗炫~|非以~明于子|~武扬威|夸~。用于抽象意义，又引申指❸光荣，使光荣：十分荣~|光宗~祖。用作名词，引申指❹光辉：光~。

矍 jué

【字形】籀　篆　隶　草

【构造】会意字。籀文从雙(手持双鸟)从䀠(瞪视)，会被捉的鸟惊视的样子。篆文省从瞿(猫头鹰惊视的样子)从又(手)，用手持瞿会被捉的猫头鹰惊惧四顾，扑翅挣扎欲逃之意。隶变后楷书写作矍。

【本义】《说文·瞿部》："矍，隹欲逸走貌。从又，持之瞿瞿也。一曰视遽貌。"本义为惊慌四顾的样子。

【演变】矍，本义指❶惊慌四顾的样子：震索索，视~~。用于"矍铄"，表示❷老年人精神好：~

铄哉,是翁也!

【组字】矍,如今既可单用,也可作偏旁。现今归入目部。凡从矍取义的字皆与抓持、惊视等义有关。

以矍作声兼义符的字有:䦆、攫、戄。

以矍作声符的字有:玃、欔、矆、钁(镢)。

躁 zào (趮)

【字形】篆 今篆 隶 草

【构造】会意兼形声字。篆文从走从喿,喿表疾叫,用以会动作急疾之意,喿也兼表声。隶变后楷书写作趮。俗作躁,改为从足,与从走义同。如今规范化,以躁为正体。

【本义】《说文·走部》:"趮,疾也。从走,喿声。"本义为动作急疾。

【演变】躁,本义指❶动作急疾:摇者不定,~者不静|脉大而~。引申指❷性情急躁:言未及之而言,谓之~|蟹六跪而二螯,非蛇鳝之穴无可寄托者,用心~也|不骄不~|急~|烦~|暴~|~动。

嚼 jiáo;jiào;jué (噍)

【字形】篆 隶 草

【构造】会意兼形声字。篆文从口从焦,焦表焦烂,用以会用牙将食物磨碎之意,焦也兼表声。异体改为从口从爵(饮食)会意,爵也兼表声。隶变后楷书分别写作噍与嚼。如今规范化,以嚼为正体。

【本义】《说文·口部》:"噍,啮也。从口,焦声。"本义为咀嚼,即用上下牙将食物磨碎。

【演变】嚼,读 jiáo,本义指❶咀嚼:~而无味者,弗能内(纳)于喉|味同~蜡|细~慢咽|~舌(喻搬弄是非、无谓地争辩)。

又读 jué,❷用于某些复合词或成语等书面语:咀~|过屠门而大~。

又读 jiào,用于"倒嚼",引申特指❸反刍:牛在倒~。

嚷 rǎng;rāng

【字形】古 今篆 隶 草

【构造】会意兼形声字。楷书嚷是由"䍜"发展来的。䍜,本指吊丧时悲哭扰嚷之状,后作偏旁构成"襄"字。"襄"用以表示丧事办完,脱去丧服开始耕作之义,喊叫之义古文便另加义符"口"写作"嚷"来表示,成了从口从襄会意,襄也兼表声的字。

【演变】嚷,读 rǎng,本义指❶大声叫喊:呆子莫~,我来救你|别~了,影响人家休息。引申指❷吵闹:你再~,也不会答应你的无理要求。方言又引申指❸责备:今天就这事妈妈狠狠~了我一顿。

又读 rāng,用于"嚷嚷",表示❹喧哗或声张:~~什么,吵得人不能安生|这事你要是~~出去,可就办不成了。

籍 jí

【字形】篆 隶 草

【构造】形声兼会意字。篆文从竹(古代书写用竹简),耤声,耤为耕田,也兼表与田户有关的簿书之意。隶变后楷书写作籍。

【本义】《说文·竹部》:"籍,簿书也。从竹,耤声。"本义为簿书,指有关贡赋、人事及户口等的文献档案。

【演变】籍,本义指❶簿书,户口册:说有兰家女,承~有宦官|应元(人名)至,则料尺~|士~|户~。引申泛指❷书籍:板印书~,唐人尚未盛为之|已后典~皆为板本。古代又特指❸门籍(写有当事人姓名的小牌子,置于宫门,以备出入时核查):通~后,俸去书来。由户籍,又引申表示❹个人身分或标明某种隶属关系:召门吏为汗先生著客~|除~|国~|党~|学~。又引申特指❺籍贯:旧~在东都|祖~|原~。用作动词,指❻登记:~吏民,封府库而待将军。

纂 zuǎn

【字形】篆 隶 草

【构造】会意兼形声字。篆文从糸从算(表谋划编织),用以会编织的赤色的丝带之意,算也兼表声。隶变后楷书写作纂。

【本义】《说文·糸部》："纂，似组而赤。从糸，算声。"本义为赤色的丝带。

【演变】纂，本义指❶赤色的丝带：~组绮缟，结琦璜些。由编织丝带，引申为❷收集，汇集：~论公察则民不疑。又引申指❸编辑，编撰：~集|编~。又引申指❹妇女盘在脑后的发髻：头后绾着一个~儿。

【组字】纂，如今既可单用，也可作偏旁。现今仍归入糸部。凡从纂取义的字皆与盘结等义有关。

以纂作声兼义符的字有：攥、⿰木纂。

魔 mó

【字形】篆  隶  草 

【构造】形声兼会意字。篆文从鬼，麻声，麻为磨省，也兼表给人带来磨难的鬼怪之意。隶变后楷书写作魔。

【本义】《说文·鬼部》新附："魔，鬼也。从鬼，麻声。"本义为梵语魔罗的简称，佛教指干扰修行、阻障行善、破坏佛法的心理活动。"魔"字是佛教传入中国后，为音译梵语而造的，初译作"磨"，南朝梁武帝改从"石"为从"鬼"，照此，麻应为磨省，含磨难之意。

【演变】魔，本义为❶"魔罗"的略称：夺慧命，坏道法、功德、善本，是故名为~。引申泛指❷我国宗教所说的迷惑、害人的鬼怪：存之警后世，古鉴照妖~|妖~鬼怪|病~|~窟|~障。又引申比喻❸恶势力：百年~怪舞翩跹|逃出~掌|~爪。又引申指❹神奇：~力|~术|~方。又引申指❺爱好入迷：着~。

【组字】魔，如今既可单用，也可作偏旁。现今仍归入鬼部。凡从魔取义的字皆与鬼怪等义有关。

以魔作声符的字有：⿰魔牛。

竷 kǎn (⿰章夅)

【字形】金  古  篆  隶  草 

【构造】会意字。金、古、篆文皆从章（表乐章）从夊（脚）从夅（表脚踏下），会边歌边舞之意，所谓踏歌也。隶变后楷书写作竷。作偏旁时省作⿰章夅。

【本义】《说文·夊部》："竷，繇（徒歌）也，舞也。乐有章，从章，从夅，从夊。"本义为边歌边舞。

【演变】竷，本义指❶边歌边舞（一说舞曲名）：~~舞我。此义也用"坎"表示。如：坎坎鼓我，蹲蹲舞我。引申表示❷和谐悦耳的声音。又用作象声词，表示❸鼓声。又表示❹乐器名，即箜篌：汉武帝灭南粤，祠太乙后土，令乐人侯晖依琴造~，以工人姓侯，故名坎侯。后语讹，以坎为空，遂为箜篌。

【组字】竷（⿰章夅），如今不单用，只作偏旁。现今归入立部。凡从竷取义的字皆与歌舞等义有关。

以⿰章夅（⿰章夅）作声符的字有：贛（赣）、㔶。

䊮 dí

【字形】篆  隶  草 

【构造】会意兼形声字。篆文从米从翟（山鸡），用以会鸡所食谷米之意，翟也兼表声。隶变后楷书写作䊮。

【本义】《说文·米部》："䊮，谷也。从米，翟声。"本义为谷名。

【演变】䊮，本义指谷名：饥食其~。

【组字】䊮，如今已不单用，只作偏旁。现今仍归入米部。凡从䊮取义的字皆与粮食等义有关。

以䊮作义符的字有：糴（籴）、糶（粜）。

灌 guàn

【字形】篆  隶  草 

【构造】会意兼形声字。篆文从水从雚（水鸟），用以会多水鸟的河流之意，雚也兼表声。隶变后楷书写作灌。

【本义】《说文·水部》："灌，水。从水，雚声。"本义为水名，即灌水。

【演变】灌，由水名，引申指❶灌溉：凿隧而入井，抱瓮而出~|浇~|排~。引申泛指❷注入：百川~河|~油其中|以筒水~之|~输|~注。又引申指❸装入：~一瓶热水带着|~肠。又引申

指❹强迫使喝:将他~醉|~药。又引申特指❺录音:~唱片|~录|~音。

【组字】灌,如今既可单用,也可作偏旁。现今仍归入水部。凡从灌取义的字皆与灌溉等义有关。

以灌作声符的字有:鸛。

㝱 mèng

(𦫳、𤻮、疒)

【字形】甲 金 篆

隶 草

【构造】会意字。㝱与梦、瞢是组同源字,皆是由上列甲骨文演变来的,本象一人躺在床上眼有眵目糊形,但手还在动,表示正在睡觉做梦。后来因表义侧重面不同,便分化为三个不同的字。其共有基础“𦫳”(人眼有眵目糊形),是由“苜”(眼有眵目糊形)再加出人身构成的,所以应立其为部首。金文在甲骨文的基础上,另加出夕和宀(房子),以突出晚上在屋里睡觉做梦之意。篆文整齐化。隶变后楷书写作㝱。作偏旁时省作“𤻮”或“疒”。

【本义】《说文·㝱部》:“㝱,寐而有觉也。从宀,从疒,夢(梦)声。”析形不确。本义为做梦。

【演变】㝱,本义指做梦:譬若~为鸟而飞于天,~为鱼而没与渊。方其~也,不知其~也,觉而后知其~也。由于“㝱”作了偏旁,后来做梦之义便专由“夢”(梦)来表示了。参见梦。

【组字】㝱,如今不单用,只作偏旁。现今归入宀部。凡从㝱取义的字皆与躺在床上睡觉等义有关。

以㝱作义符的字有:寐、寎、寐、寤、寣、㝱、寱。

二十一画

齧 niè

(囓、嚙、啮)

【字形】籀 篆 今篆

隶 齧 啮 囓 草

【构造】会意兼形声字。籀文从口从齒,会咬噬之意。篆文改为从齒从㓞(锲刻),以突出强调咬噬,㓞也兼表声。隶变后楷书承籀文和篆文分别写作啮与齧。

【本义】《说文·齒部》:“齧,噬也。从齒,㓞声。”本义为咬。

【演变】齧,本义为咬。由于“齧”作了偏旁,后遂用“囓”来表示。如今简化作啮。又承籀文或用“嚙”来表示。如今规范化,嚙简作啮,为正体。

〇啮,读niè,本义指❶咬:侍食于长者……毋~骨|白马嚼~黄金勒。引申指❷缺口:夫墙之坏也于隙,剑之折必有~。又引申指❸侵蚀:水石相~。

【组字】齧,如今不单用,只作偏旁。现今仍归入齿部。凡从齧取义的字皆与咬义有关。

以齧作声兼义符的字有:囓(啮)。

蠢 chǔn

【字形】古 篆 隶 蠢 草

【构造】会意兼形声字。古文从𢦏,以戈毁坏幼苗,与拔苗助长一样愚蠢,春省声。篆文从䖵(昆虫)从春,春到万物萌动,用以会春天到来昆虫苏醒、蠢蠢欲动之意,春也兼表声。隶变后楷书写作蠢。

【本义】《说文·䖵部》:“蠢,虫动也。从䖵,春声。”本义为虫类从冬眠中苏醒过来开始慢慢爬动。

【演变】蠢,本义指❶昆虫慢慢爬动:幽蛰~动,万物乐生|~~欲动。由虫慢慢爬动,引申指❷笨拙:小虫伏不动,~若木鸡|~笨|~货。由笨拙,又引申指❸愚昧无知:又非~~求钱之民能以其智力为之|愚~|~才|~人。

霸 bà;pò

(伯、魄)

【字形】甲 金 篆

隶 霸 魄 伯 草

【构造】会意兼形声字。甲骨文从月,革声;或省月加雨,含义相同。金文从月从䨣,䨣表雨湿革表面鼓起之状,用以会阴历每月初始见的月亮暗影之意,䨣也兼表声。篆文整齐化。隶变后楷书写作霸。

【本义】《说文·月部》："霸，月始生霸然也，承大月二日，承小月三日。从月，䨣声。"本义为阴历每月初始见的月亮。

【演变】霸，读 pò，本义指❶阴历每月初始见的月亮：惟四月哉（始）生～。

又读 bà，借作"伯"（甲骨文、金文借白表示，篆文另加义符人），用以表示❷古代诸侯联盟的首领：五～，桓公为盛。用作动词，指❸称霸：管仲相桓公，～诸侯，一匡天下。由称霸又引申指❹霸占：伤人性命，～人家产｜各～一方｜～为己有。又指❺蛮不讲理、横行一方的人：无奈薛家原是金陵一～｜称王称～｜恶～｜～道｜～主｜～权。

霸为借义所专用，月初始见的月影之意便又借"魄"来表示。古又借用作"伯"，表示古代诸侯联盟的首领。

〇魄，从鬼从白，白也兼表声。读 pò，本义指❶人始生时即依附于人身的若隐若现的精神（不同于能离开人的形体而游离的"魂"）：魂～｜气～。进而引申指❷精力：体～｜～力。借为"霸"，又用以表示❸月初始生的月亮：月未望则载～于西，既望则终～于东。

〇伯，甲骨文和金文用白表示，篆文另加义符人，成了从人从白（上等好米）会意，白也兼表声，读 bó，本义指❶尊长之人，也指排行第一的老大：～仲叔季。又指❷父之兄：～父。又用为❸古代五等爵之一：公侯～子男。

又读 bǎi，特指❹夫之兄：大～子。

又读 bà，表示❺古代诸侯之长：五～｜～主。为了分化字义，此义后借"霸"来表示。

【组字】霸，如今既可单用，也可作偏旁。现今归入雨部。凡从霸取义的字皆与初始等义有关。

以霸作声符的字有：灞、欛。

露 lù；lòu

【字形】金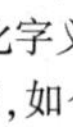古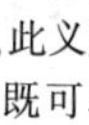篆隶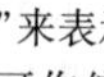草

【构造】形声兼会意字。金文和古文皆从雨，各声。篆文从雨，路声，路也兼表足迹所到之路野之意。隶变后楷书写作露。

【本义】《说文·雨部》："露，润泽也。从雨，路声。"所释为引申义。本义当为露水。

【演变】露，读 lù，本义指❶露水：故知霜～所均，不育异类｜风餐～宿｜甘～｜白～｜晨～｜寒～。又引申指❷曝露于外，在屋外：农夫小民，盛夏力作，而穷冬暴～｜～天｜～营｜～宿。又泛指❸露出，显露：佛印绝类弥勒，袒胸～乳｜止～尻尾｜～天剧场｜～台｜～骨｜揭～｜暴～｜泄～｜～布。露水能滋润万物，故又引申指❹润泽，恩泽：未曾受享君恩～，先向泉台泣夜萤。由露水，又引申指❺加入果汁等制成的饮料：果子～｜玫瑰～。又指❻加入香料制成的化妆品：花～水。

又读 lòu，用于口语中，表示❼显露：～马脚｜～脸｜～怯。

【组字】露，如今既可单用，也可作偏旁。现今仍归入雨部。凡从露取义的字皆与露水等义有关。

以露作声符的字有：簬。

譶 tà

【字形】篆隶草

【构造】会意字。篆文从三言，会说话快、说个不停之意。隶变后楷书写作譶。作偏旁时省作言。

【本义】《说文·言部》："譶，疾言也。从三言。"本义为说话快。

【演变】譶，本义指说话快，说个不停：㗚～（众言喧杂）杂谬，交贸相竞。其义后用沓、誻来表示。参见沓。

【组字】譶，如今不单用，只作偏旁。作偏旁时省作言。现今仍归入言部。凡从譶取义的字皆与言多、迅疾等义有关。

以譶作声兼义符的字有：雪（雭）。

赣 gàn；gòng
（贛、贛、贑、灨）

【字形】金古篆隶草

【构造】会意兼形声字。金文是双手执章，会赏赐之意。古文另加义符貝。篆文从貝从竷省，竷表歌舞，赏赐必有歌舞，故用以会赏赐之意，竷也兼表声。隶变后楷书本作贛，俗讹作贛。如今简化作赣。又借用作"贑"，表示赣江。贑，从章从貢会意，因贑水西源章水，

东源贡水,汇合后称赣江。

【本义】《说文·贝部》:"赣,赐也。从贝,竷省声。"本义为赐给。

【演变】赣,读 gòng,本义指❶赐给:一朝用三千钟~(即一朝赐群臣之费三万斛)。

又读 gàn,用作水名,本作"赣",后写作"赣"。故又表示❷赣江:~水出豫章南野县,西北过~县东。此义旧也作"灨"。又用作❸江西的别称:二十万军重入~,风烟滚滚来天半。

【组字】赣,如今既可单用,也可作偏旁。现今仍归入贝部。凡从赣取义的字皆与水名等义有关。

以赣作声兼义符的字有:灨。

以赣作声符的字有:匶、戆、戇。

夔 kuí

【字形】甲 金 篆 隶 夔 草

【构造】象形字。甲骨文与夒同源,也是大猩猩等猿类动物形。古代传说是种山怪,人面猴身能言,或谓之"山缲之尤灵异者",照此当是大猩猩一类的山兽。金文稍繁。篆文将头、手、足、尾断开并整齐化。隶变后楷书写作夔。

【本义】《说文·夊部》:"夔,神魖也。如龙,一足,从夊,象有角、手、人面之形。"本义为大猩猩一类的山怪。

【演变】夔,本义指❶大猩猩一类的山怪:山有~,野有彷徨,泽有委蛇。又用以指❷古代传说中的一种海兽:东海中有流波山,其上有兽,状如牛,名曰~。又用以指❸野牛:今蜀山中有大牛,名为~牛。相传黄帝得夔牛皮为鼓,声闻五百里,由此"夔"又成了❹尧舜时乐官的名字:帝曰:~,命汝典乐|~一而足。又为❺古国名。其地在今湖北秭归东。推其命名之由,这一带古或有大猩猩一类动物活动。

【组字】夔,如今既可单用,也可作偏旁。现今归入夊部。凡从夔取义的字皆与夔类动物等义有关。

以夔作声兼义符的字有:虁。

以夔作声符的字有:蘷。

二十二画

囊 náng;nāng

(柰、橐、櫜)

【字形】甲 金

古 篆 隶 囊 草

【构造】象形兼会意兼形声字。囊与以"柰"为义符的字皆为同源字,甲骨文皆象捆缚的囊袋形,或一缚,或二缚,或捆扎两头,或捆扎一头,或其中有物二贝。金文一形大同,二形综合甲骨文,像个扎口有底的袋子形,三形中有物一贝。古文综合金文,中有物缶,义符为柰,遂成为囊袋的共有偏旁,其中加不同的声符则成为不同的字。篆文承接古文,将其中物(缶)改为㲻(襄省,表杂物),成了从柰从㲻会意,㲻也兼表声。隶变后楷书写作囊。参见柰。

【本义】《说文·櫜部》:"囊,橐也。从櫜省,襄省声。"析形不确。参见柰。本义为有底的大袋子。

【演变】囊,读 náng,本义指❶有底的大袋子:乃裹糇粮,于橐于~|酒~饭袋|臭皮~|锥处~中|阮~羞涩|探~取物。用作动词,指❷用囊装,覆盖,蒙住:~括四海|布~其口。引申指❸像袋子的东西:胆~|嗉~。

又读 nāng,用于"囊膪",指❹猪的腹部松软,形如口袋。

【组字】囊,如今既可单用,也可作偏旁。现今归入口部。凡从囊取义的字皆与口袋、纳入等义有关。

以囊作声兼义符的字有:儾、攮、馕。

以囊作声符的字有:囔、欜、齉。

鞠 qū

(麴、麯、粬、曲)

【字形】篆 今篆 隶 鞠 麴

麯 粬 草

【构造】会意兼形声字。篆文从米,从鞠省,鞠表示拘管,用以会曲团子之意,鞠也兼表声。

隶变后楷书写作鞠。异体有麴、麯、粬,酿酒用粮食,故从麦或从米,曲或匊皆表团曲之意,曲和匊也皆兼表声。如今规范化,皆借“曲”来表示;鞠只作偏旁;麴如今简化作麹,只作姓。参见曲。

【本义】《说文·米部》:“鞠,酒母也。从米,鞠省声。”本义为酿酒的发酵剂。

【演变】鞠,本义指酿酒的发酵剂:黟俗清明汲水酿酒,为一年祭祀之用,然不得佳～,酒多腥劣。

〇麹,从麥从匊会意,匊也兼表声。读 qū,本义指❶酒母,即俗所谓造酒的曲团子:～以米麦包罨而成,故字从麦从米从包省文会意。酒非～不生,故曰酒母。又借指❷酒:四面水窗如染,香波酿春～。酒曲上所生菌,因色淡黄如尘,故又指❸淡黄色,黄色之物:黄衣～尘之色|柳舞～尘千万线。

【组字】鞠,如今不单用,只作偏旁。现今归入竹部。凡从鞠取义的字皆与酵母等义有关。以鞠作声符的字有:鞠(菊)。

鱻 yú (瀫)

【字形】金  篆  隶  草 

【构造】会意字。篆文从二鱼,用鱼贯连表示水中多鱼之意。隶变后楷书写作鱻。在甲骨文中有从水从四鱼的“渔”()字,表示在水中捕鱼。金文和篆文省作瀫()。鱻,大概是其省略之形,专用以表示鱼多。参见鱼。

【本义】《说文·鱻部》:“鱻,二鱼也。”本义为(水中)多鱼。

【演变】鱻,本义指水中多鱼。

【组字】鱻,如今不单用,只作偏旁。现今归入鱼部。凡从鱻取义的字皆与水中多鱼等义有关。以鱻作义符的字有:瀫(渔)。

二十三画

韰 xiè (薤、鳌)

【字形】古  篆  今篆  隶  薤 鳌 草 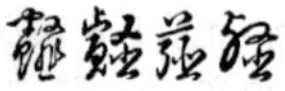

【构造】形声字。篆文从韭从㪅,㪅表示残穿,用以会可挖掘地下茎作蔬菜的植物之意,㪅也兼表声。隶变后楷书写作韰。俗承古文省貝另加义符艹作薤,强调是植物;也省作鳌。如今规范化,以薤为正体,韰、鳌只作偏旁。

【本义】《说文·韭部》:“韰,菜也。从韭,㪅声。”本义为菜名。

【演变】韰,本义指菜名,即藠(jiào)头:丹熏之山,其上多樗(chū)柏,其草多韭～|劝民务农桑,令口种一树榆、百本～,五十本葱、一畦韭。由于“韰”只作偏旁,其义俗便用“薤”来表示,今用为正体。

〇薤,读 xiè,本义指❶多年生草本植物,地下有圆锥形鳞茎,新鲜鳞茎可作蔬菜,干燥鳞茎可入药:～上露,何易晞?又指❷这种植物的鳞茎,又叫藠头。用作“薤露”,指❸薤叶上的露水:翠襦沾～露,锦瑟入松风。又指❹乐府《相和曲》名,是古代的挽歌:其为《阳阿》《～露》,国中属而和者数百人|《～露》《蒿里》,并丧歌也;出田横门人,横自杀,门人伤之,为之悲歌,言人命如薤上之露,易晞灭也,亦谓人死,魂魄归乎蒿|《～露》送王公贵人,《蒿里》送士大夫庶人,使挽柩者歌之,世呼为挽歌。

【组字】韰,如今不单用,只作偏旁。现今仍归入韭部。凡从韰取义的字皆与菜等义有关。以韰作声符的字有:瀣。

罐 guàn

【字形】金  篆  隶  草 

【构造】形声兼会意字。金文从金,雚声。篆文从缶,雚声,雚也兼表似猫头鹰蹲踞形之意。隶变后楷书写作罐。

【本义】《说文·缶部》新附:“罐,器也。从缶,雚声。”本义为盛东西或汲水的圆形瓦器。

【演变】罐,本义指❶盛东西或汲水的圆形瓦器:既中毒,太后索水救之,帝预敕左右毁瓶～|瓦～|陶～|盐～。引申泛指❷各种圆形盛物器:铁～|～子。又引申指❸罐状的东西:闷～车|～笼。今又引申指❹密封食物的罐子:～头。

蠲 juān
（捐）

【字形】籀　篆　隶 **蠲 捐**
草

【构造】会意兼形声字。籀文从蜀（蚕类昆虫）从益，益表多，用以会像蚕的多足虫子之意，益也兼表声。隶变后楷书写作蠲。古也借用作“捐”。

【本义】《说文·虫部》：“蠲，马蠲也。从虫、罒，象形，益声。”本义为马蠲，即马陆。

【演变】蠲，本义指❶马陆，又名马蠲，俗称香油虫，亦曰百足虫、艸鞋绊。一说为❷萤的一种：萤有三种：……一种长如蛆蠋，尾后有光，无翼不飞，乃竹根所化也，一名～，俗名萤蛆。借用作“捐”，表示❸减免，除去：臣请诸有文学《诗》《书》百家语者，～除去之|～免|～除。

〇捐，从手从肙（肉虫）会意，肙也兼表声。读 juān，本义指❶舍弃：～余玦兮江中|贪多务得，细大不～|为国～躯。引申指❷拿出财物进行帮助：唯无盐氏出～千金贷|～献|～助。进而引申指❸旧时的一种税收：金江山，银江山，闯王江山不纳～|苛～杂税|房～。

【组字】蠲，如今既可单用，也可作偏旁。现今归入皿部。凡从蠲取义的字皆与虫子等义有关。

以蠲作声符的字有：蠲。

二十四画

矗 chù

【字形】古　今篆　隶 **矗** 草

【构造】会意字。古文从三直并叠，会高耸直立之意。隶变后楷书写作矗。

【本义】《篇海类编·身体类·目部》：“矗，耸上貌。”本义为高耸直立。

【演变】矗，本义指❶高耸直立：于是乎崇山～～|～不知其几千万落。引申指❷高上齐平：释宫斯阐，上～星斗。

雥 zá

【字形】甲　篆　隶 **雥** 草

【构造】会意字。甲骨文从三隹，会群鸟杂集之意。篆文整齐化。隶变后楷书写作雥。

【本义】《说文·雥部》：“雥，群鸟也。从三隹。”本义为群鸟。

【演变】雥，本义指❶群鸟。引申为❷相聚：莫不景福氤氲，嘉贶～集。

【组字】雥，如今不单用，只作偏旁。现今归入隹部。凡从雥取义的字皆与杂集等义有关。

以雥作义符的字有：雧（集）。

二十六画

釁 xìn
（衅、盨、盥、沐、亹、璺）

【字形】甲　金　籀
篆　今篆
隶 **釁 衅 盨 沐 亹 璺**
草

【构造】会意字。甲骨文是一人伸头于盆中用双手洗脸形。金文一形繁化，成了一人站在澡盆里，由另一双手端一锅水倒入盆中洗浴形；后省去盆，再省去水，只留下两滴，就是金文二形和三形。篆文承金文三形并进一步讹误，人头变为“酉”，人身与两滴水变为“分”。隶变后楷书承接甲骨文和篆文分别写作盨、釁、亹，表示洗沐、缝隙、衅祭等多个含义。为了分化字义，后来“盨”被借用以表示另一种器皿，其洗沐之义另造了“沐”来表示。缝隙之义便由“亹”（wèn）来表示，如今规范化用“璺”（本指玉上的裂纹），亹只作偏旁。“釁”的衅祭等义后用简单的籀文“衅”来表示。

【本义】《说文·爨部》：“釁，血祭也。象祭灶也。从爨省，从酉。酉，所以祭也。从分，分亦声。”这是就篆文所作的解说。所谓“从爨省”，盖取“爨”字双手持容器之意；酉，即酒，故解释为血祭。其实本义当为釁浴。

【演变】釁,本义指❶衅浴,是古人在举行大典前,以香草熏身及沐浴,以祓除不洁,表示诚敬的一种仪式:三~三浴之。古代新制器物完成,也要杀牲以祭,并将牲血涂抹在缝隙之处,犹如沐浴并涂抹香料一般,取其吉利之意,故引申又表示❷用牲血涂器物的缝隙以祭:~钟|~鼓。正是根据这个意思,籀文另造了一个简易的"衅"字来代替繁难的"釁"字。

〇衅,从血从半(即分缝)会意。读xìn,表示用血涂于裂缝处。由血涂器缝,引申泛指❶涂抹:~面吞炭。又指❷缝隙,争端:仇有~,不可失也|挑~|寻~。

〇沐,本作盨,如今简化为从水从木,用水浇木会洗头之意,木也兼表声。读mù,本义指❶洗头:新~者必弹冠。引申泛指❷洗浴:斋戒~浴。又引申指❸承受恩泽:~浴圣泽,潜润德教。

〇盨,简化作盨,是沐的本字。变读xǔ,后借指古代食器。青铜制,椭圆形,敛口,圈足,两耳,有盖。用以盛食物:(西周)出现了不少新器物,如乐器中的钟、镈,食器中的簠、~,兵器中的戟、剑,工具中的镰,都是过去所没有的。

〇舋,是釁的讹字。读xìn,本义指❶血祭:祆社~鼓,以除民疾。引申指❷熏,涂:三~三浴之。由涂抹于缝隙,又引申指❸裂缝,嫌隙:承敌国之~。此义后由璺来表示。

〇璺,从玉从舋省,会意,舋也兼表声。读wèn,本义指玉上的裂纹,也泛指裂纹:寺后一峰独耸,中裂一~|打破砂锅~到底。

【组字】釁(舋),如今不单用,只作偏旁,作偏旁时用舋。现今釁归入刀部,舋归臼部。凡从舋取义的字皆与沐浴、缝隙等义有关。

以舋作声兼义符的字有:璺。

以舋作声符的字有:亹(娓)。

二十七画

灥 xún

【字形】篆 隶 草

【构造】会意字。篆文从三泉,会众泉汇流之意。隶变后楷书写作灥。

【本义】《说文·灥部》:"灥,三泉也。"本义为众泉汇流。

【演变】灥,本义指众泉汇流。

【组字】灥,如今不单用,只作偏旁。现今归入水部。凡从灥取义的字皆与泉流等义有关。

以灥作义符的字有:厵(原)。

二十八画

鬱 yù

(鬱、郁)

【字形】篆 隶 草

【构造】会意字。鬱盖由鬱转化而来。篆文将鬱之林旁换为臼,就成了从臼(相对的双手)从缶(器皿)从冖(表蒙覆)从鬯(表香草泡酒)从彡(表香气散发),会用双手在器皿里用郁金香草泡制香酒之意。古人将郁金香草捣碎放在黑黍酿造的酒中,盖严,以微火煮之,使不跑气,冷后饮用,则芳香浓郁,令人舒泰畅达,称之为郁鬯酒,用来祀神、赐予、敬客,此字正是这一酿造过程的写照。隶变后楷书写作鬱。是"鬯"的加旁分化字。俗也借"鬱"表示。如今规范化则借"郁"表示,鬱只作偏旁。参见郁、鬯、鬱。

【本义】《说文·鬯部》:"鬱,芳草也。十叶为贯,百廿贯筑以煮之为鬱。从臼、冂、缶、鬯。彡,其饰也。一曰鬱鬯,百草之花,远方鬱人所贡芳草,合酿之以降神。鬱,今鬱林郡也。"析形不确,所释为引申义。本义当为用郁金香草和黑黍酿造香酒。

【演变】鬱,本义为❶用郁金香草和黑黍酿造香酒。又指❷郁金香草。又同"鬱",指❸古郡名,故治在布山,即今广西壮族自治区桂平市西。此义如今用"郁"来表示。参见郁。

【组字】鬱,如今不单用,只作偏旁。现今归入彡部。凡从鬱取义的字皆与浓盛等义有关。

以鬱作声兼义符的字有:鬱、欝、爩、灪。

二十九画

鬱 yù
(鬰、欝、郁)

【字形】甲　金　篆　
隶　草

【构造】会意兼形声字。甲骨文从二人在林中采集,用以会林木茂盛之意。金文讹为从人手持矢,用在林中狩猎会林木繁茂之意。篆文改为从林从缶从冖从鬯从彡,会用从林中采集的香草泡制香酒之意。隶变后楷书写作鬱。异体作鬰,又讹作欝。如今规范化都借"郁"来表示,鬱只作偏旁,鬰、欝废而不用。参见郁。

【本义】《说文·林部》:"鬱,木丛生者。从林,从鬱省声。"《广韵·物韵》:"欝,同鬱。"《正字通·鬯部》:"鬱,别作鬰。"本义为林木繁茂。

【演变】鬱,本义为❶林木繁茂。泛指❷茂盛,幽深,闭塞,郁结,忧愁,怨恨,暴怒,热气,腐臭,高大等义。又指❸木名,神名,水名,古郡名和姓。

如今简化,以上各义都借用"郁"表示。

○郁,从阝(邑)从有,会富有的地方之意,有也兼表声。读 yù,本义指❶右扶风的郁夷之地,在今陕西省。

借用作"鬱"的简化字,故又表示❷酿造,酝酿:皖江曾~旧风雷。又表示❸郁金香草:有~其鬯,有俨其彝。又表示❹繁茂,繁盛:~彼北林|青青河畔草,~~园中柳。又表示❺地名。并由酒香浓盛,引申泛指❻香气浓重,香气散发:践椒涂之~烈,步蘅薄而流芳|~~菲菲,众香发越。又引申指❼富有文采:周监于二代,~~乎文哉,吾从周。由酒香浓郁,又引申指❽忧愁郁结:忧~生疾|心~~之忧思兮,独永叹乎增伤|是以独~悒而谁与语。

【组字】鬱,如今不单用,只作偏旁。现今归入彡部。凡从鬱取义的字皆与浓盛等义有关。

以鬱作声兼义符的字有:鬰、欝(郁)。

三十画

爨 cuàn

【字形】甲　金　古　籀　
篆　隶　草

【构造】会意字。甲骨文是双手持锅放在灶上形。金文上为锅,下为两手架柴,会做饭之意,古文承甲骨文稍讹。籀文是双手持柴点火送入灶门形。篆文繁化,上边是两手将锅坐在灶台上的样子,下边是双手持火将木柴送进灶口内的形象,表示正在烧火做饭。隶变后楷书写作爨。

【本义】《说文·爨部》:"爨,齐谓之炊爨。臼,象持甑;冂,象灶门口;廾,推林纳火。"本义为烧火做饭。

【演变】爨,本义指❶烧火做饭:兄弟分~。也指❷灶火:入~。

【组字】爨,如今既可单用,也可作偏旁。现今归入火部。凡从爨取义的字皆与烧火做饭等义有关。

以爨作义符的字有:釁(衅)。

以爨作声兼义符的字有:[illegible]。

三十二画

龖 dá

【字形】甲　金　篆　隶 龖　草

【构造】会意字。甲、金、篆文皆从二龍,会龙飞之意。隶变后楷书写作龖。

【本义】《说文·龍部》:"龖,飞龙也。从二龍。"本义为龙飞的样子。

【演变】龖,本义指❶龙飞的样子。也指❷二龙:震,~之赫,霆之砉。

【组字】龖,如今不单用,只作偏旁。作偏旁时省作龙。现今仍归入龙部。凡从龖取义的字皆与二龙等义有关。

以龖作声符的字有:𧟌(省为襲,简作袭)、讋

（省为譽，简作耆）、麤。

三十三画

麤 cū
（麁、粗、觕）

【字形】甲  篆 
今篆  隶 麤 麁 粗 觕
草 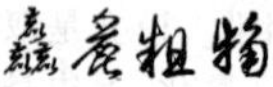

【构造】会意字。甲骨文从二鹿。篆文从三鹿，会群鹿狂奔之意。隶变后楷书写作麤。俗简作麁。如今简化借用“粗”来表示。

【本义】《说文·麤部》：“麤，行超远也。从三鹿。”本义为群鹿狂奔的样子。又《米部》：“粗，疏也。从米，且声。”本义为糙米。

【演变】麤，本义指群鹿狂奔的样子。群鹿狂奔，为避敌害，故又表示警惕。由狂奔又引申指❶粗野，粗暴：知伯之为人也，～中而少亲｜～鲁｜～犷。又引申为❷粗豪，粗壮：破虏行千里，三军意气～。又引申指❸粗大，强大：其喜心感者，其声发以散；其怒心感者，其声～以厉｜食菽与鸡，其器高以～。又引申指❹粗疏，粗浅：得其精而忘其～｜～心大意。如今“麤”简化借“粗”来表示。

○粗，从米从且（大）会意，且也兼表声。读 cū，本义指❶糙米，粗粮：粱（精美之食）则无矣，～则有之。由糙米，引申指❷粗糙，质地低劣：～布之衣｜去～取精。又引申指❸事物的表面现象：可以言论者，物之～也；可以意致者，物之精也。又引申指❹大略：故～为宾言其梗概如此｜请为大夫～陈其略。又用作副词，表示❺才，刚：百口之粮～足耳。

还有一个“觕”字，从牛从角会意，本指“牛角直下”，旧时也用以表示粗。

如今规范化，以上各类含义皆用“粗”来表示。

【组字】麤，如今不单用，只作偏旁。现今归入鹿部。凡从麤取义的字皆与群鹿狂奔等义有关。以麤作义符的字有：𪋻（塵、尘）。

音序检字表说明

一、本表列出字典里所收的字。非字头字，用×见×表示。

二、本表按汉语拼音字母顺序排列，并按声调分类。

三、凡多音字，一般只在常用读音音节下列出。

四、各音节下所列字右边的数字指字典正文的页码。

音序检字表

（右边括号中的数字指字典正文的页码）

撤见散 (799)	秤见再 (530)	衝见冲 (245)	刍 (150)	傳见传 (216)		
徹见散 (799)	chī	chóng	除 (567)	舡见船 (715)		
chén	吃 (204)	虫 (205)	刍见刍 (150)	舩见船 (715)		
臣 (195)	蚩 (617)	崇见嵩 (840)	厨 (762)	chuǎn		
尘 (201)	笞见抬 (384)	蟲见虫 (205)	锄见助 (299)	舛 (235)		
辰 (284)	喫见吃 (204)	chǒng	鋤见助 (299)	喘 (778)		
陈 (351)	嗤见蚩 (617)	宠见宠 (120)	廚见厨 (762)	chuàn		
沉见沈 (96)	媸见蚩 (617)	chōu	橱见厨 (762)	串 (308)		
宸见辰 (284)	螭见离 (645)	搊 (830)	幮见厨 (762)	chuāng		
陳见陈 (351)	魑见离 (645)	扬见搊 (830)	櫥见厨 (762)	办 (102)		
塵见尘 (201)	chí	抽见搊 (830)	chǔ	疮见办 (102)		
晨 (877)	池 (248)	紬见绸 (745)	杵见午 (70)	窓见囱 (318)		
晨见晨 (877)	驰 (266)	chóu	础 (597)	窗见囱 (318)		
曟见晨 (877)	迟 (349)	仇 (75)	储 (789)	牎见囱 (318)		
chèn	持见寺 (178)	俦见雩 (564)	楚 (824)	瘡见办 (102)		
衬 (447)	匙见匕 (10)	雩 (564)	儲见储 (789)	窻见囱 (318)		
趁 (752)	馳见驰 (266)	绸 (745)	礎见础 (579)	chuáng		
趂见趁 (752)	遲见迟 (349)	嚋见雩 (564)	chù	床见爿 (100)		
襯见衬 (447)	chǐ	雩见雩 (564)	亍 (20)	牀见爿 (100)		
chēng	尺 (97)	酬 (822)	亍见行 (223)	chuǎng		
再 (530)	齿 (388)	醻见酬 (822)	处 (147)	闯 (242)		
称见再 (530)	齒见齿 (388)	稠 (843)	处见居 (451)	闖见闯 (242)		
偁见再 (530)	侈见侈 (485)	愁 (843)	处见处 (147)	chuàng		
稱见再 (530)	耻 (585)	筹 (843)	豖 (378)	创见办 (102)		
掌 (772)	恥见耻 (585)	雩见雩 (564)	畜 (649)	刱见办 (102)		
撑见掌 (772)	褫见庞 (632)	绸见绸 (745)	畜见嘼 (899)	創见办 (102)		
樘见掌 (772)	chì	僽见雩 (564)	處见处 (147)	chuī		
撐见掌 (772)	彳 (31)	雠 (921)	處见居 (451)	吹 (302)		
撑见掌 (772)	斥 (143)	雠见雠 (921)	触 (849)	炊 (432)		
撑见掌 (772)	赤 (273)	嚋见雩 (564)	嘼 (899)	chuí		
chéng	伤见敕 (690)	籌见筹 (843)	觸见触 (849)	垂 (400)		
成 (192)	勅见敕 (690)	醻见酬 (822)	盡 (953)	巫 (632)		
丞 (266)	翅 (592)	讎见雠 (921)	chuāi	巫见垂 (400)		
呈 (303)	翄见翅 (592)	chǒu	揣见庞 (632)	陲见垂 (400)		
诚 (446)	敕 (690)	丑 (98)	搋见庞 (632)	錘 (841)		
承 (460)	飭见敕 (690)	醜见丑 (98)	chuān	錘见锤 (841)		
城 (466)	啻 (798)	chòu	川 (30)	鎚见锤 (841)		
乘 (621)	啻见商 (726)	臭 (629)	巛见巛 (63)	chūn		
程 (785)	chōng	chū	巛见川 (30)	春 (464)		
惩 (790)	充 (241)	出 (165)	穿 (559)	chún		
誠见诚 (446)	冲 (245)	初 (347)	chuán	纯 (355)		
懲见惩 (790)	沖见冲 (245)	齣见出 (165)	传 (216)	唇 (596)		
chèng	舂 (677)	chú	船 (715)	純见纯 (355)

匦见殳	(563)		hā	夯	(120)	荷	(587)	訇	(535)

```
匦见殳      (563)              hā              夯         (120)     荷         (587)     訇         (535)
甌见殳      (563)       哈        (502)            háng              荷见何     (314)     烘         (652)
簋见殳      (563)       嘏见哈    (502)     行         (223)     核见考     (179)     轟见轰     (386)
           guì                  há              迒见亢     (91)      菏         (685)              hóng
柜         (369)       蛤见虾    (507)     吭见亢     (91)      盒         (716)     弘         (164)
柜见匮     (696)              hái              航见航     (634)     菡见菏     (685)     红         (263)
刿见岁     (209)       还见罤    (838)     航         (634)     貉         (847)     宏         (344)
贵         (507)       孩见咳    (502)     颃见亢     (91)      貈见貉     (847)     虹         (506)
桂         (589)              hǎi              颉见亢     (91)      覈见考     (179)     洪         (550)
贵见贵     (507)       海        (657)            háo              穌见和     (402)     紅见红     (263)
跪         (835)       醢        (930)     毫见豪     (882)              hè                 hǒng
跪见危     (230)              hài              豪         (882)     贺         (569)     哄         (501)
刽见岁     (209)       亥        (240)            hǎo              隺         (669)              hòng
櫃见柜     (369)       害        (660)     好         (259)     贺见贺     (569)     鬨见哄     (501)
櫃见匮     (696)       拏见害    (660)            hào              赫         (864)     澒见汞     (273)
           gǔn                  hán             号         (132)     翯         (872)     閧见哄     (501)
|          (1)         含        (324)     号见號     (837)     嚇见吓     (203)              hóu
衮         (644)       肣见函    (461)     昊见顥     (939)     敍见壑     (770)     侯         (522)
滚见衮     (644)       函        (461)     耗见秏     (575)     壑         (770)     庹见侯     (522)
棍         (692)       寒        (661)     耗         (575)     壑见叡     (872)     矦见侯     (522)
鲧见棍     (692)       唅见含    (324)     浩         (657)     鶴见隺     (669)     喉         (778)
           gùn         圅见函    (461)     號         (837)     赐见额     (910)     猴见夒     (944)
棍见|      (1)         琀见含    (324)     號见号     (132)            hēi                    hǒu
           guō         涵见函    (461)     顥         (939)     黑         (782)     呴见吼     (302)
呙         (305)       韩见韓    (821)     灝见顥     (939)     嘿见默     (919)     吼         (302)
郭见章     (923)       寒见寒    (661)     灏见顥     (939)            hén              吺见吼     (302)
锅见鬲     (594)       韓见韓    (821)           hē              痕         (724)              hòu
彉见扩     (197)              hǎn              诃见啊     (614)            hěn              后         (223)
鍋见鬲     (594)       罕        (346)     呵见啊     (614)     很         (254)     旱         (298)
章         (923)       喊见感    (484)     欲见喝     (500)     狠         (254)     厚见旱     (298)
           guó                hàn             喝见喝     (500)            hèn              垕见旱     (298)
国         (394)       马        (17)      訶见啊     (614)     恨         (555)     後见后     (223)
國见国     (394)       厈见厂    (5)             hé              亨         (333)     候         (626)
國见或     (371)       汉        (158)     禾         (139)            héng                   hū
虢         (904)       汗        (247)     合         (226)     恒见亘     (191)     乎         (143)
           guǒ         旱        (297)     何         (314)     恆见亘     (191)     虍         (201)
果         (393)       菓见马    (600)     咊见和     (402)     横见衡     (922)     呼见乎     (143)
菓见果     (393)       菡见马    (17)      和         (402)     衡         (922)     忽         (422)
裹         (882)       漢见汉    (158)     河         (434)            hōng             忽见李     (119)
           guò         暵见堇    (682)     盉见盉     (584)     叮见哄     (501)     慮         (701)
过         (194)       熯见堇    (682)     曷         (500)     轰         (386)     謢见乎     (143)
過见过     (194)       翰        (914)     盉         (584)                               嚤见乎     (143)
           H                  hāng
```

諒见谅	(667)	亩	(425)	刘	(237)	娄	(546)	鲁 (794)
	liáo	禀见亩	(425)	刘见卯	(151)	婁见娄	(546)	虏见虏 (389)
辽	(174)	廪见亩	(425)	留	(641)	楼见娄	(546)	滷见卤 (296)
疗	(334)	廪见禀	(850)	流	(658)	楼见垄	(362)	鲁见鲁 (794)
寮	(765)	廪见亩	(425)	琉	(677)	樓见娄	(546)	撸见虏 (389)
僚	(878)	lín		琉见琉	(677)	樓见垄	(362)	lù
辽见辽	(174)	丞	(226)	旈见斿	(542)	lǒu		厷 (110)
潦见涝	(655)	吝	(334)	瑠见琉	(677)	搂	(767)	甪见角 (329)
寮见僚	(878)	蔺	(866)	榴	(867)	塿见娄	(546)	陆见垄 (362)
燎见寮	(765)	闾	(917)	镏见刘	(237)	搜见搂	(767)	垄 (362)
疗见疗	(334)	蔺见蔺	(866)	劉见刘	(237)	簍见娄	(546)	录 (451)
	liào	躏见闾	(917)	劉见卯	(151)	篓见娄	(546)	录见録 (922)
料	(651)	躪见闾	(917)	逰见斿	(542)	lòu		彔见录 (451)
瞭见了	(17)	蹸见蔺	(866)	鎦见刘	(237)	匧	(288)	辂见路 (835)
	liè		líng		liǔ	陋见匧	(288)	陸见垄 (362)
列	(190)	伶	(315)	柳	(478)	扇	(740)	菉见绿 (745)
劣	(201)	伶见怜	(439)		liù	漏见扇	(740)	硉见律 (527)
肖	(266)	灵	(348)	六	(91)		lú	鹿 (723)
烈	(599)	夌	(373)	六见垄	(362)	卢	(126)	寥 (743)
猎	(720)	囹见圉	(707)	雷见溜	(857)	芦	(278)	辂见路 (835)
裂见列	(190)	铃	(620)	飂见寥	(743)	庐见六	(91)	碌 (827)
鼠	(911)	凌见夌	(373)		lóng	庐见厷	(110)	路 (835)
獵见猎	(720)	陵见夌	(373)	龙	(120)	垆见卢	(126)	漉见鹿 (906)
鬣见鼠	(911)	聆见令	(144)	聋	(695)	垆见甾	(462)	録 (922)
	lín	零见靁	(930)	笼见东	(124)	炉见卢	(126)	録见录 (451)
邻	(324)	龄	(831)	隆	(741)	胪见肤	(417)	麓 (943)
林	(368)	鈴见铃	(620)	龍见龙	(120)	庐	(701)	露 (950)
临	(493)	霝	(930)	籠见东	(124)	盧见庐	(701)	lǘ
啉见婪	(688)	龄见龄	(831)	聾见聋	(695)	盧见卢	(126)	驴 (355)
淋	(731)	靈见灵	(348)	躘见龙	(120)	盧见甾	(462)	闾 (543)
惏见婪	(688)		lǐng		lǒng	壚见卢	(126)	閭见闾 (543)
粦	(801)	岭	(397)	陇见垄	(378)	壚见甾	(462)	驢见驴 (355)
鄰见邻	(324)	领	(717)	垅见垄	(378)	蘆见芦	(278)	lǔ
隣见邻	(324)	領见领	(717)	拢	(381)	盧见六	(91)	吕 (204)
霖见霝	(930)	嶺见岭	(397)	垄	(378)	臚见肤	(417)	捋见寽 (322)
鏻见粦	(801)		lìng	儱见东	(124)	爐见卢	(126)	旅 (648)
燐见粦	(801)	另	(135)	隴见垄	(378)	鱸见卢	(126)	屢见娄 (546)
臨见临	(493)	另见丐	(137)	壠见垄	(378)	鱸见甾	(462)	膂见吕 (204)
磷见粦	(801)	令	(144)	攏见拢	(381)		lǚ	屨见娄 (546)
廪见庆	(236)		liū	壟见垄	(378)	卤	(296)	履 (910)
蹸见闾	(917)	溜	(857)		lòng	房	(389)	lǜ
麟见庆	(236)	熘见溜	(857)	衖见弄	(267)	捞见房	(389)	律 (527)
	lǐn		liú		lóu	卤见卤	(296)	忢 (608)

碁见棋	(760)	千	(29)	倩	(624)	蹡见齐	(119)			qín	
齊见齐	(237)	仟见千	(29)	嵌	(780)	蹡见乔	(215)	芹	(277)		
旗见斻	(239)	迁	(215)	慊见嫌	(861)	蹡见侨	(405)	秦	(576)		
骑见骑	(743)	迁见罨	(480)	歉	(885)		qiáo	珡见琴	(747)		
臍见脐	(631)	佥	(321)	縴见縴	(933)	乔	(215)	捦见禽	(792)		
	qǐ	臤	(379)		qiāng	乔见齐	(119)	琴	(747)		
乞	(30)	罨	(480)	羌	(338)	侨	(405)	禽	(792)		
乞见气	(72)	牵	(486)	枪	(370)	桥	(590)	勤	(818)		
岂	(210)	铅	(620)	戕	(454)	喬见乔	(215)	擒见禽	(792)		
企	(227)	牵见牵	(486)	腔	(794)	僑见侨	(405)	懃见勤	(818)		
启	(345)	罨见罨	(480)	槍见枪	(370)	寯见侨	(405)		qìn		
起	(582)	谦	(810)	鎗见枪	(370)	橋见桥	(590)	撳见按	(489)		
豈见岂	(210)	签	(844)		qiáng	瞧	(931)		qīng		
啟见启	(345)	鉛见铅	(620)	强见强	(811)		qiǎo	卯	(102)		
	qì	僉见佥	(321)	強见彊	(927)	巧	(109)	青	(360)		
气	(72)	遷见罨	(480)	强	(811)		qiē	青见青	(360)		
汔见汽	(342)	遷见迁	(215)	強见彊	(927)	切	(63)	轻	(490)		
弃	(335)	謙见谦	(810)	墙	(863)	切见七	(6)	倾见顷	(380)		
汽	(342)	簽见签	(844)	墙见爿	(100)		qié	卿见卯	(102)		
泣见哭	(615)	籤见签	(844)	墙见墙	(863)	茄	(367)	卿见乡	(45)		
契	(463)	韆见千	(29)	彊	(927)		qiě	清	(730)		
契见忉	(224)		qián	彊见强	(811)	且	(128)	傾见顷	(380)		
契见卨	(493)	拑	(381)	廧见墙	(863)		qiè	輕见轻	(490)		
契见乑	(65)	前	(546)	牆见爿	(100)	妾	(428)	蜻	(873)		
砌	(482)	前见歬	(607)	牆见墙	(863)	匧	(486)		qíng		
晵	(503)	歬	(607)		qiǎng	窃	(559)	姓见晴	(774)		
栔见忉	(224)	钱见泉	(525)	抢	(292)	疾	(797)	情	(734)		
栔见乑	(65)	钳见拑	(381)	搶见抢	(292)	疾见疾	(797)	晴	(774)		
栔见契	(463)	乾	(687)		qiāo	蛩见虹	(506)	暒见晴	(774)		
氣见气	(72)	鉗见拑	(381)	悄	(660)	朅见憩	(919)	綮见弜	(256)		
棄见弃	(336)	鈐见钻	(619)	跷见齐	(119)	锲见忉	(224)	擎见弜	(256)		
愒见曷	(500)	箝见拑	(381)	跷见乔	(215)	锲见契	(463)		qǐng		
愒见憩	(919)	潜	(908)	跷见侨	(405)	箧见匧	(486)	顷	(380)		
憩见憩	(919)	潛见潜	(908)	锹	(875)	篋见匧	(486)	请	(665)		
器见哭	(615)	錢见泉	(525)	敲见殸	(583)	鍥见契	(463)	頃见顷	(380)		
器见曲	(206)		qiǎn	敲见搞	(829)	竊见窃	(559)	請见请	(665)		
憩	(919)	浅	(433)	敲见壳	(274)		qīn		qìng		
	qià	淺见浅	(433)	設见搞	(829)	钦	(511)	庆	(236)		
忉	(224)	耆	(616)	鳌见锹	(875)	侵	(521)	殸	(680)		
忉见乑	(65)	遣	(836)	鍬见锹	(875)	亲	(539)	慶见庆	(236)		
洽	(552)	遣见耆	(616)	蹺见齐	(119)	衾	(638)	磬见殸	(680)		
恰	(554)		qiàn	蹺见乔	(215)	亲见亲	(539)		qióng		
	qiān	欠	(85)	蹺见侨	(405)	親见亲	(539)	邛	(110)

譣见验 (674)	享见稟 (923)	xiáo	写 (162)	兴见同 (207)			
顯见显 (498)	享见亨 (333)	淆见肴 (413)	寫见写 (162)	星 (499)			
xiàn	响见乡 (45)	xiǎo	xiè	星见晶 (774)			
苋见觅 (769)	宣见享 (425)	小 (42)	泄 (434)	腥见胜 (534)			
县 (299)	飨见乡 (45)	晓 (610)	泻见写 (162)	鮏见胜 (534)			
现见见 (68)	想 (822)	曉见晓 (610)	卨 (493)	興见同 (207)			
臽 (422)	饗见卯 (102)	xiào	卸 (511)	曐见晶 (774)			
限 (454)	饗见乡 (45)	孝 (273)	洩见泄 (434)	曡见星 (499)			
线 (457)	響见乡 (45)	効见效 (645)	禼见卨 (493)	xíng			
宪 (558)	xiàng	咲见笑 (624)	屑 (670)	刑 (176)			
莧见觅 (769)	向 (221)	校 (590)	械 (688)	荆见刑 (176)			
陷见臽 (422)	向见乡 (45)	笑 (624)	离见卨 (493)	刓见刑 (176)			
現见见 (68)	向见嚮 (897)	效 (645)	偰见卨 (493)	形 (268)			
馅 (721)	项 (466)	傚见效 (645)	渫见泄 (434)	型 (466)			
羨 (800)	巷 (470)	教见学 (439)	谢 (810)	xǐng			
献 (821)	巷见衖 (873)	敩见学 (439)	薤见韰 (952)	醒 (915)			
腺见线 (457)	象 (719)	xiē	嶰见韰 (952)	xìng			
羡见羨 (800)	项见项 (466)	些 (388)	懈见解 (849)	杏 (279)			
綫见线 (457)	像见象 (719)	歇 (833)	謝见谢 (810)	幸 (363)			
線见线 (457)	橡见样 (590)	蝎见卨 (493)	燮 (935)	幸见幸 (377)			
縣见县 (299)	衖 (873)	蠍见卨 (493)	韰 (952)	性 (438)			
餡见馅 (721)	嚮 (897)	xié	瀉见写 (162)	姓 (455)			
憲见宪 (558)	嚮见乡 (45)	劦 (259)	xīn	倖见幸 (363)			
獻见献 (821)	嚮见向 (221)	协见劦 (259)	忄见心 (97)	xiōng			
xiāng	曏见乡 (45)	邪 (193)	心 (97)	凶 (80)			
乡 (45)	曏见向 (221)	邪见耶 (364)	辛 (335)	兄 (133)			
相 (477)	xiāo	叶见枼 (470)	忻见䜣 (300)	兇见凶 (80)			
香 (514)	肖 (296)	协见劦 (259)	昕见斤 (76)	匈 (233)			
厢见箱 (902)	枭见梟 (497)	胁 (419)	欣 (410)	讻见凶 (80)			
郷见卯 (102)	梟 (497)	脅见胁 (419)	欣见䜣 (300)	洶见凶 (80)			
郷见乡 (45)	県见県 (497)	裹见邪 (193)	訢见欣 (410)	恼见凶 (80)			
箱 (902)	鴞见萑 (769)	脅见胁 (419)	新 (852)	哅见凶 (80)			
襄 (935)	消 (656)	偕见皆 (490)	歆 (853)	恟见凶 (80)			
纕见娘 (672)	消见销 (783)	斜见邪 (193)	薪见新 (852)	胸见匈 (233)			
xiáng	宵 (662)	携 (829)	xìn	訩见凶 (80)			
夅 (233)	萧 (687)	颉 (751)	囟 (222)	xióng			
夅见降 (454)	枭见県 (497)	頡见颉 (751)	囟见囟 (239)	雄 (766)			
珤见缸 (512)	销 (783)	擖见携 (829)	信 (521)	熊 (889)			
详 (447)	销见销 (783)	鞋 (892)	焮见囟 (953)	熊见能 (674)			
祥见羊 (242)	蕭见萧 (687)	鼷 (911)	顖见囟 (222)	xiòng			
詳见详 (447)	鵂见萑 (769)	鞵见鞋 (892)	釁见囟 (953)	夐 (906)			
xiǎng	嚻 (939)	攜见携 (829)	釁见囟 (953)	xiū			
享 (425)	囂见嚻 (939)	xiě	xīng	休 (216)

衍	(527)	鷰见燕	(912)	yāo		药	(475)	謁见谒	(738)	
拿	(528)	釅见燕	(912)	幺	(46)	要	(481)	yī		
兖见台	(153)	黶见厌	(186)	幺见么	(33)	钥	(511)	一	(1)	
剡	(653)	黶见獻	(776)	幺见麽	(883)	葯见药	(475)	一见壹	(751)	
掩见奄	(377)	讞见燕	(912)	夭	(73)	钥见钥	(511)	弌见一	(1)	
揜见拿	(528)	艷见艳	(575)	妖见夭	(73)	覞	(873)	弌见壹	(751)	
奄见广	(35)	豓见艳	(575)	殀见夭	(73)	藥见药	(475)	衤见衣	(238)	
郾见燕	(912)	豔见艳	(575)	袄见夭	(73)	燿见耀	(946)	伊	(220)	
眼见艮	(254)			腰见要	(481)	耀	(946)	衣	(238)	
偃见匽	(486)	央	(133)	邀	(921)	鑰见钥	(511)	医	(289)	
㑴见歔	(905)	殃见央	(133)	yáo		yē		依	(406)	
撺见拿	(528)	秧	(623)	爻	(79)	耶	(364)	猗	(720)	
演	(886)	yáng		尧	(198)	耶见邪	(193)	壹	(751)	
厴见厴	(917)	芴	(42)	肴	(413)	yé		瑿见医	(289)	
巘见厴	(917)	扬	(197)	垚	(467)	爷见父	(78)	醫见医	(289)	
yàn		羊	(242)	峣见尧	(198)	爺见父	(78)	yí		
厌	(186)	阳见芴	(42)	峂	(636)	爺见耶	(364)	匜	(123)	
厌见獻	(776)	杨	(279)	舀见峂	(636)	爺见父	(78)	仪见义	(37)	
晏	(298)	旸见芴	(42)	窑见峂	(636)	爺见耶	(364)	夷	(197)	
硯见研	(482)	飏见扬	(197)	窕见甸	(421)	yě		侇见夷	(197)	
彦	(540)	易见芴	(42)	堯见尧	(198)	也	(41)	怡见台	(172)	
艳	(575)	易见扬	(197)	殽见肴	(413)	冶	(341)	怡见夷	(197)	
晏	(611)	洋	(553)	谣见峂	(636)	埜见野	(704)	臣	(288)	
宴见燕	(912)	陽见芴	(42)	摇见峂	(636)	野	(704)	宜	(441)	
验	(674)	揚见扬	(197)	徭见峂	(636)	壄见野	(704)	迻见移	(710)	
硯见研	(482)	蛘见痒	(724)	遥	(847)	yè		恞见夷	(197)	
雁	(763)	楊见杨	(279)	遥见遥	(847)	业	(127)	姨	(568)	
獻	(776)	敭见扬	(197)	峂见尧	(198)	叶见芴	(259)	匝	(601)	
焰见炎	(432)	暘见芴	(42)	窯见峂	(636)	叶见葉	(470)	匝见臣	(288)	
焱	(804)	颺见扬	(197)	窕见甸	(421)	页	(189)	移	(710)	
厭见厌	(186)	yǎng		窯见峂	(636)	页见俯	(626)	痍见夷	(197)	
厭见獻	(776)	仰见卬	(87)	窯见甸	(421)	曳	(206)	遺见贵	(507)	
厴见厭	(186)	养	(544)	餚见肴	(413)	抴见曳	(206)	頤见臣	(288)	
屪见獻	(776)	氧	(620)	繇	(934)	夜	(425)	嬰见匝	(601)	
鴈见雁	(763)	痒	(724)	謠见峂	(636)	枼	(470)	銕见铁	(619)	
燕	(912)	養见养	(544)	謡见峂	(636)	頁见页	(189)	疑	(881)	
赝见雁	(763)	癢见痒	(724)	yǎo		晔	(611)	遺见贵	(507)	
厴	(917)			杳	(370)	液	(733)	儀见义	(37)	
燄见炎	(432)	样	(590)	咬	(502)	谒	(738)	頤见臣	(288)	
贗见雁	(763)	恙	(728)	昌	(637)	葉见芴	(259)	籬见移	(710)	
艷见艳	(575)	恙见永	(163)	窈见夭	(73)	葉见枼	(470)	彝	(942)	
爓见炎	(432)	漾见恙	(728)	皎见咬	(502)	腋见亦	(237)	yǐ		
騐见验	(674)	樣见样	(590)	yào		業见业	(127)	乙	(2)	
						曄见晔	(611)

冢	(668)	株见朱	(212)	炷见主	(154)	装	(804)	豛见豕	(378)
塚见冢	(668)	诸	(665)	祝	(561)	粧见装	(804)		zǐ
腫见肿	(417)	诸见者	(362)	竚见伫	(95)	裝见装	(804)	孖	(357)
種见种	(515)	硃见朱	(212)	著	(683)		zhuàng	甾	(462)
	zhòng	猪	(719)	著见者	(362)	壮	(245)	甾见巛	(63)
仲见中	(66)	猪见豕	(286)	貯见伫	(95)	状	(342)	甾见由	(131)
众	(228)	蛛	(777)	铸	(782)	壯见壮	(245)	兹见茲	(548)
重	(516)	潴见猪	(719)	筑	(786)	狀见状	(342)	咨	(556)
眾见众	(228)	豬见豕	(286)	註见注	(437)	撞	(896)	姿	(556)
衆见众	(228)	豬见猪	(719)	箸见者	(362)		zhuī	兹	(548)
種见种	(515)	諸见诸	(665)	箸见著	(683)	隹	(406)	资	(654)
	zhōu	潴见猪	(719)	駐见驻	(459)	追	(526)	兹见茲	(548)
舟	(224)	竈见蛛	(777)	築见巩	(177)	雏见隼	(627)	畄见甾	(490)
州	(245)		zhú	築见筑	(786)		zhuǐ	滋见茲	(548)
周	(420)	竹	(214)	鑄见铸	(782)	沝	(462)	粢	(830)
洲见州	(245)	竺	(403)		zhuā		zhuì	資见资	(654)
週见周	(420)	竺见毒	(465)	抓见爪	(76)	坠见队	(100)	諮见咨	(556)
賙见周	(420)	茿见术	(114)		zhuǎi	缀见缀	(456)		zǐ
粥见卖	(374)	逐	(599)	拽见曳	(206)	墜见队	(100)	子	(44)
賙见周	(420)	烛见主	(154)		zhuān	綴见缀	(456)	仔	(84)
	zhǒu	燭见主	(154)	专	(50)		zhūn	籽见子	(44)
肘	(325)	蠋见蜀	(840)	叀	(372)	迍见顿	(606)	紫	(770)
肘见宄	(57)		zhǔ	砖见专	(50)	迍见屯	(60)		zì
帚	(449)	丶	(2)	尚	(508)		zhǔn	自	(220)
箒见帚	(449)	主	(154)	專见专	(50)	准见隼	(627)	字	(250)
	zhòu	拄见柱	(478)	塼见专	(50)	準见隼	(627)	恣见次	(246)
纣	(263)	煮见鬻	(927)	甎见专	(50)	準见隼	(627)		zōng
呪见祝	(561)	嘱见属	(811)	磚见专	(50)		zhuō	宗	(440)
咒见祝	(561)	瞩见属	(811)		zhuǎn	捉	(603)	叟	(714)
宙	(442)	囑见属	(811)	转	(385)	桌	(607)	叟见叟	(714)
昼	(505)	矚见属	(811)	转见专	(50)	槕见桌	(607)	棕	(761)
冑见兜	(714)		zhù	哢	(572)		zhuó	椶见棕	(761)
晝	(565)	宁见伫	(95)	轉见转	(385)	卓	(388)	踪	(899)
紂见纣	(263)	伫见伫	(95)		zhuàn	叕	(456)	蹤见踪	(899)
皱	(641)	助	(299)		zhuàn	斫见斲	(900)		zǒng
晝见昼	(565)	住	(316)	赚	(874)	浊	(551)	总见总	(631)
皺见皱	(641)	佇见伫	(95)	賺见赚	(874)	酌见勺	(32)	緫见总	(631)
骤	(937)	杼见予	(104)	賺见赚	(874)	举	(609)	總见总	(631)
籀见繇	(934)	貯见伫	(95)		zhuāng	举见辛	(335)		zòng
驟见骤	(937)	注	(437)	妆见装	(804)	啄	(706)	纵见从	(79)
	zhū	驻	(459)	庄	(236)	椓见豕	(378)	縱见从	(79)
朱	(212)	壴	(468)	妝见装	(804)	斲	(900)		zǒu
珠	(577)	柱	(478)	莊见庄	(236)	濁见浊	(551)	走	(272)

附录一　汉字知识简介

一、汉字的性质、起源和贡献

语言是声音和意义的结合，是人类最重要的交际和思维工具。文字是记录语言的书写符号系统，是语言的书面形式，是人类交际最重要的辅助工具。文字产生前，口语是语言的唯一存在形式，它受时间与空间的限制。文字的产生，使语言有了书面语这一第二表达方式，从而能把口语记录下来传到远方并留于后世。

世界上的文字大体分为表意文字和表音文字（也称拼音文字）两大体系。汉字属于表意文字体系。它作为世界上最古老的三种文字之一，是唯一使用至今、硕果仅存的文字。

汉字的最大特点，是借助于形体构造来表义。这一特点，让人们在不掌握字音时也能知道一个字的大概意义范围，极便于汉字的学习与掌握，这是拼音文字所无法企及的。

汉字产生前，先民曾用过结绳、契刻帮助记忆，但都还不是文字。汉字的真正起源是由图画发展出的文字画，这虽还不是真正的汉字，但已孕育着汉字的雏形，再发展就成了最初的象形字。汉字是先民在生活、生产劳动中为适应交际的需要而创造出来的。古代传说仓颉造字，如《淮南子·本训》里说："昔者仓颉作书，而天雨粟，鬼夜哭。"《说文解字·叙》中说："黄帝之史仓颉，见鸟兽蹄迒之迹，知分理之可相别异也，初造书契。"这种带神话性的描述，既说明当初有人做过一番整理、统一文字的工作，也体现了人们对汉字的敬重，更透露了汉字来自先民生活实践的真谛。

汉字是社会文明的产物和标志，反过来又促进了社会的进步、汉语的发展，在历史上有重大贡献。它不仅为我国保留下光辉灿烂的古代文化，使中华民族源远流长的文明得以无间断地承传，而且由于它的超方言的特点，有利于汉民族共同语的形成，从而在很大程度上也维系了中华民族的统一。

二、汉字形体的演变

汉字的形体由最初图画性的象形字，逐渐演变成由固定的笔画、偏旁组成的方块字，其间形成了五种各具特色而又一脉相承的主要字体。

1. 甲骨文

甲骨文是指殷商时期刻在龟甲兽骨上的文字。1899 年在殷王朝的旧都所在地殷墟（今河南省安阳市小屯村）发现。因多是占卜的记录，故又被称为龟甲文字、占卜文字、殷墟文字、殷墟卜辞、殷墟书契、殷契、契文等。又因其是用刀契刻的，故笔画瘦挺纤细，弯处方折少圆；形体不太固定，变体较多；笔画有多有少，偏旁位置可左可右；形体大小参差，尚不一致。又因其是较早期的文字，故图画性强，象形字和会意字的比例较大，然已是一种相当成熟的文字体系，含有了全部"六书"造字的方法。据

《甲骨文字典》统计，通过对出土的10万片甲骨刻辞的整理，已发现的甲骨文单字约4500个，已识别的约1000多个。

2. **金文**

金文是甲骨文的发展，指商周时代刻铸在青铜器上的文字。因古人称铜为吉金（祭祀为吉礼），故称青铜器上的文字为金文、吉金文字。青铜器中以乐器“钟”和礼器“鼎”为最多，一般就用“钟”和“鼎”来代表青铜器，其中的礼器古代又统称为“彝器”，上面一般又都刻铸有长短不等的铭文，所以金文又叫钟鼎文字、钟鼎彝器铭文或钟鼎款识（铭文凹下者为款，凸起者为识）。

金文的形体虽与甲骨文相近，仍有异体变化，然笔画粗重浑厚，弯处圆转，已趋向线条化，象形态势减弱；偏旁部位更趋固定，结构较为匀称方正。据《金文编》统计，已收录的金文单字约4000个，可识者约2000个。其中形声字明显增加。

到了东周战国时期，诸侯力政，青铜器可以随意铸造，字形又多有变化。南方吴、楚、闽、越等地的文字常加些类似鸟虫的装饰，即所谓鸟虫书、缪篆。同时还有各种器物上的款刻，如印玺文、货币文、陶文、帛书、简书及兵器款刻等，多潦草，不甚规整。

3. **篆书**

篆书即篆文，是金文的发展，指春秋战国及统一后的秦国的文字。“篆书”即运笔书写之意。分大篆和小篆。

大篆也叫籀文，是春秋战国时期的秦国文字。籀文因著录于当时教学童的启蒙识字课本《史籀篇》而得名，现存223字辑录在《说文》里。唐初在陈仓（今陕西省宝鸡市）发现战国时期的石鼓（10个像鼓的石墩子）上刻的文字称“石鼓文”（现残存300字），即是大篆的代表。大篆比金文更线条化，结构统一匀称，笔画圆转粗细一致，已具有方块字的雏形，只是笔画还较繁，不便于书写。

小篆是秦统一六国后经由李斯等人改创的文字，是大篆的省改，故称小篆，也称秦篆。小篆减少了图画性，全面线条化，废除了通行于其他地区的异体字，简化了笔画，进一步符号化；字形呈长方形，结构一致，大小统一，笔画匀整，圆转流畅，奠定了汉字方块形和笔画化的基础。

小篆结束了汉字纷乱的局面，实现了汉字的统一，是汉字发展史上的一个具有转折性的关键阶段。传统上把甲骨文、金文和篆书等统称为古文字。

4. **隶书**

隶书出现于秦朝，是当时的标准字体小篆的简便快写体，所谓“草篆”。秦初定天下，大发隶卒，行政和狱讼事务急遽增多，具体经办文书的胥吏们因小篆书写繁难，为求急而多采用一种简便快写体。相传，隶书为秦时徒隶程邈在狱中加以整理而成，又多为隶役使用，故称为“隶书”，后也称“秦隶”“古隶”。隶书秦时虽用之甚多，却始终处于小篆的“辅佐”地位，故又称“佐书”。隶书到汉朝得到进一步发展，至西汉中叶趋于成熟，遂成为通行的文字，后称汉隶，也称今隶。又因其笔势舒展，有波磔挑法，如“八”字分背，故又称“八分”。

隶书在笔画上删繁变简,在笔形上将曲线变为平直,在字体上改长圆为扁方,完全摆脱了图画性,将笔画符号化,成为初期的方块字。这一巨大变化史称“隶变”。隶变是古、今文字的分水岭。由于隶变以后,汉字的形体再也没有发生大的变化,故后人称隶书以后的文字为今文字。

5. 楷书

楷书是隶书的发展,出现于汉末,成熟于魏晋,并最终代替隶书而成为以后历代正式使用的标准字体。

汉字演变为楷书,成为正式的方块字和成熟的笔画文字,其基本笔画按运笔方向如今归为一(横,包括提笔)、丨(竖)、丿(撇)、丶(点,包括捺)、乛(折,包括各种折笔)五种。

三、汉字构造的方法

作为表意文字,汉字的构造有其基本的方法,那就是许慎在《说文解字·叙》中说的:“仓颉之初作书,盖依类象形,故谓之文。其后形声相益,即谓之字。文者,物象之本;字者,言孳乳而浸多也。”意思是说,汉字的构造有两大类:一类是用线条勾勒描摹出一类事物的共有的特征形象来表义,叫作“文”(本义为花纹);一类是用已有的“文”作形符或声符适当地组合构成一个新的形体来表义,叫作“字”(本义为生育)。“文”表示的是事物的本体形象,“字”则是由“文”经过某种组合,像生育一样繁衍滋生而增加出来的。这便是“文”和“字”本来的意思。当然,现在“文”与“字”已不再区分,统称为“文字”了。然而从认字的角度看,区分一下还是有好处的。

许慎所概括的这一基本方法,正说明汉字是以象形为基础的,也正是汉字成为表意文字的前提,并由此形成了汉字“六书”造字的基本规律。

掌握了“六书”造字法,有助于从根本上解决识字问题,做到正确书写字形,深入理解字义,准确辨清读音及迅速消灭错别字。

汉字形体从古至今虽然经历了甲骨文、金文、篆书、隶书、楷书等多种变化,但造字的方法没变。所以今天掌握“六书”知识,仍然是认字的基础,可以收到事半功倍之效。同时,“六书”也是使用本字典的工具。

“六书”的称说与界定,古来并不完全一致。本书采取最通常的说法,即象形、指事、会意、形声、转注和假借这六种。

1. 象形

《说文》:“象形者,画成其物,随体诘诎,日、月是也。”意思是说,象形是指照着物体的样子,用屈曲的线条,抓住其特征,将其摹画出来。如日()、月(),便是根据日常圆而月多缺的形体特征描摹而成的。

这实际是种线条式图画造字法,是最先出现的。用这种方法造的字叫象形字,都是形体上不能再分割的独体字,如山、水、牛、羊、自、目、衣、西等。

这种造字法,利用的都是有形物体的外形特征,虽然具有使人一看就知道表示的是什么的长处,但局限性也很大,那些外形特征不明显的物体,或复杂的事物、抽象的概念就难以用此法表示。所以象形字很少,在《说文》里只有364个,而在以后的一千多年,也仅新造了“伞”“凹”“凸”等几个象形字。

2. 指事

《说文》:“指事者,视而可识,察而见意,上、下是也。”意思是说,指事就是用提示性符号来指明所要表示的事物,让人一看就能认出来,仔细看就能知道其意思。如上(二)、下(二),即是用长横表示某个物体,在其上或其下加提示性符号“短横”,来表示上或下的方位。

这是一种符号造字法,利用的是在象形字上加提示性符号或纯用提示性的符号组合的办法,来表示不易和无法描摹的事物或较抽象的概念。用这种方法造的字叫指事字。指事字用的提示性符号是不能独立的,因此指事字也是不能分解的独体字,如亦、本、末、朱、刃、寸等。

这种方法虽然可以表示某些较复杂的事物或抽象概念,但毕竟用简单的符号来表示大量的复杂事物或抽象概念是极其困难的。所以,这种方法没有得到发展,《说文》里只收了125个,其后也基本上没再出现指事字。

象形字和指事字都属于最初的“文”,虽然为数不多,但是很重要。它们都是最古老的汉字,是汉字的基础,后来造的大量的会意字、形声字都是以它们做基本偏旁构成的。掌握了它们,也就掌握了汉字的基本构件,就可以做到通过识“文”来断“字”了,有利于快速掌握大量会意字和形声字。

辨别象形字、指事字并不困难。二者有两个共同特点:一是都不能再分为两个独立存在的部分,二是字形都直接和意义发生关联。其区别在于:象形字是完整的象形单体,如眉、州;指事字则在象形单体上另加有指事符号或纯由符号组成,如刃、三。因此,凡是不能再分成独立的两部分的单体字就是象形字,如火、木、鸟、鱼、能、鼠、象、鼎等;凡在象形单体上加有符号或纯由符号组成的单体字就是指事字,如血、丹、七、十、甘等。

3. 会意

《说文》:“会意者,比类合谊,以见指㧑(挥),武、信是也。”意思是说,会意是指用两个或两个以上能相关联的“文”(象形字或指事字)作偏旁,组合成一个新字,将偏旁表示的意思加以某种合理的拼合来表示一个新的意思。如武,用戈(古代的一种兵器)止(脚)象征人持戈(出征),表示威武;信,用人口所言,表示诚信。此外还有将一个“文”改变其方向或部分形体的办法,来表示相应的新意,如反正为“乏”,倒子为“㐬”,变用为“甩”,人跛腿为“尢”等。

这是一种典型的表意造字法。细分有同体会意,如二人为“从”,三木为“森”,两朿相并为“棘”,两朿相重为“棗”(枣);异体会意,如大旗下集合众人为“旅”,手执二禾为“兼”;组合会意,如不上不下为“卡”,上小下大为“尖”;还有反体会意、变体会意等形式。

还有一种情况,就是参与会意的两个偏旁中的一个兼有表意又表音的作用,传统上称之为"会意兼形声字"(以表意为主的)或"形声兼会意字"(以表音为主的),这可以说是表音法的萌芽。如"搓""磋""蹉",其中的"差"既表揉搓之意又兼表声;"孺""濡""襦",其中的"需"既表声又兼表柔弱之意。

会意法不需要再造新符号,利用原有的就可以形成新字了,表意也不再单纯借助形体,而靠两个或两个以上偏旁意思的组合,因而便能表示更复杂的事物和抽象概念,比象形、指事法有更强的造字能力。《说文》里已收有1167个会意字。此后也仍有不少新的会意字出现,现在也还使用会意法造字,如尘、灶、籴、国、仨、孬等。

会意字是由两个或两个以上的象形或指事字构成的,是典型的"字"了。它与象形及指事字一起又构成了汉字的基础,占汉字百分之八九十的形声字就是在这前三种字的基础上构成的。所以,掌握了象形、指事、会意这三种字,才真正掌握了汉字的基础,才能高效率地掌握大量形声字。

辨认会意字也不难。会意字(变体会意除外)都是由"文"组合滋生出来的,所以都是合体字,都能再分割成独立的两个或两个以上部分,这就与象形、指事字有了差别。构成会意字的每个偏旁与会意的整体意义不同,它们只有合起来才能提示整个字的意义,而且与象形、指事字一样,无表音成分,这就与形声字有了差别。即便是会意兼形声字,就一个偏旁表意一个偏旁表音来说,似乎与形声字相同,但其表音的偏旁也兼表意,这点是形声字所没有的。所以,凡是能再分割成两个或两个以上独立的部分,而其中又没有纯表音偏旁的都是会意字。例如:寇,从攴从宀从元,会手持棍入室击打一人头部行凶之意;羁,从革从网从马,会以革制笼头络马之意;降,从阜从夅(朝下的两只脚),会从山上走下之意。

会意字中虽然已含表音法的萌芽,但仍没有脱离表意的范围,不能完全适应有声语言的表音要求,再加很多抽象意义也无法用会意表示,这就促使了形声字的大量产生。

4. **形声**

《说文》:"形声者,以事为名,取譬相成,江、河是也。"意思是说,形声(也叫谐声)是指用两个字做偏旁组成一个新字,其中一个标明字的意义范围(俗叫形旁或义符),另一个标明字的读音(俗叫声旁或声符)。如江、河,皆是水,故以氵(水)作形旁;读音同(或近)工、可,故以工、可作声旁。凡用这种方法造的字都是形声字,属于典型的"字"。

形声字的出现,打破了汉字用形体表意的局限,使字形开始与语音直接联系起来。只要用一个形旁或声旁,再加上不同的声旁或形旁,就能造出许多同类的义近字或音近字,尤其能够造出别的造字法不能造的大量表示抽象意义的字,使汉字能更好地适应记录语言的需要,也更有利于迅速大量地认字及准确地把握字的形、音、义。所以在汉字的发展过程中,形声字的比重越来越大并最终占据了绝对的主体地位。据粗略统计,甲骨文中已有相当多的形声字,到了小篆,形声字就占到了87.39%,至宋代已达到90%以上。

分析形声字,要注意下边几种情况。一是一声多形的叠加义符现象,如"碧",从石,珀声,而"珀"又是从玉,白声。二是省形省声字。有些形声字为了使字形简便,在组合成字时省去形旁或声旁的一部分,如:屦,从履省,娄声;弑,从殺省,式声;茸,从艹,聪省声;汨,从氵,冥省声。三是所谓单体字与合体字,这是就古代造字时的形体结构说的。由于字形的演变,到了楷书,有个别原本是单体字的,因断裂开来,似乎成了合体字;也有相反的,本是合体字,楷书成了单体字,如"更",本是从攴、丙声的合体形声字,现在则成了不可分割的单体字,看不出形声结构了。

另外还要注意,就声旁看,随着时代的发展、语音的演变,至今声旁的表音作用多数已丧失,"秀才认字读半边",如果说在造字时是正确的,后代就不灵了,会造成很多误读。据统计,目前形声字与其声旁读音完全相同的只占四分之一,一半以上已完全不合,其余则是在声、韵、调三项中只有一项或两项相合了。还有些形声字因古今字体的演变和省声的结果,已看不出声旁了,如:春,本从日从艹,屯声;布,本从巾,父声;贼,本从戈,则声;珊,本从玉,删省声。还有些声旁,因今天不再单用,一般人已认不得,自然无从推断字音,如"托""掇""捐""榻""揾""摘"的偏旁"乇(zhé)""叕(zhuó)""肙(yuān)""𦐇(tà)""昷(wēn)""啇(dī)"等。

就形旁看,随着字义的演变、假借的运用,本来尚能表示字义类别的形旁,已变得跟字义关系不大了,如"骄"从马、"虹"从虫、"笑"从竹,如今一般人也都不知道为什么了。有的因省形,从楷书也已看不出形旁来了,如"童",本是一个受过髡刑的奴隶身背一篓重物形,楷书已没有本义的影子了。再如现在的"月"旁,实际上是由"肉""舟""月"三个形体演变来的,一般人已不能靠其来推断字义了。

辨别形声字也不难。形声字都是合体字,只要其中既有跟整个字有语音上联系的偏旁,又有跟整个字有意义上联系的偏旁,就是形声字。如"禁",从示,表示与祭祀鬼神有关,林声,如今"林"与"禁"的韵母仍然相同,"林"又明显不参与表义。

5. 转注

《说文》:"转注者,建类一首,同意相受(授),考、老是也。"对于转注的理解,历来意见不一,恰当的理解应是拿表示某类事物的偏旁作为基础(即"一首"),将其含义授给另一个偏旁,组成一个含义与"一首"相同而语音不同的字。像"考""老"两个字,"老"就是建立的同类"一首",把它授给另一个偏旁"丂",就组成了一个新字"考","考"与"老"含义相同,语音有别,就是转注字。这种方法反映的大概是因时地不同、语音演变而造成的语音不同的现象。某一个意思因时地不同、语音演变而说不同的声音,为记录这不同的语音,于是以"一首"为基础,另加或改换一个反映不同语音的偏旁造一个反映该不同语音的新字。如:顶,读"丁"声,而后有的读"真"声,于是将"丁"声改为"真"声另造了"颠"字,"颠"就是"顶"的转注字。

转注字是就两个字的关系说的,单个字原本有自己的构造方式,是不好说是转注字的,这也是《说文解字》中没有在哪个字下面注明是转注字的原因。所以说转注不能算是一种单独的造字法,而是对一种两个字间特定关系的描述。它虽然能促使产生一个新字,但造出的新字实际仍是一个形声字,只不过是受"建类一首"和"同意相受”条件限制的形声字罢了。

因此,转注字必须限制在这样的条件下:二字同义可以互训,有共同的义符而语音不同,先后造出,先造的为本字,后造的是转注字。注意:不能把凡能互训的字都视为转注字,也不能把凡形近义近音近的字都视为转注字,更不能把由于字义的引申而新造的字都视为转注字,否则转注字就太多了。

6. 假借

《说文》:“假借者,本无其字,依声托事,令、长是也。”意思是说,假借是指语言中有了某个词,但还没有相应的字来记录它(即“本无其字”)而又不便用其他造字法来造,于是就在现有的文字里找一个音同或音近的字来表示它(即“依声托事”)。假者,借也。许慎所举的“令”“长”不是典型的假借字,典型的假借字是像“其”“而”等。“其”本义为簸箕,借用以表示第三人称代词后,遂失去其本义,“簸箕”之义便另加义符“竹”造了“箕”来表示;“而”本义为胡须,后借为虚词,其本义遂又另加义符“髟”造了“髵”(如今简化作须)来表示。

假借一般认为不是一种独立的造字法,而是用字法。因为它实际上并不能产生新的字形。然而,它作为创造新字的催化剂,毕竟促生了一个新字,所以仍不失为另一种特殊的造字法。

四、相关的概念

1. 通假

在文言中,语言里已有某个意思或汉字里本来已有某个字,但写文章的人不知道用哪个字,或一时想不起来了,或根本不知道已有,便临时找一个同音字来代用,并且沿用下来,为人们所承认,便形成了两个字通用的现象。例如:“率罢弊之卒,将数百之众”“寡助之至,亲戚畔之”,其中的“罢弊”“畔”就被借作“疲敝”“叛”使用了,“罢弊”“畔”就是“疲敝”“叛”的通假字。通假字常用“×通×”“×借作×”“×用作×”来表示。

通假字是已有本字的临时性借用,有的显然是古人写的错别字。因为,每个通假字都还有各自原来的含义和用法,并且是根本的、主要的、常用的,而其借用义则是临时的、不固定的,除了一些使用极普遍并沿用下来为人们所承认的外,一般也不列入该字的义项内,只是一种字用现象。

通假字与被通假的字之间,严格地说意义上毫无关系,仅有声音上的联系,同音才能通假。所以辨析通假,找到二者语音上的联系是关键。但要注意,所谓同音,是就当时的语音说的,后代随着语音的演变、方言的混杂,现在有的仍然同音,有的已变成近音,有的则读音全然不同了。所以,今天确定通假关系,必须借助音韵学知识。但充分利用汉字的形声偏旁仍可帮助辨识通假字。一般说,同声旁的字,古音也相同,可以互相通假,如被与披、错与措、何与呵;形声字与该字的声旁也可互相通假,如傍与旁、匪与非、性与生;反过来,一字的声旁也可与该字通假,如列与裂、式与轼、内与纳。

凡通假字,都要按照被通假字的字音去读,按照被通假字的字义去讲。

注意:“通假”现象与前边说的六书里的“假借”是不同的。

2. 古今字

同一个意思,古代和后代用不同的两个字来表示的就是古今字。如“益”,古文像盆中水满溢出之状(会意字),原是“溢”的本字,后来引申出抽象的“利益、益处”等义,水溢出之义就另加义符“水”(氵)写作“溢”来表示。“益”与“溢”就是古今字。古今字常用“×同×”来表示。

3. 异体字

所谓异体字,是指同一个词(语素),某一个时代或地区已经造了一个字来记录,另一个时代或地区又造了另一个字来记录,像这样音义完全相同、可以互相代替、只是形体不同的两个字就是异体字。如遍与徧、咏与詠、够与夠,后者都是前者的异体字,如今已经淘汰不用。异体字也常用“×同×”来表示。

4. 破读

所谓破读,是指用改变字的读音的办法来表示不同的意义或词性变化。如“沛公欲王关中”的“王”,名词用作动词,表示称王,故读音应由 wáng 破读为 wàng。当某个字产生了新的意义和新的语法功能后,为了与原来的意义和语法功能相区别,便用改变读音来表示出差异,这就出现了破读。破读约起于汉代,魏晋后就多了起来。

破读与通假不同。通假的借字与本字之间没有意义上的联系,只是语音相同或相近;而破读音的意义与本音的意义之间则有着必然的联系,是词义引申和词性分化的结果,是一种用音变增加词语的方法。

破读音主要反映在声调上,一般都是把原来的声调变读为去声。现代有的多音字其不同的读音,就是古代破读和本音的差别流传至今的沿用,如好(hǎo;hào)、度(duó;dù)、难(nán;nàn)等。

附录二　汉语拼音方案

（1957 年 11 月 1 日国务院全体会议第 60 次会议通过）

（1958 年 2 月 11 日第一届全国人民代表大会第五次会议批准）

一、字母表

字母	Aa	Bb	Cc	Dd	Ee	Ff	Gg
名称	ㄚ	ㄅㄝ	ㄘㄝ	ㄉㄝ	ㄜ	ㄝㄈ	ㄍㄝ
	Hh	Ii	Jj	Kk	Ll	Mm	Nn
	ㄏㄚ	ㄧ	ㄐㄧㄝ	ㄎㄝ	ㄝㄌ	ㄝㄇ	ㄋㄝ
	Oo	Pp	Qq	Rr	Ss	Tt	
	ㄛ	ㄆㄝ	ㄑㄧㄡ	ㄚㄦ	ㄝㄙ	ㄊㄝ	
	Uu	Vv	Ww	Xx	Yy	Zz	
	ㄨ	ㄪㄝ	ㄨㄚ	ㄒㄧ	ㄧㄚ	ㄗㄝ	

V 只用来拼写外来语、少数民族语言和方言。

字母的手写体依照拉丁字母的一般书写习惯。

二、声母表

b	p	m	f	d	t	n	l
ㄅ玻	ㄆ坡	ㄇ摸	ㄈ佛	ㄉ得	ㄊ特	ㄋ讷	ㄌ勒
g	k	h		j	q	x	
ㄍ哥	ㄎ科	ㄏ喝		ㄐ基	ㄑ欺	ㄒ希	

zh	ch	sh	r	z	c	s
ㄓ知	ㄔ蚩	ㄕ诗	ㄖ日	ㄗ资	ㄘ雌	ㄙ思

在给汉字注音的时候，为了使拼式简短，zh ch sh 可以省作 ẑ ĉ ŝ。

三、韵母表

	i ㄧ　衣	u ㄨ　乌	ü ㄩ　迂
a ㄚ　啊	ia ㄧㄚ　呀	ua ㄨㄚ　蛙	
o ㄛ　喔		uo ㄨㄛ　窝	
e ㄜ　鹅	ie ㄧㄝ　耶		üe ㄩㄝ　约
ai ㄞ　哀		uai ㄨㄞ　歪	
ei ㄟ　欸		uei ㄨㄟ　威	
ao ㄠ　熬	iao ㄧㄠ　腰		
ou ㄡ　欧	iou ㄧㄡ　忧		
an ㄢ　安	ian ㄧㄢ　烟	uan ㄨㄢ　弯	üan ㄩㄢ　冤
en ㄣ　恩	in ㄧㄣ　因	uen ㄨㄣ　温	ün ㄩㄣ　晕
ang ㄤ　昂	iang ㄧㄤ　央	uang ㄨㄤ　汪	
eng ㄥ　亨的韵母	ing ㄧㄥ　英	ueng ㄨㄥ　翁	
ong (ㄨㄥ)轰的韵母	iong ㄩㄥ　雍		

(1) “知”“蚩”“诗”“日”“资”“雌”“思”等七个音节的韵母用 i，即：知、蚩、诗、日、资、雌、思等字拼作 zhi，chi，shi，ri，zi，ci，si。

（2）韵母儿写成 er，用作韵尾的时候写成 r。例如：“儿童”拼作 ertong，“花儿”拼作 huar。

（3）韵母ㄝ单用的时候写成 ê。

（4）i 行的韵母，前面没有声母的时候，写成 yi（衣），ya（呀），ye（耶），yao（腰），you（忧），yan（烟），yin（因），yang（央），ying（英），yong（雍）。

u 行的韵母，前面没有声母的时候，写成 wu（乌），wa（蛙），wo（窝），wai（歪），wei（威），wan（弯），wen（温），wang（汪），weng（翁）。

ü 行的韵母，前面没有声母的时候，写成 yu（迂），yue（约），yuan（冤），yun（晕）；ü 上两点省略。

ü 行的韵母跟声母 j，q，x 拼的时候，写成 ju（居），qu（区），xu（虚），ü 上两点也省略；但是跟声母 n，l 拼的时候，仍然写成 nü（女），lü（吕）。

（5）iou，uei，uen 前面加声母的时候，写成 iu，ui，un。例如 niu（牛），gui（归），lun（论）。

（6）在给汉字注音的时候，为了使拼式简短，ng 可以省作ŋ。

四、声调符号

阴平	阳平	上声	去声
ˉ	ˊ	ˇ	ˋ

声调符号标在音节的主要母音上。轻声不标。例如：

妈 mā	麻 má	马 mǎ	骂 mà	吗 ma
（阴平）	（阳平）	（上声）	（去声）	（轻声）

五、隔音符号

a，o，e 开头的音节连接在其他音节后面的时候，如果音节的界限发生混淆，用隔音符号（’）隔开，例如：pi’ǎo（皮袄）。